HUNANXIANGZHENJIANZHI

湖南乡镇简志

郴州市卷（上册）

湖南省地方志编纂委员会
郴州市地方志编纂委员会 编纂

方志出版社

图书在版编目（C I P）数据

湖南乡镇简志．郴州市卷 / 湖南省地方志编纂委员会，郴州市地方志编纂委员会编．--北京:方志出版社，2017.12

ISBN 978-7-5144-2856-8

Ⅰ.①湖… Ⅱ.①湖… ②郴… Ⅲ.①乡镇-地方志-郴州 Ⅳ.①K296.45

中国版本图书馆 CIP 数据核字(2017)第 322606 号

湖南乡镇简志•郴州市卷

编　　者：湖南省地方志编纂委员会　郴州市地方志编纂委员会
责任编辑：齐　笑

出 版 人：冀祥德
出 版 者：方志出版社
地　　址：北京市朝阳区潘家园东里 9 号（国家方志馆 4 层）
邮　　编：100021
网　　址：http://www.fzph.org
发　　行：方志出版社图书经销中心
电话（010）67110500
经　　销：各地新华书店
印　　刷：郴州市天虹彩色印刷有限公司

开　　本：889×1194　　1/16
印　　张：241
字　　数：2975 千字
版　　次：2017 年 12 月第 1 版　　2017 年 12 月第 1 次印刷
印　　数：0001～3000 册

ISBN 978－7－5144－2856－8　　　　定价：620.00 元

《湖南乡镇简志》编纂委员会

主　　任　易介南

副 主 任　邓建平　　杨盛让

委　　员　（按姓氏笔画排序）

王习加　　刘　琼　　刘李波　　李一平　　李俊江

李章进　　杨　帆　　杨伟东　　杨慈安　　陈念军

张征远　　易小兰　　周正宇　　周冠军　　唐　璨

聂建平　　隆清华　　谢绍猛

《湖南乡镇简志》总纂人员

总　　纂　易介南

副 总 纂　邓建平　　杨盛让

总 编 室

主　　任　隆清华

副 主 任　杨　帆　　李章进

编　　辑　阳雍悦　　谭文美

美术编辑　刘　焰

《湖南乡镇简志·郴州市卷》
编纂委员会

顾　　问　易鹏飞

主　　任　刘志仁

常务副主任　蒋　锋

副 主 任　冯海燕　欧阳锋　黄泽生　唐　璨

委　　员　（排名不分先后）

张让前　尹外平　李嗣亮　李志军　李　碧　黄润强

黄　昱　刘旭文　王立栋　黄利华　王日明　胡玉娟

肖苏利　李雄兵　唐孝飞　傅选林　何珍良　胡海波

李晓江　彭兴中　阳启明

《湖南乡镇简志·郴州市卷》
编 辑 部

主　　编　唐　璨

副 主 编　张让前　尹外平　李嗣亮

责任编辑　赵　诚　李小如　黄　昆　何冬元　何利芳　彭　婷

执行编辑　（排名不分先后）

李志军　李万忠　李春秀　何观盛　李　碧　廖丹文

尹　亮　黄润强　黄　昱　焦　明　谢应龙　郭宏武

刘旭文　王立栋　郑欣平　唐土成　毛为光　黄利华

李相郊　黄振球　谢水军　王日明　胡玉娟　杨　飞

李晓菊　肖苏利　李雄兵　李运良　雷福宝　曹卫军

唐孝飞　邝秀红　张湖平　周光胜　唐孝说　傅选林

何珍良　胡贵亮　孙立信　朱忠悦　胡海波　李晓江

郭永英　林　园　彭兴中　阳启明　许维学　樊冬柏

谢汁宏　陈春华

家庭农场贷款 | FAMILY FARM LOAN

——湖南省农村信用社"特色信贷产品"

客户服务热线：96518

产品简介

农信社（农商银行）为满足家庭农场流动资金周转需要、固定资产建设以及项目开发需求而发放的贷款。

适用对象： 实行自主经营、单独核算，以单个农户家庭组建，从事规模化、集约化、商品化农业生产经营的家庭农场。

贷款方式： 信用贷款、抵押贷款、质押贷款、保证担保贷款、联保贷款。

设计理念： 自筹为主，贷款为辅；评级授信，逐笔核贷；严格管理、控制风险。

期　　限： 流动资金周转贷款一般不超过 12 个月，生产周期较长的按生产周期确定；固定资产建设贷款一般不超过 3 年；项目开发需求贷款，一般不超过 5 年；林业贷款最长不超过 8 年。各种贷款期限均不得超过其土地流转承包期限。

利　　率： 实行差别定价

简要流程：

- 评级授信 ↓
- 发证授牌 ↓
- 受理贷款申请 ↓
- 贷款调查 ↓
- 贷款审批 ↓
- 签订合同 ↓
- 办理抵押登记（10 万元以内不需抵押担保）↓
- 贷款发放与支付 ↓
- 贷后管理 ↓
- 到期收回 ↓

具体办贷事宜详询当地农信社、农商银行

全省农村信用社
学习党的十九大精神报告会召开

12月6日上午，省农信联社党委召开全省农村信用社学习党的十九大精神报告会。党的十九大代表、省委宣讲团成员、湖南师范大学党委书记李民教授作党的十九大精神专题宣讲报告，省农信联社党委书记、理事长张志军主持会议，省农信联社领导李勤、邓德林、邓刚辉、舒立凡、余开生、徐达华参加会议。

省农信联社机关部室负责人，长沙审计中心负责人、综合科长，办事处党组书记、综合科长，长沙辖内农商银行班子成员、法人行社党委书记参加会议。

党的十九大代表、省委宣讲团成员、湖南师范大学党委书记李民教授作党的十九大精神宣讲报告

省农信联社党委书记、理事长张志军主持会议

会议现场

湖南省行政区划略图

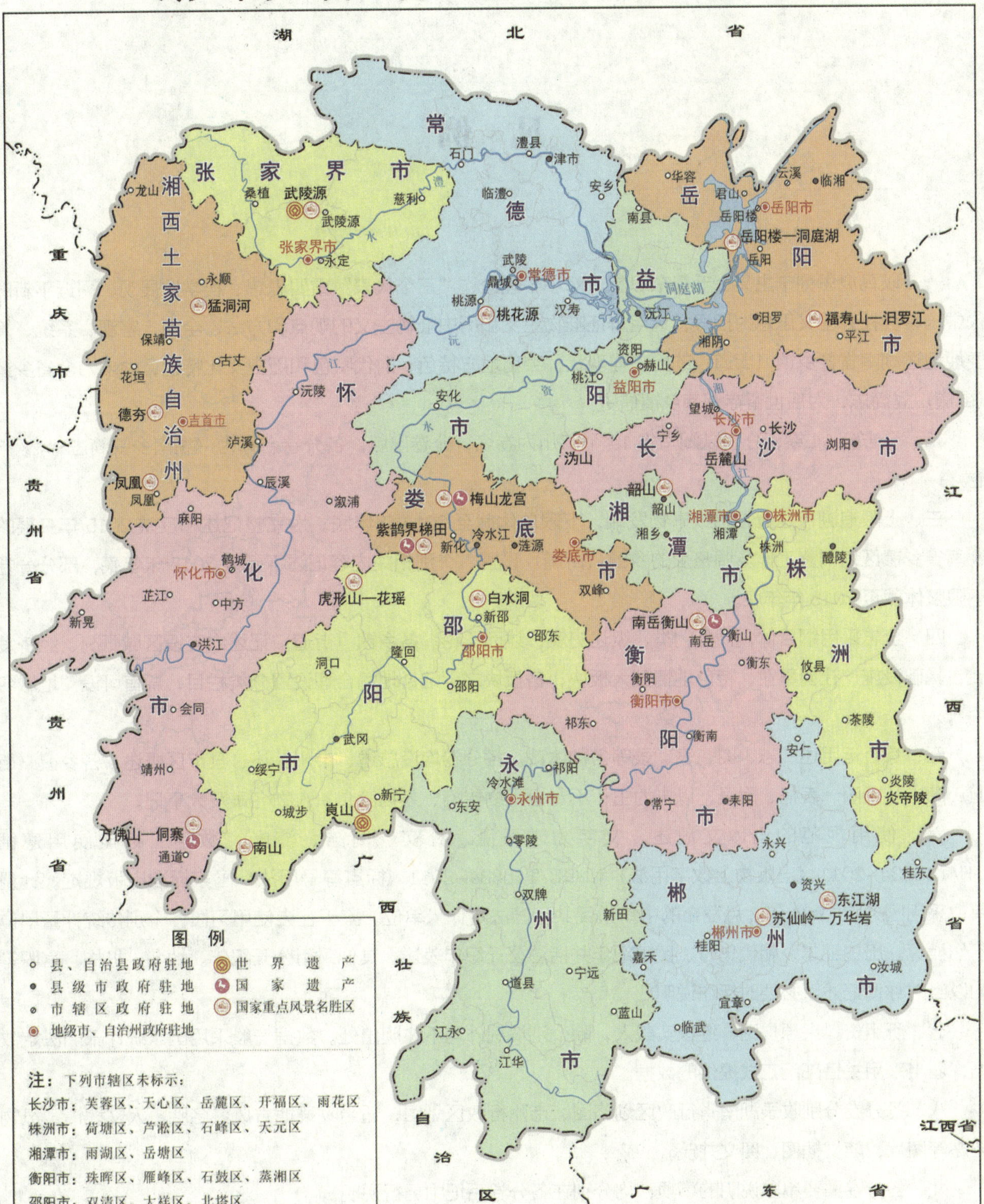

本图数据由湖南地图出版社提供，共审图号为湘S（2014）039号

凡 例

一、以马克思列宁主义、毛泽东思想、邓小平理论、“三个代表”重要思想、科学发展观、习近平新时代中国特色社会主义思想为指导，运用辩证唯物主义和历史唯物主义的观点和方法，全面、客观、系统、简要地记述湖南省各乡镇（街道）的历史与现状，突出地方特色、时代特色和历史文化特色，力求为全省乡镇（街道）立简志，为后世留存湖南乡镇信史。

二、全志分 14 卷，分别以湖南省 14 个市州为卷名，分卷出版。各分卷名称为《湖南乡镇简志·××市卷》。

三、上限追溯自建置之始或事物发端，下限总体截至 2014 年年底。为完整记述和反映 2015 年开展的湖南省乡镇区划调整工作及调整后的乡镇（街道）设置，个别相关内容记述下延至 2015 年年底，部分分卷下限整体截至 2015 年年底。

四、全志采用纲目体，横分门类，纵述史实，述而不论。各乡镇（街道）记述内容设区域概况、经济发展、基础设施、社会事业、特色地情五大板块；各板块之下结合地情合理设置分类栏目，篇首可设“地域名片”。

五、综合运用述、志、图、表、录等各种体裁。各分卷均设总述、市州综述、县市区概述、各乡镇（街道）简志及图照、表格、附录，以志为主；不专设人物传略、人物简介、人物名录及大事记。

六、使用规范的语体文记述，文字力求严谨、朴实、简洁、流畅。数字、标点使用遵循 GB/T15834–2011《出版物上数字用法》和 GB/T15834–2011《标点符号用法》国家标准出版规定。计量单位采用国务院 1984 年 2 月发布的中华人民共和国法定计量单位。鉴于社会使用习惯，个别传统计量单位不作换算。历史纪年以朝代年号、民国纪年并括注公元纪年表述，其他采用公元纪年。地名、机构、官职等均以当时称谓记述，必要时括注说明。

七、所用资料来源广泛，经核实载入，除个别情况外均不注明出处。数据一般采用国家统计部门法定数据，适当采用主管部门正式提供的数据。

八、各分卷分别收录湖南省行政区划略图、市州行政区划图；适当收录地方风景名胜、人文地情、风物特产等图片，随文插图，图文并茂。

九、各分卷需要单独说明的事项，均分别在各分卷后记中另行说明。

目录

上册

资兴市

桂阳县

宜章县

下册

永兴县

嘉禾县

临武县

汝城县

桂东县

安仁县

附录一

附录二

总述

一、湖南省情概览

湖南省位于中国中南部、长江中游。省域绝大部分在洞庭湖以南，故名湖南；因湘江纵贯南北而简称“湘”；又因自古盛植木芙蓉，而有“芙蓉国”之雅称。湖南省地处北纬24° 38′ ~30° 08′，东经108° 47′ ~114° 15′。东以幕阜、武功诸山系与江西交界，南枕南岭与广东、广西相邻，西以云贵高原东缘连贵州，西北以武陵山脉毗邻重庆，北以滨湖平原与湖北接壤。东西宽667公里，南北长774公里，土地面积21.18万平方公里，约占全国土地总面积的2.2%。其中，山地占51.2%，丘岗地占29.3%，平原占13.1%，水面占6.4%。境内属亚热带季风性湿润气候，全年无霜期260 ~310天，年平均气温16℃~18.5℃；年平均降雨量1200~1700毫米，是全国雨水较多的省份；5公里以上河流5341条，河川径流量2079亿立方米。北部洞庭湖为中国第二大淡水湖，湘江、资江、沅水、澧水四大河流分别从西南向东北流入洞庭湖，连接长江。省会驻长沙市，全省辖13个市、1个自治州，下辖122个县（市、区），其中，市辖区35个、县级市16个、县71个。2014年，全省常住人口6737.24万人，其中城镇人口3320.11万人。

湖南历史悠久，远在旧石器时代境内就有古人类生活栖息。夏、商和西周时期，属《禹贡》九州的荆州之域；春秋战国时期属楚国，置郡县；秦袭楚制，“去楚名，以楚地为三郡”（据《史记集解》载）；两汉时期绝大部分属荆州境；三国时，湖南地区为蜀汉和东吴的角逐之地；两晋时属荆州之域；南朝初年设有以“湘”命名的“湘州”；唐朝设湖南观察使，“湖南”之名由此始；宋朝初隶于江南道，后分属荆湖南路和荆湖北路；元朝大部分地区属湖广行省，小部分隶于四川行省；明朝设湖广承宣布政使司（仍称省，治武昌）；清康熙三年（1664），分湖广右布政使驻长沙，同年移偏沅巡抚驻长沙，此为湖南建省之始，省名沿用至今。

湖南矿藏丰富，矿种齐全，是著名的“有色金属之乡”和“非金属矿之乡”，钨、锡、铋、锑等储量居全国之首。境内植被丰富，2014年，森林覆盖率59.57%，活立木总蓄积量4.84亿立方米，湿地保护率69.3%。湖南生物资源丰富多样，堪称生物基因库。全省有水杉、绒毛皂荚等国家保护的珍稀野生植物55种，占全国保护珍稀植物种类的26%；有华南虎、云豹、白鹤等18种国家一级保护动物，以及28种国家二级保护动物、49种国家三级保护动物。湖南名胜古迹众多，古有“潇湘八景”美誉，现有武陵源风景区、崀山丹霞地貌2处世界自然遗产，有国家级自然保护区22个，国家级森林公园54个，AAAAA级景区7个。南岳衡山是中华五岳之一，岳阳楼是江南三大名楼之一，还有伟人故里韶山、千年学府岳麓书院、凤凰古城等名闻遐迩的景区景点。

湖南农业发达，自古就有“鱼米之乡”的美誉，历来是全国产粮大省，粮食、棉花、油料、茶叶、烤烟等主要农副产品产量均位居全国前列。湘莲具有3000多年历史，安化黑茶是中国世博会十大名茶之一，君山银针是中国黄茶珍品；生猪出栏数居全国之首，洞庭湖鱼虾、贝类产量居全国第五位；“鞭炮之乡”浏阳市是全球最大和最具盛名的烟花生产基地；醴陵陶瓷已有1700多年历史，釉下五彩瓷、毛瓷、国宴专用瓷驰名中外。湖南工业门类齐全，已形成工程机械、电子信息及新材料等10个优势产业集群，有三一重工、中联重科、华菱钢铁、湘潭电机等一批全国知名企业。第三产业蓬勃发展，广播影视、动漫卡通、文化创意、出版、旅游等产业迅速崛起，广电湘军、出版湘军、动漫湘军全国驰名。

境内交通发达，形成了铁路、公路、航空、水运于一体的综合交通运输网。2014年，全省铁路营运里程4281公里，其中高速铁路里程1110公里，居中部省份第一，在全国路网中担负着承东启西、沟通南北的功能。全省公路通车总里程236250公里，其中高速公路通车总里程5493公里。全省长沙、张家界等6个机场共运营航线160多条，通航国际国内城市100多个。全省有通航河流373条，通航总里程1.2万公里，位列全国第三。

湖南是华夏文明的重要发祥地之一。相传神农氏在境内种植五谷、织麻为布、制作陶器，坐落于炎陵县的炎帝陵是中华民族始祖炎帝神农氏的安寝圣地；舜帝明德天下，足历洞庭，宁远县九嶷山为其陵寝之地。湖南境内历史遗存众多，全省有城头山遗址、长沙铜官窑遗址、秋收起义文家市会师旧址、洪江古建筑群等全国重点文物保护单位182处，长沙马王堆汉墓的发掘震惊世界，湘西龙山出土的里耶秦简是继秦始皇兵马俑之后秦代考古的又一重大发现。湖南自古有“古道圣土”“屈贾之乡”和“潇湘洙泗”的美誉，以“心忧天下、敢为人先、经世致用、兼收并蓄”为精神特质的湖湘文化薪火相传。全省有长沙、岳阳、凤凰3座中国历史文化名城；有龙山县里耶镇、长沙市望城区靖港镇、永顺县芙蓉镇、绥宁县寨市镇、泸溪县浦市镇、洞口县高沙镇、花垣县边城镇7个中国历史文化名镇；有岳阳县张谷英镇张谷英村、江永县夏层铺镇上甘棠村、会同县高椅乡高椅村、永州市零陵区富家桥镇干岩头村、双牌县理家坪乡坦田村、祁阳县潘市镇龙溪村、永兴县高亭乡板梁村、辰溪县上蒲溪瑶族乡五宝田村、永顺县灵溪镇老司城村、通道侗族自治县双江镇芋头村、通道侗族自治县坪坦乡坪坦村、绥宁县黄桑坪苗族乡上堡村、绥宁县关峡苗族乡大园村、江永县兰溪瑶族乡兰溪村、龙山县苗儿滩镇捞车村15个中国历史文化名村。湖南民俗多姿多彩，土家族梯玛歌、辰河高腔、湘绣、滩头木版年画、皮影戏、江永女书等118项民俗艺术被列入国家非物质文化遗产代表性项目，花鼓戏、昆剧、湘剧、祁剧和常德丝弦等民间歌舞享誉中外，湘西苗族的巫傩文化和土家族的茅古斯、摆手舞等民俗别具一格。

湖南人文荟萃，英才辈出。从流寓湖湘的先秦爱国诗人屈原，西汉著名政论家贾谊，东汉造纸术发明者蔡伦，唐代著名书法家欧阳询和怀素，北宋理学鼻祖周敦颐，在湖南讲学传道的南宋著名理学家朱熹和张栻，明代茶陵诗派领袖李东阳，有“东方黑格尔”之称的思想家王夫之，到清代经世派代表人物两江总督陶澍，近代“睁眼看世界第一人”魏源，以及清代中兴名臣曾国藩、左宗棠，维新志士谭嗣同、唐才常，辛亥元勋黄兴、蔡锷、宋教仁，民国第一位民选总理熊希龄；从为创建中国共产党、缔造中华人民共和国做出卓越贡献的毛泽东、刘少奇、任弼时、彭德怀等无产阶级革命家，到改革开放以后的党和国家领导人胡耀邦、朱镕基；从田汉、齐白石等著名艺术家，沈从文、周立波等著名文学家，到“世界杂交水稻之父”袁隆平、“试管婴儿之母”卢光琇等著名科学家，以及全心全意为人民服务的共产主义战士雷锋等杰出人物，都以其卓越的才情、智慧和品德，在中国乃至世界的历史舞台上写下了浓墨重彩的精彩篇章，彪炳史册。

二、湖南乡镇建置沿革综述

（一）先秦至明代基层组织

先秦时期基层组织

夏、商、西周，湖南属《禹贡》九州的荆州之域，大体仍处于“蛮夷”所居的“荒服”之列。虽中原王朝不断进入，但三代都没有在湖南建立起自己的统治秩序，在这1500多年里，从湖南先民的主体部分看，始终处于原始氏族制度的缓慢解体阶段。[①]据《汉书·食货志》记载：在殷周曾把辖区内居民“以五家为邻、五邻为里、四里为族、五族为党、五党为州、五州为乡”的乡制进行控制。西周在划分“国”“野”的基础上，在王室和诸侯管辖的区域内设乡、遂地方行政机关。[②]西周至春秋之际，兴起于汉水流域的楚国把触角伸入湖南，但在整个春秋时期，楚人未能建立有效的行政管理机构，而主要是依靠军队在交通要道上设置军事据点进行统治。如在沅陵建黔中古城等。同时楚人在湖湘地区建立由移民组织的附庸国加强对居民的统治。当时著名的有今汨罗一带的罗子国和今岳阳市东的麇子国。战国时期，楚国对湖南的征服已完成，为加强统治，在湖南设黔中郡以辖之，郡治在今常德市，首次把湖南纳入封建国家行政管理体系。这一时期，县以下设乡、里、什、伍四级组织。此外，设有与乡同级的亭（管理城市居民的组织）。其职能：维护社会治安；监督户口，防止隐匿逃亡；征收租税和摊派徭役；组织农民从事生产。据考古发现，春秋战国时期湖南地区出现了规模不大的城市，如长沙城、罗子城、麇子城、索县古城、张若城、鸡叫城、城头山城、申鸣城、宋玉城等等。这些虽为城，实际为楚国军事据地、手工业和商业贸易中心。[③]

秦汉至南北朝时期基层组织

秦汉一县之内分成若干乡，乡设三老掌教化，啬夫掌司法和税收，游徼掌管治安；乡以下有里，里设里正；里以下有什伍组织（这种乡里制度基本因循至南朝）；另外县以下还有亭一级组织，亭有亭长，协助地方治安，同时监管百事。[④]西汉时

---

① 湖南省地方志编纂委员会编：《湖南省志·卷首》，北京：五洲传播出版社，2005年8月，第423页。

② 罗昭义主编：《当代中国乡镇政权建设研究》，北京：光明日报出版社，2003年7月，第13页。

③ 李建毛等著：《知我湖南丛书——湖南史话》，长沙：湖南教育出版社，1998年，第38页。

④ 《中国政治制度辞典》，北京：中国社会出版社，1990年3月，第144页。

每个县辖20个左右乡和亭，亭设在农村市镇称乡亭（又名野亭或下亭），每个乡和亭之下都设十里左右，里内居民按什伍编制。其乡里基层组织职能：维护社会治安，实行重赏重罚的“什伍连坐法”；编制“傅籍”，征收赋税；实行思想教化，秦时推行法家学说，禁止儒家思想，严禁民间私学，到汉朝自汉武帝时又“罢黜百家，独尊儒术”，大兴教育；在官吏选举中也起一定的作用。① 北魏地方基层组织实行“三长制”，规定：五家立一邻长，五邻立一里长，五里立一党长，由本乡“强谨”之人充当。主要职责是检查和审定户口，征发赋役。三长享受一定的免税优待。②

秦汉至南北朝时期湖南地区部分县以下的基层组织：

西汉，县下设有乡里。马王堆汉墓出土的《地形图》所绘即是长沙国的地域范围，据该图可知，主区大致分为县和乡里二级，县级8个，主区内共绘有80多处居民点，可辨认的乡里级居民地70多个，所标圆圈符号大小不同，应该与地域大小、人口多少有关。③

东汉，在溇中（今慈利县）等地设“里”“亭”等基层行政机构。④

新莽（9~23），耒阳改名南平亭。王莽假复古改制之名，行篡汉夺位之实，郡县之名多次改变，耒阳亦改名。⑤

东安县紫溪市镇“西汉武帝元鼎六年（前111），朝廷在镇东侧一华里的马塘铺，设置了东安驿……”。⑥

桃源县茶庵镇“自东汉建武二十六年（50）设为临乡之所属临沅（今常德市）沅南县（今桃源县）以来，此地作为乡镇治所已有1957年”。⑦

攸县，唐、虞时属荆州。《禹贡》荆及衡阳惟荆州。攸为衡山之阳一奥区。⑧户口保甲附论：保甲之设，由来远矣。汉之里魁，晋之里吏……。⑨

隋唐时期的地方基层组织

隋初颁布政令规定，县以下基层建制为保、闾、族三级制，但畿内、畿外略有不同。畿内以五家为保，设保长一人，五保为闾，设闾正一人，四闾为族，设族正一人。畿外，以五保为一里，设里正一人，相当于闾正；四里为一党，设党长一人，相当于族正。保长、里长、党长之间要相互监察。唐朝县以下的基层组织是乡、里、保、邻四级。乡设乡长一人，乡佐二人。贞观十五年（641）后，乡只设耆老（又称文老）一人，乡下辖五里，管500家。里设里正一人，里下辖五保，管100家。保设保正一人，保下辖五邻，管20家。邻设邻长一人，邻下辖4家。⑩在两亭和州县城内设坊；在郊外设村。乡里、村坊设正长，多选用六品以下没有实际官职的在乡人员或富户充任。保长、邻长则由一些有影响的人物担任。乡里、

---

① 罗昭义编：《当代中国乡镇政权建设研究》，北京：光明日报出版社，2003年7月，第14页。
②《中国政治制度辞典》，北京：中国社会出版社，1990年3月，第145页。
③ 周秋光等著：《湖南社会史》，长沙：湖南人民出版社，2013年3月，第481~482页。
④《湖南省志·民族志》，长沙：湖南人民出版社，1998年，第30页。
⑤《湖南地名志》，长沙：湖南地图出版社，2009年5月，第464页。
⑥《湖南地名志》，长沙：湖南地图出版社，2009年5月，第1540页。
⑦《湖南地名志》，长沙：湖南地图出版社，2009年5月，第1128页
⑧〔同治〕《攸县志》，1984年12月，第92、116页。
⑨〔同治〕《攸县志》，1984年12月，第92、116页。
⑩ 罗昭义主编：《当代中国乡镇政权建设研究》，北京：光明日出版社，2003年7月，第15页。

村坊正长负责稽查户口，课植农桑，检察非违，催驱赋税，监督人民。①

隋唐时期湖南地区部分县以下的基层组织：

江永县，隋开皇九年（589）并谢沐、营甫为永阳县，属永州府总管府。大业三年（607）改零陵郡。汉至隋县以下设乡、亭里。唐宋设乡、都里、坊村……。②

永兴县“唐开元十三年（725），析郴县北四乡置安陵县，县治设今高亭乡政府东侧的古城村……”。③

宋元时期基层组织

宋初县之下有乡、乡之下有坊（城厢）、里（乡村），里之下即户。各户要轮流到各级政府去服差役（职役）。户各置长一人，称户长，以第二等户充之；里置里正，以第一等户充之；于乡则有乡书手，各负督课赋税之责。此外则有耆长、弓手、壮丁，以捕盗贼，还有承符、人力、手力、散从以供奔走，即供县衙门随时驱使。④北宋王安石变法：“十家为一保，选主户有干力者一人为保长，五十家为一大保，选一人为大保长；十大保为一都保，选为众所服者为都保正，又以一人为之副。”（《宋史·兵志六》）。保的任务是联合民户，以寄兵政。另外还有甲的组织，以三十家为一甲，负责放贷和收税。⑤元代县以下设里制和社制。里制：四家为邻、五邻为保，百家为里。里设里长，里长职权为“催促差税，禁止违犯”（《大元通制》），办理国家委派的各项事宜。社制：五十家立一社，择高龄晓农事者一人为之长。增至百家者，另设长一员。不及五十家者，与近村合并为一社。地远人稀，不能相合，各自为社（《元史·食货志一》）。⑥另外，二十家变为一甲，甲有主。⑦社长负责办理本社居民自治实务。如组织垦荒耕种，修治河渠，经营副业、恤贫救危等。⑧

宋代湖南地区部分县以下的基层组织：

醴陵县分 16 乡、16 里。⑨

长沙县，北宋元符元年（1098）析长沙县东南五乡、湘潭县两乡置善化县。⑩

茶陵县，南宋嘉定四年（1211）析康乐、霞阳、常平三乡置酃县，属茶陵军管辖。⑪

元代湖南地区部分县以下的基层组织：

湖南各地“苗蛮”积极参加反元斗争，元朝“以夷制夷”，即保留各少数民族内部原有的政治、经济和文化生活不变，利用本民族内部的贵族管理和控制这些少数民族地区，设立土司，形成了土司制度。⑫

会同县编为 38 里（苗 1 里）。通道县编

① 湖南省民政厅编：《我国基层群众性自治组织常识》，1988 年 1 月，第 13 页。
②《湖南地名志》，长沙：湖南地图出版社，2009 年 5 月，第 1574 页。
③《湖南地名志》，长沙：湖南地图出版社，2009 年 5 月，第 1345 页。
④ 孟昭华等著：《中国民政史稿》，哈尔滨：黑龙江人民出版社，1986 年 2 月，第 65 页。
⑤《中国政治制度辞典》，北京：中国社会出版社，1990 年 3 月，第 145 页。
⑥ 崔乃夫主编：《中国民政词典》，上海：上海辞书出版社，1990 年 11 月，第 50 页。
⑦《中国政治制度辞典》，北京：中国社会出版社，1990 年 3 月，第 145 页。
⑧ 崔乃夫主编：《中国民政词典》，上海：上海辞书出版社，1990 年 11 月，第 50 页。
⑨ 醴陵市民政局编：《醴陵民政志》，1990 年 10 月，第 25 页。
⑩ 长沙县志编纂委员会编：《长沙县志》，生活·读书·新知三联书店，1995 年 10 月，第 1 页。
⑪ 茶陵县地方志编纂委员会编：《茶陵县志》，北京：中国文史出版社，1993 年 10 月，第 7 页。
⑫ 周秋光等著：《湖南社会史》，长沙：湖南人民出版社，2013 年 3 月，第 536 页。

为6里。[①]攸县5个乡、72里。[②]

明代基层组织

明代县以下实行都里甲制。城中称坊，近城称乡，乡村称里或图（100户为1里），里以下称甲（10户为1甲）。里长对县、乡负责，实现对里甲管理，其行政职责为对里内人户进行管理；检查督促本里农业生产。[③]据《明史·地理志》统计，湖广为里3480有奇。[④]

明代湖南地区部分县以下的基层组织：

沅陵县分12都，编户58里。辰溪县明初编为58里，明洪武二十五年（1392）并为24里，永乐元年（1403）再并为8里，景泰元年（1450）改为6都、1坊、7乡。芷江县明初编为27里，明弘治十五年（1502）并为16里，正德七年（1512）划为4坊、10乡、26里。麻阳县明洪武十四年（1381）编为9里，后因苗民起义被镇压，人烟稀少，永乐元年（1403），以绝户田土割付平、清、偏、镇、辰、沅六卫屯田，麻阳仅存7里。黔阳县明洪武初年，编为2都58里，永乐元年（1403）并为21里。会同县明景泰三年（1452）并为24里，成化八年（1472）并为24里，万历二十五年（1597）分9乡、22里。通道县明初改设5乡。[⑤]

宁远县明初设乡12个，辖60里，明崇祯十二年（1639）划宁远南乡9里，北乡4里，置新田县。宁远县减为10乡（东、西、中和、大阳、永乐、太平、仙政、广济、仁泽、丹桂）30里。[⑥]

湘潭县明洪武十四年（1381）编为21都8乡，县城分为2坊，附郭分为2乡，皆统于乡。[⑦]

攸县明洪武年间，编为52里，永乐二年（1404）并为44里，景泰三年（1452）并为29里，坊厢一区。[⑧]

此外，在今湖南境内有3宣慰使司，1安抚使司，下分3土州、10长官司和1土舍，总计大小18土司。[⑨]

（二）清朝时期基层政权[⑩]

清初湖南基层政权组织城中称坊，近城称厢，乡村称里或都。乾隆、道光年间（1736~1850），推行保甲，并办团练。光绪三十四年至宣统三年（1908~1911），筹办城镇乡自治。

里甲 清康熙年间（1662~1722），湖南几次审编丁户，造报赋役黄册，编排里甲。初定3年一编审，后改5年。以110户编为一里，推人丁多的10户为长，其余100户编为10甲，每甲10户，60岁以上者役册除名，免征赋役。16岁以上者，选报役册，计征赋役。鳏寡孤独不服役者称畸零，在100户之外，附于里甲册之后。里长10年轮换一次，管摄一里的征赋派差，征缴各户钱粮差役。清初据湘潭等50州、县汇总，共编1019里、

① 怀化市民政志编纂委员会编：《怀化市民政志》，2002年4月，第68~72页。
② 〔同治〕《攸县志》，1984年12月，第117页。
③ 罗昭义主编：《当代中国乡镇政权建设研究》，北京：光明日报出版社，2003年7月，第16~17页。
④ 周秋光等著：《湖南社会史》，长沙：湖南人民出版社，2013年3月，第534页。
⑤ 怀化市民政志编纂委员会编：《怀化市民政志》，2002年4月，第68~72页。
⑥ 宁远县民政局编：《宁远县民政志》，1992年12月，第28页。
⑦ 湘潭县地方志编纂委员会编：《湘潭县志》，长沙：湖南出版社，1995年12月第10页。
⑧ 〔同治〕《攸县志》，攸县志编委会翻印，1984年12月，第117页。
⑨ 周秋光等著：《湖南社会史》，长沙：湖南人民出版社2013年3月，第536~537页。
⑩ 湖南省地方志编纂委员会编：《湖南省志·民政志》，北京：中国文史出版社，1994年7月，第72~74页、第116~120页。

26都、8厢。康熙三十五年(1696)，在43州县内增编98里、6厢、11坊。清雍正、乾隆年间(1723~1795)，里甲又经多次编审。嘉庆二十一年（1816）据辰溪、善化（今望城区）等68州县汇总，共编1386里、32都、18保、14坊。

保甲　清乾隆三十七年(1772)，湖南废除编户与审定新生人口，全面推行保甲制。以10户为牌设牌头；10牌为甲设甲长；10甲为保设保正。牌头甲长三年一换，保正一年一换。甲内如有盗窃、邪教、赌博赌具、窝逃奸拐、私铸私销私盐、贩卖硝典、私立名色、敛财聚会，或有面生可疑，形迹诡秘的人，皆令查报。各府、州、厅、县所辖城厢、市镇、村屯居民，从缙绅至商贾、农工、吏役、兵丁皆挨户编审。湖南全省审编保甲的总况，已无从考查，部分州县确已按例编定，里甲逐渐改名都甲、都团。醴陵县于清嘉庆十八年（1813）编查烟户人丁，门牌邑令，共编24都、103境；有保正103名，甲长456名，牌头4188名。黔阳县清光绪年间（1875~1908）废都里，设局、团，全县划4局，下辖58团。[①]

城镇乡自治　清光绪年间(1875~1908)，湖南部分州、县的基层政权组织已有乡、村（团）的划分。桃源县划为6乡、2坊、下辖34村。光绪三十四年（1908）十二月，清政府先后公布《城镇乡地方自治章程》《城镇乡地方自治选举章程》。清宣统元年(1909)，湖南成立省地方自治筹办处，各厅、州、县成立地方自治筹办所。详定《全省地方自治研究所章程》《各厅、州、县筹办地方自治公所章程》《各厅州、县筹办地方自治公所附设宣讲所章程》《各厅、州、县筹办地方自治公所办理白话报章程》并确定城的区域，指定长沙、善化及湘潭、洪江等地，先行筹设议事会、董事会。镇乡区域均以人口数为标准，但因人口不实而无从划分。当时四地乡镇沿旧制，名称很不统一，称都、团、区、里的都有，实际上还是保甲制。省地方自治筹办处当时通饬各州、县地方官会同地方绅董，认真清理旧有保甲团体，巩固原有组织，以立自治初基。

（三）民国时期基层政权[②]

民国初期湖南基层政权仍袭清末都、团、区、里旧制。民国12年（1923）编立挨户团。民国17年（1928）实行区、乡、镇、闾、邻自治。民国24年（1935）实施乡、镇、保甲制。

挨户团　民国12年3月，湖南省内务司公布《各县挨户团编组条例》，规定：凡县属原有市区乡团保甲，应由知事切实整理．依照本《条例》改编挨户团。其编制：各县挨户团须照地方习惯划分区团，各区挨户团，除编入号册者外，须按户派定1人编入团丁名册，依团属户数编列：10户1排，置排长1人；5排为1甲，置甲长1人；5甲为1保，置保董1人。县挨户团以知事为总监督，遴委地方绅商办理；区挨户团置团总1人，由总监督遴委，其他应置之保董、甲长、排长，按各区团户数支配名额，由各排互推，报请团总核定，呈总监督委充之。在清查户口中，被各县挨户团编入另册的有暴徒、窃盗、土娼、烟犯、赌博等，据57县统计，编入另册共有46263人。

乡镇保甲　民国18年（1929），湖南省政府为“围剿”共产党创建的革命根据地，在平江、浏阳及湘东南等边区县内推行保甲制。以5牌为

① 怀化市民政志编纂委员会编：《怀化市民政志》，2002年4月，第71页。
② 湖南省地方志编纂委员会编：《湖南省志·民政志》，北京：中国文史出版社，1994年7月，第75~82页、第120~120页。

甲，100户以上为保，保以上为团，据此清查户口，办理联保切结。民国21年（1932），省政府制定《湖南省清查户口编组保甲规程》《湖南省各县清查户口编组保甲须知》等，民国24年（1935）1月1日在全省施行。规定县以下设区，区以下设乡镇，乡镇以下设保，保以下设甲（10户为甲、10甲为保）。至民国25年（1936），全省划乡镇3012个，坊15个，保38750个，甲424515个。民国27年（1938），全省实行扩并乡镇区域，其乡所辖户数1000～5000户。镇不受面积限制，所辖户数2000～5000户，至次年底，全省设立乡镇1608个。民国29年（1940），湖南省政府公布《湖南省各县乡镇自治实施方案》《湖南省各县乡镇区域调整办法》。至民国30年（1941）底，全省设立乡镇1609个，保20136个，甲289367个；其等级划分：甲等乡镇550个，乙等乡镇768个，丙等乡镇271个。甲等保7649个，乙等保9341个，丙等保2506个，未列等保640个。民国29~34年（1940~1945），日本侵略者侵犯湖南期间，保甲组织混乱。民国34年（1945）10月，省政府饬令抗日作战区域的乡镇，归复原有建制。12月7日，湖南省政府委员会第十四次常务会通过《湖南省各县调整乡镇组织法》《湖南省各县市整编保甲实施办法》和《湖南省各县市推行保甲规约办法》。次年，省政府迭令各县调整乡镇区划。调整后全省乡镇由1617个减为1173个，保由20515个减为14830个；甲由264540个减为198732个。

区乡镇自治　民国12年（1923）12月，永顺、保靖、龙山、桑植、凤凰、乾城、永绥（今花垣）、古丈、大庸（今张家界市永定区）、麻阳10县推行乡自治，公布《湘西永保龙桑凤乾绥古庸麻十县制》，规定牌长、甲长、保长、乡长的委任方式、选举乡议员条件和被选为乡议员任期年限。民国13~14年（1924~1925），湖南倡议联省自治，公布《湖南省宪法》，省以下实行县与市乡自治，规定市、乡划分标准。民国16年（1927）2月，省政府公布《区乡自治条例》。民国17年（1928）6月，省成立地方自治筹备处，各县成立自治分处，协助县政府筹备区乡自治。民国18~19年（1929~1930），国民政府公布《县组织法》《县组织法施行法》《县自治法》和《修正县组织法》等自治法规。民国22年（1933），省政府决定，长沙、岳阳、邵阳、湘阴、湘潭、湘乡、醴陵、宁乡、益阳、浏阳、平江、衡阳、衡山、常德14县，提前举办地方自治。民国23年（1934）12月，国民政府行政院下令举办保甲而停编。

县辖区　民国21~25年（1932~1936），设立区公所（或名区署）。民国21年（1932），全省共划区489个，民国25年（1936）调整为449个，并划有相应区的直属乡镇43个（其中直属镇19个）。民国26年（1937），湖南省实行撤区并乡，由县政督导员流动巡视、指导、监督乡镇保甲工作。民国28~30年（1939~1941），区公所或区署全部撤销。

（四）中共湖南区委领导下农民协会和苏维埃辖区的基层政权

第一次国内革命战争时期（1922~1927年）。在中共湖南区委领导下，湖南地区开展了农民运动。1923年4月建立岳北工农会，1925年成立湘潭八叠分农民协会，1926年4月成立长沙县农民协会，1926年12月成立省农民协会。至1927年1月，全省农民协会会员达200多万人，能直接领导的群众1000多万人。农民协会在政治上和经济上打击地主、推翻土豪劣绅的封建统治，建立农民武装，开展文化和合作社等运动。毛泽东撰写的《湖南农民运动考察报告》中说：农会是“新的乡村自治机关——农民政权的乡村自治机关”（《毛泽东选集第一卷》第29页）。①

第二次国内革命战争时期（1927~1937年）。中国共产党领导的工农红军建立湘鄂赣、湘赣、湘鄂西和湘鄂川黔边区革命根据地。在湖南25个县属革命根据地或游击区建立区苏维埃政府170余个，乡苏维埃政府或革命委员会910余个，成为湖南最早的基层工农政权。②

茶陵县　1927年11月28日，茶陵县工农兵政府建立；1928年先后建立第一个区苏维埃政府和茶陵县革命委员会。1930年3~4月成立太湖乡、山边一区苏维埃政府，区政府设主席、秘书、青年部长、经济委员、少先队队长、赤卫队队长、肃反委员、妇女主任等。

酃县　1928年3月，成立中共酃县县委会、中村区委、区工农兵政府。召开全区群众大会，选举区苏维埃主席、副主席和执委。下设宣传、军事、粮食、肃反、财政、文化、工作检查、土地、妇女、青年、儿童10部。并组织区赤卫队。

浏阳县　1928年11月20日，中共浏阳县委在仁和洞赖世安家召开第一区（新划区）第一次区工农兵代表大会，选举区苏维埃主席等，下设粮食、土地、财政、文化、裁判、赤卫等部。区政府领导人民查田、分土地；清理地方公产积谷，焚毁地主契据、借约、借券，取缔一切苛捐杂税。

醴陵县　1927~1928年3月，醴陵县建立区乡苏维埃政府。区乡苏维埃政府设执行委员会，分设农委、财委、妇委、武装、民食、耕作等委员，下辖自卫团、儿童团等组织。

石门县　1928~1929年，石门县成立区乡苏维埃政府，区、乡苏维埃政府主要工作：联合农民，推翻国民党统治，实行分土田，打倒土豪劣绅，没收地主粮食，分浮财，支援红军；加强地方武装，加强县游击队建设，儿童团站岗放哨，维护治安；加强经济建设，取消一切政府、军阀土地捐税、退租、减押实行统一的累计税；开展政治宣传，各区、乡小学，农民夜校，组织青年演文明戏，唱革命歌曲，开办中西结合医院。③

（五）中华人民共和国成立后基层政权④

1949年8月湖南和平解放后，湖南基层政权建设先后经历区人民政府（简称区政府）、乡镇人民政府（人民委员会）、人民公社、乡镇人民政府（简称乡镇政府）。

农村基层政权

区政府　湖南和平解放后，湖南各县在县以下划区，建立区政府。1951年6月，全省建区镇政府659个。1952年，全省建立区政府920个。区级机构设置：党群方面设中共区委书记和组织、宣传等委员及农会、青年、妇女等干部；政府方面设正、副区长、秘书和民政、公安、司务、财粮、文教、工商等干部及会计员、事务员等。1953年，湖南省人民政府按照中央军政委员会关于划小区、乡的决定，调整县以下行政区、实行小区小乡，至1955年6月，全省共设置区933个。1956年5月，湖南省人民委员会下发《关于扩大乡行政区域和撤销县属区建制的决定》，是年

① 李永芳著：《近代中国农会研究》，社会科学文献出版社，2008年10月，第181~189页、第204~214页。

② 湖南省地方志编纂委员会编：《湖南省志·民政志》，北京：中国文史出版社，1994年7月，第131~137页。

③ 石门县民政志编纂委员会编：《石门县民政志》，2015年1月，第70~72页。

④ 湖南省地方志编纂委员会编：《湖南省志·民政志》，北京：中国文史出版社，1994年7月，第75~87页；湖南省地方志编纂委员会编：《湖南省志·民政志（1978~2002）》，珠海：珠海出版社，2009年1月，第260~265页。

撤销区921个，保留常德地区和湘西自治州县以下办事处12个。1961年各地在调整人民公社区划规模时设置县与公社之间区510个（包括片工委）。嗣后几经调整，至1990年，全省共设置区411个，2003年共设置区8个，至2004年年底，全部撤销。

乡镇政府（人民委员会）　湖南和平解放后，各地以旧保区域为基础，划定乡的行政区域，至1951年上半年，全省划乡8402个，互助合作组1000余个。1950年12月，中央人民政府政务院颁布《乡（行政村）人民代表会议组织通则》和《乡（行政村）政府组织通则》。1951年6月27日，湖南省人民政府下发《关于划小区乡工作的指示》，至1953年，全省设置乡政府15217个，互助合作组247697个；镇政府340个。1953年2月，湖南省人民政府下发《关于健全乡政权组织的指示》。至1954年4月，全省完成基层选举15232个乡（除邵阳专区2乡、黔阳专区10乡外），设置乡政府。乡政府由9～15人组成，各乡酌情设置生产合作、文教卫生、治安保卫、人民武装、民政、财政、调解等委员会。乡政府职责是直接联系群众，领导生产建设，组织人民行驶当家作主权力；贯彻执行县人民代表大会的决议与县政府的指示，讨论决定本乡人民提出的重大革新事宜；加强对人民的社会主义教育，交流传播互助合作社的经验与推广先进生产技术；根据人民意见，对乡政府工作人员进行批评和表扬。是年，全省调整镇设置，镇从340个减为259个。至1955年6月，全省设置乡15269个，互助组570311个。1955年，湖南各县按照《宪法》的规定，改乡政府为乡人民委员会（简称乡人委会）。1956年5月18日，省人委会决定撤销县人委会的派出机关——区公所后，实行县对乡的直接领导，全省调整设置乡人委会2950个，高级农业合作社46305个。

人民公社　1958年8~9月，湖南省将2964个乡及5.3万多个高级合作社合并组建人民公社1130个，年底调整设置公社1198个，生产大队11592个，生产队105000个。1961年，对社镇行政区划进行调整，是年年底，全省设置公社3545个，生产大队49479个，生产队458200个，建制镇154个。1966年，设置公社3362个，生产大队45704个，生产队416700个；1971年设置公社3328个，生产大队45412个，生产队458200个，至1978年5月全省设置公社3295个，镇165个，办事处98个；生产大队45276个，居委会1403个；生产队394435个，居民小组13565个。[①]人民公社实行政社合一体制，乡党委改为社党委，乡人民委员会改为社务委员会。人民公社是我国社会结构中工农兵学商相结合的基层单位，同时又是社会主义政权的基层单位。人民公社实行统一领导，分级管理制度。公社管理机构为公社管理委员会、生产大队、生产队。生产大队为经济核算单位，生产队为组织劳动的基本单位。[②]“文化大革命”中，公社管理委员会改为公社革委会，中共公社委员会与公社管理委员会（或革委会），实行“两块牌子，一套人马”，形成党政分工不明、基层政权职能不能正常履行的状态。

乡镇政府　1982年9~11月，中共湖南省委决定实行政社分开，建立乡镇政府，派出工作组，在浏阳县的镇头、跃龙、金江、普迹、官桥、北

① 湖南省革命委员会民政局编：《湖南行政区划资料》（内部参考），1978年5月，第3页。
② 罗昭义主编：《当代中国乡镇政权建设研究》，北京：光明日报出版社，2003年7月，第28~29页。

星、柏加、大塘山等9个公社进行试点。12月4日，全国人民代表大会公告公布施行《中华人民共和国宪法》，规定农村基层政权组织为乡、民族乡和镇人民政府。1983年4~7月，全省在164个公社实行政社分开试点。1984年1月，中共湖南省委、省人民政府下发《关于政社分开建立乡政府工作的通知》。至9月，全省共设置乡3090个（其中民族乡74个），生产大队改村委会47394个，生产队改村民小组496463个；设置镇513个，街道办事处144个，设居委会2721个，居民小组28337个。11月，国务院颁布新的建镇标准，湖南省统一规划了镇的建制，采取撤乡并镇或以乡改镇的办法，实行镇管村的体制，1986年冬和1987年春，县、乡两级人大换届选举中，省人大常委会党组向省委提出在乡镇人大主席团设立常务主席的建议，得到省委赞同。通过换届选举，全省3594个乡镇人民代表大会有2682个乡镇设立主席团专职主席，确定乡镇人大主席团常务主席的职责主要是受主席团的委托，做好召开下一次本级人民代表大会会议的具体准备工作：宣传法律和政策，宣传本级人民代表大会和上级人民代表大会及其常务委员会的决议、决定，向本级人民政府反映有关法律、政策和决议，决定在本行政区贯彻和执行的情况并提出建议；联系本级人民代表大会代表，组织代表联系选民、开展代表小组活动，向本级人大和本级政府反映代表、选民的意见和要求；依照法律的规定，协助和指导选区做好撤换和补选代表的有关工作；协助本级人民政府办理代表的建议、批评、意见；办理主席团交付的其他有关事项。[①]1995年2月，全国人大常委会第十次会议修订并颁布的《中华人民共和国地方各级人民代表大会和地方各级人民政府组织法》中规定，乡镇人大设主席1人、副主席1~2人。1987年1月28日，省委、省政府下发《关于加强农村基层政权建设有关问题的通知》。是年，在16个县（市）进行简政放权的试点，至1988年底，全省已下放给乡镇政府管理机构有教育、卫生、财政等。1990年，全省设置乡2804个，镇628个；2000年，全省设乡1310个，镇1055个；2010年，全省设置乡1052个，镇1109个。嗣后几经区划调整，至2013年，全省设置乡828个、镇1138个。2015年9月，中共湖南省委、省人民政府下发《关于开展乡镇区划调整改革的意见》（湘发〔2015〕15号文件）。9月22日，召开全省乡镇区划改革动员会。当年12月2日前，全省共申报撤并乡镇524个。至此，全省共设置乡334个，民族乡83个，镇1119个。至2016年6月30日，全省完成乡镇区划调整，全省共设置乡325个、民族乡83个、镇1128个。[②]

乡镇政府职权职能　乡镇人民政府是乡镇的基层行政领导机关，又是乡镇人民代表大会决议的执行机关，对乡镇人民代表大会和县（市）人民政府负责并报告工作。乡长或镇长，副乡长、副镇长每届任期3年。2004年新修订《地方组织法》规定为每届5年。2007~2016年，乡镇政府与县政府换届同步（2006年为县乡政府换届提前1年）。根据1986年12月第六届全国人民代表大会第18次会议修改后的《中华人民共和国地方各级人民代表大会和地方各级人民政府组织法》规定，乡镇人民政府行使以下职权：执行本级人民代表大会的决议和上级国家行政机关的决定和命

① 湖南年鉴社编辑出版：《湖南年鉴(1987年)》，第191页。
② 摘自《湖南省乡镇区划调整情况汇报》和“2016年湖南省乡镇统计表”等资料中数据。

令，发布决定和命令；执行本行政区域内的经济和社会发展计划、预算，管理本行政区域内的经济、教育、科学、文化、卫生、体育事业和财政、民政、公安、司法行政、计划生育等行政工作；保护社会主义全民所有的财产和劳动群众集体所有的财产，保护公民私人所有的合法财产，维护社会秩序，保障公民的人身权利、民主权利和其他权利。保障农村集体经济组织应有的自主权；保障少数民族的权利和尊重少数民族的风俗习惯；保障宪法和法律赋予妇女的男女平等、同工同酬和婚姻自由等各项权利；办理上级人民政府交办的其他事项。[①]乡镇机构设置为：中共乡镇党委会、乡镇人民政府、乡镇人大主席团、政协联络组（20 世纪 90 年代设置）。在乡镇党委、政府之下，设党政办、纪检会、组织、宣传、武装部、综合治理办、派出所、司法办、法律服务所、民政办、国土站、财政所、统计站、税务所、工商所、计划生育办、计划生育服务所、卫生院、乡学区、乡中学、乡（村）小学、文化站、广播站、企业办、经营管理站、农业办、农机站、林业站、畜牧站、水管站、农电站、供销社、信用社、农行营业所、食品站、粮管站、邮电支局（所）和共青团、妇联等单位。

城市基层政权

中华人民共和国成立初期，湖南省仅长沙、衡阳两市在市以下设 16 个区公所，为市政府派出机关。1950 年，湖南省设立 8 个市，在市以下设区、街人民政府；区、街之下建立居民委员会和居民小组（废除旧保甲组织）。1952 年，城市街道开展民主建政。长沙、株洲、益阳等市在市以下设区政府，区以下设立街道各界人民代表会议办事处（简称街道办事处）。邵阳、湘潭、常德等市设街道人民政府或区公所。1954 年 5 月，株洲市人民政府制定《街道办事处组织简则（草）》，在市区设市政府的派出机关，领导和检查居民委员会的工作，同时撤销原街道办事处。1954 年 12 月 31 日，全国人大常委会颁布《城市街道办事处组织条例》后，湖南城市基层政权为市辖区和不设区的市人民政府；在不设区的市和市辖区政府之下所设街道办事处系政府的派出机关。其任务：办理市、市辖区人民委员会交办的有关居民工作的事项；指导居民委员会工作，反映居民的意见和要求。街道办事处主任、副主任、干事都由市辖区、不设区的市人民政府委派、编制 3～7 名。[②]1955~1956 年，长沙、株洲、邵阳、益阳、常德、洪江等市先后建立街道办事处 57 个，衡阳、湘潭等市以区辖居民委员会。

1958 年 10 月，全省城镇兴办人民公社。长沙、衡阳、湘潭、株洲、邵阳、益阳、常德、洪江等市，搭起架子的街道公社 33 个，工厂公社 8 个，学校公社 7 个。至 1960 年，省辖 9 个市中的长沙、常德、津市等市保存街道办事处 39 个。1962 年后撤销城市街道人民公社，恢复城市街道办事处。

1985 年全省设置城市街道办事处 144 个。1990 年全省设置城市街道办事处 171 个，1995 年全省设置城市街道办事处 196 个，2003 年全省设置城市街道办事处 225 个，2010 年全省设置城市街道办事处 258 个，2013 年全省设置街道办事处 344 个，2015 年，全省设置城市街道办事处 375 个。至 2016 年 6 月 30 日，全省设置城市街道办事处 393 个。

① 罗昭义主编：《当代中国乡镇政权建设研究》，北京：光明日报出版社，2003 年 7 月，第 52~53 页。
② 湖南省地方志编纂委员会编：《湖南省志·民政志》，北京：中国文史出版社，1994 年 7 月，第 150 页。

郴州市行政区划略图

审图号：湘S（2017）133号

郴州市综述

一

郴州市位于湖南省东南部，东界江西赣州，南邻广东韶关，西接湖南永州，北连湖南衡阳、株洲。“北瞻衡岳之秀，南峙五岭之冲”，自古以来为中原通往华南沿海的咽喉，素称湖南的南大门。现辖2区（北湖、苏仙）、1市（资兴）、8县（桂阳、永兴、宜章、嘉禾、临武、汝城、安仁、桂东）。总面积1.93万平方公里。2015年常住人口473.02万人，有137个乡镇、19个街道、3166个村（居委员）。

郴州历史悠久。春秋战国，属楚地，楚设苍梧郡。秦代，置郴县。汉高祖五年（公元前202），为桂阳郡。西晋建兴三年（315），分设桂阳郡、平阳郡。南朝陈天嘉元年（560），又析桂阳郡地置卢阳郡。隋开皇九年（589），统为郴州。后，时称桂阳郡，时称郴州。唐天宝元年（742），称郴州桂阳郡。贞元二十年（804），始置桂阳监。五代后晋天福元年（936），郴州改称敦州。后汉乾祐三年（950），复称郴州。宋，为郴州军、桂阳军。元，为郴州路、桂阳路。明、清时，为郴州、桂阳州。民国26年（1937）和29年（1940），为湖南省第八和第三行政督察区。中华人民共和国成立后，先后称郴县专区、郴州专区、郴州地区。1995年，撤地建市，为郴州市。

郴州历来被称为“楚粤之孔道”，现已形成高速铁路、高速公路、国道纵贯南北，高速公路、高等级公路和省道横卧东西的四通八达交通格局。拥有郴州火车站及郴州西站（京广高铁站点），京广铁路和京广高速铁路贯穿全境。另有四条地方铁路呈枝状向东、西南侧展开。境内有京港澳高速公路、厦蓉高速公路、岳汝高速公路、衡武高速、宜凤高速公路。高速公路总里程576公里，一、二级公路总里程1400多公里。100%的乡镇和99.36%的行政村铺通水泥（油）路。建成京港澳、衡武、岳汝、厦蓉、宜凤“三纵两横”高速公路网，以及“八纵八横”干线公路网络，形成郴资桂、郴永宜“大十字架”城镇群区域半小时交通经济圈，市域内一小时交通经济圈。郴州机场正在开工建设。

郴州市地理坐标北纬24°53′—26°50′，东经112°13′—114°14′。地处南岭山脉与罗霄山脉交错、长江水系与珠江水系分流的地带。境内地貌复杂多样，其特点以山丘为主，岗平相当，水面较少。山地丘陵面积约占总面积的近3/4。境内总的地形地貌为东南面山系重叠，群山环抱；西部山势低矮，向北开口，中部为丘、平、岗交错。地势自东南向西北倾斜，东部是南北延伸的罗霄山脉，南部是东西走向的南岭山脉，西部是郴道盆地横跨，北部有醴攸盆地和茶永盆地深入，形成低平的地势，一般海拔200米至400米，最低处海拔70米。全市土地地层构造：平、岗、丘主要以第四纪松散堆积物、红岩、灰岩及砂页岩为主；山地以花岗岩、变质岩、灰岩以及砂页岩等四种主要岩石构成。

郴州市境内四季分明，平地丘陵区的冬夏季长而春秋季短，山区则冬季长，而春、夏、秋季短。平地丘陵区，由冬入春和由春入夏，则南方早于北方2天至4天。市区多年平均于3月上旬入春，5月上旬入夏，9月底10月初入秋，11月底12月初入冬。春季降水量是一年中最多的，占全年降水量的37.3%。日照时数220小时至290小时，日照时数呈南少北多的分布特征。

郴州市域分属长江和珠江两大流域，三大水系，即赣江、湘江和北江。属长江流域面积为15718.8平方公里，属珠江流域面积为3674.5平方公里。境内河流发育，成放射状密布。集雨面积大于10平方公里的河流有423条，大于50平方公里的河流127条，大于100平方公里的河流62条，大于500平方公里的河流13条，大于1000平方公里的河流6条。

郴州市有野生动物182种，其中，鸟类111种，兽类35种，两栖爬行类36种。有国家一级重点保护野生动物华南虎、云豹、黄腹角雉、白颈长尾雉、蟒蛇六种及列入濒危野生动物种国际保护公约A类Ⅰ级的蟒山烙铁头蛇，国家二级重点保护野生动物水鹿、短尾猴、穿山甲、大灵猫、小灵猫等39种。国家一级重点保护野生植物有银杏、银杉、红豆杉属（红豆杉、南方红豆杉）、水松、伯乐树（钟萼木）等6种，国家二级重点保护野生植物篦子三尖杉、福建柏、柔毛油杉、华南五针松等30种，省地方重点保护野生植物黄枝油杉、江南油杉、铁坚油杉（铁坚杉）、黄山松等80多种。

郴州是中国有名的有色金属之乡、中国矿物晶体之都。现已经发现的矿种达110种，探明储量的七类70多种。钨、铋储量分列全球第一和第二，钼储量全国第一，石墨储量全国第一，锡储量全国第三，锌储量全国第四。其他矿石品种也极其丰富。郴州有特色的矿物晶有燕尾双晶、香花石、水晶与黑钨、菱镁矿石、立方体透明萤石、九九归一矿物晶体、红色立方体方解石、车轮晶体矿、层解石等。

2014年，郴州市常住人口为469.79万人，其中城镇人口227.84万人，乡村人口241.95万人，城镇化率48.5%。人口出生率13.62‰，死亡率6.98‰，人口自然增长率6.64‰。2000年第五次全国人口普查，郴州市有汉族、瑶族、畲族、苗族、土家族、侗族、壮族、满族、回族等41个民族。其中少数民族共77736人，占全市总人口432.4812万人的1.797%。郴州市是一个多宗教地区，现有佛教、道教、基督教、天主教、伊斯兰教等5个教派。

1978年12月，中共十一届三中全会确立党的工作重点转移到经济建设上来，实现新中国成立以来又一次伟大的历史转变，郴州经济社会发生巨变。1988年5月，国务院批准郴州创办由广东向内地延伸的改革开放过渡试验区，郴州由此掀起新一轮改革开放大潮。1995年，郴州撤地建市，全市经济社会发展进入加速和提质时期，城乡面貌焕然一新。2014年，郴州市实现国内生产总值1872.6亿元，公共财政预算收入240.4亿元，城镇居民人均可支配收入达23621元，农村居民人均纯收入达10786元。科技、教育、文化、体育事业蓬勃发展。苏仙、资兴、桂阳、桂东、嘉禾、北湖、宜章等跻身于全国科技工作先进行列，资兴市还被确定为“全国可持续发展实验区”。郴州现有1个国家级出口加工区（郴州高新技术产业开发区），6个省级经济开发区，即郴州经济开发区、资兴经济开发区、永兴经济开发区、汝城经济开发区、嘉禾经济开发区、宜章经济开发区。2014年，郴州市实现高新技术产业增加值397.2亿元。2014年，郴州市共有卫生机构4694个，其中医院、卫生院332家，妇幼保健院（所、站）12家，医院和卫生院拥有床位总数2.6万张，卫生技术人员2.4万人，其中执业医师和执业助理医师9283人、注册护士10134人。拥有体育场地6100个，其中体育馆14座，运动场344个，游泳池30个，各种训练房299个。普通高等教育本专科在校生2.3万人，中等职业教育在校生3.5万人，普通中小学在校生70.9万人，在园幼儿16.4万人。

郴州是湖南省首批历史文化名城。郴州是中华民族农耕文化的发祥地之一，是炎帝神农氏发现“嘉谷”、教民耕种、开创中国原始农耕文化的神奇地方。耒水、耒山，都因神农及其后裔在此制作耒耜而得名。郴州自古被誉为“九仙二佛之地”，是道佛文化发扬壮大的福地，通医道、识百药的苏耽用井水煮橘叶医治瘟疫，跨仙鹤升天，留下“橘井泉香”佳话传遍五湖四海，成了我国古代医药史和医药界的象征。郴州历来是文人墨客荟萃之地，唐宋文人杜甫、韩愈、刘禹锡、秦少游等，均在此留下脍炙人口的诗文。郴州是一座具有光荣传统的英雄城市，留下了毛泽东、朱德、陈毅等老一辈无产阶级革命家的战斗足迹，养育了邓中夏、黄克诚、曾中生、萧克、邓力群、曾希圣等一大批中国现代史上高级的政治军事人才。尤其是朱德、陈毅所发动的湘南起义，成了中国革命史、建军史上不朽的丰碑。郴州还是中国女排五连冠的起飞地，老一代中国女排集训郴州，卧薪尝胆，成就“五连冠”伟业，震惊世界排坛。

昆曲艺术蜚声中外。郴州传统文化艺术厚重，至今仍广为流传的戏剧有：昆剧、祁剧、京剧、越剧、花鼓戏、花灯戏、皮影戏及杂技等，其中尤以昆剧最负盛名。

郴州民俗资源丰富，其中以汝城香火龙、嘉禾伴嫁歌、瑶族盘王节、宜章夜故事和安仁赶分社最具代表性。

郴州是中国优秀旅游城市、中国温泉之城，拥有自然风光、森林公园、地质公园、温泉景区、名胜古迹、历史人文、工业旅游等旅游资源。“一山、一湖、一泉”是郴州山水风光的精髓。著名景点有国家AAAAA级旅游景区——湿地公园东江湖，第二西双版纳——莽山国家森林公园，龙女温泉，人间第十八福地苏仙岭，汝城热水温泉，飞天山国家地质公园，南方高山草原仰天湖，中国历史文化名村——板梁古村，桂阳宝山工矿旅游景区。

二

乡镇是中国最基层的行政机构。千百年来，郴州乡镇设置不断演变。清初，郴州域内县以下行政机构为里甲。清康熙年间（1662—1722年），县城区设厢、坊；置长，乡村设都、团，置总。清同治十年（1871），推行牌甲联结制，10户为牌，10牌为甲，10甲为保，若干保为乡（镇），置牌头、甲长、保正（长）、乡（镇）董事会总董、董事（副职）。其主要职责是调查登记户口，传达上级政令及其他公事，催征田赋税收，维持地方治安。民国初期，各县乡镇行政机构沿袭清制。民国17年（1928），始设区、村（里）、闾、邻。后改为区、乡（镇、坊）、闾（保、团）、邻（甲）。民国24年（1935），推行保甲制度，县下设区、乡（镇）、保、甲。相邻的保设保长联合办事处，简称联保。民国26—27年（1937—1938），撤区并乡。民国29—31年（1940—1942），全区分三期实施《县各级组织纲要》，充实基层组织，训练基层骨干，建立乡镇财政，实施国民教育，兴办经济事业，推进公共卫生。是时，郴州专区共10县、154乡镇、1892保、25307甲。

中华人民共和国成立后，适应经济社会发展和行政机构改革的需要，郴州域内乡镇行政区域多次调整。1950年下半年，废除保甲制度，各县均建立区、乡人民政府，乡以下设村、组。是年11月，郴州专区辖10县、78区、11镇、1436乡。土地改革运动中，乡级以建立农协委员会为中心，土改后则以建立乡政权为中心，农协会随之消失。1953年6月至1955年6月，改区人民政府为区公所，为县政府派出机构。1956年撤区并乡，郴州专区由1757乡、19镇合并为341乡、18镇，乡镇人民政府改为乡镇人民委员会。有的县在县乡镇之间增设办事处，作为县委、县人民政府的派出机构。1958年10月1日，全区农村实现人民公社化。各公社设管理委员会，辖若干大队（居委会）、生产队（居民小组），个别公社在公社与大队之间设工区。是年，郴州共136个人民公社、12个镇，1403个大队、33个居委会，14813个生产队、321个居民小组。1959年，郴县郴州市城区人民公社下设分社（后为居委会）。1960年，郴县、耒阳、蓝山、永兴、汝城、桂阳等县，陆续在县乡之间设区。1962年，根据中共中央关于"精兵简政"精神，各县开始撤区。至1965年，仅耒阳保留8个区。1968年，各乡镇人民公社管理委员会改为党政合一的革命委员会，大队（居委会）设革命委员会，生产队（居民小组）设革命领导小组。1978年，各城市人民公社改为区，相当于公社一级，下设居委会、居民小组。1979年下半年至1981年，撤销革命委员会，恢复乡镇人民公社管理委员会建制，郴州市改区为街道办事处。1983—1984年,改革人民公社体制，政社分设，设乡镇人民政府，下辖村民委员会（居民委员会）、村民小组（居民小组）。1988年，郴州地区2市9县共设有39个镇、209个乡、5个街道办事处，2950个村、130个居委会，30387个村民小组。随着农村城镇化进程的加快，其间县（市、区）多次撤乡改镇、撤乡并镇。2005年，郴州市共有86个镇、164个乡、7个街道办事处、2952个村、420个居委会、30381个村民小组。2014年，调整为82乡、102镇、19街道办事处、2946村、348居委会、35749村（居）民小组。

（唐璨）

北湖区

概述

北湖区位于湖南省南部，郴州市中部，南岭山脉骑田岭北麓。地理坐标北纬 25° 25′ 53″—25° 52′ 49″，东经 112° 41′ 34″—113° 05′ 11″。东面、北面与苏仙区毗邻，西同桂阳县交界，南接临武、宜章县。南北长 49.85 公里，东西宽 39.05 公里。总面积 830.15 平方公里。水域 1351.53 公顷。耕地面积 1.1313 万公顷，其中水田 8894.6 公顷。区政府驻南岭大道 68 号。2014 年，辖区总人口 37.94 万人。人口以汉族为主，有瑶族、土家族、苗族、壮族等 26 个少数民族。

春秋战国时期，属楚国。秦嬴政二十六年（前 221）始置郴县，隶长沙郡，境地即为县治所。之后，郴县曾先后更名为宣凤县（9）、敦化县（936）、郴县（950）、郴阳县（1276）、郴州直隶州（1376）、郴县（1913）。1949 年 10 月 1 日中华人民共和国成立后，郴县设城关区，境地为城关区的一部分。1959 年 11 月，从郴县析出郴县郴州市与市郊、板桥、马头岭 3 个农村人民公社，成立县级郴州市。1963 年 5 月，改设为郴县郴州镇，仍为县级建制。1977 年 12 月，恢复郴州市建制。1994 年 12 月，撤销县级郴州市，成立北湖区。因城区有一处面积为 12.5 公顷的北湖而得名。自秦嬴政二十六年（前 221）置郴县始，辖区境一直是郴州历代郡、州、军、路、府及郴州行署、市政府驻地。

北湖区文化底蕴深厚，人才辈出。著名的人物有唐懿宗咸通年间担任同平章事（宰相）的刘瞻。明代成化年间，有担任工部侍郎的崔岩，明弘治年间的兵部侍郎何孟春。民国年间，有同盟会会员、国会众议员的陈九韶。中华人民共和国，有担任过志愿军副司令员、副政治委员的上将邓华。

北湖区是革命老区。1925 年 10 月，中共郴县特别支部在城区建立，郴县的工农革命运动从此进入一个新的阶段。郴县总工会、郴县农民协会等组织在郴县相继成立。并开办农工运动讲习所，培训农工骨干，工农革命运动轰轰烈烈。1928 年 2 月，朱德、陈毅率南昌起义余部到达郴县，与中共湘南特委一道，以郴县城区为中心，发动湘南起义，恢复和重建城区共产党的基层组织，建立苏维埃政权。4 月初，起义部队向井冈山转移，郴县党组织转入地下活动。1937 年，抗日战争爆发，国共两党实现第二次合作。同年 10 月，曾经长期在湘南从事地下工作的王涛受中共中央指派，从延安来到郴县，在中山北街设立新四军驻郴县通讯处，领导和开展抗日救亡活动。1940年秋，郴县地方党组织转入地下斗争，建立地下武装，开展游击战争，先后给日本侵略者和国民党反动势力以沉重打击。1949年10月7日，郴县解放。

辖区地形呈北东向长条形。地势西南高，东北低，呈阶梯状倾斜。最高海拔为南端芙蓉乡境内的二尖峰（1654米），最低海拔为北部华塘镇大回湾（135.2米）。地貌以山地为主，山地、丘陵、岗地、平原地貌齐全。山地、丘陵面积占全区总面积的77.2%，岗地、平原面积仅占22.8%。为大陆性中亚热带季风湿润气候。历年平均日照时数1568.6小时，年平均气温17.8℃、降水量1466.5毫米、降水日181.1天、无霜期290天，西南山区差异较大；境内河流属湘江、珠江两大流域，其中湘江流域面积656.23平方公里，占79.05%；珠江流域面积173.92平方公里，占20.95%。主要河流有西河、郴江河、同心河、章溪水（白沙水）、土坡河等12条，总长203.1公里。其中，最大的河流为西河，长43.04公里。全区有耕地面积1.1267万公顷，林地面积5.98万公顷。有动物资源151种，植物资源1251种。区境探明矿物40种，其中，鲁塘镇石墨矿储量占全国一半以上，被称为“石墨之都”。

北湖区群山环抱，是一座“四面青山列翠屏”、“草色花光尽是春”的秀丽城市，有北湖、万华岩、仰天巨佛、仰天湖草原等风景名胜。还有“义帝陵”、“叉鱼亭”等许多人文景观。绚丽多彩的山水名胜，使不少古今名人为之陶醉，为之赞美。唐代，著名文学家、诗人沈佺期、宋之问、王昌龄、刘长卿、韩愈、柳宗元、刘禹锡等人游历此地，都留存赞誉佳作。

1949年的郴县城，生产萎缩、市场萧条、经济落后，城区面积仅1.15平方公里。工业生产，多是手工业作坊，年产值仅50万元，唯一的一家现代工业企业——光华电灯公司，日发电量仅350千瓦时。1949—1952年，党和人民政府在郴县城区组建国营贸易公司和消费合作社，组织粮食、油料、食盐、棉布等有关国计民生的商品供应，平抑市场物价。同时，对城市基础设施开始进行改造，拓宽主要街道的路幅，改造路面，安装路灯，修建下水道，改造低矮房屋，筹建自来水厂。经过三年的努力，国民经济得到初步恢复和发展。1959年，县级郴州市建立，成为北湖区发展史上的一个重要里程碑。从1959年至1978年的20年中，辖区内政治、经济、文化各方面，均取得了前所未有的成就。工业方面，兴建工业企业150家，奠定工业发展的基础，并初步实现由手工工业向现代化工业的转变。1978年，全市（县级郴州市）工业总产值达到19444万元，为1958年的17.5倍。1978年，社会商品零售总额达6838万元。1995年，北湖区建立。全区国民生产总值17.57亿元，人均GDP为5145元，三次产业结构为9.48∶49.96∶40.56。地方财政收入9140万元。城镇居民人均可支配收入5367元。农村居民人均可支配收入1129元；2014年，全区国民生产总值296.01亿元，三次产业结构为3.2∶35.7∶61.1。固定资产投资273.43亿元，社会消费品零售总额264.49亿元。城镇居民人均可支配收入25842元，农村居民人均可支配收入15644元，城镇居民人均住房面积为37.7平方米，农村居民人均住房面积为54.2平方米。

1960年6月，原县级郴州市辖五岭、北湖、东波3个城市人民公社。市郊、板桥、马头岭3个农村人民公社。县级郴州市成立，1989年，原县级郴州市辖郴江、市郊、安和3个乡，许家洞1个镇，南塔、北湖、人民路、苏仙岭、下湄桥5

个街道办事处，面积277平方公里。1995年成立北湖区，辖华塘、鲁塘2个镇，郴江、市郊、安和、小溪、保和、同和、永春、芙蓉、江口、南溪、月峰、大塘12个乡，下湄桥、骆仙、北湖、人民路、郴江、燕泉、涌泉、增福8个街道。2012年开展合乡并镇工作，部分过小的乡镇被撤并，同时将已成为城区的部分乡村改设为街道办事处。2014年，北湖区辖石盖塘、保和、华塘、鲁塘4个镇，永春、芙蓉、月峰、大塘4个乡，下湄桥、骆仙、北湖、人民路、郴江、燕泉、涌泉、增福8个街道。

（李万忠 供稿）

石盖塘镇

石盖塘镇是郴州市唯一的省级乡镇工业小区，是革命老区。文物古迹有神农殿、万岁桥，风景名胜有七姊石。

区域概况

位置面积

石盖塘镇位于郴州市北湖区中心城区南部，东与苏仙区坳上镇、南与苏仙区良田镇、西与本区保和镇、北与本区增福街道相邻。镇政府驻五星村。辖区总面积92.04平方公里。

建置沿革

明、清及民国时期，石盖塘属秀才乡。1949年，镇域属郴县五个区之一的贤良区。1950年7月，镇域改属第三区，由石盖塘乡和小溪乡组成。1956年撤区并乡，成立小溪乡政府，辖联合、双溪、黎明、光明、石盖塘、铁坑、白石岭7个高级社。1958年10月成立人民公社，小溪属于坳上公社第4生产大队。1960年8月成立小溪人民公社。1965年10月扩大公社规模，把小溪公社一部分划入到坳上公社，一部分划入到良田公社。1980年12月，从良田公社划出板田脚大队、大溪大队，从坳上公社划出五星大队（现在的五星村和石盖塘村）、光明大队、小溪大队成立小溪公社，政府驻地小溪大队。1984年，设立小溪乡。1994年2月，将政府驻地由小溪村搬迁至石盖塘村。1994年12月，撤地建市，小溪乡由原郴县划入北湖区。1996年7月，经湖南省人民政府批准设立郴州石盖塘省级乡镇工业小区。1997年4月，经省政府批准撤乡建镇，成立石盖塘镇。石盖塘乡镇工业小区与石盖塘镇政府合署办公。

原江口乡，三条溪流汇集成郴江源头而得名，1950年设立，1958年改江口大队，属邓家塘人民公社管辖。1961年改为江口公社，1984年设立江口乡。1995年划入北湖区。2012年4月，江口乡与原石盖塘镇合并、成立新的石盖塘镇，政府驻地五星村。

行政区划

1950年7月，石盖塘乡辖石盖塘村、到塘村（五星村）、官村（光明村）、万寿桥村、黄泥坳村5个村，小溪乡辖小溪村、铁坑村、白石岭村、大溪村、板田脚村5个村。1956年撤区并乡，成立小溪乡政府，辖联合、双溪、黎明、光明、石盖塘、铁坑、白石岭7个高级社。1960年8月，小溪人民公社辖双溪、联合、光明、黎明、石盖塘、白石岭6个大队。1995年8月，苏仙区坳上镇万寿桥村划入小溪乡。

原江口乡，1961年成立江口人民公社。1984年设立江口乡，辖江口、枫木岭、龙广洞、新屋、竹枧水、功德岭、上垅、下垅、白菊塘、高塘共10个村，85个村民小组。

2014年，石盖塘镇辖白石岭、小溪、五星、石盖塘、光明、大溪、板田脚、万寿桥、爱民新村、江口、枫木岭、龙广洞、新屋、竹枧水、功德岭、上垅、下垅、白菊塘、高塘共19个村，1个工业园社区。下设168个村民小组。

自然环境

地理环境　境内以丘陵、山地为主，平原、岗地、丘陵、山地分别占总面积的6.5%、1.38%、13%、68.79%，其余为水面。西南地势高峻，群山林立，山体庞大，最低海拔在政府驻地五星村（海拔245米），最高点位于上垅村的荷叶（海拔1358米）。高差1113.5米；属亚热带季风湿润气候，四季分明，阳光充足。年平均气温14.8℃，年均无霜期288.2天，年均日照1463.3小时。年均降水量1501.3毫米，年均降水日169.7天。极端年最多雨量2590.8毫米，极端年最少雨量822.9毫米.降水集中在每年4月至6月。镇内江口片山区地带入春迟，夏季短，入秋早，以至秋冬季时间比平原丘陵地带多60多余天，冬春间多雾、潮湿；石盖塘为骑田岭北麓，水田土壤以黄、青泥为主；旱土有红壤、黄红壤、黄壤、黄棕壤、山地草甸土等；境内溪河属郴江河源头之一，发源于竹枧水村大排山，由西南经江口、板田脚、大溪、光明，于万寿桥流入郴江，境内河道长25公里。境内溪河水道狭窄，水量充沛、水质好、落差大。

自然资源　境内拥有林地面积5.982千公顷，森林覆盖率达64.1%，牧草地102.24公顷，占全镇总面积的1.33%。以低矮灌木、竹林、杉木为主，活立木储量达20.9238万立方米。植物有松、杉、楠竹、苦笋竹、茅栗、杜鹃、金银花、冬茅及藤蔓和苔藓等地衣类。保存有原始森林，其中新屋村约24公顷，白石岭村18公顷，物种丰富，组群复杂。板田脚村6株侧柏古树，系国家二级保护树种，树龄约260年，高19米，胸径2.2米，冠幅6米。有野生种子植物6种,特别珍贵的1种；境内常见野生动物有野猪、野鸡、野兔、竹鼠等。其中列为国家二类保护动物的有3种；主要矿产资源有白钨、铋、铜、锰、白云石、萤石等储量可观，其中白钨储量位居全国前列，集中分布在小溪村、白石岭村、板田脚村一带；萤石有探矿权的储量为38.5万吨，有采矿权的储量为10.9万吨，集中分布在白菊塘村至枫木岭村一带。

自然灾害　境内自然灾害主要是山洪地质灾害和冰冻灾害。山洪地质灾害主要发生在4月至9月，最严重的一次发生在2002年8月8日，境内遭受百年未遇的特大暴雨，致使山洪暴发，河水猛涨。因灾死亡13人,倒塌房屋148户、588间，农作物受灾面积112公顷，冲毁电站4座，公路5公里，造成直接经济损失300多万元。最严重的冰灾发生在2008年1月，冰雪天气连续42天。造成石盖塘镇交通、通信、供电中断达28天。

人口民族

新中国成立之前，辖区因战乱、饥饿疾病，人口增长缓慢。1988年，小溪乡共5126户21859人，其中非农人口2187人。1995年，辖区共有2334户，8912人。其中，农业人口8417人。同年，原江口乡共有1975户7848人。其中，农业人口7642人。

2014年，全镇共有7686户20982人，其中，农业人口15223人。总人口中，男性10742人，占51.2%；女性10240人，占48.8%。汉族20270人，占96.6%；瑶族712人，占总人口的3.4%。人口出生率10.85‰,人口自然增长率6.5‰。

经济发展

经济综述

清朝、民国时期，境内工商业欠发达，经济以农业为主。部分村地处高寒山区，山多田少，受耕作水平、气候和交通条件限制，经济十分落后。不仅米粮缺乏，靠红薯杂粮充饥，且居住在茅屋、土砖房里，衣服破旧，生活极度贫困。

新中国成立后，实行土地改革，通过兴修水利、发展工、副业，部分水利资源被开发利用，经济有所发展。1966 年，“文化大革命”开始，农民的自留地和正当的工、副业被当作“资本主义尾巴”割掉，生产发展缓慢。十一届三中全会后，坚持以经济建设为中心，积极推进以家庭联产承包责任制为主要内容的农村改革，大力发展商品经济和第二、第三产业，经济快速发展。

1995 年，小溪乡农业产值 740 万元，乡镇企业产值达 2625 万元，财政收入 968 万元，农民人均纯收入 1120 元。同年，原江口乡完成农业产值 502 万元，乡镇企业产值达 502 万元，财政收入 594 万元，农民人均纯收入 896 元。

1996 年，伴随工业小区设立，矿业的开发，全镇经济发展迅速。

2002 年，石盖塘镇地区生产总值 11119 万元，财政收入 305.62 万元，农民人平纯收入 3528 元。同年，原江口乡完成地区生产总值 3494 万元，财政收入 68.15 万元，农民人均纯收入 2980 元。

2005 年，取消农业税，农民生产积极性大增。该年，石盖塘镇地区生产总值 6.14 亿元，财政收入 2463 万元，农民人平纯收入 7656 元。同年，原江口乡完成地区生产总值 3340 万元，财政收入 82.22 万元，农民人均纯收入 4355 元。

2011 年，石盖塘镇全年实现地区生产总值 24.32 亿元，财政总收入 552 万元，农民人均纯收入 13416 元。同年，原江口乡完成地区生产总值 17247 万元，财政总收入 117 万元，人均纯收入 7962 元。2012 年，江口乡合并到石盖塘镇。

2014 年，石盖塘镇实现地区生产总值 32.7 亿元，财政总收入 1802.7 万元，农民人均纯收入 16586 元。

农业

种植业 石盖塘历来为传统农业。粮食作物主要有水稻、红薯、玉米。蔬菜作物有萝卜、白菜、红萝卜、土豆等。经济作物有烤烟等品种，烤烟生产是石盖塘的支柱产业，每年种植均在 100 公顷以上，交售烟叶 4000 担以上，是创税和农民创利的支柱产业。耕地 898.6 公顷，其中水田 788.81 公顷，旱土 105.87 公顷，菜地 3.87 公顷。粮食总产量 5140 吨，出栏生猪 4340 头。农业总产值 740 万元。

2005—2013 年，石盖塘镇依托农业企业建立小溪村猪—沼—菜无公害蔬菜基地、小溪村千亩板栗、66.66 公顷香葱、大溪村 66.66 公顷无公害蔬菜等种植业基地。兴建占地 1.34 公顷的三湘菌业。

2014 年，粮食播种面积 1.41 千公顷；其中稻谷播种 948.86 公顷，总产 7768 吨；玉米播种 90 公顷，总产 675 吨；豆类播种 33.33 公顷，总产 25 吨；薯类播种 250 公顷，总产 2500 吨。油料类播种 37.33 公顷，总产 171 吨；蔬菜播种 166.66 公顷，总产 63846 万吨；其他农作物播种 300 公顷。水果种植 133.34 公顷，总产 1000 吨。

畜牧业 以生猪、羊、牛养殖为主。传统养殖业主要以牛、猪、鱼及家禽为主，1990 年之前，家家养牛为耕田，户户养猪为过年。改革开放后，养殖业快速发展。增加了山羊、天鹅等品种。稻田养禾花鱼是镇域山村的一种传统，一直延续至今。有天湖灰天鹅养殖基地、广湘黑山羊养殖场。

2014 年生猪饲养量 34925 头，年末存栏 19150 头；羊饲养量 4997 头，年末存栏 4997 头。稻田养禾花鱼面积达 133.33 公顷。

2014 年，完成农林牧渔业总产值 2.8 亿元。

林业 林业是石盖塘镇的一种重要经济来源。1965 年，原江口公社建立江口杉木林基地。1976 年，建立万亩油茶林基地。1980 年，原江口公社建立完善的林业责任制，采用社办、大队办、生产队办、个体办和联营办等多种形式办林场、果场。1992 年，小溪乡共营造人工林场 1.13 千公顷、果场 166.67 公顷，是郴县提前消灭荒山的乡镇之一，仅林木和水果收入年均每人 100 元以上。1995 年，原小溪乡共有林地面积 3.578 千公顷。原江口乡共有林地面积 2.877 公顷。2014 年，全镇共有林地 5.983 千公顷。森林覆盖率 70%，活立木蓄积量 209238 立方米。

工业

清朝、民国时期，石盖塘镇域内除零星手工作坊外，清朝始有矿业开采，但产量低。

改革开放后，乡镇企业发展迅速，1983 年成立江口冶炼厂、电站、江口装卸队、江口建筑队等，之后，发展小水电，开发白钨矿，2012 年，全镇的白钨矿全部按政策关闭。

石盖塘工业小区成立于 1996 年 7 月，位于石盖塘村境内，距市中心仅 9 公里，交通便捷。区管委会与石盖塘镇党委政府合署办公，实行“两块牌子一套人马”管理。工业小区总规划面积 9.14 平方公里，远景规划面积近 8 平方公里。工业小区自设立以来，逐渐形成新型工业发展区、农产品加工区、轻工业发展区、高档商住生活服务区、休闲旅游度假区、仓储物流管理区等六大功能区。1998 年，全镇企业工业总产值达 2.4 亿元，企业利税总额 2890 万元。2001 年，全镇企业工业总产值达 4.2 亿元，企业利税总额 6278 万元。

2008 年，郴州市委、市政府确定石盖塘乡镇工业小区为承接沿海梯度产业转移示范区。园区先后投入近亿元，新建标准厂房 8 万平方米，工业迅速崛起。2010 年，全镇企业工业总产值达 12 亿元。

2014 年，镇境有宇腾化工、湖南有色、宏生纺织、华安电机、长鸿金属、振诚包装、帝京化学、新泰高科、湘大骆驼饲料等 30 余家企业。有农业龙头企业 3 家，即裕湘面业、天湖食品、广湘食品。其中裕湘面业产值达亿元，是农业产业化国家重点龙头企业，裕湘挂面获“中国名牌产品”，裕湘商标被评为“中国驰名商标”。

2014 年，全镇企业工业总产值达 30 亿元，企业利税总额 12.26 万元。

商贸服务业

新中国成立前，石盖塘镇没有集市，镇域内的老百姓都是到良田、黄泥山圩场（即大树下圩场）赶集。1952 年年初成立国营供销社，方便村民购物。1994 年，乡政府搬迁到石盖塘村之后，先后投资 120 万元，建立市场。赶墟日定为三、六、九。随着石盖塘小城镇建设与工业园区的发展，商品市场发展迅速，商贸流通网络不断健全。2010 年，市场红火起来。除本镇村民外，良田、保和、江口等地都有人到这里赶集。交易的商品主要有猪肉、牛肉、干笋、大米、禾花鱼、山羊、萝卜、白菜等土特产和生活日用品等，货物琳琅满目，交易红火。

2014 年，石盖塘集市共有个体商业、手工业、服务业、维修业、饮食业等共 67 户，从业人员 92 人。赶集人数经常保持在数千人。餐饮、酒店、金融、保险、娱乐等百业兴旺，基本能够满足村民、居民的生产、生活需求，江口市场有个体商业、饮食店12户、从业人员12人。

基础设施

交通运输

东汉年间（184–220），建成湘粤通道，途经镇区，现还保存骡马古道2公里。1982年，境内107国道郴宜段通过，纵贯镇区南北。之后，穿越镇区的厦蓉高速、京港澳高速、京广铁路、武广高铁，南岭大道、槐万公路，使镇区成为纵横交错的交通枢纽。

1984年以来，小溪乡开始兴修通村公路，截至1990年，新屋等行政村先后修通简易的沙石公路。2007年，全镇的行政村修建水泥公路。

1990年以来，原江口乡枫木岭村开始兴修通村公路，截至1995年，新屋、功德岭、竹枧水、高塘、白菊塘、龙广洞等村先后修通简易的沙石公路。2013年，原江口乡的10个村修建了水泥公路。

2014年，投资730余万元，修通龙广洞村至保和镇宋家洞村连接线，全程10公里；投资300余万元，建成竹枧水村至永春乡打鸟坳3.8公里连接线；总投入40余万元，完成小溪路等3条乡道提质改造工作。

1996—2014年，镇区道路逐年修建。2002年，修建工业大道、商业大道、亮化和美化107国道，并配套排污管网、路灯、绿化带和部分人行道。2004年修建裕湘东路、裕湘西路并配套排污设施和路灯，拉通富民大道和裕湘南路路基。2005年拉通香花大道，硬化裕湘路、富民大道，亮化、美化商业大道，完成小康一条街。截至2014年，构建以商业大道、工业大道、裕湘南路、富民大道、裕湘东路、裕湘西路为骨架的“三横四纵”的城镇道路体系。

邮政通信

清代以前，文书由驿卒、挑夫传递。民国时，信件由信差投递。新中国成立后，邮电事业快速发展，1991年，建设邮电部门线务站一座。1995年12月，投资230万元的邮电支局在镇区内建成使用。1991年，原江口乡建立邮电所。1997年实行邮、电分离，分别成立邮政支局和电信支局。2014年有石盖塘镇邮政支局2处，分别位于南岭大道和江口集市。年发行报纸、杂志20余万份。圆通、天天等快递公司在石盖塘镇开办业务。

1980年，小溪公社机关安装电话。1983年，原江口乡政府机关安装电话。1995年开通程控电话，1997年实现村村通电话。2001年，石盖塘镇开通全球通手机业务。2014年，有电信支局1家，电信、移动、联通3大通信企业在镇区开设相关业务。

供电供水

供电 民国时期，村民靠煤油灯、松树脂照明。1979年，原江口公社建成一座原郴县设计水头最高——182米的一级电站，装机容量1200千瓦。1982年，建成一座二级电站，装机容量110千瓦。同年，建成下垅电站，装机容量80千瓦。1984年，建成新屋电站，装机容量95千瓦。1988年，建成江竹电站，装机容量110千瓦。

2014年，全镇共有小水电站9个，总装机容量4100千瓦。年总发电量1200万千瓦时，经济效益达70万元。

1980年，小溪公社成立时，已经实现村村通电。1990年，原江口乡实现村村通电。2000年，国家实行农网改造，各村供电质量得到很大的提高。

镇区拥有35千伏以上变电站2所，主变压

器4台，总容量5900千瓦，高压输电线路15条，总长度140千米，用电负荷1900千瓦，是郴电国际、湖南电力公司确定的重点供电网之一。

供水 1990年以前，村民饮用水主要靠水井供水。1990年之后，各自然村陆续建立自来水蓄水塔。1995年6月，小溪乡投资128万元建设年产2000吨的自来水厂。2014年，全镇有自来水厂1座，铺设干线水管10千米，生产能力547.5万吨/年，年工业用水80万吨，生活用水467.5万吨，供应3600人。全镇19个村建立自来水蓄水塔19个，村民普遍用上自来水。

水利建设

1970年，建成文革水库，后更名为仙岭水库，2004年维修。水库总库容1329万立方米。2012年，建立江源水库，这是湖南省第一个重点烟草水源性工程，以防洪、灌溉为主，兼有生态、旅游等综合利用功能的中型水利工程，水库总库容1027万立方米。

2001年，上投下集共筹集70多万元，修建大溪、光明、五星、石盖塘9条，三方防渗渠道，共27.3公里，解决200多公顷农田缺水问题。

2014年，全镇有水库2处，即仙岭水库、江源水库。山塘3处，即白石岭山塘、光明村山塘、高塘村山塘。水渠总长达2250公里。

村镇建设

新中国成立前，石盖塘镇农村条件极差。山区村大多数村民住房为土砖茅屋或土砖杉皮屋顶，勉强遮风挡雨。较富裕的住青砖瓦房。新中国成立后，村民住房条件改善，部分村民建造了红砖瓦房。中共十一届三中全会以后，农村生活条件进一步改善，先富裕起来的村民住进了小洋楼。

1980年，小溪公社成立以来，大力开展村镇建设。陆续开展卫生院、邮电所、信用社、农行、学校、市场等建筑设施，小城镇功能日趋完善。2011年，编制《石盖塘镇总体规划》。

2010年以来，开展光明、小溪、万寿桥村等村的新农村建设工作。在光明村107国道两旁近4公里的通组公路上安装太阳能路灯46盏，建成一个面积约600平方米多功能游园，投资28万元，在107国道边的光明村八条通组公路两旁，种植桂花等植物6000株，铺草皮400平方米。2013年，按照“示范引路、以点及面”的思路，先把石盖塘、小溪、光明、五星、万寿桥、江口等行政村作为第一批村庄环境整治重点，其中小溪村已经成为北湖区的典型村。投入5万元建设原江口乡政府所在地垃圾中转站。

2014年，全镇共计安装太阳能路灯263盏，建成1座垃圾焚烧场和3座压缩式垃圾中转站，增添2台小型垃圾车，新增15个封闭式垃圾斗，安装3000个垃圾桶。

社会事业

教育科技

教育 明、清、民国时期，以私塾教育为主。小溪村田氏家族在明朝已有私塾，教育田姓子弟。受教育人数少，文盲、半文盲普遍。1949年郴县解放，私塾取消，积极发展国民教育事业。

1963年，创办小溪中学。1995年，小溪中学在校学生399人，教职工36人。1996年，改名石盖塘中学。2003年改名石盖塘镇中心学校。

1964年，创办江口中学。1965—1966年，原江口乡各村小先后建立。1995年，江口中学在校学生251人，教职工18人。原江口乡有小学11所，在校学生996人，教职工61人，2003年改为江口中心学校。

2014年，全镇有幼儿园4所，在园幼儿198人，专职老师15人；小学8所，在校学生227人，专任教师15人，小学适龄儿童入学率100%；初中2所，初中在校学生651人，专任教师64人。初中适龄人口入学率、小升初升学率、九年义务教育普及率均达100%。

科技 新中国成立以前，农业生产使用传统技术，技术相对落后。新中国成立以来，大力推广良种良法和农业新技术。至1984年，设立农技站，推广科学种田。1995年设科技副乡长、科技专干，初步形成覆盖全乡的农科网。先后推广农作物新品种、抛秧技术、为村民提供水稻虫情预报等。2014年，开展早稻集中育秧示范工作，完成万寿桥等6个村93.33公顷早稻集中育秧试验及推广。

文化体育

文化 1985年，小溪乡设立文化站，建有1个图书室。同年，原江口乡设立文化站，建立1座电影院，1个图书室。1995年，小溪乡、原江口乡建立有线电视差转台，有线电视进入农户。2006年，石盖塘镇、原江口乡共有19个村建立现代远程教育室。村民可以坐在自家电视机前学习政策法规、实用技术和科技知识。2014年，全镇有文化站、广播站各1处，有村级文化活动中心19处，各类文化专业户45户，设有农村书屋19个，藏书4余万册。小溪村为省级历史文化名村，小溪田氏宗祠为市级文物保护单位。

体育 明、清、民国时期，石盖塘民间流行传统体育：武术、正月耍龙灯、舞狮子等。不少村庄建有戏台。现在保存完好的有小溪村民国重建的田氏宗祠中的戏台。小溪村传统的武术——长拳很有名气，已申报非物质文化遗产。2005年，镇香花苑居委会建立腰鼓队。至2014年，全镇有体育场6个，农村健身器材覆盖率达20%。

医疗卫生

小溪乡卫生院成立于1980年，有床位6张，医护人员6名，固定资产总值2万元。1995年，石盖塘卫生院有床位8张，医护人员7名，固定资产总值7.84万元。

原江口乡卫生院成立于1968年，有床位3张，医护人员6名，固定资产总值2万元。1995年，江口乡卫生院有床位6张，医护人员9名，固定资产总值3.38万元。

2014年，全镇有乡级卫生机构2个，村级卫生室10个；共有床位54张；固定资产总值388万元。医护人员46名，其中执业医师10人，执业助理医师12人，注册护士7人。

2007年，推行新型农村合作医疗。石盖塘镇共有8228人参加新型农村合作医疗，村民参合率达96.1%。同年，原江口乡共有6553人参加新型农村合作医疗，村民参合率达90.87%。

2014年，全镇共有16848人参加新型农村合作医疗，村民参合率达98.68%。

社会保障

新中国成立以前，镇域村民社会保障主要依赖宗族公田。新中国成立以后，国家实行救济政策，1986年，建立敬老幸福院，供养老人13人。2012年，原江口乡合并到石盖塘镇以后，合并到江口敬老院，现供养老人44人。还有一部分“五保户”分散供养。

1995年，实行农村社会养老保险，按照自愿参保的原则，少数村民购买养老保险。2009年，全面启动新型农村社会养老保险。2014年年底，全镇新农保参保人数达10078人，参保率达95.8%，2014年12月，石盖塘镇共有农村低保户722户1014人（其中A类33户，39人；C类689户，975人）；城市低保户62户90

人；农村“五保户”79户90人，其中集中供养36户42人。2014年全镇共计发放低保、“五保金”163万余元。

特色地情

历史人文

黄耀华（1889—1920） 原名黄厚福，江口白菊塘人，1916年入北京大学预科班，常同邓中夏等人探讨救国救民真理。1919年3月，参加北京大学平民教育讲演团。他是“五四”运动的骨干成员，担任北京大学学生会和北京中等以上学校学生联合会干事会交际干事。6月3日，北京大学学生举行大规模的示威演讲活动，他和800余名学生被捕，被捕学生在狱中成立评议部，他被选为评议部主任。11月，“福州惨案”发生，黄耀华与其他学生骨干一起，抗议日本的侵略罪行，因日夜操劳，肺病复发，1920年3月15日在北京病逝。

风景名胜

龙广洞苏区 辖石盖塘镇龙广洞村及周边地区。是湘南特委、郴县县委机关驻地。湘南特委在此地组织指挥郴县、桂阳、宜章等地党组织的地下活动。1933年春，湘南特委、郴县县委建立了以郴县凤鸣乡龙广洞村为中心的红色苏区。1933年10月，建立二、六区委、龙广洞苏维埃政府。还成立了农民协会、农民赤卫队。1934年11月，红军长征经过此地，留下一批伤病员，交由地下党员照看。在血雨腥风的日子里，这里曾发生过多次战斗，全村有名有姓的烈士就有18位。

神农殿 位于石盖塘镇白石岭村的白石仙之巅，至今还存有神农母亲的墓址和神农石像、神农殿，殿内有“神化通天地，农功迈古今”“炎帝圣功拂宇宙，白石仙岩镇山河”两副石对联，为远古能工巧匠所作，以仰怀神农帝为民治病亲尝百草和开发农业的神圣功绩。

七姊石 位于石盖塘镇龙广洞村的福仙峡之巅，七块巨石并列，云遮雾绕，时隐时现，宛若七仙女下凡。石底有岩洞，内有七姊妹石像。外有七姑庵。山泉清澈，流入下石江。

田氏宗祠 建于清乾隆五十五年（1790）。祠内梁上挂有彰显贤德、功绩的牌匾9块。祠内祠外雕梁画栋，做工精细。民国23年（1934）的时候，“春公宗祠”被一场大火焚毁，但乾隆年间雕刻的两块石碑尚保存完整。现在的春公宗祠是民国25年（1936），按其原样重建的。

万岁桥 位于万岁桥村。为湖南省现存最早的桥，始建于秦王嬴政50万大军南下五岭之时。而万岁之名，有多种传说，其中一种与神农有关。在桥头的一侧，有两块石碑：一为道光时期所立，一为乾隆六十年（1795）的叙事功德碑。

（李万忠 供稿）

鲁塘镇 >>

鲁塘镇被誉为“石墨之都”“煤炭之乡”，是“湖南省山区小城镇综合改革与开发试点镇”、湖南省首批“乡镇企业产值过亿元乡镇”。

区域概况

位置面积

鲁塘镇地处北湖区西南部，东临石盖塘镇、永春乡，南接大塘瑶族乡、桂阳县荷叶镇，西连桂阳太和镇，北靠月峰瑶族乡、桂阳县正和镇。镇人民政府驻同祥村，距郴州城区56公里。辖区东西最大距离17.4公里，南北最大距离20公里，总面积113.5平方公里。

建置沿革

明、清时期称永宁乡，明洪武九年（1376）前属郴阳县，后属郴州本州直辖，明万历四年（1576）设一都。清代为郴州本州直辖。民国2年（1913），属郴县，改为永宁区，安源团改为安源特别区。民国19年（1938），永宁、凤鸣、凤翙、吉阳、安源区并为第四自治区，区治华塘铺，镇境属郴县第四自治区。民国24年（1936），团改为乡。民国27年（1938），第四区分为永宁、凤鸣、凤翙、吉阳4乡。民国36年（1947），永宁乡治包公祠。1949年10月7日，郴县解放。同年12月，进行划区，在原永宁乡、吉凤乡设吉宁区，区治华塘，镇境属吉宁区，1952年，划为第六区（鲁塘），镇境为第六区的一部分，1955年，称鲁塘区。1956年，撤区并乡，设鲁塘乡。1957年，设鲁塘办事处。1958年，设上游人民公社，社治鲁塘，分设南溪管理区。1959年，改名鲁塘人民公社。1961年2月，鲁塘公社分为鲁塘、南溪、芙蓉公社。同年8月，县下设区、区管社，设鲁塘区。1962年5月，撤销区。1984年3月，以公社建乡，更名鲁塘乡。1994年11月，撤乡建镇，更名为鲁塘镇。1995年划归北湖区。2012年6月由原鲁塘镇、南溪乡成建制合并为新的“鲁塘镇”。

行政区划

明万历四年，永宁乡辖进思、清平、长安、击壤、忠孝、清泰6里。清嘉庆二十一年（1816），辖水冲洞、石壁潭、天潭、安源、南溪、芙蓉洞等58个村。1938年，永宁乡辖9保78甲。1949年12月，永宁乡所辖区域划归吉宁区。1952年，鲁塘区辖鱼塘、石碧潭、下冲湾、芙蓉洞、廖家洞、蕉溪、东溪、南溪、仁和、桑园、卧云、安源13乡。1956年，撤区并乡，辖太山里、太洞、水车洞、上鲁塘、下鲁塘、冷水、天堂、村头、陂附、同祥等16个村。1958年成立上游公社（后改名为鲁塘人民公社），所辖范围扩大到包括大塘、芙蓉、南溪，面积达208平方公里。1961年2月，划出南溪、芙蓉（包括大塘），辖区范围恢复到1956年的区划。1984年社改乡，所辖生产大队、生产队分别改名为村、组。2012年5月，鲁塘镇辖太山里、太洞、水车洞、上鲁塘、下鲁塘、碧潭、冷水、天堂、前进、蕉塘、村头、仁和、鲤鱼湾、陂附、同祥、新屋背等16个村，150个村民小组和同祥、石墨矿2个居委会，12个居民小组。同年5月，南溪乡辖南溪、东溪、红星、前途、粗石园、长塘、自愿、蒋家洞8个村，56个村民小组的区划格局保持未变。

2012年6月，鲁塘镇辖太山里、水车洞、同祥、碧潭、前进、蕉塘、鲤鱼湾、新屋背、陂附、东溪、自愿、南溪、粗石园、长塘、蒋家洞、太洞、上鲁塘、下鲁塘、冷水、天堂、村头、仁和、红星、前途、24个行政村，鲁源、鲁塘、南溪3个社区居委会，共有207个村民小组。

自然环境

鲁塘地处骑田岭山脉西北脚，境内地形呈东高西低、南高北低走势。东部以中山、中低山为主，群山连绵，西部以丘陵、低山为主，地势低平开阔。最高点金仙寨海拔1283.7米，最低点陂附村海拔260米。属大陆性中亚热带季风湿润气候，其特点是气候温和，雨量充沛，四季分明。多年平均气温17.8℃，生长期年平均206天，无霜期年平均284天，平均降水日181.1天，平均降水量1466.5毫米。年平均日照时数1568.6小时。主要自然灾害有旱涝、霜冻、低温等。境内河流属湘江水系。鲁水河由南往北从太洞村的金橡渊起流经全镇至前进村，境内河道长12公里。西河由东向西从自愿村的安乐洞起横贯镇域北部至前进村高家组汇入鲁水河，境内河道长17公里。矿产资源丰富，已探明的矿藏有石墨、煤炭、石灰石、钛铁砂、褐铁、花岗石、锡、锰、铅、锌、铜、银等10余种，其中石墨矿储量2759万吨，煤炭储量5058万吨。

人口民族

自宋朝开始中原人口迁移到本镇区域。民国时期因战乱饥饿，境内人口增长缓慢。民族以汉族为主，少数民族有瑶族。新中国成立后，1988年，辖区共5126户21859人，其中非农人口2187人。1995年，辖区共5821户22235人，其中非农人口2351人。2014年，辖区总户数10574户，人口33694人，其中瑶族596人，非农人口2149人。2014年人口出生率8.4‰，死亡率3.6‰，人口自然增长率4.8‰。

经济发展

经济综述

长期以来，鲁塘经济以农业生产为主。民国时期开始发展石墨、煤炭采掘业。新中国成立后，石墨开采、加工主要依靠国有企业鲁塘石墨矿，集体企业作为有益补充。改革开放以来，经济快速发展，原鲁塘乡1983年人均口粮、人均纯收入、社会商品零售总额、群众购买力分别从1979年的239千克、143元、206万元、78元增加到的279千克、239元、321万元、164元，不少农户住进住进了新房，有电视机、三用机、电风扇。至1983年底，全镇群众储蓄金额达95.2万元，比1979年增加1.1倍。1990年始采掘业发展迅速，1999年原鲁塘镇国内生产总值4.12亿元，乡镇企业产值达3.85亿元，财政收入2980万元，农民人平纯收入4621元。2000年，原南溪乡完成社会总产值3935万元，农民人均纯收入1860元。2001—2010年，矿业生产和石墨加工业发展进入高峰时期，人民生活水平大为提高，不少村民盖起别墅式住宅，购置小轿车。2011 年原鲁塘镇全年实现国内生产总值 9.98 亿元，其中第一产业 5646 万元，第二产业实现 35371 万元，第三产业 58763 万元；实现农民人均纯收入达到 15737 元，财政总收入 4000 万元。同年，原南溪乡完成国内生产总值 5287.27 万元，其中第一产业 844.87 万元，第二产业 2802.36 万元，第三产业 1712.74 万元，人均纯收入 7636.16 元。2014 年，全镇实现地区生产总值 15.2 亿元，其中第一产业 0.81 亿元、第二产业 6.05 亿元，第三产业 8.34 亿元。

农业

全镇农业以种植业为主。新中国成立以前，农业技术落后，基本靠天吃饭。新中国成立后，通过兴修水利，推广双季稻、化肥、农药和新式农机具，粮食产量大幅提升，特别是仁和片，素有“粮仓”之称。1975 年，鲁塘公社建立第一个蔬菜队。改革开放后，农业经济日趋活跃。1984 年原鲁塘镇共有耕地面积 1.202 千公顷，其中水田 969 公顷，旱地 232.93 公顷。农作物播种面积 1.516 千公顷，其中粮食（包括大豆）播种面积 1.178 千公顷，亩产 322 千克，总产量 113835 担。其中稻谷播种 969 公顷，亩产 368.8 千克，总产量 107124 担。推广杂交水稻 801.73 公顷，亩产 406 千克，总产量 97682 担。薯类（五斤折一斤）播种 147.66 公顷，亩产 124.5 千克，总产量 5515 担。经济作物播种面积 58.33 公顷，其中烤烟 39 公顷，亩产 90.5 千克，总产 1053 担。其他作物 279.73 公顷，其中蔬菜主要有生姜、大蒜球、黄花菜、干辣椒，共播种 111.46 公顷，亩产 338 千克，总产量 11299 担。大牲畜存栏 1400，其中耕牛 1398 头，包括黄牛 904 头，水牛 494 头。家禽存栏 14570 只，全年饲养生猪 10971 头，存栏生猪 6225 头，出栏肉猪 4746 头，蛋品产量 543 担。使用氮肥 1258 担，磷肥 10121 担，钾肥 1921 担，复合肥 114 担。杂交水稻制种 138.73 公顷，亩产 177.5 千克，总产 7378 担。

1978 年年末，原南溪乡有耕地 259.8 公顷，其中水田 266.67 公顷，旱田 33.13 公顷，集体所有 242.14 公顷，社员自留地 17.65 公顷。农作物播种面积 361.42 公顷，粮食播种面积 267.17 公顷，亩产 380 千克，总产量 30471 担。其中稻谷播种 227.33 公顷，亩产总产量 26982 担。其他作物种植 92.64 公顷，其中蔬菜 10.98 公顷，总产量 1970 担。生猪饲养量 3413 头，年末存栏 1855 头，出栏 1558 头。耕牛存栏 771 头，年末家禽存笼 4199 只，蛋品产量 15 担。

从 1991 年开始，原鲁塘镇矿区部分农民从事矿业开采，农业生产积极性下降。2006 年矿区开始整顿整合，产业向农业转型发展，形成了以太洞 66.67 公顷金银花、太山里 20 公顷黄姜、下鲁塘 22.67 公顷中药材、陂副、新屋背 53.33 公顷优质烤烟，碧潭、冷水 12 公顷反季节蔬菜、碧潭村百亩金秋梨为代表的特色种植基地，还发展种养殖专业户 46 户。2014 年建有农业合作社 38 家，在油茶、烤烟、蔬菜、高山食用菌、反季节香菇、冷水米、黄金梨和禾花鱼、优质肉牛、山羊等方面涌现出一批精品农业项目。

1995 年，原南溪乡共有耕地 256 公顷，其中水田 222 公顷，旱土 34 公顷，粮食总产量 1627.84 吨，产鱼 23400 千克，饲养生猪 2836 头，出栏 2409 头，有耕牛 1379 头，封山育林 526.67 公顷，抚苗 573.33 公顷，总收入 566.68 万元，人平纯收入 801 元。同年，原南溪乡粗石园村从宜章引进杂交鲤鱼，开展稻田养鱼 33.33 公顷，平均亩产 35.1 千克。后来推广禾花鱼养殖。至 2000 年，原南溪乡建设了七大农产品基地，即 200 公顷抛秧冷水米基地，333.33 公顷楠竹低产改造基地，22 公顷马铃薯基地，13.33 公顷甜玉米基地，6.66 公顷反季节蔬菜基地，20 公顷冷露西瓜生产基地，10 公顷巴西陆稻基地。

2014 年，全镇共有耕地面积 1.153 千公顷，人均 0.04 公顷，以种植水稻、烤烟、蔬菜为主，实现农林牧渔总产值 1.84 亿元。2014 年生产粮食 0.82 万吨，其中稻谷产量 0.73 万吨。烤烟种植面积 135.34 公顷，蔬菜种植面积 933.34 公顷，产量 2.4 万吨。畜牧业以猪、牛、羊、家禽为主。2014 年生猪饲养量 2.6 万头，羊饲养量 0.67 万只，家禽年饲养量 20.7 万羽。

工矿业

鲁塘境内石墨、煤炭开采历史悠久。清道光年间（1821—1850 年），村民沿石墨矿层露头处凿浅井挖石墨作生活燃料。光绪初年，民间合股集资开采煤矿。民国 9 年（1920），鲁塘何明亮采用“双井合窿”方法开采笔架山煤矿。民国 22 年（1933），郴县致良公司开始在永宁乡回子岭一带开采石墨，后相继有天明、宝光和兴华等公司、矿厂在境内开采石墨。民国 24 年（1935 年），鲁塘石墨即出口日本。民国 33—34 年（1944—1945），因日军南犯，运输受阻，停采。抗战胜利后，石墨开采业又得到恢复和发展，民国 35 年（1946），鲁塘矿区年产石墨 2000 吨，出口西欧诸国。民国 38 年（1949），有湘源、中美、协和等 10 余家公司在境内开采石墨。其中湘源所产的石墨，品质特优，被誉为“金沙”，每吨售价 30 银圆。1950 年 12 月，湖南省人民政府派李林为代表，接管鲁塘 8 家商办石墨公司，成立湖南笔铅矿，1955 年改名湖南省鲁塘石墨矿。1988 年，全矿有固定资产原值 1065 万元，净值 682 万元，职工 961 人，产石墨 5.02 万吨，工业总产值 799 万元，实现利税 116 万元。2008 年，湖南鲁塘石墨矿破产关闭，60 多个井口移交给区、镇管理。

1955 年，兴办郴县鲁塘煤矿，鲁塘成立煤业生产合作社。1959 年生产无烟煤 8823 吨，产值 9462 元，石墨 5961.8 吨，产值 6319 元。1964 年，鲁塘矿区附近的大队开办四清、财源等四家公社集体煤矿。1970 年后，基本上实现采掘、通风、运输、排水半机械化生产。1968 年，鲁塘公社办石墨矿。1972 年，鲁塘公社建两个石墨制粉厂。

改革开放后，企业经济发展速度增快。1979—1983 年，镇村两级企业平均每年增长 23.8%，小煤窑增长 13 倍多，小水电增长 1.6 倍，砖瓦厂、冰饮厂增长 6.7 倍，多种形式的加工企业、服务性企业以及各种专业户数量如雨后春笋般增长。1983 年乡镇企业总产值达到 213.8 万元，比 1979 年增长 31.2%，1982 年、1983 年共生产原煤 150 多万吨。1983 年全镇企业纯利润 29 万多元。镇办企业上交纯利润由 1979 年 4.46 万元增加到 1983 年的 6.37 万元，增长 42.8%，1983 年，全县（郴县）上调煤总数为 13.75 万吨，鲁塘就占 11.8 万吨，占全县的 85.82%。

在国家放宽政策鼓励乡镇企业发展的条件下，鲁塘矿区乡镇、村、组、私营煤炭石墨矿迅猛发展，1985 年，小煤窑多达 150 条，其中乡办 3 条，其余全部为村办和个体办，年挖掘量达 10 万吨。1988 年，国有和集体 3 个石墨矿共产石墨砂 10.05 万吨，石墨粉 6235 吨。1995 年，原鲁塘镇有乡镇企业 690 家，从业人员 5434 人，总产值 26842 万元。原南溪乡有乡镇企业 78 家，从业人员 164 人，总产值 580 万元。19 世纪 90 年代矿业开发高峰时期原鲁塘镇有矿井 500 多条，外来务工人员 2 万人左右。

2000—2010 年，煤炭、石墨年产量在 300 万 ~550 万吨之间。2010 年 8 月，北湖区委、区政府通过实行“休克疗法”，分类评估补偿，引进中国建材组建南方石墨有限公司。南方石墨已投入25亿余元，按照矿区统一规划，进行深度整合，对保留的5个采矿权，按照国家标准实施技改和复产工作。此后，鲁塘镇积极培育接续产业，引进和新建加工企业，2014年实现规模工业总产值6.1亿元。

商贸服务业

新中国成立以前，镇内商品交易场所主要有同祥墟、仁和墟。

同祥墟建墟已有200多年历史，清光绪年间即有铜钱（今同祥）墟场，1931年正式设立同祥墟。新中国成立以前，只有农户数户，个体私商5户，其中2家中药铺，2家小染坊，1家杂货店，另有10多副食点心、土布、小百货和修理刀剪的流动摊贩。资金最多不超过20块大洋，逢场赶墟不过五六百人，春节、中秋节、端午节不到2000人。

1952年初成立供销社，私营商业增至20余户，1956年，私营商业从联营走向公私合营。农村市场开始复苏，应市人数达5000余人，当时进入市场的物资有大米、煤炭、畜禽、土纸、竹木制品、镰刀、犁等产品。“文化大革命”期间，家庭副业受压制，虽然国营供销社不断发展壮大，但还是存在买难卖难矛盾。赶墟也从三天一墟改为五天一墟、七天一墟，最后改为十天一墟。

改革开放后，商品市场发展迅速。1983年，社会商品零售总额864.54万元，比1980年增长18.64%，其中国营供销社零售额455.13万元（包括南溪、芙蓉供销社和食品站），比1980年增长3.45%，占市场成交额的52.64%；集市贸易成交额263.59万元，占市场比重的30.49%；个体商业、手工业、服务业、维修业、饮食业共177户，营业额145.82万元，占市场比重的16.87%，比1982年翻了5番。上市品种由1981年的28种，上升到10个部类近500个品种，计有蔬菜、粮油、竹器、铁木、陶瓷、熟食、饮食、肉蛋鱼禽、五金刀剪、针织百货、食杂果品等，其中猪肉平常上市为30头，节日最多达115头。上市人数经常保持在8000~10000人左右，传统节日还突破过2万人。外销、长途贩运的肉食、蔬菜、工业品占上市总数的65%以上。食油供应状况有显著改善，日用工业品绝大多数供应充裕，长期存在的副食品供应紧张状况大为缓解，1983年肉蛋禽类社会零售额比1979年增长了1.3倍多。过去凭票供应的商品，绝大部分已敞开供应。

1985年有商业网点22个，饮食业13家，旅社16家，从业人员480余人。1992年投资80万元，建筑面积扩建至4500平方米，设立摊位289个，年成交额1600万元，赶墟日为三、六、九，墟日入市万余人次。1998年12月投资9万元，在闲置的空坪新建154个摊位的小市场，赶墟日改为一、三、六、九。2000年再次投资60多万元对市场进行了扩建，是年该市场每个墟日交易额达4万余元，2009年，投入270余万元完成鲁塘大市场灾后重建。2014年全镇社会商品零售总额达3.9亿元。

基础设施

交通运输

清代有郴县至临武大道，为步道，从郴县县城西行，从华塘铺分道经村头、冷水，入上、下鲁塘，达临武。新中国成立以前，交通运输不便，人员出行主要靠步行，物资运输则依赖于肩挑马驮。

1952年桂阳至鲁塘石墨矿公路通车，1958年修建省道1842线（桂阳至临武），1977年修成鲁塘至南溪公路，1984年修通南溪至永春公路。1995年，建成江口至南溪、月峰至南溪两条县道。1996年鲁塘至大塘、临武金江公路全线贯通，

2004年完成鲁塘至大塘、南溪至华塘公路水泥硬化。2007年完成南溪至仰天湖水泥路建设。

2014年镇境共有省道3条，分别为S214线、S212线、S215线，全长59.705公里；县道3条，分别为X062、X060、X139，全长13.85公里，乡道9条42.8公里。通村公路硬化率100%。

1953年，建立鲁塘简易汽车站。20世纪50年代，鲁塘石墨矿开始购置汽车，进行货运任务。60年代，在公社驻地和村庄集中处设乘车点、停靠站，开通了鲁塘至郴州班车，后陆续开通南溪至郴州、鲁塘至桂阳班车，并有临武至郴州班车经过鲁塘。至1983年，全镇有汽车30辆，中拖23台，手扶小拖92台，运输总里程、货运量、货运总收入分别为561.3万公里，225.1万吨、112.26万元，分别是1980年的4.98倍、4.54倍、4.98倍。到2000年，共有大货车600余辆，客运中巴10余辆，微型车100余辆，运输业较发达。2014年11月，开通8条农村公交线路，线路总里程160公里，覆盖了鲁塘镇20个村、3个居委会和大塘乡3个村共计5万余人口。

邮政通信

清代以前，文书由驿卒、挑夫传递。民国时，信件由邮局、信差投递。新中国成立后，邮电事业快速发展。1950年，在鲁塘建立邮电所，1972年建立南溪邮电所，1997年实行邮、电分离，分别成立邮政支局和电信支局。2014年有鲁塘邮政支局1处，南溪邮政所1处，年发行报纸、杂志2万余份。2010年以来，申通、圆通等快递公司在鲁塘开办业务，邮政快递业务总量100余万元。

原鲁塘乡于1956年在乡机关安装电话，1995年开通程控电话，1997年实现村村通电话，程控电话装机容量突破3000门，开通了全球通手机业务，成为全区首个电话镇。2000年，原南溪乡开通程控电话，装机54台，实现了行政村100%通电话。2014年有鲁塘电信支局1家，电信、移动、联通3大通信企业均在该镇开设相关业务，全镇共有通讯服务网点6个，固定电话用户3000多户，移动电话用户1万余人，互联网用户1000余户。全年通讯业务量600多万元。

供电供水

供电 1966年，兴建变电站，就近联络小水电站，形成电力网，分片供电。同时，猪婆湾、鱼形山2处4台总容量625千瓦，以10千伏专线专屏在鲁塘石墨矿35千伏变电站10千伏侧并网。1985年改为与郴州电力局联网。

1973年建设鲁塘石墨矿自备变电站，电压35千伏，千伏接于国家电力网桂阳至鲁塘线上，有2000千伏安主变2台。1994年，原南溪乡投资30万元，投入劳动力3200多人，架通南溪至永春近10公里高压并网线路。1996年建成鲁塘镇供电所，由鲁塘变电站2台2000千伏安主变、4条主线联络6个水电站组成鲁塘电力网。2000年，全镇工农业生产和生活用电达3400万千瓦时。有供电企业5家，分别为镇供电所、省鲁塘石墨矿、下鲁塘村电站、水车洞村电站、太山里村电站，有电源2处，分别为镇供电所、省鲁塘石墨矿。镇供电所有职工32人。2001年完成农村电网一期改造，2004年完成农村电网二期改造。2007年供电所迁至鲁塘镇将军路中段路西，供电公司大楼同时竣工。

供水 长期以来，村民主要依靠打水井或取山泉来获得生产、生活用水。20世纪70年代，在镇区原1842线路东打井抽水，解决公社机关及部分单位供水问题。1995年建成鲁塘镇自来水厂，日供水1000吨，镇区主要道路两侧铺设排水管道4000米，实现镇区统一供水。2001年，完成镇自来水沉淀池建设，2009年，进行镇区集中供水改造，2014年以来，投资700万元全面完成镇区集中供水工程。

水利水电建设

新中国成立以前，水利建设较为落后，仅靠小水源和零星小山塘灌溉。新中国成立后，大力开展水利建设，至1984年，全镇共有小Ⅱ型水库4座，蓄水库容1万立方米~10万立方米的骨干塘11口，小山塘56口，引水坝6处，机灌52台共371马力，电灌23台共232千瓦，潜水泵2台，开挖水渠137条，灌溉面积从新中国成立以前的240公顷增加到714.67公顷。

2004—2006年，先后治理鲁水河和金橡源河道，矿区水患得到根治。2009年以后，加大了水利建设投入力度，镇内鲁水河、麻石河、水库冲等河道得到全面治理，龙王井水库除险加固工程全面完成。

1962年建成猪婆窝电站。1977—1985年，先后建成下鲁塘、团结、鲁和平、河岩口及鱼形山水电站。至1984年，共有发电能力530千瓦，实际发电量245万千瓦时，农村用电量621万千瓦时。1986年实现村村通电，通电户达100%。南溪片区从1982年开始开发小水电，1984年建成陈屋坝电站。2014年全镇共有小水电19座，总装机容量7645千瓦。

村镇建设

民国36年（1947），乡治包公祠。新中国成立以来，乡（公社）机关驻上鲁塘村八角公祠，1977年迁至同祥墟原1842线路东。2008年8月搬迁至同祥墟将军路中段路西。

同祥墟于民国20年（1931）设墟，并形成一条小街。1949年房屋建筑面积约3000平方米。20世纪50年代以来，陆续在同祥墟附近修建粮食仓库、供销门市部、卫生院、邮电所、信用社、农行、学校、手工联社等，功能日趋完善。1968年，塔下水库垮坝，市场及部分房屋被冲毁。1970年重建墟场面积5054平方米，摊位224个。1988年，沿桂临公路新建一条500米长的街道。1991年制定总体发展规划。1995年，镇区房屋建筑面积4万平方米，公共建筑面积0.2万平方米。同年拓宽改造1842线过镇街道，建成长达1公里，宽24米的水泥路。

2003年，建成环西、镇北、文鑫、文峰四路基础工程及文鑫路硬化，全部为宽20米的水泥路面。同年完成镇南、镇北停车场及原1842线同祥段附属工程，2006年，完成将军路、文峰路水泥硬化工程，2009年，编制《鲁塘镇总体规划》，2014年完成镇区二纵三横（将军路、侍郎路、文峰路、文鑫路、文华路）铺设沥青路面、道路绿化、路灯亮化和地下管网、人行道改造等提质改造工程，陆续完成邓华·铜锣湾公共休闲广场、石墨之乡休闲娱乐广场、镇南小游园等19300平方米游园广场建设，并拆除镇区违章建筑物10000平方米。2009年，修建垃圾填埋场。是年，建成2座垃圾焚烧场和1座压缩式垃圾中转站，增添2台小型垃圾车，新增48个封闭式垃圾斗，安装80个垃圾桶。

社会事业

教育科技

新中国成立以前，以私塾教育为主，群众受教育程度低，文盲、半文盲超过半数。1942年始建鲁塘国办完小，校址设原郴县永宁乡石碑村，负责鲁塘、大塘、芙蓉、南溪片区学生就读。新中国成立以来，积极发展教育事业。“大跃进”时期，增添完小2所，初小5所，各村普遍建立复工教学班。1958年，鲁塘完小迁至碧潭村，并附设初中班2个，称“戴帽初中”。1959年建立鲁塘公社社办农业中学，创办了民校、红专学校。开办幼儿园63所，托儿所173个。全社有公办教师75人，民办教师11人，自请工友3人，入学儿童3400人，比1958年增加28%。1965年，开办高中部为郴县五中，1994年郴县五中撤销。1966年成立鲁塘学区。1970年按照小学不出村（自然村）门，初中不出大队的要求，各大队兴办七年制学校（小学5年、初中2年），在各大队完小附设初中班。

1983年在校高中生160人，初中生408人，小学在校学生有2522人，占应入学率的99.8%。1985年起，实施九年义务教育。至2000年，鲁塘学区辖14所学校，其中，初中、中心完小、联办完小各1所，村办小学11所。在校学生3844人，其中初中生1076人，小学生2818人。有教职工227人，其中初中73人，小学154人，专任教师222人，教师学历合格率92%。适龄儿童、少年入学率100%，小学巩固率99.4%，中学巩固率98%，小学升学率100%，鲁塘中学毕业合格率100%。2003年成立鲁塘中心学校，2006年积极改造撤并了太山里、天堂小学等薄弱学校，把新屋背、陂附、鲤鱼湾小学合并到仁和联办高小。2014年鲁塘中心学校辖一所中学，一所中心完小，4所村级完小，4个教学点，89个班，有教师224人，学生4420人。

南溪中心学校始建于1958年，前身为南溪小学。1972年搬迁至东溪村石山洞，校名为南溪中学。1984年合并东溪小学。1993—1995年，南溪中学参加会考118人，中心完小参加毕业会考205人。至1997年，原南溪乡共有学校8所，其中中学1所，村级小学7所，教职工76人，其中公办教师39人，民办教师21人，代课教师16人，在校中小学生798人，学前班7个，学前班学生117人。2001年成立南溪乡中心学校，该校为九年一贯寄宿制学校。2014年有15个班，教师30人，学生700余人。

新中国成立以前，农林生产因袭旧法，技术落后。新中国成立以来，大力推广良种良法和农业新技术，至20世纪70年代，初步形成公社、大队、生产队三级农科网。新中国成立以前，煤炭石墨开采方法原始，开拓井巷用钻子、手锤，采掘工具以锄、锹、尖铲为主，井下油灯照明，竹筒抽水，手摇麻布扇通风，人拖、肩挑运煤，因煤矿缺乏安全设施，不少工人死于瓦斯爆炸和垮窿倒窑之中。1950年以来，鲁塘石墨矿加强井峒开拓及地面工程建设，加大技术改造力度，实行了半机械化生产，并逐步掌握石墨制品加工技术。进入新世纪以来，该镇加大科技投入，全镇85%左右的农户掌握了1～2门先进实用技术，全镇农业新技术覆盖面达95%以上，农作物良种覆盖率达95%，各行各业的科技进步贡献率达55%以上。

文化体育

新中国成立以前，鲁塘民间曾流行“傩舞”，表演时各戴面具，各持道具，有说有唱，动作粗犷豪放，并有吹打伴奏，后逐渐消失。20世纪80年代之前，在下鲁塘等地留存有“钎担舞”，舞蹈时持钎担、镰刀等农具，模仿耕种动作，形成独特的艺术节奏，1972年鲁塘编排的《丰收乐》获地区一等奖。1995年，岳仲明编的《山那边》获省二等奖。1998年该镇选送的《金色土地》参加郴州首届山水旅游节，获得一致好评。该镇村落至今还有祭雷公的传统，称为“祭雷节”。

20世纪70年代，各村都建立了文艺宣传队，普遍开展了群众文化活动。改革开放以来，随着人们生活富裕，精神文娱生活更为丰富。1985年，原鲁塘镇建设有3座电影院，座位达2600多个，图书室4个、藏书3000余册。1994年5月，建成鲁塘镇广播电视站；7月，原南溪乡建立了有线电视差转台，联网200余户。2000年，原鲁塘镇投资80万元，建成文化站舍面积600平方米，其中办公室贮藏室35平方米，图书室35平方米，电影院200平方米，桌球、电脑培训中心50平方米，大礼堂320平方米，建成万册图书室1座，实现村村有图书室。

2014年有镇文化站1处，村级文化活动中心24处，各类图书室25个，藏书10万余册。开通有线电视用户2500户，另有电信IPTV电视用户100余户，偏僻山区为卫星电视用户，电视综合覆盖率100%。陂附、村头两村为省级历史文化名村，邓华故居、邓氏宗祠为省级文物保护单位，文峰古塔、节寿亭为市级文物保护单位。

2014年有学校体育场7个，其中标准体育场4个，简易体育场3个。

医疗卫生

新中国成立以前，治病多依赖游方郎中，或封建迷信巫医。新中国成立后，乡镇卫生事业得到发展。镇内公立医院主要有鲁塘人民医院、南溪卫生院。1968年建设鲁塘人民医院，选址鲁塘镇同祥墟。1970年，各大队陆续办起农村合作医疗站，由经过短期培训的“赤脚医生”实行半农半医和草、中、西药相结进行治疗。至1995年，鲁塘人民医院共有床位20张，医护人员20人，其中医师2人，护师1，医士6人，护士5人。1997年评为“一甲医院”，为副科级事业单位。2014年，医院占地面积7200平方米，固定资产952.7万元，有职工65人，床位60张，配有CT机、B超机、X光机、全自动生化仪、心电图机等。能开展常见的腹部手术、剖宫产、结扎术、四肢骨折等手术以及常见病、多发病的诊断、治疗和抢救。

1961年在南溪村中洞组建设南溪卫生院，1973年搬迁至东溪村。1995年有床位3张，医师1人，医士2人。1997年，调整设立了长塘、粗石园、南溪、蒋家洞4村卫生室。2002年“8·8”特大山洪泥石流将南溪卫生院冲毁。2003年，在东溪村2组另址重建，建有1650平方米的业务、办公楼。具有B超、心电图、X光、血常规检查能力，有医护人员8人，床位4个。

原鲁塘石墨矿职工医院，1995年有床位30张，医护人员21人，其中医师9人，护师2人，医士3人，护士1人，护理员3人，后因鲁塘石墨矿倒闭而停办。镇内还有民营医院鲁塘百姓医院，同祥妇产医院、骨科医院等。

社会保障

新中国成立以前，社会保障主要依赖宗族义塾公田，新中国成立以来，国家实行救济政策，救济生活贫困群众的生活物质。1959年，建立敬老幸福院，收养“五保户”，后解散，“五保户”由生产队分散供养。20世纪60年代建立社办合作医疗制度，后因经济困难停办，1969年逐步恢复，为社队联办。1983年后渐停。20世纪80年代，建立敬老院，开始实行“五保户”集中供养。2014年先后两次对敬老院改扩建。

2009年，启动新型农村合作医疗和新型农村社会养老保险，“新农合”参保率达98%。2014年底，全镇“新农合”参合率达93%，新农保参保率达95%。全年核定低保1349户，2102人；累计救助困难患者100余人，自然灾害受灾户300余户。

2008年，投入2600余万元，建设太洞新村，规划面积2.24公顷，建房250套，用于安置太洞村受矿山开采影响的村民。2012年，启动鲁源棚户区改造工程，主要解决原鲁塘石墨矿改制后职工住房问题，可安置住户709户。

邓华故居

特色地情

历史名人

何孟春（1474—1536） 鲁塘镇村头村人。明弘治六年（1493），举进士，授兵部主事，后迁吏部侍郎。嘉靖三年（1524），在“大礼议”中阻驾诤谏，触怒世宗，出为南京工部左侍郎，七年（1528），革职为民。穆宗隆庆（1567）初，追赠礼部尚书，谥“文简公”。善诗文，著有《余冬叙录》《燕泉诗集》《何文简疏议》等。

邓华（1910—1980） 鲁塘镇陂附村人，著名军事家。1927年加入中国共产党，先后参加和参与指挥过湘南起义、反“围剿”战役、红军长征、平型关战斗、“百团大战”、平津战役、解放广州、解放海南岛和抗美援朝战争，战功卓著。担任过广东军区副司令员、志愿军副司令员、中国人民解放军副总参谋长兼沈阳军区司令员等职务。1955年被授予上将军衔。

名优特产

鲁塘无定型石墨1980年和1985年两度荣获国家产品质量银质奖章，1998年获“湖南省名牌产品”称号，是国家制定微晶石墨标准的主要参考样本。

（赵琦　李万忠　供稿）

华塘镇

华塘是北湖区的农业大镇和西大门，是全国重点镇，也是新农村建设和统筹城乡发展示范镇。

区域概况

位置面积

华塘镇位于郴州市中心城区西面、北湖区的西北部。东与骆仙街道为邻，南与保和镇相连，西与桂阳县正和镇、樟市镇接壤，北与苏仙区马头岭乡交界。南北长约17公里，东西宽约10公里，总面积171.9平方公里，占全区面积的20.65%。镇政府驻华塘村，距中心城区16公里，距桂阳县城约17公里。

建置沿革

自秦嬴政二十六年（前221）始置郴县至1995年，华塘镇境域属郴县。清嘉庆二十一年（1816），华塘为吉阳乡。此前建制无考。民国2年（1913），吉阳乡改为永宁、吉阳两区，镇境为吉阳区。后历经小区并大区、保甲制、废区并乡等多次变动。1938年，吉阳区改为吉阳乡，1947年改为吉凤乡。中华人民共和国成立初，华塘乡始为建制乡，隶属于吉宁区。1952年设华塘区，区治华塘圩。1956年，撤销华塘区，分为华塘（含同和）、保和（含月峰）、安和三个乡。1958年10月，将华塘、保和、安和3个乡合并，成立东风人民公社（后改名为华塘人民公社）。1982年，析出华塘大队、华塘居委会、招旅居委会，建立华塘镇；保留华塘人民公社。1984年3月，华塘人民公社改为华塘乡，所辖生产大队、生产队分别改为村和村民小组；随即撤销华塘乡，其所辖村、组并入华塘镇。1995年由郴县划入北湖区。2012年，撤乡并镇，同和乡并入华塘镇。

行政区划

清嘉庆年间，华塘为吉阳乡，时辖1里36村，具体范围包括后来的华塘镇、同和乡全境及桂阳县的极乐、苏仙区的荷叶坪、板屋一带。后经数次区划变动，具体范围无考。1950年3月，废除保甲制，缩小乡的规模，乡下设村、组，华塘乡境辖华塘、毫里、大泉头、招旅、吴山一带。1952年再次缩小乡级规模，华塘乡仅辖华塘铺一带。1956年小乡并大乡，华塘为全县6个基点乡之一，乡辖区范围北至年溪冲，南至腊下，东到毫里、南岸，西到太排冲。并代管安和乡、保和乡。1958年10月，成立华塘人民公社（时称东凤人民公社），原安和乡、保和乡、月峰乡并入，辖9个大队、45个生产队，辖区面积约330平方公里。1961年6月，华塘公社分为华塘、同和、保和、安和、月峰5个公社，辖区面积约为120平方公里。1965年，同和公社所辖大队划入；1978年再次划出。1982年华塘大队划归华塘镇。1984年3月，撤销华塘公社，设立华塘乡，随即并入华塘镇，时辖南岸、土坑下、塘昌、大泉头、毫里、华塘、招旅、三合、石山头、油山、塔水、太排冲、腊下、吴山共14个村和华塘居委会。2012年同和乡并入。辖华塘、吴山、招旅、三合、石山头、太排冲、腊下、塔水、油山、土坑下、南岸、塘昌、大泉头、豪里、同和、茅坪、梨园、长廊、潮田、曹家田、年溪冲21个村共201个村民小组和华塘、同和两个居民委员会。有驻镇单位26个。

自然环境

地形地貌 镇境地势呈西北高、东南低走势；平均海拔225米。平原、岗地、丘陵、山地兼有，分别占全镇总面积的16.48%、19.7%、28.35%、32.26%，水域为3.2%。海拔400米以上的山岭有神岭坳（500.4米）、鸡公咀（472米）、仙石岭（444.2米）、斗棚岭（420米）等6处，多为镇境界山。大回湾海拔135.2米，是北湖区的最低点。

气候水文 地处大陆性中亚热带季风湿润气候区，四季分明。年平均气温18.5℃，无霜期300天左右。一般于3月初入春，5月中旬入夏，10月初入秋，11月下旬入冬，夏季最长，秋季最短。多年平均降雨量1565毫米。主要灾害性天气为洪涝与干旱，有十年九旱、九年三涝之说，多为轻度，偶有冰、雪、风灾。近40年中，有1983年5月、1999年8月和2002年8月三次特大洪灾；大旱5次，其中1986年干旱持续103天。冰雪灾害5次，其中2008年1月中旬发生的冰冻持续近20天。由强对流天气引起的雷电、冰雹、大风等灾害性天气也时有发生，其中冰雹对烤烟等农作物危害最大。

自然资源 全镇总土地面积17190公顷，地势比较平缓开阔，土层厚，土质肥沃；2014年年末全镇耕地面积2067.4公顷，其中水田1704公顷、旱土363.4公顷；林地面积12700公顷，牧草地约70公顷。主要矿藏有煤、锰、硅石，其中煤炭储量达2220万吨，主要分布在太排冲和招旅。地表水有西河、同心河两大水系和四清水库在镇境的灌溉渠系，可利用水量达9亿立方米以上；地下水丰富，埋藏较浅，主要出露点有仙人井、同和、曹家田、潮田、大泉头5处。主要植物有松、杉、樟、梓、楠、柏等多种乔木以及竹类、低矮灌木和草本、藤本植物、地衣等，总覆盖面积约12500公顷左右；三合、梨园、太排冲、年溪冲、石山头等村有成片原始或次生风景林；在2001年全区挂牌建档保护的百年以上古树名木中，大部分在华塘镇内，其中塔水村的一株侧柏树龄达750年。

人口民族

境域古有先民定居，起自何时无考，最先在西河沿岸平原地区，逐渐向其他地方迁移。至新中国建立前，因生产落后、社会动荡、疫病传播等，历代人口增长缓慢。据《郴县志》等史料记载，郴县1713—1766年的11个有记载年份中累计存活男婴仅660人，其中1751年全县仅存活男婴13人。又：1941—1943年，3年累计出生8669人，死亡10862人，减少2193人。其中1941年全县人口出生率为54.62‰，死亡率为79.74‰，自然增长率为负25.12‰。华塘境域人口状况也大致如此。1950—1978年，华塘境域范围时大时小，人口数据无法比较，最显著的变化特征是死亡率逐年降低。1978年，境域人口16554人，与境域范围大致相似的1956年对照，净增11333人，年均净增515人，是一个人口增长高峰期。到1984年，境域人口20040人，年均自然增长率仍高达35.1‰。此后，国家计划生育政策在农村贯彻执行，到1994年，境域人口22364人，年均自然增长率降至11.59‰，人口增长速度放缓。2005年出生303人，死亡23人，净增280人，自然增长率12.5‰，总人口22385人。2014年（含同和）总人口36658人，出生557人，死亡242人，净增315人，自然增长率8.6‰。无少数民族人口。主要姓氏有李、曹、周、罗、龙、王、谢、侯、谭、欧、许等。其中李姓4979人，曹姓3578人，周姓3088人，分别占全镇总人口的13.58%、9.76%、8.42%。

经济发展

经济综述

新中国成立前，农业生产资料主要掌握在少数剥削者手里，抵御自然灾害的能力弱，生产技术落后，正常年份水稻亩产约3担，人均年口粮185千克左右。工业主要为铁、木、竹器加工，光绪初年，有人在招旅采煤。明、清时期即有华塘、同和两个圩场。

新中国成立后，政府实行减租减息和土地改革，广大农民有了土地和耕牛、农具，政府贷粮、贷款支持。1953年，成立农业生产合作社，农民以土地、耕牛、农具入股，成为合作社社员，按劳按股分红（农产品）。到1957年，水稻单产达到每公顷3675千克左右。农民的口粮（稻谷）人平接近221千克，加上红薯等杂粮，挨饿的现象基本消除；人均年收入56.9元，一般农户过年能置办年货、添置新衣。

1958年下半年开始实行人民公社化，一切财物归公社所有，“社员吃饭不要钱”，青壮劳力炼钢铁、修水利等等。到1960年，粮食普遍减产、生猪出栏减少，社员人均口粮下降到193千克。1961年，华塘公社分成5个公社，缩小大队、生产队规模，停办公共食堂，实行按劳分配，分给社员自留地，允许搞家庭副业，开放农贸市场。1964年，由中共湖南省委常务书记王延春带队的省委社教工作团来华塘蹲点示范，在开展“四清”运动的同时，修水库、开荒种烤烟、试验推广矮秆水稻品种，发展社队企业。到1965年，农牧业生产得到迅速恢复，社员口粮增加到250千克；食用油年人平增加2千克，达到4.5千克；年人平吃肉也由3.3千克增加到6.5千克以上。

1966—1978年，大面积推广水稻矮秆品种和种植双季稻，扩大烤烟等经济作物面积，发展家庭养殖，兴办社队企业和维护华塘农贸市场。到1978年，社员平均口粮294千克，人均年纯收入214元，部分家庭添置了自行车、钟表、缝纫机。

中共十一届三中全会以后，实行家庭联产承包经营，逐步扩大家庭经营范围和经营自主权、放开农副产品市场和价格、取消农副产品统购统派制度，引导发展商品生产。大力发展经济作物；发展养殖、林果专业户；大力发展乡村集体企业，鼓励农村富余劳力进入“工、商、运、建、服”领域。到1994年，实现总产值5367万元（华塘4227.5万元，同和1139.5万元），村办企业纯收入110.9万元（华塘103.3万元、同和7.6万元），农民人均纯收入1165.3元，村组集体积累1712.2万元。

1995—2004年，通过延长30年土地承包期和落实各项扶农、惠农、富农、稳农政策，积极推进农业产业化及商品基地建设，加快二、三产业发展。到2004年，全镇（含同和，下同）实现地区生产总值4.33亿元。其中农业总产值2.02亿元，二、三产业总产值2.31亿元，实现财政收入374万元，农民人均纯收入4200元。

2005—2014年，通过转方式、调结构，推动一、

二、三产业协调发展，拓展镇域经济发展的空间。2014 年，全镇粮食总产 1600 吨，占全区的 28.9%；烤烟总产 1516 吨，占全区的 80.4%；果用瓜、黄金梨、柑橘、草莓、蔬菜、家畜、家禽、水产品产量名列全区前茅；林地面积 1.26 万公顷。实现农业总产值 3 亿元，占全镇社会总产值的 25.6%。工业企业增至 30 家，工业总产值 3.9 亿元。华塘、同和两圩场年交易额近 5000 万元，商贸服务业产值 4.8 亿元。2014 年全镇实现地区总值 11.7 亿元，财政总收入 3000 万元，农民人均纯收入 16049 元。

农业

华塘是北湖区的农业大镇。新中国建立前，种植业以水稻、红薯为主，水稻常年单产在每公顷 2250 千克左右；其他旱粮有高粱、荞麦、玉米、䅟子等，产量极低。塘昌至豪里一带的烟叶和茶叶曾为贡品。林产品有杉木、茶油。养殖业十分落后。到 1958 年，这种格局变化不大，但水稻产量提高 11% 左右，达到 2500 千克每公顷。养殖业也有一定发展，户平生猪出栏在 0.7 头左右，家禽 10 余只。

1958—1960 年的三年“大跃进”中，农业投入严重不足，加上自然灾害，粮食产量和生猪出栏率都下降了 30% 左右。1961 年开始推广水稻矮秆品种和双季稻技术。1964 年，在华塘蹲点的省委常务书记王延春，调用大型拖拉机在茅坪生产队开荒 5.3 公顷试种烤烟，产干烟 120 余担；组织修建四清水库；扩大水稻矮秆品种和双季稻种植面积。到 1965 年，镇境农业生产条件得到改善，烤烟面积扩大了 3 倍，养猪事业得到恢复和发展。

1966 年开始，继续扩大水稻矮秆品种和双季稻种植规模，到 1970 年，镇境水稻短秆化率达 90%，双季稻占水稻种植面积的 50%；红薯等旱粮面积因烤烟等经济作物增加而减少。是年水稻单产达每公顷 3975 千克，比 1962 年提高 28%。1977 年试行烟－稻连作，解决粮烟争地矛盾，改良土壤。1978 年水稻单产达到每公顷 4350 千克左右，实现烟、粮双丰收。随后又逐步推广杂交水稻品种，扩大烤烟种植面积，加强农业生产技术培训，引进种植水果和果用瓜，粮食增产促进了养殖业的发展。20 世纪 90 年代初，“米袋子”被列为省长工程，家庭联产承包和按保护价敞开收购余粮的政策，提高了农民种粮积极性。烤烟、果用瓜、速生丰产林、果木林快速发展。到 1995 年，水稻单产每公顷 6735 千克，烤烟产量 1254 吨（华塘 406 吨，同和 848 吨），生猪出栏 18418 头，家禽出笼 41.33 万羽。1999 年，在塔水村成功推广了二系超级优质稻栽培，单产达每公顷 12000 千克。2001—2004 年，水稻种植面积逐年减少，蔬菜及经济作物面积逐年扩大。2004 年，华塘（含同和）农作物总种植面积 5868 公顷，复种指数 277%。其中粮食、烤烟、蔬菜、果用瓜等主要农产品产量分别为 13831 吨、2104 吨、41891 吨、14011 吨（其中草莓 500 吨），分别占全区同类产品总量的 25.8%、78.5%、24.6%、47.7%。出栏生猪 4.34 万头，出笼家禽 40.2 万羽，水产品产量 850 吨。

2005—2014 年，继续调整、优化农业结构，在不放松粮食、烤烟、生猪生产的同时，突出蔬菜、水果、茶叶、食草动物等农产品生产，大力发展休闲观光农业及生态林业。到 2014 年，农业总产值 3 亿元，占全镇生产总值的 25.6%。以水稻为主的粮食种植面积 2533 公顷，生产粮食 1.6 万吨。烤烟种植面积 553 公顷，产量 1516 吨；蔬菜种植面积 2600 公顷，产量 6.8 万吨；草莓种植面积 90 公顷，产量 2000 吨；西、香瓜种植面积 553 公顷，产量 1.9 万吨。生猪出栏 4.5 万头，年末存栏 1.7 万头；羊出售和自宰 0.75 万只，年末存栏 0.43 万只；家禽出售和自宰 28 万羽，存笼 15.7 万羽。林地面积 12667 公顷，其中灌木林地 1333 公顷，植被覆盖率 81.2％。人工养殖水面 111 公顷，水产品总产量 726 吨。

工业

清光绪初年，由多人合股集资在招旅开办煤矿，日产煤数十担。民国 6 年（1917），李顺和在同和圩开办酒坊，年产高粱烧酒 14 担。至新中国成立前，镇境域有青砖、青瓦窑多处，在华塘圩、塘昌铺、招旅、同和圩等地有铁匠铺，工匠多为外乡人。农业合作化时期，创办华塘石灰专业厂；招旅煤矿收为国有鲁塘煤矿的一个工区。1957 年，鲁塘煤矿华塘工区改为郴县华塘煤矿；到 1966 年，年产量达 3 万吨，累计利税 1000 万元，是郴县最好的企业之一（2004 年破产）。1965 年开办华塘锰矿，分散开采，规模小。1971 年，郴县氮肥厂在西河边的招旅大队渡头开工；1973 年投产，是年产碳酸氢氨 7431 吨，产值 118.9 万元，亏损 18.7 万元；到 1988 年 11 月停产，累计生产碳酸氢氨 15.8 万吨，累计亏损 555 万元。1972 年，郴县邮电局在招旅开办水泥电杆厂，4 个月后停办。1979 年，华塘下湾煤矿开办。进入 20 世纪 80 年代后，社、队工业引起重视，但项目不多，以采石、挖矿、采砂、农机修理为主。太排冲煤矿 1997 年投产；2005 年破产改制由个人承包。到 1995 年，华塘镇、同和乡共有乡办企业 22 个，村办企业 36 个，联户、个体企业 958 个，企业总人数 1320 人，总产值 6319 万元。1995—2004 年，实施工业强镇战略，通过创优投资环境、加大招商力度、优化产业结构，广源石墨、怡源石墨、华鼎粮油、金穗农药包装厂、福辉菌业、香港劲运等 20 多家企业先后落户华塘，其中市级农业产业化龙头企业 3 家。从 2011 年开始，继续实施工业强镇战略，到 2014 年，国大冶炼、华森、华鼎粮油、力拓等规模企业总产值达 4 亿元，全镇工业总产值 9.3 亿元，年均增长率为 9.02%。

商贸服务业

华塘农贸市场建于清咸丰年间，始称龙家圩，后改为中伙铺。民国 10 年（1921），更名为华塘铺，初具规模。主要经营传统农具、炊具及布匹、盐、烟、猪肉、仔猪等。新中国成立后，华塘、同和、郴桂圩（同和边境）逢圩赶集正规化。其中华塘圩设粮站、食品站、供销社、营业所（银行）、手工业社。1983—1988 年，华塘圩场经改扩建后占地面积 3242 平方米，亭棚面积 840 平方米。1993 年 8 月，投资 150 多万元兴建 1600 平方米的综合农贸市场，逢 3、6、9 为圩日。1996 年投资 20 万元进行扩建，设摊位 200 多个，门面 47 个，有个体经营户 268 家，从业人员 500 余人。1996—2000 年，连续 5 年被评为郴州市“文明集贸市场”。2002—2004 年，市场再次进行扩建后，圩日平均入市人数达 2 万人次，年成交金额 3000 万元。同和圩场无赶圩日，经营肉食、水产、瓜果、蔬菜、南杂等，有数家饮食店。商业零售网点遍布各自然村。红叶山庄、爱尚三合、月亮湾等上档次“农家乐”及餐饮服务业达 20 余家，“爱尚三合绿色庄园”被评为“全国休闲农业和乡村旅游示范点”，华塘大酒店流动餐厅为客户上门操办宴席成为全市首创，生意一直红火。到 2014 年，商贸服务业总产值 4.3 亿元，比上年增加 11.68%。

基础设施

交通运输

东汉时期建郴零峤道，贯华塘。明清时招旅

建有码头，可通航小舟，后因西河下游拦河筑坝断航。

镇境最早的公路为1936年由郴零古道改建的郴桂公路，即后来的省道1806线、X090线；1966年进行砂改油，2011年再次进行改直、降坡、拓宽、硬化、砌边及绿化、亮化等改造。县乡公路建设始于20世纪50年代，先后建成板月线的同和至华塘、华塘至月峰段；1987年修通同和至荷叶坪段；形成横贯华塘东西干道。2001年6月，郴资桂（后改名为郴州大道）高等级公路建成通车，华塘段长12公里。2004年9月建成通车的郴仰公路起于镇境油山村，镇境长1公里。村组公路建设始于“大跃进”期间，境内部分大队通了泥路，晴好天气能通汽车；此后，贯彻“民需民办、民办公助”的公路建设原则，到1978年，乡村公路网形成。2000年后，国家逐年加大对村组公路建设的扶助力度，到2014年，全镇通村、通组公路硬化率分别达100%、95%。

郴嘉窄轨铁路境内长约20公里，1959年镇境大部分路基修成，1960年停建，1981年底实现郴州至桂阳段的简易通车，2003年4月停运。

境内最有名的桥为清道光五年（1825）开工兴建的三合桥，历时两年建成，七墩六拱，桥上建砖木结构花亭，为民桥。1938年修郴桂公路时建招旅桥。1979年建梨园桥与同和桥。1988年建年溪冲桥。2004年建石山头桐木桥。到2014年，全镇有人行石拱桥8座，公路桥11座。

华塘汽车站始设于1948年，为郴州至桂阳汽车客运中转站。板月线建成后，增加了华塘至同和、华塘至保和等线路客运中转站。1981年，郴嘉窄轨铁路通车，在华塘境内设5处临时停靠站，数年后停用。到2014年，镇境有18路、805路、101路3条公交车线路直通华塘。

镇政府驻地建设

自清嘉庆年间，华塘圩就一直是乡、区、社等治所驻地。民国初期已形成两条小街，有店铺70余家。20世纪50年代末，华塘公社机关、邮政所、银行储蓄所、供销社、食品站以及学校、医院等单位陆续建房。1964年，新建华塘公社办公楼、礼堂、食堂。到1988年，已有中和路、兴华路、繁华路等街道5条共2315米，其中3条为水泥路面。有房屋面积6.2万平方米，其中公房4万平方米。2000年，驻地建设规划面积由1.2平方公里扩大到2.5平方公里。对各单位及村民建房实行规范管理。2014年华塘大道提质改造和花坪大道新建启动，总投资2.9亿元。华塘镇政府主办公楼及附属设施为1964年所建，沿用至今。

村庄建设

新中国成立后，村庄建设以村民对老旧住房维修为主。20世纪70年代初开始，一些多子女家庭开始加盖或选址新建住房，多为土木结构。生产队、大队建办公用房、礼堂、生产队仓库、大队学校，以村民投工投料的方式建设。其中塔水一组及油山、招旅建了大寨式居民点，部分保存完好。到90年代新建房的农户增多，砖木结构为主；生产队的公房及大队礼堂被分给私人或用于出租，有的被拆除。进入21世纪后，村民建房质量提高，以砖混结构为主，多在村庄外围选址新建。土坑下、塔水、油山等村办公楼重新建设，其中塔水村综合楼投资达60余万元。2010年后，新农村建设提上日程，塔水、三合、石山头、华塘、招旅、吴山、茅坪、潮田、同和、梨园、年溪冲、塘昌、油山等13个村先后被列为市、区新农村建设的示范点，占村总数的62%。示范带动促使全镇村庄面貌大为改观。拥有1万余个垃圾桶、40余辆垃圾车、百余名保洁员，华塘成为洁净乡村；

规范村民建房、拆除“空心房”及杂房、改造危房、新建廉租房，进行道路硬化、村庄绿化和亮化。其中三合村被评为全国生态文化单位和省级“两型村庄”“生态村”“新农村建设示范村”。

2014年7月，西河水生态风光带建设工程全面启动，2015年8月建成。西河风光带由南向北贯穿三合、招旅、吴山、潮田、茅坪、同和、梨园、年溪冲等西河沿岸8个村65个村民小组，全长约27公里。

邮政通信

清嘉庆二十三年（1818），郴县总邮铺的主邮路贯穿华塘，设塘昌铺、华塘铺、招旅铺。光绪三十一年（1905），增辟一条贯穿华塘的步班邮路。民国元年（1912），邮寄代办所落户华塘铺。20世纪50年代末设华塘邮政所。改革开放初期，少数富裕家庭安装有线电话，后逐年增加，最多时覆盖率达到80%以上。2000年后移动电话逐渐普及，境域内除太排冲等偏远点外，均有稳定信号覆盖。到2014年年末，有邮局一处，年发行报纸、杂志10余万份；有电信服务网点1个，互联网用户1500余户；有固定电话800台，移动电话近30000台。

广播电视

1965年，地委宣传部在华塘公社进行有线广播试点，华塘、招旅、塘昌、吴山四个大队的喇叭入户率达100%。1965—1976年期间，镇境形成有线广播网络，公社建广播放大站，大队建广播室，喇叭入户率达90%。此后半导体收音机等逐渐入户，到1988年基本废弃。

1994年10月，筹资20万元建设了华塘有线电视台。2000年，实现了村村通广播、有线电视。2003年12月，实现镇区范围广播电视与城市广播电视并网。2014年末完成“村村响”应急广播到组安装工程。

供电供水

1961年，华塘粮站用柴油机发电，加工之余解决部分照明。1965年建招旅水电站，公社驻地及招旅村实现电灯照明。进入20世纪70年代，部分生产生活用电采用国家电网供电。到1995年，工农业生产及家电入户使境域用电量大辐增加，电力供应开始紧张。1999年，引进资金450万元，装机容量960千瓦的东车电站开工。2001年，完成农村电网改造，农村用电逐步稳定。2005年，有招旅、三合、石山头、天井岩、花玉兰、梨园、东车7座水电站，装机总容量1803千瓦。2014年末，有35千伏及以上变电站（所）1座，主变压器2台，高压输电线路7条共150千米，用电负荷4100千瓦。年售电量累计完成1900多万千瓦时，其中农户用电666万千瓦时，综合电压合格率100%，供电可靠率98%。

在新中国成立后的十多年时间里，村民饮水一直以人力从泉井、溪河汲取。1966年起，医院、学校、公社机关等单位自购抽水机、建储水池解决用水困难。1978年华塘生产队在圩坪建储水池一个，实行居民统一供水。20世纪80年代末90年代初，招旅等地村民自建压水井，一户一井，方便卫生。1990年利用仙人井水资源，建立华塘自来水厂；1993年扩建，日供水量3000吨，可供21500人的用水。1995年后，大力实施农村改水工程。到2014年，自来水入户率达80%，饮用水卫生达标率100%。

农田水利

镇域内重点储水工程有两处。一是位于现保和镇境内、由时任湖南省委常务书记王延春组织修建、时任国务院副总理谭震林题写库名的中型水库——“四清水库”。四清水库于1964年11月动工，调集全县28个公社共6000余劳力上工地，1965年3月，大坝、总干渠等主体工程竣工，试关闸储水，库容为1758万立方米，坝高34米，干渠长62.65公里，灌溉面积2647公顷。曾三次对坝体进行高压灌浆防渗。其中2002年“8·8”洪灾造成大坝外坡滑坡重大险情，8月12日，国务院副总理温家宝亲临抢险现场。二是位于同和的红卫水库（小I型），1967年动工，1988年大坝建成，历时22年，设计库容为131.2万立方米，设计灌溉面积572公顷。大坝虽建成，但溢洪道、卧涵管及渠系配套工程未完工，未投入使用，后因坝体渗漏而成为病库。2002年，投资70万元进行整修。其他储水工程以小平塘、山塘为主。引水工程最早有建于西河及其他溪流的柴草坝，境内石砌拦河坝有三合、石山头、东车、梨园等6座；1958年后，陆续修建了一批引水渠，主要分布于腊下、大泉头、豪里、年溪冲等村。2011年起，实施烟水配套工程，新增三面防渗高标准排灌渠共14.5万米。提水工程最早有吴山、潮田、同和、梨园等村建于西河的筒车。1968年在同和村兴建水轮泵站，装机3台，灌溉面积47公顷。电力提灌工程以小型、可移动机组为主。1980年后，小型机电提灌设备陆续普及，全镇30%以上的农户购置了微型柴、汽油机为动力的小型抽水机抽水灌田。

社会事业

教育

华塘有重教传统。新中国建立前，镇境设有私塾，以族馆形式为主，在公祠或大户人家的家宅设馆，就近收教学童，1950年取消。

1958年兴办公共食堂时，生产队办托儿所，大队办幼儿园，1961年随公共食堂解散而解散。1971年“农业学大寨”高潮中，因农村妇女都要参加集体生产劳动，许多小学生带着弟妹上学，学校将这些学前儿童编成班，进行识字、算数等教学活动，并开展娱乐活动，称为“红孩班”，是为“学前班”之始。1980年开始在村小设学前班，招收5～6岁儿童入学，为小学生入学打基础。1985年开始使用省统编一年制教材，2008年前后部分停办，在幼儿园设学前班。2014年有公办幼儿园1所、私立幼儿园7所，在园幼儿850人。

1949年，始创于1939年的“吉阳乡中心国民学校”改为华塘完小。1952年镇境公办小学分为初小和完小。初小为复式制，分片设完小。1966—1976年，实行贫下中农管理学校，村小下放给大队管理，各大队都新建了校舍；随后又在生产队设教学点，招收1~2年级学生，在完小设初中班。这一时期，吸收了一大批民办教师。1984年，小学收归县教育局，实行县、乡、村三级办学，县、乡两级管理，逐步撤、并教学点，设中心完小。1996年，有华塘、同和中心完小2所，村小20所。2003年一乡一校制率先在同和实行，以寄宿为主。2014年，有中心完小2所，小学1所，教学点11个，在校学生1232人。适龄儿童入学率100%。

1958年在华塘完小设两个“戴帽子”初中班，1961年改为郴县四中；1981年改为郴县第四完全中学；1983年改为郴县第一职业高中；1995年与原郴州市四中职业高中合并，为综合职业中学的农经分校。1996年，有华塘、同和初级中学2所。2014年年末，华塘有中学2所，教职工28人，在校学生424人。

职业技术教育主要有农业和医疗卫生两大类。1959年，创办华塘第一所农业中学，到1963年发展到4所；1970年后，逐渐停办或改为普通中学。1984年，依托技术开发公司创办华塘农民文化技术学校，是年入学400余人；1986年开办华塘农校，1990年起，农校与农科教中心结合，坚持按需施教、结合农时办班、提供信息服务的办学宗旨，为农村培训初、中级技术人才。1979年年底，郴县卫生学校由雅市迁入华塘医院，改华塘医院为卫校的附属医院；1983年改为郴县卫生进修学校；1985年投资122.5万元进行扩建后，改为郴县中等卫生职业学校，面向郴州地区招生；2003年停办。

科技

人民公社化之初，以公社为单位建立农技站，大队建农科队，生产建农业科技小组，以提高粮食产量为重点开展科技活动，主要内容是改良土壤、合理施肥、推广良种、合理密植、病虫防治等。1964年，使用大型拖拉机在茅坪开荒，试种烤烟。此后20余年中，科技工作的重点一直在农业，主要围绕水稻、烤烟、水果、西（香）瓜、畜、禽良种的引进，进行推广，效果最明显的是杂交水稻的推广，不仅大幅度提高了粮食的产量，还促进了种植业结构的优化和养殖业的发展。

1988年5月，华塘镇科技协会成立。1991年1月8日，华塘镇农技站服务部成立。1999年11月，从山东莱阳引进美国黑提，在土坑下建立黑提基地20公顷，2002年开始挂果，2004年实现丰产。2000年12月，引进浙江草莓个体户到塘昌试种草莓，建立基地6.66公顷，到2002年10月形成塘昌千亩无公害草莓基地，每公顷年产值近15万元。1996年，在三合村新建蔬菜基地30公顷，2001年投资40万元建成高标准示范基地，逐步发展成为全国的休闲农业示范样板。到2014年，先后引进推广食用仙人掌、无花果、食用菌、黄金梨、蓝莓、有色软米、雷竹及烤烟大棚营养液漂浮育苗、烟叶烘烤、冬笋高产、柑橘换冠改造等技术项目30多个，大部分获得成功。

文化体育

1984年5月27日举行华塘镇第一届“5·27”农民文体节。有赛跑、跳远、越野、自行车、篮球、乒乓球、射击、投弹、踢毽子、拔河、夫妻送公粮等20多个体育项目和书法美术展览、文艺汇演等多项文娱活动。确定从1985年起每年的5月27日为华塘镇农民文体节。是年，华塘镇被评为全省体育工作先进单位。1993年被评为“全国亿万农民健身活动”先进单位。1998—2003年先后获得全省群众体育工作先进单位等荣誉称号。学校体育一直坚持得较好，全镇学校共有体育场16个。

2000年，华塘镇投资15万元开设了两个镇级中心图书室，在招旅、大泉头、塔水等村建立了村级图书室和体育场。是年，协助中央电视台、潇湘电影制片厂、湖南省花鼓戏剧团在吴山村成功拍摄戏曲电视剧《乡里警察》主场景。2014年年末有乡级文化站1个，农家书屋21个，藏书10万余册，有学校体育场16个。21个村均有文化活动室。

医疗卫生

民国至新中国成立后的一段时期，镇境民众治疗疾病主要为中草药和民间偏方，在华塘圩有中药铺、有祖传中医坐诊。部分人口集中地方也有“郎中”先生。时有游医到乡间叫卖“济众水”“万金油”“人丹”“疳疾散”等药品和把脉开方，每到冬季有瑶医走村串户卖草药。1942年设华塘卫生所，1945年停办。1952年恢复华塘卫生所，1958年改为卫生院，1964年改为华塘医院，民众诊疗条件改善。1972年，以大队为单位建立农村合作医疗站，社员小病一般不出大队。1987年合作医疗站实行个人承包，改为村卫生所。1994年投资60余万元新建了三层900余平方米的华塘医院门诊、住院大楼。医院设有内科、外科、儿科、中医科、妇产科等临床专科，能开展腹部外科手术、剖腹产手术、骨科手术等。是年，被评为全国一甲医院、爱婴医院。2003年，实行新型农村合作医疗制，到2007年，参合率达90%以上，在医院门诊费用报50%，住院费报90%，缓解了农村居民看病贵、看病难的问题。2010年，华塘医院率先实行药品零差率销售。

2014年年末，全镇共有乡级医疗卫生机构2个，村卫生室17个，乡村医生20人。乡级医疗机构共有床位63张，专业卫生技术人员59名，其中副高职称1人，中级职称18人，执业医师16人，助理执业医师15人，完成诊疗31137人次，住院2334人次，医疗收入311万元。

社会保障

新中国成立后，人民政府实行救济政策，对受灾户、贫困户进行钱、粮救济，以保障农村贫困家庭的最低生活水平，并作为一项长期政策坚持下来。1956年后，对农村无依无靠且丧失劳动能力的老弱孤寡残人员，实行保吃、保住、保穿、保医、保葬的“五保”制度，由所在生产队按略高于平均水平的标准提供粮、油，分给肉、鱼等副食，由政府发给买盐、买布所需钱款和棉衣、棉被等物资。1958年收入敬老院供养，后又返回生产队。20世纪80年代中期新建敬老院，2003年扩改，2012年再次扩改，占地面积7670平方米，建筑面积2500平方米，床位50张，为华塘、鲁塘、月峰的中心敬老院，共免费收养“两镇一乡”50位“五保”老人。

2005年，共有城镇低保对象94户105人，农村低保对象106户200人，“五保户”42人。同年，开展城市、农村低保工作，解决改制企业下岗职工480户次、600人次基本生活问题；解决农村贫困群众258户次、613人次基本生活问题，发放低保金40000余元。

至2014年年末，共有城镇低保对象174户259人，农村低保对象622户931人，“五保户”59户63人，共发放城镇低保金1655031元，优抚金334963元，发放各类社会救助资金151170元，救助各类困难对象1415人；享受计生奖励扶助110人，特别扶助对象7人。2014年年末全镇新型农合参合率达95%，农村居民养老保险收缴到位率97%，参保率位居全区第二。

特色地情

历史人物

曹亨灿（1902—1928） 大泉头村人。1919年春考入衡阳省立第三师范，积极开展学生运动。1920年8月任三师文化书社书报贩卖部主任，销售进步书刊，传播马克思主义。1921年3月加入学生进步团体“心社”；6月加入社会主义青年团。1922年5月加入中国共产党，任湘南学联宣传部部长。1924年1月赴法勤工俭学，4月，周恩来安排他去苏联莫斯科东方国际署工作。1926年4月，因病回国治疗。愈后，到中共河北省委做宣传工作，并任国民党河北省党部宣传部部长、《挺进报》主编。1927年8月，任中共满洲省委宣传部部长。1928年3月，奉命到河口组织工人武装，被日本侵略军抓获，4月5日，被秘密杀害于河口望子岭。

杨赤（1898—1934） 石山头村人。1926年秋，经省农民运动特派员梁邦栋介绍加入中国共产党，积极投身农民运动；利用担任桂阳县警备队队长职务之便，支持工农运动，保护革命干部。“马日事变”前夕，杨赤将国民党右派阴谋报告中共桂阳县特别支部。1927年12月中旬，根据中共桂阳县特别支部指示，将警备队从桂阳拉到华塘石山头村宣布武装起义，组建郴桂边农民

三合花桥

自卫军，任师长。1928年2月，朱德、陈毅率工农革命军第一师攻占郴县，许克祥部及地方武装聚集桂阳准备反扑。杨赤率自卫军三次攻占桂阳城，击溃敌人反扑，组建桂阳县苏维埃政府。4月，朱德、陈毅率工农革命军转移井冈山，杨赤留郴带领游击队打击土豪劣绅，处决叛徒、暗探，坚持武装斗争达6年之久。1934年4月，杨赤从龙广洞接受任务回桂阳，路过家乡桐木桥，因暗探告密，被郴县保安司令部围捕。5月被杀害于郴城东沙洲。

风景名胜

三合花桥 有三百多年的历史。2009年，在新农村建设工作队的主持下修旧如旧，恢复了古桥的原貌。桥旁有一片的古树林，有柏树、枫杨、樟树，还有珍稀的楠木，百年树龄以上居多，树龄最大的达800年。

爱尚三合绿色庄园 位于华塘镇三合村，于2013年开门迎客，投资1200万元，占地66.66公顷，集旅游度假、餐饮住宿、绿色种养为一体。在50多个蔬菜大棚里，栽培着30多个品种的无公害绿色蔬菜，通过门店、网店销售，月销售量可达200吨。建有蔬菜餐厅，游客除了享用天然的绿色蔬菜，还可以近距离观赏各种蔬菜瓜果，享受亲近大自然的乐趣。2015年，爱尚三合绿色庄园被评为全国休闲农业与乡村旅游示范点。

稻仙园 立有“杂交水稻之父”袁隆平院士的汉白玉雕像、由中共湖南省委原书记熊清泉题写园名的“稻仙园”，位于塔水村二组，园区面积5.3公顷。20世纪末，吃上了饱饭的广大农民群众称颂袁隆平为托起农民饭碗的“稻仙”。1996年秋，塔水村二组村民曹宏球（已故）自费5万余元为袁隆平院士塑了一尊高1.6米的汉白玉像，并捐出塑像。北湖区委、区政府、区政协筹资60余万元，修建了此园。

（李长春　邓孝福　供稿）

保和镇 >>

2014 年，保和镇是国家 AAA 级旅游区、国家地质公园——万华岩风景区和省五星级乡村旅游区——小埠·南岭生态园所在地。

区域概况

位置面积

保和镇地处南岭北麓、北湖区中部。境内大部分为山地，三面环山，坡陡谷深，海拔高度在 350 ~ 1200 米之间，以中低山为主，地形由西南向东、北倾斜呈簸箕形。东南与增福街道接壤，南邻石盖塘镇，西界月峰乡，西北连接华塘镇，东北与骆仙街道相邻。镇政府驻地雷大桥村 3 组，辖区总面积 109.55 平方公里，占北湖区土地总面积的 13.37%，其中水田 1085 公顷，旱地 216 公顷。

建置沿革

保和地名由来已久。相传，现保和墟内有 8 户异姓人家，他们和睦、好客，过往商客都愿意在此歇脚、交换商品。这 8 户人家为保持长久和睦、繁荣，将住地取名保和。保和镇系 2012 年 7 月由原万华岩镇和保和乡合并而成，其建置沿革各不相同。

清嘉庆二十一年（1816）至民国 35 年（1946），万华岩镇辖区为凤德乡。民国 36 年（1947）并入吉凤乡。新中国成立后，1950 年 3 月改为安和建制乡，隶属原郴县华塘区。1953 年，分为新田岭、下凤、安和 3 个乡，1956 年 3 乡合并为安和乡。1958 年 10 月，并入东风人民公社（1959 年 2 月改为华塘公社）。1961 年 3 月，从华塘公社析出建立安和公社。1984 年 4 月，郴县安和公社划归原郴州市，8 月安和公社改为安和乡；2000 年 12 月，经省民政厅批准，撤销安和乡，设立万华岩镇。

1947 年，保和属凤鸣乡；1949 年 10 月属吉宁区。1950 年 7 月，保和为建制乡，隶属于原郴县第四区，1953 年隶属于郴县第七区。1956 年，并保和、小埠、大律、长坪等 4 乡为保和乡。1958 年 10 月，并入东风公社（1959 年 3 月更名为华塘公社）。1960 年 6 月从华塘公社析出，建立保和公社。1965 年 7 月，与月峰公社合并为宝峰公社。1980 年 12 月，撤销宝峰公社，恢复保和、月峰公社。1984 年改为保和乡。1995 年划归北湖区。

2012 年 7 月撤乡并镇，区划调整，保和乡与万华岩镇合并为保和镇。至 2014 年保持镇建制不变。

行政区划

1953 年，安和乡辖安和、雷大桥、增湖一带。1956 年，辖区发展到礼家洞、新田岭、大树下，下凤等区域，1958 年为华塘公社的一部分。1961 年 3 月为安和人民公社，辖礼家洞、新田岭、秀峰、坦山、下塘、安和、下凤、雷大桥、增湖、塘尾 10 个生产大队。1966 年 3 月、秀峰大队改为大树下生产大队，1979 年 7 月，塘尾生产大队划归郴州市市郊公社，1980 年 4 月，安和生产大队分为安和、张家坪 2 个生产队，1984 年 8 月，安和公社划为郴州市后，改为安和乡。辖雷大桥、张家坪、安和、大树下、下塘、礼家洞、新田岭、下凤、坦山、增湖 10 个行政村，109 个村民小组。2000 年 12 月，撤销安和乡，设立万华岩镇后，下辖的 10 个行政村、109 个村民小组，至 2012 年 7 月，都保持行政区划不变。

辖区原保和乡，1984 年成立后，辖保和、花园、小埠、新华、顶上、长坪、乘马坪、宋家洞、太白洞、大律 10 个村，95 个村民小组，至 2012 年 7 月，下辖的 10 个行政村保持不变，村民小组由 95 个调整为 97 个，并增加 1 个居委会。

2012 年 7 月，原万华岩镇和保和乡合并为保和镇后，下辖保和、花园、小埠、新华、顶上、长坪、乘马坪、宋家洞、太白洞、大律、雷大桥、张家坪、安和、大树下、下塘、礼家洞、新田岭、下凤、坦山 19 个行政村 1 个居委会。至 2014 年保持行政区划未变。

自然环境

保和镇属大陆性中亚热带季风湿润气候，气候温和、雨量充沛、四季分明，年内四季气候变化的一般规律是：春温多变日照少，夏热前涝后多旱，初秋湿热晚秋凉，冬有霜雪严寒短。气候的年际变化大。年平均气温 16.8℃，全年日照时数平均为 1568.6 小时，无霜期 290 天。最冷的月份是 1 月，平均气温为 3.6℃，最热的月份是 7 月，平均气温为 25.8℃。年平均降水量 1466.5 毫米，年均降水日 181.1 天。境内属西河水系，溪流纵横交错，飞瀑流泉，数十条小溪汇入月峰河，流经保和镇，入华塘镇，注入西河。主要自然灾害有冰雹、低温、霜冻、旱涝等。洪涝灾害平均 3 年一遇。最严重的一次冰冻灾害发生在 2008 年 2 月，长时间的低温冻雨天气，全镇停水停电长达半个月，局部地区停电超过一个月。境内矿产资源十分丰富，主要有锡、花岗岩、钼、稀土、铜、铁、锰、铅、锌、石灰石、煤炭、石墨、铀等矿藏，其中又以花岗岩和锡矿的储量为最大，花岗岩储量多达 2.5 亿立方米，且岩体结构规则，花色繁多，品种纯正，质地精良，尤以“太阳红”和“铲籽红”最为著名。

人口民族

1962 年，辖区内人口 3788 户 13267 人。1995 年年末，增加到 7431 户 20047 人，其中农业人口 19349 人。人口出生率 14.68‰，自然增长率 9.59‰。2011 年，年末总人口 23474 人。2014 年年末全镇总户数 8749 户 24550 人，其中农业人口 21892 人。人口出生率 10.21‰，自然增长率 2.33‰。境内人口民族以汉族为主，极少量迁入少数民族瑶族。

经济发展

经济综述

辖区以农业为主，新中国成立前，生产力低下，农业生产设施简陋，经济十分落后。新中国成立初期，经过土改运动，农民生产积极性提高，农业经济复苏。党的十一届三中全会以后，完善家庭联产承包责任制，温饱问题逐步解决，镇内开始创办乡镇企业，发展规模农业，逐步形成工业、农业和服务业共荣的经济格局。1993年，实现地区总产值2640万元。1997年，地区生产总值3766万元，农业总产值2092万元，企业总产值2556万元。1999年财政收入132.66万元。2000年工农业总产值达到15211.5万元，财政收入240万元。农业总产值6781.5万元，工业总产值8430万元。2013年实现国内生产总值16.8亿元，完成财政收入1352万元，固定资产投资26.9亿元，实现社会消费品零售总额5.8亿元，2014年，实现地区生产总值18亿元，比上年增长7.2%，其中第一产业2.05亿元，第二产业7.54亿元，第三产业8.41亿元，三次产业比值为13 ：41 ：46，第三产业历史上首次跃居三产首位。完成固定资产投资37.8亿元。

新中国成立前，境内农民的生活水平较低，在不遇天灾人祸的情况下，仅能维持生计，农民劳碌终年，除交公粮、出荷粮、地租外，常出现有种子欠饲料的情况，若是留下来年的生产费用，就没有足够的口粮。每年都有三分之一的农户在来年下种时需借粮贷债。新中国成立后，社会生产力得到巨大发展，国民收入逐年增加，人民生活逐步改善，1957年，年总收入110.62万元，农民人均纯收入90.69元。1962年，年总收入104.77万元，农民人均纯收入136.24元，1994年，农民人均纯收入957.6元，2000年农民人均纯收入4497元，到2013年实现农民人均纯收入达12075元。2014年，农民人均纯收入13940元，比上年增长15.60%。农民收入、生活水平得到显著的提高。

农业

镇内主要种植水稻、蔬菜、水果等作物，养殖以鱼类、生猪、羊、牛、禽类为主。新中国成立初期，辖区分为安和公社和保和公社，辖23个生产大队，百废待兴，政府鼓励农民种植水稻，以双季稻为主，1957年，镇内粮食产量93364担，人均372.5千克。1958年建立人民公社，后连遇三年自然灾害，粮食减产。1962年，人民公社开始实行以生产队为基本单位的生产制度，粮食产量10.0753万担，人均764担，总收入104.72万元。1977年，辖区实行“以粮为纲，全面发展”方针，实现粮食总收入244.51万元。1978年开始实行家庭联产承包责任制，到1993年，实现农业总产值1800万元，粮食播种面积2208公顷，产量10648吨，其中水稻1900公顷，产量10194吨。1995年，农业总产值5192万元，粮食总产量8036吨。2000年，粮食达到10619吨。2012年，实现农林牧渔业总产值3.04亿元，其中农、牧、渔业分别为23286.82万元、6484.55万元、610.5万元。主要农产品产量保持增长。粮食播种面积达到6314.3公顷，粮食总产量11651.34吨，油料总产量358.76吨，蔬菜总产量85864.81吨，肉类总产量3816.46吨，2014年，实现农林牧渔业总产值10.99亿元，其中农、牧、渔业分别为8789.87万元、100448.88万元、727.7万元。粮食播种面积6780.93公顷，粮食总产量11146.07吨，油料总产量596.4吨，蔬菜总产量98505.4吨，肉类总产量4002.7吨，农业产业结构调整进一步优化，无公害蔬菜、特种养殖、小水果基地均已形成规模。

2002年，辖区逐步发展农业龙头企业，先后成立郴州大鑫农业有限公司、新华村孝来山羊农民专业合作社、鑫华杂交水稻农民专业合作社、顶上葡萄专业合作社、宋家洞蔬菜农民专业合作社、小埠莲花生猪等26个涉及蔬菜、水果、牲畜、水产、禽类的专业农民合作社，2013年，成立北湖小埠生态农业园，辖区逐渐形成以龙头产业带动的农业产业链，推动农业转型发展。

林业

中华人民共和国成立初期至1978年间，镇内主要为传统林业发展时期，由于林业保护的意识不强，部分天然林被砍伐。1979—1992年，逐渐落实国家林业发展政策，镇内林地面积有所增加。1992年以后，响应国家植树造林号召，开始大面积植树造林，1993年全乡人工造林41.87公顷，抚育89.2公顷。2008年冰灾，镇内林木遭到大规模的损毁，后经恢复和荒山造林、退耕还林，到2014年全镇林地面积达7819.6公顷，森林覆盖率为69.11%。林地面积包括：原有林地7472.93公顷，2002年退耕还林253.33公顷，2005年退耕还林93.33公顷。按照北湖区三年绿城攻坚要求，发展乡村绿化工程，建立总面积为15900平方米的游园10个，其中大树下村2个约8000平方米，雷大桥村1个约800平方米，张家坪村2个约1000平方米，花园村2个约2000平方米，小埠村1个500平方米，礼家洞村1个约600平方米，镇政府大院内1个约3000平方米。

工商服务业

新中国成立初期，镇内有酿酒、铁器、木器等手工作坊。1958—1960年，辖区的工商业经济呈波浪式向前发展。1978年开始创办乡镇企业，到1993年，先后兴办万华岩电站、太白洞水电站、鲁和石墨厂、钯炭催化剂厂、保和水厂花炮厂、印染厂、加工厂等镇办企业、私营企业和个体商户780家，其中乡办企业140个，村办企业50个，个体商户590个，乡村企业总产值700万元。1997年企业达到495个，企业总产值2556万元。2000年，乡镇集体、民办、个体企业商户增加到869个，其中乡镇企业、镇村集体企业42家，企业总产值11774万元，工业总产值8430万元。2001年以后，逐步组建镇工业园，到2005年园区进驻企业先后有永发石墨、锦鑫矿业、高鑫铂业、富昌公司、鹏达公司、大华五交化公司、万华蓄电池厂、昌利贸易公司、万发汽修厂、环宇胶粉厂、七鑫家畜批发市场、万华取暖气厂、城润建材厂、亿发再生资源回收公司、道宇建材公司、净源环保公司、洗布厂、宏旭矿业、雅圆食品、艳鸿食品、亿和宾馆、盈欣发食品厂、大家庭餐具清洁中心、下塘家具厂等50多家企业。2006年，辖区引进国丰公司，由于经营不善，到2008年项目流产。2008年又引进上市企业华新水泥厂，2009年正式投产。2009年小埠南岭生态城立项，逐步引进金科、颐和等房地产公司共同开发，2010年以后，辖区陆续引进万华汽车城，湘南国际机电城、泰湘新型材料公司、湖南有色、舜华鱼业、中石化油库等重点企业，逐渐形成以商贸服务业为主的经济体系，2014年，镇内有规模以上企业15家，总产值17.6亿元。

辖区内保和墟经改建、扩建后，固定摊位达120个、临时摊位200余个，门面、店铺30余家，年交易额过亿元。还有历史悠久的黄泥山墟场，为当地村民贸易交往提供方便。从2001年开始，每年7月在万华岩风景区举办一次西瓜节，评选拍卖瓜王和文艺演出，筹集善款，用于教育和资助孤、残老人。

基础设施

水利建设

20世纪50年代初，境内水利工程由于残缺不全，水资源开发利用水平低下，农田灌排设施缺乏。加上水利工程的兴建和维护资金筹集难，劳动力集中难，工程效益下降，水库病险隐患严重，造成有水不敢蓄，抗旱无水用。1964年9月，辖区全县第一座中型水利工程四清水库开工，1965年春基本建成，国务院副总理谭震林为该水库题写库名，水库集雨面积9.8平方公里；1974年修建铁坑水库，集雨面积8.45平方公里；1988年修建金钟岭水库，集雨面积0.5平方公里；1990年修建滑石江水库，集雨面积18.3平方公里。1990年起，政府及水利部门实行“谁投资，谁受益”的政策和“以奖代投”的激励措施，鼓励集体和个人集资投劳，利用冬闲时间，开展冬修水利活动。重点进行田间排灌渠系和小型蓄水工程建设，并对水库灌区配套设施进行建设。1994—2002年，对境内四座水库进行4轮大型排险维修，排除险情。2014年境内有骨干山塘29口，15个电站。各类水利设施104处，其中蓄水工程54处，水库4处，为中型水库1座（四清湖水库），小（Ⅰ）型水库1座（铁坑水库），小（Ⅱ）型2座（金钟岭水库、滑石江水库），山塘50口，总蓄水量2100万立方米，引水工程33处，有小水电17处，装机30台。

道路交通

新中国成立初期，境内仅有1958年修建的保和至月峰通乡公路。1980年修建安四公路，连通雷大桥、安和、张家坪、下凤、顶上5村。1987年地方窄轨铁路郴嘉铁路竣工，途经雷大桥、张家坪村，给周边村民的出行带来便利。1998年，郴资桂高等级公路开工，万华岩段长7.9公里，连通安四公路、保峰公路。2003年郴仰公路通车，安四旅游公路改造完成。同年4月，郴嘉铁路退出运输市场；2006年武广高铁开工，2009年12月通车，经过雷大桥村，2009年厦蓉高速郴州段开工，2013年通车，途经大树下、新田岭、下凤、顶上、保和、新华、小埠等村。2010年郴资桂高等级公路提质改造，2011年竣工，更名为郴州大道，同时修建G107绕城线作为厦蓉高速连接线，途经雷大桥、下塘、大树下村，连通石盖塘镇。2000年开始，大力开展通村公路建设，实现村村通公路，至2014年，全镇公路总长238公里，已硬化199.92公里，硬化覆盖率84%，基本构建全镇通村公路大联网。主干道共安装太阳能路灯431盏，全线亮化。境内公共交通线路有9路、10路、市区至四清湖公交车、市区至月峰乡公交车，每半小时一趟；郴州市区开往小埠生态公园公交车每天6趟；市区至华塘镇油山村的18路公交车、县际班车101路途经辖区范围。

饮水工程

辖区村民饮水历来取自井水或山泉水，由于人口增多，生产、生活用水量激增，人畜饮水渐成困难，对此问题，历届政府都十分关心，致力解决。1993年，由市水电局牵头采取入股的形式兴建铁坑水库安和饮水工程。1995年，政府把解决人畜饮水困难当作为民办实事的任务来落实。通过多年的努力，到2014年，境内共建成较大规模饮水工程五处：一是铁坑水厂，供应安和村、坦山村、下塘村、新田岭村、安和学校、安和信用社、安和圩等大部分地区和单位，日供水量600吨；二是保和乡水厂，供应保和村、新华村、小埠村、花园村、原保和乡机关、保和卫生院、保和学校、保和信用社、保和圩等地区和单位，日供水量约500吨；三是宋家洞水厂，供应乘马坪村、宋家洞村、长坪村、顶上村等地区，日供水量约360吨；四是四清湖水厂，供应花园村、雷大桥村，保和镇机关，万华汽车城等地区；五是万花岩水厂，供应雷大桥村、下塘村、菁华园学校等地区，其他村、组基本上使用山泉水或井水。

便民工程

镇内设有农商银行分行2个。2009年在原保和卫生院旧址上，建成保和敬老院。2011年，新建乡级邮政所2个。2013年，敬老院作为“民生100”工程改扩建，主要集中供养保和镇、月峰乡、大塘乡和鲁塘镇南溪片区的农村五保老人，总建设面积1907平方米，总投资260余万元，按公寓式设计，设置床位80张。

社会事业

教育

新中国成立之初，郴县政府为扫除文盲，致力发展小学教育，实行村学村办、乡学乡办、片办中心完小。辖区各村都兴办小学，到1997年共有初中1所，中心完小1所，小学19所，教职工169人，在校学生2560人。2000年教育体制改革，开始陆续撤销村小，只保存雷大桥村、花园村、大律村村小。为适应大环境，原下凤村、新田岭村、坦山村村小改建成为幼儿园。2014年，境内增加雷大桥幼儿园、攸溪幼儿园、娃娃家幼儿园3家私立幼儿园。

境内有万华岩中学学校、保和中心学校、菁华园学校3所学校。

万华岩镇中心学校创办于1969年，原名为安和学区，2001年5月改名为万华岩镇中心学校，是全镇的寄宿制学校，校园占地面积12000平方米，校舍面积3600平方米。2002年12月，中心学校所辖中心完小得到中国女排的援建后，更名为中国女排万华岩希望小学。2014年全校共30个教学班，其中中学6个，小学24个；学生921人，其中中学240人，小学706人。教职工75人。

保和中心学校是由1980年成立的保和中心完小和1982年命名的保和初中合并而来。学校占地面积2.66公顷，建筑面积达7000多平方米，2014年有18个教学班,教职工62人,学生702人。

郴州菁华园学校成立于2010年，是一所全日制、全寄宿制的完全中学。学校地处保和镇政府旁，占地17.53公顷，投资过亿元，园林式布局，环境幽雅，交通便捷，有现代化的各种教学设施。2014年，在校学生2000余人，一线教师120名。学校教学质量优良，已为二本以上高校输送近600名的学生（其中三名考入清华大学）。

文化体育

辖区村民自古以来有闹元宵、舞龙灯的传统和非物质文化传承“郴桂北路戏”。小埠村二组村民邓圣喜，现年82岁，是郴州市“郴桂北路戏”非物传承人。从小一直跟随其父亲在当地为乡亲们表演“四季班子”戏，1952—1978年，他与父亲多次开馆成立戏班教徒弟为村民表演。2012年，小埠古村成立“郴桂北路戏”戏剧团，并多次参加省、市文化艺术节比赛，荣获多项荣誉，还经常参加送戏下乡等各种演出活动。

2010年，保和镇投入50余万元建造保和镇综合文化楼，面积达400多平方米，内设多功能排练厅、棋牌室、电子阅览室、图书室、监控室、办公室、培训教室和KTV活动室，聘请专门的管理人员负责文化站的免费开放工作，并组建篮球队、羽毛球队、腰鼓队、广场舞队，成员150余人，每年组织开展各种形式的文化活动，参加两年一届的“北湖之夏音乐周”并多次荣获奖项。

医疗卫生

1965年始，辖区有卫生院两所，分别为保和

小埠南岭生态园

卫生院和安和卫生院。保和卫生院子20世纪90年代从旧址迁往现址，2009年10月改建，2014年有医护人员18人，其中医生5人，护士和公共卫生人员13人，设置床位16张。2008年5月新建万华岩卫生院，由原安和卫生院从原安和旧址迁往新址，改名万华岩卫生院，2014年有医护人员30人，其中医生7人，护士及公共卫生人员23人，共有床位21张。2011年，按照区委、区政府要求，对乡镇村级卫生室进行改造，2014年完成10个村级卫生室的改造。

社会保障

1991年，按照《军人优恤优待条例》和市政府《关于认真做好1991年度城乡义务兵家属优待的通知》，当地民政部门统筹发放17名义务兵家属优待金。1997—2002年间，境内多次遭遇特大洪涝灾害，造成农作物减产，粮食绝收，多处房屋倒塌，农田水利设施受损，当地政府多次组织救灾抢险，为倒房户重新建房，建设灾民新村1个。

随着社会保障工作机制的不断健全，到2012年临时生活困难救助247户306人共6.29万元。低保救助648户986人共114万余元，救助特困对象26户55人,11400元。集中供养老人33人，全年供养金额26万余元。总投资260万元完成敬老院改扩建工程。农村危房改造701户。救助贫困学生4人8000元。发放高龄老人补贴377人238520元。发放优抚补助93人284354元。2013年境内供养农村低保户663户1003人，城镇低保44户84人，分散“五保户”54户66人，发放保障金155.768万元,有效保障了残、老和“五保”老人等困难家庭的基本生活。发放高龄老人津贴353人22.37万元。优抚补助91人31.596万元，临时生活困难救助226户406人，救助金额82200元。城镇新增就业人数63人，小额担保贷款申报45万元，新增农村劳动力转移就业人数311人。农保缴费人数9730人，全镇范围内新农保缴费享受全额政府代缴补贴政策人数达216人。2014年全镇有“五保户”607户942人，全年累计发放保障金约114万余元，发放高龄老人津贴391人22万余元。全年发放优抚补助89人30余万元，进行残疾人房屋无障碍改造29户。新增农村劳动力转移就业300人，城乡居民养老保险缴费人数约9820人，城乡居民医疗保险缴费人数约20030人。

万华岩入口

特色地情

雷大桥 位于保和镇雷大桥村，又名雷窖桥，建于清代，长38米，宽4.5米，高8米，两孔一墩，桥墩宽6.5米，上下部均为青石堆砌而成，系古时郴州通往宜章、临武方向必经之路。

小埠古村 始建于明朝永乐年间，史料记载显示，早在两千多年前的汉武帝时期，西京古道是岭南各地通往京城的必经之路。东晋、南宋等朝代，陆续有移民南下，直到明、清时期，大批移民涌入，小埠古村正是明朝永乐年间沿着古道而来的移民所建，距今有550年的历史，现修缮保存有明代古民居50栋，能同时容纳600人用餐，150人住宿，兼有游泳池、茶楼、书院、垂钓、民俗一条街等各类配套设施，在历史性、地域性、文化性、整体性、建筑性、生活性上都得到较好的传承，2010年6月被评为省五星级乡村旅游区。

万华岩风景区 位于保和镇坦山村，距市中心17公里，万华岩溶洞为景区的主要景点，是一处规模宏大的岩溶地貌地下溶洞，1979年开发，1987年2月被列为省级第一批风景名胜区，5月1日对外开放，2000年被国际风景旅游洞穴协会（ISCA）吸纳为成员，因南宋地理学家张南轩在溶洞入口处洞顶镌刻“万华岩”而得名。坦山岩劝农记碑刻立于万华岩洞口处，始立于南宋绍兴十八年（1148）。碑高2.50米，宽1.73米，厚0.54米。上有南宋郴州知军赵不退在此进行劝农活动的记载，全文23行，楷书，碑额横题《坦山岩劝农记》篆体六字。作为现存不多的反映古代官员重视农桑的碑刻，具有较高的历史、艺术、科研价值。2006年5月经湖南省人民政府公布为第八批省级文物保护单位。万华岩风景区以自然风光著称，属亚热带季风气候区，景区山异、水美、石奇、洞幽、风景如画。到2014年地下河溶洞的主支洞已探明9公里多，已开放主洞长2245

米，地下河贯穿始终，空气清新流畅，四季恒温19℃左右。洞内空间变化多端，次生化学沉积物分布均匀，种类繁多，具有极高的科研、探险及旅游价值，其中“水下晶锥”为世界罕见，被誉为“国宝”。洞里的石蟒、石狮、石林、石田等三十多种天然的岩溶精品千姿百态，具有惊、奇、险、秀等特点，景区已被列为国家AAA级旅游区，国家地质公园。每年前往景区旅游观光的游客达50万人次。

四清水库 始建于1964年，距郴州市区约24公里。水库四周群山环抱，绿树成荫，湖面宽广，现辖绿化山林118.67公顷，水面163.33公顷，有装机容量320千瓦的水电一座，良种水果园16.67公顷。库区湖山一色，相映成趣，景色迷人。春可赏花，夏可避暑、秋可采摘。丰豪度假山庄（内设标准床位60个，大小会议室2个）可为游客提供舒适的度假服务。2013年，四清水库筹建成水陆乐园，开发了人造沙滩、按摩游泳池、保健桑拿浴、网球、门球、篮球场射箭场、钓鱼台迎宾馆（职技培训中心）等游乐项目。

（邱礼英　何观盛　供稿）

永春乡>>

永春乡古称黄茅。境域内仰天湖风景区因其为江南最大的高海拔草原而闻名，有“江南内蒙”之称。

区域概况

位置面积

永春乡位于北湖区西南部的骑田岭山脉腹地。东邻苏仙区良田镇，南接宜章县玉溪镇，西连鲁塘镇、大塘瑶族乡和芙蓉乡，北接石盖塘镇。乡境东西最长11.3公里，南北最长13.7公里，总面积77.15平方公里。乡政府驻永春村圩坪，距区政府约50公里。

建置沿革

永春原称黄茅。清嘉庆年间，黄茅村及打鸟坳村同为秀才乡64个村中的2个村。民国时期，先后隶属于秀贤区、第三自治区、良佐乡、贤良乡。新中国成立后，随贤良乡、光华乡及永宁乡的第六保并入贤良区，即郴县第三区，区治良田。1950年7月，缩小乡级规模，郴县第三区分设15个乡，始建黄茅乡，仍属第三区。1953年，贤良区改为第四区，黄茅属该区16乡、1镇（良田镇）之一。1958年10月，并入邓家塘人民公社，1959年改名为良田人民公社。1961年4月，从良田人民公社析出，建立黄茅人民公社；1965年7月改名为永春人民公社。1984年3月，撤销永春人民公社，成立永春乡。1995年1月，永春乡由原郴县划归北湖区，至2014年未变。

行政区划

1950年7月，黄茅与打鸟坳合并为黄茅乡。辖红花、永春、青山、打鸟坳、瑞丰、瑞金、才口水、田池洞等村。1958年10月撤乡并社，黄茅乡为邓家塘人民公社的一部分。1961年2月，从良田公社（1959年2月更名）析出原黄茅乡辖区，成立黄茅公社。1965年7月改为永春公社。1984年改公社为乡，改大队为村，下划红花、永春、青山，打鸟坳、瑞丰、瑞金、才口水、田池洞、新竹山9个行政村。至2014年区划未变。

自然环境与资源

地形地貌　乡境为纯山地地貌，地势起伏，呈西南高东北低走势，以中山、中低山为主，平均海拔1100米。境内山峰林立、溪谷纵横，最高点为天湖岭（1453.6米），其他山峰有荷叶地（1354.9米）、荒塘岭（1125.0米）、黑山里（1380米）。最低点在坟山岭江下，海拔611.9米，相对高差841.7米。西南面的仰天湖风景区为南方罕见的高山草原，面积达14平方公里，平均海拔

1430米。

气候 属大陆性亚热带季风湿润性气候，高山气候特征明显。乡境年平均气温15.2℃，比城区低2.6℃，其中7月份月平均气温为25.2℃，比城区低4.1℃；年平均降水量1501.3毫米，比城区略多，降水主要集中在4—6月，以6月最多。入春迟，夏季短，入秋早，以致秋冬季时间比平原丘陵地带长60余天，冬春多雾。

土壤 骑田岭花岗岩中山成土区，水田土壤以黄、青、黑麻沙泥为主；旱土有红壤、黄红壤、黄壤、黄棕壤、山地草甸土等。

水系河流 境内河流属珠江水系。发源于仰天湖的章溪水，向东北流至永春圩坪，与北来的黄茅水汇合后东流，在红花村出境，经苏仙区良田镇、宜章注入武水。另有大冲里捞牾水、田池洞水，是玉溪水的支流，汇合于宜章百子桥，在广东坪石注入武水。境内溪河水道窄，水量充沛、水质好、落差大。

植被 境内森林、草地占全乡面积的83.95%。以低矮灌木及竹林为主，活立木储量达4.94万立方米，森林覆盖率72%。有松、杉、楠竹、苦笋竹、锥栗、黄檀、麻栎、茅栗、杜鹃、金银花、冬茅及藤蔓和苔藓等。保存有原始森林，其中青山村约20公顷，永春村野牛坪一带约7公顷，物种丰富，种群复杂。田池洞村一株乐东木兰，系国家三级保护树种，树龄约600年，高18米，胸径0.8米，冠幅8米，为全省乐东木兰的冠军。

矿藏 矿产资源有钾长石、铁、锡、铅、锌、硅、萤石等，其中钾长石储量约1100万吨。

能源 风能达10万千瓦以上，年利用时间可达1870小时。水能也较为丰富，境内有溪河4条，坡降在33%以上，水量充沛，可利用能量在0.32万千瓦左右。

自然灾害 自然灾害主要是洪水及由洪水引发的地质灾害。永春乡的地层岩性为中粗粒状花岗岩，地表残积层及强风化层厚度一般小于5米，且含砂率高达35%～40%，坡度大多在25度以上，遇水易崩解流失。加之梯田修造及建房修路形成了大量的人工砌石坡，容易引发泥石流等地质灾害。1999年8月13—15日，境内持续60小时降雨暴发洪水，经济损失5000万元。2008年1月12日至2月5日，冰冻23天，经济损失6000万元。2013年8月底，连续遭受台风“尤特”、“潭美”袭击，造成房屋倒塌，多处路面塌方受损，全乡75%的人口受灾，经济损失达7000万元。

人口民族

乡境为边远山区，虽早有先民定居，但人口稀少。新中国成立前，由于生产落后，社会动荡，疫病危害，人口出生率不低，但死亡率居高不下，人口增长十分缓慢。新中国成立后，生活水平、医疗条件逐渐改善，新生儿死亡率逐年下降，人均寿命延长，人口快速增长。特别是20世纪70年代中期，新中国成立后出生的人群进入婚育期，出现生育高峰。进入80年代后，国家的计划生育政策使境域人口增长速度放缓。1995年，全乡人口为9865人，2010年全乡总人口10675人，15年间净增人口810人，年均自然增长率为5.47‰。2014年，全乡总人口11246人。

乡境为汉瑶杂居区。瑶族来自广东乳源、仁化及湖南宜章、汝城等地，明、清时因躲避官府而迁入，自称为“过山瑶”，奉盘王为祖先，新竹山村及田池洞村13组（老屋场）为纯瑶族居住区，部分散居于其他村组，以赵姓为主，其次为庞姓。2014年全乡瑶族人口352人，占全乡总人口3.3%。

全乡主要姓氏有刘、邓、廖、黄、凌、赵、庞等。其中刘姓人口最多，占全乡人口46%左右，徒自临武，居于田池洞、才口水、永春、瑞丰等村。

经济发展

经济综述

永春经济以农业为主。处于高寒山区，山多田少，新中国成立前受耕作水平、气候和交通条件限制，经济十分落后。不仅米粮缺乏，靠红薯杂粮充饥，且居住在茅屋、土砖房里，衣服破旧，生活极度贫困。

新中国成立后，实行土地改革，经济建设步伐加快。开办了乡镇企业，粮食产量有所提高。1958— 1960 年取消社员自留地，社员家庭财产无偿收归公社所有，实行“社员吃饭不要钱”的供给制。青壮劳力被外派到水利工地或参加大炼钢铁，以致粮食减产、养殖业滑坡，群众生活困难。1961 年，分给社员自留地，允许社员经营家庭副业，取消供给制，实行按劳分配，黄茅公社经济逐步恢复和发展。1968— 1976 年，农民的自留地和正当的工、副业被当作“资本主义尾巴”割掉，推行“政治工分”，但广大干部社员坚持生产，推广水稻矮秆品种，种植绿肥，发展稻田养鱼等。到 1978 年，农民生活水平有所提高，粮食基本自给，但仍未摆脱贫困。十一届三中全会后，坚持以经济建设为中心，积极推进以家庭联产承包责任制为主要内容的农村改革，大力发展农业和手工副业。到 1994 年，全乡总产值 1565 万元，农民人均纯收入 570 元，但仍属贫困乡之一。1995 年划归北湖区后，区委区政府切实加大了对贫困乡、贫困村的扶持力度，到 2004 年，实现总产值 4725 万元、财政收入 135 万元、农民人均纯收入 3318 元，农民开始过上了温饱有余的生活。此后，党的农村政策进一步完善，特别是取消农业税后，农民的负担基本免除，农民的积极性高涨，通过不断调整产业结构、充分发挥资源优势，突出特色农业，发展农民专业合作社，农业产业化步伐加快；同时加大第二、第三产业发展力度。到 2014 年，实现地区生产总值 13317 万元、财政收入 1397 万元、农民人均纯收入 10926 元。

农业

种植业 乡境水田以依山垒砌的小丘块梯田为主。新中国成立前，种植业围着“饭碗”转，农作物复种指数 120% 左右。新中国成立后，不断推广良种良法，农作物产量不断提高。但品种单一，以自给为主。到 1978 年，水稻单产由解放初的每公顷 2250 千克左右提高到了 3370 千克以上。全面实行家庭联产承包责任制后，农民开始在自己的责任地上不断下功夫，农作物以一季杂交中稻为主，其次为红薯、蔬菜、红花草籽。1994 年水稻单产达到每公顷 6660 千克。1995 年划入北湖区后，农技推广的力度进一步加大，红花草籽、冬菜等冬季农业引起重视，复种指数接近 200%。2002 年实行退耕还林、还草，2014 年末实有耕地面积 473.3 公顷，减少 140 公顷，其中水田减少到 413.3 公顷。由于土地流转机制的建立、农业产业化的推进，复种面积达到 1198 公顷，复种指数达 253%；突出优质稻生产，实现粮食总产 3599 吨，其中稻谷总产 3224 吨，平均每公顷 6195 千克，粮食自给有余，冷水米品质优良，深受欢迎。同时发挥气候优势种植食用菌并形成产业，年产量达 600 余吨。

养殖业 乡境有牧草地 147 公顷和大量的低矮灌木林、野生杂竹林，具有发展食草动物的优越条件。传统养殖业主要是养殖牛、猪和家禽，“家家养牛为耕田，户户养猪为过年，养鸡生蛋换油盐”。人民公社化后，家庭养殖受到限制，耕牛由生产队集体养殖。改革开放后，养殖业由猪、牛、家禽增加到羊、兔。20 世纪 90 年代中期，乡畜牧兽医站职工刘相庭兴办肉牛养殖场，到1997年养殖规模达360头，盈利10万元，带动了全乡肉牛养殖,到2004年全乡肉牛养殖规模达1.12万头。后因载畜量过大,为保护草山植被,改放养为圈养。到2013年，养殖规模缩小到4500头左右，年出栏1400多头。稻田养鱼是乡境的一种传统，持续至今。自1996年起，稻田养殖禾花鱼被作为特色农业加以重视。区畜牧水产局帮助引进新品种，推广开沟挖凼等新技术，进行高产示范，采取稻田种植红花草籽等绿肥以减少化肥用量。1997年，区畜牧水产局投入1500元，调运37.5万尾良种鱼苗，在青山村进行300亩新模式稻田养鱼高产试点，验收测产结果为每公顷产禾花鱼600千克。是传统养殖产量的4倍。此后，放养量逐年扩大，稻田养殖产量不断提高。到2014年稻田养鱼面积达330余公顷，每公顷产鱼量达360千克。

林业 全乡林地面积占全乡总面积的80%以上，因土质以沙泥为主，且土层较浅，又属高寒地带，林木生长缓慢。在未通公路前，杉、松等林木砍伐量极少，多为自用而伐，大径材比较多，几乎家家都育有大围径杉树；楠竹主要用作编织竹器销售。公路修通后，始有原木、原竹外销。1990—1991年，原郴县两次飞播造林，永春为实施区之一。1997年，永春乡被评为全省飞播造林先进单位。2002年开始实行退耕还林，林地面积由6220公顷增至6330公顷，其中生态公益林达到3400公顷，占林地面积的53.7%，活立木储量4.94万立方米。林业效益重点是生态效益，经济效益主要来自竹类及其副产品。乡境水果为少量零星种植的梨树。

自2006年以来，采取“土地有偿流转，业主规模经营”“土地量化入股，集体统一经营”“龙头企业带动、村企合作经营”等多种模式，盘活土地资源。推动农村土地（含林地）承包经营权流转交易340宗，流转面积867公顷，先后建立合作社（基地）12家，较大的有源溪禾花鱼、佩江洞食用菌、瑞丰特种养殖、湘源肉牛养殖、永春黄牛合作社等，形成了食用菌、肉牛、禾花鱼三大主导产业和“佩江洞”“黄茅”“天湖牛歌”等年产值1400万元的品牌产品。其中，食用菌种植面积153公顷，肉牛年出栏1400余头，禾花鱼养殖面积330余公顷，2014年农业总产值7000多万元。

工业

新中国成立之前，乡境有零星手工作坊。黑山里锡矿开采始于清末，但品位差、产量低。农业合作化时期,曾在仰天湖开办茶叶厂、采砂场等，开采过锰矿。

1983年成立铁合金厂、三江口电站、食品厂、建筑队等。之后，发展小水电、食品加工业。2000年成立的天湖山泉饮料有限公司，生产“天湖山泉”饮用水，以桶装水为主，中国女排为其开业剪彩并指定为郴州集训用水；曾作为2005年9月第七届亚洲跳水锦标赛指定用水。2004年3月，青山村王堂根筹资600万元创办的郴州市康宝饮料有限公司，日产“千里峰”桶装饮用水200吨及“天美”牌瓶装水，分别于2013年、2014年荣获“湖南省著名商标”、“湖南省农业龙头企业”。为发展绿色、生态经济，2012年关闭了黑山里非法采矿点和才口水、红花、永春等地的非法砂场。2014年全乡工业总产值达6100万元。

商贸服务业

永春圩场历来是北湖区西南山区农副产品主要集散地，由于交通不便，交易量不大，品种也不多。主要商品为猪肉、竹器、炊具、农具、盐，以及后来的煤油、肥皂、布匹等。1966年壕（口）芙（蓉）公路永春段通车后，良田、邓家塘等地的商贩到永春赶集的增多。1974年永春至芙蓉公路通车，赶集人数逐年增加。到20世纪80年代末，每集仅猪肉销量就达10余头，最多时达20余头，黄牛肉销量也达到每集10头左右。圩场拥挤不堪。2005年在圩坪下方新建农贸市场，交易点搬迁。2008年冰灾大棚被毁，集市仍搬回原圩坪。2013年，农贸市场移址重建，占地0.67公顷，建筑面积4500平方米。3、6、9逢集，交易的商品主要有冷水鱼、土猪肉、黄牛肉、干笋、冷水米、干牛巴等土特产和生活日用品及农药、化肥、竹器等，货物琳琅满目，交易红火。除永春当地村民外，还吸引了来自芙蓉、南溪、江口、良田、邓家塘、廖家湾的商贩和群众，墟日人流量可达3000人。经过60多年由自然经济向商品经济的发展历程，到2014年，圩坪有商铺64家，餐饮、五金、农资、生活超市、药店、小型电器、电信服务等经营门类齐全，基本能满足当地群众生活需求，农产品年交易额达900万元。

基础设施

交通运输

新中国成立之前，永春乡交通极为不便，没有公路，到郴州、良田及周边乡镇只有简易山路、古道。大宗货物无法运输，小宗货物依靠畜力或人力运输。新中国成立后，永春群众自发对境内道路进行修整和扩改。20世纪60年代，由郴县政府规划和组织发动修建全长38.5公里的县道壕（口）芙（蓉）公路，其中廖家湾壕口至永春段1966年通车，永春至芙蓉段1974年通车。各村开始修建通村公路和部分通组公路，以泥路为主，部分为砂石路面。2009年，壕芙公路全线硬化，后改名为S354线。此后，通村公路建设进程加快，并逐步硬化为水泥路面。2013年9月新竹山通村公路硬化，全乡通村公路建设全部完成，全乡公路的硬化里程达90公里，包括3条省道、4条县道、2条乡道及若干通村通组公路，实现了与城区、周边县区、村组间的便捷联络。安全设施全面升级，安装钢护栏9.9公里，在临水临崖路段设置弯道镜36面及防撞墙。有永春—郴州专线班车9台，另外，芙蓉—郴州、廖家洞—郴州专线也途经永春。

邮政通信

20世纪70年代始设立邮政所，有专职邮递员1名。2011年，作为“为民办实事”工程，新邮政所与乡政府机关危房改造工程合并建设，于2013年9月竣工，面积150平方米。2000年后移动电话逐渐普及，除新竹山村、田池洞、林区等偏远点外，已有稳定信号。2014年有固定电话500台，移动电话8400台。互联网普及到各村。

能源建设

永春境内溪谷多、水道窄、落差大，丰枯季节流量悬殊。新中国成立后，基于防洪泄洪和发展经济的考虑，在田池洞水、黄茅水、章溪水上建设小型水电站。效益较好的是乡企业办投资建设的三江口电站。其一级电站1986年投产；二级电站于2000年投产。到2014年年底，全乡有水电站8座，总装机3040千瓦。境内风能资源达10万千瓦以上，年利用时间1870小时左右。2008年由华电集团投资40773.46万元，在仰天湖风景区建设风力发电场，共装单机容量为1650千瓦的机组22台，总容量为36300千瓦，年发电量5600万千瓦时左右。2005年启动农网改造，到2014年新竹山村最后完成。

农田水利

境内农田多为先民开辟的具有数百年历史的梯田，层层叠叠，灌溉依赖降水和山上泉水自流灌溉。新中国建立后，国家开展水利建设，在地势较平坦的区域开挖水渠，修整了山塘和水库，旱涝保收面积增加。自2010年始,以“一事一议”、财政奖补、高标准农田改造、国土整治等项目为依托，累计投入资金1200万元，基本完成了排灌沟渠建设。2014年,有小型水库1座,山塘10口,沟渠28条，改善灌溉面积330余公顷。

村镇建设

新中国成立前，大多数村民住房为土砖或夯土墙、茅屋顶或杉树皮屋顶，勉强遮风挡雨；极少有青砖瓦房。新中国成立后住房条件逐渐改善。十一届三中全会以后，先富裕起来的村民住进了小洋楼，修通了简易的砂石路。2006年开始实施新农村建设，2012年启动农村危房改造项目。建村级活动中心、文体场所和卫生室,改路、改水、改厨、改栏、改厕,美化村庄,分批改造危房214户,新楼房整齐划一。建造大小垃圾焚烧炉28个，安装路灯180盏。新竹山瑶族村1995年人均纯收入仅361.7元，在全区排倒数第一，不通公路不通电，经多年扶贫攻坚，于2011年前后实现通路、通电、通电话、通有线电视，摘掉了“省级特困村”的帽子。

2010年8月，小城镇建设项目启动。项目规划用地3.05公顷，以政府投入基础设施建设、村民集中联建开发的形式进行。2011年，项目向永春、才口水两村集镇区延伸，镇区面积扩至43.06公顷。到2014年年底，小城镇建设累计完成投资1300万元，新修道路2公里，整治河道2.1公里，架设桥梁2座，安装太阳能路灯42盏，新建农贸市场1个、垃圾转运站40个及客运站、小游园等。建设联排楼房20栋，作为地质灾害易发点村民集中安置点；完成3000人饮用水集中供水工程；永春信用社大楼、乡政府综合办公楼危房改建项目先后竣工。新增绿化面积1800平方米。

社会事业

教育

永春最早的办学可追溯到清光绪二十七年（1901年）刘氏宗族在刘氏宗祠开办的义学，名为“刘天禄学堂”。1950年改名为“黄茅完小”，1964年“四清”运动改名“永存完小”。1966年开始普及小学义务教育，各大队办完小，另有若干教学点；小学由六年制改为五年制，初中由三年制改为二年制。最多时全乡有小学33所、教学点47个。在“读初中不出大队,读高中不出公社”的口号下,在大队完小附设初中班(1982年停办)。1967年,永存完小开办初中,并改名“永春中学”；1974年又增开高中班,共招生5届。1979年开始,村小、教学点陆续撤并、撤销。1980年，新竹山瑶族学校建成，由石头垒成墙体，采用汉、瑶双语教学。2003年教育机构改革，将1所中学、1所中心完小、8个村小合并组建“永春中心学校”，实行寄宿制；村小改为教学点，在校学生1300多人。2005年，由北湖区政府、香港烛光基金会投资100余万元新建了1300平方米中心学校综合楼及附属设施。2011年，香港吴星可慈善基金会资助130万元建设新教学楼。同年7月，筹资30万元改建了新竹山瑶族教学点。2014年，北湖区政府投资170万元、郴州德熙进口汽车贸易公司捐赠100万元建设了永春中心完小新教学楼，占地面积2050平方米。永春中心学校先后评为“湖南省农村寄宿制合格学校”“郴州市校园文化建设样板学校”“郴州市安全文明学校”等。

文化体育

新中国成立后，推广群众文艺活动，成立文艺宣传队，在生产之余演出花鼓戏、快板、三句半等节目。1966—1976年期间成立毛泽东思想文艺宣传队，跳忠字舞，演出样板戏、话剧、小品等，十分热闹。1978年后，群众自发成立舞龙舞狮队。1998年，北湖区在农村开展“五个一”工程建设，乡文化站、图书室、广播站、篮球场等文化、体育设施得到加强，以青少年为主的文化活动得到恢复和发展。乡境体育以学校体育为主。其他群众体育活动极少，偶尔有掰手腕、扭扁担等力量型活动出现，为自发的、即兴的。2011年，各村建立文体活动中心。2012年7月，乡政府举办了第一届农民运动会，此后隔年组织一届。到2014年底，全乡有文化站1个、农家书屋9个，藏书3万余册。除送戏下乡外，群众自发组织广场舞，并成立2支农民舞龙舞狮队，学校每年举办1～2场校园晚会。

广播电视

20世纪50年代，郴县广播站成立，乡内架设了高音喇叭，后在各村普及；70—80年代初，生产大队有广播放大站，农村广播网基本形成。1983年以后，半导体收音机开始普及，无线广播发展，村广播室基本停办。2000年，在农村普及有线电视。到2014年年底已实现“村村通”，农民足不出户即可知天下事。

医疗社保

20世纪60年代前，永春乡群众治病以民间偏方和中草药为主。1969年前后，以生产大队为单位，建立合作医疗站，配备“赤脚医生”，开实行中、西、草药结合防病治病。1969年建立永春卫生院。1995年对卫生院进行了扩建改造，占地面积1227平方米，建筑面积2000平方米。2014年有医护人员17人，床位20张，各类设备价值190万元，并开展卫生普及、义诊活动。党的十七大以后，乡党委政府落实中央一系列惠民政策，以“老有所养、病有所医、居有所安”为宗旨，不断健全保障体系，扩大覆盖面。2007年推行新型农村合作医疗制度（简称“新农合”），2009年推行农村养老保险制度（简称“新农保”），2014年对年满60岁的民办教师、“赤脚医生”发放补助。2007—2014年全乡发放低保、大病救助、残疾补贴、社保、养老保险等各类补贴1200多万元，新农合参保率98%，新农保参保率99%。

永春敬老院原设在永春村小，2006年3月投资50万元在永春圩坪新建，新敬老院占地面积13330平方米，总建筑面积2000平方米，集中供养五保老人30人。2012年扩建，有宿舍23间，床位50个，厨房、餐厅、活动室、浴室、卫生间、办公室等配套设施齐全。有农作物种植园近700平方米、猪圈2间，以院养院，解决部分开支。

特色地情

历史人文

永春为革命老区，大量穷苦农民参加革命，或参加工农红军，或留在当地参加郴县游击队、湘南游击队。1925年成立黄茅乡农民协会，1927年成立黄茅乡苏维埃政府，设立了赤卫队。湘南游击队曾活跃于黄茅、宜章边境，后又成立黄茅游击队，直至湘南解放。现登记在册的革命烈士60人。1934年11月12—15日，中国工农红军第三、第八军团等长征部队途径黄茅，在水冲召开战士大会，中共郴县县委在此接收162名伤病员。其中97名红军伤病员在永春，由永春乡田池洞籍游击队中队长刘安古父子负责治病治伤，并全部治愈。1947年，永春乡田池洞籍、湘南游击支队政委刘奉章因叛徒出卖，被杀害于宜章。境内有多处无名烈士墓、红军墓。登记在册的革命烈士60人。

仰天湖风力发电

风景名胜

仰天湖 又名鸟天湖，位于骑田岭山脉中段的仰天湖风景区内，面积 2 万余平方米，为第四纪冰川期的一个死火山口。湖底有泉涌出，称浪井、潮井。明何孟春《黄岭叠翠》诗云："潮井春深垂蝃蝀，仰天秋净浴芙蓉。"湖水清澈，有水鸟栖息、鱼类繁殖。湖泊周边是海拔 1400 米以上的高山草原。

仰天湖风景区 位于永春、芙蓉、大塘、鲁塘四个乡镇交界处，因景区内的"仰天湖"而得名。总面积 14 平方公里，1981 年建立牧场，1984 年春完成 800 公顷人工草场的种植。1995 年作为风景区进行开发，2008 年兴建风力发电场，建有 22 座高达 80 米的塔座，每片风叶长 40 米，十分壮观。可帐篷露营、骑马、赏雪、赏夕阳、赏杜鹃花等，游客慕名而来。

神话传说

神石碓 在永春村圩坪不远的半山腰上，有块形如石碓的巨石。相传，山脚住着一位生活孤苦的老太婆。一次，她到山上采蘑菇，在石碓前休息，想起自己度日如年而暗自流泪。心想，如果这个石碓每天能出白米该多好。哪知道奇迹真出现了，石碓里慢慢涌出了供她食用一天的白米，她高兴地跪下磕头感谢。此后，她每天上山取米、下山做饭。日子久了，觉得每天上山下山麻烦，心想要是少走些路，或者多出点米拿到集市去卖多好。当她刚有此念，石碓就停止了出米。从此以后，再也没出过米了。

（龙鑫　邓孝福　供稿）

芙蓉乡

芙蓉乡是北湖区三大主矿区之一，被誉为“锡业之都”。

区域概况

位置面积

芙蓉乡位于湘东南郴州市中部北湖区西南山区。东邻北湖区永春乡，南接宜章县玉溪镇与麻田镇，西接临武县水东镇，北连北湖区大塘瑶族乡。乡域土地面积64.77平方公里，占北湖区土地总面积819平方公里的7.9%。乡人民政府驻芙蓉村。距北湖区人民政府驻地74公里，距郴州市人民政府驻地72公里，距省会长沙396公里。

建置沿革

芙蓉乡原名芙蓉洞，明清时期属郴州直隶州永宁乡。民国2年（1913）9月，废郴州直隶州，划州直辖地复置郴县，永宁乡的安源团改为郴县安源特别区。民国19年（1930）2月，实行区域自治，安源特别区复改为安源团，隶属郴县第4自治区。民国24年（1935）2月，省民政厅与省保安司令部联合颁布保甲规程，限令各县实行区、乡、保、甲制，区沿旧制，团改为乡，安源团改为安源乡。民国27年（1938），废区并乡，第4区分为永宁、凤鸣、凤翔、吉阳乡，芙蓉洞属吉阳乡。民国36年（1947）3月，实行并乡，全县设1镇8乡。并凤鸣、凤翔、吉阳乡为吉阳乡。

1949年10月7日，郴县解放。12月，进行划区建设，全县划成5区22乡。吉宁区辖原永宁乡、吉阳乡。1952年2月，根据湖南省人民政府关于划小区乡行政区域的规定，全县划为10区87乡1镇，芙蓉洞属焦溪乡。1953年1月，再次划小乡级规模，全县设10区150乡。芙蓉洞从焦溪乡析出，成立芙蓉洞乡。1956年5月，撤区并乡，全县设1镇26乡，芙蓉洞乡保持未变。1958年10月，实行人民公社化，全县设8个人民公社68个大队340个生产队，芙蓉洞属上游人民公社，后更名为鲁塘公社。1961年4月，缩小公社规模，从鲁塘公社析出，成立芙蓉公社。1984年3月，恢复乡建制，芙蓉公社改称芙蓉乡。至2014年年底，乡建制保持未变。

行政区划

1961年从郴县鲁塘公社析出，成立郴县芙蓉公社，辖渣梨洞、西江、大塘、宽洞、芙蓉、联合（梨树下）、桃源、廖家洞、安源、长源共10个生产大队。

1984年3月，撤销人民公社，恢复乡建制。芙蓉公社改称芙蓉乡，各生产大队改称村，各生产队改称村民小组。10月，析出辖区内的渣梨洞、西江、大塘、宽洞4个村归新设的大塘瑶族乡。芙蓉乡辖芙蓉、梨树下、桃源、安源、廖家洞、长源6个村。此后，安源村分成安源、羊头岭、屋场坪3个村，行政村增至8个。

1995年撤地建市，撤县设区、撤市设区，芙蓉乡划归北湖区。辖芙蓉村、梨树下村、桃源村、安源村、廖家洞村、长源村、羊头岭村、屋场坪村和芙蓉社区，共8个行政村和1个社区，54个村(居)民小组。至2014年，行政区划保持未变动。

自然环境

全乡地貌以丘陵山地为主，平均海拔990米。属亚热带湿润季风气候，其特点是气候温暖，四季分明，热量充足，雨水集中，春温多变，夏秋多旱，暑热期短，冬有霜雪严寒偏长，时空分布不均，导致境内出现暴雨、暴雪、山洪、干旱、大风、冰雹、雷暴、寒潮、冰冻、低温等灾害天气。全乡多年平均气温17.8℃，1月平均气温6.3℃。境内主要河流有芙安河、梨树下水、桃源水、清水江水、来宜河、长源水、鹅公塘水，均为珠江源头。源自仰天湖山下芙蓉洞、梨树下、桃源、羊头岭、屋场坪的芙安河流入武水河汇入珠江；源自骑田岭山脉主峰二尖峰廖家洞、长源的廖宜河溪流经宜章汇入珠江。年降水量1843.6毫米，年日照时数1066.6小时。乡村环境不断改善，空气达标率100%。全乡集中供水、分散式供水水源均为地表山泉水，水质达标100%。地表检测断面功能区达标100%。区域环境噪声、交通噪声控制均为优秀，无任何噪声污染。据环境空气质量检测数据表明，境内二氧化碳浓度年平均值达国家一级标准，二氧化碳可吸入颗粒浓度平均值达国家二级标准，空气达标100%，空气质量指数为良的天数占全年天数比例100%。

境内水田有黄泥田、沙质田、灰黄泥田和黑泥田。旱土有红壤、黄壤、黄棕壤、黑壤。芙蓉矿产和水能资源丰富，有“湘南锡都”和“北湖水电第一乡”之称。境内已探明地下矿藏有锡、铁、铅、锌、石墨、大理石等，其中锡矿储量300万吨、大理石储量约3.2亿立方米。已开发利用水能1.1万千瓦。

人口民族

1988年，芙蓉乡居民共1656户7313人。其中农业人口1506户6750人。

1995年，全乡共有居民1790户7255人。其中，男性3801人，女性3454人；农业人口6649人，非农业人口606人。人口出生率4.95‰，死亡率6.47‰，自然增长率－1.52‰。

2014年，芙蓉乡共有居民2755户8010人。其中，男性4283人，女3727人；农业人口7748人，非农业人口262人。18岁以下2113人，18～35岁2127人，35～60岁2767人，60岁以上1003人。60岁以上人口占全乡总人口的12.52%。人口出生率15.48‰，自然增长率12.86‰。

1961—1983年芙蓉乡农村公社期间，除汉族外，有瑶族4000多人。1984—2014年，全乡人口均为汉族。

经济发展

经济综述

清末、民国时期，境内采矿业发达，工商业较为落后，加之山多田少，米粮缺乏，赤贫之家多以红薯等杂粮为主食。新中国成立后，芙蓉乡国民经济由恢复期到改革开放以来的快速发展期，山区发生了天翻地覆的变化；农业以种植水稻和蔬菜为主，畜牧养殖业以养殖猪牛鸡鸭等为主，工业以采选矿为主。2000年地区生产总值4734

万元，第一、二、三产业产值分别为101万元、3909万元、724万元。2010年地区生产总值58182万元，第一、二、三产业产值分别为1511万元、51932万元、4738万元，人均收入9087元，呈现经济建设辉煌期。2012年起，乡党委、政府大力实施“三山四水”发展战略，努力建设“锡业之都、鱼米之乡、休闲天堂”三个新芙蓉，推进经济社会全面协调发展，采矿选矿、风电水电、生态农业、服务行业等产业为全乡经济发展起到了主导作用。2014年，全乡实现地区生产总值55181万元，同比增长10%；完成固定资产投资3.08亿元，同比增长11%；完成财政入库510万元，同比增长10.8%；完成税费合计820万元，全年人均纯收入11195.5元，同比增长12%；全乡规模以上企业6家，实现工业总产值1.4亿元。

新中国成立前，人民生活极度贫困，人均年口粮不足100千克。新中国成立后，生活水平有所改善。1978年改革开放后，地区经济快速发展，人民生活不断提高，实行联产承包责任制，粮食亩产达250千克以上。1994年人均收入达860元，少部分农户自购拖拉机、卡车、摩托车、电视机等农机设备、交通工具和家用电器。2000年人均收入2616元，2006年免征农村一切税费，农民享受各种惠农补贴。2007年境内实行新型农村合作医疗制度。2009年实行养老保险，贫困家庭享有最低生活保障；政府财政拨出专款为残疾人购买养老保险；危房改造家庭得到政府补助，残疾人创业获得政府扶持，自主创业劳保部门提供创业免息贷款。2014年，全乡人均纯收入达11195元，同比增长12%，90%的家庭住进新楼房，不少家庭拥有大型家用电器、摩托车、大卡车、农用车、小汽车等，自来水、电视卫星信号入户率达99%，宽带网络、有线电视入户率达43%，已成功摘掉贫困乡的帽子。

农业

芙蓉乡历来为传统农业模式，新中国成立后有所改变，历经个体经营、集体经营、家庭联产承包等经营模式。境内主要种植水稻、蔬菜、红薯、水果等作物，以种植一季中稻为主。20世纪60至70年代，以集体经营为主，广开农田，兴修水利，亩产稻谷200千克；1982年开始，实行家庭联产承包制，亩产稻谷250千克～400千克；直至90年代，重点支持优质水稻种植，水稻亩产可达500千克以上。2010年以来，全乡耕地面积324公顷，亩产水稻750千克；境内兴起以安源黄金梨基地、廖家洞忘忧山庄、五里桥种养基地、羊头岭板栗基地等为代表的现代生态农业产业，实现部分土地流转。2014年，共种植黄金梨33.33公顷，高产水稻256.66公顷，板栗23.33公顷，茶叶80公顷，蔬菜36.07公顷，油茶65.33公顷。

境内素有养殖猪、牛、羊、鸡、鸭、鱼等畜禽及水产习惯。新中国成立后，政府鼓励养猪和饲养鸡鸭。20世纪60—70年代集体经济期间，集体圈养猪、鸡、鸭等畜禽，并放养黄牛作为耕田家畜，修建长塘坳、烂泥塘等山塘养殖冷水鲤鱼、草鱼、鲫鱼等水产。1982年联产承包后，养殖业有较大发展，大部分群众放养鸡鸭、牛等畜禽，为解决运输问题有部分群众养马代运，农户在责任田内间养鲤鱼、草鱼。2000年，全乡农业总产值696万元。2014年，全乡年出栏牲畜2000头、出栏高山泉水羊6500头、高山黄牛1100头、土鸡鸭70000羽；主要农副产品有高山冷水米、黄金梨、板栗、泉水羊、黄牛肉、土猪肉、禾花鱼、有机蔬菜等，其中禾花鱼、黄牛肉、黄金梨最为出名。境内所有农副产品以其优良的生态品质畅销市内外，全年农业总产值2169万元。

林业

境内以山地为主，山林面积5867公顷。

1958年以前，境内山林处于原始森林状况，古树高耸入云。1958年全民大炼钢铁，伐木毁林，林业生态严重失衡。20世纪70年代各大队兴办林场。1981年“三定”后，林业生态显著好转。2010年以来，大兴植树造林、退耕还林、封山育林、森林防火、绿化攻坚，乡财政共投入60余万元作为绿化专项资金，每年以奖代投鼓励扶持造林5万余元，通过不断努力，实现用材林、生态林、经济林并举的立体格局。2014年，楠竹低改800公顷、新造油茶20公顷、杉木新造700公顷、用材林4580公顷，木材蓄积量10.7万立方米，以松、杉、楠竹为主；生态保护林5180公顷，以樟树、桂花树、杨树、木芙蓉为主；经济林130公顷，以茶叶、油茶、板栗、梨、杨梅、樱桃、柿子等为主；森林覆盖率达88%，乔木、灌木树种有12科73属249种，珍稀树有银杏、红豆杉、黑松、毛红椿、篦子三尖杉、伯乐树等。

工业

境内工业起步较早。新中国成立前，主要以采选矿业为主。宋代景德年间（1264年），芙蓉就有采矿烧砒灰活动，至今已有700多年的采矿史。还有冶炼、铁器加工、竹木加工、榨油、酿酒、粗布纺织等手工作坊。新中国成立后，农业合作社时期，始兴农村集体副业。1958年公社成立多种经营专业队，组建发展社队企业。乡域成立铁木社、砒灰厂、林场、建筑队、小型水电站、公社煤矿等采选矿企业。

20世纪80至90年代，在改革开放浪潮中，受“靠山吃山”、“有水快流”思想的冲击和矿业巨大经济利益的诱惑，采选矿行业呈现“井喷”式发展，1999年乡境内矿山企业陡增至128家；2000年，开始进行第一轮资源整合，成就37家矿山企业。2005年，开全市之先河，实行矿山“招、拍、挂”，整合形成云锡屋场坪矿、瓦渣池矿等8家规模企业，矿业开采秩序步入了法制化、规范化发展道路。2012年以来，形成以云锡郴州矿冶有限公司、和蓉矿业、宏茂矿业等为代表的矿产主业，以廖家洞一级电站、安源股份电站、桃源电站、芙蓉村电站等为代表的小水电产业，以梨树下竹木加工厂、长源竹器厂为代表的加工产业，以华电风能为代表的新型能源产业，以玖鼎石业为代表的建材产业，形成多元集群的产业体系，展现了芙蓉强劲的工业发展势头。2014年，共有工业企业24家，从业人员1600余人，实现工业总产值1.4亿元，利税840万元。

商业贸易

芙蓉地处北湖、临武、宜章三县（区）交界之地，一直以来采选矿业发达，外来务工人员较多。1982年以前实行计划经济，商业贸易主要靠供销社、粮站等单位购销生产、生活资料。20世纪90年代以群众自由贸易为主，芙蓉群众多往黄毛圩、宜章圩进行生产生活资料交易。2003年形成逢日期位数1、4、7赶圩的芙蓉集市商贸格局，主要商品有大米、禽畜、蔬菜、水产等农副产品，应圩者众多，时有商铺8家、酒楼旅店3家、农贸市场1个，圩日交易额上万元。2006年，减免个体工商业税费，并撤销农村一切税费。2014年，集镇共有商铺30余家、酒楼旅店4家、农贸综合市场1个、从业人员上百人；另外，铁精粉、锡精矿、石墨煤炭、大理石产品、竹木制品等到厂矿直接交易，年交易额达亿元以上。

基础设施

道路交通

芙蓉为北湖区西南山区交通重镇，交通网络辐射东、西、南、北各方位。S212线贯穿全乡南北，距离郴州市区70公里、107国道50公里、京港澳高速50公里、夏蓉高速30公里、临连高速20公里，现均有水泥公路互换通达。

1970年，人工修建完成芙蓉第一条沙石简易公路。20世纪80至90年代，乡境内组织实施通村沙石简易公路修建，全乡公路总里程约20公里。2007年完成乡主干道水泥硬化，2008年开始实施通村公路水泥硬化，2011年开始实施通组公路建设并硬化。2014年，全乡已全部实现通乡、通村、通组公路水泥硬化，共有5.5米宽乡道16公里、村道10公里、组道23公里。全乡公路通达率达100%，通畅率达100%，公路里程共49公里。

邮电通信

芙蓉于20世纪70年代设立邮政所，后因邮政系统改革改成廖家湾邮局芙蓉代办点。2011年，依据湖南省2011年"为民办实事"工程，投入25万元将原芙蓉信用社房屋进行改造，建成面积达188平方米的邮政所，设有邮政营业厅、农资分销营业厅、投递室、包裹存放间等。

供电供水

20世纪70年代，乡境内开始兴建小水电站，部分村进入电力使用阶段。1982年，建成羊头岭升压站并入临武电网，全乡实现照明用电全覆盖。1992年建成芙蓉升压站，撤销羊头岭升压站，与郴电国际并网。2014年，全乡共有水电站15座，总装机容量1.1万千瓦，发电量2200万千瓦时。2013—2014年，投入260多万元，修建供水工程35处，全乡日供水量达13000吨，有效地解决全乡7700余人的饮水问题。

广播电视

20世纪50年代，郴县广播站成立，乡内架设高音喇叭。1964年，全乡每个生产队普及了高音喇叭。70—80年代初，生产大队设有广播放大站，入户率70%，农村广播网基本形成。80年代起，苏仙岭电视差转台建成开播，电视终端机由黑白电视机、彩色电视机转化到液晶电视和高清电视机；电视接收由天线—卫星接收器—有线电视，电视收视率达100%。移动通信信号全覆盖。

水利建设

新中国成立后，大兴水利建设，至1982年建成长塘坳、烂泥塘、羊头岭等山塘共47口，农田灌溉引水渠99条147公里，总水量66万立方米，灌溉农田379公顷。

2013—2014年，干群出勤抗旱防汛人数3200人次，投入抗旱防汛资金50万元，灌溉农作物934公顷，受惠群众7382人；清淤山塘共92000余立方米，疏浚渠道14000余米、整修6487米、加固163米。整修塘坝90处，河道疏浚1200余米，改善灌溉面积80公顷，完成土石方8000立方米，投资共20余万元。

住房建设

民国末，山区农户房屋多为土夯墙或土砖墙，房屋盖杉木皮或茅草；无房者借居或寄居祠堂、庙宇、路亭、窑洞；较为富裕者建有青砖瓦房。新中国成立后，住房差距缩小。中共十一届三中全会后，农民收入增加，农村居所逐渐改善，新建了大量砖瓦房，有少部分农民仿照城里套房格局建新住房。

2012—2014年，农村面貌焕然一新，社会主义新农村建设正有序实施。全面推进"五化"工程，树立"生态宜居"观念。实施亮化工程，加快农村路灯建设，安装太阳能路灯127盏、太阳能风能一体路灯11盏，解决全乡大部分公共区域照明问题。实施环境卫生整治净化工程，统一配备专职保洁员，购买封闭式垃圾箱并修建垃圾池，实行垃圾统一清运集中焚烧无害化处理，屋场坪村成功升级为"省、市级卫生村"。实施绿化工程，强化生态文明理念，全面开展芙蓉集镇、通道、河旁、村庄等绿化，全乡森林覆盖率达到88%以上。实施序化工程，规范村民建房，按照统一规划、统一风格、统一模式的要求，完成全乡8个行政村村庄规划，结合乡总体规划将所有村庄分为重点村、特色村、民俗文化村分类，并按照“一村一品”分标准编制村庄规划，打造新村建设亮点。

镇区建设

1961年4月芙蓉公社成立后，供销社、粮站等集体单位入驻，初步形成芙蓉集镇商贸街，街道长约200米、8家店铺，房屋2400平方米。2003年，建成芙蓉农贸市场，形成“芙蓉圩”，集镇商贸街道延长至2100米、32家店铺，房屋5320平方米。2013年，对芙蓉乡总体规划进行编制，形成《芙蓉乡域总体规划（2013—2030年）》，确定了芙蓉乡未来30年小城镇建设发展范围和方向。根据总体规划，镇区人口达4000人，镇区面积达350800平方米，发展总目标是将芙蓉镇区建设成为以休闲旅游产业为主、农副产品商贸为辅，功能完善、环境优美、特色突出、宜居宜游的生态镇区。同时，明确了“三山四水”发展格局，目标是建成临武、宜章、北湖三县（区）相邻山区区域中心小城镇和农副产品集散中心。2014年，初步完成芙蓉小城镇道路亮化、街道和镇区绿化，正筹备芙蓉集镇街道立面改造和环乡公路建设，逐步拉开镇区建设框架。

社会事业

教育事业

清代与民国时期，境内有私塾、族馆。新中国成立后，广泛开展扫盲、文化补习运动，大兴村片小学。从1971年起，设置芙蓉中学，各生产大队设小学共10所。1978年、1979年开设两届高中班。1985年实行九年制义务教育，成立芙蓉学区。2003年，全区教育机构改革后，芙蓉学区正式更名为“北湖区芙蓉中心学校”，学校分设初中部、中心完小及四个教学点（分别是廖家洞、桃源、梨树下、安源）。2013年为了教学资源优化组合和发展学前教育，全乡进行学校布局大调整，将原来的初中部和中心完小合并成为九年一贯农村寄宿制学校，原初中部改为芙蓉中心幼儿园，形成中心学校附设四个教学点（分别是廖家洞、桃源、梨树下、安源）和三个普惠制幼儿园（分别是廖家洞、安源及中心幼儿园）的教学格局。2014年，全乡有教职工47名，在校学生780人（初中生184人，小学生596人），一年学前教育187人。

宗教文化事业

昔日，乡境内盛行佛教、道教，寺庙、庵堂较多，信众遍及每个家庭。口头文化、神话传说为主要休闲文化，民间剧团在村庄或片区自发组建，演出花鼓戏，还有舞龙、瑶族歌舞等民间活动。20世纪50年代，流行顺口溜、打油诗；“文化大革命”时期推行忠字舞，各大队成立毛泽东思想文艺宣传队，演出样板戏、花鼓戏、三句半、话剧、小品等。60年代成立乡文化站。2011—2014年，全乡共建立10余个农家书屋，组建妇女广场舞队伍7支，棋牌、锣鼓等娱乐室9个。

医疗卫生

昔日，中草药郎中游方境内，为民治病。1961年建立芙蓉卫生院，附设8个村卫生室，后改为合作医疗站；历经几轮区划调整后，发展成为一家集预防保健、医疗、公共卫生、健康教育为一体的综合性乡镇卫生院。2014年，卫生院总占地面积1200平方米，建筑面积1280平方米；有在职医护人员10人，下设4个村级卫生室，其中执业医师2人、助理医师3人、护士3人；设有内、外、妇、儿、病房、公共卫生等科室，住院床位6个；医疗设备有半全自动雪球分析仪、X光机、全自动三导心电图、尿液分析仪。属区新农合定点医院，市三医院常年协助医院。

社会保障

新中国成立初期，境内遭受水灾、旱灾等自然灾害，由县、乡组织发动群众以工代赈，下拨粮食等物质救济灾民。20世纪60—70年代，由生产队对孤寡鳏老人和无劳动能力的残疾人实行"五保"；70年代末建成乡敬老院并投入使用，5年后撤销；90年代初成立乡民政办，负责社会保障。1999年8月，遭受8·13特大洪灾，1600余户受灾，倒塌房屋60户270间，直接经济损失1800余万元，区、乡组织救灾救助，共组织捐款6万余元、衣物300余件、粮油400千克。2005年，乡启动城乡居民最低生活保障制度，乡内首批居民160余人纳入最低生活保障。

2008年起，启动新型农村合作医疗制度，年内"新农合"覆盖率达到60%。2011年改为城镇居民医疗保险制度，并启动大病救助制度。2011年，启动农村危房改造工程，至2014年全乡共改造危房200余户。2014年，共兑付城乡居民医疗保险报账资金150万元，发放养老保险金80余万元，实施大病医疗救助对象13人，发放"五保"、低保337人共36万元，受灾和困难救助款20万元，发放各类优抚金17余万元，高龄补贴6万元，完成危房改造30户，发放危房改造补助资金21万元。"新农保"和"新农合"参保率均达到98%以上，做到了应保尽保。2014年，农村劳动力稳定就业人数2190人，新增农村劳动力转移就业人数40人，农村劳动力转移技能培训133人，创业培训3人。

特色地情

下关石桥 半圆拱联拱石桥。建于清同治八年（1869）。东西走向，三孔等跨。桥长16.2米，宽5.5米，净跨6米，两端铺设石级。桥上立石碑1座，碑高2.1米，宽0.68米，记载建桥缘由。为省级文物。

肖正鳌墓 肖正鳌（1762—1795），郴县人。清乾隆年间敕授营守府官。封土堆高1.05米，底径4.5米。清嘉庆二十五年（1820）立碑，碑高1.7米，宽0.67米，载墓主姓名、官职及生卒年月。

进士碑 建于清代。碑8通，高1.22~1.47米，宽0.36～0.4米，青石质，清道光九年（1829年）立。碑文楷书，记载萧姓族人中进士者姓名及立碑年月。

民俗传说

龙拱滩的传说 仰天湖脚下的芙蓉村有一座山，名叫龙拱滩。一湾清泉顺势从山谷中破涌而出，将山劈为峭壁，势如被一条巨龙拱开，此山因此得名为"龙拱滩"。远古以来就流传着这样一段传说：很久以前，芙蓉境内还是一片茂密深林，人迹罕至。某一天，整个世界忽然乌云密布，雷电轰鸣，地动山摇，这座山在震动中被一条巨龙活生生地拱开，煞时山崩地裂、洪水暴发，龙借水势呼啸而出。人们传说这是一条孽龙，因触犯天条，被雷公追拿，于是逃到芙蓉这深山僻岭来避难修行，并把头和身体都埋进了山里，但有一小段尾巴却不经意露在了石头外面。这样被雷公发现了，这天正是雷公驾着乌云闪电要来捉拿它。孽龙借着洪水过安源逃到了宜章县开山寺的一座庙前，化作了人形。孽龙进庙后，跪在神像前叩了三个头，并向庙里孤独的老和尚求救。老和尚答道："我如何救你？"孽龙说："我变化成一粒苋菜籽，你把我含在舌头根底即可。"老和尚被它的虔诚所感动，便答应了它的请求。等到雷公走后，孽龙就随着老和尚在庙里住了下来。

为报答老和尚的救命之恩，孽龙打算为庙里做点事情。一天，它叫老和尚准备了七天吃的口粮，把庙里所有的门窗都密封得见不到一丝亮光，并用一根竹筒把一股清水引进屋里来。一切准备就绪以后，它反复交代老和尚七日之内不管外面发生什么样的事情都不要开门。老和尚欲言又止，但还是答应了它的要求。从这天起，每天晚上孽龙都会变化成一条泥鳅沿着竹筒里的水游到屋外。顿时，屋外雷声轰隆，大雨滂沱，甚是吓人，这样的情况持续了三天。这天晚上，孽龙又出去了，老和尚心里憋闷得慌，心想这条孽龙是不是又在干坏事了？老和尚终于按捺不住心里的好奇，于是把窗户推开一条细缝向外面窥探，凭借着闪电的光芒，只见一条张牙舞爪的巨龙时而腾空而起，时而呼啸而下，那长长的龙尾甩一下，顿时山石粉碎，不用多久就变了一丘长长的稻田。老和尚被眼前的情景惊呆了，不禁"啊"的一声叫了出来。谁知话音刚落，雷声便戛然而止，大雨也停了下来。那巨龙化回了人形，回到了屋里并责怪老和尚不该偷看，说本来要为庙里多开几丘稻田，但现在被凡人目睹了龙的真容，天机已经泄露，为不再连累老和尚，它只有再次逃亡。孽龙说完便"嗖"的一声不见踪影。如今，庙的门前剩有已经开好的三十二丘梯形稻田，这个地方因此被称作"三十二丘"（位于临武县水东镇与芙蓉相邻）。

三寨神传说 金仙寨、羊角寨、平头寨三寨神，为争夺二尖峰美女神而进行一场决斗。金仙寨神挥剑把平头寨神的头削掉，其头掉在了临武县沙田镇铁顶小寨；羊角寨神用弓箭把金仙寨的肚子射穿，至今金仙寨半山腰凹进去有百余米，并有泉水流出；因平头寨神失去了脑袋挥刀乱砍，把羊角寨神的右手砍断，现羊角寨神菩萨只有一只手臂。三寨虽相距数公里，但都在一条直线上，山峰奇秀无比，便有了金仙寨仰天巨佛、羊角寨石龙等奇石、平头寨阴阳石等自然奇观。羊角寨主峰 1486 米，峰顶有羊角寨庙，庙旁有石龙、拴马石等，庙宇始建于清乾隆年间，共有上中下三厅。初建时由麻树湾、桃竹山、淹猪塘、羊鸟寨四村庄共同集资修建而成。因庙宇坐郴县朝临武，而保郴、临两县风调雨顺。民国初期，庙宇被推倒，至今未重建只有遗址。

（刘文路　李春秀　供稿）

月峰瑶族乡 >>

月峰瑶族乡是北湖区范围内以瑶族人口居多的乡镇之一，是“将军石”、“神农岩溶洞”、“三指石”等风景名胜所在地。

区域概况

位置面积

月峰瑶族乡，地处南岭北麓。以中低山为主，地形由西南向东北倾斜呈簸箕形。境内大部分为山地，三面环山，坡陡谷深，海拔高度在350～1200米之间。地处北湖区西中部，东邻石盖塘镇，南接鲁塘镇，西南、西北分别连接桂阳县清和乡、正和乡，北界保和镇，距郴州市中心城区21公里。辖区东西最大距离8公里，南北最大距离6公里。全乡总面积46.18平方公里，占北湖区土地总面积的5.63%，其中耕地面积362公顷，山林面积4113.6公顷，森林覆盖率为91%。距城区17.5公里。乡政府驻地月峰村月峰圩。

建置沿革

清嘉庆二十一年（1816）至民国元年（1912），月峰属凤德乡，民国2年（1913）属凤鸣乡。1920年属郴县第四区，1947年与凤翙、吉阳二乡合并为吉凤乡。1950年设月峰建制乡。1953年，分为月峰、大律、长坪3个乡，属第七区。

1958年并入东风公社（后改为华塘公社），1961年从华塘公社析出，设立月峰人民公社，1964年与保和公社合并为宝峰人民公社，1980年撤销保峰人民公社，重新成立月峰人民公社。1984年2月改月峰公社为月峰乡，同年10月经省人民政府批准成立月峰瑶族乡。自设郴县起，乡境隶属原郴县。1994年12月，月峰瑶族乡改属北湖区。至2014年，乡建制未变。

行政区划

1950年设立月峰建制乡时，月峰乡辖月峰、十寺、桃仁、太阳、黄花岭、正冲、介木山、大律、太白洞、新华、长坪一带。1953年缩小乡的规模，划出大律、太白洞、新华、长坪等地。1958—1980年，乡境区划变动多次。1980年，月峰人民公社辖区范围与1984年月峰瑶族乡相同。1984年，月峰瑶族乡辖月峰、十寺、桃仁、太阳、茶园、黄花岭、正冲、介木山8个行政村、92个村民小组。至2014年，村民小组增加到95个，并增加1个居委会，行政区划未变。

自然环境

月峰瑶族乡，以中低山为主，山地面积占全乡面积的91.3%，丘岗地占6%，平原地仅占2.3%，水面占0.4%。由西南向东北倾斜，属中亚热带季风湿润气候区。其特点是四季分明，春秋气候温和；夏季炎热，雨水集中；冬季干燥寒冷，时有冰冻天气发生。年平均气温18.4℃。1月平均气温8℃，7月平均气温26℃，无霜期年平均261天。0℃以上持续期336天。年平均降水量1750毫米，降雨集中在6—9月。境内河道属湘江流域耒水水系，溪流纵横交错，飞瀑流泉，数十条小溪汇成月峰河，流经保和镇、华塘镇，注入西河。矿产资源主要以花岗岩、煤炭、石墨、铀为主，其中又以花岗岩和煤炭的储量为最大，花岗岩储量多达2.5亿立方米，且岩体结构规则，花色繁多，品种纯正，质地精良，尤以“太阳红”和全产“籽红”最为著名。煤炭探明储量达1600万吨。楠竹资源丰富。主要有冰雹、低温、霜冻、旱涝等自然灾害，洪涝灾害平均3年一遇。1999年，月峰连续遭受“8·13”、“9·17”两次洪灾侵袭，全乡的交通、通信、电力、水利等基础设施遭到严重的破坏，全乡120余户村民住房倒塌，300余人失去栖身之所，造成死亡1人，伤3人。冲毁稻田105公顷，损失稻谷600余吨，7个村的公路中断，4个村15个村民小组供电中断，造成直接经济损失达1400余万元。2002年8月8日，遭受“北冕”台风影响，发生特大洪涝灾害，36小时降雨量达250毫米，造成山体滑坡100余处，18人死亡，6人受伤。2008年1月，月峰瑶族乡遭受1954年以来最为严重的雨雪冰冻灾害，致全乡停电停水、道路通讯陷于瘫痪状态。

人口民族

1988年，月峰瑶族乡常住人口1419户6372人，其中农业人口1404户6270人，总人口中瑶族1522人。1996年年末，共有1629户6383人，其中农业人口6243人，瑶族人口1573人。2000年，全乡1695户6225人，其中农业人口6025人，瑶族332户1445人，人口出生率1.2‰，自然增长率为6.7‰。2005年年末，总人口6141人，其中瑶族1428人，人口出生率10.77‰，自然增长率为5.9‰。2010年年末，总人口7134人，其中瑶族2139人，人口出生率13.4‰，自然增长率为3.81‰。2014年年末总户数2309户、7281人，其中瑶族2348人，人口出生率6‰，自然增长率为4‰。

经济发展

经济综述

1950年，设月峰建制乡以来，由于位置偏僻、交通不便、通讯落后、人多地少、经营粗放，贫困面达90%，属原郴县管辖时，定为省级贫困乡。1987年，月峰瑶族乡农业总收入215.668万元，工业收入2.47万元。1995年，划入北湖区后，区政府实施国家“八七”扶贫攻坚计划，采取政策、项目、科技、资金等综合措施，实行开发与救济相结合的扶贫方式，对生存环境恶劣的190余户，共760名贫困村民整体异地搬迁。1996年，农业总产值528万元，乡镇企业产值688万元，其工业产值395万元；财政收入23万元。2000年，工农业总产值2552.2万元，农业总产值1409.2万元，企业总产值1620万元。实现财政收入42.2万元。2004年，地区生产总值2559.9万元，增长12%；实现农业总产值724万元，增长22%，工业企业增加值1024万元，增加20%；企业总产值3695万元，增长24.7%。实现财政收入78万元，增长12.51%，完成全年任务的300%。2008年，全乡实现地区生产总值5764万元，增长13%，完成财政总收入237.5万元，增长11%。农业总产值2600万元，增长10%；工业总产值8210万元，增长16%；社会固定资产投资2335万元，增长32%，2011年，全乡实现地区生产总值8090万元，增长14%；固定资产投资完成8974万元，增长58%；内联引资2000万元，占全乡年任务的166%，财政收入318万元，增长12%，2012年，全乡地区生产总值9096万元，财政总收入420万元，完成固定资产投资总额2393万元。2014年，实现地区生产总值7862.2万元，增长8%；社会固定资产投资29660万元，增长36.2%；第一产业增加值548万元，增长6.5%。财政一般预算收入500万元，增长15%。

1987年，月峰瑶族乡农民人均纯收入351元。1995年农民人均纯收入605元。2000年，农民人均纯收入1727元。2006年，农民人均纯收入3354元，较上年增加222元。2008年农民人均纯收入4312元，增长15%。2010年农民人均纯收入达到6014元，增长17%。2014年农民人均纯收入9388元，增长12%。

瑶族独特的生活习俗和文化背景造就许多浓厚民族特色的土特产品，其中以柴火腊肉，干蛤蟆、腊鸡（鸭）、苦笋、禾花鱼、干牛肉、山野菜最为著名，深受省内外市场欢迎和喜爱。村民编制的箩筐，竹篮制品也深受附近乡镇农民朋友喜爱。瑶乡土酒在1999年郴州农特产品会上获银奖，在2000年湖南省农特产品展销会上获优质产品奖。

农业

月峰瑶族乡农业以种植业为主。新中国成立前，农业技术十分落后，基本靠天吃饭。中华人民共和国成立后，通过兴修水利，推广双季稻、化肥、农药和新式农机具，粮食产量大幅提升。主要粮食作物有稻谷、玉米、大豆、薯类，经济作物有油菜、花生，林业主要以楠竹、松树、杉树为主，养殖业主要是生猪、山羊、黄牛、家禽和冷水鱼。

1987年，全乡粮食种植面积345.8公顷，总产量254.245万千克，亩产431千克。1988年，全乡耕地面积256.27公顷，总产量达2664吨。

1995年，全乡种植水稻374.2公顷，粮食总产量2477.4吨，发展养殖专业户30户，特种专业户2户。1996年，在正冲村建起全乡第一个百亩优质茶叶基地，相继带动介木山村百亩杜仲基地、甜玉米和小西瓜基地等农业产业项目建设。

2000年，粮食总产2362吨，2004年，粮食总产1825吨，人均290千克。2007年，全乡完成粮食播种面积367公顷，粮食总产量2382吨，增长90吨；出栏生猪6570头、牛1160头、羊4525只、出笼家禽63360羽。2008年，重点鼓励扶持黑山羊、土鸡、冷水鱼三大特色农产品，逐步推广30.46公顷楠竹低改、13.34公顷油菜连片示范等项目建设。

2012年，引进“省级龙头企业”湖南过山瑶农业开发有限公司，进行苦笋、山野菜、豆角等农产品加工。在月峰村东边洞建立大棚蔬菜基地，种植大棚蔬菜13.34公顷。2014年，小埠猕猴桃果酒开发有限公司落户月峰。

工业

月峰乡工业主要以煤炭、石材等矿产资源为依托的矿产业和小水电为主。到1996年，乡镇企业主要有石材加工厂、煤矿、花岗岩采石场、电站、竹木加工厂、酒厂、机制砖厂、竹筷厂、竹木地板砖厂10家。1997年企业总产值达1000万元。1998年3月，北湖区正式开发月峰煤矿，规划开办14对矿井，设计年生产能力30万吨，由政府投资390万元修建矿用公路和架设电线，新架和改造高压线路26公里。采取对外公开招标引资1160多万元合股办矿。至年底有6对矿井陆续产煤2万余吨。1999年投资320万元开发的十寺煤炭矿区初具规模。2000—2009年，全乡矿井逐步减少到5个。2010年，月峰辖区煤矿开始整合，2011年月峰矿区由5个煤矿整合为1个，年产煤能力达到6万吨。

1986年，月峰乡水电站建成，至2014年，全乡先后建成小水电站16座，总装机容量达2965千瓦。

商贸服务业

月峰农贸市场于1982年建成开盘营业，至2013年已经三易地址，新型综合农贸市场于2004—2006年兴建，二层设计，摊位达160余个。2014年，又投入160余万元对旧农贸市场改造升级，预计2015年年底能投入使用。月峰农贸市场为每逢二、五、八赶圩。

基础设施

新中国成立初期，月峰基础设施十分落后。20世纪60年代，在月峰开始兴建银行代办点、供销社、卫生所等。1984年建立月峰瑶族乡后，乡政府办公大楼、乡企业办、卫生院、粮站、乡供销社、乡学校的建成，月峰基础设施日趋完善，水电路讯配套齐全，中心区域逐渐形成集聚能力。

2012年，投入15万元对2.2平方公里的中心区域进行标准规划设计。投资110万元完成中心区域的小城镇改造，通过“五个一工程”（亮化工程、游园工程、净化工程、水厂改造工程、绿化工程），夯实中心区域基础设施。

2014年，投入860余万元，从民族特色小城镇建设、科教文体、产业发展和基础设施建设等方面，实施民族文体广场、河道综合治理、民俗特色街道改造、农贸市场改造、农村环境卫生基础设施建设、民族团结示范基地建设等十大民生项目。

交通运输

20世纪50年代辖区修建板月线华塘至月峰的县道公路，全长18公里。到20世纪80年代末期全乡共修通12条乡村公路，1998年，投资320万元兴建月峰圩至十寺村公路7.8公里；月（峰）南（溪）公路已修成通车，贯穿全境的郴仰公路修建开始启动，乡、村公路四通八达。该乡至郴州市区的客车有12台。2000年，实现村村通公路。2004年9月，郴（郴州）仰（仰天湖）公路全线完成砂石路面工程。2006年，兴建农村客运站，有客运车辆14台。2007年，十寺村通村公路（煤运线）、月峰村通村公路（月峰—东边洞）全线硬化。黄花岭、介木山、茶元等村的通村公路建设全面启动。2008年，投资2.8万元对正冲1、2、3组1.5公里通组公路、介木山石庙4个组总计1.1公里通组公路实施畅通工程；投资34.8万元实施黄花岭村通村公路改造，实现全长1.5公里的通村公路与郴仰公路硬化对接；投资110万元，里程4.9公里的桃仁公路、投资170万元6.8公里的介木山通村公路改造工程已顺利竣工，全乡8个村的通村公路全部修建完成并通车，在全区率先完成村村通水泥路工程。2011年，投资360万元硬化十寺至小塘煤运线4000米，一事一议筹资80余万元硬化月峰村通组公路三处3.2公里。2012年7月，在郴州市、区人大、区民宗局的帮助下，铲子坪公路建成通车。2013年，共投入160余万元，完成桃仁铲子坪通组公路2.2公里、正冲村通组公路1.7公里硬化，解决两村5个组600余瑶族同胞出行难问题。到2014年，由郴仰公路月（月峰）正（正冲）段、月（月峰）太（太阳）公路、月（月峰）桃（桃仁）公路及月（月峰）十（十寺）经济大道构成“三纵一横”为主要干道的交通网络，昔日闭塞的瑶乡成为北湖西部的交通枢纽。全乡有S212省道（郴仰公路）一段，

Y563乡道一条全长8公里，通村通组公路8条共20.466公里。

邮政电信

新中国成立前，辖区信件由邮局、信差投递。新中国成立后，邮电事业快速发展，信件投递都是由华塘邮政所负责。2011年年末月峰投资20万元兴建邮政所一个。

1995—1998年，月峰乡筹资开通程控电话，结束全乡长期无电话的历史。2000年实现村村通电话。2004—2007年，先后建成月峰乡政府后山基站、正冲基站、桃仁基站、十寺基站四个中国移动专用通讯基站及1个中国联通通信基站（集市后山基站），移动通信“盲区”的状况成为历史。

广播电视

1984年建乡后，建立了乡广播站，到20世纪90年代，广播功能逐渐弱化。2014年，月峰乡率先在全区实施“村村响”广播工程，农村广播又恢复了宣传功能。

20世纪80年代末，月峰开始有黑白电视机，能收到中央电视台电视节目。到1996年，月峰瑶族乡有线广播电视站建成，全乡党政机关、企事业单位及月峰圩场附近村民共500余户同时收看到全国6个频道的卫星电视节目，新有线电视于2006年10月开通，接入郴州电视台有线光缆，能收到8套广播节目，70个频道电视节目，24小时播出。至2014年有线电视综合覆盖率达85%。

供电供水

供电 新中国成立以前，月峰乡照明主要是靠火把、蜡烛、煤油灯。1986年乡水电站建成，至2004年，全乡先后建成小水电站16座，总装机容量达2965千瓦，全乡基本实现用电照明。2001年全面完成农村电网改造，村村寨寨用上廉价、安全的生活照明电。

饮水 长期以来，村民主要依靠打水井或取山泉，挑水饮用。2004年，建设水塔，实施部分集中供水。2007年，组建月峰中心水厂，为乡政府机关、居委会、月峰村12组等地区共500余人解决饮水问题；2009年，投资14.4万元完成桃仁村铲子坪饮水工程，解决398人饮水不安全问题。2010年，投资120万元扩建中心区域集中供水工程，确保集市及周边地区2000余群众喝上干净水、放心水。2012年8月，水厂扩容改造工程投入15万元，新增2处供水源头，新建蓄水池、沉淀池2个，铺设管道1200余米，供水能力提升30%以上，全面保障全乡中心区域的生活、生产用水。

水利建设

新中国成立前，辖区水源严重不足，水利条件差，仅靠小水源和零星小山塘灌溉。山多田少，水贵如油，十年九旱九成灾。新中国成立后，大力开展水利建设。20世纪70年代，农业学大寨期间，组织群众开荒引水种田，兴修10多条灌溉渠道。

2004年，投资32万元建立集镇防洪墙500米。2008年，完成月峰、茶元、太阳、正冲四个村三条机耕道的修建。该项目共新修机耕道路约5000米，引水渠道5条约1万多米，保证56公顷（月峰村、太阳村、正冲村、茶元村）的农田在大旱年无旱灾现象。2010年，投资200余万元，实施十寺清塘水库的除险加固工程，完成月峰河道月峰瑶寨风情园河段的综合治理工程和7处山塘清淤扩容工程。2011年，筹资10万元，对开元坝3700米农田灌溉渠道实施三面防渗改造，确保月峰村10个组33.34公顷的稻田灌溉。2014年，筹资17.2万元维修农田灌溉渠道3000米，筹措73万元改善农村安全饮水2处，为7个地质灾害点配置广播等设备。

村镇建设

2002 年“8·8”洪灾后建成东园新村、爱民新村、茶园新村、太阳新村等 4 个整体搬迁村落，累计异地安置地质灾害点住户 143 户。2004 年，完成月峰瑶族乡小城镇体系规划修编工作和建设小城镇的总体规模、详细规划的编制工作。共搬迁受灾户 68 户，其中太阳村 6 组 42 户，爱民新村 26 户。2006 年，先后对月峰村八、九组、爱民新村、桃仁东园新村、塘下、下介木山、十寺二组、介木山石庙易家、太阳新村 9 个自然村实施以“三清五改一化”为主要内容的新农村建设，村容村貌焕然一新。2010 年，投资 300 万元兴建新农村建设暨灾民安置房 56 套，投资 360 余万元新建政府办公楼。完成月峰村委会综合楼外观装饰、危房改造集中安置工程。投资 30 余万元在茶园新村集中连片建设沼气用户 45 户，同时集中安装太阳能 42 台。2013 年，投资 150 余万元，在乡中心区域粉刷房屋 339 户 4.5 万平方米，拆除违章建筑、空心房、杂房 46 栋。投资 18 万元，在郴仰公路月峰村委会至开源桥一段，移植树木 1800 余株；城镇中心区域绿化覆盖率达 60%。投资 80 余万元完成乡政府、月峰村龙形垒、十寺村、桃仁村休闲健身游园 4 处。投入 30 万元兴建垃圾池 17 个，增设垃圾桶 50 个。投资 40 万元在月峰与桂阳县交界处兴建瑶族特色牌楼，对郴仰公路沿线民居喷绘瑶族特色图案 1000 平方米。完成月峰乡卫生院改造和中心学校综合楼、农业中心服务站建设，中心区域新增太阳能路灯 45 盏，进一步完善中心区域基础设施及保障服务功能。

2014 年，以建乡三十周年为契机，筹措 860 万元，建成民族文体广场、沿河休闲走廊，改造民族风情一条街。投资 30 余万元完成乡总体规划和 8 个行政村的村庄布点规划。投入 80 余万元开展环境卫生整治，十寺、月峰、太阳三个村被评为市级卫生村。实施“点亮瑶乡”工程，安装太阳能路灯 86 盏。投资 50 万元完成月峰村等 3 个小游园建设。

社会事业

教育

明清时期，以私塾教育为主，群众受教育程度低，大多数群众为文盲、半文盲。民国后期，月峰建有一所沙龙庙学校。1984 年建乡后，沙龙庙学校改名为月峰学校，各村陆续办起了村小学。

2000 年，全面完成月峰学校及各村小的“危改工程”和中心学校的现代化教学设备配置。基本实现“普九”和扫除青壮年文盲；“改危工作”及教学设施日趋完备。2003 年新建教职工住宿楼、学校礼堂，重新修建 2002 年“8·8”洪灾中冲毁的校门。乡党委、政府组织专人编写乡土教材《知瑶文化·爱瑶家乡》，经三次修订出版发行，获省乡土教材编写三等奖，市一等奖。2003 年 6 月 27 日，香港烛光教育基金会捐资 35 万元，区政府给予配套资金 45 万元新建香港烛光基金月峰瑶族乡学校，2004 年 1 月 6 日落成使用。2004 年率先在全区实现“一乡一校”办学，改名为月峰中心学校，全乡教育资源得到有效整合。

2011 年年末，月峰中心学校在职教职工 37 人，在校学生 740 人，其中少数民族学生 225 人，占 30.4%。初中适龄人口入学率、小升初升学率、九年义务教育覆盖率均 100%。

2013 年，政府投入 500 多万元，新建一栋教学综合楼，极大改善学校的办学条件，彻底改善学生的住宿问题。2014 年，学校争取中央彩票基金 20 万元，建立青少年活动中心，为全乡的留守儿童提供活动场所；乡政府投入 10 余万元对学校大门和河道走廊进行改造，并在校门口修建面积达400多平方米的小花园，为全校师生提供良好的休闲场所；长沙郴州商会、郴州市总工会、北湖区地税局等社会爱心组织和台胞等人士开展为学校和贫困学生献爱心助学等活动，捐助10万元现金和物资，对瑶汉贫困寄宿生生活补助5.84万元，为鼓励考取公办二本及以上大学生，发放助学金1.1万元。

文化体育

自明清以来，地方特色民间文化有盘王愿祭祀礼仪、瑶族服饰、歌舞、饮食、节庆文化等。2008年，投资20余万元组建郴州市首个瑶族文化艺术团，开展歌舞、龙狮、还盘王愿礼仪等培训，购置瑶族服装、舞蹈器材，分别代表月峰乡、北湖区参加郴州市民族文体艺术群艺表演、和美村庄新农村建设会演、北湖区保护生态艺术节等大型演出。2009年舞蹈《抬花轿》在郴州市第五届艺术节瑶族文艺演出中荣获金奖，在郴州市“和美村庄”暨新农村建设文艺会演中荣获一等奖。

2010年在“北湖之夏音乐周”活动中，举办一场彰显瑶族文化特色的“山魂”瑶族风情秀暨非物质文化遗产为主题的演出，同年11月，在湖南省首届农民文艺会演中，节目《迎亲》荣获“丰收”奖（三等奖）。2011年参加龙女温泉国际旅游文化节，成为宣传瑶族文化、推介月峰的一张名片。2012年11月，台湾少数民族文化艺术交流联谊联欢活动在月峰瑶族乡举行。2014年9月，省民族论坛刊登《华美画卷潜心绘绝伦风采看今朝——郴州市月峰瑶族乡成立30周年发展走笔》专题报道。2014年12月7日，月峰瑶族乡承办北湖区首届盘王节月峰瑶族乡暨建乡三十周年庆典活动，省民宗委副主任余开家，市领导王周、李熙平、李雪莲、范斌宾出席相关活动，区委书记欧阳建华出席并讲话，区委副书记、区长蒋利民主持庆典仪式。《湖南日报》对这次活动进行宣传报道，极大的宣传推介月峰瑶族特色文化。

医疗卫生

新中国成立前，辖区医疗条件差，治病多是当地郎中或瑶族草药医生。新中国成立后，医学知识逐渐普及，乡镇卫生事业得到发展。20世纪60年代，月峰建立卫生所。70年代各村建立村合作医疗站。90年代初卫生所改为乡卫生院。1996年有卫生院1个，医疗点6个。2006年，投资42万元完成乡卫生院的改扩建工程，优化广大育龄妇女的生殖监测、保健服务环境和农民预防就医条件。医务人员15人，床位12张。2013年投资262万元改造卫生院综合楼，添置医疗器械，改善了就医条件。

社会保障

20世纪90年代初，开展低保、社会救助，一批老弱病残的群众基本生活得到保障。2006年，全乡参加新型农村合作医疗人数6846人，参保率95%。2007年，全乡完成农村低保284户，454人，累计保障金近100万元，帮助20多名“五保户”入住敬老院；实施大病医疗救助申报4户；救助特困户68户，208人；帮助10余名白内障患者做复明手术；农村新型合作医疗全面启动，全乡“参合率”达86.5%。2010年，全乡开始实行农村社会养老保险政策。2011年城镇最低生活保障户数5户，人数5人；民政部门资助参加合作医疗24人次，共支出720元；农村最低生活保障户数148户，人数173人，支出14.6万元；农村五保集中供养9人，支出3.6万元；农村五保分散供养24人，支出2160元；农村临时救济600人次，支出12万元。国家抚恤、补助各类优抚对象17人。新增农村劳动力就业160人，完成目标任务的107%。完成农村劳动力转移技能培训120人。新型农村养老保险参保人数3768人，参保率

盘王节歌会

达 92.3%；2014 年，养老保险完成 97%，城乡医保完成 96.8%；发放各类救灾救济款 7 万元，评议低保共 221 户 314 人，发放 24.39 万元，对 15 户农村危房进行改造，完成贫困户建档立卡 230 户共 710 人。发放义务兵家属优抚 2.4 万元，发放各类涉农补贴 43.89 万元，鼓励购买农机 25 台，补贴 8.31 万元。

特色地情

历史人文

月峰瑶族系瑶族的一个支系，又称“过山瑶”，是由江西鹅公丘瑶族迁徙到广东，再由广东迁徙至永州辗转至此，距今有 400 多年的历史。

历史名人

邓允庭（1879—1931） 郴县月峰十寺人。1927 年参加郴县县委的年关暴动，并加入中国共产党。1928 年 2 月，朱德在郴组建工农革命独立第七师，邓被委任为师长。4 月，邓率部随朱德、陈毅上井冈山，被任命为中国工农红军第四军第十一师三十三团副师长兼团长。5 月，任中共湘赣边特委委员，转而从事根据地建设工作，曾任井冈山大井乡工农政府党代表，先后任根据地防务委员会主任、政治委员会主任，主持井冈山红军医院工作。1931 年 4 月，因其曾在何键部任职，被作为“AB 团”分子杀害。新中国成立后，平反昭雪，追认为革命烈士，其革命业绩，陈列于井冈山革命纪念馆。

风景名胜

乡境内神形兼备、极具传奇色彩的“将军石”屹立在中茶园。听松涛、观云海、眺郴城，可领略一览众山小的逸景亭位于正冲村块头岭。十寺村的神农岩溶洞景观独特，具有极高的考古和旅游价值。

乡内景点还有十寺村的清塘夜月、北斗悬灯、美女照镜、五雷击鼓、铁板锁城、观音打坐等，茶园的古岭脚瀑布，桃仁村的三指石。

民俗风情

瑶族男女服装主要用青、蓝土布制作，男子喜着对襟无领的短衫，下着长裤或过膝短裤。瑶族的节日较多，农历十月十六日是瑶族最隆重的盘王节歌会，也是瑶族同胞庆祝丰收的联谊会。2010 年 1 月，介木山村被省民委授予“湖南省少数民族特色村寨”。

（谢振华　何观盛　供稿）

大塘瑶族乡 >>

大塘瑶族乡是北湖区著名风景区仰天湖和仰天巨佛所在地，是北湖区的旅游胜地。

区域概况

位置面积

大塘瑶族乡位于郴州市北湖区西南78公里处，东接永春乡和芙蓉乡、南与临武县金江镇毗邻、西与鲁塘镇和桂阳县荷叶镇相连、北与鲁塘镇相邻。因四面环山，酷似一口大水塘，又是瑶族聚居地，故名大塘瑶族乡。辖区内东西最大距离6.2公里，南北最大距离8.1公里，乡域总面积31.92平方公里，全乡辖宽洞、大塘、渣梨洞、西江四个行政村，一个居委会，41个村民小组。乡人民政府驻大塘村六亩田组。

建置沿革

明、清时期，大塘属永宁乡。新中国建立之初，大塘属芙蓉乡。1958年，成立鲁塘人民公社，芙蓉乡并入鲁塘人民公社，大塘属鲁塘人民公社。1961年，成立芙蓉人民公社，大塘属芙蓉人民公社。1984年改为芙蓉乡。1986年10月8日从芙蓉乡划出宽洞、大塘、渣梨洞、西江4个村成立大塘瑶族乡，属郴县管辖。1995年撤地设市，大塘瑶族乡改属北湖区。

行政区划

1986—2014年，大塘瑶族乡辖宽洞、大塘、渣梨洞、西江4个村和大塘居委会。

自然环境

地形地貌 大塘地处南岭山脉骑田岭北麓，是珠江支流武水河上游罗家河的发源地，地貌以中低山为主，海拔800~1300米，由东北向西南倾斜，最高山峰位于东面的仰天湖，海拔1350米，最低点位于渣梨洞村10组，海拔800米。

气候 属中亚热带季风湿润气候区。其特点是四季分明，春秋气候温和；夏季炎热，雨水集中；冬季干燥寒冷，时有冰冻天气发生。多年平均气温14.8℃。1月平均气温8℃，7月平均气温26℃，无霜期年平均261天。0℃以上持续期336天。年平均降水量1750毫米，降雨集中在6—9月间，约占全年雨量的50%，7—9月受台风影响，暴雨历时短、强度大，7月最多。

水文 境内4条溪水是珠江水系支流武水河上游罗家河源头之一，分别流经4个村，河流总长度15公里，在南部临武县金江镇与武水河交汇。

矿藏及其他自然资源 境内已探明的地下矿藏主要有萤石、大理石、砂等。萤石探明储量10.68万吨，已开发的矿区位于大塘瑶族乡大塘村四亩田，矿区面积0.1995平方公里，地质储量7.68万吨，可采量6.88万吨，年采量1万吨。境内有丰富的水资源，共建成小水电站7座，装机容量达2370千瓦。拥有林地面积2.267千公顷，牧草地180公顷，现有高山云雾有机茶、甜玉米、波尔羊等特色种养业。境内有野生动物20种，其中列为国家二类保护动物的有猴面鹰、虎纹蛙2种，有野生种子植物18种。

自然灾害 境内自然灾害主要是山洪地质灾害和冰冻灾害。山洪地质灾害年平均发生6次，主要发生在4月至8月，最严重的一次发生在2002年8月8日，境内遭受了百年未遇的特大暴雨，致使山洪暴发，溪河猛涨。全乡41个村民小组均不同程度受灾，受灾人口达3000余人，农作物受灾面积20余公顷，倒塌房屋29间，冲毁桥梁10座，公路0.6公里，造成直接经济损失500万元。最严重的冰灾发生在2008年1月，冰雪天气连续42天，造成全乡交通、通信、供电中断达15天，电杆倒塌102根，给全乡造成了直间经济损失600余万元。

人口民族

1988年，大塘瑶族乡共915户4128人。其中农业人口906户4072人，总人口中瑶族786人。1995年，全乡共有居民1046户4180人，其中，瑶族人口810人。2014年辖区内共1168户，人口5055人，其中瑶族人口955人，人口自然增长率为6‰。

经济发展

经济综述

1987年，全乡完成地区生产总值为156万元，财政总收入为9万元，人均纯收入为225元。1995年全乡国民生产总值达到2356万元，财政总收入为189万元，人均纯收入为3200元，到2014年，全乡完成国民生产总值6412.5万元，完成固定资产投资12219.1万元，完成财政收入481.69万元，农民人均纯收入达到12897元。1986年，全乡群众居住的房子大都是土坯房。全乡有96.7%的居民住的是宽敞明亮的砖混新房。至年底，全乡居民彩电拥有量为0.98台/户，摩托车拥有量为0.82辆/户，手机拥有量为2.03个/户。

农业

大塘主要以种植水稻粮食作物为主。新中国成立以前，农业技术不发达，基本靠天吃饭。由于地处高寒山区，稻谷产量低，村民粮食不够吃。改革开放后，农业生产发展迅速。在传统的农业中，以波尔羊养殖和香梨种植为主的特色种养业经济初具规模。有耕地面积160.2公顷，其中水田128.54公顷，旱土31.67公顷，人均水田0.028公顷；林地面积2.267千公顷，人均0.5公顷；公益林面积2.027千公顷，退耕还林面积15.77公顷。1996年完成农业总产值327万元，2011年达828.95万元，占地区生产总值的比重17.3%。粮食作物以水稻为主，2011年总产量达765.42吨，人均182千克。畜牧业以生猪、羊、牛养殖为主，2011年生猪饲养量5345头，年末存栏5040头；羊饲养量2360头，年末存栏1840头。畜牧业总产值215万元，占农业总产值的26%。森林覆盖率89%，活立木蓄积量44084立方米。

工业

大塘瑶族乡的工业主要是水力发电，全乡共有小水电站7家，年总发电量600万千瓦时左右，经济效益达150余万元。

商贸服务业

商贸业 大塘没有圩场，村民主要到鲁塘镇的同祥圩场赶集。村民到集市交易的品种不多，主要商品为猪肉、竹器、干笋等。主要购买生活日用品及农药、化肥等。1987 年，成立大塘瑶族乡供销社，于 2004 年撤销，2014 年有个体商店 23 家。

旅游业 1995 年前，境内景观尚处在原生状态。1998 年，区委、区政府启动开发仰天湖游资源,逐步加大对基础设施的投入。2007 年后，建成水泥公路等设施，带动了全乡商贸服务业的全面发展。

基础设施

交通运输

1986 年，大塘通乡通村公路里程为零，村民去山外主要靠羊肠小道。1990 年开始兴修简易的沙石公路。2007 年，开始修建水泥公路。到 2014 年，全乡每个村都完成了通水泥公路的目标，境内共有通乡通村公路 12 条，总里程达 86 公里。区级公路有鲁大（鲁塘至大塘）、大临（大塘至临武金江）贯穿南北，仰佛路（仰天湖至仰天巨佛，即：郴仰路与鲁大路的连接线）贯穿东西。日均发送 2 台客车，日客运量 90 人次，年货运吞吐量 1.2 万吨。

邮政通信

大塘瑶族乡邮政网点建于 1987 年，由鲁塘镇邮政所的一名邮递员负责寄送报纸杂志信件等。2012 年建成乡邮政所，设邮政网点 1 个，投递路线单程总长度 8 公里，投递点 5 个，乡村通邮率 100%；全年投递国内函件 1061 件，国内汇票业务完成 60 笔,国内异地特快专递信件完成 100 件，征订报纸 201 份、杂志 2500 册，业务收入 4.5 万元。电信服务网点 3 个；电话交换机总容量 106 门，固定电话用户 46 户，移动信号覆盖全境，手机用户达 2212 人。光缆线路总长达 12 千米，宽带接入户 12 户。乡境内有手机信号发射（转发）基站三个，移动信号网络覆盖全乡，移动信号质量得到明显提升。开通了程控电话、互联网，安装了电视电话会议系统，结束了大塘乡通信不畅通的历史。

供水供电

1987 年至 2014 年共建成 7 个人畜饮水点，其中 2014 年完成 3 个人畜饮水工程，全乡居民已基本结束挑水喝的历史，居民生活质量和水平有了根本性的提高。2014 年全乡水渠总长达 300 公里，平均每年新建和修复 10 公里水渠。

1990 年 11 月，大塘瑶族乡二级水电站建成，装机容量 320 千瓦。1992 年，建成一级电站，装机容量 500 千瓦。2000 年建设三级电站，装机容量 800 千瓦。

村镇建设

新中国成立前，大多数村民住房为土砖或夯土墙、茅屋顶或杉树皮屋顶，勉强遮风挡雨；极少有青砖瓦房。新中国成立后住房条件逐渐改善。十一届三中全会以后，有先富裕起来的村民建起了红砖瓦房。不少村民建起了小洋楼。2012 年，乡党委政府坚持在不破坏原生态的基础上，尊重自然，顺势而为，深入开展“绿化攻坚”，全面优化生态环境。2014 年完成乡村道路 10 公里绿化，在乡政府、学校、卫生院院内以及沿街住户门前新修圆形花池 80 个，方形花池 3000 余米，植树 40000 余株。新建垃圾填埋场 1 个，对原有 20 个垃圾焚烧池进行封闭式改造修缮，实施街面改造工程，对乡政府门前沿街居民房屋“穿衣戴帽”，使百姓居住环境大为改善，农村人居环境更秀美、更舒适、更具现代气息。建成大塘瑶族乡首个农贸市场，打造农产品交易平台。

社会事业

教育科技

教育 中华人民共和国成立前，大塘教育主要靠私塾、宗祠开办的义学。1966—1978 年普及小学义务教育，各大队办学。1984 年，小学由五年制恢复为六年制。1987 年，创办大塘中学，占地 8200 平方米，建筑面积 9000 平方米。1995 年，大塘中学在校学生 122 人，教职工 9 人。同年，有小学 5 所，在校学生 571 人，教职工 27 人。2003 年大塘中学、中心小学合并为大塘中心学校。下辖宽洞、大塘、渣梨洞、西江四个教学点，建有教学楼、教职工宿舍、新综合楼等建筑，为四合院式校园。偏远的少数民族学校，新建了多功能的综合楼，全面改造了学校用电、饮水系统，改造了校门和硬化了道路，对学校环境进行了绿化、美化、亮化，校内环境与校外青山绿水相为映衬，更显清新幽雅。学校教育教学设施日趋完备，有电脑室、多媒体教室、广播室、劳技室、图书室、实验室、仪器室、体育器材室、音像资料室，所辖四个教学点的硬件设施也在进一步完善之中。2014 年年末，学校共有一至九年级教学班 17 个，在校学生 552 人，教职工 23 人，其中男教职工 14 人，中级以上技术职称教师 10 人，大专以上学历专业教师占 65%。

科技 新中国成立以前，大塘境内农业生产使用传统技术，技术相当落后。新中国成立以来，大力推广良种良法和农业新技术。1987 年，设立农技站，推广科学种田。1995 年设科技副乡长、科技专干，初步形成覆盖全乡的农科网。先后推广农作物新品种、抛秧技术，为村民提供水稻虫情预报等。2014 年，开展早稻集中育秧示范工作，完成大塘等 4 个村 93.3 公顷早稻集中育秧试验及推广。

文化体育

文化 本地特色文化主要是瑶族山歌。1990 年，乡文化站、图书室、广播站等文化设施得到巩固和加强。2011 年，各村成立文体活动中心。到 2014 年年底，全乡有文化站 1 个、农家书屋 4 个，藏书 8 千册。群众自发成立 2 支舞龙舞狮队，学校每年举办 1 ~ 2 场校园晚会。2014 年年末无线广播和卫星电视覆盖率达 100%。

体育 辖区内体育活动以学校体育为主。境内拥有体育场地 4 处，各级体育指导人员 6 人。全乡所有的行政村均安装了健身器材，经常参加体育运动的人员占常住人口的 50%。

医疗卫生

20 世纪 60 年代前，大塘群众治病以民间偏方和瑶族草药为主。1969 年前后，以生产大队为单位，建立合作医疗站，配备“赤脚医生”，开始实行中、西医、草药结合防病治病。

1987 年大塘乡卫生院成立，有从业医生 2 人，床位 4 张，固定资产总值 1 万元。1995 年，卫生院有床位 4 张，卫生技术人员 2 名，固定资产总值 4.63 万元。2014 年年末全乡辖乡卫生院 1 所，村级卫生室 3 所，有公立卫生机构床位 6 张，每千人拥有医疗床位 1.21 张，固定资产总值 80 余万元。专业卫生人员 7 人，其中执业医师 1 人，执业助理医师 2 人，注册护士 1 人。2014 年医疗机构（门诊部以上）完成诊疗 4260 人次，出院病人 211 人次。

社会保障

新中国成立以前，村民社会保障主要依赖宗族公田。1995 年，实行农村社会养老保险，按照自愿参保的原则，少数村民购买养老保险。2009 年，全面启动新型农村社会养老保险。2014 年

仰天巨佛

参加新型农村养老保险 1756 人，参保率 50.8%。2014 年自然灾害受灾人口 800 人，紧急转移安置 350 人，农作物受灾面积 20 公顷，倒塌房屋 27 间，直接经济损失 35 万元，救灾支出 10 万元。国家抚恤、补助各类优抚对象 14 人，抚恤费支出 6.44 万元，比上年增长 5%。

特色地情

名优特产

禾花鱼 大塘是禾花鱼的重要产地，年产量 5 吨。每年 5 月，将鲫鱼鱼苗投放稻田，以稻田害虫、微生物、浮萍、稻花为食。9 月捕捞，在稻田生长 4 个月左右。得益于冷水、少污染的自然环境和纯天然饵料，禾花鱼刺软、肉嫩、味鲜，营养丰富。

冷水米 以农家有机肥和红花草籽等绿肥为主，由于昼夜温差大，生长期在 150 天左右，口感绵软松爽。

竹笋 楠竹竹笋、小杂竹竹笋为当地重要的野生食材。此外，还有苦笋。苦笋又名甘笋、凉笋，笋肉洁白脆嫩、清香、微苦，亦可入药。

风景名胜

仰天湖草原 较大部分草原区位于大塘瑶族

乡宽洞村境内，海拔1350米左右，是华南唯一保存较为完好的高山湿地草原，面积约100公顷。1983年国家财政投资24万元，组织投入义务工25000人，清除了草原上的灌木林和其他有害植物，种植人工牧草213.33公顷。1985年国家投资80万元，在仰天湖草原进行模拟飞播种草，面积达800公顷。通过几年的艰苦努力，草原人工改良获得了成功，在1986年我国南方五省人工草场质量评比中荣获第一名。

仰天巨佛 位于大塘瑶族乡西北部，坐落在高耸的危崖之巅。相对落差巨大的石岩绝壁，构筑了一尊体量巨大的仰天“巨佛”。历史上此处曾有高山寺、潮水庙、东林庵、解秽堂、龙祖殿、转佛堂、观音阁、金仙陵、金仙寨等民间世俗信仰朝拜的建筑，现只存金仙寨。每年农历六月六、九月九，来此烧香的信徒和观景者数以万计，有着较高的观光游览、民间信仰文化旅游价值。环绕巨佛，区内分布着大大小小的充满神话传说的景点，譬如金仙寺、天湖不老松、天湖奇石、观音望月、沙帽岭等，民间流传广泛“金仙传奇”传说，构成颇具魅力的“神话王国”。

（段斌斌　李万忠　供稿）

郴江街道 >>

郴江街道的前身郴江镇是“全国文明镇”、“郴州市经济十强镇”。

区域概况

位置面积

郴江街道位于郴州市北湖区城区东南部，东接苏仙区白鹿洞街道，南连苏仙区王仙岭街道和坳上镇，西与北湖区增福街道交界，北与北湖区燕泉街道接壤。辖区东西距离 7.16 公里，南北最大距离 5.3 公里。土地面积 17.23 平方公里，占北湖区土地总面积的 2.1%。街道办事处机关驻燕泉北路 43 号原郴江镇政府，距同城南岭大道 760 号北湖区人民政府驻地约 2 公里，距同城五岭广场市人民政府驻地约 3 公里。

建置沿革

清嘉庆二十一年（1816），境域属郴州直隶州在城里附廓的三里田村和秀才乡的八里牌、升桥铺村。民国 2 年（1913），以乡改区，全县设 11 区 3 特别区 51 团。在城区正南、上南、下南、东隅、西隅为 5 团，秀才乡分为秀贤、秀良区，境域属西隅团和秀贤区。民国 27 年（1938），废区并乡，全县分为 1 镇 15 乡 431 保 4693 甲。第 1 区改为在城镇（民国 34 年（1945）改为升平镇），境域归属无考。

1953 年，境域属三区，即坳上区的槐树下乡、梨树山乡和一区（城关区）的城西乡。1956 年境域属环城乡的组成部分。1958 年 6 月，撤销环城乡，该乡所属 18 个农业社除蕉冲划入许家洞乡外，其余 17 个社均划入城关镇。1958 年 10 月，郴县城关镇成立郴县郴州市。1958 年 10 月，由原环城乡和许家洞乡合并，成立市郊农村人民公社。境域属市郊人民公社。

1959 年 11 月，市郊公社划归新成立的县级郴州市管辖。1963 年，县级郴州市改为县级郴州镇，市郊公社划归郴县，并从市郊公社划近郊部分蔬菜大队，新设郴江农村人民公社，归县级郴州镇管辖。境域大部分属市郊公社，归郴县管辖。1965 年 5 月，郴江公社与市郊公社合并为市郊人民公社，划归县级郴州镇管辖。1978 年 5 月，恢复郴江农村人民公社，境域大部分仍属市郊公社，小部分属郴江公社。1984 年，实行政社分开，郴江公社改为郴江乡。2001 年，撤乡建镇，郴江乡改为郴江镇。2012 年，全市调整行政区划，郴江镇撤镇建街道，改称郴江街道。至 2014 年，建制未变动。

行政区划

1963 年 4 月郴江公社成立时，下辖三里田、龙门池、白鹿洞、官庄坪、下湄桥、渔场和油茶林场7个大队。辖区面积46.8平方公里。1981年，市郊公社的七里洞大队划归郴江公社。1984年3月，市郊公社的同心桥大队划入郴江公社。同年，将公社改称乡，大队改称村，郴江乡共辖9个村。1985年8月，撤销油茶林场，其所辖龙家组和袁家组划归龙门池村，梁家冲组划归白鹿洞村。1987年10月郴州市撤销综合农场,成立梨树山村，划入郴江乡管辖。1988年8月，市郊乡高壁村划入，郴江乡辖村增至10个村，土地面积增至49.9平方公里。

1995年，郴州撤地建市设区，划出龙门池、白鹿洞、官庄坪三个行政村和渔场的二、三组及三里田村山川塘村民小组，辖区面积缩至36平方公里。2001年4月，撤乡建镇，改为郴江镇，辖三里田、七里洞、梨树山、同心桥、下湄桥、高壁、渔场7个村和商贸城1个居委会。2012年6月，全市行政区划调整，划出三里田、七里洞、同心桥、下湄桥、高壁、渔场6个村和商贸城居委会，保留梨树山村，划入市郊乡海泉村、槐树下村和燕泉街道的民权路社区、仙泉社区、联福社区等3个社区，改称郴江街道。至2014年底，共辖3个村和3个社区，行政区划未变动。

自然环境

境内地貌以丘陵为主，山地、丘陵、岗地、平原地貌齐全。气候为大陆性中亚热带季风湿润气候。气候温和，雨量充沛，四季分明。历年平均太阳辐射量7550瓦/平方厘米，平均日照时数1568.6小时，年平均气温17.8℃，平均降水量1466.5毫米,年均降水日181.1天,无霜期292天。境内河道属湘江水系，郴江河自南而北穿越全境。

主要自然灾害有洪灾、旱涝、风灾、冰冻等。洪灾平均5年2遇，最严重的一次是1999年“8·13”洪灾，是境内郴江河流域有气象记录以来最大的一次洪灾，境内倒塌房屋11间，因灾造成危房55栋，农作物受灾面积7.13公顷，农业农村基础设施损毁131处，工农业生产和人民生命财产遭受了严重的损失。冰冻灾害平均10年2遇，最严重的一次发生在2008年1月，持续时间近1个月，造成境内大面积停水、停电、电杆倒塌、通信中断、交通中断，时任国务院总理温家宝到三里田村冯家组看望灾民、指导救灾。

人口民族

1979年，郴江公社共有居民2710户11194人。其中，男性5122人，女性6072人；农业人口11194人，无非农业人口。当年出生231人，出生率20.59‰；死亡46人，死亡率4.11‰；净增185人，自然增长率16.48‰。

1995年，撤地设市设区，郴江乡共有4114户12170人。其中，男性5554人，女性6616人；农业人口11894人，非农业人口279人。人口出生率12.79‰，死亡率5.11‰，自然增长率7.68‰。

2005年，郴江镇居民共有9376户15073人。其中，男性6878人，女性8195人；农业人口13673人，非农业人口1400人；18岁以下2281人，18～35岁5337人，35～60岁5616人，60岁以上1839人。60岁以上人口占总人口的12.2%。

2014年，郴江街道居民共9228户19600人。其中，男性9067人，女性10533人；农业人口17566人，非农业人口2034人；18岁以下5505人，18～35岁5352人，35～60岁6974人，60岁以上1796人。60岁以上人口占总人口的9.16%。人口出生率22‰，死亡率1.22‰，自然增长率20.8‰。

在郴江公社、郴江乡、郴江镇和郴江街道的各个历史时期，境内居民均以汉族为主，少数民族未见于统计数据或历次人口普查资料中。

经济发展

经济综述

民国时期，地方受战乱影响，工商凋零。中华人民共和国成立后，辖区经济逐步发展。农业以种植水稻、蔬菜及经济作物为主，工商业以制造销售木具、渔具、铁器为主。1978 年 5 月恢复了郴江人民公社，到 2012 年 6 月，郴江经济建设在这 35 年间走过了一条艰苦而辉煌的道路，特别是 1978—1998 年的 20 年内，以 25.3% 的年经济增长率增长（按可比价格计算，下同），经历了四个重要历史时期。

第一时期是人民公社时期。从 1978 年 5 月恢复公社建制到 1983 年，为郴江经济的起步时期。刚从“文化大革命”和林彪、江青反革命集团流毒影响中走出的郴江干部群众，积极投身于经济建设中，使郴江的各项事业从无到有，从小到大，逐步走上健康发展轨道。这一时期的经济结构以蔬菜生产为主，结合多种经营服务城市，农业在经济总量中占有举足轻重的地位。1983 年，全乡农业总产值 454.2 万元，占全乡社会生产总值 910 万元的 49.9%，农民人均纯收入 376 元。工业逐步发展，涉及行业 13 个，主要工业有食品加工制造、饲料加工、木材加工及其他小手工业，全乡工业总产值 260 万元，占全乡社会生产总值的 29.1%。商业得到恢复和发展，逐步走出了“住店难、理发难、买吃难，购物排长队”的困境。1983 年，每千居民有商业网点 11 个，商业人员 55 人，社会商品零售额 2364 万元。

第二时期是 1984 年撤社建乡后到 1992 年的 9 年间。这是郴江经济的发展时期，是乡镇企业快速起步和发展的时期，逐步形成了以乡镇企业为支柱，以蔬菜生产为主导，以城区市场为依托的农工商三位一体，互相促进互相协调的经济发展格局。1992 年，乡镇企业总产值为 6102 万元，占全乡社会生产总值 7635 万元的 79.9%，农村人均纯收入为 950 元。这一时期，第一产业退出了主导地位，第三产业发展迅猛。

第三时期为 1993—1999 年，郴江经济进入腾飞时期。这一时期，全乡以经济建设为中心，尤其是乡镇企业发展迅猛，形成了以“二产业为主体，一三产业为两翼”的经济格局。这一时期，郴江乡富甲郴州，闻名遐迩，被誉为南国郴州第一乡。至 1999 年，全乡实现社会生产总值 9.07 亿元，乡镇企业总产值 7.45 亿元，财政收入 482 万元，农民人均纯收入 4176 元，人民生活普遍达到小康水平。在乡镇企业的发展中，通过深化改革、改善经营管理模式入手，建设发展一批在全市有一定影响力的乡镇企业：郴江建筑工程有限公司，1999 年年产值 2000 多万元；郴州机砖厂产品物美价廉，1999 年年产机砖 4000 多万块，销售收入 448 万元；郴江江达动力机械有限公司生产的 CD160F 型柴油机在全省双新成果展览会上获“新产品开发”和“新技术开发”两项金奖，闻名全省，誉满郴州。

2000—2014 年，为郴江经济社会发展的第四个时期。2001 年，郴江乡撤乡建镇，成立郴江镇。2012 年 6 月，郴江镇撤镇建街道成立了郴江街道。这一时期，受全国经济结构调整的影响，乡镇企业逐渐退出历史舞台，迎来了城市开发和项目建设重大发展机遇，城市基础设施项目、民生项目、房产项目快速发展。历届党委、政府在经济发展中坚持以项目建设为第一要务，围绕项目抓经济，形成了“以招商引资为第一工程、以项目建设为第一要务、以城市建设为第一大事、以改善民生为第一根本、以作风建设为第一保障”的发展格局，辖区内市、区重点项目云集，固定资产投资和项目投资逐年高速增长。2014 年，辖区内有铁海联运、湘南综合大市场、汇龙万宝、槐树路、朱家湾路、梨树山中学等各类基础设施及房地产项目 48 个，全年共完成项目建设投资 9.68 亿元。通过项目这一引擎的带动牵引，街道工商财税逐年递增。2014 年，街道全年实现地区生产总值 18.8 亿元，居民人均纯收入 22996 元，完成财税收入 1096 万元，街道规模以上工业企业总产值连续三年突破 10 亿元大关，达 12.3 亿元。这一时期，人民生活水平大幅提高，因土地被征用，村民大多数通过一户一宅、集中联建等形式得到安置，人均住房面积达 90 平方米，住房出租和参与城市开发项目建设成为村民主要收入来源，空调、冰箱、彩电等主要家用电器入户率达 100%，户均小汽车拥有率达 1.5 台。

农业

境内农业以种植业为主，农业劳动力主要从事粮食和蔬菜生产。1978 年，全公社共有耕地面积 506.66 公顷，其中水田 333.33 公顷，旱土 106.66 公顷，有效灌溉面积达 90%，旱涝保收面积达 75%。实行统一分配生产耕地责任制，人均 0.62 亩。其中水田 100.66 公顷，人均 0.012 公顷；旱地 270.53 公顷，人均 0.05 公顷。其中，粮食作物以种植水稻为主，辅以红薯、玉米、大豆等；经济作物以花生、油菜为主，辅以烟草、茶叶等。1978 年后，农村经济体制逐步改革，至 1982 年，公社 9 个大队全面推行以家庭联产承包为主的生产责任制，生产经营的权、责、利三者统一于承包户，农户农业生产积极性持续高涨。联产承包后，农户种菜水平逐年提高，1984 年，蔬菜亩产由 1978 年的 3550 千克提高到 4960 千克，至 1992 年提高到 6550 千克。1992 年后，随着乡镇企业的发展壮大，经济工作提出了转方式调结构的要求，蔬菜生产呈现快速下降趋势。以养鸡、养猪为主的养殖业为境内农民主业之一。1978 年之前，为家庭散养为主，一般农户年养鸡 3 ~ 8 只，多则几十只。1980 年后，市政府引进适于大群笼养的白洛克良种鸡后，境内掀起了兴办大队养鸡场的热潮，其中三里田的自动化集约笼养养鸡场最为典型，投资 130 万元兴建的电机房年孵化 30 万只鸡苗，实现了自繁自养，集约笼养。1983 年，境内共兴建养鸡场 9 个，有养鸡专业户、重点户 31 个，养鸡量剧增，达到 15 万只。1989 年，养鸡量达到最高峰，共养鸡 28 万只，出笼 22 万只，产蛋 40 万千克。

至 2001 年，随着城市扩张，辖区大量农业用地被征用，粮食生产、蔬菜种植和养殖业等逐渐退出历史舞台，农业生产总值占社会生产总值的比例也逐年下降。1982 年，农业生产总值占全乡社会生产总值的 66.8%；2001 年，农业生产总值占全乡社会生产总值的 21.3%；至 2014 年，农业生产总值仅为全街道社会生产总值的 2.5%。

工业、建筑业

境内工业以农副产品加工、化工、铸造、机械加工、塑料制品、建筑材料为主。1978 年，境内共有工业企业 19 家，职工 800 余人，工业总产值接近 1000 万元，实现利税 186 万元。1984 年至 2001 年间，境内工业呈现快速发展态式，乡镇企业异军突起，发展出一批极具影响的工业企业。如郴江建筑集团工程公司、郴江机砖厂、郴江江达动力机械有限责任公司、郴江新型墙体材料厂、涌泉建材有限责任公司、郴江商贸城等企业远近闻名，效益明显。其中，郴江建筑工程公司 1997 年晋升为三级建筑施工企业，年建筑产值 2000 余万元。郴江江达动力机械有限公司生产的 CD160F 型柴油机在湖南省双新成果展览会上获得“新产品开发”“新技术开发”两项金奖。至

2001年，境内共有工业企业76家，实现年产值18236万元，实现利税9000余万元。至2014年，境内工业生产总值突破10亿元大关，达11.3亿元，占地区生产总值的15%。拥有工业企业97家，职工998人，实现工业增加值1.8亿元。其中郴州市宏源肉业有限公司年工业生产总值4.3亿元，为境内规模最大工业企业。

商贸服务业

1978—1984年期间，境内商贸服务业在商品流通新体制的激励下，得到迅速发展。1984年撤社设乡时，境内有私营商业198家，从业人员650余人；2001年撤乡建镇时，境内商贸服务业进一步得到发展，共有商业网点270家，从业人员960余人，其中建于1993年的郴江商贸城为最具代表的商贸企业，建筑面积11000余平方米，有商铺1100余家，经营项目涵盖了农副产品、肉食水产、日杂百货、五金电器、服装鞋袜、床上用品、调味食品等，日常所需之物均可在郴江商贸城一站式购齐，年均销售额3.1亿元；至2014年年末共有商业网点383个，职工1213人；2010年后，境内兴起了物流服务业，以中小型物流业为主的现代服务业较为发达，有申通、圆通等快递物流企业40余家，从业人员1100余人。2014年社会商品零售总额达1.88亿元，为1978年的23.5倍，为2001年的6.6倍；2014年境内有城乡集贸市场3个，年成交额1.69亿元。

基础设施

道路建设

1978—1985年，境内以乡村公路为主的交通事业因购买汽车的农户逐年增多而得到逐步发展，各村均修建有通往城区的简易公路，主要有文星路（东湾至香花路）、桐梓坪路（南塔路至桐梓坪组）、下高线（下湄桥村至高壁村）、环潘线（环城桥至潘家湾）、皂猫线（皂角树至猫儿冲）等。此外，辖区内有京广铁路、107国道两条国家级交通干线。20世纪90年代后，交通事业进一步发展，乡村公路得到扩宽和硬化。2012年，行政区划调整后，郴江街道辖区内主要有海泉路、园泉路、朱家湾路、国庆南路、槐万路、九子塘路、东边江路等交通主次干线。

邮政通信

邮政 东汉建武中期（39—49年），郴城始设邮驿站。清光绪年间，成立民信局，经营民间通信。光绪二十九年（1903），岳州邮政总局派人到郴城建立邮政代办分局，为市境现代邮政之始。翌年，郴州邮政代办分局改为自办内地邮政支局，划归长沙邮界管辖。民国元年（1912），“中华邮政”建立。12月，撤销郴州驿铺，邮政局独家经营邮政业务。民国23年（1934），郴县邮局奉命与郴县电报支局合署办公。

1951年6月，邮政局与电信局合并为郴县邮电局，负责全县邮电业务。1959年10月，专署邮电局在城区成立，负责承办郴州市城区和市郊邮电业务，许家洞公社邮电业务由郴县邮电局负责。1969年邮电分设，建立地区邮政局。1973年，再次与电信局合并为地区邮电局。地区邮电局直接承办市内城区和郊区邮电业务。1995年撤地建市设区后，北湖区境内邮政业务由市邮电局经营。1998年，邮电分设，分别成立郴州市邮政局和电信局。至2014年北湖区郴江镇和郴江街道辖区范围内的邮政业务均由该局直接承办。

电信 民国2年（1913）5月，鄂湘电政管理局在郴城设立郴州电报支局，为市境电信业之始。民国15年（1926），郴县创办乡村电话，隶属县建设科。民国22年（1933）7月，省长途电话工程处在郴城设营业处。民国28年（1939）8月，湖南省政府在郴城设立无线电台区台。民国32年（1943）3月，省政府将省办长途电话、无线电台、乡村电话合并，成立郴县电信分局。7月，改为郴县电信局。

1951年6月，邮政与电信合并为郴县邮电局。1959年10月，成立郴州专署邮电局，并接管郴州市区和郊区农村邮电业务。1989年，地区邮电局在市区有国庆路、火车站邮电营业厅，下湄桥邮电支局、人民东路邮电营业处。1990年后，市境内电信事业一直由郴州地区邮电局经营，并得到快速发展。1991年6月，5000门市内程控电话开通，电话可直拨世界各地，全市掀起装机高潮，当年装机6985部。撤地建市后，电信事业高速发展。1998年10月邮电分设，成立郴州市电信局，北湖区境内城区和郊区农村电信业务由其直接经营。2000年，开展“百万电话大行动”，完成主线放号182467户，其中公话放号33625户，室外IC卡公话1643户，固定电话由1999年9月30日的20.9万户，增加到2000年6月30日的31.18万户。2001年，开展“百万电话大行动”第二战役暨“三百万工程”，累计新增电话主线用户95306户，发展来电显示66702户，发展IP上网用户24950户。

供电供水

供电 1951年12月，由湖南省工业厅和郴县专区投资，在曹家坪兴建国营郴县电厂，装机容量160千瓦。同时建成6.6千伏和3.2千伏两回输电线路。1952年发电17.7万千瓦时，除供城区居民照明用电外，还向郊区农村供电。1958年，环城乡龙门池高级农业生产合作社，在郴江牙石桥上游。建成市境首座小水电站，安装一台自己制造的木质旋桨式水轮机，配1台12千瓦发电机，用皮带传动发电，供全社打米、照明。1960年，下湄桥35千伏1.49万千伏安变电站建成，鲤鱼江至许家洞高压输电线延伸至下湄桥变电站，郴州城区始由鲤鱼江电厂供电，此后，又陆续解决了郊区农村的生产生活用电问题。

供水 清代、民国时期，郴州城郊人民生活用水，主要汲之于井水泉水，也有取之于江河。1976—1980年，市政府先后投资104.15万元，兴建龙泉塘、白鹿洞、温泉、金银冲4个水厂，日供水量增至3.04万吨。并开始架设郊区管道，开始向三里田、龙门池、白鹿洞、下湄桥农村供水。20世纪80年代初，受市区北部受国营711矿坑道排水影响，地下水位明显下降，可采水量急剧减少。1981—1987年，市政府累计拨款758.63万元，先后新建花根冲、海泉2个地下水厂和同心桥1个地表水厂，日供水能力增加到9.11万吨，在一定程度上缓解了用水难问题，但水资源不足依然是制约郴州经济发展的重要因素。1987年6月，省计委批准郴州市东江引水工程，整个工程设计日供水能力为20万吨，分两期进行，近期和远期各为10万吨。1988年9月1日第一期工程正式动工，共投资6000万元，于1990年12月完成第一期工程。至2014年，城市供水基本满足市城区和郊区人民生产生活需要。

住房建设

1978年前，辖区村民住房较为紧张，居住条件简陋，人均居住面积约为4.2平方米。1978年十一届三中全会后，市政府从深化改革入手，鼓励私人建房，村民住房面积扩大，居住条件得到改善，至1995年郴州撤地建市前，境内村民人均住房面积为11.5平方米。这一时期，城中村村民住房条件改善程度较大，三里田村三里田组成为郴州第一个实施统一规划的村民居住点。2000年后，因城市建设需要，辖区三里田、七里洞、渔场等村的20余个村民小组通过一户一宅集中联建的方式先后实施了拆迁安置。2012年，郴江街道成立后，辖区内梨树山村九个村民小组率先完成了拆迁安置和村庄规划，槐树下村、海泉村的村庄规划已完成，村民安置工程预计5年内落实。2014年，境内城市居民人均住房面积约为30平方米，农村居民住房面积约为120平方米，房屋出租成为辖区村民家庭收入的主要来源之一。

社会事业

教育科技

境内学前教育起步于1982年，辖区农村小学普遍办起了学前班。1984年，共有学前班9个，在班幼儿566人。1984年有小学7所，54个班级，在校学生1547人，教职员工127人。此后，教育事业蓬勃发展，2014年末有幼儿园16所，在园幼儿2633人，专任教师131人；小学4所，在校学生3857人，专任教师243人，小学适龄儿童入学率100%；初中1所，初中在校学生621人，专任教师45人。初中适龄人口入学率、小升初升学率、九年义务教育覆盖率均达100%。被评为全国教育模范乡，境内的龙门池完小、郴江完小等学校在教育教学方面具有一定的代表性。如郴江中心学校创办于1953年，曾先后称城南小学、皂角树小学、三里田小学、工农兵小学。1985年命名郴江中心完小，2000年更名郴江中心学校。至2012年，学校占地1.4公顷，有教学班32个，教职工123人，专任教师118人。其中大学本科26人，专科92人。学历合格率达100%。拥有图书室、仪器室、实验室等教学设施，同时还拥有语音室、电脑室、多媒体室、舞蹈室等先进的教学辅助设施。学校先后被授予"中华传统美德教育"实验学校、"湖南省红领巾示范学校""郴州市校园文化建设榜样校"等荣誉称号。2014年财政预算内教育经费122万元，比上年增长29%。预算内教育经费占财政总支出比例为20%，比上年增长3%。

科技工作不断进步，辖区内蔬菜种植技术不断改进，菜田复重指数由20世纪50年代的250%提高到80年代的397%。蔬菜亩产由1950年的2946千克提高到1989年的6153千克。1994年市蔬菜部门引进良种50多个，在郴江乡推广设施栽培53.34公顷，实施早夏菜丰产栽培185.34公顷，其中有11个品种提早上市20～30天。喷灌技术广泛应用，是郴州地区应用最早应用范围最广、应用效果最好的乡镇。

文化体育

1978年后，得益于党的十一届三中全会的召开，通过贯彻"为人民服务"和"双百"文化工作方针，境内文化事业进入昌盛时期，传统戏剧、图书、舞龙舞狮团体活动等陆续得到开发，至1984年，境内共有基层俱乐部和文化活动室7个，有业余文艺宣传队2个。此后，文化事业健康发展，至2014年年末有乡级文化站1处，有村级文化活动中心3处，各类文化专业户45户，各类图书室4个，藏书1.1万余册，音乐、美术、书法、摄影、腰鼓及文学业余创作队伍人数达84人。位于梨树山村的明朝"袁子让墓"是市级文物保护单位。

2014年年末，有学校体育场5个，体育健身场所33处，经常参加体育锻炼的人数占总人口的37.00%，人均寿命已达到73.3岁。

医疗卫生

1978年，境内有合作医疗站9个，"赤脚医生"9人。1979年，在原县级郴州市政府部署下，境内开展爱国卫生运动，治理脏、乱、差现象，环境卫生大有好转。1984年，郴江乡政府参加了全市开展的文明卫生单位竞赛活动，并被评为郴州市文明卫生单位。1984年，境内合作医疗站增加到10个，赤脚医生增加到10人，就诊人数达0.35万人次。此后，随着农村经济体制改革和医疗制度的不断革新，农村办医形式也相应改变，合作医疗站更名为村卫生所。1995年，全镇有卫生室7个，病床45张，医务人员19人，年就诊人数达0.48万人次。至2012年年末，境内共有乡级医疗卫生机构（防保站）1个，农村合作医疗室3个，街道防保站所属门诊（所）4个。有床位32张，固定资产总值660万元。有专业卫生人员36名，其中执业医师7人，执业助理医师19人，注册护士18人。2014年医疗机构（门诊部以上）完成诊疗0.46万人次。31个村民小组村民全部参加新型农村合作医疗，参保率100%。

社会保障

1978年前后，境内农村社会保障体系不健全，村民社会保障较为薄弱。1995年以来，社会保障体系不断完善，再就业服务、社保扩面、居民医保等工作有序开展。2010年，镇政府投入2000余万元，建成郴江中心敬老院，集中供养农村五保人员，有床位168张。2014年，敬老院围墙、护坡、绿化、亮化等工作正有条不紊地进行，为面向社会运营打下了良好基础。至2014年，全街道完成小额担保贷款24万元，完成社保参保2921人，完成城镇居民医疗保险参保5259人；发放城镇低保金39万元、农村低保金21.3万元、医疗救助金5.5万元、救灾款11.8万元。

特色地情

文物名胜 境内有明朝时期古墓，称袁子让墓。古墓位于梨树山村东陂岭，封土堆残高1.6米，底径2.2米。原墓前有墓碑、亨堂、华表、石狮等，现俱失。据清《郴县志》载："袁子让字牧肩，郴州人。明万历二十九年（1602）赐进士第，知嘉定州，升兵部员外郎。著有《字学元元》《香海棠集》。"

（余勋章　李春秀　供稿）

北湖街道 >>

北湖街道是京广铁路郴州火车站所在地。

区域概况

位置面积

北湖街道位于湘东南郴州市北湖区城区中心。东靠苏仙区苏仙岭街道，南连北湖区人民路街道，西接北湖区骆仙街道，北抵北湖区下湄桥街道。辖区土地面积 8.58 平方公里，占北湖区土地总面积 1.05%。街道办事处机关驻升平路 9 号，距同城南岭大道 760 号北湖区人民政府驻地 6 公里，距同城五岭广场市人民政府驻地 9 公里，距省会长沙 322 公里。

建置沿革

清嘉庆二十一年（1816），境地属郴州直隶州在城里附廓北湖里村。民国 24 年（1935）2 月，郴县城区 5 团改设为东成、西就、南通、北达、中兴 5 镇，境地属北达镇。

民国 27 年（1938），郴县城区 5 镇合并，成立在城镇。民国 34 年（1945）11 月，在城镇改称升平镇。1949 年 10 月新中国成立后，升平镇改为郴县城关区，废除旧保甲制度，设立 6 个居委会和城东、城西 2 个乡，境地属火车站居委会。1953 年 4 月，郴县城关区改为城关镇。1958 年 8 月，郴县城关镇改为郴县郴州市。1959 年 11 月，析出原郴县郴州市城区 6 个居委会和市郊、板桥、马头岭 3 个农村公社，成立县级郴州市，境域属郴州市火车站居委会。1960 年 6 月，郴州市成立五岭、北湖、东波 3 个城市人民公社，境域属北湖城市人民公社。1978 年 3 月，撤销北湖城市人民公社，设立相当于公社一级的北湖区。1980 年 11 月，北湖区改为北湖街道办事处。1983 年 4 月，北湖街道分设为北湖和下湄桥 2 个街道办事处，境域为北湖街道办事处。至 2014 年，北湖街道办事处机构设置名称保持未变动。

行政区划

民国时期，北湖街道辖区为郴县在城镇郊区农村和郴县火车站所在地。1960 年 6 月，县级郴州市始设北湖城市人民公社，辖火车站、马家坪、天许、天堂、许家洞、白鹿洞、下湄桥 7 个分社。1961 年 3 月，北湖城市人民公社改为北湖、天堂 2 个城市人民公社，北湖公社辖火车站、马家坪、白鹿洞、下湄桥 4 个分社。是年 9 月，撤销城市分社，设马家坪、建设里、下湄桥、解放里、胜利里、解放路、升平街 7 个居委会。1978 年 12 月，北湖城市人民公社改称北湖区，辖解放北路、建设里、车站路、马家坪、胜利里、解放里、潘家湾、北湖、下湄桥、石马洞10个居委会。1983年4月，全市调整行政区划，从北湖街道析出下湄桥、石马洞2个居委会，设立下湄桥街道，北湖街道辖解放里、胜利里、陈家湾、四普庄、解放路、建设里、升平路、孔家塘、桂门岭、马家坪、北湖岭、健康路、同心桥13个居委会。1989年8月，增设飞虹桥居委会。1995年，撤地设市、撤市、撤县设区，北湖区和苏仙区两区行政区划相互调整，解放里、胜利里、陈家湾、四普庄、北湖岭、飞虹桥6个居委会从北湖街道析出，划归苏仙区。北湖街道所辖居委会减至8个，面积缩减至3.28平方公里。2002年8月，同心桥、马家坪2个居委会分别更名为城西社区和流星岭社区居委会，改健康路、解放路、建设里、孔家塘、升平路、桂门岭6个居委会为社区居委会，并增设同新社区居委会，共计9个社区居委会。2012年，全市行政区划调整，北湖街道调整后辖桂门岭、同新、城西、升平路、建设里、流星岭、郴嘉、劳动路、立欣洲、健康路、解放路、孔家塘12个社区和同心桥、渔场2个行政村，610个居（村）民小组。面积增至8.58平方公里。至2014年，境内行政区划未变动。

自然环境

北湖街道地形呈西北高东南低走势，一般最大高差在100米以内。地貌大部为城区平原，西北部为丘陵。气候属中亚热带季风湿润气候，其特点是四季分明，热量充足，雨量充沛，春温多变，夏秋多旱，暑热期长，严寒期短。1981年至2010年平均气温17.8℃，年平均日照时数1463.3小时，年总辐射量104.14千卡/平方厘米。0℃以上持续天数360天左右。年平均降水量1501.3毫米，年平均降雨日为169.7天，最多达221天，最小为140天。降水集中在每年4月至6月。

境内河道属湘江水系，同心河自西向东由骆仙街道流入，经同心桥村和城西社区，流向下湄桥街道汇入郴江河，境内流域面积1平方公里。

人口民族

1979年，北湖区共有居民5799户28217人。其中，男性16105人，女性12112人；农业人口163人，非农业人口28054人；当年出生284人，出生率10.66‰；死亡109人，死亡率4.9‰；净增175人，自然增长率5.76‰。居民以汉族为主，有外地迁入少数民族，但无统计数据。

1985年，北湖街道居民共有8068户30149人。其中，男性16510人，女性13639人；农业人口388人，非农业人口29761人；当年出生235人，出生率7.86‰；死亡134人，死亡率4.48‰；净增101人，自然增长率3.38‰。

2004年，北湖街道共有9个社区，235个居民小组，有常住居民24919户51825人。当年人口出生率12.05‰，自然增长率8.54‰。

2014年，北湖街道有驻辖区中、省、市、区单位36个，社区居委会12个，共有常住居民14359户37496人。其中，男性18529人，女性18967人；农业人口17人，非农业人口37479人；18岁以下人口7112人，18～35岁3559人，35～60岁9300人，60岁以上3500人；60岁以上人口占总人口的9.33%。当年出生436人，出生率11.63‰；死亡143人，死亡率3.81‰；净增293人，人口自然增长率7.81‰。从省内外迁入904人，从境内迁往省内外704人，净迁入200人。民族以汉族为主，有个别少数民族，但无统计数据。

经济发展

经济综述

20世纪80年代前，城市街道无完整的辖区内经济社会发展统计资料。1990年，北湖街道完成地区生产总值1095万元，其中第二产业完成增加值1010万元，第三产业完成增加值85万元。1995年地改市、市改区后，北湖街道辖区面积缩小，当年街道完成地区生产总值5145.5万元，其中第二产业完成增加值2634.2万元，第三产业完成增加值2511.3万元，第二产业与第三产业之比为1.05 ：1。2012年，调整行政区划，北湖街道始划入2个农村行政村。是年街道完成地区生产总值130988.1万元，其中完成第一产值增加值128.11万元，第二产业增加值13936.2万元，第三产业增加值116923.8万元；一、二、三产业之比值为1 ：106 ：89。

2014年，北湖街道完成地区生产总值190313.23万元，比上年增长10.58%；其中完成第一产业增加值142.76万元，比上年增长4.05%；完成第二产业增加值32521.34万元，比上年增长12.9%；完成第三产业增加值157649.13万元，比上年增长10.11%；一、二、三产业之比为1 ：171 ：828。

人民生活

新中国成立后，随着国民经济的发展，人民政府本着按劳分配的原则，逐步提高职工工资水平，改善城镇人民生活。据调查，1950年，郴县城关区居民人平年收入67元，人均生活费支出65元。1978年，北湖城市人民公社职工人均年工资565元，负担系数2.1人，城镇居民人均年生活费收入269元，人均生活费支出250元。1990年，辖区居民人均实际收入1647元，人均生活消费支出1364元，其中食品消费支出占58.5%。2004年，街道居民人均可支配收入8567元，人均生活费支出7753元，其中食品消费支出占34.55%。在食品消费中，人均粮食消费84千克，蔬菜93千克，肉类32.4千克，人均居住面积25.5平方米。

2014年，北湖街道城镇居民人均可支配收入26085元，同比增长9.2%；农村人均纯收入19697元，同比增长9.50%。

工业、建筑业

1958年“大跃进”中，郴县郴州市就以居委会为单位，组织社会闲散人员，自筹资金，自带工具，因陋就简，兴办土石队、河沙场、挖锰队、运输队、修建队以及生产扫把、棕绳、竹器、纸花等产品的小型企业23家。1960年北湖城市人民公社成立后，将多数居委会企业合并为公社企业。居委会办企业的积极性受到影响。1962年后，国民经济形势好转，街道企业实行公社办和居委会办并举，逐步恢复发展。1965年，北湖公社先后开办汽车配件厂、化工机械厂、变压器厂、蓄电池厂。1972年公社兴办钾矿场。1975年，北湖人民公社先后开办过化工厂和氧化锌厂，此后由于原料来源缺乏和技术力量不足，导致一家转产，一家停业。1978年，全社完成工业产值（含居委会）180.15万元，比上年增加27.06万元，增长17.67%；运输业完成产值21.13万元，增长8.92%；建筑安装业完成生产总值12.3万元，比上年增长14.4%。1989年，北湖街道开办洗衣粉厂，主要生产“凤凰30牌”洗衣粉。

1990年，北湖街道实现地区生产总值1095万元，其中工业产值1010万元。5家街道企业完成工业产值443.2万元，实现利润18.5万元，上缴税金13万元。橡胶导风筒、胶狞接头模压机分别填补了市内、国内空白。1994年，北湖街道完成地区生产总值4062.23万元，为1990年的3.7倍。其中工业产值1969.19万元，餐饮业产值1838.3万元，建筑业产值254.5万元，实现利税95.81万元。

2002年，北湖街道企业变压器厂、环保设备厂、精洗厂、洗涤剂厂、耀华公司、三建公司、装璜公司7家企业完成工业总产值2923.4万元，同比增长24%；完成企业财政收入24万元，比上年同期增长118.18%，连续五年稳居全市街道之首。是年，北湖街道企业在稳定的基础上不断向其他领域发展。装潢公司组建了晶鑫房地产公司，出资1124万元，购置龙凤公司33亩土地，投资6000万元，开发“晶鑫佳园”一期开发面积5.6万平方米，可完成房产、建筑、装潢、绿化四税500万元。耀华公司成为星星冰柜、华日冰箱、三洋彩电等家电在郴州的总代理，并在长沙三湘大市场设立门市部，成为兴南、荣盛等五个冰柜品牌的湖南总经销。环保设备厂利用自身的土地优势，进行整体开发，筹资133万元，解决了全厂职工的养老保险问题。

2012年，该街道完成工业产值6.1亿元，同比增长13.5%；实现社会固定资产投资3.2亿元（房地产项目除外），增长73.6%；招商引资引进项目3个，完成外商投资400万元，内联引资1.1亿元；城镇居民人均可支配收入23129元，增长18.1%。全年完成税收298万元，为年任务的101%。稳步推进10余个重点项目建设，全年完成投资5.3亿元，完成计划任务的212%。

2014年，街道实现规模以上工业产值5.08亿元，同比增长0.4%；实现社会固定资产投资5.2亿元（房地产项目除外），增长28%；“三公”税费共计19万元，较上年下降73%；完成区级实得“三私”税收60万元，占任务的105%。引进和谐新村等项目3个，续建项目4个，实现年内引资1.5亿元。合同引进资金4.8亿元，共有项目21个，其中市级8个，区级13个；涉及民生类项目15个，商贸类项目1个，房地产项目5个。

商贸业

20世纪70年代初，街道居委会始办小型商业企业。1978年改革开放后，各街道办事处、居委会和个体商业全面发展。1985年，北湖街道办事处开办南华企业公司，位于国庆路20号，有职工51人，设2个批发门市部和1个招待所。主要经营五金、交电、百货纺织品，当时仅有资金7.7万元。公司一开业，就把固定工资改为百元销售额工资含量包干、利润包干，继而实行基本工资、岗位工资、效益工资三挂钩工资，在公司内部实行经营承包责任制，各单位独立核算。核算单位有资金使用、人员安排、进货销售、残损商品处理、商品定价、工资分配方面自主权。同时，与温州联营电器产品，在桂阳、嘉禾、耒阳、宜章和资兴三都镇设立代销点，使公司在激烈竞争中稳步发展。1989年，完成商品销售额302.3万元，利税6.5万元。2002年，街道商贸业完成商品销售额2922.4万元，同比增长25%；实现利税318.3万元，同比增长19.75%。2014年，全街道商贸业完成商品销售额8803.8万元，同比增长0.2%。

基础设施

街道交通

街道 民国时期，北湖街道辖区内以郴州火车站为中心，只有南北向的郴衡、郴宜2条公路和1条通向城区的公路。新中国成立后，1959年始建同心路。1963年郴州城区国庆路铺设沥青路面，为郴州市境公路铺设沥青路面之始。1983年拓宽同心路，并改碎石路面为沥青路面。1998年改造火车站广场及周边道路升平路、解放路、同心路。2002年为创建中国优秀旅游城市，对国庆路、107国道、健康路进行改造。2003年全面改造解放路、北湖路。至2014年辖区内形成南北向南岭大道、国庆北路、解放路、协作路四纵，东西向劳动路、升平路、同心路、健康路四横的主要干道的街道格局。此外，还有建设里路、药材库路、康家湾路、北湖岭路、桂门新村路、大树下路、林业路、七完小路、流星路、同心巷路等背街小巷二十余条，均可通行汽车，并开通电灯照明。

交通 境内为市内对外交通的枢纽。民国25年（1936）4月，粤汉铁路市境段建成，9月正式通车，并建有郴州火车站。民国27年（1938），郴城至桂阳公路建成通车。1998年始建郴州汽车总站，位于郴州市国庆北路17号，投资6500万元，1999年4月竣工，5月1日正式营运，并向社会全面开放客运业务。车站占地面积28120平方米，建筑面积16400平方米，站前广场1200平方米，停车场11000平方米，发车位32个，候车厅1440平方米；设有售票房、行包房、仓库、广播室、办公室，实行微机售票，备有“三品”检测仪器。主要经营郴州西北方向客运，担负广东、广西、江西3省和本省跨市客运业务。到2002年止，开辟班线85条，日均发送客班车次1160班次，有职工329人。2000年11月交通部核定为一级车站。随着城市的扩大，2012年，汽车总站搬迁至骆仙街道高壁村。

邮政通信

邮政 东汉建武中期（39—49年），郴城始设邮驿站。清光绪年间，成立民信局，经营民间通信。光绪二十九年（1903），岳州邮政总局派人到郴城建立邮政代办分局，为市境现代邮政之始。翌年，郴州邮政代办分局改为自办内地邮政支局，划归长沙邮界管辖。民国元年（1912），“中华邮政”建立。12月，撤销郴州驿铺，邮政局独家经营邮政业务。民国23年（1934），郴县邮局奉命与郴县电报支局合署办公。

1951年6月，邮政局与电信局合并为郴县邮电局。1959年10月，专署邮电局在城区成立，并直接经营郴州市境邮电业务。1969年邮电分设，建立地区邮政局。1973年，再次与电信局合并为地区邮电局。地区邮电局直接承办市内邮电业务。1989年，共有邮路28条，总长1829公里。邮电业务总量427万元，出口函件298万件，其中国际和港、澳、函件1.03万件。1995年撤地建市设区后，北湖区境内邮政业务由市邮电局经营。1998年，邮电分设，分别成立郴州市邮政局和电信局，至2014年一直经营北湖区境内邮政业务。

电信 民国2年（1913）5月，鄂湘电政管理局在郴城设立郴州电报支局，为市境电信业之始。民国15年（1926），郴县创办乡村电话，隶属县建设科。民国22年（1933）7月，省长途电话工程处在郴城设营业处。民国28年（1939）8月，湖南省政府在郴城设立无线电台区台。民国32年（1943）3月，省政府将省办长途电话、无线电台、乡村电话合并，成立郴县电信分局。7月，改为郴县电信局。

1951年6月，邮政与电信合并为郴县邮电局。1959年10月，成立郴州专署邮电局，并接管郴州市区邮电业务。1989年，地区邮电局在市区有国庆路、火车站邮电营业厅，下湄桥邮电支局、人民东路邮电营业处。1990年后，市境内电信事业一直由郴州地区邮电局经营，并得到快速发展。1991年6月，5000门市内程控电话开通，电话可直拨世界各地，全市掀起装机高潮，当年装机6985部。撤地建市后，电信事业高速发展。1998年10月邮电分设，成立郴州市电信局，北湖区境内电信业务由其直接经营。2000年，开展“百万电话大行动”，完成主线放号182467户，其中公话放号33625户，室外IC卡公话1643户，固定电话由1999年9月30日的20.9万户，增加到2000年6月30日的31.18万户。2001年，开展“百万电话大行动”第二战役暨“三百万工程”，累计新增电话主线用户95306户，发展来电显示66702户，发展IP上网用户24950户。

供电供水

供电 民国27年（1938），由刘克秋发起，集资5万元（法币）在扎上街欧家大屋开办郴县电厂，安装一台美制煤气发电机组，架线7.5公里，年发电量约10万千瓦时，供城区居民照明。民国29年（1940），电厂被侵华日机炸毁。民国37年（1948），城区商人袁南枝邀股集资在南街开办光华电灯公司，用2台旧汽车引擎带动发电机，容量35千瓦，安装300盏电灯。

1950年3月，郴县专区向光华电灯公司投资，新添道奇式发电机一套，电灯增加到600盏，并改名为人民电灯公司。1951年12月，由湖南省工业厅、郴县专区投资，在曹家坪兴建国营郴县电厂，装机容量160千瓦。同时建成6.6千伏和3.2千伏两回输电线路。1952年发电17.7万千瓦时。1960年，下湄桥35千伏1.49万千伏安变电站建成，鲤鱼江至许家洞高压输电线延伸至下湄桥变电站，郴州城区始由鲤鱼江电厂供电，从此解决了全市人民的生产生活的用电问题。至2014年，全街道及全市用电均由该厂供电。

供水 清代、民国时期，城区人民生活用水，主要汲之于井、泉，也有取之于江河。新中国成立后，城市人口不断增加，生产生活用水量与日俱增。1958年，湖南省人民委员会拨专款36.37万元，在北湖兴建郴州第一个自来水厂。1959年3月1日，水厂竣工投产，日供水能力0.15万吨，远不能满足需要。1960—1975年，市供水公司采取扩建北湖水厂，增铺供水管道等措施，将北湖水厂日供水量增至1.4万吨，供水管道增加到34公里。1976—1980年，市内先后投资104.15万元，兴建龙泉塘、白鹿洞、温泉、金银冲4个水厂，日供水量增至3.04万吨。20世纪80年代初，市区北部受国营711矿坑道排水影响，地下水位明显下降，可采水量急剧减少。1981—1987年，市政府累计拨款758.63万元，先后新建花根冲、海泉2个地下水厂和同心桥1个地表水厂，日供水能力增加到9.11万吨，在一定程度上缓解了用水难问题，但水资源不足依然是制约郴州经济发展的重要因素。1987年6月，省计委批准郴州市东江引水工程，整个工程设计日供水能力为20万吨，分两期进行，近期和远期各为10万吨。1988年9月1日第一期工程正式动工，共投资6000万元，于1990年12月完成第一期工程。至2014年，北湖街道及全市城区供水基本满足人民生产生活需要。

社会事业

教育

1950年10月，北湖街道境内由北湖小学与廖家湾小学合并创办的马家坪小学，址设马家坪郴州大米厂处，性质为私立小学，有教师3人，学生48人，学制4年。1952年，郴县城关区私立小学全部改为公办。1954年，城区小学统一更名，马家坪小学更名为城关镇第八初级小学。1957年，第八初小迁址建设里。1958年，城西六初小并入八初小，学校更名为城关镇第六完全小学。1959年11月，县级郴州市成立，城关镇第六完小更名为郴州市第六完小，是年有教职工10人，学生300余人，学制6年。1960年北湖城市人民公社成立后，驻辖区单位相继创办郴州铁路、711矿、麻纺厂、湘运、火柴厂、瓷厂、许家洞煤矿、化肥厂、印刷机械厂、棉纺、四普庄等厂矿子弟学校。1970年，在下湄桥创办郴州市第四中学。1979年辖区内永红小学改为郴州市第七完全小学。

中共十一届三中全会后，重新调整小学布局，城区按街道分散设立学校，撤销小学戴帽初中班。1986年，在辖区同心桥创办第八完全小学。2008年，全街道有小学5所，幼儿园21所，共有教职工975人，学生9834人。2014年，辖区内共有幼儿园18所，幼师206名，在园幼儿2551名；共有小学7所，其中公办3所，民办4所，初中1所，共有教职工358人，在校学生9102名。其中公办学校湘运子弟学校升级为郴州市第十八中学，设有初中和小学。辖区内适龄儿童入学率、小升初、适龄儿童升学率、九年义务教育覆盖率均为100%。

文化

1962年，北湖城市公社辖区内铁路俱乐部建成开业，影剧两用，有座位1314个，极大地丰富了居民的文化生活。1974年，建立北湖公社文化站，并配备文化工作人员，负责组织全社群众文化活动。1986年，街道出现营业性舞厅、音乐茶座、桌球室等文化活动。2012年，街道共建有10个社区文化活动中心、2个社区书屋、2个农家书屋、1个街道综合文化站。每个社区、村都建有老年活动中心，这些基层文化阵地坚持公共文化服务。社区、村文化活动室对辖区居民免费开放，为居民休闲、娱乐、锻炼身体、排练节目等提供场所。

为了更好地服务群众，2012年，街道党工委、办事处通过多方协调，在自身办公用房紧张的情况下，克服重重困难，自筹资金60万元打造出全市唯一一所街道综合文化站大楼。大楼于2014年建成并正式投入使用，整个文化站大楼共300余平方米，一楼设有培训室；二楼设有排练大厅（综合展示厅）、棋牌室；三楼设有电子阅览室（信息资源共享服务室）、图书室。文化站每周开放5天，为辖区居民提供休闲娱乐场所。通过各类培训、比赛和活动，来挖掘和培养特色文化人才。组织人员参加由区文化馆组织的湖南省原创广场舞培训、腰鼓培训、主持人培训、送戏下乡、送电影进社区、送春联、广场舞比赛等活动，以多种形式开展群众文化活动，丰富了群众的精神生活。

街道还每两年举办一届“北湖街道文体节”活动，设有广场舞比赛、文艺会演、篮球比赛、群众趣味运动会、登山比赛、书画摄影比赛等十几项活动，参与群众众多，极大地丰富了辖区居民的文体生活。街道文体节至2014年已成功举办三届，已打造成为街道的文体活动品牌。

体育

20世纪50—70年代，北湖公社机关、各居委会及驻公社境内厂矿、学校、团体经常组织群众开展篮球、登山、拔河等体育比赛活动，并取得显著成绩。1975年，驻公社境内的郴州农药厂被评为全国群众体育先进集体，并派代表参加北京的授奖大会。

1978年12月，中共十一届三中全会后，实行改革开放政策，随着人民群众生活水平的提高，各种群众体育活动更加活跃。北湖街道辖区开辟多个健身场地，北湖公园、留仙岭公园、桂门岭公园为辖区群众提供了健身路径。同时与辖区企事业单位、学校、小区共建，为辖区居民提供健身场所。街道每两年一届大受辖区居民欢迎的文体节，设有篮球比赛、登山比赛、广场舞比赛、拔河比赛、趣味运动比赛等项目，吸引了众多群众参与，干部职工的体育活动也开展得如火如荼，掀起了一股健身热潮，受到市区体育局的高度肯定。

卫生

民国时期，北湖街道辖区内环境卫生差，臭水横流，以致经常疾患成灾。新中国成立后，人民政府重视卫生工作，经常发动群众开展以整顿市容为重点的群众性爱国卫生运动，并涌现出一批卫生先进集体和个人。1958年，建设里居委会被评为湖南省和中南区卫生模范单位。1960年5月,《湖南日报》以“学郴州、赶郴州、改变城市卫生面貌”的通栏标题，报道了郴州市及北湖公社开展爱国卫生运动的经验，并发表社论，号召全省各市都像郴州和北湖一样，统一领导，发动群众，标本兼治，迅速改变城市卫生面貌。

1957年前，境内居民均饮用未经消毒的井水或河水，经省卫生防疫站对解放路、北湖、郴江河水进行检测，均不符合国家规定的饮用水卫生水质标准。1958年，湖南省政府拨款36.37万元，在北湖兴建郴州第一个自来水厂，1959年3月水厂竣工投产。从此北湖街道的居民饮用上了清洁卫生的自来水，解决了居民健康方面的一个重大问题。

20世纪60年代，设立北湖公社卫生院，负责全社居民的疾病防治工作，属非营利性事业单位。20世纪90年代,该院合并到市第三人民医院。21世纪初设立北湖街道社区卫生服务中心。至2014年，中心共有职工234人。其中卫生专业技术人员27人，包括高级专业技术人员1人，中级专业技术人员5人。设有基本医疗科,预防接种科,儿保妇幼科、慢性病等9个科室。年门诊量约1.2万人。

社会保障

2002年，全街道有低保户673户，1655人，全年发放最低生活保障金133万元。2008年，北湖街道将2020户特困居民计4700人纳入低保范围，全年累计发放低保金474.6万元。在2008年特大冰灾中，街道积极安置救助群众，共发放食用油606桶，棉被289床，大米0.6万千克，救助资金2.75万元，方便面2120包，手电筒270把。是年，还发动群众捐款支援四川汶川地震灾区67万元。是年，完成城镇安置就业2192人，为年任务的154%；安置下岗人员再就业1412人，为年任务的128%；其中安置“4050”人员450人，为年任务的155%。2014年，街道共有低保户1361户，2503人。开展低保阳光行动共清退61户，101人。正确完成财政系统的低保录入，农村低保和城市低保分别在4月和6月实行“一卡通发放制度”。为53户受灾居民发放救灾补助款2.4万元，对6位重困家庭发放临时救济金0.24万元；为优抚对象81人共发放抚恤款15.2万元；完善辖区内417名残疾人的登记信息，统一上报一二级残疾人员到区民政局83人，将由财政代缴医保费，并享受每人每月50元的福利补贴；为高龄老人发放生活补助费共计5.1万元。配合房产局为辖区低收入家庭申请公租房246户，办理公租房手续400户。新增城镇居民养老保险48人，60岁以上城镇居民享受养老金9人；“新农合”参保人数1138人。个人部分缴费金额18.53万元,“新农合”缴费率达到100%，被征地农民享受养老保险18人。落实城镇独生子女父母奖励政策，共录入3600多人；发放各种计生证339人，发证合格率100%；全年征收超生社会抚养费81万元，申请法院强制执行16例。街道上半年新增就业人数1030人,为年任务的77%,“就业困难人员”再就业402人。

特色地情

郴州火车站

建于1936年，原名郴县火车站，1959年改名为郴州火车站。位于京广线1905公里+60米处，1981年定为二等站。主要办理旅客运输及货物集装箱、零担运转业务和资许线的零担中转。

1987年，根据衡广复线建设需要，拆除原站

郴州火车站广场

房，新建站房主楼5575平方米，内设候车室、售票处、行包房、问讯处、行李寄存处、售货店、客运办公室等。最大候车能力可容纳旅客3000人。站内建有生产用房19栋10161平方米；生产房3栋4316平方米。同时建有1座长527米的旅客站台和1座天桥，出站口是一个供旅客集散并兼具文化性、休闲性的车站广场。

火车站有货物线4条，总长1443米，有效长1970米；正线2条，有效长1351米，站线1条，有效长187米。同时，建有仓库10栋，使用面积2653平方米，堆货量1100吨；露天场4个，使用面积5720平方米，可一次性堆货5221吨。衡广复线开通后，车站新开辟北运转场货运区，提高了货物装卸和堆入能力。

2. 郴州北湖市场

位于境内国庆北路，东距郴州火车站仅200米，南距汽车新站500米，北接107国道，交通十分便利。市场一期工程由郴州市市场服务中心主建，于1992年7月破土动工，1993年12月26日建成开业。占地面积6000平方米，建筑面积2.3万平方米，总投资3600万元，市场主体大楼共6层，分4个营业大厅，分别经营数千种商品。一楼还附设了由郴州市粮贸公司主办的布匹批发总汇，经营国产、进口各种布料。整个市场共有店面、摊位1820个，从业人员4447人，1996年成交额达5.39亿元。场内设有技术监督站、物价监督检查站、公安值勤室，并有金融、邮电、运输、仓储等配套服务。场内装有扶手式电梯和人货两用电梯，程控电话分布各营业大厅，消防设施为全自动化，是进行商品交易的理想场所。市场于1995年被评为省级文明市场。

（李永聪　李春秀　供稿）

人民路街道>>

人民路街道是郴州市标志性文物古迹——义帝陵所在地，也是中国女排荣获五连冠由此腾飞的郴州市体育训练基地所在地。

区域概况

位置面积

人民路街道位于湘东南郴州市北湖区东北部，东起京广铁路，与苏仙区苏仙岭街道为邻；南至南塔路、东风路口，与苏仙区南塔街道、北湖区燕泉街道接壤；西临南岭大道，与北湖区骆仙街道毗邻；北界健康路、北湖公园与北湖区北湖街道相连。土地面积6.78平方公里，占北湖区土地总面积的0.83%。街道办事处驻郴州市人民西路22号，距同城南岭大道760号北湖区人民政府约2公里，距同城五岭广场市人民政府驻地约4公里，距省会长沙322公里。

建置沿革

秦始皇嬴政二十六年(公元前221)始置郴县，隶长沙郡，境地即为县治所所在地。西汉高祖五年（前202），析长沙郡南部诸县，置桂阳郡，境地又为郡治所。尔后，郴县曾先后更名为宣凤县（新莽始建国元年即公元9年）、敦化县（五代后晋高祖天福元年即936年）、郴县（五代后汉隐帝乾祐三年即950年）、郴阳县（元世祖至元十三年即1276年)、郴州直隶州(明洪武九年即1376年)、郴县(中华民国2年即1913年)、县级郴州市(1959年)、北湖区（1995年）。桂阳郡曾先后更名为南平郡（新莽始建国元年即公元9年）、桂阳郡（东汉光武帝建武元年即25年）、荆州桂阳郡（三国吴国）、桂阳郡（两晋）、郴州（南北朝、隋、唐、五代时期，郴州、桂阳郡反复更名）、郴州军（北宋太祖乾德元年即963年）、郴州路（元至元十四年即1277年）、郴州府（明太祖洪武元年即1368年）、郴州直隶州（明洪武九年即1376年）、衡永郴桂道（民国2年即1913年）、湖南省第八行政督察区（民国27年即1938年）、湖南省第三行政督察区(民国29年即1940年)、郴县专区(1949年）、郴州专区（1960年）、郴州地区（1969年）、郴州市（1995年），除极少数时期外，境地均一直为郡、州、军、路、府、地区、市治所和县、市、区治所所在地。

1949年10月1日，新中国成立后，郴县设城关区，境地为城关区的一部分。1959年11月，析出郴县郴州市和市郊、板桥、马头岭3个农村公社，成立县级郴州市，境内为市城区的一部分。1960年，市内成立五岭、北湖、东波3个城市人民公社，境域为五岭城市人民公社的大部分。1978年12月，境域从原县级郴州市五岭公社析出，成立红卫区。1980年11月，红卫区改为红卫街道，办公驻地设文化路。1982年3月，红卫街道因人民路贯通全境而更名为人民路街道，办事处机关搬迁至北湖路7号。2009年12月，街道办事处搬迁到人民西路22号，至今未变动。

行政区划

清嘉庆二十一年（1816），郴州直隶州城区称为在城里，分为上南隅、下南隅、东隅、西隅4个隅。民国2年（1913），在城区分正南、上南、下南、东、西5隅为5团。民国19年（1930）2月，实行区域自治，全县分为5个自治区54团，在城区为第一自治区，辖5团。民国24年（1935）2月，省民政厅与省保安司令部联合颁布保甲规程，限令各县实行区、乡、保、甲制，全县共设5区49乡5镇437保4719甲。区沿旧制，团改为乡，其中县城（在城里）改设为东成、西就、南通、北达、中兴5镇。民国36年（1947）3月，全县实行并乡，设1镇8乡119保1364甲。升平镇（民国34年（1945）由在城镇改为升平镇）辖12保202甲，镇治赵公祠。新中国成立后，1953年一区（城关区）设有裕后街、民主街、东街、西街、文化路、火车站6个居委会和龙门池、白鹿洞、燕泉3个乡，境域属西街、文化路居委会。

1960年，五岭城市人民公社辖南关上、裕后街、札上街、南街、东街、北街、龙骨井、东门口、西街、五里堆、解放南路、解放中路、建设路、红卫西路等14个居委会，境域属后6个居委会。

1978年12月，红卫区辖西街、五里堆、解放南路、解放中路、建设路、红卫西路6个居民委员会。1983年4月，全市调整行政区划，人民路街道辖清湖、北湖路、人民东路、人民西路、飞机坪、文化路、西街、和平路、燕泉路、五里堆、筑路机械厂、东湾、田家湾、408队14个居民委员会。

1984年4月，郴江乡三里田村燕泉村民小组村民转为居民，划入人民路街道，增设燕泉井居民委员会。5月，又增设302队居民委员会。1985年，清湖居委会改为国庆路居委会。1994年，国庆路居委会以境内主要干道国庆北路改为国庆北路居委会。1994年12月，组建燕泉新村居委会。1996年1月，从人民路街道划出西街、和平路、燕泉路、燕泉井、燕泉新村、五里堆6个居委会，新设立燕泉街道。2002年7月18日，人民路街道对社区进行调整合并，由原来的居委会调整合并为北湖路、人民东路、文化路、国庆北路、东风、万花冲、飞机坪、人民西路8个社区居委会。辖区内各个单位居委会也相应地合并到各社区。2012年6月，燕泉街道的西街、燕泉路两个社区划入人民路街道。2013年7月，新成立冠园社区，所辖社区由原来的8个增至11个。至2014年境域社区总数保持不变。

自然环境

人民路街道原属北湖区城区丘岗地带，地势呈西北高东南低走势，地貌相对平坦。为中亚热带季风性湿润气候，其特点是四季分明，春温多变，夏热期长，秋晴多旱，冬寒期短。年平均气温18.5℃，年平均降水量1565毫米，年平均降水日177天，年无霜期约300天。主要自然灾害有洪灾、冰灾。最严重的一次是2008年1月的冰冻灾害，街道辖区停水停电、树木折断、棚房倒塌，直接经济损失达70余万元。

人口民族

清嘉庆二十一年（1816），郴州城区人口17092人。清光绪三十三年（1907），上升为28705人。民国时期，社会动荡，战乱、饥荒、瘟疫频发，城区人口呈负增长趋势。1949年年底，降至21712人。新中国成立后，社会安定，工农业生产发展，人民生活水平提高，人口增长较快。20世纪50年代中期和60年代初期，形成两个生育高峰，1957年和1963年人口自然增长率分别达到29.4‰和39.22‰，呈现高出生、低死亡、高自然增长的势头。20世纪70年代初，人民政府把人口发展纳入国民经济和社会发展计划，大力提倡计划生育，人口再生产转向低出生、低死亡、低自然增长。1978年，郴州市平均人口自然增长率为6.89‰。

1978年12月，人民路街道（始称红卫区）成立。1985年，共有居民13553户49057人，其中，男26746人，女22311人；农业人口492人，非农业人口48565人。当年出生401人，出生率8.33‰；死亡184人，死亡率3.82‰；净增人口217人，人口自然增长率4.51‰。

1995年，撤地设市，撤市设区。1996年从人民路街道划出部分区域设立燕泉街道。1997年，人民路街道共有居民17285户55212人。其中，男28800人，女26412人；农业人口1133人，非农业人口54079人。人口出生率7.70‰，死亡率1.87‰，自然增长率5.83‰。

2004年，人民路街道共有居民19438户47711人。其中，男24475人，女23236人；非农业人口47711人，已无农业人口。18岁以下4540人，18～35岁16803人，35～60岁19651人，60岁以上6717人。60岁以上人口已占总人口的14.1%。是年，由省内外迁入1148人，由街道迁出至省内外1096人，净迁入52人。

2014年，街道有驻街行政企事业单位135个，辖11个社区，490个居民小组，共有居民21052户53685人，全部为非农业人口。其中，男27347人，女26338人；按年龄分，18岁以下10256人，18～35岁10066人，35～60岁23954人，60岁以上9409人。60岁以上人口已占总人口的17.52%，比10年前又上升了3.42个千分点。人口出生率11.1‰.由省内外迁入888人，由本街道迁出至省内外572人，净迁入316人。

境内居民历来以汉族为主。新中国成立后，由于婚姻、工作调动、军人转业、单位迁移和大中专毕业生分配等原因，少数民族种类和人数不断增加。1953年，郴县城关镇有瑶族、满族、苗族、回族6个少数民族，共25人。1964年，全镇除汉族外，有瑶族、苗族、壮族、回族、土家族、满族、侗族、朝鲜族、蒙古族、纳西族、维吾尔族11个少数民族，共320人。

1982年第三次人口普查，人民路街道除汉族外，有瑶族、壮族、回族、土家族、苗族5个少数民族。1990年第四次人口普查，人民路街道除汉族外，有瑶族、土家族、苗族、满族、回族、侗族、蒙古族、布依族、朝鲜族9个少数民族。2000年第五次人口普查，人民路街道除汉族外，有瑶族、土家族、苗族、蒙古族、壮族、回族、维吾尔族、布依族、朝鲜族、满族、侗族11个少数民族。

经济发展

经济综述

新中国成立前，人民路街道辖区内经济萧条，工商业规模小，手工业作坊多，商家少，街巷狭窄、设施简陋、经济十分落后。

新中国成立后，辖区内的工商业经济呈波浪式向前发展。1950—1957年，采取兴办国营工业，改造和发展私营工业，组建手工业生产合作社等方式，绝大部分私营商业改造为公私合营商业和集体商业，使辖区工商业稳步发展。1958—1960年，街道大办集体工厂，由于忽视可行性研究，企业盲目上马，管理等跟不上，亏损严重，生产难以为继，公私合营商业和部分合作商店并入国营商业，同时关闭农贸市场，形成单一的流通渠道，国民经济出现暂时困难，市场物质短缺，供应紧张。1961—1963年，对辖区处境困难企业实行关、停、并、转，供销合作社和部分私合营企业、合作商店从国营中分离出来，恢复原有的商业网点和经济性质。1964年，工业生产开始复苏，市场物资增多，贸易日趋活跃。1966—1976年，刚走出低谷的工业和商业贸易，受到严重干扰和破坏，工业产值逐年下降。

1979年后，贯彻改革开放方针，调整产业和产品结构，加强技术改造，开展横向联营，扶植发展街道集体企业，以及私营、个体企业，扩大企业自主权，逐步进行商业体制改造，打破多年来国营商业独家经营局面，实行国有、集体、个人一起上。1979年，红卫区创办郴州粉笔厂，生产白色和彩色粉笔。1980年4月，红卫区自筹资金1万元，创办红卫服装厂，当年完成产值7.34万元。1984年，人民路街道开办华湘贸易公司，主要经营百货、五金、化工原料，当年完成销售额20.57万元，盈利1.01万元。到1989年，辖区的工业企业、商业网点、完成产值、社会商品零售额、实现利润等与1978年比较，分别呈3～7倍增长。

进入20世纪90年代，辖区内国有工商企业开始进行新的体制改革，即经营体制改革和产权制度改革。经营体制改革是在经济责任制的框架下，实行一企一策、一企多策的经济责任制，分别采取企业内部承包、横向联营、企业集团化、国有民营、租赁经营、开拓第三产业等形式。1995年始，辖区工商企业进行产权制度改革，因不少企业亏损加剧，区属工业资不抵债的企业率先在全市采取破产重组，市属工业企业采取合并、兼并改组，股份制和股份合作制。随着市场竞争激烈，股份制、民营经济的兴起，2003年起，辖区内的国有工商企业开始实行“两个置换”（置换企业产权、置换职工身份），以适应市场竞争形势。

随着国退民进的步伐加快，民营经济蓬勃发展，已成为市场的主体。2004年，辖区内民营经济总产值80371万元，民营经济增加值由2004年41000万元上升到2011年的83024.76万元；规模以上工业总产值由2005年6565万元升到2013年44300万元。街道的招商引资力度逐步加大，2010—2013年，先后引进步步高中心城、美美世界、希望之星等商业综合体，步步高新天地、希尔顿大酒店等共25个项目。2014年，街道完成地区生产总值232349.32万元，其中完成工业增加值21206.88万元，完成三产业增加值211142.44万元，第二、三产业比为1∶9。实现财政“三私”税收137万元，占年任务的115%。

工业建筑业

民国时期，人民路街道辖区内仅有缝纫、制伞、制鞋、修钟表等个体手工业和手工作坊，生产工具、设备落后，生产效率低。

新中国成立后，境内工业经历了不断发展变化过程，1950—1957年，采取兴办国营工业，改造和发展私营工业，组建手工业生产合作社等方式，使境内工业从少到多，从小到大，稳步发展。1957年，境内主要工业企业有：湘南烟厂、缝纫社、布鞋社、皮鞋社、皮件社等20余家。1958—1960年，贯彻中共中央“关于全党全民大办工业”和“工业以钢为纲”的方针，省、地、市三级在境内兴办国有工厂，五岭城市公社和各街道居委会大办集体工厂。1961—1965年，贯彻中共中央关于“调整、巩固、充实、提高”的方针，对境内工业企业进行了调整。1966—1976年，境内工业发展缓慢。1978年12月党的十一届三中全会后，贯彻对外开放，对内搞活的方针政策，扩大工业企业自主权，加强技术改造，各企业逐步搞活。至1984年人民路街道成立初期，境内有中央企业筑路机械厂、7429工厂、7451工厂；省属企业林业机械厂；地属企业卷烟厂、柴油机厂、粮油机械厂、冶金机械厂、公路机械厂、水电设备厂、水泥厂、制药厂、生物药厂；市属企业水泥厂、酒厂、食品罐头厂、纺织器材厂、供水公司等18家国有工业企业；市属集体工业企业机械厂、电石厂、衡器厂、印刷厂、第一服装厂等5家；街道集体企业红卫服装厂、纸袋厂、猪鬃厂24家，境内共计有国有和集体工业企业46家。

1996年燕泉街道成立，从境内划出酒厂等国有企业10家，市属集体工业企业农业机械厂等4家，街道集体工业企业20家。人民路街道境内仅保留原郴州卷烟厂、公路工程机械厂（原林业机械厂）、粮油机械有限公司、柴油机厂、市供水公司、区纺织器材厂等7家国有工业企业和区印刷厂1家工业企业以及市建筑工程公司、市第一建筑公司2家国有建筑企业和街道属红卫服装厂，区一建公司2家企业。当年街道工业企业完成工业产值890万元，税利20万元；完成建安工作量650万元。居委会收入400万元。

进入21世纪，境内工业、建筑业产权制度改革步伐加快。2001年公路工程机械厂因企业体制机制等原因陷入困境，于2005年破产改制。2004年由纺织器厂破产重组的金冠实业有限公司进行资产拍卖改制。2004年7月，郴州卷烟厂与长沙卷烟厂合并实行了联合重组，改名为长沙卷烟厂郴州分厂。2005年，国有控股企业郴州柴油机集团有限迁址北湖工业园。2010年4月，由原市供水公司改制为国有独资的郴州山河（集团）有限公司被上市企业郴电国际发展股份有限公司收购，成为其全资子公司，仍主管全市供水。2001年，郴建集团实施股份制改造，全体职工退出国有身份。2005年后进一步进行结构调整。2011年市第一建筑工程公司产权制度改革全部结束。至2014年，境内仅有国营工业企业郴州卷烟厂、郴电国际郴州山河（集团）有限公司等2家。集体工业企业郴州市彩色印刷包装公司1家和股份制企业郴州粮油机械有限公司1家。建筑企业市建筑工程集团公司1家。其中郴州卷烟厂有职工2000余人，生产卷烟34.84万箱，完成工业总产值57.25亿元。

商贸服务业

中华人民共和国成立前夕，辖区商户很少，商品奇缺，市面萧条。新中国成立后，努力恢复发展商业贸易，至1956年，辖区初步形成以国有商业为主体的社会主义统一市场。1958—1960年，国民经济连续3年出现暂时困难，辖区市场物质短缺，凭票凭证供应的商品增多。1961年始国民经济调整，到1963年，辖区市场物质增多，贸易日趋活跃。1966—1976年，辖区商贸服务业的网点和从业人员越来越少。党的十届三中全会后，逐步在商贸、服务业经济形式经营形式上进行一系列改革，很快出现以国营商业为主要渠道，集体商业为纽带，个体商业为补充的商业格局，并逐步建成市中心一级商业网点和中山西街、文化路、北湖路商业街道。到1987年年底，境内有大小商业服务网点共212个，其中综合百货商店有：北湖商场、郴州商场、科文商场、南国商场。其中国营（集体）的综合百货商店有北湖商场、南国商场、科文商场、西街商场、华侨商场、楚南商场、市服务大楼、市劳保用品公司、区百货门市部、外贸基地公司、市外贸进出口公司等。饮食店、酒家有：湘南大酒店、来鹤楼、福星楼、体育宾馆、林邑宾馆、南苑宾馆、商业大夏、地区招待所等。

1990 年起，辖区内的商贸服务业经历一系列重大变革，在国家加速发展个体经济的政策指导下，打破原国有商业和集体商业“一统天下”的局面。商业成分发生巨大变化，个体、民营、股份制商贸服务业逐渐成为商业主体，随着集体商业服务业的主渠道作用逐渐削弱，各企业的零售业务逐渐萎缩。国营商业服务业虽然选择承包经营、租赁经营，国有民营业经营体制改革。但并未使企业的经营状况从根本上得到好转。从 2004 年起，辖区的国营、集体商贸服务业企业开始采取清产核资、破产关闭、拍卖，实行“两个置换”的产权制度改革，国有商贸服务业企业逐步退出市场竞争。

进入 21 世纪，随着国退民进步伐加快，辖区内引进的大型商贸超市增多，有步步高超市郴州罗家井店、家润多超市郴州店、新一佳超市世贸店、兴之惠超市等；大型酒店、宾馆有国际大酒店、郴州宾馆、苏园宾馆、五连冠大酒店、湘南大酒店、冶金宾馆等。街道商业繁荣，有兴隆、兴旺、妙街三条步行街。有罗家井、东风、南国三个农贸市场。其中罗家井市场是一个集批发和零售于一体的综合性大型农贸市场。占地面积 8659.40 平方米，有摊位 481 个，门面 90 个，从业人数达 1800 多人。涵盖所有农副产品并吸引近十家农副产品深加工品牌代理商入驻市场。市场影响力和辐射巨大，日人流量 3 万多人，年成交额 12 个多亿元，年上缴税利 9000 万元。南国农贸市场占地面积 3000 平方米，注册工商户 68 个，注册资金 32.7 万元，摊位 70 个。东风农贸市场占地面积 5800 平方米，注册工商户 145 个，其中服务业 80 个，注册资金 10 万元，摊位 160 个。

境内还是金融业相对集中地。中国工商银行郴州分行总部、中国建设银行郴州分行总部、交通银行郴州分行总部均设在境内，有金融业服务网点 36 个。

基础设施

街道交通

街道 清代，郴州城区有街道 15 条，巷 15 条，路幅为 1.5~4 米。街巷多为青石、麻石路面，少数为泥结碎石路面或黏土结构。

民国时期，粤汉铁路和湘粤、郴桂、郴资公路先后建成通车。城市街道由南向北延伸，先后兴建车站路，板子街、文前路、升平街、北湖路、半边街和火车站东西两侧小巷，路幅为 1.5 ~ 4 米。民国 35 年（1946），中山东街、中山西街由 4 米拓宽到 14 米。至 1949 年，城区有街巷 46 条，面积 4.76 万平方米。

新中国成立后，人民政府致力于城市街道建设。20 世纪 50 年代，将中山东街、中山西街的泥结碎石路面改建成水泥路面；将中山南街、中山北街、民主街、升平街的路幅由 4 米拓宽到 14 米；将和平路由泥土小改成泥结碎石路；并兴建国庆路。60 年代至 70 年代中期，又先后兴建人民西路、东风路、广场东路、广场西路、健康路，并将中山北街、国庆路、人民东路、北湖路等泥结碎石路面改为沥青路面。70 年代末至 80 年代末，兴建南塔路、兴隆街、飞虹路、七里大道，拓宽改建北湖路、解放路、国庆北路、协作路北段以及工业大道。

1995 年撤地建市设区后，市、区政府投入大量资金用于市政基础设施建设。1997 年始，对人民路街道辖区内的人民路、国庆路、北湖路人行道和广场西路进行改造。1998 年，改造文化路和西街秀水巷。1999 年，新建龙泉路，改扩建体育路、107 国道（一期）。2001 年改造 107 国道（二期、三期），新建五里堆路。2002年，为创建中国优秀旅游城市，对辖区内的人民路、国庆路、健康路、南塔路进行路面、人行道改造，同时改扩建107国道四期。2003年全面改造北湖路、文化路、西街、南街、燕泉路罗家井路段。辖区内主次干道的全面改造，使城市品位明显提高。

交通 1971年7月，新建成的郴州汽车总站、公共汽车公司均设在人民路街道辖区内。随着城市的不断扩大，2012年郴州汽车总站迁至高壁村。至2014年，市公共汽车公司仍驻人民路街道辖区内，已开通公共汽车线路85条，有公共汽车913辆。职工1700余人，年客运量1.57亿人次。

邮政通信

邮政 东汉建武中期（公元39—49年），郴城始设邮驿站。清光绪年间，成立民信局，经营民间通信。光绪二十九年（1903），岳州邮政总局派人到郴城建立邮政代办分局，为市境现代邮政之始。翌年，郴州邮政代办分局改为自办内地邮政支局，划归长沙邮界管辖。民国元年（1912），"中华邮政"建立。12月，撤销郴州驿铺，邮政局独家经营邮政业务。民国23年（1934），郴县邮局奉命与郴县电报支局合署办公。

1951年6月，邮政局与电信局合并为郴县邮电局。1959年10月，专署邮电局在城区成立，并直接经营郴州市境邮电业务。1969年邮电分设，建立地区邮政局。1973年，再次与电信局合并为地区邮电局。地区邮电局直接承办市内邮电业务。1989年，共有邮路28条，总长1829公里。邮电业务总量427万元，出口函件298万件，其中国际和港、澳函件1.03万件。1995年撤地建市设区后，北湖区境内邮政业务由市邮电局经营。1998年，邮电分设，分别成立郴州市邮政局和电信局，至2014年一直经营北湖区境邮政业务。

通信 民国2年（1913）5月，鄂湘电政管理局在郴城设立郴州电报支局，为市境电信业之始。民国15年（1926），郴县创办乡村电话，隶属县建设科。民国22年（1933）7月，省长途电话工程处在郴城设营业处。民国28年（1939）8月，湖南省政府在郴城设立无线电台区台。民国32年（1943）3月，省政府将省办长途电话、无线电台、乡村电话合并，成立郴县电信分局。7月，改为郴县电信局。

1951年6月，邮政与电信合并为郴县邮电局。1959年10月，成立郴州专署邮电局，并接管郴州市区邮电业务。1989年，地区邮电局在市区有国庆路、火车站邮电营业厅，下湄桥邮电支局、人民东路邮电营业处。1990年后，市境内电信事业一直由郴州地区邮电局经营，并得到快速发展。1991年6月，5000门市内程控电话开通，电话可直拨世界各地，全市掀起装机高潮，当年装机6985部。撤地建市后，电信事业高速发展。1998年10月邮电分设，成立郴州市电信局，北湖区境内电信业务由其直接经营。2000年，开展"百万电话大行动"，完成主线放号182467户，其中公话放号33625户，室外IC卡公话1643户，固定电话由1999年9月30日的20.9万户，增加到2000年6月30日的31.18万户。2001年，开展"百万电话大行动"第二战役暨"三百万工程"，累计新增电话主线用户95306户，发展来电显示66702户，发展IP上网用户24950户。

供电供水

供电 民国27年（1938），由刘克秋发起，集资5万元（法币）在扎上街欧家大屋开办郴县电厂，安装一台美制煤气发电机组，架线7.5公里，年发电量约10万千瓦小时，供城区居民照明。民国29年（1940），电厂被侵华日机炸毁。民国37年（1945），城区商人袁南枝邀股集资在南街开办光华电灯公司，用2台旧汽车引擎带动发电机，容量35千瓦，安装300盏电灯。

1950年3月郴县专区向光华电灯公司投资，新添道奇式发电机一套，电灯增加到600盏，并改名为人民电灯公司。1951年12月，由湖南省工业厅、郴县专区投资，在曹家坪兴建国营郴县电厂,装机容量160千瓦。同时建成6.6千伏和3.2千伏两回输电线路。1952年发电17.7万千瓦时。1960年，下湄桥35千伏1.49万千伏安变电站建成，鲤鱼江至许家洞高压输电线延伸至下湄桥变电站，郴州城区始由鲤鱼江电厂供电，从此解决了全市人民的生产生活的用电问题。至2014年，全街道及全市城区用电均由该厂和东江水电站供电。

供水 清代、民国时期，城区人民生活用水，主要汲之于井泉，也有取之于江河。新中国成立后，城市人口不断增加，生产生活用水量与日俱增。1958年，湖南省人民委员会拨专款36.37万元，在北湖兴建郴州第一个自来水厂。1959年3月1日，水厂竣工投产，日供水能力0.15万吨，远不能满足需要。1960—1975年，市供水公司采取扩建北湖水厂，增铺供水管道等措施，将北湖水厂日供水量增至1.4万吨，供水管道增加到34公里。1976—1980年，市内先后投资104.15万元，兴建龙泉塘、白鹿洞、温泉、金银冲4个水厂，日供水量增至3.04万吨。20世纪80年代初，市区北部受国营711矿坑道排水影响，地下水位明显下降，可采水量急剧减少。1981—1987年,市政府累计拨款758.63万元,先后新建花根冲、海泉2个地下水厂和同心桥1个地表水厂，日供水能力增加到9.11万吨，在一定程度上缓解了用水难问题，但水资源不足依然是制约郴州经济发展的重要因素。

1987年6月，省计委批准郴州市东江引水工程，整个工程设计日供水能力为20万吨，分两期进行，近期和远期各为10万吨。1988年9月1日第一期工程正式动工，共投资6000万元，于1990年12月完成第一期工程。至2014年，街道辖区及全市供水基本满足人民生产生活需要。

社会事业

教育

新中国成立初，城区有高中1所，初级中学1所，小学2所，学生不足千人。发展到1980年，有大专1所，中专1所，完全中学2所，初级中学1所，小学9所，共有教职员工337人，在校学生5782人，均为解放初的5.5倍。2014年，街道辖区内有市二完小、市三完小、市九完小、市东风完小、市五中、湘南学院北湖校区6所学校和北湖区幼儿园、市商业幼儿园等教育机构，共有教职工744人，学生15455人。

文化体育

20世纪80年代初,街道辖区内有电影院1座，剧院1座，地属专业剧团2个。街道有省、市级文化艺术团体各1个,各类业余艺术表演团体3个，演职人员500余人，年演出50余场次；电影公司1个，电影放映单位3个，电影院1座，座位1200余个，年放映1500余场次，观众达120余万人次；社区文化活动室9处，图书室12个，建筑面积3150平方米，藏书3万余册；各类文化专业户10户。

1956年3月，郴县在辖区内成立人民广播站。1959年2月，市广播站建成播音，辖区靠6只高音喇叭传声。1961年，市广播站迁入市委机关院内。广播开办初期，广播站每天播音3小时，1961年，日播音6小时。除播本市新闻外，还不定期播送本地剧团和业余文艺节目。至1994年，日播15小时10分钟，其中自办节目13小时40分钟，占日播量的80%。

辖区内的电视始于1978年。1986年电视台在境内建成并试播。1991年9月，湖南有线电视台郴州台开始筹建，1992年5月开始试播，7月正式播出。1995年10月，郴州有线电视台上收地级郴州市。广播、电视台于1999年迁至五岭广场西侧。

新中国成立以来，辖区内迅速建成一些大型的运动场地。主要有室内灯光篮球场、东风体育场、国家郴州体育训练基地。并建设网球场、游泳馆、旱冰场等。因城市建设需要，灯光篮球场于1983年撤除，东风体育场于2011年招商引资改为住宅用地。

境内群众文化体育活动丰富多彩。街道组织成立广场舞、腰鼓队、太极拳、柔力球等8个协会，拥有会员上千人，市民大舞台多姿多彩。每年组织开展各种形式的文化活动，积极参加原县级郴州市三年一届的“南国艺术节”和两年一届的“北湖之夏音乐周”，并多次获得奖项。2013年，街道文化站先后承办两场区级大型文化活动，在全区的社区文化大使选秀活动中，街道选送的舞蹈《美丽家园》《幸福时光》等节目分别得年度总决赛的冠亚军。体育项目取得骄人的成绩。2011年7月，柔力球队赴北京参加“新首钢杯”国际柔力球交流大会，其表演的双人自选套路和集体自选套路揽获金奖。万花冲社区组建太极拳代表队代表郴州出席全省第四届太极拳锦标赛，获得团体拳术二等奖、器械（刀）二等奖，个人器械（刀）一、二、三等奖，太极拳二等奖等多个奖项。

卫生

20世纪80年代初，辖区内医疗单位共25个，有地属医院2所，市属医院1所，地、市防疫站2个，地区职业病防治和医药研究所各1所，医护人员共867人，病床713张，数量均为解放初的10倍。2014年，辖区内有郴州市第一人民医院、市中医院、湘南学院附属医院、郴州市疾病防疫控制中心、北湖区疾病防控中心、社区卫生服务中心6家医疗单位，共有医护人员4561人，床位4500余张。

人民路街道社区卫生服务中心位于郴州市中心城区东风路，中心房屋面积共1960平方米，主体分区为基本医疗服务区和公共卫生服务区，中心现有职工37人，其中副主任医师1人、副主任护师1人、主治医师5人，所有工作人员均具备大学本科、大专以上学历。服务人口12.5万人。

社会保障

2010年，街道完成新增就业人员2110人，实现下岗失业人员再就业1187人，其中“40、50”人员就业678人，分别占年计划的129%、109%、161%；城镇的保对象1402户，2706人，累计发放低保金445万元。

2014年，街道动态管理下的城市低保共1557户，2478人，全年累计发放城市低保金610万元；发放166名80岁以上、36名90岁以上高龄老人高龄补贴70130元；优抚对象101人，发放金额244033元；计生特扶人员110人，发放计生扶持金80余万元；城镇新增就业1667人，实现下岗失业人员再就业989人，发放60周岁以上居民养老保险金300多人，城乡居民医保参保人数14598人。

社会治安

2011年9月，街道“两抢”连续56天零发案。2012年4月，辖区内“两抢”再次创造零发案佳绩，创造了中心城区连续120天零发案的佳绩，民调工作在全市街道方阵排名第一。2011年6月，街道投入10余万元，成立了全市首支96人的电动车巡逻队。专业治安巡逻队伍，分成9个中队，并成立2个机动车专职夜间巡逻队，

义帝祠

实行24小时不间断巡逻，巡逻地点由原来的主街道延伸到辖区内各条背街小巷和各居民小区。确保了老百姓的生命财产安全，提高了居民生活幸福指数。

2010年，街道在全市首创以“百家宴”为主的邻居节，并把每年的“九九”重阳节订为邻居节。几十条桌子连成一条龙，居民们纷纷拿出自家最拿手的酒菜摆上餐桌，组成丰盛的百家宴，与左邻右舍共同分享。别具特色的“百家宴”以一种最普通的方式为居民们搭起了相识相知的交流平台，为居民们创造一个共叙“邻里情”的机会，迎来和睦邻里关系的回归。

为进一步弘扬雷锋精神和“奉献友爱互助进步”的志愿者精神，2012年3月25日上午，街道成立了经“雷锋之家”人民路志愿者工作站。这是郴州市启动的第一家雷锋品牌志愿者工作站。该站以“弘扬雷锋精神创建文明城市”为主题，努力把志愿者服务打造成为文明城市的一张靓丽名片。

特色地情

义帝陵园

位于境内文化路西侧，总面积3465平方米，是秦末楚怀王义帝熊心之陵墓，距今已有2200余年历史。它是郴州历史文化名城的重要标志。该陵园原为土墓，冢高3米、底径4米。墓前有“义帝陵”碑，旁有义帝祠，祠内有义帝画像和宋、元碑刻。陵前竖华表一对，上书楹联石刻“楼上有伴应归鹤，原上无人更牧羊”。民国8年（1919），陵墓曾被驻郴湘军总司令谭延闿盗掘，随衙恢复原状，并加以修葺。1956年7月24日，湖南省人民委员会公布义帝陵为省级文物保护单位。1957年，郴州镇人委拨款重修义帝陵。1966—1976年，义帝陵遭破坏。1988年市政府拨款第

北湖公园

二次修复，并沿汉制复堆陵冢，高5.2米，陵前立汉白玉“义帝之墓”碑，周围以花岗石砌护坡和甬道，阶下复原竖一对6.4米高大理石华表及联刻，陵前新建汉白玉双层六边形护碑亭2座，高7.8米，基宽每边4.8米，存义帝碑原刻和复制新碑。2005年，进行第三次大规模修缮，新建义帝祠、东西厢房、东大门牌坊、麻石地面、麻石栏杆等，配套工程有义帝塑像、浮雕、壁画、石兽、香炉、整体为明清风格，2006年9月17日正式开园。

郴州体育训练基地

位于体育路，始建于1978年冬，系国家体委投资兴建的一处以排球项目为主，综合发展的重点体育训练基地。基地坐落在北湖公园西南侧，占地面积5万多平方米，建筑面积3万多平方米。建有训练馆、比赛馆、网球场、五连冠大酒店、中国女排公寓、中国女排拼搏史迹展览厅、健身房、游泳池、会议厅、餐厅等，设施完备，环境幽雅。1979年至1987年，基地先后7次接待过中国女排集训，为中国女排冲出亚洲，走向世界，并夺得“五连冠”做出过积极的贡献。被国内外报刊誉为“飞出金凤凰的地方”“中国女排的秘密基地”“中国女排起飞之地”。1987年被湖南省人民政府正式命名为“排球之家”。2001年春，中国女排重返郴州基地集训，夺得2003年女排世界杯和2004年雅典奥运会冠军。

北湖公园

地处城区中心，始建于1975年，占地面积32.58公顷，北部为北湖水域面积约15.53公顷，有“北湖水月”之称，为郴阳古八景之一。该湖系一地下水极丰富的自然湖泊，其涌水量远远大于济南的趵突泉。“北湖”因地下有百余泉眼，时称“百湖”；又因民间有“白龙与黑龙”的传说而得名“白湖”；最后因其地理位置及当地人“白”与“北”及“福”与“湖”同音而取名“北湖”。唐代韩愈曾在此作《叉鱼诗》。郴人为纪念韩愈，便在湖心建亭，取名“叉鱼亭”。1985—1987年，郴州市政府拨款在湖心岛重修“叉鱼亭”。2002年被评为AA旅游景区。2005年，对北湖和整个公园进行提质改造，2008年10月1日，公园开始实行免费开放。

（曹淑利　李春秀　供稿）

燕泉街道

燕泉街道是郴州市人民政府的驻地，辖区内的五岭广场是湘南最大的休闲广场。

区域概况

位置面积

燕泉街道位于郴州市中心城区西南部，北起国庆南路、南至冲口路、西界南岭大道、东达樟树岭隧道。总面积12平方公里。办事处驻燕泉南路20号。

建置沿革

20世纪50—70年代，燕泉街道境域90%为原市郊公社（乡）、郴江公社（镇）所辖的农业区，仅燕泉北路靠近国庆路的地方有中医院等少数几个单位。70—80年代也只有燕泉北路两边被辟为新城区，由人民路街道管辖，其余为郴江乡辖地。1996年1月，从人民路街道划出西街、和平路、燕泉路、燕泉井、燕泉新村、五里堆6个居委会，从市经济技术开发区划出柏树下、新塘冲2个居委会，与市水电局、郴州监狱、中铁五局五处、湘南地质勘探设计院、206队、302队、7429工厂、7451工厂8个单位居委会设立燕泉街道。至2014年未变。

行政区划

1996年，燕泉街道辖纯居民委员会8个，单位居民委员会8个。1999年4月，增设燕南、燕北两个居民委员会。2002年5月，将燕泉井、燕泉新村、市水电局、中铁五局五处、郴州监狱、湘南地质勘探设计院、206队、302队、7451工厂、7429工厂10个居委会，整合成龙泉、涌泉、骆仙、环城南路4个社区，保留西街、和平路、燕泉路、五里堆、燕北、燕南、柏树下、新塘冲8个居委会并更名为社区，时辖社区12个。2010年11月，龙泉社区划分成龙泉和香花路两个社区；环城南路社区更名为五岭阁社区。2012年6月，原郴江镇所辖的郴江工商所家属区、龙泉花园、龙泉公寓及三里田村划归燕泉街道；骆仙社区一分为二，其南岭大道以西划归骆仙街道，南岭大道以东留在燕泉街道，并入燕南社区；和平路社区更名为振兴社区；划出西街、燕泉路两个社区归人民路街道；划出涌泉、柏树下、新塘冲三个社区归涌泉街道。全街辖振兴、五岭阁、龙泉、燕北、燕南、五里堆、香花路、燕东共8个社区和一个三里田村，134个驻街单位。

自然环境

燕泉街道辖区地势相对平坦，属中亚热带季风性湿润气候，年平均温度18.6℃，年平均降水量1560毫米，年平均降水日177天，年无霜期300天左右。主要自然灾害有洪灾、冰灾。最严重的有1999年8月12—13日和2002年8月7—8日的特大暴雨灾害，辖区北部居民住宅及商店进水，道路被淹；2008年1月长达20余天的冰冻灾害，导致辖区停水停电、树木折断、棚房倒塌。

人口民族

1996年燕泉街道初设时总人口18588人，人口出生率10.87‰，死亡率2.21‰，自然增长率8.66‰。2002年所辖12个社区总人口53779人，当年出生577人，出生率13.88‰，死亡137人，自然增长率11.34‰。2012年街道区划调整，全街8个社区和1个行政村，到2014年总人口15.6万人，其中农业人口0.58万人，人口出生率12.6‰，自然增长率4‰。

境区内居民历来以汉族为主。20世纪60年代以前为农区，未见有少数民族人口记载。此后，一些企事业单位的迁入，婚姻、干部调动、军人转业、大中专毕业生分配等原因，陆续有少数民族人口迁入境域内。2000年第五次人口普查，除汉族外，有瑶族、土家族、苗族、蒙古族、壮族、回族、维吾尔族、布依族、侗族等数个少数民族人口。

经济发展

经济综述

燕泉街道辖区原系郊区农村。20世纪60年代中期交通部筑路机械厂由广州市迁入，以工业为主的经济建设由北向南逐步发展，辖区成为郴州城区的工业区之一。1996年燕泉街道建立时，辖区经济以机械、食品工业为主。1997—2000年，累计完成工业产值2177.04万元，实现利税216.41万元。第三产业分布不均，主要集中在西街、和平路及五里堆以北，但发展迅速，特别是燕泉路提质改造后，沿街商铺猛增。1997—2000年，第三产业增加值1572.5万元，年均增幅达35.7%。

2000年后，辖区内驻街国有工业企业实行改制，除两家军工企业保存和市粮油机械厂搬迁重建外，均破产倒闭。2002年，办事处以招商引资为重要抓手，当年引进外资80万美元。2004年，完成招商项目3个，引进外资60万美元，区外资金9400万元，完成工商各税40789万元。第三产业的逐步兴起，到2011年商贸服务业产值已达到44372万元。新贵华城、龙泉名邸、福康花园、凯旋城、和意花园等20多个房地产开发项目使燕泉街道新楼林立，居民居住条件、生活环境明显改善。2012年区划调整，划出了部分商业繁华地带以及樟树岭隧道以东、冲口路以南、南岭大道以西的区域，经济规模相对缩小。是年，实现地区生产总值116388.57万元，其中第一产业9279.20万元，第二产业37436.70万元，第三产业69792.67万元，第三产业占地区生产总值比重59.9%，城镇居民可支配收入25920元，农民人均纯收入2.4万元。

农业

2012年划入三里田村，有农业人口5188人。因没有耕地，仅有部分村民从事畜、禽养殖。生猪饲养量约13121头，家禽饲养量约9~66万羽。

工业

1997年，辖区内有郴州筑路机械厂、郴州柴油机厂、郴州粮油机械厂、郴州钢管厂、7451工厂、7429工厂、南岭机械厂、标准件厂、郴港食品罐头厂、郴州酒厂、糖果饼干厂等驻街企业。市粉笔厂是唯一的街办企业，为扭转该厂长期亏损，街道党工委、办事处采取厂房租赁和租后服务相结合的办法，同时厂部管理人员由5人核减为3人，减少开支8000元；严格水电管理，年水电费节省3万余元，甩掉多年亏损的帽子，稳定了生产局势。1998年8月，街道在西街创办金燕旅游工艺品厂，当年投产并研发生产了三批旅游工艺品，全部出口外销，创产值40万元、利税4万元。由于因陋就简上马，且地处人群密集区，安全隐患大，1999年10月搬至石盖塘镇新建厂房，面积扩至原来的四倍，完善配套设施。2000年，两家街道企业完成产值469万元，完成销售收入475万元，产销率达到101.3%。完成利润11.4万元，完成税收31万元。2002年，街道办及驻街企业完成工业产值2177.04万元，利税103万元。市粉笔厂因经营不善而倒闭。2005年，完成工业增加值1.8亿元。2011年，驻街企业完成工业产值19.8亿元，平均增幅23.4%；利税2692.31万元，平均增幅32.6%。2012年7451工厂划出，2013年湘南印刷厂迁出。2014年，街属及驻街工业企业、建筑业企业完成工业产值3.74亿元。

商贸、服务业

燕泉街道建立之前，西街、和平路以及燕泉北路等就已经是商业繁荣地带，商铺林立。20世纪90年代中期以后，城区迅速南扩，与向北延伸的市经济技术开发区对接。1998年七星市场、2001年燕泉商业广场及五岭大市场、2004年五岭水果市场等一大批商业市场相继开工。到2004年，辖区内大型市场以及多家农贸市场先后建成营业；燕泉路、环城南路、五岭大道、香雪路沿街商铺迅猛增加，生意红火；通程电器、家润多超市及随后新增的步步高超市、兴之惠超市、沃尔玛超市、人人乐购物广场、“四件宝”总店等大型商场构成辖区内购物网点；御泉、江南、云龙、万豪、王朝、鼎福楼、华天、粤港、中天、雄森、中颐、万国等大酒店、宾馆达20余家；小型餐馆逐渐遍布辖区的大街小巷。2014年年末燕泉街道内有大小商业服务网点共800多个，其中综合百货商店有五岭新天地商场、郴州名汇城商场、人人乐购物广场3家，专业建材市场有燕泉商业广场1家；大型超市有沃尔玛超市、人人乐超市、步步高超市等5家；维尼亚KTV、帝国KTV、江山多娇娱乐城大型娱乐场所3家；有雄森大酒店、鼎福楼、美丽年华、曦丹酒店、粤港商务酒店、帝国大酒店、明桂园大酒店、中泰酒店、万豪国际大酒店、万国大酒店、天一名邸、太子酒家、渔夫记等大型酒店、宾馆24个；天之道、曹氏足浴城、鑫沙苑等足浴城15家；五里堆农贸市场、湘南地质队农贸市场等6处；食品加工城一座。2014年第三产业增加值6.98亿元，占地区生产总值的60%。

基础设施

道路交通

新中国成立之初，街境有由原郴宜古道改建的107国道和由郴桂古道改建的郴桂公路及客运汽车站（市中医院大门南侧）。20世纪80年代中期，设汽车南站（在二四〇医院南）。1992年对燕泉路进行提质改造。1995郴州撤地建市之后，政府不断投入资金用于市政基础设施建设。1996年，增加了包括国庆南路延伸段、桐子坪路、香雪中路等在内的八条新街。2006年新增道路包括五岭大道、冲口路等七条。2008年后，辖区内主干道、次干道及小街小巷均进行拓宽和进行砼改油硬化改造，全面绿化亮化。汽车南站拆除。2011年投资500余万元，对辖区内18条背街小巷进行硬化。至此，路容路貌整洁美观，路面平整舒适，标志标线鲜明齐全。至2014年，辖区有燕泉北路、燕泉南路、国庆南路、南岭大道（原一〇七国道）、青年大道、五岭大道、日月路、民权路、香雪路、香花北路、骆仙东路、龙泉路、三元路、燕子前路、酒厂路、民生路、文星路、南湖路、文锦路、高湾路、高湾二路等二十余条道路，绿化、亮化、硬化率达100%。在进行道路改造时，将道路旁供电、通信等线路改为地下埋设。18路、22路、26路、35路、62路、65路等27条公交线路形成了辖区便捷的公共交通网。

邮政通信

境域内邮政通信业务由市邮政局、市电信局直管。其中中国移动郴州分公司、中国联通郴州分公司、中国电信郴州分公司均设在本辖区内。到2014年，固定电话、移动电话、IP网络已全覆盖。

供电供水

供电 1996年，境域内供电网络已经比较完善。单位及居民家庭用电普及，供电网络有郴电国际和国家电网。但拉闸限电或因线路、变压器等原因造成停电的现象比较经常。2008年1月冰灾过后，输电网络全面改造升级，辖区供电得到改善，生产生活用电均能满足需要。

供水 20世纪60年代中期，境域内有五〇一医院（现198医院）、一零九部队、湖南省五监狱等单位自建水厂，抽取地下水供应本单位。1980年南湖水厂建成后，境域内单位基本用上自来水，但夏季经常停水。1988年海泉水厂建成，境域城乡居民基本上都用上了自来水，但压力不够，时有停水现象发生。1990年东江水厂一期工程完成，供水管网并网，除因故障停水外，供水保障能力大为提高。2014年，境域内居民自来水入户率达100%。

社会事业

教育

1997年，辖区内有三完小、郴江完小、郴州市九中、郴州实验中学、工业学校、明星学校、北湖区委党校七所学校，教职工217人，学生3473人；另有7451工厂、7429工厂、湖南地质勘探设计院等单位子弟学校。随后新增涌泉小学、市十五中。2012年明星学校、市十五中、涌泉小学等学校划出。2014年境内有育星幼儿园、小龄童幼儿园、燕泉幼儿园、奥星幼儿园、水电建设公司幼儿园、红黄蓝幼儿园等幼儿园31家；有郴州工业交通学校、郴州市九中、郴州市十六完小、郴州市二十完小、北湖实验中学在内的学校5所。共有教职工657名，在校学生14080名。小学适龄儿童入学率达100%，小升初升学率100%，初中生高中升学率达99.98%。

文化体育

燕泉街道设立之初，辖区内的文化体育活动以校园文化体育活动为主，湘南地质勘探设计院等驻街单位偶有露天电影，居民家庭以观看电视为主。2000年五岭广场建成后，形成一个公共娱乐场所，此后各类文化娱乐、体育健身场所陆续增多。到2014年，辖区内拥有篮球场28个，门球场4个，广场舞场所15个，网球场2个，游泳池4个，羽毛球馆11个，田径场4个，排球馆3家，乒乓球馆9家，户外健身场所16个。有电影院1家，座位900余个，年放映4000余场次，观众达12万人次。以“燕泉梦、幸福家”为主题，每年组织开展广场舞大赛、广播体操赛、拔河赛、登山赛、健身球、啦啦操、户外趣味赛、文艺会演、徒步比赛等居民文体活动。五岭广场、燕泉小游园、五岭公园成为辖区居民娱乐、健身的重要场所。2013年，华宁花园小区群众自发成立了“春晖艺术团”，成员平均年龄58岁，开展广场舞、小品、歌咏等多种活动，如舞蹈《烟花三月》《裙角飞扬》《母亲》《映山红》等在各项比赛中多次获奖。其中舞蹈《裙角飞扬》在2015年10月香港老年人广场舞比赛中获得第三名。

医疗卫生

街道设立之初，辖区内有郴州市中医院、198医院、二四〇医院、区妇幼保健站等医疗单位6所；2003年建立燕泉街道社区服务中心；2014年，辖区内有北湖区妇幼保健院、二四〇医院、郴州阳光耳鼻喉医院、郴州金盾医院、东方泌尿专科医院、东华医院、爱尔眼科等11所医院；共有医护人员700余名，床位1000余张；辖区内有药店94家。有私人诊所20余家。2015社区服务中心年搬迁至北湖区政府对面香榭丽舍。

社会保障

1997年辖区内落实低保对象1596户、3134人，发放低保金540104元；安置下岗人员再就业1537人。2002年落实低保对象893户、1983人，发放低保金1328644元；安置下岗人员再就业1079人。2004年骆仙社区在全市首创“爱心超市”，许多居民将油、盐、米、面、衣被等困难家庭需要的日常用品送到“超市”，供有需要的贫困家庭无偿领用。这一创举很快在全街各社区推广，并逐渐传播到其他街道。2011年落实低保对象773户1139人，共发放低保金675万元；临时救济1100人共4.5万元；安置下岗人员再就业1933人。2012年街道辖区内落实低保对象1077户1920人，发放低保金4788947元；安置下岗人员再就业873人。2014年，街道辖区内共落实低保对象519户862人，发放低保金1901893元；清退不符合条件的低保户75户123人，清退金额2.65万元；临时救济645人共15.32万元；救济困难户516人12万元；安置下岗人员再就业1065人。

2010年辖区内居民医保参保7321人，交费219630元；2011年参保9344人，交保费280320元；2012年参保13032人，交保费390960元；2014年参保16491人，交保费989460元。

2010年辖区内居民397人缴纳市级个人养老保险金368487.9元；155人缴纳区级个人养老保险金331389元。2011年430人缴纳市级个人养老保险金459016元；334人缴纳区级个人养老保险金593219元。2014年87人缴纳市级个人养老保险金144500.5元；90人缴纳区级个人养老保险金331402.4元。

特色地情

燕泉井　位于燕泉北路原郴县烟草公司家属区院内，占地面积约50平方米。泉上曾建有“引春亭”，泉旁曾有“和春堂”。甘甜的泉水曾滋养城南人千余年，被称为“母亲井”。据南宋王象之所著《舆地纪胜》记载：“以此泉泡五盖山云雾茶，芳香扑鼻，杯中茶雾可见双燕飞翔状，叶片竖立，食之香沁心脾，有参汤之效”。如今泉井仍保存完好。

五岭广场　位于郴州市中心城区南部、市政府西面，南接日月路、西靠燕泉南路、北临五岭路、东为五岭大道。1999年动工，2000年4月竣工，占地13.69万平方米，是湘南地区最大的城市广场。地下设有购物广场、地下小吃一条街、游乐场等设施。五岭广场被誉为湘南的“大客厅”，成为郴州市一个地标性工程。

（刘建成　邓孝福　供稿）

涌泉街道>>

区域概况

位置面积

涌泉街道位于郴州市北湖区中心城区中南部。东邻民权路与燕泉街道五岭阁社区，南与增福街道城前岭村毗邻，西接保和镇雷大桥村，北与骆仙街道骆仙铺村，骆仙社区、燕泉街道燕南社区、五岭阁社区交界。总面积12.3平方公里，占北湖区土地总面积的1.5%。

建置沿革

20世纪70年代前，涌泉街道境内为七里洞大队双季水稻种植区，80年代后改为蔬菜种植区。1995年5月撤地设市、撤市设区后，辟为城市建设用地。2012年11月，北湖区进行区划调整，经省人民政府批准，涌泉街道从北湖区燕泉街道划出，2013年1月24日正式揭牌成立，至2014年年底，街道建置制保持未变。

行政区划

涌泉街道2013年正式成立时辖涌泉、柏树下、新塘冲、惠泽共4个社区和七里洞村。共185个居民小组、12个村民小组。2014年1月29日根据北湖区人民政府（北政函）（2014）11号文件精神，从街道的涌泉社区划出，以冲口路命名，正式批准成立涌泉街道冲口社区居委会。2014年，街道下辖涌泉、柏树下、新塘冲、惠泽、冲口5个社区和1个七里洞行政村，405个居民小组，12个村民小组。2015年增设船洞社区。2015年6月，街道所辖社区居委会（村）由原来的5个社区1个村而增至6个社区1个村。

自然环境

涌泉街道属北湖区城区丘岗地带，地势相对平坦。属中亚热带季风性湿润气候，其特点是四季分明春温多变，夏热期长，秋晴多旱，冬寒期短。境内燕泉河属耒水水系，自南向北流经街道区域，至苏仙区南塔街道裕后街社区居委会，汇入郴江河。年平均气温18.5℃，年平均降水量1565毫米，年平均降水日177天，年无霜期约300天。主要自然灾害有洪灾、冰灾。

人口民族

2013年年末，涌泉街道总人口8.68万人，其中城镇常住人口5.68万人，城镇化率66%，人口生率9.6‰，自然增长率5.1‰，到2014年末，辖区人口增加到8.73万人，人口生率9.9‰，自然增长率5.1‰。自街道成立无人口普查资料，少数民族人口无考。

经济发展

经济综述

辖区的工业、商贸、服务业通过深化国有企业的产权制度改革，国有企业逐步退出市场经济，股份制企业、民营企业迅速发展，工业转型成效突出。项目建设规模进一步扩大。2013年，街道实现地区生产总值14.85亿元，增幅12%；工业总产值15.82万元，其中规模以上工业总产值14.24万元；完成“三私”税收260万元，完成招商引资7000万元。2014年，实现地区生产总值16.32亿元，比上年增长9.9%；完成“三私税”税收300万元，增长15.38%；完成招商引资7000万元，实现全社会固定资产投资17900万元。

人民生活逐年提高。2013年，辖区城镇居民人均可支配收入17967元，比上年增长12.20%，农村居民人均纯收入14507元，增长13%；2014年城镇居民人均可支配收入19757元，增长10%。农村居民人均纯收入15886元，比上年增长9.50%；居民物质生活不断提高，人均住房面积达37.5平方米。人均小车入户率比例逐步增大，电脑普及率达到90%。

工业

1988年，成立经开区后，辖区的万华路沿线两边被规划为工业区。新田岭有色金属矿冶炼厂和超硬材料厂、南燕汽车厂、郴州煤机厂4家工业企业（均为国有企业）搬迁到境内。接着旭辉气体、裕湘面业、嘉华面业、御林傢私等55个企业先后入驻辖区。包括华润三九制药厂、新田岭钨业、中国铋业、宇腾有色、奥美森机械、中交筑路机械、郴电国际、大北农、裕湘面业等一批优质企业。2010年后，由于万华路禁货车通行，给一些企业生产经营带来不便，有几家企业先后搬迁，加上国有工业陆续破产改制，辖区工业企业以中小民营企业、股份制企业为主。2014年郴州经济开发区共有各类企业586家，其中工业企业109家，规模以上工业企业24家，产值上亿元的10家，高新技术企业11家。其中湖南华润三九（郴州）制药有限公司,始建于1970年10月，2008年，华润三九上市公司获评中国上市公司价值百强企业。公司所生产的999品牌系列产品，在国内药品市场上具有相当高的占有率和知名度。2014年，公司颗粒剂二期工程如期投产，全年公司实现工业产值7826万元，营业收入6689万元，比上年同期增长19.37%，实现营业利润375万元，累计上缴各项税金977万元。

商贸服务业

商贸 2012年年末，辖区内共有七星大市场、五岭大市场、五岭水果市场、五岭机电市场、万华机电市场、汇丰钢材市场、七星家禽批发市场和悦和义乌小商品批发城等六个大型批发市场，是郴州市规模最大的批发市场集群。

七星大市场是市政府于1997年为实施“菜篮子”工程投资兴建的大型农副产品专业批发市场。2014年蔬菜日成交量达30万千克，已成为湘南地区20余县（市）最大的蔬菜集散中转地，既保证中心城区40余万人口的日常供应，又带动县（市）区蔬菜基地的发展。

五岭大市场于2003年4月11日竣工开业，分南北两苑共24栋商住两用楼，占地10.4公顷，总建筑面积146896平方米。2014年，经扩建共有商铺1092间。南苑主要经营烟酒副食等商品的批发与零售，北苑主要经营建材、日用百货等商品的批发与零售，年销售收入达到10亿元。

五岭水果市场由郴州市城建开发实业有限公司开发，2006年9月建成开业，占地面积1.45

公顷，店面102个，主要经营各类水果的零售与批发。2014年，由于城市发展规划需要，搬迁至湘南物流园。

万华机电市场和五岭机电市场于2004年10月先后竣工开业，形成全市最大的机电五金交易中心，共有商户300余个，年销售额上亿元。

汇丰钢材市场于2005年竣工开业，成为当时湘南地区最大的钢材贸易市场，年销售额达5亿元。

七星家禽市场于2003年建成并投入使用，为全市最大的家禽批发中心。

悦和义乌小商品批发城于2012年建成，营业面积近2万平方米，可容纳近千商家，设标准商铺近1000多个，主要经营日用百货、美容美发用品、塑料制品、保健器材、文体办公用品、针织用品、床上用品、童装及婴儿用品、皮具箱包、鞋类、滋补保健品等十余万种各类小商品。是当时郴州地区档次最高、配套最全，经营环境最好的综合性小商品批发市场。

辖区内汽车销售业进一步壮大。至2014年，全国各名车汇集专卖店达到26家，如广汽长丰汽车、郴州驰润汽车销售公司、上海大众汽车4S店、郴州兰天专营店、上海通用五菱汽车、郴州申湘别克4S店、比亚迪4S店、众泰汽车专营店、福骏汽车城、东风悦达起亚专营店、郴州凌宝4S店等。

服务业 七里洞村由于市场拓展的需要由农业逐步转变成商业和服务业。1994年建设客运中转大楼和2000年动工新建的七里洞村综合楼。2003年该村东湾组自筹资金700万元建设“东湾菜市场”；2014年实现民营经济14683万元，增加值8334万元，较上年同期分别增长11.6%、10.2%。辖区有449个民营公司，1690家个体工商户，20家物流公司，12家中、小型超市，7家中、小型宾馆，小旅馆20家，美容美发店37家，小餐饮店178家，年销售总收入过亿元，每年提供千余个就业岗位。从业人员5328人。

辖区金融业相对集中，设有中国邮政银行郴州分行，工商银行郴州分行，农业银行郴州分行，建设银行郴州分行，农商银行郴州分行等等。

基础设施

城区建设

2014年，街道项目建设有序平稳推进，“龙泽.福城国际”、“顺天·大华天都”两个项目已完成年计划投资的100%；“九子塘综合小区”项目已完成年投资的80%；五岭公园三期人工湖项目完成主体工程；“湘域中央花园”项目征地拆迁全部完成；湘域涌泉小学项目已完成土方平整，该项目被列入市重点项目，作为推荐项目代表街道参加市重点项目建设现场观摩会；涌泉街道“社区卫生服务中心”“老年人日间照料中心”“社区服务中心”“困难职工帮扶中心”等项目已完成征地、房屋拆迁和青苗补偿等协议的签订；规划、国土等手续已基本完成，正在办理划拨用地手续。

道路街巷

2010年，原107国道提质改造，七里大道更名为南岭大道。2014年辖区内有南岭大道、郴州大道、五岭大道等主干道贯穿境内，万华路、燕泉路、冲口路、民权路、惠泽路、拥军路以及高湾路、船洞路、柏树路、利民路等十余条次干道纵横贯穿全境。随着城市的大提质，辖区内主干道、次干道及小街小巷均进行全面改造，至此，路容路貌整洁美观，路面平整舒适，标志标线鲜明齐全，大街小巷环境优雅，绿树成荫。

公共事业

街道辖区有经开区管委会，市财政局，市食

品药品监督管理局，市安监局等行政事业单位。有大型汽车站——天龙汽车站。车站由市交通局、郴汽集团与香港国明运输有限公司共同兴建，系湖南省首家中外合资开发的客运站场，2003 年 2 月建成投入使用，占地面积 5.4 公顷，为一级汽车站。到 2014 年，车站进站车辆 320 台，日发送旅客 1 万余人次，主要经营郴州往南、往西的班线共 70 余条，其中跨省班线 18 条，有远至云南昆明、福建福州、南宁、广东深圳等的客运线。

社会事业

教育

2013—2014 年，街道辖区共有幼儿园 22 所，在读幼儿 4200 人，专任教师 210 人；小学 2 所，在校生 3881 人，专任教师 145 人，小学适龄儿童入学率 100%；中学 1 所，在校生 1500 人，专任教师 49 人；民办学校 2 所，在校生 3881 人，专任教师 145 人。郴州市第十五中学，是 2001 年 9 月经市政府批准由原郴州粮食学校改制转换为市直全日制的完全中学；郴州市七里洞小学是 2014 年经区政府批准更名为郴州市第二十一完小；郴州明星学校是 1993 年由“湖南省十佳民办学校举办者”李湘郴先生投资近亿元创办，校园占地面积 5.34 公顷，总建筑面积 4 万平方米，是一所从幼儿园到小学、初中、高中一条龙的寄宿制小班化的学校，是一所师资力量雄厚，设施一流，教育教学质量优良的民办学校。2014 年，有教职员工 500 余人，学生 4000 余人。生源遍布湘、粤、桂、港、澳。曾荣获“全国民办教育先进单位”“湖南省骨干民办学校”“湖南省民办教育特色实验学校”“湖南省优秀民办学校”“郴州市基础教育工作先进单位”等 30 多项市级以上荣誉称号。

卫生

2012 年年末至 2014 年，辖区内有各级各类医疗卫生机构 16 个，专业卫生人员 260 人，其中执业医师 106 人，注册护士 129 人。198 医院和骨科医院坐落在辖区内。开发区卫生服务中心为北湖区卫生局管理的事业单位，属于公益性（非盈利）医疗服务机构，以公共卫生和健康服务为主，综合提供预防、保健、康复、健康教育管理、计划生育指导服务和一般常见性多发病的基本医疗服务。区卫生服务中心还配备一批医技较高、热心于社区卫生服务事业的医务人员。

文化体育

2013 年，辖区新建文化活动室，购置书架，电脑，多媒体远程教育设施设备，购买各种科普内容书刊 400 余册。至 2014 年，郴州市图书馆、市博物馆、市文化中心等文化单位坐落在辖区内。街道有社区公共图书室 1 个，建筑面积 80 余平方米，藏书 4000 余册；村级农家书屋 1 个，建筑面积 100 余平方米，藏书 5000 余册。

2012 年度柏树下社区获得 121 行动太极拳第一名。2014 年，煤机小区被市创建办定为创文网格化管理示范点；惠泽社区获“金牌服务社区”荣誉称号；惠泽国际幼稚园被评为“郴州市示范性幼儿园”“郴州市骨干民办学校”；冲口社区获得北湖区“清风颂”廉政书画三等奖，获北湖区“体彩杯”广场舞第一名；柏树下社区获得西安国际太极拳友谊比赛集体三等奖。

社会保障

辖区集工业、商贸、服务业为一体。2012 年，辖区新增就业人员 1511 人，有 410 名下岗失业人员实现再就业，年末城镇登记失业人数 186 人，城镇登记失业率为 10.9%。“智通人才市场”是一个指导和引导就业者就业的服务中心，2014 年，指导就业人员 2630 人。

2012年年末，街道城镇最低生活保障户数233户、人数440人，全年发放低保金88209元，比上年增长18%，月人均200元，比上年增长38%；医疗救助18人次，国家抚恤、补助各类优抚对象27人，抚恤事业费支出56010元，增长38%。积极落实“新农合”、城镇居民医疗保险、城乡低保等惠民政策。2014年节日慰问走访贫困群众281户，发放慰问金37000元；临时救助14户，救助金额6200元；贫困助学4人。辖区内城乡低保共1252户，保障人口2350人，保障金额473614元，切实贯彻“应保尽保、应退尽退”的低保政策。优抚对象32人，发放优抚金70650元。发放80岁以上城乡无固定收入老人补贴64人，金额18400元。

为老年人办好事、办实事，在各社区成立社区居家养老服务中心，为老年人提供各类服务项目。对有困难的家庭设立低保，医疗救助。惠泽园小区为郴州市最大的经济适用住房小区，住户达到上千户，多数是原711矿的老职工和家属，他们从原来污染严重的生活环境而迁住进环境幽雅，空气清新的新小区。

五岭阁主景阁楼

特色地情

五岭阁公园 2002年6月动工兴建，2005年建成，五岭阁是郴州市的一个规模较大且具有江南明清风格的现代仿古建筑。五岭阁公园占地总面积14公顷。公园坐拥七里洞原始生态景观公园，环境优美。公园以五岭阁为主景区，分设历史文化游览区、山林休憩健身区、游园参观活动区三个功能区域，由核心景观轴、山林游览带、青年活动区、家庭休闲区、诗文广场区组成，是集休闲、健身、娱乐为一体的人文景观公园。公园共栽植树木40多种共计25万多株，移植各类树木近1000株，并对树种按规划进行分区植载，形成桂花林、桃花林、竹林、紫薇花林、常绿混交林等生态景观林，绿化率达100%。五岭阁主景阁楼层外五内七，高39.6米，建筑总面积3100平方米，立面从下到上设有56个翘角。屋面采用金黄色琉璃瓦饰面，并饰有翘角龙吻、脊上兽等装饰构件。屋顶渡金葫芦宝顶及镀金龙更显阁体的雄伟和大气。室内外各种仿古装饰彩画栩栩如生，体现出郴州的福城文化。阁体圆柱篆子，斗拱等均采用大红色仿古油漆。2010年9月，五岭阁公园正式免费对外开园，园区内可容纳近万名游客休闲、旅游、观光。

（刘龙　陈华英　何观盛　供稿）

下湄桥街道 >>

下湄桥街道地处郴州市城区西北部，是国家4A级旅游景点——龙女景区所在地。

区域概况

位置面积

下湄桥街道地处北湖区东北部。东与苏仙区卜里坪街道官庄坪社区为邻；南接北湖街道城西社区；西至骆仙街道杉山岭村；北达苏仙区马头岭乡板子楼村。辖区总面积19.32平方公里。占北湖区土地总面积2.35%。街道办事处设工业大道31号，距北湖区4公里。

建置沿革

下湄桥街道境内原系郴县县城郊区农村。1958年后辟为新城区，为当时的工业基地。1960年为北湖城市人民公社下湄桥分社；1960年9月，撤销下湄桥分社，称北湖公社下湄桥居委会；1978年12月，北湖城市人民公社改为北湖区，属原县级郴州市；1980年11月北湖区改为北湖街道。1983年4月9日，郴州市行政区域调整，由北湖街道析出下湄桥、司马洞居委会，成立下湄桥街道。街道办事处设在工业大道17号（原郴州市第五人民医院北面同心河旁边），同年5月1日正式开展工作。2000年11月，因一站式平台建设需要，街道办事处购买原下湄桥地税所的房产，办事处由原址搬迁到工业大道31号（郴州综合职业中专旁边）。街道建制至今未变。

行政区划

1983年4月，刚成立的下湄桥街道辖下湄桥、司马洞、通用印刷机械厂、棉纺厂、新桥、梁家湾6个居民委员会。1988年4月，郴江镇下湄桥村第一村民小组村民转为居民，划入该街道，增设工业大道居民委员会，街道共有75个居民小组。1995年，撤市设区后，街道撤销通用机械厂、棉纺厂、新桥、梁家湾四个居委会，合并成下湄桥、工业大道、司马洞、石头峡4个居委会。1997年，增设市纺织厂、市化肥厂、市黄麻制品厂、市印刷机械厂（原通用机械厂）、市陶瓷厂、市轴承厂、市床上用品厂、市内衣厂、市第一造纸厂、二四零疗养院等10个企业单位居委会，街道共辖14个居委会，119个居民小组。2002年7月，进行社区调整合并工作。调整后，下湄桥街道下辖的原下湄桥、工业大道、司马洞、石头峡4个纯居民委员会和市轴承厂、市瓷厂等上述的10个企业单位居民委员会合并成同心、下湄桥、花园新村、司马洞、石头峡、温泉池6个社区居民委员会，并将花园新村、温泉池、同心居委会分别更名为金桥、新泉、同辉社区居委会，同年8月1日起按新的社区居委会体制运行，保持119个居民小组。2012年6月，郴州市行政区划调整，下湄桥街道划出南岭大道同心桥北段至市轴承厂到北湖街道；划入原郴江镇的下湄桥村、原市郊乡的铜坑湖村、国庆北路72~74号以东（南）至桂门岭路以北（西），共增加18个村民小组，街道管辖范围由原来的5.12平方公里增至19.32平方公里。2013年1月，经北湖区政府批准，新成立丽景及花园洞两个社区，街道所辖社区由原来的6个增至8个。2013年5月，下湄桥社区居委会因与街道办事处及下湄桥村存在二级重名现象，经报请区政府同意，更名为福泉社区居委会。至2014年底，辖区共有金桥、福泉、同辉、司马洞、新泉、石头峡、丽景、花园洞8个社区居委会和铜坑湖、下湄桥2个村，共73个居民小组和18个村民小组。

自然环境

下湄桥街道辖区地形呈西北高东南低走势。地貌以丘陵、岗地为主，平均在海拔204米左右，属亚热带湿润季风气候。气候温和，雨量充沛，四季分明。历年平均太阳辐射量7550瓦/平方厘米，平均日照时数1568.6小时，年平均气温17.8度，平均降水量1466.5毫米，年均降水日181.1天，无霜期292天。主要自然灾害有洪灾、旱涝、风灾、冰冻等。洪涝灾害平均5年2遇，其中最为严重的洪涝灾害有1999年“8·13”洪灾、2002年“8·7”洪灾、2006年“7·15”洪灾，三次大洪灾给下湄桥街道工农业生产和人民生命财产造成严重的损失，潘家湾桥、下湄桥被淹，街道办公楼政务大厅被淹，财产损失达1000万元，其中1999年“8·8”洪灾中因灾造成人员死亡2人；2006年“7·15”洪灾因灾造成2人死亡。冰冻灾害平均10年2遇，最严重一次发生在2008年1月，持续时间近一个月，造成境内大面积停水、停电，电杆、树木倒塌，通信交通中断。

人口民族

1988年末，下湄桥街道共有居民4463户、15201人。1997年末有常住人口5089户、19543人，人口出生率12.69‰，自然增长率10.29‰。2002年末，常住人口6958户、18860人，人口出生率12.25‰，自然增长率11.92‰。2014年年末，常住人口8810户、19829人，其中农业人口1191户，3261人，人口出生率6.18‰，自然增长率2.57‰，辖区常住人口民族均为汉族。

经济发展

经济综述

辖区经济以第二产业和第三产业为主，其中工业主要又以机械加工、服装、纺织、瓷器、造纸、塑料制品、建筑材料为主。1983—1995年，街道经济处于持续快速增长。1995年，有街道企业4家，全年工业产值达1346万元。1996—2004年，街道坚持开放带动，加大招商引资力度，引进企业9家，2004年共完成民营经济总产值41899万元，实现利税4187万元，完成地方财政收入21.3万元，较上年增长15%。2012年，划入下湄桥村，铜坑湖村两个农业生产单位，地区生产总值77706万元，其中第一产业总产值370万元，第二产业总产值26590万元，第三产业总产值50746万元；有宏生纺织厂、湘南麻业、南方污水、中南星源、鑫龙矿业5家规模以上企业，规模工业总产值44287万元，固定资产投产38372万元，街道财政总收入347万元，引进阳光佳苑、左岸春天2个房产项目，共有重点项目5个，完成投资31220万元。2014年，实现地区生产总值86849万元，比2012年增长11.8%；其中第一产业总产值 412 万元，第二产业总产值 28321 万元，第三产业总产值 58115 万元；招商引资 3 个项目，完成招商引资 73800 万元，实现全社会固定资产投资 68477 万元，完成财政总收入 545 万元（含三私税区级实得部分 21 万元），增长 133%；规模工业总产值 43955 万元，实现工业增加值 7426 万元，下降 43%；拥有规模以上工业 4 家。

中共十一届三中全会后，随着经济的迅猛发展，职工工资收入和城镇居民人均收入有所提高。1985 年，辖区职工年人平工资 1209 元，城镇居民人均年收入 1393 元，人均生活费支出 376 元，约 10% 的家庭拥有自行车、缝纫机、收音机三大件。1995 年，城镇人均可支配收入为 5367 元，人均家庭支出 5043 元，人均住房面积约 10.3 平方米，人民生活水平逐步提高，城镇居民在追求自行车、缝纫机、收音机三大件的同时，其他家电如电风扇、洗衣机、录音机、电视机、电冰箱拥有量显著增加；生活水平的提高使辖区居民的通信工具也丰富起来，从 1997 年开始，一些家庭开始拥有寻呼机、固定电话等。2002 年，城镇人均可支配收入 6960 元，人均家族支出 6017 元，居民住房得到普遍改善，人均住房面积约为 20 平方米，通信工具由寻呼机开始迈向移动电话，入户率达 70%。2012 年，城镇人均可支配收入 20027 元，农村人均可支配收入 15247 元，人均住房面积约 28 平方米。2014 年，辖区居民向着小康生活又迈进一大步，城镇居民人均可支配收入 24929 元，增长 10.60 %；农村居民人均可支配收入 18843 元，增长 9.30 %；人民物质生活水平的提高，人居住房也大大得到改善，人均住房面积约 33 平方米；每户家庭都有电视机、电冰箱、洗衣机等普通家用电器，人均轿车及空调入户率比例增大，电脑、数码相机等产品普及率也达到 85 %以上，移动电话入户率 97% 以上。

工业

下湄桥街道辖区为郴州市老工业区，1983 年后，以轻纺、化工工业为主，有驻省企业郴州烟叶复烤厂 1 个，有郴州黄麻纺织厂、地区棉纺厂、郴州化肥厂地区性企业 3 个，市属企业有郴州黄麻纺织厂、地区棉纺织厂、郴州床单厂、市内衣厂、市三服装厂、郴州第一印刷厂、市四中印刷厂、郴州瓷厂、市金属焊料厂、市下湄桥矿产精选厂等大中小型国有企业 50 余家；有街属企业郴州市矿产品精选厂、郴州市蓄电池厂、郴州市软木纸厂 3 个工业企业。共有职工人数近万人，完成工业总产值 1346 万元。其中郴州黄麻纺织厂、郴州床单厂、郴州轴承厂生产的产品远销全国各地及日本、孟加拉国等国外。郴州瓷厂生产出口瓷器，品种由 1974 年的 50 多个逐步增加到 254 个。至 1989 年，共出口产品 2795.5 万件，出口额 1773.9 万元，远销德国、英国、美国、加拿大、澳大利亚、港澳等国家和地区；郴州市床单厂生产的方格印花、素色三件套床单，1985 年开始出口，至 1989 年，共出口 121.3 万条，出口额 1305.19 万元，畅销美国、加拿大、坦桑尼亚、新加坡、港澳等国家和地区。1987— 1989 年，市内衣厂生产的 3 种产品共出口 229.4 万件，出口总额 390.4 万元。郴州轴承厂生产的轴承，于 1984 年开始出口，至 1989 年共出口 68.61 万套，出口总额 141 万元。

1995 年撤地设市、撤市设区，辖区的区属企业麻纺厂上收地级郴州市。区属街属工业企业大都设备陈旧，产品无竞争力，以致产品滞销，资金积压，50% 的企业资不抵债，经济处于衰退状态。辖区国有工商企业开始进行经营体制改革和产权制度改革，次年，市一造纸厂、市轴承厂、市瓷厂等辖区 3 家国有预算内企业先后依法破产。为解决职工去向问题，区委区政府决定对破产企业按《中华人民共和国公司法》进行重组，至1996年12月，3家破产企业均探索以股份制形式重组为新公司组织生产。重组的公司牌子虽是股份制，管理仍是旧模式，终因经营、管理等原因导致新组建的公司生产经营每况愈下，难以为继而停产关闭。1999年，街属企业完成工业总产值980万元，上缴税金13.16万元，蓄电池厂20多年无亏损，挂牌成为全区街道第一家"企业合法权益重点保护单位"。但矿产品精选厂由于亏损严重，是年12月依法破产，成为郴州市首例破产的集体企业。

进入21世纪，辖区工业随着国退民进的步伐加快，民营经济、股份制经济蓬勃发展，已成为市场的主体。国有工业企业进入改制高峰期。2002年7月至2014年年底止，市内衣厂、苏仙区城郊粮站、市麻纺厂、市床上用品总公司、市纺织厂、市恒辉陶瓷有限公司、市通用路桥工程机械厂、市钢针厂、市牧工商总公司、市第一造纸厂、第二运输公司等30家企业先后完成"两个置换"的产权制度改革，其中街属企业蓄电池厂和软木纸厂也分别于2003年、2005年完成改制，辖区所有改制企业共移交人员到所辖社区15000余人；服装三厂、棉麻公司仓库2家困难企业改制多年未移交社区；其中已移交国资委的有百纺仓库、百货仓库、煤炭公司家属区、第一运输公司家属区；辖区内还有二四〇医院家属区、玛瑙山矿家属区、永兴建筑公司家属区、宝山转运站办公室等留守处。郴州市建材厂作为全市第一家建筑建材企业1997年开始改制，至2005年完成改制移交。

改制企业中，市麻纺厂及市纺织厂分别进行重组并更名为湘南麻业有限公司及宏生纺织有限公司继续经营，成为全市国有工业企业股份制改制的典范。至2014年，郴州湘南麻业有限公司已发展成为以麻制品为主体的多种经营相结合的综合型企业，是联合国国际黄麻组织（中国组织）成员，中国麻纺行业明星企业、AAA特级信用单位，拥有自营进出口经营权。资产达8800万元，其规模居全省同行业第一位、全国第三位；郴州市宏生纺织公司由广州客商卢伟雄先生于2004年12月2日以4380万元整体收购原郴州纺织厂全部产权后，注册成个人独资民营企业，经过近10年的发展，2014年，总资产达2亿元，年产值2000万元，上缴国家税金390万元。

农业

下湄桥街道辖区在1958年前是纯农业区，南自鸡咀桥、北到草冲一带有耕地近300公顷，其中60%为水田。农业生产以水稻和红薯等粮食作物为主。养殖业有牛、猪、鸡等，陷池塘一带有稻田养殖禾花鱼的传统。但生产效率低，自给尚且不足。下湄桥的胡家冲、温泉口、司马洞，铜坑湖的黑石冲、金银冲、陷池塘、曾家湾、草冲一带有大片油茶林，茶油自给自足。1958年后，下湄桥沿同心河两岸被规划为郴州市的新城区后，大片农田被用作厂房建设，种植业规模缩小。1958—1960年，因大炼钢铁和大兴水利，农业投入严重不足，以致粮食减产3%；生猪养殖全部由集体办猪场集中饲养，出栏率由1957年的65%左右降至30%左右，其中在铜坑湖曾家湾的社办万头猪场，1960年3月，购进仔猪3200头，到年底，死亡2880头，死亡率达90%。

1963年，下湄桥大队被列为蔬菜专业大队，生产蔬菜和水产品，供应附近厂矿；铜坑湖大队仍然为粮食大队。农副产业实行计划生产和统购包销制度。蔬菜、鲜鱼、粮食、茶油产量逐年提高。1982年，实行家庭联产承包责任制后，农民的经营自主权逐步扩大，但下湄桥村的耕地逐年减少，出现了曹冲的曹显亮、陷池塘的刘自长等一批种养大户，三里田村的邓光亮也在金银冲办起现代化程度较高的樱桃谷鸭养殖场，带动了辖区内养殖业的快速发展。1994年，在麻纺厂对面新辟专业菜地15公顷。并于1997年投资110万元，建塑料大棚173个和温棚1个（1999年被洪水冲毁），蔬菜生产由下湄桥转向铜坑湖。到2014年，下湄桥村基本上没有耕地，村民仅有少量山林，以油茶林和果木林为主；铜坑湖村也只有黑石冲、金银冲、曹冲存在少量耕地，种植林逐渐淡出农业范围。上述的种养大户先后停办。水果以柑橘为主，总面积在20公顷左右；油茶保持在1000公顷左右。下湄桥的农民人平纯收入由1995年2456元提高到2014年的1884万元。

商贸服务业

1983年街道成立时，辖区便先后建立中国邮政储蓄银行下湄桥分行、农村信用合作社下湄桥支行（后改为农商银行股份有限公司）等金融业服务网点。2012年辖区有单位157家，其中金融网点4家，集贸市场2家，无规模以上服务业，规模以下商贸服务业有酒店3家，小旅馆6家，门面个体户800家。辖区内有云鸿酒店、大和春红莲酒店、鼎盛连锁大酒店3家中型酒店，120余个民营企业，2个小型超市，7家小型宾馆（旅馆），23家美容美发店，95家小餐饮店，小网吧7家。2014年年末共有商业网点160个，社会商品零售总额达5864万元，比上年增长24.1%；辖区内有经营铁路货物装卸、代储代运、集装箱货物运输代理、仓储、过磅、汽车运输等业务及各种矿产品、金属材料、煤炭、冶金炉料、建筑材料、五金机电、化工产品等物资的销售与代办运输一体的郴北储运有限公司，货物年吞吐量500万吨，是郴州市货物运输到卸、发送、中转、储存功能最全、规模最大、设备最精、实力最强的物资集散地。出口总额300万美元，主要产品有矿山设备，销往越南、孟加拉、香港等地。

下湄桥农贸市场是一个集小型批发和零售于一体的综合性农贸市场。始建于1950年，为郴州市第三大市场，占地面积0.8万平方米，场内建设面积0.37万平方米，1989年日均上市人数为0.3万～0.4万人次，年成交额665万元。2012年市场服务中心有摊位230个，年成交额11739.52万元。2014年有门面摊位256个，注册工商户241个，从业人数达1000人，年成交额近2亿元。

基础设施

道路街巷

1983年，辖区境内有主干道1条，次干道有桂门路、温泉路、下湄桥路3条。主干道——工业大道穿街而过，为国道107线（北京至深圳）的一段，全程长4320米，于1985—1989年拓宽改建，中段从国庆北路终点起，北至邓家湾，为三块板，路幅40米，车行道宽15米，非机动车道宽各4.5米，机动车道间与非机动车道间各设置绿化带2条，宽各2米，南北段均为一块板，路幅26米，沥青路面。1992年铺设9～15米的水泥路面。2001年对107国道辖区段进行改造。2010年城市道路大提质时，又对107国道进行全面拓宽，铺成沥青路面，并更名为南岭大道。2011年后逐步对次干道进行道路拓宽维修，共修建郴瓷路、官庄路、郴纺路支巷等次干道3条。2012年区划调整时划出支巷郴轴路到北湖街道，划入樟木垅路、金银冲路、龙女大道、邓家湾路、李家湾路、杨家组路、钢材市场路。2013年郴州市开展交通大建设，在下湄桥街道辖区修建建工路。至2014年，辖区内有主干道（南岭大道）1条，有次干道7条（郴瓷路、郴纺路、下湄桥路、温泉路、市场路、官庄路、建工路）；有背街小巷

44条（二四〇疗养院路、二运路、货站路、永建路、郴瓷路杂巷一、郴瓷路杂巷二、郴瓷路杂巷三、郴轴路、郴轴路支巷、床单厂胡家湾一巷、纺织厂下岗街、市场路、小游园路、刘家湾路、刘家湾路一巷、刘家湾路二巷、刘家湾路三巷、床单厂路、陈家湾路、床单厂胡家湾路二巷、章家湾、市场路支巷、纺织厂1路、纺织厂2路、北站路、石头峡居民小组路、郴化路、石化路、樟木垅支巷、通用路、新泉路、寒洞路、新泉青年大道、麻纺厂小巷、医药库路、下湄桥站延伸段、桂门岭路、樟木垅路、金银冲路、龙女大道、邓家湾路、李家湾路、杨家组路、钢材市场路）。随着城市的大提质，辖区内主、次干道及小街小巷均进行全面改造，路容路貌整洁美观，路面平整舒适，标志线鲜明齐全。

桥梁

下湄桥　该桥始建于民国17年（1928），民国34年改为木板桥。1986年扩宽国道107线时，此桥改建成钢筋混凝土T形桥梁，共2孔，全长46米，荷载能力为汽20吨，挂100吨，是当时郴州市最宽的桥梁。2013年7月，对该桥又进行全面提质改造，拆除老桥新建超高规格钢架桥。1987年辖区又建成北站桥。2013年辖区潘家湾大桥危桥改造重建通车。2014年修建卜里坪大道桥、温泉路大桥。至2014年年末，辖区共有下湄桥、卜里坪大道桥、温泉路大桥、潘家湾大桥、老下湄桥、谭石路桥、同辉路桥等大小桥梁9座。

街区建设

自2000年辖区企业相继改制后，一些企业土地由市、区国资委开始招拍挂。2012年12月，市委、市政府领导在调研该片区提质改造时提出，把下湄桥片区打造成“城市新组团”。2013年2月21日下湄桥片区提质改造指挥部工作组挂牌成立；4月26日，市政府印发《关于对下湄桥片区实行提质改造的通告》（郴政通〔2013〕3号），片区提质改造正式拉开序幕。改造内容主要是以辖区内道路管网等基础设施建设、河道综合治理和老工业区、旧城区棚户区改造为主的综合提质和整体开发，改造范围有下湄桥东片区（概括为“六路两河”建设，即建工路、同和路、司马路、下湄桥路、桂门路、温泉路建设和同心河、郴江河下游的综合治理）、西片区（包括温泉西路及同福路等主干道建设、八达玻璃厂搬迁、旧城区棚户区改造等）及龙女片区扩容提质。

随着提质改造步伐的加快，街道以“一化三区”建设为目标，大力开展招商引资及项目建设，2010—2014年，先后引进金桥商贸名邸、通达机械创业园、阳光佳苑、紫宸澜山、桂门岭经济适用房、福城桃源、通用棚户区改造、师范学校扩建、葡萄园廉租房二期工程、豫商五牛城、市人民医院康复医院等重点项目20余个，共完成项目征地121.68公顷，拆迁土地上房屋322户500余栋10万余平方米，并已全部倒房到位，迁坟300多冢。其中人民医院康复医院项目的房屋征地拆迁工作完成进度快、成效显著，被市、区作为典型推广，先后在市、区房屋拆迁工作推进会上作典型发言。征地拆迁的顺利完成推动康复医院、德润龙庭房产公司等5宗项目的土地挂牌及10余个项目的开工建设，辖区进入提质改造快步攻坚阶段。

为加大郴江河的污水处理，辖区有郴州市污水处理厂一座，隶属于南方水务有限公司，占地面积7公顷。该厂于2004年12月投入正式运行。污水处理总规模日处理城市生活污水12万吨。污水处理方案采用先进的改良型氧化沟工艺和a20工艺。2014年8月上旬，顺利通过OHSAS18001职业健康安全管理体系认证审核。

公共事业

辖区内公共服务事业较少，早期有一家下湄桥文化娱乐活动中心，后因经营不善而倒闭；无中心广场及公园，各社区因地制宜修建一些小游园供居民休闲、娱乐。2014年，辖区有移动、联通、电信营业网点4个，邮政储蓄1个，工商管理所等公共事业机构。

社会事业

教育

1983年，辖区境内共有公立学校2所（郴州市第四完全中学、郴州市职业中专学校）、子弟学校2所（通用机械厂子弟学校和纺织厂子弟学校），有教师190余人，学生约1500人。为培养中级技工人才，1990年在工业大道北道80号建立湖南省郴州市机械工程电力学校（简称郴州机电学校），后更名为郴州职业技术学院北院，并于2008年迁入郴州职业技术学院总院。2008年9月，由原湖南省东江师范学校、郴州幼儿师范学校合并组建成郴州师范学校坐落郴州职业技术学院北院原校址；2014年3月，该校升格为湘南幼儿师范高等专科学校。2000年以来，市纺织厂、市通用机械厂等国有企业相继破产改制后，其子弟学校分别于2005年12月、2008年5月由北湖区接管划入地方，并分别更名为郴州市第十一完全小学、郴州市第十八完全小学。2012年7月行政区划调整时，划入原市郊乡中心完小并更名为郴州师范附属小学，2014年9月又更名为郴州市第十七完小；2012年10月，为满足群众“好入园、入好园”需求，由区政府投入201万元在下湄桥原纺织厂建立机关幼儿园分园，该园的建立解决了下湄桥片区没有政府公办幼儿园的状况，赢得辖区居民的高度称赞。至2014年年底，辖区内共有公立学校7所，其中大专院校1所、职业中专1所、完全中学1所、小学3所、幼儿园1所，分别是湘南幼儿师范高等专科学校、郴州综合职业中专、郴州市第四完全中学、郴州市十八完小、郴州市十一完小、郴州十七完小及北湖区幼儿园附属一园，共有教职工780余人，在校学生12000余人，为1983年的10倍。

文化体育

1971年，为满足下湄桥工业区职工和市郊农民对电影的需求，郴州镇革委投资20万元在下湄桥新建工农电影院，有座位1291个，1973年11月14日开业。1979年，郴州麻纺厂俱乐部电影放映队也相继成立开业。1985年，下湄桥工农电影院因107国道线扩建易地新建，总投资125万元，安装20万大卡的空调设备，是一座内设放映厅（座位997个）、录像厅、舞厅等的多功能电影院。1988年10月建成开业，改名为下湄桥电影院，成为当时的文化娱乐聚集地；2008年6月下湄桥电影院拆建。2010—2014年，街道联合区文化局连续在各社区（村）开展红色电影下社区、送戏进社区等活动，共播放电影120场次、开展各类文艺慰问演出10余次；各社区设立书屋、休闲书吧，其中福泉社区休闲书吧还被评为省级示范点；街道积极参加北湖之夏音乐周、广场舞比赛等活动，极大地丰富居民业余文化生活。至2014年年末，辖区共有街道文化站1处，社区（村）文化活动中心10处，各类文化专业户13户，各类书屋11个，藏书5万余册，音乐、美术、书法、摄影、腰鼓及文学业余创作队伍达100余人。

2012年，为响应郴州市创建体育之城的号召，街道联合区体育局在辖区投资兴建体育场所，并先后在福泉通用机械厂、同辉床单厂等小区建立灯光篮球场，各社区（村）在人员密集的空旷地带安装健身器材供居民健身娱乐，至2014年末，辖区共有学校体育场6个（其中郴州师范、郴州综合职业中专、郴州四中还建成室外塑胶跑道），社区篮球场5个，有体育健身场所20余处，经常参加体育锻炼的人数占总人口的37%。

医疗卫生

1983年，境内仅有公立医疗单位1个，医护人员142人，病床125张，各国有工业企业相继都建立医务室，为职工提供较轻的病伤服务。2014年末有街道社区医疗卫生机构(防保站)1个，社区卫生室1个,村级卫生室2个,县级医院1所。共有医护人员200余人，病床200余张。医疗机构（门诊部以上）完成诊疗10万人次。

下湄桥街道社区卫生服务中心是由北湖区卫生局主管，非盈利的差额事业单位，成立于2011年，位于郴州市南岭大道北段30号（第三人民医院北院内），面积400平方米。设有计划免疫接种室、冷链室、计划免疫预诊室、计划免疫候种室、儿童保健室、儿童保健检测室、妇女保健室、计划生育技术服务指导室、妇检室、产检室、健康教育室、健康信息管理室、慢性病管理办公室等公共卫生科室。主要是开展以社区为范围、家庭为单位、健康为中心的预防、医疗、保健、康复、健康教育、计划生育技术服务“六位一体”的综合性社区卫生服务，服务人口6.2万人。

社会保障

自企业改制后，辖区下岗失业人员增多，就业困难不断加大。为稳定困难群体，街道多方帮助寻求就业机会，对有困难的家庭设立低保及医疗救助。为住房困难户帮助改善住房条件。2007年，街道牵头兴建轴承厂安置房一期工程，2008年交房使用，共安置18户灾民及倒房户；为进一步解决辖区内的无房户、危房户的需求，2010年，街道在轴承厂又启动第二期经济适用房建设，共2栋66套，2014年6月20日完成摇号分房；2012年，通用小区完成棚户区改造工程，为辖区最大的经济适用房小区，共新建13栋安置房，安置住房困难户700余户，使原通用机械厂的老职工和家属居住环境得到极大的改善。各类救助活动的开展为建立和美社区、和美家庭起到积极的促进作用。

社会救助惠民政策及时落实。到2014年对1261户2510名城市低保对象和50户72人农村低保对象基本实现动态管理下的应保尽保，每月发放保障金52万元，比2012年增长15%；救助大病医疗困难群众22人次，为92名因病致贫家庭发放金叶慈善医疗救助卡4.6万元，帮扶重病人员73人；分类救助7名“三无”和“五保”人员；及时为辖区29名80岁以上高龄老人发放老年补贴106670元；有优抚对象83人，抚恤事业费支出323740元，比上年增长10%；发放救灾救济款99950元，“四帮”经费1万元；开展节日慰问走访贫困群众千余户，发放困难补助金40840元；贫困助学4人。

居家养老服务全覆盖。为顺应社会老龄化发展的趋势，更好地为辖区老年人办好事、办实事，自2009年开始在石头峡社区开展居家养老工作试点后，辖区各社区相继成立社区居家养老服务中心，为老年人提供各类服务项目，其中福泉社区居家养老服务中心于2014年创建成省级示范点，司马洞社区居家养老服务中心创建成市级示范点；同时组织成立下湄桥街道联合工会义工队伍，共发展义工会员100多人，为困难群体送上帮扶服务活动。

2014年，街道共完成城镇新增就业890人，就业率达98%；帮助铜坑湖村5、6、7、8、12、13、14组失地农民办理保险；完成劳务输出16人，

安置下岗职工再就业 252 人，建成社区服务网点 6 个。10 个社区（村）居民全部参加城镇医疗保险（农村合作医疗），参保率 100%。

特色地情

龙女景区 位于下湄桥街道西北部铜坑湖村，总规划面积 297.1 公顷，总投资 10 亿元，2000 年开始开发建设。景区布局形似一条蛟龙，因是《龙女牧羊》、《柳毅传书》等民间故事的发源地而得名。龙女景区距市中心 4 公里，交通十分便利。景区先后荣获 2010 中国最佳水疗健身中心、湖南游客最喜爱养颜温泉等殊荣，2012 年 1 月又被评为国家 AAAA 级旅游景区。景区内主要景点有天然矿泉——龙女温泉；有天下第一大鼎——百福大鼎；有仙家圣地——龙女寺；有祈福塔、官马大道古遗迹和传说中龙女下凡的夹麻冲、柳毅山庄等古建筑群落；有第七届亚洲游泳锦标赛跳水比赛举办场地——郴州游泳跳水中心，是全国唯一以温泉水为水源的游泳跳水馆；有郴州市最高档的网球场——网球中心；有总建筑面积 9000 余平方米，可同时接纳 120 余名游客住宿的游客接待中心；有龙女商业街等服务处所，是一所集温泉疗养、休闲度假、康体健身、宗教祈福、户外拓展于一体的综合性休闲度假景区，2014 年共接待游客 39.5 万人次，年收入达 902 万元。

（李跃芳　何观盛　供稿）

骆仙街道>>

区域概况

位置面积

骆仙街道地处郴州市中心城区西面。东面由北至南依次与下湄桥、北湖、燕泉等街道相接，南连增福街道，西靠华塘镇，北邻苏仙区马头岭乡的荷叶坪片区。总面积23.9平方公里，占全区总面积的2.92%。街道办事处驻国庆北路49号原市郊乡政府。

建置沿革

骆仙街道始设于2012年6月。原市郊乡为其母体单位。清嘉庆二十一年（1816），郴县设在城里和6个乡，市郊乡境域北部（铜坑湖、杉山岭）属西凤乡，南部（槐树下、海泉）属秀才乡，西南部（城前岭、长冲、骆仙铺等）属凤德乡。自民国2年（1913）乡改区到1949年，行政称谓反复变化，乡境隶属模糊。1949年，乡境为城东、城西两乡之部分。1953年郴县设10区150乡，乡境分属三区的槐树下乡、梨树山乡、城前岭乡，七区的高壁乡，八区的陷池塘乡、新桥乡、下湄桥乡。1956年设环城乡，为市郊乡之前身，由郴县直辖。1958年6月撤销环城乡归城关镇辖，9月成立市郊人民公社，隶属于郴县郴州市。1959年11月隶属于湖南省郴州市。1963年4月，市郊公社划归郴县。1965年5月划归郴县郴州镇。1978年随镇改市更名为郴州市市郊人民公社。1984年改市郊人民公社为市郊乡。1995年撤市设区时更名为郴州市北湖区市郊乡。2012年6月，撤销市郊乡，其杉山岭、欧冲、骆仙铺3个村与原郴江镇的高壁村、燕泉街道的骆仙社区并为骆仙街道。原市郊乡政府机关交由骆仙街道办事处接管。

行政区划

骆仙街道的母体是2012年前的市郊乡。其前身为1956年始建的环城乡，辖17个农业社。1958年与许家洞乡合并为市郊人民公社，时辖许家洞、新桥、铜坑湖、高壁、城前岭、梨树山、燕泉等7个生产大队。1960年1月，坳上公社唐家湾、走马岭大队划入。1961年2月，划出原许家洞所辖范围和梨树山、唐家湾、走马岭大队后，将所辖的新桥、铜坑湖、高壁、城前岭、燕泉等5个大队分为长冲、城前岭、七里洞、三里田、骆仙铺、高壁、同心桥、杉山岭、下湄桥、铜坑湖、长冲铺、官庄坪、卜里坪、白鹿洞、龙门池15个大队。1961年5月，槐树下公社的梨树山、槐树下两个大队划入市郊公社；1962年5月再次划出。

1963年4月，析出7个蔬菜生产大队归新设为郴江公社，划入槐树下公社的梨树山、槐树下两个大队。1965年8月，郴江公社并入，时辖长冲铺、官庄坪、卜里坪、铜坑湖、下湄桥、杉山岭、高壁、骆仙铺、城前岭、七里洞、三里田、槐树下、梨树山、龙门池、白鹿洞、渔场和当年从郴县华塘公社划入的欧冲共18个生产大队。1978年，分为市郊、郴江两个公社，市郊公社辖卜里坪、长冲铺、铜坑湖、杉山岭、欧冲、高壁、骆仙铺、城前岭、梨树山、槐树下、七里洞11个大队；是年11月，城前岭分为城前岭、长冲，梨树山分为梨树山、锁石桥，槐树下分为槐树下、海泉，新增3个大队。1979年7月，郴县安和公社塘尾大队划入。1980年梨树山大队析出、1981年七里洞大队析出、1984年3月高壁大队划出陈家、邱家、两江口、同心桥4个生产队归郴江公社；4月改社为乡。1988年高壁村划出。1995年卜里坪、长冲铺、锁石桥划归苏仙区，时辖铜坑湖、杉山岭、欧冲、骆仙铺、城前岭、塘尾、长冲、槐树下、海泉共9个行政村。2012年6月撤销市郊乡，杉山岭、欧冲、骆仙铺和原郴江镇的高壁4个行政村及燕泉街道的骆仙社区组建骆仙街道，街道办事处设在原市郊乡政府。2013年9月，骆仙社区分为骆仙、恒大、南岭3个社区。

自然环境与资源

骆仙街道辖区地势起伏，低山、丘陵、岗地、平原交错分布。呈西南高、东北低走势。大陆性中亚热带季风湿润气候，四季分明，年平均气温18.5℃左右，每年平均降雨量1650毫米左右；主要灾害性天气有干旱、洪涝、冰冻等。主要水系为同心河，属郴江一级支流、耒水二级支流，境内流长3.5公里；其次为寒溪河。在杉山岭一带分布有钾长石，探明储量为6540万吨，氧化钾含量为9.86%，为该类矿的大型矿床。有耕地171.8公顷，其中水田147.1公顷；林地21613公顷，主要林木为松、杉、油茶、竹及野生阔叶林，野生植物种类较多，森林覆盖率59.9%。

人口民族

据史料记载，早在旧石器时期境域就有先民定居，西汉已立“户算”，但无人口数字可考。由明、清至民国，历代人口增长缓慢。民国30年（1941），辖区所处的郴县人口出生率为54.62‰，但死亡率高达79.74‰，自然增长率为－25.12‰。1943年死亡率仍高达71.72‰，自然增长率仅为1.46‰。人口发展长期处于高出生率、高死亡率、低增长率的状态，人均预期寿命仅为35岁左右。新中国成立后，社会安定、生产发展、生活及医疗条件逐渐改善，1954年、1963年，辖区所处的市郊死亡率分别降至13.03‰、6.26‰，人口自然增长率分别为26.31‰、39.22‰。1965年，市郊公社所辖18个大队，总人口18936人。1978年市郊分为市郊、郴江两个公社，1979年市郊公社总人口16385人，自然增长率9.56‰。此后，计划生育政策、措施得到落实，提倡晚婚、晚育和一对夫妇终身只生一个孩子，但20世纪60年代生育高峰期出生人口正进入婚育期，市郊乡1985年总人口13733人，出生率17.39‰，自然增长率12.39‰。1996年，设立北湖区后的市郊乡总人口10506人，出生率降至8.85‰，自然增长率降至2.57‰。2011年全乡总人口13968人，其中18岁以下人口3045人，60岁以上人口1465人，当年出生251人，死亡110人，自然增长率10.81‰。2014年骆仙街道总人口23335人。原市郊公社、市郊乡境民族中，汉族占99.8%以上。

经济发展

经济综述

在新中国成立前，以种植水稻为主，养殖业不发达，工商业更少。“半年糠菜半年粮”，“新三年、旧三年、缝缝补补又三年，一件棉衣几代人”是当时农民生活的写照。

新中国成立初，实行土地改革和互助合作，政府贷粮贷款扶持，农业逐步发展。到 1957 年，农业总产值比 1949 年增加 23.53%，以竹、木、铁器加工和烧制砖瓦、采石挖矿为主的工副业有所发展，其产值占总产值的比重为 2.56%。农民年人均纯收入 56.9 元，人均口粮 221 千克，比 1949 年分别提高 21.8% 和 23.7%。

1958—1960 年的“大跃进”期间，市郊公社大炼钢铁、大修水利，大办“公共食堂”，农业投入严重不足。钢铁没炼成，粮食减产，养殖业滑坡，农民口粮每人每天大米仅 0.37 千克。1961 年，贯彻中央关于“调整、巩固、充实、提高”的方针，实行以生产队为基本核算单位的三级集体所有制和“多劳多得”的分配原则，允许社员经营自留地、家庭副业和养殖生猪，解散公共食堂。但因连续三年自然灾害，直到 1964 年生产形势才开始好转。1965 年，实现农业产值 232.37 万元。农民人均口粮 249 千克，比 1960 年提高 28%，人均纯收入 97.85 元。

1966—1977 年，虽受极“左”思想的影响，干群致力发展经济，到 1977 年，农业总产值 618 万元，年均增幅为 6.2%。社办企业发展到 4 家，实现产值 50.91 万元。社员人均纯收入 214 元，比 1965 年提高 118.7%，其中 121 元属集体的实物分配，一些人多劳少的家庭成为“超支户”（即倒欠生产队的钱）；社员人均口粮 297.5 千克，比 1965 年增加 19.5%，口粮仍然不足。

1978 年划出近郊 6 个经济条件好的蔬菜大队。是年底，中共十一届三中全会召开。1979 年开始实行以经济建设为中心工作重点大转移，逐步推进包括山林在内的农村土地家庭联产承包责任制。同时，国家开放农贸市场，逐步提高、放开农副产品价格和取消农副产品统购、派购制度，鼓励农民发展商品生产和农村富余劳力进入非农行业，允许一部分人先富起来。农林牧副渔、工商运建服齐头并进、快速发展。到 1989 年，全乡社会总产值 1583 万元。其中农业产值 878 万元、工业产值 284 万元、运输业产值 243 万元、建筑业产值 149 万元、商贸服务业产值 29 万元，另外农民进城从事二、三产业产值 393 万元；农民人均纯收入 1023 元，其中劳务收入达到 15%；全乡有大小拖拉机 505 台、汽车 262 辆；每百户农民家庭拥有自行车 105 辆，手表 213 只，电视机 54 台，电风扇 70 台，缝纫机 72 架，部分家庭条件好的买了洗衣机、收录机、照相机等，个别农户还建了新房。但村组集体经济被削弱。

1990—1994 年，开展农村社会主义思想教育和发展乡镇企业支、帮、促工作，稳定党的农村政策，完善家庭承包责任制，调整农村经济结构，帮助发展村组集体经济。到 1994 年，全乡非农行业产值达 4279 万元，为 1989 年的 6.07 倍，村组集体积累人平 818 元，农民人均纯收入 1485 元。

1995 年，市郊乡划走 3 个村，加上部分耕地被征用，全乡耕地面积减少了 45.4%。以专业大户为主的养殖业、建材工业和建筑业迅速发展，以“农家乐”为主要形式的休闲服务业兴起，劳务经济逐渐成为农民家庭经济收入的重要来源。到 2011 年，农业增加值 1.09 亿元。全乡第三产业增加值 2.26 亿元，其中“农家乐”式餐饮业年营业额突破1.5亿元。是年，实现地区总产值11.92亿元，农民人均纯收入13100元，分别为1995年的29.96倍、9.36倍。

2012年6月，骆仙街道成立。与原市郊乡相比，辖区范围及经济规模缩小，第一产业的比重降低。骆仙街道扎实推进以汽车总站、高壁综合大市场与工程机械市场、骆仙铺商业综合体为主的30个、总投资30亿元的重点项目建设，积极发挥20余家“农家乐”对农业的带动作用，拓展城区90余家饮食、住宿企业和遍布城乡的商业网点在第三产业中活力空间，实现了建街头年经济建设开门红。是年，实现总产值63954万元，实现财政收入286万元。2013—2014年，实施基础设施带动战略，坚持“一张图纸干到底”的发展思路，使辖区经济三年迈出三大步。到2014年，实现地区生产总值7.27亿元，是2012年的11.36倍。其中工业总产值3.6亿元，农业总产值0.79亿元，商贸服务及运输等产值2.88亿元，实现财政收入435万元。城镇居民人均可支配收入26900元，农民人均纯收入16800元。

农业

人民公社化以前，农业以粮食生产为主；近城区有少量农户种植蔬菜；畜禽养殖因精饲料短缺受到限制，户平出栏生猪不足0.7头，有稻田养鱼习惯，但产量低；林业收入一是茶油、二是烧制木炭和出售开矿的坑木等。到1957年，环城乡农林牧副渔业总产值41.4万元。其中种植业88%，养殖业8.3%，林业3.7%左右。在种植业中粮食产值占78.6%，红薯等旱粮占农民口粮的40%以上。

1958—1960年，由于对农业生产投入不足，与1957年相比，粮食减产39.3%，水稻单产下降到每公顷2800千克，降低9.59%；生猪出栏减少35%，出栏率仅为31%。公社在铜坑湖曾家湾创办“万头猪场”，死亡率达90%；家禽养殖户平均3只左右。茶油产量因缺乏管理和缺少劳力采收而大减。1961年开始，纠正“左”的路线，发展家庭养殖和家庭副业；大力推广水稻矮秆品种和双季稻；引进新的红薯品种；扩大秋粮（秋红薯、秋玉米、秋荞麦）种植面积。1965年，除扩大水稻种植外，还种植小麦270公顷、红薯209公顷、秋荞麦131公顷，粮食总产5298.5吨。经济作物品种扩大到10余个，面积424.4公顷，其中蔬菜170公顷，烟叶112公顷。生猪出栏4922头，家禽出笼2.7万羽，禽蛋5.55万千克，水产品产量11.88万千克。茶油产量18.4万千克。实现农业总收入246.86万元，其中种植业占72.67%，养殖业占12.18%，林业占15.15%。

1966—1977年，力排极“左”路线干扰，兴修水利，推广双季稻、杂交稻，突出家庭养殖和蔬菜种植。到1977年，双季稻面积达80%以上，中稻全部杂交化。淘汰了荞麦、高粱和秋红薯等低产作物，粮食总产7229.5吨，其中稻谷总产6906.3吨，分别比1965年增长45.88%和55.49%；生猪出栏5956头，家禽出笼3.29万羽，水产品产量19.4万千克，分别比1965年增长21.2%、21.85%和63.3%。茶油产量16.49万千克。实现农业总产值618万元，比1965年增长161.45%。其中种植业340.5万元，养殖业107.4万元，林业42.3万元，副业产值127.8万元，在农业总产值中的比重分别为55.1%、17.38%、6.84%和20.68%。

1978年3月，划出以蔬菜及养殖业为主的6个生产大队，农业结构及生产规模发生变化。长期受粮食困扰的农民有了责任地和经营自主权后，引种杂交水稻，扩大双季稻，以粮促养，同时加强对自留山、责任山的管理和对疏、残林的补种及低产林的改造；重视板栗、杨梅、柑橘以及苗木、花卉发展。到1994年，水稻品种杂交化达95%以上，每公顷产量5220千克，比1978年提高34.4%。粮食总产6110吨，人均产粮466.3千克。生猪出栏10990头、家禽出笼17.74万羽、水产品产量88吨，分别比1978年增长2.4倍、11.67倍和28.5%。茶油产量120吨，水果产量112吨。农业产值1188万元，比1978年增长81.93%。

1995—2011年，按照“服务城市、富裕农村”的指导思想，不断优化种养结构，发展适度规模经营。粮食不再是重点，一些农户用稻田种葡萄、花卉苗木或养鱼。塘尾、骆仙铺逐渐成为蔬菜基地。养殖业专业化，80%以上的农户已不养猪。1998年，长冲村沿107国道两旁各1公里范围实施“万亩楠竹基地”建设，但新造楠竹保存率不足30%。2001年，市园林绿化部门在铜坑湖、长冲租地15.3公顷作为大规格绿化苗木的假植和寄存地，带动了花卉苗木生产。茶油价格猛涨，农户对油茶林加强管理。2011年，全乡农业总产值1.69亿元。非粮食作物占农作物面积65%以上，生猪出栏3.83万头、家禽出笼41.51万羽，水产品产量250吨。

2012年6月设立骆仙街道，辖4个农业生产单位，耕地面积171.77公顷，人均耕地0.035公顷，其中水田147.1公顷，主要用于蔬菜、油料作物、花卉苗木、小水果生产。生猪养殖仍然以专业户为主，养猪农户不足5%；杉山岭村养羊3户、养黄牛1户；有70%左右的农户饲养鸡鸭；水产品产量不足40吨。林业以松、杉、竹、油茶为主，并开始注重生态效益。2014年农业总产值7900万元。

工业建筑业

1949—1958年，原市郊乡范围有竹、木、铁器加工和烧制砖瓦、采石挖矿采沙等少量工副业。1958年开始，成立公社工交部，主抓社办工业，家庭作坊式工副业被收归集体；创办了一批以农机具修造和生产土农药、土化肥为主的社队企业，从业人员占总劳力的3%左右，收入占农业总收的6.5%左右。但管理不善、产品质量低劣、亏损，1960年的年产值约为社会总产值的2.5%左右。到1962年仅剩1家（龙门池水电站）。

1966—1978年，社办工业逐步发展。公社在燕泉北路创办“五七”工厂，以农机具修造及木器加工为主；在铜坑湖大队兴办年产锰1500吨的桐梓坪锰矿；在铜坑湖、高壁、骆仙铺等大队办采石场、石灰厂、红砖厂8家，年产值5.1万元；一些生产队开始办工业或组织社员进行季节性的工业生产活动，如烧制青砖、青瓦、红砖，组织社员挖锰、捶石渣，允许工匠外出抓现金，交钱到生产队记工分等，增加生产队现金收入。1970年，市郊公社砖厂由手工制坯逐渐转向半机械化，将临时围窑改成固定的旋回窑；“五七”工厂添置汽锤锻打机、冲压机及钻床、刨床等。1972年，公社接办杉山岭钾矿。到1977年，社队集体工业企业达20余家，产值160余万元。

1978年，一些工业、建筑业基础好的大队划归郴江公社。1979年，贯彻市委关于加快社队企业发展步伐的精神。1980年，公社农具厂与广州电梯厂合作生产电梯配件，实现扭亏，盈利2万元；桐梓坪锰矿因矿源枯竭停办，杉山岭钾矿因钾肥厂停厂而停办。建材工业因城市建设而快速发展。1985—1990年，乡建筑工程队、烧结锰厂及槐树下装卸队、城前岭片石场等乡、村企业全部实行个人承包，使大多数村、组成为集体企业“空壳村”。1992年开始，市委连续三年从市属厂矿企业选派技术骨干，组成发展乡镇企业支、帮、促工作队，重点帮助创办村级集体企业、发展村组集体经济。主要有槐树下至海泉一带的生铁冶炼。其次是海泉的海吉雅桶装饮用水厂、卜里坪的再生纸厂、欧冲的竹工艺品厂、铜坑湖的机砖厂、塘尾的石料石灰厂、长冲及城前岭的玻璃纤维厂、骆仙铺的木材加工厂以及乡办企业不锈钢型材厂等，实现了村村有企业的目标。1994年，全乡工业总产值3132万元，其中建筑业总产值477万元。后因原材料、流动资金、生产工艺、产品销路等种种原因而大部分停办。

1995年，市郊乡改属北湖区，辖9个村。乡党委、政府坚持因村制宜、自主决策，以优化环境、加强服务，吸引企业家、个体户投资办厂，工业企业快速发展。其中长冲村到2010年，有砖厂5个、石墨加工厂5个、水泥制管厂3个、铸造厂3个、轧钢厂2个、塑料制管厂1个、机床制造厂1个、竹架板加工作坊34个，另有蓄电池厂、饼干厂等驻村企业3家，年产值2亿多元，税收占全乡90%。2011年，全乡实现工业总产值24.96亿元。

2012年，3个城市社区工业以个体加工制作作坊为主。农村工业企业主要在杉山岭、高壁、骆仙铺。2014年，有大米加工厂1家，木材加工厂4家，农机、汽车维修点12个；城区加工制作点10余个。全街工业产值3.6亿元。

商贸服务业

市郊乡境域一直无集市。民国期间，乡民购销一是到城区的五通庙（罗家井）或邻近的良田、坳上、秀锋、荷叶坪等圩场；二是江西等外地商人背竹篓或挑货担游走乡间，叫卖布匹、药材、日杂用品，交易的主要形式是“以物易物”。20世纪50年代中期，政府在城前岭、五里堆、铜坑湖、同心桥、槐树下等交通要口设农村供销合作社门市部，销售农具、炊具、文具、日杂、副食；收购杂木棒、小杂竹等林农副产品。进入60年代后，在各生产大队设供销社代购代销点。但农药、化肥、农用塑料薄膜等农业生产资料仍由供销社生资部门经营。1980年以后，商贸服务业被列为社队企业的发展范围，公社在燕泉北路兴建集餐饮、住宿、会议接待等服务于一体的燕泉大楼，成为市郊首个社办综合性商业服务实体。商业网点发展到每大队数个。进入90年代后，107国道沿线村组的路边酒店最多时达30余家，提供食、宿、停车服务，主要接待过往司机。但由于掺杂着部分色情活动而一度被查禁。1994年，全乡商贸、饮食服务业总产值281万元，其中饮食业148万元。1995年后，村民小组及较大的自然村都有小型商店，铜坑湖及槐树下道口还形成了商贸集中点，部分村组有小型超市。“农家乐”应运而生，比较集中的有仙岭水库副坝和骆仙铺桥头沿河一带，最多时达十余家。比较有规模、上档次的有铜坑湖的飞云山庄、金银山庄，杉山岭的豹冲钓鱼台农庄，骆仙铺的梦里故乡，长冲的荷花山庄、龙泉山庄、长冲食府，槐树下的鸣九山庄等。到2011年，全乡大小商业网点达150多个，“农家乐”等饮食服务场所30余处。是年，实现第三产业增加值2.26亿元，是1994年的80倍。

2012年，骆仙街道农村商业网点主要分布在高壁村；城区商业网点主要分布在骆仙西路、南岭大道西侧立交桥至198医院，达423个，年交易额5.2亿元。农村饮食服务业有杉山岭、高壁、骆仙铺的“农家乐”、垂钓中心，城区规模较大的有华天大酒店、云龙大酒店、江南大酒店、神农园、长沙老街鱼嘴巴、回家吃饭、一家食府等。2014年全街第三产业总产值43774万元。

基础设施

交通运输

市郊乡境域最早的交通要道有始建于东汉的郴宜骡马大道，俗称九十里大路，此后有从五里堆向南经城前岭、长冲出境的郴宜步道（1932年改为郴宜公路，即后来的107国道、南岭大道）；始于秦汉时期的郴桂大道由五里堆向西经骆仙铺西通桂阳、临武（1938年改成郴桂公路）；有始于汉唐向北经铜坑湖的郴州至长沙青石板古道；有向东经锁石桥通资兴的古道（1938年改为郴兴公路）；有向西北经杉山岭出荷叶坪青石板步道。货物运输除郴宜大道以骡马为主要运力外，其余多为人力。

市郊乡境域内最早的公路为1932年由郴宜大道改建的郴宜公路及1938年由郴兴古道改建的郴资公路和由郴桂大道改建的郴桂公路，均为砂石路面。1959年，郴桂公路改由马家坪经高壁至寒溪与原路相接，1965年改为郴州地区的首条柏油路。20世纪70年代，政府实行民办公助、民办为主的乡村公路建设政策，到1977年，共有乡村公路27条，多为碎石和泥土路面。至90年代末，乡境公路建设以维护为主。2000—2012年，乡境公路建设出现一个新的高潮，公路通组100%，通村公路硬化率100%；新建和改造了南岭大道、107国道绕城线、塘尾大道、郴州大道、拥军路、骆仙西路等高标准公路，全乡9个村，只有欧冲村没有主干线公路经过，只有塘尾村没有公交线路。2012—2014年，骆仙街道的公路建设以提高质量为主，高壁和骆仙铺村的道路已接近城市街道水平，杉山岭、欧冲两村的通组公路已全部硬化、亮化；南岭大道、骆仙西路、拥军路已成繁华街道。2013年5月，郴州市最大的客运中心——郴州汽车总站迁入高壁村。

邮政通信

市郊乡境域一直未设立过邮政代办机构。新中国成立后始有邮路。1958年后，由邮递员将邮件送到大队，在大队设信报领取袋、邮箱。进入21世纪后，随着电子邮件的兴起，书信锐减，邮购量、报刊发行量猛增。送邮经历了步行、自行车、摩托车等发展阶段。

1956年环城乡始有电话。从1960年开始，部分大队与公社有直通电话。20世纪70年代，市郊公社安装磁石交换机，由接线员专人值守，分接到各大队、社办企业及公社相关部门；九十年代中期，程控电话扩容，部分村组、农户开始安装程控电话，后逐渐普及。到2004年，程控电话入户率达70%左右。随着移动电话迅速普及，农村固定电话骤减。2011年全乡固定电话仅存556户，网络用户320户，移动电话户均2台以上。2014年，全街4个行政村、3个社区固定电话5435户、入户率76.3%，互联网用户2342户，普及率为32.9%，移动电话人均达0.7部。

供电

市郊乡境域首座12千瓦小水电站于1958年在龙门池建成，随后有高壁、白鹿洞、铁炉冲电站先后在郴江河、同心河建成，到1963年，年发电3万千瓦时。到1977年，小水电年发电量38.33万千瓦时。后由于电站拦水坝影响防洪安全而被拆除，到1985年，仅有高壁、锁石桥2座小水电站。2011年，市郊乡无小水电。2014年，骆仙街道无小水电。

20世纪70年代初，市郊农村陆续采用国营电网供电，用电量由1958年的3.7万千瓦时增加到1972年的44.4万千瓦时。到1978年，全公社农村用电量达到89.2万千瓦时，为1972年的2倍多。2000年，市郊乡启动农网改造工程，供电网线全部更新，采用智能电表，实行同网同价，供电质量明显改善，电价由每千瓦时1元左右降至0.6元左右。2011年全乡农村用电量159万千瓦时。2014年，骆仙街道农村用电量83万千瓦时。

供水

20世纪70年代以前，市郊农村生活用水为人力从泉井或江河提取。80年代初，槐树下、铜坑湖部分自然村接上附近单位自办水厂的自来水。80年代末，海泉水厂、金银冲水厂投产，海泉、槐树下、铜坑湖部分村民接上自来水。90年代起，市郊乡形成农村改水高潮，村民自筹资金，国家适当补助，多以自然村为单位，或提或引，兴建饮水工程，将井泉或山泉引到村口或接进家中。一些地下水埋藏较浅的地方，一家一户建压水井。2011年，市郊乡农村自来水入户率达93.2%。2014年，骆仙街道城乡居民自来水入户率为100%。

农田水利

新中国成立前，市郊乡境域水利设施以少量山塘为主，有溪河的地方建有柴草坝或筒车。1958年，除对原有塘坝进行整修、扩容外，还兴建了八里牌、赵家、七里洞、享塘岭4座小Ⅱ型水库和近百口山塘。1966—1970年建成仙岭水库（中型），1978年建成卜里坪青年水库（小Ⅰ型）。到1989年，市郊乡有水库3座、山塘564口、水坝49座、水轮泵站7处、电灌站70处，旱涝保收面积747公顷。1990—1994年重点进行田间排灌沟渠建设和仙岭水库干渠清淤、防渗。2000年，在槐树下刘家冲兴建小Ⅱ型水库“五星水库”。仙岭水库渠系因城市建设和灌溉面积减少而失去灌溉功能，于2005年前后废弃。到2011年，市郊乡境内保存完好的储水设施有欧冲、杉山岭等少数几口基本塘和槐树下五星水库、海泉享塘岭水库以及百余口山塘。2012—2014年，骆仙街道对欧冲基本塘的坝体进行加固、加高；对同心河、骆仙河进行河道整治。

新中国建立后，市郊公社（乡）境域内共形成了4次农田建设高潮。一是土地改革后，农民对分到的水田进行整理和开荒造田；二是20世纪60年代后期，水利条件得到改善的生产队进行旱土改水田；三是1975年冬开始在全乡进行水田、菜地田园化建设和旱土水平成梯改造；四是1984年后，农户对承包耕地进行整理或将旱土改成水田，将荒地开成耕地。自1989年开始实施湘南农业综合开发，湖波江的冷浸田排水，塘尾、长冲灌溉设施等被列为开发项目。

1995年在塘尾村新扩专业蔬菜基地29.4公顷。由于城市及道路交通建设不断征用耕地，市郊境域的耕地面积逐年缩减。1977年1626.9公顷，比1965年的1878.2公顷减少了13.38%；1994年873.8公顷，比1978年的1288.7公顷减少了32.2%；2011年478.94公顷，比1995年的622.6公顷减少了23.07%。2014年骆仙街道耕地面积166.7公顷。

村镇建设

市郊公社建立之初，公社机关在五里堆租房办公。20世纪60年代末，在国庆北路火柴厂对面建三层砖木结构办公楼及其北侧礼堂兼食堂，80年代中期，在办公楼后面的山坡上新建砖混结构宿舍楼一栋。90年代中期，将原办公楼及礼堂拆除重建钢混结构办公楼并沿用至今，在南侧建宿舍楼一栋。

1958年至20世纪60年代中期，大队、生产队借用民房办公和储藏粮食。1968—1970年，大队、生产队兴起建礼堂、办公室、生产队仓库的高潮。其间，三里田大队的三里田、杉山岭大队的牛角井等经济条件比较好的生产队还兴建了“大寨式”居民点。到1978年，全公社所有的大队都建有办公室、礼堂和学校，所有生产队都有办公和储粮的地方（时称“队屋”）。80年代后，村、组公共用房只保留了村一级的部分。90年代，一些村重新建了办公楼，但有半数是与村小合建。2000年后，村民新建钢混结构住房增多。2010年前后，开始规范农村建房，开展村庄绿化、净化、亮化工程和休闲娱乐场所建设。2014年，骆仙街道社区、居民小区实现“五化”，所辖4个行政村除少数村民小组外，都达到了“三化”要求。

社会事业

教育

私塾 新中国成立前，市郊乡境域有少量私塾，主要有族馆、家馆，一般设于庵庙或宗祠，按受教育层次分为蒙馆和经馆，比较有影响的为设于龙门池李氏宗祠的经馆。1949年后取消。

幼儿教育 1958年，各生产队开始办托儿所，社员在出集体工时将婴、幼儿交托儿所专人集中照管，收工时接回。1959年部分生产大队或中队办幼儿园，其中新桥幼儿园1960年儿童节被授予“全国先进儿童工作集体”。1961年公共食堂解散，托儿所、幼儿园停办。2008年前后，一些民办幼儿教育机构租用民房或村小闲置场地办幼儿园，用校车接送邻近几个村的幼儿入园。2011年，乡境有民办幼儿园4所，70%左右的适龄幼儿入园。2014年，骆仙街道有幼儿园7所，在幼儿园1280人。

学前教育 1981年开始，市郊公社部分村小开办学前班，到1985年，覆盖全乡12个村。学前班使用省统编的一年制教材，老师由学校聘请并纳入学校管理。20世纪90年代末，学校停办学前班，在幼儿园开设学前班。

小学教育 新中国成立初，市郊乡境域始有公办小学，借用民房或利用庵堂、庙宇、宗祠作教室，复式班教学。分片办完小，时有陷池塘、龙门池、升桥铺、皂角树、城前岭等完小，实行单式班教学和部分寄宿。1958年以后，小学布点有所增加，并新增了新桥完小。1969年下学期，实行贫下中农管理学校，小学下放给大队管理，大队新建校舍，以四合院的形式为主，办公室、教室、教师宿舍、教工食堂俱全，但半数以上是夯土墙。教师分为公办、民办，到1973年，民办教师占教师总数的43%左右。为方便就近入学，各大队还分片设分校（教学点），开设1～2年级复式教学班，到1977年全社小学达34所，其中分校达17所，民办教师占60%左右。1979年，农村学校收归市教育局，实行市、社、队三级办学，市、社两级管理，分校（教学点）逐步撤减，部分民办教师经考试转为公办。20世纪80年代中期，在“再穷不穷教育，再苦不苦孩子”的口号下，市、乡、村加大对农村教育的投入。全乡有11个村重新选址新建了砖混或钢混结构的校舍。到2011年，市郊有铜坑湖、城前岭2所中心完小和1所槐树下完小，骆仙铺、长冲、塘尾、海泉4个教学点，校园面积3.5万平方米，在校小学生1232人，适龄儿童入学率100%。2014年，骆仙街道辖区有小学3所，在校学生679人，入学率100%。

中学教育 市郊境域最早的中学为1958年创办的骆仙铺农业中学，1962年停办。1958年7月，郴州地区卫校迁入七里洞，1962年迁出。1965年下期，湖南私立益湘农业中学迁入三里田。1970年春，在长冲铺、铜坑湖、杉山岭、高壁、七里洞、城前岭、槐树下、长冲、龙门池、三里田等10个大队完小附设了初中班，学制二年；是年，在工农兵学校试办高中，共招生三届；是年，郴州地区农机学校迁入铜坑湖（2012年左右改为郴州师范）。1979年3月，分出槐树下小学附设初中班，创办槐树下中学；是年，在高壁石门冲创办郴州粮食学校（后停办）。1980年8月，新建城前岭中学（1990年停办），小学附设初中班停止招生。2011年，市郊乡保留槐树下中学一所。

科技

1958年，市郊公社始设农技站，在大队建农科队并划给科技实（试）验地，生产队有2～3人的农科小组。重点围绕农业“八字宪法”(土、肥、水、种、密、保、管、工)，在品种、农具、合理密植及水肥管理、病虫防治方面进行试验。到1966年，境域内普遍进行了“双季稻”和水旱轮作“两熟制”及部分“稻—稻—菜（肥）三熟制”等耕作制度改革试验，“双季稻”每公顷6000千克左右，改“冬泡”为冬种，使土壤得到改造；进行独轮车装“刹车”等生产工具方面的小改小革，引进水稻矮秆品种，引种黄麻、烤烟等。1967—1976年前后，除继续在良种选用方面努力外，病虫防治、机械化方面有较大进步。耐肥、抗倒伏矮秆水稻品种基本普及；杂交猪、家禽优良品种开始引进；在七里洞、高壁、长冲铺等开阔地带使用黑光灯诱蛾杀虫技术。1970—1971年，各大队土法上马自制“920”生长素。1972年，高壁大队第二生产队购置全市第一台动力插秧机，随后机动蒲滚船等耕整机具、运输机械、脱粒机械、排灌机械逐年增加。1976—1977年在梨树山小面积试种三系杂交水稻，单产6597.9千克/公顷。此后一段时间，境域内的科技重点围绕杂交水稻制种与栽培技术的推广应用进行。到1985年前后，水稻品种杂交化率达98%以上。1981年，在蔬菜、果用瓜生产中试推广地膜覆盖技术，实验地块的西瓜增产1～2.5倍，提高上市7～10天；在湖波江组80平方米花生–稻试验块，产花生36.72千克，达到每公顷4590千克，是常规种植产量的2.8倍。西红柿增产18.8%～42.3%。1984年，在杉山岭村进行节柴灶推广示范，共建节柴灶150个，占该村农户的72.1%，普遍达到了“用10两柴、花10分钟烧开5千克水”的省定节柴标准。1985—1987年，在长冲铺村阳家组采用密植低棚架技术种植巨峰葡萄10公顷，三年后发展到25公顷。1991年，推广低毒低残留农药和诱蛾灯、防虫网、黄黏纸等病虫防治技术；随后开展换茬轮作、水旱轮作、冬季休耕、橘秆还田等农业技术改造低产田。1996年在槐树村下刘家冲进行水稻软盘育秧和抛栽示范34公顷获得成功；1997年郴州市水稻抛栽现场观摩会在海泉村举行，郴州市时任市长龙定鼎及各县、市、区领导现场体验抛秧栽插技术。这种改变千百年来屈膝弯腰插秧、并提高插秧效率五倍以上的新技术在全乡迅速推广，普及率达95%以上。1997年在铜坑湖村建蔬菜大棚173个，有效覆盖面积34600平方米，聘请山东寿光技术人员进行示范，因日照不足致效果不佳。进入21世纪后，重点培植科技示范户，曹显亮、邓光亮、周崇顺、邓辛福、谷孝芝等被评为省、市养殖、庭院经济、林业等科技示范户。

医疗

新中国成立前群众治病以当地民间偏方和草药为主，有祖传的中医、草医坐诊或出诊，其中部分人逐步掌握了一些西药治病方法。时有游医下乡，售卖“济众水”“万金油”“痞疾散”以及膏药、草药等。乡民中求神免灾祛病者较常见；产妇临产由“接生婆”接生。1958年，市郊公社在许家洞火车站建立卫生院；1961年，划归许家洞公社。1962年在下湄桥建立市郊公社卫生院；1966年5月上收并改名为郴州镇下湄桥医院，1969年又将行政管理权下放给市郊公社；1970年再度上收到镇。1968年，建立大队合作医疗站，由经过培训的“赤脚医生”坐诊与巡诊。治病以中、草药为主，辅以西药，社员十分欢迎。社员每人每年交合作医疗费1～1.5元，看病时收挂号费0.05元，不收药费。到公社卫生院看病、住院，合作医疗站报销药费。龙门池大队合作医疗站1973年接诊达2.3万人次。1989年后，合作医疗站改由乡村医生个人承包，并更名为村卫生室，社员吃药打针直接支付现金。乡设立卫生防疫站，负责预防接种和疫病防控工作。2007 年 2 月 28 日，北湖区启动新型农村合作医疗制度，到年底，全乡参合人数 9976 人，参合率 90%。2008 年参合人数达 10381 人，参合率 98.8%。此后，参合面逐年扩大，2011 年达 100%。2014 年骆仙街道所辖 4 个村参加新农合人数为 7024 人，参合率 100%；参合人员交费由每人每年 10 元，分三次提高到 2015 年的 90 元。参合村民住院按规定比例由定点医院在出院结算时直接免除报销部分。

2014 年，骆仙街道城镇职工医疗保险参保人数 2809 人；为方便就医，建有社区医疗卫生服务中心 1 个，村级卫生室 4 个。驻街医院有中国人民解放军 198 野战医院和湘南学院附属断指再植医院及诊所等医疗卫生机构 13 个，零售药店 20 余家。

文化体育

新中国成立前，偶有富裕人家喜庆日子请皮影戏班演出节目，乡间“把式”教习武艺。新中国成立初，有土改工作队员在群众中教唱进步歌曲和扭秧歌。猜拳行令的酒文化盛行。1956 年始，有电影队下乡巡回放映，学校开设体育课。1958—1966 年间，龙门池、七里洞等少数几个大队成立业余文艺宣传队，春节期间巡回演出，观者挤挤；每大队每月有一场电影；体育活动仍局限于学校；春节期间有舞龙活动，多为香火草龙；在青少年中开始有连环画、小说传阅。“文化大革命”开始时，乡间文化活动中断。1968 年前后，以大队为单位成立毛泽东思想文艺宣传队，春节期间在大队之间交流演出；生产队组织跳“忠”字舞，传唱革命歌曲；电影下乡影片以新闻纪录片和“样榜戏”为主；1973 年 11 月，下湄桥工农电影院建成开业；1980 年，市郊公社成立第二放映队，生产队、农户出钱放“招待电影”成为时尚。周边企事业单位露天放映经常，铜坑湖、七里洞、槐树下的社员每周能看到一场电影。1990 年后，电视机、影碟机大量进入农户，农村电影放映业务下滑。乡电影放映队定期开展送电影下乡活动。群众的文化生活除了电视节目，还有扑克、麻将等。1998—2000 年，农村“五个一”（一个文化站、图书室、广播站、电影队、农科教中心）工程建设中，乡电影队、文化站组织送电影、送戏下乡活动；乡图书室年均借阅 1667 人次计 3334 册，并利用图片开展禁毒及科普宣传。2005 年后，村民的文化生活主要是看电视，其次是棋牌活动。2010 年广场舞兴起，部分村民开始跳广场舞。骆仙街道于 2014 年、2015 年连续两年组织广场舞比赛并派出代表队参加全区广场舞比赛。2014 年，骆仙街道有体育场地 6 处，所有社区和行政村都有休闲运动场所和健身器材，学校体育和老年体育开展经常。

广播电视

20 世纪 60 年代中期，白鹿洞、龙门池等近郊接入市广播电台的有线广播，后逐步扩大范围。1965—1967 年，农村有线广播迅猛发展，公社设广播站，到 1970 年，市郊公社有线广播入户率达 98%。随后大队设广播室，部分大队在社员居住集中的地方装上高音喇叭，每天定时开播。随着收音机、电视机进入家庭，有线广播逐渐淘汰。“五个一”工程中，市郊未恢复广播站。

1990 年前后，电视机开始进入市郊部分村民家庭，用室外天线接收电视差转台的节目信号。2004 年开始，市有线电视光缆向农村延伸，到 2007 年，全乡 9 个村全部接通，入户率达 70%；由于收视质量较差，部分村民拒交收视费或改用接收卫星信号。2010 年后，市广播电视局重新铺设光缆，采用机顶盒智能管理，中国电信同时介人，有线电视入户率达80%以上。彩色电视机开始普及并逐渐更新为液晶显示，大部分家庭配了影碟机。2014年，骆仙街道有线电视用户6376户，入户率89.5%。

社会保障

救济 新中国成立后，人民政府实行社会救济政策。一是灾害救济，二是贫困救济，三是农村扶贫。被作为保障农村贫困家庭最低生活水平的一项长期政策一直坚持下来。到2014年，原市郊乡及骆仙街道境内，未发生过饿死人及因贫逃荒的现象。

1956年开始，对无依无靠而且丧失劳动能力的老弱孤寡残人员实行保吃、保住、保穿、保医、保葬的“五保”制度，除由所在合作社（后由生产队）按略高于平均口粮水平的标准供给口粮、口油外，发给买盐、买布等钱款及棉衣棉被；1958年实行公社敬老院集中收养；1961年返回生产队供养；1980年全市统一供养标准。1986年，市郊乡在杉山岭新建敬老院，将部分“五保”老人收入敬老院集中供养。在民政、计生及社会爱心人士的支持下，敬老院的条件不断改善，并开始接收自愿自费老人入住。2012年，敬老院交由骆仙街道管理，收养老人21人。

养老保险 1993年11月，市郊乡启动农村养老保险业务，响应者不多。1994年开始加大宣传和工作力度，到1996年，全乡参保率达40%。1997年，由市、区、乡三级为全乡符合条件的村干部实行联保。此后，不断深入发动、完善措施，按时按规发放养老金。到2011年，实现全乡养老保险全覆盖。2012年，骆仙街道失地农民养老保险参保人数1358人，新型农村养老保险参保人数2322人，均达100%。2013年，农村养老保险参保2287人。2014年，骆仙街道养老保险参保人数2325人，参保率97%；

最低生活保障 1997年，北湖区开始实施城乡居民最低生活保障制度。市郊乡按照农村家庭人均年纯收入低于480元的标准确认低保对象，并从1999年1月开始享受低保金。根据物价因素适时调整低保金标准。2004年年底，为低保户发放“最低生活保障金领取证”，低保户凭证可获得水、电、电视、教育、医疗、卫生等相应费用减免。2014年，骆仙街道有城市低保户255户393人，农村低保户98户170人。实现应保尽保。

特色地情

郴州汽车总站 位于骆仙街道高壁村。2013

南岭植物园科普长廊

年5月由国庆北路30号迁入现址。占地面积2.2万平方米，建有两个售票大厅共10个售票窗口、33个发车库共248个车位。主体建筑为单层钢结构。日发送旅客量可达4万人。是国家交通部核定的一级汽车客运过渡站和郴州市汽车客运的重要枢纽。

南岭植物园 位于骆仙岭西侧。最早为1963年成立的郴州地区林业科学研究所。1989年加挂南岭植物园的牌子，2009年加挂湖南省森林植物园南岭分园的牌子。总面积813.3公顷，其中核心管理区面积40.2公顷。保存植物188科860属2132种，其中国家及省级重点保护植物75种。被授予国家林业科普及省生态文明、科普教育基地。

骆仙公园 位于骆仙岭东侧北湖区政府后山，占地133公顷，主峰海拔358米。是《徐霞客游记》郴州“九仙”中的“成仙”。相传：成武丁，长相奇异、力大无穷、懂鸟语，曾在此山修炼得道成为“九仙”之一的“成仙”。因其升仙时乘骡西去，故称之为“骡仙”，“骡仙岭”由此而名，后演变为“骆仙岭”。

（冯淑芳　邓孝福　供稿）

增福街道 >>

增福街道是郴州高铁西站的所在地。因河水自南向北流入，河畔自然形成一小湖而得名增湖，“湖”与“福”谐音，郴州又名福城，故称增福。

区域概况

位置面积

增福街道位于郴州市北湖区城区西南部。北靠郴江街道和苏仙区坳上镇，北临涌泉街道和市经济技术开发区，南接石盖塘镇，西与保和镇毗邻。辖区东西最大距离7.2公里，南北最大距离5.1公里，总面积19.7平方公里。

建置沿革

增福街道是2012年6月郴州市北湖区撤乡并镇时新成立的街道，增福街道设立之前辖区为原市郊乡的城前岭、塘尾长冲3个村和原万华岩镇的增湖村。2013年9月新成立月形、高新园两个社区。

行政区划

2012—2014年，增福街道辖增湖、塘尾、长冲、城前岭4个行政村共37个村民小组与月形、高新园两个社区。

自然环境

增福街道地势相对平坦，属大陆性中亚热带季风湿润气候，气候温和、雨量充沛、四季分明。年内四季气候变化的一般规律是：春温多变日照少，夏热前涝后多旱，初秋湿热晚秋凉，冬有霜雪严寒短。气候的年际变化大。年平均气温17.8℃，全年日照时数平均为1568.6小时，无霜期290天。最冷的月份是1月，平均气温为3.6℃，最热的月份是7月，平均气温为25.8℃。年平均降水量1466.5毫米，年均降水日181.1天。主要自然灾害有冰雹、低温、霜冻、旱涝等。

人口民族

2012年年末，总人口数5600人，人口出生率7.28‰，自然增长率4.47‰；2013年年末总人口数5656人，2014年年末，将辖区的城市人口划入增福街道。总人口23676人，其中农业人口6565人。辖区内居住人口以汉族为主。

经济发展

经济综述

2012年，辖区完成地区生产总值6.36亿元，其中第一产业3124.68万元，第二产业26577.12

万元，第三产业33869.76万元，产业比重约为5:42:53。财政总收入278万元（同口径相比），完成预算的110%。2013年完成地区生产总值6.81亿元，同比增长7.2%，其中第一产业3285万元，第二产业27215.18万元，第三产业37646.11万元，产业比重约为5:40:55。全社会固定资产投资总额6.4亿元，增长45.6%。完成财政总收入320万元，完成预算的120%。2014年实现地区生产总值11.18亿元，同比增长63.3%，其中第一产业3550.93万元，第二产业65810.03万元，第三产业42369万元，产业比重约为3:59:38。财政总收入370万元。辖内居民总体上是比较富裕的，贫富差距不大，辖区内的四个行政村中条件最好的要属增湖村和城前岭村，相对其他几个村增湖村和城前岭村开发较早，发展较快，人均收入比较高。

农业

增福街道地处城乡接合部，经济以工业和服务业为主，其中农业以种植和养殖为主。2012年，种粮面积263.8公顷，粮食产量1364.07吨，生猪养殖15421头，猪肉产量1386.36吨，水产122吨；2013年种粮面积257.93公顷，1320.22吨，生猪养殖15608头，猪肉产量1123.78吨，水产130吨，水果产量628.34吨；2014年种粮面积238.87公顷，粮食产量1286.3吨，生猪16258头，猪肉产量1170.58吨，水产132吨，水果产量639吨。2012年农林牧实现产值4320.57万元，农民人均纯收入12974元；2013年农林牧实现产值5167.23万元，农民人均纯收入14544元；2014年农林牧实现产值8031.96万元，农民人均纯收入15934元。

工业

辖区内的工厂主要分布在南岭大道城前岭——长冲段（原107国道），2012年，有企业5家，2013年由于南岭大道提质改造，全面提高企业的各项指标，对高消耗、高排放、高污染的的企业进行了整顿，该年四上企业由原有的5家减少到4家，2014年减至2家。

商贸服务业

商贸　2014年年末，辖区内仅有红波建材市场一个大型市场，市场内有店面20余家，主要销售各类钢材及金属加工。另外，以红波建材市场为中心，周边还有业达、精钢、良华等数十家较大的钢材贸易公司。除了钢材商贸之外，还有东风本田、东风雪铁龙、东风标致等数十家汽车4S店。

服务业　由于增福街道是新成立的街道，居民小区只有华盛世界家园、乾通时代广场、熠通公馆等数家小区，且入住率不高，固定居民不多，没有大型超市、酒店等服务设施。辖区内有小商店小超市30余家、小型宾馆5家，小餐饮店9家。

经济开发区

2001年9月经郴州市人民政府批准实施，已开发建设1.1平方公里的科技工业园，坐落在增福街道增湖村；湘南高新园位于南岭大道以东，郴资桂公路以南的长冲村五组，东临京珠高速公路。规划面积2.6平方公里，为开发区发展工业用地。一期用地22.67公顷，是开发区加快承接沿海产业梯度转移而打造的平台。计划投资3.5亿元，总面积31.08万平方米，其中四层标准厂房22栋，建筑面积24.4万平方米，办公，展厅1.3万平方米，生活设施5.38万平方米；总投资额达28亿元的奥美森工业园，一期工业项目已投产。

2009年年底，武广高铁正式通车以来，标志着以经济技术开发区和武广新区为核心的城区管理服务将更加集中。2012—2014年，增福街道的组成已由以往单一的农村转变成郴城西南的重要结合地块。

基础设施

交通运输

2013 年，完成长冲村 2 组道路 300 米硬化、城前岭 3 组齐心路 400 米道路硬化，顺利通过了上级交通部门的验收。2014 年，完成村组 22 条道路硬化，共计 3900 余米。福城新区五路、南岭大道、塘尾大道建设拉开了街道的城市骨架，2014 年总投资 9 亿元福城新区六路建设目前完成三路建设，另三条路正在施工中，完成投资 5.2 亿元投资建设。

辖区内有武广高铁郴州西站，年输送旅客量达 100 万余人次。此外，高铁西站边上公共汽车站也随高铁而建成，从运营之初，陆续开通了 18 路、55 路、62 路、103 路公交车。

邮政通信

邮政 2010 年之前，辖区村居民邮寄信件主要靠邮局，2010 年后，随着各种快递公司的建立，辖区村居民邮寄信件等物质更加方便。

通信 1990 年，辖区少数富裕家庭开始安装有线电话，后逐年增加，覆盖率达到 80% 以上。2000 年后移动电话逐渐普及，至 2014 年，辖区移动电话全面普及。

供电供水

供电 2012 年，增福街道成立之初，境域内供电网络已经比较完善。单位及居民家庭用电普及，供电网络属郴电国际，生产生活用电能满足需要。

供水 1994 年之前，辖区人民生活用水，主要靠打井取水。1995 年开始，随着所属乡镇的自来水厂的建立，村民开始用上自来水。2014 年，辖区内居民自来水入户率达 100%。

水利建设

新中国成立之初，辖区内水利工程极为欠缺，农田用水处于自然状态，农田灌排设施极度缺乏。1990 年起，政府及水利部门实行“谁投资，谁受益”的政策和“以奖代投”的激励措施，鼓励集体和个人集资投劳，利用冬闲时间，开展冬修水利活动。重点进行田间排灌渠系建设。2012—2014 年，随着城区建设加速，政府加大了街道排水系统建设。

城区建设

增福街道属于郴州扩城的区域，2012 年以来，城镇面积不断扩大。2014 年 4 月全面完成了增湖村城中村改造一期 10.05 公顷征地任务，为郴州市首批公寓式安置模式奠定良好基础。2014 年辖区内共有过千万元重点项目 11 个，新建项目 2 个，续建项目 9 个，其中，过亿元项目 7 个，现区级重点项目 10 个，市级重点项目 1 个，2014 年度新增项目 2 个，新建设 2 个，共完成投资 97520 万元，其中新增项目建设投资额完成 47520 万元。总投资 6 亿元建设的南岭大道 2014 年完成投资 2.8 亿元，塘尾大道完成投资 3 亿元，华盛世纪新城总投资 30 亿元已进入第三期施工阶段，总投资 18 亿元的乾景国际二期完成投资 8.4 亿元。

社会事业

教育科技

教育 辖内有增湖村小学、塘尾小学和第 38 中心完小（城前岭中心小学）共 3 所学校及一个长冲教学点，有学生 665 名，教师 33 名。2012 年南岭大道提质改造，将原来的城前岭中心小学进行整体搬迁。2014年年底，经北湖区教育局进行实地考察，学校选址已经确定。增福街道从成立以来，对教育事业非常重视，2013年为贫困大学生提供5000余元的助学金，2014年不仅发放了5000元助学金,还向团区委争取“国酒茅台·国之栋梁——2014希望工程圆梦行动大型公益助学活动”5000元的助学金。

科技 新中国成立以前，辖区内农业生产因袭旧法，技术落后。新中国成立以来，大力推广良种良法和农业新技术，至20世纪70年代，初步形成公社、大队、生产队三级农科网。2000年后，辖区内农业新技术覆盖面达95%以上，农作物良种覆盖率达95%。

文化体育

文化 2012年街道拨付专款2万元，解决增湖村女子鼓乐队经费困难的问题，并将其更名为“北湖区增福街道第一女子军乐队”。配合区文化局组织开展湖南省原创广场舞的培训及发展工作，举办了以“同歌共舞，和谐增福”为主题的首届社区文化节，开展社区形象大使海选才艺大赛，全面发动辖区的村民、企业员工积极参与，共精选了26个节目参加演出，其中16个节目直接晋级，海选节目入围率全区最高，掀起了群众文艺的新高潮。有村社区文化活动室6个,阅览室7个，总建筑面积600余平方米,藏书近万册。2014年，实现村村通广播。

体育 辖区不少居民平常跳广场舞、跑步、到月形山公园爬山锻炼身体。2014年，增福街道辖内共建设篮球场、体育锻炼场等体育活动场所11处，极大地丰富了辖内居民的体育生活，提高了居民身体素质。

医疗卫生

中华人民共和国成立前，辖区百姓看病主要依靠中草药医生。建国后，人民公社都建立了卫生院，4个村成立了农村合作医疗站。2014年，辖区有2个村级卫生室，一家社区诊所，其中执

京广高速铁路郴州西站

业医师3人，护士3人。因街道属于城区，离市内各医院较近，居民就医比较方便。

社会保障

2008年之前，年老村民主要靠儿女赡养和自己劳作来养老。2009年开始实行新型农村养老保险。2013年，街道新农保参保人数为2925人，覆盖率为97%。积极推进基本公共卫生服务均等化建设，城乡居民医疗保险参保人数5487人，参保率100%。2014年新农保参保人数为2925人，覆盖率为97%，完成被征地农民保险1083人，城乡居民医疗保险参保人数6040人，参保率100%。辖区共有“五保户”155户166人，分散供养“五保户”3户3人，实现了应保尽保。对特殊对象给予临时性救济，2014年，临时救济50余户，救济金额12万元。发放各类优抚款52825元。

特色地情

高铁西站 位于增福街道增湖村。北与郴州大道及汽车总站相接，往南1.5公里与107国道相通。总面积为40547.88平方米。站前广场东起站前大道，南抵清泉路，西抵京广高铁，北至兴城大道，南北长420米，东西宽160平方米，总用地面积714664平方米。郴州西站站房面积在整条京广客运专线上只属中等规模，但停靠列车对数及日发送客流量均高居京广高铁全线地级站中第一。候车大厅可容纳800人，日均实际发送旅客超过12000人。2014年每天有50对列车停靠。

（卢林桦　李万忠　供稿）

附：

北湖区 2015 年 12 月以后乡镇街道区划调整与“简志”中记述的乡镇街道（截止 2014 年末）对照一览表

序号	2015 年 12 月以后区划调整的乡镇街道	“简志”中记述的乡镇街道（截至 2014 年年末）
1	民路街道	人民路街道
2	燕泉街道	燕泉街道
3	北湖街道	北湖街道
4	下湄桥街道	下湄桥街道
5	郴江街道	郴江街道
6	骆仙街道	骆仙街道
7	增福街道	增福街道
8	涌泉街道	涌泉街道
9	石盖塘街道	石盖塘镇
10	安和街道	原万华岩镇
11	鲁塘镇	鲁塘镇
12	华塘镇	华塘镇
13	仰天湖瑶族乡	芙蓉乡、永春乡、大塘瑶族乡合并
14	保和瑶族乡	保和镇、月峰瑶族乡合并

说明：

1.“简志”中记述的乡镇街道是标下划线“____”共 16 个。

2. 2015 年 12 月芙蓉乡、永春乡、大塘瑶族乡成建制合并设仰天湖瑶族乡；将原月峰瑶族乡全部行政区域与原保和镇的保和、花园、小埠等 10 个建制村及保和社区居委会合并，设立保和瑶族乡。

3. 2016 年 6 月增设石盖塘街道（原石盖塘镇）、安和街道（原万华岩镇）两个新街道。

苏仙区

概述

苏仙区地处湖南省南部，郴州市中部，湘江支流耒水上游。位于北纬25°30′21″—26°03′29″，东经112°53′55″—113°16′20″。东西跨37.4公里，南北长61.0公里。北与永兴县接壤，东与资兴市相连，南与宜章县交界，西与北湖区、桂阳县为邻。郴州大道、厦蓉高速横穿东西，京广复线、京广高铁、京港澳高速公路和107国道纵贯南北。交通便利，区位优越。

苏仙区行政区划面积1339.91平方公里。与相邻县（市、区）共有总里程393.4公里的行政区域界线，其中苏（仙）桂（阳）线34.2公里，苏（仙）永（兴）线79.4公里，苏（仙）资（兴）线81.6公里，苏（仙）北（湖）线128.6公里，苏（仙）宜（章）线69.6公里。

苏仙区前身为原郴县，春秋战国时期，楚国已置郴县。秦嬴政二十六年（前221），郴县隶长沙郡。西汉高祖五年（前202），分长沙郡南部诸县置桂阳郡，境域属桂阳郡，郴县县城为郡治。西汉（新）始建国元年（9），改桂阳郡为南平郡，郡治迁南平亭（今耒阳），郴县易名宣风县。东汉建武十一年（35），南平郡复名桂阳郡，宣风县复名郴县，隶荆州桂阳郡，郡治还迁郴县。三国时期（220—280），属吴国荆州桂阳郡。晋朝（265—420），属湘州桂阳郡。南朝梁天监六年（507），改桂阳郡为郴州。不久，复称桂阳郡，郴县隶衡州桂阳郡。隋开皇九年（589），再改桂阳郡为郴州。大业三年（607），郴州复称桂阳郡。大业十二年（616），桂阳郡又改为郴州。次年（617），郴州复称桂阳郡，郴县隶潭州桂阳郡。唐武德五年（622），桂阳郡改为郴州。武德七年，复称桂阳郡。开元二十二年（734），桂阳郡改为郴州。天宝元年（742），郴州改为桂阳郡。乾元元年（758），桂阳郡再改郴州，州治迁往平阳亭。元和十五年（820），州治复迁郴县县城。唐代，郴州、桂阳郡先后隶潭州、江南道、江南西道、潭州。五代后晋天福元年（936），因避庙讳，郴州易名敦州，郴县改名敦化县。后汉乾祐三年（950），敦州复为郴州，敦化县复为郴县，郴县隶潭州郴州。北宋乾德元年（963），郴州改为郴州军，郴县隶荆州湖南路郴州军。元至元十三年（1276），郴州军改为郴州，郴县改名郴阳县。十四年（1277），郴州改为郴州路，郴阳县隶属湖广行中书省湖南道郴州路。明洪武元年（1368），郴州路改为郴州府。洪武九年（1376），郴州府改为郴州直隶州，隶湖广行省；撤销郴阳县，县域为郴州直隶州直辖地。清代，郴县建制同明，隶湖南省衡永郴桂道。1913年9月，废郴州直隶州，划州直辖地复置郴县，隶衡永郴桂道。翌年，隶衡阳道。1922年，湖南省废道制，郴县直属省。1937年12月，郴县隶湖南省第八行政督察区。1940年4月，第八行政督察区改为第三行政督察区，郴县隶之。1949年10月7日，郴县解放，由衡阳专区代管。是年11月，郴县隶郴县专区。1950年11月，隶郴州专区。1952年11月，隶湘南行政区。1954年7月，隶郴县专区。1958年8月29日，划城关镇、许家洞乡等地，成立郴县郴州市，归郴县管辖。是年10月，建立先锋、红旗、市郊等8个人民公社。1959年3月，撤销资兴县，归郴县管辖。1960年7月，郴县隶郴州专区。1961年7月，析出原资兴县辖区。1963年5月，撤销郴州市，设立郴县郴州镇。1967年3月，隶郴州地区。1977年12月，恢复郴州市。1984年4月，撤社建乡，安和乡划归郴州市。1986年12月，析高码乡划归资兴市。1994年12月，撤销郴州地区和县级郴州市、郴县，设立郴州市和北湖、苏仙2个市辖区。划出郴县鲁塘、华塘2个镇和同和、保和、月峰、永春、芙蓉、大塘、南溪、江口、小溪9个乡归北湖区管辖，划入郴州市许家洞镇、南塔街道、苏仙街道归苏仙区管辖，原郴县的栖凤渡、白露塘、桥口、良田、坳上5个镇和廖家湾、邓家塘、大奎上、塘溪、五里牌、太平、廖王坪、岗脚、马头岭、荷叶坪10个乡仍归苏仙区管辖。1995年，增设白鹿洞镇。2012年4月，区划调整，原白鹿洞镇撤销；增设白鹿洞、王仙岭、卜里坪和观山洞4个街道；原邓家塘乡、廖家湾乡和良田镇合并为良田镇；原廖王坪乡、岗脚乡和栖凤渡镇合并为栖凤渡镇；原太平乡和五里牌镇合并为五里牌镇；原荷叶坪乡和马头岭乡合并为马头岭乡。

2014年，苏仙区辖9镇1乡6街道。9镇为良田镇、坳上镇、栖凤渡镇、五里牌镇、许家洞镇、桥口镇、望仙镇、五盖山镇和白露塘镇，1乡为马头岭乡，6街道为苏仙岭街道、南塔街道、白鹿洞街道、王仙岭街道、卜里坪街道和观山洞街道。

2014年，总人口37.59万人（户籍人口），常住人口42.51万人，其中城镇人口27.28万人、农村人口15.23万人，城镇化率64.17%。人口出生率12.17‰，死亡率6.86‰，人口自然增长率5.31‰。

苏仙区（郴县）历史悠久、人文荟萃，是一座具有2000多年历史的古城。唐代宰相刘瞻刚正不阿，名播朝野；宋代县令周敦颐劝农兴学，政绩卓著；吏部左侍郎何孟春博学多才，文传古今。老一辈无产阶级革命家、政治家、军事家和外交家陈毅元帅曾任郴县第四任县委书记。

苏仙区资源丰富，是一个物华天宝的资源大区。现已探明有色金属矿物140多种，储量在全国占有重要位置，被国际地质界誉为“世界有色金属博物馆”，其中钨储量居全国第一，铅、锌、锡、铀位居前茅，中国第一颗原子弹的铀原料即产自苏仙区许家洞镇。苏仙区是湘南有名的鱼米之乡和富裕之地，盛产稻谷、茶叶、水果、茶油、烤烟、竹木、生猪和黑山羊。苏仙区是能源基地，全国一百个电气化县（区）之一，火电装机位居全省前列。

苏仙区享有“山川之秀甲湘南”之美誉，是一个风景绮丽的旅游名区。境内有全国面积最大丹霞地貌区飞天山国家地质公园，有白鹿洞、三绝碑、苏仙观和屈将室等人文景观争相辉映的“天下第十八福地”苏仙岭，有集奇、险、秀、美、幽、旷于一体的“湘南翠屏”王仙岭，有集休闲、度假、避暑和森林旅游于一体的五盖山国家森林公园。秀美的自然风光和丰富的人文景观相互交融，尽显山水魅力、历史底蕴。

苏仙区作为湘南承接产业转移示范区建设的主战场，郴州“大十字”城镇群的重要支点，对接长株潭和粤港澳高铁一小时经济圈的枢纽，是一个加速崛起的经济强区。开辟400公顷的苏仙两型产业示范园；培育高斯贝尔、农夫机电、泰安智能、东塘电气和中创轨道等现代制造企业；打造西河治理这一湘江流域重金属污染治理亮点工程；建设好郴州东翼－城东新区。先后荣获“全国科技进步先进区”“全国计生优质服务先进区”“全省发展非公有制经济先进单位”“全省利用外资先进单位”“湖南省县域经济发展先进县（区）”等多项殊荣。2014年，苏仙区地区生产总值251.8亿元，人均生产总值5.92万元。中国五矿、中盐公司、中信集团、华润电力、南方建材、碧桂园、保利集团和云南锡业等500强企业纷纷入驻。

良田镇

良田镇为湘粤古道中心重镇、交通枢纽中心和红色热土，是全国小城镇综合改革试点镇、全国重点镇和全国文明村镇。

区域概况

早在5000多年前，良田境内就有古越人生息，秦嬴政二十六年（前221）开埠，历经2200多年沧桑，孕育了灿烂的文明，保留了湘粤骡马古道、文昌宫戏台、水星楼、德福楼、节孝坊、石拱桥、古凉亭、两湾洞古民居、苏仙区革命烈士纪念馆等众多文物古迹。良田也是块红色的土地，留下过毛泽东、朱德、周恩来、陈毅、刘伯承等老一辈无产阶级革命家的足迹，是黄静源、孙开楚和陈友才等革命先辈的故里。境内特产五盖山米茶，明朝列为贡茶；金朵高山菊，获省农博会金奖；“郴州碧云茶”为省优产品。镇内交通便捷，区位条件优越。京广铁路、京广高铁、京港澳高速和107国道纵贯南北，厦蓉高速横穿东西。且京港澳高速出入口、京港澳与厦蓉高速互换通道均在镇域。先后被评为全国小城镇综合改

革试点镇、全国重点镇、全国文明村镇、全国人口计划生育依法行政示范乡镇、全国五好基层关工委先进集体、湖南省小城镇综合改革试点镇、湖南省党建示范点、湖南省环境优美乡镇、湖南省城乡统筹示范镇、郴州市十大魅力乡镇和郴州市十强经济乡镇。

位置面积

良田镇位于郴州市区以南22公里处，北纬25°25′28″—26°03′29″，东经112°41′35″—113°16′19″，东靠五盖山林场、苏仙区五盖山镇，南接宜章县五岭乡，西连北湖区永春乡，北邻北湖区石盖塘镇、苏仙区坳上镇。镇域总面积191.92平方公里，有林地7654.2公顷、耕地2722.13公顷，其中水田2148.67公顷、旱地573.47公顷。

建置沿革

春秋战国时，良田镇境地属楚。秦王嬴政二十六年（前221）在长沙郡置郴县，良田开埠设驿站。三国时期（220—280），属东汉。晋朝至元朝，虽变迁频繁，良田仍隶属郴县。明清时期，良田、廖家湾、邓家塘属郴县秀才乡，曾有4次变迁，清末为良田市。民国2年（1913），以乡改区，秀才乡分为秀贤、秀良区，良田属秀良区。民国19年（1930）2月，实行区域自治，秀良、秀贤、瑶林区并入第三自治区，区治良田，辖10团。民国24年（1935）2月，实行区、乡、保、甲制。区沿旧制，团改为乡。民国27年（1938），废区并乡，良田为良佑乡。民国36年（1947），并集贤、良佐和良佑为贤良乡，乡治良田，辖22保265甲。1949年10月，新中国成立，良田为贤良区治所，辖5乡23保。1950年7月，良田镇、廖家湾乡和邓家塘乡属郴县第三区（贤良区），区治良田。1953年，良田镇属郴县四区，两湾洞、廖家湾属五区。1956年，撤区并乡，良田镇改为良田乡，两湾洞乡、廖家湾各为乡。1957年，设良田办事处。1958年10月，实行人民公社化，良田乡、两湾洞乡和廖家湾乡并为邓家塘人民公社，社治良田，辖11个大队，55个生产队。1959年，邓家塘人民公社更名为良田人民公社。1961年4月，缩小人民公社规模，良田人民公社析出两湾洞、廖家湾，各为人民公社。1965年，两湾洞、廖家湾并入新市公社。1978年9月，新市公社划分为新市和廖家湾公社。1981年8月，新市公社更名为邓家塘公社。1982年12月，恢复良田镇，设良田居委会、6个居民小组，划良田公社、良田大队归良田镇管辖。1984年，以公社建乡，置邓家塘和廖家湾乡。1994年12月，撤销郴县，设立苏仙、北湖两区。良田镇、邓家塘乡和廖家湾乡属苏仙区管辖。2012年4月，区划调整，并原邓家塘乡、廖家湾乡和良田镇为良田镇。

行政区划

2012年4月区划调整后，良田镇辖廖家湾村、黄家湾村、扶塘村、上洞村、下洞村、鱼网村、吴溪村、东边岭村、菜岭村、大竹山村、邓家塘村、两湾洞村、江南村、太坪头村、南水界村、肖家山村、百丈村、麦田村、枧石塘村、堆上村、井冲村、铺下村、塘了坪村、鲁塘岭村、良田村、桥头村、大虾尾村、二渡水村、高雅岭村、陈家湾村和向阳村31个行政村及良田、滨河、邓家塘和廖家湾4个社区，共368个村民小组、31个居民小组。

自然环境

气候：良田镇地处五盖山与骑田岭之间的平行谷地，属大陆性中亚热带季风性湿润气候，气候温和，四季分明，雨量充沛，日照充足，但分布不均。年平均气温17.9℃，年降水量1843.6毫米。年日照时数1066.6小时。春温多变日照少，夏热前涝后多旱，初秋湿热晚秋凉，冬有霜雪严寒短。

受不同天气系统和独特地貌影响，时空分布不均，导致境内出现暴雨、暴雪、洪涝、高温、干旱、大风、冰雹、雷暴、寒潮、冰冻和低温等灾害天气，成为经济发展的障碍因素。

水文：境内有两大水系，分别为五盖山山脉水系和骑田岭山脉水系，属湘江、珠江的源头。源自五盖山山脉水系棉花垄、上草和百丈河溪，骑田岭山脉二渡水流入郴江，汇入湘江。源自骑田岭山脉水系大山口、大竹山河溪，五盖山支脉肖家山两江口河及两湾洞水流入宜章汇入珠江。

环境：城乡环境不断改善，空气达标率100%。集中式饮用水水源地水质达标100%。地表检测断面功能区达标98.3%。区域环境噪声平均值为52.4分贝。交通噪声平均值为69.6分贝。

土壤：水田有黄泥田、沙质田和灰黄泥田。旱土有红土壤、黄土壤、黄壤和黄棕土壤。

地形地貌：良田镇以丘陵、山地为主。镇域中部较为平坦，107国道沿线为丘陵地，东西部多为山地。

资源：植物资源有樟树、松树、杉树、楠竹、油茶树和金银花等。矿产资源有铅、锌、铜、大理石、石灰石及观赏石、奇石，且蕴藏丰富。

人口民族

1988年，境内人口2.08万人。2007年，总人口3.2万人。2014年，总人口5.14万人，民族以汉族为主，占98.6%，瑶族等少数民族占1.4%。

经济发展

经济综述

清末，镇域经济以农业为主，采矿业、建材业、手工业和商业为辅。农业为小农经济，效益低下，赤贫之家多以红薯杂粮为主。清道光二十二年（1842），海禁大开，良田为湖广通道的中心重镇，湘南最大商埠，往来客商必经之地，日行骡马逾千，挑夫上万，主要经营粤盐、茶叶、晒烟、茶油、苎麻、生姜和蓝靛等。民国时期军阀混战，日寇犯境，中街百余店铺被毁，工商业较前衰落。新中国建立后，良田镇国民经济逐渐恢复。改革开放以来更是快速发展，千年古镇发生翻天覆地的变化。建材、现代制造、仓储物流、新型电子、风力电力和现代农业等产业成为全镇经济发展的主力军。1988年，工农业总产值650万元，其中农业产值570万元。1996年，工农业总产值1.9亿元。2002年，完成国民生产总值2.13亿元。2007年，实现国民生产总值8.6亿元。2012年，实现国民生产总值19.88亿元。2014年，全镇实现国民生产总值39.8亿元，同比增长18%；完成财政收入9298万元，同比增长13%；实现农民人均纯收入27435元，同比增长18%；新增“四上”企业2家，全镇“四上”企业27家，全年可实现工业总产值22.8亿元。90%家庭住进新楼房，不少家庭拥有大型家用电器、摩托车、大卡车和小汽车等，自来水、电视和无线网络通信入户率均达99%。质量、环保、养生、学习和创业等理念，成为人民生活最寻常的意识和行为。

农业

良田历来为传统农业模式，新中国成立后有所改变，历经集体经营、个体经营、家庭联产承包等经营模式。20世纪80年代，是原郴县商品粮基地、杉木林基地和速生丰产林基地之一。1991年，农业内部结构逐渐向种植优质稻、水果、改良牲猪品种、发展山羊及渔业等方向转变。1995年，重点支持优质水稻、生猪、牛羊、烤烟、水果及商品蔬菜、高产楠竹、速生丰产林等八大产业基地建设。2012年以来，境内兴起以郴州金朵高山菊、国盛生物能源、郴州瑶山农业开发公司和芝草菌业为代表的现代化农业产业，实现部分土地流转，荒山变庄园。其中，下洞村的高山菊种植基地、两湾洞村的葡萄种植基地、塘了坪村的药材种植基地和廖家湾村的油桐种植基地等优势日益明显。2014年，全镇提质提优特色农业，不断壮大高山菊基地、烟稻制种基地、水果生产基地、油茶油桐基地和药材种植基地等特色基地规模。农业基地总发展规模1667公顷，年产值过亿元。另种植蔬菜500公顷，日上市蔬菜1500千克；示范猪场年出栏生猪1万余头；楠竹低改133.33公顷，油茶低改26.7公顷，油茶新造100公顷，杉木新造53.33公顷，千年桐93.33公顷。主要农作物有水稻、葡萄、油茶、油桐、高山菊和烤烟等，其中葡萄、高山菊和烤烟最为出名，以其优良品质畅销国内。

林业

良田镇境内中部以丘陵为主，东部和西南为中山。山林面积7654.2公顷，森林覆盖率达86%，乔木、灌木树种有80科220属500种，珍稀树有银杏、红豆杉、檫树、毛红椿、厚朴、石槠、金叶白兰花、篦子三尖杉和伯乐树等。

1958年以前，境内山林处于原始森林状况，古树高耸入云。1958年，全民大炼钢铁、伐木毁林，林业生态空前失衡。20世纪70年代，大队办林场。1981年"三定"（稳定山林权、划定自留山、确定林业生产责任制），林业生态显著好转。2010年以来，良田镇大搞植树造林、退耕还林、封山育林和森林防火，每年投入百余万元作为绿化专项资金，各村每年拨付万余元苗木费，通过绿化攻坚，实现用材林、绿化林和经济林并举的立体格局。其中：用材林667公顷，木材蓄积量6万立方米，以松、杉树为主；绿化林167.67公顷，以樟树、桂花树、红叶楠、白杨、杜英树为主；经济林140公顷，以茶叶、油茶、油桐、梨、桃、乌梅、柑、板栗等为主。绿化林由传统向现代优质高产、高效规模化方向推进。

工业

良田镇境内工业起步较早，新中国成立前已有砖瓦、石灰、采冶及铜、铁、锡器加工、榨油、裁缝、酿酒、制伞、制鞭炮、竹木加工、粗布纺织和印染等手工作坊。新中国成立后，实行以农业为基础，以工业为主导的经济建设总方针。1956年，始办农业合作社农业集体工业，并组建发展社队企业，后逐步发展。1958—1968年，设郴县酒厂良田分厂，成立公社化多种经营专业队，先后建铁木社、红砖厂、五盖山茶叶场、林场、装卸队、工业大队和采石场等。1967—1990年，镇域先后建成壕口、人形、庙背、良田一级和良田二级等13座水电站。其间，兴办石灰厂，并从事石灰粉加工和铅锌矿开采。年产量6万吨的郴县水泥厂亦在境内建成投产。1987年，原良田基建队提升为良田建筑公司（二级企业），同时成立良田房地产开发有限公司。是年6月，良田自来水厂（今良田自来水有限公司）成立。同年，良田水泥厂（现良田水泥有限公司）成立。其原年产量8万吨的立窑水泥生产线经3次技改，2010年升级为新型干法旋窑水泥生产线，并配套2台余热发电，年产量260万吨。1993年，兴建南岭水泥厂（现为苏仙南方水泥集团有限公司），至2009年8月，年产量1300万吨；2013年，年产量3800万吨，占湖南水泥总产量60%。2000年，引进嘉玛服饰有限公司。2012年，引进泰安智能立体车库，国电电力风力发电项目及澳玛新型建材、雄森石材工业园、帝旭铸造、湘林矿业贸易、俊涛矿业贸易、富森米石深加工、湘田电子、鸿冠电子、中创轨道和国盛生物能源等企业。同时，关闭撤除39家"散、小、脏"白色建材企业，形成多元集群的产业体系，展现工业强劲发展势头。

2014年，良田实现工业总产值22.8亿元。

商贸服务业

良田镇古时为“湖广通道”重要驿站。嘉庆年间（1796—1820年）称市，南来北往行人多于此食宿。至晚清，良田市场已有店铺300余家。圩日应市者千余人，多时逾5000人。主要上市物有大米、畜禽、茶叶、土纸和竹木制品等，三日一圩。1958年至“文化大革命”期间，集市贸易受限制，逢十赶圩，大米、畜禽不再上市。1978年后，加强市场建设，改善市场条件。2014年，镇内有大型超市4家，农贸综合市场2个，各类商业门店1100多家，从业人员2万余名，逢二、五、八日赶圩，应圩者万余人。

财税金融

清代，朝廷对财政实行中央集权，良田境内未设金融行业。民国时期，湖南军阀割据，财政各行其道，赋税极重，百姓生活苦不堪言。新中国成立后，人民政府实行财政预算制度，区域内财政属郴县财政所辖，金融领域有中心支行良田营业所、信用社等。1951年10月，郴县专区中心支行下设良田营业所，为全区首建，即现郴州农业银行的前身。1952年12月，高雅岭乡凌克德和堆上乡陈伦泽信用合作互助组，联合10个常年互助组建立高上信用合作社，社员128人，股金246.6元。后信用合作社得以发展，即现郴州农商银行的前身。党的十一届三中全会以来，对农业税征收实行起征点，对国有企业实行企业基金，利润留成、盈亏包干，对个体工商业征收工商业税。1995年，苏仙区国税局下设良田基层税务所，立体税种为增值税、消费税、国有及集体企业所得税。2002年，苏仙区地税局下辖良田税务所，立体税种有营业税、资源税、个体纳税和企业所得税等，地方财税进入新阶段。2006年，减免个体工商业者税费，撤销农村一切税费。2014年，全镇财政总收入9298万元。农业银行、郴州农商银行（农村信用社）、中国邮政储蓄均在境内设有营业网点，并开设24小时自助服务。境内还有人保公司、财保公司等多家金融机构。

基础设施

交通运输

良田镇为湘粤之咽喉、交通重镇、湘南地区交通枢纽中心。秦汉时期，修建骡马古道。1928年，修筑郴县至宜章的砂石公路。1936年，建成粤汉铁路。新中国成立后，大兴交通建设。1986年，境内107国道提质改造。1988年，京广复线建成过境。2001年，京珠（后改为京港澳）高速公路（耒宜段）建成通车。2009年，京广客运专线（高铁）建成过境。2013年，厦蓉高速公路建成过境。境内设有京港澳高速公路出入口、京港澳高速及厦蓉高速互换通道。2012年，良田镇全力推进交通建设，投资5亿元，加快工业大道、滨河路、廖家湾路和枧石塘干道建设；通过交通分流减低镇区交通容量，实现对内大循环；依托107国道绕镇线、槐万公路延伸线和京港澳高速联络线，构建“二纵一横”过境道路骨架；通过过境交通东移、南移及良田大道、麦田大道和廖家湾大道等对外衔接的主干道建设，形成立体式物流大通道。2013年，良田镇公路通达率100%，通畅率100%，公路里程222公里。2014年，全镇累计投入1.3亿元，全面实施道路交通建设，其中投资2000余万元，新建静源路、茅栗坪路等城镇道路；投资8000余万元，提质改造共建路、107国道，完成管网下地、人行道铺设以及绿化、亮化工程；投资500余万元，全面启动镇区良江路（老街）及背街小巷提质改造，实施道路绿化、硬化、路灯安装等工程；累计投入2000余万元，实施廖永、良江、郭两、嚎口至大竹山、鱼网等农村公路标准化建设。

水利建设

良田镇境内主要河流二渡水、北吉洞水、荒塘水、南水界水、连下江水、两湾洞水、五盖山水、上草水、百丈水、棉花垄和肖家山两江口水流入三江口，分别汇入郴江、珠江。明清时期，境内零星建有小塘坝，井泉1225口，仍难御旱，属靠天吃饭的原始水利格局。新中国成立后，大兴水利建设，先后修建小塘下、自干塘、荒塘、香炉石和牛角塘等小Ⅱ型水库11座，山塘404口，引水渠353条331公里，总水量2320万立方米，灌溉农田1967.53公顷。2013年，投资700余万元，扩建自来水厂，日供水量1万吨，解决辖区内5万人饮用水问题。2014年，全镇共完成渠道维修防渗5200米，渠道清淤16000米，山塘整修2座，山塘清淤3座，水坝整修加固2座，小Ⅱ型水库除险加固2座，修建排灌渠1800米，新建泵站1座，改造泵站2座，完成石方14.5万立方米，混凝土0.5万立方米，投劳17.2万个，投资782万元。

村镇建设

镇区建设 清末，良田街道长约840米，店铺300余家。日军犯境时毁坏中街100余间房屋。民国末，店铺207家，房屋2.4万平方米。新中国成立初期，无大变化。107国道拓宽后，沿国道新建街区，老街周边拓展新区。

1999年，良田镇编制《良田镇总体规划（1999—2020年）》。2000年，镇区城镇化面积1.46平方公里。2010年，小城镇规划建设提前10年完成，已不能满足日益增长的城镇建设需求，现有部分建筑超出规划范围。2012年，良田镇修编《良田镇域总体规划（2012—2030年）》，确定良田未来20年小城镇建设发展范围和方向。总目标是将良田镇区建设成为以建材产业为主，轻化产品、商贸物流为辅，以良田大道（现107国道）建设为发展集轴，以北部工业片区、中部综合片区和南部物流片区“三区”为重点，全面推进北部工业区、中部商贸生活综合区、南部物流区及东、西居住区“五组团”的发展，打造“一轴三区五组团”的城建格局，形成向北对接市中心城区的城镇群示范中心镇。2013年，镇区城镇化面积拓

秀良游园

展到3.76平方公里。2014年，城镇人口2.7万人，城镇街道18条，上规模住宅小区10个，城镇化水平63%。全镇投资1000余万元，将秀良游园打造成红色文化广场；投资600余万元，将烈士公园打造成现代园林式纪念馆；投资1000余万元，实施共建路提质改造工程；投资3000万元，对共建路、107国道镇区段进行徽派风格仿古立面改造，千年古镇风情与骡马古道相映生辉，构成良田城建新特色。另有107国道镇区段扩宽及全路段提质改造、日处理4000吨的污水处理厂及6.5公里的配套管网设施、60吨生活垃圾热解气化处理示范场、良田公园和滨河广场等项目使良田宜居宜业生态城镇建设初见端倪。

农村建设 民国末，丘陵、平原区农房多为砖瓦房；贫困户为低矮窄小土砖房；山区贫困户多为土夯墙或土砖墙，屋盖杉木皮或茅草；无房者则借居或寄居祠堂、庙宇、路亭和窑洞。土改时期，住房差距缩小。党的十一届三中全会后，农民收入增加，农村居所逐渐改善，不少农民仿照城市三室一厅、三室二厅楼式建新房。新农村建设以来，农村面貌焕然一新，生态村庄建设有序实施。良田镇全面推进“五化”工程，即实施亮化工程，加快农村路灯建设，安装太阳能路灯2000余盏，解决全镇近半公共区域照明问题；实施净化工程，统一配有专职保洁员，垃圾分类桶框，修建垃圾池，实行集中清运，高雅岭村、堆上村成功升级为“省级卫生村”；实施绿化工程，强化生态文明理念，全面开展镇区、通道、水系、山头、村庄等绿化，全镇森林覆盖率达到86%以上；实施美化工程，围绕沿街建筑立面改造出新、空调外机统一整理、广告店招规范整治等重点，加快镇区街道立面改造；实施序化工程，规范村民建房，依照统一规划、统一风格、统一模式的要求，结合镇总体规划，按重点村、平原村和山区村分类、分标准编制31个村庄规划，打造村庄建设亮点。

社会事业

教育

清末，私塾（家馆、族馆、门馆）遍及境内。民国初，创办开发寺学校。1921年9月，创办良田学堂（先后更名为知用中学、郴县第二中学、郴州市第十一中学）。1924年，创办兴公学堂。1947年，创办香祖中学。1949年，兴建郴县私立益湘学校（后更名郴州农校，1951年并入长沙农校）。新中国成立后，广泛开展扫盲、文化补习和大兴村片小学。1985年，实行九年制义务教育。2002年，良田镇有中小学14所。2005年，国家实行免除义务教育阶段学杂费。2011年，良田镇初级中学并入郴州市第十一中学，教学班20个，在校学生1007人，教职工293人，中高级教师67人。另有良田、廖家湾和邓家塘3所完全小学，教学点8个。公办幼儿园3所，民办幼儿园11所。2014年，境内有中学1所，小学3所，教学点8个，幼儿园14所。

文化

新中国成立前，境内盛行佛、道教，寺、庵较多，口头文化、神话传说为主要休闲文化。村庄或片区自发组建民间剧团10余个，演出花鼓戏，还有舞龙舞狮等民间文化活动。1953年，境内建郴县第一个乡镇文化站，后又组建文工团、图书馆。1958年后，流行顺口溜、打油诗。“文化大革命”时期，推行忠字舞，各大队成立毛泽东思想文艺宣传队，演出样榜戏、花鼓戏、三句半、话剧和小品等。1978年以来，业余文学爱好者甚众，县级以上报刊发表小说、诗歌和散文等作品百余篇。全国性文学征文中，段伟国的诗歌《起舞的丘陵》、

《古镇与古柏》、《南国大野》和《母镇》分获二等奖2次，金奖1次、银奖1次。民间休闲文化曾流行卡拉OK，时下盛行广场文化（广场舞、广场书法、广场器乐和广场球类等）。2002年，境内有文化站、图书馆、老年活动中心各1个。2014年，有老年活动中心6个，文化站成立腰鼓队。

广电

新中国成立初期，收音机在境内极少。1956年，郴县广播站成立，良田镇架设高音喇叭3处。1964年，全镇每个生产大队普及高音喇叭。1973—1982年期间，95%的大队有广播放大站，入户率80%，农村广播网基本形成。1981年，驻军部队在百丈、桥头建立电视差转台，境内始能收到央视一台、湖南省台。1983年，苏仙岭电视差转台建成开播。1994年，五盖山电视差转台开播，电视信号覆盖全境。电视终端机由黑白电视机、彩色电视机逐步转化到液晶电视机和高清电视机。全镇设有线电视台1个，有线电视普及收视率90%以上。

医疗卫生

早期，中草药郎中游方境内，为民治疾。民国期间，周润华始办私营中医铺。1942年，设秀良区卫生所，1958年转为人民公社卫生院。1965—1972年，良田卫生院改为全民所有制医院，医院内设X光机、A型超声波、心电图机和生物化学检验仪等。1981年，改为郴县结核病防治所。1984年，改为良田中心医院，建立卫生档案、医疗单价和传染病疫情报告网，稽查医药市场，杜绝伪劣药品。2002年，良田中心卫生院更名为苏仙区第三人民医院。2007年，开始实行医保制度，医院不断提高医疗服务，为广大患者解决就医难问题。现有医护人员87人，其中技师2人，执业医师3人，执业护士23人，中级职称21人，初级职称60人。2012年，区三医院被省卫生厅评为乡镇卫生院管理活动先进单位；2011—2013年，连续评为郴州市居民医保机构管理工作先进单位。境内另有廖家湾卫生院、邓家塘卫生院及村级卫生所40家，方便群众就近就诊。

社会保障

中华人民共和国成立前，人民生活极度贫困。新中国成立后，生活水平有所改善。1978年改革开放后，国民经济快速发展，人民生活不断提高。2006年，免征农村一切税费，农民享受各种惠农补贴。2007年，境内实行新型农村合作医疗制度。2009年，实行养老保险，贫困家庭享有最低生活保障，城乡高龄老人享有补贴。2012年，政府财政拨出专款为残疾人购买养老保险；残疾人创业能获得政府扶持，残疾人市场摆摊享受摊位费减免优惠；重度残疾人（一、二级）每月可获政府50元居家照顾费，同时，免费改造居家无障碍通道、厨房、卫生间，免费发放轮椅等；0~6岁的智障、听语障和脑瘫等儿童，政府免费矫治康复；白内障患者政府免费复明手术；危房改造家庭，列入统筹范围的新建住宅政府给予补助。一系列惠民政策的落实，让人民群众分享改革开放的红利。2014年，良田镇有农村低保户880户1769人；城市低保户64户99人，全年发放低保金300余万元；临时救助160余户，救助资金8万余元；医疗救助200余人，救助资金25万余元。参加城乡居民医疗保险人数3.8万人，城乡居民医保、新农保、五保和低保实现应保尽保。

特色地情

文物古迹

骡马古道　始建于秦汉时期的骡马古道南北贯穿境内约15公里，为古时北连长江南牵珠江的主要官道（交通枢纽）。清末做过一次大规模修整。古道石板留有大量蹄印，沿途凉亭众多，为寻古探幽的好景观。省级文物保护单位。

福德楼 又名财神楼，位于良田上街，重建于1851年。南北朝向，下为石拱门，呈骑马状，横跨湘粤古道，上为砖木楼、瓦顶、四角飞檐，通高8米，南北长2米，东西宽4米，上层供奉财神佛像现已毁，楼北端右墙嵌有“重筑拱门财神楼碑”碑文斑驳难辨，落款为“咸丰元年岁次辛亥”。省级文物保护单位。

水星楼 位于良田下街，始建于1662年，几经修缮，最后修缮于1924年，南北朝向，下为石拱门，呈骑马状，横跨湘粤古道，上为砖木楼，瓦顶，四角飞檐，通高9.2米，长10米，宽4米，东墙嵌有“述公恩碑”，楼已毁。省级文物保护单位。

南海楼 又名观音阁，位于良田上街南端，结构、式样和规制与水星楼同。上层供奉观音，立“捐修观音阁水星楼序”碑记其事。省级文物保护单位。

文昌宫戏台 有新旧二址，旧址紧挨水星楼，始建于康熙年间（1662年）；新址位于良田下街北端，建于1827年，重建于1924年，北南朝向，砖木结构，悬山顶，四角飞檐，顶盖小青瓦。两侧各有厢房，右厢房一侧有廊房3间，作观戏包厢用。戏台建筑面积300平方米，通高8.8米，厢房基脚嵌有“新建戏台碑”道光七年（1827）立，陈茂藻写文并书丹。1928年2月4日，朱德、陈毅在此召开湘南起义誓师大会，部署攻打郴州战斗任务。1934年11月中旬，周恩来、刘伯承率工农红军一方面军一、三、五、八、九军团和中央纵队长征经过良田，指挥部设于此，作出绕开郴州，取道桂阳、临武西进的战略决策。省级文物保护单位。

革命烈士纪念馆 1950年，于良田上街始建郴县良田烈士祠。1977年，移址于枫木岭，更名为郴县良田革命纪念祠。1984年，更名为郴县革命烈士纪念馆。1994年，更名为苏仙区革命烈士纪念馆。2007年，原址重建，占地2.8公顷，含主展馆及广场两部分，主展馆陈列着1976位英烈名录、生平简介、部分遗照、枪支、徽章和文件等文物，全面反映郴县革命史，体现湘南起义策划、序幕、高潮、转移和接应五个阶段在全国的巨大影响力。市级文物保护单位。

工运领袖黄静源故居 位于二渡水村，为清末建筑，砖木结构，硬山顶小青瓦，二层楼，共6间房。市级文物保护单位。

周恩来警卫参谋陈友才故居 位于高雅岭村。

毛泽东机要科长孙开楚故居 有两处：其一，良田上街；其二，鲁塘岭村。

唐宰相刘瞻墓 葬于二渡水村，墓堆已被夷平。

岩鹰坦 位于桥头村，对穿溶洞，长2500米，宽500米。内有石龙，形迹俨然石田数层，塍界分明，石钟乳如笋如柱，形态各异。石楼长宽各10米余，石阶如梯可拾级而上，昔人至此避兵。坦顶石钟乳结成二石下垂，长宽各3米余，形如钟鼓，击之有声，泉水清冽而出灌田数百公顷，前后坦门皆有庵。今已挪作他用，奇观或被毁被封。

明清古村落群 两湾洞古村、廖家湾古村、黄家湾古村、高雅岭古村、陈家湾古村、上冲古村。

贞节牌坊 位于廖家湾村，建于清代。底座3柱2门，主体为3层4顶，坊、额4横2列，通高6米，底座高3米，主体高3米，底座总长5米，坊顶4个，为坊石顶。正面镌“姑媳双节”四字，背刻双龙戏珠。省级文物保护单位。

迎风亭 位于两湾洞村，建于清代。木石结构，长8米，宽3米，高6米，亭顶有葫芦状雕刻，中镌“迎风”“暑却”。省级文物保护单位。

古客栈 位于邓家塘村折岭头组，清末建于骡马古道旁。砖木结构，一厨二厅三包厢共6间房子，房外设木板柜台。省级文物保护单位。

两江口桥碑 位于肖家山村两江口组，清道光四年建。

石拱桥群 明清石拱桥百十余座散布于境内大小村落河道。桥头村三江口拱桥建于清乾隆十八年（1753），桥底有碑文，麦田小薯桥建于清乾隆十九年（1754），有碑文。黄家湾的“廻龙桥”桥名字迹依稀可辨。

粤汉铁路九树下车站段 位于邓家塘村12组，粤汉铁路路基已毁，昔日的九树下车站仍在。市级文物保护单位。

廖氏宗祠 位于廖家湾村，始建于雍正十年（1732年），1864年重建。砖木结构，四合院呈长方形，三进一天井，有前厅、戏台、中厅、后厅和议事厅，面阔15米，前进深65米，占地975平方米。祠堂内两个石狮，两块碑刻保存较好，前门两边有石鼓，鼓上狮子。宗祠雕刻有花鸟、凤凰、麒麟和神话人物等，雕工精细。市级文物保护单位。

名优特产

五盖山米茶（亦称云雾茶） 常年生长于云雾霜雪露笼罩的高山中，独特的环境催生出上佳茶品，泉水沏之芳香扑鼻，茶雾犹如龙形袅袅升腾，久聚不散。明代列为贡茶；1980年，良田人民公社五盖山茶叶场试制复原历史名茶“五盖山米茶”获得成功，同时还试制“郴州碧云茶”。1981年，两茶被评为“湖南省优质名茶”。

高山菊 产于海拔800米以上的山区，故称“高山菊”。气味清香、花中含菊式、黄酮类、氨基酸、维生素以及微量元素等，具有清热、明目、解毒、抗炎的功效，为防暑佳品，荣获“湖南省农博会金奖”。

禾花鱼 因其自幼生长于高寒山区泉水稻田中，肉质细嫩，鱼骨柔松，美味不可言。

水泥 岭东牌、良田牌P·C342.5#、P·O542.5#、442.5#普通硅酸盐水泥：凝结快、耐强压、质量稳定。通过质量体系、产品体系认证，曾荣获“部优省免检产品”。

历史名人

黄静源（1900—1925） 二渡水村人。1921年由毛泽东介绍入党，成为郴县第一个中共党员。1925年当选为安源路矿工人俱乐部副主任。“五卅”惨案后，组织工人声援上海人民反帝斗争，不幸被捕，英勇就义，葬于岳麓山。

陈友才（1914—1937） 高雅岭人。1928年，随湘南起义队伍上井冈山，任毛泽东警卫员。1936年，任周恩来警卫参谋。1937年，护卫周恩来前往南京谈判，途中遭遇土匪，为掩护周恩来，扮作周恩来引开土匪，献出宝贵生命。

孙开楚（1910—1942） 良田下街人。1926年，加入中国共产党。1927年，组织游击队参加年关暴动，任中共县委委员。1928年，随部队上井冈山。1935年，任毛泽东机要秘书。1937年，任军工部政治委员，为抗日提供相当数量武器弹药。1942年5月22日，为掩护八路军总部机关和华北局党校人员转移壮烈牺牲。

段禄春（1909—1991） 又名段子元，良田镇人，少将。1958年10月由部队转业到地方工作，同年12月在省人民委员会参事室工作。1991年，在长沙去世。

（钟石桥　黄晓云等　供稿）

坳上镇>>

坳上镇，因位于五盖山西南余脉的山坳上，故名坳上。槐万公路、京港澳高速、厦蓉高速、107国道和京广铁路复线均穿镇而过。境内有远近驰名的天下第十八泉，风景秀丽的五盖山高山峡谷，保存完好的湘粤古道和坳上村古民居群。

区域概况

位置面积

坳上镇位于苏仙区南部，地处北纬24°54′—24°30′，东经113°14′—113°20′。东邻五盖山镇，南靠良田镇，西与北湖区石盖塘镇交界，北与白鹿洞街道、白露塘镇及北湖区郴江街道相连。镇政府驻沙江村。全镇区域面积103.8平方公里，耕地面积1356公顷，其中水田面积1144公顷。

建置沿革

清嘉庆二十一年（1816），坳上镇辖区属秀才乡。民国2年（1913），以乡改区，秀才乡分为秀贤、秀良区，坳上属秀贤区。民国19年（1930）2月，实行区域自治，秀良、秀贤、瑶林区并入第三自治区。民国24年（1935）2月，实行区、乡、保、甲制，区沿旧制。民国27年（1938），废区并乡，坳上为集贤乡。民国36年（1947），并集贤、良佐、良佑为贤良乡。1949年12月，划区建政，属贤良区。1950年7月，缩小乡级规模，更名置坳上乡，属第三区（贤良）。1952年2月，划小区乡行政区域，设三区（坳上）。1955年5月，更名坳上区。1956年5月，撤区并乡，复置坳上乡。1957年2月，归良田办事处辖。1958年10月，人民公社化，坳上乡并入红旗人民公社（1959年2月更名坳上公社）。1959年11月，坳上公社并入良田公社。1961年2月，析为坳上公社。1965年7月，小溪公社并入坳上公社。1980年12月，坳上公社析为坳上、小溪公社。1984年3月，以公社建乡，复置坳上乡。1994年撤销坳上乡，置坳上镇。1994年12月，撤县建区，更名为苏仙区坳上镇。

行政区划

坳上镇辖坳上、玛瑙山2个社区和黄泥坳、走马岭、田家湾、东市、水头、水塘、新丰、大开湾、苏木头、青龙首、牛坪、水龙、坳上及沙江14个村，177个村民小组。

自然环境

坳上镇大部分为丘陵，位于五盖山和走马岭之间，两座山脉一高一低，将坳上镇的辖区分成两条谷地。属亚热带季风湿润气候区，气候的显著特点是四季分明，春季气温低，阴雨连绵；夏季高温湿热，暴雨集中，洪旱交错；秋季干旱少雨，台风入侵频繁，时有山洪暴发；冬季低温干燥，但寒期短，雨量较少。主要自然灾害有干旱、洪涝和寒冻等，以旱灾和水灾危害最大。2007年12月至2008年2月，冰冻灾害给坳上镇造成严重的经济损失。

坳上镇矿产资源主要为金、银、铁、锰、铅、锌、锡和铋等有色金属，主要分布在东市村及玛瑙山周边。竹、木等木材蓄积量在6万立方米以上，森林覆盖面积70%以上。水资源丰富，有小II型水库11座，发电站10座，装机容量3600千瓦，年发电量1800万千万时。

坳上镇耕地大多分布在郴江河两岸，属沙性土质，土壤肥沃、气候温和，适合农作物生长。农业生产以种植稻谷为主，蔬菜、西瓜等次之，盛产茶油、茶叶，五盖山的云雾茶在省内享有盛名。

人口民族

1988年，辖区总人口1.95万人。2002年，总人口1.75万人。2012年，总人口2万人。2014年末，辖区总人口2.18万人，以汉族为主，其中男性1.12万人，占51.3%；女性1.06万人，占48.7%。

经济发展

经济综述

清末，坳上镇域经济以小农经济为主，采矿业、手工业和商业为辅。民国时，农业以种植水稻、蔬菜及经济作物为主，工商业以制造销售木器、铁器等为主。党的十一届三中全会后，利用镇域地广土肥、交通便利、矿产资源丰富和文化底蕴深厚的优势，各产业协调发展，经济与社会建设全面推进。1988年，坳上乡工农业总产值1090万元，其中农业产值700万元。1996年，坳上镇工农业总产值2.07亿元，其中农业总产值3606万元，工业总产值1.71亿元。2002年，完成国民生产总值2.58亿元。2007年，实现国民生产总值3.26亿元。2012年，实现国民生产总值12.56亿元。2014年，实现国民生产总值14.34亿元。同比增长13.5%，其中第一产业8351.12万元，同比增长7.2%；第二产业1.1亿

水塘村无公害蔬菜基地

元，同比增长14.2%；第三产业2.52亿元，同比增长13%。农民人均纯收入1.83万元，同比增长15%。镇内居民生活显著提高，农户家多建有2~3层小楼房，液晶电视、摩托车、移动电话、空调、电脑、全自动洗衣机和汽车等进入百姓家庭。

农业

坳上镇农业历来以种植业为主，养殖业为辅。种植业中，水稻为大宗产品。养殖业中，以猪、牛和家禽为主。1988年，坳上镇粮食作物播种面积2150.6公顷，总产量1.12万吨。农产品以稻谷、烤烟、禽畜、茶叶和木材为主。2002年，引进无籽黄瓤西瓜洞庭3号，种植20公顷获得成功。2012年，种植无公害蔬菜133公顷以上。2014年，推广优质稻1066.67公顷，其中超级稻200公顷；完成秸秆还田190.1公顷；在水头、水塘、新丰、水龙等村落实烤烟面积54公顷，建设集中式烤烟房20个；发动郴江河上游沿岸的水塘、水头等7个村的村民，利用地域优势及郴江河上游沿岸土地肥沃的有利条件，种植无公害蔬菜150公顷以上，成为郴州市规模最大、规格最高的绿色蔬菜基地；种植油菜333余公顷，其中在沙江、坳上和新丰连片种植66.7公顷；实现造林更新面积366.7公顷，油茶新造面积80公顷，油茶低改66.7公顷，楠竹低改234公顷，发展苗圃基地66.7公顷。坚持抓好优质稻、无公害蔬菜、油菜、油茶和烤烟产业的发展，引进农业龙头企业，提高农产品的附加值。同时，利用境内优美、丰富的田园景观和自然生态风光资源，以农业生产规模化、标准化和生态化为发展方向，打造城市蔬菜供应基地、花卉苗木基地，建设果园农庄、精品观光点和“农家乐”等休闲旅游产业。

林业

通过林改，坳上镇6940公顷林地基本明晰产权，完成林权证打印面积6652公顷，占林地面积的95.9%。村民对林业投入的信心增加，有力促进林地的合理流转。田家湾、走马岭和黄泥坳等5个村16个组签订城区森林景观建设协议147公顷。全镇有用材林36公顷、景观林147公顷和生态公益林1467公顷，33公顷苗木基地1个，镇区内森林绿化率75%以上。其中，田家湾村发展市级“碳汇林”基地一个，总面积63公顷，今后将成为新城区居民登山观景的天然氧吧公园；新丰村发展义务植树点1个，总面积1.7公顷，植树2000余株；镇内万李线、沙青沿线22.4公里补栽树苗6000余株；村民开荒造林68.7公顷；39个村庄道路绿化18公里，水系绿化9公里。全镇坚持“造管防”结合，巩固提升通道绿化，加速推进荒山荒坡荒岭造林及碳汇林基地建设，突出沿路、沿河、沿村和沿镇区的“四沿”绿化重心，特别是优先抓好槐万公路、万李公路和郴江河两边的绿化，调整绿化树种，做到一路一风景，一河一风光，一村一面貌。

工业

坳上镇小冶炼历史悠久，生铁产品行销全国。小冶炼主要分布在沙江、新丰、水头和水塘4个规划区。至21世纪初，形成冶炼、水电、采选和建材四大支柱产业。2012年以来，朝阳矿业有限公司、东方民爆公司、越发矿业有限公司、金旺矿业有限公司、协成建材厂和双益建材厂等一批企业相继建成投产。

项目建设

项目建设一直是坳上镇经济工作的中心，境内郴州烟厂异地技改、福地仙都和十八泉老年公寓等项目完成清表作业；中远泓广物流园、烟厂路、田家湾路、货站南路、下湾河、泓广路和太阳城路等项目抓紧施工；瑞祥油库完成征地工作；工程机械市场、郴州大型钢结构配送中心、郴州钢材大市场和郴州湘粮粮食产业物流等项目正在完善前期的立项、规划、国土手续。

财政金融

坳上镇境内有郴州农商银行、坳上邮政储蓄所和中国农业银行 3 家金融机构。2014 年，财政收入 8982 万元，同比增长 10%。

安全生产

坳上镇小冶炼产业兴旺、安全生产至关重要。截至 2014 年，全镇关闭、取缔非法选厂 35 个，整合矿山企业 28 个，并做到“三个不留”。通过深入开展矿山专项整治和打非治违工作，规范矿业开采秩序，强化安全生产执法力度，有效遏制辖区内矿山非法开采反弹现象，对郴江河上游环境治理起到良好的促进作用。

基础设施

交通运输

旧时，人们出行主要依靠步行，货物靠肩挑手提，条件稍好者借助驴马运输。坳上历来交通便利，京港澳高速公路、厦蓉高速公路、107 国道和京广铁路复线均穿境而过。20 世纪 90 年代，已实现村村通公路。2011 年，新修槐万公路，将京港澳高速公路郴州出口、厦蓉高速公路万寿桥出口、107 国道和 107 国道绕城公路连成一体，是郴州城区出入的重要通道。其中有 9.1 公里途经镇内田家湾、走马岭和黄泥坳 3 个村、33 个村民小组。坳上镇 14 个行政村的通村公路全部水泥硬化，硬化里程 237.2 公里。村组公路水泥硬化率 50% 以上，并投入资金 500 余万元架桥梁 5 座。同时，加固改造通往水龙村、坳上村的坳幸桥危桥，全面整修万李线、槐玛线，并完成黄泥坳村石枧冲、坳上村坦岭等通组水泥公路 45 公里。随着交通条件的改善，群众出行便利，既可乘坐公共交通工具，也可自驾摩托车、汽车出行。

邮政电信

邮政通信设施从无到有，逐步完善。20 世纪中期，坳上镇域内传递公事主要依靠广播，私事主要靠步行奔走相告，远距离的到邮政所投递信件或者拍发电报。20 世纪末，电信、联通和移动纷纷在镇内设立服务网点，修建基站，部分先富起来的群众开始安装固定电话或购买手机。21 世纪以后，手机逐渐成为村民主要的通信工具，固定电话占有量逐步减少。

供电饮水

坳上镇境内有变电站 1 座，供电所 1 家。2007 年，完成农网改造 744 户，安装变压器 14 台，架设高压线 5 公里，低压线 32 公里。2010 年以来，投资 60 万元在镇水厂老取水口处打井补充水源，日供水量增加至 1500 吨。启动农村安全饮水工程，对镇区和水头、水塘和新丰等村集中供水管网进行升级改造，对东市村双元冲组和铁渣市组、大开湾村石寨下、苏木头村洋冲组及青龙首村段家组实施分散安全供水，解决 6600 人安全饮水问题。此外，引进投资商投资 3000 万元对水厂现有设施、管网进行改造，计划三年内建成日供水达 1.5 万吨的自来水厂，以满足城镇建设及经济发展需要，解决群众饮水安全问题。

水利建设

1999 年，坳上镇恢复水毁工程 452 处。2002 年，境内有小 II 型水库 9 座，总库容 217.7 万立方米，灌溉面积 380 公顷；水力发电站 8 座，总装机容量 2436 千瓦，年发电 800~ 900 千瓦时。2007 年，完成大小水利工程 540 处，修复水毁工程 396 处，疏通河道 2 公里，整修堤坝 128 处，水库 2 座。2010 年以来，陆续向上争取 400 多万元，在水头、水塘和东市开展土地综合整理 150 公顷；在坳上、新丰和水龙等村实施开展郴江河上游土地综合治理 150 余公顷；梅山水库、天子地、牛路坪、斗元冲、石枧冲和上元冲等水库除险加固。2014 年，在水头、水塘、新丰和坳上等 9 个村开展小农水项目建设，整修渠道 38 条、2 万余米，整修山塘 11 口，涉及人口 8038 人，耕地面积 649 公顷，受益灌溉面积 519 公顷。

村镇建设

1998 年，坳上镇投资 500 多万元，修筑水泥路 4 公里，建设镇农贸综合市场，改造镇区街道，硬化路面。1999 年，农贸市场二期工程全面启动，新建住房 4700 平方米。2014 年，筹集资金近 700 万元，实施镇区道路升级改造，新建道路 840 米，新增道路面积 2000 多平方米；新建雨污水管道 2000 米；搭建农贸市场钢架大棚 808 平方米，翻修市场 861 平方米；新建公厕 1 个；在镇区道路两侧栽种香柚树 150 株；对镇政府 2 栋家属楼实施坡屋顶改造，改建面积 2650 平方米；全面实施“金太阳”工程，在镇区、万李线和坳上古民居等处安装太阳能路灯 289 盏；水塘、新丰、坳上、水龙和沙江 5 个村启动实施农村广播“村村响”工程建设。此外，聘请郴州市城市规划设计院完成坳上村历史文化名村保护规划、地形测绘。改造坳上古民居周边排水渠 1000 余米，栽种香柚树 28 棵，建游园 1 个，总面积 0.67 公顷；启动坳上村委会搬迁工作，将原村小改造为村委会，方便管理坳上古民居相关事宜。

2014 年，坳上镇投入资金 1200 余万元在田家湾、水塘、走马岭和青龙首村进行以“三清六改一化”为主要内容的村庄治理。开展环境卫生集中整治行动，重点对槐万公路、万李线沿线各村的各种生活垃圾、废弃物进行彻底清理、清运。组织劳动力 2.5 万人次，清运垃圾 1 万多立方米，清理沟渠 5000 多米。同时，加强日常环境卫生管理，聘请保洁员 124 名，发放垃圾桶 2 万个，购置垃圾斗车 157 辆，建垃圾焚烧池 130 座。在抓好日常卫生清扫、垃圾处置的基础上，发动和引导广大群众，突出“一美、二拆、三改、四建”，即以村庄美化，拆危拆旧，改水改厕改圈，建沼气池、垃圾中转站、污水处理池和游园为重点，根治农村“脏、乱、差”。

社会事业

教育

2002 年，坳上镇辖区有中小学 14 所，办学点 3 个，幼儿园 1 所。经过十几年的资源整合，布局调整，现辖区有中心学校 1 所，教职工 69 人，学生人数 837 人，其中小学部 609 人，中学部 228 人；村小 11 所，学生 370 人，教职工 46 人；有中心幼儿园 1 所，幼儿班 6 个，幼儿 216 人。2011 年，投入资金 180 万元新建 1200 平方米的坳上中学综合楼，确保合格化学校建设顺利验收。投入资金 80 万元改造中心幼儿园旧园舍 1300 平方米，购置户外玩具 11 件，每个班级都配备电视、VCD 等设备，顺利晋升为省级公办幼儿园。

文化广电

2010 年 7 月底，坳上综合文化站竣工，建筑位于坳上镇政府院内，主体为砖混三层，面积 324.8 平方米，工程总造价 30 万元。其中三楼设计为多功能活动室，面积约 100 平方米，主要用于文体活动的教学和排练，以及小型文艺娱乐活动，配有音响一套，欢庆锣鼓、二胡、萨克斯、大号、小号、笛子和扬琴等乐器；二楼为图书阅览室及信息资源共享室，配备电脑 4 台，有各类藏书 2000 余册，每年订阅各类报刊 20 余种，方便辖区群众查阅各类信息；一楼为办公室。坳上镇 14 个村均建立农家书屋，每个村都成立电

子阅览室，配备电视机、VCD 影碟机、书架和报架等设备。

有线电视辐射坳上镇 12 个村 166 个组，5 个移动通讯塔网络覆盖全镇，村组安装程控电话。

医疗卫生

1999 年，坳上镇有卫生院 1 所，农村合作医疗站 14 所。2002 年，卫生院 1 所，医疗服务点 4 个，2014 年，有镇卫生院 1 所，村级卫生室 19 个，从业人员 19 名。

社会保障

2012 年，坳上镇敬老院建成，能容纳 50 余名五保户入住，解决孤寡老人老有所养，老有所住，老有所送，老有所乐问题。全镇有城市低保 49 户 72 人，农村低保 428 户 848 人，散居“五保户”51 户 56 人，集中供养“五保户”11 户，三无对象 1 人，每月发放救助资金 13 万余元。全镇新农保参保人数 8841 人，参保率 96.1%。新农合参合人数 1.72 万人，参合率 95% 以上。2014 年，城乡居民医疗保险统筹基金累计补助 1369 人，补助资金 97 万元。

特色地情

风景名胜

天下第十八泉 位于田家湾村曾家浪组，又名园泉，为郴州八景之一。距郴州南十五公里，自明朝万历年间编选的《郴州志》云：古有人将天下负有盛名的优质水用来酿酒、煮茶，尔后，品尝其味优劣，而命名共 20 泉，此地为第十八泉。至今已有 400 多年的历史，此地原有一古寺，名会胜寺，现已重建，更名寿佛寺。

坳上古民居 坳上村坳上组有古民居近百栋，古民居沿山而建，呈“龙形”，错落有致，青砖灰瓦、朴实素雅的房体，精雕细镂、结构精巧的窗棂，飞檐翘角，院墙上随处可见以前用于建房的砖雕构件，是郴州迄今保存较完美的古建筑群。省级文物保护单位。

苏子洞 苏木头村前湾组有一溶洞，名“苏子洞”。相传苏仙母亲，因未婚怀孕，受人指责，躲在此洞内生下苏仙，故名苏子洞。大革命时期，苏子洞是红军游击队的主要落脚点之一，所有的伤员全都在此疗伤休养。因此，该处又称红军洞。

历史名人

曾玉（1912—1940） 女，坳上镇苏木头人。曾任红一方面军一军团独立二团团长、红五军团三十四师一团团长。1939 年冬，在调任山东军区独立师副师长途中被捕。就义时年仅 28 岁。噩耗传到延安，朱德总司令亲笔题写“中华女士豪杰”以示哀挽。

李林（1908—1954） 字家林，坳上镇清塘庙人。国内革命战争时期一直组织游击队活跃在郴县及周边地区。1949 年，任湘南支队副司令员，为解放湘南做出重要贡献。新中国成立后，任郴县军分区副司令员，中共郴县地委委员。1950 年，奉命接管私营矿山，先后任常桂锡矿、湘南笔铅矿（今鲁塘石墨矿）和郴县磺矿（今柿竹园矿）矿长。1953 年，调任湖南省工业厅小矿管理处处长。1954 年，因车祸在长沙逝世。

李星学（1917—2010） 坳上镇坳上村人，中国科学院院士。所撰《华北月门沟群植物化石》1963 年由科学出版社出版，1978 年获全国科学大会重大科技成果奖；专著《中国晚古生代陆相地层》对生物地层学有重要贡献；出版《中国中生代植物》、《中国古生代植物》、《植物界的发展与演化》，对中国中生代及晚生代植物进行系统总结。1980 年，当选为中国科学院学部委员；1983 年，当选为美国植物学会会员；1991 年，为表彰李星学的成就，加拿大佐特鲁夫博士等人把加拿大悉尼新新斯科舍煤田发现的一种石炭纪的新属、新种植物化石，命名为“李氏楔叶穗”；1992 年，被推选为全世界 50 名终生“美国植物学会通讯会员”之一。

李穆生（1898—1973） 坳上镇曲江人。新中国成立后，任上海市卫生局副局长兼卫生防疫站站长，并被选为上海市第一届人民代表大会代表、政协上海市委员会常务委员会委员、民革上海市领导成员、中华医学会上海分会分会长。在组织爱国卫生运动，开展卫生防疫，控制和消灭天花、霍乱，降低急性传染病发病率等方面，成效卓著。

李楚（1924—2000） 又名李言开，坳上镇人。郴州新中国成立前夕，李楚先后出任中共郴县城区委员会书记、粤赣湘边区人民解放军湘南游击司令部南区指挥所政委。新中国成立后，李楚先后任郴县人民办事处委员兼文教科科长、永兴县第五区区长和八区区委书记等职。1952 年，作为专业技术人员回归企业。先后设计并研制了震动测量用的放大器、用于国防事业的晶体管加速遥测放大器、高载频（200 千赫）差动变压器位移传感器及 JDW-1 型位移遥测仪等。曾获中国科学院重大贡献科研成果奖和全国科学大会优秀成果奖。中国科学院将其载入《中国科学院科学家名录》。

（曾贞　供稿）

栖凤渡镇 >>

栖凤渡镇是住建部等中央7部委颁布的全国重点镇。

相传三国时，庞统（号凤雏）赴任耒宜县令，曾栖息于此地渡口，故得名栖凤渡。栖凤渡镇交通便利，107国道、京广铁路、京珠高速和资五路穿境而过，有丰富的煤炭、页岩资源和历史悠久的鞭炮烟花、引线传统加工产业。栖凤渡镇先后被评为全国人口和计划生育依法行政示范乡镇、全国重点镇、湖南省优美乡镇、湖南省安全生产示范乡镇、湖南省清剿火患战役先进单位、郴州市文明单位、郴州市卫生镇等。

区域概况

位置面积

栖凤渡镇地处苏仙区北部，位于北纬25°58′—26°0′，东经112°58′—113°0′。东与五里牌镇毗连，南与马头岭乡相邻，西与桂阳县东城乡、永兴县洋塘乡接壤，北与永兴县油市镇交界，南距郴州市区22公里，北距永兴县城20公里。辖区内东西最大距离12公里，南北最大距离13公里，总面积104.49平方公里，镇区面积2平方公里，耕地面积2140公顷。

建置沿革

明清时期，栖凤渡镇属西凤乡。民国2年（1913年），以乡改区，属丰乐区。民国19年2月（1930年2月），实行区域自治，并入第五自治区，区治栖凤渡。民国27年（1938年），废区并乡，分为栖凤乡。民国36年3月（1947年3月），并乡，并入丰乐乡，乡治栖凤渡。1949年12月，划区建政，划入安乐区，区治栖凤渡。1952年2月，划为第九区。1955年5月，第九区改称栖凤渡区。1956年5月，撤区并乡，设栖凤渡乡。1958年10月，人民公社化，并入先锋人民公社，社治栖凤渡。1959年2月，改名栖凤渡公社。1959年5月，栖凤渡公社分为栖凤渡、五里牌、马头岭公社。1961年8月，县下设区，实行区管社，属栖凤渡区。是月，分栖凤渡公社为栖凤渡、岗脚、草田铺公社。1965年7月，将岗脚、草田铺公社并入栖凤渡公社。1980年12月，栖凤渡公社析为栖凤渡、岗脚、廖王坪（原草田铺）公社。1982年12月置栖凤渡镇，设火车站、栖凤渡和街洞煤矿3个居委会，9个居民小组，将栖凤渡大队划归栖凤渡镇辖。1984年，栖凤渡公社改称栖凤渡乡，随即撤销，其行政区域归栖凤渡镇辖。1994年12月，撤县建区，更名为苏仙区栖凤渡镇。2012年4月，廖王坪乡、岗脚乡并入栖凤渡镇。

行政区划

栖凤渡镇辖丰塘、南香、瓦灶、太阳垈、新庄、畔冲、大丘铺、枫树下、庄门、栖凤渡社区村、岗脚、河头、湾塘、云凤、南楼、樊家、香草坪、正源、凉源、思田、草田铺、朱家湾、廖王坪、余家和三塘下等25个行政村及新竹岭、火车站、栖江、街洞、岗脚和廖王坪6个居委会，299个村（居）民小组。

自然环境

地形地貌：栖凤渡镇大部分为丘陵，地势较为平坦。

气候：栖凤渡镇属亚热带湿润季风性气候，其特点是四季分明，雨热同季，光照充足，雨量充沛，无霜期长。平均气温17.5℃，1月平均气温3℃，最低气温-8℃；7月平均气温28℃，最高气温36℃；无霜期年平均200天，年平均日照数1800小时；年平均降水量1400～1700毫米。

自然灾害：栖凤渡镇主要自然灾害有旱涝、低温等。2006年7月，境内发生洪灾；2007年12月至2008年2月，冰冻灾害造成3.6亿元的经济损失。

水文：栖凤渡镇地表水主要为西河，又称栖河、湖屯水、桂江或桂水，东江一级支流。发源于北湖区鲁塘镇南溪安乐洞，经桂阳县、北湖区华塘镇和苏仙区马头岭乡等地流入栖凤渡镇，纳岭下洞水、南香村扯渡河，汇东北部的九三河（泥河）水，经永兴县，再流入东江。西河全长136公里，流域面积1618平方公里。其中，栖凤渡境内长18.7公里，坡降1.2‰，总落差1106米。栖凤渡属地下水丰富区域，地下水受地貌、岩性和地质构造及地下水的补给条件所控制。地下水的补给以降水为主，水量随季节变化而变化，雨季丰富，旱季贫乏。

矿产资源：栖凤渡镇主要矿产为煤炭和锰矿。其中煤炭地质储量6000万吨，可采储量4000万吨，主要分布在畔冲村、庄门村、岗脚村、湾塘村和正源村；锰矿以优质化工锰为主，集中分布在南楼、樊家和香草坪3个村。

人口民族

1988年，栖凤渡镇辖区总人口2.55万人，2002年，2.45万人。2011年，总人口达3万人。2012年，撤乡并镇后，总人口增至5.17万人。2014年，辖区总人口5.7万人，其中男性3.16万人，占55.4%；女性2.54万人，占44.6%；人口出生率11‰，死亡4.8‰，人口自然增长率6.2‰。

经济发展

经济综述

1988年，栖凤渡镇工农业总产值722万元，其中农业产值483万元。1996年，全镇工农业总值7998万元，其中农业总产值3250万元，工业总产值4748万元。2002年，全镇实现国民生产总值1.21亿元。2012年，全镇实现国民生产总值8.91亿元，农民人均收入1.2万元，比上年增加25%。2014年，全镇实现国民生产总值9.1亿元，完成财政总收入3150万元，完成固定资产投资5.3亿元，向上争取项目资金2000余万元，农民人均收入1.57万元，比上年增加14%。

农业

栖凤渡历来是农业大镇，种养殖业发达。主要农产品有稻谷、烤烟、油茶、禽畜、瓜菜和水产等，被称为“鱼米之乡”。1988年，粮食作物播种面积1645公顷，总产8620吨。1998年，成立牲猪渔业公司。2001年，湖南省农业厅挂牌“高科技农业示范园”。2003年，落实制种面积133.3公顷，水面养殖266.7余公顷，出栏生猪6万余头，存栏鸡鸭等家禽5万多羽；发展脐橙、布朗李、金秋梨等优质水果86.7余公顷，百香果13.3公顷，黄姜20余公顷，湘莲4公顷，生态园林6.7公顷；种植粮食120多公顷，产量8812.4吨，同比增长5.4%，种植蔬菜200公顷，同比增长15%。2011年，生产粮食2.22万吨，出栏生猪14万头，存栏5.2万余头；良种母猪5000余头，年产仔猪1.1万余头；牛的生产量70吨；羊生产量90吨；鱼类生产量2100吨。鸡、鸭、鹅年销售60.7万羽。

2014年，栖凤渡镇农业总产值1.99亿元，占国民生产总值的21.9%，生产粮食2.56万吨；出栏生猪16万余头，存栏6.8万余头；鱼类生产量3200吨；鸡、鸭、鹅年销售80余万羽。同时，优化产业结构，巩固发展高产优质稻1000公顷；顺利完成邦尔泰苏仙油茶的股份重组，依托邦尔泰、玉泰农庄、聚辉农业科技有限公司等龙头农业企业，形成油茶基地、生产和销售"一条龙"产业链；做大烤烟产业，发展烤烟面积300公顷，收获优质烤烟1.08多万担，为烟农创造直接经济收入1500多万元；做响"栖凤渡鱼粉"品牌，加速栖凤渡鱼粉实体形象店的扩张，打造规模效应；加强栖凤渡鱼粉原材料基地建设，在南香村、瓦灶村建设米、鱼、姜生产加工基地。

工业

栖凤渡镇为原郴县北部工业重镇，传统手工业、初级制造业较为发达，改革开放后开始转型。工矿产品主要有煤炭、农药和铁锅等。2011年，全镇拥有工业企业360家，从业人员4200人，其中煤矿4家、烟花爆竹厂8家、大型砖厂5家。2014年，全镇大力推进新型工业发展，打造一批财政贡献大、覆盖面广、特色鲜明、污染少的现代工业。同时，关闭退出小煤矿3家，关停证照不齐全的生产企业16家，其中砖厂4家、引线厂2家、烟花爆竹厂6家、塑料厂4家。

商贸服务业

栖凤渡镇区商贸繁荣，集贸市场和畜禽水产交易市场规模大，每次赶集有2万余人。1989年，原郴县工商部门对栖凤渡市场进行改扩建。1994年，再次对栖凤渡市场进行改扩建。1995年，因老市场过于狭窄，栖凤渡镇政府引进外资新建新市场。2013年，栖凤渡镇政府自筹资金180余万元改造市场A、B交易厅，进一步规范市场摊位。2014年，社会消费品零售总额16.03亿元，其中限额以上社会消费品零售总额1.59亿元，市场3个，50平方以上超市7个，规模住宿餐饮企业6个。

2013年前，栖凤渡镇旅游业基本为零。2014年，栖凤渡镇依托西河水生态风光带建设契机，结合岗脚古民居文化遗产等地方特色，乡村旅游业发展良好。

基础设施

交通运输

1978年，栖凤渡镇道路交通以乡道为主，大部分道路未硬化。1986年，境内107国道提质改造。1987年，京广铁路栖凤渡火车站复线开通，2014年，京广铁路复线、107国道和京珠高速公路穿越全境。镇区距京珠高速五里牌互通口4公里、永兴互通口8公里，距武广高铁郴州西站26公里，初步形成20分钟经济圈。境内有京广铁路货运站和货运码头，物流便捷，交通极为便利，行政村交通主干线都完成水泥路面硬化。

邮政通信

20世纪90年代，栖凤渡镇通信、邮政业务繁忙，是苏仙区北片的业务中心地带。2011年年末，有邮政所3个，电信、联通和移动电话服务网点5个，移动电话用户4.6万户，互联网用户

620户。2014年，栖凤渡镇移动通信网络基本实现全覆盖。

供电饮水

供电 20世纪80年代，栖凤渡镇供电主要由湖南电力网许家洞至栖凤渡线、街洞支线、栖凤渡至永兴油市线和县供电网街洞电力网供应。1977年12月，在原岗脚乡建桐子坪电站，1983年竣工。1988年,发电181.4万千瓦时。2014年，投资800万元，启动岗脚和湾塘村农网改造。

供水 栖凤渡镇一直以来主要饮用西河水。2013年，全面启动农村人畜饮水安全工程，解决廖王坪、三塘下、正源、云凤、畔冲和余家等21个村4.5万余人的饮水难问题。2014年，投入90余万元，完成栖凤渡镇供水改扩建工程，解决全镇用水高峰期近2万人无水可用的老大难问题。

水利建设

2002年，栖凤渡镇内有小Ⅱ型水库4座，基本山塘100余口，年蓄水能力约5200万立方米。2013年，栖凤渡镇全力推进小农水项目，筹措资金1200余万元，大力改善全镇的水利基础设施。整修小Ⅱ型水库5座，疏浚水渠3.08万米，水库山塘清淤1万余立方米，新修山塘10座，整修塘坝15处，河道疏浚3000余米（新增蓄水能量20万方），改善灌溉面积1080公顷，完成土石方120万立方米；投资800万元开展栖河治理项目，有效增强全镇农业抗灾抗险能力。2014年，投资8000万元进行西河（栖凤渡段）综合治理工程。

村镇建设

镇区建设 1982年，栖凤渡由公社改为建制镇，制定镇区街道和住房建设规划。1987年，建综合市场，占地2700平方米，为原郴县最大的乡镇级综合性市场。1988年，镇区内有栖正街、栖庄街、农民街和新栖街4条街道，总长1040米，房屋建筑面积8.5万平方米，其中公房5.5万平方米。1998年，对栖南街和栖北街进行绿化、硬化和美化。2010年，国有煤矿采煤沉陷区安置小区红枫小区落户栖凤渡，一期占地13.3公顷，安置矿工780户；二期枫丹院入住500户。2012年，水淹区灾民安置再度落户栖凤渡，安置住户250户。2013年5月，栖凤渡镇重新制定《郴州市苏仙区栖凤渡镇小城镇建设总体规划（2013—2030）》，对栖凤渡镇的镇村布局、交通、村庄建设、农田水利和环境保护等做了详细高标准规划。规划确定“两轴三心”，即以107国道、栖桂—栖五公路沿线镇村为发展轴，以栖凤渡镇区为公共服务中心，廖王坪社区和岗脚社区为次中心的镇村空间发展结构，努力将栖凤渡镇建设成为郴州“大十字城镇群”北部区域的政治、经济和文化中心城镇。2014年，栖凤渡镇工矿棚户区改造项目开工，计划完成800套，建成260套。

农村建设 1978年以来，随着农民收入增加，农村居所逐渐改善，不少农民仿照城市三室一厅、三室二厅楼式建新房。2013年以来，栖凤渡镇进一步规范农村建房，积极开展朱家湾、枫树下和庄门等村集中连片建房。农村环境整治投入各项资金500余万元，加强对村级保洁员考核，农村人居环境得到全面改善。畔冲村、大丘铺村、枫树下村城乡统筹示范村建设顺利推进，高标准完成大丘铺2组、畔冲村委会和枫树下金盘窝绿化项目，为村民打造舒适休闲娱乐场所。拆除大丘铺村、南香村、朱家湾村空心房、杂房、牛栏和厕所等1000余间、8.8万多平方米。全力打造朱家湾、畔冲和南香新农村建设示范点。以村村亮工程为契机，为正源村、栖凤渡社区村、枫树下村、廖王坪村和畔冲村安装太阳能光伏路灯600余盏，并在镇区及107国道等城镇主干道安装路灯。

社会事业

教育科技

教育 2002年，栖凤渡镇有中小学9所。经教育布局调整，2007年，有中小学4所。2011年末，辖区内有幼儿园3所，小学5所，在校学生2357人，专职教师209人，小学适龄儿童入学率100%；初级中学1所，在校学生543人，专职教师93人。2011年财政预算内教育经费120万元，比上年增长10%。2013年，投资600余万元新建村头小学和村头附属幼儿园，美化亮化小学3所，新建栖凤渡小学教师公租房2300平方米，改造廖王坪小学教师中转房，完善实验室和电脑室等，教学环境得到进一步改善，促进教育事业协调发展。

科技 2010年以来，栖凤渡镇积极推广农业科技成果和农村科普工作，联合苏仙区科技局先后多次开展科技下乡活动，不断提高农户种、养技术。

文化体育

文化 栖凤渡镇历来注重群众文化娱乐活动。每年端午节，在栖河举行龙舟赛，吸引附近数千名群众。辖区有文化站1个。2012年以来，栖凤渡镇充分挖掘地方特色文化底蕴，组成业余文化队伍，经常性地举办群众喜闻乐见的文化娱乐活动，逐步普及广场舞、腰鼓队、龙舟赛、旱龙船和火仙牛等民间文娱活动，丰富群众精神文化生活，提升群众的参与度和认同感。

体育 2000年，栖凤渡镇被评为全国全民健身运动先进乡镇。2013年郴州·中国汽车拉力锦标赛栖凤渡段赛事成功举办。2014年年末，辖区有各类体育场所19个，其中篮球场19个。

医疗卫生

2002年，栖凤渡镇有中心医院1所，村合作医疗室10所；2014年，全镇有镇卫生院3个，村级医疗卫生机构27个，专业从业人员94名，其中执业医师19人、执业助理医师9人，诊疗4.5万人次。辖区内有苏仙区第二人民医院，前身为栖凤渡区卫生所。1980年11月，改为郴县第二人民医院，时有院房1580平方米，职工46名，病床64张，设内儿、妇外两个临床科和检验、放射、超声、心电图、药剂等5个科室。撤县建区后，改为苏仙区第二人民医院。

社会保障

2001年，栖凤渡镇有20%的群众购买各种社会保险。2013年，全镇“新农合”参保3.5万人，新农保参保1.6万人，报销医疗费4054人次、900余万元。2014年，全镇“新农合”参保3.83万人，“新农保”参保1.56万人，报销医疗费9829人次、1500余万元；发放各项救助资金70多万元，危房改造资金160.8万元；纳入农村低保835户1555人；城市低保534户872人；农村“五保”102户115人。辖区内有敬老院3所，收养农村“五保”人员92人。

特色地情

风景名胜

岗脚古民居 位于栖凤渡镇中部，俗称老岗脚，是郴州罕见的保存完好的元朝古民居。现保存的岗脚古民居为南宋名将右丞相李庭芝的后裔所建。据族谱记载，南宋末年，李庭芝从江西带长子宏甫公来到高岗寨（今栖凤渡镇岗脚村老岗脚后高岗寨），宏甫公便隐居于此。现在的古民居始建于元末明初，现保存完好的有70余幢，尤以老岗脚为主，荷叶塘、湾塘和云凤等地有部分。这些古民居构筑精美，形状考究，美观实用，既具典型的江南建筑风格，又匠心独运，结合当地的地形、地貌和风水，巧作安排，水乳交融成为令人叹为观止的自然和文化景观。

西河水生态风光带（栖凤渡段） 属西河综合治理工程项目，起于河头村，终于南香村，涉及10个行政村，全长16.5公里，概括为“四线一站一园”。“四线”即河道岸线，沿河绿化带线，城际绿道线和旅游道路线。“一站”即栖凤渡驿站（栖凤渡镇庄门村），重点展示时尚、现代感。“一园”即岗脚湿地公园，主要依据现有自然风光在树林间设计原生态的卵石等路面，旅游道路和游道则利用河道两岸河堤、机耕道及村组公路进行改造，是一条文化休闲和旅游观光的沿河景观经济带。

历史名人

王继武（1898—1928） 廖王坪正源人。曾任工农革命军独立第七师四团一营营长、红四军十一师三十三团副团长、团长。从井冈山返回郴县打游击不久，被捕就义。

邓财喜（1903—1931） 又名邓壹、邓毅，栖凤渡瓦灶村人。曾任工农革命军独立第七师副师长、中国工农红军第四军三十一团二营副营长、二十八团副团长、红四军第四纵队副队长、闽西苏维埃政府执行委员和军事委员会主任、红十二军参谋长、军事部部长和十二军军长。

李用之（1904–1935） 草田铺鲤鱼塘人。曾任中共丰乐区区委书记、中国工农革命军独立第七师四团党代表、中国工农红军第十一师三十三团参谋长、党代表、红四军特务营副营长、红六军二师六团参谋长、前方第一医院院长、红一方面军第四师参谋长。并被周恩来、朱德授予“优秀指挥员”称号。

民俗风情

香火龙“倒灯”仪式 每年元宵节，栖凤渡镇都会举行香火龙“倒灯”仪式，其壮观场面被誉为“江南奇观”。古人用舞龙“倒灯”来驱逐野兽保护家园，历经1500多年，时至今日，已成为当地人民喜庆热闹的方式，不仅表达对美好生活的祝愿，同时也是庆贺丰收、比文明、比富裕、比进步和比团结的一种民间文化。

火仙牛与火龙 区级非物质文化遗产项目。明朝嘉靖年间，正源村树木参天，称得上山青水秀，人杰地灵，有很多人喂养耕牛。据说，有一家村

西河风光带栖凤渡驿站

民喂养了一头公牛，顺从听话，主人带它去耕地后，放它去吃草，路过别人的菜地，菜长得非常茂嫩也不会去吃。主人爱如致宝。某年正月十五，主人家的孩子去放牛，山中跳出一只猛虎，向孩子猛扑过去，孩子当即倒地昏迷。公牛见状，掉转头来向老虎猛冲过去，将老虎斗开。公牛见孩子昏迷不醒，嘶叫几声，未见来人，便用角慢慢地将小孩撩至头部，驮回家。小孩的父母与村民见状，认定是这头公牛伤了孩子，急忙将孩子从牛的头部上背下来，一气之下，将牛活活打死。等孩子醒来一问，才知实情，众人后悔不已。为纪念公牛，主人给公牛做了好几天道场。村民们敬奉这头公牛为仙牛，在每年的正月十五日，用稻草做成牛的形状用香火杆插上与火龙一起闹元宵，作为纪念，同时为本村保平安。

旱龙船 区级非物质文化遗产项目。每年的农历正月十一，在岗脚古民居的街头巷尾，当地李氏宗族后裔部分村民身着师公服，头戴师公帽，自发走上街头表演旱龙船民间习俗。旱龙船由雌雄两队微型龙船组成，以宗族社团为单位组织船队。岗脚一带李氏宗族耍旱龙船原是为了纪念屈原，后演变成驱鬼避邪、祭祖敬神，祈求风调雨顺、五谷丰登和国泰民安的祭祀活动。农历八月十一出船，十五倒船。因8月属农忙季节，当地村民便改在正月元宵节前耍旱龙船。

栖凤渡龙舟赛 栖凤渡民间历来有龙舟赛的传统，2014年起，由栖凤渡镇政府组织，每年举办群众性龙舟赛，赛制采用1000米单程直道竞速赛，吸引众多群众参与、观看。

名优特产

栖凤渡鱼粉 传说三国名士庞统赴耒阳县令之职时，投宿栖河古渡小镇，因心事重重，食欲不振，一夜辗转难眠。第二天起床已是晌午时分，顿觉饥肠肚饿，而店家早已卖完吃食。恰巧一名

栖凤渡鱼粉

渔翁打鱼回来经过此店，店家急中生智，买了一条河鲢鱼，立刻杀了熬成鱼汤，加入当地的五爪朝天红椒粉，调入当地特产豆膏、茶油等佐料，用家里过节备用的干切粉做成一碗鱼粉。庞统食后汗流满面、胃口大开、酣畅淋漓，顿时觉得精神抖擞，大声赞道："此乡野之味，也可登大雅之堂亦！"到了耒阳，他励精图治，最终成就一番事业。因庞统号凤雏，为纪念他，后人把庞统夜宿的古渡称为栖凤渡，而那碗激励其心志的鱼粉称为"栖凤渡鱼粉"，这便是栖凤渡鱼粉的由来。随着时代变迁，"栖凤渡鱼粉"，已成为郴州人招待亲友的首选美食和郴州游子寄托乡情的美食名片，并发展到北京、上海、广州、深圳和广西等地。

苏仙油茶 主要生产物理冷榨有机茶油、纯山茶籽油、山茶油保健（口服）胶囊、护肤山茶精油、茶皂素洗护发、沐浴产品、医用油、茶皂素粉和出口茶粕等8大类30多个规格油茶及精深加工产品。其中苏仙牌纯茶油获湖南省农博会第一、三、五、六届金奖，长沙（国际）第一届食品博览会金奖、中国国际林业产品博览会银奖和中国名优农产品荣誉称号。

（刘韦佑 供稿）

五里牌镇

五里牌镇是全国重点镇，湖南省文明乡镇。

区域概况

五里牌镇作为全国重点镇，是郴州市大十字城镇群的重要节点镇，郴州北部交通枢纽。境内有苏仙区唯一的省级工业集中区，湘南唯一、全省5家之一的省级林业产业园。飞天山国家地质公园三分天下有其一，公园北大门位于镇内。种养业传统悠久，境内盛产优质稻、莲藕和水产品等，是享誉一方的“鱼米之乡”，也是苏仙区唯一的烤烟万亩乡镇。全镇坚持“镇区、园区、景区”三区融合思路，认真做好“新型工业化、新型城镇化、农业产业化”三篇文章，着力将五里牌打造成郴州北部一流的中心城镇。

位置面积

五里牌镇地处苏仙区北部，镇政府所在地位于北纬25° 58′ 30″，东经113° 05′ 28″。东北与资兴市程水镇相接，东南与桥口镇交界，南与许家洞镇交界，西南与马头岭乡毗邻，西北与栖凤渡镇相连，北靠永兴县便江镇。因原社址所在地距中伙铺和白芒铺均是五里，故名“五里牌”。辖区总面积103.37平方公里，其中耕地面积2376.27公顷。

建置沿革

明清时期，五里牌镇属西凤乡。民国2年（1913），以乡改区，属安善区。民国19年2月（1930

五里牌镇街景

年2月），实行区域自治，并入第五自治区，区治栖凤渡。民国27年（1938），废区并乡，第五区分为栖凤、恭惠、五市、四明乡，五里牌为五市乡。民国36年3月（1947年3月），并乡，并四明、五市乡为安善乡，乡治五里牌。1949年12月，划区建政，属安乐区辖。1950年7月，缩小乡级规模，置五里牌乡，属第五区（安乐）辖。1952年2月，划小乡行政区域，属九区（栖凤渡），辖五里牌乡。1956年5月，撤区并乡，置五里牌乡。1957年2月，属栖凤渡基点乡管辖。1958年10月，人民公社化，五里牌乡并入先锋人民公社。1959年2月，先锋人民公社更名栖凤渡人民公社。1959年5月，五里牌公社从栖凤渡公社析出。1961年8月，五里牌公社拆为五里牌、太平和街洞公社。1965年7月，太平、街洞并入五里牌公社。1980年12月，五里牌公社拆为五里牌、太平公社。1984年3月，在不改变原行政区划的情况下，以公社建乡，置五里牌乡。1994年12月，撤县建区，更名为苏仙区五里牌乡。2002年5月，撤销五里牌乡，置五里牌镇。2012年4月，原太平乡和五里牌镇合为五里牌镇。

行政区划

五里牌镇下辖红五星、张家冲、鳌头岭、牛形坳、湾门前、柘源、舒源、街洞、罗家、秧塘、洞尾、新塘、洞庭湖、界牌、太平、碧冲和联星等17个行政村及五里牌、太平2个社区，共259个村民小组、204个自然村庄。

自然环境

地形地貌：五里牌镇境内属丘陵地型，地势由南向北逐渐降低，海拔最高为582米，最低为50米。地貌以平原、丘陵为主。

气候：五里牌镇属亚热带季风湿润气候区，年平均气温17.8℃，日照总时数为1614小时，无霜期290天以上，年平均降雨量为1418毫米。

矿产资源：五里牌镇境内矿产资源主要为煤炭和石墨，储量较大，主要分布地为镇东部骑田岭一带。

自然灾害：五里牌镇主要自然灾害有旱涝、冰雹、冰冻和风灾等。2007年12月至2008年2月，冰冻灾害造成360万的经济损失。

人口民族

1988年，五里牌乡辖区总人口2.02万人。2002年，五里牌镇总人口1.92万人。2007年，2.1万人，人口变化幅度历来不大。直至2012年撤乡并镇后，总人口增至3.32万人。2014年年末，辖区总人口3.37万人，其中男性1.75万人，占51.8%、女性1.63万人，占48.2%；14岁以下6383人，占18.9%；15～60岁2.22万人，占65.8%；60岁以上4868人，占14.4%。2014年人口出生率1.35‰，死亡率0.64‰，人口自然增长率0.71‰。

经济发展

经济综述

五里牌镇是传统农业大镇。1988年，五里牌乡工农业总产值583万元，其中农业产值575万元；1997年，实现国民生产总值9005万元。2002年，五里牌镇国民生产总值突破2亿，达到2.01亿元。2007年，实现国民生产总值3.4亿元。2012年，湖南工业集中区落户镇区后，全镇工业经济所占比重不断提升，实现国民生产总值6.6亿元。2014年，全镇实现国民生产总值9.1亿元，其中农业总产值3.5亿元，；工业生产总值4.3亿元；拥有工业企业157家，从业人员1550人；实现工业增加值1.29亿元，同比增长18%；社会商品零售总额0.5亿元，同比增长15%；财政总收入1296万元；境内有金融机构2个，各类存款余额2.5亿元；农民人均年收入1.57万元。全镇80%家庭住进新楼房，不少家庭拥有大型家用电器、摩托车、大卡车、小汽车等，自来水、电视、无线网络通信入户率均达99%。

农业

1988年，五里牌乡耕地面积1566公顷，其中水田1369.8公顷，粮食作物播种面积2523公顷，总产量1.22万吨；太平乡耕地面积824.67公顷，其中水田720.4公顷，粮食作物播种面积1379.73公顷，总产量7050吨。1998年，五里牌乡推广水稻杂交制种，高产养殖等农业科学技术，逐渐成为年加工出售大米400吨以上、养殖水面200多公顷、水产品年产量1000多吨、家禽出笼10多万羽的农业大镇。2007年，重点推进楠竹低改、油茶低改和建大型水果生产基地。2014年，五里牌镇农业总产值3.5亿元，占国民生产总值的38.5%。粮食作物以水稻为主，生产粮食2.5万吨。主要经济作物为烤烟、瓜果、油料和莲藕，其中烤烟1379.73公顷，产烟2.86万担，创收4290万元。

畜牧业以猪、牛、羊、鱼和家禽为主。五里牌镇山塘多，农民历来有养鱼习惯，为鲜鱼主产区之一。1988年以前，基本无规模化养殖，后渐成规模。至2014年，出栏生猪9.5万头，存栏5.8万余头；良种母猪5866余头，年产仔猪5.87万余头；牛生产量158吨；羊生产量156吨；鱼类生产量3653吨；鸡、鸭、鹅年销售达48万羽。并涌现出一批规模化养殖企业，如年出栏量8000头的山宝农庄等。

五里牌镇属林业大镇。1965年10月，原郴县设五里牌杉木基地。2012—2014年，五里牌镇植树造林953.5公顷，其中荒山造林661.5公顷，种植经济林木油茶等236.27公顷。

工业

20世纪，五里牌乡工矿产业主要以煤炭为主。1999年，建成柏树下河沙场。到21世纪初，小冶炼和河沙开采发展较快。“十二五”期间，五里牌镇不断加大招商引资力度，依托省级工业集中区—苏仙两型产业园平台，逐步补齐工业短板。2014年，入园企业6家，在谈项目12个，其中金源种业建成投产，中小企业孵化基地、深港项目区、春天环保、创新创业园和湘南麻业完成征地前期工作，协成管业签订协议；园区预计2015年可新建标准厂房10万平方米，满足企业使用需要。鑫海铁合金厂投资200余万元，将生产流程进行提质改造；7320工厂投资近千万元引进新的乳化炸药生产线，提高生产效率，降低生产危险指数；鹭邑塑料制品厂已建成投产，可实现年产值2000万元以上。

商贸服务业

1988年，五里牌乡在乡中心（现老镇区集贸市场）地段自发形成集市，每月逢3、6、9赶集。1996年，兴建农贸市场，有摊位200多个，门面60个。因参与群众日益增多，2002年，五里牌镇对镇集贸市场进行提质改造工，并于年内完成，时有个体经营户738户。2014年年末，五里牌镇个体经营户1482户，比2002年增加100%。

基础设施

交通运输

五里牌镇是郴州市北部交通枢纽，区位交通优势突出，京广铁路和京港澳高速公路纵贯南北，郴州市货运大动脉—资五公路横贯东西，107国道彼邻而过，京港澳高速和拟建的永桂高速都在境内设有互通口，郴州货运北站拟整体搬迁到五里牌。“十二五”以来，五里牌镇陆续完成街洞路和五里牌路二期建设，形成以商业大道、工业大道、兴林路、仙林大道和造香公路为横向，高速连接线—仙林大道、望湖路、五里牌路、街洞路和桂新高速为纵向的“五纵五横”城镇道路网络。辖区内铁路（京广线）总长9.7公里，设转运站（街洞站）1个和货站1个。总长150余公里的通村通组公路网络遍布全镇。

2002年以来，五里牌镇公共交通依靠镇际班车。2012年，镇际班车成立五里牌车队，所有车辆归车队统一管理、统一票价，每隔15分钟一趟，能够满足普通群众的需要。2013年，完成公交线路规划，公交站台及垃圾箱等配套设施已全部安装到位。

邮政通信

自1978年后，五里牌镇通信摆脱原始方式，情况逐年好转。2002年，中国电信进入五里牌镇并设立基站，2001年和2012年，中国移动、中国联通分别进入五里牌镇，全镇移动通讯网络基本实现全覆盖。

供电饮水

供电　2014年前，五里牌镇供电依赖郴电国际从栖凤渡输送，电压不稳且线路老化。2014年，郴电国际对供电网络进行全面检修，并新建郴电国际110千伏变电站，全镇供电能力大幅提高。

饮水　过去，五里牌和太平两乡生活用水主要依靠手压井、泉水。1996年，兴建自来水厂。到2002年，近8000人饮上达标自来水。2013年，新自来水厂一期工程完工，日供水量1万吨，铺设管网（输水管道5.4公里）为柘源、湾门前、牛型坳、舒源、街洞、张家冲、红五星、秧塘、洞尾、罗家和鳌头岭等11个村2万余人提供安全饮水。自来水厂二期工程（管网延伸）将于2015年施工，预计铺设管网14公里，为新塘、洞庭湖、界牌、太平、碧冲和联星6村1万人供水。

水利建设

五里牌镇灌溉用水主要来自中型水库大头垅、石面坦电管站以及株木山、小谷仓、杨柳塘、桃树塘、太平庵和黑石垅等6个小Ⅱ型水库。其中，大头垅、株木山和桃树塘建于1963年，小谷仓和太平庵建于1964年，石面坦建于1990年，杨柳塘建于1992年，黑石垅建于1996年。全镇灌溉网络由长30公里、功率2375千瓦的电灌高干渠和长59公里的低干渠及全长25公里的支渠组成，全镇生产生活用水充足。1999年“8·13”洪灾后，五里牌镇修复水毁工程180多处，整修山塘400多口。所有水库每20年全面整修一次，近5年，已整修株木山、小谷仓、杨柳塘和太平庵等4个水库，大头垅水库的整修正在如火如荼进行中。

村镇建设

五里牌镇高起点编制《郴州市苏仙区五里牌镇区土地利用总体规划（2012—2030）》，科学构筑城镇发展框架。明确以“两型”产业为龙头，以园区为依托，以项目建设为基础，以绿色低碳经济为亮点，以镇村统筹发展为目标，着力将五里牌镇打造成为郴州北部一流的中心城镇。紧扣“两型”“生态”“旅游”元素，按照“沿路、环水、绕景、塑城”的总体思路，围绕资五公路、望湖公园和飞天山国家地质公园等，加快实施“四绿”工程，构建山水互补的生态体系，真正实现绿入眼帘、翠滴田畴。全面推进“五化”工程，树立“宜居优势”。2012年，新建商业大道休闲健身广场、洞庭湖新农村休闲健身广场。实施亮化工程，安装太阳能路灯8000余盏，解决全镇所有重点区域和公共区域照明问题；实施净化工程，统一配备专职保洁员，新建村组垃圾池363个，实行集中清运，联星、洞庭湖和舒源等3村成功升级为“市级卫生村”；实施绿化工程，强化生态文明理念，全面开展镇区、通道、水系、山头和村庄等绿化，

五里牌夜景

全镇森林覆盖率70%以上；实施美化工程，围绕市场划行规市、广告店招规范整治等重点，加快镇区街道立面改造；实施序化工程，规范村民建房，按照统一规划、统一风格和统一模式的要求，完成全镇17个行政村规划和153个面上组规划，其中鳌头岭村寨家井组、太平村上、中毛塘和张家冲九、十组集中连片示范点成为村庄建设新亮点。

社会事业

教育科技

1965年10月，郴县农村卫生学校设五里牌分校，是五里牌第一所公立学校，1978年撤销。至2002年，五里牌镇有中小学10所。中小学义务教育经过数十年发展，形成以五里牌中学为核心，太平学校、五里牌中心完小、鳌头岭、牛型坳、湾门前、柘源、舒源、秧塘、洞尾、新塘、界牌、碧冲和联星小学等13所小学为支撑，秧塘、湾门前、太平公立幼儿园和街洞超美私立幼儿园等4所幼儿园为基础的教学网络。2013年，投资600余万元对中学提质改造，完善校舍、实验室、电脑室等，教学环境得到进一步改善，促进教育事业协调发展。

文化体育

五里牌镇境内有文化站1个。2013年，郴州・中国汽车拉力锦标赛五里牌段赛事在镇内成功举办。2014年年末，17个村全部配齐体育休闲设施，并建成舒源、街洞、张家冲、湾门前、洞庭湖和太平6个村民休闲广场。

医疗卫生

1988年，五里牌、太平两乡仅1所乡村卫生院，赤脚医生10余名。1997—1998年，成功开办农村合作医疗，被列为全省示范点。至2002年，有卫生院1所，村级卫生所11个。2012年，五里牌镇已完成医疗卫生网络全覆盖，形成以中心卫生院为核心，村级卫生室为基干的卫生网络。2013，创建拥有卫技人员34人，固定资产1000余万元的一级甲等综合性卫生院—太平中心卫生院，创造性地设立中医综合服务区，增添空气压力治疗仪、中药熏蒸仪，以中医外治、针灸理疗等特色绿色医疗服务为老百姓提供医疗、中医理疗和预防保健等服务，给百姓带来便捷实惠。

社会保障

1978年改革开放后，境内国民经济快速发展，人民生活不断提高。2006年以后，先后免征农村税费、发放各种惠农补贴、实行新型农村合作医疗、养老保险，提供贫困家庭最低生活保障、城乡高龄老人补贴和危房改造补贴等，一系列惠民政策让五里牌镇的老百姓分享到改革开放的红利。

2014年，农村社会保障体系进一步完善。五里牌镇农合、农保参与率分别保持在95%和99%以上。全镇纳入农村低保868户1690人；城市低保99户125人；农村“五保”102户115人；发放各项救助资金40余万元，危房改造资金160.8万元；大病救助72人次。截至2014年年底，五里牌镇完成危房改造1600余户，危房改造面积13万平方米。农村危房改造补助对象重点是分散供养“五保户”、低保户、贫困残疾人家庭、因灾倒房户、重点优抚对象及其他贫困户。

境内有敬老院1所，2011年8月动工，2012年12月完工，总投资160多万元，占地面积0.6公顷，建筑面积1162平方米。设办公室、医务室、厨房、餐厅、娱乐室和住房25套，每套住房设单独卫生间，空气源热水器、液晶电视机、电冰箱、洗衣机和衣柜等生活设施一应俱全，收养农村“五保”人员63人。院内四季常青，空气清新，设菜地、养猪场、鱼塘和果园，“五保”老人既能享受悠然自得的田园生活乐趣，又能保持健康的身体。

特色地情

历史名人

邓荣佳(1834—1886)　字景亭，街洞村羊角池组人，少小为地主放鸭子，后不慎失火烧毁茶山，遂从军。同治十二年（1873），官至陕甘总兵、振武将军。十三年（1874），统兵参加太子寺大战。清帝于同治十三年（1874）八月初三下旨勒封其为“那尔珲巴图鲁”、鹰杨将军，其妻封“一品诰命”，荫四世，赐匾“忠敏”并建牌坊，设金童玉女像（牌匾和雕像均在“文化大革命”中被毁），门口的坪称为“下马第”，要求经过此地的清代文官下轿、武官下马，其夫妻合葬墓位于街洞村羊角池组，已受到部分损坏。

张继铎(1840—1897)　五里牌镇碧冲村人，生于清道光二十年（1840），官名振铎，字木生，自幼好文习武，爱国护乡。青年时考中武举人，被吸纳入湘军，参与镇压贵州苗民之乱、阻止阿古柏入侵新疆，积功升任千总，深受时任陕甘总督兼督办新疆军务的左宗棠赏识。1895年，任台湾直隶州（台东）知州，追随黑旗军刘永福反抗日本侵略，直至弹尽粮绝。一年后失败返京，接受光绪帝在太和殿正式接见，以其不辱使命，诰封“朝宪大夫”，告病返乡后，又晋封他为“中宪大夫”。

风景名胜

飞天山景点　国家地质公园飞天山一级景点猫王寨、铁鼎寨等坐落于境内，湘江支流翠江自南向北穿境而过。

婆婆岩亭　婆婆岩亭在五里牌镇婆婆岩糖铺上，始建无考，清光绪二十七年（1901）重修，长9米，高、宽各4米。石墙瓦顶，东西墙垛为三重飞檐，顶层正中对置石雕葫芦。东西二门上方两角，浮雕蝙蝠图案；二门楣中段，分别横镌“捷足先登”、“前程宏远”、字径0.2米，楷书阴刻。书之下方，分别浮雕“双狮戏球”和“双凤朝阳”图案，形象逼真，刻意精良。亭之造型，古朴端庄，至今完好。

民俗风情

昔日，境内盛行佛、道教，寺、庵较多，现存有白云岘（碧冲村）、水福庵（湾门前村）和龙岩岘（张家冲）3座寺庙，信众普及每个家庭，口头文化和神话传说为主要休闲文化。现行主要民间文化活动为舞龙灯。每到正月十五、八月十五本地龙灯队会到每家每户门口舞龙灯，进行祈福等活动。

（盘嘉桥　供稿）

马头岭乡

马头岭乡是苏仙区农业大乡，107国道穿境而过，交通区位优势明显，历来是郴州城区的“菜篮子”“烟袋子”“油瓶子”。境内栖河贯穿西北，环境优美、空气清新、宜居宜业。

区域概况

位置面积

马头岭乡位于苏仙区北面，乡政府驻地北纬25° 54′ 21.90″，东经113° 0′ 34.33″，距市区14公里，东接五里牌、许家洞镇，西邻桂阳县洋市镇，南靠北湖区下湄桥街道办事处，北连栖凤渡镇，是典型的农业乡镇。土地总面积136.68平方公里，耕地面积1389.2公顷，其中水田1257.6公顷。森林覆盖率85%以上。

建置沿革

清嘉庆二十一年（1816），马头岭乡辖区主要属西凤乡。民国2年（1913），以乡改区，西凤乡分为安善、丰乐区，马头岭属丰乐区。民国19年2月（1930年2月），实行区域自治，安善、丰乐区并入第五自治区，区治栖凤渡。民国24年（1935）2月，实行区、乡、保、甲制，区沿旧制。民国27年（1938），废区并乡，第五区分为栖凤、恭惠、五市、四明乡，马头岭为恭惠乡。民国36年（1947），并栖凤、恭惠乡为丰乐乡。1949年12月，划区建政，属安乐区。1950年7月，民主建政，更名置马头岭乡，属第五区（安乐区）。1952年2月，划小区乡行政区域，设八区（马头岭）。1955年5月，更名马头岭区。1956年5月，撤区并乡，复置马头岭乡。1958年10月，人民公社化，马头岭并入先锋人民公社，社治栖凤渡。1959年2月，先锋人民公社改名栖凤渡公社。1960年5月，分设马头岭公社。1960年1月，划归郴州市。1961年2月，郴州市将马头岭公社分为马头岭、和平公社。是年5月，重归郴县辖。1965年7月，将和平公社并入马头岭公社。1980年12月，将马头岭公社分为马头岭、和平公社。1981年8月，和平公社改名为荷叶坪公社。1984年3月，以公社建乡，复置马头岭乡。1994年12月，撤县建区，更名为苏仙区马头岭乡。2012年4月，荷叶坪、马头岭乡合并为马头岭乡。

行政区划

马头岭乡辖马头岭村、板子楼村、荷叶塘村、七洲村、钟家村、株梓塘村、太和村、兰王庙村、荷叶坪村、板屋村、大禾村、长青村、高冲村、海棠村、洪塘村和董家村16个村，马头岭社区和荷叶坪社区2个社区，162个村民小组。

自然环境

马头岭乡境内大部分为丘陵，地势较为平坦。气候属亚热带湿润季风性气候，其特点是四季分明，雨热同季，光照充足，雨量充沛，无霜期长。平均气温17.5℃，1月平均气温3℃，最低气温-8℃；7月平均气温28℃，最高气温达36℃；无霜期年平均200天，年平均日照数1800小时；年平均降水量1400～1700毫米。矿产资源主要为煤炭、锰矿。

人口民族

1988年，马头岭乡境内总人口9787人。2002年，总人口9830人。2010年，总人口1.03万人。历年人口增幅不大，直至2012年与荷叶坪乡合并后，总人口增至2.03万人。2014年年底，全乡人口2.15万人，其中男性1.13万人、女性1.03万人，出生率1.9‰。民族以汉族为主。

经济发展

经济综述

马头岭乡历来注重发展特色农业，以农业基地化建设带动第三产业发展。1988年，工农业总产值396万元，其中农业产值286万元。2002年，实现国民生产总值3221万元，财政收入180万元，农民人均可支配收入2920元。2007年，实现国民生产总值3882万元。2011年，实现国民生产总值3.36亿元。2014年，实现国民生产总值4.8亿元，其中第二产业总产值1.88亿元，第三产业总产值1.2亿元，财政总收入达792万元。农民人均纯收入1.3万元。全乡基本实现通路、通水、通电和通有线电视，移动、联通和电信信号全覆盖，家庭有电视机、电话和冰箱等。

农业

新中国成立以来，马头岭一直是原郴县茶油主产区之一。1978年，经湖南省粮食厅批准，曾建植物油料加工厂。20世纪末，农产品以稻谷、生猪、鲜鱼、烤烟、板栗、茶油、蔬菜、楠竹和杉木为主，并建有蔬菜基地，面积133公顷以上。到21世纪，境内特色农业发展迅速，蔬菜、烤烟和油茶成为马头岭乡的三大支柱产业。2007年，马头岭乡烤烟种植面积97.8公顷。2012年，增至266.94公顷。2014年，全乡有13个村实行土地集中流转，形成规模化、产业化烤烟生

马头岭村无公害蔬菜基地

产基地510.6公顷。成立村级土地股份合作社5个，另有以钟家、太和、洪塘、长青和大禾为核心的粮食高产示范片，以洪塘村、董家村和长青村为主的高效油茶产业示范带，以板子楼村、兰王庙村和钟家村为主的楠竹低改高标准示范区和马头岭乡春笋冬出示范点。2014年，楠竹种植面积2700多公顷，杉木林面积2000多公顷。在沿西河村庄建设楠竹低改基地1300多公顷，竹木半成品加工厂28个。同时不断发展大型养殖企业，带动新增养殖大户20余户，年出栏肉猪5万余头。2014年，马头岭乡烤烟规模化、规范化连片种植优质烤烟基地471公顷，新建烤房119余栋，落实烟农115户，其中发展本地烟农88户，占烟农总数的76.5%。2012年，马头岭乡建立以马头岭村为核心的114公顷无公害蔬菜基地。2014年，扩至133公顷。基地加大基础设施建设力度，培育蔬菜新品种，形成集无公害绿色蔬菜研究、培育、栽种和销售于一体的科技实体。

工业

20世纪50年代建乡初期，马头岭乡无工业发展。70年代末，沿西河发展小水电。1977年，和平电站建成投产，发电量122.1万千瓦时。1978年，长青电站建成，发电量为69.1万千瓦时。1979年，太和电站建成，发电量139万千瓦时。20世纪90年代，乡村个体企业发展较快，有小水电站、片石场、建筑队、小林场、小果园、河沙场和采石场等21家。个体私营企业发展迅速，花岗石、大理石和板材等产品畅销省内外。2012年，马头岭乡工业总产值1.21亿元，同比增长52.6%；实现主营业务收入9806万元，同比增长42%；规模以上工业增加值6230万元，同比增长22%。2014年，工业总产值1.88亿元。是年，马头岭乡境内有石墨厂2家、砖厂2家、物流企业2家、在建发电厂1家和电站3家。其中郴州市城镇生活垃圾焚烧发电厂位于马头岭乡板子楼村，由湖南惠明环保科技有限公司投资建设、管理，属郴州市重点工程，占地8公顷，总投资4.4亿元，分两期完成，一期投资3.4亿元，二期投资1亿元。项目采用炉排炉焚烧城市生活垃圾发电工艺，具有“无害化、减量化、资源化”等优点，建成后一期年处理城市生活垃圾25.55万吨，年发电量6760万千瓦时，年节约标准煤1万吨，减少二氧化碳排放量2.62万吨，能有效解决郴州市当前存在的城市生活垃圾占地多、污染大等突出问题。

商贸服务业

马头岭乡凭借优越的交通优势，在加强生态农业的基础上，运输、餐饮、零售和农副产品批发等产业均有所发展，截至2014年，全乡各类个体工商户共1350户。随着改革开放的逐步推进，马头岭乡组织农民外出务工经商或劳务输出，劳务输出6530人，实现劳务收入1.6亿元。

基础设施

交通运输

1978年，马头岭乡境内交通以乡道为主，大部分道路未硬化。1981年，修建桥梁2座，其中七洲桥全长51米，荷载15吨；太和桥全长80米，荷载13吨。1985年，修建钟家桥，全长76米，荷载13吨。1986年，境内107国道提质改造。2014年，新建兰王庙大桥，并对七洲桥维修提质。现京广铁路复线和107国道穿境而过，通村公路基本实现水泥路面硬化。

邮政通讯

随着人民生活水平的提高，移动电信网络覆

盖范围逐步加大。至2002年，马头岭乡90%村组开通程控电话，有线电视覆盖率68%。2014年，全乡有邮政所2个，电信、联通和移动电话服务网点5个，固定电话用户89户，移动电话用户5000余户，移动通信网络基本实现全覆盖。

供电饮水

供电 20世纪80年代，马头岭乡供电主要由湘南电网许家洞至栖凤渡线、街洞支线和郴县供电网街洞电力网供应。2001年，马头岭乡107国道沿线7个村组供电改由郴电国际供电，原荷叶坪片9个村由苏仙电力公司供电。

饮水 过去，马头岭乡生活用水主要靠西河水。2013年，马头岭社区、钟家村、太和村、荷叶塘村、洪塘村和董家村进行改水工程，解决5000人饮水问题。2014年，海棠村进行改水工程，解决500余人饮水问题。

水利建设

西河贯穿马头岭乡7个村，境内河流里程26公里。全乡有中型水库1座，即长青水库；小Ⅱ型水库5座，分别为南冲水库、岩头水库、杉树垅水库、花树下水库和范家冲水库。2010年，马头岭乡新建抽水电排25处，修复堤坝6处。2012年，除险加固山塘8口、小Ⅱ型水库2座。2013年，整修花树下水库和范家冲水库，确保下游灌溉面积40多公顷。2014年，整修山塘6口、泵站9个、水渠79条，除险加固小Ⅱ型水库3座，并进行西河（马头岭段）综合治理工程。

村镇建设

1990—1993年，马头岭乡修编集镇规划，完成规划"五图一书"（即乡域现状图、乡域总体规划图、集镇现状图、集镇建设规划图、总体规划说明书和集镇建设规划说明书）。2013年5月，聘请郴州市城市规划设计院重新制定《郴州市苏仙区马头岭乡小城镇建设总体规划（2013—2030）》，对马头岭乡的乡村布局、交通、村庄建设、农田水利和环境保护等做了详细高标准规划。2014年，马头岭乡完成全部村庄规划编制，并通过有关部门审核。新建房屋全部按照"六有"（有规划覆盖、有审批程序、有标准图集、有绿化美化、有检查验收和有奖惩措施）要求监督施工建设。

2010年，马头岭村曾家3个组作为新农村建设示范点，投入资金180余万元修建文化活动中心、篮球场和健身场等公共设施。2012年，马头岭乡完成农村危房改造维修153户。2013年，完成农村危房改造维修49户，新建村级游乐园4个，休闲广场5个，建成市级新农村示范村1个，区级新农村示范村2个。2014年，新建各类游园绿地、休闲广场6320平方米。并以钟家村太平组为集中联建示范点，在群众自发、自愿和自主的基础上，按照拆旧建新、节约用地的原则进行集中建设。拆除房屋21栋、1200余平方米，新建房屋建筑层数采用2F+1控制，户型基地面积按每户120平方米控制，并按区政府编制的标准图集，统一规划、统一设计和统一建筑风格，为全乡规划村民建房取得良好示范作用。

2012年以来，为优化村民生活环境，马头岭乡加大拆违拆废力度。2013年，对107国道马头岭乡路段进行拆、清、整，拆除杂房84栋、1080平方米；厕所76栋、667平方米；厂棚85处、2240平方米；洗车场10处、1460平方米；废旧猪栏、牛栏74栋、1220平方米；木材加工厂4处、850平方米；废品收购店2处、961平方米；清理乱堆乱放1040处。2014年，拆除西河沿线违规建筑、废旧杂房、空心房、猪栏和厕所3.5万平方米。对拆除后的空坪闲地进行整理、绿化，新建小游园和休闲广场，规划新建游园19个，种植桂花树苗2万余株，柚子树苗3000株，村组道路沿线及村民房前屋后的绿化、美化面积1.7万平方米。

社会事业

教育科技

2002年，马头岭乡有中学1所、中心完小1所、村小学4所、教学点2处。2012年，全乡有九年一贯制学校1所、村小学6所、农村党员远程教育站8个。2014年，全乡有九年一贯制学校2所、村小学14所、幼儿园2所、农村党员远程教育站18个。其中荷叶坪学校有在职在岗教职工58人、学生701人；马头岭学校有教师69人、学生509人。马头岭学校由马头岭初级中学和马头岭中心完小合并而成，有教学楼、综合楼、教师宿舍、学生宿舍、学生食堂和厕所各1栋，总建筑面积为5893平方米；学校配有图书室、音乐室、电脑室、多媒体教室、美术室、科学物理实验室和生化实验室等10个功能室，各种教学仪器价值70.76万元，图书1.59万册，价值22.49万元。另全乡积极推广农业科技成果和农村科普工作，农户种、养技术有较大提高。

文化体育

2012年，马头岭乡有文化站1个、农家书屋8个。2014年，全乡有综合文化楼2栋，农家书屋18个。马头岭乡民间文化生活丰富，有业余的舞龙队、腰鼓队、广场舞队和篮球队等民间文化群体。2013年，举办第一届“惠明杯”农民篮球赛，此后每年如期举行。2014年，乡政府篮球场改造成塑胶篮球场，全乡有13个村新置篮球架及各项健身设备，带动全乡体育事业的发展。同年，举办马头岭乡第一届广场舞比赛，来自各村的参赛队伍齐聚一堂，彰显新世纪农村妇女的活力和新风貌。

医疗卫生

2002年，马头岭乡有卫生院1所，个体诊所（含村卫生室）7所。2014年，全乡有卫生院2所，村级卫生室16所。其中马头岭卫生院建于20世纪50年代，占地面积0.27公顷，建筑面积1800平方米，是一所集临床医疗、预防保健和公共卫生服务管理为一体的公立综合卫生院。现有医务人员20人，其中主治医师1人，执业医师3人、中级职称药师1人，执业护士6人。院内设有内科、外科、中医科、妇产科、儿科临床科室和中西医药房、放射科、检验科、彩色B超室、彩色多普勒、心电工作站、全自动生化仪等医技辅助科室，有开放性住院病床31张。2014年11月，投资200万元的新业务楼投入使用，开设中医特色科室，运用理疗及中草药治疗各种常见病和多发病；荷叶坪卫生院地处荷叶坪村，始建于1983年，占地面积0.113公顷，有职工16人，专业技术人员16人。设有内科、妇产科、儿科、中医科和医技科（B超室、检验室、X光室），主要设备有全自动生化分析仪、B超、彩色经颅多普勒、心电监护仪、中频治疗仪、电针治疗仪、TPD神灯和X线，开放床位数16张。

社会保障

1997年，马头岭乡政府协助相关部门，为群众办理简易人身保险、少儿保险和纯女户养老保险额10余万元。1998年，设乡保险代办站，经营人寿及财产保险，有15%的群众购买各种社会保险。

2013年，原马头岭乡敬老院与原荷叶坪敬老院整合成马头岭乡中心敬老院，选址原荷叶坪乡政府院内。敬老院投入建设资金160万元，严格按照省“三星”级敬老院标准于同年10月改扩建完成，建筑面积0.2公顷。现拥有100个床位，每间房子有液晶电视机、成套家具、单独卫生间和残疾人无障碍设施的安装配置等设备，24小时供应热水，拥有鱼塘、菜地和果园等生产基地。2014年，入住“五保”老人65人。院内按照与五保供养对象1∶10的比例配备工作人员7人。

2014年，马头岭乡发放各类补助44.5万元；其中生活临时救助和医疗救助105人次、救助金额13万余元；申请慈善医疗救助和困难救助0.2万余元。全乡参加农村合作医疗1.93万人，参保率95%；参加农村养老保险人数9450人，参保金额106.13万元。危房改造15户，其中基本无投劳能力和自筹资金能力的危房特困农户（包括低保户、“五保户”和贫困残疾人家庭）7户，其他一般贫困户8户。争取无偿辅助器材30余副，方便残疾人出行。并组织部分残疾人参加技能职业培训，推荐就业。

特色地情

太和古民居　始建于明朝末年，分布广泛，较集中的有30余栋，3000多平方米。一栋栋古民居雕龙画凤，青砖青瓦，不仅外观古朴考究，更是冬暖夏凉的好居所。走进院落，百余年前的古朴扑面而来，让人流连忘返。

九姊岩　九姊岩位于荷叶坪村，九块巨石鳞次结成一洞，洞高约10米，长宽7余米。内有九姊仙石像，并有重岩数层，形同阶梯，沿石阶而上，可出崖顶，一望无际。岩下有九姊庵。九姊岩和七姊石一样，名声在外，为苏仙区名山之一。

西河水生态风光带（马头岭段）　西河水生态风光带是郴州市“两纵两横两带”战略重点工程，马头岭乡境内长26公里，经7个行政村，建有“四线一站一园”。“四线”即河道岸线，沿河绿化带线，城际绿道线和旅游道路线，“一站”为兰王庙驿站（位于马头岭乡兰王庙村），“一园”为兰王庙湿地公园。

（龙小彬　供稿）

许家洞镇>>

相传黄巢起义率部路经此地洗刀，血水染红了整条河，故名洗刀洞，后谐音演化为许家洞，许家洞镇因此得名。许家洞镇也是“中国核工业第一功勋铀矿”原核工业711矿所在地，曾为我国“两弹一艇”、核工业的创建发展和国防事业做出重要贡献。

区域概况

位置面积

许家洞镇位于郴州市东北部，距市中心15公里，镇政府所在地北纬25° 53′ 1.65″，东经113° 04′ 19.42″。东与白露塘镇接壤，南与卜里坪街道交界，西与马头岭为邻，北与五里牌镇、桥口镇毗邻。地域面积61.8平方公里，其中耕地面积357.87公顷，水田面积313.8公顷；山林面积4483.2公顷，其中楠竹面积1333余公顷，森林覆盖率86%。

建置沿革

明清时期，许家洞镇属西凤乡。民国2年（1913），以乡改区，属安善区。民国19年（1930）2月，实行区域自治，并入第五自治区。民国27年（1938），废区并乡，第五区分为栖凤、恭惠、五市和四明乡，许家洞为四明乡。民国36年（1947）3月，并乡，并入安善乡。1949年12月，划区建政，划入安乐区。1950年7月，缩小乡级规模，属第五区（安乐）。1952年2月，划小区乡行政区域，划属第十区（桥口），辖许家洞乡。1955年5月，十区改称桥口区。1956年5月，撤区并乡，设许家洞乡。1958年6月，环城乡焦冲社划入许家洞乡。1958年8月，划归郴县郴州市辖。1958年10月，人民公社化，并入市郊人民公社。1961年2月，从市郊人民公社析出，成立许家洞人民公社。1961年9月，天堂城市公社撤销，并入许家洞公社。1963年4月，许家洞公社析出许家洞、天堂2个生产大队及4个居民委员会，组建许家洞城市人民公社，隶属郴州镇，许家洞农村公社划归郴县。1963年5月，许家洞改街道办事处，归郴县郴州镇辖。1965年8月，划郴县许家洞公社入郴州镇，与许家洞办事处合并，组建许家洞人民公社，辖焦冲、马岭、黄草、清泉、天堂、联盟和许家洞7个生产大队及4个居民委员会。1978年12月，析出4个居民委员会组建许家洞区。1980年11月，许家洞区改称许家洞街道办事处。1983年4月，许家洞街道和许家洞人民公社合并为许家洞镇，属县级郴州市管辖。1994年12月，撤地建市，撤县并区，许家洞镇划归苏仙区辖。

行政区划

许家洞镇现辖焦冲、袁家、何家、天堂、联盟、清泉、黄草和许家洞8个村及许家洞社区居委会，代管茅塘社区居委会，共32个居民小组、57个村民小组和76个自然村庄。镇政府驻许家洞村。

自然环境

许家洞镇境内山岭起伏，溪河如织，空气清新，山川秀美。地热温泉资源、煤炭、锰和铀等储量丰富。

地形地貌：许家洞镇境内大部分为丘陵，地势东、南、西三面高而北面低，平均海拔高度585米，风景优美，气候宜人。

气候：许家洞镇属亚热带湿润季风性气候，其特点是四季分明，雨热同季，光照充足，雨量充沛，无霜期长。平均气温16℃，最低气温-8℃；最高气温39℃；无霜期年平均260天，年平均降水量890～1200毫米。

矿藏资源：许家洞镇自然环境优美，资源丰富，是一个以采掘工业为主的工矿型镇，矿产资源以铀、铜、锰、铁、铝、锌、银、煤、黏土和石灰石为主。

自然灾害：主要自然灾害有旱涝和低温等。1999年，“8·13”洪灾许家洞镇受灾严重。2007年，“7·15”洪灾损失也极大。2007年12月至2008年2月，冰冻灾害造成1.2亿元的经济损失。

人口民族

许家洞镇人口历来变化不大。1989年，总人口1.82万人。1997年，总人口1.71万人。2002年，总人口1.73万人。2007年，1.76万人。2012年，1.8万人。2014年，总人口7229户1.79万人，其中男9279人、女8631人；城镇人口9982人、农业人口7928人。

经济发展

经济综述

1989年，许家洞镇工农业总产值843万元。1996年，工农业总产值8007万元。1997年，工农业总产值1.28亿元。2007年，实现国民生产总值3.26亿元。2012年，实现国民生产总值7.65亿元。境内产业有煤炭、铸造、化工、电力和现代农业等，经济增长势头好。2014年，实现国民生产总值8.25亿元，财政收入518万元，农民年均纯收入1.2万元。

农业

20世纪80年代，许家洞镇是郴州市粮食、油茶和竹木主产区之一，有耕地487.47公顷。1989年，生产粮食3002吨，茶油55吨，生猪出栏3133头。2002年，许家洞26.67公顷高标准无公害蔬菜基地被授予全市唯一的“湖南省无公害放心菜基地”。2007年，农副产品收购总额886万元。境内主要农作物为水稻、葡萄、柑橘、板栗和西瓜等，其中以甜泉牌葡萄最为有名。全镇以清泉村和联盟村为主的优质葡萄种植产业不断发展壮大，带动周边村组种植面积267公顷，成为农民增收的支柱产业。此外，许家洞村和黄草村的果蔬种植产业规模不断扩大，黄草村和清泉村的淡水鱼养殖及焦冲、何家、袁家和黄草等村的竹木、油茶产出效益也日趋明显，农民增收步伐进一步加大。2014年，许家洞镇农业总产值6860万元。许家洞镇已经成为苏仙区的“果园子”“菜篮子”“油瓶子”“鱼池子”。

工业

许家洞镇是历史工业集约镇，镇内驻有“中国核工业第一功勋铀矿”原核工业711矿、许家洞煤矿等。711矿创建于1958年3月，是邓小平批准建设的中国第一座铀矿，“二五”期间由原苏联援建的156个国家重点项目之一，属“三线一类”艰苦地区企业。1960年4月，711矿开采出第一批铀矿石。建矿40多年来，为中国“两弹一艇”、核工业的创建发展和国防事业做出重要贡献，被原国家政协委员、二机部部长刘杰赞誉为“中国核工业第一功勋铀矿”。因国民经济调整，1984年，军品限产。1994年，711矿停止井下铀矿石开采，转入井下和地表核设施退役治理工作。2002年8月，711矿由于资源枯竭，被全国企业兼并破产和职工再就业工作领导小组列入关闭破产计划。2003年12月16日，由郴州市中级人民法院宣告关闭破产。2004年6月10日，郴州市中级人民法院裁定关闭破产法律程序终结。原核工业711矿破产改制后组建为郴州市华湘社区管理委员会。

1989年，许家洞镇有镇、村办企业24家。随着技术更新，产业集聚效应凸显，化工、煤炭和金属冶炼等传统产业发展势头强劲，逐步做大做强。2014年，许家洞镇镇工业总产值5.36亿元。境内以中盐华湘化工为龙头的化工产业稳定发展，把改造传统产业与发展高新技术相结合，加强企业技术改造，企业发展纳入良性轨道。金属冶炼铸造业以巨峰冶炼厂为主，加大环保设施的投入，科技引领产业升级，进一步延伸铋、铝、铅和锌等传统优势产业的产业链。煤炭产业以金旺煤业和梓树下煤矿为生产基地，以嘉鑫煤业为精深加工龙头，引领煤炭生产企业强强联合，发展煤炭生产和精煤提炼产业，提升产品附加值。

旅游业

许家洞镇群山相连、溪沟纵横、风景优美。黄草和清泉村的丹霞地貌区石峰如柱、景象万千、古寨奇特，令人流连忘返。境内还有丰富的地热温泉资源，曾建著名的天堂温泉度假山庄，后因各种原因停业。现投资36亿元的温泉小镇正在积极筹建中。境内交通便利，造香公路、梁马公路和桥黄公路等竣工通车后，乡村周末旅游休闲产业不断发展。投资3000余万元的有缘农庄、发明综合开发农庄和王家垅养殖钓鱼休闲山庄等20余家“农家乐”相继开业，集休闲、垂钓和旅游等为一体，休闲旅游产业链正快速形成。

基础设施

交通运输

许家洞镇境内京广铁路复线和京港澳高速公路横贯南北，梁马公路、旅游战备公路和造香公路贯通全镇，区道、乡道网连各村组和周边乡镇，每天均有公交车往返市内，交通便利。辖区内铁路总里程13公里，公路里程127.02公里，其中京港澳高速公路17公里，省道S215黄草至长冲铺11.56公里，县道4条总里程30.25公里（X055拓源至联盟桥5.89公里，X110许家洞至锁石桥11.89公里，X118马头岭至711矿8.9公里，X124战备公路9.69公里，造香公路9.6公里），乡道5.61公里，村道20公里，组道33公里。2013年5月，造香公路动工新建，2014年12月竣工通车；梁马公路修建于20世纪50年代，2014年9月改造翻新，2014年12月竣工通车；2014年8月，桥黄公路动工新建，计划2015年2月竣工通车。另京港澳高速公路北互通口位于许家洞村旱禾田组附近，正在加紧建设中。全镇公路通达率100%，行政村通畅率100%。

邮政电信

1999年，许家洞镇有6个村安装程控电话。2002年，镇内分别建有移动、联通和小灵通通讯发射塔。2014年年末，境内有邮政所1个，电信、联通和移动电话服务网点3个，固定电话用户358户，移动电话用户9456户，互联网用户569户。

供电饮水

1992年，许家洞镇供电站成立。2001年8月20日，许家洞镇供电营业所挂牌营业，8个村全部实行农村电网改造。1987年，许家洞镇驻地由市自来水厂集中供水，年供水22万立方米。2012年，实施农村人畜安全饮水工程，各村通过人畜饮水工程全部喝上清洁自来水。

水利建设

郴江河、东河和马岭河流经许家洞镇境内，总长19公里。许家洞镇有小Ⅰ型水库1座，小Ⅱ型水库1座。其中立新水库属小Ⅰ型水库，位于焦冲村，建于1963年，库容228万立方米；天堂水库属小Ⅱ型水库，建于1964年，库容15万立方米。

村镇建设

20世纪末，许家洞镇农村基础设施逐步完善。2012年以来，全镇逐步完善民生民本设施建设，投资60余万元对镇农贸市场进行翻新改造，改善群众购物环境；投资200余万元新建镇敬老院和文化计生大楼，翻新改造镇政府办公大楼，方便群众办事；投资300万元新建镇中学教学大楼和许家洞青少年宫，全面提升办学水平；斥资23万元全面改造茅塘社区办公场所，着力提升社区办公和居家养老服务能力；投资20余万元新建许家洞老街休闲游园，为居民提供良好休闲娱乐场地；投资5万余元改造铁路涵洞，解决涵洞积水问题，并争取资金600余万元在清泉村和联盟村新建京广铁路涵洞4座，方便周围群众出行。另有投资36亿元的温泉小镇项目落地签约，投资1.05亿元的京港澳高速公路郴州北互通口项目建设启动，投资2000余万元的苏仙区治超站破土动工。此外，许家洞镇规范农村村民建房，大力推进城乡环境卫生整治及城乡绿化，重点打造黄草村三组城乡统筹示范点、许家洞村早禾田集中联建示范点、黄草村七组集中安置示范点、许家洞村早禾田集中建房示范点和许家洞村谢家湾绿化示范点，城乡面貌全面改善。

社会事业

文化教育

1998年，许家洞镇有小学10所、中学1所。2002年，全镇有中学1所、小学5所、711矿有九年制学校1所。2007年，全镇有中学1所、小学4所、文化站1个。2014年末，许家洞镇有文化站1个，村级农家书屋9个、藏书3.6万册，各类文化专业队5个；幼儿园2所，学校2所，在校学生895人，专职教师81人，入学率100%。

医疗卫生

20世纪末，许家洞镇有卫生院1所，各村设有医疗点。此后无大变化。2012年，许家洞镇卫生院提质改造。2014年，境内有卫生院1所，村级医疗卫生机构8个，专业从业人员20名。全镇新型农村合作医疗参保率100%。

广电体育

1995年8月，许家洞镇建成有线电视台，后改成许家洞镇广播电视站。2002年，有线电视入户率75%。2014年，有线电视用户3241户。2014年末，许家洞镇有各类体育场所8个，其中篮球场6个，健身器材32套(台)。

社会保障

2012年，许家洞镇完成农村危房维修改造120户，新建敬老院1所。2014年年末，有城镇最低生活保障居民 365 户 571 人，补助 167 万元；农村最低生活保障户 222 户 365 人，补助 63.8 万元；农村“五保户”24 户 28 人，补助 9.9 万元；敬老院收养农村“五保”人员 12 人；参加新型农村养老保险 3662 人，参合率 94%。

特色地情

风景名胜

喻家寨 又名天飞山、云秋山，位于飞天山国家地质公园的西南部，是公园唯一有人居住的地方。石寨海拔 182 米，寨北天生一桥，如神工所造，被誉为“天生巨眼，天地津梁”，寨顶有座“莲池，”池中有暗泉涌出，千年不涸。除自然景观外，寨壁的摩崖石刻、寨中的仙坛以及清著名学者喻国人兴办的同仁书院为景区增添独特的历史文化气息。

名优特产

“甜泉”牌优质葡萄 许家洞镇积极引进巨峰、红富士等优质葡萄种苗，引领农户进行产业结构调整，建成以联盟村、清泉村为主的优质葡萄种植基地，年产量 2000 吨以上。葡萄种植采用无公害套袋技术管理，加上特殊的小气候和地热资源，使之穗大质优，果穗平均重 500 克以上，可溶性固形物 16%~ 18%，果肉多汁，香味浓郁，深受消费者喜爱。

历史名人

喻国人（1611—1702）号春山，喻家寨人，明崇祯壬午（1642）举人。清兵入关后，绝意仕进，隐居三十年，博览群书，专心学问，创设“同仁书院”，从学者甚众。清康熙十三年（1674），游学京师，被尊为“儒宗”、“湖南宿儒”。曾作《郴州矿产十害论》，历数民间开矿之害，要求官府禁止，为以后清廷禁止民间开矿提供依据。他学识广博，治学严谨，一生中先后撰有《吾道一贯真传》《五伦六论训解》《春秋日食定监》《伏羲乐律》等 35 部著作，刊行者十之有八。喻逝后，湖南学正潘宗洛亲赴郴收集其遗稿，辑成《喻春山文集》，其中《河洛定议赞》《周易辨正》《全易十有八变卦定义》《周易对卦数变合参》《河洛真传》《周易先生真传》等收入《四库全书》。

传说故事

地名传说 相传，唐末黄巢等农民起义，曾

喻家寨

甜泉葡萄

短暂攻占郴州，并利用许家洞丹霞山地形与唐军作战。黄巢部杀退唐军后,在许家洞的郴江边洗刀，故叫“洗刀洞”。洗刀的血水将郴江染红了，故下游约1里处有一村名“黄巢村”，另有一村庄叫做“下红滩”。后因“洗”和“许”、“红”和“洪”、“巢”与“草”音相近，而“巢”和“刀”字容易使人联想到黄巢举刀,所以就被民众说成“许家洞”“黄草”“下洪滩”。黄草村还传说黄巢部曾在黄草村四组“南寨”山上被唐军围困数月，如今仍有残垣断壁、水井及因山上缺水黄巢军取水的“掉水崖”等遗址。

天飞山的传说 天飞山以前叫云秋山。很久以前，有年大旱，十井九枯，河流断流，大地龟裂，山石生烟。云秋山下有户人家，一个老头带着儿子生活。有天晚上，老头发病卧床，昏迷中呻吟要喝水。天飞听到父亲要喝水，急入灶房，倒尽所有缸盆,尚不足一小口水。天飞自言自语道：“如此光景，上哪里去讨？我还是上山去取为好。”于是，便冲出门外，爬过一道坡，找遍坑坑洼洼，又越过两道岭，直到登上主峰，也不曾寻到一滴水。猛然间，他跪倒伸出双手，冲着南天高声乞求道：“四方神，显显灵，赐给一口水，救救我父亲吧！”天飞话音未落，只见南天飞来一朵祥云，云端立着白衣仙人。仙人说道：“可怜的孩子，难得你一片孝心，你身后的怪石下有一方泉眼，若肯用脑袋撞碎那怪石，不仅能救你父亲，还能救你的乡邻。”天飞一听惊疑道：“仙人此话当真？”仙人道：“绝无戏言！”天飞沉思片刻，自言自语道：“父亲啊，您多保重，天飞去了！”天飞言罢，跋步壮神,气贯天灵,飞身猛纵。“轰！”响声若雷，当下怪石崩天，一股被鲜血染红的泉水喷涌而出！但见那仙人将广袖一甩，天飞魂灵顿时化为一缕青烟去了西天。

小溪淙淙流水，大地万物生春，云秋山下的乡邻得救了。当天夜晚，天飞父亲做了一个梦，梦见天飞与山鬼恶斗得胜后，引来清泉拯救生灵，然后笑别众人徐徐升天。父亲从梦中惊醒，又见天飞一夜未归，知道凶多吉少。于是，老头速速穿衣出门，叫了邻居小二，按梦中所指方位，历尽艰辛，果然在一片碎石中、一眼清泉旁找到了血流满面的天飞。众乡亲为了永久纪念这位救世青年，就在天飞升天的地方，为云秋山凿字取名叫“天飞山”。

（王宏伟　供稿）

桥口镇 >>

桥口镇是湖南省“百城千镇万村”示范镇。

区域概况

桥口镇境内矿产和水利资源丰富，交通便利，郴三铁路、省道1813线、郴州大道和旅游战备公路横穿东西，资五路和郴永大道纵贯南北。境内风景秀丽的飞天山国家地质公园闻名遐迩。

位置面积

桥口镇地处苏仙区东北部，位于北纬25°52′28″—25°58′58″，东经113°5′36″—113°12′30″，镇政府驻桥口村。东与资兴接壤，南靠望仙镇，西邻许家洞镇和五里牌镇。土地总面积120平方公里，其中耕地面积1640.73公顷。

建置沿革

明清时期，桥口镇属永丰乡。民国2年（1913），以乡改区，永丰乡分为永一、永二区，桥口属永二区。民国19年（1930）2月，实行区域自治，并入第二自治区，区治桥口。民国27年（1938），废区并乡，第二区分为永一、永二、永数乡，桥口为永二乡。民国36年（1947）3月，并乡，并永一、永二乡为永丰乡，乡治桥口。1949年12月，划区建政，属永丰区，区治桥口。1950年7月，缩小乡级规模，置桥口乡，属第二区（永丰）辖。1952年2月，划小乡行政区域，属十区（桥口）。1956年5月，撤区并乡，置桥口乡。1957年2月，设桥口办事处。1958年10月人民公社化，桥口并入五星人民公社，社治桥口。1959年2月，五星人民公社更名桥口人民公社。1959年11月，桥口公社的江背、桥口、文昌阁、鲤鱼江大队划入新成立的郴县东江市。1965年7月，高码公社并入桥口公社。1978年10月，桥口公社分为桥口、高码公社。1981年9月，划糖厂与桥口公社的龙湾、高家塘大队和香山坪公社的秧溪、雅市、金田大队设糖厂公社（1983年8月改为雅市坪公社）。1982年12月，建立桥口镇，设桥口、农科所、铅锌矿3个居民委员会、12个居民小组，划桥口公社桥口大队归桥口镇辖。1984年3月，在不改变原行政区划的情况下，以公社建乡，桥口公社改为桥口乡，随即撤销，其行政区域归桥口镇辖。1986年12月，撤销雅市坪乡，其高家塘村和龙湾村划归桥口镇。

1994年12月，撤县建区，更名为苏仙区桥口镇。

行政区划

桥口镇现辖郴州市农科所、苏仙区农科所、

园艺场、桥口和氮肥厂 5 个社区及黄泥滩、瓦窑坪、清江、雅江、小禾塘、龙湾、石河、排塘、宝安岭、桥口、下渡、白溪、幸福、高家塘和高椅岭等 15 个村、134 个村民小组。

自然环境

气候：桥口镇境内大部分为丘陵，位于飞天山和翠江之畔，属亚热带季风湿润气候区，其显著特点是四季分明，春季气温低，阴雨连绵；夏季高温湿热，暴雨集中，洪旱交错；秋季干旱少雨，台风入侵频繁，时有山洪暴发；冬季低温干燥，但寒期短，雨量较少。主要自然灾害有干旱、洪涝和寒冻等，以旱灾和水灾危害最大。2007 年 12 月至 2008 年 2 月，冰冻灾害给桥口镇造成了极为严重的经济损失。

水文：桥口镇境内河道属湘江流域，主要河道有二级河东江，三级河雷溪河，河网密度约 0.41 公里 / 平方公里。其中东江为境内最大河流，从资兴市鲤鱼江至峡口流经桥口镇下渡、桥口、小禾塘、清江、龙湾、雅江、瓦窑坪和黄泥滩等村至五里牌和太平，境内总长度 22.8 公里，年均流量 173.7 立方米 / 秒。

矿产资源：桥口镇矿产资源丰富，主要有铅锌、铁和锰等，尤以铅锌储量多。河砂储量 1 亿多立方米，俗称“砂都”。

人口民族

1988 年，桥口镇总人口 1.79 万人。1997 年，总人口 1.85 万人。2002 年，1.75 万人。2007 年，2.1 万人。2014 年年末，辖区总人口数 2.17 万人。其中男性 1.12 万人、女性 1.05 万人；农业人口 1.68 万人、城镇人口 4828 人。计划生育率 88%，人口自然增长率 7.6‰。民族以汉族为主，占 97.7%，少数民族为瑶族，占 2.3%。

经济发展

经济综述

桥口镇依山傍水，自古以来，镇域经济以农业、林业和渔业为主，水稻种植、渔业养殖和竹木加工初具规模。21 世纪以来，随着经济结构调整，生态休闲旅游、现代农业和花卉苗木等产业逐步成为全镇经济发展的主力军。1988 年，桥口镇工农业总产值 720 万元。1997 年，工农业总产值 1.71 亿元。2004 年，实现国民生产总值 2.86 亿元。2007 年，增至 8.9 亿元。2012 年，实现国民生产总值 23.4 亿元。2014 年，桥口镇实现国民生产总值 32.1 亿元，同比增长 18%。完成社会固定资产投资 16.2 亿元，同比增长 35%；公共财政预算收入 4.2 亿元，同比增长 32%。农民人均纯收入 2.01 万元，同比增长 22%。2011—2014 年，连续 4 年跻身郴州市经济十强乡镇。境内有郴州农商银行、桥口邮政储蓄所和中国农业银行 3 家金融机构。

农业

桥口镇农业基础雄厚，农业综合开发力度大。20 世纪 90 年代初，桥口镇被定为郴县商品粮生产基地、林业生产基地和优质水果基地。1992 年，粮食总产 8340 吨，人均产粮 0.56 吨，有林地 7472 公顷，占土地总面积的 64.4%，开发优质水果 498 公顷。历年来，郴州市农科所的水稻品种培育与种植、苏仙区农科所（区鱼苗鱼种场）的鱼苗繁育与鱼类养殖及苏仙区园艺场的园林苗木工艺都极具代表性，为桥口镇农业的发展起到领路人的作用。2002 年，桥口镇“一村一品”经济颇具特色，建成杂交水稻制种基地 133.33 公顷，绿化草皮基地 266.67 公顷，麻竹笋基地 1000 公顷，楠竹基地2000公顷，蔬菜基地66.67公顷，药材基地200公顷，花卉苗木基地33.33公顷，和柑橘基地33.33公顷。至新农村建设开始，桥口镇党委政府因地制宜，坚持走特色发展道路，在白溪、排塘、石河、清江、雅江和小禾塘6个村建成以花卉苗木、草皮和休闲农庄为主体的特色农业产业。在巩固原有白溪、排塘、桥口和石河4村连片的667公顷草皮和334公顷花卉苗木长廊基础上，优化产业结构，积极在郴州大道（桥口段）沿线3个村，发展袋装苗、草改苗。2014年，全镇完成草改苗67公顷。在以东旭园林为代表的“两型”企业基础上，建成林意园林，未来五年计划投资9000万元，打造林意主题公园，通过餐饮、休闲和旅游等文化来展示园林绿化。

工业

新中国成立初，桥口镇境内几乎没有工业企业，仅有个别酿酒和竹木加工厂。1957年，桥口铅锌矿建矿，2001年改制，更名为桥兴矿业。1970年，桥口氮肥厂建成投厂，2001年和2005年经历两次改制，于2012年更名为吐绿化工。1972年，郴县糖厂建厂，1995年倒闭。2005年，华润B厂落户桥口，2010年，氟化工业园、铁合金厂、钖涛公司和荣成公司技改落户桥口。桥口镇基本形成以中国五矿氟化工业、郴化集团和钖涛化工为龙头的化工产业，以华润电力为龙头的能源产业，以云湘锡业和桥兴矿业为龙头的有色金属产业三大基地。2014年，桥口镇实现工业总产值79.7亿元。

旅游业

桥口镇依托郴州大道、郴永大道和飞天山国家地质公园，以白溪、宝安岭、排塘、石河、龙湾、瓦窑坪和高椅岭为重点，乡村旅游产业发展迅速。全镇以投资2000万元的五星级休闲农庄绿岛营地项目为代表，发展生态农庄30余家，绿岛营地、仙乐水上乐园、六寨沟、水仙楼和高椅岭等生态农庄成为镇内一道亮丽的风景线。

基础设施

交通运输

桥口历来是交通要道。民国时期，境内就有铁路运输。2012年8月，铁路旅客运输停运，境内铁路专门用来运输货物。郴资大道（原省道1813线）穿境而过，是20世纪末资兴等地通往郴州市区的主要通道。2000年，郴资桂高等级公路建成通车，带动白溪村一带的发展。2011年，郴州大道改扩建工程竣工通车。2012年，资五路和旅游战备路桥口段建成通车，相继建成工业大道、商业大道和白溪大道。2013年，郴永大道建成通车。一个以郴州大道、郴永大道、旅游战备路和郴资路为骨架的两横两纵交通网路体系全面形成，进一步拓宽桥口镇发展出路，可开发土地迅速升值。2014年年底，投资9000万元的郴资路全线通车。是年，桥亚路投资400万元，完成道路硬化、绿化、亮化工程。另镇前大道和S213线建设全面铺开，通村通组公路实现“村村连、组组通”，全镇所有村民小组均通水泥公路。随着交通条件的改善，群众出行十分便利，既可以乘坐公共交通工具，也可自驾摩托车和汽车出行。

邮政通信

桥口镇邮政通信设施从无到有，逐步完善。新中国成立初，群众通信主要依靠信件或电报。20世纪末，电信、联通和移动纷纷在镇内设立服务网点，并修建基站，部分先富起来的群众开始安装固定电话。1998年，全镇有8个村安装程控电话。2002年，13个村开通程控电话。21世纪后，手机逐渐成为村民主要的通信工具，固定电话占有量逐步减少。

供电饮水

桥口镇境内原由鲤鱼江电厂供电，后主要由国家电网苏仙电力公司供电。1970年，境内第一个电站山河电站投建，1972年投产。1978年，建雷溪坝电站，1980年投产。1981年，建白溪二级电站，1983年投产。到1992年年底，桥口镇有电站3个，年发电量860万千瓦时，实行农网改造后，群众用电费用极大降低。2007年，114个村民小组完成电网改造。

新中国成立初期，桥口镇群众生活用水以地下水为主。1993年，桥口村水厂建成投入使用。开展新农村建设以来，境内自来水逐渐开始普及。2007年，完成饮水工程10处。2012年，投资300万元，新建桥口镇自来水厂，日供水1000吨，可解决1万人的饮用水问题。2014年，全镇70%以上人口使用自来水。

水利建设

新中国成立后，桥口镇境内大兴水利。1958年，修建小Ⅰ型高头垅水库。1982年，修建小Ⅱ型烟竹垅水库。1990年底，修建小Ⅱ型金甲垅水库。1991年，修建小Ⅱ型天鹅塘水库。2007年，修缮和维护病险山塘水库24座。2011年，整修小（2）型水库1座，整修基本山塘3口，整修河坝1座，新修灌溉渠2000米，渠道防渗4500米，完成土石方量1.1万立方米，混凝土600立方米。2012年，修建小（2）型杨屋塘水库，完成整修小（2）型水库2座，整修基本山塘3个，整修河坝1座，新修灌溉渠2000米，渠道防渗4500米，投入资金262万元。2014年，桥口镇完成山塘水库整修4处，在排塘、石河、清江、幸福和下渡等村新修排渠、灌渠3000米，安全饮水工程1处，清江村53余公顷的草皮苗木喷灌系统主体工程通过省市验收。

村镇建设

1999年，桥口镇投入10万元增设圩场铁架摊棚40个，铺设水泥圩场1000平方米。2004年，对镇内桥口码头、公汽停车场、科技大道与两厢开发、圩场街道基础建设和亮化、绿化、美化工程进行改造提质。2012年，全镇15个村有市级新农村建设示范村3个、区级2个。其中白溪村被评为湖南省“两型”社会建设示范村。2013年以来，为改善村容镇貌，桥口镇筹措资金近800万元拆除厂棚、杂房、烤房、空心房和露天厕所

瓦窑坪全景

等90余间，面积4.3万余平方米。同时，以桥口村和瓦窑坪村为试点，大力实施村庄美化工程，加大对空新房、杂房和猪栏厕所等废旧残垣断壁的拆除力度；以石河村为试点，坡屋顶改造6000余平方米，拆除杂房1400余平方米，示范带动全镇美丽乡村建设；对桥亳公路沿线1.7公里两厢5～10米进行绿化提质改造。此外，落实“一村一策”，对环境整治型的排塘村实施以环境卫生为重点的整治建设；对田园风光型的高椅岭村实施村级公园修缮、溪流整治等基础设施建设；对生态旅游型的瓦窑坪村开展古树、古迹等自然生态优势的整合建设，建成村级旅游公园3个。实施“点亮桥口”工程，更新和安装路灯500余盏，郴州大道沿线村进村道路、村庄以及镇区街道实现照明全覆盖。另有15个村启动完成农村广播“村村响”工程。此外，桥口镇全力推进地下管网、镇区游步道、桥口广场、镇区道路提质改造、街景立面改造、翠江河治理、飞天新城和瓦窑坪古村等“十大工程”建设。投入资金850余万元开展环境卫生集中整治行动。全镇组织劳动力2.1万多人次，清运垃圾9000多立方米，清理沟渠6000多米，并加强日常管理，形成环卫管理长效机制，彻底改变农村环境卫生“脏、乱、差”的局面。

社会发展

教育

清末，桥口镇境内设有私塾（家馆、族馆、门馆）。新中国成立后，广泛扫盲、文化补习、大兴村办小学。1985年，实行九年制义务教育。2005年，国家实行免除义务教育阶段学杂费。20世纪80年代，桥口镇有中等专业学校1所、县级初中1所、镇级初中1所、小学15所、镇级幼儿园1所。至90年代末，幼儿园增至10所。2002年，境内有中等专业学校1所、镇中学1所、私立学校1所、小学15所、幼儿园9所。2014年，桥口镇有中心学校1所，教职工56人，学生人数600多人，其中小学部560人，中学部127人；有村小6所，学生180人，教职工21人；有中心幼儿园1所，幼儿班5个，幼儿162人。现投资150万元改造村小，投资20万元建设“热水工程”，投资30万元建设“改线工程”，完善教育硬件设施。

1961年，郴县、资兴县分置，桥口“戴帽初中”改为郴县三中，1980年，按县办高中，公社办初中的原则，郴县三中为高级中学。1983年，改为县重点初中。1994年撤地设市时，更名为郴州市第十三中学。2002年，校区搬迁。桥口农校是省部级重点中专，有近五十年的办学历史，现更名为郴州市理工职业技术学校，有教职工268名，其中专任教师153名、高级讲师25名、中级职称68名。

文化广电

2009年7月底，桥口镇综合文化站竣工，占地300平方米。室内设施齐全，配备电脑4台，有各类藏书2000余册，每年订阅各类报刊20余种，方便辖区群众查阅各类信息。另配有音响1套，欢庆锣鼓、二胡、萨克斯、大号、小号、笛子和扬琴等乐器。全镇15个村均建立农家书屋，每个村都成立电子阅览室，配备电视机、VCD影碟机、书架和报架等设备。

1965年前后，桥口镇所有生产大队普及高音喇叭。1973—1982年期间，所有大队有广播放大站，入户率85%，农村广播网基本形成。1983年，苏仙岭电视差转台建成，境内大部分地区能收看电视。1994年，五盖山广播电视差转台建成，电视信号覆盖全境，桥口镇设有线管理站1个。1998年，全镇有5个村开通有线电视。1998年，增至6个村。2002年，有线电视覆盖9个村。2013年，桥口镇有线管理站合并到白露塘有线中心管理站，有线电视辐射到全镇所有村（社区）。

医疗卫生

桥口镇有卫生院1所，村级卫生室15个，从业人员32名。2001年，桥口镇卫生院被国家卫生部评为“甲级卫生院”。

社会保障

桥口镇现有敬老院1所，可容纳50余名“五保户”同时居住，已入住24人。2012年，桥口镇新农合参合人数1.47万人。参合率98.2%；1502名失地农民全部纳入社保，完成危房改造51户。2014年，全镇有城市低保240户381人，农村低保339户626人，散居“五保户”22户23人，集中供养“五保户”6户，“三无”对象9人，每月发放救助资金15万余元；新农保参保人数为9546人，参保率90%；“新农合”参合人数为1.71万人，参合率99.7%；城乡居民医疗保险统筹基金累计补助2398人，补助资金251.55万元。

特色地情

风景名胜

飞天山国家地质公园　位于桥口镇西北侧，距市区18公里，属典型的丹霞地貌，总面积110平方公里。水陆交通便捷，京广铁路复线、京珠高速公路和107国道从旁而过，郴江和东江交汇于此，形成享誉江南的翠江风景带。整个风景区由48谷、9寨、4坦、3庙、2江和1泉构成，以丹岩堡寨为特色，穿坦、洞穴为罕见，温泉碧江为纽带，石佛悬棺为史脉，集山、水、林、洞和佛为一体，聚雄、奇、险、秀和巧为一身。2001年，飞天山被国土资源部评为丹霞类的国家地质公园。

六寨沟生态公园　位于桥口镇宝安岭村，地处郴州大道桥口镇与资兴东江镇交汇旁边的高山秀岭下，距资兴市中心城区5公里，距郴州市中心城区25公里。公园森林面积13.33平方公里，有连香树、金钱松、杜仲和红花木莲等珍贵植物及穿山甲、水鹿等珍稀动物。六寨沟景区被国家林业局定为生态公益林保护区。园内气候宜人，

飞天山

冬暖夏凉，四季如春；溪河迤逦，险径雄峰，林木竹海交相辉映，是集旅游观光、休闲度假和漂流垂钓于一体的生态公园。

高椅岭 位于桥口镇西部，其山、水、泉、洞、寨、崖和穿坦俱全，是一块尚未开发的丹霞地貌处女地。2012年年底，逐步有游人进入。2013年，成为自驾游热点。因尚未正式开发，从安全角度考虑，不建议擅自进入。

历史人文

瓦窑坪村石佛寺——石窟造像 湖南省级文物保护单位，位于桥口镇瓦窑坪村飞天山国家地质公园境内神仙寨下。石窟造像凿于元至正元年（1341），相传为在东江上放排的“青山客”，为祈求菩萨保平安，在此建石佛寺。新中国成立初期毁于水灾，庵后壁上的石雕菩萨幸存下来，为郴州市迄今唯一一处元代佛教摩岩造像。它面朝翠江，背靠赤岩，神形各异，栩栩如生。这种摩崖造像江南很少，有两窟，窟一高3.3米，宽4.3米，深0.9米，顶部呈半弧形。窟下沿排列7个龛，各高0.4米，宽0.3米，深0.2米，小龛内现无佛像，窟一有佛雕九尊，正中为释迦牟尼坐像，高2米，身围3米，面相端庄肃穆，服饰齐整正襟危坐，背有大幅莲花火焰纹佛光。两侧为弟子阿难、迦叶立像，像高1.5米，身高1.2米，迦叶头部有圆形佛光。再外为文殊、普贤菩萨立像，像高2米，身高1.7米，头部均有火焰纹佛光。弟子表情虔诚，身着袈裟；菩萨慈眉善目，长裙曳地，脚下皆为莲花宝座。窟一上部左右两角各有飞天雕像，背有羽翼，身驾祥云，头朝释氏呈腾飞状，左飞天保存完整。窟二西距窟一3米，高3.3米，宽2.8米，深0.5米，顶呈半弧型。内有女佛雕像1躯，高2.54米，头顶圆髻，两耳垂肩，面相祥和，身着长裙披风，长裙曳地，披风展飘，似为妈祖雕像。窟一顶部左侧崖壁有《募缘施财记》崖刻一方，阴刻楷书15行，200余字，有“至正元年立”等字，刻字大部分剥蚀不清。

黄泥滩村古水文崖刻 苏仙区级文物保护单位，位于桥口镇黄泥滩村凤形山口处一略呈南北走向的陡峭崖壁之上，时代为宋、清时期。水文崖刻记载了当时东江河涨水的数字和沿河两旁房屋、农作物被毁的情景，为研究宋清时期东江河在郴州桥口地段涨洪水造成的灾情提供翔实的文字资料，也为研究宋清时期的崖刻历史以及书法艺术提供珍贵的实物资料。

瓦窑坪村“黄氏佳城”古墓 苏仙区级文物保护单位，位于桥口镇瓦窑坪村，时代为清朝。古墓工程浩大，宏伟壮观，以天然山谷为墓道，长约100米，宽约30米。黄氏系清光绪末年统领黄世潘之母，墓葬是黄母与其儿媳的合冢，封土堆高1米，底径3.5米，墓前约20米至300米的山城中，竖直石华表一对、石狮、石马各一对。石华表高2.3米，直径89厘米，镌“华滚耀当年皇恩浩荡，表坊重后代世泽绵长”；石狮俯卧，高40厘米、宽40米；石马俯卧，高120厘米、长130厘米、宽125厘米；石华表古朴、石兽稚拙，墓刻“黄氏佳城”4字，阴文、隶书、字径54厘米，墓右侧自下而上砌石梯57级。

（陈伟军　供稿）

望仙镇 >>

望仙镇是湖南省省级生态镇。

区域概况

望仙镇因望仙亭而得名，2012 年 5 月，由原塘溪乡更名望仙镇。作为郴州市“南延东进”的主战场，同时也是郴资桂经济一体化发展战略的核心增长极，望仙镇发展形势骄人，先后被评为湖南省省级卫生镇、省级生态镇、郴州市小城镇建设示范镇、农村环境整治示范镇和统筹城乡发展示范镇等。望仙也是块红色的土地，留下过朱德、陈毅等老一辈无产阶级革命家的足迹，从和平村到山河村、横垅村，望仙镇红军路的故事广为流传。

位置面积

望仙镇地处苏仙区东南部，镇政府所在地东经 113° 10′ 10.57″，北纬 25° 50′ 06.21″，海拔 198 米。东与资兴市接壤，南临五盖山镇、宜章县，西与郴州市出口加工区交界，北接苏仙区桥口镇。辖区土地总面积 154.3 平方公里，其中耕地面积 1031.87 公顷。

建置沿革

明清时期，望仙镇属郴县永丰乡。民国 2 年（1913），以乡改区，永丰乡分为永一、永二区，属永一区。民国 19 年（1930）2 月，实行区域自治，并入第二自治区。民国 27 年（1938），废区并乡，第二区分为永一、永二和永数乡，属永一乡。民国 36 年（1947）3 月，并乡，并永一和永二乡为永丰乡。1949 年 12 月，划区建政，属永丰区。1950 年 7 月，缩小乡级规模，置塘溪乡，属第二区（永丰）辖。1952 年 2 月，划小乡行政区域，属二区（雅市）。1956 年 5 月，撤区并乡，置长冲乡。1957 年 2 月，属板桥基点乡管辖。1958 年 10 月，人民公社化，长冲并入钢铁人民公社。1959 年 2 月，钢铁人民公社更名板桥人民公社。1960 年 1 月，板桥公社划归县级郴州市。1961 年 2 月，郴州市将板桥公社分为板桥、塘溪和大奎上公社，属塘溪公社。是年 5 月，塘溪划回郴县辖。1965 年 7 月，塘溪公社并入板桥公社。1978 年 11 月，板桥公社分为板桥和塘溪公社。1984 年 3 月，在不改变原行政区划的情况下，以公社建乡，置塘溪乡。1994 年 12 月，撤县建区，更名为苏仙区塘溪乡。2012 年 4 月，区划调整，塘溪乡撤乡建镇，更名望仙镇。

行政区划

望仙镇辖和平村、麻田村、珠堆村、石虎铺村、山河村、龙潭村、塘溪村、高坪村、长冲村、横垅村、小溪村和五马垅村 12 个行政村及塘溪社区 1 个社区，104个村民小组。

自然环境

气候：望仙镇背靠罗霄山，属亚热带季风性湿润气候，气候温和，四季分明，雨量充沛，温暖湿润，日照充足，但分布不均，丘陵地带全年无霜期280天以上，山区村无霜期短，多冰冻。春温多变日照少，夏热前涝后多旱，初秋湿热晚秋凉，冬有霜雪严寒短。受不同天气系统和独特地貌影响，时空分布不均，导致境内出现暴雨、暴雪、洪涝、高温、干旱、大风、冰雹、雷暴、寒潮、冰冻和低温等灾害天气，成为阻碍农村经济发展的因素之一。

水文：望仙镇境内有一大水系，源自狮子口山脉，分别从小溪村、山河村（现山河水库下游）流至小溪村两江口汇合，流入桥口镇境内，经东江、耒水，汇入湘江。

环境：望仙镇年平均气温17.2℃，年降水量1843.6毫米，年日照时数1066.6小时。空气达标率100%，地下水质达标100%，地表检测断面功能区达标98.3%，区域环境噪声平均值为52.7分贝，交通噪声平均值为61.2分贝。

土壤：水田有黄泥田、沙质田和灰黄泥田。旱土有红土壤、黄土壤、黄壤和黄棕土壤。

地形地貌：望仙镇以丘陵和山地为主。镇域西部较为平坦，东部为山区，郴州大道沿线为丘陵地带。

资源：望仙镇植物资源有樟树、松树、杉树、楠竹和桂花等。矿产资源有铅、锌、钨、铝、铜、锰、大理石、石灰石及观赏石、奇石，有色金属矿产蕴藏丰富，已探有色金属储量1.66万吨。

人口民族

1988年，塘溪乡辖区总人口9136人。1997年，总人口8731人。2002年，9469人。2007年，突破1万人。2012年，望仙镇总人口1.14万人。2014年，辖区人口1.12万人，其中男性5643人，女性5530人；农业人口1.1万人，城镇人口199人。计划生育率88%，人口自然增长率7.6‰。民族以汉族为主，占94.43%，少数民族为瑶族，占5.57%。

经济发展

经济综述

望仙镇田土肥沃，历来为鱼米之乡，盛产水稻，所产米粮有“贡米”之称，辅以种植红薯和玉米等杂粮。新中国成立后，塘溪乡交通闭塞，以农业为主，工商业欠发达。至党的十一届三中全会前后，变化不大。1988年，塘溪乡工农业总产值584万元。1997年，工农业总产值6244万元。2000年，郴资桂高等级公路建成通车后，经济发展步入快车道。2002年，实现国民生产总值1.07亿元。2007年，实现国民生产总值2.14亿元。特别是2011年，郴州大道改扩建工程竣工后，塘溪乡面貌发生翻天覆地的变化，生态休闲旅游、小水电、仓储物流、现代农业和花卉苗木等产业逐步成为经济发展主力军。2012年，望仙镇实现国民生产总值4.5亿元。2014年，全镇实现国民生产总值5.51亿元，同比增长10%；财政收入1080万元，同比增长11%；社会固定资产投资2.73亿元，同比增长30%；农民人均纯收入9634元，同比增长8%。80%家庭住进新楼房，部分家庭拥有大型家用电器、摩托车、大卡车和小汽车等，自来水、电视和无线网络通信入户率均在80%以上。

农业

种养业 望仙镇原以传统农业为主，是原郴县粮食生产区之一。1988年，有水田1105.2公顷，人平0.12公顷，为全县之首。所产稻米，米质优，远近闻名。后农业内部结构调整，逐渐向种植优质稻、杂交水稻制种、生猪、山羊及渔业等方向转变。1992年，重点发展优质水稻、生猪、烤烟和杉木林等产业基地建设。2004年，重点发展优质水稻、生猪、蘑菇种植和水果种植等特色产业基地。2012年以来，望仙镇以打造乡村旅游示范镇为依托，结合花卉苗木等特色产业，形成"旅游观光型"农业新思路。境内兴起以和平园艺和苏仙七彩园艺等公司为代表的现代化农业产业，实现部分土地流转，荒山变庄园。全镇形成上规模的紫薇、红叶石楠、红枫等花卉苗木基地200公顷，草皮种植基地133.33公顷。红叶石楠、紫薇、银杏和桂花等苗木种植面积不断扩大，其中和平村种植紫薇40公顷、荷花5.33公顷、桃花与樱花1万多株。全镇巩固种植油菜133.33公顷，发展环保蔬菜20公顷，种植橘子、石榴、蜜桃、乌梅、三红柚、早酥红梨和脐橙等水果2万多株，打造"四季果园"5.33公顷。

林业　望仙镇西部以丘陵为主，东部为小山区，森林覆盖率86.5%，珍稀树种有银杏、红豆杉和厚朴等。山林面积1.51万公顷，其中公益林1.1万公顷，楠竹低改163.3公顷，杉木新造35.1公顷，油桐新造32.5公顷。20世纪80年代末，塘溪乡是原郴县重点林区。2010年以来，通过绿化攻坚，实现用材林、绿化林、经济林并举的立体格局。先后投入160万元，对所有通村公路进行全面绿化，总长36公里；投入300余万元对境内8公里郴州大道路段进行绿化；投入110万元完成水系绿化5.7公里；投入1300余万元进行小游园、小果园、小花园、小乐园及小菜园的"五小园"建设，将农户房前屋后打造成集休闲和农家乐形式的花园房。同时，发展苗木基地6个，其中红叶石楠基地36.2公顷，和平园艺苗木基地40.1公顷。全镇进一步强化退耕还林管护和生态公益林保护，恢复森林300公顷，落实生态公益林1.1万余公顷，其中木材以松、杉树为主；绿化林以樟树、桂花、红叶石楠、红枫为主；经济林200公顷，以油桐、柚、枇杷、桃、乌梅、蜜橘等为主。

工业　新中国成立前，望仙镇境内几乎没有工业，仅有个别手工小作坊。20世纪80年代初，在麻田村（现龙潭新村后山）建采石场。横垅、小溪和五马垅等山区村地势陡峭，落差大，水资源蕴量大，适宜小水电开发。1987年，开始建设小型水电站。现已建水电站12座，装机总容量1.67万千瓦，仍有多处有待开发。90年代以来，境内有色金属矿采、选、冶业迅猛发展（采矿主要集中在横垅村和山河村），在与白露塘镇交界的东河沿岸，新建多家选厂。2000年以来，东河一带陆续建有几家采沙厂。2011年，建长冲采石场。2012年后，望仙镇境内东河一带选厂和采沙厂等企业全部关闭拆除。作为郴州市饮用水源地保护区，镇内无工业排污企业。

商贸服务业

望仙镇前身塘溪乡从板桥公社分离出来，无单独圩场，群众逢1、4、7日到白露塘镇赶集。2004年，塘溪乡加强市场建设，改善市场条件，投入30万元建设钢架大棚农贸综合市场1个。2014年，望仙镇有各类商业门店80多家，从业人员200余名。

旅游业

望仙镇旅游产业以和平村为核心，通过发展文化旅游、特色农家乐和观光农业，打造龙潭胜境、桃花浪漫、紫薇呢喃、瑶寨风情、农耕乐园和怡情垂钓等"和平六觉"美丽画卷。2012年11月，和平村成功创建湖南省旅游名村，现正创建国家AAA旅游景区。2014年，望仙镇接待游客11.2

龙潭湖全景

万余人次，旅游综合收入达 1200 余万元。

基础设施

交通运输

郴州大道未修建前，望仙镇境内交通较闭塞。2000 年，郴资桂高等级公路建成通车，公路穿境而过。2011 年，郴州大道改扩建工程竣工通车，横穿全境 8.3 公里。2013 年，建成塘溪大道，全长 2.8 公里。现望仙镇交通便捷，区位条件优越，镇内塘溪大道、石虎大道、金田大道、东河东路、新江路、滨湖路和梓塘路等交通骨干线形成镇区建设骨架。望仙镇政府距郴州市区及东江湖国家 AAAAA 级景区均为 18 公里，距京港澳高速出入口 15 公里。

2012 年以来，望仙镇相继投入 3000 多万元，新修通村组公路，基本实现水泥公路组组通。和平村环村公路、通组公路铺设柏油路面 12 公里。至 2014 年，望仙镇公路通达率 100%，通畅率 100%。2012 年 3 月 8 日，城市公交车 60 路通至镇政府驻地。2013 年，60 路公交车延伸至横垅新村。

供电饮水

未建电站前，望仙镇境内由鲤鱼江电厂供电。1985 年，建境内第一个电站横垅一级电站，1990 年投产；1997 年，建横垅二级电站，1999 年投产。至 2002 年，境内有上横垅、下横垅、两江口和小溪等 4 个中小型电站，年发电量 2500 万千瓦时。实行农网改造后，群众用电费用极大降低。

新中国成立初，群众生活用水以地下水为主。20 世纪 90 年代，个别村组自寻水源开始接自来水。1999 年，山河水库建成投入使用，境内自来水逐渐开始普及。2012 年，望仙镇投资 1538 万元，改造镇自来水厂，日供水量 2754 吨，可解决 3 万人的饮用水问题。至 2014 年，全镇 90% 以上人口使用自来水。

水利建设

新中国成立前，境内建有少数小塘坝，属靠天吃饭的原始水利格局。新中国成立后，大兴水利建设，先后修建防洪灌溉水库 4 座，山塘 138 口，引水渠 145 条 331 公里，总水量 2320 万立方米，灌溉农田 1067 公顷。1958 年，修建小Ⅰ型龙潭水库。1975 年，修建小Ⅱ型水库畔冲垅水库。

1985 年，修建窝鸡凼水库。1986 年，修建长冲小龙潭水库。2001 年，窝鸡凼水库作为山河水厂饮用水调节水库进行扩建。2009 年，实施中低产田改造，新增耕地 28.3 公顷，改造渠道 9000 米，新修机耕道 7000 米，彻底改善耕地灌溉条件，受惠群众 4000 余人。2012 年以来，龙潭水库下游的和平村、塘溪村和高坪村实施国土综合治理，疏浚渠道 5000 米，整修 6000 米，加固 3000 米，新修山塘 4 座，整修塘坝 7 处，山塘水库清淤 7500 立方米，改善灌溉面积 335.6 公顷。

村镇建设

2000 年之前，望仙镇境内无街区。2000 年后，开始沿郴州大道两旁建设街区，住户逐步增加。2012 年，编制《望仙镇总体规划（2012—2030 年）》，确定望仙镇未来 20 年小城镇建设发展范围和方向。规划空间结构为：望仙镇镇政府驻地是全镇的政治、经济、文化中心；以此为中心，依托雅居乐望仙生态小镇项目构建龙潭湖生态休闲度假区；在怡情垂钓、农耕乐园、紫薇呢喃、桃花浪漫、瑶寨印象、和龙潭胜境等“六张名片”基础上建设和平村旅游示范区；和平、塘溪和高坪等村为现代农业发展区（湘南苗木花卉交易市场）。是年，望仙镇镇区进行房屋立面改造，街道绿化、亮化和美化，拆除镇政府围墙，建设开放式广场—望仙广场。并进行公厕、垃圾处理站、污水处理厂和和平环村公路提质改造等基础建设。“一镇四区”的宜居宜游宜业生态小镇初见端倪。

20 世纪 80 年代以前，农村房屋多为砖瓦房，少数为土砖房，后逐渐改善。90 年代，不少农民开始建设砖混结构楼式新房。1997 年，山河村因修建山河水库 6 个组整体搬迁到珠堆村，其他 3 个组 2007 年整体搬迁到塘溪村松树园组。2006 年，横垅村因“7·15”“7·26”特大洪灾，自主搬迁到塘溪村朝对塘组。2011 年年底，五马垅村整体搬迁。新农村建设以来，农村面貌焕然一新。

和平村一角

2011年，和平村被列为郴州新农村建设示范村；2012年，创建湖南省新农村建设示范村。2013年，和平、塘溪、龙潭、高坪和五马垅等5个村派驻市委工作队扶持新农村建设。是年，，望仙镇全面推进“五化”工程，打造宜居美丽乡村。实施亮化工程，加快农村路灯建设，安装路灯（包括太阳能路灯）1200余盏；实施净化工程，所有村统一配有专职保洁员，垃圾分类桶筐，发放垃圾斗车，实行集中清运。望仙镇成功创建湖南省省级卫生镇，和平村、横垅村、高坪村和长冲村成功创建省级卫生村，山河村和龙潭村成功创建郴州市市级卫生村；实施绿化工程，强化生态文明理念，全面开展镇区、通道、水系、山头和村庄等绿化，全镇森林覆盖率86%以上。望仙镇成功创建湖南省省级生态镇，和平村和横垅村成功创建省级生态村；实施美化工程，围绕沿街建筑立面改造出新、空调外机统一整理、广告店招牌规范整治等重点，加快镇区街道立面改造；实施序化工程，规范村民建房，按照统一规划、统一风格和统一模式的要求，完成全镇所有村组规划，重点打造郴州大道沿线村庄建设亮点。

社会事业

教育

清末，望仙镇境内设有私塾。新中国成立后，广泛扫盲、文化补习、大兴村办小学。1985年实行九年制义务教育。2002年，塘溪乡有中小学13所。2005年，国家实行免除义务教育阶段学杂费。2014年，望仙镇有九年一贯制学校1所，村小5所，公办幼儿园1所，民办幼儿园2所。

文化广电

历来，长冲村有村民演出花鼓戏，山河、小溪和横垅等山区村有舞龙舞狮等民间文化活动。现流行广场舞，和平村和横垅村有广场舞队，和平村还成立腰鼓队。传统节日开展文艺演出、群众才艺表演赛。至2014年，有老年村级活动中心4处。

1965年前后，塘溪乡每个生产大队普及高音喇叭。到20世80年代初，大部分大队有广播放大站，农村广播网基本形成。1983年，苏仙岭电视差转台建成开播。1994年，五盖山广播电视差转台开播，电视信号覆盖全境，2002年，有8个村开通有线电视。望仙镇设有线管理站1个，2013年合并到白露塘有线中心管理站，全镇有线电视普及收视率100%。

医疗卫生

望仙镇有卫生院1所，村级卫生所8家，极大方便群众就近就诊。其中，望仙卫生院是城乡医疗保险定点卫生院，由塘溪卫生院更名而来。原址位于塘溪村冯家组，2000年搬迁至郴州大道“老虎切”路段，占地0.4公顷，开放病床60床。近年投入300万元进行环境改造，新增彩色B超、头颅多普勒、DR、阴道镜和臭氧治疗仪等医疗设备，已发展成集医疗、预防和保健为一体的非营利性综合卫生院。现有医务人员23人，其中主治医师1名、执业医师5名、主管药师2名、主管护师2名、主管检验师1名，能开展痔疮PPH术、阑尾切除术、疝气修补术及各类妇产科、骨科手术。

社会保障

新中国成立后，群众生活水平有所改善。改革开放后，国民经济快速发展，人民生活不断提高。2006年，免征农村一切税费，农民享受各种惠农补贴。2007年，境内实行新型农村合作医疗制度。2009年，实行农村养老保险，贫困家庭享有最低生活保障；2011年，塘溪乡新建塘溪敬老院。2012年，政府财政拨出专款为残疾人购买养老保险，补助危房改造家庭，扶持残疾人创业，按统筹规划新建的住宅政府给予补助。2014年，新增城镇就业岗位82个，新增转移农村劳动力200人；组织200多人参加花卉苗木培训班；支持返乡创业农民工小额贷款3人，失业人员再就业5人；城乡居民医保参保人数1.08万人，参保率98.8%；城乡居民养老保险参保人数7056人，参保缴费率100%，征缴基金58.59万元；发放粮食直补、良种补贴和农资综合补贴等各类惠农补贴154.5万元，农机具购置补贴15.07万元，民政救助资金60余万元。

特色地情

文物古迹

骡马古道 始建于秦汉时期的骡马古道，望仙镇境内现存约5公里，见于和平村至山河村望仙亭路段，现正准备作为旅游景点予以恢复。

长冲古民居 长冲村古民居群位于长冲村大湾组，始建于清雍正年间。村落座西朝东，距离郴州城区约18公里处，占地6.9万平方米，建筑面积1万余平方米。村内古巷道保存完整，长约15米~150米不等。有古桥1座，古井1口，古樟树1棵。村落48幢清代风格传统砖木结构，依山而建。整个古民居建筑格局统一，历史风貌保存完整、规划整齐、结构紧凑、布局合理，三雕（砖雕、石雕、木雕）雕刻精美，工艺精湛，数量较多，充分体现清代湘南古民居的建筑风格。

望仙亭 位于和平村与山河村交界处，建于清代，石瓦结构。2011年进行重建，亭门口上方镌“望仙亭”。

黄氏宗祠 位于长冲村，始建于清雍正年间。砖木结构，四合院呈长方形，三进一天井，有前厅、中厅、后厅、议事厅，面阔12米，前进深50米，占地600多平方米。宗祠雕刻有花鸟、人物等，雕工精细。

红军路 1928年，湘南起义后，朱德率队从和平村沿石板路到望仙亭，沿山河村至横垅村，再到宜章。此路被当地人称为“红军路”。

传说故事

焦常书的传说 焦常书是一个真实的历史人物，塘溪人，生于南宋嘉熙四年（1240），老百姓将美好愿望赋予他身上，将他变成一个广泛流传的神奇人物。相传，他是成仙的飞天卧梁鼠下凡投胎，23岁时夺得武状元，后主动请缨，被封为征北大元帅。因屡战屡胜，被加封兵部尚书、震北大将军，官封一品。后遭白毛虎（王母娘娘的白猫下凡投胎）陷害，被皇帝派人追杀，因白毛虎“偷营”丧命。

太和仙的传说 相传，太和仙有三兄弟。太和与大哥太书、二哥太宝，自幼行善，长大成人感动一方乡邻，修成正果。一天，三兄弟在山河村的田里割禾。中午时分，太和回家煮饭去了。天上飘来一片祥云，掉下一个仙桃，恰巧落在禾桶里。当太书和太宝一人一半分吃完仙桃，太和正匆匆送饭而来。善解人意的太和不愿让两个哥哥有些许的赧颜，便捡起桃核砸开，笑着吞吃了核囊。继而，三兄弟成仙时刻已到——太和居中，太书和太宝分列左右，腾云驾雾遁入仙班。乾隆年间，后人感念三兄弟的恩德，在海拔1149.4米的山峰上建立起一座太和寺，从此，此山名曰太和仙。

绿水山的传说 望仙镇和平村有一个小村庄名叫绿水山，庄后有一口绿水井，井水呈绿色，清澈透明，冬天热气腾腾，夏天冰冷刺骨，十分清甜。相传明末的某年夏季，一个脚上疮疖流脓的乞丐行乞到此，喝了井水并舀了几筒井水洗脚，顿时感觉脚上的痛痒减轻许多。有人送了几碗饭给乞丐，他吃饱喝足后就到一棵大树下乘凉休息。醒后脚不痛不痒也不流脓了。于是，他每天喝井里的水，用井里的水洗脚，两天后脚上就结了痂，四五天后脚上的疮疖完全好了。乞丐走到郴州城里继续他的乞讨生活。一天，看到了一张榜文，称皇后娘娘生了个背花，脓血不止，太医束手无策，皇上下旨，在全国重金寻找治病之人。乞丐揭榜带路，到绿水井取了几担水，由州官派人日夜兼程送往京城。皇后每天喝绿水井的水，外用此水擦背，几担水用完，背花果然好了。皇上龙颜大悦，赏了乞丐很多的金银珠宝，同时给郴州的州官也加官晋爵。乞丐再也不用四处乞讨为生了，他编了四句歌，叫人到处传唱，以表示他对绿水井和当地人的感激之情："郴州有个永丰乡，永丰有个绿水山，绿水山里绿水井，仙水医好皇后娘。"此后，绿水山名噪一时，远近闻名。

（黄勇　供稿）

五盖山镇 >>

区域概况

五盖山镇原名大奎上乡。2012 年，乡改镇，因境内名山五盖山而更名五盖山镇。境内以山地、丘陵为主，占整个土地面积的 90% 以上。平均海拔 800 米，属典型的高寒山区镇。五盖山镇夏季凉爽宜人，是天然避暑胜地。其水资源丰富，是有名的小水电之乡。

位置面积

五盖山镇地处郴州市苏仙区东南部，北纬 25°40′—125°73′ ，东经113°08′—113°17′ 。东连资兴，南接宜章，西靠良田镇、北与坳上镇、白露塘镇接壤。镇政府驻大奎上村牧场组，距郴州市中心城区约38公里。土地总面积116平方公里，可开发利用的土地75.4平方公里，东西最大距离15.5公里，南北最大距离18公里，耕地面积674.4公顷。

建置沿革

明清时期，五盖山镇辖区属秀才乡。民国 2 年（1913），以乡改区，改为瑶林特别区。民国 19 年（1930）2 月，实行区域自治，瑶林区并入第三自治区。民国 24 年（1935）2 月，实行区、乡、保、甲制，区沿旧制。民国 27 年（1938），废区并乡，析为瑶林乡。民国 36 年（1947），瑶林乡改名光华乡，乡治黄甲山。1949 年 12 月，划区建政，属贤良区。1950 年 7 月，缩小乡级规模，更名置大奎上乡，属第三区（贤良）。1952 年 2 月，划小区乡行政区域，属五区（两湾洞）。1955 年5 月，五区更名两湾洞区。1956 年 5 月，撤区并乡，复置大奎上乡。1957 年 2 月，归板桥基点乡管辖。1958 年 10 月，人民公社化，大奎上乡并入钢铁人民公社。1959 年 2 月，钢铁人民公社更名板桥人民公社。1960 年 1 月，板桥公社划归县级郴州市。1961 年 2 月，郴州市将板桥公社分为板桥、塘溪和大奎上公社。次年 5 月，大奎上公社重新划归郴县辖。1984 年 3 月，以公社建乡，复置大奎上乡。1994 年 12 月，撤县建区，更名为苏仙区大奎上乡。2012 年 4 月，行政区划调整，撤乡改镇为五盖山镇。

行政区划

五盖山镇现辖凉伞坪、大奎上、太坪头、铁甲坪、上更、三口洞、栗木水和小垒 8 个村和大奎上社区 1 个社区，89 个村（居）民小组，71 个自然村庄。

自然环境

地形地貌：五盖山镇境内山峰耸立，直插云霄，坡度陡峻，沟谷幽深，属典型山地地形。山间云遮雾盖，古木参天，总面积逾6000多公顷。其中，五盖山呈南北走向，处于五岭山脉中段，南北纵长22公里，东西横宽4.5公里，主峰海拔1619米，最低海拔350米，一般海拔600～1400米。

土壤：五盖山镇境内成土母岩有板页岩、砂岩、花岗岩、砾岩和石灰岩。土壤垂直分布为：海拔500米以下是红壤，500～700米为黄红壤，700～1000米为山地黄壤，1000～1500米为山地黄棕壤，1500米以上为山地草甸土。

气候条件：五盖山镇为南岭亚热带季风湿润区，气候温和，雨量充沛，昼夜温差大。年平均气温17.8℃，绝对最高温30℃，最低温0℃，最热的7月平均气温28.5℃，最冷的1月平均温5.5℃，1月、2月有短期冰冻(15天左右)，3月、4月为梅雨季节，阴雨连绵，无霜期265天，平均降雨日182天，平均降雨量为1473毫米。是中南地区唯一且面积较大的类似于云南气候的区域，被中外游客和专家赞誉为“天然氧吧”“避暑胜地”“湖南的云南”。

水文：五盖山镇境内共有4条水系，分别是经高峰水库流入郴江的秧溪河（西河）、经太坪头流入柿竹园等地汇入东江的大浪江（东河）、经上更村流入宜章县赤石乡后汇入珠江的来洋洞水系和经铁甲坪村往邓家塘流入宜章县平和乡后汇入珠江的连下江水系（大兴水库）。

矿产资源：五盖山镇矿产资源主要为铅、锌、锡、锑、铁和铋等有色矿种，厘定的矿床类型有花岗岩岩浆热液型矿床、层控型矿床、多源热液型矿床和表生风化型矿床。矿床规模较大，沿五盖山地区西缘断裂带，剪切带和上，下盘岩石的裂隙中到处都有星星点点的矿化。区内主矿体主要呈板状和脉状，厚数米到数十米，矿物种类计143种。主要矿石矿物为：方铅矿、闪锌矿、黑钨矿、白钨矿、辉铜矿、辉钼矿、锡石、黄铜矿和软锰矿等，金以自然状态产在铁帽形铁氧化物中；数量最多的脉矿物主要是赤铁矿、石英、方解石、土状赤铁矿、镜铁矿及少量的重晶石和萤石。

自然灾害：五盖山镇主要自然灾害有旱涝、冰雹、冰冻和泥石流地质灾害等。2007年“7·15”洪涝灾害、2008年低温雨雪冰冻灾害造成960万元的经济损失。2014年，五盖山镇境内遭遇严重干旱少雨天气，旱情波及8个村8000余人360公顷农作物，全镇积极开展自救，投入抗旱3000余人次，并与电力部门协调，挂电抽水1万余千瓦时，临时解决饮水困难。

人口民族

1988年，大奎上乡总人口8392人。1997年，总人口7822人。2002年，7670人。2007年，8236人。2012年，五盖山镇总人口1.03万人。2014年末，辖区总人口1.04万人，其中城镇常住人口2278人，城镇化率22%；少数民族（瑶族）人口322人；人口自然增长率5.5‰，人口密度为89人/平方公里。

经济发展

经济综述

矿业经济一直是五盖山镇主要经济来源，占全镇国民生产总值收入的70%以上。1988年，大奎上乡工农业总产值723万元，其中工业产值430万元。1997年，工农业总产值6329万元。2002年，实现国民生产总值8377万元。2007年，实现国民生产总值2.85亿元。2014年，五盖山镇实现国民生产总值7.65亿元，规模工业增加值8640万元，财政收入677万元，同比增长15.1%；农民人均年收入1.45万元；社会商品零售总额450万元，同比增长13%；农村集贸市场2个，年成交额0.26亿元。境内有金融机构1个，电信、联通和移动电话服务网点3个，各类存款余额8300万元。80%家庭住进新楼房，不少家庭拥有大型家用电器、摩托车、大卡车和小汽车等，自来水和电视信号入户率90%以上。

农业

五盖山镇主要物产有水稻、玉米、烤烟、茶叶、木材和畜禽。大奎上腊肉、榨笋和红薯干等土特产蜚声区内外，供不应求。21世纪初，农业实施“南种北养”战略，特色种养业发展势头良好，有100头规模以上养羊基地16个。2012年，五盖山镇高标准建设三口洞66.6公顷反季节蔬菜基地，实施铁甲坪20公顷油茶低改，成立各种专业合作社4家。2013年，响应国家政策，逐步对辖区内的矿山进行治理整合，促使劳动力集中转移到农业发展上，依托特色农业项目带动村民致富。2014年，五盖山镇农业总产值1.09亿元。粮食作物以水稻为主，生产粮食4477吨，人均866千克。主要经济作物为马铃薯、辣椒和红薯。畜牧业以猪、羊和家禽为主。生猪饲养量2.58万头，年末存栏0.38万头；羊饲养量1.35万只，年末存栏0.46万只；家禽饲养量7.25万羽。成立农村专业合作社17个，分别为红薯、特色反季节蔬菜种植及蜜蜂养殖专业合作社。全镇种植烤烟50.67公顷，产烟1933.67担，创收13万元。特色养殖形势喜人，如五盖山国峰竹鼠养殖基地，种鼠年存栏1000多只，年收入在10万元以上。

2014年年末，五盖山镇有林地9539.7公顷，占辖区面积的82.24%。拥有国家二级保护植物香樟、华南栲、凹叶厚朴、香果树和半枫荷等，国家一级保护植物南方红豆杉和伯乐树，尤其是小垒村小垒湾红豆杉已超过800年历史。

工业

五盖山镇工业以矿山和小水电为主。1966年，开采蛇形锰矿。1970年，开采肖家山锰矿。之后，矿业发展进入繁荣期。20世纪70年代中期，主要开采中心庙锰矿、中心庙铅锌矿、819铅锌矿和金船塘铁矿。1984年，民间个体开始投资矿业。最繁荣的时期，横山岭矿区人口逾万人。2002年，境内初具规模的矿口有67个，选厂18个。2004年，境内涌现出大大小小矿口矿点200多个，选场40多家。2005年，原大奎上乡响应国家整顿矿山秩序的政策，整顿横山岭矿区，矿区企业从原来的近100家剩下不到30家。2013年，五盖山镇再次整顿矿山秩序，关停18家中小企业。现辖区作业的矿山仅有东坡铅锌多金属矿、野鸡尾锡多金属矿、柿竹园铅锌多金属矿、玛瑙山锰铅锌矿和庙下铅锌银矿。

2014年，郴州大金矿业有限责任公司和郴州富雄多金属矿业有限公司依托地理优势和技术创新，产值分别达到2亿元和3亿元。拓邦石材、大兴石材两家大型采石场完成投资5000万元，已于是年6月投产。投资120万元的五盖山镇板壁岭电站提质改造项目，已完成工程评审。1981年，大奎上公社建成板壁岭储能电站，装机容量1000千瓦。20世纪90年代，小水电发展进入繁荣期，大奎上乡先后建立飞水带一级电站、飞水带二级电站和黄泥垅电站。2000年后，大奎上乡小水电发展进入黄金期，先后建立大奎垣电站、椿木上电站、裕丰电站、张家电站、来洋洞电站和业里电站。2002年，境内建有电站10个，总装机容量近6000千瓦，年发电量2000余万千瓦时。至2014年，五盖山镇境内有小型水电站13个，总装机容量8826千瓦。

商贸服务业

五盖山境内赶集集中在南面三口洞村。北面

大奎上社区原只有临时市场，2013年，投入12万元完成大奎上社区市场改造。2014年，五盖山镇有个体经营户62户，从业人员426人，大多以经营副食为主。

基础设施

交通运输

1958年，东波至三口洞的X045线开工修建。1996年，东波至五盖山国际狩猎场路段铺设沥青。2007年，东波至岔路口路段路面水泥硬化。2008年，叉路口至大奎上中学路段路面水泥硬化。2011年，大奎上至芹菜兰路段路面水泥硬化。2012年至2014年，各村通组公路基本修建完成。2013年，X045线更名为S207线。

五盖山镇镇区是郴永宜沿线一个重要的节点，S207线南北向贯穿全境，离城东新区26公里，距夏蓉高速平和出口23公里，京珠高速王仙岭出口30公里。通过多方合力争取，S207线提质改造为国道工程已获得湖南省交通厅立项批复。道路建成后可依托京珠高速、夏蓉高速与粤港澳华南市场、长株潭、武汉华中市场及赣闽台市场对接融合，推动五盖山镇跨越发展。

境内客运班车有9台，均为中巴车，挂靠郴州华顺汽车运输公司，线路许可单位为郴州市运管处，管理单位为苏仙区运管所。每1小时一趟，基本满足普通群众的出行需求。

供电饮水

五盖山镇供电依赖高峰电站输送，电压35千伏，供电稳定。大奎上社区水网始建于1995年，年供水200立方米，为社区2000多人提供生产生活用水。2014年，大奎上社区水网改造升级，由农民用水户协会承包实施。2014年11月1日，三口洞片区集中供水工程启动。水源点选址来洋洞林门口瀑布水塘，途经来洋洞引水灌溉渠道，在上更村来洋洞大背坳组建高位蓄水池，三口洞村七仙姑山下建供水池、水厂，主要解决三口洞、小垒和上更3个村2550名村民安全饮水问题。

邮政通信

五盖山镇境内有邮政代办点1个。2001年以前，境内通信主要是固定电话和信件，因信号原因，移动电话不能使用。2001年和2007年，中国移动和中国联通分别进入五盖山镇，全镇移动通信网络基本实现全覆盖。

水利建设

五盖山镇境内有中小型水库4座，流域面积20平方公里以上的小河流3条，小渠道10多条，降水充沛、水系发达、水资源丰富。1961年，修建塘上塘水库，2013年，进行大规模整修。1965年，修建十二渡垅水库，1981年和2012年分别进行较大规模整修。1969年，修建高峰水库，1972年完工，2006年至2010年进行整修加固。1981年，修建坦背水库，2011年，进行较大规模整修。1971年，修建八一渠道，全长4公里，从黄泥垅引水到坦背组和毛家湾。1984年，修建高峰水渠，全长5公里，从来洋洞地区引水到十二渡垅水库。

村镇建设

21世纪前，原大奎上乡无大型村镇建设，以零星建房为主。2013年，五盖山镇镇区规划区面积323公顷，城镇化水平为2.86%。2014年9月，郴州市人民政府正式批复五盖山镇总体规划。规划近期（2020年）镇域总人口1.2万人，城镇化水平42%，远期（2030年）镇域总人口1.8万人，城镇化水平55%以上。规划村镇布局构建“一心一轴”的镇村空间发展结构。“一心”即五盖山镇镇区为镇域公共中心和旅游接待服务中心。“一轴”

即S207省道（郴宜线）镇村发展轴，是重要的城镇发展空间区域，南北向贯穿整个镇域，主要包括凉伞坪村、大奎上村、太坪头村、铁甲坪村、三口洞村、上更村、栗木水村和小垈村。

2013年以来，五盖山镇全面实施治污、绿化和美化工程。全镇集中开展农村环境卫生整治，完成镇办公大楼和干部职工宿舍楼坡屋顶改造，绿化文化休闲广场，优化给排水系统，居住环境明显改善；集中力量整治社区市场，取缔马路市场，对店面乱摆乱放、厂棚乱搭乱建和乱贴乱画等行为进行规范；加大亮化工程建设力度，S207沿线村庄、镇政府驻地和村级组织活动中心安装太阳能路灯597盏，种植银杏1200株，重点抓好沿路沿水沿屋全面绿化，新增绿化面积6000多平方米，绿化广场2个；在凉伞坪村、大奎上村和上更村修建文化休闲广场，配置健身器材，丰富广大群众的精神文化生活；全力规范村民建房，先后启动凉伞坪村毛家和大奎上三门口集中联建工程，引导村（居）民集中建房，统一样式、统一标准，确保高效集约利用土地，实现土地效益最大化，解决“有新房无新村、有新村无新貌”的问题。五盖山镇总体规划、3个重点村的规划和其他5个村的简易规划先后获得市区批复。加大对空心村和废弃杂房的整治力度，拆除各类杂房、废弃房2万多平方米，村容村貌焕然一新。

社会事业

教育

2002年，原大奎上乡有中小学校9所。经教育布局调整，至2014年，五盖山镇有九年制学校1所，小学2所、幼儿园2所。其中九年制学校本部有教学班15个，学生622人，在职在编教师53人；凉伞坪小学开设小学一、二年级4个教学班，有学生140多人，任课教师7人，炊事员2人，保育员1人，校车1辆，司机1人；联办小学有教学班8个，学生296人，教师17人；联办幼儿园2个班，幼儿70人；中心幼儿园3个班，幼儿113人。

2008年春，五盖山遭受50年难遇的冰雪灾害，大奎上中学受灾严重。在党和政府的关心及社会各界人士的支助下，投入800多万元完成原址重建。2009年9月，大奎上中学和大奎上中心完小合并成大奎上九年制学校。大奎上学校规划总占地面积2.67万平方米，总建筑面积5250平方米，其中教室面积1160平方米，教师住房1132平方米，学生宿舍2658平方米，图书室54平方米，阅览室54平方米，仪器室面积90平方米，多媒体教室54平方米，实验室108平方米，体卫室面积30平方米。2014年，五盖山镇党委政府自筹资金50多万元，购买标准校车2台，在苏仙区第一个实现学生免费乘坐校车。

文化体育

2012年以前，五盖山镇境内没有公共文化娱乐场所。之后，逐步加大文化体育设施建设。至2014年，五盖山镇有村级农家书屋8个、藏书1.44万册，文化广场2个、广场舞队4支。五盖山镇多次组织人员积极参与乡镇（街道）篮球友谊赛，丰富干部职工精神文化生活。

医疗卫生

五盖山镇有中心卫生院1所，村级卫生室4所，形成以中心卫生院为核心，村级卫生室为基干的卫生网络。其中大奎上中心卫生院拥有卫技人员19人，固定资产100余万元，为一级甲等综合性卫生院。大奎上卫生院先后投入110多万元，新建休闲广场及16套公租房，改善老百姓就医环境和职工住宿条件。

社会保障

2006年以来，国家一系列惠民利民政策的落实，让人民群众分享改革开放的红利。2014年，五盖山镇扩大农村低保覆盖面，做到应保尽保，享受农村低保对象200户406人，发放资金85.76万元；城镇低保31户34人，发放资金15.53万元；分散“五保户”40户40人，发放资金10.56万元；，医疗救助60人次，补助金额6万余元；临时救助165户，发放资金4万余元；以一卡通的形式发放到户救灾资金20万元；参加新农保人数3530人，领取养老金700余人，发放养老金30多万元；新增农村劳动力转移就业135人，城镇新增就业60人；有序推进城乡居民医保一体化，加强村级卫生室管理，简化群众看病报账手续；扎实开展农业保险工作，完成水稻保险436.2公顷，玉米保险258.73公顷，为农户挽回因灾损失6万多元；同时以“国家农业技术推广补助项目”为依托，培养农业科技示范户60户，免费发放化肥和技术资料，确保农业持续增收。全镇有27户完成危房改造，危房改造面积1500平方米。农村危房改造补助对象重点是分散供养五保户、低保户、贫困残疾人家庭、因灾倒房户、重点优抚对象及其他贫困户。

五盖山镇敬老院创办于1983年，位于大奎上村。2007年，争资立项投入87万元进行改扩建。现占地面积0.4公顷，建筑面积1002平方米。设办公室、医务室、厨房、餐厅、娱乐室和住房24套，每间2个床位，可同时容纳50位老人居住；每间住房均有单独卫生间，空气源热水器、液晶电视机、电冰箱、洗衣机和衣柜等生活设施一应俱全。现有“五保”老人29人，工作人员3人。

特色地情

历史人文

五盖山的由来 五盖山海拔1600米，其名由来有二说。一种说法称，由于峰顶常年被云、雾、雨、露、雪所盖，故称五盖山。另一种说法称，相传明代高僧云游于此，即兴吟出半边妙联“霜、雪、雲、雾、露盖山头”，但写了上联后，他再也想不出更贴切的下联，此联遂成绝唱。后人故称五盖山。改革开放后，原大奎上乡党委、政府为了开发五盖山，曾在中央、省级媒体重金征联求对，但一直没有找到合适的下联。

朱森（1902—1942） 中国地质学家、古生物学家、大地构造学家和地质教育家，大奎上村人。1928年，以优异成绩毕业于北京大学地质系，接受李四光邀请进中央研究院地质研究所工作，历任助理研究员、副研究员。1934年，留学美国哥伦比亚大学。1936年，获硕士学位。1938—1941年，先后任重庆大学地质系教授、系主任和中央大学地质系系主任。1942年7月6日，在重庆蒙冤病逝。

朱彬（1903—1947） 又名朱开晋，大奎上村龙形组人。1937年，参加南方游击队五岭分队并加入中国共产党。历任新四军第一支队第二营军事教官、支队政治部管理科科长，第一师兼苏中军区政治部总务科长，苏浙军区政治部总务科长、浙西军区政治部行政管理处处长、新四军华中野战军政治部总务科科长和华东野战军民运部副部长等职，1947年11月，赴界首联系工作。返回途中，在河南省沈丘县纸店区刘庄遭敌伏击，朱彬一行6人壮烈牺牲。1962年，河南省沈丘县政府将朱彬烈士迁入沈丘县城槐店城北烈士陵园。

风景名胜

五盖山国际狩猎场 位于五盖山镇政府西南侧3公里处，猎场面积8000公顷，海拔400～1619米,狩猎场有点仙石、凤仙池、对联台、观日台和凤林寺等景点。猎区峰峦重叠，古木参天，飞瀑流泉，鹿鸣山涧，鹰翔林莽，有原始次森林1466.67公顷,自然风光峻峭秀丽,气候宜人,夏季天气凉爽，全年都要靠棉被过夜。1985年以来，省内外专家、学者多次进入猎区考察，发现有野生动物130余种。其中有狩猎价值的动物水鹿、野猪、麂子、毛冠鹿、青羊、大灵猫、貉、豹、猫、鼬、獾、狸、豪猪、野兔、鹰和鸢等26种，是开展狩猎旅游的理想场所。

高峰水库 高峰水库位于五盖山西侧，大坝所处的位置海拔665.5米。四周全部是高山。标高43.7米的大坝，就像一条翻滚的巨龙，把一泓清水锁在千山万壑间。站在大坝往下望，触目所及满目青山。从两座山头凌空飞渡的渡槽，跨度110米、高度108米，摄人心魄，蔚为壮观，曾获1977年全国科技进步奖。现渡槽上仍刻有毛主席诗词——“可上九天揽月，可下五洋捉鳖”，反映了那个时代的思潮。

狮子口峰 狮子口属西山山脉的罗霄山山体，山脉呈南北走向，山势高峻，山峦叠嶂，平均海拔1000米以上，主峰海拔1956.6米，为苏仙区境内最高峰，郴州市第二高峰。整个山体沟壑纵横，飞瀑激流，溪水潺潺，水从山脊往北，流入湘江一级支流耒水；向南，流入珠江一级支流武水，整个西山山脉系湘江和珠江流域的发源地之一。从远处眺望狮子口主峰，山顶云雾萦绕，恰似天庭仙境，掌管民间天气。有民谚：“要想落（雨），狮子脑上脱云脚；要想晴，狮子脑上一片云”当地老百姓根据经验证实，环绕山顶的云雾散去，三天之内必下大雨，活脱脱地一张“晴雨表”。云雾以下山体极似一只狮头张开血盆大口，口中两块突起的山石犹如两颗大牙。据说当太阳缓缓升起，正好升到狮子张口的位置时，太阳瞬间不见，此景被村民称之为“狮口吞日”，其景观极其壮观磅礴。2006年以来，不断有登山和户外爱好者登狮子口，年均登顶人数接近3000人，成为户外登山爱好者的首选之地。

叠翠瀑布 位于五盖山黄泥垅，落差由几米到30多米，为多叠瀑布群，故名“叠翠”，瀑布

高峰水库

高高地落下，溅出水花，生出水雾，给人一种“山为锦屏何须画，水作琴声不用弦”的优美意境。

名优特产

五盖山云雾茶 产于五盖山景区碧云峰，因色泽翠绿如青峰，白毫满披似白云而得名。其外形细秀匀齐，色泽翠绿，白毫显露，内质香气清高，汤色浅绿有“毫浑”，滋味甘爽，叶底匀嫩。

五盖山腊肉 五盖山及其附近村民多用柴火，冬季杀年猪时，将猪肉分割成3～5千克一条块，挂于灶口或烤火地坑之上，天天以烟熏之，20天后即可食用，且越熏越香，一年都不会变质。腊肉外观漆黑似木炭一般，但洗净切开后肥肉黄白透明，瘦肉栗红有光泽，香味扑鼻，蒸、煮、炒均可，为肉制品中的珍品，颇具盛名。

五盖山矿泉水 水源来自五盖山山顶的清泉，经权威部门鉴定，属花岗岩断裂带自溢而出，含有丰富人体所需的微量元素，特别是偏硅酸含量高达48.43毫克/升。其现代化的全封闭无菌生产线保持了泉水中天然丰富的矿物质和锌、硒等微量元素，有利于人体健康。

民俗风情

佛道共荣 佛光与菩提，法号与梵音是这片净土圣地的另一种风景。明洪武元年（1368），在五盖山的最高峰“碧云峰”兴建了前后3栋大殿“碧云庵”。在此后的数百年间，共建有9座庵，环山周边建有18座庙。千百年来，佛道两教共存共容，香火相通，和谐共处，印证了中华文明极大的包容性。

瑶族起春节 五盖山镇少数民族以瑶族为主，每年的农历三月十一日，是瑶族人民的春耕纪念节，瑶人手持绿叶青枝，敲锣打鼓，齐集盘王庙，举行祭春活动，祭祀山川大地，祈祷风调雨顺，五谷丰登。

瑶族团圆节 为纪念瑶族先祖六男六女受封婚配、团圆成亲之日，每年的农历七月十五日，瑶人杀牲庆贺，喜气洋洋。入夜，敲锣打鼓，到村外燃烧篝火，舞动火龙火狮，围堂歌舞，直到深夜甚至通宵达旦。

瑶族盘王节 瑶族最隆重、最神圣的传统节日。自农历十月十六日起，瑶人在盘王庙里举行“还盘王愿”的祭祀活动，历时7天7晚或5天5晚。节日期间，既有庄严肃穆的祭祀活动，也有吟、唱、颂、歌、舞、表演、对白、说笑及与客人对唱等娱乐活动。

伴嫁哭嫁 旧时流行的一种历史悠久的婚礼习俗，伴嫁、哭嫁，本地称“坐花园”。其歌词是出嫁闺女哭诉父母养育之恩，哭诉伴嫁姑娘、姐妹之间的离别之情，更多的是表达对封建婚姻制度的不满，以及对美满婚姻的向往。伴嫁哭嫁歌曲调淳朴简洁，旋律优美动听，节奏感很强。演唱时均无乐器伴奏，演唱形式有独唱、齐唱、对唱、轮唱、边说边唱、边舞边唱、哭唱和骂唱等。

（邓晓良　黄双勇　供稿）

白露塘镇

白露塘镇是有色金属之乡，湖南省50个最具幸福感乡镇之一。

区域概况

白露塘镇白露塘镇素有“有色金属之乡”的美誉。因山清水秀、古木参天、良田万顷，总有很多白鹭鸟聚居于此,故名白露塘。境内交通便捷，省道1813线和相山大道直达腹地，郴州大道贯穿全境。郴州市105平方公里规划的新区，郴州国家高新技术产业开发区及湖南省唯一的国家级出口加工区均落户境内。白露塘镇既是郴资桂经济一体化的重要增长极，也是城市“南延东进，东进优先”的主战场，在郴州市190余个乡镇中综合实力排名第二，并先后多次被评为湖南省50个最具幸福感乡镇之一、湖南省四化两型明星单位、湖南省省级园林式单位、省级卫生镇、省级生态乡镇和郴州市十强经济乡镇。

位置面积

白露塘镇地处苏仙区东部,北纬26°20′13″—26°23′13″，东经113°10′11″—113°15′05″,。东、东北与望仙镇、桥口镇相连，南、东南与坳上镇、五盖山镇接壤，西、西南与观山洞街道交界，西北与许家洞镇毗邻。镇政府驻地位于珠江桥村，土地总面积100平方公里，其中耕地面积1134公顷。

建置沿革

明清时期，白露塘镇辖区属郴县永丰乡。民国2年（1913），以乡改区，永丰乡分为永一、永二区，属永一区。民国19年（1930）2月，实行区域自治，并入第二自治区。民国27年（1938），废区并乡，第二区分为永一、永二和永数乡，属永一乡。民国36年（1947）3月，并乡，并永一、永二乡为永丰乡。1949年12月，划区建政，属永丰区。1950年7月，缩小乡级规模，属第二区（永丰）辖。1952年2月，划小区乡行政区域，属二区（雅市）。1955年5月，二区改称雅市区。1956年5月，撤区并乡，置板桥乡。1957年2月，设板桥基点乡。1958年10月，人民公社化，板桥并入钢铁人民公社。1959年2月，钢铁人民公社更名板桥人民公社。1960年1月，板桥公社划归县级郴州市。1960年6月，郴州市将板桥公社分为板桥公社和东波城市公社。1961年2月，郴州市将板桥公社分为板桥、塘溪和大奎上公社。是年5月，板桥和东波公社划回郴县辖。8月，县下设区，设板桥区。1962年5月，撤销区，将东波公社并入板桥公社。1965年7月，塘溪公社并入板桥公社。1978 年 11 月，板桥公社分为板桥和塘溪公社。1981 年 8 月，板桥公社改名为香山坪公社。是年 9 月，划糖厂与桥口公社的龙湾、高家塘大队和香山坪公社的秧溪、雅市、金田大队设糖厂公社（1983 年 8 月，改为雅市坪公社）。1983 年 6 月，香山坪公社在政社分开试点中率先改为香山坪乡。是年 7 月,建立白露塘镇，设柿竹园、东波和野鸡尾 3 个居委会、17 个居民小组，划香山坪公社的白露塘、东波和柿竹园 3 个大队归白露塘镇辖。1986 年 12 月，撤销雅市坪乡，将金田村、雅市村、秧溪村划归香山坪乡。1987 年 1 月，撤销香山坪乡，其行政区域归白露塘镇辖。1994 年 12 月，撤县建区，更名为苏仙区白露塘镇辖。2009 年，托管至郴州高新科技产业园区。2010 年，上、下白水村和观山洞村划分给原白鹿洞镇。

行政区划

白露塘镇辖白露塘、柿竹园、红旗、农垦场、神合堂和苗圃 6 个居民委员会及东波、柿竹园、白露塘、珠江桥、香山坪、竹园、塘湾、雅市、仙溪冲、秧溪、金田、坪田和板桥 13 个村民委员会，共 30 个居民小组、115 个村民小组。

自然环境

地形地貌：白露塘镇中部以丘陵为主，东部和西南为中山。

气候环境：白露塘镇属大陆性中亚热带湿润季风气候区，气候温和，四季分明，光照充足，雨量充沛，无霜期长。春温多变日照少，夏热前涝后多旱，初秋湿热晚秋凉，冬有霜雪严寒短。镇内年平均气温 18.0℃，极端最高气温 41.3℃，极端最低气温 -9.0℃。最热的月份是 7 月份，年平均气温 29.3℃；最冷的月份是 1 月，年平均气温 6.0℃。全年最低气温低于 0℃的日数在 14 日左右。全年最高气温高于 35℃的日数为 30 天左右，多数出现在 7—8 月。年平均降雨量 1490 毫米，降水充沛。雨量最多的月份是 5 月，平均为 206 毫米，降雨最少的是 12 月，平均为 46 毫米，全年降雨量的 40% 集中在 4—6 月。每年的春夏之交，多连续性的大雨、暴雨。8 月份经常受台风登陆的影响，形成局部的大暴雨天气。

水文：白露塘镇境域属珠江水系。以东西两河为主，东河源起五盖山镇，经柿竹园入郴江。西河源起高峰水库，经金田湖，入郴江。

矿产资源：白露塘镇辖区内矿物品种有 143 种之多，矿石资源量 3.6 亿吨，锡和锌储量分别居全国第三、第四位，钨、铋、钼和微晶石墨居全国之首。已探明的矿产资源价值 2000 多亿元，是世界闻名的多金属矿床地，其中柿竹园矿被中外地质专家誉为“世界有色金属博物馆”。

人口民族

1988 年,白露塘镇总人口 2.4 万人。1997 年，总人口 2.23 万人。2002 年，总人口 2.68 万人。2007 年，有 3.8 万人。2014 年末，白露塘镇辖区总人口 4.62 万人，其中城镇常住人口 1.06 万人，城镇化率 39.5 %。总人口中，男性 2.37 万人，占 51.4% ；女性 2.25 万人，占 48.6%。从年龄结构统计，14 岁以下 8924 人，占 19.3%，15–59 岁 3.29 万人,占 71.4% ;60 岁以上 4332 人,占 9.3%。人口出生率 12.9‰，人口死亡率 5.5‰，人口自然增长率 7.4‰。少数民族以瑶族为主，有 436 人。

经济发展

经济概述

白露塘镇境内自明清时期即集市繁荣，商贾云集。民国时，地方饱经战乱，工农业都受到很大程度的打击，经济凋零。新中国成立后，镇内经济逐步发展。农业以种植水稻、蔬菜及经济作物为主，工业主要是以矿山开发及加工为主。1988年，白露塘镇工农业总产值1183万元。1997年，有3.13亿元。2002年，实现国民生产总值6.7亿元。2007年，实现国民生产总值8.85亿元。2009年，郴州高新技术产业园区落户白露塘镇，台达、金贵、金旺和格兰普等大型生产企业相继进驻，镇域经济走上以工业为龙头，农业相辅转型的高速发展道路。2014年，实现国民生产总值53.86亿元（含园区），固定资产投资70.8亿元（含园区），财政收入2335万元，农民人均纯收入2.32万元。新增规模以上工业企业8家，限上商贸企业15家，资质等级以上房地产企业2家，重点服务业企业7家，新增产值20.2亿元（含园区），其中二、三产业增加值比重98.5%，各项经济指标进入郴州市第一方阵。

工业

新中国成立以来，白露塘镇境内一直是有色金属矿主产区，工业以有色金属和水电为主。1997年，全镇有工业企业166家、从业人员2958人。2002年，乡镇企业增至617家、从业人员3888人。2007年，全镇有私营企业1158家，其中规模以上工业企业14家。郴州出口加工区落户境内后，引进大型企业30余家。相继投产的有郴州钻石钨和金贵银业等有色金属采选精加工企业，诚信印务、东塘电器和浩伦生化等劳动密集型企业，华录数码和台达电子等电子产业，白露塘镇工业结构逐渐由分散型、粗放型向规模化、高新化转变，基本形成以工业园区和规模企业为带动，以有色金属、小水电和建筑建材等三大传统产业为支撑，以印刷、电子信息和化工等高新技术产业为主导的工业发展新格局。

矿产业

白露塘镇矿产资源丰富，矿藏种类多、贮量大，主要矿种有铅、锌、锡、钨、钼、铋、猛和铁等，总储量800万吨金属量以上。上千年前，在柿竹园、红旗岭一带已有简单的铅、锌、银、锡的采掘生产和冶炼活动。明朝嘉靖年间，炼铜炼银已成规模开矿。民国时期，帝国主义侵略势力采取采富弃贫的方式巧取豪夺矿产资源，浪费极大。1950年10月，人民政府接管柿竹园矿，给予矿山更多的关怀，百年老矿焕发新春。白露塘镇的矿区主要由柿竹园矿区、赵家陇矿区、三脚架矿区、南风坳矿区和红旗岭矿区五大矿区组成，矿区最高峰的狮子口矿，海拔1913.8米，最低的妹子垄矿，海拔200米。

柿竹园矿区：1957年，地质部湖南办事处对柿竹园进行深部勘查，认为属呆矿。1963年，湖南省地勘局408队在柿竹园开展勘探大会战，最终查明矿区铅、锌、钨、铋、钼和锡矿床资源丰富，矿物品种有143种，是世界上罕见的特大型多金属矿床。1980年，新华社播发《湖南发现特大型多金属矿床》的消息，令业界震惊，让柿竹园闻名遐迩，享誉八方，中外专家纷至沓来，赞誉为“世界有色金属博物馆”。

赵家垄矿区：20世纪80年代，珠江桥村、冷水江和连钢共同在赵家垄一带露天开采铁矿，铁矿石直接运往钢厂，年产值上千万元。90年代中期，珠江桥村委会将12个矿口公开招标，承包给个人进行地下开采，主采矿种有铁、铋和锡。2002年至2005年，按安全生产条件规定，整合为8个矿井，由苏仙区政府统一招标。2005年年底以后，按安全生产和办证要求，整合为5个矿井，全部办理采矿许可证。2008年，根据湖南省政府和国土、安监部门的要求，整合为2家，即赵家垄多金属矿和滑石板铁矿。赵家垄多金属矿为采、选一条龙的规模企业，建有一座300吨选厂，最好时期年产值几千万元。滑石板铁矿因经济纠纷等原因停产至今。

三角架矿区：20世纪80年代中期，矿区由个人采取井下巷道式开采白钨。1995年至1999年，由珠江村村委会开采。2000年至2009年，个人承包开采。2010年，因安全隐患较大、资源枯竭关闭。

南风坳矿区：新中国成立前，主采铅、锌，冶炼银。20世纪80年代，属柿竹园村开采。后408队对这一带进行探矿，移交给白露塘镇企业办，每年对外公开招标，有矿口9个。2005年年底，按安全生产和办证要求，整合为5个矿井，全部由个人或公司办理采矿许可证。2008年，根据湖南省政府和国土、安监部门的要求，整合为1家，并新建一座日处理500吨的选厂，安排就业人员上百人，2014年年产值上千万元。

红旗岭矿区：清代宣统年间（1927—1946年），已有人在山上开采铅锌矿炼银，山上到处留有炉渣、老矿硐。20世纪80年代初，白露塘镇企业办、柿竹园村和个人都在矿区开有井口。1982年，408队发现细脉带型锡矿，矿床由中型升格为大型。1986年，成立郴县红旗岭锡矿正式接管整个矿区。1988年，划归桥口铅锌矿管理，成立红旗岭工区。1991年至1994年，承包给个人开采。1995年至1999年，由云锡公司承包生产经营。1999年底至2004年底，由桥口铅锌矿生产经营。2005年，兴光公司通过拍卖正式接管。2007年7月，中信公司入股该矿，正式更名为中信兴光矿业公司。2012年年底，因与饭垄堆铅锌矿区重叠，要求进行整合，但多次调解未妥，至今处于停产状态，矿区投资近5亿元。

另辖区内荷树垄多金属矿和金瑶铅锌矿原均属柿竹园矿。20世纪80年代，白露塘镇企业办和东波村委会在金瑶铅锌矿区域有9处开采点。1994年，因环境污染问题整顿、保留井口2个。荷树垄多金属矿则是20世纪90年代初，柿竹园矿照顾地方工农关系，划给白露塘镇企业办3个天窗海拔标高605#、650#、710#的井口，主采矿种铅、锌、钨、锡、铋、钼、铜和莹石等；2005年10月，全部关闭。2006年，两矿均办理采矿许可证等证照。荷树垄多金属矿几经变更业主，投资上千万元，并建300吨选厂1座.因矿业行情下行，现已停产。金瑶铅锌矿因资源问题，2008年停产至今。另有七镇饭多金属矿新中国成立前主采锡矿。20世纪80年代，由神合塘居委会对外招标。2005年，由个人办理采矿许可证等相关证照。因资源和资金问题，2009年停产至今。天鹅塘和妹子垄铁矿均开采于20世纪80年代，天鹅塘多金属矿主采矿种铅、锌、氧化铅、锡和钨等，由柿竹园村委会对外招标。妹子垄铁矿由神合塘村民露天开采铁、铋和锡，工艺简单粗放，污染较大，植被破坏十分严重，于2003年关闭露天开采；2005年，两矿均由个人办理相关证照开采至今，由于矿产资源不好，一直以来效益一般。

截至2014年年底，白露塘镇辖区有矿山企业10家，正常生产的5家，分别是赵家垄多金属矿、南风坳多金属矿、荷树垄多金属矿、天鹅塘多金属矿和妹子垄铁矿；其他5处于停产状态，分别是滑石板铁矿、七镇饭多金属矿、中信兴光矿业公司、饭垄堆铅锌矿和金瑶铅锌矿。

农业

白露塘镇农业主要以水稻为主，辅以黄豆、甘蔗、柑橘、油茶以及各类蔬菜、瓜果种植。2000年以来，全镇农业发展以市场为导向，农业产业化进程加快。金田和雅市蔬菜直销基地规模66.67公顷，优质烤烟生产基地和花卉苗木基地等基地农业不断发展壮大。在白露塘镇政府的引导下，1813线及郴永大道周边土地流转加大，发展一大批农业大户，每年的西瓜种植均在70公顷以上，葡萄等各类水果的种植也形成一定规模。

商贸业

随着众多企业的落户，白露塘镇二、三产业的比重不断扩大，就业、务工人员增至万余人，在板桥、珠江桥和白露塘村一带形成集餐饮、住宿、交通和物流等产业的商贸集中区。2005年年底，新建的板桥新农村安置小区配备180个门面，引导村民利用手中的征地拆迁补偿款，发展餐饮、娱乐等服务业，门面年收入200万元。2006年，尝试村级股份制经济，全民集资建厂房，并成立新农村经济合作社，建立相应一整套股份制经济制度。2007年，板桥村村民抢占发展先机，筹集资金在郴州出口加工区入口附近建办公大楼，承租给台达电子做配套服务，且顺利争取为59路公共汽车终点停靠点，带活村委会大楼的门面出租，使集体经济年增收40万元。

至2014年，白露塘镇有各类餐饮店200余家，酒店、旅馆30家。其中2014年新投资餐饮店13家，旅馆3家，投资金额200余万元，接待各类旅客4万人次。此外，投资新建东方影城、乐淘城和维纳斯KTV等各类娱乐场所，开通公交路线8条，不但丰富居民的日常生活，完善生活配套设施，也带动镇内经济的快速发展，为落户郴州高新区的企业和员工提供生活便利。2003年，白露塘大市场开发建设，2004年正式投入使用。市场一、二期为商贸城，占地面积4.2公顷，有192个门面，农贸交易市场摊位245个。2013年，白露塘市场提质扩建，扩建面积约1.11万平方米，其中鱼禽超市315平方米，有水产摊位5个、禽类摊位3个；农贸市场交易大厅3236平方米，有摊位311个；停车场面积9470平方米，车位70余个。2013年12月31日，白露塘市场顺利搬迁，市场环境和秩序整顿一新。

基础设施

交通运输

白露塘镇距市区和京珠高速公路路口5公里，与G107国道、京广铁路、武广高速铁路和厦蓉高速公路相距不到10公里。郴州大道、相山大道、青年大道和郴资桂高等级公路、X091线、郴永大道贯穿全境，与镇区内相山北路、坪田大道、林邑路、石虎路、林径二路和白露大道构建成便捷的城市交通网络。其中林邑大道总长9800米，起自后营大道，与仙龙路相接，2010年5月动工修建，2012年1月正式通车；林纬四路总长1400米，连接青年大道和东河西路，2010年5月修建，2012年5月正式通车；林经二路总长3500米，连接新秀路和石虎大道，2011年3月开始修建，2012年11月正式通车；坪田大道总长1400米，2010年5月动工修建，2012年1月正式通车，连接青年大道和东河西路；青年大道白露塘段总长4300米，东起西河大桥，与石虎大道连接，2011年3月动工修建，2012年11月正式通车；金田大道总长2860米，连接青年大道和塘溪大道，2012年7月动工修建，2013年12月正式通车；东河西路总长4900米，连接后营大道和石虎大道，2011年3月动工修建，2012年11月正式通车；白露大道总长2200米，连接后营大道和青年大道，2012年4月动工修建，预计2015年10月全线通车；X091线扩建工程总长11.7公里，2013年3月动工修建，预计2015

年 1 月全线通车，扩建成双向 4 车道的标准道路。白露塘镇各村通村公路硬化率 100%，通组公路硬化率达 100%。

邮电通信

白露塘镇因区位优势，邮电、通信网络较完善。2002 年，实现程控电话村村通。2014 年年末，有邮政所 1 个，电信、联通和移动电信服务网点 24 个，固定电话用户 3620 户，移动电话用户 1.06 万户，互联网 2460 户。移动、电话信号网络遍布全镇各个角落，80% 以上农户用上电话。

供电饮水

2007 年，白露塘镇启动西河沿线 4 个村 7 个组饮水改造工程。2008 年，完成西河沿线 5 个村 13 个组，共 2300 人饮用水改造工程。2010 年，全镇实施农村"一户一表"改造及下管供水工程，80% 的人实现饮用水安全。2014 年年末，农村联网供水已扩展到全镇 16 个村，受益人口近 1.8 万。现有自来水厂 2 家，年供水 100 万吨、用户 5700 户；村自来水厂 2 家，用户 1600 户。此外，白露塘镇有综合供电所 1 家，年供电 1 亿千瓦时；小型发电站 6 个。2014 年，柿竹园村电改工作启动，彻底解决居民用电问题。至此，白露塘镇 90% 的农户完成农电网改造。

水利建设

白露塘镇境内有金田湖和刘仙湖 2 个人工湖，小（2）型水库 3 座，基本山塘 14 口。其中金田湖 2013 年修建，水域面积 60 多公顷，分内湖和外湖；刘仙湖于 2013 年启动建设，项目总投资 2.9 亿元，已完成河道疏通 3.8 公里和生态护坡 2 公里；荷叶塘水库修建于 1958 年，由香山坪村和塘湾村共管，灌溉面积有 100 余公顷，受益人口 1000 余人，2013 年整修；牛婆垅水库坐落在 1813 线仙溪冲村 4、5、6 组上游，修建于 1980 年，灌溉耕地面积 70 余公顷；高源水库坐落在 1813 线雅市村 5 组，修建于 1958 年，灌溉耕地面积 40 余公顷。2007 年，白露塘镇恢复修建各类水毁水利工程 32 处。2013 年，加固山塘 3 处。2014 年，全镇投入 1800 余万元，修复水毁河道、渠道 18 处，共 15 公里，新修防渗渠道 4 公里，清淤沟渠 7 公里，新建塘坝、河坝 6 座。

村镇建设

白露塘镇是郴州市城市规划"南延东进"战略的主战场。2002 年，城镇化水平 38%，城镇面积 3.2 平方公里。镇政府办公楼、综合大市场、

地税大楼和工业园临街而立，形成珠江桥小区经济政治中心。2005年年底，板桥新农村安置小区在镇区建成。2006年，白露塘镇城镇化水平67%。2007年，33路公共汽车终点停靠至镇区，方便村民出行及带动经济发展。2009年，托管至郴州高新技术产业开发区后，各村按照政府主导、科学规划、统一建设和综合配套的公寓式安置原则，积极引导村民转变一户一宅的传统安置模式，在郴州市率先推行公寓式安置。板桥江夏公寓安置小区成为全市示范性安置小区，坪田、仙溪冲、珠江桥和金田的安置小区正在有条不紊的建设之中。同时，围绕市场配套建设、有色产业园区生活配套服务以及园区项目建设，着力加强城镇规划、基础设施建设和管理，重点加快以板桥、白露塘、珠江桥和坪田等村为重点的商业、生活配套服务设施建设。完成市场二、三期工程并相继投入使用，增加近千个门面和就业岗位；对郴州大道进行扩建和提质改造，对福源大道和林邑大道进行绿化美化亮化，成为样榜路；加强板桥小区和珠江桥小区等居民小区的绿化；完成污水处理厂主体工程和管网一期工程；建立市容环境卫生管理长效机制，主要街道和小区聘请保洁员，主要街路的清扫保洁率100%；开展卫生环境、查违控违综合整治，镇区环境卫生和乱搭乱建现象得到改善。此外，白露塘镇建成“两河两湖四公园”（即两河：东河、西河；两湖：金田湖、浏仙湖；四公园：文化公园、西河湿地公园、林邑公园、柿竹园矿山公园）的新城镇区，城镇面积逐步扩大。2014年，白露塘镇城镇面积25平方公里，绿化覆盖率39.8%，人平绿地面积达12平方米，镇域生态环境得到持续优化，实现山青水碧与产业繁荣发展的和谐共生，为再造一座“郴州新城”奠定良好基础。

社会事业

教育文化

1997年，白露塘镇有中小学18所。2002年，有中小学16所。经教育布局调整，2014年末，白露塘镇有中学1所、中心完小1所、村小5所、教学点1个、幼儿园7所，专职教师150人，在校学生2927人，其中初中254人、小学1579人、幼儿园1094人，儿童入学率100%。

全镇有综合文化站1个、电子阅览室1个、农家书屋14个、健身房1个、多功能厅2个、室外健身场所15处、广场舞蹈队20个。有线电视用户6000户，入户率73%。

医疗卫生

白露塘镇有中心卫生院1所，村级卫生室16个，医务人员104人，同时，位于辖区内的郴州市人民医院东院也于2014年年底开始动工建设。

社会保障

2006年，白露塘镇发放良种补贴77.2万元，新增城镇就业人员500人。2008年，新增就业人员955人，减轻农民负担260多万元，发放各类民政救助资金120余万元。2013年，新增就业人员3000余人，城乡居民医保和社保参保率分别为95%和85%。2014年年末，享受农村最低生活保障571人、城镇最低生活保障480人；参加新型农村养老保险8362人，参保率87%；城乡居民医疗保险参保率98%；领取80岁以上高龄老人生活补助480人；发放粮补直补116余万元、各类民政救助资金253.6万元；对计生贫困家庭发放慰问金7200元，资助计生贫困学子学杂费1.2万元，发放奖励扶助金

11.4 万元；全镇从业人员 2.6 万余人，其中第三产业从业人员 7000 余人，新增城镇就业人员 3000 余人。境内有敬老院 1 所，供养“五保”老人 34 人。

2011 年，白露塘镇投资 400 余万元在香山坪村 2 组修建敬老院。总建筑面积 2000 平方米，占地 0.27 公顷，有房间 66 间，床位 50 个。院内设施配套齐全，设有阅览室、娱乐室、保健室、理疗室、餐厅、老年活动中心和健身房等；房间内有独立阳台和卫生间，配有热水器、空调、彩电等现代生活设施以及衣柜、床头柜、桌凳、无线电话等生活用品。

特色地情

名人简介

陈起诗（1795—1842） 字敦甫，号筠心、云心，白露塘镇雅溪人，“湖南四杰”之一。道光九年（1829 年）中进士，授吏部考功司兼稽勋司主事和吏部则例纂修。时人称陈起诗“铁面御史”，因弹劾吏部尚书汤金钊，以“司员慢上”被革职。遂郁闷成疾，于道光二十一年十二月十一日（1842 年 1 月 21 日）病死郴州。其主要著作有《孔子年

金田湖

谱》、《四书求是录》、《补全唐诗选辑》、《罗经图考》、《四删诗》及古文百篇。

孙鹤一（1903—1982） 白露塘镇人。曾任中共江西省宁冈县县委书记、人民抗日义勇军第二总队参谋主任、边区保卫局局长、山东单县政府二科科长兼公安局长、新四军第三师代理管理科科长、东北西线第四军分区政治部主任、西线兵站部副部长、四十七军后勤部副部长等职。新中国成立后，先后任湖南军区高级文化学校副校长、湖南省军区建筑委员会主任、中南军区营房建筑部第一副部长。1956年，因病离职休养。1982年1月27日，逝世于长沙。

风景名胜

郴州有色金属博物馆 位于城东新区林邑公园广场，总建筑面积21万多平方米。全馆分为序厅、郴州展厅、银展厅、铋展厅、钨展厅和综合展厅6个展区，另有4D影院和地心历险轨道车。利用大量真实实物、珍贵图片、复原模型和原始场景还原等形式，结合多媒体演绎手段，集中展示了神秘绚丽的有色金属特性、冶炼开采和工艺工业，描绘了有色金属伴随人类社会发展的历程，在进行有色金属知识科普的同时，也反映了有色金属工业在人类生活中不可或缺的重要性。

西河湿地保护区 位于城东新区，集湿地、山水景观、运动、休闲和娱乐于一体，是郴州城东新区水系和绿带建设核心区。总投资18亿元，延西河流域建设，全长20余公里，占地面积600公顷。保护区规划设计秉承“污染治理与生态环境建设相结合”，“城市河道治理与市民休闲、健身、文化相结合”的理念，充分彰显了保护区的生态性、开放性、亲水性和公益性等特点。

东河金田湖景区 依东河两岸沿线而建，属东、西河重金属污染治理项目，全长3.6公里，占地总面积153.33公顷。其中，金田湖是整个景区的核心部位，由原来的矿区尾矿场地开挖整理而成，包括内湖和外湖，水域60多公顷，是郴州市城区最大的人工湖。

民俗风情

狮子下崽 郴州市非物质文化遗产项目。仙溪冲的狮子下崽传承至今，已有三百多年的历史。相传明末清初时期，一位被当地村民尊称为仁师傅的小伙子为了谋求生活，走坪石，跑东莞，做起挑脚力的挑盐工。几年下来，勤劳好学的仁师傅不仅谋到了相对富足的生活，也将在广东一带时兴的舞狮带回家乡。每到逢年过节、新居乔迁、婚庆迎娶，仁师傅便前去舞狮以示庆贺。但没有过多久，仁师傅和村民们便觉得一头狮子太少，表演起来似乎有些孤单，是不是可以让狮子生出小狮子来呢？在后来的表演中，便有了独有的舞狮节目—狮子下崽。里面有大狮子和小狮子各一头，再加上民族器乐，拳术、短棍、长条、大刀、钉耙等传统民间武术和武器，把狮子十月怀胎，生下后对小狮子进行培养教育，配以独特的舞蹈技巧，演绎得淋漓尽致。

（陈文杰　供稿）

苏仙岭街道 >>

区域概况

苏仙岭街道地理位置优越、交通便利，京广铁路复线和郴江河贯穿南北。辖区有郴州市委等200多家驻地单位，是郴州市政治、文化和教育中心，也是苏仙区管辖人口最多的街道。辖区内有“天下第十八福地”苏仙岭，是闹市区难觅的一块绿洲。

位置面积

苏仙岭街道地处郴州市城区东部，北纬25° 47′ 57″，东经113° 02′ 16″。东起苏仙岭，西靠京广铁路，南至石榴湾，北抵飞虹桥。总面积11.7平方公里。

建置沿革

苏仙岭街道辖区原为郊区农村，建市后辟为新城区。1983年4月，从郴州市南塔、北湖街道析出部分区域，设立苏仙岭街道办事处，辖6个居民委员会，之后逐步扩为10个纯居民委员会、6个单位居委会，隶属郴州市。1994年12月，郴州撤地建市，郴县撤县建苏仙区，苏仙岭街道办事处划归苏仙区。1995年8月，将原北湖街道办事处所辖的6个居委会划归苏仙岭街道办事处。2002年7月前，苏仙岭街道共18个纯居民委员会、7个单位居委会，423个居民小组。2002年7月，街道将辖区内的社区居委会和居民小组调整合并为18个社区居委会，569个居民小组。2012年4月27日，乡镇、街道行政区划调整，将原苏仙岭街道的王仙岭社区居委会划出，与原白鹿洞镇的上白水、锁石桥2个建制村以及郴州高职院范围合并设立王仙岭街道。将原苏仙岭街道的湘南学院社区居委会划出，与原白鹿洞镇的下白水、观山洞2个建制村合并设立观山洞街道。至此，苏仙岭街道所辖社区由18个变为16个，居民小组693个。

行政区划

苏仙岭街道东以苏仙岭风景区与白鹿洞街道分界，南以湘南起义纪念塔与南塔街道和白鹿洞街道分界，西以京广铁路复线与南塔街道、北湖区人民路街道及北湖街道为界，北以四普庄环城路与卜里坪街道为界。现辖四普庄、陈家湾、胜利里、解放里、高山背、苏园路、立交桥、鳌头湾、飞虹路、龙船头、苏仙北路、苏仙岭、白鹿洞、南岭山庄、六角亭和杨家坪16个社区居委会，727个居民小组。

自然环境

苏仙岭街道处于东亚季风区内，受季风环流

影响，属于亚热带季风湿润气候区，气候温和，雨量充沛，历年平均气温为17.8℃，年平均降雨量为1469.8毫米，郴江贯穿辖区南北，天下“十八福地”苏仙岭风景区是街道境内得天独厚的旅游胜地。北宋词人秦观在《踏莎行·郴州旅舍》中“郴江幸自绕郴山，为谁留下潇湘去。”的诗句一直传为佳话。

人口民族

1996年，苏仙岭街道辖区人口5.76万人。1997年，总人口6.16万人。2002年，总人口6.82万人。2007年，总人口9.77万人。2012年，总人口10.8万人。2014年，辖区总人口11万人，以汉族为主。其中常住人口6.84万人，流动人口4.17万人；出生性别比为100：132。

经济发展

经济综述

苏仙岭街道经济以商贸服务为主，境内商业门店鳞次栉比，有大型超市、宾馆、餐饮、娱乐健身和农贸市场等数百家，皮鞋制作、棉被加工和糕点加工等小手工作坊也不少，商业十分繁荣。1983年苏仙岭街道成立之初，实现工业生产总值269.87万元。1995年划归苏仙区，确立苏仙区政治经济文化中心地位，实现工业总产值1530.5万元。此后，经济总量稳步上升。2002年，实现国民生产总值1.06亿元。2007年，实现国民生产总值2.31亿元。2012年，实现国民生产总值4.2亿元。2014年，苏仙岭街道实现国民生产总值5.6亿元，财政总收入1445万元，社会固定资产投资2.5亿元，城镇居民可支配收入2.46万元。

工业

1995年划归苏仙区以后，苏仙岭街道境内有炬盛汽车维修中心、郴州铅锡冶炼厂、制伞厂、福利加工厂和郴州市电业局5家企业。1997年，有中外合资企业5家，街道企业8家，年产值1100万元以上，冶炼、汽车维修是大宗。其中炬盛汽车维修中心成立于1988，为中港合资企业，主要从事进口汽车维修和零配件经营，2000年实行整体买断；郴州铅锡冶炼厂于1963年成立，前身为五岭冶炼机械厂，1995年改为郴州铅锡冶炼厂。产品为铅锡冶炼品，有粗铅、锡、保险丝和铅锡焊条等。因冶炼对城市环境影响太大，郴州铅锡冶炼厂于2000年4月根据市政府有关文件实行停产，于2002年8月实行整体买断；制伞厂和福利加工厂2家企业随着社会的发展，已破产改制，不复存在；郴州电业局属国家中型供电企业，现有职工957人，下设客户服务中心1个、用电检查大队1个、专业管理所3个、科室15个和多经单位11个。拥有35千伏及以上输电线路157条1.15万公里，总容量428.02万千伏安，固定资产17.59亿元。

商贸服务

苏仙岭街道辖区商业门面主要从事餐饮、小商品批发零售、超市、宾馆、娱乐、建设服务、皮鞋制作、棉被加工和糕点饮料制作加工等。2014年，辖区有1312家门店正常营业，其中规模以上的贸易企业24家，商品年零售总额2.57亿元，年销售总额3.55亿元。规模商贸企业中又以郴州市生源商业连锁有限公司，步步高商业连锁股份有限公司郴州分公司、郴州得月酒店管理有限公司、郴州市公平超市有限公司、郴州市万源家居有限公司和郴州市福康大药房6家企业年销售额居多，分别为7755万元、4356.6万元、2391.6万元、2117万元和782.1万元。

2002年前，苏仙岭街道辖区有农贸市场4个，即东苑阁农贸市场、苏仙菜市场、高山背小市场和铁路居民市场。自2008年郴州市开展城市“三创”工作以来,各农贸市场均进行大规模综合整治。2014年，辖区有东苑阁农贸市场、苏园农贸市场、苏仙农贸市场、南岭山庄农贸市场和铁路农贸市场5个大型农贸市场，另有生源超市、公平超市、和诚超市、步步高超市和爱心文体等超市及传奇健身、颐而康足浴、安琪儿休闲和金麦克K歌等娱乐休闲场所，为周边居民生产生活提供极大方便。

项目建设

苏仙岭街道成立初期，辖区基本无项目建设。2010年以后，随着招商引资力度的不断加大，辖区项目建设飞跃发展。2010—2014年，项目招商引资6.8亿元，先后引进飞虹时代广场、智通江天、汇盈房产、苏仙福地广场、东岭逸景、苏福大厦和山水华庭等项目，现有项目18个。其中飞虹时代广场项目，安置楼建设基本完工；苏仙福地广场及周边旧城改造项目进展顺利，苏仙福地广场已完工投入使用；东岭逸景项目完成投资1.4亿元；汇盈房产和郴江河改造等项目基本完成；泰宝商都、苏福大厦和山水华庭项目后期建设全面启动。

基础设施

交通运输

苏仙岭街道基础设施完备，河、路、桥交织成网，游园、广场比比皆是，市场、商场和超市应有尽有，医院、学校和休闲场所布局合理。郴江河穿境而过，交通四通八达，快捷便利，京广复线、桔井路、苏仙北路、苏仙南路和沿江路贯穿南北，人民东路、郴江路、苏园路和飞虹路横贯东西，45条大街小巷呈网状布局。辖区拥有郴州城区最多的桥梁，苏仙桥、东门口立交桥、苏园桥、白鹿洞桥、石油桥、环城桥和飞虹桥均在其内。其中苏仙桥有上百年历史，衔接东门口立交桥，直通郴州市城区中心。2010年以来，街道响应上级政策，逐年加大基础设施建设力度。2010—2012年，完成肖家洞路、中行路、南岭山庄路、沿江南北路和竹园路等6条道路的提质改造工程，将水泥路改成沥青路，并拓宽路面，在道路两侧铺设盲道，栽种树木，其中南岭山庄路两侧设置绿化带100多平方米。同时顺利完成电大路、鳌头湾路、高山背路、城东路、酿造厂路、四普庄路、胜利里路和汽修厂家属区路等背街小巷的提质改造。

街道建设

21世纪初，苏仙岭街道加大旧城改造力度，并对江滨南北两翼进行开发，逐步完成河西走廊，江滨公园及郴江河亮化工程。2011年3月，街道成立40人的环卫保洁队伍，购买40多辆环卫斗车，专门负责辖区内无物管小区和改制小区的卫生保洁工作，改变无物管小区和改制小区脏乱差的局面。2011—2014年，街道配合苏仙区直帮扶单位顺利完成金鑫小区、汽修厂小区、农药厂小区、苏仙桥新村、高山背10号大院和南岭山庄小区等11个小区的提质改造。其中南岭山庄小区拆除违章建筑8600平方米，新增绿化面积4400平方米，硬化道路4000平方米，铺设透绿道路1600平方米，疏通下水管道2000米，新设停车位90个，新装路灯41盏、体育健身器材14套、环保果皮箱13个，成为花园小区。2012—2014年，街道辖区内的苏仙南北路、苏石路、郴江路、飞虹路、桔井路和苏园路临街楼栋外墙全部统一模式进行美化亮化,旧貌换新颜。2013—2014年，街道完成苏仙北路国安局、国家电网郴州供电公司、市十二完小，苏仙南路教育学院、市商务局与市粮食局综合大楼、桔井路市一中、市教育局家属区、苏仙区环保分局、苏仙区卫生局、苏仙区检察院、苏仙区原法院、市第四人民医院、飞虹路原苏仙区国土分局、苏石路北湖区日杂仓库、郴江路郴州技师学院、城东路市一完小和沿江路市机关幼儿园的拆墙透绿工作，拆除围墙 2.04 万平方米，新增绿化面积 1.79 万平方米，新增白鹿洞社区游园 1 个。现河西走廊、江滨公园、望江公园、三匹马游园和福地广场已成为居民业务休闲的好场所。

社会事业

教育卫生

苏仙岭街道成立以来，即为郴州市教育中心。郴州市大部分大中专院校和重点中小学均在境内。2002 年，境内有大中专院校及中小学校 20 所、幼儿园 5 所。2014 年，辖区内有郴州市委党校、郴州广播电视大学、郴州技术学院、郴州第一职中、郴州市一中、郴州市二中、郴州市六中、苏园中学、苏仙中学、郴州市一完小、湘南学院附小、郴州市十二完小、郴州市机关幼儿园和苏仙区机关幼儿园等多所教育机构。其中郴州市一中创办于 1906 年，1959 年定为省重点中学，1989 年定为省实验中学；郴州市第二中学原为郴县一中，创办于1943年，1978年被确定为省重点中学，1994 年由省教委正式挂牌为“湖南省重点中学”，2004 年 9 月挂牌为“湖南省示范性普通高级中学”。每年高考，两所中学都为高校输送大批优秀人才，得到省内外兄弟学校的广泛认同及郴州市民的赞誉。

苏仙岭街道辖区另有郴州市第二人民医院、郴州市第四人民医院、郴州市妇幼保健医院、郴

苏仙岭放歌

州市中医院及区妇幼保健院、陈家湾社区服务中心和郴州市博雅医院等多所医疗机构，为居民就医提供便利。

文化体育

苏仙岭街道文化站成立于1996年，现配备电脑8台，电视机、打印机、投影机、数码照相机和摄像机各1台，音响1套及各类乐器10余种。16个社区都建立文体活动室，8个社区建立农家书屋，配备各类设施310件，计算机42台，书籍3万多册。自2008年开展城市“三创”工作以来，郴州市、苏仙区和苏仙岭街道三级对公共文化设施投入大量的人力、物力和财力，在辖区内建立文体小广场5个（福地广场、爱地广场、苏仙小游园、万源家居广场和三匹马小游园），其中4个小广场面积在600平方米以上，设各类体育健身设施，为居民的休闲娱乐提供良好的场地。2001年8月，苏仙岭街道组织成立阳光艺术团，由离退休老人自编自演节目，每年的重要节假日到社区、部队和敬老院进行慰问表演。2012年，在苏仙区第一届广场舞大赛中，阳光艺术团编排的舞蹈荣获第一名。

社会保障

苏仙岭街道劳动保障服务站成立于2003年。自成立以来连续多年被评为郴州市、苏仙区先进单位和三八红旗集体，2010年，被授予“全国人力资源和社会保障系统优质服务窗口”称号。2007年，苏仙岭街道新增就业1157人，新增再就业600人，为下岗失业人员申请小额担保贷款12万元，申报社会保险补贴239万余元。2010年，率先在全市完成“两站两室”（即街道劳动保障服务站、街道创业指导服务站、街道就业困难人员援助办公室、大学生就业创业指导服务室）的规范化建设，设立“一站式”便民服务窗口，筹集各类民政救助金5.7万元，救济260人次；累计新增就业2025人，新增下岗失业人员再就业1049人，帮助就业困难人员实现再就业401人，累计帮扶“零就业家庭”14户，“零就业”就业援助率100%，对再就业的下岗失业人员进行社会保险补贴500多万元。2011年，成功启动城镇居民养老保险试点工作，对辖区1.5万余名纯居民进行信息采集和参保登记，其中有1250名60周岁以上的老年居民实现免缴费直接领取养老金服务，居民医疗保险基本实现全民覆盖，原未参保集体企业（原铅锡冶炼厂、炬盛汽修厂和制伞厂）75名职工也全部纳入企业养老保险体系，共为900人发放社保补贴27万余元。2012年，建立郴州市首个街道级劳动力供需平台，配备信息发布显示屏、音响播放系统和各类配套设施，开设岗位信息交流小橱窗，每月15日定期召开现场供需见面会，为求职人员和用工单位提供牵线搭桥服务。累计已组织召开此类基层供需见面会35期，帮助千余名求职人员在“家门口”实现就业。2013年，在郴州市率先成立万源家居青年创业孵化基地，同年辖区创业100余人，办理小额担保贷款168万元，召开招聘会13场，联系用工单位115家，提供就业岗位4500余个，达成用工意向1600余人；累计新增就业1495人，新增下岗失业人员再就业947人，帮助就业困难人员实现再就业332人，分别完成目标任务的130%、100%、104%；成功帮扶“零就业家庭”11户（累计帮扶“零就业家庭”27户），“零就业家庭”就业动态援助率100%。2014年，共为1920户3583人发放低保资金85.76万元，为300名群众申请临时救济金5万余元，为12名困难大学提供2万余元的爱心助学金，为140名困难户提供医疗救助，为38名群众申领慈善卡3万元，为199名重度残疾人解决护理补贴，发放残疾人居家托养补助5.08万元，摸底造册优抚对象220人，发

苏仙岭观景台

放义务兵家庭优待金 120 万元。

特色地情

苏仙岭 位于苏仙岭街道东北角，自古有“天下第十八福地”的美誉，是湖南省首批省级风景名胜区。苏仙岭因美丽神奇的苏仙传说而驰名海内外。据传西汉年间，郴州城东有一位潘姓姑娘在郴江边洗衣服，手被顺水飘近的五彩浮萍缠住，总也甩不开。情急之下，潘姑娘用嘴去咬，不料这浮萍竟顺势滑进了腹中。潘姑娘由此受孕，后躲在牛脾山的一个石洞中生下一个男孩，即苏耽。苏耽出生后，有白鹤以羽暖其身，有白鹿喂其奶水。苏耽后修炼成仙，在牛脾山跨白鹤升天。因其升天前先知次年郴州附近将遭瘟疫，遂嘱其母以井水、橘叶熬药解瘟疫之法，其母按其所嘱救治了大批中瘟疫的百姓。百姓们感其恩，为其在牛脾山上修建苏仙观，供奉其神像，苏仙岭亦由此得名。岭上有白鹿洞、升仙石、望母松和苏仙观等“仙迹”，由秦少游作词、苏东坡作跋，米芾书写的《踏莎行·郴州旅舍》刻于石壁之上，史称“三绝碑”。爱国将领张学良曾被幽禁于此。近年来，苏仙岭已成为国内外游客竞相涉足的旅游胜地。

（谭思伸　供稿）

南塔街道

区域概况

2014年南塔街道区域图南塔街道辖区大部分为郴州古城区，郴州的“九街十八巷”多在于此，是湘粤古道的始发地，为历代郡、州、县治所在地。境内“南塔夕照”是郴阳八景之一，南塔街道因此而得名。境内交通便利，商业繁华，并有陈家大屋、东塔、南塔和裕后街历史文化街区等大量历史文化古迹，是郴州“一江两岸、两塔一街”城市休闲旅游品牌的打造地。

位置面积

南塔街道位于郴州市城区东南部，东经113° 2'，北纬25° 46'。东起京广铁路，南至南塔岭，西到陈家巷，北达北门岭，辖区总面积约2平方公里。

建置沿革

明清时期，南塔街道辖区属在城里。民国2年(1913)，在城里改为在城区。民国19年(1930)2月，实行区域自治，在城区为第一自治区。民国27年(1938)，废区并乡，第一区改为在城镇。民国34年(1945)11月，在城镇改为升平镇，属升平镇。1949年12月，划区建政，划为城关区。1950年7月，称第一区。1952年2月，划小区乡行政区域，为城关区。1953年4月，城关区改为城关镇。是年冬，城关镇改为第一区。1955年5月，第一区又改称城关区。1956年5月，撤区并乡，复设城关镇。1958年8月，划城关镇、许家洞乡等地成立郴县郴州市，属郴县郴州市。1959年11月，郴县郴州市升为县级郴州市，属县级郴州市。1960年，成立五岭人民公社，隶属县级郴州市，办公地点设在西街，下设8个分社，分别为和平路、北湖路、龙骨井、东街、西街、北街、裕后街和扎上街。1963年5月，郴州市改为郴县郴州镇，属郴州镇。1977年12月，恢复郴州市，仍属郴州市。1979年1月，撤销五岭公社，析为南塔区，辖南街、北街、东街、裕后街、苏仙桥、南关上、扎上街和龙骨井8个居委会，与红卫区政府(现人民路街道办事处)并列隶属原郴州市。1980年3月，增设东门口居委会。1980年11月，南塔区更名为南塔街道办事处。1983年4月，增设曹家坪居委会。1988年5月，增设栏杆塘居委会。1994年12月，撤地建市、撤县设区，南塔街道办事处划归苏仙区管辖。1995年8月，东门口居委会一组、二组，南街居委会一组、三组、五组、十一组和十二组划归北湖区管辖，人民路街道西街居委会六组划归南塔街道。2002

年，苏仙区调整合并居委会，成立社区居委会，南关上居委会和裕后街居委会并为裕后街社区居委会，龙骨井居委会和栏杆塘居委会并为龙骨井社区居委会，东门口居委会更名为八一路社区居委会，其他居委会相应更名为同名社区居委会。

行政区划

南塔街道现辖八一路、北街、龙骨井、东街、扎上街、裕后街、曹家坪和南街8个社区，399个居民小组，辖区单位30余家。

自然环境

南塔街道气候四季分明，昼夜温差较大，历年平均气温为17.8℃，平均降雨量为1469.8毫米。郴江河和燕泉河交汇于此，南塔岭和东塔岭坐落境内，形成“山清水秀、城市丽景”的宜居环境。

人口民族

1980年，南塔街道办事处总人口有7280户2.98万人。2010年，有1.43万户2.94万人，其中城镇人口2.74万人，农业人口0.2万人。2014年，南塔街道有1.29万户3.69万人。其中男性1.84万人，女性1.85万人；常住人口3.19万，流动人口0.5万人。以汉族为主，约占99.5%，瑶、苗、壮等少数民族人口137人。

经济发展

经济综述

秦汉时期，南关上一带就是湘粤古道的始发地，码头、商铺和驿站俱有，商贸经济活跃，从古至今，历来属郴州繁华之地。新中国成立后，其仍是郴州的经济中心。南塔街道办事处的前身五岭人民公社成立之初，兴办和扩建工厂82家，开办分社服务站7个，有理发、缝补、旅社、货运和洗衣等100余个项目，生产和集体生活福利事业快速发展。1980年，工业生产完成产值417万元，建筑业完成65.2万元，年销售额322万元，服装、化工、制被、木工和金属等生产快速发展。随着市场经济快速发展，南塔街道逐步形成以八一路商业街为中心的商业经济圈。2002年，实现国民生产总值4650万元，居民人均可支配收入7559元。2013年，实现国民生产总值2.38亿元，完成财政总收入480万元，居民人均可支配收入2.77万元。2014年，南塔街道各项经济指标稳步增长，实现国民生产总值2.58亿元，完成财政总收入613万元，居民人均可支配收入2.99万元。

工业

1996年，南塔街道辖区有街道企业9家，年产值1500万元。1997年，有企业11家，年产值1810万元，钢火锅和不锈钢热水瓶产品畅销全国各地。后辖区企业逐步发展到25家，其中社办企业有含鞋帽厂、纸箱厂和标准配件厂等；县属企业有印刷厂、碾米机厂和一建公司等；市属企业有酱醋厂、食品饮料厂、木器厂、福利工厂、家具厂、教学仪器厂、木材加工厂、选矿厂、五岭机械厂、工具厂、广播电影设备修理厂和冶金化工厂等。上述企业因市场竞争、产品落后和企业改制等诸多因素逐步关停、倒闭或迁出整合，现辖区已无工业企业。

商贸服务业

五岭人民公社建立时，试办生活一条街、商业一条街和工业一条街。1991年，165水果批发市场建成，有商家300多家。随着城市建设发展，2008年12月，165水果批发市场搬迁到五岭大市场。1997年，八一路商业街由部队投资开发，东起北街，西至文化路，南邻西街，北抵人民东路，总面积9.6万平方米，建筑总面积1.2万平方米。八一路商业街自2001年3月以来，品牌形象已基本形成，相继获得国家质检总局授予的“全国购物放心一条街”、国家工商总局授予的“打假维权消费者满意街”、“湖南省明码标价示范街”及“湖南省文明示范街”、“双拥模范街”、“湖南省百城万店无假货未示范街”等称号，2004年，创建成为“全国百城万店无假货示范街”。随着生源时代广场业务拓展，苏宁电器入驻，集住宅、商贸和休闲娱乐于一体的八一路商业圈功能更全，成功地从单一的服装贸易转向服装、电器、餐饮、住宿、影视和娱乐等多元发展的综合商贸圈，现有商家1160余家，各类名牌专卖店276家，提供就业岗位1.06万个，创造税收261.53万元。2014年，苏仙区政府与台湾湖南商会携手，对裕后街实行整体开发，精心打造台湾美食街、台湾精品街、台湾左岸咖啡街、台湾文化商业街和台湾风情园“四街一园”的裕后街商业圈，现引进台商82户，主要为工艺美术、古玩、室内植物、原创音乐、特色美食和茶道会社等特色商家。

基础设施

交通运输

1960年，五岭公社初期，修建民主路、和平路2条主要街道和15条小街道，后路桥交通网络逐年完善。2008年，南塔街道改造兴中街、上栏杆塘、下栏杆塘、扎上街和东半边街等5条街道。2009年，改造龙骨井路、教育街、桐梓坪路等3条街道和铁塔新村3条背街小巷。2010年，改造河街、北湖福利院路段等2条街道和东街桥沿江游道。2011年，修建改造骆仙东路延伸段、东兴街等2条街道和福星街、寿星街2条背街小巷。南塔街道从主要干道到背街小巷，从道路到桥梁，交通网络发达，基本满足居民新时期生产生活的需求。至2014年，东塔路、裕后街人行天桥竣工并投入使用，乌石矶小街小巷路面硬化完工，南塔路延伸段及雅石路延伸段项目动工建设，进一步打通裕后街与外界交汇的脉络。

水利建设

1999年，郴州“8·13”特大洪灾，郴江河和燕泉河沿岸群众受灾严重。灾后，市、区、街道、社区四级联动，开展河道治理工作，拆违建绿、筑堤护坡、疏浚清淤和整治排放，2条河渠的防洪抗灾能力明显增强。2014年，南塔街道启动实施郴江河沿线治理项目，完成原防爆电机厂新八楼在内的郴江沿河拆迁任务和河道沿线美化亮化工程，为当地群众提供舒适的生活休闲环境。

街道建设

作为老城区，旧城区改造一直是南塔街道建设的重心。2009年5月16日，南塔街道启动裕后街旧城改造项目，裕后街改造项目由郴州市委、市政府精心策划，集郴江河道治理、裕后街棚户区改造和廉租房建设于一体，是郴州市唯一的省级历史文化街区改造项目。2014年，引资6000万元实施裕后街商贸综合楼项目，投入600万元完成裕后街郴江河人行天桥建设，沿裕后街河道更换石质护栏，提质改造沿街下水道。一系列项目实施，不断提升裕后街商业圈品味，进一步完善裕后街“一江两岸、两塔一街”宜商宜游的发展格局。2010年8月6日，启动曹家坪1号棚户区改造项目和综合治理工程，于2014年12月完成工期。2012年4月启动南塔路住宅公司棚改项目，于2013年12月完成工期。2013年6月，同时启动对曹家湾和南街黄金桥棚改项目，至2014年2月完成工期。2014年7月，动骆仙东路延伸段（雅石路段）提质改造。随着辖区内棚户区改造、旧城区改造及道路建设项目稳步实施，南塔片区正从老旧城区向设施完善、功能齐备的宜居街道华丽蜕变。此外，南塔街道加大城市管理力度，重点抓好48个无人管理居民小区环境整治工作；加大背街小巷的环境卫生整治，清理病媒生物滋生地70多处；加大马路市场、违章建筑等问题集中整治，累计拆除违章建筑4000多平方米；完善市政设施，改造无人管理小区路灯、电线，保护性维修辖区内的历史文物古迹；开展绿城攻坚活动，全面完成主次干道及庭院绿化工作。

社会事业

教育科技

清乾隆年间，辖区建东山书院于城关东山。1960年，辖区内有小学6所，中学2所，幼儿园22所，托儿所47所，入托儿童2644人，占应入托儿童34%。改革开放以来，更加重视教育事业，发动工厂职工和社会人士捐资捐物助学，推动教育事业健康快速发展。1995年，南塔街道辖区内有中学2所、小学2所、民办幼儿园9所。2014年，辖区有中学2所（市六中、市八中）、小学2所（四完小、五完小）、民办幼儿园7所。

文化体育

2011年，裕后街搭筑“文化苏仙·百姓大舞台”，每周定期举办文艺演出。到2014年，共演出240期，成功打造有口皆碑的群众文化生活品牌。南塔街道承办文化部门送戏进社区10场、放映电影80场。2014年，组织参加第二届苏仙区广场舞大赛，获得优胜奖。开展全民健身日、“高尚情操、快乐工作、健康生活”等主题活动，大力推进“和美社区”创建，投入8万元为社区配置健身设施6套。

医疗卫生

南塔街道辖区内有卫生服务中心1所，私人门诊23家，药店6家。城乡居民医疗保险覆盖率100%，免疫儿童卫生保健普及率100%。

社会保障

1980年，街道办安排就业277人，其中招集体、全民工37人，对103名优抚对象每月经济补助912元，对22名“五保户”每月救济296元。2001年，南塔街道实行居民低保，并成立社区就业服务中心，下设服务网点8个，服务实体68

百姓大舞台

家，专业服务队8个，安置下岗失业人员3292人。2002年，南塔街道就业工作被湖南省劳动和社会保障厅、省民政厅授予“湖南省社区就业先进街道”称号。2007年，新增就业人员521人，持证下岗失业人员再就业300人；办理低保970户，1789人，发放低保金270多万元。2008年，推行居民医保。2010年，开展居民社保。2014年，南塔街道举办大型招聘会2场，帮助143人解决就业问题，与郴州市第一职中联合培训失业人员800余人次；先后纳入最低生活保障1540户2679人，月发放低保金61.8万元，真正实现应保尽保；发放民政救助款4.6万元、医疗救助4.7万元、慈善医疗卡5.3万元；参加医保人员8896人，其中医保报账888人，金额324万元；社保缴费人员361人，享受待遇462人；8个社区全部实行居家养老，为60岁以上老人服务到家，送医到户，保洁到位。龙骨井社区、东街社区先后被国家民政部授予2013年度和2014年度“全国综合减灾示范社区”称号，裕后街居家养老被评为全省居家养老重点单位，南街、东街和曹家坪社区被评为郴州市居家养老“日间照料服务”示范社区。

特色地情

历史人文

犀牛井 湖南省省级文物保护单位，位于裕后街社区，原名“涌泉”，是一口神奇的唐代古井，用长条石砌成，“长丈余，宽八九尺，深一丈左右”。井中横卧一巨石，酷似大犀牛，因此而得名。

化龙桥 位于裕后街社区，始建于清代，为单孔半圆拱石桥，化龙桥长13.8米、宽3.99米、高1米，青石条砌，是行人、车辆通往的两用桥。2012年，被郴州市政府列为市级文物保护单位。

清淑桥 位于扎上街社区，始建于清代，桥长12.8米、宽5.7米、高1.25米，主体建筑结构完整，桥身为青石条砌，保存现状良好。2012年，被郴州市政府列为市级文物保护单位。

龙骨井 位于龙骨井农贸市场旁，是一口千年圆形吊井。相传很久以前，郴州久旱无雨、庄稼绝收。一名叫刘志的男童在郴江边救起一条小白蛇。这条小白蛇是南海的龙太子，为报答刘志，龙太子偷了王母娘娘的香烛、清泉和织布，实现了“天降甘雨，百姓安居，郴城有林”的许诺，却最终因触犯了天条，被罚致死。郴城的老百姓将他的尸骨埋葬在乌石矶，几天后，旁边涌出一股清泉，便把它叫“龙骨井”了。

栏杆塘古井群 位于龙骨井社区栏杆塘，建于清代，四个圆形井，直径约40厘米，水深约2米，保护较好。张家井，位于曹家坪，年代为清。2个四方露天井，约8米见方，水深约1.5米。

湘粤古道始发地 湘粤古道为湖南省省级文物保护单位，裕后街为古道始发地，是现存较好的清代古道。自秦始皇三十年（前214）为远征南越、攻取两广的军事需要，修筑湘粤古道雏形。汉光武帝建武年间，郴州太守卫飒大规模改造湘粤古道，增修亭馆、驿站，供仕商学旅歇息食宿，古道便成为官道。

乌石矶与唐代名相刘瞻 东街社区乌石矶小巷，有一堆形似乌鸡伏地的大青石，这就是郴州古街码头乌石矶遗址。相传汉代年间，一只金鸡把王母娘娘心爱的蟋蟀吃掉了，被踢下凡间跌落在郴江旁。一贫如洗的牛二郎夜间路过踩到一只小乌鸡，再细看竟是一块金子。一夜爆发的牛二郎被官府审出实情。大家日夜守在暗处抓金鸡，结果金鸡却永远变成了乌石。因“鸡”和“矶”同音，且“矶”有“水边突出的岩石或石滩”的意思，后人把“乌石鸡”改成了“乌石矶”。唐朝名相刘瞻的故居就在乌石矶的东侧。刘瞻是一位清正廉洁、刚正不阿、不慕虚荣的贤相，刘瞻上疏、婉拒献馈、改道回京等感人故事不仅史书有记载，民间也多有传颂。

郴县苏维埃政府旧址 位于郴州市北街旁的兴中街35号，国家级文物保护单位。始建于清末时期，为郴州陈氏家族所建，故名“陈家大屋”，坐北朝南，砖木结构，硬山顶小青瓦，是典型的清代湘南风格建筑，具有很高的艺术价值。1928年2月7日，郴县苏维埃政府成立，机关初设中山北街26号美国教会福音堂，后迁城郊东山书院，“反白事件”平息后，迁至兴中街35号陈家大屋。

烈士公园与湘南起义纪念塔 1928年1月中旬，朱德、陈毅在郴州地区领导了著名的湘南起义。为纪念湘南起义60周年，郴州市政府于1988年修建了烈士公园，并在公园内建湘南起义纪念塔。烈士公园沿山而建，塔立于山顶，塔高28.1米，正是1928年1月湘南起义的时间。碑的正西面为邓小平题的“湘南起义纪念塔”七字；正东面是萧克老将军撰文并书写的碑文；南北两面为“湘南起义”与“建立政权”的两幅群体浮雕。

湘南起义纪念馆 位于东塔岭，2009年3月兴建，2010年7月建成，10月1日面向社会免费开放。纪念馆以湘南起义史料展览为主题，共分为5个部分14个展厅，是集爱国主义、国防、党史、廉政、军史于一体的教育基地。

基督教文化 据记载，郴州市基督教于新中国成立前由北美长老会、南美浸信会、真耶稣教会3个教派传入，共有信徒2500多人。其中，最早的是北美长老会，于1902年进入郴州城，

改造后的裕后街景

1903年，开办教会，从1936年起，在郴州田家巷（现八一路）、桂阳等地建教堂，共有信徒400多人。1981年，对北街26号福音堂和田家巷等教会祈祷所房产进行清理，确定产权归还教会。1983年，退还教会全部房产。同年，教会恢复宗教活动。1999年，北街世光堂报规重建。2003年，举行郴州市基督教纪念建堂100周年暨世光堂新堂落成典礼。

风景名胜

南塔公园 位于郴州城南文明山，又称南塔岭。山顶古塔高矗，每当夕阳照映，色彩斑斓，钟声悠然回荡，颇具诗情画意，有“南塔夕照”之称，被列为郴阳八大胜景之一。公园面积38.67公顷，最高海拔270米，距市中心约1.5公里，是一处文化遗存较好、生态保护较好，以展现本土历史民俗文化为题材的市级综合性公园。园内车道、游道盘山而上，亭台楼阁错落有致，繁花似锦，绿树成荫。古老的南塔以其挺拔的新姿，矗立在世人面前，成为郴州又一处“文化地标”。

裕后街 公元前214年，秦始皇为巩固南部疆域，修筑郴宜45公里驰道，北端起点即在现裕后街南关上。此后，随着朝代更替，屡次扩修。到清道光年（1841），鸦片战争爆发，海禁大开，粤盐、广货及舶来品沿驰道北上，在郴城裕后街进行水陆转运，这时期，郴州古城形成了“九街十八巷”的路网格局，裕后街达到了繁华的鼎盛时期。为传承历史文化，又适应经济社会发展需要，郴州市政府、苏仙区政府、南塔街道办对裕后街实行“修旧如旧”式开发，全力打造休闲观光、购物食宿于一体的历史文化商业街。

（张奇志 供稿）

白鹿洞街道

区域概况

白鹿洞街道是由原白鹿洞镇撤分出来的四个街道之一，因办事处驻地为原白鹿洞镇政府而得名。白鹿洞街道作为2012年成立的新街道，已先后荣获全省档案工作规范化管理省一级示范单位、全市“十佳”招商引资重点乡镇、全市城区基础设施项目建设先进单位等称号。

位置面积

白鹿洞街道位于郴州市城东北部，北纬25°30′21″—26°03′29″，东经112°53′5″—113°16′20″，辖区基本沿郴江河、郴州市区、市郊区南北一线分布，东与王仙岭街道办事处接壤，北与卜里坪街道办事处毗邻，南与北湖区郴江镇交界，西与南塔街道相交，与市区连成一体。街道办事处驻环城南路石榴湾大桥西桥头。辖区内总面积24.63平方公里。

建置沿革

白鹿洞街道辖区原为郊区农村。1995年10月，成立白鹿洞镇。2012年4月，苏仙区实施区域行政区划调整，将原白鹿洞镇的龙门池、白鹿洞和南塔岭3个村及青年路社区组成白鹿洞街道。

行政区划

东以“东岭路—郴江河中线—郴江河桥与郴州大道交汇处—东边江路—白塘口—王泥板上山顶”为界（南起王仙岭山脉的王泥板上山顶，北止东岭路），东面为王仙岭街道管辖，西面为白鹿洞街道管辖；南（一）以“郴州海关南围墙以北上石榴湾游园公路—石榴湾游园的谭家垄—石子岗—欧家垄—王胡子山—国庆南路”为界（东起郴州海关，西止国庆南路），南面为北湖区管辖，北面为白鹿洞街道管辖；南（二）以“福城山庄小区大门—骆仙东路—江山丽城西围墙—南塔岭公园的南塔尖”为界（东起福城山庄小区大门，西止南塔岭公园的南塔尖）。东面为白鹿洞街道管辖，西面为北湖区管辖；西（一）以“国庆南路—樟树岭南隧道山背脊—香雪1号院与2号院之间的通道—香雪路（2-14号）—五指雕塑中指—南塔岭西山脊—南塔岭公园的南塔尖—南塔小区南围墙—南塔小区与江山丽城之间的通道—骆仙东路—福城山庄小区大门—沿大门往西南—桐梓坪路—北湖区人保公司与南塔市场之间围墙—南塔路的郴州市殡葬管理处家属区住宅楼东墙”（南起国庆南路，北止郴州市殡葬处家属区住宅楼东墙），东面为白鹿洞街道管辖，西面为南塔街道管辖；西（二）以“东塔公园山顶—龙门池小学西围墙—

龙门池小学门口通道—曹家坪路—牙石路”为界（东起南塔公园山顶，西止牙石桥），东面为白鹿洞街道管辖,西面为南塔街道管辖；东－北以“东塔路与青年路交汇处—青年路—青年路与郴江路交汇处—郴江路—第一职中门口转东塔路—刘园新村小区—东塔公园山顶”为界（东起东塔岭与青年路交汇处，北止东塔公园山顶），东北面为苏仙岭街道、卜里坪街道管辖，东南面为白鹿洞街道管辖。指定管理：东塔公园与东塔路之间的非农业人口、传染病医院等单位属于苏仙岭街道管辖；北以“郴州四建公司后山顶—郴州四建公司东围墙—青年路—劳教所大门—东岭桂园小区东围墙—东岭—郴江河—郴江河桥与郴州大道交汇处—白塘口—王泥板上山头”为界，东面为王仙岭街道管辖，西面为白鹿洞街道管辖；白鹿洞街道与南塔街道在裕后街、南关上的分界点：裕后街236号、237号，东为白鹿洞街道管辖，西为南塔街道管辖。

2012年4月，新成立的白鹿洞街道办事处辖龙门池、白鹿洞和南塔岭3个村及青年路1个社区，共28个村(居)民小组。2013年调整后,辖青年路、龙门池、石榴湾、东塔路和山川塘5个社区及白鹿洞1个村，共28个小组。2014年，辖白鹿洞、龙门池、青年路、山川塘、东塔路和石榴湾6个社区，共30个居民小组、55个网格。

自然环境

白鹿洞街道境内大部分为丘陵，地势东高西低，最高峰为苏仙岭，最低处为龙门池社区。辖区属亚热带季风气候区，气候四季分明，光照充足，春秋时间短，冬夏时间长；冬冷夏热，雨热同季，雨量充沛，主要降水集中在每年4—8月，年平均降雨量1580毫米，夏秋少雨。年平均气温17.8℃，年均无霜期310天左右。境内水系为郴江河。郴江河自青年路社区爱莲湖流入,自南往北，至龙门池社区龙门池居民小组流出，流经境内3.1公里。自然灾害主要有干旱、洪涝、寒冻和冰雹等，以旱灾和水灾危害最大。干旱多发生在7—8月，水灾多发生在5—6月和8—9月。

人口民族

2012年成立初，白鹿洞街道辖区总人口1.3万人。2014年年末，辖区总人口1.33万人，其中城镇人口5747人。总人口中，男性7865人，占59%；女性5483人，占41%。人口出生率17.2‰，死亡率1.9‰，人口自然增长率15.3‰，人口密度541人/平方公里。民族以汉族为主。

经济发展

经济综述

20世纪90年代前，因地处城乡接合部，原白鹿洞镇菜农主要种植大小白菜、萝卜、大蒜、葱、辣椒、茄子和生姜等。拥有林地面积166.67公顷，林木主要有杉树、马尾松、樟树、香樟和楠竹等。1996年，原白鹿洞镇实现国民生产总值7392万元，同比增长21.8%；工农业总产值6413.4万元，其中农业总产值1430万元；粮食总产量1108吨，蔬菜总产量3876吨；乡镇企业实现利税1256.7万元。农民人平纯收入1800元。2002年，原白鹿洞镇实现国民生产总值1.22亿元，完成财政总收入584万元，农民人均纯收入3939元。2012年，白鹿洞街道实现国民生产总值1.41亿元，其中第二产业产值为1.15亿元，第三产业产值为2645万元；完成财政收入786万元，消赤减减债160万元。2014年，街道完成国民生产总值4.6亿元，同比增长12%；实现财政总收入1486万元，同比增长21%；完成固定资产投资9.33亿元，同比增长70%；完成内联引资 7.5 亿元；社会消费品零售总额 1.95 亿元；消赤减债 236 万元；城镇居民可支配收入 2.72 万元，同比增长 22.3%；完成国税 120.3 万元，为年任务数的 120.3%；完成地税 40.6 万元，为年任务数的 101.5%。

工业

1996 年，原白鹿洞镇实现工业总产值 4983.4 万元，其中乡镇企业实现利税 1256.2 万元，上交税金 260 万元。1998 年，镇、村企业不断壮大，全镇上"新、扩、改"项目 12 个，完成投资 1176 万元，其中镇政府投资 700 万元，新建年产 3000 万块机砖厂；龙门池村投资 200 万元，新建年产 2000 万块红砖厂；锁石桥村投资 100 万元新建红砖厂；官庄坪村投资 50 万元新建塑料厂，投资 10 万元改扩建灯具厂。是年，原白鹿洞镇工业总产值 5506.7 万元，其中镇办企业实现利税 1305.1 万元，上缴税金 302 万元。至 2003 年，镇砖厂和锁石桥村砖厂产值在原来的基础上逐年增加，并承包给个人经营；龙门池村砖厂因修建青年大道被征收。2012 年，区划调整后，官庄坪村及其企业划归卜里坪街道，锁石桥村及企业划归王仙岭街道。2014 年，白鹿洞街道办事处砖厂被指定为污染企业停产。

商贸服务业

市场：1995 年，原白鹿洞镇龙门池村有一小型农贸市场，年产值 50 万元。2012 年，市场产值升至 180 万元。2014 年，年产值 200 万元。

商品零售：1995 年，原白鹿洞镇社会消费品零售总额为 810 万元。2012 年，白鹿洞街道社会消费品零售总额为 1.76 亿元。2014 年，白鹿洞街道社会消费品零售总额为 1.95 亿元。

酒店：白鹿洞街道辖区有大小酒店 28 家，其中大型星级酒店 2 家。郴州奥米茄大酒店位于风景秀丽的爱莲湖畔，紧邻郴州市演艺中心和石榴湾生态公园，拥有客房近 300 间（套），属五星级大酒店。苏仙宾馆开业时间 2004 年 5 月 1 日，2010 年局部装修，客房总数 106 间（套），为三星级宾馆。

项目建设

1995 年，原白鹿洞镇以石榴湾旅游经济开发为重点，将镇政府机关大楼选址于龙门池村朱家洞。2000 年，辖区有重点项目 17 个。2012 年，白鹿洞街道加大项目建设力度，当年固定资产投资 8.7 亿元，内联引资 5 亿元，引进项目 9 个，其中新增项目 7 个，上亿元投资项目 7 个。2014 年，辖区有在建项目 23 个，其中投资上亿元的项目 19 个。项目预计总投资 52.33 亿元，至年底累计完成投资 34.56 亿元。竣工的项目有江山丽城、朱家组公寓和石榴湾公园二、三期迁坟工程。其中龙门池社区朱家组"海翼国际"公寓式安置示范点是郴州市首个"城中村"改造安置项目，9 栋计 6000 余平方米，57 户拆迁安置户户平安置 360 平方米。

基础设施

交通运输

白鹿洞街道交通运输建设发展较快。20 世纪 80 年代前，村与村，组与组，户与户之间均是土路相连，人们出行主要依靠步行，货物运输则靠肩挑手提，条件稍好者，则用单车或板车运输。1995 年后，辖区内主要以公路为主，村组公路均逐步硬化、亮化。尤其在 2002 年，先后修改建公园路、郴州大道（现郴江路）、苏仙南路和青年路等主要街道及中行路、技校路、党校路、牙石桥路、曹家坪路和石榴路等背街小巷。现郴江路、苏仙南路、青年大道、相山大道和郴州大道等多条市区主要干道贯穿街道办事处，京广铁路横穿辖区内。

邮政通信

20世纪80年代前，原白鹿洞镇境内通讯主要靠到郴州市区内邮局投递信件或拍发电报。90年代后，白鹿洞村和龙门池村安装办公电话，并代办信件投递和报刊收发等业务。1995年，境内安装开通CXCC08型数字程控交换机，办公电话普及，个人亦安装电话。2000年后，电信和移动公司在苏仙岭修建基站，部分先富起来的群众陆续购买手机。进入21世纪，手机成为群众主要通信工具。2012年，白鹿洞街道辖区内有固定电话用户511户，移动电话用户2211户。2014年，辖区有固定电话9132户，移动电话用户3.88万户，网络覆盖率100%，有线电视入户率100%。

街道建设

2012年，白鹿洞街道有小游园4个、郊野生态公园1个，单位绿化庭院1个，各村道路两旁绿化率100%，老百姓享受舒适的人居环境。2014年，街道投入600万元用于“城中村”改造和城市基础设施建设，龙门池社区朱家组57户公寓式安置点竣工，段家上园孔家302户集中联建安置房主体工程完工，芳头公寓式安置小区建成并交付使用。辖区内有小游园7个、郊野生态公园1个，单位绿化庭院9个，社区主干道两旁绿化率100%。

2012年，白鹿洞街道成立爱卫组织，聘请卫生保洁员，硬化背街小巷和小区3万余平方米，增设垃圾桶3000个，取缔河沙场2个、洗车场1个，规范经营30余处，建立垃圾中转站3个，安装灭鼠亭1200个，绿化小区、主干道旁5万余平方米；投资80万元开展“三清六改一化”工作，清理龙门池、白鹿洞和南塔岭等村卫生死角30多处，改造辖区郴江路和龙门池路段街景；规范整活“五小行业”，引导组织“五小行业”办证1200家，取缔无证小作坊4家。2014年，街道实行网格管理，配备60名环卫人员及各类环卫设备，自筹投入资

街道美丽繁华的夜景

金120万元用于环卫保洁；组织社区、居民小组和社会各单位开展“美化环境、清洁家园”卫生活动24次，清理卫生死角400多处，改造旱厕75个，规范菜园5700平方米，铲除垃圾500余吨，清理牛皮癣、小广告3.5万多处，拆除乱搭乱建350余处，整顿、关停非法石材加工厂、无证小作坊62家，取缔无证小餐饮24家，治理泥沙裸土27处，修建疏通排污沟4000米，安装路灯300盏，拆墙透绿、增绿17处，种植花卉树苗2.1万株。

社会事业

教育文化

2012年，白鹿洞街道辖区有小学2所，幼儿园8所。2014年，辖区有小学3所，幼儿园9所。

2012年，白鹿洞街道有文化站1个，村级农家书屋3个，藏书1万册。2014年，有文化站1个，书屋5个，藏书2万余册；投入36万元建立街道办事处“读书角”；高标准建设东塔路、龙门池、青年路和石榴湾4个社区文化活动中心，配置图书6300册，电脑15台，电视机、DVD、数码相机和腰鼓等器乐各1套。街道、社区和各小区经常组织开展文艺晚会、登山、跑步、乒乓球和篮球等比赛。2014年，辖区腰鼓队和广场舞队走街串巷宣传演出100余场次；免费为居民放映电影167场次。

医疗卫生

2012年，白鹿洞街道有卫生院1所，新型农村合作医疗参保率99.5%。2014年，街道有社区卫生服务中心1所，新型农村合作医疗参保率99.8%。

社会保障

2012年，白鹿洞街道新型农村社会养老保险参保人数4096人，享受居民最低生活保障人数76人。2013年，新增城镇就业人员300人，农村劳动力转移40人，企业就业923人；补贴被征地农民养老保险54.7万元；办理城镇居民医保8340人，补贴医保213.5万元；发放被征地农民基本生活养老金1043人，低保176户，医疗救助35户。2014年，低保户173户，为52名征地农民办理社保手续，新增城镇职工养老保险10人，兑付意外伤害住院医疗补助28.5万元，发放临时救助金2.4万元，大病救助金5.82万元。是年，安置农村剩余劳动力100人，新增各类城镇就业（含灵活就业）3000人。

特色地情

历史人文

李家大屋 湖南省省级文物保护单位，位于龙门池组，是郴州市老城区保存相对完整的最大古建筑，院落总面积约2500平方米，属典型的三进式湘南古民居，距今约170年。1938年3月18日，郴县国共两党在这里举行国共合作抗日谈判，达成合作抗日协议。

南塔岭革命烈士墓群 郴州市市级文物保护单位。位于龙门池社区，建于20世纪50年代，面积181.44平方米，有抗美援朝烈士墓65座。当时龙门池村有1所郴县军分区后勤休养所，专收治从抗美援朝前线负伤下来的战士，牺牲后埋葬于此。

风景名胜

石榴湾生态公园 石榴湾生态公园是以生态保护为主，自然、野趣为特色，集健身休闲、科

普教育和游览观光于一体的生态公园。公园总体规划150公顷，分为欢野区、牧野区、观野区和研野区四大功能区。公园一期建设占地60公顷，于2009年9月启动，2010年10月竣工并正式开园。二期建设占地约38公顷，于2012年3月启动，2013年5月竣工。公园三期建设占地51公顷，于2013年6月启动，2016年5月全面完工。现已建成生态红枫林、花石榴和樱花赏花观景区等，形成“春花夏果秋红冬绿”的四季景观特色。园内建有“香海棠亭”“藏春亭”“望江亭”“香花井”。

苏仙湖公园 位于郴江路西侧，曹家坪路南面，总面积13.9公顷，其中水面面积7公顷。公园以现代景观设计手法，充分利用郴江河河流资源，构建“河湖互补”的城市水网。公园的最大特色是通过修建拉索桥的方式连接两岸，营造一个清闲幽静的亲水性城市开放空间。园区建有休闲广场、假山、绿化建筑小品、拉索桥和人工湖等景观，是集休闲娱乐、观光旅游于一体的开放性公园。

郴江河沿江风光带（白鹿洞段） 白鹿洞街道境内的郴江河沿江风光带，东临郴州大道，起自东边江，终至石油桥段，长9公里。绿化面积7.2公顷，配有1.6万平方米的滨水步道和1.04万平方米的自行车道。工程于2012年7月5日动工建设，2013年11月25日正式完工。游园主要以郴江河及沿岸绿化景观为主，配以灯光亮化设施和休息廊等配套设施，组合种植多品种乔木和灌木，充分体现郴州市的自然风光和优美环境，是游人观光小憩的好去处，也是市民晨练晚游的佳境。

（陈堂承　供稿）

王仙岭街道 >>

区域概况

王仙岭街道是2012年苏仙区区划调整新成立的街道，因境内有远近驰名的王仙岭而得名。街道有驻地机关企事业单位36家，是郴州市市级文明单位。

位置面积

王仙岭街道位于郴州市城东部，北纬25° 78′，东经113° 08′，西与白鹿洞街道相邻，东邻观山洞街道，北接许家洞镇、白露塘镇，南与坳上镇交界，地域面积16.26平方公里。

建置沿革

王仙岭街道辖区原为郊区农村。2012年4月，苏仙区实施区域行政区划调整，将原白鹿洞镇的锁石桥村、上白水村和苏仙岭街道的王仙岭社区组成王仙岭街道。

行政区划

东以“王仙岭山脉的人心岭山顶－鸟竹山垄沟－湘南学院后围墙－茶园路－郴州大道旁湘南学院前围墙－学院路－青年大道旁亭子脑山顶”为界，东面为观山洞街道管辖，西面王仙岭街道管辖；南以“王仙岭山脉的人心岭山顶－沿王仙岭山脊－王仙岭山脉的王泥板上山顶”为界，南面为坳上镇管辖，北面为王仙岭街道管辖；西以“东岭桂圆小区东围墙－东岭路－爱莲路－爱连桥－郴江路－白糖口－王泥板上山顶”为界，东面为王仙岭街道管辖，西面为白鹿洞街道管辖；北以“青年大道旁亭子脑山顶－青年大道旁铁龟岭山脊－变压器厂大门－梯子岭老加油站西围墙－往北沿邓家背与梯子岭之间山沟－西折孙家背山脊－烟筒岭山脊－向南折向郴州四建公司东围墙－青年大道－劳教所大门－东岭桂圆小区东围墙”为界，南面为王仙岭街道管辖，北面为白鹿洞街道、许家洞镇、白露塘镇管辖。2012年，王仙岭街道辖锁石桥和上白水村2个村及王仙岭1个社区。2014年，因城镇化进程需要将锁石桥村改为锁石桥、铁炉冲和爱莲湖3个社区。

自然环境

王仙岭街道地势以丘陵为主，拥有丰富的水能资源和植被资源，郴江流经辖区内。气候是中亚热带气候，其特点是四季分明。境内有“天然氧吧”王仙岭生态公园，景区海拔280 ~ 1000米，森林覆盖率高达80%，野生动物资源十分丰富，有水鹿、野猪、麂子、毛冠鹿、青羊、大灵猫、貉、豹、猫、鼬、獾、狸、豪猪、野兔、鹰和鸢等130多种野生动物及南方红豆杉、伯乐树、香果树、华南五针松和福建柏等380多种植物。年平均气温18℃，年平均降雨量1490毫米，年无霜期290天以上，冬无严寒，夏无酷暑。境内主要自然灾害有山洪地质灾害和冰冻灾害。主要降水集中在是4—8月间，由于降水集中，容易形成山洪地质灾害。至2014年年底止，最为严重的一次山洪灾害发生在2008年6月25日，最为严重的冰灾发生在2008年1月。

人口民族

2012年，王仙岭街道总人口8063人。2013年，有8343人。2014年，街道总人口8463人。计划生育率为88.23%，人口出生率控制在8‰以内，自然增长率6.19‰，男女性别比106 ：100。民族以汉族为主。

经济发展

经济综述

2012年，王仙岭街道实现国民生产总值1.45亿元，城镇居民可支配收入2.25万元，固定资产投资9.59亿元。2014年，街道实现国民生产总值1.67亿元，同比增长14%，在苏仙区街道位居第一，其中第二产值增加值1.38亿元，同比增长12.5%；第三产值增加值2795.65万元，同比增长15%，城镇居民人均可支配收入2.91万元，同比增长14.5%。全年完成财政总收入445万元，国税125万元，地税40万元。

项目建设

王仙岭街道项目建设繁荣。苏园中学爱莲湖学校、仙居岭京伦酒店建设全面完工；锁石桥公交枢纽站、郴州城际大巴客运站、高职院公寓楼、香榭·湖光山色和林邑星湖湾一期主体工程顺利竣工；东田金湾和御溪湖畔项目有序推进；石江栏、凤形山和相山等3个公园建设即将完工。2014年，王仙岭街道完成固定资产投资11.44亿元，同比增长29%。圆满完成上白水村2、3组59户拆迁任务；村民安置工作取得突破性进展，上白水村第一期安置183户村民，房屋主体工程建设全部完工，第二期178户，安置地桩基工程开工；爱莲湖社区3组安置地土方工程开工，10组完成所有安置地桩基工程后，交付村民建房；锁石桥社区4组43户村民安置房主体工程建设完成2 ~ 3层；王仙岭公寓楼安置点完成征地、青苗补偿和安置对象初步摸底等前期工作。

商贸服务业

2014年，王仙岭街道第三产业规模以上企业17家，个体户375家，第三产业实现增加值同比增长16%。其中批零贸易餐饮业增加值1370万元，同比增长19%；运输邮电仓储业增加值933万元，同比增长8%；旅游业增加值为186万元，同比增长17%。辖区仙居岭.京伦酒店位于郴州大道与郴江路交汇处，用地面积1.93万平方米，建筑面积5.9万平方米，建筑层数28层、高99.7米，总投资约5.5亿元。酒店拥有豪华客房350多间、西餐、风味餐厅各1个。中餐厅各类包厢13个，并有能容纳800人同时就餐的大宴会厅，总餐位2000余个。另设有棋牌室、桑拿、KTV、游泳池和健身房，设施齐全，功能完善，是郴州市商务、会议和休闲活动的首选之地。随着王仙岭生态旅游度假区深度开发项目启动，将进一步提升街道第三产业比重和品质。

基础设施

交通运输

王仙岭街道交通区位优势明显，京珠高速公

路、郴州大道、相山大道、X091线、郴县路、锁石路和茶园路等交通主干道贯穿辖区，"四纵四横"路网格局基本形成。其中，X091线于2013年提质改造，贯穿辖区2公里；茶园路于2014年完工，南起郴州大道，北至青年大道，道路全长约0.77公里。

供电饮水

王仙岭街道辖区供电主要来自苏仙电力公司，供水主要来自山河水厂。

街道建设

王仙岭街道成立以来，硬化、美化辖区干道12条，安装太阳能路灯60盏，清理河道5600米。郴州大道、郴县路沿线及城中村14个院落绿化补植1.65万平方米，主要道路绿化普及率100%。绿化提质王仙岭山脉233.3公顷和涉及8个村民小组的集体用地3.65万平方米，协调完成郴州市城区碳汇林基地73.3公顷。

2014年，王仙岭街道投入120余万元建设上白水村8组和铁炉冲社区6组2个规范性的临时市场，彻底解决"马路市场"长期以街代市、占道经营等"老大难"问题，并聘请专业保洁员和市场管理人员，进一步规范市场秩序，解决农贸市场脏、乱、差问题。拆除猪栏46间、旱厕58个、违章建筑1.17万平方米，清理卫生死角27处。联合环保、工商和卫生等部门开展餐饮整治18次，积极引导从业人员规范经营，杜绝无证经营和占道饮食，为110家合格的小餐饮单位办理《餐饮行业从业许可证》，督促56家餐饮业主安装油烟净化器，使居民反映的餐馆油烟污染问题得到有效处理。辖区人居环境和人文环境得到显著改善，街道形象迈上新台阶。

社会事业

文化体育

以往，王仙岭街道居民健身主要集中在王仙岭和爱莲湖公园。2014年，上白水村6组建成农民文化健身广场，占地600余平方米，投资60多万元。健身广场上各类新型健身器材一应俱全，旁边的操场上还设有硅PU篮球场及配套设施。是年，街道举办首届"三创杯"篮球赛和"三创"文艺会演，参与人数3000人次。

教育卫生

王仙岭街道境内有小学2所、中学2所、职业技术学院1所。其中湘南小学为全日制公办小学，是郴州市南延东进的城市基础配套学校，属城市学校扩容重点项目。学校始建于2010年，2011年一期工程完工；湘南中学位于王仙岭望仙小区北端，始创于2002年。学校坚持"专家治校、名师治教、以人为本、严格管理、规范办学、追求卓越"的理念，办学以来，取得令人瞩目的成绩，成为湘南地区的一所名校；苏园中学爱莲湖校区于2014年7月份建成，是郴州市重点工程、"民生100工程"。校区总面积4.34万平方米，总投资7880万元，规划72个教学班，所有教室和寝室安装中央空调，并配备国内最先进的多媒体设施；郴州职业技术学院位于风景秀丽的王仙岭国家级生态旅游公园侧畔，占地面积35.2公顷，建筑面积15万平方米，环境优美、设施齐全，为青年学子提供优良的学习环境。

王仙岭街道境内无医院，有村级卫生室2所，医卫人员3名。

社会保障

2012年，王仙岭街道新型农村社会养老保险16～59岁居民缴费人数1555人，60岁以上享受待遇老人185人；新农合参合2813人；城镇居民医保参保255人。2014年，王仙岭街道新型农村社会养老保险参保人数1512人，新农合覆盖率97%，全年享受“新农保”待遇318人；采取集中救助和临时救助相结合的方式，为75名农村低保户发放救助资金9万余元，18名城市低保户发放救助资金4万余元，5名因病致困的群众发放医疗救助金7560元，为春荒期间25户因灾致困的群众发放救助金1万元，救助辖区流浪乞讨人员12人。同时，不断完善养老保障体系，在王仙岭社区成立王仙岭居家养老服务中心，积极为老年人开展各种养老服务，为51位老人发放高龄补贴金1.78万元；创建和完善村（社区）创业和就业平台，实现新增就业岗位近300个；下岗失业人员实现再就业100人，就业困难人员实现就业人数10人，“零就业家庭”动态就业援助100%。

特色地情

王仙岭旅游风景区 位于城东王仙岭新区，湖南省省级两型示范景区。总占地面积1.64平方公里，距京珠高速公路郴州出口仅0.5公里，距郴州火车站约9公里，郴州大道临公园而过，是郴州市市区“南延东进“”开发战略的重点区域。景区拥有客房71间，大小会议室3个，娱乐KTV，王仙茶庄以及可以同时容纳500人就餐的凤谷酒家，还拥有华南地区唯一100%采用甘甜山泉水建造的水上乐园。2011年，新投资300万元建造温泉造浪池，巨兽大碗项目，景区高速无线网络全覆盖，有专业的户外拓展基地，是登山健身、消暑度假、商务会议的理想场所。主要景观有露泉、遇仙亭、相山亭、水上乐园、南国樱花园、王仙岭瀑布和普济寺等。

爱莲湖 地处郴江河以东，郴江路与爱莲路交汇处，总投资1.46亿元，占地近10公顷，其中湖面4公顷。风景区以宋代理学家周敦颐的《爱莲说》为主题，以“濂溪书院”为中心，着力挖掘郴州历史文化和湘南古民居建筑特色，构成湘南民俗文化长廊，打造郴州文化旅游新景区。景区核心为爱莲湖和濂溪书院，主要景点有民俗一条街、爱莲广场、清风桥、爱莲坊、濯清桥、爱莲岛（荷花女雕塑）、元公坊（周敦颐纪念牌坊）、清莲桥、头门、院落（周敦颐雕塑）、濂溪书院（大门－照壁－厢房－大殿及爱莲堂）、戏台、爱莲湖（湖堤岸间有益清阁、香远楼、君子亭）和九曲桥。

王仙湖 王仙湖作为郴州东入口的入口景观节点，总用地面积16.8公顷。以“郴江幸自绕郴山”为主题，采用大尺度的艺术，营造山水环绕的湿地景观，同时模仿蓬莱仙境“一池三山”的意境，力图打造新的生态地标。王仙湖生态景观工程总概算3200万元，其中水体面积近10公顷，将建成入口形象区、生态景观区、艺术摄影区、休憩娱乐区和王仙文化区五个区，现王仙湖水上乐园已投入使用。

（李凡婷　供稿）

卜里坪街道>>

区域概况

卜里坪街道是2012年苏仙区区划调整新组建的街道，也是苏仙区管辖面积最大的街道，属于典型的城乡混合区域，因街道办事处驻卜里坪村而得名。街道先后被评为郴州市征地拆迁、房屋征收先进单位、郴州市项目建设先进单位等。

位置面积

街道地处郴州市城北区域，北纬25°49′3.27″—25°52′2.19″，东经113°01′52.83″—113°02′1.47″，东与许家洞镇交界，南与苏仙岭街道接壤，西与北湖区毗连，北与马头岭乡相接，行政区域面积25.55平方公里。办事处所在地位于苏仙北路。

建置沿革

卜里坪街道辖区原为郊区农村。2012年4月，苏仙区实施区域行政区划调整，将原白鹿洞镇的卜里坪村、官庄坪村、长冲铺村、四普庄村和梁家湾社区以及许家洞镇的茅塘（华湘）社区整合设置卜里坪街道。

行政区划

卜里坪街道以"苏仙岭后山—党校路延伸线—石油路—郴江河中下沿线—造香公路"为界，南面为苏仙岭街道管辖，西面为北湖区管辖，东面为许家洞镇管辖，北面为马头岭乡管辖。2012年，辖四普庄、卜里坪、长冲铺和官庄坪4个村及梁家湾1个社区。因城镇化进程需要，2013年，四普庄村改为环城桥社区。2014年，卜里坪街道辖卜里坪、官庄坪和长冲铺3个村及梁家湾和环城桥2个社区。

自然资源

卜里坪街道境内属大陆性中亚热带季风性湿润气候区，气候温和，四季分明，年平均气温17.8℃，年降水量1466.6毫米，年日照时数1560.6小时。春季寒潮频繁、日照少、雨多风大、阴雨时间长；夏季温高湿小、久晴无雨、与冷空气形成雷雨大风，多干旱；秋初形成秋季寒潮，后秋高气爽再形成球的封丘与天气；冬季偏北风为主，天气大多晴朗稳定，早晨多雾或霜，遇西伯利亚及蒙古一带极地大陆气团南下时，北风大增，气温突降，出现阴雨或风雪交加天气。辖区内由郴江河贯穿环城桥社区、官庄坪村和长冲铺村，成为灌溉主要水源。卜里坪村境内有青年湖水库，主要靠降雨、地下水囤积水源用于灌溉。

卜里坪街道拥有丰富的植被资源。境内与第

十八福地苏仙岭相邻，野生动物资源十分丰富，有麂子、貉鼬、獾、狸、野兔和鹰等多种野生动物及南方红豆杉、香果树、华南五针松、福建柏和竹子等多种植物。

人口民族

2012年，卜里坪街道总人口1.59万人。2014年，街道总人口1.60万人，计划生育率87%，性别比115 ：88，民族以汉族为主。

经济发展

经济综述

2012年，卜里坪街道实现国民生产总值1.39亿元，其中农业总产值1311万元，城镇居民人均可支配收入2.3万元。2014年，卜里坪街道实现国民生产总值1.53亿元，同比增长8.3%，其中农业总产值3134.13万元，同比增长8.3%；完成财政收入800万元，同比增长5%；城镇居民人均可支配收入2.9万元,同比增长6.4%；街道“四上”企业8家，实现工业总产值1.09亿元。

农业

卜里坪街道辖区是苏仙区葡萄老产区，拥有千亩葡萄基地。长冲铺村和卜里坪村原以种水稻为生，因种植水稻收入较低，继而转为发展葡萄产业，所产仙鹿牌巨峰葡萄、仙岭牌葡萄被授予“郴州农业特产十大品牌”荣誉称号，连续两次获得湖南省农博会金奖。其中“仙鹿牌”巨峰系列早、中、晚熟三个种类的葡萄，亩产达1500千克，亩平均纯收入1万余元，辖区葡萄种植核心区面积299公顷，辐射带动周边4个乡镇种植面积700公顷。街道充分利用长冲铺村和卜里坪村的葡萄种植产业及青年湖水库毗邻中心城区的区位优势，大力发展以生态农庄为重点的城市休闲观光农业。

青年湖度假村

官庄坪村及长冲铺村多种植蔬菜、水稻，采用“菜—稻—菜”和“菜—菜”种植模式。

工业

卜里坪街道辖区内有卓越有色金属冶炼有限公司、富通石墨有限公司和华麟锌业有限公司等40多家民营企业。随着城市建设的发展，街道迅速成为郴州市实施“西扩北提”城市发展战略的主战场，且街道所辖范围大部分地处中心城区105平方米控规范围内，卜里坪路两厢均已规划成建设用地，限制规模工业企业的引进和发展。卜里坪路和郴江河下游综合治理项目的开工建设，使处在项目红线范围内的郴州市新春化工有限公司、郴州市强华制革有限公司、郴州市华麟锌业有限公司和富通石墨炭素有限公司被迫关停、搬迁。

商贸服务业

环城桥社区内有四普庄农贸市场，卜里坪社区、官庄坪社区、梁家湾社区和长冲铺村均无农贸市场，村（居）民就近到四普庄农贸市场、苏仙桥农贸市场、马家坪和北湖市场等集市进行商贸活动。境内无大型酒店和超市，多以小型餐饮点和商品零售店为主，农家乐主要分布在青年湖周边以及苏仙岭后山，以当地农产品为主要特色。

项目建设

2012年卜里坪街道成立以来，大力发展项目建设，以项目建设带动境内经济发展。小苏仙提质改造顺利完成；卜里坪路全面完工通车；顺利完成官庄坪和卜里坪两个安置地的拆迁，启动“三通一平”工程；郴江河治理基本完工；第四污水处理厂建设全面动工，2015年投入使用；商贸零担物流征地完成，现正在进行拆迁工作。

基础设施

交通运输

卜里坪街道境内交通便捷，京广铁路复线和南岭大道（原107国道）贯穿南北，卜里坪大道横穿东西，村组公路全部修通并完成硬化。1994年前，原官庄坪村无大道，村民进出沿铁路行走。1994年，官庄坪村出资修通一条从107国道下湄桥段进村的公路。2014年，卜里坪路修通，道路全长2.9公里，路宽30米，双向四车道，其中桥梁1座，穿京广铁路隧道2出，全程水泥路面。卜里坪路终点接苏仙北路和协作路，横穿环城桥社区、卜里坪社区和官庄坪社区，直通107国道龙女温泉路段，其修建改善整个卜里坪街道的交通环境。

邮政通信

卜里坪街道辖区内网络通信全覆盖，无银行以及邮政营业网点，原有若干报刊亭，因城市提质建设，报刊亭被取消，函件、报刊发行、投递均到苏仙岭街道、下湄桥街道辖区内以及火车站附近邮政营业网点完成，邮递工作人员电动车或面的投递本境内信件、报刊和包裹等物。2014年，每百人有移动电话约78台。

供电饮水

卜里坪路境内用电自2009年起陆续并入大电网；饮水主要来自东江水厂。2014年，投入资金40余万元，解决卜里坪村7组、8组人安全饮水问题。

街道建设

卜里坪路街道郊区村多为砖混结构的二至三层楼房，社区临街多为多层或高层楼房。2014年，环城桥社区小康新村改造地下管网，各村、社区安装老年健身器材，并在梁家湾社区和环城桥社区各兴办居家养老服务中心 1 所。境内植树造林 21.9 公顷，对小康新村、渔场新村、沐林山庄和长冲铺村等进行补植绿化，完成村庄绿化 1 个，道路绿化 2 公里，新建生态景观林 40 余公顷，完成官庄坪村 4 组新农村建设规划。环城桥社区、卜里坪村和官庄坪村大力改善城中村和城乡接合部环境，聘请保洁员全天候清扫保洁。对四普庄农贸市场改造净菜超市，顺利完成"城中村"和城乡接合部卫生整治以及四普庄林场景观林绿化项目，街道整体面貌得到改观。

社会事业

教育文化

卜里坪街道境内现有小学 4 所，即第十二完小、卜里坪小学、官庄坪小学和长冲铺小学。2014 年，投入资金 20 万元，恢复长冲铺村 4 ~ 6 年级教学点。卜里坪小学 1 ~ 6 年级有教师 12 名，学生 230 名；长冲铺小学 4 ~ 6 年级有教师 2 名，学生 6 名，1~3 年级学生到郴州市第十二完小以及铜坑湖小学就读。

卜里坪街道有文化站 1 个，每个村和社区均有农家书屋、各类老年健身场所及休闲小广场不等。每年根据不同情况在各村举行送戏下乡、广场舞比赛和大型文艺晚会等活动。

医疗卫生

新中国成立前，中草药郎中游方境内。1956 年，铜坑湖大队设立长冲铺中医铺。1965 年设立合作医疗室（村级卫生所）。2014 年，卜里坪街道辖区内村级卫生室 3 个，私人小诊所 1 个，药店 1 个，无大型医院。

社会保障

2012 年，卜里坪街道办理农村养老保险 2194 人，新型农村合作医疗 4480 人，低保户 12 户 28 人，发放低保金 15.6 万元。2014 年，街道新型农村合作医疗参保人数 4911 人，参保率 99%，住院报账金额 116 万元；城乡养老保险参保率 98.8%；新增城镇就业人数 283 人，新增就业岗位 50 个，组织下岗失业人员培训 2 次；资助贫困大学生 10 名，资助资金 2.2 万元；发放生态公益林补助资金 18.4 万元，农机补贴资金 3 万元；发放各类民政救助资金 22 万余元。

卜里坪街道辖区内的郴州福城老年公寓，是民政局审批扶持的第一家郴州老年公寓，紧靠青年湖，为庭院式古建筑布局，占地面积近 6000 平方米，建筑面积 2000 多平方米，设办公楼、医务所、大型文化娱乐礼堂及健身房。公寓内提供双人间、单人间和 VIP 房间，每个房间配备卫生间及供暖设备，可接收 160 多位老人入住，并可接收部分早接晚送的白托老人来这里娱乐、健身，参加集体活动。

特色地情

名优特产

仙鹿牌巨峰葡萄 主要产自长冲铺村。长冲铺村葡萄产业发展初期，由于种植户各自为战，不讲究科学管理，种植的葡萄外观和口感达不到市场要求。为更好地发展葡萄产业，2004 年年底，长冲铺村成立葡萄专业协会，依照"种植、严管理、树品牌、括销路、增效益"的工作思路，不断更新产品品种，大力推广科学种植，使长冲铺村葡萄种植从庭院经济发展到产业经济，种植农户从最初的 20 余户发展到现在注册会员 384 户，遍

长冲铺葡萄基地

布全村7个小组，种植面积从最初的13.3公顷发展到基地核心区面积166公顷，辐射带动周边4个乡镇种植面积667公顷。产品为仙鹿牌巨峰系列早、中、晚熟三种种类的葡萄，亩产达1500千克，亩平均纯入1万余元，是全村农民的主要收入来源。1998年、1999年就连续两年获得湖南省农博会"金奖"。2003年注册仙鹿牌商标，迈上商品经营轨道。2003年8月，著名节目主持人李兵带领湖南卫视《乡村发现》栏目组到基地专题采访报道，热播湖南卫视。2004年7月，会员单位仙岭牌葡萄通过农业部无公害农产品、产地认证，10月，仙鹿牌、仙岭牌葡萄均被评为郴州市农产品十大畅销品牌之一。

奇闻轶事

一日，九头犀牛从市东门出发寻找栖息地，途径裕后街，一头犀牛腿伤，停留裕后街不再行走，形成犀牛井，其他八只犀牛继续前行到官庄坪村，问一农夫："此地何处？"答："官庄坪。"犀牛听成官草坪，想：官草坪、光草坪，连草都光了，无法安身，遂离去。

（张丽娜　彭俊　供稿）

观山洞街道 >>

区域概况

观山洞街道位于郴州城东新区，是2012年苏仙区区划调整新成立的街道。在“东进”战略的推动下，境内各项基础设施建设和重点项目林立，是郴州市当之无愧的城市建设主战场，郴州大道“两型”社会示范带的经典示范区。随着郴州城市重心的东移，郴州市体育中心、会展中心、郴州市政府二号院和苏仙区行政中心等相继建成，观山洞街道将成为郴州又一个经济、政治、文化和体育中心。2014年被评为郴州市“十快”乡镇（街道）。

位置面积

观山洞街道地处城东核心区域，东临白露塘镇珠江桥村，南接坳上镇东市村，西邻王仙岭街道上白水村，北抵白露塘镇香山坪村。办事处驻地位于北纬25° 47′ 14.88″，东经113° 05′ 45.56″，距郴州市区8公里，总面积21.5平方公里。

建置沿革

观山洞街道辖区原为郊区农村。2012年4月，苏仙区实施区域行政区划调整，将原白鹿洞镇的观山洞、下白水2个村和苏仙岭街道的湘南学院社区组成观山洞街道。

行政区划

东以西河为界，东面为白露塘镇政府管辖，西面为观山洞街道管辖；南以观山洞村、王仙岭山林为界，南面为坳上镇政府管辖，北面为观山洞街道管辖；西以茶园路为界，西面为王仙岭街道管辖，东面为观山洞街道管辖；北以下白水村山林为界，北面为白露塘镇政府管辖，南面为观山洞街道管辖。现辖观山洞、下白水2个村和湘南学院1个社区。

自然环境

观山洞街道境内以山丘为主，岗平相当，山地丘陵面积约占总面积的近四分之三，地势东南高西北低，东南部以山地为主，森林覆盖率64.9%。属中亚热带季风性湿润气候区，具有四季分明、春早多变、夏热期长，秋晴多旱和冬寒期短的特点。年平均气温17.4℃，年平均降水量1452.1毫米。由于气候温暖湿润，境内山清水秀，风光旖旎，旅游资源丰富。

人口民族

2012年，观山洞街道总人口1.52万人。2013年，1.94万人。2014年，街道总人口2.1万人。出生人口性别比100∶98，人口自然增长率 4.08‰。民族以汉族为主。

经济发展

经济综述

观山洞街道辖区原为郊区农村，村民以种植水稻、蔬果和香芋等经济作物为主，兼养生猪、鸡鸭等畜禽。2010 年以来，随着大批项目进驻，耕地和山林相继被征收，下白水和观山洞两村失地农民逐步实现产业化转移。街道充分发挥区位、资源和生态等综合优势，突出产业培育，狠抓项目建设，40 多个市、区项目遍地开花，成为名副其实的项目“洼地”。目前已经形成电子产品、酒店餐饮和房产开发等行业为骨干的主导产业群，产业配套能力强，产业链长，行业集聚效应明显。2012 年，街道实现国民生产总值 1.5 亿元，完成财政总收入 310 万元，社会固定资产投资 11.2 亿元，城镇居民可支配收入 2.19 万元，完成招商引资 3.8 亿元，规模工业总产值 1.4 亿元。2014 年，街道实现国民生产总值 3 亿元，完成财政总收入 1756 万元，社会固定资产投资 15 亿元，城镇居民可支配收入 2.93 万元，完成招商引资 16 亿元，规模工业总产值 4.7 亿元。

工业

观山洞街道境内有高新电子企业 1 家，即高斯贝尔数码科技股份有限公司。其成立于 2001 年 8 月，位于观山洞街道观山洞村，注册资金 12535 万元，主要从事数字电视端到端全套解决方案、数字化用户信息网络终端产品、卫星电视接收设备、无线广播电视传输设备、微波电子陶瓷新材料等多个领域的研发、制造与生产。GOSPELL（高斯贝尔）数字电视在同行业中处于先导地位，拥有自主知识产权的数字有条件接收系统、双向高清数字电视终端接收设备、高频微波发射机等高端产品，是国内唯一一家提供数字电视端到端全套解决方案的公司，也是国内唯一一家真正做到“交钥匙工程”的公司。XIPOINT（希典科技）是卫星电视行业的龙头企业，是国家直播星设备指定生产厂家，卫星接收高频头产品产销量位居世界前列。GONTCERA（功田陶瓷）微波电子陶瓷技术不断取得重大突破，已攻克一系列核心关键技术，获得国家发明专利 5 项，实用新型专利 10 多项。“C 波段用微波介质陶瓷谐振器”、“Ku 波段用环保介质陶瓷谐振器”被列为国家重点新产品，“微波介质陶瓷元件产业化项目”被列为国家发改委高技术产业化发展计划重点项目。

项目建设

2012 年，观山洞街道在建项目 26 个。2013 年，在建项目 36 个，其中郴州市重点项目 9 个。2014 年，在建项目 40 个，其中郴州市重点项目 17 个，完成征地 140 余公顷，房屋拆迁 18 万多平方米，为土地挂牌和项目进场创造有利条件。上市公司碧桂园房产、金科房产、铁汉生态入驻，王仙岭旅游度假区、郴州长卷等项目建设如火如荼。其中王仙岭旅游度假区属郴州市重点项目，项目区域面积 26 平方公里，总投资规模约 30 亿元，着力打造集山水观光、生态养生、文化传承和休闲度假于一体的佛教圣地、避暑天堂和休闲乐园。规划设计度假区有城市休闲区、山水人间区、逍遥养仙区、云海仙境区、仙踪奇缘区和观山五福区等六大功能区。东湖及王仙岭旅游度假区一期工程项目是王仙岭旅游度假区项目的重要组成部分，位于观山洞村委会附近，计划总投资 3 亿元，规划为王仙岭景观区主入口，同时也是泛五盖山旅游区的主入口和人流集散重点区域。设计含有两个景观湖、游客服务中心、滨水生态景观、生态停车场和叠水景观等。

商贸服务业

观山洞街道境内有各类商贸企业123家，从业人员1200人。餐饮、酒店、金融、数码电子、房产、休闲和娱乐等百业兴旺，基本能满足群众日常生产生活所需。郴州市第一家按照白金五星级标准建造的豪华生态酒店——温德姆至尊豪廷大酒店，总建筑面积9万平方米，集住宿、餐饮、购物、休闲和观光等多功能于一体。碧桂园.翡翠山位于青年大道与观山大道交汇处，首期规划用地11.8公顷，是碧桂园集团在湖南打造的第八个高端社区。金科房产位于郴州大道与观山大道交汇处，项目占地面积12.3公顷，是金科地产在郴州打造的首个纯板楼高端小区。碧桂园、金科、凤凰新城等房产项目的开发，将带动整个城东新区的经济发展，为城市就业以及商业税收带来新的增长点，并为周边失地农民提供大量的就业岗位，涵盖管理、营销、物业和建筑工人等多个领域。

基础设施

交通运输

观山洞街道位于郴州大道与宜郴永（青年大道）交汇区域，是郴州西老城区与东新城区的中间地带，桂园路、学院路、观山大道、滨河大道、郴县路、后营大道和福源路让区域内交通路网十分便捷，2013—2014年，新修建观山大道、滨河大道和福源路等长达25公里。辖区5分钟直达京港澳高速公路互通口，20分钟通达武广高铁郴州站，可快速融入“珠三角”“长株潭”1小时经济圈。

供电饮水

观山洞街道村（居）民供电主要来自郴电国际和苏仙电力局，供水主要来自郴州自来水厂和山河水厂。

街道建设

2012年，观山洞街道与郴州市城投公司协调，对郴州大道学院段进行补草绿化和景观改造。2013年，下白水村安置房建设完成立体工程建设。2014年，街道聘请保洁人员38人，对辖区内建筑垃圾和主要道路进行全面清理和日常维护，清理垃圾死角140余处，清运垃圾2700余吨，实现辖区环境卫生保洁常态化。另投入资金150多万元，对主要街道两侧和黄土裸露地块进行绿化、亮化，新增绿补绿13500多平方米，种植各类花草树木上万株。并对重点部位进行墙体粉刷和装扮，城市街道更加靓丽。街道开展乱停乱摆、占道经营专项整治100次，清理小广告3600余处，清理整治户外广告牌80块，专门聘请15名市容监督员，对环境卫生及不文明现象进行劝导，文明劝导12万余人次，居民文明素养得到明显提升。治超、查违工作深入推进，对施工渣土及尾砂清运车辆进行专项检查，查处超载超限56台次；查处违法建房90余宗1.5万余平方米，拆除各类违建厂棚、板房和简易房100余处，面积约3.6万平方米。全面开展“四小”专项整治行动，检查店面57户，下达责令整改3户，经营秩序有效改观。狠抓水环境整治，协助有关部门开展西河上游采选企业整治行动和沙滩公园开放管理。

社会事业

教育卫生

教育 观山洞街道辖区有全日制本科高校1所，在建小学1所，筹建九年制学校1所。其中，下白水小学占地3公顷，正在建设当中。九年制凤形学校占地4.86公顷，正在筹建当中。湘南学

院是2003年由原郴州师专、郴州医专、郴州教育学院和郴州师范合并组建的综合性全日制普通本科高校。学校占地60.6公顷，总建筑面积79.99万平方米。学校设有教学院(系)16个、教学部2个、直属附属医院1所、非直属附属医院3所。学校有本科专业44个，涵盖经济学、法学、教育学、文学、理学、工学、医学、管理学和艺术学等9个学科门类。现有全日制在校生18741人，专任教师847人，其中教授（主任医师）103人、研究员3人、副教授（副主任医师）241人、博士和硕士494人、双师型人才131人。2012年开始招收外国留学生。与英国伍斯特大学合作举办的预防医学专业2014年正式招生。

卫生　观山洞街道辖区现无大型医院，但苏仙区社区卫生服务中心和第四人民医院分院均在新建中，且工程进入扫尾阶段。其中苏仙区社区卫生服务中心占地1.8公顷、总投资6000万元；第四人民医院分院占地3.3公顷、总投资1.1亿元。随着卫生服务中心和第四人民医院分院的投入使用，老百姓将享受更高质的医疗卫生服务。

文化体育

自街道成立以来，文体事业不断推进，每年开展送戏下乡、送电影下乡活动。2014年，组织送戏下乡文艺演出2场，送电影下乡2场，组织参加广场舞比赛，并获得三等奖。筹资5万元建成街道图书阅览室。境内郴州市体育中心的建成，为郴州举办大型体育赛事和综合文体活动提供良好条件，完善城市功能，提升城市品位。

社会保障

观山洞街道大力发展社会福利、优抚救济和慈善公益事业，进一步提高城乡低保、五保供养标准和城乡社会救助水平，确保应保尽保。为推进便民服务网络建设，街道“慈善超市”已投入使用，每月为12名困难户、低保户免费发放购物卡；各村均相应成立便民服务站、便民代办点。2012年，街道“政务小超市”建成投入使用，提供计生、民政和劳保等“一站式服务”。2013年，观山洞村和下白水村办理失地农民养老保险1200余人。2014年，发放低保金18.64万元、优抚金4.87万元；五保户9户10人，发放保障金2.4万元；发放老龄补贴4.36万元。稳步扩大社会保障覆盖面，农村医保参保率100%；办理城乡居民养老保险1500人；落实劳动力培训及转移就业等工作，新增就业岗位300人，组织参加培训100余人次。

特色地情

风景名胜

观山洞街道坐拥10多平方公里原生态自然景

观，林、水、矿资源丰富，西河沙滩公园和体育主题公园已建成开放，王仙岭东大门旅游度假区正加紧建设，丰富的自然资源和人文景观吸引着四方宾朋前来娱乐观光。

郴州西河沙滩公园 位于下白水村，总投资1亿元，占地面积30公顷，集沙滩、竹林、文化广场、健身、休闲和娱乐于一体，是郴州最大、最具特色的休闲公园，郴州城东新区重要的基础设施项目，湘江流域（西河）重金属污染治理项目的组成部分。原为采选矿企业尾砂库区域，关闭选矿企业后已清运及集中处理尾砂80多万立方米，覆土100万立方米，并绿化面积30万平方米。项目于2011年3月动工，2012年2月11日正式建成。是年3月24日，正式向市民免费开放。主要分为沙滩区域、竹林区域、休闲健身广场区域及科普植物园林区域。其中沙滩面积约1万平方米，全部采用来自海南三亚的优质且无污染的海沙铺成，分别设有成人游乐区和儿童游乐区，可举行沙滩排球赛和沙滩足球赛等比赛。中间设有3个绿岛，种植热带树种，绿岛四周设置健身器材。竹林占地面积5万平方米，移植本地楠竹7万余株。广场面积1.9万平方米。整个公园栽种100余种绿色植物，广布音响设备，让游客随处都可欣赏到优美的音乐。

郴州国际会展中心 位于湘南学院对面，南临郴州大道，西接前营大道，东靠学院路，北依郴县路。项目规划总用地面积约28.8万平方米，总建筑面积约34万平方米，由会展中心、博物馆、图书馆及相关配套设施三部分组成。2013年11月竣工，是湖南省地级市中规模最大、功能最全、专业水平最高的大型现代化、多功能展览场所。不仅可以进行商品展览、商贸洽谈，

郴州国际会展中心

还具备举办大型会议、宴会、集会和庆典活动等功能。

特色农庄

观山生态农庄 位于观山洞村，毗邻郴州大道，交通便利，环境优美，是集种养、休闲、娱乐和度假为一体的综合性、多功能园区。利用农业景观和农村空间吸引游客前来观赏、游览、品尝、休闲、体验和购物。农庄占地面积60公顷，其中提子种植面积4.2公顷，是郴州最大的提子种植基地，这里有郴州最全的提子品种—色泽饱满的"维多利亚"、娇艳多汁的"夏黑"、鲜美香甜的"比昂扣"、晶莹剔透的"红萝莎"，还有被誉为"终极提子王"的金手指。

此外，观山洞村内还有一头羊、桃源、观山等休闲农庄，农庄坐落山腰，环境优美，空气清新。农庄用的食材全是由当地村民自己放养的，生态、环保，特色的全羊肉、柴火饭菜、放养山鸡和溪水养鱼等美味不断吸引着各地宾客前来观光品尝，在全市颇有名气。

（吴学兵　邓慧敏　供稿）

附录

苏仙区2015年乡镇区划调整情况说明

根据省民政厅2015年11月26日批复（湘民行发〔2015〕83号），苏仙区部分乡镇区划有所调整，具体如下：

望仙镇、桥口镇成建制合并设立飞天山镇。新设立的飞天山镇辖27个建制村，6个社区居委会，总面积274.19平方公里，总人口3.18万人，镇人民政府驻和平（原望仙镇人民政府驻地）。

许家洞镇、马头岭乡成建制合并设立许家洞镇。新设立的许家洞镇辖24个建制村，2个社区居委会，总面积189.7平方公里，总人口3.78万人，镇人民政府驻许家洞（原许家洞镇人民政府驻地）。

良田、坳上、栖凤渡、五里牌、五盖山、白露塘6个镇的行政区划，苏仙岭、南塔、白鹿洞、王仙岭、卜里坪、观山洞6个街道的管辖范围及镇人民政府（办事处）驻地不作调整。

本轮乡镇行政区划调整后，苏仙区共减少2个乡镇建制，现辖飞天山、许家洞、良田、坳上、栖凤渡、五里牌、五盖山、白露塘8个镇，苏仙岭、南塔、白鹿洞、王仙岭、卜里坪、观山洞6个街道。

资兴市

概述

资兴市位于湖南省东南部，地理坐标为北纬25°34′至26°18′，东经113°08′至113°44′。东邻株洲市炎陵县、桂东县，南接汝城县、宜章县，西连郴州市苏仙区，北抵永兴县、安仁县。距省会长沙市344公里，距郴州市区32公里。全市东西直线距离60公里，南北直线距离80公里，总面积2746.8平方公里，其中陆地2547.3平方公里，占92.7%；水域199.5平方公里，占7.3%；耕地面积1.79万公顷。

春秋战国时，资兴境地属楚国。秦始皇二十四年（前223），属长沙郡郴县。西汉高祖五年（前202），属桂阳郡郴县。东汉永和元年（136），析郴县始置汉宁县，隶桂阳郡。三国时，属吴。建兴元年（252）改名为阳安县。晋太康元年（280）改名为晋宁县。南北朝时，齐建元二年（480）撤晋宁县，并入郴县，属桂阳郡。梁（502—519年）置郴州，后撤郴州复称桂阳郡，恢复晋宁县。陈永定三年（559）撤晋宁县并入郴县。陈天嘉元年（560）并入卢阳郡。隋开皇九年（589）析卢阳郡置晋宁县，隶郴州；大业三年（607）改为晋兴县。唐贞观八年（634）并入郴县。唐咸亨三年（672）从郴县析出，以流经治所的资兴江命名，始称资兴县，属桂阳郡。建中年间（780—783年）划资兴碑记入郴县。五代时，后晋天福元年（936），改郴县为敦化，撤资兴县设资兴寨，属敦化县。后汉乾祐三年（950）析资兴寨置泰县，属郴州。北宋乾德元年（963），更郴州为郴州军，隶泰县。太平兴国元年（976）撤泰县，并入郴县。南宋嘉定二年（1209）划出郴县之资兴、程水两乡重置资兴县；绍定二年（1229）改县名为兴宁县，并将县治由凤凰山前迁至管子壕（今兴宁镇）。元至元十四年（1277），改郴州军为郴州路，兴宁县属郴州路。明洪武元年（1368），改郴州路为郴州府，九年（1376）撤郴州府改设郴州直隶州，兴宁县均属之。清康熙三年（1664）置湖南省，兴宁县属郴州直隶州。1914年因与广东省兴宁县同名复称资兴县；1937年湖南划分9个行政督查区，资兴属第八区，1940年改属第三区。1949年10月20日，中华人民共和国成立后，资兴县隶属郴县专区。1952年11月，资兴属湘南行政区。1954年7月，属郴县专署。1959年3月，县制撤销，并入郴县。1961年3月22日，经省委决定，将郴县东江市升格为县级市，由郴州专署管辖。

1961年7月9日，郴县、资兴县分设，恢复资兴县。1962年11月，东江市并入资兴县。1984年12月24日，撤销资兴县，设立资兴市（县级），隶属郴州行署。1988年1月，资兴市人民政府驻地从兴宁迁至唐洞新区。1995年，郴州撤地建市，国务院批复明确，资兴市由省直辖，委托郴州市代管。

资兴市各乡镇行政区划，明朝设4乡，编户14里；隆庆三年（1569），另设永安堡，管理全县瑶民事务。清朝分5路，编户15里；乾隆十一年（1746），另将瑶族聚居地划为12个峒，统称为“雷连十二峒”，隶属永安堡。民国初年（约1915），改乡、里为乡、团，设5乡：东乡（辖16团135甲）、南乡（辖9团117甲）、西乡（辖3团47甲）、北乡（辖8团93甲）、城厢（辖1团21甲）。1934年，设1个直属镇、37乡。1938年，并乡为30个。1944年，划为5大区，设8小区24乡。1948年，演变为10个大区，辖1镇23乡、282保3247甲。1950年实行小乡制，划为5个区，辖1镇、52乡。1952年3月，郴县永康（析置为碑松、高石乡）乡（旧称半都，亦称碑记）划入资兴。1952年冬至1953年春，乡级组织再划小，增至123个乡，并设8个乡级镇。1956年，将132个乡镇撤并为3镇25乡，下分252个高级社、35个初级社。1958年10月，成立13个人民公社，下辖92个大队1485个生产队；年冬，13个公社合并为11个公社。1959年3月，并入郴县。1961年7月，恢复资兴县，分设24个公社、235个大队、2153个生产队。1962年，设3镇25个公社、282个大队。1981年，城厢公社分设城关镇和城郊公社。1982年，团结人民公社更名为团结瑶族人民公社。1984年3月，设3镇25乡、1个瑶族乡，辖264个村民委员会、2626个村民小组。1984年12月，撤县建市，将郴县高码乡划入资兴市。1987年，撤销渡头乡；城关镇和城郊乡合并为兴宁镇。1988年，设3镇24乡、1个瑶族乡，辖288个村民委员会、2825个村民小组和5个居民委员会、28个居民小组。1989年，新设唐洞街道办事处。1993年6月中旬，撤销黄草乡、蓼市乡、青市乡、州门司乡、七里乡，分别设立黄草镇、蓼江镇、青腰镇、州门司镇、七里镇。1993年7月，撤销连坪乡，设立连坪瑶族乡。1997年，撤销木根桥乡、滁口乡，分别设立东江镇、滁口镇。2011年9月至2012年4月，将鲤鱼江镇、东江镇成建制合并，设立东江街道；将高码乡、香花乡成建制合并，设立程水镇；将坪石乡、何家山乡、兴宁镇成建制合并，设立兴宁镇；撤销碑记乡（其乡大部划于三都镇）、烟坪乡（其乡大部划于州门司镇）；将州门司镇、彭市乡成建制合并，成立州门司镇。2014年，设唐洞、东江2个街道，程水、三都、蓼江、七里、兴宁、州门司、青腰、汤溪、滁口、黄草10个镇，波水、兰市、白廊、清江、龙溪、东坪6个乡，团结、连坪2个瑶族乡，共20个乡级行政区，下辖266个村民委员会、2793个村民小组和45个居民委员会、716个居民小组。

明正统七年（1442），资兴人口统计为2459户23830人。1921年，有人口157985人，其中男90395人、女67590人。1949年，人口为142392人。1959年，为226212人。1978年为289085人。2014年，总人口37.73万人，常住人口34.39万人，其中城镇人口21.14万人，少数民族人口6705人。人口出生率10.3‰，自然增长率4.46‰。每平方公里人口密度136.3人。

资兴市属亚热带季风性湿润气候区，其特点是四季分明，春季气温多变，常为阴雨寡照；夏季炎热，多东南风，雨水集中，全年雨水充足；秋季常旱；冬季多西北风。极端最低气温 -7.2℃

（1977年1月30日）；极端最高气温42.0℃（2003年7月31日）。生长期年平均247天，无霜期年平均298天，降雨集中在每年4月至8月。

境内地势东南高，西北低，起伏大，山地占70%。主要山峰有毛鸡仙（1715米）、天狮仙（1695米）、雷公仙（1515米）、回龙山（1420.5米）、七宝山（1351米）。最高处位于东部边界之八面山，主峰海拔2042.1米，为湖南省第二高峰。境内河流均属湘江流域，主要有湘江一级支流耒水干流东江、耒水支流程江河、湘江一级支流洣水的二级支流永乐江、洣水的三级支流船形河等“四大水系”。共有大小河流436条，河流长度大于5公里、集雨面积大于10平方公里的大小河流共56条，河流总长1200多公里，多年平均径流总量28.58亿立方米。东江是境内最大的河流，境内长度53.9公里，流域面积6542平方公里，主要支流有东坪河、浙水河、滁水河、牛头河、塘冲河、资兴江等。境内探明地下矿藏有烟煤、无烟煤、白钨、黑钨、铅、锌、硅石、石灰石、黏土等20多种，开采利用的有9种，是湘南重要的烟煤生产基地。

境内资许线铁路长18.4公里，沿途设有五个货运站，年货运吞吐量180万吨。有9条省道过境，长368公里。有县乡（镇）级公路72条，总长807.9公里。境内通航河道3条，总长318公里，最大通航能力为千吨级船舶。内河航线有53条，定期航班106班次。有货运船舶74艘，3382总吨位；客运船舶307艘、9164座位。

资兴是革命老区。1928年4月11日，为策应湘南起义，毛泽东率领工农革命军第一团从汝城进入资兴，先后在东坪墟（两水口）、中洞（龙溪乡）、田坪（连坪瑶族乡）、青腰墟等地召开会议，听取工作汇报。7月26日，朱德率部在布田村进行了7天的休整。8月2日，朱德率部经资兴返回井冈山，留下红二十八团三营党代表唐天际在滁溪组织湘南游击大队，与资兴独立团并肩作战。8月24日，毛泽东到桂东迎接红二十八团时，留下杜修经、龚楚重组湘南特委，机关设滁溪（今龙溪）杨家坪。以滁溪为中心的雷连十二洞（今龙溪、白廊、连坪、东坪等地）一度成为湘南革命的指挥中心，成为井冈山革命根据地的外围游击区，也使资兴成为湘南起义的中心区域之一。涌现了黄义藻、曾中生、曾希圣、曹里怀、谭政文等一大批党政军优秀人才。

资兴为国家重点工程建设做出巨大贡献。1978年，东江水电站动工建设。1980年9月至1985年底，大坝围堰高程175.3米线下的1.5万余移民搬迁。1986年8月2日，东江大坝关闸蓄水，总蓄水库容量81.2亿立方米，形成了水域面积160平方公里的东江湖。为此，资兴市重建6个乡级政府机关和4个农村集贸市场，搬迁安置5万多移民群众。

唐洞街道 >>

区域概况

位置面积

位于市境西北部，为资兴市委、市政府机关所在地和全市的政治、经济、文化、交通中心。处北纬26° 30′ 15″ 至26° 30′ 30″ 、东经113° 15′ 10″ 至113° 18′ 之间，东与三都镇接壤，南连东江街道，西、北邻程水镇。总面积21.9平方公里，其中耕地面积85.6公顷，水田66.33公顷，旱土19.3公顷。

建置沿革

1989年11月，设立唐洞街道办事处。从原木根桥乡新民村划出庄上、湾门一、湾门二、新塘下二、朝门下一、朝门下二、朝门下三、邓家冲、司马江、康家塘、南边冲等11个村民小组，设立唐洞街道新民村；从原木根桥乡新民村划出湾门三、新塘下一、老塘下一、老塘下二4个村民小组，设立唐洞街道大全路社区居民委员会；从原木根桥乡田心村划出西边村民小组，设立唐洞街道晋兴路社区居民委员会；从原高码乡龙头村划出洗塘村民小组，设立唐洞街道兴华路社区居民委员会；从原高码乡龙头村划出庙背村民小组，设立唐洞街道文锋路社区居民委员会。2007年12月，撤销湖南省鲤鱼江煤矿留守处，设立唐洞街道矿工南路社区居民委员会。2009年9月，将原东江镇田心村和唐洞煤矿社管中心（辖东岸山和欧家山两个社区居民委员会）划入唐洞街道。2012年3月，将原碑记乡茶坪瑶族村划入唐洞街道。2013年，“村改社区”，设立田心社区居委会、新民社区居委会。

行政区划

1989年，辖新民村委会和7个居委会。2014年，辖文锋路、兴华路、大全路、晋兴路、矿工南路、东岸山、欧家山、新民、田心等9个社区居民委员会和茶坪瑶族村民委员会，有居（村）民小组273个。

自然环境

境内地貌形态以丘陵为主，山地、丘陵、水域交错，山地多分布于东部，为起伏山地，海拔300米至500米，大多是小型的的孤立山体或中山的延伸山脉，走向较零乱，切割较浅，冲沟多V形，大部为直线坡，少凹型坡。最高点位于罗仙岭，海拔985米，最低点位于秀流路石灰坝水库，海拔108米。境内属亚热带季风性湿润气候区，早春气温低，常降霜雪，寒潮频繁，夏天炎热，冬天寒冷。年均气温13.7℃至18.7℃之间，年最高气温42℃，最低气温零下6℃左右。年均降雨量在1485毫米至1770毫米之间。矿藏主要为煤炭、矽砂，主要分布于田心社区、茶坪瑶族村一带。自然灾害有冰雹、旱涝、风灾、低温、霜冻、雷击等。最严重的水灾发生于2006年7月15日，辖区受灾面积达80%。

人口民族

2014年，辖区总人口6.32万人，其中城镇常住人口5.92万人，城镇化率93.6%。总人口中，男性3.22万人，占50.9%；女性3.1万人，占49.1%。人口出生率1%，自然增长率0.6%。民族以汉族为主，共6.27万人，有瑶、苗等少数民族人口572人。

经济发展

经济综述

1996年，经济以农业为主，主要物产有水果、时令蔬菜、生猪、特种灯泡等。财政收入276万元，农民人均纯收入2359元。2004年，完成国内生产总值5.87亿元，完成民营经济总产值1.52亿元，完成财政收入915万元，农村居民人均纯收入7654元，城镇居民人均纯收入9273元。2014年，经济以房产开发、民营经济和第三产业为主，实现国内生产总值11.68亿元，同比增长2.76%；完成社会固定资产投资9.94亿元，同比增长41.2%；城镇居民人均可支配收入26773元，同比增长11.1%；财税收入5082.4万元，同比增长5.6%。2014年，艾普特、恒通物流、金银矿业、华润燃气、宇顺房地产、王氏购物广场等招商重点项目落户唐洞街道，招商引资突破6亿元。

农业

种植业 境域农作物历来以水稻、玉米、蔬菜、瓜果为主。由于耕作粗放、自然灾害频繁等原因，农业生产水平长期处于落后状态。1997年，耕地面积为34.4公顷，粮食总产量41.25吨。1998年，耕地仍为34.4公顷，粮食总产量80吨。2014年，粮食作物总产量968.07吨，其中水稻产量856.18吨，产值199.91万元；蔬菜产量3894.71吨，产值724.42万元；瓜果产量197.14吨，产值39.92万元；甜玉米产量111.89吨，产值21.82万元；实现农业生产总产值3200万元；投资68万元的土地流转、耕地整理项目完工。

养殖业 畜牧业以生猪、家禽养殖为主。2004年，有养殖水面14公顷，年内生猪出栏2600头，发展黑山羊185头，出笼家禽8.5万羽。2014年，生猪出栏4250头，存栏1764头，家禽饲养量10.56万羽。

林业 2014年，造林81.3公顷，其中城区周边山头绿化2公顷、荒山荒地及迹地更新造林78.3公顷，道路两旁绿化4.3公里，通村通组公路绿化1.22公里，发放公益林补助资金11.3万元。充分利用茶坪瑶族村866.7公顷山地及特有的气候、土壤优势，动员鼓励村民整合分散的荒山荒地，进行规模化林业开发；14.4公顷生态茶园已全部开垦并插好了茶叶种苗。

工业

辖区内工业以煤矿开采和煤炭加工等为主。工业产品主要有煤炭、竹木制品、红砖、水泥、铝制材料和特色产品（东江鱼制品）等。传统工业大多局限于手工业或作坊式小工业。2009年，新增的民营企业主要有洗煤厂等，工业产品有煤炭、焦炭、石材、水泥制品等。2014年，工业企业主要有盛翔煤业、瑶山煤矿、唐一窿煤矿等8家。工业生产总值6.8亿元。

商贸服务业

1997年，发展个体工商户2237户，实现个

资兴古八景之炉峰袅烟

体经营产值6605万元。2001年，发展个体私营经济2350户，创产值2.5亿元。2002年，开办家政服务、家具装修等20多个服务项目。2006年，开发房产项目26个，总投资6000余万元，发展民营企业30家，总投资1600万元，开展社区健身、娱乐、医疗、电脑培训、家电服务、家居装潢等多项服务业务。2009年，引进连锁超市、专卖店、购物中心等新型商业，大力发展餐饮娱乐、商贸物流、中介服务等现代服务业。2014年，辖区内主要有恒湘燃料贸易有限公司、丽鑫源物资贸易有限公司、民用爆破器材专营有限责任公司、福方家电有限责任公司、湖南鹏飞贸易有限公司、众城煤业有限责任公司等规模以上企业20家，有东华超市、新金马超市、太平洋超市、鑫地购物广场、王氏购物广场大型超市5家，商贸服务业生产总值4.7亿元。

旅游业

资兴古八景之炉峰袅烟，位于唐洞街道茶坪瑶族村罗仙岭上。该处有一石体山峰，上部丰大下部尖细，孤根突起如菌，婷婷秀美，立于万丈悬崖之上。每当雨后初霁，云气蒸腾，蹴崖根缭绕而上，望之如香烟袅袅，缈霭无际，故称“香炉峰”。峰旁原有禅刹、仙亭、莲花石、龟纹石等，均已毁。崖顶尚存砂列八卦棋盘图迹。祈福、休闲旅游观光区，区内有郴州市非物质文化遗产瑶族还盘王愿传习基地、省级首批非物质文化遗产保护项目《资兴瑶族还盘王愿祭祀礼仪》等。茶坪瑶族村的瑶族特色文化和瑶耕文明，底蕴深厚，让游客流连忘返。区内还有郴州市首批文物保护单位“茶坪瑶族盘王庙”等景点，可与寿佛寺、回龙仙寺、炎帝陵形成极佳祈福、休闲旅游线。

基础设施

交通运输

1992年,资兴市汽车总站正式营运。2014年,有郴(郴州)三(三都)铁路与京广线相接,省道903线、322线、资五路和京珠高速公路相接,省道213线与县道093线与107国道相连。这些主要交通要道形成境域四通八达的交通网络,交通十分方便。

邮政通信

1995年10月,安装开通固定程控电话。1998年,邮电分设,成立中国电信集团湖南电信公司资兴电信局。1999年12月,资兴市邮政局搬迁至唐洞街道阳安路新址营业。2000年后,电信、移动和联通公司开始在境内修建基站,部分先富群众开始购买手机。21世纪后,手机成为居民主要通信工具,电话(座机)占有量逐步减少。2014年,有固定电话用户6358户,移动电话用户31707户。

供电供水

1989年,唐洞街道由资兴市供电公司负责供电。1997年,新区变电站竣工投入运行。2000年,变压器用户由普通计量箱改为防盗计量箱表计量。2014年,辖区由资兴市供电公司从国家电网统一供电。1989年,唐洞街道辖区居民由木根桥自来水厂供水。1996年,市政府投入26万元,建设东江河管道供水工程。自2003年至2014年,唐洞街道辖区居民饮用水由资兴市自来水公司统一供应。

水利建设

清朝年间,境域修建了青露塘水库(现为青鲁湖公园内的青鲁湖)。2014年,有自动雨量站1个,有小Ⅱ型水库1座,骨干山塘15座,总蓄水量43万立方米。2014年,筹集资金558万元,

白薇广场

对9处塘坝、22处水毁工程进行整修，移动土石方6万立方米，投入劳动工日4万个。投入资金15万多元新建茶坪瑶族村窟厂山塘1座，投入5万多元对新民社区山塘进行维修，投入近6万元完成文锋社区小区排洪渠的改造。

村镇建设

唐洞街道原办公楼在资兴市汽车总站对面，2005年搬迁至现址。2013年，在茶坪瑶族村大力开展美丽村庄建设。投资4390万元，建设居民楼20栋439套，村庄面积3公顷，建成盘王殿、瑶族休闲文化广场，还安装路灯70余盏。2014年，中央下放煤矿棚户区改造、民生路、保障性住房、新民社区集中安置、御景铭城房地产开发、青鲁湖公园、白薇商业广场等民生项目建设按期完工；对域内2个洪泛区村、11处地质灾害点（涉及126户309人），采取了防洪预警、易地搬迁等措施。

社会事业

教育科技

1952年，创建唐洞学校，有小学和初中二部（属企业办学，2001年8月移交地方）。1985年8月，湖南省宜章师范学校搬迁至唐洞市区，改名为“湖南省东江师范学校”。1988年，创办资兴市立中学，1998年成为湖南省重点中学，2004年成为首批省级示范性高级中学。2001年8月，市立中学初中部从校中整体划出，2002年3月定名资兴市第三中学；2009年8月，学校整体搬迁到现址（原东江师范学校院内）。1987年，创办资兴市一完小。1991年，创建资兴市第三完全小学。1992年，开办资兴市第二完全小学。1997年10月，资兴市教师进修学校从兴宁镇搬迁至境内。2014年，有幼儿园12所（其中公办幼儿园2所，民办幼儿园10所），在园幼儿2700余人，专任教师111人；小学4所，在校学生7000余人，专任教师376人；中学2所，在校学生6600余人，专任教师441人。小学适龄儿童入学率、初中适龄人口入学率、小升初升学率、九年义务教育覆盖率均达100%。年内财政预算教育经费9738.2万元，比2013年增长1.2%，占财政总支出的2.1%。

文化体育

1991年9月，域内湖南有线电视台资兴分台开通有线电视。1994年，在阳安路与兴华路交叉口处建立资兴剧院。2014年，有文化站、广播电视站各1处，有社区（村、组）级文化活动中心11处，各类文化专业户145户，图书室64个，藏书60余万册，业余文艺创作者184人，有省级文物保护单位1处。有村（社区）文体休闲广场30余处，有业余文体队伍60余支，文体爱好者5000余人，常年参加体育活动的人员占常住人口的27%。

医疗卫生

1986年7月，筹建资兴市立医院，1988年2月正式开业，占地面积6万平方米，建筑面积2万平方米，有医务人员156人。1995年，创建资兴市妇幼保健院，占地面积3091平方米，建筑面积2636平方米，编制床位30张，现有职工55人。2014年，辖区内有资兴市疾病预防控制中心等各级医疗卫生机构5个，门诊部（所）9个，床位500张，每万人拥有病床71张。专业卫生人员295名，其中执业医师90人，注册护士190人。新型农村合作医疗参保率达100%。

社会保障

1992年，成立农村社会养老保险站，各社区（村）设代办员。1999年，启动城市居民最低生活保障制度。2011年，开始全面实施农村新型养老保险。2014年，享受城镇最低生活保障

茶坪瑶族村“盘王节”场景

1106户1869人，保障金额428.28万元，月人均190.95元；享受农村最低生活保障有254户284人，保障金额29.25万元，月人均85.8元；医疗救助131人，救助资金38300元；财政代缴合作医疗3913人次，35.217万元；国家抚恤、补助各类优抚对象144人；参加新型农村养老保险2457人，参保率为100%。

特色地情

风景名胜

秀流公园 位于唐洞街道晋宁路，是资兴市区内最早建立的公园，始建于1994年4月。公园总占地面积79.5公顷，其中水域面积20公顷，绿地面积59.5公顷，绿地覆盖率为85%。主体由一个石灰坝水库和九座连绵的小山组成，园内地势开阔、山环水绕，自然环境优雅，有白薇书院、玉兰亭、驳岸、水栈道、亲水平台、景观桥、景观石等，人文景观与自然景观相得益彰，是一座集休闲、娱乐、健身为一体的独具地形地貌特色、颇有园林景观风格的市级公园。该园自2005年5月实行免费开放以来，备受市民欢迎，已成为广大市民理想的休闲娱乐场所和外地游客来资兴市旅游的必游景点之一。

民俗风情

域内瑶族盛行“打油茶”、腌制熏猪肉、熏牛肉等风味独特的食品，保留着“喝瑶酒、过瑶节”的习俗。当地瑶膳美味可口，祛湿延寿；瑶酒清凉香甜，情意浓浓。还有瑶族编织和采瑶家草药的习惯。“盘王节”、“起春节”、“团圆节”并称瑶族三大传统节日。“还盘王愿”祭典是瑶族同胞祭祖还愿、祝祷祈福、喜庆丰收的礼仪习俗，凝聚了瑶族人民的远古智慧，贯穿着瑶族的历史文脉。2005年，被列为湖南省首批非物质文化遗产保护项目。

（刘向前　供稿）

程水镇

区域概况

位置面积

位于资兴市西北部，地理坐标：北纬25°56′53″至26°04′44″，东经113°06′10″至113°16′38″。东与三都镇交界，南与唐洞、东江两个街道接壤，西接郴州市苏仙区，北与永兴县、资兴市蓼江镇交界，国土面积123.64平方公里，其中耕地面积2000.13公顷。

建置沿革

1958年，始设高码乡，属郴县管辖。1959年郴资两县合并，划归东江市管辖。1961年撤销东江市，重新恢复郴、资两县时，高码仍划归郴县，与桥口公社合并。1978年10月从桥口公社分出，成立高码公社，属郴县管辖，1984年改社为乡。1985年3月从郴县划归资兴市。香花乡，由于此地有桂花树，方言称桂花树为香花树，故地名香花。1961年7月，为香花人民公社。1984年改为香花乡。2012年，乡镇区划调整，撤销高码乡、香花乡，两乡成建制合并为程水镇至今。

行政区划

2014年，辖文昌阁、高码、高牌、高塘、窑上、江背、坪石、星塘、香花、石鼓、镜塘、鹿桥、上芬、柘木、赤塘、程江等16个村民委员会、235个村民小组和龙头等2社区、3个城镇居民小组。

自然环境

地处丘陵地带，海拔130米至250米，以丘陵和岗地为主。地层发育较全，属华夏古陆沉积区范围。岩性特征组合为6类：变质岩、沙岩、花岗岩、石灰岩、红色砂砾岩、第四世纪冲击物。境域气候温和，四季分明，严寒期短，暑热期长，属亚热带季风性湿润气候区。年平均气温18.3℃，无霜期平均301天，年均降雨量1583.6毫米。境内主要河流程江，发源于七宝山，经蓼江镇入境，流经镜塘、上芬、高塘、程江等村，从程江口注入耒水上游便江。北魏孝昌三年（527），地理学家郦道元将程水载入《水经注》中。

人口民族

2014年，人口4.2万人，其中农业人口24755人，非农业人口17298人，瑶族等少数民族人口126人。人口自然增长率8.1‰。

经济发展

经济综述

清末、民国时期，以农业经济为主。民国22年（1933），农民人均产粮207.3千克，人均年收入40.64元。20世纪50年代初，人均年收入97元。十一届三中全会后，广泛推行家庭联产承包责任制，调整产业结构，极大调动了农民的生产积极性。1981年，农村人均纯收入为228.56元。2014年，全镇实现国内生产总值388189.7万元，同比增长16.16%，其中，第一产业生产总值17098.9万元，同比增长5.08%；第二产业生产总值364530.6万元，同比增长16.71%；第三产业生产总值6560.2万元，同比增长16.19%。固定资产投资567972万元，同比增长45.7%；人均纯收入20219元，同比增长17.6%。全镇经济建设和社会各项事业稳步发展，人民生活水平逐步提高。

农业

清末、民国时期，以农业种植为主，水稻是主要作物，主要以种植水稻、蔬菜、瓜果和养鱼为主。2012年，成立石鼓村绿银合作社，充分调动群众植树造林积极性，3年消灭荒山333公顷。2013年，成立绿世纪粮油合作社，形成面积100公顷的专业农业企业。2014年，成立石鼓村土地流转合作社、香农土地信托公司，流转土地133公顷，专门用于粮食生产和蔬菜种植；在镜塘、上芬、石鼓培育大型蔬菜基地，总面积200公顷，所产蔬菜主要供应资兴农产品市场。由于质量上乘，多次通过湖南省农产品质量安全检验。土地流转的做法被推介为资兴市先进经验。2014年，水稻种植面积1333公顷，鱼塘养殖水面1533公顷。全镇有林地7445.77公顷，主要为松木林、杉木林、油茶林、杂木林、南竹林等，皆生长茂盛。获省级“生态乡镇”荣誉称号。

工业

1940年，宋子文在周源山办煤矿（现为周源山矿，为湘煤集团效益好的企业之一）。20世纪五六十年代，镇工业集中地主要是湘煤集团周源山矿区，主营业务为矿产品加工。2003年，在龙头村、上灶坪村设立江北工业园区，发展新型工业。2012年，资五产业园动工兴建。2014年，全镇经济形成新型工业、特色农业、休闲旅游业三大支柱产业格局，共落户亿元以上的投资企业有华信有色、杉杉科技、浙兴汽配、清兰高铁、LED光轩、宏源塑业、铧福五金、九隆旺电子等。年贡献国内生产总值25亿元。2014年，资五产业园完成园区路网骨架及园区水、电、路、绿化、亮化等基础设施建设，已落户的丰越环保、恒晟科技、耐普电池等企业建成投产。随着省道213线复线建设，揭开了天塘坪工业园区的开发序幕，以亿兴钢铁、金石石材、煤矸石电厂为代表的泛周源山矿区中小企业日益壮大。全镇基本形成集江北工业园、资五产业园、天塘坪工业园、泛周源山中小企业区“三园一区”为一体的工业格局。

商贸服务业

域内高码圩，原名上堂桥，旧由郴县、资兴、永兴共管，后因人流多，物流繁忙，渐成集市，因有水路可通程江，且设立高高的码头，故更名高码圩。周源山矿市场，位于周源山矿区，1989年自然成集。1994年，周源山矿投资建起木架棚集市。该集市占地面积976平方米，建筑面积906平方米，有砖木结构人字棚3栋，摊位50个，周围有自建的个体门面12间。

旅游业

境内程江口、大王寨景区，丹霞地貌独特，素有“百里丹霞，千年古寨”雅称。明朝崇祯十年（1637）四月，地理学家徐霞客到资兴游程江口，著《舟行郴江耒水记》一文。

程江口景区位于资兴市区西北10公里处，资兴程江、东江于此汇流。该处河面宽阔，水流缓慢，河道两岸悬崖峭壁，竹木葱郁。沙洲、石沱相携竞秀，水幽碧绿，山、石、云、竹倒映其中，浮光碎影，秀色撩人。竹林深处，尚有“小桥、流水、人家”，青砖、黛瓦、马头墙的民居古色古香，是一处集山、水、石、滩各显奇秀的自然风景区，素有“小桂林”之称。

大王寨景区位于坪石村境内，亦是由丹霞地貌组成，山体以褐色为主，系红色砂岩结构。山顶林木覆盖，藤蔓缠绕其间，四周均为溜光滑亮的悬崖峭壁，有凿出的石级通往山顶。山上有水井，有坍塌的房舍遗迹，相传旧时土匪占山为王，筑寨为霸，故此地名“大王寨”，亦名“霸王寨”。站在山巅，可观赏到红岩突兀、秀峰险寨、奇石怪洞、青山绿水等自然景观和石佛庙宇、陵墓悬棺等景观，美人坦、石面坦、飞天山等风景区一览无余，尽收眼底。

随着资五公路和郴永大道的相继拉通，丹霞地貌吸引着资兴、郴州、永兴等地休闲人群纷至沓来，农家休闲为主的旅游业日渐兴起。2014年，成立了镇“农家乐”协会，建“农家乐”山庄70家。

基础设施

交通运输

20世纪50年代以前，水运为主要交通方式，境内程江口、高码圩、峡口、曹家渡口等多处建有水上码头，高码圩码头系大型粮运码头。程江口码头为郴州、资兴、永兴等地的货物集散地，曾为兵家相争之地，现该处还保存有太平天国时期的制硝遗迹。民国初期，程江航线是境内进出口货物的重要通道，沿河两岸乡镇的大宗货物如煤炭、木材、南竹等农副产品及冶金矿砂等，多从水上运往衡阳、长沙、岳阳、武汉、南京等口岸。商贩通过水运航道运回布匹、南杂、百货等日常生活用品。民国三十年（1941），许三铁路建成后，境内的煤炭不再从水路出口，此后，水运以短途运输为主，长途运输逐步减少。20世纪60年代，公路运输发展迅速，水运业务日渐减少。2003年，乡村公路里程共计50余公里。2009年，资五公路兴建，2012年建成通车。2012年，郴永大道兴建，2013年建成通车。2012年，兴建省道213复线，2014年建成通车。2009—2014年，历时五年，环城北路两段建成通车。2014年，通村公路共计75公里，全镇16个村、2个社区均通了水泥公路。

邮政通信

1984年，域内实行委办乡邮递员制度。2003年，有固定电话近2000部，移动电话1800余户。2014年，电视综合覆盖率达90%。

供电

2014年，辖区内有机电泵站166处1490千瓦；变电台区147个156258千伏安；10千伏线路95公里；04千伏线路163公里。

水利建设

新中国成立后，推行互助组、人民公社制度，大力发展农田基础设施，大修山塘水库、河渠。2014年，有小Ⅰ型水库3座、小Ⅱ型水库32座、骨干山塘338口、山平塘1336口，总蓄水量2600万立方米。水渠660条386公里，拦水坝112座。供水工程12处，主管道366公里。自动雨量站8个，水位自动观测站5处。

村镇建设

清末、民国时期，境内多为氏族聚居，形成大小不一的自然村落。富户所建的大屋一般为中间建祠堂或厅屋，两厢作住宅，屋中设若干“天井”采光。十一届三中全会后，农村住宅建设速度加快，不少农户兴建宽敞舒适的砖木结构楼房。上世纪九十年代后，改建钢筋混凝土楼房，更为舒适、方便、宽敞、明亮。2011 年起，推行整体村落拆旧建新，改造星塘村 11 组、香花村圳上组等 8 个村庄。2014 年，程水镇窑上、坪石村纳入资兴市“十镇百村”项目建设，窑上村峡口组以及坪石村廖家大湾成为规范农村建房先导示范区。全镇洪泛区 7 个，完成预警 492 户 1920 人；地质灾害易发点 12 处、完成预警 115 户 355 人，建立防洪预警广播 12 处。

社会事业

教育

明清之前，在古程水乡境内设有三大著名书院：观澜书院、郴侯书院、辰岗书院，人才辈出。2012 年合并成立的新程水镇依旧是一个书香文化氛围浓厚的教育大镇，境内有省属重点中学市立中学、资兴特殊教育学校、高码完小、香花学校、周源山学校及各村小学近 20 所普通教育学校。2013 年，创立镇励志奖学助学教育基金会，募集资金 25 万元，用于帮扶困难学生、奖励优秀学子。2014 年，有中学 1 所，小学 1 所，教职工 106 人，在校学生 531 人。

文化体育

2013 年，星塘村被评为湖南省第四届“三湘读书月”活动“书香村组”。2014 年，有综合文化站 1 所，“农家书屋” 10 家，藏书 10 万册。

医疗卫生

1960 年成立香花卫生院，2007 年 10 月从香花村迁入于星塘村部，占地面积 886 平方米。2014 年，有卫生院 2 所，有 4 个门诊部、15 个村级卫生室，医护人员 56 人。对村卫生室实行统一管理，严格实行持证上岗。

社会保障

1992 年，乡（镇）里成立农村社会养老保险站，各村设代办员。2011 年，开始全面实施农村新型养老保险。2014 年，城乡居民养老保险参保人数达 4680 名，参保金额 121 万元。

特色地情

名优特产

程水冰糖橙为特色农产品，皮薄汁多，味道香甜，便于贮藏。全镇种植面积 400 多公顷，冰糖橙优果率在 85% 以上。全镇有冰糖橙种植大户 20 多户，年产量 15 万千克，产值 150 多万元。

风景名胜

程乡醁水　资兴古八景之一。程水，源出七宝山麓，经回龙山、唐泾垅、桃源关、湘源桥流至蓼江市，会永兴延道水，至程江口合东江。沿岸山色秀丽，峰奇石怪。清《兴宁县志》载：程水“澄清见底，与延道水有轻重之别。以之造酒，色碧味醇，久而愈香……”、“程乡有千里酒，饮之至家犹醉”。郡置酒官，酝于山下，名曰“程酒”。故称此景为“程乡醁水”。《徐霞客游记》记载：“程口西北，重岩若剖，夹立江岸，两涯纯石，盘亘错突，色间赭黑，环转一如武彝，如此四十里。”相传，程江河畔有一道人，每日饮酒修法，得了仙术。至今上芬村仍留有仙道静坐的“白石崖”、“月光滩”，兀然凌空，形似酒瓮、螺蛳的巨石。据说这是道士用过的器皿和下酒的菜肴，并且因此成为地名，如“酒瓮寨”、“螺蛳寨”等。“螺蛳寨”留有古人凿的盘旋石阶。“白石崖”面临程江，有

程子楷学堂

两个空旷岩洞。这里曾是修道之处，石刻、墨迹比比皆是。现洞内重修了观音庵，不少乡民信士前往朝拜。程江沿岸景点还有“九鬼下海”、“猫王戏水”、“苦瓜沱”、“蛤蟆石”、“牛子池”、“凉伞菌”、“仙女推磨”等，皆千姿百态，栩栩如生。

周源山 周源山位于原香花乡木筱垅之尾，今为周源山煤矿所在地，旧为寿佛道场。前、后山曾建有两寺：龙居寺、广慧寺。龙居寺为寿佛所生地，广慧寺为寿佛母亲墓所在地。相传寿佛生于唐开元十六年（729），自幼出家，后创建“净土院”，任主持，自称“无量寿主”，咸通八年（867）去世，享年138岁，其教徒和膜拜者甚多。传说寿佛初得道时返还故里，祭母后“以筷插地，生竹有棱，上圆下方，绕节皆乳珠，乡人呼方竹，可作杖”。1949年以前，每逢干旱年，四乡八邻村民常来龙居寺祈祷，抬寿佛菩萨，以求上天降雨。寺庙在“文化大革命”期间被毁，泉流至今仍在。

程子楷学堂 原名伊川小学，位于石鼓村境内，为郴州市级文物保护单位。该学堂建于1905年，为中日式设计，共两层，分前后两栋，中间开井，上、下走廊相通，总建筑面积约1000平方米，由爱国将领程子楷亲自设计并捐资兴建。新中国成立后，学堂改名为石鼓小学，直到20世纪80年代还在此举办初级小学。该学堂由于年久失修，自然损坏十分严重。2011年，对程子楷学堂进行全面修缮。第一期工程投资240万元，按照修旧如旧原则，对主楼、外大门进行修缮，对程子楷学堂做了陈列布展设计，准备将其打造成资兴国学博物馆，作为资兴的爱国主义教育基地，对公众免费开放。

程氏大屋（程子楷故居） 湖南省级文物保护单位，位于石鼓村，始建于1810年。屋宇坐北朝南，砖木结构，建筑面积3440平方米，分正栋、杂房、猪牛栏三部分。正栋有七扇大门、六条直

程氏大屋

巷，中间是中大门，两条横巷道把正栋分为上、中、下共 21 个天井。中栋有上、中、下厅屋。下厅屋、上厅屋设有雕龙的神堂，大屋共有正房 72 间、杂房 18 间，里面 72 间大小有致的房间连成一个大宅院，采光、保暖、通风效果良好，落雨下雪不湿脚，夏日炎炎不日照。建筑外貌特别，屋檐墙架有鸡冠斗子，两面辉映，上有泥塑龙和凤及蝙蝠，气派不凡。屋宇气派宏大，整洁实用。两百年来，程子楷故居一直保存较完好。

仙李洞（李家大院） 位于星塘村，始建于清朝康熙年间，距今已有三百多年历史。其建造讲究天人合一、布局〔前朱雀（水池）、后玄武（山丘）、左青龙（河流）、右白虎（道路）〕四象。其占地面积 7000 多平方米，大院之木雕、石雕工艺精湛，极具文化内涵。大院后方有一片面积近 7 公顷的原始生态林和一个水面 11 公顷的水库，依山傍水。院前有民国时期宋子文修建的许三铁路，院后有省道 213 线穿过，交通十分便利。现仙李洞人家的老祖先可上溯到唐朝德宗年间的西平王李晟，与唐太宗李世民属同宗，故仙李洞宗祠在三百多年前便使用龙图腾。整个宗祠刻有大小龙 20 余条，数量之多，实属罕见，在资兴绝无仅有，于郴州也属罕见。现每年都有全国各地的大批游客组团慕名而来旅游观光。

大王寨 位于坪石村，距城区 4 公里，交通便捷，有大小自然景点 8 个，为丹霞地貌景区，内有奇特的山岭、复杂的坦洞、令人心旷神怡的幽谷，且植被特殊，呈现红岩绿水、险寨奇涧的“小桂林”景观。

（段鸿辉　供稿）

东江街道

2014年，星红村获“全国十佳小康村”称号。

区域概况

位置面积

位于资兴市西部，北靠程水镇、唐洞街道和三都镇，东毗兴宁镇，东南与白廊乡相邻，南接清江乡，西邻苏仙区桥口镇、望仙镇，是由原鲤鱼江镇、东江镇合并设立，街道驻地位于东江社区凉树湾。

建置沿革

东江街道因地处东江河畔而得名。元、明朝属西乡。清朝属三都三里，隶属程水乡，亦曰西路，时有主要村庄：双溪、东江、罗围、土里、木根桥等。民国初年属中西团，隶属西乡。民国22年（1933）属罗围乡，隶属第三区（区公所设在木根桥）。民国27年（1938）属第三区本合乡（后更名中西乡）。民国34年（1945）属复兴乡（和海、中西2个乡合并）。民国37年（1948）属中西乡，隶属复兴区。1950年设一区文昌乡（由中西乡更名）。1956年撤区并乡，设鲤鱼江镇（其中罗围乡并入）、文昌乡（由泉水乡、龙泉乡、文昌乡、仁里乡、木市乡撤并）。1958年，鲤鱼江镇、文昌乡并为燎原人民公社（址木根桥）。1959年县制撤销，成立东江市（址鲤鱼江镇），域内设木根桥公社、桥口公社的文昌阁、鲤鱼江大队。1961年，设东江市鲤鱼江人民公社、东江城市人民公社。1962年，撤销区建制，东江市撤销，划归资兴县，东江城市人民公社改名为鲤鱼江镇；鲤鱼江人民公社改名为木根桥公社。1984年，公社改为乡制，设鲤鱼江镇、木根桥乡。1997年，撤销木根桥乡设立东江镇。2012年，东江镇、鲤鱼江镇合并为东江街道至今。

行政区划

1989年，鲤鱼江镇下辖栗脚村、大兴西路社区居委会；木根桥乡下辖田心村、东江村、文昌村、铁厂村、泉水村、星红村、罗围村、龙泉村、仁里村、梧洞村等10个村和东江管理区、水电八局东江基地社区服务中心。1990年，大兴东路社区从原大兴西路社区划出。1997年，木根桥乡改名为东江镇后设立木市村。2002年，东江村改为水电路社区，东江管理区改为东江社区。2006年，精细化工厂社管中心从唐洞煤矿社管中心划出归鲤鱼江镇管辖，永丰路居委会由资兴市经济信息化局移交至鲤鱼江镇托管。2007年，一批企业破产改制后，凤凰路社区居委会、迎宾路社管中心成立。2008年，永丰路居委会正式命名为永丰路社区居委会。2010年，上灶坪村从高码乡并入鲤鱼江镇，田心村从东江镇划入唐洞街道。鲤鱼江镇下辖栗脚村、上灶坪村、大兴东路社区居委会、大兴西路社区居委会、精细化社管中心、永丰路社区居委会；东江镇下辖木市村、东江社区、文昌村、铁厂村、泉水村、星红村、罗围村、龙泉村、仁里村、梧洞村、水电八局社管中心、水电路社区、迎宾路社管中心13个村（社区、社管中心）。2012年，东江镇、鲤鱼江镇合并为东江街道。2013年，罗围村、上灶坪村实行村改社区；2014年，木市村更名为木根桥社区；至此，东江街道辖栗脚、文昌、龙泉、星红、仁里、铁厂、梧洞、泉水8个村民委员会和上灶坪、大兴东路、大兴西路、凤凰路、永丰路、木根桥、罗围、水电路、东江9个社区居委会，精细化、水电八局东江基地、迎宾路3个社管中心，共有213个村（居）民小组。

自然环境

东江街道属于亚热带季风性湿润区，气候温和，雨量充沛，降水多集中在4月至6月，但分布不均。年内气温最高41℃，最低-5℃，年平均气温16.8℃左右，全年无霜期298天，年降雨量约1000毫米，年日照1500小时至1600小时。东江街道四季分明，春秋时间短，冬夏时间长，冬冷夏热，雨热同季，雨季明显，夏秋多干旱。境内东江河东起泉水村镰刀湾，西上灶坪社区鲤鱼江水电站出境，流经境内约15公里。自然灾害主要有干旱、洪涝、寒冻、冰雹等，以旱灾和水灾危害最大。境域属丘陵地貌，成土母岩主要为砂岩，土壤类型为红壤。境内煤炭、石灰石等资源丰富。

人口民族

2014年，街道有22378户61848人。境内民族为汉族，没有少数民族原住民。

经济发展

经济综述

东江街道经济以工业、商贸业、旅游业、服务业、农业为主。新中国成立以前，辖区内经济基本上是农业经济。新中国成立以后，境内矿产资源、水力资源、森林资源逐步开发利用，先后办了鲤鱼江电厂、东江水电厂、东江水泥厂、鲤鱼江煤矿、鲤鱼江磷肥厂、鲤鱼江炉渣砖厂、东江木材厂等一批大中型企业，工业经济占比率越来越大。

1979年后，乡镇企业有较大的发展，城镇房屋建设投资增长，运输车辆增多，工业产值成倍增长。1996年，当时的鲤鱼江镇和木根桥乡境内共有企业2548家，企业总产值37978万元，粮食产量9892吨。农民人平纯收入鲤鱼江为3680元，木根桥乡为1970元；人平社会总产值鲤鱼江镇为87657元，木根桥乡为11488元。2003年，鲤鱼江镇内有湖南电力鲤鱼江有限公司等各大中小型企业80余家，个体工商户680余家。电力、建材、化工、冶金、木材加工等为支柱产业，工业总产值达30多亿元，实现国内生产总值28700万元；东江镇发展民营企业548家，完成固定资产投资2025万元，完成财政收入470万元。年内，通过劳务输出3576人，实现劳务收入3760万元。2012年，东江镇、鲤鱼江镇合并为东江街道，年内实现国内生产总值66.3亿元，同比增长37%；完成固定资产投资39.3亿元，同比增长21%；完成财政总收入5084万元，实现城镇居民人均可支配收入19123元，同比增长26%。2014年，全年国内生产总值达97.8亿元，同比增长16.1%；固定资产投资达61.4亿元，同比增长25%。共引进项目9个，引资14.9亿元，到位4.53亿元。街道内有工商银行、农业银行、邮政储蓄银行、浦发银行等金融机构6个，另有御丰小额贷款公司。年末存款18.95余亿元，贷款余额13.47余亿元。

农业

种植业 辖区内主要种植水稻、蔬菜、红薯等作物。新中国成立以前，境内有水稻、旱稻两种，均一年一熟。20世纪50年代对低产田进行改造。上世纪70年代，随着水利条件改善、技术更新，将常规稻改为杂交稻，产量逐渐提高到亩产224千克。20世纪80年代，扩大杂交稻种植面积，亩产319.5千克。2002年，退耕还林2570亩。2003年，"双溪洞"片区向上立项为耕地整理示范区。2004年，片区内整理稻田5200亩。2005年9月，特大洪灾共冲毁稻田1200亩。2005年前原鲤鱼江片的上灶坪村为双季水稻区，栗脚村主要是种植时令新鲜蔬菜；原东江镇"双溪洞"五村和罗围村为双季稻主产区，泉水、梧洞为高寒中稻区。2012年合并成立东江街道后，由于鲤鱼江片和罗围村纳入资兴城区规划范围，项目征地面积增加，导致近城的上灶坪、栗脚、罗围等村稻田改种现象严重，主要改种小水果、育苗和植草皮。2013年，东江双溪洞片区建立农村产业示范园区，以种植花卉苗木、绿色蔬菜、特色水果为主。

养殖业 1978年，生产队集体经营养殖业，派专人喂养，每个生产队生猪养殖量均为20头左右。20世纪80年代初，实行土地承包到户，生猪养殖比较盛行，每家每户养殖量均为2头，两镇合计养殖生猪6926头、鸡2.7万羽、鸭0.8万羽。1980年，开始发展山塘养鱼，实行个人承包，养殖水面2.1公顷，亩产鲜鱼200千克。到20世纪90年代末，有农户改传统的散养为群养，普遍使用配合饲料。1997年，镇内出现养羊专业户，泉水村樊胜利、铁厂村夏乙廷、李进刚养马头羊316只。1998年，龙泉村养殖奶牛20头，为城区提供鲜牛奶。从2004年开始，受市场影响，奶牛场退养，畜禽养殖散户也逐渐减少。2008年，文昌村黄永相成立养鸡合作社，规模为2万羽。2009年，成立良美鲟龙科技、韩少华游水三文鱼、东江湾游水三文鱼等3家特种鱼养殖基地，养殖水面2.5公顷。2012年，梧洞村何江华成立养殖土鸡合作社，规模为1.5万羽。因资兴市创建国家卫生城市及保护东江湖一级水源地，东江街道属于水源地，因此部分地方成为禁养区。2014年，东江街道生猪养殖常年存栏10头以上的养殖户109户，年生猪存栏12015头，出栏6125头。羊存栏2241只，出栏1361只，出笼鸡4.2万羽，鸭0.4万羽。有养殖水面4.72公顷，出水鲜鱼50余吨。

林业 1949年以前，林地权属多为私有。1954年后，林地划归村组集体所有且发放了山林权证。1982年至1984年，经过"山林定权发证"，绝大部分山林权仍归集体。1986年东江水库建成，对域区实行公益性管护，共区划国家公益林4537.2公顷。2002年，辖区内共计退耕还林面积171.3公顷。2014年，东江街道森林覆盖率73%；共有林地10715公顷，其中鲤鱼江片255.2公顷，东江片10459.8公顷；域内林业主产区主要集中在梧洞和泉水两村。

工业

嘉靖二十二年（1543），栗脚开办炭厂。清朝时期，东江、鲤鱼江有生产铁器、木器、竹器和酿酒的作坊。民国时期，企业发展到20多家。新中国成立后，木根桥乡、鲤鱼江镇相继创办大米厂、印染厂、铜器、银器、锡器、篾器、加工厂和各种小作坊。1950年至1955年，通过对私营工商业实行社会主义改造，公私合营生产合作社有40余家，从业人员600余人。1956年至1968年，鲤鱼江电厂、东江水泥厂、郴州磷肥厂、郴州炉渣砖厂、东江木材厂相继建成，主要生产电、水泥、肥料、青砖和枕木。20世纪70年代至90年代末，工业生产达到兴盛时期，煤矿、铅锌矿、钨矿、采石场、碎石场、石灰厂遍地开花，机械厂、冶炼厂、副食加工厂、皮革厂、竹木加工厂、建材厂等一批省地市属厂家建成。加上一批集体企业和镇属企业以及社队企业共计188家，从业人员8000余人，年产值从200多万元到6.5亿元。1998年，大力招商引资，青岛啤酒、斯美特食品、郴丰鞋业、粤兴汽配、三文鱼开发有限公司、京翔电子、展泰冶炼、华信有色等一大批招商引资项目落户罗围食品工业园和江北工业园。2014年，共有企业236家，从业人员3.8万余人，工业总产值87.3亿元。

商贸服务

清康熙四十六年（1707），境内有东江墟。民国34年（1945），日寇入侵资兴，东江墟关闭，抗战胜利后逐渐恢复。1952年，有东江、木根桥2个集市。1956年，鲤鱼江设镇，各地小商贩、国营、集体企业到鲤鱼江经营。1978年，鲤鱼江市场商业零售网点58个，从业人员433人。东江市场中心从原来东江集镇移至沿江大道和东江大街交汇处，为日日集。1986年，投资38.5万元另建农贸市场，建筑面积4334平方米。1987年，资兴市政府在东江大道投资兴建占地面积6760余平方米的农贸市场，每天应市人数3000人次。1988年，鲤鱼江地区有大小厂矿60多家，个体工商商户383户，从业人员851人，东江市场有各类商业网店近300个，集市交易额4500万元。1992年，设在东江、鲤鱼江的2家集体合作总店倒闭。1999年，只剩下东江供销联社得以保留。2004年，水电路社区兴建“水电路社区市场”，面积3200平方米。1991年至2014年，随着小东江景区不断开发，农家游风生水起，主要分布在泉水、梧洞两个景区村。2002年，梧洞、泉水两村的农家游数量为3家，到2006年增加到9家，2010年数量为15家，2014年年底达到52家。街道组织成立农家游协会，加强规范管理，保护业主和顾客的合法权益，促进农家游健康发展。

经济开发区

1992年9月，设立东江开放开发区。开发区以鲤鱼江公路大桥为中心，向东江两岸扩展，包括东江旅游区、罗围工业区和鲤鱼江商贸区，总面积10平方公里。

基础设施

交通运输

道路 宋朝绍定年间，有驿道干线“西路”穿境而过，青石板路面，路宽1.8米。明朝时期，境内设有东江驿站。1933年，境内修建资兴县城至鲤鱼江路段。由于经费短缺以及战争影响工程停工，1948年恢复建设，1950年进行土路试车，全路段通车里程26.7公里。1952年1月1日，鲤鱼江铁路大桥建成通车，使京广铁路支线——许（许家洞）三（三都）线贯通。1968年5月，东江双曲拱钢盘混凝土公路大桥建成通车。1971年，东江至滁口公路破土动工，1972年竣工，全程40公里。1999年，境内有郴资桂高等级公路资兴段，全程1.4公里。2001年，罗围啤酒厂至迎宾路段竣工，全长2.85公里，2002年此线命名为省道322线。1958年开始修建东高线，东起省道322线的凉树湾，西至高码乡的文昌阁，途经木根桥、鲤鱼江全长14.55公里，1969年改为三级公路，1988年改为混凝土水泥路面，2003年

鲤鱼江大桥夜景

纳入省道312线。2014年，境内公路总长123.5公里，其中省道14.5公路，县道18公里，乡村道路38.5公里，村组道路52.5公里。

桥梁 东江大桥，1968年动工兴建，1969年竣工，投资88万元，全长189.4米，宽7米。鲤鱼江大桥，1992年修建，1994年竣工，投资3100万元，全长1450米，宽20.1米。东江瓦家坳大桥，2002年修建，2004年竣工，总投资1775万元，全长203米，宽12米。

铁路 郴三铁路线穿境而过，有鲤鱼江、木根桥两个客货运站，目前鲤鱼江货运站在继续使用。有铁路专用线6条，分别为东江木材厂线、金磊水泥有限公司线、郴州冶炼厂线、郴州炉渣砖厂线、资兴矿业集团构件厂线、华润鲤电有限公司线，总里程8.18公里。

邮政通信

1913年，设东江邮寄代办所。1961年，设东江市邮政局。1962年，撤销东江市邮政局，恢复鲤鱼江邮政支局。1998年，设东江、鲤鱼江邮政支局，保留至今。2002年，东江、鲤鱼江实行投递改革，分别按区划、人口密度设立邮政社区服务站。1993年，东江开通西德产EWSD程控交换机3640门。1994年，开通模拟移动电话东江直放站。1999年，鲤鱼江、东江设立联通公司、移动公司业务部，辖区内拥有移动电话用户1000余户。2003年，成立中国联通资兴营业部，东江、鲤鱼江无线寻呼用户3000多户。同时，开通东江、鲤鱼江小灵通网络。2004年至2014年间，移动电话、宽带网络等业务发展迅速，辖区内基本达到人人有手机、家家有电脑。

电力建设

1955年，在鲤鱼江修建火力发电厂，至1978年先后4次扩建，到1988年有发电机组6台，装机容量20.4万千瓦，年发电容量达12亿千瓦时。1989年至2003年，鲤鱼江煤矿有火力发电机组供内部使用。2003年，华润电力集团鲤鱼江有限公司（原鲤鱼江火电厂）2台30万瓦火力发电机组扩建工程竣工投产，年发电量达25.97亿瓦时。1958年，为解决东江水电站建设施工用电，在楠木峡、大板溪兴建两座小型水电站，年发电量248千瓦时，是境内最早开发的小水电工程。1977年12月，东江水电站恢复重建，1986年关闸蓄水，形成的东江湖总蓄水量81.2亿立方米，1987年至1990年，4台发电机组先后并网发电，年平均发电量13.2亿千瓦时。距东江水电站下游9公里的峡谷出口，建有小东江水电站，属于东江水电站配套工程，为反调节电站，装机4台，年发电量1.54亿千瓦时。

1989年至2012年，辖区内先后建小水电站8座，分别为桃子垅1级（400千瓦×2）、桃子垅2级（810千瓦）、泉水（800千瓦×2）、泉水1级（640千瓦×2）、梧洞（1260千瓦×2）、梧洞2级（820千瓦）、大板溪（800千瓦）、西厢田（800千瓦×2），总装机量9830千瓦。

水利建设

耒水干流东江以及一级支流文昌河流经全境。东江是饮用水源，供城区用水，1958年动工修水电站，1961年停工，1978年复工。1986年8月关闸蓄水建成大型水库——东江水库，1988年建成二级坝，确保了下游安全。文昌河是灌溉水源，供双溪洞五个村530多公顷稻田用水。由于地势平缓，汛期洪泛严重，旱季干旱严重，危害农业生产。在改革开放前防汛抗旱能力较低。1980年，辖区建成两座小Ⅱ型水库——档冲垅水库和神背水库，整修山塘200余口。1992年，建成小Ⅰ水库大壁垅水库，同时修建了一条高标准纵跨双溪洞五村的右干渠和配套毛渠，改善了农田灌溉用水。2011年，完成山塘清淤扩容工程。2013年，投入5000余万元进行小型农田水利工程、农业开发工程以及文昌河的矿山废石流治理工程，确

东江大坝

保农田灌溉和河道通畅、水旱无忧、旱涝保收。

旅游发展

境域旅游资源丰富，有“雾漫小东江”、“龙景峡谷”等自然奇景，有“五岭文明农耕博物馆”“寿佛寺”“千福塔”等历史文化景观，是国家5A级景区东江湖的入库及核心景区所在。20世纪80年代中后期，东江水库关闸蓄水后形成东江湖，旅游业开始起步，并迅速发展。1988年，开始进行景区规划，命名为东江湖风景名胜区。1995年，东江湖共接待游客20.3万人次，1996年接待游客达28万人次。1999年，由东江镇政府投资300万元对龙景峡谷进行开发，修建护栏、亭子及水泥路面。东江湖旅游集团公司投资100万元在小东江修建观雾栈道。2000年，投资20万元对猴古山瀑布进行开发。2002年，东江湖风景名胜区被评为国家AAAA级旅游区。2003年，东江湖旅游集团公司投资1108万元，在东江门楼前200米处建1.8万平方米的东江湖游客中心、28套旅游商铺和可停泊600台车辆的生态车场。2007年，投资3500万元对寿佛寺进行修复建设。2010年至2014年，资兴市积极争创东江湖国家AAAAA级旅游景区，开展旅游大提质工程，先后投资5.9亿元建设“三湘四水”东江湖旅游步行街，投资1500余万元建设长4.1公里的小东江观雾栈道等。

社会事业

医疗卫生

20世纪70年代初，推行合作医疗制度，各生产大队配备1~2名赤脚医生，成立合作医疗站，并大力推广中草药防治疾病，自制中成药，临床应用效果良好。1978年，有3所医院，分别是木根桥公社卫生院、省水利水电工程局东江职工医院、鲤鱼江镇医院。其中省水利水电工程局东江职工医院有医务人员230余人，200多张床位，可以开展内、外、儿、妇、微创、肛肠手术、胃镜、关节置换等技术。1980年5月，鲤鱼江镇医院改为资兴县第二人民医院，该院于1981年进行了直肠癌根治术，并开展加人工肛门、经耻骨后尿道成形及腹直肌瓣移植、骨肉瘤切除等手术。1984年3月，木根桥公社卫生院改名为木根桥乡卫生院，湖南省水利水电工程局东江职工医院改名为中国水电八局东江职工医院。1988年2月，资兴市中医院和第二人民医院合并，称资兴市中医院，院址鲤鱼江，全院有床位48张，职工85人。20世纪90年代，对婴幼儿接种卡介苗、乙肝疫苗等5种疫苗，并实行农村卫生一体化管理。1992年，建社区卫生服务中心一所。1997年，有市属医院1所，镇办医院1所，村级卫生院1所，医务人员179人。2014年，有各类医疗机构23家（其中县级医院2家），病床390张，医护人员370人。

教育

1997年，有中学3所，完小2所，村小11所，在校学生4731人。2014年，有职业中专1所，中学2所，小学4所，公立幼儿园2所、民办幼儿园21所。共有老师551人，学生11193人，其中中学生2429人，小学生5275人；公立幼儿园学生811人，私立幼儿园学生2678人。

体育

1988年，开始按《国家体育锻炼标准》教学，东江一中、木根桥二中、鲤鱼江中学、资兴职业中专均组建篮球队、田径队、乒乓球队及羽毛球队。2014年，有篮球队15支、田径队8支、乒乓球队8支、羽毛球队6支，健身路径3条（15.8公里），健身器材102套，文体场地面积25万平方米，人平2.2平方米。

文化

新中国成立初期，民间传统文化十分活跃，木根桥村、罗围村、文昌村、栗脚村都有龙狮队和杂耍班子，有的还有秧歌队，每逢春节龙狮队等走村串户，热闹非凡。1968年，成立乡镇毛泽东思想文艺宣传队，普及“忠字舞”和“样板戏”。改革开放后，群众文化蓬勃发展，东江、鲤鱼江成立了音乐爱好者协会，参加人员150余人。1988年，资兴市举办第一届“东江杯”歌手大赛，鲤鱼江镇曹菲获少儿组一等奖。2006年，境内第一支交谊舞蹈队诞生。之后，广场舞蹈、健身舞蹈风靡东江湾和鲤鱼江，各村、社区纷纷成立腰鼓队、龙狮队等民间文艺队伍。2014年，东江街道有文体小广场26个，广场舞蹈队14支、龙狮队10支、健身舞蹈队3支、腰鼓队12支、业余文艺宣传队3支，参加人员1000余人。

社会保障

1978年，辖区内上山下乡知识青年陆续回城。1985年，婚姻登记由街道承办，登记结婚的有346对。至1988年底止，共追认烈士30人。1994年，成立民政办，负责社会保障。1998年11月，启动城市居民最低生活保障制度，首批居民18人纳入最低生活保障。2004年，启动农村大病救助制度、城镇医疗保险制度，共救助农村大病对象8人、城镇大病对象补助26人、五保对象16人。2006年7—8月，辖区内发生特大洪灾，6人死亡，倒房354户，农作受灾面积593公顷，绝收面积214公顷，冲毁鱼塘34公顷，9个村供电、通信中断，损毁电杆198根，损坏电线10560米，冲毁公路189公里，冲毁大小桥梁156座，直接经济损失达1.2亿元。辖区上下积极开展抢险救灾、捐款捐物，下拨救灾款及粮食等物资救济灾民。2008年冰灾，辖区大部分地段停水停电7天至15天，政府发放抢险救灾大米30吨，棉被450床，蜡烛2万根，发放救灾款16万元。汶川发生特大地震，干部群众捐款46万元。2010年，东江镇敬老院建成，有39名对象入住。2012年，该院被省民政厅评为“省级示范敬老院”。2014年，街道低保对象录入资兴低保数据系统，纳入最低生活保障的困难群众有3257户（其中城市2574户、农村642户、五保43户），共发放城市低保金894.5万元，农村低保金99.2万元，发放受灾群众春荒救济款15.2万元。对401人次低保（困难）人员实施临时救助和医疗救助。对62名精简定救人员发放救助金3.9万元，对254名优抚对象发放优待金135.5万元。农村低保、优抚人员免费入医保。

镇村建设

明清时期，东江河边木根桥老街形成圩场，每逢赶圩日，方圆几十里的村民在此进行农产品、日用品交易，老街逐渐形成集镇。1980年，木根桥公社在水电路两旁建立商贸区。鲤鱼江镇政府在大兴东路、大兴西路相继建百货公司、鲤鱼江农贸市场、鲤鱼江五金批发一条街，沿街饭店50余家。1994年，建鲤鱼江游乐场；1996年，在鲤鱼江游乐场原址改建鲤鱼江大厦，为我市第一家大型综合购物场所。1995年，拉通鲤鱼江路、东江南路、东江西路、迎宾路等4条主干道。1996年至2005年，投入城镇建设资金20亿元，对基础设施进行扩容、改造、提质，实施城市绿化亮化工程，引进一大批企业落户江北工业园、罗围食品工业园，吸引大量农民进城入镇经商办厂。2006年起，启动新农村建设，以栗脚村、上灶坪村等为试点，重点改造农村水利、电力、道路等基础设施，积极发展村级集体经济，大力整治村容环境。2013年，启动双溪洞现代农业示范园建设，东江街道形成“三园一区”（即双溪洞现代农业示范园、江北工业园、罗围食品工业园和小东江景区）的发展格局，城镇化率60%以上。农村道路硬化率80%，电网改造率98%，农户安全饮水率100%，环境卫生清洁。行政村、社区都有办公用房。2014年，星红村获得“全国十佳小康村”。

特色地情

历史人文

王家庄 1934年8月7日，第五次反“围剿”屡战不利的红六军团（9700余人）按照中央军委“中央书记处及军委决定六军团离开现在的湘赣苏区，转移到湖南中部去发展扩大游击战争及创立新的苏区”的电令，踏上了西行的征途。经日夜兼程，于8月15日到达王家庄（今东江镇水电路社区）一带。红军在王家庄附近的蒋家坝击败敌第八区保安司令欧冠部一个排，击毙了敌排长。当晚，部分红军战士露营于王家庄渡船口的大树下。8月16日，部队在邻近王家庄的寨家铺分兵两路向郴县（今苏仙区）方向继续西征。

瓦家坳 1945年1月10日，两架日军飞机轰炸东江街，炸毁房屋10余间。2月6日，日军突然抢渡鲤鱼江，随后侵占西北乡，所到之处，烧杀掳掠，强奸妇女，无恶不作。2月上旬，国民党暂编第二军在中西乡（今东江街道）瓦家坳等地与日军激战一昼夜，击毙敌军数十人，迫使其放弃由瓦家坳入侵资兴县城的企图。

田心村 1948年9月20日，中共资兴县西北区支部在木根桥田心村成立，陈传春为支部书记，隶属中共湘南地委领导。

风景名胜

小东江 全长12公里，为东江大坝梯级开发形成的景点。小东江水质清澈明净，各项指标均达到国家一级饮用水标准。每年4月至10月，旭日东升或夕阳西下时，整个小东江云蒸霞蔚，朦胧缥缈，仿佛进入仙境。这神奇壮观的景象就是中华奇景——雾漫小东江，是全国各地的摄影爱好者的创作胜地。

龙景峡谷 位于东江大坝码头右上方的梧洞村，峡谷从水口垄经磨手湾至龙景，长达2.5公里。峡谷中的18处瀑布、26处深潭，或掩藏在原始次生林中，或潜伏于嶙峋怪石间。著名的水口垄瀑布高近100米，宽20多米，瀑帘垂直而下，声震空谷。

东江大坝 坝高157米，底宽35米，顶宽7米，坝顶中心弧长438米，坝顶高程294米，是我国自行设计、自行建造的第一座双曲薄壳拱坝，在国际上名列同类坝中第二位。

“三湘四水”旅游步行街 “三湘四水·东江湖”旅游文化街位于东江湖景区入口处，以东江湖山水文化为魂，打造独具特色的“小桥流水”人文景观；以“紫瓦青砖、粉墙回廊、曲径通幽、环境优雅”为形，打造独具魅力的“湘南民居”建筑风格。街内主要由东江湖奇石馆、东江湖摄影艺术馆、东江湖人文潇湘展览馆、旅游商品购物街、生态茶馆等组成。

寿佛寺 位于凉树湾，是东江湾景区的重要景点之一。寿佛寺采用唐朝寺庙古建风格，中轴线上依次设山门殿、寿佛殿、大雄宝殿，东西厢布置钟楼、鼓楼、斋堂、客堂等。整个寺院古朴简约，雄劲幽雅。

五岭农耕文明博物馆 湖南省内重要的一家农耕专题性的博物馆，共展示800余件形制和功能各异的农耕文化实物，其中包括一件二级文物——雕刻精美的清代神龛，三级文物68件，如清代木斗、红木扁担及根雕太师椅等。

（谢东晖 供稿）

三都镇 >>

区域概况

位置面积

位于资兴市西北部，处北纬26°2′至26°6′12″、东经113°14′22″至113°22′36″间。东与兴宁镇相依，南与东江街道、西南与唐洞街道毗邻，西与程水镇接壤，北与蓼江镇、团结瑶族乡相连，国土面积68.28平方公里，其中耕地面积1551公顷，林地7446公顷。

建置沿革

明朝清代分属兴宁县程水乡、郴县永康乡（资兴称"半都"）。清光绪元年（1875），分属兴宁县北乡（亦称北路）三都三里、郴县永康乡等，属三都三里的村庄有中田、蒋家湾、张家湾、流华湾、上洞等。民国初期（约1915年），改乡、里为乡、团，属资兴县北乡鹿鸣团等。民国22年（1933），分属第四区（址蓼江市）鹿鸣乡等。民国27年（1938），分属资兴县鹿鸣乡（乡公所址三都花园口，辖11保）等。民国33年（1944），分属资兴县北（大）区蓼市区鹿鸣乡等。民国34年（1945），鹿鸣、五谷乡并为程水乡。民国37年（1948），属程水区鹿鸣乡。1950年，属资兴县鹿鸣乡。郴县行政公署下文将郴县永康乡划于资兴县。1952年3月，郴县行政公署再次将郴县二区所辖碑松、高石乡（即原永康乡，资兴名碑记乡）划于资兴县，并纳入资兴县一区（址东江街）。1953年春，分属一区（址东江街）石拱、碑记、松木乡等；二区（址蓼江市）鹿鸣、中田、三都乡等。1956年，中田、鹿鸣、三都、鹿桥、香花5乡撤并为三都镇；高桥、石拱、松木、崇源、碑记5乡撤并为碑记乡。1958年10月，实行人民公社化，三都镇划入蓼市公社；碑记乡划入东风公社。年冬，东风公社更名城厢公社。1959年3月，并入郴县，分属郴县蓼市公社、郴县城厢公社。1961年7月，为资兴县碑记人民公社、东江市（地辖市）三都城市人民公社。1962年，三都城市人民公社改名三都镇。1984年，分属资兴市三都镇、资兴市碑记乡。2012年3月，撤销碑记乡，将原碑记乡所辖的石拱、太坪、碑记、高桥、源塘、松木、龙竹7个村成建制划于三都镇。

行政区划

1986年6月，因东江水库关闸水，旧市乡旧市街上街、中街、下街组移民到三都，分别安置在上洞村、辰南村和三都村。2012年，以原三都镇和碑记乡划于三都镇的7个村之辖区为新设三都镇的行政区划。2014年，辖张家湾、上洞、中田、鹿东、辰南、三都、蔬菜、石拱、太坪、碑记、高桥、源塘、松木、龙竹 14 个村民委员会、192 个村民小组和三都社区、南平硐社区、北平硐社区、三都总厂区社区、煤电焦化厂社管中心等 5 个社区居民委员会 68 个居民小组。

自然环境

境内东南高山，西北平地、丘岗交错。最高峰八角星山，海拔 882 米；最低点在三都村刘家组宝源河与流华河交汇处，海拔 108 米。境属亚热带季风性湿润气候，四季分明；阳光充足，无霜期 280 天；春夏多雨，秋冬少雨干旱。平均气温 18℃至 20℃，夏季最高气温 39℃，冬季最低气温零下 2℃；年平均降雨量 1200 毫米至 1600 毫米，极端最高 24 小时降雨量达 150 毫米至 200 毫米。镇内水流，旧时记载为“北乡水道，出源者三。一曰宝源水，从半都过神龙桥，又十五里至三都炭厂”。除宝源水外，还有龙凤江、内木垅河及湘江上游程水河系支流滑石滩河（该河发源于碑记塘冲，由东向西贯穿全境流入程江，集雨面积 136.6 平方公里）。境内河道长 25 公里。矿产资源主要是煤炭，镇域地质煤储量 34022 万吨，多为烟煤，煤质软硬适中，块末具备，为炼焦炭上乘原料。另外，矿藏资源还有硫铁矿、方解石、锑等。自然灾害有洪涝、干旱、冰雹、冰冻等。较严重的灾害有乾隆二十一年（1756）7 月，暴雨兼旬不息，洪水如蛟龙状自半都丛木桥后裂山而出，势甚汹涌，冲神龙桥至三都炭厂。铺屋淹没五六百间，淹死者三百余人。知县罗绅捐给掩埋、筑银室，予以赈恤。1971 年 7 月，洪灾造成铁路、公路、桥梁、护堤全部被冲毁，淹没稻田 1000 公顷。旱灾发生在 1991 年 8 月，干旱时间 120 多天，受旱面积 534 公顷。冰冻灾害最严重的发生在 2008 年 1 月至 2 月，持续时间 40 天，致使通信、电力、交通、供水全部中断，企业停工停产，直接经济损失 1.5 亿元。

人口民族

1990 年，第四次人口普查，为 3321 户 12347 人。2000 年第五次人口普查，有 3466 户 10738 人，男女性别比率为 100.24 ∶ 100。2014 年，总人口 43319 人，其中城镇常住人口 24871 人，城镇化率 57.4%；另有流动人口 2909 人。总人口中，男性 21857 人，占 50.46%；女性 21462 人，占 49.54%；14 岁以下 6480 人，占 14.96%；15 岁至 64 岁 27506 人，占 63.5%；65 岁以上 9333 人，占 21.54%。人口出生率 9.93‰，死亡率 4.3‰；人口自然增长率 3.97‰。总人口中，汉族 43254 人，占 99.85%；瑶族等少数民族 65 人，占 0.15%。

经济发展

经济综述

清代初期及之前，种植业、养殖业是辖区内的传统产业。清代中后期至民国初期，由于开采煤炭、置办炭厂、兴建商铺等，镇域经济呈现繁荣景象。民国时期，战乱不断，工商凋零。新中国成立后，全镇经济逐步复苏。1978 年后，经济发展步伐加快，1995 年，农业总产值 2300 万元，财政收入 385 万元，农民人平纯收入 2075 元。2005 年，全镇实现国内生产总值 4.25 亿元，完成财政收入 1290 万元，农民人均可支配收入 6623 元，全年生产原煤 15 万吨，完成煤炭税费收入 400 万元。2014 年，完成国内生产总值 16.89 亿元，同比增长 4.38%；其中一产业完成 13453.94 万元，增长 4.9%；二产业完成 70958.82 万元，减少 4.83%；三产业完成 84470.3 万元，增长 13.96%。财政总收入 9680.88 万元，增长 3.2%；固定资产投资 153753 万元，增长 10.92%；农村人均纯收入17509元年，增长13.04%。境内金融机构各类存款余额183万元，增长10.5%；各项贷款余额39万元，增长8.2%。

农业

以种植水稻、玉米、蔬菜、西瓜、生姜、油茶等为主。2014年，农业总产值20478万元，占国内生产总值34%。生产粮食8755吨，其中水稻6465吨；种植蔬菜800公顷，产量13400吨。畜牧业以生猪、家禽为主，生猪饲养量3.41万头，家禽年饲养13万羽。

工业

以原煤开采、加工冶炼、机械加工、建筑材料为主。早在唐代，三都一带已有小煤窑开采。北宋年间，开采规模扩大，主销开封、徐州等地。明嘉靖二十二年（1543），于三都开办炭厂。民国36年（1947），资兴矿厂在三都施工，建设井巷，兴修铁路。1954年12月，苏联专家来三都一带考察煤炭资源。1957年年底，全面完成对三都矿区的地质钻探、测绘等勘探工作。1958年，碑记乡开办高桥煤矿。1960年，三都矿区有煤矿6个，职工1.5万余人，年产煤127.5万吨。1969年10月，广州军区后勤部七四二九工厂从广州迁至三都（该厂主要生产汽车配件，结合修理汽车，对三都工业的发展有一定的带动作用，1972年，该厂迁至郴州七里洞）。1971年，资兴县耐火材料厂落户三都，其厂区占地面积3.4万余平方米，有职工211人，是郴州市唯一生产耐火材料的厂家。1993年，原碑记乡白种水泥厂投产，并以产品质量优良、价格实惠畅销省内外，后因经营不善破产倒闭。1994年，三都镇煤矿的优质煤获"湖南省优质产品"称号。2014年，全镇工业生产总值27.516亿元，占国内生产总值64%。拥有宝源煤矿、中田煤矿、石拱煤矿、高桥煤矿等工业企业166家，职工5276人。实现工业增加值6.57亿元，增长14%。

贸易服务业

清末民初，随着三都地区采煤业的兴盛，逐步形成工矿市场。民国32年（1943），许家洞至三都的铁路分段通车，三都市场成为资兴的批发市场，商品批发的品种主要有棉布、食盐、白糖、牛骨等百货、南杂，附近永兴、桂东等地商人亦到三都进货。民国34年（1945）2月6日，日军犯境后，全境煤矿倒闭、商店关门、市场衰落。民国38年（1949），三都新街、老街共有工商户41家，从业人员215人。2014年，三都市场成为日日集，全镇贸易服务业从业人员2638人。有商业网点628个，社会商品零售总额18.6亿元，增长17%；有城乡集贸市场2个，年成交额4亿元；出口总值3250万美元，增长50%。

其他产业

民国初年，三都成为县内纺织集中地带，以棉花、野生葛藤为原料，生产棉布、夏布、葛布、手巾等，多为家庭手工生产，产品主要以串村入户方式销售。1956年，县染织厂抽调20余人到三都办厂，吸收三都、宝源、唐洞3个缝纫社入厂，主要业务是为资兴矿务局加工蚊帐、卫生衣等。1961年，成立三都缝纫社。20世纪70年代，兴办县属三都化工厂，该厂于1980年生产塑料凉鞋，因设备、技术落后，亏损严重，1983年停产。1981年，三都镇组建三都建筑公司。1988年，公司有固定资产77万元，从业人员360人，年建筑竣工面积1万平方米，产值125万元。

基础设施

交通运输

民国30年（1941）6月，粤汉铁路支线—许家洞至三都铁路竣工通车。该支线境内长6公里，连接京广铁路，担负着三都矿区的煤炭、焦炭外运任务。1953年4月1日，正式运行郴州—三都471/472对开旅客列车，每日一班，弥补了公路客运的不足。1968年，宇字煤矿至申明亭公路修筑竣工。1980年，建成三都公路客运站，日发客车144班次，发送旅客约3600余人次。2014年，有省道322线、213线、903线穿过。

邮政通信

金融邮政 1953年4月，开设三都邮政营业处，为县内自办分支机构之始。1959年，三都邮电支局开办机要业务，设专职机要员1名，负责资兴矿务局等单位机要文件的传递。1984年，实行委办乡邮员制度，并开始收寄国际挂号函件。1985年，资兴市邮电局在三都始办集邮门市部。1998年，三都建立移动通信基站。2002年7月，按区划、人口密度设立邮政社区服务站，延伸投递服务，基本实现报刊、信函和小件包裹投递到户。2014年，有邮政分局1处，邮政业务总量50万元。

通信 1961年开通郴州—三都长话电路，1973年开通三都—郴州单路载波电话电路。1976年，开通三都直达长沙的电话线路。1993年，三都支局开通西德产EWSD程控交换机3896门。2014年，有电信企业4家，服务网点6个；电话交换机总容量4万门，固定电话用户5425户，电话普及率40%；移动电话用户7432户，互联网用户2642户。全年电信业务收入356万元。

电视 1993年，建三都有线电视站。1998年，建碑记有线电视站。2014年，有三都有线电视站1个，有资兴广电网络有限公司碑记片区1处。全镇有有线电视用户9069户，入户率78%。

金融 1951年4月，中国人民银行资兴县支行在三都设立营业所。1953年9月，三都营业所改为资兴煤矿分理处。1952年10月，中国交通银行在三都设立办事处，负责管理煤矿固定资产投资。1953年，资兴县保险公司在三都设立保险服务站至今。1984年，中国农业银行资兴县支行在三都设立营业所。

供电供水

民国26年（1937），南兴煤矿有限公司在三都煤区兴建自备电厂，以1台单缸卧式柴油机作动力，安装1台25千瓦交流发电机发电，用于工矿区生产照明，年发电量不到100千瓦时，为资兴发电用电之始。1938年，因设备损坏停止发电。1956年11月，鲤鱼江电厂运行发电，架设鲤三线（鲤鱼江电厂至资兴煤矿）35千伏输电线路，在三都兴建35千伏变电站1座。1961年，资兴电力局在三都建供电站1座，并架设变电站至县城专用输电线路，基本解决县城的照明用电问题。另建有1座装机750千瓦的水能发电站。1963年，为支援农村抗旱，县电力部门在三都镇建办农村排灌变电站，设主变压器1台，容量1800千伏安，通过变电站架设低压线路至邻近公社、大队，安装电动抽水机抗旱。1964年，省水电厅投资，架设1条三都镇至郴县高码公社的农田电灌抗旱线路，并在三都镇兴建1座农用排灌变电站，主干线22公里，总投资29.5万元。1965年，省水电厅投资1.3万元，改造三都镇至蓼市、七里公社输电线路。同时，资兴县供电公司投资4万元，为三都农用排灌变电站添置1台容量1.8千伏安的主变压器，使农业用电扩大到北乡片的所有公社、镇。2001年，改造35千伏变电站，安装4000千伏安变压器和3150千伏安变压器各1台。2006年，建有自来水厂1座，铺设管道9万多米，年供水量11.3万立方米，解决镇区3万多人生活用水。

水利建设

境内有河道25公里。半垅水库东干水渠由北往南穿境而过，长4.5公里。1988年，境内有山塘408口，蓄水量37.5万立方米，灌溉水田50公顷。2014年，有小Ⅱ型水库五座，蓄水200万立方米。其中樟木垄水库位于中田村，兴建于1959年10月，坝高10.5米，有效蓄水量25.8万立方米；辰冈水库位于三都村，兴建于1987年10月，坝高6.1米，有效蓄水量14.4万立方米；工农水库位于鹿东村，兴建于1958年2月，后经过修缮，坝高19.2米，有效蓄水量80多万立方米。现樟木垅水库蓄水量37万多立方米，辰冈水库蓄水量20多万立方米。这三座水库可灌溉270公顷良田。有小Ⅰ型水库两座，即源塘村杨尔水库、松木村墙背塘水库，蓄水21万立方米，有效灌溉面积470公顷。

村镇建设

1950年，许三线全程通车，交易场地由老街转向新街。1956年，在新街和马路上建墟场，面积为2773平方米。1963年后，三都工矿贸易商店于各矿区设门市部8个。1995年，投资72万元，在下茅坪兴建农贸市场，场内建有水泥顶棚架17处、摊位50个、个体营业间84套，建筑面积1.53万平方米，每天赶集人数达1万人次以上。

社会事业

教育科技

宋嘉熙二年（1238），资兴人袁文敷动员族众捐资助学，在三都创立辰冈书院，成为全县最早的书院。1957年，在三都新建第二初级中学。1983年，实行中等教育结构改革，先后撤销县属第五中学，将县属第三中学下放到三都镇，并改称三都中学。2014年完成教育基金筹资18万元，完成上洞村小合格小学建设项目，组建新三都中学。全镇有九年制义务教育学校3所，在职教职工322人，在校学生2220人；有幼儿园1所，在职教职工32人（其中聘请教师18人），在校幼儿235人。

文化体育

2014年，有文化站、电视台（湘煤集团资兴实业公司所属）1处；有村、社区文化活动室17个，农家书屋17个，藏书10万余册；有文化经营户26家，民间龙狮队4个，腰鼓队4个，坐唱班子2个，业余文艺演出队6个。有音乐、美术、书法、摄影及业余文学创作队伍60余人，文艺骨干500余人，非物质文化传承1人，省级文化保护单位1处。有学校体育场5个，镇、村级篮球场13个。8个村安装了健身器材，经常参加体育活动的人员约占常住人口的1%。

医疗卫生

三都镇通过开展婴儿出生“三优”服务，多年来未出生一例病残痴呆儿，1993年，被联合国确定为“三优”试点单位。2014年，有各级医疗卫生机构21个，门诊部（所）21个，有床位260张，固定资产总值500万元，专业卫生人员215人，其中执业医师65人，执业助理医师26人，注册护士87人，乡村卫生员24人，医疗机构（门诊部、室）完成诊疗12万人次。

社会保障

1999年，启动城市居民最低生活保障制度。因资兴矿务局破产改制，国有企业被买断，企业工人成为社会人员，城市低保人数较多，首批低保人数为2178人。2014年，有城镇最低生活保障户668户1123人，医疗救助124人，农村最低生活保障户965户981人，国家抚恤、补助各类优抚对象169人，有敬老院2家，床位80张，收养“五保”老人80人。全镇14个村参加新型农村社会养老保险13802人，参保率100%。

特色地情

历史人文

民国17年（1928）2月5日，成立三都地区苏维埃政府（资兴县第一个苏维埃政府）。2月8日，资兴、永兴两县农军800余人从三都出发，攻取资兴县城。3月6日，资兴县苏维埃政府在三都成立，刘英廷任主席。3月中旬，中共资兴县第一次党员代表大会在三都流华湾召开，选举产生了第一届资兴县委，并在三都成立了工农革命军资兴独立团。4月，独立团上井冈山，改编为红四军十二师三十六团。

1945年2月至8月，日本侵略军沿资许铁路从郴县桥口进犯资兴西北乡、鹿鸣乡（三都一带），

荷绿流华湾

为掠夺煤炭资源，强迫工人下井挖煤，稍有懈怠，轻则毒打，重则枪杀，犯下滔天罪行。1982 年 2 月，日本瑞湘会友好访华团一行 28 人，到三都访问，并对侵略罪行表示忏悔。

名优特产

烟煤、酒类（米酒、谷酒、红薯酒、烧酒、白露酒、老酒、水酒、糟酒、糊子酒）等特产质优量大，不仅满足当地百姓的需求，还大量销往外地。

风景名胜

流华湾　位于三都村。初建于明代，距今约 600 年，为资兴市目前保存最为完整的湘南古民居群。占地面积约 3 公顷，有 400 余间房子，整体建筑坐北朝南，从东到西一字排列十数栋古居，门前荷塘飘香，小溪潺潺，古树参天。流华湾古民居群落，分居有 3 个村民小组，100 余住户 400 余人。村民淳朴厚道，多袁姓，相传为唐朝征南大将军袁学渊的后裔。流华湾旧名刘家湾，原属刘姓所有，是流华湾自然村开山老祖袁明选买下刘姓地产后，取其“源远流长、永放光华”之意，按谐音改称“流华湾”。据统计，流华湾共出过 12 个秀才、5 名进士。老厅屋大门首现在还悬挂着一块“进士”牌匾，牌匾上用镏金行书字体刻着“道光乙巳年恩赐进士袁振文”字样。流华湾除了有悠久的历史、深厚的文化底蕴、保存完整的湘南古民居群外，还是资兴红色革命的摇篮。民国 17 年（1928）3 月 13—16 日，中共资兴县第一次党员代表大会在流华湾（中共党员袁才奇祖宅）召开，会上作出了开展土地革命、建立革命武装和发展党的基层组织等决议。当时，流华湾有 40 多位青壮年参加湘南起义，并奔赴井冈山。2014 年，资兴市打造以流华湾古民居为中心的流华湾休闲旅游观光体验区，流华湾成为资兴休闲旅游观光体验的重要承接地，成为东江湖旅游的延伸，成为连接回龙山与东江湖的重要节点，数万游客慕名而来。

“九个半岭下”　位于辰冈岭下辰南村。九个半自然村分别是黄昌岭、三元、石头坵、龙形嘴、流辉堂、中沙洲、下包家冲、恒春堂、西山岭下和隔背，其中隔背最小，只能算半个。这九个半自然村尽管各有名称，但因为同属于一个袁氏祖先，且皆居于辰冈岭脚下，因此当地人称其为“九个半岭下”。相传，袁氏家族在辰南建村始于宋代，黄昌岭是从对面的木瓜塘自然村搬迁过来的，在建村之前及建村初，此地名寺山冲，后改名黄昌岭，应是取吉祥之意。石头坵之名，村民相传是当初建厅屋时，神龛下突然冒出一块大石头而取其名的。黄昌岭现有 1 座主厅屋，6 间横厅屋，105 间古居房，8 纵 2 横，连成一排，青砖黛瓦、浑然一体。主厅屋为三进两天井，两边的木窗上雕刻着八仙图案、龙凤蝙蝠等瑞兽，大厅的木柱、门窗、横梁等很有气派，天井里有块厚大的青石板，上面雕着三个圆形的图案，正中间稍大的图案里雕着鱼和龙，两边各雕着龙，寓意鲤鱼跳龙门和双龙抢珠，寄托先人期盼村里多出人才的愿望。现三元、隔背、黄昌岭三个自然村已经连在了一起，曾经相隔的池塘、田土上建了房子，已看不出这几个老自然村的分界。西山岭下的自然村在新中国成立前就逐渐败落，现在已经消失了，因此九个半村现在是八个半村了。

辰冈书院　位于辰南村。始建于南宋咸淳十年（1274），为袁氏先祖袁文敷“率子弟等择辰冈胜地以馆”，于冈腰建辰冈书院（清朝咸丰七年被合为程水书院）。相传在清代以前，一到科试年，只要冈上响起擂鼓一样的声音，就一定有人考中。明末清初，为资兴一景，称为“辰冈征应”。

重阳节吃“抖糍粑”

民俗风情

三都人多喜酒，春节、元宵节、清明节、端午节、尝新节、中秋节等皆聚餐饮酒；三都人亦多喜“吃酒”（方言，指在酒席上吃菜、喝酒），婚酒、寿酒、喜酒、乔迁酒等，乐此不疲。“吃酒”时，有“四敬”、“三敬”之俗。四敬为一敬天、二敬地、三敬祖、四敬长辈众人，三敬多为一敬天、二敬地、三敬对方或一敬祖、二敬高堂长辈、三敬对方。

（段振华　供稿）

七里镇 >>

区域概况

位置面积

地处资兴市西北部，东与团结瑶族乡为邻，西南、西、西北均与蓼江镇接壤，北部与永兴县交界。辖区东西最大距离23公里，南北最大距离17公里，总面积65.9平方公里，其中陆地62.9平方公里，占96%；水域3平方公里，占4%。人口密度为每平方公里251人。耕地面积1501.73公顷，其中水田面积1043.46公顷，旱土458.27公顷。有库、塘水面70公顷。

建置沿革

七里又称“七里山”，传说从当地的西廊铺驿道至此地有七里山路，因镇政府驻地位于“七里山’，去“山”字而得名。明朝清代多属兴宁县程水乡。光绪元年（1875），分属兴宁县程水乡（亦名北乡、北路）三都二里、二都一里（属三都二里的村庄有凤凰山、七里山、黄古洞、茅坪上、戴家垅、杨家田、眺楼上、碓臼井等；属二都一里的村庄有高陂、水头坝、桃源关等）。民国初年（约1915），改乡、里为乡、团，属资兴县北乡桃源团。民国22年（1933），实行区乡自治，并为资兴县第四区桃源乡，乡政府驻地七里山。民国27年（1938）10月，为资兴县桃源乡。民国33年（1944），为资兴县北区桃源乡。民国37年（1948）10月，为资兴县郴侯区桃源乡。1950年，实行小乡制，5月，划为资兴县二区高坡乡、（桃源）七里乡等。1952年冬至1953年春，实行民主建政，高级组织又划小，划为资兴县二区（1955年，二区改为蓼市区）大树、七里、株树、高坡、乌石乡等。1956年撤区并乡，柏树、大树、七里、株树等划归蓼市乡，乌石、高坡等划为高坡乡。1958年10月1日，属蓼市公社高坡大队等。1959年3月，为郴县蓼市公社（七里片）。1959年11月，属郴县东江市蓼市公社。1961年初，为郴县七里公社。1961年7月9日，为资兴县七里人民公社。8月26日，七里人民公社划分为七里、团结2个人民公社。1984年3月，公社改乡，下设村民委员会、村民小组，为资兴县七里乡。1993年撤乡建镇，改今名资兴市七里镇。

行政区划

1961年初人民公社时，辖南营大队、七里大队、株树大队、桃源大队、柏树大队、大树大队、湘源大队、茅坪大队、乌石大队、高坡大队、二峰大队、半垅大队、洴泥大队、坪么大队、团结大队、深坳大队、双坑大队17个生产大队和1个城镇居民委员会。8月，辖南营大队、七里大队、株树大队、桃源大队、柏树大队、大树大队、湘源大队、茅坪大队、乌石大队、高坡大队10个生产大队和1个城镇居民委员会。1966年，辖区94个生产队。1971年，生产队为101个。1984年，上述10个大队改名为10个村民委员会，下设133个村民小组。1986年因东江水库关闸蓄水，陆续从旧市、厚玉、渡头、清江等库区乡移民迁入或二次移民迁入成建制村民小组38个。迁入茅坪村的船步塘移民小组，由于地势低洼多次被水淹而二次移民迁出。2003年，成立七里镇社区，设4个居民小组。2014年，区内10个村民委员会163个村民小组和1个社区4个城镇居民小组。

自然环境

地处回龙山西麓，地势中部低，东南部群山环抱，西北部为丘陵地带，境内平均海拔240多米，最高点在东南端，海拔891米。土壤以石灰岩、板页岩、花岗岩发育的黄壤为主，土层厚约0.6米，还有部分紫色页岩发育的紫色土及砂岩发育成的红壤。境内主要名山2座：八角星山在镇与蓼江、三都（原碑记）、团结交界处，因山峰并列如角得名，海拔882米。石莲山坐落于镇西北，山体为石体，下小上大，似带蒂莲花，故名。境内河道流域属湘江，属耒水河水系。有3条较大的水流：桃源河源于回龙山麓，经婆婆岩流桃源村东，由北而南，至湘源桥合湘源水，进蓼江入程江；高坡河自永兴县界流入境内，亦由北而南，入东江河；湘源水乃自水垅所出，由凤凰山麓至湘源桥，合桃源水至蓼江。河道境流总长30公里。年排涝900万立方米。大石庵人工湖位于境内中部，为资兴北部重要饮用水、灌溉用水供水湖。矿藏主要有煤、石灰石、朱砂石，还有铜、铁、锑、白钨等有色金属。其中煤、石灰石矿储量较大，石灰石矿经化验含钙量大都在51%以上，是制水泥和烧石灰的主要原料。

镇域处亚热带季风性湿润气候区，雨量充沛，无霜期长，常年主导风为北风，有强雷电气象。春季从3月下旬至6月上旬，持续80天左右，域内相传“清明断雪、谷雨断霜”之谚语。一般“春分”前后有一段较短的回春天气，适宜早稻播种。夏季从6月中旬至9月上旬，为期90多天，初夏多有梅雨，雨量大，夏末伏旱严重，主导风为东南风。秋季从9月中旬至11月下旬，为期70多天。域内油茶有“白露”籽、“霜降”籽之分，农户按时上山采收。冬季11月下旬至次年3月中旬，为期110多天，冬季干燥少雨，严寒期短，降雪少。主要自然灾害有冰灾、冰雹、旱涝、风灾、病虫害灾、低温、霜冻等，病虫害灾平均5年2遇。冰灾最严重一次发生在2008年1月至2月，成灾时间约35天，涉及境内10个村163个村民小组，受灾面积达65.9平方公里。旱涝一年四季均有发生，以夏秋季为甚。低温灾害最严重一次发生在2011年9月，造成近1万亩水稻受灾，减产0.2万吨。

人口民族

辖区总人口6490户16420人，其中非农业人口617人，另有流动人口2463人。总人口中，男性8403人，占51.18%；女性8017人，占48.82%；14岁以下2837人，占17.28%；14岁至65岁12164人，占74.08%；65岁以上1419人，占8.64%。总人口中，以汉族为主，有少量瑶族散居。居民姓氏以曹、袁、李、黄、段、陈、尹为主。2014年，人口出生率为11.44‰，死亡率5.2‰，人口自然增长率6.24‰。

经济发展

经济综述

宋、元时期，境域文风兴盛，集市繁荣、商客云集。明、清时期，七里山、桃源关、湘源凤凰山等因处于至江西、广东驿道中转要地，各类商铺遍布，形成繁荣的七里山、桃源关、凤凰山商贸区。民国时，地方饱经战乱，工商凋零。抗日战争时期，1945年2月6日至1945年8月，日本侵略军侵略资兴西北乡，日军反复在七里各村“扫荡”，并实行野蛮的“三光”政策，造成田园荒芜，民不聊生，饿殍遍野，经济几近崩溃。新中国成立后，境内经济逐步发展。1978年后，坚持以经济建设为中心。1981年，加强和完善农业生产责任制。1985年，完善家庭联产承包责任制，温饱问题得到解决。改革开放30多年，是全镇经济增长最快的时期，在主要农产品中，谷物、肉类、花生、油菜籽、水果等产量不断增长，农村居民生活水平不断提高。改革开放前，手表、自行车、缝纫机“老三件”是人们追求财富的象征；20世纪八九十年代，电视机、洗衣机、电冰箱“新三件”成为小康生活的追求；今天，电脑、小汽车、商品房“最新三件”开始进入寻常百姓家。1992年，实现工农业总产值1052万元。2014年，实现国民生产总值7.22亿元，同比增长11%；完成财政总收入746.6万元，比2013年增长11.6%；地方财政收入227.5万元，比2013年增长11.7%（不含税收收入）；其中一般性转移支付收入496.5万元，同比增长11%；农民人均收入15678元，同比增长18.4%。境内有银行金融机构2家，各类存款余额14800万元，比2013年增长50%；各类贷款余额3500万元，比2013年增长10%。

农业

种植业 境内水田以种植水稻为主（少量轮作养鱼），旱土以种植蔬菜、红薯及经济作物为主。清、民国至解放初，水田种植以一季稻为主，品种多为名“麻黏”的高秆水稻。1954年，试种双季稻。1957年，对低产田进行改造，改造的重点为瘠瘦田、重黏土田、重砂土田、冷浸田、天水田等。1959年至1961年，连遇三年自然灾害，粮食减产。1962年，人民公社实行“三级所有、队为基础”制度，改进耕作技术，加强病虫害防治，粮食总产提高到3681吨，全社8183人人均产粮450千克。1964年12月，广泛开展“农业学大寨”群众运动。1970年，推广水稻“高秆改矮秆、单季改双季、稀植改密植”和“中耕用手抓”的方法。1977年，在域内几洞连片种植杂交晚稻，平均亩产350多千克。1978年，普及杂交晚稻，平均亩产400多千克，实现杂交晚稻一季跨“纲要”。1980年，粮食总产676.33万千克，大豆1.35万千克。1986年，被确定为国家商品粮生产基地、吨粮田开发基地和优质稻生产基地。2002年，推广杂交水稻制种技术，全镇杂交水稻制种300亩。2006年，在高坡、茅坪、乌石、七里等村连片制种面积达5000多亩，生产稻种1100吨，最高亩产350千克。2006年，全面取消农业税，发放粮农种粮补贴和种子补贴。2011年，生产粮食1.27万吨，人平846.8千克。2014年，全镇粮食播种面积2606公顷，其中优质稻2028公顷；粮食总产量1.25万吨，农业总产值2.18亿元。主要经济作物有花生、大豆、红薯、芝麻、棉花、油菜、生姜、西瓜、蔬菜等。镇内大石庵农业综合开发区是郴州重点农业开发区之一。2014年，完成总投资2300万元国土综合治理项目。

畜牧业 清、民国时期，域内农户有圈养生猪、漂放耕牛羊的习惯，鹅、鸡、鸭多自繁自养，所产除食用外，皆出售或兑换油盐等。桃源、高坡沿河一带有少数农户养鱼，自然孵化鱼苗，自生自长，产量低。1949年，平均亩产鲜鱼10千克。新中国成立后，人民政府引导农户发展池塘、稻田养鱼。1957年，高坡、桃源养殖水面1公顷，亩产鲜鱼15千克。20世纪70年代，由生产队集体经营池塘，派专人喂养，鲜鱼亩产提高到50千克。1979年后，大力发展畜牧业，调动农户养猪、牛、羊、鸡鸭鹅的积极性，生猪、鸡鸭饲养向商品化、规模化、集约化方向发展，传统的散养改为圈养、群养，并普遍使用配合饲料。1984年，耕牛作价分归农户所有。20世纪90年代，镇内出现养食用牛、养羊专业户。人民公社时成立了公社畜牧兽医站，2005年成立镇动物防疫站。2014年饲养出栏生猪1.778万头，出栏羊3400头，出栏肉牛30头，出笼家禽23.2万羽，生猪年末存栏0.7万头。

林业 1949年以前，林地归私人所有，多自生自繁，境内林木以油茶、松、杉、南竹、灌木林为主。1951年，成立农林互助组、合作社。1958年，“大办钢铁”，树木被大量砍伐。1972年，办社队林场11个，大量种植杉、国外松、竹等。1981年，开展“林业定权发证工作”，划分自留山。1982年，开展“林业三定”工作。1985年，确定山林权属。2007年，换发全国统一的林权证，承包期至2047年。2014年，全镇共有土地面积6000公顷，其中有林地面积3667公顷，造林200公顷，农民住宅周边种树木累计3.7万株。林木覆盖率54.89%，活立木蓄积量90853立方米。种植小水果520公顷，产量8000吨/年，主要品种为柑橘、板栗、青枣、李、梨、杨梅等。2014年，获省级生态镇称号。

工业

明、清以来，七里的工商业以制作销售油脂、木器、铁器、竹器为主。人民公社后，工业以煤矿、石灰为主，大树煤矿在帽岭山生产工业用煤。至1998年，镇内有公私企业643家，其中工业企业344家、施工企业6家、交通运输企业117家、其他企业13家。2011年，工业总产值27107万元，占全镇总产值30%，职工650人。2013年，开展“一户一产业工人”培训。2014年，主要乡镇企业有大树煤矿、茅坪砖厂、圳卷上采石场等。

商贸服务业

先在桃源关赶圩，后七里圩成为资兴、永兴边界最大的农村集市，农历逢一、四、七日为圩日。茅坪农村集市于1986年形成露天圩场，1992年建成木架棚市场，农历逢二、五、八日为圩日。1989年起，个体商贸业得到发展，至1998年，镇内有商品流通企业164家、餐饮业56家，从业人员300多人。2005年起，个体私营企业成为流通领域的主体。此后，镇内商贸流通网络不断健全，市场建设也得到加强。2012年10月，启动七里农贸市场建设工程，历时4个月，项目总投资120万元，共建钢架棚4200多平方米，完善了相应的摊位、排水、地面硬化等配套工程，成为市内一流的集农副产品和其他商品零售、储备、餐饮休闲等服务功能于一体的集贸市场。现重要节日，七里、茅坪两圩赶圩人数达1万多人。2014年年末，有商业网点165个，从业人员600人。社会商业零售总额达5000万元，商场面积1.96万平方米。食品、餐饮、保险、美发、日用品、农机具、互联网等百业兴旺，能满足居民的生产生活需求。商贸业经营本地主要农副产品有大米、板栗、锥栗、小水果、生姜、小米椒、菜油等，销往本省及江西、广东等地。

旅游业

境内有十里乌石丹霞长廊、燕子岩、大石庵人工湖、西廊古村等古村落以及百福仙寺等奇峰异洞，引人入胜。还有资兴历史上考出一个状元六名进士的观澜书院、开国中将曹里怀故居等，有旅游开发前景。

基础设施

交通运输

道路 新中国成立前，境内有少量驿道、石板路、条石路相连，村与村之间多为泥土路，谓之“晴天一身灰，雨天一身泥”。新中国以来，政府大力扶持修筑通村、通组公路。1968 年，宇字煤矿至永兴公路穿境贯通，该线改造后为省道 213 线。1978 年通客班车。2010 年，实现村村通水泥路，通村公路总长 30.8 公里；全镇 163 个村民小组，161 个通了公路。2014 年，新建省道 213 线资兴至永兴青山界公路穿境通过。

机场 境内茅坪机场是郴州市唯一乃至湘南地区保存完好且具备通用航空机场功能的早期机场，于 1971 年参照通用航空机场标准开工建设，总占地面积 13 万平方米，其中飞行区面积 6 万平方米，跑道长 1000 米宽 90 米。自 1972 年机场竣工并投入使用以来，共为桂东、汝城、永兴、郴县、安仁、资兴等县飞播造林 995 万公顷，防治林业病虫害 21 万公顷。2011 年，茅坪机场更名为通用机场。该机场四周地势开阔平坦，可为东江湖流域提供生态保护、支援区域抢险救灾，具有较好的发展前景和升级开发优势。

邮政通信

1996 年安装程控电话。后，电信、移动、联通等多家通信企业在境域多处建立基站，手机通讯覆盖全境。2014 年，有邮政局 1 处、代办所 1 个，村村通邮路。邮政业务收入 100 万元，报纸、杂志累计发行 4000 份。有电信企业 1 家，服务网点 2 个，固定电话 460 户，普及率为 15%；移动电话 3500 户，互联网用户 80 户，电信业务收入 100 万元。

供电供水

供电 清朝时，民户多以松柴、竹篾片、橘秆点火照明。民国时期，民户多以桐油、茶油点灯，一部分贫民则沿用松柴、竹篾片、葵秆点火照明。新中国成立后，先后兴建半垅、龙塘水力发电站，装机 3020 千瓦，年发电 850 万度。1993 年 1 月建七里变电站，2011 年并入国家电网，电力充足。

饮水 清朝、民国至新中国成立初期，居民用水主要是井水，靠肩挑手提，距离水源较远的居民用水极为困难。七里街、桃源关均出现过以挑水为生的贫民，遇上干旱季节，井水供不应求。1997 年，在镇政府所在地兴建自来水厂，主要供应镇内机关单位、学校和七里街上三个村民小组用水。自 2008 年，来自半垅水库的自来水陆续进入七里街区和境域 10 个村。2014 年，镇内 2500 多户农村居民家庭用上清洁卫生的自来水。

水利建设

主要分为七里南营大洞和高坡柏树大洞两个区域。七里南营大洞地势高，无河流，处干旱山区，高坡柏树大洞则有桃源河、高坡河、湘源水流经过境，河水常年供给人畜饮用和农田灌溉。汛期，洪水泛滥；旱季，田土干涸，危害农业生产。新中国成立初，区域防汛抗旱能力较低。1965 年 10 月，第一批水利工程乌石水库、茅坪引水渠上马，两项工程自筹劳力，投入水泥 8 吨、炸药 100 千克。后重点整修河道堤坝。1971 年，青山垅水库穿境至资兴总干渠工程开凿动工，有效解决七里南营大洞农田灌溉困难（后由半垅水库东干渠供水）。1980 年开始，实施浅塘挖深、漏塘补漏、小塘扩大、废塘恢复、无塘新建的“五塘工程”，每个劳动力年投劳 22 个工日，开展山塘和渠系建设及堤防、小Ⅱ型水库保安配套、标准渠道建设等。1992年，大石庵农业综合开发区西干渠通水。该干渠以灌溉为主，兼有发电、养鱼、防洪、生活用水等功能，重点解决桃源村、柏树村、茅坪村、高坡村等村人畜饮用和农田灌溉困难。东、西两渠流经境内18公里。全镇共兴建小Ⅱ型水库5座、山塘332口，水面共100公顷，建机电排灌42处，旱情缓解。2014年，投资1900万元对桃源河进行综合治理，完成700多万元小农水项目，对38口山塘、10公里渠道、3处河坝进行了维修。

村镇建设

封建社会贫富差距悬殊，村镇建设发展缓慢。清末、民国时期，兵患和自然灾害不断，村镇建设无所发展。成立人民公社时，公社办公、住房、配套房等为经维修的土改旧房和新建泥砖房。县属各行业机构亦向公社大队延伸，学校、卫生院、供销社、信用社、铁木社、粮点、食品站、邮电所、企业办、林管站等单位或组建或派驻。20世纪六七十年代，大队建有办公室、礼堂、公厕、碾米坊和加工厂等，有的大队还建了供销点、信用点、医疗点、文化室、放映场、球场、水电站等。生产队多数建有仓库、猪场、鱼塘等。1971年，公社所在地搬迁至旧址百米开外的今址，办公和干部住房条件逐步得以改善，配套设施逐步趋于完备。从2008年起，七里、株树、桃源、柏树、茅坪、高坡等村先后建起功能较完备的新村级组织活动中心，南营、大树、湘源、乌石等村则利用停办的小学校舍改造成规范的村级组织活动中心。民国时期，境内民房多为土坯抖墙结构的低矮平房，内部结构单一，采光不足，坡屋顶，屋顶用杉木为粱，顶盖多为冬茅、稻草、杉皮，也有一些民户用小瓦盖顶。改革开放后，新建农房基本淘汰传统的建房格局，农村建房向明亮、美观、舒适、安全、卫生方向发展，并改水改厕。1984年，有自然村157个。1986年后，38个移民点建好并启用，区域自然村达195个。20世纪八九十年代，为镇村建设高峰时期，圳卷上、杨柳塘两个村庄被资兴市定为最美示范样榜村庄。2014年，投资45万元建设社区居民休闲广场，在株树、柏树、桃源、茅坪等村安装太阳能、有线路灯190盏。

社会事业

教育科技

教育 绍定辛卯年（1231），南宋进士、官至巴州刺史的曹行锡，在柏树村创立观澜书院，该书院共出6名进士（其中状元1人）。清朝为书舍教学，主要有观澜书院，一名醽泉书院，在澄溪水头坝为曹氏读书之所。教授左元龙有记。民国时期，多私塾。后政府倡导新式教育，境内小学渐增，创办高坡、柏树、七里山、桃源关等4所国民小学。20世纪五六十年代，教育采取公办为主的原则。1962年，贯彻“九年一贯制”教育方针，调整全日制公办小学布局，将部分公办学校改为民办学校。“文化大革命”时期，民办公助，以民办为主，各中小学先后建造新校舍。1969年，公办学校下放到大队，由“贫下中农”管理，执行“群众办学”方针。中共十一届三中全会后，教育领域开始拨乱反正，调整学校管理体制，重视教育教学。1987年，开始执行“两基”计划，普及九年制义务教育（“普九”）。后，境内11所小学撤并为4所。2014年，境内有初中1所，18个班，教师64人，学生580人。有小学4所，在校学生480人，专任教师44人。小学适龄儿童入学率100%，小升初率100%，九年义务教育覆盖率达100%。有幼儿园4所，在园幼儿210人，专任教师13人。2014年，财政预算内教育金额65万元，比2013年增长4.2%，占财政总支出 3.94%，比 2013 年增长 0.3%。

科技 2011 年，有县市级科技示范户 35 人，乡镇级科技示范户 361 人，承接省级科技产品 4 个。

文化体育

文化 1971 年，以大队、生产队为单位，普遍办起“政治夜校”（也叫“文化室”），80% 的生产队配备政治指导员（也叫“文化教员”）。2009 年，桃源村上关组农民、三级残疾人段盛业（又名段壬午）写的长篇小说《凤凰人家》出版发行。2014 年，有文化站 1 处，有村级文化活动中心 5 处，藏书 3 万册。民间文艺活动活跃，春节农闲自发组织，有民间歌舞乐队 4 个，舞龙舞狮队 3 个，丰收锣鼓队 4 个，有省级文物保护单位 2 处。

广播电视 人民公社时，建有公社广播站，基本实现家家户户通有线广播，农户或居民家庭使用舌簧喇叭，机关单位、学校、大队部使用高音喇叭。1994 年 5 月，建成七里镇有线广播电视站。2014 年，有线电视用户 1369 户，入户率 35.7%。

体育 1988 年，开始按《国家体育锻炼标准》教学。2014 年，有学校体育场 5 个，单位体育场 2 个，总面积 1650 平方米，本镇体育健儿累计取得 10 个荣誉证书。

医疗卫生

新中国成立前，七里街、桃源关等人口聚居地设有私人诊所，主要以“抓中药”治疗疾病。人民公社时期，设公社卫生院，长年配有专业卫生人员 10 人左右，其中“文化大革命”期间，各生产大队均设卫生室，配“赤脚医生”1~2 人。2014 年，有镇村医疗机构 11 个，门诊部 1 个，有床位 15 张；固定资产总值 200 万元，专业卫生人员 30 名，其中执业医师 2 人，执业助理医师 6 人，注册护士 3 人。医疗机构（门诊部以上）年完成诊疗 3.2 万人次。10 个村 1.5 万多人参加新型农村合作医疗，参保率 99%，创建建制村卫生室 10 个。

社会保障

20 世纪五十年代，境内多次水灾，均由县、乡组织发动群众以工代赈，修复水毁堤坝，下拨粮食救济灾民。1953 年 7 月大旱，组织抗旱并发放救济款。人民公社后，由生产队对缺乏劳动力、生活没有依靠的鳏寡孤独等贫困人员实行“五保”。

观澜书院清代牌匾

1978 年，域内上山下乡知识青年陆续回城。1999 年，启动城市居民最低生活保障制度，首批居民 90 人纳入最低生活保障。2004 年起，镇内五保户 52 人享受低保待遇。2005 年，启动农村居民最低生活保障制度，落实低保对象 520 户 607 人，并对农村特困户、“五保户”、城镇低保户实行大病救助，资助特困残疾人家庭 5 户。2008 年遭遇冰灾，镇发放救灾款 15 万元、救灾物资折合人民币 10 余万元。2011 年，实施农村新型养老保险制度。2014 年，全镇有城镇最低生活保障户 57 户 89 人；农村最低生活保障户 674 户 765 人；国家抚恤、补助各类优抚对象 116 人；农村贫困人员危房改造 52 户，投入危房改造资金 45 万元；下拨自然灾害资金 25 万元。有敬老院 1 家，床位 40 张，收养农村五保人员 40 人；有残疾人 574 人，对其中重度残疾人 177 人进行救助。

特色地情

历史人文

元代大德年间科试 大德元年（1297），西廊村观澜书院（系当地曹氏家族书院，位于今七里镇柏树村）学子曹一本、曹一鎚进京参加科举考试，分获状元、二甲第一（科举考试第四名）；大德十一年（1307），观澜书院学子曹一鉴（状元曹一本之弟）又高中进士，荣登皇榜。

曹里怀 1983 年 1 月 27 日，中共中央顾问委员会委员、中国人民解放军空军原副司令员曹里怀回到阔别 33 年的老家—七里公社柏树大队后湾生产队（今七里镇柏树村后湾组）看望乡亲。1928 年年初，曹里怀告别后湾和家乡的亲人，加入红军队伍。1949 年七八月间，时任第四野战军 47 军军长、湘西军区司令员的曹里怀回后湾看望母亲。1955 年，曹里怀被授予中将军衔。他系第三届全国人民代表大会代表，中国共产党第七次代表大会代表，第九、十、十一届中央委员。

大石庵开发区 位于南营、七里、柏树村。1992 年 11 月 16 日，中共中央政治局常委乔石，视察了大石庵农业综合开发区，并在开发区签名留念。

名优特产

醽醁酒 相传为柏树村产的一种绿酒，在汉晋时期已有名气，犹如今日之“茅台”“五粮液”。

曹里怀与亲属在后湾

然而，由于配方被官府控制且连年战乱，明清之后这种绿酒销声匿迹，其酿造技术已经失传。

白露酒 七里白露酒的酿制除取水、选定节气有讲究外，方法也很独特。须用糙米、高粱酿制米烧（俗称“土烧”）酒，与糯米糟酒按 1∶2 的比例，将白酒倒入糟酒里，装坛密封 2 至 3 个月方可启封。封存的时间越长越好，直至成酒香四溢、粘唇、回味无穷的琼浆玉液；还有的埋入牛栏或者窖藏，待数年甚至数十年才取出饮用，此时滴酒成丝，酒色已呈褐红。斟之现丝，略带甜味，易于入口，清香扑鼻，且后劲足，往往喝醉。因七里白露酒用糯米、高粱等五谷酿成，故又称“白露米酒”。20 世纪三四十年代，江苏南京城酒店里还有零散的七里白露米酒，后来逐渐消失。

七里米粉鹅 选用七里本地土肥鹅，放血宰杀，祛毛祛内脏，用桔梗稻草烧净细毛，后洗净斩件。配料为土茶油、米酒、八角、桂皮、干辣椒、盐、鸡精、酱油、老姜、蒜子、葱段、碾磨精细的粳米粉等。用热锅生炒鹅肉，去腥去浮脂炒干水分，将鹅肉盛出。另起锅，热锅放适量土茶油，煸香姜蒜，下入鹅肉与配料急火同炒，烹米酒，待到油脂溢出，加水加锅盖焖至入味，加入米粉，上蒸锅蒸三十分钟便可出锅享用。现已是当地宴请和在外开店之主菜。

有机茶 近年开发有机茶 120 公顷，年产茶叶 110 吨，市场畅销，供不应求。

风景名胜

西廊古村 其中观澜书院位于古村铺上组。南宋绍定辛卯年（1231）建院，创立者曹行锡。书院建成后，培养了一大批人才，在历代科举考试中，出了 1 个状元 6 个进士。自建院始，观澜书院历经 3 次战火焚毁，多次重修。乾隆寅壬年（1782），书院因“基址冲坏”而搬迁至现址，其规模已不足鼎盛时期的六分之一。1986 年，原办于书院之村小学停办。2011 年，观澜书院被列为全省第九批文物保护单位；其中醽醁井位于古村之对火井组，为千年古井。

百福仙寺 位于七里后山，建于悬崖绝壁之中。由于寺庙前方为高耸的石护坡，没有回转空间，远远望去，就像悬挂在石壁上的一串蝴蝶，因而得名。百福仙寺是回龙山寺的配套寺，建造时间稍晚于回龙山寺。该寺因峰奇洞异，景色壮观，登山沿途古松翠柏林立，空气新鲜，历来香火旺盛。“文化大革命”时，红卫兵和当地造反派进寺放倒山门，打烂菩萨，百福仙寺破败凋零。

百尼庵 位于湘源村，与凤凰山古村遥遥相望，因庵内常年尼姑百余而得名。相传，百尼庵建于宋，四周古松绿树莽莽，风景优美，香火旺盛。百尼庵主要为妇女求神拜佛上香供奉之处。

民俗风情

回门 头年嫁女，正月初二，女儿女婿回门，女方亲朋轮流请酒，摆宴席“十大碗”，上几坛白露酒，用大海碗盛之，新姑爷不醉主人家没面子。

分菜 婚丧嫁娶，大宴宾客。东家会安排好每个人的席位，一般男女分席而坐。开席前，妇女们先准备好大碗或塑料袋子，每上一碗菜，由年长的妇女按入席妇女家的座位数分一次，分到菜的女人只尝一点点，以把更多的菜带回家。

栽竹 每当得到没有界竹的新山场，新业主均会与相邻业主共同栽下名为桃竹的竹丛，以明确界至。这种小竹落地生根，耐旱，天长地久，总能保持“一小撮”的状态。域内油茶、竹山、用材林等山岭、山场到处可见。

（胡跃辉　供稿）

蓼江镇 >>

区域概况

位置面积

位于东经 113° 15′ 至 113° 19′，北纬 26° 5′ 至 26° 9′。地处资兴市西北部，东北部、东部、东南部均与七里镇毗邻，南部与三都镇、程水镇相邻，西北与永兴县接壤。辖区东西最长距离 15.1 公里，南北最大距离 11.8 公里，总面积 93.4 平方公里。其中陆地 92.7 平方公里，占 99%；水域 0.7 平方公里，占 1%。人口密度为每平方公里 269 人。耕地面积 1715.98 公顷，其中水田面积 1622.47 公顷、旱土面积 93.51 公顷。

建置沿革

旧称蓼江市，简称蓼市。清朝属兴宁县程水乡。民国初期（约 1915 年）属资兴县北乡威武团、五谷团、龙虎团、蓼江市团。民国 18 年（1929），属资兴县北乡区。民国 22 年（1933），属资兴县第四区（区公所设蓼江市街）威武乡、龙虎乡、五谷乡。民国 27 年（1938）1 月，属第四区威武乡、湘源乡、五谷乡。民国 27 年（1938）10 月，属资兴县五谷乡（乡公所设大坪墟）、湘源乡（乡公所设蓼江市街）、威武乡。民国 33 年（1944），属资兴县北区蓼市区、威武乡、五谷乡、湘源乡。民国 34 年（1945），属资兴县郴侯乡、程水乡。民国 37 年（1948），属资兴县郴侯区湘源乡、威武乡和程水区五谷乡。1949 年，属资兴县郴侯区、程水区。1950 年，属资兴县二区（区公所设蓼江市）大坪乡、秧田乡、龙虎乡、水口乡、东塘乡。1952 年冬至 1953 年春，属资兴县二区（区公所设蓼江市）秧田乡、水口乡、东塘乡、大坪乡、龙虎乡、蓼市镇。1956 年 5 月，属资兴县高坡乡、大坪乡、蓼市乡。1958 年 10 月，为资兴县蓼市人民公社（公社机关设在蓼市街）。1959 年 3 月，为郴县蓼市人民公社。1959 年 11 月，为郴县东江市蓼市公社。1961 年 7 月，为资兴县蓼市公社。1984 年 3 月，为资兴县蓼市乡。1984 年 12 月，为资兴市蓼市乡。1993 年 7 月 15 日，撤乡建镇改称资兴市蓼江镇。

行政区划

2014 年，辖蓼市、秧田、龙虎、水口、东塘、陈家坪、牌楼下、华荣铺、鲁塘、大坪、上村、水东坪 12 个村民委员会 190 个村民小组和蓼江社区、宇字社区（下辖团结村社区居委会及光珠山社区居委会）17 个城镇居民小组。

自然环境

地形地貌以丘陵、岗地、平原为主，东部山地、中部平地、西部丘陵。大部分地区海拔在116米至200米，平均海拔210米。最高点位于帽岭上，海拔882米；最低点位于大坪村袁家一、二组，海拔116米。土壤成土母质有红土、沙土、红岩、石灰岩，丘陵为紫色砂岩和紫色页岩发育成紫色土，中部、东南部为石灰石发育成的山地黄壤。境内主要名山2座：八角星山位于蓼江、三都、团结、七里交界处，因几个山峰并列如角而得名，最高峰海拔882米。郴侯山坐落于蓼江镇南部，山孤耸立，系石灰岩体，海拔232米。山腰曾有士刹，香火甚旺。汉昭帝封楚怀王孙熊畅为郴侯，曾宅于此，故名。昔办郴侯书院，颇负盛名。1945年春，日寇入侵资兴，曾在郴侯山设立司令部。境内属湘江流域，河道属耒水水系，河流主要有2条：程江属耒水支流，发源于波水乡石嘴背，经永兴县鲤鱼塘镇、资兴市七里镇，流经东塘村、陈家坪村，至蓼市街前汇蓼市河，经大坪村，入程水镇。境内河道全长13870米，最宽处40米，最窄处15米，河床平均坡降1.1‰，河道集雨面积492.1平方公里。蓼市河属程江支流，发源于回龙山，经团结瑶族乡、七里镇，流龙虎村、蓼市村，至蓼市街前汇入程江。境内河道全长4260米，最宽处35米，最窄处15米，河床平均坡降14.9‰，河道集雨面积103.8平方公里。镇内河道总长18公里，丰水期为4月至9月，流量为11.11立方米/秒，平均年水量为17513.2万立方米；枯水期为10月至次年3月，流量为7.52立方米/秒，平均年水量为11863.78万立方米。矿藏主要有煤炭，有各种优质煤储量490万吨，年产24万吨。镇域处亚热带季风性湿润气候区，受南岭山脉综合条件（地貌、土壤、植被、海拔）影响，具有四季分明、春早多变、夏热期长、秋晴多旱、冬寒期短的特点。多年平均气温18℃左右；多年平均降水量1552.2毫米，最大暴雨强度为2006年7月15日降雨量240毫米；无霜期286天。主要自然灾害是旱灾，平均5年3遇；最严重的一次发生在2003年，持续时间50天，造成933公顷水稻和农作物受灾，造成2万余人的经济和财产损失达0.14亿元，社会经济破坏情况严重。

人口民族

2014年，辖区总人口数8453户25129人，其中非农业人口7151人。总人口中，男性人数12816人，占51%；女性人数12313人，占49%。14岁以下人数4171人，占16.6%；15–64岁数18193人，占72.4%；，65岁以上数2765人，占11%。民族以汉族为主，有少量散居瑶族。人口出生率12‰，死亡率5‰，人口自然增长率7‰。

经济发展

经济综述

经济开发历史久远，明末至新中国成立前，因地处东江、便江水上主通道，商贸业兴旺，素有“小南京”之称。明代开办炭厂，经营煤炭。清顺治四年（1647），为多处煤炭汇集地，蓼江、程江成为县内煤炭外运的主要通道。明末清初，鱼子坑煤窑（后为湘盛煤矿、宇字煤矿）开采。民国16年（1927），鱼子坑办有定兴公司，煤矿矿区22.67公顷。民国30年（1941），开办湘盛煤矿（今宇字煤矿），有员工250余人。民国时，地方饱经战乱，工商凋零。抗日战争前期，因沿海沿江地区和湘北战争紧张，造成物资匮乏，加之省立衡阳女子中学、省立第六中学、衡阳私立五洲中学相继迁入，大批商民和难民流入，经济出现暂时兴旺的景象。1945 年 2 月至 8 月中旬，日军侵占，奸淫烧杀掳掠，造成田园荒芜、民不聊生。新中国成立后，经济逐步发展。1981 年，加强和完善农业生产责任制。1985 年，完善家庭联产承包责任制，温饱问题得到解决。2014 年，实现国民生产总值 9.5 亿元，一、二、三产业分别占比 13.36%、59.48%、27.16%；完成财政总收入 1262 万元，农民人均收入 18097 元。境内有银行金融机构 2 家，金融机构各类存款余额 19730 万元，各类贷款余额 2210 万元。

农业

种植业 境内水田历来以种植水稻为主，旱土以种植蔬菜、红薯、油菜、瓜果、花生为主。1980 年，粮食总产 905 万千克，亩产 392 千克，农业总收入 269 万元。1986 年，被确定为国家商品粮生产基地、吨粮田开发基地和优质稻生产基地。2002 年，推广杂交水稻制种技术。2006 年，全面取消农业税，发放粮农种粮补贴和种子补贴。2014 年，成功创建万亩水稻高产示范基地，粮食播种面积 3186.47 公顷，其中水稻 2623.2 公顷（全为杂交稻），粮食总产量 1.56 万吨，农业总产值 1.27 亿元。主要经济作物有花生、玉米、大豆、红薯、芝麻、棉花、油菜、姜、西香瓜、枣、橘子、枇杷、蔬菜等。自 2012 以来，大力发展油菜种植，每年种植 6667 公顷以上，成功创建省“油稻稻”生产示范基地，成功举办三届“东江湖·蓼江”赏油菜花活动，注册“郴侯山有机植物油”商标。蔬菜种植传统悠久，注重精耕细作。2014 年，蔬菜种植面积 66.53 公顷，总产量 1.64 万吨，已成为资兴市主产区之一和中心城区主要供应地之一。

养殖业 民国时期，郴侯寨曾有少量养羊户。2014 年，有养羊专业户 5 家，有生猪规模养殖场 7 家，饲养出栏生猪 3.55 万头，出栏羊 2756 头，出栏肉牛 515 头，出笼家禽 13.25 万羽，禽蛋产量 215 吨，生猪年末存栏 2.65 万头。1980 年，渔业生产在全县首屈一指，有养鱼水面 169.87 公顷，产鲜鱼 10.5 万千克，渔业收入 13 万元。2014 年，淡水养殖面积 162.13 公顷，水产品总产量 1819 吨。2014 年，有养蜂专业户 5 家。人民公社时成立了公社畜牧兽医站，2005 年成立镇动物防疫站。

林业 1949 年以前，林地归私人所有，多自生自繁，境内林木以油茶、松、杉、南竹、灌木林为主。1951 年，成立农林互助组、合作社。1958 年，“大办钢铁”，树木被大量砍伐。1970 年以来，大力开展绿化造林。1980 年，共有杉木林 1867 公顷、果木 67 公顷，初步消灭荒山。1981 年，开展“林业定权发证工作”，划分自留山。1982 年，开展“林业三定”工作。1985 年，确定山林权属。2007 年，换发全国统一的林权证，承包期至 2047 年。2014 年，全镇共有土地面积 9335.58 公顷，其中有林地面积 5738.8 公顷，活立木蓄积量 88117 立方米，森林覆盖率 49.5%。林木以名贵苗木、松、杉、油桐、桉树、灌木林为主。2014 年，种植园林水果 28.67 公顷，产量 544 吨，主要品种为柑橘、桃、猕猴桃、葡萄。

工业

明嘉靖二十二年（1543），开设炭厂（煤矿）。清末民初，有纺织、打铁、竹木加工、砖瓦烧制、缝纫、酿酒等个体手工业。民国 16 年（1927），鱼子坑办有定兴公司，煤矿矿区达 22.67 公顷。民国 30 年（1941），开办湘盛煤矿（今宇字煤矿），有员工 250 余人。民国时期，不少农户土法制作鞭炮，作为家庭副业。1961 年，兴办小煤矿。20 世纪 70 年代，兴建“五七”煤矿等地方国营工业企业。1970 年，资兴矿务局在郴侯山旁兴建水泥厂，年设计能力 3.2 万吨，1973 年 8 月建成投产，累计投资 203 万元。1978 年至 1986 年，资兴矿务局水泥厂投资 122.94 万元进行技术改造和规模扩建。1980 年，社队企业较为发达，有煤矿、农机站、翻砂厂、冰厂、综合厂、建筑队、林场、农场等，总产值达 44 万元。2013 年起，开展“一户一产业工人”培训。2014 年，工业以煤矿开采、精深加工为主导，镇内企业主要有湘天下小城镇发展有限公司、湘煤集团祥和公司、兴宇洁净煤公司、“五七”煤矿、恒菱鞋业蓼江鞋厂、张家湾砖厂等。“五七”煤矿年产煤 6 万吨、年产值 33270 万元；兴宇洁净煤公司年洗煤 50 万吨，年产值 34448 万元；蓼江鞋厂共有职工 100 多人，年产值 42032 万元。

商贸服务业

清雍正六年（1728）建立蓼江市墟场，时为兴宁县域十八街市之一，逢农历二、五、八日为集日。清末、民国初期，服务业主要为伙铺（旅店），在水运码头和乡公所附近，设立渡口墟场。民国 38 年（1949），蓼江街上有经商者 84 户、手工业者 42 户、居民 1012 人。1950 年设立国营贸易商店，1951 年建立二区供销社。在国营商业的带动下，蓼江老墟成为资兴北部较繁荣的农村集市之一。1960 年设立宇字墟场，为日日集。1978 年，建墟场，该墟场建筑面积 2178 平方米，每墟赶集约 3000 人。1988 年，蓼市乡共有个体商户 146 户，从业 180 人，有商品批零部 7 个，集日全年成交额达 178.91 万元。1991 年兴建大坪墟场，逢农历三、六、九日赶集。2003 年，投入 1000 多万元，兴建镇农贸市场，市场内建商住户 48 套，2006 年完工。2013 年又投入 30 万元，增设钢架棚，完善摊位、排污排水等配套工程，使该市场成为资兴市内一流的农贸市场。2014 年，第三产业生产总值 25786.7 万元。食品、餐饮、金融、美发、日用品、农机具、互联网等百业兴旺，能满足居民的生产生活需求。

旅游业

旅游景区、景点主要有：蓼江老街，资兴市目前保存较完整的古街，为湘南地区旧式街市建筑的博物馆；秧田村段家五兄弟、秧田村大韩袁氏宗祠；水口村下石矶（下袁家）、龙虎村上石矶（上袁家）袁孔瑞故居；水东坪村李萁萱故居；水东坪村颜曹兴故居；上村村曹亦吾故居；大坪村曹向经故居等湘南古民居；以大风寨为代表的十寨沟丹霞胜景；华荣铺村盘家林场便江风光；石歧仙；桃花庙等。有新石器时代唐家岭遗址、商代柿花岭遗址、唐家岭战国古墓群、资兴市境内唯一有史料记载的以封建封爵命名的地方—西汉郴侯熊畅封建兼宅居之地郴侯山等。还有郴侯书院、辰岗书院、焦宏焦亮故居、二亩半园（段廷圭故居）、关王庙等等。旅游产品主要有：郴侯山有机植物油、蓼市烤鸭、白露酒、土烧、团散、蜂蜜、干鱼、腊肉等。

基础设施

交通运输

南宋绍定年间，北路步道干线途经境内。明代，有驿道、民桥、津渡、关塘、凉亭、旅铺等交通设施，设有陆路塘防（哨卡）。明清至 20 世纪 60 年代中期，蓼江市至程江口河段季节性通航 21 公里，可通航 1~ 5 吨船只，河岸设有蓼江市客货码头，进出口货物主要靠程江水路运输。1949 年，郴三铁路宇字煤矿线（光珠山至宇字煤矿煤仓）建成通车。上世纪六十年代，蓼三公路（蓼市至三都）、天宇公路（鲤鱼江天桥至宇字）、蓼宇公路（蓼市至宇字）建成通车。20 世纪 70 年代，各村通村公路建成通车。2009 年，建成镇公路客运站，日发客运车24班次，日均容量400余人次。2009年，实现村村通水泥公路，通村公路总长36.4公里。清代、民国时期，水路运输工具以木船、木竹排筏为主，陆路运输有少量木质独轮车（又名鸡公车）用于短途运煤（使用独轮车在资兴为最早），另有少数花轿、素轿代步。20世纪50年代，出现木质双轮板车、胶皮双轮板车和轮胎板车。20世纪60年代后，人力运输工具逐步被机动车辆所取代。2014年，省道213线、省道903线、三蓼公路、许三铁路线穿境而过，开通来往市区的客车。

邮政通信

民国2年（1913），设邮寄代办所。1953年4月，设邮政营业处，为县内自办邮电分支机构之始。1962年7月，设立邮电支局。1950年8月，资兴—永兴步班邮路改为资兴—蓼江市投递路线，且为逐日班，为资兴第一条农村邮运投递路线。1995年，开通程控电话。此后，电信、移动、联通等多家通信企业在境域多处建立基站，手机通信覆盖全境。2014年，有邮政支局1处，村村通邮路。有电信支局1处，电信、移动、联通均有服务网点，村村通固定电话、移动电话、互联网。

供电饮水

供电 清时，民户多以松柴、竹篾片、秸秆点火照明。民国时期，民户多以桐油、茶油点灯，一部分贫民则沿用松柴、竹篾片、葵杆点火照明。20世纪60年代至今，湘盛煤矿（后为宇字煤矿、宇字社区）和龙虎村部分居民由资兴矿务局（现为湘煤集团资兴实业公司机电公司）供电。除机电公司供电区外，均并入国家电网，电力充足。现村村通电。

饮水 清、民国至新中国成立初期，居民用水主要是井水。20世纪60年代至今，湘盛煤矿和龙虎村部分居民由资兴矿务局供应自来水。2007年以来，来自半垅水库的自来水陆续进入镇区和各村。

水利建设

农业灌溉主要依靠半垅灌区、青山垅灌区、小型水库、骨干山塘和程江拦河坝。1953年冬，兴建小Ⅰ型水库西湖水库，集雨面积1.6平方公里，主坝高12.14米，附坝高4米，总库容160.5万立方米，灌溉面积134公顷，1954年5月完工。小Ⅱ型水库泉塘水库、山田冲水库、石塘水库、牛角塘水库、边之江水库、周塘水库（共6座）分别于1954年10月、1956年10月、1957年10月、1976年10月、1980年10月、1981年10月兴建。1958年6月上村湾安装县内第一台20马力煤气机抽水泵，灌田13公顷，9月机房连同机泵烧毁。1959年6月改装15马力柴油机抽水泵。1988年电灌装机40台，总装机容量680.4千瓦，灌溉面积374.67公顷。1958年至1976年，兴建蓼市河柏树—大树—蓼市防洪堤。1975年底，青山垅灌区建设完成。1988年，共有山（平）塘931口（其中基本塘55口），水面123.4公顷，蓄水量292.61万立方米，灌溉面积290.5公顷。1992年7月，半垅灌区改造完成。2011年，完成西湖水库除险加固。2013年完成边之江水库、泉塘水库除险加固。2014年有山塘460口（其中骨干山塘58口），蓄水量4800万立方米；有龙虎村抓根坝（民国兴建）、蓼市村南头湾上游石坝（1957年兴建）、东塘村恭坡坝（1956年兴建）、龙虎村曹家坝、秧田村郴侯山坝（1966年兴建）5处拦河坝灌区。

村镇建设

成立蓼市人民公社时，公社办公、住房、配套房等为经维修的土改旧房和新建泥砖房。1982年，蓼市公社（今蓼江镇）住址搬迁至柿花岭，建起钢筋混凝土楼房，办公和干部住房条件逐步得以改善，配套设施逐步趋于完备。2014年完成镇政府公租房建设，各村均建成规范的村级组织活动场所。民国时期，境内民房多为土坯抖墙结构的低矮平房。改革开放后，农村建房有较快发展，农村建房的质量标准显著提高，先后建成水东坪村小康街、龙虎村练图、陈家坪村西冲垅、水口村前头垅、华荣铺村红耳冲、牌楼下村牛家庄等新农村建设示范自然村，陈家坪、蓼市、秧田、龙虎、水口等村新农村建设成效显著。2014年，在镇区、宇字社区和蓼市、秧田、陈家坪、水东坪等地安装太阳能、有线路灯。

社会事业

教育科技

教育 南宋咸淳十年（1273），于郴侯寨建辰冈书院（后于明代重建于三都辰冈岭）。清咸丰年，于郴侯寨建郴侯书院。光绪三十二年（1906），郴侯书院改为小学堂。民国时期，以私塾教育为主。抗日战争前期，省立衡阳女子中学、省立第六中学、衡阳私立五洲中学相继迁入。民国34年（1945）2月，日本侵入，学校被迫停办。抗日战争胜利后，外地迁来的学校陆续迁走。20世纪五六十年代，镇村教育采取公办为主的原则。1962年，贯彻“九年一贯制”教育方针，调整全日制公办小学布局，将部分公办学校改为民办学校。“文化大革命”时期，民办公助，以民办为主，各中小学先后建造新校舍。1969年，公办学校下放到大队，由贫下中农管理，执行“群众办学”方针。1978年后，教育领域开始拨乱反正，调整学校管理体制，重视教育教学。20世纪70年代初期，兴建中学校舍。1987年，开始执行“两基”计划，普及九年制义务教育。2014年，境内有初中1所，6个班，教职员工33人，学生162人。有小学1所，12个班，教职员工41人，学生474人。小学适龄儿童入学率100%，小升初率100%，九年义务教育覆盖率达100%。有幼儿园3所，在园幼儿260人，教职员工9人。

文化体育

文化 1971年，以大队、生产队为单位，普遍办起“政治夜校”（也叫“文化室”），80%的生产队配备政治指导员（也叫“文化教员”）。2014年，有文化站1处，有镇、村级文化活动中心14处，藏书3万册。酒文化交流、民间故事传播、电影放映、歌唱演出、摄影、文学评论、著书修传等民间文艺活动活跃，有业余舞草龙队、舞布龙队、舞狮队、武术表演队和半职业腰鼓队各1个，有民间歌舞乐队3个。有省级文物保护单位1处（大风寨）、郴州市文物保护单位1处（资兴清天地会焦宏焦亮活动遗址群）、资兴市级文物保护单位2个（新时石器时代唐家岭遗址、商代柿花岭遗址）。古碑刻《辰岗书堂之记碑》立于南宋咸淳十年（1274），今存秧田村袁氏宗祠内。

广播电视 人民公社时，建有公社广播站，基本实现家家户户通有线广播，农户或城镇居民家庭使用舌簧喇叭，机关单位、学校、大队部使用高音喇叭。1994年，建成广播电视站。2014年，有有线电视用户1360户。

体育 1988年，开始按《国家体育锻炼标准》教学。2014年，有学校体育场2个、单位体育场2个、农村体育场6个，部分村、社区、单位安装了健身器材。

医疗卫生

2014年，有镇村医疗机构14个，有床位45张；专业卫生人员23名，其中执业医师7人，执业助理医师8人，注册护士8人。12个村16980多人参加新型农村合作医疗，参保率99%。创建建制村卫生室 13 个。

社会保障

人民公社后，由生产队对孤寡鳏独的老人、孤儿和无劳动能力的重度残疾人实行“五保”。1999 年，启动城市居民最低生活保障制度。2005 年，启动农村居民最低生活保障制度，并对农村特困户、“五保户”、城镇低保户实行大病救助。每年常规开展残疾人救助工作。2008 年遭遇冰灾，镇发放救灾款 30 万元、救灾物资折合人民币 10 余万元。2014 年，落实城市“三无”人员最低生活保障金 330 人 / 月、“五保”供养对象最低生活保障金 220 人 / 月。2014 年，全镇有城镇最低生活保障户 149 户 253 人，发放低保金 56 万多元；农村最低生活保障户 687 户 796 人，发放低保金 89 万多元；国家抚恤、补助各类优抚对象 155 人，发放优抚资金 56 万多元；农村贫困人员危房改造 56 户，发放危房改造补助资金 34 万元；下拨自然灾害资金 15 万元；敬老院 1 家，床位 70 张，收养农村“五保”人员 33 人；“五保”人员参加新型农村养老保险 18 人，参保率 100%。残疾人 707 人，对其中重度残疾人 207 人进行救助。近五年来，发放危房改造补助资金 157 万多元，对 261 户农村贫困户进行危房改造。

特色地情

名优特产

团散　制作原料主要是糯米、油。制作方法：第一步，糯米洗净放在锅里蒸至半成熟；第二步，把半成熟糯米放在特制的圆竹器内成型；第三步，成型后放在通风或放在太阳底下晾干；第四步，锅内加茶油，大火加热，油热后放入半成品；第五步，煎至淡黄色起锅。

米粉鸭　制作原料主要有鸭肉、米粉、油、味精、大蒜仔、姜、葱、盐、香粉、香油、酱油。

大风寨老君葫芦山

蓼江老街

制作方法：第一步，将鸭洗净剁成块，焯水；第二步，锅内放油烧红，将鸭肉炸成六分熟；第三步，加水，放入大蒜仔、盐、姜焖熟，加香油、味精、酱油；第四步，放米粉，爆炒熟，放大蒜叶、葱，出锅。

风景名胜

十寨沟 位于牌楼下村。因其有大小山峰十座紧密相连且多具形状得名，包括“大轿”大峰寨、“小轿”小峰寨、“旗帜”十里寨、“喇叭”鹅婆垅寨等。为丹霞胜景，山体朱红，绿树点缀，形态各异，给人许多联想。山势陡峭险峻，难以攀登，更难以到达顶峰，透着神秘。山间曲径通幽，小溪流水潺潺，犹如迷宫宝殿、世外桃源。有不少天然石洞，冬暖夏凉，可容几人或百余人不等。旁有郴州去兴宁古驿道。

大风寨（也称大峰寨、大蜂寨） 位于牌楼下村，为十寨沟之一寨。山寨地势险要，风光旖旎。山顶地势平坦，面积比足球场大，林木茂盛，条石山门保存比较完好，房屋、水井遗迹隐约可见。现建有钢架木板天梯可登，山顶曾是太平天国将领焦亮习武练功的秘寨。为省级文物保护单位。

蓼江老街 资兴市目前唯一保存较为完整的古街。蓼江古街，位于蓼江河畔。据《兴宁县志》记载，清雍正六年（1702）建立蓼江市墟场，迄今已有三百多年的历史。蓼江市墟场原先不在现在的古街，而是在距此一华里处的沿河上游，因洪水淹没，后来才搬迁至此。虽然古街是逐步扩展延伸的，店铺建筑有新有旧，但是整个古街建筑风格相对统一，规划有序。青砖黛瓦石板路，一街风巷功能全。主街有正街、老街、上新街，长约一华里；副街有旷头上、旷头下、横板桥、米厂、半边街四面分支；还有猪屎巷等多条小巷构成四面八方的出入通道。正街、老街、上新街，主要经营南杂百货、饮食业，还有绸缎铺、药铺和书店；横板桥街主要买卖牲畜家禽；上下旷头街，有蒸酒染布的，破篾编篓的，还有卖棺材的；米厂街则主要生产经营大米。半边街为码头。

郴侯山 又名侯公山，地处蓼江南岸。西汉昭帝始元四年（前83），郴侯封建之地在郴侯山；后人又将它称之为郴侯寨。这是资兴市境内唯一有史料记载的以封建封爵命名的地方。耸立的石壁，裂穴有清泉。小小磴道，像天梯一般。庵舍重楼叠阁，逦倚相接，紧贴石壁，壁下绿树捧托，清流倒映。《水经注》云：“绿水出县东侯公山”。古桂阳郡置酒官酿酒于山下，名曰“程酒”。《郴州总志》载：“程乡有千里酒，饮之，至家犹醉”。庵已倒塌，今唯有青山石壁。1945 年，侵华日军曾在此建立在本营。山下现仍是蓼江镇中学所在。

民俗风情

扫尘 “腊月二十四，掸尘扫房子”。按乡间的说法，“尘”与“陈”谐音，新春扫尘有“除陈布新”的含义，其意是要把一切穷运、晦气统统扫出门。每逢春节来临，家家户户都要打扫环境，清洗各种器具，拆洗被褥窗帘，洒扫六闾庭院，掸拂尘垢蛛网，疏浚明渠暗沟。

饭藏鱼 客人来家就餐，主人将几条做好的小鱼藏入碗底，上面盖满饭。客人与主人全家同桌吃饭，领情并默契地把小鱼悄悄吃了。随着生活条件改善，该习俗现在很少见到了。

（李向东 供稿）

团结瑶族乡

区域概况

位置面积

地处资兴市西北部，东与兴宁镇、波水乡相接，南与三都镇相连，西与七里镇接壤，北与永兴县千冲乡毗邻。辖区总面积70平方公里，其中陆地69平方公里，占98.5%；水域1平方公里，占1.5%，人口密度为每平方公里40人。耕地面积118.27公顷，其中水田面积104.8公顷，旱土13.47公顷。

建置沿革

因撤区并乡，合并为团结乡得名；另一说为境域汉瑶两个民族杂居，以团结共进为愿景而取团结之名。明朝清代多属兴宁县程水乡。光绪元年（1875），属兴宁县北乡三都二里，村庄为溢泥、半垅等。民国初年（约1915），改乡、里为乡、团，属资兴县北乡桃源团。民国22年（1933），实行区乡自治，属资兴县第四区桃源乡。民国27年（1938）10月，属资兴县桃源乡。民国33年（1944），属资兴县北区桃源乡。民国37年（1948）10月，属资兴县郴侯区桃源乡。1950年，实行小乡制，5月，划为资兴县二区半垅乡。1952年冬至1953年春，开展民主建政，乡级组织再划小，划为资兴县二区（1955年二区改为蓼市区）半垅乡、团结乡。1956年5月，撤区并乡，半垅乡、团结乡合并为团结乡。1957年8月7日，资兴县团结乡更名为资兴县团结瑶族乡，成为郴州境域最早的少数民族乡之一。1958年10月1日，实现人民公社化，为蓼市人民公社团结大队、半垅大队。1959年3月，属郴县蓼市人民公社（七里片）。1959年11月，属郴县东江市蓼市人民公社。1961年初，属郴县七里人民公社。1961年7月9日，属资兴县七里人民公社，8月26日划为资兴县团结人民公社。1982年2月23日，团结人民公社更名为团结瑶族人民公社。1984年3月，公社改为乡制，下设村民委员会、村民小组，为资兴县团结瑶族乡。1985年后，改今名资兴市团结瑶族乡。

行政区划

1950年5月资兴县二区半垅乡时，辖二峰村、溢泥村、深坳村、半垅村、团结村、双坑村、坪么村7村。1961年8月资兴县团结人民公社时，辖二峰大队、半垅大队、溢泥大队、坪么大队、团结大队、深坳大队、双坑大队7个生产大队和1个城镇居民委员会。1977年，生产队为41个。1984年，上述7个大队改名为7个村民委员会，下设48个村民小组。20世纪90年代初，半垅水库关闸蓄水，地处淹没区2个村民小组成建制分别迁移至七里镇柏树村、七里村，1个村民小组分散迁移至程水等邻近市区乡镇安家落户。2003年，成立团结瑶族乡社区，设2个居民小组。2014年，区内共有7个村民委员会45个村民小组和1个社区2个城镇居民小组。

自然环境

境属山地。山脊线和沟谷走向大体一致，为线状延伸。山顶多呈尖状和起伏的锯齿状，沟谷的侵蚀和底蚀明显，呈V形和U形，比高超过200米，坡度大于25度的面积占总面积80%以上。出露岩层为砂页岩、花岗岩、变质岩、红岩、石灰岩。地势自东南向西北倾斜，最高点在回龙山，海拔1420.5米，最低点在半垅村虎形组，海拔267.2米。在西部边境有一条长约1.5公里、宽1.5公里的开阔地带。成土母质多系板页岩、砂岩，土层厚约50厘米。境内主要名山二山一岩：八角星山在乡与蓼江、三都、七里交界处，因山峰并列如角得名，海拔882米。回龙山坐落于乡东南边境，海拔1420.5米。山脉回绕，有如游龙，故名。晨起山顶观日，奇趣无穷，为资兴古八景之“回龙望日”，系回龙山山脉之发端，连接的山岭主要有回龙山、羊角山、七宝山、丫髻山、紫金山等。婆婆岩位于双坑村。旧时记载为：“岩腹宏坦，以石投地，声振如鼓。左旁奇石高丈余，玲珑嵌空，累累如垂桃实。用火烛之，光润森然。盛夏寒冽，不耐久居。洞口苍藤掩映，万山皆拱，下有小庵，足供游赏。”境域溪流潺潺，有3条较大水流：双坑水、团结水均源于回龙山麓，经婆婆岩流入半垅水库；深坳水源于深坳村山谷，蜿蜒流入半垅水库。三水为半垅电站水力发电和资兴北部饮用水、灌溉用水主水源。矿藏主要有煤、石灰石、朱砂石，还有铜、铁、锑、白钨等，其中煤、石灰石储量较大。石灰石矿经化验，含钙量大都在51%以上，是制水泥和烧石灰的主要原料。

乡域处亚热带季风性湿润气候区，四季分明，雨季明显。常年主导风为北风，有强雷电气象。春季80天左右，早春气温低，常降霜雪，寒潮频繁。夏季为期90多天，初夏多有梅雨，雨量大，夏末伏旱严重，主导风为东南风。秋季为期70多天。冬季寒冷，为期110多天。主要自然灾害有低温冷害、暴雨洪涝、大风冰雹、干旱、风灾、严寒冰冻及病虫害等。冰冻最严重一次发生在2008年1月至2月，成灾时间约35天，涉及境内7个村45个村民小组，受灾面积达70平方公里。

人口民族

辖区共有862户2660人，其中非农业人口280人，另有流动人口363人。总人口中，男性1389人，占52.21%，女性1271人，占47.79%。

居民姓氏以袁、邓、盘、赵、李、段、黄为主。2014年，人口出生率为14.07‰，死亡率8.36‰，

团结瑶族乡瑶族服饰

人口自然增长率5.71‰。域内民族为汉族、瑶族。瑶族为过山瑶，亦名高山瑶，因祖先散居山谷，刀耕火种，迁徙无常，故又称系生瑶，主要散居于二峰、坪么、双坑等村。2014年，团结瑶族乡有瑶族人口958人。

经济发展

经济综述

宋、元、明、清时期，境域佛教、道教文化兴盛，香客信众云集。民国时，地方饱经战乱，农工商凋零。民国34年（1945）2月6日（农历腊月二十四），日本侵略军（68师61大队2中队）攻入回龙山，后在郴侯山、回龙庵等地驻扎，在团结各村“扫荡”，烧杀掳掠，强奸妇女，无恶不作，并实行野蛮的“三光”政策，造成田园荒芜，民不聊生。新中国成立后，乡内经济逐步发展。1963年，全乡农村总收入246649元，参加收益分配609户2082人，人平118元。1981年，加强和完善农业生产责任制。1985年，完善家庭联产承包责任制。12月，取消粮食、生猪、木材等派购，放开价格，产品随行就市，自由贸易，多渠道经营。2014年完成财政总收入587.43万元，比2013年增长12%。其中一般性转移支付收入237.57万元，同比增长23%；农民人均收入12553元，同比增长13.31%。

农业

境内水田以种植水稻为主，旱土以种植蔬菜、红薯及经济作物为主。清朝、民国至解放初，以水田种植一季高秆水稻为主。1967年粮食作物总播种面积344公顷，总产733吨，人平320.5千克。1978年，种植早稻76.6公顷，产量317吨；种植中稻107公顷，产量511.8吨；种植晚稻85.87公顷，产量253.4吨。2006年，全面取消农业税，发放粮农种粮补贴和种子补贴。2014年，全乡粮食播种面积176.2公顷，总产量822.6吨；农业总产值3.325亿元，同比增长9.7%。主要经济作物有花生、大豆、红薯、芝麻、生姜、西瓜、蔬菜等。

畜牧业 清朝、民国时期，域内农户有圈养生猪、漂放耕牛羊的习惯，鹅、鸡、鸭多自繁自养，所产除食用外，皆出售或兑换油盐等。1967年，生猪存栏574头，耕牛（黄牛）存栏466头。1978年后，大力发展畜牧业，传统的散养改为圈养、群养，并普遍使用配合饲料。上世纪九十年代后，域内出现养牛、养羊专业户。人民公社时成立了公社畜牧兽医站，2005年成立乡动物防疫站。2014年，饲养出栏生猪210头，出栏羊320头，出栏肉牛35头，出笼家禽1730羽，生猪年末存栏125头。

林业 境内林木主要有马尾松、樟树、杉树、油茶、南竹、灌木林等。1958年，“大办钢铁”，树木被大量砍伐。1971年，生产茶油24.13吨。1972年，办社队林场8个，大量种植杉、松、南竹等。1981年，开展“林业定权发证工作”，划分自留山。1982年，开展“林业三定”工作。1985年，确定山林权属。1991年，养蜂116箱。2012年，换发全国统一的林权证，承包期至2047年。2014年，全乡共有土地面积6888公顷，其中有林地面积6253公顷。造林29公顷。农民住宅周边种树累计5.6万株，林木覆盖率87.98%，活立木蓄积量248381立方米。种植小水果27公顷，产量500吨/年，主要品种为柑橘、板栗、梨、杨梅等。

工业

1994年，有乡办企业107家，其中农业企业9家、工业企业45家、施工企业13家、交通运输企业 9 家、其他企业 27 家；有村办企业 15 家；有个体私营企业 81 家。企业总产值 407.37 万元，职工 289 人，其中女工 54 人。后来乡办工业呈衰退状况。

商贸服务业

新中国成立前至新中国成立初期，乡内农副产品主要是通过七里墟场外销。人民公社时，设供销社、粮站、食品站等，供应生产生活资料，收购粮食、生猪等农副产品。2014 年年末，有商业网点 50 个，从业 100 人。社会商业零售总额 800 万元。商贸业经营本地主要农副产品有小水果、生姜、水稻、茶叶、蜂蜜、药材、鲜笋、玉兰片等，销往本省及江西、广东等地。

旅游业

域内著名风景旅游区"古南岳"回龙山，海拔 1420.5 米（比南岳的祝融峰高出 120.3 米），总面积 16 平方公里。风景区地形为三面峭崖一面坡，四周山青水秀，景色迷人。南与东江湖旅游区遥相呼应，东与炎帝陵、井冈山紧密相连，北与南岳相望，西与飞天山、苏仙岭相接。景区里有传说由天兵把守并鹤立绝壁的三天门等自然景点 150 多个；有镌刻为"古南岳回龙山"字样的残缺石匾等古文化旧址 120 多处；有绕弯 100 多个，路旁山溪水流潺潺，飞瀑如线，且穿行于崇山峻岭、悬崖绝壁的登回龙山古石阶道；还有古朴而静谧，绿树掩映，鸡鸣狗吠的韵味瑶家小院、瑶妹农家乐及瑶族风情村、回龙山宾馆和穿行于瑶寨、瑶家的盘山水泥公路等等。域内半垅水库总库容 2260 万立方米，水面 120 公顷，水中草、鲤、青、鲢、鲫鱼多，且大鱼常出，青山绿水，快乐垂钓于其间，是垂钓爱好者乐此不疲的选择。还有初具规模的"瑶族风情一条街"等，将成为游客青睐的旅游优势项目，旅游开发前景可观。

基础设施

交通运输

中华人民共和国成立初，境内主要为 3 条石板道与外界相连，村与村之间多为山路、泥土路、偏僻小路。因为路难走，村民运输、买东西、看病、孩子上学都不方便。1965 年，桃团公路贯通，1979 年通客班车。20 世纪 80 年代后期，半垅水库上马，新修桃源村至团结乡环库公路 3.5 公里，建跨桃源河公路桥 1 座，1990 年通车，2005 年铺水泥路。2007 年，实现村村通水泥路，通村公路总长 39 公里；全乡 45 个村民小组，42 个通了公路。

邮政通信

1996 年，开始安装程控电话。后来，电信、移动、联通等多家通信企业在回龙山、坦山盈等处建立基站，手机通信覆盖全境大部地区。2014 年，有邮政代办所 1 个，村村通邮路；报纸、杂志累计发行 1000 份；有电信服务网点 3 个，固定电话 216 户，互联网用户 40 户。

供电供水

供电 清朝时，民户多以松柴、竹蔑片、秸杆点火照明。民国时期，民户多以桐油、茶油点灯。1963 年，团结、半垅、溢泥等村建水轮水泵发电站。1991 年，村及村以下办小水电站 106 个，发电量共 23.85 万千瓦时，全乡农村用电量 27.02 万千瓦时。2011 年并入国家电网，电力充足。

饮水 新中国成立初期，境域居民用水主要为山溪水，亦有部分居民使用井水。2011 年，从荷木垅引入山泉水，供应机关单位、学校和团结街上居民用水。2014 年，域内 860 多户农村居民家庭用上清洁卫生的自来水。

团结瑶族乡境内半垅水库

水利建设

1987年2月，域内半垅水库大坝破土清基；1989年4月7日，开始浇灌混凝土；1992年7月，大坝主体工程基本完成。整个大坝工程共完成土石方38.85万立方米、砌石17894立方米、混凝土和钢筋混凝土91222立方米，完成投资2136.08万元。半垅水库共淹没团结境内稻田43公顷、旱土4公顷、林地33公顷，各类正房356间17635.1平方米、杂房162间1851.7平方米。乡政府等11个单位后靠搬迁至半垅村龙形塘老上，48户220人被外迁安置。

村镇建设

1950年5月成立半垅乡，乡政府设于半垅村中心洞组新屋头，其办公、住房等为土改旧房。后县属各行业机构亦向乡村延伸，学校、卫生院、供销社、信用社、铁木社、粮点、食品站、邮电所、企业办、林管站、派出所等单位或组建或派驻。20世纪六七十年代，大队建有办公室、礼堂、公厕、碾米坊等，有的大队还建了供销点、信用点、医疗点、放映场、水电站等。生产队多数建有仓库、猪场、晒谷场等。1990年，乡政府搬迁至旧址500米开外的今址。从2009年起，二峰、半垅、溢泥、坪么、团结、深坳、双坑等村先后建起功能较完备的新村级组织活动中心。民国时期，境内民房多为土坯抖墙结构的低矮平房，内部结构单一，采光不足，坡屋顶，屋顶用杉木为粱，顶盖多为杉皮，也有一些民户用小瓦盖顶。2011年后，农村建房有较快发展，住房质量标准显著提高，基本淘汰传统的建房格局，向明亮、美观、舒适、安全、卫生方向发展，并改水改厕。2014年，投入200万元完成半垅街道墙面美化；投入20万元完成集镇主街道、半垅风情街美化、绿化；投入10万元完成观景平台建设；投入15万元安装太阳能路灯30余盏、配备果皮垃圾箱20多个；投入15万元完成垃圾填埋场改造项目；投入30万元完成主街道房前屋后美化、硬化。

社会事业

教育

1968年，创建团结公社中学（系初中，2003年撤并至七里中学）。1972年，社内7个大队均办小学；还在大板上、水龙头生产队办教学点各1个，两校均有小学生五六人。1976年，社内办高中，学制2年，共招生2个班级；1978年停办。2014年，境内有中心完小1所，6个班，教师14人，学生58人。小学适龄儿童入学率100%，小升初率100%，九年义务教育覆盖率达100%。另有学前班1个，在班少儿13人，专任教师1人。

文化体育

文化 当地瑶族人至今保留着还盘王愿祭祀礼仪、对歌、耍狮、舞草龙、跳长鼓舞和“瑶家十拜”等瑶族传统文化，在住宅方面仍保持着偏远山区瑶族特有的“垒墙”建筑结构，瑶族服饰、饮食文化亦颇具特色。2010年，开始在瑶族人口相对集中的二峰村村部所在地筹办“二峰村瑶耕文化展示室”，经过近3年的实物收集、整理，于2012年正式对外展出，展出的瑶耕文化实物主要有衣饰头饰、马刀弓箭、农具家具、瓷器陶器、衡器竹器、草龙等。2014年，有文化站1处，有村级文化活动中心7处，藏书8万册。民间文艺活动活跃，节点农闲自发组织民间歌舞，有舞龙舞狮队7个，丰收锣鼓队4个。

广播电视 人民公社时，建有公社广播站，基本实现家家户户通有线广播，农户或城镇居民家庭、机关单位使用舌簧喇叭，学校、大队部使用高音喇叭。20世纪80年代中后期，普及电视（无线）。1994年5月，与七里镇合并建立有线广播电视站。

体育 1988年，开始按《国家体育锻炼标准》教学；瑶家“盾牌武术”分获湖南省第二、三届民族运动会第三名。2014年年末，有学校体育场1个，单位体育场1个，总面积300平方米。

医疗卫生

新中国成立前至解放初，缺医少药，村民患病多“小病挺、大病拖”，多用中草药土法治疗。1970年，全社7个大队都分别建起合作医疗站，配备“赤脚医生”。2014年，有乡村医疗机构1个、门诊部1个、床位4张；固定资产总值40万元，专业卫生人员4名，其中执业医师2人，执业助理医师1人，注册护士1人；完成诊疗2420人次；7个村2325多人参加新型农村合作医疗，参保率98.5%。

社会保障

人民公社化后，由生产队对孤寡鳏独的老人、孤儿和无劳动能力的重度残疾人实行“五保”。1969年，域内3个大队共接收安置6名上山下乡知识青年。1999年，启动城市居民最低生活保障制度。2004年起，“五保户”4人享受低保待遇。2005年，启动农村居民最低生活保障制度，并对农村特困户、“五保户”、城镇低保户实行大病救助，资助特困残疾人家庭3户。以后每年常规开展残疾人救助工作。2008年遭遇冰灾，共倒塌房屋28户47间。乡政府发放救灾款12万元、救灾物资折合人民币5万元。2011年，实施农村新型养老保险制度。2014年，落实城市“三无”人员最低生活保障金330人/月，“五保”供养对象最低生活保障金220人/月。有城镇最低生活保障户5户11人，月人均200元。农村最低生活保障户56户117人，支出14.4万元；国家抚恤、补助各类优抚对象25人，支出21692元。农村贫困人员危房改造14户8万元，下拨自然灾害资金2万元；"五保"人员参加新型农村养老保险3人，参保率100%。残疾人72人，对其中重度残疾人30人进行救助。近五年来，投资22万多元，对26户农村贫困户进行危房改造。

特色地情

名优特产

瑶家糟酒　瑶家糟酒以栗树糟酒和主杂粮糟酒最负盛名。栗树糟酒醇香扑鼻，苦、涩、甜、辣数味俱全，有消食健胃、消除疲劳、恢复体力的功效。主杂粮糟酒则是瑶家常年必备酒，冬春两季，用罐子煨热后喝，香甜可口，祛寒解乏；炎夏三伏，还可用泉水调稀后喝，清凉爽口，祛暑提神。主产于坪么、双坑、二峰瑶村。

苦丁茶　系野茶。属冬青科，别名菠萝树、大叶茶、苦丁茶，为冬青科植物大叶冬青的叶，生于山坡、竹林、灌木丛中。境域二峰、双坑、溢泥、坪么村等均有分布。

风景名胜

回龙望日　资兴古八景之一。在乡南面的羊角山后，有山脉一支，迂回蜿蜒，故名"回龙山"。上有"骑龙跨鹤"仙迹，古建庵刹，石镌"古南岳"三字。相传南岳大帝夏季来此避暑，香火甚旺。峰顶有望日台，"鸡鸣往观，日从海出，大如车轮，红赤晃目，莽漾不定。一跃而升，其日必晴，数跃而升，其日必翳。盖无殊泰山之观焉"。

回龙仙寺　位于回龙山望日台下行80米处，旧有"古南岳庙"之称。东汉时建道观，唐代初期回龙山大庙集佛、道教成一体，时信众云集，香火不断。然其庵刹之大部于新中国成立前夕毁于战火；"文化大革命"时，庵内菩萨被"破四旧"者尽毁。至21世纪初，庵刹已破旧不堪，占地面积不足500平方米。2007年，启动回龙仙寺修复工程，历时两年多，寺庙主体工程及回龙山通寺公路等配套工程全面竣工，2009年11月起对外开放。修复后的回龙仙寺占地面积6.67公顷，坐

资兴古八景之回龙望日

北朝南，墙体用石头垒砌而成，硬山式寺顶，上履小青瓦。寺庙之天皇殿、大雄宝殿、观音殿、寿福殿、玉皇殿等皆金碧辉煌，气势宏伟。重塑的如来佛祖、观世音（重6000千克）、无量寿佛等21尊菩萨表情自然，形态逼真。香客、信众烧香、拜佛、供奉之用物用品等亦配制齐全。旧时上寺有山道数条，多为一米见宽，石块铺就。相传求嗣、求仕、求学、求财、求平安者，祈祷显应。现有水泥公路通往。

三天门 从双坑垅而上，山石耸峙，古木遮掩，峰峦众多，路绕峰行，谓之九十九曲。众峰之上，有三座最为陡峻，人从峰凹穿过，犹跨入天门，传说这三座山峰分别由三位神仙守护，故谓之“三天门”。依下而上，分别称之“一天门”“二天门”“三天门”。

公婆石 位于双坑村。至双坑垅溪水交流处，两石高数丈，方整端直，低昂相似，取名公婆石。

骑龙跨鹤 位于寺庙之下。“仙迹”之所，巨石上留存有龙爪鹤足痕迹，山峦或山石酷似骑龙跨鹤。

民俗风情

盘王节 瑶族人民崇奉“盘王（盘瓠）”为本民族开山始祖，俗成农历十月十六为瑶族同胞祭祀祖先的传统祭日——盘王节，乡域内外瑶胞都十分重视这一民族祀典。在二峰等瑶民聚居村寨，每隔三五年的农历十月十六，瑶族男女老少都会穿上自己民族的节日盛装，聚集在一起唱歌、跳舞，欢度盘王节（也称“跳盘王”或“调盘王”）。所唱的歌是以《盘王歌》为主的乐神歌；跳的舞则是每人手拿长约80厘米的长鼓群舞，一般为双人或四人对舞。“还盘王愿祭祀礼仪”系当地盘王节的主要内容。由于瑶族没有形成自己的文字，有关瑶族盘王节的古老风俗，关于盘王节、盘王歌、长鼓舞及它们源远流长的来历等等，都是由历代师公（即道士）以口传心授的表演形式传承至今。

团圆节 当地瑶族人民纪念盘王子孙受封成亲的节日。每年农历七月十五，瑶家男女青年梳妆打扮，成双成对，吹起木叶，唱着瑶家山歌，抒发各自心中的爱慕之情，以结百年之好，故称团圆节。

起春节 瑶族人民为纪念祖先在南京七宝洞会稽山刀耕火种、开山辟岭的功绩而举行的庆祝活动。农历三月十一日，各村寨的瑶族兄弟打早起床，端铳打响春耕炮，催促大家破土动工，开始春耕。瑶家俗称这一天为起春节。

瑶族过春节送懒习俗 当地瑶家以正月初五为出节，春节至出节，不清扫地面杂物，不清除过年燃放鞭炮时留下的红色纸屑。出节（正月初五）这天，瑶族每家每户争相起早，多数人听到鸡鸣就起床清扫房子内外的杂物垃圾，天未亮就将垃圾提到村子附近的山间林地倾倒，而且倒得越远越好，这个习俗被瑶族人称为送懒。起得越早、垃圾倒得越远的人，一年中会勤劳有加并劳有所获、五谷丰登。

瑶族传统婚俗 瑶族过去一般不与他族通婚，氏族五代以外即可结婚。婚姻有由父母包办、有自由选择配偶等。由父母包办婚姻的，往往幼小就被父母许配他人，假如父母已经死亡，便由兄嫂、叔伯作主。自由选择配偶的主要方式是对歌，对歌一般在春节期间和外寨青年男女来本寨踩歌时进行，也有本寨青年男子相互邀约到友邻村寨对歌。对歌地点一般选择在村寨附近，届时男女各为一方，以彼问此答方式进行对唱。山歌曲调简单，但歌词复杂，一般对唱开始的歌都是先辈传下来的，青年们经过学习后拿来应用，然后根据情况即景生情，随口应变。经过集体对歌时的观察、比较，经考虑后，如某一小伙子对某一姑娘产生好感，便可与姑娘单独对唱，但地点只能在众人所能见到的地方。双方有了一定了解后，男方即向女方透露求婚意见，如双方情投意合，便可相互赠送小件饰物作为信物。对歌是长期流行在瑶族生活中的一种自由婚姻形式，在长期发展过程中形成了一些共同遵守的规则。如同村寨青年男女不能对歌，老人在场不能对歌；自己家中的人更不能对歌；男女二人不得单独或在僻静地方对歌等。瑶族婚姻盛行说媒，即使是通过对歌选择的情侣，也得通过说媒订婚。说媒时通常由男家选派媒人向女家递送蹲时中也(或育烟一片)，以示求婚，谓之“问烟”。女方父母收下烟叶，表示同意求婚；如果退回烟叶，则表示拒绝。也有通过对歌选择，然后说媒而结婚的。瑶族婚姻中，舅父享有优先娶外甥女为儿媳之权，只有舅父无子时才能嫁与别人。家中有长女出嫁，要由舅父舅母为之主持婚礼，次女出嫁便由大姐和姐夫主持婚礼，并由大姐为之梳头。家无男嗣者，普遍实行招赘上门。寡妇一般受到社会同情，可以改嫁，如系缺嗣者，财产由原夫兄弟平分，寡妇可以带走属于本人的私房物。为维持瑶族家庭婚姻生活，当地还流行一些习惯做法。如未婚男女私通被发现后，须请“瑶目”杀鸡为之“洗脸”认错，如女方怀孕生子，一般即结为大妻。离婚被瑶族视为严重的事情，双方实在不能和解时，须由“瑶目”断处，否则会受到寨民的谴责。双方自愿离婚的，离婚时当事双方各携砍柴刀一把，竹筒一节(或蒲木片一节)，远离村寨，到山上把竹筒破作两半，各执一半，立即向相反的方向走开，表示各走各的路，永不回头；或以丝线一节，用刀裁断，各执一截，表示一刀两断。若一方主动提出离婚，另一方不同意，主动提出离婚一方须退赔另一方结婚时的部分礼金。

瑶家定亲鞋 瑶族男女青年在定情后到双方家去拜见父母兄嫂，叫“定亲”。定亲时，女方必须将自己亲手做的鞋送给男方家庭成员，这种鞋叫“定亲鞋”。送鞋很有讲究，送给祖父母，鞋底纳北斗星，意为祝老人像北斗星那样长寿；送给父母，鞋底要纳一棵老松树，意为祝父母亲像青松那样强壮；送给哥嫂和姐姐的，鞋底纳一个剥皮玉米苞，意为祝他们在劳动中发家致富；送给弟弟的，鞋底纳上一株竹笋，预祝弟弟像竹笋一样长大成才；送给妹妹的要在鞋面绣一朵红花，表示赞美妹妹像花一样美丽；送给自己未婚夫的，要在鞋底正中用红线绣一颗心，表示自己将心掏给对方，至死不移。

（黄琴 供稿）

兴宁镇 >>

兴宁镇获“全国重点镇”称号

区域概况

位置面积

地处资兴市中部，位于北纬 25° 52′ 至 26° 04′,113° 18′至 113° 35′，之间。东与青腰镇相连；南与白廊乡、天鹅山国家森林公园以及国家 5A 级景区东江湖毗邻；西与东江街道、三都镇交界；北与州门司镇、团结瑶族乡、波水乡接壤。全镇面积 219.58 平方公里，其中水田 1490 公顷，旱土 428 公顷，水域 1640 公顷。

建置沿革

兴宁镇原名管子壕，是一荒无人烟的小山沟，又称五马归槽。相传此地水草为县衙坐骑所好，

全国重点镇——资兴市兴宁镇

常弃厩来投，故名。因旧治凤凰山（在原旧市乡）常有水患，不得安宁，南宋绍定二年（1229）徙迁于此，改称兴宁。明清时期，名“关厢”。清光绪元年（1875），分属兴宁县资兴乡东四都一里、五都里和兴宁县关厢东南关、西北关。属东四都一里的村庄有：平石、石门楼、大竹垣、昆村、上水、天鹅山等；属五都里的村庄有：西坌、何家山、长坌等；属关厢东南关的村庄有：东冲、管塘、管壕坪、松岭头、岭脚、香花树下、大码头、雪洞头、社坛头、望仙桥、牛角湾、邝家冲、豆腐坑等；属关厢西北关的村庄有：莲花桥、杨公桥、古泉坊、西冷头、瓦窑上、枫树岭、无底井、欧家寨、星斗塘、排塘、蜡树下、后城、马园、朱家坪、大井头、塘岭头、衣垅、八担丘、大塘、桃坪、竹垣头等。民国初期（约1915年），改乡、里为乡、团，为资兴县东乡何家山、坪石、百嘉团和资兴县城厢乡城厢团。民国22年（1933），实行区乡自治，为资兴县第一区（驻地县城）百嘉、何家山、坪石乡和直属镇（驻地县城）城厢镇。民国27年（1938），撤销城厢直属镇，归于第四区。10月，为资兴县城厢镇（驻县城，辖14保）、太平乡（驻坪石，辖15保）、百何乡（驻何家山，辖10保）。民国33年（1944），恢复区制，为资兴县城厢大区城厢小区城厢镇、太平乡和资兴县东大区何家山小区百何乡。民国37年（1948），为资兴县城厢区城厢镇和资兴县昌平区百何乡、太平乡。1950年，实行小乡制，为第一区（驻东江街）（城厢镇）城厢乡和第四区（驻青腰墟）（百何乡）百嘉乡、何家山乡、（太平乡）坪石乡。1952年冬至1953年春，乡级组织再划小，划为直属镇城厢镇；第一区山海、海水等乡；第四区何家山、昆村、坪石、两江口等乡。1956年，撤区并乡，近城、心田、城厢（镇）、望仙乡合并为城厢镇；坪石、杭溪、昆村、青笔、星里、大富乡合并为坪石乡；何家山、七宝、百嘉、两江口乡合并为何家山乡。1958年10月，城厢镇与旧市乡、厚玉乡、碑记乡合并成立东风公社（驻县城）；何家山、坪石等乡组成超美公社（驻青腰墟）。1959年3月，撤销资兴县，并入郴县，为郴县城厢人民公社、郴县青市人民公社。5月，郴县人委在原资兴县城设立郴县资兴镇。1961年7月，为资兴县城厢人民公社、资兴县坪石人民公社、资兴县何家山人民公社。1981年3月，城厢公社分设城关镇和城郊公社。1984年3月撤社建乡，为城关镇、城郊乡、坪石乡、何家山乡。1987年1月，城关镇与城郊乡合并为兴宁镇。1989年，资兴市政府搬迁至唐洞新市区，镇所作为县（市）治之历史结束。2012年3月撤乡并镇，兴宁镇、坪石乡、何家山乡及碑记乡的茶田、岗岭2村撤并为新的兴宁镇至今。

行政区划

1981年3月，城厢公社分设城关镇和城郊公社时，辖城关镇（集镇）、城关大队、菜农大队、园艺场、城关居委会（以上为城关镇所辖）和山海、海水、水栗、大石、近城、竹园、枫枧、仙桥、岭脚、心田、十龙11个生产大队、87个生产队（以上属城郊公社所辖）。2012年1月，以原坪石乡、何家山乡、兴宁镇以及原碑记乡的茶田村、岗岭村之辖区为新设立的兴宁镇的行政区划。2014年，辖十龙、竹园、菜农、近城、枫枧、仙桥、岭脚、心田、山海、海水、水栗、大石、茶田、岗岭、坪石、沙田、朝光、昆村、石盈、大铺、清塘、李家洞、税里、杭溪、西坌、何家山、新铺头、光田、石宝、长坌、百嘉、和安、两江口33个村民委员会、342个村民小组和1个社区5个城镇居民小组。

自然环境

境内地质构造复杂，山地、丘陵、岗地、水

域交错，东部为丘陵，西、北面为山地，南部为东江湖水面。土质大都属黄壤，多石灰岩，地表面水渗透严重，易受干旱。平均海拔300米至600米，最低点位于坪石村，海拔285米；最高峰位于十龙村司马垅，海拔1300米，最大垂直高差1015米。境属亚热带季风性湿润气候，气候温和，雨量充沛。年平均气温16.1℃，年气温最高在7月，可达42℃；最低气温在1月，可达-5℃。降雨偏少，秋旱严重，无霜期285天，年均降水量1556毫米。境内水流主要有资兴江、税里河、光桥河等，皆穿境而过，流入东江湖，经东江注入湘江；杨洞水库渠道贯穿全境，缓解旱情。境内矿产资源主要有硅石、钾长石、萤石、石灰石、河沙等，其中莹石、硅石储量最大。

人口民族

2014年，共有13373户3.66万人，其中城镇常住人口2.85万人，城镇化率78%。总人口中，男性2.0万人，占56.29%；女性1.6万人，占43.71%。人口出生率12.7‰，死亡率5.8‰，人口自然增长率6.9‰。民族以汉族为主，占人口总数的98.88%，有瑶族等少数民族432人，占人口总数的1.12%，

经济发展

经济综述

自南宋绍定二年（1229）至1989年，镇所为县（市）治，境域集市繁荣，商贾云集，农工商业逐步发展。其中明末清初、民国时期等，地域饱经战乱，农工商凋零。新中国成立初期，域内经济农业以种植水稻、蔬菜及经济作物为主，工业以制造木器、铁器等生产生活用品为主，商贸业以收购农副产品、供应生产生活资料为主。1978年后，全镇国民经济在国家经济发展的大方针指导下快速发展，新型城镇化建设和休闲生态旅游产业开发等工作扎实推进，经济社会全面协调发展，千年古镇发生了巨大变化。2014年，全镇国内生产总值17.6亿元，同比增长20%；完成财政收入2718.25万元，同比增长12%；实现农民人均纯收入11825元、城镇居民人均可支配收入2.5万元，分别同比增长15%、12%。

农业

种植业 以水稻、红薯、玉米、蔬菜种植为主。稻谷为兴宁粮食作物的支柱，清末有水稻品种32个，其中籼稻16个，糯稻16个，另有旱稻品种2个。新中国成立前，境内分水稻、旱稻两种，均一年一熟。后旱稻逐渐被淘汰。红薯种植一直沿用地方品种六月薯、铁气秆，1955年引进广东白皮红薯。新中国成立初期，玉米品种采用传统的地方品种百日早，1962年引进玉米品种金皇后，1965年引进胜利红苞谷，1988年引进生育期短的杂交玉米掖单四号、苏玉一号。2014年，农作物总播面积0.57万公顷，其中粮食作物播种面积0.28万公顷，总产量1.25万吨；油料播种面积572公顷，总产量637吨；蔬菜种植面积0.17万公顷，总产量4.4万吨；瓜果种植面积266.67公顷，总产量7277吨。水果以东江梨、东江柑橘等特色水果为主，有东江梨333.33公顷，年产梨4000吨，脐橙6000吨，蜜橘5000吨，种油茶666.67公顷，生姜266.67公顷。

养殖业 清朝、民国时期，境内饲养的动物主要有猪、牛、鸡、鸭、鹅等，其中清塘村白鹅系地方优良畜禽品种，颇负盛名。新中国成立初期，主要为农户家庭饲养生猪。1958年，实行食堂养猪，取消家庭私养。1962年实行“以私养为主，公私并举”的方针，实行生猪计划收购加奖励。此后，放开养猪政策，停办集体猪场。2014

年，饲养生猪12.2万头，年出栏6万头；家禽饲养34.5万羽。水产品7456吨，其中鲜鱼1080吨。

林业 东汉建武二十六年（50），域内民户植桑、柘养蚕，栽种梓、竹、檀、油茶、油桐树等。清末，有人工造林的记载。民国17年（1928），广种桐树。上世纪七十年代，有林场36个，大量种植杉树、松树、南竹等。1985年，取消木材统购，实行议购议销。2011年至2013年，实施绿化攻坚项目，绿化县乡公路两旁94公里，营造或管护速生产林1641.2公顷、划定公益林6277公顷，四旁植树1000万株。2014年，有林地面积15253.5公顷，其中乔木林12835.5公顷，南竹774.8公顷，灌木林1643.5公顷，活立木蓄积量65.43万立方米。获"湖南省级生态乡镇"荣誉称号。

工业

战国年代，铁器、铜器的制造有所发展。秦汉时期，砖瓦建材业兴起。唐、宋朝，铁质农具、工艺品生产已有一定水平。明嘉靖年间，办有厂矿。民国21年（1932），境域李氏宗族所办凤凰学校有织机3台，供学员编织毛巾。民国29年（1940），发起"公务员眷属提倡手工纺织运动"，提倡一妇一纺车，并造出改良轻便纺车10部。民国30年（1941），在鲁班庙建"民生工厂"，设纺织、缝纫、织袜3科，有员工80人。1951年，在境内黄家祠堂创办县妇女纺织厂，有职工16人，木织机10台，生产土布1530匹，产品以走村串户方式推销。2014年，工业总产值2.5亿元，占生产总值24.6%。拥有工业企业31家，职工2142人。实现工业增加值806万元，比2013年增长12%。

商贸服务业

民国38年（1949），兴宁城有10条小街小巷，店铺多集中于西门外正豪街、学门街一带，共有商店178家。1950年，成立国营贸易公司。1954年，先后设立县百货公司、专卖公司、食品公司、食杂公司和花纱布公司，沟通城厢与各墟镇的贸易联系。1965年，国营商业、供销与合作商店有各类门市部29个。从1980年起，先后两次投资，兴建镇中心农贸市场，总建筑面积达5310平方米。2014年，社会商品零售总额2.8亿元，比2013年增长11.5%；有城乡集贸市场3个，年成交额4.5亿元，比2013年增长15%。主要产品有蔬菜、水果、鲜鱼等。

旅游业

镇境东连八面山，南接国家AAAAA级景区东江湖和天鹅山国家森林公园，北与"古南岳"回龙山接壤，交通便捷，旅游资源丰富。兴宁通往回龙山古官道已有近千年历史，全部由古青石板铺设而成，自古以来上山烧香拜佛的人络绎不绝。2014年，实施对接"一湖两山（东江湖、天鹅山、回龙山）"战略，突出古镇文化特色，着重做好打基础、优环境、拓空间、利长远的工作，着力打造"时代符号特征小镇"，推动兴宁生态文化旅游发展。

基础设施

交通运输

南宋绍定二年（1229），东线驿道干线横穿而过，为1.8米宽的青石板路面，自兴宁东门经清塘、大铺、何家山等，往桂东方向，全程50公里。民国21年（1932），赈款3300元征工修补19.48公里。1956年，修建兴宁至彭公庙公路。1966年，东路步道全被公路1813线代替。1991年，1813线完成5.34公里砂石路面改道工程。1994年，投资891.25万元，将改道砂石路面改造为沥青油路面。1996年、1999年，投资194.95万元，相继完成对该线4公里油路面大中修和4.1公里砂改油路面。2002年，筹资90万元，完成兴宁镇区1.2公里水泥路面硬化工程。境域1813线被命名为省道322线，该线贯穿全镇，成为重要交通干线。2014年，全镇33个村都通水泥公路，通村里程100公里；大多数村小组通了公路，通组里程89公里。

邮政通信

邮政 明洪武元年（1368），将境内传递官府文书的人行小道拓成大道，仿古置邮设铺递。清宣统二年（1910），设兴宁邮寄代办所。宣统三年，驿铺归邮传部管理，各类文报均交代办所寄递。民国14年（1925），分别设立邮政局、电报局。民国22年（1933），县警察局在兴宁何氏祠堂设防空监视哨和电话总机，用电话传递空情。民国32年（1943），兴宁电报局改称电信局。1949年11月，复设资兴电信营业所，并重新组建总机室。1951年6月，县邮电局与电信营业所合并成立邮电局。1989年，市邮电局搬迁至唐洞市区，成立兴宁邮政支局。2014年，镇区有邮政支局1处，村村通邮路。

电话 民国14年（1925），境域开通电话、电报。民国18年（1929），形成短距离的长途电话网。民国22年（1933），设4条电话用户线路。1952年，新装40门磁石总机，兴宁范围内有电话用户21个单位。1985年，市话杆路10公里，其中水泥杆路8公里，电缆3.3皮长公里，明线19线对公里，用户270户。2014年，提升改造农村通信网，农村通信覆盖面达98%。有电信支局1家，固定电话420户，普及率80%，移动电话6600户，互联网用户4000户。

供电供水

供电 新中国成立初期，域内城乡皆用煤油、桐油灯照明。1951年6月，以雪洞头许家祠堂作厂房，县人民电厂建设项目上马，总装机容量约25千瓦，以50匹马力煤气机作动力，1952年10月建成。该电厂白天发电碾米，晚上发电照明，结束了资兴县城居民砻谷、抖米和靠煤油、桐油照明的落后面貌。2014年，有中心供电所1个，水力发电站11座，装机5600千瓦，全镇城乡电力充足。

饮水 清朝末年，城内有东冲井、河边井等7口水井，每口水井约供应400～500人饮用。民国时期，又先后挖掘东门口、蔡家两口水井。由于管理不善，城内的河边井、囱泉井等先后淤塞。附近居民只好饮用河水。1963年，从鲁仙阁拦河坝引水，兴建县自来水厂，日供水量300吨。因水源不足，水质差，无法满足需求，20世纪70年代，县自来水厂扩建，缓解县城（城关镇）居民自来水供应难矛盾。2014年，有自来水厂1家，主要供应镇城区和邻近居民生活用水，山海、坪石、何家山等8村实行集中供水。全镇有约40%的居民户采取个人全额筹款的办法，引入山泉水。全镇95%以上的居民实现了安全饮水。

水利建设

新中国成立前，多利用山溪筑堰引水灌溉农田。1957年冬，为解决农业灌溉困难，在竹园村兴建坝洞水库。1969年，于大石村兴建邱家水库。1973年和1975年，分别对邱家水库和坝洞水库进行扩建，两库总库容210.7万立方米，灌溉大石、山海、海水等村农田共113.3公顷。1985年，于坝洞水库安装输水管道，开始向兴宁镇城区供水。1996年“8·2”洪灾，邱家水库左岸山坡渗漏，当即进行灌浆处理。2002年，投资34万元，经标准化除险整治后，成为兴宁镇城区人畜饮水水源。2014年，全镇有Ⅰ型水库3座，小Ⅱ型水库7座，骨干山塘100余座，总蓄水量600万立方米。

村镇建设

宋绍定二年（1229），兴宁县治四周筑有土城墙。明洪武元年（1368），土城墙改砖墙，但墙上只有堞口，没有城楼。明正德三年（1508），加修串楼。清乾隆二十年(1755),修西、南两面正楼。清宣统三年（1911），县城面积0.4平方公里，有大街小巷8条。1949年，县城占地面积0.52平方公里，大街小巷17条。1987年，资兴县城（兴宁镇）占地面积2.6平方公里。1988年，有大街小巷30多条，总长4.8公里。主街分为东正街、南阳街、西正街、头门口街、环城东路、环城南路、车站路等。2014年,按照“仿古、怀苏”风格，对兴宁旧城环城路、南阳街和东西正街三条主要街道进行改造。共完成外墙装饰130余栋，完成人行道建设、绿化3公里，完成沥青路面铺设3.6公里，安装仿古路灯152盏，夜景亮化和文化元素恢复、东西正街排污管网和兴宁污水处理厂主体工程建设等全部完工，老县城的模样基本恢复成形。实现回龙山旅游公路全线通车、兴宁烈士墓园扩改、兴宁中心敬老院主体工程完工等。在村组，新建农村垃圾池82个，发放垃圾桶1200个，建设并管理沼气池77口，组织农户改水改厕260户，完成农村危房改造、土坯房改造500户，1500多东江水库移民得到避险安置。共完成投入420余万元。

社会事业

教育文化

教育 清朝为书舍教学，主要有：宾阳书房（在城西水圳上拱级台后）、七元书房（在城西拱桥水阁后）、乐成书院（在城东二十里何家山）等。民国初期，由当时东区的十几个“团”拨公产、公田为校产，建成乐成高等小学堂，校址设兴宁街上，属东乡总局（后为东区区公所）管理，是资兴仅有的几所高小之一。抗战初期，在兴宁创办资兴县立中学。民国33年（1944），原乐成高小改为资兴私立乐成初级中学。新中国成立后，资兴县立中学更名为资兴县第一中学（1985年撤县设市后更名为资兴市第一中学），成为当时资兴的最高学府，为建设新中国输送了大量人才。上世纪九十年代，域内有高中1所、初中3所、中心完小4所、村小34所、职校1所，有学生8100余人。2014年，有郴州市重点高级中学（资兴市一中）1所、初级中学1所、中心完小3所、幼儿园6所，在校学生6400人。

文体 1951年，从资兴、永兴的民间戏班中选出30多人，成立了资永民间艺术工作队。1952年，利用旧文庙（现资兴市第二人民医院内）为演出场所，并在资兴城乡巡回演出。1954年，资永民间艺术工作队改为资兴县新湘剧团，12月改称资兴县红星祁剧团，1958年改为资兴县花鼓戏剧团。1985年更名为资兴市花鼓戏剧团。1956年，创办《资兴报》，报社设于城关镇（现兴宁镇）南阳街的一间旧铺面。从创办到停刊,共办报104期，增刊4期。2014年，有综合文化站1个，农家书屋37个，藏书10余万册。有体育场地20余处，面积约2万平方米。

医疗卫生

民国时期，于城关镇域设立国民政府卫生院。1949年，改名卫生室。1950年，建立县卫生院。建院之初，医院房屋、医疗设备简陋，卫技人员匮乏。1956年8月，成立资兴县人民医院。1984年12月，为资兴市人民医院，现更名为资兴市第二人民医院。2014年，有市属医院一家，卫生院3所，33个村均配备卫生室。

社会保障

中华人民共和国成立后，政府拨专款救济孤老残幼，并发动群众亲邻相帮。自1956年始，对缺乏劳动力、生活没有依靠的鳏寡孤独等贫困人员实行“五保”。1993年，成立镇农村社会养老保险站，各村设代办员，全面开展农村社会养老保险工作。2014年，全镇城乡居民养老保险缴费人数12369人，基金征缴157.81万元，政府补贴37.11万元，城乡居民养老保险覆盖率达到100%。政府代缴城乡居民养老保险418人，代缴人员为五保供养对象、上年度A、B类低保对象、一级或二级重度残疾人、农村全倒户居民和其他特殊困难人等。60岁以上老龄人领取养老金4168人，每人每月领取基础养老金75元。总投资近200万元的镇中心敬老院竣工。该院有专职管理人员8名，收养“五保”人员80名。

特色地情

历史人文

李家祠堂 1927年11月25日，朱德、陈毅率领部分南昌起义部队进入资兴，驻扎在县城（今兴宁镇）李家祠堂。战士们打开国民党县政府的监狱，放出“马日事变”后被反动派陆续逮捕关押的100多名革命者。随后，召开中共资兴地下党组织的活动分子会议和群众大会。在党的活动分子会上，朱德号召：“党的各级组织要立即放手发动群众，恢复农会，组织农民武装，准备暴动。”12月上旬，朱德、陈毅部队于李家祠堂近处集合，离开资兴，前往广东韶关。

正壕街 1928年4月8日，陈毅率部从半都石拱进入资兴县城(今兴宁镇)正壕街一带。此时，集结在该地的湘南农军有近万人，部队在湘南特委和陈毅指挥下向东（彭公庙方向）进发。当队伍正在撤出资兴县城时，敌白崇禧部1个团尾追而来，湘南特委命资兴西乡区农民赤卫队和宜章农三师一部于离正壕街2.5公里的墙头坳（今兴宁镇竹园村域）进行阻击。双方激战，敌武器装备精良，农军固守不住，只好撤退。湘南特委再令蒙九龄率郴县农军第3团在县城阻击，于是双方在县城展开激烈巷战。蒙九龄系贵州荔波县人，参加过南昌起义，湘南起义时被调入郴县农7师工作。他骁勇善战，精于指挥。尽管当时双方武器装备悬殊太大，但蒙九龄仍率部顽强阻击。战斗异常激烈，一时间，资兴城内尸横遍野，血流成河。战斗进行到中午时分，蒙九龄团大部分战士阵亡，蒙九龄夫妇也战死于正壕街。敌疯狂追击，在距正壕街1公里的老虎山下，农军又有200余人流尽了最后一滴血。幸何长工、袁文才率部于白竹墟坚决阻击，敌才停止追击，撤回县城正壕街等地。

名优特产

坪石脐橙 品质优、口感佳、着色美，曾被李鹏总理命名为“东江红皮脐橙”，获第二届中国农业博览会金奖、第四届湖南（国际）农产品博览会金奖，并被中国果品流通协会授予“中华名果”称号。从20世纪80年代初至21世纪初，镇域地处东江湖畔的坪石、昆村、朝光等村几乎家家户户种植脐橙，面积100多公顷。

碑记大辣椒 夏秋之际，境域茶田、岗岭村一带的旱土里连片的株如伞形、座实累累的辣椒，被称碑记大辣椒。果实个大滚圆，肉质丰厚，形似灯笼者称“灯笼辣椒”；椒尖硕长（约30厘米）、重100克左右、形似牛角的取名“牛角辣椒”。“灯笼辣椒”肉厚质脆，辣中带甜，味道鲜美。去籽包入肉馅，再放油锅中炸熟，淋上葱、味精、酱油、生粉等做的佐料，色、香、味极佳，往往成为酒宴上的佳品。“牛角辣椒”，味辛辣，略带甜味，可做成游客常点的一道具有开胃健脾功效、当地名为“油淋辣椒”的名菜。

资兴古八景之云盖仙亭

风景名胜

云盖仙亭 资兴古八景之一。云盖仙，两山合抱，山上万木葱绿，中耸一峰，形似覆钟，山巅巉岩之上，建有一亭，亭有3层，为砖瓦结构，杉木楼板。亭楼分为八方、四门。因亭址孤峰耸削，迥出尘表，万木葱茏，晨有云盖其上，故称此山为“云盖仙”，称此亭为“云盖仙亭”。云盖仙亭始建于明嘉靖年间（1522—1566年），于康熙八年（1669）、乾隆二十一年（1756）两次重建，亭名亦由“大观阁”改为“缥缈亭”。位（南）墙脚下立着一块石碑，碑上印拓着清朝道光庚戌年（1850）公刊的《重修云阳楼记》。1968年，此亭被毁。1996年，兴宁镇政府主持重修此亭。新建之云盖仙亭为一红色八角亭，水泥结构，上覆青瓦，边长4.2米，共三层，高15.6米。亭前有台阶32级，两边是高1.2米的白色水泥护栏。正门悬挂有一黑底镏金的木质对联，上书“江山如此多娇”、“风景这边独好”。

端古塘山 地处近城村。有太平天国英王陈玉成之妻蒋桂娘之墓。墓前竖立三块石碑，墓志铭由前清拔贡袁绍枢（三都流华湾人）所作，左右两边各安放一只石狮。1864年天京（今南京，原太平天国的京城）陷落时，蒋桂娘为保存英王唯一的血脉强忍丈夫英勇就义的极大悲痛，携带

十龙潭

刚满 3 岁的儿子陈天宝，隐姓埋名夹在逃难的人群中，历经千辛万苦流落到兴宁，栖身于云盖仙山腰的山洞里，靠当佣人维持生活。英王夫人身高体壮，学过艺、练过武、力气大，用牙能咬起一箩筐谷子，很多人家都愿意雇请她干活。有点积蓄后，在兴宁街上做生意，生活逐渐安定下来。1926 年蒋桂娘 82 岁时去世，葬于古塘山。

十龙潭 处于深山峡谷之中，峡谷两岸树木葱茏、鸟声不绝，谷底是一条清清溪流，游鱼清晰可见。环境十分清幽，步入此境仿佛进入传说中的仙境。最令人陶醉的是仙人桥和十龙潭的深洞和水潭了。岩石构成的仙人桥高高耸立在峡谷上空。出得桥洞，沿溪前行数十步，便到十龙潭洞口。洞口约十余米宽，下到洞底也约十余米。

民俗风情

兴宁酒宴十大碗 第一碗：豆粉丝。以豆粉丝为主料，并将胡萝卜丝、油豆腐切丝、黄花菜或海参等作盖面菜；第二碗：骨头汤。用野生木耳或野生香菇等炖猪骨头或老鸡、鸭、鹅等；第三碗：白片。五花肉片、油豆腐焖烧而成；第四碗：扣肚糯饭。糯米饭拌猪肚片丁、瘦肉丁、豆腐丁等烹饪而成；第五碗：髈蹄（或团子肉）；第六碗：红薯面（或海带）；第七碗：内腑（亦称内杂）。猪内腑佐酸辣椒、酸萝卜等；第八碗：炆萝卜。萝卜、骨头用鼎罐文火炖成；第九碗：魔芋（或白菜）。魔芋佐酸辣椒炒制；第十碗：高丽鱼（或高丽肉）。佐白辣椒烹饪而成。

兴宁山歌 兴宁山歌题材广泛，歌唱形式多样，大约可分为：高腔山歌、平腔山歌、低腔山歌、田歌、小调、情歌、生活歌等。另外还有山歌《春牛舞》与山歌“十八摸”等。

（赖建刚 供稿）

青腰镇 >>

区域概况

位置面积

位于资兴市东部，地理坐标为北纬25°56′15″至26°03′30″，东经113°03′15″至113°41′20″。东与桂东县交界，南接连坪瑶族乡和天鹅山国有林场，西与兴宁镇毗连，北邻州门司镇。面积143.7平方公里。

建置沿革

明朝清代属兴宁县资兴乡。清光绪元年（1875），分属兴宁县东乡（亦称东路）五都、六都里。属五都里的村庄有平田、周塘、下塘、青腰铺、四板桥、荒田垅、赤脚园、庙头岭、李家洞等；属六都里的村庄有芹菜塘、蓝家洞等。民国初年（约1915），改乡、里为乡、团，为资兴县东乡青腰团。民国22年（1933），为资兴县第一区（驻地县城）青腰乡、平田乡。民国27年（1938），青腰、平田乡并为青田乡。民国33年（1944），为城厢（大）区城厢区青田乡。民国34年（1945），青田、太平、百何乡并为昌平乡。民国37年（1948），为昌平区青田乡。1950年，实行小乡制，为资兴县第四区（驻地青腰墟）（青田乡）青市乡等。1952年冬至1953年春，乡级组织再划小，为资兴县第四区（址设青腰墟）平田乡、青市乡等。1955年，青市乡更名青腰乡。1956年，青腰、李家洞、赤竹园、花潭、周芹、平田乡并为青市乡。1958年10月1日，青市、何家山、坪石、连坪4乡成立超美人民公社（驻地青市街）；年冬，改称青市人民公社。1959年3月，为郴县青市人民公社。1961年7月9日，为资兴县青市人民公社。1984年，青市公社改称青市乡。1993年6月撤销青市乡，设立青腰镇。

行政区划

20世纪80年代青市人民公社时，辖青市、黄金、周塘、坪田、豪园、花潭、杨龙、宗吕、赤竹园、仓田、团桥、桎木、沙石、白水14个生产大队112个生产队335个自然村。1984年，上述14个生产大队更名14个村民委员会。2012年，撤销烟坪乡，该乡所属兰洞村并入青腰镇。2014年，辖青腰、周塘、坪田、黄金、豪园、花潭、杨垅、团桥、桎木、沙石、白水、赤竹园、仓田、宗吕、兰洞15个村民委员会、147个村民小组（其中东江库区移民组21个）和1个社区3个城镇居民小组。

自然环境

境内属山地，山高坡陡，地势东高西低，平均海拔约680米。最高点为八面山主峰，海拔

2042 米；最低处为坪田村河道，海拔约 270 米。地面坡度 20 度以上的占全镇总面积的 68.8%。地层多由花岗岩组成，间有浅变质石英砂岩、板岩，地表多覆盖第四纪砂土。土壤主要是红壤、黄红壤、黄壤和风化土等。青腰河贯穿全镇，河床淤积抬高，河面变窄，遇 100 毫米左右暴雨极易形成山洪。干流长 23.95 公里，集雨面积 139.9 平方公里。属亚热带季风性湿润气候。垂直差异明显，春末夏初天气变化剧烈，具有明显的低温、多雨、温差大、日照少及气温日差大的山丘气候特征。1981 年至 2010 年平均气温 15℃，无霜期 235 天，年日照 1400 小时左右，年平均降水量 1800 毫米。境内主要山水为：八面山，坐落于镇境内，山东面属桂东县地。山体联叠危耸，亘绵陡峻，主峰海拔 2042.1 米，为全省第二高山。资兴江，源出八面山南麓，旧载为“山下有一泉，方广十余里，四旁石壁峭立，其泉深邃清澄”。资兴江自源头出白水、沙石、桎木，在团桥与出仓田、赤竹园的支流汇合，过狗头垅，下青腰墟，在墟场下端与兰洞支流相汇，在花潭纳宗吕水，在坪田纳百嘉洞水，再纳诸条支流，于旧市江口注入东江。东江水库蓄水后，自豪园推心牛丫口及小坪田以下被淹没。境内较大的自然灾害有：1927 年农历 6 月 26 日，资兴江大水，青腰墟街道大半被冲为河道，仅墟尾一小段幸存。2000 年 9 月 1 日，18 小时降水 460 毫米，山体滑坡 600 余处，死亡 25 人，750 人无家可归，青腰星竹厂及潘家、老虎冲、许家垅、丫头阳等自然村被泥石流摧毁。

人口民族

境内居民多为明清时期从外地迁来的垦荒者后代，以汉族为主，少数民族为瑶族。以黄、何、李、陈、张、黎、曹、谭、樊、欧阳、钟、罗、扶等姓氏人口较多。2014 年，总人口 13723 人，其中女性 6093 人，男性 7630 人。人口出生率 10.5‰，自然增长率 1.9‰。

经济发展

经济综述

青腰墟自南宋以来就是繁华的边界墟场，是桂东和资兴东乡的农副产品集散中心。1966 年，

资兴东部重镇——青腰镇

资兴经酃县（炎陵）龙渣至桂东县公路贯通，青腰墟的边贸地位才发生改变。传统经济以粮食生产为主，改革开放后发展南竹加工业、苗木种植业和商贸服务业等二、三产业，粮食生产在国内生产总值的比例逐年下降。1978年，粮食生产面积507.53公顷，每公顷产粮4402.6千克。1984年，农业人口户数2216户，农业总人口10011人；劳动力5461人，其中女性劳力2528人。耕地面积1109.53公顷，其中水田1014.28公顷，旱地95.25公顷，粮食总产量7149.7吨。2014年，完成国内生产总值5.49亿元，同比增长3.8%；完成财政总收入683.21万元，同比增长16%；完成社会固定资产投资6.7亿元，同比增长13.5%。农民人均收入1.49万元，同比增长14%。第一产业总产值20654.5万元，比2013年增长3.6%；第二产业总产值10656.6万元，比2013年增长2.9%；第三产业总产值23610.5万元，比2013年增长6.5%。

农业

20世纪50年代以前，以种植水稻为主，单产低，但人少田多，自给有余，素有“烂米窝”之称。水稻品种为高杆，生长期长，一年种一季。高山一般种粳稻，红米为主；平地一般种籼稻，白米为主。耕地靠畜力，高山用黄牛，平地用水牛；脱粒靠扮桶（桶王）。1970年后大种双季稻，推广耐肥不易倒伏的“珍珠矮”等矮秆品种。1975年试种杂交水稻“南优二号”。1980年代起，大量使用化肥、农药和农耕机器，劳力需求减少，粮食产量增加，其他粮食种植有红薯、玉米等。养殖主要有牛、猪、鸡、鸭、鱼、黑山羊。2014年，粮食产量6202.65吨，产值1294.95万元；生猪产量2493.4吨，产值3740.1万元；禽类产量16.41吨，产值320.28万元。

林业

旧时松杉等用材林木难以外销，多任其自然发展，对油茶、油桐、棕树、桃、李等经济林木才会进行管理。新中国成立后，造林渐成风气。20世纪60年代，公社办林场，生产大队办林场，还大搞封山育林。1986年，青市乡成立乡林业办，采用借山造林方式消灭荒山。办法是林业办投资造林（杉木），树木采伐销售后，按山主30%、村集体10%、林业办60%的比例分成。村林场投资造林，则按林场70%、山主30%分成。资金来源为市林业局专项贷款及世界银行贷款。乡村两级共借山造林1000公顷。1987年，成立乡南竹开发公司，鼓励、帮助山主利用世行贷款开辟新竹林，改造老竹林，全乡低产南竹林4000公顷，改造后发展到优质南竹林5666.67公顷。苗木种植，70年代仅有小块苗圃，90年代形成苗木基地，杉木苗在本省和赣州、韶关、桂林等周边造林地区享有盛誉。本世纪新增樟、枫、木荷、桂花、楠、红豆杉等园林绿化树种。2001年起，逐年安排退耕还林，全镇共退耕造林530.99公顷。2014年，繁育苗木234公顷，封山育林面积1.18万公顷，有公益林5453.15公顷，其中国家二级公益林3946.73公顷、市级公益林1506.42公顷。

工业

造纸　民国及以前民户开办家庭纸槽，利用嫩竹纤维造祭祀火烧纸，由专业小贩运销各地。新中国成立后破除迷信，不再生产火烧纸。1956年手工业合作化后，造纸工人在青市街开办纸厂，生产焚化写字兼用的高方纸（毛边纸），20世纪60年代纸厂迁往连坪乡。70年代后因机制纸质优价廉，境内手工纸业消亡。

铸造　20世纪40年代，青腰铺人欧阳九如在墟场旁边的谭家创办“民生铸造厂”，铸造铁锅、火盆、犁头等产品，闻名东乡。土改后不久，工厂停办。

铁木手工　1956年，由民间工匠成立铁木生产合作社，其后组建青市农具厂，生产锄头链刮、锅盖脚盆、土箕箩筐、斗笠蓑衣等器具，又接外地订单，加工篙竹及建筑用的竹架板等。1980年代工厂解散，工人自主经营。

南竹加工 1988年，乡企业办创办星竹厂，生产一次性卫生筷、竹凉席等产品。1993年，乡企业办解体，企业骨干另起炉灶，合伙办厂，南竹加工业进入鼎盛时期。2011年，南竹生产总值2.7亿元，约占全镇国民生产总值60%。上规模的加工厂有10家，使用机器在家里为工厂破篾的竹农1000余户,年加工南竹350多万根。卫生筷、竹凉席销往全国各地；竹胶板、竹地板远销沈阳、福建、北京和台湾。近年主要生产竹珠、竹条和竹拉丝等热门产品。业内公认青腰南竹加工生产规模、技术水平在湘南地区首屈一指。

钨矿开采 20世纪50年代初，花潭圳口发现钨矿，桂东县、宁乡县人闻风而来手工开采，钨砂由瑶岗仙钨矿驻点收购。1960年代成立青市钨矿（地方国营）进行工业开采，全盛时期年产精钨95吨。1986年因资源枯竭关闭矿山，不动产下放到青市企业办，后下放至花潭村，最后卖给当地村民，2005年停采。镇、村还利用将军坳电站、青腰电站和新民电站的廉价电力办过高能耗的硅铁厂、玻璃纤维厂，均已停产。

商贸服务业

清光绪元年（1875），青要铺墟逢农历三、六、九日为集，成为兴宁县十八市之一。时，越八面山至桂东，沿驿道有无数火铺，桂东客商于墟日先天动身，在庙头岭或赤竹园等地歇息，次日到青腰铺赶墟。连坪、彭公庙、州门司等地乡民赶墟，则要凌晨动身，打火把走一段路才天亮。桂东县特产高方纸、油纸、鞭炮、魔芋和山货，东乡各地的粮食、茶油、桐油、蕨粉、火烧纸、篾器、玉兰片、香菇木耳、羽毛皮张等农副产品都在此集散。别的墟场日中为市，青腰铺逢墟却从早到晚人头攒动。“文化大革命”期间墟日一度改为逢五逢十，再改为逢十，“文化大革命”后恢复三、六、九旧制。过去，当地很少有人经商，墟上的坐商多是北乡人，还有江西人，资本最雄厚的是烟竹坪陈氏家族经营的“广兴隆”商号。1956年，国家对工商业实行社会主义改造，坐商实行公私合营，接着成为青市供销合作社职工，小贩组织合作商店，个体商户基本消失。1978年后实行改革开放，个体户如雨后春笋，商贸业又繁荣起来，先行者迅速致富，有的转向市区、郴州乃至广东发展。境内独具特色的冬笋贸易，早先由供销社统一收购，装入木箱出口香港换取外汇。20世纪80年代，本地笋商将冬笋运往杭州等大城市，获利颇丰，于是扩大收购范围，从市内到邻县包括郴州市区的农贸市场，都有他们的足迹。近年，冬笋收购范围走出本省，远至赣南、粤北、桂北，青腰墟成为湘南的冬笋集散中心。

基础设施

交通运输

境属山区，过去交通极为不便，食盐到广东乐昌县肩运，来回需要十一天；大米须挑到20公里远的县城出卖，一天两头走夜路。1958年，青（市）何（家山）公路修通，全长11公里，不久开通至县城的客运班线。1971年，简易公路修到各大队，此后各大队纷纷购置拖拉机，运输生产资料和农副产品。2005年，青何公路硬化。2014年，全镇15个村的通村公路全部硬化，硬化里程34.9公里；简易公路已通至全镇各组，硬化通组公路5.9公里。有县道018（省道351）线17.9公里；有个体客运班车9台，每天往返郴州3班、市区

3班，往返兴宁镇每半小时一班。除豪元、宗吕两村外，其他13个村皆开通了客运班线。

邮政通信

新中国成立前，境内设有平田铺、青腰铺、赤竹园铺、横兜岭铺、玛瑙铺五个邮铺，“东行达桂东”，为朝廷官府传送公文等。1953年，设邮政代办点，后改为邮政支局。1996年开始安装程控电话，2000年有用户1208户。1999年，移动公司于境内安装第一个基站。2014年，有电信基站5个，移动基站8个，联通基站4个。有固定电话电信用户321户，电信宽带固网用户435户，联通宽带固网用户106户。花潭、豪园、白水村实现“光网”进村入户。

供电饮水

供电 1964年，始置第一台水轮泵，配电机12千瓦，4年后装机量达40千瓦。1973年，修建青市电站，1982年与响水坳并网。20世纪90年代后期至本世纪初，民间资金投向水电，水力资源基本得到开发。境内现有水电站19座，装机1.5万千瓦。最小的宗吕电站装机165千瓦，最大的豪园电站（在东江湖口）装机2400千瓦。2004年，铜锣丘3.5万伏变电站投入运行。

饮水 1970年代之前，青腰墟居民直接从资兴江取水。1992年，集资修建自来水厂，水源为青腰村茶山坳，蓄水池在墟侧碉堡上。2000年9.1洪灾，水厂因毁损严重而废弃。此后，居民三五户约伙，用塑料管道引附近的山泉水。2012年，投资334万元建镇自来水厂，从12公里外的白水村张家组弯江垅取水，蓄水池建于将军坳，容量160立方米。2013年10月，通水入户，提供集镇区和青腰、团桥、花潭、豪园4村6300人安全水源。各村农户原来取用井水或溪水，水质不能保证。10多年来，各村组采取申请“一事一议”专项拨款、村民集资等方式，实施自来水工程，安全饮水问题基本解决。

水利建设

境内主要有资兴江、磨石河、陈家河、欧阳垄河、下盈河等5条河流，流域面积266.1平方公里，总长度61.7公里。过去，资兴江经常泛滥改道。1978年，公社组织劳力整治河道，以生产队分段包干方式，凭人力和原始劳动工具，将青腰墟到豪园推心的5公里多河道裁弯改直，并护坡砌堤，铺成公路。2014年，有小Ⅱ型水库1座（塘冲垅），坝高23米，库容14.8万立方米，集雨面积1平方公里；山塘5口，蓄水量4.5万立方米；河坝35座，渠道45公里；历年修建浆砌石河堤11635米；硬化水圳、排水渠2.5万米。

村镇建设

青腰墟原来只有一条街道。老街铺面为土木结构，全是危房。1994年，于老街西面新建一条街，名称“黄金街”。2000年前，境内传统民居大多是土坯墙，少量是舂土墙，屋顶有的盖陶瓦，有的盖杉树皮，也有个别贫困户盖茅草。进入21世纪，村民起新房全部采用砖混结构，淘汰土坯房。豪园推心组的房屋毁于2000年大洪水后，在上游一公里处建新村，成为新农村建设的样板。2004年起分批拆旧建新，2008年基本改造完毕。2014年，青腰村黄家组整体重建，毗连镇区的青腰村陈家组整体改造。

社会事业

教育

民国时期，初级小学为乡绅捐资兴办，时有蓝家洞萧家小学、大任台小学和四板桥文昌高等小学（新中国成立后改名青市完小）。1958年，青市完小附设初中班。1961年，初中班迁址到青市毛铺头新校址，扩大招生，称青市附中；1965年升级为县属中学，命名为资兴县六中；1970年，一度附设高中部。1971年，各大队兴办完小，青市完小停办。1972年，在团桥原青市完小校址创办青市中学，1983年改为县职业中学。1984年10月，在青市街附近新建青市（青腰）中心完小。1990年8月，青市中学校址迁入青市街，与县职业中学合并，即现在的青市中学。2010年，投资228万元，重建学生宿舍楼、运动场和功能室升级改造等项目。2014年，境内有中学1所、完小1所，教职工67人，在校学生604人。

文体广播电视

文化体育　青腰墟昔有戏台一座，与墟场同步兴建，开墟时请戏班唱了一个月汉戏，有的年份于七月半（中元节）唱全本《目连救母》。过年舞狮子、耍龙灯，豪园的青丝龙、坪田的二龙戏珠最抢风头。1950年至1957年，青腰乡民排演的汉戏有《二进宫》《辕门斩子》《天水收维》等，春节应邀到各乡免费巡演，日程满排，直至元宵节才能回墟演出。1968年时兴全民跳忠字舞，公社、大队均组织文艺宣传队，经常会演。1981年至1987年，乡文化站经营电影院、图书室，组织书法、棋牌等比赛，发起青腰墟文学社，编印《白水》油印社刊，文化工作盛极一时。至2014年，有青腰人著作的纪实文集《从心集》、诗集《滴水集》、博客文集《燕子的回忆》等十多部文学作品出版发行。

广播电视　1958年，资兴县广播站借用邮电电话线路开通青市公社广播。1970年4月，青市公社建成广播放大站，广播喇叭大队通播率100%，生产队通播率83%。1985年，青市乡广播站改名为青市乡广播电视站。1988年，完成广播机房改造和设备更新。从1991年开始，在坪田、青腰、沙石村等地建成独立的有线电视小片网站，入网用户达1000余户。1993年，青腰镇被省广播电视厅授予“农村广播电视网络建设合格乡镇”。2000年7月，青腰镇广播电视站收归资兴市广播电视网络公司统一经营管理。2001年，青腰镇广播电视站将政府附近的前端由间频传输改为邻频传输系统，传输的节目由7套改为12套。2004年，青腰镇政府等小片网络与资兴市广播电视网络联网，实行光纤传输，传输节目增加到54套。沙石等村的小片网络改为收视卫星直播电视。2012年9月，青腰镇广播电视站将网内有线电视用户全部实行数字平移，全镇数字电视用户850户。

医疗卫生

新中国成立前，农村多迷信鬼神，有病先求巫者，再请郎中，谓之神药两解。新中国成立后，成立青市卫生院，推行农村合作医疗，大力培养“赤脚医生”。1985年，赤脚医生改称乡村医生。2014年，有卫生院一所，医护人员中初级职称10人，执业医师4人，执业助理医师3人。有村级卫生室8个，乡村医生10人。

社会保障

新中国成立后，农村鳏寡孤独享受“五保”待遇，由生产队执行，保证不低于一般生活水平。2006年，开始实施农村低保制度，低保金逐步提高。2011年7月起，实施农村社会养老保险制度，60岁以上老年农民领到国家下发的养老金。2010年创办青腰镇敬老院，实行部分“五保”老人集中供养制度。2014年，敬老院有住房25间，休闲活动场所600平方米，菜地500平方米，有管理人员3人，入院“五保”老人34人。城乡居民养老保险缴费人数6127人，缴费金额64万多元；“一户一产业”工程培训500人，新增农村劳动力转移就业169人；农村合作医疗参合人数11425人，参合资金96万多元，为216人次兑付农户住院补偿款36万元。

资兴古八景之牛山宿雁

特色地情

历史人文

青腰墟 1928年4月14日，毛泽东率工农革命军第一团经田坪（今连坪），来到青腰墟（今青腰镇），听取了青腰农会负责人陈戊昌（农会会长）、欧松太（农会锄奸委员）、樊已容（农会女界联合会主任）等的工作汇报，并亲自批准陈戊昌、欧松太、樊已容3人加入中国共产党。工农革命军还在青腰墟上召开群众大会宣传革命道理。

名优特产

油炸豆糯糍粑 境内传统小吃。将红小豆或豇豆煮烂，去水，加盐，捣为泥，抓握成豆馅丸备用；糯米蒸熟，在碓中舂烂，一坨坨扯下来压成薄片，纳入豆馅丸，包紧封实，压扁，以本地茶油炸之，表面起细泡即为成品。

玉兰片 鲜笋煮熟剥壳，刮净笋衣乳根，对开烘干，再以硫黄熏蒸防霉，就是玉兰片。青腰曾是主产地之一，每年冬春聘请大批新化县师傅制作，销往广州等大城市。由于食品加工禁用硫黄，玉兰片不再生产，而美名犹存。

茶叶 20世纪70年代初，仓田大队年轻姑娘在八面山庙头岭创办"三八"林场，开发茶园，因海拔高土质好，所制绿茶品质上乘。2009年，成立民营牛山宿雁茶叶开发有限公司，注册"春尧牌"商标，影响日益扩大。

风景名胜

古驿道 仓田村以上有10余公里，高差1600余米，片石路面，愈高愈狭窄陡峭，危岩深渊，其"老鼠沿梁"、"猴古爬凳"等路段最令人神往。

牛山宿雁 古驿道旁一巨型花岗岩体，资兴古八景之一。初冬，成群候鸟掠空而过，特别是晚上，天鹅、大雁嘎嘎之声清晰可闻。

庙头岭 在海拔1400米驿道旁，古木成荫。原有村落伙铺，现有20世纪70年代开辟之野生茶园，周围有红竹（笋箨呈粉红色，笋嫩味美）林数十公顷。本土企业家在此兴建石牛仙休闲庄园，已将公路开挖至海拔约1700米。

炎帝造像 在驿道对面山上，多块巨石天然组合而成，须眉毕现，庄重慈祥。

（欧青华　供稿）

连坪瑶族乡

区域概况

位置面积

位于资兴市境东部，地理坐标为北纬25° 49′至25° 2′，东经113° 31′至113° 39′。东与桂东县青山乡、汝城县南洞乡毗邻，南邻东坪乡和龙溪乡，西与白廊乡相连，北接天鹅山国家森林公园、青腰镇。全乡总面积95.3平方公里，其中耕地面积178.67公顷、水田面积98.87公顷。

建置沿革

新中国成立初期，实行小乡制，从上连洞、田坪洞地名中各取一字组成连坪乡。明代隆庆3年（1569），隶兴宁县永安堡（址浓溪峒）。隆庆中（约1570年），于八面山设置“玛瑙堡”。乾隆十一年（1746），境属雷连上六峒，仍隶永安堡。光绪元年（1875），分属兴宁县东乡（亦称东路）五都里、兴宁县永安堡雷连上六峒。属兴宁县东乡五都里的村庄有：李城坑、上连等；属兴宁县永安堡雷连上六峒的为：上峒、长古峒、田坪峒等。民国初年（约1915），改乡、里为乡、团，属资兴县南乡上六峒团。民国22年（1933），实行区乡自治，隶属资兴县第二区（址渡头司）上六峒乡。民国27年（1938）10月，上六峒乡更名为永安乡（址浓溪中洞）。民国33年（1944），属资兴县南（大）区黄草区永安乡。民国34年（1945），永安乡与雷正乡（由下六峒乡更名）合并为永正乡，隶属永正乡。民国37年（1948）10月，隶属资兴县永正区永安乡。1950年，实行小乡制，5月，划为资兴县四区（址青腰墟）（永安乡）连坪乡。1952年冬至1953年春，开展民主建政，乡级组织再划小，划为资兴县第四区连坪、成康、田坪乡。1956年5月，撤区并乡，连坪、成康、田坪乡合并为连坪乡。1958年10月1日，实现人民公社化，连坪乡与青市、何家山、坪石乡成立超美人民公社（址青腰墟）；年冬，改名青市人民公社。1959年3月，属郴县青市人民公社（青市片）。1961年7月9日，为资兴县连坪人民公社。1984年3月，政社分开，公社改为乡制，下设村民委员会、村民小组，为资兴县连坪乡。12月24日，资兴市撤县建市，称资兴市连坪乡。1993年9月改为资兴市连坪瑶族乡至今。

行政区划

1961年7月连坪人民公社时，辖金塘大队、上连大队、成康大队、田坪大队共4个生产大队、23个生产队、151个自然村。1984年3月，上述4个大队改名为4个村民委员会。2014年，辖金塘、上连、成康、田坪4个村民委员会、24个村民小组和1个社区1个城镇居民小组。

自然环境

境域地貌形态以山地为主，丘陵、岗地交错。山地多为中山地，山体海拔800米以上，坡度多超过30度，山势雄伟，山峰挺拔，山脊尖峭连绵，山沟深幽，山冲节节分支，沟谷相通，地下水资源丰富。全乡地面高度一般在海拔700米左右，最高点为八面山，海拔2042米（为全省第二高山）。境内主要高山还有：石牛山位于乡与青腰镇交界处。山势陡峻高险，海拔1238米。顶有石体如牛立，故名石牛山。山上有天鹅池，冬月水暖，征雁常栖息其中，资兴古八景称"牛山宿雁"。北中山位于乡与桂东交界处，海拔1372米。猴古爬凳坐落于乡东部边境，海拔1472米。天狮仙位于乡与东坪、龙溪交界处，海拔1695米。境内主要水流塘冲河，发源于八面山东麓，流经乡境金塘、上连、田坪等村，从竹洞注入东江湖。该河流集雨面积94平方公里，干流长20公里，平均坡降8.5%。主要支流有庄子坑河、大坪头河、成康河、高垅坑河、茶叶坑河、大水冲河、坐坪河、坎塘河等，其中成康河最长，约12公里。土壤类别主要有水稻土类（其发育是由各个地带性土壤和非地带性土壤经长期水耕熟化而形成）、菜园土类、红壤土类（土壤发源于各种成土母质）、黄壤土类（土壤以砂岩、板页岩、花岗岩成土母质发育而成）、黄棕壤土类等。土层厚约0.6米。矿藏主要有金、铜、钨、硫、铁、煤、莹石等（原青市钨矿的采矿区主要在乡境内）。乡域为亚热带季风性湿润气候区，雨量充沛，无霜期长，常年主导风为北风，有强雷电气象。境内自然灾害以山体滑坡、崩塌、泥石流等为主。每遇台风暴雨，易形成山洪、泥石流，造成房屋、道路及水电等基础设施被冲毁、破坏。域内发生的严重灾害有：2000年"9·1"洪灾、2006年"7·15"洪灾、2008年1月至2月冰灾等。2008年冰灾持续40多天，造成95公顷冬季农作物失收，2000余人饮水、照明困难，通信交通中断，水利、电力等基础设施严重损毁，经济和财产损失累计800多万元。

人口民族

2014年，全乡共709户2297人。其中，农业人口2212人，城镇人口85人，城镇化率3.9%。人口出生率14.2‰，自然增长率0。居民姓氏以李、黄、庞、何、钟、胡、欧为主。乡内瑶族现主要聚居或散居于金塘、粗江、芒管垅、埂上、金鸡窝、湾上、棕树湾、茶树坪、坎塘、高塘、成康、仙境寮、田坪、大坪头、斩成山、坳下、埂上等地。1982年第三次人口普查时瑶族人口371人，1990年第四次人口普查时瑶族人口441人。2014年，有瑶族人口968人，占乡总人口数42.8%

经济发展

经济综述

明景泰始年（1449）以来，瑶民即与汉民杂处，域内之山，皆其所居。清乾隆二十三年（1758），永安堡瑶总李云、庞良辅查瑶民只有两种，一名高山瑶，即系生瑶，散居山谷，迁徙无常，刀耕火种，不事田畴，不纳赋税；一名平地瑶，即系熟瑶，平地瑶自清朝定鼎，投诚自化，耕读是务，悉遵王制，贡税一与汉同。布居一十二峒之内，均安分守法（见《兴宁县志》）。土改后，瑶民与汉民和谐相处，共同建设新中国成立后之新连坪。改革开放，乡经济发展速度加快，1981年，乡人平纯收入为300多元，1992年达600余元。1998年，乡农村社会生产总值3371万元，财政收入82.66万元，农民人均纯收入2680元。

2007年，乡国内生产总值4834万元，财政收入293万元。2014年，乡国内生产总值10364万元，同比增长10.5%；社会固定资产总投资48685万元，同比增长96%；实现财政总收入610万元；完成社会固定资产投资48685万元；农民人均可支配收入14075.44元，同比增长16%。

农业

种植业 历史上，境域高山瑶以种植玉米、红薯、小米等旱土农作物为主，平地瑶与汉民的农业生产以种植稻谷为主，种植玉米、红薯等为辅。由于耕作粗放、自然灾害频繁等原因，农业生产水平长期处于落后状态。1978得后，落实农业生产责任制，大力推广科学种植，农业生产水平有了显著提高。1999年粮食总产量1303吨，农业总产值1035万元。2007年粮食总产量1402吨，农业生产总值1321万元。2011年，生产粮食1213.6吨。2013年，引进香菇人工栽培技术，在上连村发展香菇种植。2014年，农业从业人员1162人。农作物总播面积553公顷，其中粮食作物总播面积291公顷，粮食总产1016吨。油料总播面积34公顷，蔬菜种植面积134公顷，全乡建香菇种植大棚2公顷，实现产值150余万元；在田坪村种植1.33公顷生态冷水米；在金塘村开辟天麻试种基地0.67公顷；建立田坪葛根种植基地、生姜种植基地；乡土地租赁和前期试验田工作亦全面完成。

养殖业 畜牧业以生猪、羊、鸡、鸭等养殖为主。2004年，出栏猪、牛、羊共4800余头（只），家禽2.6万羽。2007年完成养殖业产值174.8万元。2011年，饲养出栏生猪0.18万头，存栏生猪0.05万头、家禽0.14万羽；在田坪村创建林蛙养殖合作社，实行林蛙人工放养；成立瑶乡特种养殖合作社和八面山林蛙养殖合作社，大力发展石硅、田蛙等特色养殖。2014年，建立金塘村铁皮石斛、成康村野生芥末、上连村名优土特产种植基地等。

林业 1997年，连坪瑶族乡产冬笋20万千克，玉兰片0.8万千克。2011年，启动“春笋冬出”试验项目，通过满足冬笋冬天生长的水、肥、地温需求等人工干预手段，达到早出高产的目的，完成南竹高标准低改66.7公顷，人工造林160公顷。2014年，建成5个“春笋冬出”基地，基地面积13.33公顷，每亩可产生经济效益3000多元。

瑶乡竹海一景

有林地8666.67公顷，其中南竹林2133.33公顷，森林覆盖率85%以上，活立木蓄积量36.8万立方米，活立竹600万根。造林81.33公顷，南竹新造13.33公顷，低改66.67公顷。

工业

1955年，青市、连坪两地合作，成立造纸生产合作社，生产高方纸、包装纸，共有纸槽7个，月产值最高为2600元。1979年，连坪公社造纸厂采用半机械化生产，产纸2.5吨，产值3.12万元。20世纪七八十年代，青市钨矿2口矿井分布在乡域成康村，以生产黑钨、白钨为主，伴有黄铁、铋、铅、锌、钼、银、黄铜等金属矿石。上世纪九十年代，工业主产地板条、胶合板、卫生筷、空心凉席等。2011年，有大小竹木加工企业85家。2014年，全乡有南竹合作社4家、特种养殖合作社2家、竹制品加工厂8家、竹木工艺雕刻厂1家。

商贸服务业

自光绪元年（1875），青腰铺墟成为资兴十八集市后至今，逢农历三、六、九日，乡境瑶族、汉族群众多相邀赴青腰赶集，携带冬春笋、玉兰片、香菇、山菇、蕨粉、葛根、生姜、茶油、黄鸡、石蛙等交易，其中山菇、黄鸡、石蛙、油茶等颇受市场青睐。成立连坪人民公社后，设粮点、食品点、林木收购站、供销社等，收购稻谷、生猪、木材等农副产品，供应生产生活资料。改革开放后的主体为各种股份制公司、企业等。2014年，境内有10家各种合作社，提供商品产前、产中、产后服务。全乡有商业网点100多个，批发零售、住宿餐饮、信息传输等从业人员200多人。社会商业零售总额约5000万元。

旅游业

域内八面山古老瑶山区，风景秀丽，高山耸峙，气势雄伟，崎岖起伏，层峦叠嶂，以“离天三尺三，

连坪瑶山风光如画

人过要低头，马过要去鞍”而闻名。山上有千年古道堪比华山之险，有林深竹海堪比岭南葱郁，有千年铁杉堪比黄山之松，有石笋万相堪比张家界山峰。山顶草场，牛羊在风吹草低的云雾中时隐时现，“塞北风光”尽收眼底。古老瑶山、瑶寨、瑶居、瑶耕文明等均让游客乐此不疲，流连忘返。瑶山珍稀动植物种类繁多，山间生长着梓木、白果、红豆杉、厚朴、楠木、皂角、半枫荷等名贵树种，活跃着穿山甲、灵猫、果子狸、水鹿、娃娃鱼等国家二、三级保护动物。著名的瑶山“竹王”，生长于上连村坳下组，其胸围55厘米，为全省直径最大的南竹。瑶族风俗旅游：进瑶乡，品瑶俗，连坪瑶乡成为众多游客之首选。每逢“五一”、国庆等节假日，许多外地游客来此登山、游览、避暑、唱瑶歌、跳瑶舞、住瑶寨、品瑶家山珍，感受瑶家风土人情，体验瑶韵瑶味。

基础设施

交通运输

新中国成立前至新中国成立初期，境内只有少量石板路与外界相连。村与村之间，多为碎石山路，行走、挑担，艰难辛苦。1995年，全乡实现了沙石公路村村通。2006年，完成了通乡公路硬化。2009年，长达10.6公里、工程总造价339.2万元的成康通村公路竣工。2011年，全乡村组公路里程75公里，24个小组通了农用车，有开往资兴市区的客车2班。2014年，硬化上连村通组公路4.1公里；完成拱桥扩建3座，新建2座；修建占地50平方米的停车场1处。乡财政投资29.6万元，各村组累计配套资金、劳力90余万元，硬化、修缮通村组公路30公里，新增桥梁、涵洞11处，实现村村通水泥公路，通村公路里程20.87公里，24个村民小组实现通沙石公路，总里程100余公里，还兴修林区简易公路150余公里。

邮政通信

2007年，全乡75%的村组开通程控电话，有固定电话410部，手机800余部，移动网络信号覆盖率达到90%。全乡建设移动、联通、电信通信基站3座。上连村架设数字光纤，村民可以通过宽带上网了解更多的信息。2014年，实施广播电视“直播卫星村村通”工程，全乡各家各户皆能收看到清晰的电视节目。

供电供水

供电　清代、民国至新中国成立初期，民户多以松柴、竹篾片、桐油茶油点灯照明。20世纪六七十年代，公社机关和“七站八所”、民户集中地由小水电供电照明。2001年，拥有总投资740万元、装机容量0.2万千瓦的两江电站和总投资1100万元、装机容量0.25万千瓦的天鹅电站。2011年，竣工小水电站12座，总装机容量1540千瓦。2014年，有风形电站、仙景电站等11所水电站，总装机容量1.5万千瓦。全乡人民生产、生活用电充足。

饮水　境内居民历来主要使用树木枧和南竹枧引水。20世纪六七十年代，农村人口多饮用山溪水，部分农户饮用河水，逢干旱年成，高岸地区人畜饮水困难。2014年，乡街区机关单位、邻近村、组实现集中供水，其他村组多采用引水管道引入山泉，或集中或分散供应自来水，全乡700户2000多人实现安全饮用水。

水利建设

2006年，筹资1300万元，完成桃树垅水库修建；投资4万元兴建庄子抗洪泛区防洪堤。2007年，筹资300万元，完成坳下水库修建；投资6万元兴建塘冲河风形电站段防洪堤。2008年，投资5万元新建黎家拦河坝。2010年，投资5万元兴建塘冲河学校段防洪堤。2011年，完成水利设施建设6处。2012年，投资2万元对庄子坑荒田浪地质灾害点进行治理。这些工程按期完工，提高了塘冲河、田坪河道的防洪能力，保护河道险段两岸村民、地质灾害点居民居住安全和基本农田不被淹冲，工程所灌溉的33公顷农田基本上实现旱涝保收。

乡村建设

清代、民国至新中国成立初期，乡境内瑶民兴建房屋，多沿袭“垒墙”习俗，房顶盖杉皮，冬暖夏凉。20世纪六七十年代，民居多为土砖房。1978年后，不少农户兴建宽敞舒适的砖木楼房。20世纪90年代后,改建钢筋混凝土楼房。2011年，投资600多万元，兴建乡瑶族文化活动中心、瑶乡文化小广场、瑶族文化浮雕等，对乡街道进行亮化、美化、绿化，对乡政府办公楼及门楼、乡财政所、乡司法所、主街道民居等进行民族风格改造。动工兴建的“瑶族风情一条街”、“特色瑶寨”等一批工程均彰显瑶乡文化魅力。2014年，安装太阳能路灯20盏，拆除危旧杂房20间，粉刷美化墙面1万平方米，硬化公共场地1000平方米。全乡16个地质灾害点，都全面完成山洪地质灾害防御报警设施建设等工作。

社会事业

教育科技

20世纪八九十年代，有中学1所，小学及教学点10所。1993年以来，投入140余万元，兴建校舍面积800平方米、校园面积2000平方米。1997年，有中学1所，小学5所，在校学生363人。2001年，连坪中学合并于青腰镇中学。2006年,有中心完小1所,村小2所,在校学生152人。2009年,兴建一栋800平方米的教学楼。2014年,成立连坪瑶族乡教育基金会，募集资金15万元；有中心完小1所,在校学生73人,专任教师19人；实现小学适龄儿童入学率100%、小学升初中升高中率100%、九年义务教育覆盖率100%。

文化体育

文化　自1993年9月成立连坪瑶族乡后，每逢重大节日，乡里均组织开展一些文化娱乐活动，如登瑶山、唱瑶歌、跳瑶舞、展示瑶家刺绣等，由乡选送的瑶族舞曲节目在资兴市的农民艺术节中获奖。当地瑶族人至今仍保留着还盘王愿祭祀礼仪、对歌、耍狮、舞草龙、跳长鼓舞等瑶族传统文化习俗，瑶族住宅、瑶族服饰、瑶族饮食文化亦颇具特色。每年的“起春节”“团圆节”“盘王节”，瑶族同胞们皆欢聚一堂，载歌载舞，欢度佳节。2014年，有乡文化站、广播电视站各1处，有村级文化活动中心4处，藏书5万册。

体育　瑶族武术“上刀山”“下火海”“捞油锅”等民间表演让人目瞪口呆、回味无穷。

医疗卫生

1997年，有卫生院1所，医务工作人员6人。2005年，有卫生医疗机构5个，各类卫生技术人员7人。2009年，投资50万元兴建乡卫生院住院大楼。从2009年新型农村合作医疗全面铺开至今，群众参合率均达到95%以上。群众就医条件得到改善，群众“看病难”、“就医难”的问题得到解决。2014年，有乡卫生院1所，固定资产总值60万元，有住院床位2张，专业卫生人员4名，其中执业医师1人，执业助理医师2人，专业护士1人。医疗机构（门诊部以上）完成诊疗1918人次。

社会保障

1992年，成立乡农村社会保险站，各村设代办员。2014年，全乡新农合参合人数1955人，参合率96%；参加新型农村养老保险1064人，参保率97.8%；有农村最低生活保障户89户，保障人数96人。

特色地情

历史人文

1927年，在资兴县南乡田坪（今连坪）金塘瑶民聚居地，成立了农民协会。1928年春，建立苏维埃政权。土地革命战争时期，为浓溪游击区的一部分。先后有黎五毛、赵贵发等诸多连坪瑶族、汉族革命者献出宝贵的生命。

1928年4月12日，毛泽东率部进入古永安堡遗址所在地浓溪洞，当晚听取了当地农会负责人的工作汇报。毛泽东认为雷连十二洞山高林密、地域宽广，是个打游击开展武装斗争的好地方，并送给当地赤卫队步枪5支、子弹300发，还留下3名干部协助工作。14日，毛泽东率部来到田坪（今连坪），后经青腰墟、下堡、汤边等地，于16日进入酃县中村。

名优特产

蕨 一种名叫蕨的野生植物的嫩芽，遍地皆有生长，食时感觉鲜嫩可口。每年清明前，为蕨的繁生期，男女老少皆能上山采摘。当地蕨的保鲜方法有其独到之处：将鲜蕨放入沸水中过一下水捞出，冷却后放入空食用油桶里封存，一年内启封食之，仍鲜嫩如初。蕨粉为野生蕨根茎中所含淀粉经加工而得，属绿色食品、保健食品范畴。旧载为："其根紫色，皮内有白粉，捣烂，再三洗澄，取粉作柜粘，荡皮作线食之，色淡紫而甚滑美也。"连坪蕨粉可制粉条、粉皮，配制糕饼点心，营养价值丰富。

野八角 生长于境内山谷、溪流、塘冲河两岸潮湿处，或山间杂木林、灌丛中。系乔木，高达9米，少数可达15米。幼枝带褐绿色，稍具棱，老枝变灰色。叶对生或互生、聚生。花有香气，淡黄色，芳香，有的为奶油色或白色。果梗长5至16毫米。膏葖8至13枚，花期几乎全年，多为2月至5月，少数是先年12月至第二年6月，果期6月至10月。果实由绿色变黄色时采摘，晒干后为野八角。当地名优特产还有冬笋、春笋、

八面山西南坡铁杉

瑶族长鼓舞

玉兰片、香菇、石蛙、黄鸡、蜂蜜、薇菜、瑶家土猪腊肉、干牛肉、野生菌、野菜、坛子菜、瑶家土酒、养生药酒等。

民俗风情

瑶歌 当地源远流长的瑶族民歌，用瑶语歌唱，亦称瑶族山歌。瑶歌主要有一唱一答的对歌和还盘王愿祭祀长歌等。对歌有情歌、祝贺歌、敬酒歌、敬茶歌、送别歌、哭嫁歌等多种。对歌以彼问此答方式进行对唱，使用十分广泛。还盘王愿祭祀长歌的歌唱有一定的难度，其中“婆婆歌娘”这一角色的整套长歌，历时两天两夜。歌唱时，歌词之瑶语的变调幅度很大，所以现年轻一代瑶族人皆不能唱全。

瑶族服饰头饰 瑶族妇女善于刺绣，在衣襟、袖口、裤脚镶边处都绣有精美的图案花纹。服装斑斓多彩，且袖窄、襟大、裤短，瑶族人还喜裹绑腿。瑶族男女服装主要用青、蓝土布制作。男子喜着对襟无领的短衫，下着长裤或过膝短裤。妇女头饰婚前婚后不同。未婚少女头戴两尺半宽长方形竹架，上盖挑花绣帕，四周缀彩珠和彩绸条；婚后改成织箕帽，青布彩饰，璀璨夺目。

瑶族食物 主食为玉米、大米、红薯，辅食为芋、粟、麦等。蔬菜有白西瓜、冬瓜、南瓜、萝卜、白菜、芥菜、辣椒、茄子、豆角、番茄等。瑶民忌食狗肉，过年过节普遍吃猪肉，习惯做法有两种：把新鲜肉切成大块，在灶上炖烂或做成米粉蒸肉；把肉悬挂于灶头上方，烟熏火烤制成腊肉。瑶人好饮酒，多以苞谷、粟米、红薯、高粱、糯米作原材料，做成糟酒，带渣冲开水或和稀饭吃，或酿制成烧酒喝。

瑶族婚姻 实行一夫一妻制。早期实行族内婚制，不与他族通婚。瑶族青年恋爱自由，以隔山对歌、助工对歌、待客对歌、节日歌堂和冬天围火歌堂等形式求偶，父母很少干预。但从认亲到结婚却相当讲究，双方邀长辈亲友反复商量，要办 12 次酒，俗称“十二把壶”。

还盘王愿祭祀礼仪 当地简称“还盘王愿”，由腾香良愿和大排良愿两大部分组成。腾香良愿的主要内容是祭祖、祈福、缅怀圣天（展示师公长鼓舞与师公舞）等。今祭祀礼仪的表演方式有吟、唱、颂、歌、舞、表演、对白、说笑、与客人对唱等，场景有漂洋过海、钓鱼打猎、刀耕火种、瑶人相聚、欢庆丰收、男女婚配等，基本融入瑶族的起源、迁徙历程、生产生活、歌谣故事、宗教信仰等内容。长鼓舞是祭祀礼仪的重要表演形式，展现瑶族人民生存的艰辛和对幸福生活的向往。

（欧青华　供稿）

州门司镇 >>

州门司镇获“全国计划生育依法行政示范乡镇”称号；黄旗洞村获“全国文明村镇”称号。

区域概况

位置面积

地处资兴市东北部，北与汤溪镇、兰市乡相连，东北部与株洲市炎陵县交界，东南与桂东县相邻，南与青腰镇接壤，西南与兴宁镇毗邻，西部、西北部与波水乡交界。辖区总面积189.98平方公里，耕地面积1629.07公顷，其中水田1368.73公顷，旱土260.34公顷。人口密度每平方公里114人。

建置沿革

相传古为关隘。明万历十五年（1587），设巡检司署（明末战乱，司舍民居尽焚，清康熙六年裁司），时称州门司，后沿袭为地名。明朝清代多属兴宁县资兴乡。光绪元年（1875），分属兴宁县东乡（亦称东路）六都、七都里。属六都里的村庄有：新洞、烟竹坪、杨公塘、坝头、彭公庙、双江、顶寮等；属七都里的村庄有：州门司、白筱、黄旗洞、水南、坐坑垅、下浆等。民国初期（约1915年），改乡、里为乡、团，属资兴县东乡烟坪、德仁团等。民国22年（1933），实行区乡自治，并为资兴县第一区烟坪乡、德仁乡等。民国27年（1938）1月，清和、烟坪、德仁乡并为德和乡。10月，德和乡更名为三民乡，乡政府驻地彭公庙。民国33年（1944），恢复区制，划为资兴县东大区兰溪小区三民乡等。民国34年（1945），属资兴县七都乡。民国37年（1948）10月，属资兴县七都区。1950年，实行小乡制，5月，划为资兴县三区黄旗乡、（三民）彭市乡、烟竹乡等。1952年冬至1953年春，实行民主建政，乡级组织再划小，划为资兴县三区（1955年6月三区改称彭市区）丹坳、水南、烟坪、燕窝、彭市（镇）乡等。1955年9月，彭市镇并于彭市乡。1956年撤区并乡，水南、南坪、丹坳、杨头乡并为彭市乡；烟坪、燕窝、双江、蓝洞乡并入烟坪乡；黄旗、白筱、下浆、片塘、彭坑、青元乡并为下浆乡。1958年10月1日，实现人民公社化，下浆乡等属红旗人民公社，公社驻地兰市街；彭市乡、烟坪乡合并成立跃进人民公社，公社驻地彭公庙。年冬，五星（汤市）人民公社与跃进人民公社合并为彭市人民公社，公社住址彭公庙；红星（波水）与红旗（下浆等分属）合并为兰市人民公社，公社驻址兰市圩。1959年3月，县制撤销，并入郴县，为郴县彭市人民公社、郴县兰市人民公社。1961年7月9日，资兴县制恢复，分别为资兴县州门司人民公社、彭市人民公社、烟坪人民公社。1984年3月，公社改乡，下设村民委员会、村民小组，为资兴县州门司乡、彭市乡、烟坪乡。1993年撤乡建镇，州门司乡更名为州门司镇。2012年撤乡并镇，原州门司镇、彭市乡、烟坪乡（其中兰洞村划入青腰镇）撤并为新的州门司镇。

行政区划

1961年7月州门司人民公社时，辖新洞大队、白筱大队、州门司大队、黄旗洞大队、下江大队、建设大队、春牛大队、白日坑大队、大有大队、刘家大队等10个生产大队和1个城镇居民委员会。1984年3月，上述10个大队更名为10个村民委会。1986年东江水库关闸蓄水，从旧市乡汉塘村成建制迁入1个移民小组到原彭市乡（现水南村柏树组）。2003年，成立州门司镇社区，设3个居民小组。2014年，辖州门司村、新洞村、白筱村、黄旗洞村、下江村、建设村、大有村、刘家村、春牛村、白日坑村、杨头村、丹坳村、水南村、南坪村、联富村、三宝村、坝头村、长富村、塘家湾村、燕窝村、坳头村、杨公塘村、烟坪村、双江村、大坪村、顶辽村26个村民委员会253个村民小组和2个社区5个居民小组。

自然环境

境域大部属高丘陵，地势起伏较大，比高150米至200米，坡度15度至20度，大多紧接山地前缘或为山地余脉的延伸部分，丘体独立，呈浑圆或短条形，现代地貌过程以流水线状侵蚀为主；一部属高岗地，起伏幅度较大，稍呈延伸状，但无岗脊，比高30米至60米，坡度10度至15度，山顶浑圆。按物质组成，可分为红土、红岩、石灰岩、花岗岩4类；还有一部属中山地，为海拔800米以上山体，坡度多超过30度，山势雄伟，山峰挺拔，山脊尖峭连绵，山沟深幽，山冲节节

顶辽村国家一级保护植物银杉

分支，沟谷相通，地下水资源丰富，常为溪河发源地。全镇地面高度一般在海拔600米至800米之间，最高点为小桃寮，海拔1912米。土壤类别主要为：水稻土类，其发育是由各个地带性土壤和非地带性土壤经长期水耕熟化而形成的。红壤土类，土壤发源于各种成土母质。黄壤土类，土壤以砂岩、板页岩、花岗岩成土母质发育而成。还有黄棕壤土类等。土层厚约0.6米。境内主要名山7座：丫髻山，又称“大丫口”，位于镇与兰市、汤溪交界处，两山对峙，下合上开如丫髻，一山名“猴古打望”，海拔1326米；另一山名“雅吉仙”，海拔1292米。扶竹山，位于镇与波水乡交界处，海拔1050米。马屁股山，坐落于镇东端，海拔1902米。毛鸡仙，位于镇与炎陵县交界处，海拔1714.9米。水牛塘山，坐落于镇东南面，海拔1503米。小桃寮，位于镇与青腰镇交界处，海

拔1912米，山上有“活化石”之称的珍贵树种银杉群落。青草寨山，坐落于镇境内，海拔1150米。境内主要水流永乐江，旧载为“东乡之东水，出顶寮横露。合流三里，曰双江，五里至杨家洞，又十里至清溪彭公庙，合云头、坝头水过磕脑石，又十里至长富桥，又五里至下浆，合垅上、横溪水流，十里至牵牛坳，又五里至十里洞，又十里至大陂水，又十里至大湾桥，又五里至猪婆口，入永兴。”该水流先后汇集5公里以上河流5条，5公里以下河流26条，全长47.5公里，平均坡降15.8‰，流域面积287平方公里。杨洞水库位于境内杨家洞，为全镇乃至资兴市东部地区农村、城镇重要饮用水、灌溉用水水源。矿藏主要为稀土、硅石、莹石、石灰石、钾长石等。其中硅石矿储量较大，矿脉走向东北，从新洞鳖鱼塘至鸭公垅，长10公里，宽100米至250米，深120米，矿石储藏量核算在20亿吨以上。经化验，平均含硅量97%，工业开发前景可观。钾长石矿位于长富村，有七条矿脉，14号矿脉较好。这种矿脉产生于花岗岩裂隙中，属伟晶岩形，主要矿物为氧化钾，矿体呈不规则形，脉状延展不长，一般只有数百米，属不稳定矿体，矿物品位10%～13%，达到工业品位的要求。

镇域属亚热带季风性湿润气候，年内气温最高36.6℃，最低-8.5℃，年均气温16.6℃，无霜期280天左右。常年主导风为北风，有强雷电气象。春季早期气温低，常降霜雪，寒潮频繁。初夏多梅雨，雨量大，常有洪涝，夏末常有伏旱发生，夏季主导风为东南风。秋季低温。冬季干燥少雨，寒冷冰冻。主要自然灾害有低温冷害、暴雨洪涝、大风冰雹、干旱、风灾、严寒冰冻及农作物病虫害等。较严重的灾害有：民国17年（1928）6月13日，山洪暴发，彭公庙水湄村有房屋被冲毁；1970年4月10日，冰雹降落袭击州门司公社等地，在州门司降落中心发现最大冰雹重3.5千克以上；1980年5月4日至7日，暴雨成灾，烟坪公社坳头大队超基坑生产队李由乐一家死3人、伤2人。

人口民族

辖区总人口21731人，其中城镇人口1145人，城镇化率为5.26%。总人口中，男性11353人，占52.24%，女性10378人，占47.76%；18岁至60岁14088人，占64.83%；60岁以上3432人，占15.79%。居民姓氏以胡、陈、李、黄、郭、樊、何、陈、蓝、王为主。2014年，人口出生率9.7‰，死亡率5.9‰，人口自然增长率3.8‰。辖区民族为汉族。

经济发展

经济综述

明、清时期，彭公庙、长富桥、黄旗洞铺上、州门司铺上等因处至江西、广东驿道要地，形成“集市繁、商铺多、商客集”之景象。民国时，地方饱经战乱，农工商凋零。新中国成立后，经济逐步发展。1978年以来，坚持以经济建设为中心；1981年，加强和完善农业生产责任制；1985年，完善家庭联产承包责任制，温饱问题得以解决。改革开放30多年，是全镇经济增长最快的时期，在主要农产品中，谷物、肉类、茶油、水果等产量不断增长，农村居民生活水平不断提高。2014年，完成国内生产总值13.5亿元，同比增长20%；完成财政总收入880万元；完成社会固定资产投资10.45亿元，同比增长27.5%。农民人均收入15536元，同比增长18.4%。

农业

清朝、民国至新中国成立初期，水田以种植一季高秆水稻为主，旱土以种植蔬菜、红薯及经济作物为主。耕田一般为牛力，亦有一些农户使用原始的人力“抬田”方式翻耕稻田。自20世纪70年代起发展杂交水稻制种，年制种面积170公顷，年产优质稻种1000多吨，亩产和质量均居世界先进水平。2006年，全面取消农业税，发放粮农种粮补贴和种子补贴。2014年，全镇粮食作物播种面积2354公顷，总产1.07万吨。共种植优质水稻1000公顷、杂交水稻制种400公顷、生态米120公顷、甜玉米387公顷，种植生姜200公顷、“烟坪反季节西瓜”140公顷。农业总产值2.77亿元。主要经济作物有花生、大豆、红薯、芝麻、生姜、西瓜、蔬菜等。

畜牧业 清朝、民国至新中国成立初期，农户习惯于圈养生猪、漂放耕牛，鹅、鸡、鸭多自繁自养，所产除食用外皆出售或兑换油盐等。人民公社时成立了畜牧兽医站，2005年成立镇动物防疫站。2014年，饲养出栏生猪1.86万头，出栏羊3654头，出栏肉牛2860头，出笼家禽30.14万羽；生猪年末存栏1.19万头，存栏羊3587头，存栏牛4827头，禽蛋产量575.7吨。

林业 境内林木以油茶、松、杉、南竹、灌木林为主。1958年“大办钢铁”，树木被大量砍伐。1972年，办社队林场30个，另有县二中林场、杨洞水库林场各一，大量植杉、竹等。1982年，开展林业定权发证工作，划分责任山、自留山。1985年，开展“两山变一山”工作。2012年，换发全国统一的林权证，承包期至2047年。2014年，全镇共有土地面积13385.11公顷，其中有林地面积11679.1公顷，乔木林10606.7公顷，竹林1072.5公顷，油茶林1357.3公顷，茶园90.5公顷，造林2972.5亩，林木覆盖率74.2%，林木绿化率75.9%，活立木蓄积量718842立方米。2014年6月，州门司镇获第六批“省级生态乡镇”称号；丹坳村获“省级生态村”称号。

工业

20世纪90年代，工业主产电力、硅铁、玻璃纤维、预制件、保健空心竹凉席和冰铜冶炼、翻砂件等。2013年，开展“一户一产业工人”培训。2014年，工业以硅石、玻璃、发电、南竹加工为主，有小型水力发电站14座、自来水厂1家、竹制品加工厂1家、大米加工厂1家、硅石加工厂2家，工业从业人数3671人，建筑业从业987人，工业总产值113415万元。

商贸服务业

光绪元年（1875），彭公庙墟以农历二、五、八日为集，成为兴宁县域十八市之一。1999年冬，在三宝村始建彭公庙新墟场，2001年农历五月初二建成开墟。该墟场占地面积1公顷，平时逢墟三四千人，重大节日上万人赶墟。烟坪农村集市于1986年建成木架棚墟场，面积300平方米，有18个摊位，农历逢一、四、七日为墟。2008年于州门司村启动镇中心墟场建设工程，历时两年，完成投资1200多万元，墟场（含广场）占地面积4800平方米，墟四旁共建房屋1万多平方米，并完善相应的摊位、排水、地面硬化等配套工程，逢农历三、六、九日为墟。2014年年末，有商业网点200多个，批发零售、住宿餐饮、信息传输等从业人员2141人。社会商业零售总额10000万元。食品、餐饮、保险、美发、日用品、农机具、互联网等百业兴旺，能满足居民的生产生活需求。商贸业经营本地主要农副产品有优质大米、小水果、生姜、小米椒、茶油、土酒等，销往本省及江西、广东等地。

旅游业

八面山顶辽银杉自然保护区位于顶辽村，1986年省林业厅批准设立。保护区内分布着号称“活化石”和“植物熊猫”的国家一级保护植物银杉256株（其中100多株结实累累，天然繁殖更新能力强），是亚洲最大的银杉自然群落；最大的一株银杉，胸径45.7厘米，高19.5米，居全国之最。在银杉群落周边还有天然次生针阔叶混交林，林内野生动植物种类繁多，有国家一、二级保护植物红豆杉、五针松、福建柏、榉树、鹅掌楸、厚朴等20余种，有国家重点保护的一、二级珍稀濒危动物黄腹角雉、短尾猴、白鹇、黑鹇、黑麂、猴面鹰、娃娃鱼、水鹿、小灵猫等30余种。

曾中生曾希圣故居，位于春牛村牵牛坳组，始建于1896年，坐北朝南，为两层砖木结构民居，土砖墙，木楼板，坡屋顶，上盖小青瓦，有正房四间，偏厢一间，总建筑面积200余平方米，2006年被列为湖南省文物保护单位。2012年11月，投资50余万元，对故居进行修缮，2013年3月完工。

四连水松王，位于燕窝村四连组溪边，水松树主干围径7.6米，树高24米，树龄800多年，为世界最大的水松树，有"水松王"之称。南方红豆杉，别名"红榧"，散生于域内中山地，数量较多，堪称一绝，在杨公塘村有红豆杉王。此外，还有风光旖旎"丫髻山"、古色古香"彭公庙"、鬼斧神工"牛角石"等自然风光（可与炎陵、东江湖成一线）、红色旅游（可与井冈山成一线）景区景点，具有较好的旅游开发前景。

基础设施

交通运输

境内驿道干线始建于南宋绍定二年（1229），时宽1.8米，青石板路面，有州门司、长富桥、彭公庙等处干线，黄旗洞等处驿道支线；其余各村皆为泥土路、碎石路，挑担、行走，多为"晴天一身灰，雨天一身泥"。1956年9月30日，资兴县第一届人民代表大会第六次会议作出关于动员全县民工修建资兴县城（今兴宁）至彭市公路的决议。11月15日，资彭公路全面施工；1957年12月，公路竣工；1958年春开始通车。该公路全长36公里，是通往州门司、彭市、兰市、波水、烟坪等地的枢纽线，也是出入酃县、桂东、郴州等地的交通要道。1969年冬，对此路进行修整，路面得到加宽改善。后，资彭公路经改造成为省道322线段，贯穿全境达43公里，2001年铺水泥路。1958年，域内州烟公路修筑，1985年通客班车，2006年铺水泥路。1967年12月，境内彭市街至溪坳路段竣工，从而使郴州至州门司至茶陵公路全线贯通。2014年，全镇26个村皆通水泥公路。

邮政通信

20世纪90年代，开通程控电话、无线传呼。后，电信、移动、联通等多家通信企业在境域多处建立基站，手机通讯覆盖全境。2014年，有邮政支局3处，村村通邮路，邮政业务收入93万元。有电信支局1家，固定电话618户，普及率为20.43%，移动电话614户，互联网用户97户，年电信业务收入28万元。

供电饮水

供电　清朝末年，少数民户使用桐油灯，大部分居民用松柴、竹篾片、葵杆点火照明。民国时期，民户多以桐油、茶油点灯，少数居民则沿用松柴、竹蔑片照明。解放初，单位、民户多为煤油灯照明。1967年，杨洞水库干渠、支渠建成并沿途修建杨洞水库渠首电站、响水坳一级电站、鳌鱼塘二级电站、燕窝电站等五级电站，2011年并入国家电网。2014年，有中心供电所1个，水力发电站14座，装机8100千瓦，电力充足。

饮水　清朝、民国至新中国成立初期，居民用水主要是永乐江河水，亦有部分民户使用井水，皆靠肩挑手提，距离水源较远的居民用水较困难。

彭公庙等地出现过以挑水为生的贫民。1966年杨洞水库关闸蓄水，来自水库干渠、支渠的溪水陆续进入境域村组。2010年，从燕窝村引入山泉水，供应镇区和黄旗洞村等用水。2013年，水南、南坪、三宝、塘家湾等村实现集中供水。2014年有水厂一座，年供水119万立方米，镇内2万多城镇、农村居民用上清洁卫生的自来水。

水利建设

1965年6月，杨洞水库（位于境内杨家洞）动工兴建。杨洞水库坝址海拔783米，集雨面积（永乐江上游）37.86平方公里。1966年9月25日，大坝主体工程竣工，平均坝高46米，正常库容1184万立方米。该工程完成投资1013万元（其中国家投资579万元），全县26个公社3个镇共投工607.8万个，移动土石方370万立方米，砌石37万立方米，浇筑混凝土和钢筋混凝土2.9万立方米。1967年春，左岸溢洪道建成，长49.35公里总干渠开工，干渠工程建引水坝3个，渡槽13处，长1149.2米；隧洞46个，长657.9米；倒虹吸管2处，长940米。接着，又先后兴建7条总长36公里的支渠。杨洞水库共淹没境内稻田26.67公顷，旱土1公顷，淹没房屋400多间，移民约50户240人。

村镇建设

成立人民公社时，公社办公、住房、配套房等皆为经维修的土改旧房。20世纪六七十年代，大队建有办公室、礼堂、公厕、碾米坊和加工厂等，有的大队还建了供销点、信用点、医疗点、文化室、放映场、球场、水电站等。生产队多数建有仓库、猪场、晒禾坪等。2012年，对镇政府房舍进行提质改造，办公和干部住房条件得以改善，设施逐步配套。从2008年起，全镇26个村，或新建功能较完备的新村级组织活动中心，或利用停办的小学校舍改造成规范的村级组织活动中心。民国时期，境内民房多为土坯抖墙结构的低矮平房，内部结构单一，采光不足，坡屋顶，屋顶用杉木

杨洞水库

为粱，顶盖多为杉皮，也有一些民户用小瓦盖顶。改革开放后，农村建房有较快的发展，住房质量明显提高，基本淘汰传统的建房格局，向明亮、美观、舒适、安全、卫生方向发展。2014年，投入20多万元对镇区沿街临面进行招牌规范；投入40多万元进行绿化提质；投入500多万元对镇区街道迎街面立面提质改造，安装LED灯，在省道322沿线安装太阳能路灯。拆除农村危旧房400多间，规划集中建房点4处。其中州门司村黎郭黄家组建房点22户村民集中建房；南坪村塘村湾组、金家组、何家组建房点68户村民集中建房。

社会事业

教育科技

教育 清朝为书舍教学，主要有：胡氏义塾，在城东乡清溪，乾隆二十一年（1756），胡氏合族创建，后嘉庆十九年（1754）重建。紫泉书屋，在东乡清溪紫泉垅，乾隆五十五年（1790），胡巨山建，置进苟垅庄田五十担为延师薪水费。凡族子弟及乡里之秀而寒者，同肄业焉。民国时期，创办积庆、书院头小学等国民小学。20世纪五六十年代，乡村教育采取公办为主的原则。1962年，贯彻“九年一贯制”教育方针，将部分公办学校改为民办学校。1969年，公办学校下放到大队，由贫下中农管理。1987年，开始执行“两基”计划，普及九年制义务教育（“普九”）。20世纪90年代，有完全中学（市二中）1所、中学2所、中心完小1所、小学34所。2014年，有幼儿园2所，在园幼儿96人，专任教师7人；小学6所，在校学生395人，专任教师36人，小学适龄儿童入学率100%；初中2所，初中在校学生457人，专任教师57人，初中适龄人口入学率、小升初升学率、九年义务教育覆盖率均达100%。

科技 1993年8月3日，受湖南省科委的委托，由郴州地区科委主持，湖南省种子公司、湖南杂交水稻研究中心、郴州地区农业局和资兴市农业局等单位的专家（含“杂交水稻之父”袁隆平）对州门司乡黄旗洞村蒋家组农户何月生1.7亩技优77制种田进行现场测产验收，理论亩产达497.6千克。8月6日，省、地、县专家再度汇集现场验收，经收割、脱粒、风选、晒干，亩产实收种子492.4千克，创杂交水稻制种世界纪录。2014年，有县市级科技示范户26人，乡镇级科技示范户260人。

文化体育

文化 1971年，以大队、生产队为单位，普遍办起“政治夜校”（也叫“文化室”）。2014年，有文化站1处，有文化活动中心10处，农家书屋26处，藏书9万册。民间文艺活动活跃，节点农闲自发组织歌舞，有舞蹈队2个，舞龙队2个，舞狮队1个，丰收锣鼓队2个，有国家级文物保护单位、省级文物保护单位各1处。

广播电视 人民公社时，建有公社广播站，基本实现家家户户通有线广播，农户或居民家庭使用舌簧喇叭，机关单位、学校、大队部使用高音喇叭。1994年5月，建成镇有线广播电视站。2014年，有1个中心有线广播电视站，有线电视综合覆盖率100%。

体育 1988年，开始按《国家体育锻炼标准》教学。2014年年末，有学校体育场4个，镇、村篮球场10个，总面积5000多平方米。镇干部职工篮球赛每年举办一届，至2014年已达23届。

医疗卫生

民国31年（1942）7月，资兴县政府在彭公庙创办全县第一所乡村卫生院。新中国成立前至解放初，由于地处偏僻，缺医少药，村民患病多

“小病挺、大病拖”。1970 年，每个生产大队都建起合作医疗站，配备“赤脚医生”。流行性出血热为域内存留时间较长的地方传染性疾病，一般认为鼠为主要传染源。20 世纪 90 年代后，辖区绝大多数流行性出血热病例皆能尽早发现，并得到及时有效治疗。自 1994 年起，全镇采取加大灭鼠力度、免费注射疫苗等预防措施，流行性出血热得到有效控制。由于该病多发于资兴东乡地区，亦称“东乡病”。2014 年，有镇中心卫生院 1 个，卫生院 2 个；有镇村医疗机构 17 个，有门诊部 1 个、床位 32 张，固定资产总值 643.36 万元；有专业卫生人员 29 名，其中执业医师 7 人，执业助理医师 7 人，注册护士 7 人。26 个村 18815 人参加新型农村合作医疗，参保率 99%。创建建制村卫生室 21 个。

社会保障

人民公社时，由生产队对孤寡鳏独的老人、孤儿和无劳动能力的重度残疾人实行“五保”。1999 年，启动城市居民最低生活保障制度。2004 年起，域内五保户享受低保待遇。2005 年，启动农村居民最低生活保障制度，并对农村特困户、“五保户”、城镇低保户实行大病救助。2011 年，实施农村新型养老保险制度。2014 年，落实城市“三无”人员最低生活保障金 330 元 / 月，五保供养对象最低生活保障金 220 元 / 月。全镇有城镇最低生活保障户 38 户 46 人，农村最低生活保障户 902 户 938 人，国家抚恤、补助各类优抚对象 189 人，农村贫困人员危房改造 551 户，投入危改资金 480 万元，下拨自然灾害资金 14 万元；有敬老院 2 家、床位 70 张，收养农村五保人员 62 人。全镇残疾人 1109 人，办证 628 人。从 5 月份起，196 人享受重度残疾人补助，人均 400 元。近五年来，投资 1000 多万元，对镇域 1074 户农村贫困户进行危房改造。

特色地情

历史人文

彭公庙湘南起义联席会议旧址 位于塘家湾

彭公庙湘南起义联席会议旧址

村西家田组，由并列的两栋胡氏祠堂、1个八角亭（胡氏祠堂与八角亭间距约300米）、1座红军坟组成。胡氏祠堂始建于清同治年间，坐东朝西，砖木结构，坡屋顶，总面积796平方米。在左栋祠堂的中下厅右边厢房的雕花门板上，至今还清晰地留有湘南起义军“护号兵驻此”的墨书字样。八角亭，又名怀清亭，建于清乾隆二十九年（1764），占地面积153平方米，八边形，每面均开一扇门，共三层。八个角置莲花斗拱。亭内设12根支柱。门楣上悬挂知县罗绅题赠“怀清亭”牌匾，亭内墙上原挂有“清标彤管”金字大匾。1928年4月9日，湘南起义部队与湘南特委在彭公庙八角亭召开联席会议，参加会议的有陈毅、何长工、袁文才、王佐、邓允庭、黄义藻、杨福涛、席克斯等。会议的主要内容是研究行军路线，安排军需、收容、防卫工作，并要求湘南特委暂避井冈山。由于湘南特委书记杨福涛、团特委书记席克斯以“守土有责”为由执意回到衡阳，结果整个特委机关人员及家属，在安仁、耒阳边界被敌人抓获杀害。陈毅、何长工等率湘南起义部队挺进井冈山，与毛泽东部队顺利会师。2013年3月，彭公庙联席会议旧址被列入全国第七批文物保护单位。现八角亭损坏严重，仅剩一层残垣，两栋胡氏祠堂亦破烂不堪。

名优特产

梨 当地鲜美水果，“将军石”牌东江梨素有盛名。梨果外皮呈现金黄色或暖黄色，里面果肉则为通亮白色，鲜嫩多汁，口味甘甜，核味微酸，凉性感。境域各村均有种植习惯，以黄旗洞村的规模最大。7月至9月间果实成熟时采收，可鲜用或切片晒干。品种较多，主要有东江梨、雪花梨、鸭梨、青皮梨等。2014年，全镇建有标准化东江梨基地20多个，面积467公顷，产量超过7000吨。因梨景美，已举办梨花节5届。

花心薯 因其芯的颜色较多，紫色、红色、白色、黄色相间，故称花心薯；因其营养丰富，又称“土人参”。吃时感觉脆嫩可口，具抗癌、润肠通便、降血压等功能，常食有益身体健康。全镇花心薯种植面积167公顷，产量2500多吨，市场畅销，供不应求。

葛根 具有降血糖、降血脂和抗炎等作用，其制成的葛根粉深受消费者的喜爱。一般用沸水冲泡吃，老少皆宜，对女性还有养颜美容及丰胸的作用。葛根汤也是葛根常见的做法之一，对孩子的发育和老人预防疾病有很好的功效。主产于下江等村。

山野菜 主要品种为蕨、鱼腥草、山木耳、松树菌、冬笋等。镇域所产之冬笋，其外表光滑，呈嫩黄色，笋质幼嫩，洁白如玉，味清香纯正，营养丰富，在宴席上配肉类烹炒，常作为山珍佳肴，有“素食第一品”之美誉。冬笋主产于大坪、春牛等村。

风景名胜

将军下马 位于新洞村。此处地势奇险，左为千仞悬崖，右乃万丈深渊，四周古木林立，中间一羊肠小道夹石缝而上，穿云入雾，仿若登天。小道尽头，鬼斧神工般一人形巨石立于峭壁之上，巍巍然如将军当关，人称“李广石”。在其近处，还有多尊如“马鞍”、似“神弓”的巨石。或是迫于威严，或是骇于惊险，凡过此路，人无不透出一身冷汗。旧时，建有凉亭，“文化大革命”期间被毁。当地有“飞将军”李广战恶神、蜀汉名将赵子龙纵马跃隘口被刮落马下之传说。

彭公庙老街 位于南坪村老墟组。据传，当地百姓信奉彭公老爷，曾修建一座彭公庙，此街乃当年彭公庙香火旺盛时所形成的集市，亦曾为当地的商贸中心。沿彭公庙遗址西行200米，有一长约400米、宽约3米的古街道。古街两边一溜排开土砖木架两层古民居，其房檐皆伸出，各有木柱支撑，楼上为木架阳台，楼下为铺面走廊，上寝下市。街道内老少皆悠然自得，和睦相处。商铺有百货、服装、手工作坊等。旧时，每逢农历二、五、八日为赶集日，携货交易，商贾云集，热闹非凡。

丹坳古塔 位于丹坳村“二亩四”田中，此田又名“座塔丘”，田下面的村落（丹坳村东风组）称塔下。该塔为石砌实心，呈六角形。底部边长约半米，塔高三米左右，依下而上由大渐小。塔为七层，每层皆有塔檐，没有塔顶。光绪元年（1875）兴宁县志记载：当是时，古塔已“苔封藓裹，不知几经年所”……“盖千百年物也”。相传古塔曾受皇封，后其塔顶被移于5公里开外的兰市鸭公垅。

紫泉垅 位于塘家湾村。紫泉垅有两口泉眼，泉眼里古时流出的是酒，相传是彭公在两口泉眼里各放了一粒糯米所至。泉口有一石碗，是供来往做工、赶路人喝酒用的。后一贪心之人，将酒挑去变卖。彭公得知后，愤然将二粒糯米取出，泉眼里再也不流出酒了。紫泉垅的人由此愈过愈穷，只能长年靠打柴卖柴为生，人们便将紫泉垅改名紫柴垅了。

紫泉瀑布 位于塘家湾村。水源来自十里开外的太平寮、顶寮。光绪元年《兴宁县志》记述紫泉瀑布之雄伟壮观：“重叠激湍，白练飞空，当朝晖夕曛，紫气旁溢，晃若赤虹冲霄。”瀑布之水流于清溪河，再汇入安仁县境内。1966年，杨洞水库关闸蓄水，瀑布源流被截大部，再未见旧日之磅礴气势。

紫金宝殿 位于塘家湾村紫金山。系佛殿，所建年代不祥，殿宇雕梁画栋，气势恢宏。佛殿为三进，大门前分别悬挂知县吴子骐所题“紫金宝殿”牌匾、谏议大夫邹南皋所题“南国西天殿”牌匾、永宁御史龙紫海所题“真源堪寂”牌匾。旧传求嗣、求仕、求财、求平安，祈祷灵应，故朝谒者众。清光绪元年（1875），殿宇便已塌废，然而清朗之夜，可见佛殿遗址方向一盏灯火悬挂于半空，光明四映，清晰在目，走近寻找，却不见踪影。

民俗风情

年货节 近年新兴民俗。以年关临近之农历腊月十九为节日，以镇中心集市为办节场所。至日晨后，千百群集，携土腊肉、土鸡鸭、蕨粉、冬笋、冷水米、茶油、高山茶、花心薯、葛根、蜂蜜、红豆杉酒等年货交易。年货节上，有舞龙、舞狮等节目表演，有供群众参与的现场互动游戏（如“抖糍粑”）等，吸引郴州、资兴等地众多游客前来体验本土年味，过一把抢购年货之瘾。

偷春 亦称偷青、偷春菜，当地民间春节期间闹着玩的一种“行偷”旧俗，不知始于何年何月。约定俗成的偷春时限，为农历正月十四日晚或正月十五。参与偷春者，皆系未成年人，偷回来的菜不能拿回家做，一般为几人合伙一起，分带锅碗油盐米和做菜的调料等，到野地建灶做饭。偷春主要偷菜园子里的春菜，亦偷主人家灶屋里挂的腊肉、腊鱼等。当地有哪户人家菜被偷了哪户人家的菜就会更多更好，且当年丰衣足食、吃穿不愁之说。如若偷技不高被主人擒获，则要唱歌赔礼。偷春夜，也是当地青年男女对情歌、求婚配的最佳时。如某一男青年喜欢一位姑娘，就去她家房前屋后唱歌，歌的主题为爱恋、相思等。姑娘倘若中意，就会甩出一把菜或一块腊肉；若不中意，应对方法各不相同，有的以歌作答拒绝，有的则直接泼水赶人。

（李金卫 供稿）

汤溪镇 >>

2011年，汤溪镇（狗脑贡茶）被农业部认定为“全国一村一品示范村镇”称号。

区域概况

位置面积

位于资兴市东北部，素有资兴“东大门”之称。东邻炎陵县船形、中村、龙渣瑶族乡，南接州门司镇，西南连兰市乡、波水乡，西、北与永兴县、安仁县、炎陵县接壤。辖区总面积167平方公里。

建置沿革

明朝清代多属兴宁县资兴乡、下保乡（隶厢极东，亦曰东乡）。光绪元年（1875），分属兴宁县东乡（亦称东路）六都七都里、下保乡下都里。属东乡六都里的村庄有：汤边、秋田等；属东乡七都里的村庄有：皮石、谷洞等；属下保乡下都里的村庄有：下保等。民国初年（约1915），改乡、里为乡、团，为资兴县东乡谷洞、下保团等。民国22年（1933）年初，实行区乡自治，并为资

全国一村一品示范村镇——资兴市汤溪镇

兴县第一区谷洞乡、下保乡等。民国27年（1938）初，划为资兴县仁保乡（驻地汤边，辖11保）、谷洞乡（驻地谷洞，辖4保）。民国33年（1944），恢复区制，划为资兴县东大区兰溪小区仁保乡、谷洞乡等。民国37年（1948），为保民区仁保乡等。1950年5月，实行小乡制，划为资兴县三区（驻彭公庙）汤市（仁保乡）、下保（谷洞乡）、谷洞乡等。1956年撤区并乡，下保、中朝、上坳、秋田、坪子乡等撤并为汤市乡；彩洞、皮石、堡溪、谷洞乡撤并为皮石乡。1958年实行人民公社化，汤市乡为五星人民公社；兰市、下浆、皮石乡成立红旗人民公社。年冬，红星（波水）与红旗（皮石分属）并为兰市人民公社（驻兰市圩）；五星（汤市）与跃进（彭市）并为彭市人民公社（驻彭公庙）。1959年3月，县制撤销，并入郴县，为郴县彭市人民公社、郴县兰市人民公社。1961年7月，为资兴县汤市人民公社、资兴县皮石人民公社。1984年3月，政社分开，公社改为乡制，下设村民委员会、村民小组，为资兴县汤市乡、皮石乡。年冬，资兴市撤县建市，称资兴市汤市乡、皮石乡。2012年撤乡并镇，资兴市汤市乡、皮石乡撤并为资兴市汤溪镇至今。

行政区划

2012年，以原汤市乡、皮石乡的行政区域为新设汤溪镇的行政区域。2014年，辖汤边、上坳、下堡、陈家洞、秋田、坪子、头枕坑、青林、壁溪、东洞、皮石、讴乐、谷洞、山塘、竹岭、道塘、皮里、彩洞18个村民委员会、151个村民小组和1个社区2个城镇居民小组。

自然环境

镇域属中亚热带季风性湿润气候区，冬暖夏凉，雨量充沛，年平均气温15℃。地形地貌以山地为主，平均海拔750米，境内主要名山3山1岭：盘古仙山，位于镇与炎陵县交界处，海拔1221米。羊角仙山，坐落于镇东南边境，海拔1387米。驴子山，“在县东九十里谷洞，路通安仁，为两邑分界。”牛岭，“在县东八十里汤边，清知县谢乃实过此题诗云：‘峻岭如牛卧，毛丰未着鞭。尾盘七里曲，角竖两峰巅。蹄乔底林满，筋痕古路缠。欲耕无广陌，鼻息涌温泉’”。旧时，岭上建有凉亭，今已毁。境内海拔千米以上的山峰还有九瑶岭、江背山、叶荷仙等。河流主要有汤边河、秋田河、谷洞河等。旧属东乡之北水，记载为：“青草寨水流坪池，五里至秋田，又五里至汤边。羊古脑水流下保，七里至坳下，合龙头山、米子坑水过黄沙，五里至汤边合流，二十里为七里，又合新浆皮石水，五里至春仁。”皆于两江口汇合后流入炎陵县船形河。境内矿产资源主要有萤石、硅石、高岭土、铁、锡等。萤石矿位于汤边村，经湖南省地质局四一六队勘探表明，有3条矿脉4个矿体，储量为C级矿石量10.74万吨，矿石平均品位为46.81～56.09。陶土在小洞、江背山至青林一带，属奥陶系地层，中间有0.8米至1.5米的高岭土，以万家坳的陶土为佳。还有温泉4处，呈线状分布于小河两岸，单个出水量为0.67升/秒至1.8升/秒，4处总水点出水量为3.5升/秒，水温44℃至53℃，属中温热水，硫化氢气味较浓，含多种化学元素，其中氟含量为4.0毫克至5.5毫克/升，超过水质标准的5倍，不宜饮用。

人口民族

2014年，辖区总人口12964人，其中城镇人口220人。60岁以上人口为1900人，占总人口的14.6%。总人口中，男性6792人，占52.39%，女性6172人，占47.61%；出生人数145人，人口出生率为11.1‰，自然增长率为6.8‰。居民姓氏以金、胡、杨、王、李、唐、何为主，辖区民族为汉族。

经济发展

经济综述

20 世纪 70 年代，以传统农业经济为主。十一届三中全会后，乡镇企业快速发展，商贸活跃。自 2000 年起，开发农业产业，以茶叶、高山萝卜、雪桃、黄桃、罗汉果等为主导产品。2014 年，实现国内生产总值 47355.75 万元，完成财政收入 618.22 万元，比 2013 年增长 24.92%。完成固定资产投资 61005 万元，增长 37.71%。实现农民人均收入 13489 万元，增长 13.9%。

农业

种植业 主要种植品种为水稻、茶叶、高山萝卜、罗汉果、葡萄、黄桃、生姜等。1976 年，开始推广杂交水稻种植。1982 年起，普遍种植杂交水稻。1992 年至 1995 年，种桑养蚕。2010 年，引进狗脑贡茶业有限公司汤溪新厂建设项目，总投资 6000 万元。自 1998 年起，以打造“茶叶汤溪”为目标，切实加大对狗脑贡茶扶持力度。2014 年，全镇茶叶种植面积 1467 公顷，在谷洞村新建标准化茶叶基地 20 公顷；引进高山萝卜种植项目，种植面积 33.34 公顷，产量超过 4000 吨，销往广州、虎门、赣州等地，种植户人均增收 300 元；建设黄桃基地 20 公顷，新增黄桃种植面积 13.34 公顷；新开多个药材种植基地，46 个种植户共种植罗汉果等药材 83.67 公顷，平均每亩的纯收入超过 1 万元；创建 13.34 公顷标准化香芋生产示范基地，生产的香芋进入香港市场。

养殖业 20 世纪 80 年代，养殖业发展迅速。1995 年，皮石有村民从事生猪贩运。1999 年 5 月，从河南引进南阳牛 8 头，在汤市坪子村饲养。2013 年，成立生态养殖场 1 个，年出栏生猪 500 头左右。2014 年，全镇有山羊养殖户 4 户，共养殖山羊 780 只。肉牛存栏 20 头以上的养殖大户 2 户。养鸡 4 万多羽，养鸭 3 万多羽，养鹅 8000 羽。生猪养殖大户 6 户，其中生态养殖场 1 个，存栏生猪 1200 多头。野生动物养殖场 1 个，年出笼七彩山鸡 3000 羽。

林业 境内林木以杉木、南竹、油茶等为主。20 世纪七八十年代，大量开荒种地，致使林地面积缩减。1989 年，用材林（杉、松杂）面积为 6533 公顷。2010 年，植树 1.8 万棵。2001 年至 2005 年，退耕还林 567 公顷。其间 2002 年至 2004 年，划定国家公益林 2773 公顷。2005 年，有速丰林 6533 公顷。2012 年，定市级公益林 340 公顷。2014 年，共有林地面积 16866 公顷，活木蓄积量 90 万立方米，森林覆盖率 86%。经济林 6666.67 公顷，其中果树林 200 公顷、药用林 83.34 公顷、柑橘 33 公顷、梨 5.07 公顷、桃 100 公顷、李 6.67 公顷、枣 2.6 公顷、枇杷 0.8 公顷。乔木林 5333.34 公顷，其中杉木 2380 公顷。竹岭村完成油茶低改 26.7 公顷。境内有国家一、二级保护树种榉木、红豆杉、银杏等；有国家一级保护动物红腹角雉、二级保护动物穿山甲等。

工业

光绪三年（1877），皮石小洞开办贺记陶瓷厂。1964 年在汤市公社开办县属萤石矿，20 世纪 70 年代转为汤市公社管理，1993 年改制为个人承包，2006 年关停。20 世纪 90 年代开办香粉厂、炭粉厂等企业。全镇建有 20 个电站，电力供应充足。1995 年，创办九星化工厂，生产高锰酸钾；1998 年创办青林化工厂，生产低锰酸钾，两家化工厂均于 2007 年关停。20 世纪 80 年代中期，乡企业办开办木材加工厂加工方料，产品运往株洲，最高峰时有竹木加工厂 8 家。2014 年，有汤边、青林 2 家木材加工厂和 3 家竹制品加工厂。有标准化茶叶加工厂6家，“狗脑贡茶”等茶叶年综合产值达1.6亿元。

商贸服务业

光绪元年（1875），汤边墟逢农历一、四、七为集，成为兴宁域十八市之一。20世纪八九十年代，在中心街与城外街道间设墟场，有粮食、生猪、南杂、百货等上市。2012年，确定汤市片为农历一、四、七日赶圩，皮石片为农历三、六、九日逢圩。对镇中心街道进行整修，新建的供销大楼和农贸市场共有场棚80间、摊位50个，可容纳个体工商户800多家，有超市、批发部12家。主要经营农产品、家电、食品、百货、南杂等。

旅游业

汤溪温泉久负盛名。《兴宁县志》记载：“东路下堡有汤泉，因附村房，故名汤边。凡二穴，相去十余丈，里人砌石为二池，各覆以亭，乡民早晚就浴，可以愈疮。”景点处于汤溪镇政府旁，因相传炎帝到此洗汤而著名，当地乡民去朝拜炎帝陵，必先“洗汤”净心息欲，以示诚心。汤市现有温泉三处，分别为炎帝泉、仙泉、神农池（有涌泉6处）。整个泉簇呈线状分布，三处温泉串联起来，相距仅200米，现均开发成疗养浴室。水温44℃~53℃，流量0.67立方米至1.8立方米/秒。水中含有H_2CO_3、Na+、S_2^-等矿物质，可治皮肤病。三家温泉中以炎帝泉设施最好，占地约3400平方米，固定资产400余万元。两江口距汤溪镇政府驻地不远处，它位于洣水和汤边河的交汇处，这里水质清澈，游鱼可数。夹岸两边，山石耸立，树木参天。河边有沙滩，在日光下格外美丽，是游客游泳休闲玩耍的好去处。

自21世纪始，汤溪镇加大茶叶和温泉两大特色产业的融合力度，重点建设一批集采茶、品茶、茶叶加工、茶艺表演于一体的休闲旅游项目。2003年，兴建集洗浴、休闲、品茶、餐饮于一体的温泉度假村和装修豪华、功能齐全的温泉宾馆。在镇中心地段建有宾馆21家，有客房200余间；建饭店18家，住宿餐饮业年收入200余万元；年接待游客3万人次，实现旅游收入500万元。2009年，资兴市汤市乡首届神农文化旅游节顺利举办，取得良好效应。全乡共接待游客3万人次，实现旅游综合收入500余万元，同比增长15%。2014年，先后进行沥青路面改造、镇区人行道改造、亮化工程、“管网”改造、“蜘蛛网”整治等旅游基础项目建设，提升了汤溪的旅游品位。

基础设施

交通运输

汤溪镇交通便利，省道207线横跨汤溪。1988年，汤船（汤市至炎陵船形乡）公路全面动工。该公路汤溪境内3.62公里，1991年竣工，总投资66.69万元。杨汤公路长13.3公里，2003年路面水泥硬化，总投资580万元。2008年，汤市乡、皮石乡18个村完成通村公路水泥硬化。2009年，投资850万元的皮炎公路改建工程汤溪段路面硬化长5.87公里。2014年，筹资60余万元硬化组级公路并修复长盈头塌方两处。竹岭村开辟垅上组至永兴新洞村简易路7公里。域内过境省道23.6公里、县道19.6公里全面提质改造，通村、通组公路38条164公里全部水泥硬化。境内汤溪—资兴客车12趟，汤溪—郴州客车3趟，货运卡车60多辆，摩托车3500多辆。

邮政通信

1996年安装程控电话，以后电信、移动、联通等企业在境域建立通信基站，手机通信覆盖全境。2011年，程控电话及手机实现村村通，有线电视入户率达94%以上。2003年，汤市片村村通程控电话，开通中国移动、联通通信信号；皮石片有程控电话545户，程控电话入户率50%。有线电视入户率70%，有移动电话515户。境内有通信企业3家、服务网点3个、固定电话用户0.14万户，电话用户普及率达41%，移动电话用户1.2万户，普及率为92%，宽带用户780个。2014年，有邮政代办点2个，村村通邮路。邮政业务收入100万元，报纸、杂志累计发行4000份。有电信企业2家，服务网点3个，固定电话460户，普及率为15%；境内有移动基站8个，联通网点2处，用户1850户，移动电话3500户，电信基站6个，互联网用户80户，电信业务收入100万元。

供电饮水

供电 20世纪六七十年代，皮石公社始建团结大队两江口小型发电厂，装机容量10千瓦；汤市公社始建汤边大队黄恋小型发电厂，装机容量40千瓦。专供公社办公和部分生活用电。1977年，皮石建起荷子岭电站，装机75千瓦；1978年，汤市建起干柴垅电站，装机75千瓦，基本保证当时各单位办公及生活用电，并适当向附近村民输送照明用电。1988年之前全镇小水电累计不足50千瓦，无法保证村民基本照明。当时的皮石乡党委政府和汤市乡党委政府分别筹措400万元和250万元兴建装机1500千瓦的神农电站和900千瓦的讴州电站。2003年，引进资金806.4万元，兴建下皮石二级电站，全镇小水电装机容量达8460千瓦，创税利510万元。2014年，有小水电站20余座，总装机容量1.65万千瓦，年发电量达1.5亿千瓦时；架设一条32公里长35千伏高压输电线路等，电力充足。

供水 20世纪80年代前，居民饮水为江河水、山溪垄沟水、山泉水等。20世纪80年代中期，村民开始引山溪水、人工打井取地下水作为生活饮用水。2014年，通过政府支持及自筹资金，共兴建拥有200人以上集中供水和200人以下分散供水工程90多处；彩洞村成功争取郴州市“饮水安全”项目；全镇居民饮用干净、符合国家饮用水标准覆盖率达到100%。

水利建设

20世纪50年代初，辖区没有蓄水工程、灌溉水库和山塘，有少量山洪沟、小垄沟、土坝、土渠。2014年，辖区内建有较高标准灌溉拦水河坝50余座、水圳水渠硬化45.6公里，有较稳定且质量可靠的混凝土灌溉河坝70多座，灌溉渠道硬化56公里（其中灌溉面积100公顷以上的17处25.5公里）；新建和恢复防洪护堤29.5公里4.45万立方；高标准整体治理河道5.8公里，投资1600多万元对镇内重点河段进行标准化整治。

村镇建设

2009年，完成改房203户，改水850户，改厕350间，新建沼气78口。2014年，投入3200多万元，完成镇区2公里主干道沥青路面改造；完成镇区主干道坡改路、梯改路、沥青路面改造，铺设人行道板；完成炎帝温泉人行道绿化、亮化及观景台、休闲健身广场建设；安装太阳能路灯82盏，LED路灯48盏；安装6个架空过线道口，实现线路有序规范化；完成游客接待中心项目建设等；成功创建省级生态乡镇；壁溪村投资2.8万元改造村委会办公条件；争取移民立项3个，改善部分移民组和移民户的生产生活条件；拆除危旧房、杂房316间，实施刘家组集中建房点、村庄绿化等25个项目；投入5万元，维修改造农贸市场及功能分区；投入10万元，完成汤边等村“四图一书”及其他村“两图”修订工作，完成危房改造 228 户。

社会事业

教育科技

教育 20 世纪 90 年代，有中学 2 所，小学 33 所，年在校学生约 1900 人、教职员工 145 人。有农科教学校 1 所。2005 年,2 所中学并入市二中。2013 年，汤市完小获“湖南省教育系统模范教工之家”称号。完成坪子村小合格学校建设和中心幼儿园项目建设。2014 年，有 2 所完小、4 所村小、1 所幼儿园，在校学生 363 人，有教职工 62 名。镇中心完小获省级合格学校称号。

科技 1977 年，试种杂交水稻。1978 年，以大队为单位，开始杂交水稻制种。1979 年，成立人民公社农科站，以杂交水稻制种为主。1997 年，推广抛秧技术。2006 年，开始推广撒播技术。上世纪九十年代开始，大面积种茶，至今已形成以“狗脑贡”为主的茶叶产业（“狗脑贡”茶多次被茶叶协会评为金奖）。2014 年，全镇有各类科技人才 520 人，其中专业技术人才 325 人，经营管理人才 121 人，农业人才 74 人，有科技示范户 45 户。

文化体育

文化 1997 年，域内全年放映电影 120 多场次。1998 年前后，在资兴市第二届、三届农民艺术会演中，分别荣获优秀节目奖和三等奖。1972 年，成立汤市公社、皮石公社文化站、电影队。2009 年，兴建多功能综合文化站。至 2012 年，18 个村建起农家书屋，免费向社会开放，并配备书屋管理员。2014 年，新建汤边、青林两个文体小广场。自 2009 年起，每年举行神农温泉、茶叶文化旅游节（祭祖）活动。炎帝的传说被列为郴州市非物质文化遗产，并成立炎帝传说传承所。

体育 1988 年，开始按《国家体育锻炼标准》教学。2011 年，汤市完小获资兴市中小学生田径运动会“农村小学”团体总分第 4 名。2012 年，汤市完小获资兴市第十五届“园丁杯”教职工篮球赛第五名，汤市完小代表队获资兴市中小学田径运动会“乡镇小学”团体总分第 5 名，汤市完小女子联队荣获资兴市第 15 届“园丁杯”教职工篮球赛第二名。2013 年，汤市完小在资兴市中小学生田径运动会中获“农村小学”总分第 6 名。2014 年，有学校体育场 10 个、单位体育场 2 个，总面积 1860 平方米。

医疗卫生

1958 年人民公社化后，县政府划拨土地建造房舍，集聚汤市从事医疗的分散人员创办汤市公社联合诊所，由资兴县卫生协会进行管理，担负起汤市公社防治及新法接生工作，奠定卫生院的雏形。1964 年，更名为汤市公社卫生院。1969 年，实行农村合作医疗，汤市公社卫生院对各生产大队赤脚医生实行统一管理，赤脚医生的业务收入上交卫生院，由各自所属生产大队对赤脚医生记工分。1981 年，农村合作医疗解体，赤脚医生改名为乡村医生。1991 年实现初级卫生保健，开展计划免疫和妇幼卫生工作，对村卫生室实行规范化管理。1995 年，乡村医生经过统一考试，实行执证执照执业。2007 年，开始实施新型农村合作医疗制度。2010 年冬，对村级医疗机构实施一村一室管理，域内 18 个村皆建建制村卫生室。2014 年，全镇有建制乡镇卫生院 1 所，非建制乡镇卫生院 1 所，编制人员 15 人，开设床位 11 张，下辖 11 所建制村卫生室，7 所非建制村卫生室，乡村医生 18 人。

社会保障

人民公社后，由生产队对孤寡鳏独的老人、

孤儿和无劳动能力的重度残疾人实行“五保”。1999 年，启动城市居民生活最低保障制度，域内首批 15 人纳入最低生活保障。2004 年起，域内“五保户”14 人享受低保待遇。2005 年，启动农村居民最低生活保障制度，落实低保对象 70 户 142 人，并对农村特困户、低保户、“五保户”实行大病救助，资助特困残疾人家庭 7 户，以后依此进行救助。2008 年冰灾，共倒塌房屋 9 户 10 间，政府发放救灾款 65 万元，救灾物资折合人民币 105 万元。2009 年，新型农村合作医疗参合人数 6342 人，参合率达 96.3%，兑付住院补偿资金 51.3 万元。2014 年，提前完成 2015 年新农费的征收工作，全镇 5960 人参保，缴费金额达 65.3 万元，参保率达 100%。积极完成城镇医保 170 多人的代收任务。302 名老人享受高龄补贴。2014 年，落实“五保”供养对象 220 元 / 月，全镇有最低生活保障 660 户 784 人，支出 68 万多元。有敬老院一家，收纳集中供养人员 38 人。

特色地情

名优特产

汤溪绿茶 汤溪绿茶在历史上具有重要的地位。相传炎帝神农氏在汤溪涞水一带尝百草发现茶叶有解毒的功效后，汤边乡民就开始上山采茶用水冲泡饮用，从此开掘了中国史上的茶文化之源。汤溪绿茶生长于罗霄山脉之汤溪河西岭（狗脑山）上，这里群山翠绿，空气清新，古茶树常年被云雾缭绕，所产绿茶天然生态，品质得天独厚。狗脑贡茶在宋代便成为贡品，现狗脑贡茶已注册为国家驰名商标。除此之外，汤溪还有神农古茶、东江云雾茶、钟形山茶等 11 个品牌的绿茶，皆条形紧结微曲，银豪满披显翠，味香浓郁芬芳，汤色碧澈明亮，经久耐泡，回味悠久，深受消费者喜爱。

野蘑菇 汤溪丘陵山冈连绵起伏，溪流峡谷众多，常年云雾缭绕，山上古木参天，原始次森林生长旺盛，郁闭度 80%，天然野生香菇、木耳、红菌等食用野菌丰富，环保味纯，受到市场青睐。

风景名胜

狗脑山与狗脑贡茶 位于镇政府附近。相传远古时候，炎帝神农“尝百草”途经汤市，因腹中饥饿随手在山间摘几个野果吃，没想到中毒，晕倒在地，不省人事。幸好他所带的忠心玉女狗舍命救主人，用一天一夜的时间艰难地把炎帝拖到汤市境内的一山腰上，而玉女狗则因又累又饿死了。不知过了多久，炎帝被一股清香熏醒。他睁开双眼一看，只见自己置身于一种常绿灌木丛中，便随手摘了把碧绿的嫩叶嚼了嚼吞下，不一会儿，人就慢慢地舒服起来，精神也好了许多。炎帝高兴极了，就把这种能解毒的翠绿树叶叫做茶叶。同时，炎帝看到心爱的玉女狗为救自己而活活累死，便把它埋在此山。为纪念那只玉女狗，炎帝把此山叫做“狗脑山”，后人把生长在狗脑山上的茶叶叫“狗脑茶”。“狗脑贡茶”早在宋代即为贡品，饮誉江南。宋元丰七年（1084），汤市秋田一金姓人士中了进士，为感皇恩进献“狗脑茶”，皇帝喝后龙颜大悦，赞不绝口，从那时起，狗脑茶被定为皇宫贡品，每年必贡，“狗脑贡茶”由此得名。此茶外形曲巧奇卷，色泽绿润灵雅；汤色嫩绿明亮，香气高锐持久，滋味鲜厚醇爽，回味悠长。它先后获得 1995 年“湘茶杯”金奖，1996 年“全国新技术新产品交易会”金奖，1998 年“名优茶金牌杯鉴评会”金奖，1999 年“湖南省名优特新农产品博览会”金奖，2001 年“国际茶博会”金奖以及 2002 年日韩名茶评比会“准日

狗脑贡茶基地一角

本大赏”等一系列荣誉。此茶经过农业部茶叶质量监督检验测试中心和中国农业科学院茶叶研究所权威检验，是没有任何残留农药的真正保健放心茶。

炎帝原葬址——庙山 位于镇中心地段。相传炎帝采药时由于误尝“断肠草”，在茶陵不幸中毒身亡。炎帝死后，随行的大臣商量给他办丧事。从臣胡真官说：“炎帝一生为百姓操劳，死后应该让他好好安息。资兴汤市温泉很多，是他沐浴的地方，冬天十分暖和，还是让炎帝安葬在那里吧。”随行的大臣一致同意，决定把炎帝安葬在汤市的庙山。运送炎帝的灵柩是由船和木排组成的浩浩荡荡的长队。在前往汤边的途中，洣水中的苍龙为报答炎帝的救命之恩，掀起狂风巨浪，把载着炎帝的木排卷入洣水，迎葬炎帝于水下龙宫。为方便百姓祭奠和瞻仰，胡真官等臣为炎帝在洣水河畔的鹿原坡（今炎陵县灵塘田乡）另建一座衣冠冢，就是现在万民瞻仰的炎帝陵。现在，洣水河岸的皮石柳树垅到汤市汤边一带，怪石高耸，神奇莫测，传说就是为炎帝殉葬的3000只羊、3000头牛、3000匹马变成的。现在的庙山仍有神奇之处，原葬地在任何时候都没有蚊子。

旱神石像 位于汤边村。传说炎帝把五谷带到汤市汤边一带，教民种植，百姓安居乐业，而当时南方有一个叫魃的旱神，眼能喷火，口吐热风。他见炎帝教人类种五谷，使他行走不便，顿生恶意，发誓要让美丽的江南变成千里沙漠。顷刻间，他吐出火舌，一时间，风火灼人，飞沙走石，秀丽的村庄顿成一片焦土。炎帝见了，连忙赶到玉皇大帝那里禀报。玉帝闻言，非常恼怒，立即派雨神赤松子下界制服旱魃。赤松子身带冰雨仙丹，来到人间，与炎帝一道带人赶到旱魃居住的赤石山云洞。旱魃见状转身拔腿便逃，炎帝和赤松子紧追不舍。至资兴汤市上空，赤松子拔出金鞭，凌空一鞭，抽瞎旱魃的眼睛。炎帝把旱魃提起一甩，覆掌一扣，旱魃一头栽进汤边河中。至今河边中有块石头形似旱魃，而今汤河西的乌沙塬山上的“神仙石”上的拇指印传说都是炎帝战旱魃留下的。

原始次森林 位于镇东北部。这里丘陵山冈连绵起伏，山体陡峭，溪流峡谷众多。山上原始

中国·东江湖（汤溪）神农文化旅游节之祭祖大典

次森林生长旺盛，总面积100万平方米，郁闭度达80%，树林以阔叶林为主，古木参天，或苍老遒劲，或苍翠欲滴。林间杂草灌木丛生，主要栖息动物有野猪、野牛、眼镜蛇、雏鸡等，各种鸟鸣不绝于耳，森林景观显著，是森林旅游的好去处。

响鼓冲 相传炎帝死后，众大臣商议将炎帝葬于汤市庙山。为迎葬炎帝，长长的鼓乐队吹吹打打一直排到柳树垅的响鼓冲，场景非常壮观，鼓乐声震天动地，以此来祭奠神龙炎帝的圣灵。至如今，站在坳口上，人们似乎仍然能听到隐隐约约的鼓乐之声。这里古木耸翠，绿竹绕山，放眼青山，听隐约响鼓，怀悠久历史，缅怀炎帝神农。

石人排 位于两江口不远处。相传在迎葬炎帝的队伍中，面临举着灵牌的人，后来在此成仙升天，现在此处有一茂石形似一排人举着灵牌状。它也是人们借此怀念神农的一个重要遗迹。

云荫仙 在东乡汤边，上有三仙石，时有彩云笼罩，故名。其峰峦百余丈，牛岭居左，猴山列右，最后有石如人耸立，或如美女抛梭，或如金钟覆地，成就分明，亦奇观也。州守裴有碑记，并题额曰“云荫碧莲”。

民俗风情

采茶节 每年5月，举办采茶节，全国各地爱茶人士都可来汤溪赏茶、采茶、品茶、购茶。

神农祭祖 每年9月，举办祭祖大典，各界人士来汤溪祭拜始祖炎帝。

（雷丰华 供稿）

白廊乡 >>

2014年，白廊乡获“全国文明村镇”、“国家级生态乡镇”称号。

区域概况

位置面积

位于资兴市中南部，国家AAAAA级旅游景区东江湖风景名胜区内。地理坐标北纬25°47′至25°57′、东经113°20′至113°30′。东与龙溪乡、连坪瑶族乡交界，南与清江乡、滁口镇接壤，西接东江镇，西北、北部连兴宁镇，东北部与天鹅山国有林场相接。全乡国土面积249.9平方公里，其中耕地面积290.2公顷、水面0.8万公顷。

建置沿革

明朝清代多属兴宁县资兴乡。光绪元年（1875），分属兴宁县南乡（亦称南路）一都、四都一里、四都二里，属一都里的村庄有：旧县、上坊、秋溪、江口、送牛塘、老洞、南坊、朋渡、乙陂桥、龙骨桥、吴洞等；属四都一里的村庄有：厚玉、大桥、连溪口、下坪、车田、大村、布田、长丰市、白廊、温汤、乾田、杨林、竹洞等；属四都二里的村庄有：台前、竹园背、开佛寺、白泥塘等。民国初期（约1915年），改乡、里为乡、团，属资兴县南乡一都、四都团。民国22年（1933），实行区乡自治，并为资兴县第二区（驻地渡头司）一都、四都乡。民国27年（1938）10月，一都乡更名为旧市乡，乡政府驻地旧县街；四都乡更名为长丰乡，乡政府驻地厚玉街。民国33年（1944），恢复区制，划为资兴县南大区旧市小区旧市乡、长丰乡等。民国37年（1948）10月，属资兴县凤凰区旧市乡、长丰乡等。1950年，实行小乡制，5月，划为资兴县五区（区政府驻地渡头街）旧市乡、江口乡等。1952年冬至1953年春，实行民主建政，乡级组织再划小，划为资兴县五区（区政府驻地旧市街）厚玉乡、恒魁乡、送塘乡、杨林乡、旧市镇和七区（区政府驻地渡头街）秀流乡等。1956年撤区并乡，送塘乡、秋溪乡、乐安乡、杨林乡、汉塘乡、龙骨乡、双谷乡等并为旧市乡；秀流乡等并入渡头乡。1958年10月1日，实现人民公社化，旧市乡、厚玉乡等属东风人民公社，公社驻地县城；渡头乡等属红专人民公社，公社驻地渡头街。年冬，东风（旧市、厚玉等分属）更名为城厢人民公社；红专（秀流等分属）人民公社更名为渡头人民公社。1959年3月，县制撤销，并入郴县，为郴县城厢人民公社、郴县渡头人民公社。1961年7月9日，为资兴县旧市人民公社、资兴县厚玉人民公社、资兴县渡头人民公社。1984 年 3 月，公社改乡，下设村民委员会、村民小组，分别为资兴县旧市乡、、厚玉乡、渡头乡。1987 年 1 月 6 日，经省民政厅批准，撤销渡头乡，渡头乡所属秀流、峡隅、龙联、洞头垅等 4 个村划入旧市乡。2003 年 5 月 14 日，经湖南省民政厅批准，旧市乡和厚玉乡合并设立白廊（取乡政府所在地村名）乡。

行政区划

2003 年 5 月，以原旧市乡和厚玉乡的行政区域为新设白廊乡的行政区域。2014 年，辖白廊、恒魁、台前、竹园背、杨林、竹洞、布田、送塘、水垅、毫山、秀流、江口 12 个村民委员会 169 个村民小组和 1 个社区 2 个城镇居民小组。

自然环境

境内地貌形态以山地为主，丘陵、岗地、水域交错，平均海拔 650 米。山地多系中低山地，海拔 500 米至 800 米，坡度 30 度以上，多为独立山体，也有些是中山的支脉，地势较高，山脊较长且明显，以线状侵蚀为主，溯源侵蚀和底蚀也较突出，沟谷多呈 V 形。成土母质为板页岩风化物、花岗岩风化物、砂岩风化物等。土壤类型主要为水稻土类、菜园土类、红壤土类、黄壤土类、黄棕壤土类等。土层厚约 0.6 米。境内名山为两山两岩，两山皆属资兴西山山脉，列南北向：凤凰山，坐落于原旧市乡西部，形似飞凤而得名，麓立一石壁，上镌“天下奇观”四字。南宋绍定二年（1229）前为县治所在地（今被东江湖淹没）。烟珠坪，位于与清江乡交界处，海拔 1217 米。两岩：一曰兜率岩，“在县南三十里临桂水上，岩洞纡折数十里，夏寒冬燠，乳花绣碧，万象森列，燃炬循视，洞心骇目，不可名状。承岩结僧舍数楹，邑州判李元禄书‘兜率灵岩’四大字额于上，苍古峭倩，与岩相称（宋谢岩有记采入《天下名山记》中，后李元禄等各记其胜，邑八景称‘兜率灵岩’）”。

东江湖

一曰水岩，“在南乡江口，嵌空一穴，广二丈许，中多石乳凝结，五色俱备（知县李廷枢游兜率岩经其地，题曰‘渐入佳景’）”。水流旧属南乡水道，记载为：“一由东乡流入，入连溪，合上大垅水与塘湾水，又合丰仙龙水十里至温汤，历旧县，再合下大水垅水，至乙陂桥与艾山水合流，十余里至江口。一由桂阳县北流四十里曰丰溪，合浙江十里与雷家洞水汇，历二十里至滁口左黄沙滩、细江水渗合，流三十里逾渡头，合井头、青草诸水，过西瓜铺，十余里至江口，与东乡流来诸水会。”东江水库关闸蓄水后，两水皆入东江湖。境域水面达0.8万公顷，约占东江湖面积的一半。气候属亚热带季风性湿润气候，常年处于西北气流控制下，只有七月受亚热带高压影响，出现南风。年平均气温15℃左右，1月平均气温14.8℃，7月平均气温34.9℃。受东江湖大水面影响，形成较为独特的乡域小气候：气候温和、四季分明、雨量充沛、多年平均降水量1538.3毫米（各村降水量分布不均匀，近湖面的多，远湖面的少）。暴雨日出现多为5月至8月，易暴发山洪。主要自然灾害有低温冷害、暴雨洪涝、大风冰雹、干旱及果树病虫害等。

人口民族

2014年年末，辖区总人口13373人，其中男性6782人，占50.7%；女性6591人，占49.3%。农业人口12483人，非农业人口176人。人口出生率14.2‰，人口自然增长率8.39‰。居民姓氏以何、沈、李、黄、黎、朱等为主。辖区民族主要为汉族，有少量瑶族。

经济发展

经济综述

东汉永和元年（136）至南宋绍定二年（1229），域内凤凰山前为县治（县城，名汉宁，隶桂阳郡）所在地，历时1093年〔在境内兰家屋图，曾发掘出新石器时代文化遗址，在五里桥一带“九十九堆”发掘出百余座春秋战国时期和唐宋时期的古墓（1986年后被东江水库淹没），出土大量文物。县城迁到管子壕（今兴宁）后，该地称旧县，新中国成立后，改名为旧市〕，为资兴经济中心，人畜兴旺，市场繁荣。2003年，白廊乡成立后，全乡经济以发展现代农业和休闲旅游业为主，并把建设白廊生态经济区作为首选。通过开展“产业大转型、旅游大开发、乡村大清洁”等主题活动，积极化解宏观经济下行压力，努力强基础、稳增长，主要经济指标连续多年保持两位数增长态势。2014年，实现国内生产总值3.87亿元，增长11.33%；完成产业引导企业资金300万元；完成全社会固定资产投资3.67亿元，增长41.4%；农民人均纯收入12058元，增长18.9%。

农业

种植业 域内农户历来有种植水稻、杂粮、蔬菜、果茶、药材等习惯。1986年东江水库关闸蓄水后，水田仍以种植水稻为主，旱地则改为种植果树为主。2000年后，大量种植特早熟蜜橘、布朗李等名优特果树，并着重在科技含量、品质、深加工和市场流通等环节上下功夫。2014年，全乡柑橘面积0.87万公顷，生产特早熟蜜橘4.4万吨，产值9500多万元。全乡粮食作物播种面积997公顷，粮食总产量5784吨，其中早稻播种面积91公顷、玉米播种面积634公顷，全乡农业总产值14128.1万元。

养殖业 域内农户素有养殖生猪、牛羊、鸡鸭等习惯，养鱼则是1986年东江水库蓄水形成湖泊后逐步发展的。20世纪90年代，东江湖网箱养鱼成为境内东江湖周边村民的致富行动，成为辖区重要经济来源。由于当时“一阵风”拉网养鱼，

导致东江湖局部水域富营养化。为保住一湖清水，从2011年起，按照“公平公正、合理补偿、只减不增”原则，实施东江湖网箱养殖退水上岸工程。2012年至2014年，共完成网箱上岸171户（全退户98户），面积10.3万平方米。养猪为辖内经济主导产业之一。2011年，共有生猪养殖场1200多家，其中50头以上规模场385家，生猪存栏3.7万头，年产值2.1亿元，成为全市最大规模的养猪乡。随着生猪产业快速发展，已建的排污设施处理不了日益增长的大量粪污。由于东江湖水资源已作为湖南省战略储备用水，为此，全乡加大对生猪养殖污染环境的治理，从2009年开始，停止沿湖可视面批地建猪栏的办证审批，不再安排规模养殖场项目建设资金。

林业 境内林木主要为松、杉、竹、油茶、灌木、果树林等。1963年，山林权固定在生产队。自2003年白廊乡成立后，在属地范围内大力开展“绿化攻坚”“森林围湖”“绿化廊道”“森林覆盖”等林业工程；在东江湖临湖区域种植2万株木芙蓉；在通往长盈头、竹洞公路沿线分别种植2500多株木芙蓉、1900多棵栾树；以奖代投种植桉树绿化通村通组公路17公里。2014年，辖内有林地1.17万公顷、果园0.87万公顷，造林120公顷，新植南竹40公顷。白廊乡获“国家级生态乡镇”称号。

工业

传统工业大多局限于手工业、作坊式小工业。20世纪八九十年代兴办乡镇企业，主要有厚玉机砖厂、白廊机砖厂、森科碳素厂、戊生采石场、安达船舶修造厂、湘潭振华船舶修造厂、国栋船舶修理厂、雄南船舶修理厂等企业，后因企业环保不达标造成环境污染或生产效益低等因素，机砖厂、采石场、碳素厂、船舶修理厂等企业陆续关停。2014年，引进好景旅游公司、逸景营地等旅游休闲产业入驻白廊。全乡工业生产总值4504.4万元。

商贸服务业

东汉永和元年（136）至南宋绍定二年（1229）为县治，商贸交易繁荣。元、明、清时期，航运、旅馆、南杂等商贸业发展。光绪元年，旧县街形成圩场，以农历逢一、四、七日为集，时称“福星墟”，成为兴宁县域十八市之一。新中国成立后，在旧市乡、厚玉乡政府所在地设食品站、粮站、供销社等单位，供应生产、生活资料和收购农副产品。随着东江湖旅游资源的开发，“五岛一村”等项目的引进，白廊码头、长盈头沿线等地个体商贸业得到快速发展。2003 年，在白廊村成立了该村水产养殖、生猪养殖、农家游、水果协会等四个专业协会，并定期组织培训和交流（今约有会员 470 名），以此带动其他村专业合作组织的成立，为社员（农户）提供产前、产中、产后服务。2014 年，全乡各类专业合作社达到 20 家。

旅游业

东江湖国家 5A 级旅游景区湖面 160 平方公里，白廊景区东江湖纯净浩瀚，挟 80 平方公里（约占东江湖的一半）。域内有大小岛屿 20 多个，有雄山秀水、奇石幽洞、绿岛倩花等自然、人文景观 200 多个。自东江水库关闸蓄水，先后开发“五岛一村”、兜率灵岩、竹洞山寨风情庄、送塘温泉、龙凤仙庵、杨林乱干担、七仙姑下凡等特色景区景点，皆饶有兴趣，引人流连忘返。东江湖逸景营地位于江口村兜率岛上，于 2014 年 7 月正式营业。东江湖逸景营地共有 98 套别墅、6 种不同房型（仙鹤泳池四合院、鸿雁别墅、苍鹭别墅、鸳鸯别墅、鱼鹰别墅、黑鹳别墅），总客房数 125 间。营地建有浮动码头、游艇、中西餐厅、大小会议室、无边界泳池、养生沐足 SPA、开心农场、湖心岛滑索等配套设施，还建有直升机和水上旋翼机、双层大型游船，并开通空中和水上游览东江湖线路等。逸景营地被誉为“东方的马尔代夫”。此外，还有生态休闲旅游区、革命老区村布田等众多自然、红色景区点，自成旅游线路，也可与市内外如回龙山、流华湾、彭公庙、炎帝陵、井冈山等景区点组成旅游佳线。

基础设施

交通运输

境内步道干线始建于绍定二年（1229），时称南路干道，宽 1.8 米，青石板路面。自县城（兴宁）南门经台前、白廊、五里桥、旧县、西瓜铺、渡头司等抵桂阳（今汝城）县界，至 1988 年，仍存兴宁镇至厚玉乡（今白廊乡）驿道路段。步道支线路面宽 0.8 米，细石铺设，连溪口、竹洞等处支线。1959 年，修通县城（兴宁）至旧市 12 公里简易公路。1963 年，该简易公路扩建为四级公路。1971 年，旧市至清江公路开建，1972 年完工，全段 22 公里，经辖内送塘、汉塘、峡隅（今秀流）等村，简称“曾清线”。此时，县城至清江全程 32 公里（现仅存兴宁至白廊段 6 公里）。1986 年 8 月，东江湖蓄水后，境内主要公路被淹没。1987 年 5 月，东岸沿湖公路动工，该线起点天鹅山大桥，经辖内竹洞、布田、送塘、水垅、毫山至秀流村，全段 56 公里，1988 年冬完工。2013 年冬，东江湖西岸白廊至长盈头（江口）公路动工，全段 13.2 公里，路面宽 7 米，2014 年完成柏油摊铺。该公路沿湖岸线北与白廊至省道 322 线兴宁镇仙桥段相连，南与长盈头码头公路至省道 322 线兴宁镇海水段对接，贯通后编入县道 022 线，全程 25 公里。2014 年，域内有 42 条各等级公路，总里程 91 公里，93% 以上完成改造硬化；有码头（渡口）17 处、客运航线 17 条，幅射东西两岸各景点及各村组岸线停靠点，总里程 195 公里；有各类机动车 733 辆；有公路旅游观光线 2 条，游览观光车 12 台 156 座，日平旅客周转量约 500 人次；各类船艇 1940 艘，总功率 467 千瓦，其中客船 25 艘，共 1076 座，日平旅客周转量约 600 人次；货船 28 艘，总载重量680吨；三车渡1艘；农自用船1886艘。

邮政通信

民国2年（1913），辖内渡头司设立邮寄代办所。1951年6月，旧市、厚玉、渡头设乡镇电话（1953年移交县邮电局）。1952年，设立资兴—渡头邮路。1962年7月，在渡头街设立邮电支局，在旧县街设立邮电所及电话交换点。1984年，在旧市乡、厚玉乡设立邮政代办所，实行委办乡邮员制度，代办信件投递、报刊收发等邮政业务。1995年，开通无线寻呼机（BP机）。1997年，移动公司开始在境内修建基站，部分群众购买手机（模拟机）。进入21世纪后，移动公司、电信公司与联通在高地皆建有基站。2014年，移动、联通、电信信号覆盖全境。手机（数字机）拥有量4600余部，成为全乡通信主要工具。

供电供水

供电　1965年至1966年，旧市、厚玉、渡头公社旋涡式小型水轮泵发电站相继建成，公社机关及邻近居民有照明用电。1970年，（渡头公社）先锋水电站建成，装机容量50千瓦，供公社机关、街道居民、附近村庄夜间照明和社队企业白天的生产用电。20世纪70年代，辖内各村组有各类小型水电站35座，装机容量约390千瓦。1998年，域内电网初具规模，居民生产生活用电基本稳定。1999年，兴建天鹅电站（厚玉乡）；2003年，兴建竹洞电站，两电站运行投产后皆并入国家电网。2004年，启动农网改造，4条高压供电线（总长65.26公里）、61个台区变压器（总容量5926千伏安）、3284户进户线及电表得到规范改造，于2005年全部改造完毕，实现城乡电费同价。

供水　新中国成立初，辖区居民饮用水主要为江河水、山溪水。1986年，完成湖区东岸重点区域引水工程13处，建引水渠、引水管道27.5公里、蓄水池27口；完成西岸引水工程7处，引水渠或引水管道5.9公里、蓄水池21口，缓解移民后靠村组群众的生产生活用水之急。1998年，再次从大屋图、田排上筑坝6.8公里引水，解决沿线村组及政府机关和乡直单位生产生活饮用水问题。1999年，完成恒魁、白廊村集中供水工程2处、江口村集中供水工程1处。2013年7月，全乡开始分区域集中供水。2014年，基本实现"引水工程规模化，供水系统管网化，农业生产旱涝保收，居民饮用水安全卫生"。

水利建设

1989—1997年，先后完成望城水库（小Ⅰ型）、黄家塘和陈家垅（小Ⅱ型）水库及骨干山塘17处维修改造。完成丰长、游垅灌渠2处。

村镇建设

古汉宁县治时，旧市街建筑面积约1平方公里，主街道为南北向，宽约3米，青石板铺就，街长约900米。街道两边各类商铺约250间。县治迁至兴宁后，旧市老街仍是资兴南部最大集市贸易地和区、乡治所在地。布田、唐家、秋溪、峡隅等均具百户以上村庄规模（1986年东江水库蓄水后均被淹没）。清末、民国时期，境内以氏族聚居为主，形成大小不一的自然村落，房屋以土木结构较为普遍，少量富户建有青砖瓦屋。解放之初，"地主"成分人家的房屋，多被没收作为公用或分给贫苦农民。20世纪70年代初，住宅以土木结构的房舍居多。1982年，禁止在海拔285米以下淹没区建新房。1986年，后靠搬迁户如期搬入砖木结构新房，一些非移民后靠村的建房户也随之增多。2000年、2006年，分别遭受"9·1"、"7·15"两次特大洪灾，造成重大损失。两次特大灾害过后，对山洪地质灾害易发区（点）予以重新选址规划，至2008年，全乡共完成86个自然村庄拆旧建新，新建房屋实行统一规划布局、统一混砖结构建筑。2014年，完成兴建镇区2个（白廊镇区、长盈头港口镇区），“崭新村庄”建设96个，3367户入住新居。白廊乡获“全国文明村镇”、“湖南省两型示范创建乡镇”、“湖南省美丽乡镇”等荣誉称号。

社会事业

教育

清代主要为书舍教学。光绪年间，建有何氏书屋，所在台前，仅可容少许子弟读书。民国元年（1912），辖内有渡头、旧县小学校各1所。民国9年（1920），有小学9所。民国18年（1929），除保留该9所小学外，另推行短期义务教育。民国29年（1940），渡头、旧市设中心国民学校。新中国成立初，辖区内有学校41所。1951年“小乡制”时期，在旧市、厚玉、渡头各设高小1所。1953年，将居住分散区的村小调整为巡回小学。1958年，辖内增设小学5所。1961年，域内公办小学调整为32所，旧市、厚玉、渡头各设完小1所。1966年5月“停课闹革命”，“红卫兵”四处串联，师生卷入派性斗争。1967年，“复课闹革命”。1968年，原旧市、厚玉、渡头公社各设初级中学1所。1972年，旧市公社将江口大队原小学（老屋头）增设为初中部（1980年撤销初中部）。1977年，旧市、厚玉、渡头公社初中升为高中，1980年冬撤销高中部。1987年1月，原渡头乡秀流、峡隅、龙联、洞头垅4所村小划属旧市乡；8月，旧市中学搬迁后靠至毫山村大牛盈，旧市中心完小搬迁后靠至毫山村上牛坳（1990年完小再次搬迁与中学合并）。1987年，厚玉中学、中心完小搬迁后靠至望城。在布田村新屋头设立厚玉二完小，至2005年撤点并校时撤销。1988年9月，厚玉完小（2004年更名白廊乡中心完小）迁至恒魁村排楼江至今。2003年5月成立白廊乡，旧市中学、厚玉中学名称不变。2005年9月，撤销厚玉中学，原厚玉中学所辖生源划属兴宁中学。2007年，辖内23所学校撤并为6所。2014年，共有学校4所（其中中学1所，完小1所，村小2所），教职工62人，在校学生536人。

文化体育

文化 晚清时期，中国近现代著名女作家白薇出生于辖内秀流村。在杨林村一黎姓家发现有一清代雕刻床，上刻“八仙过海”，下刻“双龙戏珠”，其造型生动，手艺精湛。民国至今，凡遇红白喜事，多雇请“坐唱班”增添气氛。当地“寿庆、婚庆”称红喜，“丧葬”为白喜。曲目有汉剧、花鼓戏等。乐器有二胡、喇叭、渔鼓等，声乐多为地方小调，其表演简单。“文化大革命”期间，公社、大队建有“毛泽东思想文艺宣传队”，生产队建有“文化室”，每天开工前和收工后组织社员群众面对毛主席挂像“早请示、晚汇报”。农闲期间，全民“跳忠字舞”。1979年，渡头公社小学生雷少军美术作品《莲花》，被选送参加世界儿童美术展。峡隅汉剧被列为资兴首批非物质文化遗产保护名单。1993年，旧市乡率先在库区乡政府机关建歌舞厅，星期六晚对外免费开放。1993年至2000年，旧市乡政府每年至少举办两次篮球邀请赛。2013年，“中国东江湖（白廊）首届桃花节”在白廊乡桃花广场开幕，2014年又如期举办第二届，每届参与人数上万。央视主持人主持主会场节目，中、省及地方电视台等媒体亦到现场实景录制节目。

体育 明、清时期，传统体育项目以武术（俗称“切打”）、舞龙灯、舞狮子为著。民国期间，习武之风仍盛行，每逢春节，舞龙灯、舞狮子、武术技艺演示等活跃。1988年，厚玉民间拳师欧香池被省体委授予荣誉拳师和一级拳师称号。

医疗卫生

2004年3月，原旧市卫生院和厚玉防保站合并成立白廊乡卫生院。2005年，列入国债项目建设卫生院之一。该院占地面积400平方米，建筑面积713平方米，总投资50多万元。2014年，有乡卫生院1所，设内科、妇产科、中医科、防保科、化验室、X光室、B超室，拥有双目显微镜、半自动生化仪、尿液分析仪、X光机、B超机等设备。有医护人员10人，病床10张，年门诊病人1万多人次，住院病人100多人次。院辖白廊卫生院部、旧市分院及望城医疗点。有村级卫生室7所，乡村医生7人。

社会保障

1993年，成立乡农村社会养老保险站，村设代办员。2008年10月，建立新型农村社会养老保险制度。2011年8月，配备乡劳动保障专干，12个村明确新农保协管员。2012年，城乡居民养老保险实现全覆盖。2014年，城乡居民参保登记8000余人，政府资助特困人员缴费500余人，享受养老金待遇2300余人，参保缴费率达95%以上，待遇发放和基金完整安全率达100%。新型农村合作医疗保险从2006年开始。2014年，辖内12个村169个村民小组参加新型农村合作医疗，有3524户12156人参合，参合率达到98%以上。有敬老院1所，供养老人24人。

特色地情

历史人文

革命老区村布田 首次纪念“八一”南昌起义。1928年8月1日，朱德、陈毅部在境内布田村（今被东江湖淹没）举行军民联欢会，纪念南昌起义一周年。朱德、陈毅、王尔琢在会上发言讲话，还奖给布田村赤卫队一批枪支弹药。朱德在会上说：“此次资兴独立团及布田人民为我军护伤员、筹粮草，为我军搞好休整日夜辛劳，我党我军将切记不忘（新中国成立后，朱德、陈毅还给布田村来信，提及此事）！”

“八四”惨案。1928年9月17日（农历八月初四）拂晓，资兴清乡队和挨户团，会同国民党第8军第2师王兆英团共2000余人，荷枪实弹，在上南区清乡委员会主任黎尧臣的领路下，对布田村发起突然袭击。敌人用稻草点火烧屋，开枪射杀救火的农民，将村里的青壮年用绳索捆绑，押到村前的田里、河边的大钵头、大塘头等处集体枪杀，还用枪逼老人下跪陪杀。仅村前的一丘田里，就横尸37具。当天，惨遭屠杀的革命群众达87人。敌人奸淫掳掠，无所不为。下午，敌人又将农会干部和赤卫队员黎守安等10余人押走（后全部于县城杀害）。敌人血洗布田村，先后屠杀102人，烧毁房屋513间，抢走牲畜312头，抢走烧毁粮食、家什不计其数。一个300余户的大村庄，只剩下40来户，灭代的33户，被迫外逃的上百户，由于男人被杀妇女改嫁的60余人。新中国成立后，中央人民政府曾多次派人到革命老区村布田走访慰问，中共资兴县委、县人民政府还在布田村建立革命烈士塔，以示纪念。

名优特产

东江银鱼 古称脍残鱼，又名白小，当地称白廊银鱼、玻璃鱼。属多种半透明鱼类，体细长，近圆筒形，头部扁平。这种小鱼长而剔透，洁白晶莹，纤柔圆嫩，浑体透明，肉质细嫩，味道鲜美，是极富钙质的鱼类。白廊银鱼属高蛋白低脂肪食品，人们将它列为长寿食品、水中珍品，为白廊乡特色美食产品。中医认为其味甘性平，善补脾胃，且可宜肺、利水，可治脾胃虚弱、肺虚咳嗽、虚劳诸疾。高脂血症患者食之亦宜。白廊银鱼做

白廊银鱼

资兴古八景之一兜率灵岩之溶洞姿色

法：（1）干银鱼泡软洗净；生姜洗净切末（须把银鱼泡透、泡软，否则口感不好）；（2）取汤锅，锅内放入大骨高汤、料酒、精盐，下银鱼煮沸；（3）煮沸后，转小火撇去浮沫，撒上生姜末、胡椒粉；（4）关火，洒上香油即可起锅。此时汤汁清澈，味道鲜美。

玫瑰香柑 系甜橙与温州蜜柑的杂交种。该品种树势强盛，树冠圆头形，幼树较直立，结果后开张，有花粉，单性结果强，一般无核。单果重220克，大者可达400克，大小整齐，果呈扁球形，皮为橙红色，着色早，每年12月中旬完全着色，皮较薄，包着紧，易剥离。表面光滑，油胞细，汁多，具玫瑰香气，可溶性固形物13%左右，每年12月下旬成熟。2014年，全乡种植玫瑰香柑10多公顷，主产区为江口村下垅科组，年产量约50吨。

风景名胜

兜率灵岩 资兴古八景之一，位于江口村东江湖中心的一座岛屿（名“兜率岛”，占地面积6平方公里，为我国江南目前最大的内陆岛）上。在岛之南面临水峭壁下，建有庙宇一所，旧称楚云仙，又称“兜率庵”。南宋以前，庵址在岩洞下，清乾隆五十一年（1796），改庵址于岩洞口。古庵后面便是以高、大、雄、奇、深、旷著称的兜率灵岩洞，深约5公里，且洞中有洞，分称铜钟洞、锣鼓洞、彩石洞等。洞内冬暖夏凉，钟乳倒垂，石柱擎天，景态万千。洞内的石幔、石柱（高36米）、石花之大、之高均堪称“世界之最”。宋朝谢岩所写的《兜率灵岩记》被采入《天下名山记》。至20世纪80年代中期，因年久失修，兜率岩僧舍已破败不堪，洞内有钟乳石被砸取运入市区堆假山。1991年1月，兜率灵岩开发第一期工程施工，1992年1月建成山门、售票房、揖石轩及其附属工程，造价24.8万元。同时，打通溶洞出口，改造洞内外游路，建设通进山庄的栈道，架通高压输电线路，装饰溶洞等。1993年春节期间，兜率灵岩景点正式对外开放。在彩灯照耀下，洞内景色宛若天河群星，璀璨夺目，洞底细石晶莹透明，光芒闪烁。联合国溶洞协会专家考察后誉之为"地下大自然的迷宫""天下第一洞"。有诗称之曰"天下洞相似，此洞独不同"。溶洞开放22年，已接待游客百多万人次，其中接待中央、省部级政界要员数千人次，海外游客数万人次。

石角奇观 在原旧市公社驻地后面。"苍崖环抱，顶起一石，围径二尺余，本丰末锐，屈曲如牛角，而没于榛莽。"宋知县赵崇尹于山麓石镌"天下奇观"四字。或遂以大石为奇观，非矣！邑人郭名哲曾辨之。李端诗云"一弯屈曲眠金壁"正谓此。邑旧景称"石角奇观"（见《兴宁县志》，此景1986年被东江湖淹没）。

温泉澡雪 在送塘村温泉组附近。岩石拔倚大江，泉由隙出，温暖如汤。绕以石栏，方广丈余，浴者络绎。邑旧景称"温泉澡雪"。（见《兴宁县志》，此景1986年被东江湖淹没）

苏仙山 又名苏姬仙，在白廊村石角头组旁边，数峰连矗如帜，上（原）有小庵，石隙皆丛小笋，细若削，味绝于他产。（见《兴宁县志》）

秋溪山 在毫山村境内，一名金龙山。黄应举诗"心腔广大乾坤小，眼界高明华岳低"，其高旷可想。（见《兴宁县志》）

白马王庙 在南路江口泷头（祀伏波将军，详《游寓》。又《王志》云：查古志谓有神出入，乘白马，故号"白马大王"。地有三垅、十二滩。往来者祷之乃过。夫人为土人袁氏女，因采莲过庙，祝曰："能佑我得蚕，他日愿为神妇。"某年果获利。一日，女忽自淹死于江，浮庙门，三去三返。神乃降一童，指言其事，使人舁入庙，遂端坐于神右。每阴晦，或乘轿，或骑马出游，最为显灵）。（见《兴宁县志》）

民俗风情

办酒 生育酒，即女人分娩后所办"三朝酒"、"满月酒"、"对岁（周岁）酒"等，一般规模不大，不下请柬，只是内亲近邻参与。寿庆酒，盛行的主要是为六十一、七十一、八十一岁或八十一岁以上老者办"生日酒"，讲究"女逢头、男逢一"，"女逢头"即为六十、七十、八十岁或八十岁以上寿宴，"男逢一"为六十一、七十一、八十一以上寿宴，也有为五十一、四十一甚至三十一办"办生日酒"的。一般不兴下请帖，至亲好友闻讯而来，送礼也由"礼物"改为"封红包（钱）"。

（陈续跃　供稿）

波水乡>>

区域概况

位置面积

位于资兴市境东北部，东邻汤溪镇、兰市乡、州门司镇，南接兴宁镇，西连团结瑶族乡，北与永兴县大布江乡接壤。全乡总面积 86 平方公里，其中耕地 905.6 公顷，水面 98.93 公顷。

建置沿革

波水乡原称大陂水。明朝清代多属兴宁县资兴乡。光绪元年，属兴宁县东乡（亦称东路）七都里，村庄有大陂水、大湾桥、陈家洞、十里洞等。民国初期（约 1915），为资兴县东乡和顺团。民国 22 年（1933）初，为资兴县第一区（驻地县城）和顺乡。民国 27 年（1938），为资兴县和顺乡（驻地大陂水，辖 14 保）。民国 33 年（1944），为资兴县东（大）区何家山区和顺乡。民国 34 年（1945），和顺乡与蓝溪乡、谷洞乡并为七都乡。民国 37 年（1948），为七都区和顺乡。1950 年，实行小乡制，为资兴县第三区（驻地彭公庙）十里乡、（和顺乡）波水乡。1952 年至 1953 年春，为资兴县第八区（驻地陂水墟）中坪乡、大湾乡、大坪乡、波水（镇）乡等。1955 年，波水区撤销中坪乡、壁里乡，增设大波水乡、中朝乡。1956 年，中坪乡、波水乡、太坪乡、大湾乡、十里乡等合并为波水乡。1958 年 10 月，波水乡更名为红星人民公社，年冬，红星公社（波水）与红旗公社（兰市、下浆、皮石）合并为资兴县兰市人民公社（驻兰市墟）。1959 年 3 月，属郴县兰市人民公社。1961 年 7 月，为资兴县波水人民公社。1984 年 3 月，撤社设乡，为资兴县波水乡，年冬改称资兴市波水乡至今。

行政区划

2014 年，辖七宝、十里、仁峰、枫树、波水、苏家洞、上坪、中坪、下坪、青华、三乐、坪木、大湾 13 个村民委员会、123 个村民小组和 1 个社区居委会 2 个居民小组。

自然环境

地貌以山地为主，地势由东南向西北倾斜，平均海拔 650 米。主要高山有七宝山，位于波水、兴宁镇、州门司镇交界处，山势险峻，海拔 1361 米。旧传有七件宝物藏匿于此山而得名；杨木岭，坐落于乡西北边境，与永兴县交界，海拔 1050 米。主要水流永乐江，该江穿境而过，入永兴县境，因水流较大，故域内水力资源丰富。成土母质多系花岗岩、砂岩。乡域气候四季分明，雨量充沛，昼夜温差较大，年平均气温在 16.5℃左右。矿藏主要有硅石、花岗岩、黄蜡石等。

人口民族

1990 年 7 月，第四次全国人口普查，全乡共 3104 户 11139 人，其中汉族 11124 人、瑶族 15 人。2010 年 11 月，第六次全国人口普查，全乡 3742 户 11549 人，其中农业人口 11106 人，少数民族 29 人。2014 年，全乡总人口 11635 人（其中农业人口 11280 人），人口出生率 8.9‰，自然增长率 0.5‰。

经济发展

经济综述

全乡经济以农业为主。新中国成立前，农业生产力低下，靠天吃饭。改革开放前，实行集体计划经济，温饱问题不能解决。1981 年，落实农业生产责任制，逐步推行包产到户或包干到户。1984 年，完善家庭联产承包责任制，群众的温饱问题逐渐解决。2000 年，农业总产值 3003 万元，农民人均收入 2365 元。2005 年，完成国内生产总值 12965 万元，财政税收 132.89 万元，招商引资 630 万元，人平支配收入 4475 元。2014 年，全乡实现国内生产总值 20937 万元，同比增长 6.78%，其中：第一产业 4951 万元，增长 5.33%；第二产业 5996 万元，增长 1.44%；第三产业 9990 万元，增长 11.17%；财政收入 898.32 万元，增长 3.8%；固定资产投资 12551 万元，增长 33.2%；农民人均纯收入 10722 元，增长 15%。

农业

1976 年，农业总产值 138.93 万元，人平 130 元。2014 年，实现农林牧渔业总产值 8865 万元，其中农业 4225 万元、林业 2339 万元、牧

波水冷水米生产基地

业2221万元、渔业80万元。有农民专业合作社7家，特色农产品开发企业1家，大米加工厂6家。

种植业 1972年，种植早稻780公顷，种植晚稻633.33公顷，粮食总产量6960吨。1980年，种植烤烟33.33公顷，粮食总产量6217.5吨。2003年，十里、七宝、仁峰、波水、大湾等村发展生姜、香芋产业，面积133.33公顷，年产量500万千克。2004年，生姜、香芋产品获湖南省农业厅颁发“无公害农产品产地认定证书”。2014年，种植生态有机稻58.67公顷，注册商标2个。全乡农作物总播种面积1952.6公顷，其中粮食作物播种面积1200.2公顷，产量5989吨。油料播种面积79.67公顷，产量94吨。蔬菜播种面积572公顷，产量14080吨，其中生姜66.07公顷。瓜果类播种面积22.4公顷，总产量536吨。绿肥等其他农作物播种面积78.33公顷。茶叶13吨，水果产量717吨，板栗95吨。

养殖业 以养殖家禽、生猪、牛羊、鱼为主。1963年，恢复公社畜牧兽医站。2004年，成立乡动物防疫站。1977年，出栏生猪7724头。2004年，暴发禽流感，生猪年出栏数仍达1.4万头左右，年出栏100头以上的养殖户有9户；肉牛出栏1600头左右，规模养殖户以七宝、仁峰、枫树、青华、波水、大湾等村居多。2006年，成功申报肉牛养殖小区，并建成人工授精站；年出笼家禽10万羽左右。2013年，建甲鱼和石蛙养殖场、波水龙江生态农产品合作社、无抗鸡养殖场、波尔山羊基地，成为资兴市农村转型发展创业典型、示范户，多次接受新华社、《湖南日报》等媒体采访，并在郴州电视台、郴州日报、资兴电视台报道。2014年11月，波水无抗鸡被评为郴州市国际休闲旅游节暨第四届美食节唯一的优秀食材。推广禾花鱼养殖10公顷。域内所产之“林下鸡”“无抗鸡”“波水鸭”“禾花鱼”“生态甲鱼”“波水石蛙”“波水鱼”等成为市场抢手货，出栏生猪17136头、牛1098头、家禽10.98万羽、水产品

38吨。

林业 境内林木以油茶、松杉、南竹、板栗为主。1977年，有林业用地5455.93公顷，其中有林地2827.6公顷。1995年，进行红壤开发，种植板栗133.33公顷，油茶低改400公顷。2003年，成立林业交易所，兴办竹林加工厂4家，从事林业加工产业24人。2005年，全乡竹林面积231.53公顷。2009年，乡油茶专业合作社建立。2011年，获中央财政扶持资金20万元，用于合作社基地建设。2014年，乡油茶专业合作社被评为国家示范合作社。

工业

传统工业多局限于手工业或作坊式小工业，以竹木、粮油加工为主。人民公社“大跃进”时期，各大队纷纷上马小工业，出现不少土化肥厂、土钢铁厂等。1976年，波水公社工业产值14万元。1977年，全乡产竹跳板1000块、铁制农具3000件、木制农具400件、竹制农具1.25万件、木制家具500件，社队企业存款12万元。1992年，波水乡石材厂投资建厂，1995年停产，清算时负债65万元。大湾村创办红砖厂，负债10多万元。1999年，引进外县老板投资200万元，兴办波水氯酸钾厂。2002年，隆盛化工厂落户本乡。2014年，全乡工业产值14855万元，工业企业18家，规模工业1家。

商贸服务业

旧时，境内驿道沿途村庄成为挑盐交易中转站。人民公社时，建有供销社、食品站等，各大队有代购代销点。1977年，有店铺12家，从业人数19人。20世纪八九十年代，波水赶墟日为农历的二、五、八、O日，1980年改为农历三、六、九日。1996年，在杨柳湾兴建波水大市场，1997年投入使用。2005年，市场内有个体工商户230余家，从业人员600余人。全乡社会消费品零售额达2500多万元。2006年，遭受“7·15”特大洪灾，商户损失惨重，后重建恢复。2011年，原农贸市场被拆除重建，2013年竣工营业。该市场占地面积2660平方米，建筑面积为16000平方米，设置固定摊位100余个，临时摊位150余个，并相应建立市场排污排水、通风采光、安全消防、卫生检疫、市场管理等服务设施。现重大节日赶墟人数上万人。2002年，成立生姜、香芋种植协会，会员达510多户。2005年，组建生姜香芋营销协会、东江湖波水冷水米营销协会。2008年，有民营企业18家，个体工商户342户，从业人员1152人，完成总产值6187万元，实现利润462万元。2009年，注册成立波水乡油茶专业合作社。2014年，有合作社7家，特色农产品公司1家，大米加工厂6家，个体户348户，批发零售贸易餐饮业总产值6785万元。

金融

1974年6月，波水公社社员储蓄户2454户，存款余额66789元，户平27.21元、人平6.38元；119个生产队存款70587元、队平593.1元。1976年，农村存款26万元，社队及社队企业存款12万元。1998年，存款余额1450万元，贷款610万元。2004年末，居民储蓄余额2360万元。2014年，波水信用社存款余额1.18亿元。

基础设施

交通运输

新中国成立前，当地百姓出行主要为步行，货物则靠肩挑手提。外出主要有三条古道，在古道沿途建有凉亭、铺子，以供小憩。1956年至1958年，修建波水至州门司的沙石公路。20世纪六七十年代，各村陆续修建通村通组公路，1987

年实现全乡村村通公路。1999 年，全乡通村公路里程 47 公里，通组公路 117 条 38 公里。2005 年，投资 846 万元，完成州波公路硬化扩改工程。2011 年，投资 850 万元的波彼公路竣工。2014 年，有通乡公路 1 条（州波），县际乡际公路 3 条（波彼、汤团、坪板），通村公路 13 条，通组公路 100 余条，公路里程 150 多公里，硬化 80 多公里。乡道东连州门司镇与省道 322 线相接，北通永兴县大布江乡。有客车 10 辆开往市区及郴州，朝发夕返。

邮政通信

20 世纪 90 年代前，乡设有邮政所、电话总机室，装有手摇电话，并办理邮政、报刊发行、电报电话业务。1999 年 11 月，开通固定程控电话，用户 550 户。2002 年，全乡 13 个村开通程控电话。2000 年后，移动、联通、电信公司开始在境内修建移动电话通信基站，固定电话占有量逐步减少，手机成为村民主要通信工具。2014 年，全乡固定电话用户 200 多户，宽带用户 110 多户，移动通讯基站 6 座，移动电话用户 8000 余户。

供电饮水

新中国成立前，农村照明主要依靠柴火、煤油灯。20 世纪 60 至 90 年代初，各大队（村）自办小水电发电照明。1989 年波水电站开工，1993 年建成投产。2000 年，开始农村电网改造。2001 年，波水供电营业所成立。兴建永乐欧家电站，装机容量 3750 千瓦，2004 年竣工投产。2002 年，兴建中坪电站。2004 年，建设波水至唐洞 110 千伏输变线路及波水变电站。2006 年“7·15”洪灾、2008 年冰灾，乡电力线路及供电企业受损严重，后重建恢复。2014 年，全乡有变电站 1 座，水电站 7 座，总装机容量 12585 千瓦，年用电量 150 余万千瓦时。

2000 年，通过争取项目资金实行以奖代投，各村组陆续开始建设自来水。2005 年，兴建波水自来水厂。2013 年，改扩建波水乡集镇供水工程，设置管线总长 55990 米，净水池容量 250 立方米，实现安全饮水 4763 人。2014 年，全乡 100 余个自然村庄皆饮用自来水。

水利建设

在 20 世纪六七十年代“农业学大寨”运动中，波水公社各大队组织劳力开山造田、进行河流改道，兴修一大批水渠、水库、山塘等水利设施。1977 年冬，大坪大队在今何家组实施改河工程，得良田数十公顷。20 世纪 80 年代前后，修建泥窝塘水库。2006 年“7·15”洪灾中，水利设施遭重创，后重建恢复，比较大的重建工程有七宝村福坳防洪渠、十里防洪渠等。2012 年，投资 200 万元完成泥窝塘除险保安工程；投资 159.49 万元，分别在十里、波水等 7 个村 37 个村小组开展综合农业开发，改造中低产田 292 公顷，高标准修建 U 形引水渠 45 条，硬化人行道 2 条、机耕道 5 条、河坝 4 座、桥涵 130 个。

村镇建设

新中国成立前，在永乐江边老圩上逐渐自然形成集镇，各类商铺遍布街巷。新中国成立后，集镇逐年发展。1996 年，市场迁址杨柳湾，逐渐形成老圩、政府、市场三大块集镇格局。新中国成立初期，村镇以泥瓦房为主。20 世纪八九十年代，农村兴起建房高潮，以“四户三间”二层土砖楼房为主，出现以波水谢家、龙江、杨柳湾等排列整齐、户型统一的村庄。90 年代后期，逐渐有红砖房出现。2006 年“7·15”洪灾后，全乡以灾民住房重建为契机，大力开展新农村建设，倡导建设小康房。2008 年 10 月，承办全市农村沼气建设现场推动会，十里村当年建成 22 口，全乡完成 92 口。2011 年，完成危房改造 300 多户，改厕 100 多户、沼气 50 多口，投入 20 多万完成仁峰村村部迁建、十里、波水等11个村部维修改造工程。2012年，全乡开展农村环境大整治活动。2013年，完成全市第一个农民滨江休闲广场和滨江小游园、农贸市场基础设施配套改建、乡政府院内外改造、沿街房产开发、老街改造、街道美化亮化、人行道建设、集中供水、河道清理疏浚、公租房等项目建设，打造波水村龙江组、杨柳湾组等一批新农村建设及规范农村村民建房示范点工作。

社会事业

教育科技

民国2年（1913），本地乡绅将七宝山庵产作办学经费，将枧坑僧房作校舍，创办波水乡第一所学校——和顺乡初级小学。民国初年，集资兴办亲睦（今十里）、美俗（今苏家洞）、里仁（今枫树）、时雍（今波水）、永福（今大湾）五所初级小学。嗣后十余年间，又兴办永禄（今坪木）、三乐、上坪、中坪、下坪、乌石江（今仁峰）等学校。民国20年（1931），为解决波水学子赴乐成高小（址设兴宁镇）就读的长途跋涉之苦，又筹资建起乡第一所高级小学——和顺乡高级小学（现波水中学前身）。前所述学校皆属民办，其办学经费、老师工钱均由群众集资捐资解决，校舍简陋，设备匮乏。1968年，和顺高级小学改为初级中学。20世纪七十年代，再掀起办学热潮，1970年至1974年，公社中学兼办高中班，并先后新建光明中学（仁峰二十担）、前进中学（竹攸坳）以及中洞、仙陈、瓦凼、焦唐、尧坪、大康、龙殿、桑木园、高坪等小学，改建、扩建波水中学及青华、上坪、中坪、下坪、苏家洞、十里、七宝、仁峰、枫树、坪木、大湾等学校。1984年，创办波水中心完小，新建村小12所。1996年，通过“两普”评估验收。1997年，有1所中学、1所中心完小、1所农校、12所村小、12个学前班，有教职工109人，在校学生1737人，学前班幼儿226人。2003年，撤并3所村小，中学与中心完小合并成九年一贯制学校。2006年4月，获香港烛光教育基金52万元捐赠，兴建900平方米礼堂、综合楼一座；获著名主持人杨澜20万元捐赠，兴建高标准运动场一个。2014年，投资80万元，完成大湾、十里村小合格学校建设。全乡有九年一贯制学校1所、村小3所、幼儿园1所，有教职工62人，在校学生693人。

文化体育

1985年，乡农村广播网开始建设。1994年，建成乡有线电视接收站。1998年，中坪、仁峰、枫树、苏家洞4个村建成有线电视卫星接收站，开通湖南卫视。2003年，电视入户率45%。2005年，实施广播电视“村村通”工程，实行有线与接收器相结合。每逢重大节日，乡里都会开展各种文化赛事活动，如春节龙灯狮舞表演、“三八”拔河登山、“五四”篮球赛、国庆扑克象棋赛、元旦卡拉OK等赛事。2005年，有龙灯队5个、管弦乐队1个、坐唱班1个。2006年，由乡里选送的古装戏曲《傻子回门》、独角戏《老汉背妻》获第九届东江艺术节乡镇民间艺术专场三等奖。2010年，波水乡申报的民间戏曲“汉剧”、民间信仰“资兴民内道教”列入资兴市第二批非物质文化遗产代表作名录。2009年，实施“文化惠民工程”，乡文化站、文化广场服务功能进一步完善。2012年，投资150万元建成波水乡文化站综合大楼，投资40万元建设乡文化休闲广场。2014年，各村“农家书屋”陆续建成，电影下乡56场，送戏下乡3场。开通光纤，七宝、十里、仁峰、波水、坪木、大湾开通有线电视，共计用户385户,全乡有卫星接收器用户3000余户。宽带网络进村10村，建文化墙3条，有农家书屋11处，修建村级休闲健身小游园小广场7个。

医疗卫生

新中国成立前，老百姓以中草药治病为主。1950年，设卫生所，后在波水村龙江组与波市组交界处建卫生院；各村均有“赤脚医生”行医。1988年，波水乡卫生院“三管三有”达标。1993年，投资45万元动工兴建新卫生院，建筑面积1800平方米。2003年,拥有医生11人,病床9张,能开展三大常规、心电图等检查。2006年，实施新型农村合作医疗制度，农民缴费10元/人/年，上级补助40元/人/年，全乡9580人“参合”。遭受“715”特大洪灾侵袭，造成医院房屋倒塌、设备损毁。8月份开始的医院重建工作得到社会各界的广泛支持，著名歌唱家张也捐款30万元。重建后的乡医院占地面积8600平方米，建筑面积1120平方米，总投资155万元。2014年，有乡卫生院1所，医护人员4人，乡村医生10人。“新农合”参合人数10055人，参合率达到100%。全年完成报账总人数为5754人次，实际补偿额为301万元。

社会保障

改革开放前，由各生产队对孤寡鳏独和无劳动能力的残疾人实行“五保”。2006年“7・15”特大洪灾,造成全乡死亡62人,冲毁房屋2760间,2195人无家可归。“7・26”台风让刚刚抢修好的部分设施再次受损。灾后，全乡共发放救灾救济款834.13万元，发放大米162吨、棉被2746床、食油3058桶，发放贴息贷款1100多万元。所有倒房户得到妥善安置（其中重建271户，修缮495户），重建十里、仁峰、波水、大湾4个集中建房点。水毁设施亦得到恢复。投资300万元，投劳4.1万余个，兴建水渠25公里、水坝11处、防洪堤4公里、疏浚河道6条；投资248万元，恢复民桥民渡46座；投资110多万元重建波水大桥；恢复耕地182.67公顷。2006年，实施新型农村医疗保险制度。2008年，投资46万余元，改造波水敬老院,40名“五保户”入住。2011年，实施城乡居民养老保险制度。2014年，发放贫困寄宿学生生活补助11.56万元。领取养老保险金人员1738人；享受高龄补贴281人。31人获得大病医疗救助；177户危房改造户享受政府补助；2人享受残疾人创业补助金；31人享受残疾家庭子女上学扶助金；88人享受困难优抚对象救助金；564人享受农村低保；25户28人享受城镇低保；31位“五保”老人入住乡敬老院；结对帮扶贫困户130户。

特色地情

名优特产

波水冷水米　波水原生态冷水米产于乡内高山丘陵地区。因冷山泉水灌溉（生长周期较其他水稻长20天至25天）、昼夜温差大、不施用农药化肥，且无工厂、矿山污染，生产过程严格执行国家绿色食品生产标准，从而保证其独有的高端品质。

波水生姜　其种植历史悠久，素有“生姜之乡”的美誉。波水雨量充沛、土壤肥沃，种出的生姜色泽金黄、表皮光滑、块大肉脆、纤维细少、辛香味浓、营养成分高，又耐贮运，是鲜食、调味的好食材。

生态石蛙　波水生态石蛙模仿野生石蛙生存环境采用天然方式养殖，引用纯天然冷山泉水注入养殖场，养殖场内用大石和鹅卵石垒起人工石洞，供石蛙白天栖息，在卵石上还搭建人工平面石板。同时又在水池侧边种上芭蕉树等，给石蛙充分遮阴，通过喂食黄粉虫等生态饵料让生态石蛙顺利成长。波水生态石蛙身腿肥壮，肉质鲜美，清凉滋补，富含高蛋白和多种维生素，其中人体所必需的 8 种氨基酸含量较高，谷氨酸和丙氨酸尤为丰富，谷氨酸含量高达 11.9 %，其综合营养可与甲鱼媲美。

波水爆火肉 真正的爆火肉是将鲜肉切好，放入酱油、五香粉、大蒜等佐料，浸泡两小时后，再沾上石磨磨制的米粉，摊放在竹篾架上，拿牛皮纸盖好，再用加了碎米、细糠、茶籽壳的文火熏上三四个小时，待肉色金黄、香气四溢时即成为人见人爱的正宗“波水爆火肉”。

风景名胜

七宝山 主峰海拔 1351 米，耸立于群山之中，是资兴市有名的高山之一。整座山体山高林密、山势挺拔、山谷深幽；山上有泉，清冽甘甜；植被覆盖率较高，山北以次生林为主，山南有古木。近山顶处，岩壁陡峭，岩石裸露，时常为云雾所覆盖，更显其危耸峭拔之势。

民俗风情

尝新节，亦名播官节，又称“中天节”，以当年第一批成熟稻谷收获日为尝新节日。尝新节当日，农人到田里选择割一些成熟谷穗晒干碾成米，与陈米混合煮饭或做成淋浆糍粑，寓意“新搭老，吃不了”。这天，亦是当地农人祭祀田神的日子。至日，家家备办酒菜，“农人祀田神，陈酒脯于陇畔田塍，以祈丰收”，谓之“播官”，意在祝丰收、免虫害，并请回已出嫁的大姐老妹一起吃饭，谓之“尝新”。尝新时，长辈坐上席，带头举筷“尝新”。晚辈齐声贺“见新一百岁”。“尝新”日，村子里还会开展丰富多彩传统活动，如唱大戏、舞龙狮、竞武艺等。姑娘小伙还会三三两两，或在河边柳荫下，或在村后竹林里谈情对歌，翩翩起舞。为不忘记耕读传家祖训，尝新节这一天，当地人们还保留着晒书籍等物品的传统习俗。

（于伟　供稿）

兰市乡>>

2014年10月，兰市乡获“国家级生态乡镇”称号。

区域概况

位置面积

位于北纬26°9′14″至26°9′44″，东经113°34′25″至113°34′79″之间。东面、北面均毗连汤溪镇，南接州门司镇，西连波水乡。辖区东西最大距离12公里，南北最大距离9.5公里，总面积57平方公里。其中陆地54平方公里，占95%；水域3平方公里，占5%，人口密度为每平方公里125.5人。耕地面积527.27公顷，其中水田面积407.67公顷，旱土119.6公顷。有山塘水面2公顷。

建置沿革

兰市乡原称“横丘”、“横溪”，传说因地域形似菜篮，且域内清溪潺潺，故又称蓝溪，后名称逐渐成兰市；另一说因本地盛产兰花，故命名为兰市。明代多属兴宁县资兴乡七都里。清代属兴宁县东乡，后改乡为路，属兴宁县东路七都里。民国初期（约1915年），改乡、里为乡、团，为资兴县东乡兰溪团。民国22年（1933），实行区乡自治，并为资兴县第一区兰溪乡，乡政府驻地柳沙坪。民国27年（1938）10月，为资兴县兰溪乡。民国33年（1944），恢复区制，为资兴县东大区兰溪小区兰溪乡。民国37年(1948)10月，为资兴县七都区兰溪乡。1950年，实行小乡制，2月，划为资兴县三区谷洞（兰溪乡）、兰溪乡等。1952年冬至1953年春，实行民主建政，乡级组织又划小，划为资兴县兰市乡等。1956年撤区并乡，新浆、龙平、塘源、兰市乡等并为兰市乡。1958年10月1日，实现人民公社化，兰市、下浆、皮石等成立红旗人民公社，公社驻地兰市墟。年冬，红星人民公社（波水）与红旗人民公社（兰市）合并为兰市人民公社，驻地设兰市墟。1959年3月，为郴县兰市人民公社。1961年7月9日，为资兴县兰市人民公社。1984年3月，公社改为乡制，下设村民委员会、村民小组，为资兴县兰市乡。12月24日，资兴撤县建市，称资兴市兰市乡。

行政区划

1961年7月，资兴县兰市人民公社辖塘背垅大队、横丘大队、鸭公垅大队、车官大队、鼓潭大队、垅上大队、新江大队、毛冲大队、李家湾大队等9个生产大队和1个城镇居民委员会。1972年，辖区83个生产队。1984年，上述9个大队改名为9个村民委员会，下设90个村民小组。2003年，成立兰市社区，设3个居民小组。2014年，区内共有9个村民委员会90个村民小组和1个社区3个城镇居民小组。

自然环境

地处市域东北部，境域大部分为红岩、石灰岩、花岗岩、砂岩丘陵，比高60至150米，坡度15度至20度，常与高坡和高丘相间分布，丘体零乱，现代地貌过程以流水线状侵蚀为主，沟蚀强烈。最高点在雅吉仙山，海拔1292米；最低点在塘背垅村田心头组河道，海拔600米。地面坡度20度以上的占全乡总面积的58.8%。地质由硅石和花岗岩发育而成，表层为花岗岩风化土质，沙性较强，易渗水，渗水后易产生水蚀形崩方。土壤主要是以浅变岩和砂岩发育的红壤、黄红壤、黄壤、风化土为主，土层厚约50厘米。境内主要名山两山一垅：石虎寨山坐落于乡西面，山全石体，高数十丈，蹲伏如虎；内存石窟，广二丈，有三角天窗，冬暖夏凉，顶曾立寨，至光绪元年（1875），尚有剩瓦厚寸许，可为砚，今瓦砾无存。丫髻山又称“大丫口”，位于兰市、州门司、汤溪三地交界处，两山对峙，下合上开如丫髻，一山名“猴古打望”，海拔1326米；另一山名“雅吉仙”，海拔1292米，昔顶有藤、竹二仙亭，古时求嗣者众，今已毁。鸭公垅位于横溪江畔，“形如鸭。旧传（有鸭怪）夜辄出犯禾稼，后雷雨交加，有神提丹坳古石塔顶移镇于此，其怪遂绝（见《兴宁县志》)”。光绪元年（1875），“塔顶宛然”，今不存。境内河道属湘江流域耒水河水系。当地流传“兰市三条江，一江纳三江”之说，三江指兰溪河上游三条较大的水流：宋家湾水源于鸭公垅小皮坑，由北而西南，至柳沙坪合兰口盈水，下行入段家坝；兰口盈水自垅上新江坳流出，由东而西，至柳沙坪合宋家湾水，下行入段家坝；上铺水乃自车官牛栏垅所出，由北至南，流入鸭公垅。“三江”至鸭公垅段家坝汇聚成“一江”——兰溪河干道后，西行流入大布江。兰溪河干道境流总长6.95公里，径流总量20立方米，年排涝500万立方米。矿藏主要有硅石、萤石、稀土、陶土、石灰石等。其中硅石矿储量较大，矿脉走向东北，从新洞鳌鱼塘至鸭公垅，长10公里，宽100米至250米，深120米，矿石储藏量核算在20亿吨以上。经化验，平均含硅量97%，工业开发前景可观；其中陶土属奥陶至地层，中间有厚为0.8米至1.5米的高岭土。乡域气候属山体气候，垂直差异明显，年平均气温13.7℃，无霜期为235天，日照1400小时左右，多年平均降雨量1750毫米，集雨面积57平方公里，8月至9月份易产生暴雨山洪，造成山体大面积崩塌或滑坡，致使境内河床淤积抬高，河面变窄，遇80毫米至100毫米左右暴雨易形成山洪。常年主导风为北风，有强雷电天气。春季：从3月下旬至6月上旬，持续80天左右，早春气温低，常降霜雪，寒潮频繁。夏季：从6月下旬至9月上旬，为期90多天，初夏多有梅雨，雨量大，夏末常有伏旱发生，主导风为东南风。秋季：从9月上旬至11月下旬，为期70多天。域内油茶有“白露”籽、“霜降”籽之分，农户按时上山收摘。冬季：11月下旬至次年3月中旬，为期110多天，干燥少雨，严寒期短，降雪少。主要自然灾害有冰灾、山洪、崩塌滑坡、病虫害灾、低温、霜冻等。灾害频发最严重的年份为民国17年（1928）6月13日，山洪暴发，土崩房倒。本乡下竹山王瑶古的母亲、弟媳、妹及一子一女共5人因房塌被压死；7月，又山洪暴发，荡去编排杉木，价值数万元；年冬，冰冻40多天，至次年1月才溶化，使去广东乐昌挑

国家级生态乡镇——资兴市兰市乡

盐者有的跌死。地震记载：民国 4 年（1915）6 月 3 日上午 9 时，蓝溪（今兰市）一带发生地震，碗柜震动有声，历时数分钟。

人口民族

辖区总人口 2494 户 7020 人，其中农业人口 1037 户 6648 人，另有流动人口 210 人。总人口中，男性 3792 人，占 54%；女性 3228 人，占 46%；14 岁以下 2521 人，占 35.15%；14 岁至 64 岁 3084 人，占 43.1%；65 岁以上 1560 人，占 21.8%。居民姓氏以王、何、李、黄、薛、罗、邝为主。2014 年，人口出生率为 11.83‰，死亡率 7.38‰，人口自然增长率 4.46‰。

经济发展

经济综述

明末清初，柳沙坪、上铺等地因处于至江西、广东驿站、官道要地，店铺遍布，商客云集，形成繁荣昌盛的柳沙坪、上铺商贸区。民国时，地方饱经战乱，全乡经济凋零。新中国成立后，乡内经济逐步发展。1964 年，全乡农村总收入 37 万 6000 多元。1978 年后，坚持以经济建设为中心。1981 年，加强和完善农业生产责任制。1985

年，完善家庭联产承包责任制，群众温饱问题得到解决。12月，取消粮食、生猪等派购，放开价格，产品随行就市，自由贸易，多渠道经营。2014年，实现财政总收入658.2万元、固定资产投资1.01亿元，同比分别增长22.6%、18.6%；其中一般性转移支付收入220万元，同比增长4.7%。农民人均年纯收入12519元。境内有银行金融机构1家，各类存款余额8400万元，比2013年增长10.5%；各类贷款余额2000万元，比2013年增长13%。

农业

境内水田历来种植水稻为主，旱土历来以种植蔬菜、红薯及经济作物为主。清代、民国至解放初，水田种植以一季稻为主，种植品种为高杆水稻。耕田方式一般使用牛力，但有一些民户使用原始的人力"抬田"方法翻耕稻田。1964年，种植早稻533.3公顷，亩产200千克；种植中稻519公顷，亩产235千克；种植晚稻20公顷，亩产100千克。12月，广泛开展"农业学大寨"群众运动。1970年，推广水稻"高秆改矮秆、单季改双季、稀植改密植"和"中耕用手抓"的方法。1977年，在洞几个村连片推广种植杂交稻，平均亩产350多千克。1985年，水稻种植612.4公顷，亩产423千克。1992年，粮食播种面积640.6公顷（其中早稻68.5公顷），总产4118吨，人均578千克。2006年，全面取消农业税，发放粮农种粮补贴和种子补贴。2014年，全乡粮食播种面积627.53公顷，粮食总产量2822.4吨，人均产粮411.8千克，农业总产值5.567亿元。主要经济作物有花生、红薯、茶油、生姜、西瓜、蔬菜等。投资800万元的水稻新品种、生物防治、生物有机肥、新技术推广等项目顺利实施，还安装太阳能诱蛾灯100盏。

畜牧业 乡内农户历来有圈养生猪、漂放耕牛的习惯，鸡、鸭、鹅多自繁自养，所产除食用外，皆出售或兑换油盐等。1964年，全乡牧业收入7964.47元、渔业收入5653.47元。1966年，生猪存栏1665头，耕牛存栏872头。20世纪80年代，生猪、鸡鸭饲养向商品化、规模化、集约化方向发展，传统的散养改为圈养、群养，并普遍使用配合饲料。20世纪90年代，域内出现3户养食用牛、2户养羊专业户。人民公社时成立

晒制干鸭

畜牧兽医站，2005年成立乡动物防疫站。2014年，饲养出栏生猪2.3万头，出栏羊100头，出栏肉牛100头，家禽饲养量11.5万羽，生猪年末存栏0.8万头。

林业 1949年以前，林地归私人所有，多自生自繁，境内林木以油茶、杉、南竹、灌木林为主。1951年，成立农林互助组、合作社。1958年，"大办钢铁"，树木被大量砍伐。1972年，办社队林场10个，大量植杉并对油茶林进行大面积的低产改造。1980年，茶油产量30942.5千克。1981年，开展"林业定权发证工作"，划分自留山。1982年，开展"林业三定"工作。1985年，确定山林权属。2007年，换发全国统一的林权证，承包期至2047年。2014年，全乡共有土地面积5733.33公顷，其中有林地面积4133.33公顷，造林53.33公顷。农民住宅周边种树木累计3万株，林木覆盖率72%，活立木蓄积量17万立方米。全乡种植小水果666.67公顷，产量1万吨/年，主要品种为柑橘、板栗、李、梨、杨梅、葡萄等。

工业

清代以来，兰市的工业以制作销售小瓦、木器、铁器、竹器为主。有一段时期，在洞建起两个手工瓷厂，主烧瓷碗。人民公社后，全乡工业以萤石、石灰为主。1987年，有乡办企业33家，其中工业企业22家、交通运输企业2家，另有其他企业15家。20世纪90年代后，乡工业以木材加工、茶叶生产、水力发电、硅石、莹石矿开采等为主。2014年，工业总产值1500万元，拥有工业企业12家，职工325人。

商贸服务业

清代中期，柳沙坪成为资（兴）酃（县）桂（东）永（兴）边界最大的商品交易处，时名"柳沙坪圩"，为露天圩场，每圩定期农历逢一为圩日。至期晨后，千百群集"赶闹子"，携货交易，架篷垒灶，沽酒，办菜肴，做小吃，熙熙攘攘，逾午而散。民国24年（1935），定期农历逢一、四、七日为圩日至今。1989年起，个体商贸业得到发展。此后，域内商贸流通网络不断健全，商品市场建设得到加强。1996年，建兰市乡农贸市场。2012年7月，启动兰溪大市场提质改造工程，总投资370万元，占地面积1406.9平方米，建筑面积3700平方米。市场内部设门面13个，零售摊位60个，设置酒店1个，住房22套。同时，完善相应的摊位、排水、地面硬化等配套工程，成为市内一流的集农副产品和其他商品零售、储备、餐饮休闲等服务功能于一体的集贸市场。现重大节日赶圩人数上千人。2014年年末，有商业网点120个，从业240人，社会商业零售总额达1435万元。粮油、食品、餐饮、美发、日用品、农机具、互联网等百业兴旺，能满足居民的生产生活需求。商贸业经营本地主要农副产品有苗木、兰花、竹篾等，销往长沙、江西、广东等地。

旅游业

境内丫髻山风光旖旎，让人流连忘返；石虎寨冬暖夏凉，是人们向往的好去处；鸭公山奇峰异石，引人入胜；鸭公垅桃红柳绿，春色满园；还有柳沙坪等古村落以及"钟声传十里"的五十四庙、江夏世第大岸盈、兰溪书院和近年新建的兰花花卉、苗木生产基地等等，具有较好的旅游开发前景。能与市内外邻近的著名风景名胜旅游景点如炎帝陵、井冈山、东江湖连成一线，将成为极佳的旅游线路。

基础设施

交通运输

中华人民共和国成立初，境内只有一条江西

至广东的石板路穿境相连，村与村之间多为泥土路、山石路。1956年11月，资兴县城（今兴宁镇）至彭市公路全面施工，公路全长36公里，是通往兰市等地的枢纽线，也是兰市人民出入酃县、兴宁等地交通要道。1957年12月，公路竣工，1958年春开始通车。该公路的修建，为改变兰市交通落后面貌奠定基础，每个生产队均派出劳力到工地筑路。1958年，州兰公路贯通，1978年通客班车，2014年砂石路改沥青路。1971年，修筑兰李公路。该公路全长11公里，2007年铺成水泥路。2014年，域内9村均通水泥公路，通村公路总长23公里；全乡90个村民小组，85个通了公路。

邮政通信

于20世纪90年代后期安装程控电话。随后，电信、移动、联通等多家通信企业在雅吉仙等处建立通信基站，手机通信覆盖全境。20世纪50年代有邮政所1个，现村村通邮路。2014年，邮政业务收入50万元，报纸、杂志等累计发行1900份。有电信企业3家，服务网点3个，固定电话1208户，普及率为62.36%；移动电话1837户，互联网用户207户，电信业务收入48万元。

供电饮水

供电 清代时，农户多以松柴、竹篾片、秸秆点火照明。民国时期，农户多以茶油点灯，一部分贫民则沿用松柴、竹篾片、葵杆点火照明。1959年，兰口盈小水电站建成发电。2014年，有水电站3座，装机1875千瓦，发电162万千瓦时；有高压输电线路2条，总长30公里。乡域拥有35千伏变电所1座，高压输电线3处，总长达20公里，电力充足。

饮水 新中国成立初期，居民饮用水主要是溪水、河水，亦有少许井水，靠肩挑手提。2014年，投资100万元，实施安全饮水工程，毛冲、鼓潭、新江、李家湾、垅上5村100%的农户家庭用上清洁卫生的自来水。塘背垅、横丘、鸭公垅、车官4村70%的农户实现安全饮水。

水利建设

境内主要为兰溪河过境，河水常年供给人畜饮用和农田灌溉。汛期，洪水泛滥；旱季，田土干涸，危害农业生产。新中国成立初期，乡防汛抗旱能力较低。后来通过兴建拦河坝、引水渠、建机电排灌等，水涝、旱情逐步得到缓解。2014年，对兰溪河进行综合治理，新修沟渠17公里、机耕道5.3公里、机耕桥13座、拦河水坝水堰4座。

村镇建设

1958年成立人民公社时，公社驻址为经维修的大岸盈旧民房。县属各行业机构亦向乡村延伸，学校、卫生院、供销社、信用社、铁木社、粮点、食品点、邮电所、林管站等单位或组建或派驻。上世纪六七十年代，大队建有办公室、公厕、碾米坊和加工厂等，有的大队还建了供销点、医疗点、文化室、放映场、水电站等。生产队多数建有晒坪、仓库、猪场等。1961年，公社移址两百米开外的今址（时为彭市粮站兰市收购点），办公和干部住房条件逐步得到改善，配套设施逐步趋于完备。从2008年起，李家湾、毛冲、垅上、鼓潭、车官、塘背垅等村先后建起功能较完备的村级组织活动中心，新江、横丘、鸭公垅等村则利用停办的小学校舍改造成规范的村级组织活动中心。民国时期，境内民房多为泥砖结构的低矮平房，内部结构单一，采光不足，坡屋顶，屋顶用杉木为梁，顶盖多为小瓦，也有一些农户用杉皮盖顶。2006年“7·15”洪灾后，农村建房有较快发展，住房质量标准明显提高，新建农房基本淘汰传统的建房格局，向明亮、美观、舒适、安全、卫生方向发展，并改水改厕。2014年，有自然村113个；在洞建新房的农户达80%；投资50万元在鸭公

古民居

垅建兰溪休闲广场；在州兰公路、兰李公路沿线及各村安装太阳能路灯 210 盏。

社会事业

教育科技

教育 清代早期，在鸭公垅村创立兰溪书院，后期为私塾教学。民国时期，在柳沙坪创办兰溪乡国民小学、兰溪乡高等学校各 1 所。20 世纪五六十年代，乡村教育采取公办为主的原则。1962 年，贯彻“九年一贯制”教育方针，调整全日制公办小学布局，将部分公办学校改为民办学校。20 世纪 70 年代后期，办兰市中学，设初中部、高中部，其中高中部学制两年，每年招生 2 个班，到高 6 班后停办。中共十一届三中全会后，教育领域开始拨乱反正，调整学校管理体制，重视教育教学。1987 年，开始执行“两基”计划，普及九年制义务教育（“普九”）。后，全乡 10 所小学撤并为 2 所。2014 年，有幼儿园 1 所，在园幼儿 52 人，专任教师 4 人；有中心完小 1 所，设 10 个教学班，在校学生 281 人，专任教师 24 人；有村小 1 所，设 1 个复式教学班，学生 11 人，教职工 2 人。小学适龄儿童入学率 100%，小升初入学率 100%，九年义务教育覆盖率 100%。

科技 2014 年，有市级科技示范户 20 人，乡级科技示范户 200 人，承接省级科技产品 1 个。

文化体育

文化 清朝时期，在柳沙坪建大戏台 1 处。民国时期，又在下墟上建大戏台 1 处。农闲节点，唱戏看戏，自有一番热闹。1957 年，组建兰市文工团，1958 年更名为兰市人民公社文工团，亦称兰市公社花鼓戏团，时有团员 12 人，后发展到 35 人，主演花鼓戏，演出的剧目主要有古装戏《刘海砍樵》《打猪草》《夫妻观灯》和现代戏《两个党员》《三里湾》《彩虹》等。1968年,文工团解散,团员各奔东西。1962年1至2月,办扫盲班2期。1971年，以大队、生产队为单位，普遍办起“政治夜校”(也叫“文化室”)。2014年，有乡文化站1处,有村级文化活动中心9处,藏书10万册。民间文艺活动活跃，春节农闲自发组织民间舞龙舞狮队3个，有省级文物保护单位1处。

广播电视 1961年11月，建兰市人民公社广播站，实现家家户户通有线广播，农户或城镇居民家庭、机关单位普遍使用舌簧喇叭。1994年5月，建成兰市乡有线广播电视站，有线电视用户350户。2011年，实施“村村通”工程后，扫除盲区，实现全乡电视覆盖。2014年，有有线电视用户1733户，实现有线电视村村通入户率90%。

体育 1988年,开始按《国家体育锻炼标准》教学。2014年年末，有学校体育场2个，单位体育场3个，总面积2200平方米，本乡体育健儿李涛等累计获得15个荣誉证书。

医疗卫生

1969年8月,推行农村合作医疗制度,培训“赤脚医生”。至1970年，全公社9个大队分别建起合作医疗站，配备“赤脚医生”。2014年，有乡卫生院1个,乡村医疗机构9个,门诊部(所)2个,有床位14张；固定资产总值104.3万元，专业卫生人员9名，其中执业医师1人，执业助理医师1人，注册护士2人。2014年，医疗机构(门诊部以上)完成诊疗14000人次。9个村6433人参加新型农村合作医疗，参合率100%。创建建制村卫生室9个。

社会保障

20世纪50年代，境内多次水灾，均由县、乡组织发动群众以工代赈、修复水毁堤坝、下拨粮食等救济灾民。人民公社后，由生产队对孤寡鳏独的老人、孤儿和无劳动能力的重度残疾人实行“五保”。1999年，启动城市居民最低生活保障制度。2004年起，乡内五保户享受低保待遇。2005年，启动农村居民最低生活保障制度，并对农村特困户、“五保户”、城镇低保户实行大病救助，资助特困残疾人家庭2户。后每年常规开展残疾人救助工作。2008年，遭遇冰灾，共倒塌房屋69户74间，发放救灾款8万元、救灾物资折合人民币5万余元。2011年，实施农村新型养老保险制度。2014年，落实城市“三无”人员最低生活保障金330人/月，“五保”供养对象最低生活保障金220人/月，落实农村最低生活保障户292户350人，发放金额41.4万元，月人平98.6元。城乡最低生活保障户31户43人，发放金额4.8万元，月人均125元。资助大病医疗救助32人次，共计9.2万元。国家抚恤、补助各类优抚对象50人，发放金额13.03万元。有敬老院1家，床位40张，收养农村“五保”人员33人，“五保”人员参加新型农村养老保险参保率100%。资助残疾人264人。

特色地情

历史人文

柳沙坪 1928年4月5日,兰溪乡(今兰市乡)大土豪邝树修等人雇来酃县(今炎陵县)中村地主武装40多人，屠杀于柳沙坪参加兰溪乡苏维埃政府成立大会的干部群众，共杀死17人，还将农会抄来的土豪财物全部掳走。县苏维埃政府主席刘英廷闻讯后，立即组织500多人赶赴酃县中村，杀了一些挨户团丁，烧了一些土豪房屋，然后回到兰溪，立即逮捕邝树修等几个大土豪，并召开大会成立兰溪乡苏维埃政府。在土地革命战争时期，兰溪乡涌现出一大批敢于牺牲的革命者，其中佼佼者当数柳沙坪人王钜。1926年9月，王钜担任蓝溪乡农会秘书，他动员妻子李玉翠出任蓝溪乡妇女联合会主任。1927年3月，资兴县工人代表大会召开，王钜当选执行委员并任县总工会副委员长，和总工会委员长樊淦等一起，领导全县开展声势浩大的工人运动。1928年春，湘南起义爆发，他出山组建蓝溪乡苏维埃政府。资兴独立团返回资兴开辟浓溪游击区，他负责为独立团侦察情况、通信联络、筹粮筹款、搞武器等工作。9月，王钜化名王樵舟当上资兴县饷械委员会委员，利用职务掩护，为游击队做了大量的秘密工作。10月10日，王樵舟因当地土豪邝树修举报而被逮捕，并遭受严刑审讯。他被打得遍体鳞伤，腰骨折断，仍坚贞不屈，10月12日被害于县城（今兴宁镇）东门外蔡家坪，时年26岁。

名优特产

兰花 兰市传统名花，具有观赏、药用、经济等价值，是一种以香著称的花卉。兰市境域山峦林立、雨量充沛、气候湿润、土质疏松，特别适合兰花生长，溪边山野，兰草遍生。与温室养殖的兰花相比，本地自然生长的兰花具有成活率高、抗病力强、易栽易管、花色艳丽、香气醇正等特点，深受兰花市场青睐。近年来，兰市兰花参加各种兰展，获国家级、省地级金、银、铜奖19枚。2007年举办湖南省首个乡级兰展，2008年开设湖南省首个乡级兰花超市，2009年举办资兴市首届兰市乡兰花展销会，2012年在湘南植物园举办兰市乡兰花展销会，在资兴“三湘四水”旅游文化街设立兰花展示销售窗口——兰庭叙。现兰市兰花正逐步走进三湘四水，成为香飘资兴乃至省内外的一张靓丽名片。

山野菜 主要品种为蕨、松树菌、各种小笋等。松树菌中有一名铜绿菌的，其菌肉细嫩厚实不伤人，受到市场青睐，主产于雅吉仙山一带。

茶油 又名山茶油、油茶籽油。兰市茶油树生长在没有污染的山岭湿润气候区，整个生长过程中不施加农药、化肥等，故不含芥酸、胆固醇、黄曲霉素等对人体有害的物质。其色泽金黄或浅黄，澄清透明，品质纯净，气味清香，味道纯正；还能够给肌肤补充水分，有保湿功效。当地把茶油秸饼作为护发素使用已有多年。全乡油茶林1333.5公顷，年产茶油150吨，市场畅销，供不应求。

风景名胜

大岸盈古民居 位于鸭公垅村农科组，占地面积1940平方米。始建于清光绪二年（1876），迄今130多年。古民居方形布局，砖木结构。前宽45.8米，进深32.5米，有上、中、下三级一体的大厅，地面构制3厅9井，共有住房36间，硬山式屋顶，上履小青瓦，配回形木窗、颌木门，有龙凤形体的主梁衬饰，有石雕麒麟、天井壁画、镂雕烫金神龛等。具有巷道幽深、山墙厚实、屋宇气派、装修整洁等湘南古民居建筑特色。大岸盈古民居系当地黄姓族人祖业，亦称“江夏世第大岸盈”。于2006年大修，骨架加固，修旧如旧，保持了古风古韵。2008年，被定郴州市文物保护单位。2011年，被列入湖南省第九批文物保护单位。2014年，古居住有8户30多人，其整体保存良好。

柳沙坪古遗迹 清代在柳沙坪建大戏台1处，该戏台雕梁画栋，十分气派。民国时期（约公元20世纪二三十年代），又在柳沙坪附近下墟上建雕梁画栋大戏台1处。兰溪书院清代光绪年间建于柳沙坪桥头（现鸭公垅村鸭公垅组），培养了一批人才，清朝监生黄泽成（兰口盈人）等出于该书院。

五十四庙 系城隍庙。位于兴宁县东乡兰溪坳上（现塘背垅村坳上组）。五十四庙屡毁屡建，最后一次修建为1825年，柱梁雕龙画凤，内塑南海观音、炎帝、辖神等菩萨。庙里悬挂一口硕大的钟，钟响如雷，声传十里。当地有“黄旗洞的风,五十四庙的钟”之说。相传时有盗匪欲犯县城，路过该地,庙里便会传出报警钟声,盗匪闻声害怕，多不敢犯。亦有因庙塑有五尊樟木大菩萨，故有名“五神寺庙”一说。历来香火旺盛，“文化大革命”时被毁。

民俗风情

过年 年前腊月，多酿造米土酒，外出工作者多归。此月须营办柴米油盐,足够新年正月之用。腊月二十四,俗称“过小年”。相传是日“灶王爷”要回天庭述职。为让他“上天说好话,下地降吉祥”，廿四晚由家庭主妇在锅灶周围点香祭灶，为其“送行”。人们在过小年前一天要搞大扫除，清扫蜘蛛网、墙顶和屋内外灰尘，把房间彻底清扫一遍，还要把衣服、被子等洗干净并理好发。大年三十，户户贴春联。这天晚上，一般放两次鞭炮，一次是在吃团年饭时放，再一次就是初一早上开门时放，谓之“开财门”。鞭炮的大小、燃放的时间随各家定，鞭炮燃放时不能中断，如有中断则来年可能有不顺利的事情发生，所以，人们燃放鞭炮时都特别仔细，尽量避免中断现象。除夕一般会吃鸡、肉、鱼等，三十晚上的鱼不能吃完，要留到初一再吃，象征年年有余、五谷丰登。有的家里餐桌会出现鸡爪子名为“抓钱爪”，意味来年招财进宝。这一天禁忌很多，不能乱说话，比如说“死”“烂”“拐了场”之类的不吉利话，万一小孩说漏嘴，大人马上就说：“孩童之言，百无禁忌”；如不小心摔破东西，就说“打发打发”；若酒杯倒了，就说“酒泼红地”，避免因此而带来不吉利的事情。晚餐后,家家火炉中燃着一个树蔸（或煤炉、电烤炉）,男女老幼围炉共话,下棋、打牌、看电视。长辈给小孩压岁钱，全家品吃欢坐等候新年的到来（也有达旦不寝的），称之“守岁”。初一，早上起来放鞭炮，然后吃一些点心、饮点米土酒或甜酒。大年初一民间的讲究、禁忌颇多，如初一不倒垃圾不扫地，非扫不可时扫帚不向外而向柴湾扫；拜年时要问欲拜之人是否起床，如果人家尚未起床，则忌入床前拜年。老辈人认为给死人祭拜就是在床头拜，这一点视为大忌。大年初一儿子携妻带小孩给自己的父母拜年，大年初二一家人回娘家给岳父岳母拜年。初三初四亲戚间互拜。初六取六六大顺之意，商家会选在这天“开门大吉”，一些在外地工作的人也会选择这一天离家外出工作。当地谚语：“三六九，往外走”、“七不去，八不回”，意思是初三、初六、初九外出，初七不外出，初八不回家。正月十五，以舞龙狮最为普遍，“龙”所到之处，鼓乐齐鸣，鞭炮不绝，户主多会赐上一个红包。

（李金卫 供稿）

龙溪乡

区域概况

位置面积

地处资兴市东南部。东与东坪乡、滁口林场接壤，西部、西北部连白廊乡，南部、西南部与滁口镇毗邻，东北与连坪瑶族乡相接。全乡国土面积131.3平方公里，其中耕地427公顷，水田147.2公顷，水面约150公顷。

建置沿革

原称"浓溪"，因山高雾浓溪多而得名。以1968年9月版《毛泽东选集·井冈山的斗争》一文中："……以龙溪十二洞为中心的湘南特委管辖"之"龙溪"而改名龙溪。隆庆三年（1569），明朝廷于浓溪峒（今龙溪乡）设永安堡。乾隆十一年（1746），清朝"例设瑶总二，一管雷连上六峒，一管雷连下六峒，仍隶永安堡"。清光绪元年（1875），分属兴宁县南乡（亦称南路）四都一里、雷连下六峒。属四都一里的村庄有浓溪、水头、雷家洞、秋木田等；属兴宁县永安堡雷连下六峒的为：正雷峒、浓溪峒、源坑峒、低坪峒。民国初年（约1915），改乡、里为乡、团，为资兴县南乡雷正团等。民国22年（1933），实行区乡自治，为资兴县第二区（驻地渡头司）下六峒乡等。民国27年（1938），下六峒乡更名雷正乡（驻址浓溪蔸坪洞，辖6保），上六峒乡更名永安乡（址浓溪中洞，辖11保）。民国33年（1944），属资兴县南（大）区黄草区雷正乡、永安乡。民国34年（1945），永安乡、雷正乡并为永正乡。民国37年（1948），为永正区雷正乡等。1950年，实行小乡制。永安乡改名浓溪乡（址中洞曹家），辖今中洞、下洞、蔸坪村；上连洞、田坪洞从永安乡划出，设立连坪乡；雷正乡改名水头乡（址水头庙坪上），辖今水头、中塘、秋木、太玉、源坑村和今东坪乡东坪村寨皮、干坑村小组；东坪洞等从雷正乡划出，设立东坪乡，隶属第四区（址青腰墟）。1951年，增设第6区（区公所设黄草街），把原第4区的浓溪、水头、东坪3个乡划入第6区。1953年春，乡级机构再划小，下洞、蔸坪从浓溪乡划出，设立下洞乡（址下洞社前）；将秋木、太玉、源坑从水头乡划出，设立秋木乡（址秋木田），隶属6区。1954年，将6区的浓溪乡、下洞乡划归第5区（区设旧市街）。1956年，浓溪乡、水头乡、下洞乡、秋木乡4乡并为龙溪乡（辖中洞、下洞、蔸坪、中塘、水头、秋木、太玉、源坑8个高级社）。1958年10月，实行人民公社化，浓溪乡改名火箭人民公社，年冬，改称浓溪人民公社。1959年

3月，为郴县浓溪人民公社。1961年7月，为资兴县浓溪人民公社。1968年9月，浓溪公社改名为龙溪公社。1984年3月，公社改为乡制，为资兴县龙溪乡，下设村民委员会、村民小组，其中中塘村定名为中塘瑶族村；年冬，改称资兴市龙溪乡。

行政区划

1961年，辖中洞、下洞、莆坪、中塘、水头、秋木、太玉、源坑8个生产大队、70个生产队。1984年，上述8个大队更名为8个村民委员会。1982年3月，接收原渡头公社渡江大队3个生产队的东江库区移民，分别迁至中洞大队设立渡龙、寨龙生产队和下洞大队设立红星生产队。1986年4月，接收原渡头乡秀流村、高活村部分移民，迁至中洞村设立肖家组、下洞村设立朱家组。2001年5月，中洞村渡龙组、肖家组、下洞村红星组第二次移民分别搬迁至香花乡和东江街道。2014年，辖中洞、下洞、莆坪、中塘（瑶族）、水头、秋木、太玉、源坑8个村民委员会、72个村民小组和1个社区居民委员会。

自然环境

地貌以山地为主，丘陵、岗地、水面交错，地势东南高，西北低。全乡平均海拔680米，最高点为天师仙主峰，海拔1695米，最低处为太玉村皂角州组之东江湖水岔尾水，枯水季节海拔270米。主要高山有天狮仙，位于与东坪、连坪交界处，海拔1695米；虎形山，位于与东坪交界处，海拔1240米。水流主要有雷家洞河、龙溪河、源坑河等，河水流汇于东江湖。乡域处亚热带季风湿润气候区，具有夏无酷暑、冬寒期短等特点。年均气温15.3℃，最低气温零下−1℃~3℃。年降雨量约1460毫米，全年降水天数约150天。常年主导风为北风，夏季为东南风。土壤为黑色土壤、黄壤、砂岩和石灰岩土壤四大类。域内原始次森林等植被完好，珍稀物种资源丰富，有国家一、二级保护名贵树种红豆杉、楠木、半枫荷、梓木、黄檀、石斛等，其中最大红豆杉树径1.12米、树高21米，树龄320余年。密度最大的红豆杉群落，0.3公顷内有136株。被誉为药用植物之国宝的濒危树种“半枫荷”，在中塘瑶族村被发现。域内野生动物种类繁多，有国家一、二级保护动物水鹿、猫斑林、金猫、穿山甲、刺猬、麂子等；有腹鹰、红腹角雉、鹳、猫头鹰、长尾鹩鹛、黄喉噪鹛、白鹇等；有竹叶青、五步蛇、银环蛇、眼镜蛇等。自然灾害主要为洪灾、冰冻等。

人口民族

2014年，全乡总人口5366人，其中农业人口5105人，占95.1%；非农业人口261人，占4.9%。男性人口2795人，占52.1%；女性人口2571人，占47.9%。人口出生率9.27‰，自然增长率为3.2‰。民族为汉族、瑶族，瑶族为过山瑶，亦名高山瑶，因祖先刀耕火种，居无定所，故又称系生瑶。乡域有瑶族人口583人。居民姓氏以李、何、张为主。

经济发展

经济综述

农业是辖区内的传统产业。1978年后，产业结构调整、优化，全乡走出一条以巩固农业产业为基础、林业产业为主导、“农、林、牧”有机协调的经济发展之路，社会各项事业健康快速发展，实现农、林、牧生产总产值和农民人均纯收入逐年递增目标。2014年，实现国内生产总值19612.3万元，增长9.77%；完成财税收入407.2万元，增长33%；完成社会固定资产投资31580万元，增长35..7%；农民人均纯收入13275元，增长13.4%。

农业

种植业 民国31年（1942），永安乡（今龙溪乡）种植旱稻的做法在全县推广。新中国成立初期，有耕地486.67公顷，其中水田340公顷。20世纪70年代，掀起“农业学大寨”运动，各生产队利用江边滩涂造田，水田面积增至8200余亩。2014年，全乡耕地427.13公顷，其中水田147.4公顷。种植生姜34公顷，种植“桂东花豆”7公顷，种植茶叶30公顷、柑橘及其他水果37公顷。

养殖业 20世纪五六十年代，境内民户秉承“养猪为过年，养鸡下蛋换点零花钱”的传统养殖模式。20世纪70年代，生猪品种一般以土杂、大白、长白、湘白、长太等为主，存栏量保持在年800头至1200头之间，养殖区域主要集中在中洞、下洞、蔸坪等大队。家禽养殖本地土鸡为主，为各家各户散养，每户存笼数量从几羽到十几羽不等，全公社的家禽年出笼量维持在1500羽至2000羽之间。20世纪90年代，从浏阳、永州和贵州、四川等地引进黑山羊和波尔山羊等优良品种，在全乡推广饲养。2002年，成立乡草食动物开发合作社，引导养殖户走规模化、集约化发展道路，全乡山羊存栏数达5万余只，存栏牛3000多头，出栏山羊2.65万只。2003年，举办“山羊节”，“龙溪黑山羊”风靡一时，成为省内外知名品牌，远销广东、福建等地，被省政府授予“畜牧乡”荣誉称号。2014年，有黑山羊养殖户21户，存栏羊3100余只；养牛专业户4户，存栏牛360余头。

林业 为资兴市重点林业乡镇之一，以阔叶林、混交林、南竹林、杉木林为主要林分结构。民国时期，民间有少量木材交易，其用途主要用于建房、生产家具、农具和民间架桥。南竹则完全以自用为主。1953年，木材自由采伐、自主经营转向计划采伐、集体经营，木材运输方式靠肩扛和水运。1955年，引进打“拉桥”技术，替代用肩扛的运输方式。1964年，县森工企业雷家洞采育场驻太玉大队老虎垅。1967年，随着水口至中塘公路通车，太玉、秋木、水头、中塘、源坑5个大队作为林业主产区，年上交木材1.5万余立方米。1967年至1972年，公社林场在龙溪洞片区荒山造林147公顷，全民义务造林367公顷。1968年，组建公社采育场，在雷家洞片区水头、中塘、源坑砍伐、造林400公顷。1983年，实行山林定权发证，稳定权属。1984年，成立村林业股份公司，统一经营林业生产。1985年，取消木材统购政策，实行议购议销，各村出现许多育苗大户和承包造林大户。1992年，村委会履行股份公司的经营职能。2003年，在下洞村开展林木林地流转，2014年在全乡推行。2010年，90%的山场划归农户并发证。2012年，划定公益林2166.4公顷。2013年，湖区及内陆实行全面禁伐，划出公益林863公顷。2014年，辖区内共划出公益林面积3263.7公顷，其中国家级公益林面积234.44公顷。此时，全乡有林地面积11266.67公顷，木材蓄积量约125万立方米，森林覆盖率86%。2014年，获“省级生态乡”称号。

基础设施

交通运输

新中国成立前，仅有崎岖小路，大小民桥为木桥。1966年，水口大桥竣工，水口至老虎垅公路全段8公里建成通车。1967年，全长31.2公里的老虎垅至中塘林区专用公路全线贯通。1968年，秋木枫树湾经龙溪至旧市乐安果木场乡道，全线28.6公里贯通，与县城经旧市、渡头至清江的县道对接。1980年，秋木经黄草横坳至东坪林区专用公路建成通车，全长40公里。域内干线公路总里程达68.2公里。1969年冬，修通下洞桥头至上洞水道坑通村公路，全长5.3公里。1970年，修通社前至蔸坪江背垅公路，全长5.4公里。1976年,修通杨家坑至江垅上公路,全长3.1公里。1981年至1990年，全乡共修通16条27.6公里通组公路。1986年，东江大坝关闸蓄水，辖区海拔280米以下公路淹没，境内通往外界的交通被切断，村民群众外出或调运生产生活物资须车辆运载到湖边码头再乘船，靠岸后再转车。1987年，修建兴宁经天鹅山、竹洞、送塘至水垅沿湖公路并对接至龙溪，全线64.3公里，2011年该公路被改造硬化。1993年，龙溪中洞至竹洞公路立项并破土动工，1994年形成路坯对接中洞村公路，全段18.3公里。1996年，天鹅山至竹洞段14公里沿湖公路实施改造拓宽加固。1997年，中竹公路竣工。该公路的修通拉近龙溪至兴宁的距离，比原绕沿湖公路共缩短21公里。2008年，修通从省道322线兴宁镇关塘口经天鹅山、竹洞、龙溪中洞、下洞（桥头）、雷家洞、黄草横坳、黄草镇至汝城县岭秀瑶族乡与省道324线对接，总里程109公里，编入县道019。2008年，完成兴宁关塘口至龙溪下洞社前段改造硬化,全段43公里。2009年，完成下洞桥头至黄草横坳段改造硬化，全段27公里。2011年完成横坳至坦头段改造硬化，全段7公里。2014年，县道019线升为省道205；龙溪桥头至水垅新枫桥路段完成改造硬化并升为县道,全段12.1公里,编号县道044。2008年，改造硬化7.3公里通村、组公路。2009年，全长25.9公里通村公路改造硬化。2011年，境内1.9公里村际联网公路硬化。2013年，修通、硬化打子垅至滁口黄连寨村际联网公路，境内2公里。修通通组公路5.2公里。拉通杨家坪至中洞村江背6.5公里村际联网公路。2014年，硬化通组公路0.9公里。交通公路延伸辖区72个村民小组，通达率99%，基本实现组组通公路。境内公路总里程达131公里，其中省道41.8公里、县道10.3公里、村道33.9公里、村际联网公路10.4公里、通组公路34.6公里。有跨径10米以上的桥梁共13座。有航道2.8公里。有客货运码头1处（太玉码头），码头岸线泊趸船1艘，有客运船舶3艘，总功率223.6千瓦，总座位180座，3条班线分别开往大坝、黄草、滁口，日平旅客约80人次，高峰期约260人次。有货船2艘，总功率35.3千瓦，总载重吨位80吨,码头年货物吞吐量15000余吨。有非运输船12艘，总功率50.9千瓦。有各类机动车保有量590余辆，其中摩托车达510余辆，有大型货车26辆、小型货车19辆、小型客车32辆、大型客运班线车2辆（共60座），每日分别从龙溪至市区、市区至龙溪两个班次往返对开。

邮政通信

民国2年（1913），设黄草坪等5处邮寄代办所后，域内开始对外通邮。1950年，由县邮政局专人步行至乡里接递邮件，乡至各村的邮件则由乡里聘请人员递送或由村干部顺便带回，转交给收件人。1962年7月，在公社驻地设电话交换点（称总机），并设邮电（代办）所。1963年，全社8个大队和雷家洞采育场（一村一机）均开通“摇把式”电话，公社总机也开始有电报业务。1970年，公社至雷家洞片区太玉、雷场、秋木、水头、中塘等大队（单位）的邮政由县邮递员递送。1995年，程控电话进入龙溪，乡政府驻地及附近村安装程控电话，同时开通无线寻呼，有程控电话用户86户。1996年,雷家洞片区开通程控电话，用户317户。1998年，下洞桃园片、中洞方洞片相继开通程控电话，用户353户。2000年的特大洪灾后，电话用户恢复到57户。2002年，第一座移动通信基站建成，手机开始落户龙溪，无线寻呼机相继退出，座机被手机所取代。2014年，域内拥有单机2625部，其中座机用户67户，移动机用户2692户。

供电饮水

供电 1967年，公社驻地第一座装机10千瓦的涡型水轮机发电站建成后，有了照明用电。随后，各大队纷纷建5至10千瓦的各类小水电站。1984年，境内共建有5千瓦以上10千瓦以下的小水电站25座，中塘、中洞大队建有1千瓦的微型小水电37处，其中中洞大队方洞片区几乎户户建有微型发电站。1977年，在柳树坪修建一座75千瓦的电站，供公社机关和下洞附近几个生产队照明。1983年，中塘和水头自筹资金联合修建马山背电站，装机容量175千瓦，供中塘和水头两个大队照明。1992年，源坑水电站发电，装机110千瓦，供源坑村使用。1995年，柳树坪、马山背、源坑电站与资兴电网联网。2000年，方洞片三个小组用上网电，全乡通电率达到100%。2002年，农村小水电兴起，柳树坪电站进行技改，牛头河水电站、江背垅水电站动工兴建，之后杨家坪、耒头、桃园、水头等一批电站相继建成。2014年，辖内有水电站11座，装机9565千瓦，全乡电力充足。

饮水 域内民户生活用水历来利用树木枧或楠竹枧引水。20世纪五六十年代，农村人口多以地下水、山泉水为主要水源，部分饮用江河水。2014年，投资90万元，完成2个村的安全饮水工程，解决安全饮水3800余人；辖内8村均实现安全集中供水。

水利建设

20世纪50年代，从中洞邓家筑坝引水至下洞村江盈头组（全长4.6公里），灌溉面积31公顷。2014年，有混凝土硬化渠道70余处4.5公里，小Ⅱ型水库2座，骨干山塘1口、小平塘4口，解决旱涝保收面积120公顷。

村镇建设

1956年成立浓溪乡，乡政府机关设于下洞村社前组，其办公场所为“土改”时没收的房产。随后，设立了卫生院、供销合作社、信用合作社、粮站、食品站等机构，其房屋均为土砖木或土木结构。1968年，随着公路贯通，单位和居民沿公路两侧建房，初步形成街道雏形。20世纪70年代后，政府机关及其内设和下属机构设置齐全，邮电所、农技站、企业办、林业办、农机站、林管站、水管站、供电所、公安、工商税务等“七站八所”应运而生，集镇总面积0.4平方公里。全乡农宅建设亦有所发展，农村建房逐步淘汰传统的建筑结构与格局，不少农户在原村庄附近新建宽敞舒适的砖木结构楼房，村村建有村部办公楼和礼堂。20世纪90年代，境内部分农户建起混砖结构楼房。2014年，辖区内共完成农宅建设投资2.36亿元；域内653个自然村庄1667户村民，拆旧建新和移民避险新建混砖结构住房1203户，占总户数的72.1%。

社会事业

教育

新中国成立前，域内无公立学校，共有私塾学堂11所。1950年，浓溪乡、水头乡分别在中洞戏台上、水头庙坪上设小学1所。1953年，下洞乡和秋木乡各设小学1所。1956年，中洞戏台上小学改为完全小学，其他村（高级社）各设1所初小。1958年，全乡并为3所学校，中洞戏台上为完全小学，水头庙坪上、秋木梅花为初级小学。1965年冬，由于中洞戏台上校舍成危房，完小搬迁至下洞百灵仙（今龙溪学校初中部校址），戏台上仍保留初小。1967年，除1大队1所小学外，另在偏远山村办初小7所。辖内初小（含百灵仙完小）共15所，其中中塘4所、中洞3所、秋木2所、下洞2所，其他4个大队各1所。1968年冬，龙溪完小升为初级中学。1969年，新建初中（称龙溪二中）1所。县驻乡森工企业雷家洞采育场在太玉塘口设子弟学校（1～4年级）1所。1977年，龙溪初级中学升为高级中学，1980年撤销高中部。1981年，中洞初级小学随中洞大队部搬迁至中洞狗屎堆。1982年，撤销龙溪二中，两校合并为龙溪初级中学。因校舍紧张，于下洞社前生产队仓库设临时完小、在水头庙坪上设完全小学（称龙溪二完小）。1983年，利用下洞村原村部地基和庞家组稻田新建完小，使完小与中学形成整体校园。1989年，撤销龙溪二完小，与龙溪完小部合并称龙溪乡中心完小。1992年至1995年，各村保留初小1所，其他教学点（含雷家洞采育场子弟学校）相继撤销。1998年至2002年，先后撤销中塘村小并入水头小学，撤销秋木村小、源坑村小并入太玉小学，撤销蔸坪村小、社前机关小学、中洞村小并入乡中心完小。2007年，撤销水头、太玉小学并入乡中心完小；撤销龙溪中学、中心完小，设立9年一贯制学校（称龙溪学校）。2014年，全乡有九年一贯制学校1所，15个教学班，在校学生248人，教职工32人。

文化体育

文化 “文化大革命”时期，公社成立文化站，公社和大队成立毛泽东思想文艺宣传队，生产队设“文化室”，大力倡导和推广跳“忠字舞”。各生产队在早上开工前和下午收工后都要组织社员群众集中到“文化室”，面向毛主席挂像“早请示”“晚汇报”。20世纪80年代，全乡性文化体育活动逐渐开展。1987年、1988年，龙溪农贸市场、雷家洞农贸市场先后开业，分别请市花鼓剧团连续演出三天三夜，并开展征对联、剪纸等民间文化活动。2003年，举办“山羊文化节”，省市有关领导莅临现场指导，市花鼓剧团亦前来演出助阵，还穿插“山羊拍卖和唱瑶歌”等互动节目。期间，邀请省市书画家前来采风，展出各类书画、诗词作品200余幅。2014年，有乡文化站1所，8个村的“农家书屋”配备图书10余万册。

体育 民国期间和新中国成立初期以习武较为普遍，武术的传承方式也是以徒弟拜师傅、师傅带徒弟或本宗长辈传授晚辈。民间以武会友广为流传，体育各类项目主要有“舞龙灯”“舞狮子”“打大方”“上刀山”“过火坑”等。1984年，南乡片首届农民运动会在龙溪举行，此次运动会设有篮球、乒乓球、羽毛球、拔河、象棋等体育竞赛项目。

医疗卫生

1956年，成立乡卫生院。1976年，组织卫生防疫队对全公社进行普查，对查出的钩虫病感染者采用大剂量虫灵进行治疗，疗效较好。1996年，村民开始食用碘盐，重点人群补用碘油丸，碘油丸制服率达95%，学生碘油丸投服率99%，域内碘缺乏病得到控制。2003年，举全乡之力，防疫“非典”疫情。2006年“7·15”特大洪灾，乡卫生院房屋遭受泥石流冲毁，搬迁、改造后，总建筑面积816平方米。2009年，乡卫生院转为全额拨款事业单位。2014年，有乡卫生院1所，村级卫生室7个，医护人员14人。

社会保障

2008年，建立新型农村社会养老保险制度。2011年，配备乡劳动保障专干，8个村明确一名新农保协管员。乡、村两级经办机构人员到位，职责明确，参保信息实行系统管理，保费基金实行专户管理，形成良好的工作局面，连续4年被评为全市新型农村养老保险工作先进单位。2011年，城乡居民参保登记3200余人，政府资助特困人员缴费200余人，享受养老金待遇600余人，参保缴费率达95%以上，待遇发放和基金完整安全率达100%。新型农村合作医疗保险从2006年开始，缴费档次历经10元、20元、30元、50元、60元、90元等。2014年，全乡8个村参加新型农村合作医疗，1521户4792个农村居民参合，参合率达到100%。

特色地情

历史人文

杨家坪 位于中塘瑶族村。土地革命战争时期，中共湘南特委机关设于杨家坪，开创井冈山革命根据地外围游击区——龙溪游击区。在1928年、1929年两年间的革命武装斗争中，特区苏维埃政府主席唐己太等44位同志壮烈牺牲。1992年，资兴市政府把杨家坪定为革命纪念地，现留存有湘南特委纪念碑及红军石、英雄树、红军墓、垒石战遗址、中洞戏台遗址等史迹。

龙溪洞 1928年4月12日，毛泽东率部进入龙溪洞（今龙溪乡）。13日，在龙溪洞与萧克率领的宜章独立营会合。毛泽东还送给龙溪赤卫队5支步枪、300发子弹，并将干部何翊奎、钟碧楚、刘光明留在龙溪一带组织开展革命斗争，组建中共资汝边区支部。

名优特产

野香菇 海拔600米以上高山阔叶林地中的自干材、雪压材，在氧气含量充足、遮荫达70%以上等条件下，自然野生。其菇香味浓，是一种含多种氨基酸和维生素的菌类食物，主要产于中塘瑶族村，年产干品约250千克。

红豆杉籽 红豆杉是目前公认的一种抗癌树

杨家坪革命纪念地

木，尤以其籽药效高。把采摘的红豆杉籽通过风晒或烘烤除掉水分成半干状态，用高度白酒浸泡8个月或用水煮熬，每次适当服用。中洞村为主要产区，年产鲜籽约300千克。

石斛 俗称吊兰，为兰科多年生附生草本植物，生长于海拔900米以上的岩石背阴处，对消炎止痛、降血糖血脂、治肺虚肺癌、护双目、润喉咙、治疗嗓音嘶哑疗效显著。《本草纲目》记载为“强阴益精，厚肠胃，补内绝不足，平胃气，长肌肉，益智除惊，轻身延年。”《道藏》列为“中华九大仙草”之首，当地民间称之为“救命仙草”。本品以茎入药，主要生长在龙溪洞片区。

坛子猪内腑 由土猪体内肝、肺、小肠、舌子、心脏加耳朵分别煮熟，除去水分，用茶油煎炸后再添加熟茶油和少量辣椒粉混合搅拌而成。置于坛内3天至5天后即可上桌，也可密封保存，是一道独特的传统美食，当地农村普遍精于制作。

风景名胜

欧家古民居 位于水头村大方洞组，始建于民国3年（1914）。古居整体外观呈长方形，屋檐构件雕饰成莲花状，墙面多绘有彩画并配以词诗，室内地面有3口石板条镶嵌的天井，窗户为中式实木花窗，雕刻工艺精致。

庞氏宗祠 坐落在秋木村，始建于嘉庆十年（1805）。建成后，除庞氏本宗供奉祖先或举行祭祀等重大活动外，一直为“私塾学堂”校址。新中国成立后，为村小校址。1968年冬至1969年春曾办过一个学年初中班。1975年冬，拆除祠堂改建为村小学教室，后因村小停办闲置。2010年，于旧址重建宗祠。

欧家庙 位于源坑村郭家组，始建于明代，“文化大革命”期间被毁，2010年重建，为红砖墙体，琉璃瓦屋面。

（袁鑫 供稿）

滁口镇

区域概况

位置面积

位于资兴市南部，地理坐标为北纬25° 38′63″ 至25° 50′27″，东经113° 19′26″至113° 30′12″。东北接龙溪乡，东部与黄草镇相连，南与汝城县文明乡、宜章县瑶岗仙镇、湖南省瑶岗仙矿业有限公司相依，西邻清江乡，西北连白廊乡。东西最大距离16.7公里，南北最大距离22公里，国土面积164平方公里，其中耕地面积400公顷，水面2660公顷。

建置沿革

因位于滁水入东江之口而得名滁口。相传古为关隘。明万历十六年（1588），于通桂阳延寿等路设巡检司署，时称滁口巡检司。明正德中，移司黄家冰。明朝清代属兴宁县资兴乡，清光绪元年（1875），分属兴宁县南乡（亦称南路）二都二里、二都三里。属二都二里的村庄有滁口市等；属二都三里的村庄有高活、长活、黄沙滩等。民国初期（约1915），改乡、里为乡、团，分属资兴县南乡里仁（长活、滁口市、坳头等分属）、敦仁（塘湾、高坪等分属）、保和（高活、水口、林泉等分属）团。民国22年（1933），分属资兴县第二区（址渡头司）里仁乡、敦仁乡、保和乡。民国27年（1938）初，第二区保和乡、敦仁乡、里仁乡并为敦保里乡。10月，敦保里乡更名鼎新乡（址滁口街，辖17保）。民国33年（1944），为南（大）区渡头区鼎新乡。民国34年（1945），保和乡、西里乡、鼎新乡、六和乡并为二都乡。民国37年（1948），为资兴县第二区鼎新乡。1950年，实行小乡制，为资兴县第五区（址渡头街）滁口乡、大江乡。1951年，滁口乡、大江乡划入第六区（址黄草街）。1952年，滁口乡、大江乡划入第七区（址渡头街）。1952年冬至1953年春，乡级组织再划小，为第七区滁口乡、塘湾乡、大江乡、长活乡。1955年，黄草区撤销水口乡增设林泉乡。1956年，塘湾乡、大江乡、长活乡、滁口乡、林泉乡撤并为资兴县滁口乡。1957年，设置区级滁口办事处。1958年，成立先进人民公社；年冬，更名资兴县滁口人民公社。1959年3月，为郴县滁口人民公社。1961年7月，为资兴县滁口人民公社。1984年，撤社改乡，为资兴市滁口乡（址滁口圩）。1997年，撤乡建镇，称资兴市滁口镇（址葫芦顶）至今。

行政区划

20世纪70年代，滁口人民公社时，辖滁口、高湾、红星、金星、塘湾、高坪、塘下、大江、长活、林泉10个生产大队、109个生产队、229个自然村。1984年，上述10个大队更名为10个村民委员会、生产队更名为村民小组。1987年，撤销渡头乡，原渡头乡所属高活村（更名高浦村）并入滁口乡。1988年，滁口村分设长龙、荷坳两个村；长活村分设黄连寨、长河、老虎冲3村；高坪村分设高龙、高山两村。2014年，辖林泉、黄连寨、长河、老虎冲、高湾、长龙、荷坳、金星、大江、红星、塘湾、塘下、高山、高龙、高浦15个村民委员会、132个村民小组和1个居民委员会。

自然环境

境属山地，大部分由沙质板页岩构成，地势为西高东低、南高北低，地面平均海拔730余米。最高点观音山海拔1279米，最低点海拔200米。东江东西流向，将全境一分为二，南泻的长活溪与北奔的滁水在镇中部先后注入东江湖，形成不规则的“十”字形水系。境属亚热带季风性湿润气候，其特点是夏不酷热，冬无严寒，四季分明；年内气温最高36.6℃，最低-2.5℃，年均气温16.6℃；光照充足，雨量充沛，无霜期280天左右。因地形复杂，“立体”气候特征明显，降雨集中在每年4月至10月。有丰富的钨、锡、钼、铅、锌等矿产资源，其中白钨储量约30万吨，列亚洲第一、世界第四。境内水能资源丰富。主要自然灾害为洪涝、霜冻、雷击等。民国26年（1937）8月中旬，暴雨兼旬不息，东江沿河低洼地一片汪洋，里仁乡滁口市七拱石桥被冲翻，附近麻石铺10余家店铺被卷走，淹死20余人。2006年“7·15”洪灾受损严重。

人口民族

2014年，辖区总人口14195人，其中移民人口8365人。总人口中，常住人口12358人，占87.06%；城镇常住人口951人，城镇化率6.70%。男性7451人，占52.49%；女性6744人，占47.51%；14岁以下2872人，占20.23%；15岁至64岁10349人，占72.91%；65岁以上973人，占6.86%。人口出生率13.9‰，死亡率6.3‰，自然增长率7.6‰。人口密度为每平方公里84.08人。民族以汉族为主，瑶族人口45人。

经济发展

经济综述

1958年之前，域内农户以种植水稻、玉米、红薯，出售油茶，饲养家禽家畜为主要经济来源。1965年，人均收入不足100元。1966年至1980年，15年间通过科学种田、学习浙江水稻栽培等，水稻亩产提高到250千克至350千克。1980年至1985年，水稻亩产500多千克，人均收入过1000元。1986年至1995年，东江水库关闸蓄水后，柑橘、茶叶生产显成效，农村居民人均收入2000元左右。2014年，实现国内生产总值13.4亿元，同比增长23.4%；固定生产投资3.12亿元，增长28.8%；财政收入310万元，增长12.35%；农民人均纯收入11836元年，增长24.5%。

农业（种植业、林业）

粮食作物有水稻、玉米等，经济作物有柑橘、茶叶等。2014年，全镇耕地面积733.34公顷，生产粮食3746.7吨；其中水稻2143吨，人均272千克。有东江水果基地776公顷，其中柑橘种植面积500公顷，产量3730万千克、板栗100万千克、锥栗60万千克、其他优质小水果1080万千克；茶叶面积375公顷，产生态有机茶绿茶33.6万千克、红茶10万千克；油茶、油菜等油料作物种植面积70公顷，产量100吨；蔬菜种植面积270公顷，产量4000吨；干果200公顷。“滁口高山云雾茶”已成功申请专利。全镇有林地1.28万公顷，用材林1.21万公顷，其中公益林466.7公顷，商品材林8033.33公顷。林种主要有松、杉、樟、檫、楠、竹等，森林覆盖率89.82%。

工业

民国3年（1914），瑶岗仙发现钨矿，随后，在此采钨砂的企业有20多家。1984年，高坪钨矿产钨100吨，产值100多万元，从业人员280人。1988年，办乡有色金属加工厂1个。2009年6月，投资120万元集养殖、收购、销售于一体的东江湖鲜鱼中转站正式投入使用。2014年，镇工业总产值7.12亿元，同比增长15.57%，占国内生产总值的比重76.03%。

商贸服务业

清光绪元年（1875），内有规格较大的酒楼、火铺、商铺等，成为兴宁县内十八市之一。自本世纪，商贸服务以专业合作社、乡村农家游等为主。2014年，有“东江名寨红茶”“毛冲头茶叶”“滁尖茶叶”“益民柑橘”“名优柑橘”“瑞祥金银花”等6家专业合作社，拥有“东江名寨”“东江春”“湖蕾”等茶叶商标，入社会员1000多户。其中“东江名寨”茶叶专业合作社有连片40公顷的生态茶园，主要以红茶加工为主。通过发展专业合作社，带动全镇产业发展升级。“江南水乡”“金星湾农庄”“果园农庄”等农家休闲山庄相继建成；有城乡集贸市场1个（建于1996年），逢农历三、六、九日为圩日；有金融网点1个。

其他产业

旅游资源丰富，有“瑶岭晴云”“干塘凝秀”“犀牛迷宫”“灵芝岩铜索吊悬棺”“贵妃村”等旅游景区点。2014年，第三产业总产值达到1.324亿元，同比增长15.52%，占国内生产总值比重13.42%。

基础设施

交通运输

南宋绍定年间，驿道干线“南路”穿境而过，路面宽1.8米，青石板铺就。滁口往塘湾驿道支线路面宽0.9米，细石块铺就，全程长15公里，成为兴宁县域6条主驿道支线之一。2007年至2010年，拓宽大江至塘湾7.2公里、长龙至塘下23公里通村公路。2014年，境内滁口—瑶岗仙公路，经宜章县与1803省道、京珠高速相接；有高湾、葫芦顶、塘湾、塘下4处渡口和5个客运货运码头，水路可达库区各乡镇，直至汝城暖水镇。

邮政通信

1962年，设滁口邮电支局。1970年，设滁口邮政所。1986年，滁口开通无线电话，1995年开通程控电话。2014年，有邮政所1处，村村通邮，邮政收入20万元，报纸、杂志、期刊累计发行4000份。有电信企业1家，服务网点3个，固定电话380户，移动电话4000余户，电话业务收入40万元。

供电饮水

1965年，建滁口大队电站。1978年，建茶坪电站，经改建后装机容量300千瓦。2002年，建高良坑电站，装机容量400千瓦。2004年，建金星电站，装机容量58千瓦。2014年，有小水电站4座，装机容量3725千瓦；架设果园电网36公里，有110千伏安变电站1座。完成镇区自来水厂提质改造工程、荷坳村村民安全饮水工程，解决7823人的安全饮水问题。

水利建设

1958年，滁口公社于大江大队修建白叶坳山塘。20 世纪 70 年代，先后修建红星大队架枧垅山塘、高湾大队斗坡垄水库。1984 年，兴建菠萝山渠道、长河大渠道。2010 年，完成 1 号防洪沟一期工程、街道排水沟工程。2011 年，完成镇区污水处理厂建设工程。2014 年，有果园蓄水池近 3000 座，引水渠道 18 公里。

村镇建设

20 世纪 80 年代中后期，东江库区移民搬迁，全镇 85% 的人口成为后靠移民，主要集中在荷坳等 11 个村。移民户所居住房均由东江库区管理局（资兴市移民办）统一建设，全部为砖混结构楼房。境内非移民村房屋结构为砖木或土木结构。2014 年，新建房全部为钢筋混凝土楼房，其中红星村地质灾害避险搬迁项目实现统一规划、统一户型并选址集中建房。金星村、荷坳村被纳入资兴市“十镇百村”建设，通过村民自筹、争资立项共投资 961 万元，建设镇区休闲广场等亮点项目。

社会事业

教育科技

教育 清光绪六年（1880），南乡二都民户募捐，于渡头江兴建崇正书院。民国 24 年（1935），原崇正书院改名二都联立高级小学校。1972 年，兴建滁口中学（校址：滁口东茅洞）；1984 年，滁口中学搬迁至葫芦顶。1997 年，有中、小学校 17 所，在校学生 2299 人。2010 年，滁口中学与滁口完小合并为滁口学校。2014 年，有中学 1 所、完小 1 所、村级小学 6 所，教职工 85 人，在校学生 1034 人。实现小学适龄儿童入学率 100%、九年义务教育覆盖率达 100%。幼儿教育发展良好，有标准化幼儿园 1 所，在园幼儿 200 余人，幼儿教职工 20 人。

科技 主要运用科技有生猪养殖人工授精技术、柑橘配土施肥、遮阳网覆盖网箱养殖技术、沼气池建设、茶叶无害化生产管理等。

文化体育

1990 年，有文化站、广播电视站各 1 处。1995 年，兴建滁口文化中心、演剧院大楼。2011 年，有村级文化活动中心 15 处，村级图书室 15 个，藏书 5 万余册。2013 年，兴建滁口综合文化站大楼。1958 年，滁口公社利用电话线路开通广播。1961 年，建公社转播站。20 世纪 70 年代中期，建立滁口公社电影队。1985 年，建观音仙电视差转台。1986 年，建滁口差转台。1987 年，建林泉、大江电视差转台。2014 年，有体育场 1 个，标准化篮球场 5 个，群众体育健身场所 3 处。经常参加各种体育活动人员，占常住人口的 36%。

医疗卫生

滁口卫生院成立于 1982 年。2013 年，卫生院新建医疗大楼，配备 B 超等大型设备。2014 年，有镇卫生院 1 所，病床 14 张，有村卫生室 11 所；专业卫生人员 12 人，其中执业医师 2 人，主治医师 1 人，执业助理医师 7 人，注册护士 5 人。实施国家基本药物制度，实行基本药物零差率销售。医疗机构完成诊疗 3 万人次。15 个村的村民全部参加农村合作医疗，参保率 100%。

社会保障

2014 年，全镇农村低保和城市低保救助率 100%；“新农保”工作缴费 6275 人，缴费金额 68.18 万元；新农合参合 12343 人，参合率 100%，享受“新农合”补助政策 7992 人次，补偿资金 374.4 万元，参合农民受益面 64.75%。

犀牛洞

特色地情

历史人文

滁口市 1934年8月14日，由任弼时率领的红六军团先头部队，从汝城进入资兴，于里仁乡滁口市（今滁口镇荷坳村）等地宿营，在滁口捣毁敌碉堡1座，击毙企图逃跑的里仁乡乡长黄义栋，打垮以周安福为首的反动税卡，在保和乡高活（今滁口镇高浦村）击毙敌保安16团侦探1名，并在当地发动群众，斗争多名土豪劣绅。

风景名胜

犀牛洞 位于境内塘下村。旧传有犀牛住于该溶洞中，经常跑出来抢夺人们的粮食。后被天

干塘凝秀

上的雷公吓回洞中，再也不敢出来，故取名犀牛洞。犀牛洞景观奇丽，如同一座瑰丽的地下艺术宫殿。洞内共有上、下9层，目前只涉足第3层。犀牛洞内，到处都是光泽剔透、形状奇特的钟乳石，具有很高的欣赏和收藏价值。犀牛洞所在的自然村落，当地人称“贵妃村”。据村里族谱记载，明朝永乐皇帝之阮姓贵妃出自该村，现有该贵妃出嫁的花轿陈列于郴州文物馆。

滁口林场 主体位于滁口镇境内，长年不干水塘“干塘凝秀”坐落于该林场，现已建成休闲广场及宾馆。林场拥有华南最大马尾松基地，整个休闲区域环境优美，气候宜人，喜静者可垂钓于不干水塘，喜动者可去马尾松基地游山。林场内一年四季水果不断，有柑橘、布朗李、油桃、乌梅、枇杷等20多种水果。林场处东江湖边，这里盛产翘嘴红、东江银鱼、鳜鱼等名贵鱼种及四大淡水鱼，让游客感受人、山、水、自然融为一体，体会水天一色、山水一体，人与自然的和谐，身心愉悦而流连忘返。

名优特产

东江名寨红茶 东江名寨红茶生产基地位于塘湾村。有茶园34公顷，购置安装先进的茶产品加工设备，特聘10多名从事茶叶种植、生产、加工各环节工作经验超过15年的高级技工人员，已经将东江名寨从资兴推向全国。2014年10月，中央台新闻联播报道了滁口东江名寨红茶。

（何江华　供稿）

清江乡

区域概况

位置面积

地处资兴市西南部，位于北纬 25° 42′ 至 25° 50′，东经 113° 15′ 至 113° 25′ 之间。东接白廊乡、滁口镇，南连宜章县长策乡，西接苏仙区塘溪乡，北毗东江镇、白廊乡。辖区东西最大距离 11.5 公里，南北最大距离 20 公里。总面积 154 平方公里，其中陆地 150 平方公里，占 97.4%；水域 4 平方公里，占 2.6%。耕地面积

资兴市柑橘生产、旅游重点乡——清江乡

482.8 公顷，其中水田 204.8 公顷、旱土 278 公顷。

建置沿革

明朝、清代，属兴宁县资兴乡。光绪元年（1875），分属兴宁县南乡（亦称南路）二都二里、二都三里。属二都二里的村庄有：圳上、大垅、下理、上理、清草、刘家田等；属二都三里的村庄有：上堡、朱坪、井头等。民国初年（约1915），改乡、里为乡、团，为资兴县南乡西里团。民国 22 年（1933）初，实行区乡自治，为资兴县第二区（驻地渡头司）西里乡。民国 27 年（1938），为资兴县西里乡（辖 12 保）。民国 33 年（1944）恢复区制，为资兴县南（大）区渡头小区西里乡。民国 34 年（1945），西里乡（渡头区）、六和乡（渡头区）、保和乡（旧市区）、鼎新乡（旧市区）4 乡并为二都乡。民国 37 年（1948），为二都区西里乡。1950 年，实行小乡制，为资兴县五区（西里乡）清江乡。1952 年 4 月，五区划出清江、渡头等 3 乡，纳入台前乡。年冬，乡级组织再划小，为资兴县第七区（驻地渡头街）大垅、代头、玭珠等乡。1956 年，大垅、代头、玭珠、积坪、加田乡并为清江乡。1958 年 10 月，实行人民公社化，清江乡、渡头乡合并成立红专人民公社（驻渡头街）；年冬，红专人民公社更名为渡头人民公社。1959 年 3 月，资兴县制撤销，并入郴县，属郴县渡头人民公社。1961 年 7 月，为资兴县清江人民公社。1984 年 3 月，公社改为乡制，为资兴县清江乡，下设村民委员会、村民小组；年冬，称资兴市清江乡至今。

行政区划

1961 年清江人民公社时，辖清江、绩坪、黄桥、加田、丫和、大远、代头、山口、民族、上堡、玭珠、上里共 12 个生产大队。20 世纪 80 年代初，生产队数为 134 个。1984 年，上述 12 个生产大队更名为 12 个村民委员会。1987 年 1 月，经省民政厅批准，撤销渡头乡，原属渡头乡的大垅、枫联、蕉坪、渡江 4 村划入清江乡。1988 年，清江村分设清江东村、清江西村；绩坪村分设绩坪、青草村。2014 年辖枫联、大垅、蕉坪、山口、加田、上堡、大远、代头、丫和、绩坪、青草、玭珠、清东、清西、黄桥、瑶族、上里共 17 个村民委员会、138 个村民小组和 1 个社区 2 个城镇居民小组。

自然环境

境属丘陵地区。东北部、中部属东江湖区，地势东北高西南低，呈扇形自东北向西南平缓倾斜，平均海拔约 770 米。最低海拔 250 米，属东江湖淹没区。最高山瑶岗仙海拔 1691 米。域内以古老砂地质常见，成土母质以花岗岩和风化石、英砂岩为主。辖区为亚热带季风性湿润气候区，阳光充足，雨量充沛，多年平均气温 16.2℃，极端最高气温 40.6℃，极端最低气温 -5℃。多年平均降雨量 1487 毫米。无霜期 278 天，年日照数 1500 小时以上。多年平均风速 2.4 米 / 秒，风向东南。冰冻线小于 0.2 米。境内有浦溪江、竹园河、塘湾河自南向北流入东江湖，境内河道长 39.8 公里。地处世界有色金属之乡柿竹园——瑶岗仙矿脉带，乡内铅、锌、银、钨、锡等有色金属储量丰富。其中下坑钨矿经勘探，矿体呈带状、扁豆状，长 300 米，宽 50 米至 80 米，延深 50 米，矿物主要为白钨。非金属矿藏主要为煤矿，煤层大部呈“藕节”、“鸡窝”状，为无烟煤。1986 年，东江水电站关闸蓄水后，煤矿区大部被水库淹没。现黄桥村的煤层厚为 1 米至 5 米，可开采。境内小水电装机 5600 千瓦。主要自然灾害有旱涝、低温、霜冻、雷击等。

人口民族

2014 年，辖区总人口 12239 人，其中城镇常住人口 1323 人，占总人口数的 10%。另有流动人口 1061 人。总人口中，男性 6328 人，占

51.7%；女性5911人，占48.3%；14岁以下2306人，占18.84%；15岁至64岁8825人，占72.1%；65岁以上1108人，占9.05%。人口出生率12.58‰，死亡率5.15‰，人自然增长率7.43‰。民族以汉族为主，共11914人，占97.3%；瑶族325人，占总人口的2.7%。

经济发展

经济综述

全乡居民经济收入以柑橘种植与销售为主，粮食作物以水稻、玉米为主。2010年至2014年，全乡实现国内生产总值21.4亿元，年均增长17.3%；社会固定资产投资23亿元，年均增长40.79%；农民人均纯收入由2010年的7575元提高到2014年的14297元，年均增长17.2%。2014年，生产粮食3884.4吨，人均317.3千克，蔬菜总产量11518.83吨，同比增长53.9%。农业总产值达10382.7万元，占生产总值的18.84%。财政总收入1125.2万元，比2013年增长5.8%。

农业

种植业 1986年，域内东江湖淹没区大量移民放弃农田举家后靠上山。市、乡两级人民政府根据当地沿岸地理、气候条件，引导移民发展柑橘种植，3年后开始挂果，生产出清江第一代柑橘产品。1989年，全乡有橘园面积267公顷。2000年，柑橘种植面积667公顷。2014年，全乡柑橘面积1406公顷，年产量31254吨，产值逾亿元。主要柑橘品种有：特早熟蜜橘、脐橙、椪柑、冰糖橙、杂柑、夏橙。由于清江柑橘果实大小适中、色泽鲜艳、甜酸适度、细嫩化渣，产品完全达到绿色食品要求，多次获得国家、省、市农博会金奖，成为远近闻名的农业特产。全乡有小水果面积126公顷，产量6752吨，年产值2610万元。小水果种类有枇杷、桃子、杨梅、李子、西瓜等；有现代农业标准果园（柑橘）示范基地1个，总面积67公顷，其中核心示范果园13公顷。

养殖业 以猪、牛、家禽养殖为主。2014年，生猪存栏1.38万头，牛存栏0.22万头，羊存栏0.27万头，家禽存笼5.6万羽，渔业养殖水面44公顷，其中水库养殖32公顷，水产品量3000多吨。有养猪专业户20家，其中年出栏100头以上的养猪专业户8家，黑猪养殖场1家，标准化规模养殖场1家。

林业 有林业用地0.93万公顷，生态公益林0.4万公顷，森林覆盖率为78%。2002年，开始退耕还林，共营造生态林107公顷。

工业

乡临瑶岗仙山脉，矿产资源丰富，有煤炭、钨、铅、锌、锑、锡等矿藏。乡属企业主要有银都铅锌矿、大脚岭铅锌矿、混坑垅铅锌矿等，年产量合计超20万吨。2014年，为保护东江湖国家一级水源，停止所有矿产的开采。全乡实现工业增加值28001万元，同比增长30.71%，工业对国内生产总值的贡献率达50.8%。其中：规模以上工业实现增加值1.3亿元，建筑企业完成总产值5600万元。传统工业主要围绕柑橘加工及柑橘周边产业，主要有打蜡厂、胶筐厂等。

商贸服务业

商贸服务以专业合作社与乡村农家游为主。2014年，有专业合作社11个，其中柑橘专业合作社10个，茶油合作社1个。清江羊场集贸市场始建于1987年冬，20世纪90年代又扩建三次，至今已有近30年历史，阴历逢一、四、七日为圩日，年成交额近100万元。有金融网点1个。

旅游业

域内乡村旅游主要依托特色水果产业和东江湖国家级AAAAA级旅游区的山水优势。东江湖形成后，乡村旅游和农家休闲业应运而生。2005年，成立第一家农家游万利山庄，今已建设成为四星级农家游。2012年，境内有12家农家游。2012年、2013年，"五一"、国庆等黄金周日游客量达6千余人，出现爆棚现象。2014年，有清江农家游协会1个，有农家游33家，年接待游客量10万余人次。

基础设施

交通运输

境内有东清公路和清长公路，其中东清公路修建于2003年，长38公里；清长公路修建于2012年，长8公里。东清公路沿湖盘绕，通市区接省道322线；清长公路连宜章县长策，通广东，为资兴至广东的主要通道。水路可达东江湖区各乡镇，直至汝城暖水镇。2007年，建成清江客运站，日发客运汽车16班次，日均容量350余人次。

邮政通信

1996年，清江乡设立邮政代办点。2013年，建立邮政代办所。2000年，设立电信服务网点1个。2014年，邮政业务总量15万元；报纸、杂志累计期发行12万份；有电话交换机总容量1000门，固定电话用户500户，电话普及率30%；移动服务网点电话用户4400户，互联网用户570户。全年电信业务收入50万元。

供电饮水

供电　1985年，清江水电管理站建成。2000年，设清江电管所。乡域电网线路由凉西线和凉东线两条10千伏高压主干供电线路和7条村组分支线组成，总长约200公里。全乡总用电户4273户，以居民用电为主，约占总用电量的60%；工业用电为15%；商业用电以农村用电居多；年供电量约904.4万千瓦时。青草电站、大远电站年售电量768.1万千瓦时。

饮水　2004年，建成羊场自来水厂，有成套净化设备，年供水8.5万立方米，铺设输水主管网Φ110毫米至200毫米，共计3500米。至2014年，乡内共有16500人实现安全饮水。

水利建设

全乡共有山平塘53处，其中骨干山塘4处，总塘容积21.29万立方米，排灌渠122条总长163公里，灌溉面积712公顷。有7.5千瓦抽水机房一处，微型抽水机1200台2000千瓦，大小蓄水池4500口，蓄水量1万立方米，果园标准化滴灌17公顷。境内有水电站5处，装机容量3655千瓦。

村镇建设

新中国成立前，境内大部分村庄为氏族聚居，形成大小不一的自然村落。20世纪80年代中期库区移民完成后，乡域50%的人口成为东江湖后靠移民，或聚居或散居于沿湖的七八个村，所居住房均由东江库区管理局（资兴市移民办）统一建设，多为砖混结构楼房。境内非移民村房屋结构则多为砖木或土木结构。进入21世纪，由于清江柑橘产业兴起，农民收入增加，全乡住宅建设速度得以加快。2014年，申请建房户达100多户，结构全部为钢筋混凝土楼房。其中玭珠村羊乌石组新农村规划建房点统一规划和户型；清西村被纳入资兴市"十镇百村"建设，通过村民自筹、争资立项，投资338.5万用于村庄建设。

社会事业

教育科技

教育　清江学校创建于1956年，1985年学校随当地政府机关后靠迁至现址。2007年9月，清江中学和清江中心完小合并为九年一贯制学校。清江学校占地面积3.3公顷，校园建筑面积16703平方米，有教学班20个，在校学生703人，教职工70人，其中专任教师56人，教辅人员14人。有各类电教、实验仪器装备11608件；体育器材422件；音乐器材32件；美术器材42件；图书34659册；体、卫、音、美、图等设备配备总价值达49.60万元。有多媒体教室、电脑室、音乐美术室、体育室、实验室、图书阅览室等，配备达到二类标准。2014年，小学入学率达100%，巩固率达100%，小学毕业生升初中比率为100%；初中入学率达100%。全乡有公办幼儿园一所，在园幼儿110人；民办幼儿园一所，在园幼儿140人。

科技 2014年，全乡有沼气池513口，太阳能路灯113盏，国家能源补贴太阳能热水器821台。使用新型的生物化黄板诱虫、太阳能杀虫灯灭虫。

文化体育

文化 2009年，建乡综合文化站，2011年投入使用。2014年，乡文化站、广播电视站各有1处，有村级文化活动中心4处，各类文化专业户1户，各类图书室19个，藏书62余万册，音乐、美术、书法、摄影及文学业余创作队伍达21人，有省、市级文物保护单位4处。1968年，建成清江乡广播站，1988年改称清江乡广播电视站，1998年改称清江有线电视站，现有有线电视用户2100户，入户率66.5%。

体育 2011年年末，有学校体育场1个，标准化篮球场3个。2014年，建设农民体育健身游乐园两处，共投入建设资金达40多万元。完成体育达标村两个，乡村体育设施建设（包括篮球场、乒乓球室等）覆盖率达70%。

医疗卫生

清江卫生院成立于1958年，前身为渡头公社卫生院。2005年，成为资兴市农村合作医疗定点医疗机构。2007年建办公楼，2012年建职工宿舍楼，2014年建业务综合楼，皆已投入使用。医院有B超、X光机、血常规、心电图、胎心监护仪、生化分析仪等大型医疗设备，在岗职工11人，其中医护人员9人，为全乡12000多常驻居民提供基本医疗、预防保健、公共卫生服务等。全乡有8个村卫生室、11名村级卫生人员，每个村卫生室均配有体温计、血压计、听诊器、消毒压力锅、雾化机、推车、诊断床、紫外线消毒车等设备。

社会保障

2011年，开展社会养老保险征缴。2014年末，全乡参加农村养老保险人员5128人，完成任务的100%。2006年实施农村合作医疗、以大病统筹为主的农民医疗互助共济制度，2014年末参加农村合作医疗保险11068人，参合率达100%。2005年，开展农村低保。2014年，有农村五保老人56名，精减退职人员9人，全乡共有城市低保对象13户15人，农村低保对象379户465人。全年发放医疗救助、大病救助资金14814元，共实施农村倒房户重建2户。

特色地情

历史人文

黄氏宗祠 坐落于青草村。建于南宋嘉定年间（1223），新中国成立初期曾经为文物保护单位（已淹没于东江湖）。现存有古石狮、石鼓等文物遗产。据清江黄氏族谱记载，自唐代至清朝年间，出有进士42名。其中宋朝状元黄昌奇，宋朝定戊辰登第，官至太子太保；黄宏睿，拔贡，任北京

留家田古村一角

经历洪武三年驸马；会元黄师郯，元至正辛巳解元，甲申会元会试二赋《江汉朝宗赋》、《承露盘赋》,一鸣惊人,享誉京师(《州志》《县志》《族谱》俱载)。

留家田古民居 位于加田村。古村古树成群，环境优美。据该村何氏家谱记载，自从何氏祖先从清江井头搬迁至此地，已传世38代，开村600多年。古村现住有60多户200多人，村民大多姓何，当地人习惯把留家田古村落群称之为何府大宅。何府大宅呈品字形排列布局，总占地面积约2万平方米，分为射前岭、老屋、新屋三个群落。其中射前岭群落建造时间最早，虽经历易地拆迁、失火重修等过程，仍保留雕梁画栋的鲜明特色，特别是梁栋重重叠叠，不用一颗钉，令人叹为观止。古村建筑风格与资兴其他古建筑一样：雕梁画栋、巷道深幽、山墙厚实。村头，一条长长的石板路从古树下蜿蜒穿过,村口的塘坝、古井、护坡、围墙等皆用条石砌起，村里的走道、过廊、前坪、台基及室内外地面均铺上厚实的石板，古屋的墙基、墙角为方条石、长条石建筑，门廊、天井、柱座等，除石块厚实以外，均采用阳刻法镌刻花饰，很是气派。古村现存一对重达2吨多的阳刻龙、凤、鹿、彩云、梅花等图案的大石鼓。

喜息亭 位于加田村西南部。古为盐商官道，是通往广东的息脚凉亭，凉亭往北下数十步有一道关隘通道，宽度只限一人通过。凉亭于明万历三十三年(1605)修建,乾隆十二年(1747)重建。凉亭石碑刻记："宁邑之南与郴宜接壤之地名干坑带，石壁耸萃，两峰对峙，中折干流，随山足卷曲而出，自上下峻险崎岖必由之路。明弘治十五年(1502)，六月衡永郴桂道兵备道，委派何武公领兵把守干坑带关。"

黄家园 位于青草村。1934年8月15日，红六军团西征经过资兴，主力部队从保和乡高活（今滁口镇高浦村）石壁下改道，经大湾、上堡、清江墟、洞上至黄家园，晚上宿青草江至渡江口一带。其中住宿于黄家园及附近的红军，当天集结在黄家园的大松树下，召开军民大会，向群众宣传中国共产党北上抗日救国的主张，宣判枪决殴打红军战士并企图破坏红军行军路线的反革命分子袁保保。此外，红军沿途打击清江的土豪李永芳等，烧毁西里乡乡公所和正在修建的一座敌碉堡，然后又折回渡头江，转至旧县等地。

名优特产

清江柑橘 清江乡是资兴市最大的柑橘生产基地，柑橘面积达1700公顷，年均柑橘产量过6万吨、产值过2亿元。柑橘产业成为全乡的特色产业和富民产业。清江主要柑橘品种有特早熟蜜橘、脐橙、椪柑、冰糖橙、杂柑、夏橙，其中尤以特早熟蜜橘居多且扬名。清江柑橘以其色泽鲜艳、皮薄肉嫩、甘甜化渣、口感浓郁、可溶性固形物14%以上的独有品质而享誉省内外，畅销全国各地及俄罗斯、东南亚等国家和地区。曾多次获得国家、省、市农博会金奖，2008年在北京举办的农交会评比中获银奖。目前，全乡已建设精品果园800公顷，年产优质果2.8万吨，清江柑橘已成功获得绿色食品认证，注册自己的商标，拥有自己的产品包装箱。

风景名胜

清江湾 指青草、清西、黄桥、绩坪、清东、上堡等六村的环东江湖一片形成约1100公顷的水域。其周围环境优美，像一幅徐徐展开的水墨丹青长卷，远山近水，浓淡相宜，风光旖旎，任你在画中遨游。

水帘洞 位于上堡村、玭珠瑶族村交界处，距离清江乡政府约10公里。溶洞入口常年有瀑布遮盖，洞内地下水丰富，遍布石钟乳、石柱、石帘。通过红外线测量，测得洞内最宽水平线与天顶呈

资兴古八景之玉泉映月

66度，洞长约为1000米。据初步考证，这座溶洞已有上万年历史。

玉泉映月　资兴古八景之一。位于原清江河畔。《兴宁县志》记载："泉在南乡井头，旧传古寺为龙所陷，方广十余亩。居人环以石栏，亭洪渊静，每当素魄照临，水月交辉，真有'月点波心一颗珠'之妙。拟之洞庭秋月，特见一斑。"因其泉水碧绿如玉，故又名玉泉塘。传说泉处原为一寺庙，门左右有竹笋，为龙角化身，供食用，即采即长。一僧人贪得无厌，连根采之，龙动怒，将寺陷为深潭（今此景被东江湖淹没）。

瑶岭晴云　资兴古八景之一。位于清江乡、滁口镇与宜章县交界之瑶岗仙岭上（海拔1691米）。《兴宁县志》记载："县南六十里，列嶂如屏，旧名浦溪山。山径高险，绝顶有七姑仙祠，岩上多瓦石片，叠成小塔，势其危耸，暴风不能坠。人或揭散，寻复聚。土中有玉簪石，若水晶然。带上生草如龙须，可织席。又有天鹅池，泉水涌出，甘冽异常。清晨彩云浮其上，结构金枝玉叶，郁郁纷纷，回环岗顶。谚云：'要知晴，瑶岗岭上一朵云；要知落，瑶岗岭上光剥剥。'迄今犹验。"因"瑶岭晴云"可观天气变化,故又名"瑶岭占晴"。

石峰仙　石峰仙得名于民间"寿佛建仙庄"的传说，讲述的是寿佛和其母亲云游至石峰山，发现西南方有两座山形成龙虎相斗势态，对石峰山乃至当地周围环境不利，为了造福当地百姓，在石峰山建造仙庄，现存寿母庵、寿福泉。

石峰寨　在清江乡石峰山上，面积约2000平方米。1986年，仍存3米至5米高不等的围墙。石门侧面嵌有南宋嘉熙三年（1239）纪事碑两块，地表采集有罐、碗残片，现存资兴市文物管理所。

岛屿风光　境内湖区岛屿星罗棋布、姿态各异，湖周峰峦起伏、群山叠翠，湖面波光潋滟、游船穿梭，具雄、奇、秀、幽、旷、趣之特色。

民俗风情

春牛舞　清江民间传统舞蹈，亦名爱牛舞。相传自唐代寿佛牵牛安居于青草江后，青草江粮田万顷，兴旺发达，每年稻熟的时候，一片金浪

石峰寨遗址

滚滚，丰收的喜悦使村民想到牛的功劳。从此，村民们每年春节就扎起牛头，跳起舞，《春牛舞》即由此而来。春牛舞由两人扮牛、两人分别扮旦角、丑角。旦、丑对唱，歌词有《牵牛曲》《十打歌》等。20世纪60年代，当地舞师黄茂恩把牛舞传承给儿子黄桂金（现年62岁，20世纪80年代，为资兴四大民间艺人之一）。2011年，《春牛舞》作为非物质文化遗产纳入资兴市级保护名录。

龙舞　于清朝同治年间流传于乡域各村，龙舞共有7种（香火龙、大小布龙、黄龙、单龙、双龙、草龙、孝龙），流行最广的是香火龙（也叫灯草龙、丰收龙）、其次是布龙（吉祥龙）。现农村舞龙以灯草龙为主。灯草龙又叫打龙，最少有5拱（节），最多为9拱（节），每拱（节）需1人，锣鼓队5人，举灯4人，提东西1人，领队1人，打前锋1人。每逢春节，龙队走村串户，恭贺新春，热闹非凡。灯草龙制作：系用稻草扎成，由龙头、龙身、龙尾组成，遍身插满香火，于夜间舞动，活动季节大多在农历正月或者七月收割季节。基本舞法原有72套，现存32套，名称是：舞四门、龙耍珠、龙戏珠、穿八卦、跳龙门、龙剥皮、龙纺花、龙艳脑、龙艳腰、龙翻身、花盖顶、满屋钻、咬铜锤、龙盘尾、龙艳胸、打顶搞篱笆、咬鱼崽、步步高升、蛤蟆跳井、唐僧取经、满堂红、三个丁字一大跳、双干各同跳、丁字出来三个跳、龙艳柱子、龙现爪、龙现顶、同同跳、龙筑窝、龙压磨、四角大跳、八仙过海。舞蹈完毕，还将灯草龙放置桥头河边烧毁，让龙回到龙宫，将晦气全部带走。

（熊云兵　供稿）

东坪乡 >>

区域概况

位置面积

位于资兴市东南部，东面与连坪瑶族乡相邻，北面与汝城县南洞、暖水、马桥乡交界；南面与黄草镇接壤；西面与龙溪乡、滁口镇毗连。总面积 147.3 平方公里，耕地 304.6 公顷，其中水田 205.9 公顷。

建置沿革

明隆庆三年（1569），隶兴宁县永安堡等。清乾隆十一年（1746），分属雷连下六峒之东坪、周源峒等。民国初期（约 1915），东坪洞、周塘等隶属资兴县南乡雷正团；湖洞、两水口、大水口等隶属资兴县南乡六和团。民国 22 年（1933），分属资兴县第二区（址渡头司）下六峒乡、六和乡。民国 27 年（1938），下六峒乡更名雷正乡，隶属雷正乡、六和乡。民国 33 年（1944），分属资兴县南（大）区黄草区雷正乡、资兴县南（大）区渡头区六和乡。民国 34 年（1945），雷正乡与永安乡并为永正乡，分属永正乡、六和乡。民国 37 年（1948），隶属永正区雷正乡等。1950 年，实行小乡制，东坪、周塘等从永正区（址黄草坪）雷正乡划出，湖洞、大水口等从五区（址渡头街）黄草乡划出，设立东坪乡，隶属第四区（址青腰墟）。1953 年，为第六区（址黄草坪）周塘乡、东坪乡。1956 年，周塘乡、东坪乡撤并为东坪乡。1958 年，东坪乡更名先锋人民公社；年冬，改名东坪人民公社。1959 年 3 月，撤销资兴县，原东坪公社周塘大队并入郴县黄草公社横坳大队：原东坪公社水口大队并入郴县黄草公社平头大队：原东坪公社东坪、窖前、新坳、乐桥、湖洞 5 个大队并入汝桂（由汝城县、桂东县撤并）县田庄公社。1961 年 7 月 6 日，为资兴县东坪人民公社。1984 年 3 月 12 日，撤销东坪公社，成立东坪乡；年冬，称资兴市东坪乡。

行政区划

1961 年 7 月，辖新坳、水口、乐桥、窖前、湖洞、周塘、东坪 7 个生产大队。1972 年，生产队数为 38 个。1976 年，共有 40 个生产队、210 个自然村。1984 年，上述 7 个生产大队更名为 7 个村民委员会，43 个生产队更名为 43 个村民小组。2014 年，辖新坳、大水口、乐桥、窖前、湖洞、周塘、东坪共 7 个村民委员会、43 个村民小组和 1 个社区居民委员会。

自然环境

地貌形态以山地为主，丘陵、岗地、湖面交

错，地势东高南低。最高点处为天狮仙主峰，海拔1695米，最低点位于南部北水河谷地带，海拔约265米。山脉为罗霄山脉之分支八面山山脉，呈东南走向。连接的山岭主要有天狮仙，位于与龙溪、连坪两乡交界处，海拔1695米；虎形山，位于与龙溪乡交界处，海拔1240米；雷公仙，位于与黄草镇交界处，海拔1515米，山腰旧有观音堂，相传雷曾扫殿，故名。洪水山，坐落于乡境内，海拔1681米。成土母质为砂岩风化物等。土壤类型主要为水稻、菜园、红壤、黄棕壤土类等，土层厚约0.6米。据《二都传书》记载，境内主要水流强溪河，一源出于连刀湾，经上东坪；一源出湖洞板寮，西南流，会东坪水，名两水口，又南流，经过坳头、廖家坪、老屋，出大坌，屈曲至大水口，入泸渡江，有渡。另一水流为东江河干流北水（其上游主流发源于桂东黄洞，源头至桂东段称沤江，桂东至黄草段名北水），流经境内大水口村。1986年，东江水库关闸蓄水，南部北水河谷地带被东江湖淹没。气候属亚热带季风性湿润气候，常年处于西北气流控制下，只有7月受亚热带高压影响，出现南风。春天温差大，湿气重，夏凉冬暖，年均气温19.1℃，年最高气温可达37.7℃，最低气温为零下2℃左右。年均降雨量约1178毫米。日照时数约1400小时。矿产资源主要为金矿，集中分布在窖前村雷公仙岭下一带。自然灾害主要有旱涝、霜冻、雷击等。域内严重水灾发生于2006年7月15日，洪水上涨，东坪街公路水深0.6米，6户700多平方米住房被冲毁，有20多间杂房被冲倒，公路垮塌、木材漂走、水稻沙压，损失200多万元。2008年1月至2月冰灾，输电设施、房屋、道路等损失100多万元。

人口民族

1976年，辖区共有638户3065人。1984年，为762户3559人，其中男1871人，女1648人。1997年，总人口3782人，人口出生率12.57‰，自然增长率4.10‰。2014年，有户籍人口3948人，其中男性1999人，女性1949人；有常住人口3189人，其中男性1623人，女性1566人。居民姓氏以张、胡、李、陈、周、黄等为主。人口出生率10.05‰，自然增长率3‰。域内民族主要为汉族，有少量瑶族、维吾尔族散居于新坳、窖前等村组。

经济发展

经济综述

农业是境内的传统产业。改革开放前，实行计划经济，浮夸风、大锅饭、出集体工磨洋工现象严重，温饱问题不能解决。中共十一届三中全会后，产业结构调整、优化，全乡走出一条农、林、牧有机协调发展之路，实现农、林、牧生产总值和农民人均纯收入逐年递增目标。1997年，生产总值6594.85万元，财政总收入250万元，农民人平纯收入2787元。2008年，因金矿开采与生态环境保护矛盾突出，金矿被关闭，商业材的砍伐指标亦逐年减少，全乡经济发展之路转向旅游业和林下经济开发。2014年，实现生产总值14379.5万元，增长8.25%；完成财政收入190.53万元，增长1.93%；农民人均纯收入12858元，增长14.11%；完成固定资产投资37060万元，增长59.06%。境内有银行金融机构1家，各类存款余额6000万元，各类贷款余额2500万元。

农业

种植业 域内民户历来有水田种植水稻，旱土种植杂粮、蔬菜的习惯。清代、民国至解放初，以水田种植一季高秆水稻为主。1976年，农作物播种面积791.5公顷，总产133.86吨。其中早稻135公顷，产量35.5吨；中稻199公顷，产量64.93吨；晚稻137.6公顷，产量27.75吨。1997年，粮食总产量2293.6吨。2000年，粮食作物播种面积510.4公顷，总产2354吨。其中杂交水稻种植258.3公顷，产量1548吨；玉米种植77.3公顷，产量144.1吨。产茶叶12.4吨，水果22吨。2014年，农作物总播种面积864公顷，粮食产量1889吨；蔬菜产量8215吨。流转土地80公顷，建立生姜、无公害蔬菜种植基地，农户增收4000多万元。全年实现农业总产值9854万元，增长10%。

养殖业 域内农户素有养殖生猪、牛羊、鸡鸭的习惯。20世纪五六十年代，一般为自繁自养，所产除食用外，皆出售或兑换油盐等。人民公社时，设有兽医站。2000年，生猪出栏4007头，存栏3160头；牛出栏602头，存栏382头；羊出栏506只，存栏943只；家禽出笼40084羽，畜禽总产量383.5吨。2005年，乡里设立动物防疫站。2014年，重点扶持"雷公仙"蜂蜜养殖协会，发展会员150多户，养蜂3800多箱，产值600万元。饲养出栏生猪13494头，出栏羊2315只，出栏牛611头，出笼家禽102377羽；生猪年末存栏5566头，牛年末存栏926头，羊年末存栏2029只。

林业 境内林业资源丰富，主要有洪水山原始森林区、雷公仙原始森林区、大山背竹海和福建柏群落、野生红豆杉古树群、野生金丝楠木群、五子登科树群、邵家古枫树群、湖洞半枫荷古树群落、大水口原始次森林群落、天狮仙水鹿保护区等。2004年，活立木蓄积量104.84万立方米。2014年，有林地12666.67公顷，其中生态公益林1227.39公顷。东坪金丝楠木群全年造林210.5公顷，林业总产值8274.97万元。森林覆盖率74.79%，活立木蓄积量127.3万立方米。

工业

1975年，公社、大队办种、养、工交等企业11个，有固定设备43台套，职工129人。1991年，乡企业办总收入36万元，费用开支15.3万元，农民实际所得人平36元。1992年，乡内工业以木材加工业为主，有木材加工厂5家，生产包装箱、地板条、门窗方料等产品。2014年，工业总产值

东坪金丝楠木群

2943 万元，增长 6.8%。

商贸服务业

嘉庆十七年（1812），在县之极南强溪水汇处设有墟市，时称水汇墟，以农历逢一、六日为集。20 世纪五六十年代，在公社所在地设立食品点、粮点、供销社等单位，供应生产、生活资料和收购农副产品。1993 年，投资 30 多万元，在两水口集镇区中心地段兴建墟场，设有摊位 91 个。2014 年，有综合农贸市场 1 处，占地面积约 2 公顷，周边有商户 30 余家，多经营南杂批发、餐饮住宿。批发零售、贸易餐饮业总产值 8200 万元，增长 11.6%；其他服务行业工资收入 665 万元，增长 10.3%。

旅游业

雷公仙风景区，位于东南部，内有省水鹿保护区、红豆杉金丝楠木保护区、天狮仙原始森林、水口古渡原始次森林区、洪水山大峡谷、东坪河淘金体验区、洪水山革命老区、铜锣丘苏维埃政府旧址、坳头古村落、雷公仙寺等景点，皆引人入胜，让游客流连忘返。2014 年，通过撬动民间资本，在东坪籍成功人士的支持下，完成雷公仙山腰庙宇的修缮重建工作；以奖代投建设 6 家农家游，扶持成立现代家庭农庄。

基础设施

交通运输

嘉庆十七年（1812），在东坪河与北水交汇处设有民渡。新中国成立前，仅有崎岖小路、少量石拱桥，民桥多为木桥。1976 年，修筑东水公路，2007 年铺水泥路。1978 年，修建东周公路，长 29.3 公里。1987 年，资（兴）东（坪）公路的资（兴）成（康）段 38 公里通车。2008 年硬化 7.3 公里，2012 年硬化 10 公里，2014 年硬化 12 公里。2009 年，投资 320 万元的廖家坪大桥竣工通车；修筑东暖公路，2010 年铺水泥路。2011 年，实现 7 个村的通村公路硬化。2014 年，兴修杨家坑、寨皮、窑前、火坑垅通组公路，实现全乡通组公路 95% 硬化，完成东暖公路、水东公路、横东公路的提质改造工程，公路连接周边乡镇，水路经东江湖可达湖区各乡镇；完成投资 500 万元的公路安防工程；实现交通运输仓储业总产值 2855 万元，增长 16.1%。

邮政通信

20 世纪 90 年代初期，开通程控电话、无线传呼。1997 年，全乡 7 村均安装有线电视和程控电话，覆盖率达 100%。2008 年，发生冰灾，通讯全面损毁瘫痪。2010 年，实现村村通互联网。2012 年，电信、移动公司于境内兴建基站各 6 个，联通公司兴建基站 1 个。2014 年，有邮政所 1 家，电信、移动、联通代办点各 1 处；报刊订阅 1000 多份，邮政收入 40 多万元；有互联网用户 140 家；全乡手机信号覆盖率 90%。

供电饮水

供电　境内水力资源丰富。1992 年，域内有小水电站 5 座，总装机容量 1010 千瓦，户平 1.5 千瓦。2011 年，并入国家电网。2014 年，有小水电站 9 座，总装机容量 1.1 万千瓦时，全乡电力充足。

饮水　域内民户生活用水历来多利用木枧或南竹枧引水。20 世纪五六十年代，多以山泉水为主要水源，部分民户饮用东坪河等溪河水。2013 年，集镇区和乐桥、窖前等村组实现集中供水。2014 年，投资 45 万元启动湖洞、周塘两村的安全饮水工程，域内 7 村完成自来水的入户安装。

水利建设

新中国成立前至新中国成立初期，主要为竹、木枧和简易水渠引水灌溉。2011 年，投资 30 万元，于湖洞、周塘、乐桥、新坳等处修建渠道、引水圳 800 米。2014 年，投资 22 万元，于两水口江边建护堤 300 米，在铜锣丘等地建拦河坝 1 座、引水圳 500 米。

村镇建设

1950 年，乡政府选址于窖前村，其办公房、住房皆土坯结构。1953 年，乡政府搬迁至 1.5 公里开外的今址（新坳村敢坳组），办公室、居室等亦皆土坯房。1978 年、1984 年，分别建办公、住房楼各 1 栋，皆为四层混砖结构楼房。自 2008 年起，域内 7 村或新建或改造停办的村小，先后建立功能较全的村级组织活动中心。2014 年，完成农村危房改造 30 户；投入 40 万元完成廖家坪、坳头古村落和集镇区的修缮改造；投资 300 余万元的政府公租房改造工程全面完成并交付使用；在两水口兴建 4000 多平方米的江边休闲广场；投资 20 万元安装 200 多盏太阳能路灯；实现生活垃圾统一转运处理；全面完成各村小游园建设；获“省级生态乡镇”称号，通过“国家级生态乡镇”现场验收。

社会事业

教育科技

新中国成立前，学生就学除私塾外，主要为设于渡头江的“二都学校”，不仅路途遥远，而且中途还要过渡过桥，十分不便。1955 年，于窖前村创建东坪高小。1957 年，东坪高小搬迁至新坳村两水口。1968 年，公社始办初中。1969 年、1970 年，办高中。1971 年，改为办初中，称东坪中学。1992 年，有中学 1 所，小学 9 所。1997 年，有中、小学校 8 所，学生 627 人。2007 年，乡内学校合并，成立 1 所九年一贯制（寄宿）学校。2014 年，有一贯制学校 1 所，有 9 个教学班，学生 230 人，教师 32 人。学校占地面积 9716 平方米，建筑面积 4615 平方米，绿化面积 3886 平方米。有民办幼儿园 2 所。

文化体育

文化 1992 年，举办首届乡农民艺术节，设书法美术评比、文艺会演等项目。1994 年，兴建乡综合文化站大楼，内设电影院、剧院。2014 年，成功举办以推进东坪生态旅游为主题的“雷公仙”摄影大赛。全乡有文化站 1 处，有村级文化活动中心 7 处，农家书屋 8 个，藏书 5 万册，有舞龙舞狮队 6 个。

体育 新中国成立初期，有乐桥、东坪两个专用练武场所，并配有武师。1987 年，举办乡体育运动会，项目有篮球、乒乓球、拔河比赛等。该运动会先由各村举办初赛，选拔参赛运动员，再至乡比赛。2012 年，举办乡“雷公仙登山”赛。2014 年，有体育场地 8 处，面积 1200 平方米。

广电 人民公社时，成立公社广播站。1970 年后，全社普及有线广播，多使用舌簧喇叭，集镇区使用高音喇叭。2014 年，有广播电视站 1 所，电视信号覆盖集镇区、窖前、新坳、乐桥等村组。

医疗卫生

20 世纪 70 年代初，建立公社卫生院，有专业医护人员 4 至 5 人，域内 7 个大队均建卫生室，配有“赤脚医生”。1994 年，投资 70 万元，兴建乡卫生院，建筑面积 560 平方米。2006 年，开始在全乡实施新型农村合作医疗保险制度。2014 年，有乡卫生院 1 所，院医务人员 5 名，有 7 个村级卫生室；7 个村 1024 户 3469 名农村居民参加合作医疗保险，参合率 99%。

社会保障

人民公社后，由生产队对孤寡鳏独的老人、

孤儿和无劳动能力的重度残疾人实行“五保”。1992年，成立乡农村社会养老保险站，各村设代办员。2011年，开始全面实施农村新型养老保险。2004年起，乡内“五保户”14人享受低保待遇。2005年，启动农村居民最低生活保障制度，资助特困残疾人家庭2户，以后每年常规开展残疾人救助工作。2014年，有农村最低生活保障户162人，支出53360元；国家抚恤、补助各类优抚对象6人；农村贫困人员危房改造10户5.6万元；五保人员参加新型农村养老保险11人，参保率100%；残疾人56人，对其中重度残疾人15人进行救助。城乡居民养老保险参保人数达2000人，参保金额14.36万元，参保率100%。近五年共投资15万元，对40户农村贫困户进行危房改造。

特色地情

历史人文

两水口　1928年4月11日，毛泽东率工农革命军第一团从汝城县南洞进入资兴。在东坪墟（即两水口），毛泽东召集当地农会干部肖显通、胡九苟等人开会研究工作，帮助成立东坪苏维埃政府、建立农民赤卫队。毛泽东亲自书写了“东坪苏维埃政府”牌匾，并发给东坪农会3支步枪、100发子弹、1匹马。当晚，部队分住于两水口附近的永田头、枧坳、铜锣丘等处，毛泽东住铜锣丘。第二天，毛泽东等从东坪两水口出发，前往湘南特委所在地浓溪杨家坪。

湘南游击大队　1928年，朱德决定留下红二十八团三营党代表唐天际，在浓溪洞组织湘南游击大队并担任大队长。随即，唐天际率游击队员40多人到达洪水山，以乐桥、东坪、湖洞、大湾、田洞里、瓦屋里、槽头垅一带为据点，发动群众参加游击队，打土豪，发展党的组织，着手建立苏维埃政权，建立洪水山地区革命根据地。

洪水山　位于湖洞村。1928年11月17日，由于叛徒李金泉等引路，井冈山革命根据地浓溪游击区最后营地洪水山，被浓溪挨户团长杨奇才带领的100多人包围，资兴县委书记、独立团党代表袁三汉在战斗中牺牲，时年24岁。敌人为了邀功，残忍地割下了袁三汉的头颅，悬挂在县城（今兴宁镇）墙上“示众”10天。与袁三汉同日牺牲的，还有游击队员龙金枝（女）等。洪水山陷落后，湘南起义形成的湘南武装便不复存在。

名优特产

春花艾叶糍粑　从野地里采来鲜嫩的艾草、春花，洗净捣碎，和在糯米粉里做成糍粑。该糍粑呈青绿色，并带着浓浓的野草清香，常诱人食口大开。

风景名胜

雷公仙寺　位于窖前村。雷公仙寺屡毁屡建，现存留有石碑、石刻52块，碑文纵贯唐、元、明、清等朝代。重修的碑刻以清代居多，囊括康熙、乾隆、嘉庆、同治、光绪等时期。其中“唐朝得道敕封”石碑，其碑文显示雷公仙寺曾得到中央政府的高度重视。该寺之建寺史可追溯到魏晋南北朝（迄今1600余年）时期。

瑶官府遗址　位于周塘村山口组。现存有古石板道3条约200米、祠堂一座360平方米、周边村落古民居22栋、擂鼓岭遗址1个（3个大鼓皆毁于“文化大革命”期间）、瑶官玉印1枚、佩剑1柄（为瑶官后人庞姓家族保管）。《兴宁县志》记载，明隆庆三年（1569），贼入县城，瑶人谢福通、李子学等杀贼有功，招抚引进，义不受赏，愿给官山四十八处，三院（理藩、都察、翰林院）奏设永安堡于浓溪峒，并设瑶官抚顺（管理瑶民事务）。清初时废，顺治十八年（1661），招安复设。

雷公仙风光

乾隆十一年（1746），清朝例设瑶总二，一管雷连上六峒，一管雷连下六峒，仍隶永安堡。公举李云（住浓溪洞）为雷连上六峒瑶总（后，其瑶总皆庞姓）；公举庞文林（住白云仙洞）为雷连下六峒瑶总（后，其瑶总亦皆庞姓）。时，瑶官授佩剑、玉印，且见官高三级；瑶民改籍新民。瑶民参与科考，“康熙五十五年岁科各进瑶生一名。雍正三年，各加二名，准与内地诸生一体应试”。此地风水极佳，旧有笔尖相连、世代出文人骚客之说。

濂溪士第　位于周塘村周家组。现存古祠堂一座、周边古民居26栋。相传此地具易经八卦之相，宋朝理学鼻祖周敦颐在汝城任知县时，看中该处风水宝地，其长子买下后，兴建“濂溪士第”，代代相传。此地历代名人辈出，其中周国枢考取进士，因广行善举，深得皇上赏识，被授予“德重乡邦”牌匾。其祠堂大门两旁有“学绍濂溪道脉长”“宗传姬旦家声远”对联匾一副。

坳头古村　位于新坳村坳头组。古村民居高墙栋宇，恢宏雄伟，雕梁画栋，飞檐翘角，多为外青砖墙、内木架隔板的三层瓦房建筑。一般有三进，内置天井、走廊、神堂，前开大门，侧置耳门，门前宽敞，多建置有槽门，门及四旁有木雕、石雕等，多为各种形态的动物、花卉，工艺极精细，居房内外对联匾、壁画等亦十分丰富。村内大路小巷，纵横交叉，皆青石板铺就，宽畅整洁，美观大方。其整体保存较好，大部分民居现仍居住村民。

东坪苏维埃政府旧址　位于窖前村，村内铜锣丘组有毛泽东住过的房屋。1928年4月，毛泽东在此任命肖显通为农会会长，并留下钟碧楚等帮助发展党组织。村内现有土地革命时期唐天际独立团旧址等。“井冈山的斗争”时期，这里是井冈山革命根据地外围游击区，发生大小战斗51次，先后牺牲31名红军战士。红军主力走后，在该村留下由游世雄领导的少量红军队伍，继续坚持武装斗争。解放战争时期，胡显志、胡九苟等领导的湘南游击大队，以该地为中心，在资汝桂一带长期坚持战斗。

民俗风情

除夕供奉　除夕先天，当地民户就开始着手准备供奉菩萨的鞭炮、香烛、猪尾巴等。除夕日，早上起床，把猪尾巴和豆腐放锅里蒸，蒸到有液

东坪民俗：舞香火龙

体从猪尾巴和豆腐中渗出即可，并泡好茶水。中午，参与供奉之人须洗澡、换上新衣服，然后拿起供品到所定的地点供奉菩萨。供奉时，先摆上猪尾巴和豆腐，把汤水洒于地上，称祭土地神；之后，依次摆上茶水、米酒，打躬作揖，默念祈祷的话语，然后是烧香、烧钱纸，称祭天；最后是燃放鞭炮，待纸钱燃烧完毕之后收拾好祭品，带着对来年的希望回家。如果在收拾茶水时，发现茶水变色，祭祀之人会欣喜满怀，那就是意味着菩萨接纳了这次供奉，认为只有菩萨喝后的茶水才会变色。

开斋　当地有小孩子过了一百天就要举办“开斋”仪式的传统做法，以表达大人对小孩的美好愿望和期待。仪式上的活水鱼寓意小孩子能像鱼一样活跳；猪鼻、猪舌代表嗅觉、味觉灵敏；吃了猪眉毛肉，小孩子知道眼睛眉毛动；猪内脏表示小孩子今后能够过上富裕的生活，能前程无量。

（蒋勇光　供稿）

黄草镇

获得“全国文明村镇”“全国环境优美乡镇”“全国特色景观旅游名镇”“全国创先争优先进基层党组织”等称号。

区域概况

位置面积

位于资兴市东南部，地理坐标为北纬25° 33′ 38″至25° 43′ 42″，东经113° 24′ 32″至113° 34′ 48″。东北与东坪乡交界，东南、正南、西南分别与汝城县的外沙镇、岭秀乡、文明乡接壤，西北、北面与滁口镇相邻。总面积186.8平方公里，其中耕地518.8公顷，水田258公顷，林地16666.7公顷，水面2666.7公顷。

建置沿革

明朝、清代属兴宁县丰乐乡（隶厢极南，亦称南乡）。清光绪元年（1875），属兴宁县丰乐乡

“全国文明村镇”“全国环境优美乡镇”“全国特色景观旅游名镇”——资兴市黄草镇

丰都里，村庄为丰都、下垣、沃水、强溪、眉溪、黄草坪等。民国初期（约1915），改乡、里为乡、团，为资兴县南乡六和团。民国22年（1933），为资兴县第二区六和乡。民国27年（1938），为资兴县六和乡（驻地黄草坪，辖11保）。民国33年（1944），为资兴县南（大）区渡头区六和乡。民国34年（1945），保和乡、西里乡、鼎新乡、六和乡并为二都乡。民国37年（1948）10月，为二都区六和乡。1950年，实行小乡制，为五区（址渡头街）坪头江乡、（六和乡）黄草乡。1951年，为六区（址黄草街）黄草乡、坪头江乡。1952年冬至1953年春，乡级组织再划小，为资兴县六区（址黄草街）坪头江乡、丰林乡、黄草（镇）乡等。1956年，撤区并乡，桂溪乡、眉溪乡、坪头江乡、丰林乡撤并为黄草乡。1958年，成立钢铁人民公社（址黄草坪）；年冬，改名黄草人民公社。1959年3月，资兴县制撤销，并入郴县，为郴县黄草人民公社。1961年7月，为资兴县黄草人民公社。1984年，恢复乡建制，为资兴县黄草乡，年冬为资兴市黄草乡。1993年9月，改称资兴市黄草镇至今。

行政区划

1958年，黄草人民公社时，辖公正、高田、沃水、金腊、桂溪、坦头、前程、富滩、龙角、羊兴、大兴、大洞、振兴、杨龙、歧龙、源兴、龙兴、大昌、冠军、丰林、大鱼21个生产大队。1961年，辖龙兴、丰林、源兴、冠军、歧垅、羊兴、乐洞、黄家、高田、富滩、前程、金腊、桂溪、坦头、沃水、横坳、大鱼17个生产大队。1971年，辖丰林、龙兴、冠军、羊兴、乐洞、黄家、前程、富滩、桂溪、横坳10个生产大队。1984年，上述10个生产大队更名为10个村民委员会。1988年7月，调整行政区划，将桂溪村分设为坦头村、金腊村、沃水村，将冠军村分设为冠军村和歧垅村，将龙兴村分设为龙兴村和源兴村，将富滩村分设为富滩村和高田村。2014年，辖丰林、前程、富滩、高田、冠军、岐垅、龙兴（瑶族）、源兴、黄家、乐洞、羊兴、坦头、横坳、金腊、沃水15个村民委员会、130个村民小组和1个社区3个居民小组。

自然环境

境内地质发育较全。地层发源于元古代震旦纪，完成于新生代第四纪初，属华夏古陆沉积区范围。岩性特征组合为变质岩、砂岩、花岗岩、石灰岩、红色砂砾岩、第四纪冲积物6类。境内多丘陵、山地，平均海拔约700米。最高点雷公仙，海拔1521米。境内海拔超过1000米的山峰有赖子岭（1154米）、庙公山（1210米）、观音山（1274米）、狮子仙（1250米）、猫公石（1064米）、石羊窖（1020米）等。镇域属亚热带季风性湿润气候区，四季分明，日照充足，雨量充沛，温度适宜，年平均气温18.2℃；年均降雨量1348.8毫米，雨季分明，4月至6月的降雨量居多，占全年降水总量的47%；年均日照1527小时；年均风速1.4~2米/秒。境内水系属耒水水系，北水、浙水流经境域入东江湖。自然灾害主要有洪涝、山体滑坡等，境内有地质灾害点67个。

人口民族

1958年，总户数1721户，总人口6804人。1961年，总户数1853户，总人口7323人。1971年，总人口9736人。2014年，全镇总人口13007人，其中男性6672人，女性6335人；农业人口12514人，非农业人口493人；移民人口5530人；瑶族人口328人；人口自然增长率为6.5‰。居民姓氏以袁、朱、黄、邓、黎、赵、何等为主。

经济发展

经济综述

全镇经济以农业、旅游业为主。农业主要以种植柑橘、生姜、板栗、李子、桃子、杨梅、枇杷为主，冬笋、香菇、茶油、蜂蜜、绿茶、藤茶、蕨粉等土特产亦量多质好。由于地处湘、粤、赣三省交汇处，一直是湖南、广东、江西一带三省五县七乡的集贸中心，商品流通渠道畅通，经济活跃。2014年，实现国内生产总值4.2亿元，同比增长8.1%，其中第一产业13381.9万元，增加4.6%；第二产业5933.1万元，增长1.2%；第三产业27808万元，增长14.5%；完成财税收入882.93万元，同比增长18%；固定资产投资7.2亿元，增长19%；农民人均纯收入11191元，增长16.4%。

农业

1975年，黄草公社有耕地897.33公顷，粮食总产量4895吨，其中早稻亩产233千克，中稻亩产253千克，晚稻亩产189.5千克，被国务院授予“林茂粮丰公社”荣誉称号。1980年，粮食总产量528.5万千克，亩产419千克，农业总收入199万元。1991年、1992年，所产柑橘连续两年在全省柑橘评比会上获一等奖，并进入北京、长沙等地市场。1992年，产柑橘750吨、干香菇3吨、生姜150万千克、板栗5万千克。2013年，成立资兴市俏美生态食品有限公司，开发以本地土特产为原材料生产的“东江八俏（野生鱼、白露程、山茶油、蕨根粉、跑山猪、花糕片、冷水鸭、野山珍）”、“黄草八美（坛香菜、野藤茶、土蜂蜜、杂粮粑、农蔬干、跳水虾、米团糁、小靠花）”系列旅游产品，提高土特产附加值，年创产值3000多万元。2014年，黄草俏美食品生态有限公司与湖南日报报业集团合资成立湖南黄草旅游文化发展有限公司，注册“金黄草”藤茶商标并在长沙成功上市；完成精品果园建设13.3公顷、种植茶叶20公顷、种植生姜267公顷、朝天椒30公顷；开发建设“金黄草”藤茶基地67公顷；发展农业合作社9个；流转果园9公顷；销售柑橘150万千克。实现农业总产值13383.98万

沃水景烈白兰群落

元。1978年，生猪存栏数7262头、耕牛1680头、养鸭57只。1992年，产鲜鱼100吨。

林业 1963年，林业部授予黄草公社“林业标兵社”称号。20世纪六七十年代，域内全省林业先进单位——前富林场，全垦造林573.34公顷，向国家交售木材4万多立方米。1992年，全乡输出木材2万立方米。2014年，有林地1.7万公顷（其中生态公益林0.88万公顷），森林覆盖率86.6%。林木主要有杉木、松木、南竹等，拥有红豆杉、银杏、澳洲桉树、景烈白兰等珍稀树种。100年以上的古树名木有24科35属41种1542株，其中300年以上的古树名木有4科4属5种14株。共完成植树造林413公顷，南竹低改40公顷，同时推进林业体制改革，完成15个村的林权定权发证。

工业

1978年，企业产值99.9万元，全社拥有大小型拖拉机17辆、载重车1辆、机耕船10台。2014年，镇企业有木材加工厂、砖瓦厂、发电站，工业总收入111万元。

旅游业

境内有旅游资源23处，其中自然旅游资源10处，人文旅游资源13处。主要景区景点有：

金牛岛 为东江湖AAAAA级旅游景区的核心景点。2012年以来，对金牛岛的街道立面、环岛游道、景观绿化、立体停车场等基础设施进行提质改造，现已形成蓝天白云、青山绿水、青瓦白墙、功能齐全的旅游小岛，一派江南水乡景象。

东江漂流 位于东江湖风景名胜区浙水上游，誉称“中国生态旅游第一漂”。全程28公里，上段从浙水河龙王庙至燕子排，长约20公里，落差75米，急滩108个，险滩有过船轮、夹子口、壶口滩、抬船滩等；下段从燕子排到黄草镇，为平湖游。东江漂流，生态原始，漂荡于白浪翻滚之间，观对峙青山、林立怪石、遮天古树、攀崖老藤，使人忘却惊险、浮想联翩。于1995年开漂。1996年，“东江漂流”被社会公众评选为湖南最

东江湖漂流

佳专项旅游活动。1997年，被国家体委定为国家漂流训练比赛基地。由于漂流所经沿途两岸风景优美、生态良好，东江漂流得到越来越多游客的青睐，逐步走出资兴、走向全国。

黄草农家游 按照“五小”（小果园、小菜园、小游园、小乐园、小家园）的要求进行提质改造，突出黄草农家游特色，全镇农家游35家，其中松涛园、金牛湾度假村、临湖轩、陈家大院、通天仙山庄等具有代表性。2014年，全镇农家游接待游客约19万人次，同比增长15%。

基础设施

交通运输

新中国成立初期，靠简易木筏沿着耒水水系运货运客。1965年，开通黄草到滁口的公路，1967年开通黄草镇区至乐洞村公路。20世纪70年代，陆续开通黄草至资兴县城、黄草至郴州、黄草至东坪公路，并开设黄草至县城和黄草至郴州的客运线。1986年8月，东江湖蓄水后，主要公路被淹没。2014年，黄草水上交通可直通东江大坝码头、长盈头码头、白廊码头等，航线里程约40公里；陆路交通有省道205线、县道019线等。全镇有13个村能够通过公路与外直接连接（其中金腊、沃水村只能通过水上交通与外连接）。有黄草水上客运公司和顺达水上运输公司2家船运公司，陆路客运班线有黄草镇—汝城、黄草镇—郴州线路。

邮政通信

新中国成立后开始通邮件，现有邮政局1处，代办所1个，村村通邮路。1995年，安装开通程控电话。从2000年起，移动和联通公司开始在境内修建通信基站20座，发展无线通信业务，手机成为村民主要通信工具，固定电话占有量逐步减少。2014年，有固定电话用户954户，移动电话用户5280户。

供电饮水

20世纪60年代，各大队开始兴修小水电，其中桂溪电站供沃水、金腊用电，丰林电站供黄草坪用电。1968年，公社各大队全部通电。浙水电站于1986年11月修建，1992年3月完工并交付使用，总装机容量6000千瓦，投资1818万元；过船轮电站于1999年建成发电，总装机容量1.6万千瓦。2014年，浙水电站和过船轮电站的年发电量达8876.238万千瓦。其他小水电有：谷坪电站、黄家电站、岐垅一级电站、岐垅二级电站、高田电站、桂溪电站、东湾电站、浙水施工电站。2014年，全镇大小水电站10个，总装机容量28500千瓦。1984年,兴建了镇区自来水厂，对镇区的2850人进行集中供水。2013年、2014年，在前程村、金腊村、黄家村、坦头村、羊兴村、龙兴村分别建设安全饮水工程,惠及人口5680人。

水利建设

新中国成立初期，黄草水利基础设施薄弱。到上世纪五十年代年各村兴修水利，较大的水利设施有：1959年修建岐垅—冠军—丰林灌溉水渠，长4.5公里，解决岐垅、冠军、丰林的生产用水；1983年修建横坳—坦头长11公里的水渠，主要满足坦头村移民后的生产、生活用水。2014年，全镇有小Ⅱ型水库2个（黄家水库、大码头水库）。

镇村建设

1986年8月，东江水库关闸蓄水，境内的湖面水位最高达到285米，高差达78米，全镇共淹没良田270公顷，淹没山林667公顷，后靠移民4000多人，镇政府、卫生院、派出所等单位搬迁至金牛岛。该岛面积0.2平方公里。2012年后，对金牛岛进行两期提质改造，包括金牛岛街道立面改造、景观亮化、金牛岛环岛游道、城镇集中供水、立体停车场建设、污水处理厂改扩建、垃圾处理场建设、沿湖村庄整治、起漂点村庄综合整治等，总投资 8000 万元。2014 年，建立小城镇规范化管理经营长效机制，购置四台电瓶车进行人货运输，严禁机动车进入金牛岛，实行无车小岛管理。镇域前程村在全市第一批百村示范村建设中，对沿湖村庄的 77 户进行青瓦白墙平改坡改造、安装景观路灯，兴建小游园，改水改厕、公路硬化等。完成旅游通道走廊绿化提质和金牛岛立体绿化、水系绿化、景观绿化等工程。

社会事业

教育科技

1997 年，有中小学校 9 所，学生 3080 人。2014 年，有中学 1 所、中心完小 1 所、村小学 7 所、幼儿园 2 所，有教师 88 名，学生 1120 人。

文化体育

清同治三年，黄草冠军村何家兰科举考试中二甲，赐“进士出身”称号，现冠军村曲尺岭组一四合院古宅大门上还挂有一块“进士”牌匾。1992 年，全市首届龙舟赛在东江湖黄草水面举行。2014 年，举办以“走进黄草，寻美东江湖”为主题的中国黄草首届鱼文化摄影艺术节之唱响东江·邂逅黄草（端午）音乐美食节，开展鱼文化摄影活动、百人长席美食宴暨“黄草粽”推广活动，让广大游客近距离领略黄草以“鱼文化”为代表的民俗风情、特色佳肴。有广播工程娱乐文化中心 2 处、文化综合站 1 个，民间文艺队 2 个，农家书屋 16 个，藏书 24250 册。送戏下乡 10 余场，送电影下乡 180 场。镇广播电视站在 6 个村开设有线电视网络。全镇体育锻炼氛围浓厚，每年都要举办一届男子篮球赛，已连续举办 15 届。镇民间文艺队由黄草街道妇女自发组织，每年有 2 次至 3 次文艺会演活动。

医疗卫生

新中国成立前，无公办医院，百姓就医只能靠私人诊所问诊、中药铺抓药。新中国成立后，设立乡卫生所，百姓的医疗条件有所改观。2010 年，建立全镇居民健康档案。从 2011 年开始，每年都为农民免费健康体检。2014 年，对镇卫生院进行改扩建，镇卫生院有病床 15 张，在职医务人员 14 人；有村卫生室 8 个。

社会保障

2006 年，建立镇敬老院。该院建设用地 2200 平方米，建筑总面积共 1286 多平方米，住宿大楼共有 14 个套间，能集中容纳 56 位五保老人。2014 年，全镇共 30 名老人得到“五保”供养、570 人享受农村最低生活保障，实施农村危房改造 67 户，参加农村养老保险人员 5700 人，参加农村合作医疗保险 11776 人。

特色地情

历史人文

黄草坪　民国 23 年（1934）8 月 14 日，由任弼时率领从遂川突围西征的红 6 军团主力部队，从汝城县田庄出发，沿北水而下，进入资兴县第二区六和乡黄草坪，晚上分别宿营于黄草坪、滁口市一带。红军一到宿营地，立即攻占并烧毁高耸于浙水河岸悬崖上，占据浙水、北水交汇处，鸟瞰黄草坪的 1 座敌碉堡。红军发动黄草坪的群众打击谢福太等土豪劣绅，没收他们的财物分给贫苦人民，还在黄草坪街墟等地留下“工农团结起来，打倒土豪劣绅分田地”“取消苛捐杂税”“农民要翻身、参加革命军”“反对封建剥削”等标语。8月15日，红军从黄草坪出发，沿东江河往浦溪江方向开拔。

名优特产

境内水域盛产鳜鱼（桂鱼）、黄颡鱼（黄伢叫）、翘嘴黄白（翘嘴巴鱼）、鲶鱼、青鱼、草鱼、鲢鱼、鳙鱼等。当地人在制作鱼类菜宴上独具一格，其中清蒸桂鱼、黄伢古炖汤、黄焖翘嘴巴等菜肴别具风味，成为黄草旅游美食的一道诱人风景。

蒜叶豆腐 制作的食材很平常，用油炸豆腐（炸前切成小片或小团粒约占总重的5成）、大蒜茎叶（切成细丝晒干，约占总重的2成）、油炸猪内脏（炸前切成小片或细粒，也可用油炸干鱼代替，约占总量2成），配料为干辣椒粉、食盐、茶油、味精等各适量（约占总重的1成）。将以上备好的原料充分搅匀后装入干净菜坛加盖即成，食用时无须再烹饪，随取即吃。由于蒜叶豆腐香浓味辣，油而不腻，营养丰富，有入坛后“愈外弥香”的特点，而且其主料大蒜有祛湿、除菌、防感冒之功效，深得游人偏爱。

黄糍粑 当地美味小吃。每逢过年，家家户户都会捣这种黄糍粑。吃法有炸、煎、烤、煮等。比较有特色的是把糍粑切块后，用甜酒加鸡蛋煮着吃。烤糍粑，是把糍粑放在火盆木炭上烤，糍粑在火气下催得渐渐鼓胀，表皮微微隆起，像一个大包子一样便成了。熟后粘糖，或将糖灌入糍粑中，等其中的热量将糖溶成糖水，此时糍粑入口甜香无比。也可在糍粑中裹入“霉豆腐”，薄薄地铺上一层，其味绝佳。

民俗风情

香火龙 最早起源于祀龙止雨、祀龙止水，制作材料为稻草、棕叶、南竹片、葵杆、特制的龙香等。工艺为当地传统的扎制工艺，于元宵节夜晚舞耍。香火龙分圆龙、扁龙、磺龙等，长度有7拱、9拱、11拱（节）等。高度有4米多的，也有2.5米的。舞龙活动时，全村的男女老少皆参加。龙香点燃后，整个龙体在夜幕中火光四射，熠熠生辉，在手提火绣球的小伙子指引下，由数十到数百个年轻人一起将它舞起。全身红光闪闪的香火龙在村镇的大街小巷来回穿梭，经过村民家时，每家每户都会点燃蜡烛，燃放鞭炮烟花，以示迎接龙的到来，象征着好运和一年的日子红红火火。

（蒋勇光　供稿）

2000—2015 年资兴市行政区划变更一览表

<table>
<tr><th>2000 年至
2003 年 3 月</th><th>2003 年 3 月至
2012 年 3 月</th><th>2012 年 3 月至
2014 年 12 月</th><th>2015 年 1 月至今</th></tr>
<tr><td>唐洞街道</td><td>唐洞街道</td><td>唐洞街道</td><td rowspan="3">唐洞街道</td></tr>
<tr><td>高码乡</td><td>高码乡</td><td rowspan="2">程水镇</td></tr>
<tr><td>香花乡</td><td>香花乡</td></tr>
<tr><td>东江镇</td><td>东江镇</td><td rowspan="2">东江街道</td><td rowspan="2">东江街道</td></tr>
<tr><td>鲤鱼江镇</td><td>鲤鱼江镇</td></tr>
<tr><td>三都镇</td><td>三都镇</td><td rowspan="2">三都镇
（碑记乡有 2 个村划入兴宁镇）</td><td rowspan="2">三都镇</td></tr>
<tr><td>碑记乡</td><td>碑记乡</td></tr>
<tr><td>蓼江镇</td><td>蓼江镇</td><td>蓼江镇</td><td>蓼江镇</td></tr>
<tr><td>七里镇</td><td>七里镇</td><td>七里镇</td><td rowspan="2">回龙山瑶族乡</td></tr>
<tr><td>团结瑶族乡</td><td>团结瑶族乡</td><td>团结瑶族乡</td></tr>
<tr><td>兴宁镇</td><td>兴宁镇</td><td rowspan="3">兴宁镇</td><td rowspan="3">兴宁镇</td></tr>
<tr><td>何家山乡</td><td>何家山乡</td></tr>
<tr><td>坪石乡</td><td>坪石乡</td></tr>
<tr><td>州门司镇</td><td>州门司镇</td><td rowspan="3">州门司镇
（烟坪乡有 1 个村划入青腰镇）</td><td rowspan="5">州门司镇</td></tr>
<tr><td>烟坪乡</td><td>烟坪乡</td></tr>
<tr><td>彭市乡</td><td>彭市乡</td></tr>
<tr><td>波水乡</td><td>波水乡</td><td>波水乡</td></tr>
<tr><td>兰市乡</td><td>兰市乡</td><td>兰市乡</td></tr>
<tr><td>旧市乡</td><td rowspan="2">白廊乡</td><td rowspan="2">白廊乡</td><td rowspan="3">白廊镇
（龙溪乡有 3 个村划入黄草镇）</td></tr>
<tr><td>厚玉乡</td></tr>
<tr><td>龙溪乡</td><td>龙溪乡</td><td>龙溪乡</td></tr>
<tr><td>黄草镇</td><td>黄草镇</td><td>黄草镇</td><td rowspan="2">黄草镇</td></tr>
<tr><td>东坪乡</td><td>东坪乡</td><td>东坪乡</td></tr>
<tr><td>青腰镇</td><td>青腰镇</td><td>青腰镇</td><td rowspan="2">八面山瑶族乡</td></tr>
<tr><td>连坪瑶族乡</td><td>连坪瑶族乡</td><td>连坪瑶族乡</td></tr>
<tr><td>汤市乡</td><td>汤市乡</td><td rowspan="2">汤溪镇</td><td rowspan="2">汤溪镇
（有 3 个村划入州门司镇）</td></tr>
<tr><td>皮石乡</td><td>皮石乡</td></tr>
<tr><td>滁口镇</td><td>滁口镇</td><td>滁口镇</td><td>滁口镇</td></tr>
<tr><td>清江乡</td><td>清江乡</td><td>清江乡</td><td>清江镇</td></tr>
</table>

桂阳县

概述

桂阳县位于湖南省郴州市西部，南岭北麓，湘江支流的春陵江中上游。东邻北湖、苏仙，南接临武，西与嘉禾、新田接壤，北与祁阳、常宁、耒阳毗连，东北与永兴交界。地处北纬25° 27′15″至26° 13′30″，东经112° 13′46″至112° 55′46″之间。县境东西宽71公里，南北长85.5公里，总面积2958.29平方公里。境内南北多山地，中部多岗丘，最高为泗洲山，海拔1428.3米，最低为野鹿滩，海拔84.7米。舂陵水由西入境向东折北流，将全县切成西北、东南两大块。县域属亚热带湿润季风气候，特点是气候温暖，四季分明，热量充足，无霜期长，春温多变，夏秋多旱，严寒期短，暑热期长，降雨量时空分布不均，水旱灾害频繁，尤以旱灾为多。2014年，桂阳县辖17镇6乡3个街道办事处，507个村（居）委会，人口88.07万，民族以汉族为主。

桂阳历史悠久，有楚南名区、汉初古郡的美誉。早在旧石器时代晚期，境内即有先民栖息繁衍，距今约1.7万年。东晋建武元年（317）始置平阳县（今桂阳县），至今近1700年间，县城一直为郡、监、军、路、府、州、县治地，为桂（阳）、临（武）、蓝（山）、嘉（禾）几县的政治、经济、文化中心。桂阳矿冶文化发达，其肇始于春秋战国时期，自汉、唐及宋、元、明、清，桂阳矿冶文化薪火相传，绵延至今。桂阳还是湘昆剧种的发祥地。

桂阳交通区位重要，史称“三湘之屏藩，两粤之管钥”。桂阳扼中原通南粤之咽喉，历为兵家所争之军事要地。东汉末年，赵子龙计取桂阳，屯兵城西芙蓉峰。明末清初，先后有张献忠和李自成义军与清军争夺桂阳州城各达数年之久。咸丰年间，太平军将领杨秀清、石达开，先后率部过境克州城。粤汉铁路通车前，桂阳进出口交通水路兼备。沿舂陵水上可到嘉禾、新田、蓝山，下可到常宁、耒阳，经湘江直抵长沙，是衡阳、常宁等地通往广东星子、连州的必经之地。粤汉铁路通车后，桂阳又成为新田、宁远、道县、江华、江永、嘉禾、蓝山、临武通往京广铁路郴州站的咽喉。时至今日，四条省道交汇县城，京珠高速复线、厦蓉高速呈十字穿境而过，规划中的桂道高速、赣郴桂铁路呈东西向并排穿行，桂阳的交通区位优势更趋明显。

桂阳物产丰富，尤以矿产、烟草著名，是名

副其实的“八宝之地”、“烤烟王国”。桂阳矿产资源矿种多、含量大、品位高、分布广，现已探明的矿藏达 11 类 103 种，其中铅、锌、铜、锡和微晶石墨储量位居全国前列，潜在经济价值在 2000 亿元以上。桂阳是湖南最大的烤烟基地。桂阳烟叶种植始于明代，民国 30 年（1941），晒烟产量占全省总产十分之一。新中国成立后，改种烤烟，1974 年起，产量居全省之首，1989 年，桂阳县跻身全国八大产烟县之列，产量居全省第一、全国第三位。

桂阳钟灵毓秀，人才辈出。东汉有尚书胡腾，造纸术发明者蔡伦；宋代有节度使李昱；元代有山西布政使黎逢茂；明代有南京总督夏潮，刑部主事陈尚伊；清代有浙江、山东巡抚陈士杰，翰林院庶士曹德赞，兵部侍郎夏时，榜眼及第、翰林院编修、朝议大夫夏寿田。民国时期，有湖北军政府交通部长、总统府军事咨议官雷洪；深得孙中山赏识的护国军将领徐连胜；还有粤军军长尹骥、抗日英雄曹克人等。新民主主义革命和社会主义建设时期，有参加南昌起义的欧阳健、邓华堂，参与湘南暴动的工农革命军独立营长邓三雄、红军大队政委李明楠、大队长袁春禧；有中华人民共和国司法部党组书记、副部长李木庵；全国人民学习的楷模、感动中国“双百人物”、共产主义战士欧阳海。

自 1840 年起的近百年来，桂阳人民在追求民族独立与解放的斗争中进行了艰辛探索，留下了可歌可泣的壮丽诗篇。1919 年，“五四运动”爆发，桂阳青年学生发出通电声援；雷洪招募数百爱国青年赴广州参加孙中山的国民革命军。1926 年，中共桂阳特别支部成立，相继建立工、农、青、妇等革命群众团体和工农武装，开展轰轰烈烈的反帝反封建大革命运动。全县成立农民协会 75 个，会员达 3 万余名，打土豪、分田地，农民运动高潮迭起。1928 年春，邓华堂、邓三雄、邓北钥等组织 600 余名农民自卫军，参加湘南起义，配合郴、桂农军攻克县城，建立了县苏维埃政府。1934 年 8 月和 11 月，红六军团西征、中央红军第三、五、八军团及中央机关干部团长征分别经过桂阳。为迎送红军过境，桂阳人民为红军筹备军需物资，侦察敌情，带路导向，为红军摆渡过河，安置护理伤员，使红军顺利过境，并留下了夜宿梨山，秋毫无犯，军民鱼水情深的佳话。抗日战争时期，桂阳人民发扬团结抗战精神，积极投身抗日救亡活动，踊跃开展抗日宣传、征兵参战、募捐支前、优待军属、创办抗战教育等活动。日军入侵桂阳后，桂阳人民奋力抗敌，用鲜血和生命书写了抗日御侮的桂阳篇章。据统计，抗战期间，桂阳共为抗日前线输送青壮年 31229 人，其中 1148 名官兵为国捐躯。解放战争时期，桂阳地方党组织得到恢复发展，党领导下的几支游击武装积极配合解放军南下部队，打击和瓦解国民党地方武装，消灭国民党残敌，为解放桂阳发挥了重要作用。

1949 年 10 月 13 日，桂阳获得解放。经历 60 多年的建设，桂阳的经济和社会发展，成就巨大，但也经历曲折。中共十一届三中全会后，拨乱反正，以经济建设为中心，实行改革开放，桂阳进入社会主义建设新时期。1981 年，农村推行家庭联产承包责任制。随后，城镇经济体制改革跟进，通过简政放权，政企分家，推行承包经营，开放市场，改革物价，改革金融体制，企业活力增强，经济效益显著提高。政治体制改革有序推进，实行党政分工，政权机关和行政机关分设，成立人大常委会和人民政协，加强民主和法制建设，改变人民公社“政社合一”体制，恢复乡（镇）建制，实行村民自治。20 世纪 80 年代末以来，桂阳全面实施“开放兴县”战略，县域经济快速健康发展。烤烟产业成为桂阳农业最具特色产业，“桂阳烟叶”成功评定为国家地理标志商标。利用全省综合改革试点县机遇，深入实施新一轮的农村体制、工业体制、财税体制、劳动人事和社会保障制度改革。抢抓全省承接产业转移发展加工贸易试点县和全省出口基地县机遇，大胆“先行先试”，大力招商引资，着力发展园区经济，产业结构逐步优化，新型工业做大做强。2014年，全县实现地区生产总值289.8亿元，固定资产投资259.1亿元，完成财政总收入25.99亿元，一般预算收入20.63亿元。自2010年，桂阳连续五年获评全省县域经济十强县，2015年成为全省首批全面小康达标县。

龙潭街道 >>

区域概况

位置人口面积

龙潭街道是桂阳县党政机关所在地，是全县的政治、经济、文化中心，办事处驻八字塘社区。位于北纬 25°72′69″~25°79′09″，东经 112°63′54″~112°76′53″；地处桂阳县城北区，东与正和镇、樟市镇相连，南与鹿峰街道毗邻，西与方元镇接壤，北与仁义镇交界。2014 年年底，辖区总人口 15.45 万人，其中常住人口 9.45 万，流动人口 6 万。除流动人口中有少数民族外，其他均为汉族。境域总面积 75 平方公里，耕地面积 833.2 公顷，林地面积 2783.6 公顷。其中水田 583.8 公顷，旱地 249.4 公顷。

建置区划

明嘉靖六年（1527），桂阳州设东、南、西、北四乡，辖区境域地属东乡。清康熙三十五年（1696），属地编入笃信都顺裕里。民国 3 年（1914）撤都设团，属镇中团及五美团。民国 19 年（1930）并团为区，属县一区。民国 24 年（1935）实行区、乡、保、甲制度，区内分属蓉峰镇及樟市镇。民国 35 年（1946）分属蓉峰镇、五美乡。

1949 年后，龙潭街道辖区城镇部分相继隶属于蓉峰镇（1950）、城关镇（1955）、蓉峰人民公社（1958）、城关人民公社（1965）、城关镇（1970）；城郊部分（城北村、昭金村、洞水村）相继隶属城东区（1950）、蓉峰人民公社（1958）、城关人民公社（1965）、城郊人民公社（1970）、城郊乡（1984）；梧桐村及山背村则分别隶属于仁义镇和樟市镇。

2008 年，城关镇人民政府从十字街社区搬迁至八字塘社区。2012 年 5 月，全县撤乡并镇，撤销城关镇，设立龙潭街道，办事处设在原城关镇政府。下辖 10 个行政村，其中 4 个社区（高码头、北关、八字塘、五云观），6 个村委会（城北、昭金、洞水、梧桐、山背、阳王），共 18 个居民小组，47 个村民小组。

自然环境资源

街道辖区内地势西北高、东南低。除主城区以及昭金、洞水为平原、岗地外，其余大部分为丘陵、低山区。山脉主要有：小宝山、果子岭、羊古岭、倒窝岭、狮子岭、长岭、寨岭、尖峰岭、东方一形、红土岭、帽子岭、蜘蛛结网、茶园头岭、砵子岭、南毛下岭、湾村石岭、罗汉晒肚、沙子岭、龙盘岭、虎形岭、青明山、周干岭、过江龙、罗家岭、高顿岭、黄腊岭、凉亭岭、茶子岭、何家岭等，海拔200~450米。

境域地处亚热带季风湿润气候区。四季分明，光照充足，热量丰富，雨水充沛，春温多变，严寒期短，暑热期长。年平均气温17.2℃，降水量1385.2毫米，日照1700小时左右。地质结构主要由石灰岩以及页岩组成，岩体中含有丰富的钨、铅、锌、铜、铁、锡、砷、铀等矿物质，其中铁、铜、铅、锌在境内有悠久的开采、冶炼历史。

经济发展

经济综述

龙潭街道是桂阳城的北大门，是桂阳城进出舂陵江水路，通往京都及北方各地的主要关口，故古称“太北关”。古时建有标志性建筑物“接官亭”，周围驻扎军队，有专门的校场供兵勇操练。唐、宋时期，依托大凑山（今宝山）丰富的矿产资源，朝廷在沙子坪、果子岭建有冶金工厂，铸造流通货币。明、清时期，各行各业蓬勃兴起，手工业更为发达，绩麻、织纻、造纸、制伞、纺织等商品远销全国各地，德国、日本也在境内分别设有收购公司。当时经济比较繁荣，但到了晚清，政府腐败无能，丧权辱国，再加上民国时期，军阀混战，终至经济凋零，民不聊生。

中华人民共和国成立后，中国共产党领导人民开展土改、农业合作化运动，国民经济迅速发展。1952年，工农业总产值150万元，比1949年增长35%。1956年基本完成“三大改造”，社会生产力进一步提高，工业、农业总产值分别比1952年增长186.49%和16.86%。“大跃进”和人民公社初期，人民群众生产积极性受到损害，1960年虽然工业产值比1957年增长了3.6倍，但是农业生产积极性却受到严重挫伤，农业产值下降40%，粮食产量下降57%。1961年起，贯彻中央“八字方针”和“六十条”，至1965年，工农业生产指标大部分恢复或超过1957年的水平。但是，从1966年5月开始的“文化大革命”，又给社会主义事业带来灾难，1978年城市人口年人平纯收入不足360元，农民主要劳动力人平纯收入不足180元。

中共十一届三中全会后，农村实行家庭联产承包责任制，接着多种形式的承包制进入城镇，人民群众的积极性充分调动起来，经济发展走上快车道。1999年，城镇居民人均可支配收入9320元，农民人平纯收入3560元，分别比1978年翻了近26倍和20倍。

2014年，街道国民生产总值达到39.31亿元，其中第一产业0.97亿元，占2.5%；第二产业8.80亿元，占22.5%；第三产业29.54亿元，占75%。完成财政收入3.28亿元，固定资产投资57.58亿元，居民可支配收入23107元。龙潭街道获得全市平安街道、全市消防工作先进单位、全市学法用法示范乡镇（街道）、全县乡镇（街道）经济和社会发展综合良好奖、全县政法综治工作、计划生育工作、产业大转型工作先进单位等荣誉称号。

农业

种植业 辖区有6个行政村地处城乡接合部。现有耕地面积833.2公顷，其中水田583.8公顷，旱地249.4公顷。主要种植水稻、烤烟、红薯、蔬菜、瓜果、玉米、花生、黄豆等农作物。计划经济时期，由于生产资料、作物品种及耕作技术等原因，水稻亩产一般200～300千克左右，效益较低。中共十一届三中全会后，农村实行家庭联产承包责任制，农民有了自主经营权。耕地大多种植烤烟、瓜果、蔬菜等经济作物。农民想方设法让自己承包的土地发挥更大效益，推行烟稻连作、瓜稻连作、菜稻连作。烤烟交售给国家；稻谷自食外上市交易；瓜果、蔬菜供应城市居民。境内水稻种植全部为杂交稻，品种主要有中优 9806、中百优 1 号、岳优 9113、五丰优 569、丰两优晚三等，亩产 500 ~ 600 千克。进入 21 世纪后，烤烟种植一直由县烟草公司提供给农户良种、烟草专用肥、专用农药及机烘烤房所需的热交换器等专用物资。烤烟品种有 K326、云烟 87、G80、湘烟 3 号等，亩产干烟 150 千克以上，亩纯利 1000 元以上，烤烟成为辖区农村的支柱产业。2014 年，依托梧桐村优质烟基地，着力培养烤烟大户，为国家增加税收。是年全街道收购烟叶 17212 担，完成烤烟税 488 万元。2012 年以来，街道为提高辖区农业机械化水平，共补贴农机具 37 台，补贴金额 13.81 万元；拖拉机年检 86 台；推广"农夫牌"履带旋耕机 1 台，全街道保有插秧机 39 台，其中新增 2 台；完成水稻机械插秧面积 528.26 公顷，其中示范田面积 186.76 公顷。

随着桂阳县城市大规模的扩容和城镇化建设，耕地面积不断减少。为调整产业结构，承接经济转型，粮食播种面积也相应减少。2014 年，第一产业 0.97 亿元，仅占国民生产总值的 2.5%。

养殖业 境内素有养殖猪、牛、鸡、鸭、狗、猫、鱼等畜禽水产的习惯。1949 年前，生猪饲养量不大，出栏率低，一般要到过年过节才会有猪杀，才能有肉吃；养牛一般用于耕田，一家一头，或几家共用一头，轮值放养，称为耕牛，非病残老弱不会轻易宰杀；养鸡养鸭靠自孵自养，图生蛋，换油盐，俗称"油坛子"；养狗养猫多为殷实人家，数量有限，为主人看家护院，一般冬至打狗，亲朋好友欢聚一堂，把酒言欢。猫则为公共动物，不宰不杀，专抓老鼠，行走自由；养鱼则多在村门村口就近建池养殖，一则防盗，二则便于管理，多为混养，主要养殖草、鲢、鲤、鲫鱼等，亩产不过 20 千克。

1949 年后，政府鼓励农民家家户户养猪，养鸡鸭，还出台一些优惠政策和奖励办法，这些措施促进了养殖业的发展。1950—1957 年生猪为农户私养，政府给困难户提供养猪贷款。1953 年实行粮食统购统销后，每头肉猪留饲料粮 50 千克，公、母猪留 75 千克；1955 年实行生猪派购制，每派购一头肥猪就奖一定数量的粮食和布票、煤油等，后来又按耕地的 5% ~ 8% 划给社员作饲料地，1957 年生猪饲养量比 1949 年增长 86.18%。1958 人民公社化后，生猪"公有公养"，由于饲养粮食不足，技术和管理水平差，出栏率下降。1962 年比 1957 年减少 51.57%。1963—1978 年，将集体猪场的猪都承包到户饲养，交肉记工分。1978 年生猪饲养量比 1962 年增长 2.24 倍。1979—1988 年，家庭联产承包责任制的推行，生猪完全转为私养。1984 年开始出现养猪专业户、重点户和联合体。1986 年，按照瘦肉型猪生产基地"三群一网四大体系"规模养殖的要求，放开猪肉价格，取消生猪派购制度，1988 年生猪饲养量比 1978 年增长 72.78%；出栏猪中，瘦肉型猪数量比 1978 年增加 3.13 倍。至 2000 年饲养量增加到 2.76 万头，出栏 1.63 万头，饲养量和出栏头数比 1988 年分别增加 1.21 万头和 8649 头。

原来耕牛受到保护。1951 年，县政府颁布告示，严禁滥宰耕牛、孕牛和幼牛；残老牛宰杀和运牛出境，须持有当地政府证明，违者严惩。1952 年起，饲养幼牛者，每头减征农业税（折谷）10 千克。人民公社建立初期，耕牛统归大队所有，集中放牧，不论养得好坏，饲养员一律按时记工分，饲养管理差，加上缺少饲草资源，1960 年耕牛存栏数越来越少。1981 年推行家庭联产承包责任制后，耕牛分户或联户饲养，照料精细，发展较快，同时放开牛肉市场，1988 年虽有大量宰杀，但仍有存栏牛 1182 头。以后，随着农业机械化的普及应用，养牛由役用型向肉用型转变。到2014年境内还存耕牛7头，其余均为肉用牛。

1949年后，家禽养殖发展较快。1957年饲养量为3.43万只，其中出笼1.24万只。人民公社化后，私养家禽当成资本主义尾巴受到限制，不准多养，使家禽养殖停滞不前，到1978年仍然没有什么变化。1980年后，家庭承包，粮食增产，家禽业迅速发展，并大量推广鸡鸭优良品种。1988年，饲养量3.07万只，其中出笼1.84万只。

境内养鱼，历来有之。1949年后，大搞农田基本建设，水面迅速扩宽，渔业养殖逐渐上升，1988年养殖水面达128.26公顷，比1949年的5.34公顷增长24倍；渔业总产99.7吨，比1949年增长76.23%。

2014年，龙潭街道有养殖专业户6户。生猪饲养量30379头，年出栏生猪20811头。其中1个养鸡专业户，养鸡鸭5.2万羽，年出笼家禽2万羽；有30户养鱼专业户，养殖水面130公顷，产鱼195吨。

林业 境内地属丘陵，有松、杉、樟、柏、枫、桂花、梧桐、楠竹等百余种树木。新中国成立初期，处于原始森林状态，经常有老虎出没。1958年全民大炼钢铁，公社化后大办公社食堂，加上毁林开荒，林业生态空前失衡。1970年后大队办林场建立杉木林基地。1981年确定林业生产责任制，划定自留山，稳定山林权属，林业生态迅速好转。实行家庭联产承包责任制，农村家家建房屋，砌烤烟房。在山上积肥烧火土灰，森林火灾频发，林业再一次遭到严重破坏，到处是一片荒山。1989年制定“消灭荒山，植树造林”的有效措施，林业得以恢复发展。进入21世纪后，大搞林业开发，实施退耕还林，封山育林，森林防火。财政每年投入大量的绿化专项资金，并无偿提供树苗促进人工造林，通过不懈绿化攻坚，实现了用材林、绿化林、经济林并举的立体格局。街道城区园林绿化成绩显著，得到省、市、县表扬。2014年，街道共有山林面积2783.6公顷，活木林蓄积量13.2万立方米，公益生态林591.2公顷，退耕还林1028.7公顷，森林覆盖率56.5%。

工业

境内工业发展历史悠久。唐宋时期，朝廷就利用本地丰富的矿产资源，在太北关沙子坪（今街道北关社区）建有钱币铸造工厂。明清时，有铜、铁、冶炼厂、铁木器加工、纸伞、绩麻、织纻、缫丝、造纸、印染、酿酒等工厂和手工业作坊多家。民国时，增加有纺织、印刷、鞭炮、竹席、雨伞、陶瓷、砖瓦等工厂20余家。1950—1958年，私营工业和手工业进一步发展壮大。从1958年“大跃进”而后进入人民公社制度，开始兴办社办企业。私营企业和手工业完全被取缔，公社、大队、生产队层层办工厂，到1960年境内有国营工矿企业100余家。由于缺乏市场调查，盲目兴办，工厂没有经济效益，白白浪费集体资源。1961年起进行经济调整，关停部分亏损工矿企业。1965年“社教”运动后，工业生产逐渐好转，有工矿企业27家。1966—1989年，先后有县属机械厂、机修厂、建材厂、园艺场、苗圃、锰矿等企业在境内兴办，一批社队企业也相继建成投产，共有各类工业企业66家。其间，通过开展国有、集体企业体制改革，企业全部改制成民营企业。1990—2012年，发展到涉及矿山、机械、化工、建材、建筑、物流、能源、食品加工等工业企业287家，从业人员4200人。2012年来，街道新增企业30家，其中投资额在1亿元以上的1家，1000万元以上的8家，500万元以上的21家。2014年，第二产业增加值8.8亿元，占国民生产总值22.5%。

商贸服务业

辖区地处湘南重镇桂阳城北大门，古代就有

集市交易。东晋（317—420年）置平阳县（即今桂阳县）时，设廛市于太北关。唐宋时期，朝廷在境内兴建冶矿、铸币工厂，工人密集，人口剧增，商品交易频繁。期间有大量的食盐、百货、南杂、布匹、文具等商品输入，输出商品主要有铅、锌、铜、锡、砒、晒烟、茶油、桐油、苎麻、蘑芋、蓝靛、生猪、毛皮、纸伞等。明清时期，市场更加繁荣，贾商云集，南来北往，行人常常在此打尖住宿，客栈宾客盈门，生意兴隆，餐饮服务业也随之兴起。至晚清，辖区仍有门面、伙铺300余家。民国时期，由于连年战乱，特别是日本侵略者飞机轰炸桂阳县城，居民外逃，店铺关门停业，商业萧条。

1949年后，陆续兴办国营商业，积极扶持供销合作商业。同时，对私营商业进行社会主义改造，市场日趋繁荣。从1958年至“文化大革命”期间，国营商店、供销社、公私合营商店几经分合，物资、商品实行统购统销，集市贸易受到限制，导致市场萎靡不振。中共十一届三中全会后，改革商业体制，允许个体经商和联合经商，同时放开物价，改变过去商品统得过死，渠道过少，环节过多的封闭式流通体制，打破原来国有商业和合作商业“一统天下”的局面，私营企业进入市场，个体经济活跃，经营网点遍布城乡的每一个角落。辖区的蔡伦中路、蔡伦北路、园艺路、龙潭路、欧阳海路等地段最为繁华，KTV、宾馆、酒店、美食、茶楼、娱乐休闲等场所比比皆是。2014年，街道有大型超市5家，宾馆酒店14家，集贸市场2个，商业门面店铺4914家，从业人员12285人。第三产业增加值29.54亿元，占国民生产总值的75%。

桂阳汽车北站

基础设施

交通运输

辖区一直为湘、粤之要道。清末，有5条出境步道。民国18年（1929）修建县城至舍人渡公路（未通车），境内长5公里。1949年后，公路建设大发展。1950—1953年，修建县城至流峰公路，境内长10公里。1958年，修建县城至车江源公路，境内长3公里。1966—1975年，修建成县城至飞仙长隆公路，境内长9公里。1979年，修成由城北沙子坪至浩塘公路，境内长12公里。1980—1988年，随着开放政策的实行，人们进一步加深了对“要想富，先修路”的认识，想方设法筹集资金兴修公路，境内增修公路20.5公里，拓宽干线公路10公里，改砂石公路为柏油路面5公里。1988年，全境通车公路54.5公里，拥有机动车112辆，货运量5.52万吨，客运9.15万人次。1989—1993年先后修通北二路、龙潭路、欧阳海大道、蔡伦路；1994年投资1800万元，建成城北停车场；1995年，把园艺场到樟市10公里砂石路改建成水泥公路；2001—2006年，通村公路全部水泥硬化，全长35公里。2007—2012年，通组公路96%水泥硬化。2014年6月，城北停车场正式搬迁至桂阳汽车北站，桂阳县汽车北站正式运营，年运送旅客347万人次。2014年末，境内有省道1807、214、322、209经过，拥有机动车728辆，货运量33.5万吨，客运量350万人次，分别比1988年增长6.5倍、6.1倍和38.25倍。

邮政通信

境内古代西汉时期设有邮驿。明朝嘉靖三十四年（1555），朝廷设置的衡州至广东邮驿干线经过辖区。清光绪十一年（1885）设铺递机构，桂阳州总铺在北关。光绪三十年（1904）七月，成立州邮政代办局，邮政、铺递并存，始向社会开放业务。宣统三年（1911），在高码头设邮票代售处。民国2年（1913），州代办分局改为县邮局。民国14年（1925），桂阳县电报局成立，局址设城北五云观。民国15年（1926）架设有线电话。民国23年（1934）5月，电报局与邮局合署办公。次年8月，改称桂阳县电信局，局设东街里。民国33年（1944）6月，日军侵入湖南，桂阳电信局由第九战区指挥。抗战胜利后，第九战区撤销，电信局归衡阳电信中心局管辖。

桂阳新中国成立初期，邮电合一。1951年5月县邮电局成立，县建设科将城区电信设备和人员交邮电局接管，为中央管辖的企业；将乡、村电信设备和人员交邮电局代管，为地方国营企业，二者统一管理，分别核算。1963年，县内电信机构划分为全民和集体两种所有制形式。1969年11月，邮电分设，邮政局隶属县革命委员会，电信局实行军管，隶属县人民武装部。1973年9月，邮政、电信复并为邮电局。1979年开始使用电报传真机，开通自动电话交换机。1985年增设国际长途电话业务。1988年随着改革开放政策的进一步深化，邮电事业进一步发展，全县邮路增加到102条，总长2809公里；函件总量110万件；收寄包裹1.91万件；报纸发行6.27万份，杂志4.12万份；汇款通知单汇兑6.13万张；储户1111户，储金余额144.4万元；集邮户306户，出售集邮邮票金额5822.4元；磁电式电话机629部；电报业务量4.65万份。1991年，开始使用史端桥自动电话交换机；是年春，开通人工126寻呼台；4月开通模拟移动电话。1993年5月，购进德国西门子公司程控自动数字EWSD交换机及配套设备。10月底开通程控电话。是年，开通数字移动电话。是年冬，原人工126寻呼台废止，开通127自动寻呼台。1998年邮政、电信分家，成立中国电信集团湖南省电信公司桂阳县电信局。7月，无线寻呼业务从县邮电局剥离，成立郴州联通桂阳分公司。1999年7月，移动通信业务从县电信局析出，成立湖南移动通信有限公司桂阳分公司。2000年6月，成立中国联通桂阳分理处。2000年年底，邮政函件收寄100.86万件，包件收寄3.97万件，比1988年增加2.8倍；兑汇单3.94万份，比1988年减少35.7%；邮政储蓄余额1.65亿元；集邮29.62万枚。电信固定电话51329部；移动电话用户11653户；无线寻呼用户13592户；130联通用户5000户；传真用户日益增多，互联网吧大街小巷到处可见。此后，随着人民生活水平的不断提高，科学技术的广泛应用，通信市场的激烈竞争，电信、联通、移动部门各自拓宽业务，使手机、电脑、网络用户越来越大众化，通信行业已形成“三足鼎立”的格局。至2014年年底，境内有中国邮政、中国电信、中国联通、中国移动4家邮政通信企业。

水利

境内主要以水库、山塘、泉井水灌溉农田。民国时期，境内有上百口泉井水，建有少量的山塘水坝，遇干旱年份，很难抵御旱情，是最典型的靠天吃饭的地方。1949年后，人民政府大搞农田基本建设，兴修水利，先后修建了洞水蒋家水库、沙木村水库、昭金七只塘水库、葡塘水库、沙里水库、城北深泥塘水库、山背水库等7座小Ⅱ型水库及梧桐上、下磨芋塘、山背村谭家塘、山羊冲塘等9口山塘，引水渠53条31公里，总引蓄水量135万立方米。

城乡建设

东晋（公元317年）桂阳建置时，立县城于北关，后来移址十字街。北宋时期扩建“七里街”，辖区北关街、牌坊街、丁字街、高码街等全部青石板铺就。街道两旁商铺、客栈林立，周围宗祠、会馆、私塾、泉井等星罗棋布。民国19年（1930），国民政府曾对街道进行了整修和扩建。到1949年，全城面积0.84平方公里。

1949年后，城市建设步伐加快。1954年，拆除城垣修建城北公路通车，沿途先后兴建工厂、企业、居民住宅楼、汽车停车场（站）、二市场等；经过多次整修扩建，到1988年城区面积为10.2平方公里；住宅总面积65.52万平方米，其中公宅27.71万平方米；私宅37.91万平方米。城市供电、供水、交通、贸易、文教等设施基本配套。进入20世纪90年代，城区建房仍以旧房改造为主。原高码街、丁字街、北关街、沙子街的旧房拆除后，建起金鹏酒家、恒生大厦、怡园楼、城信大厦、华鑫大厦、保险公司、国土局办公楼、财政局大楼等集商业门面、写字楼、住宿楼于一体的综合大楼。相邻的居民楼建筑风格也基本与综合大楼保持一致。后来蔡伦中路、蔡伦北路（原城北路）再无旧城痕迹，取而代之的是高楼大厦，宽阔的公路，整齐的行道树、林立的商业店铺，成了县城的主街之一。1996年11月，县委、县政府作出开发城北新城区的决定。县建设局规划办对城北新区勘测设计，编绘出详细的规划图，规划新区人口4万人，建设用地3.5平方公里。依托旧城向园艺场、八字塘方向发展。是年，县教育局牵头，通过个人集资、单位融资等方式，共筹集资金1980万元，在仰亭山建教职工住房258套，面积2586万平方米，称为“教师新村”。此后，随着龙潭路的开通和欧阳海大道的修建，沿路私建住宅不断增多。1998年，成立城北新区管理委员会，以加强城北新区开发建设的管理工作，并由新区管委会牵头逐步实现环城北路、园艺路、龙潭路等路面的硬化，人行道、绿化、供水、排渍及照明电路、广播电视线路、通讯光缆、三线下埋等配套设施基本完善。同年，为加快城北新区建设步伐，县人民政府制定出《关于进一步鼓励外商投资若干规定》，对来城北开发区投资的外商实行税收、用地、基建“三优惠”，促进辖区房地产开发快速发展。2000年，以创建省级文明卫生县城为契机，在县城实施提质、扩容、改造工程，不断向东西南北四面延伸，城区面积由1988年的10.2平方公里，扩大到14.2平方公里。2004年底，县委、县人大、县政府、县政协移址“四大院”新大楼办公，其他机关、事业单位和社会团体纷纷跟进，接着各种办公大楼、住宅小区、宾馆酒楼、学校等拔地而起，城北新区建设如火如荼，呈现一派欣欣向荣的繁华景象，城镇功能日臻完善。2008年、2012年两次获得“湖南省文明卫生县城”称号。城市扩容，同时给附近郊区农村带来巨大变化，新农村建设突飞猛进。辖区城北村、昭金村、洞水村、梧桐村、山背村、阳王村统一实行连片整治改造规划建房，全力推进美化、亮化、绿化、净化、序化“五化”工程，村容村貌焕然一新。昭金村、洞水村、山背村成功创建市级村镇绿化示范村和市级卫生村。2008年以来，政府加大城市基础设施投资力度，新建成城北汽车站和春陵、骏马、珍珠三条绕城大道，以及环城西路、芙蓉东路、翡翠路、文化路等十余条城际公路。相继建成城领国际、蓉信世家、锦绣华庭、锦绣银湾、金都汇、万华等一批高档住宅小区和五星级酒店。至2014年年底，境内已形成“一环五横五纵”路网框架和茶场工业园区以及桂阳县城文化、物流园区的发展格局，城区面积达20平方公里，城镇化率86%，街道所辖6个村，村村通水泥公路，电网改造率100%，安全饮水达标率96%；4个社区和6个村委会都建有办公用房。

社会事业

教育文化

清咸丰年间（1851—1861年），州人魏喻义在昭金村创办忠义书院。光绪十年（1884），州人陈士杰、陈国仲、颜锡蕃等人在城北创建龙潭书院。光绪二十九年（1903），桂阳州将龙潭书院改设中学堂。光绪三十四年（1908），桂阳州与临武、蓝山、嘉禾三县联合在中学堂原址开办“桂、临、兰、嘉联合中学”，宣统三年（1911）停办。民国元年（1912）开始倡导新式教育，学堂改称学校。同年，在境内创建桂阳县模范小学校和北关小学校。民国6年（1917），“桂、临、蓝、嘉联合中学”恢复招生。民国9年（1920）更名为湖南省第十四联合中学。民国10年（1921），政府在县城北门外，创立桂阳县女子学校，设职业部；在城内刘氏公祠设立简易职业学校。民国16年（1927），省第十四联合中学停办。民国17年（1928），湖南省务会议决定在第十四联合中学原址开办湖南省第八职业学校。同年，县模范小学校从城内邓氏宗祠迁至文庙。民国20年（1931），湖南省第八职业学校改名为省立第五职业学校。民国21年（1932），女子学校更名为桂阳县女子简易职业学校。民国24年（1935），省立第五职业学校更名为省立桂阳初级染织陶瓷职业学校，民国30年（1941），改名为省立第三职业学校。同年，桂阳县模范小学校改名为蓉峰中心学校。民国31年（1942），在女子学校建立桂阳县立初级中学；女校职业部和简易职业学校均并于县立初级中学女职部；民国33年（1944），日军犯境，县中迁至农村，职业班停办。民国36年（1947），省立第三职业学校更名为省立桂阳高级工业学校，1951

年停办。1951 年，蓉峰中心学校改称城东完小；1952 年，该校更名为桂阳县第一完小。1953 年，鉴湖中学与县初级中学合并成立桂阳县第一中学，校址设在原省立桂阳高级工业学校旧址。1957 年，创办城关中学，校址设今高码头社区芙蓉西路。同年，桂阳县第一完小从文庙迁至现址（校部），更名为蓉峰完小。1958 年，桂阳县人民医院在城关医药管理处创办卫生学校，1964 年改为桂阳县农村卫生学校。1966 年"文化大革命"，蓉峰完小改名红卫完小。1974 年城关中学停办。1981 年，红卫完小复名蓉峰完小至今。1982 年 9 月，城关中学恢复办校。1984 年 8 月，创办桂阳县职业中学，校址始设原城郊乡火田村五里完小，1985 年 2 月迁入原城关镇北关礼堂，8 月又迁入原城关中学旧址。1985 年 9 月，县农村卫生学校从原址迁至宝山东麓今高码头社区芙蓉西路，1986 年改名为桂阳县中等卫生职业技术学校，1987 年又易名为桂阳县卫生职业中等专业学校（1997 年停办）。1993 年春，桂阳县职业中学迁至县党校旁现址。2000 年，城关中学改名为蔡伦中学。同年，桂阳县一中取消初中招生，由完全中学改为高级中学。

为进一步深化教育体制改革，鼓励和发动社会力量办学，2002 年民营企业家欧阳占荣，在县城肖家坳原县劳动技术学校旧址，创办东塔中学，2003 年迁入现八字塘云长岭新校址至今。同年，桂阳县职业中学更名为桂阳县职业技术教育学校。2004 年，陈士杰后裔陈秉安，在八字塘社区羊古岭创建士杰中英文学校，2008 年该校被县政府收购更名为士杰学校。2012 年，桂阳县在八字塘社区建成蒙泉北校。同年，蓉峰完小为扩大招生，将原蔡伦中学以及原卫校旧址改为西校区，本部则称为东校区。2013 年 9 月，桂阳县在北关社区桂阳一中旁建成龙潭中学。2014 年，原蒙泉北校改名为蒙泉学校。至 2014 年年底，辖区有公办职业技术教育学校 1 所，在校学生 700 人，教职员工 90 人；高中 1 所，在校学生 3628 人，教职员

龙潭书院碑亭（现在桂阳一中校内）

工 303 人；初中 3 所，在校学生 7781 人，教职员工 463 人。其中：民办 1 所，在校学生 1700 人，教职员工 116 人；小学 7 所，在校学生 11728 人，教职员工 503 人；幼儿园 22 所，在园幼儿 4011 人，教职员工 429 人，皆为民办。小学适龄儿童入学率、九年义务教育普及率、初中适龄人口入学率均为 100%。街道有文化站 6 处，广播电视站 4 处，有线电视入户率 96%，已有 10 个村（社区）完成农村广播“村村响”建设工程。有村（社区）文化活动中心 12 个，村（社区）农家书屋 9 个，藏书 7 万册。2014 年，在欢乐潇湘、美丽桂阳幸福家园大型会演中，街道选送的小品节目《醉酒》，小组合唱《铜钱歌》均获得二等奖。小组合唱的《铜钱歌》并获得市一等奖荣誉。

医疗卫生

境内中医历史悠久。据文字记载：宋熙宁九年（1076），官府就开设有“卖药所”和“修和药所”两家医疗机构，用中医药为民治病疗伤。南宋绍兴二十一年（1151），原“卖药所”改名为“惠民药局”，原“修和药所”改名为“和济药局”。随着医术的不断发展，中草医药界名人辈出，遗著（方）不少。清顺治年间（1644—1661 年），境内著名中医何文鹿撰写的《医门辑秘》6 卷和《医林文献》1 卷，现仍存北京中医研究院图书馆和湖南省中山图书馆。民国 4 年（1915），西医传入境内。由于西医治病用药少，见效快，颇受当时政府青睐和推崇。民国 18 年后（1929），政府对中医不断加以限制，让西医任其发展。但尽管如此，中草医药由于历史悠久，影响较深，民间普遍认可。而西医药由于传入时间不长，诊疗时常常受到技术、设备和药品的局限，故防病治病仍以中草医药为主。民国 28 年（1939），政府在县城建立卫生院。民国 32 年（1943），成立中医师公会。至民国 38 年（1949），境内有中医 10 余名，其中城关镇人周国栋等较有名气。

1949 年后，人民政府始终把发展医疗卫生事业，保障人民健康列为党政工作的一项重要任务。在接管、整顿、扩充旧政权遗留医疗机构的同时，先后在辖区建立中西医疗、卫生防疫、妇幼保健和医学教育等机构。1951 年，在县城罗家祠堂成立桂阳县卫生工作者协会，会长欧阳道开，会员 529 人。1954 年 12 月，在县城东街里成立桂阳县中西联合医院，1956 年 3 月，该院迁至县中山公园，改名为桂阳县寿康医院；是年 8 月，在县城能仁寺成立桂阳县卫生防疫站；1957 年，寿康医院更名为桂阳县卫生工作者协会中医院；1958 年，在县城能仁寺建立桂阳县卫生学校；1960 年，卫生工作者协会中医院并入桂阳县人民医院，成为县人民医院的中医科；1963 年 1 月 1 日，在县城回水街 81 号，成立县妇幼保健站；1967 年，县卫生防疫站从能仁寺迁至建设街 75 号；1974 年，成立桂阳县药品检验所，1976 年址设上游街 6 号办公；是年，县妇幼保健站，从回水街 81 号迁至芙蓉路 5 号办公；1979 年，重新恢复成立桂阳县中医院，址设回水街；1983 年县卫生学校校址迁至培才路 60 号；1985 年中医院迁入丁字街 63 号至今；1987 年 4 月，桂阳县药品检验所从上游街 6 号迁至城关镇豆腐冲 10 号办公；1993 年 4 月，县妇幼保健站迁至豆腐冲 49 号办公，改名为妇幼保健所，1998 年 7 月，更名为妇幼保健院；2013 年 6 月，龙潭街道社区卫生服务中心，在蔡伦北路 12 号原城郊卫生院处挂牌成立。2014 年末，辖区有各类医疗机构 32 家，从业人员 758 人，病床 712 张。其中县级医院 2 家，在编医护人员 373 人，病床 572 张；乡镇（街道）医院 1 家，在编医护人员 88 人，病床 60 张。

社会保障

境内历代皆有义赈施舍。清代，官府主要依

靠发动殷实富户设棚施粥救济灾民，民国年间亦曾成立过救济局和民食维持会，倡捐或向上请赈，但因积谷有限，“僧多粥少”，无能为力，灾民饥饿死亡现象时有发生。

中华人民共和国成立后，人民政府把社会救济纳入财政预算，对需要救济者，或拨给大米，或下拨资金，或配送衣服、鞋袜、棉被等生活必需物资。1950 年，县拨给辖区救济粮食 14849 千克，对城内 163 户 508 名贫困人员，有劳力者安排就业，无劳力者给予救济，其中 11 户 19 人经湖南省民政厅批准给予长期救济。1955 年 12 月，省政府又拨给救济款，扶持贫农和烈军属。1956 年农业合作化后，对城乡无依无靠的孤寡老人，均实行“五保”。1958 年，镇内办起了敬老院，有 46 名“五保户”入院被料理服侍。同年 10 月，开办“福利草袋厂”,安排了城内 11 名残疾人就业。1971 年，镇内评定 8 名精简退职的老职工享受工资 40% 的救济。1978 年，成立扶贫小组，改消极救济为积极扶助。1986 年，启动城镇职工养老保险。1987 年 2 月，盲聋哑协会成立，培训残疾人技能，给残疾人就业创造条件。同年，实行城镇职工公费医疗保险和职工失业保险。是年秋，城关镇在豆腐冲新砌敬老院建成投入使用，有 50 名“五保户”入住集中供养。1989 年，对农村干部任职 20 年以上、退出岗位的村级主要干部每人每月发给养老补助费。1993 年，开展农村社会养老保险。1997 年开始，凡年满 100 岁以上的寿星每人每月均发给生活津贴费。1999 年 7 月 1 日起，实行城市居民最低生活保障制度。同年 9 月，桂阳县在辖区芙蓉东路县民政局东侧，投资 300 余万元，兴建集敬老、优扶、济养弃婴于一体的高标准社会福利院，该院 2000 年 12 月竣工，占地面积 5867 平方米，建筑面积 2124 平方米，其中老年公寓 816 平方米，光荣院 526 平方米，儿童福利院 548 平方米，公用食堂 234 平方米，内设娱乐、阅览、医务、门球等设施。2004 年起，城区“五保户”一律享受低保待遇。2005 年，推行新型农村合作医疗制度，年内有 60% 的农户参加“新农合”。同年，启动贫困居民最低生活保障制度，落实农村最低生活保障 389 人，城镇最低生活保障 1380 人。2009 年，被纳入社会养老保险体系对象 4265 人，发放养老金 1800 万元。2014 年，街道有“五保户”22 人，集中供养的 5 人；城镇低保户 5526 人；农村低保户 589 人；残疾人 780 人，其中重度残疾 309 人，年内发放重度残疾补助金 8.48 万元；新增城镇就业 1949 人；失业再就业 588 人；困难对象就业 526 人；新增农村转移就业 87 人；新农合参保续保 8500 人；城市居民医疗保险参保续保 15210 人；新农合补偿 15210 人，金额 577.1 万元；城市医疗保险补偿 2138 人次，金额 534.77 万元。辖区有百岁以上寿星 1 人。

特色地情

人物

魏喻义（1822—1902） 名璠，号质斋，龙潭街道昭金魏家人。清咸丰九年（1859），与陈士杰率团兵阻击石达开义军于七拱桥。同治元年（1862）,左宗棠调其“质字营”攻克严州，升兵备道。后，授湘粤按察使。

知名人士 境内知名人士还有清朝名将花翎总兵诰授武威将军魏光谟、中国人民大学教授刘新、中南工大教授刘基盘、兰州大学教授刘积高、澳大利亚国家终身教授刘莉（女）、湖南中医学院教授刘建新（女）、中国长城资产管理公司长沙办事处总经理周云贵、国务院港澳办刘玉（女）等。

魏家古戏台

历史人文

魏家古村 溪里魏家村，又称昭金魏家，俗称溪里洞，位于龙潭街道办事处昭金村，始建于宋嘉定六年（1214），距今800年，于2013年8月被国家住建部等部门公布为全国第二批传统村落，列入中国传统村落保护名录。村落坐北朝南，占地面积50余万平方米，现存清代单体房屋、建筑风格属客家风格且保持良好的有50余栋，屋外街道青石铺就，屋内则青砖墁地。整个村落布局有序，历经数百年沧桑，依然保持着客家特色，体现出渊源深厚的文化内涵。村内魏明信官厅规模宏大，结构科学严谨，建筑精巧，保存完整，是全村的代表性建筑。此外，该村的古戏台也具有极高的建筑价值。该戏台在魏家公祠内，始建于清同治二年（1863），整个戏台全木构框架，台下有10根木柱支撑到顶，台面边缘三面木条围成，上顶四面分水，上檐封板雕刻精美，龙飞凤舞；后台的隔板壁上，记载有“文秀班”等15个戏班分别于清咸丰四年(1854)、六年（1856）、十年（1864）及民国时期等在此演出昆戏的剧目，反映了当时昆曲在桂阳的盛行状况。公祠开正中大门，门前两大石狮排立两旁，前一大坪，坪前围有半月形的高墙相护。2011年1月，魏家古戏台及公祠均被公布为湖南省省级文物保护单位。

刘家岭宋代壁画墓遗址 该壁画墓于2010年7月在龙潭街道刘家岭发现，为宋代土坑竖穴券顶砖室墓，是迄今为止湖南境内发现的规模最大的古代壁画墓，出土的随葬器物有陶器、瓷器、银器、铜器等数十件。壁画墓坐南朝北，由墓道、甬道、墓室三部分组成，总长14米，其中墓道长7米。墓室内有椁，椁内有棺。在甬道两壁、墓室门两侧、墓室四壁及券顶发现大量壁画。壁画属民间绘画，内容新颖、丰富、精美，具有宋代的艺术特征，有较高价值。该壁画墓规模较大，保存完整，在我国南方罕见，对当地的文化历史有着较高的研究价值。

（李国强　供稿）

鹿峰街道 >>

鹿峰街道是中国古代四大发明之一——造纸术发明者蔡伦的故里。

区域概况

地理位置

鹿峰街道办事处驻宝山国家矿山公园。街区位于北纬25°27′15″至26°13′30″，东经112°13′26″至112°55′46″；地处桂阳县城西南部，东起迎宾路与正和镇毗邻，南以金叶南路和珍珠大道交汇处与黄沙坪街道相连，西与方元镇接壤，北以芙蓉路与龙潭街道为界，划街分治。2004年年底，县治移址欧阳海广场之前，乃桂阳县党政机关所在地，是全县政治、经济、文化中心。据史书记载，三国蜀将赵子龙、农民起义领袖李自成、张献忠、洪秀全以及太平天国将领杨秀清、石达开等都曾率兵驻扎此地。

建置沿革

鹿峰街道所辖境域历属桂阳郡、州、府、县等治所之中心、南区和南郊。

1949年后，鹿峰街道辖区城镇部分相继隶属于蓉峰镇（1950）、城关镇(1955)、蓉峰人民公社(1960)、城关人民公社(1965)；城郊部分则相继隶属城关人民公社、城郊人民公社、城郊乡。

2012年5月，全县撤乡并镇，将原城关镇5个社区，原城郊乡4个村，以及宝山矿区2个社区，合并设立鹿峰街道，街道行政办公地点暂设在宝山矿。至此，辖区成为单独的行政建制。

行政区划

鹿峰街道共辖7个社区（十字街、南塔、蔡伦井、东塔、百花、南苑、北麓），4个行政村（牛巷口、新城、子龙、富阳），有40个居民小组，27个村民小组。

辖区总面积为66平方公里，耕地面积224.47公顷，其中水田184.14公顷，旱地40.33公顷，林地面积800公顷，水域面积146公顷。

自然环境

辖区内城区以平原、岗地为主，4个村以丘陵为主。地势东南低，西北偏高。东面有鹿峰山（东塔岭）、侯憩岭；南部有双峡岭、围棋岭；西南有猴子岭、龙形岭；西部有山林中峰；西北部有大凑山（今宝山国家矿山公园）。山岭海拔不高，最高的大凑山海拔也只有519米。

境域处亚热带季风湿润气候区，四季分明，热量丰富，雨水充沛。年平均气温17.1℃，降水量1385毫米，日照1700小时左右。

境内土壤有水稻土、红壤、紫色土、石灰土、黄壤土等，各个区域土壤结构不尽相同。

人口民族

2012 年 5 月鹿峰街道成立时，人口 9.56 万人，其中城镇常住人口 8.80 万人，农村人口 0.76 万人，城镇率 92.1%，另有流动人口近 2 万人。2014 年城镇常住人口 9.68 万人，男性 5.05 万人，占 52.2%；女性 4.63 万人，占 47.8%。境内除流动人口有少数民族外，其他均为汉民族。

经济发展

经济综述

鹿峰街道境域千百年来一直是各朝各代桂阳郡、国、监、军、路、府、州、县治所所在地。特殊的地理位置和人文环境，孕育了多元化的经济结构。唐宋时期，大凑山采矿冶炼发达，为当时的朝廷提供了大量的流通钱币。明清时期，织麻、织纻、造纸、制伞、纺织等手工业蓬勃兴起。桂阳不仅是湘南政治、经济、文化中心，而且是湘中湘北通向广东的通道，再加上当时桂阳建有考棚，周边各县的童生都到桂阳考秀才，城内试馆林立，这些客观条件促进了商贸服务业的发展。总之，相对于农村，相对于周边各县，桂阳城镇的经济是比较繁荣的。但清朝统治的腐败，民国时期的军阀混战，严重阻碍了经济的快速发展，人民生活多在温饱水平之下。

1949 年后，经过民主改革、社会主义改造和第一个五年计划建设，经济迅速发展。但随后开展的“大跃进”和“文化大革命”又使经济发展遭受严重制约。

中共十一届三中全会后，农村实行家庭联产承包责任制，接着承包制进入城镇，人民积极性充分调动起来。1999 年，城镇职工人均工资 6059 元，农民人平纯收入 2591 元，均比中共十一届三中全会前成倍增长。此后，市场经济体制越来越完善，国家加大城镇化建设力度，城镇建设投资大幅增加，大批农民涌进城市参与建设，位处县城中心和近郊的鹿峰街道得天独厚，经济飞速发展。2014 年，街道国民生产总值达到 45.57 亿元，其中第一产业 1.11 亿元，占 2.44%；第二产业 11.96 亿元，占 26.24%；第三产业 32.50 亿元，占 71.32%。财政收入 4.66 亿元，城镇居民人均可支配收入 29935 元，固定资产投资额 66.53 亿元，综合实力不断增强。2014 年，鹿峰街道获得“郴州市经济十强乡镇（街道）”、“市安全生产工作先进单位”、“人口与计生工作先进单位”等荣誉称号。

农业

种植业 辖区现有耕地面积 224.47 公顷，其中水田 184.14 公顷，旱地 40.33 公顷。农地主要种植水稻、蔬菜、瓜果、烤烟等作物。新中国成立前，由于长期受封建统治的束缚，生产条件差，技术落后，加上军阀混战，农业生产发展缓慢。1949 年后，实现耕者有其田，继而实行合作化，大力兴修水利，改良品种、推广双季稻、改高秆为矮秆、改常规稻为杂交稻，粮食产量大幅度提高。中共十一届三中全会后，农村实行家庭联产承包责任制，打破“大锅饭”格局，农民有了自主经营权。水田多种植烤烟、瓜果、蔬菜，实行瓜稻连作，烟稻连作，烤烟成为农村的支柱产业。旱地则种植红薯、黄豆、花生、玉米等杂粮，山上种植柑橘、葡萄、桃、梨等果木。农民既能保证充足的粮食自给，又体现郊区特色，提高经济收益，并为城市供应优质农产品。

街道所辖 4 个村都处于城市郊区，随着城镇建设的大规模发展，耕地面积不断减少；为供应城镇市场需要，蔬菜、果木面积有所增加，粮食播种面积相应减少，农业相对衰退，2014的国民生产总值中第一产业仅占2.44%。

养殖业 境内素有养殖生猪、牛羊、鸡鸭的习惯，过去民间有“养鸡卖蛋换油盐，养头肥猪图过年”之说。1949年后，政府鼓励农民每家每户养猪养鸡养鸭，1957年生猪饲养量比1949年增长86%，鸡鸭出笼率增长50%以上。由于1958年“大跃进”中的“共产风”，“文化大革命”中的“割资本主义尾巴”，实行生猪“公有公养”，养殖业大起大落。1962年生猪存栏量比1957年锐减52%。后来吸取经验教训，经过调整，生猪饲养量略有上升，1978年比1962年（经16年）增长2.24倍。中共十一届三中全会后，专业养殖快速发展。2014年底，街道辖区范围内有养猪专业户5户，年出栏生猪6000头以上，养鸡专业户3家，年出笼家禽50余万羽。

水产业 境内4个村委会紧靠县城，水利条件优越，村村都有鱼塘，牛巷口村渔业最为突出。该村地处县城南郊，地势低于城区，土壤肥沃，特别适宜养鱼，主要养殖草鱼、鲤鱼、雄鱼、鲢鱼，生长快，产量高，鱼质鲜嫩，素称“南门头鱼”。1949年有鱼塘21.34公顷，1959年增加到26.68公顷，产量115吨，亩产288千克。1960年后，为增粮增菜，改鱼塘为稻田菜地，至1975年只剩下鱼塘2.65公顷，产量约15吨。新城大队（现新城村和子龙村）渔业，也因宝山铜矿废水污染严重减产，致使城关市场鱼类供应紧缺。1979年后，实行改革开放政策，时任郴州地区行署专员范志德到牛巷口村考察，鼓励农民因地制宜发展渔业，鱼塘迅速恢复。1982年全村鱼塘面积5.59公顷，经省、地派员验收测产，平均每亩产鱼565千克，产量最高的一口鱼塘达740千克，牛巷口村成为郴州地区唯一的大面积平均亩产过500千克的渔业村。1987年该村鱼塘21.14公顷，产鱼136吨。2000年后扩大到26.68公顷，推广种草养鱼和池塘精养新技术，产鱼240吨，亩产600千克，养殖面积、产量均达历史最高水平。进入21世纪后，由于城市扩展征地，废水排放污染，养鱼面积逐渐减少。至2014年年底，辖区还剩鱼塘养殖面积17.34公顷。

林业 境内地属丘陵，山岭面积800公顷，有松、杉、枫、柏、樟、椿、桂花等近百个树种。千百年来，古树参天，郁郁葱葱。1958年大炼钢铁，树木砍伐殆尽，林业生态空前失衡。1962年“四固定”，山岭权属得到确定，山林由就近生产队（现在的村小组）管理，林业得以慢慢恢复。到了20世纪八九十年代，家家砍树木建房屋、砌烤烟房，在山上烧火土灰（用于烤烟等农作物栽培），森林火灾频发，林业再一次遭到严重破坏。2000年后，政府投入大量资金植树造林，退耕还林，加强森林防火和封山育林，无偿供应苗木，辖区园林绿化工作进展迅速。尤其是宝山，过去开矿留下一片矿渣，水土流失十分严重，经过近几年举全县之力，实施宝岭绿化工程，并与工矿旅游开发并举，绿化已见成效，成为休闲林荫和旅游景区。

工业

境内工业发展历史悠久，早在1000多年前的唐宋时期，就有采矿、选矿、冶金和专为朝廷铸造通宝的铸钱工厂。明清时期，采矿业曾因两次禁采而衰落。清康熙之后解禁，采冶俱盛，嘉庆时又复衰。虽然历史有起有伏，但境内的矿冶始终具有一定的规模，在市内省内居于领先地位，现在的宝山国家矿山公园，正是凭此基础建成的，地下旅游区留下的大量古代采矿遗迹可为佐证。

湖南宝山有色金属矿业有限责任公司坐落在鹿峰街道宝山，是鹿峰街道境内规模最大的工矿企业。宝山古称“户型山”“大凑山”，俗称“宝岭”，地下矿藏富含铅、锌、金、银、铜、钼、硫等。

宝山采矿始于唐代。1966 年，国家计委批准兴建宝山铜矿，隶属湖南有色金属管理局。1974 年元月，宝山铜矿露采项目竣工，日采矿能力 2000 吨，日选矿处理能力 2500 吨。1983 年，宝山矿巷采项目竣工投产，1992 年，该矿被国务院核定为国家大二型企业。1995 年，该矿生产由露天转入井下，产品以铜钼为主转向以铅锌为主，企业先后更名为宝山铅锌银矿、湖南宝山铅锌银矿。2007 年 9 月，湖南宝山铅锌银矿实行改制重组，成立湖南宝山有色金属矿业有限责任公司，隶属于湖南有色金属管理局。公司依托资源优势，发展多元经济，同步开展了铅锌铜采选、工矿旅游、尾矿回收、矿山机械加工等多种经营，工业总产值、铅锌产品产量和产品销售收入均创历史新高。其中，由公司开发建设的宝山工矿旅游公园 2010 年 5 月被批准为国家级矿山公园，并于 2013 年 9 月正式开园接待游客。

由于矿冶发达，城市繁荣，人口骤增，城区的工业和手工业也随之快速兴起。域内的工业和手工业主要有织麻、织纻、缫丝、织绢、印染、造纸、制伞、印刷（石印）、鞭炮、竹席、皮革等行业。纻布以质优被朝廷定为贡品；桂阳纸伞驰名周边各地。民国时期，湖南省第三职业学校办在桂阳，设有纺织和陶瓷专业，城区的纺织业和和陶瓷业得到发展。

1949 年后，私营企业和手工业发展较快，国营工业逐渐兴起。1957 年，境内有中央、省、地、县属工业企业共 30 家。人民公社化后，公社、大队、生产队层层办厂，工业企业达百余家。但多数企业由于盲目兴办，效益极差。1961 年起进行经济调整，关停大部分没有经济效益的工矿企业。1965 年秋，开展“社教”运动，工业生产逐渐回升。

中共十一届三中全会后，政府鼓励、扶持私人办厂，国营、集体、个人、联户工业企业同时发展。企业内部改革经营管理制度，注重市场导向，开展外引内联，产品经济逐渐转化为商品经济，同时普遍进行设备更新和技术改造，工业得到又好又快发展。近年来，街道加速推进新型工业化进程，大力发展新型工业，积极打造“子龙工业园区”，壮大优势企业，新引进一批重大产业项目。辖区目前有有色金属冶炼、塑料加工、建筑建材、食品加工等企业共 355 家。2014 年，第二产业增加值 11.96 亿元，占国民生产总值的 26.24%。

商贸服务业

鹿峰街道境域历来属桂阳郡、州、府、县等治所，同时又是湘中、湘北通向广东、广西的要道，所以历来商贾云集，交易繁荣。大宋年间，输入食盐 4 万担以上。境内盐行街即以大批食盐集散贸易而得名。输入的百货、南杂、布匹、文具、药材等商品为数亦不少。输出商品主要以晒烟、茶油、桐油、苎麻、魔芋、蓝靛、生猪、毛皮、纸伞、铅、锌、锡、铜、砒等为主。从盐行脚经七里街到高码头，几公里长的青石板街道两边近千户商铺、客栈印证着当年桂阳县城商贸业的繁荣昌盛。民国时期，同仁堂药栈、老公泰伞店、荟贤楼和萃贤楼茶社、回水街绸缎铺、南门口圩场等都很有名气。日本还在境内（回水街）设有公司，专门收购桂阳烟叶、魔芋和蓝靛（“七七”事变后停业）。抗日战争爆发后，货币贬值，物价飞涨，外商撤离，商业萧条。

1949 年后，百业复兴。1955 年，南门口圩场建成 4 个圩亭，面积 300 平方米。1957 年全城有商业、饮食、服务业网点 469 个，社会商品零售总额 153.9 万元，占全县社会商品零售总额的 11%。国家实行统购统销后，特别是“文化大革命”期间，集市贸易受到限制。中共十一届三中全会后，改革商业体制，允许私人个体经商，鼓励农民进城经商，经营网点遍布城区的每个角落，商业日益兴旺。境内的欧阳海路、向阳路、蔡伦中路、蔡伦南路、解放路、百花路、鹿峰路、金叶路、迎宾路等地段最为繁华。2014 年，境内有大型百货超市 10 家，大型电器超市 13 家，宾馆酒家 128 家，1 条商业步行街，4 个集贸市场，城区及矿区商业门面、店铺 8291 家，从业人员 22088 人。第三产业增加值 32.50 亿元，占国民生产总值的 71.32%。

基础设施

交通运输

唐、宋以来，境内就有通往各地的官道、驿道、商道，被誉为“三湘之屏藩，两粤之管钥”。民国以前，达官显贵出行骑马坐轿，城内高码头有许多轿行。一般人出行则依靠两条腿。货物运输靠肩挑、手提、背负，条件好的人家借助畜力运输。民国时期建成一条通往郴州的泥沙公路，在域内设有车站（今桂阳三中对面），但很少有车来往，更无定期班车，基本上是一条闲路。

1949 年后，交通运输建设加快，相继建成通往郴州、常宁、新田、临武、道县等地的主要交通干线，人们出远门以车代步。1979 年以前，客车、货车等交通工具均属国营、集体所有。中共十一届三中全会后，允许私人购车，客运、货运行业逐步转变成民营企业，交通状况大为改观。2010 年，辖区所有通村、通组公路全部水泥硬化。近年来，政府投入大量资金，对城区道路进行了提质改造，居民出行坐公交车非常方便，部分居民购置了高级轿车。省道 1806、214、322 线途经本辖区，与武广高速铁路、京广铁路及京珠高速公路和宽阔的郴桂城际大道相连接，相距车程均不过半小时。已建成通车的厦蓉高速、京珠复线和规划建设的桂道高速公路临境穿越，形成黄金交通枢纽，车辆从城区出发，5 分钟可上高速公路。

邮政通信

境内自古就设有邮驿。明、清时期设总铺递，投送官府公文及军事情报。清光绪三十年（1904），成立州邮政代办局，开始向社会开放邮递业务。民国二年（1913），州邮政代办分局改为县邮局，设专营、兼营、代办三种业务。民国 15 年（1926），架有线电话；民国 28 年（1939），设无线电台收发报机，但仅限于军政机关使用。民国 30 年（1941）后，电话亦向社会开放。

1949 年后，邮电合一。随着经济、文化的发展，信息传递量剧增，邮电部门逐步增设营业网点，添置、更新设备。1951 年 5 月成立邮电局，设有电话总机室，办理全县的邮政报刊发行、电报电话业务。1979 年开始使用电报传真机，开通自动电话交换机。1985 年增设国际长途电话业务。1991 年 4 月开通模拟移动电话，设人工 126 寻呼台。1993 年开通数字移动电话，设 127 自动寻呼台。1996 年，互联网进入桂阳，邮政设施逐步向现代化、智能化迈进。电脑、微机系统、自动柜员机、销售终端等网络设备，在人们的生活、工作中大显身手。1998 年秋，按信息产业部统一部署，进行邮电体制改革，邮政业务从原来的邮电局析出，成立邮政局和电信局，邮政与邮电分家运营。截至 2014 年，境内有中国邮政、中国电信、中国移动、中国联通 4 家邮政通信企业。

城乡建设

古代，域内以十字街为中心建有城墙，城西沿大凑山东麓有“七里街”，全是古式建筑，青石板街道。衙门、考棚、试馆、文庙都在城内，商铺则多在七里街。全城有 48 口水井。因为井多，“三伏天”也很凉爽。

1949 年后，拆了城墙修成一环公路。随着公路不断增加，沿路建造新式楼房，城区规模也不断扩大。尤其是中共十一届三中全会后，城区扩大了几倍。路网、电网、自来水管网遍布全城。

中共十一届三中全会后，本街道辖区的鹿峰路、向阳路、蔡伦路、欧阳海路、体育路、百花路等相继建成百货大楼、桂阳宾馆、工贸大厦、金龙大酒店、金鹏大酒店、蒙泉宾馆、桂阳商贸城、桂阳县商业步行街、春陵市场、城南市场、惠康超市、步步高超市、锦湘百货、新东方大酒店及饭店等几百家。通过“政府引导、市场运作”的方式，鼓励和吸收本地、外地开发商开发房地产业，投入建设资金10余亿元，完成重点建设工程100余项，其中城市建设公房165万平方米，为前38年总和的两倍；新建私房18万平方米，为前38年总和的1.41倍。发展李家湾、南塔岭、陶瓷岭等居民点，不少单位亦建有家属小区，居住条件大为改观，人均居住面积达27平方米。街道辖区以创建湖南省文明卫生县城为契机，投入城镇建设资金12亿元，对基础设施进行扩容、改造、提质、升级，实施城市绿化、美化、亮化、净化、序化的“五化”工程，并引进一批企业落户，吸引农民进城务工、经商办厂，城镇功能不断完善，城市品位逐渐提高。2002年、2008年、2012年连续三届蝉联“湖南省文明县城”。至2014年年底，辖区内形成六纵（珍珠大道、金叶路、鹿峰路、百花路、向阳路、芙蓉路）六横（宝山路、城西路、蔡伦路、解放路、体育路、欧阳海路）交叉路网框架和子龙工业园区以及湘南国际商贸博览城区的发展格局，城区面积达20平方公里，城镇化率95%，街道所辖4个村委会，村村通水泥公路，电网改造率100%，农村安全饮水达标率100%；7个社区、4个行政村都有办公用房和会议室。

社会事业

教育文化

辖区自古有府学、州学、县学。宋代黄照邻在芙蓉峰山腰建石林书院。明洪武年间，时任桂阳守御李元善，在鹿峰山下建子龙书院。明嘉靖五年（1526）知州戴録在城南蒙泉旁建蒙泉书院。清乾隆四十一年(1776),知州宦如章改“蒙泉书院”为“鹿峰书院”，后迁至城南锦湖之间。清宣统三年（1911），桂阳县南门李氏在本族宗祠创办私立学堂，命名为“东镇高等小学堂”。民国时期倡导新式教育，境内小学逐渐增多。“东镇高等小学堂”曾四易校名，民国28年（1939）改名为桂阳县私立元善小学校。1939年春，李木庵在此（今城南完小所在地）创办“桂阳县战时中学”，培养抗日骨干力量近千人。1946年，刘淑卿在原“鹿峰学院”创办“湖南私立捷卿中学”。

1949年后，人民政府接管所有乡、保国民小学。1952年，“元善小学”更名为桂阳县第二完小；1962年改为桂阳县城南完小至今。1951年“捷卿中学”更名为桂阳县私立培才中学，1953年改名为桂阳县第三初级中学，1974年开始招收高中班，1978年确立为郴州地区重点中学，1998年跻身湖南省重点中学，2004年为首批挂牌“湖南省示范性普通高级中学”。1954年兴建人民完小。1957年城关镇人民政府兴办“桂阳县城关镇文化补习班”，1958年更名为“城关镇民办中学”，1960年更名为“城关中学”，1974年改名为“东风中学”，2007年该校成为公立初级中学，除中学部外还负责管辖15所村级小学，2013年11月定名为东风学校。1967年，宝山铜矿建立子弟学校，2007年改名为桂阳县第九中学，是一所全日制九年义务教育学校。2007年9月桂阳县成立“蒙泉学校”，招收初中学生。2012年分蒙泉南校和蒙泉北校，2014年南校命名为鹿峰中学，北校命名为蒙泉学校，皆为公立初级中学。

2014年，辖区有幼儿园23所，其中公办幼儿园4所，在园幼儿1920人，教职人数138人；民办幼儿园19所，在园幼儿3636人，教职人数313人。小学5所，其中：公办小学4所，在校学生12830人，教职人数525人；民办小学1所，在校学生652人，教职人数42人。初中3所，均为公办学校，在校学生5825人，教职人数315人。高中1所，在校学生4293人，教职人数322人。小学适龄儿童入学率100%，初中适龄人口入学率、升学率、九年义务教育普及率均为100%。有街道文化站、广播电视站各3处，村、社区文化活动中心42个，各类文化专业户85户，村（社区）农家书屋19个，藏书15万余册。

医疗卫生

境内中医历史悠久。行医者称“郎中”，或开药所或游走市井乡村，把脉问诊，用中草药为人治病疗伤。随着时代进步，名医迭出。清代州人汪浒，医术高超。“凡民有疾，视为济之，不索一钱。”为人治病，“一匕愈之”，医德医术名噪郴、桂两地。另有州人何尊铎以“刀圭”之长，被选为京都太医院医士。民国4年（1915），美籍传教士和华人传授士谢敬业在县城福音堂开始用西医为教徒治病。自西医传入后，中医受到挑战。民国18年（1929），为执行国民政府颁布的《废除旧医以扫除医事卫生之障碍案》，以考核发证为由限制中医开业。但尽管如此，广大中医人员继续发扬中医传统，城关镇人周国栋等仍著有大量医书，传授中医理论，被誉为“博学医生”。民国21年(1932)，李富国在十字街首创“群英西医社”。民国28年（1939）7月，国民政府在县城关帝庙建立县卫生院，管理本地的医药事务。同年，国民政府提倡妇幼保障，境内始有孕妇产前检查和新法接生。民国33年（1944）冬，镇人李锡安、李锡宝兄弟在东街里开办“李锡安诊所”，以儿科专长，驰名全县。

1949年后，县人民政府于1950年接管原有公立医疗机构，卫生院推广新法接生，儿童健康检查。1951年成立中医学会；1954年创办中西医联合医院。1956年8月县卫生院扩建为县人民医院。1958年在原“李锡安诊所”处成立城郊医院。1969—1980年，城乡推行合作医疗制度，西医机构扩展到大队（村），每个大队都培训有1～2名不脱产的“赤脚医生”。1982年农村全面实行经济体制改革后，西医事业打破国家包办的格局，出现多层次、多形式，多种所有制办医局面。1986年县中医院从七里街何家湾迁至现址。1996年实行农村医疗卫生一体化管理，城关镇卫生院改为城关医院；城郊卫生院改为城郊中心医院，后迁至蔡伦北路二市场旁。2000年，蔡伦南路贯通后，在城郊医院原址设立城郊中心医院二门诊部。2010年，县妇幼保障医院门诊由芙蓉路搬迁至欧阳海路。2005年实行“新农合”以后，村（居）民住院报账比例逐年提高，大病救助、特殊门诊等社会报账制度更加完善。2014年年底，境内各类医疗机构40家，病床1975张，其中县级医院3家，在编医护人员1002人，病床1530张。

人民生活

1949年前，战争和自然灾害频繁，人民生活极度困苦。旧社会城市两极分化非常严重。有些城市贫民，既无土地，又无资本，露宿街头，乞讨为生，比农村贫农还苦。

1949年后，经过一系列的民主改革和经济建设，人民生活逐步提高。中共十一届三中全会后，提高速度更快。20世纪80年代，自行车、手表、收录音机成了青年人结婚必备的三大件。2000 年后，三大件改变为新房、汽车、现代电器。2014 年，城镇居民人均可支配收入 29935 元，居民银行存款余额 3.5 亿元，人民生活质量全面提升，向全面小康迈进。

社会保障

明清时期，境内曾办过养济院和育婴堂（地址在今桂阳县三中校园内），收养少数孤寡老人、弃婴。民国时期亦曾办过孤老院，后因战争频繁，连年灾荒，济养困难，无法负担而停办。

1949 年后，农村孤寡老人分得田地，靠亲邻帮助耕种和救济，基本生活有了保证。城镇孤寡老人，政府发给临时救济金或动员亲友相助，弃婴则由民政费开支济养。1958 年冬，兴办“城关敬老院”。人民公社化后由生产队（村小组）对孤寡老人实行“五保”（保吃、保住、保穿、保医、保葬）。1978 年，县内上山下乡知识青年开始回城，至 1983 年，安置回城知识青年和待业青年 1382 人。1987 年秋县财政拨款 2 万元重建城关镇敬老院。20 世纪 90 年代初国营、集体企事业单位实行体制改革，有大批职工下岗，加上城市建设征地拆迁新增大量待业人员，街道各社区居委会成立劳动服务公司，安排部分待业人员在本地就业。至 1993 年 4 月共安置 2680 人就业。1994 年，乡镇民政办成立，负责社会保障。1999 年春启动城市居民生活保障制度，街道首批有 197 人纳入最低生活保障。2005 年启动新型农村合作医疗制度，年内有 65% 的农户参加“新农合”。2006 年启动大病救助。农村有大病救助对象 7 人，救助金额共 8400 元；城镇有大病救助对象 5 人，救助金额共 8750 元。2008 年遭遇冰灾，辖区内共倒塌房屋、厂棚 312 栋（间），乡镇发放救灾款 30 万元，救灾物资折合人民币 12 万元。在“5·12”四川汶川大地震救灾期，政府组织党员、干部、群众捐款捐物，合计捐出人民币 45 万元。是年 7 月，启动城镇居民医疗保险制度。2009 年启动农村居民生活保障制度，对农村特困户、“五保户”实行大病救助。

2014 年底，街道有“五保”供养对象 4 人；城镇低保户 139 人；农村低保户 110 人；残疾人 1428 人，其中重度残疾人 391 人，年内发放重度残疾补助金 2.46 万元。“新农合”参保续保 7079 人，城市居民医疗保险参保续保 30138 人，新农合补偿 15509 人次，金额 417.96 万元。城市医疗保险补偿 5426 人次，金额 1085.77 万元。新增城镇就业 2395 人，失业再就业 876 人，困难对象就业 38 人，新增农村转移就业 52 人。

特色地情

人物

蔡伦（？—121） 字敬仲，东汉时期人。永平末年入皇宫为宦官。古时著书立契都用竹简和缣帛，竹简笨重而缣帛成本昂贵，不便于使用。蔡伦总结以往人们的经验，用树肤、废布、麻头等作原料制成“蔡侯纸”。元兴元年（105），蔡伦将造纸工艺奏明皇上，和帝大为赞赏，下令推广应用。建光元年 (121)，因不愿受诬陷之耻辱，服毒自尽。

李元善 字兼万，号湘甫。明初，杨景定湖南，元善十五岁从麾下，力战有功，补茶陵卫千户。明洪武十二年 (1379) 调桂阳守御千户所。桂阳城北皆丛林，虎白日伤人。元善即率徒卒十余，往逐虎，奋起手搏之，虎立毙。民歌曰：“李广射虎费箭镞，将军拳虎，雨血飞肉！”元善日与文士会诗酒，建书院鹿头山。

何文廌 清初廪生。对天文、地理、历法、医学、文词造诣较深。撰有《蓉文拾粹》《氏族增笺》《中星应极图》《易系词辨解》《医门辑秘》《医林文献》等书，曾编写《桂阳州志》(后改名《南平志》)。所著《中星应极图》《医林文献》、《易系词辨解》今尚存北京中医研究院图书馆。

曹德赞 字仲襄。清嘉庆十四年(1809)进士，授翰林院庶吉士，两年后改任繁昌知县。"五年大治，夜不闭户"。辞官后，主讲鹿峰书院，专心育人。至道光年间，州中进士俱其子弟。

李伯仁(1882—1945) 名静，字毓麟，同盟会员。历任民国时期海军部海事编译处主任，东北海军驻京办事处少将处长，湖南都督府顾问，省参议员，海军总司令部少将高级参谋等职。

李毓尧(1894—1969) 号叔唐，著名地质学家。民国20—25年(1931—1936)，调任中央研究院地质研究所专员及国民政府矿部司长。抗日战争时期，先后任国民党湖南省党部主任委员，湖南省建设厅厅长，湖南大学校长。1949年后，先后任安徽省合肥地质局局长，安徽省科学分院地质研究所主任，上海市政协委员。著有《江西修水流域地质》、《皖南休宁兰田冰碛层》、《宁镇山脉地质》、《合肥地质》、《大别山第四纪冰川》等书，对中国地质学有所建树。

鹿峰街道的历史名人还有：黄照邻，宋真宗大中祥符八年蔡齐榜进士；邱崇，宋哲宗元符三年进士；叶盖，宋神宗熙宁九年进士，官至朝散大夫；黄植、李誉，同登神宗元丰二年彦榜进士；王敏，永乐初以拨贡补罗城知县，调大竹县；袁仁钦，永乐中以岁贡授弋阳知县；何天禄，嘉靖甲午试应天，为举人，补增城知县；李时春，万历二十七年(1579)由选贡补忻州州同，后迁忻州知州；曹熙淑，1930年加入中国共产党，1932年任中共桂阳县委副书记；何澄、杨呈祥，革命伉俪，两人均于1926年加入中国共产党，1927年投入湘南起义，1928年在郴县五盖山的一次战斗中壮丽牺牲；何巧，珠算研究者，在珠算领域颇有建树，多项研究成果获推广应用，著有《珠算乘除法基础》一书。

名胜古迹

桂阳为千年古郡，曾遗存大量的文化古迹。历史变迁，朝代更迭，或毁于天灾，或毁于人祸，令人惋惜。今鹿峰街道内尚存的有：蒙泉、蔡伦井、东塔、宝岭古代采矿遗址等名胜古迹。

蒙泉 又名八角井，在城西芙蓉山下。相传东汉末年，三国蜀将赵子龙奉命攻打桂阳郡。临行时诸葛亮送其锦囊一件，嘱咐危难时候打开。赵子龙来到桂阳后，兵聚芙蓉山一带。时值盛夏，

蒙泉

蔡伦井

山中无水，人干马渴。情急之下，赵子龙打开锦囊，内有八卦图一张，依嘱置图于地势低洼处。可数日未见水影，心急如焚的赵将军气得用手中长矛怒戳八卦图，长矛入地处泉水喷涌而出，解了将士干渴之难。该井泉水甘冽，烹茶无垢，煮酒醇香，为桂阳第一泉。井旁有宋绍熙壬子年（1192）鄱阳张垓书刻“蒙泉”石碑一方。碑高 2.31 米，宽 1.02 米。清光绪十三年（1887），知州陈国仲雇石匠

东塔

用条石将蒙泉砌成八角形井，并在井侧建一石亭。光绪十八年（1892），督学使者张预于亭柱刻“此来柱笏看山，孤负平生能著屐；为客飞符调水，偷闲试院且烹茶”对联一副，并在对联旁刻识“桂阳多好山，使者不能游也。城西芙蓉峰下赵侯庙，有泉甚清冽，试院茗饮则取汲焉。庙废之，今州刺吏宜都陈国仲新之，招浙僧昌福司香火，丹徒茅君谒侯庙，僧乃介以乞余书。余以僧同乡人也，为缀二十六字贻之。光绪壬辰（1892）五月既望，钱塘张预书并识”。1994年被列为县级文物保护单位。离井口正南面10余米处的一座凉亭，因年久失修而倒塌。2001年7月，时任桂阳县长吴章钧为修复这一重要文物，召开专门会议并拨出专款。社会知名人士宁顺华先生捐资3万元，对凉亭全面修复。周围用红砖砌成2米余高围墙，并把井水用管引到围墙外面，重建两口新井，既方便群众用水，又保护了这一千年古井。

蔡伦井 又称蔡泉，在桂阳县城蔡伦南路东侧与百花路地段交汇处。是中国古代四大发明之一造纸术的发明者蔡伦故居的一口井。井成正方形，每边长约1米，上有石砌井台，井旁摆一石凿大盆。后人为纪念蔡伦功绩，在井旁建蔡伦祠，

世界最大的铜钱币雕塑——“桂”字“开元通宝”

临街处立石砌牌坊，上书“蔡伦井”三个大字。今井、盆存在，祠和牌坊已塌毁。

东塔 又名鹿峰塔，坐落在东塔公园鹿头山顶。宋治平年间（1064—1067年），桂阳监使孙颀始建时为四级浮图，后倒塌。明嘉靖十年（1531），在旧基复建，万历元年（1573）竣工。塔高30.18米，七级八角，门额青石刻“寿山福海”及“嘉靖十年上冬吉造”等字样。民国20年（1931）修缮一次。1959年，省人民政府公布为省级文物保护单位。1977年县革委会发布了保护东塔的通知。1984年省人民政府文化厅拨款10万元，按原貌维修一新。东塔公园是国家AA级旅游景点。景色秀美、古朴幽雅。以东塔为中心增设雁塔峥嵘、拙翁古岩、德泉龙吟、鹿耳石雄、石罄铿锵、栖真仙洞、霞泉日丽、云崖游龙、蔡伦竹屋、幽谷飞鹿、孔明观象、松涛长啸、快绿草亭、赵云射戟、云阁清风、山亭夕照、蓉湖落雁、欧阳海塑像18个景点。山上有鹿峰寺，每天善男信女络绎不绝，香火旺盛。

宝山国家矿山公园 位于桂阳城西部。该旅游区以古代采矿遗址和现代采矿场所为核心景观，以工矿文化体验为主题，充分展示古今采掘工艺流程，加以休闲娱乐元素的时尚特色。公园有游客接待大厅，矿井观光游览区，露天采场景区，矿山风情区、矿冶博物馆，烹采区，选矿工业观光区，子龙屯兵营等，服务功能齐全。该项目填补了国内矿山旅游资源的空白。园内还有当今世界上最大的铜钱币雕塑——“桂”字“开元通宝”，该铜钱直径24米，厚4.2米。2013年9月，中国郴州“林中之城、休闲之都”国际休闲旅游文化节开幕式暨湖南宝山国家矿山公园开园仪式在此举行。

桂阳县苏维埃政府旧址 位于桂阳县城关镇迴水街3号（原中医院门诊部），坐西朝东。始建于清代，青砖瓦木结构，南北墙为风火墙。面阔11.3米，进深18.15米，建筑占地面积205平方米，整座旧址为典型的湘南古民居风格建筑。1928年2月，湘南暴动起义胜利后，桂阳县成立苏维埃政府，并在此临时办公。2008年12月县政府公布该处为县级文物保护单位。2013年5月，该处被国家文物局列入全国第七批重点文物保护单位“湘南起义旧址群”，跻身“国保”级文物单位。

（李国强 供稿）

黄沙坪街道

全国文明镇、全国环境优美乡镇

区域概况

地理位置

黄沙坪街道位于桂阳县城西南部，北纬25°72′55″至25°62′01″，东经112°66′76″至112°75′44″。东与正和镇相连，南邻太和镇，西与方元镇相接，北与鹿峰街道毗邻。今街道办事处坐落黄沙坪铅锌矿区内，距县城9公里。厦蓉高速是，省道322线、214，国道123线环镇而过；桂临高等级公路、新修的桂阳大道贯穿全境。

建置沿革

明嘉靖丙申年（1536），桂阳州设四十六里，黄沙坪境域隶属南隅；清康熙二十一年（1682），属涌泉里；清乾隆三十年（1765），桂阳州设五都五十一里，黄沙坪属笃信都涌泉里；清咸丰时（1851—1861年），桂阳州编为十一团，都里照旧，黄沙坪属协中团；清同治七年（1868），桂阳州编五都五十一里，黄沙坪属笃信都涌泉里。

民国3年（1914）桂阳县设十二团，黄沙坪属镇中团涌泉里；民国21年（1932），属第一区；民国27年（1938），属镇中乡；民国36年（1947），属蓉峰镇。

1949年属蓉峰区办事处；1950年属第二区公所（同年10月，区公所改为区人民政府）；1956年属方元乡；1959年建立黄沙坪镇（工矿镇）；1960年3月成立黄沙坪人民公社，1961年3月撤销；1961年8月，设黄沙坪区公所，1962年6月撤销并入方元公社；1983年复建黄沙坪镇；2012年3月，撤销黄沙坪镇，设立黄沙坪街道办事处。

行政区划

1983年之前，黄沙坪矿区面积1.86平方公里。1983年建镇，除原辖区外，划方元公社上银山、羊角脑、周台三个大队和太和公社山下大队归黄沙坪镇管辖。辖区总面积17.5平方公里，耕地面积159.13公顷，水田124.27公顷。

2012年3月桂阳县进行区划调整，设黄沙坪街道，将原共和农场、烟科所、农科所、太和镇沙坪村、城郊乡柏树村划入黄沙坪街道，辖2个社区居委会和8个行政村，分别为周台、山下、上银山、羊角、柏树、沙坪、共和、三关8个行政村，黄沙坪矿区、井水坪2个社区，辖区东西最大距离6公里，南北最大距离10公里，总面积37平方公里，耕地面积762.3公顷，其中水田555.4公顷，人口密度为每平方公里462人。

自然环境

境域属丘陵岗地，丘陵顶部浑圆，低丘比高60 ~ 150米，坡度15 ~ 20米。最高峰狮子岭海拔570.4米。

地质为“新华夏构造”，由走向北东20度左右压性断裂和褶皱组成，在境内表现最为明显。境内露出的火成岩岩体有龙岭渡角闪石黑云母花岗岩，侵入石炭系至三迭系地层中，以斑黑云母花岗岩居多，均属不规则条状岩体。黄沙坪矿为岩体接触线弯曲处，其铅锌矿富集于超围岩上或超围岩下。

土壤以石灰岩红壤为主，其次有板页岩、红壤、砂岩红壤、黄壤等。矿区、村落之间的土壤各不相同。

属亚热带湿润季风气候。年平均气温17.2℃，年平均日照时数1705.4小时，最低气温为－9℃，年平均降雨量1437.3毫米。进入20世纪90年代，气温有变暖趋势，较前10年高0.4℃，年平均降雨量减少至1385.2毫米。

矿产资源

境内铅、锌、铁精矿、磁铁矿、锰矿资源极为丰富，稀有金属钨、钼储量也可观。据上世纪80年代勘探，黄沙坪上银山锰矿储量10万吨；铅、锌在黄沙坪——宝山一带达400万吨；铁矿25万吨；硫铁矿、钾长石、金、银矿等在黄沙坪都是主要分布区。铅、锌、铁等矿产储量在全国名列榜首，桂阳因此有“有色金属之乡”的美誉。

人口民族

1958年，黄沙坪矿有职工2351人，住矿家属3077人。1983年，全镇总人口2222户9611人，其中非农业人口6035人（包括厂矿、学校、机关及3个居委会）。2012年区划调整，辖区人口增多，总人口2.16万人，其中城镇常住人口1.64万人，流动人口0.56万人。

2014年底，总人口2.31万人，其中农业人口0.66万人，另有外来人口1.3万人。绝大部分为汉族，仅流动人口（多为摊贩）中有少量瑶族、苗族、维吾尔族人。城镇化率76.6%。

经济发展

经济综述

该镇1983年建置，由矿山与周边农村组成，辖区还有国企和集体企业。是年，国内生产总值9095万元，其中第一产业5718万元，占比62.87%；第二产业3271元，占比35.96%；第三产业106万元，占比1.17%。农民人均纯收入139元。1985以来，相继办起了三矿二场一队一公司（联办铅锌矿、镇办铅锌矿、铁矿、林场、果木场、基建队、供销公司）。村办企业有运输车40台，个体工商户164户。为了发展壮大集体经济，该镇注重对公有资金的利用，一方面积累用于企业扩大再生产；另一方面，把企业上缴的提留款用于发展新企业。1991年投资镇办林场和果木场35万元，投资建铁矿选厂70万元，是年完成工农业总产值1286万元。全镇4个村都有集体积累，镇、村两级企业除上缴利税外，积累总额达30万元。

2000年全镇有矿业、冶炼、加工等企业454家，乡镇企业总产值18062万元，其中工业产值9860万元；几乎每家每户有劳动力在镇办企业务工，职工个人年收入超2万元。农业经济同步发展，以粮食作物为主，同时开发果木，培植本土名优特产辣椒、魔芋、生姜等。2003年转向以矿业为主、多元经营模式。2005年新建镇属工业小区。2008年发展蔬菜种植和特色水果户122户，新增种植面积7.67公顷。2012年获郴州市经济十强街道、招商引资十强街道。2014年街道党工委确立“加快‘两区一极’建设，率先在郴州市建成全面小康社会”的总目标，完善基础设施建设，推进新型工业发展，培植农业特色产业。（“两区一极”即打造湘南一流的融园发展新城区，郴州一流的绿色转型新矿区，桂阳重要的加速跨越新增长极。）当年实现国民生产总值34.24亿元，其中第一产业0.79亿元，占比2.3%；第二产业25.89亿元，占比75.6%；第三产业7.56亿元，占比21.1%。城乡居民人均可支配收入26718元。

农业

种植业 1981年，桂阳县划分5个综合农业经济区，黄沙坪属于南部丘陵粮烟果区。1983年播种粮食147.21公顷，总产量409.6吨；烟叶种植7.67公顷，总产量7.49吨；摘收水果48吨。1992年，烤烟种植面积增加到20.01公顷。同时，作出开发蚕桑生产的决定，首在山下村种植蚕桑3.34公顷。1993年，共种植蚕桑25.35公顷，产蚕茧28吨。是年，粮食总产量557吨，花生产量4吨，烤烟产量15吨，种植业总产值230万元。2000年以来，利用地域优势，发展蔬菜、瓜果种植，经济作物面积略高于粮食作物，而烤烟种植农户减少。2006年形成羊角村辣椒、山下村香芋和柿子、周台村水产等“一村一品”的产业格局。2010年粮食作物与经济作物及其他作物播种面积基本持平，是年种植业总产值800余万元。2013年，高产优质稻示范基地、蔬菜、水果等特色农产品基地建设有序推进。2014年粮食作物面积894.05公顷，产量4760吨；蔬菜366.78公顷，产量10998吨；瓜果89.78公顷，产量1969吨。实现种植业总产值6671万元。

养殖业 辖区乡村自古有饲养生猪、家禽的传统，生猪多为农户圈养，家禽皆为散养。1983年出栏生猪1119头。1989—1994年间出现个体养猪专业户，镇粮油贸易公司兴办养猪场，进行饲料加工、生猪养殖一条龙经营，年出栏生猪在5000头以上。2006—2010年，全镇生猪饲养量稳定在1万头左右；家禽饲养量略有增加，幅度在10%左右。2012年辖区面积扩大，农业人口增多，畜牧、水产业规模增大。2014年出栏生猪31932头，出笼家禽89084羽；水产品产量175吨。实现畜牧水产业总产值6493万元。

林业 自1989年起，开办林场和果木场。1990年冬至1991年春，投入造林资金35万元，人工造林48.33公顷，其中集体造林34.4公顷；个人造林14公顷。营造速生丰产林154公顷、果木林62公顷，完成消灭荒山的任务。1993年，造林作业面积64.2公顷，其中封山育林56.67公顷，年末有油茶林60公顷。2000年以来，每年有计划地组织造林，其中2006年造林166公顷，2012年荒山造林180公顷,2014年造林80公顷，是年实现林业总产值342万元。

工业

该镇矿产资源丰富，工业以铅、锌、铁等矿业的开采和冶炼为主。黄沙坪磁铁矿自唐代开始采掘，一直延续到清代；1958年，有县办黄沙坪铁厂。1969年，国营黄沙坪铅锌矿产量上升，总产值增加到2290万元，但县办企业产值仅297万元。

1983年黄沙坪有国企1个，产值3193万元，集体企业2个，产值78万元。1985年镇属宝岭铁矿建成投产，总投资526万元，主要采选矿石、回采铅锌残矿，年产值700万元以上；同年，镇属上银山铅锌矿建成投产，主产铅锌原矿。1990年镇属集体企业工业总产值达到1076万元。2000年宝岭铁矿拥有固定资产2000余万元，员工150人；上银山铅锌矿实现年产值600多万元，拥有固定资产800多万元，员工155人。当年这些企业均被评为市、县级“乡镇明星企业”。另有铁矿冶铸小铁炉12座，每座铁炉日产铁3.5吨左右，年产值80万元以上。2000年以后，构建了以镇属宝岭铁矿、上银山铅锌矿、铅锌选厂和冶炼厂为核心的铅锌采、选、冶炼工业园，并在工业园内引进3个投资在100万元以上的加工型企业。2010年有工业企业94家，从业人员9186人，工业企业总产值13.89亿元，实现工业增加值4.02亿元。2012年，共引进工业企业5家，开工重点项目8个，完成投资20.21亿元。

2014年，街道办辖区全部工业企业187家，从业人员6341人。总产值25.89亿元，其中规模以上工业企业55家，产值22.63亿元；规模以下企业132家，从业人员2819人，产值57.4亿元。

商贸服务业

1954年，省408队勘探队进驻黄沙坪时，为保障矿区生活物资和日用工业品的供应，方元区供销社设坪矿供销分店，部分物资靠附近圩场补充。1956年该分店改为工矿贸易商店，经营日用百货、布匹、副食、蔬菜等。1958年坪矿成为“大炼钢铁”基地，人口骤增，贸易商店经营业务扩大。增设饮食店、豆腐店、糕点厂。1962年县肉食水产公司在坪矿设立食品站，负责矿区的肉食供应。1964年形成集市，为生活市场，早市最盛。

1983年有商业网点6个，产值106万元。农贸市场每日赶圩，年成交额27万元，个体工商户28家，全镇社会商品零售额338万元。1986年扩建农贸市场，上市品种达1000余种。随着公路的改造亮化，临街商店、上档次餐饮店逐渐增多，洗车、衣物干洗等服务业网点开始出现。1990年发展个体工商户210家。1993年社会商品零售额779万元，其中集市贸易成交额230万元。1995年镇政府与国营黄沙坪矿矿部联合兴建黄沙坪市场，面积2700平方米，建成一条商业街，零售业、餐饮服务业、金融业、通讯业等行业迅猛发展。

2014年，街道办辖区内个体工商户427家，从业人员2000余人。保险网点1家，数码电子、驾校、汽车修配、移动通信、百货超市等网点遍布，基本满足居民生活需求。全年商品零售额53172.33万元；服务业总产值188万元。

经济开发区

新型工业小区 2005年，该镇着眼发展新型工业化，投资6500万元新建标准厂房8万平方米，定名为“新型工业小区”。2006年以来，引进新型工业企业57个，投资总额达16.3亿元。上缴财政利润由改制前100万元提高到800余万元。2012年，桂阳银利多金属冶炼有限公司、中远铁矿集团、广成电子（二期）、三湘源电子科技有限公司、银丰铸造厂等8个重点项目完成投资2.21亿元。成为郴州市乡镇（街道）一级自建工业园的典范。

湖南黄沙坪铅锌银矿 该矿位于黄沙坪街道治所，古称长富坪。早在唐代就开始采矿，宋真宗天禧三年（1019）平阳有九银坑，银铅共采。清康熙五十二年（1713），户部批准在大凑山（今宝山）、长富坪（今黄沙坪）采铅。雍正五年（1727）禁采，次年撤销禁采令，准许商户开采。嘉庆七年（1802）采铅运京城。随后，朝廷再度禁采。民国5年（1916），省常桂公司筹备处在黄沙坪试采，产量甚少。

新中国成立后，国家地质勘探队探明该地的矿产资源，冶金部于1958筹建黄沙坪铅锌矿。1963年第三次动工。1967年1月正式投产，年末有职工3730人，固定资产原值9017.20万元，工业总产值4932万元，利税2596万元。经过不断扩建、改造，已建成一座具有比较先进的采、选联合生产体系，以及机修、运输、发电等辅助设施和医疗、教育、后勤服务设施比较完备的有色金属矿山。因国家经济管理体系调整，1971年将该矿下放到郴州地区管辖；1982年上收省管；1984年后直属中国有色金属工业总公司，为大二型企业,国家二级企业。被誉为“城市化、公园化、现代化”矿山，被湖南省定为首家对外开放旅游矿山。

2004年8月湖南有色集团组建，该矿成为其中的一家企业，属湖南省国资委监管企业。2005年9月公司实施重组改制，主辅分离、辅业改制。2006年3月该公司随湖南有色在香港上市。2009年12月中国五矿集团与湖南有色集团战略重组，该公司纳入中国五矿集团管理，成为央企控股企业之一。2011年年末，该公司拥有资产总额近11亿元，累计实现销售收入72.5亿元，利润12.6亿元，上缴利税12.3亿元，相当于国家原始投资的近29倍。2012年来，克服铅锌市场低迷的影响，完成营业收入5.9亿元，实现利润总额6058万元，上缴税费11434万元。

财税金融

明末清初，坪矿一度被朝廷封禁。清乾隆年间矿区解禁，朝廷制定“二八”抽税章程，即矿砂或冶炼产品，抽征实物20%，其余80%由朝廷付银收购。乾隆十五年（1785）坪矿炼铅19.5万千克，税征铅3.9万千克。光绪三十三年（1907）废“二八”抽税制，改征矿井税、矿井年费、井税公费及执照费。但是，采矿和冶炼所得均由省矿业局统一经营，不列入桂阳州的财政收入。民国时期，改矿税为矿区税与矿产品税。新中国成立后，坪矿铅锌矿多系国内销售，长期免征工商税。

自设镇以来，农业银行、工商银行、农村信用社等在黄沙坪设营业所。镇财政所属桂阳县财政局管辖。1991年村、镇两级企业上交国家税金36.15万元，纯利润52.65万元。1994年年末农行黄沙坪营业所各项存款余额达1615.88万元。2010年，镇财政总收入18812万元，其中地方财政收入8600万元。2014年年末，街道财政总收入5.05亿元；境内有金融机构3个，各类存款余额2.62亿元，各项贷款余额2.2亿元。

旅游业

进入21世纪后，该街道利用紧邻县城的地理优势，依托域内分布的农林场所，种植花卉苗木，大力发展乡村休闲旅游。域内的桂阳县农业科学研究所，总面积2.47平方公里，土壤肥沃，地势平坦，适合种植苗木。2003年，该所引入台商潘奕成，在农科所种植以樱花、红枫等为主的观赏植物80余公顷，建成了樱花园、红枫林两大风景旅游点。每到樱花开放、枫叶转红的时节，整个农科所变成红色的海洋，吸引各方游客前来观光游览，每年接待来自全国各地的游客40余万人次。

基础设施

交通运输

公路运输　清代之前，有桂阳至临武进广东的官道（驿道）经过。新中国成立后，省道1806线（郴州～道县）从镇区经过，是镇区出入的主要通道，初为柏油路面，后铺设水泥路面。1965年省运输公司在桂阳设汽车管理站，同时在黄沙坪设代办站，建有票房和车亭，有工作人员2名。1970年代初，成立坪矿汽车队，承担本矿生产、生活、基建运输。1974年县运输公司在黄沙坪设装卸组；1980年汽车队车辆增至59辆，总吨位280吨，矿内组建装卸小组。1988年有交通运输业主44个，从业人数73人。1972年修通南清塘至黄沙坪砂石公路，1978年后修通至张家公路，郴黄公路全线贯通。1990年后客运向多层次、多

渠道发展，镇区至县城的客运以中巴车、微型车、三轮车为主。1999 年，新修的桂嘉公路贯穿镇中心。2004 年对环镇西路、共（共和农场）黄（黄沙坪）大道进行硬化，实现轻重车分流。2006 年有拖拉机 45 台，小型运输车 40 台，大型运输车 51 台。2010 年所辖行政村及其中 19 个村民小组铺通水泥公路。2013 年，投资近 3.5 亿元修建厦蓉高速桂阳连接线，对桂嘉路口进行拓展，完成了文化楼路段的拓宽改造。2014 年年末有拖拉机 203 台、农用运输车 89 台；私家小车百余台；大型运输车 62 台；客运车乘坐桂阳至方元镇的中巴，约 15 分钟一趟。

铁路运输 1981 年 12 月，郴州至桂阳段（窄轨）铁路通车，距黄沙坪 2 公里的方元镇辖区设车站和料场。1987 年郴嘉铁路（窄轨）全线通车，但到 20 世纪 90 年代后期便停止运营。1963—1979 年，该镇兴建矿区内生产运输小轨铁路，至 2014 年年末仍在使用。

邮政通信

邮政 1949 年 10 月前，黄沙坪辖区未设邮政机构。1956 年，始设黄沙坪邮电所，后改为支局；1963 年黄沙坪邮电支局属全民所有制机构；1988 年属县邮电局下辖机构。1998 年邮电体制改革，邮政与电信分家，邮政支局业务涵盖函件收寄、包件收寄、报刊发行、汇兑、邮政储蓄等。2000 年开设邮政储蓄业务。2002 年设立村级邮政代办点 3 个。2004 年增设邮政信报箱 8 个。2009 年网购快递业务开始盛行。2014 年年末，街道办内设邮政支局一个，乡村代办所 6 个；快递业务网点 2 个。

通信 20 世纪 90 年代之前，黄沙坪使用“摇把子”磁电式电话；1992 年架设桂阳至太和四芯光缆线后，镇区电话号码为 4571000。至 1993 年 9 月，全镇开通程控电话 240 门。2000 年黄沙坪电信基站建成，移动通信走向大众化。互联网进入桂阳县城后，黄沙坪镇区很快出现私营网吧。2002 年该镇建设通信机房 1 个，互联网开始进入寻常百姓家。2006 年电信支局开通网络通信系统，C 网、3G 信号覆盖镇区。2010 年建成电信基站 2 座，移动信号实现全覆盖。至 2014 年年末，移动、联通等通信客服网点7家，网络、电话通信全境畅通，固定电话装机达2825门。

供电饮水

供电 1954年起，国营黄沙坪矿先后自建5个火力发电厂，装机容量4500千瓦，年均发电1300万千瓦时。后又在狮子石电站上游建水泵房，组成坪矿电网，除矿区内自给外，还供镇区内各村以及县城部分街区用电。1961年鲤鱼江电厂至黄沙坪铅锌矿35千伏输电线路建成，矿区及镇区居民始由大电网供电。1962年建成黄沙坪35千伏变电站，转输鲤鱼江火电供应县城。1990年境内改由湘南大电网供电。2007年完成辖区农村的农网改造。

饮水 1962年国营坪矿有小型水厂，供应矿部居民。1988年建成日供万吨的自来水厂，镇区居民用上自来水。1991年，维修村级水井22口，改造饮用水井31口，村民饮用水质量得到保障。至2000年，先后引春陵江水、在方元水库建消毒水塔，使全镇大部分居民用上了自来水。2007年，投资100万元解决山下、周台10个组的安全饮水问题。2014年建成一条连接至街道工业小区的供水管道，并通到周边村组。

农田水利

境域从古至今是干旱死角地区，仅羊角村有1座小Ⅱ型水库，由于集雨面积小，蓄水量仅能达到50%。因地质原因，各村的基本山塘和小山塘普遍严重泄漏。

1983年建镇后，镇政府发动各村自筹资金完善本村水利设施建设。1990年以来，维修小山塘5处，修整水渠2550米；选定两名水管员，加强了对羊角水库的管理，使这座水库蓄水量增大，受益面积扩大。1993年投入6万多个劳动日，对境内50余处水利设施进行维修，挖掘土石方5万立方米。1996年实施“五塘两小工程”，修筑小二型水库1座，整修小山塘55处，修复漏水、荒塘各1处，受益面积970亩。2012年投入1800万元对上银山村河道进行了改造。2014年投入400余万元，进行病险水库除险加固、河道整理、渠道维修、机耕道建设，使水库、山塘防汛保安状况改善。

村镇建设

黄沙坪属工矿型集镇，基本建设逐年增多。1983年，以矿区为主体恢复镇的建制后，镇政府与矿部制定了《1983— 2000年黄沙坪镇建设总体规划》。至1988年，镇区内有房屋建筑面积25.08万平方米。先后扩建宽24米、全长900米的主要街道3条，修建了全长9370米的巷道12条，皆为水泥路面，道路绿化覆盖率达到40%以上。镇区建有俱乐部、农贸市场、商业街、废渣废水处理工程和一个拥有31名职工的环卫管理所，各项生产生活设施为全县农村集镇之冠。2000年完善了农村建房规划编制工作。2007年拨出农村建设专项资金900万元，用于环境“五清五改”工作。2008年建成工业小区广场、雄鹰文化广场，镇区房屋和道路整齐，绿树成荫，花草点缀，誉为桂阳第二城。

2012年，该街道新建迎熏广场、福润广场；兴建驾校、机动车考场。2013年完成绿化示范街道建设，建成周台、山下、柏树、沙坪、羊角等5个绿化示范村。2014年推进新型城镇化建设，完善11个绿岛广场的扫尾工作，做到了每个村都有休闲广场，每个行政村都有集办公、远程教育、农家书屋、政务服务为一体的综合楼。各村组完善了居民区公厕、果皮箱、密闭式垃圾箱、村（居）民家庭垃圾分类桶等基础设施设备。同时，安装村组太阳能灯63盏，完善了人行道和绿化带，镇村面貌焕然一新，2013年被评为“全国环境优美乡镇”。

社会事业

教育科技

义务教育 桂阳办新学以前，黄沙坪辖区的乡村子弟就读私塾。1949年后，就读国家公立的各级学校。1958年黄沙坪铅锌银矿子弟学校创办，该校是县境内中央、省、地属厂矿创办早、规模大、师资力量强、教学设备全的一所子弟学校。1991年被郴州地委、行署授予"一级完全中学"称号。1993年在校生1682人，其中中学生769人。2003年划归桂阳县人民政府管辖，更名桂阳县第八中学。

1983年建镇后，镇政府择址新建黄沙坪镇中学、中心小学，先后建造900平方米教学大楼一幢，及学生食堂、厕所等附属设施。1988年镇中学和中心小学新建12套90平方米的教师住房，600平方米学生宿舍。1990年建成800米长的围墙，近千米的校园水泥大道和水泥球场，安装了自来水。1993年配备电教室、仪器室、实验室、图书室。镇属中学在校生105人；小学4所，在校生264人；有幼儿园1所。1994年，上银村小学被郴州地委、行署授予"示范性小学"称号。2011年7月，黄沙坪区域教育资源整合，镇中心校并入桂阳县八中，组成九年一贯制学校。分南、北两个校区，实行一校三部（即中学部、小学部、幼教部）管理模块。

2014年年末，境内有学校3所，教职工146人，在校学生2313人，校园占地面积35000平方米，建筑面积19016平方米，拥有高标准的教学大楼、科技大楼、师生食堂和学生公寓。有完备的现代化教育教学设施。

职业教育 1980年国营坪矿开办技工学校1所，当年招收采矿、钳工、电工三个专业班，共200人，教职工24人。1988年有采矿、选矿、土壤、烹饪4个专业班163人，教职工25人。1995年厂矿企业改制，技校随之转型。

科技事业 国营黄沙坪矿于1980年成立了科学技术协会。至1987年，由高级工程师王康遥主持参与完成"黄沙坪矿区304矿带地质特征成矿规律研究"等10项课题，并用其进行指导矿区找矿勘探工作，获得好成果。其中"黄沙坪铅锌银矿伴生银（金）赋存状态及分布规律研究"获中国有色金属工业总公司科研成果二等奖。1990年建成占地500平方米的镇农校，有教职员3人，学员36人。是年，成立了农科教中心，本着为企业、农业服务，和人才培养、技术推广的宗旨，进行种植业、养殖业等方面培训。1995年设科技副镇长、科技专干各1人，发展村级科协会员12名。1999年经县科技局考核，山下村被认定为县级星火科技示范村。2004年"农民素质"工程启动，免费为农民进行技能培训。2010年以来，以远程教育为载体，先后培训农民2000余人次，全镇90%的农民掌握了1～2门实用技术。

文化体育

国营黄沙坪矿作为新中国成立后的重要矿山，境内的工人文化体育活动较为繁荣，基础设施较完善。1964年，县新华书店在黄沙坪设图书门市部；1983年建成体育场，图书馆。1991年修建3个村级球场，使村级体育竞赛活动实现了经常化、正规化。1993年镇区建成体育场8个，完成工人文化中心、溜冰场、公园建设。1998年始建"农家书屋"。2005年兴建了集学习、娱乐、休闲于一体的文化楼，在休闲区域添置健身器材。随着生活条件的改善，歌咏、书法美术、摄影等比赛，以及各类体育竞技活动频频开展。

2014年年末，街道共有农家书屋8个，文化站1个。有各类体育场所30多个，健身器材70套（台），其中灯光体育运动场属县内一流。文艺团体1个，体育组织2个。坪矿成立了文学社，有文学会员20多名。

广播电视 新中国成立前辖区没有广播电视设施。1958年组建黄沙坪矿电影放映队，除在俱乐部内场放映外，还有能容纳3000人的露天放映场。1983年有1064个座位的影剧院1个。镇区主要路口有高音喇叭，每天播放新闻和文艺生活节目。1986年建成电视差转台，始设5瓦发射机发射11个频道，覆盖矿区2平方公里；1979年增置10瓦发射机，1981年又增加10瓦五频道发射机一台，1987年镇区矿工住宅区安装闭路电视。1992年全镇投入34.5万元安装有线电视，成为全省较早安装有线电视的乡镇；2010年，有线广播电视覆盖率100%。2014年年末，有广播电视站一个，有线电视通到了每个村组，入户7100户，入户率98%。

医疗卫生

国营坪矿于1954年始建职工医院（当地农民也可到此就诊），1983年拥有床位28张。1988年拥有房屋3500平方米，固定资产36.2万元，拥有病床127张，临床科室7个，职工92人，其中医技人员69人。1993年拥有卫生工作人员110人，其中医技人员87人。1995年该院升级为副处级机构。1998年建筑面积达3050平方米的综合医务大楼交付使用。2000年全院有职工88人，其中技术人员72人，院内有8个职能科室，11个临床科室和10个医技科室，1个妇幼保障站。

1988年，区域内增设黄沙坪镇卫生院，有职工10人，其中技术人员9人。1991年购进X光机和化验设备。1993年增加技术人员1名，有病床3张。2010年末，镇区有各级医疗卫生机构8个，门诊部（所）18个，床位83张，固定资产总值4100万元，专业医卫人员215名，其中执业医师31名，执业助理医师48名，注册护士87人。至2014年，境内有医疗机构10个，其中村级卫生室8个，从业医生125名，全年完成诊疗2.1万人次。

社会保障

20世纪80年代之前，坪矿属垂管单位，职工的生活保障享受国家相关政策待遇。

新中国建立后，孤寡老人和无劳动能力的残疾人实行“五保”，对受灾群众以钱、粮等形式救助。1990年，镇计生专项资金为纯二女结扎户办理养老保险，户均400元。1993年，开展农村社会养老保险，发放百岁寿星津贴。随后国营集体企业改革，镇区启动安置下岗工人、退转军人就业工作。从1999年起，镇区对下岗、失业困难职工发放最低生活保障金。2003—2007年发放困难职工帮扶资金136万元，为“三老户”建房4处12间。2008年始建敬老院，设床位50张，收养农村孤寡“五保”人员45人，是年发放冰灾救济财物100万元。2010年率先将新型农村合作医疗参合资金全额纳入镇财政预算。2011年年末，该街道社会福利费支出35万元，建设社区服务设施26个。慈善分会接受社会捐款6.5万元，使95人（次）困难群众受益。五项社会保险基金收入合计32万元，支出合计32万元。新型农村养老保险参保率95%。2012年，改造低保、“五保户”、困难群众危房33户。全街道3000多人纳入社保范围，823名60岁以上老人按季度领取基础养老金，新农合参合率95%。

2014年，全街道通过“一卡通”发放各项补贴资金共计336万元，有效保障了群众的切身利益。涉及街道的“民生100工程”工作进展顺利，为17户困难家庭争取危房改造资金。投入50.3万元为4700口居民全额代缴农村合作医疗。新

骆氏宗祠戏台

城保参保率达100%。同时对部分村民发生重大疾病和灾难以及计生纯二女户、独生子女户，贫困老党员干部、退伍军人进行慰问补贴，共发放慰问金5.6万元。

特色地情

大溪骆氏宗祠 位于沙坪村大溪组，始建于明嘉靖年间（1522—1566年），清嘉庆年间（1796—1820年）重建。宗祠占地面积685.86平方米，砖木结构。祠内戏台，是桂阳昆曲古戏台之一，台基体高2米，通高16米，上为木结构；台面四柱，顶覆盆藻井，上部亭板绘花鸟图案和人物故事。前台封檐板镂雕双龙戏珠，左右两门额刻有“出将”“入相”字样，墙前绘人物图。戏台四角飞檐，歇山式顶盖小青瓦，顶置宝平葫芦。二进为天井，左右为长廊厢房。三进为中堂和神主堂。整个祠堂建筑保持清代南国工艺的风格。后台装板写有咸丰四年（1854）庆祝宗祠戏台落成时，福庆园昆班在此演出16天56个昆剧节目的留言，具有较高的历史和艺术价值。2011年公布为省级文物保护单位。

（郑欣荣　供稿）

正和镇>>

镇域概况

地理位置

该镇位于桂阳县东南部，是桂阳县的“东大门”。东与郴州市北湖区的华塘镇接壤，南与北湖区月峰瑶族乡、鲁塘镇交界，西与桂阳县太和镇、黄沙坪街道、鹿峰街道为邻，北与龙潭街道、县茶场、樟市镇相连。位于北纬25°38′40″至25°47′36″，东经112°44′19″至112°51′25″之间。镇人民政府驻西水村，距县城5公里。

建置沿革

清末属笃信都，民国初废都设团，分属东镇团和镇中团。民国19年(1930)年并团设区，分属二区和一区。民国27年（1938），撤团设乡分属东镇乡和镇中乡，民国32年（1943），镇中乡改为蓉峰镇。1950年，东镇乡改称正和，属城东区(一区)。1958年，隶属太和公社。1961年，设正和公社。1984年，正和公社改为正和乡。2012年，正和乡撤乡改为正和镇，原城郊乡的极乐、全义、燕山、西水、火田、官溪、解放等7个行政村并入正和镇。2012年，镇政府驻火田村桐子坪组（原城郊乡人民政府驻地），2014年，迁至西水村。

区划面积

现正和镇辖极乐、全义、燕山、西水、火田、官溪、解放、黄石铺、付家、正和、豆坪、欧家、阳山、新屋、芦村15个行政村，桐子坪、正和圩2个居委会，共计141个村(居)民小组。辖区内有市属桂阳监狱、县属县公安局监管中心、郴州市烟草公司鸡公石烟叶仓库。

镇域东西最大距离约12公里，南北最大距离约17公里，总面积93.9平方公里。耕地面积1495公顷，其中水田面积1250.3公顷，旱地254.7公顷。

自然环境

地形地势镇域包含了桂阳县内三种主要地形区，南部为低山区，其他大部为丘陵岗地，北部西水河两岸有小型河谷冲积平原。整体地势南高北低，海拔200～500米之间。

河流水系镇域内水系均为西河水系。干流从解放村的交粮口流入，自西南向东北径流到极乐村进入北湖区，大约15公里。镇域内其他小溪河分别从南北两岸注入西水河。其中流程较长的有正和溪、全义溪。

土壤境内土壤类型较多，主要有红壤、石灰岩红壤、板页岩红壤、水稻土、河潮土等。

丘陵岗地以红壤、石灰岩红壤及水稻土为主，西水河沿岸有河潮土，构成西水河沿岸小型冲积平原。

气候镇域属亚热带季风湿润气候。季节性强，有明显的春暖夏热秋燥冬寒特征。夏季雨热同期，冬季阴冷少雨，春秋两季冷暖交替，晴雨不定。年平均气温 17.5℃，降雨量 1400 毫米左右，日照 1700 小时左右。

矿产资源主要有煤、石灰石、锰、大理石等，其中煤炭储蓄达数千万吨，煤质好，无烟尘，西水河沿岸煤层埋藏较浅，瓦斯含量较大。

自然山林以青冈栎、苦槠、细叶枥、黄檀、木荷、锥栗、麻枥、枫香、山槐、槲栎、冬瓜木等为主要种群。针叶林在全镇植被中占比最大，主要是杉木、马尾松，还有楠竹、油茶树、柏树等。

动物飞禽有白鹇、翡翠、鹧鸪、斑鸠、黄莺、白鹭、鹰、竹鸡、燕雀、乌鸦、喜鹊、啄木鸟、黄鹂、田鸡、麻雀、野鸭等。走兽有野猪、野猫、獐、麂子、野兔、黄鼠狼、果子狸等。

自然景观资源主要有博石岭、西水河、落坦坪溶洞等；人文景观有阳山古村、龙颈桥、新寨桥、双峡岭铁路桥等。

人口民族

2012 年撤乡并镇后镇域总人口 23366 人。其中男性 12264 人，女性 11102 人。18 岁以下 5987 人，18 岁至 60 岁 14973 人，60 岁以上 2406 人。其中常住人口 2.25 万人，流动人口 2990 人。人口出生率 12.22‰，人口自然增长率 8.17‰。人口密度为每平方公里 240 人。

境内常住人口基本上为汉族，芦村有瑶族户，解放村有一妇女从新疆维吾尔自治区嫁入。流动人口中，还偶有其他少数民族。

经济发展

经济综述

古代，镇域距离桂阳城区域较近，经济发展相对较早，但受历史条件所限，生产力水平比较低下，发展模式简单粗放，以自给自足农业经济为主体。

镇域采煤与矿冶业自古发达，为封建朝廷创造大量财富。五代至北宋时期，大多数人家被划为烹户，成年人成为烹丁。矿区经济的特点是“老板暴发烹丁穷”，两极分化非常严重。

民国时期，在境内开办煤矿，但技术落后，时采时停，获利不多。手工业者多系个体经营。

新中国建立后，镇域生产由恢复到发展，陆续兴办了电站、煤矿等企业，但基础不牢，效益不佳。1980 年后随着中共十一届三中全会政策逐步推行，个体企业和联户企业崛起。专业养殖户、种植户、加工户、经营户大量涌现，区域经济连上新台阶。

2014 年，全镇实现国民生产总值 28.46 亿元，其中第一产业 2.90 亿元，占国民生产总值的 10.19%；第二产业 20.19 亿元，占国民生产总值的 70.93%；第三产业 5.37 亿元，占国民生产总值的 18.88%。全年财政总收入 2.27 亿元，完成固定资产投资 17.49 亿元；农村居民人均可支配收入 14672 元，比 2012 年建镇时的 11348 元增长 29%。

农业

种植业 古代，当地农业简单粗放，广种薄收效益低。民国时期，桂阳县率先使用化肥农药，农业效益得到提高。新中国成立后，相继采取了单季稻改双季稻、高秆品种改矮秆品种、常规稻改杂交稻、改革栽培技术、增施化学肥料、使用农药防治病虫等一系列增产措施，粮食产量大幅增长。中共十一届三中全会后，农民改变单一的粮食种植模式，积极发展高效、规模农业，推动家庭致富。

进入21世纪以来，该镇着力打造农业支柱产业，推进“一村一品”农业。官溪、全义、极乐、西水等村的莲藕、麒麟瓜、草莓、果蔬产业，燕山、付家、豆坪、正和等村的烟草产业，极乐、黄石、西水等村的苗木产业，带动了各村产业转型和经济发展。

2012年以来投资60余万元，完成农业综合服务中心、官溪病虫害监测点建设。投资500余万元的极乐、全义土地整理项目，投资600余万元的正和、付家、豆坪、燕山等村现代烟草项目建设加速推进。

该镇重视农业技术培训工作，2014年对146名村级信息员进行强化培训，培训水稻示范户20户，水果示范户10户，送上级培训7人次（省1人，市6人）。镇妇联组织发动广大农村妇女积极参加适用科技培训。农业工作站举办适用科技培训11期1025人。

2014年，该镇早稻种植面积为550.34公顷，中稻种植面积为420.88公顷，晚稻种植面积为656.66公顷，春玉米种植面积为181.22公顷，秋玉米种植面积为43.62公顷，油菜种植面积为366.85公顷，烟叶种植面积298.95公顷，蔬菜种植面积为525.13公顷。全镇实现粮食总产量11677吨，种植业总产值达1.14亿元。

养殖业 该镇养殖业过去是零散养殖。中共十一届三中全会后，镇政府引导专业化养殖大户发展。镇内欢乐养猪场是桂阳县最早的规模化养猪场，于1997年成立，建有全义场、共和场两个分场，目前累计投资4500余万元，占地53.36公顷，建筑面积3万余平方米。常年饲养长大杂二元种母猪1500多头，年出栏商品瘦肉型猪2万多头，优质种猪3000多头，提供优质种猪精液5万余份，实现年产值3000余万元，安排就业48人。所生产的商品肥猪主要销往广州、深圳、武汉等省市。

境内现有鸽子养殖户30余户，其中大型养鸽户两户：阳山湖鸽场和联镇鸽场。阳山湖鸽场始建于2009年，占地面积6.67公顷，饲养栏舍面积2万多平方米，员工80余人。常年存栏种鸽5万多对，肉鸽存栏11万多羽，出栏肉鸽100多万羽，年产值上千万。商品肉鸽主要销往香港、广东、上海、浙江、江苏等省市。2014年全镇养殖业总产值1.46亿元。

林业 1955年县苗圃迁址官溪河畔，划水田6.94公顷作苗圃，职工15人，当年育苗3公顷。

1958年以前，境内南部山林处于原始森林状态，主要树种为杉树、松树、楠竹，森林覆盖率在70%以上。1958年全民大炼钢铁，伐木毁林，林业生态空前失衡。20世纪70年代大队办林场。南面五雷寨至北面九冲十八板，连绵10余公里遍植杉树，年销售杉木2500立方米，名冠全县。80年代初，近城一带砍树卖树卖青山现象十分严重，荒山增多。

进入21世纪以来，该镇紧紧围绕“森林桂阳”建设这个中心，加快生态、绿色发展，森林覆盖率不断提高，生态得到改善。2010年来，极乐村、西水村、黄石村、解放村大力发展苗木产业，成为桂阳县重要的苗木基地，主要生产杉木、松树等造林树种和园林绿化大苗。

2014年，该镇实施荒山造林面积213.44公顷，重点打造厦蓉高速公路沿线绿化、西水河沿线绿化、阳山旅游通道绿化建设，完成正和镇绿化示范镇及火田村陈家组、豆坪村上下正组、正和村上菜园组、新屋村四组四个绿化示范村建设。

为加强森林防火工作，该镇2014年购置防火器械6万余元，配备30台流动宣传喇叭，组建30人的森林防火应急分队，配备半专业扑火队60人，在主要路口、村口安装了森林防火宣传牌，森林防火工作得到加强。

工业

古代，境内有砖瓦、石灰、榨油、裁缝、酿酒、竹木加工、粗布纺织等个体手工业，还有冶铜、冶银、炼铅等矿冶业与采煤业，是桂阳古代工业最早兴起的地方之一。该镇境内煤炭储量丰富，煤炭开采历史悠久。民国26年（1937），兴华公司在珍珠山办煤矿，资本500银元，占地26.68公顷。胜利公司在火田办煤矿，占地106.72公顷，勘探费459银元。还有火田复兴煤矿。均为手工采掘，黑硝放炮，竹筒抽水，自然通风，油灯照明，匍匐爬行，人力拖运。

新中国建立后工业迅速发展。1956年县办大丘煤矿(1975年封井停产)；在新寨兴建狮子石水电站，安装64和40千瓦发电机各一台，为当时湖南省三个试验水电站之一，1962年停办。后来原水电站引水渠延伸兴建为官溪电站，年发电700万千瓦时。1962年，官溪大队建成县内第一个20千瓦的队办电站。20世纪80年代有小水泥厂1家，付家村办红砖厂1家。1989年，芦村建水电站1座，装机容量310千瓦。1993年，兴建火田电站、西水电站。

中共十一届三中全会后工业向规模化方向发展。1993年原城郊乡水泥厂扩建，称为桂阳县第二水泥厂。1994年，在五里桥创办武建水泥厂。当时境内有水泥构件预制厂10多家。1995年境内有火田、汪家、官溪、新寨、新村、青山、牛轭岭、富康等有证开采小煤窑近20处，年产原煤数万吨，环境破坏较为严重。

2014年征地53.36公顷，引进承接产业转移和招商引资家具产业园、金煌管道燃气等重点项目6个，合同引进省外资金11.716亿元，累计到位资金1.786亿元。至此全镇共有工业法人单位136家，有富康煤矿、旺家煤矿、牛轭岑煤矿、官溪电站，阳山采石场、宏兴搅拌站、港龙家具厂、佛香阁艺雕厂、兴旺砖厂、鸿盛驾校、燕山建材、鸡公石仓储等产业单位42家，个体工业户943户，工业总产值20.18亿元。

商贸服务业

明代至晚清，境内形成了极乐、全义、五里桥、黄石铺、正和圩、欧家铺、官溪等商业网点。圩日应市者千余人，多至万余人。主要上市物品有大米、畜禽、茶叶、土纸、竹木制品、生活用器、布匹洋货等，三日一圩。1958年至“文化大革命”期间，集市贸易受限制，逢十赶圩，大米、畜禽紧俏物资不再上市。

中共十一届三中全会后，特别是市场经济取代计划经济后，人们的市场经济意识增强，市场活跃，供需两旺。2000年后，在正和圩开辟新农贸综合市场，在五里桥兴建了桂阳大市场，交易条件不断改善。2014年，有商业网点626个，从业人员2267人，社会商品零售总额6.62亿元。

旅游业

镇域地处近郊，自古山清水秀，一直是城里人郊游观光的首选地。境内有中国十大古村之一的旅游景点阳山古村、红军长征纪念亭、博石岭等景点。

2013年，该镇融入郴州“林中之城，休闲之都”城市定位之中，投资建设集休闲、度假、餐饮、旅游、观光农业为一体的九竹园有机农庄、阳山湖生态农庄、官溪度假山庄、桥市生态农庄、神农蜂庄园、融康乐瓜蒌庄园等多家生态休闲农庄。

财政税收

清代称农业税为“丁漕”，每亩平均赋额5分2厘6毫。民国2年（1912）“丁漕”改称田赋，民国4年（1915）田赋改征银元。民国30年（1941），田赋改征实物。民国34年（1945）抗战胜利，免征田赋1年。

新中国建立后，农业税依旧征收实物（稻谷），中共十一届三中全会后对国有企业实行企业基金，利润留成、盈亏包干，对个体工商业征收工商业税。2006年，减免个体工商业者税费，撤销农业税。

2010年4月，镇财政所被列为财政部乡镇财政资金监管直接联系点，纳入财政资金监管的项目达20个，资金规模3.8亿元。

从2010年起，安排乡镇公用经费人均达到2.76万元，加上与工作挂钩的烤烟收购奖励、矿产品统征工作经费等，人平可达到5.3万元，解决了乡镇基本运转困难的问题，杜绝了乡镇挤占、截留、挪用涉农专项资金的现象。

2014年，全镇完成财政总收入22799万元，其中烟叶特产税379.65万元，耕地占用税25万元。

基础设施

交通运输

该镇东距郴州市城区22公里，距高铁站15分钟车程。厦蓉高速、郴资桂、桂嘉高等级公路贯穿全境。

水道 西河古代也叫湖屯水，是桂阳的第二大河，很早就通水运，20世纪60—70年代，北

正和铁路桥

湖区三合大队还用小船到火田运煤。

步道 该镇辖区正处于“骑田岭道”北段。骑田岭道是秦军利用楚国旧径，凿通了从郴州沿骑田岭西麓栖凤水河谷，经临武到连州至湟水通往岭南的道路，史称“新道”，宋代以前一直是五岭地区重要的南北通道，也是古桂阳郡通往永州、桂林的咽喉要道。清代，境内主要步道有“五里桥—全义—极乐—招旅铺”“牛巷口—官溪—弯庄—黄石铺—保和圩”“保和圩—阳山—正和圩—欧家铺—仁和圩”“牛巷口—官溪—傅家—正和圩”以及沿西水河步道等。

铁路 1957年，筹建郴州—黄沙坪铁路，途经该镇新寨、官溪两村。1959年开工，当年在县内筑路基16公里。1960年停修，1979年10月重新动工，1981年12月郴桂段建成通车，人货混列，1987年后人货分列。该镇境内建有长267米、高32米的双峡岭铁路桥一座，设官溪、庵寺脚两个小站。郴嘉铁路全长70多公里，是湖南省最长的窄轨铁路。由于窄轨铁路不能成网，运输环节多、成本高，货运量多年在低位徘徊，一直惨淡经营，2005年宣布破产。

公路 民国18年（1929），以赈款修筑桂阳至郴州公路，经过该镇燕山、火田、全义、极乐四个村，民国27年（1938）建成通车，桂阳境内14.6公里，基本上在该镇境内。民国33年（1944），为抗日炸毁招旅桥，客运停顿直至抗战胜利。1973年“郴43”线建成，正和圩通车，连通郴县仁和圩、桂阳清河圩、太和圩。20世纪80—90年代为柏油路，1991年，铺成水泥路。1998年10月郴资桂高等级公路开工建设，经过该镇火田、西水两村。2008年，厦蓉高速桂阳段开工建设，经过阳山村、正和村、欧家村。2010年，为推进郴资桂一体化两型社会建设，郴资桂高等级公路进行提质改造，双向8车道，是连通资兴、郴州、桂阳的大动脉。2011年6月29日通车，通车后郴州到桂阳车程在半小时内。2012年2月厦蓉高速通车。

2012年7月，X090线进行高等级公路改造。2014年，X090线桂阳段市政工程建设全线完工，路旁绿化、亮化、管网工程、交通标识配套安装到位，进一步方便了桂阳人民出行。

2014年，该镇实施交通建设项目共5个，投资15.6亿元。同时启动黎埠公路建设，全线长13公里，总投资约1.3亿元。是年7月25日，正式开工建设西河综合治理工程，包括自行车道、旅游公路、河道清淤治理等沿河风光带建设示范工程，解放、官溪、火田段建设工程年底完工通车。该工程集休闲、娱乐、观光为一体，惠及沿河广大群众。年底，投资150万元的解放村公路桥工程竣工通车。阳山至北湖十峙联网公路硬化完成。

通信

1958年，手摇电话开始进入当地部分大队。1991年开通程控电话。2012年成立邮政所，主要负责报刊发行、函件包裹、特快专递等业务。2000年后家用固定电话逐步普及。2014年有电信、联通、移动电话服务网点18个，固定电话用户265户，移动电话用户15106户，互联网用户1815户。

水利

自明代以来，西水河一带的河谷平原属于屯垦之地，重视水利兴修。“官溪陂”是西水河上最重要的古代水利工程之一。

新中国成立后，党和政府十分重视水利建设。1951年，极乐村黄大孝带动该村相继成立三个互助组，投工1.1万个劳动日，修建一座河坝和6公里渠道。1958年，修建官溪、南正口水库。1959年，修建下塔背水库。1990年，在全义建设罗家山小二型水库，坝高9.5米，库容11.6万立方米，灌溉面积20公顷。1998年，在全义建设王家冲小二型水库，坝高12.5米，库容10万立方米，灌溉面积16.7公顷。2005—2014年，该镇修建烟水配套工程6处，烟区水利条件大为改善。

至2014年，西水河上建有新寨河坝、官溪河坝、火田河坝、西水河坝、极乐河坝等水利水电工程，西水两岸农田旱涝保收。是年，通过西水河综合整治，疏通河道，加固堤岸，西水河水利设施更加完善。

村镇建设

该镇过去住房破烂，环境邋遢，街道杂乱无章，猪舍牛栏厕所建设比较随意，村容村貌较差。

1980年以来，该镇村镇建设发展很快，住房条件改善。开展社会主义新农村建设以来，改厕工程、亮化工程、自来水工程以及农村路灯建设、生态村庄建设持续推进，农村面貌焕然一新。

2010年后，该镇围绕桂阳县“十二五”规划提出的“东进西拓、南延北扩、东进优先”城市发展总体思路，加快以西水、火田、燕山、全义为中心的“东兴新城”和以极乐、西水、火田、官溪、解放为中心的西河沿线风光带建设步伐，对接郴州中心城区。

2014年，投资60万元全镇15个行政村，

西水河沿河风光带——正和镇解放村

151 个自然村进行高标准远景规划，特别是郴州大道、X090 线、骏马大道、珍珠大道沿线可视范围内的 55 个自然村全部做了详细规划。每个村的规划都附有建房图集，公示后经村民大会和村民代表会议予以确认。

是年，投资 50 余万元将解放、官溪、芦村、付家、燕山、欧家 6 个村纳入环境综合整治重点村组，进行“五化”建设。推进饮水源改造、污水沟综合治理、沼气池建设等环境整治项目。年内测量建房户土地 300 余宗，发放全程跟踪管理表 700 余份。发放规划许可证 40 户，审批建房户 150 户。查出违法建筑物 12 栋，少批多建建筑物 130 余栋，拆除违法、违规建筑物 2 栋，下达责停通知书 120 份，立案调查 2 户。有效遏制了违章乱建的歪风。

2014 年该镇荣获全省“美丽乡村”荣誉称号。2015 年，成功创建全国文明村镇。

社会事业

教育

1949 年前当地只有官溪继述斋、桂露轩等少量私塾，入学率很低。近代以来，该镇崇文重教，文风斐然，培育了李木庵、徐行等知名人物。抗战时期，李木庵利用元善小学校址发起成立抗战中学，培养抗战力量。1949 年新中国成立后，大兴村片小学，广泛扫盲。20 世纪 70 年代境内还办过高中。

2014 年末，该镇有幼儿园 2 所，幼儿入园率 100%；有村小 10 所、中心完小 1 所，在校学生 865 人，专职教师 52 人，小学适龄儿童入学率 100%。初级中学 1 所，在校学生 135 人，专职教师 18 人。因离城近，有很大部分中小学生选择就近的城区东风小学、东风中学就读。

文化

清代与民国时期，境内盛行佛、道教，寺、庵较多，信众普及大多数家庭。口头文化、神话传说为主要休闲文化。花灯调、桂阳昆曲、祁剧等民间剧团较多，春节与喜庆日舞龙舞狮等民间文化活动盛行。1958 年后流行顺口溜、打油诗，“文化大革命”时推行忠字舞，各大队成立毛泽东思想文艺宣传队，演出样榜戏、花鼓戏、三句半、话剧、小品等。1978 年以来，民间口头文化流行，民间花灯剧团较多，演出活跃。20 世纪 90 年代镇内出现录像厅，流行过卡拉 OK。进入 21 世纪后，电视走入千家万户，网络普及，群众文化生活形式更加多元化，文化内容倾向娱乐化。2014 年，有村级农家书屋 15 个、藏书 15.3 万册，各类文化专业队 6 个。

2014 年新建农村文化广场 6 个，选送的道德模范人物唐慧获“十佳爱我桂阳标兵”称号，有多支群众性文艺队伍参加县文化艺术节表演。

广电

中华人民共和国成立初期，收音机在境内极少。“文化大革命”期间，全镇生产大队普及了高音喇叭。1968 年，建成人民公社广播站。1973—1982 年间，95% 的大队有广播放大站，入户率较高，农村广播网基本形成。1991 年成立乡广播电视站，1998 年乡广播电视站收归县广播电视局。有线电视网络设备和用户设备实现数字化，电视终端机由黑白电视机、彩色电视机转化到液晶电视机。2014 年末，有线电视用户入户率 100%。

医疗卫生

民国期间，正和圩有中医铺 4 家，全义圩有中医铺 3 家。中草药医师数人，妇女生育都用土法接生，新生儿夭亡率很高，人均寿命 50 来岁。

1952 年开始成立卫生机构。经过几十年的发展，正和医院有职工15人，专职医护人员12人，医疗设备32万元，住院病床5张。2007年，开始实行医保制度。2014年门诊量14798人，住院290多人。村级卫生室12个。

2014年10月，实行妇女乳腺癌妇科两癌排查工作，县妇幼保健院为全县妇女免费进行乳腺妇科疾病检查。11月，县人民医院到该镇为妇女免费健康体检两天。年底农村新型合作医疗参合22708人，参合率108%。报销住院凭证3857张，总金额1293.94万元，补助金额为674.51万元，门诊报销凭证43341张，总金额198.30万元，补助金额为125.24万元。

社会保障

1949年前虽然政府也有赈灾救济，部分村子成立义学会、救婴会、女儿会等扶困救济助学组织，但都十分有限，遇到天灾之年，则民不聊生。

新中国成立以来，人民政府在依靠社会力量互助的同时，每年都发放一定数量的物、款，救济困难户。高级合作社建立后，补助困难户，对鳏寡孤独实行低标准的“五保”。

中共十一届三中全会后救济工作进一步加强，做到了老有所养，病有所医，灾有所救。2014年，解决农村低保759户847人，发放资金86.78万元；农村“五保户”132户140人，发放资金36.96万元；城镇低保33户43人，发放资金8.17万元；临时救济150人，发放资金9万元；复员军人、退伍军人、烈属等202人，发放资金53.34万元；农村大病扶助46人，发放资金12.35万元。敬老院供养孤寡老人47人。逢年过节，镇党委、政府安排资金对孤寡老人进行慰问。

是年，为移民村申报移民经济发展项目11个，争取移民资金36万余元。组织各移民村村民参与

农技培训，培训300人次，让更多移民学到一技之长，为生产致富奠定基础。

在失业人员就业与再就业方面，2014年分别完成新增城镇转移就业156人和农村劳动力转移就业250人，办理农民工服务手册28个。

特色地情

人物

李木庵（1884—1959） 中国当代著名法学家。1884年2月生于桂阳县正和乡八栋新屋村。1925年春加入国民革命军，同年夏加入中国共产党。1941年起担任陕甘宁边区高等法院院长、检察长。1948年随中共中央到达河北省西柏坡，参加起草中国人民政治协商会议《共同纲领》和其他有关法律文件。新中国成立后，任中央人民政府司法部党组书记、副部长。

阳山古村

历史人文

阳山客家古村 是"中国十大古村"之一。自明始祖1497年建村至今已600余年，整个古民居群占地1.5万平方米，现存完好古建筑80栋。村落座北朝南，依山造屋，傍水结村，小溪流贯全村，谓之"金带环抱"。村落在布局上讲究"天地人合"，结构上体现儒家"中和"思想，是民俗文化与建筑的完美结合。阳山村何氏族人自发设立了重九会、义学会、救婴会、禁戒会、宗源会、女儿会等"六会"治村组织,形成了"宽容诚厚重，和气致贞祥"的百年家风，是我国古民俗风情的"活化石"。2006年，中国郴州生态（民俗民居）旅游节在该村举办。

（廖小敏　供稿）

仁义镇>>

区域概况

1. 地理位置

仁义镇地处桂阳县中部，北纬25°72′55″至25°92′24″，东经112°56′94″至112°72′79″。东邻樟市镇，南接龙潭街道、方元镇，西界浩塘镇、春陵江镇，北靠敖泉镇、和平镇。

建置沿革

清朝康熙时起仁义属由义都，银河部分属深智都，民国3年（1914）起仁义为五美团，银河部分属协和团；民国19年（1930）仁义属一区，银河部分属八区；民国27年（1938），仁义为五美乡、银河属善长乡；民国35年（1946）仁义为五美乡，银河部分属协和乡；1950年，仁义属城东区（又称一区），银河属敖泉区（又称八区）；1958年，成立仁义公社，银河属敖泉公社；1961年，划分为仁义公社、梧桐公社；1965年，仁义、梧桐又合并为仁义公社；1979年，银河从敖泉公社析出，称长江公社，并把和平公社育才村、大河村划给长江公社。1983年，改称仁义乡、银河乡；1993年，仁义乡改仁义镇；2012年，银河乡并入仁义镇，梧桐村划给龙潭街道。

区划面积

2012年仁义镇、银河乡合并后，辖仁义、王泗、刘方、桐岗、白云、圳头、田心、下湾、大湖、大坊、阴山、莲花、山河、下源、乌市、三都、大何、长江、花园、育才、塘池、桐子坪22个村民委员会，和花坪1个社区居民委员会。设2个居民小组，193个村民小组。辖区总面积190.33平方公里。

自然环境

镇域属丘陵地区，除了山间河谷、小溪两岸有些平地外，其他均为丘陵。地势南北高中间低，平均海拔高度293米。最高点位于山河村高山岭，海拔397.4米，最低处位于大河村春陵江边，海拔137米。

镇域河流属湘江水系，主要溪流春陵江，自山河村入境，由南向北，在大河村出境，境内河长29公里。小溪流有锦里溪、阴山溪、仁义溪、圳头溪、乌市溪等。锦里溪从大坊村入境，在山河村注入春陵江。阴山溪发源于境内大湖村，在暗冲铺村注入春陵江。仁义溪发源于境内王泗村，在桐岗村注入春陵江。圳头溪发源于白云村，流入樟市后在舍市村注入春陵江。

仁义镇属亚热带湿润季风性气候，其特点是气候温暖，四季分明，光照充足，春温多变，夏季雨量集中，雨量充沛，秋季温和凉爽，冬季干冷少雪，严寒期短，无霜期长。年平均气温18℃，1月平均气温3℃，7月平均气温28℃。生长期年平均220天，无霜期年平均200天，年平均日照数1580小时。年平均降水量1400 ~ 1700毫米。

境内土壤以石灰岩红壤、水稻土为主。矿产资源主要有锰、铅锌、金、银、铁、铜等。大坊金矿位于大坊村，是唐宋时期"九银坑"之一的毛寿银坑地。

人口民族

仁义镇一带，自古就有人类居住。2011年11月，在春陵江岸边千家坪进行考古发掘，鉴定为8000多年前的新石器时代遗址，遗存的大量白陶说明了春陵江一带在新石器时代就活跃着一支重要的人类文化类群，并在沟通湖湘文明与岭南文明中起到了重要的作用。宋、元、明时期从江西等地迁入大量人口。境内方言接近于县城的西南官话，属桂阳仁义话方言区。该镇民族为汉族。2014年底，全镇总人口37023人，其中男21192人，占57%，女15831人，占43%。2014年人口出生率8.57‰，人口自然增长率6.87‰。

经济发展

经济综述

境内大坊村毛头岭是古代毛寿银坑所在地，以出产金、银、铅锌而出名，自唐朝起就有开采，是桂阳金银重要产地。仁义圩是桂阳城通往新田、常宁的第一站，自古商贸较发达。抗战时期和"文化大革命"时期工商业凋零。1983年全面实行了农业生产责任制，基本解决了温饱问题。改革开放后，仁义作为桂阳县烟叶的主要产区，为桂阳烤烟经济发展做出了较大贡献。形成了烟叶大镇、林业大镇的特色，农村小康示范建设也走在桂阳前列。

2014年底，全镇实现国民生产总值7.11亿元，农业生产总值3.06亿元，工业生产总值2.44亿元，第三产业生产总值1.61亿元，全社会固定资产投资4.23亿元，财政总收入4173万元，农村居民人均可支配收入12780元。

农业

1949年前，境域是桂阳县水稻、烟叶、大豆主要产区。1949年至"文化大革命"时期，受集体化生产影响，劳动效率低，农业产值不高，发展缓慢。1983年4月，全县划为五个综合农业经济区，仁义被划为南部丘陵粮烟果区，是县内商品粮生产基地，也是烤烟主产区。银河被划为东北部丘岗粮油渔区，以粮、烟、猪为主。随着改革开放的不断深入，仁义镇烟叶、水稻、苗木种植走在了全县前列，形成了自己的农业特色。2014年，全镇耕地面积2592.5公顷，园地159.13公顷，其中水田1811.73公顷，旱地780.73公顷。林地10787.60公顷。

种植业 1949年前，境内粮食作物以种植水稻、大豆、玉米、花生、红薯为主，经济作物有油茶、烟叶等。民国25年（1936），白鸡岭（山河村到七拱桥一带）建载湘农场，民国26年（1937）载湘农场受省政府通令嘉奖。

1949年后，大力发展集体农场，促进了农业的发展。1952年，载湘农场改为桂阳农场。1963年，建荡下坪农场，开荒38.94公顷，林地40公顷，后改为县棉花试验站。1964年，建仁义公社五一青年农场，开垦耕地57.14公顷，建果园128.67公顷，造林8.67公顷，新增养殖水面8公顷，1965年升为郴州地区旱土作物良种示范场，1966年易名郴州地区"五七"干校，1968年更名郴州地区"五七"农场，1984年再改名郴州地区莲花坪农场，1998年3月下放给桂阳县管理后，逐渐

仁义烟叶

扩大规模为县属莲花坪农场。莲花坪农场无核蜜橘县内外有名。

该镇为桂阳县烟叶生产重镇。1971年，仁义公社汪山生产队将烤烟房改为卧龙式热风洞烤房，为当时优质烤房，全县仿建800多栋。1973年起仁义公社就被确定为烤烟生产重点公社。1999年，县烟草公司在汪山村试建一座热气循环烤房成功。2000年，县科技局在仁义、正和、樟市等乡镇建超导体烤房32座。2010年3月，上海“中华”品牌原料浓香烟叶基地暨现代烟草农业仁义单元建设在仁义启动，该基地是湖南省首批现代烟草农业建设单元之一，总面积为1740.09公顷。2010年，成立了鸿运烤烟专业合作社，有成员1218户，智能型烤烟育苗场6个，密集烤房群46处。2012年，投资1000万元建“四连体”育苗大棚9座，建“六连体”育苗大棚1座，建烤房群23个，共412栋烤房。2014年，仁义镇烟叶种植面积2093.33公顷，总产量4810吨，实现税收2145万元。

仁义镇农业开发也走在全县前列。1987年建银河湘莲场。1989年仁义梧桐中低改566.7公顷，开荒种粮106.7公顷。1989年梧桐村建大棚蔬菜基地。1992年仁义圳头中低改326.7公顷，开荒种粮1.7公顷。1995年，县农业局在湾山村办春玉米高产示范点，平均亩产384.5千克。1999年，仁义圳头200公顷耕地划为蔬菜基地，成为桂阳县重要鲜蔬菜基地。2010年建立“宜S晚2号”“中优9918号”“湘晚灿9号”优质水稻示范基地。

2014年，田心村新投资110多万元建立了田心蔬菜种植专业合作社。2014年，粮食作物种植总面积2781公顷，总产量14735吨；蔬菜种植面积998.53公顷，总产量29940吨；瓜果种植面积82.93公顷，总产量1803吨；果园面积309.48公顷，总产量6076吨。

养殖业 饲养生猪、牛、羊、家禽、鱼为镇内传统。民国时期至解放初饲养生猪者较多。人民公社时期实行集体养殖，出栏量不高。1972年在银河栗塘小田的欧阳海库区库叉建县属欧阳海渔场，库叉面积37.92公顷。改革开放后，涌现出许多集约化管理的专业养殖场，提高了出栏率。1997年，刘方村农民方跃保投资5万元创办牛场，2000年存栏30头，出栏20头。同年，欧阳明养羊300只。2010年，银河投资700万元建三都生态养殖场。

2014年，仁义镇有生猪规模养殖场13家，山羊规模养殖场25家，临武鸭基地2个，规模鸡场3家，渔业养殖专业合作社3个。共出栏生猪67459头，牛713头，羊1969头，家禽151528羽，肉类总产量5047.35吨。淡水产品捕捞产量82吨，养殖产量2325.48吨，水产品总产量2407.5吨。

林业 仁义镇是苗木培植大镇、森林大镇，有林地面积10787.60公顷（县林场林地不计在内）。主要树种有松、柏、樟、杉、竹、枫、桂、桉，珍贵树种有楠木，主要分布在楠木村。

1955年，在仙岛水库栽植水源林53.34公顷。1958年，在桐子坪建立林场，总面积5333.34公顷，1983年，将乡林场并入县林场，将其管辖的岸冲、石坡、陈家、大树、樟木、水头、长冲、新建8个生产队组成桐子坪大队，隶属县林场管理。1977年，在莲花坪建万亩林基地。1978年，在陈家坪一带开辟林业基地，造杉木林200公顷，柑橘林66.67公顷。1980年确定桐木岭为万亩林基地，该基地跨方元、浩塘、仁义、城郊4个公社，到1981年造杉木林733.34公顷。1987年，在七里塘建县属马尾松种子园55.34公顷，建油茶采穗圃3.34公顷，该园1991年扩建一个3.64公顷的高标准1.5代马尾松种子园。1987年，莲花坪村和浩塘深塘村一起建万亩速生丰产林基地，至1989年造速生丰产林426.27公顷。1991年5月，在田心村修建郴州地区第一个林用机场。1996年，欧寨塘村开荒栽种银杏340公顷。1997年，山河村采取统一规划、大户承包、分户造林的方法大力开展植树造林，到2000年造高标准马尾松林233公顷。2003年，大湖村退休老师侯知星承包的大湖香泉山庄园林苗木基地成功培育大叶桂樱、红豆杉、棱角山矾等本土珍稀树种两万余株，2013年又开始开发樱花种植。2010年，仁义引进宏润油茶开发公司，种植油茶666.67公顷。2014年大湖朱木村开发牡丹种植园。

工业

仁义工业以矿业而驰名，金银开采提炼自古是仁义的一大支柱，大坊金矿在宋时开采最盛。改革开放后，大坊金矿又进入全盛时期。1970年后大坊又办铅锌矿，后因矿产资源不清而停办。1994年，大坊金矿设矿点200余个，建氰化池350个。1996年因污染环境禁采停办。但腊树下金矿仍在开采。大量废弃氰化池仍然没有得到有效治理，留下严重后患。

仁义现代工业较少。莲花坪1968年办农副产品加工厂，1979年办塑料厂，1982年办地属酱油厂，1987年办地属有色金属加工厂。20世纪80年代初，建田心村荆山徐民主采石场，后又建白云村采石场。2014年，招商引资2000万元兴建白云环保砖厂项目，已投产。

商贸服务业

清朝时期，境内有中兴寺（银河）、长江、仁义、仁让4个圩市。民国时仁让、中兴寺停市。长江圩以鱼市著名。1951年曾在乌石渡设粮食收购站。

1949年后，仁义、长江均设有食品站、供销合作社、粮站，供应生产生活资料和收购农副产品。中共十一届三中全会后，仁义、茶子山等圩市有私营超市、餐馆、宾馆、药店等。到2014年，仁义、茶子山有各类商业网点300多家，有白云农庄、大湖香泉山庄、下源万事兴幸福家庭农庄、王泗岛中岛农庄等农村生态休闲山庄4个。

旅游业

2013年，桂阳县春陵江国家湿地公园获国家林业局批准。该公园位于春陵江流域的肠形廊道，南北长29.3公里，总面积3220公顷，水域面积2478公顷，仁义镇是其重要地段。湿地植被类型丰富，已发现野生脊椎动物150多种。公园建设主题为“自然—持续—发展”，以欧阳海水库、春陵江湿地生态系统为核心，以河流、人工湖、沼泽、森林等组成森林复合生态系统为特色，以丰富的湿地文化和深厚的历史文化为内涵，集湿地保护保育、湿地功能和文化展示、湿地可持续利用、科研和监测、防洪调蓄功能兼备等于一体。目前该项目正在建设之中。

基础设施

交通运输

清朝桂阳本州12条主要步道，通过仁义境内的有3条：一条从州城开始，经过乌石渡、和平圩到桥市关口往常宁方向；一条从州城开始，经仁义、七拱桥、梽木圩、土地塘、香风到常宁方向；一条从州城出发，经政明、上汾渡、车溪，往新田野乐方向。

春陵江横穿境内，有名的古代渡口有斗下渡、乌石渡。斗下渡码头有石踏阶，可停靠12吨船舶，年吞吐量约80万担。

古代桥梁有永济桥，俗称七拱桥（简述在敖泉镇一章体现）。政明村于宋代修建的一拱石拱桥惠政桥，据传是桂阳最早的石拱桥。莲花村东的一拱石桥也修建较早，为明代修建。

现代桥梁：欧阳海大桥，位于仁义镇与敖泉镇交界的春陵江上，长208米，宽10米，高30米，为三孔钢筋混凝土双曲桥，主拱104米，系境内最大公路桥，1978年动工，1979年10月竣工通车。2012年，桂阳县在欧阳海大桥上游约100米处，又动工兴建一座新的桥梁，2014年9月竣工通车。

境内公路主要有两条：一条是省道1807线（后为S214线），由县城经仁义、莲塘，通往衡阳。1950—1953年始修建县城至敖泉段。1988年改油路面，1997年桂阳到梧桐段改水泥路面。一条是县道3557线，起于县城，经浩塘到飞仙，1979年修成，后改水泥路。

乡道郴58线——花园堡到长江；专用道大湖至莲花坪，均修建于20世纪60年代。80年代各乡村道路基本修成，到2014年，各乡村道路均已硬化。

1982年建成仁义客运站，从仁义客运站日发客运班车80班次，日均客容量2000余人次。

邮政通信

清朝有4条铺递路线，其中北路从州城经仁义、香风铺至常宁县。清末在仁义圩设邮政代办所，在乌石渡设乙类信柜。民国在长江圩、乌石渡、仁义圩设信柜。1949年后在仁义设邮电所，在长江圩设邮电代办处。可以办理包件收寄、报刊发行、汇兑、储蓄、电报、集邮、交电话费等业务。

1958年，电话通往各公社及部分大队。1995年，仁义、银河完成电话交换机扩容，增开载波电路、光缆铺设等建设工程，用上程控电话。1990年代，移动手机用户进入农村。到2014年止，22个行政村均架通了固定电话和宽带网络。有电信服务网点23个，固定电话用户3173户，移动电话普及率达100%。互联网用户1894户。

供电饮水

供电 因靠近县城，1975年大多数村庄就用上了电。1981年仁义变电站、供电所建成，实现正常供电。2013年农村电费实现座收。2014年全镇有小水电10个。

饮水 2006年，仁义镇建自来水厂，年供水23万立方米。镇区主要道路两侧铺设排水管道2000米。2012年建成仁义大坊村集中饮水工程。2013年投资400多万元启动集中供水工程，从县城取水，途径白云、圳头等8个行政村，该项目可为1万多人提供洁净、安全的生活用水。到2014年有60%的村组用上了自来水。

水利建设

古代水利设施主要有山塘、陂坝，今锦里溪、阴山溪、圳头溪、仁义溪、乌市溪等溪河上的古代陂坝还在发挥作用。1949年后，境内修建了很多的水库、渠道等，这些水利设施起到了灌溉的重要作用。

1954年修建仙岛水库，集雨面积0.7平方公里，坝高10米，库容48万立方米，灌田30公顷，为境内第一座小二型水库。1959年修建的下乐水库，为小一型水库，集雨面积7.25平方公里，坝高25.2米，正常库容172.0万立方米，灌溉面积166.67公顷。

小二型水库还有15座：荷叶塘（1955年建）、丹水塘（1956年建）、宅冲（1957年建）、福里（1964年建）、莲花坪（1971年建）、长冲（1980年建）、

仁义镇新貌

朱木（1980年建）、六角塘（1980年建）、坎田（1981年建）、高山（1990年建）、大瓜（1990年建）、军民（1991年建）、王泗（1999年建）、井塘（1999年建）、龙潭（2000年建）。

1963年，长江村设抽水机中心管理站。1965年，仁义公社在山河村修建引水渠14公里。1971年，在仙岛村猢狸洞围堤2座，建电排机埠2处，装机2台，容量260千瓦，库区内153.34公顷耕地得免淹没，408户1803人免于搬迁。2012年，建设银河围堤加固工程。

村镇建设

境内古代建筑以青砖碧瓦房为主，人们聚族而居，仁义的村落相对于其他乡镇规模较小，没有大的村庄。1949年后，大多为红砖瓦房，许多宗祠改建为礼堂。合作化时期起，县属各行业机构延伸到基层，仁义相继建设学校、卫生院、供销社、信用社、邮电所、银行、粮站、铁木社、兽医站、企业办等，生产、生活、文化设施逐年增多。1979年，长江公社在茶子山新建政府驻地。

中共十一届三中全会后，农村公共设施建设和新农村建设发展很快。仁义是全县烟草系统基础设施建设的重点，2004年起至2008年，先后投入超过1亿元，在汪山、梧桐、大湖、阴山等村建设烟水配套工程，包括坡地改平地、田间渠道硬化、机耕大道、育苗工场、烘烤工场、科普大楼等，使容易受灾的基本烟田实现了旱涝保收，为烤烟产业的稳健发展奠定了坚实的基础。其建设规模和档次全省第一，国家烟草总局多次在这里召开现场会。2010年，仁义建农村集体资产资源交易中心。2011年，为迎接全国烤烟工作现场会，该镇公路沿线村庄实施了美化亮化工程。从2012年起，每村配备一名保洁员，各村组均建了2～3个垃圾池，竖太阳能灯200多盏。2013年，全镇193个自然村编制了《村民建房规划平面图》，启动了下源村和白云村规划农村建房示范点建设。2013年，被评为省级生态镇。

2014年，白云村乌珠石自然村被列入桂阳首批十个小康示范村之一，拆除292栋杂房烤房，村前村后，360度无死角改造；绿化面积达3万平方米左右。2014年7月，该镇新建一个占地13亩的园林式休闲娱乐广场——五美广场，进行镇区主干道沿线房屋的临街立面改造，铺设人行道步道砖8615平方米，镇区段道路砼改油，铺设镇区网线管道、排污管道，完善污水处理和环卫等公共基础设施，修建镇区绿岛，新建200平方米文化墙一面，新建了中心校校门。

社会事业

教育科技

教育 明清时期，境内各村设有私塾或村学。民国时期，有桐干、下元、双岭、阴山、大湖、莲花、元里等小学。1946年，仁义办桂阳县第三完小。

1949年10月后，沿袭民国时期的乡村小学。1959年，各公社均办农中，仁义农中办得较好。1962年，仁义公社始办初级中学。1969年办银河初中、莲花坪农场办子弟学校（含小学和初中）。1995年，农场子弟学校生源日益减少，初中部停办。1975年开始，根据上级要求，“小学不出村，初中不出大队，高中不出公社”，自然村都办有小学，大队都办初中，公社中学都办高中。但由于大量使用民办老师，教学质量不高。1979年，长江公社从敖泉公社分离出来，成立长江学区，设中学与中心完小各1所。1980年起仁义中学不再办高中，村级学校不办初中。1998年普及义务教育。

2014年，全镇有中学1所、完全小学2所，村小9所，幼儿园5所。

仁义中心校，2014年，学校辖完全小学1所、村小8所和中心幼儿园1所，共有29个教学班，学生1200余人。在岗教师86人，其中，本科学历8人，专科学历54人，高级职称1人，中级职称59人。

仁义中学，2014年，共有10个教学班，学生553人。教职工88人，其中专任教师84人，专任教师学历合格率达100%，其中高级职称2人，中级职称36人，初级职称46人。

银河中心校，1956年创办，2014年辖中心完小1所，幼儿园1所，共有6个教学班，学生199人，教职工21人，其中初级职称6人，中级职称15人，学历全部合格。

科技 1949年后，各乡镇科技机构先后成立农技站、畜牧兽医站、科协、科委等。1958年，建农科所和畜牧兽医站。1983年，建科协。1988年，建科委。2000年，仁义、银河建乡镇农技推广站。

开展了科技研究、推广与应用等活动。1982年，县农业局技术干部在仁义、银河等地开展烟叶"优质适产"栽培试点，提高了烟叶产量，"优质适产"技术获国家农牧渔业部"丰收奖"三等奖。1989年，县农业局土肥站引进"增产菌"，在仁义推广施用，每亩增产粮食43千克。1996年，莲花坪农场引进新科技与设备，进行柑橘加工，以"宇宙牌""芙蓉牌"打入国际市场。2000年，仁义镇圳头村马桥组进行化肥和沼肥种烟对比试验，在同品种、同管理、同烘烤的条件下，沼肥种烟组烟叶表现为叶片厚、落色好、叶片完整无焦枯、烘烤定色一致、质量好等特点，经估算，沼肥组比化肥组亩产增收340元。同年，仁义镇梧桐村湾山组科技示范户李土成利用原办小型猪场兴建一个40立方米的沼气池，建立"猪—沼—果（渔）"生态农业模式，用沼气做饭、照明，用沼液喂鱼、种果、种烟，综合效益明显，作物长势旺、病虫少，丰富了生物链，改善了生态，节约了成本。2008年，仁义镇烟草科普示范基地建设了一站（烟草科普示范站）、一楼（科普培训大楼）、一园（农业科技示范园），积极开展烟草种植、烘烤的研究与实践。2010年，中国科协、财政部授予仁义镇烟草科普示范基地"全国科普惠农兴村先进单位"奖牌。2014年，全镇有科技示范户35户，其中，大湖村侯知星的科学育苗法成功培育了多种珍稀树种。

文化体育

文化 自古以来境内流行昆曲、祁剧、花灯戏、龙舞等。"文化大革命"时期，各公社、大队设有线广播站，1969年，仁义成立电影放映队。1971年，建在仁义公社田心村的省六九零五广播差转台竣工启用。1977年，各乡均设电影放映队。1988年，黑白电视进入寻常百姓家。1990年，仁义建成调频广播发射塔。1995年8月，建仁义镇广播电视站。1998年，各乡镇建立卫星广播电视地面收转站，大部分村组开通了有线电视。

2014年，送戏下乡2场，免费放映农村数字电影192场，组织舞蹈队参加2014年"欢乐潇湘·美丽桂阳·幸福家园"广场舞大赛，获一等奖。年末，全镇有农家书屋22家，液晶彩电得到普及，有线电视、广播实现村村通，文化站实行免费开放，接待群众10000余人次。

体育 明清时期，长江圩、三都村、乌石渡一带就有赛龙舟的习俗。1949年后，各学校坚持体育两课两操的原则，并开展了校内运动会，对学生健康成长起到了很好的作用。1984年，银河乡秦光国在兰州全国武术观摩交流大会上表演的"蛇尾伞枪"名震武坛。20世纪90年代毕业于上海武术学院的秦光国，曾获全国及省级武术、散打比赛7枚金牌，是国家武术一级裁判、国家散打一级裁判，国家一级拳师。1996年，仁义镇被省体委评为“亿万人民健身活动先进单位”。

2014年,全镇有运动场所34处,篮球场25个,其中较大运动场4个，均有跑道、篮球场、田径场、乒乓球台等设施，各村均有体育活动室。

医疗卫生

1949年前，境内无国家医疗机构，只有草药郎中。历史上境内流行过的传染病有丝虫病、天花、疟疾、炭疽、麻疹、钩端螺旋体病等。1958年，建仁义卫生院，1969—1980年，推行合作医疗制度，各大队均有医务室和赤脚医生。1978年，建长江卫生院。1989年，成立爱国卫生运动委员会，由乡镇政府负责人兼任主任委员。1992年，仁义卫生院设红十字救护站。1995—1996年，仁义、银河卫生院先后被评定为一级甲等医院。2002年，开始推行新农村合作医疗。2012年，仁义卫生院改仁义镇中心卫生院。

仁义中心卫生院，2014年有中级执业医师3人，执业医师6人，助理执业医师5人，护师4人，护士4人。病床30张,2014年门诊量为17598人，收治住院病人1022人。村卫生室13个。

银河卫生院，2014年有助理执业医师5人，护士2人。病床5张，2014年门诊量为8573人，收治住院病人258人。村卫生室7个。

2014年，仁义镇新型农村合作医疗参保率达100%，全年共10.06万人次享受到医疗补助，补助金额达1331万元。

社会保障

明清时期，乌石渡有社仓2间，平时贮谷582石，宝梵寺（在桐木岗村附近）有社仓1间，贮谷182石，春夏青黄不接之时赈放，冬秋偿清存放，是我国古代一种社会保障制度。

1949年后，孤寡“五保”老人基本生活受集体保障。1994年，银河乡因为水灾接受省、地红十字会现金、衣物援助，接受香港红十字会粮食、衣物、药品援助。2006年，农民停止上缴农业税，开始享受种粮直补、母猪补贴、农机补贴等政策。2010年，建仁义敬老院。2014年，建32套公租房。2014年，对全镇53户计划生育特殊家庭送去救助金3.18万余元。

2011年，桂阳县开始实施新型农民养老保险制度。2014年，全镇60周岁以上老人3986人，全部领取了每月55元的养老金；80周岁以上的老人100%得到了每月高龄补贴。全镇共有农村低保977户1378人，共发放低保资金13.05万元。发放给50户大病医疗救助款21.27万元。农村危房改造款发放33户，发放临时救济金31100元，发放困难党员慰问金2万余元，发放贫困残疾人辅助器具26人次，建设残疾人“乐居家庭”3个。

特色地情

人物

刘放吾（1899—1994） 原名刘继枢，号不羁，桂阳县五美乡（今仁义镇）下源村双岭自然村人。黄埔军校第六期毕业。1942年4月，时任团长的刘放吾率中国远征军新38师第113团，在缅甸境内以不足1000人的兵力击溃数倍于己的优势日军，成功解救7500余名盟军及眷属、记者等，取得了仁安羌大捷。其事迹被编入《中国抗日战争60位著名人物》一书。

历史人文

千家坪文化遗址 位于仁义镇三都村千家坪。2011年11月，省文物考古研究所联合郴州市文物处对千家坪遗址进行考古发掘。省文物考古研究所研究员、发掘领队尹检顺介绍，千家坪遗址距今约8000年左右，遗址堆积共有6层，其中

千家坪考古遗址

第三层为商代遗存，第四至六层为新石器时代遗存，新石器时代遗存是千家坪遗址主体。考古学界认为，史前时期白陶起源地在湖南。千家坪遗址出土的白陶，数量众多，纹饰复杂精美，凤鸟、太阳、兽面及其他复杂的几何形纹样，令人叹为观止，不亚于高庙遗址，表明千家坪或为白陶发祥地。这个有着典型聚落特征的遗址，出土文物带有强烈的洞庭湖文化、怀化高庙文化印记，提供了长江中游与岭南地区史前文化交流的证据。该遗址 2012 年被评为湖南省重大考古发现，同年被定为市级文物保护单位。

银河文峰塔　位于塘池村何山组南侧的柏树山顶，始建于清咸丰年间（1851—1861 年）。砖木结构，七层八面楼阁式，塔顶置葫芦宝瓶，塔内中空，塔高 23.9 米，2012 年被定为市级文物保护单位。

苏仙碑　原立于仁义镇乌市村，现藏于县文物管理所。碑刻于清乾隆二十四年（1759），碑长 85 厘米，宽 53 厘米，厚 15 厘米，行书，阴刻。碑文记载了苏仙的身世，立碑年月和缘由，并对苏仙塑身进行了简单描述。

名优特产

银河神仙鱼　银河、仁义、樟市一带的一种家常美食。制作方法是将春陵江捕获的鱼切成块，拌上盐和米粉，用茶油炸黄，再调以藕、芋等，看不出鱼的原样后，加入姜丝、葱末、紫苏、辣椒等佐料，用文火清蒸，蒸熟即成，味道十分鲜美。传说吃了这道菜可以长生不老，得道成仙，于是这道湖湘名菜被命名为“神仙鱼”。

（张日生　供稿）

太和镇

区域概况

地理位置

太和镇地处桂阳县南部，北纬 25° 53′ 69″至 25° 66′ 38″，东经 112° 65′ 73″至 112° 83′ 30″。东南面与北湖区的鲁塘镇接壤，南连荷叶镇，西邻方元镇，北接黄沙坪街道。人民政府驻泡古浪，距县城 12 公里。厦蓉高速在辖区地界村设出入口，桂阳大道经境内直达厦蓉高速入口。县工业园紧邻镇域，是集矿区、烟区、山区为一体的乡镇。

建置沿革

明嘉靖六年 (1527)，桂阳本州设四乡四十七里，太和属南乡一部。明嘉靖丙申年（1536），桂阳州设四十六里（农村十五乡），原清和乡东南部隶属金一乡，西北部隶属金二乡；太和南部隶属金三乡，西北部隶属金二乡。明崇祯十三年 (1640)，原清和乡隶属金二乡三、四都，太和乡隶属金二乡二都。

清康熙二十一年（1682），桂阳州设四十一里，原清和乡隶属长乐里，太和隶属永顺里。清乾隆三十年（1765），桂阳州编五都五十一里，清和、太和隶属笃信都长乐里、永顺里。清咸丰时（1851—1861 年）桂阳州又编为十一团，都里照旧，清和、太和皆属大乾团。清同治七年（1868），隶属笃信都长乐里、永顺里。

民国 3 年 (1914) 属桂阳县第二区大乾团。民国 19 年（1930）改团里为区乡，隶属大乾区。民国 21 年（1932），隶属二区。民国 27 年（1938）隶属善义乡。民国 36 年（1947）1 月，隶属大乾乡。

1949 年 10 月隶属大乾区办事处。1950—1954 年隶属第二区，1955 年改名太和区。1956 年 6 月设太和乡。1958 年 9 月太和、清和、荷叶、正和等乡成立政社合一的太和人民公社。1961 年 8 月分设太和、清和人民公社（正和、荷叶析出）。1962 年 6 月隶属黄沙坪区。1965 年太和、清和合并为太和人民公社。1977 年又分设清和人民公社。1984 年 1 月撤社建乡，设清和乡、太和乡。1993 年 7 月太和乡改镇。2012 年 3 月太和镇、清和乡合并为太和镇。

行政区划

1961 年，太和公社土地总面积 71.2 平方公里，耕地面积 1313.72 公顷。清和公社辖区面积 61.99 平方公里，耕地面积 784.26 公顷。直至 1982 年境域基本稳定。1983 年，太和山下大队划归黄沙坪镇管辖，境域面积略有缩小，为 67.48 平方公里。

2012 年 6 月，太和镇、清和乡合并，其中沙坪村划并到黄沙坪街道办事处。2014年年末，全镇辖18个行政村和1个居委会、227个村民小组。辖区东西最大距离16.2公里，南北最大距离13.9公里，总面积118平方公里，其中耕地面积1950.84公顷，林地面积7333.33公顷。

自然环境

太和镇属丘陵地区，山地、岗地次之，平原较少。呈西高东低、南高北低的倾斜状。境内最高点海拔702米，最低点200米。

境域属亚热带湿润季风性气候，其特点是四季分明，雨热同季，光照充足，雨量充沛，无霜期长。1981—2010年平均气温17.5℃，一月平均气温3℃，极端最低气温零下8℃；7月、8月平均气温28℃，极端最高气温达38℃。每年的6—7月份常有火南风出现，对烤烟生长和水稻制种不利；9月下旬常有寒露风出现，对晚稻扬花极为不利。无霜期年平均277天，冰雪天气虽有出现，但一般维持时间不长。年平均日照数1700小时。年平均降水量1400 ~ 1700毫米。

自然灾害主要有旱灾和洪涝、冰冻。1938年域内大旱，80余天无雨。1962年境域大旱，50%的农田失收或严重减产。1998年8月至1999年3月，连续8个月无雨。洪涝最严重一的次发生在2002年8月7—8日，境域降特大暴雨，降雨量超过400毫米，出现较大面积的山体滑坡和山洪暴发，受灾人口1.2万人，倒塌房屋68间。2013年境内大旱，震惊全国，湖南卫视、央视13台对该镇的抗旱救灾工作进行了专题报道。

山地土壤绝大部分是红壤，主要是石灰岩红壤和板页岩红壤，砂岩红壤次之。水田以鸭屎泥、黄泥、石灰性沙泥居多，旱土以灰红土居多，黄泥土次之，有少量的黄沙土。清和圩一带还有陶土分布。

地下水和地表水资源丰富，湖屯水（又称“西河”，胡腾水）流经境内3公里；下雨河发源于汪塘村，主河与支流全长10公里；下寨河发源于临武来溪洞，自荷叶镇进入，流经境域10公里。地下水有井泉100多处，总流量220万立方米。

矿藏品种多、储量大，主要有锰、铁、铀、铅、锌、煤、石墨、高岭土、石灰岩等。据勘测，柳塘锰矿地质储量1.62万吨。煤和石墨主要分布在竹溪水山岭上，石墨含固定碳70 ~ 80度。石灰岩分布面积广，储量达1000万吨以上。铁矿在清和境内储量达30万吨以上，铅、锌也有较大储量。

人口民族

境内多系汉族，清康熙年间瑶族迁入，定居芙蓉村。1964年总人口（含清和，下同）1.99万人，其中非农业人口459人，瑶族28户113人。1981年总人口3.07万人，其中非农业人口526人。2006年总人口3.52万人，其中非农业人口2855人。2014年年末，总人口3.82万人，其中非农业人口3400人，瑶族644人。与荷叶镇组成太和方言区，瑶族方言使用较少。

经济发展

经济综述

明、清时期，太和境内的粮食产量闻名湘南。“竹梢窝五爪辣”作为贡品受明、清皇室的青睐。魔芋产量高质地好，民国时期出口日本，晒烟、肖梨、蓝靛、白薯等享誉湘南地区，其中蓝靛出口欧洲。及至清末、民国，农民承受的剥削和压迫日益加重，境内8.2%的地主富农，占有或操纵的田土占总耕地面积50%以上。大量无地少地的农民都以出卖廉价体力谋生。1949年，境内870.33公顷水田共产稻谷198.03万千克，亩产仅152.45千克，人均年收入25元。

1949年后，党委、政府领导人民修水利、垦荒山、办林场、推广水稻良种，大力发展生姜、五爪辣等经济作物。1954年，县乡联办清和铁厂，20世纪60年代开办石墨矿、煤矿，兴建小水电，镇办企业蓬勃发展。1978年，工农业总产值167.5万元，人平纯收入76元，是1949年的3倍。1979年太和被定为全县杂交稻制种基地，80年代年产杂交稻种1500～2000吨，产值1000万元左右。

1990年以来，在确保粮食稳产的基础上，扩大烤烟种植面积，狠抓果木栽培和生猪养殖，大力发展镇办企业，全镇经济出现多元发展格局，纯农业经济向一、二、三产业全面发展转变，且二、三产业逐渐超越一产业。1998年，有联办企业3家，镇、村企业1233个，从业人员6400人，其中石墨矿开采和加工企业10余家。是年，全镇工农业总产值10.3亿元，人均纯收入2628元，是1978年的34.6倍。

2000—2009年，依照“地下转地上、黑色变绿色、矿区变景区”的发展战略，优化农业产业结构，抓好产业转型。扶持太和辣椒、楠竹加工等知名品牌做大做强，实行产业化开发、集团化经营。通过农民合作社的模式发展烤烟生产，规模化种植太和辣椒、蔬菜，其中200公顷的“太和镇国家蔬菜标准园示范基地”落户境内社员村。2010年，引进和内筹资金2亿元实施项目带动战略，启动产业项目和农村基础设施项目建设，实现经济社会发展新跨越。2013年，农村合作经济组织达12个，涵盖了水果、蔬菜、养殖等领域；中型石墨加工厂12个，产品远销世界各地。

2014年，全镇实现国内生产总值17.29亿元，其中第一产业总值1.39亿元，占比8.04%；第二产业生产总值13.73亿元，占比79.41%；第三产业生产总值2.17亿元，占比12.54%。财政总收入5109万元，农村居民人均可支配收入12309元。城镇化率37.9%。

农业

种植业 镇内粮食作物主要种植水稻、蔬菜、薯类，辅以玉米、大豆、小麦等。清代、民国时期，水稻品种单一，只种单季稻。因耕作技术落后，虫灾泛滥，水稻亩产量在150千克左右。

1949年后，政府带领人们大搞农田基本建设，改良耕作技术，水稻品种由高秆改矮秆，由常规稻改杂交稻，耕作制度由单季改双季，全面推广化肥、农药，水稻产量不断提高。1952年，平均亩产191千克；1958年，水田面积增加到899.13公顷，平均亩产235千克。旱地作物成为养殖业的主要饲料。1962年，全面推广水稻矮杆品种，平均亩产260～300千克。1971年扩大双季稻的种植面积，加强病虫害防治，水稻单产提高到318千克。1976年，县农业部门在太和制种试验获得成功。20世纪80年代后，水稻品种完全被杂交稻取代，亩产量一直稳定在500千克左右。

人民吃饭问题完全得到解决后，再度大面积种植烤烟等经济作物。1996年种植烤烟328.83公顷，总产值917万元，不少农民一举脱贫致富。2000年以来，水田内实行“烟—稻”、“瓜—稻”等粮食与经济作物连作模式。2006年生产粮食16345吨，人均435.5千克；种植烤烟154.81公顷，产烟389吨。

2014年，粮食作物播种2854.76公顷，产量1.6万吨；蔬菜播种667公顷，产量2.04万吨；烤烟种植309.75公顷，产量627吨；杂交稻制种面积近200公顷，产稻种近54万千克。全镇完成土地流转1100.55公顷，建农业专业合作社17家，现代农业、特色农业初步形成规模化发展趋势。

养殖业 镇内素有养殖猪、牛、鸡、鸭、鱼等畜禽水产的习惯。1949年前，农户圈养生猪，多不过三五头。鸡鸭都是自繁自养，除自家食用外皆出售换钱。牛多为放牧饲养，养鱼主要是在山塘放养，养殖业发展缓慢。

1949年后，政府发放贷款，扶持贫困农户发展养殖业。1958—1962年，农业生产由人民公社统一经营，家庭养猪被取消，养殖业一度受挫。1963—1979年，贯彻“公私并举，私养为主”的养猪方针，生猪饲养量不断上升。1979年，全公社养猪8647头。1980年后，养殖业发展加快，1989年，共养殖生猪19797头，户均2.42头，家禽32000羽，实现养殖业总产值1121.6万元。由于农机的普遍使用，耕牛数量急剧下降。2000年后，养殖业总产值增长幅度较大，2006年为3843万元，2010年达到5852万元，2014年达8240万元。

林业 自古以来，太和就有植树造林之风尚，境内丛林浩渺、森林资源丰富。1949年，森林面积3234.95公顷，森林覆盖率46%。

1958年2月，始建国营太和林场，境内有森林面积3325公顷，其中用材林3088.21公顷。随着大炼钢铁、公共食堂的开办，用材林遭到毁灭性砍伐。1971年，原太和公社8个生产大队兴建了林场，共造集体林733.7公顷。1982年，林业“三定”后，出现个体和联户造林热潮，森林覆盖率达48%。1998年，境内有森林面积3268.3公顷，其中杉木林787.06公顷，松木林1667.5公顷，竹林13.34公顷，杂木100.05公顷，特种林72.04公顷，油茶林71.50公顷，果木林333.5公顷。2006年造林面积127.73公顷，其中人工造林82.11公顷。

2013年，投资330余万元，完成了453.56公顷荒山造林、13.34公顷水系造林、6.67公顷矿山造林以及高速公路沿线造林和省道两侧10米宽的造林任务。2014年，实现林业总产值1861万元。

工业

晚清、民国之前，境内手工业有打铁、缝纫、印染、竹编、棕编、修补、酿酒等手工作坊。户外的还有砖瓦、烧石灰、石匠等手艺行业。

农业合作化时期，把当地木工、篾匠、铁匠等手工业者组织起来，成立了联合工厂。人民公社时期，有煤窿、机械厂、铁木社等。20世纪50年代末有石墨矿和煤矿，但所采石墨以原矿出售，整体效益不佳。1962年，太和公社石墨矿兴建石墨加工厂，效益逐年提高。1970年，太和公社有竹器厂、红砖厂、辣酱厂等8家企业，年获利10万元以上。政府成立了公社企业办公室，加强社、队企业管理。1978年，太、清联办石墨矿，实现了采矿、加工、包装、供电一条龙，有完善的计量检测设备，石墨产品畅销国内外，年产值达500万元。

1980年，境内始建装机容量40千瓦以上的小水电站，除用于照明外还带动了农副产品加工业的发展，有余电并入湘南大电网。1983年有社办企业8家，固定职工374人，年获利10余万元。1990年代，太和、清和分别建有石墨加工厂，1998年两地石墨总产值4.5亿元，运输业也依托石墨、煤等矿产业而发展。2000年共有石墨粉加工厂7家，碳素厂3家，石墨粒加工厂2家，石墨球加工厂3家。铁矿冶铸小铁炉95座，每座铁炉日产铁3.5吨左右，年产值80万元以上。2006年，各类工业企业474个，其中规模企业12个，从业人员1.1万人，工业总产值11.5亿元。2010年来，大部分矿产开采、加工企业整合转型，工业以石墨、风电为主，楠竹器具加工、五爪辣系列产品生产齐头并进。

2014年共有工业企业114家，工业总产值43亿元，固定资产投资6亿元。

商贸服务业

自古以来，太和、清和就是湘南通往粤北的交通要道，两省来往商贾在此进行交易。清代，先后设清和、太和圩，有米、煤、牛、小猪等十数个商品交易行，另有布匹、日杂、药材等店铺。三天一圩，赶圩者数千人。民国时期内战爆发，圩市日渐萧条。

1949年后，乡镇治所设供销社、肉类食品站。1952年供销社从业人员48人，其中私营商贩20人，占41.7%；私营商贩销售额12.8万元，占总销售额的41.8%。1958年，各大队均设有经销店，由供销社统一提供货源，村民可就地买到生活日用品。

中共十一届三中全会后，商品流通市场发生了根本性变化，各种形式的商业网点不断增多。1980年，太和供销社国内纯销售额109.2万元，其中生活资料零售65.7万元。1984年，新建泡古浪圩场。1993年，太和工商管理所成立，工商业管理走向正规化。1998年有商业网点343个，从业人员398人，私营个体工商户成为流通领域的主体。2004—2006年，太和、清和两个市场分别引资异地重建，市场交易额达4000万~6000万元。2010年来超市、餐饮、电子、汽修等百业兴旺，网络购物业务在镇内兴起。

2014年，镇内有各类商贸企业143家，从业人员450人，社会商品零售总额达2.2亿元。有农村集市2个，年成交额1亿元。

基础设施

交通运输

太和镇为桂阳南半县交通枢纽，古时有通往广东省的官道、邮驿途经境内。晚清时期，桂阳

厦蓉高速太和出入口

州城至临武白家岭的石板步道经过太和境内约15公里。另有从荷叶入境，通往桂阳城的步道。以老太和圩为中心，四面都有通往各村的石板路，古道上有路亭11座。

1950—1953年修建的桂鲁公路贯穿境内，后改造与郴桂公路联结成省道1842线，形成以镇区为中心，北经县城入郴州与107国道衔接；南下经临武、宜章直达广东。1956年，修通连接清和的县级公路，1989年铺上柏油。20世纪60年代运输货物以人力车为主，有少量畜力车。此后大型拖拉机、手扶拖拉机相继在境内出现，结束脚力挑煤，人力拉车的历史。1981年，湘运驻桂阳车队开通县城至清和的班车，在太和境内设多个停靠点。

1980年起，私营载客的中巴车、微型车，载货的大货车、小轮车，改装盘拖车等逐渐占据市场。1982年复设太和交通管理站。1998年共有汽车80台，小四轮22台，中巴车3台，吉普车2台，拖拉机90台。全年货运量约45.76万吨，客运量约120万人次。2006年有拖拉机108辆，农用汽车50辆，大型客、货运汽车200多辆，客运量270万人次。2013年通村公路全部实现水泥硬化，并对部分通组公路进行硬化。2014年新修龙渡、起岭通村路2.8公里，修建了镇区通往太和中学的通校公路，太和居委会通组公路网全面完成。2012年12月，厦蓉高速公路郴州段建成通车，在太和镇地界村设有出入口并连接桂阳县城。

邮政通信

清宣统三年（1911），桂阳州邮政代办局在太和圩、清和圩设置丙类信箱，此为境内邮政事业的起源。民国38年（1949）邮政业务增多，原设置在太和圩的丙类信箱改为邮政信柜。1951年，建太和邮电所，配邮递员3人，负责太和、清和、荷叶3个乡镇的信函投递。1956年，邮电所改邮电支局，负责业务函件收发、电报电话传递、报纸杂志发行、现金定活储蓄等业务。1998年，邮电分家，境内设邮政分局和电信分局。2000年，开设邮政储蓄业务，建立“三农”服务站2个。2003年，设立村级邮政代办点15个。2006年，增设乡村邮政信报箱20个。2010年，进行标准化的网点装修。2014年有邮政支局1个，邮政代办所20个，邮政网点覆盖各行政村。

境内有线电话始于民国36年（1947），在赈济亭设电话机机台，只供官方使用。1958年架通太和邮电支局通往各村的有线电话，装机12台。20世纪90年代程控电话逐渐普及，1998年全境拥有程控电话800台，手机用户日渐增多。2000年建设通信机房2个。2002年镇电信支局开通全球通移动通信系统，互联网网络、移动通信进入千家万户。2006年开通邮政快递业务。2010年C网、3G信号覆盖率达70%。2014年有电信、通信业务网点9家；快递网点2家。

供电饮水

供电 20世纪60年代以前，境内没有电力设施。1966年，建成出水岩电站，公社机关和泡古浪村居民最先成为电灯使用者。至1974年，社、队共建小水电站31处，装机总容量243.5千瓦，大部分村民进入电灯时代。1990年，清和建起峰源电站，解决山里2000余人生产生活用电。1994年，村民合股兴建烟村、大雨山水电站。1996年，政府新建桃江电站（归并沙坪电站管理），1998年，境内有水电站5座，装机总容量3000多千瓦。与湘南大电网并网后，居民用上了高压电，基本满足日常电器使用。2005年，全面完成农村电网改造。2014年，境内有小型水电站14座，自行蓄水发电，并入国家电网。县内最大的水力发电站——芙蓉电站也建在境内湖屯水上游。

境内群众饮水以井泉水为主，各村庄都有水

井。其中珠塘村山背岩泉、泡沽浪天生岩泉、龙渡泉属桂阳古名井。井泉多为三眼井，形成头井饮用水，二井洗菜，三井洗衣的民俗。1990年，政府驻地建小型自来水厂，供镇区居民饮用。2000年以来，村民建房时在屋旁打井，或在水井里安装微型水泵，屋顶安装水塔，建成家庭小型自来水。2010年，政府投资建设村级供水站。2014年改扩建了太和水厂，以镇治为中心，辐射周边6个村、两所学校，受益群众1万余人。

农田水利

晚清、民国时期，境内修筑了一些山平塘和陂坝，但因政府投资少，水利工程全为官督民办，规模小，引水、蓄水不多，水田灌溉面积不到一半，水灾旱灾严重。

1949年后，政府带领群众开展大规模水利建设。1950—1959年修筑太和、红土岭、打谷冲等三座小Ⅱ型水库；1965年，扩建太和水库为小一型；1986年修筑溪口（小Ⅱ型）水库。随后又筑山塘100余口，新辟水渠2万余米，境内水利面貌发生巨大变化。1996年，境内大小陂坝168处，有效灌溉面积660余公顷。2013年，投资585万元修建水渠36.27公里、维修山塘6座、提灌站1个，解决134公顷受旱农田的灌溉问题。2014年，启动了以保护自然风光为基础的西河河道治理；投入1386万元进行烟水配套工程建设，惠及六个行政村，受益面积达570余公顷。

肖家山水库为解决桂阳县东南半县13个乡镇近30万亩耕地用水问题，1973年7月，桂阳县举全县之力修筑肖家山水库。经一年时间施工，1974年7月，水库建成蓄水。该水库主坝高33米，副坝高15米，库内控制集雨面积4.2平方公里，外引集雨面积38平方公里，库容1380万立方米。20世纪80年代后，桂阳县城因宝山采矿造成水源枯竭。1983年4月，桂阳县决定从肖家山水库取水供应县城用水，引水管道全长16.7公里，1984年年底工程完工，1985年春节前夕向城区居民供水，日供水量近1万吨。90年代后，县城人口骤增，一自来水厂供水日益紧张，1994年12月桂阳县修建第二自来水厂，仍从肖家山水库取水。经三年建设，1997年12月，二自来水厂竣工通水，日供水量3万吨。

村镇建设

镇区建设　1949年前，今太和镇政府驻地泡古浪，是个仅几户人家的小村庄。1951年桂阳—鲁塘公路经此而过，交通优势凸显。1958年，兴建粮站、机械厂；1964年，政府机构及一些职能部门相继由老太和圩迁至此地；20世纪80年代政府机关及职能部门相继在此地建造办公用房和生活用房，农贸市场和中心小学建成，卫生、工商、公安等部门在此设置机构，泡古浪成为太和政治、经济、文化的中心。1995年，太、清路段建成一条180米长，面积2500平方米的“老板街”。1998年镇中心形成1条主街、14条巷道的格局。

2010年，推进了以提质改造为主的示范镇建设，聘请广州市设计院对镇区主要节点进行规划设计。至2014年，完成立面改造2.1万平方米，完成路面油化4万平方米，铺设步道砖、路沿石，安装路牌27个，植树1300余株。完成了太和公园的广场、亭台、游道建设和草皮、观赏树种植。

村庄建设　境内村庄以同姓聚居为主，也有三五户人家另立庄舍。1949年前住宅陈旧，且简陋狭窄，人居面积8.7平方米。1949年后，各村建造了集体粮仓，碾米、磨粉加工厂，公共礼堂等，部分村民也扩建、新建住房。20世纪80年代，随着经济的快速发展，境内居民住宅条件逐渐改善，钢筋、水泥，瓷片等新式建筑材料在民用建筑上得到普及。1998年人均居住面积达25.6平方米，是1949年前的2.9倍。2010年开展农村环

改造后的太和镇区街道

境卫生整治，扎实推进新农村建设。2014年，投入900万元，建设4栋60套瑶民新村；在S214沿线村庄实施“绿岛”建设，重点打造了珠塘村山脚组、长乐村长乐组两个集中连片建房示范点；地界村、烟村被确定为“统筹城乡发展示范村”。

社会事业

教育科技

基础教育　清代，境内只有私塾。民国初年，私塾与学校并存。民国28年（1939）有善义乡中心校1所，保国民学校15所，在校学生955人，适龄儿童入学率37%。

1949年后，境内学校由政府接管。1951年，开设芙蓉民族小学，有瑶族学生23人。1952年，境内有学校32所，教职工60人，在校学生1790人。1972年，境内有小学95所，其中公社中心完小2所，公社中学3所，教职工191人，在校生4352人。1980年以来，完善教育体制、调整学校布局、增加教育投入，改善办学条件。同时，普及幼儿教育，有公办幼儿园2个，入园儿童44人。各村招收五、六岁的儿童入学，进行为期一年的学前教育。

1993年，全境普及初中教育，适龄儿童入学率100%。1998年全镇有村级小学18所，初中2所、中心小学2所，教职工170人，在校学生5723人。学前班16个，在校学生482人。2000年，电化教育、实验器材等现代教育设施均到达一类学校标准。2010年，投资60万元新建芙蓉民族小学。

2014年年末，太和中心校辖初中1所，在校学生700人，教职工51人；中心小学1所，村级小学4所，在校学生1902人，教职工82人；公办幼儿园1个，在校幼儿226人，幼师3人。有民办幼儿园2所，在园幼儿446人，自聘幼师、保育员共15人。在清和圩设九年一贯制学校1所，村小学4所，在校学生1119人，教职工61人；公办幼儿园1所，在园幼儿95人，幼师6人。

扫盲教育 20世纪50年代，境内开办有识字班、扫盲夜校、业余学校等。1960年2月，湖南省业余教育经验交流会的165名与会人员专程来桂阳参观洋市、太和两个公社的业余教育。1976年，境内扫盲教育出现新局面，各生产队开办扫盲夜校。青年妇女袁得知在扫盲中业绩突出，被评为全国“三八红旗手”。

农业科技 1959年，太和、清和兴办农业中学。1960年，太和农中被评为省、市先进单位，校长欧阳显杰出席省先代会，荣获全国社会主义建设积极分子奖章，《湖南日报》多次报道。1965年成立公社农技站，着力进行农业技术推广。1984年成立科技领导小组，1987年改为乡科委；1988年成立了乡科协，各行政村配备科技管理员，从事科技宣传和技术培训。20世纪90年代引进了石墨提纯，甲鱼养殖等技术，培植市县科技示范户近200户，促进了镇办企业的发展。1986年，太和农校恢复，初以缝纫专业为主，另办种植、养殖专业短训班。并开办良种猪场、碾米厂、辣酱厂、果木场等。1995年，农校有教职工5人，兼职教师5人，总产值达22万元。2014年，全镇有科技协会1个，农技机构及推广站5个，承担农技推广、咨询，农资销售。

文化体育

1949年前，境内民众有坐歌堂、唱对子调、耍龙、舞狮等文艺活动。体育活动以武术为主，清末有武秀才和开馆授徒的武师。20世纪60年代，公社机关专辟书报阅览室，供干部职工学习。民间一度盛行祁剧，组建祁剧团。体育活动以篮球和乒乓球为主，且普及到村。1963年，公社成立电影队，年放映达500场。全公社每个大队都有1～2个文艺宣传队。80年代各学校开设图书角，共拥有图书上万册。境内再度成立业余祁剧团，聘请专业演员执教，排演传统剧目。恢复了舞龙队，多次参加县举办的文艺调演和庆典活动。90年代适于婚丧喜庆的“八音班”达10余个，铜管乐队也相继组建。成立了镇体育运动委员会，组建了农民体育运动协会，群众体育在县内颇有名气。

境内有不少文学爱好者，在省级报纸杂志发表文章达百万字，出版过文学和学术专著。

2014年，全镇共有农家书屋21个，文体小广场15个，开展送戏下乡4场，免费放映电影228场，举办了镇区机关企事业单位“五四”篮球友谊联赛，村民舞蹈队参加县第三届广场舞大赛，荣获第二名，参加县“欢乐潇湘、幸福家园”文艺演出荣获第一名。成功创建市级“文明乡镇”。

医疗卫生

1949年前，境内民众患病，主要靠中、草药治疗。民国31年（1942）太和赈济亭设卫生所，有医务人员3名。另有个体医疗点8家，其中分布在乡村4家，以中医为主，兼办药店。

1949年后，在老太和圩设卫生所，配员3名，组织闲散中医5人，成立联合诊所。1958年转为人民公社卫生院。1961年分设太和、清和卫生院。1971年迁址泡古浪，改为太和区卫生院，下辖清和、荷叶两个公社卫生院，各大队建立合作医疗站。

1979年改为中心卫生院，各大队合作医疗站自然解体。

中共十一届三中全会以来，坚持预防为主、从婴幼儿抓起的原则，群众的健康合格率和寿命得到提高。1995—1996年，太和、清和卫生院先后被郴州市卫生局评定为一级甲等医院。1998年，培养新法接生员12人，全镇新法接生率100%。2000年，每个村都设有医疗点，由镇卫生院统一管理，老百姓看病更方便、更规范。2010年，私营大药房在镇区开设店面，供老百姓自行选购药品。

2014年，境内有镇卫生院1个，门诊部（所）3个，床位55张，专业医卫人员16名。村级卫生室27个，从业医生27名，全年完成诊疗3.55万人次。

社会保障

清末，太和圩设赈济亭，遇灾荒年时专为逃荒乞讨的人们施粥、施饭。民国27年(1938)大旱，县政府拨大米赈济到太和各村。

1951年夏荒时，乡政府将2000余担稻谷分发给境内群众，动员机关干部节粮济困，帮助群众摆脱饥荒之苦。1960年，各大队粮食产量不均，部分大队食堂食物出现危机，公社开展调剂工作，解决缺粮食堂的困难。1970年起，政府每年拨出专项资金，用于救济受灾群众。对孤寡老人和无劳动能力的残疾人实行“五保”，对特困户实行粮食，经济救济。1983年，太和、清和等地先涝后旱，灾情严重，县里下拨救灾款、统销粮进行救济，并开展生产扶持。1990年以来，依托“5·29”和“7·11”重要协会活动日走访慰问计生贫困户，发放生育关怀慰问金，奖励扶助对象，低保、医保惠及百姓。2006年，全镇264户308人享受低保待遇，下拨金额3.36万元。2010年“农合”参合率达93.2%，27553人次享受医疗救助。

2014年，43项“民生100工程”全面完成，使农民真正享受国家的惠民政策。农村养老保险实现全覆盖，60周岁以上的老人全部领取了养老金；80周岁上以的老人全部享受高龄补贴。有敬老院2家，收养老人35人。全镇“新农保”参保人数为1.35万人，“新农合”参合率达到100%，3.5万人次享受到新型农村合作医疗救助，补助金额1406万余元。新增农村低保76人，新增“五保”10人，发放救灾资金20余万元。完成农村危房改造108户。

特色地情

人物

徐连胜(1881—1918)　名名渊，字远运，号捷卿，太和镇地界村人。19岁赴粤从军。因与清军作战连战连胜，名“连胜”。1918年任粤军警备司令、领少将衔。6月徐率部驰援洪兆麟，力克闽西南二十余县。在攻福建永定时中弹殉职，时年38岁。

曹克人(1911—1941)　太和镇长乐村人，抗日将领。黄埔军校第14期毕业，国民革命军第99军99师295团1营少校营长。抗日战争期间，在第二次长沙会战后期的保卫湘阴县城战斗中因弹尽粮绝而被俘，遭日军虐杀，时年30岁。

历史人文

地界古村　位于太和镇境内。始建于明嘉靖年间，建筑面积3000余平方米。村内有古戏台、舜公宗祠及徐连胜故居等古建筑25栋，属传统院式布局，外墙面四角都用整块条石嵌砌而成，雕有人、兽图案，斗拱与窗花皆雕刻各种花草、鸟兽、戏曲人物。2012年1月被列为郴州市文物保护单位。2014年8月，被列入中国传统村落名录。

地界古村一角

名优特产

五爪辣椒　太和五爪辣产自位于龙脉地带的山涧野岭，由于地理土质、气候的原因，品质别具特色、气味辛香，口感香辣略带微甜，有“一椒三味”之美誉(头部甜，中部香，尾部辣)。村民年年以传统工艺腌制发酵，辅以盐、五香等配料制成剁辣椒或辣酱，在保留辣椒原有特色的同时更添风味，具有口感香辣、入味快、去油解腻、避腥、去郁、开胃等调味功效。用于日常佐餐、居家炒菜、大宴席烹调调味，十分可口。

民俗风情

闹堂成亲　此习俗盛行于芙蓉瑶族村。芙蓉村瑶族青年结婚，仪式隆重热烈，礼仪前后热闹三天，称为“闹堂成亲”。成亲日期定好后，迎亲队伍要提前一天去，由唢呐师、锣鼓师、礼生、媒人和抬嫁妆的人组成。当天晚上，送亲方要设盛宴款待，席间乐队三吹三打，唱民间小调，每上一道菜都要吹吹打打，一派热闹气氛。主要宾主同坐一席，迎亲方的主婚人将彩礼交给送亲方，待双方认同，皆大欢喜，尽情饮酒，半夜还要吃夜宵。是夜，待嫁人为表眷恋心情，由村中未婚女陪同至卧房回避众客。翌晨与父母、亲朋一一哭别，亲友皆送红包安慰。旋即，正式摆设出亲宴，礼仪更隆重，菜肴更丰盛，气氛更热烈。早宴后，在鞭炮声中抬嫁妆的先行，乐队仍在厅屋中盘旋吹奏，三请“新人”上路，“新人”在伴娘搀扶下，慢步厅堂，向神龛告别祖宗。“新人”才接过避邪伞上路，沿途吹吹打打。

到了婆家门前，由陪人帮“新人”洗脚换新鞋，同时请“师公”念经、杀雄鸡、“斩煞除邪”，事毕，

乐队齐奏，引新人入门。进门时，由村内儿女双全者接过避邪伞，领新人进洞房。当晚新郎新娘胸系红绸在主厅堂拜堂，夫妻同饮交杯酒。饮酒时，请来的歌手唱山歌，祝贺新婚夫妇和睦相处，同偕到老。尔后夫妻同入洞房。此时，跑堂的即备酒菜送入，伴娘陪同饮酒，夫妻互叙。是日，娶亲方设盛宴款待亲朋，席间吹拉弹唱，双方亲戚互对山歌，喜庆欢乐，通宵达旦。次日早宴后散客时，宾主再对山歌，互致珍重，婚礼事毕。

（郑欣荣　供稿）

荷叶镇

区域概况

地理位置

荷叶镇位于桂阳县境南端，骑田岭与香花岭之间的斜坡峡谷地带，北纬25° 27’至25° 34’，东经112° 38’至112° 44’。南北长12.62公里，东西宽12公里。东临郴州市北湖区，南界临武县金江、大冲、镇南等乡镇，西面和北面分别与本县方元镇和太和镇接壤。是桂阳出临武，入粤北的南大门。

建置沿革

明嘉靖六年（1527），桂阳本州设东、南、西、北4乡47里，荷叶位处南乡，为朝宗里；明崇祯十三年（1640），调整行政区域及名称，荷叶为金三乡二都，都下按片或自然村设甲。清康熙二十一年（1682），复为朝宗里；康熙三十五年（1696），朝宗里隶笃信都；咸丰年间（1851—1861年），增设团防建制，全州划分为11团，都里仍旧，朝宗里隶大乾团笃信都。

民国3年（1914），强化团防体制，全县撤都留团，朝宗里隶大乾团。民国19年（1930）废团防体制，改团里为区乡。民国35年（1946），嘉事乡与善义乡合为大乾乡，辖15保，今荷叶境域为10～15保，此体制沿用至1950年7月止。

1950年3月，正式成立第二区人民政府，7月废除保甲制，境域划分为泉田、荷叶、新塘3个乡，隶属二区。1956年6月，全县撤区并乡，荷叶等6个乡合并为荷叶乡，治所荷叶圩。1958年10月，由荷叶、太和、清和、正和4个乡合并成立太和人民公社，治所太和圩。1961年7月，缩小社队体制，荷叶境域单独设立荷叶公社，隶黄沙坪区，次年6月撤区，荷叶公社直隶县。1984年，公社、大队、生产队分别更名为乡、行政村、村民小组。1996年11月8日，荷叶乡改为荷叶镇，镇以下区划仍旧。

行政区划

1961年7月，单独设立荷叶人民公社，下设神堂、石壕、老铺、新塘、两路、塘家、下故、水源、塘家洞、荷叶、潭溪、曹家头、上冲、水边、高山、鉴塘、下王17个生产大队，126个生产队。1996年，荷叶乡改为荷叶镇，下辖15个行政村，下分156个村民小组和8个居民小组直到2014年。全镇总面积80.37平方公里，占全县总面积的2.65%。

自然环境

全境东西北三面高而南面低，似凹形。平均海拔高度585米，最高处是东面的金仙寨1250米，最低处是南面的观下水280米。全镇15个行政村，海拔500米以下的7个、500米以上的8个。东面属中山区，西面是低山区，居中的峡谷地带，南北贯通如同走廊。其间有一神堂坳，是南北分水地界，坳北水流归湘江，坳南（7个行政村域）水（统称神堂水）汇入珠江。

全境属亚热带湿润季风区，气候变化四季分明。全镇年均气温16℃左右。由于受季风和山区地势影响，阴、雨、雾、雪天气较多，年均日照约1600小时。年均降雨量在1400 ~ 1700毫米之间。1978—2013年的35年中，年均晴天212天，阴天67.2天，雨天71.8天，冰雪天12.7天。

土壤大多由花岗岩和石灰岩风化而成，主要有水稻土、红壤两大类和淹育性土、潴育性水稻土、红黄壤、黄壤5个亚类，共16个土属，22个土种。

人口民族

2014年，境内144个自然村，总人口28774人，约占全县总人口的4%，其中农业人口24687人。人口密度为每平方公里338人，高于全县平均密度。总人口中，男14864人，女13910人，分别占总人口的51.7%和48.3%。

荷叶镇境内的姓氏，宋代以前失考。自北宋真宗大中元年（1008），何诚二子从江西吉安迁入境内定居后的近千年内，先后有40余个姓氏的族裔来此定居。

经济发展

经济综述

荷叶历来以农业经济为主体。20世纪60年代，开办以小煤矿为主的社队企业，70年代末，全公社工业企业收入近14万元，占总收入的6.4%，开始打破单一农业经济的格局。

20世纪80年代后，实行改革开放，第一、二、三产业全面发展，第二、三产业后来居上。进入21世纪后，镇党委、政府确立“基础立镇，产业兴镇，睦邻安镇，旅游活镇”四大发展战略，成功创建了“市级文明村镇”、“市级安全生产示范镇”、“统筹城乡发展示范镇”和“风电之镇”。2014年，全镇实现国民生产总值15.65亿元，其中，第一产业0.78亿元，占5%；第二产业12.84亿元，占82%；第三产业2.03亿元，占13%。全社会固定资产投资6.99亿元，财政总收入9938万元，农村居民人均可支配收入11856元。

农业

历史上由于封建制度的束缚，荷叶农业发展缓慢。1949年后，通过土地改革，废除封建土地所有制，进而完成社会主义改造，农业生产和农村经济迅速发展。1979年后，推行家庭联产承包责任制，打破“大锅饭”，农民有了经营自主权，调动了劳动积极性。1997年全镇粮食产量8681吨；农、林、牧、副、渔总收入2947万元，比1988年增长1.9倍；人均收入1209元，比1988年增长近2倍。2014年，全镇第一产业0.78亿元，占国民生产总值的5%。

种植业 千余年来境内主要种植水稻、红薯、马铃薯、大豆、玉米、高粱等作物。清代至民国时期，荷叶盛产蓝靛和魔芋，曾经远销日本和欧洲，抗日战争期间因滞销而大幅减产。水稻是荷叶粮食作物的主项。新中国成立以来，镇党委、政府领导农民大力开垦农田，兴修水利，改革栽培技术，增施化学肥料，使用农药防治病虫，加强田间管理等一系列增产措施，水稻产量大幅度增长。1997年，全镇水田面积892.67公顷，比1949年的9678亩增加247.41公顷；稻谷总产量7162吨，比1949年增加4.45倍；平均亩产521千克，为1949年的3.8倍；人均稻谷产量314千克，比

1949年增加173千克，增长1.24倍。2014年，根据“市场导向”原则，开发66.67公顷蔬菜基地，333.33公顷油菜，200公顷猕猴桃，200公顷云雾茶，农作物进一步多元化。

养殖业 镇内素有养殖生猪、牛、马、羊、兔、鸡、鸭、鹅、蜜蜂、鱼等习惯。特别是养猪业历来为荷叶农业经济支柱之一。但过去由于自然经济的局限，养猪业发展缓慢，至民国38年(1949)全镇饲养量仅3760头。

1949年后，生猪养殖有起有伏，而总的趋势在发展。20世纪80年代，镇内推广人工授精，加速杂交优势利用，促进生猪养殖业走上快车道。1997年，全镇生猪饲养量29743头，户平均5.4头，为1978年的2.7倍。

镇内农民养牛历来主要为耕田役用。民国38年（1949）全镇有耕牛705头。镇内有水牛、黄牛两种，以黄牛为主。1965年，县农业局组织力量，到荷叶建立“黄牛改良站”，引进山河牛、短角牛、短滨杂、辛地红等外来良种公牛4头和母牛2头，总投资5万余元。与本地小黄母牛杂交配种，到1976年产仔牛1300头，成活1100头。1979年后，推行家庭联产承包责任制，耕牛分户或联户饲养，1997年发展到1742头。2000年以来，随着机械化的发展，养牛不再为役用，全部为肉用牛。

林业 荷叶自古“丛林浩淼”，民国时期森林覆盖率达70%。1958年全民大炼钢铁，伐木毁林，林业生态空前失衡。20世纪70年代，公社大办林场。1981年实施林业“三定”后，林业生态显著好转。70—80年代造林800.4公顷，至90年代共造林993.5公顷，全镇森林覆盖率48.34%。1949年至今的65年中，砍伐多护造也多，原始森林几乎全部更新，其中风水林和风景林减少，用材林和经济林增多。

工业

煤矿业 民国时期，境内有数家私营公司在盒里金钗、红花岭、海山头、扁子湖、杉山里、三字冲、斋婆冲、汉头冲、长冲、蛇形、欧家岱、大坂上等处开采煤炭。

1949年后，煤矿业持续发展。20世纪60年代起，按照“三级所有、队为基础”的体制，社队开始办煤矿。80年代以来，私营煤矿蓬勃发展，煤矿业成为荷叶的支柱产业。

1963年，两路、新塘两大队因烧砒块需要燃料而开办两处煤矿。接着老铺、水源、塘家洞、下故、神堂圩、唐家等大队陆续开办了煤矿。1963—1979年共产煤62.25万吨。新市村的大浦头煤矿，20世纪80年代中期以前，年产量一直未突破万吨关。80年代末被列入全省乡镇企业重点改造工程。村支两委投资50万元于1988年动工，1993年完工，当年即产煤26964吨，产值180万元，此后逐年上升，至1995年产量达48000吨，产值380万元。

1970年秋，公社开办红花岭（原大队停办井巷）煤矿。同时，选择煤层较浅的岩门口李子坪开采，1971年产煤2000吨，产值1.8万元，1973年产煤5000吨，产值6万元，以此支持红花岭矿的采掘。1974年，红花岭矿见到煤层，次年两矿共产煤1.5万吨，产值21万元，至1977年，年均产煤2.5万吨，产值35万元。同年，红花岭煤矿与县办新石窿煤矿掘通。县社两级经协商后，将红花岭煤矿作价60万元，转让给新石窿煤矿。随后，公社转战斋婆冲。1981年斋婆冲煤矿产煤15000吨，产值30万元，年上交公社利润10万元。1992—1997年斋婆冲和三字冲两矿共上交公社利润32.6万元。

1963—1997年，全镇大小煤矿发展到138个，其中镇办3个，村办9个，联办83个，个体办43个，从业人员2815人。34年中共采煤416.15万吨。

煤炭销售，开始仅供本地生产、生活需要，1966年开始外销。据两路水窿统计，当年销往桂阳县城2000吨，次年4000吨，1964年增至8000吨。20世纪70年代中期后，除不断增加县内销售量外，还销往郴州、广东一些地方。2005年，年煤炭收入达3384万元，煤炭销售收入成为荷叶的财源主流。

自2005年起，荷叶煤矿按照国家安全标准进行整顿整合，随后又引进央企对荷叶境内煤矿进行整体收购，至2011年5月，荷叶境内所有煤矿为南方石墨公司整体收购。

风电业 “十五”计划期间，国家实施新能源战略，风力发电列为新能源开发重点。2009年，湘电新能源和中国水电顾问集团桂阳能源开发有限公司，在荷叶镇内沿省道西面山区新建风力发电用风车60余座，在两路、塘家洞、新市村建升压站三座。发电用风车高128米，风车叶轮直径96米，风力时速在30公里以上，每台风车日发电能力可达2000千瓦。2011年，第一期工程建成发电。2013年，第二期工程建成发电。2014年，第三期工程建成发电。共征、租地133.4公顷，新修道路47条、150余公里，调处大小矛盾纠纷300余起。年发电量2.4亿千瓦时，年实现利税2500万元。

其他工业 荷叶手工业，历来有打铁、缝纫、建筑、皮革加工、造纸、纺织、油榨、鞭炮制造、酿酒、烟丝加工、竹棕加工、农副产品加工等10余个行业。1949年前，都是私人经营，分散作业。合作化时期，居住集市的铁、木、泥、缝纫工人组织合作社，走集体化道路。1978年改革开放以来，由集体经营转为承包经营或个体经营。

商贸服务业

荷叶是湘南通往粤北的重要关口，历史上湘

荷叶镇鲁荷金风力发电场

粤两省的商贾南来北往多数要经过荷叶。贩运的南杂、百货或土特产，有的在荷叶集散，客观上带动了荷叶商业的发展。同时，荷叶还是古代食盐人力贩运（脚客）的重要通道。粤汉铁路和郴桂公路通车后，交通重心东移，经过荷叶的商贾、脚客减少。1949年，荷叶社会商品零售额287万元，集市贸易成交额109万元。

1949年后，商业逐步被纳入国营、集体经营。1952年3月8日，在荷叶圩成立荷叶乡供销合作社，经营食盐、煤油、布匹、毛巾、烟酒等商品。人民公社化后，供销社与国营商业合并成全民性商业，股份制自行消失。中共十一届三中全会后，私营商业快速发展。1988年，集资近40万元，在神堂圩新建建筑面积9627平方米的商场。至1995年，全镇集体、个体或联体商业户近半数集中在神堂圩，有南杂百货店65家，药店2家，礼品店2家，家具店2家，成衣店17家，五金家电17家，饲料店3家，什杂水果店40家，建材店2家。1997年，全镇有集体、个体和联体商业户276户，从业人员410人。社会商品零售额7656万元，集市贸易成交额648万元，分别是1949年增加26倍和5.9倍。2014年，仅神堂圩就有饮食店、旅社28家，理发等服务娱乐铺店47家，逢2、5、8日赶圩，逢圩日赶圩者万余人。社会商品零售额达19656万元，集市贸易成交额5184万元，分别是1997年的2.57倍和8倍，从业人员1043人，是1997年的2.5倍。

基础设施

交通运输

20世纪50年代中期以前，境内长、短途运输主要靠人力肩挑和畜力拉运。1957年，修通县城至荷叶公路，开始有机动车运输。此后，修通了多条乡村公路，各种类型的机动车日益增多，人畜力运输逐渐为机动车运输代替。1995年，全镇客运量达66万人次，总收入198万元。2000年来，投入大量资金对通村公路进行硬化，2014年基本实现水泥公路组组通，开通客运班车的行政村增至14个，客运量达100万人次，全镇有大小汽车800余台。境域有省道S214线贯穿南北，连通湘粤，交通较为方便。

邮政通信

民国时期，新铺上设邮政信柜，1953年6月，由县邮电局接管。1958年，成立荷叶邮电所，安装了电话总机。主要办理信函投递、报纸杂志发行、电报电话传递等业务。邮电所租用民房，前后40年无固定地址。1994年6月，建成办公楼和宿舍，有职工6人。是年，装置程控电话交换器800门，安装程控电话机431部，占全乡总户数的18.9%。1995年，新市、老铺村获省“电话村”称号，得铜牌奖章。同年，开展邮政储蓄业务。2014年，全镇有固定电话120部，手机12120部。

供电饮水

供电 1949年10月以前，无电力设施。1966—1995年建成小型水电站11座，其中乡办3座，总装机容量约800千瓦，安装高压线路31.7公里。

2005年，镇党委、政府开始着手农村电网改造工程，2011年启动实施，建设110千伏变电站1座，建设10千伏农村主网输电线路9条，12公里，完成户改2000余户。

饮水 荷叶神堂坳是南北分水岭，坳北水汇入湘江，坳南水汇入珠江。域内几十年来一直办煤矿，地下水严重受损，村民饮水受到极大影响，如何解决饮水问题成为人民生活中当务之急。1996年，新市村筹资建立自来水厂，供应神堂圩居民用水。2004年，成立荷叶镇集中供水公司，共投资380万元从白水庙门的水库引水，为镇区解决了近千户居民安全饮用水问题。通过十几年的努力，全镇95%以上村庄用上了自来水和安全饮水的要求。

2014年，国家拨巨款把从泉田南面仙人劈山溢水的通天河道口起经泉田、水边至曾加洞3.5公里长的河道整修成断面4米×2米的引水渠。同时在荷叶西北部六个行政村的每个村庄设1～3个环卫箱，每户设1个环卫桶，每个自然村配置1～3个保洁员。至此，全镇95以上村庄解决了饮水问题。

农田水利

境内无大河流，1949年前农田灌溉主要靠山涧溪水和389股泉水。但泉水多数流量不大，溪涧易涨易落，所以十年九旱，一般年景受旱面积在200公顷左右。民国21年（1932）、27年、34年都出现大旱，两个月左右无雨，农作物失收八九成。

1949年后，党委、政府把水利建设作为改善生产条件、发展农业经济的首要任务来抓。在农业合作化、人民公社和改革开放时期都进行过大规模的治山治水、修塘筑库等水利建设，至1995年，先后修建了高山、石壕、梨树下、天然、炭灶、水源、长头冲、荷叶、白水庙门、塘冲等10座小型水库，11口基本山塘，298处塘坝和一批大田洞的排灌工程，总蓄水量666万余方。全镇水田面积884.24公顷，旱涝保收的561.21公顷，占64%；天水田97.25公顷，占11%；易涝田225.78公顷，占25%。1990年，成立乡水电管理站，加强了对水利、水电工程的管理。2014年，通过一事一议奖补项目，新修通组机耕道砂石路2条共2.7公里，硬化通组公路460米，架桥1座，修砌三面光灌溉渠道3条共4520米。

村镇建设

镇治建设　民国元年（1912）建立神堂圩市场。1967年，桂临公路接通，市场日益活跃。政府和工商部门陆续投资拓宽圩场场地，兴建货亭。1969年后，集镇逐渐以党政机关所在地为中心规划发展。1990年起，在省道214线两旁建立商贸区。开通了镇中路、环镇路、荷花路。相继建成了工贸大厦、金仙大厦、仙梦大楼、荷叶农贸市场等。2014年，镇党委、政府提出“基础立镇、产业兴镇、睦邻安镇、旅游活镇”四大发展战略，抢抓被列为桂阳县城乡统筹发展示范镇的契机，先后筹集2800余万元建成了敬老院、文体活动中心、农业综合服务中心，维修断板水泥路20余公里；投入4500余万元对15个村和2个居委会进行了绿化、净化、美化、亮化，镇区道路提质改造达4公里，对镇治内给排水管进行改造，道路油化，对房屋立面、广告牌进行改造、规范，建设休闲广场等；筹集3000余万元修建和完善了10公里的灌溉、排洪、引水渠。是年，该镇荣获“市级文明村镇”、“市级安全生产示范镇”、“统筹城乡发展示范镇”和“风电之镇”等称号。

村庄建设　荷叶村庄多为聚族而居，1949年前从择地定向、房屋布局到公共设施等建设，皆受族规、“风水”和“龙脉”约束，村内房屋排列、座向比较有序。1949年，全镇民房建筑面积约9万平方米，人平10.2平方米。

1949年后，村庄建设伴随经济发展而发展。1982—1989年，全镇私人建房占地面积达60550平方米，年均8650平方米。建筑面积共11.50万平方米，年均1.64万平方米。1988年，全镇人均房屋建筑面积17.7平方米，其中住宅13.5平方米。2014年，人均房屋建筑面积约20平方米，其中住宅16平方米。

开展新农村建设以来，全面推进“五化”工

程，安装太阳能路灯300余盏，全镇近半公共区域解决照明问题。全面实施镇区通道、水系、山头、村庄等绿化工程，全镇森林覆盖率达80%以上。逐步实施净化、美化、序化工程，规范村民建房，打造村庄建设亮点。

社会事业

教育科技

教育 荷叶自建置起即有私塾。明嘉靖十四年（1535），当地士绅在潮泉寺、听泉庵创办潮泉书院。清末改书院为学堂，民初改学堂为学校。为使学校教育正规化，县政府明令禁止私塾，直到民国38年(1949)，荷叶镇内仍有私塾5所，学生近100人。新中国成立后，荷叶乡人民政府接管所有学校，禁止了私塾。此后经过整顿改造，不断调整完善教育体制，增加教育投入、加强对教育的领导和管理。1997年，经上级检查验收认定荷叶的教育已达到国家规定的“两基”（基本扫除青少年文盲、基本普及九年制教育）标准。2014年，荷叶镇中心校本部教学班38个，在校学生2730人，教职工130人，中高级教师6人。另有9所村级小学，7个教学点。全镇共计学生4247人，教职工204人。公办幼儿园1所，民办幼儿园8所。

科技 明清时期，荷叶的能工巧匠、中草药医师、采矿冶炼人员等传授科学技术，主要是父传子、师授徒。1949年后，乡（公社）成立农业科技推广站，1987—1991年，全镇新开办农技、畜牧、缝纫、农机、采矿、家电、驾驶、计生、卫生、法律、保健共10余个专业技术培训班近100期，参加学习者达1545人次。1997年，举办8期农技培训班，有340人获得绿色培训证书。随着科技的普及，学有专长的人才日益增多。1986—1990年，进行技术职称评审工作，全乡取得技术职称的共154人。其中初、中、高级职称教师112人，初、中级职称部门职工15人，初、中级职称农民26人，会计师4人，经济师1人，采矿工程师和水电工程师各1人。

文化体育

文化 古代，境内民间即有歌舞戏剧、诗词联赋、游艺、雕刻等传统的文艺创作和文化娱乐活动。1949年后，贯彻“百花齐放”文艺方针，文化事业得到较大发展。20世纪90年代中期，民间自发的舞龙狮、桌台戏等传统文艺、游艺活动相对减少，封建迷信的内容多被淘汰，增添了摄影、电子游戏、通俗音乐、迪斯科舞等新鲜内容。期间，荷叶镇先后10余次派出业余文艺代表参加县级会演，取得好的成绩。1996年12月，在东南半县文艺节目调演中，荷叶选送的舞蹈《天竺少女》和独唱《同桌的你》分获一、二等奖。同时，先后10余次派出文艺骨干参加县文艺部门举办的文艺培训班，学习音乐、舞蹈、戏剧、化妆、摄影等，培养了一批文艺人才。

体育 1949年后，传统体育活动仍在农村流行，同时增加了以篮球为主的现代体育项目。1955年，新塘乡（今荷叶境地）辟球场、组球队、积极锻炼，步行30公里参加县第二届运动会，被《新湖南报》誉为桂阳第一支青年农民球队。1985年成立镇体育运动委员会和镇农民体育协会，人民体育意识日益增强，体育活动更加广泛而有成效。仅中小学生体育达标者累计万余人，占学生总数86％以上。1997年，在全县第五届运动会上，荷叶选派的篮球队夺得乡镇组冠军。《桂阳报》和《郴州日报》均以《22支农民篮球队活跃在荷叶乡村》为题，报道了荷叶22支农民篮球队竞赛的盛况。1999年，荷叶镇被省农办、省农业厅、省体委、省农民协会评为“湖南省亿万农民健身活动乡镇”。

医疗卫生

1949年前，中草药郎中游方境内，为民治疾。清宣统元年(1908)欧阳开在荷叶圩开设中药店后，至1949年，相继有9人开设过中药店。

1952年4月，经县卫生科批准，在荷叶圩成立健民中医联合诊所。1956年改诊所为荷叶农村医院。成立荷叶人民公社后，更名荷叶卫生院。2014年，该院有医疗大楼一栋，建筑面积1000平方米，有职工28人，其中执业医师6人，床位22张。新建了中医科，科内理疗设备基本齐全，可开展针灸、刮痧、拔火罐、神灯等中医理疗服务。被市、县评为一甲医院。

村级医疗发展较快，1969年，荷叶公社建立15个大队合作医疗站，有“赤脚医生”18人。至1980年，15个合作医疗站的“赤脚医生”增加到46人。1982年，改各大队合作医疗站为村级卫生室。2014年村卫生室32家。

社会保障

1961—1997年，国家给荷叶发放统销、退购、救济等粮食共333.74万千克。其中1963年全镇春旱连夏旱，1983年夏秋70天无雨，粮食作物严重减产，国家统销和退购粮食，救济粮共178.4万千克。

1968年6月18日，暴雨持续5个多小时，洪水成灾。炭灶水库大坝缺口，洪水冲毁下王铺房屋2栋，冲走和淹死5人。县政府下拨了救灾款及粮食、木材等物资进行救济。

2004年前，镇内“五保户”由集体负责供养，2004年起，镇内“五保户”一律由国家负责供养享受“五保”待遇，同时启动新型农村合作医疗制度，年内“新农合”覆盖率达到60%。2005年，启动农村大病救助制度，城镇医疗保险制度。到2014年年底，共落实低保对象789户895人，全年发放低保金90余万元，救助农村大病对象178人35.6万元。2014年，投资140万元新建敬老院1个，可容纳供养人员60人。全镇有“五保”供养对象189人，其中集中供养28人。

在2008年“5·12”四川汶川特大地震救灾期间，荷叶镇党员干部群众捐款26万元。

特色地情

名特物产

矿产 荷叶镇素有“桂阳煤炭之乡”称号，煤炭储量占全县煤炭储量的90%以上。荷叶煤炭属无烟煤，每千克热量在6000大卡以上，含硫矿量在0.35%～0.82%之间，符合工业、生活和气化用煤的要求。境内还有大量的石墨、稀土等矿产，其中石墨储量20万吨，稀土3000余吨。

魔芋 又名蒟蒻，是一种生长在海拔250～2500米的山间多年生草本植物，对生长环境有比较特殊的要求，因富含氨基酸及多种营养成分，而深受人民喜爱。荷叶因海拔较高，气候适宜，适于魔芋种植。荷叶魔芋种植历史悠久，具体时间无从查考。历史上，荷叶魔芋干片曾远销日本、南洋。20世纪五六十年代，荷叶魔芋种植达到鼎盛时期，几乎家家户户种植，种植面积达70公顷。中共十一届三中全会后，因煤矿开采和运输业及劳务经济兴起，荷叶魔芋种植逐渐萎缩。进入21世纪后，荷叶魔芋种植面积维持在30公顷左右，产值350万元左右。2013年12月，该镇魔芋种植户谭光胜组织成立荷叶光胜魔芋种植专业合作社，发展社员200多户，种植魔芋近70公顷，年产量3500吨，产值达700余万元。

高山猕猴桃 1993年，高山村何小平从湖

潮泉

南农学院引进种苗，试种 0.1 公顷，第二年挂果，第三年获利，产量 4000 余千克，产值 13931 元，亩产值 9387 元。1996 年扩大到 4.67 公顷。2001 年“高山猕猴桃”中的“丰悦”猕猴桃在全国优质农产品鉴评会上被评为第二名。2014 年成立桂阳县荷叶可怡猕猴桃专业合作社，种植面积 14.67 公顷。

风景名胜

潮泉奇观　位于潭溪村西面一公里处。南宋王象之《舆地纪胜》说“桂阳亦有潮泉，丑涌申止，春秋互变”。潮泉泉口如潭，水面约 50 平方米，水清转碧，四周悬崖峭壁，水深莫测。晴天每日三涨三落，雨天四涨四落，如此反复，永不休止。一般潮涨 1 米左右，最高达 3 米。省电视台曾以潮泉为题，拍摄了风光影片。

金仙寨　在境内东面的唐家村，海拔 1250 米，是骑田岭主峰之一，又是郴州著名风景区仰天湖重要景点——仰天卧佛的枕头。寨上长年“青碧冠云，园秀霞举”。其云夏天若分布稀散，天必有雨；若集结不散，天必转晴，被称为“晴雨云”。寨东、北、西三面砌有寨门，南面陡峭，无路可通。步入寨门再拾级进入寨内，有一可坐百人的盘石。

仰天卧佛

南方红豆杉群

此石一人以手触之能动，百十人合力相推稳如泰山。旁有一传说神马踏过的足迹如井状，内贮甘泉供游人解渴，多饮不枯，少饮不溢。

红豆杉自然保护区　红豆杉属珍稀树种，荷叶红豆杉群生长在海拔 650 米的山田村羊角山上，其中围径 3.5 米的一棵，1.5 米的六棵，1 米的有四十棵。周围山上还生长着大大小小的红豆杉共 305 株，成为湖南省内分布最密集、胸径最大的南方红豆杉群，其中树龄最大的已有 960 余年。2010 年，桂阳县将该地设立为县级自然保护区。2013 年 3 月，经省人民政府批准，该保护区晋升为省级自然保护区。

民俗风情

婚姻习俗　历史上，荷叶曾有几种独特婚姻习俗。带孝婚。男女订婚后，若公婆中一人去世尚未安埋即要戴孝成婚，借以安慰死者于九泉之下。眷属婚。如果兄故嫂年轻，父母就令弟与嫂成婚，反之亦然。

（何历田　供稿）

方元镇>>

区域概况

地理位置

方元镇地处桂阳县南部，北纬25°52′83″至25°73′49″，东经112°52′07″至112°68′36″。东邻鹿峰街道、黄沙坪街道、太和镇，南接荷叶镇、临武县香花镇，西界嘉禾县行廊镇、龙潭镇、普满乡，北靠浩塘镇、仁义镇、龙潭街道，为桂阳、嘉禾、临武三县交界地。

建置沿革

清朝康熙时属崇礼都，民国3年（1914）为协中团；民国19年（1930）属三区；民国27年（1938）为清靖乡、燕塘为燕喜乡；民国35年（1946）为协中乡。

1950年，属方元区，又称三区；1958年，属方元公社；1961年，划分为方元公社、大塘公社；1982年，大塘公社改为燕塘公社；1983年，为方元乡、燕塘乡；1996年，方元乡改方元镇；2012年，方元镇、燕塘乡合并为方元镇。

境域变动：1952年5月，桂阳、嘉禾两县商定将嘉禾县太平乡所辖球冲、横冲、咀家、猴子头、关口5村划归桂阳县第三区，将桂阳下扒塘、斜里塘两村划归嘉禾县。1954年又将扒塘黄家村划归嘉禾县。1965年将临武县广平公社的茅栗、秀里、林溪、月华4个大队划归桂阳县方元公社。黄沙坪镇境域曾属方元，1959年建立黄沙坪镇，1961年并入方元公社，1983年复建黄沙坪镇，划方元公社上银山、羊角脑、周台三个大队归黄沙坪镇管辖。

行政区划

方元镇2012年由原方元镇、燕塘乡合并而成，辖方元、谷田、中和、毛坪、观山、关口、锦里、岭背、横村、堂下、老神背、长汾、林溪、秀里、茅栗、下龙、坪石岭、下廊、燕塘、枫山、大塘、小冲、白沙、上邓、下邓、高桥、六合、青坪、下燕、元里、麻地、周家、花果33个行政村，和方元、燕塘2个居委会。设312个村民小组。辖区总面积221.08平方公里。

自然环境

镇区属丘陵地区，除了山间河谷、小溪两岸有些平地外，其他均为丘陵。地势南高北低，平均海拔高度423米。最高点位于茅栗村与荷叶镇、临武县交界处，海拔705.4米，最低处毛坪村石背山锦里溪边，海拔140米。

镇域河流属湘江水系，主要溪流有春陵江支流锦里溪、黄狮江上游支流。

境域属亚热带湿润季风性气候，其特点是气候温暖，四季分明，热量充足，春温多变，夏季雨量集中，雷电天气较多，秋季温和凉爽，冬季干冷少雪，严寒期短。年平均气温17.3℃，1月平均气温4℃，7月平均气温28℃，相比桂阳其他地方气温稍高。生长期年平均220天，无霜期年平均210天，年平均日照数1780小时。年平均降水量1500～1800毫米。

境内土壤以黄色土壤、水稻土为主。矿产资源主要有煤炭、铅、锰、铜、锌、铁、硫黄等。煤炭地质储量9900万吨，可采储量7700万吨，主要分布在锦里、燕塘一带。石墨储量1120万吨，主要分布在锦里一带。锰地质储量2000万吨，可采储量150万吨，主要分布在塘下、六合一带。

人口民族

境域自古就有人类居住，宋元明时期从江西等地迁入大量人口。方言接近于县城的西南官话，属桂阳县仁义话方言区，本镇民族为汉族。2014年底，全镇总人口49499人，其中男25443人，占51.4%，女24056人，占48.6%。人口出生率9.89‰，人口自然增长率6.25‰。

经济发展

经济综述

方元是传统农业区。明清时期境内有煤矿、铅锌、锰矿开采。抗日战争时期和“文化大革命”时期，工商业凋零。1983年以来，全面实行农业生产责任制，基本解决了温饱问题，农业、工业迅速发展，矿业复苏、冶炼发达，形成了生态农业为主导、矿产工业为支撑，现代服务业为特色的经济发展格局，向着“特色名镇、经济强镇”前进。

2014年底，全镇实现国民生产总值10.99亿元，其中第一产业增加值2.52亿元，第二产业增加值6.75亿元，第三产业增加值1.73亿元，固定资产投资3.41亿元，财政总收入2782万元，农村居民可支配收入13318元。

农业

1949年前，是桂阳县水稻、苎麻、辣椒、魔芋、山药主要产区。1949年后，开垦了较多农田，兴修了较多水利设施，但受集体化生产影响，劳动效率低，农业产值不高，农业发展缓慢。1983年4月，全县划为五个综合农业经济区，方元、燕塘被划为东南部中低山粮林牧区。该区以种粮、养猪为主，是粮林牧相结合的综合经济区。中共十一届三中全会后，该镇兴起了以瓜果、蔬菜、油茶等为主导产品的特色生态农业。

2014年，全镇有耕地面积2876.6公顷，园地243.2公顷，其中水田2441.4公顷，旱地435.2公顷。林地13475.2公顷。

种植业 方元镇的农业自古精耕细作，形成自己的传统特色农产品。在传统农作物中，辣椒、魔芋、苎麻、锦里贡米闻名湘南。

1949年后，该镇开始尝试农业技术革新。1955年西溪村试种蓝花紫芸英作绿肥成功，此后，单季改双季，高秆改矮秆，推广化肥农药，农产品产量逐步提高。

中共十一届三中全会后，该镇积极加强农田改造，逐步开发新的农产品。1989年，方元塘下村中低改533.3公顷，开荒种粮26.7公顷。2009年，下廊村桃花溪生态农业开发有限公司开发脆蜜桃35公顷。2010年，建200公顷“太和辣业公司”辣椒基地。2011年，燕塘乡创建667公顷玉米高产示范片。2014年，下龙村投资500余万元引进菌草种，兴建菌草示范推广基地，共种菌草666.67公顷。2014年，塘下村马巷组南方苹

果科研基地规模达3.33公顷，已培植大红芸、红富士和嘎拉等16个品种，并以南方苹果科研基地为依托，培育水果产业，总面积达140多公顷。2014年，全镇合同种植烤烟面积1040公顷，烟叶收购完成4.9万担，完成烟叶税1448万元。

到2014年，该镇有以坪石、长汾、林溪等村为主的200公顷方元辣椒基地，以岭背、塘下、锦里等村为主的333.33公顷西瓜基地，以谷田、中和、毛坪等村为主的133.33公顷蔬菜基地。烟叶、方元辣椒、方元西瓜、南方苹果、脆蜜桃、菌草等成为拳头农产品。

2014年，粮食作物种植总面积4103.9公顷，总产量22723吨；烟叶种植面积1040公顷，总产量2230吨；蔬菜种植面积1086.9公顷，总产量32902吨；瓜果种植面积137.27公顷，总产量3125.28吨；果园面积431.82公顷，总产量4908.08吨。

养殖业 饲养生猪、牛、羊、家禽、鱼为镇内传统养殖业。1950—1958年，饲养生猪、牛、羊者较多。人民公社时期，办集体养殖场，由于规模大而技术落后、饲料缺乏，养殖业下降。中共十一届三中全会后，出现了许多集约化管理的专业养殖场，现代科技、优质饲料在养殖业中得到广泛应用，养殖业产量、质量、效益大幅提高。

1989年，农业局技术干部在燕塘等乡作垄稻、萍、鱼示范206.67公顷，平均亩产稻谷518.5千克、鲜萍5000千克、鱼51千克，为稻谷增收、养殖业发展开辟了新路。1994年，燕塘农民雷高在暨南大学劳伯勋教授指导下建立湘华养蛇场，加工蛇王酒、蛇胆酒。2011年，新湘农投资2000多万元，在枫山兴建规模1万头的大型养殖场，以养殖生猪、鸡、鸭为主。下邓村、谷田村分别投资200多万元兴建蛋鸡养殖场。临武舜华鸭业分别在五里水库、关口水库、茅栗水库设养殖基地，年出栏肉鸭15万羽。

2014年，全镇有生猪规模养殖场11家，年出栏7.09万头；牛499头；羊3051头；家禽18.18万羽；销售鲜蛋144万枚，肉类总产量5440.88吨。水产品养殖面积225.93公顷，产量841.62吨，水产品捕捞产量70.3吨，水产品总产量911.9吨。

林业 镇内有林地面积13475.2公顷。主要树种有松、柏、樟、杉、竹、枫、桂、桉等。珍贵树种有红豆杉，主要分布在秀里、茅栗等村。

1978年，石岩口林场造林613.80公顷。1980年桐木岭建万亩林基地，该基地跨方元、浩塘、仁义、城郊4个公社，到1981年造杉木林733.34公顷。观山、关口、毛坪、中和等大队连片造林105公顷。1984年，观山村农民李国杰与本村签订了承包荒山造林合同，贷款1.2万元，借款3.5万元，开垦荒山17公顷，栽种杉苗6万株，成为造林大户，带动了该村11个林业专业户，共造林70公顷。2010年，发展优质油茶林基地8000公顷。投资1.11亿元启动绿之源生态农业综合开发项目，开发油茶基地200公顷，开发优质水果基地66.67公顷，造林1333公顷，封山育林466.67公顷，三边造林93.33公顷。2011年，引进宏润生态油茶，在谷田、中和村建立油茶开发基地200公顷。与武汉凯迪公司和湖南盛丰生态农林有限公司合作，造林1330公顷。2011年，丰泽油茶生态开发有限公司在下燕村投资1000多万元，开发油茶200公顷。2013年，投资6000万元建设茅栗村绿之源油茶生态农业项目，投资1000万元建设枫山村海鸿源油茶生态农业项目，投资200万元扩建桃花溪。到2014年，该镇油茶林面积达8570公顷，成为该镇林业的拳头项目。

工业

方元工业从古至今以矿业驰名，主要矿业有煤矿、锰矿、铅锌矿。

煤矿 民国时期燕塘办煤矿，后为桂阳煤矿三五工区，1977年升级为三五煤矿，1981年停采。1992年复采，1998年，个体老板李成志买断县三五煤矿产权，建立桂阳县鸿达能源有限公司，2000年创产值580万元，缴税48万元。同年，鸿达能源有限公司投资1000多万元，完成煤矿技改。2012年，永佳煤矿（锦里煤矿）和柏树湾煤矿合并，组建成固定资产达2400万元的大型煤矿。

锰矿 1957年，开办桂阳六合锰矿，六合锰矿以锰品位高含铁量少而闻名。1960年更名为湘南锰矿，1968年因安全问题停办。2010年引进投资2000万元的富锰渣厂落户方元。

铅锌矿 1997年，燕塘乡办铅锌矿，后因排水困难而停办。1977年，方元公社在上银山至下彭村一带兴办方元铅锌矿，1983年，上银山划归黄沙坪镇；该矿改名为方黄铅锌矿，由方元与黄沙坪联办，方黄铅锌矿产品质纯而杂质少。1992年，方元镇投资320万元兴建方元铅锌选厂，1994年推行租赁承包责任制，加快了乡镇企业改革的步伐。1999年，方元兴建粗铅冶炼厂。2013年成立投资3000万的玉鑫矿业公司。

其他工业 1978年，大塘公社兴办水泥厂。1999年，下廊村彭多才兴建冶铸厂，年产铸件0.91万吨。2000年，燕塘有4座小铁炉，鼎盛时期方元境内小铁炉达200多座，后因环境污染问题被依法关停。

2014年，该镇有工业企业30多家，其中矿业企业7家，形成了以矿业为主体的工业体系；工业生产总值6.75亿元，占该镇国民生产总值的

61.4%，创税 1970 万元。

商贸服务业

清朝时期境内有茅栗、中和、六合、方元、仁和 5 个圩市。民国时仁和圩停市，方元圩则成为全县农村 9 个最繁荣圩市之一，而六合圩以苎麻交易闻名。

1949 年后，方元、大塘均设有食品站、供销合作社、粮站，供应生产生活资料和收购农副产品。中共十一届三中全会后，方元、大塘等圩市出现了私营超市、餐馆、宾馆、药店等。2013 年，启动"中国农耕文化旅游度假村"建设项目。2014 年，投资 1000 万元，推进糯粉竹木溪庄园开发工作，兴建一个集餐饮、休闲、娱乐于一体的现代化生态休闲农庄。2014 年年底，全镇有家庭农庄或农场形式的休闲服务场所 10 余家。全镇第三产业生产总值 1.73 亿元，占国民生产总值的 15.74%。

基础设施

交通运输

步道 清朝桂阳本州 12 条主要步道，通过境内的有 2 条：一条从州城到元里往嘉禾方向，一条从州城到月华往临武方向。

桥梁 古代桥梁有锦里桥，位于锦里村锦里溪上，为单拱石桥。该桥明代由附近村民曹贤始建木桥，清康熙二十二年（1684）改为平板石桥，清嘉庆十年（1805）改建为半圆单拱石桥。桥长 57 米，高 9 米，宽 5 米，为桂阳通嘉禾官道桥。2012 年定为市级保护单位。

公路 厦蓉高速公路过境，省道 1806 线（后为省道 322）——郴州到道县路线，经方元、燕塘，往嘉禾方向。其中黄腊塘至石陂头一段于 1958 年修通，1986 年后铺成柏油马路。2005 年 3 月建成桂嘉高等级公路，2014 年进行提质扩建。

乡道境内乡道有燕元线—燕塘到元里，方林线—方元到林里，郴 170 线—方元到观山，上茅线—上银山到茅栗。专用道：燕塘到三五煤矿。20 世纪 80 年代，各乡村道路基本修成，到 2014 年，各乡村道路已基本硬化。

铁路 1985 年建郴嘉窄轨铁路，在方元、燕塘、马巷设站，2004 年整体停止运行。铁路桥：高桥大桥，位于马巷村西南，1984 年动工，1985 年竣工，长 133.95 米，高 20.86 米。

邮政通信

邮政 清朝桂阳有 4 条铺递路线，其中两条经过方元境内，西路经十里铺、冷水铺到达嘉禾县，南路经长汾、林溪抵临武县。清末在方元圩、茅栗圩设乙类信柜，在大塘圩、中和圩设丙类信柜。民国在中和圩、茅栗圩、大塘圩、方元圩设信柜。1949 年后，在方元、大塘设邮电所，1988 年，方元邮电所改为邮电支局，燕塘设邮电代办所。可以办理包件收寄、报刊发行、汇兑、储蓄、电报、集邮、交电话费等业务。

电信 民国 16 年（1927）架通桂阳至协中团（中和圩）电话线路。1958 年电话通往各公社、部分大队。20 世纪 80 年代初，方元开始安装单路载波电路，装载波终端机。1995 年，方元完成电话交换机扩容，增开载波电路、光缆铺设等建设工程，用上程控电话。2000 年，方元建起电信基站，移动手机用户进入农村。到 2014 年年底，全镇拥有固定电话用户 1024 户，移动电话普及率 100%，互联网用户 795 户。到 2014 年年底，所有 33 个行政村都架通了有线电视、固定电话和宽带网络。

供电饮水

供电 20 世纪 70 年代，方元、大塘公社就已架通了供电线路，有长汾电站、新塘电站、毛坪电站。90 年代，建方元变电站，解决了所有村组的供电问题。2010 年完成对方元、燕塘两座变电站的通信安装和调试，境内所有村组实现了正常供电。2006 年 5 月 1 日，祖山电站扩建，新建 500 千瓦机组 3 台，加上原老电站 350 千瓦机组 1 台，该电站的总装机容量达到了 1850 千瓦。

饮水　20 世纪 90 年代，方元居委会用上自来水。2010 年，燕塘用上自来水。到 2014 年，有 76% 的村组都用上了自来水。

水利建设

古代水利设施主要靠山塘、陂坝，今锦里溪、花果溪、长汾溪等溪河上的古代陂坝还在发挥作用。1949 年后境内修建了许多水库、渠道、水坝等，这些水利设施起到了灌溉的重要作用。

方元水库　地处方元村，为县内中型水库，1965 年 5 月修建，集雨面积 38.2 平方公里，主坝两座，副坝一座，灌溉干渠 4 条，正常库容 1679 万立方米，可灌溉方元、城郊、城关、仁义、樟市 5 个公社 2693.34 公顷耕地，现为桂阳县城生产生活供水水源之一。

小Ⅰ型水库　五里水库，地处下邓村，修建时间为 1957 年，集雨面积 0.86 平方公里，外引 4.54 平方公里，坝高 27 米，正常库容 252 万立方米，灌溉面积 266.67 公顷。

邓家冲水库，地处上邓村，修建时间为 1958 年，集雨面积 0.61 平方公里，外引 1.26 平方公里，坝高 22 米，正常库容 113.50 万立方米，灌溉面积 133.34 公顷。

菜支坪水库，地处茅栗村，修建时间为 1966 年，集雨面积 2.7 平方公里，外引 4.00 平方公里，坝高 17.5 米，正常库容 135.0 万立方米，灌溉面积 100 公顷。

关口水库，地处关口村，修建时间为 1976 年，集雨面积 3.09 平方公里，坝高 22 米，正常库容

方元水库大坝

132 万立方米，灌溉面积 200 公顷。

小Ⅱ型水库有 12 座：三五（1955 年建）、岩口（1956 年建）、松柏（1957 年建）、野鹅塘（1958 年建）、塘前（1958 年建）、毫里（1958 年建）、神背（1959 年建）、秀里（1965 年建）、马古塘（1969 年建）、向阳（1971 年建）、毫口（1972 年建）、坪石岭（1976 年建）。

1965 年在坎下冲生产队建扬程 54 米的水轮泵站。

2012 年，桂阳县被列为全国农村河塘清淤整治试点县，方元镇被列为河塘整治试点镇。

村镇建设

1949 年前，境内大多是青砖碧瓦房，大部分村庄有宗祠、戏台、惜字炉、牌坊，乡村步道上有凉亭，现存较好的古建筑有燕塘村的门楼，元里村、太下铺、晨干村的惜字炉等。1949 年后大多为红砖瓦房，许多宗祠改建为礼堂，一些有价值的古建筑遭损毁。合作化时期起，县属各行业机构延伸到基层，学校、卫生院、供销社、信用社、银行、粮站、铁木社、兽医站、企业办、农机站、养路工班等，生产、生活、文化设施逐年增多。

2010 年，谷田村打造“桂嘉公路示范带”新农村建设第一村，引资 4 亿元，建“神农谷田文化庄园”。2011 年 5 月，由县文明办开展的“郴资桂嘉和美示范长廊创建”工作在岭背村举行，桂阳县“郴资桂嘉和美示范长廊创建”工作全面启动。2012 年，安装太阳能路灯 80 盏。2014 年，塘下、球村马巷组、横村糯粉组新农村建设示范带建成。方元村王家组、下邓村马古塘组集中连片建房工程完工，村容村貌大为改观。2014 年完成全镇 33 个行政村 187 个自然村简易规划图的编修。成立方元镇环卫队，配备管理人员和环卫工人共 4 人，添置垃圾清运车 1 台，加强了对垃圾处置的源头管理。

社会事业

教育科技

教育 明清时期，境内各村设有私塾或村学。民国时期，1917 年办坪石、下廊、西溪、球村、中和小学，1927 年办月华、秀里、燕子、横冲、长汾小学，1940 年办方元、神背小学，1942 年办下料、竹溪小学，1945 年办光明小学，1947 年办陈锦小学，1948 年办茅栗小学，1949 年办下邓完小。

1958 年在方元完小附设初中班。1959 年各公社均办农中。1963 年办大塘初中，1968 年办方元初中。1975 年开始“小学不出村，初中不出大队，高中不出公社”，各自然村都办有小学，各大队都办初中，各公社中学都办高中。但由于大量使用民办老师，教学质量不高。1980 年起方元、大塘两个中学不再办高中，只办初中，村级学校不办初中，只办小学。1998 年普及九年义务教育。

2014 年全镇有中学 2 所、中心完小 2 所，村小 23 所，幼儿园 13 所。

方元中学，占地面积 26839 平方米，建筑面积 10093 平方米。2014 年有教学班 13 个，学生 850 人，教师 55 人，其中中学高级职称 4 人，中级职称 35 人，初级职称 15 人。

方元中心校，2014 年辖完全小学 1 所和村小 12 所，占地面积 80551.2 平方米，建筑面积 16271.3 平方米。有教学班 46 个，学生 1378 人，教师 92 人，其中中级职称 57 人，初级职称 29 人。

燕塘中心校，2014 年辖中学 1 所，村小 13 所，中心完小 1 所，幼儿园 1 所。共有学生 2000 余人，在职教师 118 人。其中中学高级职称 4 人，中级职称54人，本科学历42人，专科学历31人。

科技 1955年，方元建农技站，1958年改农科所，同年建畜牧兽医站。1976年，大塘建畜牧兽医站。1983年各乡镇都建有科协。1988年，燕塘建农技站，各乡建有科委。2000年，方元、燕塘建乡镇农技推广站。

科技研究、推广与应用方面，1992年，燕塘乡养蛇专业户雷高，引进“网箱立体式”养殖法，扩大养殖规模。1994年，卖蛇3500千克，创收4.81万元。方元镇下廊村农民彭汝成刻苦自学科学技术，1994年，投资160万元引进乌大枣、水蜜桃、皇冠梨等名优果木，采取农林间作，并养猪1000余头，养羊150只，被评为县“十佳科技示范户”、“省科技示范户”。2014年全镇有科技示范户33户。

文化体育

文化 境内自古盛行花灯戏、祁剧、纸马灯、碗灯舞。1949年后，花灯戏、祁剧仍然后继有人，纸马灯、碗灯舞在“文化大革命”时期消失。燕塘下邓村有业余祁剧团，行头、角色齐备，演出经常。方元镇王家村王先胜、燕塘村王水英、王三仔于2012年获市级非物质文化遗产花灯戏曲继承人。

“文化大革命”时期，公社、大队设有线广播。1969年，方元成立电影放映队，1977年，各乡均设电影放映队。1988年黑白电视进入寻常百姓家。1990年，方元建成全县第一个乡镇调频广播发射台。1994年，燕塘乡塘前村自筹资金建成全县第一个村级有线电视站。1998年，各乡镇建立卫星广播电视地面收转站，大部分村组开通了有线电视。1999年，燕塘建成调频广播发射台和有线电视传输系统。2000年，锦里村建佛教寺庙崇庆庵，谷田村建佛教寺庙海峰庵。2014年，镇综合文化站开展了“科技知识培训”、“民间文艺进村组”、“文化艺术进校园”等活动，并在各村进行文化展览、演出，免费播放数字电影。小品《守护家园》在县文化节中荣获一等奖。2014年，全镇有农家书屋33家，液晶彩电得到普及，广播实现村村通。

体育 1949年前，体育事业几乎为零。1949年后，各学校坚持体育两课两操的原则，开展校内运动会，对学生健康成长起到了很好的促进作用。1985年，成立方元、燕塘农民体育协会。20世纪90年代，方元乡、燕塘乡被评为全省群众体育先进集体。1992年，全国武术馆校擂台赛，方元农民邱黎元夺取醉拳第一名、男子单刀第五名，与人合作男子对练匕首获单刀银牌。1999年，邱黎元又在全省武术散打擂台赛中夺得单刀第二名和全能套路第五名。2013年以来，借新农村建设契机，谷田、下廊、观山、横村、球村、塘下等村相继建起健身场所，全民健身运动得到发展。2014年，境内有较大运动场4个，均有跑道、篮球场、田径场、乒乓球台等设施，小型动场所20多个。

医疗卫生

1949年前，境内无国家医疗机构，只有草药郎中。民国时期清靖乡锦里村草药医生雷渊榛继承三代祖传技术，医治骨折技术非常之高。境内较有名气的草药医生还有方元村的张义三。历史上境内流行过的传染病有丝虫病、天花、疟疾、麻疹、流行性脑脊膜炎、钩端螺旋体病等。

1952年，建方元区中医联合诊所，1958年建大塘卫生院。1969—1980年，推行合作医疗制度，各大队均有医务室和赤脚医生。1989年，方元、燕塘建防保站，属二级卫生事业机构。1992年，方元、燕塘防保站撤销。1989年，各乡镇相继成立本级爱国卫生运动委员会，由乡镇政府负责人兼任主任委员。1992年，方元卫生院设红十字救护站。1996年，燕塘卫生院、方元卫生院被评为一级甲等卫生院。2012 年，方元卫生院改方元镇中心卫生院。

方元中心卫生院，2014 年有执业医师 4 人，助理医师 7 人，护士 9 人。病床 20 床，2014 年门诊量为 26196 人，收治住院病人 816 人。村卫生室 24 个。

燕塘卫生院，2014 年有执业医师 1 人，助理医师 3 人，护士 3 人。病床 8 床，2014 年门诊量为 13419 人，收治住院病人 154 人。村卫生室 15 个。

社会保障

明清时期，燕喜洞（今燕塘）有社仓一间，平时贮谷 226 石，春夏青黄不接之时赈放，冬秋偿清存放，是我国古代一种社会保障制度。清朝到民国初期桂阳乡村一般都有救婴会、义学会、重九会等民间组织，这些组织均有公田以保障其正常运行，是一种救助女婴、贫困学子、孤寡老人等的组织。

1949 年后，孤寡五保老人基本生活受集体保障。1991 年，燕塘乡因为旱灾接受香港红十字会的药品援助，接受台湾红十字会的粮食、衣物、床上用品等物资援助。1994 年，方元乡、燕塘乡因为水灾接受省、地红十字会现金、衣物援助，接受香港红十字会粮食、衣物、药品援助。1995 年，方元乡、燕塘乡因为疫病接受省市红十字会药品援助。2004 年后，农民停止上缴农业税，开始享受种粮直补、母猪补贴、农机补贴。2011 年投资 100 多万元建设一栋敬老公寓。2011 年，桂阳县开始实施新型农村居民养老保险制度，年满 60 岁的农民开始享受每月 55 元的养老金。2013 年，投资 480 万元建设 50 套公租房。

2014 年，发放农村低保户 1543 户，低保资金 249.80 万元，发放城镇低保户 33 户，低保款 10.74 万元，发放“五保户”177 户，“五保”资金 48.24 万元。开展干部帮扶活动,实行“一对一”帮扶，共帮扶困难群众 214 人次，发放慰问金 10 万余元。2014 年农村合作医疗就诊 1.5 万人次，报销医疗费用 600 多万元。

特色地情

蔡家坪寨 位于高桥村与月华村交界处，南接临武县镇南关，南宋时期临邑守将刘泽洪揽群山扩建。寨堡呈椭圆形，寨墙长约 5 公里，现保存完整 300 米，寨有南、北、东门，现仅存北门。西面为悬崖，上有三座炮台，寨内田螺岭有钟鼓楼，南有寨王殿，已毁。2012 年被定为市级文物保护单位。

（张日生 供稿）

樟市镇 >>

湖南省小城镇建设特色镇，全国小城镇建设重点镇

区域概况

地理位置

樟市镇位于桂阳县域东北部，北纬25°37′15″至26°13′30″，东经112°33′26″至112°55′46″。东接北湖区华塘镇、苏仙区马头岭镇，南接正和镇、龙潭街道，北与洋市镇交界，西抵仁义镇、和平镇。镇政府驻樟树下，距县城10公里。

建置沿革

明嘉靖丙申年（1536），樟市、团结属晋宁乡，樟市北部属衡阳乡。清康熙二十一年（1682），樟市分属调梅里、太平里，团结属竹苞里。清乾隆三十年（1765），樟市北部隶属笃信都调梅里，其他区域分属由义都太平里、深智都安仁里、兴让里，团结属由义都竹苞里。清咸丰时（1851—1861年），樟市、团结属同德团。清同治七年（1868），樟市北部属笃信都调梅里，其他区域分属由义都太平里、深智都安仁里、兴让里，团结属由义都竹苞里。

民国3年（1914），樟市、团结属同德团。民国21年（1932）属第九区。民国27年（1938）并乡，全县共设30个乡，樟市属三义乡，团结圩属卫义乡。民国36年（1947）属同德乡。

1949年10月，属同德区办事处。1950年3月，樟市属第一区，团结属第3区（后相继称七区、十三区）。1952年2月同属第十二区。1956年6月分设樟市乡、团结乡。1958年9月合并为樟市人民公社。1961年5月分设樟市人民公社、团结人民公社。1965年8月，合并为樟市人民公社。1970年4月分设樟市、团结人民公社。1984年设樟市乡、团结圩乡。1996年7月樟市乡改镇。2012年3月，樟市镇、团结圩乡合并为樟市镇。

区划面积

1969年辖21个生产大队（含团结圩乡，下同），总面积204.24平方公里，耕地2737.2公顷，其中水田1817.87公顷。1988年辖25个村（居）委会，总面积204.06平方公里，耕地面积2779.8公顷，其中水田1819.27公顷。

2012年撤乡并镇时，樟市镇山背村划归龙潭街道管辖。2014年年末辖24个村（居）委会，辖区东西最大距离18.4公里，南北最大距离17.2公里，总面积191.8平方公里，耕地面积2662.7公顷，其中水田1803.9公顷。

自然环境

地貌以丘岗为主，南北高中间低，海拔在350米至450米之间。

境内属亚热带湿润季风性气候，四季分明，雨热同季，光照充足，雨量充沛，无霜期长。1981—2010年平均气温19℃，1月平均气温3℃，极端最低气温-5℃（1994年1月15日）；7月平均气温28℃，极端最高气温43℃（1989年8月2日）。年平均日照1560小时，0℃以上持续时间298天，年平均气温差25℃。年平均降水量1450毫米，但分布不均匀，5—7月份降水量最大。极端年最大降水量1877.8毫米（1997年），极端年最少降水量950毫米（1982年）。主要自然灾害有冰冻、冰雹、干旱、洪涝、低温等。

矿藏资源主要有锰，地质储存量120万吨，可采量为40万吨，集中分布在唐家村一带。

境域属欧阳海水库灌区，地表水充足。有高平水（又名樟市水）发源于境内甘知坪，流域面积132.7平方公里，年径流总量8380万立方米，支流有樟市溪、上坊溪。境内泉眼、水井密布，属地下水含量丰富地区。

人口民族

1978年，辖区（含团结圩乡，下同）总人口3.34万人，其中农业人口3.3万人。2000年，总人口4.16万人，其中农业人口4.09万人。2014年末，辖区总人口4.58万人，其中农业人口4.48万人。绝大多数为汉族，仅高塘村有瑶族与汉族杂居。人口自然增长率8.78‰。

经济概况

经济综述

境内经济以种粮、种烟、养猪为主。清乾隆以来，所产晒烟“樟片”，远销粤、汉、港、澳等地，并打入国际市场，晒烟的经济效益高。民国31年（1942），国民政府为增粮抗日，控制晒烟种植，产量剧减，晒烟市场萧条。1949年，农民人平纯收入不足25元。

新中国成立后，实现“耕者有其田”，政府主导兴建水利工程，推进劳动工具改革和农业技术革新，发放贷款支持晒烟生产，并完成了对农业、手工业和私营工商业的社会主义改造。20世纪60年代，桂阳县扩种烤烟，樟市是重点产区。烤烟收入为农田基本建设和购买化肥、农药、农机等生产资料提供了大量资金。但是，至1977年，除烤烟外基本是自给性的产品经济，生产发展仍然缓慢。1978年国民生产总值524.31万元，其中第一产业产值498.18万元，占比95.02%；第二产业产值19.8万元，占比3.78%，第三产业产值6.33万元，占比1.2%。农民人均纯收入105元，是1949年的4.36倍。

中共十一届三中全会后，人们有了生产经营自主权，为烤烟大发展提供了有利条件。政府立足本土，着力推广杂交水稻、优质烤烟、良种牲畜等农业新品种。1981—1988年，樟市农民交售烤烟收入年平均436万元，人平1410元。农民盖起楼房，购买家用电器、汽车，户平存款912元。20世纪90年代，个体私营经济迅速发展，兴建饲料厂、养殖场、铸造厂，年末境内个体工商户达201户。2000年，烤烟种植2.9万亩，烤烟产值占农业总产值44.9%。樟市镇以收购数量、烤烟产值称冠桂阳县，扬名省内外。

2010年，围绕“烤烟重镇、文化名镇、经济强镇、和谐新镇”目标，构建以优质烤烟为主，油茶、养殖为辅的产业结构。引进先进的机械设备、现代化烘烤工艺，建设密集型烟叶烤房群。2011年，樟市镇以种植优烟1734公顷，收购烟叶4603.5吨，创下乡镇烟叶收购数全省第一、全国第二的辉煌业绩，成为全国烟叶收购暨现代烟草农业建设现场会的参观点。同时，引进油茶开发项目，投资扶持成氏面条等本土加工企业发展，抢抓春陵江国家湿地公园建设机遇开发旅游服务业。2014年，实现国民生产总值53566万元，其中第一产业产值25057万元，占比46.78%；第二产业产值15468万元，占比28.88%，第三产业产值13041万元，占比24.34%。完成财政收入4099万元，完成社会固定资产投资5.66亿元。农村居民人均可支配收入10507元。

农业

种植业 自古以来，境域农民以种粮食、蔬菜为主。明、清时期种植晒烟，带来较好经济效益。1949年稻谷亩产185.81千克，农民的人均口粮144千克。

新中国建立后，政府领导农民开展农田基本建设，改一季稻为双季稻，改高杆为矮秆，改常规稻为杂交稻，改革栽培技术，增施化肥农药，水稻产量大幅增长。1959年，县成立烤烟生产指挥部，派10余名干部到樟市参与烤烟种植推广。1960年，聘请外省烤烟师傅培训烟农，樟市烤烟试验地亩产60千克，每千克1.2元（与猪肉价相当），烟农开始尝到种植烤烟的甜头。1965年，省委第二书记王延春在樟市大队蹲点搞“四清”，翌年，发动群众开荒种植烤烟33.35公顷，对全县影响很大。1971年，又开荒种植烤烟26.68公顷，缓和了粮烟争地的矛盾。1974年，桂阳县被定为全国“十万亩烤烟基地县”，樟市定为基地中的重点。是年，高塘大队利用4.27公顷冷浸深泥田试验烟稻连作，烟叶获得丰收，虽然晚稻产量不高，但为烟稻连作的推广打响了前哨战。1978年，粮食总产量1.8万吨，人均产粮540千克，烤烟总产量754.8吨，农业总产值12997万元。

1979—1981年，樟市进行烤烟单行高垄模式栽培试验成功，亩产150千克，同比亩均增值102元，为全县优烟高产获得了有推广价值的科学经验。1984年，县农业局农艺师李汉英在樟市建立烤烟优质适产栽培试验示范基地，1989年获得成功。1990年以来，烤烟种植在1467.4公顷以上，产量在3000吨左右，成为农民增收的重要支柱。粮食产量稳定在1.8万吨上下。2014年，播种粮食2714.69公顷，产粮1.38万吨，其中稻谷1.07万吨。烤烟种植2181.09公顷，总产量4876吨。种植药材30.42公顷，总产量358吨。

养殖业 境内乡民素有家庭养猪、鸡、鸭、鱼的传统。新中国建立前，农民圈养生猪，散养鸡鸭，除自家食用外均出售换钱。牛为耕田之用，养鱼主要是在山塘放养。

新中国成立后，政府采取预约、派购和合同订购的形式收购生猪，发放养猪贷款，鼓励农民养猪。20世纪60年代，公社、生产大队、生产队建起养猪场，池塘、水库归集体所有，三级公有制的养殖业发展慢、产值低。70年代，贯彻“公养私养并举，以私养为主”的方针，国有公司采取下拨饲料寄养、物资奖售等办法，促进生猪的养殖和收购，产量逐渐回升。1978年，有集体养猪场113个，全年出栏生猪13976头，年末存栏9591头。养殖水面86公顷，水产品73.6吨。

1979年后，经济政策调整，生猪收购价格提高，调动了农民养猪积极性。1985年，出栏生猪16240头，年末存栏2353头，实现养殖业总产值833.78万元。20世纪90年代，个体养殖专业户兴起，向多品种、产业化发展。1994年，有百头牲畜养殖户7个。2014年，出栏生猪5.56万头，年末存栏2.46万头；出栏肉牛672头，羊1849头，家禽15万余只。

1987年始建樟市渔场，1996年起实行承包经营，年产值41万元。2014年，淡水养殖面积486.24公顷，水产品产量1597吨，养殖业总产值12966万元。

林业·境内林地较广，占总面积60％左右。1976年，樟市被定为全县8个油茶林基地之一，县委对新增或改造的油茶林给予补助，是年，全镇改造油茶林67公顷。1988年监测，系全县林木蓄积15万立方米以上的5个乡镇之一，也是县杉木林基地之一。1990年有柑橘林104.92公顷，产量200吨；当年造林32公顷，零星植树5.9万株。2006年造林167.3公顷，林业总产值1290万元。2010年引进油茶开发企业，开发油茶林2000公顷。2011年被列入全国油茶一村一品示范镇。2014年有油茶、水果林面积2000公顷，全年实现林业总产值2122万元。

工业

清代及民国，境内工业有麻纺、五金、印染、机面等手工业。民国28年（1939），县五金职业工会在樟市设分会，有会员50多人，均系个体私营，在圩市操作或分散到各村。

新中国成立后，国营工业、私营工业和手工业发展较快。1954年，成立铁工、木工、农机等手工业生产合作社5个。1965年，省社教工作队扶持扩建樟市农具厂。是年，兴办电站等“五小”工业企业12个，从业人员157人。1970年，建成樟市锰矿，平均年产锰矿6500吨，年产值24.75万元，时称“发猛（锰）财”。1976年，农具厂建成机械化流水线，生产全白菜刀3.65万把，畅销省内及武汉、北京等地。1977年，成立公社建筑队，职工30余人。1978年，共有社办企业12个，从业人员418人。

1980年，竹木器具制作实现半机械化。20世纪90年代初，乡镇企业达490余个，以后逐步合并，实行规模化经营。2000年实现工业总产值3649万元。2010年引进旺旺锰制品、樟市红砖等规模企业。2013年，有工业企业43个，从业人员1850人，其中规模以上工业企业1个，产值41313万元。

商贸服务业

明嘉靖十五年（1536）建瓦窑仓，有圩市、仓库。清康熙二十二年（1683）建舍人渡码头，铺市极盛。咸丰三年（1853）樟树下建圩。民国26年（1937）建郴桂圩。有杂货、丝烟、机面销售店铺，还有酒栈、客栈、茶点、缝纫等服务业，皆为私营，有行帮会馆统领。民国时期虽有消费、供给等合作商业，但均属官绅操纵，百姓未得其益。民国末年，圩市管理混乱，晒烟滞销，商铺凋零。

新中国成立后，发展供销合作商业，发放贷款扶持私营贸易。1951年，在樟树下设供销合作社，并开设饮食店和旅馆。1952年，樟树下圩举办交易会，促进商品流通。1956年新辟圩场。1962年，设团结供销分社，设村级代销点11个。各类商品主要从上级供销社调入，国家定价，公平买卖。1965年，除布匹、煤油等物资外，其余商品均敞开销售。1969年，商贸服务业收入32.54万元。20世纪70年代，商业、饮食业、旅店等服务业均统一由基层供销社经营。1978年，国营、集体商业社会商品零售额253.74万元。有乡村集市2个，贸易成交额79.3万元，占全县成交总额的3.66％。

中共十一届三中全会以来，随着樟市烤烟经济的发展，人民购买力提高，促进了市场的繁荣。1981—1988年，市场面积扩大到3000平方米，共有商业、饮食服务网点130余家，摊位20余个。照相、电器销售等行业入驻圩市。1994年改建团结圩。2000年扩建樟市市场，是年，商贸服务业收入6863万元。2010年圩场进行提质改造，圩日上市2万人以上，年交易额9000万元。2014

年有商业网点85个，从业人员390人，社会商品零售总额1.5亿元，有农贸市场2个，年成交额1亿元。

基础设施

交通运输

公路运输 清末，桂阳至胡溪桥的古道经过樟市，有通往舍人渡、瓦窑仓的石板步道。民国时期，修通县城至舍人渡泥沙公路，但未通车。有县城经郴桂圩（团结圩）至东成的石板路。古道上大多建有路亭，1990年尚存路亭19座。

1958年，桂阳县城经樟市、洋市至永兴高亭司公路建成，开通桂阳至洋市的客运班车，在樟市设停靠点；与桂郴公路相连的全义至团结圩的公路修成并通车。1965年，在樟市蹲点搞“四清”的广州军区副政委晏福生赠送几台手扶拖拉机，开郴州地区使用手扶拖拉机之先河。是年，桂阳汽车站在樟市设汽车代办站，增开县城至樟市、至团结圩的班车，年客运量4.7万人次。1970年，成立公社拖拉机站，有10台拖拉机参运。此后至1978年，通过“民办公助”的办法兴修、扩修农村公路，村民人人集资，个个出力，修成村级砂石公路96公里。

1981年，樟市锰矿购进1辆40座的解放牌客车参加客运。1986—1988年，全镇农民购进汽车33辆，拖拉机176台，自行车2850部，交通运输业居全县之首。1988年，客运被个体车取代。1990年底，樟市镇、团结圩乡实现村村通（沙石公路）。1998年，完成樟市镇区主干道水泥路面改造。摩托车、面包车等私家车及大中型货运汽车逐渐增多。1999年，县投资80万元硬化团结圩水泥公路，取名友谊路。2001年，由县交通部门管理的新中巴车开始营运。2003年，硬化通村公路132.3公里，基本完成乡镇政府驻地通往各行政村的公路硬化。2006年，辖区内共有拖拉机128台，小型汽车106台，大型货运汽车40辆。2010年，建成农村客运站，客车每10～20分钟一趟往返桂阳县城。2011—2012年，完成66公里的通组公路建设，架设石料拱桥1座。2014年，桂阳县城经樟市、洋市至永兴高亭司的S209线进行提质改造，县城至樟市段改造完工并通车。樟市圩至团结圩公路修成，通组公路基本实现水泥硬化。年末，有各类交通运输车499辆，运输从业人员526人。

水路运输 明代至民国时期，舂陵江是湘南的重要水运通道。域内的舍人渡为舂陵江重要渡口，上抵临武、蓝山，下至潇湘，航运繁盛，客流如织。1970年，欧阳海大坝建成后，长途水运阻断，原渡口被淹。后由交通部门修建渡屋和码头，造钢质机动船方便群众过河。境内还有经县政府1998年认定的水盘、虎踞山两处生产渡口。

邮政通信

邮政 清宣统三年（1911），桂阳州邮政代办局在樟市设邮政代办所，在舍人渡设乙类信柜，在毛坪、平都设丙类信柜。民国2年（1913），设桂阳城至舍人渡的邮路，另有至华塘铺邮路，破寨是其中一站。舍人渡、瓦窑圩设置邮政信柜。新中国成立后，樟市设邮政所，1988年改邮电支局。1998年，邮政与电信分家，邮电支局改为邮政所。2000年建立“三农”服务站4个。2005年设立村级邮政代办点30个。2006年增设乡村邮政信报箱22个。2009年邮政快递业务始兴。2014年末有邮政支局1个，代办所26处，邮政业务总量380万元，发行报纸杂志1.1万份。

通信 民国16（1927）年，架通县城至樟市的电话线。民国19年（1930），架通至舍人渡的电话线。民国36年（1947），架通樟市至平都农话线。到1949年时，因线路锈蚀而无法继续使用。新中国成立后，政府对原有电话线路、设备进行更新、改造。1958年，公社与生产大队之间全部架通电话线，部分生产队（自然村）架通电话线。1995年，樟市镇完成交换机扩容、增开载波电路、光缆铺设，用上了程控电话。20世纪90年代末，镇区居民开始使用手机，2000年后，境内建电信基站，移动信号覆盖率达95%。同时，互联网进入镇区，并向村组迅猛发展。2012年完成光网建设，开通光网窗口。2013年完成光网络单元一体化设备进行改造。2014年，全镇有电信、联通、移动电话服务网点10个，固定电话用户3375户，电话普及率35%，移动电话用户6650户，互联网用户1809户。

供电饮水

供电 民国时期及以前，境内无电力工业，农村照明少数用煤油，多数用桐油灯。新中国建立后，1959年在梅塘水库兴建1座水电站；1976年建竹里电站，架通乡、村供电线路。1985年，麦子坪变电站接通高压线路，境内又架通由变电站至用电区的线路，全境使用高压电。1999年，县电力部门改造境内农村线路，增设变压器，全镇形成樟市电站、镇水管站、县供电公司等三条供电体系。2000年以来，农村电管体制改革，境内实施农村电网改造，农村居民用电实现“同网同价”。

饮水 自古以来，境内村民均饮用井水，泊山八角庙的九眼泉、洋塘井名列县内63口古名井之中。新中国建立后，圩场商户、机关单位自打水井，自置水塔，安装水泵抽水使用。1979年新开水井10个，惠及10个自然村2千余人。1990年以来，乡镇场所建小型自来水厂，并在村、组改造水井，兴建自来水。新建房屋的村民也在屋内打井，屋顶置水塔。2004年，新改建自来水工程5处，打井219个，农村饮用自来水户数1410户。2010年，建设安全饮水项目2个，年供水2.2万立方米。2014年，全镇有自来水厂3个，45.5%的农村居民使用自来水。

农田水利

新中国成立前，境内仅有山平塘、河坝等小型蓄水设施，水田能够旱涝保收的不过三分之一。

新中国成立后，调集各方劳力集体攻坚，进行农田基本建设，采取以奖代补的方法促建小型水库和山塘。1950—1959年，修建高塘、东冲、深塘、婆婆冲、杉木冲等小Ⅱ型水库5座；修建甫口小Ⅰ型水库。1960—1969年，修建大塘脚、长板冲、乌团元、豪口、万山、长冲等小Ⅱ型水库5座。其中，1965年修建的万山水库，集雨面积2.17平方公里，库容量115万立方米，灌溉面积0.3万亩。1970—1979年，组建6个专业队共451人，修建乌形、平都、郊溪、蒋家坪等小Ⅱ型水库。该镇成为全县小Ⅱ型水库最多的乡镇。

1979年确定以“配套挖潜”为主攻方向，大干小型，猛攻死角。到1986年，完成水利工程63处，增加灌溉面积50公顷。1999年，境内共有电灌39处，总动力790千瓦。2005年，烟草部门开展的烟水配套工程率先在境内实施。2010年处理病险水库3座。2012年投资100万元对东冲水库进行除险加固扩容。2014年投资90万元对8处山塘、水库进行清淤扩容。各村较大的田垌都实施了烟水配套工程。

村镇建设

镇区建设 新中国成立前，区、乡政府驻樟市圩，仅一条2米宽的街道。新中国建立后，随着市场的繁荣，场地日显狭窄。1956年，在老圩西面新建占地3000平方米的圩场，相邻的公路沿线新建各直属机关单位，生产、生活设施一应俱全。1990 年后，政府驻地建办公等专用楼房，均为钢混结构三层以上楼房。机关大院内地面硬化，建有花池。2000 年来，水冲厕所、环卫站、垃圾消纳场等配套设施基本完善。2010 年新建镇中心养老院。2012 年出台《樟市镇 2013—2030 年总体规划》。2014 年，对老镇区主干道进行街景改造，主干道两旁建筑统一规划，统一风格，建设了一条具有樟市传统文化风格的街道。改造农贸市场，新建农村客运站，拉通了旧镇区与新镇区的道路。新建成占地 7000 余平方米，集休闲、娱乐、健身于一体的香樟广场。

村庄建设 新中国成立前，地主富农住大屋，或庭院式豪门大宅。大部分劳动人民住宅矮小狭窄，还有靠借他人房屋栖身的无房户。村庄里，人畜混居，茅厕遍布，环境卫生极差。1949 年，人均住房面积仅 5.4 平方米。

新中国成立后，通过土地改革，住宅差别缩小。20 世纪 70 年代，部分农民在原住宅基地建造房屋。虎踞山刘家村是欧阳海库区移民村，政府拨款建新屋 43 幢，建筑面积 3780 平方米，4 排房屋呈梯形整齐划一。

1981 年后，随着烤烟经济的崛起，私人建房与日俱增。1986—1988 年，全镇共新建房屋 1080 幢 10.9 万平方米。20 世纪 90 年代村民建房质量不断提高，室内布局风格与城市住房接近，礼堂、学校、村民娱乐活动室等基础设施不断完善。2000 年以来，境内居民建房逐步向镇区及公路沿线两侧集中。2011 年，修建了曾家村的环村公路、村口桥梁和休闲广场，装修了村组织活动室。2014 年，高标准建设甫口村中留组、新桥村漕溪组、东郊移民新村、京口村柏树组、平都村平都组等五个示范组。突出农村环境整治，推进农村点亮工程建设，实现“村村亮路灯、主路必有灯”，有效改变了农村脏、乱、差、暗的旧貌。

社会事业

教育科技

基础教育 清光绪十八年（1892），曾家、禾苍建学馆。民国 17 年（1928），设团高小 1 所，

樟市镇香樟广场

东郊移民新村

初小3所。民国25年（1936），平都、深塘建国民学校。民国37年（1948），埔口、梅塘、泊山建国民学校。另有部分村学校办在宗祠内，或租借民房办学。普通农民子女入学率37%。

新中国成立后，人民政府接管旧学校，在没有学校的村庄新建学校，大量吸收劳动人民子女入学。1969年，建樟市、团结两所中学，共有教职工41人，招收中学生682人。1980年，有幼儿园1所，幼儿83人，保育员3人；小学17所，在校生2012人，教职工114人；中学2所，在校生1387人，教职工102人。1994年，境内村级学校全部新建校舍。1995年，樟市镇列入桂阳县“教育走廊”工程，所辖中小学全部建成办学条件和管理水平全县一流的一级学校。1996年全面普及九年义务教育。2000年，幼儿教育普及到村，各个村小学都开设学前班。2014年末，共有公、私幼儿园7所，幼儿1160人；村小学8所、教学点4个、中心完小2所，在校学生2787人，教职工176人；中学1所，在校学生829人，教职工85人。全镇小学适龄儿童入学率、小学升初中升学率、九年义务教育普及率均为100%。

业余教育 民国时，境内开办过成人教育，但贫苦民众为生计所迫，无暇顾及识字读书，入学者不多。1951年开办冬学，动员农民上冬学学习，当年参加冬学的农民2400多人。1954年，600多文盲脱盲。1958年秋冬，境内开办民众夜校22个，学习小组6个，参加学习的农民1800人。

1976年，各生产大队依托村级学校开办扫盲班，上学学员与出工社员同等记工分。1989—2000年，以村小学、乡农校为阵地，分批集中开办扫盲班。2000年，经国家级评估验收，辖区青壮年非文盲率达99.7%。

农业科技 晚清至民国时期，境内没有科技机构。种植、手工业技术多为子承父业，或拜师学艺。新中国建立后，农技推广成为重头戏。1958年建樟市农科所，推广农作物良种和高效农药化肥，把科普资料、致富信息传播到广大农村。1970年成立农科站，有科技人员45人。1979至1981年，“烤烟优质适产模式栽培试验”成功，获省级科技进步奖。1983年建乡镇科协，配备科技专干和村级科技管理员。1987年建乡农校，对青年农民开展烤烟栽培、养鱼、快速养猪、特优水果和食用菌栽培等技术培训。多数青年农民掌握了1门以上农业实用的技术，走上了致富之路。1988年，李汉英在太平村试种585亩烤烟，平均亩产干烟211.5千克，比常规种植增产56.6%。是年，樟市经济作物技术推广站成立。1991年，县、乡科技部门承包樟市片“鄂恩一号”良种小麦的技术指导，较往年增产100多吨。1997年建乡镇农科教中心大楼，坚持“实用、实效”的原则，按照“培训、示范、推广、服务”一体化方针，由专一的农技推广转向缝纫、农机、普法、科普等领域。2010年以来，推广农业科技项目20个，建立科技示范户10家。2014年，有科技机构4个，科技人员17人。

文化体育

清代，境内群众有唱山歌、舞龙、舞狮等文艺活动，登台演出的有花灯戏和祁剧、对子调等。此外，青壮年还有习武健身的习俗。民国时期，生活日趋贫困，农民体育活动减少，有的乡民以下棋、打牌消遣时日。

新中国成立后，建立乡镇文化站，组建社、村业余文工团，宣传新思想、新文化。樟市圩剧团“行头”、角色齐备，经常演出。不但演出传统剧目，还演出现代戏。球类、田径等现代体育项目在农村兴起。农业合作化时期，樟市农民组建球队，球类运动率先起步。1965年，在社教运动推动下，樟市公社参加体育运动的农民达1400余人次。20世纪80年代以来，樟市体育运动更为突出，几乎

每年的“三八”、“五一”、“五四”、国庆等节日都会举行体育比赛，项目多、标准高。乡干部成建清在丰富农村文化体育生活方面，工作成绩显著，在1988年11月被评为全省农村体育工作积极分子。

1989年后，樟市健全体育组织和农民体育协会，做到有机构、有场地、有活动，加快了农村体育事业的发展。1992年改建球场5个，建成体育活动中心，组建男女舞龙队，全镇舞龙、球赛、棋赛、武术、拔河等运动广泛开展。是年，被评为全国体育先进集体。1997年，经国家体委复查验收，再次保持该荣誉。1998—1999年，樟市舞龙队先后代表郴州市出席全省大众体育运动会和省第二届农民运动会，均获第八名。2000年以来，文化体育活动氛围更加浓厚，篮球赛、文艺晚会、舞龙舞狮赛等活动持续开展，精彩纷呈。2010年成立樟市镇文学艺术界联合会。2014年，有镇文化站1个，村级农家书屋28个、藏书12.5万册；有各类文化艺术团体19个，其中音乐、美术、书法等业余创作人员32人；有各类体育场所30个，篮球场12个，健身器材50套(台)，全年举办群众文化体育活动34场。

广播电视

1956年6月，县广播部门利用电话线路向乡镇、农村开放广播。是年，在劳动模范杨达

政所在的（樟市）甫口村建立收音站。1958年，公社政府驻地装有高音喇叭。1964年，各生产大队办广播放大站，部分村民装有入户喇叭，为丰富农村文化生活、宣传党的方针政策、指导农业生产起了积极作用。1972年，建成樟市人民公社广播站，喇叭入户率达40%。1983年，随着收音机增多、电视机的普及，有线喇叭退出历史舞台。

20世纪80年代初，黑白电视机开始出现在村民家庭，但是信号弱，频道少。1986年，县城南塔岭建差转台，樟市大片区域电视信号清晰。1991年农民开始购买彩色电视机。1999—2000年，樟市建成调频广播和电视传输系统，有线电视入户率40%。2014年年末，有线电视用户4150户，入户率94%。

医疗卫生

清代，境内乡民治病依靠郎中、草药，信奉民间秘方，樟树下开有中药店。民国31年（1942），设三义（樟市）西医卫生所，仅配员3人，无妇幼保健人员。民国35年（1946），疟疾爆发流行，樟市竹里村230人全部染病，死17人。

1952年，在樟市建区卫生所，配员6人，发动群众开展清洁大扫除运动。1954年建樟市、团结圩卫生院，配有专职妇幼保健医生。1969—1980年，推行合作医疗制度，设大队医务室25个，赤脚医生50人，其中村级妇幼保健员20人。1988年樟市医院被定为片区中心卫生院，1989年成立本级爱国卫生运动委员会，开展乡村卫生运动。1995—1996年，樟市、团结圩卫生院分别被评定为一级甲等和二级甲等医院。2000年来加强卫生监督力度。2001—2005年，对乡村医疗机构、圩场游医摊点、学校卫生等开展专项整治20多次。2008年，对村卫生室进行调整，推进乡村卫生服务一体化管理。

2014年年末，有卫生院2个，在职职工51人，村级卫生室25个，医疗卫生人员25名；私营药房1个，从业人员2人。全年完成诊疗6.91万人次，新型农村合作医疗参保率100%。

社会保障

明及清代，遇到特大荒年或青黄不接时，官府和乡绅赈放稻谷，秋收后连本带利收回。民国时期，也设置了赈济救灾机构，但是多为乡绅占有，贫苦农民受益甚微。

新中国成立后，穷苦老百姓皆能得到钱粮衣物等方面的救助，主要以公粮减免、返销的方式照顾生产条件差的村组，五保老人以生产队为单位赡养。1969年遇旱，县政府下拨粮食81.74吨，惠及农户693户2497人。1976年，下拨专项救助、优抚款2500元，对库区移民进行口粮供应和补贴。1979年拨款700元，对26户有特殊困难的干部、职工、农村党员进行补助。1996年水灾，1998年旱灾，政府组织慰问受灾户140余户，发放慰问金1.2万元。2006年，辖区五保户、特困户共领到补助资金57660元，惠及415户、477人。2008年春节冰灾，发放慰问金3万多元，衣物1400多件，粮食10.4吨。2011年开始实施新型农民养老保险制度，年满60岁的农民开始享受每月55元的养老金。2013年发放农村低保资金40.8万元，完成危房改造174户，补贴资金167.7万元。

2014年，抚恤金补助各类优抚对象156人，抚恤事业费支出208万元，社会福利事业费支出168万元。有敬老院1个，社区服务站2个，慈善分会2个，全年接受社会捐助6万元。各项社保基金收入75万元，基金支出合计75万元。参加新型农村养老保险2.9万人，参保率98%。农村危房改造112户，发放66.60万元，大病救助415户发放53.05万元。

特色地情

人物

李在新（1898—1929） 樟市镇竹中村人，1925年加入中国共产党。1926年参加中共湖南区委第六次全省代表大会，由湖南区委任命为特派员回桂阳指导农民运动。1927年任同德团农民协会副委员长。1929年在衡阳遇害。

欧阳明彬（1903—1933） 樟市镇漕溪村人，1926年加入中国共产党。1927年8月参加南昌起义，历任团政委、代理团长。1929年参加组建中共湘粤边工作委员会，任委员。1930年任中共宜章县委书记、宜（章）临（武）连（县）边区工委书记。1933年被捕，牺牲于韶关狱中。

历史人文

瓦窑坪古窑遗址 位于樟市镇东郊村春陵江东南岸边山坡上。窑址总面积2万余平方米，今尚存砖砌窿窑10余座，文物堆积长约200米，宽约2米，高约2～3米。碗、杯、盘、碟、罐、缸等陶瓷器残片和支钉、垫圈、匣钵等窑具随处可见。该遗址为研究春陵江流域人类活动及烧制陶瓷历史提供了翔实资料，被评为湖南省“三普”重要新发现。2012年公布为郴州市文物保护单位。

风景名胜

春陵国家湿地公园天鹅湖景区 原名樟市渔场，总面积456公顷，有湖岸线5.6公里，岛屿7座，半岛10座。岛上绿草盈盈，树木葱葱，有黑天鹅、白鹭、野鸭、鸬鹚等动物常年栖息。天鹅湖水源充足，水质清澈，一年四季鱼跃虾戏，水溅银花，可让人领略“晴空看鸟飞，活水观鱼戏”的神韵。

（郑欣荣　供稿）

洋市镇>>

区域概况

地理位置

洋市镇地处桂阳东北边陲，东与苏仙区岗脚乡接壤，南与樟市镇相邻，西南与和平镇隔舂陵江相望，西与雷坪镇相连，北与永兴县油麻乡、洋塘乡交界。北纬25°27′至25°34′，东经112°38′至112°44′。镇政府驻洋市圩，距县城27公里。该镇交通优势明显，省道209线贯通南北，县道053和056在此交汇，向北直达永兴县境与107国道相通，向南与郴州大道相连。

建置沿革

明嘉靖丙申年（1536），洋市、东成同属衡阳乡。清康熙二十一年（1682），洋市分属调梅里、实胜里；东成属朝阳里。清乾隆三十年（1765），洋市分属笃信都调梅里、义阳里；东成属笃信都朝阳里。清咸丰时（1851—1861年）同属洋字团。清同治七年（1868），洋市分属笃信都调梅里、义阳里；东成属笃信都朝阳里。

民国3年（1914）同属洋字团。民国21年（1932）隶属第八区。民国27年（1938），桂阳县并为30个乡，洋市为福寿乡，东成因在洋市之东，取“东成西就”之义，称东成乡。民国36年（1947）同属洋字乡。

1949年10月，属洋字区办事处。1950年3月属第五区（后相继改为七区、十三区）。1956年6月分设洋市乡、东成乡。1958年9月合并为洋市人民公社。1961年5月分设洋市人民公社、东成人民公社。1965年8月合并为洋市人民公社。1970年4月复分为洋市、东成两个人民公社。1984年改制为洋市乡、东成乡。1996年7月洋市乡改镇。2012年3月洋市、东成合并为洋市镇。

区划面积

1988年，洋市乡辖13个村（居）委会，总面积97.29平方公里，其中耕地面积1532.47公顷；东成乡辖9个村（居）委会，面积76.06平方公里，其中耕地面积961.6公顷。

2012年3月新建制洋市镇后，辖23个行政村，309个村民小组。辖区东西最大距离19公里，南北最大距离17.5公里，总面积171.6平方公里。耕地面积2505.4公顷，其中水田1432.67公顷。

自然环境

境内大部为丘陵，地势东高西低，地面高程在海拔260至380米之间；最高点位于南衙村馒头岭，海拔604米；最低点位于西面平堂村下周家，海拔230米。

境域属亚热带湿润性季风气候。1981—2010年平均气温16℃，1月平均气温3℃，极端最低气温–8℃(2008年1月25日)；7月平均气温28℃，极端最高气温42℃(1963年7月15日)；平均气温年较差25℃。年平均生长期224天，无霜期200天，日照1780小时。年平均降水量1500毫米，极端年最大降水量2200毫米(1975年)，极端年最少降雨量820毫米(1992年)。自然灾害主要有旱涝、低温、霜冻等。

境内河道属舂陵江水系。舂陵江自亭欧村南入境，由南而北，于平堂村西流出，境内河道长4.54公里。

境内有锰矿，在东华山一带，储量可观。以冶金锰居多，其次为化工锰。有硫铁矿分布，还有与硫铁矿伴生的铅、锌、银等。

人口民族

1990年，原洋市乡共有6384户25310人，农业人口24564人；东成乡4565户17059人，其中农业人口16750人。2012年6月合并成立新的洋市镇时，总人口48932人。2014年总计14317户49688人，皆为汉族。

经济发展

经济综述

洋市镇域在新中国成立前为典型的自给型传统农业区。解放战争后期苛捐杂税繁重，通货膨胀，经济屡遭破坏，人民生活长期处于衣不蔽体食不果腹的贫困境地。1949年农村劳动力的全年效益仅326元，农民人均年收入约29元。

新中国成立后，经过土地改革，实现耕者有其田。合作化后，生产力得到解放，同时通过大兴农田水利建设，推广农作物新品种、新农技，农业生产出现第一个高峰。1957年农村劳动力的全年效益增加到386元。1958年后至1976年的“大跃进”和“文化大革命”两次运动中，生产发展缓慢。此后两年稍有加快。1978年农村劳动力全年效益上升到422元。是年，全镇国内生产总值511.10万元，其中第一产业总产值474.31万元，占比92.8%；第二产业总产值27.59万元，占比5.4%；第三产业总产值9.26万元，占比1.8%。

1978年后实行改革开放，计划经济逐步转型为市场经济，工商业发展更快，城镇建设加速，劳力转移和土地转移大规模出现，社会经济的发展出现第二个高峰。2014年，全镇国内生产总值达到3.96亿元，其中第一产业1.82亿元，占比45.91%；第二产业1.12亿元，占比28.29%；第三产业1.02亿元，占比25.80%。农村居民人均可支配收入12227元。至此，自给型传统农业、封闭型经济格局被冲破，开始向工业化、现代化的方向迈进。

新中国成立后至今，洋市镇的经济发展格局大体上是：20世纪50—70年代，主要以粮食、油茶、生猪为支柱性产业；80年代后，油茶产业逐渐萎缩，烤烟快速兴起取代了油茶；90年代后，工业、商贸、劳务经济崛起，成为支柱性产业，经济结构明显优化，经济发展方式从单一型转向多样型，经济发展基础更优，速度加快。近几年，油茶产业得到复兴，经济支柱性作用日渐突出。

农业

种植业 境内农业历来以种植水稻、红薯为主。清末，粮食亩产仅275千克。民国37年(1948)大旱，人平粮食仅156.5千克。

新中国成立后，农业生产进行了一系列变革：农作物品种方面，1953年，洋市区委书记周建伦从家乡望城县带来水稻种子红米冬粘约3千克在洋市试种，后来在全镇推广。1957年在全县率先推广小麦良种“中大2509”；20世纪60年代水稻高秆品种全部改成矮秆；1967年农技干部周华贤在洋市首试4亩杂交玉米成功；1975年洋市试种杂交水稻成功，成为县内试种杂交水稻成功的三个试点乡镇之一，80年代杂交稻全面推广。耕作制度方面，1952年，仁和村谭祖贵在全县率先试种双季稻成功，并被评为县劳模；70年代末，推广烟稻（水旱）连作制，使666.67公顷冷浸深泥低产田得以改良，单季亩产达500千克以上，双季稻亩产达800千克以上。此外，1952年开始推广绿肥种植（红花草子、蓝花草子、满园花），开始推广化肥和化学农药。1956年实现合作化后，连年大兴水利建设，改变了“岁岁以旱为苦”的历史面貌。1960年后大面积推广烤烟种植，烤烟经济效益远高于其他作物，农民“吃饭靠晚稻，用钱靠烤烟”，农业生产得到进一步发展。1978年，农业总产值474.31万元，其中粮食作物产值占比56%，经济作物占比18.5%。全年稻谷总产量7933.5吨，人平口粮270千克，是1949年的1.73倍。烤烟种植面积4252亩，产烟404.55吨。

20世纪80年代烤烟生产快速发展，成为重要经济支柱。1985年种植烤烟973.82公顷，产烟2020吨，产量比1978年增加5倍。1990年，省“丰收计划”项目——旱粮间作套种多熟高产技术在境内实施，当年小麦获得高产。2004年在双江村开发133.4公顷石榴基地，又实施千亩农业综合开发工程。2006年种烟1242.35公顷，产烟3255吨，比1978年增长近8倍。2010年以来大力推进农业产业化进程，调结构、转方式，扶持农民专业合作社建设。2010—2014年建成优烟、水果等示范基地20处，专业合作社15家，合作社经营范围涵盖烟草、水果、油茶和养殖等多个产业。培植了以东成油茶、车江花生加工为代表的一批知名农业品牌，仅车江花生加工的年销售额就达2000多万元。

2014年生产粮食1.5万吨，生产烤烟2575吨。成功实现土地流转1467.4公顷，完成土地平整733.7公顷。

养殖业 自古以来，洋市生猪多为农家圈养，鸡鸭多为放养，渔业以天然捕捞为主，牛只为耕田役用，养殖业效益低下。民国时期，户平养猪1.4头，基本上是“养猪图过年，鸡鸭换油盐”。

新中国成立后，政府采取多种措施扶持养殖业发展。先后经历四个发展阶段：1950—1957年为私养公助阶段，发展较快；1958—1962年为集体养殖为主阶段，明显衰退；1963—1980年为公私并举、私养为主阶段，逐渐恢复；1980年后为大户专业养殖为主阶段，快速发展。在此过程中，养殖技术有很大进步。生猪品种由20世纪50—60年代的本地小猪改变为70年代的杂交大猪，80年代后再由肥肉型猪改变为瘦肉型猪。饲料过去基本上是杂草加少量杂粮，80年代后普遍采用添加微量元素的配合饲料。饲养方法过去都是熟喂，80年代后普遍采用生喂。病害防治过去除有经验的老农采用草药防治外，一般农户只能“听天由命”。正是由于上述种种变革，生猪出栏时间由过去的10～12个月缩短到现在的4个月左右，经济效益大幅提高。1957年养猪15610头，全部为私养。1978年，共有社队猪场72个，养猪625头；农户私养20890头。2014年养殖大户和养殖专业户大批出现，其中有养殖千头以上的猪场2个。年内全镇出栏生猪4.2万头，年末存栏2.63万头。牛、羊、家禽和渔业的养殖发展情况大体与生猪相似。2014年出售和自宰牛438头，羊2158只，家禽13.1万羽。淡水养殖面积202.50公顷，产量811吨。全年实现牧业总产值8567万元、渔业总产值912万元。

林业

油茶林 洋市土壤气候适宜油茶生长发育，从唐代至新中国成立初，一直是桂阳油茶的主产地，丘陵岗地漫山遍野都是油茶树，全县茶油总产量中，洋市三分有其一。镇内又以东成片的茶油最多最好，东成茶山面积4128.73公顷，占全县茶山面积的14.3%。民国时期桂阳县城有四大油行，其中东成人雷生利的油行最旺；全县农村唯东成、洋市两个圩场一年四季有专业茶油行。受气候影响，油茶产量有大年小年之分，1975年是大年（高产年），全县产油1240吨，其中东成乡400余吨，占30%多，故有“油茶之乡”的美誉。油茶林一般3～4年全垦一次，1～2年半垦一次，花费劳力不多，物质成本极少，故被称为“不吃潲的猪婆”。

1958年大炼钢铁时茶林虽未受损，但20世纪60—70年代，农民忙于“以粮为纲”，顾不上茶山垦复，杂草满山，荆棘丛生，茶树老化得不到更新，因而产量不断降低。80年代，进入经济转型期，社会秩序一度较乱，消防意识淡薄，山林火灾频发，大部分油茶树化为灰烬。驰名遐迩的洋市油茶，兴于资源优势，衰于只取不予，毁于频繁火灾，终至于90年代后退出经济支柱地位，教训十分深刻。

进入21世纪后，恢复油茶产业成为洋市人的共同呼声。2012年，通过招商引资开发油茶1467.4公顷；投资1600万元，建设高标准油茶林333.5公顷。2014年，引进江西高氏集团、长沙海鸿源生态油茶公司、诚和公司等几家大型企业入驻，油茶产业开发力度进一步加大。至2014年年底，全镇共开发油茶林面积2267.8公顷，且全部选用良种，集中育苗，规范栽培，企业化经营。

其他林木 从古代至新中国成立初，洋市境内林丰草茂，古木参天。1958年大炼钢铁时，用材林、生态林、风景林惨遭破坏，大树古树几乎砍光。1961年后政府强调恢复林业。1965年，洋市、东成共创办林场4个，林地面积333.5公顷。此后年年植树造林，仅1990年就造林16.68公顷，零星植树2.2万株。2006年，全镇完成退耕还林667公顷。至此，大炼钢铁后的光山秃岭基本得到绿化。

工业

宋代以来，洋市就有铁矿采冶。清道光年间，庙下村雷敦锡、雷仁袍办铁厂，大获其利，成为当地巨富。雷敦锡将其所获利润，独资建书院，造庄园，建石塔，造凉亭，扶贫济困，蜚声遐迩。但其铁厂兴办后不久便因朝廷禁采而停办。境内还有砌工、铁工、木工、榨油坊、烧石灰等手工业者，皆为走村串户的个体经营。

1952年有村办茶油榨坊60余个。1954年洋市组建铁木社，用传统方法生产工具和农具。同年，洋市铁木社改良水力榨油机，出油率提高10%，得到轻工业部嘉奖。此后几年间，兴建锰矿、红砖厂，组建建筑队、搬运队。1965年省社教工作团拨给洋市、东成公社100型液压卧式榨油机3台，开始使用机械榨油。1978年，该镇有工业企业132个，总产值20.99万元，占国内生产总值的7%。

1979年，洋市、东成兴建2座小型机械化榨油厂。1980年私营工业尤其是小水电企业有所发展。1986年乡镇工业企业进行改革、转型，农产品加工和小水电成为支柱产业。1990年，共有工业企业196个，其中私营企业191个；从业人员227人，其中私营企业198人；工业企业总产值88.53万元。2000年以来，木材、皮革加工企业兴起，2004年引资创办硫酸锰厂。2008年工业经济由资源优势转向经济优势，形成了制面、家具、河沙捞运、建筑等企业群。2010年引进省内外大型企业，开发油茶加工产业。2013年车江村共有花生剥壳机350余台，产品远销省内外，年销售额达2100万元，户平增收5万元。

2014年末全镇工业企业205家，从业人员3286人。第二产业总产值1.12亿元，占全镇国内生产总值的28.3%

商贸服务业

清咸丰三年（1853），洋布坪开圩，成为桂阳、永兴、北湖三县商品集散地。民国34年(1945)东成开圩。1951年洋布坪供销合作社、东成供销合作社相继成立。郴县专区合作社在茶油集汇的东成圩、洋布坪设立特别货栈，收购茶油，之后组建洋布坪土产联营点。1953年，供销社组织以推销农副产品为主的物资交流会，交易额为县内各地物资交流会之冠。“文化大革命”期间物资匮乏，市场相对萧条。1978年集市贸易成交额100万元，社会商品零售额130万元。

随着改革开放政策的深入，商贸服务业日趋兴旺。1992—2000年，洋市、东成圩相继改建钢混结构圩亭。2001年洋市镇引资兴建新市场，2004年建成洋市商业街，商贸服务业空前繁荣。2005年以来，洋市、东成两个集贸市场年交易额在9000万元以上。

2014年全镇50平方米以上的超市7个，住宿餐饮企业10个，商贸服务业从业人员5521人，年社会消费品零售总额2.6亿元。

基础设施

交通运输

明、清时期，有桂阳州城经界牌至永兴，州城经洋布坪至耒阳，朱家湾经花台、车江至永兴曹家圩（支线）等三条石板古道。清末修成樟市圩经洋布坪至东成的古道，长90公里。民国时期，增修全义圩经郴桂圩到东成圩的支路，长24公里。境内路亭最多，1990年时尚存36座。春陵江洋市段有史家渡，为生产渡。新中国成立初又修建白洋山渡，为交通渡。

1958年，修通桂阳城经洋市至永兴高司亭的公路，以及车江源至东成公路。1965年洋市设立汽车代办站。1966年修通洋市至雷坪公路。1976年修通洋市盘塘经老屋至南衙公路。至1993年年末，辖区内21个村实现了村村通公路。1997年，有私营交通运输从业人员210人，产值2280万元。1998年和1999年，洋市圩、东成圩路段先后改成水泥砼路面。2003年年末，辖区内硬化的乡村公路达114.34公里。2010年兴修环镇公路，境内村道全部实现水泥硬化。2013年新修通村通组公路5条11公里，新修洋市到东成的连接道路2.5公里。2014年，X055线桂阳县城至永兴高亭司公路改造项目开工，县城至樟市段完工通车，樟市至洋市车江段路基拉通。同年，投资200万元完成了洋市停欧至樟市毛铺连接线建设及木楼桥梁建设。年末，共有交通运输从业人员680余人，洋市镇区至桂阳县城的中巴车半小时一趟，东成至县城、东成至郴州一小时一趟。

邮政通信

清代及以前，设有樟市至洋市圩的乡村邮路。民国时期，在洋布坪、老屋村、南衙等地设邮政信柜。民国16年（1927）架设县城至洋市的电话线路。民国33年（1944）日军犯境，电话线路破坏。民国36年，架通洋市至东成乡政府（庙下村“文龙阁”）线路。之后，通信时有时无，形同虚设。

新中国成立之初，邮政业务暂由洋市供销社兼办。1952年架设县城与区公所线路，安装手摇电话。1956年洋市圩内设自办邮政所。1958年邻近公社驻地的生产大队安装电话机。1963年洋市邮政所升格为邮政支局，大部分生产大队和少部分生产队装上电话。1980年开始安装至县城单路载波电路，1986年改为环路载波机。1995年洋市完成交换机扩容、增开载波电路、光缆，用上程控电话。1998年邮政与电信分家，辖区设洋市邮政支局、东成圩邮政代办所，部分行政村设邮政代办点。2000年移动通信大众化。2004年部分店铺、家庭购置电脑，使用互联网。2010年境内的网络信号盲区安装信号塔，实现信号全覆盖。2011年完成乡镇有线网络建设工程，12个村接通宽带。2014年，全镇有邮政所2处，邮政业务总量320万元，报纸、杂志累计发行1.05万份。有电信、移动、联通电话网点25个，电话交换机总容量5万门，固定电话用户6000户，电话普及率78.2%，移动电话用户1.14万户，互联网用户1550户。

供电饮水

供电 新中国成立前，洋市辖区内农户没有供电设施。新中国成立后，1975年建洋市双江电站，1976年兴建平堂水电站。1978年共有乡办小水电2个，村办小水电29个，实现通电的生产队30多个。随着境内小水电的发展，县水电部门相继架设了县城通往洋市的供电线路，并连接至各生产大队。1985年麦子坪变电站向洋市供电。1996年成立洋市镇水电管理站。2000年6月成立桂阳电力有限公司洋市供电所。2009年5月原东成、雷坪、青兰3个供电所合并组成洋市中心供电所，各行政村实现农网改造。辖区内有35千伏变电站2座，生产生活供电安全可靠。

饮水 洋市、东成属于地下水资源丰富地区，毗邻春陵江，井泉多而好，境内大泉头、庙下两井属县内名井。1953年，区、乡卫生院在夏、秋两季对农户水缸进行义务消毒。1960年改革乡村饮水管理，做到饮水、用水分开。1966年湖南省卫生厅到洋市公社办饮水改革试点，改平台井为高台井，改敞口井为封闭自流井，改单口井为串流井，至1980年，境内90%以上的村庄都改造了水井。2000年镇区居民率先饮用自来水。2007年17个村组接通了自来水。2010年以来，政府拨款支持100多个村组建集中供水站。2011年启动东成集中供水工程建设，总投资270多万元，征地10亩，建设水厂1座，铺设供水管道7公里，建蓄水池8000立方米，供应东成、庙下、瓦僚及机关、学校共9000余人的生活用水。2014年8月完成洋市镇集中供水工程，总投资495.27万元，日供水1200吨，年供水55万吨，为镇区机关企事业单位及周边5个行政村3852户居民提供饮水保障。

农田水利

1949年10月前，洋市"岁岁以旱为苦"，1945年特大旱灾，贫雇农以及部分中农都靠苦株菜、野白薯为生。

1949年10月后，持续开展水利建设，50年代中期共维修灌溉井泉389口，山塘767口，筑陂坝250处，水渠830条。1954—1959年，修建深塘下、小罗山、冲头、肖家、杨湖、上塘、满泉等7座小Ⅱ型水库。1960—1978年，修建四清、梨花冲、长寿庵、寿竹元、晒家冲、水口石等6座小Ⅱ型水库。1971年修建东成水库（小Ⅰ型）。1994—1999年，对双江水库、东成水库进行除险加固。

1995—1997年，县第三期农业综合开发在洋市设仁和项目区，在石兰村造田16公顷，土改田17.3公顷，中低改720公顷。2005年后，烟草公司开展烟水烟路配套工程建设，并在古塘、双江等村实施耕地整理工程。2008年，实施了山背水库治理工程及部分山塘清淤。

2010—2014年，重点实施了投资710万元的双江病险水库除险改造项目，投资130万元的石兰村烟水配套工程，投资134万元的花桥、山背等水库除险加固工程，修建了双江村、龙口村的引水灌溉渠道。投资1500万元完成了肖婆冲、寿竹园、水口石等6座病险水库的除险加固和东成小Ⅰ型水库改造工程。争取资金2000万元，进行仁和垌土地整理。投资2100万元完成了老屋、元林、瓦僚等村的土地综合治理项目。农田水利设施日益完善。

村镇建设

镇区建设 1981年新建1000平方米的镇政府办公宿舍楼。20世纪90年代洋市小城镇建设成为县级先进典型，2000年以来，洋市圩新建800个摊位、220间门面、160套住房。2005年制定洋市镇区近中期建设规划，拉通洋布坪街，改建镇区防洪水渠和人行道。老市场改建成批发市场。2008年建设镇区文明路、三雄路。2009年镇区形成"两纵三横"格局。完成政府大院、计生站、文化站的提质改造，新建文化墙和文化小广场。2010年邀请市、县规划局及湖南科技大学合作制定了洋市镇区建设远景规划。新建占地650平方米的三雄休闲广场；在境内主街道及通往至各行政村的道路两边开展绿化，安装太阳能路灯400余盏。2014年投资120万元建成镇养老院，投资150万元完成了34套公租房建设。城镇化率达42%。

村庄建设 开展社会主义新农村建设以来，共拆除废弃杂房1000平方米，硬化村道3000米，建成400平方米的科技阅览室、中老年活动中心，1000平方米的文体休闲广场，20多个村边池塘的修复和美化。2006年，洋市村香下组成为全县一流新农村示范点。2007年，59个村组巷道实现硬化，10个村组建设了活动中心，新建沼气池

140座。2011年平堂村史家组投入资金100万元建成7000平方米的休闲广场和老年活动中心。2014年为实施新农村建设规划，镇区居民自发拆除雨棚170余个，东成村下桐江和五房上组主动拆除各类杂屋、危房400多栋，瓦僚村族里组连片拆除旧房38栋，新农村建设顺利推进。

社会事业

教育科技

基础教育　清代，境内各村皆设私塾。道光年间，庙下村建成“文龙阁”书院。民国初，庙下村又建集成学校，为县内最大的小学。民国17年（1928），设国民初小2所。民国35年（1946），有中心国民学校1所，保办国民学校17所。民国36年（1947）适龄儿童入学率仅44%。洋市、东成一带历来比较重视教育，曾有义学会和公会助学制度，所以读书的人相对较多。1949年10月桂阳解放时，建立人民政权，兴办公有企业，人才匮乏，而庙下村一村就有50余人被招收为县、区、乡干部和企业工作人员，这在当时实属罕见。

1954年，村小学进行布局调整，无学校的村组择址新建。1958年县在洋市兴办桂阳县第五中学。1966年兴办公社中学1所，招收高中班2个。1975年，按照“读初中不出队，读高中不出社”的要求，创办洋市完全中学1所，初中1所，每个稍大的自然村（生产队）有1所小学。

中共十一届三中全会后，撤并规模偏小的村小学，保留1乡1所中学，1个行政村1所小学，办学模式逐渐规范化。1985年以来，乡村学校的办学条件改善，顺利通过了省、市基础教育验收。1994年以来，22所村小学都新建了钢混结构两三层楼教学楼。2004年，原东成乡联校、中学、中心完小合并为中心学校。2007年9月原洋市镇中学和洋市镇中心完小合并组建为洋市中心校，分南、北校两个区，下辖15所村级小学。中心校建筑面积共21198平方米，固定资产价值约2800万元，其中教学设备价值200万多元，2011年被评为省级义务教育合格学校。是年，投资30万元建成1所公办幼儿园，投资20万元建成全县第一个乡镇青少年宫。2014年末，全镇有幼儿园、托儿所13个；小学25所，其中中心校2所，村小23所，专任教师160名，在校学生3798人。

业余教育　民国19年（1930），境内始兴扫盲教育，乡和各保也采取过一些办法，但是农民为生计所迫，扫盲教育收效甚微。新中国成立后，各村于1950年开办冬学，300多农民参加学习。1951年，庙下、春养两个村扫盲成绩显著，受到中南区表扬。1952年，庙下和春养两个村的冬学转为常年民校。1954年，郴州地区组织各县业教专干、部分群师200余人，在庙下村召开业余教育现场会，总结推广速成识字法教学经验。1956年，庙下村俱乐部出席省农村文化先进代表大会。同年，东成乡开设业余初中班，随后洋市开设业余初中班。1959年10月，省教育厅长屈正中率200余人参观了洋市、老屋、庙下三个生产大队的扫盲教育。1960年，桂阳县组织编写速成识字教学法，推广洋市、庙下、春养青年扫盲突击班的经验。当年2月，省扫盲业余教育经验交流会的165名与会人员专程来桂阳参观洋市、太和两个公社的业余教育。10月中旬，中央教育部业余教育司司长温克敏率部分省市县业余教育负责人10余人到洋市公社山背村开展了历时七天的扫盲业余教育考察，给予好评。是年，扫盲教师邓祖萱（手残废）出席省文教群英大会，被誉为“无手英雄教师”，《湖南日报》报道其优秀事迹，后参加在北京召开的全国群英大会，受到毛泽东主席和党中央领导同志的亲切接见。1974年,《人民日报》发表记者文章，表扬庙下大队农民业余学校办学经验。1997年和2000年，经国家级两次考评验收，达到国家和省颁布的基本扫除青壮年文盲标准。

农业科技 1954年成立农技推广站。1981年9月，中央农业广播学校在东成乡开办教学班，至1984年共开办三期毕业65人，合格率96%，1985年被评为省市先进教学班。1987年，省市电视台到洋市、东成拍摄农技教育专题片，周边市县均派人前往参观学习。同年，东成乡招收企业经管、畜牧水产等专业中专班，学员101人，并附设“农业广播教育班”，先后招收8个专业的学员272人。至1988年，300多名毕业生部分被聘为国家农技干部，大部分成为种养加工专业户和乡村技术骨干。1991年县三级干部大会推介了东成经验，1992年被评为省级示范乡镇农校。2000年以来，每年举办培训班10期以上，发放科技宣传资料上万份，刊出科技宣传栏10期以上。2010—2014年，培植科技示范户62户。以仁和村为示范基地推广使用沼气，全镇共建沼气池63座。推行“猪—沼—果”、“猪—沼—烟”等经营模式，实现绿色经济的良性循环。

文化体育

1989年配备了乡镇体育专干，组建农民体育协会，农村体育运动有机构、有场地、有活动。1992年，被评为全省体育运动先进单位。此后多次承办县运动会的分赛项目，数次被评为最佳赛区。

20世纪90年代，洋市镇先后组建6支铜管乐队，湖南卫视《乡村发现》栏目曾作专题报道。兴办乡、镇文化站和文化活动室，藏书7000册以上。1994年新华书店在洋市设门市部，1998年在洋市建成500平方米的农村书店。2000年以来，每年举办“五四”篮球赛，已成定例。2006年有乐队10余支，龙灯队1支。2008年，承办县首届文化节洋市片会演。2010年以来，建设综合文化站，添置了文娱器材，建设了文化宣传长廊、农家书屋。2011年，成功举办桂阳县第二届文化艺术节洋市片区会演。组建了龙灯队，广场舞队等民间文艺团体。每年开展送戏、送电影、送科普图书下乡的“三送”活动2次以上。全镇现有村级文体小广场20个，体育器材10万元。该镇运动员欧阳静玲在第十六届亚洲残运会获得1金2银；在2012年伦敦残奥会获得跳远组铜牌。2013年，群众文艺节目在“欢乐潇湘·美丽桂阳·幸福家园”活动中获多项奖励。

2014年年末，全镇有镇文化站、广播电视站各2处，村级文化中心12处，各类文化专业户32户，各类农家图书室25个，藏书6.5万册。有各类体育场所18个，篮球场24个，健身器材40套(台)。

广播电视

1958年，洋市公社办广播放大站，农村每部电话机旁装有一只舌簧喇叭。1969年，县电影事业管理站组建9个电影队，其中一个下放洋市公社管理。1976年组建公社电影队，在辖区村组轮回放映。20世纪80年代初，辖区农民开始使用黑白电视机。1993年镇广播电视站开通有线电视，村民开始购买彩色电视机。1998年建立卫星广播电视地面收转站，大部分村组开通有线电视。2000年基本实现有线电视网络村村通。

医疗卫生

清代及以前，乡民看病依靠中医郎中，或煎服草药。清末民初名医邓乐九、邓章如享誉县内外。民国30年(1941),洋市设西医卫生所1个，配员4人。日寇入侵后，西医机构瘫痪。民国33年(1944)在农村推行户管清洁规则，但实际上并未执行。

新中国成立后，1951 年在洋市创建全县第一个区级妇幼保健院，配备妇产医生 4 人。1965 年有公社卫生院 1 个，大队合作医疗站 22 个，每个生产队（自然村）都设有卫生室。1979 年，洋市中心卫生院改为结核病防治所，配有专职医护人员 20 余名。1992 年，洋市设红十字救护站。1995 年，洋市卫生院被郴州市卫生局评定为一级甲等医院。2000 年，洋市被定为中心卫生院。2004 年取缔游医摊点 9 个（次）。2014 年，县委督查室以“洋市镇农村环境卫生整治工作措施硬效果好》”为题，印发督查通报推介经验做法。年末，全镇有卫生院 2 个，村级卫生所、门诊部 25 个，床位 110 张，固定资产总值 4200 万元。专业卫生人员 127 名，其中执业医师 9 名，执业助理医师 15 名，注册护士 28 人，完成诊疗 3.78 万人次。

社会保障

封建王朝和民国时期，朝廷和政府虽有赈济活动，但次数少，物资少，且多被官员乡绅垄断。1945 年特大旱灾，发过一点充满煤油气味的泰国米，贫雇农粒米未得。

1949 年 10 月后，人民政府对贫困户及时拨给钱粮救济，每遇灾荒，政府即开展救灾活动。1963 年，县政府下拨救济款 4000 元，口粮救济款 1200 元，口粮无息贷款 2500 元，救灾化肥款 1400 元，医药救济款 200 元。年末，又拨给救济粮 15650 千克，救济款 2300 元，生活贷款 2450 元。同时，每年除对生产条件差的村组实行定销、返销和统销粮食外，还发放救济款，并且全部到户。

中共十一届三中全会后，社会保障越来越完善。1996 年实行农村社会养老保险，1997 年开始发放百岁老人津贴。2006 年，享受低保的“五保户”248 户 259 人，特困户 228 户 266 人。2011 年建成镇敬老院。

2014 年，共有 12 个村组立项建设“一事一议”奖补项目 12 个，获奖补资金 48 万元。发放优抚款 113.1 万元，社会救济款 236.8 万元，医疗救助金 18.8 万元，危房改造 50 户，拨付资金 44.3 万元。“新农保”参保 16920 人，发放社会养老保险金 360 万元、高龄补贴 63 万元。有敬老院 1 个，供养老人 80 人。

特色地情

人物

雷洪（1892—1927） 字英洞，号容海，庙下村人。1911 年参加辛亥革命，起义胜利后，被聘任为湖北军政府交通总长。此后，相继被任命为黄兴副元帅府指挥官、黎元洪副总统府参议、驻宁陆军第三军顾问、南京义勇军司令。1915 年 12 月参加护国战争，后升为陆军中将。1922 年冬，参加北伐，在北伐战争中牺牲。

邓华堂（1879—1928） 原名友尧，洋市镇文山下人。民国 15 年（1926）加入中国共产党。民国 17 年（1928）2 月初，参加朱德、陈毅在郴州召开的军事会议。月底，邓华堂任桂、郴、永三县农军总指挥攻克庙下。4 月，又与邓三雄、邓北钥领导农军攻打南衙，建立园林寺乡苏维埃政权。同月攻打洋布坪失败，5 月 4 日壮烈牺牲。

邓北钥（1884—1928） 辈名名立，洋市镇车江源人。民国 15 年（1926）加入中国共产党，开展农民运动。民国 16 年（1927）参加南昌起义。民国 17 年（1928），任工农革命军第一师第三团参谋。同年 2—4 月率军与尹子韶、邓三雄等部先后攻打庙下、耒阳、资兴、常宁及南衙、洋布坪等，9 月 27 日晚，遭县清乡队围捕，壮烈牺牲。

邓三雄（1895—1928） 辈名名阀，洋市镇

庙下古村

南衙村人。民国14年（1925）赴粤参加国民革命军。北伐时，加入中国共产党。民国16年（1927）10月25日参加东华山会议，后参加湘南起义，在攻打永兴、耒阳、郴县中，屡立战功。民国17年（1928）1月任工农革命军第一师独立营营长。同年6月初遭国民党抓获后杀害。

历史人文

东华山会议旧址 会址位于洋市镇东岭村东侧的东华山上的梧桐仙庵。1927年10月25日，朱德的副官周树堂在庵内主持召开桂阳、郴县、永兴、耒阳、宜章五县联合起义军事会议，桂阳有邓华堂、邓三雄等参与。会上，周树堂传达了中共“八七”会议精神，研究了年关暴动等问题。东华山会议是湘南起义前一次非常重要的会议。

庙下村古建筑群 洋市镇庙下村始建于北宋祥符年间，兴盛于明代永乐年间。古村占地面积约4万平方米，现存明、清古建筑270多栋，其中明万历年间古民居5栋，是一处珍贵的古建筑群。2011年1月24日被列为湖南省省级文物保护单位。2014年7月被定为“湖南省全国重点文物保护单位和省级文物保护单位集中成片传统村落文化遗产整体保护利用示范村”。

（雷子渊　供稿）

雷坪镇 >>

区域概况

地理位置

雷坪镇地处桂阳县北部，北纬 25° 47′ 15″至 26° 13′ 30″，东经 112° 33′ 26″至 112° 55′ 46″。东与洋市镇相邻，南抵欧阳海库区中游，以春陵江为界与和平镇隔江相望，西北同桥市乡、常宁县白沙镇接壤，北与永兴县油麻乡为界。镇人民政府驻三泉口村，距县城 32 公里。

建置沿革

明嘉靖丙申年（1536），雷坪西部、青兰西南部属广二乡，其余区域属衡阳乡。清康熙二十一年（1682），雷坪西部、青兰西南部属诚昌里，其他区域属实胜里。清乾隆三十年（1765），雷坪、青兰同属笃信都义阳里。清咸丰时期（1851—1861 年）同属洋字团。清同治七年（1868），同属笃信都诚昌里。

民国 3 年（1914），雷坪西部、青兰西南部属协和团，其他区域属洋字团。民国 21 年（1932）分属第七区、第八区。民国 27 年（1938），桂阳县并乡，共设 30 个乡，雷坪、青兰同属清平乡。民国 36 年（1947）同属洋字团。

1949 年 10 月，属洋字区办事处。1950 年 3 月，属第五区（后相继改称七区、十三区）。1956 年 6 月属雷坪乡。

1958 年 9 月，雷坪、洋市合并成立洋市人民公社。1961 年 5 月，析出为雷坪人民公社。1978 年 1 月，分设青兰、雷坪人民公社。1983 年 12 月撤公社，设青兰乡、雷坪乡。2012 年 3 月，雷坪、青兰两乡合并，建立雷坪镇。

区划面积

2014 年，雷坪镇辖三泉口、上岗、上田坊、梧桐、林里、花园、粮源、黄田、聂锡、西江、青兰、株木、塘头、曲木、雍冲、新村、陈溪、石溪 18 个行政村 203 个村民小组。辖区东西最大距离 16.4 公里，南北最大距离 25.2 公里；土地总面积 118 平方公里，耕地面积 1577.9 公顷。

自然环境

镇域属丘陵岗地，山系纵横，起伏和缓，地势北高南低，平均海拔 229 米，最高点上岗山顶海拔 589 米。岩浆岩复杂多样。有砂岩、黑云母花岗岩分布。土壤以石灰岩红壤和砂岩红壤为主。植被为矮灌木和草丛。茶林面积占林地的 41%，产油量居县前列。

镇域属亚热带湿润季风性气候区，其特点四季分明，雨热同季，光照充足，无霜期长。

1981—2010年平均气温19℃，1月平均气温2.5℃，极端最低气温－5℃（2008年1月28日）；7月平均气温28℃，极端最高气温42℃（2004年7月29日）。年平均日照数1850小时，无霜期225天，0℃以上持续期290天（一般2月20日—11月25日）。年均降水量1460毫米，极端年最大降水量2100毫米（1965年），极端年最少降水量840毫米（1992年）。境内气候灾害有冰冻、旱涝、低温、冰雹等。黄婆窿至李王庙为丘陵台地，北有常、耒平原，冬季盛行东北季风，偏北风占69%，夏季盛行西南季风，偏南风占65%，春季东北季风转向西南季风，秋季则相反。

春陵江由南向北，自林里村入境至石溪村出境，境内全长20公里。

人口民族

2014年，辖区总人口3.33万。其中城镇常住人口0.55万人，城镇化率20.1%，另有流动人口3570人。总人口中，男性1.79万人，占54.1%；女性1.51万人，占45.9%。人口密度为每平方公里222人，人口出生率6.7‰，人口自然增长率3.93‰。

经济发展

经济综述

明清时期，雷坪镇乃商贸重地。耒阳、衡阳、永兴、常宁等地商贾云集于此，沿街两边商号鳞次栉比，人声鼎沸。加上积淀千年的矿冶文化，得天独厚的地理环境，使得雷坪镇形成了浓郁而独特的商贸氛围。

新中国建立后，经过土改，农民分得了土地，生产力得到解放。互助合作运动给单干的农民注入了集体主义思想，同时大兴农田水利建设，增强了抵御自然灾害的能力。但公社化后的“大锅饭”和平均主义分配，障碍了生产力的发展。中共十一届三中全会后，实行家庭联产承包责任制和中共十一届三中全会的经济政策，各行各业生产积极性提高。粮食作物、经济作物连年丰收。2000年，雷坪、青兰两乡粮食总产量10589吨，比中共十一届三中全会初翻了番；工农业总产值4.76亿元，为中共十一届三中全会初的71倍。

2012年，镇党委、政府牢牢把握“因地制宜、突出特色、集中连片、规模发展”目标，紧紧围绕“企业增效，农民、个体增收”这一中心，大力发展粮食和烤烟两大支柱产业，以及油茶、金银花、脆蜜桃、冰糖橙、毛木耳、红枣等特色产业，极力打造春陵江生态经济带。至2014年，已建立水果合作社3个，建成春陵江沿岸“碧水生金”100公顷冰糖橙、以三泉口村为中心的33.3公顷脆蜜桃、以聂锡北斗村为中心的6.7公顷玫瑰香柑、以花园村为中心的20公顷黄金梨、枣子等6个优质水果开发基地。成功创建“春陵江生态果园区”，成为雷坪经济名片。

镇北部矿藏资源丰富，已探明的矿产有铜、锡、铅、锌、砷、锰、大理石、花岗岩等30多种，开采历史悠久，远近闻名。2012年区划调整，其5个主体矿构成“春陵江工业园区”，为桂阳县委提出的“一园六区”之一。2014年，建成绿化示范企业2个，启动重点工程项目18个。

2014年实现国民生产总值8.17亿元，其中第一产业1.65亿元，占国民生产总值的20.2%，第二产业5.52亿元，占国民生产总值的67.6%，第三产业1.0亿元，占国民生产总值的12.2%；固定资产投资4.65亿元，财政总收入1478万元，农村居民人均可支配收入14150元。

农业

种植业 镇区粮食以稻谷为主，旱粮有玉米、红薯、高粱、大豆、小麦等，经济作物有烤烟、花生、苎麻、油菜等。

明、清、民国时期，农业生产力低下，粮食产量不高。新中国成立后，县委、政府领导农民完成土地改革和农业社会主义改造，大力开展农田基本建设，使生产条件得到改善。1952年，水稻亩产量由1949年的148千克提高到198千克，增长33.78%。随后相继采取一季稻改双季稻、高秆品种改矮秆品种、常规稻改杂交稻，改革栽培技术，增施化学肥料，使用农药防治病虫害等一系列增产措施，水稻产量明显增长。1957年，早稻亩产175千克，晚稻亩产116千克，比一季中稻亩产190千克增长53.16%。1977年，雷坪镇三泉口村种杂交高粱1.73公顷，头季亩产355千克，再生季亩产220千克，受到地、县表扬。1978年后，随着农业产业结构不断调整，计划经济向社会主义市场经济转变，农业、水利、信息、技术无偿或有偿服务不断深入，进一步促进了农业经济的发展。2014年，粮食播种2109公顷，总产1.03万吨；其中稻谷播种1189公顷，总产7037吨；玉米播种287.5公顷，总产1215吨；豆类播种249.7公顷，总产504吨；薯类播种382公顷，总产1518吨。油料类播种498公顷，总产813吨；烤烟播种333.3公顷，收购烟叶1.51万担；蔬菜播种598公顷，总产1.8万吨；瓜果播种147.5公顷，总产3391吨；其他农作物播种350.3公顷。茶叶面积10.7公顷，总产12.3吨；水果种植170.7公顷，总产5663吨。

养殖业 境内畜牧业以饲养生猪、家禽为主。从古代到20世纪80年代，都是以个体养殖为主（公社化后办过粗放的集体养殖场），此后逐渐转变为专业化养殖。2009年，曲木村建生猪养殖场1个、山羊养殖场1个；石溪村建生猪、山羊养殖场各1个。2014年，生猪出栏4.9万头，年末存栏2.4万头，其中能繁殖母猪存栏2516头；出栏牛567头，羊5418头；出笼家禽15.2万只。淡水养殖面积104公顷，水产品总产439吨，其中鱼类总产429吨。

科技兴农 党的十一届三中全会后，雷坪镇党委提出“科技兴乡”、“科技兴农”的口号，人们的科技意识不断提高，科技专业户陆续涌现。雷坪镇三泉口村村民李保国创办“毛木耳开发服务中心”，带动毛木耳栽培专业户38户，收到良好效果。林里村村民李祖珍，于1991年承包经营30公顷土地，兴办一片果园，引进优质脐橙朋纳、纽荷尔。果园1997年进入盛果期，年产脐橙51.5万千克，产值113.3万元。至2000年，这片果园已发展成集种植、养殖于一体的综合性家庭农场。1997年，湖南省人民政府授予李祖珍“军地两用人才标兵”荣誉称号。在省农博会上，冰糖橙、脆蜜桃被誉为“绿色无公害”产品，热销广东等沿海地区，成为雷坪镇特色名片。雷坪镇粮源村青年廖文兵三兄弟，2010年务工回乡，在村创办“桂阳县龙身山泉有限公司”，生产精装“龙身”牌活性矿泉水，以高要求、高质量、高信誉赢得市场，销路广阔，很受用户欢迎，成为桂阳县“蓉城视点”合作品牌；廖文兵三兄弟成为有志青年成功创业的典型。

工业

唐代大顺元年（890），曾在境内两头岩开办大顺窿，是郴州地区锡矿最早产地。明洪武时期（1368—1398年），官府封山禁采。清康熙五十二年（1713），官府取消矿禁，渐复兴。至清光绪五年（1879），湖南巡抚批准桂阳州注册在原青兰乡开办黄婆窿锡矿。是年，黄婆窿矿工因薪金微薄罢工，炸毁窿口。民国5年（1915）私营开采大顺窿锡砒矿；民国6年（1917）开采铜矿，为省制币厂提供原料；民国8年（1919）六月，私营鸿泰公司成立，开采黄婆窿锡砒矿，产原矿100吨，名噪一时。民国15年（1926），区、乡农会开展减租退押、打击土豪劣绅和分田地斗争；民国21年（1932）后，开展抗日宣传及抵制日货运动；团结抗日、反内战、反饥饿和剿匪运动兴起，矿藏开采和冶炼渐弱。

20世纪50年代后期，矿藏开采成为乡镇企业中的支柱产业。1957年，桂阳县在原青兰乡黄婆窿建铅锌矿，1958年职工达374人，产铅锌原矿3873吨。次年，该矿与铜矿、磺矿合并，下设铅锌工区。1958—1962年产铅锌原矿1.78万吨。1962年秋，移属郴州地区行政公署续办，易名"雷坪有色矿"。1979年社队工业总产值20万元，其中社办15万元，队办5万元。1980年起，原青兰乡复办砒矿，1985年职工达152人，年产砒矿石380吨。至1988年，原青兰乡有乡办砒矿3处，为村民土法炼砒提供矿石，并在选锡的尾沙中发现伴生砂。村民联办和个体的炼砒窑100余座，采矿点209个，参加洗砂、掏砂2850人。同时原青兰乡政府投资20万元，建大型炼砒窑一座。1988年，雷坪有色矿工业总产值392.40万元，利税总额40.40万元。1991年，经省环保局批准，按国家排放标准，在原青兰乡剥皮冲兴建桂阳县砷制品生产线。7年后在剥皮冲又投资兴建县台联砷制品生产线。"两线"先后投入环保设施费580多万元，采用管道重力除尘、水雾循环除尘、尾气高空窗排放，一条生产线每周炼砒120吨，排放到空中的毒气、二氧化硫仅为3200千克，三氧化二砷（俗名砒灰）几乎为零，各项指数均达国标。1992年7月，原青兰乡企业办投资50万元，兴办大理石料厂。1992年，泰国老板贾古先生、梅根女士，到雷坪镇考察青兰大理石开发。1993年，土法炼砒纷起，严重污染环境，经桂阳县政府多次严禁，并建立管理站，土法炼砒被制止。1994年，县、乡联合在雍冲村办砷制品厂，进行新法炼砒，新法炼砒厂发展到4家，产品远销国外。1996年后，雷坪有色矿基本停产，1998年依法破产。2003年1月，雷坪有色矿由国有变为私有。

镇党委、政府注重扶持龙头企业，鼓励后进企业，实施"强质量、保安全、创品牌"工程，力争雷坪工业"以快抢先，以质取胜"，引领经济快速发展。2011年雷坪镇有石材加工企业60余家，从业人员1400余人。开发的大理石加工成品"汉白玉""湘白玉""湘墨玉"等品牌，年产1万立方米以上，以质地好、花色品种多而闻名，畅销湖北、广西、广东等省份及东南亚地区，颇受用户好评，成为镇内新的经济增长点。2013年，规模以上工业企业6个、规模以下35个，合计41个；工业产值20.91万元。2014年，投资500万元对涉重金属企业进行结构调整升级，投资3000万元建成青兰110千伏智能变电站。

商贸服务业

明清时期到新中国建立初，雷坪就有客栈、点心铺、伙铺，因舂陵江水运方便，流通便捷，成为晒烟、盐、布匹、油料、五金、文具、南杂、茶叶、棉麻、蓝靛、药材、毛皮、纸伞、副食品、铅、锡等诸多商品的交易集散地。

1953年，第一个五年计划开始实施，商业进行调整，粮食、油、棉、花生、烟叶等实行统购、派购，组建集体商业组织。雷坪公社有合作商店1个，农贸市场1个。20世纪90年代，商品市场形成大流通格局，乡农贸市场经营扩展，商品丰富多彩。每逢圩日，周边县市等农民来集市交易，市场逐渐繁荣。2013年，完成服务业增加值（按当年价计算）185万元。2014年，个体工商户22户，商业网点84个，从业人员556人。

基础设施

交通运输

水路 舂陵江流经雷坪镇西侧，是一条重要的南北水上通道。自宋代以来，京师取材出自桂阳，沿舂陵江途经镇域源源不断漂流北去。油桐、苎麻、烟草、魔芋等是桂阳千百年的特产，外运均经舂陵江，境内黄田码头、渡口年均货物吞吐量10余万担左右。清代，盐运兴隆。在花园村有75米长的成仙桥〔（建于民国12年（1925）〕，是两岸人们往来的通道，客流络绎不绝。1966年兴建欧阳海灌区大坝，南北水运从此被阻断；1972年后灌区蓄水，水位上升，成仙桥没入水中，两岸人民只能摆渡或绕道而行。

公路 清代，多以赈款修筑泥路、沙路、石板路。新中国成立后，县道3536线从洋市经雷坪圩、株木到黄婆窿（雷坪有色矿）全线建成通车，全长20.5公里。20世纪70年代，农村公路管养加强，采取建水涵、改直、降坡、整路肩、清沟边、绿化等措施，运输更加顺利。株木至黄婆窿乡道(砂石路）长8.5公里，雷坪圩至黄田乡道（泥沙路）长11.5公里相继修成。2013年，洋市镇至雷坪镇公路提质改造，敖泉至青兰公路开始施工。投资124.5万元新建通村公路12.8公里。至此，境内共有通村公路41.24公里，实现晴雨通车里程率达100%。

邮政通信

民国38年（1949），县邮局在雷坪圩、黄田圩设邮政信柜各1处。1956年设雷坪邮政所，1973年改为支局，邮政业务涵盖函件收寄、包件收寄、报刊发行投递、汇兑、邮政储蓄等。20世纪90年代，洋市乡至雷坪乡四芯光缆架设，开通自动电话，后增设程控电话。2000年，增设邮政代办所1个。2011年有邮政所2个，电信、联通、移动服务网点7个，固定电话640户，移动电话2.1万台，互联网用户640户。

供电饮水

供电 1972年，郴州地区电力局在雷坪矿建成变电站1个，为矿区及部分居民生产生活供电。1978年8月，县社队企业局为雷坪电站下拨15000元，增加供电设备，整修改造全面规范化。1988年，在雷坪矿建35千伏变电站1处，总变电量1932千伏安。2011年，镇内有变电站2个，年末供电692.5万千瓦，供电普及率100%。

饮水 2014年年末建成三泉口自来水厂，年供水15万立方米。至此，各村共有自来水厂16个，用户8327户。

农田水利

新中国建立前，镇内缺水多旱，灌溉体系薄弱，旱、涝严重，农业收成极低。新中国建立后政府倡导兴修水利，至1957年修筑山塘百余口，泉井50余口，但靠天水、溪流、井泉灌溉的农田仍占多数，种一季稻不能旱涝保收。“大跃进”中，农民兴建水利建设积极性高涨，白天黑夜连续作战，亘古未见。1957年兴建雷坪立新小Ⅱ型水库1座；1958年兴建雷坪铁坑小Ⅰ型水库1座，1958年兴建青兰半冲小Ⅱ型水库1座，1959年兴建雷坪三泉口小Ⅱ型水库1座。

20世纪60年代，“用大寨精神治山治水”，公社领导按照县水利建设总体规划的布局，1976年兴建青兰水源冲上坝小Ⅱ型水库1座，1978年兴建青兰水源冲下坝、长塘小Ⅱ型水库各1座。

1990—2000年，兴建的小Ⅱ型水库有：①青兰株木岭背水库，兴建于1991年，均质土坝，坝高13米，集雨面积0.5平方公里，总库容12万方，灌田26.7公顷；②雷坪白玉冲水库，兴建于1991年，均质土坝，坝高10米，集雨面积0.28平方公里，总库容12.3万立方米，灌田16.3公顷；③青兰株木毛头冲水库，兴建于1991年，均质土坝，坝高10米，集雨面积0.35平方公里，总库容17.3万立方米，灌田16.7公顷；④雷坪上岗太平里水库，兴建于1992年，均质土坝，坝高9米，集雨面积0.45平方公里，总库容21.7万立方米，灌田14公顷；⑤雷坪上田坊大塘背水库，兴建于1992年，均质土坝，坝高5.9米，集雨面积0.8平方公里，总库容13.7万立方米，灌田18.3公顷；⑥雷坪林里老屋场水库，兴建于2000年，均质土坝，坝高14米，集雨面积0.27平方公里，总库容10.3万立方米，灌田16.7公顷。

2014年，镇政府投资200万元实施新村水库上下坝加固工程，并恢复水毁工程、维修小型水库和山塘25处，建设了覆盖6个村的烟水配套工程。

村镇建设

2012年，镇区建设步伐逐步加快，对镇区街道、人行道、房屋、下水道等进行提质扩容。路灯照明得到改善，新增绿化面积700多平方米，建成新市场1个，有色矿商品市场1个，客运站1个，镇国策大楼1栋约600平方米。通村公路和自来水得到较快发展，同时严格审批程序，规范农村建房。2013年，9个行政村文化娱乐活动中心相继建成。2014年，在新村、花园村、政府驻地安装路灯74盏，修建沼气池30座，标准农家店6个，排水沟26公里，新农村文化中心3个，农家书屋4个，村民活动广场2个。大力实施环境"五化"和"点亮农村、清洁农村"工程，专治"脏、乱、差"，建设垃圾填埋场，增加环卫设施，配备专职保洁员。

广播电视

1958年，在"大跃进"形势鼓舞下，公社建立了广播放大站，有广播放大站的大队所属村落挂有高音喇叭，广播入户率37.8%。1969年，县电影放映队在公社和有色矿露天场放映80余场，观众达10万人次。20世纪80年代初，黑白电视机入村入户，能收看中央1台节目和转播的湖南台节目。1988年始安装有线电视。1996年建成雷坪有线电视站。2011年年末有线电视用户3450户，入户率39%。

社会事业

学校教育

新中国成立前，雷坪镇辖区的乡村子弟就读私塾。新中国成立后，各村有小学，乡级有中心完小。20世纪60年代初，雷坪有色矿子弟学校创立，成为县域内省地属厂矿创办早、规模大、师资力量强、教学设备全、教学质量较好的一所子弟学校。1978年8月，桂阳县革委教育局为雷坪公社和青兰公社分别下拨学校修缮费、民办教师补助费4000元。1978年秋季，招高中班2个，100人；招初中班8个，385人。

1989—1998年，青兰学区、雷坪学区共有10位教师荣获"郴州市优秀教师"称号。1996年7月，雷坪中心完小学生江彩桃为抢救落水儿童英勇献身，获市"十佳青少年"称号。

自2001年以来，雷坪中学、雷坪中心校、林里小学、花园小学等校自力更生，美化校园环境，取得好成绩。2002年雷坪中学被评为郴州市"校园文化建设样板校"。

2011年年末，共有幼儿园6所，在园幼儿840人，教师29人；小学8所，在校学生1600人，教师87人，小学适龄儿童入学率100%；初中1所，在校生485人，教师43人。初中适龄人口入学率、九年义务教育覆盖率均为100%。

医疗卫生

新中国成立前，雷坪人都靠中草药治病。1958年,雷坪有色矿建卫生所1所、卫生室1个，采取中、西的方式开展诊疗，当地农民、务工人员都可到此就诊。此后，医疗卫生事业不断进步。1960—1985年，乡村有“赤脚医生”，对缓解农民求医难问题起到了重要作用。1995年，钩体病流行，但得到了有效控制。1996年，原青兰乡卫生院被市卫生局评为一级甲等医院。雷坪镇人，桂阳县中医院副主任医师江业澜主持的省级科研课题“麝香退翳膏治疗角膜瘢痕研究”通过鉴定，达到国内先进水平，获省科技成果奖。

2011年年末，有镇卫生院2个，村级卫生所、门诊部23个，床位70张，每万人拥有病床21张，固定资产总值1800万元。专业卫生人员82名，其中执业医师12名，执业助理医师23名，注册护士38人。2011年医疗机构完成诊疗3.5万人次，医疗救助150人次。新型农村医疗保险参保率100%。

社会保障

中共十一届三中全会以来，社会保障制度不断完善，老有所养、病有所医、伤有所补、失有所助等社会问题逐渐得到更好的解决。2011年年末，城镇居民最低生活保障46户101人，支出19万元，月人均160元。农村最低生活保障户853户，1280人，支出119.8万元，月人均78元。民政部门资助参加合作医疗781人次，共支出45万元。国家抚恤补助各类优抚对象45人，抚恤事业费支出51万元。敬老院2家，床位80张，收养农村“五保”人员68人。社会福利费42万元。社区服务设施22个，其中有服务中心1个，社区服务站2个，慈善分会2个，全年接受社会捐款3.5万元，使120人（次）受益。五项社会保障基金收入27万元，支出27万元。新型农村

上岗村门楼

养老保险参保率 96.5%。

特色地情

人物

李生宝 笔名劳黎，1936 年生，雷坪镇人，中国民航管理干部学院原院长，国务院有突出贡献专家津贴获得者。他参加和组织的“飞机蒙皮化学氧化工艺研究”等两项研究成果获全国科学大会奖。主编和编译了《民航运输生产现场管理》、《机场营运管理》等 5 部著作。

邓祖选 男，1944 年 3 月出生，雷坪镇雍冲村人。1962 年 6 月参加中国人民解放军。1981 年入解放军南京高级陆军学校学习。1987 年 8 月任武警广东省总队政治部主任。1989 年 11 月任武警广东省总队副政委。1995 年 6 月任武警广东省总队政委。1998 年 7 月授武警少将警衔。

文物

上岗村门楼 建于清朝时期，为郴州市级保护文物。

（谢强　供稿）

和平镇 >>

区域概况

地理位置

和平镇位于桂阳县北部，东南隔春陵江与雷坪镇、洋市镇、樟市镇相望，南与仁义镇接壤，西与敖泉镇相邻，西北与欧阳海镇毗连，北与桥市乡交界。位于北纬 25° 27′ 15″至 26° 13′ 30″，东经 112° 13′ 26″至 112° 55′ 46″。镇人民政府驻和市村，距县城 35 公里。

建置沿革

清末属深智都，民国初废都设团为协和团，民国 27 年（1938）实施区乡保甲制属两和乡，民国 35 年（1946）称协和乡。1949 年，属桂阳县七区和平乡。

1949 年桂阳新中国成立后仍称和平乡，属 11 区（和平区）。1956 年，桥市乡并入和平乡。1958 年，成立和平人民公社，同时析出桥市乡。1961 年分和平公社东南部设白市公社，1965 年撤白市公社并入和平公社。1983 年，撤社，复置和平乡。1993 年，撤乡，建和平镇。

区划面积

镇域辖大源、筱塘、兰田、太坪、新铺岭、白杜、和市、郁丰、上苍、石城、长城、瑶溪、西利、石碑、社门、下溪 16 个村民委员会。设 1 个居民小组，161 个村民小组。

镇域东西最大距离 13.1 公里，南北最大距离 10.9 公里，土地总面积 116 平方公里。其中陆地面积占 99.5%，水域面积占 0.5%。耕地面积 1518.67 公顷，其中水田 850.17 公顷，旱地 668.5 公顷。

自然环境

地形地势 镇域西北部大源、太坪、新铺岭部分地区为中低山地，其他地区均属丘陵岗地，整体地势由西北向东南倾斜。镇域内最高点位于大源村帽子岭附近，海拔 1000 米；最低点位于瑶溪村山江树组春陵江段，海拔 130 米。

河流水系 镇域内溪河全属春陵江水系。春陵江干流从镇域东南角的井冲入境，由南向北沿镇域东部边缘北去，至东北角的瑶溪村山江树组出境，镇域内流程约 20 公里，是镇域内最大河流。西北部低山山系发育的溪流流程较长，有源于大源岭的郁丰溪和源于新铺岭的和市溪；东部丘岗地溪流短小，主要溪流有瑶溪。全部溪流呈放射状汇入春陵江。

岩层土壤 境内岩层以石灰岩为主，其他有板页岩（含变质岩）、砂岩、紫色岩风化物等。土壤类型多样，主要有水稻土、红壤土、板页岩红壤、石灰岩红壤等。

气候 镇域属亚热带湿润季风性气候，其特点四季分明，雨热同季，光照充足，雨量偏少。1981—2010年平均气温17℃，一月平均气温3℃，最低气温-3℃，极端最低气温-8℃（2008年1月10日）；7月平均气温28.5℃，最高气温43℃（2001年7月28日）。年平均无霜期210天，日照1900小时，降水量1500毫米。主要自然灾害有旱涝、低温、冰雹等。旱涝出现概率72%，大旱大涝各为8年1遇。降水多集中在春夏季，易发山洪灾害；秋冬则少雨，易出现干旱灾害。1998年7月5日降水160毫米，冲毁小型水库1座。每年5月、6月间时有冰雹，对农作物损害较大。2014年，因冰雹灾害致2000余亩烤烟基本绝收。

自然资源 镇域除西北部小部分地区为中低山山系外，大部为丘陵低岗地区。境内森林覆盖率达66%，自然生态良好。依海拔高度不同，植被分布略有差异，海拔高的山区及山顶地带主要以杂草和灌木为主，海拔较低的山脚及丘岗地带以森林或灌木为主。自然山林以青冈栎、苦槠、细叶枥、黄檀、木荷、锥栗、麻枥、枫香、山槐、槲栎、冬瓜木等为主要种群。针叶林在全镇植被中占比最大，主要是杉木、马尾松。此外，还有楠竹、油茶树、柏树等。

境内飞禽有翡翠、鹧鸪、斑鸠、黄莺、白鹭、鹰、竹鸡、燕雀、喜鹊、啄木鸟、黄鹂、麻雀、野鸭等。走兽有野猪、野猫、獐、麂子、野兔、黄鼠狼、果子狸等。

境域濒临舂陵江，过去水生生物资源十分丰富，生存着鱼虾蟹龟贝等水生动物267种，其中鱼70余种。欧阳海大坝建成后，鱼的品种急剧减少，洄游鱼类大多灭绝。

矿产资源 主要有煤、锰、铁、铅锌、石灰石、花岗岩等。煤分布在和平与敖泉之间的和平煤系地带，储量待探测；锰分布较广，且品质优良，其中西北部帽子岭一带储量达2.1万吨；铅锌分布在蓝田、筱塘一带，储量可观。境内矿产除锰、铁有零星开采外，多处于待探测开发中。

人口民族

镇域较早有人类居住，唐、宋时期有居民自江西等地迁来定居。至新中国成立后第五次人口普查时，镇域共有5638户，总人口19077人，其中男9970人，女9107人。

2014年年末，镇域总人口22978人，其中男性12011人，占52.27%，女性10967人，占47.73%。18岁以下5757人，占24.47%；60岁以上2874人，占12.22%。人口出生率11.42‰，自然增长率4.06‰。人口密度为每平方公里198人。

境内常住人口均为汉族，流动人口中偶有少数民族。

经济发展

经济综述

该镇属传统农业大镇。清代与民国时期，经济形式以自给自足的小农经济为主，仅有少量传统小手工作坊和小手工业者。商贸仅在和市圩赶圩日有交易。

1949年10月后，国家实行公有制经济改造，先后组建过农业合作社、供销合作社、信用社、农具厂等社队企业，以保障境内村民生产生活之需。但由于生产技术低下、管理机制僵化等因素，导致经济效益不高。20世纪80年代初，推行以家庭联产承包责任制为主要内容的农业经济改革，镇域经济开始走上快速发展轨道。2008年，全镇实现国民生产总值1.35亿元。2014年，国民生产总值增加到2.26亿元，其中第一产业1.29亿元，第二产业0.40亿元，第三产业0.57亿元。完成固定资产投资4.21亿元，农村居民人均可支配收入8545元。

农业

清代与民国时期，境内农业简单粗放，广种薄收，效益很低。1949年后，成立农业互助组、合作社、人民公社，生产模式以集体生产为主。相继采取了单季稻改双季稻、高秆品种改矮秆品种、常规稻改杂交稻、改革栽培技术、增施化学肥料、使用农药防治病虫等一系列增产措施，粮食产量大幅增长。中共十一届三中全会后，实行家庭联产承包责任制，由家庭自主安排农业生产。农民改变单一的粮食种植模式，积极发展高效、规模农业，推动了农业发展。近年来由于农村劳动力就业转移，农业土地开始有部分闲置，镇政府引导农民实行土地流转，以农业专业合作社的形式重新开发农村闲置土地进行集中生产。目前境内家庭联产承包、土地流转生产模式并存。

境内主要粮食作物有稻谷、红薯、大豆、花生、高粱等，经济作物有烤烟、油茶、水果、中草药等。2011年水稻种植面积1033.85公顷，生产粮食6423吨。2014年种植粮食作物1867.6公顷，产量9585吨，其中水稻种植面积1027.18公顷，产量6463吨。

2010年以来，全镇以发展现代农业为目标，大力培育烤烟、粮食、油茶、生猪四大优势产业。总投资过亿元的5336公顷丰产油茶示范基地开发面积已达2000公顷。2014年，该镇有各类农业专业合作社5家，其中阳光蔬菜农民专业合作社被评为全国示范社、郴州市十佳农民专业合作社。康民中药材专业合作社种植各类中药材66.7公顷。瑶溪生态农场主要开展生猪养殖、沼气利用、水库养鱼、油茶开发等，现已建成为一个利用荒山河滩进行综合开发的种养结合现代农场。

镇域适宜烤烟生长，实行烟、稻轮作，烤烟是农民经济收入的主要来源。2013年，引进百亩以上的种烟大户11户，新建密集型烤房192栋，收购烟叶1148.45吨，完成8个村烟水配套工程。2014年，全镇烤烟种植面积573.62公顷，收购烤烟1256吨，农民烤烟收入3266万元。

畜牧水产　20世纪80年代以前，家家户户都饲养生猪，饲养方式以农户散养为主。牛以耕牛为主，多为生产队集体饲养。农户除完成向国家交售生猪任务外，饲养的生猪主要用于出售以补充家庭经济收入。80年代以后，随着农村劳动力的转移及经济发展模式的转变，养殖业逐渐由以农户散养为主转向养殖场集中饲养为主。2011年生猪出栏4.52万头，年末存栏2.57万头；出售和自宰的牛399头，出售和自宰的羊3699只，出售和自宰的家禽9.55万羽。2014年，全镇共有专业养殖场27个，共出栏生猪1.7万头，牛378头，羊5027头，家禽2万羽，出产肉类总产量1890吨，其中猪肉1700吨。

水产主要有沿河捕捞及水面养殖两种形式。春陵江沿岸村民以乘坐小木船沿河下网、放钓等方式捕捞春陵江鱼类。渔业养殖则利用春陵江河汊堤坝、山塘水库实施，养殖鱼类以草鱼、鲢鱼、鳙鱼、鲤鱼这四大家鱼为主。2014年，全镇共有水产养殖面积115.19公顷，水产总量420吨。

林业　清代，境内西北部山林多处于原始状态，森林茂盛古木参天。主要树种为杉树、松树、楠竹，森林覆盖率在60%以上。1958年大炼钢铁时，大量砍伐树木，对镇域生态环境、森林植被造成巨大损害。20世纪70年代大队办林场，并进行封山育林、植树造林，森林植被得以慢慢恢复。80年代集体经济薄弱，公益事业支出大，大多只能以变卖木材维系，森林再次受到损害，部分山地开垦为耕地，后经退耕还林得以恢复。此后年年造林，至2013年造林347.6公顷。2014年，按照建设森林桂阳的要求，境内实行荒山造林，共造林165公顷，主要公路两旁栽植桉树、杨树，实施路系绿化。至此，镇域有林地总面积达3500公顷，实施退耕还林600公顷，森林覆盖率66%，活立木蓄积量8万立方米，主要用材林木有松树、杉树、柏树、楠竹等，主要经济林木有油茶、桃、梨、杨梅等。筱塘、大源等地的李子、杨梅颇为有名。

工业

1949年10月前，境内仅有打铁、竹木加工等传统小手工业者，以家庭兼营形式为主，工业经济几乎空白。

新中国成立后，1958年组建和平农具厂，主要生产一些简单农业用具。20世纪80年代后期农具厂破产关闭。随着市场经济体制的建立，私营经济快速发展。2008年，境内有工业企业95个，从业人员1276人，实现工业总产值2269万元。2014年，境内有建筑建材、运输、食品加工，机械维修等工业企业96家，工业总产值4000万元。

商贸服务业

古代，境域是桂阳通往常宁白沙的陆路要道，古道两旁有零散商铺。清代，境内有和平圩与白泥塘两个圩场，简称为和市与白市。和市是和平及周边乡镇物资集散中心，主要交易物资有木材、茶叶、日杂、农资、猪仔等，市场交易频繁。1949年后，和平圩市几经扩建搬迁，现有的和平农贸市场占地4310平方米，建筑面积1320平方米，于2013年8月建成使用，交易条件不断改善。2014年年末，全镇有个体工商户250户，从业人员1000多人，社会商品零售总额1.1亿元。

20世纪80年代初，境内开始有农村剩余劳动力向广东等沿海发达地区转移，此后规模日渐扩大。和平籍在外务工人员在广东从事IC产业渐成规模，影响日增。2014年，全镇劳动力转移输出人数7000多人，创收1.4亿元，占全镇居民总收入的41%。

财税金融

清代称农业税为“丁漕”，每亩平均赋额5分2厘6毫。民国2年（1913）“丁漕”改称田赋，民国4年（1915），田赋改征银元。民国30年（1941），田赋改征实物。民国34年（1945）抗战胜利，免征田赋1年。

1949年后，农业税依旧征收实物（稻谷），实行起征点，依率征收。1984年成立财政所。2006年，减免个体工商业者税费，取消农业税。2010年，国家开始按种粮面积发放种粮补贴。2008年，财政总收入616万元。2014年，财政总收入增加到1095万元，其中烤烟税收516.08万元；完成固定资产投资4.21亿元。

1949年10月前，境内没有金融机构，村民借贷依靠民间契约进行。民国中后期，境内出现由社员投股组成的信用社，后改为乡办保办，民国后期金融混乱、通货膨胀，信用社自行消失。新中国成立初期，以社员投股方式筹建信用社。1964年农行桂阳县支行在和市圩设立信用营业所，为境内首家金融机构。2011年年末各类存款余额1.7亿元，各项贷款余额7600万元。2014年末境内各金融机构各项存款余额1.95亿元，各项贷款余额5000万元。

基础设施

交通运输

步道 古代境内为湘南的南北陆路通道，“自衡至州，陆道所津”。乌石堡—和平—新铺岭—

桥市—关口，是桂阳与常宁距离最近的间道。此外，成仙桥—白市—和市—高桥—筱塘—船山则是桂阳东西交往的重要步道。这些步道都用石板铺就。

公路 境内有县道敖（敖泉黄家冲）桥（桥市）线（X068线）横贯全镇，为公路主干道，连通省道1842线，该路修筑于1960年，为境内首条公路。主要支线公路有和平圩经白市、成仙桥连接雷坪镇的和（平）雷（坪）线。县城到桥市的客运班车、县城至和平白市的客运班车，均途径和平，为境内村民出行提供方便。至2014年，全镇公路通车总里程64公里，实现村村通公路，公路水泥硬化率90%。

桥梁 1923年初，当地村民在位于和平小冲、雷坪花园之间的春陵江干流上修建成仙桥（当地人称神仙桥），后被水冲毁。1931年重修，1933年竣工。桥长75米，高15米，宽6米，为石料五拱桥，工艺颇佳。欧阳海水库建成后被水淹没，成为水下桥。2005年，规划在成仙桥原址附近修建新的龙江渡大桥，并纳入桂阳县国民经济和社会发展第十一个五年规划，2006年该项目被纳入湖南省农村渡改桥项目。2010年3月17日开工建设，2014年1月23日竣工并通过验收。龙江渡大桥桥长445.46米（含两岸引桥277.10米），桥高34.55米，桥宽9米，共3跨，主跨为90米双肋式钢筋砼拱桥，两侧边跨各为25米石拱桥。欧阳海水库枯水季节，原成仙桥露出水面，呈现双桥过江的景观。

水运 镇东南部春陵江可通航，古时是桂阳物资进出的主要通道，南通蓝山，北进湘江出洞庭湖。沿河两岸设有渡口，主要有水尾渡、织机渡、龙家渡瑶溪渡。1970年欧阳海大坝建成后，河道出境运输中断，仅能在欧阳海灌区水库内进行。因业务量小，水上运输业逐渐萎缩消失，只有沿河渡口人、货、物摆渡及沿岸村民进行的渔业捕捞作业，及偶有旅客乘机帆船沿河观光。境内沿河现有渡口2个，渡船2条。渡口实行专人管理，渡资由渡客付费及政府补贴。

邮政通信

民国时期，县邮局在和平圩设有邮政信柜。新中国成立后，1956年和平区成立邮电所，1963年升级为邮电支局。邮政投递由步邮逐渐发展到自行车邮、摩托车邮。2014年年末，境内有邮政支局一所，报纸、杂志等发行量16种3000份。

民国16年（1927）架设县城到和平圩的电话线路，1933年区乡政府开始装电话。新中国成立后，1958年“大跃进”，境内电话快速发展，当时境内12个大队全部通上电话。20世纪90年代后电话装机逐渐普及到家庭。电话机先后由摇把子电话、拔盘电话逐步发展到数字程控电话。至今，无线电话基本普及。

2011年年末，有电信、联通、移动电话服务网点18个，固定电话用户497户，移动电话用户1.31万户，互联网用户395户。2014年末，移动、联通、电信三大信息企业均在境内开设有业务代办所，全镇有固定电话用户200户，移动电话用户1.5万余户，互联网用户500余户，全年电信业务收入100余万元。

20世纪60代，境内各村开始用大喇叭广播。70年代组建电影放映队，下各村为群众放映电影。80年代中后期，随着电视机的普及，电影放映队自行消失，村民开始使用录音机、VCD、电视机等文化娱乐设备。1994年6月建成有线电视站。2011年年末有线电视用户865户，2014年有线电视用户近6000户。

供电

镇域内无水电、火电等发电设施，居民生产

生活用电及工业用电均由国家农网经桥市中心变电站供应。2011年,全镇农业用电230万千瓦时。2012年，全镇农村电网改造全面完成，全镇实现村村通电，供用电水平大幅提高。2013年，境内农村用电量达526万千瓦时。

水利建设

镇域属于县内降水偏少旱灾频发区。春陵江从镇域东南流过，却因无提水设施无法灌溉农田，“水在河里流，人在岸上愁”。1949年前，村民只能依靠小溪陂坝和小型山塘进行农田灌溉，遇旱则使用吊水桶、龙骨水车甚至肩挑手提来保苗抗旱，这种传统简陋设施既费人力，效益又差。社门村曾流传一首民谣:“好个社门洞，水在泥底氹，五天不下雨，男女老少不得空。”每到夏旱时节，该村田洞里便会竖起几十株两丈高的吊杆，吊杆边打井，用吊桶到井底吊水救禾。

新中国成立后，连续掀起水利建设的热潮。1957年兴建石碑水库，1958年兴建高塘、白市、流陂坳、朱家冲水库，1966年建成大源水库，1974年兴建社门水库，1977年扩建白杜水库，同期还修建基本山塘500余口，农业水利系统得以基本完善，农田灌溉系统运转顺畅。后来因年久失修致部分水库淤积、渠道堵塞，农田灌溉系统出现“肠梗阻”现象。2012年以来，投入资金1000余万元，对病险山塘、水库进行除险加固。此外，石城等村修建烟水配套工程6处，烟区水利条件进一步改善。

居民饮用水源主要是水井。全镇共有饮用水井300余口，但天旱季节井泉出水量骤减甚至干枯无水。筱塘村中一眼饮用井水，每逢干旱年份，村民围在井边排队，用瓜勺刮水，刮一勺，井眼出水一勺，村民俗称“刮猪兜”，是当地颇有影响的一句俚语。20世纪80年代初，和市圩下古塘村一口井，遇旱时出水量严重不足，附近县六中学生来提水，下古塘村组织村民护井，不让学生打水。由此种种，可见当时饮用水之紧张程度。

2004年，以大源水库为水源建成了和平镇自来水厂，设计日供水量2000吨，实际日供水量400吨，解决了和平圩及周边村组居民生产生活用水。至2014年，实现全镇村村通自来水。

村镇建设

和市村历来为区、乡、镇治所。和市圩设立于清代后期，设圩以后，日渐成为区域内经济、商贸、文化中心。新中国成立后，和平乡政府、学校、卫生院、供销合作社等单位先后进驻和市村，和市村生产、生活、文化、商贸服务设施逐渐增多。县道X068线开通后，形成以公路沿线为中心的商贸、生活区，集镇建设以X068线为中心向周围拓展。2008年县第十一次党代会确定，着力扶持和平等9个区域中心镇建设经济强镇、特色小城镇。至2014年，和平集镇面积达3平方公里，镇区人口5000余人。

当地农村建房多依山就势而建，缺乏统一规划，房屋建设、村庄环境“脏乱差”现象较普遍。2000年后，政府按新农村建设要求，引导村民着力抓好产业兴村、“三清六改一化”等重点工作。该镇筱塘村在2007年至2010年，先后修建了一条2公里长的环村水泥路、一座礼堂、一所“农家书屋”、一个休闲广场、一个游泳池、一座公共厕所、一个消毒池，率先成为该镇新农村建设示范村。至2014年，全镇所有村庄的规划编制工作全面完成。部分村庄基本实现了“村庄绿化、房屋美化、道路硬化、猪栏成片、烤房成群、厕所入户、污水下道、垃圾进池、房前有池塘、房后有青山、街道有路灯”的人居环境，农村面貌得到改善，农村生活品质显著提升。

社会事业

教育

民国前，境内没有建制学校，教育以私塾为主。民国期间，推行学校教育，但效果不明显，适龄儿童失学率居高不下，文盲率高。新中国成立后，开始组建乡级中学、村片小学等，实施义务教育，劝导、吸收普通劳动人民子女入学，适龄儿童入学率大幅提高。

1958年，常乐小学迁至和市村古塘村，1969年改称桂阳六中，承办和平片区高中教育，现为县属初级中学。1985年9月，六中教师陈士让获国家教委授予的全国教育系统劳动模范称号。中共十一届三中全会后，调整学校布局，境内学校以普及初等教育为重点，乡属中学停办高中班。2013年，和平中心校成功创建省义务教育合格学校。

20世纪50年代开始在每个村组织农民夜校，教学内容以识字为主，兼顾基础算术、常识等，提升境内农民识字率。中共十一届三中全会后基本扫除文盲，农民夜校自行消失。

2011年年末，该镇有幼儿园3所，小学6所，在校学生973人，专职教师88人，小学适龄儿童入学率、小学升初中升学率、九年义务教育覆盖率均为100%。2011年财政预算内教育经费845.65万元。

2014年年末，境内和平中心校有教师86人，在校学生1002人；有村小2所，幼儿园1所，专任幼儿教师14人，在园儿童520人。县属桂阳六中有教师67人，学生896人。预算内教育经费支出占财政支出的4%左右。2014年11月16日，和平教育基金会挂牌成立，募得专项教育基金近百万元。

文化

清代与民国时期，灯、祁剧演出频繁。和平圩人谢金玉擅演各类湘昆剧目，技艺超群，并创腔曲自成一派，为桂阳昆剧一代宗师，当时湘昆名角多出自其门下。新中国成立初期，贯彻文艺为工农兵服务的方针，境内成立文化站，并组建业余文工团，举行群众文艺会演，文艺形式多姿多彩。“文化大革命”时期，受“左倾”思想影响，群众只唱毛泽东语录歌，跳忠字舞，文艺团体只演样板戏，文化事业受到摧残。中共十一届三中全会后，境内文化事业重新恢复，振兴发展。

2014年，全镇有文化广播站1个，村级文化活动中心16个，各类图书室17个，藏书2万余册。农村文化共享工程不断推进，镇文化站实行免费开放，在全县率先成立镇文联，16家农家书屋书籍完成更新，开展送戏下乡活动为群众义演，在全县文艺会演中获二等奖，在全县广场舞大赛中获三等奖，被评为郴州市文明乡镇。

新中国成立后，球类、田径等现代体育项目逐渐在境内兴起。各项体育活动在镇域各单位、乡村频繁开展。2014年年末，全镇有学校综合体育场5个，各单位体育场所5个，乡村综合体育健身场地10个，体育设施完善齐全，并经常组织群众性体育活动。

医疗卫生

1949年10月前，境内没有建制医院，只有几家中草药铺，村民看病就医只能找郎中，或者自行采挖草药。新中国成立后，1952年开始组建和平卫生院，称县传染病医院。1969年至1980年，政府在农村实行赤脚医生制度，将医疗技术推广到各村组。此后县传染病医院改称和平中心卫生院，1984年改称和平镇卫生院。1989年，从卫生院抽调医务人员成立防保站，负责卫生防疫和妇幼保健工作，1992年撤销，业务重归镇卫生院管理。1991年、1993年，镇卫生院医生谢光平分别在国家级卫生医疗杂志《实用中西医结合》《杏林新秀》上发表《中西药结合治疗急性卡他性结膜炎》《参麦健脾饮结合针刺四缝穴治疗疳症体会》两篇学术论文。

2011年年末有镇卫生院1个，专业从业人员36名，其中执业医师3人、执业助理医师9人、护士24个。全年完成诊疗1.87万人次。村卫生室12个。

2014年年末，全镇共有各级医疗卫生机构17个，其中镇卫生院1个，村卫生室16个，共有病床40张，医疗卫生工作人员30人，其中执业医师3人，执业助理医师3人。年内完成各项卫生医疗门诊33194人次，住院1003人次。新型农村合作医疗参合率98%。

人民生活

清末至民国，境内村民生活普遍贫困，温饱无保障。新中国成立初期，社会稳定、经济发展，但经济基础薄弱，国家实行计划经济体制，采取统购统销措施，居民日常生活用品凭票供应。农民家庭收入有所增加，但增加幅度不快。1961年，境内村民年均纯收入不足60元，每劳动日值0.7元，人平基本口粮只有150余千克。1978年，口粮增加至270余千克，但仍然不足，农民收入大多还是用于食物消费。中共十一届三中全会后，经济发展，市场繁荣、物资充足，各类票证自行消失，农民年均纯收入大幅增加。2005年，境内农民人均纯收入4185元。2014年，农民人均纯收入增加至9545元，村民食品消费占总消费比重显著下降，服装、住房、娱乐、车辆等消费比重显著上升。2014年，境内居民人均住房面积38平方米，电视、电脑、手机等现代娱乐通信工具基本普及，摩托车、汽车等现代交通工具渐渐进入普通农家，农民生活质量大幅提升。

社会保障

清末至民国，境内村民没有系统性社会保障，社会救济仅靠投亲靠友及富户募捐等形式进行救助，而赈灾、募捐往往僧多粥少，收效甚微。民国后期，政府推行过助耕代耕制度，但收效甚微。

新中国成立后，通过土地改革，人人分得田地，生活有了基本保障。1950年，政府对缺少劳动力的烈军属、伤残军人、带病回乡军人实行代耕助耕制，后扩至干属工属。1956年合作化后，改为优待工分制，20世纪80年代后改为现金优待。每逢灾年，政府民政机构采取拨付救灾粮食及物资，核减征购粮，发放定销粮、返销粮等措施，并广泛发动群众开展生产自救，广开副业门路，帮助群众渡过难关。1968年旱灾，征购粮减征5.2万千克，返销粮加销11万千克。1969年，发放社会优抚款420元，社会救济款600元。

农业合作化以后，政府对丧失劳动能力的孤寡老人实行保吃、保烧、保穿、保住、保葬的五保政策，或补助工分，或安排住房提供粮食，采取寄养、收养，或所在村队直接供养的形式落实到户到人。

2014年年末，全镇有农村最低生活保障632户948人，支出88.73万元；有农村“五保户”122户180人，支出28.08万元；有敬老院1个，收养农村五保人员50人。民政部门资助大病救助93人次，支出资金19.6万元。参加新型农村养老保险3670人，参保率36%。

2014年，特大冰雹导致境内2000多亩烤烟基本绝收，有关部门发出补助款160万元，亩均800元。

筱塘村古戏台

特色地情

人物

李思聪　字仲谋，和平镇筱塘村人，明洪武二十七年（1394）进士及第。洪武二十八年（1395），奉旨出使缅甸安抚百夷，成功化解缅甸内部各藩属国矛盾，维护了明王朝对缅邦的宗属关系，稳定了大明王朝西南边陲防务。著有《百夷传》，该书被誉为明王朝了解西南百夷的百科全书。

历史人文

筱塘村　位于和平镇境内，大源岭的南麓，与敖泉镇交界，是一个拥有1300多人口的大村庄。该村始建于元朝武宗庚戌年（1310），至今已700余年。整个村庄由一条东西走向的主街把全村分成南北两部分，青石板铺就的小街小巷则向这条东西主街汇集，整个村庄通风、采光良好，设计合理。村内保存比较完整的明万历年间的古民居有两栋，厅屋三面墙都是木结构，木工精湛。另清光绪及同治年间古民居各一栋，其他多为清代不同年间的古建筑，具有典型湘南四合院建筑格局。2014年，该村被县住建局作为传统古村申报国家级传统村落。

（李显山　供稿）

桥市乡

区域概况

地理位置

桥市乡地处桂阳县北部，东隔舂陵江与本县雷坪镇、耒阳市长坪乡相望；南邻和平镇；西邻欧阳海镇、莲塘镇；北交常宁市白沙镇、耒阳市仁义镇。处于北纬25°27′15″至26°13′30″，东经112°13′26″至112°55′46″之间。乡人民政府驻桥市村，距县城49公里。

建置沿革

清代属深智都，民国3年（1914年），废都设团属协和团，民国19年（1930）并团为区属第八区，民国27年（1938）区乡缩编后为福泉乡，民国35年（1946）属协和乡。新中国成立后，1950年废除保甲制属和平区。1958年属和平公社，1961年从和平公社划出设桥市公社，1984年6月撤销桥市公社，设桥市乡，恢复乡建置至今。

区划面积

桥市乡辖桥市、架珊、游水、珠溪、桐林、吉冲、友好、枫树、天堂、大富、辉山、大滩、野鹿13个村民委员会，129个村（居）民小组。欧阳海灌区管理局设在乡境内大滩村，行政机构直属省水利厅管辖。

辖区内东西最大距离11.9公里，南北最大距离22.8公里，总面积178.07平方公里。2014年末有耕地面积1006公顷。

自然环境

地形地貌 境内地势复杂多样，有中低山、丘陵岗地、溪谷溶蚀冲积小平原等多种类型。整体地势西北高，东南低。桂阳县内最高点和最低点均在桥市乡境内。位于乡西北部与欧阳海镇、莲塘镇交界处的泗洲山海拔1428.3米，是桂阳县境海拔最高的山峰；位于东部与常宁市白沙镇交界的舂陵江胡溪段河谷海拔80米，是桂阳县境海拔最低点。乡境西北部为中、低山，南部为低山丘陵，中部的游水—桥市—野鹿滩一线为溶蚀低丘和溪谷冲积小平原，是境内农业生产和居民人口较为集中的地带。

河流水系 境内水流均为舂陵江水系。舂陵江干流从乡东南的桐林村高峰组入境，沿乡境东缘北流，至野鹿村胡溪组出境流入常宁市白沙境内，域内流程15公里。乡境其他溪流均源于乡境西北中低山或东南丘陵低山区，向东流入舂陵江，主要溪流有野鹿溪及胡溪。灰山水向北流入常宁境内再汇入舂陵江。

岩石土壤 境内岩层复杂多样。主要有花岗岩、云母岩、板页岩、砂岩、灰岩等，西北部泗洲山、绿紫坳等中低山区分布黑云母花岗岩，侵入泥盆系及石炭系地层中，该岩体与周围岩石接触带常发生矽化并伴生丰富的金属矿藏；灰岩分布在东南部低山丘陵区，溶蚀强烈，多发育熔岩地貌，形成丘陵岗地。境内土壤类型多样，依海拔由低至高分别有水稻土、石灰岩红壤、砂岩及板页岩红壤、黄棕壤、草甸土等。水稻土、石灰岩红壤主要分布在海拔较低的东南部丘陵区及野鹿溪、胡溪河谷地带，是境内主要的农业生产区；黄棕壤及草甸土主要分布于北部中山区，山高坡陡，土层薄，适宜灌木荒草生长。

气候 属亚热带季风性湿润气候。受季风环流影响，境内气候春暖夏热秋凉冬寒，四季分明。年均气温为17.9℃。月度气温不均，1月最低为3℃，7月最高为28℃。极限气温最低为-8℃，最高为36℃。年平均降雨量在1400至1700毫米之间，是县内降水量较多的乡镇之一，雨季相对集中在春夏两季。年均日照时数为1700~ 1800小时左右，太阳辐射量的变化与气温的月度变化基本一致，7月最高，1月最低。北部中山区日照时数较东南部丘陵区相对减少。年平均无霜期为200天，有雾天近100天。境内地势西北高东南低，山高坡陡，雨量集中，山区易发山体滑坡、泥石流等自然灾害。

自然资源 境内矿产资源丰富，素有“有色金属之乡”的称谓，已探明的有铜、铅、锌、锡、钨、铁、钾长石、砷、瓷泥、彩硅石等，主要分布在绿紫坳、辉山、大滩一带。

境内地势落差大，各溪流水量丰沛，水力资源丰富，野鹿溪、湖溪、灰山溪等溪流理论水能蕴藏量达13460千瓦。建于境内大滩村的欧阳海灌区水库是省内第二大灌区水库，兼具灌溉、发电、防洪等功能。

人口民族

宋、明、清时期均有居民从江西等地迁来定居。1965年，境内共有2399户9649人。20世纪60年代末，因修建欧阳海灌区水库，境内部分村民搬迁至衡南、耒阳等地。至2014年年末，全乡共有5145户18695人，其中农业人口18376人，非农业人口319人，人口出生率10.71‰，人口自然增长率4.45‰。

境内居民绝大多数为汉族，少数民族人口200人，为瑶族，占总人口的1.07%，分布在茶叶冲村、毛岭上村。

经济发展

经济综述

新中国成立前，境内属自给自足的小农经济模式。山区村民林木、山货等物资较多，但外运困难；绿紫坳矿冶开采虽然历史悠久，但生产工艺技术落后且多为官方采收，提振乡域经济有限。抗日战争期间和民国后期，农业生产破坏严重，民生凋敝。

新中国成立后，1950年至1956年，实行农村土地改革、合作化和对手工业进行社会主义改造，经济得到恢复并稳步发展。1958年至1976年，受“大跃进”和“文化大革命”中极左政策的影响，生产发展受到挫折。20世纪60年代初，桥头圩集贸市场关闭，实行单一的国营和集体商业机制，直至1965年桥头圩集贸市场才得以恢复。1978年，全乡种植稻谷605公顷，水稻总产量3815吨，较50年代有所发展，但变化不大。改革开放以后，实施家庭联产承包责任制，农村劳动生产力得到新中国建立。同时，工商业放开，物资购销由统购统销改由市场购销，市场商品繁荣、流通渠道多样化，乡域经济得以迅速发展。2014年，全乡国民生产总值95190万元，其中第一产业5941万元，占6.2%；第二产业82041万元，占86.2%；第三产业7208万元，占7.6%。

农业

乡域内农业区间差别较明显。东南部丘陵兼有小微型河谷冲积平原，适宜双季稻及多种经济作物种植，是境内主要.的农业区，以粮食作物、烤烟、生猪为主，兼有小麦、玉米、大豆及油茶、油桐、药材等；西北部为中低山系，坡陡谷深，气温偏低，不宜种植双季稻及烤烟，只能种植一季中稻及其他作物，但适宜发展猪、牛、羊等牲畜养殖，山上则适合发展茶叶、茶油、药材等山林经济。

新中国建立前，境内农业规模小，技术落后，农业经济不发达。新中国成立初期，农业经济经过恢复—挫折—缓慢发展的曲折历程。1966年，全乡粮食作物种植面积1244公顷，总产3200吨，亩均170千克。其中水稻种植750公顷，总产2600吨，亩均230千克。工业原料作物种植面积92公顷，包括棉花43公顷，总产7吨，烤烟18.5公顷，收购11.5吨。饲养生猪2803头，牛1086头，羊19只。1966年后，农业经济继续缓慢发展，农业机械、农药、化肥等农资销售逐渐增多，农业技术革新增速，水稻实现矮秆良种化后杂交稻又成功推广，1978年水稻种植面积605公顷，总产3815吨，亩均420千克；春收旱粮种植面积144公顷，总产92吨，亩均43千克。年末饲养生猪7374头，户均2.7头，饲养牛988头、羊145头、家禽7232羽，养蜂37箱。20世纪80年代初，开始实施农村家庭联产承包责任制，农业经济迅速发展。至2008年，全乡实现农业总产值6013万元，粮食种植面积1430公顷，粮食总产量7262吨，其中水稻992公顷，总产量6066吨。烤烟种植134公顷，总产量320吨；药材14.8公顷，总产量174吨，茶叶10公顷，总产量5吨。年内生猪出栏14703头，耕牛存栏648头，家禽出笼80886羽，水产总量154吨。农机总动力达1364台12951千瓦。

2008年以后，以创建特色乡镇为目标，逐渐形成桥市、架珊、游水、桐林、吉冲、友好、大富村的“水稻、烟叶种植村”，珠溪、天堂的“蔬菜种植村”，枫树、野鹿、灰山的“林木村”格局。至2014年，水稻种植面积930公顷，生产稻谷5731吨，玉米种植面积162公顷，产量708吨；花生种植面积118.5公顷，产量263吨；烤烟种植面积153公顷，产量303吨；生猪出栏1.48万头，牛422头，羊4816只，出笼家禽8.1万羽。

林业

造林护林　境内多山地、丘陵，普遍宜林。林木种类繁多，主要林木有楠竹、油茶、松树、杉树、柏树及阔叶林、茶叶等。清代、民国时期，境内无官方森林管理机构，木材砍伐、购销、运输均由山客、水客、木客垄断经营。木材基本都经春陵江入湘江转销。1956年，县成立森工局（后并入林业局）在桥市设立木材收购点，以向农业社订约收购、社队包砍包运、直接采伐三种形式收购木材。乡政府和村民均重视木材生产，坚持砍伐、造林相结合，维护山林的自然生态系统。自1958年“大跃进”运动开始后，木材过度采伐致林木资源逐年减少。据1965年测算，境内植被面积尚有楠竹1333公顷、杉树1600公顷、柏树867公顷、松树（“大跃进”期间砍伐最多）只余206公顷、其他杂木400公顷、油茶3000公顷、油桐53公顷、桃李枣等果木林37公顷、茶叶33公顷。1968年成立林管所，配专业管理员2人。1969年后实施“三个坚持”（合理采伐、合理造林、采育结合），逐渐减少木材采伐量，森林植被渐渐恢复。1980年，木材被定为派购物资，禁止任何单位和个人进行采购，1985年取消木材派购，林木实行凭证采伐、自由交易。至2013年，完成绿化造林面积512.9公顷，其中矿山恢复造林23.3公顷，库边水系绿化造林28.7公顷。

经济林发展 1968年，全乡共生产茶油710担，桐油116担，茶叶44担。1970年生产木炭2万担、晒垫500床、小杂竹1500担、竹尾4万根、京竹9万根、桎条2000担、杂柴4000担、杂木棒1.1万根、车立木1000根。同时完成造林167公顷、育苗7亩、封山育林667公顷、幼林抚育33公顷、油茶垦复66.7公顷，采集林木种子200千克。1976年，桥市乡被确定为全县8个油茶生产基地之一。1978年，全乡共有油茶面积2400公顷，产茶油78吨，有油桐面积19.3公顷，产桐油1.5吨。1990年，全乡共产茶油269吨，茶叶19.3公顷产5.3吨。2014年，全乡种植油茶1334公顷，茶油产量300吨，茶叶发展124.73公顷，辉山云雾茶品质优良，为乡域内名优产品。油桐因为市场萎缩，生产逐渐衰退。

工业

境内资源丰富，发展工业潜力巨大。以矿藏开采与冶炼、小水电、风电等为主的工业经济，逐渐成为乡域经济的重要支撑力量。

矿冶工业 境内矿冶工业发展较早。唐代绿紫坳为平阳九银坑之一。宋太祖以采矿冲毁农田为由，诏谕封山禁采数百年。明天禧四年（1624年）朝廷开采绿紫坳铜矿，采铜铸币，为湖南早期官办的采铜主要产地之一。清雍正十八年（1740），朝廷派总理专员坐镇绿紫坳并设铜厂署专管，嘉庆时逐渐衰落。道光二十六年（1846年）桂阳州衙派员在境内峰洞坳、松树背、九家湖等地开采硫黄矿，三年共采20万千克原矿石，官府收购用于制造军火及鞭炮。不久官府禁采而停办。民国4年（1915）重开绿紫坳铜矿，后衰落。

新中国成立后，1958—1960年，县在绿紫坳狮子腰办砒锡矿，共采砒石230吨，后在工业调整中下马。1970年，绿紫坳矿区查明可供采掘的矿藏储量为9.32万吨。同年，县重开绿紫坳铜矿，并建日处理50吨（后扩大至150吨）的选厂，共有职工148人。开拓“七一”矿井，修筑桥市至矿部的13公里公路，架设从欧阳海大坝电站到矿部的14公里高压输电线路。1971—1986年，共采掘原矿11.65万吨。此后因矿区资源枯竭，采掘成本过高，被迫关闭，人员全部转入县铅锌银矿。1980年后，市场锡砂畅销，桥市乡村形成采锡高潮，后随市场滞销有所回落。

野鹿、湖溪、斋公塘、丝毛冲等地锑矿、钾长石等矿源较多，矿种、储量不明，开采难度相对较大。民国31年（1942），宝峰公司在野鹿滩开采锑矿，并建有锑冶炼厂一家，但投产不久即停产。

林产品加工业 境内楠竹资源丰富，清同治时起，辉山等地村民有伐竹造纸创业者。1951年，县政府扶持土纸生产，土法造纸掀起高潮，“大跃进”后，逐渐衰落。1954年至1956年，成立乡竹器生产合作社，有社员30人，生产一些简单的雨具、农具。油茶加工新中国建立前均为传统卧式木榨，劳动强度大，出油率低。1952年，出现部分水力或畜力带动的木榨。20世纪80年代后，传统木榨均为机械化油榨所取代。

五金业 清代，境内五金行业已有所发展。民国28年（1939），县五金行业协会成立，在桥市圩设立分会。20世纪50年代初，五金业从业人员增加。人民公社时转为合作工厂，由公社管辖。

工业效益 新中国成立前，虽然境域内工业资源丰富，但工业经济薄弱。新中国成立后，工业恢复发展。至1961年，除矿冶外，有林木厂、搬运队、副食品厂、混合加工厂、联合工厂、缝纫厂、饮食店、理发店、土纸厂等，共有从业人员92人。中共十一届三中全会后，有色金属采掘矿业兴旺，以矿冶工业为龙头，带动其他行业发展。2009年，成功引进央企中国五矿，在辉山村投资2.468亿元进行锡矿开采及精加工。2014年，全乡拥有工业企业37家，其中投资500万元以上的企业5个，有工业从业人员1034人。形成了以矿产品精深加工、竹木加工、优质茶叶生产等为主的科技含量较高的企业群。2013年，实现工业生产总值7.36亿元，2014年增加到8.20亿元。

商业

圩市乡域是桂阳北部乡镇通往舂陵江水道的要冲，清光绪年间设立桥头圩，此后一直采用圩期赶集自由贸易的交易模式，为过往客商及乡境村民提供商贸流通之便。主要流通商品有农副产品、山林产品、土纸等传统手工艺品。“大跃进”期间桥头圩圩场关闭，市场交易受到制约。1961年重新恢复桥市圩，1964年规定每星期日为全县赶圩日，市场发展再度受到限制，上市人数少，品种单调，市场冷落。1978年改革开放后，恢复桥市圩传统日期，每逢3、6、9日赶集，社会商品增多，市场日趋繁荣。现桥市圩圩场面积881平方米，每圩上市人数约2000至5000人，有商业网点26个，市场交易量达500万元。

国营商业 1956年实行合作化以后，国家实行统购统销政策，国营集体商业逐渐取代自由市场，粮油食品由粮站食品站经营，日杂百货由供销社统一经营。由于国家经济欠发达，商业流通体制不畅，造成社会商品供应紧张，多种商品需凭票购买。中共十一届三中全会后，市场粮油产品供应矛盾日趋缓和，征购粮、统销粮慢慢取消。市场商品丰富，社会供求关系活跃。

旅游业

境内具有丰富的旅游资源，开发旅游产业潜力很大。2010年以来，乡政府大力扶持生态旅游服务业，乡村旅游正蓬勃发展。

欧阳海灌区大坝 位于该乡大滩村，是亚洲

欧阳海大坝

第一双曲钢筋水泥拱坝。1967 年 5 月破土动工，1970 年 6 月 19 日建成，坝高 58 米，坝顶弧长 243 米，坝顶海拔 134 米，正常蓄水位海拔 130 米，水库大坝工程获 1978 年省科学大会奖，1981 年水利电力部优秀设计奖，1982 年国家优质工程银质奖。该坝气势雄伟壮观，四周青山相映，绿水悠悠，坝下奇石、流水相得益彰，尽显山水原始情趣。每逢大坝开闸放水，水声如雷，气势磅礴，水雾漫漫，如临仙境，是理想的观光、旅游、避暑胜地。1971 年，县航运公司开通七拱桥至大坝的旅客航线，1978 年大坝接待旅客 6 万人次。1979 年后，旅客减少，航班停运。2014 年，大坝接待旅客 8000 人次，随着春陵江国家湿地公园建设逐渐铺开，该航线旅客日渐增多。

辉山峡谷 辉山村环境优美，其中的万亩竹海、万亩高山草地、2000 亩“辉山雾”生态茶园、大峡谷漂流、原生态溯溪运动、天然溶洞群、古钱币铸造遗址等，颇具浓郁的乡土风情。2010 年来，辉山旅游、泗洲山——辉山户外游渐成时尚。2014 年，辉山村接待游客 2 万人次，带动了当地餐饮服务业发展。

财政金融

清末、民国时期，境内没有专门的官方金融机构。1950 年，县人民银行成立，在桥市圩设立营业所，为境内第一家金融机构，办理境内存贷款等金融业务。1969 年发放农业贷款 16000 元。1979 年，桥市营业所改由县农业银行管辖，后改属县农村信用合作社，称桥市信用社。2014 年末，桥市信用合作社存款余额 9700 万元、贷款余额 2300 万元。

2008 年，实现乡财政收入 266 万元。2014 年，实现乡财政收入 640 万元，农村居民人均可支配收入 12741 元。

辉山峡谷

基础设施

交通运输

水道 古代，乡域内15公里春陵江河道常年可通航，是县境物资集散转运的主要航道。但航道多暗礁，著名的“春陵江十八滩”大多在乡域内，尤以大滩较凶险，河道窄、落差大、水流急、暗礁多，行船常需卸货转运或纤夫拉纤，大滩村曾是县内唯一的纤夫村。清同治七年（1868年）知州吴渊组织凿石疏浚航道，民国时期和20世纪50年代中期，县曾组织两次炸礁，使航道得到改善。1970年，欧阳海大坝建成，春陵江水道出境运输中断。但库区内水位抬升，常年可通30吨级的机动船。此外，野鹿溪汛期可放木排。

滑道 乡域山高坡陡。滑道为乡民搬运竹木出山而创新的运输办法，有土滑、水滑、木滑、竹滑四种。

步道 晚清时，有两条主要步道连接州城与本乡。一条由州城经乌石渡过春陵江到长江圩、和平圩至桥头圩，一条由州城经樟树下、林里、黄田渡春陵江至桐林、桥头圩。两条步道在桥头圩会合后向东北延伸到野鹿村湖溪桥接常宁市白沙镇。

公路 1960年，县道敖桥线（X068线）建成通车，此为乡境内第一条公路，是境内公路交通干线。此后修建桥市圩到欧阳海大坝公路，并延伸到湖溪桥连通常宁至白沙。1970年铺通大富到绿紫坳的支线公路并延伸到辉山村。2012年，完成村、组公路硬化85公里。至2014年年末，全乡通车公路里程达95公里。

邮政通信

民国38年（1949），县邮局在桥头圩设立邮政信柜，是境内首个近现代邮政机构。新中国成立后，实行邮电合一，统一代办邮政电信业务，1988年，县邮电局在桥市设私人代办处。2012年设立桥市邮电支局。

2014年，乡域内有邮政支局一个，电信代办点一个，均在桥市圩。电视、电信网络覆盖全乡，有线电视入户率80%，个别山区村民采用卫星电视接收器收看电视节目；设有电信、移动、联通电话服务网点4个。有固定电话用户443户，移动电话用户5000户，互联网用户310户。

供电饮水

供电 乡域内水力资源丰富，野鹿溪、湖溪、灰山溪等溪流水能理论蕴藏量达1.3万千瓦。20世纪六七十年代，境内开始有乡、队小水电建设，其中规模较大的关口电站建于1976年，装机450千瓦。至1978年全乡有小水电11处，装机505千瓦，年实际发电量1205万千瓦时，农村用电量34.08万千瓦时。1983年，珠溪村第五村民小组6户村民联办微型电站，装机4台套。

欧阳海灌区大坝电站位于乡域大滩村，装机3.6万千瓦，并入湘南电网。1970年，架设从大坝到桥市供电所及绿紫坳铜矿两条输电线路。

2014年，乡域拥有桥市100千伏变电站一座，向全乡及和平镇供电，年供电1000万千瓦时。

饮水 乡域具有较好的水文地质条件。集镇区主要生活用水水源来自位于桥市乡小学的高位水池，其他村庄村民用水基本取自村庄井泉或野外山泉水、山溪水，大多采用直流引水的方式解决生活用水问题。

农田水利

新中国成立前，农田多靠溪流、井泉灌溉。乡域雨水虽丰，但山多坡陡蓄水难，一遇旱灾就减产，甚至失收。新中国成立后，大力兴建水利工程，1959年建成芙塘小Ⅱ型水库，至1973年，乡域内共有水库2座、山塘461口、水井46口、陂坝6座、引水圳183条。

1978年，新建续建小Ⅱ型水库两座，基本塘21口、小山塘148口，整修引水渠道61条，这些工程有效改善了灌溉条件。2000年以来，鉴于多处水利设施年久失修，淤积、堵塞、渗水、漏水等问题较为严重，个别渗水还引起山体滑坡，乡政府筹集资金发动群众维修小山塘7口，水渠3000多米。

欧阳海灌区 欧阳海灌区工程由欧阳海水库和灌区干、支渠组成。灌区渠道灌溉工程分布在耒阳、衡南、常宁三县和衡阳市郊，分右总干、东支干、西支干、左干等四条干渠，长291公里。灌区以农业灌溉为主，兼顾发电，可灌溉农田4.85万公顷。灌区大坝位于乡境大滩村，是世界上第一座双曲线拦河拱坝。1970年，大坝建成后即成立欧阳海水库管理局，直属省水利厅管辖。

村镇建设

圩场建设 清光绪年间，始开桥头圩，成为乡域内经济、商贸、文化中心。新中国成立后，桥市独立设乡以来，乡人民政府驻桥头圩，学校、卫生院、供销社、信用社、粮站、铁木社等落户桥头圩，生产、生活、文化、服务设施日渐增多，人口增加、面积扩大。县道068线开通后，形成以公路为中心，单位、商铺、民房向公路两侧延伸发展的趋势。近年乡域经济发展迅速，桥市圩集镇建设进一步拓展。至2014年，集镇面积2.4平方公里。桥市集镇有常住人口1569人。

村庄建设 乡域辖区较宽，村庄多集中在东南部低岗丘陵区，村庄依山而立。20世纪80年代以前房屋多砖木瓦房，90年代以来建设钢筋水泥砖混结构楼房，新建房屋逐渐向乡村公路两侧集中，传统村落一部分渐至荒废。

2012年以来，乡政府已完善农村建房规划编制工作，严格建房审批程序，引导村民按规划有序建房。2014年底，各村都有集办公、农家书屋、政务服务为一体的综合楼，完善了居民区公厕、垃圾池，村居民家庭垃圾分类桶等基础设施设备。

社会事业

教育

清代，乡域内有忠琰书院（游水村）、架珊书院（架珊村，今桥市中学校址）、天堂书院（天堂村水凹组），部分大村有私塾。民国时期倡办新式学校，民国30年（1941），境内有中心小学1所，大村设国民小学，但适龄儿童失学率居高不下。新中国建立后，政府贯彻“学校向工农开门”的方针，大力劝导、吸收普通百姓子女入学，学校数和学生数增加，入学率大幅提高。1969年，乡域有学校38所，其中中学一所、完小13所、村小24所；共有教师69人，其中公办教师21人、民办教师48人。

至2014年年末，境内有桥市中心校1所，村小教学点5个，桥市中心幼儿园1所。桥市中心校南校区设一、二、三、四年级，在校学生362人；北校区设一、二、五、六年级，在校学生475人。共有专职教师72人，其中高级职称1人、中职职称45人；教师中本科学历22人、专科学历38人。学校配有标准教学楼、科技大楼，有师生食堂和学生公寓等服务设施。村小、教学点共有学生253人。桥市中心幼儿园设3个班，在园幼儿165人。

文化

新中国成立后，于20世纪50年代初建立乡文化站，发掘整理一批传统文化项目，组织群众文艺会演。“文化大革命”时期，受“左”倾思想影响，境内群众只看“样板戏”，跳“忠字舞”。70年代末组建乡电影放映队，下村为群众放电影，80年代以后随经济条件的改善，收音机、电视机、电脑、篮球、乒乓球、群众舞蹈等现代文娱设施和娱乐形式渐渐进入家庭，群众文化丰富多彩。

2014年年底，乡域内有乡文化站1个，村级农家书屋13个，藏书3.6万余册，远程教育活动室13个，篮球场16个，群众公益性活动场所22处。

医疗卫生

清代、民国时期，境内无官方医疗机构，群众看病疗伤多依靠中医草医诊疗。清光绪二十八年（1902年）境内架珊一带暴发霍乱，死亡300余人，肖家边村疫情最为严重。

新中国成立后，20世纪50年代组建桥市乡卫生院，西医技术引入乡境，至1969年，桥市卫生院共有医护人员16人。1978年，乡卫生院发放小儿麻痹糖丸1400人份、麻疹减毒活疫苗1600人份。1998年乡卫生院被市卫生局评定为“一级甲等医院”。

2014年年末，乡域有乡级卫生院1个，村级医疗卫生机构13个，有医疗卫生从业人员35人。乡卫生院有专业医护人员23人，其中执业医生1人，助理执业医生5人，有病床16张；村级卫生室有医护人员12人，病床14张。全年共完成医疗门诊、住院1.2万人次。全乡新型农村合作医疗参加率100%，合作医疗补偿资金218.8万元。

人民生活

晚清到民国，村民收入微薄，1949年人均收入20多元，温饱无保障。新中国成立后，“耕者有其田”，农民经济收入增加，1961年村民人均纯收入51.7元，每劳动日值0.6元，人均基本口粮有126千克，1978年口粮增加到255千克。农民收入大多都用于食物消费。20世纪80年代，实行家庭联产承包责任制，农民纯收入大幅增加，2005年农民人均纯收入3668元，2014年农村居民人均可支配收入12741元。村民食物消费占总消费额的比例进一步下降，衣着、住房、车辆、教育、娱乐等消费比例渐次提高。2014年，境内村民人均住房面积35平方米，电视、电脑、手机等现代娱乐通信设施基本普及。

社会保障

清末到民国时期，境内饥民救济基本是投亲靠友、逃荒要饭，官府偶有赈灾行动，形式有以工代赈、鼓励富户设棚施粥、募捐筹款赈灾等，实际效果甚微。民国后期，政府推行过代耕助耕制度，但贯彻不力，效果也不明显。

1950年，乡人民政府对境内缺少劳动力的烈军属、伤残军人、带病回乡军人实行代耕助耕制度。1951年扩大到干属工属，形式有工票制、临时派工、全包工三种。1956年后改为优待工分制，1981年后实行现金优待。同时，成立民政机构，发动群众生产自救，广开副业门路，拨付救灾粮米及救灾款项、发放定销及返销粮等措施解民之荒、拯民之难。1968年遇旱，乡征购粮减购4.4万千克，返销粮加销9.85万千克。1969年，乡民政发放社会优抚款320元、社会救济款480元、发放少数民族救济款150元。1981年起，五保户由各村派粮筹钱供养。2010年在天堂村办乡敬老院，设有床位30张，收养农村孤寡老人23人。

2014年年末，全乡有非农最低生活保障户15户23人，发放民政救助金额4120元；农村最低生活保障户505户836人，发放民政救助金额74785元；农村“五保户”83户86人，发放民政救助金额19140元。有敬老院一个，“五保”之家一个，收养农村“五保”人员23人。参加新型农村养老保险7700人，参保率80.5%。

特色地情

人物

革命烈士黄琼英（1904—1928） 女，桥市乡陈家边村人，1926年考入省立女三师，积极参加学生、工人运动并加入中国共产党。1928年被捕入长沙陆军监狱，屡受刑讯不屈，因受刑致早产流血过多牺牲。

文物古迹

绿紫坳崖刻 位于乡域枫树坪村原绿紫坳铜矿老井边崖石上，2008年公布列为市级文物保护单位，保护区占地面积300平方米。崖壁雕刻于清乾隆三十一年（1766年），崖壁上刻"绿紫坳"三个大字，每字高0.65米、宽0.5米。楷书竖写阴刻，字体刚正雄浑。其旁有竖写阴刻五行楷书"慈厂肇兴，始建于明天启四年（1624），清乾隆九年（1744）大兴开采，丙戌春（1766），予奉委矿务，登临山顶，见宝气时葱，又其祭益于国课民资者，迁复不浅，用标其目，以志朽云。武林汪翼鹤题"。壁刻明白记载了乾隆年间绿紫坳开采铜矿的一段史实，具有较高的文史价值和艺术价值。

关口赵侯祠 坐落在桥市乡关口村，地处泗洲山东侧，春陵河谷走廊西坡。这里北通衡阳，南接五岭，是古代中原下南越的交通要道，自古为桂阳接衡湘隘口。传说赵子龙戍守平阳时，屯兵扎寨于附近高地营盘岭。清时，桂阳兴起尊崇赵云之风，当地人们为崇圣赵云，于是在此修建了赵侯祠。该祠始建于道光三年（1823），历经道光十九年（1839）、光绪十九年（1894）两次维修。祠内存有诗碑一块，上刻诗两首，据考证，两诗均为桂阳晚清湘军名将魏喻义所写。2010年后，在县文物部门的支持下，关口村民对赵侯祠进行了整修，新添置了赵云、关羽等人塑像，赵侯祠得到了有效保护。

风景名胜

舂陵江十八滩 分别为上石阁滩、下石阁滩、欧公滩、点窝滩、社园滩、都管滩、大肠滩、小肠滩、后启滩、大火滩、箭石滩、马滩、大滩、牛牙缝滩、眉滩、野鹿滩、黄斗滩、樟木滩。除了黄斗滩和樟木滩在常宁白沙境内外，其余各滩都在乡境内，是舂陵江航运的最艰险之处，知州田元恺曾作《滩丁歌》："涛声澎湃吼如龙，石势纵横眠怒虎。逆挽扁舟如上天，顺流鼓泄迅如弩"。1970年，欧阳海水库建成后，舂陵江航运中断，以上各滩均淹没在水库之中，十八滩渐渐成为舂陵江航运的历史传奇。

（李显山　供稿）

敖泉镇 >>

区域概况

位置区划面积

敖泉镇位于北纬 25° 27′ 5″至 26° 13′ 30″，东经 112° 23′ 26″至 112° 45′ 46″。东与和平镇交界，南临仁义镇，西与舂陵江镇相邻，北接流峰镇、欧阳海乡；距县城 31 公里。镇辖斗余、光路、水星、湘山、塘汪、咸宜、杏村、兴塘、乌龙、船山、蓬塘、三塘、蒹葭等 13 个村民委员会和 1 个居委会，156 个村民小组。辖区东西最大距离 10.2 公里，南北最大距离 19.8 公里，总面积 115.6 平方公里。

建置沿革

明嘉靖丙申年（1536），敖泉南部属广一乡。清康熙二十一年（1682），属芙蓉里。清乾隆三十年（1765），敖泉全境分属由义都芙蓉里、深智都兴隆里、美仁里、迁善里、桂馥里。清咸丰时期（1851—1861 年）隶属协和团。清同治七年（1868）敖泉全境分属由义都芙蓉里、深智都兴隆里、美仁里、迁善里、桂馥里。

民国 3 年（1914）隶属协和团。民国 21 年（1932）隶属第七区。民国 27 年（1938），桂阳县并为三十乡，隶属仗福乡。民国 36 年隶属协和团。

1949 年 10 月属协和区办事处。1950 年 3 月属第六区。1952 年 2 月隶属第十区。1956 年 6 月属敖泉乡（含银河乡）。1958 年属敖泉人民公社。1961 年 5 月分设长江、敖泉两个人民公社。1965 年 8 月合并为敖泉人民公社。1978 年 4 月分设银河、敖泉人民公社。1984 年撤公社改乡。1997 年 12 月，撤乡建敖泉镇。

自然资源

境内以丘陵岗地为主，平均海拔 467 米。属亚热带湿润季风性气候，四季分明，雨热同季，光照充足，雨量充沛，无霜期长，年平均气温 17.7℃。境内主要气象灾害有旱、涝、倒春寒、寒露风等。

境内锰、铁、锑等资源丰富。

人口民族

2014 年辖区总人口 27026 人，其中城镇常住人口 7500 余人，城镇化率 36.1%，流动人口 7900 余人，占总人口的 28.3%。人口密度为每平方公里 180 人。

经济发展

经济综述

明、清、民国时期，镇内基本上是农业经济，而且完全属传统生产，生产力水平低下，加上封建剥削严重，农民生活十分困难。

新中国建立后，经过民主改革和合作化运动，农村生产力得到发展。20世纪50—70年代，农业耕作制度由单季变双季，水稻品种由高秆改矮秆，由常规稻改杂交稻，大规模开展农田水利等基础设施建设，化肥农药等新技术全面推广，农业生产力大幅度提高。但从“大跃进”到“文化大革命”的十余年，提高幅度相对缓慢。

1982—1985年完善家庭联产承包责任制，农民的温饱问题得到解决。随后，计划经济改变为市场经济，改革开放政策深入农村，经济发展步入快车道。2010年，全镇实现国民生产总值2.04亿元，固定资产投入18257万元，完成财政总收入724万元，农民人均纯收入7404元。

2014年，实现国民生产总值3.13亿元，其中第一产业1.41亿元，占45.1%；第二产业0.98亿元，占31.3%；第三产业0.74亿元，占23.6%。全年固定资产投资3.7亿元；财政总收入1686万元。农村居民人均可支配收入12362元。全年各类基础设施建设投资5144万元，占国民生产总值的16%。是年该镇荣获“经济和社会发展考核优秀奖”“统筹城乡发展先进单位”等七个奖项。

农业

明、清、民国时期至1955年，水、旱、虫、病等自然灾害频繁，而抗拒能力低下，农业收益基本靠天。粮食亩产130千克左右。自1956年以后，大力建设农田水利设施，推广优质常规水稻品种及杂交水稻和多种经济作物，农业经济水平逐步提高。

1980年有耕地面积1762.8公顷，其中旱土面积667公顷，农作物总播种面积4181.7公顷。其中粮食作物播种面积3362.2公顷，总产量9214.5吨。生姜播种面积99亩，总产量968担；水果总产量868担。

同年，大牲畜存栏1282头，能劳役的793头，全年饲养牲畜13049头，年末存栏6380头。年内出栏6669头，猪肉产量333吨。

2014年，境内有耕地面积1705.5公顷，其中水田面积1140公顷，旱土面积565.5公顷。粮食播种面积2373.4公顷，粮食总产量约11907吨；其中杂交早稻面积380公顷，总产量2152吨；优质稻面积368.6公顷，总产量2150吨；中稻与一季稻播种面积148公顷，总产量945吨；晚稻播种面积768.8公顷，总产量4850吨。

2014年，畜牧业以猪、牛、家禽为主。全镇有养猪专业户16户。猪肉产量2058吨，牛肉产量51.5吨，羊肉产量42.82吨，禽肉产量133.9吨；大牲畜存栏1801头。渔业养殖面积150公顷，水产品总产量520吨。水果产量4422吨，茶叶产量12吨。

该镇是全县第三大产烟镇，农业经济作物以烤烟为重点。20世纪六七十年代烤烟处在大面积推广初期，八九十年代的烤烟从生产管理到生产技术，都有长足的进步。1989—2000年，烤烟年产量约为2000～2500吨，收入占镇财政和村民收入的70%强。但当时偏重产量，忽视质量，烟草部门收购后无法全部销售，造成不少损失。此后几年进行调整，注重市场导向，狠抓科技推广，烟叶质量大幅度提高，烟叶价格也相应上涨。2010年种植烤烟948.3公顷，总产量2310吨。随着全国禁烟、戒烟活动的普遍开展，种烟面积渐次调减。2014年种植烤烟700公顷，尽管全镇7个行政村333.4公顷烤烟不同程度地受到特大冰雹侵害，但仍收获烟叶1573吨，完成烤烟税收618万元，占全镇总税收667万元的92.6%。

2014年实现农业总产值1.41亿元，为全镇国民生产总值3.13亿元的45.1%。固定资产投资3.7亿元；财政总收入1686万元，农村居民人均可支配收入12362元。

林业 新中国成立前，境内林木繁茂。“大跃进”运动时期，林木遭到大量砍伐，加上垦荒造田，林地渐少。2002—2006年，退耕还林601.5公顷。2014年投资38万元，完成人工造林253公顷。至此境内有生态公益林2204.8公顷，其中国家级1939.2公顷，省级265.6公顷。

工业

新中国成立前，敖泉只有少数个体手工业。新中国成立后的1950—1977年，也只有以薯粉加工和生姜加工为主的家庭作坊式传统手工业，公社化后才兴办了铁木社。

1978年以后，乡镇企业发展加快。私营工业企业逐渐兴起。1991年，乡镇企业有书跃松针饲料厂、奥蕾薯品厂、电站、机砖厂、藕煤厂、木材加工厂、斗余蜜柚示范场等。是年境内创办湘南果蔬食品加工厂，主要生产姜糖片，由省外贸公司负责销售，使乌龙姜名扬三湘。后因成本过高，效益低，姜糖片停止加工。

2010年，乌龙村和船山村开展茄子生产加工，并发展为境内绿色农产品加工基地。此地生产的茄子个大，加工产品味美，营养丰富，产品销往全国各地。

乌龙村的传统产品乌龙姜曾荣获2010年中国中部（湖南）国际农博会金奖，产品销往全国各地。2013年，农产品加工重点项目乌龙姜加工厂开始筹建，2014年正式投产。姜品因受乌龙泉水的滋养含有多种微量元素，不仅具有香、脆、辣之特色，是餐用美味之佳肴，而且还有防病抗癌之功效。后因成本造价高，姜品生产未能达到预期的经济效益，不得不缩小生产规模。

商贸服务业

明、清、民国时期，镇内有少量经营大米、布匹和生活日用品的店铺，还有摇着“拨浪鼓”，带着“七色镜”走村串户的小行商。

1950年后，乡镇办起供销合作社，人民生活所需的物资基本得到满足。但在“文化大革命”时期，把市场交易当成资本主义看待，市场一度萧条，1978年以后，特别是实行市场经济体制后，商贸服务业逐渐发展和繁荣。1999年，投资1200万元在镇治地扩建商贸城，占地面积3.47公顷，内设货亭5个，摊位688个，门面75个，商业门面30个，商品住房28套，原来脏、乱、差的马路市场状况得以改变。

2014年，辖区内共有生姜专业合作社3个，工商户249家，其中集体企业5家，私营业主39家，个体工商户205家。商业网点41个，就业人员113人；集贸市场1个，年成交额5700万元。全镇社会商品零售总额9700万元。

基础设施

交通运输

新中国成立前，当地人们出行主要靠步行，货物运输则靠肩挑手提，或用板车、马车、骡车拖载；新中国成立后，于20世纪50年代修筑从县城到敖泉镇的泥沙公路，总长度30余公里。从2005年至2014年共修建通村公路56.2公里，基本实现公路村村通。

邮政通信

明、清时期，境内人们传达信息主要靠徒步相告，远距离的信息传送，要到县城投递信件或拍发电报。

新中国成立后，邮电通讯设施逐步完善。20世纪50年代，敖泉镇设立了邮电代办点，80年代，开设邮政支局，为人们提供信件投递、报纸杂志收发及电话等业务。90年代，机关、企事业单位和部分家庭开通了程控电话。2000年后，县移动公司和联通公司在境内开办了手机业务，手机逐渐成为人们的主要通信工具。至2014年年末，境内有电信、联通、移动电话服务网点3个，固定电话用户126户，移动电话用户7000户，互联网用户87户。

供电饮水

供电 明、清、民国时期直至1990年以前，镇内居民夜里照明靠煤油灯、桐油灯、蜡烛或松明子灯。直至1991年镇内修建了水电站，人们才结束了使用原始光源的历史。2014年，镇内有变电站1座，农业年供电462万千瓦时，工业用电31万千瓦时。

饮水 2014年，境内开始建设民用安全饮水工程，当年投资200万元修建可供70个自然村饮用的自来水设施，使13000人受益，人畜饮水安全从此得到保障。

农田水利

新中国成立前，敖泉的农民“岁岁以旱为苦”，新中国建成后人们为解决此问题奋斗了几十年。1954年兴建银河仙岛小Ⅱ型水库；1958年兴建敖泉玉兆小Ⅱ型水库；1965年兴建敖泉温溪小Ⅱ型水库；1966年兴建敖泉小源、逢塘小Ⅱ型水库；1969年兴建敖泉长冲小Ⅱ型水库；1978年兴建敖泉黄家冲小Ⅱ型水库。1980年以后，修建小Ⅰ型水库2座，小Ⅱ型水库5座，并对各水库除险加固。农田水利设施不断完善。

2014年，境内有小Ⅰ型水库2座，小Ⅱ型水库12座，山塘70口。年内投资1050万元，对70口山塘进行清淤，对2万多米渠道进行维修和加固，投入200多万元对秀峰水库进行除险加固，投入60多万元对小源水库左干渠进行全面维修，投入80万元对上集水库和黄家冲水库进行除险加固，投资80万元完成花莺水库、成龙水库除险加固。

村镇建设

明、清及民国时期，经济凋零，居民多以土砖房为栖息之地，人们长期生存在脏、乱、差的环境之中。1950年至1965年，尤其在1980年以后，农民的居住条件和生活环境逐渐得到改善。

2012年，投入230万元完成对兴塘、水星、船山村烟水配套工程建设，修建防洪渠道5万多米，机耕道7000多米，新建烤烟房90栋；投资870万元，新建咸宜村浪石烤烟育苗工场；引进福建商人投资2000多万元新建义航环保砖厂，年创收50多万元，解决富余劳动力就业100余人；在杏村和塘汪村成功创建333.33公顷粮食高产示范片和现代农业示范园；投入60万元建成镇区排水管网；投入10余万元安装太阳能路灯50盏；投入36万元硬化湘山村新农村示范环村公路1.5公里；筹资100万元硬化了船山村神坳通组公路，投入200万元对秀山水库进行维修加固；投入150万元新建教学大楼一栋。

2014年，镇政府围绕建设“幸福、绿色、宜居”的总体目标，按照“一心两基地”（“一心”：敖泉镇区为全镇经济核心；“两基地”：特色农副产品供应基地，生态休闲旅游基地）的发展思路，投入300多万元，安装轮廓灯、太阳能路灯69盏，制作统一规范的门面招牌，拆除杂旧房屋102栋，临街厂棚56座；投入400万元完成镇政府内坪与其他路面2.6万平方米的砼改油工程；投入300多万元改造村镇老旧烤房、杂屋、厕所、猪栏等314栋，拆除面积2500平方米；投入1100万元完成房屋立面改造78栋，硬化进村公路、环村公路1.5公里；村民自筹资金206万元完成斗余村、蓉峰组、蓬塘村、兴塘村、满塘至坳头组、塘汪村汪塘组水泥路硬化，高标准建好了光路村、斗余村农村幸福院和斗余村村级组织活动中心。

同年，镇政府坚持"规划先行、因地制宜、分步实施、综合开发、配套建设"的原则，投资2000万元，完成了涉及9个行政村的600.3公顷的土地整治，其中包括田埂硬化、改造灌溉渠道、建设烤烟育苗工场和烤烟烘烤工场等。

社会事业

学校教育

明、清时期以私塾教育为主。清代，敖泉曾建船山书院。当时只有少数富裕家庭的孩子能够上学，中等生活水平家庭的孩子能上学的寥寥无几，穷人家的孩子普遍不能上学。

新中国成立后，农民在政治翻身、经济好转的同时，普遍要求文化翻身，各个村都办起了小学。湘山阁成立了"桂阳县第十二完全小学"；后来又在敖泉圩设立了敖泉附中。该附中历经初中、高中、完全中学等变迁，并从原址搬迁到咸宜村。1966年~1976年，学校所数、学生人数和教职工人数都达到前所未有的规模，但教学质量显著下降。

20世纪80年代学校进行调整，乡镇设立中心完小1所，每个村设小学，至此，学校设置进入规范化轨道。1989—2000年，镇中心完小曾一度被省教育厅誉为"湘南第一校"。

2007年下学期，整合教育资源，将敖泉镇内所有学校整合成一所九年一贯制的农村寄宿制义务教育学校，辖中学部、小学部、敖泉中心幼儿园及5个村小教学点。其中小学部占地面积32576平方米，中学部占地面积26274平方米，校园规划适宜，绿树成荫，环境优雅。

2011年年末，有幼儿园4所，小学5所，在校学生1491人，专职教师116人，小学适龄儿童入学率100%；初级中学1所，在校学生260人，专职老师31人。年内财政预算投入教育经费640万元。

2011年，敖泉中心校小学部创建"合格学校"成功；2012年，敖泉中心校中学部创建"合格学校"成功；2013年，船山小学创建"合格学校"成功；2014年，蒹葭小学创建"合格学校"成功。

随着学校环境的改善，教学质量也不断提升。2012—2014年小学部投入改造资金约300万元，对教学楼与学生宿舍进行改造，建成了两个篮球场、两个多媒体教学专用教室和功能齐全的科学实验室，建成了乡村少年宫；中学部对教学楼与学生宿舍进行了改建，建成了两个塑胶篮球场。

2014年下学期，敖泉中心校共有教师100人，中学部4个班，学生213人；小学部18个班，学生1018人；五所村小学生105人，幼儿园学生284人。

文化科技

1958年成立电影放映队，在各村巡回放映。2014年组织放映电影130场，送戏下村4场。参赛作品相声《笑谈三国》荣获县大型群众文艺会演二等奖。

1991年，敖泉斗余村刘丙宏与县水果技术服务中心、县水电局、县农行等单位合作，投入资金160万元，承包荒山麻洲岭，从福建平和引进琯溪蜜柚苗木，种植33.3公顷，建成桂阳县蜜柚示范场。1997年刘丙宏被评为"全省十佳科技示范户”。2011年末镇内建有文化站1个，村级农家书屋13个，藏书3.4万册。

医疗卫生

新中国成立前，境内医疗以个体中、草药医生为主。老百姓患病，或自采草药应付，或请个体中、草药医生诊治。

1952年，境内修建第一所联合诊所，有医务人员3人，地点设在敖泉圩。敖泉圩为总所，另设打市及长江圩分所。1958年，敖泉乡联合诊所更名为敖泉人民公社卫生院。20世纪60年代以后，每个大队都有“赤脚医生”，为老百姓就近求医提供了便利。1972年，公社卫生院搬至荷叶塘，医务人员增至5人。

1979年，敖泉卫生院搬入咸宜村君子塘，医务人员增至9人。1985年，新建了一座总建筑面积为540平方米的二层业务大楼。20世纪90年代又陆续建设了医技大楼、防保大楼、供应室、职工住宿楼，添置了病床、手术床等简易医疗设施，医务人员增至十几人，医疗环境逐渐得到改善。2000年，镇卫生院被评为省级“园林式单位”。2004年，敖泉镇卫生院成为桂阳县第一批新型农村合作医疗试点单位。2011年年末有镇卫生院1个，村级医疗卫生机构6个，专业从业人员21名，其中执业医师5人、执业助理医师16人。当年完成诊疗3.27万余人次，新型农村合作医疗参保率98.6%。2009—2013年，省里又陆续给卫生院及村卫生室添置了病床、心电图机、心电图监护仪、半自动生化分析仪、洗胃机、诊断床等医疗设施与设备。

2014年，敖泉镇卫生院拆除、翻新旧房，新建了建筑面积达1800多平方米的新业务大楼、三层职工宿舍楼，还启动了园林绿化工程，在院内种植了花草树木，划地建设一个特色中草药植物观赏园，为病人提供良好的就医环境。是年末，敖泉镇卫生院共有病床20张，职工30人，全镇村卫生室16个。为60岁以上的老人和儿童进行了体检，为全镇人民建立了健康档案。

2014年，镇政府投入65万元进行环境卫生治理，成立敖泉镇城管环卫队，购垃圾清运车2台，活动垃圾箱26个，向农户发放垃圾箱13000个，聘请保洁员145人。

1976年后国家实行计划生育政策。敖泉各届政府积极响应国家号召，把人口出生率控制在国家政策的允许范围之内。2014年末敖泉镇人口出生率13.09‰，自然增长率7.17‰，符合国家计划生育政策。

社会保障

新中国成立前，人们生活没有保障机制，虽然政府有赈灾活动，但普通百姓难以享受。

新中国成立初，年年有救济款，合作化以后全社都有“五保户”养老和困难户补助。改革开放后，社会保障事业快速发展。2010年镇政府投入30万元建成了敬老院，共16个套间，并改建了食堂、老年活动中心等。敬老院每个套间均配备了席梦思床、衣柜、沙发、电视机等设施，现已入住五保老人30名。

2014年年末，农村最低生活保障户614户，898人。发放最低生活保障费84万元；资助大病救助58人次，支出资金11.58万元；参加农村养老保险9500人，参保率85.3%；新农合参保缴费10663人，征缴基金114.69万余元，新农合筹资完成比例100%。

特色地情

人物

李石保（1814—1856） 武功超群，骁勇能

温溪亭

敌数十人。咸丰五年（1855）夏四月，李石保率会军协助广东天地会保禄、陈材、陈良部及湘南会军焦玉晶部相继克据郴州、桂阳州城。九月，清军反扑桂阳州城。李石保、焦玉晶等会合嘉禾、蓝山、耒阳友军固守，屡挫清兵及乡勇。咸丰六年七月（1856年8月），李石保在广东乳源县与清军激战中牺牲。

唐策善 1933年生，中国民主同盟盟员。中国科学技术大学教授，研究员，享受国务院特殊津贴专家。

李萍 汉族，1988年9月出生，敖泉镇乌龙村人。2002年，在省九运会上为郴州体育代表团夺取了首枚金牌。2006年多哈亚运会上，获抓举、挺举和总成绩3枚金牌。2010年11月14日晚，在广州第十六届亚运会女子举重53千克级比赛中，以抓举103千克、挺举127千克、总成绩230千克夺取金牌，并打破该项目抓举和挺举总成绩两项世界纪录，成为该届亚运会上第一个打破世界纪录的运动员。

文物古迹

温溪亭 位于敖泉镇温溪村前。清道光二十年（1840）由温溪村民筹资始建。1908年至

2004年进行四次维修。该亭为楼阁式木石结构，通高13.4米，四层翘角重檐。第一层为长方形，由八根整体石柱支撑。面阔三间，东西总长14.9米，南北宽7米，高3米。左右两间为歇山式顶，中间四柱上架田字木梁，中心以一根高10.4米、直径50厘米的圆形雷公柱为中央支撑点，直通亭顶。每层八根牵梁向外平射，连接八根铜柱，使二至四层形成八角形。雷公柱底座刻有三层莲花，各栋梁上雕凿缠枝花纹饰，亭顶正中置1.3米高攒尖式琉璃宝瓶。整个亭建结构新颖，造型美观大方，风格特异，在湘南地区亭建中独树一格，是研究湖南亭建艺术的重要资料。2002年5月，湖南省人民政府公布为省级文物保护单位。

永济桥　又名七拱桥，位于舂陵江斗下渡。桥为东南至西北向。明万历十二年（1584）桂阳知州罗大奎倡建，十四年十月竣工。桥系料石筑砌，七拱等跨。全长125米，宽6.5米，高约20米。旧志赞该桥为“衡以南桥壮丽无比。”清咸丰九年，太平天国军队石达开部与陈士杰团勇大战于此。1934年，红六军团西征与国民党守桥部队发生激战，红军取胜后向新田方向挺近。七拱桥桥头的花园堡建于清同治元年，时为桂阳24堡之最。1949年后，曾作为公路桥使用。2012年，被定位市级文物保护单位。

（邹学君　供稿）

莲塘镇 >>

区域概况

位置面积

莲塘镇位于桂阳县北部。东与桥市乡接壤，东南与欧阳海镇为邻，南与泗洲乡毗连，西与光明乡交界，北与常宁市的庙前镇相望。辖区处于北纬26°00′18″至26°06′30″与东经112°24′18″至112°30′54″之间。镇人民政府驻莲塘村，距县城54公里。

辖区东西最大距离15公里，南北最大距离17公里，土地总面积95.47平方公里。耕地1031.47公顷，其中水田635.7公顷，旱土395.7公顷。

建置沿革

明嘉靖六年（1527），桂阳本州设东、南、西、北四乡，莲塘属北乡。清康熙三十五年（1696），莲塘属居仁都，民国初废都设团，隶属大富团，1938年调整区划称潭源乡（含光明乡），1946年合并属富有乡，1950年设莲塘乡，隶属桂阳县第五区（即莲塘区，后称八区），1958年成立莲塘人民公社，1961年分莲塘公社为沙溪、莲塘、两路、光明、泗洲5个公社。1965年合莲塘、两路两公社为莲塘公社，1984年撤公社设莲塘乡。1993年撤乡建莲塘镇。

行政区划

镇域辖莲塘、天苍、甘岭、锦湖、东流、甘棠、马罗、南岭、夏塘、润冲、两路、长沙、香枫、青松、田木、塘下、三侯、里鱼、反坳、腊园、大湾21个行政村，237个村民小组，以及镇属团结林场。

自然环境

地形地势　镇域东北部为中低山，南部为丘陵高岗地带，整体地势由东北向西南倾斜。镇域内山系纵横、峰峦层叠，山峰多尖顶，坡陡切深。镇域地面海拔高程在180米至1428.3米之间，东北角与欧阳海、桥市交界处的泗洲山主峰海拔1428.3米，为桂阳境内最高峰。腊园村河口海拔180米，为镇域最低点。

河流水系　镇域水系均为湘江水系。分东北、西南两部分，西南部属舂陵江支流灌水水系，主要河流有莲塘河（潭流水），源于光明乡铁尺坳，流经光明、莲塘、泗洲、至流峰镇江背汇入灌水，径流22.5公里，镇域内流程10公里，经舂陵江汇入湘江；东北部属常宁宜水水系，主要河流有潭水（东山水）及支流反坳水、腊园水。东山水源于欧阳海增源村三角寨，流经欧阳海、莲塘，越境流入常宁市庙前镇，为宜水主源之一，镇域内流程约 6 公里，经宜水汇入湘江。

岩层土壤 镇域内岩层以石灰岩为主，其他有花岗岩、板页岩、砂岩等。地表石灰岩经长年风化溶蚀，形成独特的卡斯特景观。镇域土壤类型多样，按海拔高度不同呈明显规律性分布，依地势由低到高分别有水稻土、石灰岩红壤、板页岩红壤和基于板页岩和花岗岩风化发育的黄棕壤及草甸土。

气候 属亚热带季风性湿润气候，春夏湿润多雨，秋季燥热冬季阴冷，境内年平均气温 17.0 摄氏度左右，东北部山区受海拔抬高的影响，年平均气温在 13℃至 15℃之间，较县内腹地低 2℃至 4℃。年平均降水量在 1400 毫米左右，东北山区冬春雨雪天气较多。境内冬季盛行东北季风，夏季盛行西南季风，镇域东有泗洲山、西有塔山，处于两山之间的常宁庙前—桂阳莲塘风口地带，常年风力较大。镇域西南丘陵区日照充足，年平均日照时数 1700 小时，东北山区山高云雾多，太阳总辐射量减少，年均日照时数 1500 小时。

自然资源 镇域内资源丰富。镇域由中低山系及丘陵岗地组成，森林植被完整，木材储蓄量较大，主要木材品种有杉树、竹子、松树。动物种类很多，20 世纪 60 年代后因植被减少而减少，21 世纪以来逐渐恢复。境内矿藏丰富，高品位铁矿储量达 1300 余万吨，锡、瓷泥、高纯度碳酸钙等均有开采价值。

人口民族

该镇处于衡阳平原与湘南丘陵的衔接山坳地带，自古以来就是北方人口进入桂阳的要冲。大唐开成元年，有人自江西迁来定居，当时有五口莲池，故称莲塘。1956 年，境内有常住人口 14613 人。1966 年修建莲塘水库，库区共移民 729 户 2599 人，移民搬迁到仁义、城郊等乡镇。经历建国初期人口快速增长及中共十一届三中全会后的人口控制性增长，至 2014 年年末，镇域总人口 30174 人，其中男性 15989 人，占 53%，女性 14181 人，占 47%。60 岁以上 3644 人，占 12%，18 岁以下 8229 人，占 27%。人口自然增长率 6.55‰。镇域内少数瑶族主要分布在润冲村，人口 235 人，占全镇总人口的 0.8%。

经济发展

经济综述

镇域属传统农业地区，新中国成立前，以自给自足的小农经济为主，仅有少数手工小作坊。新中国建立后，实行土地改革、公有制经济改造，先后组建有农业合作社、供销合作社、铁木社、信用社等集体经济组织。1956 年，境内共有高级农业合作社 3 个、初级农业合作社 19 个，入社总人口计 3881 户 14613 人，经济稳步发展。1958 年以来的“大跃进”运动，严重挫伤生产积极性。社会商品流通由国营商业机构统一调配，导致供求关系紧张。1961 年后进行经济调整，恢复市场贸易，经济逐步恢复。1966 年后“文化大革命”，经济再度遭到破坏。20 世纪 80 年代初，推行家庭联产承包责任制等一系列经济改革，经济开始持续稳定地增长。1990 年，实现国民生产总值 1659.89 万元，其中第一产业 1481.89 万元，第二、三产业 169 万元。之后，进一步深化经济体制改革，调整产业结构，镇域经济快速发展。2000 年以来，该镇政府根据当地实情制定经济发展新战略，强调发展药材等特色产业，推进农业现代化建设。2014 年全镇实现国内生产总值 19992 万元，其中第一产业 9178 万元，占 45.9%；第二产业 2009 万元，占 10.1%；第三产业 8805 万元，占 44%。

完成固定资产投资3亿元。农村居民人均可支配收入11764元。

农业

种植业 农业为境内传统产业。镇西南丘陵区水田较多，是主要的粮食产区。主要粮食作物有水稻、大豆、玉米、薯类等，经济作物有烤烟、黄花菜、生姜、苎麻等。镇东北山区旱土多水田少，主要粮食作物以薯类、玉米为主，水稻多为一季中稻。主要经济作物有苎蔴、油茶、油桐、晒烟、黄花菜等。

新中国成立前，受土地私有制的束缚，生产条件差，技术落后，境内农业经济发展缓慢。新中国成立后，实行土地改革，完成农业社会主义改造，农业经济开始稳步发展，至1956年，全镇有耕地1000.5公顷，粮食种植面积937.14公顷，粮食总产量4019吨。“大跃进”和“文化大革命”期间发展速度减缓，而黄花菜、苎麻产量居全县各乡之首。中共十一届三中全会后，实行家庭联产承包制，杂交水稻和烟稻连作制全面推广，农业发展进一步加快。

进入21世纪后，政府通过外引内联，发展以中药材为主的特色产业，中药材种植加工逐渐成为镇域支柱产业之一。桂阳利诺药业塘虎岭药材基地占地面积101.05公顷，包括半枫荷33.35公顷、重楼13.34公顷，还有林下药材种植基地66.7公顷，并有药材加工、产品展示、农庄接待等配套设施。2014年，全镇中药材种植面积达365.25公顷，药材产量达4358.9吨，为农民增收达6000万元。

2014年，全镇有农业户7975户，28155人，实现农业总产值18967万元。粮食作物种植面积1828.31公顷，总产量9499吨。经济作物种植面积1184.93公顷，其中烤烟种植面积69.90公顷，交售烤烟2856担，总产量144吨，农民烤烟收入464万元。

畜牧业 镇域畜牧业以饲养生猪、牛、羊、家禽为主，1956年全乡共养殖肉猪3510头，公、母猪172头，牛1158头。20世纪80年代前，几乎每家每户都饲养生猪，以农户圈养为主。80年代后，随着农村劳动力转移及经济发展模式的转变，养殖业逐渐由农户散养向专业大户模式转化，养殖数量增加，效益明显提高。2014年，全镇出栏生猪24064头，牛453头、羊1294只，出笼家禽86283羽。肉类总产量1930.14吨，其中猪肉产量1726.68吨。

水产业 水产养殖以水库和山塘养殖为主，鱼类以草鱼、鳙鱼、鲢鱼、鲤鱼等四大家鱼为主。2014年全镇鱼业养殖面积127.06公顷，水产品总量678吨，其中鱼类产量663吨。

林业 镇域内多山地丘岗，自然生态良好。主要用材林有松树、杉树、柏树、楠竹、杂木等，主要经济林有油茶、果木等。1958年前，境内林木葱绿，森林覆盖率高。1958年全民炼铁，大量林木被无序砍伐，致森林植被严重破坏。20世纪60年代后，采取封山育林、人工造林等措施，森林植被慢慢恢复。1970年，全镇共封山育林667公顷、人工造林53.36公顷，培育林木幼苗0.47公顷，油茶垦复133.4公顷，收购茶油1000担，桐油100担。1976年，桂阳定为省油茶生产基地，莲塘为全县8个油茶生产基地乡镇之一。1984年对莲塘水库上游莲塘水小流域进行综合治理，治理程度达77%，宜林宜草面积79%，植被覆盖率81%，至1988年共植树造林1067.2公顷。

2000年以来，该镇实施退耕还林667公顷，天然林保护3335公顷。2014年年末，全镇有林地总面积10005公顷，森林覆盖率85%，有活立木储积量25万立方米。茶叶种植面积35.68公顷，产量19.5吨，水果种植面积92.25公顷，产量2916吨。

工业

清末，境内已有五金业。民国28年（1939），县成立五金行业协会，在莲塘圩设立分会。但当时仅有少数传统手工小作坊，以个体经营为主。粮油加工多沿用砻、碓、磨、筛等工具，民国期间开始出现畜力加工作坊。油茶加工使用传统卧式木榨，劳动强度大，出油率低。

新中国成立后，对个体工商业者进行社会主义改造，先后组建铁木社等组织，至1959年，境内共有副食品厂、竹木厂、棕厂、建筑队、搬运队、造纸厂、缝纫厂、铁木联合社、煤炭厂、酒厂、染织厂、砖瓦厂等10余个企业，职工561人。农机厂职工彭鑫伦研制油料剥壳机，比人工剥壳工效提高5倍至8倍，第二年获省技术革新先进个人称号。1970—1971年，莲塘农具厂逐步装备三床一机（车床、钻床、刨床、电焊机），从事简单的农机制造及修配加工，组装打稻机。同时逐渐出现打米机、磨粉机等加工机械，油茶加工也由机械油榨取代传统木榨。中共十一届三中全会后，境内出现碾米、磨粉、制面一体的加工厂，但仍为家庭经营，没有形成规模产业。境内曾有零星鞭炮生产，“文化大革命”期间停产转业，中共十一届三中全会后，有村民利用空闲时间重操旧业，但产量不多，未能形成产业。砖瓦业起源较早，但多为自产自销。20世纪70年代后，境内陆续兴办了采石场、砂场、砖瓦厂等。1978年水库电站建成投产，装机75千瓦，年发电量37万千瓦时。至2014年年末，全镇实现第二产业增加值2009万元。

商贸服务业

古代境域内有桂阳州至衡阳的古驿道穿过。宋、明、清三朝均在香枫铺设有递铺驿站供过往客商歇脚交易。清咸丰元年，莲塘设圩，是莲塘、欧阳海、光明、华泉、泗洲等地物资集散中心。主要集散物资有生活用品、木材、山货及各类农产品。

新中国成立后，1950—1956年，市场实行自由贸易。1956年进行社会主义改造，大宗商品流通由国营、集体商业机构承担，零星商品在市场交易。1958年“大跃进”运动开始后，物资短缺，流通不畅，供求紧张。1961年，社会商品流通情况逐渐好转，莲塘集贸市场由七日一圩改为五日一圩，1980年后改为逢2、5、8三日一圩，市场逐渐活跃，市场规模扩大，各商业网点发展迅速。2005年，镇政府投资100万元兴建新的莲塘集贸市场，市场吞吐量进一步扩大。省道214线贯穿莲塘圩，莲塘圩成为马路市场，逢圩日，交通、人流堵塞严重。2012年，省道214线改扩建，莲塘镇政府抓住时机，规划建设从甘岭村绕过莲塘圩的新214线连接线，改变了莲塘圩逢圩必堵的局面。2014年年末，全镇有个体工商户68户，从业人员3524人，其中建筑业666人，交通运输邮政业556人，信息计算机软件业29人，批发零售业944人，住宿餐饮业372人，其他行业957人。当年完成第三产业增加值8804万元。

劳动服务业自20世纪80年代初，境内开始有村民前往广东等沿海经济发达地区转移就业，此后外出务工的队伍逐渐扩大。劳动力转移就业不仅为境内农村家庭创造收入，也促进了城镇建设。2014年，全镇劳动力转移输出人数9055人，创收约1.81亿元。

财政金融

该镇以传统农业经济为主，财政来源比较单一，因而明、清时期没有官方金融机构。民国中后期，出现由农民投股组成的信用社，后改为乡办、保办。民国后期通货膨胀严重，金融混乱，货币失去信誉，信用社自行消失。新中国成立初期，人民政府倡导组建新的信用社。1964年县农业银行在莲塘设立营业所。1978年，实现工商税和农业税收入20.18万元。2014年境内有金融机构1家，各类存款余额1.836亿元。实现财政总收入644万元。

基础设施

交通运输

镇域虽然深处桂阳北部边陲，但交通区位优势明显，古代有三条主要步道在境内汇集，是桂阳州及新田、宁远、蓝山等地通往湘中湘北的交通要道。

1959年，省道214线敖泉岔路口至莲塘圩段建成通车，是境内第一条公路。1966年建成莲塘圩至腊园段接通常宁市庙前段公路，纵贯莲塘全境的S214线至此全线贯通，是连接桂阳至常宁、衡阳的交通要道。此后，县道莲塘圩至光明、莲塘下塘至泗洲等支线公路相继修成通车。2012年省道214线改扩建工程完工，新公路线路从甘棠村绕镇而过，缓解了莲塘圩的拥堵。同期，镇域各通村公路改扩建、水泥硬化相继完工。2012年，京珠高速复线衡武段建成通车，纵贯镇域东北部约7公里。至2014年，全镇实现村村通汽车，公路路面硬化率90%，公路养护实现制度化。

邮政通信

邮政 明嘉靖三十四年（1555），从衡州到广东的邮驿干线经过镇域；清光绪十一年（1885）在境内香枫铺、两路设有驿站，与州城总铺联通；宣统三年（1911）桂阳州邮政代办分局在莲塘设置甲类信柜，邮政向社会开放；民国38年（1949）改称邮政信柜；新中国成立后，于1956年成立莲塘邮电所，后升格为邮政支局，办理函件包裹邮寄、报纸杂志发行、邮政汇兑、电话电报等业务。邮政投递方式最初为步邮，逐步发展为自行车邮、摩托车邮。1953年，县城至流峰公路通车，县城至莲塘的邮件先由汽车代运至流峰，再步邮至莲塘；同期增设莲塘至白水邮路。1959年，敖泉岔路口至莲塘公路开通，县城至莲塘的邮政改由客班汽车代运。至2014年末，镇域有邮政支局1处，乡村邮政代办点22处，报纸、杂志期刊累计发行100多种6万份。

通信 民国16年（1927）架设县城至莲塘的电话线，民国32年（1943）电话向社会开放。1958年“大跃进”期间，大队一级开始使用摇把子电话。20世纪80年代后，先后普及拨盘电话、数字程控电话。21世纪初，移动手机开始在境内使用推广。2014年，移动、联通、电信三大信息企业均在镇域内开设代理商，全镇共有固定电话用户536户，移动电话用户15730户，互联网用户395户。

供电饮水

供电 镇域缺乏大江大河，水能蕴藏量不足，只有桃冲电站、狮形电站、莲塘水库电站等几个小型水电站，总装机容量150千瓦，供电能力不足，电力依靠国家农网供应。1988年，接通流峰35千伏变电站供电，供电范围扩大，供电质量改善。2000年后完成境内农网改造工程，实现村村通电户户通电，全镇年用电量约600万千瓦时。

饮水 境内居民自古依靠井泉为饮用水源，北部中低山区有村民建蓄水池用竹管接饮山溪水。20世纪80年代后，镇党委政府开始投入资金建设农村安全饮水工程。2000年建成自来水厂。

2014 年扩建自来水厂，可提供 1 万余人的生产生活用水，供水正常平稳，集镇及周边村组用水条件得到改善，大部分村组已用上清洁干净的自来水。

农田水利

新中国成立前，境内农田灌溉只能依靠山平塘及少数微型陂坝。新中国成立后，掀起农田水利建设热潮，建成一批基本山塘。至 1956 年，整修与扩建基本山塘 235 口、小型水坝 3 座、井泉 15 口、水库 1 座、水沟 15 条。1958 年县政府确定兴建莲塘中型水库，当年开始清基，1966 年动工兴建，1967 年主坝建成投入使用，水库控制集雨面积 40 平方公里，库容 2560 万立方米，设计灌溉面积达 4002 公顷。1969 年冬，兴建扒塘倒虹吸管，水头 40 米、管长 800 米、内径 1.5 米，是县内最长的倒虹吸管。1979 年 6 月，莲塘水库开始实行“集中水权、分级管理、按亩配水、流量分段包干、按亩收费”的办法进行供水管理，提高库水的使用效益。1987 年 4 月，桃冲水库引水渠建成通水，该渠流经地段悬崖陡壁，施工时农民身系绳索悬空钻孔、放炮、凿石，惊险万状。渠长 6 公里，共投资 9.7 万元、投工 30 万个、历时 9 年建成。至 2014 年，镇域共有中型水库一座，小Ⅱ型水库两座，基本山塘 231 口，绝大多数农田实现旱涝保收。

村镇建设

民国到新中国成立初期，区内建制分分合合，莲塘圩均为当地政府驻地，学校、卫生院、供销社等机构相继落户莲塘圩。1959 年省道 214 线建成通车，集市圩场、单位、民房逐步沿公路线靠拢，但集市建设缺乏规划，造成此后逢圩日交通堵塞严重。2012 年省道 214 线改扩建，镇政府抓住时机修建从甘棠村绕镇连接线，缓解了莲塘圩市交通压力，为莲塘集镇建设释放空间。

2014 年，莲塘镇购买全镇卫星航拍图，并投入资金 23 万元聘请湖南城市学院专业规划人员深入各村组测绘，对全镇 21 个村进行规划并绘制规划图纸。引导村民按规划建房，凡按规划建房的农户给予奖励；严格规定基本农田不得建房，省道 15 米路幅范围内不得建房。通过科学规划，确保全镇土地资源得到科学合理的利用。至 2014 年年底，政府已累计投入资金 8000 万元用于莲塘集市建设、大湾古村保护建设、新农村建设等，农村面貌改观较大。

社会事业

学校教育

明、清时期，境内没有学校，教育以私塾为主。民国期间，提倡办学校，但效果不明显，适龄儿童失学率居高不下。新中国成立后，各村建小学，乡镇办中学，实施义务教育，劝导、吸收劳动人民子女入学。新中国成立初期，镇域内普光完小入学儿童只有 80 人，至 1956 年增加到 193 人。同时每个村组织农民夜校，教学内容以识字为主，兼顾教学基础算术、自然常识等。1958 年在锦湖村组建莲塘农中（附中）。1966 年莲塘附中改为县第七中学。20 世纪 80 年代末，县七中迁至莲塘圩北侧现址。

中共十一届三中全会后，调整学校布局，以普及初等教育为重点，乡属中学停办高中班。1996 年，国家实行小学、初中九年制义务教育。2014 年末，全镇有幼儿园 2 所，在园幼儿 300 人，专职幼师 12 人。有中心校一所，教师 75 人，在校学生 1200 人。中心校下辖小学教学点 16 个，在校学生 1230 人。县属第七中学在境内，该校有老师 59 人，在校学生 720 人。

群众文化

晚清、民国时期，境内极少有专业的体育设施，文化活动以棋牌、武术、舞龙等为主。新中国成立初期，成立乡文化站，并组建业余文工团，举行群众文艺会演。球类、田径等现代体育项目逐渐在境内兴起，各项体育活动在镇域各单位、乡村频繁开展。

20 世纪 60 年代，各村开始用大喇叭广播。70 年代组建电影放映队，下各村为群众播放电影。“文化大革命”时期受“左倾”思想影响，只唱毛泽东语录歌，跳忠字舞，文艺团体只演样板戏，传统文化受到摧残，但群众文艺水平总体上有所提高。

中共十一届三中全会后，文化事业恢复发展。80 年代后期，随着电视机的普及，电影放映队逐渐消失，各种流行音乐开始在境内流传，村民开始使用录音机、VCD 等文化娱乐设备，桌球、棋牌活动风靡一时。

2014 年，全镇有广播站 1 个，村级文化活动中心 7 个，文化专业户 1 个，农家书屋 21 个，藏书 3 万余册。农村文化共享工程得到推进，镇文化站实行免费开放，21 个农家书屋书籍完成更新，开展送戏下乡活动为群众义演 2 场。

医疗卫生

新中国建立前，境内没有建制医院，只有几家中草药铺，村民看病就医只能找当地郎中，或者自行采挖草药。新中国成立后，开始使用西医技术。20 世纪六七十年代，各大队有赤脚医生，医疗技术推广到各村组。

莲塘卫生院始建于 1952 年，其前身为桂阳县骨伤科医院，后改称莲塘中心医院。1978 年，乡卫生院发放小儿麻痹糖丸 2200 人份，发放麻疹疫苗 2500 人份。1984 年，医院由莲塘乡政府接管，改称莲塘乡中心卫生院。1989 年，从卫生院抽调医生成立乡防保站，负责卫生防疫及妇幼保障工作。1993 年，乡防保站撤销，业务重归卫生院管理，是年改称莲塘镇卫生院，1995 年，经郴州市卫生局评定为一级甲等医院。1996 年 6 月 10 日，反坳村民用黄花杜鹃作菜肴调料，致 28 人中毒，经莲塘卫生院医护人员及时抢救，全部康复，未造成严重后果。

2014 年年末，全镇共有医疗卫生机构 22 个，其中镇卫生院 1 个，村卫生室 21 个，共有专业医护人员 28 人，其中执业医生 5 人，助理执业医生 8 人。拥有病床 33 张，全院医疗设备投资共 83 万元。全年完成门诊医疗 28000 人次，住院医疗 1463 人次。全镇新型农村合作医疗参合人数 30174 人，参合率 100%。

社会保障

新中国成立前，境内没有专门的民政保障机构。新中国成立初期，对缺乏劳动力的烈、军、工、干家属实行代耕助耕，形式有工票制、临时派工、全包干三种。1956 年实现农业合作化后，改为优待工分。政府每年都有一些救济措施，如 1969 年发放少数民族救济款 500 元，优抚款 680 元，社会救助款 1020 元。1978 年发放社会救助款 2100 元，少数民族地区（团结大队）农田建设补助款 500 元，干部职工福利补助款 370 元，优抚款 800 元，救灾款 1000 元，反坳水库移民经费 3000 元。

进入 21 世纪后，保障措施更完善。2014 年，城镇最低生活保障户 29 户 45 人，民政保障支出 8.6 万元；农村最低生活保障户口 742 户 994 人，民政补贴支出 96 万元；农村“五保”分散供养 142 人，支出 37 万元。建有敬老院 1 家，设床位 50 张，收养农村“五保”人员 22 人。参加新型农村养老保险人数 9646 人。

夏寿田官厅

特色地情

人物

夏寿田（1870—1937） 莲塘镇大湾村人，清光绪二十四年（1898）进士，授翰林院编修、学部图书馆总纂。历仕清廷、袁世凯、北洋政府，均获重用，并与孙中山、周恩来等老一辈革命家有交往，为中国共产党在上海市的地下活动提供过帮助。1937年病逝。新中国成立后，周恩来总理曾致信上海市政府，拨专款为夏寿田重修坟墓。

龚茂芝 男，1946年10月生，武汉大学理学院教授。

龚声武 男，1965年2月生，博士研究生，教授。2014年1月任湖南工程职业技术学院院长。

历史人文

大湾古村 位于莲塘圩东北，为清代名人夏时、夏寿田父子故里。全村现存古民居50余栋，其中宗祠一栋、家庙一栋、住房41栋。夏氏宗祠、夏寿田官厅及家庙为全村古建筑的代表。全村村巷均以青石板铺就。村内古建筑多为悬山顶抬梁式结构，青瓦屋面，其木雕石刻、柱础窗花等多彩多姿。夏氏官厅包括一间主厅，三间书房、

天窗岩

两个天井，总建筑面积 1256.2 平方米，主厅面宽 30 米、进深 33.6 米，是全村面积最大的古建筑。

风景名胜

天窗岩 位于天苍村境内，分进水岩和出水岩。进水岩在黄泥塘自然村，岩洞高约 20 米，广约 10 亩，内有三洞叠层相连。东山水经此伏流，河水为洞中巨石所阻，水击石声如雷鸣，浪花喷溅，声播山谷。旁有支洞，宋代建庙于支洞内，有石神龛、石床，景观奇异，现庙已毁，留有残迹。出水岩在坦坪村，洞口高十多米，宽数十米，形成巨大的洞厅，东山水伏流经此重出地表，洞内淤积大量泥沙，洞深不可测。

（李显山 供稿）

泗洲乡 >>

区域概况

地理位置

泗洲乡地处桂阳县西北部,北纬26°00′71″至26°07′48″;东经112°38′56″至112°50′55″。东与欧阳海镇接壤,南与流峰镇为邻,西与塘市镇、华山瑶族乡交界,北与莲塘镇相连。人民政府驻泗洲村,距县城56公里。

建置沿革

东晋时,泗洲隶属宫市县。明嘉靖年间,桂阳州设四十六里,农村十五乡四十三里,泗洲隶属大富乡。清康熙六年(1668),朝廷在泗洲寨设泗洲巡检司;康熙二十一年(1682)隶属泗洲里;康熙三十年隶属居仁都泗洲里。清咸丰时期(1851—1861年)隶属富贵团。清同治七年(1868)隶属居仁都泗洲里。

民国3年(1914),桂阳县设十二团,泗洲隶属大富团。民国19年(1930)属第七区。民国21(1932)年属第六区。民国24年(1935)隶属大富区。民国27年(1938)隶属汇通乡。民国36年(1947)隶属富有乡。民国38年(1949)年隶属富有区办事处。

新中国成立后,1950年3月,隶属第五区。1952年2月,隶属第九区。1956年6月,设泗洲乡。1958年9月,隶属莲塘人民公社。1961年5月设泗州人民公社,1984年改泗州乡。

区划面积

1985年,辖9个村委会,总面积50.53平方公里,耕地面积747.57公顷,水田587.67公顷。此后,除耕地面积有增减以外,区划面积几乎没有变化。

2014年,辖9个村民委员会。辖区东西最大距离10.6公里,南北最大距离6.5公里,总面积50.31平方公里,耕地面积656.2公顷,其中水田592公顷。

自然环境

泗洲乡大部分为丘陵、山地,地势西北面高而东南面低,平均海拔435米,最高处位于北面的桃源村,海拔528米;最低点位于南面的竹溪村,海拔340米。

属亚热带湿润季风性气候,其特点是四季分明,雨热同季,光照充足,雨量充沛,无霜期长。1981—2010年平均气温16.8℃,1月平均气温3℃,极端最低气温-2℃;7月平均气温29℃,极端最高气温达36.5℃。无霜期年平均265天。年平均日照数1800小时。年平均降水量

1300 ~ 1400 毫米。

境内主要有旱、洪涝、低温、山体滑坡、泥石流等自然灾害。民国33年（1944）大旱和1963年大旱，均溪河断流。1975年暴雨，桃源村一带山体滑坡2处，冲毁稻田14公顷。2008年春节期间的冰冻灾害，造成直接经济损失9000多万元。

地层结构复杂，土壤类型主要有红壤、石灰岩红壤、板页岩红壤、水稻土、河潮土等。丘陵岗地以水稻土为主，境内的饭石土适产优质烤烟。

矿藏有锑、铅、锌、铁等，锑矿分布在草鞋冲、小洑湾等地。

发源于华山乡蛇子形的灌江河流经桃园、灌江、小洑等村，源于光明乡铁尺坳的莲塘水流经扒塘村；灌江垌属地下水资源含量中等地区，其他区域含水量贫乏。

人口民族

泗洲乡境内在商周早期就有人类居住，有1985年发现、经省专家鉴定的寨脚山商周时期村落遗址足以佐证。明代，赵姓瑶族迁入，定居于桃园村一带。境内属流峰话方言区，瑶族方言使用甚少。1962年辖区总人口10119人，其中农业人口10061人，瑶族8户41人。1978年总人口14788人。2000年总人口17417人。2014年末辖区总人口20245人，其中农业人口19971人，瑶族513人。人口自然增长率6.32‰。

经济发展

经济综述

古代泗洲是桂阳北部的交通要塞。明、清两代，街市繁华，商铺林立，官家、商旅络绎不绝，成为桂阳政治、经济次中心。清末，战乱和灾荒使泗洲经济走向衰落。民国时期，境内666.67公顷水田，有七成掌握在地主、富农手中，公产、义田，工商经济均被乡绅操控。1949年，亩产粮食162.04千克，人平纯收入不足25元。普通百姓以红薯杂粮果腹，生活艰辛。

新中国建立后，农民分得田地，基本生活来源有了保障。1952年泗洲圩重开，农村商业经济始有恢复。1961年建置泗洲人民公社后，组建手工业社，发展集体经济。1965年后化肥、农药等生产资料供应量增加，生产技术改进，粮食产量有所上升。但由于交通优势的衰落，工商业经济发展缓慢。1978年国内生产总值161.28万元，其中第一产业总产值148.08万元，占比91.9%；第二产业总产值5.12万元，占比3.1%；第三产业总产值8.07万元，占比5%。人均纯收入70元，是1949年的2.9倍。

1981年，推行家庭联产承包责任制，粮食作物、经济作物同步发展，农副产品进入市场交易，工商经济大步发展。1990—2000年通过农业综合开发，特色种植、养殖业形成规模。木材、家具市场再度繁荣，促进了经济发展。2010年泗洲乡确定了"优化烤烟生产环境，拓展新烟区，以特色种养促发展"的经济建设思路，逐步形成了"公司+合作社+农户"的现代农业发展模式。

2014年基本构建了以烟叶为龙头，以特色种、养为支撑的经济格局，兴建具有供水、防洪、发电、旅游等综合效益的中型水利工程，实现国内生产总值15926万元，其中第一产业产值7287万元，占比45.7%；第二产业产值4759万元，占比29.9%，第三产业产值3880万元，占比24.4%。实现财政收入375万元，完成固定资产投资2.23亿元。农村居民人均可支配收入10533元。

农业

境内农业自古以种粮、养猪为主，特产有莲

濯江垌莲藕

藕、红枣。濯江垌面积大、产粮多，自宋朝起，一直倍受官宦垂青。境内因驻有官家和府衙，粮食、牧副业等产品能获得较好的效益。民国时期，地主私人操控的农田水利失修，粮食生产仍无增长，养殖业受挫，老百姓生活贫困。

新中国成立后，人民政府带领老百姓一面兴修水利，改造低产田，一面改良水稻品种，提倡精耕细作。推广旱土经济作物与粮食作物套种，1955 年黄花菜种植面积 20 公顷，产黄花菜 9.36 吨。1956 年试行双季稻种植。1962 年推广水稻品种高杆改矮杆，稻谷单产大幅提高。生猪养殖达到户平 1.7 头。1978 年杂交水稻、玉米、高粱等在境内开始推广，同时，在濯江垌中修渠降低地下水位，改造中低产田 88.67 公顷。1978 年粮食总产量 3854.79 吨，人均 263.72 千克。烤烟种植面积 75 公顷，总产量 114.95 吨。全年养猪 7699 头，家禽 9546 只，养殖水面 10 公顷，水产品 17 吨。

1983 年以来，烟—稻连作、蔬菜—稻连作成为新的农业耕作方式，农药、化肥的普及使用，使水稻与瓜果蔬菜等获得高产。经过 1990—2000 年农业综合开发和吨粮田建设，濯江垌成为县内烟、粮高产区之一。培植完成面积 266.67 公顷以长枣、梨子、柑橘为主的水果生产带；大蒜、黄瓜、藠头、莲藕扩种增产；渔业、大棚鸭、牛蛙、猪、鸡等养殖专业户达 80 余家。2012 年，引进投资 400 万元兴建“贵妃鸡”养殖场；引资 3000 万元扶持规模超过千头的生猪养殖场 6 个。濯江垌建成 133.33 公顷无公害绿色蔬菜和优质稻生产基地。兴建 1 个百亩玉竹、尾参等特色药材种植基地。

2014 年，在四友村建成了面积 3.33 公顷的泥鳅养殖基地。本土“桃源鸡”养殖场升级为泗洲生态农业合作社。全年粮食播种面积 1196.4 公顷，粮食总产量 6730 吨，其中稻谷产量 5440 吨；

烤烟种植面积153.33公顷，产烟313吨。成立了乡药材种植合作社，投资100万元种植玉竹、尾参等特色药材6.67公顷。年内出栏生猪19860头，年末存栏16988万头；自宰或出售肉牛321头、羊1134头、家禽75814只；淡水养殖面积2050亩，水产品176吨。养殖业总产值4388万元。

林业

新中国成立以前，泗洲古木参天，楠竹丰富。至1961年年底，近2600公顷的山林覆盖率仅剩40％，还包括后龙山和幼苗林。1977年桂阳县召开了包括泗洲乡在内的山区工作会议，在县委的动员下，当年在板木塘建万亩林基地。泗洲素有种枣传统，由于枣树老化和人为损坏，1978年仅产鲜枣45吨，较1970年下降33%，是年林业产值仅5.2万元。1981年，泗洲公社作为县红枣主产区，参加桂阳县红枣生产代表会。会后调整山林运作方式，调动枣农种枣的积极性。1982年，完成林业“三定”，当年造林23.33公顷，其中用材林10公顷，经济林13.33公顷。1986年、1992年，两度做出“消灭荒山，绿化泗洲”的决定，并与各村组签订责任书，年末复查核准。1990年造林15.4公顷。1993年，全县实施飞播造林，泗洲境内飞播造林151公顷。2006年，果木林面积达91公顷，产量1568吨，全年林业总产值308万元。

2014年，造林86公顷、封山育林140公顷，山边植树一万多株，从莲塘岔路口到灌江村沿途8公里全部种植杨树。

工业

新中国成立前，境内没有工业企业，仅有乡民从事制革、缝纫、织布、木工、竹编等手工业。泗洲土法制革世代相传，有数百年历史。民国20年（1931）竹溪村村内成立皮革职业工会，会员222人，足见该村制革业之盛。现代制革技术出现后，土法制革逐渐消失。

新中国建立后，组建铸铁、木工等手工工业社，主要生产农具等手工业产品；1957年个体经营户33个，从业人员43人。1962年社办企业3个，职工40人；生产队办企业11个，从业人员60人，当年实现手工业总收入4.41万元。1964年缝纫、织布、竹编等手工业户达到69家。之后，为了集中力量搞农业，多数社、队企业停办。到1975年，社队企业收入3.98万元，占国内生产总值2.2%。

1979年后，为满足城乡基本建设的需要，兴办红砖厂、河沙捞运场。1990年共有工业企业29个（其中乡办1个），共有从业人员92人。年工业总产值43.1万元，其中乡办工业企业总产值21.9万元。此后，政府加强资源管理，引导兴办农产品加工企业，扶持个体企业。1993年工业企业增加到41个，其中村办企业11个，农业企业9个，共有从业人员278人，当年实现工业产值164.92万元。2000年后，部分工业企业转型或停办，工业企业数量减少，但总产值有所增加。2006年工业企业28个，从业人员605人，总产值1860万元，实现工业增加值668万元。2010年，引进投资150万元建皮革加工厂1个，产品销往省城和沿海地区。2014年，全乡工业企业16个，皆属小规模，工业企业总产值2000万元，仅占国民生产总值的12.6%。

商贸服务业

明代，泗洲镇是桂阳“三镇二市”之一。清代，泗洲街设有客栈、茶坊、酒肆，圩市内以木材、茶叶等交易最盛，为县内较为繁盛的圩市。民国后期，不少私营商业被迫歇业倒闭。

1952年重开泗洲寨圩，且为每日圩。圩内设供销社，食品购销站等国有商贸机构，老百姓能够买到国家统一购销的商品。1953年商业部门在泗洲圩开展物资交流会，推销大量的农副土特产，农村私营商贩有组织地开展商贸经营。1955年流渡桥圩首批经过社会主义改造的货郎到泗洲圩摆摊销售和串乡经营，沟通城乡贸易。1962年农村自由市场开放，泗洲圩的油、粉、豆腐等行业重新营业，圩场商品增多，市场转旺。1963年泗洲圩改为五日圩，上市物品受到管制，圩市经济一度受挫。1975年泗洲供销社销售额47.03万元，其中农资营业额18.14万元。

1984年农副产品逐渐实行自由购销，个体工商户持照营业，市场经济日趋活跃。1988年泗洲圩恢复三日圩。1993年全乡有批发零售商店54个，商品销售收入116.92万元；餐饮店4家，营业收入14.8万元。由于圩亭面积小，商贩汇集在原圩坪上自搭临时帐篷或露天经营。2005年该乡在桂阳至泗洲的公路旁新建市场，形成木材、家具一条街，餐饮服务业也随之兴旺。是年，商贸服务业总产值达1465万元。2010年交易额上升到2200万元。

2014年有商业网点136个，从业人员280人。社会商品零售总额5200万元。农村集贸市场1个，年成交额4200万元。

基础设施

交通运输

泗洲乡自古就是官家府衙驻地，步道交通颇多。秦、汉时就有青石板官道从泗洲寨经过，是南通岭南、北接常宁、衡阳的通衢，也是重要的官道驿路，马轿挑夫，时有往来。民国时有通往桂阳至香枫铺古道的支路和东往莲塘、西经流峰至飞仙的步道。漼水河上架设泗洲桥，古道间建造路亭10余座。境内各村有石板路相通。

新中国成立后开始修造公路。1959年桂阳至莲塘的公路修通。1972年修通流峰至泗洲圩的沙石公路，结束泗洲人们千百年步行的历史。1982年公路改造，增开下塘至泗洲，泗洲至华泉的班车。1974年架设泗洲至漼江村的塘生桥。1977年通过“民办公助”的办法修建通村公路，至1993年年底，全乡9个村全部修通村级公路。1995年莲塘镇下塘村经泗洲至华泉坦家坳的四级公路通车。2000年流峰至泗洲路段铺设水泥路面。2012年建乡客运站。2014年水泥硬化村组路56公里，全乡9个行政村基本实现村通组水泥路。

20世纪80年代，私有拖拉机、小四轮骤增，交通运输公营向私营转变，活力愈强。1993年有运输业主52个，当年营运收入176.6万元。2006年全乡有各类交通运输机动车101台，年货运量10万吨。2014年有拖拉机202台，小型运输车22台，大中型汽车9辆。各种型号的摩托车、三轮摩托车数百辆。泗洲至县城的客运班车每天往返4趟。

邮政通信

邮政 宣统三年（1911），在泗洲寨设甲类信柜。民国时期，乡村邮路丁段在泗洲寨设代办点。

新中国成立后，泗洲寨设（自办）邮电所。1956年后，桂新公路通车，泗洲寨邮政所每日到流渡桥交换邮件。1963年泗州邮电所划属集体所有，由公社管理，自负盈亏。20世纪80年代至2009年，泗洲乡的邮政通信业务全部依托莲塘邮政支局。2010年设邮政所1个，电信代办点1个。函件、包件的收递速度提高，普通汇款业务转向电子汇款。2014年末，有邮政所1个，代办所9个。报纸杂志发行1.2万份。

通信 民国36年（1947）架设大富团至板桥、泗洲寨、莲塘的电话线。但到1949年几乎锈蚀殆尽，不堪使用。新中国成立后，泗洲寨与周边区域之间架设电话线路。1958年安装公社交换机到大队一级电话，1964年境内行政村全部通电话。1981年后随着农村经济体制的改革，地方电信开始瘫痪，仅剩下公社政府驻地的“摇把子”机。1993年流峰岭架设移动通信发射机，境内部分农村能收到BP机信号。1996年乡政府驻地开通程控电话，2000年，9个行政村村村通电话。20世纪90年代后，手机逐步进入普通百姓家。2014年有电信、联通、移动电话服务网点3个，固定电话用户210户，移动电话用户5600户，互联网用户100户。

供电饮水

供电　新中国成立前，乡民用桐油灯照明，山区则使用松脂、松柴火把。新中国成立后，煤油供应到乡村。20世纪80年代初，山区村民户办或联办微型水电。1988年架设七里坪至流峰35千伏高压线路，建流峰35千伏变电站，泗洲至此用上高压电。2003年全乡完成农村电网改造，村民用电更加安全稳定。

饮水　自古以来，泗洲人们的饮用水均依赖井泉水，泗洲寨井是县内63口古名井之一。但是，水井多在村口、田垌间，环境卫生极难保持。1953年区卫生院在夏、秋两季对所属农户水缸进行义务消毒。1967年在卫生部门的指导下，对泗洲、小洑等村水井环境进行治理。1998年在县委建整扶贫工作队的支持下，全乡十余口大小水井的周边环境进行改善，有的水井进行了重修；资助山区村民在屋旁打井，或将山泉用水管接入家中，建造简易自来水。2000年，乡政府驻地建成自来水厂，供应机关居民用水。部分居民在水井里安装微型水泵，建成简易自来水。2009年后，政府逐年投入资金建设农村饮水工程，2014年年末，有村级集中供水站9个，共1.3万人受益。

农田水利

泗洲乡的良田基本集中在灌江垌，灌江垌是桂阳的三大垌之一。至民国末年，由于水利设施落后，灌江至上阳1000多米长的通水渠道长期失修，水涝、旱灾日趋严重。

1959年，修建李家冲水库；又在灌江河上游修筑一座重力滚水坝，并修建了19公里的干渠，架设渡槽3处，灌田306.82公顷。1962年投资24000元维修水利设施。1990—1995年，维修莲塘水库干渠的上阳至竹洞段800米；对灌江至上阳的1000多米通水渠道进行清淤。2000年，耗资4.2万元，对小洑村麻冲水库大坝实施除险加固。此后，灌江垌基本旱涝保收，成为闻名北半县的粮烟生产大垌。

2012年，国家投资修建的桃源中型水库建设项目正式启动，设计总库容为1512万立方米，分为枢纽工程和灌区工程，建成后，可灌溉面积10.24万亩，烤烟受益面积8.8万亩，解决181个行政村20万人口的饮水问题。2014年2月，水库工程正式开工建设，建设工期3年。

村镇建设

宋代，泗洲街始建官家住宅、门楼，周围设四个寨堡。直至清咸丰三年（1853），境内有书院四座，还有三里官街、陈氏宗祠、官厅、功德坊、寺庙、育婴堂、义谷仓等基础设施。但是，砖瓦厅、房皆属官宦和富户，贫苦百姓住宅多为土墙茅盖。民国时，无田地、无住房的贫穷百姓多住低矮窄小的土砖房，1949年，人均住房面积约7.6平方米。

新中国成立后，土地改革让境内穷苦百姓和缺房户获得住房。1970年起，人口较多的家庭改扩建自家旧屋，或将杂房建成住宅。至1978年底，改扩建或新建住房共5.41万平方米，人均住房面积10.32平方米，是1949年的1.35倍。

1980年来农村私人建造新房增多，追求宽敞、方便。2000年，农民和工商个体户在圩场公路边自建钢混结构的二三层楼房，形成一楼作商业门面，二三楼住人的格局。2010年在通乡公路主要路段安装太阳能灯113盏，各村内主干道共安装太阳能灯100余盏，节能简易路灯200余盏，解决全乡近半公共区域照明问题。共建3个垃圾填埋场,100个垃圾池。完成集贸市场的标准化改造。2011年建成标准化便民服务中心，群众办事快捷方便。2012年新建乡农村信用社和乡环卫所。

2014年编制《桂阳县泗洲乡（2014—2030）乡域村镇布局规划》，确定了"美丽泗洲、幸福山乡"小城镇建设发展目标和方向。争取项目资金4.8亿元,开工农村基础设施和小城镇建设项目18个，其中竣工15个。建成集餐饮、住宿、休闲为一体的"桃源生态农庄"。加强危房的改造，拆除了部分违章建筑或废弃不用的建筑物。

社会事业

教育科技

基础教育 宋代以来，泗洲人耕读为本，崇文尚武以博取功名。清代，境内有湘南、塔峰、凤山等书院，历代文臣武将多达百人。民国6年（1917）建四友村国民学校。民国33年（1944）在凤山书院旧址设汇通乡中心国民学校，在校生80人，教职工6人。私塾与国民学校并存，入学者多为地主富农子弟。

新中国成立后，政府接管境内学校，改善教学环境，吸收劳动人民子女入学。1950年建竹洞村小学，1953年建泗州乡完小。1963年实现村村有学校。1969年建泗洲中学，当年招收初中生64人。1986年中心小学新建1000平方米的钢混结构教学大楼，1988年添置价值4000多元的电教仪器。1990年有小学4所，在校生998人，教职工47人；中学1所，在校生499人，教职工34人。1996年境内学校全部新建校舍，全面普及九年义务教育。2005年中学、中心小学建设电教室、图书室，村级小学配有投影仪和收录机，实现教学多媒体化。

2014年，全乡有幼儿园5所，入托幼儿320名。中心校1所，在校生826人，专职教师66人，小学适龄儿童入学率100%。

扫盲教育 清末至民国初年，贫苦民众为生计所迫，无暇顾及识字读书，国民政府推行的扫盲教育收效甚微。

1951年政府开办冬学，动员农民上冬学学习，当年参加冬学的农民400多人。1954年，50多个文盲脱盲。1958年境内开办民众夜校10个，上夜校的农民500多人。1976年扫盲教育出现新局面，各生产大队开办扫盲班，学员白天上学，享受先记工分优待。当年扫盲班入学者447人，多系青年农民。1992年以乡农校、村小学为阵地集中开办扫盲班，每年秋、冬两期。2000年末，经国家级考评验收，辖区青壮年非文盲率99.5%。

农业科技 新中国成立以前，境内乡民从事传统的农业生产和手工业生产，一般是父子传承、师徒授受。

新中国成立后，开始建立科技机构，以农技为主。1967年建乡农科站、畜牧兽医站，致力于种养技术的推广。1983年成立乡科学技术协会，1987年建乡农校，对农民开展实用技术培训。1998年新建农科教中心大楼，以培训带推广，开展科技信息咨询，把一批良种、高效农药化肥、科普资料、致富信息辐射到广大农村。2000年，针对水稻病害和烤烟生长的不同时段进行技术培训。2010年以来发展科技种养重点户、专业户10余家，推广农业科技新成果11项。2014年，组织200人次参加阳光培训，提高了群众的就业能力和生产技能。

文化体育

自古以来，泗洲文化艺术的发展略优于周边乡村。龙舞、金毛狮舞和武术表演是明、清两代流行于境内的一种群众文艺、体育活动，在全县久负盛名，长盛不衰。习武是泗洲大部分男丁的必修课，武艺精湛者被官绅聘为保镖，或被官府招为武将、兵丁。清代，泗洲境内祁剧、湘剧在各村都有戏班传承。由祁剧演变而来的座板戏，男性艺人坐在酒席上唱戏奏乐，颇受群众欢迎。20世纪50年代，境内有刻制花灯、刺绣等工艺传承，还有唱伴嫁歌、丧歌，对山歌等艺术形式。

新中国成立后，文化体育活动活跃，乡村成立文艺宣传队，宣传新思想。政府有组织地开展农民体育运动，球类、田径等现代体育运动逐渐普及。1962年，农民体育活动与民兵训练结合开展。1984年有2个村级花灯戏剧团，皆唱花灯戏。1987、1988两年春节，泗洲村举行龙舞大赛，共18个队、300余人参赛，还在全县性的比赛中获奖。1989年，成立了乡农民体育协会，乡体育运动委员会，举办单项和综合运动会。1991年纪念中国共产党成立70周年，泗洲乡歌唱队在乡内36个自然村演唱48场。2000年组建乡村篮球队，修建篮球场5个。2008年春节，泗洲村龙灯队赴县会演受到好评。2010年，新建农家书屋3个，新增藏书4000册。配有音响、乐器、电视机等设备的乡文化站免费向群众开放。

2014年年末，全镇有农家书屋9个，总藏书量1万余册；乡文化站1个；村级文体小广场6个，健身器材50套（台），文艺团体1个，体育组织2个。

广播电视

1956年，县广播部门利用电话线路向乡镇、农村开放广播，转播全县性会议讲话，宣传党的方针政策，指导农业生产等，较大地丰富了农村文化生活。1964年建生产大队广播放大站，村组干部、部分村民装有入户喇叭。1994年敖泉广播中转站转让，县城至泗洲的有线广播传输信号结束。

1955年起，县、流峰、莲塘三地电影队轮流进入泗洲乡村放映。1984年成立泗洲乡电影队，年入村放映100场次。1980年省广播电视厅在泗洲山建电视差转台。1984年黑白电视开始出现。20世纪90年代末彩色电视进入老百姓家庭。1999年有线电视线路架通，电视入户率41%。2014年电视、电信网络覆盖全乡，有线电视入户率达80.0%，其余农户使用小型卫星接收器收看卫星电视。

医疗卫生

明代泗洲人陈尚伊（工部员外郎）晚年退居故里，在医事之余写出《读易心解》等4卷医书。清代，泗洲寨操练民团，有懂跌打损伤的郎中随军。泗洲寨开有中药铺，乡绅、富户人家使用中药治病，普通乡民治病全赖草药和民间传统医疗技术。民国时期，由于无医政管理机构，医药市场混乱，痢疾、“打摆子”（疟疾）逞凶，瘟疫肆虐。

新中国成立后，人民政府从控制传染病入手，发动群众大搞环境卫生，改善饮水卫生状况。1952年设区卫生所，配员5人，后改为泗洲卫生院。1960年在各生产大队设村级卫生所和保健室。1976年各生产大队设有卫生室，配备赤脚医生。1978年社办合作医疗遍及每个村庄，为每个生产大队配备赤脚医生2～3名，其中女姓医生1名；另配备接生员2名；每个生产队配卫生员1名，负责卫生宣传。

1988年乡卫生院设儿科、外科和妇产科，病床6张，职工7人，固定资产3.5万元，当年诊疗量1.6万人次。乡村医生、卫生员36人，多系半脱产行医。1990年泗洲乡成立爱国卫生运动委员会，指导全乡各村在重大节日开展突击清扫环境卫生。2000年卫生院配备放射、显微镜等医疗设备，并设立中医门诊和中药房。2003年新农村合作医疗开始推行。2010年对村级医疗卫生人员进行调整培训，卫技人员素质整体提升。

2014年年末，全乡有卫生院1所，助理医生2人，卫技人员5名，固定资产70万元。有村卫生室11个，卫生员11人。有私营药店1个。全年诊疗量10000人次，共2.5万人次享受到医疗补助，60位大病患者得到救助，金额16万元。

社会保障

明、清时期，泗洲是官府驻地，崇尚孝义持家，同族人派米赡养孤寡老人。乡人捐资兴建育婴堂，抚养弃婴。农村春夏荒靠积谷救济，春借秋还，以陈换新。荒年或平价出售，或计息放贷，或捐谷施粥，使乡民度过灾荒。江浙巡抚陈士杰(泗洲人)晚年在家乡做过许多慈善事业。民国时期，虽有救济机构，但是官府贪污，饥民借贷无门，救济机构形同虚设。

新中国成立后，人民政府每年发放稻谷、钱款，救济贫困农户。1962年分四次拨给泗洲棉花13千克，布匹132米，衣物15件、棉被2床，人民币1000元，救济粮1万千克。又特别给境内8户少数民族拨款60元，围巾围裙40件、布匹18.3米。此后，各生产队每年都开会评议，评出对象予以补助；孤寡老人享受"五保"待遇。烈、军属，失踪军人家属发放抚恤费，农村贫困党员给予经济补助。1985年泗洲乡被定为重点扶贫乡，政府以投放周转金等方式，帮助300农户增收脱贫。1991年大旱，县里三次给泗洲调拨定销、返销粮90吨，年底又拨款600元，帮助特困户过好春节。2000年以来，社会保障体系进一步完善，辖区内受灾农户、特困户得到救助；符合享受国家低保条件的贫困户领到低保金；各类涉农资金全额发放到位。

2014年，"新农保"参保6913人，全乡80岁以上的老人全部领取高龄补贴；通过"一卡通"发放涉农补贴21项，金额达200余万元。临时救济生活困难群众80人次，金额1.5万元；改造危房16栋，金额15万元；做好孤儿摸底、上报工作，落实待遇金额4.5万元；共清理低保对象92人，"五保"对象30人；有敬老院1所，收养老人14人。

特色地情

人物

陈尚伊　字汝聘，号任庵，泗洲寨人。明嘉靖三十四年（1563）中举，五年后登进士，授永丰县令。任满，录为刑部主事。万历十二年(1584)后任云南按察副使、滇中副宪、江西布政司参政。陈病逝于家，诰封大中大夫，官从三品。

陈士杰（1825—1893）　字仲清，号隽丞，泗洲寨人。道光二十九年（1849）以拔贡选取户部七品京官。咸丰三年（1853）年初，入曾国藩衡州（今衡阳）军幕。同治元年（1862），由曾国藩推荐，受任江苏按察使。四年（1865）加封布政使衔。十三年任山东按察使，继任福建按察使、布政使。光绪四年（1878）任浙江巡抚，光绪八年转任山东巡抚。后因病辞官还乡。光绪十九年（1893）春，卒于衡州，年69岁。

陈暄　字元明，谱名陈诗亮，泗洲寨小湫头村竹坊人，生于光绪二十七年(1901)。1926年考入广州黄埔军校（第五期），毕业后参加北伐，入国民革命军第68军119师，先后参加了武汉会战、枣宜会战、豫中会战。累功擢至少将第一副师长兼政治部主任。2015年8月29日，经中共中央严格审查，确认其为抗战将领。

陈士杰故居

知名人士

泗洲乡政府所在地泗洲村（原名泗洲寨）历史悠久，人文蔚起。明、清以来共出进士7人，中举14人，七品以上官衔40多人，皇帝封诰55人次。著名的近代知名人士有中国铁路创始人之一、粤汉铁路株（洲）邵（阳）局局长、国军少将衔、中共湖南省人民政府参事室参事陈毓英。

历史人文

寨脚山遗址 在泗洲乡竹洞村桥头组对面石山上，1985年发现。山西南有4个洞穴，分别在河岸的一、二、三级台阶，总面积约200平方米。收集的石器有打制的石刀、石斧、石奔、砺石等多件，还有碗、鼎、釜、杯、罐等物的陶器残片。经省专家鉴定，断定是4000～5000年前人类制造和使用过的生产生活工具，该遗址是商周早期人类生存的场所。

陈士杰故居 位于泗洲乡泗洲村（俗称官厅）。咸丰年间（1851—1856年）所建。为青砖古木结构，两厅相间。官厅分上中下三厅，占地1600平方米。2011年被列为湖南省重点文物保护单位。

颜氏宗祠 坐落于泗洲乡竹溪村岭背组，建成于嘉庆年间，道光乙巳年（1845）修葺。宗祠由青砖石瓦构成，屋顶飞檐翘角，宗祠内雕龙画凤，蔚为壮观。2002年5月被列为湖南省重点文物保护单位。

欧阳氏宗祠 坐落于泗洲乡下阳村，始建于顺治十年（1653），康熙五年（1676）竣工。宗祠呈长方形，阔14.8米，进深32.7米，墙基及地面均为青条石和方石铺垫。分前后五进，由前厅、中厅、后厅组成，面积400平方米。2000年5月被列为湖南省重点文物保护单位。

（郑欣荣　供稿）

欧阳海镇 >>

欧阳海镇是伟大共产主义战士欧阳海的故乡。

区域概况

地理位置

欧阳海镇位于北纬25°59′37″至26°07′09″，东经112°31′37″至112°35′51″之间。辖区南北最大距离13.5公里，东西最大距离9.7公里。东北与桥市、莲塘接壤；南与敖泉镇相邻；西连流峰镇、泗洲乡、莲塘镇；东部与和平镇交界。镇治天鹅圩，海拔340米，距县城42公里，全镇总面积100.65平方公里，占全县总面积的3.4%。

建置沿革

清咸丰时期（1851—1861年）桂阳州编为十一团，欧阳海属于大富团。民国35年（1946）属于富有乡。1949年10月属于富有区。1950年3月为第五区东山乡、紫霞乡、让水乡。1952年2月属于第八区。1956年6月更名沙溪乡。1958年9月属于莲塘公社；1961年5月从莲塘公社析出成立沙溪公社。1964年为纪念欧阳海烈士，将沙溪公社易名为欧阳海公社。1984年，撤销公社，称欧阳海乡。2012年3月撤乡设欧阳海镇。

行政区划

2014年该镇辖廖家村、大窝村、周塘村、五里村、三白村、义和村、增源村、东山村、欧阳海村、神山村、江口村、大乘村、四庄村、坦溪村、下山村、禹门村、沙溪村、尹坪村、两湾村19个行政村，209个村民小组，128个自然村。

自然环境

该镇地处泗洲山西麓谷地，属亚热带季风湿润气候，气候温和，四季分明，雨量充沛，日照充足，但分布不均。

地形地貌 境内为半丘陵半山区地貌，地势西南低而东北高，平均海拔564米，最高峰为东面的泗洲山，海拔1428.3米；最低处位于大乘村的铁山自然村，海拔256米。镇域东部的欧阳海村、增源村、神山村、江口村以山地为主，其他各村均为丘陵。镇域中部较为平坦。喀斯特地形分部面积广，溶洞及溶洞裂隙较多，保水力差。

气候 境域处于衡常平原与湘南丘陵交汇的咽喉风槽地带，地势较高，是桂阳著名的强风区。春季常有倒春寒，夏季盛行西南季风，秋季寒露风出现早，冬季盛行东北季风，降雪量大。受独特地形影响，境内易出现暴雨、暴雪、洪涝、高温、干旱、大风、冰雹、雷暴、寒潮、冰冻、低温等灾害天气，成为阻碍经济发展的因素。1981—

2010年平均气温15.2℃，1月平均气温3℃；7月平均气温29℃。年降水量1400毫米左右。日照时数1700小时左右。集中式饮用水水源地水质100%达标。地表检测断面功能区达标98.3%。区域环境噪声平均值为45.4分贝。空气质量指数为良的天数占全年天数比例达99%。

水文 泗洲山西麓的潭水（东山水）向北流入莲塘后成为伏流进入常宁县，是湘江一级支流宜水的上游，为桂阳的五大水系之一，长约20公里，平均年径流量0.722亿方。潭流岭以东的沙溪水向西汇入潭流水（灌江的东源莲塘水），侧板岭以西的大江向南流入敖泉镇，成为灌江的另一源。灌江最后流入湘江的另一条一级支流——春陵江。地下水储量1407万立方米。

土壤 水田有鸭屎田（水稻土）、黄泥田、沙质田、灰黄泥田。旱土有红壤、黄壤、黄棕壤。海拔1000米以上的泗洲山、三角寨等山头的开阔地和坡地一般有草甸土分布，但土层薄、风害大，林木难以生长。

植物资源 欧阳海镇植被种类复杂，因相对高差大，植被垂直分布明显。在海拔1000米以上的泗洲山等山顶，植被为矮灌木和草丛，常绿阔叶林多为细叶青冈、银木荷、大叶鹅耳枥、刺毛杜鹃等。在海拔800～1000米的山地植被以木本为主，也有高冬茅和葛藤。海拔800米以下的低山区和丘陵多以壳科的栲属、青冈、樟科为主要种群，林中蕨类以狗脊为多，常绿树与落叶林混交多为中幼林。林中青冈栎、苦槠、锥栗、黄檀、枫香、山槐、槲栎、冬瓜木等为主要种群。针叶林在全镇植被中占比最大，有马尾松、杉木。此外，还有楠竹、油茶树、柏树等。

动物资源 动物资源丰富，飞禽有鹧鸪、斑鸠、黄莺、白鹭、鹰、竹鸡、乌鸦、喜鹊、啄木鸟、田鸡、麻雀、野鸭等。因是候鸟迁徙之路，秋冬之际常有大量候鸟经停，天鹅坪村即因此得名。走兽有野猪、野猫、獐、麂子、野兔、果子狸、穿山甲、黄鼠狼等。水生动物有草鱼、鲢鱼、雄鱼、滑鲢鱼和虾、蟹、鳖、田螺、河蚌等。蛇类有眼镜蛇、竹叶青、银环蛇、五步蛇、水蛇等十余种。上世纪50年代还有虎、豹、豺出没，现在已经绝迹。

矿产资源 泗洲山黄毛江至江口有铅锌矿、锡矿；下山、沙溪、乌龟塘等地有煤矿，属于沙溪煤系，远景储量较大；大芋岭、流源冲有锑矿，此外还有铁锰矿，石灰石蕴藏丰富。

人口民族

1988年，有6661户23661人；2005年，人口23851人；2014年人口28045人。人口出生率12.27‰，自然增长率6.59‰。人口密度为每平方公里201人。境内除流动人口偶有少数民族外，均为汉族。

经济发展

经济综述

清末民国时期，境内工农业生产落后，加之山多田少，米粮缺乏，民生十分困苦。

新中国成立后，镇域生产由恢复到发展，改革开放后以经济建设为中心，发展更为快速。1988年，工农业总产值714.15万元。2005年实现国民生产总值9416万元。2012年增加到2.09亿元。2014年，全镇实现国民生产总值2.44亿元，其中第一产业10734万元，占44.1%；第二产业6113万元，占25.1%；第三产业7521万元，占30.8%。全镇农业经济仍占主导地位。

农业

境域历来为传统农业模式，农业经济落后。1949年后逐步改革，历经个体经营、集体经营、家庭联产承包经营等模式，农业经济得到快速发展。水稻为主要粮食作物，相继采取了单季稻改双季稻、高秆品种改矮秆品种、常规稻改杂交稻、改革栽培技术、增施化学肥料、使用农药防治病虫等一系列增产措施，水稻产量不断增长。

1976年，开始试推杂交稻。1977年，坦溪大队农民在县内率先试验早、晚两季杂交稻，面积4亩，两季都用南优3号，早稻亩产502千克，晚稻亩产360千克，合计862千克。为双季杂交稻在桂阳的推广作出了示范。

欧阳海镇旱粮以红薯为主，民间有“红薯半年粮”之说。此外，小麦、高粱、白薯、洋芋、魔芋、大豆都有种植。改革开放后，水稻增产，人民的吃饭问题得以解决。2011年，水稻种植面积1187.26公顷，生产粮食0.76万吨。红薯、高粱等杂粮一般用来当作酿酒原料与牲口饲料。

该镇传统的经济作物有烟草、苎麻、黄花菜、生姜、魔芋、药材、油茶等。烤烟主产地集中在大窝、周塘、廖家、五里牌、三白、下山、坦溪、沙溪等村组。2000年，收购烟叶1248吨。2014年，种植烤烟250公顷，收购烟叶513吨。药材主产地在江口、东山、欧阳海、神山、义和、增源等村组。1997年，义和村种植百合，年产百合20吨。2013年，引进利诺制药厂签订药材收购合同，2014年，全镇种植尾参等药材134公顷。药材种植成为农民致富的新产业。

生姜和黄花菜是该镇特产。20世纪80年代，生姜年生产达150吨以上，居全县之首；黄花菜种植最多年份达67公顷，年产量50吨。

养殖业 以猪、牛、羊、家禽、鱼类为主。2011年，生猪饲养量32520头，年末存栏11796头；牛饲养量244头，羊饲养量1866头，家禽饲养量8.43万羽。2014年，出栏生猪16580头，牛289头，羊2091头，狗633只，出笼禽类81280羽，肉类总产量1346.6吨。淡水养鱼129.86公顷，养殖产量260吨。

2014年，该镇农村劳动力22387人，本地农村从业人员8421人，常年约有1万余人在外地创业务工，劳务收入成为家庭收入的重要来源。

林业

1958年以前，境内东部山林处于原始森林状态，主要树种为杉树、松树、楠竹，以增源、神山、江口、欧阳海、义和、四庄、大窝、廖家等村产量较大。森林覆盖率在70%以上。1958年全民大炼钢铁，伐木毁林，林业遭到严重破坏。20世纪70年代大队办林场，林业恢复发展。家庭联产承包责任制后，因村级集体经济仅剩山林，为保障村级基础设施建设、促进公益事业发展，村民只好向山林要效益，砍树卖树卖青山现象时有发生。1981年，虽有林地3884.54公顷，但森林覆盖率已大幅下降，1986年前后达到历史最低点。

1976年，桂阳县被确定为全省30个油茶基地县之一，县定欧阳海公社为油茶林基地公社。1981年有油茶林1365公顷。80年代后，村集体油茶林因管理缺失遭到严重破坏，油茶林保有量大幅下降。

1990年后落实林权，颁发林权证，林业生态显著好转。同时鼓励植树造林、退耕还林、封山育林，强化森林防火工作，财政每年投入数十万元作为造林专项资金，通过绿化攻坚，实现了用材林、绿化林、经济林并举的林业发展格局，用材林面积、木材蓄积量都有较大幅度提高。用材林以松、杉树为主，经济林以茶叶、油茶、梨、桃、柑、板栗等为主。

2010年镇党委、政府提出打造“绿色生态”欧阳海口号，积极创建“全省生态乡镇”，大力开展植树造林、森林防火工作。2012年，引进中联天地油茶开发有限公司，在神山等村示范开发丰产油茶74公顷，2013年达120公顷。2014年荒山造林273公顷，组建由8名农民组成的镇森林防火专业巡查队和30多人的半专业扑火队。经考核排当年全县林业工作第二名。

工业

1949年前，境内只有砖瓦、石灰、采煤、榨油、裁缝、酿酒、竹木加工、粗布纺织等少量个体手工业。

20世纪50年代农业生产合作社时期，始兴以手工业为主的农村集体副业，人民公社化后有多种经营专业队，建立社队企业，镇区内有铁木社、红砖厂、小型水电站、采石场等。1958年“大跃进”时兴办沙溪国营煤矿，1961年经济调整时下马。

20世纪70年代，开办过竹器厂。1978年9月，建成了神山水电站，年发电50万千瓦时。80年代乡镇企业代收矿产品。1990年后有制鞋厂、制砖厂、大米厂、采石场、塑料制桶厂、藕煤场。2000年以后，在泗洲山上建成了欧阳海电站。2001年，引资建起了太坪红砖厂、欧阳海红砖厂。2011年，鑫星鞋业落户三白村，安排就业50余人。2012年，投资200万元建成丰富鞋厂，就业人员达200余人。2013年，投资500万元成立欧阳海大米厂，该厂被评定为郴州市农产品龙头企业。

中共十一届三中全会后，该镇工业有了长足发展，但总体发展水平仍然不高，规模不大，2014年第二产业增加值仅占GDP总值的25.1%。

集市贸易

欧阳海地处古代驿道，南来北往行人多在此食宿。至晚清，欧阳海形成了土地堂圩、天鹅坪一条街、五里牌铺、赶毫铺（观音铺）等商业点。圩日应市者千余人，多时逾5000人。主要上市物有大米、畜禽、茶叶、土纸、竹木制品、生活用器、布匹洋货等，三日一圩。1958年至“文化大革命”期间，集市贸易受限制，逢十赶圩，大米、畜禽不再上市。天鹅坪长期为马路市场，赶圩日往往交通拥阻。1988—1989年，在镇区马路西面开辟农贸综合市场，2008年又在马路东面增建市场，交易条件不断改善。2014年，有商业网点226个，从业人员1267人，社会商品零售总额5297万元。农村集贸市场2个，年成交额1832万元。

财税金融

古代，该镇人民收入不多，但承担的苛捐杂税很重。1949年后农民统一交公粮。

中共十一届三中全会后，财政工作执行“调整、改革、整顿、提高”的方针和“划分收支、分级包干、定额上交、递增包干、超收全留”的管理制度，对农业税征收实行起征点，对国营企业实行企业基金，利润留成、盈亏包干，对个体工商业征收工商业税等管理办法。2006年减免个体工商业者税费，撤销农业税。

2005年，该镇财政总收入376万元；2012年增加到430万元；2014年达634万元。

1952年成立农村信用社。2011年末境内有金融机构农村信用社1家，各类存款余额1.56亿元，各项贷款余额0.26亿元。

基础设施

交通运输

秦汉以来，泗洲山与白阜岭之间的山隘就是中原往来岭南的交通要道，至明代成为南岭地区重要商道，清代桂阳以南盐贩到衡湘贩盐多路过于此。从桂阳州城经欧阳海大窝—五里—赶豪到腊园的古道，是县内重要的南北交通陆道。

1959年，该镇通县城公路扩建成省级公路1807线。桂阳、新田、道县、宁远、蓝山、嘉禾、临武等县通往常宁、衡阳、长沙的客运班车都途经欧阳海。

20世纪70年代末，因建设泗洲山广播电视台（省属）的需要，建成从天鹅坪至泗洲山山顶的“郴179线”专用公路，公路总长20余公里。

中共十一届三中全会后，随着“要想富先修路”观念深入人心，村村都修通了简易沙石公路。2000年后欧阳海镇全力推进乡村交通建设，一方面发动群众自筹资金，另一方面用足国家扶持政策，投资数千万元，大修通村、通组公路。2013年衡武高速公路穿镇而过。

至2014年年底，全镇19个村硬化道路70公里。全镇公路通达率（村）达100%，通畅率达100%，公路总里程达120公里。

通信

“大跃进”时期，手摇电话开始进入欧阳海部分大队。1991年程控电话开通。1996年成立邮政代办所，有职工2人，主要负责报刊发行、函件包裹、特快专递等业务。2000年后家用固定电话逐步普及，无线电话拥有人口逐年增多。至2014年年底，有电信、联通、移动电话服务网点3个，固定电话用户300余户，移动电话用户1.5万户，互联网用户160户。

水利

境内主要河流有潭水（东山水）、沙溪水和大江水三条。明清时期建有零星小塘坝，井泉数百口，是靠天吃饭的原始水利格局。

新中国成立后，为从根本上改变水利条件，欧阳海人民开始大兴水利。1958年修建坦溪、禹门小Ⅱ型水库；1966年修建增源小Ⅰ型水库；1968年修建刘家源小Ⅱ型水库；1970年后修建董家、牧牛塘、廖家等山塘水库。此外全镇还修建各类灌溉山塘688口。

增源水库为境内最大的水利工程，集雨面积14.2平方公里，土坝高49米，正常库容370万立方米，设计灌溉面积800公顷，渠道17公里。但由于工程质量差等原因，实际灌溉面积远没有达到预期目标。1990年、2009年国家先后投入资金对增源水库进行改造，但效益依然欠佳。

2010年以来，该镇争取资金数百万元，对境内水库出水涵洞、渠道、倒虹吸管、引水工程进行维修改造，清淤数千立方米，整修病险水库10余座，建设烟水配套工程4处，新增蓄水量20万立方米，修建与疏浚沟渠数公里，改善灌溉面积112公顷。

农业灌溉条件差是该镇经济社会发展中的一块短板。2013年，该镇遭遇严重干旱，干群出勤抗旱上万人次，投入抗旱资金数百万元。东山村50余公顷中稻几乎全部受旱，县农机局采用三台100–30型抽水机从车头江三级提水60余米，再从山顶自流入稻田。旱情得到一定程度缓解。

2008年，该镇向上申请安全饮水工程项目，利用该镇义和村优质山泉建自来水厂，日供水量上千吨，镇区内上万人的饮用水问题得到解决。至2014年底，19个行政村都接通了自来水。

村镇建设

清末民国时期，当地圩场设在土地堂，乡治所天鹅坪虽号称一条街，但实际上房屋店铺很少。新中国成立后S214线修通拓宽，沿道新建街区，各个机关单位沿线布局，圩场也搬迁至此，镇区才算基本成型。2011年，该镇常住人口2500人，城镇化率9.6%。

2013年，该镇投资30万元完成了镇区4.5平方公里规划，编制《欧阳海镇2013—2030年总体规划》和村庄布局规划。投资300万元完成镇区1.5公里公路两边3米宽麻石人行道改造，投资300余万元对镇区地下管网进行改造，对镇区公路两旁进行绿化、亮化，安装太阳能路灯

126 盏。镇区房屋、街道、环境以及配套设施得以提质。

农村建设方面，民国时期，农村住房多为低矮窄小土砖房，山区多为土夯墙，屋顶盖杉木皮或茅草。1978 年后，农民收入增加，农民住房逐渐改善，不少农民仿照城市三室一厅、三室二厅模式建起砖混结构新房。

2013 年在下山、廖家等四个重点环境整治村建成垃圾池 26 座，发放垃圾桶 2000 余个，并聘请 23 名专职保洁员。2014 年安排资金 20 余万元，建设大窝、廖家、周塘、白牛塘等 8 个环境整治示范村，为每个自然村配备 1 名专职保洁员。

社会事业

教育

1949 年前当地只有几所私塾和 1 所振南书院，入学率很低，文盲高达 95% 以上。1949 年后，大兴村片小学，广泛开展扫盲、文化补习活动。最先在老鸦窝办农业中学，后来农业中学改为一中，另在石豪庵开办二中。2005 年，国家免除义务教育阶段学杂费。

1999 年，共青团山东省委捐助 23 万元，在欧阳海村建“山东共青团希望小学”。2000 年后，先后引进无偿援助资金 180 万元，兴建了乡中学学生公寓，乡中心校学生公寓，下山村逸夫学校、江口小学和三白叶明希望小学。

2014 年年末，该镇有幼儿园 4 所，入园率 98%。有村小学 17 所、中心完小 1 所，在校学生 2000 多人，专职教师 76 人，小学适龄儿童入学率 100%。初级中学 1 所，在校学生 230 人，专职教师 26 人。欧阳海故居被列入郴州市爱国主义教育基地。

文化

古代，境内盛行佛、道教，寺、庵较多，信众普及大多数家庭，口头文化、神话传说为主要休闲文化，花灯调、桂阳昆曲、祁剧等民间剧团较多，春节与喜庆日舞龙舞狮等民间文化活动盛行。尤其是大窝村的民间小调、舞龙舞狮表演远近闻名。1958 年后流行顺口溜、打油诗；“文化大革命”时期推行忠字舞，各大队成立毛泽东思想文艺宣传队，演出“样板戏”、花鼓戏、三句半、话剧、小品等。1978 年以来，业余文学爱好者较多，东山、大窝等村民间花灯剧团演出活跃。80 年代镇内出现录像厅，2000 年前后流行卡拉 OK。

进入 21 世纪后，随着电视走入千家万户，VCD 普及，群众文化活动形式更加多元化，文化内容倾向娱乐化。2011 年，有村级农家书屋 12 个、藏书 5000 册，各类文化专业队 3 个。2013 年新建镇文化站，面向农民免费开放。

广播电视

“大跃进”期间，全镇每个生产大队普及高音喇叭。1969 年建成欧阳海人民公社广播站。1973—1982 年 95% 的大队有广播放大站，入户率较高，农村广播网基本形成。

1976 年郴州行署在境内建成泗洲山广播电视调频转播台。1979 年省广播电视厅在泗洲山筹建 164 瓦电视差转台。因为先建站后修路，材料设备全部靠人力抬上山。1980 年差转台建成使用，发射六频道，转播湖南电视台节目，电视信号覆盖全境，收视效果好转，从此，电视逐步走入镇区农家。1983 年公社广播站改为广播电视站。1985 年，省广播电视厅利用泗洲山 7601 电视差转台增设两台 1000 瓦调频机。1996 年，成立欧阳海乡广播电视站，1998 年，乡广播电视站收归县广播电视局。1998 年，有线电视网络设备和用户设备向数字化过度，电视终端机由黑白电视机、彩色电视机转化到液晶电视机和高清电视机。至2014年底，全镇有线电视普及率达100%。

医疗卫生

明、清、民国时期，中草药郎中游方境内，为民治疾。民间有中医铺。1960年成立人民公社卫生院。2007年开始实行医保制度，医院不断提高医疗服务质量，为广大患者解决就医难题。2014年，欧阳海医院有职工21人，专职医护人员17人，医疗设备16万元。门诊量10826人次，住院326人次。有村级卫生室17个。建立了居民健康档案和传染病防疫与卫生应急情报网。

人民生活

新中国成立前当地人民生活困苦。1950年以后，人民生活水平逐步改善。1978年以后温饱问题解决，生活质量进一步提高。

2006年，免征农业税，并享受各种惠农补贴。2007年，境内实行新型农村合作医疗制度。2009年，实行新型农村养老保险制度，贫困家庭享有最低生活保障，人民幸福指数得到普遍提升。

2012年，该镇农村居民人均可支配收入10362元；2013年提高到12227元；2014年再提高到14083元。90%的家庭住进新楼房，95%的家庭拥有新型家用电器、摩托车，许多村组接通了自来水、硬化了通村公路，有线电视、无线网络通信入户率均达100%。2014年农村用电量5478万千瓦小时。

社会保障

新中国成立前虽有过赈灾活动，但由于救济面窄，且常被地保豪绅窃占，普通百姓无法享受。民国三十四年（1945），出现特大旱灾，发过一点救济物资，都被当地保甲长和土豪占有。

新中国成立后，人民政府在依靠社会力量互助的同时，每年发放一定数量的物、款救济困难户。合作化后，合作社（公社）设立公益金，补助困难户，对鳏寡孤独实行低标准的“五保”。

1986年9月26日，该镇禹门村失火，17户共50余间民房烧毁，82人无家可归。乡政府于当天送去救济大米500千克，人民币200元，蚊帐、被子25套，村支两委发动群众互济互助，几天内募集钱1200元，粮2500千克，衣物118件，县政府也下拨救灾款3500元，粮5000千克，灾民生活得到妥善安排。

2001年，该镇投资60万元兴建了乡敬老院，集中供养“五保户”10人，后增加到22人。2011年末有农村最低生活保障户719户1078人，支出资金100.9万元。有农村“五保户”210户237人，支出资金37万元。民政部门资助大病救助168人次，支出资金9.52万元。

2012年，获“一事一议”国家补贴项目9个，上级政府发放各种惠农补贴800余万元，农合补偿金238万元，各项优抚款120万元，完成危房改造任务26栋。2014年参加新型农村养老保险10300人，参保率75%。发放各项优抚款、低保、五保、救灾款500余万元。

特色地情

英雄人物

欧阳海　1940年生，欧阳海镇欧阳海村人（原村名老鸦窝）。1959年3月应征入伍，1960年5月加入中国共产党。1963年11月18日清晨，部队野营训练行至湖南省衡山车站南峡谷时，满载旅客北上的288次列车迎面急驶而来，驮着炮架的一匹军马猛然受惊，窜上铁道，横立双轨之间。就在火车与惊马将要相撞的危急时刻，他奋不顾身，跃上铁路，拼尽全力将军马推出轨道，避免了一场列车脱轨的严重事故，保住了旅客的生命

和人民财产的安全，自己却被卷入列车下壮烈牺牲，年仅23岁。

欧阳海牺牲后，朱德、彭德怀、叶剑英等国家领导人分别题词，赞扬他的牺牲精神。金敬迈创作长篇纪实小说《欧阳海之歌》。2009年，欧阳海被评为“100位新中国成立以来感动中国人物”。

风景名胜

泗洲山　桂阳境内最高峰，海拔1428.3米，建有湖南电视转播台（1978年12月26日启用）。晴日时，站在山顶，四面衡、郴、永、桂诸城尽收眼底；碰上阴雨天气，则云山雾海，飘渺如仙山。春末夏初，杜鹃怒放，层山尽染，满目锦绣，心旷神怡；盛夏时节，绿草如茵，泉水叮咚，山花烂漫，南风浩荡；秋冬季节，寒风呼号，雾凇冰挂，千姿百态，南国雪域。公路盘旋，蔚为壮观。

（廖小敏　供稿）

光明乡 >>

区域概况

地理位置

光明乡位于桂阳县西北边陲，北纬26° 06′ 18″至26° 18′ 74″；东经112° 39′ 45″至112° 48′ 72″。东接常宁市庙前镇，南连泗洲乡、莲塘镇，西与白水乡接壤，北与常宁市弥泉乡交界。乡政府驻地和平村，距桂阳县城65公里。

建置沿革

明代，光明乡南部属大富乡，西北部属峒官乡。清康熙二十一年（1656）南部属沙桥里，北部属峒官管辖。清乾隆三十年（1765）桂阳州设五都五十一里，南部属居仁都沙桥里，北部属峒官地。清咸丰时期（1851—1861）桂阳州编为十一团，都里照旧，南部属富贵团，北部属永桂厅管辖。清同治七年（1868），桂阳州编五都五十一里，南部属居仁都沙桥里，北部属永桂厅所辖。

民国3年（1914）桂阳县设十二团，光明乡属大富团。民国19年（1930）属第七区。民国21年（1932）属第六区。民国24年（1935）属大富乡。民国27年（1938）属潭源乡。民国36年（1947）属富有乡。

1949年10月隶属富有区办事处。1950年3月隶属第五区。1952年2月隶属第八区。1956年6月隶属下马乡。1958年9月隶属莲塘人民公社。1961年5月设光明人民公社。1984年改光明乡。

区划面积

1988年，辖17个村（居）委会，128个自然村、158个村民小组。总面积72.62平方公里，耕地575.4公顷，其中水田455公顷。

2014年，辖和平、玉石、宜福、廷山、麻料、甘水、潭烟、株树、枫树、群益、楼下、下马、光明、茶潦、沙泉、潘家、李白17个村委会，159个村民小组。辖区东西最大距离9公里，南北最大距离13公里，总面积72.2平方公里。耕地面积563.33公顷，其中水田448公顷。

自然环境

地势　境内多山，平均海拔700余米，最高处紫顶山，海拔1415米；最低点九龙关亭子处，海拔200米。土壤呈砂质。

气候　属亚热带季风性气候。1981—2010年平均气温15.5℃，1月平均气温2.5℃，极端最低气温-7.9℃；7月平均气温27℃，极端最高气温达36℃。无霜期年平均195天。年平均日照数1730小时。年平均降水量1300～1500毫米。

资源 矿藏有钾长石、硅石等。林地和草地资源丰富。有林地 3026.71 公顷，占土地总面积的 42%，森林覆盖率 40%；草地 2018.28 公顷，占土地总面积的 28%。

自然灾害 主要有旱涝、低温、霜冻等。光明乡山高坡陡，25° 以上山地约占 80%；土壤为砂质结构，原生植被破坏后极易造成水土流失，冲刷后森林植被恢复极为困难。2008 年春节期间的冰冻灾害，造成经济损失 6000 万元。

人口民族

境内人口以汉族为主。明代，赵姓瑶族迁入，定居板木塘村。1962 年末，辖区总人口 2486 户、9459 人，其中非农业人口 62 人。总人口中瑶族 13 户 60 人，占 0.63%。1988 年，辖区 4027 户 14566 人，其中非农业人口 110 人，瑶族 79 人。

2014 年年末，5055 户 17554 人，其中农业人口 17435 人。总人口中瑶族 41 户 175 人，占总人口 1%。境内汉族属流峰话方言区。

经济发展

经济综述

光明属典型的山区乡，素有“七山二土一分田”之说。民国时期苛捐杂税繁多，经济发展缓慢。乡民多以杂粮为主食。境内没有圩市，工商业落后。1949 年亩产粮食 315 千克，其中杂粮占 64%，人平纯收入约 20 元。

1961 年建置光明公社后，该乡创办林场、茶场、养殖场，兴办小水电、铁木社、农具厂等社队企业，发展集体经济。1963 年，派出剩余劳力外出抓现金，为集体带来可观的经济效益。1965 年，推广高产耕种技术，利用砂石土资源种植魔芋、生姜、辣椒等经济作物，农业经济有所发展。由于地域局限，企业规模较小，工商业产值较低。1977 年末社队企业总收入仅 4536.7 元，部分企业处于亏损状态。1978 年末全乡国内生产总值 102.21 万元，其中第一产业总产值 92.83 万元，占比 90.8%；第二产业总产值 4.32 万元，占比 4.22%；第三产业总产值 5.06 万元，占比 4.95%。人均纯收入 56.6 元，是 1949 年的 2.83 倍。

中共十一届三中全会后，该乡关停污染环境的企业，引导乡村个体企业向环保型企业发展，天麻、银杏等名贵药材种植初见成效。80 年代后大规模输出劳务，劳务经济成为农民脱贫增收奔小康的重要来源。2010 年来该乡围绕“富民、兴村、强乡”发展战略，大力发展绿色经济和劳务经济，调整经济结构，稳步推进新农村建设。2010—2014 年，成立农业专业合作社，做大做强萝卜、大米、楠竹种植和竹鼠养殖等产业。桂阳瑶王贡生态有机茶业公司采取“公司 + 基地 + 农户”模式，在该乡兴办茶叶生产加工基地。

2014 年，全乡实现国内生产总值 10565 万元，其中第一产业总产值 4543 万元，占比 43%；第二产业总产值 3122 万元，占比 29.5%；第三产业总产值 2901 万元，占比 27.5%。完成固定资产投资 3600 万元。财政总收入 147 万元。农村居民人均可支配收入 6648 元。

农业

种植业 自古以来，光明境内属传统的农耕之地，原始的生产技能和耕种模式，使得农业效益低下，粮食奇缺。

1949 年后，人民政府发放农业贷款，改田、改水、改品种，发展农业生产。1962 年，垦荒开田，推广粮、菜间作。当年实现农业总产值 26 万元，户平产值 105.06 元。1963—1968 年，境内旱灾不断，政府指导农民播种早熟、快熟作物，赈灾与自救同时展开。1970 年推广水稻品种改良，粮食产量提高。1978年播种粮食506.39公顷，总产量3818.5吨，其中稻谷3086.4吨，人均产粮约400千克(杂粮)。

中共十一届三中全会后，大力推广杂交稻种植，1982年杂交稻播种面积2544亩，亩产461千克。之后粮食产量快速上升，私营养殖业蓬勃发展。因温光资源不足，烤烟种植快速减少，1985年，烤烟种植面积仅13.34公顷，产烟不足20吨。1990年后，几乎不再种植烤烟。2000年以来，该乡立足"在山靠山"和"市场导向"原则，种植优质水稻和蔬菜瓜果，开发高山农产品。2011年，引进资金建成133公顷茶叶生态园。2013年成立益民蔬菜专业合作社，兴办龙航山庄生态养殖场，新增牛羊养殖专业户10户，山区特色农业逐渐凸显。2014年，粮食产量3519吨，蔬菜产量5593吨；茶叶10.1吨。竹林面积超过133公顷,年产干笋50吨。种植尾参13公顷，产量500吨。

养殖业 因地处山区，该乡畜牧业产值历年较低，水产品产值几乎为零。1962年，全乡畜牧业总产值4580元(当年价)。1963年，政府指导群众发展粮、菜间作，蔬菜的粗叶和脚料作为饲料推进生猪养殖。1970年后各生产队建有集体养猪场，但因饲料和兽医问题没有得到根本解决，养殖业发展仍然缓慢。1978年，全乡有集体猪场45个，全年养猪4881头。私人养猪4895头，家禽13324羽。改革开放以后，大部分青壮年农民外出务工，养殖业几乎是家庭圈养式，在乡村内自给自足。2000年以来，该乡利用得天独厚的地理优势发展生态养殖，该乡境内养殖的猪、牛、羊成为城市居民抢手的绿色食品。2006年末，出栏生猪16860头，出笼家禽32940羽。2010年，畜牧业向规模化发展，村民依托山沟和溪涧建设专业化养殖基地，有百头以上生猪养殖户20户，部分村民还建起了水陆立体养殖场。2014年出栏生猪17838头，年末存栏7688头；出栏肉牛383头，羊1293头，家禽49754羽；淡水养殖面积34.35公顷，水产品136吨，实现养殖业产值3885万元。

林业 该乡境内山多林少，用材林基本靠自然繁殖，人工造林以栽植桐树为主，兼植少量生态林、风景林。

1962年辖区林地4341公顷，占土地总面积的40.6%，当年林业产值为1314元。1964年桂阳县确定光明公社为6个杉木林基地之一。此后，各生产队均兴办林场，共有林场作业人员55人，造林基本以杉木为主。1973年桂阳县在光明乡境内实施飞播造林，造林面积667公顷。1978年桂阳县确定板木塘为万亩林基地，其中光明乡境内面积占四分之一。1980年创办光明林场，分云峰山、板木塘两个工区，林业工人110人，当年造林233公顷，实施封山育林200公顷。1985—1989年通过小流域综合治理和植被培育保护，植树造林400公顷，治理区植被覆盖率80%。1990年开展封山育林和植树造林运动后，每年坚持植树造林。2008年落实退耕还林333公顷。2010年完成植树造林340公顷，森林覆盖率达到59.84%。2012年成立以茶寮村为中心的200公顷楠竹开发基地，造林126.7公顷。

2014年，全年共植树33170株，其中杉木32400株；村庄绿化香樟树大苗770株。退耕还林60公顷，发放2013年度植树造林奖补资金18.68万元，实现林业总产值428万元，基本改变了山多林少的旧面貌。

工业

1949年前，境内有打棕垫、棕绳，砖工、木工等手工业者，皆是走乡串户经营。

1949年至1977年，工业企业起色不大，仅有几个小水电和茶叶加工企业。中共十一届三中全会后，逐步发展工业企业。1989年，乡办企业1个，各村兴办工业企业80个，其中，农副产品加工机械84台。共有从业人员170人，其中乡办企业从业人员34人。当年实现工业总产值18.58万元，其中乡办企业总产值5.4万元。1994年全乡小水电达76个，个体运输业8个。2000—2004年建成小水电21个，投资规模在100万～360万元之间，从业人员55人。2006年引进县外资金1100余万元，兴建小水电3座，其中新增1座，扩建2座，总装机容量达650千瓦。2010年年末工业企业63个，从业人员325人，工业总产值2565万元。2013年投资300余万元建成瑶王贡生态有机茶业有限公司茶叶初制厂基础设施，建设标准厂房2000平方米。2014年天塘山风力发电项目工程进驻该乡，完成投资1800万元。

商贸服务业

该乡过去商贸服务业较为落后，仅有剃头、货郎等小店摊担，资本小、设备简陋。农副产品出售、日用品购买及印染、修理业务都要翻山越岭到莲塘圩进行。北部乡村乡民则跨过溪涧，绕道进入常宁市辖区的集市。

1961年在麻料村设供销社，随后在各生产大队设代销店，有布匹、食盐、煤油等生活物资供应。为发展地方商贸经济，在光明供销社仓库门前建设简易圩亭，开启光明圩场交易的历史。但因交通不便，社会生产力未得到激发，商贸经济发展极慢。1978年年末全乡商贸服务业网点47个，交易额约10万元。

1982年后光明圩逐渐兴旺，上市交易的商品、人数增多。1989年，商贸服务业总产值达21.82万元。1994年商贸服务业网点增加到56家。1997年兴建钢架货亭360平方米。2007年新增个体工商户30户，并拥有了两家超市。2009年筹资100万元，重建面积800平方米、主体三层的市场，一层为市场，二层是商业门面，三层是配套住房。市场只经营少量水果、肉食、活禽、水产、服装、日用品及当地蔬菜，主要供给附近居民所需，大宗生产生活物资需要到莲塘市场和县城购买。2010年后圩日上市人数约600人，年交易额50万元。

2014年，全乡有商业网店20个，从业人员83人，农村集贸市场1个，市场成交额800.36万元。全年社会商品零售总额2166.19万元，商贸服务业总产值166万元。

劳务输出

该乡劳务输出始于20世纪60年代。1964年旱灾造成1965年春荒，人民公社派出150人上山砍竹、挖药材、烧炭；派出100人到供销社和309队搞搬运。当年创收1.09万元，除买回数千千克粮食，还解决了部分生产资金，劳务经济从此形成。

改革开放以后，该乡把劳务输出作为一个大产业来抓，提供就业信息和法律服务。1990年与县团委、县劳动服务中心联系建立光明乡劳务服务站，为青年农民提供就业信息。乡文化站、乡科协、乡农校举办技术培训。1994年分三批输送2000余人入厂就业，全乡年劳务纯收入300万元。当年在小康村建设考评中，8个村升级晋档。2000年以来，加大对务工人员的培训与扶持力度，形成输出与回流的共振效应，出现“输出一人，带动一村，牵动一片”的局面。2008年举办培训班3期，培训人员170人。与县人社局联系，安排32人参加县里组织的实用技术培训，新增转移劳力180人，当年劳务经济比上年增长16%。2010—2014年免费培训返乡农民工180人次，实现再就业156人，新增就业680人，入县工业园就业160人，年输出劳务在5000人次以上，实现劳务收入8000多万元。

基础设施

交通运输

1949年前，光明乡辖区各村交通状况极差，村民出行均是步行。油漆村是最北面的高山区，人们出行要翻过海拔1200米的扶苍山。由于公路不通，天然牧场无法开发，数千亩成材林、楠竹林以及农副产品难以运出销售，丰富的水资源无法利用，生活物资运进成本高。

1961年建置光明公社后的4年间，修通光明村经长汾至林溪的公路；修通由莲塘水库至光明乡政府所在地公路10公里，能通行一般货车。1980—1982年扩宽改造后，开通县城至光明乡客运班车。由于山势起伏坡度较大，1993年年末全乡17个村委会通公路的仅5个。1994年，全乡举行“要致富、先修路”动员活动，修筑了光明至玉石村的通村公路。1996年桂阳县委、县政府开展对口扶贫。在扶贫工作队的支持下，茶寮、九龙、下马等村劈山填沟，修通公路30公里。1997—1999年，群益、玉石、麻料、廷山、李白等村相继修通公路，建造公路桥13座，其中沙泉桥长30米，高18米。2003年改造乡村道40公里，其中4.5米以上8公里。2005年，筹资30余万元修筑烟包冲、进皮寨、老安塘等通村组公路80余公里，使全乡海拔最高的尹家村通了公路。2009年硬化5条10个村16.1公里的通村公路。2010—2013年硬化通村公路27.4公里，通组公路11条45.2公里，实现村村通水泥公路。2006年，该乡有拖拉机、小型汽车共13台。2014年该乡共有客运车6辆，面包车19辆，低速载货汽车21辆，农用车7辆，普通二轮摩托车253辆，三轮摩托车3辆。

邮政通信

1961年前，光明乡没有邮政通信设施。

1961年成立光明人民公社后，设邮政代办点。1970年，公社驻地安装“摇把子”电话，后又架设至邻近几个生产大队。1978年后邮电业务逐渐扩大，函件和小件包裹投递到生产大队。1990年设邮电代办点，村民邮件在代办点交接。1996—2000年辖区有15个行政村安装程控电话。1999年依托莲塘镇电信基站信号，辖区部分村民开始使用移动电话。2005年投资35万余元兴建了沙泉、和平、光明三个手机信号接收基站和一个发射塔，接通了6台无绳电话，开通程控电话500门。中国移动桂阳分公司设立代办点。2007年筹资400余万元兴建了群益、茶潦、光明三个手机信号接收基站，并接通了全乡17个村的200多台无绳电话，实现移动信号全覆盖。2010年新建乡邮政所。2014年年末有电信、移动、联通电话服务网店3个，固定电话用户780户，移动电话用户9000户，互联网用户35户。

供电饮水

供电 1949年前，境内居民以桐油和松脂照明。1949年后，居民开始用煤油灯照明。1974年光明公社水电站建成，主要供应政府驻地居民照明。1978年建成村级水电站5个，供应3个生产大队28个生产队家庭照明。1994年共有乡村小水电76个，共装机407千瓦，能供应90%的农户照明和碾米加工。1998年集资28万元兴建茶寮电站，其它村组配备微型发电机，用上低压电。2000—2004年建成小水电21个，发电量100～500千瓦，小水电与国家电网合并供电。2006年全境完成农村电网改造，村村架设高压电，供电可靠率达95%。

饮水 境内溪流丰富，涧水清澈。1949年前，因无饮水提灌设施，山区村组处于“水在地下流，人为水发愁”的困境。

辖区的沙泉井是县内古名井之一，1953年区卫生人员在夏、秋两季对辖区农户的水缸逐一进行义务消毒。1966年后政府采取民办公助、多方集资的方法，改善饮水环境和质量。1985年起分批改造各村井泉环境，架设接水管道，安装简易自来水。2000年以来，政府加大饮水设施建设力度，资助村组修缮水井，改善水井环境。2005年筹资5万余元，维修、扩展了政府所在地的集中供水工程；在中心学校新建过滤井，师生用上干净的自来水。2011年投资40万元建设李白村饮水工程，解决800多群众饮水问题；集资2万元维修楼下村第5、6组饮水工程，解决300人的饮水问题。2014年修建村级集中供水站7个，惠及8000多群众。

农田水利

1949年后，政府发动群众以自然村或互助组为单位兴修水利，工程规模较小，基本是小山塘和引水灌溉渠道。1977年县政府为保护莲塘水库水源，同时改善光明乡的生态环境，在光明乡实施改土、治水工程，实行山、水、林、田、路综合治理，消灭冬泡田466.66公顷，建设旱涝保收田276公顷，高产稳产田142公顷。1984年光明乡成立水土保持领导小组，对潭烟、麻料、甘水、玉石、光明、潘塘等6个村20平方公里土地进行小流域综合治理和植被培育保护。至1988年，实施防崩工程100多处，修筑小山塘3口，土地利用率提高11%。1998年兴建茶寮电站，增加灌溉面积10公顷。2011年投资10.52万元，维修枫树村、李白村灌溉渠道3400米；修建下马村灌溉渠道1500米。2014年完成县政府立项的李白村白狮洞渠道修复、下马村邓家冲渠道整修、群益村烟塘清淤渠道硬化等小水利工程项目3个。

村镇建设

1949年前，境内居民房屋简陋，多数是泥沙夯墙，盖树皮茅草；丘陵区的住宅，有部分青砖瓦房，也有土墙盖瓦房，都比较矮小狭窄。

1949年后，人民政府进行土地改革缩小贫富差距，实现耕者有其田，贫者有其屋。70年代，政府通过救助的形式，帮助村民修葺、重建住房。80年代末，外出务工者回乡改建自家住房渐成风气。1990～2000年，随着劳务收入的增长，辖区农民住宅建设不断提档加速，砖混结构成为主流。但各村总体布局无序，新建房屋凌乱，甚至有碍交通。

2008年来，按照“生产发展，生活宽裕，乡风文明，村容整洁，管理民主”的要求，推进新农村建设。2010年完成农贸市场基础设施建设。2011年建设综合文化站、便民服务中心，投入16万余元改善政府办公及住宿条件；2012年完成下马村、和平村新农村示范项目建设。2014年争取新农村建设项目资金30余万元，实施潭烟村示范村建设，新建了村卫生室、村休闲广场。在各村共安装太阳能路灯57盏。投资1.8万元种植樟树100余棵。

社会事业

教育科技

义务教育 清代，光明乡境内仅有私塾。民国九年（1920），株树、茶潦两村将私塾改为保办国民小学。至民国末年，辖区17保仅有保办国民小学9所，多为旧私塾改制，或是租房办学。因生活贫困，适龄儿童入学率为29%。

1952年，该乡兴办村级小学16所，教职工

20人。1956年，在和平村设光明乡高级小学。1969年在泮塘村建光明乡初级中学。1972年，增设和平、上山、坳背三所小学。1984—1986年，全乡初中、小学20所学校的办学条件均达到省政府“基本合格”标准，并普及初等教育。1991年，光明乡获得郴州地区“模范教育乡”称号。1993年，县团委开展捐资助学活动，光明乡57名适龄儿童受到资助。1995—1998年，教学投入增大，投资55万元修建校舍4200平方米，板木塘民族小学迁入新址。中学、中心小学新建实验室、仪器室4间，中心电教室2间。拥有价值2万元的教学仪器和体育器材，拥有图书1万册。2000年乡中学校园面积9109平方米，建筑面积2065平方米。中心完小校园面积8658平方米，建筑面积3650平方米，两校区在校生895人，教职工41人。村小17所，校园面积1000～2000平方米的达11所。全乡落实勤工俭学基地71637平方米。2008年中学与中心校合并，组成九年一贯制义务教育学校。

2014年末，光明中心校辖中学部、中心完小及12所村小，在校生1020人，教师73人。全乡适龄儿童入学率、巩固率、小学升初中升学率皆在99%以上。

扫盲教育 1949年后，为使境内居民脱盲，政府组织开展扫盲教育。1951年，光明乡辖区10个较大的行政村开办冬学，400中青年农民参加学习。1955年，扫盲班遍及每个生产大队，学员1500人。1962年，光明乡人民公社根据各村情况组织开办了识字班、成人扫盲班，300多名中青年农民脱盲，一大批中老年农民能认读墙壁上的宣传标语。1989—1990年受外出务工潮影响，扫盲成效降低。经统计，1992全乡仍有文盲、半文盲1640人，占总人口的11.4%。1995—2000年农村扫盲教育再度掀起热潮，政府利用村级学校资源开办扫盲夜校，在寒暑假发动全日制中小学教师开办扫盲班突击扫盲。2000年经上级复查评估，光明乡青壮年人口中非文盲率为99.2%。

农业科技 清代至民国时期，境内没有科技机构，手工业技术多为子承父业，或拜师学艺，依葫芦画瓢。

1949年后，农业科技快速发展。1970年成立乡农科站，指导农民使用农作物良种、农药化肥。20世纪80年代，县农村能源办在光明乡推广节煤炉、沼气灶，减少柴草消耗。1990年开办烤烟栽培、水稻高产培植和高效养殖培训班10期，多数青年农民掌握1门以上技术。1993年县科委与光明乡联合成立“桂阳县名贵中药材开发公司”，建立天麻试种基地，组织开展加工技术培训，试种成功。三年间，使200多户农民脱贫。1994年举办实用技术短训班10期，培训学员500多名；举办科技骨干培训班4期，编印科技专刊12期，其他资料5种。1995年投资18万元建设占地700平方米的乡农校。2007年建立农技推广网站，每村设立一名技术指导员和一个农资代销点。投资5000余元新建科技、文化宣传栏。在全乡重点推广油茶低改技术，茶叶及薇菜加工技术，反季节瓜果栽培技术，黄姜种植技术，并以光明村为中心，逐步推广新型沼气池12个，建立科技示范点10个，示范户5户。2010年以来，推广杜仲、白果、尾参等农业科技项目14个，建立科技示范户20家。2014年县开展“千名科技人员下基层活动”，2名科技人员下派到光明。

文化体育

清代，境内曾有对山歌，舞龙、刻制花灯等习俗。

1962年以来，在人民政府的组织指导下，群众文艺活动热情高涨。春节举行舞龙、舞狮活动；五四青年节，组织青年开展文艺会演、篮球赛等体育活动。每年“七一”“八一”举行有奖征文活动，将获奖作品公布于政府宣传栏。1990年春节，光明乡几位老人刻制的八角宫灯、二十四季灯、青龙灯、鲤鱼跳龙门灯等灯笼，悬挂在县城灯谜会上，美观新颖，深受观众喜爱。1994年9月，举办“爱祖国、爱湖南、爱家乡”群众合唱节活动，全乡17个村都有参演节目，参演者500多人。是年，乡政府驻地购进灯具、音响，开办舞厅，向全乡人们开放。2000年采取政府引导，群众自主的办法，在村委会建设文化室，各室藏书500册左右。潭烟村组建铜管乐队，参加婚丧庆典活动，丰富了群众文化生活。2011年新建农家书屋6个。2014年全乡有村级农家书屋10个、藏书1.5万册；新建农民健身工程1个，有村级体育活动场所9个；各类文艺团体4个；完成送戏下乡4场。

广播电视

1963年境内普及高音喇叭。1968年建成人民公社广播站。1973—1980年间，65%的大队建设了广播放大站。1990年以来有个体电影放映队4个，每年在全乡轮回放映，还跨乡、跨县到常宁县的乡镇放映。境内村民每逢喜事放电影成为一种时尚。随着电视走入千家万户，DVD普及，群众文化活动形式更加多元化，文化内容倾向娱乐化，电影队逐渐淡出。2000年成立乡广播电视站，有线电视网络设备和用户设备向数字化过渡，农民家庭的电视机，由黑白到彩色，到液晶，到高清。2014年年末，12个村建起新型广播系统。协助电影公司免费放映农村数字公益电影228场。解决广播电视盲村用户330户，全乡有线电视用户入户率85%，其余的农户使用微型交换数字设备收看卫星电视。

医疗卫生

1951年莲塘区卫生部门进入辖区各村，指导农民开展卫生保健工作。1958年各生产大队建立以西医为主体的卫生室。1965年公社设有卫生院，生产大队设有合作医疗站，生产队设有卫生室，配备赤脚医生和妇产医生。指导农民讲究饮食、住所卫生，协助上级医疗机构防治各类传染病，农民健康状况得到改善。1980年光明卫生院设有儿科、外科和妇产科，配置放射、显微镜等医技仪器，并在卫生院设立中医门诊和中药房。2005年投资30余万元对原乡卫生院进行装修，添置技术设备，该院成为山区乡设备最好的医院。2012年建立群众健康电子档案7987人份，并完善传染病监测网络，建立突发公共卫生事件应急队伍。2014年年末境内共有乡卫生院1个，村级卫生室17个，专业从业人员27人，其中执业医师2人，执业助理医师4人。全年完成诊疗7500人次。

社会保障

光明乡地势高，旱灾频繁，每遇灾荒，灾民度日艰难。

1949年后，人民政府每年发放一定数量的优抚金、救济粮及救济物资。1962年县里给境内13户瑶族拨款100元，围巾围裙50件。1963年大旱，县政府拨给光明乡救济款2300元，夏荒时又拨给救济款400元，无息贷款900元，生活贷款450元，救灾化肥款350元。年末，又拨给救济粮12650千克，布匹300米，棉花30千克，棉衣加工费110元。

改革开放后，救济工作进一步加强，做到了老有所养，病有所医，灾有所救。1986年有144户享受“五保”待遇。2006年免征农村一切税费，并享受各种惠民补贴，有“五保户”399户510人，特困户享受农村低保。2007年境内

扶苍山寺

实行新型农村合作医疗保险制度，农民住院就医享受医疗补贴。是年，筹资60余万元新建了乡敬老院，当年收养孤寡老人30余名。2009年实行农村居民社会养老保险制度，贫困家庭享有最低生活保障；政府财政拨出专款为残疾人购买养老保险；残疾人创业能获得政府扶持；列入统筹范围的新建住宅政府给予补助。2010年以来，低保金、救助、优抚、危房改造补助金等各项惠农资金通过“一卡通”按时足额发放。民生工程逐一落实，新农保参保率66%，80岁以上的老人全部领取老龄补贴。

2014年，享受农村最低生活保障的对象403户526人，年发放保障金69.50万元；享受非农低保对象13户16人，年发放保障金34440元；有“五保户”185户214人，其中集中供养13户13人；共有116人享受优抚待遇，共发放优抚金34万余元。

特色地情

名贵树木

柔毛油杉　这株古柔毛油杉生长在下马村内，胸径122厘米，高22米，树冠庞大，属三级重点保护的珍贵树种。

名胜古迹

扶苍山　位于光明乡与白水乡交界处。山势雄浑，山体巍峨，海拔在1100米以上。山上怪石嶙峋，巨石奇绝，风光绚丽，山顶有团山石、石鼓、仙人游山、孝子辞行等景点，民间称为“扶苍四绝”。山顶依托山石建一寺庙，全由石头构筑。《全唐诗》有唐末桂阳藉诗人刘昭禹的《登扶苍山》诗；山顶有清浙鲁巡抚陈士杰的《重修扶苍山寺碑记》；石壁中有清代铭刻。

（郑欣荣　供稿）

流峰镇 >>

全国文明村镇、全国小城镇建设重点镇

区域概况

地理位置

流峰镇位于桂阳县北部，北纬25°37′15″至26°53′28″，东经112°33′36″至112°45′42″。东与敖泉镇接壤，南与春陵江镇交界，西邻四里镇，北接泗洲乡，镇政府驻地流市，因后有流渡峰，故名。距桂阳县城44公里，距省道1807线9公里。京珠高速复线岳临高速贯穿镇区并设有服务区、出入口；桂阳至新田公路连接线由西向东横贯该镇，属桂阳、新田、临武、嘉禾、常宁五县半小时经济圈。素有“湘南名圩”的美誉。

建置沿革

明嘉靖丙申年（1536），流峰、板桥隶属大富乡，樟木属銮三乡。清康熙二十一年（1682），流峰、板桥西部属凤栖里，樟木属龙泉里。清乾隆三十年（1765），流峰北部属深智都桂馥里，东南部、西部属居仁都德安里、凤栖里；樟木西南属崇礼都龙泉里、东北部属深智都金玉里、西北部属深智都尚德里；板桥分属居仁都德安里、凤栖里。清咸丰时期（1851—1861），流峰、板桥属富贵团、樟木属西河团。清同治七年（1868），流峰东北属智深都桂馥里、西北属居仁都凤栖里，板桥分属居仁都德安里和凤栖里，樟木属崇礼都龙泉里。

民国3年（1914）流峰分属大富团、协和团；板桥分属贵临团、大富团；樟木属西河团。民国21年（1932），流峰、板桥属第六区，樟木属第四区。民国27年（1938），流峰属中正乡，板桥属九合乡，樟木属两胜乡。民国36年（1947），流峰、板桥属大成乡，樟木属西河乡。

1949年桂阳新中国成立后，流峰、板桥属大成区办事处，樟木属西河办事处。1950年3月流峰、板桥属第四区，樟木属第三区。1952年2月流峰、板桥属第六区，樟木属第四区。1953年12月流峰、板桥、樟木属第六区。1956年设流峰、板桥、樟木3个乡。1958年，同属流峰公社。1961年5月分设流峰、樟木、板桥3个公社。1965年8月樟木、流峰合并为流峰公社。1970年1月，复分为流峰公社、樟木公社。1986年，撤销流峰乡设流峰镇。2012年3月，流峰、樟木、板桥合并为流峰镇。

区划面积

2012年建制的流峰镇辖39个村委会、1个居委会。辖区东西最大距离14.6公里，南北最大距离15公里，总面积171.81平方公里。2014年年末，耕地面积2959.87公顷,其中水田面积2134.8公顷。

自然环境

境域属丘岗地带，部分为丘陵。西北偏高而东南面偏低，平均海拔高度461米，最高峰位于东北面西安村，海拔807米，最低处为南面的莲荷大山下，海拔346米。灌江两岸有小面积平原。

属亚热带季风性湿润气候，四季分明，雨热同季,光照充足,雨量充沛,无霜期长,年均204天。1981—2010年平均气温16℃,1月平均气温3℃,极端最低气温-8℃（2008年1月20日）；7月平均气温28℃，极端最高气温达41℃（2002年7月31日）；平均气温年较差25℃。年均日照数2100小时。年均降水量1552.3毫米。

土壤以石灰岩、板页岩的红壤为主，有大面积的红壤土和黄泥土耕地，垌田以鸭屎泥田居多，旱土灰红土居多。

源于华山乡蛇子形的灌江、源于光明乡铁尺坳的莲塘水、源于欧阳海乡廖家村牧牛塘的小江等流经境内；地下水有地下岩类裂隙水分布，但储量较低。流峰亭泉、樟木龙桥泉、板桥大泉溪等泉井名列县内63口名井之中。

自然灾害主要有干旱、洪涝、低温、泥石流等。1938年大旱加瘟疫。1991年大旱。2008年春节冰灾，造成3亿元的经济损失。2011年大旱，部分村组稻田几乎颗粒无收。

矿产资源主要有煤、锰、铁、铅锌、白云石、石灰石等。铁、铅锌、锰、煤、白云石等矿产储藏丰富。铁矿地质储量约800万吨，品位高达60度，矿浅土薄，适用机械露采，可采储量约600万吨。锰矿储量丰富，主要分布在寨脚村一带，储藏量约4000万吨。

人口民族

境内几万年前就有人类居住，1964年发现的上龙泉遗址，系旧石器时代晚期人类居住遗址。1959年辖区（含板桥、樟木，下同）总人口3.16万人,其中农业人口3.1万人。1978年总人口4.88万人,其中农业人口4.76万人。1988年总人口5.6万人，其中农业人口5.47万人。2014年末，总人口7.16万人，其中农业人口6.93万人，自然增长率6.5‰。除流动人口中有少数民族外，均为汉族。流峰、板桥属于流峰话方言区；樟木属飞仙话方言区。

经济发展

经济综述

境域经济以农为主。1949年前，因封建土地所有制的束缚，农田水利设施薄弱，技术落后，生产发展极为缓慢。清道光年间设流渡桥圩场，商贸渐兴。清光绪二十年（1894）板桥一带逃荒乞食者达总人口40%，死在外地者531人。民国时外省手工业者进入,圩市商品增多,销售量扩大。流峰圩成为知名晒烟“流片”集散地，年销售在50吨左右。至民国末年,地主兼营工商,囤积粮食、哄抬物价，出现斗谷换斤盐的现象。1949年，粮食平均亩产147.6千克，农民人平纯收入23.7元。

1949年后，政府领导农民兴建农田水利，扶持晒烟种植，改造圩场，大量手工业产品、农副产品畅销县内外。1958年，县委以流峰公社为试点，派工作队帮助筹建社办企业。1960年代以来社办小煤窑、小水电、铸铁等小工业。1960年推广烤烟种植，获得较高的经济效益，同时人均粮食产量增加到260千克左右。1978年，国内生产总值231.5万元，其中第一产业120.6万元，第二产业49.6万元，第三产业61.3万元。农民人平纯收入47.44元，是1949年的2倍。

1980 年农村推行家庭联产承包责任制，政府指导农民建设吨粮田，发展烤烟种植。在板桥投资建红枣生产基地，扶持商品猪等产业的发展。同时兴办乡镇红砖厂、精石灰厂等集体工业，优化小工业结构，促进工、农产品的多渠道流通。个体私营经济迅速发展，成为新的增长点。1996—1998 年，引进外资兴建流峰大市场、商业服务中心，吸引省内外 30 多个县、市客商到此落户。本土加工业强势崛起，皮革制品，木材及家具销量雄踞县北之首，市场经济得到空前发展，成为闻名湘南的商贸大镇。

2002 年投入资金 200 万元扶持生猪养殖和特色蔬菜种植。2006 年投资 260 万元，用于林业开发，拓宽绿色生态经济之路。2010 年以来以“大力推进工业化、城镇化和农业产业化进程”为战略目标，关停污染环境企业，引进高科技规模企业，建设全国优质烟叶开发科技示范基地、全国替代进口烟叶基地，各项经济指标稳步提升。2013 年一大批网络淘宝行业商家入驻流峰。

2014 年启动重点项目 3 个，完成投资 2.3 亿元。实现国内生产总值 6.92 亿元。其中第一产业增加值 3.11 亿元，占比 45%；第二产业增加值 1.44 亿元，占比 21%；第三产业增加值 2.37 亿元，占比 34%。完成固定资产投资 6.83 亿元；财政总收入 3200 万元，农村居民人均可支配收入 12600 元。

农业

种植业 1949 年前，境内农民普遍种植水稻，间作玉米、黄豆、花生等旱粮。经济作物有晒烟、红枣、药菊。由于生产技能低下，1949 年平均亩产稻谷 126.51 千克，人均 109.4 千克。

1949 年后，人民群众实现了“耕者有其田”。人民政府带领群众兴修水利，扩大田地面积，改造低产田，粮食生产发展较快。1978 年，平均亩产稻谷 457.85 千克，人均 314 千克，是 1949 年的 2.87 倍。1979 年以来，政府号召农民开展多种经营，烤烟成为农民增收、财政增税的重要支柱。1990 年，省“丰收计划”——旱粮间作套种多熟高产技术在境内实施，当年小麦亩产 281.6 千克，玉米亩产达 445 千克。旱粮除用于饲养畜禽外，还获得可观的经济效益。1995 年，板桥乡参加县“建设成建制吨粮田”竞赛，双季稻成片亩产 1000 千克，成为市级先进乡镇。流市居委会于 1989 年率先建立大棚蔬菜生产基地，每个大棚年产值均在 3000 元以上。20 世纪 90 年代，农机在境内盛行，出现年超百亩的机械耕田大户。2000 年，全境粮食总产量 29557 吨，烤烟产量 4693 吨。2010 年以来，该镇瞄准国际型高香气优质烟，以烟稻连作模式，在较大的垌田中连片种植，形成新品种生产格局。

2014 年，粮食作物播种 4014.3 公顷，产粮 21757 吨；烤烟种植 1126.67 公顷，产烟 2466 吨。

养殖业 畜牧业以饲养生猪、家禽为主，新中国成立前后皆为家庭散养，养殖业发展较快，但经济效益不高。合作化以后，推行计划养殖和集体圈养，制约了养殖业的发展。1978 年以后，随着粮食的增产，养殖业有了较大的发展。1982 年饲养生猪 2.8 万头，年末存栏 1.28 万头。90 年代境内出现养猪专业户，流峰粮站依托自身优势兴办养猪场。2000 年来，全镇平均生猪年养殖量在 75000 头左右。2006 年出栏生猪 6.83 万头，年末存栏 4.68 万头。2010 年以来，牛、羊养殖业逐渐兴起，并趋向规模化。2012 出栏肉牛 816 头，羊 1981 只；家禽 25.29 万羽。

水产业以鱼类为主，流峰、板桥一带农民素有养鱼传统，至今仍有懂得孵化鱼苗的育种渔户。1989 年，堆垄栽稻开沟养鱼新技术在板桥实验成功，翌年，稻田养鱼发展到 300 公顷，年增收 160 万元。1990 年养殖水面 340 公顷，水产品总产量430吨。2000年后，水产养殖呈现规模化（以樟木、板桥一带较多），年水产品产量在700吨左右。

2014年养殖业总产值16427万元，其中畜牧总产值15477万元，占比94.3%；渔业总产值950万元，占比5.7%。

林业 1949年前，境内林业较少，森林覆盖率仅20.7%。1959年林业收入仅6093元。1982年造林140公顷，其中经济林96公顷。1989～1992年上级林业部门向境内农民免费发放国外松、速生柏等树苗。1995年流峰被划为国家长江防护林项目区。此后数年间，县林业部门在流峰、樟木等马尾松林地实施飞机防护虫害作业，提高林木成活率。2006年造林340公顷，实现林业总产值788万元。2011年在樟木开展水土保持造林作业14公顷。2012年完成荒山造林320公顷，封山育林4000公顷，造桉树林187公顷。林地面积较1949年增加3.1倍。2014年，实现林业总产值2796万元。

工业

清末，境内有土纸、鞭炮、纸伞、竹编、制砖等手工业。民国18年（1929）有龙泉桥、鱼拜两处冶铁厂，年产熟铁10万千克。板桥一带烧制红砖的技工非常有名，被聘请到外地烧制红砖。手工业皆为农家兼营，工业产值甚微。

1949年后，工农业生产迅速恢复，1954年实行农业、手工业合作化，流峰率先组建铁工社和五金社，以生产农具为主。1959年全镇有厂矿企业15家和小水电站1处，职工733人，工业总产值77.66万元，利润总额13.6万元。1979年以来，个体和联户办的加工企业逐渐兴起，尤以家具、红砖业为盛。

1984年，流峰、板桥两地各办蜜饯厂1家和河沙捞运场共5个。建成大联铁矿，平均年产铁矿5万吨以上，品位达45～55度，主要销往湘钢、涟钢。1990年后制皮业在流峰兴起，各类皮革制品应有尽有，形成一条颇具规模的皮货街，外地客商慕名到流峰购买、批发。2000年来境内小型企业以精灰加工、废旧品回收、交通运输为主，规模企业以电子科技为主。2010年，引进工业企业4家，当年完成投资5000万元。

2014年年末，有工业企业168个，规模以上企业1个，个体工业146个。但因流峰镇地处农村，离城市较远，工业规模受到限制，在国内生产总值中的比重仅为19%。

商贸服务业

清乾隆三十年（1765）建松木圩，道光年间建流峰圩、樟木圩，商贾、商队络绎不绝。圩市饮食以米粉为特色，服务业主要是客栈，其次是理发、印染、修补等。民国时期，晒烟、红枣、黄豆销往粤、衡等地。民国末年，政令不通，工商管理混乱，奸商地痞肆虐，交易受到一定的局限。

1949年后，政府保护合法经营，国营商业、供销社在流峰设立分支机构，组织物资交流。1951年，设圩场管委会，由农民协会推荐市场管理人员。1952年，工商业联合会在流峰圩举办物资交流会，增加农副产品的销路。“文革”期间物资匮乏，商业发展相对滞后。1979年有乡镇集市2个，贸易成交额434.63万元，占全县成交总额的6.72%。社会商品零售额346.73万元。

1986年扩建圩场，增设案桌、摊位，上市商品达1000余种。1994年建板桥圩。1997年为使卷烟业务占领农村市场，县烟草公司在流峰建成高标准批发网店。2000年流峰圩占地2.53公顷，有270个临街门面，1100个摊位，水、电、路、讯等功能配套齐全，皮革制品畅销湘南各市县。樟木圩几经改造，形成占地0.32公顷的现代集市，乡、镇治地公路水泥硬化后，沿路新建商业街。打字、复印，摄影等技术行业应运而生，家电、摩托车、液化气灶等现代生活用品销售网点逐年增多。2013 年网购行业迅猛发展，每天上千件网购商品通过快递进入流峰。

2014 年有商业网点 290 个，从业人员 1654 人；农村集贸市场 3 个，年成交额 2.73 亿元。全镇社会商品零售总额达 5.33 亿元。

基础设施

交通运输

清朝以前，流峰距桂阳至香枫铺的驿道 9 公里；飞仙至香枫铺的步道途经樟木圩、流渡桥；樟木往北有经六合、四里到达永桂厅的支路，往西与经上汾渡入桂阳的古道相通。村与村之间的大道以石板铺路，路亭、聚仙桥、文盛桥，灌水河上的石步墩都饱含先人的智慧与汗水。但直至民国末年，流峰尚无公路。货物运输以马匹等畜力为主，1952 年流峰私商组建骡马队搞商品运输。

1953 年敖泉至流峰段公路修通；1954 年流峰客运车站建成投入使用。1958 年修通流峰至花凉亭公路，桂阳经流渡桥至新田县干线公路全部接通，增加了桂阳至新田的客运班车，当年车站年客运量达 2.84 万人次，后该路升格为省道 1818 线。1961 年增开郴州至流峰 4 班长途客运、桂阳至新田 1 班长途客运。1972 年修通由十字乡歧石村经樟木圩至流峰的环形公路。修通流峰至泗州的砂石公路。货运以拖拉机为主。1978 年流峰客流量达 2.79 万人次。1979 年改造扩宽流峰至泗州公路。

1982 年改造樟木圩至流峰公路。境内从事运输行业的拖拉机猛增，1983 年有大中型拖拉机 3 台，小型拖拉机 18 台。1986 年客流量达 15.34 万人次。1988 年后私有农业小四轮、大货车逐渐增多，个体中巴车成为客运主体，停车坪，路面全部水泥硬化。樟木至郴州，板桥至桂阳都开设专线班车。2001 年完成镇区通往各行政村水泥公路建设。2010 年通组（自然村）公路水泥硬化工程启动。2014 年，完成村、组公路硬化 148.1 公里。共有个体运输业主 556 个。流峰至桂阳县城的客运班车每 10 分钟一趟。

邮政通信

邮政 清宣统三年（1911）桂阳州邮政代办局在流渡桥设邮政代办所。民国 2 年（1913）设乡村邮路，樟木圩是北路其中一站。民国 27 年（1938）樟木圩设置丙类信柜。

1951 年建流峰邮电所，配乡邮递员 4 人，负责流峰、板桥、樟木三地的信函投递。1953 年增设电报业务。1956 年邮电所改邮电支局，报刊杂志发行、现金定活储蓄等业务量增大。1973 年至 1980 年设板桥、樟木邮电所，乡村邮路改用自行车投递。1998 年邮电分家，流峰设邮政分局和电信分局。2000 年开设邮政储蓄业务，建立“三农”服务站 3 个。2004 年设立村级邮政代办点 20 个。2007 年增设乡村邮政信报箱 40 个。2009 年开设邮政快递业务。2014 年末有邮政支局 1 个，邮政代办所 2 个，行政村邮政代办点 37 个，快递网点 8 个。

通信 晚清至民国初，境内没有电话设施。民国 15 年（1926）始架县城至十字、流渡桥的电话线路，民国 16 年（1927）在流渡桥设中转总机，到 1949 年线路锈蚀，不堪使用。

1949 年后，政府对原有电话线路、设备进行更新、改造。1958 年公社驻地设中转总机，安装公社至大队一级的电话机。20 世纪 80 年代初流峰邮电支局安装单路载波电路，1988 年改环路载波机，增加交换机容量。1993 年在流峰岭架设移动通信发射机，县北大部分农村都能收到BP机信号。1995年原流峰镇完成交换机扩容、光缆铺设，用上了程控电话。1998年樟木、板桥两地相继开通程控电话，并进入各村。是年，县内在流峰设置电信基站，移动电信用户逐年增多。2000年，互联网在办公领域和私营网吧出现，随后进入千家万户。2012年完成三洞村、长冲村、水落村光网建设，开通光网窗口。2013年对三阳、社头白冲等光网络单元一体化设备进行改造。2014年末有电信、联通、移动电话服务网点15个，固定电话用户1610户，移动电话用户4.13万户，互联网用户1779户。

供电饮水

供电　清代境内均以桐油照明。民国时，有少数商贾、富户用煤油照明。

1958年流峰公社在灌江建小水电站1座，晚上发电，供应流峰圩照明。1979年樟木公社兴建莲荷水电站，装机40千瓦。1988年在流峰建35千伏变电站，解决了流峰片诸乡镇的用电问题。2003年全镇实现农村电网改造。2014年年末有变供电站2座，小型水电站4座，年农业供电727万千瓦时，工业供电1200万千瓦时。

饮水　1949年前多数村组饮水资源匮乏，饮用水都取自水井和河流。1959年政府引导建井17口。1986年改善饮水工程5处，惠及群众2千余人。板桥坛边村白燕组仅靠离村较远的一口小水井，因地处偏远，水资源贫乏，成为“乞讨村”。1988年在县委建整扶贫队的帮助下，54户村民用上了自来水。1993年在小城镇建设中，镇区建小型自来水厂，供应机关及居民用水。2000年以来政府帮助东庄、金塘等干旱死角村组砌蓄水池、用微型水泵建家庭简易自来水。2014年，有机关驻地自来水厂5个，村级自来水厂10个，用户9200户，年供水18万立方米。

农田水利

境内干旱区域较多，灌江河能灌溉到的水田仅占三分之一。特别是板桥乡，属于典型的干旱死角地带，1949年前十年九旱，故逃荒、乞讨为生者较多。

1949年后，政府领导农民大兴水利。1950年（板桥）修复一座倒塌百余年的溪坝。1958年修建西安水库，在泥汾大队兴建县内第一座水轮泵站。是年，启动樟木公社水土保持工程，历时5年，使8平方公里水土流失面积得到控制，减产农田转为增产农田。1963年建流峰抽水机站，境内安装水轮泵30台，配置抽水机25台。1974年新建山塘11口，复修山塘22处，新建芙蓉灌区、田心水库等5处干渠，改善灌溉面积95公顷。

1986年完成17处水利工程，增加灌溉面积33公顷，扩大旱涝保收面积80公顷，进行旱土改田23.33公顷。1995—1996年底，将周家塘水库扩升为小Ⅰ型水库，在板桥地区修筑2座小Ⅱ型水库，增加旱涝保收面积53.33公顷。2001年复修莲塘水库主干渠流峰段、西安水库溢洪道。2012年对枫溪等水库进行除险加固，开展山塘清淤15处。2014年修建水渠32公里、维修山塘11座。启动了村庄池塘、河道治理、烟水配套建设工程等。

村镇建设

镇区建设　镇区自清代设圩以来，不断地集资修建圩亭、戏台，铺石板路。由于没有统一规划，商家私建商铺，圩街狭窄。

1953年桂新公路通车后，县行政部门在乡镇政府驻地相继设立服务机构，基建项目增多，规模扩大。1974年农具厂、供销社、银行营业所等机构征地建设用房。1986年元月改流峰乡为流峰镇后，集资47万元扩建墟场，并沿公路扩建冷水亭至三拱桥、汽车站至老屋村两条新街共长1200余米，镇区面积1.4平方公里，是为全县小城镇建设的典范。1998 年环镇公路全部水泥硬化，300 余户农民在镇区建新房，镇区面积增加到 5 平方公里。2010 年年末，镇区有花坛 6 个，绿化面积 0.3 公顷，各主干道两旁全部绿化。

2014 年安装太阳能路灯 236 盏，节能灯 1000 余盏，道路两旁植树 2000 余株。抢抓被列为市级示范镇建设契机，推进流峰新城项目的商业步行街、高档酒店、高档住宅区、休闲广场（公园）建设；县工业园（樟木）有色金属循环产业园启动，园区内重点基础设施项目坛山大道和蓉峰大道相继开工。

村庄建设　1949 年前，大部分农民住宅狭小简陋，人均面积在 5 平方米左右，特困户人畜同居，村内茅厕遍布，环境卫生差。

1949 年后，通过土地改革，缺房户分得房屋，住宅差别缩小。20 世纪 70 年代部分村民改扩建住房，人居面积稍有增加，但多为旧居宅地或拆杂屋改建。1985 年以来私人建房骤增，并且出现砖混结构的两、三层楼房，人居面积达到 19.15 平方米，是 1949 年的 3.83 倍。2000 年以来农民建房质量不断提高，逐步向公路两旁分布，村内相继新建学校、礼堂等公共设施。各行政村盖起了钢混结构的党组织活动楼、村支两委办公楼等。2010 年对流市老街进行美化、亮化。2014 年建设新农村示范村组 4 个，修建村级休闲广场 5 个，安装太阳能路灯 63 盏，并统一规划村民建房。

社会事业

教育科技

基础教育　清代，境内有私塾，清光绪十八年（1892）建泉溪学馆。民国初私塾与学校并存。至民国 30 年（1941）各村建保办国民学校，团

梨头岭公园

区开办中心国民学校，但校舍多为宗祠或租用民房。由于生活所迫，普通乡民子女入学率很低。民国31年（1942）创办私立流峰初级中学（1953年转为公办，改名为桂阳县第二初级中学）。

1949年后，政府贯彻学校向“工农开门”的方针，实行低收费、助学金制度，允许超龄儿童入学。1959年有公办初中1所，在校生116人，村小学23所，在校生936人。幼儿园126所，在园儿童3555人，保育员142人。1968年秋桂阳二中始招高中班（面向北半县各乡镇招生），1978年被定为县级重点中学。1988年有初中班6个，高中班13个，学生1107人，教职工113人。1989至1990年，流峰镇投资180万元，征地5万平方米，完成流峰中学的整体搬迁。1994年，全境普及九年义务教育，县“教育走廊”工程在流峰、板桥乡实施，中学、小学均新建教学楼。1995年流峰中学、中心小学建有电教室、图书室，村级小学配有投影仪和收录机。2000年以来，改建了250米环形跑道，新建两个水泥球场；添置价值10万元的电教仪器设备、图书。2012年流峰中学并入县二中。

2014年年末，有（县属）中学1所，专职教师153人，在校生2253人；中心小学3所；村小学3所；在校学生6528人，专任教师124人。有幼儿园8所，在园幼儿2506人；全年财政预算内教育经费30万元。

扫盲教育 1949年新中国成立后，农民政治翻身迫切要求文化翻身。1951年人民政府倡导开办冬学，当年参加冬学的农民2000多人。1954年700多文盲脱盲。1958年境内开办民众夜校50个。1976年扫盲教育出现新局面，各生产队开办扫盲夜校，给予学员优先记工分的待遇。樟木、流峰被评为市级扫盲先进单位。20世纪90年代以来，以乡农校为阵地，分批集中开办扫盲班。2000年青壮年非文盲率99.3%。

科技事业 1955年，在流渡桥设流峰片农技站。1958年设畜牧兽医站。1983年建乡镇科协，配备科技专干，村级科技管理员。1985年流峰乡与农业局协作完成的“旱土烤烟套种玉米研究推广”获市级奖。1970年县农业局在流峰建病虫测报站，并在流峰山顶设捕虫网，捕捉从海南岛等地迁飞过来的害虫，作为虫害预报的依据。樟木、板桥设乡级农技站，同年建立乡镇科委，主要从事农业科技服务、宣传推广、科技扶贫。1990年以来土壤改良、施肥、栽培技术的推广，特别是软盘育秧抛栽技术具有“省工、省种、省秧田、省水”的优点，减轻农民的劳动强度，促进农业产值的提高。2014年末有农业科技与服务单位8个，科技推广人员32人，农技推广、农资供应网络更加畅通。

文化体育

流峰境内有较多的古塔寺庵、亭台楼阁，保留着石雕、木刻、刺绣等民间艺术。清代以前，境内群众有唱对子调、昆曲、舞龙、舞狮、渔鼓等文艺活动。乡民自古有武以健身的习俗，喜爱下象棋、掰手腕等运动，农闲或节日举行舞龙、舞狮等活动。民国时期，境内有花灯戏调班，祁剧戏班。

1949年后，建立乡镇文化站，组建社、村业余文工团，宣传新思想、新文化，指导农民开展篮球等现代体育运动。1959年有业余剧团5个，文化宫1个，俱乐部15个，图书室3个，群众文化活动空前活跃。20世纪60年代，农民体育运动与民兵训练相结合，侧重于军体项目训练。改革开放以来，农民文化体育运动热情得到激发，1988年举办首届乡镇运动会。1991年政府牵头举办农民“丰收杯”歌咏赛。此后每年组织4次以上群众体育比赛，并在重大节日举办文艺表演。1993 年后，村民自费组建管弦乐队，为乡民红白喜事提供有偿服务，丰富了农村的文化生活。1995 年流峰被评为全省群众体育先进单位。1997 年县第五届运动会分 12 个赛区举行，流峰镇被评为最佳赛区。2000 年乡镇建设文化楼，配备文化专干。2005 年来致力发展老年体育运动，开辟场地让老年人开展体育活动。2014 年末，有各类体育场所 45 个，篮球场 38 个，健身器材 60 套（台）。有镇文化站 3 个，村级农家书屋 40 个、藏书 6.7 万余册，各类文化专业队 11 个。

广播电视

1958 年流峰办起广播放大站。20 世纪 60 年代各生产大队办起广播放大站。70 年代，有线喇叭基本普及到农户，每天能收听到新闻，曲艺节目，大队部利用广播下达有关通知，丰富了人民群众生活。80 年代随着收音机、电视机的普及，乡村广播逐渐淡出。1969 年流峰公社成立电影队，1984 年电影公司在流峰设影片发行代办点，1986 年正式建立流峰片电影管理站，建有简易影片仓库，有兼职检片员和发行员，负责县北十余个乡镇电影队的影片供应。1980 年泗州山电视差转台建成，镇区居民开始添置黑白电视，1986 年后电视机成为乡村家庭的主要电器。1992—1995 年分别建成广播电视站，板桥建成无线调频广播发射台，实现村村通广播。2011 年实现电话、有线电视村村通，网络覆盖率达 97%。2014 年送戏下乡 4 场，农村电影免费放映 310 场。有线电视用户 11077 户。

医疗卫生

清及民国，村民依靠郎中（中医）看病，流渡桥有中药店。当时一位鄢姓老板的药店有一副门联：但愿民间人无病，何愁架上药生尘。可见当时有些医生、药店风格之高尚。民国 31 年（1942），流渡桥设有西医卫生所，配员 3 人。

1949 年后，人民政府在流峰设中医联合诊所，有中医师 8 人，另有单干中医 14 人。在境内进行巡回医疗服务，上门看病、田间送药，还负责培训村级保健员。1952 年设区卫生所，配员 6 人。1958 年建流峰卫生院，1988 年改称桂阳县第二人民医院，1995 年，被郴州市卫生局评定为一级甲等医院，2000 年称流峰中心卫生院。2014 年末，该院建筑面积 9600 平方米，有干部职工 149 人，院内科室设置比较完善，医疗设备比较齐全，年门诊人次 5 万人次，住院人次 0.5 万人次，业务收入 1220 万元。

1989 年成立爱国卫生运动委员会，开展乡村卫生运动。1994 年医药市场开放，流峰、樟木、板桥三地皆有药品零售店。2000 年县药材公司在流峰设药材批发站。2010 年私营药房在镇区开设，开启药物自选模式。2014 年末有医院 3 个，村级卫生室 48 个，专业从业人员 195 名，其中执业医师 37 人、执业助理医师 79 人。全年完成诊疗 7.79 万人次，新型农村合作医疗参保率 100%。私营药房 6 个，从业人员 12 人。

社会保障

1949 年前，灾患来临时，官府虽有赈灾，但经官绅层层盘剥后，能救济到百姓手上的微乎其微。流峰一带流传一则故事：民国 35 年（1946）大旱，政府发放了一点救济粮，结果都被官绅占有，他们竟把自家积存多年的霉谷换发给农民吃，致多人中毒死亡。文人陈觉浓气愤不过，给死者写了一副挽联："世有服毒而死者，未足奇也；君竟食米而戕生，不亦怪乎！"这则故事生动反映了当时的所谓赈灾情况。

1949 年后，政府对烈、军属，失踪军人家属发放抚恤费，救济贫苦百姓。1965 年洪灾侵袭流峰等地，县里下拨（含流峰、樟木、板桥三乡）救济款 6500 元，布票 2568.7 米，棉花 520 千克。1978 年，县里两次下拨赈济款共 7900 元，棉被、棉服

200余件。1986年，有241户享受“五保”待遇。1991年，县北部地区大旱，县里三次给流峰、樟木、板桥调拨定、返销粮200吨，其中板桥乡130吨；年底，又拨款9100元分发给特困户。2000年以来，社会保障体系进一步完善，2006年，享受国家低保的贫困户和五保户716户802人，年补助金额9.8万元。

2014年年末，城镇最低生活保障户152户228人，月人均160元；农村最低生活保障户1714户2571人，月人均78元；有农村“五保户”474户494人，年补助金额77万元；有敬老院3个，收养农村“五保”人员104人。民政部门资助大病救助138人次，补助金额27.58万元。“新农保”参保率83.6%。

特色地情

人物

尹骥（1879—1935） 字倜凡，流峰镇步云村人。陆军将备学校毕业，曾任国民革命军旅长、师长。1921—1924年，任粤军第三军军长，陆军中将衔。

谢丰亨（1936—2010） 1936年10月出生，流峰镇松市村人，1953年参加中国人民解放军。1983年3月任南京军区空军航空工程部部长，1990年任南京军区空军航空工程部部长、南京军区空军党委常委，1993年任南京军区空军装备技术部部长，1991年授空军少将军衔。

历史人文

上龙泉古人类遗址 该遗址系旧石器时代晚期人类居住遗址，在流峰镇上龙泉村东北面的山麓，1964年发现，是湖南省内已发现的最早人类居住遗址。该遗址为石灰岩溶洞，在文化层中发现更新世晚期的东方剑齿象、大熊猫、中国犀等古脊椎动物化石和一枚磨制刻纹骨锥，原物保存于中国古脊椎动物和古人类研究所。

（郑欣荣 供稿）

塘市镇

区域概况

地理位置

该镇位于桂阳县西北边界，北纬25°57′37″至26°02′12″，东经112°17′51″至112°23′59″之间。东接流峰镇、泗洲乡，南邻四里镇，西连永州市新田县莲花乡、金陵镇，北依华山瑶族乡。人民政府驻塘湾桥，距县城61公里。

建置沿革

民国3年（1914）县设十二团，塘市镇属贵临团；民国21年（1932）全县调整为九区，境域属第五区；民国35年（1946）10月全县30乡镇并为12乡1镇，境地属贵临乡和大成乡。

1950年，设塘市乡，属四里区管辖。1958年9月，属四里人民公社。1961年7月，置塘市人民公社，属流峰区管辖。1984年，撤公社复为塘市乡。1986年11月，析出北部山区成立华山瑶族乡。1994年9月撤乡建镇至今。

区划面积

2014年年末，辖塘市、天塘、茶园、罗塘、排泉、高岭、贤江、千秋、水尾、江溪、天林、阳湾、田乾、壕坪、赵家、洋芷、钱河、公坪18个行政村，190个村民小组，170个自然村。辖区东西最大距离10.4公里，南北最大距离9.2公里，总面积73.84平方公里。

自然环境

地质 境内地层较为复杂，有寒武系、泥盆系、第四系，经历了多次构造运动。岩石有灰岩、砂岩、黑云母花岗岩等。1986年4月28日境内发生地震，震级1.7级。

地貌 境内大部为丘陵、岗地，北部有阳明山南沿低山区，东南部边沿有坛山岭，总体地势北高南低。低岗地坡度5～10度，相对高度10～30米；溪谷平原有贤江洞、水尾洞，一般坡度小于5度，海拔高度在海拔230～260米之间。境内最高点在东南角的坛山岭，海拔约700米，最低点在钱和村鼠峡水流入四里处，海拔约230米。

水系 境内河流绝大多数属于舂陵江支流漼江水系，河流大多源出北面的华山乡，东部的鸭铺溪、天堂溪、大塘溪、罗塘溪汇集为塘市水，西部的田乾溪、排泉溪汇集为鼠峡水，塘市水于河家湾附近汇入鼠峡水，然后傍坛山岭西侧流入四里镇。鼠峡水是漼江的最大支流，境内流程约14公里。茶园、高岭两村的主体河流流入新田河上游日东河上的金陵水库。

气候 全境属亚热带季风气候，其特点是四季分明，春季多阴雨，夏季雨量集中，秋季凉爽，冬季少雪，雨热同季，光照充足，无霜期长。1981—2010 年平均气温 17.2℃，极端最低气温 -8℃（2008 年 12 月）；7 月平均气温 28℃，极端最高气温 39℃（1963 年 7 月），平均气温年较差 22℃。无霜期年平均 270 天，最长 300 天以上，最短 200 天。年平均日照时数约 1700 小时。年平均降水量 1100 毫米，极端年最大降水量 1600 毫米（2004 年），极端年最少降水量仅 400 毫米。

灾害 主要气候灾害有冰雹、旱涝、风灾、低温、霜冻等。1975 年 7 月，高岭大队下大冰雹，很多成熟稻谷被打落，损失严重。1983 年 4 月，部分村组遭受龙卷风和冰雹袭击。2010 年 5 月 22 日，洪灾暴发，受灾人口 2000 人，直接经济损失 4000 万元。2011 年夏季，遭受旱灾，受灾人口 24560 人，直接经济损失 7000 万元。

自然资源

植物资源 古代境内植物资源丰富，现常绿树与落叶林混交林面积已经很小，林中蕨类以狗脊为多。针叶林在境内乔木中占比最大，有马尾松、杉木、柏树。药用植物有野山楂、地榆、金银花、黄栀子、天明冬、何首乌等十余种。进入 21 世纪以来，植树造林力度加大，主要种植桉树、杉树，天然林面积减少，林类单一问题突出。

动物资源 古代境内动物很多。飞禽有白鹇、斑鸠、鹰、竹鸡、喜鹊、啄木鸟、田鸡、麻雀、野鸭等。走兽有野猪、野猫、獐、麂子、野兔、果子狸、穿山甲等。20 世纪中叶因人为过度开发，生态遭到破坏，境内野生动物灭绝较多。21 世纪以来，生态得到一定恢复，野生动物逐步增多。

矿产资源 境内矿产资源主要为锑矿，北起大茅岭，南抵千秋，东至水尾，西止阳湾，矿区面积 9.6 平方公里。还有钾长石、云母、水晶可供开采。

土壤 境内水稻土面积占比大，旱土以钙质板页岩为主，其次有黄壤，石灰岩红壤分布不多。

人口民族

古代境内人口稀少，宋明两朝有大量人口迁入，清代嘉庆时期，境内人口约 1.4 万人，清末人口减少，民国时期人口有所恢复，但增长缓慢。1950 年后，随着社会安定，经济民生改善，流散人员回归，人口迅速增长。1988 年，总人口 24972 人。2000 年总人口 26644 人。2013 年年末达 31627 人，人口出生率 11.29‰，自然增长率 6.61‰。

居民绝大多数为汉族，有少数瑶族人口杂居。

经济发展

经济综述

古代，境内经济发展缓慢，生产力水平低下，发展模式简单粗放，以自给自足的农业经济为主体。民国时期，境内开办锑矿，因技术落后，时采时停，获利不多。手工业者多系个体经营。

1949 年后，镇域生产由恢复到发展，陆续兴办了社队企业，但基础不牢，效益不佳。1980 年后，随着农村家庭联产承包责任制逐步推行，个体企业崛起。专业性养殖户、种植户、加工户、经营户大量涌现。1988 年工农业总产值达到 852.41 万元。此后，随着改革开放的深入，经济发展更快。2014 年国民生产总值 2.43 亿元，其中第一产业增加值 1.14 亿元，第二产业增加值 0.39 亿元，商贸服务业 0.90 亿元，固定资产投资 1.88 亿元。农村居民人均可支配收入 9700 元，落后于全县平均水平。

农业

古代，当地农业简单粗放，广种薄收，效

益很低。主要种植水稻、晒烟、大豆、薯类、蔬菜。东部水利条件好的地方一般年成粮食基本自给，西部部分高岗地口粮不足，灾年逃荒的人较多。1951 年 5 月，完成土地改革，成立农业互助组，粮食生产快速发展。1954 年以前，境内水稻种植全部为单季稻，之后全面推行双季稻（中低山区除外）。1958 年 10 月实现人民公社化，搞农业“大跃进”，1959 年，生产队办公共食堂吃大锅饭，农业生产明显倒退。1962 年，进行经济调整，农业生产逐渐恢复。1977 年推广杂交水稻。1981 年底全面实行家庭联产承包责任制，农业经济呈现多元化，杂交稻种植面积和农药化肥使用量增加。2000 年有水田 1031 公顷，粮食总产量 10712 吨。收购烤烟 140.4 吨。

2001 年，在千秋村成立蔬菜种植专业合作社，初始成员 4 人。之后，在千秋、阳湾、洋址等村推广。2007 年，建成桂阳首个农村蔬菜冷冻库，库存量 8 吨。2014 年，主要种植上海青、茄子、南瓜等，面积 16 公顷，大多为广东深圳客户订单销售。为保障蔬菜合作社正常运营，增加收益，政府聘请农业专家进行技术指导。

2014 年有耕地面积 1222.9 公顷，其中水田 974.9 公顷。生产粮食 11739 吨，人均 355.8 千克；蔬菜种植 348 公顷，产量 10430 吨；种植烟叶 220 公顷，产量 444 吨。农业总产值 1.69 亿元。

畜牧业 以饲养生猪、牛、羊、家禽为主。1989 ~ 1994 年间，境内出现个体专业养猪户。粮油贸易公司兴办养猪场，进行饲料加工，开展生猪养殖一条龙经营。1992 年 2 月兴办首个个体户鸭苗孵化场，引进广西花边鸭和苏州麻鸭为原种，实行养鸭—产蛋—孵化—育苗—防疫一条龙，日产鸭苗 2000 羽。1996—1997 年在境内推广稻田养鱼。2014 年，生猪出栏 2.45 万头，出售和自宰的牛 605 头，出售和自宰的羊 3252 只，家禽饲养量 10.93 万羽。

古代境内森林茂密，明代伐木屯垦，民国以来因建材林与薪火林跟不上人口发展需要而砍伐增多，加上中南部钙质岩地区难以造林，因此，林业资源相对贫乏。

1949 年后，积极发展林业，经济林主要有油茶树、油桐树、山苍子、枣树。用材林主要以杉树、松树、柏树等。1980 年建园艺场，发展柑橘等水果种植。1993 年造林面积 64.23 公顷，其中封山育林 56.70 公顷，年末实有油茶 59.90 公顷。2000 年以来发展速生林，主要种植桉树。至 2014 年共植树造林 233 公顷，开发果园 200 公顷，林业总产值 1427 万元。该镇造林多，但多为疏林、幼林，立木储积量少。

工业

手工业 古代，境内只有少量铁、木、伞、土纸、土特产手工作坊。1956 年，兴办木工生产合作社，木工 60 多人，主要生产打谷机、龙骨水车。1963 年 5 月，木工车间主任陈祖生，改革工具模卡，创 11 个小时生产一部水车的高工效。1978 年后手工业生产个体化，寨下红砖厂生意红火，部分村子进行小规模鞭炮生产。21 世纪以来传统手工业走向没落。2014 年，茶园村青年、省级陶艺师李知军创新陶瓷工艺，手工制作陶瓷摆件、流水陶瓷加湿器、陶瓷喷泉，创办手工陶瓷工厂，新增就业 100 余人，产品代表桂阳参加郴州市工艺展，借力“互联网 +”，将自己的水琴加盟店开向全国。产品远销中东、俄罗斯等地区和国家。

采矿业 民国 4—7 年（1915—1918），泰和公司在境内开采锑矿，采锑矿砂 520 吨。1953 年兴办鸿顺锑矿。1958 年，县在该乡兴办水晶矿，劳力近两百人，因资源不清，选点不准，次年仅产水晶石 9 吨，冰洲石 20 吨，钾长石 80 吨，

1960年停办。1958年县锑矿建成，1959年产矿石203.2吨，1961年停办。20世纪60年代以来陆续有附近农民开采锑矿，规模少，属于无序开采。1965年，塘市公社相继兴办社队锑矿，劳力100余人。1966—1979年共采锑矿2814吨。1984年，锑矿价格上涨，加之受有关部门“有水快流”和“国家、集体、个人一起上”矿业开采政策的影响，境内再度掀起锑矿开采热潮，1987年达到高潮，劳力近千人，当年采锑矿4138吨。同年，县锰矿投资与塘市乡联办锑矿，掘进巷道538米，次年采锑矿3270吨。因私挖滥采，矿难时有发生，治安一度混乱，资源遭到破坏。后经清理整顿，乱象得到制止。2009年禁止所有民间开采，取缔一切无证小规模开采行为，截至2014年，境内无锑矿开采。

食品加工 境内太原村生产的豆豉清代已经出名。1999年“坛山牌”豆豉获郴州市首届农副产品展览会银奖，在2000年郴州生态旅游节商品展销会上供不应求。镇内所产“江达牌”系列酒颇具规模，多地商家上门订购，2000年创产值120万元，实现利税25万元。之后由于工艺落后而衰落停产。

商贸服务业

镇域处于桂阳连通新田县的走廊，古道沿线有商铺圩场分布。清末民初，有中和圩（塘湾桥）、排泉圩、公平圩三个圩场，通常交易一些生活用品、粮油食品、生猪家禽、棉布洋货和山区特产。

1951年，粮、棉、盐、布、百货、煤油、土特产由贸易公司实行一揽子经营。1953年11月起实行粮食统购统销，关闭粮食自由贸易市场。1954年9月，国家开始对棉花、棉布、油脂实行统购统销。1972年，农贸集市由5日一圩改为7日一圩。

20世纪80年代中期，排泉圩关闭，同时为缓解县内木材所需，在境内西部高岭村黄芽树下开办木材圩场，吸引新田县木材资源。1992年，在塘湾桥扩建木材市场，成为县西北木材销售、加工基地，木材销售量居全县各乡镇之首。90年代末，高岭圩木材市场停业。

2003年，镇政府兴建塘市镇大市场，面积2000平方米，建成一条商业街，零售业、餐饮服务业、金融业、通信业等行业迅猛发展。2011年商品成交额1.2亿元。

2014年镇政府投入500余万元启动大市场重建工程，新大市场占地面积4100平方米，建筑面积2400平方米。辖区内有个体工商户从业人员2000余人，商品零售额1.32亿元。数码电子、建筑材料、汽车修配、移动通讯、百货超市等网点一应俱全，基本满足居民生活需求。

财税

民国2年（1913），政府收田赋，民国4年（1915）田赋改征银元。民国30年（1941），田赋改征实物。民国34年（1945）抗战胜利，田赋免征1年。新中国成立后，实行“依率计征、依法减免”政策，农业税一律按稻谷计算，以征粮为主。1952年，查田定产，调整农业税任务。

1980年，免征人平分配低于200千克稻谷的生产队的农业税。1984年郴州地区调整税率，桂阳为11.5%。1986年开征农林特产税，1987年开征耕地占用税、房产税、牌照税。2006年，减免个体工商业者税费，撤销农业税。

2014年全镇财政总收入448万元，其中烤烟税240.94万元。财政实际总支出529.58万元。其中，政府及相关机构108.1万元，人口和计划生育64.01万元，社会保障和就业开支42.92万元，农林水支出148.1万元，对村级“一事一议”补助77.79万元。

基础设施

交通运输

清代之前，境内有桂阳至新田进永州的官道（驿道）。清代，境内有从泗洲寨经廖家湾、排泉圩到上流洞永桂厅的步道，步道沿线一般三五里有路亭，跨河有步道桥。官宦商贾远行骑马乘轿，普通人家出门只能步行，货运以肩挑、背负、杠抬为主，担盐要到广东，卖猪要到七拱桥。

1949 年后开始兴修公路。1954—1956 年修建流峰至新田县花凉亭公路，境内开始通车。1958 年县林业部门始修塘市至华山林场公路，1974 年修建寨下至贤江乡道。20 世纪 70 年代末修通千秋至高岭乡道，主运木材。

20 世纪 80 年代个体运输兴起，交通工具以拖拉机为主。90 年代，汽车大量增加，客运向多层次、多渠道发展。1998 年建设 3000 平方米的全县首家乡镇停车场。2000 年镇区道路全部水泥硬化。2012 年衡武高速公路新田连接线饶镇而过，镇区拥堵状况得到缓解。2014 年实现所有村民小组（自然村）通水泥公路。有农村客运站 1 个，日发客运汽车 20 班次，日均客运量 400 余人次。

古桥梁——塘头桥。该桥位于塘市圩和下铺村之间，建于康熙年间，最初为一座五拱伸臂式石墩梁桥。四个船型桥墩，厚 1.5 米，长约 3.3 米。每跨梁长约 4 米，梁分石木两种，并排而成。石梁长四米多，宽 60 厘米，厚 30 厘米，每块重量达数千斤。为增大石梁承重，桥墩上有伸臂梁相托。木梁两头嵌在石槽中，同样为 60 厘米宽。这样既解决了大块石梁材难取的问题，又很好地解决了轻重物分流、人畜分流的问题，保证通行顺畅。

清同治年间，一场大洪水在桥东两丈之外冲刷出一条新河道。于是在老桥东端又修建了六拱新桥，形制与老桥基本一致，新桥老桥中间七八米的堤岸则保留下来砌成土台。既节约了成本，又将新桥老桥连成一个整体，让老桥依旧发挥作用，一方面能更好行洪，另一方面两桥中间更宽大的土台便于桥上行担避让，提高了通行效率。

桥西原有街铺，于是人们将桥西地称为上铺，桥东地称为下铺，老桥就叫上铺桥，新桥则叫作下铺桥，统称为塘湾桥或塘头桥。

塘湾桥总长约 60 米，样式独特，在桂阳同类古桥梁中规模首屈一指，具有较高的文化价值。

邮政通信

明、清时期，桂阳设铺递，但仅投递军政机密文件。清光绪三十年（1904），州邮政代办分局成立，邮政始向社会开放。宣统三年（1911）桂阳州北只有流渡桥一处代办所，境内没有设立信柜。民国 32 年（1943）电话开始向社会开放。民国 38 年（1949），县邮政局在塘湾桥设代办所。

桂阳解放初，邮电合一。1958 年，设塘市邮电所，后改为支局。1973 年，县邮电局增设塘市邮政所。1996 年，设塘市邮电支局。2000 年，调整为邮政所。

1958 年，境内机关、大队开始普及使用“摇把子”磁电式电话。1995 年，开通程控电话。1998 年，邮政与电信分家，邮政支局业务涵盖函件收寄、包件收寄、报刊发行、汇兑、邮政储蓄等。

2000 年，塘市电信基站建成，移动通信走向大众化，实现“村村通电话”。互联网于 21 世纪初进入塘市镇区，随后出现私营网吧。2011 年末，有电信服务网点 4 个，固定电话用户 341 户，电话普及率 96%；移动电话用户 5983 户，互联网用户 854 户。

2014 年年末有邮政所 1 处，快递公司网点 1 个，有电信服务网点 4 个，网络、电话通讯全境畅通。

供电饮水

供电 古代照明普遍用桐油灯，1949年后用煤油灯。20世纪70年代，先后有四个大队利用河水落差兴办水轮发电站，白天碾米磨粉，晚上发电照明。1987年，贤江水库先后自建2个水力发电厂，装机容量120千瓦，年均发电30万千瓦时，供应水库附近村庄照明用电。1990年，从六合乡接通七里坪高压电。1999年，架通流峰至塘市的35千伏线路，全镇从此由湘南大电网供电。2007年,贤江发电厂并入国家电网。2014年，境内有供电所1个，变电站1个。

饮水 1990年前，居民饮用水以钻井取地下水为主。90年代中期，部分水利条件好的村组率先接通自来水。1997年，维修村级水井41口，改造饮用水井65口，村民饮用水质得到改善。1999年，在贤江水库建消毒水塔，建成日供水1800吨的自来水厂，使镇治所在地大部分居民用上了自来水。2011年水厂规模扩大，年供水达2.65万立方米，供水区域涵盖三分之二的行政村。2014年，在天林村、高领村建设农村安全饮水工程，实现全镇所有行政村用上自来水。

农田水利

该镇自古是干旱和洪涝灾害多发地区，历来重视农田水利建设，江河上每隔两三里就有一个陂坝，少则灌溉数亩，多则灌溉千亩。

新中国成立初期，修筑与维修陂坝成为水利建设的主要内容。50年代中期后，掀起兴修水库高潮。1955年修建荷叶塘小Ⅱ型水库，1958年修建茶园小Ⅱ型水库，1959年修建江塘小Ⅱ型水库，1964年贤江村修建小Ⅰ型水库，1965年修建天林小Ⅱ型水库。1965年4月塘市人民公社联合四里人民公社修建金陵水库北干渠。1974年开始动工兴建贤江中型水库，因为社小工程大，进展缓慢。1976年修筑小Ⅱ型水库1座，整修小山塘36处，修复漏水、荒塘各8处，受益面积667公顷。1977年县委决定将贤江水库列为县建工程，从19个公社抽调劳力援建。工程指挥长谢鼎森动员公社400多农民到宝山铜矿作临时工，用所得部分工资租用推土机参加施工，加快了工程进度。1980年贤江水库枢纽工程竣工，主坝高55米，顶长180米，为当时省内最高的粘土斜墙坝之一。该水库控制集雨面积29.9平方公里，正常库容1020万立方米，可灌溉塘市、板桥、四里等三个公社2133.33公顷耕地。此后，该乡以县属贤江水库为骨干串联起8座小型水库,大小山塘13座，水利条件大为改善。家庭联产承包责任制实行后，公有水利设施维修管理放松，部分山塘及多数引水渠道淤积严重，影响了灌溉效益。

1989年完成水尾村中低产田改造33.7公顷。1990年修建了罗塘水库和李家冲水库。1998年冬投资100万元对贤江水库大坝内坡铺设防渗薄膜和帷幕灌浆，更新改造闸门。2002年国家财政拨款880万元，省拨款90万元，用于贤江水库除险加固工程，工程完工后消除了隐患，提高了防洪、抗洪能力。

2013年投入1200万元，完成贤江洞农业综合开发项目区水利设施建设工程。镇政府发动全镇干部群众投工投劳，对贤江左干渠进行清淤补漏3次，并鼓励各村自筹资金完善本村水利设施，维修小山塘8处，选定两名水管员加强对贤江水库的管理，水库蓄水量增加，受益面积扩大。

2014年投入1000余万元，完成钱河河道治理、江溪河清淤10.3公里，投入100余万元新建山塘2座，完成村前山塘维修清淤4座，五小水利设施建设1个，并进行病险水库除险加固、河道整理、渠道维修、机耕道建设，水库、山塘防汛保安状况进一步改善。

村镇建设

1984 年，恢复塘市乡建制后，乡政府制定了《1984—2000 年塘市乡建设总体规划》。先后扩建宽 8 米、总长 1500 米的主要街道 2 条，修建全长 1800 米的巷道 5 条，皆为水泥路面。1995 年小城镇面积由 1.03 平方公里扩大到 2.5 平方公里，常住人口 3000 人。

1999 年建设垃圾消纳场和自来水厂，有一个农贸市场，三条商业街，一个乡村客运站，一套废渣废水处理工程，一个环卫管理所，各项生产、生活设施逐步完善。进入 21 世纪后，镇政府强化农村建房规划编制工作，严格建房审批程序，各村组按照规划要求实施农村集中建房。

2014 年，该镇编制《塘市镇 2014—2030 中期发展规划》，统筹城乡发展，完善农村基础设施建设，建成了乌泥塘、大富庵等 9 个村的文体休闲小广场，每个行政村都有集办公、远程教育、农家书屋、政务服务为一体的综合楼。各村组配套建设了公厕，添置了密闭式垃圾箱。安装村组太阳能路灯 800 盏，完善了人行道和绿化带。形成了“一条路、两行树”“一庭园、一片绿”“一区域、一绿岛”的安居生态格局。

社会事业

教育

1949 年以前，境内乡村子弟就读私塾，1949 年后，就读国家公立的各级学校。1977 年，全乡有中学 5 所，每个大队有小学。1978 年以后，队办小学，片办完小，乡办中心完小和中学。1982 年有贤江、塘市两所中学。1996 年，贤江中学停办。

塘市中学创建于 1969 年，为三年制初级中学。1979 年改办桂阳十中，1981 年桂阳十中停办，恢复塘市中学。20 世纪 90 年代以来，塘市中学多次征地改扩建，2014 年年末占地面积 2.8 公顷，建筑面积 1.1 万平方米，有教学楼、科技楼、学生宿舍、综合楼、教职工宿舍楼等大小建筑 10 栋，设施设备较为完善。是年秋季学期，学校共有 14 个教学班，在校学生 920 人。有教职工 58 人，专任教师 57 人，其中本科 42 人，大专 12 人，学历合格率 94.7%，高级职称 6 人，中级职称 21 人。

塘市中心校建于 1978 年。该校历来重视少先队工作，积极开展学雷锋活动，受到社会赞扬，80 年代末，荣获全国“少先队红旗大队”称号。2014 年，中心校本部有教学班 19 个，在校学生 1170 人，中心校下辖 11 所村小，学生 1060 人，教师 70 人。2014 年年末有幼儿园 4 所，在园幼儿 1200 人。

20 世纪 80 年代，在乡园艺场兴建农校，成立塘市农科教中心，本着为企业、农业服务和培养人才、推广技术的宗旨，进行种植业、养殖业等方面培训。当时有教职员 3 人，在校生 36 人。

文化

境内居民多信仰宗教，寺庙庵堂较多，有金山寺、五灵庙、修德庵、萝卜庵、大富庵等。清代、民国时期，境内花灯戏、祁剧、桂阳土昆演出频繁，盛行舞龙耍狮，大村子普建宗祠戏台。传统武术盛行于民间，著名武术家、清末农民起义领袖李石保的第三代传人李显栋就授徒于塘市一带。

1950 年后，宗教式微。1966 年冬，学生停课闹革命，配合造反组织破“四旧”，许多珍贵文物、庙宇亭台、工艺美术、商店招牌、家谱典籍遭到毁坏。

1998 年，始建“农家书屋”，2011 年，有农家书 15 家，村文化活动室 4 个，藏书 2 余万册。有农民乐队 8 个，舞龙队 1 个，耍狮队 1 个，广场舞队3个，民间艺术团体一个。2014年，由塘市民间艺术团排演的地方特色剧《花间小调》荣获第四届桂阳文化节一等奖。年末增加农家书屋3个，添置书籍2880册，建综合文化站1个。

广播电视

1958年，组建电影放映队，多为露天放映。“文化大革命”期间，全乡生产大队普及高音喇叭。1968年建成人民公社广播站。1973—1982年间，95%的大队有广播放大站，入户率较高，农村广播网基本形成。1994年6月建成有线电视站，开始安装有线电视，1998年乡广播电视站收归县广播电视局。1999年，镇区有线电视入户率85%。2014年年末，有广播电视站一个，有线电视通到了每个村组。

医疗卫生

1949年以前，境内防疫治病全赖中草药。因卫生防疫条件差，瘟疫频繁。1949年后，政府积极发展医药卫生事业，保障人民健康。到1953年，境内天花、霍乱等烈性传染病基本消除。

1958年塘市设卫生室（院），年底，血丝虫病得到控制。20世纪60年代末，一批乡村“赤脚医生”采用中西结合的办法，为社员防病治病，医疗保健机构普及到队。1978年以后医疗技术得到较大提高。

2005年，卫生院新建2栋办公楼及一栋职工宿舍楼，占地面积825平方米，并搬迁新址。2009年7月购进X光机和化验设备。2012年镇卫生院被卫生部评为“一等甲级医院”。2013年参加新型农村合作医疗2.63万人。2014年卫生院有病床13张，执业资格医师3位，护士5位。村级卫生室17个，从业医生17名。全年完成诊疗1.8万人次。

社会保障

1979年开办敬老院，入院老人15名，由所在生产队派粮派钱，公社补助菜金，设专人护理。1984年3月，全县敬老院工作开现场会在该院召开，配发18英寸黑白电视机一台，拨付建院奖助金1.8万元。1987年县政府拨付修缮费2.9万元。1990年在旧敬老院的基础上新建1栋416平米楼房，敬老院各类设施日趋完善。2014年收养老人23名。

1990年镇计生专项资金为纯二女结扎户办理养老保险，户平400元。1993年开展农村社会养老保险工作，发放百岁寿星津贴。1999年起镇区对下岗、失业困难职工及农村家庭困难户发放最低生活保障金。

2014年为17户困难家庭争取危房改造资金。新型农村合作医疗参合率达100%，新型农村养老保险参保率达100%。对遭受灾难和重大疾病的村民以及计生纯二女户、独生子女户、贫困老党员干部、退伍军人进行慰问补贴，共发放慰问金4.5万元。

（廖小敏　供稿）

华山瑶族乡 >>

区域概况

地理位置

华山瑶族乡地处桂阳县西北部，距县城65公里，是桂阳县两个少数民族乡之一，位于北纬26° 01′ 57″至26° 06′ 08″，东经112° 19′ 35″至112° 24′ 13″，东靠泗州乡，南接塘市镇，西连新田县金陵镇，北邻白水乡，乡域总面积38平方公里。

建置沿革

明嘉靖六年（1527），境内属于瑶山，设峒官管理。清前期境域隶峒官。道光十二年（1833），隶属于永桂厅。民国3年（1914）废都设团，全县划分为12个团，华山属于贵临团。民国16年（1927）11月设阳明县，桂阳县华山洞归其管辖。民国21年（1932），撤销阳明县，华山三洞仍划回桂阳。民国35年（1946），为贵临乡。

1949年10月属四里区（七区），1958年9月属四里公社管辖；1961年5月属塘市公社管辖；1984年1月属塘市乡管辖；1986年11月，塘市乡的黄家、中华、大溪、小溪、东岗、里白6个村从塘市划出，设立瑶族乡，至此华山瑶族乡成立。

行政区划

2014年末，全乡辖大溪、黄家、中华、小溪、东岗、里白6个行政村，34个村民小组，33个自然村。乡治大溪村。

自然环境

地形地貌 境内地质地层以寒武系、志留系为主。经历了多次构造运动。岩石以塔山黑云母花岗岩为主，还有变质砂岩。境内属山地，地形破碎，四面环山，山峦叠嶂，溪谷纵横，平均海拔约700米。属于阳明山脉中东段的塔山山系南沿，地势北高南低，最高点为大花山，海拔1164米，最低点西南面的小溪村罗家，海拔约370米。该乡有五条河流出境。最大最长的是发源于花山的大溪水，与小溪水汇入贤江水库，出老鼠峡称鼠峡水，是潍江最长支流之源；往西的东岗水是新田河日东水的一源，发源于东岗山罗家以北与新田的界山；最东面白碗洞发育了塘市水；西南面李白田又发育一水，在贤江村汇入鼠峡水。

气候 境内属亚热带季风性湿润气候，四季分明，雨热同季，雨量充沛，年平均降水量在1000~1300毫米之间，蒸发量较小。因地势较高，植被较好，年均气温也比较低。1981—2014年平均气温16℃，1月平均气温3℃，极端最低气温 -8℃；7月平均气温28℃，极端最高气温

36℃；无霜期年平均200多天。因山高谷深，云雾缭绕，光照相对较少，年平均日照大约1300小时。容易出现暴雨、滑坡、泥石流、暴雪、洪涝、雷暴、寒潮、冰冻、低温等天气灾害，成为阻碍经济发展的因素。

自然资源

植物资源 境内植被垂直分布明显。在海拔1000米以上的紫华山脑，植被为矮灌木和草丛，常绿阔叶林多为细叶青冈、银木荷、大叶鹅耳枥、刺毛杜鹃等。海拔800米以下的山地多以壳科的栲属、青冈、樟科为主要种群，林中蕨类以狗脊为多。常绿树与落叶林混交，多为中幼林。针叶林杉木在全乡植被中占比最大，楠竹的分布也较广。药用植物有野山楂、金樱子、女贞子、黄栀子、杜仲、天明冬、何首乌等。

动物资源 境内动物资源丰富，飞禽有白鹇、鹧鸪、斑鸠、黄莺、鹰、竹鸡、喜鹊、田鸡、麻雀、野鸭等。走兽有野猪、野猫、果子狸、穿山甲、黄鼠狼等。20世纪50年代还有虎、豹、豺出没，现在已经绝迹。境内蛇类比较多，有眼镜蛇、竹叶青、银环蛇、大黄蛇、五步蛇、水蛇等。

土壤 境内成土母质为花岗岩风化物和板页岩风化物。土类有红壤、黄壤、黄棕壤，土质含沙量大，有机质含量少，渗透性强，易干旱。华山脑等山头的开阔地和坡地一般有草甸砂土分布，但土层薄、风害大，林木难以生长。

人口民族

古代，境内为苗瑶祖居之地，地广人稀。明末清初，泗洲陈氏、欧阳氏、塘市周氏等族姓陆续进入境内。清末，社会动荡，人民生活困苦，境内人口繁衍缓慢，不少年份甚至人口死亡率高于出生率，出现负增长。道光年间，瑶族拥赵金龙起义，人口减少较多。

1949年后，社会发展，医疗改善，人口增长速度加快。建乡初的1988年，境内居民721户，3129人，瑶族占居民总数的26%。1995年增加到796户，3254人，其中瑶族805人。2014年年末，全乡有1104户，3755人，其中瑶族人口900人，占全乡总人口的24%，瑶族同胞主要分布在里白村1、2组，黄家村5、6、7、8、9组，小溪村1组，中华村8组，大溪村4组。

经济发展

经济综述

古代，境内土瘠人贫，生产力水平低下，统治者常有山田升课（增加赋税）之举，瑶民常常被逼上梁山，屡次举行起义。1949年后，党的民族政策惠及瑶民，汉瑶和睦相处，土改后分得田地，生活有所好转。但因交通条件限制，经济发展非常缓慢，1986年建乡后被确定为贫困乡。1988年，工农业生产总值526万元。

中共十一届三中全会以来，政府立足华山实际，以经济建设为中心，加快了经济社会发展步伐。进入21世纪后，该乡围绕科学发展这一主题，主抓生态保护和改善民生两方面工作，大力推进新农村建设、基础设施建设和社会管理创新，致力于把华山打造成民族和谐之乡、林业强乡、旅游新乡和瑶歌传承基地，全乡经济社会发展呈现崭新面貌。至2000年，累计完成固定资产投资362.2万元，国内生产总值比1986年建乡时增加3.3倍，农民人均纯收入增长9.2倍。2014年，全乡国内生产总值3145万元，其中，第一产业1278万元，占40.7%；第二产业759万元，占24.1%；第三产业1108万元，占35.2%。实现财政总收入89万元。农村居民人均可支配收入4620元，是2001年的3.5倍。人民的吃、住、行得到进一步改善。

农业

1949年前，该乡耕地少，种植技术原始，产量很低。1949年后，大力发展水利，扩大耕地，粮食自给率提高。该乡主要农作物是水稻、玉米、红薯等，因华山海拔较高，多云雾，光照较少，热量不足，历来为单季稻区。

20世纪90年代后期，该乡开发建设优质蔬菜种植基地和百合基地。2001年建设形成一个药材生产基地，面积13公顷，主要种植百合、杜仲等药材。2002年，开发种植黄姜13公顷。2001—2005年，推广本地特色野菜——水麻菜种植，推广面积13公顷，产值70万元。2012年，全乡有耕地120公顷，其中水田74公顷，旱土46公顷。2013年，黄家村开发种植百合、太子参等，面积达2公顷。

境内村民主要养殖土鸡土鸭和生猪，2002年，发展了五户黑山羊养殖专业户，但养殖规模较小。2013年以来，利用当地优良的环境条件，先后引进三个专业合作社，中华村生猪养殖合作社，养殖生猪1000余头；黄家村黄牛养殖合作社，养殖黄牛50余头；大溪村黑山羊养殖合作社，养殖黑山羊160余头。

2014年，该乡农业增加值1278万元，占国民生产总值的40.7%。

林业

境内自古丛林浩渺，因交通不便，木材难以外运，林业获利微薄。1950年后，政府鼓励私人造林，1956年农业合作化后，集体造林兴起。1981年，塘市乡任命盘福宝为华山林场场长，他成立造林突击队，亲自带队上山，安营扎寨，与群众同吃同住，共开荒造林467公顷。在他的引导下，境域各地造林蔚然成风，至1985年，华山开荒造林2667公顷，人均0.66公顷。

20世纪80年代，当地发展山林药材产业，主产黄栀子、金银花、厚朴等。至1992年，该乡共办乡、村、组三级绿色企业29个，培植森林2800公顷，森林覆盖率居全县之首。90年代后期，该乡种杂交板栗6.7公顷，马尾松33公顷，并对杉木林、楠竹林进行低产改造，对41公顷茶叶生产基地完善经营管理责任制。

2000年，该乡有成材杉木林2333公顷，为县内最大的杉木林基地。有楠竹800多公顷。2010年，启动林权改革后，将林地分包到户，每年造林100公顷以上。2014年，全乡有林地3400公顷，森林覆盖率超过94%，人均林地0.93公顷。林木保有量约25万立方米，市场价值约1.75亿元，村民约50%的收入来自于林业。主要林特产品有春笋、冬笋，但不成规模。

工业

1949年前，境内有造土纸传统，最多时有纸槽20多个，土纸年产量100吨左右。20世纪80年代后，土纸渐被淘汰。中共十一届三中全会以来，当地工业逐步发展。为提升林木价值，乡政府先后引进竹席加工厂、杉木加工厂，到2014年，有木材加工厂3个，年产值150万元；小水电站2座，装机容量共600千瓦，年营业额约100万元。2014年，该乡第二产业增加值759万元，占国民生产总值的24.1%。

商贸服务业

境域交通不便，地广人稀，古代瑶民多以物易物。清代、民国时期，境内没有商铺，山民卖木材、山货，买生活用品须到塘市圩场。1956年后才有货郎担进入。1990年后，出现家庭小商店，至2014年仍仅有商业网点4个。

该乡人均耕地少，劳力过剩，部分村民举家外出，每年外出务工人员上千人，劳务收入成为居民重要经济来源。2014年，第三产业增加值

1108万元，占国民生产总值的35.2%，主要为劳务收入。

基础设施

交通运输

古代，境内只有一条从泗洲寨经廖家湾到大垅园转谭家坳的大路。

1958年林业部门修通塘市至华山林场的公路。1987开始修建塘白公路岔路口三下棋到乡政府的连通支线，全部为砂石路。瑶族乡建制成立后，政府带领干部群众大兴公路建设，两年时间里，修通村公路5条，通车里程15公里，较好解决了当地群众行路难、运输难问题。2000年后，境内通村公路建设速度加快，大溪、黄家、中华通村公路相继修通。2002年，小溪、里白修通到塘市的公路。2003年塘市到三下棋公路实现硬化，2007年三下棋到该乡乡政府公路实现硬化。2010年，大溪、黄家、中华、小溪通村公路先后硬化。2013年，投资260万元硬化东岗村8.2公里通村公路，修通大溪5组、里白2组通组公路，全乡实现各村组通公路。至2014年年底，全乡通村组公路里程52公里，其中水泥路26公里，砂石路7公里，土基路19公里。

邮政通信

民国时期，境内属于2班丁段邮路，七天一送，通邮量极少。1953年，设立塘市邮电所华山步班邮路。1986年建乡后，华山邮政属塘市邮电支局管辖，2012年，乡政府筹资建设了华山邮政代办点，实现专人负责邮政业务。

2000年，境内开通波载电话。之后，中国移动桂阳分公司、中国电信桂阳分公司、中国联通桂阳分公司三大电信运营商先后在华山开通了基站，移动电话成为山区人民联系外界的重要工具。2014年，三大电信公司均实现了3G网络覆盖，并推进4G网络建设，手机基本普及，还开通了塘市到华山的光纤宽带网络。至2014年年末，境内固定电话用户30多户，移动电话用户1600多户，互联网用户50多户。

供电

20世纪80年代，境内有微型水电站10余处，解决部分农户照明与农副产品加工用电。政府驻地接用贤江水库电站供电，电压低，不稳定。1999年，架通由塘市镇到华山的10千伏高压输电线，各村组相继接通了支线，实现户户通电，人民生活质量大为改观。2008年，受冰灾影响，大部分电杆倒塌，是年抢修重建。境内用电属塘市供电所管辖。至2014年，境内有两条10千伏专线，一条直达政府周边的大溪、黄家、中华，一条从塘市直达小溪、东岗、里白等村。

水利

当地崇山峻岭，少量的水田在山脚下，沿溪流布局，形成自流灌溉。新中国成立后，特别在“农业学大寨”时期，为开辟新农田，新修了部分小陂坝和引水渠。2010年，大溪村修建水渠3公里，改善6.7公顷田土灌溉问题。2014年，黄家、中华等村修建水渠5公里，改善33公顷田土灌溉。

境内山泉水多，村民长期饮用山泉水。改革开放后，生活用水改为铁管、塑料管自流入户。由于居住分散，常是几户居民共建或自建自来水。2012年至2014年，先后在乡政府、中心校、大溪村、小溪村、中华村开展安全饮水工程建设，解决1000余人安全饮用水问题。

村镇建设

该乡建制成立初，全乡无镇区、无市场，政府所在地仅有政府、中心校、卫生院三个单位。由于村落分散，自然村住户少，建房随意性大，住房简陋，村容村貌较差。进入21世纪后，该乡大力开展社会主义新农村建设，改厕工程、亮化工程、自来水工程、生态村庄建设相继铺开，农村面貌焕然一新。

2013年，县规划局对乡政府驻地和各村进行了规划设计，明确了各类土地用途，划定了各村建房地点，以规范建房、环境整治、绿化亮化为重点，推进美丽乡村建设。是年，全乡投资10余万元建立乡、村一体化的垃圾处理集散网络，修建垃圾填埋场一处，垃圾池15处，各村配备垃圾桶，成立垃圾清运队，做到垃圾日日清扫。2014年，投入10万元，开展绿化示范乡建设，在乡村主要道路两旁种植樟树；投入21万元，安装太阳能路灯35盏，亮化了大溪村、乡政府驻地、黄家村沿线。投入210万元，在中华村三组湾冲启动了集中连片建房。中华村村民自筹资金10万元，挖运土方1.2万立方米，将一座小山推平，开辟平地3000平方米，按统一样式建设住房20栋。

社会事业

教育

1949年前，境内无学校，读书人很少。1949年后，境内只有小学，无中学，当地适龄学生读初中需到塘市中学就读。1986年成立瑶族乡后，境内始建中学。1997年实现普及九年义务教育。1990年代末，县内调整学校布局，华山中学因学生太少并入塘市中学。

2002年以前，各村都有一所小学。2002年秋季，该乡在全县率先推行“一乡一校”办学管理模式，撤并全乡6个村小和2个教学点，将全乡学生全部集中到乡中心校就读，对学生实行全托式寄宿制管理，将老师全部安排到中心校教学，实行统一管理。“一乡一校”办学管理模式受到上级表扬和肯定，其成功经验在《湖南教育报》、《郴州日报》报道推广。

2014年，乡中心校有1栋教学楼、1栋综合楼、1栋办公楼、1栋宿舍楼、1个篮球场，配有电脑室、多媒体电教室、仪器室、实验室、图书室等，学校办学条件较以前有较大改善。全校有教师16人，其中男教师11人，女教师5人，瑶族教师5人，有1至6年级学生共148人，分6个教学班。学校设有瑶歌传承基地，有瑶族文化传承展览室1个。

文化

古代，当地瑶胞传统文化活动较为丰富。1949年后，传统文化活动一度衰落。改革开放以来重新重视瑶族传统文化的传承。从2009年起，为纪念盘王和挖掘、传承瑶族文化，湘南三市（郴州、永州、衡阳）六县八瑶族乡（宁远县荒塘瑶族乡、桐木漯瑶族乡，新田县门楼下瑶族乡，祁阳县内下瑶族乡，金洞管理区晒北滩瑶族乡，常宁市塔山瑶族乡，桂阳县华山瑶族乡、杨柳瑶族乡），每年轮流举办公祭盘王暨坐歌堂活动，华山瑶族乡每年派出一支队伍参加，至2014年已参加5届。

县文化馆在该乡中心校建立瑶歌传承基地，每年邀请县政协委员、湖北省第三届民族原生态歌手大赛第三名获得者赵五英老师，在中心校开展2期瑶歌教学。在中心校组建瑶族长鼓舞队，进行长鼓舞训练。每年对瑶族歌手培训2次，提高瑶族歌手水平。每年选送2个以上的节目参加县里组织的各种文化艺术活动。2014年，选送歌唱节目《盘王出世歌》和《传承》，均获得了三等奖。

2014年，全乡建设文化站1个，配有图书室、娱乐室、电脑室，安装了音响、投影仪、投影屏幕等文化设施。在各村建立了1个农家书屋，藏书2万余册，实现了农家书屋全覆盖。体育设施有篮球场2个。

广播电视

因山高路险，交通不便，村庄分布稀散，境域广播系统一直没有开通。2012年，全乡安装防汛广播4套。2014年，全乡6个行政村实现了村村响广播。1999年，县政府投入资金在该乡几个电视盲村建立集体收看室1个。是年底，大部分村组采取国家资助、集体筹资、私人投资的方式，建立卫星广播电视地面收转站，电视机普及率提高。全乡收看电视主要依靠村村通卫星设施。2010年至2014年，全乡推广村村通设备900余套，基本解决群众看电视难问题。

医疗卫生

古代，境内居民有病用偏方，信巫术，也有瑶医瑶药。1960—1970年，各村配备赤脚医生。1992年为解决少数民族和山区群众防病治病难问题，经省民政厅批准，在境内设立华山乡卫生院。

卫生院占地面积300平方米，建筑面积210平方米，有病床2张，医护人员4人，其中医生2人。医院医疗设备仅配有血红蛋白检测仪、血糖检测仪、心电图机、B超机、洗胃机、心电监护仪各1台。在黄家村建有一个村卫生室。2014年新农合参保人数3269人，筹集农合资金14.96万元，参保率108.45%，排全县第4名，全年共有3863人次享受医疗补助，补贴金额达86万元。

社会保障

1949年以前，山区瑶乡人民几无社会保障。山民受灾，只能生产自救或外出乞讨。

1949年新中国成立后，农民分得土地，基本生活有了保障。每遇灾害，政府都会拨付救济钱物，或减免农业税，帮助灾民解决生产生活中的困难。境内生产条件差，耕地不足，一些村组粮食无法做到自给自足，政府除实行定销、返销、统销粮食外，还酌情发放救济款。对缺衣少被户及时进行冬令救济。人民政府重视少数民族，过年过节或遇灾，对少数民族都有专项救济。农业合作化后，对无依无靠的孤寡老人，实行保吃、保烧、保穿、保住、保葬的“五保”政策，后又发展为保吃、保穿、保住、保医、保葬。一般由生产队供养。

1991—1999年，县红十字会获得香港、台湾、省市红十字会援助，县红十字会将该乡列为重要的救济物资发放点，惠及境内居民达数千人次。

2010年起全乡实施危房改造工程，至2014年共完成危房改造191套，改善了困难群众的居住条件，保障了生命财产安全。

2014年全乡发放低保资金20万元，五保资金5万元，惠及212人。全乡新型农村养老保险、新型农村合作医疗保险工作排在全县前列，均实现100%参保。2014年城乡居民社会养老保险参保人数1597人，筹资16.65万元，参保率101.53%，全乡享受新农保人数已达382人。

2014年该乡顺利完成了各项“民生100工程”，通过“一卡通”发放各项补贴资金19万元，有效保障了群众切身利益。对遭受灾难和重大疾病的部分村民以及计生纯二女户、独生子女户、贫困老党员干部、退伍军人进行慰问补贴，共发放慰问金3万元。

特色地情

瑶族传统文化

境内瑶民属于“过山瑶”。在旧中国，瑶民由于不堪忍受统治阶级的歧视与压迫，举家躲进大山之中，过着游耕游居的生活，今年在这山，明年过那山，故称为“过山瑶”。又因头饰内以板支托，故又称顶板瑶。

瑶族有自己的民族服饰。男子上身穿布扣对

公祭盘王暨坐歌堂活动

襟齐领布衫，长短不一，头扎青布绣花头巾，裤宽而短。女子上身穿对襟或左衽齐领布衫，衣袖、襟摆均加宽边，并绣有花卉图案。头包2米长、0.3米宽的青花布头帕，两端刺有各种花纹，中间是方块形图案，包成尖角形。裤脚宽大，绣花边。有些妇女喜穿绣花围裙。

崇拜盘王的瑶族过去普遍禁食狗肉。腊肉、山珍野味和土特产是瑶家待客最常见的菜式，腊肉被奉为待客的上品。瓜箪酒是瑶家招待客人的特制酒。酒用糯米制成，酿成糊酒后，掺入清泉水或凉开水，饮用时用瓜瓢舀出倒在碗里，连酒带糟一起喝下，酒度不高，醇香甜蜜可口。

瑶族有自己的语言，说"勉"话。无本民族文字，一般通用汉文。口头文学极为丰富。

瑶族一般不与外族通婚，族内招赘习俗较普遍。男女青年婚前恋爱较自由，一般先由青年男女通过节日唱歌或其他途径建立感情，征得父母同意后结婚。华山瑶族姓氏较多，以盘氏、赵氏为主，彭、黄、冯、李等姓为外地瑶族入赘引入的姓氏。

瑶族人民以大米为主食，兼食杂粮。由于受地形气候影响，瑶族人民有独特的饮食习惯，喜好喝酒和喝茶，瑶民家家户户每天都煮一锅茶以备随时饮用。

瑶族除与汉族同样过春节、清明节、端午节、中秋节外，还有自己特有的传统节日，如盘王节、耍歌堂、祭春节等。

盘王节是瑶族最重要的传统节日，相当于汉族人的春节。盘王节是每年的农历十月十六日，即盘王诞生的日子。瑶族人认为盘王是瑶族的始祖，盘王有超凡的能力保护瑶族子孙，瑶族人民通过祭祀盘王，祈求盘王的护佑。

瑶族人过盘王节，都要设祭坛，供奉诸神像，中间为盘王，左右是真武、功曹、田公、地母等神像。

祭祀开始，鸣火枪三响，接着鞭炮齐鸣。在鞭炮声中，族老寨老在神像前供奉猪头、糯米粑、鸡肉、酒等祭品，人们面对神像，低头默祷，然后唱《盘王歌》，跳盘王舞。《盘王歌》是一部瑶族诗歌总集，主要讲述盘王的一生，七字句，诗句洗练，曲律古雅而浑厚。盘王舞以鼓锣伴奏，舞步动作忽而上跳，忽而下蹲，忽而左转，忽而右旋，动作健美、威武，再现了瑶族先民耕种狩猎、出征杀敌的情景。

盘王节期间，瑶族人民杀鸡宰鸭，男女老少穿上节日盛装，尽情欢乐。与此同时，男女青年则开展坐歌堂对歌活动，借此良机择意中人。

“坐歌堂”节是瑶族青年男女谈情说爱、唱歌求偶的节日。按传统习惯，每三至五年举行一次。一般在农历十月十六日举行，历时三天、九天不等。当节日到来之前，各家各户都得事先通知远近的亲友前来观光。节日之夜，男女青年围着篝火，对唱情歌，以歌传情，歌长情深，通宵达旦。节日期间，人们穿着新衣裳，戴上新头巾，插上锦鸡毛，熙熙攘攘、非常热闹。后面伴随有锣鼓和腰鼓队，燃放土铜炮。当中老年人抬着祖公神像巡游街巷时，广场上聚集着一群群女青年，男青年则两个一对、三个一伙，对着年轻姑娘唱起歌来。参加唱歌的青年，有时达八九十对。小伙子一支又一支，姑娘们仔细地打量着唱歌的小伙子，暗暗地选择心爱的人。小伙子们尽情地唱，求得姑娘的欢心。白天在歌堂上认识后，晚上便可独自向姑娘唱歌求爱。

在大山区，盘、赵两姓可同姓通婚，其他各姓一般为异姓通婚。但瑶汉一般不许通婚，民国时期，稍有松动。1949 年后，民族交往日多，通婚之禁基本放开。

（廖小敏　供稿）

杨柳瑶族乡 >>

区域概况

地理位置

杨柳瑶族乡位于北纬26°05′45″至26°08′55″，东经112°13′26″至112°17′03″之间。地处桂阳县西北边陲，东连白水乡，南接永州市新田县门楼下瑶族乡，西邻永州市祁阳县晒北滩瑶族乡，北抵衡阳常宁市塔山瑶族乡，有"一足踏四县"之说。人民政府驻四合村龙家岭，距县城101公里，是全县最边远的乡镇之一。

建置沿革

明代至清初，境域隶属于峒官。道光十二年（1832）隶属永桂厅。民国16年（1927）国民政府设阳明县，杨柳境域划归阳明县管辖。民国21年（1932）撤销阳明县，仍归桂阳。1950年，属桂阳县苍华乡。1956年，属白水乡。1958年，属白水人民公社。1986年11月，设立杨柳瑶族乡。

区划面积

2014年年末，辖杨柳、四合、民族3个村民委员会。有36个村民小组，108个自然村。辖区东西最大距离5.8公里，南北最大距离6.4公里，总面积23.6平方公里，是桂阳县面积最小的乡镇。

自然环境

地形地貌 境内群山起伏，云雾缭绕，溪涧纵横，"古䥯树千天，回风作怒号，白云葱蓊间，神濽渍山椒"是该乡的真实写照。乡境99%以上是山地，总体地势东高西低，南北高中部底，白水河谷呈东西走向，是桂阳向西流出县境的最大河流。白水河在该乡境内的支流主要发源于南部山区，较大的有桐木沅、社口源。境内最高点在乡东北角青山岭，海拔1025米，最低点在枇杷山脚白水河流出乡界处，海拔约420米。

气候 该乡属亚热带季风性湿润气候，其特点是四季分明，雨热同季，光照充足，雨量充沛。1981—2010年平均气温15℃，一月平均气温3℃，极端最低气温-10℃；7月平均气温28℃，极端最高气温33℃。年平均无霜期200天，日照1250小时，年降水量在1000～1300毫米之间。自然灾害主要是低温冰冻和山洪。2007年12月至2008年1月遭遇特大冰冻灾害，造成经济损失3000多万元。

自然资源

植物资源 境内为低山区，是常绿树与落叶林混交林。针叶林在全乡植被中占比最大，有马尾松、杉木、水杉。境内竹类丰富，有楠竹、篙竹、箭竹、斑竹、苦竹等七八种。药用植物有野山楂、地榆、金樱子、苦参、女贞子、铁马鞭、土茯苓、香附子、黄栀子等。

动物资源 境内动物资源丰富，飞禽有斑鸠、黄莺、鹰、竹鸡、啄木鸟、田鸡、麻雀等。走兽有野猪、野猫、獐、麂子、果子狸等，20世纪50年代还有虎、豹、豺出没，现在已经绝迹。水生动物相对较少，两栖类动物最有名的是石蛙。蛇类较多，有眼镜蛇、竹叶青、银环蛇、五步蛇、水蛇等。

白水河自新栗杨柳村北入境，流经境内大约10公里，年径流量达1.95亿立方米。此外，还有社口源、桐木沅等溪流，落差较大，水能蕴藏丰富。

人口民族

古代，境内为苗瑶祖居之地，地广人稀。清初，桂阳、新田、祁阳、常宁等地人口陆续进入境内，人口来源复杂，方言多样。清末，社会动荡，人民生活困苦，人口繁衍缓慢，不少年份甚至出现负增长。道光时期，境内瑶民起义，人口减少较多。

1986年11月建乡时，乡民22%为瑶族。1988年，境内居民559户，2400人。2011年末，辖区总人口2594人。2014年末，总人口2649人，其中瑶族占20%左右。是全县人口最少的乡。

杨柳民族村是该乡瑶族同胞居住最集中的一个行政村，瑶族主要聚居在雷坡岭、庙山源、沙坪、笔头园等村落。杨柳村的雷婆岭、沙坪约在20世纪初期由盘氏人（宜章瑶民）建立，至今约8代人；庙山源及笔头园的瑶民于20世纪中期由赵氏人（常宁瑶民）建立，约5代人。社口源、石门冲等村落大约在19世纪初由赵氏人建立，至今已有27代人。

经济发展

经济综述

该乡属原生态林区，经济主要以农林业为主。古代境内一些居民甚至没有耕地，日常生活基本上以卖树为主，打猎为辅。

1949年后经济逐步发展，1978年后经济发展进入快车道。1988年工农业生产总值73.47万元，2000年597万元，2008年增加到1216万元，2014年达到2634万元，农村居民人均可支配收入5812元，仍不及全县平均14182元的一半。

该乡交通、水利等基础设施较为落后，成为制约经济社会发展的最大瓶颈。农业产业化程度低，结构单一，增收渠道少，抵御各种自然灾害和市场风险的能力弱。该乡仍属贫困乡，经济总量小、人均水平低，增收脱贫的任务任重道远。

农业

境内属于中低山区。古代，先民依山就势在一些缓坡地开垦出梯田梯土，面积很少。因山谷光照不足，不利于庄稼生长，只能种单季稻。旱土种植红薯、小麦、苞谷、荞麦、高粱、䅟子、粟米、芋头等。民国时期及以前，居民均以杂粮为主食。

1949年后，农民生产积极性提高，耕地面积扩大。随着冷浸田改造、化肥农药使用、杂交品种推广等，粮食单产大幅度增长。但因田块面积小，坡度陡，农业机械化程度低。

1988年，有耕地面积78公顷。2011年生产粮食607.41吨，其中稻谷252.54吨，人均粮食232千克。2014年，耕地增加到82公顷，其中水田50公顷，旱地32公顷，生产粮食514吨，人均194千克。

境内畜牧业以饲养生猪、羊、家禽为主。2011年，生猪饲养量2067头，年末存栏750头；出售和自宰的羊186只，年末存栏100只，家禽饲养量1.31万羽。2014年，出栏生猪2109头，牛16头，羊194只，家禽饲养12018羽。

林业

境内森林资源丰富。清代、民国时期，木竹大批量采伐，运输由山客、水客经营控制。山客多为当地有权势的乡绅，他们向山主圈山买树，雇佣山民采伐搬运至白水河，成批售与水客，然后由水客扎10～15根的“小把子”航运出境。一般山民因交通不便，信息闭塞，有木运不出，林业获利微薄。

1949年前有治山会，由寨头发起，抵御兽害和外来侵犯。竹木砍伐主要靠乡规民约约束。20世纪50年代以私人造林为主，1954年组织成立以经营林业为主的互助组,林地面积达2133公顷。

1985—1986年造林542公顷。1988年山林面积1867公顷，人均0.8公顷。公路开通后，砍伐量增加，林地面积下降到1446公顷，其中楠竹780公顷。

1989—1996年，县政府采取以工代赈的形式扶持当地开发杉木、楠竹、药材等。尝试引种猕猴桃、隆回特大梨、杜仲、银杏等林特产，部分居民增收显著。林特产品方面有春笋、冬笋、玉兰片、草药材、木炭、动物皮件等。

2011年，境内有林地面积2133公顷，其中杉木面积1733公顷，楠竹400公顷，森林覆盖率达91.4%。是年生产杉材800立方米，楠竹1.2万根。2014年投入12万余元在乡道两侧、乡政府驻地以及各小学种植樟树1000余株，完成通道绿化3公里，荒山造林73.37公顷，水系绿化2公里。

该乡境内20年无大火灾，森林防火意识深入人心，先进防火经验多次向全县推广。

工业

境内楠竹资源丰富，清代就有造土纸的传统。抗日战争时期，纸张进口受阻，境内纸业振兴，年产土纸上千担。1951年，乡境纸槽多达20多处。1952年，组建土纸生产合作社，年产土纸数十吨。之后，外地优质纸张增多，土纸逐步减少。20世纪90年代纸槽只剩数家。其他传统工业大多局限于个体竹木加工。1988年，政府下拨资金1.5万元办竹衣地毯厂一家。拨款1000元办电力碾米厂一个。

中共十一届三中全会后，该乡发挥资源优势，积极开发水力发电。1987年农民自办微型水电10余处，解决部分居民照明与生活用电问题。2011年末，有小水电站5座，装机容量1640千瓦，年发电量798万千瓦时。2014年，工业产值1280万元，占国内生产总值的48.60%。

商贸服务业

境域山高谷深，地广人稀，交通不便，古代瑶民多以物易物。清代、民国时期，境内没有商铺，山民卖木材、山货，买生活用品，须到新田县上流洞、祁阳县晒北滩、桂阳县排泉等圩场。1956年后才有货郎担进入。1986年建乡后，境内开始出现家庭小商店，2014年年末共有商业网点10个，年成交额约100万元。

财政税收

民国34年（1945）抗战胜利,免征田赋1年。1949年后普通农民交公粮，因境内所产粮食难以自给,国家给予减免政策。1983年4月实行利改税，当地除了林业特产税之外，其他税源很少，税收数额长期增长缓慢。1989—1994年，县财政每年给予该乡2万元发展资金优惠，此后逐年增多，1998年达27万元。1997年上缴财政7.97万元。1997—2000年，该乡农特产税除木材开征保护税外，其他特产税均实行免征。但因多种条件限制，税源难以拓展，地方财税依旧薄弱。2011年全乡实现财政总收入119.79万元，与山外乡镇比相差甚远。

2014年，实现财政总收入445.77万元。其中一般预算收入6万元，上级补助收入（含人员工资）422.77万元，其他补助收入17万元。是年财政支出为439.77万元。其中：行政支出43.07万元，工资福利支出78.28万元，农、林、水及项目支出268.7万元，财政、统计、计生、文教卫支出20.1万元，民政支出15.32万元，其他支出14.3万元。是年，该乡共发放各类财政涉农补贴资金总计68.13万元。

基础设施

交通运输

境内群山起伏，溪涧纵横，交通闭塞。至新田县和常宁县有山路，通往祁阳有沿白水河的小路。古时当地人们出行完全依靠步行，货物则靠肩挑手提。

1986年建乡后，修筑白水至杨柳的公路，路基宽6.5米，全长15公里，到1988年12月，修通土路13.5公里，总投资126.9万元。1990年开始修进村公路。至2000年，修通村公路5条。1995年，开通至县城的客运班车，人民出行更加方便。

进入21世纪，公路建设速度加快。2009年争取国家财政资金700余万元，硬化了白水乡至杨柳乡四合村的12公里水泥公路。2011年投入12.9万元完成民族村2组陈家大桥的修建。2012年县财政投入专项资金70余万元修建了杨蒲民族大桥，桂阳杨柳与常宁塔山两个瑶族乡实现互通公路。2013年投资36万余元的四合至民族1.7公里水泥公路铺通。2014年投入资金18万余元沙化杨金公路；投入50余万元拓宽、硬化乡政府至四合村石榴花组公路；投资40余万元修复了民族村水毁通组公路。至2014年年底，全乡共硬化村道组道60公里，实现了村村通水泥路。

邮政通信

清代，境内没有邮路，民国时期传递信息主要靠步行，远距离投递信件或拍发电报要到白水或新田金陵圩。1953年设莲塘至白水邮路，再转步邮到境。1986年建乡后，杨柳始有邮政，属白水邮电支局管辖。2011年，完成乡邮政所建设，设立了杨柳邮政代办点。

2000年开通波载电话。之后，中国移动桂阳分公司、中国电信桂阳分公司、中国联通桂阳分公司三大电信运营商先后在杨柳乡开通了基站，移动电话成为山区人民联系外界的重要工具。2014年，三大电信公司均实现了3G网络覆盖，并推进4G网络建设，手机基本普及，还开通了白水乡到杨柳的光纤宽带网络。至2014年底，境内有电信、联通、移动电话服务网点各1个，固定电话用户56户，移动电话1230余户，互联网用户30多户。

供电饮水

1950年前，该乡无电力设施，夜晚用松明、竹片、桐油灯照明。20世纪80年代，境内开始兴建小水电，安装五台微型发电机，1988年电灯照明的户数约占全乡总户数的5%。2000年高压输电线路由白水乡接入，用电条件改善。2010年，全乡实现村村通电，供电普及率100%。

饮水方面，境内山泉多，村民长期以山泉为饮用水。中共十一届三中全会后，生活用水改为铁管、塑料管自流入户。2011年投入5万元，建设集中饮水工程，解决杨柳村400余村民安全饮水问题；通过“一事一议”筹资完成杨柳村2、9组，四合村7、8、19组安全饮水工程建设，解决了500多人安全饮水问题。2014年政府投入30余万元，解决学校及政府周边1200余人安全饮水问题。

农田水利

境域崇山峻岭，少量水田沿溪流分布，形成自流灌溉，部分田块可用竹笕灌溉。无干旱之忧，古代很少筑陂坝，更没有山塘水库。

1949年后，特别在农业学大寨时，开辟新农田，新修了部分小陂坝和引水渠。1972年，县政府给民族大队水利工程建设拨款1900元，炸药10吨，并安排水利工程技术人员指导施工，至1975年，切断60米高的百鸡坳山，改通一段86米的河道，兴建一座长50米、宽19米的拦河坝，在乱石堆上造田2公顷，被评为县农业战线的红旗单位。

乡村建设

古代，境内瑶族均为过山瑶，居无定所，村落多而散。1949年后实行土改，石头源和笔头园林场两个村落的瑶民全部搬迁到雷婆岭定居。1992年，县政府为改变雷婆岭21户瑶胞的生活环境，决定将21户瑶胞从山上搬迁到白杨公路旁居住，至1996年搬迁全部完成。

2000年以来，境内农村建设速度加快。2008年，投资10万余元对杨柳村进行新农村建设；投资8万余元对全乡的危房进行改建；2009年，投资十余万元对四合村进行新农村建设，改造后的新农村基本实现了街道整齐，路面硬化，卫生干净。

2014年，以四合村石榴花组为示范点实行集中连片建房，该组46户249人累计投入资金1100万元，建设连片房屋34栋，建成了一个具有民族特色的宜居村庄。

社会事业

教育

1950年以前，境内没有专门的教育机构。1951年始在境内石门冲开办民族小学，配备教师1名。之后陆续在人口相对集中的地方开设了6所小学。

1986年11月瑶族乡成立后，成立民族乡中、小学。1987年后，市办农林、卫生、师范学校每年定向招收该乡瑶族学生1名。1989年后每年拨给该乡义务教育助学金2～4万元，选派教师到该乡支教，设立山区津贴。20世纪90年代末，县内调整学校布局，杨柳中学并入白水中学。1997年，实现普及九年义务教育目标。

2011年末，该乡有幼儿园1所，在园幼儿40人，专任教师2人；小学1所，在校学生145人，专任教师11人，小学适龄儿童入学率100%。

杨柳中心学校坐落四合村，因生源不足，实行隔年招生。2014年秋季，有寄宿生173人，专任教师10人，其中本科学历2人，专科学历8人。

文化

境内居民来源复杂，方言众多，诸多地域文化在这里交融，口头故事传说很多，传统文化活动较为丰富。

从2009年起，为纪念盘王和挖掘、传承瑶族文化，湘南三市（郴州、永州、衡阳）六县八瑶族乡（宁远县荒塘瑶族乡、桐木漯瑶族乡，新田县门楼下瑶族乡，祁阳县内下瑶族乡，金洞管理区晒北滩瑶族乡，常宁市塔山瑶族乡，桂阳县华山瑶族乡、杨柳瑶族乡），每年轮流举办公祭盘王暨坐歌堂活动。2012年，该乡成功举办这一活动。2013年，组建一支男队参加宁远县荒塘瑶族乡坐歌堂活动。2014 年，组建一支女队参加祁阳县晒北滩瑶族乡坐歌堂活动。

2011 年，完成乡文化楼建设，年末有乡文化站 1 个，瑶族文化表演队 1 个，村级农家书屋 3 个、藏书 0.9 万册，配备电视、电脑、卫星接收设备的远程教育活动室 1 间。

该乡积极开展瑶族文化传承保护工作，开办瑶歌传承班，传承瑶族文化，丰富群众生活。

医疗卫生

古代，境内居民有病用偏方，信巫术，也有瑶医瑶药，医疗卫生条件差，婴儿成活率低，成年人期望寿命很短。1949 年后，医药条件逐步改善。20 世纪 60—70 年代，各村配备赤脚医生。1992 年为解决少数民族和山区群众防病治病难问题，经省民政厅批准，在境内设立杨柳乡卫生院。1996 年起，县政府每年拨付医疗卫生基金 2 万元。

2010 年以来，投入近 100 万元用于卫生院维修和设备购置，实行药品零差率销售，并在全乡建立了居民健康档案。从 2011 年开始，实行为农民免费健康体检。2012 年年底，参加新型合作医疗人员达 2407 人，参合率 105%。2014 年年末，有乡卫生院 1 个，专业从业人员 3 名。新型农村合作医疗参保率 100%。村卫生室 3 个。

人民生活

民国时期，瑶民住“茅寮”，多数是泥沙夯墙，盖杉树皮或冬茅草。有少量木板房，多为一栋三间，名曰“三间堂”。

1949 年后，居民生活基本稳定。20 世纪 80 年代人民生活进一步改善。1986 年建乡时农民人均纯收入 200 元，1999 年 920 元，2008 年 2330 元，2012 年 3168 元，2014 年增加到 5812 元。但部分村民仍停留在温饱生活水平线上。

社会保障

1949 年后，人民政府在发放救济钱、物时，对境内居民重点照顾，对瑶族同胞特殊优惠。1950—1988 年，拨付瑶族特别救济款 1 万多元，粮食数万斤，棉花数千斤，棉布万余米，返销平价粮数十吨。

1985 年政府制定“双扶”规划，境内数十户被扶持家庭脱贫。1988 年，县政府确定扶贫先扶志的扶贫新理念，把扶贫工作列入乡镇管理目标，鼓励该乡发扬艰苦奋斗精神，走共同富裕道路。

1997 年起，县委县政府再次加大对该乡的扶贫力度，指派人武部、建设局、邮电局、卫生局、公路局、建设银行、太和镇、仁义镇等相关单位开展对口扶贫，帮助该乡建学校、医院、桥梁、电站，发展经济。

1989—1996 年，县政府采取以工代赈等形式扶持杨柳瑶族乡开发杉木、楠竹、药材，使乡人平收入增加到 880 元。期间，扶持瑶族乡修建乡村公路，奖金比其他乡镇每公里多奖 1000 元。1991—1999 年，县红十字会获得香港、台湾、省市红十字会援助，将该乡列为救济物资重点发放地，惠及境内居民数千人次。

2011 年年末，有农村最低生活保障户 109 户，163 人，支出 15.25 万元；有农村五保户 18 户，20 人，支出 3.12 万元；民政部门资助大病救助 8 人次，支出资金 0.54 万元；参加新型农村养老保险 2600 人，参保率 100%。2011—2014 年，共实施农村危房改造 67 户。

特色地情

瑶族传统文化

瑶族男子上衣有左大襟和对襟两种。裤子长短不一，以蓝黑色家机布为主。近代瑶族服饰式样增多。境内瑶族头饰内以板支托，故称“顶板瑶”。

瑶族喜欢腌制“鸟酢”“兽肉酢”，有的瑶族腌制熏干的猪肉和牛肉，这些都是具有独特风味的食品。瓜箪酒是瑶家招待客人的特制酒。这种酒用糯米制成，酿成糊酒后，掺上清泉水或凉开水，饮用时用瓜瓢舀出倒在碗里，连液带糟一起喝下。酒度不高，香甜可口。崇拜盘王的瑶族过去普遍禁食狗肉。

瑶族进餐前有敬祖传统，习惯在进餐之前先念祖先几辈姓名，表示祖先先尝后子孙才能享用，尤其有丰盛的餐食更是如此。每逢节日必备猪肉、鸡、鸭和酒等祭拜祖先，吃饭座次也有讲究：老人和尊贵的客人须坐上座。

瑶家待客慷慨大方，彬彬有礼。腊肉、山珍野味和土特产，是瑶家待客最常见的菜式。瑶家腊肉被奉为待客的上品，主人把大块腊肉夹给客人，以表示对客人的尊敬。有些地方要把鸡冠献给客人。瑶族在向客人敬酒时，一般都由少女代为相敬；如若由德高望重的老人敬酒，则被视为大礼。

瑶族有自己的语言，无本民族文字，一般通用汉文。口头文学极为丰富。瑶族主要信仰原始宗教，祭祀寨神、家神、山神、风神等，对生产和生活中的活动也要占卜吉日、祭祀神灵。瑶族除过春节、清明节、端午节、中秋节等外，还有自己特有的传统节日，如盘王节、祭春节、耍歌堂等。

瑶族为了纪念先祖，将农历十月十六日（盘王生日）定为“盘王节”。“耍歌堂”是瑶族祭祀祖先、庆祝丰收的大型娱乐活动，多在农历十月十六日以后进行，时间长短不一，约为3～9天。届时家家备有水酒、糯米粑招待客人。活动期间，瑶族男女青年都借“耍歌堂”择选意中人，一旦男女情投意合，双方家长就可通过媒人说亲，并以猪肉和酒为礼品。举行婚礼时，要大摆筵席。

祭盘王歌舞

按传统习惯，婚宴上必须要请寨老参加，新郎新娘饮交杯酒。

农历十月十六日是瑶族最隆重的盘王节歌会。在远古时代，瑶山评王和高王作战。评王悬赏招贤，能取高王首级者，愿将最美丽的三公主嫁与他。不料第二天，一条名叫盘户的彩狗竟衔来高王头颅。评王不失诺言，将心爱的三公主许配彩狗，并封彩狗为盘王。新婚之夜，彩狗竟变成一个魁伟健壮的男子，公主大喜。以后，公主为盘王生下六男六女，传下瑶家十二姓。有一天，盘王上山狩猎，不慎被一只羚羊触下悬崖身亡。儿女们闻讯，捕到羚羊，剥羊皮制成长鼓，愤然起舞，以报父仇。以后，每逢这天，瑶民便汇聚一起，载歌载舞，纪念盘王。到今天，“盘王节”已逐步发展为庆祝丰收的联谊会。青年男女则借此机会以歌道情，寻觅佳偶。

在大山区，盘、赵两姓可同姓通婚，其他各姓一般为异姓通婚。但瑶汉一般不许通婚，民国时期，稍有松动。1949年后，民族交往日多，团结融洽，通婚之禁基本放开。

（廖小敏　供稿）

白水乡 >>

区域概况

位置面积

白水乡位于北纬 26° 04′ 04″至 26° 12′ 25″，东经 112° 16′ 49″至 112° 24′ 49″。地处桂阳县西北边陲，东与光明乡毗连，南与泗洲乡、华山瑶族乡、永州市新田县金陵镇交界，西与杨柳瑶族乡相邻，北与衡阳常宁市蒲竹瑶族乡接壤。辖区东西最大距离 13.1 公里，南北最大距离 14.5 公里，总面积 111.74 平方公里。乡政府驻白水乡中白村，距县城 85 公里。

建置沿革

明嘉靖六年（1527），境内基本属于瑶山，设峒官管理。清前期境域隶峒官。清末置苍华乡。道光十二年（1833），隶属于永桂厅。民国 3 年（1914）废都设团，全县划分为 12 个团，白水属于大富团。民国 16 年（1927）11 月划设阳明县，桂阳县白水洞、华泉洞归其管辖。民国 21 年（1932），撤销阳明县，白水三洞仍划回桂阳。民国 31 年（1942），为苍华乡。民国 35 年（1946）属于富有乡。1949 年，称高峰乡。

1949 年 10 月，隶属泗洲区（九区），1958 年 11 月，高峰公社、乐园公社合并成立白水人民公社。1961 年 7 月，分华泉洞成立华泉公社。1984 年，撤公社，改为白水乡。1986 年 11 月 2 日，析石东坑以西地区成立杨柳瑶族乡。2012 年 11 月，华泉乡并入。

行政区划

2012 年 11 月，白水乡成立后，辖洋泉、清溪、濂溪、中白、七步、四境、萍湖、江友、紫河、神牌、正义、泉田、雅里、发龙、水口、丰城、福龙 17 个村民委员会，197 个村民小组，145 个自然村。

自然环境

地质 以寒武系、志留系为主，经历了多次构造运动。岩石以塔山黑云母花岗岩为主，还有变质砂岩。

地貌 境内为山地，山峦叠嶂，溪谷纵横，平均海拔约 725 米。属于阳明山脉中东段的塔山山系，主要的山峰有紫金顶、扶苍山、天堂山、华山脑，最高点为紫荆顶，海拔 1406 米，最低点石东坑，海拔 460 米左右。

水系 该乡主要有三条河流。往西的是白水河，发源于清溪村毛洞蛇子形，由北向南，经境内清溪村、濂溪村、中白村、四境村，由江友村进入杨柳乡。境内主要支流有雷家水、唐家水、俄江水、紫河水，境内流程约 12.5 公里。县境平均年径流量1.95亿立方，为桂阳的五大水系之一，最后由祁阳的白水镇注入湘江。向南的是灌江主源花山水，发源于紫顶山西麓福龙村的张家冲，原来华泉乡八个行政村的水源都汇入该河，境内流程约30公里。北去的有洋泉河，发源于洋泉村上塘土陂头，境内流程约5公里。

气候 境内属亚热带季风性湿润气候，四季分明，雨热同季，雨量充沛，年平均降水量一般在1200~1500毫米之间，蒸发量比县内许多地方小。地势较高，植被也较好，年均气温比县内很多地方低，1981—2010年平均气温15.3℃～15.7℃，山顶年均温度在12℃～14℃。1月平均气温3℃，极端最低气温-9.5℃；7月平均气温28℃，极端最高气温33℃。山高谷深，云雾缭绕，光照相对桂阳很多乡镇都少，年平均日照数大约1200小时。处于衡常平原与湘南丘陵交汇的咽喉风槽地带，地势高的山头，是桂阳著名的强风区。无霜期年平均200天左右，春季常有倒春寒。夏季盛行西南季风，冬季盛行东北季风，山地北坡降雪量大。

灾害 受独特地形、土质影响，境内容易出现暴雨、滑坡、泥石流、暴雪、洪涝、大风、冰雹、雷暴、寒潮、冰冻、低温等天气灾害，成为阻碍经济发展的因素。1992年夏季的一场暴雨，导致山洪暴发，多处滑坡，一些良田变沙滩，多处道路被冲毁，损失惨重。

自然资源

植物资源 境内植被垂直分布明显。在海拔1000米以上的紫顶山、扶苍山、天堂山、华山脑等山顶，植被为矮灌木和草丛，在海拔1000～800米的山地，植被以木本为主，也有高冬茅和葛藤。海拔800米以下的低山区，常绿树与落叶林混交，但面积很小。针叶林在全乡植被中占比最大，有马尾松、杉木、水杉。竹类也很丰富，有楠竹、蒿竹、水竹、箭竹、观音竹、斑竹、苦竹、箬竹等。丰城村方杆竹自然村境内有一种竹子，竹竿呈方形，当地村民称其为“方杆竹”，该自然村的村名就来源于此。药用植物有野山楂、金樱子、女贞子、大青叶、铁马鞭、金银花、香附子、黄栀子、凹叶厚朴、天明冬、何首乌等。

动物资源 境内动物资源丰富，飞禽有翡翠、鹧鸪、斑鸠、竹鸡、燕雀、喜鹊、啄木鸟、田鸡、野鸭等10余种。走兽有野猪、野猫、獐、麂子、野兔、果子狸、穿山甲等，20世纪50年代还有虎、豹、豺出没，现在已经绝迹。水生动物相对较少，境内西北部的萍湖村、七步村的溪流中栖息有国家二级保护动物大鲵（俗称娃娃鱼）。

矿产资源 境内花岗岩丰富，萍湖的大理石比较有名，猪婆寨有锡矿、锑矿。还有钾长石、云母、水晶可供开采。

土壤 境内成土母质为花岗岩风化物和板页岩风化物。土类有红壤、黄壤、黄棕壤，土质含沙量大，有机质含量少。海拔1000米以上的天塘山、紫顶山、华山脑等山头的开阔地和坡地一般有草甸砂土分布，但土层薄、风害大，林木难以生长。

人口民族

古代，境内为苗瑶祖居之地，地广人稀。明末清初，泗洲陈氏、塘市周氏等族姓陆续进入境内。清末，社会动荡，人民生活困苦，境内人口繁衍缓慢，不少年份甚至出现负增长。咸丰时期，境内两次农民起义，人口减少较多。据民国30年（1941）人口总查，境内居民人均寿命不足35岁。

1949年后，社会发展，医疗条件改善，人口增长速度加快。1971年后实行计划生育，人口自然增长势头得到逐步控制。1988年，境内居民4750户，共计17062人。

2012年11月，华泉乡并入后，境内有

19688人，大部分为汉族，雅里、欧菜园、洋泉等村有少数瑶族分布。

经济发展

经济综述

古代，境内土瘠人贫。清道光年间，瑶族拥赵金龙起义，败走白水洞，然而白水“乏食”，于是走常宁之洋泉。由此可见白水经济之贫困。

1949年后，“耕者有其田”，1980年后推行家庭联产承包责任制，生产发展，生活好转。然因边远山区条件所限，1986年7月仍被确定为贫困乡。1988年国民生产总值仅494万元。

21世纪以来，改变过去经济以农业和林业为主的格局，根据本地资源，积极开发水电和风电，在工业上取得突破性发展。2012年完成国民生产总值15028万元，其中第一产业4893万元，第二产业6354万元，第三产业3781万元，农村居民人均可支配收入5184元。

2014年，实现国民生产总值17983万元，其中第二产业增加值7765万元，农村居民人均可支配收入7127元。

农业

境内为山地，古代，当地先民依山就势在一些缓坡地开垦出梯田梯土，但因山谷阳光不足，不利于庄稼生长，且因气候原因只能种单季稻。旱土种植红薯、包谷、荞麦、高粱、穇子、粟米、芋头等。因田少土多，人们以杂粮为主食。

1949年后，农民生产积极性提高，耕地面积扩大，随着冷浸田改造、化肥农药使用、杂交品种推广等，粮食单产大幅度增长。

旱粮种植以红薯种植最为广泛，产量也最多，1949年前有“红薯半年粮”之说。中共十一届三中全会后，水稻大幅增产，居民以大米为主食，红薯除少数加工成粉条和酿造白酒外，大部分用作饲料。

1988年，有耕地面积677公顷。随着退耕还林政策推行，全乡耕地面积有所减少，2011年为652公顷，人均0.04公顷，其中水田553公顷。当年水稻种植面积514.4公顷，生产稻谷3126吨，人均159千克。种植玉米97.3公顷，产量466吨；花生52.7公顷，产量111吨。2014年，粮食产量上升到6900吨。经济作物种植方面，清代、民国时期盛产蓝靛，20世纪50年代后停产。

畜牧业以饲养生猪、牛、羊以及家禽为主。只用粗饲料喂养，饲养业经济效益低，农民自慰“养猪不赚钱，只为肥丘田”。2011年，该乡生猪出栏2.47万头，年末存栏1.41万头。境内多草山，乡民有养黄牛的习惯，常年在山头野牧、繁衍，个头较小。2000年，原华泉乡黄牛存栏2000头。2014年，境内全年新增规模养殖场16个，年出栏生猪24256头，羊和牛7176头，家禽99511羽。

水产养殖方面，2013年，引进成立了天堂山农牧有限公司，发展娃娃鱼养殖，规模不断壮大。

林业

境内自古林木茂密，但因交通不便，信息闭塞，有木材运不出，林业获利微薄。1950年代以私人造林为主，1956年农业合作化后，多为集体造林。1956年3月，共青团桂阳县委干部廖尧朝等人组织华泉青年548人在和平村造林1100亩，为当时县内最大的集体林场，该林场森林防火工作也搞得好，新辟“四光”（挖光、割光、铲光、扫光）防火线一条，宽5～7米，被上级推广。1958年大炼钢铁时，境内乱砍滥伐现象严重。“大跃进”时期，竹木需求量大幅度增加，木材收购指标层层加码，最多时达上千伐木劳力，大片森林在新式采伐工具下消失，境内立木储量减少10余万立方米，楠竹减少数万根。

1959年，集体造林“大跃进”，白水公社党委成员带领全社农民上山植树，做到集中连片，全垦梯土，山顶留“帽”，山下留“脚”，造林面积达333.5公顷。1959年11月8—11日，郴州地委在新造林地1734.2公顷的白水华山林场开现场会，推广造林经验，该场被评为全省造林红旗单位，受到中共中央和国务院嘉奖。1963年，为恢复竹材生产，白水公社开展万亩竹林基地建设。1964年全县开展杉木林基地建设，华泉、白水同时列入6个杉木林基地之列。1979年，县革委建设板木塘万亩林基地，华泉部分村组包含在内。

1980年后，交通条件改善，木材、楠竹实行订约采伐、收购。随着城乡出现建房热，木材收入增加较快。

1981—1983年逐步完成林业“三定”，集体山林承包到户或联户经营。1986年，该乡洋泉村瑶族农民盘明福，承包集体荒山造林2.8公顷，被评为省、地（市）林业劳动模范。1990年代，原华泉乡有400公顷乡办林场，全乡人造杉木林1333公顷。

2011年，林木覆盖率92%。2012年，新增红豆杉苗木场1个。2013年，丰城村被列入桂阳县南方苹果示范种植基地。种植经济林226公顷，其中油茶33.3公顷。2014年，植树造林230公顷，封山育林4666公顷，生态林抚育管护500公顷，楠竹低改173公顷。

林特产品有春笋、冬笋、玉兰片、木炭。

工业

清代、民国时期，境内只有少数铁匠、木匠、篾匠、裁缝等手工业者，个体经营，分散作业。在猪婆寨还曾有过小规模采矿活动。

1949年后对手工业者进行社会主义改造，成立生产合作小组。1956年在中白村成立铁木社，但技术落后，产能有限，效益不高。

造纸 境内楠竹资源丰富，清代土法造纸业比较发达。抗战时期，纸张进口受阻，境内造纸业振兴，年产土纸数千担。1951年该乡纸槽多达200多处。1952年组建土纸生产合作社，产纸数百吨，并在石东坑设土纸交易所，衡、祁等地客商常来批购。随着国内造纸技术快速进步，土纸被淘汰，境内造纸业逐步减少。1990年只剩黄泥冲、江友、紫河数家纸槽。

小水电 中共十一届三中全会后，该乡发挥资源优势，积极发展水电事业。1986—1987年，华泉、白水境内农民自办微型水电站50余处，装机容量100千瓦。1990年后境内有微型水轮发电机700余台，乡水电站扩容125千瓦，增设小水电站4座。2012年，全乡小水电站发展到21座，总装机容量6685千瓦，年可发电4000万千瓦时以上。

竹制品加工 1997年，益阳籍老板来紫河村兴办竹跳板、筷子、纸浆等各类竹品加工厂15个，全村人均纯收入首次过千元，同时兴起楠竹加工编织作业。

风力发电 2011年年底，投资20亿元的天塘山风力发电项目正式启动，2014年9月，25台机组全部并网发电，年发电量1.1亿千瓦时。2014年，天塘山风电场二期工程山风电场项目完成审批。至年底，境内建有变供电站2座，小水电站24座，装机容量13000千瓦，年发电量可达7000万千瓦时。

采石 在发展小水电的同时，沿河居民兴办了不少河沙场。2014年，引进资金560余万元建设唐家坳和腊树下采石（砂）场，进一步规范了无序非法采砂行为。

2014年年底，境内有大小乡镇企业60余家，从业人员400多人，第二产业增加值0.78亿元。

天塘山风电

商贸服务业

古代，境内山民一般以物易物。清末有少量商铺，成为相邻的常宁、祁阳、新田、桂阳四县山区商贸集聚地，主要交易山货与生活必需品。

1949年后，于1953年成立供销合作社。1954年国家开始对棉花、棉布、油脂实行统购统销，粮棉油不能上市交易。1983年开始计划经济体制改革，市场经济体制逐步完善，新建白水、华泉两个圩场，方便了境内居民的买卖。但由于流动人口少，至1990年，境内只有一家饮食店，一家手表修理店，几家个体商店，商贸服务业发展缓慢。进入21世纪以来，白水作为桂阳西北山区的中心，慢慢成为周边地区商贸集聚地，当地商贸物流越来越旺盛。2011年有个体工商户148户，从业人员740多人，实现第三产业增加值55.45万元。是年，由白水本地人士投资500万元，新建占地面积4100平方米的的峒瑶风情园，2014年6月全面建成投入使用，新增商铺门面30余个，进一步激发了当地市场活力。

该乡人多地少，在改革开放大潮中，每年外出务工人员近万人，劳务收入成为居民主要经济来源。2014年，全年实现劳务收入约1.6亿元。

财税

清代称农业税为“丁漕”，1912年农业税改“丁漕”为田赋。1949年后交公粮，因为境内耕地少，产粮不多，税赋公粮都甚少。进入21世纪后税源才渐渐拓展，2012年完成各类征地23.35公顷，落实征地补偿资金170万元。2014年财政收入207万元，固定资产投资2.94亿元，9月份25台风电机组全部并网发电，一年可发电1.1亿千瓦时，年可创税1200万元。

基础设施

交通运输

1949年以前，境内运输完全靠肩挑、背负和畜力驮运。山区木材陆运很难，森林工人创造了许多新办法，有滑道、索道、拖箱等。木材砍伐后，山客雇佣山民搬运至白水河边，成批售与水客，然后由水客扎10～15根的“小把子”航运出境。

1949年后大力发展交通，但境内地形复杂，山高涧深，公路建设进展不快。1966～1975年修建莲塘下塘至华泉公路。1958年林业部门修通塘市至华山林场公路，至1984年才彻底修通，全长26公里，为桂阳地势最高的公路，1984年8月17日县城到白水始通客车。

最初塘（市）白（水）公路路段全部为砂石泥土路，雨天泥泞不堪，晴天灰尘滚滚，路况很差。2003年塘市到华山三下棋实现公路硬化，2007年全程铺设为水泥路。

1987年修建至杨柳乡的公路，四境、江友等村组通车。1989年修建白（水）洋（泉）公路，清溪、濂溪、洋泉等村组通车。1995年，萍湖村、雅里村、发龙村、丰城村公路修通，基本实现村村通公路。1995年修通华泉至白水公路。1996年，七步村公路修通。

2011年，投资50万元的农村客运站完工，现每天有3趟客运班车运营。截至2014年，全乡已基本实现通村公路硬化。

邮政通信

民国时期，境内属于2班丁段邮路。七天一送，为第五天的终点，第六天的起点。1953年，增辟莲塘至白水邮路，1956年设立白水邮电所，均为步班邮路。1984年通车后邮件投递速度大大加快，1988年成立白水邮电支局。2000年开通波载电话，建成唐家坳电信基站，移动通信消费日趋大众化。至2014年年末，有邮政代办所2个，电信、移动、联通移动电话服务网点7个，固定电话用户206户，移动电话用户12670户，互联网用户308户。

供电

20世纪80年代，华泉、白水境内有微型水电站50余处，装机容量100千瓦，解决部分农户照明与农副产品加工用电。1986年，白水乡电站发电，供应机关单位和部分村组照明，电压低，不稳定，而且只供白天。1999年，架通了莲塘经华泉至白水的10千伏高压输电线路，各村组接通了支线，实现稳定供电。

水利

当地崇山峻岭，梯田横绕山间，因为山泉丰富，形成自流灌溉，部分田块用竹筒接水灌溉，很少有较大的陂坝、山塘。

1971年2月，白水公社的杨柳村被评为全县农业学大寨红旗单位，数万人前往参观。1972年兴建华泉福隆小Ⅱ型水库，但由于上游水土流失严重，很快就被泥沙淤塞。20世纪70年代，白水公社建红旗引水渠9.5公里，过水流量0.3立方米/秒。21世纪以来，水利条件更为改善。2012年，全年新修水渠13.6公里，整修河道2000余米，农业综合抗灾能力不断增强。2014年，新修水渠7500米，维修水渠1600余米，整治河道5处，全乡防汛减灾和农业抗风险能力进一步增强。

境内山泉多，居民饮用水以泉水为主。中共十一届三中全会后，生活用水改为铁管、塑料管自流入户。2012年，为保障村民饮水安全，启动白水乡安全饮水集中工程，工程总投资168万元，新建自来水厂1座，日供水量400吨。该项目直接解决了白水镇区、濂溪、四境及白水中心校等4500余人的安全饮水问题。

村镇建设

白水乡属山区中心乡，乡政府驻地人口相对集中，单位较多，有信用社、邮电所、养路工班、卫生院、学校等。为方便人民出行，2014年投入30余万元，完成了镇区道路提质改造。

为加快推进小城镇和新农村建设，2012年开展“点亮农村”行动，安装太阳能路灯31盏，新建垃圾池6座，垃圾填埋场1座，村内巷道硬化7600米，荣获2012年度郴州市“福城杯”小城镇建设竞赛三等奖。

截至2014年年底，在全乡安装太阳能路灯215盏，建成垃圾池47座，垃圾填埋场8个，添置垃圾清运车3台，聘请保洁人员109人，农户改厕30多座，改造公共旱厕16座，街道呈现出整洁有序的新面貌。每个行政村都有集办公、远程教育、农家书屋、政务服务为一体的综合楼。完成了中白、神牌两个社会主义新农村示范村建设。2014年下半年，上塘片和高嘞上集中连片建房工程正式启动。

社会事业

教育

1949年前，境内无学校，想读书只能到山外，读书人很少。1949年后，境内开始村办小学、乡办中学，入学率逐年提高。

1990年兴办乡农校，当年招收初中毕业生17人，教授种植、养殖技术，还下乡播放实用农业技术专题片。20世纪90年代，山区教师不足，县教育行政部门从社会上聘请了一批代课教师到山区学校任教，充实壮大了山区教师队伍。

1996年中国人民银行桂阳支行捐资58万元，建成县内第一所“希望小学”——中白希望小学。嗣后，濂溪、清溪等村小和乡中心校相继建成了新教学楼、宿舍楼、实验楼、教师公寓和田径场，办学条件改观。1998年普及初中教育。90年代末，县内调整学校布局，杨柳中学并入白水中学。

2012年华泉乡并入后，共有幼儿园2所，中学2所，小学24所，专任教师116人，学生1234人。2014年秋季，白水乡有中心校2所（下辖中学部和9所村小），专任教师120人，在校学生1274人。小学适龄儿童入学率和九年义务教育覆盖率均为100%。

文化

清代，境内天塘山、扶苍山是湘南地区重要的宗教圣地，乡民都有烧香祈福的习惯。乡民性格乐观豁达，喜欢讲故事、说笑话，打字牌，下三三棋，打拳练武，拉二胡，吹唢呐，跳傩舞，开道场，其他群体性文化活动少。七月半“鬼节”活动很重视。民国时期，偶尔有祁剧、花灯调到这里演出。1949年后，随着文化的进步，文化、体育、娱乐生活广泛开展，流行玩扑克。“文革”时期背语录，跳忠字舞，唱样板戏。改革开放以来，流行音乐广泛传播，群众观看欣赏音像节目较为普遍。2011年，新建文化站2个，建筑面积480平方米，工作人员2人，村级文化活动中心6处。2012年华泉并入后，全乡有文化站3个，村级文化活动中心9处。农家书屋25个，藏书17.34万册。2014年，投资70万元的乡综合文化楼全面投入使用，农村免费电影放映180余场。

广播电视

因山高路险，交通不便，村庄分部稀散，当

地广播系统一直滞后，加之高山阻挡信号不好，影响居民收看电视节目。1997年7月，仁义镇对口扶贫捐资5万元，建成白水乡广播电视站。1998年，县政府投入资金在几个电视盲村建立集体收看室2个。当年底，大部分村组采取国家资助、集体筹资、私人投资的方式，建立卫星广播电视地面收转站几十个，电视机普及率提高。2000年，原华泉乡开通有线电视。2011年年末，境内有线电视用户2500户。2012年，投资70万元的乡综合文化楼全面投入使用，建成农家书屋13个，农村免费电影放映180余场，落实“村村通”广播电视400余户。

医疗卫生

1949年前，境内防疫治病全赖中草药和传统医疗技术，民间草医、蛇医不少。1956年成立卫生院。1988年境内有白水中心医院和华泉乡卫生院。1991年建计生站。2011年年末有乡卫生院2所，村级卫生室18个，专业卫生人员26人，其中执照助理师8人，注册护士4人。2012年华泉并入后，全乡有卫生院2所，村级卫生室26个，专业卫生人员34人，其中执照助理师12人，注册护士6人。同年，新型农村合作医疗惠及17560人，全年共有33861人次享受医疗补助，金额达411.2万元。2013年完成新农合参保人数18020人，27385人次享受医疗补助，补助金额达202.9万元。2014年投资180余万元的白水乡卫生院医技大楼竣工并投入使用。

人民生活

1949年前，农民收入微薄，温饱无着，常有山民揭竿而起。咸丰二年（1852）春，境内彭运洪聚众起义，建“洪顺”政权，很快被镇压。咸丰二年（1852）八月，李观龙又在白水境内聚千余人起义，并攻克了永桂厅。这些起义都是因政治上受压迫、生活上极度贫困所导致。

1949年后，境内居民政治翻身，生活一天天改善。20世纪90年代温饱问题得到解决，进入21世纪后讲究吃得健康，穿得舒服。过去农家住房以土墙屋、木板屋、草棚屋为多，1949年后居住条件逐步改善，到20世纪90年代出现建房热，追求住得宽敞漂亮，新房都有卫生间，各类家电已经普及。过去出行靠两条腿，许多人一辈子没走出过大山，现在出山坐车，部分居民甚至拥有私家车，有些人还走出了国门。

社会保障

古代，大灾之年，官府主要靠发动殷实富户设棚施粥。民国时期县成立赈济局，但收效甚微。该乡地处偏远，官家更难过问，灾民多数外出乞讨。

1950年后，农民分得土地，基本生活有了保障。农村孤老靠亲邻助耕和政府接济。农业合作化后，对无依无靠的孤寡老人，实行保吃、保烧、保穿、保住、保葬的“五保”政策，后又发展为保吃、保穿、保住、保医、保葬。一般由生产队集体供养。每遇灾害，政府都会拨付救济钱物，帮助灾民解决生产生活中的困难，并做到“一方有难，八方支援”。境内生产条件差，耕地不足，一些村组粮食产量无法做到自给自足，政府除实行定销、返销、统销粮食外，还酌情发放救济款，对缺衣少被户进行冬令救济。

1983年该乡始建敬老院，设床位10张，收养农村孤寡五保人员10人。1990年敬老院13位老人饮水困难，县民政局、水电局帮助接通自来水。1990年原华泉乡出钱购买食品站旧房，改造为敬老院，收养8名孤老。1991—1999年，县红十字会因灾接受香港、台湾及各省市红十字会援助，该乡都是重要的物资发放地点，受益人达数万人次。

1985年政府制定“双扶”规划，该乡1000余被扶户脱贫。1985年该乡优待兑现工作受到县级表彰。1986年7月该乡定为县14个重点扶贫乡之一，重点扶持1000余户。县政府动用部分老区开发资金支援该乡发展水电事业。

1994年秋，暴雨连绵，四境村黄泥组后山出现裂缝，村民面临险情，县政府拨专款新建民宅32套128间，并帮助村民全组搬迁。

2012年新增低保76户82人。完成危房改造190栋，补助建房资金172万元。投资70万元的华泉敬老院全面完工。全年共发放各类惠农补助207.5万元。

2013年，全年发放各类民政资金522.7万元，惠及困难群众1432人；完成新农保参保人数7580人，参保率102%；农村危房改造完成63栋，补助建房资金68万元。

2014年年底，全乡最低生活保障户966户，1932人，支出283万余元；"五保户"239户，478人，支出98万余元。改造低保、"五保户"、困难群众危房320户。2200名60岁以上老人按季度领取基础养老金，新农合参合率109%。有敬老院2所，收养老人32名。

特色地情

人物

陈赛鹏（1918—1949） 祖籍泗洲寨，移居白水杨柳冲。1946年加入中国共产党，1948年4月任中国人民解放军湘南游击纵队桂阳分区司令兼政委。1949年9月与白崇禧部四一四团激战中中弹牺牲。

古树名木

四境村唐家有一棵树龄达500年的珍稀抗癌植物——红豆杉，树高20多米，胸径120厘米。

柔毛油杉

20世纪80年代，林业部门认定七步村村口树龄达500年的大杉树为湖南省最大最高的杉树之一，高达30米、胸径100多厘米。乡政府食堂后面有一棵古柔毛油杉，高26米，胸径110厘米，树龄200年以上。

风景名胜

天塘山 其西部和北部与常宁县接壤，方圆25公里，海拔1264米。不仅环境优美，更有流传下来的各种动人传说。该山是佛教名山，每逢民间所传的观音生辰（观世音菩萨有三个生日，分别是农历的二月十九、六月十九和九月十九），来自广东广西以及周边地区的香客组团前来烧香拜佛，场面甚为壮观。

（廖小敏 供稿）

春陵江镇 >>

区域概况

位置面积

春陵江镇地处县域西部，东邻敖泉镇、仁义镇，南接浩塘镇、嘉禾县石桥镇，西界新田县知市坪乡、新隆镇，北与流峰镇、四里镇毗连，为桂阳、嘉禾、新田三县交界地。经纬坐标为北纬25° 73′ 49″至25° 88′ 56″、东经112° 35′ 90″至112° 60′ 23″。春陵江镇土地总面积258.09平方公里，为桂阳县面积最大的乡镇。

建置沿革

春陵江镇明朝属銮三乡，清朝属崇礼都；民国3年（1914）十字、古楼、余田为西河团，飞仙属三正团；民国19年（1930）属四区；民国27年（1938）十字、古楼为两义乡，余田为大新乡，飞仙为辅正乡；民国35年（1946）十字、古楼、余田为西河乡，飞仙属三正乡。

新中国建立后，1950年属飞仙区（又称四区）；1958年，为飞仙公社；1961年划分为十字公社、古楼公社、余田公社、飞仙公社；1983年改为十字乡、古楼乡、余田乡、飞仙乡；1993年飞仙改乡建镇；2012年由上述四乡镇合并为春陵江镇。

境域变动：清朝时期，星塘、车溪、苗元三村曾属新田县管辖，民国时期已属桂阳县管辖。1959年3月桂阳县与新田县合并前，星塘大队划给新田县新隆公社管辖，1964年又将星塘大队划归桂阳县古楼公社管辖。

行政区划

春陵江镇2012年由飞仙、十字、古楼、余田四个乡镇合并而成，辖飞仙、新窑、官田、浮湖、理坪、梓木、清溪、洪家、湾岭、塔水、社下、岩口、甑井、洞尾、长隆、余田、铁炉、上塘、海塘、上冲、下冲、金坪、樟龙、觉山、钟家、下桥、上桥、槐江、匡家、吉利、大莲、码头、小田、江里、增家、力坪、横塘、砻下、双林、大市、陈江、黄土、柏家、九岐、岐石、茶林、定心、十字、蔓池、古楼、久长、西冲、石马、五一、朱李、下梁、双桥、车溪、星堂、苗元、桃田、坳下62个行政村，共556个村民小组。

自然环境

镇区属丘陵地区，除了山间河谷、小溪两岸有些平地外，其他均为丘陵、山冈。较高的山有虾蟆岭、狮峰山、九歧岭、笔架山、上染山。地势东、西、北三面偏高而南面偏低，最高点位于西南方的虾蟆岭，海拔396米，最低处位于下溪村春陵江边，海拔 138 米。

镇域河流属湘江水系，春陵江为镇内最大的河流。灌水在车溪村汇入舂水，舂水与春陵江主源钟水在新窑村交汇，始称春陵江，春陵江在下溪村流出春陵江镇地域，春陵江在境内全长 28.6 公里。

镇域属亚热带季风性湿润气候，其特点是气候温暖，四季分明，热量充足，春温多变，夏季雨量集中，雷电天气较多，秋季温和凉爽，冬季干冷少雪，严寒期短。年平均气温 18.1℃，1 月平均气温 4℃，7 月平均气温 28℃，冬季相比桂阳其他地方气温稍高。生长期年平均 220 天，无霜期年平均 200 天，年平均日照数 1800 小时。年平均降水量 1400 ~ 1700 毫米，秋冬易干旱，属桂阳易旱区。

春陵江境内以石灰岩红壤、水稻土为主，另春陵江两岸陶土储量较丰富，地下矿藏有锰、铁矿、煤矿，储量不大，锰、铁矿在余田一带，煤矿在飞仙一带。

人口民族

春陵江镇一带，自古就有人类居住，宋元明时期从江西等地迁入大量人口。境内方言属桂阳飞仙话方言区。到 2014 年底，总人口为 95929 人，其中男 52224 人，占 54.44%，女 43705 人，占 45.56%，人口出生率为 10.06‰。是桂阳县人口最多的乡镇，且自古以来都是桂阳县人口较为稠密的地区。该镇民族为汉族。

经济发展

经济综述

明清时期，春陵江镇就兴起制陶业、竹编业、冶铁业，三者在桂阳州久负盛名。且其地处桂阳、新田、嘉禾交汇地，又有春陵江水上交通沟通三地，故自古漕运业与商贸业都较发达。抗战时期和“文化大革命”时期，工商业凋零。1983 年全面实行了农业生产责任制，经济开始振兴，解决了温饱问题。中共十一届三中全会后，大量劳动力输出到沿海地区，带动了当地经济的发展。同时，形成了陶瓷、生猪养殖、河沙等主要产业。

2014 年底全镇实现国民生产总值 9.12 亿元，其中，第一产业 3.87 亿元，第二产业 2.76 亿元，第三产业 2.49 亿元，固定资产投资 7.41 亿元，财政总收入 3385 万元，农村居民人均可支配收入 12196 元。

农业

境域农业以粮食、烟叶、油茶、养殖为主，是桂阳重要的烟叶和生猪产地。1949 年前，由于境内溪流纵横，古代陂坝、山塘等水利设施较多，农业相对发达，一直是桂阳县水稻、大豆主要产区。1949 年后，开垦了较多农田，但受“大跃进”、人民公社集体化生产影响，劳动效率低，农业产值不高，农业发展缓慢。1983 年 4 月，全县划为五个综合农业经济区，飞仙、古楼、十字、余田被划为西北部丘岗粮烟果区。2014 年为整治农田抛荒，对责任制农田逐渐实行土地流转，新建农村土地流转服务中心 1 个，成立农业专业合作社 2 个。2014 年年末，镇内耕地面积 4369 公顷，园地 1733 公顷，其中水田 3157 公顷，旱地 1212 公顷。

种植业 境内传统粮食作物有水稻、大豆、红薯、玉米、花生，经济作物有油茶、苎麻等。1960 年，国家农业部曾向全国推广七里坪苎麻场种子秋繁经验。1962 年在古楼创办七里坪省属农场，开垦土地 239.20 公顷，主要种植茶叶、柑橘，1970 年该农场改为湖南省第五监狱。1994 年钟家洞中低产田改造 200 公顷，1998 年横塘洞中低产田改造，该工程是全县改造面积最大、集中连片的项目之一，总面积533公顷，涉及5个行政村。

中共十一届三中全会前，水稻产量只有300千克左右，中共十一届三中全会后推广杂交稻，产量迅速提高到亩产500千克左右，温饱问题得到解决。种植方式多为烟稻连种，其中原十字、余田、古楼范围是桂阳烤烟重要产地，烟叶产量高、品质好，先后组建了3个烟草专业合作社。2009年，古楼建旺农蔬菜专业合作社，种植200公顷彩色红薯。余田的李子、西瓜、板栗、柚子在县内比较有名。

2014年，粮食作物种植总面积6285公顷，总产量34528吨；烟叶种植面积1413.3公顷，总产量3129吨；蔬菜种植面积1913.5公顷，总产量57428吨；瓜果种植面积308公顷，总产量6791吨；果园面积225.5公顷，水果总产量9901吨。

养殖业 生猪、牛、羊、家禽、鱼为境内传统养殖业。人民公社时期，生产队集体饲养生猪，养殖时间长，出栏量不高。中共十一届三中全会后，出现许多专业化集约化管理的养殖场，提高了出栏率。1994年飞仙镇有养猪专业户80多户。1997年余田乡刘志创办中型养猪场。2009年古楼建如意专业养殖场，年养殖2万头生猪。

2014年春陵江镇生猪规模养殖场63家，山羊规模养殖场32家。豪猪、竹鼠等特种养殖场7家。年出栏生猪98771头；牛1699头；羊6354头，家禽35.17万羽；肉类总产量7782.45吨。淡水养殖面积370.7公顷，产量1334.75吨；捕捞产量74.1吨；水产品总产量1409吨。

林业 镇内林地面积14289.6公顷。主要树种有松、柏、樟、杉、竹、枫、桂、桉。珍贵树种有大叶桂樱、柔毛油杉、重阳木。大叶桂樱主要分布于新窑村等地，柔毛油杉分布于上桥村、下桥村一带，重阳木分布于茶林村山下自然村等地。境内有唐宋时期古樟一株，直径约2.1米，是桂阳现存最大的树。1949年前，山林为私人所有，植被茂密；1949年后，山林为集体所有，“大炼钢铁”时乱砍滥伐山林，植被受到破坏。中共十一届三中全会后，随着山林确权的开展，出现许多造林大户。至2014年末，完成荒山造林466.7公顷，封山育林266.7公顷、库区造林20公顷、水系绿化10公顷。抚育幼苗613.3公顷。人工造林树种主要为松、杉、桉等树种。

工业

境域内历史上制陶业、竹编业、冶铁业享誉湘南。后来竹编业衰落，冶铁业消亡，制陶业则一直是该镇的支柱产业。

制陶业 春陵江镇制陶业从明朝开始兴起，主要有官田、塘落虎、新窑、谢家、上窑（即何家、刘家）等五处窑头。传统陶器为夹砂陶，窑多产量大、做工精细。主要产品为日用器具，大到酒坛、菜坛、米缸、水缸，小到碗、杯、盘、茶壶、酒盅等，桂阳州各地矿冶所用坩埚也由五处窑头生产。五处窑头是继樟市瓦窑之后桂阳州最大的陶器产地，产品除保障桂阳周边州县日用外还远销连州、衡州等地。1949年后春陵江陶窑归集体所有，除原五处窑头外，还冒出许多新陶窑。中共十一届三中全会后，传统的龙窑纷纷倒闭，被现代化的陶窑所取代。春陵江镇2014年有13家制陶企业，100多个烧制孔道，带动了近2000人就业，年产值1.5亿元，产品销售到全国各地，甚至远销越南、韩国。

冶铁业 春陵江镇铁器冶铸业明朝开始兴起，清朝中期没落，随后消亡。主要分布在铁炉村、槐江村，鼎盛时期达到近百座冶铁炉，至今铁炉村、槐江村周边仍有大量炉碴。古时两村家家户户以冶铸铁器为生，主要生产犁、耙等农具和刀、

锅等日用品，铁炉村旁因销售铁器而成圩市，名为虞田圩（今余田）。

竹编业 该镇的竹编业鼎盛于明清时期，主要分布在清溪村、洪家村、马鞍坪村，产品有竹片席、竹编席、竹麻将席、竹筛子等，畅销广东、广西。20世纪70年代限制副业，一度收刀禁产，80年代恢复生产。90年代清溪村有多家竹器加工厂，从事竹编工艺品生产。2014年底有竹木加工厂1家。

其他工业 1949年后，飞仙、十字、余田、古楼四公社分别成立了集体所有的铁木社、缝纫社。20世纪60年代缝纫社停办，中共十一届三中全会后铁木社解散，转变为私人经营。历史上锰矿、铁矿、煤矿均有开采，其中1973年创办的余田锰矿规模最大。因技术落后效益低，经清理整顿，均被关停。1978年十字乡在黄土村办电石厂，两年后因技术问题停办。1985年十字电石厂又租借给资兴人办矿产品冶炼厂，1989年停办。到2014年底有8家采砂场、11家砖厂、1家造纸厂、1家酒厂。

中共十一届三中全会后，镇内出现了刘潭爱等民营企业家。刘潭爱1993年白手起家，在广东汕头创办高斯贝尔数码科技有限公司。1999年开创中国卫星高频头产品的国产化先河。2001年高斯贝尔落户郴州，并相继建立郴州、深圳、成都、苏州、乌鲁木齐等生产基地。2007年开始研发手机自主品牌。2014年销售额过20亿元，解决6000余人就业。

商贸服务业

自古以来，春陵江是该镇连通湘南各市县的重要水上通道，航运便利带动了镇域商贸业的发展。明清时期，镇域人口迅速增多，出现不少圩市，有名的圩市有金盆圩、十字圩、古楼圩、理坪圩、吉利圩、余田圩、太平圩、古陇圩。清朝时期十字圩比较繁荣,民国时期古陇圩、理坪圩比较繁荣。古陇圩以陶器、鱼市出名,理坪圩以米市和竹器出名。1949年后,飞仙、十字、古楼、余田均设有食品站、供销合作社、粮站,供应生产生活资料和收购农副产品。中共十一届三中全会后,飞仙、十字、余田、古楼等圩市出现私营超市、餐馆、宾馆、药店等。1988年保留了飞仙、十字、古楼、余田、金盆、理坪6个圩市,不久金盆、理坪两圩关停。中共十一届三中全会后,飞仙圩最为繁荣。20世纪90年代,各圩市除十字圩外先后由砖瓦亭改成了钢筋混凝土农贸市场。2014年年底有家庭农庄或农场形式的休闲服务场所10余家。

中共十一届三中全会后,许多农民外出务工,劳务经济成为当地重要经济来源之一。2014年,劳务输出达2.5万余人次,实现劳务经济过3亿元。

经济开发区

2013年桂阳工业园有色金属冶炼加工项目区开工建设,项目区位于该镇和流峰镇之间的龙桥区域,规划用地面积15.64平方公里,距衡武高速公路歧石、流峰出入口仅5分钟车程,该项目区是2012年郴州市人民政府批准设立的全市唯一有色金属冶炼加工专业园区。2014年底,项目区已完成土地征用、土地平整和道路修建等基础工程。

基础设施

交通运输

古代步道 清朝桂阳本州12条主要步道,通过春陵江境内的有3条:一条以飞仙为起点,以香风铺为终点,全程42公里。一条从上汾渡经金盆圩、六合圩往新田永桂厅方向的步道。还有一条从州城出发,经政明、上汾渡、吉利圩、车溪,往新田野乐方向的步道。

码头渡口 明末清初,春陵江上游有长途航运帆船码头四处:柏家渡、黄土溪、何家渡、古陇渡,除何家渡属浩塘镇外,其余均在该镇境内。淮盐进入桂阳、粤盐北上湖南,大多经这四处码头商船转运,促进了当地经济的发展,至今还有“三十亩田抵不了一条船”的俗语。清末民初四处码头帆船达200多艘,其中黄土溪帆船数量最多,占三分之二以上。两岸人民横渡的重要渡口有上汾渡、柏家渡、金鸡渡等,1949年前年吞吐量均在10万担以上。

古代桥梁 境内有名的古石拱桥有双桥、飞仙桥。清朝时期灌水上建起由李祖文倡建的三拱石桥,名曰双桥。清光绪三十二年(1906),春陵江上第二大石拱花桥由黄土、古陇、长隆三村群众筹资在古陇萧家修建而成,命名为飞仙桥。飞仙桥七拱,长110米,宽7.1米,高12.32米,桥上原有木结构花亭。1964年飞仙桥开始作为公路桥使用,桥上花亭拆除。2012年飞仙桥维护修缮后仍在作公路桥使用。

现代桥梁 1981年车溪村在灌水上建成车溪石拱桥,五拱,长84米,宽4.5米,高6.5米。1995年12月源潭村筹资190多万元,在钟水上建成源潭石拱桥,三拱,桥长132米,宽8米,高7.5米。2012年夏浮湖村平山自然村筹资130万在舂水上建成平山桥,钢筋混凝土结构,长80米,宽8米。2013年理坪村马鞍坪自然村筹资110万元、国家出资200万元,在钟水上建成金鸡渡大桥,钢筋混凝土结构,长112.12米、宽8.5米,为5～20米混凝土预应力空心板桩基础梁桥。

公路 境内有县道4条:3540线,1958年修建,为歧石至流峰的公路,1972年全程通车;

3544线，1963年修建，为七拱桥至嘉禾县的公路，1966年通车；3542线，1972年修建，为黄土至六合的公路；3537线，1979年修建，为桂阳经浩塘至飞仙的公路。

乡道 郴177线，古楼经七里坪到车溪。20世纪80年代，各乡村道路基本修成，到2014年各乡村道路均已硬化。

2012年11月，双向六车道高速公路京珠高速复线衡阳至临武段通车，在春陵江镇歧石村设有出入口。2014年，衡武高速公路春陵江出入口至桂阳县城连接线批准立项，2015年启动建设。该连接线全长28.98公里，按二级公路建设标准建设，路基宽16米，沥青砼路面。建设工期4年。

邮政通信

邮政 清末在境内太平圩设乙类信柜，十字圩、金盆圩、吉利圩设丙类信柜。民国太平圩、十字圩、吉利圩、金盆圩设邮政信柜。1953年设飞仙、余田邮政所，飞仙邮政所有电报业务。1973年增设七里坪邮政所，1988年飞仙邮政所改飞仙邮电支局，七里坪、余田为邮电代办所。可办理包件收寄、报刊发行、汇兑、储蓄、电报、集邮、交电话费等业务。

通讯 民国15年（1926）架电话线至西河团（十字圩）。1958年电话通往各公社和部分大队。20世纪80年代初飞仙开始安装单路载波电路，装载波终端机。1995年完成电话交换机扩容，增开载波电路、光缆铺设等建设工程，用上程控电话。2000年飞仙建起移动电信基站，使用手机的人迅速增多。至2014年年底，该镇有固定电话用户1013户，互联网用户876户，移动电话普及率100%。所有62个行政村都开通了有线电视、固定电话和宽带网络。

供电饮水

供电 1976年飞仙电站投产，1978年余田电站投产，境内还有源潭电站、车溪电站、星塘电站供电。20世纪80年代初，各村先后解决了用电问题。2010年完成对七里坪、余田变电站的增容，2013年完成35千伏七里坪变电站改扩建、35千伏余田变电站扩建工程。已完成SG186农电营销系统割接，农村电费实现座收。

饮水 境内各村都有饮用井水，殷家边犀牛井自古有名。塔水等56个自然村安装了自来水。2010年古楼乡投资180万启动集中饮水工程，解决5000多人的生活用水。2011年投资150万元建设了岩口石山下村、塔水村安全饮水工程。

水利建设

古代农田灌溉主要靠山塘、陂坝，至今黄土溪、蔓池溪、余田溪、漼水等溪河上的古代陂坝还在发挥作用。1949年后境内修建了许多水库、渠道、河坝、水轮泵站，这些水利设施发挥了灌溉的骨干作用。

小Ⅰ型水库 五一水库，地处五一村，1958年修建，集雨面积3.8平方公里，土坝高度16.2米，正常库容270万立方米，灌溉面积266.67公顷。

大田源水库 地处槐江村大田源自然村，1958年修建，集雨面积3.3平方公里，土坝高度15米，正常库容320万立方米，灌溉面积266.67公顷。

樟龙水库 地处樟龙村，1958年修建，1978年扩建，集雨面积0.5平方公里，土坝高度18米，正常库容144万立方米，灌溉面积66.67公顷。

小Ⅱ型水库 小Ⅱ型水库有久长水库、蚂蝗冲水库、大禾田水库、大鲁塘水库、岩口水库、坳头水库、塔水水库、何坊水库、高头塘水库、洪家洞水库、横塘水库、李家冲水库、山下边水库、桶水水库、大冲水库、小田水库、上盘水库、金子岗水库、肖家冲水库、小冲水库、梓木水库、茅冲水库。

飞仙河坝 位于官田村前春陵江上，中型河坝，为水轮泵站和电站一体工程。1965年10月动工修建，1966年5月河坝建成。坝高6米，长82米，底宽6.5米。水轮泵站左右机坑高7米，长64米，宽7.5米。装BSG60-6型水轮泵21台，铺设直径0.3～0.4米水管5道，总长1028米，最高扬程82米。设计年上水量1820万立方米，串灌10座水库，1966年8月通水，实现有效灌溉面积1006.67公顷。1976年10月电站建成，电站安装发电机组12台，装机总容量1570千瓦，年发电量600万千瓦时。2012年12月飞仙河坝扩建电站，装机2520千瓦、

输电线路8千米和升压变电站一座（小水电代燃工程），该项目已建成投产。

余田河坝 位于栗坪村前春陵江上，中型河坝，为水轮泵站和电站一体工程。1966年9月动工修建，1967年6月河坝建成。装水轮泵17台，铺设水管6道，最高扬程70米。设计年上水量900万立方米，实际灌溉1013.34公顷。1978年电站建成，电站安装发电机组6台，装机总容量785千瓦，年发电量500万千瓦时。2013年启动余田河坝农村电气化项目一期工程。

小型河坝 小型河坝有星塘河坝、车溪河坝、源潭河坝。其中星塘河坝水轮泵站引水工程扬程达97米，为桂阳县内最高河坝。以上三河坝均有引水提灌和发电功能。

喷灌工程 1979年8月黄土村在全县首试电力喷灌，建机房3座装机容量74千瓦，建水渠600米、蓄水加压池2座，喷灌面积16.67公顷，因管理不善，不久便报停，未发挥作用。

引水渠工程 1998年对灌溉横塘洞的大田源水库引水渠进行防渗改造，开挖排灌渠42.3公里，护砌渠道16.5公里，安装U形槽5200米。

村镇建设

1949年前，境内大多是青砖碧瓦房，每村有宗祠、戏台、惜字炉、牌坊，乡村步道上有凉亭，现存较好的古建筑有柏家村的傍香亭、岩下村和陈江村的惜字炉、槐江村和塘落虎的宗祠戏台、铁炉村的进士牌坊等。1949年后大多为红砖瓦房，许多宗祠改建为礼堂，一些有价值的古建筑遭损毁。同时，飞仙、十字、余田、古楼各公社均有公社政府大院、礼堂、学校、卫生院、供销社、信用社、粮站、兽医站、铁木社、农机站、养路工班等基层机构。

1986年飞仙建旅社。1996年飞仙村道路硬化，1997年余田村道路硬化，1999年古楼村道路硬化。2000年后乡村道路基本硬化。开展示范性新农村建设，规范村民建房。2014年对全镇62个行政村辖区内的200余个自然村进行了详细规划，新增车溪、下桥、槐江、清口4个规范农村建房示范点。长隆行政村大路边自然村被评为示范性新农村。至2014年底，全镇竖起太阳能灯150多盏，62个行政村都实现了垃圾集中处理。

社会事业

教育

明清时期，境内较大村落设有私塾。清咸丰年间（1851），西河团、三正团在下冲村处建鉴湖书院，学田数百亩，为桂阳现存唯一的古书院，民国改为私立高等小学堂，1945年改为私立初级中学，1949年后仍作余田乡中学。1996年鉴湖中学迁至余田后，为保护书院不受破坏，书院改作青云寺。

民国2年（1913）办黄土、柏家小学，民国5年（1916）办九岐小学，民国9年（1920）办

石马、车溪、五一、朱李、塘边、双林、苗元、星塘小学，民国10年（1921）办茶林、淡家坊、谢家小学，民国15年（1926）办蔓池小学，民国30年（1941）办东风小学（在塔水村），民国37年（1948）办山下边小学。

新中国成立初，沿袭民国时期的乡村小学。1953年鉴湖中学与县立初中合并，更名为桂阳县第一中学。1958年在飞仙建桂阳县四中，招初中学生。1959年各公社均办农中，余田农中办学成效突出。1965年办飞仙中学，1968年办十字中学，1970年办古楼中学。1972年，七里坪办子弟学校，2001年湖南省春陵监狱从七里坪并入郴州监狱，七里坪子弟学校停办。1975年开始“小学不出村，初中不出大队，高中不出公社”，各自然村都办有小学，各大队都办初中，各公社中学都办高中。但由于大量使用民办老师，教学质量不高。七里坪办有省机床厂子弟学校，含小学和初中。1977年桂阳四中始招高中学生。1980年起十字、飞仙、古楼、鉴湖4个中学不再办高中，只办初中，村级学校不办初中，只办小学，四中开始招初中学生，成为完全中学。1986年为缓解鉴湖中学校舍不足问题，在余田锰矿办鉴湖中学分校。1993年桂阳四中停招高中生。1996年鉴湖中学与锰矿中学同迁余田，改名为余田中学。1998年普及义务教育。2001年十字中学、古楼中学停办，2011年古楼中学复办。2013年飞仙中学停办。

2014年，全镇有县属中学1所，乡镇中学2所，中心完小4所，村小39所，幼儿园15所。

桂阳四中 校园面积6.3万平方米，校舍总面积14369.6平方米。实验室、仪器室、电教室、电脑室、语音室、图书室等配套齐全；教学区、生活区、运动区布局合理。2014年有教学班24个，在校学生1430多人，教职工98人，专任教师98人，其中本科学历80人，高级职称7人，中级职称58人。

十字中心校 2014年辖完全小学1所，村小7所。有学生900余人；有专任教师55人，其中本科2人，大专34人，小学高级教师以上职称43人，小学一级教师11人。学校配备有较标准的图书室、仪器室、实验室、电脑室和多媒体教室。

飞仙中心校 2014年辖完全小学1所，村小7所，有教师58人，其中本科学历有19人，专科学历22人；高级职称教师5人，中学一级教师5人，小学高级教师38人。在校学生1600多人，校本部有16个教学班。学校有音乐室、美术室、劳动技术室、多媒体教室、计算机教室、电子备课室、图书室、阅览室、实验室、档案室、卫生室等。

古楼中心校 2014年辖初中1所，完全小学1所，村小4所。有22个教学班，学生1067人；教职工84人，专任教师72人，其中本科学历19人，专科35人，中师17人。小学高级教师29人，中学一级教师7人。学校有实验室、仪器室、微机室、多媒体教室、图书室、阅览室、体育器材室等功能室，办公电脑实现校内联通。

余田中心校 2014年辖中学1所，完全小学1所，村小15所；在职教师94人，本科学历21人，其中中学教师32人，中学高级教师3人，中学一级教师7人；小学教师62人，小学高级教师25人，在校学生998人；学校教学设施齐全，中学实现多媒体教学班班通。

科技

科技机构建设。1955年飞仙建立农技站。1988年建立十字、古楼、余田三个农技站。1958年建立飞仙畜牧兽医站，1959年建立十字、古楼、余田三个畜牧兽医站。1966年畜牧兽医站撤销，1967年复建。1983年各乡镇建科协。1987年余田率先在全县公社中建科委。1988年建立飞仙、十字、古楼三个乡科委。2000年建飞仙、十字、古楼、余田四乡镇农技推广站。

科技研究、推广与应用。1985年，余田科协与县农业局粮作股合作完成“旱土烤烟套种玉米研究推广”科技项目，获郴州地区四等奖。1987年余田乡科协扶助钟家村钟业祥夫妇科学养猪，从猪苗选购、新法喂养和防病治病等方面给予技术指导，使其摆脱了贫困。1994年余田乡钟家村30名农函学员学习无籽西瓜栽培技术，每人种示范西瓜0.13公顷，并带动全村64户种植无籽西瓜10.85公顷，产瓜25万千克，收入15万多元。2014年全镇有科技示范户56户。

文化体育

明清时期到民国，境内盛行伴嫁舞。2010年春陵江镇余田村伴嫁歌被确定为桂阳县非物质文化遗产保护项目。2012年桂阳县飞仙镇陶业有限公司董事长刘柏贵被确定为桂阳县非物质文化遗产保护项目“传统陶器烧制技艺”代表性传承人，并配合市电视台“指尖上的艺术”栏目组，对传统手工制陶技艺进行了全方位的宣传报道，并在黄金时段滚动播出。2014年刘柏贵确定为郴州市“传统陶器烧制技艺”传承性代表人。

塔水行政村上坳自然村祭祖请神习俗传承几百年，除“文化大革命”时期间断外，一直在延续。该村祭祖请神仪式为传统的原始傩仪，时间为每年农历十一月初五(该村张氏先祖生日)，仪式程序主要是：开堂请水、祖公移位、招兵买马、造茅船、扫除魔邪、送恶鬼邪神、祭堂安龙、送祖公祖婆归位。

“文化大革命”时期，公社、大队设有线广播，1969年飞仙成立电影放映队。1977年各乡均设电影放映队。1988年黑白电视进入寻常百姓家。1998年各乡镇建立卫星广播电视地面收转站，大部分村组开通了有线电视。2014年全镇有农家书屋62家，液晶彩电得到普及，广播实现村村通。

民国35年(1946)县运动会，境内鉴湖中学代表队获团体第三名。1949年后，各学校坚持体育两课两操的原则，对学生健康成长起到了很好的作用。1976年桂阳县业余体校在飞仙完小办业余游泳班，聘请省体委教师任教练，招学员78人，参加1977—1978年两届郴州地区游泳比赛，获男、女团体赛第四名。20世纪90年代，古楼乡被评为全省群众体育先进单位。2014年境内有运动场10个，均有跑道、篮球场、田径场、乒乓球台等设施，其中规模最大的是桂阳四中田径场。

医疗卫生

明清时期，境内无官方医疗机构，只有民间草药郎中。1942年，在两义乡公所驻地十字圩始设卫生所，配医务人员3名。境内历史上流行过的传染病有天花(坏痘)、流行性脑脊髓膜炎、麻疹、炭疽、痢疾、麻疯病、丝虫病等，其中丝虫病在境内流行最广。1949年后，各种疫苗的应用，使传染病的流行得到遏制。

1952年，十字圩建四区卫生所。著名中医侯如东在古楼圩创办中医联合诊所。1958年相继建十字、古楼、余田、飞仙卫生院，飞仙卫生院时称桂阳县第三人民医院。1969年到1980年推行合作医疗制度，各大队均有医务室和赤脚医生。1988年飞仙医院成为中心卫生院，七里坪春陵监狱设职工卫生院。1989年各乡镇相继成立本级爱国卫生运动委员会，由乡镇政府负责人兼任主任委员。1989年飞仙、余田建防保站，属二级卫生事业机构。1992年余田防保站撤销，1993年飞仙防保站撤销。1992年飞仙卫生院设红十字救护站。1995--1996年，飞仙、余田、十字、古楼卫生院先后被评定为一级甲等医院。2002年开始推行新型农村合作医疗保险制度。2012年飞仙镇中心卫生院改春陵江镇中心卫生院。2014年全镇新型农村合作医疗保险参保率102.2%。

春陵江中心卫生院 2014年有执业医师15人，助理医师4人，其中中级职称3人，护士6人，病床40张，门诊量为29634人次，收治住院病人1686人次，辖村卫生室16个。

十字卫生院 2014年有执业医师3人，助理医师2人，护士8人，病床15张，门诊量为6116人次，辖村卫生室10个。

余田卫生院 2014年有助理执业医生7人，护士4人，病床20张，门诊量为6236人次，辖村卫生室21个。

古楼卫生院 2014年有助理执业医生3人，护士1人，门诊量5621人次，辖村卫生室8个。

社会保障

明清时期，慧门寺（在柏家村与茶林村之间）"有社仓三间，平时贮谷七百六十二石；余田圩有社仓二间，平时贮谷六百三十二石"，春夏青黄不接之时赈放，秋冬偿清存放，是我国古代一种社会保障制度。清朝到民国初期，桂阳乡村一般都有救婴会、义学会、重九会等民间组织，这些组织均有公田以保障其正常运行，是一种救助女婴、贫困学子、孤寡老人等的组织。1949年后孤寡五保老人基本生活受集体保障。1991年十字乡、古楼乡、余田乡因为旱灾接受香港红十字会的药品援助，接受台湾红十字会的粮食、衣物、床上用品等物资援助。1994年余田乡、飞仙乡、十字乡、古楼乡因为水灾接受省、地红十字会现金、衣物援助，接受香港红十字会粮食、衣物、药品援助。1998年古楼乡因为疫病接受省市红十字会药品援助。2006年农民停止上缴农业税，开始享受种粮直补、母猪补贴、农机补贴等政策。2009年建古楼敬老院，2011年投资100余万元

铁炉村牌坊

建飞仙敬老院，集中供养五保老人50人，2013年建余田敬老院。

2011年桂阳县开始实施新型农村养老保险制度，年满60岁的农民开始享受每月55元的养老金。2014年，该镇有农村低保户2614户，发放低保款361.52万元；有城镇低保户116户，发放低保款3.08万元；有“五保户”492户，发放救助款23.09万元。有60～79岁老人9800人，发放养老补贴705.60万元；有80岁以上老人3500人，发放养老补贴462.00万元。为142户农村危房改造户发放扶助金66.60万元，为451户大病救助户发放救助金53.05万元。

特色地情

人物

曾瑀　字朝仪，桂阳州（铁炉村）人，明朝弘治辛酉科举人，弘治乙丑(1505)科殿试金榜第三甲第34名进士。补内江知县，后为刑部主事。

汤大濩　字子和，桂阳州（大坪坊）人，明万历十六年（1588）举于乡，戊戌科进士，选慈利教谕，寻迁衢州推官，擢蓬州知州。

历史人文

铁炉村牌坊 位于铁炉村，建于明正德年间，明万历、清乾隆、嘉庆、咸丰年间四次维修。牌坊为木结构，五柱三楼，高6米，宽5米，重檐歇山顶。楼额上书“进士坊”三个黑底金字，行书，门楼背面阴刻“光前裕后”，旁存清代维修碑5块。此牌坊为纪念明朝桂阳进士曾瑀而建。2007年被定为县级文物保护单位。

岩口堡 位于春陵江边岩口村，又名三正寨，始建于明代，清同治《桂阳直隶州志》载：“东西开二门，石城长二百七十三丈，大炮垛口二十二，抬枪垛口十五，小枪垛三百二十九。”清乾隆三十七年（1772）在东门处建一亭，亭内有石碑二通，寨内有寨屋两栋，寺庙一座。今仅存东门和路亭。2007年定为县级文物保护单位。

鉴湖书院 位于舂陵江镇下冲村后石山中，系清咸丰十年（1860）兴建，同治十一年（1872）落成。乃西河三镇之文化摇篮。光绪九年（1884），钦命山东巡抚部院俊臣陈士杰曾为之撰文作序，题写书院之名。鉴湖书院占地面积16000多平方米，计大小房60余间。大门两柱有木质阴刻对联一副：“何处溯渊源，地转鉴湖成泗水；于斯堪景仰，天迴塔邮作东山。”门顶匾额镶嵌着陈士杰书写的“鉴湖书院”四个大字。正殿两柱悬着一副对联：今人与居，古人与稽，亦为明鉴；澄云不清，浠云不浊，有如此湖。书院1945年改办成湖南私立鉴湖中学。

（张日生　供稿）

浩塘镇 >>

区域概况

地理位置

浩塘镇地处桂阳县西南部，位于北纬25°43′44″至25°47′47″，东经112°29′35″至112°36′22″之间，辖区内东西最大距离11.8公里，南北最大距离9.6公里，乡治浩塘圩，距县城18公里。西北与春陵江镇相交；东北与仁义镇毗邻，正南与方元镇接壤，西南与嘉禾县交界。邓家、幕庭两村深入嘉禾县境内，成为桂阳少见的两块飞地。春陵江流经境域西北。

建置沿革

明嘉靖六年（1527）隶桂阳西乡。民国3年（1914）属三正团；民国19年（1930）并团为区，属第三区；民国27年属大中乡；民国35年（1946）属三正乡。1949年后设立浩塘办事处，辖浩塘、太平、丰加、三合四个乡。1950年3月与西湖办事处合并为桂阳县第三区。1958年10月，方元、大塘、丰加三个乡合并为星星人民公社，11月更名为方元人民公社。1961年从方元人民公社析出设浩塘人民公社，乡治所由丰加圩迁浩塘圩。1984年撤公社改乡。2012年3月改为浩塘镇。

区划面积

该镇总面积为73.66平方公里。2011年年末，浩塘乡辖浩塘、深塘、深村、桐木、扫村、菖蒲、下愁、鲤鱼、元山、丰加、何家、飘塘、下桥、幕庭、三合、栗木、大留、朱美、邓家等19个村民委员。设1个居民小组，68个自然村，132个村民小组。2012年改乡为镇，区域、区划、面积均无变动。

镇属领域有两块飞地，即邓家、幕庭两村，其地深入嘉禾县境内，始于明末桂嘉分治。因两地先民都来自桂阳，田地都是祖先辛苦开辟，因此不管改朝换代，也不管行政区划变更，累世隶属桂阳，不肯离去。民国21年（1932），湖南省调整县界插花地，未果。1952年、1954年为化解矛盾、方便管理，桂阳与周边县市就插花地问题进行协商调整，邓家、幕庭两次调整均未成功，最终成为两块飞地。

自然环境

浩塘镇域属湘江支流春陵江水系。南部是丰加大岭，北面是向东流淌的春陵江。地势西北低，南部高，平均海拔为175米。

春陵江在境内全长11公里。因河床低，河水利用率很差，“水在低谷流，人在高岸愁”。镇东有条锦鲤河，镇西有条黄狮江，丰加岭还发育出四条自南向北流淌的小溪，分别是勒马河（板桥水）、菖蒲溪（浩塘水）、甘溪（鲤鱼水）、丰加水。村落、水田沿溪流分布。地下水储量约1908万方。

镇域处亚热带季风湿润气候区，四季分明。年均日照1800小时左右。年均气温摄氏18度。年降水量约1200～1500毫米，降水日约120天。雨季一般在7月上旬前后结束。年蒸发量约1456毫米，主要集中在夏季。无霜期年平均205天。

该镇属于二迭系地层，由厚及巨厚层粒系至隐晶质灰岩组成，夹白云岩及白云质灰岩，矿物蕴有煤及氧化锰。岩石多为灰岩，为海相化学沉积物，也有少量砂岩，属于海相物理沉积物。地貌属丘陵，以低丘为主。境内土壤分为水稻土、红壤土、紫色土和潮土四大类，以红壤土为主。

山林以青冈栎、苦槠、木荷、锥栗、麻枥、细叶枥、黄檀、枫香、山槐、槲栎、冬瓜木等为主要种群。针叶林在全镇植被中占比最大，有马尾松、杉木。此外，还有楠竹、油茶树、柏树等。

动物有白鹇、翡翠、鹧鸪、斑鸠、黄莺、白鹭、鹰、竹鸡、燕雀、乌鸦、喜鹊、啄木鸟、黄鹂、田鸡、麻雀、野鸭，野猪、野猫、獐、麂子、野兔、果子狸、穿山甲、黄鼠狼等。

矿产有桐木岭至李家桥地带的煤炭，远景储量762万吨，可靠储量45万吨；邓家的大理石储量也较为丰富；鲤鱼、何家渡一带的钾长石品位高。此外还有硫铁矿、锰矿、铀矿分布。

人口民族

1988年，浩塘乡辖4628户，总人口18577人。2012年建镇后，总人口22783人，人口出生率9.8‰，自然增长率6.21‰。人口主要集中在中部地区，人口密度为每平方公里202人。

经济发展

经济综述

清末民国时期，境内工农业生产落后，多数人在温饱线以下挣扎，无地少地的农民更加困难。

新中国成立后，镇内经济逐步发展。农业以种植水稻、蔬菜及经济作物为主。工商业以制造销售油脂、木器、铁器、雨具等为主。中共十一届三中全会后，坚持以经济建设为中心；1982年后，推行家庭联产承包责任制，温饱问题逐步解决。1988年，工商企业实行以“承包经营”为主的企业改革，镇区内乡村企业17家先后实行各种形式的承包责任制，当年实现工农业总产值773.22万元。此后经济发展加快，2012年，实现国内生产总值4.48亿元，完成财政总收入2023万元，农民人均纯收入8230元。2014年实现国内生产总值5.35亿元，其中第一产业1.56亿元，占29.16%；第二产业3.01亿元，占56.26%；第三产业0.77亿元，占14.39%。完成财政总收入2835万元，农村居民人均可支配收入9368元。

农业

种植业 古代，当地农业简单粗放，效益很低。主要种植水稻、苎麻、晒烟、大豆、薯类、蔬菜。粮食基本自给。1951年5月，境内完成土改工作，实行农业互助组，粮食生产快速发展。1954年，试种双季稻成功，随后又改高秆为矮秆，改常规稻为杂交稻和优质杂交稻，改进耕作技术，加强病虫害防治，粮食单产不断提高。1988—1999年，该乡作为桂阳县首批农业综合开发项目试点区，在下桥开发区开垦宜农荒地75公顷，改造中低产田267公顷，建变电站一座，电力排灌站1座，取得良好效益。1988 年 12 月，中共中央政治局委员、国务院副总理田纪云亲临视察，对该区农业开发表示满意，认为“农业开发，大有可为”。

2014 年粮食作物播种面积 1656.5 公顷，粮食总产 8473 吨，其中稻谷 5913 吨，玉米 1069 吨，薯类 1142 吨；大豆 334 吨，花生 326 吨。

浩塘镇是传统烟区，2000 年，收购烤烟 450.6 吨。2011 年，收购烤烟 2245 吨，完成烟叶税 914.96 万元。2014 年，烟叶稳产面积 700 公顷，收购 1625 吨，完成烟叶税 958 万元。获评全市烟叶工作先进单位、全县烟叶基础设施建设先进单位。

该镇注重培育特色产业，引导农户走现代化农业道路。1994 年引进世界银行资金在史家桥进行红壤开发 80 公顷。1995 年世行官员来华检查，发现项目质量普遍偏低，协商后建立高标准示范果园。1996 年示范园全部种上了黄花梨，实行分户承包管理。2012 年，全镇水果 种植面积 667 公顷，主要有菖蒲村无公害脐橙基地 253.33 公顷，下桥村黄花梨基地 120 公顷、丰加村锥栗基地 33.33 公顷等。年产水果量达 5000 多吨。

2012 年，在深塘村开发建设龙泉山水生态休闲观光农场，至 2014 年已开发 33 公顷，完成投资 300 余万元，主要种植桂花、樱花、罗汉松、紫薇等花木。2013 年 8 月，在何家村五组开工建设何家山海天现代农庄项目，完成投资 100 余万元，开发荒山种植樱花近 27 公顷。2014 年引进“台商赖润堂”名贵中药材合作项目，种植玄参 27 公顷，建立蔬菜基地 200 公顷。

舂陵江畔的菖蒲村，在开发特色产业方面走在全镇前列。该村自然条件优越，气候温和，光照充足，土层深厚、疏松、肥沃，微量元素含量丰富，十分适合种植脐橙和发展现代农业。该村积极探索农村土地流转新模式，利用土地有偿转让和国家扶持政策，采取股份合作、租赁经营等形式，组织本村村民筹资 560 万元建成脐橙基地。2014 年，基地开发脐橙 226 公顷，年产量达 1000 吨，形成了牲畜、蔬菜、水果立体农业发展模式，走上了一条高效生态农业之路。

养殖业 镇内素有养殖生猪、牛羊、鸡鸭、鱼等畜禽水产习惯。民国时期为农户个体圈养生猪。鸡鸭大多自繁自养，所产鸡鸭蛋出售兑换油盐等，故称鸡鸭为“油盐坛子”。

新中国成立后，政府鼓励农民养猪，养鸡鸭。“文化大革命”时期养殖业倒退，中共十一届三中全会后个体养殖恢复。2000 年以后规模化专业养殖大发展。2008 年 3 月，引进投资额达 1.97 亿元的新湘农生猪养殖场，年出栏生猪 5 万头。该项目集智能化、自动化、标准化、模块化于一体，自创办以来，先后被中央七套“科技苑”栏目报道两期。2011 年，全镇生猪出栏 8.09 万头，年末存栏 4.6 万头；牛饲养量 137 头，羊饲养量 203 只，家禽饲养量 9.48 万羽。2014 年，出栏生猪 8.73 万头，牛 178 头，狗 959 只，禽类 8.95 万羽，肉类总产量 6012 吨。淡水养鱼 97 公顷，鱼类产量 471 吨。

林业 浩塘镇属丘陵岗地，南部丰加岭古代有大量林木。1949 年以前，林地归私人所有，多自生自繁，树种有松、杉、樟、柏、竹等。1951 年后，成立农林互助组、合作社。1958 年，林地收归公社所有，“大跃进”大炼钢铁时树木被砍伐殆尽。1963 年，贯彻中央政策，山林权固定在生产队。1972 年，镇内办社队林场 10 个，种植杉、樟、国外松等。1980 年 9 月，县革委确定桐木岭为万亩林基地，其中在浩塘镇内造林数千亩。1981 年，确定山林权属，有林地 3146 公顷。同年，县林业局在浩塘乡建立集体育苗基地，对所产苗木订购包销。为进一步振兴林业，1984 年起，实行有偿投资，提倡“两户一体”造林和集约经营。2004年林权制度改革，森林权属明确，换发全国统一的林权证，浩塘镇林权发证率位列全县前列。桐木岭的森林总储量较多，其中又以楠竹产量最大。2013年，全镇有林地4870公顷，2014年，完成荒山造林153公顷。森林覆盖率达78%。

工业

明清时期，境内有酿酒、矿冶、生产铁器、木器、篾器、纸伞等手工作坊多家。桐木岭的采煤和金属冶炼在县内比较有名，至今有大面积的遗迹遗址。

20世纪50—80年代，浩塘境内陆续兴办了一批社办、乡办、村办小企业。1990年，建成35千伏变电站。1990年后集体企业先后改制，私人企业陆续兴起。以大理石加工、煤炭采掘为主，从业人员1000余人。邓家大理石加工，20世纪90年代起有4条开采线，1个加工厂，主要生产地板砖、餐桌、茶几等产品，畅销湖北、广东、福建、西藏、新疆等省区。境内还有股份制小煤窑4处。1996年，建成何家电站、黄狮江电站。2011年，宝岭煤矿投资1452万元完成对鸿兴和鑫隆两家煤矿的兼并重组和技能改造扩建工程，煤炭年产量达9万吨，创利税1000余万元。后因煤价较低，效益不佳，煤矿基本上处于停产状态。

此外，境域还有木材加工厂，河沙场、采石场，红砖厂等小微企业。

商贸服务业

境域商业活动起步较晚，圩场集市集中兴建于清代同治、道光时期，先后出现过丰加圩、三合圩、九龙圩、浩塘圩、板桥圩等集市，嘉禾普满圩也开在浩塘邓家的地盘上。

1949年后，浩塘、三合、丰加形成五里三圩的局面，之后三合圩退出历史舞台，浩塘圩也于20世纪60年代关停。“文化大革命”时期浩塘公社只有一个丰加圩。1988年境内工商企业有11家，商业服务网点26个。1989年起，国家逐步放开市场，个体商贸业得到发展。1990年政府重建浩塘圩，同时扩建丰加圩，加上邓家的普满圩，该镇实际上形成了全县仅有的一镇三圩的集市格局。

1993年，镇内有个体商户306户，从业人员506人。2014年，有商业网点230个，从业人员2994人。餐饮、酒店、金融、数码电子、美容、美发、休闲、娱乐等百业兴旺，基本能满足居民的生产生活需求。社会商品零售总额达1.14亿元，农村集市年成交额5500万元。

财政金融

1949—1978年，乡财政收支由财政委员和会计管理，收入主要为工商和农业税收。支出主要为支援农业、行政管理费和上解县财政。1979年公社设财政室，专人管理财经。1994年国税地税分家。2002年农村税费改革，取消农林特产税和“三提五统”，调低农业税税率。2004年，免征小微店铺税费。2006年取消农业税，2011年财政总收入1748万元。2014年完成财政收入达3090万元。

1949年前后境内没有钱庄，只有少数富豪有放高利贷的情况。2011年末，境内有金融机构1个，各类存款余额1.42亿元，各项贷款余额0.1亿元。

基础设施

交通邮电

水运　清代有春陵江水运，设有何家渡码头，四季通航，是古代浩塘人南北远行的主要通道。何家渡始建于清初，扩建于晚清，置渡田。往南渡江通丰加圩，往北通余田、十字圩。坐船远行，南可到嘉禾、兰山，西可到新田，北可到衡阳、长沙等地。南岸有渡碑和寺庙，北岸有渡屋。渡口还有民间搬运组织，直至 20 世纪 60 年代仍有搬运组，建有粮站。70 年代欧阳海灌区大坝建成后，长途水运中断，码头专业搬运装卸停止，粮站搬离。东西两岸横渡则仍保留，渡口码头主要供两岸居民往来使用，2000 年前后，日渡量约 400 人次，为全县 38 个渡口之最。

陆路 清代，有县城通往嘉禾、新田的两条古道过境浩塘。1979 年，由城北沙子坪经浩塘圩至飞仙长隆的公路建成通车，镇内长约 11 公里。2003 年，县城至浩塘水泥公路建成通车，成为桂阳县第一条通乡水泥公路，但道路弯多坡陡路窄，影响汽车通行速度。2010 年以来大力发展通村公路，先后完成深村至桐木岭砂石路 3 公里，大留元山组砂石路 2.6 公里，大禾头硬化公路 0.8 公里，元山村硬化环村公路 1.5 公里，浩塘太平硬化通组公路 2 公里，塘家母至朱美路砂化 0.5 公里。2014 年底境内村组公路硬化率 94.1%。交通条件得到改善，人们出行更加方便。

邮政 清光绪三十年（1904）桂阳成立邮政代办分局，浩塘圩设邮政信柜，邮政、驿递并存。宣统三年（1911）邮政代办分局在浩塘设乙类信柜。1956 年设立邮电代办所，1957 年开辟县局至浩塘圩邮路。1973 年浩塘邮政所由代办改为自办。2014 年年末，有电信、联通、移动电话服务网点 11 个，固定电话 1340 户，移动电话用户 8600 多户，互联网用户 660 多户。

水利建设

境内的黄狮江在江口岭汇入舂陵江，另有板桥水、丰加水等小河溪也自南向北流入舂陵江。舂陵江流经浩塘镇何家、飘塘、下愁、菖蒲、扫村 5 村。河溪虽多，但河床位置低，难以有效利用，绝大多数农田属天水田、井水田，雨来洪淹，遇旱即枯，故史有“岁岁以旱为苦”之记。

该镇自古就有修塘筑坝以溉田的传统，州志记载境域古代水利设施有浩塘、鲤鱼塘、五眼陂，其中五眼陂“溉田四千亩”。

1957 年，县委决定在浩塘木凉亭试建县内第一座小Ⅰ型水库，水库集雨面积 16.4 平方公里，有主副坝个各一座，主坝坝高 23 米。经两次扩容后库容达到 628 万立方米，设计灌溉面积 300 公顷，实际灌溉面积 566 公顷，灌溉效益居全县小一型水库前列。木凉亭水库作为样板工程，有效推动了全县水库建设。

1958 年兴建石井、白水冲两座小Ⅱ型水库；1959 年兴建桐木岭、幕庭两座小Ⅱ型水库；1966 年，兴建四清小Ⅱ型水库；1991 年，在钟家新建丰塘水库。逐步形成了“长藤结瓜”的灌溉体系。

2011 年以来，完成桐木岭水库、四清水库综合治理，维修木凉亭主渠道塌方 2 处、三合村提水灌溉渠 2 公里，以及桐木岭水库、四清水库、白水冲水库渠系治理工作，清淤 4 公里，解决了有水到不了田的尴尬局面，基本达到旱涝保收。

2011 年，扫村自来水工程完工，受到市考核领导小组的肯定。2013 年，开展陶家河（黄狮江）治理工程，积极推进人畜、灌溉安全用水工程建设。投资 12 万元对朱美塘里 2 座新修山塘加固除险，确保山塘蓄水无忧。投资 200 万元解决了栗木、幕庭、三合石背组、何家村的人畜安全饮水工程。

村镇建设

新中国成立后，1980 年在党政机关所在地浩塘圩两旁建立商贸区。2011 年末城镇常住人口 3800 人，城镇化率为 17%。乡驻地有园林绿化式单位 3 个。2011 年新建自来水厂 1 座，年供水 1.1 万吨。农户安全饮水率 100%，乡村主道两边绿化 60 余公里。行政村、社区都有办公用房。

2014 年，深塘、鲤鱼、元山等三村纳入县级农村环境重点整治村，浩塘村列入巩固村，丰加、史家桥等村纳入镇级农村环境重点整治村。在镇区、邓家、深塘、桐木、扫村、元山、鲤鱼、浩塘等村安装节能路灯（太阳能路灯）283盏。农村村容村貌、卫生环境得到改观。菖蒲村率先成为湖南省“新农村建设示范村”。

社会事业

教育文化

清朝多为私塾教育，晚清开办新式学堂。道光十九年（1840）前后在境内丰加圩建养正学堂（有碑记）。民国时期禁私塾，倡导新式教育，镇内小学渐增。1934年，在养正学堂旧址兴建桂阳县第九初级小学，后改称第七完小，1949年部分教师在该校秘密发起成立湘南游击队第五支队。

新中国成立后，人民政权接管村办私办国民小学，1952年境内私立学校全部转为公办。1969年公办学校下放到大队，由“贫下中农”管理。由于执行“群众办学”方针，实现“读高中不出区，读初中不出公社”，校数增加，教育质量明显下降。

中共十一届三中全会前后，教育领域开始拨乱反正，调整学校管理体制，重视教育教学。1987年，开始执行“两基”计划，普及九年制义务教育。1997年8月，该镇通过“两基”验收。

浩塘镇中心校始建于1982年8月，原校址在浩塘村板桥，1984年9月迁至浩塘村。2001年被评为郴州市示范性完全小学、郴州市校园文化建设样板学校。2014年，投资210万元的中心校学生宿舍楼投入使用。

浩塘镇中学始建于1971年，前身为浩塘公社五七第一中学（高中）。至1972年只有一栋集教室住房于一体的两层砖瓦楼房。其间，共办完13个高中班和12个初中班。1981年，高中转入县办中学后，始定名为浩塘中学。1995年，被郴州市教委定为一级初级中学，是市级“校园文化建设样板学校”、“合格学校”。2014年，学校有教职工39人，共有9个教学班，学生500余名。

2014年年末，该镇有幼儿园4所，中心小学1所，村小学7所，初级中学1所，在校学生1632人；专职教师87人，其中本科学历35人，中学高级职称2人，郴州市级骨干教师1人。

2014年，新建镇中心文化站1个，农家书屋19家，藏书3.6万册。有各类文化专业队4个。该镇深入挖掘历史文化遗产，菖蒲村800多年历史的“金瓜龙”民间文艺项目得到整理发扬。

广播电视

20世纪70年代公社开设广播站。1989年浩塘乡成立广播电视站。1990年后高压输电线路进入千家万户，有线电视基本普及。1994年6月建成乡有线电视站。1998年乡广播电视站收归县广播电视局。2014年末，有线电视入户率100%。

医疗卫生

1949年前境内有中药铺3家，草药郎中数人。人民公社化后国家重视公共卫生，村村配备赤脚医生，医疗条件得到改善。

1952年成立浩塘卫生院。20世纪90年代初建设门诊大楼1000平方米，住院楼400平方米。1995年6月镇卫生院对婴幼儿接种卡介苗等4种疫苗。1996年实行农村卫生一体化管理，增加乙肝疫苗，实行“五苗”免疫计划。2011年，参加农村新型合作医疗农民达19527人，参合率94.36%，筹集新型合作医疗基金58.58万元。

2014年，在编医护人员24人，其中西医主治医生1人，中医主治医师1人。病床20张，医疗设备22万元，2013年，门诊量23000人次，住院1100人次。村级卫生室14个。是年，该镇参加农村新农合19561人，参合率98%，筹集新农合医疗基金176万元，全年共有40099人次享受新农合医疗补助733万元。

人民生活

新中国成立后，实现“耕者有其田”，大兴水利，增强抵御灾害能力，镇内人民生活逐渐改善。中共十一届三中全会后，农村实行家庭联产承包责任制，经济发展加快，人民生活进一步改善。1988年，开始使用彩电。青年人结婚购置的“三大件”由此前的手表、单车、缝纫机变为彩电、冰箱、洗衣机。1990年后部分家庭开始使用自动电话，程控电话村村开通，有线电视基本普及。

2000年后，镇内居民生活水平显著提高。大多村组道路硬化，村容得到整治，农村家庭多建有2～3层小楼房，液晶电视、摩托车、移动电话、空调、电脑、全自动洗衣机、汽车逐步进入百姓家庭。

社会保障

自20世纪50年代建成高级社以后，对鳏寡孤独的老人和无劳动能力的残疾人实行低标准的“五保”，对困难户给予适当照顾。1994年乡民政所成立，负责社会保障工作。2002年启动新型农村合作医疗保险制度。2005年启动农村大病救助制度、城镇医疗保险制度，做到应保尽保。

2011年，该镇有农村最低生活保障户726户、1089人，发放保障金101.9万元。有“五保户”143户、159人，发放保障金24.8万元。民政部门资助大病救助52人次，发放救助金11.4万元。新型农村养老保险参保率61%。

2013年，投资500万元的敬老院建成投入使用，可收养农村“五保”人员48人。2014年新农保参保8545人，参合率105.48%。

2014年，该镇共发放农村低保资金65万元，受益人口1025人；发放自然灾害救济资金120户共计4.5万元。“新农保”参保8545人，为任务数的105.48%。

特色地情

人物

雷澍万 字苏亭，丰加圩人，清嘉庆癸酉科

桐木岭矿冶遗址

拔贡。四十二岁选州判。著有《石笏山诗文集》。

历史人文

桐木岭矿冶遗址 位于浩塘镇桐木岭村和仁义镇大坊村交界处，遗址面积约 11 万平方米。遗址中心部位有一个炼渣堆积形成的山体平台，台面略呈三角形，东西长度约 100 米，南北长度约 50 米，面积约 5000 平方米。整个区域呈“品”字形，分成 3 个不同的功能单元——一个焙烧单元和两个冶炼单元。冶炼单元中有 1~3 个冶炼作坊区，每个冶炼作坊以槽形炉为主体，分布着搅拌坑、洗煤坑、沉淀坑、提炼灶、堆煤区、碎料区、环形护坎、柱洞等遗迹。冶炼区出土有一系列较为完整的冶炼工具，并出土有青花瓷器、陶器等生活器皿。在遗址中还发现块状波纹炉渣，并在对应位置发现有含铜量和含铅量较大的炼炉遗迹。

桐木岭矿冶遗址出土了国内迄今发现保存最为完整的古代炼锌槽形炉及相关遗迹遗物，可全面复原当时炼锌工艺流程；发现的硫化锌矿焙烧炉及焙烧工艺系中国古代炼锌史上的一大技术进步；遗址中还存在铅、银、铜等其他金属冶炼的活动，多金属一体冶炼是中国矿冶考古的首次发现，凸显了中国古代科学技术的先进水平。桂阳桐木岭矿冶遗址对于认识古代手工业场址的功能分区、工艺流程、生产规模、工人的生活及生产力状况都有重要参考价值。该遗址于 2016 年 7 月开始发掘，2017 年 4 月获评“2016 年度全国十大考古新发现”。

（廖小敏　供稿）

四里镇 >>

区域概况

位置面积

四里镇地域由清朝时期好义、乐安、德安、长春四个里组成，故名“四里”，沿用至今。该镇地处桂阳县西部，东邻流峰镇、春陵江镇，南接新田县知市坪乡、太坪塘乡，西界新田县金陵镇、莲花乡，北靠塘市镇，经纬坐标为北纬 25° 85′ 19″ 至 25° 98′ 55″，东经 112° 27′ 42″ 至 112° 44′ 34″。辖区总面积 126.11 平方公里。

建置沿革

四里镇明朝属贵临乡，清朝康熙时起属居仁都，民国 3 年（1914）属贵临团，民国 19 年（1930）属五区，民国 27 年（1938）为乐德乡，民国 35 年（1946）属贵临乡。1950 年为四里区（又称五区），1958 年为四里公社，1961 年划分四里公社和六合公社，1970 年又合并为四里公社，1977 年复划分为四里公社和六合公社，1983 年起称为四里乡和六合乡，2012 年四里乡、六合乡合并为四里镇。

行政区划

2012 年，该镇辖四里、梅家、安乐、石盘、船形、排楼、阴泉、美丽、竹山、蛟龙、雷塘、均真、长冲、社溪、李家、芙塘、谭家、东塘、六合、阳家、石龙、源头、龙源、白田、油井、西汾、河田、立新、饶家、芹溪、田心、复成、岩龙 33 个行政村。设 2 个居民小组，334 个村民小组。

自然环境

镇区属丘陵地区，除了山间河谷、小溪两岸有些平地外，其他均为丘陵或者岗地。地势东西高，中间低，平均海拔高度 265 米。最高点位于坛山岭最高峰，海拔 742.0 米，最低点位于芹溪村灌水边，海拔 140.2 米。

镇域河流属湘江水系，主要溪流有灌水，自田心村入境，由东向西南，在芹溪村出境；灌水支流鼠峡水，自排楼村入境，由北向南，在芹溪村注入灌水，鼠峡水及其主要支流贯穿本镇南北，是本镇重要溪流。

镇域属亚热带湿润季风性气候，其特点是气候温暖，四季分明，光照充足，春温多变，夏季雨量集中，秋季温和凉爽，冬季干冷少雪，严寒期短，无霜期长。年平均气温 17.9℃，1 月平均气温 3.6℃，7 月平均气温 28℃。生长期年平均 220 天，无霜期年平均 200 天，年平均日照数 1750 小时。年平均降水量 1250 ~ 1600 毫米，是桂阳严重少雨易旱区，也是桂阳易受冰雹侵袭区。

境内土壤以石灰岩红壤、水稻土、钙质土为主。矿产有铁矿石，主要蕴藏于长冲、李家、谭家、立新村一带，品位高、储量大。

人口民族

四里镇一带，自古就有人类居住。宋元明时期从江西等地迁入大量人口。境内方言介于飞仙话与流峰话之间，偏向于流峰话，属桂阳流峰话方言区。民族为汉族。2014年底全镇总人口53640人，人口出生率为11.7‰，自然增长率为5.41‰。

经济发展

经济综述

四里自古是一个传统农业乡，工业在明清时期有过铁矿开采和冶铁业。四里北部处在沟通桂阳与新田的交通要道，素有商贸往来。抗战时期和“文化大革命”时期，工商业凋零。1983年全面实行农业生产责任制，经济发展加速，基本解决了温饱问题。中共十一届三中全会后，农业仍以传统农业为主。工业方面，铁矿开采曾经一度达到鼎盛。其饮用水资源在全县首屈一指，得到了有效开发利用。由于地少人多,外出务工者较多，劳务经济成为该镇重要收入来源。

2014年底全镇实现国民生产总值4.63亿元，第一产业增加值1.80亿元，第二产业增加值1.77亿元，第三产业增加值1.06亿元，固定资产投资2.47亿元，财政总收入563万元，农村居民人均可支配收入8618元。

农业

1949年前，四里境域属传统农业区。1949年后，境内民众兴修水利设施，开垦农田，增加粮食种植面积，农业经济得到较快发展。1983年，全县划为五个综合农业经济区，四里、六合被划为西部丘岗粮烟果区，是粮、烟、红枣等多种经营的农业经济区。2012年，该镇被列为中北部特色农业经济区，以发展烟草、水稻、大豆、水果、油茶和牲猪养殖为主。

2014年，全镇有耕地面积2179.3公顷，园地136.32公顷，其中水田1594.80公顷，旱地584.47公顷，林地6466.70公顷。

种植业 清朝及民国时期，境内以水稻、大豆、红薯、花生、玉米种植为主。其中大豆县内有名，也是桂阳蚕豆、豌豆主要分布区。经济作物有红枣、油茶等。

1949年后，大力开展农田基本建设，开垦荒地，兴修水利设施，使旱灾对水稻的影响有所降低。逐渐改一季稻为双季稻，改高秆品种为矮秆品种，增施化肥，使用农药，加强田间管理，水稻产量有所增加。人民公社化时期实行集体化生产，劳动效率低，农业产量提高不大，发展缓慢。

中共十一届三中全会后，实行家庭联产承包责任制，农民生产积极性提高，伴随现代农业技术的应用，粮食产量得到了较大提高。1992年县内引进10台稻种破胸催芽机，分别在四里、塘市等10个乡镇试用，发芽率提高10%。1995年县内开展成建制吨粮田乡镇达标竞赛活动，四里、板桥、塘市3个乡镇参加，县农业局派农业指导员驻参赛乡镇指导粮食生产，经市县农业部门验收，两季亩产1011千克，比上年平均亩增195.5千克。该镇富硒高产大豆在省内有名，2012年成立了恒丰大豆专业合作社，创建万亩大豆高产示范项目。该示范项目分布在梅家村、四里村、安乐村等10余个村，总面积达706.67公顷，主要种植优良品种平豆2号。项目区结合测土配方施肥、专业化统防统治等技术，实行统一供种，统一播种，统一管理，统一病虫害防治的耕作模式，实现亩产210千克，超过目标产量10千克。2013年成立鲜绿蔬菜专业合作社和鸿丰蔬菜专业合作社，种植茄子、小白菜、小南瓜等，远销深圳、东莞等地。2012年，国家投资300余万元，在杜家村和阳家村建成烤烟育苗工场2个、烘烤工场2个，成立祥达烤烟合作社，发展烤烟种植大户13户。2014年，收购烟叶1.2万担，完成税收323万元。

2014年，农作物种植总面积5881.00公顷，其中粮食作物种植总面积3601.80公顷，粮食总产量19893.18吨；烟叶种植面积373.33公顷，总产量834.85吨；蔬菜种植面积702.46公顷，总产量21076.11吨；油菜种植面积306.67公顷，总产量367.17吨；甘蔗种植面积17.27公顷，总产量747.22吨；瓜果种植面积113.07公顷，总产量2549.01吨；果园面积140.00公顷，总产量4600.21吨；中草药种植52.87公顷，总产量249.00吨。茶园23.20公顷，茶叶总产量12吨。

养殖业 饲养生猪、牛、羊、家禽为镇内养殖业传统。1949年后饲养生猪者较多。人民公社时期实行集体养殖，出栏量不高。中共十一届三中全会后，出现许多集约化管理的专业养殖场，提高了出栏率。美丽村波尔山羊南方养殖基地，养殖规模达到1000多头。1990年，残疾农民胡祥松办起了占地2000平方米的青松养殖场。他刻苦学习养殖技术，摸索出一套快速养猪法和催眠高密度圈养狗法，获得了较好的经济效益。1989—1994年，该镇有养猪专业户70户，年出栏生猪6000多头。2010年六合村民周振武建年养殖300头生猪养殖场。2013年该镇成立了丰裕泥鳅合作社。

2014年，全镇各类养殖专业户50余户，养殖大户10户，规模化养殖场4个。年出栏生猪43436头；牛1027头；羊1632头，家禽178864羽；肉类总产量3512.88吨。淡水产品捕捞产量16.1吨，淡水产品养殖面积104公顷，水产品总产量440吨。

林业 明清时期，芹溪村附近山上有孤桐，“高二十余丈，围径二丈”，常有五色异鸟巢于枝上，山岩间常致虎患，清嘉庆时曾猎杀子母三虎。

1949年后，受大炼钢铁影响，境内森林破坏严重。唯坛山岭区域和四里西部海拔较高的丘陵岗地还保留有原始次生林分布区。中共十一届三中全会后，政府和当地村民保护森林、绿化环境的意识加强，植被逐渐恢复。

20世纪70—80年代，先后建社溪林场、坛边林场、长冲林场、排楼林场、大岭林场、石盘林场等集体林场。1993年在四里乡三角寨、莲塘白阜岭等地飞播造林1.25万公顷，1998年进行调查，成效面积0.72万公顷。1995年起实施长江中游地区生态防护林体系建设，四里属防护林体系建设区。1998年全县开展创建安全文明林区活动，2000年年底六合等乡获达标先进单位。2010年六合、阳家、源头、复成4村种植桉树453公顷。2012年芙塘村肖敦平承包荒山造林133.4公顷。2013年四里镇被列为全县村镇绿化示范乡镇。2014年，桂阳县实施森林生态景观三年提质工程，重点推进“一场一库、两河三路、四镇十村”示范建设，其中“十村”包括四里镇阴泉村。

工业

四里镇铁矿资源丰富，明清时期就有岩口、李家、长冲铁矿开采，长冲一带褐铁矿品位居桂阳各乡之首。清朝时期金村所铸金村鼎，以质优与马田锅齐名，民国后不再铸鼎。1958年，县办四里铁厂均采此矿石。铁矿石销往冷水江、涟源钢铁厂等地。20世纪90年代后，采矿纷起，乱采滥挖，严重破坏环境。1998年县政府对四里铁矿进行整顿，2000年4月被完全禁采。

四里镇山泉水资源量大质优，以竹山村为最。2002年在竹山村成立了私营桂阳凤神山泉食品饮料有限公司，从事瓶罐装水生产，2005年改为桂阳神农谷食品饮料有限公司。该公司总投资2000万元，拥有现代化的厂房和三套“达意隆”全自动美国技术生产线，年生产能力瓶装水达9000万瓶，罐装水达700万桶，年产值超过6000万元。该公司开发生产所赖水源有“江南第一泉”之美誉，公司系湖南省目前投资最大、档次最高、水质最好的纯天然山泉水开发企业。产品获湖南省（国际）首届绿博会金奖、中国优质产品、湖南省名牌产品称号。公司通过了ISO9001国际质量管理体系认证，被评为湖南省食品卫生A级单位、全国少年儿童健康饮水福利工程全国样板企业，湖南省瓶桶装饮用天然泉水地方标准企业唯一起草单位，郴州市龙头企业。“神农谷”牌系列饮用天然泉水是全国少年儿童健康饮水福利工程指定用水。

商贸服务业

清朝到民国时期，四里境内有四里圩和六合圩两个圩场。六合圩始设于浮口村，称中和圩。后因金村铸有名的金村鼎而成圩，浮口村中和圩废，而金村圩立。清末金村圩不再铸鼎后，改称六合圩。民国时期到1977年前，六合圩废，浮口村仍设圩。1977年后，复设圩于六合至今。

1949年后，四里、六合均设有食品站、供销合作社、粮站，供应生产生活资料和收购农副产品。中共十一届三中全会后，四里、六合等圩市出现一些私营超市、餐馆、宾馆、药店等商业网点。1983年，身残志坚的农民胡祥松瞄准六合离县城偏远，商业网点少的商机，在六合圩租房办南杂店，商店以质优、价廉、服务好而赢得了商业信誉，逐渐把小店办成邻近乡镇最大的综合商店。1991年胡祥松被中国工商联合会评为“全国先进个体劳动者”。到2014年，四里、六合有各类商业网点100余家。

劳务输出

该镇人多地少，劳务输出比之县内其他乡镇起步较早，且规模也大。从1983年起开始外出务工经商，到2000年，共计达1.1万人。长冲村王鼎云是第一批到广东闯世界的农民，几年时间，全村20多户人相继跟着他在东莞创业，逐渐形成“四里波鞋一条街”。在广东中山市光明大市场二楼药材批发市场，22个批发商清一色为四里人，形成“四里药材市场”。该乡乡民集资购买两台豪华卧铺大巴，每天往返于四里至中山、东莞之间。1997年四里乡设立劳动管理站，为外出务工人员沟通信息、办理证件服务，加强对外出务工人员的引导和培训，不断提高外出务工人员的素质。1998年四里乡党委、政府分别在东莞、中山设立流动人口党支部和办事处，为外出务工者排忧解难。1999年该乡长冲村在广东经商的达300多人，全村人均纯收入达3100元，超全县人平纯收入2591元的19.6%，全村砖木结构的房屋几乎全被钢混结构的洋房所取代，村民全部安装有程控电话和有线电视。2000年该乡的劳务输出和劳务管理被各级新闻媒体报道。2004年四里乡获得郴州市“最充分就业乡镇”称号。2014年劳务输出达2万余人次，实现劳务经济过3亿元。

基础设施

交通运输

清朝桂阳本州12条主要步道，通过四里境内的有一条：从上汾渡起，经金坪圩、六合圩、四里坪，到新田永桂厅城。民国时期对原有步道进行改造、延伸，过境步道改造了十字圩至六合圩的路段。

四里古代桥梁有峡口桥、白田桥、田心桥、新田桥、饶家桥等。峡口桥为石拱桥，地址在阳家村鼠峡水上，建设年代久远，造型别致，居桂阳至新田要道上，名气较大，现因年久失修倒塌。排楼村杨家岭组鼠峡水上还有石步墩以代桥梁。现代桥梁有修建于1996年的芦溪桥和2004年修建的联合桥。

境内公路主要有三条：一条为桂（阳）新（田）线（1818线），1956年从流峰续修，过境四里进入新田，1985年扩宽并建成柏油路，2013年再度扩宽改造。一条为黄（土）六（合）线（3542线），起于黄土村，经古楼到六合，修建于20世纪60年代，2003年改造成水泥路和柏油混合路。一条为乡道六四线，起于六合圩，止于弄婆村自然村，修建于1988年，2004年改造成水泥路和柏油混合路。80年代各乡村道路基本修成，2014年投资300多万元，发动群众筹资300余万元，硬化竹山、安乐、龙源、源头、排楼等村组公路20多公里，至此，各乡村道路均已硬化。

邮政通信

清末在六合圩设甲类信柜。民国时在六合圩设邮政信柜。1949年后在四里设邮电所，在六合设邮电代办处。1988年四里邮政所改为邮政支局。可以办理包件收寄、报刊发行、汇兑、储蓄、电报、集邮、交电话费等业务。

1958年电话开通至各公社、甚至大队。1995年四里、六合完成电话交换机扩容，增开载波电路、光缆铺设等建设工程，用上程控电话。四里乡劳力输出者多，经济条件较好，至20世纪90年代末，境内大部分居民安装了程控电话。到2014年止，所有33个行政村都架通了固定电话和宽带网络。有电信服务网点9个，固定电话用户973户，移动电话普及率达100%。互联网用户543户。

供电饮水

供电 1972年随着七里坪变电站的建成，六合、四里部分村庄开始供电。20世纪80年代建设了阳家、田心、芦溪、油井等小水电，大部分村组实现了供电。1988年流峰变电站建成，四里、六合得到了稳定的供电。1994年接通了芦山、社背岭等边远村组高压输电线路，彻底解决了境内所有村组的供电问题。2013年投资500多万元，架通从七里坪至四里电网，实现双路电源联网，减少了停电、缺电现象；对六合至复成、六合至源头8公里农村电网进行提质改造，更好地保障了群众用电。

饮水 四里镇山泉、溪流众多，山泉水资源量大质优，古代人们以山泉为饮用水。竹山村泉水最为有名，桂阳县神农谷食品饮料有限公司即在该村内。2009年，四里村投资200多万元，建设集中饮水工程，解决四里村及周边1万人饮水问题。2013年，筹资120万元对四里自来水厂进行提质改造。到2014年四里镇有10多个村组用上自来水。

水利建设

该镇是桂阳易旱区，古代农业灌溉主要靠山塘、陂坝，至今灌水、鼠峡水等溪河上的古代陂坝还在发挥作用。1949年后境内陆续修建了水库、渠道，这些水利设施对农业灌溉发挥了重要作用。

小Ⅰ型水库 上汾水库。始建于1959年，1977年扩建，集雨面积0.6平方公里，外引面积2.9平方公里，土坝高度19米，正常库容104万立方米，实达灌溉面积54公顷。

源头水库 修建于1959年，集雨面积1.8平方公里，土坝高度22米，正常库容110万立方米，实达灌溉面积94公顷。

石龙水库 修建时间1966年，集雨面积2.63平方公里，土坝高度35米，正常库容103万立方米，实达灌溉面积 87 公顷。

卢山水库 修建时间 1973 年，集雨面积 1.00 平方公里，外引面积 0.75 平方公里，土坝高度 24 米，正常库容 113 万立方米，实达灌溉面积 334 公顷。

小Ⅱ型水库 牛角岭水库（1957 年建）、何家冲水库（1959 年建）、坦冲水库（1959 年建）、大源水库（1969 年建）、六子山水库（1973 年建）、清水塘水库（1974 年建）、野牛冲水库（1975 年建）、白田水库（1975 年建）、隘口冲水库（1978 年建）、狮形水库（1989 年建）、四村水库（1989 年建）、蛟龙水库（1989 年建）、三洞水库（1991 年建）、龙源水库（2011 年建）。

金陵水库东干渠 1968 年新田县金陵水库扩建为中型水库，部分库区村民移民到桂阳县四里公社阴泉、均真等村。国家投资 65.13 万元修建东干渠，引库水灌溉四里农田。其中东湾渡槽长达 536 米。中共十一届三中全会后，由于四里镇外出务工者多，农田荒芜情况严重，水利设施多年不用，东湾渡槽年久失修，几近荒废。2014 年，国家投资 1100 万元维修金陵水库东干渠、北干渠。东干渠在该镇境内全长 20 公里，2015 年已完工通水，可恢复 9 个行政村 600 多公顷良田的灌溉。

此外，1980 年，塘市公社的县辖贤江水库枢纽工程竣工，灌溉塘市、板桥、四里三个公社 2133.33 公顷耕地，彻底改变了四里镇干旱面貌。2014 年，国家投资 1200 多万元对车溪河饶家段至排楼段河道进行治理，河道长 8 公里，受益行政村 8 个，受益良田 666 公顷。鼠峡水沿河建有牌楼河坝、油井河坝、大坡头河坝等，对四里镇农业灌溉发挥着巨大作用。

村镇建设

境内古代建筑以青砖碧瓦房为主，人们聚族而居，至今仍保留了较多的古建村落，古亭、惜字炉、古宗祠、戏台留存较多，具有较高的历史文化价值。古亭有：惠凤亭、白头岭亭、共乐亭、寡婆亭等。古代宗祠有长冲村肖家宗祠，以其 72 幅有关昆曲的壁画而出名。

1949 年后，居民住宅大多为红砖瓦房，许多宗祠改建为礼堂。合作化时期起，县属各行业机构延伸到基层，四里、六合相继建设有学校、卫生院、供销社、信用社、邮电所、粮站、铁木社、兽医站、企业办等，生产、生活、文化设施逐年增多。

中共十一届三中全会后随着人民生活水平的提高，建起了许多的小楼房。长冲村外出务工人员较早较多，21 世纪初全村大部分村民建起砖混结构楼房。2011 年，雷塘村赵家下自然村完成新农村建设样板工程。2014 年，沙溪岭村完成空心村整治，建起集中连片房屋 30 栋。

2014 年以来，该镇以改善农民居住环境和提高居民生活水平为目标，开展了规范农村村民建房工作。投入资金 26 万元，规划了镇区建设发展蓝图；投资 15 万元进行绿岛项目规划，在阴泉加油站路口建设绿岛、招呼站，树立了标志性的指示牌；投资 3 万元建设三位一体的便民服务中心。

社会事业

教育科技

教育 古代，境内一些大的村落设有私塾或村学。石盘村文澜书院创办于清朝光绪年间，时以肖盛昌为首者捐款捐物倡建，设有老师住房、教室、学生宿舍共 48 间，为当时桂阳第三大书院。民国 30 年（1941），推行一乡一中心小学、一保一国民小学，境内设有雷塘、阴泉、上车塘、李家、长冲等小学。

1949 年后，沿袭民国时期的乡村小学，文澜书院改名为桂阳县第九完小。1958年在九完小附设初中班。1959年各公社均办农中。1964年四里正式办初中，1969年六合办初中。1975年开始“小学不出村，初中不出大队，高中不出公社”，各自然村都办有小学，各大队都办初中，各公社中学都办高中。但由于大量使用民办老师，教学质量不高。

1980年起四里中学、六合中学不再办高中，村级学校不办初中。1998年普及义务教育。2012年六合中学停办，学生并入四里中学就读。2014年全镇有中学1所、完全小学2所，村小15所，幼儿园3所。

四里中心学校，建于1955年，其前身为1887年创办的“文澜书院”，相继使用“桂阳县第九完小”“小下岭完小”“四里中心完小”等校名。1995年8月学校迁址四里村麻家塘。四里中心学校校园占地面积约20000平方米，建筑面积5109平方米。学校2014年辖1个中心小学，9个村级小学，有教学班20个，学生1368人；教职工60人；小学高级教师32人，小学一级教师28人；本科以上学历15人，专科学历教师23人。学校有电脑室、多媒体教室、音乐美术室、图书室、体育器材室、运动场等。

四里中学，2014年在校学生1118人，17个教学班，专任教师58人，其中本科46人，专科12人；中学高级教师5人，中级学一级教师27人，中学二级教师25人。有运动场、图书馆、电脑室、实验室、仪器室、音乐室等。

六合中心校，始建于1958年，2014年有12个教学班，605名学生，教师41人，其中中级职称34人，初级职称7人。

科技 1967年四里建畜牧兽医站，1977年六合建畜牧兽医站。1983年四里、六合建科协，1988年各乡镇建科委。1988年建四里、六合农技站，2000年四里、六合建农技推广站。

科技研究、推广与应用方面：1990年，六合乡农民胡祥松刻苦学习养殖技术，摸索出一套快速养猪法和催眠高密度圈养狗法，获得了较好的经济效益，并自印《快速养猪法》和《催眠高密度圈养狗法》各400份，赠送给村民，带动11户村民走上致富道路。1992年县内引进10台稻种破胸催芽机，在四里等乡镇试用，运用破胸催芽技术提高了稻种10%的发芽率。1996—1999年，县科技局与市科委技术市场管理办公室在四里乡开展农村技术市场试点工作，试行技物结合的有偿服务。2014年全镇有科技示范户25户。

文化体育

文化 清朝到民国时期，四里境内盛行湘昆和祁剧。建于清嘉庆五年（1800）的长冲村肖家宗祠，祖庙两侧绘有昆曲《单刀会》、《荆钗记舟会》等壁画72幅，至今仍可辨认，展现了昆曲在桂阳的发展历史。1949年后，长冲村尚有业余祁剧班社，演员阵容整齐，服装道具齐全，逢年过节在全县各地演出，四里乡周开栋所率祁剧班经常被请去“闹丧”、“闹喜”。

“文化大革命”时期，各公社、大队设有线广播站，1976年四里成立电影放映队，1977年六合设电影放映队。1986年流峰片建立电影管理站，负责流峰、四里等地电影队的影片供应，农村电影播放达到高潮。1988年黑白电视进入寻常百姓家。1998年各乡镇建立卫星广播电视地面收转站，大部分村组开通了有线电视。2014年，四里镇广泛开展文化科技卫生“三下乡”活动，全年组织播放电影369场。全镇建设农家书屋33个。有线电视、广播实现村村通。文化站实行免费开放，2014年接待群众8000余人次。

体育 1949年前，境内人们没有专门的体育活动场所。1949年后，各学校坚持体育两课两操原则，开展校内运动会，对学生健康成长起到了很好的促进作用。到2014年底，全镇有运动场所21处，篮球场9个，其中较大的运动场4个，均有跑道、篮球场、田径场、乒乓球台等设施，各村设有体育活动室。

医疗卫生

1949年前境内无国家医疗机构，只有草药郎中，四里圩、浮口圩有草药郎中开店营业。历史上境内流行过的传染病有丝虫病、麻风病、伤寒、脊髓灰质炎等。1954年建四里、六合卫生院，1957年，六合乡卫生部门与农业社试办保健合同制，参加者每人每年交保健费0.4元，凭保健证到指定诊所就诊，可免诊金。1958年医疗保健合同制在全县推广，年缴费标准1～1.5元。1969年到1980年推行合作医疗制度，各大队均有医务室和赤脚医生。1977年四里、六合等公社试行自采、自种、自制、自用中草药的办法，缓解了医疗资金不足的问题。1989年成立本级爱国卫生运动委员会，由乡镇政府负责人兼任主任委员。1995—1996年，四里、六合卫生院先后被评定为一级甲等医院。2012年四里卫生院改称四里镇中心卫生院。2002年全县开始推行新型农村合作医疗。2014年全镇新农合参合率达100%，全年新农合门诊达66262人次、报账200多万元，住院3409人次、报账1680多万元。

四里中心卫生院，2014年有执业医师人1人，助理执业医师1人，护士4人，病床6张，2014年门诊量为13694人，收治住院病人333人，村卫生室15个。

六合卫生院，2014年有执业医师1人，助理执业医师1人，护士3人，病床10张，2014年门诊量为8676人，收治住院病人178人，村卫生室12个。

社会保障

明清时期，西乡开化寺有社仓二间，贮谷五百有九石，春夏青黄不接之时赈放，冬秋偿清存放，是我国古代一种社会保障制度。清朝到民国初期，桂阳乡村一般都有救婴会、义学会、重九会等民间组织，这些组织均有公田以保障其正常运行，是一种救助女婴、贫困学子、孤寡老人的组织。

1949年后孤寡“五保”老人基本生活受集体保障。1983年，六合等乡实行党员、干部扶贫“五包”到户（一包宣传贯彻党的扶贫政策，二包各项生产计划落实，三包解决生产、生活中的具体问题，四包扶持项目增产增收，五包完成各项上交任务），扶贫效果好，被扶户年人平纯收入净增80元左右。1986年六合等乡被县民政局确定为扶贫“双扶”试点（即扶持农村贫困户，扶持农村军属和退伍军人贫困户）和重点扶贫乡，当年被扶户年人平纯收入比上年增加120元左右。

1991年，四里、六合等乡因旱灾接受香港红十字会、台湾红十字会粮食、衣物和药品援助。1994年，四里、六合等乡因水灾接受香港红十字会、省地红十字会现金、粮食、衣物和药品援助。1998年，四里等乡因疫病、贫困接受省市红十字会粮食、衣物和药品援助。1999年，四里乡因贫困接受省市红十字会衣物和药品援助。

2006年农民停止上缴农业税，开始享受种粮直补、母猪补贴、农机补贴等政策。2011年全县开始实施新型农村养老保险制度。2014年，该镇参加新型农村养老保险16300人，参保率达100%。是年，该镇筹资120多万元，建成一座可容纳80多人的敬老院。全镇有“五保”供养对象240人，其中入住敬老院集中供养23人，分散供养217人。临时救助317人次，发放救助资金7.92万元。2012年起，全县开始大力推进保障性安居工程建设，2014年完成农村危房改造50户。

特色地情

人物

胡凤 字翔之，四里镇芹溪村人。明永乐进士及第，任户部主事。胡凤为人和善，做官清正，才学渊博，诗文典雅流畅，深受族人爱戴与尊敬。死后自京归葬芹溪。

欧阳厚芹（1936—1999） 四里镇龙源村桃下江组人。1959年应征入伍，1961年加入中国共产党。1999年2月因上山扑火而壮烈牺牲。2000年，湖南省政府批准其为革命烈士。

历史人文

芹溪古村 地处四里镇西南部，桂阳通往新田的古道上，灌江与鼠峡水在此交汇。据芹溪《胡氏族谱》记载，宋高宗绍兴十八年（1125），胡氏祖先为避辽金之乱，从江西南昌迁入芹溪定居，繁衍生息近千年，并向周边各县扩散，发展成为桂阳、临武、嘉禾等湘南地区数万人的大姓。1934年8月20日，任弼时、萧克、王震率领的红六军团长征过境芹溪，在该村修整几小时，芹溪村民为红军顺利过境做出了贡献，留下了可歌可泣的军民鱼水情的故事，桂阳作家胡发秀所著《红星照古村》，真实记载了这段难忘的历史。

芹溪村山环水抱，森林茂密，风水优越，文化璀璨，人才辈出。历史上先后出过进士、举人、国学等若干，明代永乐进士胡凤就是其中之一。该村境内有两河交汇、五马归槽等自然景观，还有红军桥、红军井、红军会议旧址、红军亭、红军墓等革命遗址，更有明清古建筑、胡氏祠堂、拴马墩等体现千年古村印记的景观。

风景名胜

坛山 古称九鼎山，在塘市镇、流峰镇与四里镇交界处，为桂阳四大名山之一，古有“白阜

芹溪村红军长征会议旧址

安贞寨门

摇旗，扶苍擂鼓，流峰作笔，坛山如砚”之赞。坛山海拔742米，山顶宽阔平坦，前人称之“绝顶宽坪容万马”。方圆50多公里环望此山，面面如一，故又称“八面坛山”。1964年，在坛山东南麓上龙泉村发现一枚刻纹骨椎，经鉴定为旧石器时代晚期人类遗物。

传说舜帝南巡狩猎，一足踏九鼎山，一足踏九嶷山，坛山山顶的一块大石头上，至今还留有圣人的足迹。唐景龙二年（708），中宗（李显）下诏在九鼎山建戒坛，从此坛山之名传天下。坛山还是桂阳境内宋代著名的九处银坑之一的九鼎银坑所在地。坛山西南山峰上的安贞寨是桂阳保存最大、最完好的古寨。初建于宋庆历三年（1043年），以前是土夯，1862年桂阳人陈士杰奉命改为石筑，并在雷石山上建聚星塔。山上有天然天坑，名叫龙背坑，是一处少有的地理奇观。

西河安贞寨 安贞寨位于四里镇复成村和源头村交界处的金龙岭上，初建于宋庆历三年（1043年），是桂阳古堡群中规模最大的一座。城墙依山势垒石筑砌，全长约5公里，其中人工筑砌约3公里，其他为峭壁悬崖的天然屏障。堡内纵横约4平方公里。城墙宽1～2米，高3～4米，垛51个，设东西南三面寨门，西南方有炮台一座。寨内原有寨屋两栋，现已毁。寨东门外有昭忠祠和积谷仓，俱已毁。2011年公布为省级文物保护单位。

（张日生　供稿）

附录

2000—2015年桂阳县乡镇（街道）行政区划变更一览表

<table>
<tr><th>2000年12月至2012年4月</th><th>2012年4月至2015年11月</th><th>2015年11月后</th></tr>
<tr><td rowspan="2">城关镇</td><td>龙潭街道</td><td>龙潭街道</td></tr>
<tr><td>鹿峰街道</td><td>鹿峰街道</td></tr>
<tr><td>黄沙坪镇</td><td>黄沙坪街道</td><td>黄沙坪街道</td></tr>
<tr><td>城郊乡</td><td rowspan="2">正和镇</td><td rowspan="2">正和镇</td></tr>
<tr><td>正和乡</td></tr>
<tr><td>仁义镇</td><td rowspan="2">仁义镇</td><td rowspan="2">仁义镇</td></tr>
<tr><td>银河乡</td></tr>
<tr><td>浩塘乡</td><td>浩塘镇</td><td>浩塘镇</td></tr>
<tr><td>荷叶镇</td><td>荷叶镇</td><td>荷叶镇</td></tr>
<tr><td>清和乡</td><td rowspan="2">太和镇</td><td rowspan="2">太和镇</td></tr>
<tr><td>太和镇</td></tr>
<tr><td>方元镇</td><td rowspan="2">方元镇</td><td rowspan="2">方元镇</td></tr>
<tr><td>燕塘乡</td></tr>
<tr><td>樟市镇</td><td rowspan="2">樟市镇</td><td rowspan="2">樟市镇</td></tr>
<tr><td>团结圩乡</td></tr>
<tr><td>洋市镇</td><td rowspan="2">洋市镇</td><td rowspan="2">洋市镇</td></tr>
<tr><td>东成乡</td></tr>
<tr><td>雷坪乡</td><td rowspan="2">雷坪镇</td><td rowspan="2">雷坪镇</td></tr>
<tr><td>青兰乡</td></tr>
<tr><td>和平镇</td><td>和平镇</td><td>和平镇</td></tr>
<tr><td>桥市乡</td><td>桥市乡</td><td>桥市乡</td></tr>
<tr><td>敖泉镇</td><td>敖泉镇</td><td>敖泉镇</td></tr>
<tr><td>莲塘镇</td><td>莲塘镇</td><td rowspan="2">莲塘镇</td></tr>
<tr><td>光明乡</td><td>光明乡</td></tr>
<tr><td>欧阳海乡</td><td>欧阳海镇</td><td>欧阳海镇</td></tr>
<tr><td>流峰镇</td><td rowspan="3">流峰镇</td><td rowspan="4">流峰镇</td></tr>
<tr><td>樟木乡</td></tr>
<tr><td>板桥乡</td></tr>
<tr><td>泗洲乡</td><td>泗洲乡</td></tr>
<tr><td>塘市镇</td><td>塘市镇</td><td rowspan="3">塘市镇</td></tr>
<tr><td>华山瑶族乡</td><td>华山瑶族乡</td></tr>
<tr><td>杨柳瑶族乡</td><td>杨柳瑶族乡</td></tr>
<tr><td>白水乡</td><td rowspan="2">白水乡</td><td rowspan="2">白水乡</td></tr>
<tr><td>华泉乡</td></tr>
<tr><td>飞仙镇</td><td rowspan="4">春陵江镇</td><td rowspan="4">春陵江镇</td></tr>
<tr><td>余田乡</td></tr>
<tr><td>十字乡</td></tr>
<tr><td>古楼乡</td></tr>
<tr><td>四里乡</td><td rowspan="2">四里镇</td><td rowspan="2">四里镇</td></tr>
<tr><td>六合乡</td></tr>
</table>

宜章县

概述

宜章县位于湖南省南端，介于北纬24°53′38″至25°41′53″，东经112°37′35″至113°20′29″之间。周边与临武县、北湖区、苏仙区、资兴市、汝城县以及广东省的乐昌市、乳源瑶族自治县、阳山县、连州市相邻。县政府驻玉溪镇，距郴州市50公里，距长沙市385公里，距广州市364公里。全县东西宽71公里，南北长90公里。土地总面积2117.85平方公里，其中陆地2078.08平方公里，水域39.77平方公里；2014年有耕地面积28.16千公顷，其中水田17.61千公顷。2014年，宜章县总人口61.87万人。

隋大业十三年（617），后梁萧铣在荆州称帝，析郴县南境始置义章县，县治设永福下村（今麻田镇新村）。唐武德五年（622），义章县属潭州郴州；唐武德七年（624），义章并入郴县；唐武德八年（625），复置义章县，属潭州桂阳郡。唐武后长寿元年（692），义章县分置义章、高平两县，同属江南道桂阳郡。义章县治设永福下村；高平县治设今宜章县城。唐开元二十二年（734），废高平，徙义章于高平县治，属郴州。宋太平兴国元年（976），为避宋太宗赵光义讳，改义章县为宜章县，属荆湖南路安抚司郴州军。元代，改郴州军为郴州路，宜章县属郴州路。明洪武九年（1376），属湖广行中书省郴州直隶州。明正统十四年（1449），宜章县既隶湖广巡抚，又兼听南赣巡抚节制。明天启（1621—1627）初，建偏沅巡抚，又受其统辖。清雍正二年（1724），属湖南省衡永郴桂道郴州直隶州。民国元年（1912），废道、府、州，宜章县属湖南省都督府直辖。民国27年（1938），属湖南省第八行政督察区专员公署。民国29年（1940），属湖南省第三行政督察区。1949年11月，属湖南省郴县专区。1952年11月，属湖南省湘南行政公署。1954年7月，复置湖南省郴县专署，复属郴县专署。1959年3月，临武县并入宜章县，县治设宜章县城。1961年7月，临武县分设，宜章县属郴州专署。1995年5月22日，郴州撤地建市，隶属郴州市至今。

宜章属亚热带湿润季风性气候区。四季分明，春早多变，夏热期长，秋短温凉，冬无严寒。热量丰富，降水集中，但雨量分布不均，夏秋易涝易旱。多年平均气温18.5℃。矿产资源丰富，县内已发现的矿产资源42种，其中以煤、钨最负盛名。境内有花植物1500余种，野生动物中，兽类、鸟类、爬行类93种。

宜章是省际边界县。宜章是湖南省的“南大门”，古称“楚粤之孔道”。京广铁路、武广高铁、京港澳高速、宜凤高速、厦蓉高速、衡武高速、107国道贯通东南西北。全县共有11个乡镇与广东省韶关、清远两市四县（市）接壤，省际边界线287.02公里。境内有大小河流276条，分属珠江流域北江水系和长江流域洞庭湖水系。其中属于北江水系的259条，流域面积1992.05平方公里，占全县总面积的94.06%；属于洞庭湖水系的有17条，流域面积125.8平方公里，占5.94%。全县河流总长1002.2公里，径流总量18.3亿立方米。

宜章是革命老区县。宜章是中国共产党早期杰出的领导人邓中夏的故乡，是朱德、陈毅领导湘南起义的策源地和首义地，是中国工农红军二万五千里长征突破第三道封锁线所在地。在这里，诞生了中国工农革命军第一师，建立了中国较早的县级苏维埃政权。在宜章这块红色热土上，涌现了邓中夏、高静山、毛科文、胡少海、李文香、陈东日、李灿、李赐凡、曾日三、刘云等著名革命烈士以及张际春、陈光、欧阳毅、萧新槐、曾志、吴仲廉、彭儒等一大批党政军优秀人才。2014年3月，宜章县被列为赣闽粤原中央苏区振兴规划联动发展区。

宜章是生态宜游县。宜章属于国家生态主体功能区，被列为国家主体功能区建设试点示范县、郴资桂两型社会示范带，全县森林覆盖率达到61%。是湖南省旅游强县、全省文化旅游产业重点县、“中国温泉之乡”。“中国原始生态第一山”——莽山，素有“世界动植物基因库”“第二西双版纳”的美誉，被列为全国首批十四个自然景观区之一、国家森林公园、国家级自然保护区、国家AAAA级风景区。厦蓉高速赤石特大桥为世界第一大跨径高墩多塔混凝土斜拉桥。湘南起义宜章年关暴动指挥部旧址被列为全国100个红色旅游经典景区之一。

宜章是山区农业县、扶贫攻坚县。宜章地处南岭山脉骑田岭南麓，山地面积占72.2%。境内最高峰为莽山猛坑石，海拔1902.3米。是全国粮食生产大县、全国生猪调出大县、全国脐橙标准化生产示范县。2010年，全县有贫困村120个，农村贫困户5.6万户，贫困人口22.98万人。2011年，被列为国家集中连片特殊困难地区（罗霄山片区）扶贫攻坚重点县。

改革开放以来，特别是“十二五”规划实施期间，宜章县围绕做好“宜”字文章，全面推进经济、政治、社会、文化、生态文明建设，努力实现科学跨越，富民强县，各项工作取得新进步、新成就，全县经济社会发展呈现良性发展态势。2014年，全县实现地区生产总值1666622万元，财政总收入170010万元，完成社会消费商品零售总额661629万元。民生民本不断改善。2014年，全县农村居民人均可支配收入6534元，城镇居民人均可支配收入22139元。

宜章县乡镇行政区划，明以前无考。明朝，宜章县设5乡，编户20里；县东北永平乡，编户3里；县北及附郭连阳乡，编户6里；县西永福乡，编户4里；县西南太平乡，编户2里；县东南长宁乡，编户5里。清仍分5乡，编户16都：永平乡，编户3都；连阳乡，编户3都；永福乡，编户1都；太平乡，编户3都；长宁乡，编户5都。清咸丰（1851~1861）年间，分6团：近城团、白沙团、黄沙团、笆篱团、栗源团、赤石团，各团设局办公。

中华民国初期，沿袭清制，仍称团局，不久

6个团局先后改称公局。民国12年（1923），每局分东、西、南、北、中5乡。民国21年（1932），改公局为区务公所。民国24年(1935),颁保甲制，区务公所改称区公所，区下设乡，乡下设保，保下设甲。全县辖6个区、28个乡（镇）、462个保、4629个甲。

1949年11月1日，宜章县人民政府办事处成立，下设近城、白沙、黄沙、笆篱、栗源、赤石6个区人民政府办事处，仍保留民国时期保的建制。1950年4月2日，区人民政府办事处改为区人民政府，废除保甲制，设56乡1镇，乡镇以下设村。同年10月4日，近城区更名为第一区，辖城关镇和城东、吴家、石子岭、樟涵、广田、樟桥、小溪、小水、白石渡10个乡镇；白沙区更名为第二区，辖梅田、麻田、新村、泗溪、浆水、龙溪、偏洛、石岭8个乡；黄沙区更名为第三区，辖堡城、大黄家、碕石、鹧鸪坪、千家岸、石山脚、大元、元壁、笠头洞9个乡；笆篱区更名为第四区，辖峙冲、石窝塘、山门、腊园、才口、莽山、罗鈴、满塘、天塘、塘尾、沿河、一六12个乡；栗源区更名为第五区，辖堡城、径坪、长竹、岩泉、曾市、大平、香水、田溪、白田、枫岸10个乡；赤石区更名为第六区，设众溪、高枧、城头、月梅、平和、新华、里田、长策8个乡。1952年5月，增设两个区，其中，将原第一区划分为第一区和第七区；原第四区划分为第四区和第五区，原第五区改为第六区；原第六区改为第八区。区下共设75个乡、1个镇。

1953年4月，宜章县将原设置的1镇75乡划为144个乡1个镇。至此，全县共设8区1镇144乡。

1955年6月16日，第一区至第八区依次改名为近城区、白沙区、黄沙区、一六区、笆篱区、栗源区、太平区、赤石区。

1956年6月10日，撤销8个区人民政府，将全县1镇、144个乡合并为1镇、25乡。

1958年，组建政社合一的城南、梅田、黄沙、一六、笆篱、栗源、太平、赤石8个人民公社。原莽山乡并入国营莽山林场。全县共辖128个生产大队、687个生产队。

1959年3月22日，原临武县辖的临武、汾市、南强、楚江、麦市、香花等6个人民公社并入宜章县。同年5月20日，恢复城关镇、白石渡镇、瑶岗仙镇、临武镇，这4个镇分别为城南公社、太平公社、赤石公社和临武公社社属镇。1961年7月24日，恢复临武县。宜章县行政区域调整为章水、城南、城西、白石渡、太平、沙坪、梅田、麻田、浆水、长村、碕石、黄沙、复兴、天塘、一六、笆篱、白沙圩、关溪、岩泉、栗源、杨梅山、平和、赤石、里田、长策、瑶岗仙26个人民公社。11月，原莽山乡从莽山林场分出，成立莽山人民公社。全县共设27个人民公社，341个生产大队、3261个生产队。

1982年1月28日，立新人民公社复名浆水人民公社；太平人民公社更名为太平里人民公社；红岩人民公社复名白石渡镇。2月26日，莽山人民公社改称莽山瑶族人民公社。1983年1月，撤瑶岗仙人民公社，恢复瑶岗仙镇。3月，梅田人民公社改称梅田镇；撤杨梅山人民公社，恢复杨梅山镇。6月，城南人民公社改制为城南乡人民政府。1984年3月，改革人民公社政社合一体制，按公社、大队、生产队范围建立乡人民政府、村民委员会、村民小组。全县有5个镇21个乡，349个村委会，3676个村民小组。

1986年9月，县人民政府考虑加大集中扶贫力度的需要，报经湖南省人民政府、郴州地区行政公署同意，将赤石乡的汇溪、南塘门、巩桥村和里田乡的江厚、东山、老塘、吾作塘等村划出，建立新华乡。全县共有 27 个乡镇。

2012 年 4 月，城关镇、城南乡合并设立玉溪镇。瑶岗仙镇、长策乡合并设立新的瑶岗仙镇。天塘乡与东风乡合并成立新的天塘乡。原新华乡的江厚村、东山村、老塘村、吾作塘村划入里田乡。原新华乡的巩桥村、汇溪村、南塘门村并入赤石乡。太平里乡、沙坪乡合并设立五岭乡。

（黄利华 李相郊 黄振球 供稿）

玉溪镇

玉溪镇是朱德、陈毅在中共宜章县委的紧密配合下发动宜章年关暴动、打响湘南起义第一枪之地。

区域概况

位置面积

玉溪镇位于宜章县中部，介于北纬25°18′0″至25°29′57″，东经112°47′41″至113°1′33″之间。北与北湖区芙蓉乡、宜章县五岭乡接壤；南与广东省乐昌市的三溪镇、老坪石镇为邻；西与麻田镇、梅田镇相连；东与白石渡镇相接。镇政府驻地罗家山村。

2014年，玉溪镇土地总面积178.61平方公里。耕地面积2092.73公顷，其中水田1966公顷，旱土126.73公顷。林地面积11587公顷。

建置沿革

明代及清初属连阳乡；清咸丰初年（1851）至民国初期属近城团；设城厢镇、白石乡、挹秀乡、白水乡、章水乡等一镇四乡。民国22年（1933），改近城团为近城区务公所。民国24年（1935）属城厢镇。民国27年（1938）分属城厢镇，岑南乡，其中城厢镇下辖10保，178甲；岑南乡，下辖16保，252甲。1949年11月，设近城区人民政府办事处，仍保留民国时期保的建制。1950年4月，隶属近城区之城关镇和城东、吴家、石子岭、樟涵、广田（广音niǎn，今新田）4个乡。10月，近城区改名第一区。1952年5月，属第一区城关镇和城东、吴家、新田、黄岑、城西、蕉溪、樟涵等1镇7乡。1953年4月，属第一区设城关镇、樟涵、吴家、罗家灌、五都岭、梧潭、城西、新田、曹家、城南、蕉溪、黄岑、寿福、城东、石子岭、龙村等1个镇15个乡。1956年6月10日，分为城关镇、城南乡、城西乡；1958年10月城关镇、城南乡、城西乡合并为城南人民公社。1960年7月，分设章水、城南、城西三个人民公社；1964年10月城西人民公社并入城南人民公社；1980年10月，撤章水人民公社，恢复城关镇。1983年6月，城南人民公社改制为城南乡人民政府；2012年3月，城关镇、城南乡合并成立玉溪镇。

行政区划

1988年，城关镇辖南关、城中、城北3个居委员会，东门、南门、清水、长冲、曹排、江波头、城东、水浸窝8个村委会。城南乡辖西门、罗家山、寿福、新田、法堂、黄岑、曹家、廖家湾、樟涵、南湾、上蕉、塘园、下蕉、黄土山、罗家灌、吴家、成家村、五都岭18个村委会。

2012年3月,城关镇、城南乡合并成立玉溪镇,下辖城北、四方井、南京洞、普化寺4个社区,黄岑、曹家瑶族、寿福、法堂、廖家湾、罗家山、新田、清水、南湾、樟涵、西门、曹排、长冲、江波头、城东、水浸窝、黄土山、吴家、罗家灌、成家村、下蕉、上蕉、五都岭、塘园24个村委会,349个村民小组。

自然环境

地形地貌:境内地形、地貌特征为:西北高,东南低,属山间丘岗盆地。海拔1000米以上高峰18座,其中骑田岭主峰海拔1510米,二尖峰海拔1654米;玉溪河沿岸的西乡洞、县城主城区、江波头则为溪谷平原。土壤以酸性紫色土亚类,浅黄泥为主。

水文:境内有黄岑水、白水、廖家水、玉溪河等主要河流。其中,黄岑水源出郴州市北湖区境内田池洞,经仰天湖,分流东下。至县境内广(音:碾)田、百子桥,有白水、浯水、廖家水自西注入。黄岑水过三星桥又称玉溪河,因三星桥南水中有白石,故有玉溪之名。玉溪河纵贯全境,境内全长24公里,流域面积共194.9平方公里,系北江二级支流;年平均径流总量1.52亿立方米,水能理论蕴藏量15296千瓦,可开发利用8428.8千瓦。

气候:属亚热带湿润季风性气候区。四季分明,雨热同季,光照充足,无霜期长。夏季多东南风,冬季多西北风,年平均气温18.2℃;1月平均气温7℃,7月平均气温28.2℃。历年平均日照时数1577.4小时;年平均降雨量1394.8毫米,3—8月降雨量多,秋季多干旱。

自然资源:境内自然资源极为丰富,2014年,全境山岭面积17714.4公顷,林地11587公顷,森林覆盖率为57.6%,盛产松、杉、楠竹;已探明的矿产资源有7类30余个品种,锡、铜、锰、铁、铅锌、钨等黑色、有色金属和煤、白云石、硅砂等非金属矿储量极为丰富,尤以骑田岭一带锡储量最丰富,为大型锡矿矿藏,其中地表储量2576吨,地下储量3.86亿吨。境内百子桥、水浸窝有无硫磺味温泉2处,水常温35℃~45℃。

人口民族

民国28年(1939),城厢镇辖10保,178甲,6座寺庙。总户数1867户,总人口9372人;岑南乡辖16保,252甲,3座寺庙,总户数2739户,总人口14585人。1979年,城南乡5087户,总人口24939人,其中男12475人,女12464人;城关镇4264户17183人,其中男6338人,女10845人。1988年,城南乡6537户,总人口28929人,其中男14994人,女13935人;城关镇6969户25438人,其中男13239人,女12199人。2000年,城南乡7955户,总人口30360人,其中男15403人,女14957人;城关镇14277户41020人,其中男21280人,女19740人。2014年末,玉溪镇辖区总户数27618户,总人口85894人,其中男44897人,占52.27%,女40997人,占47.73%,其中农业人42663人,占49.67%,非农业人口43231人,占50.33%;总人口中,汉族84976人,占98.93%;瑶族791人,占0.92%;其他民族127人,占0.15%。该年度人口出生1123人,出生率为12.92‰;死亡人口434人,死亡率为4.99‰;人口自然增长率为7.93‰。

境内姓氏有李、吴、彭、邓、萧、胡、黄、曾、曹、邝、高、薛、毛、杨、牛、刘、蓝、范、石、周、梅、王、颜、张、谷、罗、向、侯、陈、何、邱、赵、龙、廖、蔡、朱、段、吕、卜、蒋、谢、欧阳、庞、白、杜、姚、徐、简、卞、盘、左等姓氏。

经济发展

经济综述

明清时期因粤盐靠水运从坪石运至宜章，然后经宜章用骡马陆运至郴州入湘，商贸一时较为昌盛。商店、饭铺、茶馆、轿行、旅店兴起，商品经济萌芽，也仅限于土特产与粤盐、煤油、火柴、毛巾、布匹、食糖等日用品交换。民国11年（1922），县办贫民工厂，后改为民生工厂，聚徒学艺，竹、木、藤制器具应运而生。民国22年（1933），民生公司还在城西小水冲王家采选锡砂。同期，境内木工、铁工、篾工、纺织、打铜、打锡、打银、雕刻、油漆、弹花、制革、钟表修理等行业的个体手工业有较大发展。民国36年（1947），私营商业达87家。

新中国成立后，经过三年民主改革，彻底消灭了封建剥削制度，农民分得了土地、农具，解放了劳动生产力；城镇发展国营工商业，保护和扶植私营工商业，国民经济得到迅速恢复和发展。1952年与1949年相比，工农业总产值增长68.77%。年平均递增19%，粮食总产量增长62.9%。

中共十一届三中全会以前，在计划经济体制下，国营、集体经济在曲折中发展，1979年，城关镇粮食产量3287吨，城南乡粮食产量12815吨。1983年6月，县委试点改革人民公社“政社合一”的政治经济体制，恢复城南乡建制。随着计划经济逐步转入市场经济，再一次解放社会生产力。农村实行联产承包责任制，克服“吃大锅饭”的平均主义弊端，农民生产积极性空前高涨，同时推广杂交水稻种植技术，1984年，城关镇、城南乡粮食总产大幅提高。工业生产立足本地资源优势，社、队企业蓬勃发展，个体、私营企业应运而生；商业发展迅猛异常，当年工商部门添置110套钢制货架，设置在府前街，东长街两旁。1986年工商部门投资120万元，在玉溪街紧靠玉溪河位置处建成城关市场。每逢一、四、七为赶圩日，繁华季节，最大赶圩人口为3万人次，最大日成交额达35万元。到1988年，城关镇工农业总产值798万元，其中工业总产值395万元，农业总产值403万元。城南乡工农业总产值3034万元，其中工业总产值1693万元，农业总产值1341万元。随后，乡、镇政府充分利用本地优势，大力发展乡镇办、村办、联户办、个体办企业。2000年，城关镇工农业总产值达到52177万元，其中工业总产值48060万元，农业总产值4117万元。城南乡工农业总产值57315万元，其中工业总产值48120万元，农业总产值9195万元。

2014年，全镇国内生产总值达403286万元，较上年增长21%。其中第一产业产值23425万元，较上年增长4.5%；第二产业产值109736万元，较上年增长42.6%；第三产业产值270125万元，较上年增长15.39%。财政总收入达32627万元，比上年增长29.6%；农民人均纯收入9135元，较2000年增长1.09倍；城镇居民人均可支配收入达26368元，较上年22563元提高16.86%。

农业

种植、养殖业：玉溪镇具有得天独厚的农业生产资源优势，历来是全县产粮大镇。县城粮食、蔬菜供应绝大部分来自当地。境内西乡洞土地肥沃，自流灌溉万亩良田。在新中国成立以前，生产力低下，粮食产量不高，至1949年，粮食平均亩产125千克。

新中国成立后，玉溪镇始终以农业为基础，大力加强农业基础设施建设，改进耕作制度，推广杂交水稻，实行科学种田，传统农业逐步向现代农业转型发展。1979年，城关镇粮食总产3287吨，蔬菜总产1328吨，水果8.7吨，生猪出栏3084头；城南乡粮食总产12815吨，蔬菜673吨,生猪出栏9469头。进入20世纪80年代,推行土地承包责任制，生产得到较大发展。1988年，城关镇粮食总产3321吨，水果2.4吨，生猪出栏3592头；城南乡粮食总产16251吨，生猪出栏16610头。2000年，城关镇粮食总产3905吨，蔬菜总产1.03万吨，生猪出栏1.35万头，家禽出笼7.51万羽；城南乡粮食总产2万吨，产油料167吨，产蔬菜1.66万吨，产水果418吨，生猪出栏4.5万头，家禽出笼20.4万羽。2014年，境内种植、养殖基地形成，罗家山、樟涵、南湾连片万亩脐橙，水浸窝杨梅，城东板栗、清水柚子为主要特色的水果基地；寿福、曹排、江波头无公害绿色蔬菜基地；清水福鹅大型系列养殖基地；新田华山红林综合种养基地均具一定规模，产生了良好效益。当年，农业产值达23526.99万元，比合并建镇前一年的2011年增加2392.88万元，增长3.69%，产粮24391吨，产油料1004吨，产蔬菜2.81万吨，产水果4786吨，生猪出栏48729头，年末存栏37646头，肉牛出栏1764头、羊1722头。家禽出笼86.87万羽。

林业：民国时期，境内森林茂密，但缺乏林业资源系统资料记载。新中国成立初期，贯彻普遍护林、重点造林的方针，试行谁种谁有，伙种伙有，村种村有的原则。1950—1952年，主要是农民个体造林。1955—1958年，转为由农业社集体造林，造林育林发展很快，但技术落后质量低。1958—1960年，实行“大跃进”，创办社队林场，开展集中连片造林，加上大炼钢铁，大办公共食堂，砍树为薪，毁林开荒，森林资源受到极大破坏，林业生产受到挫折。1964年，林业生产以营造杉木林为重点。1965年10月，创建城南公社南湾大队杉木林基地，特别是改革开放以来，积极推进林权制度改革，推行“山有其主，主有其权，权有其责，责有其利”的林权制度，长期实施“十万亩生态营造林工程”。1983年，城关镇有林地面积2826.7公顷，森林覆盖率63.1%，活立木储积量5.24万立方米；城南乡有林地面积5213公顷，活立木蓄积量9.84万立方米，森林覆盖率61.1%。1995年，城关镇有林地3240公顷，活立木蓄积量6.3万立方米，森林覆盖率61.6%；城南乡有林地面积6793公顷，活立木蓄积量10.61万立方米，森林覆盖率52.68%。2013年，玉溪镇林业用地面积11587公顷，其中有林地面积8017.9公顷，活立木蓄积量13.29万立方米，森林覆盖率56.84%。2014年，玉溪镇已全面绿化荒山荒地1721公顷，绿化道路31.87公里,退耕还林177.22公顷,建绿化示范村一个（南湾村），充分发挥了县城生态林建设示范带动作用。罗家山村的骑玥广场作为郴州市创建国家森林城市现场点，得到了国家级专家考核组的充分肯定。

工业

明、清时期境内开采过锡矿，以洗砂锡为主，均是小规模的手工操作。县城内手工作坊有打铁、木器生产、裁缝工、打制棕绳、蓑衣之类；民国初年，县城始办工艺厂，民国23年（1934）开设平民工厂，次年改称民生工厂，进行竹、木、藤加工，附设缝纫、染织、服饰生产和个体手工业为主体。

新中国成立后，1951年，宜章织布厂实行公私合营后更名为宜章红星染织厂。1956年，私营联合印刷厂改为公私合营宜章县新生印刷厂，购置平台印刷机、手摇切纸机、铅活字等设备，承担《宜章报》印刷业务。1958年6月，县农业机械厂与发电厂合并，改称县联合工厂，主要加工机械零配件。1959年，联合机械厂部分职工并入城西钢铁机械厂。同年县城西铁厂建立，月产生铁上百吨，日产最高7吨。1960年产生铁1635吨。同年6月，分设通用机械厂和铁厂，通用机械厂生产农用水泵、碾米机、龙门刨床、压瓦机、矿车等产品。1964年通用机械厂更名为农业机械修配制造厂，厂址由城西搬迁至县城，1968年，该厂生产的200-1型碾米机为省内定型产品。同年9月，城关五金综合厂改为地方国营毛泽东像章敬制厂。1970年2—3月，国务院要求各地大力发展“五小”工业。1970年4月，兴建黄岑四级电站，装机500千瓦和472千瓦各1座，1973年3月，投产发电。1974年2月兴建宜章县糖厂，同时黄岑三级电站动工兴建，总装机容量2台/6000千瓦，1979—1980年，两台机组先后投产发电。20世纪七八十年代，出现镇办、村办、个体办的石米厂、水磨石厂、塑料厂、水玻璃厂，以及黄岑村大庙脚的自办水电站，城区创办无线电厂，汽车修配厂，副食品加工厂。1988年创办良正水泥厂，年均产值6459.3万元。1999年5月，组建石米集团公司，拥有33条石米生产线和6条双飞粉生产线，从业人员680人，至2000年，年产值达13830.9万元，创利税420万元。两度被评为郴州市“明星企业”和“最佳体制创新企业”。

至2014年，先后有伯朗电梯（郴州）有限公司，郴州万旭电子元件有限公司，湖南百捷利包装印刷有限公司、宜章县电力有限责任公司、湖南立敏达电子科技有限公司、郴州欣锠鞋业有限公司、郴州德宝科技有限公司、宜章县昌隆氟业有限公司、宜章县裕源矿业有限公司、湖南宜章红炮技术有限公司、湖南永利金属制品有限公司、湖南宜章凯威服装有限公司、湖南宜章通达挂车制造有限公司、湖南中瑞科技开发有限公司等规模以上工业企业32家，职工3362人。当年，全镇第一产业实现增加值23425万元，同比增长4.5%；第二产业实现增加值109736万元，同比增长42.6%；第三产业实现270125万元，同比增长15.39%。

商贸服务业

明、清时期，粤盐、布匹等日用品，由广东坪石水运至宜章县城，经骡马古道，陆运郴州入内地；内地茶叶，桐油，木材等土特产陆运宜章县城，再水运入粤，商贸较为发达。长（沙）广（州）公路和粤汉铁路通车后，县城的商贸中心地位，主要为县域经济服务。

新中国成立后，随着工、农业和社会各项事业的发展，人口增多，需求扩大，境内商贸发展迅速。1952年2月1日，近城区发动农民2105人，投股集资3368元成立宜章县第一区供销合作社，同时将广田供销合作社并入区供销社，社址设在东长街，供销社负责全区域农副产品收购和生产资料供应。到20世纪80年代，供销经营全面萎缩，代之而起的各类个体和合伙商贸服务经营户，购销业务不断增长。各种旅店、饭店、商场、超市遍布街头巷尾，生意兴隆。2014年，域内个体工商户达到7056户，从业人员19865人，当年完成社会商品零售总额23.49亿元，比上年增长17.9%，上缴税金26.489万元，年增长23.9%。

经济开发区

1992年，县委、县政府创办南京洞经济技术开发区。1994年，被湖南省人民政府确定为湖南省60个省级开发区之一。2009年，宜章县委、县政府明确决定把宜章经济开发区打造成为“经济特区”，重新定位“一区三园”，下辖产业承接园、白石渡氟化学循环工业园、玉溪工业园三个产业园区，总规划面积15平方公里。2014年，湖南宜章经济开发区规划总面积32平方公里，规划布局为“一区四园六个项目区”，即产业承接园、氟化学工业集中区、玉溪工业园、现代农业示范园及水泥建材项目区、有色金属加工项目区、煤化工项目区、南部工业项目区、硅灰石特色项目区、白石渡工业集中区等六个项目区。宜章经济开发区管委会位于玉溪镇长冲村，其产业承接园、玉溪工业园、现代农业示范园均设在镇内。其中，产业承接园位于玉溪镇长冲村，规划面积4平方公里。园区距离京港澳、宜凤高速互通口仅0.5公里，距离广州310公里、长沙340公里、武广高铁郴州西站41公里，是郴州乃至整个湖南省货物出境距离最短、运输成本最低的园区之一。园区重点发展机械制造、电子信息和生物医药三大主导产业，已先后投入16亿元，建成标准厂房70万平方米。县委、县政府启动实施园区大发展三年行动计划以来，园区建设日新月异，快速推进。至2014年，已成功引进42家企业入园，园区就业人员达1.2万余人。

至2014年年底，园区累计完成基础设施投资30亿元，建成标准厂房100万平方米，水、电、路、绿化、亮化等基础设施不断完善，相继引进弘源化工、伯朗电梯、阳普医疗、通达挂车、立敏达电子、恒维电子、欣錩鞋业等一大批投资总量大、技术含量高、产业链条长的项目。先后被授予湖南省承接产业转移发展加工贸易特色园区、湖南省最佳服务环境产业园区等称号。2014年，园区实现技工贸总收入138亿元；入园企业180家，其中规模以上工业企业71家，实现规模工业增加值45.34亿元；实际到位内资7.68亿元，实际到位外资4514万美元；完成固定资产投资32.3亿元；完成标准厂房建设15万平方米；完成财政收入1亿元。2014年，园区共接待包括省委书记徐守盛，省长杜家毫，省委副书记孙金龙等160余批次的各级领导视察调研，并为全市经济社会发展情况现场观摩会等重大活动提供现场。

基础设施

交通运输

民国23年（1934），长（沙）广（州）公路修成经过境内。新中国成立后，交通运输业大发展，长广公路（今107国道）经1974年、1984年、2003年三次大的路线拓宽改直，路面硬化，今达国家二级公路标准。2001—2011年京珠高速、宜（章）凤（头岭）高速先后建成通车，两条高速公路及107国道穿城而过，省道S353线横贯东西，总长达84.87公里（含107国道绕城线13.52公里），形成境内十分便捷的交通条件。2013年，实现通村公路硬化，开通公交线路，乡村公路总长176.34公里，属四级公路。

县城建设

唐武后长寿元年（692）置县治，长期有治无城，直至宋淳熙十二至十三年（1185—1186）县令吴镒方筑土城。明成化八年（1472）知县刘宁增筑城垣，正德三年（1508）知县邱云汉，采纳户部尚书邓庠建议，重修城垣。基用条（块）石，上用大青砖，南北筑月城，外筑三关，开城门四，建城楼四。清康熙二十年（1681）知县鹿廷瑛重修旧城。至清末，县城内街道，仅有县前街、文运街、东门外街、南门外街、十字街、半边街、东关街和南关街，民国初年，城墙倒塌，无人问津，居民纷纷以城墙砖营建私宅。民国27年（1938）始置城厢镇，县城建设略有拓展。至民国38年（1949）新中国成立前夕，县城总面积1.4平方公里，房屋2118栋，10.22万平方米，房屋均是砖木结构，单层或双层，三层仅3栋，街道狭窄，主街宽4米，石板路面，无下水道设施，街灯三角形煤油灯，且仅供上半夜点亮，下半夜则一片漆黑。时，县城人口7055人，人均居住面积7.8平方米。

新中国成立后，县城建设步伐加快。1983年9月9日，湖南省城乡建设环境保护厅批准县城建设总体规划。逐年加大县城建设资金投入。1986年开征城市维护费，全部用于县城配套设施建设。1988年，县城扩大至5平方公里，拥有24米宽主街两条，文明路全长5.24公里，纵贯南北，民主路全长3.6公里，横穿东西，新建4条街道，同时扩改建7条老街，新修下水道7478米；供水、供电、绿化同时配套建设，县城人口增到25438人，其中非农业人口达16082人，房屋面积比1949年扩大8倍，人均居住面积达22.8平方米。

20世纪末，随着宜章经济技术开发区的建立，县城城区面积扩大到9平方公里。1996—1998年，随着宜兴路（水泥路面，840米长）和环城西路（水泥路面，3800米长）建成，把开发区与旧城区连为一体，县城街道总长达20341米。相配套建设的县城下水道总长17838米。2000年，主要街道及公共场所共安装新式灯具554盏。当年，县城居民用房195万平方米，人均35.78平方米，较1988年增加56.93%。

2014年，在城区玉溪河上，先后架起了宜兴桥、麦子桥、玉龙湾等公路大桥；完成了排污管网建设及疏浚7公里，2万吨污水处理厂主体工程完工，县城污水处理率达95.4%。先后建好了中夏公园、东升湖公园、梧塘湖公园、宜人广场、尚书广场、红色森林公园等公共娱乐场所，人均公共绿地11.14平方米，绿地覆盖率为40.23%。2014年11月29日，宜章县城被湖南省人民政府命名为园林县城。2014年末，城区面积达18平方公里。

水利建设

民国时期，境内的水利设施“或障以陂堰，或导以沟渠，或吸以筒车，高亢田则专恃山塘。”干旱来临，官府很少过问，“一切听民自为”，甚至出现求神降雨等迷信之举。新中国成立初期，中共第一代领导人毛泽东指出“水利是农业的命脉，把水利放在首位。”县、区政府号召农民兴修水利，使境内山塘、河水堤坝得到恢复、整修，蓄引水工程加固，防洪抗旱能力增强。1966年10月动工兴建黄岑水库，1975年12月大坝竣工，1976年投入运行，是境内一座防洪、灌溉、发电兼县城10多万人口供水多功能中型骨干水利工程，正常库容1470万立方米。该水库设计灌溉城南、城关、沙坪、白石渡和广东省乐昌市的三溪、坪石3个乡镇，20个村的3600公顷农田。1983年4月由国家投资724万元的黄岑水库引水工程—寺山坪—张家塘—黄岑的引水隧洞，在中国人民解放军五四O六六部队的支援下建成，东调寺山坪水库之水入库，使黄岑水库年增加水量3000万立方米。另外，境内还有8座小Ⅱ型水库，总库容185.6万立方米。8口骨干山塘，135口小山塘。2014年实施了南湾水库，五里冲水库除险加固；修复了罗家灌、寿福、清水等村主水渠3.6公里。

供水

玉溪镇的供水，明、清、民国，至新中国成立初期，城区供水主要依靠地下井泉，取水点有蒙岩、艮岩、四方井等数处。1992年9月启动黄岑水库供水工程，1993年10月竣工供水，日产3万立方米的生活用水。2014年，县城供水管道2.1万米，入户率98%。

农村供水方面：镇内各村均实施了人畜饮水工程，覆盖全镇三分之二的农业人口近四万人，日供水量4万立方米。

供电

城关供电所是郴电国际宜章分公司城区的重

要供电枢纽。城关供电所供电区域有3座110千伏和2座35千伏主要供电站，分别为罗家山“110千伏变电站”、工业园“玉溪110千伏变电站”、太平里“35千伏变电站”，另外还有连接郴州国家电网2座变电站，分别为“宜章110千伏变电站”和“福冲220千伏变电站”。因为供电区是县城和一些重要企业，所以供电的质量要求是非常高，供电的质量正常率在99.25%以上，年供电量为1.92亿千瓦时。城关供电所区域内的5座主要变电站和郴电网2座变电站输出线路总共有12条，农村线8条。郴电国际宜章分公司城关供电所现有员工48人，对管辖区域玉溪镇、五岭乡的沙坪片29800多用户供电。从2000年起，郴电国际共投资2.1亿元用于农村电网改造，入户率达到60%。

邮政电信

清光绪三十年（1904），宜章始设邮政代办支局，隶属郴州邮政代办分局。民国2年（1913），县邮政局（三等局）成立；民国22年（1933）7月始办长途电话业务，邮电业务清淡，发展滞后，县邮电固定资产总值0.7万元。

新中国成立后，邮政电信业发展迅速。20世纪50年代初，县成立邮电局，实现乡乡通电话；1958年，电话通到每个生产大队。20世纪70年代，开通微波电讯；1980年，传真电报电路开通；1998年4月，实现乡乡通程控电话；同年9月19日，邮政、电信业务分营；1999年7月，移动通讯业务又从电信局分离出来，成立宜章移动通信营业处，次年升为分公司。

2014年，镇内有邮政网点6个，经营业务：信件、报刊、邮储、汇兑、集邮、特快专递。报刊发行总量3000多种，移动网点15处，移动用户8万余户，固定电话7001台。有线电视30259户，入户率86%。

社会事业

教育科技

教育 清代，境内办有各种私塾，有族办私塾，也有村办私塾。清康熙五十八年（1719），知县缪诜在县城南门内创办宜章第一所义学，学生以识字为主。清光绪二十九年（1903），邓典谟在养正书院创办了县立高等小学堂。清光绪三十二年（1906），吴芷庭创办吴家村吴氏陶英初小。清光绪三十四年（1908），李向荣在普化寺创办近城高等小学校，民国元年（1912），在明伦堂开办宜章县教员养成所。民国1—26年（1912—1937），先后开办模范初级小学、寿福殿初小，以及吴、曾、李、萧、彭氏等各族立初小。民国29年（1940），宜章开始施行国民教育，推行一乡一所中心小学，一保一所保国民小学，城厢镇和城南乡当时除有2所乡中心小学外，各保均办有保国民小学。民国时期，境内有宜章县立初级中学和湖南私立湘南中学和县立简易乡村师范学校。

1949年11月，宜章县人民政府办事处接管境内所有公私学校，并将“宜章简易师范”并入“宜章县立中学”。1950年冬，开始开展农民业余教育，境内掀起以学文化为主，以识字为重点的冬学运动。1951年，为纪念革命先烈邓中夏，将“湖南私立湘南中学”改名为“湖南私立中夏中学”。1953年10月，县人民政府将“湖南私立中夏中学”并入“宜章县立初级中学”。1956年，县、区、乡广泛动员和组织社会力量开展扫除文盲运动。1960年8月，村村办夜校，设“识字岗”、发“识字卡”。1966年，“文化大革命”开始，部分中小学停课“闹革命”。1967年下学期，学校复课“闹革命”。1969年，小学学制又改为“五年一贯制”。1983年将五年制小学延长一年。1988年，城关镇有初中1所，完全中学2所，职业中学2所，学生3921人；小学29所，学生3608人，有幼儿园4所，在园儿童736人。共有中小学教职工434人，幼师36人。城南乡有初级中学2所，教职工56人，学生775人；小学35所，教职工196人，学生4013人。幼儿园6所，在校儿童108人，幼师6人。1989年，县内打破单一由政府办教育的体制，除政府为主办学外，鼓励多渠道、多形式的社会力量办学。2000年，城关镇有中学4所，学生4723人；小学10所，学生5023人；共有中小学教师740人。幼儿园16所；在园儿童812人，幼师38人。城南乡有中学2所，学生1543人；小学18所，学生3833人；共有中小学教师315人；幼儿园6所，在园儿童126人，幼师3人。2002年，湘粤学校第一期工程完工，9月1日正式招生开学，该校是一所民办学校，从幼儿园、小学、初中到高中有特色的学校。2012年，四完小建成并开始招生，2014年，思源学校建成招生，招收幼儿园、小学、初中学生。

2014年年末，境内有公办初中4所，九年一贯制2所，完全中学1所（宜章六中），高中1所（宜章一中）；初中学生7056人；高中5956人；小学28所，学生27322人；共有中小学教师1566人。幼儿园37所、在园儿童6389人，幼师474人。当年，小学适龄儿童入学率、小升初升学率、九年义务教育覆盖率均达到100%。2014年，县内民办幼儿园11家，入园学生达4139人，教师370人，投入资金4412万元。境内民办学校主要有湘粤学校（湘一学校）。

科技 新中国成立初期，境内农业生产沿用传统耕作技术，品种是高秆迟熟品种，施肥以农家土杂肥为主，技术原始低下。随着时间的推进，境内在农业生产上逐步推行一些技术革新。1952年，曾推行双季稻取得小范围的成功。1959年，境内水稻推广矮秆品种，提倡合理密植。1963年，推广稻田冬种绿肥草籽，以增加肥源。1965年4月，水产养殖曾在城南鱼苗种场推广人工催产、孵化草鱼苗并取得成功，是年生产鱼苗32万尾。20世纪70年代，推广杂交稻种植取得成功，曾获大面积丰收。同时在法堂等村进行低产田改造和田间灌溉回流化的改造工作。20世纪80年代，农业生产中普遍推广使用除草剂、九二O增产菌等化学农药和肥料，促进水稻增产。1986年在原城南乡推广养殖约克夏、长白猪良种猪养殖，家禽养殖则引进湘黄鸡、来杭鸡等优良鸡种。1992年，在城南乡推广优擀稻栽培技术，推广品种有湖南软米、岳晚米等。2014年，伯朗电梯、湖南福鹅被认定为高新技术企业，湖南宜章红炮技术研发中心被认定为郴州市级研发中心。

文化体育

文化 民国37年（1948），城厢镇商人从外地租借电影放映机在县城高家祠堂放映《方世玉打擂台》等影片。1951年8月，在大操坪放映有声电影《攻克柏林》。1989年春节期间，农历正月初三，城关镇南关街居民首先装出故事“姜太公钓鱼”等4台夜故事。次日晚，东关街居民即装出“五虎平西”等8台夜故事。至元宵节当夜，全城区汇集夜故事40多台。1995年，城关被湖南省文化厅授予“文化艺术之乡”称号。1996年元宵节期间，城关镇共装出夜故事135台。湖南日报、《郴州日报》、湖南电视台、郴州电视台均作了报道。2010年，宜章城关夜故事被列为国家非物质文化遗产名录。2014年末有镇文化站1个，村级文化活动中心24个，文艺宣传队15个，免费读书吧5个，文化专业户22家，农家书屋24个，各类藏书56000册。当年，玉溪镇被评为“中国民间文化艺术之乡”。境内现有全国文物保护单位1处，即湘南年关暴动指挥部旧址，省级文物保护单位2处，即宋代蒙岩、艮岩石刻。市级文物保护有李文香、毛科文墓和福星桥。县级文物保护单位有秤砣岭遗址。另有位于黄土山白露塘，一棵树龄520年，树高18米、胸径96公分的香樟木，列入一级保护名木。

体育 境内体育活动主要有学校体育和群众体育两种。学校体育主要在各中小学开展，主要形式是坚持课内体育和课外体育相结合的方式进行开展“三操”（早操、课间操、眼保健操）、“两活动”（每周2节体育课，每天一节课外活动）。2014年境内有学校篮球场40块，有乒乓球室46间。群众体育主要以广场舞、篮球运动为主。

医疗卫生

民国时期，境内有中药店万和号、万生号、万安号等16家。民国20年（1931）有东北藉人余韬来宜章县城，在城关府前街开设博爱医院，用西药治病，为宜章用西药之始。民国24年（1935），栗源口路周家周吉来宜章县城，在党部街（今中夏街），设周吉医院。民国27年（1938），始建宜章县卫生院，以西药为主治病。民国29年（1940），国民党抗日伤兵第七休养院、军政部一四一后勤医院同时迁至宜章县城，在养正书院设门诊。民国33年（1944），九三陆军医院，九五陆军医院迁入县城。民国34年（1945）1月23日，宜章县城被日本侵略军占领，各医疗单位相继撤离县城。是年8月，日军投降，朱培伦在城关府前街设永昌诊所。民国37年（1948），南京籍人李永泉、高秋逸夫妇，湖北籍人余冰心、袁淑云夫妇先后在城关设立诊所。1950年，县人民政府接管县卫生院，在城关娘娘庙（今县委招待所），建立宜章县人民政府卫生院。1952年，县政府组织社会医务人员集资兴办联合中医院。1956年9月，县人民委员会卫生院改为县人民医院。1958年7月成立城南乡农村医院，1961年，县人委将县联合中医院改为章水公社医院。1962年9月12日，复改为联合中医院。“文化大革命”期间，县联合中医院被撤销，归并县人民医院。1970年，城关镇和城南乡，大部分大队都办合作医疗站。1972年7月22日，章水公社卫生院成立。1973年9月恢复县中医院。1980年，章水公社卫生院改为结核病防治所。1982年，合作医疗停办。1987年，该院由集体所有制改为全民所有制。2014年末，镇内共有县第一人民医院、中医院、卫校附属医院、康复医院、妇幼保健院5所大型公立医院，有床位640张，医卫人员765人。有村卫生室（所）36家。2014年年底，玉溪镇农民参加农村合作医疗参合率达100%，参合人数40836人，位列全县前列。

社会保障

1950年，近城区人民政府将孤寡老人的生活保障列为了政府的重要政务事项，优先给孤寡老人发放救济钱粮。1956年，成立农业生产合作社，对孤寡老人开始实行“五保”（保吃、保穿、保住、保教、保葬）照顾。1958年，人民公社时期境内所有“五保”对象的生活全部由人民公社负责。1961年，公社体制调整后，境内“五保”老人的供养改由生产队负责。1987年对境内的“五保”老人进行了重新评定，城关镇有“五保户”48户51人；城南乡有“五保户”174户174人。并开始办敬老院收养孤寡老人。2011年，全镇有城镇最低生活保障979人，支出393.05万元；农村最低生活保障1263人，支出155.33万元；国家抚恤、补助各类优抚对象254人，支出169.36万元。有敬老院2所，床位60张，收养“五保”人员36人，参加新农村养老保障14128人。2014年第四季度，城镇最低生活保障825户1062人，月支出78.799万元。农村最低生活保障人数1261户

1691人，月支出63.8325万元。农村五保供养对象127人，季发放金额83820元。国家抚恤、补助各类优抚对象238人，抚恤事业费季发放金额支出51.78993万元。有敬老院2所，床位60张，收养五保人员36人。2014年12月，玉溪镇城乡居民社会养老保险待遇领取人员6055人，月发放养老金金额达375068.23元。参加城乡居民社会养老保险参保缴费21509人，个人缴纳参保金额3174200元，参保率90%以上。新增城镇就业1700人，新增农村劳动力转移就业310人，累计劳务输出3084人。

特色地情

人物

邝埜（1385—1450） 字孟质，明洪武十八年（1385）生于新田邝家门（今属玉溪镇）。26岁中进士，28岁任监察御史，33岁任陕西按察副使。明正统元年（1436），任兵部右侍郎。正统十年（1445），任兵部尚书。正统十四年（1449），发生“土木堡”之变，明英宗被俘，邝埜为护御驾，战死于土木堡（今属河北省怀来县），终年65岁。忠骸未归，其衣冠墓位于县西箭岗岭（今玉溪镇尚书广场）。

邓庠（1447—1524） 字宗周，明正统十二年（1447）生于新田邓家村（今属玉溪镇）。明成化八年（1472）登进士。明成化十五年（1479），升任浙江布政使司监察御史。明成化十七年（1481）受命巡按陕西，所到之处，询民疾苦，兴利除害，平反冤狱，民得免死者甚众。弘治六年（1493），任河南按察司副使。弘治十一年（1498）晋升按察使，弘治十二年（1499）任广东右布政使，弘治十四年（1501）任广西左布政使，弘治十七年（1504）任都察院右副都御使。明正德六年（1511）任户部右侍郎，明正德九年（1514）任南京户部尚书。明嘉靖三年（1524）逝世。遗著有《东溪诗集》。

李文香（1879—1927） 字薰圃，谱名文彩，又名佐民，清光绪五年（1879）出生于近城团南湾村（今属玉溪镇）。光绪二十一年（1885）入养正书院攻读，毕业后受聘于县立高等小学堂、近城高等小学、县立甲种师范讲习所任国文和历史教员。1919年5月，组织群众集会游行声援五四运动，带头焚烧日货。1924年6月，加入中国共产党，参与创建中共宜章近城小组。1925年7月，中共宜章县地方执行委员会成立，李文香任书记。1926年2月，以个人身份加入国民党，并任国民党县党部执行委员。领导开展了轰轰烈烈的反帝反封建的大革命运动。1927年4月27日，李文香被国民党特务击伤腿部。4月30日被捕，受尽酷刑，坚贞不屈，于5月1日在宜章县城英勇就义。

杨子达（1893—1930） 字高仰，清光绪十九年（1893）1月20日生于近城团五都岭杨家村（今属玉溪镇）。五四运动消息传到宜章后，他发动县城商民积极参加李文香组织的爱国集会，查禁和焚烧日货。1924年6月，杨子达加入中国共产党。1925年7月，任中共宜章县地方执行委员会委员。1926年8月，被选为宜章县农民协会委员长。12月，与毛科文等参加湖南省第一次工农代表大会，被推选为代表资格审查委员会委员。1927年1月，与颜秉仁等一道指挥农民自卫军在梅田击溃挨户团武装。马日事变后，率宜章部分农军转入湘粤边境活动。同年11月，参加朱德召集的汝城会议。1928年1月，杨子达接应朱德部队进驻广东大坪杨家寨，参加组织发动宜章年关暴动。暴动后复任县农会委员长，领导开展土地革命运动。4月，上井冈山，先后任井冈山后方留守处负责人、红二十九团营党代表。1930年，任红二十一军师政委，8月在闽西永福战斗中牺牲。全家有11人先后为革命献身。

毛科文（1898—1929） 原名毛月恒，号隆智，清光绪二十四年（1898）3月21日生于宜章县近城团毛家村（今属玉溪镇）。1923年，在高静山引导下接受革命思想，串联乡亲在生祠岭创办农民学堂。1925年2月，毛科文加入中国共产党。7月，任中共宜章县地方执行委员会委员。1926年12月，参加湖南省第一次工农代表大会，被选为大会主席团成员。1927年4月27日~5月9日，中国共产党第五次全国代表大会召开，毛科文被选为候补中央委员，是中共中央委员会里最早的一位农民代表。1928年1月，接应朱德部队进入宜章县城发动宜章年关暴动。当工农革命军战略转移西南山区受阻时，受朱德指派进入圣公坛，动员王光佑参加工农革命军。2月6日，被选为宜章县苏维埃政府主席。4月，毛科文奉命率领宜章县党政军主力转移井冈山，随后担任井冈山后方留守处负责人。5月，中共湘赣边界一大召开后，他任特委委员、湘赣边界工农兵政府执行委员兼工农运动委员会副主任。11月6日，他在毛泽东召集的军队和地方党的积极分子会议上，重新组建前敌委员会，他当选为前敌委员会委员。1929年2月1日，在国民党军大举进攻下，黄洋界哨口失守，在遂川大汾镇被敌包围。为了全力掩护伤员，疏散群众，他与部队失去了联系，回湘南继续从事革命活动。同年7月初，在黄茅被捕，7月12日在宜章县城西门外英勇就义。他的老战友何长工曾说：“毛科文是我党早期农民运动的卓越领导人，是个在行的农民运动领袖。”

李灿（1901—1932） 原名文彬，字昭炳，清光绪二十七年（1901）生于近城团长冲李家村（今属玉溪镇）。1918年5月入湘军当兵。1919年，与彭德怀、黄公略一起在湘军中发起成立以救国救民为宗旨的救贫会。1922年11月，进入湖南陆军军官讲武学堂学习一年。1926年，参加北伐，任国民革命军第八军一团上尉副官。大革命失败后，向团长彭德怀进言“将来是走共产党那条路”。1928年2月，加入中国共产党。7月22日，与彭德怀、滕代远等发动平江起义。起义部队改编为中国工农红军第五军，李灿任军委委员兼第一团党代表。1929年1月，李灿任红五军一大队长，率部扼守黄洋界哨口。后转至永新、莲花开辟红色区域，任湘赣边独立第一团团长。5月，与红五军回师井冈山合编，任红五军第五纵队司令员。率部转战在湘鄂赣边境，协助发动大冶兵暴，开辟了鄂东南根据地。1930年5月，红五军升编为红三军团，第五纵队扩建成红八军，李灿任军长。时与彭德怀、黄公略被誉为湘鄂赣红军“三杰”。1930年7月，由党组织安排到上海治疗。1932年，“一·二八”淞沪抗战爆发后，李灿抱病从惠中医院赶到上海市区，请求党中央分配工作。途中被国民党特务跟踪，不幸被捕牺牲。

高静山（1901—1933） 原名静仙，字纯斋，又名成寿，清光绪二十七年（1901）9月25日生于近城团长冲村（今属玉溪镇）。1920年考入湖南省立三师，为进步团体“心社”骨干成员，并积极组织“宜章青年励进会”活动。1922年4月，由毛泽东介绍加入中国共产党。1923年下半年，高静山由党组织派回宜章开展建党活动。1924年6月，领导组建中共宜章近城小组，被选为党小组长。1925年7月，任中共宜章县地方执行委员会委员。9月，向途经宜章的毛泽东提供宜章农运资料，并为毛泽东保存一批调查资料，后来转送到广州整理成为《中国社会各阶级的分析》。1926年1月，以个人身份加入国民党，并被选为县党部执监委员。1927年4月，领导开办宜章农民运动讲习所，任所长。马日事变后，率宜章农军转战到汝城县坚持斗争，后转入湘粤边境组建革命武装。1928 年 1 月，接应朱德、陈毅部队进入宜章，发动湘南起义。参加井冈山会师，历任工农革命军第四军第二十九团政治处主任、红四军第一纵队政治部主任等职。1929 年 12 月，参加古田会议。1930 年 3 月，领导组建红九军，任政治委员。4 月，任中共闽西特委常委。8 月，任闽西总行动委员会书记。10 月，任闽西工农革命委员会常委、红十二军政治部主任。1931 年年初，调往闽粤赣军区军委会工作。1933 年，高静山在闽西肃反扩大化中蒙冤屈死，时年 32 岁。中共七大上，毛泽东提议为其平反昭雪，追认为革命烈士。

曾日三（1904—1937） 原名日山，字美男，清光绪三十年（1904）5 月 6 日生于县城曾家湾（今玉溪镇南关街）。1919 年，考入湖南省立三师。1922 年毕业后，先在县税捐局任职。后辞职到近城区高小任教。1927 年 4 月，参加国民党，不久任县劝学署督学。在吴仲廉、吴汉杰等共产党员的影响下，他暗中掩护和帮助共产党员和革命者，并把胡世俭和吴汉杰等人安排到碕石承启学校任教。1928 年 1 月，曾日三脱离旧营垒，参加革命。4 月，转移至井冈山。不久即加入中国共产党。先后任红四军军委秘书、红一方面军政治部秘书长、红三军政治部主任、中国工农红军总政治部秘书长，参加第二、三次反“围剿”。1933 年 1 月，任福建省军区政治部主任、政委，年底任红三军团政治部副主任。1934 年春，任红五军团政治部组织部长。长征时，任红五军团政治部主任，担任全军后卫。1935 年 6 月，代理红五军团政委。8 月，编为左路军过草地时，同张国焘分裂红军的活动进行了坚决抵制和斗争。年底，被调任红四方面军第九军政治部主任。1936 年 10 月，曾日三随红九军参加西路军，年底，任西路军政治部敌工部部长。1937 年 3 月，任西路军干部游击支队军政委员会主席兼政委，率部转战祁连山。4 月 27 日，在红柳园子战斗中，为掩护队伍突围而被捕，不久在西宁被杀害。

吴仲廉（1908—1967） 原名统莲，女，清光绪三十四年（1908）生于宜章县城。少年时入读县立女子学校，后来考入衡阳省立第三女子师范学校。1927 年 4 月，加入中国共产党。马日事变后，参与组建中共碕石特别支部，任组织委员。1928 年 1 月，参加湘南起义。井冈山会师后，先后任湘赣边界工农兵政府妇女运动委员会主任、红四军前委组织干事、红三军政治部秘书、女子义勇队指导员、福建军区政治部副科长等职。1934 年，任红五军团政治部秘书，是中央苏区参加长征的 30 名女红军之一。随红五军团转战二载，三过雪山草地。1936 年任红九军政治部敌工部副部长，参加了西路军作战。1937 年 4 月随干部游击支队突围时，与张琴秋等人被捕。8 月，经周恩来等交涉保释回到延安。抗日战争和全国解放战争中，吴仲廉先后任八路军山东纵队政治部组织部长兼秘书长、苏皖纵队政治部主任、中共辽东分局妇委书记、安东省委委员和妇委书记等职。新中国建立后，吴仲廉历任中共浙江省委委员、省委组织部副部长、省监委副书记、省委妇委书记、省政法委员会副主任、省政法委党组书记、省高级法院院长、省委政法领导小组组长，成为有胆有识的女法官。先后当选为中共七大候补代表、八大代表，第三届全国人大代表。“文化大革命”中坚持原则，敢于同林彪、江青一伙进行斗争，1967 年 1 月 19 日，遭迫害逝世。1978 年 11 月 5 日，中共浙江省委为吴仲廉举行追悼会，为她平反昭雪。

曾志（1911—1998） 原名昭学，女，清宣统三年（1911）4 月 4 日生于近城团汪家冲（今属玉溪镇城东村）。1924年秋，考入衡阳湖南省立第三女子师范学校，在校参加反帝反封建的学生运动。1926年8月，考入衡阳农民运动讲习所，改名曾志。10月，加入中国共产党。1927年春，从讲习所毕业，任衡阳农民协会妇女干事、中共衡阳地委组织部干事。9月，任中共郴县县委秘书。1928年1月，参加湘南起义。郴州“反白事件”后调任工农革命军独立第七师党委秘书。上井冈山后，曾志先后任红三十二团党委秘书、红四军后方总医院党总支书记、红四军组织科干事、红四军前委工农运动委员会妇女组长、民运股长、闽西共青团特委书记、厦门、福州中心市委秘书长、闽南特委组织部长、福安中心县委委员、闽东特委组织部长、福霞中心县委书记等职。抗战爆发后，曾志任中共湖北临时省委妇委书记、汤池农村合作训练班党支部书记兼教员、荆（门）当（阳）远（安）中心县委书记。1940年秋，任中央妇委秘书长。抗战胜利后随陶铸赴东北，先后任沈阳市委委员、中共铁西区委书记、辽吉省委委员、辽吉一地委副书记、五地委副书记、沈阳市委常委、职工部部长等职。1949年5月后，任武汉市军管会物资接管部副部长、中南军政委员会委员、中南局工业部副部长兼广州电业局局长、党委书记、广州市委书记、广东省委委员、常委和书记处候补书记。“文化大革命”曾被遣散到广东翁源县农村劳动。1977年12月，任中共中央组织部副部长，协助胡耀邦开展平反冤假错案和考察培养干部工作，使大批老干部和科技人员重新走上工作岗位。1983年7月离休。曾志先后当选为中共七大候补代表，八大、十二大至十四大代表，十五大特邀代表，在十二大上当选为中共中央顾问委员会委员，并任中顾委临时党委副书记；是第一届全国人大代表，三至五届全国人大常委会委员。1998年6月21日，在北京逝世。著有《一个革命的幸存者——曾志回忆实录》。

杨绍良（1918—1983） 1918年生于近城团五都岭杨家村（今属玉溪镇）。10岁跟父亲杨子达上井冈山，参加少先队。1928年7月，随父亲攻打郴州后又返回井冈山。1935年6月，杨绍良参加湘粤边赤色游击队，任班长、分队长。1937年7月加入中国共产党。1938年4月随部编入新四军军部特务营，9月到新四军教导队学习。先后任排长、区队长、连长、营长。1943年4月，进抗日军政大学苏中分校学习，任副大队长。1944年10月，任新四军苏中军区一军分区司令部作战科长。1945年1月任苏中军区特务团参谋长。解放战争中任团参谋长、团长，参加了宿北、鲁南、莱芜、孟良崮、济南等重大战役和淮海大战，功勋卓著。在渡江战役中，率第二О七团担任渡江先锋，出色完成了渡江作战的任务，受到军部嘉奖。新中国成立后，杨绍良任第三野战军第三十三军司令部参谋处长，参加解放舟山群岛战斗。1951年初，进南京军事学院深造一年。1955年，被授予上校军衔。1959年10月，调任广州军区第一二二师师长。1963年，率部在汕头筑堤拦海，开展军农生产，毛泽东阅知材料后，批示“人民解放军应该是个大学校……”。1963年10月，任海南军区副司令员。1964年，当选为第三届全国人大代表。1968年11月，任第五十五军军长。1977年10月，任湖南省军区顾问。1980年10月，离职休养。1983年12月24日，因病逝世。

名优特产

水浸窝杨梅 宜章县玉溪镇水浸窝杨梅基地位于玉溪镇水浸窝村，该村杨梅种植面积达533.33公顷，长远规划是开发666.66公顷。于2008年成立了“水浸窝杨梅专业合作社”和“宜章水浸窝徕祥杨梅专业合作社”，形成了“支部+协会+农户”的运作模式，注册了“水浸窝”水果品牌商标。2012 年成立了宜章宏森绿色食品有限公司。水浸窝生产的杨梅果大肉甜，外观紫黑，主要品种有乌梅和东魁。2014 年杨梅产量已达 4000 吨，产值达 1200 万元，人均杨梅增收达到 600 多元。

城西脐橙 2003 年，宜章县委、县政府高度重视脐橙产业开发，始把脐橙产业开发作为“一县一品”工程和县域经济发展的重要工作来抓，出台了《关于加快脐橙产业开发的决定》，编制了《宜章县脐橙产业发展规划（2002— 2010 年）》。以此为契机，在罗家山、樟涵、上蕉、下蕉、南湾、黄土山、清水等村委会建立了合理的土地流转机制，制定了优惠的税费政策，同时创新开发机制，建立了龙头企业——加法果业发展有限公司，由公司按“公司 + 基地 + 农户”的产业化经营模式，统一租赁荒山、统一规划、统一开发政策、统一开发技术、统一物业管理、分户经营。为了实现规模开发，按照“谁开发、谁投资、谁受益”的原则，鼓励机关单位干部职工参与脐橙开发，先后吸引八百余家业主，投资规模达 2.3 亿元，发展了以宜章县平乐脐橙庄园等业主为主的城西万亩基地。2014 年，全镇脐橙连片种植面积达 2666.6 公顷，年总产量达 2.8 万吨以上，年总产值达亿元。

名胜古迹

湘南年关暴动指挥部旧址 湘南暴动指挥部旧址位于玉溪镇，旧址原为清代宜章守备署，占地面积 4080 平方米，建筑面积 2789 平方米。相关建筑始建于清顺治十年（1653）。1919 年改为县立女子学校。1928 年 1 月，朱德、陈毅等率领南昌起义保留下来的一部分队伍，由广东折回湘南举行了年关暴动，建立了湘南第一个红色政权宜章县苏维埃政府，改编部队正式组成中国工农革命军第一师。旧址建筑原状为晚清风格，为四栋两层建筑物的四合院，中坪北面原有一栋简易楼房，楼下有两耳房和一厅堂，中厅是起义指挥部及朱德、陈毅等的住房，两侧为红军战士营房。1979 年对旧址进行了全面维修，按原貌作了复制陈列，现已辟为爱国主义教育基地。1996 年公布为全国重点文物保护单位。

湘南年关暴动指挥部旧址

中夏公园 中夏公园于1994年10月为纪念邓中夏诞辰100周年而修建的。公园占地面积3.33公顷,内有牌楼、配房、台阶、纪念广场等主要项目。陵园台阶共139级，底部39级，寓意邓中夏享年39岁,10层100级台阶象征邓中夏诞辰100周年，邓中夏铜像屹立在纪念广场中央，底座至铜像高9.4米，铜像身高3.9米，国家主席江泽民亲自为“邓中夏同志”、铜像题名，欧阳毅将军和湖南省政协主席刘正分别为“宜章烈士陵园”、“中夏公园”题字。1994年10月5日在邓中夏诞辰100周年纪念日，中共中央和省市党政主要领导以及中央的宜章籍老一辈革命家曾志、彭儒等参加了邓中夏铜像揭幕式。

尚书广场 邝埜墓坐落于玉溪镇环城西路旁的香堂岭上，是湖南省文物保护单位，是湘南境内现存较早、规模较大、规格较高、保存较为完整的古墓之一。尚书广场是为保护邝埜墓而规划设计建设的广场。占地面积43亩，工程投资约5000万元。由一条中心主轴，一条辅轴，文化广场、古墓遗风、山林叠翠三大景点构成，并辅以相应的园林建筑以及休闲设施。

湘粤骡马古道宜章玉溪段 湘粤古道郴州至宜章段，俗称“九十里大路”，因路面青石板上留下了许多骡马蹄印，也称“骡迹路”。始建于秦始皇嬴政三十三年（214年），汉光武帝建武年间卫飒任桂阳郡（郡治在今郴州）太守时，大力改造湘粤古道，并在道旁增修亭馆、驿站，成为中原通往岭南的交通要道。宜章境内长15公里，南接湘粤边界，北至郴宜交界折岭路段，路宽2~3米。明清之际，宜章商贾云集，行旅络绎不绝，粤盐、广货由水路运抵宜章县城，舍舟登陆，沿古道北运发往郴州。驮货骡马多时达2000余匹，非常热闹。1934年1月，长（沙）广（州）公路宜章段北段通车；1936年6月,粤汉铁路全线通车。此后，士商行旅多乘汽车、火车，肩挑贩运也多走公路，故昔日大道，行旅日稀，以至骡马绝迹，荆榛塞途。古道沿途至今还保存有大量的路面、店铺、凉亭、牌坊、古桥、古井、古民居等文化遗存，具有深厚的历史文化底蕴。

民俗风情

城关夜故事 宜章县“城关夜故事”是历史悠久的民间传统群众性文化活动，每逢春节，从初一到十五元宵期间，或单家独户，或多户联合，或以群团、单位组织装演夜故事。“故事”游展时，火把通明，爆竹轰鸣，锣鼓喧天，观看群众人山人海，万人空巷。1995年，省文化厅授予宜章县城关镇为“夜故事艺术之乡”。2011年6月，宜章夜故事被国务院公布为第三批国家级非物质文化遗产名录项目。2014年12月,玉溪镇《抬阁——宜章夜故事》获“2014—2016年度‘中国民间文化艺术之乡’”称号。

“城关夜故事”起源可追溯到元末战乱时期，南来北往的商队，惶恐不安，忧心忡忡。为祈路途平安，也为避晦驱邪，以求生意兴隆，人财两安。于是，随行带着彭祖、妈祖、如来佛祖、观音、关公、财神等神、佛塑像。每到驿站便安好神像，摆上供品，点香秉烛、烧纸钱虔诚供奉、祈祷。临行，又把神像收藏好。有的客商把神像驮在骡马背上，有的请专人用背箱背着，也有富商用小轿子抬着神像。久而久之，这种背、抬、驮神像行走的习俗被宜章人耳濡目染，潜移默化而渐渐承袭下来。也有许多外地客商看中了宜章这块风水宝地，在这里落户居住，繁衍子孙。于是日久成俗。每逢春节，人们抬着各式神像游街穿巷，走家串户，送财神、送好运、送好彩头。各家各户秉烛烧香、烧纸钱、放鞭炮迎财神、迎吉祥红运，有钱人还打发利市。清乾隆后,湘中祁剧传入宜章，观者趋之若鹜，风行一时。于是，人们把一些喜

宜章城关夜故事被收入第三批国家级非物质文化遗产名录

闻乐见的戏剧人物，用童男童女装扮起来，抬着游走。原来单一的祭祀文化逐渐演变成喜闻乐见的民俗文化。而东关、南关两街，每年从正月初一到十五，此起彼伏的“斗”故事，更是佳话不绝，妙趣无穷。

旧时，县城东关街和南关街每年要“斗”故事。“斗”意指比赛，即比质量、比数量、比幽默、比风趣、比人气、比人才、比才智，两街轮番出演。到正月十五元宵晚上，两街的故事“斗”（凑合）在一起联合大游展，爆竹喧天，热闹非凡。

（吴绪斌　简素凤　供稿）

梅田镇 >>

梅田镇是全国经济发达镇行政管理体制改革试点镇、全国重点镇、全省中心镇、全省新型城镇化试点镇。

区域概况

位置面积

梅田镇位于县境西南部，介于北纬25°18′0″至25°29′57″，东经112°47′41″至113°1′33″之间。东与玉溪镇和广东省乐昌市三溪镇相连，南与岩泉镇、长村乡相接，西与浆水乡、麻田镇毗连，北与玉溪镇相邻。镇政府驻地车头村，全镇总面积82.28平方公里。距县人民政府驻地22公里。

建置沿革

明代及清初属永福乡，清咸丰年间（1851—1861年）至民国初期属白沙团，民国24年（1935）属第二区，民国27年（1938）7月10日分属白秀乡，1949年11月，在梅田设白沙区人民政府办事处，仍保留民国时期保的建制。1950年4月2日，白沙区人民政府办事处改为白沙区人民政府，废除保甲制。1950年10月，白沙区改称第二区。1953年4月，第二区辖梅田、母老、刘家、黄石、竹坪、岑水、麻田、泗溪、新村、上洞、欧家湾、浆水、茅栗坪、夏洛、大地岭、洛角、南冲等17个乡。1956年6月，撤区并乡，原第二区之梅田、母老、刘家、黄石、竹坪、岑水6乡合并为梅田乡。1958年10月，梅田、麻田、浆水3乡合并为梅田人民公社。1961年7月，麻田、浆水人民公社划出。1983年撤社改镇，取名“梅田镇”并沿用至今。

行政区划

2014年辖车头、水楼下、龙村、荷叶塘、夏塘、上寮、黄石、母老、梅田、箭地冲、竹坪、岑水、小塘13个村委会和老湾、梅溪2个社区居民委员会，共154个自然村，160个村民小组，13个居民小组。

自然环境

地形地貌 梅田镇地处五岭山脉骑田岭山脚，地势北高南低，驻地海拔190米。最高处为北面的骑田岭，是典型的山丘区，山上植被丰富。

气候 镇域亚热带季风湿润气候，雨量充沛，气候温和，四季分明、春暖多变、夏热期长、秋晴多旱、冬寒期短，为典型的山区气候。多年平均气温18.3℃。年平均日照数1603.1小时。

水文 境内河流大多发源于骑田岭，水量丰富，河道较缓，河床较宽。镇域内有武水河穿镇流经梅田坪、樟树下、岩口、岑水入广东境，径流量35.72立方米/秒，坡降6.55%。

自然灾害：境内自然灾害主要有冰灾、水灾，但发生频率不高。1991年12月26日~1992年1月2日，境内普降大雪，雪深12~20厘米，积雪7天，造成较大损失。1993年5月12日，境内暴雨成灾，降水量133~149毫米。1994年6月15~16日连降暴雨，降水量达306毫米。

自然资源 梅田镇境内自然资源丰富，素有“湘南煤都”和“有色金属之乡”的美誉，已探明的矿藏有煤、锡、铁、锰等10余种。其中煤炭储量达1亿吨，锡储量达3985吨（金属量）。2014年，有活立木蓄积量90451立方米。

人口民族

镇内人口以汉族和瑶族为主。其中瑶族人口主要分布在龙村瑶族村。民国28年（1939），白秀乡辖12保，173甲，1952户（含公共户5户），总人口8847人（含寺庙19人），其中男4520人（含寺庙男7人），女4327人（含寺庙女12人）。1979年，镇内常住总户数4431户，总人口23064人。1988年，镇内常住总户数6604户，总人口28684人。2000年，常住总户数8375户，总人口31795人。2014年，总户数9899户，总人口35740人。其中人口结构组成如下：男性18572人，女性17168人；城镇人口25181人，农村人口10559人；汉族人口35060人，瑶族人口680人。2014年人口出生率11.17‰，自然增长率7.92‰。

经济发展

经济综述

民国时期，境域内以传统农业为主，农民过着不能自给自足的生活，少数农民甚至过着食不果腹，衣不蔽体的贫困生活。当时由于60%的土地在少数地主手里，无地农民甚众，无地农民只得租地耕种，受尽剥削。

1951年推行土地改革政策，1952年无地农民得到了土地，之后经过合作化、“大跃进”，农村兴修水利等、改变了农业生产条件，农村经济逐步活跃，但受到瞎指挥、“浮夸风”、农村取消农副产品生产等因素影响，农村经济曾出现倒退现象。1970年，国家提出在农村发展五小企业，境内开办社队企业。1979年，农民人均纯收入114元。1984年随着人民公社体制改革，公社变成乡镇政府，社队企业改为乡镇企业，出现乡镇、村、联户、个体办企业的形势。1988年，全镇工农业总产值达到2694万元，其中工业生产值1450万元，农业总产值1244万元；随后镇政府充分发挥本地以工业为主，农业为辅的发展思路，大力发展镇、村、联户、个体工业企业，使经济发展进一步加快。2000年，全镇工农业总产值达到47082万元，比1988年增长17.467倍。人均纯收入4656元，比1979年提高40.84倍。

2014年，全镇地区生产总值12.86亿元，同比增长8.81%。其中第一、二、三产业产值分别为0.85亿元、5.16亿元，6.85亿元，同比分别增长4.49%、7.06%、10.78%。完成财政总收入1.73亿元，同比增长1.91%；农民人均纯收入14287元，同比增长8.44%；固定资产投资额5.4亿元，同比下降14.20%。

农业

种植业 民国至新中国成立初期，以传统农业为主，种植品种以水稻、玉米、红薯为主，产量低下，人民生活水平不高。新中国成立后，先后推行了双季稻，高秆改矮秆，推广双季杂交稻等措施，粮食产量不断提高。1949年，境内水稻种植采用传统方法，每年只种一季，全为高秆品种。1954年，推广双季稻，增产明显。1964年，推广矮秆品种，1969年全乡全部矮秆化，1978年推广双季杂交稻，产量大幅提高。到1979年，全镇生产粮食8941吨，生产蔬菜1565吨，水果26吨。1988年农业总产值1244万元；粮食产量9864吨，油料21.5吨，水果14.3吨，2000年农业总产值4014万元。生产粮食7775吨，油料28吨，蔬菜4049吨，水果460吨。2014年镇常住农业人口8815人，耕地面积1007.53公顷。农业总产值13499万元。粮食产量11290吨，油料362吨，蔬菜8126吨，大豆155吨，水果产量9471吨，食用菌连片大棚种植2公顷，有珍贵的食药两用灵芝菌，是湖南省供销合作社扶持企业，有五岭生态农业发展有限公司、宜章县梅田镇石子岭综合养殖场、竹坪“云琳红”鲜食枣基地、竹坪生态农庄等农业种植专业合作社8个，实现了镇农业产业规范化、规模化。

林业 1983年，境内有林地面积2926.7公顷，林木蓄积量7.3万立方米。森林覆盖率35.9%。1995年有林地面积3980公顷，林木蓄积量8.57万立方米，覆盖率46.55%。2013年境内有林业用地总面积5180公顷，其中有林地面积3610.5公顷，活立木蓄积量9.05万立方米，森林覆盖率50%。至2014年，境内退耕还林面积174.97公顷，荒山造林面积1111.95公顷，桉树种植面积297公顷，油茶种植面积15公顷。

畜牧业：境内畜牧业以养殖生猪、野猪、牛、羊、鸡为主。1979年末生猪出栏8005头。1988年末生猪出栏13536头。2000年生猪出栏25535头。家禽出笼1.34万羽。2014年，生猪出栏18855头，野猪出栏120头，羊出栏1100头，牛出栏45头，鸡出笼5.2万羽。

工业

梅田境内煤炭资源丰富，1962年，国家为扭转北煤南运，将梅田矿区划给广东省开采。1964年1月1日，广东梅田矿务局注册，于1969年正式成立挂牌，共建立11对矿井，梅田镇境内5对，分别是一矿、二矿、五矿、六矿、七矿。20世纪70年代，国家鼓励各地兴办五小企业，梅田镇利用这个有利时机，开始办社队企业，但以采煤居多，到1988年全镇工业（含镇村企业）总产值1450万元，实现跨越式发展。90年代初，因资源枯竭，五矿、六矿、七矿合并统称为六矿。1994年，煤炭行业受“有水快流”开采方针的影响，镇内兴办小煤窑，同时煤炭产业也成为梅田工业的支柱产业。1996年，广东省梅田矿务局一矿、二矿关闭。1999年，中央下达关井压产通知，对镇境内的小煤窑实行“关、停、并、转”政策，同时对生产条件欠佳的小煤窑进行技术改造，关闭后的资源开采权先后转给宜章县人民政府，县政府对尚有资源的矿井进行重新布局，向社会公开拍卖采矿权，其中梅田矿务局六矿改制重组，更名为红星煤矿，一矿井口关闭作为排水井使用。2000年，全镇有镇煤矿24对，煤炭储存量1.3亿吨，年产75万吨。工业总产值达到43068万元，比1988年增加41618万元，增长28.7倍。到2014年境内有湖南天沅化工集团、普力丰二氧化碳有限公司、宜章县新华丽造纸厂、宜章县红星煤矿、梅田镇梅田煤矿、梅田镇兴意煤矿、梅田镇联兴煤矿、梅田镇箭竹冲煤矿5对有证矿井；有宜章县恒通铸造有限公司、宜章湘南铸造厂、湖南联谊家俱有限公司。当年，有民企107家，全镇工业总产值达到103771万元，比1988年增长62153万元，增长1.49倍。

商贸服务业

民国至新中国成立初期，境内的商贸服务业

大都以个体经营为主，经营的行业主要有餐饮、旅馆业、理发业、肩挑货郎担等，其规模缺乏统计。1952年，由政府引导的，由农民集资开办的宜章第二区供销合作社成立，负责梅、麻、浆地区生产、生活物资的购销业务。1961年县供销社改称第二商业局，梅田供销社即属第二商业局管辖。20世纪70年代，宜章县商业局在梅田开设梅田旅社，向流动人员提供吃住消费。2014年，全镇拥有各类商贸服务经营网点36家，营业面积1.2万平方米，仓储面积0.38万多平方米。商贸服务业主要有餐饮服务、百货零售、农贸市场、电子商务等10余种，现全镇有各类宾馆、酒店7家；一般性饭店、餐馆47家；农贸市场2个；家电超市10家；便利店型副食超市245家；奶茶店2家；美容美发店18户；化妆品店1家；商贸物流企业6家；建材店19家。当年全镇社会消费品零售总额8.16亿元，比2013年的7.33亿元，增长11.3%。其中零售业1.07亿元，住宿业0.69亿元，餐饮业1.66亿元，其他服务业0.82亿元。

基础设施

交通运输

水路 清道光年间至20世纪60年代，在镇域流过的武水河，是梅田至广东境的水路交通要道，主要用于粤盐北通及煤炭南运，日通航船只百艘左右。20世纪60年代后，随着陆路运输发达，水路运输终止。

公路 宜凤高速公路、省道S353线南北贯穿，县道梅麻、梅新公路东西辐射，乡村公路纵横交错，形成“一纵二横三联”的公路主骨架路图（一纵：县道X066、二横：省道S353和宜凤高速、三联：下塘－黄石村、下塘村－荷叶塘村、岑水村－小塘村）。镇区内有2个客运站，日发客运汽车90班次，日发送量1800人次。

铁路 坪煤铁路穿境而过，并设有梅田、栗坪两个停靠点。

邮政通信

邮政 民国11年（1922），宜章县邮政局在白沙区（现梅田）梅田，开设邮政代办所。民国17年（1928）县内架有县城至梅田电话单线一条，系军队移防时移交给地方的，以后陆续扩建，逐步形成网络。民国23年（1934）镇乡通电话。2014年梅田邮政支局位于梅田镇建设路48号，营业室面积20平方米，配备电脑1台，营业员1个，投递员2个，主要经营信函，国内外快包、普包、特快、报刊收订、投送、集邮等业务。报刊发行有：时政评论、设计类、财经类、育儿教育类、地理旅游类、文学类、互联网类等，每年约收订300多份报刊。

电信 1998年，电信和邮政业务分离，境内设立电信网点，当年，全境电话实现自动化。2000年，全境实现村村通电话。2014年，宜章电信分公司梅田支局位于梅田镇建设路67号，营业面积80平方米，有电信员工6名。公司基站、光纤设备完善，开展移动电话、固定电话、光纤网络、ITV电视等业务，能满足服务各行各业三网合一需要。当年，梅田电信拥有CDMA保密4G、3G移动信号用户5596户，手机用户33058户，宽带用户1532户，全镇各村光纤宽带全覆盖，年电信收入300万元。

供水供电

供水 镇境内人畜饮水及居民生活用水主要途径，有梅田水厂供应和村民自掘井水两种方式。梅田水厂创建于20世纪70年代初，是由原梅田矿务局投资新建的，矿务局关闭破产后，于2001年7月由县水利局接管生产经营，成立了宜章县水利水电开发总公司梅田供水厂，全厂共有干部职工 26 人。2007 年 5 月，县水利局投资 360 万元从新洞水库取水，对梅田水厂进行改扩建。设计规模 2000 立方米 / 天，铺设引水主管 9400 米，支管 18000 多米，新建值班室 260 平方米，150 立方米蓄水池一个，净化器 2 个。2010 年 4 月新洞水库水源正式供应，已解决一级村居民生活用水。

供电 梅田镇是郴电国际宜章分公司的重要供电枢纽。境内有 1 座 110 千伏变电站，另有 1 座 220 千伏变电站在建，连接广东南方电网和郴州国家电网。由于有大量煤矿的一类负荷，梅田的供电等级非常高，年供电正常率在 99% 以上，年供电量为 8000 万千瓦时。镇区供电以煤矿为主，供电电压为 6 千伏，为方便高压下井，梅田 110 千伏变电站现有煤矿专线 9 条，镇区供电专线 2 条，农村供电专线 4 条。郴电国际宜章分公司在梅田镇成立了梅田供电所，有员工 21 人，对梅田、浆水 11000 多户居民供电。从 2004 年至 2014 年，郴电国际共投资 1.2 亿元用于农村电网改造，至 2014 年底，农网改造率达 98%。

水利建设

1957 年兴建新洞水库，于 1976 年 6 月竣工验收，总库容 172.2 万立方米，灌溉水田 333 公顷，解决农村、城镇饮水人口 2 万人。1955 年 11 月兴建有小Ⅱ型水库，母老长坪水库，总库容 14.95 万立方米；1956 年 9 月兴建岑水北塘水库，总库容 12.36 万立方米。有 1 万～ 10 万立方米基本塘 28 口，总库容 142.3 万立方米；有 1 万立方米小山塘 220 口，总库容 63.75 万立方米，全镇大小水库山塘总库容 405.56 万立方米，解决水田灌溉总面积 894.6 公顷。1966 年起，先后投资 1200 余万元，兴建车头大坝、竹坪大坝；1967 兴建梅田大坝；1978 年兴建岑水横头大坝；2001 年兴建横头大坝水电站，总装机容量 900 千瓦；2002 年兴建车头大坝水电站，总装机容量 300 千瓦，灌溉水田 166.7 公顷，对该镇农业灌溉及农村经济发展发挥了重要作用。

在展开水库建设的同时，梅田镇积极开展渠系配套工程建设，从 1955 年至 2014 年底，境内建设渠系工程总长度 22 公里，其中新洞水库配套红旗渠 4.4 公里，长坪水库配套渠 3.5 公里，竹坪大坝配套渠 2 公里，岑水横头大坝配套渠 1.5 公里。黄石村乐阳河整治排洪渠 4 公里，各类微小型水渠 6.6 公里。截至 2014 年，总投资超过 3700 万元，对全镇工农业生产、改善民生发挥了巨大作用。

村镇建设

城乡环境同治 2013 年 6 月，梅田镇以“环境美化、功能强化、服务优化”为总目标，大力推进示范镇建设。共投资 6560 万元实施五大块 23 个建设项目，对镇区 4 条主街道 2560 米实施道路“白改黑”提质改造，建设沥青路面 1200 平方米、麻石铺装 15000 平方米、路缘石 3000 米、栏杆安装 2800 米、雨污水管道埋设 2300 米、绿化面积 4500 平方米、安装节能路灯 240 盏；对镇区 4 条主干道临街建筑共 80000 平方米实施立面墙改造，安装空调格栅 2200 个，窗套 3500 个；实施绿化、亮化工程，对镇区绿化提质和街道 LED 路灯改造及景观灯建设，安装节能灯 150 多盏，S353 线安装节能互补路灯；新建一个占地 1.47 公顷的集休憩、健身、娱乐、游览、观赏于一体的休闲娱乐广场——梅溪休闲广场。按照“以城带乡、逐步推进”的原则，对 S353 线沿线村庄道路两旁共 30000 平方米实施立面改造；投资 120 余万元打造 5 个村级示范小游园；以 S353 线沿线龙村、下塘、母老等村，上寮、车头等村庄整治示范村，车头、竹坪等人居环境整治示范村为重点开展环境整治行动，通过其示范带动，全镇所有村委会均配备了清洁员、垃圾箱，完善垃圾处理系统，并建立了“户分类、村收集、镇转运”的垃圾处理机制。

小康新村建设 2013年9月，梅田镇政府在车头村启动小康新村示范建设，该示范点规划占地面积10.7公顷、335户，规划建设绿地面积23130平方米，总投资13000万元。其中车头村规范农村村民建房一期各项工作稳步有序推进，并于2014年11月底顺利竣工。梅田镇车头村被湖南省发改委列为全省五个新型农村集中社区建设试点之一投入使用，共68户19300平方米，绿地面积5750平方米，其小康别墅群初具雏形。2014年，梅田镇以“小康新村”为主题，实施新村建设、环境同治、绿化提质、美丽乡村、产业发展和文明新风等“六大工程”。全力打造S353线水楼下至中心镇区的“小康新村示范带”，此示范带覆盖水楼下、龙村、下塘、上寮、车头等5个村22个村民小组。镇投入800余万元，完成了示范带沿线房屋立面美化535栋，建设4个村绿化点，完成道路两旁的环境整治等工作。全镇共规划建设20户以上集中连片建房示范点3个。2014年末，完成龙村、石子岭、上寮、龙塘口4个示范点建设任务。

梅溪广场 梅溪广场始建于2013年9月，共投资1200万元，占地1.33万平方米，其中绿地面积9000多平方米。广场内绿树成荫，花草茂盛，环境清幽，栽种了桂花、红叶李、中东海红枣、红叶石楠、广玉兰、香樟和老人葵等名贵绿化树180多株和球形树300多株。采自石材名乡广东英德的广场景观石简单、大方、雄壮地屹立在广场右边。广场配套设施齐全、基础功能完善，新建了公共卫生间，并聘请专人负责打扫、保洁；配置了8套健身器材，供群众在闲暇时间来此健身；设有南北2个六角亭、数10条石凳供前来参观游览的群众休憩。广场内安装了景观灯24盏、霓虹灯300米，一到晚上灯光璀璨、绚丽夺目、美不胜收，吸引了大量的群众前来观光游览、休憩、健身、娱乐，整个广场人山人海、热闹非凡，成为全镇人民休闲娱乐的精神家园。

社会事业

教育科技

小学教育 清道光年间（1821—1850年）由梅田黄姓在梅田圩建白沙书院，曾遭兵燹，光绪十年（1884）重建，宣统元年（1909）设高等小学堂。民国15年（1926）改为第二区高小，民国17年（1928）遭战争焚毁，民国18年（1929）重修。民国24年（1935），政府下令取缔私学，推行义务教育，境内也同时实行义务教育。民国29年（1940）政府实施国民教育方针，推行一乡一所中心小学，每保一所保国民小学，当时镇内各保大部分办了保国民小学。新中国成立后，政府接管了所有的学校，除留用原有教师外，还聘请了不少代课教师，那时学校向工农开门，村村办冬学、夜校，学文化掀起了高潮。1969年，梅田各地的小学实行五年制，1983年，离休老干部黄日景，自筹资金1000余元，在梅田镇梅田村田心坪兴办了一所私立初小。到第三年，学校规模扩大，学生来自两个省、6个乡、32个村，所招的学生在1984年的毕业考核中，各科合格率100%。1988年，小学实行六年制办学。当年，全镇有小学37所，在校学生3723人，有教职工176人。有幼儿园13所，在园儿童302人，幼师13人。1998年，梅田镇根据县教育局安排，取消初中招生考试，小学毕业生全部进入初中完成九年义务教育。2000年，全镇有小学16所，学生 5164 人；幼儿园 13 所，在园儿童 314 人，幼师 14 人。进入 21 世纪，随着学校布局调整和合格学校建设，小学教育教学发展迅速，适龄儿童入学率 100%，巩固率 100%。2014 年，全镇有 1 所联校，14 所村小和 1 个教学点；小学部、联校和村小有教职工 158 人，在校小学生 3844 人；有幼儿园 5 所，在园幼儿 1438 人，幼师 73 人。

中学教育 1969 年，宜章县革委会号召“社社办高中，队队办初中”，于是各大队都办起了初中，到 1977 年，全镇初中达 13 所。1982 年，全镇撤销了队办初中，只剩 1 所乡（镇）办初中。1969 年，初中实行两年学制，到 1978 年，又改为三年学制。“文化大革命”期间，初中课程设置比较混乱，随意性相当大，大量增设政治课授课时间，大办专业班，搞“开门办学”“校队挂钩”，精简文化课。1978 年以后，中学加强了文化课教学，教育教学质量逐步提升。20 世纪 80 年代末期至 90 年代中专招生并轨前，每年都向公办中等专业学校输送大量的优秀人才。进入 21 世纪中专学生毕业不包分配后，梅田镇中学每年都向湖南省重点中学宜章一中输送大量的保送生，成为宜章乡镇初中办学水平的一面旗帜。1988 年，全镇有中学 2 所，在校学生 936 人；当年共有中学教师 59 人。2000 年，全镇有中学 2 所，在校学生 2058 人，全镇共有中小学教师 338 人。2010 年，学校开办青少年宫，为学生的全面发展奠定了坚实的基础。2014 年，境内设有宜章二中和梅田镇中学 2 所，在校初中生 1840 人；当年共有中小学教师 288 人。

成人教育 1980 年成立梅田镇学区（2009 年 8 月改为梅田镇学校）以来，设立成教专干，专门负责成教工作，从那时起，开始举办各种扫盲班。1990 年全镇青壮年总人数 14648 人，其中有文盲、半文盲 512 人。1990 年至 1995 年扫除文盲 332 人，到 1997 年又脱盲 31 人，剩下 149 人，到 1999 年全部脱盲。期间，共投入扫盲经费 10.2 万元。1991 年，镇创办农校一所，有实验基地 6.73 公顷，到 1998 年共办各类农民技术培训 27 期，共培训学员 1309 人。村级学校培训农民达 3000 多人次。进入 2000 年，成人教育工作转向村民的科技培训，主要是种植技术、养殖技术、安全生产等等，以镇村科技辅导员下村指导为主。

科技 民国 37 年（1948），境内引进四川禾、长沙禾等水稻新品种，种植效果好。1950 年，在外地引进解放灿、满地红等水稻新品种，使亩产量有较大提高。1964 年，引进矮秆水稻品种，全境水稻种植品种普遍实现高秆改矮秆，使境内水稻亩产跃上新台阶。1978 年，推广晚稻杂交品种。1984 年，境内试种早稻杂交品种成功，1985 年全县推广梅田早稻杂交种植经验，在农业生产中除推广品种更新外，还在耕作制度上进行了改革，如改大田育秧为湿润通气育秧，改露天育秧为薄膜覆盖育秧等。20 世纪 80 年代大量使用化肥促进增产，使用农药除草、治虫防病等。

文化体育

文化 群众文化从明朝起，境内就有舞龙、舞狮、夜故事，祭祀活动（其中包括黄师浩祭祀活动）、祁剧、民间小调、瑶族文化等群众活动。新中国成立后，乡政府配有文化助理员，在县文化馆的指导下，成立农村俱乐部、文化室、业余剧团等团体，在节假日或配合政府中心工作开展文艺演出，演出的有祁剧、民间小调、渔鼓词、打莲花闹等节目。在广泛开展群众文化活动的同时，特别注重电影下乡进村，图书下乡进村工作，平均每年送电影进村 182 场次。2014 年，镇区内有个体书店 3 所，可供全镇阅读和购买各类书籍杂志。创建村级文化活动中心 6 个，分别是龙村村、车头村、上寮村、黄石村、荷叶塘村、老湾村。

建设了农家书屋 15 个（包括 13 个村、2 个社区），共藏书 3 万余册。成立文化宣传队伍 2 个。

广播电视 1969 年，梅田矿务局组建梅田镇广播电视站，梅田矿务局破产改制后将其移交给梅田镇人民政府。2011 年，梅田广播电视站改属湖南有线宜章网络有限公司，并更名为湖南有线宜章网络有限公司梅田服务部，将境内的电视模拟信号改造成数字信号。梅田服务部有 4 名员工，全镇有线电视使用户 3194 户，入户率 35%。

农民体育 民国时期，乡及各村均无体育组织，亦无体育设施和运动器材，但当地农民有自发组织，开展舞龙、舞狮、武术等活动。新中国成立后，国家重视人民身体素质，政府倡导群众体育活动，特别重视农民体育活动。境内民间武术、打拳、舞龙、舞狮在农民中盛行。在节假日组织村与村之间开展篮球比赛活动。1979 年，乡政府组织篮球队参加宜章县政府主办的首届农民运动会。1984 年，组队参加了县委组织的武术表演赛。1989 年国庆 40 周年之际，乡政府组织了全乡篮球比赛。2014 年，镇内有黄石村、车头村、上寮村、岑水村篮球场 4 个。

学校体育 民国 12 年（1923），小学体操改称体育课。教学内容由做哑铃操、跳木马、荡秋千、做游戏逐步转为球类、田径运动。民国 23 年（1934），各小学开设童子军课、体育课各一节。新中国成立后，小学普遍实行每周两节体育课。1957 年，小学实行《准备劳动与卫国体育制度》。1964 年，小学实行《青少年体育标准》。2014 年，境内小学体育达标率 90%。

医疗卫生

民国时期，境内有寿世堂、两就堂、寿春堂等中药店 15 家。有执业医师黄镇藩、黄金羊、黄彦升、王宏甲等中医师 9 名。1952 年，成立梅田中西联合诊所。1958 年，建立宜章县梅田乡农村医院，1961 年，梅田农村医院改为公社卫生院。1978 年，改为宜章县精神病医院，1989 年，又改为宜章县梅田镇中心卫生院。1998 年，被评为“爱婴医院”。2001 年，更名为宜章县第三人民医院。2005 年通过二级医院评审。医院占地面积 3.64 公顷，业务用房 1.2 多平方米，编制病床 180 张，现有正式职工 126 人，临聘人员 55 人，其中专业技术人员 149 人，副主任医师 2 人，主治医师 19 人，注册护士 55 人。2014 年，境内有县级医院 1 家，村级卫生室 38 所，小型诊所 4 家，大药房 5 家。2014 年医院收治住院病人 7930 人次，门诊病人 57907 人次。

社会保障

1956 年，农村组建高级农业合作社后，即对孤寡老人实行“五保”（保吃、穿、住、教、葬）照顾。2011 年，有农村最低生活保障户 609 户，820 人，支出 54.9 万元；城市居民最低生活保障 100 户，116 人，支出 23.3 万元；有农村“五保户”148 户，160 人，支出 25.1 万元；有敬老院 1 座，收养“五保”老人 40 人。民政部门资助大病医疗 144 人次，救助资金 34.48 万元，享受农村养老保险 2800 人。2014 年，全镇有城镇低保 79 户，105 人，月人均 248 元；农村低保 957 户，1216 人，月人均 126 元；农村医疗救助 73 人；农村五保分散供养 55 人；乡镇敬老院床位 40 张；农村“五保”人数 86 人。救助人数 28 人。全镇参加农村养老保险人数 17774 人，参保率 49.96%。

特色地情

人物

黄子琼（1247—1330） 字朝琚，南宋淳祐七年（1247）十一月十五日生于江西丰城。黄子琼自幼聪慧，及长好学，乐善好施。宋德祐元年（1275）正月，元军南犯，逼近临安（今杭州）。宋恭宗以国家临近危难之时，接连下达痛诏，征师勤王。时任赣州知州文天祥奉诏移檄诸路，聚兵积粮，在江西、广东募集勇士3万名，抗击元军。黄子琼毅然助文天祥抗元，于南宋景炎二年（1277）随文天祥收复江西几处州县，当兵力集中赣州前线时，终因寡不敌众败走广东。黄子琼只好偕妻携子闯关入湘，辗转骑田岭山水间，择武水东岸老湾（今属梅田镇梅田村）定居。黄子琼急公好义，所居成聚。元至顺元年（1330），黄子琼逝世。

黄湘（1908—2010） 字一华，清光绪三十四年（1908）6月23日生于白沙团樟树下村（今属梅田镇）。1928年考入黄埔军校第七期。1937年“七七”事变后，黄湘先后参加上海、南京、武汉、长沙、枣宜等会战。1941年，黄湘任第七十五军预四师少将副师长。1945年3月，任第七十五军十六师师长，担任鄂西宜昌前线防务，防守陪都重庆。曾亲上前线，指挥炮兵攻克日军宜昌据点，保证了大后方的运输及通讯畅通。1945年8月15日，日本天皇宣布无条件投降。8月下旬，黄湘奉命率十六师挺进鄂中、鄂西，受降区域为鄂中皂市以西，宜昌以东，汉水以北，钟祥以南地区。首先收复宜昌、江陵、沙市、京山、皂市、天门等地，后在天门接受日军柳川中将率领的一三二师团投降缴械。黄湘奉公守法，秉公行事，严禁中饱私囊发国难财的行为。1949年2月，任一〇三军副军长（后任军长），授中将军衔。曾任台湾“财政部国有财产局”负责人。后移居美国。2010年9月9日在美国逝世。

袁贤光（1933—2016） 男，1933年8月出生于白秀乡袁家村（今属梅田镇上寮村）。1951年12月，参加土改。1953年8月，加入中国共产党，先后任共青团白沙区工委组织委员、县农业局党支部书记、县委农村工作部党支部书记、共青团宜章县委副书记、县畜牧水产局副局长兼党支部书记、县农业局副局长兼党支部书记、县商业局副局长、正科级协理员等职。1993年12月退休。退休22年来，他始终坚持人退休了，为党和人民服务的宗旨不退休。他担任53个单位和部门的监督员，调处化解群众矛盾。20多年来，先后照顾47名残疾人和76名孤寡老人，录有2300多名求助群众的电话号码，组织起30000多人的义工队伍。中共宜章县委、宜章县人民政府授予他全县“十佳”老干部。先后荣获“感动宜章十大人物”“郴州市文明市民标兵”“湖南省学雷锋优秀志愿者”“中国好人”等荣誉称号。2014年11月，袁贤光荣获中共中央组织部授予的全国离退休干部先进个人的荣誉。同年12月，被评为第二届“关爱明天、普法先行”——全国青少年普法教育活动先进个人。2016年11月，因病逝世。

名胜古迹

遇仙桥 宜章梅田街口、武水河上，有一座十分壮观的五拱石桥，名为遇仙桥。说起这遇仙桥的来历，有一个美丽的神话传说。自古以来，湍急的武水河自梅田街蜿蜒流淌而过，这条河流既养育着梅田人民，可也不时地发怒，给梅田人带来灾难，特别是在春夏暴雨时节，那汹涌澎湃的河水不但阻断了两岸人民的来往，渡口舟船也无人敢来摆渡，还不时有人或牲口被河水吞没。人们盼呀，盼呀，盼望着能在这武水河面上架起一座平安大桥。由于河宽水急，耗资巨大，没有人敢来揽这个头，因此一直没有人肯站出来主持架桥的事。时至民国初年，有一个游方道士来到梅田，得知此事，于是向地方提出愿意把积年化缘的所有资财，捐赠出来作架桥之用。他的倡议终于感动了地方百姓，纷纷说道：“一个方外道士竟有如此壮举，我等地方百姓岂能袖手旁观？”

遇仙桥

人们推举地方绅士出面主事，人人争先恐后地捐款。架桥之资基本凑齐，于是，请来桥工开始建桥。建桥工程巨大，有清基的，有放炮炸石的，有凿石取料的……工地一片忙碌的景象。忙碌中，桥工们却慢慢地注意到一个奇怪的现况，私下里议论起来。原来，他们发现：每当开工的时候，足有 100 人，到了收工吃饭的时候，却只有 99 人。人们暗暗称奇，却也不说破，后来建桥工期提前圆满地完成了，一座雄伟壮观的五拱石桥耸立在武水河上。遇仙桥的名字，也就自然而然地叫开了。

樟树下古民居群 樟树下古民居群位于宜章县梅田镇梅田村樟树下自然村。据铭砖记载，樟树下古民居始建于清乾隆四十三年（1778），道光至咸丰年间又有续建，逐渐形成现有规模，均为青砖青瓦两层砖木结构建筑，硬山顶、封火墙、垂脊墙、马头墙兼有。门楣、窗格多数雕刻有精美的人物、草虫、花卉图案。巷道通达、宽敞，青石铺地，且修有较为科学的排水系统。墙体相连，布局合理，纵横皆有章法。古时四周圈以丈余高围墙，墙上布满枪眼，以防匪盗侵扰百姓。几条主巷道都装上厚重的栅门，栅门关上，外人无法入内，村民则可在村内进退自如施展攻击防守。村内还有两口古井，水质清澈甘甜，如有足够的粮食储备，可与外敌长期对抗。村内还建有私塾，学童不用外出习文练字。因村民崇尚耕读，尊师重教，民风淳朴，故清代咸丰、光绪年间村里出了多名读书人，有的成为朝廷官员。国民革命军陆军中将黄湘即为该村人氏。2011 年 1 月 24 日，樟树下古民居群被湖南省人民政府授予省级文物保护单位。

民俗风情

端午节插艾 每逢农历五月初五端午节这天，居民用雄黄、朱砂、菖蒲合酒饮用，并用酒涂擦小儿面额，以免疾厄。还用青艾枝插在门边，吊菖蒲于窗前的习俗，有的家庭在纸条上书“五月五日午，天师骑艾虎，我今把笔书，虫蚁归地府”。

（吴冬云　供稿）

麻田镇

麻田镇古为临武县城，是宜章县最早的县治所在地，是中国人民解放军中将欧阳毅的故乡。

区域概况

位置面积

麻田镇位于宜章县中西部，北纬25°19′25″—25°26′0″，东经112°44′26″—112°49′18″，。东与骑田林场、梅田镇相邻，南与浆水乡接壤，西与临武县水东乡交界，北与北湖区芙蓉乡毗邻，境域东西最大距离9.2公里，南北最大距离12.41公里。总面积52.18平方公里。镇政府驻麻田圩，距离县城32公里。

建置沿革

清朝初期，麻田属永福乡第六都；清咸丰年间（1851—1961），隶属白沙团。民国24年（1935），属第二区麻田乡。民国27年（1938）7月，废区改乡，属岑麓乡。民国37（1948）全县并为6个乡，属白沙乡。1949年11月属白沙区人民政府办事处。1950年4月，属白沙区人民政府之麻田、新村、泗溪等3乡，10月，白沙区改名第二区。1953年4月，属第二区之麻田、上洞、泗溪、新村、欧家湾等5乡。1956年撤区并乡时设立麻田乡。1958年，梅田人民公社。1961年7月24日，复由梅田公社划出。置麻田人民公社，1984年3月公社改乡；1993年撤乡建镇。

行政区划

1966年麻田人民公社辖8个生产大队，108个生产队，1979年辖8个生产大队，113个生产队，1982年改为11个生产大队，114个生产队。1984年，公社改为乡，辖桐子树下、上洞、麻田、曾冲、寺门、下塘冲、杨家、三湾、泗溪、新村、松柏11个村民委员会，87个自然村，114个村民小组。2014年辖区与1984年相同。

自然环境

地形地貌 境内为山区地带，地势东、北两面高，南面、西面低。乡政府驻地海拔250米。

水文 境内有三条河流，麻田河源于桐子树下，流经上洞、寺门、麻田、三湾汇入武水河。杨家河源于临武县，流经杨家、泗溪汇入武水河。武水河河床较低，由南向北至东南方向，流经境域总长12公里，坡降6.55‰，径流量35.72立方米/秒；经境内泗溪村、三湾村、松柏村、新村村进入梅田镇内。

自然资源 境内地下资源有煤、锡、铅锌、石墨、花岗岩、湘白玉、骑峰墨玉、黏土等29种矿产资源，且储量丰富。其中1990年经批准发证的镇境内小煤矿可采煤炭储量258.81万吨，加上其他矿的储量，全镇煤炭总储量607.22万吨。

气象和自然灾害 麻田镇属于中亚热带湿润季风气候。气候受季风交替影响，春早多变，夏热期长，秋短温凉，冬无严寒，热量丰富，雨水不匀。年平均气温18.3℃。年平均日照数为1603.1小时。桐子树下瑶族村10–5组、上洞村6、18组是地质灾害易发区，2002年“8·8”洪灾，桐子树下瑶族村大窝村（1组）发生特大山体滑坡致5人失踪，死亡2人，房屋倒塌36栋，开裂35栋，直接经济损失达500万余元。

人口民族

民国28年（1939），岑麓乡辖12保，209甲，总户数2274户（含公共户7户），总人口8976人，其中男4717人（含寺庙8人），女4259人（含寺庙3人）。1979年总户数2835户，总人口14764人，（其中男7386人，女7378人）1988年，总户数4143户，人口17887人，其中男8678人，女9209人。2000年，辖区总户数5175户，人口21307人，其中男11367人，农业户4973户，农业人口20766人。2014年末，总户数6139户，总人口23075人，其中男性12370人，占53.6%；女性10705人，占46.4%；其中城镇人口7069人，城镇化率30.63%。总人口中以汉族为主，达22768人，占98.67%；瑶族62户307人，占总人口的1.33‰。2014年人口出生率10.3‰，死亡率5.02‰，人口自然增长率5.28‰。全镇有欧阳、黄、胡、杨、孙、史、文、王、李、邓、赵、萧、谭10余个姓氏。

经济发展

经济综述

民国以前，百姓生活贫困。因主粮不足，农户多以红薯、蔬菜、蚕豆等充饥。1950年，农民年人均口粮仍不足250千克。农村住房大多数为茅草房，少数为瓦房。1953年，开始间作双季稻，粮食产量增加，人民生活有所改善。1970年开始办煤矿，农村经济开始好转。1979年，麻田公社总收入196.3万元，其中农业收入128.41万元，林业收入1.69万元，牧业收入4.23万元，每户平均694元，每人平均136元。进入20世纪80年代，农村提倡科学种田，广泛使用化肥农药，尤其是推广双季杂交稻，粮食产量大幅提高，农民的温饱问题已经解决，因此加快了乡镇企业的发展。1988年，全乡工农业总产值2168万元，其中：工业总产值1350万元，农业总产值818万元。进入20世纪90年代，麻田乡村企业进一步发展，成为郴州市发展乡镇企业的明星镇，到1996年，全镇有乡镇企业1077家，当年全镇5万元以上存款的小康户达1650户。2000年，全镇工农业总产值59908万元，其中工业总产值56800万元，农业总产值3108万元，人均纯收入4314元。2014年，全镇国民生产总值9.44亿元，比上年增长8.95%。其中，第一产业增加值0.81亿元，比上年增长4.54%；第二产业增加值6.74亿元，比上年增长8%；第三产业1.89亿元，比上年增长14.88%。固定资产总投资59494万元，比上年增长25.40%，实现镇级财政收入2210万元，比上年增长14.75%，农民人均收入11716.5元，同比增长10.23%。

农业

种养业 民国时期，境内农业主要以种植水稻、红薯、玉米为主，产量很低，且绝大部分土地在地主手中，农民缺田少土。中华人民共和国成立后，1951年国家开展土地改革运动，1952年，使耕者有其田，生产积极性高涨，后又推广双季稻，高秆改矮秆，推广化肥农药等。使产量大幅度增加。

1979年，全镇粮食总产5888吨，生猪出栏5477头。进入20世纪80年代，境内普遍推广双季杂交稻，使粮食亩产大提高。1988年，粮食总产8148.9吨，生猪出栏9678头。2000年，境内在继续粮食生产的同时，大力发展油料，水果蔬菜经济作物的生产，当年粮食总产8516吨，油料作物种植总产28吨；蔬菜产量2955吨；水果产量156吨，其中柑橘150吨；生猪出栏17709头；家禽出笼2.93万羽。2014年，全镇有耕地面积811.53公顷，其中水田637.67公顷，旱土173.87公顷。粮食作物以水稻为主，间作蔬菜、玉米、高粱、豆类、薯类、油料、蔬菜、瓜果等。全年粮食种植面积1095.19公顷。粮食总产量6081吨；油料产量343吨；蔬菜产量9716吨；水果1037吨。出栏生猪21990头，出栏牛1970头，出栏羊1081只，出笼家禽14.13万羽，水产品168吨。

2014年，全镇4家县级以上农业龙头企业实现企业总产值1468万元，增长7.62%，带动基地总产值1721万元，增长4.99%，联结农户1267户。农村基础设施建设加强，2014年实现农林牧渔业总产值12179万元，同比增长4.5%。

林业 1983年，全镇有林地面积1793公顷，林木蓄积量3.02万立方米，森林覆盖率36.6%。1995年，有林地2913公顷，活立木蓄积量2.94万立方米，森林覆盖率54.72%。2013年全镇有林地面积2546.3公顷，活立木蓄积量6.92万立方米，森林覆盖率51.6%。2014年全镇累计前六轮造林1000公顷，三年绿化攻坚规划造林任务700公顷，实际完成800公顷。全镇有公益林960公顷，退耕还林73.33公顷，森林覆盖率60%。

工业

清乾隆二十一年（1756）《宜章县志》载："煤炭坑，县西四十里永福乡六都（今梅田、麻田、浆水）各山俱出，贫民借以营生，或肩挑，或舟运县市售焉，亦有运往粤东者。"光绪十年（1884），麻田欧阳氏同黄姓人在墙下山挖煤。光绪二十六年（1900）十二月，麻田欧阳氏组织一批人到劝福村（今孙家村）后龙山挖煤，孙姓为护"龙脉风水"前往阻挠，双方抗争，致死人命而构讼数载，后经宜邑令判将煤山永远封禁。

民国20年（1931），常宁县人阳积厚带领一批人到麻田罗家门购办煤矿，因油灯照明引起瓦斯爆炸，死亡30余人，后停产。民国36年（1947）有利民煤矿公司在岑麓乡劝福村（今麻田镇孙家村）开矿采煤。

新中国成立初期，镇内工业，大多以手工为主，产品无非木器制作，铁器打造，篾编器具制作，亦有个人就地打洞挖煤，除自用外，少数出售。1957年9月15日，县人民委员会发出《土采煤窑经营管理试行办法（草案）的通知》，严禁私办煤矿，农民合伙开办的煤窑折价入社为农业社集体经营。1961年，贯彻国民经济调整方针，境内社队煤矿停办。1970年3月，创办麻田公社24线煤矿，当年产煤0.8万吨，正常投产后，最高年产6万吨。1974年4月，山门水煤矿到麻田筹建新井，7月1日正式开工，1980年建成并简易投产。1981年，24线煤矿遭山洪暴发，淹及全部井口，停产56天。1982年3月，矿长廖国荣作为特邀代表，列席全国煤炭系统先进集体和劳动模范代表大会。1985年8月，建麻田乡牛皮冲矿，设计年产6万吨。1989年12月，县麻田煤矿成功地推广滑移顶梁液压支架金属网放定采煤法，荣获郴州地区科技进步二等奖。1990年4月11日，湖广两省协议将麻田南、曾家井田的部分块段划归宜章地方小煤矿开采。1996年，全镇有乡镇企业1077家，其中镇办企业13家，有采煤井口300余处，年生产原煤100

万吨以上。另有石材加工厂1家，水泥厂2家。当年企业产值达4.8亿元，企业实现利税6800万元。

2014年，全镇实现工业增加值6.65亿元，同比增长7.93%，从事工业人员5231人，产销率为98.54%。煤炭税费完成2330万元。

商贸服务业

民国至新中国成立初期，境内商贸服务均以个体商贩的形式经营，大多以饮食、旅馆业为主，理发在路边村旁设点服务，也有个体商贩，肩挑针头线脑及小百货串村叫卖的。1952年由县供销总社在梅田成立第二区供销合作社，麻田的商业服务由区供销社统管。1961年原县供销社改设为第二商业局，6月成立麻田供销合作社，负责全社的商贸服务工作。

20世纪80年代，镇区建有一条集餐饮、小百货等为一体的综合商业街，逢尾数“3、6、9”日为圩场赶集日，圩场设有摊位50个，店面10间，圩场延伸至麻田村、下塘村的沿路街道2条约350米，有临街门面76间，其中餐饮店15家，小百货28家，其他22家。市场摊位和店面均以家庭成员经营为主，有从业人员260人。2014年社会消费品零售总额7045.55万元，同比增长10%，其他服务行业工资收入874.89万元，同比增长18%。

其他产业

建筑业　建筑业平稳发展，全年建筑业实现增加值967万元，同比增长12.64%。固定资产投资稳步增长，2014年全镇完成固定资产项目投资59494万元，比上年增长25.40%。全年实际利用内资4800万元，增长31%。

劳务输出　2014年，全镇新增城镇就业200人，农村劳动力转移就业450人，年末城镇登记失业率3.1%。

基础设施

交通运输

水路交通　唐有武水航道。清道光年间至20世纪60年代初，武水河直通广东，是水路交通要道，日有小船只近百艘载货搭客，往来于乐昌、坪石、泗溪、梅田之间。1967年，由于陆路交通发达，加上兴修水利、修筑河坝停航。

公路　梅麻公路连接梅田，经麻田可至临武县、北湖区，是麻田镇连通外界的主要交通要道。

2014年修建了桐子树下瑶族村客运招呼站，启动了上洞村至开山寺公路、杨家村乌塘冲危桥改造、新村鹧鸪洞桥连接线等项目。全镇交通运输、仓储及邮电通信业实现增加值1.3亿元，同比增长25.14%。交通运输客运量37万人次，比上年增长3%，交通货运量170万吨，比上年增长8%。

通乡公路　梅麻公路总长6.3公里，于90年代初铺设柏油，2005年通乡公路改造工程正式立项建设，按照“高规格、高质量、高标准”的目标，公路部门给予特殊的考虑，按每公里77万元的造价进行改造，设计路面宽6米，厚66厘米，大幅度降低坡度，拉直弯道，按照规定水泥公路的配套资金每公里为10万元，镇里主动承担了每公里配套20万元的任务，筹集了配套资金共计123万元，于2005年9月竣工通车，麻田百姓称之为“民心路、德政路、致富路”。于2014年升级为省道S212。

通村公路　2005年11月，修筑上洞公路，长3.5公里。2006年9月，修筑新村公路，长0.7公里；修筑杨家公路，长6.5公里。同年10月，修筑泗溪公路，长3.8公里；修筑三湾公路，长0.6公里。2007年5月，修筑寺门公路，长1.1公里；

同年10月，修筑曾冲公路，长3.6公里；桐子树下公路，长2.4公里。

铁路 1976年10月，京广铁路坪梅铁路梅田至临武沙田段正式通车，并建立麻田车站，坪梅支线从南向西北方向途经新村、松柏、三湾、下塘冲、杨家等村过境。

桥梁 境内有各类桥梁20座，总长1059米。

邮政通信

民国20年（1931）9月15日，宜章县邮政局在白沙区（第二区）泗溪村设邮柜1个，用以收发邮件。1958年，全县乡乡通电话，自此麻田始有电话。

1994年邮政储蓄所设立，2007年分设邮政和储蓄，2014年年末存款余额8032万元，比上年增长9.2%。2014年年末有邮政所1个，电信、移动、联通电话服务网点5个。固定电信用户2857户，增加112户，增长4.08%，手机7668部，比上年增加215台，固定电话普及率46.79%，互联网用户420户，全年电信业务收入42万元。邮政函件2720件，订销报纸2030份，订销杂志570份。

供水供电

供水 新中国成立初期，各自然村都选地设有自涌井，村民均以木桶挑自涌井水饮用。20世纪80年代，部分村民在自家住房附近人工挖凿吊井取地下水饮用。90年代，许多村民在自家屋顶建设水池或购买铁皮水桶，用小型水泵抽取地下井水入池（桶），以水管接水用。镇区建设供水水池和自来水管网，于下塘冲村河段附近取水（该水井及管网设施现仍作为镇区饮水备用水源）。

20世纪90年代初，镇区人均综合用水量按120升/日计算，镇区用水量为1100吨/日。为解决村民饮水难题，2007年，镇村先后筹集资金近500万元兴修人畜引水工程，其中2009年4月投资300万元完成一期建设，主要包括500立方米水池、水泥堤坝、总长17公里的管道工程等。2014年6月启动二期工程建设，投资190万元，主要建设内容含水厂厂房、净化设施、管道铺设等。饮水工程解决了上洞、寺门、曾冲、麻田、下塘冲、杨家、三湾村委会，以及镇政府、学校、医院等共13000多居民的饮水问题。

供电 新中国成立前后，境内照明主要用松香和油灯。20世纪80年代初，开始用电照明。全镇农网改造时间2000—2003年，2000年农村用电量420万千瓦小时，2014年全镇总用电量1400万千瓦小时，其中11个村居民用电量860万千瓦小时。

水利建设

1959年，建松柏四方井、麻田上洞水库各1座，1965年，建麻田渠道，1975年建引水坝。2000年，麻田镇以"管水源，强建设，保安全，促生产"为重点，大兴农田水利和人畜引水工程建设，有效地促进了农业增效、农民增收，农民生产生活环境得到较大改善。2014年，全镇有小Ⅱ型水库2座。山塘工程73处，其中山塘39处，堤坝工程34处，总蓄水量165万立方米，改善灌溉面积685.4公顷。渠道工程43段，总长26公里，大多建于20世纪六七十年代，21世纪后对渠道进行了三面光改造，渠道工程改造具有灌溉、排洪功能，新增灌面698.87公顷，改善灌面2081.47公顷。

村镇建设

民国时期，村民建造的住宅一般是木结构低矮平房。20世纪六七十年代开始使用砖木结构，一般为土砖。20世纪80年代以后，陆续使用红砖建造房屋。进入21世纪，老百姓大都修建砖混结构的二至三层楼房。

2013年6月，启动实施城乡共建与环境同治，以“打造宜居、宜商、宜游小镇，建设美丽麻田”为目标，经过大力开展大清扫、大规划、大拆除、大宣教、大建设行动，筹资1890万元完成镇区街道立面改造、小游园等建设项目17个，建设一事一议项目7个，其中：镇区道路拓宽并加铺沥青路面道路700米、改扩建人行道1400米，规划停车位20处，安装太阳能路灯139盏、LED路灯39盏，粉刷外墙5.6万平方米，铺瓷砖7000平方米；建下塘冲休闲文化广场2400平方米、2个小游园4200平方米，梅麻路种植7500株樟树、节点绿化6000平方米；新增垃圾池15个、垃圾斗45个、垃圾车1辆、垃圾箱、垃圾桶4000个。同时建设了长350米、文字图片160幅的文化墙，丰富了镇区文化内涵，展现了团结、和谐、公正、廉洁的良好形象。背街小巷环境卫生得到彻底整治，特别是镇区道路拓宽并加铺沥青路面道路、管网下地、人行道安装、绿化和安装了较高标准的太阳能和LED路灯，以及松柏村等一带的立面改造，投入大，见效快，已成为进入麻田的一道亮丽风景。

2013年省发改委下达桐子树下瑶族村易地扶贫搬迁工程投资计划，这是国家和省批复宜章县的第一个易地扶贫搬迁工程，建设内容为建筑面积2.4万平方米及其他配套工程，其中安排中央预算内投资570万元，房屋主体为五层，户型面积按93平方米和123平方米设计，总投资2600万元。第一期工程规划建设9栋144户，其中贫困户127户人，2015年12月底完工。

2014年编制了《麻田镇总体规划》和《麻田镇村布局规划》，完成全镇52个自然村的村庄规划设计，房屋实名登记住房5170栋，危房1532栋，查处147户违规建房并限期整改到位。抓好了泗溪村、桐子树下瑶族村2个人居环境整治示范村建设，投入建设资金24万元，完成植树1200株、新建花池32个、公路护坡660平方米、整地535平方米。加快推进下塘冲绿化示范村、市级卫生村建设，栽种绿化树苗2200棵，绿化面积6500平方米。

社会事业

教育科技

教育 民国29年（1940），政府实施国民教育方针，推行一乡一所中心小学，一保一所保国民小学，境内绝大部分保都设有保国民小学。1949年11月，白沙区人民政府接管境内公私小学，并按照“维持现状，逐步改造”的原则，恢复和发展小学教育。1952年，境内各小学推行五年一贯制，推广普通话教学。1953年，又恢复四、二分段制。1958年10月，梅田成立人民公社。麻田完小划归麻田大队，其他大队则借用旧祠堂、祖厅屋作校舍，相继办起了完全小学。1975年，麻田公社兴起了第一轮办学热潮，桐子树下、新村、泗溪等村兴建了砖木结构校舍，1976年，各大队办起了初中班，公社中学则办了一个高中班，1981年，麻田公社创办中心小学。1988年，小学由五年制改为六年制，当年有小学27所，在校学生2513人，教师115人；有中学1所，在校学生271人；教师24人。有幼儿园10所，在园儿童127人；幼师10人。1998年，镇内民办教师通过考取中师转正、民师录用等途径全部成为公办教师，同时清退了所有代课教师。同年国家普九年检开始，9月全镇普九年检合格，小学毕业生实现了免试入学，全部升入初中就读，小学入学率达100%、巩固率达99.8%，当年小学在校学生3763人，教职工112人。2000年，有小学12所，在校学生2862人；有中学1所，在校学生940人；有中学教师55人；有幼儿园10所，在园儿童234人，幼师10人。

2002年下期，全镇调整小学布局，下塘冲、寺门、曾冲三所村小撤销，校舍归村集体，其他校产归中心小学，学生到中心小学就读，同时各村的教学点全部撤销，只保留一所学校。

2003年下期，由于开展教育体制改革，撤销各乡镇学区，各乡镇分中学、小学两块管理。2009年下期，对麻田境内的初中和小学统一管理，成立麻田镇学校。

2014年年末，境内有小学8所，在校学生2951人，有中学1所，在校学生438人，共有中小学教师98人；有幼儿园3所，在园儿童697人，幼师34人。

科技　民国至新中国成立初期，境内种的农作物是传统品种，耕作方法也采用传统方法。1952年，境内开始引进早稻南特号，并试种成功。1967年，全境水稻品种全部矮秆化，亩产量由原来的101千克，提高到201.5千克。在改革品种的同时，耕作技术也在境内不断改革提高，育秧改大田育秧为通气湿润秧田育秧，改露天育种为薄膜覆盖育秧。20世纪70年代进行了冷浸田改造，同时在境内推广使用除草剂、杀虫剂、九二O、植宝素等除草、除虫、增产的新农药及化肥。

文化体育

文化　民国时期，境内老百姓农闲时文化生活主要是看木偶戏、看大戏（祁剧）、舞狮子、耍龙灯等。20世纪50年代成立祁剧团。上洞村、麻田村于60年代成立花鼓剧团（调班子），设有戏台供剧团演出。“文化大革命”期间成立了毛泽东思想文艺宣传队，组织民间艺人到各地巡回演出。春节期间民间自办剧目有《目莲救母》《哑子背疯》《打樱桃》《尚书夜读》等，曾多次组织在当地乡村巡回演出。1998年12月23日，湖南省文化厅授予麻田小调班为“农村百佳业余剧团”称号。同时麻田镇有线电视台建成，与县广播电视电影局合作转播42套节目，自办台1套，2006年并入宜章县广播电影电视局，2012年，新建麻田文化站，建筑面积375平方米，管理人员1人。2014年11个村均建立了1个农家书屋，共藏书35273册。有美术、摄影、书法及文学业余创作人员5人。

当年开通电视节目70套，有线电视用户3482户，电视覆盖率95%。

体育

学校体育　清末，在乡高等小学堂设体操课。民国12年（1923），各小学改体操课为体育课，教学内容由做哑铃操、跳木马、荡秋千、做游戏逐步改为球类、田径运动。民国23年（1934），各小学开设童子军课、体育课各一节。新中国成立后，小学普遍实行每周两节体育课。1957年，各学校实行《准备劳动与卫国体育制度》。1964年，学校实行《青少年体育标准》，都坚持每周两节体育课。2014年，有学校体育场地9块。

农民体育　境内农民好习武、打拳、舞龙、舞狮。除农民在节日间自发组织舞龙、舞狮活动外，政府还有组织地组织以自然村为单位的篮球比赛活动。1977年夏组队参加宜章县首届农民篮球运动会。至2014年年末，境内有机关篮球场1个，村级体育场30块。

医疗卫生

1958年，成立麻田乡农村医院。1961年，农村医院改为公社卫生院。1988年，有乡卫生院1所，占地面积4002平方米，房屋面积1519平方米，医疗用房870平方米，职工住房720平方米，其他建筑110平方米，病床14张，还有麻田煤矿医务室、农村医疗点22个，医务共32人。

2014年年末有医疗卫生机构25个，其中镇卫生院1个（有病床34张），村卫生室24个。专业卫生人员23人，执照助理师11人，注册护士7人，医疗机构（门诊部以上）完成诊疗15919人次。全镇参合人数20808人，缴纳参合金187.28万元，农村新农合补偿2657人次，补偿总金额229.86万元。

社会保障

1956年，境内组成高级农业合作社，对孤寡老人实行“五保”（保吃、保穿、保住、保教、保葬）照顾，由高级社负责。1958年，高级社改制为人民公社，由公社负责。1987年，麻田乡有“五保户”79户，102人。进入21世纪，敬老院兴起，对五保户及社会各类困难人员的救济全由政府负责。2011年，境内有农村最低生活保障户221户，共223人，支出28.932万元；新增低保户40户，52人，取消不符合条件低保户15人。有农村“五保户”133人，支出20.748万元，有敬老院1座，收养五保老人38人。民政部门资助大病救助28人次，支出5.74万元，安置士官2人，实现城市新增就业200人，新农合参保人数6380人。

2014年，境内有敬老院1座，有床位50张，收养“五保”老人。当年核实新增低保100人，取消24人，向598户，844名低保人员发放低保金129.37万元。向63名“五保”人员发放“五保”金13.99万元。当年有131人享有新逐保计生优惠政策，发放补助金5.43万元。

特色地情

人物

欧阳毅（1909—2005） 1909年4月1日生于白沙团麻田村（今属麻田镇），1927年加入中国共产主义青年团，1928年转入中国共产党。1928年1月，参加湘南起义。参加了井冈山和中央苏区的斗争。曾任红四军第二十八团连政治指导员、红四军无线电台政治委员、红四军第一纵队政治委员、红四军教导大队政治委员、中华苏维埃共和国政治保卫局秘书长、红五军团政治保卫局局长、红四方面军政治保卫局秘书长、总指挥部一局局长、西路军总指挥部五局局长等职。长征胜利后，参加了西路军作战。西路军失败后，沿途靠卖字讨饭回到延安，受到毛泽东赞扬。抗日战争时期和解放战争时期，任中国人民抗日军政大学总校秘书长，军委总政治部锄奸部副部长，陕甘宁晋绥联防军政治部保卫部部长。中华人民共和国成立后，任中国人民解放军公安部队政治部主任，中国人民解放军炮兵副政治委员。1955年被授予中将军衔，荣获一级八一勋章、一级独立自由勋章、一级解放勋章。1988年授予一级红星功勋荣誉章。是中国人民政治协商会议第四届全国委员会委员，第六届全国人民代表大会常务委员会委员，中国共产党第七次全国代表大会候补代表，第十一次全国代表大会代表。2005年6月12日，因病在北京逝世。

名胜古迹

开山寺 开山寺始建于唐广明年间（880–881），由李汉选肇建。位于骑田岭西麓麻田镇上洞村的金峰与玉溪镇黄岑岭之间的五雷击鼓的山腰，海拔约700米，三面环山，坐北朝南，占地面积千余平方米，寺前有一条潺潺小溪和数百亩陡峭的梯田，背后是无尽的青山。著名的明代兵部尚书邝埜、户部尚书邓庠都曾在此攻读。湘南起义时期的萧克、欧阳毅和南方游击战争时期的湘南特委领导人谷子元等曾先后进驻开山寺及其邻近的畔泥湖一带。

义章县治旧址 隋大业十三年（617），梁室后裔萧铣起兵反隋，据有郴州，析郴县南乡，始

开山寺

置义章县，县治设永福乡下村（今新村）。据有关部门勘察，新村境内仍有县治旧址遗迹。其中，新村欧阳氏祠堂前，有一对直径 20 余厘米，长 1.8 米的石柱，上刻“影射朝阳鸣彩凤，平拖武水跃金龙”的对联。

欧阳毅故居 欧阳毅故居位于宜章县城西面约 38 公里的麻田镇麻田村。故居始建于清中期（嘉庆年），坐北朝南，依山势而连，为一进式建筑，二层建筑面积 68.94 平方米。故居主体青砖青瓦到顶，白灰勾线，硬山顶，风火墙，脊背叠瓦压梁，中置葫芦宝顶。主体建筑进深为 7.1 米，一进大门为过道，左边为卧室，右边为小厢房，顶高 5.1 米，石坎，木门，简单木质窗户，属典型的湘南古民居。中华人民共和国成立初期对故居腐朽的木质构件作简单的修补，对屋面、椽条、望板进行过翻修、更换，墙体则基本未动。2008 年，欧阳毅故居由郴州市人民政府公布为市级文物保护单位。

民俗风情

抖糍粑 “抖糍粑”是麻田在春节期间用糯米饭抖制的，富有之家做“抖糍粑”的糯米“达一二百斤，一般人家也达二三十斤”。每年春节前，先把糯米加水煮熟，家家户户的青壮年男子便摆开架式，高举“丁”字形榔锤，一上一下把糯米饭舂溶，青壮年妇女便取出来做成模饼，先放在用鸡蛋黄或茶油抹过的大簸箩里，放在火炉上烤软即可。“抖糍粑”成为当地人的送礼佳品。

（李富军 供稿）

浆水乡>>

境内有石虎山“武陵侯祠”，盛产楠竹，是著名的煤炭之乡。

区域概况

位置面积

浆水乡位于宜章县西南部，北纬25°14′33″至25°21′24″，东经112°41′5″至112°50′11″。东与梅田镇毗邻，南与长村乡、迎春镇接壤，西与临武县同益乡、汾市乡交接，北与麻田镇相连。辖区东西最大距离15.8公里，南北最大距离12.7公里，总面积85.7平方公里。乡人民政府驻水口村，驻地海拔250米，距县城33公里。

建置沿革

浆水是康水的源流之一，以纳入金鸡塝下的琼浆泉水而得名。明代及清初属永福乡，清咸丰年间（1851—1861年）至民国初期属白沙团，民国24年（1935）属第二区南坪乡，浆水乡、石岭乡。民国27年（1938）7月10日分属白秀乡。1949年11月，属白沙区人民政府办事处。1950年属白沙区人民政府（亦称第二区）。1953年4月，分属第二区之浆水乡、大地岭乡、茅栗坪乡、夏洛乡、洛角乡、南冲乡。1956年6月，撤销第二区，将浆水乡、大地岭乡、茅栗坪乡、夏洛乡、洛角乡、南冲乡合并，仍称浆水乡，驻地浆水村。1958年10月，并入梅田人民公社。1961年3月从梅田人民公社划出，建立浆水人民公社。1966年9月改名立新人民公社。1981年1月地名普查时，复名为浆水人民公社。1984年3月改社为乡。

行政区划

2014年，浆水乡辖浆水、水口、偏溪、洛阁、杉树山、新华、温塘坳、大地岭、上源头、茅栗、锁石、龟爻、夏洛、新车坪、塔塘15个村民委员会，155个村民小组，78个自然村，辖区内有都岭林场。

自然环境

地形地貌 境内多为山地和丘陵，地势起伏较大。地面高度一般在海拔240米左右，境内最高峰都岭位于杉树山村海拔565米。

水文 河流属北江支流，境内有浆水、康水二源头：其一，石虎东流之水曰浆水。源出陂泉，泉在石虎山之西。由塘枣湾入涧，形如委带，经接龙桥瀑布而下涧，中经金鸡岩，下会琼浆泉水，浆水村由此得名。浆水流经数里，经黄泥土至桥头洞入康水；其二，石虎山西流之水，至崆梧洞，会高涧水、经康湖洞，凡石虎西流之水，均会于此，康水因此得名。凡境内涌泉、溪水均入注武水河流从北至南流经龟爻、夏洛、新车坪三个村，入乐昌曲江。武水河流域面积12.5平方公里，境内长度8.9公里，流量为35.72立方米每秒。

气候 属亚热带湿润季风性气候区。雨量充沛，气候温和，四季分明，多年平均气温18.3℃，7月平均气温28.1℃。年平均日照数为1603.1小时。

自然灾害 主要有洪涝、地质灾害等自然灾害。其中温塘坳村上司洞自然村、杉树山村洛城自然村由于采矿地质灾害而整体搬迁；1998年"7·15"、2007年"7·1"的洪灾造成武水河沿线的龟爻、夏洛、新车坪等村房屋、农田受损严重。

自然资源 盛产楠竹、杉树，有煤炭资源、石虎山旅游资源、夏洛温泉资源。境内地下矿藏以煤炭为主，据《宜章县煤炭志》记载：1993年前累计探明的总储量为837万吨，其中工业储量629.1万吨，远景储量207.9万吨。1990年度以前已发证的乡镇煤炭储量为341万吨。

人口民族

民国28年（1939），金华乡（今浆水乡）共有10保、173甲，总户数1788户（含公共区所户数4户）。总人口7510人，其中男3957人（其中含寺庙男3人），女3553人。1979年，浆水乡总户数3242户，总人口16620人，其中男8432人，女8188人。进入20世纪80年代，国家大力推进计划生育政策，乡政府非常重视计划生育政策的落实，取得显著成效。到1988年，全乡总人口4295户、总人口19786人，其中男9951人，女9835人。2000年，全乡总户数5273户，其中农业户4779户。总人口20742人，其中男10639人，女10103人。2014年，辖区总户数7199户，总人口24665人。其中，农业户6731户，农业人口22732人，占92.16%，非农业人口1933人，占7.84%。当年，人口出生率12‰，死亡率5‰，人口自然增长率7‰。有流动人口4660人，其中流出人口4619人，流入人口41人。民族为单一的汉族，有黄、李、廖、陈、邓、江、曹、谭、尹、符、唐等等多种姓氏，其中黄姓、李姓居多。

经济发展

经济综述

清末及民国时，境内农业以种植业为主，种植品种以水稻、玉米、红薯为主，由于耕作粗放、缺肥少管，产量较低，如遇天灾，田土绝收，人民缺衣少食，生活水平低下。中华人民共和国建立，1951年，实行土地改革，使耕者有其田，提高了农民的生产积极性，生产有较大发展。同时国家逐步推广使用农药化肥，使农产品产量有较大提高。1960年，境内推广双季稻，1969年，水稻品种改高秆为矮秆，20世纪70年代农业仍然是传统农业经济，但社办企业开始发展。20世纪80年代，农村普遍推广双季杂交稻，产量大幅度提高。同时，乡党委、政府在改造升级传统煤矿企业的同时，走"从地下到地上，黑色到绿色"的转型发展之路，在发展油茶、花卉种植，生猪养殖，开发旅游等方面取得成效，1988年，全乡工农业总产值达到1871万元，其中工业总产值1082万元，农业总产值789万元。人平纯收入101元。2000年，全乡工农业总产值达到35616万元，其中工业总产值32711万元，农业总产值2905万元。人平纯收入3112元。2014年全乡完成国民生产总值75390.04万元，其中第一产业6465万元，第二产业56356.8万元，第三产业12568.24万元，完成固定资产投资55523万元，农民人均纯收入9982元。

农业

种养业 清末至民国境内农业生产以种植水田、玉米、红薯为主，由于品种低下、管理粗放、产量不高，水稻亩产不足300千克。新中国成立后，先后推广双季稻、高秆改矮秆，双季杂交稻、并使用农药治虫治病，使用化肥等措施，使农田亩产量不断提高。1979年，产粮5912吨、蔬菜385吨、水果4吨，生猪出栏5933头。1988年，全乡粮食总产量7570吨，油料4.2吨，水果6.7吨，生猪出栏11093头。2000年，全乡农业总产值2905万元，粮食总产量8262吨，油料85吨，水果25吨，生猪出栏21622头。2014年，粮食作物主要有水稻、玉米、红薯、马铃薯，当年粮食总产量8430吨，其他经济作物主要有油茶和烤烟，当年种植油茶533.33公顷，产成品茶油3500千克，发展烤烟333.33公顷完成烤烟收购60.65吨。同时发展了4家占地500亩以上、以湘竹园为代表的绿化苗木基地。全乡养殖业主要有生猪、牛、羊、鸡等种类，当年生猪出栏2.13万头、牛出栏0.07万头、羊出栏0.03万只、家禽出笼7.13万羽，有9家投资上百万的牲畜养殖场，豪猪、竹鼠等特色养殖发展。林业：浆水境内,历来林木繁茂,处处山青水秀。当地树种以杉、松、楠竹为主，杂树品种繁多。1950—1957年，为境内林业初创时期，山地因废除封建土地制度，使农民获得土地，随后转入合作化，土地转为集体所有，随着境内贯彻“普遍护林，重点造林”方针，实行谁种谁有、伙种伙有，村种村有原则，但因技术低，造林质量低。1958—1963年，林业生产受挫，搞造林“大跃进”，成活率很低。1964—1981年，以队办、乡办林场为主造林。到1983年,境内林业用地面积5647公顷，其中有林地3620公顷，森林覆盖率44.7%，林木蓄积量5.86万立方米，排全县第三位。1995年，有林业用地面积6067公顷，其中有林地面积5134公顷；活立木蓄积量10.37万立方米，森林覆盖58.83%。2011年完成第三轮十万亩生态营林面积242公顷，全乡累计完成造林面积1709公顷。

2013年普查，境内有林地面积4738.8公顷，活立木蓄积量16.94万立方米，森林覆盖率62.84%。

2014年，全乡有林业用地面积7333.3公顷，在完成第七轮十万亩生态营造林工程后，完成植树造林2000公顷。在农业发展过程中，确定油茶为“一乡一品”，将油茶定位为龙头企业。围绕打造“万亩油茶之乡”目标，乡党委、政府积极引导企业老板绿色转型，引进并扶持宜章泰丰农业开发科技生态园、郴州皓翔农林公司等企业在浆水大力发展油茶。在全乡已发展533公顷油茶基地，每年可为本地群众创造劳务收入200余万元。

工业

民国至新中国成立初期，境内工业很不发达，仅有铁匠、木匠、石匠、篾匠，在农村为农民服务,大部分农时务农,农闲务工,少数为专业务工。1958年，在“大办钢铁”的口号下，办了一些小型工业企业，但不久被关停。1961年3月，四板桥煤矿有工人50人，年产煤1万~2万吨。同年，杉树山大队开办小煤窑，为平峒土法开采，年产煤0.3万~0.5万吨。1962年7月,四板桥煤矿为社、队联办煤矿。1964年，浆水公社将杉树山大队煤矿收为社办，该矿主产无烟煤。1965年该矿副矿长黄要生在该矿推行竹帘假顶水平分层采煤法采煤，年产煤量达到4万~5万吨，成为当时县内城乡生产、生活用煤主要基地。1966年该矿改名为立新煤矿。1990年该矿生产工人达110人，年产煤2.2万吨，此外，境内还有鹅形煤矿、炭阳门煤矿、渔岭煤矿。

1988年，县办山门水煤矿总产值86万元，乡办企业产值154万元，村办企业产值70万元，个体工业产值184万元，其他集体企业产值7万元。当年全乡工业总产值达到1082万元。

1999年，广东省梅田矿务局十一矿关闭破产。2000年，广东省梅田矿务局三矿、四矿相继关闭破产。广东省梅田矿务局所属三、四、十一矿关闭破产后资源开采权转让给宜章县人民政府，县政府对矿井进行重新布局，向社会公开拍卖采矿权，拍卖后的广东省梅田矿务局所属三、四、十一矿分别变更为荣福煤矿、顺达煤矿、金华山煤矿。2000年，全乡工业总产值32711万元。2014年，全乡工业生产总值14.32亿元。

商贸服务业

民国时期，浆水除有理发个体户和少数个体商贩外，其余几乎是空白。新中国成立，国家重视农村商贸服务业的发展，1952年10月1日，成立梅田（第二区）供销合作社，1955年浆水设购销商店，负责全乡人民的生活、生产物资的购销工作。20世纪70年代末期改革开放后，境内商贸服务业发展较快，从事南什、百货、服装、餐饮、旅店、农业生产资料经营的个体商店，以及各类摊贩达数十家，生意兴隆。

2014年，全乡有各类个体户门店926家，第三产业主要支柱为旅游业。为加快发展第三产业，乡政府成立了宜章县石虎山旅游开发有限公司，大力开发石虎山旅游景区。景区已完成了香房、食堂、活动室等基础设施建设。同时，成功将“老虎门生态农庄”打造为三星级生态农庄，进一步提高了石虎山旅游景区的综合价值。2014年，石虎山旅游景区共接待各地游客2万余人次。全年社会商品零售总额8378万元，比上年增长10.2%。第三产业增加总值12568.24万元。

基础设施

2000—2014年，通过大上项目不断完善基础设施，人民生活水平得到不断提高，共建小康社会的进程不断加快。全乡村级道路全部实行水泥路面硬化；全乡安全饮水问题基本解决；投入200多万元的浆水乡小游园项目已完成；建成了温塘坳、龟爻两处集中建房示范点；投入近100万元完成了新华小学整体搬迁，投入160余万元建成了中心幼儿园。

道路交通

1958年，省道324线贯穿乡境；1970年4月30日，坪梅铁路通车，穿境而过；2011年9月25日，宜凤高速公路正式通车，贯穿全乡；2014年，全乡已实现村村通公路。

农田水利

1976年，建设小Ⅱ型水库磨刀口水库1座。1969年动工建设油井头电站一座，1974年正式发电。2013年，投入近10万元完成了新车坪村渠道三面光项目；2014年，投入30余万元完成了茅栗七亩洞拦河坝工程，投入30余万元完成了上源头灌渠整修。

供电供水

新中国成立前后，境内照明主要用松香和油灯。1964年，开始用电照明。2014年年末，全乡村村通电，只有龟爻、夏洛村、偏溪、洛阁、塔塘、杉树山部分区域未实行电网改造。同时，通过争取项目，实施了一系列饮水工程，建成了浆水村水厂、杉树山村水厂、茅栗水厂，供水人口包括乡政府在内可达到15000人，有效解决了境内群众的安全饮水问题。其中最早建成的浆水村水厂建于2004年，总投入达200余万元，日供水量达到500吨。

邮政通信

民国23年（1934），境内开始通电话。1958年10月人民公社化后，电话通至各生产大队。1971年，浆水设立了1家邮电所。1998年，邮政与电信业务分离，成立了单独的邮政所与电信网点。2014年末，全乡有邮政代办所1处；有电信网点2家，移动、联通联合网点各1家。固定电话用户600多户，移动电话用户7000多户，互联网用户180多户，全年电信业务收入50余万元。

社会事业

教育科技

教育 民国30年（1941），宜章开始实行国民教育，乡设有中心小学一所，各保设有保国民小学。新中国成立后，教育有很大发展，1969年，创办浆水乡初级中学，在校学生371人，教职工21人。当年，80%的小学办成了五年一贯制。1958年4月，县委发文动员"轰轰烈烈"办学的"大跃进"，村村建有小学。1985年，新建浆水乡中心小学，当年有15个教学班，在校学生796人，教职工31人。1987年，省委副书记刘正到该校视察，题写校名。1988年，乡内有幼儿园15所，在园儿童237人，幼师15人；有小学20所，在校学生2910人；有中学1所，在校学生371人；共有中小学教师155人。2000年，乡内有幼儿园15所，在园儿童268人，幼师15人；有小学16所，学生4093人；有中学1所，学生881人；共有中小学教师151人。到2014年，全乡有1所中学部、1所中心小学、1所浆水联校、8所村级小学，1所公办幼儿园，2所民办幼儿园，1所九年一贯制民办学校。全乡在校义务教育阶段学生2191人，其中初中生551人，小学生1640人，52个教学班；学前幼儿466人，14个教学班；教职工110人，(其中：在职在编68人，学校聘请老师35人，顶岗实习教师7人)，中学高级教师38人，中学一级教师和小学高级教师38人，本科学历40人，大专学历44人，中专学历13人，合格学历100%。退休教师49人。

科技 境内农业科技应用主要有：引进水稻良种。1950年引进解放籼、满地红。1952年引种早稻南特号，后又引进洞庭早稻。1967年全境水稻品种全部矮秆化。1986年境内晚稻杂交化，1988年实现双季杂交化，在水稻改种的同时引进了良种猪、良种鸡等。2014年，全乡培养发展了6名科技示范户，以点带面带动群众科学致富。

文化体育

文化 民国时期，境内民间流行山歌、小调、号子等三类。山歌大部分是自编自唱、自生自灭。小调具有祁剧特色，主要流行《四季歌》《孟姜女》《十月怀胎》等。音乐主要以二胡、笛子、唢呐、锣鼓为乐器组成乐队，在乡村自吹自打，自娱自乐，特别是在红白喜事或节日期间，设台演唱，演唱的曲目主要有《采茶调》《路调》《花调》《哭板》《大开门》《小开门》等。

新中国成立后，区乡政府设有文化助理员，在县文化馆的指导下，开展各项乡村文化活动。1954年，境内几乎社社（农业合作社）有业余剧团，演出各种折子戏、剧目除继承民国时的传统外，增加了《东方红》《没有共产党就没有新中国》《解放军的天》《谁养谁活》等歌曲，以及《盗花》《三毛箭打鸟》《盘花》《补瓷缸》等。当年在梅田区政府组织的文艺会演中，锁石小调班获大奖。"文化大革命”期间，则大唱毛主席语录歌，有不少村成立了毛泽东思想宣传队。1975年，电影下乡下村演出，小调班基本停止活动。1989年，境内停止多年的“八音班”，恢复活动。其主要活动是在白喜事期间演唱，演唱的曲调以哀调为主。小调班在喜庆日演出的主要节目有《九龙杯》《目莲救母》《卖花记》《春风茶馆》等。除上述曲艺节演出外，境内还流行舞龙、舞狮，还有锁石夜故事等。2014年，有乡文化广播电视站1个，村级文化活动中心13个，农家书屋15家。

体育 农民体育。境内农民酷爱武术，体育活动主要以舞龙、舞狮活动为主，每逢节假日，有舞龙、舞狮能力的村庄都会组织队伍外出开展活动。1989年国庆节期间，境内开展了舞龙、舞狮、武术活动并举办村级篮球比赛。2014年，境内有村级体育场8块，乡级体育场1块。

学校体育。民国12年（1923），境内小学体操课改称体育课，教学内容由做哑铃操、跳木马、荡秋千、做游戏逐步转为球类及田径运动。民国23年（1934），境内小学设童子军课、体育课各一节。童子军课以列队、野炊、侦察、救护为教学内容；新中国成立后，小学普遍实行每周两节体育课，以球类、田径为主。兼及体操、游泳等项目。并开展“三操”（早操、课间操、眼保健操）、“两活动”（每周两节体育课，每天1节课外活动），以增长师生体质。1958年“大跃进”，曾停止体育课，被参加生产劳动代替。1962年恢复体育活动。1964年实行《青少年体育锻炼标准》。1989年，县中小学统一使用湖南省教委编写的《湖南省中学体育用书》《体育》教材。2013年、2014年，浆水乡两度承办了宜章县广场舞西部赛区比赛。2014年，全镇有学校体育场6块，乒乓球室6间。

医疗卫生

民国时期至新中国成立初期，境内有中医黄克绍、黄贤禧在境内行医。有种福堂、樊郁周药店在境内销售中药材。1956年，组织私营药店和医务人员，成立联合诊所。1958年成立乡卫生所。后与联合诊所合并，建立浆水农村医院。1961年，改为公社卫生院。1963年公社乡卫生院又改为联合诊所。1961年，恢复公社卫生院。2014年末，有乡卫生院1所，医院占地面积0.58公顷，编制病床20张，房屋建筑面积4030平方米，业务用房1678平方米，现有医护人员22人。有村卫生室18家。

社会保障

1950年起，县政府将所有孤寡老人的供养列为政务事项。1958年，建立人民公社后，“五保户”的生活由公社集体负责。1983年，农村实行承包责任制度后，“五保”老人的供养由乡统筹。1987年，全乡核实“五保户”75户90人。2011年，全乡城镇最低保障54户62人，支出37575元；医疗救助44人，支出81900元；民政部门资助参加合作医疗175人，支出8750元；有农村最低生活保障469户663人，支出1290元；农村“五保”88户92人，支出63480元；社救双定人员36人，支出3480元；参战优抚16人，支出19200元；优抚对象32人，支出63291元；2011年5月31日，成立宜章县浆水乡公益事业发展协会，协会通过各企事业单位、个人共募集资金67.747万元，资助项目24个，资助资金65.3万元。8月，投资138万元在水口村6组马子塘新建乡敬老院1所，占地面积8亩，建筑面积850平方米，供养“五保”老人50人。2014年，农村“五保户”66户66人,月均发放220元每人；农村最低生活保障户数689户，958人，其中一类月均发放165元每人，二类月均发放120元每人；最低生活保障户数7户，12人，月均发放240元每人。新型农村养老保险参保人数21283

人，参保率达 98%；农村年满 60 周岁享受养老金待遇的老人 2364 人。卫生系统服务半径为 23 公里，服务户数 7220 户，服务人口数 24701 人。

特色地情

人物

黄师浩(822—860)　字延应，唐长庆二年（822）生于浆水村。幼年即胸怀大志，曾云：“大丈夫生当侯封万里，殁当庙食百世”。唐会昌五年（845），中武进士，派任智州，以平乱之功升静江副将。唐大中元年（847），在河西讨伐吐番之乱，升为都统。咸通元年（860）在浙江平叛时，中毒箭殉国。唐懿宗李崔认为黄师浩功与节深可嘉悯，封为武陵侯，并命使臣护柩回籍。并建立专祠于浆水。

释宏选　俗名李汉选，唐朝中后期人，生卒年不详，世居苏州。后南游至浆水神冲村水尾岭（今属浆水乡龟爻村）定居。后得南华寺曹溪真传，出家剃度为僧。唐乾符年间（874—879 年），释宏选游至骑田岭二尖峰南麓的三坝梯（今属上洞村），见该地钟灵毓秀，于是择基修建开山寺。后被敕封为开山寺紫衣禅师。

名胜古迹

石虎山武陵侯祠　武陵侯祠位于浆水乡石虎山虎啸峰下，是为纪念黄师浩捐躯报国而建。石虎山方圆 3 公里内，有 36 座秀峰环抱，如同众星拥月，形成莲花座状。三十六峰分别为扪星峰、云龙峰、虎啸峰、会仙峰、更衣峰、景止峰、白云峰、御屏峰、碧霄峰、金鸡峰、狮子峰、螺狮峰、紫贝峰、乘马峰、白头峰、长籁峰、展旗峰、桃株峰、腰鼓峰、银朱峰、桂攀峰、杨柳峰、凤凰峰、钟鼎锋、宿猿峰、瞻轸峰、金华峰、罗城峰、

石虎山武陵侯祠

梅花峰、石紫峰、云髻峰、金鼓峰、俎豆峰、宝盖峰、天马峰、神农峰。峰峰奇秀，中有巉岩幽洞，神话传说颇多，有会仙岩、金鸡岩、会仙洞。山高则峻，有水则秀，石虎山还有七泉：福惠泉、芍陂泉、琼浆泉、珠泉、灵滩泉、虎跑泉、隐龙泉。黄师浩殉国后，唐懿宗李崔认为黄师浩功与节深可嘉悯，封为武陵侯，并命使臣护柩回籍。英烈战殁，天地恸容，护柩一行在途径临武赤土大栗山时，大雨如注，道路泥泞，灵柩触地，按习俗葬于临武赤土大栗山虎形。为便于后人参拜缅怀，唐昭宗大顺二年（890），立武陵侯祠于黄师浩少年读书时的石虎山。后改迁稍右，宋嘉定甲子修契，明万历十七年（1589），知县邹鲁复迁旧基，清代也修缮多次。武陵侯祠春秋祭祀规模宏大。每年由知县率绅士亲祭，明宣统四年起，共有51名知县亲祭，清亲祭知县68人，白沙司巡检委祭26人，千余年来香火鼎盛。

大地岭伏龙桥 大地岭村“伏龙风雨桥”是宜章年代最久远的木结构桥，是宜章县现存唯一的明代木结构桥。始建于明嘉靖二年（1523）。清道光十年（1830）进行过大的修缮。1958年、2006年又进行过两次修缮，石桥单拱，方条石迭砌，桥楼为二层、椽瓦木结构建筑，高6米，长15.8米，宽4.6米，桥的两边对称地立有6对木柱，用抬梁式、穿斗式木构架建造桥亭，榫卯结构，相当细致。每根圆杉木柱下均垫有青石墩，木柱间横置木枋相连。两侧没有砌墙本，只有立柱。二楼是木板铺成平面，供行人避雨或歇息乘凉。上面是穿梁构架撑托起二重檐瓦面，置杉木脊梁，桥头两端栽有几株古柏，为伏龙桥平添了几分古意。1992年由宜章县人民政府公布为县级文物保护单位。

民俗风情

昭王公出巡 昭王公出巡是宜章浆水黄姓民众纪念始祖黄师浩的一种民俗祭祀活动，流传至今已有近1200年历史。唐懿宗咸通元年（公元860年），黄师浩在奉旨征讨中战死。唐懿宗特命使臣护送其灵柩回乡安葬，并建祠于村南石虎山，立祠享祀。明宣宗特诏有司建其庙宇，岁具牲帛，春秋二仲举行祭祀活动。春祭于农历二月第二个戊日；秋祭于农历八月第二个戊日，程序古朴隆重，繁复而有定制。黄师浩祭祀习俗常常以娱神娱人的龙灯彩旗，鸣锣开道，将帅旗、肃穆牌、凉伞、土公主、封侯大印、昭王公夫妇神像、八抬故事等形式，浩浩荡荡地从石虎山出发，到浆水、水口村巡游，察看民间善恶事。所到之处，家家户户会到门口点起香烛，鸣放鞭炮迎接。表现出浆水民众对幸福生活，美好事物的向往和追求。2010年6月，昭王公出巡被宜章县人民政府公布为第二批县级非物质文化遗产名录项目。2014年4月，被郴州市人民政府公布为第四批市级非物质文化遗产名录项目。

（黄田金　供稿）

长村乡

长村圩始设于1821年，初名“长诵”，取意“长守忠孝、诵读诗书”，后以村庄的形状成长形而呼为长村。

区域概况

位置面积

长村乡地处宜章县西南部，位于北纬25°13′16″至25°13′11″，东经112°45′3″至112°50′49″。东与岩泉镇接壤，东南与一六镇为邻，南连天塘乡、黄沙镇，西邻迎春镇，北接浆水乡、梅田镇。全乡总面积58.88平方公里，乡人民政府驻长启村，距县城36公里。

建置沿革

春秋战国时属楚地。清朝初年属宜章县太平乡。清咸丰年间（1851—1861）属黄沙团，民国24年（1935）属第三区义和乡，民国27年（1938）7月分属乐水乡和长平乡。民国37年（1948），属黄沙乡。1949年11月，属黄沙区人民政府办事处。1950年4月，属黄沙区之千家岸乡、石山脚乡。1956年6月10日，撤区并乡时，将第三区之石背脚乡、长村乡、车头乡、千家岸乡合并为长村乡。1958年10月与黄沙乡、碕石乡、复兴乡合并成立黄沙人民公社；1961年7月24日从黄沙人民公社划出，成立长村人民公社。1984年3月撤社改乡。

行政区划

2014年，辖大井村、长村村、镇兴村、石山村、唐家寮村、千家岸村、东溪村、华石村、长启村等9个村委会，102个村民小组，65个自然村。

自然环境

地形地貌 境内地势北高南低。以山丘为主，岗平相当，海拔高度一般200~400米，相对高度100~300米。大部分丘陵坡度较缓，一般是15~25度。

气候 属亚热带季风气候，四季分明，日照充足。年平均降水量548.9毫米，年平均气温18.5℃，初霜期多在11月下旬，终霜期在翌年2月上旬，无霜期300天左右。

自然灾害 主要有冰雹、旱涝、低温、雷击等。1998年，洪水损毁道路7公里，房屋倒塌和严重损坏3户6间，使266.67公顷农作物受灾，直接经济损失达800万元；2008年春冰灾，长村乡1431户6467人受灾，造成电力、水利等基础设施和森林资源严重破坏，经济损失624.84万元。2009年5月，全乡有200公顷稻田因缺水无法耕作，受灾人口1400多人，农作物受灾面积12.13公顷。

水文 地表水属乐水河流域。长乐水贯穿本乡，自千家岸村西入境，境内河道长12公里，平均坡降4.38‰，多年平均径流量29.9立方米/秒，径流量3.99亿立方米。

地下水 全乡共有砖砌天然水井88个，机井1212个，供水面积辐射全乡16416人口。

自然资源：

动物资源 境内有野猪、野兔、黄麂、竹鼠、野猫、黄鼬、野鸡、竹鸡、猫头鹰、白鹭、蟾蜍、青蛙、虎纹蛙、眼镜蛇、竹叶青、银环蛇、五步蛇、乌鞘蛇等等。其中受国家保护的野生动物有黄鼬、野鸡、猫头鹰、虎纹蛙等。

植物资源 境内植物达1200多种，野生木本植物100科800多种，草本植物中常见的有72科184种。

矿产资源 乡内地质勘探初步确定有锰、锡、锌等矿产，尤以煤炭著称，主要分布在唐家寮村。

人口民族

1979年总户数2295户，总人口12020人，其中男6026人，女5994人；1988年，总户数3015户，总人口13930人，其中男6804人，女7126人；2000年，总户数3203户，总人口14607人，其中男7489人，女7118人。2014年末总户数4078户，总人口16774人，其中男8936人，占53.27%；女7838人，占46.73%。暂住人口2345人，主要分布在乐水河沿岸等水源充足、梅新及长新公路等交通便利之地。以汉族为主，其中，千家岸江家自然村有瑶族252人。乡内有李、谭、杨、曹、邓、彭等姓氏。

经济发展

经济综述

新中国成立前农民以种植粮食作物为主，由于耕作技术落后，广种薄收，更抵挡不了各种自然灾害的袭击。广大农民生活水平低下。1951年，人民政府开展了土地改革，农民实现了耕者有其田，农业生产掀起第一个高潮。在社会主义改造和建设的高潮中，又经历了农业合作化、“大跃进”、人民公社，人民生活起伏不定。1976年，第一个村办长村都岭煤矿兴建投产。1978年，党的十一届三中全会召开，农村工作重心转移到发展经济上来。1979年，农民人均纯收入84元。1982年，实行家庭联产承包责任制，全乡工农业生产积极稳妥地向前推进。到20世纪80年代，有乡办煤矿长村都岭煤矿、黄地冲煤矿两家。1988年，全乡工农业总产值945万元，其中工业总产值363万元，农业总产值582万元。2000年，全乡工农业总产值11964万元，其中工业总产值9387万元，农业总产值2577万元。2014年，长村乡大力发展特色农业，促进传统农业转型升级。利用荒山，通过“公司+基地+农户”的模式，打造了林业、生猪、脐橙、油茶、烤烟5个农业示范基地；完成了8个一事一议项目：1个小农水项目，建成4个村招呼站、长村至迎春鸟岭坳联网公路、机关饮水工程、完成了新邹家到千家岸全线道路绿化、亮化，安装路灯283盏。当年，全年实现地区生产总值36368.15万元，同比增长12.41%；其中第一产业5080万元，同比增长4.49%；第二产业21793.49万元，同比增长14.25%；第三产业9494.66万元，同比增长12.67%。财政收入2477万元，同比增长9.8%；全乡完成固定资产63221

万元，同比增长 28.3%；农民人均纯收入 6066 元，同比增长 3.56%。

农业

种植业 境内农业种植业历来以传统农业模式，种植品种以水稻、红薯、玉米、蔬菜为主。新中国成立前，土地大都在少数人手中，多数农民无地可种。新中国成立后，政府鼓励农民发展经济。1952 年进行土地改革，使耕者有其田，农民生产积极性高涨，先后成立互助组、合作社，生产能力和抗灾能力大大增强，生产稳步发展。1954 年，试种双季稻成功。1958 年实行人民公社化，生产曾受影响。1963 年改高秆为矮秆；1976 年改常规稻为杂交稻。1978 年继而推广双季杂交稻，1986 年水稻亩产双杂过吨。长村乡 1979 年耕地面积 735.7 公顷，总产粮食 4576 吨；1988 年耕地面积 718.3 公顷，粮食总产 5084 吨；2000 年耕地面积 721.9 公顷，粮食总产 7904 吨；2014 年耕地面积 1075.9 公顷，粮食总产 9148 吨，烤烟 140 吨，油料 330 吨，蔬菜 8476 吨，水果 1307 吨。品种以隆俩优 130、Y 俩优 900 为主。种植模式以中稻种植为主，烟—稻种植为辅；耕作模式有手插、抛栽和机耕，水源紧张的稻田以漫灌为主，水源方便的采用干湿的灌溉方式；施肥以复合肥为主，管理较为粗放。同时，玉米、花生、薯类、豆类种植取得长足发展，当年烤烟种植面积 100 公顷，亩产 93.33 千克，总产 140 吨；品种为云烟 87，实行起垄栽培，重施基肥，看苗追肥，精细管理。

养殖业 民国至新中国成立初期，境内以饲养猪、牛、羊为主，小家禽以鸡为大宗。1952 年，养殖业得到较好发展，农户养猪的数量增多，除自食外，尚有小量上市交易。1958 年，农村实行公社化，曾一度限制养殖业的发展。1962 年，农村贯彻“公养私养并举，以私养为主”的政策，境内养殖业回升。随着养殖技术的提高，促进了商品化。一户喂三四头猪，一年出栏两次的已是大多数。1979 年，生猪出栏 3618 头；1988 年，生猪出栏 6395 头；2000 年，生猪出栏 14000 头；2014 年，生猪出栏 17350 头。饲养杂交猪瘦肉型猪是主流品种。山区养牛也是一项多种经营的重要渠道，主要靠自繁自养。养牛的传统方法是敞放，不用专人料理。2014 年，水产品养殖一直以散养为主。水产品总产量 40 吨，品种以四大家鱼为主，采用水库、山塘、池塘和稻田养殖，面积约 12 公顷。

林业 新中国成立后，农民分到了有林权的山林，可以在自家林地内自主经营。实现农业合作化后，农民的林地纷纷入社。1958 年，大炼钢铁，大片森林被毁。进入 20 世纪 60 年代，境内曾掀起造林育林营林高潮，至 20 世纪 80 年代初，全乡林业处于滞发时期。20 世纪 80 年代中期，境内再次开始封山育林，林业又呈现生机，特别是实行土地承包后，实行“谁造谁有”的政策，给林业注入了新的活力。1983 年，全乡林业用地面积 3920 公顷，其中有林地面积 2086.7 公顷，活立木蓄积量 3.82 万立方米，森林覆盖率 37%。1995 年 5 月，唐家寮村荣获国家林业部授予“全国造林绿化千佳村”称号。同年，辖区内有村级兴农林场、水井凹林场、大毛岭农场 3 个。1995 年，全乡有林业用地 4306.7 公顷，其中有林地面积 4193.4 公顷，活立木蓄积量 8.01 万立方米，森林覆盖率 67.84%。2013 年，全乡林业用地面积 4248 公顷，其中有林地面积 2517 公顷，活立木蓄积量 80040 立方米，森林覆盖率 50.15%。

工业

长村乡地处宜章县西南隅，幅员辽阔，资源丰富，但边远偏僻，交通闭塞，新中国成立前，境内工业不发达。新中国成立后，农民除从事农业生产以外，也从事农村工副业生产。境内工副业有茶叶生产与加工，搓棕绳、采药业、草编织业，烧木炭，做木工，采煤、铁器生产等，均以个人经营为主。1956年，完成了个体工商业改造，农村工副业走上集体化道路。1960年三年困难时期，经过整顿，较长一段时间内境内没有真正意义的企业，乡属企业迟迟不能起步。1970年，长村始办养猪场。1985年乡办企业蓬勃发展，有木器加工厂、竹器加工厂、林场、茶场、水电站。乡政府同年成立了企业办。此期间私营企业也有所发展。采石场、石灰窑、个体小煤窑、建筑队相继开办和成立。

1988年，长村乡办煤矿产煤5000吨以上。当年，实现工农业总产值945万元，其中工业363万元，占工农业总产值的38.41%；20世纪90年代，长村乡企业办荣获“郴州市先进工作单位”。2000年，实现工农业总产值11964万元，其中工业9387万元，占工农业总产值的78.46%。

2014年，长村乡共有7家规模以上工业，其中6家爆竹厂（亮顺爆竹厂、银花爆竹厂、顺发爆竹厂、万和爆竹厂、长兴爆竹厂、志华爆竹厂），1家新型建材厂（鸿泰新型建材厂）。爆竹厂主要生产爆竹，年产量130万箱，总产值达57272.2万元，销售收入达5.5亿元，创利税1100万元，产品主要销往广东、福建、广西、云南、吉林、辽宁等地区。建材厂主要生产页岩砖和煤矸石砖等新型建材，年产量达1.38亿块，总产值达5507.7万元，销售收入达5500万元，创利税435万元。产品主要销往周边地区及广东沿海地区。当年实现工农业总产值77276万元，其中工业总产值69289万元，占工农业总产值的89.72%。

商贸服务业

民国时期，乡公所所在地长村，有几家小本经营小百货、零酒、小食品的小店。1952年土改完成后，长村乡的商业逐步发展。1956年成立基层供销社。中共十一届三中全会以后，国家逐步放开了对市场的严格控制，以经济建设为中心的工作重心转移使生产生活物品逐步丰富。私营商业发展迅速，原来的供销体制放开，扩大了企业自主经营权。落实家庭联产承包责任制后，许多农村劳动力解放出来，投入商业活动中。商业活动的繁荣促进了市场的发展。以市场为主要阵地的批发零售、餐饮娱乐、美容美发、五金百货、副食、服装、医疗等应有尽有。每逢墟场日，内外商贩购进卖出一派繁荣。2014年，长村乡商业网点总户数418户，其中，规模较大的商店增加到20家、超市规模发展到3家，从业人数为1200余人，社会消费品零售总额12093万元，同比增长20.5%。境内每逢2日、7日是长村乡的集市贸易日，圩场在长村乡政府所在地，常开商贸、农贸、批发市场200多处，面积达3000平方米，设施主要有成排单户门店180多家和公共菜市场一处，年经营总额达450万元，年创造利税22.5万元。当年发展饮食服务业7家，综合面积700平方米，年经营总额80万余元，年利税4万余元。

基础设施

交通运输

道路 （1）等级公路：境内有过境省道1条X065（新邹家—迎春镇周家，2014年通车）；有梅新公路（新邹家—梅田镇，2006年水泥硬化），长新公路（长村乡—新邹家，2006年水泥硬化），总里程32公里，路宽6米，钢混，三级；有过境宜凤高速1条，2011年9月25日正式通车；（2）村道：村道主要有5条，总里程21.4公里，投资总额800余万元。分别是长村村至浆水杉树山村道，全长4.3公里，2006年通车；千家岸村至黄沙岭背村道，全长7公里，2008年通车；上曹至浆水杉树山村道，全长2.8公里，2009年通车；长村村至一六镇村道，全长5.1公里，2014年通车；大井车站至一六镇村道，全长2.2公里，2014年通车。村道路面平均宽度3.5米，材料混凝土，荷载10吨。

桥梁 1975年，建千家岸小水口桥，桥长56米，宽5.6米，采用钢筋混凝土结构，承载荷载二级41.25吨。2014年，投入106.59万元维修加固。

运输 2014年主要交通运输工具36座小型客车10辆，其他运输类为皮卡、前四轮后八轮货车箱车，全乡约有80辆。境内有公交线路5条，分别是大井车站至一六镇，千家岸村至黄沙岭背，长村村至一六镇，长村村至浆水杉树山，上曹至浆水杉树山。长途客运主要有5条，长村至郴州；长村至宜章、梅田；长村至黄沙、一六。日客流量500人，年客流量8000人次，班车站点长村乡企业办前。货物运输，运力总量月平均300吨。

邮政通信

邮政 1986年，设长村乡邮政所，有邮路5条：长村至大井、长村至唐家寮、长村至石山、长村至千家岸和长村至东溪。2014年往外年派件量在1500件左右，包裹700件左右，本地年派件量有4.5万件，其中信件5000多件，包裹3000多件，报纸、杂志3.7万件。

电话 民国27年（1938）7月，乐水乡乡公所设电话机1台。1957年，全县实现社社通电话。20世纪70年代初期，长村乡开通首部家庭固定电话。20世纪80年代中期出现第一部BP机，大哥大在20世纪90年代初期、手机在20世纪90年代后期进入长村乡。2014年末，全乡人均拥有手机0.84台。

水利水电

供水供电

供水 中华人民共和国成立前，乡民吃水多靠井水，沿河村民饮用河水。山陵区村民饮用泉水。20世纪70年代初，部分村庄村民在自家院内打手压井取水。小寨子，场镇等打深水井，铺设塑料管道输水到户。1990年，长村乡饮水工程纳入“以工代赈”项目，国家投资17.96万元兴建饮水工程，该工程于1991年1月完工，采用深井水泵，每小时抽水33.75吨至池容量168立方米的高压水池，解决了乡政府机关、启运、上曹、下曹、樟树脚3000人，1500头牲畜的饮用水问题。1998年秋，湘南地质队206队在塔头岭找到水源，村民集资打通饮水隧洞150米，解决500人的饮用水和27.6公顷旱土及24公顷水田的灌溉问题。截至2014年，分别建成长村乡集中供水、千家岸集中供水、大井集中供水工程，极大改善了长村乡农村安全饮水问题。

供电 2008年春，境内遭遇特大冰灾，原有供电设施严重受损。2009年全面完成农村电网改造。2014年境内用电人数1.6万余人。

水利建设新中国成立前，历届政府对抗旱防洪重视不够，水利失治，旱涝灾害给长村乡人民带来的灾难不可胜数。新中国成立后，开展了群众性的治水活动，修建山塘水库，拦蓄地表水，开发地下水，引用河水发展水利灌溉事业，增强抗旱能力。在大旱之年。全乡各类蓄水，引水、提水工程发挥了巨大作用。

1957年，建上里心水库，并于2013年年底完成了坝头除险加固的坝质改造工程。该水库集雨面积0.8平方公里，总库容10万立方米，正常库容8.9万立方米，设计灌溉面积20公顷。

1960年，建水下背水库。2008年12月完成了坝头除险加固的坝质改造工程。该水库集雨面积0.5平方公里，总库容14.2万立方米，设计灌溉农田面积56公顷。

1974年，建宝塘水库。1982年扩建为小Ⅰ型水库。2011年年底完成了坝头除险加固的坝质改造工程。该水库集雨面积6.1平方公里，大坝坝顶高程297米，水库库容168万立方米，灌溉农田面积100多公顷，受益人口3600多人。

1986年，建鲤鱼冲水库。并于2011年12月完成了坝头除险加固的坝质改造工程，该水库集雨面积0.5平方公里，总库容12万立方米，设计灌溉面20.66公顷。

2014年长村乡境内还有山塘7口。

村镇建设

规划编制 2013年长村乡编制了中远期规划,《宜章县长村乡总体规划(2013—2030)》和《宜章县长村乡域村镇布局规划(2013—2030)》。规划整合长村乡地理条件、道路交通位置、矿产资源、文化底蕴、自然生态和企业入驻的特点与优势，进行了供排水、生态休闲等专业规划，重点以郴州展翔绿色农业有限公司为依托，全面带动现代服务业加快发展。

民房建筑 20世纪六七十年代，房屋建筑大多是楼房成排、户挨户建筑风格，建筑材料以土木为主；20世纪80年代中期以后，普遍是以散户、单户形式选择优越地形、风水较好地段居住，随着经济社会的发展，长村乡农村建筑结构主要为混凝土或钢混结构。进入21世纪后，钢混结构成为主流，并与交通、道路、环境三者相协调，城镇化进度加快。长村乡民房建筑最具特色的是千家岸村至今仍存留的明清古居群，清一色青砖灰瓦，雕龙画凤，相得益彰。

公共设施 1981年建农贸市场1个，每旬2、7逢圩。容量过小，难以适应经济发展需要。有客运站1所，高速互通1个，服务区1个。

社会事业

教育科技

教育 民国29年(1940)，政府实施国民教育方针，推行一乡一所中心小学，一保一所保国民小学，境内有1所中心小学，保国民学校不详。境内与公办形式相互补的是私人办学。有私人在自已家中设馆办学，称为“私塾”。条件十分简陋，授课内容单一，新中国成立后，人民政府在百废待兴的基础上开办基础教育为主线的综合教育逐步发展起来。1950年，提出教育向工农开门、1956—1960年提出教育超常规发展。1965年提出国家、集体“两条腿”走路的方针。1979年，普教九年义务教育。1984年，创办乡中心小学。20世纪八九十年代，长村乡小学教育是宜章县小学教育的一面旗帜，曾有“县有二完小，乡有长启小学”之美称。1988年，全乡有小学21所，学生2182人，教师93人。有中学1所，学生346人，教师41人。2000年，有小学7所，学生1971人；中学2所，学生1094人，共有中小学教师134人。2014年，全乡有幼儿园11所，在园幼儿315人，幼师20人；有小学11所，有学生1110名；有中学1所，学生315人。共有中小学教师78人。

科技 民国时期，从事科技的主要是乡村中医人员，跟师学徒，学成后开诊所行医。民国31年(1942)，湖南省政府在境内推广抗战籼、胜利籼等优良水稻品种。新中国成立后，真正意义上的科技始于农业，技术人员改良土壤和农作物品种、科学施肥和农药。1950年，县政府引进解放籼，满地红等水稻品种在长村种植，收成有较大提高。1952年，境内引进早稻矮南特号，以后又引进陆财号等矮秆水稻品种。1967年，全乡水稻品种矮秆化。亩平产量平均达201.5千克。1975年，引进杂交稻品种，1985年全乡双季实现杂交化。在推广良种的同时，在全乡推广良法种植，改变传统耕作技术。先后推广双熟制、薄膜育秧、合理密植、绿肥种植，使用农药、化学肥料，促进粮食增产。在种植业引进新品种的同时，在畜牧业中也引进良种猪、良种鸡等。学校科技自20世纪90年代起，教师撰写论文成风，学生参加各类科技竞赛。

文化体育

文化 民国时期，长村乡与同一时期的许多地方比较，都处在较为落后的状态中。人民生活并没有因偏僻闭塞而减轻水深火热的程度。“半年瓜菜半年粮”的生活写照，使得文学艺术没有落户在长村乡。全乡文盲占90%以上。没有文化娱乐设备，甚至没有锣鼓乐器。文艺活动实际上是一张白纸。20世纪50年代中期，乡村开始有了收音机、广播站。流动电影走遍了长村乡山山水水。1972年有了乡、村文艺宣传队，配合各种节日，举办各种形式的才艺演出活动。之后，有了自己的电影队和专业放映人员。改革开放以来，全乡电视普及。文化娱乐场所如雨后春笋，卡拉OK厅为乡人一展歌喉提供了条件，还经常举办卡拉OK大赛，驻乡单位、村组、乡机关歌手竞相登场献技。学校每年利用各种节日举办文艺汇演。境外文艺组织或团体纷纷前来献艺，歌舞、杂技、魔术、武功应有尽有。2014年成立了长村乡千家岸村广场舞队，以村里爱好舞蹈的中年妇女组成，成员26人，以民族舞为主要表现形式，自导自学，为村民免费提供演出。成立以来，3次参与县文化局文化下乡活动，4次受邀到相邻乡镇、本村表演节目。当年，长村乡学校图书拥有总量8万余册，并配有专人管理，有相应的图书柜、阅览桌、凳，有完善的借阅制度、有现代化的电子借阅设备；长村乡机关及9个行政村都设置了农家书屋，干部、群众都可登记借阅。当年，境内存有的古迹、古遗址、古墓葬有上曹窑址、下曹窑址、宜窑1号、宜窑2号、高寺山汉墓等。

体育 民国时期，由于交通不便，文化落后等原因，全乡体育事业起色不明显，无群众性文化体育活动，也无竞技体育活动可言。群众的体质只能在日常的生活和劳动中得到锻炼。乡境内获得解放以后，群众性体育活动的开展有了物质基础，政府倡导开展体育活动。20世纪50年代，全乡性的体育活动主要有象棋。林场、学校、乡机关经常开展职工体育活动。煤矿经常举行篮球比赛。学校根据国家推行的广播体操进行体操运动比赛。部分职工喜欢晨跑、散步、舞剑和打拳。乡人经常开展游泳活动。2013年，乡中心小学学生在县田径运动会上荣摘田径400米、800米二等奖与三等奖。2014年，长村乡学校建立了少年宫，共计投入147488元建立了美术室、心里咨询室、音乐室、棋艺室、书画室、体育室等，添置了画架画板、布艺沙发、软垫椅、茶几、电子琴、音响、象棋板、笔架、宣纸、跑步机等。相应成立了长村乡学校青少年文化宫领导机构及配备了相应的专业教师对学生辅导，极大地丰富了师生的课余生活，提升了师生体育锻炼效果。当年，乡中心小学在县中小学生运动会中喜获团体二等奖，摘得田径800米、铅球桂冠。长村学校连续两年保送4名体育特长生到宜章县一中。

医疗卫生

民国时期，乡境内没有正式的医疗机构，有郑鸣歧、李敬一、陈求保、谭康福等6名中医师为乡民治病；有谭益秀、谭福康、杨易山、李才仙等6家中药店为民经营药品。1952年2月，县成立中西医联合会，7月，中西医联合会改名为县卫生工作者协会，长村乡的医卫人员归口黄沙分会管辖。

1958年，长村乡建立了农村医院，配备了院长、中医、西医、助产士及学徒。1961年，农村医院改为公社卫生室。公社卫生院属于集体事业单位。20世纪70年代，各大队办合作医疗，设立卫生院，培养2~3名“赤脚医生”。20世纪80年代以来，乡境内医疗点逐步增加，医疗技术及设施相应提高和完善。1996年，乡卫生院搬迁到长村乡中心小学对面。卫生院占地面积2820平方米，2013年新建职工家属楼1000平方米，16套住房，改善了职工住房条件。2014年末，有各级医疗卫生机构13个，其中乡卫生院1个，村卫生室12个。病床27张。专业卫生人员17名，其中职业医师3人。2014年乡卫生院医疗机构完成诊疗22000余人次。

社会保障

1950年，乡政府对境内的孤寡老人优先发给钱粮。1956年，对境内的孤寡老人实行保吃、保穿、保住、保教、保葬“五保”政策。1959年，“五保”由生产大队或大队供养。2011年，享受农村“五保”93人，农村最低生活保障275户，520人，月平均65元，共支出40.56万元，城镇最低生活保障户1户，1人，月平均200元。国家抚恤、补助各类优抚对象63人，新建敬老院1所，村医疗保险6614人，参保率85.1%。2014年，全乡干部职工年平均工资31500元，农村人均纯收入6066元。农村最低生活保障数594户，人数986人，月人均120元。农村“五保”62人，月人均220元。有敬老院1家，床位30张。2014年，参加新型农村养老保险6675人，参保率94%，已享受农村养老保险人数1763人；参加新型医疗保险14746人，参保率100%。

特色地情

人物

曹阳戈（1914—1988） 1914年生于黄沙团长启村（今属长村乡）。1938年参加革命，同年加入中国共产党。1939年12月赴延安，先后担任工厂科长、陕甘宁边区财政厅视察员、延安财政厅科员等职。1946年4月赴东北，先后任东安专署财粮科长、粮食局长，密山县县长，东北行政委员会工业部计划处政研室主任，东北财委地方工业处副处长。新中国成立后，先后任东北行政委员会劳动局副局长、代局长，辽宁省劳动厅厅长，东北局计委委员、劳动科学文教局局长，旅大市劳动局局长，辽宁省劳动局局长，辽宁省人大财经委员会副主任，辽宁省老龄问题委员会主任等职。还被选为中国劳动学会副会长，中国老年学会理事，辽宁省劳动学会会长，辽宁省老年基金会会长。1956年，他领导制定辽宁全省建筑工程劳动定额，积极推行计件工资制。1958—1962年，在全国批判计件工资制的形势下，他冒着政治风险，力主在省内和全国实行计件工资制，维护按劳分配原则。1984年12月，曹阳戈离休，享受副部级待遇。1988年9月18日，病逝于沈阳。

风景名胜

千家岸明清古建筑群 千家岸村背靠绵延起伏的苍翠群山，南临碧波荡漾的长乐河水，轻柔

千家岸村古建筑群

飘逸的古建筑与碧波荡漾的长乐水相映成趣。该村始建于明朝万历年间，历史悠久，2008年被评为“省级生态示范村”。千家岸村山青水秀、石奇洞幽，后龙山有原始次森林20公顷，内有上百年的古树群，古木参天，绿荫蔽日。村内拥有瓒公祠堂、瓒公宗祠、琅公宗祠、古门楼、永丰庙等具有代表性的建筑。明清古民居至今保存较好的有80余栋，布局严谨，结构紧密，装饰古朴又玲珑精致，突显出长村乡明朝古村落民居建筑的古、雅、简、洁、实的时代特点和历史风貌。还有记录古代状元、举人的石柱6对。民居均为青砖青瓦两层砖木结构建筑，硬山顶，封火墙、垂脊墙均有（兼有马头墙）。门楣、窗格多数雕刻有精美的人物、草虫、花卉图案。千家岸村落形成较早，具有一定历史、文化、科学、艺术、社会、经济价值。

（陈艳　供稿）

迎春镇>>

迎春镇是彭邦栋、李赐凡、彭儒等的故乡，是宜（章）临（武）边境商贸物流中心城镇。

区域概况

位置面积

迎春镇地处宜章县城西南面，位于北纬25° 10′ 10″至25° 16′ 17″，东经112° 37′ 39″至112° 45′ 13″。东与黄沙镇接壤，东北与浆水乡、长村乡为邻，西邻临武县同益乡，北接临武县广宜乡。辖区东西最大距离12.9公里，南北最大距离12.2公里，总面积87.26平方公里。镇人民政府驻太平圩，距县城46公里。

建置沿革

明朝至清朝初年属宜章县太平乡。清咸丰年间（1851—1861）属黄沙团。民国初年沿袭清制，仍称团局，后改称公局。民国24年（1935），属第三区智明乡。民国27年（1938）7月为长平乡。1950年4月隶属黄沙区碕石乡、鹧鸪坪乡，10月，仍属第三区碕石乡、鹧鸪坪乡。1953年4月，分属第三区碕石乡、大坪乡、畔头乡、鹧鸪坪乡、山上乡等5乡。1956年6月10日，撤区并乡，碕石乡、大坪乡、畔头乡、鹧鸪坪乡、山上乡等5乡合并，仍称碕石乡。1958年10月，与长村、黄沙、复兴3乡合并成立黄沙人民公社，1961年7月24日从黄沙公社划出成立碕石公社，同年将乡政府驻地迁至太平圩，1968年3月6日改名迎春人民公社，1984年3月改社为乡，1993年10月19日撤乡改镇至今。

行政区划

2014年，辖光明、山上、东冲、鹧鸪坪、高粱下、畔头、大津、金朝山、大坪、碕石、周家、欧联、桐木坑等13个村民委员会，132个村民小组，77个自然村。

自然环境

地形地貌 境内地势北高南低，地形以丘陵为主，波状起伏，丘陵面积占本区面积的46%，地面平均海拔333米。

水文 境内无河流，仅有溪沟20余条，但地下水资源丰富。溪沟中较大的一条名东溪水，“源出碕石村太阳仙下，经黄泥田，过东溪，行十余里，名小水口，并纳鸟梨坳右界之水，入长乐水”。

气候 属亚热带季风气候，四季分明，日照充足。年平均降水量548.9毫米，年平均气温18.5℃，无霜期300天左右。2014年总降水量836.7毫米，平均气温18.9℃，最高气温38.6℃（7

月），最低气温 -2.6℃（2 月）。

资源 境内林业资源丰富，1983 年，境内有林地面积 3946.7 公顷，森林覆盖率 44.9%，林木蓄积量 3.57 万立方米。1995 年全镇有林地 5646 公顷，活立木蓄积量 5.37 万立方米，森林覆盖率 64.08%。2013 年，全镇有林地 3055.2 公顷，活立木蓄积量 8.34 万立方米，森林覆盖率 47.04%。矿藏主要为煤矸石、粘土等。

自然灾害 干旱灾害历来是境域内的主要灾害。据历史记载自明正德二年（1507）至 1988 年，482 年中共发生旱灾 49 次，平均 10 年发生 1 次。其中清嘉靖二十三年（1544）境内曾发生大旱灾，不但如此，接着又发生蝗灾，禾苗尽槁，斗米千钱。1950—1988 年，39 年中境内发生旱灾 25 次，平均 1.5 年一次。其中 1962—1966 年，连续干旱，损失较大。除旱灾危害外，境内也偶有冰雹、旱涝、低温、雷击等。最严重的一次冰灾发生在 2008 年春，电力、水利等基础设施和森林资源等受到严重破坏。

人口民族

1979 年，总户数 3534 户，总人口 16747 人，其中，男性 8455 人，女性 8292 人；1988 年，总户数 4570 户，总人口 18977 人，其中，男性 9516 人，女性 9461 人；2000 年，总户数 5302 户，总人口 21347 人，其中，男性 11061 人，女性 10286 人；2014 年末，辖区总户数 6866 户。总人口 25521 人，其中，男性 13078 人，占 51.2%；女性 12443 人，占 48.8%；城镇人口 6241 人，城镇化率 24.5%。2014 年，出生 284 人，死亡 160 人，人口出生率 11.1‰，人口死亡率 6.2‰，自然增长率 4.9‰。境内以李姓最多，彭姓次之，再次黄姓，其余人口较多的姓氏有廖、周、简、陈、朱、吴、罗等。辖区内以汉族为主，零散分布苗族、瑶族、壮族、佤族、土家族、侗族、畲族 7 个少数民族，少数民族人口 39 人，占总人口的 0.15%。

经济发展

经济综述

清末至民国时期，境内以农耕为主，农村经济不发达，农民生活清贫。1949 年宜章解放，新政府鼓励农民发展农业生产。1952 年推行土地改革，使耕者有其田，极大地调动了农民的生产积极性，农业生产得到发展。1958 年，人民公社化，提倡“一大二公”记政治工，农民出工不出力，加上“浮夸风”“平调风”盛行，农业经济受到影响。1978 年党的十一届三中全会召开，纠正“大跃进”的大锅饭现象。1979 年，全乡人平纯收入 80 元。1982 年实行家庭联产承包责任制，调动了农民的生产积极性，发展了乡镇企业，组建了片石厂、石灰厂、红砖厂、鞭炮厂等民营企业。1988 年，全镇工农业总产值 748 万元，其中工业产值 69 万元，农业产值 679 万元。20 世纪 90 年代末，乡企办改制，农业以种植、养殖为主，林果业以油茶、柑橘为主。2000 年，镇内工农业总产值 7744 万元，其中工业产值 3628 万元，农业产值 4116 万元，人平纯收入 1606 元。2014 年，全镇实现国民生产总值 34782.81 万元，同比增长 9.2%，其中第一产业 10182 万元，同比增长 4.5%；第二产业 12697.64 万元，同比增长 8.26%，第三产业 11903.17 万元，同比增长 14.67%。全年完成财政总收入 829 万元，同比增长 30.55%；农民人均纯收入 6943 元，同比增长 7%；社会商品零售总额 17773.53 万元，同比增长 16.9%。固定资产投资 32022 万元，同比增长 24.7%。

农业

种植业 民国时期，境内水稻种植有粘、糯两大类，均为一季稻。旱粮作物以红薯、玉米、马铃薯、芋头、大豆、大麦、荞麦、高粱、糁籽等为主，产量不是很高。新中国成立初期，粮食作物主要有水稻、玉米、薯类、大豆等。1960 年开始种植双季稻，产量有较大提高。1969 年水稻种植品种由高秆改矮秆。1979 年粮食作物播种面积 1755 公顷，粮食总产 6435 吨，产烤烟 12 吨，产蔬菜 175 吨，产水果 32 吨。20 世纪 80 年代杂交水稻开始推广后，水稻产量大增。1988 年因灾减产，生产粮食 5517 吨，烤烟 20 吨，水果 8 吨。2000 年，生产粮食 10869 吨，烤烟 115 吨，油料 164 吨，蔬菜 8965 吨，水果 636 吨。到 2014 年，全镇粮食播种 2199 公顷，粮食总产 11252 吨；发展烤烟 231.5 公顷，产烤烟 601 吨；油茶种植 171.3 公顷，产油料 371 吨；蔬菜 626 公顷，总产 1.55 万吨，产水果 2996 吨。

养殖业 清代，境内养殖主要有牛、猪、羊、猫和家禽鸡、鸭、鹅，水产养殖有鲤鱼、鲢鱼、草鱼等。民国时期，境内养殖的猪、牛、羊，除自宰自食外，有少量外销。新中国成立后，人民政府采取一系列措施，鼓励人民养猪、牛、羊，境内养殖曾有较大发展。1958 年，“大跃进”期间，曾一度限制家庭副业生产的发展，家庭养殖业受到挫伤，养猪只养派购猪，养鸡只养换盐生蛋鸡。1962 年，贯彻生猪“公养私养并举，以私养为主”政策，生猪饲养量回升。1979 年，全镇生猪出栏 6044 头。20 世纪 80 年代，境内先后发展了养蜂、养蛇等特色产业。水面养鱼除传统的稻田养鱼外，鱼塘养鱼也有较快发展。家畜养殖以生猪、牛为主，家禽以鸡、鸭、鹅为主。1983 年，全年饲养生猪 14428 头，耕牛 1374 头。1988 年，生猪出栏 10248 头。2000 年生猪出栏 21360 头，家禽出笼 2.83 万羽。至 2014 年，全镇发展临武鸭养殖大户 6 户，鸡鸭出栏 9.8 万羽，生猪出栏 26778 头。

农业产业化 迎春镇以农业产业调整为主攻方向，致力于产业转型和优化升级。先后发展成立裕民烤烟种植合作社、朵云斋油茶种植基地、鹧鸪坪中南油茶种植基地以及 6 个临武鸭养殖基地等产业实体。2014 年，引进东方红药业有限公司落户山上村，分三期创建一个占地 40 公顷，以药材种植、生猪养殖、饲料生产加工为主的特色产业园。并已完成投资 3000 万元，建成养殖舍 6500 平方米，种植药材 10 公顷。与宜章和宜农业综合开发公司合作，发展以红茶种植、加工为主的特色产业基地，已签订 86.67 公顷种植协议。引进资金 2000 余万元，在鹧鸪坪村桂武高速出口附近，创办一个以特种苗木种植为主，结合观光、餐饮为一体的林嘉现代农业庄园，着力打造成为大莽山旅游圈的特色景点，正在进行主体工程建设。

工业

清至民国，当地农民利用本地资源和传统手工艺进行手工工业产品生产，主要产品为木器、铁器、竹器等。1949—1979 年，境内以烧红砖等作为副业，期间社队办工业开始发展，1972 年，公社办了茶叶场，1975 年，公社办建筑队，各队根据需要办了石灰厂、砖瓦厂等。1980 年，有少数农民向银行贷款购买手扶拖拉机、三轮车从事个体运输业。同年 11 月，迎春建筑队，通过郴州地区资格审查。期间还发展了烟花、爆竹、新型建材等企业。1988 年，全镇工业产值 69 万元，占工农业总产值的 9.2%。2000 年，全镇工业总产值 3628 万元，占工农业总产值的 47.3%。2014 年末，全镇烟花炮竹企业 6 家，矿山企业 1 家，新型建材厂 3 家，采石场 2 家，来料加工玩具厂 1 家，全年工业产值达 34797 万元，占工农业总产值的 67.8%，是 2000 年的 9.59 倍。年平均增长68.5%。同比增长15.57%。

商贸服务业

清末，境内有圩市1处，分市1处，有10家左右店铺。民国时期，除乡市天天营业外，圩市每5日一圩，商品丰富，交易踊跃。新中国成立初期，政府实行“公私兼顾，劳资两利”政策，鼓励商贸发展。1952年6月，成立黄沙区供销社，境内的生产生活物资供应，统由供销社负责。1956年，政府对私营商业采取“利用、限制、改造”政策，部分人员参加供销社工作，部分人员继续私营。1958年，县供销社与县商业局合并、供销社成为第二商业局。1962年撤销第二商业局，恢复供销社的集体所有制性质。1983年12月，县供销系统推行经营承包责任制，自此集体经营衰退，私营商业兴旺发达。20世纪八九十年代，在镇区西边街道建有一个大型肉牛市场，远近闻名。1998年，建迎春综合市场。2004年，原迎春镇综合大市场扩建，占地面积6.7公顷，采用铁钢架结构搭棚，玻纤瓦大棚2600平方米，分成固定门面、商贸区、农副产品区等3个重要功能区，有门面90间，摊位310个。2014年年末，镇区内常年营业的门面100余间，有超市、批发部20余家，经营家电、食品、百货等日常用品。设有宾馆2家，餐馆7家、药店4家。当年，社会消费品零售总额完成17774万元，同比增长16.9%。

其他产业

2014年，建筑从业人员1735人，年创收8675万元，劳务输出3652人。

基础设施

交通运输

1958年，开始兴建1803线县城至骡子岭段，1960年建成通车，成为境内运输之开端。2009年7月，省道324线改扩建项目启动，于2012年1月份全线完工通车，但改扩建的省道S324线绕开了太坪圩城区路段。同年，桂武高速公路建设项目正式施工，于2012年11月30日正式建成通车，在境内设有互通1个，服务区1个。2012年12月，黄太公路改建项目实施，太平圩枧渡村至迎春镇派出所路段一同列入该项目改造，完成水泥硬化、路面加宽工程。2014年，山上村鸟岭坳至长村乡11公里四级联网公路升级改造完成，对大津至金朝山、欧联村下坳至新黄泥田、东冲村至临武县同益乡、周家村石塘自然村公路等6条通组公路实施水泥硬化。建成迎春至南强、迎春至大坪示范公路两条，13个村均设立了农村客运招呼站，全镇行政村和自然村公路通畅率分别达到100%、80.3%，四通八达的镇村级公路网基本建成。

邮电通信

民国23年（1934）智明乡乡公所自置电话机1台。1956年，开通栗源至碕石每日自行车邮路，全长30公里，配乡邮员2人，历时1年停办。1957年，碕石乡通电话，1958年，各大队通电话。1988年设太平圩邮政所，9月改所设电信所点，移动点。2014年，有邮政代办所1处，杂志、报纸累积期发行20余种500余份。电信企业1家，电信、移动和联通信号全覆盖，电信入户率达80%，镇内所辖13个村委会仅金朝山、大坪未接入电信光纤宽带，其余村委会已全部接入，镇域国际国内网络、程控电话、移动电话全面开通，广播电视普及。

供电设施

农村电网改造始于20世纪90年代末，随着经济社会发展，其供电线路不仅严重老化，而且线径严重偏小。2008年春节特大冰灾影响，原有供电系统严重受损，用电全部瘫痪。2014年，投资7000余万元，在碕石村境内，紧邻黄太公路，建设了110千伏综合自动化变电站，该变电站主要供电范围为黄沙、迎春、长村、天塘、东风等乡镇，是宜章南部的主要电源汇集输送枢纽，通过玉溪、梅田、一六、临武构建南部环网，提高了宜章县南部电网的供电可靠性和供电质量，改善了乡镇供电状况，满足不断增长的用电负荷需求，为县域经济发展提供了有力的电力保障。

水利建设

境内无河流，主要靠山塘水库蓄水。该镇加大投入，重视水利基础设施建设，洪涝灾害较少。2014年，境内有小Ⅰ型水库1座，小Ⅱ型水库8座，山塘107座，养鱼水面积377万立方米，争取项目资金104万元，对山上村小Ⅱ型水库长塘水库进行除险加固，新修维修灌溉渠道3600米。

饮水

境内地下水资源丰富，主要靠打井取用地下水。2014年10月，投入300余万元，实施迎春镇集中供水工程，建水泵站和供水厂各1座，从离镇政府约3公里的大津水库取水，源水由水泵加压进入水厂，通过一体化净水设施和二氧化碳发生器消毒后，经铺设的9570米水管网进入居民家中。该工程辐射镇城区、大津村、鹧鸪坪村等区域，基准年供水人口8000人，解决了迎春镇及周边村庄饮用水困难问题。

村镇建设

1952年6月，成立碕石供销社，在太平圩建立营业部。1961年7月，境域从黄沙公社划出成立碕石公社，驻太平圩。1968年改迎春公社，从此开始迎春公社的政区建设。随公社办公地的建设，各种商业设施、作坊，分别沿街建设，逐渐成为街道，全长约1.5公里。1995年，编制了《迎春镇镇区总体规划（1995—2015）》，对迎春镇经济社会发展起到了积极的推动作用。2014年，对综合市场进行扩建提质。该圩场占地6.7公顷，有玻纤瓦大棚2600平方米，分成固定门面、商贸区、农产品交易3个功能区，有门面90间，摊位310个。2012年，积极争取碕石村、周家村、大坪村、欧联村、光明村等5个连片村环境整治示范区项目，对5个村的农村生活污水、生活垃圾和禽兽养殖三方面项目进行了综合治理。2013年，根据县统一部署和安排，开展城乡环境同治行动，投入1500余万元，聘请北京世纪千府国际工程设计有限公司，编制完成《迎春镇总体规划》（2013—2030年）和《村庄布局规划》，对全镇镇域发展目标、产业布局和村庄空间布局作了科学设计。完成镇区主要路面提质改造工程、镇区主要街道立面改造工程，新建镇区休闲文化广场，完成镇区雨污分离管网建设工程。2014年，投入100余万元，在镇区规划了标准停车位40个，实施政府机关院内提质改造工程，城镇面貌焕然一新。同时，大力开展城乡整治行动，推进村庄整治示范村、绿化示范村建设，新建垃圾池、购置垃圾桶，完善环卫设施，各村委会环境保洁机制进一步得到健全和落实，改善了农村生活环境。

社会事业

教育科技

教育

学前教育 1951年，碕石彭侃办私人幼儿园，招收儿童40余人，蒋玉珍任幼师，1952年因土改停办。太平圩民办幼儿园创建于2005年，位于迎春中心小学旁，占地800平方米，可容纳150余名学生。

小学教育 清道光二十六年（1846），碕石兴建承启书院，校址设今承启小学所在地，清末改称高等小学。清宣统二年（1916），乡人李衍珩、蔡新莹在鹧鸪坪办“与贤义学”，招收80人。民国29年（1940），宜章开始实施国民教育，推行一乡一所中心小学，一保一所保国民学校，迎春镇与县同步设有中心小学和保国民学校。1949年10月22日，全县解放，28日，县人民政府办事处发出通令，接管全县公、私立中小学，入学儿童迅速增加。1960年冬，教育步入正轨。1965年，贯彻““两条腿”走路”的方针，不少小学戴帽设立初中班，碕石学校还办过高中班。1982年，撤销戴帽初中班。1984年，迎春镇中心小学创建。该校校园占地面积16804平方米，是湖南省义务教育合格学校、郴州市规范化普通完全小学。1988年，境内有小学29所，学生2535人。2014年有小学12所，学生1691人。

中学教育 1958年，在农村“大跃进”中，同时提倡“乡乡有中学”的要求。1969年春，迎春中学成立，校址太平圩。该校占地4.2公顷，建筑面积6932平方米。学校为三年制初级中学，办学条件优良，电脑室、多媒体室、语音室、实验室、仪器室、青少年宫等设施一应俱全。1970年，中学实行四、五分段九年一贯制，取消升留级制度。1979年，恢复初、高中入学考试制度。1988年，有中学1所，在校学生387人，共有中小学教师129人。2000年，有中学1所，学生846人，共有中小学教师115人。2014年，有中学1所，在校学生639人，共有中小学教师104人。

科技 乡镇科技，主要体现在农业领域。民国时期，虽然没有专设的科技机构，但民间有自发的品种互换的活动。民国31年（1942），湖南省政府在宜章县境推广水稻抗战籼、胜利籼、万利籼、黄金籼、白谷黏等品种，迎春境内也积极试种，并取得成功。新中国成立后，政府十分重视品改良。1950年即引种解放籼、满地红等品种。1952年，境内引种早稻南特号，以后又引种陸财号、南京早、莲塘早、大光黏等水稻新品种。1963年，开始试种珍珠矮等矮秆品种。1967年，全部实现高秆改矮秆的品种改良。1975年开始引种早稻杂交品种，取得成功，亩产量大幅提升。1978年推广杂交晚稻，当年全境水稻杂交化。1988年，由于全面推广双季稻，亩产稻谷平均达到408.5千克。在养殖业中也引进良种猪禽品种，进行品种更新，生猪引进了长白猪、幼克夏等。

在改良品种的同时，在耕作技术上也进行了大量的改进。如冬泡田改种冬季绿肥，既改良土壤，又提高肥力。为缩短生产周期，提高复种指数，改大田育秧为薄膜覆盖育秧、温室育秧等。在田间管理上先后开展深沟撩壕改造冷浸低产田，施用化肥提高肥力，施用农药防虫治病等先进的农业技术，使农业生产不断登上新的台阶。

文化体育

文化 民国时期，境内民间传统文艺有调班子、八人班、渔鼓、莲花闹等。节日中还有舞狮、舞龙活动。新中国成立后，当地文化除了传承民国时文化传统外，当地增加打花棍、打腰鼓、跳秧歌舞等活动。20世纪60年代，乡级设有文化站、广播站，村级成立业余剧团，在节假和喜庆日演出。20世纪80年代，境内出现卡拉OK厅，游艺室等商业性文艺活动场所，群众文艺活动多样。2013年4月22日，为缅怀革命前辈，继承先烈遗志，弘扬革命精神，在县委、县政府的牵头组织下，在碕石村开展了彭儒诞辰100周年纪念活动。随着人们生活观念的转变，群众文化活动越来越丰富，村民广场舞队、腰鼓队等群众文化队伍日益壮大，闲暇时节，跳广场舞成了男女老少都喜爱的一项活动，2014年，境内设有文化站1个，免费读书吧1处，13个村均建有农家书屋，藏书种类丰富。当年组队参加了宜章县第二届原创广场舞比赛。

体育

学校体育 清末，废科举，兴学堂，在学堂教学中开始设有体操课。民国12年（1933），小学教学中，改体操课为体育课，教学内容由做哑铃、跳木马、荡秋千，做游戏逐步改为球类、田径运动。新中国成立后，中小学普遍实行一周两节体育课，教学内容丰富，开展“三操”（早操、课间操、眼保健操）“两活动”（每周两节体育课，每天1节课外活动），1957年，实行《准备劳动与卫国体育制度》，1958年“大跃进”期间，学校曾以劳动代替体育课，1962年恢复体育课。1964年学校实行《青少年体育锻炼标准》。1975年实行《国家体育标准》。

农民体育 境内农民，从古至今都是勤俭持家、以劳为业，但也不缺体育活动，主要是舞龙、舞狮、武术锻炼等。新中国成立后，政府大力促进体育社会化，经常组织一些民间体育比赛，本地原属的鹧鸪乡、碕石乡酷爱武术，经常组织武术表演。1977年，境内曾组队参加在一六地区开展的篮球比赛。1989年国庆40周年之际，境内组织各村开展了一次较大的篮球比赛活动。2014年，境内有室外篮球场19块，学校篮球场6块，有乒乓球室2间。

医疗卫生

民国时期，境内有李恒春、周杰、李叔刚、李圻等6名中医内科医生在境内行医。有李叔刚、李七斤、李春芬、彭树佳、彭杨勋等6家中药店为民施药。1952年，第三区卫生所成立，地址碕石。1953年，接受私营药店和医药人员成立碕石联合诊所。1956年，成立黄沙联合医院，该院是一所由县政府核编的公益性事业单位。占地面积7021平方米，设有内儿科、妇科、防疫科等科室，服务人次2.3万。1958年，成立碕石农村医院。1961年，改为碕石人民公社医院。院址设太平圩。1969年2月16日，山上大队在县内首创开办合作医疗点，配2名卫生人员（即“赤脚医生”），开展全大队的防病、治病、妇幼卫生、计划生育、培训生产队卫生员工作。当年有310户，1358人参加合作医疗，大队赤脚医生李强英到北京参加国庆观礼活动。1970年，境内所有生产大队均有合作医疗站。1988年，迎春镇有卫生院1所，农村医疗点25个，医务人员39人。设有病床50余张，多次荣获先进基层卫生院等荣誉称号，上级领导和部门多次来参观和指导。2000年末，该院有医职人员26人，其中退休8人，主治医师1人，行政管理1人，卫生技术人员16人，有病床22张。2014年末，在职员工28人，其中医师7人，护士7人，检验医师1人，药房2人，拥有床位45张，面向社会开展医疗、预防、保健等卫生服务工作。当年，业务预算收入203万元，预算业务支出186万元，拥有200毫安X光机、黑白B超机、心电图机、尿液分析仪、半自动生化分析仪、心电监护仪、多功能手术床等医疗设备，为临床提供了科学的检查依据和保障，是宜章县新型农村合作医疗定点机构。

社会保障

1956年，政府对孤寡老人实行保吃、保穿、保住、保教、保葬的“五保”政策。1958年人民公社时期，五保户由公社统一负责供养。1961年改由生产队负责供养。1987年，境内有“五保”户78户87人。2004年建设敬老院1所，占地面积500余平方米，床位30张，入住“五保”老人22人。2011年，有城市低保对象40户60人，农村低保对象479户1113人，农村五保对象166人，城市各类优抚对象89人。当年发放大病救助款6万元，救助30名贫困群众。为53名孤儿每月发放600元生活补助。免费为10名贫困老人、3例先天性心脏病患儿实施了手术。当年，有免费敬老院1家，收养五保老人24人；实行农村养老保险参保10388人，参保率86%。2014年末，全镇城镇居民享受低保11户16人、农村低保955户1329人，农村医疗救助65人；参加新农保10428人，参保率93.2%；参加新型农村合作医疗的20728人，参合率100%；共有2368名60岁以上老人享受养老金待遇；发放粮食直补16.8703万元，粮食综合直补100.7223万元，良种补贴32.6151万元，退耕还林补贴3.3053万元；发放高龄老人补贴、农村低保金、大病医疗补助等惠民资金251.7万元。

特色地情

人物

彭邦栋（1873—1931） 字梓厚，号与吾，清同治十二年（1873）生于宜章碕石。20余岁补廪生。清光绪三十年（1904）东渡日本留学。到日本后，他认识到，中国要强大，必须学习日本的“明治维新”，打倒封建制度，建立资产阶级共和国。清光绪三十一年（1905），毅然参加孙中山组织的同盟会。不久，受黄兴派遣，回湘南联络临武、嘉禾、永兴等县的革命力量，并在本县发展革命组织，积极筹备武装起义。后因不慎泄密，只得潜返东京。清光绪三十三年（1907），与田桐潜运军火入粤，因镇南关（即今友谊关）之役失败，遂潜往香港。清宣统二年（1910），受湖南巡警总监的委派，担任宜章县警察局警务长。他以合法身份，掩护发展革命势力，张清源、张志德、周正群、彭遂良、彭昭等人均成为革命骨干。革命党人一时遍布全县。清光绪三年（1911）10月10日，武昌起义成功。在与湖南都督焦达峰取得联系后，彭邦栋于11月2日发动了宜章起义，占领县衙。结束了清朝在宜章县的封建统治。次日，宜章满街张贴湘南革命实行团主任彭邦栋的告示，秩序逐步恢复。民国元年（1912）以后，彭邦栋先后出任湖南都督府高等顾问、国会参议院议员、广东非常国会议员、党史编纂等职。期间追随孙中山，宣传三民主义，反对袁世凯称帝，揭露曹锟贿选总统。矢志不移反对封建主义，建立资产阶级共和国。1931年，在南京病逝。

彭遂良、彭昭 彭遂良，清光绪二年（1876），生于黄沙团碕石村（今属迎春镇）。弟彭昭生于清光绪十年（1884）。清光绪三十年（1904），彭遂良、彭昭赴长沙入民主革命先驱禹之谟所办唯一学堂（即后之湖南广益中学、湖南师大附中）读书，接受反帝反封建的民主革命思想，不久加入同盟会。清光绪三十二年（1906），长沙各学堂师生及各界群众万余人上街游行，公葬近代民主革命家陈天华，彭遂良被推举为游行先行队队长，他走在队伍前面，带头高呼反帝反清口号。是年六月二十一日（8月10日），禹之谟被清政府逮捕，彭遂良、彭昭亦被开除回乡。清光绪三十三年（1907），兄弟俩跟随同盟会会员彭邦栋开展反清革命活动。他们与李国柱一道，在临武、嘉禾交界处兴办东兴造纸厂，以厂为据点联络革命党人、传递情报、筹措经费。不久兄弟俩被派往广东连州潭源洞一带组建一支20多人的反清武装。清宣统三年（1911），发展至300余人，称湘粤边区民军。彭遂良、彭昭分别任正副支队长。是年九月十二日（11月1日），兄弟俩奉彭邦栋之令，率队参加宜章县城起义，并被指定为前卫部队。彭邦栋赴县衙与知县吴道晋谈判，劝其投降。清军只让彭邦栋入内，彭遂良兄弟及所带领的卫队被挡在大门外。谈判中吴道晋只答应移交文卷和库存钱粮，武器和印信随身带走，谈判僵持不下。彭遂良兄弟见谈判时间已过，等候多时仍不见彭邦栋出来，担心其生命安全，遂带领卫队冲进县衙。遭清兵开枪扫射，彭遂良、彭昭兄弟应声倒下，当场牺牲。随后，城外1000余民军冲入县衙，解除清军武装，起义遂告胜利。

民国元年（1912），中华临时国民政府追赠彭遂良为陆军上校，彭昭为陆军中校，中央国史馆为两位烈士立传。

李赐凡（1908—1935） 原名李嗣蕃，号汉亲，清光绪三十四年（1908）2月出生于迎春镇鹧鸪坪村。民国16年（1927），担任宜章学联主席，并加入中国共产党，民国17年（1928）1月，参加湘南起义。4月上井冈山后，相继任红四军二十九团少共团委书记，红四军教导大队党代表，红四军第一纵队第一支队党代表、第一纵队政治委员，红十师政委、师长。民国22年（1933）1月，李赐凡在浒湾战斗中双脚炸伤，锯了左脚。3月担任江西省军区军事部长、军区政治部主任。民国23年（1934）1月，被选为中华苏维埃共和国第二届中央候补执行委员，荣获军委颁发的红星奖章。5月任赣南军区政治部主任，9月任江西省军区司令员。红军主力长征后，受命留在中央苏区领导游击战争，民国24年（1935）1月，在宁都小布战斗中壮烈牺牲。

彭儒（1913—2010） 曾用名彭良凤，汉族，湖南宜章人，民国2年（1913）3月6日出生于黄沙团碕石村（今属迎春镇）。民国15年（1926）考入湖南省衡阳第三女子师范学校读书，民国16年（1927）4月，加入中国共产主义青年团并参加革命工作，后在湖南省宜章县碕石村参加党的秘密工作。民国17年（1928）1月，参加湘南起义，随后上井冈山。她是中国工农红军最早的女战士之一。同年秋在中共湘赣边界特委妇委工作，在井冈山茨坪与时任湘赣边界特委副书记的陈正人结为伉俪，从此患难与共40余年。民国19年(1930)6月，加入中国共产党。曾任中共赣西南特委妇委委员、永吉泰特委妇委书记、中共江西省委妇委委员、福建省汀州市委组织部部长、市委代书记、中共苏区中央局妇委委员、长胜县委宣传部长。曾参加中华苏维埃第一次全国代表大会。民国23年（1934）10月参加长征，是经中央组织局批准的中央红军参加长征的32名女红军之一。民国24年（1935）春，根据组织决定彭儒返回中央苏区，任于都县委宣传部部长，照顾陈正人赴白区治病。民国25年（1936）春回到碕石，在群众掩护下，与陈正人边教书边治病，秘密宣传革命。民国26年（1937）6月，彭儒到延安。先后任陕甘宁边区政府民政科长、中共吉林省延吉市委组织部部长、吉林省委党校组织科科长、组教处副处长、江西省总工会组织部部长。新中国成立后，彭儒历任中华全国总工会干校人事处副处长、农业部监察室副主任、党委副书记、人事宣教局副局长、国务院农林办公室机关党委专职书记、中共中央直属机关委员会委员、中央监察委员会驻水产部监察组副组长。1960年3月，被评为全国“三八”红旗手。“文化大革命”中，彭儒受到迫害。1972年，在周恩来的关怀下，恢复工作，任国家水产总局顾问。党的十一届三中全会上，彭儒当选为中央纪委专职委员，参与中央“两案”审理工作。彭儒是政协第五届全国委员会委员。1982年出席了党的第十二次全国代表大会，再次当选为中央纪律检查委员会委员。2010年10月5日19时30分，因病逝世。

名胜古迹

中共宜章县委旧址 位于迎春镇碕石村。清至民国初为书院，旧称“承启书院”。人字形木梁，庑顶，盖小青瓦，砖木椽檩结构建筑。正墙顶造

中共宜章县委旧址

形呈西洋格式，长 26 米，宽 11 米，建筑面积为 286 平方米。一层中间为过道，门外需下几步石台阶，两侧及二楼为教室。1927 年 5 月，“马日事变”后，国民党反动派血腥屠杀、镇压共产党人和革命群众，白色恐怖笼罩全县，宜章党组织由公开转入地下活动。6 月初，中共宜章县委由县城秘密转移到此，县委以此为据点，成立党的特别支部，并秘密发展壮大组织，筹款购买枪支，自制土炮，组建了一支地下农民武装，打击土豪劣绅，有力地配合了宜章年关暴动的举行。民国 17 年（1928）1 月 12 日，朱德、陈毅率南昌起义军余部在宜章发动宜章年关暴动后，革命形势空前高涨，中共宜章县委才由碕石迁回宜章县城。2013 年，中共宜章县委旧址作为湘南起义旧址群的重要组成部分被国务院公布为全国重点文物保护单位。

中共碕石平民夜校旧址 也称玉公祠。位于迎春镇碕石村。始建于清乾隆元年丙辰（1736），在碕石彭家村中央，封火墙，尖山顶的青砖瓦房一层椽檩结构建筑，初为祭祀先祖玉公的场地。祠堂建筑面积为 31.2 平方米，正门上方的木雕花窗图案精致。民国 17 年（1928）1 月 12 日，宜章年关暴动爆发以后，中共碕石特支书记彭晒于当月 19 日以团防队商量买枪防共为名，召集碕石村豪绅 30 余人在玉公祠开会捐款。会上，赤卫队员关闭大门，彭晒严正宣布：“我们是共产党领导的农民赤卫队，我们暴动了，要打倒土豪劣绅分田地！”到会豪绅措手不及，全被关在玉公祠，成功地发动了碕石暴动。玉公祠是碕石暴动旧址群之一。2013 年被国务院公布为全国重点文物保护单位。

彭氏宗祠 彭氏宗祠，位于碕石村中央，始建于清雍正五年（1727），硬山顶，马头墙，建筑面积为 298 平方米，为三进式单层建筑，由门楼、廻廊、祭厅三部分组成。一进门楼为七层飞檐斗拱梁柱结构，屋面为椽檩构架，盖小青瓦，脊梁置圆雕双龙。藻井并雕有云纹、花卉、动物等图案。门额上方悬挂原国民政府主席谭延闿题的“敬宗收族”匾额。二进为屏风隔扇，隔扇后是天井廻廊，穿梁结构，三进是彭氏族人的祭祀厅。清咸丰五年（1855），广东红巾军首领何禄、陈金刚率部经碕石北上，欲与北面的太平军会合，在碕石村与当地团练发生激战。战后彭氏宗祠被红巾军烧毁，第二年族人重建。民国17年（1928）1月22日，朱德、陈毅率部队由宜章县城到此，驻扎在彭氏宗祠，朱德在宗祠前发表了“五支梭镖可抵一支枪”的演说。2013年，彭氏宗祠作为湘南起义旧址群的重要组成部分，被国务院公布为全国重点文物保护单位。

民俗风情

碕石爬竿狮子 源自明末清初，最初是为武术演练而来，清光绪十五年（1889），彭氏护院师刘坤山先生创建瑞狮班，得以兴盛，后来发展为碕石爬秆狮，风靡湘南。碕石爬秆狮子属南狮一派，由引狮子、爬秆狮子，响器，高竿及抬竿人组成，碕石爬秆狮所爬高竿系碗口粗细的楠竹，长约五米，四人双棍夹竿树立，任由雄狮攀至顶端，碕石爬秆狮子不同于传统的罗汉伴舞或引路童子伴舞，而是配以猴子伴舞，猴子滑稽诙谐，轻灵乖巧的伴舞与狮子的端庄威武，凝重厚朴的表演形成鲜明的对比，惯于攀爬的猴子换成善于扑腾的狮子爬竿，给人以强烈的视觉冲击和灵震感。2009年，被列为市非物质文化遗产。

（李节芬　供稿）

黄沙镇>>

境内有黄沙堡，为宜章县境内著名的三处明代兵营遗址之一。

区域概况

位置面积

黄沙镇位于北纬 25° 5′ 5″至 25° 11′ 12″，东经 112° 37′ 21″至 112° 47′ 58″之间，东与长村乡、一六镇相邻，南与天塘乡接壤，西与广东省连州、湖南省临武县毗邻，北与迎春镇相连。东西最大距离 14.8 公里，南北最大距离 11.8 公里，全镇总面积 102.55 平方公里。乡政府驻地大黄家村，距县城 56 公里，驻地海拔 280 米。

建置沿革

宋、明时期称鹿渡里，宋嘉定十一年（1218）大黄家先祖（黄庭坚之四世）由江西迁入此地，沿用了祖居地修水县黄沙乡、黄龙山之地名，将田垌命名为黄沙垌，将后龙山命名为黄龙下关、黄龙出垌。明洪武二十九年（1396），设三堡之一于黄沙垌之中，故称“黄沙堡”。清咸丰年间（1851—1861）因兵事起而办团练，设团于黄沙堡之内，故称黄沙团。民国 24 年（1935），第三区（原黄沙团）辖仁寿乡、义和乡、礼让乡、智明乡。区公所设黄沙堡城。民国 27 年（1938）仁寿乡改为仁里乡，合并旧礼让乡和义和乡第一保至第七保改为乐水乡，合并旧智明乡及义和乡的八保至十七保改为长平乡。民国 37 年（1948），合并仁里、乐水、长平 3 乡为黄沙乡。1949 年 11 月，成立黄沙区人民政府办事处，仍保留民国时期保的建制。1950 年 4 月，黄沙区人民政府办事处改为黄沙区人民政府，废除保甲制，设立堡城、大黄家、碕石、鹧鸪坪、千家岸、石山脚、大元、元壁，笠头洞 9 个乡。1950 年 10 月，黄沙区改名第三区。1952 年 5 月，第三区辖鹧鸪坪、千家岸、元壁、笠头洞、石山、长村、碕石、堡城、大元、大黄家、曹家垒 11 乡。1953 年 4 月，第三区辖沙坪、大元、较场坪、堡城、大黄家、新垒、上章銮、黄沙岐、碕石、鹧鸪坪、大坪、山上、畔头、石江、水尾、笠头洞、台霄、石山脚、车头、长村、千家岸 21 乡。1955 年，第三区改名黄沙区。1956 年 6 月，撤区并乡，成立黄沙乡。1958 年 10 月，与长村乡、碕石乡、复兴乡合并为黄沙人民公社。1961 年 7 月 24 日将黄沙人民公社划小分为黄沙人民公社。1984 年 3 月撤社改乡，1995 年 4 月 3 日将黄沙乡改为黄沙镇至今。

行政区划

2014 年末辖大黄家、黄沙溪、新垒、水源山、沙坪、大元、新桥、畔田、石头寨、岭背、五甲（1988年曾名立新）、较场坪、蔡家、堡城、晓夏街、上章銮、下章銮、蓝钟、曹家垒、麻湖、大凤21个村委会，178个村民小组，86个自然村。

自然环境

地形地貌 黄沙镇地势周边高而中间低，大部分为丘陵，平原区次之，平均海拔高度286米。丘陵区的特点是脉络明显，山峦起伏，群峰叠嶂，坡度在15~25度之间。平原区主要为溶蚀平原。在黄沙境内分布较大的以蓝钟、章銮，延伸到较场坪、晓夏街的溶蚀平原最大，总面积达1300余公顷。地表物质以石灰岩为主，其次有沙质岩、花岗岩、红岩，一般风化岩较厚。土壤多为红壤，黄壤、肥力中等，偏酸性。

水文 境内有大小河流6条。朱水发源于金朝山，流域面积31.7平方公里，流经长度13.35公里，坡降5.34‰，流量0.72立方/秒，于大黄家汇新垒水，于较场坪泻入岩洞隐于地下。容水流经大凤、袁家堆，于李家湾隐于地下。南冲水流域面积32.6平方公里，长度17公里，坡降8.34‰，流量0.81立方米/秒。流经板桥、畔田、新桥村汇入长乐水。天塘水经石头寨村入长乐水，其中长乐水是珠江水系的二级支流，源自莽山，由西南向东北流经大元、新桥、石头寨、沙坪4个自然村，境内流长7.5公里，流域面积40平方公里，涉及人口6700人。地下水藏量丰富。

气候和自然灾害 黄沙镇属亚热带湿润季风性气候，四季分明，雨热同季，阳光充足，雨量充沛，无霜期长。平均气温16℃，最高气温可达36℃，无霜期年平均200天，年平均日照数1800小时，年平均降水量1550毫米。常见的自然灾害有秋季干旱，春秋低温冷害，热带海洋风暴带来强降雨、洪涝。其中洪涝灾害平均每年有3～4次，以局部中小洪涝为主。1989年、1994年、2006年先后发生水灾。2008年，发生严重冰灾。冰冻时间50多天，造成全镇断水、断电、断交通、断通信，三个月后才得以恢复。

自然资源 境内地下有锰、铅、锌、铜、铁等矿产，其中锰矿较为丰富。1983年有活立木蓄积量4.18万立方米。1995年活立木蓄积量6.61万立方米，森林覆盖率62.53%。2013年有活立木蓄积量9.31万立方米，森林覆盖率55.98%。野生动物资源有野猪、黄鼬、狗獾、草兔、赤鹿、松鼠、竹鼠、野鸭、竹鸡、野鸡、斑鸠、鹌鹑、山雀、大杜鹃等。

人口民族

1979年末，总户数4351户，总人口22554人，其中男性11402人，女性11152人。1988年末总户数5969户，总人口25040人，其中男性12712人，女性12328人。2000年末总户数7106户，总人口28288人，其中男性14971人，女性13317人。2014年末总户数9681户，总人口34819人，其中男性18543人，占53.26%；女性16276人，占46.74%。总人口中镇城人口9125人，城镇化率26.2%。2014年人口出生率10.4‰，人口死亡率4.5‰，人口自然增长率5.9‰。境内人口基本为汉族。有黄、李、蔡、程、徐等18种姓氏。

经济概况

经济综述

清代，境内经济以农耕为主。由于山瘠地薄，耕作粗放，且无蓄水、引水条件，处在“水在泥里拱，三天不下雨，男女老少不得空”的境况中，因而产量低下，人民生活水平难以提高。民国初期，知事公署改定田赋新章，取消农民积年欠赋，团设义仓，谷贱时增价收购，谷贵时减价抛售，以“防谷贱伤农”，农业生产较有起色，但仍以纯农耕为主，且田土绝大部分控制在少数人手中，农民，特别是佃农，生活水平低下。1952年境内开展土地改革运动，使农民“耕者有其田”，经济逐步有起色，但不久进入“大跃进”时期，“浮夸风”“平调风”盛行，生产跌入低谷，但在此期间兴修水利，在乐水河筑坝引水，使受益区内水旱无忧，农业生产在探索中得到好转。随后不断引进新品种、新技术，农业进一步得到发展。1964年试种烤烟成功，1970年推广水稻场地育种和小苗带土移栽技术。1976年推广杂交稻优良品种，农田产量大幅提高。1979年，农民人均年纯收入88元。1983年，推行土地承包责任制，充分调动了农民的生产积极性，加之放开副业生产，社队企业兴盛起来。1988年全镇工农业生产总值完成1118万元，其中农业总产值986万元，工业总产值132万元。2000年全镇工农业生产总值35888万元，其中农业总产值4688万元，工业总产值31200万元。农民年纯收入2087元。2014年，全镇地区生产总值39167.04万元，同比增长11%。其中第一产业8865万元，同比增长4.5%；第二产业12500.98万元，同比增长13.45%；第三产业17801.06万元，同比增长12.73%；财政总收入4587万元，同比增长11.15%；固定资产投资24753万元，同比增长32%；实际利用外资7550万元，农民人均纯收入6515元，同比增长12.77%。

农业

种植业 民国至新中国成立初期，镇内主要以种植水稻、红薯、玉米为主。1960年开始种植双季稻，产量有较大提高。1969年，水稻种植品种由高秆改矮秆。1976年，推广双季杂交稻。1979年，产粮食9645吨，产烤烟11吨，产蔬菜1027吨，产水果11吨。1981年，全面种植双季杂交稻，粮食产量大幅度提高。1988年，粮食总产11139吨，产烤烟166.3吨，产水果52.6吨。2000年，粮食总产12448吨，烤烟301吨，蔬菜5211吨，水果219吨，农业总产值4688万元。2014年，粮食总产14577吨，烤烟1459吨，油料503吨，蔬菜8672吨，水果8834吨，农业总产值14044万元。

养殖业 民国至新中国成立初期，境内养殖以养猪为主，耕牛亦有养殖。1958年，农业合作化后，曾出现限制家庭副业生产的现象，家庭养殖业受到挫伤。1979年，全乡生猪出栏6601头。1981年，实行家庭联产承包责任制后，调动了农民的生产积极性，出现养猪大户和专业户。1988年，全乡生猪出栏18825头，2000年，全乡生猪出栏24800头，家禽出笼11.4万羽。2014年，全镇出栏生猪38488头，羊740头，家禽17.2万羽，其中鸡11.6万羽。全年肉类总产量2913吨，禽蛋总产量509吨，水产品总产量168吨。

林业 民国时至新中国成立初期，境内绿树成荫，古木参天，森林资源丰富。1956年，初级农业社转与高级农业社，大片山林全部入社，小片山林不入社。林木折价入社，实行按劳分配，当时虽然林木作价很低，但集体经济薄弱，根本无力支付折价款，最后基本没有兑现。1958年10月，人民公社化，所有山林归人民公社公有，由公社统一经营，致使山门大开，森林遭到严重破坏。接着三年自然灾害，不少地方毁林种粮，再次形成森林滥伐。1961年秋至1962年夏，农村“四固定”时期，将林权下放到生产队管理。1976年10月，相当一部分生产队，山林权属明归集体，暗归个人。出现“要想富，先砍树”，滥伐滥砍屡禁不止。1981年5月至1982年年底，境内完成林业“三定”（稳定山林权，划定自留山，确定山林生产责任制），林业生产有较大发展。1983年，林地林木资源普查显示：当年全镇有林业用地6180公顷，其中有林地面积3800公顷，活立木蓄积量4.18万立方米，森林覆盖率36.9%。1995年，全县林地林木资源普查显示：境内当年有林业用地6606.67公顷，其中有林地面积6433.34公顷，活立木蓄积量6.16万立方米，森林覆盖率62.53%。2013年，全镇林业用地面积6817公顷，其中有林地面积2848公顷，活立木蓄积量9.3万立方米，森林覆盖率55.98%。2014年，新增公共绿化面积6000平方米，苗木绿化率62.3%。

工业

清代境内农民利用木、竹等资源和传统手工技术进行手工业生产，主要产品有木器、铁器、竹篾制器、缝纫等。民国时期发展了铜器，白铁加工。1950年开办黄沙新民印染厂。1958年在“全民大办工业”的号召下，境内也曾办过铁厂、农药厂等，但很快下马。1961年6月，黄沙公社出资购置一辆货车跑运输业。1971年，大凤大队办集体牛场，养牛50头。1972年，创办黄沙锰矿。1973年黄沙公社与县联办锰矿，由省冶金厅投资50万元，年产锰精矿2万吨。1975年，黄沙公社成立黄沙公社建筑队，同时社办工业向队办工业发展，境内有碾米厂、砖瓦厂等多家。1984年办黄沙乡豆制品厂。同年，黄沙乡第二建筑队在宜章县城和广东连县、连南县城乡建筑队联合承包县属工程，实现乡镇企业走出去的第一步。1988年，工业总产值132万元，占当年工农业总产值1118万元的11.8%。当年4月，黄沙乡建筑队负责人被选为集体企业协会宜章支会理事。2000年工业总产值3.12亿元，占全镇工农业总产值35888万的86.94%。2014年年末有工艺制品厂1家，鞭炮行业类工厂8家，采矿厂2家，砂场3家，选矿厂2家。当年工业总产值4.17亿元，占工农业总产值5.57亿的74.79%。

商贸服务

民国时期境内有私人屠宰业和个体南什食品销售个体户。中华人民共和国成立初期，国家实行“公私兼顾，劳资两利”的政策，境内有个体商贸服务业多家。1952年6月成立黄沙区供销社。1953年县政府贯彻“利用、限制、改造”政策，国家实行统购、统销政策，粮油由国家经营，境内粮、油经营个体户停业。1954年7月，政府实行生猪派购政策，个体屠宰户停业。1956年，对私营商业进行改造，个体商贸服务业人员部分组成“合作商店”，部分人员直接加入供销合作社工作。1956年供销社主营农副产品采购，生产资料供应。1958年，县供销社与县商业合并，县供销社改为第二商业局，黄沙供销归第二商业局管辖。1962年恢复供销社的集体所有性质。1983年，黄沙供销社改制，推行经济承包责任制，经营发生改变，境内私营商贸服务业十分发达。2014年末有大型零售超市2家，大型餐饮饭店8家，旅馆4家，汽车销售及服务1家。当年完成社会消费品零售额13817万元，比上年增长10.1%。

基础设施

交通运输

2014年，境内除有107国道、宜凤高速公路、桂武高速公路穿境而过，并设有立交出入口外，县道黄太公路、黄莽公路也在境内通过，并设有站点，交通便利，为宜章境内的交通枢纽之地。境内还有乡道万安寺工班—黄沙，下章銮—金朝山，黄沙—大凤，黄沙—横冲公路4条，全长29.82公里，全部水泥硬化路面。通村公路十分发达，有黄沙—曹家垡，庙北湾—新垡，沙坪村—沙坪庙，欧家—小莲塘，对面岭—张家冲，和尚岭—麻湖等通村公路21条，总长33.752公里，其中水泥硬化路面20.982公里，沙石路面12.77公里。最早修筑的公路是1952年修筑的对门岭—张家冲公路，全长3.383公里，其中水泥硬化路面0.64公里，沙石路面2.74公里；最新修筑的是1987年修筑的庙北湾—新垈村道，全长1.646公里，为水泥硬化路面。最长的一条是1983年修筑的沙坪村—沙坪庙村道，全长4.13公里。境内有2007年建成的客运站1座，日发运客运班车60班次。

邮政电信

民国25年（1936）4月，在黄沙校场坪设邮柜。民国27年（1938）仁寿乡公所设电话机1台，民国37年（1948），设宜章—梅田—浆水—黄沙—一六—栗源—广东武阳司、平远围步班邮路，3天一班，长77公里，设专夫1人。1957年，每个农业合作社通邮，通邮率97%。当年，设黄沙邮电所，开办至长村自行车班邮路，逐日往返，里程25公里。乡邮员1人。1958年，每个人民公社组织通邮政、乡邮员3~4人，当天回班。当年，各大队通电话。1966年7月10日，90%以上的大队通邮。1988年，黄沙邮电所改为黄沙邮电支局。1998年9月改设黄沙电信支局。2014年末有邮政所1个，电信、联通、移动电话服务网点4个，固定电话用户1325户，移动电话1.1万户，互联网用户1109户。

供水

2007年10月建立黄沙自来水公司，设计供水量为5000吨/日，80%的村民已饮用黄沙溪水库的自来水。2014年供水总量87.67万吨，供水人数2.31万人。

水利设施：旧时黄沙、章鋈垌耕田靠各自掘井吊水灌溉，有民谣曰："新垈章鋈垌，水在泥里拱，三天不下雨，男女老少不得空。"1965年全县动员，兴修了黄沙溪水库，贮水量1400万立方米，总干渠长7.8公里，引沟渠于曹家垈村后至蓝钟、上章鋈、新垈、大黄家等村，今黄沙垌田间机耕道纵横，沟渠交措，排灌自如，水旱无忧。旧时沿长乐水一带水利灌溉主要靠自制水冲式水车，将河中低处水通过大法轮捆绑的许多竹筒提上高处，再由木枧导流送往远处高田。新中国成立后，通过集体力量，筑堤修坝，开渠引水。鱼良头与石龟两村交界处筑一砂石坝，引水灌溉了大无洞水田。在石头寨村旁筑一混凝土拦河大坝，灌溉了沙坪村以下近2万亩良田。境内有黄沙溪水库、大凤水库、鸟崽冲水库等水库6座，大小山塘126座，有效灌溉面积达824公顷。

供电

2010年开始实施农村电网改造工程，有变电站1家，供电所1家。2014年度供电总量2200万千瓦时，用电人数3.48万人。

村镇建设

20世纪80年代始，黄沙镇农民和居民沿黄沙镇政府周围公路两旁建房。房屋一般为两层，上层住人，下层为门店，以后逐年增多，形成镇区街道。1995年，黄沙乡撤乡改镇。2006年，完成畔田、堡城、石头寨、大元、五甲、大凤、蔡家、晓夏街等8个村的通村公路水泥硬化工程，共计15.75公里；硬化公共场地900平方米，拆除废旧房屋15栋1250平方米。2007年，投资35万元完成了五级客运站建设，有力地改善黄沙客运车辆乱停乱摆的现状。2009年，筹资650余万元完成黄沙中心卫生院住院大楼新建及门诊大楼改建工程。2010年，大黄家、黄沙溪、新垈三个村实现了全村亮化；黄沙溪村升级为县社会主义新农村建设示范点；扩修了麻胡村总长2.5公里的村级公路。是年底，全镇21个村有20个村实现了通村公路硬化。2011年，启动了城镇亮化工程，共安装照明路灯138盏；投入580万元建设黄沙镇供水站。2012年加大了对城镇的美化、绿化、亮化力度。加大投入开展镇容镇貌环境综合整治，建造4个垃圾池，购置了12个流动垃圾收集池。5月，黄沙镇被列为湖南省100个中心镇特色镇之一，9月，被列为郴州市“十二五”示范镇。2013年，黄沙镇全面启动城乡共建与环境同治，投资3000余万元实施了立面改造、休闲文化广场、公共游园等20个工程项目，城乡面貌焕然一新，城镇建设初具规模。2014年，迎莽公路（黄沙段）干线公路、黄莽公路两条交通线动工建设，2015年全面完工。

社会事业

教育科技

教育 清道光二十四年（1844），境内黄家圩设谦岩书院，清光绪三十二年（1906），该书院改为初级小学堂，后废。清末，大元村李氏族塾具有一定规模，且具影响力。民国29年（1940）宜章开始实施国民教育，推行一乡一所中心小学，一保一所保国民学校，黄沙镇境内，也同样有乡中心小学一所，保国民小学若干。1949年，宜章县人民政府接管旧政府遗留下来的所有公私学校，并按照“维持现状，逐步改进”的原则，恢复小学教育。1952年，新增大元完全小学一所。1958年，宜章县政府在黄沙建立第三中学，1959年更名为第六中学。该校当时共有初、高中办学能力。1969年，全县79%的公办学校下放到生产大队，黄沙境内执行了这一办学方针。1973年，恢复教育正常秩序。1983年12月，县政府发出《关于建设乡（镇）中心小学的通知》，1985年，黄沙镇黄家圩建立黄沙乡中心小学，1988年，全乡有幼儿园11所，在园儿童189人，幼师11人；有小学25所，在校学生3048人；有中学1所，在校学生898人；有完全中学1所，在校学生267人；共有中小学教师215人。2000年，黄沙镇有幼儿园11所，在园幼儿206人，专任教师21人；小学21所，教学点1个，在校学生4549人，共有中小学教职工250人。2014年，全镇有幼儿园21所，在园幼儿1058人，幼师53人；有小学20所，在校学生3790人；中学2所，在校学生2657人；共有中小学教师262人。

科技 民国31年（1942），湖南省政府在宜章县推广抗战籼、胜利籼、万利籼、黄金籼、白谷黏等水稻新品种，黄沙同时引种这些新品种，民国37年（1948），境内广种金巴粮、野禾、四川禾、矮脚黏、临武禾、麻壳油黏等水稻新品种。1950年，从外地引进解放籼、满地红等水稻品种，1952年引种早稻南特号，以后又引进陆财号、洞庭早。1966年，引种烤烟获得成功。1967年，全境完善高改矮工作，使境内水稻亩产量登上新台阶。1975年引种杂交水稻，1978年实现晚稻杂交化，1984年早稻也杂交化，当年实现双季稻杂交化。

在引进新品种的同时，境内还推广湿润育秧法、薄膜育秧法等农业新技术。在稻田使用化肥、农药等技术。

文化体育

文化 1958年，公社各大队设图书发行站，公社有书店，大队有图书发行人。1960年，公社书店停办，农村的图书发行工作改由供销社承担。1977年，公社自办电影队。1980年，由大黄家黄运牛投资办起了大队电影院。1985年，黄运牛被评为郴州地区先进文化专业户。同年黄沙乡有电影放映队21个。1993年，建黄沙有线广播站，

1995年，改为黄沙镇广播站。2014年末有综合文化站1个，文化活动室17个，农家书屋22个，省级文物保护单位3处，市级文物保护单位2处。有舞龙队10个，其中三十节以上的长龙两条，舞狮队2个，有女子舞龙腰鼓队1个，乐队5个，黄沙有业余剧团1个。当年境内有成公宗祠、堡城兵马遗址、节孝坊等3处省级文物保护单位，有桥背山东周古人类聚落遗址县级文物保护单位1处。

广播电视 1993年建成黄沙乡有线电视站，后改为黄沙镇广播电视站，2014年年末有线电视用户7441户。

体育 1989年，在国庆40周年之际开展篮球、乒乓球比赛、拔河比赛。1995年春节期间大元村、大黄家村自发组织开展舞龙、舞狮、武术活动。当年，镇内举办一年一度的篮球比赛，共有10个代表队，200多名运动员参赛。2000年9月，黄沙大元村舞龙队，代表宜章县参加郴州首届生态旅游节开幕式。2014年年末有镇、村各类体育场所27处。

医疗卫生

清末民国初期，境内有沙坪郑鸣歧、曹家坌李敬一、黄沙堡陈求保中医行医治病。还有沙坪村李湘、郑鸣歧药店，曹家坌李敬一药店，上章銮黄忠理药店，黄沙堡陈求保药店，黄沙溪黄一元药店，大元村黄某某药店为民众售药治病。民国17年（1928），成立黄沙卫生所，设主任1人，助理员2人。民国35年（1946），卫生所撤销，改为巡回卫生工作队。但境内有蔡道开药店、彭荣昌药店、利群药店、黄忠理药店等16家。1952年8月以集资方式设立第三区联合诊所，配有医护人员数人。1953年3月，成立区卫生所，配医护人员2~4人。1956年3月，政府接收私人药店和医务人员，成立黄沙联合医院。1958年7月成立黄沙农村医院，凡境内国家兴办的卫生所，集体所有医疗机构，全部归并农村医院统管。1961年农村医院改为黄沙人民公社卫生院。1970年各大队设合作医疗站，每站配赤脚医生1人。1986年10月，乡卫生院由县卫生局移交乡政府管理。2014年，镇内设县级医院1所，医务人员152人，其中执业医师18人，执业助理医师28人，注册护士55人，病床179张，有村卫生室24个，年末参加新型农村合作医疗35362人，参合率100%。

社会保障

1950年，县政府将孤寡老人的供养列为政务事项。对无劳动能力的孤寡老人发给钱救济粮款。1956年，农业合作化后，对孤寡老人普遍实行“五保”（保吃、保穿、保住、保教、保葬）照顾。1958年，“五保”老人的供养，由公社负责。1959年，黄沙公社办敬老院1所。1961年春，公社体制调整，敬老院撤销，“五保”老人的供养改由生产队负责。1983年，农村实行家庭联产承包责任制后，“五保”老人的供养由政府统筹承担。1987年，黄沙乡落实“五保”老人132户，164人，均由政府统筹供养。1994年1月，境内开展农村社会养老保险工作。2011年有城镇低保对象60人，农村低保对象973人，民政救助231人。享有80岁以上高龄老人津贴430人。完成农村危房改造32户。两项制度受益人员300人。有敬老院1座，收养农村“五保”人员47人。民政部分资助大病救助60人次，支出资金10万元。2014年年末有城镇低保对象16人，农村低保对象1369名，民政救助五保户197户，享受80岁以上高龄老人津贴补助578人，月人均50元以上，完成农村危房改造66户，两项制度受益人员814人。有敬老院1个，收养农村五保老人45人，民政部门资助大病救助56人次，资助资金16万元。

黄沙堡

特色地情

人物

黄祯刚（1891—1933） 黄祯刚，乳名宣成，字长茂，清光绪十七年（1891）8月15日生于黄沙团上章銮村。民国14年（1925）10月，加入黄佑朝、李兆甲、黄尧禹等人发动群众组织的“公民团”，参加清算黄河源贪污修建学校公款的斗争。民国15年（1926）秋，参加黄沙区农民协会和赤卫队，积极带领农民到圩场和各村庄禁赌。民国16年（1927）2月，黄祯刚加入中国共产党，被选为黄沙区农民赤卫队队长。马日事变后，与黄佑朝率黄沙赤卫队转移临武、嘉禾活动。民国17年（1928）初参加黄沙暴动，与彭晒率农军参加围攻黄沙堡城战斗。3月初与黄佑朝指挥大黄家人民坚守水楼斗争，并冒死突围星夜急赶宜章城，请来萧克和胡少海部队救出赤卫队员和全村群众。宜章农军转移井冈山后，黄祯刚隐蔽到湘粤边境坚持斗争。民国18年（1929）5月，任中共湘粤边工委委员、湘粤边区游击别动队队长。10月间带游击队员潜回大黄家，处决民愤极大的清乡委员黄泗良。民国19年（1930）9月，任中共宜章县委委员，与欧阳健、彭良等积极组建武装力量。民国22年（1933）5月，黄祯刚在黄沙区被捕。遭受敌人用铁丝捆、麻绳吊、棍子打、扛子压等各种酷刑，仍不屈服，最后壮烈牺牲。

名胜古迹

黄沙堡 明代洪武年间，局势动乱，匪患遂起，乡人李克安赴京告急。于明洪武二十七年(1394)，朝廷调茶陵卫蔡荣、程宁、朱铭、带官军190余名，筑黄沙堡，屯田防守。城墙高4.25米，城厚4.5米，纵横各240米，周长812米，南北两门相对，均为砖石结构。南为镇南门，门高2.5米，宽2.1米；北为朝天门，高2.66米，宽2.1米。东西两闸门宽1米，高2米。城内有二楼四硐四庙，即南楼、北楼；东硐、西硐、南硐、北硐；四庙有：镇兴庙、城隍庙、骑龙庙、朝仙庙。还有那沙城书院、西林庵、节孝牌坊。城堡建成后，可保一方平安，但也是兵家必争之地。湘南起义时期，朱德率领工农革命军曾在黄沙堡战斗。有道是：烽火狼烟岁月远，夕阳堡影牌楼昂。黄沙堡于2011年被列为湖南省文物保护单位。

（黄克新　李俊　供稿）

天塘乡 >>

天塘是无产阶级革命家张际春的故乡。

区域概况

位置面积

天塘乡位于宜章县西南部，北纬5° 0′ 33″至25° 9′ 4″，东经112° 42′ 26″至112° 51′ 42″。湘粤西南重要门户。东与笆篱乡、白沙圩乡交界，南与莽山瑶族乡、广东连州市大路边镇接壤，西与黄沙镇、广东省连州市相邻，北与一六镇相接。乡人民政府驻萧家冲，距宜章县城62公里，距国家AAAA级旅游景点莽山旅游区23公里。

2009年国土详查，天塘乡国土面积83.08平方公里，耕地面积2386.94公顷，林地面积4341.03公顷；东风乡国土面积69.62平方公里，耕地面积1339.72公顷，林地面积4438.12公顷。2012年4月，天塘乡与东风乡合并，仍名天塘乡。辖区东西最大距离16.8公里，南北最大距离16.2公里，国土总面积152.71平方公里。2014年，耕地面积2578公顷，其中水田面积1292.7公顷，旱土面积1285.3公顷；人口密度为每平方公里309人。

建置沿革

明代隶属宜章五乡中的长宁乡。清代，仍属长宁乡。清咸丰间（1851—1861年）分属黄沙团和笆篱团；民国24年（1935）属第三区礼让乡和第四区镇西乡。民国27年（1938）7月分属乐水乡和金泉乡。1949年11月，属笆篱区人民政府办事处。1950年4月，分属黄沙区元璧乡、笠头洞乡和笆篱区罗轸乡、满塘乡、天塘乡。1952年5月，分属第三区元璧乡、笠头洞乡和第四区龙塘乡、天塘乡、满塘乡、罗轸乡、太平乡。1953年4月，分属第三区台霄乡、石江乡、水尾乡、笠头乡和第四区龙塘乡、田尾头乡、天塘乡、满塘乡、山背乡、蓝头乡、罗轸乡。1956年6月10日，撤区并乡时设置天塘乡和复兴乡。1958年10月天塘乡划入一六人民公社，复兴乡划入黄沙人民公社；1961年7月24日，公社划小成立天塘人民公社和复兴人民公社；1966年9月，复兴公社改名为东风人民公社；1984年3月撤社改乡为天塘乡、东风乡；2012年4月，天塘乡与东风乡合并，仍名天塘乡。

行政区划

2014年，天塘乡辖天塘、龙塘、三联、萧家、孟家、田尾头、山背、猴子冲、仁洞、柞树下、满塘、谢家、新民、太平山、黄土坡、罗轸、林家牌、走马丘、南冲、樟门塘、笠头、台霄、贺家、杨桐江、元璧、水尾、石江、龙江口、菜子冲、竹梓塘30个村委会,320个村民小组,210个自然村。

自然环境

地形地貌 境内地势南高北低，南北两端向中部倾斜，西北部向中部、东部倾斜，由中山、低山、丘陵、岗地、平原等构成，呈明显的阶梯分布。乡境周围多山峦。主要山峰有：糍粑岭，海拔892米；观音堂，892米；高岭，851米；将军岭，556米；马鞍山，395.5米；马岭脑上408米；狮子岭，345米；梯子岭874米；马头岭862.1米；谭背山626.9米；大门岭700米；白翼山792米；通天蜡烛713米；狮子岭439.3米；斋公岭410米。

气候 属亚热带湿润性季风气候。春早多变，夏热期长，秋短温凉，冬无严寒，热量丰富，雨水不匀。年平均气温18.3℃，1月平均气温7.1℃，7月平均气温28.1℃。年平均日照数为1603.1小时，年平均降水量1600毫米，无霜期292天。

自然灾害 主要有秋旱、春秋低温冷害、洪涝、大风、冰雹和冰冻。瞬时风力达8级以上的大风每年发生2～3次，大多出现在5—8月。冰雹为5年一遇。较严重的冰冻4—5年一遇。

水文 境内河流属珠江水系。长乐水流经菜子冲、笠头、水尾、贺家、石江、龙江口村，流经境内长22.42公里。境内有大小溪河20余条，流域面积达120平方公里。

自然资源

矿产资源 主要有锰、硅、大理石、花岗岩及稀有金属等。

森林资源 1983年，天塘乡林业用地面积4300公顷，有林地面积3047公顷，森林覆盖率37.7%，林木容积量2.44万立方米；东风乡林业用地面积4913公顷，有林地面积1960公顷，森林覆盖率29.6%，林木蓄积量1.64万立方米。2013年，全乡林业用地面积10384.4公顷，其中有林地7143.9公顷，活立木蓄积量19.98万立方米，森林覆盖率58.15%。

人口民族

民国28年（1939）乐水乡辖10保、175甲，总户数1822户,总人口7805人,其中男4012人，女3793人。金泉乡辖10保，175甲，总户数1942户，总人口9334人，其中男4932人，女4402人。1988年，天塘乡总户数4897户，总人口23828人；东风乡总户数3153户，总人口14082人。2014年，全乡总户数10979户，总人口47272人，其中常住人口39087人。另有流动人口8185人。总人口中，男性26974人，占57%；女性20298人，占43%。总人口中，汉族46846人，占99%；瑶族426人，占1%。人口出生率11.8‰，死亡率4.81‰，人口自然增长率6.99‰。

经济概况

经济综述

清末至民国时期，天塘、笠头洞等地广大农民耕作粗放、产量低微，正常年景需佐以薯芋杂粮，岁歉，多数农民不得温饱。春采野菜果腹，秋挖蕨根充饥。1951年冬，在省、地、县工作队的帮助下开展土地改革,废除封建土地所有制,实行“耕者有其田”，农民生产积极性空前高涨，农业生产有了很大的发展。1956年，实现了高级农业合作化。到1958年人民公社化“大跃进”时期，“一平二调共产风”盛行，加上“瞎指挥风”，违背客观规律，造成严重后果。1961年实行公社、大队、生产队三级所有队为基础，以生产队为基本核算单位，生产才逐步回升。直到“文化大革命”，强调以阶级斗争为纲，严重制约农村生产力的发展。

1981年，各生产队均建立各种不同形式的农业生产责任制。农民称道："完成国家的，交够集体的，剩下都是自己的。"县政府认真执行搞活农业的政策，到1988年，天塘乡农业总产值1041万元，东风乡573万元；工业总产值天塘乡159万元，东风乡129万元；2000年，天塘乡农业总产值5474万元，东风乡2266万元；工业总产值天塘乡9462万元，东风乡5900万元。2014年，实现国民生产总值78516万元，同比增长11.64%；其中第一产业16496万元，同比增长4.5%；第二产业46683万元，同比增长13.84%；第三产业15337万元，同比增长13.09%。完成固定资产投资72787万元，同比增长27%；财政收入2701万元，同比增长8%；农民人均纯收入达8651元，同比增长8.3%。

农业

清末民国时期，天塘、满塘、笠头洞等地长期均以种植水稻为主。采用传统栽培方法，大块秧田，大蔸稀植，粮食单产不过100千克左右。新中国成立后，广大农民逐步接受农业方面的新技术。20世纪50年代，逐步推广双季稻，1959年动工兴建莽山渠道，1960年建成毛渠44.5公里。1961年山洪暴发，渠道渡槽多处冲毁。1964年，省投资进行渠道改造，次年6月，通水受益。天塘人在水利条件改善以后，大规模进行旱土改水田，同时改种矮秆禾，产量明显高于高秆禾。到20世纪70年代，推广双季杂交稻，单产和总产都达到一个新的水平。1979年，天塘乡耕地面积1103.2公顷，其中水田793.2公顷，旱土310公顷，粮食总产6630吨，蔬菜215吨，生猪出栏5108头。东风乡耕地面积748.1公顷，其中水田557.2公顷，旱土190.9公顷。粮食总产5192吨，蔬菜203吨，生猪出栏3120头。1988年，天塘乡粮食总产9620吨，茶叶14.2吨，生猪出栏1523头，东风乡粮食总产5347吨，水果35.5吨，生猪出栏7100头。2000年，天塘乡粮食总产13375吨，油料312吨，蔬菜5772吨，生猪出栏31060头，家禽出笼2.78万羽；东风乡粮食总产5895吨，蔬菜2181吨，生猪出栏1.2万头，家禽出笼2.97万羽。2014年，全乡农业总产值16496万元，占国内生产总值的21%。粮食总产量20470吨，蔬菜总产量37279吨，其中五指辣椒产量6000吨，蓝莓产量8吨，烤烟产量1105吨，生猪出栏6.9万头，牛出栏2713头，家禽年出笼22.8万羽。

工业

民国时期，天塘除办有陶器厂，基本上没有工业企业。新中国成立初，境内只有从事铁、木、竹、棕、缝等农村手工业，居住分散，收入甚微。1953年，天塘办有人民染织厂，因棉纱供应紧缺，对私营手工业实行控制供应，于1954年停产关闭。农村中的五匠（铁、木、石、棕、蔑）、四坊（油榨、豆腐、碾粉、染布）日渐活跃。并办陶器厂，主要生产缸、钵、瓮等。东风乡冬茅秆漫山遍野，造纸原料充裕，1978年兴建公社纸厂，生产土纸32.5吨。1981年3月，兴建天塘乡阳下电站，设计400千瓦发电机组4台，1983年4月有3台投产发电。1988年有乡办企业3家；2000年有乡办企业5家。乡内企业主要以水电、烟花爆竹、农产品加工、硅灰石采掘加工为主。2014年末，天塘乡有企业153家，其中烟花爆竹企业24家，水力发电站13家，第二产业产值46683.18万元，占国内生产总值59.45%；其中规模企业17家，职工2054人，实现工业增加值45483万元，比上年增长19.5%。

商业服务业

清末民国时期，天塘圩为县南部几个大圩场之一，逢五、十日为圩期，每圩人数达一两万人。上市的货物多为农副土特产品和日常用品。日中为市，晨集午散，幕天席地，几经兴衰。

1952年10月29日，第四区（天塘）供销社成立，社址设在天塘村，农民3332人投股入社，集资3665元。1955年6月，第四区供销社改为一六区供销合作社，社址由天塘迁至一六圩，天塘只设天塘购销商店。1961年人民公社由大划小，又成立天塘公社供销社。小商小贩也组成各种合作商店，形成以国营集体商业为主体的社会主义统一市场。“大跃进”时期，各圩场的圩期由传统的插花型，统一为阳历每月的1日、11日、21日三天，管得过严，统得过死，天塘圩赶圩的人数减少一半以上。1960年，恢复5天一圩。“文化大革命”期间，又把市场贸易看成“资本主义”滋生的土壤进行批判，1972年，天塘圩又由原来5天一圩改为10天一圩。1979年后，在“放宽政策，搞活经济”的方针下，开始将圩期改为星期日，加强市场建设，增加服务设施。1982年，恢复一月9圩的插花型圩期。1989年，天塘圩由猴子冲迁建于乡政府驻地，成为南部乡村农副土特产品集散地。2014年，全乡有个体工商户1214户，从业人员5705人；餐饮服务行业279户，从业人员1478人。社会商品零售总额达22593万元，比上年增长19.3%；城乡集贸市场2个，年成交额约为8516万元。财政总收入2701万元，比上年增长8%。境内金融机构各类存款余额27071万元，各项贷款余额7050万元。

劳动力转移

20世纪80年代起，农村剩余劳动力为增加家庭经济收入，每年自发向广东、浙江、上海、北京等经济发达、劳动力短缺的地区转移就业。2014年末，转移输出人数8516人，创收2039万元。

基础设施

交通运输

民国30年（1941）12月，连坪公路修成通车；1958年栏莽公路通过天塘乡；1960年，全县抽调1500名民工修筑坪连铁路，同年停建。20世纪80年代初，在原连坪铁路的基础上改修为107国道，通过天塘乡的三联村、龙塘村，通过东风乡的竹梓塘村。1988年天塘有乡道9条，长26公里；东风有乡道3条，长16.05公里。2003年栏莽公路水泥硬化；2006年天东公路水泥硬化；2007年东凤公路水泥硬化；2014年车仁公路修通并水泥硬化，境内107国道贯穿西北，栏莽公路、黄莽公路穿境而过，是进出国家森林公园——莽山旅游区的必经之地。全乡30个村通村公路全部水泥硬化，320个村民小组已全部通公路。有客运站2个，日发客运汽车48班次，日均发送乘客1300人次。

邮政通信

清末民初，天塘乡的邮政通信主要由县邮政设在天塘的乡邮员步行传送往来信件；电话仅仅是区（乡）公所政府机关设有，民间无法进行语音通信。新中国成立后，乡村的报纸、邮件一直采取人为投递，只是逐步由步行到自行车、摩托车代步。1988年后，各个乡村、部分群众个人也开始安装固定电话。1994年，天塘、东风均开通程控电话，实行电话自动化。2014年末，有邮政代办所1处，报纸、杂志累计发行158种997份，电信企业1家，固定电话用户1050户，移动电话用户14797户，互联网用户650户。全年电信业务收入125万元。有线电视用户3100户，入户率31%。

供电供水

新中国成立后，境内照明主要用松香和油灯。1988年后天塘乡、东风乡普及用电照明。2002年成立了天塘供电所。2003年开始实行农网改造，至2011年止，天塘乡完成农网改造19个村，东风乡完成农网改造4个村。2014年年末，全乡村村通电，有23个村实施了农网改造，供电水平大幅提高。

乡域供水大部分以单位、家庭建蓄水池和自行接山泉水、山溪水或自行打井抽水到家解决人畜饮水问题。1991年10月，天塘乡饮水工程动工兴建，该工程从畔田右岸马口坝抽泉水作水源，工程总投资13.55万元，解决3000人、2850头牲畜的饮用水，次年竣工供水。2005年，天塘乡投资建成天成水厂，可满足集镇和天塘村5000多人的生产生活用水，2012年、2014年天塘乡对天成水厂的设备和水管进行更新改造，日供水量达5000方，解决了满塘村、天塘村、集镇1万余人的生产生活用水，罗轸村、走马丘村、新民村正在接天成水厂的自来水。投资486.76万元的杨桐江联合供水工程、笠头联合供水工程、竹梓塘村联合供水工程正在建设。

水利建设

1956年10月，张际春第一次回宜章，就提出从莽山修渠道引到山外灌田的主张。回北京路过长沙时，特意向省领导商谈从莽山开出一条百里（50公里）长渠，灌溉山外数万亩良田的计划，省里答应立项支持。1958年，修建莽山渠道，1960年，建成渠道50公里，333.33公顷良田受益。1961年，被洪水严重破坏。1964年，莽山渠道由省先后投资86万元进行改造，48处渡槽改木质为钢筋水泥结构，修建各地设施100余处。次年6月，通水受益。1971年，兴建南冲小Ⅰ型“结瓜”水库；正常库容20.5万立方米，设计灌田466.66公顷。1981年，开凿糍粑岭隧洞，长1420米，缩短天塘渠道24公里，同时形成落差48米，为兴建阳下电站创造了条件。2014年，全乡有南冲小Ⅰ型、龙塘小Ⅱ型、新塘小Ⅱ型、袁家小Ⅱ型、天塘小Ⅱ型、新茶亭小Ⅱ型、后岭水库、旱冲小Ⅱ型和马鞍山小Ⅱ型9座水库，有莽山左右灌溉干渠两条。这些工程的实施，在很大程度上解决了全乡人民生产、生活用水难问题，安全用水条件逐步改善。

村镇建设

清末民国时期，境内农家住房多聚族而居，形成大小不等的村落，多为砖木结构的瓦房，石灰粉壁，三合土地面。有些极其贫困的农民则住的既不遮风，又不挡雨的茅草屋。老圩场建于猴子石，设施简陋。新中国成立后，随着资源开发，农村经济日趋繁荣，公用设施日趋完善。1989年，天塘圩搬迁至乡政府驻地。2013年，投入1730万元完成栏莽公路天塘市场段沿线建筑物的瑶寨风格立面改造、排水沟及人行道改道、建好休闲停车广场；2014年年末，通村公路、乡机关驻地街道全部实行了水泥路面硬化，320个村民小组全部通公路；完成了关天公路天塘段建设。完成农村危旧房改造项目35户；完成乡客运站建设1个；“一事一议”财政奖补项目，实施了谢家、天塘、台宵、仁洞村的通组公路硬化，笠头、田尾头、龙塘村的环卫设施建设，樟门塘、竹梓塘的环境整治项目，龙江口的人畜饮水工程。投入20万元完成30个村192个自然村的村庄规划设计。全乡基础设施建设逐步完善，人民生活水平不断提高，共建小康社会的进程不断加快。

社会事业

教育科技

教 育 民国9—25年（1920—1936），满塘、笠头洞、糍粑岭、天塘、走马丘、林家牌均创办各族私立小学。民国30年（1941），乐水乡和金泉乡设立中心小学校，每保建一所保国民学校。新中国成立后，接管全部公私立小学。1969年，在马鞍山创办天塘乡中学，在周家山创办东风经秀中学。1983年，在满堂创办天塘乡中心小学，校园总面积13.67亩。1984年，在周家山创办东风乡中心小学。1988年，天塘乡有幼儿园5所，在园儿童81人，幼师5人。有小学24所，在校学生2848人，教职工183人；东风乡有幼儿园9所，在园儿童157人，幼师9人。小学31所，在校学生1953人，教职工82人。其中，天塘乡中心小学设9个教学班，在校学生476人，教职工19人；东风乡中心小学设14个教学班，在校学生646人，教职工26名。同年，天塘乡中学设6个教学班，在校学生357人，教职工20人。东风乡中学设6个教学班，在校学生289人，教职工22人。1994年，天塘中学由马鞍山搬迁至天塘圩；1999年东风中学搬迁至东风圩，东风中心小学搬迁至老东风中学。2000年，天塘乡有幼儿园5所，在园儿童79人，幼师6人；初级中学1所学生1332人；小学19所，在校学生3480人。中小学教职工173人；东风乡有幼儿园9所，在园儿童162人，幼师9人；有初级中学1所学生703人，小学11所，在校学生3056人，中小学教师116人。2010年9月9日，天塘乡教育联谊会成立，以奖教奖学、扶困助学为宗旨，至2014年，共资助学生166人、奖励优秀教师64人，为天塘教育事业发展做出了积极贡献。2014年年末，有幼儿园29所，在园幼儿906人，专任教师57人；小学32所，在校学生4149人，专任教师106人，小学适龄儿童入学率100%；初中2所，初中在校学生1145人，中小学专任教师190人。其中私立中学1所，在校学生832人。初中适龄人口入学率、小升初升学率、九年义务教育覆盖率均达100%。

科技 民国时期，天塘农村有大量的能工巧匠。主要有铁、木、竹、石、缝。其技术多系家传师授，源于实践。农村中有技术精湛的铁匠、木匠、染织匠、木雕工、中草药师、医师等。新中国成立后，在发展农副业生产和乡村企业过程中，培养出一批技术人才和各类能工巧匠。1981年，农村进行经济体制改革，发展商品生产，改进生产技术，在种植、养殖、建工建林、水力发电、农副产品加工方面，涌现出一批技术能手。1997—2000年，组织实施“湖南省十百千科普示范工程”。天塘乡先后被省科协、省科委确定为“湖南省科普示范乡”、“湖南省星火科技示范乡”，被省委组织部、省委农村工作部授予“全省农村党员基层干部实用技术培训先进单位”、“全省科技兴农先进单位”荣誉称号。2014年，全乡各类科技人才达56人。

文化体育

文化 民国时期，境内无专管文化机构。在除夕、春节、元宵、端午、中秋、重九等节日，群众自发地进行舞龙、舞狮，演唱等庆祝活动。新中国成立后，乡里的文化专干帮助农村办俱乐部、文化室、业余表演队，配合中心工作，开展多种形式的群众文化活动。1951年，县文艺宣传队到天塘各乡村演出，他们演出的节目，小型多样，主要是唱革命歌曲，打快板、渔鼓词，也演话剧和歌剧。1958年后，许多大队都成立农村业余剧团，所演剧目，大多自编自演。到“文化大革命”期间，则成立毛泽东思想宣传队，主要是领导群众唱语录歌、跳秧歌舞。1977 年，公社自办电影队，在公社范围内轮回放映。1992 年，教师刘愚创作反映农村改革题材的长篇小说《飓风着陆之前》出版。2014 年末有乡文化站、广播电视站各 1 个，有村级文化活动中心 30 家，有农家书屋 30 处，藏书 6 万余册，省级文物保护单位 1 个，市级文物保护单位 2 个。

农民体育　新中国成立后，政府倡导开展群众体育活动，大力促进体育社会化。在继承传统体育项目的基础上，逐步接受田径、球类等现代体育项目。1952 年，笠头洞乡派代表参加宜章县举办的武术大会。1977 年夏，天塘公社、东风公社均派篮球代表队参加一六赛区的比赛。2000 年，乡、村两级都成立体育运动领导小组，许多村都新建了体育活动场地，组织开展体育训练和比赛活动。至 2014 年，90% 以上的村建有篮球场。

学校体育　新中国成立，境内各小学实行每周两节体育课，普遍开展“三操”（早操、课间操、眼保健操）、两活动（每周两节体育课，每天一节课外活动），以增强师生体质。1957 年，完小和中学实施《准备劳动与卫国体育制度》（简称“劳卫制”）。1958 年，中小学师生投入大炼钢铁运动，挑矿砂、烧木炭，体育课被生产劳动所代替。1962 年，恢复学校体育活动。“文化大革命”中，学校停课闹革命，体育教学无法进行。1975 年，境内各中小学开始执行国家体委颁发的《国家体育锻炼标准》。1991 年，各村小学每周开展两操两课活动（两节体育课，每天坚持做广播体操、眼保健操，每周两次课外活动）。此后，每年举办一次全校体育运动会。

医疗卫生

1952 年，成立四区卫生所，所址在天塘。在区、乡人民政府的领导下，广泛开展讲卫生、灭疾病为中心的爱国卫生运动。训练农村卫生员、新法接生员，普种牛痘，使历史上流行的霍乱、白喉、麻疹、疟疾等传染病有所控制。1956 年，接收私营药店和医药人员成立天塘联合诊所和复兴联合诊所。1958 年将卫生所、联合诊所建立农村医院。1970 年，天塘、东风公社各大队都办起合作医疗站，每个站配有“赤脚医生”2~3 人。1982 年，合作医疗站停办。1988 年，有东风乡卫生院、天塘乡卫生院。天塘卫生院实行承包制试点；1991 年恢复了医院公有制；2014 年末，有各级医疗卫生机构 46 个，其中乡卫生院 1 所，村卫生室 45 所。病床 100 张。专业卫生人员 95 名，其中执业医师 3 人，执业助理医师 13 人，注册护士 19 人。是年，医疗机构（门诊部以上）完成诊疗 3.4 万人次。新型农村合作医疗参合人数 40098 人，参保率 98.5%。

社会保障

新中国成立后，政府对无劳动力的孤寡老人优先发给救济粮款。1956 年，农业合作化后，对孤老普遍实行“五保”（保吃、保穿、保住、保教、保葬）。1958 年，建立人民公社后，“五保”户的生活由公社集体负责。1961 年，改由生产队负责供养，且适当给予救济。1987 年天塘乡有五保户 129 户 129 人；东风乡有 63 户 70 人。1992 年 11 月，在天塘乡猴子冲村，田尾头村、孟家村举办农村社会养老保险工作试点，1993 年 6 月，点上有 703 人自愿办理农村社会养老保险，共收取养老保险费 21.48 万元。2011 年，城镇最低生活保障户 2 户，支出 8640 元；医疗救助 87 人次，民政部门资助参加合作医疗 653 人次，支出 32650 元；农村生活保障户 1483 户 1597 人，支出 162.8 万元。国家抚恤补助各类优抚对象 256 人，支出 68.7 万元。

当年，有敬老院1家，床位36张，收养农村“五保”老人36人。参加新型农村医保1.98万人，参保率95.19%。

2014年，城镇最低生活保障2户3人，支出9360元；医疗救助30人次，民政部门资助参加合作医疗412人次，共支出37080元。农村最低生活保障1213户1853人，支出270万元。国家抚恤、补助各类优抚对象217人，抚恤事业费支出140万元。有敬老院1家，床位36张，收养农村“五保”人员25人。参加新型农村养老保险19825人，参保率90.4%。

特色地情

人物

张际春（1900—1968） 字存向，号晓岚，宜章县天塘乡罗轸村人。民国9年（1921）考入衡阳省立第三师范，受过毛泽东的政治启蒙教育。民国15年（1926）入党。民国17年（1928）参加湘南起义，被选为中共宜章县委委员，农委书记。同年4月随部队上井冈山，后任红四军秘书长。民国23年(1934)参加长征。抗战时期，任八路军抗日军政大学政治部主任。解放战争时期，任第二野战军副政委兼政治部主任。新中国成立后，历任西南军区副政委兼政治部主任、中共中央西南局第二书记、中共中央宣传部常务副部长兼国务院文教办主任。中共七大候补中央委员、八大中央委员。“文化大革命”中，惨遭江青反革命集团的残酷迫害，1968年9月2日含冤逝世。1979年1月24日，中共中央为他平反昭雪，高度评价他是中国共产党的优秀党员、无产阶级的忠诚战士、伟大的革命家、教育家。

张登驪（1902—1928） 清光绪二十八年（1902）生于满塘，12岁入笆篱小学，考取长沙省立第一中学。民国15年（1926）与张际春、张宇禧等领导成立满塘乡农民协会，同年与张际春一起加入中国共产党。湘南起义中，张登驪与张际春回满塘恢复成立农会、组织农民暴动。朱德率部进入圣公坛后，收编了当地农军武装，组建工农革命军后方营，王光佑为营长，张登驪担任后方营党代表。湘南起义队伍转移井冈山后，反动派纠集重兵对圣公坛后方营进行疯狂围剿，王光佑已牺牲，张登驪和曹嗣仁指挥后方营多次击破敌人进攻。民国17年（1928）7月底，反动县长蒋棣华调令清乡队分四路重兵围剿圣公坛，张登驪与曹嗣仁指挥队伍浴血奋战五昼夜，独守圣公坛兵工厂岩洞。他坚守数日，直到粮尽饿死，壮烈牺牲。

名胜古迹

张际春故居 张际春故居位于宜章县天塘乡罗轸村，为硬山顶出檐墙的椽檩结构建筑，建筑占地面积96.6平方米。正面为青砖墙体，石制门墩、门槛，其他三面为泥砖。一进为正厅，是餐饮会客之地，两侧是厢房，为卧室，张际春年轻时就住在左前厢房。故居于2008年由郴州市人民政府公布为市级文物保护单位。

满塘张氏门楼及文昌阁 张氏门楼祠堂创建于清乾隆九年（1744），门楼及宗祠占地面积600平方米。建筑风格古色古韵，里外风貌至今保持完好。文昌阁始建于清乾隆三十五至三十六年（1770—1771）间，满塘张氏学堂始建于清乾隆三十九年,（1774），改建于民国8年（1919）。文昌阁、满塘学堂及孔庙占地面积400平方米。“文化大革命”期间冠四旧之名而拆除，于2010年捐资重建。大革命时期，张际春以教书的公开身份，与张登驪在文昌阁开展党的地下工作，当时文昌阁及张氏学堂成了湘南起义革

命火种的传播之地。

谭氏宗祠　谭氏宗祠位于宜章县天塘乡天塘村，始建于明代正德十六年（1521），坐西朝东。后经清乾隆十四年（1749）、道光十八年（1838）两次较大的修缮，现保存完好。宗祠占地面积683.7平方米，建筑面积499.2平方米，为三进式单层砖木椽檩斗拱结构建筑，由门楼、戏台、中门、后厅组成，54根粗大圆柱支撑着主体建筑。谭氏宗祠于2006年由湖南省人民政府公布为省级文物保护单位。

（封国兵　供稿）

莽山瑶族乡

莽山瑶族乡是宜章县唯一的少数民族乡。莽山国家森林公园内有地球同纬度保护最好的原始次生林，为AAAA级风景区。

区域概况

位置面积

莽山瑶族乡位于湘粤边界，南岭山脉北麓，宜章县最南端。北纬24°47′14″至25°3′29″，东经112°44′15″至113°0′19″。东与广东省乳源瑶族自治县、乐昌市交界，南与广东省阳山县毗邻，西与广东省连州市相邻，北与天塘乡、白沙圩乡接壤。东西最大距离21公里，南北最大距离28.5公里。莽山乡国土总面积89.11平方公里。乡人民政府驻永安村茅庵街，海拔550米，距县城85公里。

1979年，莽山人民公社有耕地面积276.2公顷，其中水田面积243.7公顷，旱土32.5公顷。2009年，国土详查，莽山瑶族自治乡国土面积89.11平方公里，耕地面积524.4公顷，林地面积7578.57公顷。2014年，耕地面积422.05公顷。人口密度为每平方公里100人。

建置沿革

明代属长宁乡安远里，清代仍属长宁乡。民国12年（1923），改永安局（团）。民国24年（1935）属第四区（笆篱团）镇安乡。民国27年（1938）7月，属金泉乡。1949年11月，属笆篱区人民政府办事处。1950年10月4日，属第四区莽山乡。1953年4月，分属第四区西岭乡，黄家塝乡和第五区塘坊乡。1955年6月，划归一六区。1956年6月10日，撤区并乡，分属莽山乡、皂角乡。1957年12月，莽山瑶族乡成立，成为全省第一批设立的两个瑶族乡之一。1958年10月，莽山乡并入国营莽山林场。1961年11月，将莽山乡从莽山林场分出，成立莽山人民公社。1982年2月26日，莽山人民公社改名为莽山瑶族人民公社。1984年3月，改革人民公社体制，按原公社、大队、生产队范围建立乡人民政府、村民委员会、村民小组。

行政区划

2014年，辖永安、黄家塝、西岭、钟家、刘家、塘坊、道洞7个村民委员会，54个村民小组，107个自然村。

自然环境

地形地貌 由东南向西北倾斜，相对高度大，地面切割作用强烈，境内悬崖峭壁，山峰尖削，溪河纵横，峡谷幽深。属南岭山地的中山地貌，系骑田岭支脉。最高峰猛坑石1902.3米，最低点丫叉水海拔363米。坡度在15度以下山地面积占总面积16.4%，15–25度的占36.2%，在25度以上的占47.4%。海拔1000米以上的山峰126座，1500米以上的33座。在深山幽谷之间，偶有盆地或台地形成，称为“坑”或“坪”，成为农民或职工居住地。

水文

地表水 境内有大小河流13条，集雨面积200平方公里，年平均流量2.82立方米/秒。主要河流有乐水河、乌石洞河、茅坪河、黑坑水、玉水，最终汇入珠江水系。

地下水 为基岩裂隙水和第四系孔隙水。均为降水补给，径流类型为气候型水流，流量以雨季最大。地下水化学类型为重碳酸钾钠型。

气候 莽山地处中亚热湿润季风气候区，是中国冬季有冰雪的最南地区之一。其特点为：夏无酷暑，冬有冰雪，春夏湿润多雨，秋冬雨少多雾。年均气温18℃，7月平均气温23℃，1月平均气温6℃，极端高温36.5℃，极端低温–9.8℃（1965年1月7日）。1958~2014年。年平均日照期为250天，累计年均日照1500小时，年均降雨量2200毫米，其中夏季降雨量占全年降雨量的37%。随海拔增高，降雨量随着增高，其递增率为73.7毫米/100米。最大日暴雨200毫米以上（1973年6月28日降雨量229.2毫米）。

自然灾害 水灾：莽山土质疏松，极易引发水灾。历史记载：民国19年（1930）5月发水灾，境内山体滑坡100余处，死99人，毁坏田107公顷；1959年8月26日至9月16日，连降暴雨，山洪暴发，损失巨大；1961年8月下旬至9月中旬，特大水灾，死亡15人，倒塌房屋52栋，冲毁良田100余亩，旱土343亩。雪灾：2008年年初的冰灾，严重破坏水电设施。

自然资源 石材储量丰富，达11.66亿立方米。有少量铀矿、硅石及稀土矿资源。森林资源丰富，有高等级植物3000余种，属国家和省政府重点保护的56种，特有植物22种。活立木蓄积量约148万立方米。有野生动物300余种，属国家和省政府重点保护的203种，特有动物3种，濒危物种“莽山烙铁头蛇”受世人瞩目，昆虫672种，可供食用菌80种。

人口民族

人口 明正德三年（1508），知县邱云汉令谭朝秀招民抚瑶，开垦莽山。适江夏人黄福安邀同瑶民赵文才，承顶莽山瑶粮58石。黄福安、赵文才二人虑日后粮差难销，邀同张保兴、李新香四人结为异姓兄弟，分种莽山瑶田山场，编为六、七、八、九甲。清咸丰年间（1851—1861年），莽山瑶族仅200余户。新中国成立，人口也逐步增长。1988年，总户数1787户，总人口7736人，其中男3983人，女3753人，汉族4657人，瑶族3079人。2014年末，总户数2393户，总人口8984人，其中男4778人，女4206人。辖区常住总人口7786人。农业人口4693人，城镇人口3093人。人口出生率8.08‰，人口自然增长率8.11‰。

民族 明初，莽山居住着汉族及瑶族、苗族等少数民族。故称“西莽牛头（指西山、莽山、牛头山），均系瑶山苗窟”。明洪武年间（1368—1398年），朝廷设堡戍兵，防隘，守险，苗族首领谭应贞、杜回子、瑶族首领龚福全，先后以莽山为据点，在湘粤边境举行起义，被官府反复围剿，县内少数民族均遭到残酷镇压与杀害，余下的苗族则全部他徙，瑶族也逐渐衰败，人数大减。1949年，莽山只有瑶族700余人。1988年，瑶族人口3079人，占宜章县瑶族人口的74.46%。2014年年末，汉族人口2686人，瑶族人口6298人。瑶族人口占全乡总人口的70%。全乡姓氏有黄、盘、赵、李、周、刘、罗、谢、谭、萧20余姓，其中瑶族有黄、赵、盘、李、邓、庞、胡、欧、宋、梁10姓。

经济发展

经济综述

明正德三年（1508），知县邱云汉募民垦辟。江夏人黄福安邀同瑶民赵文才、张保兴、李新香四人承顶莽山瑶田山场，经过逐渐开辟，复田217公顷（包括莽山洞、牛头山、苗竹山、糍粑岭、溶家洞），但田多硗瘠，可耕者鲜，耕作粗放，收入微薄。清咸（丰）同（治）间，划为特别区域，设永安团。并将所属粮田别为新饷，只收正供，不收附加，但因办团经费自筹，瑶民负担日重，逃亡迁徙者甚多，造成田地再次荒废。民国19年（1930）5月，大水冲废粮田87.73公顷，瑶民生计日趋艰难。过山瑶游耕生产，终年劳作，仍不得温饱。新中国成立后，瑶族人民才定居下来，基本上结束游耕的历史。1951年秋，中共中南各民族访问团第三分团访问莽山，传达共产党的政策，召开少数民族座谈会，广泛听取瑶族同胞的意见和要求，对生活比较困难的瑶胞，发放衣服和粮食。1952年，经过土地改革，瑶族人民分得了土地和山林，生活得到保障，经济发展较快。1957年，通过推广科学技术,改良品种、粮食产量512吨。1958年3月，建立湖南省国营莽山林场，是省林业厅的直辖林场。10月，莽山乡与莽山林场合并，统归宜章县管辖。1961年11月，原莽山乡从莽山林场分出，成立莽山人民公社。1988年，乡办企业4家，村办企业1家，个体企业15家，莽山乡工农业总产值322万元，其中工业总产值96万元，农业总产值226万元；1991年,在高级农艺师胡美华的技术指导下，莽山瑶族乡采取村办、组办、联办、个体办等形式，新建茶园213公顷，种植的品种50%为当地的野生茶树，50%从郴县、福建引进的福鼎大白茶和白毫早等品种。至2000年，莽山乡全面禁伐，停止生产木材。农业以茶叶、果树、蔬菜为主，发展第三产业为旅游服务。到2014年，国内生产总值10058.85万元，同比增长9.69%；其中第一产业1823万元，同比增长4.49%；第二产业2056.67万元，同比增长8.49%；第三产业6179.18万元，同比增长11.73%。农民人均纯收入2768元，同比增长9.93%。

农业

种养业　莽山瑶族乡山多田土少，耕作粗放，农业生产十分落后。1950年粮食亩产最高产量100千克。通过推广科学技术，改良品种和生产条件，产量逐步提高。1957年，粮食产量512吨。1988年，全乡粮食总产量2046.6吨，亩产467千克，茶叶1.9吨，生猪出栏2306头。2000年，全乡粮食总产量2405吨，蔬菜815吨，茶叶7吨，水果5吨，生猪出栏4575头。莽山全乡蜂蜜产品20余吨，产品除满足游客外，远销湖广各地。2014年，粮食总产量3646吨，人均406千克。茶叶201吨，蔬菜3848吨，水果6867吨，生猪出栏5658头,家禽出笼3.8万羽,还有蜂蜜20余吨。

林业　清至民国时期，莽山是中国东南部原生型常绿阔叶林及中山针阔混交林最大面积的保存地，任其自生自灭，没有开发。中华人民共和国成立初，莽山依然处于未开发状态。1956年，林业部和苏联专家马林诺维奇参与和帮助下，省林业厅组织200余名调查人员对莽山林区进行二级森林调查，省林业厅又成立莽山森林经营所，开展护林防火的宣传，指导与林区相邻的莽山、复兴、天塘、皂角、白沙圩5个农业社的造林。1958年10月，莽山乡并入莽山国营林场。1959

年造林2400公顷，采种1.88万千克，采伐木材1950立方米。1961年11月，莽山乡从莽山国营林场分出，成立莽山人民公社。1962年开始，全社各大队除完成计委下达的木材生产任务，至1988年，累计完成原木生产8000立方米。1983年，全县进行第三次森林资源清查，莽山乡林地面积6973.33公顷，其中有林地面积5293.33公顷，林木蓄积量2.78万立方米，森林覆盖率71.7%。莽山乡的生产重点，除粮食生产外，还生产茶叶、水果等，木材则少伐。2001年，莽山乡均停止采伐。2013年，宜章县森林资源调查统计，莽山乡林地用地面积8007.5公顷，其中有林地7174.5公顷，活立木蓄积量8.05万立方米，森林覆盖率85.68%；至2014年，莽山瑶族乡林地8720公顷，全乡全年累计造林43.3公顷，林业总产值180万元。

工业

20世纪50年代初，莽山瑶族乡的群众“靠山吃山”，历来依靠上山砍伐竹木，编制成火箱、砧板、斗笠、畚箕等小样物件，或摘野果、捡香菇、扯苦笋、取蜂蜜，上集市出售，换取所需食物、用品。但因交通闭塞，收益甚微。1959—1983年，许多大队、生产队进行木材采伐，或到莽山林场务工。1980年，先后兴办木材加工厂、电厂、石英厂，工业生产开始萌芽。1992年，乡办企业有电站、结晶硅厂等4家，工业总产值370万元。由于受市场价格影响，结晶硅厂停产，工业以水电站发电为主。2000年，创建莽山瑶族食品厂，生产莽山牌苦笋、蕨、野百合、板鸭等原汁原味的山里食品。

2014年年末，全乡规模工业总产值2806.2万元，比2013年增长24.91%。固定资产投资完成50692万元，同比增长36.3%。

商业贸易财政金融

清至民国时期，莽山乡地处偏僻，既无圩市，也无店铺。居于莽山的瑶汉人民如需交易，必须到天塘圩和白沙圩。1952年10月，第四区（天塘）供销社成立，社址设在天塘村，莽山有部分农民投资入社。1955年6月，第四区供销社改称为一六区供销合作社，社址由天塘迁至一六，固定网点有：莽山购销商店（商店地址设在西岭）。瑶汉人民的生产生活资料，均由供销商店负责供应。1962年2月，成立莽山公社供销合作社，社址设在永安局。1963年5月，一六、天塘、莽山人民公社供销合作社合并成一六区供销合作社，社址改在一六圩。1976年1月，又按公社建立莽山公社供销合作社。1983年，召开社员代表大会，恢复民办，推行统一承包责任制，扩大经营范围，开拓新的服务领域，促进农村商品经济发展。2000年，莽山供销社承包经营者一次性买断柜组商品，实行自主经营，自负盈亏，每月向单位上缴承包费。同时，加快发展个体私营经济。许多农民向集市转移，进军第三产业。2014年，有商业网店100余家，从业人员656人；社会商品销售总额13796万元，比2013年增长10.5%。乡财政总收入685万元，比上年增长8.6%。农民人均纯收入2768元，比上年增长9.93%。境内金融机构（农村商业银行）年末存款余额10990万元，比上年增长22.6%；各项贷款余额2846万元，比上年增长2.6%。

劳动力转移

20世纪八九十年代，莽山林场采伐、清山、烧炭等野外作业，多由民工完成，常年雇工200~300人，最多时达500人。民工来源有外地的安仁、望城等县，本地有五岭、城南、天塘、莽山等乡镇。

2014年，农村劳动力转移1456人，其中到广东沿海地区打工800余人，本地经商656人，主要从事旅游产业、酒店服务、零售等第三产业。

基础设施

交通运输

1958年，莽山林场兴建栏秆岭—莽山林场公路，全长29.8公里，这是莽山有公路的开端。1959年，建成莽山林场—泽子坪公路，全长26.75公里。1974年，又建成渔场—兑子冲公路，全长9.6公里。1989—2000年，兴修西岭至跳石子公路。1992年，通过“以工代赈”资金50万元，开工建设24公里的茅庵至道洞的公路，1994年春竣工通车。2004年栏莽公路升级改造，迎接中国郴州（莽山）生态旅游节和中国（湖南）红色旅游文化节。距国道107线30公里，旅游主干道栏莽二级公路、黄莽二级公路贯穿全境。

2014年年末，有7个村委会通村公路建成水泥公路，村组公路硬化5.452公里。黄家塝村危桥改造工程年底竣工。村级道路硬化40公里。对升压站至茅庵街公路进行路面拓宽改造，人行道旁实行绿化。

供水供电

供水 新中国成立初，乡域供水均为以单位、家庭自行接山泉水或山溪水到家解决人畜饮水问题。1960—1979年，茅庵居民均饮用山涧自然流水。1980年，先后建有3个调节蓄水池，总蓄水量123立方米，水源均为后山金龙仙坑和白水寨两条溪水。1983年，枞树坝建生产用水池1个，蓄水量1000立方米。1997年建生活用蓄水池2个，蓄水量200立方米，安水表计量入户。其他各村组均建简易蓄水池，或引山溪水，水质符合卫生防疫部门标准。

供电 新中国成立后，莽山乡政府及各村皆采用煤油或火把照明。1960年9月，莽山林场在枞树坝建124千瓦水电站，解决了茅庵和枞树坝的生产生活用电。1974年，林场在坪坑、泽子坪、大塘坑、兑子冲等工区安装20马力柴油发电机，对本工区供电。同时在部分边远居民点利用小溪流水安装轴流式0.1~0.3千瓦微型发电机照明。1989~2000年，省、市及有关单位投入专项资金，架设高压线路，基本解决边远村组照明用电。2001年2月28日，莽山瑶族乡塘坊村正式通电。至此，全县实现村村通电。2002年，兑子冲电站由个体私人电站兼并，其电力由个体私营电站供给。2014年，农村用电量121万千瓦时。

邮电通信

民国时期，莽山洞没有邮政、邮电机构，办理邮政业务要到岩泉圩邮政代办所。1958年，全县实现乡乡通电话，社社通邮递，莽山始设邮政代办所。1998年，开通程控电话，邮政直投村委。1989—2000年，市、县及有关单位，投入扶贫资金兴建扶贫项目，先后架通输电和程控电话线路。2000年12月30日，莽山全线移动通信开通。2001年9月28日，莽山“金鞭神柱”由国家邮政局作为地方风光——《郴州风光》八幅图案之一，制为邮资信封，在全国发行。2014年7月16日开通道洞村移动基站，实现了全乡7个村委会通信网络全覆盖。2014年末，有邮政所1个，电话服务网点4个，有固定电话315户，移动电话用户4005户，互联网用户200户。全年电信业务收入97万元。

社会事业

教育科技

教育 清康熙五十五年（1716）准瑶民参与考试，岁科各取一名。清雍正二年（1724），各加2名，每案3名，与内地诸生一例应试。乾隆十年（1745），知县曾宗发于莽山建新民义学。清乾隆十三年（1748），知县吴德元增置学田。民国24年（1935）4月，周次华创办永安乡立初小。次年5月，陈名舒创办莽山北江初小。民国30年（1941），县教育局在莽山塘坊办瑶民小学1所。1950年，莽山有小学3所，学生86人。1958年，创办莽山乡中学。1966年，更名为宜章县第四中学，设施简陋。1969年，小学改为五年一贯制。宜章四中下放，改为莽山公社中学。1971年，林场组建子弟中学。1983年，创办规格较高的莽山乡中心小学，校址沙坪，校园总面积2.5亩，校舍面积1490平方米。1988年，全乡有幼儿园5所，在园儿童113人，幼师8人；有初级中学1所，在校初中学生311人；有小学8所，在校学生946人；共有中小学教师119人。1995年，莽山林管局子弟学校中学部成建制与莽山乡中学合并，组建莽山民族中学，校舍迁至茅庵原局子弟中学。2000年，全乡有民族中学1所，学生305人；小学5所，学生1190人；共有中小学教职工66人。2001年，香港实业家邵逸夫捐赠100万元，兴建科研楼。同年6月19日，香港警察汽车协会捐资15万元兴建的希望小学——莽山塘坊村小学“康跃楼”奠基。2014年11月2日，莽山民族学校被授予“中国工农红军宜章莽山瑶族红军小学”称号，成为全国首所瑶族红军小学。2014年年末，有幼儿园5所，在园幼儿263人，幼师8人；小学5所（含中心小学），在校学生487人；民族中学1所，在校学生59人，共有中小学教师42人。小学适龄儿童入学率100%；小学升初中升学率100%；九年义务教育覆盖率100%。

科技 ①农业科技：水稻种植，20世纪60年代，主要推广矮子禾。到20世纪七八十年代，主要推广杂交水稻品种。1996年，推广杂交玉米品种。1996年4月，省农大教授朱先明指导创制“莽山翠峰”茶，获1996年“湘茶杯”评比银奖，被湖南省农业厅评为“湖南名茶”。1999~2000年，连续两年获湖南省农副产品博览会金奖。省农大教授、省茶叶学会理事长王融初为该茶题词：“茗中新秀，莽山银翠，色香味形，南岭之最。”②林业科技：1934—2000年，中南林学院、湖南省林科所、华南植物研究所、湖南农学院等单位的教授、学者对莽山植物研究成果30余项。1961—2000年，广东省昆虫研究所、湖南经济地理研究所、湖南省历史博物馆、湖南大学生物系、四川省生物所、湖南师大的教授、学者多次到莽山，分别进行兽类调查、鸟类调查、爬行动物调查、两栖动物调查取得成果达20余项。1981—1998年，中科院微生物所、湖南师大等单位的专家对莽山大型真菌进行考察研究，取得成果近10项。还有对莽山的气候、土壤、地质、地矿、工业硅的考察研究成果。

医疗卫生

清末民国时期，莽山洞没有医疗卫生机构，坊间有游医、瑶医。1958年成立莽山乡农村医院，后并入莽山国营林场职工医院。1961年，社场分离，莽山农村医院从莽山国营林场职工医院分出，成立莽山公社卫生院。1970年，部分大队实行了合作医疗，每个大队“赤脚医生”有1~2人。1982年，合作医疗站的中西药品、器械，承包给赤脚医生经营，实行自负盈亏。合作医疗站改为大队医疗室，赤脚医生改名乡村医生。

1988年，有莽山林管局职工医院、乡卫生院各1所，病床41张，农村医疗点8个，医护人员33人。2003年12月，林管局职工医院由乡卫生院接管。2014年，县卫生局拨款项目资金5万元，兴建道洞村卫生室，解决了村民就医难的问题。

是年末，有乡卫生院1所，村卫生室6个，固定资产440万元；专业卫生人员8人，执业医师1人，执业助理医师1人，注册护士4人，完成诊疗12000人次。7个村6544人参加了新型合作医疗，参合率95.8%。

文化体育

文化 莽山瑶族盘王节列入省级非物质文化遗产名录项目；莽山蕨根糍粑、莽山赛鼓被列为市级非物质文化遗产名录项目；莽山民间故事、莽山香火龙、莽山瑶歌、莽山十字绣、莽山瑶医（药）等列入县级非物质文化遗产名录项目。作家古华以莽山为题材创作了《相思女子客店》《金叶白兰》《爬满青藤的木屋》，还有其在莽山创作的长篇小说《芙蓉镇》（荣获首届"茅盾文学奖"）等文学作品。2002年6月23日，全国著名作曲家王佑贵到莽山采风，为《莽山瑶》编曲。塘坊村被湖南省民委评为"特色民族村寨"，黄家塝村已申报湖南省"历史文化名村"。2007年起，一年一度的"莽山高山杜鹃花节"活动在4—5月举行。2014年末，有乡文化广播电视站1个，村级文化活动中心7个，各类图室9个，藏书1.2万余册，音乐、美术、书法、摄影及文学业余创作队伍6人。莽山瑶族乡民族文化内容丰富，瑶族艺术团1个，演艺人员30人。有被保护的瑶族文物120件。

体育 瑶族农民的传统项目有瑶拳、瑶刀、打花棍、猴舞、青牛舞等。2014年末，乡境内有机关体育场2个，商业娱乐体育场3个，学校体育场8个，村级体育场10个。是年，莽山瑶族高脚运动队参加全省第八届少数民族传统体育运动会，夺得两六、两七的好成绩。

社会保障

清末民国时期，莽山瑶民向居深山溪洞，生产力低下，田土可耕者鲜，收入微薄。长期靠制作竹木商品到山外交换粮食度日。生活十分艰苦。1950年，区乡政府对无劳动力的孤寡老人优先发放救济粮款。1951年8月，中央中南各民族访问团第三分团到莽山访问，传达和宣传共产党的政策，对生活困难的瑶民赠送棉衣150件，袜子35打，毛巾20打。1954年，县人民政府购置棉衣169件发放到户。1956年莽山乡实行高级农业合作化，对丧失劳动能力、生活无依无靠的鳏、寡、孤、独的老人实行"五保"，即保吃、穿、住、教、葬。1958年，莽山乡并入国营莽山林场，"五保"老人的生活，由国营林场负责。1961年，原莽山乡的集体部分退出国营莽山林场，成立莽山人民公社，"五保户"的生活由各生产队负责供养。1987年，莽山乡落实五保户25户35人。1951—1988年，发放瑶族专项救济款22.43万元，救济粮80吨。2000年，农民人均纯收入860元，贫困人口由1989年4500人减至1300人。2011年，城镇最低生活保障户数208户，人数462人，支出122万元，同比增长12.82%。医疗救助500人次。民政部门支持参加合作医疗19人次，支付3.55万元，比上年增长4.92倍。农村最低生活保障97户，170人，支出18.87万元，比上年增长37.03%。农村五保户34户，人数35人，支出5.46万元。2014年，城镇最低生活保障户212户，390人，支出65万元，同比增长33%。农村五保集中供养10人，支出2.6万元，同比增长46%；农村"五保"分散供养19人，支出5万元，同比增长32%，农村医疗救助15人次，民政部门资助参加合作医疗10人次，共支出3万元。国家抚恤补助各类优抚对象22人，抚恤事业费支出6.3万元，同比增长13.6%。有敬老院1家，床位50张，收养农村"五保"人员10人。参加新型农村养老保险3228人，参保率91%。

特色地情

名胜古迹

莽山国家森林公园 面积19833.33公顷，其地带性植被为华南植物区系与华中植物区系的过渡地带，是中国东南部原生型常绿阔叶林及中山针阔林混交林最大面积的保存地。森林植物在南岭山脉具有代表性，享有湖南“最大生物基因库”之盛誉。其森林覆盖率达99%，被列为国家自然保护区。莽山森林公园是国家AAAA级景区。先后投资3500万元完成了景区道路修缮、游客服务中心提质、电子门票系统、观景台、沿河护栏与亮化工程、游步道、景区公路等基础设施建设，完善了标示标牌，游道护栏，垃圾箱等旅游基础配套设施。境内有主要景区4个，景点176个，三星级以上酒店4个。2006年，被湖南省评为“新潇湘八景”之一；2010年被评为全国科普教育基地。主要景区景点：

崖子石 又名天台山，山势雄伟，气势磅礴，崖险谷幽，恍若人间仙境。景点主要有仙掌峰、童子峰、金鞭神柱、伟人会观音、东天门、天南第一险、小天台、仙韭坡、杜鹃林、天台寺、千

莽山风光

年红豆杉、回龙庙等。

猛坑石 位于莽山东南，海拔 1902.3 米。是一脚踏两省三县（湖南省宜章县，广东省乳源县、阳山县）的“天南第一峰”。20 世纪中叶，中国人民解放军 3853 空军雷达部队在猛坑石建军事基地，公路直通猛坑石，汽车可直达猛坑石景区。猛坑石是观云海、看日出绝佳地点。主要景点有：金龟石、蛤蟆石、军营秘洞、高山矮林、猴面狮等。

鬼子寨 1957 年，被列为全国 14 个自然景观区之一。鬼子寨以独特的自然风光和众多珍稀动植物而扬名，负离子含量达 106900 个 / 立方厘米，是天然氧吧。景区主要景点有粤松铁杉林、将军石、镇山神针、瀑布、仙人道、点将台、迎宾松、世外桃源、人间仙境、木鱼石等。

猴王寨 危崖峭壁，古木参天，曲径通幽，飞瀑成群，潭清见底。负离子达 100900 个 / 立方厘米。曾有野猴来此觅食戏水而得名。主要景点有招凤池、正阳飞虹、小猴戏水、水帘洞、鲸鱼出海，仙人洞、春姑潭、乱石飞瀑、小天池、长龙谷、猴王石等。

林子坪水库位于莽山国家森林公园内，1986 年 3 月开始建设，1997 年 10 月竣工。库面宽 68.5 万平方米，蓄水 1131.4 万立方米，库底海拔高 1238 米，是湖南省海拔最高的中型人工湖。库区四周林木环抱，湾岔道道，湖中岛屿错落。泛舟湖中，高峡平湖赏心悦目，白云倒映美仑美奂。

莽山特产

茶叶 有三大生产基地：①天一波茶场，海拔 1500 多米，生产系列茶叶翠绿观音、绿野仙踪、莽山云雾、云雾青龙。②奉天坪茶场，地处奉天坪无人区，生产的“奉天银翠”1999—2000 年，连续两年获省农博会金奖。③钟家茶场，以传统

手工制茶工艺为主，生产的“莽山过山瑶牌瑶山红茶”，2011 年获中国茶叶学会组织评审的“中茶杯”全国名优茶一等奖。钟家标明茶叶种植专业合作社被评为国家农业合作社示范社，茶叶是莽山的旅游主打产品之一。

苦笋 莽山苦笋竹林漫山遍野，分布在海拔 500~1600 米苦竹林间。开春后苦笋破土而出。苦笋属纯天然绿色食品，可开汤、清炒、凉拌、腌制。其质嫩脆，其性甘平，味苦，食之则清热毒清肝火。2000 年，莽山苦笋获省农博会“明星产品”称号。每年产量都过 100 吨。莽山苦笋是旅游产品之一。

蕨根糍粑 蕨属野生植物，幼苗俗称“蕨菜”常为佐餐佳品。其根富含淀粉，可磨成蕨根粉。将其粉做成糍粑，俗称“蕨根糍粑”，又软又绵，风味独特。是一种纯天然无污染的绿色食品。2014 年 4 月 25 日，莽山蕨根糍粑在《舌尖上的中国 2》播出。是月，莽山蕨根糍粑被郴州市列为市级非物质文化遗产名录项目，蕨根糍粑是旅游产品之一。

蜂蜜 莽山生态环境好，四时开花不断，注册的“瑶圆”蜂蜜品牌有百花蜜、山桂花蜜、野兰花蜜、荆花蜜、枣花蜜、山茶花蜜等，曾多次参加湖南省农博会展销。2002 年，被广东省第二届少数民族传统体育运动会唯一指定食用蜂蜜系列产品。莽山蜂蜜除满足游客外，远销湖南、广东各地。蜂蜜也是莽山旅游产品之一。

民情习俗

盘王节 每年农历十月十六日，瑶民为纪念先祖槃瓠抗敌御侮，受封为“盘王”，举行盘王节庆典活动。2012 年 5 月，莽山瑶族盘王节被正式公布为“湖南省级非物质文化遗产”名录项目。

（谷正华　李春茂　供稿）

白沙圩乡>>

白沙圩乡圣公坛村是湘南起义时期重要的革命据点，有工农革命军后方营、后坛岩兵工厂及工农革命军后方医院等革命遗址。

区域概况

位置面积

白沙圩乡位于宜章县南部，地处北纬25°0′36″至25°7′7″，东经112°49′55″至112°59′34″之间。东与关溪乡、广东省乐昌市沙坪镇接壤，南邻莽山瑶族乡，西邻天塘乡，北接笆篱乡。有一白公路（一六镇至白沙圩）和岩溶公路（岩泉镇至溶家洞林场）与107国道相连。全乡东西最大距离15.3公里，南北最大距离14.6公里。乡政府所在地距县城61公里。

2009年，国土详查，土地总面积108.14平方公里（含白沙圩乡林场3.48平方公里，驻乡县属溶家洞林场25.79平方公里）。2014年，全乡耕地面积1310.1公顷，其中水田734.8公顷，旱土575.3公顷。

建置沿革

明代至清中叶属长宁乡。清咸丰年间(1851—1861年)，属笆篱团。民国二十四年（1935），分属第四区镇南乡和镇东乡。民国二十七年（1938）7月，分属秀峰乡，玉水乡。1949年11月，属笆篱区人民政府办事处。1950年10月，属第四区（笆篱区）山门、腊园、才口三乡。1952年5月，分属第五区腊园、山门、才口3乡。1953年4月，分属山门乡、邝里洞乡、皂角乡、才口乡、腊园乡、洛角塘乡、白沙圩乡7乡。1956年6月10日撤区并乡，始设白沙圩乡，1958年10月，并入笆篱人民公社，1961年7月24日，公社划小改设白沙圩人民公社。1984年3月，改革公社体制，按原公社、大队、生产队范围建立乡人民政府，村民委员会、村民小组。

行政区划

2014年，白沙圩乡辖白沙圩、对江水、腊园、才口、自生、黄竹冲、张家寮、坦灵祠、皂角、上峰、洛角塘、桐木湾、邝里洞、桥头、石燕冲、山门、圣公坛、湖洋尾共18个村委会，1个乡林场，176个村民小组，123个自然村。另有驻乡县属溶家洞林场。

自然环境

地形地貌 白沙圩乡地势南高北低。其地貌分类以形态和物质组成相结合的原则来确定。全乡分布有溪谷平原，和少量溶蚀平原；石灰岩低丘陵，石灰岩高丘陵；石灰岩低山；石灰岩中低山；花岗岩中山，石灰岩中山，变质岩中山。境内的主要山峰：七星落地海拔1084米，观音山535米，狮子岭522.3米，黄花岭600米，观音岭694米，三仙墩939.1米，垻山岭971.4米，溶家洞林场的牛背脊1875米，为境内的最高峰。

气候 属亚热带季风气候，其特点是四季分明，雨热同季，光照充足，无霜期长。春季湿润多雨，夏季雨量充沛，秋季少雨干热，冬季干冷少雨。年平均气温18.1℃~18.8℃，最冷月平均气温7.0~7.6℃，最热月平均气温28.0~29.0℃，极端最低气温在－5.2℃以上，极端最高气温40.9℃，少数年有"倒春寒""五月寒""寒露风"的危害。全乡年降水量1200~1400毫米，降水量年际变化较大，故夏秋常有干旱，对"天水田"和旱土威胁很大。

自然灾害 白沙圩乡历史上有过旱涝、冰冻、山体滑坡等灾害。民国21年（1932）6月，淫雨连绵。25—26日，大雨倾盆两昼夜，白沙圩及笆篱淹田无数。1957年6月下旬至8月初，夏旱，白沙圩较严重。1982年5月12日，白沙圩遭洪水，受灾严重。1992年5月1—13日，白沙圩受到暴雨袭击。1993年5月1—2日，白沙圩乡遭受洪灾。2002年，湖洋尾村7组居民区陆续发生过山体滑坡，全组民房严重倾斜、开裂。2006—2014年，全组有11户搬迁到安全地带居住。

自然资源

矿产资源 境内主要有大理石、莹石、硅石、稀土、煤、铅锌、钼、铁、金、银等。其中大理石地质储量6亿立方米，可采储量4.2亿立方米，主要集中在圣公坛及周边地域；稀土矿地质储量丰富，主要集中在桐木湾、洛角塘、上峰、皂角、坦灵祠、桥头等地及周边地区。

水资源 境内河溪很多，大都属玉水河水系。玉水河两条主要支流由南向北，在乡政府前汇合后，经千公坝流出乡域。溶家洞林场和乡林场属辽河水系。乡域内河溪均属珠江水系，水量丰沛，落差大，水力资源丰富。

森林资源 民国时期，乡境内绿树成荫，古木参天，森林资源丰富，但对资源记载缺乏系统资料。中华人民共和国成立后，先后进行过多次森林资源调查。1983年，全县森林调查显示，白沙乡有林地面积3227公顷，活立木蓄积量4.02万立方米，森林覆盖率46.5%。境内另有县溶家洞林场有林地面积1900公顷，活立木蓄积量19.25万立方米，森林覆盖80.7%。1995年，县森林调查显示，当年白沙乡有林地面积4946公顷，活立木蓄积量8.12万立方米，森林覆盖率57.64%。境内有县溶家洞林场有林地面积2427公顷，活立木蓄积量17.41万立方米，森林覆盖率90.8%。2013年，白沙圩乡林业用地面积5787.3公顷，其中有林地面积3810.3公顷，活立木蓄量8.89万立方米，森林覆盖率61.86%；溶家洞林场林业用地面积2551.8公顷，其中有林地面积2387.5公顷，活立木蓄积量12.92万立方米，森林覆盖率97.86%。

人口民族

明初，腊园陈氏、才口冲周氏均由茶陵卫调守本境。明洪武年间，高桥王氏由乳源徙此。桐木湾李氏，原籍茶陵，明正统年间（1436—1449年），调守笆篱堡。明永乐年间（1403—1424年），腊园背李氏徙此。千户卞玺由郴州守御所调守笆篱，后定居腊园卞家。民国28年（1939）秀峰乡2200户，人口总数9639人。到1979年，白沙圩乡3263户，总人口16640人，其中男8409人，女8231人。2014年，总户数5596户，总人口21438人，其中城镇常住人口642人，农村常住人口20796人。总人口中，男性11570人，占53.97%；女性9868人，占46.03%；少数民族瑶族42人，占总人口的

0.2%。人口出生率13.6‰，死亡率5.6‰，人口自然增长率8.0‰,人口密度为每平方公里198人。

经济发展

经济综述

清代至民国时期，白沙圩地区由于山瘠地薄，耕作粗放，产量很低，高山区还有极少数人过着“刀耕火种”的原始生活。1951年冬至1952年，经过土地改革，把封建土地所有制，改变为农民土地所有制，全乡许多无地或少地的农民分得了土地，生产积极性空前高涨。1956年，白沙圩乡基本实现农业合作化，到了1958年，实行“大跃进”“人民公社化”，组织农业生产，违背客观规律，进行大规模群众性的蛮干，造成人力物力财力巨大浪费，生产、生活等物资严重匮乏。1961年，实行公社、大队、生产队“三级所有，队为基础”，以生产队为基本核算单位，使队与队的平均主义得到很好的克服，农业生产逐步回升。在“文化大革命”中，强调以阶级斗争为纲，大批判开路，评“政治工”，割资本主义尾巴，严重制约农村生产力的发展。1982年，全社普遍推行“家庭联产承包责任制”，极大调动农民积极性。1984年，废除人民公社体制，设立白沙圩乡人民政府。逐步取消农产品统购派购。1989年，农业总产值412万元，乡办企业产值55万元，村办企业产值20万元，个体工业产值195万元。2014年，实现生产总值20048.56万元，其中第一产业6069万元，第二产业4399.96万元，第三产业9579.6万元，农民人平纯收入7589元，比2000年1318元增长4.76倍。

农业

水稻　20世纪50年代初，多沿用传统栽培方法，大蔸稀植，深水灌田，高秆品种，产量不高，增产幅度不大。1955年推广双季稻，产量有新的突破。1969年，种植“珍珠矮”，实现了矮秆良种化，亩产提高到260千克。1979年，粮食总产量6620吨。1981年,开始在低海拔腊园、白沙圩、洛角塘、桥头等村推广双季杂交稻。2000年，粮食总产量6829吨。从2011年开始，水田以种植水稻或烟稻轮作为主，其中皂角、坦灵祠、上峰因地势高种单季稻，其余各村均种双季稻，2014年，粮食总产量达到11000吨，比2000年增长61%。

蔬菜　旱地主要种植香芋、生姜、淮山、五指辣椒等。1979年，蔬菜产量724吨。2000年，蔬菜产量2094吨。2014年，种植五指辣椒228公顷、香芋20公顷、生姜13.33公顷；并引进广东蔬菜公司，成立了桐峰蔬菜种植专业合作社，吸引132户参加，种植高山蔬菜50公顷，大棚14公顷。全年生产蔬菜12219吨，比2000年的2094吨增长4.8倍。

烤烟　2008年年初，引进桂阳老板种植烤烟30公顷，到2014年本地老板种植烤烟203.2公顷,完成烟叶入库540吨,实现产值1031.5万元。使白沙有了致富的“白沙金叶”，有了自己的支柱产业。

养殖　民国时期，生猪均为私有私养，猪舍均为踩肥式，猪饲料为煮熟后喂养，每户只养1~2头，饲养量少，发展缓慢。新中国成立后，在生猪生产上贯彻“私养公助，自繁自养”的方针，鼓励农民多养猪多交售。1956年，农业合作化后，创办集体养猪场。1958年，人民公社化后，片面强调集体养猪，限制私养，生猪饲养量减少。1962年，贯彻公养私养并重，以私养为主的方针，生猪饲养量回升。20世纪70年代，醣化饲料，混合饲料发展，逐渐改熟喂为生喂，饲养方法和猪舍环境日渐讲究科学。1979年，白沙圩乡出栏生猪5642头。1985年1月，取消生猪派购，开放生猪市场，乡内开始涌现一批养猪专业户，重点户。2000年，生猪出栏20900头，家禽出笼13000羽。到2014年发展规模养殖专业户11户，其中乌鸡养殖户4户，黑山羊养殖户5户。生猪出栏55377头，牛出栏695头，家禽出栏60785羽。

林业 民国时期，白沙圩森林资源丰富，但缺乏资源调查记载的系统资料。1952—1957年，贯彻“谁造谁有”政策，林权稳定，群众造林积极性高涨。也是全县木材生产地之一。1958—1961年，因大炼钢铁、大办公社集体食堂，毁林开荒，林业遭毁灭性破坏。1962年，开始建立溶家洞乡林场。1983年，白沙圩公社办白沙圩、皂角、胡洋尾3个133.33公顷以上的杉木林基地社队林场。1989年后“强化管理、少砍树”，林业得以发展。2001年实施“退耕还林”制度以后，随处可见“青山绿树”。2014年，全乡公益生态林12224公顷，覆盖12个村，1.3万人受益，退耕还林1027公顷，森林覆盖率65.8%。

工业

新中国成立初，农村手工业人员从事铁、木、石、棕、篾手工业，但技术落后，收入甚微。1956年，各农业社开展多种经营，组织专业队，从事各种副业活动。1958年，兴办一批社队企业。1961年，按照省委“公社、大队基本不办企业”的通知，基本上停办关闭公社大队企业。20世纪70年代，地方工业和社队企业又有较大发展。1976年6月，兴建白沙圩建材厂，产品有石米、片石、石粉。1979年1月，兴建白沙圩松山电站，1980年10月建成发电，装机容量2台/1000千瓦。同年，白沙圩建材厂建成2条机械化生产线，设计能力年产石米1万吨。2000年，工业总产值10521万元，企业个数339个，其中集体企业5个，私营企业132个，个体企业202个。至2014年。工业总产值达12607万元，比2000年增长19.82%。

商贸服务业

清末民国时期，白沙圩乡境内商人贩运木材、生猪、苎麻等农副土产品到广州等地销售。皂角就有周氏兄弟砍伐本地的木材，利用辽水、玉水等小河放木排顺流而下，远销粤省，获利颇厚。新中国成立后，国家对私商采取扶持的政策，发挥他们有利于国计民生的作用。1952年10月12日，第五区（笆篱）供销合作社成立，社址设在峙冲，白沙圩许多农民积极投资入股。1956年，农村个体私营商店走合作化道路，组成合作商店，归口供销社管理，农民的生产生活用品主要依靠供销社供应。1958年，购销商店改称为供销分部。白沙圩的圩期和全县一样，统一为每月的1日、11日、21日3天，上市人数减少。1959年，因“大跃进”造成物资匮乏，供需矛盾突出，国家核减棉布定量标准和粮食定量标准。扩大凭票证和定量商品的范围。1961年，圩期改为5天一圩，农村市场又趋活跃，同时又成立白沙圩供销合作社。“文化大革命”期间，再次限制集市贸易，和全县一样，白沙圩期统一为每月的1日、11日、21日3天。使赶圩人数、交易品种和数量急剧下降。1971年，为了规范市场的管理，把市场搬迁至现在的腊园街，最初固定的店面才4家，包括供销社在内。1974年改星期日为圩期，1982年白沙圩恢复传统的二、七为圩期。1985年，取消农副产品的统购任务，1988年，生活资料票证全部取消，各商店敞开供应，2003年，社会商品零售总额1270万元，2014年，社会商品零售总额10653万元，比上年增长17.9%。境内有大型超市2家，餐饮店11家，烟花爆竹零售点5家，加油站1家。

基础设施

交通运输

清末民国时期，出行主要依靠步行，路、亭、桥、渡，多系民间自行修缮。至于桥梁津渡，乡人多踊跃捐建。境内玉水有小船航行，往澄江入长乐水可达广东坪石，运输物资主要是农副业土产和粤盐广货。中华人民共和国成立后，交通设施逐步得到完善。1963 年，修建“一白”（一六至白沙圩）公路，全程 10 公里，当时属四级公路。1965 年，玉水和长乐水因筑坝而停航。1971 年，“白溶”（白木山至溶家洞林场）公路修建完工，全程 10.1 公里；2006 年 3 月，“白圣”（白沙圩至圣公坛）红色旅游公路动工开始实施硬化，12 月全面完工。一白公路和岩溶公路与 107 国道连通。2014 年，辖区内 18 个村全部通水泥公路，136 个村民小组通水泥公路，全乡总里程 50 公里。

邮政通信

民国 23 年（1934）2 月，秀峰乡和玉水乡均安装了电话。但农民没有人安装电话。1956 年，白沙圩乡安装了电话。各农业生产合作社都通了电话，每月行政单位收固定费 10 元，而农业社只收 5 元。1958 年每个大队都安装了电话，而且全部按计次收费。1987 年，有少数村委会撤去电话。1994 年，白沙圩乡开通程控电话，实现全乡电话自动化。至 2014 年，有邮政服务点 1 个，电信所 1 个，移动电话服务网点 1 个，固定电话用户 966 户，移动用户 3624 户，互联网用户 135 户。完成了数字电视的整体平移。

供（饮）水设施

白沙虽然有丰富的水资源，但未能充分的用于居民供水，基本都是简单的自给自足，没有较大规模的供水厂。2014 年年底，为了改变这一现状，通过争资立项，投入近 400 万元，建成了白沙、笆篱集中供水工程和皂角、黄竹冲集中供水工程，覆盖白沙 8 个村委会、笆篱 1 个村共计 3000 多户居民。

供电

新中国成立后，全乡既无水电，也无火电，农村照明主要是煤油灯。1980—2001 年，境内居民用电属于自供区用电。2014 年 12 月，全乡除圣公坛、桥头 130 户居民用自供区的电外，其他全部完成农村电改，让农民真正用上了稳定、便宜的放心电。

水利建设

境内河溪很多，大都属玉水河水系。1958 年，兴建白沙圩才口山塘小Ⅱ型水库。1970 年，兴建白沙圩皂角张家寮小Ⅱ型水库。1975 年，兴建白沙圩观音塘小Ⅱ型水库。1998 年对龙滩渠道进行了全面维修，恢复了龙滩渠道管理所。至 2014 年底境内有张家寮、观音塘、山塘 3 座小Ⅱ型水库，有山塘 150 口，其中基本塘 2 口。全乡共有渠道 12 条。是年，投资 240 万元对才口山塘水库实施除险加固工程。

村镇建设

民国时期，白沙圩场是土特产集散和生产生活资料的集市。该市主街道狭窄，多为低矮的平房草舍。新中国成立后，乡政府所在地，随着交通条件的不断改善，资源逐步得到开发利用，白沙圩乡集镇日趋繁荣，原来狭窄的街道已建成宽阔的大街，两旁的商店都是砖混结构的新楼。2014 年，引导各自然村选定了符合本村村民意愿、彰显特色的建房图集，引导村民规范统一建房样式、风格，要求农村建房做到“四图一书”，推进城镇建设和农村建房规范有序，不断打造新农村建设亮点。将皂角老鸦窝自然村确定为空心村整体推进村，已完成项目筹备工作。继续抓好邝里洞村、自生村2个村的集中建房示范点建设，投入资金873万元，完成连片集中建房81栋，已完成计划的91%，初步效果已经显现。

社会事业

教育科技

教育 清咸丰三年（1853）白沙圩桐木湾李万兆筹资建了东川书院。民国30年(1941)秀峰乡、玉水乡成立乡中心小学，每个保都有一所保国民学校。1949年11月，笆篱区人民政府办事处按照“维持原状、逐步改进”的原则全部接管公私立小学。1958年，掀起教育“大跃进”，办起了许多民办小学。1969年，各小学下放给大队办，大部份小学都办成了五年一贯制。1983年，创办正规化的白沙圩乡中心小学。1987年，开办白沙圩农校，系果林专业，设10个教学班，在校学生271名。1988年，全乡有幼儿园17所，在园儿童189人，幼师17人；有初级中学1所，在校学生501人，教职工26人，有小学21所，在校学生2385人；教职工117人。2000年，全乡有幼儿园17所，在园儿童200人，幼师17人；有教学点2个，小学17所，学生3198人；中学1所，学生933人；共有中小学教师138人。2014年，全乡有幼儿园3所，在园幼儿372人，专任老师29人；小学17所，在校学生1821人，专任教师74人，小学适龄儿童入学率100%；初中1所，在校学生473人，专任教师29人，初中适龄人口入学率100%、小学升初中升学率100%、九年义务教育覆盖率达到97.8%。财政预算内教育经费725万元，比上年增长13.8%。

科技 新中国成立初，农业生产基本沿用传统的耕作技术和高秆迟熟品种，施肥以农家肥为主，产量不高。1954年，开始推广双季晚稻。1964年。引进珍珠矮，以后又引进矮脚南特、二九矮、广陆矮、湘矮早等矮秆品种。1978年，引进杂交水稻。1987年，还开办了乡农校果林专业，有学生271人，毕业后基本掌握了果林的栽培技术。水稻栽培学习采用一系列新技术，育秧改“哑谷”“开口谷”为人工催芽，改大块秧田为通气湿润秧田，改露天育秧为薄膜育秧，改稀植为合理密植,改深灌为科学灌溉。2000—2014年，各村委成立科技协会，乡办工厂成立科学技术攻关小组，各学校也成立青少年科技活动领导小组，种植业引进淮山、香芋、翠冠梨，红心橘等新品种，养殖业引进乌鸡、黑山羊等。

文化体育

文化 民国时期，白沙圩腊园村就有八音班，祁剧腔调，在农村的红白喜事唱堂会和客人迎来送往时表演。只是唱矮台戏，没有上高台的演出艺术。新中国成立后，人民政府很重视继承传统的文化艺术。土地改革时，各村农会组织农民跳秧歌舞，唱《没有共产党就没有新中国》《东方红》《解放区的天是晴朗的天》等,还有利用渔鼓、快板、三句半等传统的形式，“旧瓶装新酒”编新词，宣传党的政策。1952年3月，腊园祁剧团成立，曾枝茂当师傅并兼团长，用两个月时间，建了一个崭新的戏台，隆重上演第一台戏《夜过巴州》，到1962年，可以上演60多个剧目，被誉为“宜章二剧团”。“文化大革命”中传统节目被当作“封、资、修”“四旧”加以封杀，少数业余剧团转演样板戏。1975年，农村电影在全乡普及。2003年10月26日，白沙圩乡腊园村举办首届“农家乐”文化节，市委常委、市委宣传部部长刘广明，市委助理巡视员、市政府党组成员陈海平到场祝贺。至2014年，有乡文化站、广播和有线电视站各1

个，有村级文化活动中心4个，农家书屋14个。

体育 1952年，境内各小学坚持一操（课间操）一活动（课外活动）。1955年各小学的“课间操”改做“少年儿童广播操”。1960—1962年，学校停止体育课，组织学生参加农业劳动。1963年，恢复体育课。“文化大革命”时期，体育课改成军体课。1976年，各学校执行《国家体育锻炼标准》，开展群众性体育活动。至2014年，大部分学校都有操坪和篮球场。

医疗卫生

清末民国时期，有桐木湾李玉珍中医内科医生、腊园何俊杰在境内执业行医，有刘天甲、李玉珍药店在境内为民施药。同期还有邹奇合创办奇合药店、陈必考创办必考药店、陈炉福创办寿志堂药店为民施药。1956年，接收私营药店和医药人员，成立白沙圩联合诊所。1958年，成立白沙圩乡农村医院。1961年11月，农村医院改为白沙圩公社卫生院。1970年，全社18个大队实行了合作医疗，每个大队的赤脚医生2~3人。1984年6月，白沙圩公社卫生院改名为白沙圩乡卫生院。2014年，有医疗卫生机构26家，其中乡卫生院1家，村卫生室25所；有床位50张；固定资产总值170.7万元。专业卫生人员40名，其中执业医师3人，执业助理医师3人，注册护士3人。有19427人参加新型农村合作医疗，参保率100%。

社会保障

1950年，乡人民政府将孤寡老人的供养列为政务事项，优先发给救济粮款。1956年，农业合作化后，对孤寡老人普遍实行“五保”（保吃、穿、住、教、葬），由农业社从公益金中解决。1958年，实现人民公社化后，“五保”户的生活由公社集体解决。12月，办敬老院，取名为“清明田养老院”，1961年春，公社体制调整，“五保”老人的生活由生产队供养，县给予适当救济。公社养老院搬迁到曹家村。1987年，普查落实“五保”户，白沙圩乡98户，103人。2011年，有农村生活保障户335户，人数466人，支出40.24万元；“五保户”119人，支出18.56万元；各类优抚对象72人，支出32万元。有敬老院1家，床位22张，收养“五保”老人22人。参加新型农村医保9475人，参保率86%。

2014年农村最低生产保障户335户，人数466人，支出40.24万元，月人均94元。“五保户”119人，支出18.56万元，月人均130元。各类优抚对象72人，支出抚恤事业费32万元。敬老院1家，床位22张，供养农村“五保”人员22人。参加新型农村养老保险9475人，参保率86%。

特色地情

人物

王光佑（1886—1928） 清光绪十二年正月初六（1886年2月9日），生于笆篱团圣公坛村（今属白沙圩乡）的一个贫苦农家。民国16年（1927），村中族老为保一方平安，推举王光佑组织一支30多人的自卫武装，把守在村背的出入要道飞坳亭。民国17年（1928）1月，朱德、陈毅从宜章县城向湘粤边远山区进行战略转移，到达山门村（今属白沙圩乡）。毛科文与胡少海的岳父李似楠带着朱德的亲笔信上山找到王光佑，阐明共产党和工农革命军的宗旨。他开始对革命部队有了好感。元月25日，朱德率部进山那天，他领着弟兄们一路放着鞭炮迎接。次日，与朱德歃血为盟，以示同心同德。他带领的农民武装，被编为工农革命军后方营，任营长。在改打许克祥战斗中，王光佑带领后方营突击队参战，在长岗岭与许克祥主

腊园村古民居

力决战时，抄小路抢登制高点，协助革命军主力给敌人以致命的打击。3月，在战斗中不幸中弹牺牲。

名胜古迹

工农革命军后方医院旧址 圣公坛村后山的山脚处有个山洞，洞内有寺名为仙真寺。1928年，朱德领导的工农革命军到达圣公坛村，随即在此设立工农革命军后方医院。院部设在新庙，随队有60多位伤病安排在山洞里住院治疗。2011年，湖南省人民政府公布圣公坛工农革命军后方医院旧址为省级文物保护单位。

后坛岩兵工厂遗址 圣公坛村后山山腰腹地有一石洞，叫后坛岩。石洞进深68米，高5米，平均宽度为4米余，有三道进出口，三个叉洞，400余平方米，洞内怪石林立，因洞不深，且出口多，空气流通，比较干燥。朱德率部进驻圣公坛后，为了扩充革命武装，在后坛岩办起了兵工厂，自制土枪、土炮、梭镖。2011年由湖南省人民政府公布后坛岩兵工厂遗址为省级文物保护单位。

腊园古民居 位于腊园村。共有200多栋古建筑，都是清一色的青砖黛瓦马头墙，属于典型的湘南民居风格。腊园古建筑群落与郴州地区其他古民居不同的是，在整齐划一中又追求变化，每栋建筑的门匾、斗拱、砖雕、木雕、石雕等建筑部件构思精巧、千变万化，体现着腊园浓郁而独特的耕读文化。腊园村被列为省级历史文化名村、省级文物保护单位、国家级传统古村落。

（彭升阳 供稿）

笆篱乡>>

境内有明代兵营遗址笆篱堡。是中共党员中第一位飞行员刘云的故乡。

区域概况

位置面积

笆篱乡位于宜章县南部，北纬25°09′13″至25°05′12″，东经112°49′56″至112°55′41″，东与关溪乡毗邻，南与白沙圩乡接壤，西与天塘乡交界，北与一六镇、岩泉镇相邻。乡人民政府驻地峙冲村，距县城51公里。

辖区东西最大距离6.22公里，南北最大距离8.95公里。2009年国土详查，全乡国土面积33.1平方公里。2014年，全乡耕地面积973.8公顷，其中水田599.7公顷，旱土374.1公顷。

建置沿革

明代宜章分五乡，笆篱属长宁乡。清代，仍属长宁乡。清咸丰年间（1851—1861年）属笆篱团。民国12年（1923），笆篱团分东南西北中5乡，民国24年（1935），第四区分5乡，即镇东乡、镇南乡、镇西乡、镇北乡、镇安乡。民国27年7月，废区改乡，分属秀峰乡和玉水乡。1949年11月，成立笆篱区人民政府办事处，仍保留民国时期保的建制。1950年4月2日，笆篱区人民政府办事处改为笆篱区人民政府，废除保甲制，设峙冲、石窝塘、山门、腊园、才口、莽山、罗轸、满塘、天塘、塘尾、沿河、一六等12个乡。10月，笆篱区改名第四区（笆篱区）。1952年5月，划为第五区人民政府，下设腊园乡、车田乡、白水坊乡、堡城乡、峙冲乡、山门乡、曹家山乡、才口乡、石禾塘乡、鲫鱼塘乡等10个乡。1953年4月，第五区人民政府，下设峙冲乡、曹家山乡、白水塘乡、石禾塘乡、马头下乡、鲫鱼塘乡、山门乡、邝里洞乡、塘坊乡、皂角乡、才口乡、腊园乡、洛角塘乡、白沙圩乡、堡城乡、车田乡等16个乡。1956年6月10日，撤区并乡，组建笆篱乡。1958年10月，笆篱乡与白沙圩乡、关溪乡合并成立笆篱人民公社。1961年7月24日，公社划小，分出白沙圩公社、关溪公社后，仍称笆篱公社。1984年3月，改革公社体制，按原公社、大队、生产队范围建立乡人民政府、村民委员会、村民小组。

行政区划

1956年6月，始设笆篱乡，乡机关驻地定于峙冲村。2014年辖范家、邱家、戴家、黄土岭、平原、联源、峙冲、归塘、岩英山、尖角山、车田、东风、叶山背、五斗冲14个村委会及笆篱1个居委会，120 个村民小组，45 个自然村。

自然环境

地形地貌 境内地势北高南低。地形以丘陵、平原为主，四面环山，海拔高度 200 ~ 400 米，海拔最高处为东风村马鞍腰山，海拔 496 米。境域石灰岩分布广泛，其次为花岗岩、砂页岩、红岩，土地以红壤、水稻土为主。主要山峰还有大肚子岭，海拔 379 米，丫鸡寨，海拔 355 米，高仙岭，海拔 488 米，大岭，380 米。

水文 境内有一条河道，名为玉水河，属珠江水系乐水河支系，由白沙圩乡贯穿笆篱乡中部流向一六镇，境内全长5公里，河面平均宽度50米。多年平均径流量 5.02 立方米 / 秒。

自然资源 境内森林资源较为丰富，1983 年，宜章县第三次资源清查，笆篱乡林业用地面积 1020 公顷，其中有林地面积 806.66 公顷，森林覆盖率 24.5%，林木蓄积量 1.06 万立方米。2013 年，县森林资源清查，笆篱乡林业用地面积 1445.8 公顷，其中有林地 767 公顷，活立木蓄积量 33108 立方米，森林覆盖率 42.06%。

气候 属亚热带湿润季风气候，四季分明，热量丰富，年日照时数 1600 小时以上，多年平均气温 18℃ ~ 18.8℃，无霜期 281 ~ 301 天，年降水量 1200 ~ 1400 毫米。

自然灾害 境内常见自然灾害为水灾、旱灾。2006 年“7·15”洪灾为新中国成立以来范围最广、损失最大的水灾。2008 年初的冰灾为有史以来破坏最严重的雪灾。

人口民族

宋淳祐五年（1246），邓宗珍自常德迁至归塘。元末，戴氏自江西太和县迁至山塘。明初，堡城卞氏以茶陵卫千户调守郴州，后移守笆篱堡城。堡城柳氏，原籍衡山县，以百户调守笆篱堡城。以茶陵卫调守本境的还有堡城宋氏、罗氏、车田刘氏、岩英山谭氏、曹家山范氏、峙冲范氏。曹家山邱氏自福建迁入。该乡居民多数为军户后裔，少数为民户后裔。1979 年，全乡总户数 2781 户，总人数 14558 人，其中男 7289 人，女 7269 人；到 2014 年年末，全乡总户数 6070 户，人口 22127 人，其中男 11594 人，女 10533 人，常住人口 19838 人，60 岁以上老年人 2500 人。人口出生率 11.8‰，死亡率 4.81‰，人口自然增长率 6.99‰。

经济发展

经济综述

清代，笆篱乡素有半农半商的传统，小手工业起步较早，以皮革生产为主的小手工业就已初具规模。民国时期，笆篱乡农业以粮食为主，粮食以稻谷为主，均为一季稻高秆品种，平均亩产 100 千克左右，谚云，“宜章笆篱堡、饭少菜来补。”在封建土地制度的约束下，大多数农民过着不得温饱的生活。1951 年冬，在省、地、县工作队的帮助下，开展土地改革，废除封建土地所有制，实行“耕者有其田”的农民土地所有制。分得了房屋、土地的农民，生产积极性空前高涨。1956 年，全乡实现高级农业合作化，到 1958 年，实行人民公社化，开展“大跃进”。“文化大革命”期间，社员的家庭副业被当作“资本主义的尾巴”受到批判打击。到 20 世纪 80 年代，认真执行搞活农村经济的政策，允许农民进入流通领域，农村劳动力向第二和第三产业转移。特别是实行家庭联产承包责任制及市场经济的发展，工农业发展步伐迅速加快。到 2000 年，工农业生产总值达 20609 万元，工业总产值达 17503 万元，农业总产值 3106 万元。皮革产业得到迅猛发展。2004 年，全乡皮革厂达到 38 家，年产成皮 30 万张，产品销往全国各地甚至出口南亚。2014年末，全乡共有各类工业企业106家，其中烟花爆竹11家，造纸6家，炮筒厂89家，其中年产值500万元以上规模企业11家。全年地方生产总值达78955.83万元，其中第一产业5464万元，第二产业63055.73万元，第三产业10436.1万元，农业总产值达8515万元。是年，全乡登记在册的各类餐饮、家电、服装、超市等个体工商户106户，其中大型超市5家，社会消费品零售总额达11578万元。农民人均纯收入6243元，比上年增长10.93%。

农业

笆篱乡人多地少，地势平坦，人均耕地面积0.04公顷，基本农田600公顷。长期以来，农业主要是以传统水稻种植为主、玉米、大豆、季节蔬菜种植为辅的小农经济。改革开放后，粮食生产得到了较快发展。1979年，全乡粮食产量5804吨，疏菜产量238吨，生猪出栏5437头。1988年，粮食总产8549吨，水果12吨，蔬菜238吨，生猪出栏5437头。2000年，粮食总产8549吨，蔬菜1886吨，生猪出栏20506头。到2014年，全乡烤烟种植193.3公顷，烟叶收购117吨，建立千亩烤烟基地及集中育苗基地，烟叶产值达1300万元，成为全乡农业支柱产业。农业总产值达8200万元，水稻播种面积1118公顷，建立了车田、黄土岭村4个高产示范基地，粮食产量8575吨，蔬菜6116吨。是年，畜牧业以猪、牛、家禽为主，特色养殖有灰天鹅。生猪出栏4.2万头，牛出栏955头，家禽年出笼9.1万羽，水产543吨。

工业

2014年，全乡各类工业企业达106家，其中规模企业12家，爆竹厂11家，造纸厂6家，炮筒厂89家。工业总产值达16亿元，规模工业增加值达6.2亿元，从业人员2629人。

皮革业 皮革业曾是笆篱乡一大支柱产业。清末民国时期，皮革业基本上是纯手工作坊式生产，每个作坊月产量仅为7～8张。20世纪五六十年代，国家严厉打击投机倒把行为，作坊转入地下偷偷生产，采用石灰水泡制方法来脱毛制革，产量提升至30张左右。2002—2006年，笆篱乡皮革行业进入全盛时期，全乡有大小制革企业35家，生产转鼓324个，辐射牛胶、化工原料、皮革制品加工等带动相关产业120家，年产皮革30万张，产品远销广州、深圳、东莞、中山、惠州、南海等地。2011年，皮革行业产值突破4亿元，从事生产、销售、皮件加工户及从业人员达1000余人。但因制革企业长期以来重生产、轻环保，导致污水、废渣乱排、乱倒，严重影响了生态环境及人居环境。2014年，因环保政策的高压态势及新《中华人民共和国环保法》的出台，环评手续办理无望。全乡27家皮革厂全部关闭停产，皮革行业也正式退出历史舞台。

爆竹业 民国时期，笆篱乡爆竹行业早就有了家庭作坊式的小型生产，仅属于自产自销性质的生产规模。直至2000年，邱志勇创办了全乡第一家新型爆竹厂——遇仙爆竹厂。2006年，烟花爆竹产业产值达3亿元。遇仙爆竹厂研发“玫瑰红”爆竹获全国烟花爆竹行业博览会金奖，厂长邱志勇被评为全国“烟花爆竹花炮之子”称号。2012年，成功创建了湖南省“安全生产示范乡镇”。2013年，实施烟花爆竹标准化建设。2006—2014年，连续被评为全市、全县安全生产先进单位，2014年末，全乡鞭炮厂11家，均属于规模企业，拥有固定资产16980万元，从业人员900余人，其中外来务工人员400余人，实现产值13亿元，完成烟花爆竹税费1005万元。

造纸业 1999年，谢运良筹资100万元在车田村创办了第一家以生产灰板纸为主的造纸企业。

2004—2008年，年产1000～3000吨的小造纸厂达35家。2008年8月，将符合条件小造纸厂整合为6家年产量达1万吨以上、符合环保要求的造纸企业。董事长谢运良2008年被评为“郴州市优秀光彩事业人物”，2009年被评为“郴州市创业带动就业之星”，2012年，谢运良又获“全国就业创业优秀个人”“十二届湖南省职工职业道德建设标兵”等荣誉称号。2014年，全乡造纸行业共有生产线71条，固定资产达1.5亿元，总产值3.7亿元，全乡创办大小纸筒厂89家，年产筒子5340万饼，从业人员2300余人，上缴相关产业税费180万元。吉兴纸业有限公司从原来一条生产线的小企业发展到四条先进生产线，厂区面积达35000平方米，职工200多人，年销售达亿元的规模企业，年产灰板纸、黑卡纸3万吨，累计上交国家税金1200万元。

商贸服务业

清末民国时期，笆篱乡商业一直以来较为发达。新中国成立后，扶持有利于国计民生的私营商业，组织城乡物资交流、市场逐步繁荣。1952年10月12日，第五区（笆篱）供销合作社成立，社址设在峙冲，农民4924人投股入社，集资5414元。供销社负责全乡农民生产生活资料的供应。1955年6月，第五区供销合作社改称为笆篱区供销合作社，形成了供销社商业为主渠道的农村社会主义统一市场。1961年，又成立了笆篱公社供销合作社。1963年5月，笆篱、白沙圩、关溪公社供销合作社，合并成立宜章县笆篱区供销社，社址设在峙冲。修建了“一白公路”，则以一白公路从范家至车田路段，道路两边商铺林立，各类商贸百货服务业初具规模，商品繁多。进入20世纪80年代，商业体制进行改革，建立多种经营形式，多种渠道的商品流通体制，国营、集体、联营、个体商业一起上，2014年，全乡有个体工商户106户，从业人员500余人；其中餐饮服务行业11户，大型超市5家，装璜五金8家，电器7家。社会商品零售总额达11578万元，比上年增长14%。财政总收入797万元，比上年增长19%。人均财政收入360元，比上年增长20%。境内金融机构各类存款余额11900万元，各项贷款余额9000万元。

劳务输出

民国时期，笆篱团（区）一些无田土的农民，外出广东乐昌一带给人挑煤、修路等杂工，或作农活（当长工或季节工）。新中国成立后，特别是在改革开放时期，一些18～30岁青年，前往广东、深圳、上海等地打工，进行劳务输出。2014年，全乡劳务输出达2000余人，人月均收入约2700元。

基础设施

交通运输

民国时期，出行主要是步行。运输主要靠肩挑背驮。有部分小船载着粤盐广货、农副土产通过玉水、长乐水往来白沙圩、坪石之间。1963年，“一白”公路建成通车。1966年，因岩泉、栗源修拦河坝，玉水、长乐水航道遂废。2002年，投入60万元对一六至笆篱公路进行沥青路改造。2006年完成“一白”道路水泥路面改造；2011年完成“岩溶”公路一六至东风路段3600米硬化；2014年完成车田至天塘仁洞9500米、岩英山至一六杉木山5000米2条联网公路硬化。2006—2012年，各村抢抓通乡通村公路改造的政策机遇加速完成通村公路改造，全乡14个村委会全部完成通村公路改造。2011—2014年，先后有11个村委会完成环村公路、通组公路改造。全乡有“一白”“岩溶”“车仁”“岩杉”两横两纵4条交通主干道，乡村道路硬化总里程93公里，建有招呼站7个；有发至郴州、宜章的市内班车、发至东莞、韶关的省际班车及发至一六、白沙、关溪的乡际公交车，日发车26台次，日均乘客840人。

邮政通信

民国23年（1934）2月，玉水乡和秀峰乡开始安装电话机。1950年，区政府通了电话。1952年，邮件可以由县城当日到达笆篱。1958年，各个大队都通了电话，并建有邮电所1家，综合办理邮政、电信业务；1994年，开通程控电话，实现电话自动化。2014年末，有邮政代办所1处，累计发行报纸129种、杂志52份。全年电信业务收入150万元，全乡拥有固定电话用户2580户，移动电话用户15720户，互联网用户1260户。有线电视用户2300户，入户率56%，有线电视费收入20万元。

供电供水

供电 新中国成立后，乡境内长时期没有通电。1986年，只有叶山背村家家通电，而且是采用柴油机发电供电。1987年后各村委会陆续通电，1989年冬，全乡14个村委会全部通电，但供电一直不稳定，经常限电，且电价较高，工业、农业及群众生活都受极大影响。2000年，率先在全县完成农改（两改一同价）项目改造，涉及全乡14个村委会，45个自然村、58台变压器均完成台区改造、电网升级，电费从1.1元/千瓦时下降为0.65元/千瓦时。

供水 20世纪80年代中期，群众生活用水一直是到井水点或河里肩挑手提。2003年，由宜章县水利水电开发总公司投资建立笆篱水厂。水厂从丫鸡寨水库高涵引水，日供水量达5000立方米，覆盖范家、归塘、岩英山、峙冲、黄土岭、平原、车田、尖角山等九个村委会1.4万人及白沙圩的供水，输水主管道长约24公里，用户达2000余户，其中工业用户100余户，水厂配备了完善的过滤、消毒系统，保证了群众饮用水的安全。

水利建设

1958年9月，兴建丫鸡寨小Ⅰ型水库，次年5月建成。同年，又建笆篱戴家山塘小Ⅱ型水库。1970年，兴建笆篱平原三叉坝小Ⅱ型水库。境内玉水河横穿中部，沿河灌溉面积133.33公顷。其中三叉坝水库为鸭基寨水库结瓜工程，均属均质土坝结构，配建有左、右干渠及二沟、宋家渠道等灌溉主渠道，总长15000米，灌溉面积433.33公顷，系全乡农田及人畜饮用水主要水源。2007年、2009年争取项目分别对三叉坝、山塘水库实施除险保安项目。2012年，投入400万元对丫鸡寨水库大坝进行加固改造。2014年，抢抓农田水利建设政策机遇，通过整合项目、遴选评比争取了丫鸡寨水库左右干渠3000米三面光改造工程，车田、五斗冲村省级“五小”水利建设项目，峙冲村省财政厅“一事一议”奖补项目及联源、平原村县小型农田水利重点项目等5大项目。累计投资400余万元，改造渠道9200米，改善306.66公顷农田灌溉条件及2300余人饮用水问题。

村镇建设

明正统四年（1439），笆篱堡城系明代兵营遗址。民国时期，农民住室多土砖茅房，结构简陋，破漏矮小，不蔽风雨。新中国成立后，居民建房多采用砖混结构，外墙由清水墙改用石米贴面，内墙使用瓷片、涂料、墙布等，多数居民住房条件有明显改善。2013年，实施“城乡共建三大工程”建设。积极开展“三清六化”建设，清运垃圾86吨，拆除违建物104处6500平方米。组建村级环卫队14支，配置专用垃圾桶140个，兴建垃圾池22个，投入80余万元对一白、岩溶公路进行亮化改造，安装路灯180盏，电子监控10处。对所有通乡通村公路进行全面绿化，投入资金89万元完成了高仙岭生态游园改造。先后投入180万元完成了车田金龟塘游园、戴家文化广场、尖角山休闲广场、平原文体广场、岩英山休闲游园等综合广场的建设。2014年，投入60万元全面完成乡域总体规划和14个行政村“四图一书”；启动车田村规范农村建房示范点建设，连片建房稳步推进。

社会事业

教育科技

教育 清道光二年（1822），柳、刘二姓在黄土岭村建西山书院。民国7年（1918）2月，邱雁塔创办曹家山邱氏初小。民国8年（1919）2月，刘韵韶创办车田刘氏初小。民国13年（1924）8月，宋品衔创办笆篱堡城宋氏初小；柳俊卿创办笆篱堡城柳民初小。民国14年（1925）2月，范文润创办峙冲范氏初小。民国22年（1933）2月，范如山创办曹家山范氏初小，谭建安创办车田谭氏初小。民国25年（1936）笆篱高小改为县立第二小学，谭惠生创办岩英山光前初小。民国27年（1938）县立二小改为县立笆篱小学，后为笆篱中学所在地。民国29年（1940）玉水乡和秀峰乡各办一所中心小学，每个保办一所保国民学校。

1949年，笆篱区人民政府办事处接管全部公私立小学。1957年，贯彻毛泽东提出的“德智体全面发展”的方针。1958年，贯彻执行教育“大跃进”，在黄土岭创办笆篱乡中学，后又改为第八中学。1969年，推行“大队办初中”，大部分小学推行“五年一贯制”。1983年，恢复小学六年制。1984年，笆篱乡兴建一所正规化的笆篱乡中心小学。1987年，笆篱乡农校经验收为合格农校，并获得行署授予的“1988年度合格乡农校一等奖”。

1988年，全乡有幼儿园14所，在园儿童182人，幼师14人；有小学18所，学生2337人；中学1所，学生379人；共有中小学教师118人。2000年，有幼儿园14所，在园儿童193人，幼师14人；有小学15所，学生2164人；中学1所，学生838人，共有中小学教师117人。

2014年，有幼儿园3所，在园儿童729人，幼师12人；小学15所，在校学生1625人，中学1所，在校学生362人；共有中小学教师106人。学前一年入班率100%，学前三年入班率70%，初中适龄人口入学率、小升初升学率、九年义务教育覆盖率均达100%。

科技 民国时期，农民种田，耕作技术落后，施肥以农家肥为主，绿肥次之，栽培技术不高。新中国成立后，水稻种植经过三次大的改革，一是双季稻，二是矮子禾，三是杂交稻，另外合理密植，科学用水，成效十分显著。20世纪80年代依靠科学振兴经济，在各村组成立科学普及小组，在工厂成立科技攻关组，各学校也成立青少年科技活动小组。2014年，引进杂交稻新品种，建立高产基地，特色养殖灰天鹅，农业向机械化、规模化、产业化转型。

文化体育

文化 新中国成立初，笆篱区广大农民群众唱着“没有共产党就没有新中国”“解放区的天是晴朗的天”等革命歌曲，跳着秧歌舞，庆祝人民解放战争的胜利。1951年，县文化馆小型文艺宣传队到笆篱区峙冲乡进行演出，并辅导农村业余剧团，自编自演节目。1966年，“文化大革命”开始，全乡所有业余剧团自行解放。1970年，各大队纷纷成立毛泽东思想文艺宣传队，以唱毛主席语录歌、革命歌曲为主。1977年，公社自办电影队，在公社范围内巡回放映，很受群众欢迎。

2014年，有乡文化站、广播电视站各1个，有村级文化活动中心14个，有农家书屋14个，藏书2万余册。还有省级文物保护单位2处，县级文物保护单位1处。组建1支腰鼓队，7支村级广播舞蹈队，参加县第二届、第三届广场舞比赛，并取得较好成绩。

体育 民国时期，各村无体育运动器材及场地，农民体育爱好者自发地开展体育活动，活动项目有舞龙、舞狮、武术、棋类、钓鱼等。但大多数农民为生活而忙碌，广大农村很少开展体育活动。

新中国成立后，笆篱区乡村农民在继承传统体育的基础上，还接受新的球类、田径等现代体育项目。随着社会经济的发展，各村都加大了对体育设施的投入，完善了篮球场等体育设施。1977年，笆篱公社组织篮球代表队，参加宜章县首届农民篮球运动会，比赛结果，笆篱公社代表队获亚军。1987年，县体委与笆篱乡政府联合举办笆篱乡首届农民篮球运动会，全乡有10个代表队参赛，戴家村代表队获冠军。2014年，笆篱乡在全县率先举办了“创建体育之乡”运动会，参赛队伍14支，队员189人，开展了拔河、挑箩筐、爬山等趣味体育运动。

新中国成立后，全乡各小学普遍实行每周两节体育课，坚持课内体育与课外体育活动相结合，开展“三操”（早操、课间操、眼保健操）、两活动（每周两节体育课、每天1节课外活动），以增强师生体质。1957年，完小和中学，实施《准备劳动与卫国体育制度》简称“劳卫制”）。1958年“大跃进”运动中，学校体育课与课外活动被生产劳动所代替。1964年，全乡各中小学开始实行《青少年体育锻炼标准》。1969年，体育课改为军事体育课。1975年，全乡各中小学实施《国家体育锻炼标准》。1991年，各校开展两课两操两活动（每周两节体育课，每天坚持做广播体操、眼保健操，每周两次课外体育活动）。各学校都组建田径、乒乓球、篮球代表队，每年举办一次全校体育运动会并形成制度。

医疗卫生

民国时期，笆篱宋家、峙冲、柳家、归塘、车田等村都有药店和医生。但农村中仍然缺医少药，且环境卫生差，许多传染病经常流行。新中国成立后，县区人民政府认真解决群众治病就医难的问题。1952年，中医药人员联合起来，以集股方式筹集资金，成立笆篱联合诊所。1952年10月，五区卫生所成立。1956年，接收私营药店和医药人员，成立联合诊所。1958年，成立农村医院。1963年，成立笆篱联合医院。1996年，为适应发展需要，笆篱卫生院搬迁至归塘村（一白公路旁）。2006年，开始实施新型农村合作医疗制度，当年参合达4100余户。2014年末，有各级医疗卫生机构21个，村卫生室20所，全年完成诊疗1.3万人次。新型农村合作医疗参合人数4624户，参合率98.8%。

社会保障

1950年，笆篱区人民政府将孤寡老人列为政务事项，优先发给救济粮款。1956年农业合作化后，对孤寡老人实行保吃、保穿、保住、保教、保葬的“五保”照顾。1958年人民公社化后，“五保”户的生活由公社负责。1961年，公社体制调整，“五保”老人改由生产队供养。1987年，笆篱乡普查落实“五保户”78户87人。2011年，医疗救助48人次，民政资助参加农村合作医疗230人次，支出9.9万元，农村生活最低保障397户577人，支出62.9万元。国家抚恤补助各类优抚对象95人，支出40.8万元。当年，有敬老院1家，床位37张，供养“五保”老人

37人。参加新型农村养老保险9986人，参保率86.7%。2014年年末，辖区内“五保户”96人，季发放金额63360元，农村低保446户689人，季发放金额259110元；社会双定人员47人，季发放金额6180元，优抚对象63人，季发放金额114833元；参加新农保人数9863人，参保率90%，发放社会养老保险卡13000张，年发放金额200余万元。

特色地情

人物

刘云（1900—1930） 笆篱乡车田村（大刘家）人，是中国共产党员中第一位飞行员，黄埔军校一期生。1921年报名参加留法勤工俭学。在巴黎法尔曼飞机工厂做工。翌年，考入工厂附近的一所飞机学校，学习航空机械。1923年夏，因参加反对法国当局迫害中国学生的斗争，被法政府遣送回国。不久，转为中共正式党员。1924年6月，又转入黄埔军校第一期学习，并担任学生队第四队队长。次年初，与蒋先云、周逸群等学员一道，在教职员和学员中发起组织“中国青年军人联合会”，创办会刊《青年军人》等进步刊物。毕业后，出任孙中山大元帅府航空局军事飞机学校教务主任兼党代表，成为我国航空史上最早的共产党员。在讨伐陈炯明叛乱战斗中，成为中国共产党员中最早驾机作战的军人。1926年冬，转入莫斯科伏龙芝军事学院（陆军大学）中国班学习，并担任中国班班长。1930年6月，与刘伯承、左权等一道回到上海。回国后，即被任命为中共中央长江局军委委员兼长江局红军总参谋长，在武汉因叛徒出卖而不幸被捕。蒋介石闻讯后连夜从南京飞抵武汉劝降，遭到严词拒绝，9月6日，英勇就义。

范体仁（1900—1980） 字庭英、号齐韩。清光绪二十六年（1900）2月15日，出生于笆篱团峙冲村（今笆篱乡峙冲村）。1921年，考入北京大学文预科，后转经济系和法律系，从师著名教育家蔡元培和中国共产党创始人之一李大钊。是年，他与邓中夏、刘仁静、高君宇、罗章龙等19人在北京共同发起成立马克思学说研究会，推进了北京乃至北方地区的马克思主义运动。1922年8月，中国劳动组合书记部总部由上海迁至北京，邓中夏任主任，他任干事，发起和动员全国工人开展劳动立法运动。曾著文于北京《晨报》、《京报》、《民权周报》。1923年2月，京汉铁路工人“二七”大罢工，他振笔疾书《京汉路二七惨案纪实》，痛斥直系军阀屠杀工人的罪行。11月，以全国学联代表的身份晋谒孙中山，并受孙中山之命，创办和主编《新民国》月刊。1924年，被直系军阀逮捕入狱，在狱中受尽折磨，可他不低头不屈服，被李大钊保释出狱。湖南新中国成立前夕，受“民联”组织派遣入湘策动程潜起义。他热心家乡的公益事业，慷慨捐资建桥办学，造福桑梓。新中国成立后，历任南京市中山陵园管理委员会委员兼主任秘书、南京市政协委员、中国国民党革命委员会中央团结委员、中国国民党革命委员会江苏省社会联络委员会委员、民革南京市委员会机关工作人员等职。为国家整理孙中山的大量革命史料和档案资料。1980年2月17日，在南京因病逝世，终年80岁。

名胜古迹

明代兵营遗址——笆篱堡 位于笆篱乡平原村，始建于明正统四年（1439）。城址周长约800米，占地面积32000平方米。立有东南西北门，城内筑有衙舍、祠堂庙宇书楼等。城南、北两面筑有战楼，城墙四周设有巡逻道，为大明在南疆的军

笆篱广济桥

事要塞。堡内建有柳氏宗祠。2011年，被公布为湖南省文物保护单位。

广济桥 又名凉桥，坐落于笆篱乡车田村大刘家自然村前的玉水河上，为风雨桥。据碑刻记载，广济桥始建于清乾隆五十六年（1791），后被烧毁，清道光七年（1827）重建，桥身整体为榫卯梁结构，其建筑风格在宜章是独一无二的，2011年被列为省级文物保护单位。

（唐琦南 供稿）

一六镇

一六镇因逢一、六为墟日而得名，享有“温泉之乡”“红炮之乡”的盛誉。

区域概况

位置面积

一六镇地处宜章县南部中心，北纬25°7′39″至25°12′58″，东经112°46′49″至112°53′58″，东与笆篱乡毗连，南与黄沙镇、天塘乡接壤，西与长村乡交界，北与岩泉镇相邻，镇政府距离县城50公里。地势较宜章其他乡镇平坦，有宜章小平原之称。

2009年，国土详查，全镇国土面积67.92平方公里（含县良种场国土面积1.61平方公里）。东西最大距离11.3公里，南北最大距离10.5公里。2014年，全镇耕地面积1747.5公顷，其中水田1137.4公顷，旱土610.1公顷。

建置沿革

明代至清中叶属宜章县长宁乡。清咸丰年间（1851—1861年）属笆篱团和栗源团，民国10年（1921）设一六圩。民国24年（1935）分属第四区和第五区，民国27年（1938）7月分属玉水乡和竺岱乡；1949年11月属栗源区人民政府办事处。1950年4月分属笆篱区人民政府，下辖塘尾、沿河、一六等3乡；1952年5月，在一六增设第四区人民政府。下辖观音寺、龙塘、天塘、满塘、罗轸、太平、大曹家、一六、塘尾等9个乡。1953年4月，第四区人民政府下设百堆乡、一六乡、观音寺乡、宝塘乡、大曹家乡、塘尾乡、杉木山乡、龙塘乡、田尾头乡、天塘乡、满塘乡、山背乡、蓝头乡、罗轸乡、西岭乡、黄家塝乡、谢家乡等17个乡；1955年6月16日，第四区人民政府改名为一六区人民政府。1956年6月10日成立一六乡；同年12月，设一六办事处，作为县委、县人委的派出机构；1958年10月并入笆篱人民公社，同时，撤销一六办事处；1961年7月24日，设一六人民公社，1984年3月撤社建乡为一六乡；1993年10月19日至2014年，设一六镇。

行政区划

2014年，全镇辖一六村、观音寺村、石街头村、水潮坪村、廖家村、香口村、河边洞村、水北岸村、北岸村、汤湖里村、十三户村、百堆村、姚家村、上白家村、下白家村、杉木山村、坪家塘村、沿河村、栏杆岭村、红庙脚村、指背岭村、宝塘村、塘尾村、寨上村等24个村及1个居委会，共202个村民小组，104个自然村。

自然环境

地形地貌 境内大部分为小丘陵和平原，小丘陵面积为25.6平方公里，平原面积为28.5平方公里。地势平缓，平均海拔高度200米；最高的沙帽岭海拔360米，大帽岭海拔280.6米。

水文 境内有大小河流8条，主要河流有乐水河、玉水河。乐水河发源莽山白公坳，在一六境内流经坪家塘、指背岭等11个村，多年平均径流量29.9立方米/秒，流经镇境内长8.7公里。玉水河发源于莽山七星落地，流经白沙圩乡和笆篱乡，在一六境内流经百堆、十三户等6个村，多年平均径流量5.02立方米/秒，流经镇境内长4.2公里，在一六澄江村与乐水河汇合流向栗源境内，最终汇入珠江水系。

气候 气候属亚热带湿润季风性气候，其特点是四季分明，雨热同季，光照充足，雨量充沛，无霜期长。平均气温16℃，1月平均气温3℃，最低气温-3℃；7月平均气温28℃，最高气温达36℃；无霜期年平均200天，年平均日照数1800小时；年平均降水量1400~1700毫米。

自然灾害 主要有干旱、洪涝、冰冻等，最严重的一次洪涝灾害发生在2006年7月15日，为50年一遇，损失巨大。

自然资源

地下矿产资源 境内的塘尾村有煤炭资源，民国时期，当地农民曾用土法开采。由于普查勘探工作没有开展，资源底子不清。温泉资源主要分布在107国道南北两侧，温泉水温为42℃~52℃，属低矿化、低硬度的高温硫磺型矿泉，含有丰富的锂、锶、锌、碘等矿物质和对人体有益的多种微量元素，无污染、无毒副作用，且水质清澈、澄明。汤湖里村和杉木山村各有两处地热田，分别为汤湖里地热田和温汤水地热田，其中，汤湖里地热田的温泉资源日涌出量达10000立方米，水温为42℃-52℃；温汤水地热田的浅层温泉资源日涌出量为8451立方米，深层温泉远景资源日出水量可达1000~2500立方米，水温为40℃。是远近闻名的温泉之乡。

林木资源 1983年，县林木资源普查统计：境内有林地面积2580公顷，活立木蓄积量4.04万立方米，森林覆盖率37.7%。1995年，县林地林木资源调查统计，境内有林地面积2786.6公顷，林木蓄积量7.01万立方米，森林覆盖率38.73%。2013年，县林业资源调查统计，境内有林地面积2018.4公顷，活立木蓄积量6.55万立方米，森林覆盖率35.47%。

人口民族

宋时，一六观音寺谭氏，因谪官宜章而迁入。石街头李氏、红庙脚邓氏、大曹家曹氏都是宋朝迁入。塘尾邓氏、水北岸李氏都是元代迁入。十三户彭氏、谷氏、杨氏，白堆夏氏、曹氏、刘氏，汤湖里钟氏均为明代迁入。1988年，总户数7255户，总人口32693人，其中男16310人，女16383人；农业户数6941户，农业人口31997人。2000年，总户数8645户，总人口37244人，其中男19557人，女17687人；农业户8342户，农业人口35255人。截至2014年年底，辖区总户数11830户，总人口45147人，其中男23479人，占总人口的52%；女21668人，占总人口的48%。其中城镇人口21956人、农村人口23191人。姓氏有李、谭、周、邓、白、曹、曾、钟、姚、张、廖、谷、唐、胡、汤、詹、彭、刘、郑、黄、雷、吴、杨、蒋、封、武、陈、艾、罗、熊等。

经济发展

经济综述

清末民国时期，一六以农业为主，农业又以种植粮食为主，雨久患涝，晴久则旱。乡民虽勤于农事，仍不得温饱。1951年冬至1952年，开展土地改革，废除封建土地所有制，实行“耕者有其田”的农民土地所有制。1956年，全乡共建高级社22个，入社农户达96%以上，基本实现农业高级合作化。高级社实行土地（社员只留少量自留地）、耕畜、大型农具全部入社，为高级社集体所有，取消土地报酬，实行“按劳分配，多劳多得”。1958年10月，实现人民公社化，公社化初期，由高级社核算改为公社核算，劳动管理由公社统一调配指挥，高指标、瞎指挥、浮夸风、“共产风”、干部特殊化等“五风”盛行，挫伤了群众的积极性，导致农业生产连年减产。1961年，实行公社、大队、生产队三级所有，队为基础，以生产队为基本核算单位，使队与队的平均主义得到较好的克服，生产逐步恢复。在“文化大革命”中，对社员私养母猪、家禽也要取缔或限制，严重制约农村生产力的发展。直到党的十一届三中全会改革开放，1981年各生产队均建立各种不同形式的农业生产责任制，农业生产得到长足的发展。1988年，工农业总产值2301万元，其中工业总产值1009万元，农业总产值1292万元。2000年，工农业总产值达15569万元，其中工业产值8573万元，农业总产值6996万元。农民人均纯收入2208元；2014年，生产总值完成152693.9万元；财政总收入1363.98万元；农民纯收入7166元；固定资产投资60123万元。

农业

清至民国时期，一六水稻有粘糯两大类，均为高子禾，一季稻，平均亩产不过100千克左右。20世纪50年代初，多沿用传统栽培方法，大块秧田，大蔸稀植，深水灌田，手工捉虫。1952年，国营宜章县香口洞示范农场成立。并带头培育推广新品种新技术。1953年，部分农业社推广双季稻。1956年，县农场改为良种示范繁殖场，专门从事良种繁育、试验、示范、推广等工作。到1960年，双季稻全面普及。1964年，大部分生产队试种矮秆禾，一六农科站在香口曾家试点，三个生产队的矮子禾均获得大丰收。1975年，一六良种场试种杂交稻5个组合（品种）作为晚稻栽培，较矮秆又明显增产。1979年，有耕地面积1562.5公顷，水田1247.5公顷，旱土315公顷，粮食总产量11781吨，生猪出栏8472头。省、地、县联合在一六公社试办367.67公顷双季杂交稻示范片，两季平均亩产952千克，国家组织南方五省部分农业专家前来进行经验交流，省内外有13000余人前往参观，法国、孟加拉国等国的农业专家到现场进行了实地参观考察。1988年，粮食总产量10846.5吨，生猪出栏19047头。2014年，粮食总产15106吨，生猪出栏35728头，家禽出笼38万羽。

2014年，营造生态林433.33公顷，累计投入绿化资金220万元，新建小游园25处，节点绿化22处，绿化面积达15000余平方米，并高标准完成了107国道10.2公里的绿化工程，种植行道树和景观树近1.5万株。

工业

1953年2月，一六乡百堆村夏秋荣等8户，集资200元，联合兴办超群染织厂，利用原来家庭的简易木织布机手工织布，并染成当时畅销的“五丈青”，开始是自织自染自销，后来为县贸易公司加工，年收入3000元，利润约1900元。1958年2月，一六乡在一六圩建成木制水轮机带动12千瓦发电机的水电站发电。到1988年，全乡工业总产值1009万元。其中乡办企业9家，有员工176人，产值25万元，村办企业20家，工人319人，产值144万元，而且出现一村一品的个体企业，北岸村农民户户制作鞭炮，大曹家男女老幼编织竹席，石碑脚户户铸造犁头，上下白家村户户加工豆腐。全乡工业产值444万元。到2000年，全镇工业产值达8573万元，比1988年增长7.49倍。

2009年，一六镇提出用现代工业的生产方式来经营农业，用现代工业的管理模式来组织农民，努力在建设农业园区上做文章，在创建“一村一品、一村一特色”上下功夫。支柱产业为鞭炮产业，2014年，烟花爆竹税费达1450万元，有烟花爆竹厂30家、引线厂1家，从事鞭炮生产、运输、销售人员达1万余人。2014年全镇第二产业生产总值112346.1万元，同比增长11.72%。

商贸旅游

商贸 新中国成立初，个体私营商贸业在活跃城乡市场，方便群众生活方面发挥了积极作用。1952年5月，一六供销社成立，社址设在一六圩，农民5232人投股入社，集资16650元。负责农民生产生活资料的供应。1956年，在农村实现高级农业合作化，同时对私营商业实行社会主义改造，其中一部分人组成合作商店或合作小组。由供销社归口管理。1961年人民公社由大划小后又改成为一六公社供销社。各村又成立了代销店，同时小商小贩也组成各种合作商店，形成以国营集体商业为主体的社会主义统一市场。“大跃进”时期，一六圩场的圩期由传统的插花型，统一为阳历每月的1日、11日、21日三天。1970年，一六圩又由原来10天一圩改为5天一圩。1972年，塘尾圩被当成“资本主义市场”强行关闭。1979年后，在“放宽政策，搞活经济”的方针下，一六圩开始将圩期改为一、四、八，加强市场建设，增加服务设施。1994年，一六老圩正式搬迁至107国道边。在《加快发展私营经济》的推动下，个体私营经济逐步发展。2014年，全镇有个体工商户2168户，从业人员9525人；餐饮服务行业196户，从业人员1372人。社会商品零售总额达33542万元；比上年增长13.5%。城乡集贸市场1个，年成交额约为35560万元。境内有三大金融机构，各类存款余额57170万元。

旅游 2000年，汤湖里村第一家室内洗浴温泉“汤湖温泉”开业。之后发展到46家室内洗浴温泉，2家大型室外开放式温泉，每到冬春，每天到一六泡温泉的游客达5000人次。2014年10月，郴州市温泉旅游现场推进会在宜章一六镇召开。随后，一六被湖南省、郴州市先后确定为重点小城镇。该镇大小家庭温泉50多处，有12家大型温泉酒店。汤湖里露天温泉泡池、水上乐园先后对外开放。成为一座迅速崛起的中国南方温泉旅游名镇。

运输、建筑

运输 一六汽车站设于107国道旁，共有宜章线客运车辆24台，坪石线客运车辆8台，莽山线客运车辆8台，黄沙线客运车辆10台，白沙线客运车辆12台，每10分钟发送一班各线路客运班车。郴州线客运车辆4台，长途大巴客运上落站设107国道叉路口边，共有一六至深圳线路长途大巴5台，一六至广州线路长途大巴4台，一六至佛山线路长途大巴3台，一六至长沙线路长途大巴2台，一六至乐昌韶关线路长途大巴2台，一六至郴州线路客运中巴4台，每日发长途线路客运汽车18班次。全镇已有12个村已开通乡村公交客车，给老百姓的出行带来了极大的方便。

建筑 2014年底，一六镇各个村从业于建筑行业的师傅有246人，取得中华人民共和国建筑行业资格证书的有47人。2014年一六镇新农村建设的217栋新楼房都是出自于本镇的建筑师傅之手。

劳务产业

一六镇劳务产业大军主要目的地为广东、浙江、上海、福建等经济发达地区。2014年末，全镇劳务输出18560人，实现务工经济收入2.12亿元，占该镇农民收入的52%。为发展地方经济，在引导农民有序外出务工的同时，一六镇因势利导，切实抓好“回引”工作，对回乡创业者在立项、用地、贷款等方面提供方便和优惠政策。2014年，成功回引一批在外务工人员回乡创业，发挥了良好示范带动作用。

基础设施

交通建设

明清以来，一六境内的玉水和长乐水均有小船通航。1958年，长乐水可从万安寺经坪家塘、沿河、水潮坪、石街头通航至老坪山，入广东坪石。1966年，黄沙、岩泉、栗源修筑拦河堤，航道遂废。

民国30年（1941）12月，横穿境内的连州到坪石公路通车，是宜章最早通公路的乡镇之一。1958年，莽山林场修成栏杆岭至莽山林场公路、砂石路面，全长29.8公里。1963年，修成一六—白沙圩公路。1984年，境内的国道107线拓宽改直工程动工，1988年，107国道改建工程完工。路基宽12米，沥清路面。1995~2008年，境内的107国道线完成水泥路面工程的改造。一水公路、栏指公路、栏塘公路先后完成水泥路面硬化。到2014年，全镇24个村通村公路全部水泥硬化，202个村民小组已全部通公路和路面水泥硬化，全镇有12个村已开通乡村公交车。截至2014年年底，全镇境内有国道1条，县道7条，乡道18条，村道41条，桥梁4座，总里程33.445公里。

邮电通信

民国23年（1934）1月28日，一六的来往邮件均要通过岩泉圩邮政代办处。玉水和竺岱乡公所均安置1台10门总机，这是政府机关用电话之始。1952年5月，一六区（四区）人民政府成立，设立一六总机，添置单机。邮件也可以当日到达。1957年，实现乡乡通电话。1958年，人民公社化后，90%的生产大队都通电话。并在公社辖区内组织蝴蝶形邮路，配乡邮员3~4人，当天回班。中共十一届三中全会后，农村通信建设步伐加快，1979年，法国、孟加拉国专家到一六实地考察时，为其提供了满意的电话通讯。1994年，开通程控电话，实现全乡电话自动化。截至2014年年底，全镇共有邮政所1个；电信、联通、移动电话服务网点19个，移动电话用户1.9万户，有线电视用户7253户。

供电供水

供电 1958年7月，一六乡在一六圩利用乐水坝渠道落差4米，采用木制水轮机配12千瓦的发电机发电，基本上解决了机关、粮站的生产生活用电，是全县最早用电的乡镇之一。1985年10月建成35千伏杉木山变电站，为县境南半部地区变电站，工程投资72万元。截至2014年年底，有11万千伏中心变电站1处，11千伏高压输变电线路3条，35千伏高压输变电线路2条；全镇各村组全部通电。

供水 一六居民长期饮用井泉水及长乐水和玉水河的河水。1991年7月，一六乡供水工程动工兴建，工程总投资42.35万元。工程建成后，解决一六乡政府，驻乡各机关单位，乡镇企业、学校和医院等1万人的饮水问题。2010年10月，开工建设一六镇供水厂，该厂位于一六镇红庙脚村，分三期投资，总投资670余万元，该水厂水源引自一六镇乐水河，水源类别为地表水，Ⅲ类水质，净水工艺为消毒净化处理，设计供水能力为0.8万立方米/日，实际供水量为320万立方米/年，管网长度30千米，供水区域覆盖全镇13个村（社区），涉及人口27000余人。为充分发挥水厂的效益，保证城镇居民的正常供水和安全饮水，一六镇结合实际，采取政府与社会资本合作的方式，由已注册的联源水厂租赁经营，经营期限为20年，确保国有资产保值增值，发挥应有效益。2014年完成的涉及12个村、25条水渠、18000米的小农水建设任务，解决农村饮水安全人口4500人。

水利建设

1957年9月~1958年4月，全县第一座中型河坝——乐水坝建成。改善了县内多数地方灌溉条件，灌溉黄沙、长村、一六、岩泉4个乡镇和国营良种场农田1000公顷，淘汰筒车297部。1959年，一六上白家麻塘小II型水库建成。1965年，修建塘尾梓塘小II型水库。1984年，县水电局机械排灌站改为喷灌提灌站，一六乡北岸柑橘场130亩柑橘，实行喷灌，产柑橘3.1万千克，比上年的0.5万千克增长2.6万千克，增产5倍多。

2014年，全镇投入500余万元切实抓好了麻塘水库和梓塘水库的防汛保安，完成乐水河左右干渠清淤7000米，香口村灌溉渠治理900米，新建塘尾村标准化山塘1座，新建姚家村—汤湖里村1500米、栏杆岭村800余米、梓塘水库左右干渠1200余米高标准排洪渠。

村镇建设

民国时期，广大农民住房多为土墙平房，结构简陋。新中国成立以后，政府重视村庄建设，农民住房不断改善。2006年，一六镇开始投入资金，用于新农村建设，主要在“五改、三清、五建”方面。2008年，一六镇新农村示范村3个，即石街头、香口、汤湖里，村级道路根据村庄规划，建成了通村公路，村内主干道路硬化，硬化率达到100%。村内给水、排水系统完善，管网布局合理，按照村庄规划，房前屋后排水走向规范。

2010—2014年，编制完成了镇村布局规划和24个村的村庄建设规划，有效开展了汤湖里村省级美丽乡村建设示范村创建以及香口村、汤湖里村、河边洞村市级人居环境整治示范村、卫生村创建工作；以“统一规划、统一设计、统一配套”为总原则，按照“村民自发、政府指导、依法运作”的建设模式，有效推进了香口村、石街头村和水北岸村规范农村村民建房示范点建设。

社会事业

教育科技

教育　1949年11月，县人民政府办事处发出《关于目前教育问题的指示》，要求坚持“维持现状，逐步改进”的原则，尽快把学校办好。1956年，县人民委员会决定，在一六观音寺对面的庙背山头创建宜章县第二初级中学。1964年，在坪家塘、观音寺、汤湖里三个地方建立了3所初中。1970年，3所初中撤销后在红庙脚建立了一六乡中学。原二中改称四中，并增设高中部。1984在北岸村又建立了乡办第二中学，解决了当时就学难的问题。1988年，全乡有幼儿园9所，在园儿童143人，幼师9人；有小学30所，在校学生4621人，教职工182人；有中学1所，在校学生362人,教职工27人。截至2014年年底，全镇有幼儿园4所，在园儿童1625人，幼师102人；有小学24所，在校学生4967人；有中学2所，在校初中生3823人，高中生1176人；共有中小学教师323人。小学适龄儿童入学率100%；初中适龄人口入学率、小升初升学率、九年义务教育覆盖率均达100%。

科技 1956年香口洞国营农场改为良种示范繁殖场，专门从事良种繁育、试验、示范、推广工作。1960年，一六农业科技推广站的人员经常召开农业技术培训班，传授和推广各项农业新技术，还深入到香口大队各生产队，推行适时播种、薄膜育秧、合理密植、落水晒田、巧施化肥、防治病虫害等新技术。2008年，湖南省农机局在石街头村创建宜章县第一家农业机械化全程应用示范点，当年石街头村成立了全县第一家利农农机合作社，会员达56人，农机设备86台件。2009年，农业部粮食高产创建示范片在香口洞建立，此示范片的创建为一六镇的万亩杂交稻生产取得了良好效果。2010年，湖南省农业厅在石街头村建立了全县第一家配施肥示范点，为全县农业农作物种植增产增收做了重大贡献。

文化体育

文化 20世纪50年代初，县人民文化馆帮助农村办俱乐部、文化室，配合中心工作，利用黑板报、幻灯等形式，开展形式多样的文化活动。土改时期，每个农会都组织有宣传队，每逢开群众大会时，便有扭秧歌、打渔鼓、唱歌、舞龙、舞狮等表演。改革开放后，一六镇农村文化氛围日益浓厚，健身舞得到推广。1984年3月，县电影发行放映公司在一六建立电影发行放映片站，一六站负责一六、笆篱等8个乡104个电影队的影片发行。截至2014年底，全镇有文化站1个，有村级农家书屋24个，10个文化活动室，文龙25条，狮子队2个，腰鼓队5个，各类文化活动场所90个。

体育 民国时期，一六农村传统体育项目有舞龙、舞狮、武术、棋类、游泳等。新中国成立后，一六农民体育在继承传统体育项目的基础上，还接受现代球类、田径等新的体育项目，农民体育运动蓬勃发展。1990年国庆节，一六镇在北岸村举行为期7天的农民篮球赛，有13个代表队的160多人参赛，观众达3万余人次。有着武术之村之称的汤湖里村，每到春节后的正月里狮子队就会走村串户上门舞狮子。2000年，一六水北岸的长龙超过百米，舞动时，鼓乐齐鸣，爆竹声声，气势磅礴，热闹非凡，被郴州市人民政府公布为市级物质文化遗产名录项目。2014年，全镇24个村委会，一个居委会每个村均有1到3个灯光水泥篮球场，可满足村民的健身需求。香口村、石街头村、姚家村、寨上村、北岸村、水北岸村还在广场边建有高标准的健身器材。

民国12年（1923），小学开始设体育课。民国23年（1934），各小学每周设童子军课和体育课各一节。新中国成立后，一六乡各中小学实行每周两节体育课。体育教学内容以田径、球类为主，兼及体操、游泳、武术等多种项目。普遍开展“三操”（早操、课间操、眼保健操），“两活动”（每周两节体育课，每天一节课外活动），以增强师生体质。1957年，完小和中学实施《准备劳动与卫国体育制度》（简称“劳卫制”）。1969年下半年，体育课改为军事体育课。1975年，全乡各中小学开始执行国家体委颁发的《国家体育锻炼标准》。1991年，各村小学每周开展两课两操两活动（两节体育课，每天坚持做广播体操，眼保健操，每周两次课外体育活动）。此后，每年举办一次全校体育运动。至2014年，全乡各中小学校都有专职体育教师，都有操场和球场等体育设施。

医疗卫生

新中国成立后，县人民政府积极创办医疗卫生院所。广泛开展讲卫生、灭疾病为中心的爱国卫生运动，推广新法接生，普种牛痘，积极预防霍乱、天花、疟疾等传染病。执行预防与治疗相结合的方针。1952年，一六中西医联合诊所成立。1958年，联合诊所、公私合营药店合并，成立一六乡农村医院。1961年11月，改为一六公社卫生院。1963年,成立一六联合医院。1967年，恢复一六公社医院。1964年10月，一六地区医院成立，院址设观音寺。

2014年，有镇卫生院1所，村级卫生室42个，有床位42个，专业从业人员73人，其中执业医师5人、执业助理医师14人；有药店5家；2014年完成诊疗12.39万人次；25个村(居)委会村(居)民全部参加新型农村合作医疗，参保率100%。

社会保障

1952年，区乡人民政府将孤寡老人供养列为政务事项，对无劳动力的老人优先发给救济粮款。1956年，农业合作化后对孤老普遍实行保吃、保穿、保住、保教、保葬的“五保”照顾。1958年公社化后，一六公社“五保户”有216户245人，他们的生活由公社集体负责。1961年，公社管理体制调整后，“五保”老人由生产队供养，县给予适当救济。1983年，实行家庭联产承包责任制后，重新评定“五保户”。2011年，有农村最低生活保障户396户1030人，支出65万元。有农村“五保户”204户247人，支出38.5万元。有敬老院1个，收养“五保”老人46人。民政部门资助大病救助50人次,支出资金11万元。2014年，一六镇有农村最低生活保障户635户，共1060人，支出152.64万元；有农村“五保户”154户，157人，支出41.44万元；有敬老院1处，床位数50个；幸福院6处，床位74个，有“五保”之家1处，床位数7个，收养农村“五保”人员25人，农村五保分散供养人数132人；民政部门资助大病救助74人次。

特色地情

文物古迹

商代廖家岭遗址 位于观音寺村西北廖家岭土丘上，是商代人类聚集地，遗址占地面积达9600平方米，其文化堆积不详。1992年第二次文物普查时发现，采集有斧、凿、刀等文物。同年，被宜章县人民政府公布为县文物保护单位。

（吴治平 谭小毛 供稿）

岩泉镇>>

岩泉镇是中国工农红军早期优秀将领胡少海的故乡。

区域概况

位置面积

岩泉镇位于宜章县南部，北纬25°8′37″至25°14′56″,东经112°50′44″至112°57′52″。京广铁路坪梅支线、107国道、梅岩公路从镇内通过。东与栗源镇、广东省乐昌市秀水镇接壤，南与关溪乡、笆篱乡交界，西与一六镇、长村乡毗邻，北与梅田镇、广东省乐昌市的三溪镇相接。镇域东西长13.8公里,南北宽13.5公里，总面积73平方公里。镇政府驻岩泉圩，距县城47公里。

建置沿革

清朝初年属宜章县长宁乡，清咸丰年间（1851—1861年）属栗源团。民国24年（1935）属第五区。民国27年（1938）7月分属于长乐乡和竺岱乡。民国37年（1948)，属栗源乡。1949年11月属栗源区人民政府办事处。1950年4月属栗源区(又称第五区)。1952年5月改属第六区。1953年4月，属第六区之岩泉乡、姚家乡、胡家乡、官桥乡、沙溪乡、竹渚乡、上田乡。1956年6月10日，设立岩泉乡。1958年10月，并入栗源人民公社；1961年7月24日，设岩泉人民公社,1984年3月,撤社建乡;1993年10月19日,设岩泉镇至今。

行政区划

1988年，全镇下辖红桥村、东河村、西河村、胡家村、白洋塘村、洞江寮村、马头庙村、枫木塘村、筲箕塘村、东岸村、郭家村、竹渚村、毛坪头村、周家湾村、才口窝村、上田村、孙家村、东口洞村、盐冲村、沙溪村、小河村21个村委会,214个村民小组。2014年，全镇辖1个居委会,21个村委会。213个村民小组，5个居民小组,144个自然村。

自然环境

地形地貌 属丘陵地形地貌，地势西高东低，呈阶梯状分布，平均海拔高度288米。才口窝村是海拔最高的村，海拔高度为523米。

气候 属中亚热带湿润季风气候，受季风交替影响，春早多雨，夏热期长，秋短温凉，冬无严寒，偶有冰雹和冰冻，光热水资源丰富。年平均气温18.3℃，1月平均气温7.1℃，7月平均气温28.1℃。年平均日照数为1603.1小时。年平均降水量1600毫米。无霜期292天。春季湿润多雨，有洪涝灾害发生。冬季有冰冻灾害发生。

水文 境内有乐水河、泉溪河。乐水河自一六镇石街头村委会入境，由西向东，流经竹渚、东岸、郭家、孙家、小河、沙溪等村到达栗源镇，河道长8.5公里；泉溪河自关溪陈曹尹流经胡家、西河、东河、红桥、小河等村汇入乐水河，河道长5.2公里。村民饮用水为掘井取地下水。

自然灾害 境内旱灾发生频率高。自明正德二年（1507）至1988年，先后发生旱灾49次，平均为10年一次。清光绪二十年（1901）至民国38年（1949）49年中发生旱灾11次，平均4.4年1次。1950年~1988年，39年中发生旱灾25次，平均1.5年1次。1989年全县夏秋连旱83天，境内受灾较重。1990年又出现秋旱，境内秋粮损失较大。

自然资源 境内地下资源锰矿资源丰富，主要分布在才口窝大坦自然村。

人口民族

居民以汉族为主，有姚姓、文姓、李姓、陈姓、周姓、罗姓、邓姓七大姓氏，元末明初迁徙至此，占全镇人口的85%。1966年，全公社20个大队，3605户17086人。1979年，全镇总户数4582户，人口24498人，其中男12175人、女12323人；1988年，全镇人总户数6162户，人口28996人，其中男14648人、女14348人；2000年，全镇总户数6637户，人口32681人，其中男16381人、女16300人；2014年，全镇总户数10815户，人口38497人，其中男19714人，占51.21%；女18783人，占48.79%。城镇常住人口17568人，城镇化率47.41%，暂住人口5860人，人口出生率11.87‰，自然增长率6.27‰。

经济发展

经济综述

民国时期，耕地被地主大户垄断，粮食作物以种植稻谷、高粱为主，小农经济发展水平低下，百姓困苦。中华人民共和国成立后，境内工农业生产逐步发展，农民生活步步提高。1952年，农村开展土地改革运动，使农民耕者有其田。随后推行农业生产互助组，生产力得到较大发展。1953年开始推行初级农业合作社，1956年，基本实行农业合作化。1958年成立人民公社，农业生产实行集体化，劳动力以公社、工区、中队、作业组为单位组成营、连、排，开展农业学大寨运动，推行记“政治工”，平均主义盛行。长期固守“一大二公”模式，束缚了商品经济发展。粮食生产以种植水稻、高粱、玉米、红薯为主。至1966年，粮食总产4430.25吨，亩产271.5千克，人平分配收入49元。1970年，国家提出在农村发展五小企业，境内开始兴办社队企业。1979年，人均纯收入达到117元。经济作物以种植大豆、花生、棉花、柑橘为主，手工业以打铁、缝纫、烧制砖瓦为主，全镇经济总量较低。当年总收入117.75万元。1981年实行家庭联产承包制后，农业、工业快速发展。1988年，全镇工农业总产值1295万元，其中工业总产值401万元，农业总产值894万元。2000年，全镇工农业总产值12353万元，其中乡镇企业总产值7277万元，农业总产值5076万元。财政收入230万元，人均纯收入1953元。2013年，岩泉镇被评为市文明镇、市级安全生产示范乡镇。2014年，岩泉镇以县委、县政府“三步走”战略目标为引领，加快“和谐、美丽、幸福岩泉”建设，实施产业转型，统筹城乡发展，推进惠民工程，壮大镇域实力，实现地区生产总值108026.5万元，比2013年增长12.84%，其中第一产业8740万元，比2013年增长4.5%；第二产业72104.34万元，同比增长13.56%；第三产业27182.22万元，同比增长13.76%。财政收入2256万元，比2000年平均增长63.04%。人均纯收入9768元，比2000年平均增长28.58%。全社会固定资产投资77874万元，同比增长37.78%。实现社会消费品零售总额43358万元，同比2013年增长20.9%。

农业

种植 民国时期，境内种植业以种植水稻、红薯、玉米等作物为主，由于品种低劣，产量不高，人民生活水平低下。新中国成立后，在政府的倡导下，不断推广新品种，推广新技术，使农产品产量不断提高。1954年，推广双季稻。1964年，推广矮秆品种，1978年，推广双季杂交稻，使农田产量大幅度提高。1979年，粮食总产8033吨，烤烟0.7吨，油料2.8吨，蔬菜474吨，水果6吨。1988年，粮食总产7035吨，油料12吨，水果25.5吨。2000年粮食总产10809吨，油料232吨，蔬菜1911吨，水果165吨。2014年，粮食总产13301吨，烤烟373吨，产油料540吨，产蔬菜19519吨。当年，还实施国家部级粮食高产创建工程，完成盐冲、沙溪村2个市级粮食高产示范点和4个县级科技示范村建设，培育种粮大户14户。突出农业规模特色经营，成立农业合作社18家，实施“一镇一业、一村一品”工程，建成西河、胡家、周家湾、毛坪头、沙溪、白洋塘、盐冲7个烤烟房群，完成烤烟种植面积142公顷，还种植了脐橙、红柚、瓜果种植90公顷。

养殖业 1966年，全公社生猪年末存栏6823头，1979年，全乡生猪出栏7377头，1988年，生猪出栏17367头。2000年，生猪出栏29104头，家禽出笼5.93万羽。2014年，生猪出栏49552头、产量3518.19吨，年末生猪存栏41106头。家禽出售和自宰17.67万羽、产量265.16吨，年末家禽存栏110961羽。肉牛出售和自宰2819头、产量428.29吨，年末牛存栏11300头。羊出售和自宰683头、产量10.93吨，年末羊存栏1039头。水产养殖55.8公顷、产量613吨。全镇有规模养猪场7家、养鸡场3家、养牛场1家。

林业 据1983年，林地、林木资源调查显示，当年岩泉境内林业用地面积3467公顷，其中有林地面积2527公顷，森林覆盖率34.9%，林木蓄积量2.94万立方米。1995年，全县森林资源调查统计，全境有林业用地3526.7公顷，其中有林地3153.4公顷，活立木7.31万立方米，森林覆盖率39.33%。2013年，全镇有林业用地面积4048.7公顷，其中有林地面积2336.1公顷，活立木蓄积量49972立方米，森林覆盖率40.29%。2014年完成生态营造林200公顷。

工业

工业经济运行情况。新中国成立初期，岩泉农民利用本地资源和传统技术进行手工品生产，打铁业、竹木业及其修理业、还有家纺业、染布业等，而且都是一家一户的家族工作坊，生产规模很小；20世纪六七十年代，随着坪梅支线铁路的开通，运输、搬运业也随之发展起来。1988年，全镇工业总产值401万元。1993年，岩泉在广东引进了以烟花爆竹为主的产业，随后带动了造纸、林产品加工业等。2000年，全镇工业总产值7277万元。2006年逐步规范办证，烟花爆竹成为岩泉镇工业支柱产业。岩泉镇是宜章县烟花爆竹生产的重点镇。2014年全镇有爆竹厂37家、引线厂6家、纸厂7家、有机肥生产企业1家、林产品加工企业1家、采石场2家、加油站2家、液化气供应站1家。当年工业总产值26.77

亿元，比2013年增长19.83%，其中规模以上工业总产值14.9亿元，比2013年增长19.69%；规模以下工业总产值8486万元，比2013年增长22.49%。工业增加值6.28亿元，同比2013年增长20.03%。

全镇烟花爆竹企业有鸿兴、永鸿、官桥、民达、竹渚、金洋、泉兴等37家爆竹厂和鸿顺、下寮、老屋等6家引线厂，全部取得“安全生产许可证”。造纸、林产品加工、有机肥生产等行业有兴隆包装材料厂、沙溪纸厂、顺意纸厂、天泉林产品加工有限公司、汉唐及东鑫生态有机肥厂等10家企业，全部实施环评，取得“污染物排污许可证”。这53家企业占地面积171公顷，年产值达18.86亿元，上交国家税收2200万元。

商贸服务业

清咸丰年间（1851—1860年），岩泉圩场形成规模，圩场内店铺较多，且生意兴隆。圩日各类农产品交易量最大的是耕牛、仔猪，成为当时湘南地区最大的耕牛市场。民国时期，全镇商贸业进一步发展。1955年，宜章县供销合作总社，在岩泉设立岩泉购销商店。1956年，在县供销社的指导下，引导岩泉的个体商贩进行社会主义改造，成立岩泉合作商店。1961年，岩泉购销商店升级为岩泉公社供销合作社，负责全镇的生产生活物资的购进和销售。1963年，岩泉供销社与笆篱供销社合并成立栗源区供销合作社。1988年，由岩泉供销社扶持的经济作物柑橘36公顷，苎麻25公顷，药材22.6公顷。2014年，依托岩泉镇农贸综合大市场，涵盖五金、建材、水果、服装、物流、电商、休闲娱乐、餐饮住宿等行业，经营模式为直销或网络营销，全镇共有个体工商户901户、个体餐饮店31家、住宿宾馆5家，大型超市有金鹰超市、红新超市、鑫旺超市、家家乐超市4家，有水果批发门店10家、泡脚城3家、音乐酒吧2家，从业人员1650人。2014年，岩泉镇社会消费品零售总额43358万元，比2013年增长20.9%。

建筑业

全镇注册的建筑工程队有3家，工匠51人，建筑从业人员1890人。宜章县天正建筑设计有限公司成立于2013年，是南半县一支住房设计与工程建筑为一体的建筑公司，现有设计人员3名、建筑施工人员13人。2014年，岩泉镇建筑业增加值1289.77万元，比2013年增长33.73%。

基础设施

交通运输

铁路 1976年10月坪梅铁路通车，该铁路穿行岩泉镇的红桥村、筲箕塘村，过境总里程3.2公里，每天往返一趟。

公路 G107线贯穿镇内筲箕塘村、红桥村，里程1.8公里，1989年正式通车；县道岩新公路（岩泉镇—长村新邹家），里程15公里，路宽6米，路经红桥、东岸、小河、孙家、周家湾5个村，2009年硬化通车。

村道 主要8条，分别是红桥村至胡家村通村公路，里程3.5公里，路经红桥、东河、西河、胡家4个村，2010年全线硬化通车；筲箕塘至洞江寮通村公路，里程3.8公里，路经筲箕塘、枫木塘、马头庙、洞江寮4个村，2008年全线硬化通车；小河至沙溪通村公路，里程1.8公里，2009年全线硬化通车；东岸至竹渚通村公路，里程1.5公里，2010年全线硬化通车；东口洞至盐冲通村公路，里程2.3公里，2008年全线硬化通车。上田通村公路，里程1.8公里，2007年硬化通车；才口窝通村公路，里程2.3公里，2009年硬化通车；毛坪头通村公路，里程1.6公里，2009年硬化通车。

桥梁 主要有8座，分别是竹渚大桥，长97米、宽7米，总投入207万元，2011年建成通车；邹家寮新建大桥，长126米、宽12米，2014年完成主体工程，总投入280万元；邹家寮大坝桥，长108米、宽7米，1974年建成通车；邹家寮电站桥，长32米、宽7米，投入40万元，2014年建成通车；沙溪大桥，长72米、宽5米，1977年兴建，2014年改造完成通车，总投入120万元；沙溪渡改桥，长80米、宽4米，总投入104万元，2014年建成通车；胡家铁路桥，长20米、宽5米，建于1938年。西河铁路桥，长23米、宽5米，建于1938年。

运输及居民出行 运输以大货车和小四轮为主，居民出行以自驾车和乘坐客车、货车为主，全镇运行的对外客运线路有岩泉至梅田、岩泉至白沙、岩泉至关溪岩泉至长村4条；境内客运线路主要有岩泉圩至盐冲、岩泉圩至洞江寮、岩泉圩至沙溪、岩泉圩至竹渚、岩泉圩至上田5条。

邮政通信电视

邮政 民国23年（1934）1月18日，设邮政代办所于岩泉圩。1999年12月29日，宜章县邮政分公司岩泉支局正式成立，位于G107线旁，设邮筒1个，邮戳一枚，平邮包裹架2个，实现全网全程实物寄递，全程电子监控。邮车每日一趟，视具体情况增开车次。投递员2名，负责每日邮件的投递工作。邮政网络覆盖全镇21个自然村，每村建设一到两个综合服务平台，涵盖邮务、金融、电商、农业扶持等多项服务，目前在建平台18个。主营范围：国内报刊销售；国内、国际函件；国内国际包件；国内国际汇兑业务；国内国际特快专递；邮资票品销售；邮政礼仪；电子商务；邮送广告；集邮品开发、销售；各类邮政代办业务；农业生产资料、日用品配送、销售。2008年中国邮政宜章县储蓄银行岩泉支行成立，宜章县邮政分公司岩泉支局已经发展成为集金融、邮务、电商、农业扶持等全面综合性的地方驻镇机构。2014年，发行报刊种类801种2100份，报刊流转额达到20万元。

电信 中国电信股份有限公司宜章分公司岩泉电信支局成立于1998年，位于G107交管站旁边，支局秉承中国电信“用户至上，用心服务”的服务理念，面向政府，企业，金融等各行各业的客户，提供软件集成、网络集成、固定、移动、互联网等各种服务，经多年发展，2014年有固定电话1000多户，移动电话2000多户，互联网2000多户，光纤覆盖率达90%，全年电信业务收入200多万，支局遵循“以技术求发展，以市场为导向，以服务为宗旨”的经营理念，为广大用户全方位，多元化，宽层次服务。

有线电视 岩泉有线电视站成立于1998年5月，2014年全镇有线电视用户2750，入户率32.3%。

供水供电

供（饮）水 2014年，全镇集中供（饮）水工程共有10处：岩泉小水坳集中供水厂、红桥集中供水工程、西河集中供水工程、筲箕塘集中供水工程、才口窝集中供水工程、张家堆自然村集中供水工程、斗偏寮自然村集中供水工程、鹅婆塘自然村集中供水工程、上田集中供水工程、盐冲集中供水工程，供水人口16160人，集中供水率43%。镇区人口供水由小水坳集中供水厂供应，该厂建于1992年，总投入资金400万元，日供水量1000立方米，供水人口8400人。

供电 1985年，全镇通电，2000—2002年由郴电国际宜章分公司对全镇所有农村台区进行了第一、二期农网改造并抄表到户；2006—2011年对小河村、沙溪村、红桥村、东岸村、郭家村、盐冲村等15个台区进行了三期农网升级改造。2014年，全社会用电量3781万千瓦时，供电范围为岩泉镇的1个居委会及21个村委会，一六镇的2个村委会，共计24个村委会，供电人口4万余人，所辖10千伏线路6条，约128.8千米，配变台区共计218台，总容量为28324千伏安，全所用电户为11050户（其中农村配电台区为98台，容量为13433千伏安，抄表到户10931户；专用配电变压器为120台，容量为14921千伏安）。

水利建设

岩泉镇有水库10座（战壕冲水库、青莲塘水库、鸭子塘水库、藕塘水库、菜背塘水库、筲箕塘水库、大塘水库、油菜寮水库、胡家水库、白洋塘水库）、山塘68座、渠道163条、河道2条。2014年，投入860万元，除险加固水库2座、山塘5座，整修疏浚农田排灌渠8600米，清淤胡家至红桥段泉溪河道6300米。

主要水库情况：

战壕冲水库：位于岩泉镇盐冲村，修建于1958年，坝高28米，为泥方坝型，总库容36万立方米，集雨面积1.3万平方米，设计灌溉面积60公顷。

青莲塘水库：位于岩泉镇盐冲村，修建于1958年，坝高19米，为泥方坝型，总库容16万立方米，集雨面积2.6万平方米，设计灌溉面积53.3公顷。

筲箕塘水库：位于岩泉镇筲箕塘村，修建于1956年，坝高28米，为泥方坝型，总库容36万立方米，集雨面积1.8万平方米，设计灌溉面积80公顷。

胡家水库：位于岩泉镇胡家村，修建于1958年，坝高9米。为泥方坝型，总库容12.2万立方米，集雨面积3万平方米，设计灌溉面积33公顷。

邹家寮电站：位于岩泉镇小河村2组，建成于1965年，总装机185千瓦，年发电量78万千瓦时，该电站兼有发电、农田灌溉等功能，灌溉农田面积约146.67公顷，涉及东岸、上田、孙家、小河、东口洞、沙溪等6个村委会。

村镇建设

镇政府驻地建设 2012年，投入650万元实施镇政务中心大楼、安监站、“五小设施”和绿化、美化、亮化院内环境建设。政务中心大厅设置民政、计生、新农合与劳动保障等12个“窗口”，实现“一条龙服务、一站式办理”，落实首问责任制、服务承诺制、限时办结制等规章制度。完成了镇机关小食堂、小厕所、小澡堂、小图书室和小运动场文体室等“五小设施”改造。推进院内绿化、亮化、美化建设，打造一个优美的镇机关院内环境。2014年，投入230万元实施院内精品小游园项目建设，占地5600平方米，配备了高标准的篮球场、羽毛球场、休闲广场，美化了一个风景塘，游园内花草点缀、绿树成荫、曲径通幽，为广大群众提供了一个高品位、高质量的健身休闲娱乐场所。

小城镇建设 2013年，投入1700万元实施城乡共建与环境同治项目，完成镇区G107线街道两边居民立面改造、主街道下水道排污管网改造1800米、人行道改造及风景带建设2600米，安装电子监控点8个。2014年，完成《岩泉镇城镇总体规划》、《岩泉镇村庄布局规划》及《岩泉镇规划建房平面设置图》。整合“一事一议”、“绿化示范村”、“村庄环境整治村”等项目，建成村小游园8个，设置垃圾斗、垃圾箱92个，配备垃圾清运车3台，安装路灯120盏。

村民集中建房 胡家村集中建房示范点突出空心村改造，拆旧房建新房，统一规划、统一布局、统一样式、统一外型、统一施工建房。2014年，投入1440万元，规划新建B1型住房48套，建筑占地面积 6100 平方米，已竣工入住 26 套。投入 220 万元，建设村小游园 1800 平方米，实施村道硬化、下水道排污管网及绿化、亮化、美化工程，建设和谐美丽新农村。

社会事业

教育科技

教育 民国 29 年（1940），宜章开始实施国民教育，推行一乡一所中心小学，一保一所保国民学校，岩泉也设有乡中心小学和保国民小学。1949 年 11 月，县人民政府接管全部公私立小学。要求境内各学校坚持“维持现状，逐步改进”的原则，尽力把学校办好。1964 年 10 月，县委宣传部，县文教科在岩泉公社开展耕读教育现场会，推行“半耕（工）半读”、“隔日制”、“巡回制”、“半日制”等多种办学形式，1969 年创办岩泉乡中学，有 9 个教学班，在校学生 641 人，教职工 28 人。当年，公办小学下放至生产大队。1973 年恢复正常教学秩序。1982 年，成立岩泉中心小学，设 10 个教学班，在校学生 533 人，有专职教师 18 人，校舍面积 1926 平方米，学校面积 2.53 公顷。1988 年，有幼儿园 10 所，在园儿童 166 人，幼师 10 人；有小学 31 所，在校学生 4314 人；有中学 1 所，学生 641 人；共有中小学教师 202 人。2000 年，有幼儿园 10 所，在园儿童 187 人，幼师 10 人；小学 20 所，教学点 1 个，学生 5697 人；中学 3 所，学生 1591 人，共有中小学教师 246 人。2014 年，全镇有幼儿园 4 所，在园儿童 924 人，幼师 86 人；小学 23 所，学生 5066 人；中学 1 所，九年一贯制 1 所，学生 980 人；共有中小学教师 193 人。2014 年，全镇适龄儿童 3917 人，入学率达 100%；中小学在校学生巩固率达 100%；小学毕业生升初中入学率达 100%，初中毕业生升高一级学校入学率达 95.5%；学前儿童接受学前一年教育入学率达 100%，3–5 周岁学前儿童接受学前三年教育入学率达 78.6%。

实施“教育强镇”战略：2009 年至 2014 年，镇政府共拨出专项经费 10 万元，慰问教师 100 余人次，奖励优秀师生 262 人次。在镇党委、政府的带动下，全镇上下重教、支教、帮教蔚然成风。2012 年，罗家村投入 40 万元，改建了罗家小学教学楼、食堂、操场。2013 年，筲箕塘投入资金 10 余万元，新建了食堂和厕所。2014 年，筲箕塘投入资金 20 余万元新建了筲箕塘小学教学楼；西河村投入资金 30 万元，新建西河幼儿园；盐冲投入资金 30 万元，新建了崭新的盐冲小学。

科技 民国 37 年（1948），民国县政府在县内推广水稻新品种，境内曾推广种植宜章当时著名的金巴银、四川禾、矮脚禾、长沙禾。1950 年引进解放籼，满地红水稻新品种，取代已种多年的临武禾，麻壳油粘品种。1967 年推广珍珠矮，实现高秆改矮秆。1985 年引进晚稻杂交品种，1987 年，全镇推广双季杂交稻，使粮食亩产量大幅度提高。

在推广品种改良的同时，境内还推广耕作技术创新。1952 年，岩泉村民曹康禄试验种双季稻成功。20 世纪 70 年代境内推广冷浸田改造工作，80 年代使用化学除草剂除草等。

文化体育

文化 清末宣统年间（1909—1911 年），在岩泉圩繁衍居住、落叶生根的衡阳人民为答谢当地姚姓人的宽容接纳、热情支持，每到春节元宵，以舞龙的方式向每家每户姚姓人拜年。“元宵舞龙”流传至今，已成为岩泉圩人新年元宵庆贺的大众游乐节目，“神龙”由 30 多名统一着装的精壮汉子舞动，每入一户拜帖，烟花鞭炮齐鸣，好不热闹，展示当地居民生活安定团结、富庶昌盛，预祝来年各行各业风调雨顺、兴旺发达。20世纪80年代初，农村实行家庭承包责任制，群众生活温饱，自发组织文艺团体开展文化娱乐活动，舞龙狮、“跑纸马”、“三句半”、祁剧在当地较流行，东口洞祁剧团成立于1979年，每年开展5次文艺会演，在南半县享有声誉。进入20世纪90年代，家家拥有了电视机，群众生活娱乐逐步被电视所取代。到2000年元宵舞龙、歌舞健身成为群众业余文化生活的一大特点。2010年11月成立岩泉镇综合文化站，该站建筑面积280平方米，投入资金28万元，设立站长办公室、多功能室、培训室、阅览室，配备电脑9台、流动音响1套、投影仪1套、电脑桌5套、阅读桌3套、折叠桌8张、折叠椅25张及各种音乐器材，藏书3500册。2014年，全镇有群众腰鼓队3支、歌舞队2支、管乐队1支。有广播电视站1家、综合文化站1家、个体书店2家、村文化活动中心4家、农家书屋22家、开展免费放映252场、送戏下乡4场。岩泉镇荣获2011年宜章县“唱红歌”比赛一等奖。

体育

农民体育 民国时期，境内无农民体育组织，亦无农民体育场所和器械。但境内有少数体育爱好者，自发地开展一些体育活动，如舞龙、舞狮、武术、棋类、钓鱼等。绝大多数农民为生活奔波，很少有体育活动。新中国成立后，县人民政府倡导农民体育活动，以增强人民体质。境内开始有农民篮球运动。1977年夏，县首次举办全县农民篮球比赛活动，岩泉组队参加一六赛区的比赛。乡政府也不定期地举办村级篮球比赛活动。除篮球运动外，境内舞龙、舞狮活动很活跃，到20世纪末期，境内有少数地方开展广场舞活动。

学校体育 清末，废科举，兴学堂，学校开始设体操课。民国12年（1923），小学体操课改称体育课，教学内容由做哑铃、跳木马、荡秋千、做游戏，逐步改为球类及田径运动。民国23年（1934），小学设童子军课、体育课各一节。童子军课以教列队、野炊、侦察、救护等内容；体育课以球类田径为主要内容。新中国成立后，小学每周两节体育课，以田径、球类为主。在学校普遍开展“三操”（早操、课间操、眼保健操）“两活动”（每周两节体育课，每天1节课外活动）。1957年学校实施《准备劳动与卫国体育制度》。1964年学校实行《青少年体育锻炼标准》，1975年实施《国家体育标准》。

2013年，岩泉获宜章县首届“原创广场舞”优秀组织奖，第二届广场舞三等奖。2014年，全境有篮球场25个，每年不定期开展村级篮球比赛，每年国庆节、五一劳动节都开展镇级篮球赛，参赛代表队20余支。

医疗卫生

民国时期，境内有裕兴、邹太和、周仁、保春堂等药店4家。1964年4月，成立一六卫生所、后改为一六地区医院，1980年1月改成为宜章第二人民医院。地点设在一六镇团结。1996年，宜章县第二人民医院迁至岩泉镇，与当时岩泉乡卫生院合并，重新组建成新的宜章县第二人民医院，又称宜章县岩泉中心卫生院，医资力量不断强大，改变了岩泉镇以前缺医少药的局面。医疗服务地域遍及宜章南部10个乡镇以及广东三溪、坪石等乡镇。

2014年，镇辖区有宜章县第二人民医院（又名宜章县岩泉镇中心卫生院），宜章县国泰医院（私立），村级卫生室31家。岩泉镇中心卫生院有职工220人，其中专业人员185人，中级职称45人，设有病床床位180张，35个临床和职能科室。当年门诊量超10万人次，住院逾15000人次。

社会保障

1950年，乡政府向境内的孤寡老人发放救济粮款。1961年，公社化后，“五保”老人由公社统一负责。1983年，农村实行联产承包责任制之后，重新评定“五保户”由乡统一负责。2011年，境内城镇最低生活保障49户56人，全年发放保障金16.56万元；农村最低生活保障513人，全年发放保障金64.62万元。农村“五保”供养178人，发放保障金34.176万元。当年，有敬老院1所，集中供养30人；参加农村新型社会养老保险14385人，参保率87.02%。2014年，岩泉镇人均住房面积46平方米，农村最低生活保障户568户852人、月人均45元。农村医疗大病救助人数36人。岩泉镇敬老院位于团结筲箕塘村，有床位30个。2014年，农村“五保”人数102人，其中分散供养94人，集中供养8人。参加农村养老保险人数14319人，参保率91.56%。参加“新农合”人数33886人，参保率97%。

特色地情

人物

胡少海（1898—1930） 原名振弼，学名占鳌，字绍海，清光绪二十四年（1898）1月生，宜章县岩泉镇胡家村人，中国工农红军高级指挥员。民国15年（1926）任国民革命军第6军任团长，屡立战功。民国16年（1927）大革命失败后，他联络一批湘南籍士兵潜入湘粤边界活动，与共产党员高静山等人取得联系，使其成为党领导下的一支红色武装力量。民国17年（1928）1月，得知朱德、陈毅率领南昌起义的队伍转战到粤北，立即赴乳源杨家寨与朱、陈会面，共同商议了暴动计划。随即受朱德派遣，以国民党军第16军74师140团副团长名义，率两个连开进宜章县城，实现发动湘南起义中智取宜章的计划。同年5月随朱德、陈毅到井冈山后，任中国工农红军第4军第29团团长、中共湘赣边界特委委员，参加了开辟井冈山革命根据地的斗争。民国19年（1930）6月在闽西任红21军军长，率部在龙岩东北地区肃清反动武装和土匪，巩固了苏维埃政权。8月在漳平永福圩侦察敌情时不幸壮烈牺牲，时年32岁。

罗良名（1912—1945） 乳名定古，又名荣定。民国元年（1912）2月24日生，岩泉镇周家湾村人。民国23年（1934）考入湖南省立第一师范。民国24年（1935）6月加入中国共产党。民国27年（1938）4月，任中共宜（章）乐（昌）县工委委员。10月，任中共宜（章）乐（昌）支部书记。民国29年（1940）7月，任中共宜（章）乐（昌）县工委书记。民国34年（1945）1月，日军犯境，县城沦陷。他在留田村设立办事处，筹枪1200多支，组织4000多名自卫队员，实行武装抗日，至5月18日，在栗源的明星桥、铁炉泉、郭家村等地先后6次击退日军的进犯。6月28日，率领24名战士和10名群众，化装成商人前往临武，攻打国民党临武县土桥盐卡，夺取税警排的枪枝，被敌发现，队伍遭到伏击。9月，率部转移到广东凤阳。11月3日，奉命向桂阳转移，途经长平乡（今属迎春镇）碕石欧家附近凉亭时，遭到国民党特务伏击，牺牲时年33岁。

刘石（1920—1949） 民国9年（1920）生于栗源团（今岩泉镇）。民国25年（1936）2月，到白上素负责的笆篱区“紫云祠补习学校”读书。当时，中共宜乐工委委员罗良名经常到学校开展革命活动。刘石因此受到革命熏陶，萌发革命觉悟。“七七”事变后，学校组织学生到岩泉圩和附近村庄进行抗日救亡宣传，他是演讲团骨干成员之一。民国27年（1938）初，经罗良名介绍加入中国共产党。同年10月，中共宜乐工委在岩泉

岩泉镇综合大市场

圩成立“战地文化服务处宜章分处”和“战地书报供应所宜章分所”，刘石是这两个团体的主要负责人之一。他把自己任教的薪金拿出来作抗日团体经费，并向社会筹集资金，购买武器弹药，发展邓厚泽等进步青年入党，组建中共岩泉圩党支部，并任书记。民国 25 年（1946）9 月，成立栗源党支部，刘石任支部委员。民国 38 年（1949）夏，从中共五岭地委干校集训回来，任宜章人民抗征大队二中队政治指导员。1949 年 10 月，宜章解放，刘石所属武装改编为中国人民解放军宜章县大队二中队。他带领二中队奉命清剿国民党残余匪帮。1950 年 4 月 30 日，刘石到岩泉新铺里了解农会工作和减租反霸情况。当晚匪首姚金水纠集 40 多名武装匪徒窜到新铺里行凶杀人，刘石不幸被捕。姚金水一伙连夜把他带回广东乳源匪巢西山云崖河，企图劝降，遭到严词拒绝。姚金水见劝降无望，将刘石杀害，抛尸深山峡谷的云崖河中。

岩泉镇综合大市场

岩泉镇综合大市场前身为岩泉圩市场，始于清朝咸丰年间，距今 160 多年历史。清末宣统年间，大批刘姓、谭姓、罗姓、付姓、范姓人氏从衡阳迁徙至岩泉圩，从事打铁、制锁、补锅、泥瓦等手工业，促进了当地手工产品的流通买卖。1978 年改革开放以来，岩泉圩市场设施破旧，容量不够，经商人员摊位向 107 国道两边靠拢，造成严重的马路市场。2002 年，岩泉镇党委、政府与湖南省国信房地产开发公司联合开发，对市场进行改造，总投资 1480 万元，占地面积 2.3 万平方米，改造后的岩泉综合大市场由 5 栋商住楼、1 栋 2 层交易大楼、2 处交易大棚组成，拥有商业门面 199 个、住房 120 套、固定摊位 350 个，市场涵盖服装、布匹、小五金、小百货、副食、饲料、耕牛、白肉行、鸡、鱼、水果批发、餐饮等行业，各行业整齐划一、规范经营、归行就市。岩泉综合大市场紧邻107国道，地势如凹型聚宝盆，经营畅通，商贾云集，商业业态以综合大市场为轴心，沿107国道两边至5条镇区街道，2014年在此投资兴业居住的常住人口有1.5万人，人员车辆每天进出市场络绎不绝，大小宗商品日平均交易额达到380万元，岩泉圩被誉为“天天圩”，岩泉综合大市场有“湘南第二大农贸市场”美誉，同时也是宜章南部农副产品集散中心。岩泉综合大市场水果品种齐全、价廉物美，批发零售网络辐射宜章南部的栗源、一六、莽山、天塘等8个乡镇及县城的各大超市。肉牛市场逢圩日交易开市时间只有4个小时（早上6时至上午10时），吸引全县各乡镇及广东潮州、韶关、连州等地客商云集于此，逢圩日平均交易肉牛120头，交易额达到129万元，牛市严格检验检疫、管理到位，在此流出都是“安全牛”和“放心牛”。

（文跃波　供稿）

栗源镇 >>

栗源是湘南起义的一个重要据点，是陈东日、陈光等著名将领和著名音乐家王佑贵的故乡。

区域概况

位置面积

栗源镇地处宜章县南部，北纬 25° 9′ 50″至 25° 15′ 25″，东经 112° 53′ 59″至 113° 1′ 43″，是湖南的南大门，东与广东省乐昌市秀水镇交界，南与关溪乡相连，西与岩泉镇接壤，北与广东省乐昌市坪石镇、三溪镇毗邻。镇政府驻复源村，距县城 35 公里，辽河与乐水河在此交汇穿过，国道 107 贯穿全镇，距京港澳高速仅 5 分钟车程。辖区东西最大距离 13.7 公里，南北最大距离 10.4 公里。栗源高车村海拔仅有 155 米，是宜章海拔最低的地方。

2009 年，国土详查，栗源镇国土面积 71.54 平方公里。2014 年，全镇有耕地面积 1342.67 公顷，其中水田 838.55 公顷，旱土 504.12 公顷。

建置沿革

栗源旧称栗源堡，明洪武二十九年（1403），茶陵卫百户廖武、陈德领兵戍守，筑城建堡，因周围多栗树，故名栗源堡。

明朝至清代中叶，栗源属长宁乡。清咸丰年间（1851—1861 年）属栗源团；民国 17 年（1928）2 月 11 日，栗源区苏维埃政府成立。民国 22 年（1933）属第五区，区公所设在栗源堡城，辖镇南乡、长乐乡、井竹乡、泉岱乡。民国 27 年（1938）七月，分属镇南乡、长乐乡；1949 年 11 月，设栗源区人民政府办事处。保留民国时期保的建制。1950 年 4 月，改为栗源区人民政府，废除保甲制，设堡城、径坪、长竹、岩泉、曾市、大坪、香水、田溪、白田、枫岸 10 个乡。10 月，栗源区改名第五区。1952 年 5 月，全县增设两个区，原第五区改为第六区。下设口路乡、白田乡、龙沙坪乡、迳坪乡、香水乡、长竹乡、堡城乡、枫岸乡、岩泉乡、贺坪乡、田溪乡、太平乡 12 个乡。1953 年 4 月，第六区辖 20 个乡，即香口乡、沙市乡、北岸乡、留览乡、岱下乡、沙溪乡、上田乡、大井头乡、长田乡、迳口乡、姚家乡、岩泉乡、官桥乡、复源乡、坪山乡、苦竹乡、四合乡、龙沙坪乡、竹渚乡、胡家乡。1956 年 6 月 10 日撤区并乡，成立栗源乡。1958 年栗源、岩泉、关溪三乡合并，成立栗源人民公社。1961 年 7 月，公社划小，分成栗源、岩泉、关溪 3 个人民公社。1984 年 3 月，改革公社体制，按原公社、大队、生产队范围分别设置乡人民政府、村民委员会、村民小组。栗源乡人民政府，下设19个村民委员会，223个村民小组。1995年改栗源乡为栗源镇。

行政区划

2014年，栗源镇人民政府设在107国道旁，距县城39公里。辖栗源1个居民委员会，复源、留览、石波潭、四合、坛斗、苦竹、塘岭、塘其冲、迳口、旗山下、老王冲、甘棠湾、口路、老坪山、新坪山、椅子岭、龙沙坪、长田、游宰冲19个村委会，224个村民小组。

自然环境

地形地貌 境内大部分为山地、丘陵，地势为北、西、南三面高，东面低，位于栗源镇东面的老坪山高车村，海拔155米，是宜章县海拔最低的地方。境内丝茅窝山峰，海拔538米；马头岭海拔338米。

水文 境内河道属珠江水系，其中乐水河与辽河在复源村汇合后(在栗源辖区内也称长乐水)，经新坪山村向北流入广东省乐昌市坪石镇。沿途流经迳口、旗山下、老王冲、长田、甘棠湾、复源村等村落，全长36公里。

气候和自然灾害 属亚热带季风气候，四季分明，雨热同季，光照充足，无霜期长。春季湿润多雨，夏季雨量充沛，秋季少雨干热，冬季干冷少雨。主要有干旱、雨涝、冰冻等自然灾害，2006年7月15—17日发生特大洪灾，涉及境内19个村，农作物受灾面积达820公顷，住房倒塌480户。2008年1月25日至2月5日，发生特大冰冻灾害，农作物受灾面积达283公顷，倒塌房屋60栋。

自然资源

矿产资源 主要有煤和石材，地下烟煤主要分布在塘其冲、迳口、塘岭、苦竹等村，其中杉木冲煤矿探明煤储量200万吨。石材资源主要分布在复源、四合、新坪山、坛斗等村，有规模采石场4家。境内森林资源丰富，全镇森林覆盖率44.8 %。水力资源丰富，境内辽河与乐水河贯穿全镇。在两河交汇处的复源、甘棠湾村有一温泉带，水温均衡，硫磺含量高，亟待开发利用。

森林资源 1983年，县林木资源普查统计，境内有林地面积2747公顷，活立木蓄积量0.88万立方米，森林覆盖率39.7%。1995年，县林地林木资源调查统计，境内有有林地面积3200公顷，活立木蓄积量7.3万立方米，森林覆盖率44.89%。2013年，县林业资源调查统计，境内有林地面积2173公顷,活立木蓄积量8.04万立方米，森林覆盖率37.37%。

人口民族

明洪武年间(1368—1398年)，堡城陈氏原籍山东金乡，以茶陵卫百户戍本境。明初，自茶陵卫戍本境的还有口路周氏，迳口王氏、谭氏，甘棠湾王氏、彭氏，长田颜氏、谭氏、黄氏，堡城廖氏。1979年，总户数4500户，总人口为23820人，其中男12038人，女11782人。2014年末，总户数9706户，总人口36913人，其中男18824人，占总人口的50.9%，女18089人，占总人口中的49.1%。14岁以下7953人，占21.5%；15 ~ 64岁22623人，占61.2%；65岁以上6337人，占17.3?%。人口出生率7.2‰，死亡率2.1‰，人口自然增长率5.1‰。城镇常住人口6399人,城镇化率17.6%。辖区为汉族聚居地。

经济概况

经济综述

民国时期，地方饱经战乱，工商凋零，广大农民和手工业者生活极端贫困。1950年，县人民政府领导减租减息，恢复农业生产。1951年，开展土地改革，使无地少地的农民分得了土地。实行“耕者有其田”，农民的生产积极性空前高涨，粮食增产，农民收入增加。1956年，全乡实现高级农业合作化。1958年，实行“大跃进”人民公社化，大搞农田水利，日夜奋战，同时存在瞎指挥、搞浮夸等不正之风。直到“文化大革命”，大批判开路，评“政治工”，取消劳动定额，再次挫伤农民生产积极性。1958年，兴建迳口坝，设计灌溉333.33公顷，实际灌溉373.33公顷。1982年，全乡普遍推行联产承包责任制，克服“吃大锅饭”的平均主义弊端,农民生产积极性持续高涨，收入倍增。2000年，全镇工农业总产值16972万元，其中：工业总产值9237万元，农业总产值7735万元，财政收入179万元，农民人均纯收入1565元。2005年，全镇产业化进程加快好转，引进资金4500万元，新建年产15万吨的杉木冲煤矿，引进资金700余万元，对新坪山及老坪山电站进行升级改造；2006年，通过招商引资建成爆竹厂12家。2014年，全年实现生产总值7.91亿元，同比增加11.8%，其中第一产业1.12亿元，同比增长4.5%；第二产业3.87亿元，同比增长12.38%；第三产业2.92亿元，同比增长14.05%。固定资产投资46389万元，同比增长23%；农民人均纯收入11925元，同比增幅13.5%。

农业

栗源是一个传统的农业乡镇，长期以来，以种植水稻、玉米、蔬菜为主。1952年，栗源乡王逢春试种双季稻获得成功，带动全乡以至全县双季稻得到全面推广。1976—1979年期间，有部分村民到海南岛学习杂交水稻制种技术，并在游宰冲、复源、石波潭、甘棠湾、四合等村建立杂交水稻制种基地，亩产水稻种子100千克。1979年，粮食总产6630吨，蔬菜1247吨，水果30吨，生猪出栏8822头。2000年，粮食总产量14587吨。蔬菜5864吨，水果537吨，生猪35100头。2009年9月成立乐水养鸡专业合作社，带动周边20个乡镇发展养鸡专业户150余家，年出栏商品鸡180万羽，日产土鸡蛋6000枚，产品销往广东、长沙市场，年创产值3500万元。2014年，全镇粮食总产量13937吨，油料775吨，蔬菜22863吨，水果6803吨，生猪出栏71294头，家禽出笼102.87万羽。

2014年，完成植树造林200公顷，补植补造60公顷，通道绿化30000公里，全面完成107国道栗源段绿化提质景观带改造及节点绿化工程。全镇森林覆盖率44.8%。

工业

1953年，各农业生产合作社筹集部分资金和劳力，从事烧砖瓦、石灰、做豆腐等工副业生产。

1978年3月，兴建栗源水泥厂，设计能力年产普通硅酸盐水泥2万吨。1987年8月，又建成设计能力普通硅酸盐水泥4.4万吨生产线。由于该厂水泥质量好，并长期稳定在425标号以上，郴州地区乡镇企业水泥产品监督检查站设在该厂，年产水泥6.4万吨。1988年6月，栗源乡与广东省的坪石供电所联合建栗源结晶硅厂，10月5日投产，主要设备2500千伏电炉一座。1989年，栗源硅厂装有两台8000千伏安冶炼炉，年产结晶硅1500吨，产品远销广东以及日本、韩国等东南亚国家，解决就业200余人。20世纪90年代末期，水泥厂和硅厂相继倒闭。

1970年，栗源长滩电站安装400千瓦发电机组4台。2000年起，长滩电站承包给私人经营管理，2005年对电站进行升级改造，增设400千瓦发电机组1台，年发电量达到400万千瓦小时。

2005年，引入资金4500万元新建杉木冲煤矿。该煤矿于2008年6月开始生产，每天可产煤500吨左右，员工达1000余人，每年可创造劳务经济300余万元，年产值达9000余万元，每年可上缴税费1000万元，当时成为栗源镇的支柱财源之一。后由于国家政策调整处于关停状态。

2014年，有烟花爆竹企业12家，砖厂4家，采石场4家，水泥厂1家，车辆检测站1家，玩具厂1家，雨衣厂1家，水电站3个。工业总产值达109790万元。

商贸服务业

民国时期，市有栗源堡市、迳口市（旧名迳口市）；圩场有迳口圩（旧名迳口圩）四合圩（民国17年（1928），李、陈、王、廖四姓设，故名四合圩），货仅土产和日常食品，日中为市，晨集午散。新中国成立之初，国家对私营和个体商店采取扶持政策，发挥他们有利于国计民生的积极性。1952年9月10日，第六区（栗源）供销合作社成立，社址在明星桥，农民6340人投股入社，集资6974元。供销社负责农民的生产生活物资的供应。1956年，供销社受政府委托，引导农村个体商贩走合作社道路，成立了栗源合作商店，归口供销社管理。1958年，栗源供销社又改为栗源公社供销部。"大跃进"时期，对市场管得过严，统得过死，全乡保留了迳口圩，关闭了四合圩，圩期统一为每月1日、11日、21日3天，上市人数减少，交易额下降，对农民不利。1960年12月，圩期改为5天一圩。"文化大革命"期间，再次限制圩期，改为10天一圩，交易额急剧下降。1974年，按经济区成立栗源区供销合作社，1976年1月，又成立栗源公社供销社。1981年，生活资料供应开始取消部分票证，至1988年，各种票证全部取消，由农民自由选购。2014年，全镇有个体工商户240户，从业人员1600人，其中餐饮服务行业30户，大型超市6家，装璜五金6家，电器9家。社会商品零售总额达38366万元，比上年增长20.3%；境内金融机构各类存款余额3亿元，各项贷款余额6800万元。

劳务输出

20世纪90年代起，农村劳动力向沿海地区转移。劳务输出以18～40岁青壮年为主，输出地以广东、深圳、上海等经济发达、劳动力短缺的地区为主，2014年，全镇劳务输出人数8016人，创收1939万元。

基础设施

交通运输

民国30年（1941）12月，连（州）坪（石）公路修成通车，该路通过栗源，在明星桥设立了"上落站"，以载货载客。民国37年（1948）广东省政府投资修筑从坪石往包公庙至狗牙洞的铁路。民国38年（1949）7月竣工通车，途经迳口村和包公庙。1969年9月1日，包公庙至梅田段铁路动工，次年4月建成。坪包支线延伸成了坪梅铁路、迳口、包公庙也设客货上落站；20世纪80年代初，在原连坪公路的基础上改修为107国道横穿南北，有石白公路、栗曾公路等4条乡道通往各村，辖区内所有村委会已通水泥公路，80.2%的村民小组通水泥公路。2014年，实施并完成通组公路硬化69.8公里，建设公交亭3个、招呼站5个、桥梁6座。

邮政通信

民国23年（1934）2月，镇南乡、长乐乡均开始安装电话。新中国诞生后，乡村的报纸、邮件一直采取人力投递，只是逐步由步行到自行车、摩托车、汽车代步。1957年，各农业社社社通邮。自1958年，栗源人民公社以及下设的大队部才开始安装公用电话；直至1988年，各个乡村、部分群众个人也开始安装了固定电话。1994年，开通程控电话，实现电话自动化。2014年年末，有邮政代办所1处，电信、移动、联通移动电话服务网点3个，电信支局1家，固定电话用户2100户，移动电话用户12790户，互联网用户1090户。全年电信业务收入190万元。有线电视用户2300户，入户率30%。

供电供水

民国时期，栗源区广大农村居民晚间照明，普遍使用桐油、茶油和煤油灯。也有人点松脂和苎麻秆。20世纪80年代，栗源长滩、老坪山、龙沙坪三个电站先后建成发电，电站附近村民首先用电。2000—2004年在全县开展农网改造中，栗源全镇37个自然村进行了线路、进户和台区改造。在2009—2010年的农网完善工程中，对17个自然村进行了线路、进户和台区改造，目前还有20个自然村未进行改造，其基础资料已申报为“十三五”规划。栗源镇供电线路主要是由35千伏岩泉变出一回10千伏线路栗源318线供电，为解决电力供应不足问题，已完成10千伏回路供电工程，并在留览村择址新建110千伏变电站。

2009年，建成旗山下供水厂，对旗山下、迳口、塘其冲3个村实施集中连片供水。2014年，相继建成老坪山、苦竹村安全饮水项目工程，完成栗源镇自来水厂建设及主水管铺设安装，投入运行，受益人口达1.9万口人。

水利建设

民国时期，水利建设有栗源堡附近的狮子陂和留览塘，灌田百余亩。1952年，栗源塘其冲兴建了郭家水库和李家水库2座小Ⅱ型水库。1958年，兴建了苦竹冬瓜岭、椅子岭杨家塘、留览大塘面等3座小Ⅱ型水库。是年还建了迳口坝，左干渠长17公里，右干渠长19公里，设计灌田333.33公顷，实际灌田373.33公顷。1964年，兴建塘岭龙木湾小Ⅱ型水库。1971年，兴建苦竹团结小Ⅱ型水库。1974年，兴建长田小塘冲小Ⅱ型水库，还有山塘365口。1988年，迳口坝被评为省水利管理先进单位。以上水利设施均建于20世纪，坝体为均质土坝结构，2012~2013年，共投入资金3100万元，相继对辽河沿河两岸主要防洪、排涝地段以及冬瓜岭水库、丰收水库、小塘冲水库等水利基础设施进行维修和提质改造。2014年，投入资金600万元重点实施团结水库、龙木湾和杨柳塘3座病险小Ⅱ型水库除险加固工程，对迳口左右干渠全段进行清淤和维修补漏，完成四合村、坛斗村渠道三面光工程和龙沙坪村乐水河拦河坝维修治理。

村镇建设

民国时期，农村居民房屋多土砖平房，结构简陋。但乡镇驻地则建设无序，石板路面，垃圾遍地，暑天臭气熏天，雨时泥泞难行。公用设施简陋，农村中通行大路岔路口有民众捐资竖的指路碑（又称将军箭），饮水都取自井泉或河水。新中国成立后，政府重视乡镇驻地建设和村庄建设，增添公用设施。1996年2月，栗源被列为湖南省小城镇综合改革试点镇，是年基本完成了栗源“开发区”（市场）建设；2014年，投入85万元建成栗源生态公园，为当地群众休闲娱乐、游览观赏营造了良好的生态环境。全面编制并完成栗源镇总体规划和镇村布局规划，相继在新坪山、留览、坛斗3个村开展建房示范点建设，引导农村规范有序建房。

社会事业

教育科技

教育 清道光三年（1823），在栗源堡城南门外东偏，建有栗源书院。民国3年（1914）改设为高等小学校。民国 29 年（1940），抗日战争中，广东中山大学农学院搬至此。民国时期，长田、老坪山、苦竹等地共创办了 12 所初小。民国 31 年（1942），镇南乡、长乐乡都有乡中心小学，每个保有一所保国民小学。中华人民共和国成立后，接收全部公私立小学。初小遍布各个自然村，1950 年春，省政府文教厅分配农民业余教育教师 3 人到县，县委分配 1 人到五区（栗源）开展工作。是年冬，全区掀起以学文化为主、以识字为重点的冬学运动。在人民公社化时期，在栗源狮子山下的回龙庵开办了宜章县第九中学。1959 年，九中改为第八中学。1963 年搬迁到栗源完小内。1967 年，在包公庙火车站附近筹建新的中学校址，"文化大革命"结束后，改为宜章县第五中学。1970 年，创办栗源乡中学，校址设在复源村（原栗源完全小学校址）。1981 年 9 月，创建栗源乡中心小学，校址设复源回龙庵。1983 年，将复源村小学改造升级为栗源中心小学。1988 年，栗源建有宜章县第一农业中学和乡初级中学各 1 所，教职工工 48 人，学生 674 人；小学 32 所，教职工 163 人，学生 3998 人；幼儿园 8 所，在园儿童 83 人，幼师 8 人。2014 年末，有幼儿园 6 所，在园幼儿 1083 人，专任教师 91 人；有中学 2 所，在校学生 1769 人；小学 19 所，在校学生 2540 人，共有中小学专任教师 218 人。初中适龄人口入学率、小升初升学率、九年义务教育覆盖率均达 100%。

科技 民国时期，中山大学农学院迁入栗源堡，用新技术种植水稻，提高了周围农民的科学水平。但大多数农民，水稻栽培墨守旧法，品种自发地进行交换，耕作粗放，亩产只 100 千克左右。1952 年，栗源乡王逢春试种双季稻成功，带动全县大面积推广双季稻。1965 年，推广矮秆良种珍珠矮，矮脚南特，二九矮等矮秆良种，增产效果显著。1988 年，栗源乡农民周万春双季杂交稻亩产 1211 千克，名列全省第二名，获省颁发的"双季稻小面积高产奖"。20 世纪 80 年代，注重叶面施肥，氮磷钾搭配使用，采用和推广测土施肥，施用微量元素、菌肥等效果很好。进入 21 世纪，发展大棚蔬菜，种植火龙果、红提、贡橘、水晶梨、脐橙等特色水果。发展规模养殖场，采用科学方法养猪养鸡，使之成本低、质量好、效益高。

文化体育

文化 栗源的乡土文化活动十分活跃，古往今来逢年过节狮子、龙灯、纸马、高跷遍布各个乡村。土地改革时期，更为活跃，为宣传土地改革。各个农会组织宣传队每逢召开区、乡群众大会，村与村、乡与乡（区下面的小乡）都会拉歌比赛。人民公社化时期，文艺活动十分活跃。1968 年，各村都成立毛泽东思想宣传队，以小戏、莲花闹、对口词、三句半、表演唱为主。1977 年，公社自办电影队，在公社范围内巡回放映，栗源放映的影片由一六片站供应，十分便利。自此后，公社文化站至乡文化站、到镇文化站，逐步得到健全发展，广泛开展群众文化活动。2014 年年末，有镇文化站、广播电视站各 1 个，有村级文化活动中心 18 家，有农家书屋 20 处，藏书 3 万余册。组建有 1 支腰鼓队，1 支军鼓队，5 支村级广播舞蹈队，在县第一届广场舞蹈比赛中荣获三等奖。

体育 新中国成立后，在继承传统项目的基础上，还开展球类、田径等项目。复源村的篮球训练比较经常，在全县比赛中，取得较好的成绩。1989 年国庆 40 周年之际，栗源乡举行了各种形式的体育活动。至 2014 年，90% 以上的村都建有篮球场，配有各类健身器材。

民国 12 年（1923），小学设体育课。但都是兼职教师，体育设施简陋，体育课只以拍皮球、跳绳、踢毽子为主。新中国成立后，各小学实行每周两节体育课，开展“三操”（早操、课间操、眼保健操）活动，以增强师生体质。1958年“大跃进”运动中，学校体育课被生产劳动所代替。1962年,恢复学校体育活动。“文化大革命”开始，学校“停课闹革命”，体育教学无法进行。1975年,全公社各中小学开始执行国家体委颁发的《国家体育锻炼标准》。1991年，全乡各小学校每周开展两课两操两活动（两节体育课，每天坚持做广播体操、眼保健操，每周两次课外活动），此后每年举办一次全校体育运动会，并形成制度。2000—2014年，各中小学生“五四”青年节或“六一”儿童节分别举行田径和球类运动会。

医疗卫生

民国时，迳口、坛斗、口路、老坪山、栗源堡等地都有看病的中医师和药店。民国31年（1942），栗源卫生所成立。民国35年（1946），卫生所撤销。1952年，明星桥联合诊所成立。1953年，六区卫生所成立，所址设明星桥。1956年春，接收私营药店和医药人员成立栗源联合诊所。1958年，将乡的卫生所、联合诊所、公私合营药店合并建立栗源农村医院。1961年11月，农村医院改为公社卫生院。1965年5月，栗源地区医院成立。1984年6月，公社卫生院更名为栗源乡卫生院。

至2014年年末，栗源有各级医疗卫生机构34个，其中镇卫生院1所，村卫生室33所。栗源镇卫生院开院初期至1993年是县内一所重点骨伤科医院，在周边县市具有一定的知名度。2013年，不断加大投入，大力改善卫生院就医环境和居住条件，实施入院公路与107国道直接互通硬化工程，相继新建公租房1栋、医技楼1栋，有职工30人，专业技术人员28人，全年医疗机构（门诊部以上）完成诊疗2.4万人次，参加新型农村合作医疗31062人，参合率100%。

社会保障

1950年，栗源区人民政府将孤寡老人的供养列为政务事项，并优先发给救济粮款。1956年，农业合作化后，农业社对孤老人开始实行“五保”（保吃、穿、住、教、葬）。1958年建立人民公社后，“五保”户的生活由公社集体负责。1961年，公社体制调整，“五保”老人的生活由生产队负责供养，县给予适当救济。1987年，栗源乡有“五保”户176户217人。2007年，完成栗源敬老院建设，占地面积1.33公顷，建筑面积1200平方米，可同时入住50名“五保”老人。2011年，境内享受最低生活保障人数53人，支出134520元，医疗救助45人次，支出94500元；民政部门资助参加合作医疗人数384人，支出10520元，农村最低生活保障376户，406人，支出366600元。国家抚恤、补助各类抚恤对象134人，支出600876元。同年，境内有敬老院1家，床位50张，供养“五保”老人50人。参加新型农村养老保险14922人，参保率86.2%。2014年，城镇最低生活保障人数12户18人，支出53160元；医疗救助65人次，支出124500元；民政部门资助参加合作医疗384人次，共支出10520元。农村最低生活保障户679户889人，支出1388700元；农村“五保户”155户，人数155人，支出409200元；国家抚恤、补助各类优抚对象102人，抚恤事业费支出788452万元。参加新型农村养老保险人数14491人，参保率90.1%。

特色地情

人物

颜秉仁（1895—1927）乳名润怀，清光绪二十一年（1895）2月7日出生于栗源团椅子岭村（今属栗源）。1924年夏，颜秉仁经高静山、李文香介绍加入中国共产党。1925年7月任中共宜章县地方执行委员会委员，分管青年、妇女工作。同时任教于县立初级中学。1926年初与李文香在近城西乡组建全县第一个农民协会，随后到赤石、浆水、笆篱和栗源椅子岭等地发动组织农会，建立农民武装，开展大革命运动。1927年1月担任县农民自卫军总队总队长，6月率部转移汝城，因脚生疮，潜回家乡治疗，继续坚持地下活动。1927年10月8日，颜秉仁在栗源被捕，受尽严刑拷打仍痛斥敌人。翌日在宜章县城英勇就义。

陈东日（1902—1931） 陈东日是中国工农红军早期优秀将领。清光绪二十八年（1902）12月27日，出生于栗源堡城，民国14年（1925）夏，加入中国共产党。北伐战争中，陈东日先后任营、团指导员，副团长。民国16年（1927）7月初，以中央军委特派员身份，到汝城领导集结这里的广东东江农军和湘南农军，组建共产党的革命武装。8月11日，在汝城的各县农军经过整编，正式组成中国工农革命军第二师，陈东日任师长。民国17年（1928）1月12日，智取宜章胜利后，陈东日被增补为县委委员，担任县委军委书记。2月4日，宜章农军正式组成工农革命军独立第三团。不久，队伍又扩编成独立第三师，胡少海任师长，陈东日为副师长。这是湘南起义中建立的第一支正规的农军队伍。井冈山会师后，陈东日担任红四军三十二团党代表。民国18年（1929）初，陈东日任红四军参谋处处长。民国19年（1930）5月，担任红军学校校长，后又兼任校党委书记。在毛泽东指导下，陈东日在领导校务、组织教学与训练内容上，都围绕革命战争的实际需要而开设。民国19年（1930）后，陈东日还先后担任过红二十军政委、中共赣西南临时行委常委、湘赣红军第四分校校长兼政委等职。民国20年（1931）7月，陈东日在赣西南肃反斗争中被错杀。1945年，中共七大为其平反昭雪，陈东日被追认为革命烈士。

陈光（1905—1954） 陈光，原名世椿，乳名松善，清光绪三十一年（1905）2月24日生于栗源团栗源堡（今栗源镇复源村）。1926年12月，任栗源区农民协会委员、村农民自卫队队长。1927年12月，加入中国共产党。1928年1月，陈光参加湘南起义。他把大革命失败后埋藏的枪支献出来，1月18日与陈东日等领导栗源暴动，任栗源农民赤卫队队长。1月底率赤卫队配合朱德工农革命军参加围歼许克祥部的斗争（史称坪石大捷）。率部参加了解救大黄家水楼、攻打桂阳城等重要战斗。参加保卫井冈山根据地的一系列战斗。1929年初，向赣南闽西进军。1930年2月，在水南、值夏战斗中，于险境冒死救出一纵队长林彪。曾任红四军第十师第三十团团长、红十师参谋长、红十师师长、红十一师师长、少共国际师首任师长、红一军团二师师长。在井冈山和中央苏区转战7年，率部参加历次反“围剿”，先后负伤10次。1934年1月，当选为中华苏维埃共和国第二届中央执行委员。1934年10月，中央红军开始长征，陈光率红二师一直担负全军开路先锋任务，参加了冲破四道封锁线、血战湘江、突破乌江、智取遵义城、攻占娄山关、飞夺泸定桥、雪山开道、草地扫障、强攻腊子口等战斗。1935年11月，任红四师师长，参加直罗镇战役和东征战役。1936年12月，代理红一军团军团长。1937年8月25日，陈光任八路军第一一五师第三四三旅旅长，9月，率部在平型关战斗中担负主攻日军的任务，取得华北战场上中国军队主动寻歼敌人的第一个大胜仗，振奋了全国人心。1938年3月，代理第一一五师师长，率部在汾漓公路三战三捷，年底与罗荣桓率部进军

明代屯田戍边古城堡遗址“栗源堡”

栗源书院旧址

山东。1939 年指挥了樊坝战斗、陆房突围、梁山战斗等重要战斗，开辟了山东抗日根据地。日军曾专门撰写了《陈光部作战研究》，发至各部队作参考。1945 年 4 月，参加中共七大，是大会代表资格审查委员会委员。1946 年后，陈光先后任东满军区副司令员兼参谋长、松江军区司令员兼哈尔滨卫戍司令员、第四野战军副参谋长。1950 年 1 月，任广东军区副司令员兼广州警备区司令员。1950 年 7 月，受到不公正的处理。1954 年 6 月 7 日，在武汉逝世，时年 49 岁。1988 年 4 月，中共中央批准恢复陈光的名誉和党籍。

名胜古迹

栗源堡城 栗源堡位于栗源镇复源村，始建于明永乐九年（1411）。城址周长约 800 米，占地面积 35000 平方米。“城高一丈二尺，厚一丈，周围二百另四丈，计一里三分，设南北二城门”。民国 17 年（1928）1 月 11 日下午，朱德、陈毅率领湘南起义的队伍在宜章暴动的前夜入住古堡，朱德亲自登台发表演讲，高度评价堡内的革命运动。1951 年 8 月，中央人民政府南方老根据地访问团特意到复源村慰问，鼓励老区人民发扬传统，重建家园。栗源堡所在的复源村，有 103 人上了井冈山，其中有 46 人被认定为革命烈士，这里面走出了八路军 115 师代师长、开国名将陈光以及井冈山时期红军学校校长陈东日。栗源堡作为明代兵营遗址之一，于 2011 年由湖南省人民政府公布为省级文物保护单位。

栗源书院（两江书院） 清道光三年（1823），在栗源堡辽水、乐水河畔建一书院，名“两江书院”，民国 18 年（1929）重修（改为栗源高小）。书院分上下两层，青砖青瓦，灰浆抹面，窗棂宽大，古朴典雅。民国 29 年（1940）广州沦陷时，国立中山大学辗转迁到广东省乐昌县坪石镇，其农学院设在宜章县栗源堡，借用栗源书院作为教室和各系组办事处。著名水稻专家丁颖等人先后担任院长。中山大学农学院迁来宜章栗源后，用新技术栽培水稻、种桑养蚕，引种西瓜和其他蔬菜，大力提高了当地农业科技水平。

（谭喜兵 供稿）

关溪乡

区域概况

位置面积

关溪乡地处宜章县南部，位于北纬25°3′25″至25°9′23″，东经112°55′8″至113°0′40″。东面和东南面与广东省乐昌市的沙坪镇、秀水镇交界，西南与本县白沙圩乡毗连，西北与本县笆篱乡接壤，北与本县岩泉镇相邻。乡政府驻地关溪村，距县城51公里。境域东西最大距离10.4公里，南北最大距离13.4公里。2009年国土详查，全境总面积54.5平方公里。2014年，全乡耕地面积876.1公顷，其中有水田468.3公顷，旱土407.8公顷。

建置沿革

因古有小溪数条，久晴则涸，不常有水，名为"干溪"，后经雅化而成关溪，因此得名。春秋战国时属楚地。秦汉时属桂阳郡。隋代末年始属义章县。清朝属宜章县长宁乡，清咸丰年间（1851—1861年）分属笆篱团和栗源团，民国初，沿袭清制。民国22年（1933）改各团局为区务公所，属第四区镇东乡和第五区泉岱乡。民国27年（1938）7月，废区改乡。分属玉水乡和竺岱乡，1949年11月，属笆篱区人民政府办事处。1950年4月属第四区（笆篱区）石禾塘乡。1953年4月，属第五区之石窝塘乡，马头下乡、鲫鱼塘乡，第六区之岱下乡，沙市乡。1955年6月，第五区又改名笆篱区。1956年6月10日，撤区并乡，设关溪乡。1958年10月并入笆篱人民公社。1961年7月24日，公社划小，改设关溪人民公社。1984年3月，公社改乡至今。

行政区划

辖陈曹尹、余家、谭吴宁、沙市、锡塘、塘下岭、高山、狗牙洞、关溪、塘窝里、石窝塘、马头下、黄泥墩、鲫鱼塘、栗木、鲁塘16个村民委员会，130个村民小组，104个自然村。

自然环境

地形地貌　关溪乡大部分为丘陵，全乡平均海拔500米，最高海拔939米，属典型的石灰岩地区，蓄水能力差，地下地表水缺乏。

矿藏及其他自然资源　矿藏及其他自然资源丰富，地下有烟煤、柴煤、铁矿、铅锌矿、石灰石。其中优质烟煤闻名于全省，其发热量为7000大卡以上，挥发分28以上，固定炭50以上，已探明的表层储量达60多万吨，可开采量40万吨。

地面有松、杉、楠竹，其他杂树繁茂，其中棕树较多，其数量占全县98%。1983年，境内活立木蓄积量3.88万立方米。1995年活立木蓄积量5.66万立方米。2013年,有活立木6.8万立方米。

气候 属亚热带季风性气候,四季分明,夏季高温多雨,冬季温和少雨。1月平均气温在0℃以上,7月平均气温25℃,最高气温达36℃,年平均气温18.8℃,多年平均降水量1192.4毫米。

自然灾害 主要自然灾害有旱涝,山体滑坡等。最严重的一次洪灾发生在2006年7月15日,降水时间持续达5天,涉及境内16个村委会,受灾人口1.48万人,受灾农作物1.25万亩,倒塌房屋1034间,直接经济损失达5130多万元。

人口民族

1979年,关溪公社共有16个生产大队,113个生产队,2361户,13340人,其中:男6632人,女6708人;农业人口12852人。1988年,全乡有16个村委会,125个村民小组,3067户,农业户3024户。总人口14767人,其中:男7345人,女7422人,农业人口14554人。2000年,全乡共16个村委会,129个村民小组,3985户,农业户3726户;总人口16502人,其中:男8249人,女8253人;农业人口16137人。2014年末,共有16个村委会,131个村民小组,总户数4212户,总人口17179人,有流动人口4124人。总人口中,男8931人,占51.99%;女性8248人,占48.01%;15岁以下5361人,占31.2%;15~60岁10152人,占59.1%;60岁以上1666人,占9.7%。2014年,人口出生率14.9‰,死亡率6.9‰,人口自然增长率8‰。

境内共有陈、曹、尹、谭、宁、余、邓、邱、李、吕、姚、胡、付、孙、罗、赖、朱、许、廖、吴、谢、雷、张、代、周、刘、范、赵、唐、邝、彭、钟、江、王、白、萧、艾、龙、杨、侯等姓氏,均为汉族,其中人数较多的有余、谭、陈、邓、范等姓氏。

经济发展

经济综述

关溪乡是一个传统的农业乡。1960年推广双季稻,1965年水稻品种高秆改矮秆。20世纪70年代,推广杂交水稻。80年代,种植业以种水稻、玉米、红薯为主,养殖业以家庭养猪、鸡、鸭为主,农副业以棕编、竹编业为主,关溪棕片曾是宜章名牌产品。1979年,人均纯收入74元。20世纪80年代,乡镇企业大幅度发展,乡办小煤窑成全乡的经济支柱。农业种植的水稻普遍推广双季杂交稻,产量大提高。1988年,全乡工农业总产值1110万元,其中工业总产值492万元,农业总产值618万元。90年代,农业种植除传统品种外,增加水果等经济作物种植,养殖业出现了养殖专业户。乡办工业除煤炭以外,又增加鞭炮新产品。2000年,全乡工农业总产值12250万元,其中工业总产值9368万元,农业总产值2882万元,当年人平纯收入1332元。到2014年,全乡生产总值达到3.23亿元,同比增加额3368.99万元,同比增长9.9%,其中第一产业5983万元,同比增长4.5%;第二产业1.25亿元,同比增长7.4%。第三产业1.38亿元,同比增长14.95%。财政总收入1635万元,农民人平纯收入5438元,同比增长12.52%。固定资产投资1.34亿元,同比增长23.1%。

农业

种养业 民国时期,当地以种植水稻、玉米、红薯、荞麦为主,由于品种低劣,产量不高。1950年,境内水稻种植仍为单季,品种全为高秆,每亩产量100千克左右。1953年,境内即开始推广种植双季稻。1960年双季稻在境内普及率达到

70%。1969年，境内基本实现高秆改矮秆的品种换代，产量有较大提高。种植业的单产提高之后，促进了生猪的饲养量，当年生猪户平均达到2.1头。

1979年，省、地、县农科部门在一六乡试种杂交稻成功，关溪乡的农民有不少自发地去参观。当年全乡粮食播种面积1236公顷，总产量4455吨；产蔬菜295吨，养殖耕牛1151头，牲猪出栏4269头。1981年，全乡实现单季杂交全覆盖，粮食产量进一步提高。1988年，境内大部分农田种植双季杂交稻。粮食总产4156.3吨，其中稻谷3590.93吨，生猪出栏7900头。2000年，农业总产值2882万元；粮食总产9646吨，产油料149吨，产蔬菜1203吨，产水果233吨，养殖牛2563头，牲猪出栏21600头。家禽出笼1.3万羽。2014年，粮食作物以水稻、玉米为主，当年生产粮食9034吨；经济作物以水果为主，种植柰李、西瓜等特色果木320公顷；当年产水果1064吨；畜牧业以生猪、肉牛、家禽养殖为主。当年养殖肉牛1246头、良种猪出栏23347头、家禽出笼9.87万羽。

林业 关溪山地较多，树种以松、杉、楠竹为主，杂木品种繁多，其中犹以棕树著名。1965年，县供销社供应棕树苗31万株，在境内建立棕树基地，在种植棕树树苗的同时，还育苗1.33公顷；1967年，县供销社再次投资3500元，供应棕树苗3.5万株；育苗0.67公顷；到1978年，全社棕树面积119公顷，占全县总面积98%，当年产棕片20吨。1983年，全县林木资源调查显示：关溪公社林业用地面积3020公顷，其中有林地面积1960公顷，森林覆盖率35.6%，林木蓄积量3.88万立方米。1995年，全县林木调查显示：当年全乡林业用地3120公顷，其中有林地2707公顷，活立木蓄积量5.66万立方米，森林覆盖率46.57%。2013年，全乡共有林业用地面积3679.8公顷，其中有林地面积2552公顷，活立木蓄积量68049立方米，森林覆盖率53.52%。2014年末全乡荒山绿化179公顷。

工业

关溪煤炭资源丰富，煤炭开采行业由来已久。民国3年（1914），英国汇丰银行买办陈廉伯（广东南海人），粤商简英甫到狗牙洞办地利公司采煤，炼焦后运销广州、香港及南洋各地。民国7年（1918），港商陈丽泉等人，集资100万银元，将地利公司扩充规模，更名为地利矿务有限公司，从美国购入金刚石钻探机在矿区探矿，之后又购买蒸气锅炉，绞车、水泵等机械设备投入采煤，为宜章实现机械采煤之始。民国24年（1935），国民政府建设委员会矿务主任张景芳与美国矿师万宁氏复核，确认关溪狗牙洞煤田总储量为5000万吨。民国25年（1936）9月，广东省建设厅在狗牙洞原地利公司采煤区开办公营粤北公司。民国36年（1947）3月，宜章县长田俊杰，为支持坪石——狗牙洞运煤铁路专线的测量工作，发布《为粤北煤矿兴修狗牙洞铁路支线仰沿线人民毋得有阻及拔桩情事》的布告。同年8月改名为南岭煤矿有限公司，并修筑狗牙洞——包公庙运煤专线公路，次年5月1日建成，全长11.2公里。民国38年（1949）7月28日，南岭运煤铁路专线与粤汉铁路坪石站正式接轨通车。新中国成立后，南岭煤矿有限公司隶属中南军政委员会工业部燃料管理局，1950年4月，改名南岭煤矿。1952年秋，成立关溪工段（后改为工区），开拓关溪平硐及斜井。1957年元月，划归广东省工业厅管理。1958年5月关溪工区下马，1959年又恢复生产。1960年10月，关溪工区改属南岭三矿，矿部设狗牙洞，工人500人。1961年再次下马。1965年10月成立关溪公社煤矿，在原南岭煤矿封闭的老矿井内采煤。1966年，采煤1000余吨，收入2万多元。1968年采煤3000吨。1971年该矿建第一对井，

1973年建第二对井，同时建土炼焦炉12座。至1975年，公社煤矿总收入达到535.25万元，其中150万元用于全社农田水利建设，14.7万元用于支援穷队和文教卫生事业。1977年，关溪煤矿代表出席全国煤炭系统先进个人、先进集体代表会议。1988年，关溪煤矿有工人221人，固定资产72.45万元，产煤2.83万吨。产值66.56万元，利润35.52万元。当年，全乡工业总产值492万元。1989年，境内又开始开办关溪水泥厂，到2000年，全乡工业总产值达到9368万元，比1988年增长19倍。2000年以后，先后发展烟花爆竹生产，2012年引进福建老板投入2000万元，兴建以煤矸石为原料生产新型环保砖，2013年建成投产，年产砖5000万块。

2014年，境内有煤矿、烟花爆竹、红砖生产厂家10余家，工业总产值达到3.4亿元，是2000年的3.63倍。

商贸服务业

民国至解放时期，境内有肩挑货郎担串村销售针线、发卡、食盐之类的日常生活用品。1952年10月12日，第五区笆篱供销合作社成立，关溪乡的生活生产用品由区社统管。1961年成立关溪公社供销社，负担全社人民的生活生产资料供应及农副产品收购工作。1967年，在关溪供销社的扶持下，关溪公社建立118.7公顷棕树基地，当年收购棕片20余吨，为农民增加了收入。1987年，随着改革开放的不断深化，过去由供销社独家经营变为国家、集体、个体多家经营，经营业务量不断扩大，商贸服务业在全乡蓬勃发展。2011年完成市场内厂棚、地面硬化等改造。2014年，全乡社会消费品零售总额达5615万元，比上年增长10%。餐饮服务行业5户，从业人员11人。乡内有圩场一处，每逢3、8日开市，当年引资建设占地面积350平方米超市1家。

其他产业

2014年，转移输出人数3867人，主要向广东沿海等经济发达地区转移就业，年人均创收4万元。

基础设施

交通运输

乡内有主要公路干线X063线一条，从乡政府至栗源镇包公庙村，连接107国道，1953年竣工通车，全长13.5公里，2007年完成水泥路面硬化改造。省际公路1条，与广东省乐昌市秀水镇相连，2012年完成硬化改造。有乡际公路3条，分别通往本县笆篱乡、岩泉镇、白沙圩乡。截止2012年，全乡16个村委会全部实现水泥公路村村通，水泥公路通车总里程达55公里。群众出行以公共交通为主，有直达郴州市公共汽车1趟，直达宜章县公共汽车2趟。通往广东坪石镇公共汽车2台，通往梅田镇、岩泉镇等地公共汽车4台。2013年，全面完善乡内公共交通网络，2014年，已有13个村委会开通公共交通，建设群众候车亭16座。

邮政电信

1958年，境内有邮政电信代办所1处。2000年，设邮政代办所1处，移动代办处1处。2004年，设联通代办处3家，后减少1家。2014年年末，有邮政代办所1处，电信代办所1家、移动通信代办所3家、联通通信代办所2家。全乡有固定电话用户320户，移动电话用户10096户，有线电视实现村村通。

供电供水

2001年，全乡全部完成农村电网改造升级，供用电水平大幅提高，在狗牙洞村设有3万伏变电站一座。2008年，百年一遇的特大冰灾中，全乡供电线路遭到毁灭性破坏，灾后，用了近半年时间才全面恢复，并完成从一六至关溪的35千伏供电工程，与从坪石至关溪35千伏供电线路形成双回路供电网络，为关溪的发展提供稳定、强劲的电力供应。

关溪地下地表水缺乏，没有自然河流，缺水严重，群众用水基本靠天蓄水。2003年，投资160万元，从鲁塘村百公坑铺设了长22公里的引水管道，利用地形高差自流供水，解决了沿线村、乡政府机关和关溪中学等单位共9240人、0.94万头牲畜的饮水困难。2014年规划，决定2015年启动关溪乡集中供水工程项目，总投资549万元，供水规模为600吨/月，工程完工后可进一步缓解全乡用水难问题。

水利建设

关溪水库 1959年9月始建主坝（筑坝堵天然溶洞），1964年建成蓄水。1975年筑副坝扩建，1976年副坝建成。水库总库容610万立方米，蓄水位高达39米，属小Ⅰ型水库，坝址以上流域面积15平方公里，全流域面积76.5平方公里，河流长度22公里，出水口分左、右两条干渠，分别长10公里、2.5公里，主要灌溉本乡及本县的岩泉镇、一六镇、笆篱乡400多公顷农田。2009年该水库坝体、泄洪道等进行了除险加固。

雄关渠道 关溪地处山区，土薄石硗，水源奇缺，是土贵如金、水贵如油的穷山区，为了解决缺水问题，1966年冬关溪公社组织2000多名劳力，开挖毛渠2.5公里，1970年全社自筹资金80万元，投工165万个，完成土石方150万立方米，1973年建成受益，水渠全长50公里，渠首位于溶家洞五指山云涯河，起始处海拔高度500米，与海拔最低点的石窝塘落差达9米。该工程曾被评为市、县"农业学大寨"先进单位，潇湘电影制片厂还摄制新闻纪录片《南岭飞渡雄关渠》，被誉为"关溪红旗渠"，由于年久失修已丧失了功能。全乡16个村委会共有大小山塘46座，山塘总蓄水容量达40万立方米，是群众灌溉用水主要保障。

村镇建设

2012年5月乡政府综合服务大楼建成，院内实施了地面硬化、绿化提质改造；全乡16个村委会主要通村道路沿线全部种植了绿化苗木。16个村委会建设了村级组织活动中心，关溪村、余家村、狗牙洞村、石窝塘村等村建设了村民休闲小游园。全乡完成农村危房改造231户，2015年石窝塘村实施村民集中建房，规划建设20栋统一样式的农村住宅。

社会事业

教育科技

教育 清末，境内办有私塾，分经馆和蒙馆。民国初期，境内存在私塾教学点多家，民国25年（1936），国民政府推行义务教育，境内始有公办小学。民国29年（1940），开始实施国民教育，推行每乡一所中心小学，每保一所国民小学的体制。民国31年（1942），玉水乡有保国民学校10所，分校6所。1969年建立关溪乡中学，校址设沙市。1982年，创建关溪乡中心小学，校址位于关溪乡狗牙洞村。1988年，全乡有幼儿园9所，在园儿童94人，幼师9人；有小学18所，在校学生2183人；有中学1所，学生286人；共有中小学教师113人。2000年，全乡有幼儿园9所，在园儿童92人，幼师9人；有小学9所，教学点4个，学生2283人；中学1所，学生631人；共有中小学教师101人。2014年末，全乡有幼儿园

2所，在园儿童454人，幼教老师23人。小学11所，共有在校学生1091人；有中学1所，在校学生220人，共有中小学教师76人。适龄儿童入学率100%。

科技 民国初期，境内农民为了改良水稻品种，有自发互换种子的活动。民国31年（1942），湖南省政府在宜章县内推广抗战籼、胜利籼、万利籼、黄金籼、白谷粘等水稻品种，关溪境也积极引种，使粮食亩产提高80~100千克不等。民国37年（1948），境内引进金巴银、野禾、四川禾、长沙禾等品种。1950年，在外引进解放籼、满地红等水稻品种。1952年，引进早稻南特号，陆财号、洞庭早等。1967年，境内全部实现矮秆化，使早稻亩平单产201.5千克，比1957年平均提高一倍。1985年引进早稻杂交品种获得高产。1985年实现双季杂交化。

引进耕作技术 民国时期至新中国成立初期，由于关溪地处偏远山区，传统上都是冬泡田，种一季，每亩平均产粮150千克左右。1954年，境内推广双季稻变一熟制为二熟制，使亩产粮食大幅度提高。为了适应双熟制的要求，境内采用薄膜覆盖育秧温室育秧、冬种绿肥草籽，追施化肥，采用化学农药治虫治病等先进耕作技术。

在工业生产中采用新技术并进行技术革新。民国7年（1918），关溪煤矿从美国购进金刚石钻机探矿，并采用机械采煤等新技术。1953年元月，南岭煤矿（关溪）车工文德生推广多刀、多刃车工法，钳工凌楚南推广水湿风钻，井工朱美才采用水平分层在火区采煤，此三项技术革新在中南燃料工业第一次经济交流会上均获铜奖。

2014年委派乡农技站、动物防疫站等技术人员共158人次进村入户为村民进行农技指导工作。

文化体育

2014年末有乡文化广播电视站1个，免费图书吧1个；有村级文化活动中心16个，村级免费图书吧16个，有藏书5000余册。16个行政村都设有相应的体育场地，建设成简易的篮球场或安装了健身器材。

医疗卫生

民国37年（1948），广东南岭煤矿公司开设狗牙洞医疗室。1953年关溪分矿卫生所成立。1958年，关溪创办关溪乡卫生所，医务人员4人。后成立农村医院。1961年11月，农村医院改名公社卫生院。1963年，改为联合诊所。1967年，恢复人民公社卫生院，1984年改为乡卫生院。1988年，有乡卫生院和坪石矿务局第三矿卫生所，共有病床18张。同年有农村医疗点22个，医务人员32人。2014年年末，有各级医疗卫生机构14个，其中乡卫生院1所，村卫生室13所。共有病床26张。专业卫生人员28名，其中执业医师2名。全乡新型农村合作医疗参合人数13500人，参合率95%。

社会保障

1950年，乡政府对孤寡老人优先发给钱粮救济。1956年境内实行高级农业合作社，对孤寡老人实行“五保”（保吃、穿、住、教、葬）照顾。1961年由生产队供养。1983年，农村实行联产承包责任制后，“五保”老人由乡统筹供养。1987年，全乡重新评定“五保户”，当年全乡有“五保户”11户76人。

2011年，境内有城镇最低生活保障405户，507人，全年支出保障金41.9万元；有农村“五保户”86户100人，支出保障金15.6万元；80岁以上老人发放各类津贴260人，支出14.2万元；国家抚恤、补助各类优抚对象51人，共支出25万元。2014年年末，城镇最低生活保障户3户3人、月人均330元，农村最低生活保障685户850人，月人均120元；有乡敬老院1家，床位50张，集中供养农村“五保”20人；农村“五保”分散供养72人。全乡新型农村养老保险参保6999人，参保率95.4%。

特色地情

人物

谭新（1897—1928） 字树峰，清光绪二十三年（1897）9月26日生于栗源团塘下岭村（今属关溪乡）。民国10年（1921）考入郴郡联中读书，积极参加学生运动。民国13年（1924），考入谭延闿部的讲武学堂，不久加入中国共产党。民国15年（1926），参加北伐战争。民国16年（1927）8月，参加南昌起义，任第二军第三师第六团少校副团长兼第三营营长，在随军南下途中身先士卒，奋勇杀敌，多次负伤，身上留下13处弹痕，后因伤病未愈，未跟上起义部队转移，在广东转入秘密的革命活动。11月上旬，历尽艰难回到家乡，帮助乡村恢复农民协会和组织农民武装。民国17年（1928）1月23日晚上，获悉朱德、陈毅已由宜章城向碕石、黄沙转移，便起身前往接头。后来，只身化装潜入武阳司等地进行侦察，将许克祥部从坪石到岩泉圩一带沿途布防的情况两次绘制成军事情报简图，报送朱德，并向朱德献策。朱德接受他提出的先打许克祥，后打邝（镜明）、马（昌）的意见。谭新率部配合朱德、胡少海主力分三路合围驻守岩泉圩的许克祥部。敌教导团不战而逃，退至长岗岭时，又企图冲上主峰顽抗。谭新部早已捷足先登，陷敌于“口袋”。追至坪石，发现八角楼那边有敌人机枪封锁，并筑有一道坚固路障。他飞身向前，口里高呼：“同志们，为死难烈士报仇，快跟我来，拔掉那个乌龟壳！”一阵肉搏，一阵撕杀，守敌弃堡而遁，谭新率部猛打穷追，直逼九峰山下。2月4日，成立中国工农革命军独立第三团，任参谋长，7日，该团扩建为师，又任该师参谋长。23日，在临武水东战斗中，谭新亲自掌炮，颗颗炮弹命中敌群，迫使敌人败逃。3月8日，在观音寺（今一六镇）带领尖兵抢占塘前岭时，不幸中弹牺牲。

名胜古迹

余家村古民居 余家村始建村于清朝咸丰年间（1851—1861年），至今160年，整村为方形围屋结构，村内用青条石铺就的道路规划齐整，水道与巷道齐行，溪水潺潺；至今仍完好保存了100多栋古建筑，清一色的青砖黛瓦马头墙，门匾、斗拱、砖雕、木雕、石雕等构思精巧，工艺精湛，美观古朴，是一个特色客家文化古民居村，具有鲜明的中国清朝建筑特征。

雄关渠道 雄关渠道始建于1970年10月，起始处海拔500米，与海拔最低的石窝塘村落差为90米，全长50公里，大小桥梁和渡槽有10多座，其中最雄伟的一座渡槽位于马头下村与塘窝里村两村之间，长约200余米，距地面高约30余米，至今没有任何破损。关溪群众在20世纪70年代自力更生，战天斗地，在陡坡险峻的石缝中修建起了渠道，创造了一大奇迹，被中央新闻记录电影制片厂拍成新闻纪录片在全国播放，这条渠道被誉为“关溪红旗渠”。

（邱俊凯 供稿）

五岭乡 >>

五岭乡是中国共产党早期杰出的领导人、著名的工人运动领袖邓中夏的故乡。

区域概况

位置面积

五岭乡位于湖南南部，北纬25°24′39″至25°33′6″,东经112°56′2″至113°5′20″,之间。东邻平和乡、杨梅山镇，南邻白石渡镇、玉溪镇，西北部分别与北湖区永春乡、苏仙区良田镇相连。乡人民政府驻太平里桃子湾，距县城17公里。东西最大距离22公里，南北最大距离23公里。

2009年国土详查，沙坪乡总面积79.12平方公里。太平里乡总面积67.48平方公里。2014年，五岭乡土地总面积146.6平方公里，其中陆地140.04平方公里，占95.5%；水域6.56平方公里，占4.5%。有耕地面积1896.3公顷，其中水田1333.5公顷，旱土562.8公顷。

建置沿革

清初属连阳乡，清咸丰年间（1851—1861年）属近城团。民国22年（1933），属近城区务公所。民国24年（1935）属第一区章水乡。民国27年（1938）7月废区改乡属章水乡，新章水乡系旧章水乡、白水乡合并，并将留军洞的一、二保划归城厢镇。民国28年(1939),章水乡设16个保,264甲。民国34年（1945），属太平乡。民国37年（1948）4月，属近城乡。1949年11月，属近城区人民政府办事处，保留民国时期保的建制。1950年4月，分隶属近城区的樟桥、小溪、小水3乡，10月，近城区改名为第一区。1952年5月，从近城区划出成立太平区（第七区），下设新车、小溪、军坪、太平里、樟桥、白石、沿江等7个乡。1953年4月，属第七区之分水坳、樟桥、饶田、坳背、坦山、太平、浒口、小水、王家车、新车、白石、沙坪、留军、沿江14个乡。1956年6月撤区并乡，设太平、沙坪2乡。1958年10月，将沙坪、太平2乡合并成为太平人民公社。1961年7月，公社划小，分为太平人民公社、沙坪人民公社和白石渡人民公社。1964年4月沙坪、白石渡两公社合并入太平人民公社。1966年9月太平公社改名为五岭人民公社。1980年10月，撤五岭人民公社，恢复沙坪、太平人民公社。1982年，太平人民公社更名为太平里人民公社。1984年3月，改革人民公社体制，分别成立沙坪乡、太平里乡。2012年4月，太平里乡、沙坪乡合并设立五岭乡至今。

行政区划

1988年，沙坪乡辖沙坪里、铁坑、沿江、留军、欧家洞、十二亩、坦山、福禄岭、分水、坳背、樟桥 11 个村民委员会；太平里乡辖太平里、饶田、长坪、浒口、老何山、小水、邓家湾、小溪、用口、塘下 10 个村民委员会。2014 年，五岭乡辖太平里、饶田、长坪、浒口、老何山、邓家湾、小溪、小水、用口、塘下、樟桥、坳背、分水、沙坪里、留军、铁坑、沿江、欧家洞、十二亩、坦山、福禄岭 21 个村民委员会，284 个村民小组，228 个自然村。

自然环境

地形地貌 属山地和丘陵区，东西两边为山区，中部地势平坦。东部属石漠化山区，西部土质风化严重，含沙量大，观山坳海拔 797.7 米，高融山海拔 1220 米。最低点海拔 200 米。地质属石灰岩和花岗岩，黄泥土面积最广，占 80.1%。

气候 属于亚热带湿润季风性气候区。其特点是四季分明，雨热同期，光照充足，雨量充沛，无霜期长。多年平均气温 18.3℃。无霜期平均 286 天，年平均日照数 1507.6 小时，年平均降水量 1426.9 毫米。

水文 境内有河流 3 条，总长 45 公里，属珠江水系。其中章水河是境内最大河流，为珠江水系北江二级支流，由北向南穿越辖区长 32 公里，河床平均坡降 1.76‰，多年平均径流总量 2.42 亿立方米，多年平均流量 7.697 立方米 / 秒。

自然资源

矿产资源 已探明地下矿藏有烟煤，石灰岩和花岗岩。另外境内风力资源丰富。

森林资源 1983 年，太平里公社有林地面积 1873 公顷，活立木蓄积量 3.19 万立方米，森林覆盖率 42.1%；沙坪公社有林地面积 3893 公顷，活立木蓄积量 5.73 万立方米，森林覆盖率 56.1%。1995 年，太平里乡有林地面积 3673 公顷，活立木蓄积量 5.09 万立方米，森林覆盖率 51.75%；沙坪乡有林地 4767 公顷；活立木蓄积量 6.26 万立方米，森林覆盖率 62.86%。2013 年，五岭乡有林地 6105.7 公顷，活立木蓄积量 22.23 万立方米，森林覆盖率 63.63%。

野生动植物资源 野生动物主要有野兔、松鼠、竹鼠、竹鸡、啄木鸟、麻雀、山鹰、乌鸦、喜鹊、蟾蜍、水鸭、蛇类等。野生植物主要有枇杷叶、鱼腥草、野菊花、大黄、土茯苓、金钱草、车前草、石菖蒲、白茅根、何首乌、金银花、艾叶、鸡矢藤、马齿苋、青蒿、竹笋、毛毛菜、野果等。

旅游资源 欧家洞生态景观区，邓中夏故居、骡马古道、三仙洞、用口温泉等。

自然灾害 主要是旱涝和山洪地质灾害。1984 年，境内发生松毛虫危害。1991 年 12 月 26 日至 1992 年 1 月 2 日，境内普降暴雪，雪深 12~20 厘米，积雪 7 天，其中 12 月 29 日雪上加霜，气温下降至 −8.5℃ ~6.0℃之间，造成较大损失。洪灾最严重的一次洪灾发生在 2006 年“7·15”洪灾，灾情持续 7 天，800 公顷稻田失收，经济损失达 2100 万元。

人口民族

1979 年，五岭公社（含沙坪、太平里）总户数 6056 户，总人口 30418 人，其中男性 15888 人，占 52.23%，女性 14530 人，占 47.77%。1988 年，沙坪乡总户数 4286 户，总人口 19078 人，其中男性 9740 人，女性 9338 人。太平里乡总户数 3054 户，总人口 13898 人，其中男性 7203 人，女 6695 人。2000 年，沙坪乡总户数 4934 户，总人口 19502 人，其中男性 9868 人，女性 9634 人；太平里乡总户数 5805 户，总人口 14092 人，其中男 7307 人，女 6785 人。2014 年，五岭乡总户数 9049 户，总人口 36284 人。其中男性 20837 人，占 57.42%；女性 15447 人，占 42.38%。城镇常住人口 4872 人，总人口中，城镇化率 13.45%。

总人口中原籍居民均为汉族。主要分布在章水河沿岸等水源充足、107 国道等交通便利之地。居民姓氏以欧、萧、杨、邓、李为主。

经济发展

经济综述

清末及民国时期，由于封建的土地所有制关系，广大农民生活水平低下。解放以后，1951 年冬至 1952 年，实行了土地改革。使耕者有其田，充分调动了农民的生产积极性，农民生活得到较大改善。1956 年，全乡实现农业高级合作化，1958 年实现人民公社化。农村曾一度出现“浮夸风”“平调风”，限制家庭副业的发展，人民生活出现倒退现象。1961 年，推行三级所有，以队为基础的生产分配原则，克服了平均主义，生产逐步回升。1970 年，政府鼓励农村发展五小企业，乡镇、村企业得以发展，农村逐步好转，人民生活逐步改善。1978 年党的十一届三中全会召开，全乡经济发展步入转折期。1982 年实行家庭联产承包责任制，全乡工农业稳步向前推进。

1988 年，沙坪乡工农业总产值 1057 万元，其中：工业总产值 213 万元，占工农业总产值的 20.15%；农业总产值 844 万元，占工农业总产值的 79.85%；太平里乡工农业总产值 1569 万元，其中工业产值 1027 万元，占工农业总产值的 65.46%，农业总产值 542 万元，占工农业总产值的 34.5%。2000 年，沙坪乡工农业总产值 6542 万元，其中：工业总产值 3253 万元，占工农业总产值的 49.72%；农业总产值 3289 万元，占工农业总产值的 50.28%；太平里乡工农业总产值 4424 万元，其中工业总产值 2181 万元，占工农业总产值的 49.3%；农业总产值 2243 万元，占工农业总产值的 50.7%。2014 年，五岭乡工农业总产值 58330 万元，其中：工业总产值 30540 万元，占工农业总产值的 52.35%；农业总产值 27790 万元，占工农业总产值的 47.64%。农民纯收入 9525 元，全乡经济实力居全县第三，排全市第 30 位；经济发展速度居全县第一，排全市第 12 位。

农业

种养业　民国时期，耕者无地，大多数过着十分凄苦生活。新中国成立后，土地重新回到了农民手中，农民当家做了主人。随着土地政策的改革，水稻种植经历了三大革命，1957 年，改单季为双季；1963 年改高秆为矮秆；1974 年改常规稻为杂交稻。1978 年继而推广两季杂交稻。1979 年，五岭公社耕地面积 1760.5 公顷，粮食总产 11449 吨，烤烟总产 47.6 吨，蔬菜总产 478 吨，水果总产 144 吨，生猪出栏 9864 头。1988 年，沙坪乡耕地面积 1058.3 公顷。粮食总产 8321 吨，烤烟 18.4 吨，茶叶 0.1 吨，水果 88.5 吨，生猪出栏 9894 头；太平里乡耕地面积 651.1 公顷，粮食总产 4439 吨，烤烟 81.4 吨，水果 22.3 吨，生猪出栏 6273 头。2000 年，沙坪乡粮食总产 10321 吨，油料 51 吨，蔬菜 2788 吨，水果 203 吨，生猪出栏 17700 头，家禽出笼 1.2 万羽；太平里乡粮食总产 7765 吨，烤烟 160 吨，油料 71 吨，蔬菜 5790 吨，水果 1380 吨，生猪出栏 12580 头，家禽出笼 1.2 万羽。2014 年，全乡粮食总产 17051 吨，烤烟 146 吨，油料 454 吨，蔬菜 31409 吨，水果 3254 吨。畜牧业以猪、牛、山羊养殖为主。当年生猪出栏 28667 头，家禽出笼 2.4 万羽。水产以高山冷水禾花鱼为特色，年产量 45 吨，产值 270 余万元。

林业　1949 年后，农民分得了有林权的山林，林木由派人或私人看护。1952 年，推行农业合作化后，农民的林地纷纷入社，并产生了护林队。20 世纪 80 年代中期，五岭乡按照国家政策开始实施封山育林。1985 年组建太平里乡林业站，成员 1 人。2014 年五岭乡林业站共有工作人员 2 人。五岭乡林木以湿地松为主，林业用地面积 9675 公顷，其中有林地 6105.7 公顷。当年累计造林 310 公顷。农民住宅周边种树木 18 万株。林木覆盖率 63.63%，活立木蓄积量 22.23 万立方米。

工业

乡镇企业始于 1958 年，公社设立手工业联社，负责管理小手工业生产。同年 9 月，在大办工业，大炼钢铁热潮中，公社大力创办社办工业。1969 年，五岭公社在省、地物资部门的支持下，建成五岭电线厂，生产各类电线。1976~1983 年，境内先后又办了电石厂（后改名为铁合金厂）、五岭深坑电站。1983 年，沙坪公社分水村莫运凡等 4 户农民联合兴办了复合肥料公司。1984 年，办了太平里乡果脯厂。1985 年乡办企业蓬勃发展，在继续办好五岭电线厂、五岭电石厂、深坑电站的基础上，又开办了五岭宇航棉厂。同时，成立了五岭乡企业办。1988 年，沙坪乡和太平里乡共完成工业总产值 1240 万元，占工农业总产值 2626 万元的 47.2%。2000 年沙坪、太平里两乡共完成工业总产值 5434 万元，占工农业总产值的 49.55%。2014 年，五岭乡共有工业企业 43 家，职工 386 人。主要乡办企业有深坑电站、分水电站、隆兴坪电站等，全年工业总产值 30540 万元，占工农业总产值 58330 万元的 52.35%。

五岭乡充分利用风大石头多的优势，先后引进吉港（康达）水泥有限公司、投资 10 亿元的湖南华电福新太平里风力发电有限公司、顺安混凝土搅拌站、欧奕尔电器等一批大项目、好项目、新型工业项目落户于境内，成为五岭乡工业经济新的增长极。

华电福新太平里风力发电

商贸服务业

民国10年（1921），始设太平里圩场，逢2、5、8日为圩期，后改逢3、6、9日赶圩，重大节日赶圩人数上千。1949年，随着工农业生产的恢复，人民生活水平逐渐提高，商业随之昌盛起来。1950年五岭境内的私营商业主要分布在集镇上，大的村庄也有一些小店，大多是小商小贩，夫妻店、父子店、亦工亦商店。1952年6月22日，太平里供销合作成立并开业。1956年进行社会主义改造，个体商店开始合作经营，所有商店以行业为单位组成合作商店或小组。1958年6月，县供销社并入县商业局，成立宜章县第二商业局，太平里供销社改名为宜章县第二商业局太平里供销分部。7月，又改名为太平里公社供销社。1969年6月14日23时30分，五岭（太平里）供销社生资门市部楼上棉花仓库起火，造成严重火灾，共烧毁房屋14栋，47间，面积2010.74平方米，损失财产价值83475元。在救灾中致伤19人，其中重伤4人。20世纪70年代中期，私营工商业作为“资本主义尾巴”被割除。中共十一届三中全会后，个体工商业开始复苏，1983年实行家庭联产承包后，个体工商户逐渐增加。90年代，公私营经济并存，私营个体商业发展迅速。

2014年末共有商业网点36个，从业260人。社会消费品零售总额达6456万元，比上年增长13.4%，商场面积276.8平方米。

旅游业

五岭乡抢抓宜章县创建国家“旅游百强县”的大好机遇，立足区位和良好的生态景观优势，整合境内旅游资源，按照“观中夏、探古道、看风车、泡温泉、品小吃”的发展思路，确立“红、绿、古、蓝”四色为一体的旅游发展格局，着力打造中夏故居红色游，老何山、用口等地下大型溶洞群科考探险游，骡马古道名胜古迹游，欧家洞、坦山、十二亩等西部山区村自然景观徒步登山及用口温泉休闲游等特色旅游品牌，同时依托五岭乡作为“农业大乡”“小水果之乡”的优势，加快五岭花卉苗木产业带建设，壮大葡萄、禾花鱼、甜玉米、黑山羊等特色农业产业，加快发展庄园经济，打造一批独具特色的乡村绿色旅游品牌，并积极向外推介欧家洞生态景观区，邓中夏故居、骡马古道、三仙洞、用口温泉等旅游景点。

财政金融

2014年，完成地区生产总值75077万元，同比增长50.7%；完成财政收入2306万元，同比增长29%；完成社会固定资产投资183212万元，同比增长43.3%；一、二、三次产业由2013年的33 ：42 ：25调整为2014年的30 ：44 ：26。境内有银行金融机构2家，金融机构各类存款余额17828万元。

基础设施

交通运输

民国时期，村落之间没有定型的便道，大都依靠山沟边、河脚边、岗梁上平缓地带踩出一条小路，路面狭窄，坑坑洼洼，满地积水泥泞，交通不便，行路艰难，乡人往来运送货物全靠肩挑背负，除此之外别无其他运输工具和设备。1958年，人民公社成立以后一段时间，为适应农业机械化，各村相继新建、翻建新乡村公路、拓宽路基、铺石碴路面。20世纪90年代初期，107国道附近村庄，道路拓宽成4～6米，留军村、沙坪里村、铁坑村、分水村、坳背村、樟桥村建成水路面，与国道接口相连。随着社会的发展和交通的建设，太平里至高梁山，雷公水至小溪，冷水坑至用口，沙坪至坦山，茅栗坪至曾家，生祠岭至石坟脚等多条乡道相继修建并硬化，至2002年末，境内21个村委会，基本实现了村村通水泥路，通村公路总长达128.3公里。京广铁路南北穿境而过与107国道、京珠高速、武广高铁及东西角的324省道相互交织，四通八达。2012年，宜章城内3路、6路、9路公交车开通至五岭乡境内。

2010年至2014年，全乡共修建了18个农村客运招呼站。

邮政电信

民国23年（1934）2月，乡公所设电话机1台。民国24年（1935），设步班邮路，雇请专夫1人，担任白石渡、太平里、折岭、分水等地邮件。民国24年（1935）10月1日，境内设太平里、樟桥、折岭邮柜3处。1957年，五岭乡成立第一家邮政代办所，办理邮政信件服务。1958年，邮电所全面经营邮政电信业务。1988年后，各个乡村、部分群众个人也开始安装固定电话。1999年机构改制后设邮政所2家、电信所1家。2014年有邮政代办所2个，村村通邮路。邮政业务收入3.6万元，征订报纸、杂志1800份。有电信企业1家，服务网点4个，固定电话1000户，普及率10.7%。移动电话3068户，互联网用户220户，年电信业务收入58万元。

广播电视

1993年5月建成太平里乡和沙坪乡2个有线电视站，有线电视用户2200户，有线电视入户率23.6%。

供电供水

供电 1959年，由于首批建造电力排灌站的需要开始供电。工业用电从1960年开始，只有粮食加工用上电力。20世纪70年代后期，由于社办企业的发展，用电迅速增加，各村、厂增添了自发电设备。1979年，乡政府、医院、学校等单位开始用电照明。20世纪八九十年代，用电量猛增，供、用电矛盾突出，各村、各单位自发电除自用外并网供全社使用。2003年开始实行农网改造，2014年，全乡共有水力发电站12座，总装机容量2830千瓦，发电1328万千瓦时，有高压输电线路3条，总长21.5千米；建35千伏变电所1座，高压输电线路10条，总长达17千米。至2014年年末，全乡村村通电，有17个村实施了农网改造，供用电水平大幅提高，尚有4个村电网改造未实施。

供水 五岭乡人民生活用水历来以自然村为主开公井，大多为浅井水，水质较好。后来随着群众个人开井的的增多，乡内企事业单位，居民和附近农民逐渐吃上深井水。1998年，太平里乡小溪村4组，人平集资280元，打通引水隧道136米，兴建80立方米蓄水池1座，解决240人饮水困难；太平里村11组，集资7.4万元，建1500立方米水池1座，解决286人饮水困难。2012年，坳背村兴建李家洞水库饮水工程，设计日供水量200吨。

水利建设

民国时期，境内只有泷坝1座，灌田133.3公顷。新中国成立后，开展了群众性的治水活动，修建山塘、水库，拦蓄地表水，开发地下水，引用河水发展水利灌溉事业，增强了抗旱能力。1957年，改建太平坝。1958年，太平公社在泷坝上安装一台水轮泵，灌田22.66公顷。1959年，兴建李家洞水库，灌田400公顷。1964年，太平公社有水轮泵135台，灌田260公顷。2000年，建成留军彭家山基本塘，库容2.2万立方米。2014年，愚公坦渠道列入全县首批小型农田水利建设改造项目，完成了渠道三面光2000米、全线清淤补漏，确保了下游农田旱涝保收。2014年，全乡有山塘共106座，小Ⅰ型水库1座，正在申报办理的小Ⅱ型水库4座，主要灌渠3条，分别是愚公坦、双坝、黄岑水库左干渠。

村镇建设

乡政府驻地建设 1972年，五岭人民公社驻地由太平里村周家湾搬迁至桃子湾。1980年10月，撤五岭人民公社，恢复沙坪、太平人民公社。太平人民公社驻地太平里村桃子湾；沙坪人民公社驻地沙坪里黄泥坳。公社（乡）驻地周边相继设立粮站、供销社、医院、信用社、综合店、铁匠炉、理发店，缝纫社和饮食服务店。20世纪80年代后期，个人沿公路两旁，围绕乡政府中心，修起了临街民居，乡政府也对镇村建设作出了长远规划。街道上有五金、百货、食品、批发零售、照相、饭店、农资、医院、金融、美容美发、修车、家电维修、卡拉OK厅、旅社等商业活动，农民自己种养的农副产品及各种山货也在本地销售。2013年，五岭乡抢抓郴永宜“大十字”城镇群建设机遇，主动对接宜章县城区“东延、西扩、北提、南拓”城市大建设战略，开展了以乡政府机关驻地为中心点，以茅栗坪为小城镇建设核心辐射区，辐射带动政府机关驻地周边地带和G107、武广高铁沿线村的新农村建设，加速小康五岭建设进程。2014年编制了《五岭乡总体规划》和《五岭乡村镇布局规划》，完成全乡21个村委会的村庄规划设计。

城乡共建 2014年6月，五岭乡以统筹城乡发展为统揽，以“大建设、大拆除、大宣教、大清扫、大规划”为抓手，围绕“山青、水秀、人美、地净、灯亮”的工作目标，积极推进新型城镇化建设和环境同治工作。全乡共投入4359.8万元，实施环境改造8个大项目、18个小项项目、复绿18处，包括对中心城区的立面改造、贴外墙砖、安装树脂瓦、窗套、统一制作临街广告牌等；对道路提质改造，安装了供水、污水管网、管线等和沿街边坡绿化，新建集休闲、健身、观赏于一体的休闲文化广场和公共游园。在国道107沿线安装路灯200盏，农村重点区域安装LED路灯367盏。兴建五岭游园1个，村公共游园和公共绿地5个，并对乡政府机关庭院进行了提质改造，大大提升了五岭小城镇品位，一个环境优美，交通便利的新五岭初具规模。

社会事业

教育科技

教育 清末，乡内各村有私塾，一般设在富家的大厅或厢房，学生几乎全是男孩。革命先烈邓中夏就是邓家湾村的“增经门”学堂接受的启蒙教育。教育内容一般始识方块文字，后《三字经》《百家姓》《论语》等，教学方法单一，不求甚解，总是死背。除了学习古文，也教授珠算。民国初年（1912）至民国25年（1936），沙坪和太平里乡共建有小学18所。邓典谟、邓典诰在邓家湾开办了邓氏忠公第三分校；沿江、小溪、小水等村都先后办了学校。民国30年（1941），开始实行国民教育，每乡有中心小学，每保有国民小学。新中国成立后，人民政府重视教育，以基础教育为主线的综合教育逐步发展起步。20世纪50年代初，坳背小学、樟桥小学、邓家湾小学、沙坪小学、分水小学、浒口小学等村小相继成立。1983年，沙坪中心小学、太平里中心小学成立。1988年，太平里乡有幼儿园1所，在园儿童19人，幼师1人；有小学27所，学生1644人；有中学1所，学生326人；共有中小学教师106人。沙坪乡有幼儿园1所，在园儿童26人，幼师1人；有小学28所，学生2453人；有中学1所，学生360人；共有中小学教师129人。1994年，邓家湾小学更名为中夏希望小学。2000年，太平里乡有幼儿园1所，在园儿童20人，幼师1人；有小学10所，教学点3所，学生1631人；中学1所，学生648人；共有中小学教师128人。沙坪乡有幼儿园1所，在园儿童28人，幼师2人；有小学11所，教学点5所，学生2416人；有中学1所，学生1129人；共有中小学教师166人。2014年，五岭乡有幼儿园4所，在园儿童765人，幼师43人；有小学15所，学生1869人；有中学2所，在校学生428人；共有中小学教师205人。当年，适龄儿童入学率100%。

科技 清末至民国初，农民自发地互相换种种植，以提高农产品产量。民国31年（1942），湖南省政府在宜章县推广抗战籼、胜利籼、万利籼、白谷粘等水稻品种，五岭乡境内亦同步引进试种。新中国成立后，县政府十分重视品种改良，1950年引进解放籼、满地红水稻，沙坪、太平里均引种，取得较好效果。1952年，境内引进矮脚南特号试种，以后又引进大光黏、陆财号、二九矮等品种。1967年，水稻品种实现矮秆化。1975年，引进杂交稻品种，晚稻实现杂交化。1985年开始引进早稻杂交品种，1986年，实现双季杂交化。

在引进新品种的基础上，全镇还同步改良耕作技术，改冬泡田为冬种绿肥，改大田育秧为温湿育秧、薄膜覆盖育秧等，同时使用化肥以提高田土肥力、施用化学农药防病治虫等，使农村种养业的科技含量不断提高。

文化体育

文化 民国时期，五岭乡没有文化娱乐设备，甚至没有锣鼓乐器和文艺活动。20世纪50年代中期，乡内开始有了收音机，后来有了广播站，电影也放映到了五岭的山山水水。1972年有了乡村文艺宣传队。改革开放以后，全乡电视普及，文化娱乐场所如雨后春笋。卡拉OK厅不仅为乡人民一展歌喉提供条件，还偶尔举行卡拉OK大赛，丰富了群众的业余生活。饶田村村民自发成立了文艺队，节庆时会进行演出。随着社会文化的繁荣，沿江村组建了广场舞队伍。学校每逢节日也会举办文艺晚会。2014年，全乡有文化站1个、广播电视站2个，村级文化活动中心21个、免费读书吧1个、农家书屋21个，极大方便了干部、群众借阅书籍。境内有栗山下古汉墓群、坳背村东汉墓、野石铺石刻等文物古迹。

体育 民国12年（1923）境内小学体操课改称体育课，教学内容由做哑铃操，跳木马、荡秋千，改为球类，田径运动。民国23年（1934）各小学开设童子军课，体育课各一节。新中国成立后，初期小学每周设两节体育课。1957年，小学实行《准备劳动与卫国体育制度》。1964年，小学实行《青少年体育标准》。2014年，沙坪中学足球队参加郴州市中小学学生运动会，获得初中组足球比赛一等奖。五岭学校获宜章县中小学学生运动会团体总分第六。

新中国成立后，群众性体育活动逐渐开展起来。20世纪50年代，全乡性体育活动主要是下象棋、踢毽子、打篮球。改革开放以后，群众参加体育活动的方式更加多样化，散步、打羽毛球、舞剑、打太极、跳广场舞等。乡机关有篮球场2个，经常组织与市、县、乡相关单位的篮球友谊赛；乡机关职工爱好跑步人员较多，成立了五岭驴背岭跑步团，经常组织跑步活动。1988年，沙坪乡坳背村拳师廖振炎在该村建龙门武术馆，教授刀、棍、枪、拳等武术。

医疗卫生

明清时期，境内已有中医、中药。民国时期私人诊所相继开设，境内有源生态、万和、东兴、临安等中药店13家，有邹志芳等13人与人施药；同期，有沙坪中医外科医蒋翠华、中医内科医生萧景琅；太平中医外科医生黄源孝、中医儿科医生欧文机等在境内执业行医。新中国成立初期，境内原民国时期的药店、医生继续为民治病施药。1952年，第七区卫生所设在太平里。1956年春，成立太平里联合诊所。1958年，沙坪、太平里分别建立了农村医院，配备了中、西医、助产护士及学徒，医疗设备相应配齐。1961年7月，沙坪、太平里公社分别将农村医院改为公社卫生院。20世纪70年代，各大队办合作医疗，设立卫生室、培训1～2名“赤脚医生”。

2012年2月，原太平里乡卫生院和原沙坪乡卫生院合并组建成五岭乡卫生院。卫生院总部位于太平里乡桃子湾村，下设沙坪分院及力山下、茅栗坪2个门诊部。2014年，有职工45人，其中主治医师2名，执业医师5名，执业助理医师10名，护师3名，护士8名，执业药师2名。共开设60张床位，设有预防保健科、内科、外科、妇产科、儿科、医学检验科、医学影像科、中医科8个科室。辖区21个村委会有17个村级卫生室30名乡村医生，主要开展基本医疗服务和国家基本公共卫生服务。每年接诊门诊病人2万余人次，住院病人2000余人次。

社会保障

1950年，乡政府受县政府委托在节日期间向烈军属拜年，赠挂“光荣军属”和“光荣烈属”牌，发放大米等。1969年6月14日，五岭供销社生资门市部失火，殃及邻居11户，县发放大灾救济款2032元，救济11户生活困难。1987年，对境内的五保户进行重新评定共有146户，164人。2011年，境内有农村最低生活保障户790户，917人，支出402340元，比上年增长5%；民政部门资助参加新农合110人次，支出73万元，比上年增长8%，国家抚恤、补助各类优抚对象257人，支出48万元，比上年增长20%；有农村敬老院1座，床位50张，收养农村五保老人50人。全乡新型城乡居民社会养老保险参保率85%。2014年，农村最低生活保障数1314户，人数1680人，月人均120元。农村五保户119人,月人均220元。有敬老院1家，床位50张，入住13人。全乡享受无固定收入高龄补贴金769人。2014年，参加新型农村养老保险12836人，参保率99%，已享受农村养老保险人数4522人；参加新型医疗保险33455人，参保率95%。

特色地情

人物

邓典谟（1887—1946） 邓家湾村人。清同治十三年（1887）二月初三日出生。清光绪二十八年（1902）应乡试中举人。次年在宜章县城养正书院创办县立高等小学堂，任堂长兼教员。光绪三十年（1904）任坪石上乡书院院长。次年进京谋职，补盐大使缺，分发两浙，先任长林盐场盐大使。未几，复兼永嘉盐场盐大使，后任温州、台州两府学务佐治员、温州府发审委员、戒烟局坐办委员、统计局编纂员等职。辛亥革命时弃职归家。民国元年（1912），任郴郡六城中学校长。次年，被选为省议会候补议员，并任衡山县知事半年。卸任后，进京应第二届县知事考试，落选后，经友人介绍，到国务院诠叙局当一名办事员。民国3年（1914），应第四届县知事考试，名列甲等，分发浙江，未到任，留京应诠叙局主事，后兼国务院主事，办理诠选。民国6年（1917），递补省议员，回湘开会，会后携次子中夏进京。次年任行政院一等书记官，掌抚恤文案。民国22年（1933），邓中夏遇难。民国24年（1935），邓典谟被解职。民国25

年（1936），从南京回故乡，即入县城组织志书局，任县志总纂。历时五年，编成县志35卷。民国31年（1942），在邓家湾村设国学社，从学者100余人。民国34年（1945），日军陷境，他令其子隆谓组织自卫队进行抗击，致使家宅被焚。光复后，在家从事著述。写成《论语会通》、《释亲》、《俗语考》、《本草注要》、《家庭医药》、《自传》、《庸庵诗文联集》等书。民国37年（1947）12月30日，因病逝世。

萧文铎（1891—1962） 号震东。清光绪十七年（1891）四月二十一日出生于沿江村。宣统三年（1911）参加武昌起义。民国5年（1916）参加天津讨袁（世凯）军团。民国6年（1917）冬，与吴佩孚师战于湘鄂边境羊楼司、后山坪一带。民国9年（1920），随军在宝庆、湘阴等地参加驱张（敬尧）战役。冬，调任湖南城步县长。1923年，升任湖南陆军第二混成旅上校参谋长。随湖南督军谭延闿回粤入湘，举兵讨赵（恒惕）。11月底，湘军总司令赵恒惕调萧文铎任湘军第二军第二师参谋长。民国13年（1924），任第二师八团团长。民国15年（1926），湘军改编，任国民革命第二师少将参谋长，兼第二军特别党部委员。6月，随师北伐，参加经湘至赣各战役。民国17年（1928）后，历任第十八师五十二旅参谋兼长沙警备司令部参谋长，第十八师副师长兼五十四旅旅长，被授予陆军少将军衔。民国26年（1937）8月8日，参加淞沪战役。12月，代理十八师师长。民国27年（1938）1月，赴武昌入中央训练团将官研究班第一期学习。3月，授中将衔，任十八师师长。民国29年（1940）5月，任湖南省第三行政都察区专员兼郴县保安司令。次年4月，赴重庆入中央训练委员会训练团党政训练班学习。民国37年（1948）1月，当选国民党政府第一届立法委员。1949年去台湾。1962年5月14日病逝于台北。

邓中夏（1894—1933） 邓中夏是中国共产党创建时期的主要领导人之一，中国早期工人运动的杰出领袖，著名的无产阶级革命家、政治家、理论家。谱名邓隆渤，字仲澥，清光绪二十年（1894)10月5日生于宜章县近城团邓家湾村（今属五岭乡）。民国4年（1915）夏，入湖南高等师范学校文史专修科文科二班读书。期间结识了省立第一师范的毛泽东、蔡和森等人，共同关心国家大事和社会民生。民国6年（1917），邓中夏随父入京，同年秋考入北京大学文学系。在李大钊、陈独秀影响下，投身新文化运动。曾组织反对段祺瑞政府与日本政府签订卖国协定的反帝爱国斗争。民国8年（1919），任《国民》杂志社编辑干事，发起组织北京大学平民教育讲演团，任总务干事。5月4日，他参与组织领导五四运动。民国9年（1920）3月，在李大钊的领导下，邓中夏与罗章龙等组织了马克思学说研究会，后在此基础上成立北京共产党小组。他参与组建北京社会主义青年团，创办长辛店劳动补习学校和长辛店工人俱乐部，出版进步刊物《劳动音》。民国10年（1921）7月，邓中夏受李大钊委托陪同共产国际代表马林到上海筹备召开中共一大，为开好中共一大作准备。民国11年（1922）7月，在中共二大上被选为中央执行委员。10月，邓中夏担任中国劳动组合书记部主任。先后领导了长辛店铁路工人、开滦煤矿工人大罢工、京汉铁路工人“二七”大罢工、上海工人罢工、省港大罢工。曾任上海大学总务长、中国社会主义青年团临时中央局委员长、中共中央秘书长。参加南昌起义和“八七”会议的筹备工作，在“八七”会议上当选为中共中央临时政治局候补委员。“八七”会议后相继任中共江苏省委书记、中共广东省委书记。民国17年（1928）夏，邓中夏代表中华全国总工会去莫斯科参加赤色职工国际第四次代表大会，当选为赤色职工国际中央执行局委员。为了总结中国早期职工运动的经验，撰写了《中国职工运动简史》。民国19年(1930)7月，邓中夏从莫斯科回到上海。9月任中共湘鄂西特委书记、中国工农红军第二军团政委兼前委书记，与贺龙等一起开辟发展湘鄂西革命根据地。民国20年（1931）8月后，邓中夏受王明“左”倾路线的排斥和打击，直至被撤销职务。民国21年（1932年）初，党组织分配他在中共沪东区委宣传部刻钢板、印传单、编油印小报。这年秋天，中央派他担任中国赤色互济总会主任兼党团书记。民国22年（1933）5月15日，邓中夏在上海法租界被捕，化名施义，后被叛徒供出真实身份。蒋介石立即下令将他押解到南京宪兵司令部，并接连派人劝降，继而施以各种酷刑。他始终不惧威吓，不为利诱，视死如归。在自己生命的最后时刻，他给党中央写了一封信，深情地说：“同志们，我快要到雨花台去了，你们继续努力奋斗吧！最后胜利终究是属于我们的！”民国22年（1933）9月21日，邓中夏在南京雨花台慷慨就义，时年39岁。邓中夏遗著被收入《邓中夏文集》。

萧新槐（1909—1980） 清宣统元年（1909）12月28日生于近城团分水上石口村（今属沙坪乡）。民国16年（1927）8月参加中国工农革命军，11月加入中国共产主义青年团，民国17年（1928）1月参加湘南起义，民国18年（1929）7月转为中国共产党党员。经历中央苏区五次反“围剿”斗争和红军长征、八年抗日战争、三年解放战争。1950年作为战争预备队率部参加抗美援朝战争，任中国人民志愿军第66军军长，参加了第一至第四次战役。获朝鲜民主主义人民共和国二级国家勋章。1951年回国，后任山西省军区司令员。1955年，被授予中将军衔，获一级八一勋章、一级独立自由勋章、一级解放勋章，以及抗美授朝国旗勋章，是第四、五届全国政协委员。1953年回宜章休养。1980年8月2日在北京逝世。

文物古迹

邓中夏故居 位于宜章县太平里乡邓家湾村。邓中夏故居占地面积132.9平方米，青砖青瓦两层砖木结构。四房三间，是典型的湘南民居制式。

国家重点文物保护单位邓中夏故居

正中为客厅，是吃饭和会客的地方。左厢房前间是中夏叔婶住房，后间是邓中夏1925年与原配夫人杨贤槐结婚时的住房，里面现存列有邓中夏生前使用过的雕花大床、斗浆花被、箱笼衣柜等。右厢房前间是邓中夏父母住房，后间是邓中夏哥嫂住房。1994年，在纪念邓中夏诞辰100周年期间，中共中央总书记、国家主席、中央军委主席江泽民为其题写"邓中夏故居"匾额。邓中夏故居于1995年被湖南省委宣传部公布为湖南省爱国主义教育基地，1996年被湖南省人民政府公布为湖南省文物保护单位，2013年3月由国务院公布为全国重点文物保护单位。

（耿妮妮　王天雪　供稿）

白石渡镇 >>

白石渡镇是湘粤赣三省通衢要道。2012 年 3 月，被国家发改委列为全国第三批发展改革试点城镇。

区域概况

位置面积

位于北纬 25° 09′ 13″ 至 25° 05′ 12″，东经 12° 49′ 56″ 至 112° 55′ 41″，东邻杨梅山镇，南界广东省乐昌市的坪石镇和黄埔镇，西毗玉溪镇，北接五岭乡。辖区东西最大距离 6.5 公里，南北最大距离 7 公里。总面积 58 平方公里。镇政府驻解放路，海拔 220 米，距县城 10 公里。

建置沿革

清初属连阳乡。清咸丰年间（1851—1861 年），属近城团。民国 24 年（1935）属第一区白石乡；民国 27 年（1938）7 月属章水乡；民国 34 年（1945）属白石乡；民国 37 年 4 月属近城乡；1950 年 4 月隶属近城区（第一区）白石渡乡；1952 年 5 月属太平区（第七区）白石乡、新车乡；1953 年 4 月属第七区之新车乡、白石乡；1956 年 6 月撤区并乡属太平乡管辖；1957 年 4 月属白石渡镇管辖。1966 年 9 月，白石渡改称红岩。1968 年 9 月，原白石渡公社从五岭公社划出，称红岩人民公社。1982 年 1 月属白石渡镇管辖至今。

行政区划

1988 年，辖白石渡居委会，金钗坪、白石渡、车湾、新车、高龙桥、白石渡蔬菜村委会。2000 年辖星兴、解放、大塘下居委会，金钗坪、白石渡、高龙桥、新车、车湾、蔬菜村委会。2014 年年末，辖大塘下、兴星街、解放路 3 个居委会，金钗坪村、白石渡村、新车村、车湾村、高龙桥村、蔬菜村 6 个村民委员会，64 个村民小组，28 个居民小组，59 个自然村。

自然环境

地形地貌　境内以丘陵、山地为主，山地面积占全镇总面积 76%，山地以石灰岩和红沙岩为主，地表覆盖红土层，地势东高西低。

气候　属亚热带湿润季风性气候，其特点是四季分明，雨热同季，光照充足，雨量充沛，无霜期长。平均气温 18.3℃，1 月平均气温 7.1℃，极端最低气温 -7.4℃；7 月平均气温 28.2℃，极端最高气温达 39.7℃；无霜期年平均 286 天，年平均日照数 1507.6 小时；年平均降水量 1426.9 毫米。

水文　章水河（亦名白沙河，属珠江流域），由北向南，经境内车湾村、新车村、白石渡村，至省界桥，境内总长32公里，多年平均径流总量2.42亿立方米/秒，年平均流量7.69立方米/秒，河岸较低，易发生洪涝灾害。

自然资源 境内矿产主要以石灰岩、河沙为主。林业资源丰富，主要种植桉树、松树、柏树等。据1983年林地林木资源调查，当年境内有林业用地3833.3公顷，其中有林地面积2546.7公顷，活立木蓄积量5.35万立方米。1995年，全县林地林木资源调查显示，当年全镇林业用地面积4126.67公顷，其中有林地面积2153.33公顷，活立木蓄积量1.75万立方米，森林覆盖率38.51%。2013年，县林地林木资源调查显示，当年林地面积2691公顷，活立木蓄积量3.89万立方米，森林覆盖率64.29%。境内野生动物资源有野猪、野兔、竹鼠、野鸡、鹌鹑、鹧鸪、水鸡、水鸭、山鹰、乌鸦等品种繁多，野生植物资源有菊花、金银花、白茅根、何首乌、艾蒿、竹笋等。

自然灾害 主要自然灾害有干旱、雨涝、冰冻等。1980年4月，境内发生严重的松毛虫危害，危害面积达松林面积的30%。2006年7月15—17日发生严重水灾，降雨量达到550毫米，涉及境内6个村3个居委会，全镇农田、水利、公路、供电、通信等基础设施被严重摧毁，水利设施有80处受损，白沙河沿河五座电站机房被水淹没，冲毁渠道85处2800米，田埂1150处6500米。电排及抽水设施损坏12处，接收机、放大器、分支器等主要设备遭雷击，破坏严重，全镇有线电视用户无法收看节目，农作物受灾面积达550公顷，住房倒塌25栋，直接经济损失达2285万元。2008年1月25日至2月5日发生冰灾，农作物受灾面积达650公顷，倒塌房屋3间，直接经济损失达1885万元。

人口民族

1979年，红岩公社总户数2504户，13273人，其中男性7725人，女性5548人。1988年，白石渡镇3631户，14059人，其中男性7642人，女性6417人。2000年，4276户，13440人，其中男性7339人，女性6101人。2014年末，辖区总户数4361户，总人口13303人，其中男6784人，占51%；女6519人，占49%。总人口中乡村常住人口7466人，城镇常住人口5837人，城镇化率43.88%，另有流动人口4500人。全镇人口基本是汉族，其中男性6784人，占51.1%；女性6519人，占48.9%。14岁以下2317人，占17.43%；15~64岁9493人，占71.36%；65岁以上1493人，占10.89%。人口出生率为9.1‰，死亡率5.2‰，人口自然增长率为3.9‰。

经济发展

经济综述

清末至民国时期，境内农民以农耕为主，种植品种以水稻、玉米、红薯、高粱、荞麦为主，家庭养殖业以养猪、养鸡为主，数量有限，生活水平低下。新中国成立后，境内工农业生产逐步发展，农民生活逐渐提高。1951年3月，境内开展土地改革工作试点，1952年完成土改任务，无地和少地农民分得了土地，生产积极性大大提高。1956年，境内成立高级农业合作社，实行土地、农具、耕畜等入社为集体所有，取消土地报酬，实行"按劳分配，多劳多得"制度。1958年，人民公社成立，执行五统一分配政策，挫伤了农民的生产积极性，曾出现出工不出力，记政治工，搞浮夸风等弊端，社员生活水平不高，农民中营养不良，有患水肿病的现象。1961年，推行公社、大队、生产队"三级所有，队为基础"制度，但生产力仍受较大限制。1981年，实行家庭联产承包责任制，允许农民发展商品经济，允许队办企业、社办企业的发展，使境内的个体和集体都得到极大的发展。1988年，全镇工农业总产值达到653万元，其中工业总产值364万元，占55.74%，农业总产值289万元，占44.26%。2000年，全镇工农业总产值5497万元，其中工业总产值4450万元，占80.95%，农业总产值1047万元，占19.06%，人均纯收入1225元。

2005年，农业更新产业开发，种植业以蔬菜为主，林果业以板栗、杨梅为主，成为农业经济主体。当年，完成工业总产值7015万元，比上年增长17%；完成农业总产值2349万元，增长26%，2010年，全镇完成地区生产总值8267万元，同比增长14.4%；农民人均纯收入达到4511元，同比增长10%；城镇居民人均可支配收入8635元，同比增长26.7%。2014年全镇完成地区生产总值19863.23万元，同比增长11.15%；全社会固定资产投资71693万元，同比增长24.7%；财政总收入6281万元，同比增长14.99%，社会消费品零售总额8451万元，同比增长10%。农民人均纯收入达到8824元，同比增长11.88%；城镇居民人均可支配收入14465元，同比增长12%。

农业

种植业 清末民初，境内水稻种植有黏、糯两大类，均为一季稻。旱粮则有红薯、马铃薯、芋头、大豆、绿豆等作物。由于品种更新换代少，产量不高。民国31年（1942），县农业改进所引进抗战粘等新品种，白石渡也大面积推广。1960年开始种植双季稻，产量有较大增加。1969年水稻种植品种高秆改矮秆，以水稻为主，间作黄豆、玉米、花生、蔬菜等。1979年，产粮2135吨，蔬菜194吨。1988年，产粮食2362吨，水果5吨。2000年，产粮食2759吨，油料18吨，蔬菜2275吨。2014年农业生产总值5880.62万元，占国民生产总值37.64%，培育科技种粮大户5户，落实粮食种植面积730公顷，粮食总产量3455吨，增长5.85%；主要经济作物有大棚蔬菜、杨梅、板栗等，有蔬菜大棚200个，产蔬菜9332吨，产水果917吨，其中杂交板栗、杨梅种植面积分别为134公顷、85.8公顷，水果总产917吨。

养殖业 民国至新中国成立初期，境内畜牧业以生猪饲养为主，牛、家禽为次。1979年，生猪出栏2435头。1980年始，市场经济活跃起来，养殖业迅速发展。1988年，生猪出栏3636头。2000年，生猪出栏8016头，家禽出笼5.9万羽。2014年，全镇有标准化规模养殖大户3户。2014年出栏生猪9098头，肉牛768头，出笼家禽6.4万羽。

林业 20世纪50年代末“大跃进”运动，山林被毁损。20世纪七八十年代，开荒种地轰轰烈烈，林地面积缩减。1988年镇域森林蓄积量5.36万立方米。人平3.8立方米。20世纪90年代无序开采导致大量树林被砍伐，自然生态遭到严重破坏。2000年实施退耕还林。截至2013年，共有林地面积4076.4公顷，其中有林地2691公顷，活立木蓄积量38964立方米，森林覆盖率64.29%。国家级补偿公益林202.5公顷，省级补偿公益林1578.4公顷。

工业

民国至新中国成立初期，镇内工业薄弱，仅有以手工生产为主的铁器农具打造，竹篾编制品等生产。1953~1957年，境内在农业合作化运动中，农业社筹集资金兴起烧砖瓦、烧石灰、做豆腐等工副业生产，直接为农民服务。1975年，人民公社先后办了猪场、鸡鸭场、农机修配站等企业。1958年，在“大办工业”的口号鼓动下，镇内曾办联合工厂，但效益低下。1988年，镇内有县驻镇水泥厂2家，普通水泥生产能力13.2万吨/年，白水泥生产能力1.5万吨/年，另有结晶硅厂1家（不久关闭），红砖厂1家，漆包线厂1家。20世纪90年代，镇内以矿产品精深加工，氟化工、建材、手袋加工为主。白石渡氟化学循环工业园是“一区三园”重要园区之一，现已升级为省级工业小区。境内闲置厂房较多，基础设施完善，建材资源丰富，投资政策宽松，历来颇受投资者青睐。2014年，落户白石渡镇投资企业达56家，其中有中化蓝天弘源化工、睿通精细化工、华恒矿业、南方酒业等省市县重点项目。弘源化工年产12万吨干法氟化铝，年销售收入达7亿元，年利税4000万元；郴州华恒矿业麦子山选矿厂已完成投资5200万元，新建厂房面积5800平方米，2014年4月已正式投产，日处理铅、锌、钨等有色金属600吨。筑英水泥厂技改扩能正在有序开展，红沙井酒业、祺进手袋、金邦电子、铭耀皮具等企业发展迅速。2014年全社会固定资产投资74268万元，同比增长18%；完成规模以上工业总产值82261万元，同比增长45%。

商贸服务业

中华人民共和国成立初期，境内有理发、旅店、南北食杂品销售等个体商业服务业多家。1952年白石渡设立供销合作社。1958年国营白石渡旅店、白石渡副食品加工厂成立，20世纪80年代设立百货公司白石渡批发站，同时设立各种商品转运站近百余家，商贸服务十分发达。1984年元月，境设白石渡供销经理部，下设3个门市部，经营百货、五金交电、日杂品，5月增冰室。1987年，供销经理部各柜台营业员自行采购商品，他们着重推销本县自产的皮鞋、电线、鞭炮等产品。1988年，供销经理部完成营业额63.3万元，缴税2.23万元，盈利1.62万元。2001年新建综合市场1处，门店面积2220平方米。2014年年末，全镇共有各类商业店铺410家，从业人员1410人，主要经营超市、餐饮、家电、医药、建材等，其中连锁超市门店1家，个体餐饮店20家，从业人员46人；个体工商户389户。2014年社会商品零售总额8451万元，同比增长10%。

其他产业

全镇旅游资源丰富，点多面广，集历史文化、奇山秀水、休闲渡假为一体。重点打造杨柳水生态农庄、八角寨丹霞地貌自然风光旅游、红军突破第三道封锁线红色旅游项目，发展集养殖、餐饮、休闲于一体的现代休闲农业，着力打造假日经济。其中，八角寨景区（点）开发进入规划编制阶段，已列入《宜章县旅游发展规划（2002—2020）》。杨柳水生态农庄已累计完成投资4300万元，已建成水塘6.7公顷、猪场6.7公顷、果木和经济林20公顷，已建成垂钓场、停车场，生态休闲山庄已正式营业，茶场土地开垦已完成48%。全面建成后，年可接待量达万人，可实现年收入2000万元，将成为一处都市生态休闲的好去处。农村剩余劳动力为增加家庭经济收入，自发向广东、浙江、上海、北京等经济发达、劳动力短缺的地区转移就业，2014年末，劳务输出人数2000余人，人月均收入约2600元。

基础设施

交通运输

白石渡镇区位独特，交通优势明显。境内京广铁路、武广高铁纵贯南北，省道324线横跨东西。距离京珠高速公路、107国道，约为10公里。境内有火车客、货运站各1个，是南接广东、东进江西、北入湘中的三省通衢要地。全镇6个村通村公路全部水泥硬化，64个村民小组已全部通公路。有客运站1个，日发客运汽22班次，日均发送乘客600人次。

邮政通信

民国25年（1936）10月设白石渡邮柜，民国26年（1937）升级为白石渡三等邮局，有通外县步班邮路一东路，经白石铺、赤石、里田到汝城县县城，总长112.2公里。民国28年（1939）11月，由逐日步班改为昼夜兼程快班。民国30年（1941）设白石渡至平和步班邮路76公里，三天一班，后改两天一班。民国35年（1946）11月，恢复逐日班，1957年，改为汽车带运。2014年末有邮政所1个，电信、移动、联通移动电话服务网点3个。固定电话用户780户，移动电话用户7863户，互联网用户356户。

有线电视

1994年建成白石渡镇有线电视站，2010年与宜章广电局合并后改为宜章网络有限公司白石渡服务部。2014年末有线电视用户2000户。

供电供水

供电 1965年2月，建成宜章至白石渡6千伏输电线路，安装相应的变电站，向白石渡供电。境内先后建新华电站、铁沙里电站、官渡电站、新车电站、兴冲电站等5座电站，装机容量3200千瓦。2014年年末，全镇村村通电，有5个村实施了农网改造，供用电水平大幅提高，尚其余7个村电网改造列入“十三五”规划。

供水 1987年建成白石渡镇自来水厂，有深水池3个及成套净化设备，120平方米的絮明平流池1个，60平方米无阀滤池1个，1200平方米清水池1个，150平方米的化验室1个，日供水量1.5万吨。镇区主要道路两侧铺设D400排水管道1600米，D300排水管道2000米，D200排水管道2000米。

水利建设

1958年建杨柳水库，该水库位于白石渡村，是一座以灌溉为主的小Ⅱ型水库，水库集雨面积1平方公里，总库容10万立方米，设计灌溉面1.33公顷。大坝为均质土坝。最大坝高18米，坝顶高程404.32米。1961年建海冲水库，该水库位于高龙桥村。是一座以灌溉为主的小Ⅱ型水库，水库集雨面积1平方公里，总库容10万立方米，设计灌溉面42.7公顷。大坝为均质土坝，最大坝高8米，坝顶高程265.83米。镇政府与当地村委会为兴修农田水利设施先后投入985.7万元，其中：投入283.7万元新修渠道8076米；投入446万元修建河堤1887米；2014年，投入133万元实施病险山塘水库除险加固3座；投入147万元实施了章水河综合治理。

村镇建设

民国34年（1945）设白石乡，1950年设白石渡乡，1957年设白石镇，政府驻地在解放路一带。民国至新中国成立初期，该地段住户不多，且分散不集中，随着政府机关的入驻，各类小商小贩逐步向该驻地集中，特别是在民国25年（1936）粤汉铁路开通，并在境内设客、货车站，1954年修通白（白渡）一瑶（岗仙）公路，1956年修通宜（章）一白（石渡）公路，并在境内建汽车中心站之后，白石渡即成为南来北往，东西出行和宜章、临武、汝城、桂东四县的物资和人员集散地。随着物流、人流的不断增加，从20世纪50年代的白石渡供销社、白石渡旅店、白石渡百货批发站、白石渡汽车站、白石渡汽车修理厂、白石渡粮店、白石渡石油公司、肉食水产公司以及各小商小贩，先后沿着解放路、白瑶公路、宜白公路两侧兴建店铺门面等商业建筑物，期间所有店铺大都为青砖青瓦二层构造，甚至还有土砖青瓦建筑，逐步形成沿解放路的街道。到20世纪六七十年代，临武、汝城、桂东、郴州地区，在域内兴建物资转运站，物资储存仓库，最多时达到160余家，建筑地点除解放路外，逐步向白瑶公路、宜白公路两侧扩充，形成南北长2公里，东西1.5公里的十字交叉街道。20世纪八九十年代，随着汽车直达客运车的增多，各种物资转储单位，逐步萎缩，但随着经济的繁荣，本地经济发达，商家不断对原有建筑翻新、扩充、提质、各种建筑物的高度已发展到四五层，甚至七八层，结构也从青砖青瓦发展为红砖和钢筋水泥结构，室内室外装修日益豪华讲究。

进入21世纪以来，通过大力推进融城步伐，投入资金4270万元，大力实施镇区市场、道路、排水、环卫、绿化等市政设施建设。对镇综合大市场进行立面改造，并进行扩建，统一简欧风格新建或改造，完成立面改造面积5.6万平方米，完成道路改造1.2公里，新建入园大道2公里，铺设人行道地板砖3.2万平方米，修建给排水设施5600米，安装太阳能路灯、LED节能彩灯1360盏，设置标志性观赏石4座，新建花园小景5处，花池100余个，镇区主要道路全部实现“白改黑”，在交通要道安装交通红绿信号灯和电子眼，新建了红岩生态公园和白石渡人民广场；引进中化集团等战略投资者，推动白石渡氟化学循环工业园建设，打造省级氟化学工业集中区；培育壮大支柱产业，推动中汇低碳新城、20万吨煤炭添加剂、南方酒业生产技改等项目建设，产业发展增强，人流物流增多，商贸活跃，人气旺盛，白石渡镇改革发展正迈出新步伐。全镇农网改造率80%，城镇日供水能力0.3万吨，90%的村委会通水泥公路，广播电视覆盖率98%，通信网络覆盖率98%，城镇功能不断完善，城镇化水平大幅提升。

社会事业

教育

清光绪三十二年（1897），白石渡邝发章创办白石渡邝氏初小于白石渡旧书屋。民国初推广义务教育，同时有私立学校教授学生。民国29年（1940），开始实施国民教育，推行一乡一所中心小学、白石渡设中心小学1所，每保设国民小学1所。1949年新中国成立，县政府接管全县公私学校，1953年建立白石渡完全小学。1968年9月，成立白石渡镇中学，校址设白石渡老街。1969年，白石渡小学实行五年制教育。1983年设立白石渡镇中心小学。1988年，推行小学六年制教育。当年，镇内有小学11所，学生1729人，教师73人。其中白石渡中心小学设15个教学班，在校学生805人，有专职教师31人，校舍面积2425平方米，校园总面积0.6公顷。同年，白石渡镇中学设6个教学班，有学生300人，教师30人。1998年，白石渡镇按县教育局安排，取消初中招生考试，小学毕业生全部升入初中，实行九年一贯制义务教育制度。2000年，镇内有小学5所，学生1489人，有中学1所，学生603人，共有中小学教师124人。有幼儿园3所，在园儿童92人，幼师10人。其中白石渡中心小学占地2.53公顷，建筑面积6873平方米，设17个教学班，在校学生987名，有教师38人。2014年，全镇有幼儿园3所，在园儿童378人，专任教师33人。小学4所（含中心校本部），共16个教学班，在校学生838人，专任教师43人。初中1所，在校学生182人，专任教师22人。还有特种学校1所，特殊教育学生31人，特教教师8人。小学适龄儿童入学率、小学升初中、九年义务教育覆盖率100%，投入教育经费542万元。学校办学条件不断完善、教学设施日益优化。多媒体教室、计算机室、实验室、仪器室、图书室、阅览室、电子备课室等功能室齐备，宽带网络布及各个教室和办公室，教学活动基本实现信息化。

科技

民国时期无专门科技机构，但在民国31年（1942），湖南省在县内推广抗战稻、胜利稻、万利稻、白谷黏水稻新品种，白石渡与县同步推广。1950年，境内推广解放稻，满地红等水稻新品种，1952年引进早稻南特号水稻品种。1953年在稻田种红花草籽，为稻田增加绿肥。1962年推广珍珠矮，1978年推广晚稻杂交品种，1982年推广早稻杂交品种，实现农田双季杂交稻。1988年，推广使用除草剂，以减农民田间劳动的劳动强度。林业科技在境内也不断推广和发展，造林、育林、育苗、营林，技术不断革新和进步，特别是育苗技术在林农中得到大力推广。

文化

清末至民国时期，境内的文化事业欠发达。政府及民间没有专门的文化机构，但民间有自发组织的鼓乐队，也有称八人班的，在民间红白喜事中演出。新中国成立后，境内除传承原有文化传统外，20世纪50年代，境内设广播站，播放文艺节目。1972年，镇内设有白石渡人民公社电影队。2014年末有镇文化站1个，村级文化活动中心6个。农家书屋9个，藏书16000余册。各类文化专业队2个。有国家、省、县级文物保护单位5处。

体育

学校体育　清末民初，白石渡境内办有初、高等小学堂，学堂开设体操课。民国12年（1923），小学体操课改称体育课，教学内容由做哑铃、跳木马等逐步转为球类及田径运动。民国23年（1934），小学每周设童子军课、体育课各一节。新中国成立后，学校体育教学内容丰富，但大都以田径运动为主，并坚持课内体育与课外体育相结合。开展“三操”（早操、课间操、眼保健操）、“两活动”（每周2节体育课，每天1节课外活动），以增强师生体质，1957年，学校实施《准备劳动与卫国体育制度》，1964年实行《青少年体育锻炼标准》，1975年实行《国家体育锻炼标准》。2014年，境内有学校体育场2块。

群众体育　境内群众体育主要打篮球、跳广场舞等。2014年有机关体育场1个。

医疗卫生

民国31年（1942），白石渡设卫生所，有主任1人，助理2人。民国35年（1946）因资金困难而撤销，改为巡回卫生工作队。1952年10月，成立宜章县第一区卫生所，有医务人员2~4人，1954年3月区卫生所撤销。1958年设立白石渡农村医院，1961年为人民公社卫生院，1963年改为联合诊所。1967年，恢复人民公社医院。1969年设立村级合作医疗站。1980年1月，红岩镇卫生院改为县传染病医院。1984年10月，撤销县传染病医院，设白石渡中心卫生院。2000年，境内有白石渡医院。2014年末有镇卫生院1所，镇防疫站1个，村级卫生室3个，白石渡镇卫生院是一所由县政府核编的公益性事业单位。设有内儿科、妇科、防疫科等科室，服务人次1.4万。2014年末，专业卫生人员29人，执业助理师11人，注册护士15人，拥有床位50张，面向社会开展医疗、预防、保健等卫生服务工作。拥有200毫安X光机、黑白B超机、心电图机、尿液分析仪、半自动生化分析仪、心电监护仪、多功能手术床等医疗设备，为临床提供了科学的检查依据和保障，是宜章县新型农村合作医疗定点机构。全镇村民7391人参加新型合作医疗，参合率99%。

社会保障

1950 年，第一区白石乡对孤寡老人优先发放救济粮款。1956 年，高级农业合作化后，对孤寡老人实行“五保”，由集体承担“五保”责任。1958 年公社化后，由公社负责“五保”户的供养。1961 年，调整体制，“五保”户的供养改由生产队或大队供养。2011 年城镇低保户 331 户，人数 497 人，支付 849096 元，医疗救助 37 人次，支付 64100 元，民政部门资助参加合作医疗 65 人次，支付 6750 元，农村最低生活保障户 203 户 287 人，支付 278260 元，农村“五保”户 40 户 40 人，支出 62400 元。国家抚恤、补助各类优抚对象 81 人，支出 280704 元，参加新型农村养老保险 3380 人，参保率 92%。2014 年城镇低保 299 户，人数 441 人，支付 1295640 元。医疗救助 26 人次，支付 76500 元。农村最低生活保障户 302 户，416 人，支出 636300 元。农村“五保”户 26 户，人数 30 人，支出 79200 元。国家抚恤、补助各类优抚对象 36 人，支出 15200 元。积极做好了出生缺陷干预工作，新生儿 4 病筛查率 80%，产前筛查率 60%；新增城镇就业人员 300 人，完成职业技能培训 170 人，新增农村劳动力转移就业 150 人，免费对下岗工人、返乡农民工培训，就业援助率达 100%；新农合参合人数达 7667 人，参合率 108%。城乡居民社会养老保险覆盖率达 100%；农村部分计划生育家庭奖励扶助率达 100%。

特色地情

人物

邝积典（1903—1983） 邝积典，字继尧，号笠云。清光绪二十九年（1903）2 月 27 日，出生于近城团白石渡老湾村（今属白石渡镇）。民国 11 年（1922），考入湖南第三师范。民国 12 年（1923），参加由共产党领导的驱逐校长刘培初的学生运动，为该校 50 名赴省城请愿学生代表之一。民国 15 年（1926）1 月，入黄埔军校第四期政治科学习，并加入中国国民党，同年 10 月毕业，参加北伐战争。民国 16 年（1927）冬，他卧病汉口，得悉陈俊、陈策、张际春等在家乡宜章县组织农民暴动，便立即寄出信件，将湘军逃兵遗弃家中的步枪子弹 400 余发秘密献出。民国 17~22 年（1928~1933），婉拒国民党派他去江西“剿共”的安排。民国 23 年（1934），到国民党军政部工作。民国 28 年（1939）1 月，任福建省保安处（后改福建省保安司令部）政治部兼省保安队特别党部书记长。“皖南事变”后，他辞掉政治部主任和特别党部书记长职务，只保留挂名的参议。民国 34 年（1945）冬，福建省主席陈仪调任台湾行政长官，电邀邝积典赴台任职。因为内战一触即发，他坚持不就，急流勇退，留在福州，任新生活俱乐部总干事。民国 37 年（1948）9 月，他辞去福建保安司令部少将参议和福州新生活俱乐部总干事的职务，回家乡蛰居，婉拒国民党政府任何名义的安排。当游击队员和革命群众被捕时，他冒着危险，千方百计营救其出狱。新中国成立后，先是应陈光之邀到广州警备司令部协助工作。后经张际春、吴汉杰引荐，得见中共湖南省委书记黄克诚，于 1950 年 1 月，出任湖南省人民政府参事。1983 年 11 月 7 日，病逝于长沙。

名胜古迹

邝家祠堂（清白堂） 白石渡邝家祠堂坐落于宜章县白石渡镇老湾村，始建于清同治六年（1867），建筑占地面积为 300 平方米，属砖木结构，封火山墙、小青瓦、硬山顶，屋檐翘角有灰雕与彩绘，厅内为红砂石柱穿梁式结构，现定为湖南

湖南省文物保护单位—邝家祠堂（清白堂）

省文物保护单位。清白堂门枋为粗厚的红砂石，门枋上有一对圆雕貔貅，正门上方的青石上镌刻“清白堂”三字，两旁有人物浮雕，背面悬挂一块清代的“苦节回甘”木匾额，占地面积180平方米。中央红军长征突破第二道封锁线后，国民党为阻止红军西进，从郴县至乐昌沿粤汉铁路设置第三道封锁线，在宜章县修筑114座碉堡。1934年11月10日，周恩来和刘伯承亲自指挥红军占领白石渡，并于10日至13日，在白石渡地区动员筑路工人和农民共300名参加红军。11月13日，红三军团长彭德怀率领红六师十六团、十七团，在宜章党组织策应下攻占宜章城。白石渡和宜章县城的夺取，是中央红军突破国民党第三道封锁线的重要标志。其间，红一军团在白石渡邝家村（今白石渡村）清白堂设立指挥部。

粤汉铁路遗址 粤（广州）汉（武昌）铁路从清光绪三十一年（1906）开始动工，到1936年竣工，1936年9月1日，首次通车。粤汉铁路白石渡路段北到太平里乡的小溪车站，南接湘粤边界的粤北新岩下车站，总长20余公里，保存有钢筋水泥结构的铁路桥梁3座、隧道遗址3处、护坡遗址多处。其中风吹口桥长100米、燕塘桥长80米、省界桥长126米。铁路桥梁宽6米，高均为50余米，桥有三孔，横跨在崇山峻岭之间的白沙河两岸山崖之上。铁轨已被铁路部门拆走，仅剩平整的路基，仍可通行小型车辆。每座铁路桥的主拱中央两面侧壁均有水泥阴刻，风吹口桥的石刻为“民国二十五年（1936）·风吹口桥·凌鸿勋”。

（王弦　供稿）

杨梅山镇 >>

杨梅山镇建有湖南省第一个地下阴河发电站；境内仙人洞钟乳丛生，奇巧天成。

区域概况

位置面积

杨梅山镇地处县城东北部，位于北纬25°24′57″至25°30′33″，东经113°4′12″至113°8′42″。东与赤石乡交界，南与广东省乐昌市黄圃镇毗邻，西与五岭乡及白石渡镇相连，北与平和乡接壤。辖区东西最大距离8.4公里，南北最大距离10公里。镇人民政府驻高枧，距县城27公里。

2009年土地详查，全镇国土面积为40.45平方公里。2014年，全镇耕地面积313.3公顷，其中水田160.6公顷，旱土152.7公顷。

建置沿革

杨梅山，因旧时村庄周围多杨梅而得名。明代属永平乡白石里。清属永平乡二都。咸丰年间（1851～1861）至民国初期属赤石团。民国24年（1935）分属第六区（赤石团）平和乡和曹邝乡。民国27年（1938）7月属平和乡。1949年11月，属赤石区人民政府办事处。1950年4月，称高枧乡，属赤石区。1952年5月改属第八区。1953年4月，属第八区高枧乡、香花乡，太平头乡。1956年6月10日撤区并乡时为杨梅山乡。1958年10月属赤石人民公社。1960年7月1日，新设杨梅山人民公社。1961年7月24日，复为杨梅山人民公社。1983年3月，撤销杨梅山公社，设立杨梅山镇至今。

行政区划

2014年，辖矿区管理服务中心，高枧居民委员会，富里坪村、香花村、杨梅山村、鸭婆蛋村、高枧村、枧坪村、炉背岭村7个村委会，有52个村民小组，10个居民小组，57个自然村。

自然环境

地形地貌　境内多山地、丘陵、岗地和平原，呈明显的阶梯状分布。主要山峰：尖峰岭，海拔808米，七姑仙，海拔625.5米。

气候　属中亚热带湿润季风气候，雨量充沛、日照充足，四季分明。多年平均气温18.3℃，最高气温39.7℃，最低气温－7.4℃（发生在2008年）；多年平均降水量1426.9毫米，多年平均无霜期286天，多年平均日照时数1507.6小时。

水文　有平和水经地下阴河，过枧坪村、高枧村、富里坪村注入章水；山泉水从广东省乐昌市黄圃镇桃坪村流入，经香花村、富里坪村汇入章水。均汇入珠江。

自然资源 有煤炭、石灰石和地下水资源。煤炭资源，杨梅山煤矿从解放到2001年破产，共生产煤炭1300万吨。破产改制的兴杨煤矿，每年仍生产煤炭十余万吨。随着资源日渐枯竭，开发前景堪忧。地下水资源丰富，建有湖南省第一个地下阴河水电站。

森林资源 2013年，宜章县森林资源调查统计，杨梅山镇林业用地面积3075.1公顷，其中有林地1664.4公顷，活立木蓄积量58172立方米，森林覆盖率66.07%。

自然灾害 主要有旱涝、霜冻、雷击、山洪地质灾害。2006年发生了“7·15”洪灾，受灾面积波及全镇。2008年春，发生特大冰冻灾害，给工业、农业等方面造成严重损失。

人口民族

民国8年（1919），驻粤滇军总司令李根源在杨梅山开办煤矿，就有广东、江西、河南、河北以及湘潭、宁乡等地的人口因务工经商而陆续迁入，约2000余人。抗日战争时期由国民政府军事委员会湘南煤炭局接管，并修建白杨铁路，民国35年（1946），矿工增长到3000人。1979年，辖区总户数2065户，总人口10586人，其中男性5384人，女性5202人；2000年，辖区总户数3983户，总人口12712人，其中男性6542人，女性6170人；2014年年末，辖区总户数4486户，总人口13384人，其中男性6856人，占51.23%；女性6528人，占48.77%。本地人口全部为汉族，矿区人员来自五湖四海，少数民族总人口60人。占总人口的0.4%。人口自然增长率为4‰，人口密度为每平方公里330人。

经济发展

经济综述

镇内农业以种植业为主，种植业又以粮食种植为主，但因广种薄收，耕作粗放，旱灾频发，而广大农民，除逢年过节，难得一顿饱食，平常年景以瓜果杂粮为主，灾年则春采野菜果腹，秋挖蕨根充饥，山区居民多以薯芋南瓜度日。解放以后，人民政府领导减租减息，恢复生产。1951年开展土地改革，实行“耕者有其田”。又经历农业合作化、“大跃进”、人民公社、“文化大革命”，直到1978年党的十一届三中全会，人民和国家在曲折艰难中摸索前进，特别是改革开放以来，农业产业结构不断调整，工业企业稳步推进，农民人平纯收入逐年提高。1979年农民人平纯收入123元。2000年，工农业总产值23589万元，其中工业总产值22400万元，农业总产值1189万元，财政收入260万元，农民人平纯收入1734元。2014年，杨梅山镇实现地区生产总值28184万元，比上年增长11%。第一产业总产值3542万元，比上年增长4.5%；第二产业总产值16258万元，比上年增长12.91%；第三产业总产值8384万元，比上年增长10.9%；一、二、三产业结构比为12:57:31；全社会固定资产投资87426万元，比上年增长36%；利用外资5800万元，比上年增长22%；社会消费品零售总额9775万元，比上年增长14.4%；完成财政总收入2374万元，比上年增长20.69%；农民人平纯收入9753元，比上年增长11%。

农业

民国时期，因封建土地制度的约束，生产力低下，很难摆脱“谷不足供民食，遂佐以薯芋杂粮”

的落后状态。新中国成立后水稻种植经过推广"双季稻""矮子禾""杂交稻"三次重大的技术改革，产量有很大提高，绝大多数农民基本上解决了温饱问题。1979年，粮食产量1620吨，蔬菜586吨，生猪出栏1889头。2000年粮食产量2238吨，蔬菜4494吨，生猪出栏7500头。2014年，粮食总产量5325.9吨，经济作物油料359吨，蔬菜1724吨，水果1586吨。畜牧业总产值1758万元。畜牧业以生猪饲养为主，家禽、羊、牛次之。2014年养猪11744头，养家禽65414羽。2014年林业完成生态林营造工程100.66公顷、武广高铁沿线绿化种植13.33公顷，省道S324沿线绿化种植11.66公顷、省道207沿线及通村通组公路旁绿化种植2030株，荒山植树75.66公顷，森林覆盖率65%。

工业

有百年老矿——杨梅山煤矿，从解放到破产共生产煤炭1300万吨。2001年破产改制后为兴杨煤矿，分新总井和杨总井。新总井2014年产量106433吨，产值8193.7万元，上缴国家税金286.7万元，在2014年10月底，根据国家法规、政策规定，新总井彻底关闭退出，只保留了杨总井。杨总井2014年总产量150824吨，产值12543.7万元，上缴国家税金439万元。有大型制砖企业——闽达建材有限公司，2014年生产建筑用砖41633万块，产值15710.5万元，上缴国家税金549.8万元。有湖南省第一个地下阴河发电站——杨梅山地下阴河发电站，装机容量2500千瓦，年均发电量达700万千瓦时。规模较大的企业还有旭业水泥厂、宜章县香花萤石球厂、福利家俱厂等。2014年，全镇工业总产值4.54亿元。

商贸服务业

民国35年（1946），杨梅山煤矿工人增至3000人，工人所需日常生活用品等主要物资由矿办供应社供应。新中国成立初期，由矿区工人集股成立的工人消费合作社组织供应。同时，还开设糕点生产车间，边生产，边销售。1955年，改称杨梅山商店，1958年，糕点生产车间停产关闭。杨梅山商店又改称杨梅山工矿贸易公司。还有旅店、饮食店、粮店、理发店设施，并设有农贸市场。1988年，有贸易网点105个，从业人员205人，主要大宗商品除煤炭外，还有苎麻、马铃薯等，社会商品零售额360万元。2014年末有大型饭店4家，小型餐饮店12家，批发、零售业商辅23家，大型超市1个、棉花加工店1家、照相馆2家、五金店3家，从业人员102人，社会消费品零售总额9011万元，比2013年增长14.4%。宜章农商行杨梅山支行存款余额9893万元。

旅游业

红军长征曾从香花村经过，有革命遗址多处。有红色革命老区茶园、地下溶洞观音岩。2013年新建了光辉广场，矗立的毛泽东主席铜像吸引了众人瞻仰。

劳动力转移

农村剩余劳动力为增加家庭经济收入，经亲朋好友介绍或自发向经济发达、劳动力短缺的地区转移就业。主要去处集中在广东、深圳、长三角及京津地区，还有部分在省内务工。2014年，农村剩余劳动力转移就业新增261人，帮助困难人员就业100人，帮助失业人员就业220人，累计转移输出人数2051人，创收4100余万元。

基础设施

交通运输

武广高铁、省道324线、省道207线穿境而过，厦蓉高速近在咫尺，到宜章、郴州半小时车程，属郴州和宜章半小时经济圈。白杨铁路起于京广铁路白石渡站至杨梅山浯溪站，全长13.8公里，民国31年（1942）10月动工，次年3月12日竣工，与粤汉铁路接轨运行。1961年，香花树经杨梅山至平和公路修成通车，与省道S324线接通。1995年，老荷山至杨梅山公路修通。全镇已实现村级通水泥公路。2014年新建了杨梅山客运站，日均发送客流量400余人次。镇内有各类客货运输车辆80余台。

邮政通信

民国30年（1941），县内环行步班有白石渡经小溪、折岭、平和、杨梅山，返回白石渡，全程77公里，3天一班。杨梅山邮政支局成立于1999年12月29日，经营范围有国内报刊销售；国内国际汇兑；国内国际函件；国内国际包件；（含直递包裹）；国内国际特快专递；邮资凭证销售；邮政礼仪；电子商务；邮送广告；信息服务；集邮开发、销售；各类邮政代理服务；农业生产资料（限面向农村以连锁经营方式）、日用品配送、销售。长途电话，民国时期，全县长话业务量不大，以县内各单位和杨梅山煤矿利用较多。2014年报刊杂志发行100余种，邮政储蓄7400万元。电信支局1个，固定电话用户194户，移动电话用户246户，互联网用户93户，全年电信业务收入39万元。

供电供水

供电　2014年，全镇村村通电，富里坪村、香花村2个村实施了农村电网改造，供电水平大幅提高，尚有杨梅山、高枧、鸭婆蛋、枧坪、炉背岭村等5个村电网改造尚未进行。镇区有鑫洋水电厂（杨梅山地下阴河发电站），装机容量2500千瓦，年发电量700万千瓦时，镇区及未进行电网改造的村全部由鑫洋水电厂供电。经摸底，全镇电网改造需千伏变压器39台，高低压线路135千米，受益农户3565户。

供水　2000年，杨梅山镇鸭婆蛋村人平集资100元，镇政府支持1万元，扶贫单位捐资8.6万元，共筹集资金12万元，修建6个蓄水池，总蓄水量达2400多立方米，解决了全村的人畜饮水困难。2014年，新建了镇区集中供水工程，由原资兴矿务局杨梅山煤矿机电科改制后的鑫洋水电厂供应，水源来自平和的地下阴河水，年供水总量30.66万吨，可解决镇区8500人的用水问题。村级集中供水工程8处，可供3944人用水，村级分散供水工程39处。2014年，新修了香花村九羊人畜饮水工程，枧坪村6组实施了人畜饮水工程，炉背岭村打井2口，炉背岭村、杨梅山村李家、雷家自然村因境内无河流，水资源短缺，存在饮水困难。

水利建设

清末民国，杨梅山属于宜章东北山区丘陵地的干旱区，水资源匮乏，旱灾频发。1958年，建杨梅山富里坪双塘小Ⅱ型水库，库容10万立方米，灌溉面积13.33公顷。1973年，杨梅山香花奔冲小Ⅱ型水库建成，库容14.2万立方米，灌溉21.33公顷。2014年全镇有骨干塘11处，其中香花村5处、富里坪村1处、炉背岭村3处、杨梅山村1处、枧坪村1处。山塘75处，其中香花村22处、富里坪村14处、炉背岭村7处、杨梅山村6处、枧坪村7处、鸭婆蛋村9处、高枧村10处。全镇有渠道31处，总长47900米，小河流23条，总长32200米。2014年，鸭婆蛋村在长冲新修山塘1座，香花村维修5组山塘1座，富里坪村、杨梅山村投入资金对2300米水渠实施了三面光。

村镇建设

清末民国时期，农民住户多系土墙茅棚，矮小破漏，不蔽风雨，有的楼下牛栖，楼上人居，有的人畜同室，有的以岩洞路亭为家，新中国成立后，农民住房逐步改观。2013年，着重实施了小城镇建设提质改造、水电改造、城乡环境整治、点亮杨梅山“四大”工程，建好了镇区集中饮水工程，建成了光辉休闲广场。2014年，投入230余万元完成了第一期30套公租房和汽车站建设；投入80万元新建镇学校教师宿舍楼；投入6万元购置洒水车1台用于镇区保洁；投入2万元在镇区后街安装LED路灯10盏；对镇区集中供水工程进行完善，供水条件进一步改善；全年对36户符合规范农村村民建房规定的建房户给予了审批，完成农村危房改造20户；“一事一议”项目总投入76万元，实施了富里坪村渠道建设、枧坪村通组公路建设、炉背岭村公共环卫建设、香花村通组公路硬化等工程，镇村基础设施逐步完善。

社会事业

教育科技

教育 民国37年（1948），杨梅山煤矿创办了“仁龙小学”。1951年开始创办完全小学，校名为“湖南省杨梅山矿子弟学校”。1962年开始设初中班。1968年9月，创建杨梅山镇中学，校址设在高枧。1970年，学校开始招收高中学生，成为一所九年制完全学校（小学5年，初中、高中各2年）。形成矿部和曹家垅两个教学点。1971年，杨梅山煤矿划归湖南省资兴矿务局管理，学校正式定名为“湖南省资兴矿务局杨梅山煤矿子弟学校”。1976年粉碎“江青反革命集团”后，学校工作重点开始向抓教育教学质量的方向转移，重视学生素质和能力的培养，教育质量逐年提高。同年创建杨梅山镇学校，后因获香港铭源基金会的资助，更名为杨梅山镇铭源希望学校。1982年，中学部全部迁往曹家垅，学制改为12年一贯制（小学6年、初中、高中各3年）。1983年创建杨梅山镇中心小学。1988年，全镇有初级中学1所，在校学生76人，教师15人；有小学12所，学生859人，教师57人；幼儿园2所，在园儿童104人，幼师8人。另有矿职工子弟学校1所，学生1303人。2000年5月24日，香港铭源基金会捐款28万元，兴建杨梅山铭源希望小学。11月15日，矿学校人事管理由原矿务局转为宜章县教育局。当年，全镇有幼儿园2所，在园儿童254人，幼师10人；有小学6所，在校学生1286人；中学2所，在校学生697人；共有中小学教师118人。2008年8月，矿区学校整体搬迁，与镇铭源希望小学整合，更名为杨梅山镇学校（又名杨梅山镇铭源希望学校）。是全镇唯一一所九年一贯制基础义务教育学校。教师敬业奉献，学生勤学奋进。2014年末，有幼儿园1所，在园儿童231人，专任教师6人；有镇九年一贯制学校1所（含中小学），在校学生821人（其中初中生155人），专任教师55人。小学适龄儿童入学率100%，小学升初中、九年义务教育覆盖率均达100%。

科技 民国31年（1942）湖南省政府在县内推广水稻新品种“抗战黏”，境内积极引进试种。1950年，县内从外地引进“解放黏”“满地红”，境内曾积极引种。1952年引进种植早稻南特号，1962年，引种“珍珠矮”在境内种植。1967年，全镇水稻种植品种基本矮秆化。1985年，境内晚稻引种杂交稻，使粮食亩产量大幅度提高。在耕作技术上，针对境内矿毒水危害和冷浸田多的情况。1970年，在境内开展开沟排水进行改造，取得成效。20世纪70—80年代，境内农业种植业普遍扩大使用农药、化肥促进农业生产的进一步发展。

文化体育

文化 民国时期，杨梅山煤矿和农村均未设文化专管机构。群众自发组织游艺、跳舞、演唱、歌咏等活动，但规模小，参加人数不多。新中国成立后，人民政府重视文化工作。20世纪50年代初，县文化馆帮助农村办俱乐部、文化室，配合中心工作，出黑板报、教唱革命歌曲。60年代，在巩固俱乐部和文化室的同时，着重农村文艺骨干的培训，许多村成立业余剧团，以演歌剧、话剧、花鼓戏、祁剧为主，大多数业余剧团以演小戏、快板、渔鼓词、表演唱为主。在“文化大革命”中，均自行解散。1970年，有部分大队成立毛泽东思想宣传队，主要演唱语录歌、“样板戏”的片段。1977年，公社自办电影队，在公社范围内巡回放映，电影普及以后，就取代了业余剧团。

2014年6月24日，宜章县东部赛区第二届原创广场舞选拔大赛在赤石乡隆重举行，杨梅山镇光辉广场健身舞蹈队在东部乡镇8支参赛队伍中脱颖而出，一举夺得第一名。2014年年末，有镇文化站1个，村级文化活动中心4个，农家书屋8个，藏书10000余册，影剧院1个，老年学校1所。有广场舞蹈队3支。12月1日，杨梅山镇综合文化站获全国乡镇一级综合文化站。

群众体育　民国时期，民间体育活动有舞龙、舞狮、跳绳、滚铁环、放风筝、荡秋千等简易体育活动。新中国成立后，县人民政府很重视群众体育活动。1953年，宜章县第一届体育运动会在县城召开，高枧乡政府和杨梅山煤矿都派代表队参加。1958年11月，赤石人民公社和杨梅山煤矿都派代表队参加县第三届运动会篮球赛。1977年，县举行首届农民运动会，杨梅山公社组织代表队参加赤石赛区的比赛。1989年，国庆40周年之际，杨梅山镇和杨梅山煤矿都分别举行各种形式的体育活动。2014年年末，全镇有体育活动场所10个，其中镇政府机关体育场1个，矿区体育场1个、医院体育场1个，富里坪村体育场2个，香花村体育场1个，杨梅山村体育场1个，炉背岭村体育场1个。

学校体育　新中国成立后，境内各中小学校普遍实行每周两节体育课，体育教学内容丰富，活动形式多样。坚持课内体育与课外体育相结合。开展“三操”（早操、课间操、眼保健操），“两活动”（每周两节体育活动，每天1节课外活动）。1957年，实施《准备劳动与卫国体育制度》（简称“劳卫制”）。1958年“大跃进”运动中，体育课被生产劳动所代替。1964年，各中小学开始实行《青少年体育锻炼标准》。1991年，各校每周均开展两课两操活动（两节体育课，每天坚持做广播体操、眼保健操，每周两次课外体育活动）。以后，每年举办一次全校体育运动会，并形成制度。到2014年，全镇每个学校均有体育场或篮球场。

医疗卫生

民国时期，境内有万和药号，雷万春药号、王秀成药店等三家。民国32年（1943），杨梅山煤矿卫生所成立。1949年11月，改称杨梅山煤矿职工医院。1956年，接收私营药店和医药人员成立杨梅山联合诊所。1958年，成立杨梅山农村医院。1961年，改为公社卫生院。1963年，改为联合诊所。1967年，又恢复为杨梅山公社卫生院。1970年开办大队卫生所。1984年6月，杨梅山人民公社卫生院更名为杨梅山镇卫生院。2001年，有杨梅山医院1所，该医院是由原杨梅山矿医院、杨梅山镇卫生院、杨梅山安康小区分院合并组成。是一所集医疗、预防保健为一体的综合性县属医院，是郴州、宜章城镇职工医保、居民医保、工伤医保、新农合等定点医院。2014年末，有各级医疗卫生机构4个，其中镇卫生院1个，村卫生室3个，床位80张，固定资产总值457万元。专业卫生人员48名，其中执业医师7人，执业助理医师9人，注册护士20人。2014年医疗机构完成诊疗 20150 人次。新型农村合作医疗 5491 人，参合率 100%。

社会保障

1950 年，县人民政府将孤寡老人列为政务事项，对无劳动力的孤寡老人优先发给救济粮款。1956 年，农业合作化后，对孤老普遍实行保吃、保穿、保住、保教、保葬的“五保”照顾。每人每年需供养量 50~60 元，由农业社从公益金中解决。1958 年人民公社化后，“五保”户的的生活由公社集体负责。1961 年，公社管理体制调整后，“五保”老人的供养由生产队负责，县给予适当照顾。1983 年，农村实行家庭联产承包责任制后，重新评定“五保”户，采取乡镇统筹供养、大队统筹供养、生产队照料、亲属照料等多种形式。1987 年，普查落实“五保”户人数，杨梅山镇 27 户 37 人。2011 年，境内有敬老院 1 所，福利院 1 所，收养孤老、孤儿 30 人；有城镇低保户 81 户 111 人，支出 6.08 万元；医疗救助 20 人次；有农村生活最低保障户 307 户 454 人，支出 57.15 万元；有农村“五保户”22 户 28 人，支出 1.344 万元。2014 年末，有城镇低保户 72 户人数 97 人，其中 1 类低保户 1 户 1 人，330 元 / 月，二类低保户 1 户 2 人，260 元 / 月，三类低保户 94 人，240 元 / 月；有农村低保户 282 户，其中 1 类低保户 28 户 30 人，165 元 / 月，二类低保户 354 户 494 人，120 元 / 月。农村“五保”分散供养 15 人；农村医疗救助 48 人次；镇敬老院有床位 30 张。参加农村养老保险人数 3314 人，参保率 100%。

特色地情

人物

余经邦（1895—1932） 号致力。清光绪二十一年（1895）5 月 12 日生于赤石团茶园村（今属杨梅山镇）。民国 15 年（1926）7 月 29 日奉命组建茶园自卫队，任队长。民国 16 年（1927）1 月 7 日，余经邦率农民自卫队埋伏在富里坪山后，袭击从赤石回县的挨户团一个排，缴获 30 多枝枪和一些弹药。翌日，在赤石三望坪召开群众大会，成立赤石区农民协会和赤石区农民自卫队，他被推选为区农民自卫队队长。15 日，任宜章县农民自卫军总队大队长。次日，与颜秉仁带领县农民自卫军总队深夜赶到梅田攻打挨户团武装。不久，他参加中国共产党。“马日事变”后，率农民自卫队转移到汝城，与汝城农军和广东惠（州）、潮（州）、梅（县）农军会合，攻入桂东县。民国 17 年（1928）1 月，参加湘南起义，任宜章县苏维埃政府裁判委员会审判长。4 月，与刘安思共同率领赤石农民武装及其家属向井冈山进发，途经资兴三都遇敌阻击，只好率部分农军折回茶园。先后多次受到国民党军的残酷“围剿”。民国 21 年（1932）1 月，率领几十名战士潜回宜章，捣毁折岭盐卡，毙敌 3 人。秋，因暴露身份，转移至乳源必背岭的一所学校隐居，因叛徒出卖，在广东乳源梅花被害。

陈建华（1953—1979） 1953 年 8 月 10 日，出生于杨梅山煤矿，祖籍耒阳市柏马村人。1972 年 12 月，陈建华从杨梅山煤矿应征入伍。入伍后，他学习刻苦，钻研军事技术，很快成为全连军事素质较高的战士，被任命为班长。1976 年，加入中国共产党，1978 年 10 月，调到广西 53046 部队 61 分队任侦察排长。上任后，很快掌握和精通了侦察员所要求掌握的技术和要领，成为第 41 军八个侦察员尖子之一。1979 年 1 月，对越自卫反击战开始，陈建华所属侦察排作为尖刀排。他先后 4 次带队深入越军前沿，执行潜伏、侦察、排雷、探路等各项任务。2 月 6 日，第四次带领全排潜

光辉广场全景

入越军阵地进一步侦察敌情，他不顾左腿两次受伤未愈，带头潜入敌前沿2公里处，反复侦察地形、敌情，完成任务后，在转移潜伏位置时，陈建华在部队的前头不幸踏上敌人地雷，壮烈牺牲。战士含着悲痛的眼泪将他尸体背回，安葬在广西靖县烈士公墓，年仅26岁。

风景名胜

光辉广场 1969年，为了纪念国庆20周年，杨梅山煤矿在镇区中心建设了光辉形象广场，建成了毛泽东雕像，成了当时广大人民群众爱党爱国、艰苦创业的精神标杆。1984年，因种种原因雕像被拆除。2013年，杨梅山镇党委、政府借县委、县政府开展城乡共建与环境同治工作的东风，决定顺应群众意愿，恢复毛主席雕像。2013年10月破土动工。11月19日，毛泽东主席铜像在群众的欢呼声中矗立于光辉广场。

（李建宇 供稿）

平和乡 >>

平和是杂交水稻育种基地，平和红薯干曾在“中国中部（湖南）农博会”上获得金奖。

区域概况

位置面积

2014 年，平和乡位于北纬 25°29′30″至 25°36′11″，东经 113°4′9″至 113°9′45″。地处县城东北部，东与赤石乡交界，南与杨梅山镇相连，西与五岭乡接壤，北与郴州市苏仙区五盖山镇、良田镇毗邻。乡人民政府驻土桥村和尚岭，距郴州高铁站 40.5 公里，境内有互通口通厦蓉高速。已纳入郴州市半小时经济圈。

2009 年土地详查，全乡国土面积 76.37 平方公里。2014 年，全乡耕地面积 982.4 公顷，其中水田 392.7 公顷，旱土 589.7 公顷。

建置沿革

古称平窝，后经文人修饰，取其谐音称平和，因此而得名。明属永平乡白清里，清属永平乡二都。清咸丰年间（1851—1861），属赤石团。民国 24 年（1935），属第六区平和乡。民国 27 年（1938）7 月撤区扩乡，仍为平和乡。1949 年 11 月，属赤石区人民政府办事处。1950 年 10 月，属第六区（赤石区）城头、月梅、平和 3 乡。1952 年 5 月，属第八区城和、月和两乡。1953 年 4 月，属第八区月和乡、李家塘乡、曾家乡、黄田乡 4 乡。1956 年 6 月 10 日撤区并乡，设平和乡。1958 年 10 月并入赤石人民公社；1961 年 7 月由赤石人民公社划出，设平和人民公社；1984 年 3 月，改革人民公社体制，按原公社、大队、生产队建立乡人民政府，村民委员会，村民小组。

行政区划

2014 年，辖水落岱、田舍、杨柳、平和、土桥、月梅、城头、马阵、黄田、丫溪、李家塘、鸡公坦 12 个村委会，121 个村民小组。

自然环境

地形地貌　属于典型的高寒石灰岩岩溶地貌，地势北高南低，大部分以丘陵、山地为主，其中心地带为平和河冲积盆地，俗称平和洞。主要山峰有：六子地山峰，海拔 936 米；漏天池山峰，海拔 811 米。

水文　全境属珠江水系。主要河流平和河发源于郴州市苏仙区五盖山林场，由北而南，在两江口入平和乡境，因平和洞四面高山，水流受阻，于平和村曾家附近入石穴隐入地下，至五岭乡法官坦始出，后再复出现，至金盆坦汇入章水，境内长 32 公里。

气候 属中亚热带湿润季风气候，其特点是雨水不均，昼夜温差大，云雾较多。春冬季节常有霜冻天气。多年平均气温 17.3℃，1 月平均气温 6.5℃，7 月平均气温 27.2℃，极端最高气温 38.7℃，极端最低气温 -8.4℃，多年平均日照时数 1501 小时，平均降水量 1486.9 毫米。

自然灾害 明清时期，水灾频发，故云："平和平和，一年水浸三次禾。"主要原因是平和洞四周高山，没有明河导流，主要靠几个洞穴（又名消水洞）隐入地下。同治元年（1862）知县麻维绪募工凿石扩洞泄洪，水患以稀。中华人民共和国成立以后，四次修建平和川门小Ⅱ型防洪水库，其中三次被洪水冲毁。主要有旱涝、冰雪、风灾、低温、霜冻等。涝灾每年都有。1950—2014 年 64 年间，共发生 10 次大洪水。

矿藏及其他自然资源 主要为铅、锌、银、锑多金属矿和煤炭资源，集中分布在李家塘、田舍村。风能储能丰富，集中分布在黄田村、马阵村、丫溪村。地下水丰富，境内有平和河在平和洞隐于地下，成为地下河流。

人口民族

宋末，平和杨氏从江西迁入，初居平和上城头，后分居各地。民国 28 年（1939），平和乡 1993 户，总人口 9737 人。其中男性 5164 人，女性 4573 人。1979 年，全乡总户数 2250 户，总人口 11038 人，其中男性 5077 人，女性 5961 人。1988 年，总户数 2781 户，总人口 12341 人，其中男性 6454 人，女性 5887 人。2014 年，总户数 3814 户，总人口 13405 人。总人口大部分是汉族（少数外地少数民族女孩嫁入辖区），其中男性 7216 人，占 53.83%；女性 6189 人，占 46.17%。18 岁以下 3671 人，占 27.39%；18 ~ 35 岁 3406 人，占 25.41%；35 ~ 60 岁 4735 人，占 35.32%；60 岁以上 1593 人，占 11.88%。人口出生率为 13.22‰，人口自然增长率为 6.39‰。

经济发展

经济综述

清末民国时期，平和乡向以农业为主，农业又以种植粮食为主，除水稻之外，旱粮有红薯、白薯、高粱等。平和洞地势特殊，洪涝频发，农民收入甚微，生活苦不堪言。1951—1952 年，经过土地改革，实行了"耕者有其田"的农民土地所有制，农民地位提高，农民生产积极性空前高涨。1956 年，全乡基本实现农业高级合作化。1958 年，实现"大跃进"，人民公社化，由原高级社核算改为公社核算，"一平二调共产风"盛行一时。1961 年，开始清理和纠正"一平二调"的错误，实行"三级（公社、大队、生产队）所有，队为基础。"农业生产得到一定的恢复和发展。直到"文化大革命"中，强调以阶级斗争为纲，用"大批判"开路，评"政治工"，"割资本主义尾巴"，严重制约农村生产力的发展。1978 年，平和公社杂交稻制种田达 191.86 公顷，共生产杂交稻种子 18.5 万余千克，平均亩产 64.2 千克。1982 年，全乡普遍推行家庭联产承包责任制，极大地调动了社员的生产积极性。20 世纪 80 年代，平和制种基地的种子，全部由县种子公司收购，一级种子占 99.8%，农民收入倍增。

2008—2014 年，引导成立旺达生态红薯农民专业合作社、马阵养殖专业合作社、鸡公坦红薯种植专业合作社、平和茶叶种植专业合作社等农民合作社 14 家。

2014 年，全乡实现地区生产总值 14580 万元，同比增长 10.49%，其中第一产业产值 5846 万元、第二产业产值 2822 万元、第三产业产值 5911

万元；固定资产投资额9405万元，同比增长37.3%；财政收入1920万元，增长16.6%；稻谷播种面积690公顷，总产量3735吨；玉米播种面积471公顷，总产量126.6吨；薯类播种面积266.9公顷，总产量84.7吨，其中红薯面积151.6公顷；油料播种面积467.1公顷，总产量25.3吨；完成烤烟收购任务16.4吨；发展高山云雾茶叶种植100公顷，成为东部最大的茶叶种植乡镇；农民人均纯收入5770元，同比增长10.09%。

农业

清末民国时期，境内粮食作物主要以水稻为主，其次有薯类、小麦和大豆等。养殖以猪、牛、鸡、鸭为主。因平和地势特殊，四周高山，无明河泄洪而淹，“一场暴雨水汪汪，平和洞里禾遭殃”。乡民虽勤于农事，但因封建土地制度的约束，生产力低下，收入甚微，很难摆脱贫困状态。1950年，水稻全系高秆品种，产量每亩100余千克左右，其次平和的红薯很有名气，乡民持薯为食，有“红薯半年粮”之谚。1956年，全乡实现高级农业合作化。粮食产量有一定的增长。1958年“大跃进”时期瞎指挥风泛滥。平和属高寒山区。当地流传一首歌谣说平和是“山高水冷气温低、六月三伏盖棉被。”当时强行在高寒山区种双季稻，有部分生产队到太平里、赤石等地借田育秧，结果因违背自然规律而造成严重减产或失收。

从1976年开始，平和定为杂交稻制种基地，当时50千克杂交稻谷种兑换500千克常规谷，解决了平和洞周边村民的吃饭问题，2000年，全乡粮食产量4910吨，烤烟272吨，油料268吨，蔬菜1272吨，水果8吨，生猪出栏8230头，家禽出笼7065只。自2009年起，成功引进科裕隆公司落户该乡进行制种，以承包农民土地，开发杂交水稻制种基地为主，在科技人员的指导下，聘请农民科学耕种。与700余农户签订80.66公顷水田用于制种。对改善农田基础水利设施，遏制抛荒，推动土地流转，扩宽农民增收渠道起到了积极的作用。近年，制种公司为上市公司隆平高科。

2014年，鸡公坦村成立了红薯加工专业合作社，坚持使用传统工艺制作红薯干，统筹全村的加工和销售，打造优质绿色农产品品牌，农户受益颇丰。到2014年，全乡粮食产量7003吨，比2000年增长42.6%，烤烟83吨，比2000年下降97%；油料804吨，比2000年增长2倍；蔬菜30016吨，比2000年增长22.5倍；茶叶7吨，实现零的实破；水果2911吨，而2000年只有8吨；生猪出栏22851头，比2000年增长1.77倍。家禽出笼99300只，比2000年增长13倍。

林业

1950年，平和乡森林覆盖率比较高，活立木蓄积量比较大，其中以丫溪、李家塘、鸡公坦、田舍的树较多，其他各村次之，树木较多基本上看不到石头。1958年开始“大跃进”，实行人民公社化，在“以钢为纲”大炼钢铁的号召下，毁林为薪，大砍树木用于土法炼钢。此外，杨梅山矿用坑木和修建铁路枕木，森林覆盖率急剧下降。1965年，全县大办杉木林基地试验山，其中66.66公顷以上的有丫溪、田舍大队林场。1980年9月，县基地规划设计队将平和列为用材林基地公社。1983年，全县进行森林资源清查，平和全乡林业用地面积4073公顷，有林地面积2080公顷，森林覆盖率29.8%，林木蓄积量1.55万立方米。2013年，宜章县森林资源调查，平和乡林业用地5601.8公顷，其中有林地1637公顷，活立木蓄积量74807立方米，森林覆盖率56.09%。2012~2014年，奋战三年，“一年一变化、三年大变样”，三年完成荒山荒地及迹地更新造林516公顷（其中2012年107公顷，2013年176公顷，

2014年233公顷）。2014年，全乡森林覆盖率达到60.6%。

工业

民国5年（1916），矿商李阳合在枫禾坪（属平和乡）开办合丰公司，矿区面积5.53公顷。年产锑砂700吨，外销衡阳、广州。1965年，平和公社兴办锰矿，土法开采，产品由县矿产品公司收购。1974年，平和公社组织农村劳力在田尾开采锑矿，土法采选，工分记酬，产品归矿产品公司收购。至“文化大革命”，锰矿和锑矿均先后停办。1998年，全乡共有乡镇企业172家，其中个体和私人企业160家，从业人员393人，乡镇企业总产值5744万元，其中个体和私人企业3416万元。2000年，有平和田尾锑矿和平和李家塘铅锌矿。全乡工业总产值3294万元。2002年，以民营经济为主体的平和铅锌矿加大技改力度，充分盘活有色金属矿产资源，实现从“两矿一厂”到“两矿两厂”的企业格局（即一个铅锌矿、一个银矿、一个银矿选厂、一个锑矿选厂），大大提升了乡镇企业的经济实力和竞争力。2011年，按照现代企业制度，设立宜章平和矿业有限公司，属湖南省国土资源厅颁证企业，证照齐全，管理规范。公司注册资本1000万元，下辖平和铅锌银矿和选矿厂，矿区面积3.662平方公里，内设办公室、安环部等机构，有员工200余人，其中各类科技、管理人员15人，年销售收入4000余万元，上交税费800余万元，是宜章县的优秀外资企业、文明诚信企业、纳税大户。2014年，全乡工业总产值6326万元，比2000年3294万元增长92.04%。

商贸服务业

1952年6月，第八区（赤石）供销合作社成立，平和乡有许多农民投股入社，生产生活资料由赤石供销社供应。开始形成以国营集体商业为主渠道的社会主义统一市场。1956年，农村私营商业改造成公私合营商店或合作商店，由供销社归口管理。1961年，平和供销社成立。1963年5月，平和、赤石、里田、长策供销社，合并成立赤石区供销合作社。1976年1月，又成立平和公社供销社。2003年，社会商品零售总额2187.5万元。集市贸易成交额1945万元。平和街是平和乡唯一的商贸街道，集市贸易日渐兴旺，市场条件逐步改善，2013年城乡环境同治进行了门店招牌统一制作，整齐划一。2014年年末，全乡有银行服务站点1处，中型超市2家，农贸综合市场1个，个体工商户80户，餐饮服务3家。社会商品零售总额3596万元，比上年增长10%。

基础设施

交通运输

明清时期，有郴桂驿道：由郴县（今苏仙区）两路口，途经宜章平和铺，木岭铺，东达桂阳县（今汝城县）。出门靠步行，货物运输靠肩挑背驮。1961年，宜章县拨款5000元修通了平和至杨梅山香花树的土路，全长17.1公里，在未修通之前，平和至宜章县城大多是走丫溪、良田、太平里方向的土路，走路要历经7个小时。2006年，因平和洞“7·15”洪灾后，对平和至杨梅山段的土路进行硬化，开车至宜章缩短至1小时，但仍属于宜章县的交通死角。2008年，厦蓉高速G76开工建设，途经宜章县平和乡，在平和乡政府驻地设立互通口1处，平和乡正式进入郴州市半小时经济圈。2012年，原穿境而过的县道045升级成省道207线。由往日的闭塞乡村逐渐变为交通便捷之地。至2014年年底，全乡12个村委会全部实现通村公路硬化。

邮政通信

民国23年（1934）2月，平和乡公所开始安装电话机，电杆就地征发。民国30年（1941），设白石渡至平和线环形步班邮路，三天一班。1952年，可以同日到达。1958年人民公社化后，全乡90%的大队都通电话。1998年4月6日，平和乡开通程控电话，是全县最后一个实现电话自动化的乡。2014年，境内有邮政所1处。电信企业包含电信、移动、联通3家，辖区内有线电话和无线通信实现全覆盖，固定电话用户1200户，移动电话用户3300户；广播电视“村村通”工程全面建成，有线电视用户200户；主要村组已通互联网络，互联网用户105户。

供电供水

清末至民国，地处偏僻的平和乡，长时期既无火电，也无水电。新中国成立后，很长时间没有通电，乡政府开会都是点煤油灯。一部分地方使用柴油机发电。直到1988年，才从太平里接通电。

2004—2014年，在各饮用水源地建蓄水池、铺设饮用水管道的方式，逐步缓解群众饮水困难问题。2012年，新建平和乡集中饮水工程，2014年新建了平和村、鸡公坦村、城头村、杨柳村等村的饮水工程，有效解决该乡群众的不安全饮水问题。

水利建设

清代，建平和白石坝，灌田66.66公顷。同治元年（1862），因平和洞洪灾严重，知县麻维绪募工将泄洪洞穴凿宽泄洪，水患以稀。

民国31年（1942），省建设厅水利局将县内平和乡消水工程列入当年省大型农田水利计划。民国35年（1946）10月，因农行贷款无着落，工程有始无终。

新中国成立后，党和人民政府十分关心平和水患治理。1950年，省水利局对原国民政府《宜章县平和乡泄水工程计划书》作适当修改，派专业工程队施工，将龙门洞等6处大小溶洞凿宽，疏浚河道3000余米，修筑河堤577米，当年6月开工，10月竣工。全部工程费用折合大米43万余斤，均由省政府投资。此后水患渐少，但仍未根除。

1956年6月16–18日宜章暴雨，县委和县政府7人组成工作组到重灾区平和乡组织抗洪救灾，发动群众抢修水利工程76处，为打通平和泄洪洞，宜章县拨款1.9万元。1957年，兴建平和小Ⅱ型节溪水库，坝高8米，有效容积10万立方米。集雨面积38.7平方公里，1975年，兴建平和鸡公坦老爱山小Ⅱ型水库，坝高3米，有效库容7万立方米。1976年，第一次修建平和小Ⅱ型川门水库，有效容积10万立方米，1980年冲毁。1981年冬再建川门水库，1985年“8·25”洪灾再次将川门水库冲毁。1988年，省投资57.6万元，县自筹7万余元，再次兴建小Ⅰ型川门水库。大坝高16米，防洪库容180万立方米。1992年，平和冲口水库被省水利厅评为优良工程。

2014年，全乡小Ⅰ型水库1座（川门水库），小Ⅱ型水库3座（节溪、冲口、老爱山水库），山塘共有118座，拦河水坝9处，河堤10公里，修筑水渠12公里。2012—2014年期间对水库进行了除险加固，老爱山水库进行了堵漏作业；田间灌溉渠道修建逐年完善，三面光渠道逐步替代土渠，农田水利条件有效完善。

社会事业

文化

新中国成立初，党和政府十分重视开展群众

文化活动。广大农村都组织了新歌演唱队，《东方红》《没有共产党就没有新中国》《解放区的天》等歌曲，普遍唱响全乡。较大的自然村都有自己的音乐班，逢年过节，凑在一起，吹吹打打，自娱自乐。1977 年公社自办电影队，在公社范围内巡回放映。1983 年农民个体电影队兴起。2007 年 5 月，平和乡月梅村原小学是电影《山那边》的拍摄现场。2014 年末有乡文化站 1 个，农家书屋 12 个。送戏下乡 4 场，送文化下乡 2 次，免费放映数字电影 161 场，组建了平和、月梅、平和学校 3 支广场舞队伍，参与人员达 100 多人，丰富群众的业余文化生活；广播电视“村村通”、应急广播“村村响”工程顺利竣工，保障每家每户都能看好电视听好广播，进一步满足人民群众特别是农民群众的精神文化需求。继续免费开放 1 家乡综合文化站和 12 家农家书屋，上半年，乡文化站共培训、指导及排练文艺节目 2 次，成为百姓休闲娱乐、享受精神文化生活的好去处；农家书屋（免费读书吧）接待农民读者 8000 余人次，成为了农民致富的“加油站”。

教育

民国 30 年（1941），推行国民教育，平和乡开办一所中心小学，每个保有一所保国民小学。中华人民共和国成立后，全部接管公私立小学，广大农民在政治上获得解放，进而要求文化翻身，送子女入学热情空前高涨。1951 年下期，全乡小学达 20 多所。1969 年 9 月，创办平和乡中学，校址设在祥里湾，1988 年，招 6 个班，学生 314 人，教职工 17 人。同年，全乡有幼儿园 4 所，在园儿童 43 人，幼师 4 人；初级中学 1 所，教职工 17 人，在校学生 314 人；小学 25 所，教职工 76 人，在校学生 1413 人。2006 年 9 月，平和中心小学与原平和中学合并成为一所九年一贯制学校。2000 年，全乡有幼儿园 4 所，在园儿童 47 人，幼师 4 人；有小学 13 所，学生 1030 人；中学 1 所，学生 538 人；共有中小学教师 87 人。

2009—2014 年，学校教学成绩提升迅速，初中毕业会考连续六年合格率保持百分之百，单学科成绩都排在全县乡镇学校前列，每年都有十个以上科目获得全县教育质量优秀奖，校初中部也在 2009 年和 2012 年被评为全县教育质量先进单位。2014 年，全乡有幼儿园 4 所，在园儿童 162 人，幼师 6 人；有小学 5 所，在校学生 1018 人；有中学 1 所，学生 168 人；共有中小学教师 62 人。

体育

民国时期，平和各农村小学没有体育专职教师，体育设施简陋，体育课是以跳绳、踢毽子为主。解放以后，各小学每周安排两节体育课，活动形式多样，有跳远、跳高、跑步和体操等。还要开展课间操，眼保健操，以增强师生体质。1958 年，“大跃进”运动中，全乡中小学生投入大炼钢铁运动，学校体操课与课外活动被生产劳动所代替。“文化大革命”，学校停课闹革命，体育教学无法进行。1979 年，体育教学走向正常。平和村实施了农民体育健身工程。2014 年，境内体育设施仍然很少，只有乡政府、平和学校 2 个篮球场地。

科技

新中国成立初，平和虽然未设专门的农业科技推广机构。但乡和村都很重视农业新技术的推广，为推广双季稻、矮子禾、杂交稻以及杂交稻制种等，成效显著。2014 年新建农技推广服务站 1 个，面积 240 平方米，设有化验室、档案室、农机检测室、多功能室，专业技术人员 2 人。

医疗卫生

清末民国时期，平和杨国仕擅长中医内科。杨书笃和萧某某、龚台宗、邓华等在平和开设药店。新中国成立后，平和、城头、月梅乡政府认真贯彻中共中央提出的“面向工农兵，预防为主，团结中西医，卫生工作与群众运动相结合”的卫生工作方针，开展讲卫生、灭疾病为中心的爱国卫生运动。1956年春，接收私营药店和医务人员成立联合诊所。1958年，成立平和农村医院。1961年11月，农村医院改为公社卫生院。1963年，改为平和公社联合诊所。1967年恢复平和公社卫生院。1984年改名平和乡卫生院。2014年末有乡卫生院1所、村卫生室10个。平和卫生院是一所非营利性的综合医院，隶属宜章县卫生局。有职工15人，共开设20张床位，是新型农村合作医疗定点医疗机构。2014年共接诊门诊病人7856人次，住院病人825人次。病历书写率100%，处方合格率98%，病历质量明显提高。接种卡介苗14人，乙肝127人，脊灰疫苗137人，百白破133人，白破120人，麻风114人，麻腮风疫苗114人，A群流脑105人，A+C132人，乙脑疫苗157人，甲肝疫苗119人，确诊免费治疗结核3人。

社会保障

1950年起，城头、平和、月梅三乡都将孤寡老人的供养列为政务事项。对无劳动力的孤寡老人优先发给救济粮。1956年，农业合作化后，平和乡对孤寡老人普遍实行保吃、保穿、保住、保教、保葬的“五保”照顾。1958年建立人民公社后，“五保”户的生活由公社集体负责。1961年，公社管理体制调整后，“五保”老人由生产队负责供养，县给予适当救济。1987年，平和乡有“五保户”74户87人。2011年，境内有城市最低生活保障户1户4人；农村最低生活保障户265户331人；农村“五保户”97人；国家抚恤、补助各类优抚对象40人。当年，大病医疗救助22人次，参加新型农村养老保险4446人，参合率85%。2014年，农村“五保”供养达到年分散供养标准不低于2640元；城乡人均最低生活标准分别达到标准不低于330元/月和165元/月；城乡居民社会养老保险参保率达到93%以上；新农合参合率达到98%；贫困残疾人救助工程，抢救性康复贫困残疾儿童2名；“爱心家园”建设为贫困残疾人6人适配辅助器具，为残疾人免费发放轮椅3台、收音视屏机7台、洗衣机1台；出生缺陷干预，新生儿4病筛查率80%，产前筛查率60%。农户住房和灾后基本生活救助统一保险100%覆盖。

特色地情

人物

杨永章（1888—1963） 清光绪十四年（1888）五月生于赤石团鸡公坦村（今属平和乡）。曾入读湖南陆军学堂，经胡襄介绍进入清军炮队，后由士兵提升为炮兵测绘员。宣统元年（1911）10月10日，武昌起义爆发。杨永章组织革命军炮队参战，运山炮六门由中和门入城，攻陷清军军械库楚望台。占领蛇山制高点，随即配合友军攻击湖广总督府。后提升为第一标（团）军需官，随部队移驻塘角，攻击清军楚豫兵船。他带炮队去三道桥协助胡襄作战，在战地上杨永章又被提升为第一标教官，带领一营渡江，以山炮攻击清军。11月初，革命军受挫，有败退之势，杨永章果断运送山炮四门，增强了战斗力，士气大振，战斗达3天之久。汉口战役，杨永章日夜奔波第一线，运送炮弹，劳累过度成疾，不得已辞去教官职务，在家休养。不久，阳夏保卫战正酣，杨永章建议准备麻袋3000个，内装泥沙，堆成墙垣，作士兵战斗壁障。天气寒冷，风雨交加，士兵战斗力低，杨永章随即筹办粮草衣被亲送前线，鼓舞了士兵战斗意志。12月，革命军与清军议和，杨永章因病回家调养。后矢志家乡教育工作。民国元

年（1912），辛亥革命志士熊十力为李文岳、杨永章等9名辛亥志士立传。大革命期间，任平和乡李家塘农民协会秘书，马日事变后，杨永章避居郴县黄甲山，数年才返回家乡。1963年，病逝于郴县板桥公社芙蓉村。

名胜古迹

积善亭　月梅村积善亭位于平和乡月梅村一组，建于月梅村至丫溪村、五岭乡、良田镇九十里大路上。该亭建筑面积约60平方米，由石块堆砌而成。上覆青瓦用于遮阳避雨，下垫条石用于奠基，南北方向封闭，东西方向贯通。繁华时商贾云集、行人众多。该亭建于清道光十三年（1833）孟夏。为当时佛教徒王代祯为方便行人停脚歇息、遮风避雨而修建。铭文详细记录了积善亭修建的由来，对王代祯的善举进行了称赞。

名优特产

红薯干　平和乡由于独特的气候和土质条件，出产的平和红薯干是无污染、纯天然的绿色食品。现以鸡公坦村的红薯干最为有名。

平和红薯干其色明透，其质柔软甜爽不粘牙，拗筋滋润，咀嚼回味，其性温而甘平，清热祛燥，和胃润肺，利水生津。已经成为脍炙人口的绿色食品、高档礼品。平和红薯干的优质依托于优质红薯。

平和红薯干的传统加工法：霜降边挖回红薯，放在通风的房里摊开，使其晾干生水，糖分变浓，称为上糖，薯质更疏软。约20～30天后，洗干净，削去表皮，用大铁锅熬煮，先用烈火熬，再用文火焖至水干，红薯外表晶莹透亮即可。再切成条状，放在竹垫上晒干即可。

（王利　供稿）

赤石乡 >>

世界第一跨径高墩多塔混凝土斜拉桥——厦蓉高速公路赤石特大桥位于赤石乡境内。

区域概况

位置面积

赤石乡位于宜章县东北部，北纬 25° 28′ 15″ 至 25° 35′ 14″，东经 113° 7′ 59″至 113° 13′ 48″。东与里田乡相邻，西与杨梅山镇毗连，北与苏仙区五盖山镇接壤，南与广东省乐昌市黄圃镇交界，西北与平和乡交界。辖区东西最大距离 9.5 公里，南北最大距离 18.5 公里，乡人民政府驻赤石村三望坪，距县城 37 公里。

1979 年，赤石乡国土总面积 81 平方公里，耕地面积 1184.9 公顷，其中水田 776.3 公顷，旱土 408.6 公顷。1988 年，国土总面积 64.68 平方公里，耕地面积 977.7 公顷，其中水田 602.7 公顷，旱土 375 公顷。土地面积减少的原因，是 1986 年 9 月，成立新华乡，将赤石乡的汇溪、南塘门、巩桥等 3 个村委会划出给新华乡管理。2009 年，国土详查，全乡国土总面积 62.22 平方公里，耕地面积 1512.44 公顷，林地面积 2877.63 公顷。2012 年 3 月，撤销新华乡，将原新华乡的汇溪、南塘门、巩桥 3 个村划归赤石乡管理。2014 年，国土总面积 81.62 平方公里。耕地面积 1416.9 公顷，其中水田 733.5 公顷，旱地 683.4 公顷。

建置沿革

赤石原名红石，因三望亭旁一块长约 10 米宽 8 米的大红石而得名（三望亭及红石均因 1958 年白水水库建设取石而被毁）。乡镇建置明以前无考，明时属永平乡白清里。清初，仍属永平乡。咸丰年间（1851—1861 年），属赤石团。民国 12 年（1923），赤石团分东南西北中 5 乡。民国 17 年（1928）11 月，建立赤石区苏维埃政府。民国 24 年（1935），设立第六区区公所（原名赤石团）。下辖江厚乡、长策乡、黄溪乡、曹邝乡、平和乡。民国 27 年（1938）7 月属渔溪乡。抗战时期，县政府在赤石设路东行署。1949 年 5 月，赤石是宜章最早解放的第一个乡镇，成立湘南支队宜章赤石军事管制委员会，比县城解放提早半年。1949 年 11 月，成立赤石区人民政府办事处。仍保留民国时期保的建制。1950 年 4 月，赤石区人民政府办事处改为赤石区人民政府，废除保甲制，下设众溪、高枧、城头、月梅、平和、新华、里田、长策 8 个乡。10 月，赤石区改名第六区；1952 年 5 月，改为第八区，下设城和乡、平兰乡、高枧乡、里田乡、赤石乡、月和乡、长策乡、新华乡8个乡。1953年4月，第八区下设脚庵乡、长策乡、大屋塘乡、上渡乡、里田乡、梳子乡、龙溪乡、平兰乡、塘水乡、长城岭乡、新华乡、下坪乡、赤石乡、平光乡、下涟乡、曹田乡、高枧乡、香花乡、月和乡、李家塘乡、大平头乡、曾家乡、田舍乡、黄田乡共24乡。1956年4月，撤区并乡，为赤石乡；同年12月，成立赤石办事处，为县委、县政府的派出机构。1958年10月改设赤石公社，同时，撤销赤石办事处。1984年3月更名为赤石乡；1986年9月宜章县增设新华乡，巩桥、汇溪、南塘门3个村划入新华乡；2012年3月，撤销新华乡，原新华乡巩桥村、汇溪村、南塘门村3个村并入赤石乡。

行政区划

2014年末，辖赤石、白水、下涟、曹田、栗坪、广江、下欧、平光、渔溪、白清、三合、五四、长城岭、塘背、汇溪、巩桥、南塘门共17个村委会，153个村民小组，109个自然村。

自然环境

地形地貌 地势从北向南东倾斜，呈阶梯状逐级递降，山脉走向多为北东向，脉络明显。地表切割较深，谷深坡陡，坡度一般在25度至35度，少数地方坡度达45度至60度。地貌分类以形态为主，结合物质组成的原则来分。溪谷平原分布在渔溪河两岸，面积都不大。赤石洞是典型的溪谷平原。还有红土高岗地。石灰岩低丘陵均有零星分布，石灰岩低山分布较广。石灰岩中低山、石灰岩中山均有分布。地面高程一般在海拔270米，赤石主要山峰，除笠头咀外，还有老花坳，海拔1188米，观音坐莲1135.8米。最高点汇溪笠头咀海拔1412.1米，最低点曹田三门洞海拔248米。

水文

地表水 境内河道属珠江流域。主要河道渔溪河主干发源于郴县狮子口，流经赤石乡和广东省黄圃镇新塘村，在广东的罗家渡与武水汇合。渔溪河流域面积197.4平方公里，干流长度24.5公里。主要支流有青头江。渔溪河在该乡境内流域面积147平方公里，干流长度18.2公里，干流平均坡降9.3%。渔溪河多年平均径流总量1216亿立方米，多年平均流量3.853公方/秒。

地下水 主要以第四系松散层孔隙水和碳酸盐炭岩溶水为主，地下水水埋较浅，区域内有多处地下水出露。

气候 属亚热带季风性湿润气候，雨量充沛，日照充足，四季分明。多年平均降水量1487.3毫米，降雨最多的年份是1975年，为2210毫米，最少的年份是1963年，为996.0毫米。赤石地区多年平均气温18.2℃，最高气温39.7℃，最低气温5.2℃，多年平均风速1.5米/秒，最大风速20米/秒。主导方向为西北风，全年无霜期292天，日照时数1577.4小时。

自然灾害 主要自然灾害有旱涝、冰冻、山体滑坡等。乾隆四十一年（1776）夏六月二十四日，大水，白清、黄甲一带冲塌民房，溺死者无数。1985年“8·25”特大洪灾，特大暴雨的中心在三合、五四、汇溪及瑶岗仙镇羊坦、下坪和苏仙区五盖山镇的狮子口一带，24小时内降雨量达288.5毫米。其中24日20时到25日2时的6小时内降雨量达198.3毫米。由于暴雨倾盆，山洪暴发引起洪水凶猛狂奔，渔溪河洪峰流量约2000立方米/秒。万寿桥（方块石的三拱大桥）第二次被冲垮。全乡17个村均遭受灾害，倒塌民房394栋，死亡27人，损失900多万元。2006年“7·15”洪灾，降雨量达到566毫米，为全市降雨量最大、最集中的地区，全乡农田、水利、公路、供电、通讯等基础设施被严重摧毁，直接经济损失达12053.3万元，其中农业直接经济损失4188

万元。

自然资源 赤石素有“有色金属之乡”美誉，矿产资源丰富，蕴藏丰富的煤、铁、铜、铅、锌、锑、高岭土等多种矿藏资源，以锑矿、铅锌矿为主，主要分布在塘背、长城岭和五四3个村。其中，锑矿远景储量在100万吨左右，品位在1%以上，高岭土储量大于70万吨。

人口民族

南宋，曹田邓氏自湘乡迁入。宋时，下涟谭氏著籍。明洪武时，广江欧阳氏徙此。明初，均岭谢氏居平和后迁此。平兰谷氏，初居县城北门，后迁徙于此。民国28年（1939）渔溪乡辖11保216甲，总户数2247户，总人口10898人，其中男5868人，女5030人。1979年，全乡总户数3424户，总人口17115人，其中男8600人，女8515人。1988年，总户数3456户，总人口15406人，其中男7820人，女7586人。2000年，总户数4183户，总人口17247人，其中男8712人，女8535人。2014年末，辖区共5716户，总人口20910人，其中，男性10598人，占50.7%；女性10312人，占49.3%；人口出生率10.62‰，死亡率5.72‰，人口自然增长率4.9‰。总人口中以汉族为主，达20892人，占99.91%；少数民族18人，占总人口的0.09%，其中壮族7人、彝族3人、瑶族2人、侗族2人、苗族、朝鲜族、水族、土家族各1人。

经济发展

经济综述

民国时期，矿商罗泽春等先后在长城岭、上塘背开办裕国大新公司开采锑矿，年产锑砂100余吨，获利颇丰。广大农民生活非常贫困，夏日赤膊短裤下地，冬天则破絮烂衫或蓑衣御寒。山区农民多以薯芋杂粮度日，一年到头，难得吃几顿饱饭。中华人民共和国成立后，工农业生产逐步发展，农民生活逐渐提高。1951—1952年，开展土地改革，废除封建土地所有制，实行“耕者有其田”的农民土地所有制，分得了土地的农民，生产积极性高涨。1956年，实现了高级农业合作化。1958年，人民公社化时期，不讲科学，搞违背自然规律的群体性蛮干，造成经济倒退、物资严重匮乏的后果。1961年，实行公社、大队、生产队三级所有，队为基础，以生产队为基本核算单位，平均主义有所克服，生产和经济才逐步回升。但到“文化大革命”中，强调以阶级斗争为纲，对社员的家庭副业以及私养母猪家禽都要取缔或限制，严重制约农村生产力发展。直到1981年，各生产队均建立家庭联产承包责任制，取消工分分配，发展商品经济，允许农民进城办企业。进入20世纪80年代，集体、个体等经济都有很大发展。

2014年，全乡实现国民生产总值3.552亿元，比上年增长9.1%；城乡居民收入5975元，比上年增长9%。

农业

种养业 民国时期，赤石水稻有粘、糯两大类，均为一季稻。民国31年（1942），湖南省农业改造所以宜章所产赤石棉柔软光泽，为原质优良品种。中华人民共和国成立后，水稻仍种一季，全是高秆品种，产量不高。1954年，推广双季稻，一季变两季，增产很明显。1964年，推广矮秆良种“珍珠矮”“二九矮”“湘矮早”，增产效果明显。1975年，试种杂交稻，产量又比矮秆高产，但棉花种植却成锐减趋势。1982年，赤石烟稻连作成功，使全县烤烟面积扩大到766.67公顷，烤烟的崛起，取代了棉花的地位，逐渐成为经济作物的拳头产品。1988 年，赤石粮食产量 4950 吨，烤烟 460 吨，油料 10.5 吨，生猪出栏 15014 头。2014 年，生产粮食 11628 吨，烤烟 1012 吨，油料 1413 吨，蔬菜 18359 吨，水果 2696 吨，生猪出栏 19688 头，家禽出笼 19.33 万羽。

林业 赤石林业树种不多，以马尾松为主。1980 年 9 月，县林业基地规划设计队将瑶岗仙、赤石等 21 个公社，规划为用材林基地公社。1983 年，乡镇森林资源调查，林业用地面积 4033.3 公顷，有林地面积 2706.7 公顷，森林覆盖率 32.5%，森林蓄积量 3.94 万立方米。1985 年，县林业局确定赤石、一六等 16 个乡镇为重点封山育林区。2013 年，宜章县森林资源调查统计，赤石乡林业用地面积 5177.6 公顷，其中有林地 2011.5 公顷，活立木蓄积量 76079 立方米，森林覆盖率 44.98%。2014 年，实施退耕还林 80 公顷、十万亩造林工程 800 公顷。其中油茶 200 多公顷、桑葚 200 公顷。

工业

民国 6 年（1917），罗泽春在曹邝乡长城岭开办裕国公司，年产锑砂 100 余吨。至民国 20 年（1931），裕国公司实行包砂制，每百斤砂给小洋 4 角 5 分，年产锑砂 100 余吨。民国 30 年（1941），大新锑矿公司年产锑砂达 700 吨。抗日战争时期，因出口困难而停办。中华人民共和国成立后，赤石农村手工业和副业人员从事铁、木、石、棕、篾、缝等手工业，行业多，居住分散，技术落后，收入甚微。1958 年，随着人民公社建立，赤石公社兴建了一批企业。并在长城岭、塘背岭组织农村劳力办锑矿，用土法开采，工分计酬，产品归矿产品公司收购。1961 年，执行中共湖南省委“公社、大队基本不办企业”的通知，大多数社队企业停办。1964 年，国民经济好转，社队企业复苏。1980 年，贯彻“围绕农业办工业，办好工业促农业”的方针，公社办起农机修造厂，赤石公社农具厂生产改良 66 型步犁，受到农民的欢迎。2014 年有采矿企业 3 家、选炼厂 1 家、采石场 1 家、采砂场 3 家，工业总产值 6.59 亿元。其中规模工业总产值 3.34 亿元，同比增长 12.6%。

商贸服务业

中华人民共和国成立初，国家对私营商业实行“公私兼顾，劳资两利，城乡互助，内外交流”的政策。赤石圩逢三、六、九为圩期，每隔三天一圩。1952 年 1 月，第八区（赤石区）供销合作社成立，社址设赤石街，农民 5995 人投股入社，集资 6595 元。1955 年 6 月，第八区供销合作社改称赤石区供销合作社，农民的生产生活资料，基本上都由供销社供应。1956 年，成立合作商店（组），并归口当地供销合作社管理。1959~1960 年，“大跃进”期间，赤石圩圩期由每月的 6 天改为 3 天，统一为每月的 1 日、11 日、21 日 3 天。1960 年 12 月，改为 5 天一圩。“文化大革命”期间，赤石圩的圩期和全县一样，又改为 10 天一圩。1979 年，在“放宽政策，搞活经济”方针指导下，逐步取消农副产品的派购任务。赤石圩改星期日为圩日，增加服务设施，允许长途贩运，市场活跃，经济繁荣。1989 年，赤石供销社以店、门市部柜组为单位实行承包责任制。一次性买断柜组商品，实行自主经营，自负盈亏，按月向单位交承包费。20 世纪 90 年代，个体私营经济迅速发展，取消票证，商品敞开供应。2014 年，全乡共有各类商业店铺 10 家，从业人员 30 人，主要经营超市、餐饮、家电、医药、建材等，其中个体餐饮店 4 家，从业人员 18 人，个体工商户 20 户。社会消费品零售总额 21341 万元，比上年增长 10%。

基础设施

交通运输

1954年9月，瑶岗仙至白石渡公路修成通车，途经乡境4.7公里，是最早有公路的乡镇之一。1956年，宜汝桂公路修通通车。1961年，曹田至赤石公路修通，全程5公里。1975年，宜桂公路改称省道1803线，由砂石路面改为沥青路面。1988年，路基加宽至9米，油面宽5米，达到国家三级公路标准。至2014年，境内厦蓉高速和省道S353线（原1803线）穿境而过，厦蓉高速过境5.09公里、省道S353线过境4.7公里。全乡村村通公路，公路总里程79.048公里；主要桥梁有赤石特大桥、曹田桥、万寿桥、白清桥、三合桥；客运站1个，建设面积370平方米；招呼站17个。

邮政通信

民国18年（1929），县邮政局在赤石开设了邮柜。民国23年（1934）2月，渔溪乡安装了电话。新中国成立后，开通了县至区和部分乡的电话。1958年初，实现乡乡通电话，农业合作社社社通邮递。1994年，全乡开通程控电话，实现电话自动化。2014年末，有邮政代办所1处，电信企业1家。固定电话用户107户，移动电话用户9491户，互联网用户309户。有数字电视用户878户，入户率14.8%。

供电供水

供电 民国时期，渔溪乡的农民晚间照明都是点煤油灯。1988年，赤石曹田将军寨电站与广东黄埔并网，与黄埔接壤的曹田、下涟等村居民首先通电。1994年，里田变电站成立，电网伸向赤石，供电能力增强，鼓励农民用电，赤石大部分村都通了电。2014年年末，全乡村村通电，17个村实施农村电网改造，供用电水平大幅提高。电力方面总体能满足全乡人民生产生活之需，全乡总用电量200多万千瓦时。

供水 新中国成立后，大部分农村居民都是饮用井泉水和山溪水，也有饮用山塘水和河水的。2008—2014年，累计投入503.58万元，实施饮水工程14座，解决饮水困难人口14812人。其中，2014年投入294.58万元兴建了赤石乡集中供水工程，工程设计供水规模日供水量902立方米，供水范围包括渔溪村、平光村、赤石村（含乡政府、赤石乡中心小学及县七中等机关单位）、白水村上白水、中白水、下白水等四个村，设计供水人口9771人，解决饮水不安全人口5942人。

水利建设

民国时期，渔溪沿河有曹田坝、井碧坝、杨边坝、三公庙坝、萧家坝、彭家坝、塘口坝、朱家坝等10余处。中华人民共和国成立后，都进行了维修，改善和提高灌溉效益。1957年，赤石栗坪兴建了广廊塘小Ⅱ型水库。1959年，巩桥村兴建曾冲小Ⅱ型水库。2001—2010年，先后修建新华泡头岭电站、银丰电站、金丰电站、新坪洞电站、合门口电站、回头河电站、青头江电站等小水电站7座，装机容量3200千瓦。2009—2014年，农田水利设施投入1385.7万元，其中：投入283.7万元新修渠道15076米；投入947万元修建河堤2887米；投入133万元实施病险山塘水库除险加固3座；投入987万元实施了渔溪河综合治理。至2014年，境内有水库2座，山塘300口，河坝49座，蓄引提总水量567.1万立方米。

村镇建设

2012年成立了赤石乡城乡建设规划环保站。近年来，赤石乡坚持以旅游开发为引领，投入100多万元完成了《赤石乡总体规划》《赤石乡镇村布局规划》和各自然村平面布置图。制定了《赤石乡关于进一步规范农村村民建房工作实施方案》，强化了日常巡查机制和打非治违力度，配强了自然村理事会，投入70万元建设渔溪村规范建房示范点1个，投入29万元实施曹田—白水新农村示范带，规范农村村民建房的政策深入人心，群众自觉规范建房意识逐步增强。

社会事业

教育科技

教育 民国30年（1941），原有公私立高小改为乡中心小学，原有公私立初小改为保国民学校。民国31年（1942），渔溪乡有1所乡中心小学和11所保国民学校，有的保还有2~3所分校。民国33年（1944）冬，日本侵略军进逼县城，县立初级中学和简易乡村师范一部分迁三望坪，与县立赤石区高小合署办学。新中国成立后，本着“维持原状，逐步改进”的原则，接管全乡公私立小学。1953年下期开始，实行一乡一校制，原来的区小或片完小改为中心小学，下属各村小分别为各分校或中心小学的分班。1956年6月更名宜章县赤石完全小学；1958年4月，赤石开办初中，命名为宜章县第十二中学。1959年9月更名为宜章县第十中学；1961年秋更名为宜章县第三初级中学；1971年秋，三中又更名为宜章县第七完全中学。1988年，全乡有完全中学1所，教职工38人，在校学生675人；初级中学1所，教职工30人，在校学生412人；小学21所，教职工97人，在校小学生2567人；有幼儿园1所，在园儿童27人，幼师1人。2014年，有幼儿园5所，幼师36人，在园儿童464人；初中1所，在校学生1136人；小学18所，在校学生1468人；共有中小学教师162人。小学适龄儿童入学率100%。

科技 新中国成立初，水稻种植墨守成规，高秆品种，大蔸稀植，深水灌田，产量在100千克左右。1956年，全乡推广双季稻，增产效果明显。1957年，渔溪农业社从岳阳引进岱字棉，改革耕作技术，改点播为条播，创单产籽棉92千克的高产纪录。1961年，乡里有农业技术推广站，逐步推行适时播种、薄膜育秧、合理密植、落水晒田、增施化肥、防治病虫害。1965年，水稻种植推广矮子禾。20世纪70年代，全乡普遍推广杂交稻种植，产量大幅度提高。1981年，赤石公社152个生产队，种烤烟148个队，占93.7%，总面积385公顷，占全县烤烟面积的76%，还创造利用晚稻秧田种烤烟的先进经验。1992年，赤石乡进行优质烤烟G80栽培新技术的推广，亩产干烟160千克，被评为全省三档，质量位于全省前列，成为全省优质烟基地。1995年，赤石农技站在赤石设立病虫测报点，建立病虫档案卡，为病虫防治提供依据。

文化体育

文化 新中国成立初，赤石区有文教助理，在县文化馆的帮助下，成立农村俱乐部、文化室、业余剧团，配合中心工作，利用黑板报、幻灯等形式，开展多样的文化活动。1956年，赤石区的业余剧团在宜章县文艺会演比赛中的“绣花鞋”获得一等奖。1958年“大跃进”中，群众自发创作不少口头文艺作品，但多为四句一段的山歌，“高腔高调唱辉煌，字内行间自表扬，全篇冠冕堂皇话，纸中经验旧文章”，好的作品极少。1977年，公社自办电影队，在公社范围内巡回放映，很受群众欢迎。2014年年末，有乡镇文化广播电视站1个，乡镇文化站1所，村级文化活动中心17个，均配备文化资源共享工程，农家书屋17家，藏书

51400册，村级文化小广场4个，“村村响”通广播10个村。

体育 赤石盛行武术、舞龙、耍狮等传统体育活动。1952年，赤石区派白清的谷武武和谷景玉参加县举办的武术大会。1984年，宜章县举办首届民间武术运动会，80岁的老拳师谷武武和年轻习武者谷背明应县体委的邀请，参加了民间武术运动会。1984—1987年，谷背明连续4年参加郴州地区民间武术运动会，他表演的双刀、齐眉棍、板凳拳套路被湖南省体委录像珍藏，并获省体委颁发的“湖南民间武术挖掘整理工作先进个人”奖励证书和奖品。1986年，全国武术挖掘整理展览大会在北京举行，赤石乡白水村委会的双刀送京参展，获国家“三献”三等金狮奖。

民国12年（1923），小学体操课改称体育课。但农村学校缺体育专职教师，几乎没有体育设施，体育以拍皮球、跳绳、踢毽子为主。新中国成立后，赤石各中小学普遍实行每周两节体育课，体育教育内容丰富，活动形式多样，除了田径、篮球、乒乓球外，还普及体操、野外游等活动。开展“三操”（早操、课间操、眼保健操）等活动，以增强师生体质。1958年，“大跃进”中，学校体育课被生产劳动所代替。1962年，恢复学校体育活动。1964年，各中小学开始实行《青少年体育锻炼标准》，“文化大革命”中，学校“停课闹革命”，体育教学无法进行。1969年，“复课闹革命”，体育课改为军事体育课。1975年，各中小学开始执行国家体委颁发的《国家体育锻炼标准》。1991年，各校各周均开展两课两操两活动（每周两节体育课，每天坚持做广播体操、眼保健操，每周两次课外体育活动），各校每年举办一次体育运动会形成制度。至2014年，全乡各中小学有篮球场、乒乓球桌等体育设施。

医疗卫生

民国时期，赤石有福寿堂药店和李意成药号。民国31年（1942），赤石卫生所成立。民国35年（1946），卫生所撤销，改为巡回卫生工作队。民国36年（1947），恢复赤石卫生所。1952年，中医药人员组织起来，以集股方式筹集资金，成立赤石联合诊所。1953年，成立八区卫生所。1958年，将卫生所、联合诊所合并成立赤石农村医院。1961年11月，赤石公社农村医院改为公社卫生院。1963年，赤石联合医院成立。1965年5月，赤石地区医院成立。1970年，赤石公社17个大队实行了合作医疗，每个大队有赤脚医生2~3人。1980年1月，赤石地区医院改为人民公社卫生院。1982年，合作医疗停业。原有合作医疗站的中西药品、器械，承包给赤脚医生经营，实行自负盈亏。“赤脚医生”改称“乡村医生”。2014年，有各级医疗卫生机构15个。其中乡卫生院1所，村卫生室（所）14个，病床20张。专业卫生人员15名，其中执业医师1人，执业助理医师5人。是年，医疗机构完成诊疗14328人次。新型农村合作医疗参合人数19256人，参合率95.85%。

社会保障

1950年，赤石区人民政府将孤寡老人列为政务重要事项，优先发给救济粮款。1956年高级农业合作化后，对孤寡老人实行“五保”（保吃、穿、住、教、葬）照顾。1958年人民公社化后，“五保”户的生活由公社负责。1961年，公社体制调整，“五保”老人的生活改由生产队供养。1983年农村实行家庭联产承包责任制后，重新评定“五保户”。1987年，赤石乡普查落实“五保户”59户，78人。进入21世纪，紧紧围绕“保民生、保发展、保稳定”这一中心，着力打造“安全网”和“减震阀”社会保障救助体系，社会保障事业整体推进、协调发展。2010 年投入 50 多万元建设敬老院 1 所，面积 600 平方米，床位 50 张，供养农村“五保”人员 50 人。2011 年，有农村最低生活保障户 305 户，511 人，支出 39.89 万元，“五保户”97 人，支出 23.13 万元，国家抚恤补助各类优抚对象 82 人，参加新农村养老保险 16150 人，参保率 95%。2014 年，全乡有各类救助对象 6349 人，其中：农村低保 885 户 1449 人、城镇低保 3 户 6 人、“五保”对象 88 人、建档立卡对象 4806 人。城乡低保制度进一步“提标”与“扩面”，城市低保和农村低保分别提高到了 330 元 / 月和 165 元 / 月。农村医疗救助人数 8 人。全乡 60 岁以上老人 2889 人，80 岁以上老人 397 人，高龄补贴 50 元 / 人；90 岁以上老人 34 人，高龄补贴 100 元 / 人。新农保参保对象 9184 人，参保率 90.4%。实施残疾人家庭无障碍设施改造 9 户，残疾人辅助器具适配 8 人。

特色地情

人物

陈修河（1917—1994） 民国 6 年（1917）生于赤石团汇溪村。民国 31 年（1942），在坪石入中山大学文学院中文系学习，积极参加抗日救亡活动，民国 35 年（1946）6 月，在广州毕业。民国 37 年（1948）6 月，加入中国共产党。

1949 年 4 月底，陈修河任中共郴县城区工委书记时，回赤石三合村一带组建赤石游击队，任队长。5 月，任中国人民解放军湘南支队赤石军事管制委员会（后来更名为宜章县赤石路东办事处）主任。同时担任办事处所属武工大队的大队长兼政委。6 月，由中共湘南工委任命为粤赣湘边区人民解放军湘南游击司令部第四大队政委兼大队长。9 月，率部在赤石勃水岭阻击国民党军取得胜利，随后以游击战拖住敌军一个月，有力配合了湘南支队主力的战略行动，受到支队司令部嘉奖。主持了与杨梅山矿的和平谈判，促成该矿于 10 月中旬和平解放。10 月 26 日，由湖南省临时人民政府委任为宜章县副县长，11 月，任宜章县人民政府办事处副主任。

1950 年 2 月后，陈修河到中学任教。1982 年后任政协郴州市（今北湖区）第一、二届副主席。1986 年离休，享受副厅级待遇。1994 年 1 月于郴州逝世。

名胜古迹

三望坪红军整编旧址 民国 26 年（1937）10 月，国共两党达成协议，将南方八省边界 13 个地区的红军游击队改编为国民革命军新编第四军（简称新四军）。民国 27 年（1938）2 月，李林集合分散在宜章、乐昌、乳源山区活动的红军游击队员，将队伍带到坪石坳丘集中。随后，到达赤石三望坪，开展政治教育和军事训练。在赤石整编期间，湘南特委周礼、谷子元和萧林等领导到三望坪指导游击队的改编工作，宣讲抗日救国的道理。1938 年 4 月初，根据上级指示，湘南红军游击队第一大队肩负起抗日救国的重任，从赤石出发，到达耒阳县江头刘家祠，在那里改编为新四军暂编第一大队，乘火车北上经南昌开赴安徽太平。这支队伍后来被编入新四军军部特务营。三望坪既是赤石乡的政治文化中心，又是一处重要的革命遗址。

赤石特大桥 赤石特大桥是厦（厦门）蓉（成都）高速湖南汝郴段的关键控制性工程，大桥桥梁设计为 4 塔双索面预应力混凝土斜拉桥，桥梁全长 2272.76 米，主桥全长 1470 米，4 座主塔为双曲线“S”收腰形，7 号索塔高 286.63 米，桥面距地面高度达 182 米。全桥总投资 13.87 亿元。

厦蓉高速公路汝（城）郴（州）段赤石特大桥

大桥 6 项指标创“世界第一”：大桥主跨 380 米，为世界第一大跨径高墩多塔混凝土斜拉桥；大桥最大桥墩高 182 米，为世界第一高混凝土斜拉桥桥墩；主梁为悬浇施工，采用最大承重量为 800 吨的“钢筋篮”进行混凝土浇筑，为世界承载力最大的桥梁施工挂篮；施工难度大，102 根桩基最大桩长差达 57 米，创世界桥梁建设史上同一承台下最大桩长差；为提高抗风抗震性能，4 座主塔塔形设计为双面双曲线收腰的“S”形，为世界首创；主梁上安装下拉抗风索，同时在梁端安装横桥向电涡流摆式装置的抗风措施，可让大桥抵抗 12 级大风，为世界首创。

（李良厚　胡建华　供稿）

里田乡 >>

里田乡境内有亚洲最大整装萤石矿露天采矿场。

区域概况

位置面积

里田乡位于宜章县东北部，北纬25°31′24″至25°34′24″，东经113°13′38″至113°17′47″，。乡人民政府驻里田街。距县城44公里，东与汝城县文明乡接壤，南与广东省乐昌市白石镇交界，西与本县赤石乡相邻，北与本县瑶岗仙镇毗邻。

1988年，国土总面积45.59平方公里，耕地面积1061.2公顷，其中水田731.4公顷，旱土329.8公顷。2009年，国土详查，里田乡国土面积44.17平方公里，耕地面积1173.39公顷，林地面积1958.29公顷。2012年4月，原新华乡的江厚村、东山村、老塘村、吾作塘村均划入里田乡。2014年，辖区东西最大距离10.4公里，南北最大距离14公里，全乡国土总面积达70.17平方公里，耕地面积1661.1公顷，其中水田821.5公顷，旱土839.6公顷。

建置沿革

明代属永平乡，清代仍属永平乡，咸丰年间（1853~1861），属赤石团。民国24年（1935），分属江厚乡，黄溪乡。民国27年（1938）7月，合黄溪、长策两乡为里田乡。1949年11月，属赤石区人民政府办事处。1950年4月，属第六区里田乡和新华乡。1952年5月，全县增划2个区，属第八区里田乡和新华乡。1953年4月，属第八区上渡乡、里田乡、桅子乡、龙溪乡，大屋塘乡，新华乡。1956年6月10日，撤区并乡，为里田乡。1958年10月，并入赤石人民公社；1961年7月公社划小，又分设里田人民公社。1984年3月撤社建乡，成立里田乡人民政府。1986年9月，成立新华乡人民政府，将里田乡的江厚、东山、老塘、吾作塘4村划入新华乡。1988年，辖里田、桅子、谷家、松华洞、中塘、黄土塘、上渡、塔下山、上里、龙溪11个村委会。2012年4月，又将原新华乡的江厚村、东山村、老塘村、吾作塘村划入里田乡。

行政区划

2014年，辖里田1个居民委员会，里田、桅子、谷家、松华、中塘、黄土塘、塔下山、上渡、楼下、上里、龙溪、江厚、东山、老塘和吾作塘15个村委会，4个居民小组，157个村民小组，134个自然村。

自然环境

地形地貌 该乡大部分为山地丘陵，地势东高西低，北高南低，平均海拔538米。境内石灰岩裸露，河流少，系县内严重旱区。境内主要山峰：西岭，海拔1190米；界牌岭，海拔559米。

水文 境内上渡河发源于瑶岗仙镇黄家，流域面积48.7平方公里，境内长度11.3公里，流量1.15立方米/秒；龙溪发源于本乡岱下坪，流域面积19平方公里，境内长度5.4公里，流量0.46立方米/秒，经康家、龙溪流入栗江，与上渡河汇合。经塔下山进入汝城耕古坪，注入湘江。还有洞头水、犀牛江，均流入渔溪河，属珠江水系。

气候 该乡属亚热带季风气候，四季分明，雨热同季，光照充足，雨量充沛，无霜期长。每年的3—6月为雨季，降雨量最多，占全年降雨量的55%，平均降水量为1402.5毫米，平均气温为17.1℃。

自然灾害 主要有旱涝、低温、冰雹、风灾、霜冻和雷击等。旱涝灾每年都有，其中2006年“7·15”洪灾危害最重，为百年一遇，全境15个村委会和1个社区均受灾，受灾面积达19平方公里。

自然资源 里田乡矿产资源以萤石、锡、铜、铍、铁等为主。界牌岭多金属矿原生锡矿8.4万吨，探明铜储量5.3万吨，其尾砂矿氧化铍含量在全省原矿中居于前列，浅表萤石矿储量1560万吨，为中南五省最大的采矿基地。

人口民族

民国28年（1939），全乡辖9保，100甲，14座寺庙，1706户（其中公共区所户数6户），总人口7822人，其中男4203人（其中寺庙男17人），女3619人（其中寺庙女3人）。

1979年，全乡3110户，总人口16025人，其中男8093人，女7932人。因1986年将里田乡的江厚、东山、老塘、吾作塘4个村划入新华乡，到1988年，全乡只2784户，总人口12653人，其中男6350人，女6303人；与1986年相比，户数、人口都减少。2000年，全乡3411户，总人口13288人，其中男6920人，女6368人，与1988年相比，只增635人，平均每年只增53人。到2014年，全乡总户数5818户，总人口21000人。与2000年相比，增加7712人，平均每年增550人。其中城镇常住人口953人，城镇率4.29%，另有流动人口4737人。总人口中，男性10963人，占52.2%；女性10037人，占47.8%。2014年末，人口出生率13.7‰，死亡率5.4‰，人口自然增长率8.3‰。辖区以汉族为主，占99.12%，有部分土家族、瑶族、壮族等少数民族人口。主要姓氏有：李、谷、丁、王、薛、官、戴、陈、张、欧、黄、周、何、邓、刘、罗、谢等。

经济发展

经济综述

清末民国时期，由于里田地处边陲，交通极为不便，经济落后，加以兵灾迭起，阶级矛盾日益突出。农民生活十分贫困。1952年，在人民政府的领导下，实行土地改革，消灭封建剥削制度，农民分得了土地，解放了农业生产力，农民生活有了一定的改善。1956年，全乡实现高级农业合作化，到1958年“大跃进”人民公社化时期，全乡经济受到严重挫折，粮食减产，部分农民过上了“苦日子”。1961年，认真贯彻执行“调整、巩固、充实、提高”的八字方针，农村实行公社、大队、生产队三级所有，队为基础的经济体制，清理“一平二调”，允许社员经营少量自留地和家庭副业。“文化大革命”时期，经济建设受到严重的干扰和破坏，农业生产停滞不前。直到1978年十一届三中全会，实行改革开放，推行家庭联产承包制，里田的经济发展速度加快，贫困人口逐年减少。1988年，工农业总产值496万元，其中工业总产值63万元，农业总产值433万元。

1994年，全乡开始大规模种植烤烟，农业产业结构得到较大调整，农业生产日渐商品化、规模化。2014年，完成生产总值25747.35万元，同比增长9.69%；其中第一产业8811万元，同比增长4.5%；第二产业7475.93万元，同比增长13.09%；第三产业9460.42万元，同比增长12.14%。农民人均纯收入4966.75元，同比增长14%；社会消费品零售总额10500万元，同比增长14.7%；财政总收入完成2774万元，同比增长8.02%。招商引资成效显著，完成8700万元；固定资产投资完成46000万元，同比增长34.3%。

农业

种养业 清末民国时期，由于缺少农业基础设施，是宜章东部地区有名的干旱区。加之，耕作粗放，技术落后，粮食等作物产量低微，农民生活十分贫困。新中国成立初，水稻种植沿用传统栽培方法，水稻品种推广"解放粘"、"茶粘"、"满地红"等，但仍是高子禾，一季稻，亩产100千克左右。1953年，使用硫酸亚（又名肥田粉），开始只用于催秧，后来增加过磷酸钙，硫酸钾，钙镁磷肥，并广泛使用于大田。1955年，推广双季稻。一季变两季，粮食产量有了显著的提高。1965年，全乡推广矮子禾。1967年，化肥品种增加尿素、碳酸氢铵、氯化铵等，早稻育秧开始使用薄膜覆盖技术。1978年，全乡普遍推广杂交稻，粮食产量显著提高。到2000年，粮食产量5180吨，烤烟453吨，油料132吨，蔬菜3450吨，水果312吨，生猪出栏11730头，家禽1.66万羽。2014年，粮食产量12299吨，烤烟产量523吨，油料434吨，蔬菜达11893吨，茶叶20吨，水果6867吨。年出栏生猪25614头，出栏牛564头，出栏家禽95955羽。

林业 新中国成立后，县委、县政府响应毛主席"植树造林，绿化祖国"的号召，每年冬春，发动群众植树造林，组织机关学校义务植树。1950年，不少地方对整地打穴造林很马虎，实行"一锄一穴、一脚一棵"法，质量差，成活率低。1983年，全县进行第三次森林资源清查。里田乡林业用地面积3240公顷，有林地面积2860公顷，森林覆盖率40.1%；林木蓄积量2.25万立方米。2013年，全县森林资源调查统计，里田乡林业用地4270.6公顷，其中有林地1713.5公顷，活立木蓄积量51681立方米，森林覆盖率37.47%。到2014年，突出绿化攻坚，完成人工造林300公顷，封山育林100公顷，低产林改造1240公顷，幼林抚育1080公顷。

工业

清末民国时期，里田街有不少人从衡阳、耒阳、永兴移民过来，他们中间多数以打铁、木工、补锅、铸银等手艺活为主。新中国成立初，农村手工业和副业人员从事铁、木、石、棕、篾等手工业，但由于分散，技术落后，收入甚微。1958年，塔下山炼铁基地兴建一批炼铁土炉，1961年，在调整中停办。1975年，里田公社建陶器厂，年产陶器6.45万件，1983年，里田陶厂因历年亏损而停办。

2000年5月，成立湖南鑫源矿业有限公司，开启工业发展新局面，现属于中国中化集团旗下中化蓝天集团公司控股企业，资源储量丰富，拥有两个独立的矿床。2014年，投资力度继续增强，规模工业增加值为2171万元，同比增长24.15%。湖南鑫源矿业有限公司萤石粉年产量达到14万吨，全年完税达2500万元，两项重要指标均创历史新高，并荣获"国家级绿色矿山试点单位"称号。

庄园经济

2014年，引进郴州（湖南）陌上桑农业发展有限公司，集种植生产、加工、销售、休闲旅游于一体,大力开发庄园经济。项目总投资8.5亿元，主产桑葚酒。

商贸服务业

新中国成立初期，实行“城乡互助，内外交流”的方针，大力开拓农副土特产品的销路，扩大工业品下乡。1952年6月，第八区供销社（赤石）成立，里田农民的生产生活资料也由区社供应。1955年，赤石区供销社增设里田购销商店。那时许多地方没有公路、主要依靠人力送货上门，有一首歌谣，称赞他们为农民服务的精神，“一条扁担两个箩，肩挑背驮串山窝，木箱板凳当货架，粗茶淡饭苦也乐。”1958年，全县圩期统一为每月的1日、11日、21日3天。1960年12月，圩期改为5天一圩，农村市场又趋活跃。1961年，里田公社供销社成立。到“文化大革命”期间，再次限制集市贸易，再次统一全县圩期为10天一圩，个体商贩被当成“资本主义尾巴”割掉，致使赶圩人数、交易品种和数量急剧下降。1982年，才恢复传统圩期。中共十一届三中全会后，圩场设施改善，有公路通往各地，赶圩人数增至万余人。特别是乐昌、汝城、资兴的人很多，有各种各样的土特产品和木材，还有工业品等。1983年，里田供销社召开社员代表大会，推行经营承包责任制。2000年，全部退回社员股金。承包经营者一次性买断柜台商品，实行自主经营，自负盈亏。2014年，社会商品零售总额10500万元，比上年增长14.5%。里田民俗商贸一条街已通过审批和招标。里田乡综合大市场二期项目总投资2890万元，市场已建成投入运营，可实现年平均经营收入8000万元，可带动安排城乡富余劳动力2000名以上。

劳务输出

从20世纪90年代开始，每年有大量农村剩余劳动力外出务工。外出务工人员大多为18～35岁青年，输出地以上海、广东等沿海地区为主。2014年，全乡劳务输出2300余人，人月均收入约2800元。

基础设施

交通运输

明清时期，交通闭塞，主要靠步行。东行有驿道通桂阳（汝城）。1954年，瑶白公路经过里田，为全县较早通车的乡镇。1956年，宜章至汝城段全线修通，初修公路，沙土路面。近年来，投入400余万元硬化里田村、桅子村、上渡村、龙溪村、东山村、黄土村（省级联网）通组公路。2014年，完成黄土、龙溪、上里、上渡、谷家5个村水泥硬化6.44公里通村公路。省道S324线贯穿全境，厦蓉高速公路在境内设有互通出口，里新公路、Y704等乡道贯穿全境，交通便利，村村通水泥公路。

邮政通信

民国5年（1916），里田设邮政代办所。办理收寄，投递信函、包件、汇兑等业务。民国23年（1934）2月，里田乡乡公所开通电话。2014年末有邮政所1个，快递业发展迅速，快递代理点2个；火车票代售点1个；移动、联通和电信服务网点6个，固定电话395户，移动电话用户9800户，互联网用户720户。

供电供水

供电　1997年3月，动工修建新坪洞电站，位于原新华乡汇溪村，于次年12月竣工发电，装机容量500千瓦。2000年5月修建泡头岭电站，设计、施工均由当时的乡干部、职工自行完成，装机容量640千瓦。2003年后，全乡村民均用上了电灯，通电率达100%，大多数村民拥有电视，电气化水平得到了一定普及。2014年，投资4000多万元，完成里田35千伏变电站升压改造项目，有效解决群众的用电难题。

供水 1991年，里田乡饮水工程被列为“以工代赈”项目，经县水电勘测设计室实施勘探，在距乡政府2.5公里的桃花岭水库上游有一岩溶大泉水直接流入库内，水源水质均好。经设计，乡政府机关及附近村组从水库抽水引至山顶水池，串连乡中学水池，形成供水系统。桅子村从水库低涵接水管形成自流供水系统，该工程解决了乡政府、驻乡各单位、乡中学、小学及里田、谷家桅子村、圩场居民等5400余人及1600余头牲畜的饮用水问题。1996年动工，当年竣工，投入使用。2013年，里田乡集镇供水工程完工并投入使用，其前身是长垅水库集中供水工程，整个工程投资规模为296万元。工程供水规模为800立方米/日，上下游引水海拔高差150米，设计管道规格为125毫米PE管，管线总长11.2千米，工程建成后可解决6521人的生活用水问题。

水利建设

1958–1960年，里田乡三年内建19口山塘和廖家、松华洞两座小Ⅱ型水库。1959年兴建小Ⅱ型桃花岭水库，1965年10月，兴建小Ⅰ型枧田水库，1971年与汝城文明乡和广东乐昌县的白石乡合建长垅水库，1979年大坝基本完工。1958年建的小Ⅱ型雷洞水库，1975年扩建为小Ⅰ型水库。2014年，共有雷洞水库、枧田水库、廖家水库、松华水库、桃花岭水库5座水库，小塘坝有效容积206.3万立方米，水渠共104.66公里。2014年，完成上里、吾作塘排污管网4000米的铺设工程，完成中塘村1800米的水渠建设。全年完成农田水利建设投资89万元，完成土石方1113.2万立方米，新增旱涝保收面积473.26公顷，扩大灌溉面积143.6公顷，改造灌区渠道3410米。

村镇建设

清末民国时期，里田市和里田圩素为湖南面向广东的边境市场，里田毗邻乐昌、汝城，是两省三县八乡贸易集散地，自古商贾云集，里田街被誉为宜章县东部第一街。这里古迹多，有古牌坊、古街道、古宗祠、古戏台、古粤赣会馆。但原来系狭窄的街道，多为低矮破旧的平房，街道为石板路面，虽有暗涵排水，但不通畅。垃圾遍地，暑天臭气熏天。中华人民共和国成立后，随着交通条件的不断改善和资源的开发，形成一个由建制乡、集市、圩场组成的小城镇网络。新建的街道各类房屋，均为两层以上的砖混结构楼房，公用设施，如照明、供水、环境卫生、园林绿化日益完善。2013年，投资1618.5万元对里田街进行立面改造，项目的完工让里田的面貌焕然一新。2014年，聘请设计专业单位，对15个村做高规格、高标准的村庄规划编修。协调投资700余万元进行基础设施建设。新建丁家广场、谷家广场、老塘广场等休闲娱乐广场，让里田的老百姓感受到广场带来的快乐。

社会事业

教育科技

教育 民国29年（1940），里田乡有一所中心小学校，全乡每保一所保国民学校。1949年11月，县人民政府办事处接管全县公私立小学，并根据“维持现状，逐步改进”的原则，迅速恢复和发展小学教育。1958年4月，中共宜章县委发出《关于实现教育事业“大跃进”工作的指示》，要求“大力贯彻群众办学，勤工俭学，勤劳生产”的办学方针，出现了“轰轰烈烈”的“大跃进”局面，公办小学小校并大校，又办了一批民办小学。1969年，提倡“学校办到贫下中农家门口”，全乡各公办小学都下放给大队办，这样，公办、民办、耕读小学便逐步融为一体。同时，多数学校都办成五年一贯制。

1987年建立学区时，全乡共有9所村小，1所中心小学。1988年，有幼儿园8所，在园儿童113人，幼师8人；有初级中学1所，教职工26人，学生255人；小学15所，教职工87人，学生1746人。1998年7月中旬，新华乡东山小学接受香港陈廷骅基金20万元用于学校改建和图书教学器材配置。8月，湖南省政协主席刘夫生参加“东山学校”落成典礼。2000年，中心小学与初中合并为里田学校。2014年年末共有幼儿园6所，小学11所，中学1所，在校初中学生393人，小学生1909人，在园儿童517人，中小学教师118人，幼师35人。小学适龄儿童入学率、小学升初中、九年义务教育覆盖率均达100%。教育经费193万元。认真落实农村义务教育经费保障政策，搞好两免一补工作，中小学适龄人口入学率达100%，中小学辍学率为0。

科技 新中国成立初期，农业生产基本沿用传统耕作技术，高子禾，一季稻，施肥主要是农家肥，绿肥次之。1954年，在全乡推广种植双季稻，同时种植红花草子，以改良土壤。20世纪60年代，水稻栽培采用一系列新的技术，改“哑谷”“开口谷”育秧为人工催芽育秧，改露天育秧为薄膜覆盖育秧，改稀植为合理密植，改深灌串灌为科学灌溉。水稻品种实现矮秆化，使水稻生产跃上新台阶。1970年，对全乡的冷浸田，深泥田采取开沟排水，客土掺砂等技术进行改造。1985年，引进和推广杂交早稻品种，1988年又推广双季杂交稻，使全乡粮食生产上了一个新的台阶。1995年，推广杂交玉米。1996—2014年，全乡围绕优质稻、杂交玉米、优质畜禽、高效农业、名优水果、优质烤烟、优质茶叶等重点科技项目，突出技改与创新，引进开发新产品。2014年，专门设立科技试验示范基地4个，培养科技实用人才12人，科技示范户15户，开展农业新品种、新技术的引进、试验、示范和推广工作

文化体育

文化 清至民国时期，里田盛行请外地大戏班子来唱大戏，建有专供唱大戏的戏台，有里田街戏台、中塘戏台、新华教场坪戏台，保留完好的有中塘戏台。新中国成立后，开展新文化运动，各地盛行自办业余剧团。许多大村子都办过业余剧团，初级社高级社时，几乎社社都有业余剧团，不过演出的不是整本的大戏，而是一些易唱易演的折子戏、现代小戏或自编的小戏，多采用花鼓小调、采茶调、歌舞短曲、流行民歌等。1966—1975年，“文化大革命”时期，唱革命歌，跳“忠字舞”，演样板戏。这一时期，每个大队和稍大一点的自然村，都有“毛泽东思想宣传队（业余剧团）”，有的一个大队有多个宣传队，里田公社的东山大队，就有车木塘、老屋山、下城、东轩4个宣传队；老塘大队就有龙虎坪、高石井、大塘下3个宣传队，这一时期演出的节目，不单是小戏，有革命歌曲、三句半、对口调、渔鼓词、舞蹈等，以及后来清一色的样板戏，（京剧、舞剧），而传统节目《盗花》《盘花》《三毛箭打鸟》《下洛阳》等花鼓戏都视作封、资、修“四旧”遭封杀。1971年后，业余剧团基本上是转演样板戏，一些队因缺演员而逐渐歇演。1975年农村电影普及，农村业余剧团就退出了舞台。2014年末有乡文化站1个，村级文化中心15个，农家书屋15个，藏书5.3万册。新建一个乡免费读书吧，增加各

类书籍800余册；积极组织队伍参加宜章“欢乐潇湘——创业宜章激情飞扬”广场舞比赛。

体育 清末民国时期，里田素有崇文尚武之风。各大小村落都开设武馆，聘请拳师教授拳术，年轻人都自愿入馆接受武术训练，把练武术当作一种时尚。该区域拳种属福建南少林。里田乡教（较）场坪，每年秋收后举行武术较技大会，附近武馆和民间习武者都赶来献技。产生出众多的拳师。民间传统体育，还有舞龙、耍狮，清末吾作塘的武师李甲义及李五圣、李六圣每年都要到广东佛山耍狮子，舞狮种类有罗汉戏狮、猴子戏狮、狮子带崽（又称双狮子），还有牛头狮子等。

新中国成立后，县人民政府倡导开展群众性体育活动，大力促进体育社会化。里田乡的农民在继承传统武术、舞龙、耍狮等项目的同时，还积极组织篮球、田径等现代体育。各中小学校普遍实行每周两节体育课，活动形式多样，开展“三操”（早操、课间操、眼保健操）活动。1957年，完全小学和中学，实施《准备劳动与卫国体育制度》（简称《劳卫制》）。1958年“大跃进”活动中，境内中小学师生投入“大炼钢铁”运动，以生产劳动代替体育活动。1964年，各中小学开始实行《青少年体育锻炼标准》。1966年开始“文化大革命”，学校停课闹革命，体育教学无法进行。1969年，“复课闹革命”，体育课改为军事体育课。1978年，全社中小学普遍实施《国家体育分级锻炼标准》。部分中小学校分别在“五四”青年节或“六一”儿童节举行一次学生田径运动会。至2014年，全乡有各类体育场所25个，其中篮球场10个，健身器材43套。

医疗卫生

清末民国时期，里田街、上渡村、黄土塘、桅子村、较场坪均有坐堂医生和中药店。1956年，接收私营药店和医务人员成立里田联合诊所。推广新法接生、儿童保健检查和医药市场监管。1958年，里田乡的联合诊所、公私合营药店合并建立里田农村医院。1961年，里田农村医院改为里田公社卫生院。1970年，全社有多数大队实行了合作医疗，赤脚医生每个大队2~3人。1982年，合作医疗停办。原有合作医疗站的中西药品、器械承包给“赤脚医生”经营，看病收费，实行自负盈亏，后大队医疗站改为大队卫生室，“赤脚”医生改称乡村医生。是年，里田公社卫生院对农村妇女中患尿瘘、子宫下垂的病人进行免费普查普治。1999年，里田乡塔下村10岁女孩谢作芳患“脆骨症”，得到上海太平洋高科技公司、桂林制药厂等单位和医学专家、学者的义诊救助。2001年，里田医院被市卫生局评为二等甲级医院。2014年末，有中心卫生院1所，村级卫生室16所，专业卫生人员71人，执业助理医师19人，注册护士23人，病床112床。2014年完成诊疗1.02万人次。全乡15个村都参加了农村新型合作医疗，参合率96%。完成无偿献血36袋；新生儿4病筛查率达80%以上，产前筛查率达到60%以上。

社会保障

1950年，县人民政府将孤寡老人的供养列为政务事项，对无劳动力的孤寡老人优先发给救济粮款。1956年，农业合作化后，对孤寡老人普遍实行“五保”（保吃、保穿、保住、保教、保葬）照顾，每人每年需供养费50~60元，由农业社从公益金中解决。1958年，“五保”户的生活由公社集体负责。1961年，公社管理体制调整后，“五保”老人由生产队负责供养，县给予适当救济。1983年，农村实行家庭联产承包责任制后，重新评定“五保”户，采取乡统筹供养，村委会统筹供养，村民小组照料、亲属照料、亲属代耕等多种形式。1987年，普查落实“五保户”人数，里田乡53户67人。2011年，城乡最低生活保障户 413 户 697 人，支出 74.24 万元，比上年增长 30.3%。医疗救助 41 人次，支出资金 8.7 万元。有敬老院 1 所,收养农村“五保”老人 20 人。2014 年年末，城乡最低生活保障 847 户 1283 人；五保户 120 户 121 人；精确配置扶贫资源，精准识别、建档立卡，对全乡 5875 名扶贫人口实施精准性扶持,切实帮助群众脱贫致富。有敬老院 1 所，集中收养农村“五保”户对象。新农保参保人数 8432 人，全年发放养老保险款项 106 万元。

特色地情

人物

刘安思（1892—1928） 男，乳名添寿，字焕章。清光绪十八年（1892）三月三十日出生，车木塘村人。刘安思在赤石高等小学毕业后，由于家庭经济拮据，辍学在家。后在郴州烟酒税收部门谋得一份工作。但他目睹官员的贪污腐败行为，愤然离去，赴长沙谋得长沙水卡事务长职位，当他发现长沙的社会状况和官场作风与郴州同样腐败，便弃职返回家乡，探求新的生活道路。民国 15 年(1926)夏秋之间,毅然参加了农民自卫队。由于他有一定的文化，且有一定的活动能力，见多识广，还具有演讲善辩的口才，很快成为了自卫队的骨干。民国 16 年（1927）3 月，刘安思加入中国共产党，被选为赤石区农会执行委员，参加“宜章县农民运动讲习所”学习，成为宜章县有名的农运骨干。民国 17 年（1928）1 月 12 日，朱德、陈毅率部智取宜章,揭开了湘南起义的序幕，赤石成立了工农革命军第三师第二团，刘安思任副团长。4 月，余经邦、刘安思奉命率领工农革命军独立第三师第二团指战员和家属 1000 多人，从赤石出发，向井冈山转移。途中，独立第三师第二团在资兴因承担后卫任务，被国民党军堵截，只得退回茶园地区坚持斗争。9 月，刘安思不幸被捕。11 月 4 日，英勇就义。

古迹胜景

中塘戏楼 清光绪十二年（1886）四月，中塘村黄氏捐建。是宜章县东部乃至全县唯一尚存的一座戏楼。戏楼坐落在中塘村的小山冲里，建筑精美雄伟壮观。戏台后木屏有一副对联：“玉佩光摇银汉月；霓裳色映碧霞天”，横批“黄流在中”。由于风侵雨蚀，经历 125 年的古戏楼已破损严重，于 2014 年 4 月修复，这一文化遗产得到保护。

（黄始凯　供稿）

瑶岗仙镇>>

瑶岗仙镇是著名的有色金属之乡。

区域概况

位置面积

瑶岗仙镇位于宜章县东北，地理坐标为北纬25° 34′ 8″ 至25° 41′ 54″，东经113° 15′ 24″ 至113° 20′ 13″。东与汝城县文明镇相连，西、南与宜章县里田乡交界，北与资兴市清江乡、滁口镇毗邻。辖区东西最大距离13.2公里，南北最大距离14.5公里。国土总面积98.46平方公里，距县城56公里，西距京广线白石渡火车站48公里，距省道S324线10公里，东北距资兴市区61公里，东南距汝城县城84公里，距厦蓉高速里田出口8公里。

1979年，瑶岗仙镇国土总面积14.81平方公里，耕地面积36.5公顷，其中水田14公顷，旱土22.5公顷；长策公社国土总面积87.07平方公里，耕地面积713公顷，其中水田537.8公顷，旱土175.2公顷。2009年，国土详查，长策乡国土面积83.87平方公里，耕地面积1008.33公顷，林地面积6151.84公顷；瑶岗仙镇国土面积14.59平方公里，耕地面积50.56公顷，林地面积901.24公顷。2012年至2014年，全镇国土总面积98.46平方公里，耕地面积703.3公顷，其中水田511.5公顷，旱土191.8公顷。

建置沿革

瑶岗仙明代属永平乡永清里。清代属永平乡十五都。民国12年（1923）属赤石团东乡。民国24年(1935)属第六区长策乡。民国27年(1938)，属里田乡。1949年11月，属赤石区人民政府办事处。1950年10月，属第六区（赤石区）长策乡。1952年5月,属第八区长策乡。1953年4月，属第八区脚庵乡。1956年，撤区并乡时复归长策乡。1957年9月,始设瑶岗仙镇。1958年10月，划归赤石公社管辖、称瑶岗仙大队。1959年5月20日，恢复称瑶岗仙镇。1960年7月，瑶岗仙镇改为瑶岗仙人民公社；1983年1月，撤瑶岗仙人民公社恢复瑶岗仙镇。1996年，镇政府驻上坪坳,辖建新、永红2个居委会和瑶岗仙村民委员会。

1949年11月，长策乡属赤石区人民政府办事处。1950年4月,属第六区（赤石区）长策乡。1953年4月，分属第八区长策乡、下坪乡。1956年6月，撤区并乡时，长策乡、下坪乡合并为长策乡。1958年10月，撤销长策乡，并入赤石公社。1961年7月，从赤石公社划出设立长策公社，1984年3月,改社建乡。1996年，乡政府驻新屋，辖新坪、上坪、中坪、下坪、羊坦、陈家塘、新屋、老屋、田僚、回田、严廊、前进、向阳13个村民委员会和长策居委会。

2012年4月，瑶岗仙镇与长策乡合并，仍称瑶岗仙镇。

行政区划

2012年区划调整后，政府驻新屋，辖新坪、上坪、中坪、下坪、羊坦、陈家塘、新屋、老屋、田僚、回田、严廊、前进、向阳、瑶岗仙14个村民委员会，永红、长兴街2个居委会和天鹅峰社区，20个居民小组，102个村民小组，98个自然村。

自然环境

地形地貌 以花岗岩为主的山地丘陵地貌。东、西、北三面高，南面低，策水河穿境而过。地面高度一般在海拔400~1842米，境内山脉由五盖山、宝盖山、西山山脉南迤镇境，宝盖山从狮子口，西山山脉从资兴市丫溪南迤瑶岗仙，有县境第二高峰——1842米的仙鹅抱蛋。

地表水 境内河道属于湘江、珠江两大水系流域。水资源分布不均，主要汇集到策水河流入东江湖。策水河源自狮子口大山里，由北向东，流经上坪、中坪、下坪、陈家塘、新屋、老屋村，长13公里，最后流入东江湖。汇溪河源自狮子口大山里，由北向南，流经下坪、羊坦村，长约5公里，最后汇入珠江源头渔溪河。域内较大的山溪有桐木垅、杨梅岭、大垅坑、蛤蟆石、西沙坪等几条季节性河沟，流量完全受降水影响，大部分水量都沿地形坡流入垅下河谷，部分沿谷流向东汇入流坡河，少量水流汇陈家垅经石门向西流入策水河。

地下水 域内地下水总的流向从西向东。因地表水以地下水补给为主，水质普遍存在矿化度过高，含铁、锰、砷、有机物酚类等有害元素超标现象。

气候 该镇属中亚热带湿润季风气候。气候受季风交替影响，春早多变，夏热期长，秋短温凉，冬无严寒，热量丰富，雨水不匀。年平均气温18.3℃，1月平均气温7.1℃，7月平均气温28.1℃。年平均日照数为1603.1小时。每年11月至翌年5月为雾季，年平均降水量1600毫米，蒸发量1568毫米，无霜期292天。湿度以二月份为最高,全月湿度可达91%。域内偶有山洪暴发，造成灾害。

自然资源 境内矿产资源丰富，已探明的有20余种，极具开发价值的有黑钨、白钨、煤炭、铅、锌、银、锑等，其中裕新白钨多金属矿床所蕴藏的钨资源量居世界已探明白钨资源储量的第四位，共探获白钨金属量20万吨，同时富含铜、锡、钼、铋、铅、锌、银等元素，有悠久的开采历史。

森林资源 1983年，全县森林资源清查：瑶岗仙镇林业用地面积686.66公顷，其中有林地面积566.66公顷，森林覆盖率41.1%，林木蓄积量8700立方米；长策公社林业用地面积6306.66公顷，有林地面积3153.33公顷，森林覆盖率41.7%，林木蓄积量3.8万立方米。2013年，宜章县森林资源调查统计，瑶岗仙镇林业用地面积7792.6公顷，其中有林地面积5794.8公顷，活立木蓄积量101428立方米，森林覆盖率70.01%。

人口民族

民国6年（1917），瑶岗仙开采钨矿的公司数十家，采矿工人达5000余人。民国7年（1918）冬。随着第一次世界大战结束，钨价大跌，许多公司停办，工人大量减少。随着第二次世界大战爆发，钨价上涨，部分停办公司又先后开业，民国26年（1937），采钨工人又达4000余人。民国36年（1947），国民政府资源委员会成立瑶岗仙工程处，第二年，有矿工1100余人。2000年，瑶岗仙镇总户数2838户，总人口7972人，其中男 4243 人，女 3729 人；长策乡总户数 3162 户，总人口 12505 人，其中男 6380 人，女 6125 人。2014 年末，辖区总户数 6913 户，总人口 22676 人，其中男 11790 人，女 10886 人。城镇人口 9935 人，农业人口 12741 人。人口出生率 11.6‰；死亡率 7.21‰；人口自然增长率 4.39‰；城镇化率 52.35%。

经济发展

经济概况

民国 3 年（1914），瑶岗仙开始开采钨矿，由于矿山被资本家和封建把头把持，矿工民不聊生。民国 7 年（1918）是瑶岗仙采钨的最鼎盛时期，每月产量达百吨以上。当时有裕厚、同丰、宜旺等十几家公司。有一长达 300 余米的长街，有大小店铺数十家之多，一般生活用品和生产材料都有供应。

新中国成立后，瑶岗仙进入了全新的建设和发展时期。1955 年，瑶岗仙钨矿建设日处理矿石 2500 吨的机选厂，并建成 1 号索道，全长 1823 米，采、选、运大部分工艺流程实现机械化。1960 年 11 月，该矿自行设计，自行施工 2 号索道建成投产，全长 1576 米，最大跨度 1087 米。1978 年，长策乡总收入达 118.8 万元，其中农业收入 73.45 万元、副业收入 24.05 万元；瑶岗仙镇总收入 67.46 万元，其中农业 7.76 万元、其他收入 59.7 万元。2000 年，为经济快速增长期，瑶岗仙镇工农业总产值 4854 万元，其中：工业总产值 4662 万元，农业总产值 192 万元；长策乡工农业总产值 17175 万元，其中：工业总产值 15098 万元，农业总产值 2077 万元。

2007 年瑶岗仙镇实现地区生产总值 4875.11 万元，财政总收入 584.2 万元，同期增长 13.57%，城镇居民可支配收入达 7892 元，农民人均纯收入 4175 元。

2014 年，全镇地区生产总值达 61207.64 万元，比上年增长 11.52%；完成镇财税总收入 20256 万元，同比增长 8%；固定资产投资 96974 万元，同比增长 31.4%；城镇居民人均可支配收入 23068 元，同比增长 16.76%，农民人平纯收入 4825 元，同比增长 15%。

农业

瑶岗仙虽然是一个典型的山区工矿镇，但农业仍然为传统农业模式，长期以来，以农业为主，山瘠地薄，耕作粗放，农业生产水平低下，农民生活贫乏，岁歉，不得温饱。新中国成立后，推广双季稻，矮子禾，杂交稻，大多数农民解决了温饱问题。1979 年，瑶岗仙镇粮食产量 126 吨，蔬菜 667 吨，生猪出栏 471 头；长策乡粮食产量 3760 吨，烤烟 32.4 吨，蔬菜 75 吨，水果 10.3 吨，生猪出栏 4028 头。2000 年，瑶岗仙镇粮食产量 77 吨，蔬菜 154 吨，水果 6 吨，生猪出栏 1000 头，家禽出笼 380 羽；长策乡粮食产量 6070 吨，烤烟 153 吨，油料 50 吨，蔬菜 1542 吨，水果 40 吨，生猪出栏 18680 头，家禽出笼 11220 羽。

2010 年，瑶岗仙镇和长策乡党委政府大力推广“公司＋基地＋农户”的农业现代化发展模式，因地制宜发展特色产业，形成了烤烟、蔬菜、养殖三大主导产业，反季节蔬菜和特种养殖野猪，以其优良品质畅销国内。2014 年，实现农林牧渔业总产值 10692 万元，增长 5.24%。全年粮食总产量 6760 吨，烤烟 262 吨，油料 208 吨，蔬菜 4268 吨，茶叶 8 吨，水果 1449 吨，出栏生猪 19406 头，其中养殖野猪 350 头、出栏牛 546 头、出笼家禽 76315 羽，植树造林 40 公顷。

工业

1970年，长策公社开办鱼冲龙煤矿，年产煤1万余吨。同年瑶岗仙公社开办瑶岗仙有色矿，年产钨精矿15吨。1973年5月，瑶岗仙公社投资5000元，建成砒灰厂，是年产砒灰208吨。1976年5月，长策乡动工兴建红旗电站，次年6月发电，装机容量5台/625千瓦。1978年9月，建尾水电站，次年10月发电，装机容量1台/40千瓦。1986年，砒灰厂与湖南地质矿产环境保护研究所签订治理"三废"技术改造合同，投资18万元进行改造，年生产砒灰900吨。1985年，瑶岗仙有色矿投资40万元，将该矿提质改造成年产钨精矿砂500吨的矿山。1986年6月兴建下坪电站，1987年发电，装机容量2台/800千瓦。2003年9月，成功引进怡鑫银矿，开采铅锌银矿床，每年上缴利税500万元以上。2009年瑶岗仙裕新多金属技改项目奠基施工；2011年成功引进了投资4500万元的万源有色金属贸易企业、投资3000万元的羊坦选厂和投资1000余万元的和盛选厂三家企业；实现了财税收入7100万元，成为全县年纳税最多的乡镇。

镇乡合并后，至2012年底，辖区内的企业主要集中在矿产和水电两块，2014年年末，全镇有各类企业、个体工商户846家，工业总产值103470万元。

商贸服务业

民国6年（1917），开办钨矿公司由4家增至30余家，工人由300余人增加至5000余人，脚庵街道，各种店铺增至30余家。民国37年（1948），有矿工1100余人，市场有商店25家，粮食、蔬菜等多依靠附近农民上市供应。

民国38年（1949）5月，湘南支队解放瑶岗仙矿区。1949年11月，县人民政府办事处派员接管矿山，矿区生产不断发展，人员逐渐增多，由矿工集股组建职工消费合作社，供应职工、眷属生活用品。1952年6月1日，第八区（赤石）供销合作社成立，长策乡农民的生产生活资料由八区供销社负责。1955年6月，第八区供销社改称赤石供销社，增设长策、新华、上坪购销商店，极大地方便了农民群众。1956年10月，改为瑶岗仙贸易公司，增设粮店、食品站，矿办有招待所接待外来人员，其他商业网点甚少，附近农民有部分农副产品上市交易。

1988年有商业网点90个，从业人员323人，其中个人商业78家，从业人员240人，商品零售额739万元，占全县社会商品零售总额的3.8%。进入20世纪90年代，长策供销社转变经营机制，承包经营者一次性买断柜组商品，实行自主经营，自负盈亏。1998年，瑶岗仙镇政府出资对市场建设改造升级，建成7500平方米、拥有65个摊位的大市场。2014年年末，全镇有大型超市7家，农贸综合市场2个，个体工商户815户，酒店服务业3户，餐饮服务行业67户，各类从业人员3045人；瑶岗仙矿区建有固定市场，一天到晚热热闹闹；每逢2、8长策圩日，数千群众从各村聚集赶圩。当年，全镇社会消费品零售总额24421万元，比上年增长14.5%。2014年年末，境内有2家农商银行、1家邮政银行，金融机构各类存款余额5.68亿元，比上年增长21%；各项贷款余额13000万元，比上年增长8.9%。

基础设施

交通运输

1954年3—9月，8省31县的近5000人的施工队伍，仅用7个月的时间，建成了全长51公里的瑶岗仙至白石渡公路，耗资130.29万元，公路等级四级；1963年，建设汽车站1个。1988年，乡道1条，里程5公里；桥梁6座，其中机耕桥1座，公路桥5座。2003年，对里瑶公路进行改造硬化。2008年，长清公路长策至上坪5公里硬化。2011年，长清公路下坪村至长策与清江交界处6.6公里硬化通车。至2014年年底，镇区内有三条主要道路，里田至瑶岗仙县道，长策至汝城县文明乡，长策至资兴市清江联网公路。全镇17个村委会全面实现通村公路改造硬化，对43条村道218.9公里进行硬化，每天有20余次客车停经往返郴州市、汝城县、桂东县、宜章县等地，客流量1000余人。汽车站一个，面积约1600平方米；有农村客运招呼站6个。

邮政通信

民国24年（1935）10月1日瑶岗仙设邮柜，为矿业公司专递。民国27年（1938），里田圩至长策、瑶岗仙步行通邮。1954年，瑶白公路通车后，开始汽车带运。1986年10月1日，瑶岗仙开办邮政储蓄，最初仅办理定期、活期及零存整取，1987年6月，又增加有奖储蓄。1988年，邮政支局开设集邮窗口，发售纪念和特种邮票、明信片、纪念卡、集邮册等，由营业室派员兼办。民国23年（1934），开通电话。1955年，湖南省投资，发展农村电话，实现了乡乡通话。1956年开通长途电话。1973年，全县使用载波，到1988年瑶岗仙开通载波电路1端1路。1989年，县邮电局开通80门自动电话交换机，各原乡镇机关、部分企业及少数个人安装有自动电话，结束人工交换电话历史。至2014年，境内有邮政所2家、邮政代办所1处、移动通信基站5处。有家庭固定电话3185部、移动电话22480部，宽带发展到1236户，矿区有线电视用户3225户。

供水供电

供水 清末民国时期，境内居民均饮用从石岱下悬崖底的溶洞里涌出的清泉水。1953年，矿区建设自来水厂，水源来自石门水站。1985年，镇区建设自来水厂。2011年，实施东江湖饮水工程，解决矿区生活用水。2014年，投资180余万元新建了长兴街饮水工程。

供电 民国时期，瑶岗仙钨矿有自备小容量发电机组。1950年，瑶矿用50匹马力蒸汽发电机和30匹马力柴油发电机。同年10月1日，动力车间建成发电，装有300马力柴油发电机组6台，年发电量345万千瓦时。1955年增加600马力柴油发电机组2台，总装机容量2200千瓦，供全矿照明生产。1957年，鲤鱼江至瑶岗仙35千伏高压线路建成，柴油发电机陆续调出。瑶岗仙矿区主要由鲤鱼江电厂供电。1976年5月，兴建红旗水电站，1977年6月，直供瑶岗仙矿区生活用电。1987年12月，下坪电站建成投产；1979年10月，新坪电站建成投产。2001年老屋电站建成投产，装机2台/160千瓦；2003年10月，羊坦电站建成投产，装机2台/100千瓦；2005年8月，大山里电站建成投产，装机2台/500千瓦。2008年，因南方冰冻灾害，全镇电网进行全面维修，新铺设电网，4月底恢复供电。2010年，国家电力重组，镇区的红旗电站、下坪电站、新坪电站并入华中电网。2010年，县委、县政府大力实施电网建设和改造，原长策乡50个村民小组8600余人完成改造，还有66个村民小组未改造。其中永红居委会6个组、瑶岗仙村5个组、天鹅峰社区2个组由瑶矿供电，其余各村由里田供电所供电。

水利建设

镇域内有策水河全长12公里，流经7个村；渔溪河境内长4公里，流经3个村。有山塘46口，库容36.8万立方米，小Ⅱ型水库5座，库容155.3万立方米。1957年开工建设长策乡严廊村上山水库；1957开工建设五一水库，1965年建成，储水量10万立方米，（其中在1976年被冲毁，1978年重建）；1958年建成鹧鸪冲水库。1965—1972年，修建西岭水渠，坝高1米、设计灌溉面积166.66公顷，流长10公里，自流灌溉120公顷。1989年建成五四水库（又名羊坦村水库），1990年建成塘口水库。2012~2014年期间，对各水库进行了除险加固；田间灌溉渠道修建逐年完善，三面光渠道逐步替代土渠。2014年，投入1080万元全面开展策水河综合治理工程。

村镇建设

民国4年（1915），形成脚庵市，先后有多家公司兴起，矿工达5000多人。1949年5月和平解放，同年11月，省军管会接管，矿机关设五郎坪，将脚庵街住户20多家，全部拆迁兴建。1983年，经省批准成立镇的建制，管辖1个居委会和1个村委会。1987年，设环境卫生管理所。1988年，建成长420多米，宽19米的直街，以及长600多米、宽19米的横街。镇区中心设一广场。所设置的机关、商店、粮店、学校、医院、招待所、电影院定点适宜，街道平坦、庭院前后，树木花草成荫。电灯和水均由矿同意供给，设置路灯32盏。每天定时有班车通达县城、郴州等地。所建各类房屋达20.16万平方米。2013年，县政府实施城乡环境同治政策，实施了长兴街提质改造；2014年，对瑶岗仙矿区排洪排污管道进行了改扩建和六乱整治；2014年年末，实现镇内村村通水泥公路，80%的村民小组硬化了通组公路；建设了机关、天鹅峰、田僚村、老屋村、新屋村文体小广场和花果山公园；全面规范农村建房，投入600万元打造了陈家塘村集中连片建房示范点；完成了长清公路、里瑶公路沿线、策水河以及通村公路的路树绿化和抚育。

社会事业

教育科技

教育 清初，长策建有观澜书院。民国5—6年（1916—1917），中坪、上严廊、下坪、下严廊、老屋均开办初小。民国29年（1931），县政府实施国民教育，推行一乡一所中心小学，一保一所国民小学，当时只有里田乡和赤石乡，瑶岗仙和长策两地只有初小，没有高小，要读中心小学则必须往里田和赤石。1949年10月28日，县人民政府办事处发出通令，接管公私立学校。同时，普遍开展农民业余教育。1951年，各村坚持“夜间教学不误农时”的原则，掀起以识字为主的冬学运动，各地均办农民业余学校，由小学教师义务兼课，也有由群众教师教学的。1954年，瑶岗仙矿职工业余学校成立，有小学班、初中班和高中班，并配有责任教师和兼职教师。1955年下半年，在上坪坳创办长策完全小学。1956年，广泛开展扫盲运动。1962年，瑶岗仙增办初中班。1969年，长策完全小学更名为长策中学，还兼办高中，后进行扩建，更名为新屋联校。1985年9月，建立瑶岗仙镇中心小学，地点在石门凹丘。同年建立长策中心小学。1988年，瑶岗仙镇有矿办职工子弟学校1所，教师23人，学生610人，有镇初级中学1所，教师11人，学生66人；小学1所，教职工12人，学生144人；幼儿园3所，在园儿童183人，幼师12人。长策乡有初级中学1所，教职工20人，学生251人；小学22所，教职工75人，学生1540人；幼儿园2所，在园儿童42人，幼师2人。1996年，该校搬迁，原校更名为长策乡农校。2007年2月瑶岗仙学校与瑶岗仙矿职工子弟学校整合。2007年11月明德项目建成后，长策中心小学更名为明德小学。

2012年乡镇合并后，全镇有初级中学1所，小学8所，其中中心小学2所，教学点6个，幼儿园6所。学前班20个，在园幼儿842名。2014年，全镇有幼儿园6所，在园儿童488人，幼师52人；有初中1所，在校学生47人；小学7所，在校学生1322人；共有中小学教师80人。中小学专任教师的学历达标率为100%，具有副高职称的教师2人，中级职称的教师41人、初级职称的教师36人。2014年经郴州市教育局认定为"市级标准化实验室合格学校"。

科技 民国时期，境内农民对种植的水稻品种进行互换更新，民国31年（1942），县内推广"万利籼"等新品种，境内积极推广。1950年，政府推广"解放籼""满地红"，境内也同时推广，以后又进行单季改双季，高秆改矮秆，常规稻改杂交稻等一系列改种改技术活动。除进行品种改良外，还推广了湿润秧田、薄膜覆盖育秧等先进方法，使农业生产技术不断地提高。1989—2000年，长策乡被省科协授予科普先进乡镇称号。

文化体育

文化 民国时期，因地处偏僻，交通不便，很少外地剧团演出。1955年9月，瑶岗仙钨矿建成工人俱乐部，经常有本县或外地剧团演出。20世纪60年代矿山成立业余文艺宣传队，丰富职工文化生活。1970年，建成广播站，配有1名专职广播机线员。1977年10月，瑶岗仙矿建0.5瓦差转台1座，差转广东电视节目，覆盖全矿。1986年3月，经湖南省广播电视厅批准，建设300瓦电视转播台。2008年始，建设1家镇综合文化站，各村配置农村书屋。2014年年末，组建了花果山、天鹅峰、长兴街3支广场舞队伍，参与人员达100多人；广播电视"村村通"、应急广播"村村响"工程顺利竣工。实现了7个村的文体小广场。

体育 民国时期，无论矿山或农村，均无体育组织，亦无运动器材及场所，部分体育爱好者自发地开展体育活动。活动的项目有舞龙、舞狮、武术、棋类、钓鱼等，但多数工人和农民为生活而奔波，很少开展体育活动。

新中国成立后，县人民政府倡导开展群众性体育活动，长策乡各村的农民在继承传统项目的基础上，还接受现代球类、田径等新的体育项目。1958年11月，瑶岗仙钨矿、长策公社组成代表队参加县第三届体育运动会篮球赛。

1970—2014年，瑶岗仙镇和长策乡各部门和各村均组织代表队，多次参加县、乡组织的比赛。比赛的时间大都安排在每年的春节、"三八"妇女节、"五四"青年节、"七一"建党节、"十一"国庆节。参赛的项目有拔河、象棋、篮球、长跑、登山、钓鱼等。

清末，废科举、兴学堂，境内各小学堂开始设体操科。民国12年（1923）小学体操课改为体育课。民国23年（1934），境内各小学每周设童子军课、体育课各1节，但农村普遍缺体育专职教师，许多农村体育课仍以拍皮球、跳绳、踢毽子为主。

新中国成立后，乡内各小学普遍实行每周两节体育课。体育教学内容丰富，坚持"三操"（早操、课间操、眼保健操）两活动（每周两节体育课、每天1节课外活动），1957年，完小和中学，实施《准备劳动与卫国体育制度》（简称《劳卫制》）。1958年，"大跃进"运动中，学校体育课被生产劳动所代替。1964年，境内各中小学开始实行《青少年体育锻炼标准》。1966年，"文化大革命"开始，学校"停课闹革命"，体育教学停止。1969年下半年，"复课闹革命"，体育课改为军事体育课，教学内容侧重于队列、刺杀、投弹、射击等军事训练。1978年，大部分学校实施《国家体育锻炼标准》。1991年，境内各中小学均成立体育卫生工作领导小组，各校每周均开展两课两操两活动（两节体育课，每天坚持做广播体操、眼保健操，每周两次课外体育活动）。1992~2014年，各学校均组建田径、乒乓球、篮球代表队，每年举办一次全校体育运动会。

医疗卫生

清末民国时期，长策老屋、新屋、上坪、下坪均有药店和中医。民国时期，瑶岗仙钨矿设医务室。1952年下半年，将医务室扩充为卫生所，增设中医门诊、中药房和15张病床。1954年卫生所扩充为矿职工医院。1956年，接收私营药店和医药人员，成立长策联合诊所。1957年，瑶岗仙镇医院成立。1958年，长策联合诊所改称长策乡农村医院。1961年，长策乡农村医院改称长策公社卫生院，瑶岗仙镇医院改称瑶岗仙镇卫生院。1984年，公社卫生院改称乡镇卫生院。2008年4月瑶岗仙钨矿职工医院和瑶岗仙镇医院合并。2009年完成新建医院大楼。2014年末，全镇有卫生院1家，村级卫生室11家，有医疗卫生技术人员73人，高级职称3人、中级职称17人，医院开设床位110张；新型合作医疗参缴12897人，筹集参合资金112.93万元，参合率达97.2%。

社会保障

1950年，县人民政府将孤寡老人的供养列为政务事项，对无劳动力的孤寡老人优先发给救济粮款。1956年合作化后，对孤寡老人普遍实行保吃、保住、保穿、保教、保葬的“五保”照顾，由农业社从公益金中解决。1958年，人民公社化后，“五保”户的生活由公社集体负责。1961年春，公社管理体制调整，“五保”老人的供养改由生产队负责，县给予适当救济。1987年，境内对“五保”老人进行普查，普查结果瑶岗仙镇有“五保户”4户，4人；长策乡有“五保户”61户64人。2000年，对“五保”户供养方式有乡镇村联筹供养、村联筹供养、组联筹供养、亲友供养等。2011年，全镇参加养老保险6010人，参保率95%；60岁以上领取养老金的2301人。当年，有城镇最低生活保障户73户，105人，支出15.63万元；医疗救助15人次，民政部门资助参加合作医疗114人，支出5700元，有农村最低生活保障户218户，295人，支出23.01万元；有“五保户”75户80人。当年有敬老院1座，床位50张。2014年年末，城乡居民社会养老保险参保6354人，上缴社保费78.85万元，参保率97.16%；弱势群体得到帮扶，低保补助、“五保”供养全面提高，发放低保金108.3万元，五保供养金18.32万元，农村低保户617人（120元/月），城镇低保户128人（240元/月），“五保”户分散供养人数64人（220元/月），“五保”户集中供养人数7人，敬老院有床位50张；开展低保“阳光行动”，新增农村低保户59户67人，城市低保6户7人，取消了25户26人。切实做好大病救助、灾害救助、优抚、危房改造和精准扶贫工作，救助大病患者48人次、发放救助资金86.4万元；临时救助困难对象165户685人，发放社会救济金6.9万元；重点优抚对象70人，发放抚恤补助金24.65万元；改造农村危房31户；扩大基本保障覆盖面，对771户（共3440人）农村贫困对象进行识别和建档立卡，审核全镇119名民办（代课）教师和13名乡村医生生活困难补助申请。

特色地情

人物

欧阳菜（1901—？） 男，清光绪二十七年

（1901）4月生，长策老屋人。又名欧阳宙棻，号子揆，民国初年毕业于郴郡联合中学，后就读黄埔军校，拔升为中央陆军大学特别班毕业。民国27年（1938），担任国民党陆军52军副军长兼23师师长，后先后任豫鄂边区党政军委会主任、游击总指挥、新编第2军第29军少将副军长、53军副军长兼豫省信罗师管区司令。新中国成立前夕，他迷途知返，率部起义，为和平解放湖南做出了贡献。1950年5月中旬，中共宜章县委宣传部部长倪鹏举通过欧阳棻劝归赤石区土匪投诚，其间，欧阳棻做通了300余名土匪的劝降工作，中共宜章县委为其记功。先后担任衡阳市林业局长、零陵地区林业局副局长。“文化大革命”时期，他首当其冲，被下放零陵地区“五七”干校学习。逝世时间不详。葬于南京。

名胜古迹

观澜书院 观澜书院位于宜章县长策乡长策洞中，新屋村南头，策水旁，书院前，正好是策江和龙富江交汇处，站在书院向东俯瞰，滔滔江水映入眼帘，由此而得名“观澜”书院。始建于清朝康熙（1662—1722年）年间，始建时约350平方米，开办蒙馆、经馆，里田、江厚、文明、洞头、瑶岗仙，甚至资兴境内附近的孩子也在此就读。民国时期，开办“国民小学”，由于生源不断增多，原有校舍容纳不下，又于院西扩建一排教室，建筑面积145平方米。民国时期，书院易名为：“长策保第一国民学校”。1949年新中国成立后，全乡在此办高级小学，取名为“长策小学”。1969年，学校易名为“长策中学”。直到1996年，由于校舍再不能适应全乡中学的发展，将中学搬迁新屋村的欧铺岭（原瑶岗仙钨矿职工疗养所）。原校舍归还新屋村。1969年，开门办学，公办小学下放到大队以后，将书院以农田饮水沟为界，下面（即东面）校区归中学使用，上面（即西面）校区归新屋小学使用。1996年至今，为新屋小学管理。

（邓继承　黄文峰　供稿）

附录

2000—2015 年宜章县行政区划变更一览表

<table>
<tr><th>2000 年 12 月至 2012 年 3 月</th><th>2012 年 3 月至 2015 年 11 月</th><th>2015 年 11 月后</th></tr>
<tr><td>城关镇</td><td rowspan="2">玉溪镇</td><td rowspan="2">玉溪镇</td></tr>
<tr><td>城南乡</td></tr>
<tr><td>梅田镇</td><td>梅田镇</td><td rowspan="2">梅田镇</td></tr>
<tr><td>麻田镇</td><td>麻田镇</td></tr>
<tr><td>浆水乡</td><td>浆水乡</td><td>浆水乡</td></tr>
<tr><td>长村乡</td><td>长村乡</td><td>长村乡</td></tr>
<tr><td>迎春镇</td><td>迎春镇</td><td>迎春镇</td></tr>
<tr><td>黄沙镇</td><td>黄沙镇</td><td>黄沙镇</td></tr>
<tr><td>天塘乡</td><td rowspan="2">天塘乡</td><td rowspan="2">天塘镇</td></tr>
<tr><td>东风乡</td></tr>
<tr><td>莽山瑶族自治乡</td><td>莽山瑶族乡</td><td>莽山瑶族乡</td></tr>
<tr><td>白沙圩乡</td><td>白沙圩乡</td><td rowspan="2">笆篱镇</td></tr>
<tr><td>笆篱乡</td><td>笆篱乡</td></tr>
<tr><td>一六镇</td><td>一六镇</td><td>一六镇</td></tr>
<tr><td>岩泉镇</td><td>岩泉镇</td><td>岩泉镇</td></tr>
<tr><td>栗源镇</td><td>栗源镇</td><td>栗源镇</td></tr>
<tr><td>关溪乡</td><td>关溪乡</td><td>关溪乡</td></tr>
<tr><td>沙坪乡</td><td rowspan="2">五岭乡</td><td rowspan="2">五岭镇</td></tr>
<tr><td>太平里乡</td></tr>
<tr><td>白石渡镇</td><td>白石渡镇</td><td>白石渡镇</td></tr>
<tr><td>杨梅山镇</td><td>杨梅山镇</td><td rowspan="2">杨梅山镇</td></tr>
<tr><td>平和乡</td><td>平和乡</td></tr>
<tr><td>赤石乡</td><td>赤石乡（增辖原新华乡汇溪村、南塘门村、巩桥村）</td><td>赤石乡</td></tr>
<tr><td>里田乡</td><td>里田乡（增辖原新华乡江厚村、东山村、老塘村、吾作塘村）</td><td>里田镇</td></tr>
<tr><td>新华乡</td><td>汇溪村、南塘门村、巩桥村调至赤石乡管辖；江厚村、东山村、老塘村、吾作塘村调至里田乡管辖</td><td></td></tr>
<tr><td>长策乡</td><td rowspan="2">瑶岗仙镇</td><td rowspan="2">瑶岗仙镇</td></tr>
<tr><td>瑶岗仙镇</td></tr>
</table>

HUNANXIANGZHENJIANZHI

湖南乡镇简志

郴州市卷（下册）

湖南省地方志编纂委员会
郴州市地方志编纂委员会 编纂

方志出版社

图书在版编目（C I P）数据

湖南乡镇简志．郴州市卷 / 湖南省地方志编纂委员会，郴州市地方志编纂委员会编．--北京:方志出版社，2017.12
ISBN 978-7-5144-2856-8

Ⅰ.①湖… Ⅱ.①湖… ②郴… Ⅲ.①乡镇-地方志-郴州 Ⅳ.①K296.45

中国版本图书馆CIP数据核字(2017)第322606号

湖南乡镇简志•郴州市卷

编　　者： 湖南省地方志编纂委员会　郴州市地方志编纂委员会
责任编辑： 齐　笑

出 版 人： 冀祥德
出 版 者： 方志出版社
地　　址： 北京市朝阳区潘家园东里9号（国家方志馆4层）
邮　　编： 100021
网　　址： http://www.fzph.org
发　　行： 方志出版社图书经销中心
电话（010）67110500
经　　销： 各地新华书店
印　　刷： 郴州市天虹彩色印刷有限公司

开　　本： 889×1194　1/16
印　　张： 241
字　　数： 2975千字
版　　次： 2017年12月第1版　2017年12月第1次印刷
印　　数： 0001～3000册

ISBN 978-7-5144-2856-8　定价：620.00元

目录

下册

永兴县

嘉禾县

临武县

汝城县

桂东县

永兴县

概述

永兴县位于湖南东南部。是中共中央原书记处书记、解放军原总参谋长、开国大将黄克诚的故乡。县域总面积1979平方公里，总人口约70万。辖14镇7乡和1个省级经济开发区、1个省级工业集中区。近年来，永兴县围绕“开放促发展、优势化强势、对接珠三角、融入大郴州，建设全国科学发展百强县”总体思路和目标，大力实施开放崛起、永郴融城、工业强县、环保优先四大战略，全县经济社会发展步入快车道。2014年，全县实现地区生产总值266.8亿元，固定资产投资224.2亿元，公共财政收入23.2亿元，社会消费品零售总额61.3亿元，城镇和农村居民人均可支配收入分别为23371元、13028元。

永兴，历史悠久。春秋战国（前770）为楚地。秦始皇二十六年（前221）地属郴县。西汉高祖五年（前202），析郴县北4乡始建便县（因治所临便江而得名），属桂阳郡。王莽始建国元年（9）改名便屏县，属南平郡。南北朝宋永初元年（420）并入郴县。陈永定三年（559）复置便县。隋开皇九年（589）复并入郴县。唐开元十三年（725）析郴县北4乡置安陵县，治址迁至古城村（高亭司东北隅）。唐天宝元年（742）更名为高亭县，属桂阳郡。宋熙宁六年（1073）治迁便江北岸，以“世兴旺”之意定名永兴县，隶属荆湖南路郴州军。清雍正二年（1724），属湖南衡永郴道郴州直隶州。民国元年（1912），属湖南省衡永郴桂道。民国26年（1937），属第八行政督察区。民国29年（1940），改属第三行政督察区。1949年10月4日，永兴解放，隶属郴县专区。1951年，隶属更名为郴州专区。1970年，隶属易名郴州地区。1994年12月，隶属地级郴州市至今。置县于汉高祖五年（前202），留存有汉代的三侯祠，唐代的观音岩寺、侍郎坦，宋代的北院寺、金刚禅寺，清代的龙华寺、大明寺等历史遗迹。流传着神农氏尝百草、诸葛亮屯兵“侯憩仙”、韩愈驻足挥毫、徐霞客探幽揽胜、王船山游历唱和等美丽传说。

永兴，风景秀美。丹霞地貌在全国发育最典型、分布最广、面积最大，拥有总面积达9006.15公顷的永兴丹霞国家森林公园，其中黑坦的深度、盐坦的广度堪称全国丹霞坦洞之最，“一线天”堪称“天下第一缝”，百里便江以“山青、水秀、石奇、寺妙、洞幽”闻名遐迩，中国历史文化名村板梁古村系统构建出人、自然、社会和谐共生的环境特色，古朴神奇的中国白银第一坊、苏州园林式的安陵书院更增山水银都一份秀色。

永兴，资源丰富。水能资源理论蕴藏量为12万千瓦，可开发容量在100千瓦以上的水电站有40处，可装机82700千瓦。境内矿产资源有4大类15种，其中煤炭探明储量3.8亿吨、占全省的10%，是全国100个重点产煤县、全省6大产煤县之一。地处中亚热带常绿阔叶林区，森林覆盖率67.97%。有红豆杉等珍稀植物20余种。

永兴，交通便利。便江上承东江，下接湘江，直入长江，是郴州市唯一的水运航线。京广铁路、京港澳高速公路、武广高铁、G107、S209和S003穿境而过。随着郴永大道、银都大道的建成通车，郴州“大十字”城镇群和高铁经济带让永兴对接珠三角、融入大郴州的区位优势更加明显。

永兴，产业鲜明。永兴稀贵金属再生资源利用产业享誉全球，年综合回收生产白银2000余吨、黄金近10吨、铂族金属3.5吨、其他有色金属16万多吨。LED显示屏、微晶玻璃板材、亚氧化钛和新引进的电动客车、精细化工等电子、新材料产业呈现良好发展态势。煤炭和烟花爆竹产业完成了标准化改造。永兴冰糖橙获批中国驰名商标和中国地理标志保护产品，烤烟、油茶、桑蚕等农业产业凸显了新优势。突出山水生态主题做文章，山水风光、红色文化、温泉旅游、古民居文化、工业旅游声名鹊起。

永兴，城乡繁荣。城乡建设日新月异，城市化率达45.5%。郴州市最大住宅小区、郴州市县级最大商贸中心、郴州市第一家按五星级标准建设的酒店等一大批标志性项目纷纷建成，宜居、宜商、宜业永兴展现崭新风貌。按照“生态永兴、田园乡村”要求，打造了八公分村、堡口村、松柏村、铜角村等一批统筹城乡发展的精品样板。实施城市基础设施改造和“智慧银都”建设，城市功能日益完善，城市品位大幅提升。

永兴，品牌鲜亮。永兴被誉为“没有银矿的中国银都”。先后获得一大批国家级、省级金字招牌。其中包括全国循环经济试点单位、国家稀贵金属再生资源利用产业化基地、全国城市矿产示范基地、国家可持续发展实验区、国家智慧城市试点县、中国最具投资潜力中小城市百强县、中国新农村建设示范县、中国城市管理创新示范城市、中国优秀智慧城市、湖南省特色县域经济重点县、湖南省平安县和湖南省全面小康经济强县。

永兴，创业活跃。围绕建设全国科学发展百强县总体目标，把加快推进承接产业转移作为县域经济转型调优的突破口，构建了“两区四园”发展格局，着力“用天下人才建设永兴、引天下钱财发展永兴”，营造活力迸发、朝气蓬勃的发展氛围。

明代，县内沿袭金陵（西部）、长庆（中南部）、永兴（中北部）、延道（东部）4乡，下辖12里统20都。弘治年间，全县裁并为16里（即都），里设保甲。清顺治四年（1647），沿袭原4乡，恢复20都。民国元年（1912），废4乡，划3镇15区，沿袭保、甲建制。民国19年（1930），全县设5个区，92个乡（镇）。民国24年（1935），调整为5区33乡333保6199甲。民国27年（1938），废区并乡，全县直辖15个乡（镇）。1950年2月，全县设5个区，保留旧有乡（镇）、保、甲。是年6至7月，普遍开展建政工作，废保甲设村。全县划为7个行政区66个乡（镇）581个村。1951年12月，大乡划小乡，全县设9个区，辖2镇231乡。1953年3月，将原9个区改为8个区1个镇。1956年6月，撤区并乡，设27乡（镇）。1958年9月，撤销乡（镇）村建制，建立11个人民公社，下设83个大队512个生产队。1961年，调整为2个直辖公社、4个区，分辖24个人民公社。1962年5月，撤销4个区。1966年，裁并为19个人民公社。1980年，调整为21个人民公社。1984年，撤社建乡为2镇24乡337个行正政村，1986年2月，调整建制，湘阴渡、塘门口、金龟、柏林、鲤鱼塘改乡为镇。1988年，马田乡并入马田镇。全县行政区划共计7镇18乡338个行政村，1989年，行攻村调至350个。1998年，油市撤乡建镇，全县为8镇17乡342个行政村。2012年行政区划调整，城关、城郊、碧塘3乡镇并为便江镇，洞口乡并入柏林镇，千冲乡并入鲤鱼塘镇，悦来、复和、高亭、黄泥、太和、樟树撤乡建镇。至2014年年末，全县共计14镇7乡342个行政村34个社区（居民委员会）。

（王日明 胡玉娟 杨飞 李晓菊 供稿）

便江镇

便江镇因地处便江而得名。是“中国银都”对外开放的窗口和国优产品“永兴冰糖橙”的发源地。

区域概况

位置面积

便江镇位于永兴县中部。东毗资兴市程水镇，南邻苏仙区五里牌镇，西南连湘阴渡镇，西北接塘门口镇，北界黄泥镇。总面积197平方公里，占永兴县土地总面积的9.95%。镇人民政府驻地永兴县城永兴大道130号，距县人民政府驻地1公里。

建置沿革

西汉高祖五年（前202）始置便县，境地即为治所。唐至明弘治年间，境北（城关、城郊）属延道乡坊厢，境南（碧塘）属长庆乡崇贤里。清代，境北改属长庆乡为坊都，域南属长庆乡十二都。民国27年（1938），坊都（城关、城郊）更名环城镇，十二都（碧塘）为乌市乡。1951年，原环城镇划为第一区南部，原乌市乡划为第二区东部。1958年，原环城镇成立东风公社，原乌市乡划为卫星公社东部。1961年，人民公社体制调整，东风公社续并湘永矿区改称城湘公社，卫星公社东部分设碧塘公社。1971年，碧塘公社易名为向阳公社。1980年，城关公社分设城关镇、城郊公社。1984年改制，境域自北向南依次设立城郊乡、城关镇、碧塘乡。1992年，县在城关镇分设三胞经济技术开发区。2001年，从城关镇划出水南、便江2村归县三胞经济技术开发区管辖。2012年，行政区划调整，城关镇、城郊乡、碧塘乡并为便江镇至今。2013年，县将水南、便江2村纳入便江镇管辖。

行政区划

明清保甲制，沿至民国末年(1949)，境域区划为19个保。1951年，废保建立1镇18乡，即为城关镇（东正街、县正街、西正街、胜利街、湘永煤矿）、水南乡（水南、便江）、康绪乡（康绪、铜角湾）、石屏乡、城郊乡（城郊、白头狮、城东）、灵龛乡（灵坎、黄竹南）、板塘乡（破塘、黄竹北）、坦下乡（观前）、注江乡、三垅乡（五成）、开鹿乡（湘洲）、塘下乡（塘下、茶园、周家）、碧塘乡、火金乡（同意）、牌楼乡、铁炉乡、塘门乡（塘门、同心）、乌泥乡、锦里乡。1958年人民公社化运动，境内原乡镇改制为5个居民委员会和15个生产大队，1961年调小体制规模为25个大队和5个居民委员会，1981年从水南大队分出便江大队。

1984年，辖区改制为26个行政村和5个居民委员会。2006年，原5个居委会改为9个社区。截至2014年，便江镇行政区划为滨河路、文昌、井凉街、坳头上、干劲东路、沙子江、惠民路、人民路、龙山路、湘永10个社区和城东、灵坎、破塘、黄竹、白头狮、石屏、铜角、康绪、水南、便江、城郊、五成、观前、洼江、湘洲、周家、茶园、塘下、同心、碧塘、同意、牌楼、乌泥、塘门、铁炉、锦里26个行政村。

自然环境与资源

自然环境 便江镇气候温热雨丰偏旱。地貌组合为丘陵溪谷平原，总体轮廓东丘西平，地势北高南低。境内便江西纳龙山河，东汇洼江水，北集湘永河。全境土壤以板页岩红壤、砂岩红壤为主。植被多见果木、油茶、杉木、松木、杂木、灌木、楠竹、杂竹等，森林覆盖率为66.7%。

自然资源 境域北半部为二迭系含煤、铁、锰地层，矿产资源丰富，有四类6种。能源矿产主要有煤，分布于康渚、破塘、灵坎、观前、黄竹、同意、牌楼、茶园、塘下、碧塘等村；黑金属矿有褐铁矿、锰矿等，分布于龙王岭、黄竹岭、观音岩后山、大铁山等地段；有色金属矿有铜角湾砂铜矿；非金属矿有境北建筑用片石、观音岩水泥用灰岩、同意村石膏矿和便江河砂等。现存珍稀动物有水獭、河麂、肥螈、猫头鹰、平胸龟、华南兔、虎纹蛙等13种。

人口民族

早在新石器时代，境内便有人类繁衍生息。自南唐开始人口迁移，至明代，因官迁或战乱，先后有廖、曾、刘、陈、彭、李等姓氏后裔世居水南、石屏、洼江一带；亦有历次参加贺潮、李自成、张献忠等起义农民军而流亡他乡者。清代，因经营中药材、油漆等，而有江西、宝庆人留居县城，或因开采煤矿、捕鱼修船等，而有衡阳、湘潭等地人携家落户白头狮一带。民国时期因战乱饥馑，境内人口增长缓慢。新中国成立初期的1952年统计，境内总人数为20299人，其中农业人口16843人，占82.97%；城镇人口3456人，占17.03%。随着居民生活安定，县城就业人员的聚集，至1982年，便江境域总人口数达61990人，其中农业人口33053人，占总人口的53.32%；城镇人口28937人，占总人口数的46.68%；少数民族有瑶族、苗族、回族、土家族等69人。1982年与1952年相比，30年间，总人口增长了2.05倍；其中城镇人口增长7.37倍，农业人口增长96%，年平人口自然增长率为32.08‰。随着20世纪80年代，严格实行计划生育和逐步鼓励农民进城，人口自然增长明显放缓，县城户口显著增加。至2014年年末，便江镇总人口达114199人，其中城镇人口73544人，占总人口数的64.4%，乡村人口40655人，占总人数的35.6%。境内少数民族有瑶族、回族、土家族、蒙古族等21人。与1982年相比，32年间，境内总人口增长84.22%，其中城镇人口比率增长17.72个百分点，农村人口年平人口自然增长率降至7.19‰，下降了24.89个千分点。

经济发展

经济综述

境域经济，传统以农为主，清代商贸较为发达，是永兴重要的商埠，民国时期有了煤炭工业。1978年党的十一届三中全会后，农村推行家庭联产承包责任制，永兴冰糖橙、蔬菜、煤炭、建材、冶炼、运输、金融保险、商贸、饮食等产业全面兴起。2012年政区调整成立便江镇后，全县“百亿投资”计划的大部分重点建设项目落户境内。2014

年，全镇地区生产总值达19.41亿元，其中一、二、三产业的比重依次为6.65 ：45.45 ：47.9；城乡居民收入39427元。与社改乡体制的1984年相比，在经济结构中，第一产业所占比重下降39.9个百分点；第二产业上升18.3个百分点；第三产业上升21.24个百分点。是年，便江镇被评为市级经济发展十快乡镇。

农业

种植业 镇内传统种植业素以水稻、红薯、蔬菜为主。清光绪二十五年（1899），经典史张心道倡导沿便江南岸种桑养蚕。民国15年（1926），县新生农林场在水南坪推广种植梨果、花卉等。新中国成立后，按国家计划需要增加棉花种植。20世纪90年代后，私营业主成为新型农业的带头人，水南村廖邦文的冰糖橙综合开发示范场、冰糖橙种苗有限公司、水南村的“龙华春毫”茶场，新湾、铜角湾大棚蔬菜基地，周家葡萄基地等都形成了产业化规模开发。至2014年，全镇存有耕地面积1905公顷，年产粮食18394吨，蔬菜36943吨，冰糖橙33000吨，种植业增加值7418万元，占农业增加值的57.47%。与社改乡体制的1984年相比，耕地面积增长38.06%，粮食总产增长26.84%，果蔬比重大幅提升。

林业 境内传统林业素以经营油茶为主。民国29年（1940），省政府选定永兴等地为植桐推广区。1964年，推行用材林基地建设。21世纪初，兴起油茶低改、楠竹开发等。2014年，全镇林地12055公顷，年产茶油2.8吨，活立木蓄积300立方米，楠竹70000根，森林覆盖率64.74%，林业增加值1450万元，占农业增加值的11.23%。

畜牧业 清代，境内畜牧业已成为农户家庭副业的重要组成部分。民国时期，仍以养殖耕牛、生猪、家禽为主。新中国成立后，提倡保护耕牛，养猪积肥。人民公社化后，家庭养殖受限制。1984年农村经济体制改革后，县在城关、碧塘建立商品猪生产基地。碧塘村曹跃芝猪场、碧塘外资联营民丰生态养殖场等，推动了规模化养殖。2014年全镇出栏生猪665200头，出栏家禽665万羽，畜牧业增加值3030万元，占农业增加值的23.4%。与社改乡体制的1984年相比，年出栏生猪增长56倍，年出笼家禽增长52.7倍。

渔业 境内传统渔业以便江捕捞为主。明万历年间，康渚塘为当时全县6塘之一，开山平塘养鱼先例。民国初年碧塘片池塘养鱼成为农户的重要收入。1954年杨家冲水库开创县内水库养鱼先例。20世纪80年代推行家庭联产承包责任制后，观前、周家、湘洲等村相继兴起拦河汊养鱼和水南等村的便江网箱养鱼。2008年从广东省引进中华鲟鱼、鳄鱼龟等养殖技术，成立湖南省先步中华鲟养殖有限公司，渔业基地建设取得新突破。至2014年，全镇渔业增加值728万元，占农业增加值的5.64%。

劳务输出 境内传统副业以就地手工编织业为主。1966年开始出现少数亦工亦农进城抓收入的。随着1984年社、队改乡、村新体制运行后，农村剩余劳动力大量转移，出现外出打工潮。因邻近县城，许多人进城从事建筑业和服务业。至2014年，全镇有5460名农村劳力外出或进城务工，占农村总劳动力人数的19.1%。

工业

冶炼业 1958年“大跃进”，工业一哄而起，碧塘、城关办起铁厂，建土铁炉80座。同年水南创办冶炼厂，土法生产粗铅。进入21世纪，柏林等冶炼大户进驻境内创立龙头企业，永兴县被列为全国第二批循环经济试点县，“永兴县国家循环经济示范园”落址周家村。至2014年，全镇冶炼增加值达20556万元，占工业增加值的23.3%。

循环经济示范园

煤炭业 清乾隆十三年（1748），境内开始有人开采煤炭。民国2年（1913），本地谢子玉等人在白头狮组建六合煤矿公司。1955年，同意、塘下、碧塘3个高级社联合在上鸡冠鸣开办煤矿，1972年县接管为县办向阳煤矿。1984年农村体制改革后，境内私营、个体煤矿迅速发展。1989年后，政府强化安全管理，整顿小煤窑，煤炭生产下降。2013年，将向阳煤矿、富家垅煤矿等5家煤矿整合组建成立东方煤业集团有限公司。至2014年，全镇煤炭增加值35995万元，占工业增加值的40.8%。

加工制造业 清代境内传统工业基于铁、木、竹、棕手工作坊式。1952年，坳头上“同丰金号”改建大米加工厂。1954年，白头狮组建修船互助组。1955年12月，西正街筹建农具厂。1958年城关建红砖厂、造纸厂，水南开办水泥厂。20世纪90年代，受经营自主、区位优势、市场引导的共同影响，镇内工业支柱产业和科技含量高的安泰电器、皓天环保等企业应运而生。至2014年，全镇加工制造业增加值18968万元，占工业增加值的21.5%。

建筑业 1956年农业社将农村泥木匠组建专业队，承包乡村小型砖混建筑工程。1968年，成立城关建筑队。1978年城关、碧塘办起采石场、河沙队。1984年后，一批联营和个体建筑队相继扩大为建筑工程公司，建筑水平不断提高。2006年成立开发资质省三级的锦兴房地产开发有限公司。至2014年，全镇建筑企业增加值12704万元，占工业增加值的14.4%。

商贸服务业

商贸业 楚怀王六年（前323），便江就有商船往来。清光绪九年（1883）境内设有西关、程江口两会馆。光绪三十二年（1906），境域设有山口铺、乌泥铺2墟。民国初期，从汉口水路、乐昌陆路进货批转郴县、资兴、汝城、安仁、茶陵、攸县等地的商贸发达。民国34年（1945），日军侵占县城，商业萧条。新中国成立后，人民政府积极扶持私营商业的恢复和发展。1961年，城关集贸市场正式形成，天天开墟。1982年城关成立商业公司，经营百货、纺织品。1988年1月，城关农贸市场建成开业。1996年实施商业流通体制改革后，商业购销打破所有制、区域、行业界线，个体私营商业跃居主导地位。2005年后香江超市、生源百货、步步高等超市相继开业。2013年后新建莱宝农贸市场、城南农贸市场。至2014年，全镇商贸增加值47419万元，占商贸服务业增加值的51%。

运输业 1966年，碧塘购进“东方红-28”拖拉机，相继成立拖拉机站，开办运输业。1996年，白头狮村王细毛组建的“永通”汽车运输有限责任公司，是省内首批民营运输企业之一，带动全镇个体私营运输业的大发展。至2014年，全镇运输业增加值23245万元，占商贸服务业增加值的25%。

服务业 1956年，实行公私合营，组成城关茶点馆、经济小吃店，并组建了城关、白头狮饭店，城关理发合作社。1958年组建国营城关照相馆。1959年，城关第一家国营旅社建成开业。1980年，周家等大队组成专业组，流动修理电瓶。1996年商业流通体制改革后，个体私营服务业跃居主导地位。周家村龙山湖“农家乐”，集风光旅游、休闲娱乐、农家餐饮于一体；城关夜宵街、永兴茶仙坊等新兴夜宵、茶楼、美容美发、按摩、摄影照相、车辆出租、打字复印、洗衣、擦鞋、家政服务等业盛行。至2014年，全镇服务业增加值13947万元，占商贸服务业增加值的15%。

旅游业 1989年前，境内景观尚处在原生状态。1995年，县委、县政府启动开发便江旅游资源，逐步加大对基础设施的投入。1998年后，相继建成黑冢码头、观音岩码头、潘园码头、龙华公园大门、龙华山庄、永兴宾馆、新华宾馆、永驿宾馆和银都大酒店、荣裕国际大酒店等设施，并开发了注江漂流、龙山湖“农家乐”、“一线天”一日游、银都坊工业旅游等项目。2005年，境内便江河段成为国家级水利风景区。2010年重建安陵书院。2012年便江风光带提质改造。2013年龙华山森林公园成功晋升为国家级森林公园。带动了全镇商贸服务业的全面发展。

经济开发区

1992年12月，经省政府批准，成立了永兴县三胞经济技术开发区，落址便江南岸，开发范围2平方公里。1993年1月，开发区管理委员会正式成立，直属县委、县政府，为副县级单位。2001年4月，县将原属城关镇管辖的水南、便江2村划归开发区管理。2002年8月，又将周家村的龙山、丰收、下山等3个组列入开发区域。是年底，引进项目42个，引进外资3.56亿元，使开发区逐步形成以金银加工、加工制造为主的第二产业群和以商贸、服务为主的第三产业群，以及公园、广场为主的群众文体、休闲、娱乐基地。至2014年，开发区内地区生产总值458.75亿元，工业增加值99.51亿元，税收总额5.65亿元，出口创汇274万美元，实际利用外资9752万美元。

基础设施

交通运输

楚怀王六年（前323），境域便江通航，南抵郴州，北达长沙、武汉。清乾隆年间陆路官道纵横，以境内县治为中心的辐射周边邻县的官道计12条。民国23年（1934），鲁（塘坳）永（兴）公路通车。1958年永安公路竣工。1959年修通碧塘至乌泥铺始建乡道。1961年5月1日永兴大桥建成通车。1996年，永兴北大桥正式竣工通车。1999年，县政府提出“村村通公路，乡乡通油路”。便江城区道路和通村公路网络建设全面加速和提质。至2014年，境内永兴、银都、郴永等8条城区大道，总长23.8公里，过境省道14.2公里。通村公路25条178公里全部水泥硬化。

邮政电信

邮政 清乾隆二十七年（1762），境内邮路四通八达。至2014年，镇内有邮政网点11家，乡村通邮率100%。

电信 民国7年（1918），开通有线电报线路。民国23年（1934），开通3条长话线路。抗日战争中，原电话线路被毁。1953年6月始通市内电话。1959年，开通载波电路1条。1985年，开通12路载波。1992年，县城开通2000门自动电话，次年，升级为数字程控电话。1993年，开通300户模拟电话。1995年建成数字移动电话。有电信服务网点11家，固定电话用户1.7万户，用户普及率为36%；移动电话用户2.9万户，用户普及率为99%。

供电饮水

供电 1951年湘永煤矿在白头狮新建185千瓦的备用电厂，除用矿区生产外，并向城关输送生活照明。1960年兴建城关供电站，1962年兴建碧塘供电站。1970年，始建便江水力发电站，至21世纪初，全镇供电覆盖率已达100%。

饮水 辖区民众饮水历来取自河水或井水。民国时期，县城有水井14口。1978年，城区扩大，人口增加，生产、生活用水激增，原井水供不应求，就地打井38口，沿便江安装抽水机53处。1983年，县在便江右岸观前村新建水厂一处。1985年7月1日正式向用户供水。1991年3月，扩建第二条生产线。1996年10月县政府投资在水南便江村彭家建立日产1万吨的第二自来水厂竣工，1998年3月与第一自来水厂联网。1999年6月，自来水公司在便江电站上游500米处，建设日供6万吨的原水输送泵和配套设施。为提高城镇居民饮用水质量，2013年建成青山垅引水工程并供水。至21世纪初城区单位、居民饮用自来水和郊区村民清洁饮水覆盖率均达100%。

铁炉村杨家冲水库

水利建设

元至正十七年（1357），注江架有水力筒车提灌。明代，境内首建康渚塘蓄水工程。1953年12月，在铁炉塘杨家冲建设县内第一座水库，被列为全省示范水库。1957年后相继修建大觉庵、大头冲、双桥、四清、沙子坦、高岭、中心塘、吐珠山、猩冲、泉塘、杨梅塘等水库。1959年在城关蔬菜大队和水南鲍家码头安装首台电动抽水机提灌。1966年8月，便江拦河坝动工兴建。次年，水轮泵竣工运行，灌田1808公顷。1989年兴建坦下水库。2014年末，全镇拥有水库16座，山塘1865口。便江水轮泵提灌等水渠水圳总长47.8公里。

村镇建设

驻地 便江镇驻地建设始于汉高祖五年（前202）的始置便县，清光绪九年（1883）已有街道22条、巷道38条。民国初期，城区有东正街、南正街、县正街、后街、考棚街、书院街、学前街、商会街、横街等街道。1959年，新修建干劲路、跃进路和永湘路。1988年，城区建设开始按规划实施。1995年，启动永兴电站、滨河路、北大桥等首批工程。1998年9月，县人民会堂、人民公园、人民大道、劳动广场、大桥北路等十大主体工程全部竣工。1999年,启动人民东路、永兴大道、沿江大道等36项重点工程建设。至2008年，县城共有29条街道，总长34.4公里，县城面积由1978年的3.4平方公里扩增到10平方公里。之后又兴建幸福家园公务员小区、汇邦新天地、金河铭庄、碧水佳苑、昌兴花园、教师新村等一批精品小区，老城区品位显著提升。永兴县城建设先后荣获“第三次全国城市环境综合整治优秀县城”“湖南省卫生县城”“湖南省文明县城”等荣誉称号。

村庄 便江镇注重开展农村环境整治工作，建设绿色村庄，打造“一山一水自然旅游区”和“一湖一带生态居住区”。完成城郊片的灵破、观前、城郊、五成、黄竹，碧塘片的塘铁、枫同、周家、碧一、茶园，城关片的石屏、康绪等通村公路硬化工程；建设了彦林新村、新戴家组等安置工程，其中彦林新村灾民安置工程成为省市灾民安置点样板工程；建设周家、石屏、观前、灵坎、破塘等新农村建设示范点。2012年后，相继有铜角、周家、石屏、塘下、城郊等村被评为省级卫生村，黄竹、牌楼等村被评为市级卫生村。

社会事业

教育科技

教育 宋熙宁六年（1073），境内始建学宫，设立县学。明代邑人兵部郎中李永敷、东川参议曾绍芳回乡分别创建石屏书院、文峰书院。清雍正九年（1731），知县刘竣生主持创建安陵书院。清光绪二十七（1901），曹克昌在安陵书院创办县立高等小学堂，开始新式学校教育。民国4年（1915），在县城创办第一、第二国民小学。民国26年（1937），邓止怡在塘门前创办花萼小学，开办女子职业班，湘永煤矿创办职工子弟学校。民国30年（1941），湖南省立衡阳女子中学迁永兴，更名为湖南省立第三中学。新中国成立后，人民政府接管和改造旧有学校。1953年4月将省立三中更名为永兴县第一中学。相继贯彻工农开门办学方针，乡级成立扫盲协会，广泛兴办冬学。1958年贯彻公办、民办“两条腿走路”的方针，开展多种形式办学，每个大队都兴办了简易小学。碧塘完全小学还附设初中班。20世纪70年代，先后创办城关中学、城郊中学、碧塘中学。1980年后，从城镇到乡村，层层掀起了建校热潮，先锋小学被确定为全县重点小学，红旗小学搬迁新址。1997年，曹小菊创办全县第一所民办幼儿园。随着城区的不断扩大和进城务工人员的增多，2007年创办朝阳小学，改造重建了铜角、胜利、城郊小学。2012年创办碧水小学。2013年成功引进长沙长郡教育集团，与县实验中学实现强强联合，组建长郡文昌中学。2014年对锦里小学、乌泥小学等村小进行了改造维修，创办五星小学。至年末，全镇有幼儿园34所，在园幼儿4227人，专任教师386人；小学16所，在校生11322人，专任教师556人。初中适龄人口入学率、小学升初中升学率、九年义务教育等覆盖率均为100%。

科技 民国32年（1943），县农业推广所在环城镇、乌市乡等地推广再生稻。还开展了土壤普查，进行理化分析。新中国成立后，人民政府注重科学技术工作。1953年3月，农业合作化后，开始单季稻改双季稻，高秆稻改矮秆稻，冬泡田改冬种。1956年推行油茶垦复。1958年人民公社化后，全面贯彻农业“八字宪法”，推广新技术、新式农具、新法养猪，在观前村建立耕牛配种站。1973年常规稻改杂交水稻。1991年县冶炼厂的“湿法制取锑白新工艺研究”，获国家科委金箭优秀奖。

2001年安泰电器有限公司变压器、家电保护器和皓天环保科技有限公司的废气塔、燃煤节能灶等4项成果，获得国家级专利。2005年，鑫达银业公司高效银电解工艺技术及应用项目通过湖南省科技成果鉴定，达到国内先进水平。2014年，文昌社区获"全国科普示范社区"荣誉称号。同年末，全镇有各类科技人才6678人，其中专业技术人才192人，经营管理人才399人，技能人才343人，农村实用人才5744人。

文化体育

文化 清代，境域城乡盛行花鼓、花灯、皮影、木偶、小调、舞狮、耍龙灯等文体活动。1925年，省立三师学生戴彦玺、戴彦凤兄妹等编排《早婚之害》《葡萄仙子》等现代文明戏在县城演出，深受百姓欢迎。1972年，在干劲路口建成首家电影院。1980年12月，县电视差转台竣工转播。1988年10月，县卫星电视地面收转站落址黄竹岭。此后，随着人民生活水平的提高和城乡文体设施的完善，群众自发成立许多文体活动团体，在公园、广场到处都是锻炼的人群，人数达到上万。1999年8月，全国第三次中青年诗词创作研讨会在永兴宾馆举行，新加坡、日本等国及中华诗词学会共132人参会。2014年年末，境内共有各类文艺表演团体8个，文化站3个，电影放映单位3个，各类图书室32个，农家书屋24个，免费读书吧98个，有线电视用户4.1万户，其中数字电视用户3.6万户，电视综合覆盖率100%。

体育 民国时期，境内体育活动开始兴起。民国22年（1933）11月，永（兴）、郴（县）、宜（章）、资（兴）、汝（城）、桂（阳）六县第三届联合体育运动会在永兴举行。1974年，县体育馆在东正街落成。相继举办了1977年5月的全国乒乓球分区赛；1978年6月的全省业余体校乒乓球选拔赛；1979年3月的第三届九省市青年篮球赛；1982年6月的三省八地市篮球邀请赛。1999年6月，在潘园码头举办首届便江龙舟旅游节。2014年末有体育场地35处，40%的村、社区安装了健身器材，经常参加体育活动的人数36515人，占常住人口的36%。

医疗卫生

清代，江西人来永兴开设药店，以中医为主。民国24年（1935）10月，县在县正街曾子庙成立卫生院，开始西医治疗。1950年1月，县人民政府接管原卫生院成立县人民医院。1956年4月，在城关中医联合诊所的基础上，组建县中医院。1958年人民公社化后，创办城关卫生所、碧塘卫生所，各大队亦组建卫生所，配备保健员、卫生员、接生员，担负大队防治及新法接生工作。1970年，境内农村实行合作医疗。1981年，农村实行家庭联产承包责任制后，合作医疗解体。2007年开始实施新型农村合作医疗制度。2014年年末，境内有各类医疗卫生机构48个，其中县属医院2所，镇属城关、城郊、碧塘3所卫生院，24所标准化村级卫生室和7所社区卫生室。专业卫生人员546人，平均每千人拥有卫生技术人员5.4人。法定报告传染病（甲乙类）发病率为404.33例/10万。农村安全饮用水普及率100%，农村卫生厕所普及率75%。新型农村合作医疗参合率99.9%；城镇居民医保参合人数6.2万人，参合率90%。

社会保障

清代民国时期，生老病死无社会保障。1951年，城关大米厂首先试行劳保制度，职工年老、疾病、伤残、死亡、生育和失业时都可遵照有关政策法规，得到各种照顾。1956年农业合作化后，集体对孤老残幼实行吃、住、穿、医、葬等"五保"。1986年10月，社会劳动保险站开始筹集退休养老基金。至21世纪初，政区社会保障事业得到全面加强。推广新型农村和城镇居民基本社会养老保险，完善最低生活保障和扶贫帮困等一系列社会保障制度。2014年年末，全镇最低生活保障户数3087户，人数5325人，支出1512万元。农村最低生活保障户数853户，人数1379人，支出132.58万元。有农村敬老院2所，农村“五保”供养288人。民政部门资助参加合作医疗1469人次，共支出7.4万元。国家抚恤、补助各类优抚对象307人，支出97万元。

特色地情

历史人文

要员巡视 唐贞元二十一年（805），监察御史（后任吏部侍郎）韩愈谪阳山，令泊舟于湘洲村境河岸岩壁下，题刻“昌黎经此”。明崇祯十年（1637），著名地理学家徐霞客游便江，登观音岩，将县城和观音岩风光载入《楚游日记》。1994年，省委书记王茂林视察观前村境永兴电站。1999年，省长储波视察鲁永公路改建和城郊四黄鸡养殖。2000年，省委书记杨正午考察调研永兴冰糖橙开发和碧丰养殖场。2002年，全国政协副主席毛致用来永兴参加“黄克诚大将诞辰100周年纪念活动”。

军事要略 清康熙六年（1667），农民军将领李锦进军永兴，水陆连营数里，驻兵2个月。康熙十七年（1678）五月，吴三桂拥兵数万进犯永兴，与清军大将固山伊数千人大战于城西盐砂岭。吴部被清军击败，退守便江左岸，对抗3个月不克而遁去。清咸丰二年（1852）九月，太平天国洪秀全、杨秀清率军北上，取道永兴，破清军常禄追兵于东门及西门沉沙港。咸丰九年（1859）太平军翼王石达开右股再度攻克永兴县城。民国元年（1912），华兴会骨干刘重在永兴起义成功，被推举为县知事。民国7年（1918），南北军阀混战，湘军赵恒惕部驻防永兴。民国15年（1926），国民革命军第四军第十二师叶挺独立团进抵永兴。民国17年（1928）2月，共产党员刘木率领农军武装在朱德部队支援下攻占永兴，成立永兴县苏维埃政府。同年3月16日至20日，湘南工农兵代表会议在永兴太平寺召开，选举产生湘南工农兵苏维埃政府。永兴的陈伯达、尹子韶当选为执行委员，会议通过“工农武装”、“土地革命”、“暴动总口号”等要案。4月，朱德率红军过境向井冈山作战略转移。民国19年（1930）12月，红军湘东独立师攻克永兴。民国34年（1945）2月，日军侵驻县城，永兴死亡1578人，受伤受害12344人。1949年10月4日，湘南游击司令谷子元率部配合人民解放军第十八军先遣部队进驻县城，宣告永兴解放。1982年7月，以广州军区42军为主体的15000名官兵进驻城关、碧塘、湘永等地，进行军事演习。

著名人物

李永敷（1455—？） 便江镇石屏村人。明成化十年（1464）以二甲一名登进士，官任兵部武选司主事。明正德年间因反对宦官专权被罢官，返乡后创建石屏书院，并主修第一部永兴县志。

曾绍芳（？—？） 便江镇注江村人，明万历三十五年（1607）登进士，官户部主事。天启四年（1624），辞官回乡，创建文峰书院，并主修第二部永兴县志。

戴彦玺（1907—1933） 便江镇坳头上人。1926年考入黄埔军校第四期，并加入中国共产党。1930年，任湘南特委委员、宣传部部长。1933年，任中共永兴县委书记。同年4月牺牲。

名优特产

永兴冰糖橙 1978年，县从黔阳引进冰糖橙苗木，在城关镇水南村寨上组种植2公顷，后经株选繁育而成新品系，定名永兴冰糖橙。1995年

荣获第二届中国农博会金奖。2009年，永兴冰糖橙被授予中国十大名橙称号。2012年，永兴冰糖橙注册商标荣获中国驰名商标。2014年，永兴冰糖橙被评为中国地理标志产品。

永银制品 2003年7月，湖南鑫达银业股份有限公司建立后，在镇区建成白银精品厂、白银工艺制品厂等6家全资下属企业。2006年，公司自主设计的“湘水”牌“龙凤酒具”，荣获“金凤凰”全国创新产品设计大赛银奖、“中国红”杯首届湖南工艺美术精品大奖赛金奖，并荣制2006、2007世界乒乓球总冠军赛“大王者”奖杯。2008年，公司生产的“永银”牌1号白银，被评为“湖南省名牌”、“中国知名品牌”。五连冠被评为“全国用户最喜爱的20家白银品牌”。

风景名胜

便江风景区 便江风景区地处便江镇中部，以便江为纽带，串联两岸人文景观和自然景观，具有山青、水绿、洞奇、石秀的特点。沿便江下游白头狮溯江而上，沿途有千年古刹观音岩、人民公园天秀阁、龙华公园龙华寺、大明寺、丹霞蜂窝岩，青布滩千年古樟，湘洲侍郎簗的侍郎题刻、象鼻山，锦里一线天、穿簗洞等自然和人文景观。2005年8月，通过国家级水利风景区评审，定为国家级水利风景区——便江旅游风景区。

中国白银第一坊 中国白银第一坊位于永兴大道北侧，是以白银文化为主题，展示永兴传统冶炼工艺而打造的国家级工业旅游示范点。主要旅游景点有：用5万两白银银箔整体包裹的“中国天下第一银楼”；珍藏300余件历朝珍贵纯银制工艺品的“白银艺术博物馆”；集绵华鑫宫、白银提纯生产线、银饰工艺品手工制作坊于一体的展销中心。

（廖成中 供稿）

马田镇

马田镇因清初兵营在附近田中养马而得名。享有“油茶之乡”和“煤炭之乡”的美誉。

区域概况

位置面积

马田镇位于永兴县西北部。东接复和镇、南连高亭镇、西邻悦来镇、油麻乡，北界耒阳市公平镇、黄市镇。总面积100平方公里，占永兴县土地总面积的5.1%。镇人民政府驻地马田镇和平路1号，距永兴县城34公里。

建置沿革

汉至唐代属金陵乡，明弘治年间属金陵里，清代主属一都，民国27年（1938）主属太平乡，新中国成立初期属第四区，1958年为红旗公社北部，1961年调整分设马田矿区公社、和平公社。1984年分设马田镇、马田乡。1986年合并统称马田镇。2012年乡镇机构改革，仍保留马田镇建制至今。

行政区划

新中国建立初的1951年，境域废11个保建立14个乡，即为桥兰乡（上桥）、洪岗乡（高仓、明星）、荷叶乡（江家）、忠和乡、石阵乡（寨下）、石坳乡、和平乡（和平、罗家）、罗尾乡、马田乡、井岗乡、九山乡（红星、蔬菜、塘前）、界牌乡（枣子、丹坪）、邝家乡（邝家、邱家）、水源乡（水源、杜家）。1958年，境内改制为7个生产大队，1961年调为20个大队，1969年高仓大队分为高仓和明星2个大队。1984年，辖区改制为21个行政村。1986年，成立荷叶塘居委会，1988年成立老马田居委会，1997年成立胡碑下居委会，2010年成立马矿、和平路社区。截至2014年，马田镇行政区划为马矿、老马田、荷叶塘、和平路、胡碑下5个社区和马田、井岗、蔬菜、高仓、上桥、明星、江家、忠和、寨下、石坳、和平、罗家、罗尾、红星、塘前、水源、杜家、邝家、邱家、丹坪、枣子21个行政村。

自然环境与资源

自然环境 马田镇域属温热雨丰偏旱。地处衡耒平原南端，地势北高南低。地形北部以丘陵地貌为主，南部岗地平原相间。境内最高峰位于东北边境神仙岭，海拔491米，最低点位于东南马田河出境处，海拔127.4米。境内有四条水系，桥南至罗塘水系、高仓至罗尾水系、邱家至九山水系、悦来至贺家水系，均注入九山河，供灌溉和工业用水。植被多见果木、油茶、杉木、松木、灌木、楠竹等品种，森林覆盖率为66.7%。

自然资源 境内主要为含煤地层。其中，丹坪村一带主要由灰岩、砂岩及白云岩组成。和平村一带有深灰、灰绿色泥灰岩、白灰岩及钙质泥灰岩组成。罗尾村主要有红色或紫色的沙泥岩。全镇无烟煤产量高，已探明产量为约1亿吨，居全县之首。其次富含丰富的锰矿，分布在高仓村。

人口民族

境域原居民为汉族。1952年统计，辖区总人口为24771人。随着人民生活安定，人口增长加快。至1982年，境域总人口为59831人。年平人口自然增长率为47.18‰。20世纪80年代实行计划生育后，人口自然增长率明显下降。至2014年，全镇总人口为84081人，年平人口自然增长率下降到7.42‰。与计划生育前的30年相比，人口自然增长率下降了39.76个千分点。总人口比新中国建立初增长2.39倍，人口密度由每平方公里248人增至841人。

经济发展

经济综述

境内经济历来以农业为主，传统主产稻谷、红薯、茶油、油桐、杉木、煤炭。民国25年（1936），粤汉铁路通车，沿线煤窑增多，经贸商业活动频繁。“一五”计划时期（1953—1957年），兴办马田煤矿、农业机械厂、马田电池厂、马田大米加工厂等国营工业企业，组建手工业社，工农业生产有了较好的发展基础。20世纪60年代，马田成为永兴西部的区域中心。至1984年，全镇地区生产总值2017.15万元。农、工、商三产业增加值结构比依次为35.51%：45.2%：19.29%，工业略占优势，农业比重偏高。财政收入46.01万元，农民人均纯收入421.43元。1980年后，农村实行家庭联产承包责任制，马田人民努力调整产业结构，镇政府先后投入5000多万元，大力发展特色种、养殖业。筹资逾亿元，兴建马田大市场，商贸发展带动运输业、个体工商业发展，尤其是煤炭产业已成为该镇支柱产业。至2014年，全镇完成地区生产总值24.79亿元。其中农、工、商三产业比重依次为12.47：50.33：37.2。财政收入8424万元，城乡居民收入26486元。与1984年相比，农业所占比重下降23.04个百分点，工业比重上升5.13个百分点，商业比重上升17.91个百分点。

农业

种植业 镇内传统农业素以种植水稻、红薯、蔬菜等为主。1953年和平乡罗家村罗煦瑶试种双季稻0.1公顷获得成功。1978年，粮食作物播种面积为2460公顷，粮食总产量为12740吨。1997年，农业综合开发和丘岗山地开发得到长足发展，完成丘岗开发面积202公顷，粮食总产量上升为16100吨。2000年，全镇建立冰糖橙生产基地，种植面积53公顷，罗尾村试种优质草莓2公顷、南方苹果2公顷。2007年，水源村刘烈彪等人投资600多万元组建省级示范合作社神农种养殖专业合作社，建立134公顷冰糖橙种植基地。扶持壮大罗尾村13公顷葡萄种植、丹坪村6公顷黄花菜种植、明星村4公顷金银花种植、红星村4公顷葡萄种植、枣子村3公顷葡萄种植等基地。至2014年，全镇有耕地面积1422公顷，年产粮食13399吨，油料1091吨，蔬菜23233吨。

林业 马田镇素有“油茶之乡”美誉。新中国建立后，镇内油茶生产发展较快。1954年，枣子村建立全县第一个油茶生产合作社；1955年，省委书记万达到永兴县考察油茶生产。1957年，枣子村农业社垦复油茶过千亩被评为全国林业先进社。1958年枣子社女共产党员李林花组织妇女突击队为油茶生产做贡献，赴京出席全国“社会主义建设积极分子”会议，被誉为“油茶妈妈”。1959年，枣子大队团支书廖思田赴京出席全国“青年突击手”会议，会议期间，时任团中央书记胡耀邦组织南方13个省（区）青年团代表乘专列到枣子大队实地参观学习油茶生产。1974年，永兴县在马田枣子大队建立油茶科学研究所。是年9月，全国15个省区油茶科技协作会和湖南省油茶科技会同时在永兴县召开，现场参观枣子大队油茶生产。1976年，永兴被列入全省30个10万亩油茶林基地县之一。1978年，枣子大队支书邝丁圣当选为全国人大代表。20世纪90年代，马田油茶生产接受联合国粮食计划署援助，实施大面积更新改造。1995年，完成油茶低改林改造326公顷。2007年，枣子、高仓、寨下、石坳、忠和等村组建农业合作社，垦复油茶林670公顷、新建苗圃70公顷、楠竹8公顷。2014年，全镇林地油茶林面积4489公顷，年产油茶1.1吨，活立木蓄积112立方米。

养殖业 清代，境内畜牧业已成为农户家庭副业的重要组成部分。务农力耕，犁田多用黄牛或水牛，并养犬、羊、猪、鸡、鹅、鸭等。1952年政府提倡多养牛养猪。1983年，县粮食局在马田镇内兴办小型饲料加工厂。1993年，丹坪村邓忠平投资9万元兴办养狗场，饲养100只鸡、100只鸭、20头猪，年获利7万多元。2010年，马田村刘芬亮、井岗村李勇英等，相继建设养猪场，年出栏合计2万头。2014年全镇出栏生猪3.5万头，出笼家禽32.1万羽，畜牧业增加值7419万元，占农业增加值的24%。

工业

煤炭业 清末，境内开始煤炭开采。民国25年（1936）粤汉铁路通车后，沿线煤窑增多。1953年元月，湘南行署接管益民、利民、两利、益众等4个小煤窑组成国营马田煤矿，设计生产能力51万吨。是年8月，由省工业湘南煤矿局接管，被列为全省重点煤矿。1958年，在马田镇红星（九三）村新建一对设计年生产能力为30000吨的矿井，命名红星煤矿。1959年转为地方国营。1977年，郴州地区调集3000多名民工在马田等国营煤矿进行煤炭大会战。1983年4月县政府发出《关于放宽政策发展小煤窑的几条规定的通知》后，马田镇把兴办煤矿作为发展乡镇企业的主攻方向。1984年，共兴办煤矿148家，产煤20万吨。1989年，境内煤矿形成以地方国营煤矿为依托，镇办煤矿为主体的产业格局，2000年10月，省属马田煤矿改为白沙煤电集团马田煤业有限公司，实行公司制管理。是年，政府强化安全管理，整顿和关停小煤窑。至2014年，全镇仅有省属国营马田煤矿及集资个体煤矿5家，煤炭总产量30万吨（马田煤矿除外）。

铸造业 明末清初时，马田镇一刘姓农民假装哑巴，到新田县出产鼎锅的金村做杂工，暗中偷学铸鼎技术，三年后回乡自己开炉铸鼎。清光绪三十二年（1906）《永兴乡土志》载，“马田铸鼎系刘姓家传。闻名已久。产品销湘南各县及粤桂两省。但鼎盖由湘潭铸造，前有讼案判结”，故有“马田鼎锅湘潭盖”之说。1949年，马田鼎锅年产量12000只。1954年，县政府投资1万元，铸鼎业主33股集资1万元，成立公私合营马田鼎锅厂，产鼎锅3.5万只。1955年开始生产鼎锅盖。到1957年鼎锅产量增加到6.2万只。1958年，马田鼎锅厂并入马田镇“八一”钢铁厂，停产鼎锅。1961年恢复生产。1965年，马田镇铸鼎社更名为马田铸鼎厂，是年产鼎锅6.05万只。1981年，省轻工业厅拨款50万元扩建马田铸鼎厂，更名为马田民族鼎锅厂。随着人民生活水平的提高，铝制品及电热炊具的大量使用，鼎锅生产急转直下。1982 年仅生产 1.5 万只，1985 年转产机械铸件。至 2014 年，全镇冶炼增加值达 18365 万元，占工业增加值的 14.72%。

加工制造业 1952 年 11 月，生民煤矿在马田火车站附近开办矿工电池厂，为省内最早电池厂家之一。1955 年，迁址马田镇和平路。1956 年转为国营，产电池 12.4 万只。1959 年 6 月，归地区管理。1960 年改名马田电池厂，交县管理。1961 年 8 月，郴州地区将电池厂收回，改名郴州地区电池厂。1962 年，生产电池 49.53 万只。1964 年 4 月，迁址郴州下湄桥。9 月，与郴州地区矿灯厂、五金机械厂合并。1965 年 5 月，电池厂仍搬回马田。1972 年 10 月，再度下放归县管理。1975 年，建成一条 R20 型电池生产线。1970—1979 年，平均年产电池 370.40 万只，1980 年，更名县电池厂。1981 年，经郴州地区同意，改名郴州电池厂。1982 年全省干电池同类产品质量评比，熊猫牌电池名列第二。1985—1988 年，自筹、贷款 60 万元，先后引进整体锌筒工艺和 Rbc 电池生产线，年产干电池 2500 万只。1988 年，产品型号有熊猫、猎犬、新星和狼牌等 9 种，在干电池行业质量评比中，获全国第四名，全省第一名，并获省优质产品称号。

其他加工业 1956 年马田服装厂成立，生产的女上衣获郴州地区服装质量评比第二名。。1957 年相继成立马田大米厂、马田农具厂。马田农具厂试制成功胶轮车、滚珠轴承、挖山器等新产品，被评为湖南省技术革新先进单位，获得机械工业部奖励。1959 年郴州地区轻工局在马田兴建榨油厂，后更名为马田油脂化工厂。1962 年马田枣子、丹坪大队开始使用榨油机。1981 年，马田镇针织厂开办，年产服装 3 万件，产品有纺羊毛衫、尼龙衫。1982 年，马田寨下村村民刘承平组织腐竹联合加工厂，由最初 2 个村发展到 6 个乡 980 户。1983 年，腐竹质量获湖南省社队企业局“优等产品”证书。产品畅销郴州、衡阳等 5 个地区，10 多个县，生产腐竹 21.6 吨，豆油 17.4 吨，实现利润 35.21 万元。是年 4 月，成立马田食品厂。至 2014 年，全镇加工制造业增加值 25480 万元，占工业增加值的 20.42%。

建筑业 1968 年，成立马田镇建筑队。1976 年，马田煤矿服务大队首批生产水泥枕木。1977 年，马田煤矿红砖厂试产矸石获得成功。1978 年马田煤矿服务大队预制场生产水泥构件。1984 年马田兴办机砖厂。2002 年马田建筑队并入湘阴渡建筑公司。至 2014 年，全镇建安建材企业增加值 15423 万元，占工业增加值的 16.4%，是 1984 年的 12.36 倍。

商贸服务

商贸业 清朝初期，即有马田墟市场。民国时期，粤汉铁路、长广公路通车后，马田墟成为全县主要物质集散地。1951 年冬建立马田供销社。1978 年，成立湖南省盐业公司马田墟支公司。是年，集市全面开放，有商贸网点 1137 个，成为县内第一大墟场。1986 年，投资 340 万元，兴建马田墟农贸市场，占地面积 3.6 万平方米。1989 年元月正式开业，是湘南最大的综合市场之一。2002 年镇政府投入 1.5 亿元将马田市场改建为马田商贸城。至 2014 年，全镇拥有各类商业网点 3600 余个，商贸增加值 54587 万元，占商贸服务业增加值的 59.2%，是 1984 年的 26.24 倍。

饮食服务业 清代，境内饮食店、摊点设于马田墟场。新中国成立初期，境内即有饮食店、茶社。1954 年，马田墟设立县委招待所（后改为县第二招待所）。1956 年，马田墟设立照相馆。1984 年，马田印刷厂开办。1989 年全镇有饮食

服务网点106家，从业人员369人，营业额60万元。1992年以后，随着经济体制改革的不断深入，国有、集体商业的饮食、服务企业转体有职工个人承包经营。20世纪90年代，境内茶楼、夜宵、美容、按摩、擦鞋等服务业门类盛兴。至2014年，全镇服务业增加值11354万元，占商贸服务业增加值的12.31%。

运输业 1955年，广州铁路局在马田组建铁路装卸作业班，下设5个作业组。1956年，成立马田搬运服务社。1958年，设立马田汽车站。1965年冬，马田公社从郴州地区汽修厂购买1辆报废汽车，经修理后使用，成为全县第一辆乡镇汽车。1975年，县运输公司在马田筹建县汽车维修厂，厂房占地面积3000平方米。1976年，更名为县汽车修配厂，1981年，县运输市场管理站在马田设立分站。1988年，县运输公司下设马田搬运队。2012年，马田镇开设公交车，新建招呼站100处、开通公交线路14条，运营车辆34台，覆盖周边6个乡镇、90个村居、受益群众达20万人。至2014年，全镇运输业增加值26273万元，占商贸服务业增加值的28.49%。

基础设施

交通运输

公路 唐贞观年间（627～649年），从京城长安向南辐射的驿道经马田入韶州（今韶关）。民国14年（1925）10月，长广公路由衡郴公路工程处筹建，民国17年（1928）12月通车。民国33年（1944）被炸毁。民国35年（1946），衡宜工程处修复通车。1959年，修通马田至复和的公路。1981年长广公路统编为国道107线，1984—1988年，国家先后投资1000余万元，将该公路改造成二级标准路面，2002年12月，京珠高速公路修成通车，北从马田镇明星村进入，境内8.045公里，途中在忠和村设有互通口1处。2012年，马田镇政府筹资1000万元，对107国道马田大道1.3公里路段进行提质改造。截至2014年，境内京珠高速公路、107国道，总长10公里，马雷线、马洋线、马三等6条县乡道，总长113公里。

通村公路26条223公里。

铁路 民国18年（1929），粤汉铁路线由株韶工程局测量施工，北从马田墟枣子入境，南至油市镇鲁塘坳出境。民国24年（1935）11月竣工通车。1950年增设了马田墟站。1966年增设枣子会让站。1985年撤销枣子站，改设1853所。1987年9月，境内复线通车。在马田镇罗尾村新建马田墟客运站，原京广线马田墟客运站改为货运站。1989年马田火车站停车538次、553次、8431次、8432次、2542次客车。客运量2.76万，货运量9.33万吨。2006年12月，武广高铁修成通车，北从丹坪村入境，途径邱家、邝家、塘前、水源村。境内煤炭专用铁路线有马田墟至马田煤矿筛煤厂的马筛线，全长3.3公里。马田墟新火车站至永红煤矿的马富线，全长5.3公里。马田煤矿为连接各工区，逐步修筑有25公里轻便铁路。境内有枣子、马田等2处铁路桥梁

汽车站 1958年，县汽车站下设马田汽车站。1991年10月，因107国道马田段改道，原位于马田镇区和平路中段的马田汽车站迁至马田农贸市场南侧。投资600万元，总面积10656平方米。1992年12月竣工投入使用，日发班车155台次，日发送旅客3100人次。

邮政电信

邮政 民国11年（1922），县邮局在马田设有代办所、信柜。民国15年（1926），境内农村开始通邮。1954年，县城至马田墟开通委办汽车邮路一条。2014年，镇内有邮政网点4家，乡村通邮率100%。

电信 民国23年（1934），架设耒阳途经马田至永兴长话线路1条。1954年，在永兴至高亭司电话杆路上加挂长途电话线一条，沟通永兴至衡阳（途径马田）之通信。1956年，马田电报业务支局利用农话线路开班有线话传电报业务，直对永兴、郴州报房发报。1960年，马田公社和平大队安装20门总机，通话率达100%。1992年，架设30杆程公里的10芯光缆，与长途光缆接口，程控电话在马田镇开通。1994年7月马田建成一频点无线寻呼基站2处，12月开通自动寻呼台，采用微机自动寻呼为用户服务。1996年，开通二频点无线寻呼基站。是年建成数字移动电话基站。1998年，建成永兴至马田的同步传输网络和发射基站。1999年，建成开通GSM数字移动电话基站。2002年，中国联通建立移动通信电话基站。至2014年末，有通信服务网点19家，移动电话用户2.8万户，用户普及率为99%。

供电给排水

供电 1950年，境内建成高、低压输电网络。1956年，建立马田煤矿变电站，容量11200千伏安。1960年建立马田供电站，供电涵盖马田等五个乡镇，供电量达502.2万千瓦小时。1995年，新建马田变电站，建设35千伏线路（回）1条，10千伏线路（回）9条。1996年，新建35千瓦的湘阴变电站至马田变电站线路1条。2002年全镇电网改造全面完成，入户率100%。

给排水 辖区居民饮水历来取自河水或井水。民国时期，各村均有水井。水源村存袁家桥板塘两处温泉。1991年，镇政府投入200余万元，在水源村开采地下泉水，建镇自来水厂一座，管网总长度34.6公里，设计规模为日供水量7000吨。2002年，镇政府自来水厂进行改扩建，日供水量增至12000吨。2008年12月，马田镇投资100多万元，为丹坪村建设自来水，解决丹坪村几百年来饮水难问题。2012年，镇政府投入2000余万元，建好镇区供水管网，架通至明星、高仓、邱家、邝家、红星、井岗、和平、罗尾、枣子、上桥等村自来水主管网，解决2万人农村安全饮水问题。2014年，镇政府投资4000万元，建设

高仓村新貌

污水处理厂1个和截污管网19.2公里，日处理污水6500吨。

水利建设

清光绪三十二年（1906），境内有山平塘多口。民国32年（1943），利用国民义务劳动，逐年兴修塘坝。1953—1955年，全县掀起第一次兴修水利高潮。马田镇修建小龙谭、上仙塘水库，1957—1959年，全县掀起第二次兴修水利高潮，马田镇先后新建工农利、东塘、雷塘、四季塘、泥背冲、八斤塘水库。1965年，马田镇寨下村陈排水库建成。1976年，新建牛子冲水库。1997～2002年，对小龙塘、陈排等水库进行标准化改造。2014年末，全镇拥有水库10座，山塘973口，灌溉面积1140公顷。

村镇建设

驻地 新中国建立后，即设有马田镇。1956年撤区并乡保留马田镇建制，政府驻地在今和平路老派出所。1960年，政府驻地搬至今和平路马田老印刷厂。1980年冬，政府驻地搬至今井岗村小康街安监站。1984年，县建设委员会对马田镇进行总体规划，将107国道改道并拓宽为22米，新建可容纳30000人以上的集贸市场及马田招待所、马田镇政府办公大楼、马田火车站。是年政府驻地搬至现址。1992年8月，马田镇建设总体规划进行修编。1997年，马田镇建好一条长250米、宽66米，建设面积18121平方米的小康街。1999年，县规划部门完成马田镇井岗村村庄建设规划。是年修建将军街、六合街、双龙街等。2008年，镇政府投入1000万元，完成车站路、步行街、工农街、兴隆街、和平路、解放路、跃进路、建新路等道路硬化及整修。2011年，镇政府投入200余万元，完成《马田镇总体规划和详规（2012—2030年）》、《马田镇景观规划》、《马田镇村镇布局规划》、《马田镇村庄总体规划》的编制。2013年，镇政府投入1000余万元修建井岗村休闲广场、马田村广场，镇区面积由1978年的0.8平方公里扩增到4平方公里。嗣后又建好和平商贸区、雅逸华府、京华大厦、和谐大厦、企业大厦、国土大厦、锦绣华庭、兴隆花园、金山宾馆等一批精品小区，镇容镇貌焕然一新。

村庄 明清时期，境内聚族而居，形成井岗李家、邝家、高仓王家，马田刘家等较大村落。村中有祠堂、学堂。1958年"大跃进"中，大办公共食堂，社员集中居住，分散的农房长期闲置或被拆除。随着家庭联产承包责任制的落实，村民生活水平显著提高，农房建设速度逐步加快，质量有砖木结构向砖混结构发展，规模由四逢三间、六逢五间向一厅数室的套间转化，住房、厨房、浴室、卫生间及猪圈、杂屋等逐步形成整体配套。1978 年，井岗村在不占或少占耕地的前提下，全村统一规划，旧村改造，将农房由下而上建在两个山头上。1979 年后全村有 60 户建新房，造价 260 余万元；有 34 户改建了住房，造价 180 余万元，村前有简易公路通向马田墟，村有小学、卫生所、1998 年，部分行政村盖起村综合楼和村民文化室。1999 年，部分农民开始按规划部门编制的村庄规划建房。21 世纪以来，完成了 26 个村居道路硬化工程，搞好了马田村、井岗村、高仓村、邱家村、寨下村、邝家村新农村建设示范点，新建了罗家村龙塘下及井岗村八贤庄等安置工程，村容村貌大为改观。2012 年，相继有水源、寨下、高仓等村被评为省级卫生村，江家、蔬菜、井岗、石坳、罗尾等村被评为市级卫生村。

社会事业

教育科技

教育 清代，境内即设私塾，有刘姓义学、李姓义学、邝姓义学等 6 所。清末义学先后改为民立或族立国民小学堂。民国 17 年（1928），设立小学 1 所。民国 37 年（1948）小学教育发展进入高峰。新中国建立后，县政府接管原有学校（包括私立小学）。1980 年，在马田创建永兴县第八中学。1984 年，实行县、镇、村三级办学和县、镇两级管理，马田镇除把价值 50 多万元的政府办公楼拨充为马田二中校舍外，又先后拨款 36 万元，新建马田一中、二中教学楼。罗家村党支部发动群众集资 20 万元，拆除旧公祠校舍危房，新建钢筋水泥结构校舍 2400 平方米，操场 2200 平方米，建成一所标准化的中心小学。1993 年，马田一中、二中因满足不了“普九”的需要，镇政府筹集资金 240 万元兴建马田第三中学，1995 年投入使用。1996 年，井岗村自筹资金 28 万元建起新井岗村小学教学大楼。2001 年教育体制实行重大改革，三个中学合并为一所中学，设一部、二部、三部，2007—2011 年，马田镇引导民间资金 6000 万元，先后创办京华学校、童星学校、七彩虹幼儿园等民办学校。2012—2014 年对马田、井岗等 16 所村小全部进行改造维修。至 2014 年末，全镇有中学 1 所，30 个教学班，教职工 190 人，在校学生 1825 人；村级小学 18 所，108 个教学班，有教职工 185 人，在校学生 4852 人。初中适龄人口入学率、小学升初中升学率、九年义务教育覆盖率等均为 100%。

科技 民国 31 年（1942），县农业推广所在马田等地共设立 5 个推广区，推广繁殖良种、防治病害等农业技术。20 世纪 50 年代开始，县林业科技工作者开始对马田镇中苞红球等油茶良种进行研究。1954 年，马田镇建立农业技术推广站。是年，马田农具厂试制成功胶轮车、滚珠轴承、挖山器等新产品，被评为湖南省技术改革先进单位，获国家机械工业部奖励。1974 年县油茶科学研究所在马田镇创建，有实验山地 3 公顷，先后在马田镇枣子、丹坪、高仓等三个村建立实验基地 10 公顷。是年，中国科学院亚热带雨林研究所集中 12 个省的油茶良种在此做区域对比实验。选出油茶良种“永兴中苞红球”与“油麻大果”。1978 年，马田公社邝东主研究的紫云英旱土留种技术获湖南省科学大会奖。是年马田煤矿成立科技办，其研究的固体硫酸矿灯获湖南省科学大会奖。1982 年，马田公社科协成立。是年马田煤矿无煤柱开采技术、喷锚支护技术分别获湖南省人民政府科技成果推广一等奖、湖南省人民政府科技成果推广二等奖。1989年，兴建马田镇农科教中心，举办各类技术培训班。1990年，马田农技站参与水稻规范化栽培技术推广的项目。2000年，省农科院在马田开展科普讲座和展览。2014年末，全镇有各类科技人才5668人，其中专业技术人才168人，经营管理人才403人，技能人才236人，农村实用人才4861人。

文化体育

文化 马田镇历史悠久，舞狮子、耍龙灯等民间文艺活动源远流长。1953年，马田镇组建文化站。1954年马田镇建马田剧院，1958年后，随着集体经济的壮大，各大队均修建礼堂，内设舞台。是年，县新华书店在马田公社开设发行网点。1959年，县内第一个农村广播站——红旗（马田）人民公社广播站建立。1976年，县电影公司建设马田电影院，使用面积1039平方米。1983年11月，马田剧院集资建境内第一家电视录像放映队。1988年，马田煤矿建立卫星电视地面收转站。1989年，马田镇举行首届“爱我马田”艺术节活动，历时7天，有4000多人参加艺术游行，演出文艺节目105个，观众达28万人次。1993年，永兴县第一个农村有线电视站在马田建设成功，至年底已发展用户1500多户。1994年，镇政府筹资80余万元建成金陵文化楼，内设舞厅、卡拉OK等。1995年镇文化站获得“全国百强文化站”的殊荣。1996年邝贤彪在马田镇创办个体金陵书店。1998年6月，成功地举办了第三届“爱我马田”艺术节，参演文艺队16个。从2000年开始，马田镇连续举办六届“金陵杯”电视歌手大奖赛，2009年由市委宣传部、郴州电视台，郴州广播电台及县属有关单位联合马田镇组织开展“马田人话马田”活动。至2014年，境内有农家书屋24个、村级远程教育服务点21个、农村管乐队26个、腰鼓队20个、民乐队18个、舞蹈队8个。

体育 民国时期，境内体育活动开始兴起。1926年，共产党员李卜成从家中拿出500块光洋，与何宝臣等在马田寨下开班2堂武馆。新中国建立后，练拳习武主要是进行武术表演等。1972年井岗村武馆创新一套《少林十八拳》和一套《少林十八剑》，在郴州地区代表会上表演受到好评。1973年，代表地区参加湖南省武术表演赛，七旬老拳师李田即获拳术第三名，钢钗第五名。女青年李仓梅获拳术第四名。是年井岗村建立县内农村第一个水泥灯光球场。1974年，井岗村被评为省体育先进单位。1989年，马田镇举办“爱我马田”运动会，有59个代表队412名运动员参加篮球、乒乓球等6个项目的比赛，观众达4万人次。1995年，马田镇举办第二届“爱我马田”大型运动会。是年，马田镇被国家体委评为“亿万农民健身活动”先进乡镇。2012—2014年，连续三年荣获全县乡镇杯篮球比赛一等奖。2014年年末，境内有体育场地30处，40%的村居安装了健身器材，经常参加体育活动的人数42860人，占常住人口的36%。

医疗卫生

民国时期，境内无卫生防疫机构，民国31年（1942），县政府设高亭司卫生所辖马田。1952年，在马田墟建立区卫生所。1958年，在马田卫生所和马田墟中医联合诊所的基础上合并建成马田公社卫生院。1968年增添设备，扩建成马田地区医院。1984年，更名为马田中心卫生院，1986年，改为县第二人民医院。1999年，县第二人民医院筹资420万元购买县政府招待所，作为永兴县第二人民医院第二医疗部。2007年，马田镇引导民间资金2200万元，创办民营恒安医院、马田妇产医院。2014年末，境内有1所县级医院，2所民营医院，21所标准化村级卫生室和5所社区居委会卫生室，专业卫生人员达562人，平均每千人拥有卫生技术人员 5.3 人。

社会保障

清代民国时期，生老病死无任何社会保障。新中国成立后，广泛开展尊老爱幼，救济孤老残幼活动。1956 年农业合作社后，对孤老残幼逐步实行保吃、保住、保穿、保医、保葬“五保”。1995 年马田镇建立邝家、和平村两所养老院，集中赡养孤寡老人 36 名。2011 年，马田镇投资 200 余万元，新建马田镇敬老院，集中供养老人 53 人。2014 年年末，全镇有敬老院 3 所，集中供养五保老人 80 名。城镇居民最低生活保障户数 2036 户，人数 4689 人，支出 1362 万元。农村最低生活保障户数 665 户，人数 1139 人，支出 116.39 万元。养老保险参保率 100%。

特色地情

历史人文

军事要略 黑山口是耒阳进入永兴的重要隘口。1928 年 4 月，敌军南下，会剿湘南红色政权。为阻击敌人南下，尹子韶、张山川率赤色警卫团大部及江左农军数千人在黑山口设伏阻击，后因敌人改道未成功。民国 33 年（1944）秋，国军九十九军到马田一带驻防，军部驻井岗村。1945 年 5 月，黄平、尹称韶两次带领悦油乡抗日自卫中队在太平乡衡郴公路北端黑山口伏击日军车队。

著名人物 李卜成（1903—1930）马田墟人。1924 年，加入共产主义青年团。1927 年，由黄克诚介绍，加入中国共产党。1928 年，当选县委宣传部部长兼秘书长。1930 年 6 月，担任湖北省互济会主席。同年 9 月，被抓入狱，英勇就义。

马田豆腐

名优特产

马田豆腐 马田豆腐已成为永兴乃至郴州的一道特色佳肴。马田豆腐以豆子和石膏为主要原料，采用“石膏点豆腐”的南派技法加工而成。制作的豆腐以白、嫩、细、鲜、韧见长。马田豆腐的制作工艺薪火相传，至今已有上百年的历史。马田豆腐品种丰富，有鲜嫩的水豆腐、熏烤的黄金干豆腐、油炸的油豆腐、包馅的酿豆腐等。马田豆腐的烹调方法繁多，水豆腐焖雄鱼头、油炸酿豆腐、油焖白豆腐等是都色、香、味俱全的佳肴。

马田牛肉 年逢冬至，有吃传统美食“牛全席”的习俗，设牛肉、牛皮、牛脚、牛排、牛肠、牛肝、牛嘴巴、牛鼻子、牛尾巴、牛脑髓等十道菜，凡是“牛”身上能吃的几乎一应俱全，当地群众不但喜欢吃牛肉，家家户户还要买上十多斤牛肉，切成小块，用钢丝或藤绳悬挂于阳台风干，天气适宜约待半月时间，即风干做成名副其实的“冬至牛肉”，这牛肉既方便收藏，更是美味无穷，这成为马田镇美食招牌之一。

（曹振勇　供稿）

湘阴渡镇 >>

湘阴渡镇因驻地在清代设有官渡而得名。是湘南有名的“鱼米之乡”。

区域概况

位置面积

湘阴渡镇位于永兴县南部。东毗便江镇，南邻苏仙区五里牌镇和栖凤渡镇，西连油市镇、复和镇，北接塘门口镇。总面积65平方公里，占永兴县土地总面积的3.28%。镇人民政府驻地松柏村，距永兴县城13公里。

建置沿革

唐开元十三年（725）属长庆乡。明弘治年间，是长庆乡和金陵乡交错地。清代主属金陵乡后六都，东南部杂居前六都，北端杂居长庆乡八都。民国元年（1912），将永兴县划分为3镇15区，湘阴渡隶属第一区。民国19年（1930），全县设5个区92个乡，湘阴渡隶属第二区，区驻地湘阴渡。民国27年（1938），主属龙山乡北端属滩磊乡。1956年设湘阴乡。1958年，湘阴渡属卫星公社中部。1961年人民公社体制调整，湘阴渡改称湘阴公社。1984年改为湘阴乡。1986年2月25日，改为湘阴渡镇。

行政区划

新中国成立初的1951年，境域废14个保建立11个乡，即为油塘乡、毛家乡、松柏乡、湘阴乡、桥头乡、山冲乡（山冲、堡口）、荷叶乡（荷叶、南塘）、马家乡（胜利）、夹口乡、滩洞乡、滩头乡。1958年改制为7个生产大队，1961年调为13个大队，1981年，胜利大队分为马家、汉塘大队。1984年，辖区改制为14个行政村。1988年，成立湘阴渡居委会，恢复胜利大队，2010年，成立高矿社区。截至2014年，湘阴渡镇行政区划为高矿1个社区、湘阴渡1个居委会和毛家、油塘、湘阴、山冲、松柏、堡口、胜利、荷叶、桥头、夹口、南塘、滩洞、滩头等13个行政村。

自然环境与资源

自然环境 湘阴渡气候温热雨丰偏旱，年降水量1400 ~ 1500毫米。地貌组合为丘陵溪谷平原，东部龙王岭为砂页岩山地，总体轮廓北丘南平，地势北高南低。境内西河于湘阴渡镇毛家村扯渡河入境，沿龙王岭西麓北流，集九山河、桥头河等支流之水，境内长17.92公里。全境土壤以平岗紫色土、丘陵低山板页岩红壤为主。植被多见果木、油茶、杉木、松木、杂木、灌木、楠竹、杂竹等，森林覆盖率为55.2%。水土流失面为35.2%，属中等偏重侵蚀类型。

自然资源 境域东北部为二迭系，由石英砂石、粉砂岩、砂质泥岩及煤组成，为境内主要含煤地层。境域西北部为三叠系，由深灰、灰绿色泥灰岩和灰岩及钙质泥灰岩组成，主要分布在南塘村。境域南部为白垩系，由红色或紫色的砾岩、含砾砂岩、沙泥岩组成。能源矿产主要有煤、砂铜矿。煤分布于胜利、滩洞两村，砂铜矿分布于湘阴村。现存珍稀动物有水獭、河麂、鸢、肥螈、猫头鹰、平胸龟、虎纹蛙等13种。

人口民族

1952年统计，境域总人口为11359人。至计划生育前的1982年，境内总人口达23846人。其间年平人口自然增长率为34.79‰。实行计划生育后至2014年，全镇总人口为36000人，其间年均人口自然增长率下降3.61‰。与计划生育前30年相比，人口自然增长率下降了31.18个千分点。总人口比新中国建立初增长2.17倍，人口密度由每平方公里175人增至554人。

经济发展

经济综述

境域经济，传统主产稻谷、渔业、茶油、煤炭。1978年十一届三中全会后，农村推行家庭联产承包责任制，受市场经济支配，本地效益好的地缘优势得到发挥，永兴冰糖橙、蔬菜、煤炭、建材、冶炼、运输、商贸、饮食等产业全面兴起。煤炭产业一直是湘阴渡的支柱产业，21世纪初，县委作出永碧湘一体化规划后，湘阴渡经济得到快速增长，2008年至2014年，每年经济增长速度保持在10%以上。2012年11月，规划面积10平方公里的新材料、新能源工业园正式动工。2014年，全镇地区生产总值达9.7亿元，一、二、三产业增加值比重依次为14.66：49.12：36.22。财政总收入5196.57万元，固定资产投资额161900万元，城乡居民收入16522元。

农业

种植业 境内传统农业素以种植水稻、红薯、

湘阴渡大棚蔬菜基地

蔬菜等。民国30年（1941），县农业推广所在境内推广水旱二熟连作，并试行套作双季稻。民国32年（1943），县农业推广所在境内推广再生稻。1959年，油塘、毛家等村，长期以种植双季稻为主。2008年，中南三泰公司率先在境内流转水田200公顷。2009年，乐活公司在油塘流转水田66.6公顷，种植蔬菜、瓜果等经济作物。截至2014年，境内流转土地686.67公顷，有农业专业合作社24家，其中农机服务专业合作社2家。流转土地6.6公顷以上的农业大户有26户，种植面积13.5公顷以上蔬菜基地3家，提子种植基地2家。2014年，粮食作物种植面积2415公顷，总产量12370吨；蔬菜播种面积766公顷，总产量19117吨。

林业 境内林业以松、杉、楠竹为主，经济林以油茶为主。全镇共有林地3528.6公顷，森林覆盖率55.2%。1985年，县推广油茶更新工程，全镇共更新油茶林1420.6公顷。2003年，部分村民开始流转林地种植冰糖橙。2010年，松柏村民伍贵平在胜利、松柏村的秀水坳流转林地157公顷，全部种植油茶。截至2014年，境内种植冰糖橙350公顷，种植油茶1061.4公顷。

养殖业 南北朝时，境内已出现稻田养鱼。明代境内池塘养鱼较为普遍。民国25年（1936）年，湘阴渡率先采用杉枝在西河布置卵巢，采集鲤鱼卵，置于鱼池繁殖成功。1964年，国营湘阴鱼苗鱼种繁殖种场（今湘阴渔场）落户松柏村刘家渡。1975年7月，湘阴渡鱼苗鱼种繁殖种场对1300尾草鱼种作免疫实验，11月验收，成活率为97.6%。1976年，在胜利大队的白露、高坪两生产队0.533公顷鱼塘作免疫示范，比未免疫鱼塘增产2.8倍。1980年，松柏大队渡口生产队，34户有30户利用稻田养鱼和培育鱼种，养鱼收入占农业收入的43.7%，户平均渔业收入1850元，成为稻田养鱼专业村。1982年7月，新华社记者拍摄《稻田养鱼专题》电视纪录片，《人民日报》《中国水产》相继报道这一典型。1984年，湘阴村村主任邓爱国开办0.533公顷水面的家庭鱼苗繁殖场，建有4个孵化缸、1个产卵池，年产鱼苗1500万尾，收入7500元。2007年，滩洞村投资500万元，建立第一养殖场，年出栏生猪8000头。2009年，滩洞村建设第二养殖场，年出栏生猪10000头。是年，松柏村曹凤祥在松柏村渡口养殖鳄龟，水面面积2.4公顷，年纯收入8万多元。2013年，堡口村村民曹健、黄树龙合资创建飞鸿野鸭养殖场，占地面积1.33公顷，年销售野鸭3万羽。次年，湘阴渔场投入养殖鳜鱼，水面面积8公顷，年投入20万元，年产出60万元。至2014年全镇出栏生猪10.92头，出栏家禽50.33万羽，肉牛2600头。水产放养面积173.33公顷，水产产量650吨。

劳务输出 境内传统副业以就地手工业为主。随着1984年社、队改乡、村新体制运行后，农村剩余劳动力大量转移，主要在附近煤矿、工厂打工，部分村民外出经商。至2014年全镇有8462人从农村到厂矿打工或进城经商，占总劳动力人数的34.69%。

工业

煤炭业 清乾隆十三年（1748），境内开始有人开采煤炭。民国20年（1931），滩洞村出现大量无证私营小煤窑。1969年郴州地区在湘阴渡张家岭，投资145万元开办高亭司煤矿。1976年，在马家村枫树垅筹建湘阴渡镇枫树垅煤矿。1984年农村体制改革后，境内私营、个体煤矿迅速发展，至1987年，有煤矿213家。1989年后，政府强化安全管理，整顿小煤窑，煤炭生产下降。2006年枫树垅煤矿扩建1对新井，年产量提高到4万吨。2012年对境内煤矿进行整合，合并为12家煤矿。2014年，对境内煤矿再次整合，保留6家煤矿。

是年，全镇煤炭总产量30.98万吨。

建筑业 1958年，湘阴建筑社成立。1988年，湘阴建筑队改名永兴县湘阴建筑公司，注册资金520万元，属国家四级资质的施工企业，1995年，湘阴渡建筑工程公司晋升为国家三级建筑施工企业。2002年进行优化重组，马田建筑公司并入湘阴渡建筑工程公司，为国家二级施工企业。公司自成立以来已完成产值达7000余万元，所有中标工程全部经市、县质监站验评为合格工程，其中优良率占48%，实现利税总额672万元。

冶炼业 1958年“大跃进”，工业一哄而起，湘阴办铁厂，建土铁炉80余座。2008年，瑞晶冶炼厂落户松柏村，总投资2000万元，实现年税收500万元。

化工业 1982年，引进中南工业大学和株洲硬质合金厂技术，兴办永兴县化工厂。1985年1月，从北京木材工业研究所引进技术，筹办湘阴化学钙塑厂，生产钙塑、天花板系列产品。因市场行情变化，1987年转产，生产净水剂。是年，永兴县化工厂进行技术改造，年产钨系列产品三氧化钨500吨，1988年获湖南省乡镇企业优质产品称号。1990年，湘阴化学钙塑厂更名为湘阴净水剂厂，生产净水剂500吨，1991年进行技术改造，1993年完成技术改造，生产能力达到5000吨。

加工制造业 民国29年（1940）8月，湖南省建设厅官办耒阳造纸厂迁址滩磊乡沙坪里（今滩头村），是当时全县规模最大的造纸厂。1946年，官办纸厂解散，境内只有私营纸槽。1948年，有3家私人开设铁铺，加工锄、耙、犁等小型农具，20世纪50年代中期，成立湘阴公社铁木社，有职工34人，以生产小型农具为主。1958年，湘阴公社开办造纸厂。1983年，湘阴铁木社贷款45万元开办炉渣砖厂，利用锅炉废渣配合少量石灰、水泥在蒸汽养护下制成产品。1986年因经营不善停办。1998年，境内相继在西河沿岸的毛家、油塘、胜利等村开办沙场4家。年产河沙13000吨，卵石16000吨，产值210万元。2005年，李体旺投资600万元在荷叶村伍家坪组兴建振兴纸业公司，年产纸50吨，盈利300万元，2010年，因西河整顿，振兴纸业关闭。21世纪初，松柏、堡口、山冲等村相继开办砖厂5家。2014年，因县对S209沿线整治，关闭砖厂1家。全镇加工制造业增加值3000万元。

商贸服务业

商贸业 清光绪年间，在西河岸边今湘阴村建立墟场，取名湘阴渡墟。民国初年，在滩头村建滩头墟，滩头村周边及复合、油市、塘门口等地村民到此进行农贸产品交易。民国23年（1934），县城至鲁塘坳公路通车，湘阴渡墟与江东岸连成一片，集市贸易发展很快。新中国成立后，对湘阴渡墟场进行修复。1979年，新建一栋142平方米的墟棚，墟场面积扩大到4207平方米。1994年，县工商局投资61万元对湘阴渡墟进行改造，新建2074平方米的墟棚，有固定摊位135个。1998年，兴建兴湘大市场，建筑面积6385平方米，集农贸、五金、服装、餐饮为一体的多功能综合市场。是年，对滩头墟进行地面水泥硬化，并建设墟棚，墟场面积2408平方米。2008年后，境内银都超市、福鑫源超市、老百姓超市等大型超市相继开业。小型超市及商店覆盖全镇所有村组。至2014年，境内有商贸网点38家，社会消费品零售总额5300万元。

服务业 民国时期，境内饮食店、摊点设于墟场。20世纪60年代，墟场餐饮服务行业有所发展。20世纪80年代，私营餐饮店在镇区发展迅速。至1992年，餐饮业已有14家。1996年后，境内个体私营服务业跃居主导地位。餐饮、住宿、夜宵、烧烤、美容美发、婚纱摄影、打字复印、快递等行业发展到56家,营业额180.5万元。2012年后，农庄在境内兴起。是年9月，地处湘阴屠宰场旁的惠民农庄开业。2013年，位于油塘村西河岸边的前进农庄开始营业。2014年，前进农庄投入资金600万元，对农庄场地、基础设施等进行改造。是集餐饮、住宿、旅游观光、休闲、娱乐为一体的大型农庄。

基础设施

交通运输

明清时期，旱路官道西大道过境湘阴渡，水路依托西河直达衡阳、长沙。民国6年（1917）戴志文、曹丙文等人筹捐，在滩头修建跨越西河的第二座石拱桥双渡桥。民国23年（1934），鲁（塘坳）永（兴）公路穿境而过，境内首次通车。民国33年（1944），湘阴渡桥被炸后，水上运输又成为重要运输途径。1950年，县政府增拨稻谷30000千克，于当年6月修复湘阴渡桥。1956年后，因拦河筑坝，西河水运终止。1958年，湘阴公社以民工建勤方式，修筑通往县道的简易乡村路。1977年，鲁永公路湘阴渡段被改造成三级油路,1998年,又对鲁永公路进行拓宽改造,2002年,京珠高速通车，在境内山冲村设有互通口。2004年，开通湘阴渡镇至永兴县城的公交路线。2013年，启动高速路口至县城的银都大道建设。2014年，境内公路里程57公里，省道209、银都大道、县道湘滩公路贯穿境内。全镇所有行政村及98%的组通水泥公路。

邮政电信

邮政 民国15年（1926），县政府筹建永兴县城乡通信处，在湘阴渡设信柜。民国18年（1929），县通信处停办，改用邮差投递。民国23年（1934）,开通永兴至鲁塘坳委办汽车邮路1条。2014年年末，镇内有邮政网点1家，乡村通邮率100%。

电信 1953年6月始通市内电话。1963年1月1日，湘阴渡设社间交换中心总机。1992年8月，开通500门自动电话，一年后，升级为数字程控电话。1993年9月，开通容量80户模拟电话。1996年，建成数字移动电话。2014年全镇有电信服务网点2家，固定电话用户453户；移动电话用户23209户。

供电饮水

供电 1991年兴建夹口电站，1992年投入使用，装机容量960/3千瓦/台，年均发电量521千瓦时。1995年以前，境内供电由碧塘供电站供电，1995年，兴建湘阴变电站，全镇电网覆盖率100%。2002年，兴建油塘电站，2003年投入使用，装机容量1890/3千瓦/台，年均发电量834千瓦时。

饮水 辖区民众饮水历来取自河水或井水。1978年，镇区扩大，人口增加，生产、生活用水激增,原井水供不应求,许多村民和单位就地打井。2012年，在堡口村兴建银都水厂。2014年10月投入使用。水厂厂区占地面积1.6公顷，共设2个取水点（畔塘地下集水井及西河取水泵房），占地面积0.1公顷。水厂日生产能力7000吨，管网覆盖9个行政村，可解决35000人的安全饮水问题，受益群众达到18000人。

水利建设

民国38年（1949）以前，村民采用筒车在西河沿岸车水灌溉。1955年5月，永兴县首次在堡口村大坪组建造机埠，安装煤气动力水泵1台，抽水灌溉76公顷。1957年，改煤气为汽油机，沿西河兴建四处机灌工程,机械提灌面积186.6公顷。是年，兴建马冲水库。1958年10月，兴建塘泥冲、牛眠田、

黑垅里、西冲水库。1959年，兴建欧家冲水库，11月，兴建郑家冲水库。1966年，兴建喜冲水库。1982年，毛家村毛家车组集资3万元安装电动机1台，功率17千瓦，灌溉水田11.3多公顷。2002年，县财政拨款对郑家冲水库实行帷幕灌浆。2002—2008年对全镇的水库、山塘逐年进行维修，对13个村的主要水渠全部用水泥硬化。2013年，县财政投入2000万元，对郑家冲水库大坝进行维修。2014年，县财政拨款500万进行小Ⅱ型水库除险加固，在油塘、毛家、湘阴、松柏、胜利、荷叶重新安装水轮泵，拨专项资金80万元对马冲水库进行维修，至年底，境内有小Ⅰ型水库1座，小Ⅱ型水库7座，山塘632口。

村镇建设

驻地 新中国成立后，驻地建在湘阴渡墟场旁，尔后，供销社、粮站、卫生院、学校相继兴建。治所区面积约0.4平方公里。省道1833线和西河在此成十字架穿境而过。治所区四周均为农田。受地域限制，镇区内显得狭窄。1998年，省道1833线鲁永段提质改造，为避开湘阴渡墟场，线路从松柏村内改道，公路建成后，公路两侧规划了建设用地68000平方米，为湘阴渡镇小城镇建设提供用地。2004年湘阴渡镇政府整体搬迁至规划用地内。随后统一规划商品房用地，先后建有驻地单位，商贸服务，新镇区初具规模，到2014年，镇区面积达到1.1平方公里。

村庄 新中国建立前，境内经济基础较好的少数农民建有呈古典式青砖瓦房屋，其余为土砖平房，20世纪80年代改革开放后，农村建房速度加快，个别村民还盖起小楼房。1990年境内农村人均居住面积24.53平方米。2004年增至52.33平方米。2008年镇政府对村庄建设统一规划。2010年，投资40万元对油塘大湾进行新农村建设。2013年在松柏、堡口两村开展新农村建设，镇政府负责解决水、电、路等基础设施费用。是年6月郴州市新农村工作现场会在堡口村召开，随后省、市领导来堡口同调研，成为全省新农村建设示范点。从1982年至2004年，全镇有1147户村民新建、改造房屋21.383万平方米。至2014年，境内村民人均居住面积58.66平方米。

社会事业

教育科技

教育 清末民初，境内有私塾为本族或本村办学。民国37年（1948）9月，湖南私立兴湘初级中学在湘阴渡创立，一年后停办。1958年下学期，创办五七附中和竹叶附中，是县内创办最早的两所附中。20世纪70年代，五七附中改为湘阴附中，1971年2月，创办永兴县第七中学，1983年7月，永兴县第七中学改为永兴县第一农业职业中学。1985年，湘阴附中改为湘阴中学，1999年，中心小学搬迁至松柏小学，2001年，郴州市授予永兴职中“郴州市校园文化建设样板学校”。2002年，湘阴中学、中心小学、山冲小学、滩洞小学等4所学校被评为郴州市校园文化建设样板学校。至2014年，境内有中学2所，中心小学1所，村小7所，在校中、小学生3116人。初中适龄人口入学率，小学升初中入学率均100%，幼儿园5所，入园幼儿306人。

科技 民国29年（1940），官办耒阳造纸厂迁至沙坪里，利用现代工艺生产纸张。1952年县政府在湘阴渡创建县农场，进行农业科学实施。1976年，湘阴渔场在胜利大队白露、高坪生产队8公顷鱼塘作免疫实验。1978年，县农业局在松柏村彭家洞建立病虫测报站。1990年，湘阴净水剂厂进行技术改造，引进专利，生产500吨净水剂。2012年，县农业局在中南三泰公司进行土壤改良项目。2014年，中南三泰公司“南果北植”试验成功，在全省首次种植出本土香蕉。

文化体育

文化 民国时期，盛行花鼓、皮影、舞狮、耍龙灯、庙会等文体活动。传统文化有庙会和十五倒灯。现代文化以阅读、广场舞、腰鼓队等文体活动为主。2014年年末，境内共有各类文艺表演团体8个，文化站1个，休闲广场20个，农家书屋15个，免费读书吧5个，有线电视用户3500户，其中数字电视用户1000户，电视综合覆盖率100%。

体育 2014年，境内有篮球场16个，其中灯光球场2个，室内球场1个。各休闲广场和25%的村庄安装了健身器材。是年获永兴县“乡镇杯”篮球赛第一名。

医疗卫生

民国以前，以中医为主。1959年人民公社化后，创办湘阴渡卫生所，各大队组建卫生所，配备保健员、卫生员、接生员，担负大队防治及新法接生工作。1970年，境内农村实行合作医疗。20世纪80年代，湘阴渡卫生所改为湘阴渡卫生院，经过几次扩建后，卫生院总面积9500平方米，2007年开始实施新农合制度。2014年年末，境内有各类医疗卫生机构19个，卫生院1所，标准化村级卫生室15所和门诊3所。专业卫生人员45人。农村安全饮用水普及率100%，农村卫生厕所普及率75%。新型农村合作医疗参合率99.9%；城镇居民医保参合人数6.2万人，参合率90%。

社会保障

清代民国时期，生老病死无任何社会保障。人民公社化运动后，五保户由集体供养。2011年10月，湘阴渡渡敬老院建成投入使用，占地面积1500平方米，住宿楼、综合楼各一幢。住宿楼有住房52间。2014年，全镇最低生活保障户数1003户，共2961人，支出42万元。农村最低生活保障户数887户，人数2773人，支出38元。国家抚恤、补助各类优抚对象264人，支出16万元。全镇参加社会保险13000人，参合金额

130 万元，其中民政部门资助参加社保 3164 人次，共支出 28 万元。

特色地情

历史人文

插标分田 1928 年 3 月 16 日至 20 日，湘南工农兵代表会议在永兴县城太平寺召开，组建了湘南工农兵苏维埃政府，对土地革命作重点研究讨论，决定在湘阴渡搞土地分配试点，并派出工作组。1928 年 3 月，何宝臣、李腾芳、戴彦凤等在湘阴渡成立区乡土地革命委员会，确定在油塘、松柏两村搞土地革命试点。1928 年 3 月 20 日，组建工作队进驻油塘、松柏两村，以乡为单位没收地主、豪绅及所有庙宇、祠堂、积善会、积谷会、清明会的田地归乡苏维埃政府所有，然后由土地革命委员会统一丈量后按人口平均分配，将田地编成号码，由群众抽签决定田地归谁管理，再用木板或竹牌写上“此田 × 亩 × 分，属 ××× 所管”，插到所分到的田地里，形成了“以乡为单位，以原耕面积为基础，按人口平均分配，抽肥补瘦，好坏搭配，插标分田”的土地革命形式，史称“插标分田”。后因国民党桂粤军阀的联合“会剿”被迫中止。

名优特产

境内名优特产主要有：桥头村的永和兴提子、松柏村罐子窑的冰塘橙、胜利村黄山组的水晶梨、湘阴渡麒麟瓜、堡口村的养殖野鸭、湘阴渡美食烧鸡公等。

（王林春　供稿）

塘门口镇>>

塘门口镇因原驻地塘门口而得名。有永兴“小南京”之雅称。

区域概况

位置面积

塘门口镇地处永兴县城西北部，东与黄泥镇接壤，东南与便江镇相邻，南与湘阴渡镇、复和镇毗邻，西与耒阳市黄市镇共水，北与耒阳市大义乡交界，东北与香梅乡相连。总面积95平方公里。新驻地马仰坪，距县城10公里。

建置沿革

汉至宋代历属长庆乡。明代隶属长庆乡崇贤里。清代，境南主属长庆乡八都，境北主属永兴乡九都。民国改制为三王乡。新中国成立初期属第一区西部。1958年为光速公社，1961年易名塘市公社。1984年改制为塘门口乡。1986年撤乡建镇为塘门口镇至今。

行政区划

新中国成立初的1951年，境域废12个保建立1镇10乡，即为塘市镇(塘市居委会)、新湾乡(新湾、大寺)、牛雅乡(牛雅、洞洪)、廖家乡(西河、丰农)、年丰乡(年丰、马仰)、沙坪乡(沙桥、塘市)、寿祝乡(寿祝、三祝)、文洞乡(文洞、大塘)、长塘乡(糠泉、毛坪)、北冲乡(塘田)、高王乡(关王)。1958年改制为1个居民委员会和10个生产大队，1961年调为18个大队和1个居民委员会，1979午成立塘门口、安陵、荆草坪3个居委会。1984年，辖区改制为18个行政村和3个居民委员会。1988年，原安陵、荆草坪2个居委会并入湘永社区。截至2014年，塘门口镇行政区划为塘门口1个社区和塘市、沙桥、糠泉、毛坪、塘田、关王、寿祝、三祝、文洞、大塘、年丰、马仰、西河、丰农、牛丫、洞洪、大寺、新湾18个行政村。

自然环境与资源

自然环境 境内气候温热少雨多旱，多年平均气温17.5℃，年平均降水量1417毫米。地貌以丘陵为主，最高点位于西北沙桥村丫竹寨，海拔423.7米。最低点处于塘市村大河滩(亦为全县最低点)，海拔93.4米。境中，便江自东向西入境年丰、流经丰农、马仰、西河、塘市，出境耒阳；境南，西河自南入境牛雅、新湾与湘阴镇交界处，向北流经洞洪、大寺、于西河口汇入便江；境北，塘市河源自北陲寿祝、大塘，向南流经关王、沙桥，于塘市口汇入便江。植被以油茶、阔叶林、竹林、杉林为主体群落，森林覆盖率为72.8%。

自然资源 境内水能资源丰富，集于马仰坪开发点，断层温泉出露糠泉塘。含煤地层广布境域，伴有文洞带黄铁多金属矿，毛坪带含锰硅质岩、褐铁矿。野生珍稀动物有猫头鹰、水獭、河鹿等。

人口民族

新中国成立初的1952年，境域总人口为8469人。1982年，境内总人口达19975人。期间年平人口自然增长率为42.45‰。实行计划生育后至2014年，全镇总人口为22142人，期间年平人口自然增长率下降到2.49‰。与计划生育前30年相比，人口自然增长率下降了39.96个千分点。人口密度由每平方公里210人增至233人。

经济发展

经济综述

境域经济主产粮食、林木、煤炭。1984年，全公社生产总值508.09万元，其中农业总产值235万元，工业总产值214.78万元，商业服务产值58.31万元，分别占46.26%、42.28%和11.46%。财政收入15.61万元，农民人平均收入316.36元。20世纪90年代初，塘门口镇民营工业发展迅速，煤炭、金银冶炼已成为全镇龙头，带动交通运输、饮食服务的快速增长。2014年，全镇实现地区生产总值38.87亿元，农、工、商三产业所占比重依次为7.11∶60.63∶32.26。较1984年相比，农、工、商三产业所占比重发生了显著变化。是年，完成财政收入6042万元，城乡居民收入23807元。经济实力，跻身全市“十强乡镇”。

农业

种植业 境内种植业以水稻为主，红薯、蔬菜等作物为辅。计划经济时期，作物品种、耕种技术原因，水稻单产一般在150～230千克之间。1984年实行家庭联产承包责任制后，耕作制度和农业科技不断创新，粮食单产提高到400千克左右。1995年，全镇种植双季稻1440公顷，蔬菜11.13公顷。2004年建立关王、大寺、塘市、丰农4个冰糖橙基地266公顷。2009年，在塘田、三祝扩种冰塘橙200公顷。2013年，以大寺村为示范基地种植油菜20公顷，带动牛雅、洞洪、新湾、西河等村种植油菜207.6公顷，成为全县油菜种植示范样板镇。2014年，全镇种植水稻1239.3千公顷，其中优质稻513.2公顷，粮食总产量6620吨。种植蔬菜94.07公顷，产蔬菜33451吨，西河沿岸连片种植油菜208.3公顷。

林业 全镇属丘陵岗地，林地资源较丰富。树种有杉、松、楠竹等，尤以楠竹遍布全镇。1975—1976年，县内开展森林普查，全镇林地6848公顷，其中有林地5002公顷，森林蓄积量163.6万立方米。1985—1988年，塘门口镇造林997.63公顷，为前30年总和的4倍。镇内的大塘、沙桥两村连片造林超万亩。至2000年，22年间累计造林2078.3公顷。2013年，全镇造林211.2公顷。至2014年，境内有林地7355公顷，其中楠竹1468公顷，森林覆盖率87.22%。

养殖业 民国时期，境内家庭副业主要是养猪、牛、鸡、鸭、鱼，沿河一带的村民以捕鱼为业。新中国建立后，政府为发展粮食生产，提倡多养耕牛耕地，家家养猪积肥。1978年后，粮食生产基本过关，养殖业逐步增长，养殖专业户发展到49户。2007年，建立年丰、塘市、毛塘等6个专业养殖村。至2009年，养殖专业户达到203户，年出栏生猪1.96万头，家禽16.33万羽，水产品0.823万吨。2014年建设荣鑫标准化种猪场栏舍6000平方米，年供良种母猪2000头。至年底，境内生猪饲养量3.88万头，年出栏2.92万头，家禽出笼27.67万羽，水产品1.02万吨。

工业

煤炭业 清嘉庆年间（1796—1820年），一些县外矿商到境内集资办矿。民国17年（1928），李保渭在塘门口糠泉塘开办裕湘煤矿公司，民国20年（1931），邓宏宾在塘门口金鹅仙开办福源煤矿公司。民国34年（1945），鼎新煤矿公司与湘南矿务局合办，更名湘永煤矿特种股份公司。新中国建立后，裕湘煤矿收回国有，1952年，改名为湘永煤矿安陵工区。1980年，糠泉村投资138万元，兴建年产2万吨的村办煤矿—振兴煤矿。是年，塘市公社投资316万元在毛坪境内兴建年产3万吨的社办塘市煤矿。1983年4月，永兴县政府发出《关于放宽政策发展小煤窑的几条规定的通知》后，煤矿发展迅速。至1995年，境内小煤窑发展至105个，产原煤9.02万吨。1999年，县政府作出煤炭行业全面关停压产决定。至2003年，全镇仅有持证矿11个，年产原煤10.16万吨。2011年，投入1.76亿元对大塘、三合、株山冲、镇九矿等6家个煤矿技术改造。技改后，大塘煤矿成为县内唯一达到省一级示范矿标准。6家矿年产量均达到6万吨水平。2014年境内保留规模以上煤矿5家，年产原煤25.96万吨。

冶炼业 20世纪80年代，境内开始有人从外地收购含有金银的废液、废渣、废料“三废”中提炼回收金银及其它稀有贵金属。1991年发展到10余家。1994年永兴西河冶炼厂注册成立。1998年意水冶炼厂注册落户。是年8月，马仰冶炼厂投资850万元在原址扩建“多金属次生料循环经济”项目。1999年西河冶炼厂陈外荣投资400万元建成电解铅、电解银生产线新厂，并更名为“永兴县西河铅业有限责任公司”。2000年，县政府在塘门口规划建成总面积16.7公顷的马仰工业区。园内企业多达30多家。2003年，为确保园区有序、健康发展，对环保不达标的企业兼并或关闭。至是年底，园区内冶炼企业保留10家。是年，占地面积1.4公顷，注册3000万元的富康贵金属有限公司落户工业园区。2005年，扩建后西河铅业更名为“西河企业集团”，拥有总资产2亿元，成为湖南省私营企业100强。2007年，西河企业集团与中南大学合作研发的“前置氧化双拉制备银基接点”技术达到国内先进水平，西河企业的超细银粉和触头材料产品被认定为湖南省高新技术产品。是年，实现年产值15亿元，出口创汇4500万美元。2009年，经过扩建后的马仰有色金属责任公司竣工投产。2010年，富康贵金属有限公司投资4500万元，新建电解铅生产线投产。是年，投资1500万元建成年处理污水10万吨的工业园区污水处理厂。2012年，根据《永兴县金银及稀贵再生金属回收产业整合升级方案》的要求，园区内冶炼企业由10家整合为7家。至2014年园区内有金银冶炼企业5家，共生产黄金716千克、白银83.1吨、电解铅67138吨、秘338吨、锡613.36吨、锑70吨、冰铜215吨。完成年产值29.7亿元，上缴国家税金13376.19万元，入园冶炼企业销售收入、税金占工业产值40%和83%。

建筑业 1969年冬，泉塘、文洞、寿祝3个大队建筑队合并组建成塘市公社建筑队，1983年，工程施工面积2960平方米，完成建筑安装量25.72万元。1985年承建县建安建材管理站住宅楼和建材公司综合楼评为县级优良工程。是年，完成施工面积3220平方米，实现建安量31.2万元。1987年，经郴州地区建委审查，塘门口建筑队为4级建筑施工企业。是年，施工面积3076平方米，质量合格率100%。1995年，省、市建筑行政主管部门进行建筑企业资质审查，塘门口建筑队仍保持4级施工企业。是年，施工面积4613平方米，工程质量合格率100%，2002年，根据建设部颁布的建筑企业新标准，塘门口镇建筑队不再保留，并注销施工执照。

加工制造业 境内盛产楠竹，竹制品加工业发展较多。年丰、西河、大寺、塘市、文洞等地有技能的工匠加工制作箩筐、背篓、米筛、土箕等，到集市上销售。清末民国时期，境内塘门口、关王、文洞、大寺有铁匠开设铁铺。1952年，成立塘门口铁木社、缝纫社。2001—2005年，有年丰竹席厂、西河筷子厂、塘市筷子厂、马仰竹制品加工厂相继成立。2011年投资2100万元在境内马仰坪兴建球冠机械制造厂。至2014年，境内有毛塘木材加工厂、塘市木材加工厂等民营、个体加工企业21家，从业人员137人，实现加工业增加值3026万元。

商贸服务业

商贸业 楚怀王六年（公元前323），便江就有商船来往。清乾隆年间（1736—1795年），随着生产发展，塘门口港口成为境内煤炭、竹木、茶油等主要物资集散地。商贾大多在塘门口港泊舟登岸。沿江边近1000多米长的吊脚楼河街在明清时期就形成有绸缎铺面、百货、南货、当铺商贸街。商贸繁荣，故有“小南京”之称。新中国建立后，治所区内陆续建成供销社、粮站、食品站、综合商店，供应生产、生活资料和收购农副新产品。境内有文洞、关王、安陵、塘门口4家集市贸易市场，是县内集贸市场较多的公社。1998年，投资1700万元马仰坪集贸市场竣工，建筑面积2000平方米，建有218个摊位。至2014年，境内有商贸业53个。从业人员265人，社会商品零售总额6258万元，城乡集市贸易成交额1765万元。

服务业 明清时期，，境内过往商船频繁，塘门口街道有客栈2家，饭铺3家，小吃店3家、理发店2家、茶社1家、修理店1家。1952年，塘门口供销社成立，内设旅社、餐饮。1990年，全镇有饮食服务网点23个，营业额13.72万元。1995年后，境内出现茶楼、夜宵、美容美发、擦鞋、出租车、家电维修、打字复印等服务业。至2014年，

塘门口镇原驻地临江而设的古商铺

塘门口煤运码头

境内有旅店2家，饮食店4家、美容美发店2家、打字复印社1家，摩托车、出租车47辆、修理店3家，服务行业从业人员137人，服务业增加值1246万元。

基础设施

交通运输

水运 境内水路运输便捷，水路上抵郴州，下达湘江入洞庭。民国17年（1928），裕湘煤矿（今湘永煤矿安陵工区）铺设轻便铁轨至塘门口港口，年均输出煤炭2万吨。1958年，白头狮经塘门口至耒阳灶市的水上客轮试航。1973年，永兴经塘门口至耒阳灶市客轮正式开通。1986年，划定塘门口港港域，东岸（江右）上起泥巴口，下至塘市小学；西岸上起江南坪，下至柳州滩岸线。全线0.88公里，水域面积20300平方米，陆地面积1100平方米，港口建有简易客货码头。1988年，港口来自安陵工区及邻近小煤窑的外运煤炭和货物吞吐量36.06万吨，客运量2.04万人（次）。1998年，投资30万元，扩建塘门口货运码头，增加4个泊位。2000年，塘门口二级电站动工兴建，永兴至耒阳灶市客轮停航。

公路 1958年，动工修建湘永煤矿至安陵工区公路，1959年竣工。1965年，修建安陵至塘门口砂石公路，全长6.3公里。1968年，修建安陵至文洞砂石公路。1972年，修建塘门口至北冲公路。1992年，投资300万元沿便江岸线动工修建永塘公路。1995年竣工，全长8.44公里，路基宽7米，为泥结碎石路面。1996年永兴至塘门口客班车通车。1998年修建从石屏至西河口公路，次年通车。2003年8月，永兴县首条利用国债资金200万元的通乡公路－永塘公路开始全线硬化，2004年完工。2008年，投入700万元完成塘门口至界牌网络公路建设。投入400万元完成马仰坪至西河，西河至牛丫公路硬化。2009年，新建通村公路15条，长18公里。2011年累计投入500万元完成通村公路硬化9.6公里。至2011年，境内水泥公路通村率85%。2012年，完成沙桥、三祝、新湾等8条21.4公里网络公路硬化工程。至2014年，境内有县道1条，乡村公路8条，通车里程68.23公里。全镇有大小运货车辆64辆，中巴客车12辆，盘式拖拉机35辆。年底，境内有永兴至文洞、永兴至三祝、湘永至安陵、永兴至牛丫、永兴至西河和塘门口等6条线路客班车，年客运量16.1万人（次），货运量80万吨，全镇交通运输总产值1200万元。

邮政电信

邮政 民国9年（1920），开通衡州（今衡阳市）经塘门口至永兴不定期水路邮路1条。民国15年（1926），设塘门口信柜，可供邮寄信函。民国17年（1928），邮政业务量增大，是年，增加西河口投递点。1949年10月，设立塘门口邮政代办所，承办汇兑业务。1989年，安陵工区设立邮政所。2014年，通邮率100%。

电信 民国36年（1947），架通永兴至塘门口通信线路1条。1951年，为配合土地改革运动，架通塘门口至关王通信线路，在关王装单机1部。1959年，塘市公社关王大队安装20门的总机，通话率100%。1995年，架设1条永兴至塘门口10芯光缆线，开通境内程控电话。1997年，开通数字移动基站，2000年，境内开通宽带网。2001年，开通低速无线寻呼点站。2002年，中国联通建立通信电话基站。至2014年，境内固定电话725部，移动电话用户率51.8%。

供电供水

供电 民国17年（1928），乡绅李保渭在塘门口开办的裕湘煤矿公司，安装锅炉3台，配2台直流发电机发电照明，为永兴发电之始。民国20年（1931），邓宏宾在金鹅仙开办的福和煤矿公司，安装锅炉2台，15马力和10马力蒸汽机各1台，配2台直流发电机发电，自行照明。翌年，鼎新煤矿公司建立机修厂，采用2台美式50马力立式锅炉配1台25千瓦直流发电机发电，周边村民受益。1960年，城关供电所建成，开始向塘门口年丰、塘市部分村民供电。1966年，在关王村境内修建东昇小电站，供关王、塘田部分村民生活用电。1970年，从城关沙子江架通至塘门口10千伏安输电线路。2000年，建成塘门口供电所，供电量为405万千瓦时。2001年12月，在塘门口镇原耒水果木场地段动工兴建永兴二级电站。总投资1.63亿元，设计装机容量21万千瓦，年发电量8600万千瓦时。2002年，建成永兴二级变电站，主变容量110/23000/2。是年，架通永兴二级电站至城南变电站110千伏高压输电线路，翌年，第一台机组正式并网发电。2010年，全镇完成农网改造。至2014年，全镇村组村民实现100%生产、生活用电。

供水 境内泉井较多，几乎遍布全镇村组，水质较好，村民饮泉者多，也有取河水饮用。2009年，境内村民打井96处，解决3500多人饮水。2011年，县政府开始实施城乡一体化饮水工程，2012年，境内铺设供水主管道20公里，入户安装428户，至2014年，完成年丰、马仰、西河、居委会、塘市城乡一体化饮水工程。牛雅、洞洪、丰农、新湾、大寺等村均实现农村安全饮水。是年底，全镇安全饮水入户率100%。

水利建设

明清时期，境内便江两岸有乡民在江边安装筒车提水灌溉农田。光绪三十二年（1906）有永兴乡泉塘筑坝灌溉田8公顷。1958年，塘门口三祝大队兴建三祝水库，灌溉面积20公顷。1959年，在沙桥村境内修建空冲垅水库，灌溉面积26.6公顷。1966年在大塘村兴建红卫牛形垅水库，灌溉面积33.34公顷。2009年，整修加固山塘106口，渠道维修及清淤35公里。2011年，完成标准化浇灌渠道5公里，整修山塘14口。2012年，投资480万元完成红卫、空冲垅水库除险加固工程，完成文洞、大塘5公里标准化渠道浇灌。2013年，投入200万元对三祝水库和牛形垅水库除险加固。至2014年，境内有小Ⅱ型水库4座，山塘289口，基本塘39口，标准化渠道51公里，灌溉面积1267.33公顷。

村镇建设

驻地 在明清时期，沿江边建有近1000米长的吊脚楼，形成一条河街，集居几十户乡民。有客栈，商贸较为繁荣。新中国建立后，机关驻塘门口墟上。1952年后，在乡政府驻地陆续建有供销社、粮站、学校、信用社、卫生院、财政所等驻镇单位。镇区面积0.8平方公里。1984年，对塘门口治所区进行初步规划。1995年完成治所区规划修编。2003年4月，投资530万元的塘门口政府整体搬迁工程在马仰坪破土动工，2004年12月26日竣工。2004—2008年，信用社、卫生院、综合农贸市场、兽医站、林管站、商店也随之先后整体搬迁至马仰坪。2010年，马仰新村新增居民10栋，安装标志性灯塔。2013年，镇中心主干道铺设路缘石和人行道板1200米，建成花坛145个，干道两旁新植各类树苗5000株，以镇政府为主体的小城镇建设初具规模。加上工业园建设，镇治所区面积1.38平方公里，较原址镇区面积扩大0.58平方公里。2010年投资220万元完成镇区亮化、绿化工程。

村庄 新中国建立前，村民房屋多数为砖木结构和土坯房，随着联产承包责任的贯彻落实。村民富裕起来，生活水平逐步提高，村民建房速度加快，标准逐步提高。至1990年，塘市、年丰、西河等村有70多户盖起小楼房。1998年，从其他村迁往马仰坪的村民按新农村建设要求，统一规划建房30套，整齐有序。2002—2006年，先后有马仰、文洞、西河、年丰、关王、寿祝等村建起了村办公楼，部分村还建了村文化活动室。2010年，部分村建有休闲健身活动中心。至2014年，农村通村公路硬化率、电网改造率、农村安全饮用水率均为100%。环境卫生、村容村貌大为改观。

社会事业

教育科技

教育 晚清，境内关王、文洞、洞洪等地办有私塾。民国30年（1941），境内有小学7所，实行国民教育。民国38年（1949），境内小学进入发展阶段。新中国建立后，县政府接管原有学校。1958年，在塘市粮站旁边兴办塘市小学。是年9月，为满足农民子女入学，在塘市小学附设初中班。1959年，在马仰坪新建塘市公社初中学校。1980年11月，在塘门口马仰坪创立永兴县教师进修学校，县函授师范学校并入。1982年，进修学校搬至县城。至1988年，境内有初中1所、小学16所，在校学生1360人，有教职员工184人。1997年，塘门口中心小学从塘门口圩搬迁至马仰坪。2014年，境内有初中1所、中心小学1所、村小4所，教学班30个，在校学生984人，教职员工91人。幼儿园3所，入园幼儿116人。九年义务制教育覆盖率100%。

科技 民国17年（1928），裕湘煤矿公司拥有锅炉、直流发电机、车床等设备，是郴州地区煤炭工业较早使用机器的厂矿之一。相继开办的福和、鼎新煤矿公司均实行“西法开采”。1987年春，塘门口镇科技示范户陈五洪造杉树林25.1公顷，次年11月5日，经县林业局检查验收，平均树高2.17米，最高达3.12米。2005年，西河铅业公司生产的超细银粉被湖南省科技厅认定为高新技术产品。2010年，马仰有色金属有限公司与中南大学合作研究的“低品位粗铅制成高纯度电解铅工艺”，生产出9999.8品位1#电铅，为中华第1铅，获湖南省科技厅科学成果奖。2014年末，全镇有各类科技人才1165人。其中专业技术人才

167 人，经营管理人才 148 人，技能人才 614 人，农村实用人才 236 人。

文化体育

文化 塘门口历史悠久，境内文化遗产丰富，明朝期间建有西河“三侯祠”。清光绪年间，皮影戏流入境内。新中国成立以后，境内文化逐步繁荣，1965 年，建立公社广播站。1983 年，兴建塘门口影剧院，1985 年，成立塘门口文化站。1986 年，成立 16 毫米农村电影放映队。1988 年，塘门口镇“三侯祠”复修，建有戏台，常有剧团演出。1990 年，塘门口镇文化站创办全县第一家乡镇万册图书馆。是年 6 月，永兴县文化工作现场会在塘门口镇召开。1991 年，塘门口镇文化站被国家文化部、人事部授予“全国文化工作先进集体”称号。2002 年 12 月，塘门口镇获全国文化先进乡镇。2003 年，西河“三侯祠”再次扩修，占地面积 13000 平方米，建筑面积 3000 平方米。内设主殿、观音、中堂、钟楼、厨房、客厅、餐厅等。建有能容纳 5000 人的露天剧场，能安排 1200 人的住宿，2000 人的就餐场所。2007 年，郴州市人民政府将西河口三侯祠“九九重阳庙会”列入市级非物质文化遗产保护名录。郴州市民族宗教局将“三侯祠”列为市级重点宗教活动场所。2012 年，汉三侯祠重阳庙会成功申请省级非物质文化遗产，并授牌保护。2014 年，建成 285 平方米的镇综合文化站，设有图书馆、电脑室、棋牌室、多功能媒体室。到年底，全镇有农家书屋 14 个、藏书 1.82 万册、村级远程教育点 18 个、农村管乐队 3 个、腰鼓队 2 个、民乐队 4 个、舞蹈队 1 个、文艺演职人员 72 个。

体育 境内划龙舟自明朝中期至今已数百年历史，每逢农历五月五日端阳节，境内西河、塘市、马仰等村在便江下游西河地段举行龙舟赛。1983 年，镇政府成立塘门口龙舟队。1991 年，端午节，塘门口镇举办龙舟赛，沿江 4 个村参加，观众达万人。1998 年，永兴县在便江城段举行中国永兴首届龙舟赛，塘门口龙舟队获第三名。2004 年，塘门口龙舟队代表郴州地区参加湖南省在岳阳举行的全省龙舟赛获第四名，2014 年，境内有 5 支龙舟队，其中马仰、西河龙舟队代表永兴县参加全省龙舟赛湘南片预选赛。到年底，境内有蓝球代表队 4 支，体育场 14 处，40% 村居安装了健身器材，经常参加体育活动的人数占常住人口的 45%。

医疗卫生

清乾隆年间，江西省著名中医杨明兴携子至塘门口糠泉村糠仁堂行医、开药铺。民国 31 年（1942），县政府在塘门口组建卫生所，配职工 3 人。民国 36 年（1947），卫生所改编为巡回卫生工作队。新中国成立后，塘门口卫生院下设 3 所分院，即西河分院、泉塘分院、关王分院。1998 年，县内开始推行乡村卫生机构一体化管理。至 1999 年 8 月，境内 11 个行政村实行乡村卫生机构一体化管理。2006 年，投入 300 万元，实现塘门口卫生院整体搬迁，占地面积 7300 平方米，建筑面积 2100 平方米，有病床 20 张，至 2014 年，全境有卫生院 1 所，2 所民营医院、诊所，18 所标准化村级卫生室和 1 所社区居委会卫生室，有专业卫生人员 31 人，平均每千人有卫生技术人员 2.6 人。农村安全饮用水普及率 100%，农村卫生厕所普及率 73%，新型农村合作医疗参加率 98.9%。

社会保障

清代民国时期，生老病死无任何保障。新中国成立后，广泛开展尊老爱幼，救济孤老残幼活动。1956 年农业合作社后，对孤老残幼逐步实行保吃、保住、保穿、保医、保葬“五保”制度。2009 年，投入 290 万元，建成塘门口镇敬老院，占地面积

0.8 公顷，建筑面积 2000 平方米，安置孤寡老人 30 人。2014 年，农村最低生活保障 396 户 702 人，支出 126.1 万元，农村“五保户”供养 116 人，支出 36 万元，民政部门资助参加合作医疗 766 人（次），支出 4.6 万元，国家抚恤、补助各类优抚对象 122 人，支出 52.8 万元。是年参加新型农村养老保险 7500 人，参保率 100%。农村劳力转移就业 238 人，职业培训 209 人，为 15 名村民办理小额创业贷款 45 万元。

特色地情

历史人文

名人游览 明地理学家徐弘祖泊宿大河滩。大河滩原名柳洲滩，位于塘市河与便江交汇处，是一个占地 20 公顷的河滩，因旧时洲上河柳茂盛而得名。明崇祯十年（1637），地理学家徐弘祖游便江。他在《徐霞客游记》中记述：“岩（观音岩）下江心，有大溪（西河）自南来注，是为森口（西河口）。又北五里，泊于柳洲滩（大河滩），借邻舟拖楼以宿。是晚素魄独莹，为三月所无，而江流山色，树影墟灯，远近映合，苏东坡承天寺夜景，不是过也。”

军事要略　盐砂岭 康熙十七年（1678）六月，吴三桂率军数万再次进犯永兴，清军大将固山伊领兵数千，迎战于沙桥村盐砂岭，寡不敌众，全军覆灭。

著名人物　陈伯诚（1898—1928） 1926 年秋加入中国共产党。1927 年 7 月，任永兴县工农赤卫大队大队长。1928 年，在黄克诚领导的赤色警卫团任副团长。4 月，部队向井冈山转移中被编入红四军十二师三十五团，黄克诚为团长，陈伯诚任副团长。在进军黄坳的战斗中，陈伯诚冲锋在前，身中数弹，壮烈牺牲。

风景名胜

汉三侯祠 汉高祖元年（前 207），战国楚汉相争，群臣争雄，项羽逼义帝迁都郴州，途中惨遭杀害。刘邦称帝后，派安国侯王陵、绛侯周勃、舞阳侯樊哙前往郴县凭吊义帝。三侯途经西河口时，见天色已晚而泊舟留宿。后人为纪念三侯忠义，建“三侯祠”以供祭祀。改革开放后，群众捐修古祠，场地扩容达 13000 平方米，建筑面积 3000 平方米，内设主殿、观音堂、中堂、钟楼、厨房、客厅、餐厅等。能容纳 5000 人集会，1200 人的住宿，2000 人的伙食。2007 年，郴州市民族宗教局将

西河村三侯祠

三侯祠重阳庙会

塘门口端午节龙舟赛

三侯祠列为市级重点宗教活动场所。

民俗风情

重阳节庙会 自汉代建立西河口三侯祠，每逢九月初九重阳节，为纪念忠义三侯，举行赶庙会祭祀大典。改革开放后，祭祀活动愈趋兴隆。客流量上千人，开餐上百席。2007年，郴州市人民政府将“九九重阳庙会”列入市级非物质文化遗产保护名录。2012年，汉三侯祠重阳庙会成功申请省级非物质文化遗产，并正式授牌保护。2014年重阳节，数以万计的香客和游客，云集西河村，举行郴州市省级非物质文化遗产汉三侯祠重阳庙会祭祀活动。

端午节赛龙舟 清代，塘门口成为县内重要的煤炭转运港口。来自长沙、岳阳的船民人多，赛龙舟等地域风情在塘市、西河、马仰等村发扬传承。起初，有竞赛船和游江船之分，竞赛船除划手、舵手、鼓手、锣手，还有一名小丑，幽默的动作逗得看客开心大笑。游江船亦称文人船，划手少，以装故事、唱调为主，民乐伴奏，十分热闹。相继形成每年阴历五月初一到初五，惯例举行端午节赛龙舟活动。

（曹永飞　供稿）

金龟镇 >>

金龟镇因境内一山形似龟背而得雅称。历为县域北部的交通枢纽。

区域概况

位置面积

金龟镇位于永兴县境中部。土地总面积52.6平方公里。东毗太和镇，南邻黄泥镇，西连香梅乡，北接樟树镇，西北角与耒阳市上架乡交界。镇人民政府驻地曹家边，距县人民政府驻地18.5公里。

建置沿革

宋至明代中期，金龟境域历为永兴、长庆二乡交错地。明弘治年间乡下设里，境北、中南隶属永兴乡千箱里，境南、中北隶属长庆乡崇贤里。明万历四年（1576），朝设永兴江右巡检司署驻安福（清康熙六年撤），曾为县域东半部道制中心。清代主属永兴乡十三都，境南杂居长庆乡十都。民国时期撤都建乡，全境统属金安乡，位于东南部。1951年，境域位六区中东部，区公所驻地竹叶塘；1958年，人民公社化时，为先锋公社东南部；1961年，调小公社规模，金龟分出成立东风公社；1984年，改社镇为乡镇，易名金龟乡；1986年，撤乡建镇为金龟镇至今。

行政区划

新中国成立初的1951年，境域废8个保建立10个乡，即为竹叶乡（竹叶、三联）、唐公乡（唐公、轮泉）、山下乡、何家乡（清水）、元庄乡、金龟乡、烟竹乡（曹家边）、六甲乡（六甲、泉塘）、岭背乡（茅屋）、牛头下乡（牛头、安福）。1958年，改制为4个生产大队，1961年，调为10个大队，1979年，成立金龟大队居委会，并将生产大队调到14个。1984年，辖区改制为14个行政村和1个居民委员会。截至2014年，金龟镇行政区划为金龟1个居委会和唐公、轮泉、竹叶、三联、金龟、元庄、曹家边、清水、山下、茅屋、牛头、安福、泉塘、六甲14个行政村。

自然环境与资源

自然环境　全境地貌以丘陵为主，淝水自东端山下村黄鸪流经清水、曹家边、元庄，西出香梅；南端便江一级支流湘永河源头，自南峰岭西南麓的唐公村芒东桥，流经羊乌市出境黄泥镇庄山。北端灰岩红壤区，气候温热少雨多旱，中部板页岩红壤及南端砂岩红壤区，气候温热雨丰偏旱。境内植被以油茶、杉林、竹林群落为主，森林覆盖率55.7%。

自然资源　主要矿产资源有境中无烟煤、境北石灰石及清水村的氧化锰矿等。珍稀物种有黄鼬、草鸮、华南兔等。

人口民族

1952年，境内总人口9517人。随着人民生活的安定，人口增长加快。至1982年，金龟公社总人口17686人。30年间年平人口自然增长率28.61‰。20世纪80年代实行计划生育，人口自然增长率明显下降。至2014年，全镇总人口22469人，后32年间年平人口自然增长率下降到7.74‰。与计划生育前的30年相比，人口自然增长率下降了20.16个千分点。总人口比新中国成立初增长1.36倍，人口密度由每平方公里181人增至427人。

经济发展

经济综述

境内经济，传统以农为本。1984年，金龟公社年国民生产总值为454.97万元，农、工、商经济结构比依次为79.79 ：15.1 ：5.11，农业比重占绝对优势；财政收入为10.38万元，农民纯收入为206.24元。改革开放后，引进金龟籍外商投资兴业，加大对金银冶炼和煤炭产业的开发力度；通过流转土地、规范基地建设，促进农业产业化经营；通过加大对农贸市场的建设，拓宽农副产品的流通平台。到2014年年末，全镇实现地区生产总值7.14亿元，完成财政收入1181万元，城乡居民收入15722元。与社改乡体制时的1984相比，经济总量显著增长，农业比重下降50.01个百分点，工业比重上升41.02个百分点，商业比重上升8.98个百分点。

农业

种植业 境内传统种植业以种植水稻为主。1949年，全境耕地665公顷，粮食总产2002吨。此后，通过土地改革，依靠集体力量，开展大规模农田基本建设，改革耕作制度，推广良种，粮食产量逐步提高。1973年，牛头大队洲塘生产队试行麦烟连作，薯烟间作，均获成功。1975年推广杂交水稻后，境内有3个村8个组粮食生产亩产跨《纲要》，达到492千克。1986年，牛头、安福、清水等村推广烟稻连作。至1988年，烤烟种植面积272公顷，占经济作物73.2%。1989年，唐公、轮泉、清水等村试种大棚蔬菜18公顷。到2002年，发展大棚反季节蔬菜40.7公顷。是年，境内大面积推广优质稻、杂交玉米。至2014年，全镇耕地面积990.5公顷，粮食总产量8747吨；烤烟总产量153吨；蔬菜总产量20230吨；冰糖橙总产量1800吨，实现种植业总产值3381万元，占农业总产值的31.56%。与1949年相比，耕地面积增长48.94%；粮食总产增长3.37倍，烟、菜、果等经济作物全面发展。

林业 传统林业以经营油茶、竹林为主。20世纪60年代，开辟杉、松等用材林基地建设，至1976年，全社拥有林业用地5876公顷，森林覆盖率为55.7%。20世纪80年代后，进一步加强宜林荒山绿化，相继建成以山下、牛头、六甲等村为主的桉树基地，以唐公、三联等村为主的楠竹基地，以轮泉、清水等村为主的油茶更新改造基地。2013年，引导东鑫置业公司和捷兴桉树公司投资500万元，合法流转土地400公顷，种植桉树、松树、杉树20万株。至2014年，完成荒山造林500公顷，全镇森林覆盖率升至60%；林业增加值1044万元，占农业增加值9.75%。

养殖业 境内农户历来有养殖猪、禽、鱼的习惯。清光绪九年（1883）《永兴县志》载："池塘养鱼，尤以安福司的湖塘为盛，鱼味胜他处。"1958年人民公社化后，家庭私养受限，集体公养粗放，养殖业发展缓慢。至社改乡体制的

1984年，全社年出栏生猪4159头，出笼家禽24620羽，出产鲜鱼900吨。之后，实行家庭联产承包责任制，培植三联、金龟等2个养殖专业村，106户养殖专业户。2013年，金发综合养殖有限公司和兴达综合养殖场，共出栏生猪2000头、菜牛150头、鱼3000尾、鸭2000羽，产值500万元。至2014年，全镇年出栏生猪2.5万头，年出笼家禽22.3万羽，年出水产品9703吨，畜牧水产增加4296万元，占农业增加值40.1%。

工业

煤炭业 金龟属永耒产煤矿区，主矿点竹叶塘勘探区，含煤面积13.06平方公里，探明地质储量862万吨，是县内6个重点产煤乡镇之一。新中国成立初期，先后办有大同、黄丘、和成等20多个个体小煤窑。1956年，全部纳为公私合营，改名为县属竹叶塘煤矿。1961年，创办县属东风煤矿，建有高子背、斗岭坳2对矿井。1968年，公社兴办3个社属煤矿。至1984年社改乡体制时，全社煤炭年产量1.5万吨，总产值23.14万元，占当年工业总产值的90.61%。改革开放后，政府放宽政策，发展小煤窑，境内社办、村办、联户办、个体办煤矿迅速发展。至2002年，全镇共有各类煤矿21家，年产煤炭15.94万吨。2010年，政府强化安全管理，关闭非法小煤窑，整合为徐家岭、东风、二工区3家煤矿。至2014年，全镇年产原煤18万吨，所存3家煤矿关闭2家，剩余1家，投资2000万元进行安全标准化建设。

冶炼业 20世纪80年代，实行家庭联产承包责任制后，境内一些农户从柏林跟学冶炼技术，开始回收废料提炼金银等贵金属。自1995年刘冠贤投资创办希望冶炼厂，先后有许建国等人创办了金龟冶炼厂、湘泰公司、华致公司、金业公司等冶炼企业。2006年，县政府为规范冶炼行业，在曹家边村兴建占地35公顷的金龟项目区，相继有焱鑫铅业有限公司、鑫源大地矿冶有限公司、金驰环保资源再生科技有限公司、湘泰公司、华致金属冶炼有限公司、金业有限公司等6家企业入驻园区。2012年，整合升级，关闭取缔了湘泰、华致、焱鑫、鑫源4家冶炼企业。至2014年，对剩余的金业、金驰2家冶炼企业也限期退出。

加工制造业 清代，境内竹叶塘、唐公庙、泉水里、三联等地盛行竹器编织。1956年，竹叶塘乡组织21名工匠成立铁木社，生产小型农具和生活用品。1971年东风公社组建社办竹器厂。1973年，公社投资5万元创办铸锅厂。1974年，光明（三联）大队以竹器加工为龙头，集农副产品加工、缝纫、石灰厂等项目，成立大队综合加工厂。中央人民广播电台于1975年7月，以“发展队办企业前途无穷光明”为题，报道了光明大队办企业的经验。至1984年，全社加工业实现产值2.4万元，占当年工业总产值的9.39%。之后，实行企业体制改革，至1999年，全镇有各类加工企业93家，年销售额141.22万元。2001年，引进资金350万元，兴建金龟出口花炮厂。年产爆竹5万箱、烟花2万箱，产品销往东北三省。2002年引资100万元，兴建金龟机砖厂，次年生产机制砖510万块，实现产值765万元。2008年引资15万元，建成清水精石灰加工厂；引资80万元，建成金龟楠竹加工厂。至2014年，全镇共有加工企业13家，从业人员176人，年产值达337.3万元，实现利税6.23万元。

商贸服务业

商贸业 清末民初，境内建有竹叶塘圩进行农副产品交易。1949年，境内有私营商业4户。1953年，私营商业发展到7户，销售额1.42万元。1958年人民公社化后，集体、国合商业发挥主渠道作用。1972年，全社商贸销售额52.66万元。1978年后，实行多成分、多形式、多渠道经商。

民营商业发展较快。至2002年，全镇有民营、集体、个体商业242家，从业人员1532人，商品零售总额778.24万元。随着民营资本的积聚，相继建有大型超市3个。到2014年，全镇有商业店铺345家，从业人员2145人，社会消费品零售总额1562.53万元。

服务业 新中国成立初期，每逢竹叶塘开圩，摆摊供应米豆腐、米粉、糍粑等小吃，设点理发和修理伞、鞋等服务。1953年，圩场有旅店1家，小吃店2家、理发店1家，修理业1家。20世纪60年代后期，境内永安公路边开设小吃店、饭铺6家。1978年始有美容美发店。1997年始有出租车服务。1998年有了打字复印社。2002年，境内有宾馆、旅店、酒店、打字复印、车辆出租、加油洗车、家电维修、餐饮店等服务行业58家，从业人员234人，营业额145万元。之后新增宾馆、酒店2家。到2014年，全镇有服务业143家，从业人员676人，服务业增加值1458万元。

基础设施

交通运输

明清时期，县官道西北大道，经境内唐公庙、金龟、安福司通往长沙。1958年，永（兴）安（仁）公路竣工通车，并设立竹叶塘汽车站。1959年，竹叶塘汽车站改为金龟汽车站。1961年，修建金（龟）香（梅）公路。1998年，投资380万元，将金香公路由砂石路面改造成四级水泥路面。1999年，修建竹（叶塘）轮（泉）支线。2010年，投资130万元，完成下（山）窝（塘）、泉（塘）八（角湾）、轮（泉）上（湾）六（甲）3条通组公路。2012年，投资200万元，兴建金龟三级客运站。2014年，累计投资320万元，完成11条，总长11.7公里的通组公路硬化工程。是年年底，全境有省道1条，县乡公路2条，通村公路14条，共计公路里程29.8公里。

邮政电信

邮政 清乾隆五十年（1785），境内始设安福司驿站。民国15年（1926），县域通信中路设竹叶塘投递点。1952年，调整邮班为4日1环投；1968年，开通县城经金龟汽车邮路，邮件逐日投递。1982年，金龟邮政支局开办国际给据函件。1992年金龟开办特快专递业务。1998年9月，邮政电信分营，金龟设立邮政支局。

电信 民国26年（1937），架通安福司至龙王铺电话线路。1952年，架通县城至竹叶塘、竹叶塘至香梅、竹叶塘至六甲3条电话线路，装单机3部。1994年开通程控电话。1995年金龟开通二频点无线寻呼转基站。1996年开通数字交换基站。2000年境内开通宽带网。2002年中国联通建立移动通信电话基站。到2014年，境内固定电话412户，移动电话用户19618。移动电话用户率95%。

供电供水

供电 1970年前，境内乡民靠用松香和油灯照明。1971年，黄泥供电站建成，境内部分社员开始用电照明。1980年金龟供电站建成，境内大部分队社员用电照明。1995年，金龟变电站建成。2010年，投入260万元，完成六甲、牛头、毛屋、轮泉、竹叶、金龟7个村电网改造。至2014年，境内村民用电户100%。

供水 境内居民素以饮用泉井为俗。新中国建立后，政府注重群众饮水卫生，不断增挖、整修泉井，改善水源环境。1995年，政府投入200万元，从曹家边村泉水组取水，建成金龟自来水厂，解决6000人清洁饮水问题。至2002年，镇区及周边94.8%的居民饮用清洁自来水。2008年，政府投入80万元，铺设清水、元庄、竹叶塘等村供水管1700米。2010年，扩建金龟自来水厂。至2014年，全镇100%的村民饮用清洁水。

水利建设

清代，境内已建塘堰水利工程有安福司的湖塘，牛头下的泉塘和茶园陂等，尤以湖塘一带，塘计99口，为全县之最。1957年，境内山下高级社率先兴建长沙口水库后，1958年，相继修建了山下大队黄鸪水库，清水大队石下垅水库和光明（三联）大队占禾冲水库等。1972年，修建马脑、三十六担、火田垄等渡槽，贯通柏永干渠境内8公里段。2012年，投资1200万元，完成柏永干渠金龟段三面硬化工程；相继投资700万元，完成长沙口、占禾冲、石下垅3座水库的除险保安工程。至2014年，全镇有水库4座，山塘500口，标准化渠道50公里，灌溉面积400公顷，占耕地总面积的40.38%。

村镇建设

驻地 金龟驻地建设，始于1958年先锋公社建办公楼、大礼堂。至1984年社改乡建制时，驻地建设面积为0.8平方公里。1986年金龟乡改为建制镇，新建2层砖混结构办公楼和宿舍。至1988年，镇区内有18户私人建房，建筑面积1073平方米。1991年硬化镇区公路。1997年兴建金马街、金龙街。2010年在金马街、金龙街、金香路等主要街道上安装路灯78盏，新改造镇区排水系统800米，完善政府大院。2013年投资800万元，完成镇区绿化、广场绿化和地下管网、环卫设施建设。至2014年，镇区面积扩大到2.6平方公里。

村庄 境内农房多为土砖房。20世纪80年代，随着家庭联产承包责任制落实，村民生活水平逐步提高，建房速度加快，规模由平房向楼房发展，质量由砖木结构向砖混结构发展。1994年后，逐步引导村民按规划建房，启动三联村新农村建设示范村建设项目。2010年投入30万元，完成清水村马路组新农村建房试点；投入1500万元，实施竹叶村56户农房拆除安置；投入30万元新建、改建六甲、清水、轮泉、元庄4个村组织活动中心。2013年，投入1200万元，高标准完成省道212沿线唐公、竹叶、金龟、清水4个村的新农村示范带建设及其绿化工程，村容村貌得到改观。

社会事业

教育科技

教育 清代，境内始有族立私塾。民国22年（1933），境内设有小学1所。新中国建立后，境内6个小乡均设有小学。1958年，境内小学普及到13个大队，在校学生2406人。先锋公社完小附设初中班。1961年，创建东风公社初级中学。1970年，东风中学收归县办。更名为永兴县第六中学。1989年，成立金龟镇农民文化技术学校，招收没上全日制初中的小学毕业生，开设文化和农技专业课。1998年，县六中改为金龟镇中学。2001年，镇政府开展“平安校园”创建活动，拆除竹叶塘小学危房。2013年，镇政府投入120万元，兴建金龟中心幼儿园教学楼；投入76万元完成金龟、竹叶、牛头村小校舍维修及供水供电。2014年，投入80万元兴建金龟中学学生宿舍楼。是年，全镇有中小学校6所，校园面积4.04万平方米，有教职工112人，在校中小学生1395人。有幼儿园6所，幼师30人，入园幼儿526人。

科技 清代，竹叶塘一带，男女皆能竹器工艺。1958年人民公社化后，农业新品种、新技术在境内逐步全面推广。1974年光明大队编织的团

唐公村春笋冬出试点项目

筛、提箱等，被选送北京参展。改革开放后，冶炼工艺传入境内。21 世纪初，引进应用烟花、机制砖、楠竹深加工等项新工艺。2014 年，开展唐公村春笋冬出试点。是年，全镇有各类科技人才 421 人。其中专业技术人才 69 人，经营管理人才 28 人，技能人才 31 人，农村实用人才 293 人。

文化体育

文化 清末，皮影戏传入境内，金龟皮影戏班，一担行箱，走乡串户，以牛头下的何先友戏班名声较高。1956 年，存有皮影戏担 2 副，艺人 7 人。1958 年成立 8.5 毫米机农村电影队。1976 年发展为 16 毫米机电影队，是年在境内放映 11 场，观众 1.8 万人（次）。“文化大革命”中，皮影戏视为封资修而停演，1978 年后恢复。是年，兴建金龟影剧院，有座位 780 个。1988 年成立金龟文化站。1989 年，金龟设立图书发行分店。2010 年，投资 12 万元，新建唐公、三联、元庄、曹家边 4 家农家书屋；投资 30 万元新建镇文化站。至 2014 年，全镇有农家书屋 14 个，远程教育服务点 15 个，农村管乐队 1 个，腰鼓队 5 个，民乐队 1 个，舞蹈队 1 个，文娱演职人员 216 人。

体育 明清时期，乡民以村延师设馆，练拳习武。民国时期，牛头下一带流行少林中桩拳。新中国建立后，传承习武、健身风气，春节耍狮、表演武术，休闲时自发开展举石锁，扭扁担、踢毽子、掰手劲等活动。1990 年代，富裕后的农民体育活动更加活跃。1996 年金龟镇荣获县群众体育工作先进乡镇。2011 年，镇政府投入 30 万元，建设篮球场、羽毛球场、乒乓球室。至 2014 年，境内有体育场地 29 处，9 个村、居委安装了健身器材，经常参加体育活动的人数 9500 人，占常住人口的 35.8%。

医疗卫生

民国 31 年（1942），县在安福司组建卫生所。1952 年冬，县在区公所所在地竹叶塘建立卫生所，中医人员自发组建了中医联合诊所。1958 年成立先锋（金龟）公社卫生院。1965 年东风（金龟）公社卫生院扩建为农村地区医院，各大队均建立卫生所。1970 年境内实行农村合作医疗制度，大队卫生所更名为合作医疗站。1971 年建立金龟“三八”药材栽培场。1984 年金龟地区医院改名为中心卫生院，大队合作医疗站更制为村卫生所。

至2014年，全镇有中心卫生院1所，职工41人，村卫生室18所，有医务人员23人，农村安全饮水普及率100%，农村卫生厕所普及率68%，新型农村合作医疗参合率100%。

社会保障

清代民国时期，战乱无休，生老疾病无任何保障。新中国成立后，广泛开展尊老爱幼，救助孤老残幼。1956年农业合作化后，对孤老残幼逐步实行保吃、保住、保穿、保医、保葬的“五保”制度，集体供养老人57人，孤儿29人。政府救济困难人员3998名，共支付粮食6.7吨，现金1967元。2006年，境内推行大病救助制度。2008年，全镇参加新型农村养老保险人数16203人。2013年，投入160万元新建敬老院集中供养大楼。至2014年境内有敬老院1所，供养孤寡老人80人，五保户对象142人；农村低保户603户，842人，支付41.32万元；新型农合参保续保19043人，参保率100%。

特色地情

历史人文

军事要略 1928年3月末，敌军南北夹击湘南，朱德指挥工农革命军第一师及独立第四师（耒阳农军）撤离耒阳上架桥，进入永兴安福司。4月1日，在牛头下召开千人军民大会。会上，朱德号召广大军民坚持斗争，打击国民党反动势力。随后，革命军离开安福司向安仁转移。

著名人物

何昆（1898—1930） 金龟镇牛头下村人。1925年考入黄埔军校第四期，同年加入中国共产党。1930年3月任中国工农红军第十四军军长兼中共通海特委书记。4月，在如皋老虎庄激战中身中数弹，以身殉职。

曹福昌（1902—1929） 金龟镇湖塘村人。1925年就读衡阳天湘中学，毕业后考入广州黄埔军校步兵科第四期，不久，加入中国共产党。1928年任红四军第十二师三十五团副团长。9月不幸被俘，10月7日就义于长沙。

曹盛佳（1909—1935） 金龟镇安福司人。1928年参加农民赤卫队。1931年加入中国共产党。1934年任中共耒（阳）安（仁）永（兴）中心县委委员，兼任中共永兴区委书记。1935年1月，曹盛佳在遭遇战中光荣牺牲。

名优特产

元庄无烟煤 境内煤炭资源属沼泽相含煤泥沙碎屑沉积，主要分布于中部元庄一带，煤质属

安福村关圣祠

牛头村何昆故居

高发热量的优质无烟煤，是良好的工业原料、燃料和生活用煤。1987 年，县科委委托 908 研究所对其无烟煤制造颗粒活性炭进行工艺试验，试验报告结论指出：东风煤矿所产的煤（即元庄煤），可作国防、化工等高级活性炭的材料。

名胜古迹

关圣祠 坐落于安福司的关圣祠，地处古驿道（今永安公路金茨支线），建于清嘉庆年间（1776—1820 年），面积 533.6 平方米，分中栋、左、右厢房，住房 10 间，正厅设佛殿。关圣祠建筑属砖木结构，呈现明清时期湘南建筑风格和雕饰花样，飞檐斗拱，做工精细，壁廊书画绘制细腻。1928 年 3 月 30 日，朱德设指挥部于安福司关圣祠，部署湘南起义军向井冈山转移。

何昆故居 地处金龟镇牛头村的何昆故居，是中国工农红军第十四军军长何昆出生之所。此居始建于清代晚期，2013 年被列为省级文物保护单位，省级重点革命遗址。2014 年 11 月故居修缮工作竣工，成为革命传统教育基地和爱国主义教育基地。

民俗风情

竹叶塘竹器 竹叶塘竹器久负盛名，织篾习俗沿袭至今。清光绪三十二年（1907）永兴乡土志载：永兴乡（今永兴县北部）斗岭下竹叶塘一带人家，无论男妇，皆能作竹器，如筐、筥、箩、箕、筛、篓之类。1974 年境内编织的团筛、提箱等，被选送北京参展。

（许彰龙　供稿）

柏林镇>>

柏林镇因驻地原地名“白泥塘”取谐音而得名。素有“冶炼之乡”“华侨之乡”等美誉，今被誉为“中国银都之都”。

区域概况

位置面积

柏林镇位于永兴县北部。东毗龙形市乡，南邻太和镇，西靠樟树镇，北界安仁县龙海镇。总面积195.9平方公里，占永兴县土地总面积的9.91%。镇人民政府驻地柏林村，距永兴县城28.9公里。

建置沿革

汉至元代，境属便（永兴）县永兴乡。明弘治年间，主属永兴乡开道里。清代主属永兴乡十五都，南沿杂居十六都，西北端杂居十四都。民国27年（1938）废区建乡，境域北为洞义乡，南为柏和乡。新中国成立初期并入第七区。1958年隶属红专公社。1961年人民公社体制调整分属2个公社，南为柏林公社，北为洞口公社。1969年因“文化大革命”，柏林公社易名永丰公社；洞口公社易名前进公社。1981复名柏林、洞口公社。1984年公社改乡镇建制，2社更名柏林乡、洞口乡。1986年柏林改乡为镇。2012年行政区划调整，柏林镇、洞口乡并为柏林镇至今。

行政区划

新中国成立初的1951年，境域废10个保建立23个乡，即为龙王市乡（龙王市、金盆）、长乐乡、石门乡、枫坪乡、河头乡（口泉）、青路乡（青路、公平）、洞口乡（洞口、同心、朝阳）、新田乡（陈门、图府）、一甲乡（大洞、鹿鸣）、高冲乡（东坪）、桃林乡（桃林、龙潭）、沙坪乡（大水）、杨树乡（杨树、九团）、虹桥乡、石桥乡（四联）、杨武乡、莲花乡（柏林、荷塘）马家乡（马桥）、高屋乡、山下乡（高山）、木陂乡（高岭）、二甲乡、杜泥乡。1958年改制为11个生产大队，1961年调为27个大队，1966年调为32个大队。1984年，辖区改制为32个行政村。1991年，成立柏林、洞口居委会。截至2014年，柏林镇行政区划为柏林、洞口2个社区和柏林、荷塘、九团、口泉、马桥、高山、高屋、高岭、二甲、杜泥、四联、虹桥、杨武、龙潭、桃林、金盆、枫坪、龙王市、长乐、石门、青路、公平、朝阳、杨树、洞口、同心、陈门、图府、大洞、东坪、大水、鹿鸣32个行政村。

自然环境与资源

自然环境 柏林镇气候温热雨丰偏旱。地貌以丘陵为主，地势南高北低。东境图府河、中部小浪江、黄泥江均自南向北汇入永乐江，永乐江自东向西擦北界，全境土壤类型多样，以砂岩红壤为主，东北部和西南部插花板页岩红壤，北陲点布紫色土。植被多见油茶、杉木、松木、杂木、灌木、楠竹、杂竹等林，森林覆盖率为68.4%。

自然资源 矿产主要有煤，分布于高岭村；水泥用灰岩分布于金盆村；建筑用灰岩片石分布于枫坪、龙王市、金盆等村；河砂分布于境东永乐江段图府、大洞等村。现存珍稀动物有花百狸、小灵猫、灰喜鹊、猫头鹰、华南兔等19种。

人口民族

宋元丰年间（1078—1085年），进士陈纯夫部分后裔，世居境内。清道光二十年（1840）前后，境内部分冶炼业者，为谋生计，经广东出境港、澳，定居南洋。1952年，境内总人口为23354人。随着居民生活安定，人口自然增长加快，至1982年，境内总人口达38973人。30年间，总人口增长66.88%，年平人口自然增长率为21.75‰。之后，政府重视计划生育，2004年柏林镇、洞口乡双双被评为县人口和计划生育优质服务先进乡镇。至2014年，全镇总人口52000人，32年间，年平人口自然增长率为9.18‰，比前30年下降了13.11个千分点。人口密度为每平方公里265人，处全县中等偏稀水平。少数民族有蒙、回、藏3族9人。

经济发展

经济综述

境域经济，传统以农为本，还有部分村民从事金银冶炼。至1984年，柏林、洞口2社共计地区生产总值1607.09万元，农、工、商三业产值结构比依次为73.74 ：22.50 ：3.76，农业优势明显；财政收入为36.66万元，农民人平纯收入仅323.38元。1980年代农村推行联产承包责任制后，境内烤烟、运输、商贸、饮食等产业全面兴起，金银冶炼强势崛起，成为富民强镇的支柱产业。2007年后连续5年被评为全市经济十强乡镇。2013年、2014年，连续2年被评为全市经济十强乡镇第一名。2014年末，全镇地区生产总值达52.5亿元，其中农、工、商三产业的比重依次为4.5 ：50.17：44.83；财政收入2.5亿元，城乡居民收入26854元。与1984年相比，农业所占比重下降69.24个百分点，工业比重上升18.88个百分点，商业比重上升41.07个百分点；工商业长足发展，财政与居民人均纯收入显著增长。

农业

种植业 清代，镇内种植业以稻作为主，辅以晒烟、红薯、花生、蔬菜等。新中国成立后，境内按派购任务种植棉花等作物。20世纪60年代，改晒烟为烤烟。1987年，湖南省烟草公司确定柏林镇、洞口乡为优质烤烟生产基地。1995年后，先后在天里坪、洞口、同心、朝阳、青路、公平等村开发冰糖橙基地267公顷。次年，在柏林村建立大棚蔬菜基地。1999年，洞口被评为市烤烟工作先进单位。2000年后，相继建成青路村等557公顷标准化烟叶生产示范基地；开辟枫坪等村优质稻示范、绿地源花卉、金丽苗圃等生态农业基地。至2014年，全镇存有耕地面积2820.2公顷，年产粮食27659吨，收购烟叶10800吨，年产蔬菜28816吨，冰糖橙4005吨。比1984年，耕地增长3.5%，粮食增长19.37%，烤烟增长552.8倍，蔬菜增长38.6倍，水果增长315.6倍。

林业 清代，境内传统林业主产杉、松、竹、油茶。民国29年（1940），柏林、洞口列为植桐推广区。新中国建立后，政府推行封山育林。1953年长乐洞张坊联互助组，订立护林公约，派人轮守公山，封山育松延绵3公里，《湘南农民报》作专题报道。1958年，山林权属打乱，森林过伐，高山、高屋大队原有松林800公顷，被大炼钢铁、大办食堂砍光。1961年后，山林下放给生产队经营。1964年被列为全省杉木林基地，先后建成公社、大队林场22个。1982年完成境内林业"三定"工作。1997年实施退耕还林、建设长江防护林，"三难地"绿化攻坚。引进推广工业用材林新树种—桉树，在柏林、洞口造林2400公顷。1999年，洞口乡被评为全市安全文明林区达标单位。2009年10月，启动青路、公平、朝阳、杨树、同心666公顷油茶开发工程。2012年筹资200万元，完成造林245.7公顷，完成省道境内段18公里两侧绿化造林，沿线新增桉树林400公顷，扩至1067公顷；投资2000万元，连片开发生物柴油原料林"千年桐"333公顷。2014年，全镇林地4736公顷，年产茶油18吨，活立木蓄积19.11万立方米，森林覆盖率63.8%。

养殖业 明代，境内白泥塘集市已形成仔猪、耕牛交易市场。明万历年间，境内始有木陂塘等池塘养鱼。1955年龙潭村石壁垅水库建成后，境内开始水库养鱼。1958年，境内创办柏林和洞口2个集体猪场。1984年，境内2社年出栏生猪1.04万头，出笼家禽6.03万羽，产鲜鱼359.6吨。农村经济体制改革后，县在柏林建立商品猪生产基地、四黄鸡基地和塘库养鱼基地。1990年，柏林、洞口引进长毛兔366只繁育推广，杨树村办起利民丰生态养殖场，陈门村新塘组李水健创办个体养猪场等，推动境内规模化养殖。2002年龙潭水库引进银鱼，探索深水位养殖模式。2007年在虹桥村建成20公顷中华鲟鱼养殖基地。2014年，全镇出栏生猪7万头，出笼家禽63.6万羽，产鲜鱼1654吨。与1984年相比，生猪年出栏增长5.73倍，家禽年出笼增长9.55倍，年产鲜鱼增长3.6倍。

工业

冶炼业 明末清初，柏林有人开始冶炼金银。尔后，父传子承，师授徒继，发展成民间传统工艺，行业时续时断。民国27年（1938），曹祖芳在白泥塘墟兴建铁厂。1958年"大炼钢铁"时期，境内建立柏林、洞口铁厂。1970年，随着社队企业的发展，兴起从废渣废料中提取金、银、铜。1978年农村经济体制改革后，部分有冶炼技术的人从公社冶炼厂分离出来，从事个体或联户冶炼。至1984年，境内冶炼户达1740户2074人，占全境总户数的24.8%，冶炼纯收入超万元的户有104户，荷塘村李江新等冶炼大户年纯收入上10万元。是年，全境冶炼产值521.6万元，占工业总产值的78%。1998年开始整治冶炼污染，建立柏林工业园，当年入园冶炼企业12家。2002年建立洞口工业园，当年入园冶炼企业6家。是年，境内2乡镇有冶炼企业238家，年产黄金1吨，白银1000吨，铋500吨。年产值10亿元重点企业有永星、雄风有色金属有限公司及洞口冶炼厂等。冶炼大户有九团村王时清、马桥村谭雄玉、荷塘村李江新、口泉村陈日新、朝阳村马小文、洞口村刘小文、马国雄等。2010年开始合法企业与非法企业的市场剥离，强行关闭非法冶炼企业100家。2013年，54家冶炼企业整合升级入驻柏林工业园。至2014年，全镇冶炼增加值达25.68亿元，占工业总产的98%。

加工制造业 清末，高山堂冲开设窑厂，烧制缸、瓮、坛、罐、盘等。1952年，龙王市一带盛行种席草编织草席。1956年，柏林兴办铁木社、造纸厂，洞口相继成立铁木社。1963年，柏林铁木社生产家具，销往株洲、长沙。20世纪80年代，长乐十八家，家家编草席。20世纪90年代，

柏林工业园

境内兴起金银首饰工坊40家，新型工业荣鹏金属、鑫裕环保等企业崛起。至2014年，全镇加工制造业增加值1467万元，占工业增加值的0.56%。

建筑建材业 1956年，农业社将农村泥木匠组建专业队，承包乡村小型砖混建筑工程。1969年，柏林公社成立建筑队。1984年后，柏林、洞口2社办起砖厂、瓦厂、采石场、石灰厂、河沙场。2006年，洞口乡投资200万元，建成机砖厂，日产真空砖1万块。2014年，举办首批规范农村建房建筑工匠培训班，培训农村建筑工匠100人。是年，全镇建筑业增加值3773万元，占工业增加值的1.44%。

柏林工业园 改革开放以后，政府为营造冶炼宽松环境，采取"先上车、后买票"的作法，从宽办理115家个体、8家集体的营业执照。直至20世纪90年代发生2起重大污染事故后，于1999年开始采取整治措施，决定创办柏林工业小区，集约管理。2002年，在柏林镇驻地开创省级乡镇工业园区的同时，洞口乡亦在青路村开办工业项目区。2012年原洞口乡并入柏林镇，正式启动国家城市矿产示范基地——永兴县柏林工业园建设，根据"循环利用、绿色发展"的理念，严格按照"高起点规划、高门槛入驻、高标准建设、高要求管理"的原则，建成多功能现代化园区。新工业园位于龙王市、青路、金盆3村地域。规划用地面积4.2平方公里，计划总投资200亿元，规划入驻企业24家。至2014年，完成征地420公顷，安置搬迁85户；完成园区工业大道、柏林大道水泥硬化及绿化等基础设施工程；完成工业园区路网骨架、110千伏输变电站、原污水处理厂提质改造工程。雄风、琼鑫、意水、金润、荣鹏、鑫裕环保、强胜、富康、华鑫、众兴环保、建勋环保、佳盛、红鹰铋业、金源、东宸等15家企业已签订入园协议书。其中雄风公司已完成一期厂房及设备建设，琼鑫、鑫裕环保、意水、金润、荣鹏等5家亦已破土动工。

商贸服务业

商贸业 清光绪九年（1883），境域始建白泥塘（柏林）、洞口、龙王市3墟。白泥塘墟有街道4条、巷道12条。民国初年，柏林兴建商业步街连接老墟，道旁开设18家绸缎及日杂等店铺。新中国成立后，李文中成为柏林首个私营业主，资本额达5万元。1979年柏林、洞口、龙王市、天里坪新农贸市场建成开业，至1988年，有个体

金银首饰加工一条街

工商户458户。1992年，柏林改造老市场为商业步街，新建华侨街、金银首饰加工一条街、金银铁铺行等。1997年，柏林华侨街有首饰店40家，做金银转手生意者达2000人，成为永兴“中国银都之都”的招牌。2004年后，洞口建成商业街、农贸市场，柏林美佳超市等相继开业。至2014年，全镇商贸增加值14.05亿元，占商贸服务业增加值的60%。

运输业 新中国成立前，运输靠步行肩挑，境内流传着“一百零八根扁担”的民谣。1958年永（兴）安（仁）公路通车，结束了长途运输靠人挑的历史。1971年，永丰（柏林）公社拖拉机站购进“洞庭130汽车”1辆，开办境内运输业。20世纪80年代，境内冶炼业崛起，交易频繁、货运忙碌，联户和个体运输业快速发展。至2014年，全镇运输业增加值5.85亿元，占商贸服务业增加值的25%。

服务业 清代，境内墟场逢墟设土灶、市酒肴，有伙铺、茶馆、剃头店等。1956年，实行公私合营，开办柏林、洞口旅社。1980年后，柏林、洞口分别兴办饮食店、电影队、理发店和照相馆等社办服务企业。1986年，柏林宾馆建成，住宿、餐饮一条龙服务。1996年商业流通体制改革后，个体私营服务业跃居主导地位，境内的餐饮、旅馆、夜宵、茶楼、美容美发、摄影照相、打字复印等业盛行。至2014年，全镇服务业增加值3.51亿元，占商贸服务业增加值的15%。

基础设施

交通运输

清代，境内无官道，仅有乡村步道。1958年永（兴）安（仁）公路竣工通车，南自太和入境杜泥，经四联、柏林、荷塘、枫坪、龙王市，由金盆出境安仁；同年，柏林建成客运汽车站。1960年修通天里坪至洞口县道。1966年柏林桥建成通车。20世纪70年代，修通洞口至大洞、洞口至东坪2条最难修的山区公路。1988年洞口大桥建成通车。1999年，境内开展公路大会战，至2002年建成乡村公路21条95公里，入村率100%。2007年16个村的通村公路相继完成水泥硬化。2008年投资32万元，建成洞口汽车客运站。至2014年末，全镇通村公路32条126公里，全部水泥硬化，通组水泥公路达140公里。

邮政电信

邮政 清乾隆二十七年（1762），境属县北邮路。民国15年（1926），境内柏林塘、洞口属县中路投递点。1956年通邮到各高级社，1958年通邮到生产队。1968年开通县城至柏林委办汽车邮路，1982年柏林邮电支局先后开办国际给据函件。2014年末，镇内有邮政网点32家，村组通邮率100%。

电信 民国22年（1933），县架通洞义乡电话，民国37年（1948）始通磁石电话。1953年，架设柏林市—龙王铺、八角庙—洞口墟电话区乡线。1960年，100%的大队、25%的生产队通电话。1990年全镇开通1100门自动电话，1993年升级为数字程控电话。1994年开通模拟移动电话基站。1996年开通139全球通数字移动电话。1998年建成光纤数字传输网络。2002年，境内共有程控电话9582部，电话入户率83.11%；共有手机10802部，手机入户率93.7%。2013年境内开通第四代移动通信技术网络。2014年有电信服务网点32家，固定电话用户3500户，用户普及率为30.35%；移动电话用户11413户，用户普及率为99%。

供电饮水

供电 1978年，境内建设图府一级电站，总装机容量625千瓦；同年，新建柏林供（变）电站，供输柏林、洞口等公社，开始境内照明用电。1979年建成柏林至洞口10千伏高压输电线路。1990年架通鹿鸣、大水供电线路，实现境域电网全覆盖。1999年，图府二级电站建成发电。2002年，全面完成农网改造，供电入户率、可靠率均达100%。2004年投资100万元改造图府一级电站。2007年图府一、二级电站全年发电量达1400万千瓦时。2014年，柏林工业园110千伏输、变电站建成投入使用，为境内“国家城市矿产示范基地”建设提供电源保障。

饮水 新中国成立前，境内居民饮水多用井水，部分汲取溪流或池塘之水。1953年开始增建水井。20世纪70年代开始加强水源卫生管理，实行改井、改厕所、改畜圈、改炉灶、改环境。1994年，柏林镇在石壁垅水库建成日产5200万吨自来水厂。2002年洞口乡在南山口水库建成自来水厂供水。2007年境内启动人畜安全饮水工程，清洁饮水入户率87.89%。2013年建成柏太引水工程供水。2014年完成洞口水厂改建。是年年末，新建安全饮水工程6处，解决最后一批6300人的饮水不安全问题，全镇清洁饮水入户率达100%。

水利建设

明代，木陂塘为境内最早蓄水工程。清代，相继建有洞口大塘、车陂、小陂等蓄、引、提水工程。1955年，境内首建石壁垅水库。至1959年，先后建成龙潭村龙潭、高屋村秀林塘、长乐村塘山垅、高屋村上塘冲、高岭村来得垅、二甲村新家冲、洞口村南山口、陈门村长龙、枫坪村草塘冲等水库，其中龙潭水库是全县唯一的一座中型水库。1963年凿通桃林等隧洞，串通龙潭与石壁垅2水库，成立石壁垅水库管理所。1966年，地处龙形市的青山垅水库破土动工后，境内同步启动配套灌渠工程，连通青（山垅）柏（林）干渠，联结龙潭、石壁垅水库，引申柏双、柏永、永安干渠3条，虹桥、排杨、天洞等支渠26条71.3公里。1975年，增修大洞村狮子口水库，1996年增修龙王市村茶叶垅水库，全境拥有水库11座，山塘1666口，灌渠384.5公里，有效灌溉面积1966公顷，占总耕地面积的72.18%。2006年后，柏林、洞口2乡镇共投资1200万元，兴建13个村烟水配套工程；投资420万元，整修茶叶垅、塘山垅水库等各类水利工程22处。2014年年末，完成上塘冲等3座小Ⅰ型水库除险加固，完成各类水利工程320处，新增除涝面积134公顷，改善灌溉面积1000公顷。

村镇建设

驻地 清光绪九年（1883），驻地始建白泥塘（柏林）圩，有街道4条、巷道12条。民国初年，兴建商业步街，连接老墟街、虹门老街、粮油街等。新中国建立后，驻地设有邮电所、供销社、粮站、食品站、农行营业所、信用社等。1986年柏林设为建制镇，开始改建老市场，新建华侨街、金银首饰加工一条街等。1999年，启动柏林汽车站、柏林工业园、老街拆迁改造等首批工程。2000年至2002年，建成华侨街、车站路、新街、柏林大道等街道4条5160米。完成公房建筑面积28000平方米，小广场1200平方米，政府大院10670平方米。2007年，投资5000万元，建设柏林大道二期工程、柏银大厦、国土大厦等。2009年，启动柏林新区开发项目，新建柏林大市场、中心广场、新车站及道路工程等。至2012年，镇区共有12条街道，总长8.4公里，城镇面积由1997年的0.8平方公里扩增到4平方公里。嗣后，提质改造美佳花园、宜佳花园、银鑫花园、柏银大厦、中心烟草仓储基地、自来水公司办公楼、福佳酒楼等一批精品项目；完善省道209线1100米景观大道的绿化、美化、亮化及柏林广场、柏林大道、华侨街；完成木陂仙生态公园亮化、绿化及环山公路建设，城镇功能进一步完善，驻地面貌焕然一新。先后荣获湖南省小城镇“特色镇”、郴州市新型城镇化示范镇等荣誉称号。

村庄 新中国成立前，境内民居普遍为土砖平房，赤贫者居无定所。新中国成立后，无房者分得地主房产。1958年人民公社化后，集体占用部分私房。20世纪60年代纠正“平调风”后，逐步增加住房建设。尤以80年代改革开放后，农村住房建设速度明显加快。境内农村人均住房面积由1989年的24平方米增至2002年的38平方米。虹桥村大沙坪组新村，户型由“四逢三间”向一厅数室的套间转化，住房、厨房、浴室、卫生间以及猪圈、杂屋、晒谷坪等形成整体配套。2007年，东坪村兴起新一轮建房高潮，一期15家农户，规范建筑3500平方米，成为洞口乡新农村建设示范点。2012年柏林、洞口2乡镇合并后，注重统筹发展，按照“一村一景”的原则，完成标准图集建房62套。建设柏林村商贸物流区、枫坪村天里坪工业服务区，洞口村生态休闲服务区，以及荷塘、杜泥、龙王市、公平等各具特色的新农村建设示范点。完成了32个村54.4公里通村公路硬化，安装路灯216盏，建成村级文体小广场8个，拆除违章建筑、废旧危房、杂房等800多间，完成改厕1886座，全镇村容村貌发生显著改变。相继有桃林、九团等村被评为市级卫生村。

社会事业

教育科技

教育 清乾隆年间，境内按姓氏宗族创设义学，先后办有黄、马、陈等姓氏族学。清末民初，废科举、兴学堂，境内改设柏林兴隆山、枫坪草堂冲、龙王市、杨武塘、洞口等小学堂。建国后，人民政府接管和改造旧有学校，境内23个小乡基本普及小学。1958年，贯彻公办、民办“两条腿走路”的方针，每个大队都兴办了简易小学，县在柏林建立第四中学，洞口完全小学附设初中班。1963年，龙王市村王远才在高屋村尹氏宗祠创办永兴利群中学，1964 年更名为永兴柏林农业中学。1969 年，四中开设高中班。“文化大革命”中的 1976 年，永丰公社（柏林）创办“五七”大学，当年招收高中新生 56 名。1978 年，“五七”大学更名“五七”中学。1983 年洞口设立中学。1992 年，旅港湖南同乡会副理事长尹戒非，捐资 80 万元，在家乡高屋村兴建斯攸小学，助推境内建校热。1993 年，“五七”中学改称为柏林一中，柏林农中改制为柏林二中。1994 年，旅台永兴同乡会会长郭通熊为家乡兴建马桥小学捐资 28 万元。1995 年，港胞后裔郭振华与父亲等 3 人捐资 90 万元，兴建家乡马桥学校。2003 年，柏林一中、二中合并为柏林中学，随之境内中小学逐步由当年的 30 所调减到 2014 年的 9 所，即 3 所中小学，6 个教学点。为适应新形势需求，投入 160 万元，完成柏林中心小学和洞口学校 2 所寄宿制学校的改造维修。是年，全镇初中适龄人口入学率、小学升初中升学率、九年义务教育覆盖率等均为 100%。

科技 清光绪年间，白泥塘（柏林）的金银冶炼工艺独特，流传港、澳、东南亚等地。民国 31 年（1942），县农业推广所在洞义乡（柏林）特约农户间作双季稻。1954 年至 1957 年，各农业社普遍建立农业技术研究小组。1958 年，龙潭水库工地推行独轮车、前进夯压器、土起重机等新式工具。1974 年建立柏林、洞口公社农技站和各大队农科队、各生产队农科小组。1981 年县、社、大队、生产队四级农科网解体。1984 年，境内 2 乡都成立农技推广站、畜牧兽医站、林业站及科协等科技组织，村以下以科技示范户取代原推广网络。同年，口泉村陈日升杂交稻制种技术在全县推广。2000 年，柏林镇成功创建湖南省星火科技示范镇。2007 年，柏林铋业集团等公司成功采用“火法 + 湿法”相结合的综合冶炼回收技术；洞口鑫裕环保镍业公司新上马一条湿法生产线，提高产业竞争力。2010 年鑫裕环保高科技含镍污泥火、湿法处理提取镍技术，填补省镍冶炼行业的空白。2011 年至 2014 年，全镇共获得冶炼技术专利 33 项，荣鹏金属公司的“从含碲料中用三沉淀法提取高纯碲工艺”等 10 项冶炼工艺科技成果，通过省级鉴定为国内领先水平。2014 年末，全镇有科研研发中心 3 个，各类科技人才 1223 人，其中专业技术人才 87 人，经营管理人才 164 人，技能人才 102 人，农村实用人才 870 人。

文化体育

文化 民间有节令喜庆演戏的风俗，清末皮影戏传入柏林。民国初年，在四联村设立大成会馆。1956 年成立柏林剧团，深受群众欢迎。1974 年，洞口建立 8.75 毫米机电影放映队，柏林建立 16 毫米机电影放映队。1978 年各大队建有广播放大站，生产队都通广播。1981 年，建成柏林影剧院。1988 年，境内 2 乡镇均成立文化站，建有业余剧团，电视机进入农家。2002 年，有线电视入户率 62.4%。2004 年至 2005 年，电影放映员马恭志连续两年被评为全国送电影下乡优秀农村电影放映员。2010 年马恭志被评为首届感动中国文化人物、湖南省劳动模范。2011 年，金鹅寨被列为湖南省第九批文物保护单位。洞口皮影戏被列入市级非物质文化遗产保护名录。2014 年镇筹资编纂《柏林人物春秋》，开创乡镇编修史志先例。是年末，全镇共有文化站 2 个，各类民间文艺表演团体 6 个，文化休闲广场 4 处，村文化活动室 18 个，电影放映单位 1 个，皮影传承室 1 个，各类图书室 10 个，农家书屋 32 个，免费读书吧 5 个，电视综合覆盖率 86%。

体育 明清时期，境内民间以村设馆延师，练拳习武。新中国成立后，境内传承节日时兴舞龙耍狮的习俗。1987 年，柏林镇代表队参加全县首届乡（镇）篮球赛；洞口乡代表队参加全县首届残疾人体育运动会。2010年成立柏林镇乒乓球协会，次年获得全市全民健身活动先进单位。2012年组队到上海参加全国亿万农民健身运动会。2014年末，有体育场地35处，农民健身工程15个，40％的村安装了健身器材，经常参加体育活动的人数15248人，占常住人口的34.7％。

医疗卫生

新中国成立前，白泥塘墟有药铺2家。1952年，建立柏林区卫生所。1953年，柏林墟各药铺组成柏林联合诊所。1958年，各大队组建卫生所。1961年，分设柏林、洞口公社卫生所。1965年，柏林公社卫生所改成农村地区医院。1970年，境内农村实行合作医疗。1981年，农村实行家庭联产承包责任制后，原合作医疗解体。1984年，柏林地区医院易名中心卫生院。2007年开始实施新型农村合作医疗制度。2014年年末，境内有各类医疗卫生机构36个，其中镇属柏林、洞口2所卫生院，村级32所标准化卫生室和2所居委会卫生室。有专业卫生人员136人，平均每千人拥有卫生技术人员3人。法定报告传染病（甲乙类）发病率为404.33例/10万。农村安全饮用水普及率100％，农村卫生厕所普及率58％。新型农村合作医疗参合44369人，参合率101％；办理大病救助227人。

社会保障

新中国成立后，政府开展尊老爱幼、反对弃婴等宣传。农业合作化后，集体对孤老残幼实行吃、住、穿、医、葬等“五保”。至21世纪初，社会保障事业全面加强。推广新型农村和城镇居民基本社会养老保险，完善最低生活保障和扶贫帮困等一系列社会保障制度。2007年，落实农村低保待遇308人，柏林镇敬老院集中供养增至38人。洞口乡投资38万元改建敬老院，入住孤寡老人34人。2014年末，有农村敬老院2所，农村五保供养72人。城乡养老保险参保人数18277人，参保率为98％；农合参保44369人，参合率达100％。投入120万元，完成贫困农户危房改造47户。

洞口皮影戏

特色地情

特色地情

金鹅寨 金鹅寨原名“河里寨”，位于九团村罗汉坦。据《永兴县志》载，“寨上”始建于明朝末年，清咸丰五年（1845）增砌石城。是罗汉窾隔壁村中湾里马用楫组织修建的。2011年被列为湖南省第九批文物保护单位。

柏林侨乡 1840年前，永兴乡十五都白泥塘（柏林）一带，有人从金银首饰店的炉灰尘中，用土法提炼出金银。由于本地缺乏原料，便以技外出谋生。清道光二十九年（1849），伍福林首次进港开炉冶炼，成为永兴籍港澳同胞之先行。随后，有人下南洋，从事金银冶炼并定居。至2014年，柏林镇有华侨2000户3000人，分布在新加坡、菲律宾、马来西亚、印度尼西亚、泰国、缅甸、日本、加拿大、阿根廷、澳大利亚、美国、英国等16个国家和地区，其中，80%的侨胞与乡亲有通信通汇往来。

洞口皮影戏 清末，皮影戏传入县内，现全县仅存洞口一副皮影担，青路村曹汉元、曹习文二位七旬老艺人为今在世传承人，偶在娱神还愿场所演出。2011年，洞口皮影戏被列为市级非物质文化遗产保护名录。

著名人物

郭永昌（1924—1994） 柏林镇马桥村人。13岁时随父亲到香港淘金谋生。20世纪70年代，先后出任永昌金银冶炼公司、永宝冶炼有限公司董事长。1982年被委任香港深水涉区议会议员，1984年被授予英国女王荣誉勋章。1994年病逝于香港。

（曹玮亭　供稿）

鲤鱼塘镇

鲤鱼塘镇因驻地南隅一小塘鲤鱼多且肥而得名。因盆地农耕资源优势，历为“永兴粮仓”。

区域概况

位置面积

鲤鱼塘镇地处县境东部，东抵大布江乡、资兴市波水乡，南衔资兴市七里镇、团结乡，西接黄泥镇、太和镇，北连龙形市乡。镇政府驻地中心村，距县城34公里。辖区总面积170.8平方公里。

建置沿革

今鲤鱼塘镇政区，汉至元代历属延道乡，明弘治主属逢阳里，清代主属十八都，西端杂居十一都。民国主属唐明乡。新中国成立初全属第八区，1958年，分属火箭、红星2公社，1961年，调整为鲤鱼塘、彼坑2公社，1969年，鲤鱼塘公社改名为红旗公社。1984年，改设鲤鱼塘、千冲2乡，1986年，鲤鱼塘乡转制为鲤鱼塘镇。2012年行政区划调整，千冲乡并入鲤鱼塘镇至今。

中心村稻田里种出“中国梦”图形

行政区划

1951年，境域废18个保建立18个乡，即为胜利乡（光明、谭家）、矮塘铺乡（矮塘）、黄冲窑乡（株山头、圳水）、板塘乡（垅塘）、水角头乡（石溪）、齐心乡（联盟）、申明亭乡、洪波乡、竹叶乡（樟田、蕉坪岭）、东山乡（东山、东岭）、火里把乡、罗山乡（陈塘）、老虎塘乡（花坪、松垣坊）、鲤鱼塘乡（中心）、泉水乡（足泉、千冲）、板塘乡（板桥、青联）、彼坑乡（彼坑、沅洞）、长冲乡（长冲、高塘）。1958年改制为8个生产大队，1961年调为24个大队，1966年调整为27个大队。1984年，辖区改制为27个行政村。1992年，成立鲤鱼塘居委会。截至2014年，鲤鱼塘镇行政区划为1个社区和樟田、洪波、申明亭、蕉坪岭、东山、东岭、松垣坊、花坪、联盟、石溪、中心、陈塘、火里把、光明、矮塘、垅塘、圳水、株山头、谭家、长冲、板桥、青联、足泉、沅洞、千冲、高塘、彼坑27个行政村。

自然环境与资源

自然环境 辖区气候温热丰雨少旱。多年平均气温17.5℃至18℃，高于全县。年平均降水量1310毫米。辖区地貌组合是东北以中低山为主，西北以丘陵为主，中南以平原为主，形成向南开口的盆地。境内最高点矮塘铺老萝仙，海拔781.2米，最低点洪波河出境处，海拔146.5米。洪波河源自南端板桥山下，向北流经青联、足泉至火里把，折向南流经石溪、联盟、申明亭至洪波出境资兴。注江上游支流寺边河源头，自矮塘向西北流至光明易家出境太和寺边；注江下游支流大江边河源头，分由谭家、圳水汇于株山出境黄泥大江边。地表土壤类型多样，西北以砂岩红壤为主，东南以板页岩红壤为主，东端点布花岗岩红壤，南部灰岩红壤零星散布。植被以杉木、油茶林为优势，森林覆盖率为61.7%。

自然资源 地下矿藏有东北部老萝仙断裂铅铜矿，南部高坡申明亭烟煤及茅坪石灰岩。珍稀物种有水鹿、水獭、花面狸、白颈长尾雉、肥螈、基脉楠等25种野生动植物，其中板桥村是县内基脉楠唯一发现地。

人口民族

1952年，八区鲤鱼塘、彼坑2片总人口数为15507人，随着人民的安居乐业，境内人口增长迅速，至1973年，鲤鱼塘、千冲2社总人口达24858人，21年间年平人口自然增长率为28.72‰。自政府开始提倡计划生育以来，尤以20世纪80年代严格控制一对夫妇只生一胎，至2002年，境内总人口数增至32669人，2014年，全镇年末总人口33615人，其中瑶、壮、苗、土、白、朝、黎、蒙、怒等9个少数民族139人，瑶族为世居，主要集中在足泉村，是全县唯一少数民族村落。

经济发展

经济综述

境域经济，传统农业在经济总量中占优势比重。1984年，境内鲤鱼塘、千冲2社国民生产总值894.36万元，其中农业总产值694万元，工业总产值100.64万元，商贸服务业总产值99.72万元，农、工、商三大产业结构比依次为77.6 ：11.25 ：11.15。在经济结构单一的条件下，2社年财政收入共20.4万元，人平纯收入为262.64元。20世纪80年代，农村经济体制改革后，大力调整产业结构，促进了传统农业向现代农业的转型。2014年，全镇实现地区生产总值8.14亿元，其中，第一产业增加值25124.2万元，第二产业增加值27497.63万元，第三产业

增加值28781.29万元，三大产业结构比依次为30.86∶33.78∶35.36。与1984年相比，农业比重明显降低，综合经济结构趋于合理。完成财政收入635.69万元，城乡居民收入12981元，固定资产投资额35130万元。

农业

种植业 域内种植业素以稻作为大宗，有“永兴粮仓”之美称。1965年，中心大队水角头生产队率全县之先，粮食亩产跨过《全国农业发展纲要》规定的“亩产八百斤”（6吨/公顷）的指标。至1984年，境内粮食总产16939.1吨，占全县粮食总产的9.31%。1992年，鲤鱼塘镇获市成建制吨粮田建设先进单位。中心、石溪、联盟等村相继创建全县唯一的“万亩高产优质稻示范基地”。在调优稻种品位的基础上，大力调优种植业结构，先后开发鲤鱼塘洞优质烤烟、冬种油菜，东岭西麓冰糖橙、千冲食用菌，长冲香芋等规模基地。至2014年，全镇耕地3144.5公顷，产粮27183吨，与1984年相比，耕地增加27%，粮食增长60%。其他产业有：烤烟187.2顷，产量504吨，居全县第二，创税523.45万元；冰糖橙333.3公顷，年产果4000吨，年产值2000万元；食用菌生产大棚210个，年产值600万元；蔬菜838.2公顷，年产量20790吨。

林业 宋元时，十八都贯珠岭（长冲）上，路旁有古松数百株，行者憩息其下。清乾隆十年，瑶民在天香垅一带以耕山为业。民国时期，林木是东岭山区村民的主要收入来源，新中国成立后，1958年在矮塘铺创办国有林场。1964年，被列为全省杉木林基地，鲤鱼塘、千冲2公社都兴办社队林场。1981年稳定山林权属后，境内兴起植树造林之风。1989年，千冲种药材林83公顷，并积极推广板栗、早熟梨、大果杨梅等经济林木。同时，县启动坑木林基地建设，开辟境内黄沙垅、垅塘其及周边1000公顷宜林荒山，飞机直播松子造林。2002年，千冲乡获市森林防火先进单位。2008年，长冲村新建杉苗基地20亩，以适应境内更新用材林的需求。2012年蕉坪岭村引进深圳市合生园景观公司资金和技术，发展花卉苗木，创建全省最大的樱花种植基地。2014年，全镇林地总面积8360公顷，活立木蓄积量2.2万立方米，森林覆盖率61.74%，林业总增加值1450万元，占农业增加值的11.5%。

养殖业 新中国成立后，因受传统养殖方式影响，加之人民公社化后又受政策制约，境内养殖业发展缓慢。至1984年，境内2社共计年出栏生猪7192头，出笼家禽3.72万羽，出产鲜鱼174.25吨。1986年，联盟村村民曾思毫养瘦肉型猪98头，当年出栏73头，获纯利5576元，一家6口，人平养猪收入929元，典型带动东山、松垣坊、蕉坪岭等村，联动建立商品猪生产基地。1989年，长冲村开发草食动物，建立黑山羊养殖基地。2004年，养羊大户曹子雄、肖生莲、何宗建、曹名礼等年出栏山羊4323只。2007年，松垣坊等地发生猪蓝耳病，致死生猪3000头，一度给全镇的生猪养殖带来致命打击。之后，随着猪肉价格回升，行情变好，境内养猪恢复发展。2009年，引进湖南省九洲农业开发公司资金技术，在樟田、洪波、松垣坊、花坪一带荒坡种桑养蚕，年产蚕茧50吨。2013年彭子荣、黄文等在陈塘投资1800万元兴建万头猪场，投资200万元兴建新型母猪繁育场；外出务工人员曹亨高回乡创办鲟鱼养殖基地等。2014年末，全镇生猪年出栏7.8万头，年出笼家禽70.9万羽，出产鲜鱼800吨。分别比1984年增长9.8、18、14倍。

劳务输出 境内传统农业，素以守家种养为主，农闲时节有少数农民外出打零工抓收入。20世纪80年代农村经济体制改革后，农村剩余劳动力大量转移，出现外出打工潮。2002年，境内2乡镇外出务工人员达4153人，占当年总劳力人数27.68%。随着农业产业化发展的进程，大量青壮年农民摆脱小农经济的束缚，僻壤乡村的劳务输出进一步增加。至2014年全镇有8600名农村劳力外出或进城务工，占总劳动力人数的40.1%。

工业

明初，民间已有加工木质家具和日常生活用具的习惯。清朝中期，村民将手制木器、窑烧木炭摆到鲤鱼塘墟销售。新中国成立后，村民开始掌握松脂油采割和山苍子提炼技术。1958年在东岭兴办石灰厂。1960年开始在申明亭和洪波村交界处兴办永兴唯一的烟煤矿。1980年，樟田、洪波相继开办村属煤矿，2家年产烟煤2万吨；公社在东岭大队刘家生产队建立鲤鱼塘水泥厂，年产水泥5000吨。至1984年，境内2社工业总产值为107.4万元。之后，千冲公社办厂加工林木6000立方米，开发287公顷山苍子资源，年提炼油10吨，成为东南地区山苍油加工基地；彼坑开采硅石，年产20吨；足泉小米酒畅销县城，远销衡阳；联盟村罗忠良创立基建工程队。2001年，鲤鱼塘镇引进马来西亚外商张友明资金300万元，兴办机砖厂，年产砖20万块。2002年，鲤鱼塘有大米加工厂33家，年加工粮食3万吨，中心村兴东精米厂成为县内明星企业。鲤鱼塘引资兴建石溪绿洲木业林产品加工企业，产品销往境外各地。2007年，千冲乡投资150万元扩改木材加工厂，年木材加工量增至6000立方米。2010年成功招商深圳昌建鞋厂、深圳宏祥电子公司等外商企业落户工业园，共引进外资2000万元；桑蚕养殖基地完成投资1000万元，兴建蚕茧加工烘干房和缫丝厂等。2014年末，全镇完成工业增加值2.75亿元，占地区生产总值的33.78%。

商贸服务业

商贸业 清朝中期，境内始建凉亭坳墟，清末易名鲤鱼塘墟。清光绪年间开办申明亭墟。民国时期在鲤鱼塘墟建新街开设大米、仔猪、水产、木器、柴炭、南杂、布匹、药材、客栈等行市。新中国建立后，墟市设有供销社、粮站、食品站、铁木社等单位。1979年县烟草公司、百货公司、纺织品公司、副食品公司均在此设立批发部。随之，境内2社办起企业产品门市部。1988年从镇政府到老墟场，公路两旁店铺林立，形成一条新街。1993年8月，由县工商局投资69万元改建鲤鱼塘市场。1998年，兴建千冲农贸市场300平方米。同年，鲤鱼塘镇创办兴东贸易有限公司。2002年对鲤鱼塘农贸市场进行了扩建。2014年年末，全镇共有商业网点454家，职工1321人。社会商品销售总额29137万元。

运输业 1965年，鲤鱼塘公社成立拖拉机站，购买3台"东方红255"大型拖拉机，兼营运输。1973年，成立鲤鱼塘公社湘运汽车公司，开通鲤鱼塘至郴州，鲤鱼塘至永兴班车，每天来回一趟。1980年后，湘运公司因经营不善撤出鲤鱼塘，境内个体购车跑客运，带动全镇个体私营运输业的大发展。2014年，嘉盛客运有限公司投资400万元，兴建公交公司，开通樟田、株山、矮塘方向公交车，方便学生上学，村民出行。是年末，全镇运输业增加值7195.29万元，占商贸服务业增加值的25%。

服务业 清代，鲤鱼塘墟就设有客栈、茶铺、酒家，供来往客商食宿。1956年成立鲤鱼塘供销社后，设立茶馆，凭粮票经营包子、油条等面食及简便饭菜；相继，公社开办理发店，中心大队开办饭店。20世纪80年代改革开放后，个体私营饮食店等服务业跃居主导地位。摄影照相、车辆出租、打字复印、宾馆等业盛行。1998年石溪村曾健开建加油站。2014年招商引资500万元创建燃气站。至年末，全镇服务业增加值4317万元，占商贸服务业增加值的15%。

基础设施

交通运输

鲤鱼塘镇自古就是县境东部交通要塞。清代之前，境内就已形成以驻地北隅南塘庙为岔口的步道格局，往西经株山里与黄泥大江边对接；往东经长冲与大布江对接；向南经申明亭与兴宁（高坡—七里山）对接；向北经矮塘鹅婆窝与太和仁佳—本境光明荷树—龙形市大枧对接。1958年，县修通青（界山）上（湾）公路，替代境内路段原鲤株、鲤矮步道。1960年，基于原鲤申、申高步道，修通鲤（鱼塘）高（坡）公路；同年，基于原鲤长步道，改原长冲出境大布江山田为转由彼坑出境大布江较头，修通鲤（鱼塘）大（布江）公路。2002年，境内2乡镇实现村村通公路，其中千冲乡100%的组、鲤鱼塘镇97%的组通了公路。境内县道3条共28公里，乡村公路24条145公里。2006年，鲤大、鲤七公路完成沙石路面改造，水泥硬化。2007年完成鲤（鱼塘）资（兴）路面水泥硬化。2008年，先后完成鲤七、鲤大、鲤宇、青鲤、千板、长高等公路改造工程，新建通村水泥公路73公里。2014年，蕉坪岭村通村公路硬化竣工，标志全镇27个行政村的通村公路全部达到通畅标准。是年末，全镇实现100%的村、98%的组通车，27条乡村公路总里程达145公里。

邮政电信

邮政 清乾隆二十七年（1762），县以驿道为邮路，鲤鱼塘属东路驿道邮递点之一。民国15年（1926），申明亭、鲤鱼塘属县北路邮递中的2个点，每三天环行投递一次。1951年，实行邮政、电信合设，成立鲤鱼塘邮电代办所。1982年，鲤鱼塘邮电支局开办国际给据函件。1984年，县开设鲤鱼塘至大布江委办汽车邮路。2014年年末，境内有邮政网点2家，乡村通邮率100%。

电信 民国30年（1941年），因军事需要，架通太和圩至唐明乡电话线路，境内农村开始通电话，但在抗日战争中遭破坏。民国35年（1946），修复原电话线路。民国37年（1948），始通磁石式电话。1953年，境内电话归鲤鱼塘邮电代办所统一调拨和维修管理。1960年，各大队全部安装

电话机。1963年，调整农村电话管理，鲤鱼塘开通公社之间交换中心总机。1978年，农村电话机械设备开始更新。1990年，境内邮电设施实施农话交换改制工程。2000年，普及7位数程控电话，设鲤鱼塘镇电信局网站及申明、矮塘网点。用户2400户。2002年，鲤鱼塘建成邮电通讯大楼，通信光缆通达千冲乡，是年，鲤鱼塘镇、千冲乡程控电话入户率分别为25.7%和16.8%。2014年末，全镇有电信局1个，电信服务网点20个；固定电话入户率3.97%，移动电话入户率48%。

供电饮水

供电 1976年，县在鲤鱼塘建立东部5公社供电站，鲤鱼塘、千冲2社各生产队开始用电照明。1979年，鲤鱼塘公社在洪坡河中游火里把大队长垅口建成水电站，装机容量400千瓦，供当地生产生活用电。1987年，县建立鲤鱼塘变电站，境内开始使用电力机械。2002年，鲤鱼塘变电站输电线路50公里，境内2乡镇供电覆盖面100%。2007年，投资90万元，在洪波河上游建成的足泉电站投产。相继开发足泉二级电站、洪泉电站，年发电量共计390千瓦。2008年1月，因遇特大冰冻天气灾害，全镇高压、低压线路基本瘫痪，经过一个月的抢修，全部恢复供电。2009年，境内2乡镇对27个村实行农网改造，输电线路80千米。2014年，全镇供电覆盖率、可靠率均达100%。

饮水 辖区民众饮水，历来就地取自山泉或井水。2002年，何小忠、李翠芝等人筹资20万元，在长垅口兴办鲤鱼塘自来水厂，是年向驻地居民供水。至此，鲤鱼塘镇清洁饮水普及率达99%，千冲乡清洁饮水普及率为65%。2008年松垣坊村刘建华等在本村兴建自来水厂；罗能建等人合伙在东山村兴建自来水厂，供水东山、申明亭村民。2009年3月，县移民局收购鲤鱼塘镇自来水厂，进行了二期改造。2014年，县移民局将自来水厂移交镇城投公司管理，供水区域由镇区居民扩大到中心、石溪、联盟，火里把、花坪等周边5村村民。是年末，全镇清洁饮水普及率达100%。

水利建设

清朝中期，十八都（鲤鱼塘）创建网江陂（联盟),为境内水利之先。清末,境内建有九牛圳,"泉流几及二十里"。民国31年(1942),省水利局派员来县查勘河坝建设,将唐明乡(鲤鱼塘)列为全省11处大型农田水利工程计划之一,拨款并派河坝督导专员指导。1955年至1959年,境内分别修建陈塘村龙塘、洪波村杨屋冲、樟田村洗集、光明村水龙等四座小Ⅱ型水库。之后,相继修建白公堰、江坡堰、长塘堰、排上堰、西堰等引水工程。1966年开始修建青山垅水库后,各大队分段包干修建东、西灌溉干渠,其中东干渠引灌矮塘、陈塘、火里把、中心、花坪、松垣坊、东山、东岭、申明亭、蕉坪岭等地农田,西干渠引灌垅塘、圳水、洪波等地农田。2000年"9·2"洪灾中,鲤鱼塘镇水利设施经受起严峻考验。2002年后,新建水渠、水圳20公里,农业水利基础得到进一步改善。2014年开展"水利建设攻坚战",完成蕉坪岭村两里塘和洪波村沙塘、咪塘的除险加固工程。是年末,全镇拥有小型水库4座,基本塘170口,堰坝112处、灌渠94.1公里,有效灌溉面积2187公顷,占耕地面积的69.55%。

村镇建设

驻地 汉至明代,北隅南塘庙已形成延道乡步道交叉点。清代为十八都驻地时,在南隅古步道凉亭坳旁始建鲤鱼塘墟。民国时期为唐明乡驻地,开始建设卫生所公房。新中国成立初期为八区区公所驻地,开始建设小学公房。1958年火箭公社建立后,开始建设办公用房和大礼堂,相继设立铁木社、邮电支局、供销社、粮站、食品站、汽车站、农行营业所、信用社、林业站等单位。至20世纪60年代初,驻地建设初具规模。自1992年启动商业街建设;1996年改造农贸市场;1998年中心广场破土动工;至2003年,驻地小城镇建设,形成三纵三横格局,城区面积达1.5平方公里。2006年以过境省道硬化为契机,启动老街改造和鲤鱼塘大道等提质工程。至2014年末,老街平房都改建成商品房;鲤鱼塘大道全面宽化、立化、硬化、亮化、绿化;镇区垃圾处理场、公交客运站、燃气站和自来水扩面提质等公共配套设施建设正在扫尾;永兴东部门户小城市特色初显端倪。

村庄 新中国成立前,境内村民居住分散,建筑多为土坯茅屋。1958年人民公社化后,社员集中居住,零散农舍被闲置,建设速度缓慢。20世纪80年代实行家庭联产承包责任制后,农房建设速度加快。1989年,境内人均住房,鲤鱼塘镇为10.3平方米,千冲乡为11平方米。1998年,矮塘村率先按规划编制设计建成小康街。2002年,千冲乡山洪成灾,为安置52户受灾户,建成移民新村3栋。是年,全域农村人平住房,鲤鱼塘镇增至19.5平方米,千冲乡增至25平方米。2008年,境内各村完成通村公路硬化工程,促进了农村环境整治,建设绿色村庄。申明亭村海溪组、松垣坊村黄花垅组等新村建设,功能齐全,干净靓丽,成为境内新农村建设示范样板。2012年后,相继有千冲村被评为省级卫生村,足泉村被评为市级卫生村,圳水、光明等被评为县级卫生村。2013年,镇聘请湖南省城市学院设计团队,对全镇28个村进行村庄规划设计,全镇开始全面规范农村村民建房。2014年高标准建设集居住、休闲为一体的东山新村,示范带动村民规范建房,推进城乡环境卫生同治、改水改厕等工作,乡村面貌焕然一新。

社会事业

教育科技

教育 宋代,邑人曾仲翊(曾巩孙)在鲤鱼塘申明亭之右创建南丰学院。明代,邑人廖梅

爱心捐建的矮塘小学

轩在十八都创建梅轩书院，为境内培养了众多人才。如明成化年间，石溪村曾櫆及其子曾介、曾全、曾念，一门四进士，传为佳话。清代，境内兴教传统不衰，康熙年间樟田村人廖应召，历任浙江海门、山东临朐知县挂冠返里后，仍以兴学为业；雍正年间石溪村人、著名反清义士曾静就是经馆先生；光绪年间，为方便本地或本族子弟入学，境内联盟村廖姓合捐兴办廖姓义学；曾崇偕合十八都众捐，建孔圣义学。民国时期，联盟村人廖书仓，在任郴州专员公署秘书长后重返故乡，以县城太平寺为校址，创办永兴私立安陵中学；民国24年（1935），地处边远山区的千冲村，开始创办简易小学。1958年贯彻公办、民办"两条腿走路"的方针，每个大队都兴办简易小学。1959年，以鲤鱼塘公社完小附中班为基础，扩建创办永兴第五初级中学。1964年，县在鲤鱼塘创办共产主义劳动学校，培养农业技术人员和农村赤脚医生。1983年，县在矮塘铺创办农民技术学校，培养农民技术员和农民教育师资。1991年，贯彻县人大"两基"规划，各村新建村小。1993年，以高规格建设千冲中学为示范，兴起标准化建校热。至2002年，境内2乡镇共有中学2所，小学16所，学前班13个，幼儿园4所。2006年，千冲为适应外出农民工留守儿童的需要，建起1所寄宿制学校。2010年后，因适龄生员的自然减少，对学校进行区划调整，将中心小学并入永兴五中，其他村办小学撤并为申明亭、樟田、松垣坊、矮塘、千冲、板桥等六所学校。2013年，东莞展能集团及鲤鱼塘籍爱心人士捐助200万元，新建矮塘小学。2014年末，全镇共有幼儿园6所，在园幼儿952人，专任教师75人；小学6所，在校生1221人，专任教师80人。小学适龄儿童入学率100%。初中1所，在校生570人，专任教师108人，初中适龄人口入学率100%，小升初升学率100%，九年义务教育覆盖率达100%。

科技 1953年，县农场（农科所）由湘阴渡油塘迁至鲤鱼塘。1954年，水角头乡（中心村）率先成立农业技术推广站。1958年，县在矮塘铺组成立国营林场。1974年，建立起县农科所、公社农技站、大队农科队、生产队科研小组的四级农业技术推广体系。1982年鲤鱼塘公社科协成立；县农科所在鲤鱼塘公社部分大队、生产队签订技术服务承包合同。1984年，鲤鱼塘、千冲2乡成立农业推广站、农机站、畜牧兽医站、水利站、林业站等技术推广机构，与镇科协、村组科技管理员、科普小组及科技示范户建立农业技术推广网络。1986年被评为地区农技推广先进单位。1987年成立民办信息服务机构。1999年村民曹民告获得电力风车项目专利。2014年，村民罗中良发明抛秧机，获得全国专利。农业开发项目在火里把、垅塘片实施中低产田改良。2014年年末，全镇有各类科技人才557人，其中专业技术人才106人，经营管理人才73人，技能人才78人，农村实用人才300人。

文化体育

文化 明清两代，境内文学创作兴盛，代表人物有曾全的《寻乐稿》，曾绍芳著诗集《燕游草》《蜀道吟》《林下四箴》《重修文庙棂星门记》，曾静的《知几录》《知新录》，廖应召的《重修城楼记》，在《永兴县志》收录了《石屏拥翠》《天马行空》诗二首。新中国成立后，中心、矮塘等村都建有乡村戏台。1959年，鲤鱼塘镇业余剧团创作的对口快板《永兴真是个好地方》，在郴州地区群众文艺会演中获创作奖。1962年，公社广播站成立，有线广播覆盖境内各村。“文化大革命”破“四旧”，乡村三字垛建筑，庙堂、庵堂文物被毁。1974年，建立公社电影放映队，给各大队、学校放映电影。1979年，建立鲤鱼塘影剧院。20世纪80年代，电视开始进入农家。1998年后，中心村、松垣坊等村建立民间戏班子、腰鼓队，活跃了乡村红白喜事。2014年末，有各类艺术表演团体9个，演职人员124人。文化站1个，建筑面积300平方米。电影放映单位1个，年放映260场次，观众达2万人次。农家书屋27个，藏书5万余册。有线电视用户1200户，数字电视用户1242户，电视综合覆盖率100%。

体育 明清至新中国成立初期，境内各大姓村都有武馆，其中桩拳远近有名。每逢春节，要耍狮舞龙灯，表演拳术、刀、剑、棍。20世纪70年代，各大队都有篮球队，农闲进行比赛。20世纪90年代后，实施农民体育健身工程，先后2次获全国“亿万农民健身活动先进镇”称号。2014年末，全镇经常参加体育锻炼的人数占总人口的30%。

医疗卫生

民国31年（1942年），县政府在鲤鱼塘设立卫生所。民国36年（1947年），卫生所改编为卫生工作队。1952年，区公所在驻地东北隅建立卫生所。1955年经过整顿，正式组建公社卫生院。1965年扩建为县境东部地区医院。1958年人民公社化后，各大队组建卫生所。1984年后改为村卫生室。2007年，千冲乡卫生院更新改造。2008年，鲤鱼塘卫生院新建住院大楼、综合办公楼、职工宿舍楼，添置彩色B超等大型医疗设备。2014年末，全镇有公立卫生院2所，有病床40张，每千人拥有医疗床位1.48张；专业卫生人员56人，平均每千人拥有卫生技术人员2人；农村卫生厕所普及率75%。新型农村合作医疗参合率99.9%；城镇居民医保参合率90%。

社会保障

清代民国时期，生老病死无社会保障。1956年农业合作社，开始对孤老残幼实行“五保”。2007年，千冲乡筹资20万元，完成敬老院的改建工程，集中供养30名老人。2012年，推广新型农村和城镇居民基本社会养老保险，完善最低生活保障和扶贫帮困等一系列社会保障制度。2014年年末，城镇最低生活保障65户191人，支出20.68万元；农村最低生活保障1305户

2400人,支出50万元；农村“五保户”供养191人，支出38.89万元；民政部门资助参加合作医疗67人次，支出13万元；国家抚恤、补助各类优抚对象191人，支出44.83万元。镇敬老院2所，村级五保之家一所，集中供养五保人员53人。

特色地情

著名人物

曾樾 石溪村人，明成化十一年（1453）中进士，初授刑部主事，不久，转任员外郎。后因个性耿直，遭人诽谤被罢官回乡，终年74岁。

曾静（1679—1735） 石溪村人，县学生员，授徒为业。雍正帝即位后，曾静鼓动川陕总督岳钟琪反清，岳钟琪即具折上奏，雍正帝派人拘讯曾静，曾静供认不讳，被免罪释放。乾隆即位后，将其罪名改定为“诽谤先帝”，与同伙张熙一同被凌迟处死。

廖书仓（1883—1955） 联盟村大屋里人。“五四运动”发起人和领导人之一。1938年，被任命为湖南省民众抗日自卫团军事参议会参议，郴州专员公署秘书长。1955年3月病逝。许德珩在纪念“五四运动”60周年的文章中，充分肯定了廖书仓先生的历史功绩。

足泉瑶族自治村

明末清初，境内始有瑶人从桂东、桂阳、兴宁（资兴）陆续迁入，散居崇山峻岭。清乾隆十年（1745），县署委任盘子玉为瑶总，其死后，瑶人陆续迁居兴宁、常宁等县。乾隆二十三年（1758），瑶民赵天秀、邓文进2户8人复由兴宁迁入，在延道乡十八都叶垅里（足泉村）定居。光绪三十二年（1906）搬迁至天狮岩后靛山天香垅。民国时期，瑶民迁移定居地有足泉的花坪、力孔山、粗沙坪；板桥的寨矮山、猴子山、盘上、火烧坑；高塘的葛藤坳；青联的天线垅、豺狗垅等地。至新中国建立时（1949），瑶民共计18户76人，大多聚居于足泉洞。土地改革运动中，瑶民分得田土山林。之后汉瑶通婚，习俗逐步汉化。1972年政府投资修建花坪水电站。1984年，政府又投资兴建花坪小学。1985年7月，经上级批准，正式成立足泉洞瑶族村民委员会。2014年，全村辖3个村民小组，共362人。

名优特产

“金鲤鱼”大米 2012年，鲤鱼塘镇为巩固“永兴粮仓”之美誉，在原有中心村兴东精米厂等33

足泉瑶族自治村

千冲食用菌生产基地

家大米加工企业的基础上，以绿耕优质稻专业合作社为龙头，以良种场和中心、石溪、联盟、申明亭等村为主的万亩优质稻生态种植基地和石溪“金鲤鱼”大米绿色食品加工基地为依托，形成原生态种植规模化、精细加工机械化、专店销售市场化的产业链，大幅提升鲤鱼塘优质大米的知名度和市场竞争力。2013 年，鲤鱼塘镇绿耕优质稻专业合作社通过省级示范社检查验收合格。

千冲香菇　2010 年，原千冲乡利用山区昼夜温差大，杂木资源广布，水资源丰富无污染，适合立体高效、反季节栽培香菇的资源条件，依托蘑菇产业技术推广新体系和专业合作经济组织的载体，围绕蘑菇产业发展科技化、链条化、四季生产不断线的主题，探索蘑菇产业发展新思路，创建惠民工程。形成大户带小户、老户带新户、富户带贫户共同发展格局，完善龙头企业 + 基地 + 农户生产经营模式，集生产、加工、销售为一体，面向广东等市场，生产反季节鲜菇为主，兼产其他菇种的食用菌产业集群基地。2014 年，鲤鱼塘镇东部山区已有 8 处香菇生产基地和 4 处菇棒生产基地，8 座贮藏冷库；80 户农民共建食用菌生产大棚 210 个，年产食用菌 300 万袋。

（许永楠　供稿）

油市镇 >>

因驻地油榨墟别称“油市”而得名。民俗元宵倒灯活动，被誉为湘南奇观。

区域概况

位置面积

油市镇位于永兴县境西南部。东与复和镇接壤，南与湘阴渡镇相连，西与苏仙区廖王坪乡毗邻，北与高亭镇交界。总面积42平方公里，占永兴县土地总面积的2.12%。镇人民政府驻地油市村，距县城19公里。

建制沿革

今油市镇域地，明代为金陵乡与长庆乡交错杂居地。清代主属金陵乡后六都，西端杂居前六都。民国时期划为云峰乡东部。1958年，为卫星公社西部。1961年，设立油市公社。1984年，改名油市乡，1998年，撤乡建镇至今。

行政区划

1951年，境域废9个保建立11个乡，即为田心乡、燕尾乡、石塘乡、大阁乡（禾巷、冷水）、车田乡、高冲乡、新塔乡、油市乡、杨家乡（大杨）、坪洞乡。1958年改制为4个生产队，1961年调为12个大队。1984年，辖区改制为12个行政村。2010年，成立油市社区。截至2014年，油市镇行政区划为油市1个社区和儒林、大杨、油市、坪洞、车田、冷水、新塔、高冲、禾巷、石塘、田心、燕尾12个行政村。

自然环境与资源

自然环境 油市镇气候温热雨丰偏旱。气候温热，西部少雨多旱，东部雨丰偏旱，多年平均气温17.5℃，年平均降水量1300毫米。境内河道属县内便江水系三级支流，九山河下游自西向东经境南，桥头河下游自西向东过境北。地貌组合北部丘陵南部岗地中部平原，北丘南岗中平，地势西南高东南低。境内最高峰位于西南儒林村金盆山仙，海拔291.8米，最低点位于东南新塔村茶窝里，海拔115.6米。北部板页岩红壤区以油茶、杉林为主，南部紫色土区多为灌木草丛，全镇森林覆盖率为46.9%，水土流失中等偏强，水土流失面积占土地总面积的40.4%。

自然资源 北部属二迭系斗岭组含煤地层。珍稀动物有穿山甲、贼鸥、虎纹蛙等7种。

人口民族

新中国成立初的1952年，境域总人口为12533人。1982年，境内总人口达23024人。期间年平人口自然增长率27.08‰。实行计划生育后至2014年，全镇总人口28385人，其间年平

新塔村曲江稻田的冬种油菜

人口自然增长率下降到 4.17‰。与计划生育前 30 年相比，人口自然增长率下降了 22.91 个千分点。总人口比新中国成立初增长 1.26 倍，人口密度由每平方公里 298 人增至 676 人。

经济发展

经济综述

传统主产粮食、油茶、煤炭。1984 年，全公社生产总值 971.56 万元，其中农业总产值 558 万元，占 57.4%；工业总产值 291.86 万元，占 30%；商贸服务总产值 121.7 万元，占 12.6%。财政收入 22.16 万元，农民人均收入 372.19 元。改革开放后，特别是 1998 年撤乡建镇以来，油市镇利用交通便利和区域优势等有利条件，充分发挥经商的传统，大力发展经济，努力培植民营企业。经济发展速度明显增快。2014 年共实现地区生产总值 6.87 亿元，其中第一产业增加值 10529 万元，占 15.3%；第二产业增加值 35049.7 万元，占 51.3%；第三产业增加值 23149.3 万元，占 33.4%。与 1984 年对比，农工商在总值中所占比重发生了明显变化，是年完成固定资产投资 4.4 亿元。财税收入 157 万元，城乡居民收入 15345 元。

农业

种植业 境内传统农业素以种植水稻、红薯、蔬菜为主，花生、豆类为辅。民国时期，沿袭传统一熟制。1957 年成立高级社后，推广水稻优良品种，用矮秆替代高秆，单产提高 30%。1958 年试种双季稻，粮食单产上升到 200 千克左右。1967 年后逐步扩大双季稻种植面积，至 1975 年，水稻播种面积 1466.2 公顷，粮食总产量 7485 吨。1977 年为解决工矿、城镇居民蔬菜供应问题，在油市、儒林、新塔靠 107 国道两旁种植蔬菜 11.03 公顷，产蔬菜 2097 吨。是年试种杂交水稻，至 1984 年杂交稻种植面积 983.3 公顷，粮食单产由 1954 年的 140 多千克提高到 368 千克。1989 年，全镇粮食播种面积 2101 公顷，粮食总产量 7537 吨。耕地复种指数 100%。2002 年全镇粮食播种面积 1660 公顷，粮食总产量 9292 吨。蔬菜播种面积 242.2 公顷，产蔬菜 4629 吨。其中特色蔬菜菜藕面积 71 公顷，菜藕产量 1093 吨。2014 年，以国道 107 线境内公路两侧为重点，投资 20 余万元，翻耕荒地 56 公顷，种植菜藕、玉米，发展特色农业。2014年，全镇粮食总产量9195.3吨，蔬菜播种面积671公顷，蔬菜产量16705吨。

林业 全镇为丘陵岗地，境内林地较少，1975—1976年，县内开展森林普查，全镇林地1922公顷，森林蓄积量118.72立方米，森林覆盖率43.66%。自1989至1992年，3年累计造林103.2公顷。2002年，全镇林地面积2007公顷，林木蓄积量130.3立方米。2010年，儒林村引进外资1000万元建设万亩油茶基地，是年完成133公顷。2014年，投资3000万元，建成天润健油菜基地项目，完成整地266.67公顷，栽种苗木66.67公顷。投资3000万元，建设方力生态农业开发公司紫微园，种植油茶、湿地松266公顷，荒山造林16公顷。至年末，全镇林地面积2113.7公顷，森林覆盖率52.33%。

养殖业 民国时期，镇内素有饲养生猪、牛、家禽、水产习惯。油榨墟是湘南著名的耕牛交易市场。1975年，境内有耕牛657头，生猪存栏5300头，水面放养面积66公顷，水产品产量40.3吨。1985年，镇内生猪饲养量发展较快，是年饲养量16275头，年末存栏7479头，家禽饲养66055羽，水产品放养面积105公顷，产量165吨。2002年，开展养殖年活动，是年境内生猪出栏36659头，家禽出笼26.81万羽，水产品181.3吨，实现养殖业增加值1003.7万元。2007—2008年境内发展专业养猪场3个，养鸡场5个，小鸡孵化场1个。2012年，建成坪洞军林生态养殖场，禾巷生猪养殖场，田心黄鳝养殖场。至2014年，全镇有生猪专业养殖场5家，有专业养殖户76户，年出栏生猪24000头。家禽专业养殖户12户，年出笼家禽22.1万羽。放养水面113.3公顷，水产品产量190.3吨。

工业

建筑业 新中国成立初期，农业社将境内泥木匠组成专业队，承建乡村小型砖木结构民建工程。1978年，组建油市建筑队。翌年，承建郴州火柴厂五层职工住宅楼，建筑面积2750平方米，获市农建队年度工程质量一等奖。1982年，承建苏仙岭顶观建筑群，获湖南省优良工程，工程实例编入《中国集体建筑总览》湖南部分。1985年，参与北京市丰台区西罗园4号楼工程，3万平方米的部分装饰和木制装修，获北京市全优工

田心村黄鳝养殖场

程，郴州地区金奖。公司从创建至1988年，完成施工量17.5万平方米，工程合格率100%，优良率30%，累计完成产值2000多万元。1995年，省、市建筑行政部门对农村建筑企业资质审查，油市建筑队由国家三级建筑施工企业晋升为国家二级建筑企业，是郴州地区唯一获得国家二级的农建队。是年，油市建筑队更名为永兴县油市建筑工程公司。2002年，根据建设部颁布的建筑企业资质就位新标准，进行资质审查，保留国家二级建筑施工企业，原永兴县油市建筑工程公司改名金瓯集团公司，迁往郴州。

煤坪业 20世纪90年代开始，境内有人在鲁塘坳至新塔沿国道107线公路两旁地段，利用空隙坡坪，搭建简易厂棚经营煤炭生意，年均销量50多万吨。为维护交通秩序，保护环境，1995—1996年，县政府组织有关部门对公路沿线煤坪进行清整，拆除厂棚21处。尔后几年中，时整时建，至2010年，煤坪发展到51家。2013年，县政府再次整治煤坪转移至煤区公路油市段。2014年，煤坪煤炭销量32.4万吨。

造纸业 1995年，县政府开展“乡镇企业发展年”活动，油市九山河一带村民筹资兴办造纸厂，生产鞭炮纸，鞭炮纸筒、卫生纸。1998年，撤乡建镇后，油市镇坚持以优化经济环境为中心，努力培植民营企业。纸制品行业快速发展起来。为县内40多家制鞋厂、11个水果基地，生产鞋盒，水果包装箱。是年，油市成立纸业公司。下设9家厂，年产值1120万元。至2002年，从业造纸和纸制品企业14家，从业人员263人，年产值1837.62万元，成为镇内经济增长点。2007—2008年为促进造纸行业有序发展，镇政府规划纸业工业园，对九三河流域造纸企业进行整顿，搬迁至园内，统一管理。2009年，油市镇纸业工业园被市政府列为重点民营工业项目区。2010年，投资2000万元，全面建成再生纸工业小区二期工程，新建车间10个。2012年，投资1000万元，兴建盛禾彩印包装公司。2014年，正邦纸业引进外资500万元，新建包装纸两条生产线和1个污水处理池，改建厂房500平方米。至2014年底，境内有造纸企业、纸制品企业17家，从业人员316人，年产值9992.63万元。

刀剪业 油市王代梅的祖传刀剪制造技艺，闻名已久。1954年，成立油市铁木社，生产以刀剪为主的各类刀具。1978年后，转为个体生产。至1988年，共生产菜刀43.93万把，剪刀15.99万把。产品销售至上海、杭州、南昌、武汉、长沙等7个省市。

烟花爆竹业 烟花爆竹是油市镇内的支柱产业。早在明末清初，境内有少数人生产爆炮，纯属家庭作坊式生产。这种生产方式一直沿袭至新中国建立后20世纪80年代。1988年油市村有50多家从事爆竹生产。1989年，油市乡组建花炮集体企业，是年实现年产值21万元。1994年，组建湘南烟花爆竹总公司，归口县政府管理，下设油市花炮厂。2012年，投资3000万元，兴建亿利烟花制造公司。2014年，投资500万元，对恒祥、恒鑫2户烟花爆竹厂厂房改扩建和设备更新。至2014年，全镇烟花爆竹生产企业8家，实现年产值5011万元。

商贸服务业

商贸业 清初，油榨墟是县内时最早的墟场之一，市场面积5916平方米，以耕牛交易为盛。民国期，粤汉铁路、长广公路通车后，油榨墟的油号也由2家增至9家。茶油年集散量372吨左右。新中国建立后，油市墟设有肉食店、药店、供销分社，供应生产、生活资料和收购农副产品。1994年，县工商局、油市乡政府与当地群众共同投资1037万元，在油市村靠国道107线旁，兴建油市农贸市场。市场占地面积20779平方米，1996年2月竣工开业。经营肉食水产、家禽蛋品、粮油蔬菜、食杂果品、日用百货、布匹成衣、五金交电、家具等。年成交额1000万元。至2014年，境内有商贸网点116家，从业人员323人，社会消费品零售总额3012.7万元。

服务业 清代、民国时期，境内油榨墟，逢墟时，设土灶、市酒肴，嘈杂喧哗，逾午而散。新中国成立初期，沿公路旁和油榨墟有饮食店6家。20世纪80—90年代，由于过境国道107长途车辆大增，公路沿线出现汽车修理业和旅馆业。1993年，在鲁塘坳建立县内第一家中外合资企业景兴加油站，为过境车辆提供加油服务。1998年，境内有摩托车出租，服务项目有饭店、家电维修、加油洗车、修锁补鞋、修雨伞、打字复印、理发。2002年，由于京珠高速开通，长途汽车改道高速公路，公路沿线的服务业日渐衰落。2014年，境内有服务店铺61家，服务从业人员211人，年服务收入额833.4万元。

基础设施

交通运输

明清时期，有官道西大道过境。民国15年（1926）1月动工修建长广公路，民国17年（1928）12月通车。油市线长7.3公里。民国18年（1929）动工修建粤汉铁路，经过油市境内4公里。民国22年（1933）鲁永公路动工修建，次年竣工，过境油市线段2.93公里。民国24年（1935），在粤汉铁路中心桩号1870+0.00的鲁塘坳架设横穿公路的铁路立交桥梁，长20.32米。1961年，长广公路永兴段从油市至马田地段由原来的4.75米拓宽为7米泥碎石路面。1962年，修建马田经复和止于油市的雷塘口的马雷公路，经过油市路段6.94公里。1963年修建位于境内永红煤矿至高亭司与京广线接轨的马富线铁路。油市线段6.99公里。1965年，设油市火车站，停靠313次、538次、553次、8431次，是年客运量3.12万人次。1987年，撤销油市站改为升降所。1995年马雷线提质改造，由砂石路改造为4级水泥路面。1998年11月，京珠高速公路动工兴建，油市镇境内里程4.7公里。是年省公路大普查，马雷线由乡道升为县道。是年10月，油市镇村民集资1200万元，实施村村通水泥公路工程。全镇12个行政村，有10个行政村通水泥公路，总里程31.8公里。至2008年，实现全市第一个村村通水泥公路的乡镇。至2014年，全镇过境铁路，国道、省道4条，县道2条，通村公路13条，村组公路18条，通车总里程62.33公里。

邮政电信

邮政 明清时期，有驿道过境。民国元年（1912），耒阳至广东城口的旱班邮路过境。民国15年（1926），油榨墟设投递点。民国23年（1934），县城至鲁塘坳客车通车，开通委办汽车邮路1条。1938年开通永兴经油市至郴州委办汽车邮路1条，1949年12月撤销。是年在油榨墟邮政代办所开设汇总业务。1950年县城经油市至郴州客班车通车，恢复委办汽车邮路。1965年，京广线增设油市火车站，进出口邮件交火车站运递，由油市代办所交接。1989年设富台下、油市邮电所。1996年开设油市邮政储蓄网点。1998年，邮政电信分营，油市邮电所改油市邮政支局。2014年，全镇通邮率100%。

电信 民国36年（1947）架通永兴经油市至马田通信线路。民国37年（1948）在油榨墟设单机1部，1992年，永兴经油市至马田架通1条30杆程的10芯光缆，境内程控电话开通。1997年，开通数字移动电话基站。2000年，境内开通宽带网。2001年开通低速无线寻呼点站。2002年中国联通建立移动通信电话基站。至2014年，境内固定电话263部，移动电话用户1.42万户，移动电话用户率43.8%。

供电供水

供电 1958年，在位于油市境内的新塔村，利用原引水河坝动工修建新坝电站，翌年4月投产。附近农村开始用电照明、排灌、诱杀虫蛾。电站装机容量48千瓦，年发电量11.2万千瓦时，是县内第一个水力发电站。1961年，省水利电力厅投资5万元扩建，1962年，新增1台160千瓦机组，1963年投产。10月新坝电站收归县管。是年，架设油市至永红煤矿，长2.8公里的35千伏高压输电线路。1964年兴建油市供电所，供电量156.15万千瓦时。是年同时兴建油市变电所，变电容量3200千伏安，翌年向油市境内及周边公社部分村民供电。1970年，新坝电站再次扩建，新增1台27千瓦发电机组。1985年，发电69万千瓦时。1988年总装机容量235万千瓦，年发电量656万千瓦时。2000年，县城南110千伏变电站与油市变电站等县内各站与县电力调度中心相连，变电站设立双工无线电台，利用无线电台调度用电。是年境内开始农网改造，翌年完成。至2014年，境内供电覆盖率100%。

供水 境内乡民历来饮用井水，也有饮用河水。新中国建立后，县政府重视村民饮水问题。鼓励村民在整修原有水井的同时，开挖水井。1978年后，随着镇区的逐步扩大，人口不断增加，生产、生活用水激增，原井水供不应求。许多村民和驻镇单位自行就地打井。至1985年，境内新增水井217处。2014年，成立油市自来水公司，投资800万元实施安全饮水工程。年底，境内安全饮水率100%。

水利建设

清雍正八年（1730），金陵乡坪洞岭村村民陈绍言等人筹建县内第二座河坝——罗家堰。灌田335公顷。新中国成立后，县政府组织群众整修加固旧河坝、山塘。1957年，油市乡组织全乡劳力在境内禾巷村、燕尾村、儒林村、大杨村、石塘村分别兴建神皇寨、大水塘、石头窝、陈家冲、新塘窝5座小Ⅱ型水库。总灌溉面积100公顷。1959年，公社再次组织劳力在境内田心、禾巷兴建三角塘、号纪冲、糯米塘3个小Ⅱ型水库，总库容量98.5公顷。1965年，县政府发动群众，要求对山平塘进行改建或整修，把重点放到消灭

禾巷村新貌

干旱死角地带。是年冬，境内掀起水利建设高潮，加固整修山塘53口，新建山塘7口。1971—1978年县内掀起第4次兴修水库高潮，提出以一人一亩旱涝保收为目标，在境内石塘村修建毛家冲水库，有效灌溉面积26.8公顷。到1978年，境内共修建小Ⅱ型水库9座，水库数量居县内之首。至1988年，先后整修罗家坝、拦河坝及高圳、低圳、九山圳等水渠23条7260米，电灌39处。2008年，投入18万元，除险加固神皇寨、陈家冲等4座水库。2012年，投资200万元对石塘村毛家冲水库加固除险。2014年投资1500万元，完成县内重点项目——九山河综合治理配套工程。疏通河道6.5公里，两岸生态护坡11.93公里。至2014年末，全镇拥有水库9座、山塘802口，渠道31.24公里，灌溉面积837公顷。

村镇建设

驻地 新中国成立后，乡政府驻地陆续有供销社、学校、邮电所、铁木社、粮站、信用社等单位相继建立。1958年，撤乡建社、油市公社建有办公楼、大礼堂。1984年，县城乡建设委员会对油市公社进行驻地区域初步规划。1995年，对油市乡进行规划修编。是年兴建占地面积20779平方米的油市农贸市场。1998年，油市乡改镇后，大力加强城镇基础设施建设，启动大杨小康街、规划鲁塘坳小区。2012年，投资60万元实施“点亮油市”工程。2014年，完善镇区环卫设施配套。至是年底，镇治所区面积1.36平方公里，较1978年扩大1.22倍。

村庄 新中国成立初期，民房无规划，错落不齐，房屋矮小狭窄，阴暗潮湿，水沟堵塞，且住房与猪牛栏、厕所相邻，卫生条件差。1989年开始乡村规划，几易其稿，至1999年，规划部门对油市、儒林村原规划修编定案。2000年，接新编制规划，油市、儒林两村建民宅13栋，装饰雅朴大方。2010年，农村危房改造13户。投资30万元新建油市村300平方米文化中心。整治村内环境卫生，拆除路旁猪牛栏、厕所7处，村容村貌明显改观。2014年，投入41万元开展村庄建设，实施油市村空心村改造项目，拆旧房196间，厕所、杂屋220间，规划新建农村住房20栋，完成全镇2013—2030年总体发展规划编制和12个村庄规划。至2014年，10个村建有文化活动中心，8个村建有休闲健身活动中心，11个村建有村办公楼。环境卫生、村容村貌大为改观。

社会事业

教育科技

教育 清代私塾遍布境内乡村，清嘉庆时期，在境内建有文明书院。新中国成立后，学校增至15所，学生增加七成。1951年，文民书院更名油市小学。1957年秋，油市小学附设初中班。随着适龄人数增加，1968年在油市另辟地段兴建油市中心小学，1969年秋，竣工使用，是年，原油市小学更名油市初级中学。1983年，根据国家教育部办学精神，在境内永红煤矿创办矿子弟学校，设教学班6个。1995年，县政府投入170万元改建油市中学，新建2栋，有22间教室180平方米的教学楼和1幢600平方米的综合办公楼，校舍建筑面积8360平方米。是年被省政府授予“扫盲先进乡”。2010年，投资80万元建成油市中学学生公寓。2012年，投入30万元对石塘小学教学楼进行改建。2014年，投入40万元修缮5所村小，新增油市中学教室12间，新建教师宿舍40套。至是年底，境内有初中1所、中心小学1所、村小5所，在校中小学生1986人，教职员工137人。幼儿园4所，入园幼儿233人。

科技 油市刀剪的工艺精制不卷刃、不缺口，闻名省内外。1997年，湘南烟花爆竹总公司“金陵”注册商标被省工商局评为著名商标。1998年10月，李外云发明压气球加压负荷式电动喷雾器，专利申请获得成功。2014年，境内有各类科技人才1034人。其中专业技术人才156人，经营管理人才143人，技能人才97人，农村实用人才638人。

文化体育

文化 油市历史悠久，文化底蕴深厚。有元宵“倒灯”的习俗。民国14年（1925），省立三师戴彦奎、戴彦凤在油榨墟演出现代文明戏《早婚之家》、《葡萄仙子》。20世纪60年代，看革命样板戏。1975年，成立油市公社电影放映队，是年放露天场电影9场，观众达1.43万人次。1983年，建油市影剧院，设座位1107个，能适应16毫米机型放映。1988年，境内供销社、粮站等单位和驻地少数村民开始有黑白电视机。1995年，全乡开通有线电视。2002年，彩电入户率86.38％。2010年，投资30万元新建油市村文化中心300平方米。至2014年，境内有农家书屋13个，藏书8968册，免费读书吧2个，村级远程教育服务点13个，农村管乐队3个，腰鼓队4个，民乐队9个，舞蹈队2个，文艺演职人员83人。

体育 民国时期，油市境内流传少林洪拳四派之一的八合拳。新中国建立初期，境内体育活动为一般化舞龙耍狮，习武自卫。20世纪50年代末，吸收新式健身运动。1994年9月，油市公社新塔大队17岁的残肢女青年李菊芬参加北京第六届“远南”运动会，打破女子五项全能世界纪录，夺取金牌1枚，银牌三枚，湖南省妇联授予李菊芬“三八红旗手”称号。2014年境内有体育场地14处，70%的村居安装了体育健康器材，经常参加体育活动的人数占常住人口的41.3%。

医疗卫生

新中国成立前，境内民间治病，主要依靠中草药，求医“走访郎中”。1952年，境内有中医药人员自发组织中医联合诊所。1955年，经过整顿正式成立中医药联合诊所。1958年，区卫生所和中医联合诊所合并成立油市公社卫生院。1965年，油市公社卫生院扩建为农村地区医院。1970年，农村实行合作医疗制度，境内各大队卫生所更名合作医疗站，医务人员称大队“赤脚医生”，全公社有15所医疗站，“赤脚医生”4人。1974年，车田大队荣获全国农村合作医疗先进单位。1980年，合作医疗解体，改村卫生室，由乡村医生承包。2007年开始实施新农合制度。2014年年末，境内有各类医疗机构15所，其中镇级卫生院1所，标准化村级卫生室12所和2所社区卫生室，专业卫生人员28人。农村安全饮水率100%，新型农村合作医疗参合率98.33%。

社会保障

清代民国时期，生老病死无任何社会保障。1958年，农村集体组织对孤老残幼实行“五保”制度。1989年，油市乡对“五保”对象实行乡镇统筹供养。2010年，投入10万元，以油市镇原敬老院为平台，重新装修，购置老人健康器材，建成幸福院。至2014年，境内有幸福院1所，供养五保160人，最低生活保障户730户893人，支出261.3万元。优扶对象235人，发放民政补贴资金260余万元。

特色地情

历史名人

刘木（1906—1928） 油市镇车田村人。1926年9月，县农民协会成立，刘木推选为县农

油市闹元宵倒灯活动

协委员，不久加入中国共产党。1928年1月30日，刘木发动车田暴动，成立全县第一个苏维埃政府，被推举为委员长，2月10日，成立县苏维埃政府，刘木当选为主席。4月7日，刘木被杀害于油榨墟。

雷名扬（1910—1937） 油市镇田心村人。1927年，雷名扬考入黄埔军校第七期步兵科。1937年8月13日，淞沪战役爆发，任十八军六二七师三九八团二营少校营长，在淞沪战役中壮烈牺牲，被追封为中校。

名优特产

油榨墟刀剪 油市王代梅的祖传刀剪制造技艺，闻名已久。1954年，成立油市铁木社，生产刀剪，主要产品有菜刀、柴刀、镰刀、药刀、糖刀、杀猪刀、砍刀、剪刀等，以其手工精细，不缺口，不卷刃而闻名。

民俗风情

油市倒灯 油市倒灯活动源于南北朝。初始，“倒灯”是人们驱邪敬神、拜年贺岁的一种形式。时至现代，一年一度的油市倒灯活动，被誉为“江南奇观”。倒灯仪式分焚香、扫邪、送龙入海三个环节。最热闹点在“扫邪”这一环节，龙灯挨家挨户辞岁，每家每户都要鸣炮、烧香、点烛迎送。此时，大街小巷灯火辉煌，各家在火龙临门时，抢下龙头上的头香，插在自家的神龛上，再将准备好的香烛插到龙头上，期许幸福吉祥。

（李利翔 供稿）

悦来镇 >>

悦来镇因驻地“悦来墟”而得名，悦来温泉度假山庄是国家AAA级旅游度假区。

区域概况

位置面积

悦来镇地处县境西部北端，东抵马田镇，南连油麻乡，西接三塘乡，北与衡阳市的耒阳市太平乡交界。总面积52平方公里，镇政府驻悦来墟，距县城44公里。

建置沿革

明代，境域分属金陵乡金陵、平陵、平乐3个里。清代分属金陵乡一、左二、右二3个都。民国地属悦油乡北部；1951年处第五区北部。1958年，为五星公社北部。1961年调整设立悦来公社。1966年，易名先锋公社。1980年，复称悦来公社。1984年，更制悦来乡。2012年。撤乡建镇至今。

行政区划

新中国建立初的1951年，境域废9个保建立12乡，即为悦来乡（悦来、尹家）、玉泉乡、南桥乡（南冲）、金竹乡、圳头乡（江华）、平田乡（平田、唐家）、廖宅乡、鸦鹊乡、永渡乡（马渡）、廊水乡（爱好）、胡家乡、三黄乡。1958年改制为6个生产大队，1961年调为14个大队。1984年，辖区改制为14个行政村。2010年，设立悦来墟社区。截至2014年，悦来镇行政区划为悦来墟1个社区和玉泉、爱好、南冲、马渡、鸦鹊、悦来、尹家、三黄、胡家、金竹、廖宅、平田、江华、唐家14个行政村。

自然环境与资源

自然环境 悦来镇域气候温和少雨，年平均气温17.4℃左右，气温昼夜差较大，无霜期260–270天，年降水量1100~1300毫米，少于全县，且多风雹灾害。境内河道属县内便江水系三级支流，九山河自西北向东南纵贯全镇。全境北丘南岗平。地表风化物形成南灰岩红壤北板页岩红壤，交错于悦来、尹家一带。植被以油茶、松林为主体，森林覆盖率57%，水土流失面56.2%，属强度侵蚀区。

自然资源 九山河上游自西北向东南贯穿全镇，胡家黄口堰和南冲下何家两处可发电。地层由南部石灰系测水组煤层向北交替于二迭系斗岭组含煤地层，伴生平田、马渡含锰质岩，悦来石灰岩，玉泉断层温泉等矿藏。珍稀动物有穿山甲、华南兔、猫头鹰等5种。

人口民族

新中国成立初的1952年，境域总人口为

16244人。1982年，境内总人口达23140人。其间年平人口自然增长率为13.12‰。实行计划生育后至2014年，全镇总人口为27708人，其间年平人口自然增长率下降到4.31‰。与计划生育前30年相比，人口自然增长率下降了8.81个千分点。总人口比新中国成立初增长71%，人口密度由每平方公里312人增至532人。

经济发展

经济综述

境内经济传统主产粮食、茶油、烟叶，经济较为落后，是全县的贫困乡镇。1984年全公社社会总产值436.54万元，其中农业总产值321万元，占73.6%；工业总产值76.7万元，占17.58%；商贸服务产值38.84万元，占5.72%。财政总收入9.96万元，农民人均纯收入146.3%。此后，乡党委、政府紧紧围绕“富民强乡”目标，抢抓机遇，开拓创新，全乡经济发展较快。2002年，引资3000万元开发悦来温泉。2003年，兴建集农贸、房地产开发、商品集散于一体的多功能市场——平田大市场，促进永耒边界的经济发展。2014年，全镇完成地区生产总值2.88亿元，一、二、三产业所占比重分别为15 ∶ 52.3 ∶ 32.1。与1984年相比，农业比重下降58个百分点，工业上升34.72个百分点，商贸上升26.38个百分点，产业结构发生明显变化。完成固定资产投资4170万元，实现财政收入248万元，城乡居民收入14401元。

农业

种植业 镇内传统农业素以种植水稻、红薯、烤烟、油菜等。1961年，悦来公社开始试种烤烟，多数自产自销，当年收购烟叶0.3吨。1965年，扩大种植面积，烟叶收购量上升到47.13吨。1988年，县“促老会”投资8万元，扶持悦来乡玉泉、南冲两村613户烟稻连作、种烤烟66公顷，收烟叶150吨，人平收入由1973年的190元上升到400元，有525户贫困户脱贫。玉泉村村民刘烈刚，实行烟稻连作，烟叶丰收，晚稻单产600千克以上，全家收入5000元。20世纪90年代后，私营业主成为新型农业的带头人，悦来镇的烤烟，平田村的红薯粉，南冲村的葡萄基地等都形成产业化规模开发。至2014年，全镇有耕地面积973公顷，年产粮食6202吨，蔬菜8585吨；年产烤烟353吨。种植业增加值7895万元，占农业增加值的43.8%。

林业 境内传统林业素以油茶为主。民国29年（1940），省政府选定悦来为植桐推广区。21世纪初，境内建有中南油茶基地106公顷，油茶低改61公顷。2014年，全镇林地1113.4公顷，

三黄村森之源油茶基地

年产茶油120吨，森林覆盖率68.35%，林业增加值242万元，占农业增加值的5.6%。

养殖业 清代，境内畜牧业已成为农户家庭副业的重要组成部分。务农力耕，犁田多用黄牛或水牛，并养马、犬、羊、猪、鸡、鹅、鸭等。民国时期有少量农户饲养白兔和山羊。1952年，政府提倡多养耕牛牲畜，家家喂猪积肥。1985年，悦来玉泉温泉作为县罗非鱼场越冬产地进行鱼苗繁殖。2012年，境内兴建7个千头生猪养殖场。2014年，全镇出栏生猪32000头，存栏13000头。生猪出栏量、存栏量、存栏率均居全县第1名。出栏家禽32.5万羽。畜牧业增加值679万元，占农业增加值的15.7%。

劳务输出 境内传统副业以手工编织业为主。1966年开始出现少数亦工亦农进城抓收入的。随着1984年社、队改乡、村新体制运行后，农村剩余劳动力大量转移，出现外出打工潮。至2014年全镇有7460名农村劳力外出广东、珠海、深圳或进县城务工，占总劳动力人数的36.1%。

工业

加工制造业 清代境内传统加工业基于铁、木、竹、棕、食品手工作坊式。有铁铺、轧花（脱籽）坊、织布坊、竹器坊、棕绳蓑衣坊、麦芽姜糖坊，还有悦来村的豆油加工坊、马渡村的谷泡糖、平田村的红薯粉加工坊和廖宅打铁专业村。2014年，全镇加工制造业增加值6335万元，占工业增加值42%。

商贸服务业

商贸业 清代中期境内有平田墟，逢农历二、七开墟，是永兴耒阳重要的边贸市场，主要交易茶油、烟叶、红薯粉等农副产品。20世纪50年代在乡政府驻地组建基层供销社，承担国家委托的粮食、茶油、牲畜、烟叶和其他农产品的购销业务，同时，为农民推销次小农副产品和土特产品。1988年，平田市场面积达2675平方米，每次上市人数达1500人次，年交易34万元。20世纪90年代，乡政府所在地悦来村经贸逐渐繁荣。2014年悦来大市场开业。全镇商贸增加值6017万元，占商贸服务业增加值的65%。

运输业 1959年水源至悦来公路开通，20世60年代开始货运和客运，客运班车一天三趟，20世纪80年代有个体从事客货运输。此后开通悦来到郴州、悦来到永兴的班线，平田到马田的公交车，大大方便人民的出行。2014年，全镇运输业增加值1481万元，占商贸服务业增加值的16%。

旅游业 境内名胜景观有玉泉温泉，文物高溪村高溪东汉墓群，爱好村廊水清代宝塔等、爱好村廊水古宗祠、南冲村清代牌匾、平田村土法炼铁炉遗址。2002年4月，广东泉林温泉公司投资3000万元开发悦来温泉，占地面积526亩；是一个集温泉疗养、冷泉戏水、机动游乐、美食、会议和度假于一体的国家AAA级旅游度假区。至2014年境内接待游客17.83万人次，旅游收入1928.37万元。

基础设施

交通运输

民国时期，境内有步道经悦来墟、平田墟通往耒阳。1959年5.3公里水悦线开通，路面为泥结碎石。20世纪60—70年代逐步修建通村的简易公路。20世纪90年代修通马渡村、胡家至三黄村的公路，1998年投入20万元对悦来墟路段进行水泥硬化。1999年，县政府提出“村村通公路，乡乡通油路”。悦来和通村公路网络建设进一步加速和提质。2002年全乡有玉平、水悦等乡村公路

16条122.7公里。至2014年，通村公路36公里全部水泥硬化。

邮政电信

邮政 民国15年（1926）3月，县政府筹建永兴县城乡通信总处，有信夫三人，全县分三段投递，油麻墟至平田墟至悦来墟至马田墟，每路三天环行投递一次。民国18年（1929），县通信总处停办，7月1日改用邮差（乡邮员），一人七天环行一次，马田墟至平田墟经耒阳县属的石嘴上堡至县内的塘门口。民国36年（1947）为加速投递频次，悦来墟三天环行一次。1954年县城至马田墟客车通车，开通委办汽车邮路一条，沿用至今。至2014年年末，镇内有邮政网点1家，乡村通邮率100%。

电信 1951年全县有乡用电话24部，为了配合土地改革运动，县人民政府组织人力、物力开通油麻墟至坪田等19条区乡线路19条。1953年6月始通境内农村电话。1995年开通数字程控电话。2014年，有电信服务网点1家，固定电话用户559户，用户普及率为1.8%；移动电话用户2.7万户，用户普及率为90%。

水利建设

悦来地处县西部北端，常年少雨，属干旱地区。1956年，玉泉村发挥农业社的优越性，突击6天，新建一口灌溉250亩水田的山塘。1957年在悦来乡胡家村和金竹村，分别兴建下山水库和胜利水库。1959年9月，悦来公社组织境内农民，在悦来乡悦来村开始兴建小Ⅰ型黄口堰水库。集水面积45平方公里，总库容570万立方米，有效库容295万立方米，坝高33米，灌溉面积320公顷，是年在境内江华村兴建小Ⅱ型水库总水塘水库，灌溉15公顷。1985年，畜牧水产局在玉泉兴建罗非鱼场，修建泉水下游水渠，长2000米，灌田100公顷。2014年，修建排水渠30公里，其中硬化22公里，修缮山塘5口。至年末，全镇拥有水库3座，山塘226口。

村镇建设

20世纪80年代改革开放后，悦来兴起旧房改造高潮，基本结束土坯砖房。镇政府建有综合大楼、财政所、计划生育服务楼、农机推广楼、企业大楼，1998年，投入资金20万元对悦来圩场进行水泥硬化，镇政府大院占地1800平方米全部水泥硬化，设有篮球场，种有花草树木。2000年先后有三黄、胡家、悦来、金竹等村建成具有一定特色的现代化高档次的文化活动中心。悦来村、三黄村面貌焕然一新。农村人均住房35平方米，比1989年增加10平方米。2014年，金竹村新农村建设完工，农村面貌焕然一新。镇政府公租房竣工投入使用，极大地改善了干部职工的住宿条件。悦来农贸大市场完工，方便农副产品交流，促进农村经济发展。

社会事业

教育

明末清初，悦来境内就有私塾，分布于圳头、胡家、高溪。私塾设立于寺庙、祠堂之中。民国初期，日本留洋生江汉先生在圳头创办圳头国民小学，学校规模相当于现在的村小。学校开设国文、算术、公民等课程，学生多为当时的富家子弟。时任县学视员匡顺庭亲临学校视察。新中国成立后，人民政府接管学校，境内相继创办有圳头、澄水、三黄、高溪、董家等4所初级小学。1954年，三黄初级小学升格为三黄完全小学。因为学校发展需要，1956年，三黄完全小学迁址高溪，租用民房建立学校。高溪完小租用民房办学经验在全县推广。1965年，高溪完小迁址董家，并相

三黄村游园

继创办悦来完小，恢复三黄完小。在此期间，圳头、廖宅、胡家、南冲、爱好等13处都相继创办初级小学。1966年，董家完全小学升格为初级中学，1968年，创办悦来中学，将董家中学合并为悦来中学。1969年，悦来中学升格为高中，1973年，悦来高中合并永兴一中，此后一直开办悦来中学。1972年在平田设立平田中学，1983年撤并于悦来中学。1985年，全乡教育发展迅速，中学兴建礼堂、教师宿舍、教学楼、综合楼和田径运动场。重建江华、三黄、胡家、金竹、玉泉小学教学楼。2004年悦来中学被评为“郴州市校园文化样板学校”。2013年，全镇中学、小学合并成立悦来中心学校，设有中学部和小学部，下辖平田等6所村小、江华等3所公办幼儿园、悦馨等2所民办幼儿园。2014年末，在校中、小学生共3200人，教师共164人，幼儿园500人。

文化体育

文化 清代，境域城乡盛行花鼓、花灯、皮影、木偶、小调、舞狮、耍龙灯等文体活动。演出一般在春节或平时婚丧、祭祀、祝庆中进行。1998年，全乡有万册图书室1个，5000册图书室3个。2014年年末，境内共有各类文艺表演团体6个，文化站1个，各类图书室20个，农家书屋14个，有线电视用户2.98万户，电视综合覆盖率99%。

体育 民国时期新文化相继传入境内，体育活动开始兴起。1992年成立乡体育协会，组织群众开展体育运动，全乡拥有15个篮球场，18个其他运动场。1994年被评为先进体育乡镇称号。2014年末有体育场地36处，80%的村、社区安装了健身器材，经常参加体育活动的人数6516人，占常住人口的36%。

医疗卫生

清末民国初期，爱好廊水村、悦来托塘村、鸦鹊老村、马渡村、廖宅毛家村、江华圳头村均先后办起中药店，个别医生还能“人痘接种”以预防天花。1956年开展除“四害”运动，在全乡广泛宣传爱国卫生，开展环境卫生、饮水卫生、食品卫生、劳动卫生。1958年村村都有赤脚医生，配备保健员、接生员。乡卫生所成立，肩负全乡防病治病重任。1964年实行公私合管，成立悦来乡联合诊所。1970年，境内农村实行合作医疗。1981年，农村实行家庭联产承包责任制后，合作医疗解体。2007年开始实施新农合制度。2014年年末，境内有各类医疗卫生机构15所，其中1所卫生院，14所标准化村级卫生室。专业卫生人员37人，平均每千人拥有卫生技术人员1.2人。法定报告传染病（甲乙类）发病率为404.33例/10万。农村安全饮用水普及率90%，农村卫生厕所普及率45%。新型农村合作医疗参合率99.9%。

社会保障

人民公社建立后，“五保户”、困难户受到政府关爱照顾。到21世纪初，社会保障事业得到全面加强。推广新型农村和城镇居民基本社会养老保险，完善最低生活保障和扶贫帮困等一系列社会保障制度。2014年，全面开展低保清理整顿工作，全镇“五保户”供养232人，全年供养金额61.24万元，低保户救助598户，738人。低保金额8.93万元。有敬老院1所，境内参保人数率90%。

特色地情

英烈名人

尹子韶（1896—1939） 字美五，悦来乡南桥尹家村人。1926年加入共产党，1928年2月，与黄克诚等人发动板梁暴动，担任永兴县赤色警卫团团长。1931年任中共湘南特委书记，1938年5月，英勇牺牲。

名优特产

马渡饴糖 马渡饴糖加工历史悠久，在民国时期，全村有6%的村民从事饴糖加工，年产饴糖45万千克，能生产花生糕、爆米花糖、打糖、红薯片糖等一系列产品。

风景名胜

悦来温泉 悦来温泉位于悦来乡玉泉村，在同一区域拥有热泉和冷泉两股泉水，又称鸳鸯泉。冷泉常温16℃，热泉每日单井涌水3960.58立方米，水中富含氡、氯、钠、钙等多种矿物质。

（王外鹏 供稿）

高亭镇>>

高亭镇因驻地“高亭司”去司而得名。唐代曾为县治，是县域江左地区的历史文化中心。

区域概况

位置面积

高亭镇位于县境西部腹地。土地总面积46平方公里，东连复和镇、湘阴渡镇，南接洋塘乡，西毗油麻乡，北邻马田镇，是县内江左唯一没有与外县交界的乡镇。镇人民政府驻地高亭司，距县城永兴21公里。

建置沿革

唐开元十三年（725），原便县四乡再度分出郴县，置安陵县，治设今高亭司古城村。天宝元年（742），改安陵县为高亭县，县治迁今高亭司。沿至宋熙宁六年（1073）改高亭县为永兴县止，高亭曾为县治348年。变革后，政区隶属错综复杂。明代，境北属金陵乡金陵里，境西属金陵乡平陵里，境南属金陵乡平乐里，境东属长庆乡高亭里。清代统属金陵乡，境北属一都，境西杂居左二都，境东杂居后六都。民国时期改都为乡，境北属太平乡，境西南属文良乡，境东南属云峰乡。建国初大乡划小乡，以区统乡，境北与境西南属四区，境东南属三区。1958年成立人民公社，境域隶属红旗公社。1961年调小公社规模，全境分出成立高亭公社。此后，成建制沿革，1984年改为高亭乡，2012年改为高亭镇至今。

行政区划

新中国建立初的1951年，境域废9个保建立11乡，即为里仁乡（黄里）、承上乡、十联乡、高亭乡（高亭、窝黄）、高宜乡（高塘、泥鳅塘）、大城乡（大城、大源）、槐树乡（金坪）、板梁乡、联合乡、永华乡、东冲乡。1958年改制为7个生产大队，1961年调为13个大队。1984年，辖区改制为14个行政村。2010年，成立高亭社区。截至2014年，高亭镇行政区划为高亭1个社区和高亭、高塘、大城、大源、金坪、板梁、永华、东冲、联合、十联、承上、黄泥、窝黄、泥鳅塘14个行政村。

自然环境与资源

自然环境 高亭镇地处南岭山脉阳明山余脉东端。九山河中游自西向东集板梁水、高亭河、水华溪之水出十联，系耒水二级支流。境内河段蕴有板梁温泉、窝黄水能点。全境气候温热少雨多旱。地貌分布为北部丘陵，中部平原，南部岗地。土壤类型有西部灰岩红色石灰土，南部板页岩红壤，北部紫色土等。植被以油茶、杉林、灌木草从为主体。森林覆盖率 35.1%，水土流失面积占土地总面积的 43%，属较强侵蚀。

自然资源 现存珍稀动物有华南免、小麂、猫头鹰、虎纹蛙等。矿产资源有煤炭等。

人口民族

自唐代，先后有李氏后裔及陇西派等不同宗派迁居境东。宋代，县政治中心南移，刘氏先祖迁居金陵乡，传世嫡裔多聚居境西。新中国成立初的 1952 年，境域总人口为 11026 人。1982 年，境内总人口达 22604 人。其间年平人口自然增长率为 45.47‰。实行计划生育后至 2014 年，全镇总人口为 32820 人，其间年平人口自然增长率下降到 8.02‰。与计划生育前 30 年相比，人口自然增长率下降 37.45 个千分点。总人口比新中国成立初增长 1.98 倍，人口密度由每平方公里 239 人增至 713 人。

经济发展

经济综述

明清以来至新中国成立前，地方饱经战乱，工商凋零。新中国成立以后，镇内经济逐步发展，农业以种植水稻及经济作物为主，工商业以烟花爆竹、建材、建筑为主。1984 年高亭公社国民生产总值 1276.04 万元，农、工、商三产业所占比重依次为 53.98 ∶ 29.83 ∶ 16.19。财政总收入 29.11 万元，农民人均纯收入 377.53 元。1990 年后，在市场经济引导下，发挥本地资源优势，实施产业化建设。到 2014 年，实现地区生产总值 5.65 亿元。工、农、商三大产业结构比转化为 15.42 ∶ 51.92 ∶ 32.66。完成财政收入 699 万元，乡镇居民收入 14195 元。

农业

种植业 境内主要种植水稻、蔬菜、红薯等作物。新中国成立以后，推进以扩大稻薯、薯麦、双季稻等连作复种为中心的耕作制度改革，挖掘增产潜力，促进粮食生产迅速发展，尤以红薯生产闻名全国。1957 年大城一社种植的 28.33 公顷夏薯，平均每公顷 45000 千克(折原粮 9000 千克)，1967 年后逐步扩大双季稻种植面积。至 1975 年粮食播种面积 3556 公顷，实现粮食总产量 12539 吨。1976 年为解决城镇工矿居民蔬菜供应问题，在靠公路境内段种植蔬菜 9.2 公顷。是年试种杂交水稻，至 1984 年杂交稻种植面积 2108 公顷，粮食亩产由 50 年代初的 151 千克提高到 370 千

窝黄村试种火龙果成功

克。1989年全镇粮食播种面积2461公顷，耕地复种指数100%。是年以园地蔬菜的稻菜成为全县三熟制的主要乡镇之一。2002年，粮食播种面积1850公顷，总产量9531吨，烤烟面积80公顷，总产150吨，蔬菜种植面积245.3公顷，蔬菜产量4468吨。其中特色蔬菜莱藕产量4200吨。至2014年，粮食播种面积2458.2公顷，粮食总产量12464吨；烤烟面积109.9公顷，烤烟产量297吨；蔬菜种植面积360.6公顷，产蔬菜8962吨。

林业 境内属丘陵岗地，有少量林地，树种有松、杉、樟等。1975—1976年，县内开展森林普查，全乡有林地3143.22公顷，森林蓄积量133立方米。1978年县政府鼓励农民造林，绿化荒山，至1986年境内林地面积4596公顷，比1976年普查时增加1653公顷。2014年，以源和油茶公司和永丰农业有限公司为龙头，流转土地600公顷，种植油茶333.3公顷，建设国家级油茶示范样板基地，至2014年，已累计种植油茶986.67公顷。

养殖业 镇内素有饲养生猪、牛、鸡、鸭、鱼等畜牧水产习惯。1975年境内有耕牛1405头，全年发展生猪18054头，户平均2.11头。有集体养猪场153个，存栏生猪2342头。1985年，国家取消生猪派购任务，价格放开，饲养量发展较快，是年饲养量19992头，年出栏13100头。2002年开展养殖年活动，是年境内年出栏生猪24685头，年出笼家禽15.67万羽。水产养殖面积73公顷，水产品产量1460吨。2010年投资1500万元建成年出栏生猪400头的兴旺生态养殖场。至2014年境内生猪饲养量42332头，年出栏31024头，家禽36.24万羽，出笼23.14万羽，水产品产量2318吨。

工业

烟花爆竹业 明末清初，境内就有少数人生产鞭炮，属家庭作坊式生产，一直沿袭到20世纪80年代。1987年高塘村有130户从事鞭炮生产，另有从事组织鞭炮原材料供应户3家，纸张供应户4家，鞭炮推销户10家，形成松散型的鞭炮生产联合体，是年全村生产总收入160万元。1994年组建湘南烟花爆竹总公司高亭烟花公司，采用公司十农户动作方式，是年境内从事烟花爆竹生产户514户。2003年后，万祥爆竹厂、炬烽爆竹厂、永浏爆竹厂、高港爆竹厂等相继落户高亭司。2005年8月炬烽爆竹厂取得《烟花爆竹生产企业安全生产许可证》，该企业在改造原有厂房的基础上，新增一条生产线，其生产的“华连冠炮王”的品牌产品，畅销河南、内蒙古、新疆。2008年，镇政府引进资金3200万元，新建烟花爆竹项目9个。2012年后，镇政府始终把安全生产放在首位，坚持抓规范化生产。是年在金坪村建设占地10.6公顷，投资1200万元的仓储基地，建成烟花爆竹A级库3座、C级库3座。同时对祥安、万祥等9家烟花爆竹企业进行机械化改造，购买和安装上药机12台，结编机40台，插引机60台，机械化率达70%。至2014年，全镇已有烟花爆竹生产企业16家，年产值20030万元。

建筑业 1968年由东冲、永华、高亭三个大队的基建队合并重新组建高亭建筑队。1985年有职工767人，固定资产46万元，流动资金42万元，机械设备159台（件），能承担六、七层难度较大的工程。是年，高亭建筑队由四级企业晋升为三级企业。1981年7月至1988年9月，先后担负建筑施工的郴州地区人民医院门诊大楼、苏仙岭园林处仿古建筑办公楼等8处工程，总建筑面积19590平方米，均被地区建委评为优良工程。是年，建筑队更名为高亭建筑工程公司。公司从建队到1988年，共完成建安量95万平方米，完成建安产值9900万元，上缴国家税金297万元。1989年，经过地、县主管部门整顿乡镇建筑队，高亭成为全县保留12家建筑队之一。2002年，根据国家建设部颁布的建筑企业资质就位新标准进行审查，高亭建筑工程公司保留原名称。2014年，完成建筑安装量3万平方米，完成建安产值3000万元，上交国家税金900万元。

建材化工业 1956年境内组织专业队开办采石场、石灰厂。1977年创办高亭塑料厂。1984年镇政府投资兴办机砖厂。1985年将高亭机砖厂兼并创办高亭建材厂，生产青红砖、瓦。1986年贷款6.5万元，填制推土机、粉碎机和制砖机等设备，10月投入生产，当年生产红砖80万块。1987年镇政府又投入13万元，从郴州引进简易节能轮窑，实行流水作业，年设计能力700万块。1988年上半年在轮窑上面建两条轻轨烘干道，利用余热烘烤湿土坯，年内生产7个月，生产红砖300万块，产值24.4万元，纯利润28800元。随着建筑设计不断更新，青瓦逐渐淘汰，1992年青瓦生产线停止生产。2010年，镇政府引进资金1600万元，兴建鸿兴砖厂，当年竣工投产。2014年全镇生产红砖1012万块，创利税9.36万元。

商贸服务业

商贸业 唐朝，镇为县治，有集市交易。民国初期，粤汉铁路、长广公路通车后，主要物资集散地转移至交通沿线的高亭司，成为永兴县外销物资主要集散地。新中国成立后，在治所地设有肉食店、供销社、药店，供应生产、生活资料和收购农副产品。1978年集市全面放开，贸易日趋繁荣，年成交额达613万元。1994年至1996年，国合商业实行流通体制改革，置换公有制贸易企业13家，置换职工身份72人。2002年供销系统改革结束，私营个体商业成为流通领域主体。2011年有商业网点202家，从业人员240人。是年，社会商品零售总额达7412.3万元，城乡集市贸易交易额4336万元。2014年镇内有各类商贸企业203家，从业人员295人，社会商品零售总额3260万元。

服务业 明清时期，官道经过境内板梁村，清乾隆年间（1736—1795年），从长沙辐射的江左驿道经板梁至广东，人们沿驿道、官道成群结队肩挑贩运盐、米、布匹，板梁逐渐有了当铺、旅店、小吃店等，形成商贸街。民国23年（1934）县内连接长（沙）广（东）公路的鲁永公路通车，次年粤汉铁路永兴段通车，建成高亭司车站，成为县内西部地区物质集散地。周边服务业发展迅速。新中国建立后，县政府在建立国营商业和供销商业的同时，积极扶植私营业。境内有旅店2家、小吃店4家、理发店1家。1954年成立高亭供销社，开办旅社。进入20世纪60年代，个体旅店有所增加，公路沿线小吃店增至8家。1995年境内有摩托车出租，出租车按路程远近收费。1997年在镇所附近建立第一家打字复印社。2013年，高亭农村客运公司成立，开通客运路线7条，公交路线2条。至2014年，境内有宾馆、旅店1家，酒店、小吃店7家，美容美发店4家，打字复印社1家，摩托车、出租车73辆，服务行业从业人员120人，服务业年收入207万元。

基础设施

交通运输

唐贞观年间（627—649年），从京城长安向南辐射的驿道经高亭入广东韶州（韶关）。清乾隆年间（1736—1795年），从长沙辐射的驿干线经高亭入县城。民国17年（1928），由衡郴公路工程处修建的长广公路（国道107线）通车，在公路291.8米处，耗资17280元（旧币）架设高亭司木桥。民国22年（1933）始建高亭司汽车站。民国24年（1935），粤汉铁路（京广线）永兴段通车，始设高亭司火车站。民国34年（1945），高亭司汽车站改为售票所。民国35年（1946），衡阳铁路管理处在丰城仙开办建湘煤炭公司，修建县内第一条从丰城仙至永华（原高亭司火车站）厂矿专用公路。1955年，高亭司火车站客运量为25530人（次），货运量为73795吨。1956年，政府组织有关单位整修原有公路，县城至高亭司由原来的单边客运发展为对开客班线路。1958年，高亭司售票所和汽车站移交郴州汽车总站，同年高亭司售票所撤销。1959年高亭司火车站客运量增至50213人次，货运量上升至34.88万吨。1963年，修建从永红煤矿至高亭司与京广线接轨的马富线。1987年9月撤销高亭司火车站，改为1856所。至2002年有广京铁路高亭线段5.2公里，107国道高亭线段6.3公里，省道3531高亭线段3.8公里，乡村道32条68公里，2011—2014年，硬化通村公路31.5公里，新建通组公路32.8公里，开通农村客运线路7条、公交线路2条。

邮政电信

邮政　清乾隆二十七年（1762），境内始设驿站，驿站铺递仅传军情公牍，民国11年（1922），县邮局在境内设代办所、信柜。民国15年（1926），境内农村开始通邮。民国24年（1935），粤汉铁路境内段通车，设高亭司火车站，进出口邮件改交火车站运递，由高亭司邮政代办所交接。民国28年（1939）增设电报票兑付局。民国37年（1948），开通永兴至高亭司，高亭司至耒阳委办汽车邮路各一条。1950年，县城至高亭司客车通车，开通委办汽车1条。1982年，高亭司邮电支局开办国际给据函件。1989年，县邮电局在高亭司设立支局，同时在境内富台下设邮电所。1998年9月，邮政、电信分营，高亭邮电支局撤销改为邮政所。

电信　民国36年（1947），架通永兴至高亭司农村电话线路，全长29.5公里，在高亭司安装10门总机1部。1953年，为配合土改，政府架通高亭司至油麻墟、高亭至马田墟电话线路。1963年，调整农村电话管理体制，高亭司线路交换中心、总机、电话单机、杆线一并划归全民所有，由省局代管。1992年永兴经高亭司至马田架设1条30杆程的10芯光缆，开通境内程控电话。1996年，开通数字移动电话基站，2000年，境内开通宽带网。2001年，开通低速无线寻呼点站。2002年，中国联通建立移动通信电话基站。至2014年来，境内固定电话用户315户，移动电话用户1.6万户，移动电话用户率为53%。

供电供水

供电　1950年，境内建成高、低压输电网络。1960年马田供电站建立，向高亭境内供电。1964年，高亭国营抽水机站利用水轮泵带动1台10千瓦发动机组发电，成为全县境内最早乡村水电站。是年建油市变电站，从高亭出线，向境内供电。2000年境内农网改造，2002年建高亭供电站，向高亭、洋塘境内供电，供电量385万千瓦时，至2014年，境内供电覆盖率100%。

供水　境内泉井较多，地下水资源丰富，水质较好，尤以板粱村为最，故村民饮泉较多，也有少数取河水饮之。新中国成立后，政府发动群众，在整修泉井的同时，开挖泉井，改善饮水条件。2009年，兴建高亭自来水厂，政府投入30万元在洋塘取水，管网总长度1300米，设计规模为日供水300吨。解决黄里、承上、大城、高亭等村1万多人的饮水困难。是年，在金钗坪建设饮水工程，解决金坪村饮水问题。2014年成立高亭自来水公司，至是年，全镇共投入910万元，兴建自来水工程，供水已覆盖11个行政村，解决2.3万居民的安全饮水问题。

水利建设

元至正十七年（1357），县尹彭若舟主持在金陵乡王相山下（今高亭境内的今窝黄村）兴修拦河引水工程九山堰，灌田万余石，成为永兴县境内可考的第一座拦河引水工程。明清时期，在境内九山河流域建有用于筒车提水多处。至民国38年（1949），境内有山塘273口，河坝1座，水圳7条，泉井26口。因水利设施简陋，旱涝保收面积仅为耕地面积20%左右。1957年，县内掀起第二次兴修建水库高潮，境内窝黄村长塘小Ⅱ型水库和东冲村水源塘小Ⅱ型水库相继动工。1958年，在高亭乡联合高级社石板头安装县内第一台水轮泵，1966年9月，境内金坪村小Ⅰ型水库跳石江水库竣工。1979年，国家专项投资1.2万元在境内推广喷灌技术。1984年，国家投资4.5万元，整修高亭境内的高圳。至1988年，高亭境内能灌溉40公顷以上的河坝，有九山坝、罗家坝等5处。水圳132条，2002年，对境内跳石江水库实行标准化改造。2012年，镇政府筹集资金18万元，对境内的病险水库、塘坝进行整修，新修水渠9公里。至2014年，境内有小Ⅰ、小Ⅱ型水库8座、山塘136口，标准化渠道24公里，灌溉面积1022公顷。

村镇建设

驻地　清末民国时期，境内长（沙）广（州）公路高亭司段民房均为砖瓦结构。1953年后，镇政府驻地陆续兴办学校、供销社、信用社、税务所、铁木社、卫生院、服务性设施建设逐年增多。1958年，公社建办公楼、大礼堂。1984年撤社建乡，新建三层砖混结构办公楼和宿舍。1986年，县建委对高亭治所区进行绘制初步规划图。1995年，完成乡治所区规划修编。1999年，投入880万元，在高亭村境内兴建占地面积12000平方米的高亭大市场。市场摊位300个，2000年投入使用。至2002年，6年间，镇治所区累计投资2000万元，完成小城镇建设项目36个，建筑面积3万多平方米，在镇治所区私人建房9户，建筑面积1750平方米，治所区面积由1986年0.46平方公里扩大到0.97平方公里。2012年新建1000多平方米的高亭镇综合办公大楼和政务小超市启用，道路绿化11.23公里，完成危房改造37户，建垃圾池62个。2014年，聘请湖南省城市规划学院，完成高亭镇总体规划和14个行政村建房规划。同时改造武广高铁、107国道高亭段沿交通线住房房面立屋361幢，拆旧、拆危、拆违176处、建公厕8处、安装太阳能灯14盏。至2014年，镇治所区面积扩大至1.2平方米。

村庄　明清时期，境内百姓聚族而居。形成一些大的村落，尤以板梁刘氏为最。1958年，"大跃进"中，大办公共食堂，社员集中居住，分散的农房长期闲置或拆除。随着农村家庭联产承包责任制的落实，村民生活水平逐步提高，农民建房速度加快，至1988年，境内新建41户居民住房5920平方米，新修乡村公路27.3公里。1992年，境内农村重视教育，新建学校4所，改造学校5所，校园得到美化、绿化。至1997年境内新建学校2所，改造危房900平方米，有10个行政村盖起村委办公楼，2002年，开始对板梁古村进行开发建设，对村内的古祠堂，古书院按照修旧如旧的原则，进行修缮。板梁古村先后获得中国历史文化名村和传统古村落等国字号荣誉，吸引大批游客前来观赏。至2014年，农村道路硬化率、电网改造率、农户安全饮用水率均为100%，环境卫生清洁，行政村都有办公用房。

社会事业

教育科技

教育 清乾隆四年（1739），由绅士李如璧等捐资在高亭覆船岭创建金陵义学，乾隆四十七年（1782），创办金陵书院。清宣统元年（1909），金陵书院改为金陵高等小学堂。民国17年（1928），民立金陵高等小学堂改为高等小学。至民国29年（1940），境内有小学11所，实施国民教育。新中国建立后，县政府接原管有学校。1958年9月，高亭完小开设附属初中班，翌年，在原金陵书院旧址创建永兴县第三初级中学。1981年永兴三中改为高级中学。至1988年，境内有中学1所、小学12所、在校中小学学生2500人，教职员工308人。1996年，高亭中学学生刘艳参加全国迎接香港回归读写竞赛，获国家级特等奖。2004—2013年，先后共投入3300万元对中心小学、板梁等10所学校进行维修、改造。2014年，高亭镇中心小学二部标准化寄宿学校建设完工，投资110万元，建有床位200个，有102名学生在校寄宿。随后投资58万元兴建板梁村、黄泥村420平方米教师周转房。至是年，境内中心小学一所、8所村小、2个教学点，共计校园面积3.72万平方米。61个教学班，在校中小学生2768名，有教职员工130人。

科技 元至正十七年（1357）在境内金陵乡修筑灌田145公顷的九山堰，测量、施工技术都有很大进步。在九山河沿岸最早使用孔明车提水抗旱。1992年，高亭建筑工程队在县城大桥路段兴建县农业银行中心支行营业大楼的基础开挖超深，首次在县内建筑行业施工中采用砂垫层上浇灌圆形立柱办法，织成钢筋砼基础获省建委技术进步奖。2014年末，全镇有各类科技人才115人，其中专业技术人才65人，经营管理人才20人，技能人才13人，农村实用人才17人。

文化体育

文化 唐宋时期境内就有舞狮、耍龙灯，独具特色。民国时期，境内高跷队较为活跃。每逢春节期间，许多人扮演各种古装式人物，脚踏1～2米尺高的木制高跷，以锣鼓音乐助阵，高跷者只舞不唱，旋转跳跃。新中国建立后，境内文化事业逐步繁荣。1951年成立高亭司业余剧团，1953年业余剧团参加郴县地区群众文艺会演，小戏《张谦参军》《三姊妹夺夫》均获音乐奖。从1954年起，境内每隔1～2年举行一次乡村文艺会。1958年成立高亭8.5毫米机电影队，1974年发展为16毫米机电影队。2000年高亭建立乡镇文化活动中心。2001年，高亭乡大城村举办首届“团结杯”民间艺术联谊会，境内有28个村民管乐队、300余名农村歌手、乐队登台表演，观众达5000余人。省、市、县新闻媒体均予报道。2002年高亭乡获全国农村文化先进乡镇称号。至2014年，境内有农家书屋15个、藏书量2.07万册，村级远程教育服务点15个，农村管乐队5个、腰鼓队3个、民乐队5个、舞蹈队2个、文艺演职人员50人。

体育 民国时期，境内体育活动开始兴起，少林洪拳四大门派之一的八合掌流入境内。新中国建立后，境内习武、健身风气仍高。1983年，高亭村武馆青年拳师李白瑞，在省第五届运动会上表演少林双环、鹿角剑、虎头双尾棍等武术项目受到好评。《体育报》《湖南日报》进行报道。是年，应国家体委特邀赴上海第五全国运动会进行武术表演，获纪念奖。1984年被评为省武术遗产挖掘整理先进工作者。他的《梨花枪篇》获国家金狮奖章。1983—1988年，他担任郴州地区体委《湖南省拳械录》编辑工作，先后发表论文11篇。其中《湖南木耙考》评为优秀论文，后任郴州地区武术馆馆长。1986年，省体委武术拳械录像组来高亭为李田即等13名拳师的武术表演录像并颁发“湖南省武术荣誉证书”。1991年境内高亭村利用春节农闲期间在境内率先举办全村运动会。运动项目有群众喜闻乐见的篮球，乒乓球等10项。中央、省、地新闻媒体作报道。2014年末，境内有体育场地21处，32%的村居安装了健身器材，经常参加体育活动的人数11000人。

医疗卫生

民国31年（1942）县政府在高亭司建卫生所，民国36年（1947），卫生所改编为巡回卫生工作队。1958年成立高亭公社卫生院。1970年，境内实现农村合作医疗化制度，社员每人每年交纳药费0.8元，从公益金中每人提取0.7元，所筹集的医疗基金按办医形式由管理委员会统一掌握使用。至1978年境内有13个大队全部实行医疗合作化，配备赤脚医生15名、有62%的生产队配备卫生员、参合人数19300人。1996年境内实行农村卫生一体化管理。2008年，投资55万元完成乡卫生院改造工程。2014年启动十联、大源等村级卫生室建设工程。至2014年，镇内有公立卫生院1所，病床25张，每千人拥有医疗床位0.8张；医务人员15人，平均每千人拥有卫生技术人员0.5人。农村安全饮水普及率100%、农村卫生厕所普及率74%、新型农村合作医疗参合率100%。

社会保障

清代民国期间，生老病死无任何保障。新中国建立后，广泛开展尊老爱幼，救济孤老残幼。1956年农业合作化后，对孤老残幼逐步实行保吃、保住、保穿、保医、保葬的“五保”。1958年，境内有敬老院1所，集中收养孤老残幼13人。2002年，对境内100岁老人发放补助金。2004年，启动新型农村合作医疗制度，年内“新农合”覆盖率32%。2008年，全镇参加新型农村养老保险人数25584人。至2014年，境内有敬老院1所，收养孤寡老人10人。“五保户”对象124人。农村低保户908户1201人，支出14.6万元，新农合参保续保12900人，参保率100%。

特色地情

历史人文

九山古堰 坐落于九山河中游高亭镇窝黄村王相山下的元代古堰，是永兴县最早的拦河引水工程。元至正十七年（1357），县尹彭若舟主持筑石堰障水灌田万余石（约合130公顷）。康熙四年（1665），邑令李允禧主持修复水决毁坏处，年内又被冲决。康熙十九年（1680），邑令王典出巡，见九山堰坝废圮，令高亭巡检司于跃龙在古堰下武陵庙前重筑新堰。

板梁暴动 1928年2月2日，正在商议暴动事宜的黄克诚、尹子韶，得知宜章挨户团头目吴国斌，被朱德、陈毅的部队打散后，带了18名枪兵逃到板梁，投奔大土豪刘尧卿。当夜，黄克诚、尹子韶等决定，歼灭吴部，武装暴动。次日，尹子韶与刘承羔里应外合，一举抓获全部团丁，缴获全部枪支，并打开刘尧卿粮仓，把10千克稻谷分发贫苦百姓。接着召开群众大会，树起暴动的红旗，宣布成立永兴县工农革命军第一师，尹子韶为司令，黄克诚为党代表。贫苦青壮年纷纷报名加入，队伍迅速扩大到600余人。

英烈人名 刘承羔（1898—1928），高亭镇板梁村人。1919年考入衡阳南路师范。1927年加入中国共产党。1928年任红四军十二师三十五团营长。同年5月，前委决定三十五团改编为第

板梁古村

二路游击队，返回湘南开展游击斗争，刘承羔任副司令员。队伍在大河滩遭敌狙击，刘承羔中弹牺牲。

名优特产

烟花爆竹 烟花爆竹生产是高亭镇传统支柱产业，也是境内群众谋生致富的重要途径之一。全镇80%以上的劳动力从事与之相关的产业，掌握其生产技术的达3000多人。政府通过对烟花爆竹非法生产、销售、运输的严厉打击，引进和学习浏阳等主产区的技术工艺和管理经验，彻底地扭转安全生产形势，增进高亭经济规范发展、和谐繁荣。

白莲藕 白莲藕兴起于1998年，2009年引进“鄂联1号”“山东雪莲”等新品种后，生产周期缩短，产量倍增，效益翻番。2011年成立郴州市第一家莲藕种植专业合作社，产品远销衡阳、长沙、广州、深圳等地，客商临场采购，供不应酬。2014年，承上村19个组都种莲藕，连片130公顷，年产莲藕3000吨，产值1800万元。现已带动周边二乡镇六村的700公顷大连片。

风景名胜

板梁古村 板梁古村位于高亭镇西北边陲，初建于宋末元初，距今600年，是一处典型的湘南宗族聚落。整个古村占地3平方公里，背靠象岭平展延伸，依山就势，规模宏大，视野开阔。村前板梁河绕村而下，建有石板古桥、七层古塔、庙祠亭阁；村中古驿道穿村而过，石板路连通大街小巷，内建古商街、古钱庄、旧私塾。至今保存着360多栋完好无损的明清建筑，座座雕梁画栋，飞檐翘角，工艺精湛。具宗法仪式、儒学传统、风水观念、哲学意识、建筑技巧、生态原理等，让人叹为观止。被专家誉为规模最大、保存最全、风水最好、文化底蕴最厚重的“湘南第一村”。2010年12月13日，板梁村荣膺“中国历史文化名村”称号。次年被定为国家AAA级景区。

（黄娜　供稿）

复和镇 >>

复和镇因驻地“复和墟”去墟而得名。因煤炭资源丰富而誉为“煤炭之乡”。

区域概况

位置面积

复和镇地处县境西北部，东邻塘门口镇、湘阴渡镇，南接高亭镇、油市镇，西连马田镇、北交耒阳黄市镇。镇人民政府驻地复和墟，距县城27公里。土地面积41.4平方公里，占永兴县土地总面积的2.3%。

建制沿革

唐开元元年（713年）境域属金陵乡，宋明时期境域西属金陵乡金陵里，东属长庆乡高亭里。清代，境域分属金陵、长庆两乡，南端杂居金陵乡一都，中部杂居后六都，西北杂居长庆乡七都，东北杂居八都。民国时期属滩磊乡，1951年为二、三、四区交错地。1956年6月始设复和乡。1958年为红旗公社北部，1961年设复和公社，1966年改称五星公社，1984年定名复和乡，2012年撤乡建镇。

行政区划

新中国成立初的1951年，境域废5个保建立8个乡，即为甘棠乡、曹家乡（曹家、李家）、下泽乡、宋家乡（宋家、大坡）、巷口乡（巷口、金华）、梓木乡（梓木、黄沙）、源头乡（下源）、上源乡。1958年改制为5个生产大队，1961年调为18个大队（甘棠、巷口2大队分为10个大队）。1996年，成立兴隆居委会。1984年，辖区改制为12个行政村和1个居民委员会。截至2014年，复和镇行政区划为兴隆1个居委会和甘棠、曹家、李家、宋家、大坡、金华、梓木、黄沙、巷口、下泽、上源、下源12个行政村。

自然环境与资源

自然环境　境内气候温热，西部少雨多旱，东部雨丰偏旱。宋家河自北向南集境内大部分产水客往西河。全境丘陵地貌、板页岩红壤。植被多见油茶、杉木、松木、樟树楠竹、杂木、果木等。森林覆盖率为61.3%，水土流失面积占土地总面积的49%。属中等偏强侵蚀。

自然资源　能源矿产主要有煤，分布于梓木、金华、下源、下泽、李家等村；黑色金属矿有褐铁矿、锰矿、铅锌矿等，分布于梓木、金华、巷口等村；非金属矿有灰岩、片石等，分布于金华、巷口、下泽、李家等村。现存珍稀动物有麂、獐、华南虎、野猪、兔、花猫狸、穿山甲、蝙蝠、猫头鹰、野鸡、竹鸡等。

人口民族

新中国建立初的 1952 年，境域总人口 9185 人。1982 年，境内总人口达 18703 人。其间年均人口自然增长率为 34.02‰。实行计划生育后至 2014 年，全镇总人口 21937 人，期间年平人口自然增长率下降到 5.40‰。与计划生育前 30 年相比，人口自然增长率下降 28.62 个千分点。总人口比新中国成立初增长 1.39 倍，人口密度由每平方公里 222 人增至 530 人。

经济发展

经济综述

境域经济，传统主产粮食、茶油、煤炭。1984 年全公社社会总产值 923.7 万元，其中农业总产值 372 万元，占 40.2%；工业总产值 542.3 万元，占 58.6%；商贸服务产值 9.4 万元，占 1.2%，财政收入 21.07 万元，农民人均纯收入 390.85 万元。此后，煤炭产业崛起，产量占全县半壁江山。由此带动运输业、商业、服务业、建筑业、农产品加工业等迅速兴起。2014 年，全镇地区生产总值 10.5 亿元，其中一、二、三产业的比重依次为 3.6 ∶ 73.6 ∶ 22.8，城乡居民收入 22435 元，与 1984 年相比，经济结构中第一产业所占比重下降 36.6 个百分点，第二产业比重上升 15 个百分点，第三产业比重上升 21.6 个百分点。2014 年，被评为郴州市“经济发展十快乡镇”

农业

种植业 境内传统农业素以种植水稻、红薯、蔬菜等。民国时期，水稻种植一季稻，亩产 1.95 吨 / 公顷。1956 年，县农业局在境内推广水稻优良品种，单产提高 30%。1958 年试种双季稻成功，粮食单产上升到 3 吨 / 公顷。1978 年，随着家庭联产承包责任制的推行，农民不断改革耕作技术，引进和推广良种，粮食单产达 6.6 吨 / 公顷，与 1949 年（单产 2055 千克 / 公顷）相比，每公顷增产 4545 千克。20 世纪 80—90 年代，政府推广杂交水稻的种植和杂交稻种制作技术，粮食单产上升到 12 吨 / 公顷。2014 年，年产粮食 3433 吨，蔬菜 8496 吨，冰糖橙 863 吨。

林业 传统林业素以油茶为主，辅之以松、杉、楠竹、杂木。1952—1953 年，乡政府制定了恢复油茶生产计划，号召广大农民在山上点播油茶、油桐。1964 年，在县委“以粮为纲，粮油并举”思想指导下，公社党委将甘棠、复和、下泽、下源、上源、梓木、巷口等大队列为油茶重点产区，组织制定“三年垦复，七年发展”的油茶生产规划。1976 年，复和被列为全县 10 个油茶林基地之一。是年，公社组织人员对油茶落花、落果和防治病虫害进行调查和研究，对油茶林进行垦复施肥，修整老枝、补种（中苞红球）树苗。茶油平均亩产增长 3 千克左右。1978 年，为扩大林地增产，推广种植山苍树，采籽熬制山苍油用于工业和医疗事业。1984—1988 年镇政府推广种松、杉的种植，连续四年免费送（树）苗，植松、杉计 50 万株，成活率达 90%。2014 年全镇林地 6734 公顷，年产茶油 183 吨，活立木蓄积 29460 立方米，楠竹 28.69 万根，森林覆盖率 86.5%。

养殖业 境内农民素以养猪、牛为主，辅以养鸡、鸭、鹅等家禽。养鱼以池塘放养为主。境内因加工腐竹、豆油而产生的副产品是饲养生猪的好饲料，1953—1956 年，年均有 2000 头生猪销往外地。人民公社化后，受政策约束，养殖业发展缓慢。20 世纪 70 年代，农村逐步恢复鼓励私人养猪，家庭副业得到恢复发展。1984 年，曹家村曹爱群投资 340 万元，在瓦泥冲建设养猪场、李家村李红荣、李龙建联合投资 220 万元，在新塘建设养猪场，两个猪场年出栏生猪均在6000头以上，推动全镇规模化养殖。2014年3月，下泽村刘荣投资27万元，在搜冲垄、牛窝冲征地4.5公顷，兴建集牛、羊、禽、渔为一体的养殖场，购进种羊60头、种黄牛20头、土鸡500只，施行牧草种植、新法饲养。至是年，全镇出栏生猪14100头，出栏家禽70.36万羽，水产品125吨。

劳务输出 境内人多地少，在集体所有制时，部分劳动力农闲时到乡办、村民办煤矿上班，向生产队交钱记工，1984年撤社建乡后，农村剩余劳动力大量转移，出现外出打工潮。2008年全乡转移农村富余劳力10200人（次）劳务创收13200万元。至2014年，全镇有1134名农村劳动外出或进城务工，占全镇劳动力的11.2%。

工业

煤炭业 清光绪初年（1873），县人刘世铭在梓木刀把歧独资办矿土法开采达3年之久。民国三十年（1941），在拱门口、兴隆庵、长兴庵等地办矿，有大小煤窑7家，年产煤达3500吨。1952年，在下源塘角上兴办宝华煤矿，1962年，复和公社在下源村杉树窝兴办五星煤矿，1966年，在高泉塘兴办华侨煤矿，1983年，投资79万元建成年产煤3万吨的五大垄煤矿。1988年，乡办石门堰煤矿年产煤1.6万吨，年总产值81.2万元。1995年，随着雷复公路的开通，境内大小煤矿达到368家。1997年全乡煤炭产量达88.52万吨，产量占全县一半，成为复和的主导产业。1999年3月，根据国家煤炭关停压产政策，全乡煤矿整合成88对矿井。2004年再次整合成11家煤矿。2011年，组建复和煤业有限责任公司。至2014年，全镇有持证矿8家，年产原煤51.33万吨，煤炭增加值46980万元，占工业增加值的60.81。

加工制造业 清代境内传统加工业基于铁、木、竹、棕、食品手工作坊式。有铁铺、轧花（脱籽）坊、织布坊、造纸坊、竹器坊、棕绳蓑衣坊、麦芽姜糖坊。1951年衡阳籍张财保在复和圩开设第一家缝纫店，1956年，梓木开办碗厂，1958年，下泽创建“万能工厂”，集榨油、碾米、磨粉等于一厂。1989年，鸿发烟花厂、永富蛋筒厂相继开业。1997年，甘棠村王平良自筹8万元购买腐竹生产

梓木村煤矿

设备，自办私营企业，生产“金豆”牌腐竹远销省内外。该产品获1998年郴州市首届农博会和湖南省首届农博会金奖。2014年全镇加工制造业增加值9648万元。

商贸服务业

商贸业 清光绪三十年（1904），境内有农民南赴坪石、乐昌，北往醴陵、萍乡经商贩运。1944年复和墟开墟，每墟可达4500人次。新中国建立初期境内有商业网点19家，生产腐竹的300多家，肩挑小贩不下100人。1952年境内成立了第一家公私合营商店——努力商店。是年，复和供销社成立，1954年成立农村信用合作社。1978年后，集市全面开放，贸易日趋繁荣。1996年实施商业流通体制改革后，个体私营商业跃居主导地位。2002年统计境内商户64家，年销售收入1400万元。2005年境内万家乐超市、生源超市、香江超市等相继开业。2014年由复和镇政府以奖代投、私人老板曹太平等人入股共投资2200万元建成复和农贸市场。建筑面积30264平方米，2014年境内有商业网点43家，商贸增加值673.8万元。

服务业 1954年，复和供销合作社设有餐馆、客栈，墟上还有3家私人客栈。理发实行承包，以年计价。传统饮食主要有鱼粉、汤圆、饺子、包子、油条、糍粑、米豆腐等。20世纪80—90年代，受市场经济支配，煤炭产业的蓬勃发展，带动运输业、建筑业、服务业等迅速崛起。据2002年统计运输车辆485台，年产值5730万元，建筑业8家，年产值3100万元。服务项目有酒家、饭店饮食服务网点16家，美容美发10家，摄影照相2家。邮政电信快速发展，车辆出租、打字复印、电影放映、家电维修、加油洗车、修锁补鞋等服务业盛行。2014年，从事服务行业有24家，服务业增加值620万元。

基础设施

交通运输

清代，境内有永兴至桂阳的官道。自西由桂阳经马田和洋塘入复和到县城。另有乡间道过复和梓木村，进入耒阳大河滩，北上衡阳、长沙。1959年前，复和没有公路，仅有马田煤矿修通至高泉圹工区的泥沙碎石路。是年，修通由高泉圹至复和圩的砂石公路。1965年，马田煤矿修建小火车铁路直达复和辖区高泉圹工区。1985年，开通复和至马田至郴州客运。1986年，马田煤矿建设新星工区，公路、铁路由高泉塘延伸至新星工区。1995—1996年，复和乡投资424万元，分步骤改（扩）建复和至黄沙、复和至梓木、复和至甘棠、高泉圹至梓木、复和至雷圹、下泽至上源6条乡村公路，全面拉通梓木、黄沙、下源三大煤区公路网。随即县政府对马复公路作出先抢修，后改造的决定，投资1200万元，路面拓宽

雷复公路

至7米，改砂石路面为油路面。1996年，郴州市地方公路管理处与复和乡政府共同投资425万元，将雷复段改造成四级水泥路面，由乡道提升为县道，成为全市第一条通乡水泥公路。至2000年，境内公路里程30公里，实现村村通公路。2001年，建成的京珠高速公路耒宜段跨越复和甘棠村，并设永兴生活服务区。2012～2014年，复和镇政府投资200余万元，改建宋家、下泽两座危桥竣工。2014年开通马田至复和公交车。

邮政电信

邮政 民国元年（1912年），由高亭司步行邮路至境内磊头墟。新中国成立后，复和墟设有邮点。1989年，设邮政所，同年4月邮局购小型客车邮运到复和。1993年，开通邮车送报刊邮件。2002年，改为复和邮政支局。

电信 1952年，电话通复和乡公所。1958年，马田至复和通电话专线，各大队都装有电话机，形成电话网。1963年1月1日，复和总机由公社自行管理。1964年，县广播站与邮电局配合，试制成功广播自动切换在复和公社安装使用。1974年，村村通广播、电话。1989年，永兴电信局直通复和。2003—2004年，先后在复和下泽村山顶建移动、联通通讯塔。电话拉通电缆6420米，程控电话入组率100%，入户率45%，2012年，新增宽带覆盖复和境域各村。至2014年，移动用户4383户，入户率91.22%。

供电饮水

供电 1959年，油市新坝水电站供电复和乡政府、曹家、李家村。1969年，马田煤矿高泉圹工区供电下泽村。1970年，马田煤矿供电李家、下源、黄沙、金华村。1990年，县电力公司在复和建电网。改造供电线路6000米。2002年，兴建复和供电所，供电量425千瓦时。2014年，境内供电覆盖率100%。

供水 复和地下水源充足。自明清至1990年，境内有40眼水井，多数属石岩水，少数属沙水。自1990年，由于采煤地陷，黄沙、下源、金华、梓木村水下沉干枯，民用饮水为难，供水商从外地购矿泉水饮用。2010年开设自来水（上源水库）站，供上源、下源、黄沙、金华、镇政府、学校饮用水。日供水量1920吨，投资260元改造自来水二期工程，2013年10月交付使用。

水利建设

明清代有上源糠头坳湧泉灌溉沿源头水至宋家一大片农田。1958年10月，修建总库容量126万立方米的上源水库；1966年11月修建总库容量113万立方米的樟冲水库，两水库灌溉面积140公顷。之后，各村大队先后修建小型水库，有甘棠、塘冲、斗狮冲、泉头冲、瓦泥冲、日湾、土地桥等小型水库，还有山塘533口，共灌溉80公顷。1968年，修通渠道，引水灌溉高岸田，2000年之后，甘棠、曹家、李家、下泽、巷口、金华等改造村前池塘，开设进水、排水渠道，减少污染、净化池水。2005年，全乡实现农田水利灌溉渠道网，确保防洪抗旱保丰收。2014年，投资120万元完成甘棠水库除险加固。

村镇建设

改革开放前，境内农户住房多为土坯房或砖混结构房屋。改革开放后，由于煤炭大量开采，农民收入增加。各村掀起建房高潮，李家村134户，有109户建新房，建成小康街。1995年，曹家小康街、梓木小康街相继竣工。2002年先后有李家、曹家、下泽、金华、巷口、梓木、甘棠等村建成具有一定特色的现代化高档次的文化活动中心。是年，全乡行政村公路硬化。新农村规范建设上档次，巷口村、甘棠村、金华冯家面貌焕然一新，农村人均住房36平方米，比1989年增加11平方米。与此同时，乡政府住地基础设施得到极大改善。扩建中学、中心小学。乡政府建有综合大楼、财政所、计划生育服务楼、农机推广楼、企业大楼，乡政府大院占地3000平方米全部水泥硬化，设有篮球场，花池花坛，种有花草树木。2014年，新建复和农贸大市场，方便农副产品交流，促进农村经济发展。镇卫生院改建扩建，以适应农村医疗卫生的需要。

社会事业

教育科技

教育 明清时期，境内私塾大部分设在寺庵。白马仙、新隆庵、高泉庵、古堂仙、梓木黄氏祠堂都设有私塾馆。民国29年（1940），推行国民教育，境内大姓氏村都有国民初级小学。民国33年（1944），建滩磊乡沙头坳国民小学。新中国成立后，人民政府接管学校，境内有甘棠、梓木等小学13所。1954年，梓木初小升为完小。1955年，乡成立扫盲协会，大办冬学夜校扫盲。1958年贯彻公办、民办“两条腿走路”的方针，开展多种形式办学，兴办复和红专大学。随着人口增多，各大队于1962年兴办耕读小学。1964年建立五星公社农业中学。1968年，沙头坳完小升级为五星公社初级中学。五星小学、梓木小学附设初中班。1969年，五星公社初级中学附设高中，全乡入学率98%。1972年撤高中班合并于永兴三中。1985年，全乡掀起集资建校热潮，扩建乡中学。1998年，有中小学校11所，幼儿园3所。1999年普及九年义务教育，基本扫除青壮年文盲，复和被评为市、县扫盲先进单位。2010年之后，调整学校布局，保留中心、下泽、梓木3所完小，撤黄沙、下源、上源3所小学。2014年，有中小学校8所，中小学生1970人，教职员工120人，幼儿园5所，在园幼儿500人。是年，中心幼儿园荣获湖南省实验示范幼儿园称号。

科技 明清代境内沿江筑堰灌田，自制孔明车提水，用榨锤杆挤压榨油。上源、梓木有人开设造纸坊造纸；刘家村学会养蚕、巢丝、织绢整套技术。境内有人用自制高机、矮机织布，染坊染布。1952年，县农科所在复和乡普查土壤，进行理化分析。同年，推广再生稻技术。1957年，全乡推广种植双季水稻技术。1958—1965年，下泽村邝名富研制自动榨油研粉系列，建万能工厂榨油、碾米、压粉制面等。1978年在甘棠村建农技站，培训水稻、棉花小麦等农作物栽培、管理技术。1982年，下泽、复和、甘棠等村试种杂交水稻制种成功。1989年，复和乡农科站成立。指导各生产队开展农技研究。推广优质杂交稻，单产7.5吨/公顷。2000年，复和煤业公司推广保护巷道常规采煤方法，提高煤炭资源回收率，提高年产量。2014年，下泽村刘十邦发明“有3条排烟道的高效节能柴火灶”获中华人民共和国知识产权局《实用新型专利证书》。

文化体育

文化 境内文化遗产比较丰富。花灯、皮影、龙灯、湘剧、汉剧流行至今。1950年，为庆祝解放翻身，流行扭秧歌。1952年之后，在大姓村都组建民间业余剧团，有李家花灯剧团，刘家、巷口、金华、曹家业余剧团，甘棠有高跷演艺队，巡回各村演出。1959年，县内第一个农村广播站——红旗人民公社广播站成立，有线广播覆盖境内各村。1963年，五星公社学校组建文艺宣传队，《红灯记》、《沙家浜》剧本用湘剧唱腔向全乡各村、周边公社演出。1967年，复和乡业余文化团赴县会演《寒潮之夜》。1972年，各村业余剧团在复和墟会演京剧《红灯记》《沙家浜》、花灯《瞎子闹店》《赶子牧羊》、湘剧《十五贯》等优秀传统节目。1975

年，建立乡电影放映队。1980年，电视进入农村。1990年，建成复和教育电视台，学校步入电化教学。1998年，中小学学普及图书室，藏书3.8万册。2000年，普及电视，是年，《李家村志》由李治野主编成书。2001年之后，李家、巷口、金华、梓木、曹家、甘棠等村建立了军鼓队、腰鼓队，刘家村组建音乐、管弦乐队，李家组建青年女子舞蹈队。2014年，村村有图书室，藏书2.7万册。

体育 明清时期，境内建有武术馆，南拳散打、舞刀耍棍、彩打。自民国至新中国成立初期，各大姓村都有武馆。1952年，复和乡农民运动会在沙头坳中心小学举行，项目有田径（短跑、接力赛、跳高、跳远）、拔河赛等。1960—1986年间，李荣辉在从部队复员后，在李家和大坡村开设武馆，教授“八卦掌”。外地人周子兴曾在曹家村、上源村开设武馆，传授武术散打。1988年，复和乡篮球赛在中学、中心小学举行。截至2005，年荣获市级以上体育奖章13枚，其中在全国农民运动会夺得3项金牌。2010年复和煤业公司组建篮球队，多次参加县、市篮球赛。截止2014年，全镇有体育场地13处，建有篮球场13个，村村有乒乓球台。

医疗卫生

清代，江西聂姓在道墙坳开设中药房。民国期间，李家开设鸿泰药房，李盛熙在本村和湘阴渡开设中药房，甘棠、梓木、下泽村都有中药房。1953年，复和乡成立爱卫领导小组，制定《爱国卫生运动计划》。1956年开展除“四害”运动，在全乡广泛开展爱国卫生运动。1958年，村村有赤脚医生，配备保健员、接生员，成立乡卫生所，肩负全乡防病治病重任。1970年，境内实行合作医疗。1989年，建立12所村卫生室，参合率90%，农村安全饮用水90%符合标准卫生。2014年，实现乡村环境保护网，村村设有环保员，村村有垃圾投放点。新型农村合作医疗参合率99.2%。

社会保障

清代民国期，生老病死无任何保障。新中国成立，“五保户”、困难户受到政府关爱照顾。到21世纪初，社会保障事业得到全面加强。推广新型农村和城镇居民基本社会养老保险，完善最

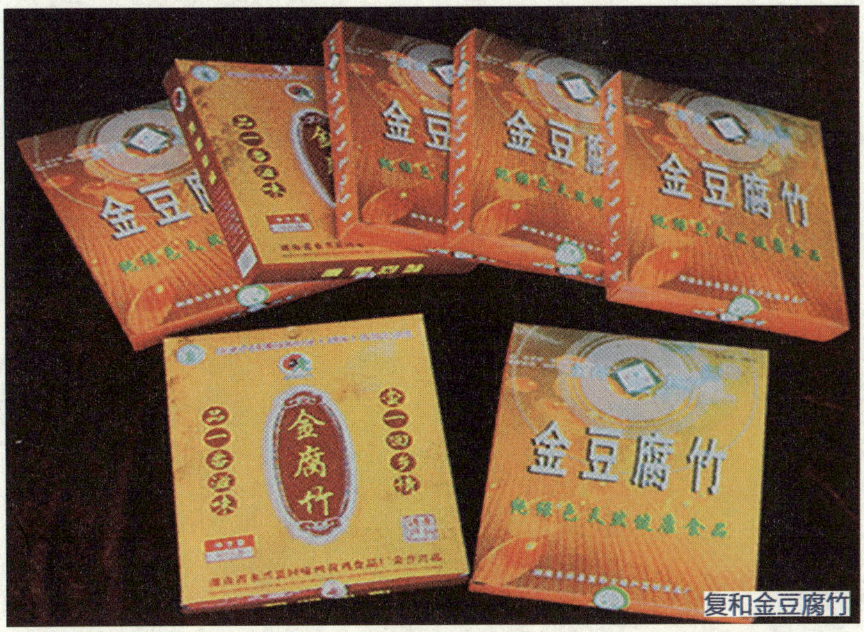

复和金豆腐竹

低生活保障和扶贫帮困等一系列社会保障制度。2014年，全面开展低保清理整顿工作。全镇五保户供养122人，全年供养金额38.42万元，低保户救助646户，计953人，居委会低保75人。低保金额11.42万元。有敬老院1所，3个工作人员负责35位老人日常生活。全镇农村60岁以上有2650人，16～59岁有9937人；城镇户口16～59岁有208人参加养老保险。

特色地情

英烈名人

邝振兴 下源村人。1927年参加革命，1928年，被选为中共永兴县委员会委员，永兴县农协委员，1928年3月邝振兴随尹子韶率永兴赤色警卫团支援攻打安仁县城，在安仁作战牺牲。

名优特产

复和煤炭 复和镇是煤炭之乡，盛产优质煤炭，其产品含硫量低，发热量高，达到7000大卡。

复和腐竹 复和制作腐竹有300多年的历史，产品采用优质黄豆，经传统工艺精制而成，富含人体所需的植物蛋白质、维生素等多种营养成分。自民国年间畅销县内外，1998年，复和金豆牌腐竹获省农博会金奖，名扬省内外，远销北京、上海、广州。

（胡和虎 供稿）

黄泥镇 >>

黄泥镇因驻地附近的“黄泥坳”而得名。涌水冰糖橙标准化基地成为省内瞩目的示范工程。

区域概况

位置面积

黄泥镇位于县境中部，东界鲤鱼塘镇及资兴市蓼江镇，南接便江镇，西毗塘门口镇和香梅乡，北邻金龟镇与太和镇。土地总面积128平方公里。驻地距县城8.1公里。

建置沿革

明代，境域主属长庆乡崇贤里，东小部属延道乡。清代主属长庆乡十都，西南端杂居坊都，正西沿杂居永兴乡九都，东北端杂居永兴乡十一都。民国时期主属仁勇乡，余部东泽属环城镇，黄沙、沙坑属三王乡。新中国成立初期，境南主属一区（城关），境北主属六区（竹叶塘），大江边属八区（鲤鱼塘）。1958年人民公社化时统属上游公社。1961年易名东方红公社。1980年更名为黄泥公社。1984年改制为黄泥乡。2012年撤乡建镇至今。

行政区划

新中国成立初的1951年，境域废15个保建立10个乡，即为盐坦乡（东泽、汶村、沙坑）、板冲乡（板冲、长洞）、黄泥乡（木梓塘、石虎）、耒鹤乡（耒头、六合）、大江边乡、涌水乡（涌水、元木）、泉田乡（泉田、姜冲）、埠头乡（埠头、庄山、豪山）、大村乡（大村、羊冲）、晓源乡（晓源、杨家、黄沙）。1958年改制为9个生产大队，1961年调为21个大队，1982年续调至22个大队。1984年，辖区改制为22个行政村。截至2014年，黄泥镇行政区划为黄泥坳1个社区和东泽、木梓塘、汶村、长洞、板冲、石虎、大村、沙坑、杨家、黄沙、晓源、羊冲、涌水、六合、大江边、耒头、元木、埠头、姜冲、泉田、庄山、豪山22个行政村。

自然环境与资源

自然环境 黄泥镇域，地处茶永断陷盆地南端，气候温热雨丰偏旱。湘江二级支流一注江中游自北向南贯穿东部丘岗区，湘永河上游自北向南流经西部丘陵区。土壤成土母质分异为西北板页岩红壤和东南砂岩红壤。植被多见油茶、杉林、灌丛、杂木阔叶林等群落，森林覆盖率达74.93％。

自然资源 水能资源主要分布在涌水、六合、耒头等处。全境以西大部沙坑一大村一杨家二迭系斗岭组含煤地层为主体，次为长洞一元木一涌水以东白垩系地层丹霞风光取胜，有盐篆等天然溶簸洞20处。中西豪山至羊冲至青界山一带内含三叠系沉积石灰岩，可采石灰、片石等建材原料。东部是县内珍稀树种楠木的主要分布地之一，珍稀动物有河麂、穿山甲、灰喜鹊等13种。

人口民族

1952年，境内人口基数为10240人，均属汉族。随着人民生活的安居乐业，域内人口增长出现高峰，至1973年，全公社人口总数达24114人，21年间人口增长1.35倍。之后，政府开始提倡计划生育，1980年进一步实行“一对夫妇只生一个孩子”的政策，至2002年，全乡人口虽突破三万（30548）人，但年平人口自然增长率已由1973年前的65.51‰降至6.3‰。2014年末，全镇总人口31053人，人口自然增长率为5.89‰，人口密度由新中国成立初期的每平方公里81人增至246人，为全县中等偏密水平。

经济发展

经济综述

境域传统经济主产粮食、茶油、林木、豆油、煤炭。1984年，全公社地区生产总值为863.21万元，其中农业增加值568万元，占65.8%；工业增加值141.11万元，占16.35%；商贸服增加值154.1万元，占17.85%。财政收入19.69万元，农民人均纯收入247.39元，居全县12位。20世纪90年代初，黄泥乡民营工业崛起，煤炭、冶炼业成为全乡经济支柱，并带动运输业、商业、服务业、建筑业、农产品加工业等迅速兴起。2002年被评为县经济强乡。2004年，获得郴州市“发展民营企业先进单位”。2014年，共实现地区生产总值13.47亿元，其中第一产业增加值1.67亿元，占总值的12.4%；第二产业增加值10.06亿元，占总值的74.62%；第三产业增加1.75亿元，占总值的12.98%。与1984年经济结构对比，农工商三产业在国民生产总值中的比例关系发生了显著变革，实现以农为主向以工为主的结构性转型。是年，完成固定资产投资7.8亿元。完成财政收入1431万元，城乡居民收入16275元。

农业

种植业 境内种植历以稻作为主，民国15年（1926），受县新生林场影响，境内曾建立黄泥坳李园。20世纪50年代，农作物种植开始推行二熟制，进而三熟制。60年代普及矮秆稻，1970年代推广杂交稻。至1984年，全公社耕地总面积1723.87公顷，粮食总产1.06万吨。1989年，县在东泽至汶村一带建立杂交水稻制种基地，是年，境内烤烟种植面积达到100公顷。2005年，兴建冰糖橙高科技示范基地333.3公顷。2014年，为扩大以涌水、元木为中心的冰糖橙种植圈，正在以点带面，促进土地流转。年末，全镇存有耕地面积1733公顷，粮食总产量16572吨，年产蔬菜5315吨，年产冰糖橙1.55万吨，种植业增加值10274万元，占农业增加值的61.49%。

林业 林业历以经营松、杉、油茶、楠竹为主。1964年，公社与大队分别建立社队集体林场，启动境内杉木林基地建设。1973年，县在大江边新建国营苗圃。次年，黄泥公社在大江边一带连片开荒造杉木林56公顷。1976年4月，境域被确定为全县十个油茶林基地之一。1985年10月，乡政府正式启动油茶更新改造工程。1995年至1997年，在石虎、大江边等村完成造林3007公顷，在涌水、羊冲、姜冲等村更新油茶林881公顷。2014年抢抓机遇，大力发展花卉苗木产业，正在沙坑村建设一个占地187公顷的育苗生产基地，将辐射带动533公顷花卉苗木产业发展，服务城乡绿化工程。年末，全镇林地9400

公顷，年产茶油607吨，活立木蓄积22.67万立方米，森林覆盖率由20世纪80年代的66.1%升至74.93%，林业增加值2137万元，占农业增加值的12.79%。

养殖业 境内农户历来有养殖家畜、家禽、家鱼的习俗。新中国成立初期，政府提倡多养耕牛牲畜，家家喂猪积肥。人民公社化前期，片面保障集体经济，家庭养殖业曾受到限制。至1984年，全社年出栏生猪7517头，出笼家禽3.79万羽，出产鲜鱼89.25吨。家庭联产承包责任制实施后，养殖业全面兴起，特种养殖一度鼎盛，专业户引进养殖美国王鸽等肉型鸽种。1992年，县将黄泥列为永兴四黄鸡发展基地。1993年，黄泥乡王乃东承办城关蛇场，带动黄泥一批养蛇专业户。1996年,特种养殖自行衰落。1997年在石虎、涌水改良草山967公顷。1998年，黄泥涌水兴建第一家牛场，改养耕牛为养菜牛。相继成立耒头罗小国养殖场、羊冲生态种养合作社、长洞润桦农业开发公司等，创新养殖经营模式，带动境内养殖业的新发展。至2014年年末，全镇出栏生猪4.3万头，羊980头，出栏家禽39.1万羽，出产鲜鱼170吨，畜牧业增加值4298万元，占农业增加值的25.72%。

劳务输出 20世纪80年代末，因临近县城，境内劳务多以建筑业和服务业为主。2002年，全乡外出务工人员达5820人，占乡村劳动力总数的49.07%。2012年，黄泥镇设立社会保障服务管理站，劳务输出在组织形式上采取由政府、企业和民间相结合的办法，由无组织的“盲流”输出逐步转变为有组织的规范化输出。外出务工的劳动力所从事的行业也由过去的以制造业、建筑业为主转变为以制造业、建筑业、贸易业和服务业等多业并举的格局。至2014年，全镇有4250名农村劳力外出或进城务工，占总劳动力人数的15.27%。

工业

冶炼业 20世纪80年代末，汶村跑运输的拖拉机手们，从发源地柏林学会在“三废”中提炼金银，干起小作坊式的金银冶炼。随着汶村冶炼队伍许正国、许小兵、许雄飞、许小龙、许小勇、许永亮、许永富等的不断壮大，石虎村的许化荣、沙坑村的曹生文等仿效发展，一时成了全乡农民发家致富的样板。2002年，全乡冶炼企业9家，年产黄金300千克，白银200吨，铅3500吨。2003年，部分冶炼人单独或联合在石虎、汶村一带建立起专业的金银冶炼厂，自此冶炼生产规模由原来的家庭作坊式向工厂企业化生产发展。2014年，全镇有冶炼企业5家，冶炼增加值40220万元，占工业增加值的40%。

煤炭业 20世纪60年代末，黄泥公社开始兴办社队煤矿。1983年社队企业年产原煤1.52万吨。随后农村经济体制改革，政策放宽发展小煤窑，集体、联户、个体办煤矿竞相发展，主要煤矿有兴隆、相利、大村工区、同心、麻土、埠头、塘窝一矿等。涌现出泉田村曹雄夫等采煤大户。2004年，产煤12万吨，实现煤炭税费282万元。但由于部分小煤窑采伐混乱，资源破坏严重，2009年，政府加强安全管理，整顿小煤窑，相继关闭麻土、同心、埠头、兴隆煤矿。2011年，煤炭企业4家，产煤18万吨。2014年年初，按照政府要求，观音山、大村两家煤矿与塘门口镇朱山冲煤矿合并组建成永兴县永瑞祥煤业有限公司。是年末，存有杨家村观音山、红星煤矿大村工区、沙坑村相利等3个煤矿，增加值达48264万元，占工业增加值48%。

石材产业 境内拥有丰富的石灰石资源，主要分布于毫山、羊冲等村。21世纪初，城镇化建设步伐快速发展，石材产业发展迎来前所未有的市场发展机遇，毫山、羊冲采石场相继开办。2014年,全镇有采石场2家,增加值达6898万元,占工业增加值的6.86%。

加工制造业 新中国成立前，境内民间有家纺土布、铁匠铺打造农具、木匠串户做家具的传统。1952年互助合作化后，境内12户纺织业者自愿组建合生、益民2个染织厂，1954年，合并为合生染织厂。1958年人民公社化后，社队企业陆续开办铁木社、铁锅厂、修配厂、家具厂、瓦厂等。1980年，农村实行家庭联产承包责任制后，石虎村许青海创办境内第一家豆油厂。木梓塘村创办远销港澳的松花皮蛋厂，涌水村兴办天然净水厂。2011年,东泽村开办友谊页岩砖厂。2013年,东泽村外出打工返乡人员兴办东泽鞋厂，安置劳力50人。2014年，全镇加工制造业增加值5168万元，占工业增加值5.14%。

商贸服务业

清代境域始建黄泥坳墟。民国时期新增涌水、晓源2墟，三墟经久不衰。至2000年，黄泥坳墟市场面积1470平方米，每月逢农历一、六开墟，每墟上市人数3000人次，年成交额800万元；涌水墟和晓源墟，市场面积分别为718平方米、1075平方米，每墟上市人数分别为800人次、600人次，年成交额分别为200万元、160万元，两墟均逢农历五、十开墟。2001年建立黄泥新市场。增开杨家、大村新墟场2处。2004年，黄泥墟创办第一家超市。2006年，在青界山岔路口旁开办加油站、酒店，在黄泥墟开店零售珠宝首饰。2012年，黄泥镇区开设网吧，耒头村罗小国等创办起休闲农庄及特色饮食。至2014年，全镇商贸服务业增加值17490万元，占国民增加值的12.98%。

黄泥工业园

2001年，根据县委、县政府出台的“既要金山银山，更要绿水青山”的号召，取缔全乡所有非法冶炼企业，在汶村大岭上科学规划兴建黄泥工业园区，引导冶炼户入园建厂发展，集中冶炼生产。先后进驻工业园的重点企业有鑫泰银业、黄泥贵金属福利、汇源冶炼、永鑫银业、荣盛福利、湘晨高科、金洋铅业等，2004年以全县进一步实施中国银都发展战略为契机，投入工业园内项目建设资金5900万元，工业园规模迅速扩大，全年共生产黄金400千克、白银390吨、铅6000吨，实现年产值65000万元，创税收420万元，安置农村剩余劳力640人。2005年，工业园区投入项目建设资金8600万元，生产黄金450千克，白银410吨，电解铅9800吨，实现产值89000万元。次年，工业园被列为国家循环经济示范园项目园区，增加规划面积1.5平方公里。至2014年，进驻项目园区的绿色环保冶炼企业5家，年产值3亿元，创利税3000万元。

基础设施

交通运输

清乾隆二十七年（1762），县西北官道自东泽村大树下入境，经木梓塘、石虎过埠头村水家边，出唐公庙进入金龟。1958年，永（兴）安（仁）公路竣工，取代原官道。同年，县道青（界山）上（湾）公路竣工,自木梓塘村青界山经板冲、元木、大江边张家山里出鲤鱼塘，终至七甲上湾。相继，各村沿省道、县道辐射修筑东泽至板冲、长洞、耒头，东泽至汶村至黄泥坳、黄泥坳至杨家、黄沙、沙坑，石虎至晓源，石虎至泉田，元木至姜冲，元木至六合，大江边至涌水等乡村简易公路。至2002年,全镇有10条村级公路39.5公里，实现村村通砂石公路。2011年实现村村通水泥公路。2013年4月，开通永兴至黄泥城乡公交。截至2014年年底，全镇过境省道2条共27.5公里，通村、组公路120公里，其中水泥硬化100公里，村民出行日趋便利。

邮政电信

邮政 清乾隆二十七年（1726），县有驿路经过黄泥境内。民国15年(1926),邮路三天一环投。黄泥坳属中路投递站点，涌水灌属北路投递站点。1989年县邮电局在黄泥始设邮电所。1998年邮政电信分营,黄泥设置邮政所。截至2014年年末，境内设有邮政网点1家，乡村通邮率100%。

电信 民国27年（1938），境内始通磁石式电话。1994年，黄泥完成程控电话管道电缆工程，开通程控电话。1998年黄泥建成开通数字移动电话基站。2004年，境内运营宽带网络。2014年，境内有电信服务网点1家，固定电话用户477户，用户普及率由2002年的24%减至6%；移动电话用户27000户，用户普及率增至95%。

供电饮水

供电 1960年，县建立城关变电站，出线黄泥，开创境内农村照明用电史。1971年，县供电公司在黄泥建立供电站，主要为黄泥公社供电，兼供城关、金龟相邻大队用电，促进农用电力机械的发展。1978年境内首建涌水电站，于1981年建成投产，年供电66万度。随着人民生活水平的提高，电扇、电视等家用电器进入农户家庭。随着用电需求的提高，1994年开始电网改造。1998年，进一步加快农网改革步伐。2002年全乡供电覆盖率、可靠率均达100%。2014年，全镇拥有高压输电线路6条，总长164公里，用电负荷4000千瓦，供电入户率、可靠率100%。

饮水 境内民众饮水历来取自泉井或河水。新中国建立后，政府提倡保护饮水水源，因地制宜改建旧井建新井，改善民众饮水条件。20世纪70年代，按照《全国农业发展纲要四十条》“饮用井水化”的要求，境内再度兴起加强水源管理，改良水井的运动。1991年，启动解决人畜饮水困难工程。至2002年，通过建水井、筑蓄水坝、修引水渠和埋管道等工程，使全乡清洁饮水覆盖面增至92%。2012年，东泽、木梓塘、石虎、汶村、泉田等村实施城乡供水一体化。2013年，羊冲村完成农村安全饮水工程。2014年，毫山、水坑、杨家、庄山、涌水等村相继启动实施农村安全饮水工程。至2014年，全镇安全饮水覆盖率达100%。

水利建设

新中国建立前，境内水利设施薄弱。1957年11月，境内汶村首建鸭婆垅水库，灌溉汶村、东泽2村稻田173.3公顷。1958年10月在羊冲村修建劳武水库，灌溉石虎、羊冲、木梓塘、姜冲、泉田、庄山等6村稻田333.3公顷。截至1959年，境内相继修建豪山村长塘、埠头村坦冲、大村村大村、东泽村南塘、晓源村清水垅等5座小Ⅱ型水库，66口基本塘，608口山平塘，成为境内水利史上的高峰时期。1975年增修板冲村的灵珠坦水库。1980年实行家庭联产承包责任制后，原建水利设施年久失修，出现效益降低及安全隐患问题。2005年，乡政府筹资1500万元，先后维修加固2个小Ⅰ型水库，6个小Ⅱ型水库和所有病险山塘。2012年，中央追加小农水项目资金1200万元，用于东泽、木梓塘、石虎、羊冲、泉田、汶村、埠头、庄山、毫山、元木等村。2012年、2013年分别对清水垅水库、大村水库进行了除险保安。2014年，对劳武和鸭婆垅2座小Ⅰ型水库进行除险加固。提高水利设施抵御自然灾害的能力。2014年,全镇拥有水库8座、山塘993口、水渠38公里，有效灌溉总面积863公顷，占耕地总面积52.1%。

黄泥镇小城镇建设

村镇建设

驻地 民国时期的仁勇乡，借用黄泥墟私房办公。新中国成立后，因境域分异3个区，故无驻地建设。1958年，建立上游公社，开启驻地建设，始建办公楼、大礼堂。随之驻地陆续兴办学校、医院、供销社、信用社等，企事业单位工程建筑日益增多，至1984年乡政府成立初，又新建二至三层砖混结构办公楼和宿舍，驻地才初具规模。1992年，乡政府将驻地旧房改造作为重点，把原二层砖木楼房改建成四层砖混结构楼房，建成计划生育服务楼等专用公房。乡政府机关院内地面全部硬化，面貌得到改善。2000年，完成墟场新建和改建后，2002年，相继兴建黄泥墟街、石虎小康街、改建石虎村老街、启动工业大道工程等。2014年，筹资187万元完成镇政府公租房改建工程。是年末，驻地共有街道5条，总长4800米。新增公房建筑面积4.6万平方米。

村庄 民国时期，境内民房建材多为土坯、砖木结构，简陋无规划。新中国成立后，在互助组到人民公社的集体化进程中，公占私房严重，住房建设一度迟滞。20世纪60年代纠正“一平二调共产风”后，境内开始审批建房。1980年代农村经济体制改革后，境内农民建房急剧增长。随着人民生活水平的提高，1995年兴起新一轮住房建设高潮，但整体较散乱。2008年兴起新农村建设热潮，按现代户型规范泉田、石虎、涌水、元木等示范点建设。2012年，各村结合农村环境卫生整治，实施统一规划，集中建设，全镇村容村貌发生显著改变。2014年9月下旬，全省第六期新农村建设示范村党支部书记培训班，选择涌水村现场培训。

社会事业

教育科技

教育 晚清，境内普及私塾。民国29年（1940），实施国民教育，仁勇乡创设中心小学，各保设立国民学校。1958年，上游公社完全小学附设初中班，各大队普设小学，其中大江边、木梓塘2大队各设小学3所，耒头、豪山、姜冲3

大队各设小学2所。1983年，黄泥公社成立农民技术学校。1984年，郴州地区教育局指定黄泥乡农校开办长期班。开设作物栽培、土壤肥料、植物保护、良种繁育等课程，招收学员34名。被评为全省示范性农校。1995年，乡建中心小学启动建校热。2004年，全乡中小学校22所，在校学生3362人，之后因生源自然减少，学校进行合并调整。2007年，境内首所民办幼儿园在石虎村上街组创立。2014年8月，镇中心小学实施托管，更名为永兴县朝阳实验小学黄泥分校。截至年末，全镇共有幼儿园5所，在园幼儿429人，专任教师19人；小学4所，在校生921人，专任教师93人，小学适龄儿童入学率100%；初级中学1所，在校生446人，专任教师55人，初中适龄人口入学率100%，小升初升学率100%，九年义务教育覆盖率等均为100%。

科技 民国15年（1926），接受县新生林场指导，革新农业技术，首创黄泥坳李园。1958年，上游公社在修建劳武水库时，改革运输工具，提高劳动效率，成为全县推行工具革新的先进典型。1973年大江边成为县杉木林育苗基地。1976年，境域被列为联合国粮农署油茶更新项目县内十大基地之一。1988年，黄泥镇在郴州地区科技达标活动中获得行政公署颁发的合格证书。1995年至1997年，按照县第三期农业综合开发规划要求，对石虎、豪山、泉田等5个村完成中低产田改造3433公顷。1999年涌水至元木成为国优产品永兴冰糖橙标准化示范基地。2008年，乡政府配合县农业局，利用农业部农业科技直通车专业设备，把课堂办到田间地头。2014年9月26日，全省第六期新农村建设示范村党支部书记培训班，参观涌水村冰糖橙标准化基地，现场观摩“农业部农业科技流通车流动课堂”教学。2014年年末，全镇各类科技人才626人，其中专业技术人才75人，经营管理人才38人，技能人才27人，农村实用人才486人。

文化体育

文化 清至民国时期，境内盛行花鼓、花灯、皮影、木偶、小调、舞狮、耍龙灯等文艺活动。民国27年（1938），黄泥镇石虎村谢功成，同县城一些爱国同学一起创办《古城的呼声》、《龙王滩》壁报社，宣传抗战，评论时政，揭露当局腐败无能。新中国建立后，区乡组织业余剧团和义务宣传员，配合政治中心，宣传《土改闹翻身》《新婚姻法》《抗美援朝》《农业合作化》等。1976年，黄泥公社建立电影放映队。1993年，镇设有线电视站。2002年电视入户率90%。2008年，设乡文化站。2011年有线电视用户699户，其中数字电视用户699户，电视综合覆盖率100%。2014年末，境内共有各类文艺表演团体1个，文化站1个，农家书屋22个，免费读书吧1个，有线电视用户2120户，电视综合覆盖率100%。

体育 境内传统体育活动有武术、舞龙灯、赛狮、赛龙舟、荡秋千、踢毽子、掰手劲、游泳、扭扁担等。新中国成立后，境域开始出现篮球、羽毛球、乒乓球活动。1987年，黄泥乡代表队参加县首届乡（镇）篮球赛。1989年为迎接县内首次举办的农民运动会，乡成立农民体育协会，建设体育运动场地，增添体育设施，开办文体活动中心，实施农民体育健身工程。2014年末，全镇共设有篮球场7个，拥有3个体育项目的场地和设备，经常参加体育活动的人数6550人，占常住人口的35%。

医疗卫生

清代，民间治病主要依靠中医。民国时期，境内无卫生防疫机构。人民公社化后，黄泥公社各大队组建卫生所，配备保健员、卫生员、接生员，担负大队疾病及新法接生。1970年后，农村实行合作医疗制度，各大队卫生所更名合作医疗站，医务人员统称“赤脚医生”。1981年，农村实行家庭联产承包责任制后，合作医疗解体，由乡村医生联办或承办，改称村卫生所。1991年，乡村医生诊所统称为村卫生室。1998年5月，开始推行乡村卫生机构一体化。2007年开始实施新农合制度。2012年，新建黄泥卫生院综合大楼，设有病床20张，开设有内儿科、外科、中医科、妇科。内设检验、黑白超声诊断、心电图、经颅多普勒等检查。2012年9月，在原黄泥乡卫生院精神科的基础上，成立全县唯一公立精神病防治专科医疗机构——永兴县精神病医院。该院位于木子塘村，开设床位230张。2014年末，全镇有各类医疗卫生机构24个，其中卫生院1所，精神病医院1所，村卫生室22所。医疗卫生专业卫生人员61人，平均每千人拥有卫生技术人员2人。法定报告传染病（甲乙类）发病率为59／10万；农村卫生厕所普及率14%；新型农村合作医疗参合人数12831万人，参合率95%；居民人口平均期望寿命72岁。湖南中医药大学学生曾宪国，放弃大医院选择回家，开办蛇伤专科医院，2013年1月，在中央电视台寻找“最美乡村医生”大型公益活动中被评为最受关注的乡村医生。

社会保障

清代民国时期，生老病死无任何社会保障。新中国建立后，政府开展尊老爱幼、反对弃婴宣传，发动群众亲邻相帮鳏寡孤独者。1956年农业合作化后，各社对孤老残幼实行“五保”。进入21世纪，社会保障事业得到全面加强。2011年，全乡农村最低生活保障共500户737人，支出55.3万元；农村“五保户”供养153人，支出22.95万元。民政部门资助参加合作医疗929人次，共支出4.65万元，国家抚恤补助各类优抚对象192人，支出67.84万元。至2014年年末，全镇低保户救助772户，共计1297人（含居委会低保28人），共支出低保金额48.75万元。“五保户”分散供养95人，集中供养66人，全年供养金额27.93万元；有敬老院2家，8个工作人员负责56位老人日常生活。全镇参加养老保险的有农村60岁以上老人

永兴冰糖橙涌水标准化示范基地

板冲村盐窠

4427 人，16 ~ 59 岁青壮年 6942 人；城镇户口 16 ~ 59 岁青壮年 242 人。

特色地情

历史人文

东泽伏击战 1945 年 3 月，驻县城日军小分队全副武装前往东泽抢掠财物。江右张正光领导的抗日自卫队得知情报后，设伏于日军返程山坡，仁勇乡满竹洞（豪山村境北）武馆青年应召协助伏击。张正光安排侦察员在山下扮成捡野粪的“良民”，约定暗号为提起粪箕暗示日军来临，放下粪箕为平安无事。当日军进入伏击地时，张正光一声令下，自卫队立即攻击。民夫见势，扔下物品分散躲避，日军落荒而逃。这次战斗，消灭日军 1 名，缴获“三八式”步枪 1 支，截获全部抢掠来的财物。

名优特产

石虎豆油 豆豉油是永兴传统产品，时兴清代，其发展已有百年之久，现主产石虎村。石虎豆油，从原料筛选到加工熬制，全程采用传统手艺制作而成，其豆油色鲜、味纯、香浓。20 世纪 90 年代鼎盛时期，石虎一带有 30 户村民开坊制作豆油，至今，仍有数家经营，年加工黄豆 20000 吨，年产豆豉油 2600 吨。

黄泥冰糖橙 黄泥冰糖橙起源于县“永兴冰糖橙”获第二届中国农博会金奖后的 1997 年，涌水村率先引进发源地城关镇种苗，在毛坪白露塘首批连片种植 20 公顷。嗣后，黄泥乡以涌水示范点为核心，加大推广力度，带动全镇冰糖橙产业迅速发展。相继涌现出涌水村荣欣、永鑫、诚欣冰糖橙专业合作社，元木村香又甜冰糖橙专业合作社，沙坑村绿康生态农业专业合作社，东泽村石垅湾种养殖专业合作社、埠头村杰丰果园专业合作社等规模种植基地。至 2014 年，全镇冰糖橙成园面积 1151 公顷。年产 15530 吨，优质果率 70% 以上，年产值 6526 万元。

风景名胜

盐窠 盐窠地处板冲村盐坦组，为南国丹崖第一洞，由红砂岩构成，洞口位于峭壁底部，两侧石壁峥嵘，洞宽 90 米，高 40 米，最深处 70 米，窠内建有国陵寺。

（刘友申 供稿）

太和镇

太和镇因原驻地“太和墟”而得名。太和工业园被列为国家循环经济示范园基地。

区域概况

位置面积

太和镇地处永兴县境北部腹地，东与龙形市乡接壤，南与黄泥镇相连，西与金龟镇毗邻，北与柏林镇交界。总面积98.7平方公里。原乡政府驻地太和墟，2004年搬迁至戏台村，新驻地距县城永兴27公里。

建置沿革

明代，太和镇域主属永兴乡招携里，西南陲桐木冲属长庆乡崇义里。清代，境域主属延道乡十七都，西北角杂居十六都，境南杂居永兴乡十一都。民国时期，太和域统属柏和乡，处南部。1951年境内北域属第七区，中域属第六区，南域属第八区。1956年始设太和乡，1958年撤乡设社，主属红专公社，西南小部属先锋公社。1961年调整设立太和公社。1966年易名为双丰公社，1981年复名太和公社。1984年改制为太和乡。2012年4月撤乡建镇，改名为太和镇至今。

行政区划

新中国成立初的1951年，境域废7个保建立5个乡，即为乌萝乡（乌萝、戏台、七郎）、太和乡（太和、鲢鱼、小江）、寺边乡（寺边、五合、顶上）、双合乡（双合、仁忠）、漾下乡（漾下、仁佳、盐塘、桐木）。1958年改制为7个生产大队，1961年调为15个大队。1984年，辖区改制为15个行政村。截至2014年，太和镇行政区划为太和1个社区和仁佳、漾下、盐塘、桐木、双合、仁忠、五合、顶上、乌萝、戏台、七郎、太和、寺边、鲢鱼、小江15个行政村。

自然环境与资源

自然环境　太和镇多年平均气温17.6℃，年平均降水量1480.2毫米。地貌以丘陵为主，中部岗地、平原相间，地势北高南低。境内最高点位于仁忠村官猪岭，海拔363.2米，最低点位于桐木村谢家组，海拔127.4米。境内主河道属县内便江水系一级支流注江上游，自北向南纵贯全境，流长15公里。农业土壤以砂岩红壤为主体，西部分布有板页岩红壤。植被以松林、油茶林、灌丛为主，森林覆盖率为57.6%。

自然资源　境内小水电资源较丰富。地下矿藏有境西戏台至仁忠一带三叠系含煤沉积，乌萝村鲢鱼塘伴生的含锰硅质岩。现存珍稀物种有河麂、猫头鹰、樟树等。

人口民族

原居民历为汉族。1952年，境内人口为7202人，人口密度为每平方公里74人，处全县中下密度区。新中国成立后，人民生活的安定，人口自然出生率上升，自然死亡率下降，至1973年，境内总人口达15781人，21年间年平人口自然增长率为56.65‰，增长速度居全县第二。随着计划生育工作的逐步严格，境内人口自然增长率下降到2003年的5.6‰。2014年，太和镇辖5698户，总人口22583人，汉族占99.13％；符合政策计划生育率达85％，自然增长率为5‰。人口密度为每平方公里229人，属县内人口密度偏稀地区。

经济发展

经济综述

境域经济，传统以农业为主体。1984年，太和公社地区生产总值540.33万元，其中农业增加值470万元，工业增加值36.02万元，商贸服务业增加值34.31万元，农、工、商三大产业结构比为87∶7∶6，财政总收入12.32万元，农民人均纯收入251.59元，居全县中等水平。20世纪90年代，境域经济逐步调整产业结构，尤其是2006年创办太和工业园后，吸引重点企业和重大项目落户境内，冶炼业得到长足发展，经济总量、发展质量、人均质量等主要经济指标增速步入全县先进行列。2014年，全镇完成地区生产总值26.54亿元，其中，第一产业增加值1.33亿元，第二产业增加值23.62亿元，第三产业增加值1.59亿元，三大产业结构比转化为5∶89∶6。完成由农业大乡向工业大镇的转型，社会固定资产投资28.76亿元，财政收入2.49亿元，城乡居民收入21212元，跃居全县前六名。2012年至2014年连续三年获全市十强经济乡镇。

农业

种植业 境内传统种植业素以种植水稻为主。1982年，县委书记李积文在戏台、七郎村创办优质烤烟示范基地，实行烟稻连作，推行规范化栽培，连片种烟67公顷，每公顷产烟1380千克，

太和烤烟基地

不仅推动全县烤烟生产的发展，而且推动境内农业产业化进程。随着历届政府大力推进农业产业化建设，逐步形成麦子塘、盐塘、桐木连片冰糖橙种植基地，乌萝、戏台、七郎片的优质烤烟基地，乌萝村的玉米及西瓜种植基地，仁忠村的金银花示范基地，五合、盐塘、双合等村为主的杂交制种基地等一大批农业种植特色产业。至2014年，全镇有耕地面积1519.2公顷，年产粮食14043吨，相比1984年，耕地增加77.4公顷（5.37%），粮食总产增加3447吨（32.5%），年产蔬菜由422吨增至6360吨；年产冰糖橙由零增至3951.04吨；年产烤烟由92.46吨增至271吨。

林业 境内林业素以松、杉木、油茶为主。20世纪50年代后期的“大跃进”运动。林木砍伐严重。1964年，太和公社在戏台大队麦子塘创办杉木林基地，带动全公社13个大队办起大队林场。至1984年，全公社拥有林业用地6582.14公顷，森林覆盖率39.2%，其中人工用材林面积175.1公顷，垦复油茶林面积1682.55公顷。1994年，通过森林迹地更新、疏残林改造等方式，在太和乡戏台村麦子塘营建以桉树、国外松为主的工业原料林基地。2002年，依托县林产开发公司、深圳可久可大生物有限公司，在戏台、小江、五合、寺边等村大面积连片营建桉树林667公顷和200公顷黑杨速生丰产林基地。2011年仁佳村创办万亩林业基地，掀起太和新一轮造林高潮。2014年，全镇山林面积6467公顷，年产茶油200吨，活立木蓄积18万立方米，森林覆盖率68%，林业增加值5946万元，占农业增加值的44.8%。

养殖业 境内农户家庭副业的主要项目是养牛、猪、禽、鱼等。新中国建立后，政府为发展粮食生产提倡多养耕牛耕地，家家喂猪积肥。20世纪70年代，粮食生产逐步过关后，养殖业开始增长。20世纪80年代初，太和公社办起小型饲料加工厂，并被列为全县4乡镇“四黄鸡”发展基地。1984年，全社年出栏生猪5895头，出笼家禽3.5万羽，存栏耕牛1355头，出产鲜鱼103.65吨。农村经济体制改革后，境内又逐步推广规模化养殖，养殖大户不断涌现，形成了以鲢鱼、寺边、五合、太和、七郎等村为主的养殖产业带。至2014年末，全镇年出栏生猪37800头，菜牛1400头，羊2300头，家禽344.25万羽，鲜鱼400吨，畜牧业增加值5467万元，占农业增加值的41.19%。

劳务输出 境内传统农业很少劳务输出。随着1984年社、队改乡、村新体制运行后，农村剩余劳动力大量转移，出现外出打工潮。至2002年，境内外出务工人员达4420人，占当年总劳力资源的44.28%。2006年太和工业园创办成功后，新增就业岗位3000个，由此带动周边外出经商务工人员回乡投资创业，出现返乡农民工“半小时就业圈”的新潮流。至2014年，全镇有7120个农村劳力转移到非农行业，占农村总劳动力人数的65%。

工业

冶炼业 清末，近邻十六都（柏林）的民间冶炼工艺开始传入境内，单户或合伙开炉，时断时续。1983年，太和公社创办冶炼厂，年产粗铜0.8吨、粗铝0.1吨。随着农村全面推行联产承包责任后，个体作坊式冶炼越来越多，逐步形成一支庞大的“走水”（冶炼）大军。1993年，乌萝村西边组曹彦富创办私营铅业冶炼厂，带动了乌萝、七郎、戏台等村兴起大户规模冶炼。2002年，太和乡冶炼产值突破亿元大关。2004年，曹彦富的兴光冶炼有限公司，规模扩大到总资产8000万元，年产值4.2亿元，创税2000万元，安置农村剩余劳动力400人，产铅量在全省规模企业中居第一位。2014年年底，全镇冶炼增加值22.68亿元，占工业增加值的96%。

其他工业 新中国成立前，境内铁匠开设铁铺，加工锄、耙、犁、草刮等小型农具。1954年，太和墟组织农户用土砻加工大米。1958年人民公社化后，大米加工开始改用碾米机，公社成立铁木社，以生产小农具为主。20世纪80年代，农村经济体制改革后，民营企业相继在双合村首建马家电站，在太和村创办水泥电杆厂、冰厂、陈细章大米加工厂、贤财大米厂，在乌萝村开办顺达机砖厂，寺边村改建寺边水电站，顶上村兴起龙山泉水厂等。至2014年，全镇其他工业增加值0.95亿元，占工业增加值的4%。

太和工业园 永兴县国家循环经济示范园太和综合利用区暨中南大学科技成果孵化示范基地，位于七郎村麦子塘，规划占地面积4平方公里，是一个集聚金银及其他稀贵金属综合回收利用的新型工业园。2006年，县财政投资100万元，启动太和工业园区建设。在境域省道S212沿边，首期规划20公顷土地，破土兴建高规格、高标准、大规模的循环经济示范园区。对每一家入园开发的企业都必须通过高科技、高效能、高规格和低污染、低排放、低能耗的“三高三低”刚性门槛。政府采取以外商招商的策略，充分发挥太和藉外商与本土创业的冶炼企业主作用，吸引境外客商来太和投资兴业。先后有广东客商黄冀京、福建客商许良秋、珠海客商梁小彬等前来考察和协商办厂事宜。2007年，项目区累计完成建设投资1.6亿元。2008年，投资规模过亿元的金银精深加工企业建成投产，一期入园企业有亚通、华鑫、和盛、灿阳、星城、长鑫、金鼎等7家。年产银150吨、铋2300吨、再生铅6万吨，完成销售收入14.5亿元，上缴税金6000万元，提供就业岗位800个。本镇曹彦富，把家庭作坊式小企业发展壮大成年产值7亿元、创税3000万元的省级明星民营企业。是年，全乡规模金银冶炼企业21家，金银冶炼增加值占全乡国民生产总值的71.2%。相继园区二期开发面积100公顷，与中南大学冶金学院签订中兴产业基地合作协议，引进项目5个。引进企业20~25家，形成银、铋、碲3个拳头品牌。2012年，为填补县内高砷物料危险处理资质的空白，乡政府与郴州锡涛化工有限公司签约，进行工艺脱砷示范及重金属废水深度处理循环利

国家循环经济示范园太和示范基地

用项目。是年，工业园永鑫环保公司生产出国内首块以“三废”为原料的压缩微晶板材，标志太和工业园利用高新技术发展循环经济迈开新步伐。2014年，永鑫、中信集团投资20亿元，进一步提升园区产业承载能力，投资3000万元对工业园进行提质改造。是年，正式启动园区周边1公里范围内居民搬迁工程，一期涉及七郎、太和、乌萝、戏台等4村181家，前期工作业已开展。

商贸服务业

清朝中期，境内开始在寺边南寺台“和尚坪”（太和墟）赶集，乡民以其所有，易其所无。民国时期，境南曹、陈二姓一度合开双合墟。1983年，公社企业办创办经销店，销售南货、小百货、文具等。1996年实施商业流通体制改革后，商业购销打破所有制、区域、行业界线，个体私营商业跃居主导地位，寺边村李光标的客运服务、戏台村的电脑网吧、太和墟的服装店等相继开业。2004年乡投资180万元铺开太和老墟场改、扩建工程，新增门面46个，交易摊位84个，辐射带动周边3乡8村，吸纳安置农村劳动力400人。2005年，乡投资500万元，启动新驻地戏台商贸大市场，建成门面67家，交易摊位208个，吸纳从业人员800人。2008年，戏台市场正式开墟。随着基础设施的不断完善，个体私营经济得到蓬勃发展。至2014年，全镇商贸服务业增加值1.59亿元，占地区生产总值的6%。

基础设施

交通运输

新中国成立前，境内交通闭塞无官道。1958年永（兴）安（仁）公路竣工，过境太和路段1.8公里。1961年，连通省道至原驻地的乌（萝）太（和）公路竣工通车。1989年开通乌萝至五合公路，兴起全乡修路热。至2002年，境域公路拥有省道线1.8公里，乡村公路15条51.6公里，实现村村通公路。2004年，乡政府多渠道集资630万元，启动驻地至太和村、驻地至仁忠村水泥路面硬化改造工程。相继发动企业主捐助，融资700万元，陆续完成各通村公路的水泥硬化。2007年，投资300万元完成新老驻地七郎至太和、五合村至顶上村通达公路建设。截至2014年年底，全镇共有乡村公路15条51.6公里，全面完成原泥结碎石路面的水泥硬化改造。

邮政电信

邮政 民国15年（1926），境内太和墟与双合墟均属县北邮路站点。民国18年（1929），邮路调整太和墟属江右路线的站点。1998年，正式成立太和邮政所，2013年，新建邮政所办公场地。2014年末，境域内设有邮政网点1家，乡村通邮率100%。

电信 民国30年（1941），县架通安福司至太和墟电话路线，境内始通磁石式电话。1953年，架通县城至太和墟电话线路。至1960年，境内各大队全部通电话。1995年，开始改用光缆传输和数字程控电话。2014年，有电信服务网点1家，固定电话用户100户，用户普及率为2%；移动电话用户1.6万户，用户普及率为89%。

供电饮水

供电 1978年，县建立柏林供电站，境内生产生活开始用电。1980年，境内兴建马家电站，1984年投产使用，年均发电量257万千瓦时。随着全县电力工业的发展和变电能力的不断扩大，乡内用电大受其益，1988年，全乡基本实现电力加工照明。1998年推行农网改造，用电可靠性提高，至2002年，全乡供电覆盖率已达100%。2011年，新建太和变电站。2014年年末，全镇生产生活用电达0.3万千瓦小时。

饮水 辖区居民饮水历来取自山泉或井水。1989年，实施饮水工程，至2002年，全乡清洁饮水普及率为42.8%。2011年，乡政府为解决饮水难问题，引导企业主捐助130万元，启动柏太引水工程，引石壁垅水库的水解决太和饮水困难，通过自来水工程一、二期建设，至2014年年底，全镇共解决1.9万人的清洁饮水问题，占总人口数的90%。

水利建设

清嘉庆二十三年（1818）《永兴县志》载："和尚坪溪筒车车水，灌田千余亩"。1957年，境内兴建第一座小Ⅱ型水库——戏台村长垅水库，总库容21万立方米，灌田54公顷。1958年至1959年，相继修建了仁忠村的张家垅、漾下村的川坦、寺边村的竹山冲、戏台村的仙娘婆4座小Ⅱ型水库。1975年兴建仁佳村上塘水库、鲢鱼村球塘水库。1981年，接青山垅水库柏双干渠，修建七郎渡槽，连通境西麦子塘支渠，实现西部自流灌溉。1989年完善柏双干渠麦子塘支渠标准化建设。从2007年起，先后实施七郎、戏台国土整理，乌萝、盐塘烟水配套，柏双干渠改建，7座小Ⅱ型水库除险加固等农田水利基础设施建设，累计投资3000万元。到2014年年末，全镇拥有小Ⅱ型水库7座，山塘210口，渠道36条11公里，总灌溉面积1027公顷，占耕地总面积的72.2%。

村镇建设

驻地 乡驻地一直在太和墟。1993年，以太和中学迁址乌萝为先，启动驻地搬迁工程。2002年驻地戏台新区建成街道300米，总建筑面积8000平方米，初显镇区雏形。2004年，乡政府投资320万元，完成政府大院整体搬迁。2005年，投资700万元，建成驻地商贸大市场和政府临街门面。2013年，投入1400万元，实施太和大道提质改造和镇区立面改造工程。2014年，投资6600万元，沿省道S212乌萝至戏台区段，全面启动太和金银首饰一条街项目建设。同时，成立太和环卫公司，引入乡村卫生保洁市场化运作模式，实施"合约型""社会化""集中式"环境卫

太和镇金银首饰一条街

生整治。

村庄 新中国成立前，境内农舍多为土砖平房。20世纪80年代改革开放后，农村住房建设速度加快，质量提升为钢筋水泥结构楼房。1989年，全乡农村人平住房面积22平方米，2002年，增至50平方米。2004年，随着境域冶炼经济的迅速发展，乡政府提出“以工哺农，全面发展”的方针，鼓励广大金银冶炼企业主支援新农村建设。兴光冶炼有限公司董事长曹彦富个人出资380万元，支持乌萝村小康示范村工程。是年“7·15”特大洪灾中，乡政府为安置好重灾区仁忠村的灾民，决定重建“大园新村”，政府负责解决新村水、电、路等基础设施费用，深圳太和籍商人曹爱国、亚通公司总经理曹文兵、安和冶炼公司总经理曹安平等企业主大力支持，完成占地面积2万平方米，建房100套的新村重建，省委书记张春贤亲临视察，给予高度评价。2014年，镇政府聘请湖南城市学院专家，编制全镇各村的村庄规划，确定将盐塘村泉塘组作为全镇第一批农村集中建房试点。与此同时，全面规范农村建房流程，拆除乌萝、仁忠、顶上、盐塘、桐木等8个村的危房62间，破旧杂房、厕所、烤房120间。启动鲢鱼村石野组的“空心村”改造项目，腾出8000平方米宅基地用于农业生产。

社会事业

教育科技

教育 明清时期私塾遍布乡村。宣统元年（1909），长庆乡（县境中部）、永兴乡（县境北部）、延道乡（县境东部）等3乡，筹集学租在太和墟寺边创立高等小学堂。民国17年（1928），寺边三乡联立高等小学改为县第三镇联立高级小学。民国33年（1944）下学期，日机轰炸县城，永兴县立中学曾迁避寺边。民国37年（1948），境内各保普及小学教育。新中国建立后，翻身农民踊跃送子女上学，学校增至19所，学生增加八成。1958年，县以太和完小附中为基础，扩建创办永兴第四初级中学（校址因时属红专公社而迁柏林）。1961年太和分立公社后，于1969年在寺边设立太和中学。1983年9月，公社在驻地太和墟设立

太和镇中心小学

太和中心小学。1993 年，太和中学先于乡政府迁址乌萝，带动全乡建校热。2002 年，太和中学被评为郴州市校园文化建设样板学校。2004 年，兴光冶炼有限公司董事长曹彦富，成立兴光教育基金会，除无偿援助全乡所有困难家庭学生外，每年对优秀学生和教师进行重奖。2007 年，针对生员减少的趋势，开始调并小学，增设幼儿园。至 2014 年，全镇共有幼儿园 4 所，专任教师 18 人；初级中学 1 所，小学 5 所，专任教师 39 人，在校学生由 2007 年的 3250 人减至 535 人。初中适龄人口入学率 100%、小学升初中升学率 100%、九年义务教育覆盖率等均为 100%。2014 年，镇政府成功筹建太和镇专项教育基金会，共募集资金 180 万元，用于奖励优秀教师、优秀学生，扶持贫困学生。

科技 新中国成立前，境内科技十分落后。新中国建立后，逐步推行深耕改土、增施肥料、更新良种、单季稻改双季稻等系列技术革新。20 世纪 80 年代，农村经济体制改革后，境内科技推广成果显著，乌萝片烟稻连作规范化栽培、太和洞农田基本设施标准化配套，麦子塘高标准红壤丘岗永兴冰糖橙综合开发、盐塘村冰糖橙示范基地的推广，鲢鱼、太和永兴四黄鸡养殖示范点、东北部养殖生产带，五合、盐塘、双合杂交水稻制种带、仁佳村优质稻种植专业合作社，戏台、小江、五合、寺边的速生丰产林开发、仁忠村金银花开发基地等。2002 年，荣获市科技工作先进单位。2004 年后，引进中南大学科技成果孵化，开办大规模高新技术循环经济示范区，于 2014 年生产出国内首块以“三废”为原料的压缩微晶板材，为科技兴镇不断探索新途径。

文化体育

文化 新中国成立前，境内一般在春节或平时婚丧、祭祀、祝庆中邀请邻乡花鼓戏班、湘剧戏班、木偶戏班、皮影戏担等临场演出。1956 年开始在太和墟放映电影。1966 年“文化大革命”后，演出革命样板戏。1978 年全公社各大队、生产队通了有线广播。1988 年黑白电视机开始进入农家。1990 年，太和开展独具特色的社会主义思想教育文艺活动，带动全县各乡镇群众文化活动的开展。随着人民生活水平的提高和农村文体设施的完善，群众自发成立腰鼓、篮球、广场舞等文体活动团体。1996 年全乡开通有线电视。2002 年彩色电视入户率 87%。2014 年，镇政府投资 10 万元，新建镇免费读书吧。是年末，境内共有各类文艺表演团体 4 个，文化站 1 个，电影放映单位 1 个，免费读书吧 16 个，有线电视用户 0.5 万户，其中数字电视用户 0.1 万户，电视综合覆盖率 100%。全年公共电视节目播出时间 4380 小时，免费放映农村数字电影 186 场，送戏下乡 3 场，基本满足农民群众的精神文化需求。

体育 新中国成立前，境内体育活动为一般性舞龙耍狮、习武自卫。新中国建立后在传统体育项目的基础上，逐步吸收新式健身运动，但参加人数仍旧稀少。20 世纪 90 年代全民健身运动兴起后，境内体育设施及群众乐见的腰鼓队、广场舞等逐步辐射各村。2014 年太和镇荣获全县“福城五一”杯广场舞比赛三等奖。到 2014 年年末，全镇共设有篮球场 4 个，其他体育项目场地和设备 5 处，经常参加体育活动的人占常住人口的 18%。

医疗卫生

新中国成立前，境内民间治病，主要依靠中草药，求医“走访郎中”。1958 年人民公社化后，各大队组建卫生所，配备保健员、卫生员、接生员，担负大队疾病及新法接生。20 世纪 70 年代，农村实行合作医疗制度，各大队卫生所更名合作医疗站，医务人员统称“赤脚医生”。1981年，农村实行家庭联产承包责任制后，合作医疗解体。2007年，开始实施新农合制度。2014年年末，境内有各类医疗卫生机构18个，其中镇级卫生院1所，标准化村级卫生室15所和1所社区卫生室。专业卫生人员16人，平均每千人拥有卫生技术人员0.8人。新型农村合作医疗参合率100%；城镇居民医保参合率100%。居民人口平均期望寿命82.5岁。

社会保障

清代民国时期，生老病死无社会保障。新中国成立后，农村集体组织对孤老残幼实行“五保”制度。至21世纪初，社会保障事业得到全面加强。积极推广新型农村和城镇居民基本社会养老保险，完善最低生活保障和扶贫帮困等一系列社会保障制度。2004年，兴光冶炼有限公司董事长曹彦富，牵头成立太和乡关爱协会，每逢传统节日，他都要向乡里每一位五保老人送去慰问金。同年，乡政府筹资30万元，将乡政府旧址大院改建成一所园林式敬老院，占地面积7000平方米，集中供养全乡五保老人。2014年，镇政府投入150万元对敬老院进行改造。按照统一装修、统一设施的要求，完善基础设施，改善居住环境，着力打造成宾馆式的敬老院。同年，镇政府启动村级养老院建设，投入60万元新建仁佳村养老院，建筑面积达2000平方米，可容纳36名五保、低保及无房特困户。之后，相继开展农村低保阳光行动，共认定农村低保459户546人。实施农村贫困群众“住有所居”帮扶工程，政府投放资金130.9万元，扶助全镇53户“无房户”和“危房户”得到安居。2014年年末，全镇最低生活保障户增至507户611人，支出7.39万元。国家抚恤、补助各类优抚对象138人，支出32万余元。

特色地情

历史人文

历史事件 1927年大革命失败后，国民党推行反共政策，残酷镇压工农革命运动，永兴党组织遭到严重破坏。是年秋，江右党组织恢复后，组建以原九区（牛头下）农民自卫队为基础的赤色独立团，经常活动在九至十一区（太和、柏林）一带。1928年2月，永兴县苏维埃政府建立后，红色政权覆盖全县各区乡。太和境亦成立以曹友良为负责人的十一区苏维埃政府和农民赤卫队，及乌萝、太和、双合等乡苏维埃政权，打击土豪劣绅，镇压反革命暴乱，开展武装斗争等。5月，黄克诚遵循红四军党委的决定，率二路游击纵队从井冈山返回永兴，进入十一区时，用计直插太和墟，消灭挨户团，处决李孝高等7名反共头目，救出被敌人关押的40名党员干部和革命群众。接着又围歼了乌萝等乡的挨户团。太和墟战斗胜利后，震慑了反动势力。

名优特产

烤烟 境内自1982年乌萝率先引进试种优质烤烟成功后，推行规范化栽培，1989年为县争得全国19个优质烤烟县之一的荣誉。2004年形成以乌萝、戏台、七郎、太和、仁忠等村为主体的烤烟生产带。之后，进一步改善烤烟基础设施建设，新建仁忠村烤烟育苗工场，对所有破旧烤房进行维修，为提高烟叶质量打下扎实基础。2007年，成功推行农庄+农户现代经营模式。种植大户刘仕成承包400户土地，种烟133公顷，实行农庄园区型经营。2014年全镇种植烤烟面积242公顷，完成烤烟收购任务378吨，实现烤烟特产税210万元。

冰糖橙 永兴冰糖橙于1995年获第二届中国农博会金奖后，太和乡于1997年引进种植，开辟乡林场麦子塘伐木迹地，建成200公顷永兴冰糖橙基地，实施果、畜、鱼、沼综合开发模式。2004年，推行“公司+基地+农户”的产业化模式经营。2007年引进武汉娴鹏生态有限公司资金技术，开发以盐塘村、桐木村连片冰糖橙产业基地200公顷，现均进入盛果期，年产正宗永兴冰糖橙4000吨，成为全县主产区之一。

微晶板材 2014年，太和工业园永鑫环保公司生产的新型环保材料“微晶板材”，是国家环保部重点项目。利用瓦纽柯夫熔池熔炼技术，以园区冶炼废渣、报废显像管玻璃等为主要原料，对含重金属冶炼废渣进行综合回收和无害化终极处理后，做成高品质、无放射性、无污染的绿色环保产品。这种压缩板材强度高，耐冲击，广泛应用于飞机场、高铁站，是解决防磨损、防腐蚀的最佳材料。

（豆媛媛　供稿）

樟树镇>>

樟树镇因驻地古时有樟树而得名。境内大岭曾是湘赣苏区耒（阳）永（兴）安（仁）中心县委驻地。

区域概况

位置面积

樟树镇地处永兴县东北部，东邻柏林镇，南连太和镇、金龟镇，西界耒阳市三都镇、枫泉乡，北接安仁县龙海镇，总面积97.5平方公里，占永兴县土地总面积的4.97%。镇人民政府驻地樟树墟，距永兴县城32公里。

建置沿革

清代，境属永兴乡，南为十三都，北为十四都。民国时期南属金安乡，北属洞义乡。1951年，境南属六区，境北属七区。1958年境南属先锋人民公社、境北属红专人民公社。1961年，人民公社调整体制规模，境南境北合并设立樟树公社。1966年，易名为前进公社。1980年，复称樟树公社。1984年，改制为樟树乡。2012年4月，撤乡建镇为樟树镇至今。

行政区划

新中国成立初的1951年，境域废5个保建立11乡，即为树头乡（树头、小铺、厅头）、腾头乡（腾头、界江）、谭家乡（大岭）、石桥乡、樟树乡、天堂乡、上应乡、仙水桥乡（仙水、便冲）、坦泉乡、八角洞乡（天鹅塘、洋佳）、曹子芳乡（曹子芳、湖塘）。1958年改制为6个生产大队，1961年调为16个大队，1978年续调为17个大队。1984年，辖区改制为17个行政村。1992年，成立樟树居委会。截至2014年，樟树镇行政区划为樟树1个社区和坦泉、洋佳、天鹅塘、曹子芳、湖塘、便冲、仙水、上应、天堂、樟树、大岭、石桥、树头、腾头、界江、小铺、厅头17个行政村。

自然环境与资源

自然环境 樟树镇年平均气温17.6℃，年平均降雨量1417毫米。全境地貌以丘陵为主，中部间有低山，周际间布岗地平原。毛坪河、欧西河自中向北汇洣水。土壤以板页岩红壤为主体，南北均穿插分布灰岩红壤，东北便冲一带点面砂岩红壤。植被优势林种油茶、杉、竹，森林覆盖率56.1%。水土流失面积占土地总面积的25.7%，属中等侵蚀。

自然资源 主要植物有96科685种，其中乔木树种64科468种。野生动物有狼、穿山甲、灰喜鹊、华南兔、中华秋沙鸭（过往）、娃娃鱼、猴面鹰等13种珍稀物种。野生植物有樟树、钟萼木2个珍稀物种，其中厅头村是县存2处钟萼木之一，最大树龄180年。境域各河流水质均为软水，适合农田灌溉和工业用水；地下水质类型以重碳酸钙镁型为主，其次是重碳酸钾，矿化度较低，利于作饮用水。矿产资源丰富，探明资源储量的矿产有8种，总资源储量为33780.69万吨，地均占有矿产资源17.07万吨/每平方公里。

人口民族

1964年，全国第二次人口普查时，樟树境域总人口数为1.81万人，其中农业人口1.80万人，占总人口数的99.4%；城镇人口0.0104万人，占总人口数的0.6%。至2010年全国第六次人口普查，樟树镇总人口达3.54万人，其中城镇人口0.038万人，占总人口数的1.07%，乡村人口3.51万人，占总人数的99.1%。2014年末，樟树镇辖7600户，总人口35454人，人口出生率11.55‰，自然增长率6.65‰。

经济发展

经济综述

境域经济，传统主产稻谷、茶油、烤烟、煤炭。1978年党的十一届三中全会后，农村推行联产承包责任制，受市场经济支配，本地效益好的地缘优势得到发挥，煤炭、冶炼、商贸、饮食等产业全面兴起。2012年建镇后，镇域综合实力得以有效提升。2014年，樟树镇按照确定的发展思路和奋斗目标，坚定不移地实施农业兴镇、科技兴业、创业富民的发展战略，打造生态型色彩农业重镇，全面建设社会主义新农村。全年完成地区生产总值8.73亿元，其中一、二、三产业增加值的比重依次为19.20 ：45.25 ：35.55；农民人均纯收入17209元，同比增长11.2%，与1984年相比，在经济结构中，第一产业所占比重下降17.9个百分点；第二产业上升39.5个百分点；第三产业上升19.67个百分点。

农业

种植业 境内传统农业素以种植水稻、烤烟、蔬菜等，1956年，县农业局推广水稻优良品种，用矮秆替代高秆，亩产提高35%。1961年，中共中央《农村人民公社工作条例》下达后，恢复社员自留地，鼓励社员开荒种粮，社员热情高涨，是年豆类、苞谷、红薯获得丰收。1962年，政府提出充分利用地力一年实现三熟的设想，即稻—稻—蚕豆（或马铃薯），试验证明可行。1978年，随着家庭联产承包责任制的推行，农民的生产积极性得到充分发挥，乡党委、政府因势利导，组织农民不断改革耕作技术，引进和推广良种，实施科学种田，促进境内种植业的发展。粮食单产达7.2吨/公顷。1990年，境内启动以厅头村为重点的湘南第一期农业开发，粮食单产上升到7.5吨/公顷。同时掀起种板栗、油茶等果树高潮，起步农业结构调整。至2014年，全镇有耕地面积1347公顷，其中水田1087公顷，林地6000公顷。年产粮食11745吨，蔬菜8400吨；年产冰糖橙3000吨。种植业增加值8239万元，占农业增加值的49.17%，比1984年增长8.62倍。

林业 境内传统林业素以杉木、马尾松、油茶为主。1969年，按照县委、县政府大力发展林业经济的要求，创办樟树乡杨柳坪、神垅殿林场，种植杉木、马尾松200公顷。兴起油茶低改、楠竹开发等产业。2014年全镇林地6429公顷，年产茶油2.1吨，活立木蓄积350立方米，楠竹80000根，森林覆盖率62.38%，林业增加值1760万元，占农业增加值的10.5%，是1984年的3.1倍。

养殖业 境内畜牧业农户家庭副业的重要组成部分。1952年，政府提倡多养耕牛牲畜，家家喂猪积肥。1984年，农村经济体制改革后，樟树村新兴万头猪场、洋佳村宏博养殖场等推动全乡的规模化养殖，1988年，湖塘村村民黄丁国，立足于牛形垅库区立体开发，初步形成库内养鱼、山上种果、山下养猪、养鸭的综合立体开发格局。至2014年末，全镇出栏生猪7860头，牛32头，羊800头，出栏家禽1.2万羽，渔业出产总量21吨。

劳务输出 境内传统副业以就地手工编织业为主。1966年，开始出现少数亦工亦农进城抓收入的。随着1984年社、队改乡、村新体制运行后，农村剩余劳动力大量转移，出现外出打工潮。至2014年全镇有4360名农村劳力外出或进城务工，占农村总劳动力人数的17.1%。

工业

冶炼业 1958年，樟树镇有6人在县城创办冶炼厂，土法生产粗铅。进入21世纪，冶炼业已成为樟树镇的支柱产业之一，2009年前樟树镇共有永兴铜镍责任有限公司、湖塘有色金属责任有限公司、李亚军冶炼厂、仙水村磊鑫有色冶炼厂等4家民营冶炼企业。至2014年，全镇冶炼增加值9202万元，占工业增加值的23.3%。

煤炭业 明清时代，境内煤矿系自由小窑开采。1969年，樟树公社在仙水大队开办老鸦冲煤矿，1972年，开办大岭煤矿，1998年1月，县人民政府颁发《关于进一步整顿乡镇煤矿管理工作的若干规定》，各产煤乡镇设立煤炭管理所，进一步规范乡镇煤矿管理。是年，县属东风煤矿大岭工区全部资产转让给樟树乡人民政府。至2006年，集体、私营共开办煤矿200余家，2009年4月17日，大岭村青石壁煤矿炸药爆炸事故后，政府强化安全管理，整顿小煤窑，至2010年，全乡关闭非法小煤窑，整合剩下协作、杉山、狮型垅、横冲、樟树村、大岭、兴隆等6家煤矿煤炭开采量下降。至2014年，全镇煤炭增加值16113万元，占工业增加值的40.8%。

加工制造业 清代境内传统工业基于铁、木、竹、棕手工作坊式。20世纪90年代，在社会主义市场经济的形势下，全镇广大人民群众充分利用本地资源优势和传统加工手艺，初步建立了“一村一品，一组一业”的生产经营格局。大岭村宏发竹器加工厂产品远销省内外，便冲的草席、草垫远销安仁、耒阳、茶陵、炎陵等县市；樟树村水下、新屋的制砖，石桥村龙湾、龙铺的制瓦已成为邻近乡镇农家建筑材料的定点生产地；曹子芳村的石灰，界江、腾头、大岭的竹器加工久负盛名。至2014年，全镇加工制造业增加值8491万元，占工业增加值的21.5%。

商贸服务业

商贸业 清代，境域设有树头下、仙水桥2墟。民国时期，坦泉坪开墟，耒阳、安仁等邻县邻乡人前来赶集，后因日寇入侵，集市贸易中断，到新中国成立初期才恢复墟市。1951年，樟树集贸市场正式形成，每月逢二逢七日开墟，1996年，实施商业流通体制改革后，商业购销打破所有制、区域、行业界线，个体私营商业跃居主导地位。1998年，新建湖塘市场，2005年后，樟树供销超市、步步高超市等相继开业。至2014年，全镇商贸增加值15823万元，占商贸服务业增加值的51%。

运输业 1973年，县湘南客运公司开通首班永兴至樟树客车，1985年，县湘运集团运输有限责任公司开通永兴至仙水桥班车。至2014年，全镇各类客运班车18辆，其中，樟树至永兴线路14辆，樟树至郴州线路4辆，运输业增加值8595万元，占商贸服务业增加值的27.7%。

服务业 1981年，农村实行联产承包责任制后，驻地开设第一家私营旅馆（樟树旅社）。1995

年，樟树商业街竣工，建成商业门面42间。1998年，本地私营业主曹华兴创办华兴酒楼。至2014年，境内农家餐饮、烧烤夜宵店、茶楼、美容美发、按摩、摄影照相、车辆出租、打字复印等服务业盛行。新增个体工商户163户，全镇各类商贸服务业达285家，从业人员已达4800人，服务业增加值6609万元，占商贸服务业增加值的21.3%。

旅游业 1988年，湖塘水库结合养鱼综合开发休闲旅游。20世纪90年代初期，境内开始重视旅游景点开发，对地处腾头村的侯憩仙坦泉村的坦洞观音寺等处进行修缮。2014年，按照县委、县政府创新经济发展模式的要求，樟树镇打造万亩葵花园旅游基地，种植油葵面积247公顷，产值5000元以上，实现总产值1000万元，共迎接省内外游客4万余人。

基础设施

交通运输

清代县内4条官道之一的西北大道，经境内厅头樟树、天堂、仙水桥、曹子芳等地，出县境，入安仁，通长沙。1958年，省道永安公路竣工后，于次年连通金茨公路，入境安福司，经由樟树、仙水桥，接口柏林茨冲出安仁县。1994年，乡成立养路工班。1998年，金茨公路樟树段15.7公里的路面，按国家三级水泥路标准全线铺设，同年，坦泉、洋佳、天禾塘、湖塘、界江、腾头、小浦等对村级公路进行扩修。至2002年，境内樟（树）茨（冲）、樟（树）大（岭）、樟（树）天（鹅塘）等10条公路全部竣工通车，总长56.5公里，2008年，兴起硬化通村公路热潮，共投入资金1180元，新修通村公路88.9公里，实现了村村通水泥公路。

邮政电信

邮政 民国15年（1926）年，县政府筹建永兴县城乡通信总处，境内分设樟树下、树头下两处邮件投递点，设投递员2人，分南北两路每五天向各乡保投递一次。新中国成立初期，首次调整投递班次，全区设递投员2人，邮件隔两日到乡，1956年年初，根据上级关于“乡乡通电话、社社要通邮”的指示，试行农业生产合作社邮递员制度，邮递员报酬由农业社按同等劳动力记工分，省局给予适当补贴。1988年，境内邮件改用自行车邮路投递，全乡17个行政村，直投面100%。1997年正式成立樟树乡邮电支局。2014年年末，境域内设有邮政网点1家，乡村通邮率100%。

电信 1995年，全乡投入500万元，启动光缆传输和数字程控电话，到1996年年底，实现村村通电话的目标。1998年开通被叫用户接收机和模拟手机寻呼站，全乡共装程控电话机498部。2014年，有电信服务网点1家，固定电话用户1100户，用户普及率为45%；移动电话用户1.75万户，用户普及率为99%。

供电饮水

供电 1980年，金樟供电线建成供电。1984年，全乡照明彻底告别煤油灯。1997年，兴建樟树供电站。1998年，推行农网改造。2000年，樟树建成变电站，架设35千伏线路1条，10千伏线路6条，供电覆盖率达100%。

饮水 辖区民众饮水历来取自山泉水或井水。民国时期，全镇有水井24口。20世纪70年代初期，由公社管理委员会出资，将驻地原水井进行扩建并架设供水管道，为当地居民供水，1989年，实施饮水工程，2011年，筹资200余万元新建华兴自来水厂、樟树村、坦泉村、洋佳村等11处人畜饮水工程。至2014年年底，全镇共解决26142

人饮水问题。

水利建设

新中国成立初期，境内农田灌溉以山平塘蓄水为主。1954年，湖塘村首建境内第一座水库（老鼠车水库）。1957年后，境内掀起冬修水利高潮，相继兴建珠林塘、大瓦冲、鲫鱼塘、狮形龙、后岭脚、铁丝背、劳武、牛形垅、法科龙、双泉冲、桃李冲、红旗、红毛龙、麻冲、釭龙塘、腊树下16座水库。1995年，以牛形垅水库为灌溉枢纽的农业综合开发项目被省市立项，1997年冬，动工开发，1998年春，全面竣工，此项工程投入资金100万元，共加固整修渠道37处，计86公里。1998年，全镇共有蓄水工程179处，总蓄水量为780万立方米，总灌溉面积1067公顷；拥有引水主灌溉渠（浦江、洋佳）2条，总长80公里。至2014年年未，镇内维修加固水利设施83处，其中，除险加固水库9座，改造山塘30口，灌溉渠道40多处。

村镇建设

驻地 清末民国时期，区乡机构较小，没有下属单位，一般借用当地私房办公。新中国成立后，区乡及下属机构多征用土改没收的私房办公。1953年后，区乡学校、卫生院、供销社、信用社、粮站、铁木社、企业办等相继兴办，服务性建筑设施逐年增多。1958年，人民公社均建有办公楼、大礼堂。1984年，撤销人民公社，成立樟树乡，政府为改善办公和住宿条件，新建了三栋二层砖混结构办公楼和宿舍，医院、学校大为改观。2000年，乡政府启动城建规划，先后投入城镇建设资金2000万元，实施驻地城建项目7个。新建樟树镇小康示范村，建成住房30套；改造镇卫生院和镇中心小学危房；新建占地面积2100平方米的樟树汽车站；建成企业安监办公、职工住宅楼420平方米；搬迁灾民59户、安置216人；2010年底对镇区道路、排污系统进行提质改造。2014年，镇政府筹集投入5000万元，实施镇中心大市场搬迁工程。

村庄 农村实行家庭联产承包责任制后，境内农村建房加快。2012年，樟树建镇后，镇党委、政府狠抓规范农村建房，环境卫生整治，全面规范农村村民建房。截至2014年底，全镇拆除危房280幢，破旧房435幢，违章建房168间。清理各种垃圾堆400多处；完成新农村建设示范点曹

樟树大道

子芳村牛角元组的绿化、亮化、美化、净化工程；省道212边界群众文化交流广场，已全面完工。

社会事业

教育

明清代，私塾大部分设在寺庵。观音寺、黄纳仙、安子塘、黄氏祠堂都设有私塾馆。民国初期推行国民教育，开办天堂小学，前身为旧金安乡第十六保国民初级小学。1922年至1949年分别开办腾头小学、坦泉小学、洋佳小学、树头小学、湖塘小学、大岭小学、上应小学、曹子芳小学等。新中国建立后，全镇设有中小学19所。1955年，贯彻为工农开门办学方针，乡成立扫盲协会，大办冬学夜校扫盲。1958年，贯彻公办、民办“两条腿走路”的方针，开展多种形式办学。1968年，开办樟树中学。1992年，全乡掀起集资建校热潮，扩建各教学点，厅头村群众自筹创办民办中学。1993年，投资1500万元新建、改建、扩建16所中学小学，新建校舍面积27000余平方米，改造危房986平方米，荣获湖南省扫除文盲先进单位。中心小学、厅头、坦泉、曹子芳、湖塘、天堂等学校分别于1995年和1996年获市级A级类学校的光荣称号。1996年创办农民文化技术学校。1997年获国家“两基”先进乡镇。1998年“普图、普实”达到国家验收标准。至2014年年末，全镇有幼儿园7所，在园幼儿1346人，教师22人；初级中学1所，小学10所，在校生3218人，教师356人。初中适龄人口入学率、小学升初中升学率、九年义务教育覆盖率等均为100%。

文化

清代，境域乡村盛行花鼓、花灯、皮影、木偶、小调、舞狮、耍龙灯等文体活动，演出一般在春节或平时婚丧、祭祀、祝庆中进行。1988年，成立樟树乡文化站，全乡有电影队3个，5000册图书室一个，18个民间业务锣鼓队活跃全乡山寨。1990年，樟树乡电影放映员李友湘荣获“全国十佳农村放映员”金翼奖。1998年，电影队受中央六部委表彰，拍摄电视剧《欢乐使者》。2004年樟树乡大力发展文化娱乐事业，群众文化市场异常活跃，有电子游戏3家，旱冰场1家，卡拉OK（无人乐队）厅1家，图书音像营销点5个，桌球8家，皮影队1个。至2014年年末，境内共有各类文艺表演团体3个、文化站1个、电影放映单位1个、农家书屋18个、免费读书吧1个，有线电视用户1000余户，电视综合覆盖率100%。

体育

明清时期，武术为乡村普遍开展的体育活动之一。为健体、强身和自卫，一些宗族或经济基础较好的村庄，均设有武馆。乾隆年间，天堂村曾有一人高中武举人。新中国成立后，全民健身运动蓬勃兴起。1984年，乡政府兴建篮球场，体育设施建设以乡驻地为中心，辐射各村。1989年，樟树乡篮球队在全县农民“丰收杯”篮球比赛中获第二名。1995年，荣获全县先进体育乡镇的光荣称号，2014年，樟树镇代表队在全县“福城五一”杯广场舞比赛中获体育道德风尚奖。同年末，全镇共有篮球场23个，其他体育场地和设备25处，经常参加体育活动的人数10515人，占常住人口的33%。

医疗卫生

清代，民间治病，主要依靠中医。民国时期，中医人数增加，行医方式除少数“坐堂”行医外，大部分是散居在农村的“走方郎中”。人民公社化后，前进公社所属大队全部建立卫生所，配备保健员、卫生员、接生员，担负辖区疾病及新法接生。1970年后，农村改革医疗制度，各大队卫生所更名合作医疗站，医务人员统称“赤脚医生”。1981年，农村实行家庭联产承包责任制后，合作医疗解体。1995年，全乡初级卫生保健达到国家初审标准，农村安全饮用水普及率100%，农村卫生厕所普及率75%。新型农村合作医疗参合率99.9%；城镇居民医保参合人数6.2万人，参合率90%，全民卫生教育、乡村医生一体化管理和初级卫生复审工作逐步规范化、制度化。2007年，开始实施新农合制度。2014年年末，境内有各类医疗卫生机构19个，其中，镇级卫生院1所，床位24张，医务工作人员26人，18个村级卫生室，乡村医生43名。

社会保障

清代民国时期，生老病死无任何社会保障。1983年，乡制模板厂首先试行劳保制度，职工因工负伤，工资照发，医疗费用由企业包干报销。职工年老、疾病、伤残、死亡、生育和失业时都可遵照有关政策法规，得到各种照顾。至21世纪初，镇区社会保障事业得到全面加强。积极推广新型农村和城镇居民基本社会养老保险，完善最低生活保障和扶贫帮困等一系列社会保障制度。2014年末，全镇最低生活保障户17数户，人数24人，支出8.64万元。农村最低生活保障户数778户，人数1379人，支出160.53万元。有农村敬老院1所，农村“五保”供养183人。民政部门资助参加合作医疗2000余人次，共支出18.4万元。国家抚恤、补助各类优抚对象245人，支出112.67万元。

特色地情

历史人文

大岭游击区的建立 1934年4月，中共耒永安中心县委成立，同时成立中共永兴区委，曹盛佳任区委书记，组建湘南赤色游击队第三大队，活跃在耒阳、永兴、安仁三县边境，同年6月，耒永安中心县委和赤色游击三大队迁移至大岭，大岭成为中心县委的驻地以及赤色游击三大队休整、集训、后勤供应基地，开辟以樟树大岭为中心的永兴红色游击区，成为湘赣革命根据地重要的据点之一。此后，坚持了三年艰苦卓绝的游击战争。抗日战争爆发后，湘南赤色游击队改编为新四军暂编第二大队，奔赴抗日前线。

外景

内景

仙水村马氏官厅

著名人物 邓燮文（1908—1928）樟树乡杨林村人，1923 年春考入县立第三高级小学。后入长沙兑泽中学学习，1928 年当选为县苏维埃政府副主席，是年 3 月中旬，被杀害于磊头墟。

风景名胜

侯憩仙 永兴名山侯憩仙（侯憩山），位于樟树镇西南部腾头自然村与耒阳市上架乡交界处，峰顶海拔 553 米，登临可览永兴、安仁、耒阳三县市。相传诸葛武侯平桂阳郡时，率兵驻此故名。明成化七年（1471），邑人曹子华建殿于此。

仙水马氏官厅 樟树镇仙水村大屋组马氏官厅，是清代修职郎（正八品）、御林郎为办公和居住所建。以“官厅”为中心的建筑群，总建筑面积达 2450 余平方米，分正厅和侧厅，大小官厅 15 个，房屋 330 余间，24 口天井。建筑檐饰、窗饰、吊栏装饰、石刻等丰富多样，山水人物花鸟雕刻栩栩如生。整栋建筑格局严谨，庄严气派，形制完备。

（马永平　供稿）

三塘乡

三塘乡因境内有“大塘、鲁塘、小尾塘”三口塘而得名。是开国大将黄克诚的故乡。

区域概况

位置面积

三塘乡地处永兴县西北部，东接悦来镇，南连油麻乡，西毗桂阳县青兰乡，北邻耒阳市长坪乡，与郴州市雷坪有色金属矿接壤。总面积49平方公里，占永兴县土地总面积的3.95%。人民政府驻地六合墟。距永兴县城60公里。

建置沿革

三塘乡，明代属金陵乡平陵里，清代主属金陵乡三都，南端杂居右二都。民国为悦油乡西部。新中国成立后为第五区西部。1958年，为五星公社西部。1961年，调整为三塘公社。1964年，并入油麻公社，1980年，恢复三塘公社，1984年，改制为三塘乡至今。

行政区划

新中国成立初的1951年，境域废6个保建立7个乡，即为株树乡（溪尾）、长湖乡、草冲乡（玉

下青村黄克诚故里

兰)、石鼓乡(上青、小尾)、三塘乡(大路、竹溪、北岸)、浪石乡(浪石、玲冢)、下青乡。1958年改制为5个生产大队，1961年调为11个大队，1982年续调至18个大队。1984年，辖区改制为18个行政村，2002年调为11个村。截至2014年，三塘多行政区划为竹溪、北岸、玉兰、大路、上青、下青、小尾、浪石、徐家、长湖、溪尾11个行政村。

自然环境与资源

自然环境 辖区属县内西部温和少雨多旱气候。多年平均气温15.5℃，年平均降水量1000毫米。境内河道属县内便江水系三级支流，下何家河自西向东穿中境。境域西部低山为主，东部丘岗平原相间。地层以石炭系测水组煤层为主，北部插有泥盆系陆海过渡沉积。土壤以灰岩风化物为主体，细分西部灰岩黄红壤，东部灰岩红壤和红色石灰土，植被以油茶、松树为优势，森林覆盖率50.7%，水土流失面50%，属强度侵蚀。

自然资源 境内地下矿藏有铜、锡、铅、锌、铁等，其中储量铜79259吨，锡31819吨，锌15776吨，铁2800万吨，成立湖南省高金矿业开发有限公司，开发上青村新兴多金属铜矿，位于上青村,矿区面积3.7平方公里,年开采量30万吨。

人口民族

清末民间时期，战乱饥馑频繁，人口聚散盛衰无常。新中国成立后，人民生活安定，境内出现人口生育高峰。至1964年全国第二次人口普查时，辖区总人口12075人。1964年后，人民生活水平逐步提高，境内再次出现生育高峰，至1982年第三次全国人口普查时，三塘公社人口为18196人。20世纪80年代后,严格实施计划生育，人口自然增长率明显下降。至2010年第六次全国人口普查时，全乡总人口为24317人。2014年年末，辖区总人口25917人。其中非农业人口254人。人口自然增长率5.7‰，人口密度为每平方公里443人。

经济发展

经济综述

境域经济传统主产粮食、茶油、烟叶、红薯。产业结构单一，是全县经济贫困地区之一。20世纪90年代，积极调整产业结构，大力发展烤烟生产和有色金属开采业，是全县重点烤烟基地。2002年，在黄克诚大将诞生百周年之际，加强基础设施建设，修建马三公路水泥路面。2014年，全乡地区生产总值为3.13亿元，第一产业增加值8420万元；第二产业增加值11456万元；第三产业增加值11425万元；一、二、三产业的比重依次为26.19 ∶ 36.6 ∶ 36.5；农民人均纯收入16740元。与1984年相比，在经济结构中，第一产业所占比重下降39.9个百分点；第二产业上升18.3个百分点；第三产业上升21.24个百分点；财政收入146万元。城乡居民收入10096元。

农业

种植业 三塘传统农业素以种植水稻、红薯、烤烟、蔬菜为主。清初，战乱连年，农民流徙频繁，三塘乡田土缺人耕种，农业凋敝；新中国建立后，依靠组织起来的集体力量，开展大规模的农田基础建设，不断改革耕作制度(改单季为双季)，引进和推广良种，生产条件明显改观，1961年，三塘开始试种烤烟。多数自产自销，当年仅收购0.2吨。1965年扩大种植面积，产量不断上升，1974年烟叶收购量上升到13.64吨。1978年后，随着家庭联产承包责任制的推行，农民的生产积极性得到充分发挥。2000年三塘乡与湖南隆平种业有限公司签订制种合同，湖南隆平种业有限公司投入资金100万元，派专业技术人员到乡指导生产。2014年，全乡杂交制种面积达106.7公顷，制种产值300万元。到是年末，全乡有耕地面积859公顷，年产粮食4082吨，蔬菜种植面积102公顷，蔬菜产量2557吨；烤烟种植面积87.5公顷。种植业增加值4951万元，占农业增加值的58.8%。

林业 境内传统林业素以经营油茶为主。1949年前，林地归私人所有。1958年林地收归为集体所有。1963年根据中央政策，山林权固定在生产队。1975—1976年，县内开展森林普查，境内林地5286公顷，其中有林地2433公顷，活立木蓄积5.66万立方米。1978年，县政府鼓舞农民植树造林，消灭荒山，至2004年，26年间累计造林3260公顷。其中经济林1600公顷。2014年全乡林地5587公顷，年产茶油2.8吨，活立木蓄积6000立方米，楠竹18900根，森林覆盖率64.74%，林业增加值968万元，占农业增加值的11.5%。

养殖业 清代，境内畜牧业已成为农户家庭副业的重要组成部分。民国初年，境内有村民零星养羊，因不适应本地高温气候特征而死亡。民国25年（1936），三塘下青村开始用杉树枝在河里布置卵巢，采集鱼卵，置于鱼池孵化繁殖成功。1952年，政府提倡多养耕牛牲畜，家家喂猪积肥。1984年农村经济体制改革后，玉兰、小尾等村相继兴起鱼塘养鱼。2006年，投资15万元兴建浪石养猪场，年出栏420余头生猪。2012年，发展规模以上生猪养殖场19个，出栏生猪2.3万头，实现产值2100万元。2014年发展规模生猪养殖场达26个，生猪饲养量20000头，年末存栏量10000头，出栏10000头，养殖业增加值2501万元，占农业增加值的29.7%。

劳务输出 境内传统副业以就地手工编织业为主。1966年开始出现少数亦工亦农进城抓收入。随着1984年社、队改乡、村新体制运行后，农村剩余劳动力大量转移，部分到马田、复和等乡镇小煤矿从事采掘，20世纪90年代，青壮男女劳力南下打工。至2014年，全镇有5460名农村劳力外出或进城务工，主要集中在广州，中山和深圳，占总劳动力人数的25.9%。

工业

建筑业 1956年农业社将农村泥木匠组建专业队，承包乡村小型砖混建筑工程。1984年后，一批联营和个体建筑队相继扩大，组建三塘乡建筑工程公司，随着工程数量增加和人员的培训，建筑水平不断提高。1998年三塘建筑公司，增加30万元机械设备，新增产值300万元。至2014年，全乡建筑业增加值4380万元，占工业增加值的38%。

加工制造业 1954年，成立三塘乡铁木社，有职工11人，1962年发展到24人，次年产值达16400元，加工铁制件4400件。1999年乡办有色冶炼厂，投资160万元，增加防尘设备。2000年乡办红薯酒厂和村办组酒厂，共投资38万元，新建厂房、设备，三塘红薯酒素有“将军酒”之称。

商贸服务业

商贸业 三塘乡经济底子薄，没有集市，只能到油麻乡赶墟。2011年末，共有商业网点10家。社会商品销售总额达535万元。2014年末，全乡商业网点增加到25家。社会商品销售总额达612万元。

旅游业 黄克诚故居位于永兴县三塘乡下青村，始建于清咸丰五年（1855），1998年修复。修缮后的整个故居占地面积为1599平方米，其中故居主体建筑面积约250多平方米。是一栋较典型的湘南农家民居建筑。黄克诚故居于1998年10月1日正式对外开放。2000年3月被湖南省委宣传部列为全省革命传统教育基地。2002年5月被湖南省人民政府公布为省级文物保护单位，后又被评为红色旅游教育基地；至 2014 年，全年接待游客 50 万人次。

基础设施

交通运输

明清时期境内有高亭司通往桂阳、常宁的官道过境。1959 年修通马油线，路面为泥沙碎石。1995 年借马三公路建成通车的东风，乡、村千方百计筹集资金，先后修通油溪、竹溪、北岸、玉兰、三宝等通乡村公路。2002 年在黄克诚大将诞辰 100 周年之际，拓宽三塘至下青水泥公路。至 2011 年，实现了村村通水泥公路，年客运总量 2 万人次。80% 以上实现通组水泥公路。至 2014 年，在实现通村公路的基础上，90% 以上实现通组公路。全乡有大小货车 30 辆，中巴、面包客运车 30 辆，年货运量 17.2 万吨，客运量 16.91 万人（次）。

邮政电信

邮政 民国时期，境内无邮政转递点，通过油麻墟和常宁白沙墟转送。2011 年年末，有邮政网点 1 家，乡村通邮率 100%。2014 年，邮政全年进出各类邮件包裹 10 万件。

电信 20 世纪 50 年代，境内通磁石电话。至 70 年代通话率 100％。2011 年有电信服务网点 1 家；移动电话用户 3500 户，用户普及率为 70%。2014 年，全乡有个人计算机 1 台。移动电话用户 5670 户，用户普及率 90%。

供电供水

供电 1960 年境内部分村由马田供电站供电，1972 年，三塘乡公社兴建一批小电站，自行供电。后因资金困难，加之管理不善，最终废弃。1988 年后，三塘主要由马田供电站供电，2006 年后，由油麻变电站供电至今。至 2014 年，全乡供电覆盖率已达 100%。

供水 辖区地势高，地下水位低，民众饮水历来困难，主要靠井水。1978 年，人口增加，生产、生活用水激增，井水供不应求，全乡村组就地打井 138 口。2008 年，全乡共投入 10 万元，修建水井 6 口，解决部分村民饮水。2013 年，为解决饮水困难问题，投资 380 万元，先后在徐家村、长湖村、溪尾村、玉兰村建设"蓄饮水工程"。2014 年，投入 32 万元建设玉兰毛家、浪石下大岭、小尾六十担和下青村饮水工程。至是年底，全乡

溪尾村古驿道

饮水问题基本得到解决。

水利建设

明清时期，境内有山塘300余口，因地势较高，一遇天旱，多为干塘。1957—1959年，县内掀起第二次修建水库高潮。1958年，在三塘乡小尾声村修建小Ⅱ型长山水库，有效库容10.5万立方米，灌溉面积28.8公顷；1959年，在玉兰村动工修建小Ⅰ型马头江水库。总库容量205万立方米，灌溉面积达333.3公顷；1965年，在上青村修建小Ⅰ型神鸡冲水库，库容125万方，灌溉面积达100公顷；2008年，投入175万元建设烟水配套工程。2010年，投入43万元建设15公里标准化灌溉水渠，完成21处基本山塘抢险保安工程。2014年，国家投入600万元对马头江水库进行清淤除险。投资320万元对神鸡冲水库除险安保。至年底,全乡拥有水库3座,山塘387口，总灌溉面积达603公顷。

村镇建设

民国时期，境内民房多为土坯房，部分为青砖房，一般聚族而居。新中国成立后，集中统一建房，多为砖木结构。1978年后，随着农村家庭联产承包责任制的落实，农村生活不断提高，农房建设速度逐步加快，质量由砖木结构向砖混结构发展，规模由四逢三间、六逢五间向一厅数室的套间转变。2012年，县委、县政府作出加快建设新农村的决定，三塘乡把下青村作为新农村建设示范。计划投入5000万元，工程分两期完成。2013年，统筹资金3000万元，是年第一期工程启动。按照黄克诚故居提质改造项目“一心一轴一带三区”建设总规划（一心：黄克诚大将陈列室与旅游接待中心；一轴：南北纪念文化轴；一带：沙子江景观带；三区：纪念园片区、故居片区、生态农业观光片区）。至2014年，下青村项目建设已完成2600平方米闲置房拆迁、征地1.4公顷、房屋立面改造、村绿化亮化面积1.4公顷、沙子江风光带建设、1200米长路面硬化、2000平方米空地硬化。

社会事业

教育

明清时期，境内一些大的家族开办私塾和书院，嘉庆十九年（1814）下青村黄氏宗族开办文槐书院。黄克诚在此就读。新中国成立后，政府重视教育，1951年创办小学2所。此后，翻身的农民踊跃送子女上学,至1957年小学发展至7所。有学生913人。20世纪90年代，三塘乡掀起集资办学的热潮，投资200多万元兴建或改善办学条件。1995年，被授予教育明星乡镇。1999年3月5日，广州军区政治部到三塘开展“一帮一”助学活动,为316名贫困生捐资助学。2005年9月，县政府在三塘举行对农村义务教育阶段贫困家庭给予免书本费，免学杂费和补助寄宿生生活费的“两免一补”首发仪式。2008年，全乡有中小学校11所,在校学生2248人。2014年投资130万元，建设乡中心小学第5教学楼，投资100万元完成北岸、上青、玉兰3所村小改造工程。全乡有中学1所、中心完小1所、村小7所。在校中小学生2454人，教职员工217人。幼儿园2所，入园幼儿325人，专职幼教师10人。小升初升学率100%，九年义务教育覆盖率达100%。

文化体育

文化　2002年5月19日，黄克诚故居被省人民政府列为省级文物保护单位。2014年末，有综合文化站1个，农家书屋11个。有线电视用户5203万户，其中数字电视用户1230万户，电视综合覆盖率90.5%。

体育 清代时期，境内民间自发开展一些体育活动。武术历来为境内开展的体育活动之一。清乾隆三十三年（1768）县内流传少林洪拳，其四派之一的中桩拳在国民时期传入三塘境内。新中国建立后，境内习武之风仍盛。1995年，县内认真贯彻《全民健身计划纲要》，乡民积极参加“亿万农民健身活动”。农民体育活动自此活跃。2014年年末，全乡3个行政村实施农民体育健身工程，经常参加体育锻炼的人数占总人口的10%。

医疗卫生

清代，民间治病，主要依靠中医，一些中医师利用境内野生药材制成配方，为村民治病。人民公社化后，大队组建卫生所，配保健员。1970年，农村实行医疗合作制度，大队卫生所更名合作医疗站，医疗人员称“赤脚医生”。1980年后，合作社医疗解体，由乡村医生联办，改称村卫生所。2014年末，全乡有各类医疗卫生机构12所，其中乡卫生院1所，村卫生室14所，专业卫生人员24人，平均每千人拥有卫生技术人员1人。2014年农村安全饮用水普及率70%，农村卫生厕所普及率60%；新型农村合作医疗参合人数2.2万人，参合率95%。

社会保障

民国32年（1943），县邮政局代办保险，三塘乡极少数群众参保。1982年，开办家庭财产“两全”（保险、储蓄）保险及附加盗窃保险业务，定期三年或五年，具有保险和储蓄双重性质，以本金的利息收入为保费。县民政局积极配合，把救灾、救济、扶贫同保险工作结合起来，确保在较贫困的三塘乡办理五年期家庭财产“两全”统保，共承保1000户，收储金15000元。2006年，境内群众有参加各类商业保险、国家农村合作医疗保险、农村社会保险及农村最低保障。2010年，投入100万元新建养老院。至2014年，农村最低生活保障524户638人，支出38万元；农村五保户供养184人，支出22万元；民政部门资助参加合作医疗824人次，共支出41万元；国家抚恤、补助各类优抚对象225人，支出45万元。

特色地情

著名人物

黄庭芳（1902—1927） 三塘乡玉兰村人，1923年考入衡阳大同中学。同年11月，加入中国共产党。1926年8月，以湖南省农运特派员身份回永兴从事农运工作。同年组建了永兴县第一个中共党支部，任书记。被选为永兴县国民党县党部执行委员。1927年“马日事变”后，在耒阳被杀害。

黄平（1910—1959） 三塘乡上青村人，1925年春，考入衡阳省立三师，1933年3月加入中国共产党。1938年2月，黄平任中共永兴县工委书记。1947年，中共湘南工委成立，黄平任委员，1950年3月，黄平任中共永兴县委委员，县人民政府代县长，5月任县长。1952年10月，调任湘南行署民政处处长。1954年4月，任中共宜章县委书记。7月，任中共郴州地委常委，郴州地区行署专员。1959年在反右倾机会主义运动中，受到错误的批判斗争，被迫害致死。1979年，党组织为其平反昭雪，恢复名誉。

黄克诚（1902—1986） 三塘乡下青村人，1922年，考入衡阳省立三师，1925年，加入中国共产党。1926年，参加北伐战争。1928年，在湘南起义中参与领导永兴年关暴动，并率部随朱德、陈毅上井冈山。曾任中国工农红军团长，师政委，军政治部主任，红三军团政治部代主任等职。抗战期间，任八路军总政治部组织部部长，

下青村黄克诚故居

第三四四旅政委，第二、四纵队政委，第五纵队司令员兼政委，新四军第三师师长兼政委，苏北区党委书记。抗战胜利后，进军东北，领导创建西满根据地，任西满军区司令员，中共西满分局副书记、代书记，东北民主联军副司令员兼后勤司令员、政委，中共冀察热辽分局书记兼军区政委、东北野战军第二兵团政委。新中国成立后，曾任中共天津市委书记兼军事管制委员会主任。新中国初期，任中共湖南省委书记。1952 年 10 月，任中国人民解放军副总参谋长兼总后勤部部长、政委。1954 年后，任中共中央军委秘书长，国防部副部长，中国人民解放军总参谋长，第八届中共中央书记处书记。1955 年，被授予大将军衔。曾获一级八一勋章，一级独立自由勋章，一级新中国成立勋章。1959 年的庐山会议上，同彭德怀等一起被错定为“反党集团”。在“文化大革命”中遭到残酷迫害。1978 年 12 月，被平反昭雪。1978 年在中共十一届三中全会上被增选为中央委员，中纪委常务书记；1986 年 12 月 28 日因病在北京逝世，终年 84 岁。

名优特产

红薯王酒 三塘盛产红薯，用红薯制成酒，是其传统工艺。红薯王酒素有“将军酒”之称，因其色香味醇，深爱酒之追捧，产品远销县内外。

名胜古迹

黄克诚故居 位于湖南省永兴县三塘乡下青村，建于清咸丰五年（1855），是清代湘南青砖马头墙、砖木结构的典型民居。故居面阔三间，高两层，纵深二进。青砖马头墙内为木框架结构，中为门厅、雕花坎门、小天井、祖生堂、神龛和神龛厅的木板小房。总建筑面积为 169.57 平方米。2000 年 3 月，中共郴州市委宣传部将黄克诚故居列为全市爱国主义教育基地。2001 年，县委、县政府又拨专款加以重修。2002 年 5 月，湖南省人民政府〔2002〕11 号文件公布黄克诚故居为湖南省级文物保护单位。

（李晟 供稿）

油麻乡

油麻乡因原驻地油麻墟而得名。油茶良种——"油麻大果"，被国内外广泛引种栽培。

区域概况

位置面积

油麻乡位于永兴县西部。面积43.6平方公里，占全县土地总面积的2.2%。东与高亭镇交界，东北与马田镇接壤，南连桂阳县洋市镇，西接三塘乡，北邻悦来镇。乡人民政府新驻地易家村杉元组金坪形，距县城50公里。

建置沿革

今油麻政区，清代主属金陵乡右二都，东北端杂居左二都。民国时期处悦油乡南部。1951年处第五区南部。1956年，为油麻乡。1958年，处五星公社南部。1961年，调整设立油麻公社。1984年，改制为油麻乡至今。

行政区划

新中国建立初的1951年，境域废6个保建立7个乡，即为五陵乡、公平乡、平乐乡、高头乡（高城）、易家乡、油麻乡、柏石乡（柏树、土桥）。1958年改制为5个生产大队，1961年调为7个大队，1969年续调至8个大队。1984年，辖区改制为8个行政村。截至2014年，油麻乡行政区划为土桥、柏树、油麻、易家、平乐、高城、公平、五陵8个行政村。

自然环境与资源

自然环境 辖区属县内中西部温热少雨多旱气候。多年平均气温16.5℃，年平均降水量1260毫米。谦和河自西向东横穿北境，平罗溪自西向东横贯南域，二水均属九三河上游支流。地貌西部山地东部丘陵北部岗地南部平原，南部高城公平一带分布灰岩黄红壤，西北五陵易家油麻一带分布灰岩红壤，东北分布红色石灰土。植被以油茶、松林为特色，森林覆盖率57.6%，水土流失面积占土地总面积的55.8%，属强度侵蚀。

自然资源 境内现存珍稀动物有狐狸、穿山甲、华南兔等7种。

人口民族

新中国成立初的1952年，境域总人口为8976人。1982年，境内总人口达15436人。期间年平人口自然增长率为22.96‰。实行计划生育后至2014年，全镇总人口20360人，其间年平人口自然增长率下降到8.14‰。与计划生育前30年相比，人口自然增长率下降14.82个千分点。总人口比新中国成立初增长1.27倍，人口密度由每平方公里206人增至467人。

经济发展

经济综述

境域经济，传统主产稻谷、茶油、烤烟。1984年，全公社地区生产总值223.25万元，其中农业增加值174万元，占78.0%；工业增加值32.7万元，占14.6%；商贸服务增加值16.55万元，占7.4%，是典型的农业乡镇，经济状况较为贫困。此后，因地制宜，大力发展烤烟产业，烤烟产业得以崛起，成为全乡财税收入半壁江山。2012年以来，全乡以打造成“现代商贸新镇和区域经济重镇”为引擎，为镇域经济社会发展注入了新动力。2014年，全乡地区生产总值达1.69亿元，其中一、二、三产业的比重依次为22.9∶38.0∶39.1；城乡居民收入8440元。与1984年相比，在经济结构中，第一产业所占比重下降39.9个百分点；第二产业上升18.3个百分点；第三产业上升21.24个百分点。

农业

种植业 民国以前，境内以种植水稻、红薯、烤烟为主，花生、豆类为辅。新中国建立后，通过土地改革，解放生产力，依靠集体力量，开展大规模农田基本建设，改革耕作制度，推广良种，粮食生产发展迅速。1981年，油麻公社粮食播种面积1077公顷，粮食总产4510吨。烤烟播种面积106公顷，烟叶生产140吨。1982年后，油麻乡政府针对境内长期以来稻谷加稻草的耕作制度调整产业结构。组织乡干部下村、组认真推广烟稻连作技术，鼓励农民种植烤烟。1985年，全乡烤烟种植面积184公顷，总产量204.1吨，种植规模、产量均居全县第9位。1988年，乡政府把发展烤烟生产作为振兴乡域经济来抓，送种子、送技术，服务到田间。1989年，全乡烤烟种植面积超过200公顷，烟叶产量269.8吨。经济效益明显提高，每公顷产值达4663元，是稻谷产值2639元的1.75倍。此后几年中，全乡种植烤烟持续发展。1997年乡党委、政府出台烟农贷款贴息煤补等系列优惠政策，鼓励烟农种烟。2002年，全乡种植烤烟242公顷，烟叶产量567吨。烤烟种植规模从1985年居全县第9位跃居第3位。烤烟已成为油麻“富民强乡”的支柱产业，誉为“金叶之乡”，被县政府列为烤烟种植重点乡镇。此后的10年里，全乡烤烟种植保持在210～245公顷。2014年，全乡粮食播种面积13329公顷，粮食总产量4292吨，烤烟种植208公顷，烟叶产量545吨，蔬菜播种面积215.4公顷，产蔬菜5380吨。种植业增加值1869万元，占农业增加值的48.3%。

林业 植被以油茶、松林为特色。1964年，永兴被定为全省杉木林基地县，县政府先后在油麻等14个公社兴办基地林地。1975—1976年全县森林普查，油麻公社林地2211公顷，其中油茶林110公顷，活立木蓄积量121立方米。1989年县委、县政府作出《五年消灭宜林荒山，八年绿化永兴》的决定，至1994年，5年内累计造林69.7公顷。2011年，投资5000万元，建设黄岭土生态园项目。2012年，投资1.8亿元建设中联天地万亩油茶开发基地项目，种植油茶1334公顷。至2014年，已完成1000公顷油茶种植任务。到年底，全乡林地2623.3公顷，森林覆盖率60%。活立木蓄积量153立方米，林业增加值445万元，占农业增加值11.5%。

养殖业 清代境内畜牧业主要是养殖牛、猪、羊、家禽，尤以猪、牛、家禽为主。民国初年，境内有村民零星养羊。1958年，县供销社从陕西调入寒山羊60只，在油麻试养，因不适应本地高

油麻梅花鹿养殖场

温多雨的气温特点而死亡。1967 年，县畜牧水产局调进湖羊 210 只，不到两年全部死亡。在“文化大革命”时期，家庭养殖业受到约束，发展缓慢。到 1984 年人民公社转制时，全公社饲养量 7276 头，人均不足 0.5 头。家禽存笼 6740 羽，水产品产量 21 吨。实行家庭联产承包责任制后，农户适应市场需求，养殖业逐年增长。1989 年，土桥、柏树、平乐、公平相继租赁鱼塘养鱼。1995 年，全乡养鱼专业户发展到 20 余户，年产鲜鱼 81.1 吨。1996 年，创立公平良种羊基地。至 1998 年有油麻、公平、平乐三个村成为全乡生猪养殖专业村。是年，全乡生猪饲养量 24960 头、牛 2730 头、家禽 15.83 万羽，全年养殖业产值 2118 万元。2014 年，境内生猪出栏 2 万头、菜牛 121 头、家禽 18.51 万羽，养殖业增加值 1060 万元，占农业增加值的 27.4%。

劳务输出 20 世纪 60—70 年代搞大集体时，农村劳动力都要固守田庄，不得外出，对发生劳力“外流”人员要严加处罚。20 世纪 80 年代初，开始对农村实行经济体制改革，在落实家庭联产承包责任制后，解放生产力，劳动者的主观能动性得到充分发挥。农业剩余劳力开始向第二、第三产业转移。一部分离土不离乡就近进厂进店务工；另一部分南下广东、深圳等地务工。2014 年，全乡有 7350 名劳动力外出务工，占总劳动力人数的 40.8%。

工业

冶炼加工制造业 清代境内传统工业有铁器铸造手工作坊，铸造各种农业生产用具。民国 20 年（1931），油麻办有长春茂铁厂，三年后停产。1952 年，油麻墟“老罗号”铁器加工坊，是当地有名的铁匠，能铸造各式各样的铁器，享誉方圆几十公里。1956 年成立油麻铁木社，有职工 12 人，以生产小农具为主。20 世纪 90 年代，受经营自主、区位优势、市场引导的共同影响，乡内的红砖厂、无锈钢桌子等企业发展迅速。至 2014 年，全乡加工制造业增加值 1381 万元，占工业增加值的 21.5%。

金银首饰业 金银首饰加工在境内发展历史较久，早在新中国成立初期，易家村就有几户金银首饰手工作坊，手艺一直流传至今。20世纪初，乡政府积极支持智慧金银首饰加工厂拓展精深加工，对几户加工小作坊进行整合联办，成为固定资产投资1000万元，生产厂房面积800平方米，产品门类超过20种的金银首饰精深加工、集批发零售于一体的企业。其产品深受市场青睐，销量接连攀升，成为郴州、衡阳、永州等地多家商城批发平台、淘宝等商家的供货商，2014年的市场销售额突破2000万元。

采石业 全乡资源贫乏，仅有石灰岩等自然资源。2012年6月，土桥采石场动工新建，建设1条生产线以及办公和基础设施，购置1台大型的碎石设备，2013年3月，投产试运行，主要生产片石、碎石、石粉等建筑用料。2014年，乡政府整合全乡优势资源，规范建成土桥采石场，引进外资600万元进行技改扩能，高标准完成办公楼、配电房、绞车架、炸药库和厂棚等基础设施建设，完善高压配电系统、监控系统等软件设施建设，成为县内标准化程度高、规模大的采石场企业。是年，增加值达到1413万元，实现利税360万元。

制鞋业 2012年，乡政府通过招商引资，投资3000万元，在乡驻地中心镇区兴建境内新型产业——海燕鞋材厂。该厂占地面积约4000平方米，其中厂房面积1500余平方米，三层宿舍楼使用面积达1600平方米，仓库、保卫室等300平方米。2014年，海燕鞋材厂在原厂基础上添置新式生产线3条，招聘工人200余人，2014年，实现产值1997万元。

建筑业 1993年，乡企业办将农村泥木匠组建专业队，承包乡村小型砖混建筑工程。1996年后，相继扩大为建筑工程公司，建筑水平不断提高。至2014年，全乡建筑企业增加值925万元，占工业增加值的14.4%。

商贸服务业

商贸业 光绪三年（1877）境域设有公平墟、油麻墟2墟。民国初年，从广西桂林、永州等陆路进货批转桂阳、耒阳等地的商贸较为发达。民国34年（1945），日军侵占永兴，商业萧条。1949年新中国成立后，百业俱兴，私营商业的恢复和发展较快，油麻集贸市场每逢农历四、九日开墟。1951年,成立油麻区供销合作社。1988年，油麻墟上市人数达4000人，年交易额117万元。1996年，实施商业流通体制改革后，商业购销打破所有制、区域、行业界线，个体私营商业跃居主导地位。2003年后，宏达超市、供销超市等超市相继开业。至2014年，全乡商业网点23家，从业人员78人，商贸增加值3370万元，占商贸服务业增加值的51%。

运输业 1983年，油麻村组建运湘汽车运输公司，是乡内首批民营运输企业之一，带动全乡个体私营运输业的大发展。至2014年，全乡运输业增加值2115万元，占商贸服务业增加值的32%。

服务业 1951年，实行股份制合营，组成油麻区供销社、内设旅店、有床位4个，饮食店，有职工12人。1956年，组建油麻理发合作社。1965年，组建国营油麻照相馆。1980年，油麻公社兴办电影队、照相、理发、饮食4家社办服务企业，年收入1.3万元。1996年商业流通体制改革后，个体私营服务业跃居主导地位。夜宵街、美容美发、摄影照相、车辆出租、打字复印、制作衣服等行业盛行。至2014年，全乡服务业增加1123万元，占商贸服务业增加值的17%。

基础设施

交通运输

清乾隆年间陆路官道纵横，以油麻墟为中心的辐射周边邻县的官道计3条。1958年，马三公路修成通车，1994年进行改扩建。1995年投资40多万元，修建油麻至五陵长达9公里的二级沙石路。1999年，县委、县政府提出“村村通公路，乡乡通油路”。油麻乡区域内道路和通村公路网络建设进一步加速和提质。2002年，马三公路拓宽成六米进行路面硬化。2003年，油五公路进行路面硬化，次年竣工。此后，境内土桥、柏树、易梧、易旦、平乐至刘家、朗山、新高城、二代至丫山岭、沙梧、江泉塘等通村、组道路，实现水泥硬化。至2014年，全乡42.9公里通村组公路，全面实现水泥硬化。

邮政电信

邮政 民国15年（1926），油麻墟是全县邮路南路的一个投递点，三天环行投递一次。民国35年（1946），开通油麻至永兴汽车邮路1条。至2014年年末，乡内有邮政网点1家，乡村通邮率100%。

电信 1953年，为配合土地改革运动，县政府组织人力、物力，架通高亭司至油麻墟，油麻墟至坪田，油麻墟至西禅等3条电话线路。此后，农话与农村广播共用线路，电话延伸至生产大队。1982年，油麻至永兴有线电报线路开通。1995年建成数字程控电话。至2014年，全乡有电信服务网点1家，固定电话用户293户，用户普及率为7.3%；移动电话用户4560户，用户普及率为99.6%。

供电饮水

供电 1960年，马田供电站建站，1961年，开始向油麻部分村组村民供电。1964年，建设油市变电站，在油麻境内进线，可供部分村组用电。1974年，境内开始向村组架设供电线路。至1988年，全乡所有村组全面通电。1992年，兴建油麻供电所，2009年，兴建油麻供电站。至2014年，全乡供电覆盖率达100%。

饮水 辖区民众饮水历来取自地下井水。新中国成立初期，全乡共有水井86口。1990年，随着人口增加，生产、生活用水激增，加之原井水出现干枯，许多村组就地打井93口。1993年后，全乡部分村组开始逐渐建设自来水塔向用户供水。1998年，易家饮水工程项目，年底投入使用，解决易家村1000多口人生活用水。2012年6月，在乡政府后山500米处，建设日供8000吨的原水输送泵和配套设施。至2014年，全乡镇区单位、村组居民饮用自来水覆盖率达100%。

水利建设

1955年，在油麻乡公平村修建小Ⅱ型水库太平窝水库，蓄水面积0.13平方公里，有效灌溉面积4公顷，1958年，在五陵修建小Ⅱ型水库桃花水库，有效灌溉面积86.5公顷。1959年，在易家村梧桐组安装首台电动抽水机提灌。1972年，修建山口水库和炭山江水库。2008年，乡政府投资300万元完成五陵、公平、高城、易家4个村的烟水配套工程。2012年，投资248万元加固排险桃花水库。2014年，投入260万元维修桃花水库右干渠和境内部分山塘、水渠、堰坝。至年末，全乡拥有水库4座，山塘256口，其中平乐村炭山江基本山塘已向省水利厅申请防洪保安工程立项。

村镇建设

驻地 油麻墟历史悠久，清光绪元年（1875）有街道2条、巷道5条。民国初期，镇区有上节、中节、下节街等街道。20世纪90年代末，

乡新农村建设示范村——高城村新貌

乡政府从墟场搬迁至中心小学对面，乡政府大院原址改建成商业用房，新的农贸市场、供销大厦，邮电大楼投入使用，大大地改善镇内环境。2010年，镇区建设开始按规划实施。2012年，为改变墟场街道狭窄，通行不畅的问题，启动油麻大道工程。投资5000余万元对油麻大道进行改扩建。

村庄 提升镇区环境基础设施的同时，油麻乡注重开展农村环境整治工作，建设绿色村庄，打造“一山一水自然景观”和“艾我佳生态休闲度假区”。2012年，筹资56万元进行危房改造，安置54户住房困难户。2013年，实施油麻村小康新村建设，完成全乡96%的通村组公路硬化工程。2014年，启动柏树、高城、易家、冲头自然村等村小康新村项目建设。投资560万元，拆除各类危房、违房、杂房、厕所396间，卫生改厕480户，引导村民建房向中心村集中，向镇区集中，在油麻村建成100户群众集中连片建房示范区。建设油麻村、柏树村、高城村等新农村建设示范点，全乡村容村貌发生显著改变。

社会事业

教育科技

教育 清代，为方便本地或本族子弟入学，境内办有义学、学生免费入学。清咸丰六年(1856)，境内始建濂溪书院，清光绪二十七(1901)，在濂溪书院创办高等小学堂，开始新式学校教育。开国大将黄克诚曾就读于此书院。民国4年(1915)，创办国民小学。中华人民共和国成立后，人民政府接管和改造旧有学校。1949年，将濂溪书院更名为油麻书院。1958年贯彻公办、民办“两条腿走路”的方针，开展多种形式办学，每个大队都兴办了简易小学。平乐完全小学和公平完全小学还附设初中班，油麻中学设有高中班。1969年，油麻书院搬置油麻乡金坪形办学，改名为油麻中学。1980年后，从城镇到乡村，层层掀起建校热潮，各村对原有旧学校都进行改造换新。2007年，邓辉创办全乡第一所民办幼儿园。2013年，对公平小学、易家小学、柏树小学、油麻小学等4所村小进行改造维修，2014年，筹资560万元对平乐小学、五陵小学2所村小进行改造维修及学校周转房项目建设，油麻中心小学公租房项目、油麻中心小学寄宿制大楼项目建设。至年末，全乡有幼儿园1所，在园幼儿80人，专任教师10人；小学6所，在校生1950人，专任教师87人。初中适龄人口入学率、小学升初中升学率、九年义务教育覆盖率等均为100%。

科技 1953年3月，农业合作化后，开始单季稻改双季稻，高秆稻改矮秆稻，冬泡田改冬种。1956年推行油茶垦复。1958年人民公社化后，全面贯彻农业“八字宪法”，推广新技术、新式农具，推广新法养猪。1973年常规稻改杂交水稻。是年，县油茶研究所在土桥村安乐组推广大粒油茶种植试验，开展土壤普查，进行理化分析。2014年年末，全乡有各类教育科技人才195人，其中专业技术人才56人，经营管理人才39人，技能人才43人，农村实用人才57人。

文化体育

文化 同治六年（1867），在油麻兴建濂溪祠，祀北宋理学家周敦颐。1974年7月，在油麻公社创建16毫米机电影队。1978年，在油麻墟建成电影院，有座位760个，适合放映16毫米机电影。1984年12月，乡电视差转台竣工转播。随着人民生活水平的提高和城乡文体设施的完善，2006年后，群众自发成立多个文体活动团体，在油麻墟、各村广场到处都是锻炼的人群，人数总计达到上千人。2014年末，境内共有各类文艺表演团体3个，文化站1个，电影放映队1个，村农家书屋8个，有线电视用户3625户，其中数字电视用户1356户，电视综合覆盖率100%。

体育 新中国成立初期，新文化相继传入境内，体育活动开始兴起。2014年末有体育场地16处，40%的村、社区安装健身器材，经常参加体育活动的人数2326人，占常住人口的15.6%。

医疗卫生

清代，有永州人来油麻墟开设药店，以中医为主。民国时期，在油麻墟开设的药铺多达6家。1952年冬，在油麻区政府所在地组建区卫生所，配职工3～4人。1958年人民公社化后，改为公社卫生院。是年，在油麻村邓家湾组办有油麻中心卫生所，各大队组建卫生室，配备保健员、卫生员、接生员，担负大队防治及新法接生工作，开始西医治疗。1970年，境内农村实行合作医疗。1981年，农村实行家庭联产承包责任制后，合作医疗解体。1984年11月，油麻乡卫生院改为油麻中心卫生院。1990年，在油麻墟街上办有个体诊所。2007年，开始实施新农合制度。2008年，建成乡中心卫生院综合大楼。2014年，筹资240万元完成油麻卫生院公租房建设工程和五陵、平乐2村卫生室建设。乡域内有各类医疗卫生机构12所，其中乡卫生院1所、标准化村级卫生室8所和3所营利性诊所，专业卫生人员46人，平均每千人拥有卫生技术人员2.3人。农村安全饮用水普及率100%，农村卫生厕所普及率62%。新型农村合作医疗参合率99.6%；城镇居民医保参参合率83%。

社会保障

清代民国时期，生老病死无任何社会保障。新中国成立后，“五保户”由集体供养。至21世纪初，社会保障事业得到全面加强。积极推广新型农村和城镇居民基本社会养老保险，完善最低生活保障和扶贫帮困等一系列社会保障制度。2014年年末，全乡最低生活保障户数484户，人数700人，支出103.68万元。有农村敬老院1所，农村五保供养176人。国家抚恤、补助各类优抚对象170人，支出61.2万元。

特色地情

著名人物

刘馨（1902—1929） 油麻乡公平墟人。1926年春，考入北平中国大学。不久，加入中国共产党，1928年2月，成立中共永兴县委，刘馨任中共永兴县委组织部部长。4月初上井冈山。1929年5月，刘馨在大塘庵成立中共湘粤边区工作委员会任委员。同年9月，不幸牺牲。

名优特产

油麻生姜 1983年，油麻乡部分村民从桂阳引进生姜苗，在五陵村各组种植共计13.2公顷左右，后经农技人员精心株选繁育而成新品系，定名油麻生姜。2009年，油麻生姜在永兴县农博会上受到了广大客商的青睐。

风景名胜

寨下景区 寨下风景区地处油麻乡平乐村寨下组，具有洞奇、石秀的自然景观特点。峰顶有人工戳雕的石坑，经考古专家发现早在公元前200年的春秋战国时期，就有人类活动的迹象。景区内融洞奇石、石林、灌木于一体，构成岩石崖壁、峰林、洞穴、沟谷等千姿百态的地貌景观，自然资源丰富，具有很大的旅游开发潜力。

神仙岭景区 神仙岭位于油麻乡公平村，景区以山峦起伏地貌中存有完整的森林资源为最大特色。景区内融森林、塘泊于一体，构成山峦崖壁、峰林、洞穴、沟谷等千姿百态的地貌景观，尤以独具特色的峰林之幽深、岩洞之庞大、石板路之长、霞光之秀最为奇绝；保存有大面积的常绿阔叶林和结构完整的落叶阔叶林、针叶林、竹林、水生及沼生植被，孕育着良好的森林植被，其植被和植物群落类型的多样性为全县为数不多的乡镇，区内共有植物609种、陆生野生脊椎动物26种、水生动物13种；还有永兴县发现的最长的石板路。得天独厚的自然风光，结构完整的森林植被，源远流长的人文景观，具有极大的农庄旅游开发潜力。

（李晟 供稿）

洋塘乡 >>

洋塘乡因驻地“洋塘冲”而得名。洋塘是优质烤烟、油茶传统种植大乡。

区域概况

位置面积

洋塘乡位于县境的西南端，东毗郴州市苏仙区栖凤渡镇，南邻桂阳县洋市镇，西接桂阳县洋市镇、永兴县油麻乡，北邻高亭镇、油市镇。土地总面积51平方公里，乡人民政府驻地长洲村洋塘冲，距县城37公里。

建置沿革

唐开元元年（713）属金陵乡。明弘治年间（1488—1505）分属平乐里和平陵里。清代主属金陵乡前六都，北端杂居右二都。民国时期属文良乡。1958年属红旗公社。1961年调整设立文明公社。1966年“文化大革命”时改称红星公社，1984年改制更名为长洲乡，半年后又更名为洋塘乡沿革至今。

行政区划

新中国成立初的1951年，境域废6个保建立7个乡，即为大泉乡（大泉、陈家）、西禅乡（西禅、铁龙）、长洲乡、文明乡（文明、同心、江古）、凫塘乡（凫塘、西龙）、景园乡（景星、沙窝）、羊乌乡（羊乌、八公分、红花）。1958年改制为4个生产大队，1961年调为11个大队，1978年，再行调整为15个大队。1984年，辖区改制为15个行政村。截至2014年，洋塘乡行政区划为长洲、铁龙、西禅、大泉、陈家、文明、同心、江古、凫塘、景星、羊乌、西龙、沙窝、八公分、红花15个行政村。

自然环境与资源

自然环境 洋塘乡小气候由东部湿热向西部温和过度，大同于雨少偏旱。地貌组合为丘陵溪谷平原，总体轮廓东南丘、西北平，地势为东南高西北低。境内洋塘河东纳水口河、西汇大泉水、南集长洲江。土壤为红色石灰土、沙泥土为主展布全境。东端插花板岩红壤。植被以油茶、松林为优势，森林覆盖率为57.7%，水土流失面积占土地面积的62.5%，属强度侵蚀。

自然资源 境域东南北部含锰铁地层，分布在沙窝、红花、羊乌、西禅等村，非金属矿有水泥用石灰岩、片石等。建筑用片石分布于凫塘村、文明村、大泉村，灰岩分布在境内西北部的大泉村等村。珍稀动物有狐狸、穿山甲、华南兔等6种。

人口民族

新中国成立初的1952年，境域总人口为

10947人。1982年，境内总人口达17956人。期间年平人口自然增长率为20.36‰。实行计划生育后至2014年，全镇总人口为21939人，其间年均人口自然增长率下降到7.62‰。与计划生育前30年相比，人口自然增长率下降了12.74个千分点。总人口比新中国成立初增长1倍，人口密度由每平方公里215人增至430人。

经济发展

经济综述

境域经济传统主产稻谷、红薯、花生、豆类、油茶、烤烟等。农村推行家庭联产承包责任制后，洋塘烤烟、油茶、商贸、建材、烟花爆竹等产业全面兴起。2008年引进外资建设烟花爆竹厂。2014年，全乡地区生产总值达3.18亿万元，其中一、二、三产业比重依次为32.2 ：38.7 ：29.1；城乡居民收入12749元；财政总收入378.5万元。与1984年相比，在经济结构中，第一产业所占比重下降4.3个百分点；第二产业上升12.3个百分点；第三产业上升14.7个百分点。

农业

种植业 乡内传统农业素以种植水稻、红薯、黄豆、小麦、烤烟等。中华人民共和国成立后，由单季稻改种双季稻，20世纪50年代末由高秆改种矮秆，1965年，开始种植烤烟，按照国家计划需要增加棉花种植。1978年后，注重发展商品经济，充分发挥资源优势，实施稳定粮食、巩固烤烟、开发冰糖橙与皇桃等经济作物。水稻播种面积825公顷，总产4349吨，烤烟面积206公顷，总产500吨，为县内优质烟基地之一；丘岗山地开发冰糖橙80公顷，2006年，西禅村种植洋塘皇桃2公顷，2010年，西禅村皇桃挂果，年产皇桃8吨。2011年，后村民自发推广皇桃种植，至2014年年末，全乡种植皇桃10公顷。是年末，全乡有耕地面积1029公顷，年产粮食5906吨，烤烟收购517吨，种植业增加值3558万元，占农业增加值34.8%。

林业 境内传统林业素以经营油茶为主，兼营松木林。1956年全县林业普查，境内林地面积2478公顷，积蓄活立方木材962立方米。1995年，县委、县政府在全县经济工作会议上提出“五年消灭荒山，八年绿化永兴”的奋斗目标，政府组织全乡村民植树造林，至2005年共造林700公顷。2008年，境内中南油茶基地建设取得新突破，油茶低改产业来势较好。2014年，退耕还林313.33公顷，全乡林地总面积3229公顷，活立木蓄积量1233万立方米，油茶面积751公顷，年产油茶10吨左右。森林覆盖率57.5%，林业增加值2321万元，占农业增加值22.7%。

养殖业 境内养殖业是农户家庭副业的重要组成部分。务农力耕、犁田多用水牛、黄牛，并养犬、猪、鸡、鸭、鹅、羊、兔等，传统渔业以山塘放养草鱼兼鲢鱼等其他鱼种为主。1952年政府提倡多养耕牛牲畜、家家喂猪积肥。20世纪70年代，城隍坪、兔子冲、蚂蝗塘、陈家等四座小Ⅱ型水库灌溉养鱼相结合，长洲村建立鱼苗养殖基地。2000年，江古村刘明光率先兴建了占地面积3000平方米，年产1000头的生猪养殖场。2007年，羊乌兴建年产100头耕牛养殖场。2010年，从广东引进中华鲟鳇鱼技术，建立铁龙、大泉中华鲟鱼养殖基地。2012年，大泉村兴建的年产1000只黑山羊养殖场基地。2014年，全乡生猪出栏13380头、存栏8200头，家禽出笼37.2万羽、存笼19.7万羽，山羊出栏500只、存栏500只。畜牧业增加值1871万元，全乡渔业增加值达1309万元。

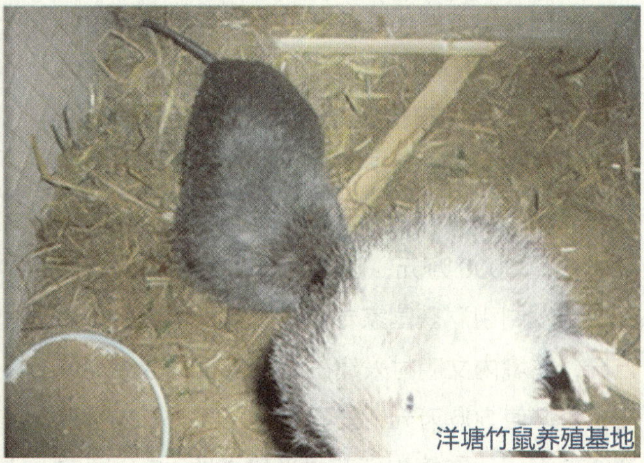

洋塘竹鼠养殖基地

劳务输出 随着1984年社队改乡、村新体制运行后，农村剩余劳动力大量转移，出现了赴全国各地及本地企业的打工潮。至2014年，全乡共有3700名农村劳动力外出或进城打工，占劳动力人数的45%，劳务输出收入1165万元。

工业

冶炼业 1958年“大跃进”时，工业一哄而起。在凫塘村（窑厂）、洋塘冲（现乡政府所在地）办起炼铁厂，建土铁炉55座，兴起大炼钢铁的高潮。进入20世纪70年代，当时的红星公社率先在全县办起公社企业红星冶炼厂，收集废旧金属，主营铝锭、铜及少量金银。1985年3月，乡政府筹资75.18万元，聘请郴县良田水泥厂技术员设计，兴建洋塘水泥厂。1986年11月试产。1987年，生产水泥2770吨，完成产值67.5万元，实现利润25万元。1989年改扩建为年产2.2万吨。

加工制造业 清代民国期间工业基于铁、木、竹手工作坊和礼窑个体陶瓷烧制。1958年，先后组建文明铁木社、文明缝纫社，制造、加工、修理当地的农机与制衣行业。1970年，整合个体陶瓷制造主，在西禅村大坪里办起红星陶瓷厂。1989年，引进沈阳科技公司的技术，办起洋塘建材厂，主要生产耐磨、抗水地砖，后因产品滞销而停办。2005年，投资200万元在境内兴建华盛页岩机砖厂。2012年，办起凫塘采石场与大泉土山里采石场等。全乡加工制造业总增加1487万元，占工业增加值的12.1%。

烟花爆竹业 20世纪90年代初，境内有手工鞭炮制造业28户，分散在铁龙、西禅、长洲等地家庭作坊，大都在人群集中的村内生产。2002年，耒阳个体户梁承龙投资200万元，在境内创办洋塘兴隆花炮有限公司。2004年，根据“小户上山、大户离湾”的要求，28户鞭炮生产户全部搬迁距村庄较远的山上建厂生产。2007年，按照政府要求，对鞭炮生产业进行全面整合，打非治违。2008年2月，本地部分个体鞭炮生产经营户投资200万元，在境内铁龙村兴建占地1.35公顷、年产值400万元的永洋鞭炮厂。是年，洋塘兴隆花炮有限公司更名洋塘吉庆鞭炮厂。2009年1月，引进外资4000万元，在境内西龙村兴建占地2.8公顷的富利华鞭炮厂，该厂是全省生产设备最齐、安全防范措施最完备、厂房建筑标准最高、生产规模最大的鞭炮生产企业之一，设计产值达1亿元，可安置劳动力600人。是年，引进外地资金、人才、技术，总投资2200万元，在境内大泉村兴建占地2公顷的和美佳烟花爆竹厂，生产各类特红鞭炮、组合烟花等，设计年产值7000万元，可安置劳动力500人。2010年，完成业务收入2400万元，富华鞭炮被省工商局评为全省驰名商标。是年2月，利用外资200万元，在境内羊乌村兴建占地1.4公顷的永兴县华顺引线厂，设计年产值3000万元，可安置劳动力200人，该厂“湿发制引”获国家专利技术。是年投资200万元，在境内文明村兴建占地1公顷的金辉鞭炮厂，年产值500万元，安置就业人员150人。投资600万元，在境内红花村兴建占地1.5公顷的宏鑫鞭炮厂，年产值500万元，安置劳动力180人。2012年至2013年，全乡所有烟花鞭炮企业通过技改为机械化作业生产。2013年，吉庆鞭炮厂被富利华鞭炮厂收购，是年12月，永洋鞭炮厂停办。至2014年年末，全乡烟花鞭炮生产总值10776万元，产品销往全国各地，是洋塘四大主导产业之一。

建筑业 农业社将农村泥木匠组建专业队，承包乡村小型砖混建筑工程。1968年，成立红星公社建筑队。1984年后，一批联营和个体，建筑队相继扩大为洋塘建筑公司，当年承建鲤鱼塘粮站。1987年，承建桂阳县塘市粮站拱形仓库，为地区优良工程。1995年，省市建筑行政部门进行建筑企业资质审查未予保留。

商贸服务业

商贸业 明末清初年间，境内先后相继设有曹家墟、大同墟、杨柳塘墟（又名清平墟）。民国初期，从广东乐昌、新子、连州陆路进货批转郴县、人力进货进入洋塘。当时商贸状况较为发达。由于抗战影响，商业萧条，交通被阻，境内3墟先后倒闭。新中国成立后，人民政府积极扶持经商人士先后来文明墟置业，形成正常的5天一墟（阴历二、七）。1961年，文明墟设立供销合作社，经营百货、南杂、纺织、副食品等。1996年，实施商业流通体制改革后，打破所有制、区域、行业界线，个体私营商业跃居主导地位。为扩大边贸市场，1997年，开发占地15公顷的文明边贸市场，每三天一开墟（逢阳历三、六、九）。市场内开设商贸各行业，广纳桂阳、永兴及周边等地区人士、置业交易。2006年，在政府所在地旁边新建占地5公顷的洋塘农贸市场。至2014年，全乡有农贸市场2家，商贸网点387家、摊位405个，商贸增加值5701万元。

运输业 20世纪60年代，洋塘购进“东方红–28”拖拉机，相继成立红星公社拖拉机站，后又陆续购进手扶拖拉机。1969年，购进“武汉卡斯车”，开办洋塘的运输业。1985年后，购进大中型汽车。20世纪90年代陆续购进大小金刚车，境内个体私营运输业装壮大发展。至2014年，全乡运输业总产值2402万元。

服务业 1956年，实行公私合营，当时在文明墟开办小吃店多家。1975年，组建文明饮食店、文明理发店，1977年，组建红星供销招待所。1996年，商业流通体制改革后，个体私营服务业，跃居主导地位，蓬勃发展。个体餐饮、摊点、店铺相继涌现，车辆出租、打字复印、摄像等行业基本形成并逐步盛行。至2014年，全乡有酒店餐饮点22家，车辆出租25辆，打字复印6家，修理25家，美容美发10家，服务从业人员94人。全乡服务业增加值1137万元。

基础设施

交通运输

明清时期有步道通往桂阳洋市镇、东城乡等地。1958年，高亭至文明段的沙石公路（省道3531线）竣工通车。1974年，洋塘至羊乌村的沙石公路通车。2003 年，高亭至文明 3531 线沙石公路由原来的 4 米拓宽，改造提质为有效路面 6 米宽的水泥公路竣工通车。2007 年，动工修建武广高铁，途径西禅、铁笼、西龙、羊乌、八公分、沙窝等 6 个村，全长 11.8 公里。2012 年，洋塘至景星的沙石公路段扩建提质为 5 米的水泥硬化公路。2013 年年底，破土动工的 3531 线提质改造为 3 车道柏油路面，于 2014 年底全面竣工通车，两旁绿化全面完成。至年底，过境省道 10.5 公里为柏油路。全乡有 12 条共计 46 公里村级公路，除红花村、大泉村 4 个自然村外，全部硬化通组公路。2014 年 9 月环乡公路通车，全乡交通四通八达。

邮政电信

邮政 1953 年，油榨墟至西禅有线电话开通，洋塘至高亭的邮政线路开通，至 2014 年，全乡有邮政网点 1 家，乡村通邮率达 100%。

电信 1953 年，洋塘至高亭的电报线路开通。又相继开通洋塘至永兴等地的长话线路，1958 年成立洋塘总机，通过总机转接开通各村的有线电话，是年，境内有单机电话 13 部。1992 年，乡内开通 150 门自动电话，一年后升级为数字程控电话。1995 年建成数字移动电话。至 2014 年，全乡有电信服务网点 2 家，移动服务网点 2 家，联通服务网点 4 家，固定电话 170 户，用户普及率为 3.1%；移动电话用户 2500 户，用户普及率为 50%；联通电话用户 1800 户，用户普及率 36%。

供电饮水

供电 1975—1979 年，全乡境内所有的村、组架通高低压线路，输送生活、生产、照明用电，用电户 5400 余户。2005 年境内兴建了西龙村、大泉村水电站。2006—2009 年，全乡境内进行农网改造。21 世纪，全乡供电覆盖率已达 100%。

饮水 辖区民众饮水历来取自井水。境内各村组、自然村都有饮用水井。境内还有铁龙头、沙圳头、泉波头“三泉”，水清、味甜、冰凉、质优、流量大，四季如同。明清时期利用泉波头等泉水灌溉农田，21 世纪初，居民为方便饮水自行打井 150 余口，取用地下水。为解决人畜饮水之安全，全乡境内进行饮水改造工程，安装自来水。截至 2014 年末，全乡有 3600 户用上清洁、干净的自来水，村民饮用自来水覆盖率达 65%。

水利建设

清末境内较长的水利设施有洋塘高圳，水圳长 2600 米。境内泉水较多，地下水资源丰富，铁龙头、泉波头、沙圳头为境内三大泉源，位于境内铁龙村的铁龙头自然村属下降泉类型，流量为 126 立方米 / 秒，右引水圳长 5000 米，灌溉铁龙村、高亭镇的大城、黄泥、宜秋塘，油市镇儒林 5 个行政村 150 公顷稻田。位于西禅村的沙圳头泉水属上升泉类型，流量为 33 立方米 / 秒，引水圳长 1500 米，能灌溉 45 公顷稻田。位于大泉村的泉波头属下降类型，流量为 126 立方米 / 秒，右引水圳 4000 米能灌溉 100 公顷稻田，左引水圳 1500 米，能灌溉 100 公顷稻田。1957 年，举全乡之力修建库容为 73 万立方米水库城隍坪小Ⅱ型水库，保证下游 4 个行政村 166.6 公顷农田的水利灌溉。1972—1975 年，先后修建兔子冲、蚂蟥塘、陈家三座水库。1986 年又将洋塘泉波头水圳改为石浆砌。1989 年冬，陈家水库加坝维修，扩大灌溉面积。2006—2008 年实行烟水配套工程，共改造硬化、铺设“U”型槽水渠 7000 余米，总灌溉面积 437 公顷，占耕地面积的 78%。2012—2013 年，先后对城隍坪、兔子冲、蚂蟥塘三座水库进行高标准化的建设。2014 年境内共有水库四座，山塘 615 口，水渠 15000 米。

村镇建设

驻地　1966年，乡政府驻地从原文明公社驻地文明墟搬迁至现址。2014年，对政府所在地的2条2公里长的街道提质改造，进行全面绿化、美化、净化、亮化工程，形成一乡一品牌。文明边贸市场、洋塘商贸城（洋塘农贸市场）2处，共占地面积7700平方米。截至2014年，乡驻地面积由1978年的0.6平方公里扩增到1.5平方公里。

村庄　民国时期，境内多聚族而居，民房多为土坯房，富裕人家为青砖房。新中国成立后，民房以砖木结构为主。20世纪80年代以水泥楼板房为主。2012年，开始实施农村环境卫生整治，全乡村容村貌显著改变。2014年2月，开始在洋塘乡武广高铁沿线的八公分、羊乌、沙窝、铁龙、西龙、西禅等村先后开展美丽乡村示范带建设工作，拆除危房、违房、破房10万平方米，武广高铁沿线、省道209沿线7个行政村及政府驻地房屋里面改造共计1218栋，对沿线村进行“五化”（绿化、美化、净化、硬化、亮化）工程，形成独具洋塘特色的一道亮丽风景线，其中新农村建设示范点八公分新村是全县的样板。至2014年底，全乡15个行政村全部被评为县级卫生村，西禅、陈家、江古、八公分、羊乌、西龙6个村被评为市级卫生村。

西禅广场

八公分新村

社会事业

教育科技

教育　新中国成立前，洋塘人求学基本上是在私塾和旧学堂，初小在当地学校就读，读高小要走出家门赴桂阳县庙下、高亭板梁学校求学。1951年，创办凫塘小学、羊乌小学、西禅小学。1953年，凫塘小学升格为完小，开设高小班供全乡高小生就读。1958年，羊乌小学、西禅小学升格为完小。1958年，贯彻公办、民办“两条腿走路”的办学方针，每个大队都兴办了简易小学（耕读小学、民办村小），文明大队兴办完小班。1964年，在文明完小、西禅完小、羊乌完小附设初中班级。1966年，成立红星学区。是年，创办红星中学。1984年，文明完小更名为洋塘中心小学，红星中学更名为洋塘中学。2006年，调整全乡中小学布局规划，保留文明小学、景星小学、羊乌小学、八公分小学、凫塘小学、陈家教学点、大泉教学点。2009年，洋塘中学更名为洋塘中心学校，管理境内中小学校。

2010年，台湾富商王永庆捐赠120万元扩建八公分村小学，更名为八公分明德小学。2012至2014年，全乡小学进行维修改造。截至2014年年末，全乡有九年制学校1所，小学5所，教学点2个，教师105人，在校中学生457人，小学生1741人。初中适龄人口入学率、小学升初中的升学率、九年义务教育率等均为100%。境内有幼儿园3所，其中公办1所，私立2所。

科技 中华人民共和国成立后，人民政府重视科技工作。1953年农业合作化后，开始单季稻改种双季稻，高秆稻改种矮秆稻，冬泡田改冬种。1956年，推广油茶垦复，提高油茶产量。1958年人民公社化后，全面贯彻农业“八字宪法”，推广新技术，新式农具等。1973年，常规稻改种杂交水稻。1986年，争取联合国项目进行油茶垦复改造。1996年后，相继对洋塘的特色产业烤烟进行品种改良，改劣质低产品种为优良高产品种，改烟农自行育苗为集中统一管理的科学育苗法。2012年，境内鞭炮制造业的华顺引线厂的湿法引芯获得国家专利产品；富利华鞭炮厂的富华商标为湖南省驰名商标。2014年末，全乡有各类科技人才1382人，其中专业技术人才196人，经营管理人才102人。技能人才114人，农村实用人才970人。

文化体育

清代、民国时期至20世纪50年代，境域盛行花鼓戏、湘剧、花灯、小调、踩高跷、舞狮，耍龙灯等体育活动。演出一般在春节、重大节日，或平时的婚丧、祭祀、庆祝中进行，其演出单位由民间艺人自行组织。“文化大革命”期间，文体得以兴起，相继成立农村业余剧团和文化宣传队，排练现代京剧、地方小戏、歌舞、小调节目，巡回演出。公社还组织多次文艺会演。20世纪70年代，为响应发展体育运动、增强人民体质的号召，境内各大队都成立篮球队，由公社组织每年举办一次篮球赛。其他体育运动蓬勃发展，丰富了群众的体育生活。20世纪90年代，成立洋塘芦笙乐队，参与庆祝婚丧、祭祀等活动。2012年后，广场舞流行，各村妇女自发组织广场舞队。2013年、2014年，洋塘连续两年组队参加县里举办的广场舞比赛。长洲、文明村组建军乐队、腰鼓队4个。2014年末，全乡有文化站1个，文艺团体6个，流动放映队1个，农家书屋15个，免费读书吧16个，有线电视转播台1座，有线数字电视用户800户，电视综合覆盖率100%。宽带用户1300户。境内有篮球场20个，文体小广场15处，经常参加体育运动的人数8000人，占常住人口的33.3%。

医疗卫生

清代、民国时期，境内医疗卫生事业基本上以民间中草医药为主。1958年，人民公社化后成立卫生院（1966年更名为红星卫生院，1984年又更名为洋塘卫生院）。各大队组建卫生站，配备保健员、卫生员（赤脚医生）、接生员，担负大队的防治及新生儿接生工作。境内各大队实行合作医疗，成立合作医疗站，实行中、草、西治疗法。1981年，农村实行家庭联产承包责任制后，合作医疗解体，各大队成立卫生室，由“赤脚医生”负责坐、出诊。2007年开始实行“新农合”制度。2014年年末，境内有各种医疗机构18个，其中乡卫生院1所，村级卫生室15所，其中标准化卫生室4所。专业卫生人员22人，平均每千人拥有卫生技术人员0.92人。农村合作医疗参合人数22500人，参合率96%；城镇居民医保参合人数60人。

社会保障

清代、民国时期，生老病死无任何社会保障。1956年，农村实行“五保”供养制度进行社会救济，兴建敬老院。2007年，推行新型农村合作医疗。2012年，推行居民基本社会养老保险，完善最低生活保障和扶贫帮困等一系列保障制度。2014年年末，全乡最低生活保障户492户，人数562人，支出19万元。帮扶特困户680户，人数2040人，支出28万元。有农村敬老院2所，供养农村五保老人53人。实行大病救助和大病医疗保险，民政部门资助参加合作医疗800人次，共支出7.2万元。国家抚恤、补助各类优抚对象186人，支出26万元。

特色地情

著名人物

刘重（1882—1925） 洋溏乡江霞冲人。1902年入省城游学预科班，与黄兴结识，加入华兴会，从事反清活动。1911年11月，在永兴聚众起义成功，被推举为县知事，后当选为中华民国参议院候补议员。1917年出任孙中山大元帅府咨议。1925年，被秘密杀害。

黄璧（1887—1931） 洋塘乡八公分村人。1913年，赴日本留学。1924年后，在黄埔军校兵器研究处工作，代理处长，后被聘为上海兵工厂工程师兼炮弹厂主任。1929年9月，黄璧奉派为当时中国四大兵工厂之一的巩县兵工厂厂长。1931年6月，在巩县兵工厂内投缳自尽。

名优特产

洋塘油茶 历史悠久，自古以来有“油茶之乡”美称，果大质好，纯真味正。1956年后积极推广科学技术，全面垦复，低产改造，产量成倍增长，最高年份可达2.25吨，是食用油“王中王”之极品。2009年，中南油茶开发，引进“大红包”品种已初具规模，挂果受益。

（史阿娟 供稿）

香梅乡 >>

香梅乡因驻地“香梅墟”而得名。是永兴县重点产煤乡镇之一。

区域概况

位置面积

香梅乡位于永兴县中西沿。东与金龟镇交界，东南连黄泥镇、西南接塘门口镇和耒阳市大义乡，北邻耒阳市上架乡。土地总面积44平方公里，占永兴县土地总面积的2.2%。乡政府驻唐屋村西隅，距县城27公里。

建置沿革

今香梅政区，明代乡里制时属长庆乡崇贤里。清代统属永兴乡九都。民国时期乡保制，境北属金安乡，境南属三王乡。1951年，大乡改小乡，境属第六区，内划9个小乡。1958年，撤乡建社属先锋公社。1961年,分社设香梅公社。1966年，并入东风（金龟）公社。1980年，恢复香梅公社。1984年，改社建乡定名香梅乡至今。

行政区划

新中国建立初的1951年，境域废8个保建立8个乡，即为墨水乡（小田、水湄、坦泉）、八垒乡（八垒、竹司）、湮塘乡（烟塘）、香梅乡、张家洲乡（张家洲、白果）、塘屋乡、高桥乡、东冲乡（东冲、大背）。1958年改制为5个生产大队，1961年调为10个大队，1966年续调为13个大队。1984年，辖区改制为13个行政村。截至2014年，香梅乡行政区划为高桥、白果、张家洲、塘屋、大背、东冲、坦泉、水湄、小田、竹司、八垒、香梅、烟塘13个行政村。

自然环境与资源

自然环境 香梅乡气候南大部分温热雨丰偏旱，北端少雨多旱。地貌以丘陵为主，溶蚀平原零星分布，地势东高北低。境内北端淝江过境。全境土壤以板页岩红壤为主，灰岩红壤次之。植被主体群落为油茶林，次为杉林，森林覆盖率为59.86%。水土流失面为26.2%，属中等侵蚀。

自然资源 境域北部为二迭系含煤地层，南部含石灰岩地层。能源矿产主要有煤，分布于唐屋、高桥、张家洲、白果等村；石灰岩分布于东冲、坦泉等村。现存珍稀植物有樟树、银杏2种，珍稀动物有华南兔、虎纹蛙、草鸮等5种。

人口民族

新中国成立初的1952年，境域总人口为8386人。1982年，境内总人口达17377人。期间年平人口自然增长率为33.58‰。实行计划生育后至2014年，全镇总人口为19379人，其间年均人口自然增长率下降到2.53‰。与计划生育前30年相比，人口自然增长率下降了31.05个千分点。总人口比新中国成立初增长1.31倍，人口密度由每平方公里191人增至440人。

经济发展

经济综述

境域经济素以农业为主。20世纪60年代开办社队企业，开始发展地方煤炭工业。80年代，香梅是全县6个贫困乡镇之一，全乡工业产值180万元，农业产值230万元，农民人均收入不足130元，处于温饱线上。改革开放后，全乡集体企业全面改制，民营企业迅速崛起，农民创业致富积极性高涨。90年代，煤炭、运输、商业兴起，工农业产值结构比由33∶67调整为77.8∶22.2；年人均纯收入由298元增至2880元,增长8.7倍。2008年,工业因煤炭整顿而调减,农业因种养业商品基地的发展而上升。2014年末，全乡地区生产总值为3.31亿元，完成财政收入1019万元，城乡居民收入13223元。与1984年相比，二、三产业增加值占地区生产总值的比重，由43.9%上升到86.6%。

农业

种植业 境内传统种植业，素以水稻、红薯、蔬菜、苎麻等作物为主。20世纪50年代，开始按国家计划在增加稻、薯生产的同时，增加棉花、花生等经济作物的种植。80年代，致力农业产业结构调整，境内开始推行油菜、葡萄、中药材等基地建设。2004年，调整农业结构开发永兴冰糖橙133公顷，种植中药材板蓝根40公顷、金银花13公顷、山茱萸6公顷。2014年，全乡有耕地面积767公顷，年产粮食7136吨，蔬菜4179吨；年产冰糖橙6000吨。种植业增加值1087万元，占农业增加值的40.8%。

林业 境内传统林业素以经营油茶为主。2002年，全乡油茶面积417公顷，年产茶油236.5吨；林地总面积2249公顷，活立木蓄积量21902立方米。2011年，郴州湘兴生态农林牧开发有限公司投资8000万元，在香梅、八内、烟塘连片开发万亩油茶基地。同时，全乡进一步开展荒山造林。2014年，总投资1亿元的湘兴生态万亩油茶基地，新增油茶面积134公顷，带动周

唐屋村冰糖橙基地

边各村扩大油茶种植面积。是年，全乡林地 2640 公顷，年产茶油 128.5 吨，活立木蓄积 27884 立方米，森林覆盖率 59.86%，林业增加值 824 万元，占农业增加值的 18.6%。

养殖业 清代，境内农户家庭副业以养猪、鸡、鹅、鸭为主，为耕田护院兼养牛、犬。传统渔业以池塘养鱼为主。1952 年，政府提倡养牛促耕，喂猪积肥，推动粮畜结合。1959 年，境内建成罗家龙、罗家冲、南水等水库后，相继兴起水库养鱼。20 世纪 80 年代，农村实行家庭联产承包责任制后，随着农耕机械化程度的提高，境内畜牧业结构转向以猪、禽为主。1992 年，开始引种养羊。2002 年，出栏生猪 26070 头，出笼家禽 142390 羽。2012 年以来，先后兴办阳光生猪养殖场、路路养猪场、朱文彬野鸡养殖场等。2014 年，投资 200 万元完成香梅阳光生猪养殖场三期扩建工程。是年，全乡出栏生猪 25400 头，出栏家禽 322 万羽，出栏黑山羊 623 头，养殖业增加值 1798 万元，占农业增加值的 40.6%。

劳务输出 境内传统副业以就地手工编织业为主，1966 年，少数亦工亦农者进城。1984 年，社、队改乡、村新体制运行后，农村剩余劳动力大量转移，部分劳力到乡煤矿从事采掘工作，青壮劳力南下广东打工。2014 年，全乡有 2540 名农村劳力外出或进城务工，占总劳动力人数的 23.1%。

工业

煤炭开采业 1961 年，香梅境内开始煤炭采掘。1984 年，农村体制改革后，境内私营、个体煤矿迅速发展，成为县内重点产煤乡之一。域内重点产煤企业有张家洲、龙凤堰等煤矿。1989 年后，政府强化安全管理，整顿关闭小煤窑，煤炭生产下降。2002 年，产原煤 16 万吨。2006 年，扩大煤矿生产规模，走规范、安全、科学办矿的路子，香梅乡在全县率先完成煤炭资源整合，合法煤矿由原来 21 家整合为 5 家。2007 年，完成原煤生产 20 万吨，实现税收 2100 万元。2011 年，启动虎形煤矿技改工程。2014 年，香梅境内只有煤矿2家，全乡煤炭总产量10万吨，占工业增加值58.8%。

建筑业 1956年，农业社将农村泥木匠组建专业队，承包乡村小型砖混建筑工程。1968年，公社成立香梅建筑队。1984年后，一批联营和个体建筑队相继扩大为建筑工程公司，建筑水平不断提高。同时，努力培育新兴产业，先后兴建东冲村精石灰加工厂、东风碎石场、唐屋木材加工厂等。2014年，全乡建筑企业总产值2979万元，占工业增加值的41.2%。是年，成功整合郴永采石场和东冲采石场，采石场走向规模化、安全化生产轨道。

商贸服务业

商贸业 清末，境北曾建高桥墟。民国时期，香梅村开设香梅墟。1980年，开设张家洲墟。1990年，在改造原香梅、张家洲两墟的基础上，新建唐屋、墨水两墟，4家市场面积共3400平方米，主要经营当地农副产品和外来日用品。2014年末，共有商业网点812家。社会商品销售总额达6496万元，集市贸易成交额5197万元。

运输业 1996年，开通农村客运线路，带动全乡个体私营运输业的大发展。2014年，全乡运输业增加值2702万元，占商贸服务业增加值的29.2%。

基础设施

交通运输

香梅地处县北僻壤，交通历来不便。1961年，金香公路入境，属全县最迟一个通公路的公社。此后，陆续修通高塘、塘伯和塘烟等连村公路。1995年，兴起乡村公路建设，对金香公路进行拓宽。1998年，投资260万元对金香公路进行水泥硬化，2007年，投资40万元改造通村公路6.5公里。2010年，实现村村通水泥公路，公路硬化总里程达28公里；有4条客运车线路。2014年，有县道6公里，乡村公路56公里。

邮政电信

邮政 清代，境区靠近永安邮路金龟点。1926年，境区属县内中路香梅墟点，三日一投递。1957年，实行高级农业合作社设邮递员制度，直投面达100%。2014年年末，乡村通邮率100%。

电信 1953年，架通竹叶塘至香梅电话。1960年，电话通到每个大队。1998年，在唐屋修建电信大楼，境内开始通程控电话，随后又开通无线通信。2002年，程控电话入户率达90%。2008年，全乡拥有固定电话2600户，移动电话

高堰煤矿

5000 户。2014 年，全乡有电信服务网点 1 家；固定电话用户 0.06 万户，用户普及率达到 11%，移动电话用户 0.8 万户，用户普及率为 116%。

供电饮水

供电 1980 年，香梅境内架通供电线路，工农业生产和居民生活开始用电。2002 年，通电入户率 100%。2014 年，全乡有高压输电线路 3 条，总长度 35 公里，用电负荷 1800 千瓦，供电可靠率 95%。

饮水 辖区民众饮水历来取自井水。随着人口增加，生产、生活用水激增，原井水供不应求，有些村出现饮水困难问题。1996 年，全乡建自来水站 5 处，改建大口井 50 口，新建压把井 30 口。2002 年，驻地单位、村民饮用自来水覆盖率达 80%。2011 年，在张家洲村兴建饮水工程。2014 年，兴建香梅自来水厂，解决高桥村、唐屋村及镇区饮水问题，同时，在香梅、竹司的伯头片兴建饮水工程，带动实施 9 个农村安全饮水工程项目，全乡安全饮用水普及率 100%。

水利建设

境内自民国时期开始兴修山塘蓄水。1957 年冬，高级社大修水利，全境山塘发展到 318 口。1958 年后相继修建罗家垅、罗家冲、邓家冲、南水塘、中罗、正冲、油榨垅等水库。20 世纪 70 年代，增开柏永干渠小塘支渠 10.7 公里。1998 年，对白果村水渠进行维修改造，2002 年，全乡总灌溉面积为 157 公顷，占耕地面积的 35%。2007 年，筹资 40 万元维修加固小Ⅱ型水库 3 座和基本山塘，水渠清淤 5000 米。2011 年，对张家洲水渠进行维修改造。2012 年，对东冲、坦泉、水湄、香梅、八内的水渠进行维修改造，并相继维修加固正冲、邓家冲、油榨垅等水库。2014 年末，全乡存有小Ⅱ型水库 4 座，山塘 126 口，水渠水圳总长 27.6 公里。

村镇建设

驻地 1984 年，撤社建乡。香梅乡政府建成一幢三层的砖混结构的办公大楼，为全县驻地建设规模较大的六个乡镇之一。2007 年，投资 300 万元启动唐屋小康街二期工程。2012 年，启动唐屋农贸市场建设。2014 年，启动驻地绿化、亮化工程，驻地品位得到提升。

村庄 新中国成立前，境内农户无房或少房户普遍存在，多以土坯房为主。1950—1970 年，集体经济以粮为纲，农村住房建设发展缓慢。20 世纪 80 年代，实行农村家庭联产承包制后，住房建设加快，全乡人均住房面积上升到 80 平方米，90 年代，人均住房面积增至 100 平方米。在提升环境基础设施的同时，注重开展农村环境整治工作，建设绿色村庄，打造“宜居生态居住区”，建设香梅、八内、大背、唐屋、高桥等新农村建设示范点。2014 年，投资 1800 万元启动唐屋、高桥小康新村建设，全乡规范村民建房有序开展，村容村貌发生显著改变。是年，全乡加强农村环境卫生整治，新建和维修垃圾池 50 个，添置垃圾桶等环卫设备 5000 余套，建立村规民约机制，环境卫生整治工作保持在全县先进行列。

社会事业

教育科技

教育 晚清，境内开始私塾施教。民国 24 年（1935），始设简易小学。1952 年，土地改革后小学普及到村。1958 年，“大跃进”中兴办幼儿园，但校舍陈旧简陋。20 世纪 80 年代，掀起群众集资建校热潮，先行兴建香梅中学和香梅中心小学，各村相继兴建村级完小。2013 年，投资 1200 万元对香梅中心学校进行改建；投资 180 万元对钟

香梅中心小学

山、高桥、水湄3所村小进行改造维修。2014年，投资60万元对香梅小学进行改造维修。2014年年末，全乡有幼儿园1所，在园幼儿150人，教师3人；小学4所，在校生519人，教师51人，小学适龄儿童入学率100%；初中1所，在校生140人，教师20人，初中适龄人口入学率99%。小升初升学率100%，九年义务教育覆盖率达100%。

科技 民国31年（1942），县农业推广所利用乡、保督导农民推广良种和防治病虫害。1954年，农业社开始建立农业技术研究小组。20世纪70年代形成公社、大队、生产队农科网，各生产队普遍建立“五员”“三田”制度。农村家庭联产承包责任制后，农技推广采取科技示范户带动的形式。曹稳定的“快速自动喷雾器”“活动箭头批示牌”2项专利申请均获授权。2014年末，全乡各类科技人才217人，其中专业技术人才97人，经营管理人才26人，技能人才31人，农村实用人才63人。

文化体育

文化 境内传统民间文化活动有唱小调、观皮影皮偶，节日舞狮子、耍龙灯和婚庆丧祭礼仪等。20世纪50年代后期盛行赛诗歌活动。60年代后期兴起破“四旧”，盛行革命样板戏。1978年相继建立乡文化站、电影放映队等。90年代，随着新媒体的广泛应用，电视入户率达80%，歌舞厅、广场舞盛行。2011年，投资50万元新建的香梅乡文化站综合大楼，集健身、文娱、阅读等为一体。2014年末，全乡共有农家书屋13家，免费读书吧6个，收有藏书2万余册、报纸杂志30多种，配有电视机、影碟机等现代化办公设施。农家拥有电脑200台。

体育 新中国成立前，境内民间有少数武术活动。20世纪50—80年代，境内体育活动局限于学校与机关。1989年，为迎接县首届农民运动会，成立农民体育协会，组建体育代表队，促进境内农民体育活动。1994年，高桥村邀请耒阳上架乡农民进行篮球友谊赛，活跃农村体育，增进边界睦邻友好。2014年末，全乡6个行政村实施农民体育健身工程，添置篮球架6套，乒乓球设备10套，羽毛球设备4套；参加体育锻炼的人数占总人口的8%。

医疗卫生

民国31年(1942),境属安福司卫生所医疗,后因缺少经费而解体。1952年,境内医疗划归金龟区卫生所,相继组建村级保健室,培训不脱产保健员,配备保健箱巡回医疗。1970年,农村实行合作医疗制度,大队卫生所易名合作医疗站,医务人员统称"赤脚医生"。20世纪80年代后,村级医疗由乡村医生联办或承包,改名卫生所。1985年,香梅建立乡卫生院。2011年,投资120万元对该卫生院进行改造重建。2007年,推行新型农村合作医疗,参合人数11944人。2014年末,全乡有乡卫生院1所,村卫生室13所。专业卫生人员32人,平均每千人拥有卫生技术人员1.8人。新型农村合作医疗参合人数1.7万人,参合率95%。农村卫生厕所普及率70%。

社会保障

清代民国时期,散居乡村无依靠孤老、孤儿,无人问津。中华人民共和国成立后,政府拨专款救济孤老残幼,开展尊老爱幼宣传,动员亲邻相帮孤老残幼。1956年,农业合作化后,境内按章程规定对孤老幼残逐步实行"五保"(吃、住、穿、医、葬)。2011年,建成香梅乡敬老院,让全乡"五保"老人"老有所养,老有所居"。2014年,全乡农村最低生活保障480户593人,支出56.51万元;农村"五保户"供养116人,支出17.4万元;民政部门资助参加合作医疗790人次,共支出3.95万元;国家抚恤、补助各类优抚对象98人,支出33.434万元。

特色地情

地方特产

香梅无烟煤 主产于境北高桥、张家洲一带。煤系地层为浅海相、沼泽相含煤泥沙碎屑沉积。低灰、低硫、高热值。1983年,由高桥、张家洲等村个体集资率先开采。2006年煤炭资源整合后,年产原煤20万吨。2014年投资1.2亿元,全面完战虎形煤矿基础设施和机电设备安装。

名胜古迹

窾泉窾洞 位于窾泉村窾岭上。窾门高15米,长780米。洞中开阔,宽150米,高25米,可容数百人。石壁有穴,如梯可登,内有一溪横隔,浅处可涉,深处不可测。

著名人物

朱辉汉(1906—1932) 香梅乡烟塘村人。1923年春,考入衡阳广湘中学。1925年10月加入中国共产党。1926年春,参加北伐革命军,任连长。1930年春,受党组织派遣回到永兴开展革命活动。1932年8月在安福司战斗中不幸被捕,遭敌人残酷杀害。

(王火军 供稿)

龙形市乡>>

龙形市乡因驻地“龙形市墟”而得名。有亚洲最大的人工土坝水库——青山垅水库，是国家级水利风景区。

区域概况

位置面积

龙形市乡地处永兴县东北部，东与七甲乡、大布江乡接壤，南与鲤鱼塘镇相连，西与太和镇、柏林镇交界，北与安仁县关王镇毗邻。土地总面积157平方公里。驻地距县城永兴54公里。

建置沿革

汉至宋代历为延道乡与永兴乡交错地。明弘治年间为延道乡液武里与永兴乡招携里分辖地。清代，境域东大部属延道乡十九都，西沿杂居十五、十六、十七3个都。民国时期属石龙乡与洞义乡、柏和乡分辖地。1951年，属第九区西部。1958年，属跃进公社西部。1961年，调整设立龙形市公社。1969年，“文化大革命”期间改称红卫公社。1984年，改制更名为龙形市乡至今。

行政区划

新中国成立初的1951年，境域废8个保建立9个乡，即为大田乡（田湾）、龙潭乡（龙形市）、

古银杏和古罗汉松

青台乡(刘家)、山新乡(邓家)、大枧乡(大枧、石阳)、谭山乡(檀山、周塘)、营坪乡(营坪、松柏、高石)、毫山乡(黄土洲、三河洲)、清塘乡(八甲、新棚)。1958年改制为4个生产大队，1961年调为11个大队，1980年续调为15大队。1984年，辖区改制为15个行政村。1990年，增设龙形市居委会。截至2014年，龙形市乡行政区划为龙形市1个社区和龙形市、田湾、八甲、新棚、黄土洲、三河洲、刘家、大枧、石阳、邓家、周塘、檀山、松柏、营坪、高石15个行政村。

自然环境与资源

自然环境 全境地貌山地、丘陵、岗地、平原俱全，空间排列依序由东部山地向西部平原梯级过渡。永乐江中游自南向北过东境，注江源头自中向西出西南，小浪江源头自中向西流西北。自然条件东西分异，东部低山区，气候温和多雨少旱，是县内寒武系地层主要分布地(龙形市处地层内生石煤)，地表板页岩红壤；西部丘陵平原区，气候温热雨丰偏旱，砂岩红壤遍布。全境植被杉林、灌林为主，森林覆盖率74.8%。

自然资源 水能资源居县内各乡镇前列。生物资源丰富，珍稀物种有楠木、银杏、狼、水獭、肥螈等25种，是湖南省生态环保乡镇。

人口民族

1952年，境内人口总数5892人。随着人民生活的安定，境内人口增长迅速，至1982年，30年间，年平人口自然增长率为45.4‰，总人口达13917人，是1952年的1.36倍。20世纪80年代，实行计划生育，人口自然增长率明显下降。1996至2013年，连续18年被评为全市计划生育模范乡镇。2013年，获“全国人口与计划生育依法行政示范乡镇”“全省计生协会先进单位”。2014年年末，全乡总人口15061人，其中苗族65人；1982至2014年的32年间，境内年平人口自然增长率为2.57‰，比前30年下降了42.83个千分点；人口密度为每平方公里96人，为全县人口密度最稀的乡镇。

经济发展

经济综述

境域传统经济以农为本，林业是农户的重要收入。1984年年末，龙形市公社国民生产总值为310.38万元，其中农业总产值245万元，工业总产值46.78万元，商贸服总产值18.6万元，农、工、商三大产业结构比依次为78.94∶15.07∶5.99，农业产值比重占绝对优势。财政收入为7.08万元，人均纯收入178.8元，经济水平低下。20世纪80年代，农村推行家庭联产承包责任制后，全面调整农村经济结构，优化农业内部结构，调强工商比重。2013年度，获全县经济和社会发展综合考核评价三等奖。2014年年末，全乡地区生产总值3.08亿元，其中一、二、三产业结构比重依次为19.6∶50∶30.4；城乡居民收入17112元；完成财税收入167.77万元，完成社会固定资产投资1320万元，完成招商引资到位资金6330万元，推动各项事业的协调发展。

农业

种植业 新中国成立前，水田惟种稻，山土种杂粮，经济作物甚少。新中国成立后，种植业坚持“以粮为纲”的方针，1984年，全公社耕地总面积900.47公顷，粮食总产5508.5吨；油料作物总产0.48吨；产烟叶21.4吨；生姜61.7吨。20世纪90年代后，着重革新技术，推行林油、林姜间作，挖掘土地潜力。2002年后相继开办大枧食用菌和龙形市移民村、石阳村等水果专业合作社，促进种植业内部结构优化。2014年，全乡共有耕地面积937公顷，全年粮食总产量5905吨，油料产量300吨，生姜产量1.43万吨，与1984年相比，耕地减少15.6%，粮食产量增长1.2倍，油料产量增长525倍，蔬菜产量增长230倍。

林业 清代，境内乡民有在房前屋后种果、砍山插杉栽竹点茶籽的习俗。新中国成立后，响应政府“造林运动周”号召，开展群众性造林活动。1958年“大跃进”中，跃进（龙形市）公社营建“青年林、妇女林、老年林”，被《永兴日报》宣传报道。1964年，永兴被定为全省杉木林基地县，龙形市公社大力兴办社队基地林场，成为县内重点林业基地。1974年，红卫（龙形市）公社根据山区特点，坚持采育结合，先后兴办74个采育场和2333公顷松、杉林基地。周塘大队在采伐马尾松时适当保存母树让其飞籽成林。1981年，划定自留山、责任山到户后，境内林业步入健康发展阶段。2014年，全乡林地面积1.1万公顷，用材林8000公顷，活立木蓄积量27万立方米，占全县总蓄积量的15%。年产茶油2.8吨，楠竹10万根，森林覆盖率74.8%，林业增加值3127万元，占农业增加值的51.8%。

畜牧业 新中国成立前，境内畜牧业作为家庭副业，发展缓慢。新中国成立后，国家实行猪禽派购任务，采取发放贷款、配给饲料粮和奖售等措施，促进畜牧业的发展。1958年，人民公社化后，个体养殖受到限制，集体养殖，管理粗放、疾病流行。1984年，全公社年出栏生猪3838头，出笼家禽1.87万羽。之后，落实家庭联产承包责任制，实行私有私养，价格放开。2002年，全乡出栏生猪上升到1.86万头，出笼家禽增至24.68万羽。随着农业产业化的进程，养殖规模进一步扩大。2014年年末，全乡出栏生猪达2.35万头，出笼家禽33.1万羽，新增出栏羊0.61万头。与1984年相比，年出栏生猪增加5.12倍，出笼家禽增加16.7倍。

渔业 境内传统渔业以山塘放养草鱼为主，兼养鲢鱼等。1957年，油榨垅等水库建成后，开始水库养鱼。1974年，随着境内塘库公有私养的发展需要，邬家创建鱼苗繁殖场所。1984年，全社年产鲜鱼28.35吨。实行家庭联

龙形市林区风光

产承包责任制后，在提高山塘水库养鱼效率的同时，开辟稻田养鱼基地，推行青山垅水库大水面网箱养鱼，探索龙潭水库深水位养银鱼经验。境内水库养鱼年产1253吨，独占全县鳌头。2014年，全乡渔业增加值127万元，占农业增加值的2.1%。

劳务输出 境内传统副业以就地手工业为主，农闲离土不离乡。20世纪90年代，农业开始产业化建设，实施土地流转，农村剩余劳动力大量转移，出现外出打工潮。2002年统计，全乡外出务工2916人，占农村总劳动力的29.95%。之后，青壮劳力外出越来越多。2014年，全乡有6480名农村劳力外出或进城务工，占总劳动力人数的59.1%，与2002年相比，12年间农村劳务输出量增加29.15个百分点。

工业

加工制造业　清代，境内传统工业基于铁、木、竹、棕手工作坊式。1958年，公社在长垅里办起铁木社、铁锅厂，在杨米潭建铜厂。1975年，公社建立松香、松节油加工厂，年产松香8吨。1984年，冶炼厂产值13.43万元，松香厂、锅厂、修配厂等年产值1.06万元。1988年，乡成立建筑队；八甲村李芝兰、大枧村刘顺龙等，带动全乡发展木材加工企业68家，年产值3000万元；还就地取材办起铅笔板厂和石灰石、花岗岩等石材厂等。1999年，田湾、大枧兴办砖厂。2002年，周塘村李流峰等建成如意硅厂、硅矿石厂，年产值1000万元。2004年后，因国家生态林禁伐而紧缩木材加工业，仅存乡办竹片厂、邓家村曾庆仓锯材加工厂等少数厂家；因保护青山垅水库生态，关闭冶炼厂。境内工业转型，引资500万元兴建刘家村的龙形市砖厂和大枧村的兴鑫砖厂，三河洲办起河沙场等。2014年，全乡工业增加值5250万元。

商贸服务业

商贸业　清代中期，境内首辟龙形市墟场，逢农历一、四、七开墟，辐射方圆10公里村民，以本地米、猪、竹、木交易为主。因墟临永乐江畔，每年秋冬季节，河岸两边，堆满杉条和木筒，吸引安仁等境外客商，利用水道之便，销往湘潭、长沙等地。民国初期，境内增设大枧墟，逢农历五、十赶集，与龙形市墟错期，方便两地物资交流。新中国成立后，龙形市建立供销合作社，沟通城乡物资交流。1958年人民公社化后，各大队建立代销点。1984年，全公社商贸产值95万元，占商运服总产值的65.52%。20世纪90年代，境域私营商业兴起。1997年，重启大枧边贸市场。2003年，兴建龙形市农贸中心市场。2014年，全乡有农贸市场2家，商贸增加值2788万元，占商运服增加值的83.19%。

运输业 1966年，龙形市购进“东方红28”拖拉机，相继成立红卫公社拖拉机站，陆续购进手扶拖拉机，采取耕运结合方式。1969年，购进“武汉卡斯车”，修建龙形市客运站。1984年，公社交通业产值50万元，占商运服总产值的34.48%。1985年后，境内个体私营运输业壮大发展。开始购进大中型汽车。1990年，陆续购进大小金刚车。2014年，全乡运输业增加值1240万元，占商运服增加值的13.25%。

服务业 清代建龙形市墟后，始有理发店、伙铺等服务业。1956年，公私合营，龙形市墟开办小吃店多家。1975年，组建红卫饮食店、老戴理发店。1977年，组建红卫供销招待所。1996年，商业流通体制改革后，个体私营服务业，跃居主导地位。个体餐饮、摊点、店铺相继涌现，车辆出租、打字复印、摄像、网吧等行业逐步盛行。2014年，全乡服务业增加值334万元，占商贸服增加产值的3.56%。

基础设施

交通运输

清代，县域东北步道自大枧村南入境，经刘家、龙形市、三河洲、黄土洲，向北出境安仁；水路永乐江自田湾村南入境，经龙形市、三河洲、黄土洲，向北出境安仁。1958 年，县青（界山）上（湾）公路开工修建，基于原大枧至龙形市步道，转向东出境七甲。1959 年，龙形市汽车站建成，改变了肩挑出行的历史。1976 年，龙形市至三河洲、大枧至石阳、大枧至邓家、板桥湾至新棚里等乡村公路通车，掀起修路热潮。1985 年，修通刘家至高石公路。1986 年，修通崔家至周塘公路。2002 年，境内有通村公路 7 条 65 公里，实现 100％村组通公路。2008 年，完成 5 个村 15 公里通村水泥公路。2014 年，全乡通村公路 9 条 78 公里，全部水泥硬化。

邮政电信

邮政 民国 15 年（1926），龙形市属县北邮路投递点，3 日一环投。民国 27 年（1938），始通电话；崔瑞琮在新街租赁民房，开办邮政代办所。20 世纪 50 年代，邮政所在汽车站对面，建造一栋三层楼房，开展邮政业务。2014 年，全乡有邮政网点 1 家，乡村通邮率达 100%。

电信 20 世纪 50 年代，开始电信业务。1989 年 11 月 28 日，乡内开通了 28 门无人值守自动交换机，是县内电话开始甩掉摇把子向自动化迈进的起点。1994 年，升级为数字程控电话。1995 年，建成数字移动电话。2002 年，程控电话入村率 100％，入户率 62％。至 2014 年，全乡有电信服务网点 3 家，固定电话入户率 13.82％；移动电话入户率 100％。

供电饮水

供电 1968 年，龙形市、田湾建成 100 千瓦水电站，境内开始用电照明。1974 年，青山垅水库竣工，配套建有水电站。1976 年，县建立鲤鱼塘供电站，分割供电龙形市三河洲变电站。1980 年后，相继在八甲水、永乐江开发电站共 7 处，境内生产生活都用上了电。2002 年，全乡供电覆盖率已达 100％。此后，通过农网改造，全乡供电稳定，确保工农生产生活的需要。

饮水 辖区民众饮水历来取自井水或河水。各自然村共有水井 150 口。2002 年，全乡清洁饮水覆盖率 91％。之后，境内进行饮水工程改造，安装自来水。截至 2014 年，全乡有 1810 户用上清洁、干净的自来水，自来水入户率达 50%，加之原达标户，清洁饮水覆盖率为 100％。

水利建设

清代，境内最早水利设施有八甲朱公陂、三河洲芙蓉陂、龙形市大石陂、大枧山下陂、石阳黄草陂等，均用于筒车提灌。1957 年，松柏村开始修建油榨垅水库后，境域相继修建老虎垅、红旗、香铲垅、珠江坝、龙潭等水库。1963 年，中共中央中南局第一书记陶铸视察永兴旱情，亲定在龙形市杨梅塘筑坝修水库。1974 年，建成亚洲最大人工土坝工程的青山垅水库，并配套建有龙形市水轮泵站及龙潭水库“结瓜”工程等。2014 年末，全乡拥有水库 7 座，山塘 1065 口，总灌溉面积 800 公顷，有效灌溉面积占耕地总面积的 92％。

村镇建设

驻地 清代中期，龙形市设墟后，开始店铺建设。民国时期，石龙乡政府与粮仓、学校同处一栋四合院，两层土墙楼房。新中国成立初期，龙形市区公所沿用旧公房。驻地陆续建成学校、医院、粮站、供销社、邮政所、银行、信用社、铁木社等公益服务性建筑。1958 年，成立人民公

青山垅水库

社后，公社就原旧房逐年拆旧换新为二、三层楼房。驻地新增汽车站等公共设施。1971 年，改建原龙形市石拱桥为 7 孔钢筋混凝土双曲拱公路桥。1974 年，郴州地区青山垅水库管理局机关大院入驻龙形市。1984 年，乡政府新建机关办公室和计生室三层楼房。1999 年，搬迁卫生院带动驻地建设热。2002 年，围绕创建山水旅游小城镇和国家级水利风景区的目标，推进新一轮小城镇建设，按照"拓宽进口、疏通出口"的思路，投资 500 万元，开发沿江大道、富民街、大仁坳门面、老派出所居民区、中心市场、政府大院等。2009 年，乡政府搬迁至原青山垅管理局大院。截至 2014 年，乡驻地面积由 1978 年的 0.6 平方公里扩增到 1.2 平方公里，有街道 2 条，长 1.4 公里，驻地街道提质改造，全面实施绿化、美化、净化、亮化工程。

村庄 新中国成立前，境内居屋多为土砖平房，杂乱无章。新中国成立后，随着生活水平的逐步提高，新建房开始转向二层砖木瓦房。1984 年，境内人均住房面积为 14 平方米。20 世纪 90 年代，农民新建住房普遍向砖混结构发展，式样向城市户型转化。2002 年，全乡人平住房增至 40 平方米。2003 年，以邓家、刘家、新棚、八甲为试点村，开展新农村建设。2008 年，全面完成通村公路硬化工程和黄土洲、刘家地质灾害安置点工程。2010 年，开展"农村环境连片整治行动"，建设标准三格化粪池 1231 座，申请验收合格标准三格化粪池 880 座，合格率位于全县前列；并建立每日保洁的长效机制，将保洁员纳入专职化管理，全乡村容村貌发生显著改变。2014 年，获得全县农村环境卫生整治工作一等奖。

社会事业

教育科技

教育 宋代，太中大夫陈纯夫，在石阳创建湖南书院。清末，龙形市墟创办新式学堂，招收小学生 20 名。民国 38 年（1940）秋，石龙乡驻地兴办国民中心小学，开设高级小学 2 个班，入学人数 50 名。1951 年，区公所指令龙形市完小搬迁刘家村开课。1952年，随着区乡区划调整，中心小学再由刘家迁至七甲李姓祠堂。1954年，校长李永芳主持建造新校舍，龙形市完小由七甲搬迁龙形市。1959年，龙形市完小附设初中班。1975年，龙形市设立附中，入校学生300名。1997年秋，龙形市中学搬进驻地东隅新校址，全乡兴起建校热。2001年，龙形市完小接受国家电网资金资助，建成爱心希望小学。2002年，全乡共有学前班10个、小学11所、中学1所。2006年，调整小学布局规划，保留龙形市、大枧、八甲3所小学。截至2014年年末，全乡有九年制学校1所，小学3所，幼儿园3所；有专任教师65人，在校中学生139人，小学生404人；初中适龄人口入学率、小学升初中的升学率、九年义务教育率等均为100%。

科技 清代，境内永乐江、八甲水、注江支流，多处筑陂安装水力筒车。乾隆年间，石阳村2处水文岩刻，都记载当地洪峰水位数据。1953年，农业合作化后，开始改单季稻为双季稻，改高秆稻为矮秆稻，改冬泡田为冬种。1956年，推广油茶垦复，提高油茶产量。1958年，人民公社化后，全面贯彻农业“八字宪法”，推广新技术，新式农具等。1973年，改常规稻为杂交水稻。2014年，全乡有各类科技人才1041人，其中专业技术人才73人，经营管理人才28人，技能人才310人，农村实用人才630人。

文化体育

文化 清代，龙形市墟搭有戏台，盛行花鼓戏、湘剧、木偶戏等。民国年间，境内曹昌莲、王三山和何启禄相继搭班从艺木偶戏，在境内外巡回演出。1958年，人民公社化后，公社和部分大队都建有大礼堂，方便宣传演出和放映电影。“文化大革命”期间，公社和各大队相继成立文艺宣传队，排演现代京剧、革命歌舞等，公社经常组织文艺会演。1981年，青山垅水库管理局建立电视差转台，境内开始可观电视。1988年，相继建立卫星电视地面收转站，提高收看效果，电视机开始进入农家。20世纪90年代，龙形市成立芦笙乐队，服务庆典和红白喜事等活动。2012年后，新街、龙形市墟相继组建军乐队、腰鼓队2个，各村妇女自发组织广场舞队，龙形市连续两年参加县举办的广场舞比赛。2014年年末，全乡有文化站1个，文艺团体6个，流动放映队1个，农家书屋15个，免费读书吧16个，有线电视用户5400户，宽带电视用户1816户，电视综合覆盖率达100%。

体育 清代，境内民间流行武术。民国时期，宗族设有武馆，流传少林中桩拳。龙形市村龙家坪龙厚生，从小跟随父亲龙庚喜练习祖传武术，后上井冈山任军官训练大队武术教官。新中国建立后，境内农闲习武健身仍盛。20世纪70年代，为响应毛泽东“发展体育运动、增强人民体质”的号召，境内各大队成立篮球队，公社每年举办一次篮球赛。20世纪90年代后，乡篮球队如期参加县两年一届的赛事。2014年，境内有篮球场10个，文体小广场8处，经常参加体育运动的人数有2000人，占常住人口的33.3%。

医疗卫生

清代，龙形市建墟后，江西人开设三家中药店。民国时期，乡民看病求医靠“走方郎中”。1952年，龙形市建立区卫生所，医务人员租赁民房，开设简便西医诊疗，乡中医自发组织联合诊所。1958年人民公社化后，中西医合并成立龙形市卫生院；各大队组建卫生所，配备保健员、卫生员、接生员。1965年，县将龙形市公社卫生院扩建为战备医院。1970年，大队卫生所更名合作医疗站。1984年，龙形市战备医院改为乡卫生院，大队合作医疗站更名村卫生所。1994年，卫生院择址墟场公路大桥地段，新建一栋水泥钢筋结构楼房。墟场还开设了国药店、中心药房、大桥药店和保元诊所、龙形市村卫生室、居民委员会卫生点等。2007年，实行新型农村合作医疗制度。2014年末，新型农村合作医疗参保人数1.35万人，参保率89.6%。境内有各种医疗机构18所，其中乡卫生院1所，村级卫生室15所，有病床11张，每千人拥有医疗床位0.7张；专业卫生人员33人，平均每千人拥有卫生技术人员2人。农村卫生厕所普及率10.2%，居民人口平均期望寿命73岁。

社会保障

新中国成立前，散居在农村的无依靠孤老残幼，无人问津。新中国成立初，政府拨专款救济孤老残幼。1956年农业合作化后，对孤老残幼逐步实行“五保”。1957年至1959年修建水库期间，对移民实行就地搬迁、分散插队，每人补助100元至150元；中型龙潭水库按每人150元至200元标准补助。1966年至1973年，修建大型青山垅水库期间，工程指挥部成立专门移民班子，对117户513人移民，都进行妥善安置。1978年，龙潭水库扩建，安置移民74户313人，共用移民经费29万人，户均3900元。1979年，实行独生子女优待政策。1996年后，龙形市乡连续多年被评为全市计划生育模范乡镇。2007年，推行新型农村合作医疗。2008年，黄土洲、刘家发生地质灾害，政府安置移民1200人。2012年，推行居民基本社会养老保险，完善最低生活保障和扶贫帮困等一系列保障制度。2014年末，全乡最低生活保障户313户人数351人，支出56万元。帮扶特困户36户38人，支出8万元。有农村敬老院1所，供养五保老人27人。

特色地情

历史人文

著名人物 龙厚生（1891—1937），龙形市村龙家坪人。从小随父习武。1926年，龙厚生在朱德部任军事教官，是年冬，加入中国共产党。1927年8月，参加南昌起义。1928年1月，随朱德、陈毅参加湘南暴动，后转战井冈山。1936年，任中国工农红军川滇黔边区游击纵队司令员。1937年1月，部队进入镇雄野腊溪，遭滇军袭击，龙厚生不幸被捕，惨遭杀害。

二路游击队围歼龙形市挨户团 1928年5月，黄克诚率红四军组编的第二路游击纵队，返回永兴开展游击战争。24日，游击纵队到达龙形市，听群众诉说白色恐怖下挨户团到处抓人、烧房子、抢东西的惨况。游击队员义愤填膺，决心要为死难烈士报仇雪恨。黄克诚随即召开队员大会，部署战斗准备。当晚围歼龙形市挨户团，处决挨户团头目及恶霸劣绅等14人。二路游击队在龙形市等地的胜利，震慑了反动势力的嚣张气焰，安福司铲共分团闻讯后，速将抓捕的100多名共产党员和革命群众全部放走，以示拉拢。

八路军击溃三河洲龙形市守敌 1945年8月16日凌晨，八路军南下支队经营坪进入三河洲，战斗一小时，击溃据守三河洲木桥的国民党暂二军一个排。南下支队过桥后，兵分三路包抄驻龙形市的暂二军营部。当主攻部队行至八溪笋时，碉堡守敌先发制人，步枪、机关枪同时扫射。南下部队官兵，沉着应战，从棉花垅山径小路，迅速登上峰顶，架设数挺机枪，居高临下，向碉堡坳上阵地俯式扫射，敌军见势不妙，仓皇溃逃。

名优特产

腊味肉品 腊味肉品是境内乡民的传统佳肴。腊月冬至，各户农家将自养牲畜家禽，土法腌制烘薰后，挂置灶房备食。风味独特，深受城里人青睐。

水库干鱼 境内淡水养殖资源丰富，是永兴县唯一大型青山垅水库、唯一中型龙潭水库所在地。水库养鱼享誉全县，年产鲜鱼1250吨，因库区水质无污染，加工干鱼品优质佳。

风景名胜

青山垅水库 是一座以灌溉为主，兼顾防洪、发电、供水、航运、渔业等综合功能的大Ⅱ型水利工程。工程宏伟壮观、巧夺天工，是亚洲最大的土坝水库。库区总面积200平方公里，景色优美，树木苍郁，山中有水，水中有山，湖天一色、小岛罗布。有“青山明珠”、“天然氧吧”之美誉，宛如十里生态长廊。自2000年旅游开发后，青山垅水库已成为县内外、海内外游客观光、垂钓、避暑、休闲和疗养胜地。是国家级水利风景区。

民俗风情

春节舞龙灯 龙形市墟及各村素有春节舞龙灯习俗，每年新春佳节来临时，各路五节龙灯，挨家挨户进屋参神，乡民点燃香烛，燃放鞭炮，欢迎龙灯进屋叩神，祝福风调雨顺、五谷丰登、六畜兴旺、人寿安康。龙灯参神结束后，开始表演节目，诸如二筒穿线、三筒穿线、双二筒穿线、雪花盖顶，龙尾摆渡等。舞龙结束后，居民摆上酒席，招待舞龙者畅饮开怀。

（曾小权　供稿）

七甲乡 >>

七甲乡因驻地为清代十九都下辖的第七甲所在地，故名。是湘南草场开发基地乡。

区域概况

位置面积

七甲乡位于永兴县东北边陲。北与安仁县关王镇、豪山乡交界，东与资兴市汤溪镇毗邻，其四县亭处并可眺望炎陵县境，南与大布江乡相连，西与龙形市乡接壤。土地总面积125.4平方公里。乡人民政府驻地七甲墟，距县城永兴58公里。

建置沿革

明代，境域隶属永兴县延道乡液武里。清代改里设都为十九都东部。民国时期改都设乡为石龙乡东北部。新中国成立初期，大乡划小乡，域内各小乡隶属第九区。1958年，人民公社化运动，境属跃进公社。1961年，调小公社规模，域区成立七甲公社。1967年，易名高峰公社。1984年，社队建制改为乡村建制，原高峰公社更名七甲乡至今。

行政区划

新中国成立初的1951年，境域废7个保建立10个乡，即为清塘乡、南湾乡、塘坑乡（王家）、塘溪乡（四甲）、新湾乡（七甲）、岭江乡（江口）、西廊乡、石枧乡、石交乡（龙头）、大兴乡（兴洞）。1958年改制为6个生产大队，1961年调为10个大队。1984年辖区改制为10个行政村。1992年，增设七甲居委会。截至2014年，七甲乡行政区划为七甲1个社区和七甲、江口、石枧、西廊、兴洞、四甲、龙头、清塘、南湾、王家10个行政村。

自然环境与资源

自然环境　全境以中低山地貌为主体，西端穿插溪谷平原。七甲水自东向西控制南部，八甲水自东向西网络北部，两水交汇于七甲村双江口。地势最低点七甲村猪婆塘，海拔204.5米，最高点兴洞村亭子坳无名峰，海拔1386米，为县内最高点和最东点。出露地层以燕山早期花岗岩体为主，东北部交错过渡于寒武系地层。全境气候温和多雨少旱。自然条件垂直差异大，低海拔基带区以红壤杉木油茶林为主，高海拔带以黄红壤、黄壤灌丛草地为主，总体森林覆盖率为68.6%。

自然资源　境域水能资源较丰富。内生矿种有龙头三湾垅石煤矿和西廊田心、坳背至兴洞一带黏土矿（高岭土）。珍稀物种有红豆杉、三

七甲山区梯田风光

尖杉、水松、水麂、燕隼等 21 种，草山资源居全县首位。

人口民族

境域原居民为汉族，明末清初，从桂东、桂阳、兴宁（资兴）陆续迁入瑶民，散居崇山峻岭。康熙时期，唐代宰相张九龄后裔，从炎陵船形山迁至西廊村高岭。清乾隆之后，境内瑶民因瑶总去世而逐步迁徙常宁、资兴等地，境内民族回归纯汉。1952 年，境内总人口 5690 人。随着生活安定，温饱问题的逐步改善，人口数量显著增长。1973 年，境内人口总数增至 11459 人，21 年间人口增长 1.01 倍。之后，政府提倡计划生育，境内人口自然增长率由原 48.28‰下降至 14.98‰。1982 年，政府进一步采取严控生育措施，至 2002 年的 20 年间，境内年平人口自然增长率下降到 3.45‰。2014 年人口出生率 11.12‰，自然增长率 4.71‰，年末总人口 15490 人，与 1952 年相比，人口密度由每平方公里 45 人增至 123 人，仍为全县人口密度最稀乡镇之一。

经济发展

经济综述

境内经济以农为本，林业是重要的收入。新中国建立后至人民公社期间，基本维系以粮为纲的单一经济结构。1984 年，全社年国民生产总值为 381.2 万元，农、工、商三大产业的结构比为 91 ∶ 4 ∶ 5，财政收入为 8.69 万元，人平纯收入为 226.74 元。社改乡体制运行后，先后培育出生态牧业，小水电开发，木材、红砖、花岗石加工，硅石、高岭土、河沙开采等等新型产业。2014 年，全乡地区生产总值 3.09 亿元，农、工、商三大产业的结构比为 32.7 ∶ 51.3 ∶ 16，与社改乡体制的 1984 年相比，农业比重下调 56 个百分点；工业比重上升了 46 个百分点；商业比重上升 11 个百分点。总体经济水平明显提高。是年，财政收入 60 万元，固定资产投资 1.49 万元，城乡居民收入 11291 元。

农业

种植业 清代，水田惟种稻，山土种杂粮，有红薯、玉米、高粱、黄粟等，经济作物有芝麻、苎麻、靛叶等，均为自给性生产。新中国建立后，境内开始按计划分配种植棉、油、药等作物。1984年，境内以水稻为主的粮食作物播种面积为1157.6公顷，占农作物总播种面积的94.37%；油料、药材等经济作物占总播面的0.95%；蔬菜、青饲料、绿肥等其他作物占总播面4.68%。20世纪80年代，境内由缺粮乡转为售粮乡，积极探索农业产业化建设，先后建有杂交稻制种、优质稻种植、生态蔬菜、冬种油菜等基地和太湖仙生态农业开发有限公司。2014年，全乡粮食总产达7855.5吨。与社改乡的1984年相比，耕地面积增长14.45%，粮食总产量增长27.11%。

养殖业 境内传统饲养猪、禽、渔等以供自食，养牛为耕。1980年，省立项开办南湾、黑山牧场，谭大进等农户养殖菜牛，带动草食动物开发。1984年，全社年存栏牛2142头，其中菜牛1840头，占养牛总数的85.9%，居全县各乡镇之首；是年，出栏生猪3884头，出笼家禽14090羽，鲜鱼15.35吨。社改乡体制后，乡政府大力扶持发展原生态养殖业，建成太湖仙、盛种等4个基地，通过“公司+基地+合作社+农户”模式，带动周围农民共同参与生态种养，开发生态牛、生态猪、生态鸡、娃娃鱼、豪猪等特色养殖项目。2014年，全乡有养殖专业户432家，骨干养殖户63户，存栏牛、羊1.2万头；生猪出栏3.2万头，其中原生态猪0.8万头；年出笼家禽29.1万羽，其中原生态养殖鸡鸭5万羽。相比1984年，菜牛增长5.52倍，生猪增长7.24倍，家禽增长19.65倍。

林业 新中国成立前，境内原生态林业，经营靠自然生长，杉树靠“蔸子”（伐后基茎再生），松树靠“飞子”（风力传播自繁），楠竹靠“鞭子”（根节蘖生）。1958年“大跃进”中，大炼钢铁、大办公共食堂等，森林资源破坏严重。1964年，永兴被定为全省杉木林基地县，七甲公社兴办起基地林场，带动全社植树造林恢复森林。20世纪70年代，开始种植山苍子工业林和试种杜仲、厚朴、川芎、辛夷花等药材林。1984年，年造林266.67公顷，排名全县前四名，木材年采伐量14939立方米，居全县首位。2000年，七甲乡获市“创建安全文明林区达标单位”。2004年，政府扶持、引导群众大力发展杉、油茶、松、柏、楠竹和果木林、药材林等商品价值高、市场潜力大的林种。至2014年，全乡新增造林面积686公顷，其中荒山造林100公顷，建成4个楠竹基地共30公顷，驻地幅射通道绿化20公里，绿化带面积5000平方米。全乡10个村全面推行一、二类林木保护标准，实行封山育林，管控林木砍伐，森林覆盖率由1984年的68.6%上升到78.1%。

劳务输出 1978年中共十一届三中全会后，农村开始突破计划经济体制，探索农村剩余劳动力资源转移。1984年境内农村劳动力5964人，其中从事农业的占96.70%；从事工业的占0.64%；从事商贸服务业的占0.70%；外出务工者117人，占1.96%。当时少数外出务工，主要在广东沿海地区。2002年，境内劳务输出达4000人，占全乡农村劳动力总数的42%。2014年，全乡劳务输出比率为45%。

工业

建材业 境内多为土坯平房，建材就地取材。新中国建立后，从原木外调到加工竹跳板，境内建材业原始发展缓慢。20世纪80年代改革开放后，随着城乡建筑业的兴起，七甲乡相继开办008红砖厂、花岩石加工厂、阳光胶合板厂、江口利群红砖厂、七甲沙场等。2004年，全乡共建有大小竹木材加工厂70家，其中引资创办规模化竹木加工企业17家。2008年，随着生态林建设的需要，木材加工业紧缩。至2014年，全乡存有建材企业8家，增加值6979万元，占工业增加值的44.1%。

矿产开采业 1978年，七甲公社在兴洞大队开采利用高岭土（黏土），创办瓷厂，从醴陵雇请技师，生产杯碗碟盘等餐茶具。后因产品质量差，竞争力弱而停办。1998年，开辟七甲沙场和江口硅石冶炼厂。2004年，投资50万元重建高岭土采矿厂。2014年，成立永兴七甲兴洞高岭土开发有限公司。是年，全乡采矿业增加值2461万元，占工业增加值的15.55%。

商贸服务业

清代境内无墟市，农产品交易，一靠近邻龙形市逢墟，二靠货郎担走乡串户。直至1984年，境内所出售的土产类、干鲜菜、松脂、山苍子油和所需工业品等，都是通过异地龙形市墟集散交易的。1985年，七甲乡在驻地新屋村兴建七甲墟场，逢四、九开墟，每墟上市1600人次，年成交额27万元，在全县35个墟场中排名24位，全乡商贸服务业年产值为17.4万元。2002年，建成农贸市场1个，占地800平方米，菜牛市场1家，占地1200平方米。2010年，引资3000万元，新建综合性农贸市场1家，占地面积22000平方米，总建筑面积34322平方米，包含门面113间，市场交易摊位398个。2014年，全乡商贸服务业年增加值4936万元，占地方生产总值的16%。

基础设施

交通运输

清代境域无官道。1958年青（界山）上（湾）公路入境七甲双江口至四甲上湾。改革开放后，启动通村公路建设，20世纪90年代形成高潮。2002年，完成七（甲）兴（洞）、七（甲）南（湾）、七（甲）清（塘）等3条52.7公里乡村公路，实现100%的村组通公路。2006年，实施通村公路升级硬化工程。2008年，全乡完成通村水泥公路47公里，使90%的通村公路实现硬化。2013年，建成七甲客运站，新建通组公路7.73公里。2014年，投入400万元用于乡村公路建设，其中投资232万元，硬化南湾、石枧、清塘等村通组公路5公里；投资130万元对全乡水泥公路养护、沟坳护坡及清淤。乡民出行越来越方便。

邮政电信

邮政 清代境内无邮路。民国15年（1926），境域邮递依附县北路龙形市投递点，3天一环投。1952年，邮递调整为逐日到龙形市区公所，隔1日至2日到境内。2014年末，全乡有邮政网点1家，乡村通邮率100%。

电信 1953年，为配合土改运动，架通县城至龙形市至四甲电话线路，境内首开四甲点一部单机。1960年，每个大队都开通磁石式电话。1963年七甲公社开通电话总机业务。1988年更新载波电话，1996年，开始使用数字移动电话。至2014年，全乡有固定电话用户普及率为13%；移动电话用户普及率为92%。

供电饮水

供电 1976年，县建立鲤鱼塘供电站，分割拉通七甲供电线路。地处边远山区的七甲开始用电。1978年，阿斯坳电站建成发电。1988年，乡配备管电员25人，90%以上农户用电照明，电扇、收音机、电视机等电器开始进入农家。2002年，供电网覆盖全乡，入户率100%。2004年，完成农网改造。2014年，全乡电网覆盖率、可靠率均达100%。

饮水 境内地下水资源属中等富水区，系浅变质岩风化裂隙水和花岗岩风化网状裂隙水，属生活饮用水良好水质类型，泉点流量0.35升/秒，多年平均枯季地下水径流量为2415.46万立方米/年。境内居民素以山泉为饮用水。20世纪90年代，驻地启动自来水工程。2002年，全乡清洁饮水入户率已达100%。

水利建设

境内因雨丰少旱，素以天水灌溉为主。是全县缺水最少的地区，旱涝保收面积占水田的79.16%。20世纪80年代后期，为适应家庭联产承包责任制的新形势，乡政府加强水利配套工程挖潜，组织群众自筹资金，提升旱涝保收水平，重点完善引水工程。至2002年，共兴修水圳4条8公里，新增工程灌溉面积267公顷。

村镇建设

驻地 1961年前，境内未设过地方行政机构，无驻地建设。1961年，分设七甲公社后，开始兴建公社办公房、大礼堂、卫生院等。1985年，乡政府以兴建七甲墟场、小康街为示范，全面启动驻地建设，2002年，建成文化路、滨河路、建设路等3条2公里街道，兴建政府大院、企业大楼、邮电大楼、财政大楼等公房2000平方米；农贸市场及菜牛市场2000平方米。2004年，投资240万元，扩建滨河路、建设路和文化路。新增商业门面30套，形成以驻地为中心，沿永兴、四甲、兴洞三个方向辐射的小城镇格局。2007年，投资910万元，对老城区全面扩容改造。2010年，先后投入资金100余万元，完成驻地项目建设的前期基础条件，招商引资2000万元，自筹投资6800万元，实施城区改造工程，对七甲原供销社、粮站旧房进行全面立体改造，新建现代化风格商住楼56栋。2013年，提升城镇的功能品位和居民生活品质，实施城区绿化、亮化、硬化工程，共完成道路绿化3000米，翻修硬化道路1200米，架设节能路灯70盏，兴建镇区河道护坡1260米，整治河道1060米，全面提升了驻地居民宜居环境。

村庄 新中国建立前，地主住庄园（如今存七甲侧上地主廖玉树占地2700平方米的田字庄园），穷人住茅屋，传统民房普为土砖构筑。1951年，土地改革后，政府把征、没收廖玉树等地主的庄园房屋分给无房或少房的农民。1961年，人民公社撤销公共食堂后，着力调整和兴建住房。

七甲小城镇建设

20世纪80年代初，境内农村人平住房为30平方米。随着农村家庭联产承包责任后村民生活水平的提高，建房速度明显加快，户型也趋于现代化。2000年，全乡农村人平住房提升到40平方米。2013年，乡政府结合新农村建设，实施"十村百组千户"土砖房改造工程，在西廊、七甲两村各新建集中化农民住宅小区1个，规划新建13000平方米移民新村1个，引进"城市户型"的建房理念，集约利用土地。将土砖房存量由70%减少到42%。新村建设总体投资1150万元，70户农户自行完成入住前装修，小区通水、通电和绿化等附属工程有序推进。2014年，农村环境卫生整治、规范农村建房、民本民生等各项工作全面铺开。推广太阳能热水器、节能灯、节柴灶、节煤灶、沼气池等新能源设施，一个节能、环保、生态型的七甲农村新面貌已初现端倪。

社会事业

教育科技

教育 清光绪年间，境内流行私塾蒙馆，西廊始办东廊书院，四甲办有李姓族学。民国时期，境内考取高小后需到柏和乡（太和）寺边的三乡联立高等小学就读。新中国成立后，政府贯彻向工农开门的办学方针，实行多渠道社会群体办学，1951年，境内办有小学14所。1984年，全社有初级中学1所，在职专任教师16人，在校中学生309人；小学17所，专任教师87人（其中民办教师64人），在校小学生2400人。1996年，七甲乡中、小学校全部更新达标。2000年，全乡小学、初中入学率均达100%，青壮年文盲基本扫除。2009年，西廊村小女教师何名凤，毕生敬业奉献于边远山村小学，被中共中央文明办追记入选"中国好人榜"。2013年，新建农村幼儿园1所，完成中心学校校舍改造。2014年全乡有中小学校12所，在校学生1563人。根据农村留守儿童多的特点，全面启动寄宿制学校建设。投资300万元的教学综合楼、运动场、宿舍楼和食堂等改、建造工程正在建设中。

科技 民国31年（1942），境内各保开始成立农产品改良会，推广繁殖良种、防治病虫害等农业技术。1954年至1957年，境内各农业合作社都建立农业技术研究小组。1958年，各大队农科队在公社农技站的业务指导下宣传贯彻"农业八字宪法"（即土、肥、水、种、密、保、管、工等八项农业技术推广）。1974年，县推行四级农科网建设，全社10个大队92个生产队普遍建立种子员、植保员、肥料员、管水员、农机员。20世纪80年代，因联产承包到户后，村组农科网解体，谭大进等科技示范户应运而生。2014年，全乡拥有各类科技人才310人，其中专业技术人才87人，经营管理人才29人，技能人才23人，农村实用人才171人。

文化体育

文化 清代，境内流行"对子戏"、皮影戏、渔鼓等。清末，七甲许明杨曾组织木偶班，自制服装、道具和木偶头，在县内外流动演出。1957年，七甲木偶班参加郴州地区民间艺术会演，演出《哪吒闹海》获得好评。1959年，县、社、大队三级文化网初具规模，流行田头诗歌活动。1984年公社成立电影队，年下村巡回放映电影200场次；推广农村广播喇叭203户，入户率6.8%。2002年，电视入户率98%。2004年，建文化站1个，有线电视站1个。2014年，村村通卫星电视，各村均设有农家书屋。

体育 清代，境域民间流行武术中的桩拳。世袭地主刘金声，富甲一方，为保护其山林田产，设武馆传授家丁武艺。20世纪50—80年代，境内体育活动局限于学校与机关。1985年，乡政府启动驻地建设后，增设篮球场、乒乓球室、桌球馆等体育场所。20世纪90年代，随着人民生活水平的日益提高、境内体育活动打破边远山区的封闭，兴起广场舞、健身保健操等群众性体育活动。1999年，七甲乡获市"亿万人民健身运动先进乡镇"奖。进入21世纪，乡政府进一步实施农村体育健身工程，兴建健身场，促进体育活动广泛开展，走出乡门，参加东部山区广场舞联谊会等活动。

医疗卫生

新中国成立前，民间疾病求医请"走方郎中"。新中国建立后，县政府在龙形市建立区卫生所，培训不脱产保健员，对农户进行巡回医疗，开展群众性除"四害"（老鼠、苍蝇、蚊子、麻雀）爱国卫生运动。20世纪60年代，公社建立卫生院，大队建有卫生所。1984年，全社有公社卫生院1所，病床12张，全民医务人员8人，集体"赤脚医生"10人。随着社队建制改乡村，原大队合作医疗站改称村卫生所，医疗实行谁看病谁出钱承包制。2008年，全面普及新型农村合作医疗。2013年，七甲乡卫生院完成改造。全乡10个村都签订保护环境卫生的村规民约，购置环保垃圾桶600个，新建垃圾池200个，发放垃圾焚烧池3200个，分类垃圾桶8000个，购买垃圾清洁车、洒水车等设备，聘请专职环卫工，建立了"管护一体"的卫生环境长效管理机制。2014年，全乡医院1所，村卫生所10所，医务人员25人。新型合作医疗参合人数8913人，占全乡总人口的57.54%。

社会保障

新中国成立后，政府开展尊老爱幼，发动群众亲邻相帮鳏寡孤独者。1956年，建农业社后，对孤老残幼实行保吃、保住、保穿、保医、保葬。20世纪80年代，政府进一步健全"五保"制度。2008年，乡政府全面落实农村低保特困救助。是年，乡政府在江口村创办敬老院。2013年，建成能容纳36名老人的集养老、医护、健身于一体的七甲乡敬老院。2014年，全乡五保供养63人，支出9.45万元；最低生活保障383户473人，支出45.07万元；民政资助参加合作医疗631人次，支出3.16万元；国家抚恤、补助各类优抚对象78人，支出26.61万元。

特色地情

历史人文

四县边界游击区 土地革命时期，七甲曾是湘南茶（陵）、安（仁）、酃（县）、永（兴）四县边界游击区。1934年冬，中央红军长征后，七甲兴洞村何龙集到边区委员会游击中心潭湾联系，要求边委派人到永兴领导革命斗争。边委派出一支精干的游击小队，来到大麻洞、兴洞一带开展工作，建立大麻洞党支部，何申集任支部书记。随后，组建一支50人的游击队，开辟七甲、大布江、龙形市、太和游击活动区。边委还在兴洞设立秘密地下交通站，连通四县边区。随着边区工农武装的发展壮大，国民党段珩部及四县保安团加紧残酷"清剿"。1937年2月，县保安团突然包围正在大麻洞开会的党支部和游击队。突围中，大部分游击队员被敌人杀害或俘虏，副队长张福康英勇牺牲，何申集被俘后牺牲。随后，县保安团又袭击了在清塘一带活动的湘南赤色游击第二大队，政委谭绥眉在突围中牺牲，幸存的游击队员只得转移他乡。

八路军南下支队过境 1944年8月15日午后，八路军南下支队途经江口、西廊，黄昏至石枧宿营。石枧村民因受敌欺骗宣传，误认南下支队为伪军，避逃深山。后见南下支队秋毫无犯，且为村民挑水、扫地、收拾东西，村民纷纷回家，杀猪招待南下支队，廖隆发等多位村民连夜砻谷筛米送给部队。16 日凌晨，南下支队悄悄离开石枧，并给所请向导龙海杨、刘先信、郭承山发返家路费，给老百姓留下良好的政治影响。

名优特产

七甲生态养殖 七甲地处罗霄山脉，草场资源 2000 公顷，载畜量 6000 黄牛单位。20 世纪 80 年代，湖南省将境内南湾、黑山草场列为湘南开发项目，用飞机播种黑麦草、三叶草，人工改良草场 900 公顷。2008 年，黑山牧场成为与香港永迅国际有限公司合作开发项目，引进合同资金 2 亿元。2013 年，七甲乡与湖南农业大学签订 5 年合作协议，以太湖仙生态养殖公司为龙头，实施七甲乡生态农林畜牧业综合开发。规划建设生态牧场 667 公顷，苗木基地 130 公顷，油茶基地 200 公顷，原生态林场 300 公顷。建成生态牛场、生态养猪场、生态养鸡场三大基地共 6000 平方米，育有湘南小黄牛 100 头、宁乡花猪 1000 头、永兴四黄鸡 10000 羽，通过“公司 + 基地 + 合作社 + 农户”模式带动周围农户共同参与生态种养。

七甲高岭土 七甲乡高岭土（黏土矿），分布于天门冲至兴洞一带寒武系地层，断续出露坳背、天门冲、三湾垅、田心等地，长约 15 公里，已见出露点资源总储量有 9 万吨以上，矿体呈白色或淡黄色的土块状结构，品位高、黏性大，便于露天开采，市场空间广泛。2014 年，引进外资计划总投资 6000 万元，注册成立永兴七甲深洞高岭土开发有限公司，全面启动开发项目。实行采、选、加工一条龙生产，已投资 1100 万元，完成勘探、扩界、办证、员工用房建设、修建上山公路、加工厂房征地及土地平整等工作。业已进入开采阶段。

制蕨根粉 旧时，村民常于冬闲上山掘蕨制粉充饥。明天启三年（1623），县令陈呜郊见民掘蕨根，感叹作诗，描述蕨粉制作和食用过程：“河滨淘汰去其污，纳入臼中投巨杵。粉藏根内浑成滓，澄滤三番方可咀。举火热釜一瞬间，以水和粉倾少许。焙之俄顷出釜中，炉边争当食佳肴。”掘蕨

南湾牧场

七甲太湖仙生态养殖场

七甲腊肉

制粉法在七甲沿用成习，歉年补粮缺，丰年亦可制蕨粉上墟自销。城市人看重绿色保健食品，乐购蕨粉辅食。

七甲腊肉 七甲腊肉，俗称烟熏肉，以四甲村和兴洞村最为有名。腊肉制作，将家养土猪肉采用食盐腌制后，挂灶台上用柴火炊烟熏烘数月，直至腊肉流油发香，可存放零食数年。

（史曲波 供稿）

大布江乡

大布江乡因境内主干河流“大布江”得名，大布江民间艺术拼布绣获批为省级非物质文化遗产。

区域概况

位置面积

大布江乡位于永兴县东部，总面积119平方公里，占全县土地总面积的6%，东、南与资兴市汤溪镇、波水乡交界，西接鲤鱼塘镇，北连龙形市、七甲两乡。乡人民政府驻地沅洲村石里湾(大布江墟)，距县城永兴54公里。

建置沿革

宋至明代全属延道乡潦水里。清代全属延道乡二十都。民国时期主属石龙乡，西端属唐明乡。1952年，属第九区，居南部。1956年7月，全县行政区划调整，境域分设大布江乡，驻地老大布江墟龙形山。1958年秋，大布江乡合并彼坑乡东部成立红星人民公社，次年复称大布江人民公社。1961年3月，西沿分出归彼坑公社。1966年5月，彼坑（即千冲）公社并入大布江公社。1980年12月，大布江公社划为大布江、千冲两个公社。1984年3月，全县撤社改乡，大布江乡域界域名保留至今。

行政区划

新中国成立初的1951年，境域废9个保建立10个乡，即为山田乡、源洲乡（源洲、白鸡冲）、楼上乡（较头）、大塘乡（中洞）、天堂乡（深洞、毛坪）、南坑乡（东坑）、小坑乡、江头乡（江头、虎居坑）、湾坪乡（大布江）、坪上乡。1958年改制为7个生产大队，1961年调为12个大队，1978年续调为13个大队。1984年，辖区改制为13个行政村。截至2014年，大布江乡行政区划为大布江1个社区和沅洲、较头、山田、大布江、坪上、中洞、深洞、毛坪、小坑、东坑、江头、虎居坑、白鸡冲13个行政村。

自然环境与资源

自然环境 大布江地处罗霄山脉东南麓，万洋山余脉自七甲入境走向大布江，形成全境以中山地貌为主，西部间布溪谷平原。永乐江上游自南向北流经西部，东境大布江自东向西汇入永乐江。最高点小坑村东端界山海拔1277.9米，最低点大布江许家河滩，海拔237.5米。境域气候系中亚热带季风气候，多年平均气温17.5℃，年平均降雨量超过1500毫米，高出全县降雨量15%。土壤成土母质为清一色花岗岩，垂直分布自下而上为红壤、黄红壤、黄壤。植被种群以杉木油茶林占主，森林覆盖率64.6%。

自然资源 境域水能资源居县前列。生物资源现存珍稀物种有花榈木、红豆杉、水鹿、大灵猫等26种，居全县之首，其中较头花榈木、东坑红豆杉为县域独特发现，银杏、水松、楠木等为县内主产地之一。

人口民族

1952年，境内人口为7260人。随着新社会人民生活的安定，人口增长加快，至1973年，全社总人口达12182人，年平人口自然增长率为34‰。之后，政府提倡计划生育，境内人口自然增长率下降到11.41‰。1982年7月1日，全国第二次人口普查时，全公社总人口为13433人。政府进一步加强计划生育工作，严控人口增长，1986年，大布江公社被评为全国计划生育先进单位。2000年10月1日，全国第五次人口普查时，全乡户籍管理人口15011人，年平人口自然增长率进一步下降至6.53‰。2014年，全乡总人口16782人，其中少数民族5人，人口密度由1953年的每平方公里61人增至141人，为全县人口密度最低的3个乡之一。

经济发展

经济综述

境域经济，传统主产稻谷、林木，商贸闭塞。1984年，大布江公社年生产总值450.66万元，其中农、工、商三大产业产值结构比为94∶1.3∶4.7，经济结构仍为传统农业型，公社年财政收入仅10.28万元，农民人均纯收入258.78元。20世纪80年代后，随着农村经济体制改革的进程，境内经济适从市场需求，在调整农业内部结构开发草食动物、开办茶场、林产品加工的同时，发挥地方资源水能、矿泉、大理石、硅石、河沙等优势，促进境域经济结构的转型。2014年，全乡地区生产总值达2.28亿元，农、工、商三大产业的结构比为31.2∶27.4∶41.4，与1984年相比，经济结构明显改善，财政收入增加到43万元，城乡居民收入增至10519元。

农业

种植业 境内传统作物有水稻、红薯、高粱、荞麦、玉米、黄粟、芝麻、花生、蔬菜、靛叶等，自由种植、自给不足。新中国成立后，境内作物种类大致相同，但品种不断改良，结构仍以水稻为主。1984年，全公社农作物总播种面积达1534.87公顷，其中稻谷播种面积1354.73公顷，旱粮作物播种面积129.6公顷。此后随应市场经济调整种植业结构，先后开发较头村食用菌生产基地4公顷、毛坪村茶场13公顷、山田村生姜20公顷、大布江村桑蚕种养基地20公顷、沅洲村杂交稻制种73.3公顷，坪上村、大布江村、沅洲村、较头村等村推广优质稻800公顷。2014年与1984年相比，全乡耕地面积由1193.87公顷增至1231.7公顷，粮食总产量由7709.7吨增至10762.3吨。

养殖业 新中国成立前，境内养殖业素以养牛耕田、养猪过年、养禽卖蛋换油盐为习，少数农户养有土蜂。新中国成立后，随着农业合作化的进程，牛为公有私养，猪禽养殖为家庭副业受到一定约束，养殖业发展仍缓慢。1984年人民公社转制时，全公社年出栏生猪5491头，出笼家禽25010羽，产鲜鱼48.15吨。实行家庭联产承包责任制以后，农户适应市场需求，一些农户把养殖业当作致富门路，养殖专业户、专业村不断涌现，如较头村的鹅，白鸡冲的四黄鸡，东坑村的菜牛，东坑村、中洞村的羊，大布江村的养蚕等。2014年，全乡养殖业年出栏生猪3.1万头，比1984年增长4.65倍；出笼家禽27.8万羽，比1984年增长10.12倍；出栏菜牛4260头、山羊3200头。

林业 境内青山绿水，盛产楠竹、杉木。1958年，"大跃进"大炼钢铁伐木烧炭、大办公共食堂砍树为薪、大办粮食毁林开荒，森林破坏严重。1964年，大布江公社被定为县杉林木基地后，乱砍滥伐现象逐步得到控制，森林得以休养生息。1984年，全社年造林273.33公顷，年采伐木材13800立方米。1994年，较头村誉获全国绿化造林先进单位。随后，全乡在继续加强用材林经营的同时，开发药材林20公顷，年产药材75吨；山苍子林400公顷，年产山苍子油30吨，2002年，大布江乡获"市安全文明林区"荣誉称号。2014年，全乡森林面积8333公顷，其中用材林867公顷，楠竹106.7公顷，林木蓄积量10.56万立方米，每年提供商品3000多立方米，其中杉木2500立方米。林业总产值占全乡社会总产值30%。全乡继续加强珍稀林木保护，着力培植小坑"红豆杉村"。

劳务输出 境内除少数手工业者流动劳务外，绝大部分劳动力固守田园。1958年成立人民公社后，公社平调部分劳力炼钢铁、修公路、建水库，多属季节性近距劳务外出。1984年人民公社体制终结时，全社6542个总劳力中，从事农业的占94.85%，从事工业5人、建筑业10人、运输业31人、商服业34人，从事非农行业的仅占农村总劳动力的5.15%，且离土不离乡。20世纪80年代，农村经济体制改革后，境内劳动力流动自由，农业剩余劳力转移各业各地，甚至出现南下打工潮。2002年，全乡劳动力资源总数8637人，其中外出务工人员2768人，占农村劳力资源总数的32.05%。随着经济转型的变革，境内劳务输出进一步增多，2014年，全乡外出务工人数4820人，比2002年增长74个百分点。

工业

新中国成立后，境内零散手工业者在合作化运动中组织起来。1963年，建立大布江铁木社，生产铁、木、竹制农具，年产上千件；随后生产家具、圆式木器供应县内，销往衡阳、长沙等地。1966年，生产山苍子油6.65吨，远销境外。1984年，社办企业6家，总收入5.89万元，占国民生产总值的1.3%。1987年，大布江铁木

较头村山林

社收购大量笋衣加工成地毯出售。之后，随着农村经济体制改革的进程，适从市场需求，在原有林产品加工的基础上，开辟矿泉、大理石、硅石、河沙等新项目。2014 年，创办较头村、山田村、沅洲村、大布江村、坪上村等 7 家木材加工厂；东坑村、江头村、虎居坑村、沅洲村、较头村、深洞村等 10 家小水电站；大布江村、江头村硅铁厂 2 家；大布江沙场等。年工业增加值 6250 万元，占地区生产总值的 27.40%，比 1984 年上升 26.11 个百分点。

商贸服运业

商贸服务业 清末始建老大布江墟（黄泥凼），是大布江与兴宁（资兴）边区贸易的集散地。本地木材从上游漂流到大布江渡，堆扎成木排，流放永乐江销往县外，换回大米等。1981 年，始创社队企业商店，经营企业产品。1983 年，大布江农工商联合商店开业，经营南杂、小百货、五金及三类农产品。1984 年，全境社办商企 2 家，基层各类商饮服网点 48 家，年总收入 12.22 万元。1989 年，县工商局拨款 4 万元，建成大布江农贸市场。1990 年，被评为双文明市场。每逢农历三、六、九赶集，有客货车往返资兴波水及本乡江头、坪上、中洞。2002 年，改建后的大布江墟场，总建筑面积 8000 平方米，比 1989 年扩大了 4 倍。2007 年，投资 30 万元新建农贸市场，建成交易摊位 258 个。2014 年末，全乡共有商业网点 21 家，社会商品销售总额 1000 万元，集市贸易成交额 702 万元，全乡商贸服务业增加值达 9444 万元，占地区生产总值的 41.4%，比 1984 年上升了 36.65 个百分点。

运输业 清代，境内运输一靠大布江漂流放排运输竹、木材，二靠脚力肩挑进县城、出资兴、下乐昌交易货物。1973 年，沅洲村卖爱国粮 400 吨，获奖手扶拖拉机购买指标，带动各生产队逐步添置拖拉机运输货物。1975 年，大布江公社获日本丰田牌购车指标，成为全县第一个拥有小车的公社。1984 年，全乡共有农用汽车 8 台，拖拉机 33 台，运输年产值 9.55 万元，占第三产业总产值的 45%。20 世纪 90 年代后，境域客货运齐上。2000 年，村组交通公路化后，运输业更为兴旺。2014 年，全乡拥有客车 10 辆，货车 21 辆，摩托车 1026 辆。

江源村古桥

基础设施

交通运输

清代，境内水道由中洞侧上入境，经沅洲、山田、大布江，出龙形市入永乐江航道，境内可流放木排竹筏（1964年因拦河筑坝中断航运）；陆路由境内民间步道出境鲤鱼塘入官道，南下广东乐昌挑盐。1958年10月，动工修筑鲤（鱼塘）大（布江）公路，全长20公里，1960年6月竣工通车。1961年春，大布江墟场至沅洲黄家公路破土动工后，启动各村公路相继修筑通车。1995年，再次掀起修路热。2002年，实现村村组组通砂石公路，拥有县道线段12公里，乡村公路7条63公里。2007年，投资110万元建成大布江汽车站；投资700万元，实现全乡100%的村、70%以上的村民小组通水泥路，总长达62公里。2014年筹划农村公交。

邮政电信

邮政 民国15年（1926），境内有县北邮路大布江投递点，三日一环行。1952年，邮递逐日到区公所驻地龙形市，隔两日到乡（今村）。1999年，新建邮电楼820平方米。至2014年，全乡各村通邮率100%。

电信 1953年，为配合土地改革运动，县架通经区公所龙形市至沅洲的专用电话，安装在沅洲楼上何孝海家。1963年，调整农村电话管理体制，从鲤鱼塘架设电话专用线，设立大布江磁石式电话总机，实行电话与广播共用线路，公社自行管理话务员、邮递员、线路维修员。是年，开通全公社13个大队手摇电话。1994年春，开通程控电话。2000年，中国移动公司在乡政府后背山上架设78米高的手机信号塔。2001年，全乡开通固定电话268门。2002年，程控电话入村率92%，移动手机入户率51%。2014年，全乡新建移动、联通手机发射塔5处，共开通固定电话650台，固定电话入户率为14.36%；手机用户达10116人，入户率为223%。

供电饮水

供电 1972年秋，大布江始建较头清水塘水力发电站，1974年装机2×125千瓦投产发电，开辟大布江地区使用电灯照明史。1976年，县建鲤鱼塘供电站向大布江地区输电。1978年，永兴县在清水塘电站原址上重新设计修建大布江电站，1987年，建成投产，装机容量2×1000千瓦。开通全乡生产生活用电。由于用电超负荷，电费价格高，许多村民利用当地溪流水位落差，安装微型发电机发电照明。2002年，供电设施网盖全乡。2010年，完成农网改造。2014年，全乡100%的村组实现电力加工、照明和装备各种家用电器。

饮水 境内地下水属花岗岩网状风化裂隙水，山泉广布，水质矿物质丰富无污染，历来70%以上村民常年饮用。20世纪70年代后，村民普遍使用塑料水管引水，100%的村民用上自流泉水。2012年4月，乡投资192.94万元，新建大布江自来水工程，2013年竣工，年供水12.41万吨，供水主管网10公里，惠及山田、江头、深洞、较头4个村的村民安全饮水，清洁饮水覆盖率90%。

水利建设

新中国成立前，大布江片区农田灌溉，都是利用山溪筑堰引水。较头、沅洲、江头、虎居坑等8处用石头垒砌的河堰，经常被洪水冲毁。1955年3月，沅洲初级社组织劳力开挖井里板至白果树下引水渠道。1963年大旱，全社30%的农田失收，减产粮食900吨，农民吃返销粮（救灾粮）185吨。1965年，全公社调集劳力修筑沅洲牛迷滩（今玉林电站水坝）至井里板引水渠道，全长 5 公里，后因渗水崩塌未受益。农村社教运动之后，各大队先后修筑湾坪、寺冲等 39 处山塘；沅洲、较头、山田等村开始使用机电排灌，大部分生产队仍然使用木制脚踏、手摇水车。农村实行家庭联产承包责任制后，各村组纷纷自筹资金，修筑水泥结构石坝，灌溉条件有很大改善。2002 年，全乡水利设施有山塘 39 口，堰坝 6 处，水渠 227 公里，总灌溉面积 909 公顷，占耕地面积 67%。2011 至 2013 年，沅洲桥头、楼上、井里板三处共投资 230 万元，修筑石坝总长 120 米，引水渠道 2100 米，灌溉农田 140 公顷。2014 年，山田村河道治理项目顺利竣工，沅洲村新修拦河堰 1 处，硬化水渠 3800 米，恢复因缺水抛荒的农田 12 公顷。

村镇建设

驻地 新中国成立前，境内未设过行政机构，故无驻地建设。1958 年，红星人民公社驻地沅洲石里湾，开始修建办公楼、大礼堂。并将老大布江墟场搬迁至此，新地址仍名大布江。随后增设医院、中学等机构设施，驻地规模逐渐扩大。1997 年，乡政府兴建综合大楼，启动新一轮驻地城建配套，以建设“生态秀美水源地，和谐幸福大布江”为目标，完善基础建设，促进公共设施建设提质升级。2014 年，建成大布江农贸市场、大布江汽车站，完成了城区饮水、环卫、老街改造、新区开发等项目；建成大布江公共游园 5330 平方米，架设集镇路灯 20 盏，建成垃圾处理厂，日处理垃圾 9.6 吨。乡政府大院占地面积增至 3000 平方米，驻地总规模达 0.8 平方公里。

村庄 新中国成立前，境内农村住房相差悬殊，如江头村地主朱毓湘房地产散布永兴、资兴、安仁、茶陵、酃县等 5 县，而同村不少农民无地无房。土地改革后，无房或少房的农户分得了被没收或征收的房屋。1958 年“大跃进”中，集中居住办食堂，部分住房被闲置或拆除。落实家庭联产承包责任制后，农房建设速度逐步加快。1989 年，全乡人平住房为 19 平方米。20 世纪 90 年代，开始改善乡村交通，规范村民建房。2002 年，全乡建成乡村公路 7 条 63 公里，实现村、组通公路，农村人平住房上升到 26 平方米。2007 年，实施城乡统筹，改善村容村貌，投资 2000 万元，推进较头新农村示范村建设，新建村民住房 26 栋，硬化街道 800 米，建筑河道防洪堤 3000 立方米。2014 年，完成建设面积 4000 平方米的水口洞规范建房点和 52 处村庄规划，安装村级路灯 40 盏，建环卫设施 1646 处，农村卫生厕所普及率 70%。

社会事业

教育科技

教育 民国 24 年（1935），境内始创简易小学。1946 年，何杰在盘塘创办体仁私立高级小学。新中国成立初，大布江片区共有五处私立小学。1951 年，何孝良在沅洲何氏宗祠开办“体仁完小”，1956 年，撤区建乡改为大布江沅洲中心完小。1958 年，成立人民公社后，每个大队都办有初级小学。1961 年，沅洲中心完小附设初中班。1966 年，创办大布江农校。1969 年，易名“五七”中学。1972 年，定名“大布江中学”，落址麻子坪。1984 年第一幢中心小学教学楼竣工使用，带动全乡学校改建热潮的兴起。20 世纪 90 年代，因生源不足而调整联办学校。江头联校经过逐年扩建，已有活动场地达 5600 多平方米，校舍住房 2000 多平方米。东坑村办小学许江光老师，坚持山乡任教 35 年，积极筹措校舍改建，受到郴州日报和县教育局表扬。2014 年，全乡共有中学 1 所，中

大布江乡政府驻地

心小学1所、村小2所（江头、深洞）、教学点1个（东坑），教职员工74人，中学在校生210人，小学在校生772人。中心小学占地面积15278平方米，教室宿舍楼房使用面积3500平方米。

科技 境内民俗素以农为本，农耕广种薄收，部分地方还刀耕火种，凭天吃饭。种植的水稻品种有白米关黏、红米瑶黏、白壳糯等高秆品种，每公顷产量仅收2.25吨左右。耕作、收割、晒谷、加工等全靠手工操作，且工具及设施十分简陋。1959年5月，毛坪曹开阳、中洞何有玉等木工到外地参观后，在沅洲桐树下创建水力木砻机，日加工大米2吨。同期，境内开始单季稻改双季稻、高秆稻改矮秆稻。1976年后常规稻改杂交稻，化肥取代农家肥，化学除草取代脚踩田、手中耕等。20世纪80年代，碾米、榨油等改用柴油、电力为动力，旧式碾米竹砻、木制油榨退出历史舞台。随着科技的不断进步，农业机械化程度的提高全乡粮食总产量由1966年的400.5吨上升到2014年的11600吨，增长了28倍。

文化体育

文化 明末境内流行民间艺术拼布绣，传入湘剧，清末流行皮影戏。大布江老墟场、深洞天堂、东坑南坑三处设有戏台，每逢演戏，乡民自发集结前往观看，场面十分热闹。民国时期至20世纪50年代，毛坪湘剧兼皮影戏团，每逢春节农闲巡回演出，各姓氏宗族都会筹款搭台，邀请毛坪湘剧团唱戏。20世纪50年代大布江属县第四电影队巡回放映点，20世纪60年代，每个大队每月至少放映电影一场。1974年，公社成立电影放映队，由何福佑，李中海负责，使用湖南8.75毫米脚踏发电机和黑白放映机，定点定期到各大队放映。1976年后，全乡每人每年交1元钱，保障各点每年能看4至6场电影。20世纪80年代，随着农村电视机不断增加，电影放映逐年减少。1999年9月，取消电影集资放映制度。2002年，全乡有线电视入户率达80%。2011年，乡政府院内建成600平方米的乡文化站，设有图书阅览室，多功能娱乐厅。2012年，大布江拼布绣艺术获批为省级非物质文化遗产。大布江退休干部朱有根整理《大布江传闻》。

体育 新中国成立前，境内一些宗族以习武防身为体育活动。新中国成立后仍保留农闲春节耍狮子、舞龙灯、掰手劲、踢毽子等传统体育项目。20世纪70年代，开展球类活动。21世纪开始流行广场舞。2014年，全乡有蓝球场四处，13个行政村实施农民体育健身运动，经常参加体育锻炼的人数达50%以上。

医疗卫生

新中国成立前，乡民看病用药十分困难，民医何壬高在老大布江墟开设“大布江同庆堂”中药铺。新中国成立后政府接管壬高药铺，组织中药医生成立“联诊所”，由余保红，余永珍两人坐店就诊，何忠田、朱习玉等中药医生下乡巡诊。1958年，撤乡建立人民公社，联诊所改称公社卫生院，经四次搬迁后，于1960年落址沅洲石里湾，建有400平方米土砖楼房。同时，各大队都建立卫生所。1970年，实行合作医疗制度。1983年，公社卫生院改建门诊楼为钢筋水泥结构。1995年，全乡初级卫生保健达到国家初审标准，乡卫生院有门诊、住房3100平方米。装配电磁波辐射机、心电图、黑白超声诊断、化验、输氧等常用医疗设备，固定资产225.95万元，江头有分设医疗点，墟场个体诊所5处,各村都有村卫生室,群众就诊自主选择。2014年底，有卫生院1所，医务人员27人，医院总建筑面积2426平方米，村卫生室13所，村民参合人数14800人，新型合作医疗参合率达100%。

社会保障

新中国成立前，鳏寡孤独者无人问津。新中国建立后，政府拨专款救济孤老残幼，并发动群众亲邻相帮。1956年农业合作化后，集体对孤老残幼实行“五保”(保吃、保住、保穿、保医、保葬)。1966年，因修青山垅水库涉淹大布江大队120户村民，民政部门在较头大队建房1680平方米，安置移民21户。2007年，投资60万元新建敬老院1所。2014年，全乡低智能残疾329人、五保106人的供养普遍得到保障；对农村低生活保障200人，支出32.62万元；民政部门资助、优抚各类对象90人，支出35.2万元；发放农村养老金140万元，完成“住有所居”34户。发放各类涉农补贴49项，资金达572.26万元。

特色地情

大布江拼布艺术

大布江的拼布艺术起源于汉朝，盛行于明清和民国时期，是一种流行于湘南民间的原生态造型艺术，它以民间随处可见的碎布和旧衣服为原料，以黑白蓝红黄为主颜色，“以针代笔，以线晕

大布江拼布刺绣

金宝仙古寺

小坑村红豆杉、水松

色”，精心制作出充满浓郁乡土气息的艺术作品。拼布内容涵盖生活题材的花鸟虫兽、文字题材的福禄寿喜、情感题材的梁祝刘海等方面。1998 年，大布江拼布绣作品在日本世界民间工艺博览会上展出。2008 年，大布江拼布艺术传承人何娟，开始开发、整理和创作拼布绣产品。2009 年，被列入郴州市首批非物质文化遗产保护名录。2011 年，成立郴州市娟娟拼布艺术坊，湖南大学将大布江拼布绣列为文化产业研发项目。同年 5 月，在中国文化界的“嘉年华”第七届中国（深圳）国际文化产业博览交易会上，何娟创作的拼布绣作品《时机已到》获第七届文博会“中国工艺美术文化创意奖”铜奖。2012 年大布江拼布绣获批为省级非物质文化遗产，2014 年，大布江拼布绣荣获首批湖南“最美珍稀老手艺”称号。

名山金宝仙

金宝仙又名真宝仙，位于白鸡冲村四亩里，山高海拔 1009.8 米。相传山上有宝，白石发光如金。明初始建古寺，清道光年间建成上、中、下三处庙宇，民国 24 年（1935），寺主持释道生和尚将古寺拆旧换新，新建大雄宝殿，面积 483 平方米，摆放各类佛像 210 尊。《永兴县志》收录有名人游金宝仙赞颂诗词数首。金宝仙东侧半山腰黄沙垅，保留有明嘉靖三十七年（1542 年）寺塔，青石结构，四方五层，檐翘角、尖顶，底层边长 1.2 米，高 3.3 米，是市、县级文物保护项目。

乡土民间故事

大布江退休干部朱有根根据当地民间传说，整理出《大布江传闻》。书中收录有 44 则民间故事，内容包括历史神话传说、孝顺父母的典范、《何天雷》、《杨南英》等乡土人物特写等。

地方特产

珍贵树种 境内现存珍贵树种有银杏、水松、红豆杉、楠木、半枫荷、金叶白兰花、三尖杉等，占全县十大珍贵树种的 70％，均被林业部门列为保护项目。

野生猕猴桃 因果皮覆毛，貌似猕猴而得名，土名牛卵子。境内野生猕猴桃分布广泛，主产于小坑、东坑、毛坪、江头等村。其质地柔软，味若草莓，有很高的营养价值，能防癌抗病，适宜癌症、心脑血管和便秘等疾病患者食用。

蒸溜山苍子油 境内山苍子资源丰富，主要分布于小坑、毛坪等村，大布江自 1958 年开始生产山苍子油，用水蒸汽蒸馏法从山苍子果实中提取的精油，与食用植物油勾兑成调味油，有除膻祛腥、提味增鲜的功效。产品曾远销欧美和东南亚，全乡年产山茶籽 11 吨。

（曹成武　供稿）

附录

2011—2015 年永兴县行政区划调整一览表

<table>
<tr><th>2011 年
乡镇名称</th><th>2012 年
乡镇名称</th><th>2015 年
乡镇名称</th><th>2015 年下辖社区行政村</th></tr>
<tr><td>城关镇</td><td rowspan="3">便江镇</td><td rowspan="5">便江镇</td><td rowspan="5">13 个社区：滨河路、文昌、井凉街、坳头上、干劲东路、沙子江、惠民路、人民路、龙山路、湘永、塘门口、高矿、湘阴渡；60 个行政村：水南、便江、城郊、白头狮、石屏、铜角、康绪、周家、茶园、塘下、同心、注江、碧塘、同意、牌楼、乌泥、塘门、铁炉、锦里、湘洲、五成、观前、城东、灵坎、破塘、黄竹、新湾、大寺、牛雅、洞洪、丰农、两河、年丰、马仰、塘市、沙桥、糠泉、毛坪、塘田、关王、寿祝、三祝、文洞、大塘、毛家、油塘、湘阴、山冲、松柏、堡口、胜利、荷叶、桥头、夹口、南塘、滩洞、滩头、石塘、田心、燕尾</td></tr>
<tr><td>城郊乡</td></tr>
<tr><td>碧塘乡</td></tr>
<tr><td>塘门口镇</td><td>塘门口镇</td></tr>
<tr><td>湘阴渡镇</td><td>湘阴渡镇</td></tr>
<tr><td>油市镇</td><td>油市镇</td><td rowspan="2">高亭司镇</td><td rowspan="2">2 个社区：高亭、油市；23 个行政村：儒林、大杨、油市、坪洞、车田、冷水、新塔、高冲、禾巷、高亭、高塘、大城、大源、金坪、板梁、永华、东冲、联合、十联、承卜、黄泥、窝黄、泥鳅塘</td></tr>
<tr><td>高亭乡</td><td>高亭镇</td></tr>
<tr><td>马田镇</td><td>马田镇</td><td rowspan="2">马田镇</td><td rowspan="2">6 个社区：马矿、老马田、荷叶塘、和平路、胡碑下、兴隆；33 个行政村：马田、井岗、蔬菜、高仓、上桥、明星、江家、忠和、寨下、白坳、和平、罗家、罗尾、红星、塘前、水源、杜家、邝家、邱家、丹坪、枣子、竹棠、曹家、李家、宋家、大坡、金华、梓木、上源、巷口、下泽、下源、黄沙</td></tr>
<tr><td>复和乡</td><td>复和镇</td></tr>
<tr><td>悦来乡</td><td>悦来镇</td><td>悦来镇</td><td>1 个社区：悦末墟；14 个行政村：玉泉、爱好、南冲、马渡、鸦鹊、悦来、尹家、三黄、胡家、金竹、廖宅、平田、江华、唐家</td></tr>
<tr><td>油麻乡</td><td>油麻乡</td><td rowspan="2">油麻镇</td><td rowspan="2">19 个行政村：竹溪、北岸、玉兰、大路、上青、下青、小尾、浪石、徐家、长湖、溪尾、土桥、柏树、油麻、易家、平乐、高城、公平、五陵</td></tr>
<tr><td>三塘乡</td><td>三塘乡</td></tr>
<tr><td>洋塘乡</td><td>洋塘乡</td><td>洋塘乡</td><td>15 个行政村：长洲、铁龙、西禅、大泉、陈家、文明、同心、江古、凫塘、景星、羊乌、西龙、沙窝、八公分、红花</td></tr>
<tr><td>黄泥乡</td><td>黄泥镇</td><td>黄泥镇</td><td>1 个社区：黄泥坳；22 个行政村：东泽、木梓塘、汶村、长洞、板冲、石虎、大村、沙坑、杨家、黄沙、晓源、羊冲、涌水、六合、大江边、耒头、元木、埠头、姜冲、泉田、庄山、豪山</td></tr>
<tr><td>金龟镇</td><td>金龟镇</td><td rowspan="2">金龟镇</td><td rowspan="2">1 个社区：金龟；27 个行政村：唐公、轮泉、竹叶、三联、金龟、元庄、曹家边、清水、山下、茅屋、牛头、安福、泉塘、六甲、高桥、白果、张家洲、塘屋、大背、东冲、坦泉、水湄、小田、竹司、八垒、香梅、烟塘</td></tr>
<tr><td>香梅乡</td><td>香梅乡</td></tr>
</table>

2011 年乡镇名称	2012 年乡镇名称	2015 年乡镇名称	2015 年下辖社区行政村
樟树乡	樟树镇	樟树镇	1 个社区：樟树；17 个行政村：坦泉、洋佳、天鹅塘、曹子芳、湖塘、便冲、仙水、上应、天堂、樟树、大岭、石桥、树头、腾头、界江、小铺、厅头
柏林镇 洞口乡	柏林镇	柏林镇	2 个社区：柏林、洞口；32 个行政村：柏林、荷塘、九团、口泉、马桥、高山、高屋、高岭、二甲、杜泥、四联、虹桥、杨武、龙潭、桃林、金盆、枫坪、龙王市、长乐、石门、青路、公平、朝阳、杨树、洞口、同心、陈门、图府、大洞、东坪、大水、鹿鸣
太和乡	太和镇	太和镇	1 个社区：太和；15 个行政村：仁佳、漾下、盐塘、桐木、双合、仁忠、五合、顶上、乌萝、戏台、七郎、太和、寺边、鲢鱼、小江
鲤鱼塘镇 千冲乡	鲤鱼塘镇	鲤鱼塘镇	1 个社区：鲤鱼塘；27 个行政村：樟田、洪波、申明亭、蕉坪岭、东山、东岭、松垣坊、花坪、联盟、石溪、中心、陈塘、火里把、光明、矮塘、垅塘、圳水、株山头、谭家、长冲、板桥、青联、足泉、沅洞、千冲、高塘、彼坑
大布江乡	大布江乡	大布江乡	1 个社区：大布江；13 个行政村：沅洲、较头、山田、大布江、坪上、中洞、深洞、毛坪、小坑、东坑、江头、虎居坑、白鸡冲
龙形市乡	龙形市乡	龙形市乡	1 个社区：龙形市；15 个行政村：龙形市、田湾、八甲、新棚、黄土洲、三河洲、刘家、大枧、石阳、邓家、周塘、檀山、松柏、营坪、高石
七甲乡	七甲乡	七甲乡	1 个社区：七甲；10 个行政村：七甲、江口、石枧、西廊、兴洞、四甲、龙头、清塘、南湾、王家

嘉禾县

概述

嘉禾县地处湖南省郴州市西南部，县治在春陵水上游钟水西岸的珠泉，即今珠泉镇。地理坐标为北纬25° 26′至25° 47′，东经112° 14′至112° 35′。东部与郴州市桂阳县为邻，南部与郴州市临武县、永州市蓝山县接壤，西部与永州市宁远县相接，北部与永州市新田县交界。全县南北长39.3公里，东西宽35.7公里，辖区面积699.39平方公里。

历史沿革。嘉禾县从汉代至元代均为临武县地。明初为桂阳州（今桂阳县）及临武县地。明崇祯十二年（1639），析桂阳及临武县地置嘉禾县。县治在禾仓堡，即今治。历经清朝、民国时期未变。光绪《湖南通志》引县志："本桂阳州仓禾堡地，明崇祯中，有司以堡去州治远，难以遥制，请立县镇抚，于是割临武六都八里、桂阳五都六里，立嘉禾县。"（卷42）《嘉庆一统志》："仓禾旧堡，今嘉禾县治。"（卷375）

1949年12月5日，嘉禾解放，全县划为5个区、43个乡，分别在含田、行廊圩、仙人桥、广发圩、花溪村成立5个区人民政府。当时区以下还暂时利用旧乡、保、甲开展征粮支前工作。1950年春夏，减租反霸结束后，才取消伪乡、保、甲制。建立乡、村人民政府。1952年4月，在普满圩增设第六区人民政府。在城关设县辖珠泉镇人民政府。1950年3月，乐泉乡划归临武县管辖。1954年5月，临武县第五区商溪、曲水两乡划归嘉禾县第五区管辖。6月，蓝山县所属六区高铺乡划归嘉禾县五区管辖。1954年7月，全县调整为86个乡（包括五区辖塘村镇在内）及一个县辖镇。1956年5—6月撤区并乡，将原有的六个区，85个乡，两个镇撤销，合并为18个乡。1958年10月，全县原有20个乡（镇）合并为6个乡。12月，蓝山县与嘉禾县合并为蓝嘉县，县政府所在地设蓝山县城。嘉禾6个公社按驻地命名为：珠泉、龙潭、石桥、广发、塘村、普满。1961年3月，嘉禾县人民公社体制规模由原来6个公社划分为18个公社，2个镇。1961年5月，蓝嘉县分设为蓝山县和嘉禾县。1964年1月，花溪公社与塘村镇合并为塘村镇人民公社。1976年11月，原珠泉公社调整为城关、钟水、石羔公社。1984年3月，公社全部改称为乡建制，全县共有16个乡两个镇（花溪、塘村未合），1986年3月，撤销花溪公社扩大塘村镇行政区域，全县共有17个乡镇。2012年泮头乡合并到袁家镇，钟水乡、莲荷乡、石羔乡、城关镇合并为珠泉镇，全县由17个乡镇合为13个乡镇（原盘江乡云里村划入广发镇建制）。

人口民族。中华人民共和国成立后，两次出现人口增长高峰，从1949年到1988年，39年增加16.8395万人。1964年第二次人口普查，全县达18.0609万人。1982年第三次全国人口普查，全县有26.9698万人。到1988年，全县人口为29.8725万人。嘉禾县人口汉族占绝大多数。1953年人口普查全是汉族。1982年全国第三次人口普查全县有10个民族26.9698万人，其中汉族26.9625万人，9个少数民族共73人。2000年全国第五次人口普查全县18个民族30.7657万人，其中男性16.2221万人，女性14.5436万人。17个少数民族人数510人，2014年，全县总人口41.63万人，常住人口31.12万人。

环境气候。嘉禾县境内岗丘起伏，地形主要由两山两水两盆地组成。两山即南岭山、黄牛岭；两水即舂陵水、黄狮江（泮溪河）；两盆地即嘉禾盆地和行廊盆地。南岭山蜿蜒于县境西南部，最高峰尖峰岭海拔913.7米。舂陵水、黄狮江两条河流由南向北纵贯全县。海拔最低点是黄狮江出口点桥下岭145.7米。在两条河流中间，绵亘一条海拔400多米的分水岭——黄牛岭。形成一个南北开口，南高北低，不规则的复式撮箕形的地形。地貌类型多样，就其形态而言：丘陵岗地各占三；半分水面一分山，还有两分半是平原。全境属亚热带季风气候，降雨丰沛，旱季明显，灾害性天气多。全县年平均降水量为1410毫米左右。其特征是春季天气多变，间或出现干旱，局部地区3—4月多冰雹，夏季暴雨多，有洪涝，绝对湿度与温度同步增长，多晴热天气，秋季雨水少，早晚凉，中午热。秋分以后，气温缓慢降低，昼夜温差大。冬季受强大的蒙古冷高压控制，偏北风活动频繁，冷空气回旋南岭，气温剧降，多晴冷天气。

交通状况。从1955年开始修建公路，此时期共修公路12条，98.4公里。最先修通了嘉禾至临武52公里，境内13公里，1956年2月25日通车，后又修通了嘉禾至桂阳51公里，境内19.8公里，从此，陆路交通打通了东南两条主干通道，并且都与京广铁路衔接。县内先后有嘉禾至广发、龙潭至普满等干线公路修成。1958年又出现了村村修大道，全县共修大道156条，324公里。目前，嘉禾县境内有8条省道穿过，分别是S61、S010、S228、S231、S232、S234、S351和S353， 另有规划的省道S107，其中S61为衡武高速公路，其他均为二级公路，现状二级公路总长132.3公里。

资源状况。嘉禾县发现各类矿产18种，能源矿产3种，有色金属矿产4种，黑色金属矿产2种，非金属矿产9种。发现各类矿产地78处，大型矿床1处，中型矿床2处，小型矿床19处，矿点56处。其中煤纳入了矿产资源储量表，煤、水泥用石灰岩的保有资源储量居郴州市第二位。能源矿产主要分布在县域中部的黄牛岭山脉成矿带煤炭资源，已探明煤炭储量1.435亿吨，以无烟煤为主，煤质好，是全国100个重点产煤县之一。有色金属矿产探明铜矿1处，位于龙潭镇黄沙寺，伴生矿产有铅和锌，待开发利用。铅锌矿5处，分布在盘江乡的广塘、株木山、石鼓元、南岭林场和龙潭的王阳甫。黑色金属矿产：探明铁矿点24处，资源量2139.8万吨，冶金白云岩分布在盘江、袁家、钟水、石桥、泮头等乡镇。嘉禾是全国南岭山地生态生物多样性功能区，森林资源丰富，县内树种资源较多，已查清有84科251种，主要有松、杉、桐、茶。属稀有珍贵的树种有川桂、楠木、白玉兰、阔叶白兰等。野生动植物种类多。至2012年，全县林地面积34586.8公顷，占全县总面积的49.68%，全县森林覆盖率36.25%，林木绿化率38.64%。县内有集雨面积5平方公里以上溪河26条，其中湘江一级支流1条，二级支流13条，三级支流8条，四级支流4条。人均可利用的水资源量约10.34亿立方米，人均水资源量2938立方米，属轻度缺水。水能资源理论蕴藏量4.65万千瓦。

文化旅游。嘉禾县地处五岭山脉北麓，山川绮丽、田园锦绣、风景资源丰富：有天降嘉禾、神农教耕的文化传说，是五岭农耕文化的发祥地；有南岭森林公园、九老峰风景区，飞来山、珠泉涌月、丙穴嘉鱼、桐梁潜渡等胜景，有舜源浩荫（钟水风光）、鳌鱼上滩、禹迹龙门，黄甲吊桥、凌云水乡、东岸湿地公园等南岭水乡风光；有最早旌表监察御史的风宪牌坊；红色文化方面有爱国主义教育基地“中共嘉禾南区支部活动旧址萧克故居”，并且涌现了辛亥革命先驱李国柱、抗日名将李必蕃、共和国上将萧克，以及李庠、唐朝英、刘沛、黄益善、萧克允、李琬廷、李韶九等大批英雄人物和革命先烈；有丰富灿烂的乡土文学和民间文化艺术，茅盾文学奖作品有古华的《芙蓉镇》、萧克的《浴血罗霄》，是“湘昆剧曲发掘地”“群众文化艺术之乡”“民歌之乡”“铸锻造之乡”。

（肖苏利　供稿）

珠泉镇>>

珠泉镇因境内有“珠泉涌月”名胜景点而得名。2013年珠泉镇被评为全市十强乡镇和全省综治先进乡镇。

珠泉映月

区域概况

位置面积

珠泉镇位于北纬25°31′41″至25°41′17″；东经112°15′29″至112°25′23″。东与龙潭镇、袁家镇、行廊镇接壤，南与车头镇、永州市蓝山县土市乡毗邻，西与盘江乡、广发镇交界，北与田心镇、坦坪镇相连。区域总面积为131.5586平方公里（含原莲荷乡25.1959平方公里，原钟水乡面积31.516平方公里，原石羔乡面积39.0375平方公里），南岭林场25.8422平方公里，占全县总面积的五分之一，东西最大距离16.6公里，南北最大距离17.7公里。其中陆地126平方公里，占95.8%；水域5.5平方公里，占4.2%。

建制沿革

古称禾仓堡。明崇祯十二年（1639年）置嘉禾县后至清朝末年（1911年），属东南上乡和西北富乐乡。1912年至1914年，政区沿清代旧制，后并为区，属城区管辖。1938年属珠泉镇、晋屏乡。1950年县治设区，属第一区。1952年珠泉乡改为珠泉镇，1954年更名为城关镇。1958年10月实行政社合一，城关镇与石羔乡、茂林乡、荆林乡合并成立红旗人民公社。1958年12月，红旗人民公社改称珠泉人民公社，属蓝嘉县，1961年5月，复属嘉禾县，同年6月，人民公社体制规模作了适当调整，复设珠泉镇。1964年9月下旬至12月中旬，调整人民公社规模，复设珠泉公社、城关镇（珠泉公社与城关镇一套人马两块牌子），1965年，珠泉公社、城关镇改称为珠泉人民公社。1976年，珠泉人民公社分为城关、钟水、石羔3个人民公社。1981年，撤城关人民公社，分设城关镇和车头人民公社。2012年4月，钟水、石羔、莲荷3乡与城关镇合并，设立珠泉镇。

行政区划

新中国成立前，境域行政区划不详。新中国成立初期，大乡划小乡，小乡并大乡，珠泉镇与其他乡分分合合，各小乡和各大队的分合一直不稳定。1958年，珠泉人民公社下辖城关大队、车头大队、荆林大队、袁家大队、茂林大队、水冲大队、马托大队、石马大队、含田大队、文家大队、石羔大队和甫南大队等12个大队。1964年，袁家大队划归新成立的袁家人民公社。1976年，珠泉人民公社分为城关、钟水、石羔3个人民公社。其中，城关人民公社下辖车头大队、荫溪大队、含田大队、珠水大队和城关居委会。钟水公社下辖龙泉、横洞、荆林、沙仁、大路、茂林、湘溪、坦塘、水冲、杨梅、爻山11个大队。石羔公社下辖星罗、文家、大坪岭、背里塘、石羔、雷公井、刘家、甫口、南岭9个大队。1981年，城关人民公社分设为城关镇和车头人民公社。其中城关镇管辖范围为原城关公社的含田大队、珠水大队、乔麦塘大队和东街、南街、西街、北街4个居委会（其中新增三个居委会）。原城关人民公社的龙泉、横洞、乌田、荆林、荫溪、车头6个大队划入车头人民公社。2012年4月，嘉禾县乡镇行政区划再次调整，钟水乡、石羔乡、莲荷乡等三个乡镇并入城关镇，更名为珠泉镇，全镇下辖晋屏社区、丙穴社区、珠泉社区、珠泉亭社区、鳌峰社区、金田社区、钟水社区、石羔社区、莲荷社区9个社区委员会、49个社区小组，沙岭村、荞麦塘村、石丘村、石燕村、莲荷村、平世村、楼胡村、大田岭村、小凤村、松家村、水溪村、富阳村、水冲村、新麻地村、沙仁村、罗家村、杨梅村、西车湾村、茂林村、白石塘村、大路村、坦塘村、马托村、湘溪村、上泥田村、爻山村、星罗村、文家村、背底塘村、大坪岭村、石羔村、雷公井村、麻池塘村、刘家村、南岭村、甫口村、下车村、上洞村38个村民委员会、325个村民小组。

自然环境

境内为丘陵地貌，地势南高北低，地面高程一般在海拔190～250米，最高峰黑子窝海拔700米，最低点湘溪塘海拔168.3米。属亚热带湿润季风气候，四季分明，热量充足，雨水集中，春温多变，夏秋多旱，严寒期短，暑热期长，年平均气温18.2℃，无霜期年平均296天，最长达360天，最短为224天。年平均相对湿度75%。年平均降水量1408.8毫米，年平均降水日数为165天，最多达208天。太阳总辐射量为116.45千卡/平方厘米·年，年平均日照时数1443.2小时。境内土壤类型主要以水稻土、红壤、潮土为主，土层深厚，质地疏松肥沃，适合农作物生长。镇区有河流二条，钟水河从车头镇荆林入境，由南向北，流经境内7.5公里；石燕河由西向南，流经境内8公里。境内矿产资源主要为石灰岩，另有煤、锰、铁等矿产资源。南岭林场有野生动物159种，其中被列为国家二级保护动物4种；有野生种子植物741种。

人口民族

新中国成立前，辖区人口数不详。新中国成

立初期，因大乡划小乡，小乡并大乡，各小乡和各大队的分合一直不稳定，辖区人口变化较大。1958 年珠泉人民公社总人口为 30591 人。随着新社会人民生活的安定，人口增长较快，至 1973 年，辖区总人口达到 45840 人。1976 年，珠泉人民公社分为城关、钟水、石羔 3 个人民公社。其中，城关人民公社总人口为 15001 人。改革开放后，随着政府进一步加强计划生育工作，严控人口，境内人口自然增长率有所下降。1982 年 7 月 1 日，全国第三次人口普查时，境内总人口为 47010 人（含少数民族 26 人）。其中，原城关镇总人口为 17882 人（含少数民族 26 人）；原钟水公社总人口为 14836 人，全是汉族；原石羔公社总人口为 14292 人，全是汉族。2000 年，到全国第五次人口普查时，境内总人口为 61714 人（含少数民族 52 人）。其中，原城关镇总人口为 32846 人（含少数民族 32 人）。原钟水乡总人口为 13838 人（含少数民族 1 人）。原石羔乡总人口为 15030 人（含少数民族 19 人）。2012 年，乡镇行政区划再次调整，钟水、石羔、莲荷 3 个乡与城关镇合并成新的珠泉镇，辖区人口增至 10.18 万人。2014 年末，辖区总人口达到 10.94 万人。其中城镇常住人口 6.25 万人，城镇化率 72.1%，另有流动人口 1.81 万人。总人口中，男性 5.75 万人，占 52.56%；女性 5.19 万人，占 47.44%。2014 年人口出生率 12.2‰，人口自然增长率 6.5‰。人口密度为每平方公里 342 人。

经济发展

经济综述

新中国成立后，境内经济逐年发展，其中原城关镇是县委、县政府所在地，主要以工商贸易服务业为主，工商贸易服务业发达；原石羔乡、原钟水乡、原莲荷乡主要以农业生产为主，以种植水稻、蔬菜、其他经济作物及外出务工为主导产业。中华人民共和国成立至 1978 年，境内财政收支由秘书和粮油委员兼管。中共十一届三中全会后，坚持以经济建设为中心，1982 年试行农业生产责任制，1985 年完善家庭联产承包责任制，温饱问题逐步解决。工商企业实行以“承包经营”为主的企业改革，境内企业先后实行各种形式的承包责任制。2005 年农村税费改革，取消农林特产税和“三提五统”，调低农业税税率；2006 年取消农业税。2014 年全镇完成 GDP26.52 亿元，增长 19.82%，其中一、二、三产业增加值分别为 2.8 亿元、6.34 亿元、17.37 亿元，分别增长 6.76%、17.11%、23.3%（此增幅按现行价计算）。完成固定资产投资 60.34 亿元、增长 33.29%。完成社会消费品零售额 9.07 亿元，增长 14.67%。镇财政税收位居全县乡镇财税第一名，2014 全年完成财政税收 1.432 亿元，成为嘉禾县第一个财税过亿元的乡镇。

农业

境内主要种植水稻、小麦、蔬菜、红薯、烤烟、杨梅、花生、大豆、玉米、辣椒等农作物。新中国成立后，政府鼓励农民种植水稻，分早、晚稻两季，旱土种植小麦、蔬菜、烤烟、红薯、花生、大豆、玉米及麻类等农作物。1962 年人民公社实行“三级所有、队为基础”制度，改进耕作技术，加强病虫害防治，粮食产量单产提高到 200 千克。1972 年扩大双季稻种植面积，粮食亩产 350 千克。1997 年试种杂交稻粮食亩产 450 千克。2002 年扩大杂交双季稻种植面积，粮食亩产达到 750 千克。1998 年原钟水乡联营创办了“嘉禾县三味食品有限公司”，推行“公司 + 基地 + 农户”经营模式，发展无公害蔬菜 5500 多亩，“三味辣”成为嘉禾县农产品一个响亮品牌。原石羔乡充分发挥优势，在雷公井、刘家、麻池塘一带加强土地整理，成为我县唯一一个“万亩水稻集中育秧基地”。2013年，政府利用南岭杨梅生产优势，在南岭村成功举办了第一届“珠泉南岭生态杨梅节”，此举成功打响了南岭杨梅品牌，为杨梅种植户创收500多万元。2014年全镇农业总产值4.72亿元。其中生产粮食2.2万吨（稻谷1.67万吨，其他0.53万吨），人均201.1千克。

境内群众以养殖牲畜、牛、羊、鸡、鸭、鱼等畜禽水产为主。新中国成立后，政府鼓励农业养猪、养鸡、鸭，开始发展池塘养鱼。20世纪70年代，家家户户养猪，政府实行任务派购。80年代，发展规模化养猪专业户。1997年原莲荷乡联办了特种水产养殖场，养殖水面达1.33万平方米，年产值达300多万元。2012年水溪村充分发挥本村土地富含硒元素的特点，大力发展富硒泥鳅，成为嘉禾一个新的农产品牌。2014年全镇生猪饲养量15.2万头，年末存栏8.65万头；家禽出笼54.76万羽，年末存笼12.98万羽。

境内属丘陵地貌，共有林地面积2.5万亩。新中国成立前林地归私人所有，多自生自繁，树种有杉树、松树、楠竹、樟树等。1951年成立农林互助组、合作社。1958年林地收归公社、大队、生产队三级所有，由于“大办钢铁”树木被砍伐殆尽。1963年贯彻中央政策，山林权固定在大队、生产队。1972年境内有社、队林场38个，大面积种植杉树、松树等。1981年山林定权发证，山林权属为大队、生产队集体所有。2000年以来，各村林场相继逐年承包给农户，承包期一定30年，种植柑橘、油茶、松树、杉树、桉树等树种，森林覆盖率38%。

工业

新中国成立前，境内有打铁、陶器、纺织、酿酒等工业。新中国成立后，境内工业主要以手工业为基础，以传统的锻造、铸造技艺为向导，带动机械加工、汽车修理、建筑材料等工业发展。1956年建立了社队手工业合作社，1958年公社把原社队手工业合作社、组办的木工社、缝纫社等合并成公社联合工厂。1961—1963年工业整顿压缩，一些社队工业企业停办。1970年积极响应中央兴办地方“五小工业”的号召，各社队逐步恢复集体工业。20世纪80年代乡镇企业进入了快速发展期，境内先后办起了机械厂、铸造冶炼加工厂、木材加工厂、建材厂、皮革厂等企业。1988年原城关镇个体户雷玉林率先在城北投资250万元创办了重型机械厂，主要生产大型轮船和矿山机械配件，至2000年原城关镇初步形成了“城北修造一条街，城南工业一片园”工业基地。1993年原钟水乡在水冲村创办了钟水建材一厂，年产红砖50万块，年产值达1000万元。2001年引进500万元在坦塘工业园创办了南霸王蓄电池有限公司，年产值达500万元。2001年，白拾福煤矿重新扩股生产。2004年在南托村创建鑫泰铅业有限公司，年产值达1亿元以上。2008年以来，根据上级要求，政府加大了对锻铸造冶炼等其他工矿企业的关闭整合力度，除部分规模工矿企业提档升级转型发展，转移到坦塘工业园生产外，其余均按上级要求关闭整合到位。2014年全镇工业总产值23.85亿元；实现工业增加值5.66亿元。拥有工业企业369家，职工5816人。

商贸服务业

新中国成立前，境内交通闭塞，商品流通不畅，仅有商品零售小店铺和小商贩走村串巷。新中国成立后，政府在“发展经济、保障供给”的方针指导下，积极创办国营商业，培植合作社商业，“利用、限制、改造”私营商业，境内商业呈现欣欣向荣的局面。“文化大革命”期间，私商被当作“资本主义尾巴”加以取缔。改革开放后，政府大力贯彻“计划经济为主，市场调节为辅”的方针，实行多种经济成分、多条流通渠道、多种经营方式，生活用品日益增多。20 世纪 80 年代初，收录机、洗衣机、电视机开始进入农户。90 年代中后期，供销系统体制改革，境内置换公有制商贸企业 6 家。之后，商业系统改制，私营个体商业成为流通领域的主体。2000 年后，境内综合商场、大型超市、酒店宾馆、农贸市场、商业门市林立，现代工商贸易服务业十分发达。特别是 2012 年以来，政府充分发挥全县商贸物流中心的作用，重点支持了商贸业、房地产业、物流业、服务业等支柱产业发展壮大，引进各种民间资本达 5 亿元，民营企业迅速壮大。2014 年年末境内共有各类民营企业 323 家，个体工商户 5952 户，民营经济实现 20.5 亿元，占全镇 GDP 的 70% 以上，民营经济成了境域经济的重要支柱。

经济开发区

境内有嘉禾经济开发区，是 1992 年由省政府批准设立的省级开发区，前身为湖南珠泉经济开发区。开发区下辖的工业园位于坦塘村，园区总体规划 18.99 平方公里，已建成 5 平方公里。园区交通便捷，省道 322 线、215 线，桂嘉、嘉新、嘉蓝、嘉宁高等级公路在工业园交汇，工业园离京珠复线 6 公里，距夏蓉高速 5 公里；水、电、路、讯等设施完善，形成了“三纵四横”道路网络；政务服务、配套服务功能齐全。2014 年年末有 87 家铸、锻、制造企业在园区集群集聚，实现主导产业主营业务收入 108.9 亿元，上缴税金 1.35 亿元，产品在长三角、珠三角占据重要份额。

基础设施

交通运输

新中国成立前县城以石板路为主，通村道路基本是泥路，交通十分落后。新中国成立后，在 1956 年以前，以钟水河的水路交通为主。1964 年起，因陆续在境内沿河修建拦河坝和水力发电站，水路交通受限。1955 年，政府开始修建沙石公路，境内公路建设有了较快的发展。1956 年 2 月，县城至塘村公路通车，形成县城人民路南段；1958 年，修通珠泉公社至广发墟公路。人民路从南至北从此全部形成。同年底，修筑了珠泉至楠市公路。1960 年 11 月，城关至安宁村沙石公路修成通车。1961 年修成中华路西段。同年 5 月，修通石羔雷公井至南岭林场公路，是境内最早通往林区的公路。1962 年，坦塘至石桥公路动工修筑。1966 年，荞麦塘至长田尾公路动工修筑。1973 年 7 月人民路原县肉食品公司至县人民政府门口路段改成柏油路，为嘉禾最早的一段柏油路。1986 年至 1997 年，政府又先后修筑了珠泉路、禾仓路、建设路、东塔路、金田路、晋屏路等城区公路并先后进行了油化、硬化。1990 年起，各行政村开始硬化通村公路。2000 年后，境内开始修建高等级公路。2005 年桂嘉高等级公路建成通车，2009 年嘉新高等级公路建成通车。2010 年后，政府对境内主干道全面实施了提质改造，对嘉新路、桂嘉路、嘉金路、城下路等道路进行了油化、亮化、绿化，全镇 44 个行政村的通村公路全部完成硬化，硬化里程达 132.6 公里，东西南北互相串通，境内交通面貌焕然一新。

邮政通信

1951 年，嘉禾县邮政局在境内成立。1953 年 9 月，县邮政局和有线组、无线组合并，改称嘉禾县邮电局，办理邮政、报刊发行、电报电话业务。1958 年人民公社化后，公社、大队和少数生产队安装有电话机。改革开放后，报刊、邮件发行量最高达 194.3 万份，1997 年后逐渐减少。1989 年境内电话使用人工交换网络，以架空明线、电缆为主，通话质量大有提高。1994 年使用光缆数字传输网，电话逐步普及到村、到组、到户。1995 年开始建设模拟移动通信基站。2000 年移动通信机站达 5 个，2002 年联通机站 3 个，移动通讯开始普及。2014 年，全镇有固定电话用户 8560 余户，移动电话用户 25890 余户，互联网用户 12600 户。

供电供水

1951 年，嘉禾县供电公司在境内成立，当时只有一台 48 千瓦的发电机组、以煤气为动力的小火力发电厂，供电范围为境内的主要县直机关单位。1965 年安宁木制水轮水电站建成，取代原火力发电厂供电，1969 年至 1971 年麻地电站和车头电站分别建成，供电范围不断扩大。改革开放后，政府进一步加大了供电力度。1979 年纳入郴州电业局电网，1999 并入省电网，2011 年并入国家电网。1999 年至 2001 年，通过一期、二期农网改造后，辖区内农网改造进村入户率达 100%。2014 年，原莲荷乡 10 个村、原钟水乡 14 个村、新城区、经济开发区接马托变电站的电，城区六大社区和原石羔乡 12 个村接珠泉变电站的电。改革开放前，群众生活用水基本上是到村泉井中挑，枯水季节每天清晨，部分泉井群众取水拥挤不堪，且水质较差。从 20 世纪 80 年代起，部分群众开始采用手摇压水井取水。1988 年，县自来水公司成立，在城西建成容积 1000 立方米高位水池一座，从珠泉井取水，由此城区部分群众用上了自来水。1997 年，盘江水厂建成投产，县城供水管网进一步完善，供水范围进一步扩大，城区 95% 以上的居民用上了自来水。同期，原石羔乡甫口、石羔、雷公井、麻池塘、大坪岭、文家由石羔自来水厂供水（青山水库供水），星罗、上洞、下车、南岭和原莲荷乡 10 个村、原钟水乡 14 个村、原城关镇 2 个村均是自引山泉水供水。2010 年以来，县委、县政府推进了城乡供水一体化建设，县自来水主管道延伸到县城周边城郊村和原钟水乡、原莲荷乡，全镇先后有荞麦塘村、沙岭村、背底塘村、文家村、大坪岭村、坦塘村、马托村、上泥田村、大路村、水冲村、杨梅村、石垳村、石燕村、莲荷村、平世村、楼胡村、水溪村、茂林村、白石塘村、西车湾村 20 个村完成自来水饮水工程建设。目前，由县自来水公司供水的村（社区）有 26 个，占境内人口的 77.6%。

水利建设

新中国成立前，辖区内的农田灌溉主要是利用境内的湘江支流舂陵河筑堰引水。由于没有一个上型号的水库和骨干塘，防汛抗旱能力比较差，经常导致汛期洪水泛滥，旱期则田土干涸，严重影响群众生产和生活。新中国成立后政府大兴水利。20 世纪 50—70 年代，先后修建了一座小Ⅰ型水库大田岭水库和 7 座小Ⅱ型水库即青山水库、莲荷水库、小涵洞水库、张家背水库、何家洞水库、栗山冲水库、野鹿塘水库；修建了骨干山塘 37 座；修建了盘江水库右干渠、泮头水库左干渠。80 年代，对辖区内的盘江水库右干渠、泮头水库左干渠进行整修加固，增加了有效灌溉面积。90 年代，完成何家洞水库渠系配套。2000—2009 年，投入 1500 余万元对甫口、南岭、平世、大田岭、楼胡、下车等 10 个烟叶种植实施了烟水配套工程，完善了基础设施建设。投入 2000 万元对青山水库、张家背水库和骨干山塘进行加固。2010 年以来，投入 150 万元推进了大田岭水库加固除险工程，投入 3500 万元对嘉滨湖、野鹿塘水库进行亮化美化，投入 5000 万元对 38 个山塘水库进行整修，投入 500 万元对原石羔乡实施了农业开发。通过水利基础设施的不断完善，农业生产条件得到了明显改善。

村镇建设

新中国成立前，镇村建设步伐缓慢。新中国

成立后，集镇以珠泉人民公社驻地为中心逐渐规划发展。1952 年至 1970 年，境内单位新建办公用房和城区居民建房大都是一至二层的砖木结构房屋，1971 年后开始新建二至三层砖混结构办公用房。1978 年党的十一届三中全会后，全县经济快速发展，境内开始出现三至四层砖混结构的办公用房和住宅房屋，尤其是 1989 年至 1993 年，政府积极鼓励农民进城经商、办企业，境内居民新建房屋发展较快，新建房屋 23.5 万平方米。1995 年乡镇进行总体规划修编，原城关镇纳入县城统一规划，统一实施。2000 年后，县城居民建房以 5 ~ 7 层为主，农村建房以 3 ~ 4 层小楼房为主。2010 年后，商品房开发电梯房开始兴建。2011 年起，政府开始大力实施乡镇“八个一”工程、农村社区“十有”、旧村改造和集中建房示范点等建设，村镇发展迅速。全镇先后完成小游园建设 34 个，硬化村道和背街小巷 26 公里，完成了 44 个行政村主干道的路灯安装，亮化工程实现了全覆盖。荞麦塘等 12 个村实施了旧村改造工程，拆除旧房、杂房、牛猪栏、旱厕 3685 间。完成公寓式建房 95 套和规范建房 92 栋。人民生活环境和面貌得到了极大的改善。2014 年，荞麦塘、新麻地 2 个村被评为省级卫生村，刘家村等 6 个村被评市级卫生村。

社会事业

教育科技

清道光三年（1823），知县鄢翔和士绅肖采兮、李存素募捐规建珠泉书院。光绪二十九年（1903），改珠泉书院办官立高等小学堂。1917 年，在珠泉书院设立县立第一高等小学。1929 年，全县五所县立高小撤并到珠泉书院，又恢复清末之旧格局。1936 年，县城李贵夫（号尊崇）后裔创办尊崇学校。1940 年 8 月，尊崇学校改为珠泉乡代用中心国民学校（简称珠小）。1943 年，县立初级中学（简称县中）在珠泉书院建成开班。1950 年，新政府成立后，对境内原有中小学进行了接管。1953 年，设在县城珠泉书院的嘉禾第一中学初中部改称嘉禾县第二初级中学（简称嘉禾二中）。1957 年，为了让更多的小学生升学，珠泉镇在桂秀堂创办“珠泉镇民办初级中学”。1960 年，蓝嘉县人民委员会为解决小学师资不足问题，将“珠泉镇民办初级中学”改为“珠泉公社民办初级师范学校”，次年恢复民办初级中学。同年珠泉小学列为省重点小学。1968 年，珠泉公社第二完全小学成立。1972 年，珠泉公社将设在珠泉、茂林、文家、甫南、荆林小学的初中部并于珠泉二完小，定名“珠泉中学”，1977 年改名城关镇中学。1969 年，原莲荷乡初级中学成立。1975 年，境内中学校名都冠上“五七”二字，三年后取消。1976 年，珠泉公社在南岭林场办“五七”高中，一年后停办。1977 年，原钟水乡初级中学、原石羔乡初级中学成立。1984 年，原城关镇、原钟水乡分别新建乡镇中心小学，原石羔乡、原莲荷乡分别将原乡重点小学改建为乡中心小学。1986 年，境内实现普及初等教育。1988 年，经省教育部门验收，境内基本普及九年制义务教育、基本扫除青壮年文盲（简称“两基”）。1992 年，原城关镇珠水村撤并东街、西街两所小学，新建尊崇小学；原石羔乡撤并雷公井、麻池塘、陈家湾、大坪岭四所初级小学，新建乡中心小学。1994 年，原石羔乡撤并彭家、上下新塘、砠里三所初级小学，扩大甫南小学规模。1998 年，原钟水乡水冲村村办小学并入钟水中学，创办嘉禾县第一所九年制学校。同年，社会青年李华燕在境内创办新世纪幼稚园，是嘉禾县第一所民办学校。自此，境内民办学校不断兴起。1999年，社会青年胡丽娟创办了育才幼儿园。2001年8月，郴州市幼教协会会员李玉翠、李秀娥创办了晶晶幼儿园。2001年，原石羔乡农民企业家李继仔创办第一所民办小学——群英实验学校。2002年，退休职工彭水保和教师胡聂光等分别创办了民办中学——珠泉中学和东塔中英文学校。2014年末，境内有幼儿园19所，在园幼儿4481人，专任教师256人；小学27所，在校学生12833人，专任教师630人，小学适龄儿童入学率100%；初中4所，初中在校学生2988人，专任教师236人。初中适龄人口入学率、小升初升学率、九年义务教育覆盖率均为100%。

文化体育

新中国成立前，群众业余文体活动较贫乏，一般只有在春节、元宵节等重大节日期间才有唱花灯、舞龙、舞狮等活动。新中国成立后，政府很重视文体建设，群众业余文体生活越来越丰富。1953年元月，县文化馆在珠泉镇举办首次民间艺人训练班，珠泉镇业余祁剧演员32人参加学习。1958年下半年，珠泉公社书店建立，1960年撤销。1965年办起了民办公助文化站并由公社配备不脱产辅导员1人，负责辅导全社群众文化活动，1969年受“文化大革命”冲击，文化站解体，1974复建珠泉公社文化站。20世纪50年代，省电影第三队、第二十五队不定期来境内放映有声电影。1968年，县电影院在珠泉公社珠水大队田土上动工兴建，1969年主体工程竣工，1970年7月正式开业。从此，群众每月能看上一两次电影。1975年元月，县电影站新建16毫米流动电影队，担任原城关公社郊区大队和部分厂矿、农、林场的放映任务，群众看电影机会逐步增多。到了80年代，电视机、录音机、录像机等开始进入普通群众家。1982年，原城关镇业余“文龙祁剧团”成立。1990年，原钟水乡、莲荷乡建成独立门户文化站。1993年，原城关镇建成独立门户文化站，同年，城关镇因民间歌手多、民歌多、演唱活动经常，被省文化厅授予“群众文化艺术之乡（民歌之乡）”称号。1994年，县政府发文确定9处文物保护单位，其中境内有4处，即珠泉亭、丙穴石刻、红军墓、李国柱墓。1995年，原城关镇建成5000册图书室。1996年，原钟水乡建成万册图书室。1999年，原城关镇图书室与城关中学合并。2000年后，政府进一步加大了对文化体育事业的投入，逐步在各个行政村及社区建起了农家书屋、老年人活动中心和小游园，添置了篮球架等健身器材。2013年6月6日，举办了首届珠泉南岭生态杨梅节和民歌晚会。同年，城关中心校创建省级现代化教育科技实验学校；石羔中心校创建省级青少年宫和市级标准化实验室；金田社区成功创建省级体育工作先进社区；鳌峰社区成功创建市级文明社区，镇综合文化站成功创建市级先进文化站。2014年年末，境内有文化站、广播电视站各4处，村级文化活动中心44处，各类文化专业户12户，各类图书室44个，藏书10.76万余册，有音乐、美术、书法、摄影及文学业余创作人员141人，有学校体育场16个，看台设座椅2800张，有80%的村安装了健身器材，经常参加体育活动的人员占常住人口的60%。

医疗卫生

清代、民国时期，境内人民生活贫困，卫生条件差，霍乱、天花、麻疹等传染病连年发生，头癣病危害甚烈。新中国成立后，政府十分重视百姓治病就医问题，大力发展医疗卫生事业，群众看病难的问题得到了较好的改善。1958年，人民公社成立后，公社宣传委员分管卫生，公社卫生院担负全社卫生行政和业务工作。1969年，各大队推行农村合作医疗，由社员筹集基金，享受医疗优待，1980年停办。1981年，随着农业生产体制的改革，农村医疗事业开始出现大队办、乡村医生联办和个人办等多种形式。1984年，原莲荷、石羔、钟水、城关公社卫生院改称乡卫生院。1988年，县结核病防治医院（设在广发乡）迁至城关卫生院。2007年开始实行新型农村合作医疗保险制度。到2014年末，全镇有各级医疗卫生机构4个，门诊部（所）22个；床位55张，每万人拥有病床5张；固定资产总值946万元。专业卫生人员81名，其中执业医师18人，执业助理医师27人，注册护士22人。2014年，全镇医疗机构（门诊部以上）完成诊疗2.01万人次。新型农村合作医疗参保率95%。城镇医疗保险参保率98%。

社会保障

新中国成立前，人民群众的保障体系较差。新中国成立后，政府很重视社会保障工作，社会保障体系建设不断完善。新中国成立初期，政府即对农村困难群众给予大米、衣裤等实物救助。1957年起，政府对无依无靠的老人实行五保，即保吃、保穿、保住、保教和保葬。1982年起，政府开始组织实施扶贫扶优工作，镇、村干部分别结对帮助一批困难户脱贫。1988年，为更好地做好扶贫扶优工作，在村里试行了“互助储金会”，较好地解决了经济困难户在生产、生活上的暂时困难。20世纪90年代初试行了农村社会养老保险。2006年起实行农村低保制度，2011年起实行新型农村社会养老保险制度。2014年，全镇城乡低保对象8385人，发放低保金1665万元，增长20%；“五保”、孤儿308人，敬老院集中供养29人；国家抚恤、补助各类优抚对象420人，抚恤事业费支出173.8万元，比上年增长10%；享受80岁以上高龄补贴人员1398人，发放补助金84万元；农村社会养老保险参保12348人。

特色地情

名优特产

湘菜产业基地 珠泉饮食独具特色。县城有各类餐馆400余家，“子姜血鸭”“血灌肠”“红烧狗肉”“水煮肉”“全猪宴”等7道菜被中央电视台国际频道在《走遍中国》栏目重点推介，一大批经典嘉禾菜享誉省内外，2008年，嘉禾县被授予“湖南湘菜十大产业县”。2014实现产值8.93亿元，餐饮业已成为嘉禾县第七大经济产业。

嘉禾倒缸酒 “嘉禾倒缸酒，醉脚不醉头”。是湖南民间特有的传统名酒，色泽棕黄、清澈透明、陈香浓郁、醇香味正、甜酸适口，属甜型黄酒类。现代科学测定，该酒中含18种以上的氨基酸，含量是啤酒的5倍。还含有丰富的碳水化合物、脂肪、维生素等营养成分，具有滋补养身、强身健体的功效。嘉禾倒缸酒曾荣获多项全国大奖，萧克上将饮此酒后，挥笔题写“水是家乡甜，酒是倒缸好”。

“禾仓香”大米 选用当地优质稻加工而成，主要产品有“佳禾象牙黏”“佳禾龙黏”“金稻香”牌优质大米，以米质优、上乘、软和、口感好、芳香等特点，备受消费者青睐。在国家工商总局成功注册了“禾仓香”大米商标，2012年在中国中部（湖南）国际农博会上获金奖。

风景名胜

九老峰景区 位于县城西南部，总面积3.19平方公里。景区内90%为石灰岩山，植被覆盖率约97%，森林覆盖率42%。整个景区分为规划保护区和核心建设区。规划保护区面积为5002亩，以封山育林和快速绿化为主。核心建设区由九老峰的九个山体组成，面积为996亩。区内已建有市民休闲中心——丙穴公园，嘉禾县革命烈士陵园、被称为“江南第三佛地”的普济寺和有神农教耕、丙穴观鱼、神仙看榜、神龟护宝、雄狮戏珠、神农观象台、喜鹊迎宾等天然景观。2014年被国家旅游部门评定为3A级景区。

普济寺 原普济寺建于含田村，故又名含田寺。始建于唐代，经宋、元、明、清几次扩建，寺庙庄严，香火不断，被称为“江南第三佛地”。至1965年冬，寺庙破败，兴建了楼房。2000年县政协五届三次全会，政协委员提出恢复普济寺的建议。2001年，省宗教局批准同意，新普济寺选址珠泉镇大坪岭村大凹里。2001年8月至今，先后两位住持（释耀成、释智净）来寺，相继建成观音殿、寮房、山门、放生池、地藏殿、大雄宝殿、伽蓝殿、天王殿、放生池桥、牌坊、福慧楼、自在园、小游园等主体工程和道路硬化、园林绿化、美化亮化等附属配套工程。千年古刹，焕然一新，很快声名远播，远至湘南、广东、广西等地善男信女前来祈福，香客络绎不绝，再现“江南第三佛地”壮丽景象。

禾仓堡旧城区 是郴州市内保存最为完整的旧县城，除了城墙、城门，明清时期的县城布局基本保存了下来，丁字形古街连成一体，17条小巷古朴幽静。目前可见民居绝大部分为清朝和民国初期的建筑，其中清民居153间，民国民居106间，均为砖木结构，有雕花窗、回廊、木刻等,传统建筑特色保存比较完好。还有古商贸街区、古衙门、古桥、古亭、古戏台，社会繁荣的历史印记十分厚重。目前列入省级文物保护单位的古迹有2处，列入市级文物保护单位的古迹有1处。

（李刚平　供稿）

车头镇>>

车头镇因镇政府所在地位于车头村而得名。

区域概况

位置面积

车头镇位于北纬25°31′12″至25°34′55″，东经112°20′49″至112°24′18″。地处县城南部，距县城4公里，东与袁家镇接壤，南与塘村镇毗邻，西南与蓝山县土市乡、太坪墟乡交界，西北与珠泉镇相连。辖区东西最大距离5.8公里，南北最大距离6.9公里。总面积23.47平方公里，其中陆地面积23.32平方公里，占95%；水域面积1.02平方公里，占5%；耕地面积7702亩，人均0.4亩；人口密度为每平方公里781人。

建制沿革

明崇祯十二年（1639年），置嘉禾县后至清末属东南上乡。1912至1914年沿袭清末旧制，后裁并为区，属平田区。1938年撤区并乡，属南平乡。1950年县治设区，属第一区。1956年撤区并乡，属荆林乡管辖。1958年10月，属红旗人民公社。1976年，分属城关、塘村2个人民公社。1981年5月，从城关人民公社划出6个大队，从塘村人民公社划出5个大队，合并建立车头人民公社。1984年3月，撤公社置车头乡。1986年12月，撤乡建镇。

行政区划

新中国成立前，境域行政区划不详。新中国成立初期，大乡划小乡，小乡并大乡，车头镇与其他乡分分合合，各小乡和各大队的分合一直不稳定。1981年5月，车头人民公社成立。全社辖车头居委会，车头、荫溪、龙泉、乌田、横洞、荆林、油涵铺、井洞、平田、新木、石田11个行政村，1个居民小组，92个村民小组，27个自然村至今。

自然环境

境内为丘陵地貌，东西高，中间低，地面高程一般在海拔190～250米，最高点为红星砠，海拔407米；最低点为荆林，海拔183.6米。属温带季风湿润气候区，四季分明，平均气温为16.5℃～17.5℃，平均降水量约1300毫米，降水日约155天。境内有钟水河自车头村西南入境，由南向北流经车头、荫溪、横洞、荆林等四个行政村，境内长3.6公里。矿产资源主要为石灰岩，集中分布在东部和西部一带，其他矿产资源有煤、锰、汞等。

人口民族

新中国成立前，辖区人口数不详。新中国成

立后，随着新社会人民生活的安定，人口增长较快。1981年成立车头人民公社时，辖区人口为11415人。1982年7月，全国第三次人口普查时，全社总人口为11846人，其中少数民族有2人，比1981年净增431人，年增长率37‰。之后，随着政府进一步加强计划生育工作，严控人口，辖区人口自然增长率有所下降。2000年，全国第五次人口普查时，全镇总人口为13026人，其中少数民族有15人。到2014年年末，全镇总人口达到了18351人，其中男性9695人，占52.8%；女性8656人，占47.2%。14岁以下3980人，占21.7%；15～64岁13121人，占71.5%；65岁以上1250人，占6.8%；人口出生率11‰，死亡率7‰，人口自然增长率5.2‰。

经济发展

经济综述

自明清民国时期，大部分村民靠种粮、种菜和养殖鸡、鸭等来维持生活。新中国成立后工业逐步发展，20世纪七八十年代，县政府先后在境内创办了县水泥厂、县氮肥厂、县造纸厂、县红砖厂、县铁厂、县汽车修配厂、县陶瓷厂、县木材公司、县矿产品公司、县精干麻厂等一大批国有企业，车头镇成为全县的工业重镇。80年代末90年代初，境内国营企业先后改制，民营企业逐渐兴起，2000年以后逐步发展以铸造、锻造、冶炼、水泥等为主的工业企业。农业方面，1980年试行农业生产责任制，1985年完善家庭联产承包责任制，粮食产量大幅提高，人民群众温饱问题基本得到解决。2005年农村税费改革，取消农林特产税和“三提五统”，调低农业税税率，2006年取消农业税。第三产业主要有餐饮服务业。2014年全镇实现生产总值6.51亿元，增长9%；其中第一产业增加值5880万元，增长5%；第二产业增加值35280万元，增长12%；第三产业增加值23940万元，增长6%；人均GDP37090元；完成固定资产投资1500万元，增长20%；农民人平纯收入8550元，增长8.1%。

农业

新中国成立初期，农业生产效率低下，主粮不够吃，要靠杂粮补。中共十一届三中全会后，责任制到户，农业生产积极性空前高涨，逐步解决了温饱问题。20世纪90年代初，大面积推广应用双季杂交稻，亩产大幅提高。2014年年末全镇耕地面积7800亩，其中水田5852亩、旱土1948亩，以种植水稻、蔬菜为主。2014年农业总产值1.06亿元，占国内生产总值的25%。粮食作物以水稻为主，生产粮食5260吨，人均286千克，其中稻谷4600吨，其他660吨。主要经济作物为蔬菜，种植2300亩，产量1.5万吨。畜牧业以饲养生猪、牛、家禽为主。其中，生猪饲养2.7万头，年末存栏1.6万头；家禽出笼2.2万羽。

境内各村有零星后陇山、林场，规模较大的有龙泉林场。2011年开展绿化“三年”攻坚行动，全面实施荒山绿化、通道绿化、水系绿化工程，种植水土保持林和生态涵养林，全镇森林面积14366亩，森林覆盖率36.48%，生态环境进一步优化。

工业

20世纪五六十年代，县办企业大都在车头桥附近，桥东有县物资局、县铁厂、县汽修厂、县陶瓷厂、县木材公司、县水电站、县矿产品公司等；桥西有县氮肥厂、县水电设备厂、县拖拉机站、县水泥厂、县造纸厂、县红砖厂、县精干麻厂等，产品不但满足了本地需求，还远销外地。20世纪80年代末90年代初，这些国有企业先后出现亏损，逐步进行了企业改制。2001年6月，嘉禾县泰丰有限公司出资1008万元，买断县水泥厂，更名为南岭水泥有限公司。2000年后，随着农村经济体制改革的不断推进，境内工业再一次获得快速发展，先后形成了镇工业园、井洞工业小区、翘脚岭工业小区、平田工业园等多个工业区，引进了铸造、机械加工、建筑材料等方面的工业企业68家，解决本地剩余劳力就业1000余人。2014年年末，全镇实现工业总产值2.2亿元，占国内生产总值的60%；实现工业增加值1.1亿元，增长35%。

商贸物流业

新中国成立前，境内交通闭塞，商品流通不畅，仅有商品零售小店铺和小商贩走村串巷。新中国成立后，政府在“发展经济、保障供给”的方针指导下，积极创办国营商业，培植合作社商业，“利用、限制、改造”私营商业，境内商业呈现欣欣向荣的局面。“文化大革命”期间，私商被当作“资本主义尾巴”加以取缔。改革开放后，政府大力贯彻“计划经济为主，市场调节为辅”的方针，实行多种经济成分、多条流通渠道、多种经营方式，生活用品日益增多。20世纪90年代后，国有企业逐步改制。1998年商业供销系统实行体制改革，私营个体商业成为流通领域的主体。主要为餐饮、百货、家电、金融、保险、美发、娱乐、药店等行业。2014年社会商品零售总额1300万元，比上年增长5%。有商业网点25个，职工30人。

基础设施

交通运输

新中国成立前，除了水运外，陆路以石板路为主，通村道路基本是泥路。新中国成立后，政府大力发展公路建设，掀起了修路热潮，境内公路建设有了较快的发展。1956年1月，车头桥整修为公路桥，同年2月20日，县内第一条公路嘉禾至塘村公路竣工，全长13.1公里，贯穿车头全境。1958年6月，桂阳黄腊塘至车头桥段公路通车，从此嘉禾乘车可直达郴州。20世纪60年代初期起，境内进入了修筑乡村公路的高潮。1969年至1977年，修通了陶瓷厂至枧头公路，途经横洞、车头背、荆林等村。1972年，修通了平田至候家公路，途径石田、新屋场等村。到20世纪80年代，省道1086线、1803线在车头村交汇，车头镇成了嘉禾的交通枢纽，成为嘉禾到郴州、蓝山、宁远、道县、广东、广西的必经之路。随着经济社会的快速发展，从90年代中后期开始，各村陆续硬化通村公路或硬化通自然村公路，至2014年年末全镇每个自然村都通了公路，而且都是高标准的硬化水泥路。2008年，借助全县城乡公交一体化发展的大好机遇，开通了县城至车头的公交车。2012年，新建的厦蓉高速公路穿镇而过，并在镇内设置了出口，辖区交通网不断健全。

邮政通信

新中国成立前，境内邮政通信情况不详。1958年红旗人民公社时，境内设邮电所，办理邮政、报刊发行、电报电话业务。1995年，开通程控电话业务，实现市、县电话联网，结束人工“摇把子”电话历史。1996年，邮政与电信分家。1998年，开通寻呼机和移动电话业务。2000年后，手机、固定电话和互联网开始进入寻常百姓家。2014年末镇上有电信企业1家，邮政所1家，移动通信营业网点5家，固定电话用户1570户，移动电话1.7万部，互联网用户1365户。

供电饮水

境内建有两座电站，一座是车头电站，始建于1970年，至1981年1号、2号、3号机组全部建成，年发电量676万千瓦时；一座是春陵电站，建于2004—2005年，总装机容量4×125千瓦。1979年车头电网与郴州电业局并网，1999年并入省电网，2011年并入国家电网。1999年至2001年，通过一期、二期农网改造后，全镇农网改造进村入户率达100%。改革开放前，群众生活用水基本上是到水井或到春陵河取水。20世纪80年代起，部分群众开始采用手摇压水井取水。之后，随着群众生活水平的不断提高，政府进一步加大了安全饮水工程建设力度，尤其是2008年以来，政府借助全县城乡供水一体化建设，大力实施了自来水通村工程，至2014年年末，已有荫溪、沙坪、车头等村实现城乡供水共享，横洞、荆林、油涵、井洞、平田、石田等村正在规划和施工。

水利建设

新中国成立前，车头片区农田灌溉基本上是利用境内的湘江支流春陵河筑堰引水。由于没有一个上型号的水库和骨干塘，防汛抗旱能力比较差，经常导致汛期洪水泛滥，旱期则田土干涸，严重影响群众生产和生活。新中国成立后，政府加大了兴修水利的力度。从20世纪50年代中期至70年代，政府先后组织修建了乌田水库、大塘社水库等两座小Ⅱ型水库；在车头、荫溪、沙坪、荆林等村，建设了4处电排，供应群众农田灌溉，至80年代，灌溉面积达到了4800多亩，辖区内60%的农田基本实现了旱涝保收。改革开放后，政府又把病险水库的治理和有关渠道清淤工作作为水利建设的一个重点民生工程来抓。2013年，政府对淤积严重、建筑物老化失修多年的乌田水库及其排灌渠等相关水利工程进行了治理，确保了正常蓄水和灌溉。

村镇建设

新中国成立前，镇村建设步伐缓慢。新中国成立后，集镇逐渐以党、政机关所在地为中心规划发展。20世纪50年代在车头桥西面沿公路始建地方国营嘉禾县机械厂，60年代建县建材厂，70年代大办工业，先后在车头桥西公路两侧兴建了县氮肥厂、县水泥厂、县造纸厂等企业，至1988年止，境内有机关、企事业单位22个、房屋、厂房建筑面积4.6万平方米。改革开放前，村民建房大都是一至二层的砖木结构房屋。改革开放后，随着经济社会发展和外出务工人员增多，家家户户住上了砖瓦房。2000年后，大部分群众都盖上了3～4层新式楼房，家家都买上了彩电，男女老少都用上了手机，摩托车、小轿车代替了自行车和步行。2011年起，政府开始大力实施乡镇"八个一"工程、农村社区"十有"建设，以及规范农村建房和城乡清洁绿化亮化攻坚活动，村镇发展迅速。到2014年，全镇基本达到了村村有活动中心、休闲小广场、小游园。

社会事业

教育科技

民国时期多私塾，后政府倡导新式教育，镇内小学渐增。1944年4月，郴县私立适存初级中学迁至境内荫溪村公祠和福音堂，1945年8月迁回郴县。新中国成立后政府进一步大力发展教育。1976年珠泉公社在车头大队办七年制学校，次年车头大队借沙坪小学校舍办大队初中，1981年设车头公社后改为公社初中。1984年选址在横洞村与车头村交界处山头建校舍，1987年改名"车头中学"。1986年，车头镇共有中心高小、车头高小、荫溪高小、荆林高小等4所高完小；有上木叶岭、新塘、平田、平联、石田、油涵铺、车头、沙坪、横洞、乌田、龙泉等11所初小，有学生1634人，教职工70名。20世纪90年代，国家推行"两基”，即基本扫除青壮年文盲、基本普及九年义务教育，教学设施大为改善，上木叶、平田、龙泉、荫溪、横洞、沙坪均建了新教学楼，还引进了港商李佘少鸿女士投资创办了荆林完小、石田初小两所希望小学。2013年5月车头镇中心完小建成了面积1338平方米的少年宫，设有音乐室、舞蹈室、书法美术室、科普实验室、手工制作室、微机室、阅览室、图书室等。设备配置齐全，包括图书6900册，微机42台，以及音响一套等，丰富了青少年业余文化生活。2014年末，境内有初级中学一所，中心完小一所，普通完小三所（荆林、荫溪、沙坪），教学点三个（平田、龙泉、横洞），有技术中心1家，各类科技人才10人。

文化体育

改革开放前，群众文体生活比较贫乏。偶尔附近国有企业放电影，周边村民前往观看。后电视机走入国企，附近村民前往观看电视剧。改革开放后，群众业余文化生活逐渐丰富。1995年9月，新建了车头镇广播电视站，电视机、录音机、录像机等涌入普通群众家中。2000年后，政府进一步加大了对文化体育事业的投入。在每个行政村都建起了农家书屋、老年人活动中心和小游园，大部分村（社区）都配有了健身器材，有了自己的腰鼓队、舞龙队、篮球队等。2014年年末，全镇有文化站、广播电视站各1处，村级文化活动中心8处，各类文化专业户5户，各类图书室6个，藏书3万册。有音乐、美术、书法、摄影及文学业余创作人员25人。有线电视用户2300户，入户率40%；有学校体育场5个，看台设座椅200张；有7%的村安装了健身器材，经常参加体育活动的人员占常住人口的65%。

医疗卫生

新中国成立前没有医院，村里只有草药医生，用草药、土办法治病。重病者到外地请中医开处方到药铺拿药治疗。新中国成立后，县政府在车头桥东的庵堂办一中医诊所，随着县办企业兴建，开办了“职工医院”，对外也看病。1969年，各大队办起了合作医疗，由社员筹集基金，享受医疗优待，1980年停办。1981年，经县人民政府同意，原“县人民医院第二门诊部”改为“车头卫生院”。改革开放后，各村先后办起了村级卫生室。2007年开始实行新型农村合作医疗保险制度，群众参合率在90%以上。2009年7月，政府在新车头大桥西端路岔口新建了车头卫生院综合大楼，占地面积3200多平方米，建筑面积860平方米，2010年4月搬迁新址，医院现有医务人员15人，极大地方便了群众就医。

社会保障

新中国成立前，人民群众的保障体系较差。新中国成立后，政府很重视社会保障工作，社会保障体系建设不断完善。新中国成立初期，政府即对农村困难群众给予大米、衣裤等实物救助。1957年起，政府对无依无靠的老人实行五保，即保吃、保穿、保住、保教和保葬。1982年起，政府开始组织实施扶贫扶优工作，乡、村干部分别结对联系了一批困难户帮助其脱贫。1988年，为更好地做好扶贫扶优工作，在村里试行了“互助储金会”，较好地解决了经济困难户在生产、生活上的暂时困难。20世纪90年代初试行了农村社会养老保险。2006年起实行农村低保制度，2011年起实行新型农村社会养老保险制度。2014年年末，有城镇最低生活保障户数65户，人数105人，支出21.17万元，增长12%，月人均168元，增长5%；医疗救助120人次，民政部门资助参加合作医疗160人次，共支出8000元，增长150%。有农村最低生活保障户数712户，人数750人，支出58.5万元，增长12%，月人均65元，增长7.5%。国家抚恤、补助各类优抚对象60人，抚恤事业费支出 30 万元，增长 8%。社会福利费 35 万元，增长 8%。有敬老院 1 所，床位 50 张，收养农村“五保”人员 40 人。有社区服务设施 2 个，其中社区服务中心 1 个，社区服务站 1 个。有慈善分会 1 个，全年接受社会捐款 6.5 万元，350 人次困难群众受益。

特色地情

风景名胜

风宪牌坊 位于荫溪村内，为精雕细刻的具有湘南文化特色的功德牌坊。始建于明代，系明代衡州知府李循义、临武知县刘熙于洪熙元年（1425）为当时任上京巡河御史李祚兴建的功德牌坊。清乾隆十八年（1753），村民对牌坊进行了修葺。牌坊为石质结构，四柱三门。通高 7.3 米，面阔 5.5 米，呈“品”字形三楼。正楼题“恩荣”二字，两旁刻三龙，左右各一窗花，匾题“风宪”二字。上下大额枋分别雕“双龙戏珠”、“双狮滚球”图案，二者均为高浮雕镂孔，龙、狮形态栩栩如生，中柱刻“天宫”二字。左右次楼均有兽形装饰，背面刻云中飞鹤等。牌坊上的镂孔浮雕或整体建筑结构均有秀气挺拔、潇洒飘逸的风格，既有明代建筑韵味，又有清朝鼎盛时期的建筑风格，实为湘南少有的石构建筑之一。牌坊现保存完整，为县重点文物保护单位。2002 年 5 月定为省级文物保护单位。

普渡桥（车头桥） 光绪二年(1876)动工兴建，三年告成，石砌五拱，拱跨 14.6 米，桥长 101 米、宽 6.6 米，桥缘为条石栏槛。桥面离岸地面高约 6 米，行人要上台阶从桥面经过，到终端再下石级到石板路上。1956 年修公路时，将两头填平齐桥面，成为公路桥。2002 年公路改道另建新桥后，该桥禁止机动车辆行驶经过，列为文物保护。2013 年又进行维修。

（雷克　供稿）

塘村镇 >>

塘村镇因镇政府机关驻地位于“塘村圩”而得名。素有“锻造之乡”和“湘南第一圩”的美誉。1992年，塘村市场荣获“全国文明集贸市场”称号；2000年荣获全国“亿万农民体育活动先进乡镇”称号；2001年被评为“全国群众体育工作先进单位”；2013年评为“郴州市小城镇建设示范镇”。

区域概况

位置面积

位于北纬25° 26′ 12″至25° 32′ 17″。东经112° 21′ 32″至112° 25′ 44″。地处

塘村铸造

县城南面，东与袁家镇、临武县万水乡接壤，西南与蓝山县太坪墟乡毗邻，北与车头镇相连。距县城13公里。总面积30.69平方公里，其中陆地30.1平方公里，占92%；水域2.7平方公里，占8%。

建制沿革

明崇祯十二年（1639）置嘉禾县后至清朝末年，属东南上乡。1912—1914年，政区沿清代旧制，后撤乡改区，属平田区。1938年撤区并乡，属南平乡。1950年5月至1952年4月属第五区。1954年7月至1956年4月属塘市区。1956年5月撤区并乡，分为花溪乡和塘村镇。1958年10月，实行政社合一，塘村镇与花溪、高塘、泮头3乡合并，成立五星人民公社，同年12月改为塘村人民公社，属蓝嘉县。1961年5月复属嘉禾县。同年6月，人民公社体制规模作了适当调整，复设塘村镇、花溪人民公社。1964年1月，花溪人民公社和塘村镇合并为塘村人民公社。1984年3月，撤塘村人民公社，设塘村镇、花溪乡。1986年3月，花溪乡并入塘村镇，塘村镇域保留至今无变化。

行政区划

新中国成立前，境域行政区划不详。新中国成立初期，大乡划小乡，小乡并大乡，塘村镇与其他乡分分合合，各小乡和各大队的分合一直不稳定。1964塘村人民公社下辖清水、高甫、塘村、尹郭、乌托、四溪、新村、曲龙、平田、井洞、砠背11个大队和一个居委会。1984年，塘村人民公社分设为塘村镇和花溪乡。其中，塘村镇下辖塘村村、四村村、增加村3个行政村和镇东、镇西两个居委会；花溪乡下辖清水、三村、西边山、英花、东边山、山下、尹郭、乌托、团结、曲龙、塘水、邓林、砠背、侯家14个行政村。1986年，花溪乡并入塘村镇，全镇辖镇东、镇南、镇西、镇北、镇中5个居民委员会、19个居民小组和塘村、清水、三村、四村、尹郭、山下、乌托、东溪、西溪、英花、邓林、增加、塘水、曲龙、团结、砠背、侯家17个村民委员会、127个村民小组至今无变化。

自然环境

地形地貌为丘陵地貌，地势东高西低，地面高程一般在海拔230～260米，最高点位于尹郭村，海拔488米；最低点位于砠下村，海拔222米。有小Ⅰ型水库3座，总库容850万立方米。有石灰石、煤、锰、菱铁等资源。石灰石资源丰富，集中分布在东部和西部一带。

人口民族

新中国成立前，辖区人口数不详。新中国成立初期，因大乡划小乡，小乡并大乡，各小乡和各大队的分合一直不稳定，辖区人口变化较大。1964年辖区人口为15487人。随着新社会人民生活的安定，人口增长较快，至1973年辖区总人口达17652人。之后，随着政府进一步加强计划生育工作，严控人口，辖区人口自然增长率有所下降。1982年7月1日，全国第三次人口普查时，辖区总人口为17932人，其中少数民族有19人。2000年，全国第五次人口普查时，辖区总人口为22110人，其中少数民族有12人。到2014年年末，辖区总人口达到了27118人，其中：非农业人口2478人，占9.13%；男性14222人，占52.44%；女性12896人，占47.56%。

经济发展

经济综述

塘村圩地处临武、蓝山、嘉禾三县交界之处，交通便捷，历来是郴永边界商业中心。境内锻造业发达，历史悠久，五金工具远销东南亚、非洲、欧美等30多个国家和地区。素有“湘南第一圩”、

"锻造之乡"之美誉。1951年，圩上有工商业者580户。1956年，随着临（武）塘（村）嘉（禾）公路建成通车，上市人数与商品与日俱增。"文化大革命"期间，因取消家庭副业，关闭农贸市场，禁止社员赶集，塘村经济社会的发展受到严重影响。中共十一届三中全会后，恢复传统圩日，鼓励农民开铺设店，市场复苏。1980年，全面实行家庭联产承包责任制。1986年，定为中共中央书记处农村改革研究室的联系点。1988年，省委书记毛致用到塘村视察，并走访多户塘村专业户。是年，塘村圩成交额2918万元，其交易场地、赶圩人数、成交金额均在湘南众多圩场中名列榜首，人称"湘南第一圩"。2001年，全镇拥有民营企业2017户，从业人员10160人，完成乡镇工业企业总产值5.4亿元，实现利润总额为4500万元。规模企业21家，出口创汇企业15家，拥有自营出口权的企业3家。2014年，政府大力实施"五大工程"，着力打造"厂镇互动、工商共荣、镇村一体、宜业宜居"的创业型城乡一体化示范镇，全年完成财税收入1420万元；农民人均纯收入达到8550元；新增规模以上企业4家。

农业

境内农作物以水稻、蔬菜、烤烟、花生、红薯为主。新中国成立后，政府鼓励农民种水稻，以一季稻为主，旱土一般种植蔬菜、红薯、花生、玉米及麻类等经济作物。1958年成立人民公社，后连遇三年自然灾害，大部分粮食作物减产。1962年，人民公社实行"三级所有、队为基础"制度，改进耕作技术，加强病虫害防治，粮食产量单产提高到200千克。1967年，扩大双季稻种植面积，粮食亩产350千克。1997年起，试种杂交稻，粮食亩产达450千克。2002年起，扩大杂交双季稻种植面积，粮食亩产达到了750千克。2011年全镇农业总产值1.3亿元，占国内生产总值的12.2%。粮食作物以水稻为主。2011年生产粮食6209吨，其中稻谷4651吨，其他粮食作物1558吨；烤烟种植690亩，收烤烟112吨；种植蔬菜4386亩，产量8105吨。2014年，粮食总产量6327吨，蔬菜种植4383亩，产量为8102吨。

境内素有养殖生猪、牛羊、鸡鸭、鱼等牲畜水产习惯。2011年生猪出栏4.54万头，年末存栏2.67万头；家禽出笼15.85万羽。2014年生猪出栏5.2万头，猪肉产量3562吨；出售和自宰肉用牛3200头，牛肉产量326吨；家禽出笼16万羽，禽肉产量241吨。

境内属丘陵地貌，全镇共有林地面积1.84万亩。新中国成立前林地归私人所有，多自生自繁，树种有杉树、松树、楠竹、樟树等。1951年，成立农林互助组、合作社。1958年，林地收归公社、大队、生产队三级所有，由于"大办钢铁"树木被砍伐殆尽。1963年，贯彻中央政策，山林权固定在大队、生产队。1972年，镇内有社、队林场15个，大面积种植杉树、松树、樟树等。1981年，山林定权发证，山林权属为大队、生产队集体所有。1998年，成立塘村镇果农协会，以曲龙村曲香梨为主的种植业迅速发展。2002年，果农协会学习先进种植技术，引进优良品种，在曲龙村种植黄花梨1500亩、邓林村200亩、英花村400亩，市场价格由原来的几毛钱提升到4元钱1千克。2006年各村林场相继承包给专业农户，承包期一定30年，种植柑橘、桉树、油茶、国外松、杉树等树种，森林覆盖率达86%。2014年底，全镇共种植黄花梨2200亩、柑橘1000亩、桃树400亩。

工业

塘村工业主要以锻造业为主，始于明朝距今已有600余年的历史，此外还有少量的铸造、煤矿、木材加工、酿酒等企业。新中国成立后，政府高度重视企业发展，1956年，公社建立了铁木社，到20世纪70年代，铁木社发展为公社农具机械厂，许多锻工成了农具机械厂的技术骨干。改革开放后，境内锻造业进入了快速发展期，铁匠铺更是遍地开花，几乎家家点火，户户冒烟，产品以“三刀两头”即菜刀、镰刀、篾刀、脚头、锄头为主。到90年代，随着市场的扩大和生产力的发展，境内锻造业逐步走上了半机械化生产的道路，锻造业规模越做越大，产品也从单一的农具和刀具类发展到扳手、钢丝钳等20余种五金工具。2001年，塘村镇年生产钢锄3000万把，产值1.9亿元，产销量占全国总量的75%以上，为全国第一；年生产钢丝钳1150万把，产值4500万元；年生产活动扳手1200万把，产值9000万元；年生产钢筋剪、管线钳780万把，产值5000万元，产销量均为全省第一，是当时中国最大的五金农具锻造生产和出口基地。2002年至2012年，塘村锻造企业开始进行调整，一些高耗能、高污染的小作坊逐渐被淘汰。2012年底，全镇锻造企业有120余家，从业人员达1.1万余人，年产各类锻造产品8000万（件）套。湘江工具、中兴工具、顺利工具为骨干型企业。自主品牌60余个，实现了从贴牌生产到自创品牌的华丽转身，其中“湘江”牌被评为中国驰名商标，“顺利”牌被评为湖南省著名商标，“刀王”刀具被评为郴州市名牌产品。中兴工具老板曾经被评为全国创业之星。“幸福”“华光”“山力”、“银鸡”等品牌有较高知名度。2014年，新增规模以上企业4家，工业经济完成33.5亿元。被中国锻压协会授予“中国锻造之乡”“绿色锻造产业示范基地”称号。

商贸服务业

塘村自古就是圩场，距今已有800多年历史，历来是郴永边界商业中心。据史料记载，在南宋时期，环圩各村择地为市，进行货物交易，形成最初的市场。清嘉庆年间，附近的几个小市场合并，开圩场大坪畲，时称“团村圩”。民国时期，附近村民先后在圩场上建起8座凉亭、1栋牌楼，市场更名为“塘市圩”。民国初年，临武、蓝山、桂阳、祁阳、祁东、新田以及衡阳等地去广东挑盐及其他货物，塘市圩是必经之地。每逢圩日，上市的耕牛多达上千头、生猪四五百头、竹木器具上千件、谷米上百担、土布三四百匹、大小铁器不计其数，还有各种蔬菜、茶油、花生等土特产。新中国成立后，政府在“发展经济、保障供给”的方针指导下，积极创办国营商业，培植合作社商业，“利用、限制、改造”私营商业，境内商业呈现欣欣向荣的局面。“文化大革命”期间，私商被当作“资本主义尾巴”加以取缔。改革开放后，政府大力贯彻“计划经济为主，市场调节为辅”的方针，实行多种经济成分、多条流通渠道、多种经营方式，生活用品日益增多。中共十一届三中全会后，坚持以经济建设为中心，恢复了原来的农贸市场。1979年，政府鼓励个体户在圩场开铺设店，市场交易量逐渐增加。1987年，新建第二农贸市场，面积达2.57万平方米。新旧圩场拥有摊位1500个、营业间243间、交易亭41座、货棚76个，还有一排饮食棚、一个停车场和耕牛寄养处，圩场设备齐全。每逢圩日，上市商品达21大类，2600多种，以耕牛、木材、竹木制品、五金诸行业最为驰名。2000年以后，在全国经济转型发展的大环境下，塘村圩的耕牛交易量逐年减少，布匹经营商户逐步外迁或转行，木材交易量也呈下降趋势，同时五金工具等锻造产品开始实现订单化生产和网络化销售。同期，随着人们生活水平的逐渐提升，塘村市场上日用生活百货的交易量稳步增长，镇上先继开办了4家超市、3家电器商场，餐饮、酒店、保险、数码电子、房产、美容、美发、休闲、娱乐等百业兴旺。2014 年，全镇第三产业产值达 2.17 亿元。

经济开发区

20 世纪 90 年代起，政府为大力发展地方经济，开始创办工业小区。1992 年创办了塘村科技示范园；1998 年开始开发建设镇西工业小区、英花工贸小区和塘水工业园；1999 年又创办镇北工贸小区。到 2014 年末入驻塘村科技示范园、镇北工贸小区、镇西工业小区、英花工贸小区和塘水工业园的企业共有 120 余家，从业人员 1.1 万人，主要以锻造产业、废旧钢材为主。

基础设施

交通运输

明清时期，有一条驿道从嘉禾经塘村到广东、广西等地。新中国成立前，基本是泥路、石板路，交通比较落后。新中国成立后，政府大力发展公路建设，掀起了修路热潮，境内公路建设有了较快的发展。1955 年 12 月 25 日塘村墟至临武县公路修成，1956 年 1 月 1 日通车。1956 年 2 月 20 日，嘉禾—塘村（嘉塘）公路竣工，全长 13.1 公里，路基宽 6.5 米，路面宽 4.5 米，是县内第一条公路。1958 年，修建了塘村圩至清水村公路，途经下王梓岗。1974 年修建了塘弯至上栗山公路，途经曲龙、乌干岭。1977 年年初，对嘉塘路动工改建油路，1978 年底竣工，路基加宽至 8 米，路面由原来的 4.5 米加宽至 6.3 米。1982 年，修通了侯家村至平田村公路。1984 年 7 月，嘉塘路改称为汝嘉线，是嘉禾县城连接塘村墟的唯一干线，也是桂阳、新田、宁远、常宁等毗邻县及本县人民群众赶塘村墟的唯一公路，每逢墟期，车辆行人络绎不绝。到 90 年代初，全镇 17 个行政村全通沙石公路。随着经济社会的快速发展，从 90 年代中后期开始，各村陆续硬化通村公路或硬化通自然村公路。2012 年，为满足日益增多的车辆通行的需要，对原有的嘉蓝公路进行了改（扩）建。改（扩）建的嘉蓝路在毛家桥分成两条公路，到镇南与蓝山交界处又合成一条路，辖区交通网进一步健全。

邮政通信

新中国成立前，境内邮政通信情况不详。新中国成立后设塘村邮电所，内设有电话总机室，办理邮政、报刊发行、电报电话业务。1958 年人民公社化后，公社、大队和少数生产队安装有电话机。1989 年境内电话使用人工交换网络，以架空明线、电缆为主，通话质量大有提高。1994 年使用光缆数字传输网，电话逐步普及到村、到组、到户。1995 年开始建设模拟移动通信基站，后又开通全球通移动通信系统。1996 年，邮政与电信分家，设镇邮政所和电信分局。2000 年后，手机、固定电话和互联网开始进入寻常百姓家。2014 年年末，境内上有邮政所 1 处，电信企业 3 家，服务网点 12 个，固定电话用户 1500 户，移动电话用户 2.05 万户，互联网用户 1200 户。

供电饮水

新中国成立初期，塘村没供电，群众生产、生活照明用的基本上是煤油灯。20 世纪 70 年代初，县供电公司开始对塘村公社供电。改革开放后，境内经济社会快速发展，群众生产生活用电需求日益增加。1996 年，为解决群众生产生活用电瓶颈，政府开始动工兴建塘村变电站，装变压器 1 台，容量 4000 千伏安，1998 年 5 月建成。1999 年塘村镇电网并入湖南省电网，2011 年并入国家电网。改革开放前，群众生活用水基本上是到村水井中挑。改革开放后，随着群众用水需求质量的提升，政府于 1985 年开始筹建自来水工程。1989 年完成第一期工程，1992 年完成第二期工程，1994

年完成第三期工程，较好地解决了四村村、塘村村、增加村、英花村、塘水村和镇东居委会、镇西居委会、镇北居委会、镇南居委会、镇中居委会等村（居）委会群众的饮水难题。2012年政府又投资1500万元动工兴建塘村自来水厂供水净化工程，并于2013年12月竣工供水，群众安全饮水率达到了100%。

水利建设

新中国成立前，境内农田灌溉基本上是利用境内花溪河、朱木水河筑堰引水。由于没有一个上型号的水库和骨干塘，防汛抗旱能力比较差，经常导致汛期洪水泛滥，旱期则田土干涸，严重影响群众生产和生活。新中国成立后，政府大兴水利。20世纪50年代至70年代，先后修建了四个小Ⅰ型水库即蓝嘉水库、高寨水库、高甫水库、高峰水库和两个小Ⅱ型水库即神塘山水库、锁石江水库。80年代，政府大力实施“五塘工程”（即浅塘挖深、漏塘补漏、小塘扩大、废塘恢复、无塘新建），整修大小山塘350余口。90年代以后，政府对镇区小Ⅰ型水库实施了高标准渠道建设。2000年筹资500多万元先后对侯家、邓林、曲龙、砠背等灌溉渠进行了三面光改造。2008年投资260万元对高峰水库除险加固。2010年投资400多万元对蓝嘉水库进行了除险加固；投资425万元新建了塘湾排灌两用水利工程。2011年至2012年投资773.42万元对高甫水库除险加固；投资279.67万元对高寨水库除险加固。2012年投资400多万元完成了四村排洪渠水利工程。

镇村建设

新中国成立前，镇村建设步伐缓慢。新中国成立后，集镇以塘村圩为中心逐渐规划发展。1955年12月，临武至塘村、嘉禾公路修成，贯穿镇区南北。1956年10月，在公路西侧（现芙蓉大楼处）始建塘村汽车站，管理蓝山、嘉禾两县运输事宜。随后，建塘村镇粮站、供销社、食品站、工商所、邮电所、五金机械厂、卫生院等机构，村民新建房屋也逐渐增多。1977年对车站进行了扩建。改革开放后，集镇建设步伐加快。1985年至1986年，新建集贸路、芙蓉路等二条沙石路。沿集贸路、芙蓉路两侧，先后新建了二至三层砖混结构居民住宅楼房。1987年7月2日，新建的塘村圩第二农贸市场开业。1998年镇政府综合大楼新建，启动了新一轮驻地城建配套建设。2011年起，政府开始大力实施乡镇“八个一”工程、农村社区“十有”、旧村改造和集中建房示范点等建设。村镇发展迅速。到2014年，全镇先后完成了乡镇总体规划和控规、景观规划、村庄规划；完成了政务大厅、主题公园、标志性企业、水果基地、标准化市场、嘉蓝路绿化亮化、新敬老院、新自来水厂、芙蓉公园、乌托村上凉亭自然村通村水泥路、增嘉学校扩建等民生工程建设。有15个村完成了农村社区“十有”基础建设，全镇基本达到了村村有活动中心、休闲小广场、小游园。清水、四村、东边山、邓林4个村成功创建省级卫生村，尹郭、英花、增加三个村成功创建市级卫生村。

社会事业

教育科技

清朝为私塾教学。清代中期，在双凉亭附近创办环溪书院。1931年，在环溪学院兴建临蓝嘉联立乡村师范学校。1944年，塘村基督教徒兴建福音堂开办福音初级小学。1948年，更名为临蓝嘉联立高级中学。1950年，福音小学更名为塘村初级小学；同年春，私立兴夏初级中学（创办于1942年）从蓝山县锡楼村迁到嘉禾英花石龙庵（又名回龙台）；同年8月，临蓝嘉联立高中改名为“嘉禾县立中学高中部”。1952年11月19日，私立兴夏初级中学（现嘉禾二中）命名为“嘉禾县第二初级中学”。1953年12月，嘉禾县第一中学高中部从双凉亭环溪书院迁花溪与嘉禾县第二初级中学合并为“嘉禾第一中学”（简称嘉禾一中）是当时郴州地区三所完全中学之一。1959年，塘村初级小学扩建为塘村完全小学。1970年，境内的嘉禾一中改名为“嘉禾二中”，县城区的嘉禾二中改名为“嘉禾一中”。1971年，在嘉禾二中院内石龙庵旧址创办嘉禾师范学校，培训在职教师。1973年，塘村人民公社在临蓝嘉联立简易乡村师范旧址设公社初中，取名“双凉亭中学”。1975年，境内中学校名都冠上“五七”二字，1978年取消。1984年，塘村完小扩建校舍改建中心小学。同年秋，“双凉亭中学”改名为“塘村镇中学”，2009年因生源减少停办，所有学生均到嘉禾二中就读。2014年末有幼儿园7所，在园幼儿820人，专任教师38人；小学6所，在校学生2624人，专任教师142人，小学适龄儿童入学率100%；初中1所，初中在校学生495人，专任教师45人。初中适龄人口入学率、小升初升学率、九年义务教育覆盖率均为100%。

文化体育

新中国成立前，群众业余文体活动较贫乏，一般只有在春节、元宵节等重大节日期间才有唱花灯、舞龙、舞狮等活动。新中国成立后，政府很重视文体建设，群众业余文体生活越来越丰富。1958年下半年，塘村公社书店建立。1963年建立塘村文化站，为县文化馆派出机构。1964年，县新华书店在塘村建立塘村书亭，三年后撤销。1965年办起了民办公助文化站并由公社配备不脱产辅导员1人，负责辅导全社群众文化活动，1969年受“文化大革命”冲击，文化站解体，1974年根据县革命委员会发出《关于建立健全公社文化站》的通知精神复建公社文化站。1976年，塘村公社电影队成立，从此，群众每月能看上一两次电影。1980年，塘村公社电影院建成开业，是嘉禾县第一个农村集镇影院，群众看电影机会增多。1982年，嘉禾县新华书店塘村门市部开业。同期，境内大部分行政村开通了广播，电视机、录音机、录像机等也涌入普通群众家中。1990年，根据嘉禾县委、县政府下发的《关于切实加强乡镇文化站建设的通知》精神，塘村镇建成独立门户文化站和5000册图书室。2000年后政府进一步加大了对文化体育事业的投入。在每个行政村都建起了农家书屋、老年人活动中心和小游园，大部分村（社区）都配有了健身器材，有了自己的腰鼓队、舞龙队、篮球队等。2000年，塘村镇荣获了国家农业部、体育总局、中国农民体育协会联合授予的“亿万农民体育活动先进乡镇”称号。2001年，被评为“全国群众体育工作先进单位”。2010年，政府投资30余万元动工新建镇综合文化站，并于2013年完工交付使用。新建的综合文化服务站配备了电脑、电视、音响、图书等各类器材，实施免费开放，进一步提升了广大人民群众的文娱水平。2014年11月，举办了首届塘村镇农民文化艺术节。

医疗卫生

清代、民国时期，境内人民生活贫困，卫生条件差，霍乱、天花、麻疹等传染病连年发生，头癣病危害甚烈。新中国成立后，政府十分重视百姓治病就医问题，医疗卫生事业发展加快。1960年设塘村医院。1969年，所有大队兴办农村合作医疗，由社员筹集基金，享受医疗优待，1980年停办。1980年塘村医院改称中心医院，1998年又改称嘉禾县第二人民医院。2010年省里授牌为塘村中心卫生医院，与嘉禾县第二人民医院两块牌子同时存在，但平常工作以“中心卫生医院”运行。2007年开始实行新型农村合作医疗保险制度，境内17个行政村大部分村民参加了新型农村合作医疗，新型农村合作医疗参保率达95%。到2014年末，全镇有镇级医疗卫生机构1个，门诊部（所）1个；床位60张，每万人拥有病床22张；固定资产总值1100万元。专业卫生人员62名，其中执业医师10人，执业助理医师7人，注册护士15人；各医疗机构（门诊部以上）完成诊疗1.69万人次。

社会保障

新中国成立前，人民群众的保障体系较差。新中国成立后，政府很重视社会保障工作，社会保障体系建设不断完善。新中国成立初期，政府即对农村困难群众给予大米、衣裤等实物救助。1957年起，政府对无依无靠的老人实行“五保”，即保吃、保穿、保住、保教和保葬。1982年起，政府开始组织实施扶贫扶优工作，乡、村干部分别结对联系了一批困难户，帮助其脱贫。1988年，为更好地做好扶贫扶优工作，在村里试行了“互助储金会”，较好地解决了经济困难户在生产、生活上的暂时困难。20世纪90年代初试行了农村社会养老保险，2006年起实行农村低保制度，2011年起实行新型农村社会养老保险制度。2013年，政府投资120万元，在芙蓉公园旁修建了占地面积6亩，建筑面积900余平方米的高标准敬老院，可集中供养50位五保老人。2014年年末，全镇有城镇最低生活保障户数174户，266人，支出75.7万元，比上年增长7%，月人均237元，比上年增长12%；有农村最低生活保障户数1046户，1099人，支出138.7万元，比上年增长6.5%，月人均105元，比上年增长11.3%；有敬老院1所，床位50张，收养农村五保人员10人；有社区服务设施17个，其中社区服务中心8个，社区服务站9个；有慈善分会1个，帮助困难群众512人（次）。

（唐志刚　供稿）

袁家镇

袁家镇素有“铸造之乡”“煤炭之乡”“将军故里”的美誉。2005年荣获“中国中部小康建设十佳乡镇”，2013年被评为“湖南省安全生产示范乡镇”。

区域概况

位置面积

袁家镇位于北纬25° 30′ 25″ 至26° 36′ 40″，东经112° 23′ 42″ 至112° 29′ 20″。地处嘉禾县东南部，距嘉禾县城11公里，东与龙潭镇接壤，南与临武县麦市乡毗邻，西与车头镇、塘村镇交界，北与珠泉镇相连。区域总面积52.4091平方公里(含原泮头乡27.3988平方公里)，其中陆地51.78平方公里，水域0.3平方公里；东西最大距离9.5公里，南北最大距离12.2公里；耕地面积1.52万亩，其中水田9300亩，旱土5900亩，人均耕地0.45亩。

建制沿革

明崇祯十二年（1639），嘉禾置县后至清末属东南上乡。民国元年至3年（1912—1914），沿袭清末旧制，后乡改区，属南区，民国27年（1938）废区并乡，属泮溪乡。1950年县人民政府成立后，县治设区，属一区和五区。1954年7月区域调整属第五区。1958年10月撤销乡建制，实行政社合一，属红旗公社，同年12月蓝嘉合县，属珠泉公社。1961年公社调整，属泮头公社和高塘公社。1964年10月设袁家公社。1978年10月袁家公社分成袁家、泮头两个公社。1984年3月社改乡，为袁家乡，1986年12月乡改镇，为袁家镇。2012年4月，袁家镇与泮头乡再次合并为袁家镇，镇域保留至今。

行政区划

新中国成立前，境域行政区划不详。新中国成立初期，大乡划小乡，小乡并大乡，袁家公社与其他公社分分合合，各小乡和各大队的分合一直不稳定。1964年袁家人民公社下辖水尾、渣林、泮头、乌塘、双罗、行村、汪村、东溪、麻冲、小街田、上洞庄、袁家、小元冲、张家14个大队。1978年10月袁家人民公社分为袁家和泮头两个人民公社，其中泮头、渣林、水尾、小街田、麻冲、双罗等大队整体划入泮头人民公社。新的袁家人民公社下辖西河、张家、小元冲、袁家、上洞庄、桐井、行村、大兴、田岗头、汪村、莲塘、东溪、大岭13个建制村。2012年袁家镇与泮头合并为袁家镇，新的袁家镇辖西河、张家、小元冲、袁家、上洞庄、桐井、行村、大兴、田岗头、湾村、莲塘、东溪、大岭、跃进、泮头、渣林、水尾、禾汾、小街田、麻冲、砠下、乌塘、草塘、双罗24个建制村和袁家、泮头、铁炉下煤矿、袁家煤矿4个社区居委会至今。

自然环境

境内大部为丘陵，地势南高北低，最高点渣林村石砠岭自然村海拔495米，最低点张家海拔219.8米。属亚热带季风气候,四季分明,光照充足,无霜期长；春季多雨多风，夏季雨量集中，秋季温和凉爽，冬季干冷少雪；年平均气温18.2℃，降水约1378毫米，极端年最大降水2063.4毫米（2006年），极端年最少降水966.8毫米（2003年）。境内有一座中型水库（泮头水库），集雨面积106.8平方公里，总库容1130万立方米。湘江支流黄狮江流经境内，全长12公里；袁溪河由南向北流经大岭、东溪、莲塘、汪村、田岗头、大兴、行村、袁家8个行政村，穿越将军路和省道1806线汇入黄狮江，境内全长6公里。境内矿产资源丰富，主要为煤炭，储量为660万吨，可采量580万吨，年产原煤30万吨；另有锰、铁等资源。

人口民族

新中国成立前，辖区人数不详。新中国成立初期，因大乡划小乡，小乡并大乡，各小乡和各大队的分合一直不稳定，辖区人口变化较大。1964年辖区人口为17333人。随着新社会人民生活的安定，人口增长加快，至1973年全社总人口达21540人。1982年7月1日，全国第三次人口普查时，辖区总人口为23455人。其中，袁家人民公社总人口为13283人（含少数民族3人）；泮头人民公社总人口为10172人，全为汉族。之后，随着政府进一步加强计划生育工作，严控人口，辖区人口自然增长率有所下降。到2000年10月1日全国第五次人口普查时，辖区总人口为25019人。其中,袁家镇总人口数为14460人（含少数民族128人），泮头乡总人口为10559人（含少数民族15人）。2012年4月，袁家镇和泮头乡合并为袁家镇，新的袁家镇总人口为3.12万人。2014年年末，辖区总人口达到3.30万人，人口密度为每平方公里645人。

经济发展

经济概述

新中国成立后，镇内经济逐年发展，农业以种植水稻、蔬菜及其他经济作物为主。工商业在镇区先后办起了铸造厂、煤矿等企业。新中国成立至1978年，境内财政收支由秘书和粮油委员兼管。中共十一届三中全会后，坚持以经济建设为中心，1982年试行农业生产责任制，1985年完善家庭联产承包责任制，温饱问题逐步解决。工商企业实行以“承包经营”为主的企业改革，镇及村办企业先后实行各种形式的承包责任制。2005年农村税费改革，取消农林特产税和“三提五统”，调低农业税税率；2006年取消农业税。2012年镇党委、政府明确“北部开发式融城，中部对接式提质，南部涵养式优化”的发展布局，重点打造“十里社区”、实施清洁亮化绿化工程，镇村面貌明显改善，群众幸福指数逐步提升。2014年全镇有5个煤矿，146家铸造厂，18家规模以上企业，全年完成生产总值23.97亿元，同比增长11%；固定资产总投资3.79亿元，同比增长80.47%；实现财政总收入4100万元，其中地税1550万元，国税2112万元。农民人平纯收入达到7800元，同比增长12%。

农业

新中国成立后，政府鼓励农民种水稻，以一

季稻为主，旱土一般种植蔬菜、红薯、花生、玉米及油菜等经济作物。1958年成立人民公社，后连遇三年自然灾害，大部分粮食作物减产。1962年人民公社实行“三级新有、队为基础”制度，改进耕作技术，加强病虫害防治，粮食产量单产提高到200千克。1967年扩大双季稻种植面积，粮食亩产350千克。1997年，试种杂交稻粮食亩产450千克。2002年扩大杂交双季稻种植面积粮食亩产达到750千克。2014年生产粮食1.15万吨，其中稻谷0.73万吨，实现农业总产值1.32亿元，占国内生产总值的11.5%。

镇内素有养殖牲畜、牛、鸡、鸭、鱼等畜禽水产习惯。新中国成立前有农户圈养牲猪，鸡、鸭多自繁自养，新产鸡蛋、鸭蛋除自己食用外，剩余部分出售或兑换油、盐等，俗称“油盐坛子”。养鱼则主要靠自然孵化鱼苗、自生自长、产量低。新中国成立后，政府鼓励农业养猪、养鸡、鸭，开始发展池塘养鱼，20世纪70年代，家家户户养猪，政府实行任务派购，分甲、乙、丙等级收购。80年代大部分农民实行规模化养猪发展养猪专业户，年出栏生猪5000多头。2014年生猪饲养量3.5万头，年末存栏0.7万头，家禽出笼4.6万羽，有养殖水面120多亩，出鲜鱼21吨。

镇内属丘陵地貌，共有林地面积3.43万亩。新中国成立前林地归私人所有，多自生自繁，树种有杉树、松树、楠竹、樟树等。1951年成立农林互助组、合作社。1958年林地收归公社、大队、生产队三级所有，由于“大办钢铁”树木被砍伐殆尽。1963年贯彻中央政策，山林权固定在大队、生产队。1972年镇内有社、队林场18个，大面积种植杉树、松树等。1981年山林定权发证，山林权属为大队、生产队集体所有。2000年以来，各村林场相继逐年承包给农户，承包期一定30年，种植柑橘、油茶、松树、杉树、桉树等树种，森林覆盖率32%。

工业

铸造、采煤是袁家镇长期以来的支柱产业。铸造工艺始于清朝嘉庆年间田岗头村“倒犁头”，至今已有近三百年历史。1985—1993年是袁家铸造业快速发展时期，铸造企业迅速增至90多家。1994年萧克将军回乡，途经袁溪路，见两旁厂房林立、炉火熊熊，一派生机勃勃的景象，欣然题名“袁家铸造工业一条街”。2000年后，境内铸造企业113家，铸造产品由原来生产10多种普通铁铸件拓展到铜、铝、钢及球磨铸件，产品达200余种，年产铸件30万吨，销售市场由两广地区向国内国外市场拓展，实现产值8亿元。袁家籍人创办的铸造企业占据了“珠三角”铸件市场份额的46%。

境内煤炭资源丰富，20世纪80年代至90年中期，因村民有挖煤的习俗和经验，先后开办大小煤窑32家，分布在张家、西河、小元冲、莲塘、东岭、渣林、草塘等村。1994—1995年在上级部门的指示下，对乱采滥挖的小煤窑进行清理整治，关闭、取缔了20家不符合办矿条件的小煤窑，整治批准合法煤矿企业12家，从业人员1500多人，年产原煤35万吨。2008年以来，根据上级精神，对煤矿进行整合重组、提质改造。先后关闭了桐井、东岭、莲塘、马头坑岭、麻窝、草塘等煤矿。现有袁家煤矿、铁炉下煤矿两个县办国营矿，有马鞍山、团结、渣林3个镇村办煤矿，年产原煤30万吨。

商贸服务业

明、清、民国时期，境内只有几家小商贩。新中国成立后，设有肉食品站、供销合作社、粮站。供应生产生活资料和收购农副产品。20世纪80年代建袁家集贸市场。1998年商业供销系统实行体制改革，置换公有制商贸企业3家。2005

年商业系统改制结束，私营个体商业成为流通领域的主体。2014年，镇内有各类商贸网点58个，主要为餐饮、百货、家电、金融、保险、美发、娱乐、药店，年社会商品零售总额0.61亿元，同比增长11%；城乡集贸市场6个，年成交额0.5亿元。

经济开发区

2002年，在省道322线袁家村路段旁，投资500多万元开发兴建鸭婆山铸造工业园，占地5.6万平方米，工业园距夏蓉高速、京珠高速复线出口10公里，距嘉禾县城11公里，交通十分便捷。到2014年，入园企业24家，年实现企业产值1.8亿元，其中铸造业产值1.2亿元；年纳税达到120万元以上，成了推动袁家经济发展的重要引擎。

基础设施

交通运输

新中国成立前基本是泥路、石板路，交通十分落后。新中国成立后，政府大力发展公路建设，境内公路建设有了较快的发展。20世纪50年代修建了嘉禾县城至桂阳县城碎石公路，途径袁家镇区，后来，该路先后改称省道S1806线和省道351线，境内长3.5公里。1958年6月，袁家至张家公路动工修建，8月修成，是嘉禾第一条矿山专用公路。同年，修建了社泮路，途经王家、社塘、泮头、跃进、铁炉下、泮头水库管理所，全长7.5公里，是嘉禾县东南面的一条主要公路。1959年，修通了袁家至唐家村公路，途经大窝岭、张家村。1974年，修通了泮头水库至渣林村公路。1974—1977年，修通了袁家至沙湖岭公路，途经行村、肖家、田岗头、汪村、东溪、大岭等村。随着经济社会的快速发展，从90年代中后期开始，各村陆续硬化通村公路或硬化通自然村公路，至2014年年末境内村道硬化80公里，硬化率98%。2008年，借助全县城乡公交一体化发展的大好机遇，开通县城至袁家镇公交线路3条，覆盖18个行政村。同年，厦蓉高速、京珠高速复线袁家段开工建设，境内全长分别约为3.2公里、7公里，2012年12月24日建成通车。辖区交通网进一步健全。

邮政通信

1964年成立人民公社，境内设邮电所一家，内设有电话总机室，办理邮政、报刊发行、电报电话业务。公社只安装一台手摇电话机。20世纪80年代末90年代初，境内开通自动电话交换机，结束人工电话历史。90年代中期，境内开通模拟移动通信系统，后又开通全球通移动通信系统。1994年6月镇广播电视台建成，有线电视逐步普及到村。1996年，邮政与电信分家，设镇邮政所和电信分局。2000年后，手机、固定电话和互联网开始进入寻常百姓家。2014年，全镇有有线电视用户0.25万户，入户率30%。

供电饮水

全镇使用国家电网供电，2001年建成35千伏变电站，2011年建成110千伏变电站，年供电量为2600万千瓦时，设袁家供电所，负责全镇供电服务管理。改革开放初，群众生活用水基本上是到村水井中挑。1996年镇政府成立自来水厂，先后建设了两个供水池，对袁家村、行村、大兴、田岗头、汪村等村供自来水。随着群众用水需求量的增加，镇自来水厂的供水量已不能满足需求。按照全县城乡供水一体化的建设要求，从泮头水库引水，于2009年建成镇集中供水工程，年供水36万立方米，供应大岭、东溪、莲塘、汪村、田岗头、大兴、行村、袁家等村群众生活用水，其余村基本上采取建水池供水或水井挑水，群众安全饮水率100%。

水利建设

新中国成立前，水利条件差，主要靠湘江支流黄狮江河水供给人畜饮用和农田灌溉。新中国成立后，政府陆续组织兴修水利工程，人畜饮水和农田灌溉得到有效改善。1958年12月泮头水库破土动工，1965年建成，总库容1690万立方米，具有良好的灌溉、防洪、发电、养鱼等功效。之后，境内又先后修建了沙湖岭水库、南岭水库、历山下水库等3座小二型水库和新建电力排灌站2处。20世纪80年代，大力实施“五塘工程”（即浅塘挖深、漏塘补漏、小塘扩大、废塘恢复、无塘新建），整修大小山塘190余口。90年代，对泮头渠道进行了改造。2010年以来，筹资500多万元完成沙湖岭、历山下水库以及部分山塘等水利设施整修；2013年以来，先后投入2500多万元完成黄狮江生态治理工程。通过不断完善水利基础设施建设，境内的农业生产基本达到旱涝保收。

镇村建设

新中国成立前，镇村建设步伐缓慢，新中国成立后，集镇逐渐以党、政机关所在地为中心规划发展。1964年随着袁家人民公社的成立，沿省道1806线公路两侧，先后新建粮站、供销社、汽车站、食品站、卫生院、信用社、邮电所、税务所等单位。改革开放后，随着经济社会快速发展，镇村建设步伐加快。1987年，在1806线公路街道南面新建农贸市场售货凉亭3个，建筑面积300平方米。1993年修直袁溪路，1996—1997年将袁溪路、袁张路硬化。1997年镇政府新建并搬新址。1998年供销社和粮站改制，袁家村村支两委盘活改制后闲置资产，先后建成袁家村综合楼及10余个商业门面，并改建了集贸市场，逐步形成了商业一条街。2011年起，开始大力实施乡镇“八个一”工程、农村社区“十有”、旧村改造和集中建房示范点等建设，村镇发展迅速。2012年，镇标准化政务服务中心建成并正式投入使用。2013年，新建的镇卫生院综合大楼和镇敬老院大楼落成，并投入使用。同年，镇党委、镇政府启动了镇区提质改造及配套功能建设项目，即环镇南路工程、农贸市场改扩建工程、镇区住宅工程、公园与文化主题广场工程。2014年，按照县委、县政府建设“城乡一体化示范县”总体目标，全力推进城乡一体化，先后建花坛50个，绿化面积6000平方米，在各村的主要干道、街道等安装太阳能路灯1100盏。

社会事业

教育科技

1913年（民国2年），上乡南区有识之士小街田萧氏宗祠办高等小学校，1915年停办。1917年（民国6年）县政府在南区与兴隆阁相近的太平庵增设县立第五高等小学。1921年，南区改建太平庵办学，命名为“同善”，并请萧覃荫（萧克将军之伯父）担任首任校长，1929年停办。1939年，在同善高小原校址设立“泮溪乡中心国民学校”，1949年泮溪乡与南平乡合并为忠孝乡，泮溪乡中心国民学校改名为“忠孝乡第二中心国民学校”，1950年更名为“大村中心高小”，1969年改办袁家公社大村初级中学，1975年增设高中部，1979年停招高中新生。1983年，为纪念革命先烈，袁家公社大村初级中学改名为“同善中学”。2012年“同善中学”投入70余万元兴建标准化的操场，建起了250米的跑道、两个篮球场和排球场、羽毛球场、足球场、乒乓球场地，校园绿化面积达到85%，道路硬化率达95%，在硬件设施方面位居乡镇中学前列，在教学质量上稳居全县前茅。2014年末，镇内有幼儿园6所，在园幼儿782人；中小学校16所，在校学生2165人，专任教师183人，小学适龄儿童入学率100%；初中适龄人口入学率、小升初升学率、九年义务教育覆盖率均达99%。2014年财政预算内教育经费75万元，同比增长19%。预算内教育经费占财政总支出比例为7%，同比增长6%。

文化体育

新中国成立前，情况不详。新中国成立后，政府很重视文化体育建设。1951年10月，嘉禾第一个农村图书室在小街田村建立。1965年，办起了民办公助文化站并由公社配备不脱产辅导员1人，负责辅导全社群众文化活动。1969年受"文化大革命"冲击文化站解体，1974年，根据县革命委员会发出《关于建立健全公社文化站》的通知精神重建文化站。1971年5月，袁家煤矿电影队成立，系嘉禾第一个厂矿电影队。1976年12月，袁家公社电影队成立，使用16毫米放映机，从此，农民每月能看上一两次电影。1982年12月3日，袁家公社利用礼堂改建为影院，使用解放－103×35毫米提包机放映，群众看电影机会逐步增多。1990年，袁家镇万册图书馆建成。1994年完成镇广播电视站建设，广播、电视机、录音机、录像机等涌入普通群众家中。2000年后，政府进一步加大了对文化体育事业的投入。逐步在各个行政村及社区建起了农家书屋、老年人活动中心和小游园，添置了健身器材，经常参加文化体育活动的人员占到了常住人口的43%。2002年袁家镇被评为郴州市第二批文化先进乡镇。2008年荣获了农业部、体育总局、中国农民体育协会联合授予的"亿万农民体育活动先进乡镇"称号。2011年南薰亭（中共嘉禾南区支部活动旧址之一）被列为省级文物保护单位。2013年萧克故居列入国家级文物保护单位。同年，政府投资14万元，完成了乡镇文化站的装修工作。到2014年末，境区内有广播站一处、中心文化站一处、村级文化活动中心24处，农家书屋24个，藏书4万余册，音乐、美术、书法、摄影及文学业余创作队伍9人，群众业余文化生活日益丰富多彩。

医疗卫生

新中国成立前，群众看病就医十分困难。新中国成立后，政府十分重视百姓治病就医问题，大力发展医疗卫生事业，群众"看病难""看病贵"的问题得到了较好的改善。1961年，建立了公社卫生院。1969年，各大队兴办农村合作医疗，由社员筹集基金，享受医疗优待，1980年停办。1984年，原袁家、泮头公社卫生院改称乡卫生院。2007年开始实行新型农村合作医疗保险制度。2013年，政府投资180余万元，新建了袁家镇卫生院业务楼，建筑面积约1480平方米。2014年年末，全镇有乡镇医疗卫生机构2个，村级卫生室22个，有专业卫生技术人员56名，设床位105张。参加新型农村合作医疗26206人，筹资232万元，享受医疗补助51159人次，补助资金1013万元。

社会保障

新中国成立前，人民群众的保障体系较差。新中国成立后，政府很重视社会保障工作，社会保障体系建设不断完善。新中国成立初期，政府即对农村困难群众给予大米、衣裤等实物救助。1957年起，政府对无依无靠的老人实行"五保"，即保吃、保穿、保住、保教和保葬。1982年起，政府开始组织实施扶贫扶优工作，乡、村干部分别结对联系了一批困难户，帮助其脱贫；1988年，为更好的做好扶贫扶优工作，在村里试行了

“互助储金会”，较好地解决了经济困难户在生产、生活上的暂时困难。20 世纪 90 年代初试行了农村社会养老保险。2006 年起实行农村低保制度，2011 年起实行新型农村社会养老保险制度。2013 年，政府投资 150 余万元将原泮头乡政府机关驻地改建成一所占地面积 8 亩，建筑面积 2500 平方米的标准化敬老院。2014 年年末，有城乡低保对象 1591 人，发放低保金 208 万元，比上年增长 20%；有“五保”、孤儿 196 人，敬老院集中供养 32 人。有国家抚恤、补助各类优抚对象 153 人，抚恤事业费支出 75 万元，比上年增长 10%。有享受 80 岁以上高龄补贴 630 人，发放补助金 42 万元；农村社会养老保险参保 12253 人，参保资金 182 万元，发放社保金 38 万元。

特色地情

名优特产

在原泮头乡，村民对油茶情有独钟，有的人一日三餐，几乎每餐必有。每逢家里来了客人，必先以油茶盛情款待。其历史可以追溯到清朝，到康熙年间已经盛行，至今已有 350 余年的历史。油茶春喝能提神醒脑，夏饮能健脾利湿，秋喝能驻容美肌，冬饮能祛风保暖、延年益寿。制法：将茶叶与捣碎的姜一起加入适量食盐、食油在锅中混合爆炒，边炒边拍打，让茶叶出胶、姜出老汁。当炒至锅内冒白烟时，即冲入沸水，盖上锅盖煮一会儿，再根据个人的嗜好在碗内放入用油炸好的脆酥玉米粒、油爆糯米花、花生米等佐食。这样吃时软、硬、脆、香样样俱全，闻时茶香扑鼻，品尝其甘、辛、苦、涩、咸五味，沁人心脾。

风景名胜

萧克故居 位于小街田村，始建于清道光年间，坐东南朝西北，是一座以砖木为主的古典建筑，俗称“大厅屋”。整个厅屋为长方形四合院式，青砖青瓦，穿斗式梁架结构，屋顶为硬山式，通面阔 19.4 米，通进深 21.1 米，占地面积 409 平方米。门口原有一对石狮昂首蹲坐，“文化大革命”期间被毁。大门两边嵌一幅钩边行楷对联：“门闾高大常依日月照映，子孙蕃昌不愧齐梁正脉。”跨入大门，右边是耳房，与左边厢房有一口天井相隔。过耳房即到正厅，正厅分上厅和下厅，两厅之间又有一天井相隔。厅两边有厢房 12 间，用木板隔开，是萧克将军家族世代居住的地方，萧克将军就诞生在这里。故居一直得到县委县政府的关注和保护。2008 年，萧克故居遭受冰灾，部分厢房垮塌，县政府、县文物管理所筹资 18 万元，对故居进行了抢救性维修，并在大厅内部布置了萧克将军生平事迹展览，已成为嘉禾县青少年爱国主义教育基地。2002 年 11 月公布为县级文物保护单位，2003 年公布为市级文物保护单位，2006 年公布为省级文物保护单位。2013 年 5 月公布为国家级文物保护单位。

南薰亭 位于袁家镇小街田村西面约 500 米处，系中共嘉禾南区支部活动旧址之一。始建于清光绪十二年（1886），由小街田村人萧覃萌等人倡建。南薰亭为石木结构，为典型的湘南路亭风格。坐南朝北，呈长方形，亭长 10.1 米，宽 5.6 米，建筑面积为 56.6 平方米。东西面山墙为石材砌筑，结构简单。山墙面顶部为宝葫芦，两边装饰以鱼吻，门上楷体阴刻“南薰亭”三字匾额，皆少一笔画，由进士萧覃萌亲笔题写。南北面无墙体，只砌 40 公分高的条石供路人歇息之用。亭北面墙排列石刻碑文两块，一块为叙事碑，一块为捐款姓名等。南薰亭原是桂、嘉、蓝通衢之关隘，也是桂阳、嘉禾人赴粤挑盐必经之地，过往行人常年络绎不绝，亭内除有人施茶外，还设有小卖摊等。萧克将军小时就读于同善高小（今同善中学），每天必经南薰亭，萧克参加革命后，这里便成了他们从事革命活动的秘密场所。1927 年，参加南昌起义回来的黄益善、萧克、何辅汉等 9 名党员在嘉禾建立了“中共嘉禾南区支部”，领导南区的地下革命，南薰亭成了他们召开秘密会议和接头联络点。1928 年，萧克率南区支部的三名成员在南薰亭秘密汇合后赶赴宜章组织成立农民革命武装，南薰亭因此成了萧克将军走上革命征途的里程碑。原南薰亭残损严重，只剩下骨架及石材等，2008 年县文物管理所进行了重建，由原址平行移到公路旁，恢复了原貌及风格。2009 年公布为县级文物保护单位，2011 年 1 月公布为省级文物保护单位。

（李湘宜　供稿）

龙潭镇>>

龙潭镇因镇人民政府驻龙潭圩而得名。2010年被评为“郴州市十大魅力乡镇”,2012被列为全国第三批小城镇改革发展试点镇，被评为“湖南省文明乡镇”和“湖南省生态镇”，2014年荣获“全国文明乡镇”称号。

区域概况

位置面积

龙潭镇位于北纬25°33′32″至25°37′59″，东经112°24′36″至112°33′40″。地处嘉禾县东部；全境东西最大距离15.2公里，南北最大距离为8.2公里。东与桂阳县方元镇接壤，南与临武县麦市乡、三合乡毗邻，西与本县袁家镇交界，北与本县行廊镇相连。镇人民政府驻地距县城19公里。

全镇总面积75.4510平方公里，其中陆地69.42平方公里，占95%，水域3.7公里，占5%。耕地面积2.02万亩，其中水田12000亩，旱土8200亩，人均耕地0.68亩。

建制沿革

明崇祯末年（1639年）至清朝末年，属东南上乡。1912年至1914年，沿袭清代旧制。后撤乡并区，属东区。1938年撤区设乡，属东平乡。1947年，东平乡与清化乡合并为仁爱乡。1949年11月，复设东平乡。1950年2月县设4区，东平乡属第二区。4月，区乡调整，正式设置龙潭乡，属第二区。1956年5月，撤区并乡，杉树下、梓木、山口、冲下岭并入龙潭乡。1958年10月，撤销乡镇建制，实行政社合一，龙潭、虾塘2乡与行廊合并，成立超美人民公社；12月，嘉禾县与蓝山县合并为蓝嘉县后，超美人民公社改名为龙潭人民公社，行政驻地行廊圩。1961年3月，蓝山、嘉禾分县，龙潭人民公社分为龙潭、行廊、杉树下3个公社，新设立的龙潭人民公社行政驻地龙潭圩，复属嘉禾县。1964年杉树下并入龙潭人民公社。1984年3月，撤人民公社，龙潭公社改名为龙潭乡。1997年12月，撤乡建镇，称龙潭镇。2012年5月，全县17个乡镇调整为13个，龙潭镇保持原有区划建制不变。

行政区划

民国时期，龙潭先后属于东区及撤区并乡后的东平乡。1950年4月调整区、乡建制，正式设置龙潭乡，乡政府驻地龙潭圩，龙潭圩周边蛟龙潭、廊里、扶塘村为其辖地。1956年5月，撤区并乡，杉树下、梓木、山口、冲下岭并入龙潭乡。1958年人民公社化运动中，龙潭人民公社（行政驻地行廊圩）辖龙潭、杉树下、冲下岭、行廊、定里、石凉亭6个生产大队，此后两年生产大队作了划小调整。1961年3月，龙潭人民公社分成龙潭、行廊、杉树下3个公社，调整后的龙潭人民公社驻地龙潭圩，下辖龙潭、扶塘、山口、上宅、社塘、廊里、冲下岭、大方园、木岭、山水塘、双岭、金塘12个生产大队，103个生产队。1964年12月，杉树下并入龙潭人民公社，公社辖龙潭、扶塘、山口、廊里、莲塘、金塘、双岭、冲下岭、山水塘、大方园、木岭、社塘、上宅、虾塘、龙家坪、大扶塘、杉树下、石坡头、大泉、王阳甫、梓木、马家坪、虾莫水23个生产大队，172个生产队。1965年至1977年，公社区划较为稳定，辖龙潭、冲下岭、扶塘、杉树下、马家坪、山口、廊里、金塘、大方园、社塘、梓木、虾塘、莲塘、双岭14个生产大队。1978年生产大队划小调整，共辖龙潭、上宅、金塘、虾塘、罗家塘、扶塘、山口、杉树下、廊里、社塘、冲下岭、大方园、羊司马、木岭、莲塘、石坡头、大泉、王阳甫、梓木、马家坪20个生产大队，175个生产队。1984年3月撤社设乡，复称龙潭乡，原辖生产大队和生产队分别改称为村民委员会、村民小组。1997年12月，撤乡建镇。全镇辖龙潭1个居民委员会，龙潭、上宅、金塘、虾塘、罗家塘、扶塘、山口、杉树下、廊里、社塘、冲下岭、大方园、羊司马、木岭、双莲、石坡头、大泉、王阳甫、梓木、马家坪20个村民委员会；下设1个居民小组、175个村民小组。2012年全县区划调整，龙潭镇区划建制保持不变。

自然环境

镇区为丘陵地貌，地势南高北低，地面高程一般在海拔260～350米，最高点永家岭海拔455米，最低点上宅海拔255.8米。镇区处温带季风湿润气候区，四季分明，平均气温为℃ 17.3～18.5℃，平均降水量约1350毫米，降水日约145天，常年有强风暴雨冰雹气象。境内土壤分为水稻土、红壤土、沙泥土和潮土四大类。境内矿产资源丰富，主要为石灰岩，集中分布在东部和西部一带。另有煤、铁、铜、锰等矿产资源。境内有金山、周家洞2座小Ⅰ型水库。陶家河从临武入境由南向北流经全境，境内河道长7.86公里；黄狮江由南向北流经社塘等4个村，境内河道长9.6公里。

人口民族

新中国成立前人口民族不详。新中国成立后人民生活安定，人口生育步入较快增长期，民族成员也呈现多元化。1971年从严实施节制生育后，人口自然增长率开始呈现下降态势。1984年撤社设乡后，龙潭乡总人口23824人，其中非农业人口393人，人口出生率14.44‰。2000年第五次全国人口普查时，辖区人口21160人，其中男性11010人，女性10150人。有少数民族人口39人，其中壮族3人，苗族15人，蒙古族8人，藏族6人，回族3人，维吾尔族1人，布依族1人，朝鲜族2人。2010年第六次全国人口普查时，辖区人口29134人。其中城镇常住人口5535人，流动人口4863人；男性15588人，占53.5%，女性13546人，占46.5%；少数民族人口48人，呈现增长态势。2011年人口出生率11.22‰，死亡率4.99‰，人口自然增长率6.23‰。2014年末镇区总人口30402人。其中农业人口19380人，占63.7%；男性15820人，占52%。人口密度为每平方公里388人。

经济发展

经济综述

自明清民国时期，村民靠种粮种菜、挖露头

煤维持生活。新中国成立后，镇内经济逐年发展，农业以种植水稻、蔬菜及其他经济作物为主。工商业先后办起了农具制作（打铁）厂、鞭炮厂、拖拉机站、煤矿等企业。中共十一届三中全会后，坚持以经济建设为中心，农村于1982年试行农业生产责任制，1985年完善家庭联产承包责任制，随着杂交水稻的推广，温饱问题逐步解决；工商企业实行以"承包经营"为主的企业改革，镇及村办企业先后实行各种形式的承包责任制。2011年，在改革开放政策指引下，全镇工农业总产值10.38亿元。其中：农业总产值11100万元，工业总产值92700万元。2014年建设"转型腹地"，打造"高速龙潭"，建设城乡一体化示范镇，以强有力的措施，力推龙潭转型发展、高效发展、优先发展，经济效益明显增加，居民增收步伐加快。全镇完成工农业总产值13.92亿元，其中：农业总产值13153万元，工业总产值1.26亿元；完成一财两税2100万元，收购烤烟6300担，实现烟叶税276万元；居民人均纯收入为7540元。

农业

种植业镇内主要种植水稻、蔬菜、红薯、花生、玉米、烤烟等作物。新中国成立后，政府鼓励农民种水稻，以一季稻为主，旱土一般种植蔬菜、红薯、花生、玉米及麻类等经济作物。1958年成立人民公社，后连遇三年自然灾害，大部分粮食作物减产；1962年，人民公社实行"三级所有、队为基础"制度，改进耕作技术，加强病虫害防治，粮食单产提高到200千克；1967年，扩大双季稻种植面积，粮食亩产350千克；1997年，试种杂交稻粮食亩产450千克；2002年，扩大杂交双季稻种植面积粮食亩产达到750千克；2011年生产粮食2.61万吨，人均896千克，其中稻谷7400吨，玉米6800吨，大豆250吨。主要经济作物以烤烟、花生为主。2011年种植烟叶3520亩，产烤烟557吨。2014年，全镇粮食播种面积35100亩，其中：优质稻8000亩，粮食总产量14500吨，实现农业总产值13153万元。

养殖业新中国成立前有农户圈养牲畜，鸡、鸭多自繁自养，新产鸡蛋、鸭蛋除自己食用外，剩余部分出售或兑换油、盐等，俗称"油盐坛子"。养鱼则主要靠自然孵化鱼苗、自生自长、产量低。新中国成立后，政府鼓励农业养猪、养鸡、鸭，开始发展池塘养鱼。20世纪60—70年代，家家户户养猪，政府实行任务派购，分甲、乙、丙收购。改革开放后，农业养殖稳步发展。2011年生猪饲养量4.48万头，年末存栏2.28万头；家禽饲养量8.8万羽。2014年全镇有生猪、牛养殖大户23家，其中万头养殖场2个，千头养殖场6户；存栏生猪28970头，出栏46030头，牛存栏610头，出栏215头；家禽147889万羽；有养殖水面3.3亩，出鲜鱼268吨。

林业新中国成立前林地归私人所有，多自生自繁，树种有杉树、松树、楠竹、樟树、油茶等。1951年，成立农林互助组、合作社。1958年，林地收归公社、大队、生产队三级所有，由于"大炼钢铁"树木多被砍伐。1963年，贯彻中央政策，山林权固定在大队、生产队。1972年，镇内有社、队林场22个，大面积种植杉树、松树、樟树等。1981年，山林定权发证，山林权属为大队、生产队集体所有。2006年各村林场相继逐年承包给专业农户，承包期一定30年，种植柑橘、桉树、油茶、国外松、杉树等树种，森林覆盖率95%。2014年，全镇共有林地面积3.84万亩。

工业

明、清、民国时期有铁器、木器、竹器、小煤窑等30多家企业。新中国成立后，镇内相继创办农具厂、铁木社、手联社、瓦厂等，从业人员50余人。20世纪70年代兴起社、队办企业热潮，社办企业先后开办了大方元煤矿、木岭煤矿、茶叶冲煤矿、龙潭煤矿二工区、拖拉机站，队办企业有油榨坊和建筑等行业，从业人员250人。通过整治，合理布局，上级批准合法煤矿企业7家，从业人员500多人，完成产值4800万元。2008年，根据省、市有关文件精神，对煤矿进行整合重组，并对各煤矿的安全设施进行提质改造。2011年工业总产值8.2亿元，占国内生产总值的78%，拥有工业企业53家，职工2360人。2011年，年产原煤17.5万吨，实现产值2.2亿元，冶炼企业（铸友工贸）生产生铁2万吨，实现产值7280万元。2014年，境内共有工业企业64家，实现工业总产值11.78亿元，从业人员3545人，其中煤矿2家，产原煤14.5万吨，完成产值1.89亿元；电站两座供电量813万千瓦，产值315万元，煤场3家，产值1.2亿元，建材企业3家，共生产红砖68万块，产值215万元，石场5家，产值800多万元，其他企业5家，完成产值208万元。

商贸服务业

明、清、民国时期，境内只有几家小商贩。新中国成立后，在党、政机关所在地均有肉食品站，供销合作社、粮站。供应生产、生活资料和收购农副产品。20世纪80年代建龙潭、梓木2个集贸市场。2005年，商业系统改制结束，私营个体商业成为流通领域的主体。2011年社会商品零售总额7500万元，有商业网点380个，职工720人；城乡集贸市场2个，年成交额6200万元。2014年，镇内有各类商贸企业396家，从业人员768人，家电、数码、金融、保险、美发、娱乐、药店、餐饮等百业兴旺，基本能满足居民生产生活需求。

金融保险业

1952年，龙潭设信用合作社；1964年，境内各村设立信用站；20世纪90年代，各村信用站撤销，统归龙潭信用社。2014年年末，龙潭有龙潭信用社、龙潭邮政银行，存款余额22878万元，贷款余额5574万元。

基础设施

交通运输

明朝至民国时期，境内有两条官道，一条由桂阳燕塘入境经石坡头、龙潭、大方元至嘉禾县城，一条经上宅、龙潭、扶塘至蓝山。新中国成立后交通建设步伐加快。1958年4月至1959年7月，沿着境内旧官道修建桂嘉蓝（桂阳—嘉禾—蓝山）柏油公路（省道322线）。期间，修建县道龙普（龙潭至普满）公路和专用公路石香（石坡头至临武香花岭）路。进入21世纪后交通建设步入大提质阶段。2008年，龙普（龙潭—普满）公路、石香公路龙潭段完成硬化改造，厦蓉高速、京珠

京珠复线与厦蓉高速在龙潭交汇

高速复线龙潭段动工兴建。2014年，厦蓉、京珠复线两条高速通车，并在境内扶塘村形成“十字架”互通，在境内杉树下村设有出口。同年，龙行（龙潭—行廊）大道建成通车，原S322线更名为S351线已全部油化，将军路（龙潭至塘村）启动建设。境内所有行政村道路硬化率100%，总里程达1600公里。

邮政通信

1961年，建成电话总机室，办理邮政、报刊发行、电报电话业务。龙潭公社只安装有一台手摇电话机，此为镇内电信之始。1991年，县邮电局在镇内开通500门电话交换机结束人工电话历史。1998年，开通800门程控电话，实现市、县电话联网，随即发放数字移动电话86台，数字寻呼机（BB机）500台。2014年有邮政所1处，有移动电信企业3家，服务网点5个，电话交换机总容量2万门，固定电话用户2900户，移动电话用户17500户，互联网用户800户。

供电供水

随着20世纪70年代县内小水电的兴办，镇政府所在地于70年代末开始架设电网实行小范围照明供电。80年代初，兴建马家坪电站，境内大部分地区开始有了生产和照明供电。2001年，容量3150千伏安的龙潭变电站动工兴建，主供电区为龙潭镇、行廊镇和袁家镇。2011年，全镇使用国家电网供电，供电管理由龙潭供电所负责，电网改造率100%。境内年发电量200万千瓦时的腾飞电站同时并入国家电网。绝大部分使用县自来水公司城乡一体化供水，少部分村到水井中挑，安全饮水率100%。

水利建设

湘江支流陶家河和黄狮江两条河流经境内，河水常年供给人畜饮用和农田灌溉。汛期，洪水泛滥；旱季田土干涸，危害农业生产。新中国成立前，防汛抗旱能力较低。新中国成立后，大力兴修水利，新建两座小Ⅰ型水库金山、周家洞水库。先后还修建了雅仙塘、冬瓜形等2座小Ⅱ型水库。整修大小山塘200余口。新建电力排灌站3处。2010年以来，筹资500多万元完成金山水库、周家洞水库大坝除险保安工程。2013年，投资160多万元完成金山水库水渠整修工程，2011年投资1000多万元完成廊里、上宅、虾塘、杉树下等村烟水配套工程，整修大小山塘20余座，共灌溉农田7000多亩，投资600余万元，完成上宅、金塘、虾塘、廊里村农业开发和国土整理项目，全镇基本达到旱涝保收。

镇村建设

明、清、民国时期，境内只有几家小商贩、商铺。新中国成立后，集镇逐渐以党、政机关所在地为中心规划发展。镇区内有供销社、肉食品站、粮站等进行商贸交易和流通。一些商贩都是靠肩挑。1997年，镇政府新建办公大楼。2013年，镇政府敬老院新建大楼落成并投入使用；全镇所有村的主要干道、街道等安装太阳能路灯2100盏进行亮化。镇党委政府按照全县“八个一”工程要求，投资1760万，对人行道、下水道、路灯、广告牌、水网、电网等进行提质改造，在镇政府驻地建小游园3个。2014年，镇医院门诊办公、住院大楼建成，固定资产580万元。

社会事业

教育科技

新中国成立初期正式设置龙潭乡时仅有小学7所。其后随着教育投入增速，学校数量不断增加，教学质量大幅提高。1961年，调整学校布局，压缩超龄学生，停办龙潭中学。1979年调整学校布局，形成村办初小、联村办高完小、公社办初中的办学格局。1981年龙潭公社所办小学增至47所，中学为2所，教职员工185人，在校学生3420人，学龄儿童入学率达98%。2014年末全镇有幼儿园5所，在园幼儿700人，专任教师30人；小学13所，在校学生2400人，专任教师160人，小学适龄儿童入学率100%；初中1所，初中在校学生350人，专任教师30人。初中适龄人口入学率、小升初升学率、九年义务教育覆盖率均为100%。

文化体育

新中国成立后，境内文化机构建设不断健全。1955年配合农业合作化运动，龙潭乡出现建办农村俱乐部和图书室的高潮。1958年“大跃进”和人民公社化运动初期，境内设立文化站。1975年12月建立龙潭公社电影队，成为嘉禾县首批成立电影队的公社之一。境内还相继设有广播站、拍摄室、花灯剧团，一些行政村（大队）成立了业余文艺演唱队、舞狮舞龙队，丰富了群众的文化生活。2014年，镇内设有文化站1个，村级及居委会文化活动中心21个，各类图书室和农家书屋21个，藏书3.9万册。广播站1个，有线电视用户4500户，入户率达59%。境内有学校体育场8个，看台设座椅850张，有16个村安装了各类健身器材；灯光球场3个。有腰鼓队、龙狮队、广场舞队、篮球队等各类文艺体育团体28个，成员528人。

医疗卫生

1969年，各大队兴办农村合作医疗，由社员筹集基金，享受医疗优待，1980年停办。1980年龙潭公社卫生院改设为县第二人民医院。1982年3月，县第二人民医院迁至行廊卫生院，龙潭仍保留乡卫生院。2007年开始实行农村新合作医疗保险制度。2014年末有镇医疗卫生机构1个，门诊部（所）38个，床位65张，固定资产总值780万元。专业卫生人员60名，其中执业医师4人，执业助理医师10人，注册护士20人。2014年医疗机构（门诊部以上）完成诊疗3.4万人次，兑现参合报账10000人次，共6800万元。村民参加新型农村合作医疗的参保率为98%。

社会保障

随着经济社会的快速发展，镇内居民的生活越来越有保障。2006年7月开展农村低保工作，农村特困户、残疾人以及“三无”人员（无劳动能力、无生活来源、无法定赡养人）均被纳入低保范围。2014年农村最低生活保障户数1567户，人数1834人，城镇最低生活保障户数25户，人数30人，国家抚恤、补助各类优抚对象108人。敬老院1所，床位50张，收养农村“五保”人员45人。社区服务中心1个，社区服务站1个。慈善分会1个，全年接受社会捐款12.5万元，450人（次）困难群众受益。

（邓雄飞　供稿）

行廊镇

行廊镇是嘉禾县的“东大门”。先后获得“全国重点镇”“全国农产品流通试点镇”“全省新农村建设试点镇”“湖南省统筹城乡发展建设中心镇”“郴州市示范镇”“郴州市十佳卫生乡镇”等荣誉称号。

区域概况

位置面积

行廊镇地处嘉禾县东部，黄牛岭山脉东麓，有嘉禾“东大门”之称。位于北纬

行廊镇区

25°36′18″至25°40′16″，东经112°24′24″至112°31′26″。东与桂阳县方元镇隔河相望，西与珠泉镇、田心镇接壤，南和龙潭镇为邻，北与肖家镇、普满乡毗连。桂嘉高等级公路、京珠高速公路复线穿境而过。镇区东西最大距离10.9公里，南北最大距离7.3公里。总面积41.9813平方公里，其中陆地面积36平方公里，占86.8%；水面5.45平方公里，占13.2%。耕地面积1.1万亩，人均0.45亩，其中稻田9556亩，旱土1444亩。

建制沿革

明崇祯十二年（1639）至清朝末年，属嘉禾县东南上乡管辖。1912年至1914年，沿袭清代旧制。后撤乡并区，属东区。1938年撤区并乡，属清化乡。1950年2月县设4区，清化乡属第二区。4月，区乡调整，正式设置行廊乡，属第二区。1956年5月，撤区并乡，定里、门头、小湖、石凉亭并入行廊乡，乡政府驻地长圳。1958年10月撤乡建社，行廊与龙潭、虾塘3乡合并，成立超美人民公社，行政驻地行廊圩；12月嘉禾、蓝山并县，超美人民公社改为龙潭人民公社。1961年3月嘉禾县与蓝山县分设，龙潭人民公社析置，成立行廊人民公社，复属嘉禾县。1984年3月，撤人民公社，复称行廊乡。1986年12月撤乡建镇，称行廊镇。

行政区划

民国时期行政区划不详。1950年4月正式设置行廊乡时，辖域包括长圳、行廊、定里、行市、新屋场、沙坪、侯寨等村。1952年12月乡域划小，定里、小湖、门头、石凉亭从行廊乡分出。1956年5月，撤区并乡，定里、门头、小湖、石凉亭复归行廊乡所辖。1958年人民公社化运动，行廊所隶属的超美人民公社辖龙潭、杉树下、冲下岭、行廊、定里、石凉亭6个生产大队，257个生产小队。1961年5月成立行廊人民公社，下辖行市、行廊、定里、沙坪、门头、高宅、侯寨、新屋场、水冲岭、洞水塘、邝家、石凉亭、白竹园、甫溪、五百地、小湖16个生产大队，96个生产队。此后10余年，境内生产大队和生产队出现了小部分调整。1984年3月复设行廊乡，下辖行市、行廊、邝家、定里、长圳、高宅、门头、侯寨、沙坪、新屋场、水冲岭、洞水塘、白竹园、禾木岭、五百地、小湖16个村民委员会，120个村民小组，50个自然村。2014年末，全镇辖长圳、行廊、定里、行市、邝家、新屋场、五百洞、小湖、白竹园、沙坪、水冲岭、高宅、侯寨、禾木岭、门头、洞水塘16个行政村及嘉禾煤矿、行廊茶场、行廊社区三个居委会。下设119个村民小组，6个居民小组。

自然环境

境内属丘陵地貌。西南多丘陵、山地，东南、东北地势较平坦。地面高程一般在海拔230～280米，最高点瓦窑头海拔372米，最低点水冲岭海拔183米。河道长21公里，东、中、西三条小河陶家河、邝家河、黄狮江由南向北流向春陵江。镇区处温带季风湿润气候区，四季分明，年平均气温16.5℃～18.3℃，平均年降水量约1300毫米，降水日约145天，常年主导风为北风，夏季为东南风，常年有强电、暴雨气象。境内土壤分为水稻土、红壤土、沙泥土和潮土四大类，全镇各地土壤各有不同。境内矿产资源丰富，主要有煤、锰和石灰石。煤的地质储量为285万吨，可采储量为228万吨，集中分布在西部黄狮江沿河一带。

人口民族

新中国成立后人民生活变得安定，人口生育步入较快增长期，民族成员也呈现多元化。1961年5月行廊人民公社成立时，辖区内总户数 2521 户，总人口 8665 人。至 1981 年 12 月，公社辖区户数 3464 户，人口 14334 人，其中农业人口 14329 人。从严实施节制生育后，人口自然增长率开始呈现下降态势。2000 年第五次全国人口普查时，辖区人口 19886 人，其中男性 10417 人,女性 9469 人。有少数民族人口 23 人，其中蒙古族 3 人，回族 2 人，藏族 3 人，苗族 1 人，瑶族 5 人，土家族 3 人，彝族 3 人，侗族 1 人，布依族 1 人，朝鲜族 1 人。2014 年年末，辖区总人口 2.53 万人，其中城镇常住人口 4277 人，农业人口 21023 人；男性 13233 人，女性 12065 人；18 周岁以下 6612 人，占 26.14%，18–35 周岁 6265 人，占 24.77%；35–60 周岁 8747 人，占 34.58%；60 周岁以上 3668 人，占 14.50%。人口出生率 11.2%，死亡率 6.3%，人口自然增长率 4.9%。人口密度为每平方公里 590 人。

经济发展

经济综述

自明、清、民国时期，镇内大部分村民上半年靠种粮种菜，下半年靠挖煤、卖陶瓷、打铁、做小生意来维持生活。新中国成立后，镇内经济逐年发展，农业以种植水稻、蔬菜及其他经济作物为主。工商业快速发展，镇区先后办起了铁工厂、木工厂、手联社、缝纫社、拖拉机站、汽修厂、星竹厂、轧钢厂、陶瓷厂、煤矿、电站等企业。党的十一届三中全会以后，坚持以经济建设为中心。1982 年试行农业生产责任制，1985 年完善家庭联产承包责任制，温饱问题逐步得到解决。在积极发展农业的同时，工商企业实行“承包经营”为主的企业改革，利用本地煤炭资源优势，发展煤炭工业、建材工业、铸造工业以及陶瓷工业，兴办煤矿 10 个，全年输出煤炭 15 万吨。1995 年农村社会总产值 1.08 亿元，其中乡镇企业收入达 9930.9 万元，全镇人平纯收入 1341.6 元。2014 年，工农业总产值发展到 11.56 亿元，其中农业总产值 5.16 亿元、工业总产值 6.4 亿元。2014 年财政总收入 3833 万元，比上年增长 20%，其中地方财政收入 1317 万元，比上年增长 12%，完成营业税 300 万元，增值税 280 万元，企业所得税 120 万元。收购烤烟 2400 担，实现烟叶税 70 万元。农民人均收入 9344 元，比上年增长 4.2%。

农业

种植业新中国成立前，镇内主要种植水稻、红薯、蔬菜、玉米、苎麻、花生、旱烟等粮食作物和经济作物。新中国成立后，政府鼓励农民种水稻，以一季稻为主，旱土一般种植蔬菜、红薯、小麦、玉米及麻类等经济作物。1958 年成立人民公社，重工轻农大炼钢铁，粮食作物面积萎缩，产量减少。1960 年，实行“三级所有，队为基础”制度，促进了农民生产积极性的发挥，粮食亩产提高到 200 多千克。1962 年，扩大双季稻种植面积，粮食亩产升至 350 千克。1977 年，镇内试种杂交水稻，粮食亩产达 400 千克以上，1982 年实行“双层经营”责任田后，逐步扩大杂交，双季稻种植面积，粮食亩产达 650 多千克。2014 年实现粮食作物种植 29906 亩，总产量 10078 吨，人均 354 千克。其中稻谷 6892 吨，玉米 1377 吨，其他 1809 吨。经济作物以蔬菜、烤烟、玉米、西瓜为主。苎麻是嘉禾的特产，苎麻生产在行廊曾经盛极一时。1958 年农垦部指导嘉禾垦荒种麻，在行廊创办县苎麻农场，同年，湖南省政府在县苎麻农场召开苎麻生产现场会，苎麻生产进入旺盛期。1963 年原麻产大于销，麻业生产业由盛到衰，1967年行廊苎麻农场也改为行廊茶场。

养殖业镇内素有养殖牲猪、牛、鸡、鸭、鱼等畜禽水产习惯。新中国成立前农户圈养牲猪、鸡、鸭多为自繁自养，新鲜鸡、鸭蛋，除自己食用外剩余部分则出售或兑换油、盐等，俗称“油盐坛子”。养鱼则主要靠自然孵化鱼苗，自生自长，产量低。20世纪70年代，政府实行派购任务，分等级收购，并号召“一人一猪、一亩一猪、一户一猪”，多养猪、多积肥、多打粮。80年代，大部分农户实行规模化养猪，发展养猪专业户。2014年牲畜饲养量1.9万头，年末存栏6300头；牛饲养量139头，年末存栏230头；家禽饲养量30万羽。

林业新中国成立前，林地归私人所有，多自生自繁，树种有杉树、松树、南竹、樟树等，1951年成立农林互助组、合作社；1958年，林地收归公社、大队、生产队三级所有，由于大炼钢铁，树木多遭砍伐。1963年，贯彻中央政策，山林权固定在大队、生产队。1964年，大队党支部组织群众学习毛泽东“绿化祖国”的指示，动员农民上山垦荒，植树造林。此后六年共造林1310多亩，成林后以每年砍伐50亩计算，可以砍伐26年，造林工作成为省、市、县典范，受到地区行署、省政府嘉奖。1972年，镇内有社办林场14个。1981年，山林定权发证，山林权属为大队、生产队集体所有。2006年各村林场相继逐年承包给专业农户，许多农户在自己的责任土或荒山上种植果木、桉树、油茶、杉树、松树等树种。2014年全镇共有林地面积1480公顷，森林覆盖率约为35%，桂嘉公路行廊段两旁新建花坛80个，绿化面积20万平方米。

工业交通

行廊镇工业资源丰富，尤其以煤和石灰石为最多，还有锰矿。新中国成立前，只有少量的手工挖煤、锻造、木工、竹器、缝纫等手工作坊几家。解放以后，相继创办了手联社、农具厂、铁工社。到20世纪70年代一批集体企业在镇内蓬勃兴起，社办、队办企业相继建成投产。社办企业先后开办了三十担煤矿、桐梁桥和陡头电站、拖拉机站、汽修厂、星竹厂、自来水厂等，队办企业有铁艺加工厂（五七厂）、陶瓷厂、缝纫厂、石灰厂、油榨坊及建筑等行业，从业人员达上千人。1974年湖南省地质勘测队五队进入境内进行煤炭勘察。1980年，资兴矿务局嘉禾煤矿进驻境内开办。随着煤炭市场前景看好，80年代至90年代中叶，境内小湖、五百洞、白竹园、洞水塘、水冲岭、定里等村掀起了开办煤窑的热潮。1994年至1995年在上级部门指示下，镇里对乱采滥挖的小煤窑进行清理整治，关闭、取缔了不符合办矿条件的小煤窑。2008年，根据省、市有关文件精神，对煤矿进行整合重组，并对各煤矿的安全生产进行提质改造，重组合。1987年，随着郴嘉小轨铁路的开通，行廊煤坪建成，将全县各煤矿的煤运到煤坪装上火车。2014年境内有工业企业20余家，工业总产值6.4亿元，从业人员1850人，其中煤矿2家，年产原煤9万吨，完成产值约为3870万元，电站4座，供电量约为1000千瓦时。

商贸服务业

明、清、民国时期，境内两个集市（石凉亭、行市），只有几家小商贩。中华人民共和国成立后，在党政机关所在地均设有肉食站、粮站、供销合作社、卫生院，供应生产生活资料和收购农副产品；随着交通的发展和流动人口的增加，原来狭小的集贸市场已不适应现代物流，20世纪90年代，行市农贸市场实行整体搬迁。2005年，随着商业系统改制结束，私营个体商业成为流通领域的主体，目前，境内有两个集贸市场（嘉禾矿、行市）。2014年，境内各类商贸企业95家，从业人员285人，社会商品零售总额3100万元，比上年增加13%，家电、数码、金融、保险、美发、娱乐、超市、药店、餐饮、酒店、家具装修、保健、公汽等百业兴旺，极大地满足了人民生产生活需求。

金融保险业

民国时期使用银元。新中国成立后，统一使用人民币。1952年，镇设农村信用合作社，兼管镇内金融业务。1964年，全镇各村设立信用站；20世纪90年代，各村信用站撤销，统归行廊信用社。80年代，镇内还设有中国农业银行行廊营业所（20世纪末撤至县城）。1984年，中国人民保险公司嘉禾县分公司成立，镇内设有保险站，承办本地区保险业务。2014年行廊邮政储蓄所建立。

基础设施

交通运输

明朝末期修筑嘉桂（嘉禾至桂阳）驿道，驿道经行廊境内浦溪铺、清泉圩（今石凉亭）、行廊圩、铜梁桥、牛婆井进入普满。民国时期对境内驿道进行了整修。新中国成立后，交通条件得到了极大改善。1958年“大跃进”，境内开始修建贯穿南北的龙（潭）普（满）公路，并于1963年3月建成通车，这是境内第一条公路。1971年为解决三十担煤矿的运输困难，动工修建长圳经石凉亭至三十担煤矿公路。1975年修建珠行（珠泉至行廊）公路，开辟了行廊圩至石凉亭至县城的公路捷径。改革开放后，交通扩容提质更为迅速，1979年境内开始修建窄轨铁路——郴嘉铁路，并于1987年竣工通车，实现了嘉禾煤炭资源的铁道外运。20世纪80年代中期，政府对龙普公路进行拓宽和整修。90年代，全境各自然村实现村村通公路。2002年9月横贯东西的桂嘉高等级公路建设全面启动，并于2006年竣工通车。2008年，跨境南北的京珠高速复线动工兴建，并于2012年12月竣工通车。境内大“十”字交通格局的形成，大大促进了全镇人民与外界的商贸往来。

邮政通信

人民公社化后，设行廊邮电局，有电话总机室，办理邮政、报刊发行，电话电报业务，政府安装了手摇电话机，此为镇内电信业之始。1990年县邮电局在境内开通了200多台自动电话交换机，结束了人工电话历史。1995年开通500台程控电话，实现市、县电话联网，县邮电局亦开通了模拟移动通信系统。1996年，邮政、电讯分家，设有镇邮政局、电信局，镇邮政局有邮路4条，职工8人。镇电信局开通全球通移动电信系统，发放数字移动电话157台，数字寻呼机（BB机）300台。2014年有电信服务网络2个，电话交换总容量1万门，固定电话用户800户，移动电话用户1.5万户，互联网用户800户。

供电饮水

全镇使用国家电网供电，电源主要来自肖家110千伏变电站和龙潭35千伏变电站，由行廊供电所负责全镇供电服务管理，电网改造率100%。改革开放初，群众生活用水基本上是到村水井中挑。全县供水一体化实施后，全镇绝大部分村民接通了县自来水公司城乡一体化供水，安全饮水率100%。

水利建设

新中国成立前，农业灌溉主要靠镇内三条小河，防汛抗旱能力弱。“十年种田九年旱，小旱收一半，大旱看光光”，是人民对旱灾的真实写照。新中国成立后，境内先后修建小Ⅰ型水库邝家一库、小Ⅱ型水库邝家二库及葫芦水库，修通泮头水库水渠，整修大小山塘80余口，新修多处电力排灌站，基本解决邝家、白竹园、行廊、定里、长圳、行市、新屋场等村的农用灌溉问题。20世纪80年代初，实施“五塘工程”即“浅塘深挖、漏塘补漏，小塘扩大，废塘恢复，无塘新建”，开展高标准山塘和渠系建设，农业灌溉条件得到进一步改善。定里村投资投劳修建一条从行廊到定里长2600米的渠道，改善了两个村1500亩稻田的灌溉。90年代末，行市、长圳等村实施自来水饮水工程，改善生活用水条件。2010年，行廊镇被纳入嘉禾城乡供水一体化范围，并铺设盘江水库至行廊镇的东西向主供水管道以及泮头水库至行廊镇的南北向主供水管道。2012年1月，嘉禾县城乡供水一体化一期工程通水仪式在行廊茶场秀江村举行，秀江村实现一体化供水。2014年，境内一体化供水区新增行廊、行市、长圳、沙坪、门头、白竹园等6个村。

镇村建设

镇区新中国成立前，境内只有几家小商贩、商铺。新中国成立后，集镇以党政机关所在地为中心规划发展，境区内供销社、肉食水产站、粮站等进行商品交易和流通。1987年，镇政府办公大楼兴建并搬迁，镇农科教中心教学楼建成，校园建地10亩，同时将原镇农校改建成镇敬老院并投入使用。1990年行廊烟草站仓库、大楼落成。1995年10月，行廊镇作为县“小城镇建设试点区”，镇政府决定打造行廊“最美一条街”，公路两旁拆除旧房屋，拓宽路面，修好排水沟，建好人行道，实施道路硬化。2005年镇中心卫生院办公、门诊、住院大楼落成并整体搬迁使用，同年，行廊信用合作社营业大楼建成。2006年横贯东西的桂嘉高等级公路建设竣工通车，境区交通功能不断增强，城镇品位逐渐提升。2011年，行廊法庭搬迁到新办公大楼。2013年镇政府驻地长圳村成功创建为省、市、县文明卫生村，新农村建设示范村；村内建小游园一个，新居民楼4栋。位于镇区内的行廊市民广场落成，各种锻炼器材齐全，休闲设施完善。

2013年村庄，按照县委、县政府建设“城乡一体化示范县”总体目标，紧紧围绕“打造嘉禾东大门，崛起全国重点镇”这一中心，全力推进城乡一体化建设，完成了桂嘉公路镇村一体化示范带建设。年内，镇内街道铺上了柏油路，，桂嘉路、龙普路实现了全程绿化、美化、亮化，桂嘉路行廊段共建花池80个，绿化面积20万平方米。农村环境卫生清洁，各村有保洁员。各行政村、社区都建有集体办公楼。

社会事业

教育事业

清朝时为私塾教学；民国时期政府参与办学，私塾和公办学校并存发展。新中国成立初期，境内私塾学校全部转为公办学校，共有小学8所。1959年8月，撤销行廊高小附中班，创办蓝嘉县第六初级中学；1961年5月，蓝嘉两县分开，9月，嘉蓝六中改为嘉禾三中。1962年，贯彻“九年一贯制”教育方针，调整全日制公办小学布局，将部分公办学校改为民办学校，境内办起一所民办中学和多所民办小学。1968年11月，嘉禾三中下放行廊公社管理，改称行廊中学；次年公社其他公办学校也相应下放到大队由贫下中农管理。由于执行“群众办学”的方针，实行“读高中不出公社、读初中不出大队”，学校数量急剧增加，全镇共有中小学30所。1970年2月，恢复嘉禾三中，并增设了高中班。1974年，各大队初中班陆续撤销，镇里新办了行廊中学。1975

年9月，湖南农学院郴州分院落户行廊茶场。1982年7月撤销，新建校舍，由县教育局转交茶场办子弟学校。1984年8月，三中撤销高中部，高中学生并入嘉禾二中。1986年，全镇普及初等教育，所有小学校舍按照“水泥台阶白粉墙，水平地面玻璃窗，室内钉倒棚，油漆门和窗”的标准进行改扩建和新建。1987年，开始实施“两基”计划，普及九年义务教育（“普九”）。各行政村先后都兴建了教学大楼，以改善学生的学习环境。1986年，镇政府搬迁，原政府旧址改（扩）建为镇中心完小。由于改善中小学办学条件力度大，1998年行廊镇荣获郴州市“教育模范镇”称号。2005年，镇中心完小搬迁到行市村（原行廊镇医院处）。2012年，镇政府将原供销社、手联社划归给中心小学，并合理规划和兴建了综合楼、学校公寓。行廊中学办起了镇中心幼儿园。2014年，镇内有中学1所（嘉禾三中），九年制学校1所（嘉禾矿子校），民办学校1所（云龙学校小学含初中），幼儿园5所，在园幼儿680人，专任教师20人，小学8所，在校学生1380人，专任教师73人，小学适龄儿童入学率100%，初中在校学生948人，专任教师56人，初中适龄人口入学率，小学升初中升学率，九年义务教育覆盖率均为100%。

文化体育

20世纪60年代，公社成立电影队，70年代公社建电影院及广播站，80年代电视进入了寻常百姓家。镇文化站对深化改革，发展商品经济，推动两个文明建设都极为有利，也是广大群众的迫切要求。2014年镇内设有文化站1个，村级、居委会文化活动中心16个，各类文化专业户30户，各类图书室和农家书屋17个，藏书5万余册。广播电视站1个，村级广播站10个，有线电视用户3000余户，入户率65%。镇内学校、村级有体育场10个，腰鼓队2支，龙狮队5支，篮球队及各类文艺体育团体16个，成员300余人。如今，每当夜幕降临，各村的街头巷尾便响起了欢快的乐曲声，大爷、大妈、年轻妹子跳起了优美的广场舞，给农村增添了欢乐祥和的气氛。

医疗卫生

民国时期，政府不关心人民疾苦，不重视防疫、治疗工作，镇内只有两家私人药铺。1956年，镇内建立了乡联合诊所，1961年建立了行廊卫生院，1969年，各行政村办起了合作医疗，大力推广中草药和新医疗法，用“三土”（土医、土药、土法），四自（自采、自种、自制、自用）办法创业，合作医疗为培养乡村医生，改变农村缺医少药状况，起到很大作用。1970年，农村开展“两管”（管水、管粪）、“五改”（改井水、改厕所、改猪牛栏、改炉灶、改环境）。全镇共建公厕84栋，迁建畜圈278间，清除垃圾，疏通阴阳沟，修建沼气池。1982年3月，行廊医院改为县第二人民医院，1998年取消县第二人民医院称号，又改称行廊医院。极大地方便了群众看病、治病。90年代，实行农村卫生一体化管理，镇卫生院对婴幼儿接种卡介苗等4种免费疫苗。21世纪初，镇中心卫生院新建综合门诊大楼，搬迁至龙普公路旁。2014年，医疗机构完成诊疗1.9万人次，村民参加新型农村合作医疗的参保率为96.5%，有镇村两级卫生医疗机构10个，门诊部13个，床位50张，固定资产总值380万元，有专业卫生人员23人，其中执业医师5人，执业助理医师5人，注册护士4人。

社会保障

新中国成立初期，镇内发生水灾，县、镇组织群众以工代赈，修复水毁堤坝，下拨粮食救济灾民。20世纪60年代起，由生产队对鳏寡孤独的老人和无劳动能力的残疾人实行“五保”。60

年代末，农民粮食自给有余，全镇摘掉了吃统销粮的帽子。70年代，镇办煤矿、电站和各类企业相继兴办，安排就业人员215人。1986年，镇里将原镇农校改建成敬老院，并投入使用。2014年，全镇城镇最低生活保障户30户39人，支出8.7万元，比上年增长8%，月人均186元，比上年增长8%，医疗救助108人次，民政部门资助参加合作医疗230人次，共支出1.15万元，比上年增长50%，农村最低生活保障户800户，人数1236人，支出96.4万元，比上年增长10%，国家抚恤、补助各类优抚对象90人，抚恤事业费支出35万元，比上年增长5%，社会福利费125万元，比上年增长8%，社区服务中心1个，社区服务站一个，慈善分会1个，全年接受社会捐款6.5万元，使350人（次）困难群众受益。新农合，“新农保”参加率均在95%以上。

特色地情

风景名胜

桐梁桥　桐梁桥位于今行廊镇沙坪村西北侧，是陶家河、邝家河、神仙殿河三水汇集之处。桥建于明嘉靖三十年（1551），长35.2米，宽5.4米，为三拱石桥，清朝乾隆三十年（1765），桥上曾建有路亭、茶屋、雕龙画凤，极为雅致，咸丰八年（1858）桥侧倾亭斜，随即重修捐施茶屋，光绪年间，茶屋拆除，古时是嘉禾至桂阳的交通要道，瀑布飞泻，桥下流水卷入石洞潜渡而出，旧题“桐梁潜渡”，为嘉禾古代八景之一。

（刘锋　供稿）

肖家镇

肖家镇是全国计划生育依法行政示范乡镇、湖南省生态乡镇、湖南省文明镇。

区域概况

位置面积

位于北纬25° 39′ 25″至25° 44′ 31″，东经112° 25′ 41″至112° 30′ 50″。地处县城东北部，东与普满乡接壤，南与行廊镇毗邻，西与田心镇、石桥镇交界，北与桂阳县浩塘镇相连。全镇总面积37.8618平方公里，东西最大距离8.6公里，南北最大距离9.4公里。其中陆地33.5平方公里，占95%；水域1.77平方公里，占5%。耕地面积9727亩，其中水田6358亩，旱土3369亩，林地25154亩。

建制沿革

明崇祯十二年（1639）至清朝末年，属东北贵贤乡。1912—1914年沿清旧制。后裁并为区，属永定区。1938年废区并乡，属贵贤乡。1950年2月，县设4区，属第二区；4月区下设乡，正式设置肖家乡。1952年12月区乡划小，肖家乡人民政府驻肖家村，属第六区。1956年5月，撤区并乡，普满、茶坞、虎岐、滑乐并入肖家乡。1958年10月，撤乡并社，组建人民公社，肖家属跃进人民公社（行政驻地普满）；12月，公社按驻地命名改称普满人民公社，隶属蓝嘉县。1961年3月，普满人民公社撤销，成立肖家人民公社和板贝人民公社；5月，蓝嘉县分县，肖家公社复属嘉禾县。1964年10月撤并公社，肖家公社和板贝公社合并为新成立的普满公社。1976年11月区划调整，肖家人民公社从普满公社析出。1984年3月，撤社设乡，肖家公社改称肖家乡。1986年12月，撤乡建镇，称肖家镇。

行政区划

新中国成立后肖家行政区划出现了数次分合。1950年4月肖家乡辖肖家、乐塘、田心、新坠、垈头、双珠、滑乐、虎溪、山口凤、黄花、白茅、山垛等村。1963年12月肖家人民公社辖普市、旨贝、下坞坪、调塘、垈头、新坠、肖家、田心、社塘、虎溪、双珠、茶坞、山口凤、山垛、白茅、滑乐、黄花17个生产大队。1976年11月，肖家人民公社从普满公社分出。2014年年末，全镇辖肖家、罗卜安2个居民委员会，肖家、乐塘、桥田、新坠、滑乐、山垛、山口凤、白茅、双珠、垈头10个行政村（社区）；下设2个居民小组、92个村民小组。

自然环境

镇域属丘陵地貌，地势西高东低，地面高程一般在海拔 180 ~ 260 米，最高点为山垛，海拔 314 米，最低点为桥下峰，海拔 145.7 米。位处亚热带，属于亚热带季风气候，其特征四季分明，热量充足，雨水集中，春温多变，夏秋多旱，严寒期短，暑热期长。年均气温℃ 17 ~ 19℃。冰冻一次连续最长日数为 15 天，出现在 2008 年 1 月 21 日至 2 月 4 日。镇域土壤以红壤土为主，土质偏碱性，土壤有机质较丰富，碱解氮和有机磷含量适宜。全境属湘江流域，有陶家河和黄狮江两条河流，境内全长 10 公里。陶家河自西南入境，黄狮江自西入境，流到普满陶家河处汇合。

人口民族

1998 年，肖家镇辖 3791 户，总人口 13270 人，均为汉族。其中：农业人口 12460 人，占 94%；男性 7034 人，占 53.1%。2000 年第五次全国人口普查时，辖区人口 12072 人，其中男性 6444 人，女性 5628 人。有少数民族人口 63 人，其中蒙古族 8 人，苗族 34 人，藏族 8 人，维吾尔族 2 人，壮族 1 人，彝族 4 人，布依族 3 人，朝鲜族 2 人，满族 1 人。2010 年第六次全国人口普查时，总人口 14731 人。2014 年末，全镇总人口 15084 人，其中：农业人口 14285 人，占 94.7%；男性 7936 人，占 52.46%；14 岁以下 3087 人，占 20.46%；15 ~ 64 岁 10795 人，占 71.56%；65 岁以上 1202 人，占 7.96%。2014 年人口出生率 13.3‰，死亡率 6.5‰，人口自然增长率 6.8‰

经济发展

经济综述

镇内自元明时期开始形成集市，“乐市墟”商贸发达，远近闻名。民国时期，地方饱经战乱，工商凋零。改革开放以来，经济社会得到了较快发展。农业以水稻、烤烟种植、花卉苗木为主，工业以煤炭开采和建材生产为主，第三产业以商贸物流、乡村旅游为主。煤炭的开采带动肖家经济快速发展，使肖家经济位居全县前列。2011 年财政总收入 2243 万元，比上年增长 22.9%，其中地方财政收入 105 万元，比上年增长 5%。完成营业税 653 万元，增值税 1480 万元，企业所得税 110 万元。2014 年，财政总收入完成 3820 万元。其中：国税完成 1750 万元，地税完成 1120 万元（不含烟税）。本级一般预算收入完成 950 万元，其中，企业上交及其他收入为 356 万元，社会抚养费收入 73.9 万元，上级补助及转移支付收入 520.1 万元。2014 年，全镇社会总产值 52388 万元，其中农业总产值 12967 万元，工业总产值 17768 万元，社会固定资产投资 21000 万元，农民人均纯收入 9061 元，比上一年增长 8.3%。

农业

种植业镇内粮食作物以种植水稻为主，2014 年水稻种植面积 6084 亩，生产粮食 5480 吨，人均 363.23 千克，其中稻谷 2840 吨，其他 2640 吨。镇内主要经济作物为烤烟、蔬菜，2014 年烤烟种植面积 2441 亩，产量 366.2 吨；蔬菜种植面积 2946 亩，产量 3830 吨。近年来，镇内种植业不断向多元化发展，出现了种植葛根、金银花等一批新型作物的项目。

养殖业镇内素有养殖生猪、牛羊、鸡鸭、鸽鱼等畜禽水产的习惯。近年来金陵生态科技产业园成功引进孔雀、甲鱼等物种近 1000 只，成为郴州最大的孔雀养殖基地。坌头村村民雷四平成功引进肉驴养殖、新坠村龙虾养殖基地初具雏形等一批项目标志着镇内养殖业不断向规模化、特色化发展。2014 年，全镇有养殖户 854 户，存栏生猪1562头，出栏3848头。牛存栏119头，羊存栏48头，出栏15头，鸡32768羽，鸭2837羽，有水产面积180亩，出水鲜鱼5吨。

林业镇境属丘陵地貌，林地较多，山上多种植油茶、杉树等，2014年境内共有林地面积25145亩，森林覆盖率46.55%。近几年，通过招商引资，引进了汇景公司承包新坠村3000亩林地进行苗木花卉及旅游开发；引进了湖南中联天地油茶开发有限公司承包乐塘村3000亩林地进行油茶种植，林业发展走向集约化、规模化。

工业

新中国成立以前，工业发展缓慢，主要以铁器、木器等手工作坊为主，新中国成立后，以煤炭开采为主的工业得到了逐步发展，改革开放后，煤炭产量也稳步提高，制砖业等其他工业也逐渐发展壮大。新中国成立后对境内地质资源进行勘探。由于境内煤炭资源丰富，境内村民素来有挖煤的习俗和经验，70年代以来，先后开办大、小煤窑达100余家，分布在白茅村、滑乐村、乐塘村、山口凤村、双珠村、新坠村、垈头村。为保护人民生命财产安全，促进煤炭资源有序开采，1994—1995年在上级部门的指示下，镇里对乱采滥挖的小煤窑进行清理整治，关闭、取缔了所有不符合办矿条件的小煤窑。通过整治，合理布局，上级批准合法煤矿企业9家。2008年，根据省、市有关文件精神，对煤矿进行整合重组，并对各煤矿的安全设施进行提质改造。2011年工业总产值8355万元，占国内生产总值的65%；实现工业增加值5803.4万元，比上年增长0.6%。拥有工业企业3家，职工700人。2014年，肖家镇共有煤矿3家，砖厂4家，实现工业总产值16168.8万元，占生产总值的91%，实现工业增加值2230.2万元，比上一年增加16%。

商贸服务业

建国前，在“乐市墟”逐渐形成集镇市场，改革开放后，个体商贸业的飞速发展，带动了商贸业的进一步繁荣，餐饮、酒店、美容、美发等百业兴旺，基本能满足居民的生产生活需求。2014年，镇内有城乡集贸市场1个，市场改建于2007年，设有212个摊位。镇内共有各类商贸企业57家，从业人员171人，社会商品零售总额5819万元，比上一年增长13.14%。

金融保险业

民国时期使用银圆。新中国成立后，统一使用人民币。1955年，设肖家乡信用社，兼管镇内金融业务。1961年3月设肖家公社信用合作社。1984年公社信用社改称乡信用社。同年，嘉禾县中国人寿保险公司成立并在肖家镇设保险站，代理承办本地保险业务。1986年撤乡建镇，乡信用社改称镇信用社。2014年年底镇信用社共有存款余额19314万元，贷款余额4799万元。

旅游业

2013年，嘉禾县首届乡村旅游节在镇内新坠村成功举办，节日期间境内外众多游客前往欣赏樱花、参加自行车越野赛及体验当地特色风情。2015年3月21日，镇政府与湖南海外旅游公司郴州分公司等旅游公司成功签订乡村旅游战略合作协议。签约当天接待游客人数过万，其中接待嘉禾史上最大旅游单团（2000余人）。樱花盛开期间，累计接待游客10余万人。肖家镇乡村旅游品牌的推出带动了周边服务业的发展，为全镇乡村旅游的产业化、集群化发展打下了基础。

基础设施

交通运输

京珠复线贯通境内，省道228线、县道肖石线、龙普线3条公路干线在境内交汇后出境，规划中的国道 G234 线穿境而过。2014 年年末，全镇通行政村道路全部硬化，硬化率 100%。

邮政通信

2014 年年末，有电信服务网点 1 个，电话交换机总容量 1136 门，固定电话用户 753 户，移动电话用户 3775 户。设有 1 个邮政所。

供电饮水

全镇使用国家电网供电，境内有肖家水电站、安发水电站和乐塘水电站，电网改造率 100%。肖家、乐塘、新坠、山口凤、白茅、双珠 6 个村村民绝大部分使用县自来水公司城乡一体化供水；桥田、滑乐、山垛、坌头等 4 个村饮用井水，农户安全饮水率 100%。

水利建设

人畜饮水和灌溉水源主要源自境内陶家河和黄狮江两条河流。新中国成立前农业防汛抗旱能力弱，旱季河流水量供应不足，田土干涸；雨季洪水泛滥，农作物经常绝收，严重影响人民生产生活。新中国成立后，水利建设实现稳步快速发展。20 世纪 50 年代中期至 70 年代，相继兴建牛背石、田心一库、田心二库、龙家洞、红土岭、坌头等小Ⅱ型水库 6 座，兴建骨干山塘 25 口和小水电站 5 座。其后长时期，对病险水库、塘区进行了全面整治，水利设施效益得到进一步发挥。2013 年投资 18 万元，完成肖家村饮水渠整修项目建设。2014 年投资 168 万元，完成桥田二库除险加固整治工程；投资 15 万元，完成坌头水库引水渠改造工程；投资 20 万元，完成滑乐村西干渠一期建设。全镇粮食作物基本实现旱涝保收。

镇村建设

新中国成立后，农村集镇以行政驻地为中心规划发展，肖家村及近邻乐塘村作为行政驻地开始有供销社、肉食品站、粮站等进行商品交易和流通。1985 年肖家集贸市场开始形成，并逐步形成商业一条街。2012 年完成肖家集贸市场的全面改造。2014 年，全县一流的农村客运站正式投入营运，完成招呼站建设 6 座。居民休闲场所樱花广场、城乡一体化示范带、镇医务大楼建成并投入使用。镇公租房已经封顶，乐塘中学教师大楼主体工程已全面完工，镇中心幼儿园和乐塘村村民公寓项目已开工建设。

社会事业

教育科技

清朝为私塾教学。新中国成立后，成立了肖家中学和多所小学。1981 年 10 月肖家公社有中学 1 所，小学 19 所，教职员工 95 人，在校学生 1896 人，学龄儿童入学率 95%以上。2014 年年末有幼儿园 2 所、小学 7 所，在校学生 741 人，专任教师 38 人；初中 1 所,初中在校学生 687 人，专任教师 34 人。初中适龄人口入学率、小升初升学率、九年义务教育覆盖率均为 100%。

文化体育

镇内有文化站、广播电视站各 1 处，村级文化活动中心 10 处。肖家、乐塘等村还成立有广场舞队、秧歌队等民间艺术团体，其中，乐塘村广场舞队获得 2014 年全县广场舞比赛二等奖。2014 年末有学校体育场 7 个；目前 10 个行政村都安装了健身器材，经常参加体育活动的人员占常住人口的 50%。镇内还经常组织各村进行篮球赛等体育活动，其中肖家镇政府篮球队还多次获得县里篮球赛的冠军。

医疗卫生

1953 年成立肖家乡卫生院兼管全乡卫生行政。1958 年人民公社化运动时成立公社卫生院，肖家卫生院行政归属跃进人民公社管辖。1961 年

3月成立肖家公社卫生院。1969年推行农村合作医疗。1984年公社卫生院改为乡卫生院。1986年肖家撤乡建镇，原乡卫生院改称镇卫生院。2014年末有乡级医疗卫生机构1个，村级卫生室10个，门诊部（所）7个，床位30张，每万人拥有病床21张，固定资产总值360万元。有专业卫生人员18名，其中执业医师2人，执业助理医师3人，注册护士3人。2014年医疗机构（门诊部以上）完成诊疗10000人次，新型农村合作医疗参保率98%。

社会保障

随着经济社会的快速发展，镇内居民的生活越来越有保障。2006年7月开展农村低保工作，农村特困户、残疾人以及"三无"人员（无劳动能力、无生活来源、无法定赡养人）均被纳入低保范围。2007年开始推行新型农村合作医疗，着手解决农村居民看病就医问题。2014年城镇最低生活保障户数19户，人数30人，支出78600元，月人均220元；医疗救助210人次，民政部门资助参加合作医疗151人次，共支出13590元。农村最低生活保障户数781户，人数841人，月人均165元。国家抚恤、补助各类优抚对象151人，抚恤事业费支出72630万元。新型农村养老保险参保6093人，参保率100%。

特色地情

名优特产

白茅板栗　板栗营养丰富，维生素C含量比西红柿还要高，栗子中的矿物质也很全面，有钾、锌、铁等。白茅村海拔约700多米，因地理位置和气候均非常适合本地板栗的生长。现该村种植土板栗达200多亩，年产量约5000千克，单价比市面普通板栗每斤贵3元至5元。

（曹岁磊　供稿）

普满乡

普满乡是“全国现代烟草农业示范基地”“全国万亩优质高产水稻连片示范区”“湖南省现代农业综合产业示范园”“湖南省环境优美乡镇”“郴州市农业农村综合改革集中示范区”。

区域概况

位置面积

普满乡地处嘉禾县东北部，位于北纬25° 38′ 24″至25° 43′ 48″，东经112° 28′ 41″至112° 35′ 26″。地处县城东北部，东、南与桂阳县方元镇接壤，西与肖家镇、行廊镇毗邻，北与桂阳县浩塘镇相连。人民政府驻普满村，距县城30公里。全乡总面积71.3116平方公里，耕地19642亩，其中水田14612亩、旱土5030亩，林地58000多亩。辖16个行政村，1个居委会，144个村民小组，1个居民小组。2013年撤销16个村民委员会改建为16个社区居委会，现全乡有17个社区居委会。全境东西最大距离11.3公里，南北最大距离为10公里，陆地58.27平方公里，占83.6%，水域11.3平方公里占16.4%。

建制沿革

明崇祯十二年（1639年）至清朝末年，属东北贵贤乡。1912—1914年，沿袭清代旧制，后裁并为区，分属永定区、永振区。1938年撤区并乡，属贵贤乡。1950年2月，县设区，属第二区。同年4月，区设乡，始设普满乡。1952年12月，区乡划小，普满乡改称普市乡，属第六区。1954年7月，复称普满乡。1956年5月撤区并乡，普满分属板贝乡和肖家乡。1958年10月，板贝、肖家2乡合并，成立跃进人民公社，行政驻地普市（普满圩）；同年12月，跃进人民公社改称普满人民公社。1961年3月撤普满人民公社，分设板贝人民公社和肖家人民公社，普满圩属肖家公社。1964年10月，调整公社区划，板贝、肖家合并，复称普满人民公社。1978年1月，普满公社析出肖家。1984年3月，撤社设乡，置普满乡。2012年5月，全县撤并乡镇，普满乡保持原建制至今。

行政区划

新中国成立前，行政区划不详。新中国成立后行政区划作了不断调整。1954月7月普满乡辖普市及其周边的雷家、茶坞、调塘、旨贝、车业等村。1958年12月普满人民公社成立时辖普满、板贝、曾家、太平、扒塘、路下坪、茶坞、新坠、肖家、乐塘、滑乐11个生产大队。1978年1月肖家从普满公社析出，普满公社下辖普满、雷家、曾家、板山、车业、板贝、桃园坪、石角塘、太平、向阳、大元山、下庄、路下坪、下坞坪、茶坞、旨贝 16 个生产大队，125 个生产队。1984 年撤社设乡，普满乡下辖 16 个村民委员会、144 个村民小组。2012 年普满乡在乡镇区划调整中保持原建制，辖普满、雷家、曾家、茶坞、板贝、石角塘、太坪、大元山、下庄、下坞坪、旨贝、车业、板山、路下坪、向阳、桃园坪 16 个村委会、71 个自然村、144 个村民小组及 1 个居委会。

自然环境

境内为丘陵地貌，地势东高西低、南高北低，地面高程一般在海拔 200 ~ 260 米。最高点位于枫岗岭海拔 506.9 米，最低点位于双下村，海拔 152 米。主要河流为芹溪（陶家河）和普满溪。芹溪自行廊镇桐梁桥入境，由南而北，境内河道长 15.3 公里，水流充沛；普满溪自方元镇元里村入境，由东至西穿越寿竹洞汇入芹溪。全境属亚热带湿润季风气候，四季分明，热量充足，雨水集中，春温多变，夏秋多旱，严寒期短，暑热期长。年均温 18.2℃，1 月为一年中气温最低时节，平均气温为 6.4℃，7 月为气温最高，平均 28.9℃。无霜期年平均 296 天，最长达 360 天，最短为 224 天。年平均相对湿度 75%。年平均降水量 1408.8 毫米，年平均降水日数为 165 天，最多达 208 天，降雨集中在每年 3 月至 8 月，5 月最多。全年平均日照时数 1443.2 小时，0℃以上持续期 360.3 天，日照率 43%。冬季以西北风、东北风向为最多，夏季以偏南风为多，最大风速为 18 米 / 秒。境内土壤类型主要以水稻土、红壤、潮土为主，土层深厚，质地疏松肥沃，有机质含量高，适宜农作物生长。有煤、锰、水晶石等矿藏。主要矿产为锰矿，分布在向阳、路下坪村；向阳、大元山有少量煤。大理石资源丰富，主要分布在下午坪、路下坪、下庄村。

人口民族

新中国成立前人口不详。新中国成立后人民生活变得安定，人口生育步入较快增长期。1971 年从严实施节制生育后人口自然增长率开始呈现下降态势。2000 年 11 月第五次人口普查时，辖区总户数 5293 户，总人口 17429 人，其中男性 9173 人、女性 8256 人。有少数民族人口 29 人，其中壮族 2 人，苗族 12 人，蒙古族 8 人，藏族 3 人，回族 2 人，维吾尔族 1 人，彝族 1 人。2014 年年末辖区总数为 6796 户，总人口 23788 人，其中农业人口 21486 人，农业劳动力 15038 人。全乡人口均为汉族，其中男性 12665 人，占 53.24%；女性 11123 人，占 46.76%。14 岁以下 4838 人，占 20.34%；15 ~ 64 岁 17306 人，占 72.75%；65 岁以上 1644 人，占 6.91%。2014 年人口出生率 12.2‰，人口自然增长率 6.5‰。人口密度为每平方公里 342 人。

经济发展

经济综述

乡域经济以农业为主，工业为辅。传统农业以种植水稻及茶油、甘蔗、苎麻、茶叶、旱烟等经济作物为主，工业空白，商贸闭塞落后。新中国成立后，农业新发展了花生、玉米、烤烟、瓜果等产业；工商业先后办起了铁矿、锰矿、供销社、铁厂、水泥厂、水晶厂、石材加工等企业。到 1980 年，全乡实现国民生产总值 255 万元，其中工业总产值 87 万元、多种经营产值 112 万元。20 世纪 80 年代先继实行家庭联产承包责任制、工商企业“承包经营”改革与发展优质烤烟产业后，乡域经济进入了提速增效的黄金时期，到 2002 年全乡实现国民生产总值 2.28 亿元，其中农业总产值7581万元、乡镇企业总产值1.5348亿元，财政总收入531.2万元，农民人均纯收入3950元。进入21世纪后，引导发展现代烟草农业和优质水稻，国民经济发展实现了再提速。到2014年全乡实现国民生产总值6.8亿元，社会固定资产投资2.75亿元，财政总收入2045万元，其中国税50万元、地税1338万元；完成烤烟收购3.51万担、烟叶特产税1020万元；实现工业总产值8500万元，农民人均纯收入8175元。

农业

种植业 普满素有嘉禾的“粮仓”之称。新中国成立前，大部分村民靠种稻谷、红薯、蔬菜、茶叶、烟叶来维持生活。新中国成立后，境内增加苎麻、花生、玉米、烤烟、柑橘、瓜果等作物种植，农产品除满足自用外还实现了大量外销，苎麻种植在20世纪50—60年代更是盛极一时，水稻种植则成了政府一直鼓励发展的基础性产业。新中国成立初期，水稻种植以一季稻为主。经历1958年至1960年三年困难时期后，政府开始大兴水利、探索农作物改制和品种改良，于1964年推广双季稻、1976年试种杂交水稻，以水稻为主的粮食旱涝保收面积和产量大幅提升。1980年包产到户，农民生产积极性高涨，粮食种植面积达1.5万亩，粮食产量8530吨。1985年全乡普遍实行上半年种烤烟、下半年种水稻的烟稻连作模式。2002年全乡以水稻为主的粮食作物产量突破1万吨，达1.05万吨。2011年农业部在普满乡进行优质高产水稻连片试点，水稻亩产达480千克。2012年产粮1.2万吨，其中：稻谷7062吨、玉米3380吨、豆类549吨、薯类608吨，其他经济作物为花生560吨、油菜141吨、烤烟2190吨、蔬菜1.3万吨、茶叶35吨、水果2645吨。2014年实施“龙头企业+合作社+农户”模式大力发展优质稻产业，完成水稻面积1.43万亩，占整个粮食面积的52.9%，其中优质稻1.2万亩。

养殖业 乡内村民素有养殖牲畜、牛、鸡、鸭、鹅、鱼等畜禽水产习惯。新中国成立前有农户圈养牲畜，鸡、鸭、鹅多自繁自养，新产鸡蛋、鸭蛋除自己食用外，剩余部分出售或兑换油、盐等生活必需品。养鱼则主要靠自然孵化鱼苗、自生自长、产量低。新中国成立后，政府在坚持集体化生产的前提下鼓励牲畜养殖等多种经营，1964年全乡有存栏牲畜7477头、出栏3343头。改革开放后，政府跳出集体化圈圈允许和鼓励家家户户养猪，养猪业成了村民的“存钱罐”。20世纪80年代中后期，境内开始出现规模化养猪专业户，到同年代末时普满已有14家养猪专业户，年出栏生猪19000多头。20世纪90年代发展多种养殖，境内大元山、向阳部分村民开始在山上养殖山羊、鸡、鸭等，政府将江里水库、大塘水库承包给专业户养鱼。2009年部分村民在观音山水库发展中华鲟网箱养殖业，年产1.5吨。2011年下庄村野猪养殖基地正式投产，年出栏野猪3000多头。2014年全乡出栏牲畜3万头、牛948头、家禽22.37万羽、山羊1836头、鲜鱼237.2吨。

林业 境内林木资源较为丰富。有山林面积5.8万多亩，森林覆盖率72.4%。乔木、灌木种类多样，珍稀树有银杏、红豆杉、黄金香柳、罗汉松等。1958年全民大炼钢铁、伐木毁林、林业生态空前失衡。20世纪70年代大队兴办林场，1975年有队办林场22个、乡办林场1个。1981年山林权属划定，林业生态显著好转。21世纪以来，大搞植树造林、退耕还林、封山育林、森林防火，通过不懈的绿化攻坚，实现了用材林、绿化林、经济林并举的立体格局。2010年引进湘南苗圃有限公司，大力发展苗木经济，苗木基地占地面积近2000亩，有香樟1800万棵、罗汉松100万棵和邓恩桉100万棵，年产值近2000万元。2011年开展绿化“三年”攻坚行动，全面实施荒山绿化、通道绿化工程，种植水土保持林和生态涵养林，目前共完成绿化造林面积1.6万亩，进一步优化了生态环境。

工业

新中国成立前乡内主要以木器、竹器等小手工作坊为主。新中国成立后，相继开办铁矿、锰矿、铁厂、水泥厂、水晶厂等企业，从业人员200多人。20世纪60年代，队、社兴办茶场、煤矿等集体企业。1979年普满水泥厂正式动工兴建，设计年产量2万吨。1980年全乡工业总产值87万元，占国民生产总值的34.1%。1988年实施“承包经营”为主的企业改革，普满水泥厂等公社及村办企业先后实行各种形式的承包责任制。1991—1995年乡内先后兴办大理石厂5家，年产花岗石、大理石石材30万平方米。1996年，引进资金780万元对普满水泥厂实施技改，年生产能力提高到5.5万吨。2000年境内向阳煤矿正式投产，后因国家政策调整和储量小、含硫高，自行关闭退出市场。2002年乡内有工业企业8家，从业人员640人，实现工业总产值1.5348亿元。2010年由于国家产能调整，普满水泥厂关闭。2014年境内共有工业企业12家，实现工业总产值8500万元，从业人员1260人，其中：电站4家，共发电4200万度、产值1500多万元；建材企业8家，共生产红砖154万块、环保砖4500万块、石材40万平方米，产值6700多万元。

商贸服务业

旧时嘉禾至桂阳必经要道，南来北往行人多于此食宿，以普满寺为中心的集市初现雏形，附近村民喜欢聚集在此娱乐和买卖。至民国期间，市场初具规模，是附近农产品、农具和生活用品的集散中心。圩日应市者近千人，多时逾2000人。主要上市物有大米、畜禽、手工制品等，五日一圩。新中国成立后，分别在普满圩和太坪圩设有肉食品站，供销合作社、粮站，供应生产、生活资料和收购农副产品。20世纪80年代后加强市场建设，改善市场条件。2002新建农贸市场，共计摊位500多个。2014年，乡内有农贸综合市场2个，超市1家，各类商业门店300多家，从业人员1000余名，逢1.4.7日（每月的1、4、7、11、14、17、21、24、27）赶圩。

烤烟产业

普满素有嘉禾的“烟库”、“粮仓”之称。新中国成立前就有少量的土烟种植历史，20世纪70年代后期在保证粮食产量的同时开始有计划种植烤烟。1980年包产到户后，烤烟成为农户主要经济收入来源，烤烟种植业得到迅速发展，当年种植烤烟2000亩，产烟3100担。1985年全乡烤烟种植面积趋于稳定，基本达到每年种植1.4万亩的规模和水平。1990年大力推广“抑芽敏”应用，烟叶质量大幅提高，得到省农业厅和瑞士150余名专家的肯定。1994年国家、省、地烟草公司领导和美国烟草专家一行70余人，到普满乡考察烤烟生产情况。2002年全力创办“万亩优质烤烟基地”，打造“神农”烟叶品牌，被列为芙蓉王原烟供应基地。当年全乡种植烤烟1.43万亩，产烟4.5万担。2011年成功举办全国烟叶收购暨现代烟草农业建设现场会，一举打响“神农”牌浓香型优质烤烟品牌。2014年全乡种植烤烟1.3万亩、生产优质烤烟4.5万担。

基础设施

交通运输

旧时境内冷水铺（今板贝村），是嘉禾通往桂阳驿道的必经之地，今小枫岗岭大元山、向阳一带仍有旧时石板道留存。新中国成立后交通建设事业快速发展，1959 年杨家坡大桥建成通车，实现了龙普路全线通车。当年，境内有公路 4 条、全长 12 公里，村道 91 条、总长 787 公里。1991 年投资 58 万元兴修普燕公路，接通省道 S322 线。2002 年普燕公路延伸段建成通车，连接普燕路和桂嘉高等级公路，解决了石角塘、太坪两村 3000 多人出行难的问题。2006 年对普燕公路全线硬化，将普燕公路寿竹洞段命名为“金叶大道”加以扩改。2010 年金叶大道被评为“省级文明样板示范路”。2012 年投入 1000 多万元硬化肖普路、金叶大道延伸段两条主要干道和通村公路 16.6 公里，交通条件大幅改善。2013 年投资 680 万元对“金叶大道”提质改造，被誉为“湘南最美的一条乡村道路”。同年，开通嘉禾至普满太坪的城乡公交一体化线路，在沿线共建设 18 个公交车招呼站。2014 年规划建设行普“生态大道”，从金叶大道曾家段对接 G234 国道，普满的交通优势和区位优势得到进一步提升。

邮政通信

1958 年成立人民公社，境内设邮电所，办理邮政、报刊发行、电报电话业务。1995 年，开通程控电话业务，实现市、县电话联网，结束人工电话历史。1998 年，开通寻呼机和移动电话业务。2014 年有电信企业 1 家，邮政所 1 家，移动通信营业网点 5 家，固定电话用户 1570 户，移动电话用户 1.7 万部，互联网用户 1365 户。

水利灌溉

新中国成立前，农业灌溉主要靠境内芹溪（陶家河）和普满溪两条河流，防汛抗旱能力较弱。新中国成立后，大兴水利显成效。1953 年至 1956 年，在普满溪水域兴建小Ⅰ型水库江里水库，水库总水面 800 多亩、库容 380 万立方米，解决了下游寿竹洞 1.2 万亩农田的浇灌用水。1970 年代，修建 1 座小Ⅰ型水库大塘水库和麻子冲、龙虎潭、苏木套、邓子山、小家圳等 5 座小Ⅱ型水库，整修 188 口骨干山塘。1993 年，修整寿竹洞一带宽 1.2 米的引水渠 4.2 公里，改善了该区域 7000 多亩水田的灌溉。1996 年至 2000 年，县财政投资在芹溪车业村段动工兴建观音山水库，水库集蓄水、给水、防洪、灌溉、发电于一体，设计库容 1040 万立方米。2010 年至 2014 年，累计投资 1000 多万元完成江里水库、大塘水库和主要骨干山塘内坝除险加固、溢洪道排渍整修及防冲刷坡堤修建工程。2011 年投入资金 4800 余万元采取“三面光”和 U 型槽修整灌溉渠 72.9 公里，全乡农田水利基础设施全面提升。

供电供水

1978 年至 1980 年，县财政投资在芹溪调塘段动工兴建调塘水电站，组建调塘电网。电站集发电、供电和防洪于一体，年发电量 1000 万千瓦时，供全乡用电，余电输送国家电网电站。1996 年，旨贝村村民集资 600 万元，在芹溪旨贝段修建集体企业桐木湾电站，年发电量 650 万千瓦时。2000 年，观音山水库建成并蓄水发电，年发电 1358 万千瓦时。2011 年，投入 3400 万元对调塘电站实施增容工程，新增两台 1000 千瓦发电机组，满足普满乡和肖家镇两地群众新增用电需求。改革开放前，各村群众饮水均靠人力到水井挑水用。2007 年至 2008 年，车业、茶坞、雷家等村自行寻找水源供自来水。嘉禾县实施城乡供水一体化后，于 2013 年投资 3300 万元在江里水库下游动工兴建水厂。江里水厂日供水量 5000 吨，已对普满、雷家、曾家、茶坞、板贝、石角塘、太坪、大元山、下坞坪、旨贝、车业、板山、桃园坪等 13 个村供自来水；其余下庄、路下坪、向阳等 3 个村另找水源、自行组网供自来水，自来水供水实现全覆盖。

村镇建设

明、清、民国时期，境内只有几家小商贩、商铺，农房多为砖瓦房，贫困户为低矮窄小土砖房，山区贫困户多为土夯墙或土砖墙，屋盖杉木皮或茅草，无房者，借居或寄居祠堂、庙宇、路亭。新中国成立后，集镇逐渐以党、政机关所在地为中心规划发展。2000 年，编制《普满乡（2000—2020）总体规划》。2012 年，对全乡总体规划进行修编，编制《普满乡域（2012–2030）总体规划》，确定了普满乡未来 20 年小城镇建设发展范围和方向。2013 年来，累计投入资金 2.65 亿元，加强镇村基础设施建设，大力实施镇区“八个一”工程和农村社区“十有”建设，以金叶大道为示范带，全乡兴建主题广场 1 个、小游园 18 个、规范化商贸市场 1 个、政务超市 1 个，17 个村全面完成村改社区建设，硬化通村公路 23.8 公里，实现镇村建设大提质。实施亮化工程，加快农村路灯建设，安装太阳能路灯 1200 余盏，解决全乡公共区域和道路照明问题，安装路灯 2300 余盏，实现村庄亮化全覆盖。实施净化工程，统一配有专职保洁员，垃圾分类桶框，修建垃圾池，实行集中清运，石角塘成功升级为“省级卫生村”；兴建垃圾转运场，按照“户分类、村收集、乡转运、县处理”模式，实现农村生活垃圾全部转运县垃圾处理场集中处理。实施绿化工程，强化生态文明理念，全面开展镇区、通道、水系、山头、村庄等绿化。实施美化工程，围绕沿街建筑立面改造 41000 余平方米、加快镇区街道提质改造，加快旧村改造步伐，拆除各类废旧房屋、杂房、猪栏、旱厕 20 余万平方米。实施序化工程，规范村民建房，按照统一规划、统一风格、统一模式的要求，完成全乡 40 个村庄规划。

社会事业

教育科技

新中国成立初期，全乡广泛扫盲、文化补习，兴办初级中学 1 所，并大办村片小学。1961 年，压缩超龄学生，减少小学数量，停办初中。1964 年公社复办初中，生产队办耕读小学（班）。1979 年，按照“村办初小、联村办高完小、公社办初中”要求调整学校布局，到 1981 年 10 月公社有初中 1 所，小学 44 所，业余学校 18 所，教职员工 144 人，在校学生 3284 人。1985 年实行九年制义务教育。2006 年至 2007 年，创办九年一贯制学校，撤并部分村级小学，整合教育资源。2007 年，贯彻落实国家实行免除义务教育阶段学杂费的规定，全乡开始全部免除中小学杂费，并对家庭经济困难学生免费提供教科书。2014 年，境内有初中 1 所，在校学生 327 人，专任教师 26 人；有小学 8 所，在校学生 1236 人，专任教师 57 人；有民办幼儿园 1 所，在园幼儿 38 人，专任教师 3 人。幼儿入园率、适龄儿童入学率、小学升初中升学率、九年制义务教育覆盖率均为 100%。

文化体育

新中国成立后，相继成立了各种文化机构。1951 年 11 月，境内板贝村雷源焕、雷细苟组合艺人创办了嘉禾第一个业余剧团。1955 年配合农业合作化运动，境内出现建办农村俱乐部和图书室的高潮。板贝、曾家俱乐部还被评为省级优秀文化单位。1958 年“大跃进”初期建立跃进公社（行政驻地普满圩）文化馆和部分村文化站。1975 年 12 月建立公社电影队。境内还设置有广播站、拍摄室、花灯剧团，一些行政村（大队）成立了业余文艺演唱队、舞狮舞龙队，丰富了群众的文化生活。2014年，乡内设有文化站1个，村级及居委会文化活动中心18个，各类文化专业户6户，各类图书室和农家书屋18个，非物质文化遗产傀戏传承人2人；设有广播站1个，有线电视用户5400多户，入户率达92%；设有学校体育场8个，有14个村安装了各类健身器材；有腰鼓队、龙狮队、广场舞队、篮球队等各类文艺体育团体29个，成员628人。

医疗卫生

新中国成立前，境内医疗多为个体开业。1951年，建立区卫生所，开展防疫治病。1958年，成立跃进人民公社卫生院，有医务人员16人，病床12张，院下设22个大队卫生所。1969年，大队兴办农村合作医疗，形成了“公社有卫生院，大队有合作医疗，村有医务人员和赤脚医生”的卫生管理体制。1984年，公社卫生院改称乡卫生院。2007年，全乡实行新型农村合作医疗（通称“新农合”）试点，着手减轻农民的医药费用负担。2014年，有乡级卫生机构1个，村级标准化卫生室18个，个体药店4个。现有专业医疗人员24人，其中执业医师1人，执业助理医师3人，注册护士8人，有病床24张，固定资产总值580万元。2014年末，门诊1.23万人次，新农合参保率达92.2%。

社会保障

新中国成立后，重视对困难群众的综合援助，扩大社会保险覆盖面。2007年，推行新农合制度，参加合作医疗人数达1.9万人，参合率为85%。2009年修建乡敬老院，15名“五保”老人入住集中供养。2009年启动贫困居民最低生活保障金制度，有273人享受农村最低生活保障待遇。2012年，纳入社会养老保险体系的老年人2987人，同年启动高龄生活补贴，全乡427名80岁以上高龄老年人纳入补贴对象，发放资金29.2万元。2013年建设“居家养老服务中心”2个，实行集中供养和政府购买服务并存的方式，保障老年人生活，并对全乡1864名65周岁以上老年人乘公交车免费。2014年，全乡110名“五保”人员和孤儿全部落实供养政策，其中13人入住乡敬老院集中供养；2.2万人参加农村合作医疗，参合率92.2%，有2.4万人次门诊、住院医疗得到补偿金678.7万元；有1280人享受农村最低生活保障待遇，领取低保资金146万元；3084人享受社会养老保险待遇，领取养老金277.56万元。

特色地情

名优特产

“神农”牌浓香型烤烟 普满得天独厚的土壤和气候条件，加上成熟的种植工艺，境内所产烤烟颜色金黄，醇化性好，久储不褪色，味醇和，燃烧性能好，先后被“芙蓉王”、“和天下”等多个大品牌定为原烟供应基地，2011年在全国现代烟草农业现场会上一举打响“神农”牌浓香型烤烟品牌。“神农”牌浓香型烤烟是湘南烤烟乃至全国烤烟的代表，以“香气浓郁，味道醇和”享誉国内。

风景名胜

观音庵 位于普满乡境内的象鼻山北麓，芹溪水南岸，距桂嘉高等级公路约9公里，距县城30公里。始建于明洪武二年，至今已有630余年，最引人注目的是一尊坐达四百多年之久的贺佛遗体原像，端坐神龛，俨然若生，人称十分灵验。观音庵是嘉禾县乃至周边县、市重要的佛教活动场所，一直以来，观音山庙禅钟常鸣，香客盈门，香火不断，被誉为“观音福地”。山中有水域面积达1600亩、库容1040万立方米的观音山水库。

普满观光园

观音山景区群山环绕、林密竹茂，峭壁清泉如涉，四季不涸，是理想的休闲、避暑、游乐之地。

刘氏宗祠 位于普满乡路下坪村，为省级历史文物保护单位。初建于明永乐年间，后因前厅一石柱断裂，前厅倒塌，重修于清道光年间，建筑面积836平方米，砖木结构，由戏台、中堂、神堂、厢房组成，前后三进，为典型明清建筑，祠堂内12根石柱上镌刻的六副不同字体、不同内容的对联尤为珍贵。宗祠内其他石刻、文字、彩绘等都具有很高的艺术价值。

雷家祠堂 位于雷家村，始建于清光绪二十五年（1899）。祠堂为砖木结构，占地面积1030平方米，前后三进，由戏台、露天坪、厢房、中厅和神堂组成。是集祭祖、议事、宗教、娱乐为一体的综合性公共场所，功能齐全，结构简洁，规模宏大，各类装饰简单朴实，线条清晰，具有鲜明的湘南文化特色。市级文物保护单位。

（胡石金 供稿）

石桥镇 >>

石桥镇是湘南古镇。首届茅盾文学奖《芙蓉镇》原型地、传说中的歌仙罗四姐的家乡，出口泥鳅养殖基地、硒茶之乡、供港生猪基地，湖南省安全生产示范乡镇。

区域概况

位置面积

石桥镇位于北纬25°41′42″至25°47′29″，东经112°22′19″至112°29′2″。地处县城北部，东与肖家镇接壤，南与田心镇毗邻，西与坦坪镇、新田县新隆镇交界，北面与桂阳县春陵江镇相连，属嘉禾、桂阳、新田三县交界之地。镇人民政府驻地石市村，电话区号0735，邮政编码424504，镇区距县城18公里。辖区东西最大距离11.3公里，南北最大距离10.6公里。总面积57.7758平方公里，其中陆地53.8平方公里，占93%；水域4.04平方公里，占7%。人口密度为每平方公里635人。

建制沿革

明崇祯十二年（1639年）嘉禾置县至清朝末年，石桥一直属北埜三乡。1912—1914年，沿袭清代旧制。后裁并为区，属石桥区。1938年撤区并乡，石桥、上大并置为石桥乡。1950年2月，县设区，属第三区。同年4月，区设乡，石桥析置清石、上大、仙江、石古元4个乡。1952年12月，区乡划小，清石乡改称石桥乡。1956年5月，撤区并乡，周家、岐峰、石古元3乡并入石桥乡。1958年10月，石桥、上大、田心3乡在人民公社运动中合并，成立先锋人民公社；同年12月，蓝山县、嘉禾县并为蓝嘉县，先锋人民公社改名为石桥人民公社。1961年3月，上大、田心从石桥人民公社析出并独立成社。5月，蓝嘉县分设，石桥人民公社复属嘉禾县。1964年10月上大公社并入石桥公社。1984年3月，撤人民公社，石桥公社改名为石桥乡。1998年1月撤乡建镇，改称石桥镇。

行政区划

新中国成立初期，石桥乡辖区在调整中出现了几次分分合合。1957年农业合作化运动时，石桥乡下辖石市、黄沙埠、水窝塘、背里庭、潭湾、石古元、上坪、石门、仙江、泮桥10个农业合作社。1958年10月石桥、上大、田心3乡合并成立先锋人民公社，公社下辖石桥、上大、石塘、周家、石仙、岐峰、上坪、潭湾、仙江、泮桥、玉洞、三元、凌云、田心、栗木枫、黄甲16个生产大队；12月先锋人民公社改名为石桥人民公社，其行政区划保持不变。1961 年上大、田心从石桥公社分出，石桥公社辖石市、仙江、上坪、泮桥、石门、村尾、官田、翰石、神渡、石古元、山坡塘、白珠 12 个生产大队。1964年10月上大公社并入石桥公社后，石桥公社下辖石市、枫梓溪、泮桥、石门、仙江、村尾、石仙、周家、南岸、石塘、大村、上大、翰石、白珠、上坪、神渡、石古元、木牛、歧峰 19 个生产大队，176 个生产队。此后十余年公社区划只作了小范围调整。1984 年 3 月石桥公社改名为石桥乡时，所辖 21 个生产大队、181 个生产队分别改称为村民委员会、村民小组。2014 年末，全镇辖石桥、焦冲元煤矿 2 个居民委员会，石市、泮桥、秀庭、石门、村尾、谢家道、山坡塘、仙江、周家、南岸、醒狮、石塘、枫梓溪、石仙、桥头、上大、翰石、白珠、岛石、上坪、神渡、石古元、木牛、歧峰 24 个村民委员会；下设 2 个居民小组、181 个村民小组。

自然环境

镇区为典型的丘陵地貌，东北部偏高，西南部偏低，山多地少，全镇有近三分之二的土地为林地。镇域属亚热带季风气候，四季分明。平均气温为摄氏 18.3℃ ~ 19.5℃，2014 年平均降水量约 1430 毫米，降水日约 115 天。地势南高北低，地面高一般在海拔 160 ~ 260 米，最高点位于金屋岭，海拔 358.5 米；最低点位于歧峰村，海拔 150 米。钟水河（又名舂陵河）自仙江村西南入境，途经村尾村、岛石村、上坪村、岐峰村、神渡村、石古元村，由南向北汇入湘江，镇域河道长 5.3 公里。境内土壤有水稻土、红壤土、沙泥土和富硒土等类别。全镇 24 个行政村的土壤各有不同，其中岐峰村、上坪村一带的富硒土是种植茶叶的优质土壤。矿藏及其他自然资源主要为煤炭，集中分布在东部、北部一带和舂陵河东岸，储量约 500 万吨，可采量 400 万吨，另有锰、铅、汞等矿藏资源。

人口民族

2000 年第五次全国人口普查时，辖区人口 25239 人，其中男性 13235 人，女性 12004 人。有少数民族人口 27 人，其中瑶族 17 人，苗族 2 人，蒙古族 4 人，壮族 1 人，布依族 1 人，朝鲜族 1 人，满族 1 人。2014 年末总人口 36741 人，均为汉族。其中城镇常住人口 8482 人，城镇化率 24.68%。总人口中，男性 19380 人，占 52.7%；女性 17361 人，占 47.3%。14 岁以下 7225 人，占 19.66%；15 ~ 64 岁 26511 人，占 72.16%；65 岁以上 3005 人，占 8.18%。2014 年人口出生率 10.86‰，死亡率 4.58‰，人口自然增长率 6.28‰。

经济发展

经济综述

明清封建社会末期至民国时期，石桥大部分村民靠种植水稻、玉米、大豆、花生等农作物为生。新中国成立后，镇内经济发展速度显著提高，农业除种植水稻、玉米外，还种植其他经济作物。镇政府专门设置企业办，创办了林场、竹山下煤矿、农具厂、木材加工厂、胜天电站、上坪电站、涂料厂等镇办企业。个体私营经济发展迅猛，先后办起了砖厂、石场、生猪养殖场等企业。1982 年试行农业生产责任制，1985 年完善家庭联产承包责任制，温饱问题逐步解决。1995 年，工商企业实行以“承包经营”为主的企业改革，镇及村办企业先后实行各种形式的承包责任制，实现工业总产值 300 余万元。2015 年以来，镇党委、政府围绕建设“生态文明特色小镇”为目标，实施“逼官富民，产业兴镇”发展战略，科学制定“美景＋产业”规划，以“南面嘉禾古八景仙人桥＋泥鳅产业；北面芙蓉镇原型地＋野猪产业；西面太公钓鱼传说＋硒茶产业；中部石市古墟场＋农副产品集散地”五位一体发展布局，提升和加快了全镇经济发展的步伐。2014年，全镇实现GDP5.4846亿元，同比增长13%；完成财政总收入2600万元，同比增长15%。农民人平纯收入为7300元，同比增长8%，完成社会固定资产投资3.7亿元，同比增长40%。全镇新增5000万元投资项目有泥鳅产业园、野猪林、野猪巢农业产业园、农副产品集散地等5个，投资1000万元以上项目有秀庭环保砖厂、上大环保砖厂、玉菇加工厂、《芙蓉渡》电影、古村落项目、硒茶产业园等15个。

农业

耕地面积1.9万亩，其中水田1.3万亩，旱土0.7万亩。主要种植水稻、蔬菜、红薯、花生、玉米、烤烟、茶叶等作物。新中国成立后，政府鼓励农民种水稻，以一季稻为主，旱土种植蔬菜、红薯、花生、玉米及麻类等经济作物。1958年成立人民公社，后连遇三年自然灾害，大部分粮食作物减产。1962年，人民公社实行“三级所有、队为基础”制度，改进耕作技术，加强病虫害防治，粮食产量亩产提高到200千克。1967年，扩大双季稻种植面积，粮食亩产350千克。1997年，试种杂交稻，粮食亩产450千克。2002年，扩大杂交双季稻种植面积，粮食亩产达到750千克。2011年，全镇生产粮食8175吨，其中稻谷6461吨，玉米1239吨，其他作物475吨，主要经济作物为烤烟、西瓜、蔬菜等；种植烤烟1860亩，产量325吨；蔬菜种植4000亩，主要品种有白菜1.2万吨，萝卜4000吨，芹菜100吨，大蒜20吨，花菜10吨，实现农业总产值8819万元，占国内生产总值的15%。2014年，全镇粮食播种面积3.319万亩，其中优质稻24829亩，粮食总产量10357吨，其他8361吨，实现农业总产值1.7亿元，占国内生产总值的32%。经济作物主要有烤烟、蔬菜、茶叶、香菇、玉米、花生等农副产品，农副产品贩运年流通量20万吨，年产值8.5亿元，烤烟种植面积突破3380亩，收购烟叶7200余担。

石桥镇历来是全县的养殖大镇，新中国成立前农户多圈养生猪、鸡、牛、鸭等传统养殖类别。养鱼则主要靠自然孵化鱼苗，自生自长、产量低。新中国成立后，政府鼓励农业养猪、养鸡、鸭，开始发展池塘养鱼，20世纪70年代，每家按计划养猪，政府实行任务派购。80年代大部分实行规模化养猪。90年代养猪专业户发展较快，歧峰村年出栏生猪2000头。2005年成立石桥镇生猪协会，协会成员单位10家。2011年生猪饲养量10.3万头，年末存栏31800头；牛饲养量763头，年末存栏394头；家禽饲养量15.3万羽，农民人均纯收入6325元。2014年全镇有生猪、牛养殖规模户78家，存栏生猪30100头，出栏98550头；牛存栏4900头，出栏860头；家禽21.5万羽；有养殖水面590多亩，出鲜鱼118.4吨。

石桥全境为多丘陵地貌，整个林地的面积大约占石桥总面积的三分之二，约为3500公顷。新中国成立前林地大多归私人所有，自生自繁，树种有杉树、松树、楠竹、樟树等。1951年，成立农林互助组、合作社。1958年，林地收归公社、大队、生产队三级所有，由于“大炼钢铁”树木被砍伐殆尽。1963年，贯彻中央政策，山林权固定在大队、生产队。1981年，山林定权发证，山林权属为大队、生产队集体所有。2006年各村林场相继逐年承包给专业农户，承包期20～30年不等，种植柑橘、桉树、油茶、杉树等树种，森林覆盖率约为95%。2014年，镇内有镇办、周家、石塘、石仙、石古元、白珠、上坪、汉石，社、队林场8个，大面积种植杉树、松树、柏树、瓜果树等。

工业

明、清、民国时期有铁器、木器、竹器、小煤窑等40多家企业。新中国成立后，相继创办农具厂、铁木社、手联社等，从业人员60余人。1956年县属煤矿焦冲元煤矿在镇内建立，1989—2002年，共完成产煤65.73万吨，完成利润100.94万元、税收538万元。1971年镇办企业竹山下煤矿建成，1989年从业人员200人，产煤6.6万吨。20世纪70年代，一批集体企业在镇内兴办，社、队办企业相继建成投产。先后开办了胜天电站、上坪电站、竹山下煤矿、茶子窝煤矿、乡办林场、农具厂、木材加工厂等镇办企业和大米加工厂、油榨坊和建筑队、缝衣社等队办企业，从业人员350人。由于境内东北部煤炭资源丰富，80年代至90年中期，附近村民因有挖煤的习俗和经验，先后开办大小煤窑58家，在石仙村、石门村、醒狮村、石塘村、枫梓溪村等一带私自开挖。1994—1995年在上级部门的指示下，镇里对乱采滥挖的小煤窑进行清理整治，关闭、取缔了56家不符合办矿条件的小煤窑。通过整治，上级批准合法开办煤矿企业2家，从业人员300多人，完成产值2800万元。2008年，根据省、市有关文件精神，对煤矿进行整合重组，并对各煤矿的安全设施进行提质改造。2011年工业总产值2.7亿元，占全镇生产总值的41%，拥有工业企业48家，职工930人。2011年，年产原煤25.5万吨，实现产值2.55亿元；胜天电站、上坪电站供电量813万千瓦，实现产值435万元。2014年依据国家相关政策，境内焦冲元煤矿、竹山下煤矿相继关闭。2014年，境内共有工业企业76家，实现工业总产值5.1亿元，从业人员1045人。其中，电站供电量1013万千瓦，产值535万元，煤场3家，产值1.3亿元，建材企业3家，产值8315万元，其他工业企业10家，产值22913万元。

商业服务业

明清至民国时期，境内的商业贸易已经相当红火。石桥墟初建于明成化年间，扩建于清道光三年，现有古商坊10座，由108根石柱支撑，每根石柱上刻有明清时期举人、进士捐建记载，是古华《芙蓉镇》中的“三省十八县闹市”，为郴永边界规模最大、保存最好的古墟场。石桥铺驿站始建于秦汉时期，历史上属古桂阳郡、桂阳监行政区划，是古代官员传递情报、食宿、换马的场所。现十二间古伙铺、邮铺保存完好，横亘于西京古道的“南方丝绸之路”上，是当时南来北往的重要交通枢纽。中华人民共和国成立后，在党政机关所在地均有肉食品站，供销合作社、粮站，供应生产、生活资料和收购农副产品。1996年建周家农贸市场，由时任全国政协副主席毛致用同志题名，现为湘南地区有名的农副产品集散地。1998年，镇内商业供销系统实行体制改革，置换公有制商贸企业5家。2005年，商业系统改制结束，私营个体商业成为流通领域的主体。2011年，境内社会商品零售总额5400万元，比上年增长6%，有商业网点30个，职工38人，石桥墟场，周家农贸市场，太平墟场年成交额近12亿元。2014年，镇内有各类商贸企业28家，从业人员42人，家电、数码、金融、保险、美发、娱乐、药店、餐饮等百业兴旺，基本能满足居民生产生活需求。

特色农业

2014年以来，石桥镇特色农业产业取得前所未有的大发展，建设了一大批特色农业产业项目。2014年引进湖南津楚农业有限公司总投资1.8亿元，发展出口泥鳅产业，该项目建设期两年，规划投资3000万元在该镇仙江村建设华南地区最大的泥鳅孵化场，后期在古八景仙人桥周边开发现代农业旅游观光产业。深圳嘉禾商会投资5000万元发展野猪产业，已正式成立嘉禾县野猪巢生态产业有限公司，在“嘉禾50里林区”野猪巢一带培植8000亩野猪林，并成立生产合作社吸收农户入股,实行“公司+合作社+农户”养殖模式，带动当地农户致富，养殖面覆盖到该镇桥头、石塘、石古元等12个村，共发展养殖户26户。歧峰茶园生产的茶叶正式注册命名为“硒茶”，规划在歧峰、上坪、岛石等“富硒土”村扩大茶叶种植面积共1100亩，扩容后的茶园将实现年创利润1000万元，年人均增加纯收入300元。周家农贸市场进一步完善，投资1000余万元的周家农贸市场仓储中心建成投产，经销网络进一步完善，吸引了周边村庄的村民加入，预计年产值4亿元，从业人员5200人。

基础设施

交通运输

西京古道上的“南方丝绸之路”贯穿石桥，其路径“韶关－仙人桥－石市永安街－周家门坊－石桥铺驿站－官岭－石狗岭茶亭－太坪铺驿站－桂阳史家桥－郴州”，形成石桥当时湘粤桂三省之管钥。钟水河（又名春陵河）环镇北上汇入湘江，四季通航，境内仙江渡口，村尾渡口，石古元渡口皆是曾经人们出行的要道。新中国成立后，全镇交通建设步伐提速。1964年和1965年，肖周（肖家至周家）公路、坦断（坦塘至石桥断桥）公路相继动工修建，1975年坦断公路之一段园仙公路（园艺场至仙江村）通车，公路长8.8公里。2014年，园仙公路整基扩宽、硬化与X069线连接贯通；岛石大桥修复加固工程完工；肖周公路连接县道龙普线，出省道桂嘉路。国道234线与省道石车路在石桥镇区交汇，规划2015年12月开工建设，县道X181线提质改造工程2015年12月竣工。各村之间均有连接水泥公路，周家、木牛、石古元等村，各自然村之间也有水泥公路连接，公路网基本形成，2010—2014年村组道路硬化160多公里。

邮政通信

1961年成立人民公社，境内邮电建设在镇区内，只有电话总机室，办理邮政、报刊发行、电报电话业务，镇政府只安装有一台手摇电话机，此为镇内电信之始；1991年，县邮电局在镇内开通120门电话交换机结束人工电话历史；1998年，开通300门程控电话，实现市、县电话联网，随即发放数字移动电话86台，数字寻呼机（BB机）200台；有电信企业3家，服务网点8个。2014年末有邮政所1处，电话交换机总容量4万门，固定电话用户2200户，移动电话用户2.6万户，互联网用户1000户。

供电饮水

1992年，石桥乡对胜天电站扩容改造，由装机2台、80千瓦增至5台、500千瓦，年发电量280万千瓦时。1998年，上坪电站由装机4台、400千瓦，增加3台、600千瓦，年发电量350万千瓦时。2008年8月，石桥镇歧峰村新建团结电站，是当时县内最大的股份制电站。该站设计水头28米，单机流量每秒6立方米，装机6台、960千瓦，年发电量400万千瓦时，全镇电网改造率90%，2014年嘉禾县城乡供水一体化四期工程延伸至石桥镇，预计2015年年底完工，将解决石桥沿线近2万人的饮水问题，农户安全饮水率100%。

水利建设

新中国成立前，农业灌溉和人畜饮水主要靠湘江支流钟水河（又名春陵河）水源，防汛抗旱能力较差。新中国成立后，大力兴修水利，在境内先后修建大井水库、冲头岭水库两座小Ⅰ型水库及井家冲、南岸、泮桥、欧家、白泥、垄山下等13座小Ⅱ型水库,修建泮头水库水渠(石桥段)。20世纪80年代初，实施“五塘工程”即：浅塘挖深、漏塘补漏、小塘扩大、废塘恢复、无塘新建。每人单投劳30个工日以上，开展高标准山塘和骨干塘建设。1994年建成自来水厂，有深水井1眼及成套净化设备，年供水50万立方米。镇区主要道路两侧铺设排水管道4000米。1998年8月，投入3.5万元支持仙江村维修胜天电灌站，确保40公顷晚稻供水。2002–2003年，周家、桥头、南岸、岛石、白珠、汉石、石塘、枫梓溪等村实施烟水配套工程，整修大小山塘30余座，灌溉农田5000多亩；投资800余万元，完成石市、岛石、白珠、石古元、南岸、周家村农业开发项目，农作物基本达到旱涝保收。2009年，筹资500多万元完成大井水库设施整修工程。2010年，投资70多万元完成井家冲水库内坝和溢洪道的排渍整修工程。2014年投资400多万元，完成冲头岭、欧家水库提质改造、病险库治理。

镇村建设

石桥镇是千年古镇，境内古村落、古民居、古戏台、古墟场、古驿站等一应俱全，保存完好，其中以仙江古村落、石桥铺古村落、石市古墟场、太坪古墟场、石桥铺古驿站、神渡古戏台、岛石古戏台、仙江古戏台等最为代表。2014年7月，仙江古村落和石桥铺古村落被评为湖南省传统古村落。新中国成立后，集镇逐渐以党、政机关所在地为中心规划发展。镇区内有供销社、肉食品站、粮站等进行商贩交易和流通。一些商贩都是靠肩挑。1988年，起于县园艺场，经坦坪乡、田心乡，止于石桥乡仙江村的县道园仙公路水泥硬化。县道石土路(起石桥镇,止新田县土桥头),燕周路(起于桂阳县燕塘村，止于石桥镇周家村)相继建成，石桥镇的县道里程排名跃居全县第一(截至2002年)。1994—1997年县委、县政府以农村奔小康为契机，开始实施旧村改造工程，周家村作为六个试点村之一，先行先试。2002年，石桥镇政府机关搬迁，新建四层综合楼一栋，建筑面积4088平方米。2002年，周家村村委会投资460万元兴建周家市场，占地面积4963平方米，市场内建有钢筋结构大棚2座、钢筋水泥结构亭2座，固定摊位364个。2014年,按照县委、县政府建设“城乡一体化示范县”总体目标,全力推进城乡一体化,投入60万元建设“绿化示范乡镇”改造政府大院。2014年末有花坛50个，绿化面积6000平方米。2015年投入30余万元改造标准化政务服务中心建设，正式投入使用。投资95万元将全镇所有村的主要干道、街道等安装太阳能路灯1100盏进行亮化。2014年年末，全镇农村道路硬化80公里，硬化率98%，环境卫生清洁。各行政村、社区都有集体办公大楼。2014年，石古元村、白珠村被评为省级文明卫生示范村。

社会事业

教育科技

清朝为私塾教学。民国时期多私塾，私塾和公办学校并存发展。新中国成立后，政府进行较大规模的中小学制度改革。1952年，境内私立学校全部转为公办，共有小学18所；1962年，贯彻“九年一贯制”教育方针，调整全日制公办小学布局，将部分公办学校改为民办学校；1968年成立毛泽东思想文艺宣传队，普及“忠字舞”。1969年，公办学校下放到大队，由贫下中农管理学校，由于执行“群众办学”方针，实现“读高中不出公社，读初中不出大队”。十一届三中全会后，教育领域开始拨乱反正，调整学校管理制度，重视教育教学。1987年，开始执行“两基”计划，普及九年制义务教育(普九)。百年大计、教育为本，各行政村先后都新建教学大楼，以改变学生的学习环境。2014年，境内有幼儿园4所，在园幼儿400余人，专任教师15人；小学15所，在校学生1900余人，专任教师98人，小学适龄儿童入学率100%；初中2所，在校学生975人，专任教师55人。初中适龄人口入学率、小升初升学率、九年义务教育覆盖率均为100%。

文化体育

2014年年末有镇文化站、广播电视站各1处，村级文化活动中心24处，各类文化专业户15户，各类图书室30个，藏书22万余册。有音乐、美术、书法、摄影及文学业余创作人员100余人。有省、市级文物保护单位5处。2011开始建设“村村响”广播，截至2014年实现全镇24个村（社区）的全覆盖。2014年广播覆盖率达到100%。1995年9月建成石桥乡广播电视站，2014年年末有线电视用户2800户，入户率90%。2014年年末有学校体育场14个。有12个村和2个居民委员会安装健身器材，经常参加体育活动的人员占常住人口的65%。

医疗卫生

民国时期，镇内设卫生所，管理本地医药事务。20世纪60年代，设立石桥镇卫生院；21世纪初，实行农村合作医疗制度，看病不出村；90年代，实行农村卫生一体化管理，镇卫生院对婴儿接种卡介苗等4种疫苗；2014年末有镇级医疗卫生机构1个，门诊部（所）1个，床位50张。有专业卫生人员32名，其中执业医师3人，执业助理医师21人，注册护士8人。2011年医疗机构（门诊部以上）完成诊疗13000人次。

社会保障

20世纪50年代，境内发生水灾，县、镇组织发动群众以工代赈，修复水毁堤坝，下拨粮食救济灾民。60年代初，由生产队对鳏寡孤独老人和无劳动能力的残疾人实行“五保”。70年代镇办煤矿和各类企业，安排就业人员108人；2008年，遭遇特大冰灾，境内所有企业遭受不同程度的损失（厂棚倒塌，供电器材破坏等），居民供电中断，生活受到一定影响，全镇倒塌电杆398根，房屋128户192间，直接经济损失268万元，上级随即调拨救灾物资（蜡烛、手电筒、方便面、大米、柴油等），供电部门不分昼夜抢修。全镇共发放救灾款和救灾物资折合人民币60多万元，帮助企业、居民重建厂房、住房。在“5·12”四川汶川地震救灾期间全镇组织党员、干部、群众捐款10余万元。2013年，新建镇敬老院后五保户入住率达75%。2014年城镇最低生活保障户数41户，支出1.65万元，比上年增长5%，月人均172.6元，比上年增长1.2%；医疗救助110人次，民政部门资助参加合作医疗335人次，共支出3.015万元，比上年增长7%。农村最低生活保障户数1712户，支出57.477万元。国家抚恤、补助各类优抚对象80人，抚恤事业费支出51.61万元，比上年增长8%。社会福利费14万元，比上年增长8%。敬老院1所，床位50张，收养农村“五保”人员50人。社区服务设施2个，其中社区服务中心1个，社区服务站1个。慈善分会1个，全年接受社会捐款2万元，使100人（次）困难群众受益。

特色地情

风景名胜

仙人桥　仙人桥位于距嘉禾县城北面十三公里处的石桥镇仙江村，是横跨舂陵河两岸的天然

嘉禾八景之一禹迹龙门

石拱桥，又称“禹迹龙门”，为嘉禾八景之一。桥孔呈三角形，舟船至此，水小能扬帆开过，水大则卧樯而行。孔旁有洞，名桃源洞，孔洞相通，甚为幽奇。桥身周围怪石嶙峋，枝攀藤绕。桥孔旁有一天然石洞，县人贡雷德焕题“桃源洞”三字。1962年改修为公路桥，为通往石桥、桂阳等地交通要道。有联云：“从来不信神仙，缩地鞭石，大有人在；此去直通岭桥，穿云破雾，试比天高”。

太公钓鱼 太公钓鱼是嘉禾县著名景点，位于岛石村与歧峰交界处的舂陵河畔，有一巨石犹如太公垂钓。河内有鱼，肉质鲜嫩，无腥味，是上等佳肴，称作太公鱼，钟水河上只有仙人桥至太公钓鱼这一段河中才有。民间流传说：“想吃太公鱼，就到石桥墟”“吃上鲜美太公鱼，真情捧给贵客人。”

石桥古墟 石桥古墟场初建于明朝成化年间，古称“广济墟”。石桥古墟场至今保持有13个商坊，每坊由8根石柱组成，全坊共108根石柱。每座商坊长20米，宽7米，柱高3.3米，净梁高4米，呈“人字形”架构。商坊每根石柱上都刻有捐赠建坊财物的人名、村名、官职、科甲、捐款数额，捐款石柱对数和日期等。其中，不乏石桥历史上的“名人”。例如，苏州知府周如清、福州推官周思、嘉禾建县史上唯一进士罗以纯、左宗棠收复新疆提督罗灶升、清乾隆博士子员罗绳、罗开典等。是研究当地历史文化的珍贵档案，对考究“西京古道”具有深远意义。2013年被列为郴州市文物保护单位。

（李卫锋　供稿）

田心镇 >>

1954年7月以山田、田心、大屋地村等组成乡时，因乡公所驻地在田心村而得名田心乡。1961年成立田心人民公社时，因公社驻地在田心村祠堂而得名田心人民公社。1973年田心人民公社机关迁入山田村的庙山新址办公，仍使用“田心人民公社”名称至今。田心镇是湖南省生态乡镇和湖南省最具民生幸福感乡镇。

区域概况

位置面积

田心镇地处县域中部，位于北纬25°38′6″至25°42′43″，东经112°21′58″至112°26′42″，东与行廊镇、肖家镇接壤，南与珠泉镇毗邻，西与坦坪镇隔河相望，有黄甲村、凌云村的大桥连接，北与石桥镇交界，境内有黄牛岭山脉和舂陵河。总面积37.1968平方公里，有耕地面积1.19万亩，其中水田9000亩，旱土2900亩，耕地1.84亩。全境东西最大距离7.9公里，南北最大距离为9.6公里，陆地36.4平方公里占97.3%，水域1平方公里占2.7%。

建制沿革

明崇祯十二年（1639）至清朝末年，属嘉禾县西北富乐乡。1912—1914年，沿袭清代旧制，后乡改区，为坦坪区。1938年撤区并乡为信义乡。1949年改为厚宝乡。1950年，分属第三区玉洞、黄甲、三元三乡。1956年撤区划乡，将玉洞、凌云、黄甲、仙江4个小乡合并为田心乡。1958年成立人民公社，镇区为先锋人民公社。（由田心、石桥、上大3乡合并）。同年12月改为石桥人民公社，属蓝嘉县。1961年5月，析置石桥人民公社，建田心人民公社，复属嘉禾县。1984年3月撤人民公社，改为田心乡。2013年6月乡改镇为田心镇。

行政区划

新中国成立前，境内行政区划不详。1950年5月至1954年6月设玉洞乡、黄甲乡、三元乡归三区管辖。三区区政府所在地为仙人桥。1954年至1956年5月设田心乡、玉洞乡、黄甲乡、凌云乡、三元乡属石桥区管辖，区政府设在石桥圩。1956年6月撤区并乡后至1958年9月设田心乡，辖原田心、黄甲、仙江、玉洞、凌云5个小乡，乡政府设田心村。1958年10月人民公社化初期，属先锋公社管辖，12月属蓝嘉县辖区。公社所在地为石桥圩。1959年底，先锋公社改名为石桥公社。1961年5月复属嘉禾县，从石桥公社析出，建立田心人民公社，辖三元、栗山头、白子洞、玉洞、大屋地、下边山、凌云、东岸、黄甲、五百地、山下凹、瑶冲、栗木凤、满堂、山田、田心16个生产大队77个生产队。1974年辖田心、山田、瑶冲、满堂、白鹿洞、秀湾、玉洞、凌云、大屋地、东岸、五百地、黄甲、栗木凤、三元14个生产大队。120个生产队。1984年公社改乡，行政区划不变。仍为14个村民委员会，139个村民小组。2012年，田心乡辖田心、山田、瑶冲、满堂、三元、白子洞、秀湾、玉洞、凌云、东岸、大屋地、黄甲、五百地、栗木凤14个行政村，2个居委会，139个村民小组，2个居民小组。2013年乡改镇撤销14个村民委员会改建为14个社区居委会，现全镇有16个社区居委会。

自然环境

镇区为丘陵地貌，东、南部偏高，西、北部偏低，东、南部有黄牛岭山脉，由南向北纵贯全境，黄牛岭主峰海拔为484.5米（嘉禾县人武部1990年前的军事地图标示）。西部有舂陵河，由南向北流经五百地、黄甲、东岸、凌云四个行政村，境内河道长5.2公里。最低点里南山海拔为163米，地面高程一般在海拔190～260米。镇区处温带季风湿润气候区，四季分明，年平均气温为摄氏17.3℃～18.5℃，年平均降水量约1350毫米，降水日约145天，常年有强风暴雨冰雹气象。境内土壤分为水稻土、红壤土、沙泥土和潮土四大类。全镇14个行政村的土壤各有不同。境内矿产资源丰富，主要有煤炭，地质储量5000万吨，可采储量4000万吨。

人口民族

新中国成立前境内人口数不详，1973年人口为14207人，以后实行计划生育政策，人口生长得到有效控制，1982年第三次全国人口普查人口总数为16022人。其中男性8272人，女性7750人，少数民族1人。2000年第五次全国人口普查总人数为17495人，其中男性9344人，女性8151人，有8个少数民族共41人。2014年末镇区总人口24748人，其中农业人口19348人，占78%，男性12849人，占52%。

经济发展

经济综述

新中国成立前人民生活极度贫困，粮食平均亩产不足300斤。大部分村民上半年靠种粮种菜，下半年靠挖点露头煤来维持生活。中华人民共和国成立后，镇内经济逐年发展，农业以种植水稻、蔬菜及其他经济作物为主。工商业在镇区先后办起了铁木社、手联社、缝纫社、拖拉机站、煤矿等企业，个体企业有斗笠编织、竹器加工等。中共十一届三中全会后，坚持以经济建设为中心，1982年试行农业生产责任制，1985年完善家庭联产承包责任制，温饱问题逐步解决。工商企业实行以“承包经营”为主的企业改革，镇及村办企业先后实行各种形式的承包责任制，实现工业总产值210万元。2011年在改革开放政策指引下，全镇工农业总产值4.5819亿元。其中：农业总产值8819万元，工业总产值3.7亿元。2014年镇党委、政府以服务全镇人民为第一要职，紧紧围绕“嘉禾中心、文化田心”的总体思路，深入推进“一河两埠、东延西进”沿河发展战略。经济效益明显增加，全镇完成工农业总产值5.9588亿元，其中：农业总产值11308万元，工业总产值4828亿元，完成一财两税2985万元，收购烤烟4308担，实现烟叶税135万元。

农业

镇内主要种植水稻、蔬菜、红薯、花生、玉米、烤烟等作物。新中国成立后，党和政府领导人民兴修水利，先后修建了7座小Ⅱ型水库，2个水轮泵站，1个电排，11公里长的泮头水库渠道及200多个大小山塘，灌溉面积达7600亩，70%的农田实现了旱涝保收。改革开放以前粮食生产以一季稻为主，旱土一般种植蔬菜、红薯、花生、玉米及麻类等经济作物。1958年成立人民公社，后连遇三年自然灾害，大部分粮食作物减产；1962年，人民公社实行“三级所有、队为基础”制度，改进耕作技术，加强病虫害防治，粮食产量单产提高到200千克；1977年，扩大双季稻种植面积，粮食亩产350千克。1997年，试种杂交稻粮食亩产450千克；2002年，扩大杂交双季稻种植面积，粮食亩产达到750千克；2011年，全镇生产粮食8175吨，其中：稻谷6461吨，玉米1239吨，其他作物475吨，主要经济作物为烤烟、西瓜、蔬菜等；2011年，种植烤烟1860亩，产量325吨；蔬菜种植4000亩，主要品种有白菜1.2万吨，萝卜4000吨，芹菜100吨，大蒜20吨，花菜10吨，实现农业总产值8819万元，占国内生产总值的15%；2014年，全镇粮食播种面积1.09万亩，其中：优质稻6500亩，粮食总产量9458吨，实现农业总产值11308万元。

镇内素有养殖牲畜、牛、鸡、鸭、鱼等畜禽水产习惯。新中国成立前有农户圈养牲畜，鸡、鸭多自繁自养，新产鸡蛋、鸭蛋除自己食用外，剩余部分出售或兑换油、盐等，俗称“油盐坛子”。养鱼则主要靠自然孵化鱼苗、自生自长、产量低。中华人民共和国成立后，政府鼓励农业养猪、养鸡、鸭，开始发展池塘养鱼，20世纪70年代，家家户户养猪，政府实行任务派购，分甲、乙、丙三个等级收购。80年代大部分农民实行规模化养猪，发展养猪专业户，仅玉洞村就有12家养猪专业户，年出栏牲畜4000多头。2011年牲畜饲养量3.4万头，年末存栏6800头，牛饲养量763头，年末存栏394头，家禽饲养量9.8万羽，农民人均纯收入6325元。2014年全镇有生猪、牛养殖户8家，存栏牲猪7858头，出栏6435头，牛存栏458头，出栏259头，家禽11.5万羽，有养殖水面90多亩，出鲜鱼18.4吨。

镇内属丘陵地貌，全镇共有林地面积1.84万亩。新中国成立前林地归私人所有，多自生自繁，树种有杉树、松树、楠竹、樟树等。1951年，成立农林互助组、合作社。1958年，林地收归公社、大队、生产队三级所有，由于“大办钢铁”树木被砍伐殆尽。1963年，贯彻中央政策，山林权固定在大队、生产队。1972年，镇内有社、队林场15个，大面积种植杉树、松树、樟树等。1981年，山林定权发证，山林权属为大队、生产队集体所有。2006年各村林场相继逐年承包给专业农户，承包期一定30年，种植柑橘、桉树、油茶、国外松、杉树等树种，森林覆盖率95%。

工业

明、清、民国时期有铁器、木器、竹器、小煤窑等几家微小企业。新中国成立后，境内相继创办农具厂、铁木社、手联社等，从业人员50余人。20世纪70年代，一批集体企业在镇内兴办，社、队办企业相继建成投产。社办企业先后开办了田心煤矿，田心煤矿一工区、二工区、拖拉机站。队办企业有大米加工厂、油榨坊和建筑等行业，从业人员250人。1974年湘勘五队进入境内进行煤炭勘探。1984年，国营嘉禾煤矿黄牛岭工区进驻境内开办。由于境内煤炭资源丰富，80年代至90年中期，境内村民因有挖煤的习俗和经验，先后开办大、小煤窑102家，分布在三元村、满堂村、秀湾村、田心村、山田村、栗木凤村、瑶冲村。1994—1995年在上级部门的指示下，镇里对乱采滥挖的小煤窑进行清理整治，关闭、取缔了95家不符合办矿条件的小煤窑。通过整治，合理布局，上级批准合法煤矿企业7家，从业人员500多人，完成产值4800万元。2008年，根据省、市有关文件精神，对煤矿进行整合重组，并对各煤矿的安全生产进行提质改造。2011年工业总产值3.7亿元，占国内生产总值的65%，拥有工业企业7家，职工1430人。2011年，年产原煤35.5万吨，实现产值3.55亿元，冶炼企业（金源工贸有限公司）生产生铁1万吨，实现产值1280万元；油榨滩电站、五百地电站供电量613万千瓦时，实现产值235万元。2014年，境内共有工业企业14家，实现工业总产值4.828亿元，从业人员1545人，其中煤矿2家，产原煤17.5万吨，完成产值2.89亿元；电站两座，供电量813万千瓦时，产值315万元，煤场2家，产值1.2亿元，建材企业3家，共生产红砖68万块，产值215万元，其他企业5家，完成产值208万元。

商贸服务业

明、清、民国时期，境内只有几家小商贩。中华人民共和国成立后，在党、政机关所在地均有肉食品站，供销合作社、粮站。供应生产、生活资料和收购农副产品。80年代建田心集贸市场。1998年，镇内商业供销系统实行体制改革，置换公有制商贸企业3家。2005年，商业系统改制结束，私营个体商业成为流通领域的主体。2011年，境内社会商品零售总额4500万元，比上年增长5%，有商业网点20个，职工28人，田心集贸市场年成交额3800万元。2014年，镇内有各类商贸企业28家，从业人员42人，家电、数码、金融、保险、美发、娱乐、药店、餐饮等百业兴旺，基本能满足居民生产生活需求。

基础设施

交通运输

明、清、民国时期，境内只有几条驿道过境。另有舂陵河水路进入衡阳，到达湘中、湘北，四季通航；境内轮骨渡口和凌云渡口过境坦坪。1973年，新建黄甲大桥；1975年，园仙公路通车，公路长8.8公里；1978年，凌云大桥建成；1979年新修大黄公路,公路长增至14.1公里。2011年，县道大黄公路硬化与桂嘉路相连，田罗公路东南接嘉禾煤矿，东北直达罗卜安。2014年，园仙公路整基扩宽、硬化与省道107线连接贯通。村、组道路硬化40多公里。

邮政通讯

1961年5月，从石桥公社析出，成立田心人民公社，邮电建设在镇区内，只有电话总机室，办理邮政、报刊发行、电报电话业务，镇政府只安装有一台手摇电话机，此为镇内电信之始；1991年，县邮电局在镇内开通120门电话交换机结束人工电话历史；1998年，开通300门程控电话，实现市、县电话联网，随即发放数字移动电话86台，数字寻呼机（BB机）200台；2014年有电信企业1家，服务网点2个，程控电话总容量4200万门，固定电话用户1450户，移动电话用户1.2万户，互联网用户850户，2014年田心邮政所成立。

供电饮水

20世纪80年代初，境内建成油榨滩水轮泵电站，归属县供电公司管理，全境陆续用上水电。1999年4月县供电公司被省电力公司代管。全镇开始使用国家电网供电，主要来自坦坪变电站，供电管理由田心供电所负责，电网改造率100%。

2010年以后，全镇大部分村使用县自来水公司城乡一体化供水；少数自然村使用泉水或井水，农户安全饮水率100%。

水利建设

湘江支流春陵河流经境内，河水常年供给人畜饮用和农田灌溉。汛期，洪水泛滥；旱季田土干涸，危害农业生产。新中国成立前，防汛抗旱能力较低。新中国成立后，大力兴修水利，全县第一座大型水库—泮头水库新建。20世纪70年代泮头渠道贯穿境内。在境内先后修建了长冲水库、呼家水库、秀湾水库、太平坊水库、深井水库、沙凹水库、候家冲水库等7座小Ⅱ型水库。整修大小山塘200余口。新建电力排灌站5处。80年代初，实施"五塘工程"即：浅塘挖深、漏塘补漏、小塘扩大、废塘恢复、无塘新建。每人单投劳30个工日以上，开展高标准山塘和骨干塘建设。90年代，泮头渠道改造实行高标准渠道建设。2012年，筹资200多万元完成秀湾水库、长冲水库等水利设施整修工程。2013年，投资160多万元完成呼家水库内坝和溢洪道的排渍整修工程，2014年投资1000多万元完成玉洞村、凌云、秀湾、大屋地、山田村烟水配套工程，整修大小山塘20余座，共灌溉农田7000多亩，投资900余万元，完成黄甲、五百地、栗木凤、山田村农业开发项目，基本达到旱涝保收。

镇村建设

明、清、民国时期，境内只有几家小商贩、商铺。中华人民共和国成立后，集镇逐渐以党、政机关所在地为中心规划发展。镇区内有供销社、肉食品站、粮站等进行商品交易和流通。一些商贩都是靠肩挑。要想富先修路，1973—1975年修建黄甲大桥，大桥建成后，园仙公路贯穿西、东至北。山田村—田心村境内两旁，先后建成了田心村综合楼（有商铺门面8间）及田心集贸市场，并逐步形成商业一条街。1984年，投资1.5亿元的嘉禾煤矿黄牛岭煤业有限公司落户田心，完成建筑面积40多万平方米，大黄公路修建通车（大路—黄牛岭），镇区功能不断增强，城镇品位逐渐提升。1988年，镇政府办公大楼新建，同年园仙公路硬化。2012年，大黄公路硬化，镇政府驻地建小游园3个，绿化面积3.3万平方米。2012年，镇医院办公、门诊、住院大楼建成，固定资产580万元。2013年，镇政府敬老院新建大楼落成，通过验收现已投入使用。2014年，按照县委、县政府建设"城乡一体化示范县"总体目标，全力推进城乡一体化，投入480万元完成大黄公路镇村一体化示范带建设，将大黄公路全程绿化、美化、亮化。打造成集休闲、观光为一体的示范长廊。投入180万元完成四层高标准化政务服务大楼建设，现正式投入使用。政务服务中心被市评为"先进单位"。投资900万元，完成园仙公路扩宽、提质、改造硬化大修工程。投资95万元将全镇所有村的主要干道、街道等安装太阳能路灯1100盏进行亮化。田心镇影视城项目子项目面积2000亩的东湖湿地公园及镇公租房建设已全面启动。2014年末，全镇农村道路硬化40公里，硬化率95%，电网改造率88%，农户安全饮水率100%，环境卫生清洁。各行政村、社区都有集体办公大楼。

社会事业

教育科技

清朝为私塾教学。民国时期多私塾，政府倡导新式教育，镇内小学渐增，国民小学、族办学校开始兴办。在凌云建有"文昌阁"，旧址犹存。新中国成立后，人民政府接管了这些国民小学，把五百地国民小学改为县立五百地完全小学（是嘉禾县三所完全小学之一）。1952年，境内私立学校全部转为公办，共有小学14所；1962年，贯彻“九年一贯制”教育方针，调整全日制公办小学布局，将部分公办学校改为民办学校；1968年成立毛泽东思想文艺宣传队，普及“忠字舞”。1969年，公办学校下放到大队，由贫下中农管理学校，由于执行“群众办学”方针，实行“读高中不出公社，读初中不出大队”；1971年，把五百地完小改为五百地中学，随后各大队也办起了初中班；此时田心中学正在兴建中。1974年，各大队初中班，只保留五百地和田心两所中学，其中田心中学设高中班、初中班。1980年，撤田心中学高中班，1983年，撤五百地中学。中共十一届三中全会后，教育领域开始拨乱反正，调整学校管理制度，重视教育教学质量。1987年，开始执行“两基”计划，普及九年制义务教育（普九）。百年大计、教育为本，各行政村先后都新建教学大楼，以改善学生的学习环境。2014年，境内有初中1所，在校学生628人，专任教师42人；小学9所，有在校学生1098人，专任教师84人；有中心幼儿园1所，民办幼儿园1所，在园幼儿368人，专任教师18人。幼儿入园率、适龄儿童入学率、小学升初中升学率、九年制义务教育覆盖率均为100%。

文化体育

1974年7月建立公社文化站。1975年12月建立公社电影队，为全县首批。1975年，镇内举行了第一届农民篮球运动会，参赛球队16支；1990年，县举办的“丰收杯”农民篮球运动会，田心镇代表队获得冠军。2011—2013年，镇内成功举办了三届全国闻名的“凌云豆腐民俗文化节”；2014年，田心镇影视城建设项目被列为郴州市服务业重大建设项目；2014年，镇内设有文化站1个，村级及居委会文化活动中心15个，各类文化专业户6户，各类图书室和农家书屋17个，藏书2.9万册。广播站1个，有线电视用户3100户，入户率达59%。境内有学校体育场8个，看台设座椅850张，有8个村安装了各类健身器材；有龙舟10艘；灯光球场3个。有腰鼓队、龙狮队、广场舞队、篮球队等各类文艺体育团体28个，成员528人。成立了“山田民俗文化理事会”和“凌云历史文化理事会”，凌云历史文化名村已通过省级验收。

医疗卫生

民国时期，镇内设卫生所，管理本地医药事务。20世纪60年代，镇设卫生院；80年代初，实行农村合作医疗制度，看病不出村；90年代，实行农村卫生一体化管理，镇卫生院对婴儿接种卡介苗等4种疫苗；2014年，有镇级卫生机构1个，门诊部25个，新建田心镇卫生院门诊大楼一栋，现有专业医护人员40人，其中执业医师8人，执业助理医师6人，注册护士13人，有病床90张，固定资产总值580万元。2014年年末，门诊1.37万人次，新型农村合作医疗参保率达95%。

社会保障

20世纪50年代，境内发生水灾，县、镇组织发动群众以工代赈，修复水毁堤坝，下拨粮食救济灾民。20世纪60年代初，由生产队对鳏寡孤独老人和无劳动能力的残疾人实行“五保”。1966年4月境内发生强风暴雨冰雹，大风8—9级，30分钟降雨17毫米，雹粒一般0.4千克，重灾村5个。县随即下拨救灾款和粮食救济灾民。70年代镇内办镇办煤矿和各类企业，安排就业人员108人；2008年，遭遇特大冰灾，境内所有企业遭受不同程度的损失（厂棚倒塌，供电器材破坏等），居民供电中断，生活受到一定影响，全镇倒塌电杆398根，房屋128户，192间，直接经济损失268万元。上级随即调拨救灾物资（蜡烛、手电筒、方便面、大米、柴油等）。供电部门不分昼夜抢修。全镇共发放救灾款和救灾物资折合人民币60多万元，帮助企业、居民重建厂房、住房。在“5·12”四川汶川地震救灾期间全镇组织党员、干部、群众捐款15.2万元。至2011年十几年中全镇就业人员1608人。2013年，新建镇敬老院后“五保”户入住率达90%。2014年，全镇有“五保”供养对象237人,其中集中供养45人；农村低保948户948人；城镇低保109户250人；残疾人202人；救济特困户454户，发放救济款13万元；“新农保”参保8911人；城镇居民基本医疗保险参保续保293人，新农合参保18807人。城镇新增就业人员287人，失业再就业88人，困难对象就业15人，农村新增转移就业380人。

特色地情

风景名胜

黄甲吊桥 位于境内舂陵河（又名钟水河）黄甲村上游，始建于1978年，钢架铁链结构，桥长180米，宽2米，是嘉禾县境内横跨舂陵河的第一座吊桥，有诗赞曰：“黄甲吊桥飞钟水，鸟瞰犹似两重天。”

（李水杰 供稿）

坦坪镇>>

坦坪镇因镇政府驻地位于“坦坪”村而得名。近年来先后荣获“省安全生产示范乡镇”“省生态乡镇”“省标准化乡镇财政所创建工作先进单位”“市综合治理工作先进单位”“市文明村镇”“市先进基层党组织”“市平安乡镇”“市食药监管示范乡镇”等荣誉。

区域概况

位置面积

坦坪镇位于北纬25°38′38″至25°44′10″，东经112°19′37″至112°23′10″。位于县城北面，距县城9公里。东接石桥镇、田心镇，南连珠泉镇，西接珠泉镇、广发镇，北与新田县相连。辖区东西最大距离5.9公里，南北最大距离10.2公里，总面积35.4642平方公里。其中陆地34.73平方公里，占93%；水域2.62平方公里，占7%。人口密度为每平方公里784人。

建制沿革

明崇祯十二年（1639），嘉禾置县后至清朝末均属西北富乐乡。民国元年至3年（1912—1914），政区沿袭清末旧制，后裁并改为区，属坦坪区。民国27年（1938）废区并乡，属清伟乡。民国36年（1947）属和平乡，1950年县人民政府成立，废除保甲制，属第四区。1958年10月与广发、莲荷、盘江合并，成立东风公社，同年11月改为广发公社。12月，属蓝嘉县管辖。1961年3月，从广发公社分出，自成一社，以驻地坦坪命名为坦坪公社。5月，蓝嘉县分设，仍属嘉禾县辖区。1984年3月改为坦坪乡，2013年6月乡改镇为坦坪镇。

行政区划

新中国成立前，境内行政区不详，1950年5月至1954年6月，境内潭湾设乡属三区管辖。区政府驻地仙人桥。坦坪/谢家两乡属四区，区政府驻地广发圩。1954年7月至1956年4月设陶岭、坦坪、石富冲、谢家、托山，5乡由广发区管辖，潭湾乡属石桥区管辖。1956年5月撤区并乡后至1958年9月设坦坪乡，乡人委会驻地为坦坪圩，辖坦坪、石富冲、天太塘、潭湾、谢家5小区。1958年10月公社化初期，归属东风人民公社，公社设在广发圩。12月属蓝嘉县辖区。1959年底，东风公社改名为广发公社。1961年5月，从广发公社析出，建立坦坪人民公社，复属嘉禾县。公社驻地为坦坪圩，辖坦坪、秀溪、西车、沈溪、潭湾、背里亭、天太塘、良塘、山塘、新谢家、老谢家、南源、石富冲、托山、汪洋塘15

个生产大队120个生产队。1974年辖坦坪、秀溪、西车、沈溪、潭湾、背里亭、天太塘、莲塘、山塘、谢家、南源、石富冲、托山、汪洋塘、小凤、长溪16个生产大队115个生产队。1984年公社改乡，增设雷村、罗村两个村委会，全乡为18个村民委员会，157个村民小组。2013年6月乡改镇。2014年末辖坦坪、西车、沈溪、秀溪、潭湾、背里亭、雷村、罗村、皇峰、山潭、峰塘、新谢家、老谢家、坳头、托山、汪洋塘、南源、石富冲、长溪19个建制村和1个居委会——坦坪社区居委会，设163个村民小组、12个居民小组。

自然环境

境内大部分为丘陵地貌，其地势西高东低，南高北低，地面高程一般在海拔160～210米，最高点峰塘海拔287.6米，最低点潭湾159米。属亚热带季风气候，四季分明，光照充足，无霜期长。春季多雨多风，夏季雨量集中，秋季温和凉爽，冬季干冷少雪。年平均气温18.1℃，生长期年平均约286天，年平均日照时数1443.2小时，年总辐射每平方厘米117千卡。年平均降水1408.8毫米，极端年最大降水2063.4毫米（2006年），极端年最少降水966.8毫米（2003年）。自然灾害主要有水灾、旱灾、冰灾。水灾最严重的是2002年，该年7月1—2日降水255.3毫米，其中1日最大降雨185.3毫米，造成河水暴涨，许多房屋及农作物受损；旱灾最严重的是1992年，夏、秋、冬连旱，9月10日至12月10日，90天降水22.1毫米。冰灾最严重的2008年冰灾，持续时间15天(2008年1月21日——2月4日)。矿产资源主要为石灰石，另有铁矿。

人口民族

新中国成立前，境内人口数不详。1973年辖区总人口21036人。实行计划生育政策后，人口生长得到控制。1982年第三次全国人口普查总人口为19888人,其中男性10112人,女性9776人,少数民族1人。2000年第五次全国人口普查总人口23387人，其中男性12434人，女性10953人，9个少数民族共40人。2014年年末，辖区总人口29280人，其中城镇常住人口3185人，城镇化率11.4%。另有流动人口12260人。总人口中，男性15225人，占52%；女性14055人，占48%；18岁以下7671人，占26.2%；18～35岁7715人，占26.35%；35～60岁10687人，占36.5%；60岁以上3006人，占10.95%；人口出生率10.3‰，死亡率7.2‰，人口自然增长率6.9‰。

经济发展

经济综述

坦坪镇是传统农业乡，以种植水稻、蔬菜、烤烟等为主。改革开放前，群众难以填饱肚子。改革开放责任制到户后，群众生产热情空前高涨，温饱问题得到解决。20世纪80年代末以后，随着外出务工人员的增多，群众生活水平大幅提高，许多农民新建了“小洋房”，居住条件不断改善，电视机、洗衣机、冰箱、手机、摩托车等走入寻常百姓家,小汽车拥有量逐年增多。2005年以来，随着工业经济的发展,镇内先后形成了秀溪、长溪、谢家、西车等工业小区，瑞建、泰至塑胶、永丰混凝土等20余家以铸造、冶炼、建材为主的企业落户坦坪，实现了从农业大乡向工业新乡的华丽转身。2012年，随着产业政策的调整，境内冶炼企业依法关闭，向铸造、建材行业发展。2014年完成工业生产总值6.2亿元，占国内生产总值的72%。拥有工业企业18家，职工1350人；实现工业增加值3.8亿元。完成财政总收入3228万元，其中地方财政收入280万元，增长45%。从主要税种看，完成营业税423万元，增值税2710万元,企业所得税543万元。人均财政收入1.3万元，增长95%。农民人平纯收入达到6604元，增长16%。银行贷款余额0.52亿元,存款余额1.3亿元。

农业

新中国成立前，境内传统作物有水稻、红薯、高粱、荞麦、玉米、花生、蔬菜等粮食，亩产不足175千克，新中国成立后，境内作物种类大致相同，但品种不断改良，结构仍以水稻为主。在党和政府领导下，大办水利到20世纪80年代，建有小Ⅰ型水库1座，小Ⅱ型水库5座，水轮泵站6处，大小山塘669口，总蓄水量达664万立方米。大小渠道纵横交错，灌溉面积为8540亩，全乡56%的农田实现了旱涝保收。1980年粮食总产688千克，平均亩产392.5千克，比新中国成立前翻了2倍多。全镇现有耕地面积17717亩，其中稻田12891亩、旱土4826亩，人均0.64亩，以种植水稻、玉米、烤烟、蔬菜为主。20世纪90年以来，部分农民承包荒山，种植黄花梨、杨梅等果树。1996年托山村李良松承包村集体荒山，创办猪场，种植脐橙，发展生态农业。近几年,大力调整农业产业结构,发展生猪养殖、烟草、油茶、香芋、淮山等经济作物，种植淮山630亩，油茶1650亩，香芋175亩，优质稻7562亩，优质烤烟2200亩，无公害蔬菜1500余亩，形成了托山淮山、背里亭香芋、峰塘西瓜等“一村一品”农业产业格局，促进了农民增产增收。2014年农业总产值0.88亿元，占国内生产总值的10%。粮食作物以稻谷为主，生产粮食1.2万吨，人均413千克，其中稻谷0.88万吨，其他0.32万吨。主要经济作物为烤烟，烤烟种植2200亩，收购烟叶6600担,实现烟叶税收170余万元。畜牧业以猪、牛、家禽为主。生猪饲养量7.5万头,年末存栏3.9万头，家禽7.7万羽。

林业发展较快，1975年后各大队先后建立了18个林场，面积9000余亩，其中果木林600亩，1980年林业收入达1.5万元。全镇现有镇林场1个,位于沈溪村境内,面积近800亩,主要是杉树、松树、油茶等树木，大部分村的集体林木，发包给个人承包经营。2009年以来，大力推进城乡绿化工程，荒山造林7500余亩，水系绿化56公里，种植行道树10.8万株。2014年年末全镇森林覆盖率68%。

工业

新中国成立前，境内工业几乎为零。改革开放前，境内设有五金厂、缝纫社等。石富冲村许多村民从事打铁，生产菜刀、镰刀、锄头等生产生活铁器。南源村部分村民从事牛革加工。1979年坦坪公社办农具厂,加工铁木商品。改革开放后，乡镇企业蓬勃发展，先后新创办了建筑队、制伞厂、托力通酒厂、提桶厂、砖厂等企业。2005年以来，境内逐渐形成了以铸造、机械加工、建筑材料为主的规模企业。2014年工业生产总值6.2亿元，占国内生产总值的72%。拥有工业企业18家，职工1350人；实现工业增加值3.8亿元。

商贸服务业

中华人民共和国成立以后，境内有供销社、粮站、信用社、食品站等，提供群众生产生活用品和生产资料，以及收购农副产品。20世纪90年代后，供销、商业、粮食系统先后改制。私营个体商业成为流通领域的主体。随着经营贸易的发展，坦坪老市场已容纳不下。1998年在乡政府所在地北面新建了占地面积0.6平方公里的新农贸市场，逐渐形成了经营五金电器、百货日杂、农机农具、机械配件、成衣布匹、建材家具、废品回收、屠宰副食、农药化肥、种子等项目，逢2.5.8日赶圩。2014年年末共有商业网点86个，从业人员285人；社会商品零售总额3500万元，增长4.5%。集贸市场1个，年成交额2600万元。

庄园经济

1996年托山村李良松承包村里26.7公顷荒山种植脐橙和养殖生猪，创办了松艳生态农业发展园。先后投入300多万元，建设国家级畜禽标准化养殖示范场，发展养殖生猪1.2万头，种植脐橙、橘子等水果450亩，联结基地4450亩，带动农户3120户。还建立了大米加工厂1个，日加工生产大米60吨；国家级大型沼气池1个，年处理畜禽粪便污水2.7万吨、产初级有机肥800吨、产沼气10.22万立方米、发电11万度。松艳农业生态发展园采取企业化管理、社会化服务、一体化经营,形成了“猪－沼－果”,“种－养－加”“一条龙”的现代农业生产模式，为全县的农业农村经济发展起到了示范带动作用。

工业小区

坦坪工业小区位于嘉新路沿线坦坪镇长溪村和县道069线秀溪村，总占地面积1160亩，主要产业为铸造、冶炼和建材，引进金鹰、金奥、瑞建、永丰、泰至等企业个数近20个，年产值17.2亿元，年纳税1800余万元。

基础设施

交通运输

1962—1965年分段修成坦石线（现称X069线）贯穿坦坪而过。1970年经国家验收定为六级公路，列为县道，后历经了拓宽、分段进行了油化、硬化，是群众出行的主干道。2001年8月勘查,2009年5月新建成嘉新高等级公路(S215线)，坦坪境内长约8公里。改革开放前，各村通往乡政府均为泥路、砂石路。20世纪90年代末，通村公路逐步硬化，到2008年全镇率先实现村村通工程，所有行政村公路全部水泥硬化，交通条件十分便利。随着交通的便捷，运输车辆增多。如1991年山塘村381户，有各种货车136辆，其中大货车38辆、中小货车62辆、拖拉机36台，是名副其实的运输专业村。2011年嘉禾县推行城乡公交一体化，8路公交车经过镇辖区，设有公交停靠站点15个，城乡公交车日客运达20个班次，群众出行便捷。

邮政通信

1958年成立人民公社，境内邮电建设在区内，只有电话总机室，办理邮政、报刊发行、电报电话业务。公社安装有一台手摇电话机。1995年，开通程控电话业务，实现市、县电话联网，结束人工电话历史。1998年，开通寻呼机和移动电话业务。1994年5月建成坦坪广播电视站，现有有线电视用户3890户，入户率86%。2014年年末有邮政支局1个，邮政业务总量150万元，其中纯收入75万元。报纸、杂志累计期发行9万余份。电信、移动、联通企业3家，服务网点43个，电话交换机总容量2000门，固定电话用户1031户，电话普及率12%；移动电话用户9600余户，互联网用户960余户。

供电饮水

1972年县内组建城关电网，1979年城关电网10千伏开关站建成，与郴州电业局并网运行。供电范围陆续延伸到乡镇农村。1988年在坦坪设有开关站，负责境内供电。1998年建成坦坪35千伏安变电站，负责全镇生活生产用电。绝大部分村群众生产生活用水均到村水井挑水使用。2009年全县实施城乡供水一体化后，逐步铺设供水管网，2014年年末全镇自来水供应率达96%以上，县城乡供水一体化二期覆盖全镇，现已完成主管网和部分村入户管网的铺设，全镇人民将用上纯净安全的自来水。

水利建设

1975年镇内修建了小Ⅰ型水库1座，即双口洞水库，库容135万立方米，灌溉4500亩农田；小Ⅱ型水库5座，即西牛门水库、野罗塘水库、谢家水库、四眼塘水库、百担禾田水库，库容共84万方，灌溉面积1730亩，骨干山塘21座，灌溉附近农田。长溪等村为盘江水库灌溉。改革开放以来，多次对渠道渠系进行整修，其中双口洞水库2008年投资250万元进行除险保安；2013—2015年投资360万元先后对西牛门水库、野罗塘水库、谢家水库、四眼塘水库进行除险保安；投资500余万元对全镇的灌溉渠系进行了整修。镇内有云长坝电站和秀溪电站两个，共投资1500万元，年发电3600万千瓦。

镇村建设

改革开放前，镇村建设步伐缓慢。改革开放后，大量劳动力外出务工经商，村民新建房屋逐渐增多，村道修通，回乡新建“小洋房”比比皆是。特别是2011年全县实施乡镇“八个一”工程和农村社区“十有”建设以来，镇村建设步伐加快，完成了坦坪镇“八个一”工程总体规划；托山村样板街道建设投资30万元安装了太阳能路灯和行道树种植；嘉新路镇村一体化示范带投资20万元完成了沿线山头绿化工作；投资800余万元的山塘门户广场顺利完工并交付使用；坦坪卫生院扩建工程已完工，并向上级申报升级为县精神病医院；永丰混凝土有限公司作为坦坪镇标志性企业已建成第二条混凝土生产线；双口洞水库生态农庄投资8万元已完成了山头绿化；坦坪垃圾中转站主体工程建设完成。各行政村委托县规划局做好了新农村建设相关规划；部分村（社区）水、电、路、讯等基础设施齐全并进行绿化、亮化；有农家书屋、超市、小游园、卫生室等；建有组织活动中心并功能齐全，各种宣传栏、公开栏标准规范；《村规民约》、“四议两公开”等有关制度健全；村党支部、村委会等班子齐全，配备卫生清洁队伍等。总投资超过3000万元的托山、石富冲、汪洋塘等村的旧村改造已完成规划、设计、预算等，其中县级城乡一体化示范村汪洋塘村已拆除旧房300余栋，规划82套标准图集中建房。2014年末建设游园8个，绿化面积13200平方米。

社会事业

教育科技

清朝、民国时期为私塾教学，数量极少。中华人民共和国成立后，到1980年，境内有中学2所，小学36所，共有教职工161人，在校生4303人。改革开放后，教育更加得到重视。1988年全乡有坦坪、潭湾、峰塘、石富冲、托山、汪洋塘、长溪7所完全小学，坦坪乡、添泰塘3所高级小学，秀溪、西车、沈溪、背里亭等13所初级小学，坦坪初级中学1所。1989年开始实施普及九年义务教育，1998年完成“普九”。嘉禾县职业中等专业学校位于镇区，前身为嘉禾四中。2005年下期，与广东岭梅职业技术学校联合办学，成立嘉禾县联合职业教育技术学校，同期招收新生600余人。2007年5月与郴州信息工程职业技术学校联合办学，学校办学性质为公办民助，设有数控技术应用、计算机技术、电子商务、电子电器4个专业。2012年8月1日，实现政府公办体制。现有教职工46名，注册学生652名，在校学生451名。2014年末境内有幼儿园2所，在园幼儿283人，专任教师18人；小学9所，在校学生1346人，专任教师76人，小学适龄儿童入学率100%；初中1所，初中在校学生957人，专任教师59人。初中适龄人口入学率、小升初升学率、九年义务教育覆盖率均达100%。2014年财政预算内教育经费17万元，增长12%。预算内教育经费占财政总支出比例为7%，增长1%。2014年年末境内有农民科学技术中心3家，各类科技人才12人。

文化体育

1965年办起民办公助文化站，1969年受“文化大革命”冲击解体。1974年恢复建立公社文化站。1975年12月建立公社电影队，为全县首批。改革开放前，群众业余文化贫乏，春节期间才有唱花灯、舞龙狮等活动，偶有电影放映。改革开放后，群众业余文化生活越来越丰富，1983年6月，坦坪公社新建电影院，用16毫米机放映，农民看电影机会增多；1988年乡政府及大部分行政村通广播；电视机、录音机、录像机等涌入普通群众家中，民间有一批文艺骨干，每逢节庆日唱花灯、伴嫁歌、舞龙舞狮、吹拉弹唱，热闹非凡。2009年乡政府投资34万余元兴建综合文化服务站，配备电脑、多媒体、图书及各类器材，实施免费开放，各行政村建设了“农家书屋”，丰富广大人民群众的精神文化需要。2014年末有学校体育场3个。有托山、石富冲等12个行政村安装了健身器材，经常参加文化体育活动的人员占常住人口的70%。

医疗卫生

1969年年底所有大队设立合作医疗，1979年大部分合作医疗组织逐步解体。1981年农村医疗事业出现大队办、乡村医生联办、个人办等形式。1988年，基本上每个行政村都设有村卫生室。1976年设坦坪卫生院，1980年改为县精神病院，后又改为坦坪卫生院。2014年年末有镇级医疗卫生机构1个，门诊部（所）24个；有床位81张；固定资产总值1330万元。专业卫生人员54名，其中执业医师7人，执业助理医师14人，注册护士8人。2014年医疗机构（门诊部以上）实现诊疗1.2万人次，19个村大部分村民参加了新型农村合作医疗，参保率95.1%。

社会保障

改革开放前，社会保障体系不完善。改革开放后，对低收入贫困户和优抚对象贫困户，给予资金、物质、技术帮扶，对“五保户”予以供养。1992年推行农村社会养老保险。2006年乡政府投资54余万元，修建了占地2500平方米的高标准敬老院，水、电、电信、网络全面配套，可集中供养36位“五保”老人，院内配有专业管理员2名，生活保姆1名。2007年实行“新农合”制度，2011年实行新农保制度。2014年城镇最低生活保障户数112户，人数161人，支出41.02万元，增长11%，月人均212元，增长9%；医疗救助96人次，民政部门资助参加合作医疗248人次，共支出2.205万元，增长180%。农村最低生活保障户数1160户，人数1226人，支出154.4万元，增长30%，月人均78.7元，增长7.5%。国家抚恤、补助各类优抚对象106人，抚恤事业费支出28万元，增长8%。社会福利费35万元，增长8%；敬老院1所，床位30张，收养农村“五保”人员11人。社区服务设施2个，其中社区服务中心1个，社区服务站1个。有慈善分会1个，全年接受社会捐款6.5万元，使260人（次）困难群众受益。五项社会保险基金收入合计105万元，增长9%；基金支出合计104.5万元，增长13%。

特色地情

名优特产

优质烤烟 坦坪是嘉禾县传统农业乡，村民有种植烤烟的习惯，烤烟种植面积基本稳定在

2000亩以上，组建了金典烟叶合作社，现有社员500余人。该镇依托土质和气候条件，种植出来的烟叶气味芳香、品质优良，是浓香型烟叶品牌，被列为芙蓉王原烟供应基地。

托山淮山 托山村连片种植淮山630多亩，托山淮山皮红肉嫩、个大味鲜，无论从品相、口感、保质期等各方面，都优于很多地方种植的淮山，有很强的市场竞争力。

"松艳"脐橙 松艳农业生态发展园采取"猪－沼－果"模式种植脐橙，纯农肥施肥，套袋生长，绿色环保，色泽鲜艳，果实饱满，味甜、脆、纯，富含多种营养成分，注册为"松艳"牌脐橙，产品被农业部门认定为无公害农产品、绿色食品和有机食品，获得"农博会金奖"，是中国农业部批准生产的无公害水果。松艳脐橙"吃了不上火"，倍受消费者青睐。

（张政　供稿）

广发镇 >>

广发镇镇政府驻地位于广发圩场而得名，广发圩因建于唐朝的广发寺而得名。2000年被中共郴州市委、郴州市人民政府评为“村民自治模范乡镇”；2013年度被评为市级安全生产示范乡镇、全市学法用法示范乡镇。

区域概况

位置面积

广发镇位于嘉禾县西北部，镇区地处北纬25° 30′ 12″至25° 36′ 27″，东经112° 31′ 3″至112° 35′ 22″。镇政府距县人民政府所在地城关镇14公里。西面和北面分别与永州市宁远县和新田县接壤，东与坦坪乡、莲荷乡毗邻，南与盘江乡相接。广发由建于唐朝的广发寺而得名，镇政府驻广发圩场，电话区号0735，邮政编码424501。2013年，撤乡改镇后的广发镇总面积63.2583平方公里，其中镇区4.5公里。有耕地面积18108亩，其中水田面积13990亩，旱土面积4118亩。

建制沿革

明崇祯十二年（1639）至清朝末年，属嘉禾县西北富乐乡。1912—1914年沿袭清代旧制，后乡改区，属广发区。1938年置广发乡。1950年1月，县治设区，属第一区。1956年撤区并乡，属广发乡。1959年10月，广发、坦坪、莲荷、盘江4乡合并，成立东风人民公社；同年12月，改为广发人民公社，属蓝嘉县。1961年划出坦坪、莲荷、盘江；5月，复属嘉禾县。1984年3月，撤公社，置广发乡。2013年撤乡改镇，原盘江乡云里村划入广发镇建制。

行政区划

新中国成立前境内行政区划不详，1950年5月至1954年6月，设第四区，区政府设在广发圩，辖广发、大塘、忠良、坦坪、谢家、莲荷、石燕、盘江、云里9个乡。1954年7月至1956年4月辖广发、忠良、白觉、大塘、大村、陶岭、马峰、莲荷、平世、石燕、坦坪、石富冲、谢家、水溪、托山、盘江、云里、宅侯18个乡。1956年5月撤区并乡后至1958年9月设广发乡，驻地为广发圩。辖原广发、忠良、陶岭、白觉、马峰、大塘、大村、水溪8个小乡。1958年10月公社化初期设东风人民公社，驻地为广发圩。12月属蓝嘉县管辖。1959年年底，东风公社改名为广发人民公社。1961年5月复属嘉禾县。辖区划出莲荷、坦坪、盘江公社。1964年辖广发、楚江、马丰、乌泥塘、白觉、青山、门头、新元坊、忠良、西溪、平丰、大塘、圳头、大村、欧家塘15个生产大队173个生产队。1974年辖广发、楚江、马丰、乌泥塘、乐仁坊、白觉、头岭、忠良、西溪、平丰、圳头、大村、大塘、欧家、大田、平世、松家、水溪18个生产大队，176个生产队。1984年3月，公社改乡，辖区未变。2013年撤乡改镇，原盘江乡云里村7个自然村，10个村民小组划归广发镇建制。2014年末，辖广发、大塘、新儒峰、老儒峰、邹山、水头岭、欧家塘、兰白塘、忠良、陶岭、新元坊、楚江、青山、马峰、白觉、瑞溪、乌泥塘、乐仁坊、大村、平峰、圳头、西溪、云里23个村民委员会及广发居委会，共76个自然村，194个村民小组。

自然环境

镇区境内大部为丘陵，地势西南高东北低。地面高程一般在海拔246～283米，最低点大成河海拔242米，最高点陶岭464米。镇域处亚热带季风气候区，其特点是四季分明，热量充足，雨水集中，春温多变，夏秋多旱，严寒期短，暑热期长。多年平均温度18.1℃，1月平均气温6.8℃，极端最低气温-6.5℃（1975年12月15日）。最低月均气温0.2℃(1977年1月)，最高月均气温36℃。平均气温年较差22.3℃，最大日较差23.3℃（1987年3月8日）。无霜期年平均296天，最长达360天，最短为224天。年平均日照时数1443.2小时。0℃以上360.3天，年平均降水量1408.8毫米，年平均降雨日数为165天，最多达208天，最少为139天。极端年最大雨量2063.4毫米(2006年)，极端年最少雨量966.8毫米（2003年）。降雨集中在每年3月至8月，5月最多。年最多冰冻日数19天，一次连续最长为15天，出现在2008年1月21日至2月4日。境内土壤以水稻土和红壤土为主，全境23个行政村的土壤大体相同。

人口民族

新中国成立前，境内人口数不详，1973年广发公社人口总数为23393人。实行计划生育政策以后，人口生长得以控制。1982年第三次全国人口普查境内总人数为22964人，其中男性11715人，女性11249人，少数民族1人。2000年第五次全国人口普查总人口29042人，其中男性15518人，女性13524人，6个少数民族共13人。2014年末，镇总人口39008人。其中男性20645人，女性18363人，非农业人口1107人，18岁以下9773人，18～38岁11895人，30～60岁13345人，60岁以上3995人，人口出生率6‰，自然增长率5.6‰。

经济发展

经济综述

广发镇地处两市三县交界处，具有较强的辐射带动功能。商贸流通活跃，市场规模较大，每逢圩日，宁远、新田等地及县内商家云集，达万余人，高峰期达3万余人，边贸中心地位稳固。中共十一届三中全会后，坚持以经济建设为中心。1982年试行农业生产责任制和家庭联产承包责任制，温饱问题逐步解决。次年富余劳动力开始流往广东务工，至1988年流往广东务工人员多达8000余人，成为嘉禾县第一劳务大乡。1993年开始，广发乡村民利用嘉禾煤炭资源丰富的优势，大量购置货车贩运煤炭到广东、广西等地，最高峰时期拥有800余辆大小货车。1994年成立白觉汽车运输公司，运输业务也由单一运煤、贩猪拓展到钢铁、水泥等运输领域。1999年，全村运输总产值达2450万元，创利税500余万元。1995年开始广发乡白觉村、乐仁坊等村新办红砖厂、石灰厂、汽车修配厂等企业8家，实现工业总产值300万元。2007年后开始大范围种植烤烟，

2008年以来，每年种植烤烟7000亩，年收购烤烟2万担。2014年镇财政收入720万元，完成GDP39976万元，其中第三产业完成23315万元，固定资产投资1.4亿元，一般预算收入1780万元，税收1010万元。

农业

新中国成立前，境内以种植水稻为主，自由种植，自给不足。新中国成立以后，党和政府领导人民兴修水利。先后修建了千家洞、白云山、邹山水库，整修山塘276口，总灌溉面积9000亩，全境农田基本上达到了旱涝保收，85%的农田实现了灌溉自主化。1980年粮食总产达到700万千克，平均亩产385千克，比新中国成立前翻了2倍。全镇常年种植早稻面积8500亩，中稻种植面积9000亩，晚稻种植面积12490亩。玉米种植面积10000亩，花生种植面积1000亩，大豆种植面积800亩。通过多年发展，逐步形成了五大生产示范基地。即：以忠良村为核心的现代烟草农业科技示范基地；以平峰、西溪等村为主的"三味辣椒"生产基地；以乌泥塘、乐仁坊、邹山等村为主的畜牧水产生产基地；以大塘、老儒峰、新儒峰为主的水果生产基地；以马峰、陶岭等村为主的桉树林生产基地。全镇种植烤烟7000亩，"三味辣椒"种植面积1500亩，桉树速生丰产林种植面积11000亩，水产面积3500亩，富硒果业有限公司种植脆蜜桃6500亩，老儒峰脐橙合作社种植脐橙9000亩。

20世纪70年代，家家户户养猪，政府实行任务派购，分甲、乙、丙三等收购。1985年政府取消统派购制度。境内农户圈养生猪、鸡鸭，大多自产自用或自销，作为"油盐钱"的来源。联产承包责任制之后，开始有农户作为养猪专业户规模饲养生猪、鸡鸭，1997年广发水头岭农场筹建嘉禾县第一个年产万头生猪养殖场。2014年投资1.1亿元年产5万头生猪的秀山生态园正式投入运营。2014年生猪饲养量76072头，年末存栏41802头。

镇内林地资源丰富，23个行政村均有林地或林场，树种有松、杉、桉、樟、枫、油茶等。2014年，

广发烟海

境内共有林地面积49086亩，其中公益林12016亩，蓄积量36911立方米，森林覆盖率为54.3%。

工业

新中国成立前境内工业空白，新中国成立以后工业发展缓慢。1995年后，境内白觉村、乐仁坊等村新办红砖厂、石灰厂8家工业企业，实现工业总产值300万元。2005年，兰白塘村、大塘村新办环保砖厂两家。2007年开始，白觉、瑞溪兴办锰、铅冶炼厂11家，因2009年发生“血铅事件”及市场不景气，至2012年，11家锰、铅冶炼厂全部停产。2014年，镇有规模企业3家，规模工业总产值1.5亿元。

商贸服务业

中华人民共和国成立后，在广发村设有肉食品站、供销社、药店、生资公司、工商所等。20世纪80年代末，个体商贸业发展迅速，至1993年，个体经商户55户，从业人员80人。2000年，境内供销系统实行体制改革，置换职工身份30余人。2001年，广发门口垌市场建成，2002年供销市场建成。此后，镇内商贸流通网络不断健全，广发村老街和广发市场逐步失去市场功能。2012年投资600万元的嘉禾县唯一的一家五星级休闲农庄——神农家园建成，建有郴州市第二个冲浪池，年营业额突破300万元。2014年年末共有商业网点183个，从业人员260余人，社会商品零售额1826万元。

金融保险业

20世纪80年代初，县农业银行广发营业部成立。1989年，设广发信用社。90年代初，中国人民保险公司在广发设保险站。1995年成立广发农村合作基金会，1999年清理关闭了广发农村合作基金会。2014年，境内有农业银行、信用社等金融机构2个，年末存款余额5亿元，贷款余额1.5亿元。

基础设施

交通运输

20世纪60年代末，省道S215线柏油路贯穿全境5公里。80年代开始，各村开始陆续修建简易通村公路。2000年以后，各村开始陆续硬化通村公路或硬化通自然村公路。2014年9月，高等级公路嘉金路（嘉禾至广发金鸡岭）通车。2014年，境内通村公路完成100%，境内通自然村公路完成90%。

邮政通信

新中国成立后镇设广发乡邮政所，内设有电话总机室，办理邮政、报刊发行、电报电话业务。乡政府安装有手摇电话机1台。90年代初，境内开通自动电话交换机，开通程控电话，结束人工电话历史。90年代中期，境内开通模拟移动通信系统，后又开通全球通移动通信系统。1996年，邮政与电信分家，设乡邮政所和电信分局。2000年后，手机和固定电话开始进入寻常百姓家。

供电饮水

1979年，县10千伏开关站建成，供电范围才得以延伸到乡镇，全县16处小水电站并入嘉禾县供电公司电网，1999年4月县供电公司被省电力公司代管，更名为嘉禾县电力公司。全镇使用国家电网供电，由广发供电所负责全镇供电服务管理。改革开放初，群众生活用水基本上是到村水井中挑。2014年完善镇区供水主管网铺设及设施建设，实施广发、水头岭、楚江、大村自来水进村入户工程，接县自来水公司集中供水，群众安全饮水率100%。

水利建设

1956年，镇建成全省人工坝体最长的千家洞水库，库容800万立方米。1966年建成邹山水库，库容200万立方米。1963—1975年，先后修建栗岭水库、冷口水库、冷溪水库、下凉亭水库、白云山水库；整修山塘447口。2007—2013年，共投入1200余万元完成水库除险保安工程5次；投入1.1亿元实施烟田土地整理工程3次，共整理土地1万亩，建成机耕道15公里，护砌"三面光"水渠18公里。农田基本达到旱涝保收。

村镇建设

自明清时期起，广发村一条老街和广发市场形成集镇。从20世纪80年代起，开始在省道215线广发村段两厢形成商贸区。2000年，对水头岭至广发卫生院由简易路改造升级为水泥路。2007年，对省道S215线广发村段由柏油路改造升级为水泥路。2014年，广发镇被列为全国小城镇建设重点镇和嘉禾县城乡一体化示范镇，至此拉开供电、供水、道路、排污、立面改造帷幕，实施内容包括镇区"三纵一横"2500米主干道道路油化、人行道铺设、给排水系统完善、绿化亮化及环卫消防设施配置、管线下地等工程；完成政府院内及公租房建设，院内道路油化，空坪绿化、球场、停车场建设；对畜牧站通过闲置资产处置，建设一个中型客运站；对临街废旧房屋进行清理和改建新房，统一制作各类广告牌和门店招牌，电力、电信、有线电视等管线规范整治，实施部分房屋墙体立面改造，取缔马路市场，开展镇区见缝插绿的小游园建设及单位庭院和空坪闲地绿化提质，创建市级卫生镇。

社会事业

教育科技

民国以后，科举制度废除，广发多村的私塾仍然盛行。1950年后，忠良、大塘等村陆续开始由人民政府公办学校。"文化大革命"后，取消了高考制度，工农兵推荐上大学，1977年恢复高考制度，1989年开始实行普及九年制义务教育，乡民文化素质大幅提高。2014年年末有幼儿园5所，在园幼儿521人，专任教师26人；小学14所，在校学生2598人，专任教师108人，小学适龄儿童入学率100%；初中1所，初中在校学生952人，专任教师80人。初中适龄人口入学率、小升初升学率、九年义务教育覆盖率均达100%。2014年财政预算内经费460.2万元，预算内教育经费占财政总支出比例为42.2%。

文化体育

1953年县文化馆在广发建立了全县第一个文化站，为县文化馆的派出机构。1956年3月该站移交广发区后，由于管理不善渐趋消亡。1965年4月，建立民办公助文化站。1969年，受"文化大革命"冲击，文化站解体。1974年12月重新恢复公社文化站。1976年12月，公社成立了电影队，1983年2月13日，公社影剧院落成并举行首场电影放映。20世纪80年代电视进入了寻常百姓家。镇文化站对深化改革，发展商品经济，推动两个文明建设都发挥了巨大作用，也是广大群众的迫切要求。2014年镇内设有文化站1个，村级、居委会文化活动中心23个，各类文化专业户30户，各类图书室和农家书屋24个，藏书10万余册。广播电话站1个，村级广播站21个。镇内学校、村级有体育场18个，腰鼓队2支，篮球队及各类文艺体育团体23个，成员600余人。

医疗卫生

20世纪70年代初，实行农村合作医疗制度，各村设立农村合作医疗点，由赤脚医生负责常见病诊治，至80年代初取消。1984年广发卫生院成立。2007年开始实行农村新型合作医疗保险制度，2010年广发卫生院住院大楼建成，2011年实行基本药物零利润制度。2014 年末有各级医疗卫生机构 1 个；有床位 50 张，固定资产总值 420 万元。专业卫生人员 34 名，其中主治医师 1 人，执业医师 4 人，执业助理医师 6 人，注册护士 6 人。34955 个村民参加新型农村合作医疗，参保率 85%。

社会保障

20 世纪 60 年代起，由生产队对鳏寡孤独的老人和无劳动能力的残疾人实行“五保”。90 年代初，镇民政办成立，履行优抚军人和“五保户”救助补助职能，2005 年起又履行低保职能。2006 年，镇敬老院建成投入使用。2007 年开始启动农村新合作医疗保险制度，2012 年开始启动新农村养老保险制度。2014 年城镇最低生活保障人数 59 人，支出 27.5 万元，月人均 388 元，比上年增长 20%；医疗救助 108 人次，共支出 17.82 万元；民政部门资助参加合作医疗 416 人次，共支出 33280 元，比上年增长 124%。农村最低生活保障户数 1055 户，人数 1055 人，支出 133.65 万元，比上年增长 7%，月人均 103 元，比上年增长 12%；国家抚恤、补助各类优抚对象 97 人，抚恤事业费支出 73.7 万元，比上年增长 9%。社会福利费 48 万元，比上年增长 11%；“五保”人数（含孤儿）251 人，月人均 195 元，共支出 58.86 万元，敬老院 1 家，床位 30 张，收养农村“五保”人员 14 人。比上年增长 16%。参加新型农村养老保险 1.1 万人，参保率 74%。

特色地情

名优特产

三味辣椒　集香、辣、甜三味于一身的嘉禾辣椒，以其特有的色、形、香、味而享誉国内外，在民间种植历史悠久。其椒尖味甜，椒身味辣，椒蒂味带果香，是湘菜、川菜调味配色的必备品。含多种维生素，具有开胃增强食欲之效，是居家旅游的常备口味小吃佐料。

湘嘉鱼　“湘嘉鱼”是指在嘉禾千家洞水库生长的各类鱼的总称。这里生长的各种鱼类体形肥美。一是肉味鲜而不腥；二是肉质细嫩紧凑；三是鳞片薄，鱼皮厚，胶质含量高。

风景名胜

大口岩　大口岩是典型的喀斯特地质构造的溶洞，其洞规模宏大，具有洞奇、气爽、温恒等特点。虽然大口岩直线长度不过三公里，但它洞中有洞，洞上有洞，洞下有洞，洞旁有洞，洞下有水，水中有洞。复杂的地形、奇特的结构形成了迷宫式的格局，令好奇者探索不尽。

千家洞水库　嘉金路旁的千家洞水库，湖面 2500 亩，库容量 800 万立方米。库区周边山峦起伏，太阳西下，晚霞遍红，一幅日射寒潭的奇妙之景，极具诗情画意。湖水优醇柔净，碧蓝清湛，有“小桂林”之称。水库盛产味醇可口的湘嘉鱼。

神农家园　位于嘉禾县广发乡千家洞水库，距离嘉禾县城 15 公里，占地 2670 余亩，依山环水，树木葱郁，景色宜人，一年四季风景如画。是全国科普惠农兴村先进单位、全省先进农村科普示范基地、省级非物质文化遗产嘉禾民歌传承基地、湖南省五星级休闲农庄和湖南省五星级乡村旅游区点。

民俗风情

抖糍粑　逢年过节，家家户户抖糍粑，不论是大人小孩其乐融融。糯米抖糍粑工序简单，将优质糯米泡发、沥干、蒸熟，再将蒸熟的糯米倒入石臼用木钎锤拌烂，直至胶糊一团。然后再用手工分掰成拳头大小一团将其压扁成巴掌大小，厚度约两厘米一块的圆糍粑，自然冷却后，食用时或火烤，或油炸，其味道芳鲜，酥软可口，让人赞不绝口，垂涎三尺。

（曾大夯　供稿）

盘江乡 >>

盘江乡因原驻地盘江村得名。盘江村因石燕河径流全境，境内山水相依，如娇龙盘旋，又似玉溪缠环故得名。盘江村因修建盘江水库淹没，乡政府驻地迁至井塘村新圩自然村后仍用原名。盘江乡是湖南省环境优美乡镇、湖南省级依法行政示范乡镇、郴州市平安乡镇。

区域概况

位置面积

盘江乡位于嘉禾县城西部，乡政府驻地新圩村，距县城 7.5 公里，地处郴（州）永（州）两市、嘉禾宁远蓝山三县交界，省道 S 322 线嘉宁公路贯穿全境。位于北纬 25° 35′ 24″至 25° 38′ 17″，东经 112° 14′ 3″至 112° 21′ 7″。东、南与珠泉镇接壤，西与永州市宁远县太平镇、蓝山县楠市镇毗邻，北与广发镇相连。全乡区域总面积 40.9551 平方公里，东西最大距离 11.8 公里，南北最大距离 5.3 公里，其中陆地 31.1 平方公里，占 83.6%；水域 6.1 平方公里，占 16.4%。耕地面积 10031 亩，其中稻田 6055 亩，旱土 3976 亩，人均 0.7 亩。人口密度为每平方公里 330 人。乡人民政府驻井塘村新圩自然村。电话区号 0735，邮政编码 424509。

建制沿革

明崇祯十二年（1639）至清朝末年，属嘉禾县东南上乡。1912—1914 年沿袭清代旧制，后裁并为区，属城区。1938 年属晋屏乡。1950 年 1 月，属第四区盘江乡。1958 年 10 月，盘江、广发、坦坪、莲荷 4 乡合并，成立东风人民公社，同年 12 月，属蓝嘉县广发人民公社。1961 年 3 月，从广发人民公社划出，建立盘江人民公社；5 月，复属嘉禾县。1973 兴修盘江水库，乡政府搬迁至现驻地，沿用原名。1984 年 3 月，撤公社，设盘江乡。

行政区划

新中国成立前，境内行政区划不详。1950 年 5 月至 1954 年 6 月属第四区所属盘江乡、云里乡、宅侯乡。1956 年 5 月撤区并乡后至 1958 年 9 月设盘江乡，乡人委会驻地为盘江村。辖区为原盘江、云里、宅侯三乡。1958 年 10 月人民公社化初期属东风人民公社管辖，公社驻地为广发圩，12 月属蓝嘉县辖。1960 年东风人民公社改名为广发人民公社。1961 年 5 月，复属嘉禾县辖区。从广发公社析出，设盘江人民公社，驻地盘江村。1964 年辖泉凤、李家、邓家、龙里、井塘、朱木山、帅家、平田岭、关冲、广塘、长田尾、宅侯、云里 13 个大队。91 个生产队。1974 年辖：老儒丰、新儒丰、云里、长田尾、宅侯、关冲、帅家、平田岭、龙里、井田、石马、泉凤、12个生产大队111个生产队。1984年3月公社改为乡。设乡以来盘江辖1个居民委员会，泉凤、邓家、李家、龙里、井塘、朱木山、帅家、关冲、平田岭、广塘、长田尾、宅侯、云里13个村民委员会，64个自然村；设1个居民小组、104个村民小组。2012年乡镇区划调整，2013年云里行政村7自然村、10个村民小组成建制划到广发镇。2014年末，辖泉凤、邓家、李家、龙里、井塘、朱木山、帅家、关冲、平田岭、广塘、长田尾、宅侯、12个村民委员会和1个居民委员会57个自然村、94个村民小组。

自然环境

盘江乡辖区属典型的丘陵地区，地势由东北向西南逐步攀高，海拔210～350米，最高点平田岭海拔750米，最低点泉凤村海拔188米。属温带季风湿润气候区，四季分明，平均气温摄氏16.5℃～17.5℃，平均降水量约1300毫米，降水日约155天，常年有强风暴雨冰雹气象。土壤分为水稻土、红壤土、沙泥土和潮土四大类。全乡12个行政村的土壤各有不同。境内森林资源丰富，山青林密，鸟语花香，截至2014年，全乡宜林荒山绿化率达99.5%，森林覆盖率达76%，拥有湖南省最大的古金丝楠木群落，其中百年以上树龄的古树达60余株。境内水资源丰富，水库众多，其中盘江水库是嘉禾县最大的水库和最主要饮用水源保护地，供应全县近20万人日常生活用水。农业以优质水稻、优质西瓜、蔬菜、花卉苗木、水果种植为主。境内有铅锌、白云石、膨胀土等矿产资源。

人口民族

新中国成立前人口数不详。1973年人口为7718人。实行计划生育政策后，人口生长得到控制，1982年第三次全国人口普查总人口为10128人，其中男性5128人，女性5000人，少数民族1人。2000年第五次全国人口普查总人口为9071人，其中男性4834人，女性4237人。3个少数民族共13人。2014年辖区总人口14456人，其中男性7951人，占55%；女性6505人，占45%。14岁以下3034人，占20%；15岁～60岁10145人，占70%；60岁以上1580人，占10%。城镇化率2.2%。2014年人口出生率11.7‰，死亡率5.01‰，人口自然增长率6.9‰。

经济发展

经济综述

自明清民国时期，大部分村民靠种粮种菜、辣椒等经济作物维持生活。中华人民共和国成立后，乡内经济逐年发展，农业以种植水稻、蔬菜、水果及其他经济作物为主。工商业在乡内先后办起了农机铸造、缝纫厂、木材加工、水泥预制板、林场等乡办企业。新中国成立至1978年，乡财政收支由秘书和粮油委员兼管。1978年，乡财政收入52.8万元，其中税收收入48.6万元，主要为工商和农业税，财政总支出52.8万元，主要为支援农业、行政管理费和上解县财政。中共十一届三中全会后，坚持以经济建设为中心，1980年试行农业生产责任制，粮食总产达340万千克，平均亩产455千克，工农业总产值127万元。1985年完善家庭联产承包责任制，温饱问题逐步解决。工商企业实行以“承包经营”为主的企业改革，乡办企业先后实行各种形式的承包责任制，实现工业总产值210万元。2005年农村税费改革，取消农林特产税和“三提五统”，调低农业税税率，2006年取消农业税。2014年实现国内生产总值17635.77万元，增长8.68%；全社会固定资产投资6200万元，占年度任务的103%；完成财税180万元，实现烟叶税40万元；存款余额5219万元，贷款余额3516万元。

农业

境内主要种植水稻、蔬菜、红薯、花生、大豆、玉米、烤烟等作物。新中国成立后，政府鼓励农民种植水稻，分早、晚稻两季，旱土种植蔬菜、红薯、花生、大豆、玉米及麻类等经济作物。1962年人民公社实行“三级所有、队为基础”制度，改进耕作技术，加强病虫害防治，粮食产量单产提高到200千克。1972年扩大双季稻种植面积，粮食亩产350千克。1997年试种杂交稻粮食亩产450千克。2002年扩大杂交双季稻种植面积，粮食亩产达到750千克。2014年生产粮食6603吨，人均557千克，其中稻谷4944吨，其他1659吨；种植蔬菜5928亩，产量9485吨；西瓜种植1250亩，产量1300吨，实现农业总产值11308万元；农民人均纯收入7359元，同比增长8.9%。

境内群众以养殖牲畜、牛、羊、鸡、鸭、鱼等畜禽水产为主。养鱼则主要靠自然孵化鱼苗、自生自长、产量低。新中国成立后，政府鼓励农民养猪、养鸡、鸭，开始发展池塘养鱼，20世纪70年代，家家户户养猪，政府实行任务派购。1985年取消征、派购任务。大力发展规模化养猪专业户，年出栏牲猪4000多头。2014年全乡有生猪、牛、羊养殖户8家，存栏牲猪6858头，出栏5435头，牛存栏458头，出栏259头，羊存栏458头，出栏259头，家禽5.5万羽，有养殖水面120多亩，出鲜鱼12.8吨。

全乡共有林地面积2.84万亩。新中国成立前林地归私人所有，多自生自繁，树种有杉树、松树、楠竹、樟树等。1951年成立农林互助组、合作社。1958年林地收归公社、大队、生产队三级所有，由于“大炼钢铁”树木被砍伐殆尽。1963年贯彻中央政策，山林权固定在大队、生产队。1975年成立盘江乡林场，大面积种植杉树、松树、楠竹等，共造林2600余亩。1981年山林定权发证，山林权属为大队、生产队集体所有。2006年各村林场相继逐年发包给专业农户，承包期一定30年，种植柑橘、桉树、油茶、国外松、杉树等树种，森林覆盖率76%。

工业

盘江一直是以农业、林业生产为主，鲜有工矿企业。20世纪80年代，全国大力发展乡镇企业，境内先后办起了农机铸造、缝纫厂、木材加工、水泥预制板、林场等乡办企业。2000年以来，盘江乡作为全县集中供水水源地和生态绿色乡镇来打造，除林业外这些企业全部退出盘江乡。

商贸服务业

明、清、民国时期，境内只有几家小商贩。新中国成立后，在党政机关所在地设有肉食品站，供销合作社、粮站。供应生产、生活资料和收购农副产品。20世纪50年代建百花庙市场，主要交易土特产、木材、煤炭、家禽，成了嘉禾、蓝山、宁远3县的边贸市场。1998年全县商业供销系统体制改革，置换公有制商贸企业3家。2005年商业系统改制结束，私营个体商业成为流通领域的主体。2014年境内社会商品零售总额2500万元，同比增长5%。

其他产业

依托创建南岭国家森林公园的契机，大力发展休闲旅游业，打造了盘江“美食一条街”，形成以石古园渔村、碧水山庄、聚香阁、龙凤家园为龙头的餐饮服务业，打造了观赏楠木群、帅香公园、盘江银湖、黄甲岭（又名小利毛）梯田、民生广场“一日游”项目。发挥生态优势，建设了“三个千亩基地”，即：以宅侯为中心的千亩贡米基地，品牌越来越大，产品供不应求；以泉凤为中心的千亩蔬菜基地，成了县城人民的“西郊菜园”；以井塘苗木、广塘至井塘嘉宁路沿线莲藕种植的千亩花卉苗木基地，年销售额达1000万元。

基础设施

交通运输

在20世纪70年代以前，境内的交通条件相当落后，基本是泥路、石板路。1970年修建了县城至盘江公社的通乡砂石公路，公路贯穿东西，横贯全境，交通条件大为改善。2006—2009年，省道S322线嘉宁路建成，盘江的交通条件发生了质的飞跃；2002年硬化了盘江第一条通村公路(井塘桥至木栗园自然村)，之后全乡12个行政村积极争资立项，共硬化通村公路53公里，通行政村公路硬化率达100%。

邮政通信

1961年成立人民公社，境内邮电建设在区内，只有电话总机室，办理邮政、报刊发行、电报电话业务。公社只安装有一台手摇电话机，为电信之始。以后业务量逐年增加。1991年，县邮电局在乡内开通120门电话交换机，结束人工电话历史。1999年，开通程控电话，实现市、县电话联网。2014年有程控电话固定电话用户1100余户，移动电话用户5000余户，互联网用户250户。

供电饮水

自1974年修建盘江水库，接上县城电网，水库工地开始用电，1979年全乡用电，供电单位是嘉禾县小水电站管理站。1999年4月全乡使用国家电网供电，其中泉凤、邓家、李家村接马托变电站电，其余村接广发变电站电，供电管理由珠泉供电所负责，电网改造率100%。乡民饮水一直以井水、山涧水为水源。2000年，建成盘江水厂，为全县集中供水水源地。泉凤、李家、邓家、井塘、朱木山、帅家等6个村村民绝大部分使用县自来水公司城乡一体化供水；宅侯、长田尾、广塘、关冲等4个村大部分村民使用藕塘水库自来水供水；龙里村自建水池供自来水，平田岭村自引山涧自流水供水，农户安全饮水率100%。

水利建设

新中国成立前，防汛抗旱能力较低。新中国成立后，大力兴修水利工程，1970—1976年，全县最大的水库——盘江水库新建，并修建了东干渠、北干渠、左干渠、右干渠，分别引水到城关、莲荷、钟水、石羔等周边乡镇灌区，灌溉面积达75000余亩。境内先后修建了石古园水库、藕塘水库2座小Ⅰ型水库；泥泊冲水库、大炮岭水库、塘凹理水库等3座小Ⅱ型水库，整修山塘136口。2008年以来，筹资1000多万元完成了盘江水库、石古园水库、藕塘水库等水利设施整修工程。2013年投资200多万元完成龙里、邓家村烟水配套工程，整修各类大小山塘20余座；投资500余万元，完成泉凤、李家、井塘村农业开发项目。同时其他农田水利基础设施建设不断完善，各村渠系改造，山塘清淤全面启动，抵御自然灾害能力不断增强。

镇村建设

1998年乡政府办公大楼新建完工。2000年计生国策楼、乡卫生院办公、门诊、住院大楼建成，固定资产380万元。2011年乡敬老院新建大楼落成，通过验收投入使用；投入50万元完成高标准化政务服务大楼建设，投入使用，2012年政务服务中心被市委、市政府评为“先进单位”。改革开放后，村民开始外出广东、海南等地务工、经商，经济条件逐步好转，开始兴建红砖混凝土平房。2000年以来，大部分农户建有3～4层小楼房，液晶电视、摩托车、移动电话、电脑、空调、全自动洗衣机、小轿车等高档商品走入寻常百姓家。2009年以来，先后组织开展城乡清洁、绿化、亮化工程，以及乡镇“八个一”和农村社区“十有”建设、乡政府“五小”设施建设，植树造林1万余亩，种植行道树1万余株，新建成或改扩建了百花庙市场、乡政务服务中心、朱木山样板街道、嘉宁路盘江段一体化示范带、井塘花卉苗木基地、石古元渔村、民生广场等“八个一”工程，实现了城乡环境卫生长效保洁，安装路灯1500余盏，所有行政村主干道路灯亮化100%，12个行政村农村社区建设实现全覆盖，通行政村道路硬化100%，乡政府“五小”设施全面完成，人民群众生产生活条件全面改善。

社会事业

教育科技

清朝、民国时期为私塾教学，以村为单位聘请教师进行教学。中华人民共和国成立后，政府倡导新式教育，乡内小学渐增，帅家村以上的广塘、长田尾、关冲、宅侯等村的学生到广发乡新儒峰完小就读，帅家村以下的朱木山、井塘、李家、邓家、泉凤、龙里等村的学生到晋屏中心完小（后改为文家小学）就读，全乡另有初级小学11所。1958年设立石马联校，李家、邓家、泉凤、龙里等村的学生到该校就读；“文化大革命”期间，成立毛泽东思想文艺宣传队，普及和学习毛泽东语录和扫盲活动。1969年公办学校下放到大队，由贫下中农管理学校，执行“群众办学”方针，实现“读高中不出公社，读初中不出大队”。1973年盘江公社驻地迁到井塘新墟村后，设立了盘江中心完小，同年设立盘江中学，设高中班、初中班。20世纪90年代，各村纷纷新建教学楼。2000年石马联校被撤销。2005年提倡集中办学，先后新建泉凤邱超荣希望小学，长田尾明德小学。2014年境内有初中1所，在校学生428人，专职教师25人；中心小学1所，有1～6年级共8个班，学生323人，教师23人。公办幼儿园1个班拥有学生18人，教师1人。村级小学4所，有在校学生396人，专任教师19人；有民办幼儿园2所，在园幼儿268人，专任教师11人。幼儿入园率、适龄儿童入学率、小学升初中升学率、九年制义务教育覆盖率均为100%。近年来学校教学质量有大幅提高，学校目标考核多次获得县二、三等奖，2014年艺术节获得团体总分全县第二名（仅次于珠泉完小）。

文化体育

1974年7月，建立公社文化站。1976年12月，公社电影队建立。改革开放后，群众文化生活越来越丰富，境内设有文化站1个，村级及居委会文化活动中心12个，各类图书室和农家书屋13个，藏书7.5万册。广播站1个，有线电视用户810户。境内有学校体育场10个，有12个村安装了各类健身器材。有腰鼓队、龙狮队、广场舞队、篮球队等各类文艺体育团体10个，成员228人。2005年10月31日，盘江乡关冲村举重女将邓建英，在澳门举办的第四届东亚运动会上，以抓举、挺举总成绩218千克的绝对优势，夺得了女子53千克级举重金牌。

医疗卫生

20世纪60年代，设乡卫生院。70年代初，实行农村合作医疗制度，看病不出村。90年代，实行农村卫生一体化管理，乡卫生院对婴儿接种卡介苗等4种疫苗。2014年年末有乡级医疗卫生机构1个，建筑面积2000平方米、是嘉禾县新农合定点医疗机构，现有医务人员15人，其中主治医师1人，主管药师1人，执业（助理）医师、

盘江水库

执业护士12人。卫生院开设有门诊部、住院部及公共卫生科，能够开展常规B超、心电图、血常规、尿常规、血糖、肝功能等检查，现在新农合报账制度，实行卫生院“门诊10+住院200”的报账模式。卫生院下辖9个农合定点村卫生室，实行10元报账模式。2014年医疗机构（门诊部以上）完成诊疗4000人次，新型农村合作医疗参保率86.1%，共报销医药费260万元。

社会保障

改革开放前社会保障体系不健全，改革开放后社会保障体系逐步完善。2007年实行新农合制度，2011年实行“新农保”制度。2014年年末，全乡有“五保”供养对象140人，其中集中供养12人。2011年乡级敬老院建成，“五保户”入住率达90%。农村低保821户910人；城镇低保16户21人；残疾人185人；救济特贫困户632户，发放救济款10万元。“新农保”参保5203人，参保率达98%；“新农合”参保10041人，参保率达86.1%。城镇新增就业人员260人，失业再就业60人，困难对象就业30人，农村新增转移就业380人。

特色地情

名优特产

宅侯贡米　宅侯村土地肥沃、山泉灌溉、昼夜温差大的“小气候”，造就了宅侯贡米口感细腻、醇香绵长的优良品质。2012年宅侯贡米荣获“中国中部（湖南）国际农博会”金奖。相传1667年，康熙派宗人府高衍到九嶷山祭告亲政，途经南岭“万寿庵”吃了庵里的斋饭，觉得米饭清香软滑，带回给康熙帝食用后令县令年年进贡，宅侯贡米因此得名。如今的宅侯贡米供不应求，在各特产城、大中型超市随处可见，是嘉禾的“贡米禾仓”。

风景名胜

盘江银湖（盘江水库）　位于境内石燕河上游，1970年开始移民，1973年建成，库容量1800万立方米，水域面积2760亩，是嘉禾县境内最大的水库，20世纪90年代，县委县政府决策将盘江水库的水引进县城，解决了越来越多城市人口的饮水问题，水库四周群山环抱、景色宜人，是体验自然、享受自然的好去处。

（雷丰华　供稿）

附录

2000—2015 年嘉禾县行政区划变更一览表

<table>
<tr><th>2000 年 12 月至 2012 年 4 月</th><th>2012 年 4 月至 2015 年 11 月</th><th>2015 年 11 月后</th></tr>
<tr><td>盘江乡</td><td>盘江乡</td><td rowspan="2">晋屏镇</td></tr>
<tr><td>石羔乡</td><td rowspan="4">珠泉镇</td></tr>
<tr><td>城关镇</td><td rowspan="4">珠泉镇</td></tr>
<tr><td>钟水乡</td></tr>
<tr><td>莲荷乡</td></tr>
<tr><td>车头镇</td><td>车头镇</td></tr>
<tr><td>塘村镇</td><td>塘村镇</td><td>塘村镇</td></tr>
<tr><td>袁家镇</td><td rowspan="2">袁家镇</td><td rowspan="2">袁家镇</td></tr>
<tr><td>泮头乡</td></tr>
<tr><td>龙潭镇</td><td>龙潭镇</td><td>龙潭镇</td></tr>
<tr><td>普满乡</td><td>普满乡</td><td>普满乡</td></tr>
<tr><td>石桥镇</td><td>石桥镇</td><td>石桥镇</td></tr>
<tr><td>田心乡</td><td>田心镇</td><td rowspan="2">坦坪镇</td></tr>
<tr><td>坦坪乡</td><td>坦坪镇</td></tr>
<tr><td>行廊镇</td><td>行廊镇</td><td rowspan="2">行廊镇</td></tr>
<tr><td>肖家镇</td><td>肖家镇</td></tr>
<tr><td>广发乡</td><td>广发镇</td><td>广发镇</td></tr>
</table>

临武县

概述

临武县位于湖南省南部，南岭山脉东段北麓，东西宽45公里，南北长51公里，土地总面积1375.24平方公里。县境东部和东南部与宜章县为邻，南部与广东省连州市接壤，西南部与永州市蓝山县相靠，西北部与嘉禾县毗连，北部与桂阳县交界，东北部与北湖区相接。2014年，全县总人口39.46万人，地区生产总值100.29亿元，三次产业结构为11.6 ∶ 48.7 ∶ 39.7；实现工农业总产值143.33亿元，社会消费品零售额25.70亿元，财政总收入11.48亿元，固定资产投资94.10亿元；年末城乡居民储蓄存款余额73.73亿元，全年城镇居民可支配收入20077元，农民人均纯收入8041元。

临武地肥水美，农业特产众多。境内地貌以山地、丘陵、平原为主，武水河（珠江二级支流北江上游）贯穿其中；属亚热带季风性湿润气候，雨水充沛、光照充足，农业生产的自然条件十分优越，是传统的农业县。中国共产党十一届三中全会后，推行农村家庭联产承包责任制、免征农业税、实行粮种补贴，进一步解放了农村生产力。2009年，临武提出“三县建设”战略目标，把农业产业化作为“特色县”的重要内容强力推进，临武鸭、沙田牛巴、大冲辣椒、双溪香芋等名优产品享誉全国，临武乌梅、周家蜜枣、临武红心桃等特产声名鹊起，“小水果之乡”成了临武一张响当当的名片。

临武矿藏丰富，工业门类齐全。境区素有“小有色之乡”、“煤炭之乡”美誉。已探明的矿物有9类42种，其中锡储量居全国第四位，铷、钨、铅、锌、钽、铌储量居全省前五位；煤炭资源量大质优，曾是全国200个重点产煤县之一；国宝“香花石”为全世界独有，名宝石“通天玉”誉满湖湘。凭借得天独厚的矿产资源，境内早在五代时期便已出现采矿业。新中国成立后，大力发展社队（乡镇）企业，香花镇、镇南乡、万水乡的有色矿采选；武水镇、汾市镇的有色金属精深加工；金江镇、水东镇、麦市镇的煤炭采掘，舞动了全县的工业龙头。2000年后，进一步深化改革、筑巢引凤，武水镇成了承接沿海产业转移的工业园地，全县工业格局趋于合理、门类相对齐全。

临武交通便利，物流商贸繁荣。境区位于湘粤交界处，湘粤古道自桂阳入境，经金江、水东、汾市、同益、武水、南强等地出县，南通广东，北达衡（阳）长（沙）；水路自汾市起，经水东，过宜章县境，与珠江各码头相连。交通枢纽之地位，使临武自秦汉起就扮演着军事重镇和货物集散地的角色，汾市和水东更是古代湘南“二州八县”最繁华的商贸中心。新中国成立后，修通了临武至宜章、桂阳、嘉禾、广东连州的公路。20 世纪 90 年代，程控电话、移动电话开通和公路提质改造，为商贸业注入了新的活力。2012 年，纵贯全境的岳临高速公路通车，临武县交通建设实现新的发展。

临武历史悠久，文化底蕴深厚。古志记载，临武于楚考烈王三年？设邑，汉高祖五年置县，是湘南最早建县的县份之一。在两千多年的历史长河中，儒家、道家、佛家文化和谐共处，湖湘文化与岭南文化交融荟萃，孕育了一代代名人志士，形成了许多极具特色的地方民俗和历史文化遗迹。中华人民共和国成立后，县乡十分重视科教文体事业，加大资金投入，合理配置资源，教育事业得到空前发展；实施科技兴县战略，建立县、乡、村科技网络，崇尚科学蔚然成风；文体事业蓬勃发展，文体设施遍布乡村。

临武民风淳朴，人民安居乐业。居民多吃苦耐劳，豁达包容。风成于上，习化于下。中华人民共和国成立后，虽历经多次乡镇机构改革，人事变频繁动，但各届党委、政府坚持加强基层党组织建设，带领群众致富奔小康；加大基础设施投入，建设社会主义新农村，使农村变得更美好更宜居；推行新型农村合作医疗、农村最低生活保障、新型农村养老保险等惠民制度，农民病有所医、困有所济、老有所养的问题从根本上得到解决。身处伟大变革时代的临武，透着前所未有的安定与和谐。

临武县乡镇建制沿革，宋、元以前无考。明初分 4 隅 5 乡 32 里。明崇祯十二年（1639），析上乡 8 里入嘉禾县，实设 4 隅 4 乡 24 里。清顺治十八年（1661）合为 11 里 5 分。清末为 4 乡 29 里 5 分。民国 17 年（1928）设 5 区 42 团。民国 37 年（1948），设 5 乡 1 镇 75 保。1950 年 5 月，废保甲设 5 区 30 乡。2014 年，全县设 9 镇 9 乡 4 个农林场所，298 个村（居）民委员会，2427 个村（居）民小组，共计 11.64 万户。

（唐孝飞　供稿）

舜峰镇>>

舜峰镇是临武县治所在地，全县政治、经济、文化中心；2014年，被授予“湖南民间文化艺术之乡”。

区域概况

位置面积

位于临武县域中心，东与武水镇相连，南与双溪乡相接，西与西瑶乡相望，北与花塘乡相邻。境域东西长8.9公里，南北宽6.8公里，土地总面积24.12平方公里，其中陆地23.87平方公里，占98.96%；水域0.25平方公里，占1.04%。隋末，县治迁至境内，由此成为全县政治经济文化中心。1964年，镇人民政府驻地滨江巷。1981年，城关镇分设城郊公社后，原治所改用城郊公社治所，镇人民政府治所搬迁至解放中路。1992年，镇人民政府治所迁至东云路。2004年，再迁至临武大道旁。

建置沿革

民国17年（1928），属第一区。民国27年（1938），属在城乡；民国37年（1948），更称在城镇。1949年12月，临武解放。次年，全县设5个区，境域属在城区。1956年，撤区并乡，始设城关镇。1958年，属五星人民公社。1959年，临武、宜章两县合并，属临武人民公社。1961年，复设临武县，属武水人民公社。1964年，复置城关镇。1970年，改称城关人民公社。1981年，分城关人民公社为城关镇与城郊公社。1984年，城郊公社更称城郊乡。1986年，城郊乡并入城关镇。2012年，城关镇更名为舜峰镇。

行政区划

1981年，城关镇成立时，辖东城、西城、新屋场3个大队和1个居民委员会。1983年，居民委员会一分为三，依次为第一、第二、第三居民委员会。1986年，城郊乡并入城关镇，辖东城、西城、杜家、南溪、新屋场、蔬菜、曾家岭、塘下8个村民委员会和第一、第二、第三3个居民委员会，93个村民小组和104个居民小组，有20个自然村。1992年，设第四居民委员会。2004年，居民委员会改为社区，4个居民委员会依次改名为韩山、南塔、成仙观、武江社区，同时新设立东云社区。2014年，辖8个村民委员会和5个社区居民委员会，214个村（居）民小组，有20个自然村。

自然环境

境内地势西高东低，武水河由西向东穿越境内。境区西南面为丘陵山地，东南部的武水河沿岸为溪谷平原。最高峰为东城村委挂钩冲，海拔498米；最低处新屋场村武水河岸，海拔272米。主要土壤有水稻土、紫色土、红壤土。

境内气候温暖，四季分明，雨水集中在3—6月。年平均气温17.9℃、平均年降水量1421.8毫米、平均年日照时数为1486.9小时。

人口民族

1984年，城关镇有3311户，11487人，其中：农业人口1829人，占15.92%；城郊公社有1672户，7194人，全部为农业人口。1986年，城郊乡并入城关镇，辖区有6758户，总人口20259人，其中农业人口9620人，占47.49%。2000年，第五次人口普查，有11984户，总人口34426人，其中农业人口9961人，占28.93%，男性17798人，占51.70%。2010年第六次人口普查，有53608人。2014年，有20219户，总人口51139人，其中乡村人口数11900人，占23.27%，男性26165人，占51.56%；人口密度为每平方公里2120人。

境内居民以汉族为主，少数民族有苗族和瑶族，均为婚姻或就业原因迁入。2014年，有少数民族人口298人。

经济发展

经济综述

封建社会时代，境内经济以农业为主，商贸业和手工业次之，由于生产技术落后，经济发展缓慢，境内居民生活贫困。1940年，居民住宅面积平均每户不足20平方米。

临武新中国成立初期，实行土地改革和对农业、手工业和资本主义工商业的社会主义改造，通过兴修水利，植树造林，发展种养业，境内经济逐步发展，人民生活水平有较大改善。1958年的“一大二公”和1966年的“文化大革命”，使良好的经济形势受挫，境内经济艰难发展。

1978，中共十一届三中全会后，推行经济体制改革，生产力得到解放，人民群众的生产积极性得到调动，生产快速发展，生活水平明显改善。1989年，全镇实现农业总产值242万元，工业总产值603万元，农民人平纯收入1797元。居民温饱问题得到解决，黑白电视机、电冰箱、洗衣机、电风扇、自行车、缝纫机等成为消费热点，人平住宅面积7.06平方米。20世纪90年代，全面深化改革，调整工农业内部产业结构，大力发展个体私营经济，经济进入快速发展期。1999年，全镇实现农业总产值1904万元，工业总产值42791万元，人均纯收入6277元。生活消费水平持续增长，居民家庭消费支出中，食品、衣着、住房支出占68.6%，耐用消费品支出占9.2%，文体教育医疗支出占21.6%。

21世纪初，在“国退民进”大背景下，对高能耗、高污染、低产出的小型国有工业企业实行以“关、停、并、转”为主要形式的改制改革；同时调整农业产业结构，发展高效农业，大力发展第三产业。2010年，按照“商业强镇、农业稳镇、工业活镇、统筹和镇”的工作思路，全面推进现代制造业、建材仓储物流业、商饮服务业和现代农业，经济发展再上快车道。2014年，全镇实现农业总产值5876万元，工业总产值72760万元。全年国内生产总值13.94亿元，三次产业结构由2010年的3.27 ∶ 27.36 ∶ 69.37调整为2.74 ∶ 19.39 ∶ 77.87；完成财政总收入8732.13万元，固定资产投资额23669万元。居民年人平纯收入19595元，居民家庭消费支出中，食品、衣着、住房支出占55.3%，耐用消费品占6.9%，文体教育医疗占27.8%。每百户居民家庭中耐用消费品拥有量为：电视机126台、电冰箱116台、洗衣机113台、空调113台、照相摄像设备60台、计算机134台、摩托车106辆、家用小汽车10辆；人均住房面积45平方米。

农业

镇内主要种植水稻、玉米、大豆、红薯和蔬菜、水果等作物，养殖猪、牛、鸡、鸭等畜禽。新中国成立初，稻田以一季中稻后冬泡为主，少数实行稻薯连作；旱土大多是薯菜两熟制，以施用农家肥为主；山地开始大面积人工造林，种植杉树、松树等。1952年，推动农业互助合作，生产资料收归集体所有。1954年，境内试行“稻—稻—肥”连作获得成功，尔后，全面推广。1958年，化肥推广和新品种改良，使水稻种植面积不断扩大，产量有所提高。但是，大炼钢铁致使大量树木被砍，林业生态失衡。1964年，镇创办三八林场，带动群众上山造林。同时，引进畜禽良种，提高出栏率。1978年，推广杂交水稻，水稻种植面积扩大，产量提高。1984年，完成山林定权发证工作，群众造林热情高涨，1985年，境内森林覆盖率达到36.3%。1990年，全镇种植水稻596公顷，单产459千克，总产量4014吨；生猪出栏5159头、存栏5884头，家禽出笼16196羽。1996年起，大力发展养殖业，先后组建金龙养殖专业合作社、临武鸭养殖合作社。1997年，建设“吨粮田”成建制乡镇。1998年，东城村委与县林业局、花塘乡花塘村委联营，在五里牌创办马尾松速生榜样基地。当年，粮食作物播种面积637公顷，产量4401吨，其中水稻播种面积574公顷，单产470千克，总产4047吨，均创新高。2001年，启动退耕还林工作，大力发展以红心桃为主的优质水果种植。黄皮山村村民曾冬良，多年潜心研究红心桃种植技术，为解决桃果皮硬味酸的问题，曾冬良从邻村引进优质桃种进行嫁接试验，获得成功；2001年，对红心桃进行套袋种植试验，结出的果实体大，色鲜，毛少，脆、甜具备；种植成功后，曾冬良毫不保留地把技术和经验传授给村民，并辅以资金帮助，在他的带领下，全村红心桃种植快速发展，短短几年种植面积达到266.67公顷，产品远销广州、深圳、长沙、郴州等大中城市，“临武红心桃”成为小有名气的地方特产，曾冬良也因此先后被评为县“科技带头人”“科技示范户”和郴州市劳动模范。2002年，启动珠江防护林工程建设。2008年，遭遇冰冻灾害，大量树木冻死，森林面积锐减。2012年，启动三年绿化攻坚行动。2014年，全镇粮食作物播种面积608.6公顷，粮食总产量3271吨，其中水稻播种面积480公顷单产372千克，总产2677吨。水果总产量7070吨，其中：红心桃2903吨。有养殖专业户110户，养殖专业合作社2个；全镇生猪出栏8759头，年末存栏7583头；家禽出笼26.13万羽，年末存笼10.71万羽。森林覆盖率由1990年的36.00%提高到49.46%。

工业

清末民国时期，境内手工业生产主要集中在铁器、竹木器、纺织、缝纫、鞭炮、建材等行业。临武新中国成立后，大米加工厂、人民染织厂、火力发电厂、酒厂相继创办。1956年，完成对境内个体手工业的社会主义改造，木作、铁作、缝纫、染织、草席编织、印刷等行业相继组织合作社和合作小组。随后，在合作社的基础上，建立国营临武县农具厂（农机一厂）、县印刷厂。20世纪70—80年代，轻工系统所属的被服厂、家具厂、竹艺厂、光学仪器厂、红旗五金厂、羊毛衫厂等一批企业陆续在境内兴办。镇办企业冶炼厂、化工厂也建成投产。1990年，镇内乡镇工业企业总产值1425万元。1994年，镇化工厂因环境污染过大，关闭停产。2000年后，国有、集体工业企业实行产权制度改革，民营工业企业迅速发展。

2010年，根据县城建设规划，镇内高能耗、高污染工业企业实施外迁。2014年，境内工业主要分布在农副产品加工、纺织、木材加工、通用设备制造及水、电、气生产和供应等行业。

商贸服务业

清代，在通济桥设集市，墟日为农历四、九日。老街街道两侧有设伙铺，为过往客商提供饮食住宿。抗日战争时期，外地商人流入，经营日杂百货、文具书籍、药材等商品，饭店、客栈纷起，商贸服务业出现短暂繁荣，集市迁至水月庵侧，俗称猪仔墟。临武新中国成立初期，国营商业、供销合作社相继在境内设立网点，供应生产生活资料，收购农副产品。1954年，实行公私合营，组织私商成立合作商店和合作小组，集市市面逐渐扩大到河街和解放中路。1988年，在东云路与火烧桥之间新辟农贸市场。当年，国有、集体商业在境内有零售网点188个，商业区集中在解放中路和东云路。1990年起，商业大厦、临武宾馆等一些多功能商业综合体建成。1995年，县政府号召发展个体私营经济，境内个体私营经商户逐年增多。沿街住房的一楼纷纷改建或新建成商业门面。1997年，临武商贸城竣工。21世纪初，商业网点建设加快，百货大市场、供销大楼、供销大厦、粮油综合大楼和城南市场建成。2003—2004年，商业、供销系统实行产权制度改革，国有、集体商业退出市场经营体系，个体私营商业逐步成为市场的主力军。由社会资金投资创办的阳光、银河家电及汇丰、588、盛达、家惠多超市等一批规模较大的商场相继开张营业。2005年，阳光商业广场、临武建材大市场竣工开业。2014年，境内以城关农贸市场为中心，覆盖全城、功能齐全、布局合理的商业网络基本形成。全镇有商贸企业2829家，社会商品零售额11.31亿元。

基础设施

交通运输

明清时期，有多条驿道通往周边各县，其中由桂阳入境南下广东连州的湘粤古道是古代越地北上京都的重要通道之一。民国20年（1931），始修县城至三拱桥公路，境内长2公里。1951年，县城至宜章黄沙堡简易公路通车，县购置货车1辆开始营运。1953年，临武汽车站在境内落成，有货车2辆、客车1辆，客运路线临武至坪石。1955年，临武至嘉禾公路（后改称S324线）竣工。1958年，县城至祖教寺公路建成。次年，增开临武至郴州客车。之后，客运线路增多，货运量同时增大。1980年，县城至西山大路边公路完工。1997年，开通两路城市公交车。2002年，兴建城西停车场，停靠县城通往楚江、香花岭等方向客运车辆。2004年，组建出租车公司。2005年，S324线二级公路改造工程境内路段完工通车。2012年，汽车总站搬迁至武水镇。2014年，有客运线路9条，客运汽车58辆，年客运量160万人次；有货运汽车368辆，货运量360万吨。

邮政通信

清光绪二十四年（1898），县始在城区办邮政。宣统三年（1911），开办电话收发局，设邮政代办所。民国19年（1930），设三等邮局。民国22年（1933），临武邮电局成立，但业务清淡。至1949年，仅有长、短途电话线8条，邮路5条。临武新中国成立后，人民政府接管邮电事业。1951年，成立县邮电局。1953年，设城关邮电所。1959年，因临武与宜章合并，临武邮电局降级为支局，1961年仍旧。1969年，分邮电局为邮政、电信两局。1973年，两局再度合并为邮电局。1987年，邮件由步行改为自行车、摩托车投递。电报由载波电话、电传打字机传递。1988年，开始办理特快专递业务。1989年，经营集邮业务。1990年，开通自动电话。1992年，建成无线寻呼台，开展无线寻呼业务。1994年，开通程控电话。次年，开通互联网。1998年，邮电局分设为邮政、电信两局。次年，移动通信从电信局析出，设立中国移动临武营业处；中国联通亦在境内设立分公司。2000年，邮政局在境内增加954个邮政格口，方便居民接收邮件。2002年，兴建基站，开通小灵通电话。2003年，在5个社区设立邮政服务点，次年撤销。2010年，电子商务兴起，申通、圆通、顺丰等民营快递公司先后在镇内设立收发点。2014年，境区有邮政网点5个，投递路线单程总长度12公里，投递点1300个，乡村通邮率100%；全年投递国内函件32.52万件，报纸53.4万件，杂志11.25万份。有电信企业3家，服务网点74个，2G、3G、4G信号基站87个，固定电话用户13660户，手机用户110041户（含一人多户），互联网用户13882户。

供电饮水

新中国成立前，辖区无供电设施，居民生产生活用水则多为河水、井水。1953年，建火力发电厂，供城区照明和大米厂碾米。1973年，引武水河水至韩山水池，供应县委大院和招待所生活用水，日供水量300吨。1974年，皇龙坝水电站建成发电，在丰水期可基本保证城区供电。1982年8月，县自来水公司在境内成立，增加设施设备，日供水量增加到400～500吨；1987年，增至1000吨。1988年，城关变电站建成。1990年，城关变电站升级改造完工。1993年，自来水公司第一水厂投入运行，日供水量6000吨，通过更新技术设备，1995年，日供水能力达到15000吨，自来水水质达到国家饮用水标准。此后，供水管道由境内向周边乡镇延伸。1995—2000年，辖区实施电网改造工程，群众生产生活用电问题得到彻底解决。2004年，曾家岭、塘下村建成饮水工程。2011年，完成13个村（社区）的供水管网改造升级，彻底解决辖区内的生产生活用水问题。2014年，境内有35千伏及以上变电站1座，主变压器20台，总容量254兆伏安；高压输电线路23条，总长度315.9公里，用电负荷8.6万千瓦；全年售电量3.5亿千瓦时，综合电压合格率99%，供电可靠率99.5%。

水利建设

封建时代，境内农民多在冲头谷尾修筑小型山塘，以应灌溉之需。民国35年（1946），县贷款修建皇龙坝，因资金不足未能完工。1950年，政府鼓励兴修坝圳，整修山塘。次年，重启皇龙坝引水工程，1952年完工，渠长2000米，灌溉农田140公顷，境内生产用水紧张得到缓解。1960年宝贝淋水库竣工，坝高24.5米，库容220万立方米，灌溉面积180公顷。1985年，境内有小Ⅰ型水库1座，山塘108处，河坝11处，机灌5处55千瓦，电灌2处28千瓦，引水量716.4万立方米。1989年，以湘南农业综合开发为契机，大力兴建灌溉工程，完善水利基础设施。1997年后，每年定期对病险水库、山塘进行除险加固。2008年，投入资金1200万元对宝贝淋水库和镇辖区的灌溉渠进行维修、清淤，进一步完善镇区内农田水利设施。2014年，全镇有小Ⅰ型水库1座、山塘18座、河坝21处，灌溉渠长26000米。

村镇建设

民国初期，城乡建设事业落后，城区民宅建设既无管理机构，也无长远规划，多依据地形、风水，房屋高低不一，各行其是；建筑材料多为泥砖青瓦，富裕家庭则多青砖青瓦房。境内主要街道狭窄、市场狭小。新中国成立后，随着经济发展，城乡面貌逐步改观。1954年，开始对城区住宅实行有规划建设，并据此规划修建解放路。1961年，建成武水桥，连通解放中路和南路。随后，韩山路、东云路先后建成，路面始由砂石铺面改由水泥、沥青铺覆。1964年，县正街、河街改为水泥路。1966年“文化大革命”开始，农村建房受到限制。1974年，东城、西城、新屋场等大队以生产队为单位，按统一规格建大寨房。中共十一届三中全会后，城市建设步伐加快，城中道路多为水泥路面，人行道多以方格水泥砖铺砌；城乡建房出现高潮，钢混结构居多。1989年，城镇建设步入科学、合理、有序的发展轨道。2000年后，先后完成武水河城区内河堤浆砌、路灯改造等工程，同时加强绿化、美化、亮化、净化工作，城镇功能逐步完善。2010年，各村通村公路全部实现硬化。2012年，大力实施背街硬化工程，各村、社区背街小巷硬化率达98%。2013年，启动旧城改造，依次对相关村、社区制订规划并实施改造。当年，完成东云社区的旧村改造工程。2014年，按照统一各村新建房屋的要求，启动全镇规范农村建房工作。

社会事业

教育科技

清朝，境内有官办县学和义学。同时，民间义学兴起，主要有杜家的云汉轩义学，东城的翰乡义学，西城的柏子书屋。清光绪二十八年（1902），创办县立高等小学堂。1934年，县立女子学校迁入武庙；1936年迁至民众教育馆。临武新中国成立后，人民政府接管各私立学校，教育事业发展较快，办学条件改善，学校所数和学生人数增加。1952年，女子学校停办，县在此修建校舍，创办县幼儿园。1955年，在老街创办城关镇幼儿园。1985年，实行九年制义务教育。1986年，东城小学升格为城关镇中心小学。1987年，辖区有幼儿园4所、小学7所，中学3所。1988年，挂钩冲小学被撤销。1992年，西城中学搬迁至县城北大富岭，更名为临武县第二中学。1993年，城关中学由曾家岭整体搬迁至原西城中学校区。1999年，民办幼儿园在境内出现，并快速发展。2000年，国有民办博文中学在县一中创办。次年，国有民办汇文中学在县二中创办。2005年，落实义务教育阶段免学杂费的政策。2010年，启动远程教育，各村配备电脑、卫星信号接收器等远程网络设备，方便群众学习知识。2012年，城关完小更名为县第一完小，西城小学更名为县第二完小，镇中心小学更名为县第三完小，城关中学更名为县第四中学。2013年，新建县第六完小。2014年，镇区有中学5所、小学4所、幼儿园11所。

1966年，设立农技站。1987年，城关化工厂开展白银回收富集分离技术和铝回收技术研究并获得成功，当年回收白银1吨，价值70万元。2001年，黄皮山自然村采用红心桃套袋无公害栽培技术，产量增加40%。2003年，实施各类科技项目5项。2008年，开展科技下乡活动，组织各类技术讲座、培训26次。2014年，有专职农技、农机员6人，专业实验室1个，特色水果种植园、养殖基地等示范培训点3个。

文化体育

新中国成立前，境内文化活动多在节日庆典时举行，主要形式有戏曲、龙灯、夜故事、花灯、抬故事、走马灯表演等。1952年，县在境内创办人民书店。1956年，成立县电影队。1957年，县人民广播站落地境内。1964年，创办镇文化站。1980年，在舜峰寨建成50瓦电视差转台。1988年，东城村文化室成立。1991年，境内有电影院1座，录像放映厅4间。1992年，县有线电视台成立，辖区开通有线电视，用户1200户。2005年，全镇广播电视实现全覆盖，辖区有广播喇叭13个，电视用户6930户，村级集体活动室8个。2008年，全镇8个村设立农村文化室。2010年，各村、社区分别建立农家书屋，平均藏书2000册以上。同时，各社区老年活动室相继建成。2012年，新建镇综合文化站，站内设图书阅览室、电子阅览室、文化娱乐室、培训室，免费向镇内居民开放。2014年，组建村级综合文艺队、舞狮队、腰鼓队等10家，成立临武小调传习所2个，西城跳龙被列为市级非物质文化遗产，舜峰镇被评为"湖南民间文化艺术之乡"；有农家书屋和图书阅览室15个。

新中国成立后，体育活动不断丰富，除武术、气功、棋类等传统活动外，球类、田径、健身体操等体育活动逐渐兴起。1951年起，高小以上学校配备专职体育老师，组织体育活动。1966年，在大操坪建成灯光篮球场。1972年，青少年业余体校创办。1977年，辖区内各单位开始组织各类运动会、体育比赛等活动。1990年起，辖区的学校体育场地不断完善，至1995年有篮球场14个、田径场4个。1995年，新屋场村建成游泳池，对外开放。1999年，县一中建成400米田径场和多功能大型综合体艺馆。次年，县二中建成400米田径场；大操坪进行灯光篮球场改造，其他部分外租私人，用于乒乓球、台球、游乐等。2000年后，广场舞、瑜伽、跆拳道等民间体育活动逐渐兴起，各类球赛、田径赛、趣味活动赛异常活跃。2014年，境内有足球场2个，篮球场68个，乒乓球场25个、球桌169张，大型综合体艺馆2个，门球场3个，综合健身馆4个。

医疗卫生

民国以前，境内医疗仅限于中医。民国8年（1919）长沙惠爱医院李崇道在柳树街挂牌设西医诊所。次年，县设种痘局于境内，负责种痘防疫。民国18年（1929），郑林成开办"仁济医局"。民国24年（1935），设县卫生事务所。民国28年（1939），县卫生院在境内开办。1949年12月，县卫生院被县人民政府接管。1952年，制定城镇环境卫生规则，兴建公厕；次年，订立《爱国卫生公约》。自此，人们公共卫生意识渐增，城区卫生面貌有所改观。1953年，境内中、西医从业者组成大众诊所和同康诊所，后，合办大同联合医院。1956年，开展大规模除"四害"活动；县卫生院改称县人民医院，县卫生防疫站设立。1962年，大同联合医院改称县联合医院；1964年，改称县中医院。1984年，城关卫生院并入中医院。20世纪90年代初，创办村级卫生室26个；县人民医院、中医院加大投入，提质扩容。1997年，启动创建省级卫生县城活动，环境卫生整治力度加大。2003年，临武被评为"湖南省卫生县城"，镇内加大农村环境卫生整治工作，各村、社区均聘有专职保洁员，担负环境卫生职责。2007年，启动新型农村合作医疗（简称"新农合"），以解决农民"看病难、看病贵"问题。2010年，成立社区医疗服务中心。2014年，杜家村被评为省级卫生村。当年，社区医疗服务中心有卫技人员11人，病床15张；有8个村委实行垃圾集中处理，7个村委对污水实行集中处理；新型农村合作医疗参合率100%。

社会保障

从1950年起，对无劳力和缺劳力的烈属、军属实行代耕，对因公、因战牺牲的革命烈士家属发放一次性抚恤金，对复员军人原则上全部安排工作。1957年，代耕制度被优待劳动日取代。

1959年起，对农村鳏寡孤独人员实行“五保”（保吃、保住、保穿、保医、保葬），由生产大队或生产队分散供养。1963年，东城大队创办敬老院，集中供养17人，1975年停办。后，县在辖区内建光荣院。1981年起，对烈属、军属、残废军人和带病回乡后生活严重困难的复员、退伍军人，以生产大队（村民委员会）为单位，实行现金优待制度。1988年，“五保”人员供养经费实行乡、村两级统筹，对城镇人口中的特困户实行临时救助政策。同年，开始发放复员军人“双定”（定期、定量）补助、退伍军人优待金和“三属”人员（烈士遗属、因公牺牲军人遗属、病故军人遗属）定额补助。1998年，“五保”人员供养经费由乡（镇）政府统筹。1999年，重建县光荣院，集中供养老人15人。同年，城镇最低生活保障工作（以下简称“城镇低保”）正式启动，资金实行专户管理、专款专用。2000年，镇内实行城镇职工基本医疗保险制度。2003年，建于境区内的县社会福利中心竣工投付使用，当年，有91名老人入住。2005年，启动农村最低生活保障（以下简称“农村低保”）工作，有254人享受农村低保。2008年，取消“五保”供养，对孤寡老人、残疾人、无劳动能力人员，按月发放供养金。2010年，启动新型农村社会养老保险（简称“新农保”），当年有921人参保，参保率为15.85%。2014年，全镇有分散供养“三无”（无生活来源，无劳动能力，无法定赡养、抚养义务人）对象65人，城镇低保对象4600人；养老保险参保人数5872人，参保率93.70%。民政部门资助11584人参加合作医疗，金额104.2万元。有优待、抚恤、补助等各类优抚对象195人，全年发放优抚金48.81万元。

特色地情

名优特产

境内盛产颜色暗红、果肉甜脆的红心桃和色乌、肉厚、汁甜的乌梅。传统美食有酿豆腐、网油卷、唆螺、空心糍、穿心糍、开口糍等。

风景名胜

境内有临武古八景之舜峰晚眺、武水拖蓝、官山遗迹、仙境春游等四景，另有隐园、红军标语墙、少陵亭、大陵亭、孝子坊等文化遗存。

舜峰晚眺 舜峰寨，位于县城西1.5公里处，因传舜帝南巡曾驻跸于此而名，是临武县地表标志性事物。金秋傍晚，登顶舜峰，但见落日余晖，红霞漫天，似少女胭脂，深浅恰好；有时又见蓝天白云，归鸦孤鹭，俯瞰稻浪金黄，小村没落，炊烟袅绕，令人心旷神怡，是为“舜峰晚眺”。

官山遗迹 官山又名韩张山，位于县城老城区北面、人民医院右侧。唐贞元十九年（803），韩愈、张署分别被贬为阳山、临武县令，两人联袂南来，曾登眺此山。后，县人为纪念韩、张二人，将官山更名韩张山，在山顶建“韩张亭”。明朝末年，亭毁于战乱。清康熙十七年（1678），重建，塑韩愈、张署像。抗战时期，再毁。20世纪90年代，恢复亭庙，建“韩张公园”。

（李江武　石孝福　供稿）

金江镇

金江镇是住建部、国家发改委等7部委联合发布的全国重点镇，临武县主要的原煤产地，曾有“黑金之乡”美誉。

区域概况

位置面积

地处临武县东北部，东、南与水东镇相连，西与大冲乡接壤，北与桂阳县荷叶乡、郴州市北湖区大塘瑶族乡交界。辖区东西宽6公里，南北长8公里，总面积50.03平方公里。镇人民政府驻地沙田墟，距县城32公里。

建制沿革

明、清时期，境域属金三乡。民国27年（1938），属中东乡。民国37年（1948），属东平乡。1949年12月，县设5个区，境域属沙田区。1952年6月，属二区（亦称汾市区）。1956年，属沙田乡，驻地唐家村。1958年，属东风人民公社。次年3月，临武、宜章合并，东风公社改称汾市公社。1961年7月，复置临武县后，属沙田人民公社。1969年，沙田公社治所迁至沙田墟。1982年2月，更名为金江公社。1984年4月，改称金江乡。1986年，析金江乡东南部及南部新置接龙乡、水东乡，金江乡改名为金江镇。

行政区划

1950年1月，原属嘉禾县乐泉乡（飞地）的杉木桥、打鼓、温泉尹家、金泉颜家、上富陈家、林森老屋场等村划归沙田区管辖。1979年，因烟竹塘小Ⅰ型水库的修建，桃竹大队（现水东镇桃竹村委）上塘坳村整体搬迁至境内红星大队（现何家村委），取名梅花落地村。1986年，金江乡分为2乡1镇（接龙乡、水东乡、金江镇），金江镇辖金江1个居委会及林森、打鼓、温泉、上富、木冲、新华、铁坑、罗家、唐家、杉木桥、白岭、白合、黎明等13个村委会，125个村民小组，有79个自然村。1991年，析新华村委会另设沙田村委会。1993年，析温泉村委会另设金泉村委会。1994年，分打鼓为金山、红星、何家3个村委会，再析新华村委会新设袁家村委会。2008年8月，金江居委会改为金仙社区。2014年，辖新华等18个村委会和1个社区，132个村（居）民小组，有自然村78个。

自然环境

地处骑田岭余脉，以山地、丘陵为主。金江河（旧称赤土河）、杉木河流经境内，属珠江水系。最高峰林森村金仙寨，海拔1227米；最低处袁家村委金江河岸洼地，海拔248.9米。境内土壤主要有水稻土、潮土、红壤土、山地黄壤、黄棕壤、山地草甸土、红色石灰土等。

域区属亚热带季风性湿润气候区，气候温暖，四季分明，春温多变，夏秋多旱，严寒期短，暑热期长，热量充足，雨水集中，年平均气温14.5℃，年平均降雨量1397.6毫米。

境内矿产资源丰富，主要有煤、铁、锰、石墨、稀土、花岗岩等，已探明煤炭储量1200万吨。

人口民族

1987年，有3767户15929人。1989年，有3828户16849人，其中：农业人口16171人，占95.98%。2000年全国第五次人口普查时，有4664户17112人，其中农业人口16443人，占96.03%；男性9034人，占52.77%。2010年，第六次人口普查，有21989人。2014年，有6849户，总人口21589人，其中农业人口15694人，占72.69%。男性11452人，占53.05%。人口密度为每平方公里432人。

辖区居民以汉族为主，少数民族有苗族、瑶族等，多因婚姻嫁娶等迁入，2014年有少数民族人口13人。

经济发展

经济综述

封建时代社会，域内以农业为主导产业，生产技术原始，自然灾害频发，经济落后。新中国成立后，推行土地改革，进行社会主义改造，农业生产得到较快恢复。1957年，人平口粮100多千克，人均购买力9元。1966—1976年"文化大革命"期间，生产受到冲击，经济发展迟缓，群众生活困难。

1978年中共十一届三中全会后，生产力进一步解放，生产经营自主权扩大，在稳定粮食生产的同时，以煤炭采掘为主的工业发展较快，经济形势转好。1989年，全镇实现农业总产值372万元，工业总产值505万元，农民人平纯收入535元，自行车、缝纫机、电视机等开始进入农家。20世纪90年代，市场渐次放开，境内以煤炭采掘为主的工业迅速发展，并以此带动交通运输业和服务业的发展。1999年，全镇实现工业总产值50075万元，农业总产值1086.7万元，财政收入166.5万元，农民人均纯收入3880元。农村居民家庭消费支出中，食品、衣着、住房支出占71.2%，耐用消费品支出占11.4%，文体教育医疗支出占17.4%。

进入21世纪，以新型工业化、绿色经济、小城镇建设为抓手，调整产业结构，促进产业转型升级，镇内经济实现多元化发展，经济总量、质量双提升。2014年，全镇实现农业总产值6145万元，工业总产值180628万元，财政总收入9452万元，固定资产投资额21730万元，人平纯收入9503元。全镇国民生产总值94595万元，三次产业结构由2010年的6.05：61.01：32.94调整到4.22：65.90：29.88。农村居民家庭消费支出中，食品、衣着、住房支出占57.6%，耐用消费品支出占13.7%，文体教育医疗支出占28.7%。每百户居民家庭中耐用消费品拥有量为：电视机109台、电冰箱85台、洗衣机73台、家用空调28台、照相摄像设备21台、计算机16台、摩托车83辆、家用小汽车16辆；人均住房面积38平方米。

农业

境内农作物主要有水稻、红薯、蔬菜等，畜禽养殖以猪、牛、鸡、鸭等为主。民国时期，田土、耕牛等农业生产资料多集聚在地主、富农手中。1949年12月，境区解放，随即建立人民政权。1952年，土地改革基本完成，农民分得生产生活资料，生产积极性高涨，经济得到一定发展。农业合作化后，分散、落后的小农经济得到改造，加上双季稻和绿肥推广，粮食产量增加。1958年，开展“大跃进”运动，实行“一大二公”（公社的组织规模大、公有制程度高），“共产风”、浮夸风、强迫命令风、瞎指挥风和干部特殊化风等“五风”盛行，极大地挫伤了农民的生产积极性；加之自然灾害频发，粮食连年减产，1960年，水稻单产仅为134千克。1961年，调整社队体制，以生产队为基本核算单位，把劳力、土地、耕牛、农具等生产资料长期固定在生产队，赋予生产队土地使用权、生产经营权和收益分配权。社队体制调整，得到广大群众的拥护，使农业生产出现转机。1963年，大力开展植树造林活动，以杉树为主，兼顾发展经济林，建成规模较大的杉木基地和山苍子基地。1966年，推广水稻矮秆良种，粮食单产提高到257千克。20世纪70年代，推广杂交水稻。1979年，单季杂交水稻亩产提高到390千克。

1980年，实行家庭联产承包责任制。1981年，开展山林定权工作，农民生产积极性被进一步激发。1987年，金江镇被规划为速生丰产用材林基地。1989年，稻谷总产量5084吨，单产331千克。1990年起，开展为期五年的“消灭宜林荒山”活动，境内森林覆盖率逐年提高，到1994年，森林覆盖率达45.62%。与此同时，因煤炭采掘业、运输业及商贸服务业迅猛发展，吸引了大量劳力，境内出现抛荒务工或弃农经商倾向。1999年，农作物播种面积为1323公顷，比1989年减少234.5公顷。当年，粮食作物播种面积723公顷，总产量4377吨，单产370千克；油料作物播种面积10.8公顷，总产量24吨；出栏生猪13860头、牛421头，年末存栏生猪9370头、牛181头；家禽出笼30770羽，年末存笼11880羽。2001年，境域纳入珠江河流域防护林工程体系，实施退耕还林，森林面积不断增加。2005年，森林覆盖率达58.25%。同年，国家免除农业税、实行种粮补贴政策，加上煤炭生产行业门槛提高，农村劳动力回流，农田抛荒现象得到好转。2008年，境内遭受严重冰灾，大批树木被压折，大量新造林地遭到毁灭性损失，森林面积锐减。2011年，加快产业转型升级步伐，发展特色种植、特色养殖业，建成优质油茶、果木林种植基地6个，温泉蓝莓、沙田白枇杷等水果产业渐露头角；同时，以舜美、金仙、金鹤、天发、次背岭等为代表，发展养殖专业合作社16家。2012年始，开展“三年绿化攻坚”，当年完成造林933公顷。2014年，全镇有耕地面积10719公顷，其中水田7385公顷。全年粮食作物播种面积763.5公顷，粮食总产量4241吨，单产370.3千克，其中水稻播种面积574.47公顷，单产390千克，总产量3358吨；油料作物播种面积69.7公顷，产量147吨；蔬菜播种面积376公顷，产量11280吨。全年生猪出栏12919头，年末存栏2828头；牛出栏325头，年末存栏293头；羊出栏1369头，年末存栏907头；家禽出笼66514羽，年末存笼28681羽。森林覆盖率42.72%。

工业

域内盛产煤炭和石墨，其中煤炭资源量多、质好。从分布上看，木冲、上富陈家一带为柴煤，发热量在6000大卡以上，何家、棉花落地一带为半柴半铁煤炭，温泉、金江二级电站一带为铁煤，石墨主要产区在滴水岱一带。明洪武九年（1376），上富陈家在大坳山采煤。明成祖年间，木冲蒋姓村民以挖煤为生。民国24年（1935）8月，在寨背创办私营实和公司，年产煤1000余吨。当时，采煤方法原始，主要用挖斧、抓斧等工具挖掘隆道，用木桩支撑煤层巷道，用竹篓人力拖煤出井；井下用桐油灯或自制电池灯照明，用竹筒水车排水，自然通风。由于生产力低，产量不高，加上交通不便，仅限于当地生活用煤，极少外运。

新中国成立后，境内有私营小煤矿多家，合作社、生产大队兴办的集体煤矿开始出现。1954年，创办同力瓷厂，年产饭碗、茶壶等55万件；创办沙田铸造厂，铸造铁锅、锑锅、三脚鼎架等，年产2000余件。同年，开始开采石墨。1970年，广东省梅田矿务局在境内设第八矿（以下简称八矿），矿部设在木冲村，有采矿主井1个、风井2个、煤仓1个，配备绞车、斗车、电机、水泵、鼓风机、放炮机等井下设备及汽车、推土机、电焊机等地面设备，年产煤超过10万吨。后，在各级“发展社队企业”号召下，社队煤矿数量逐渐增多。1977年，金江二级电站投产送电。

1978年，中共十一届三中全会后，乡办、村办煤矿的数量和规模均有发展，个体及联办煤矿兴起。所产原煤除满足本地需求外，部分运销桂阳、嘉禾、零陵等地，大多数由县煤炭公司及广东梅田矿务局收购，销往广东。1981年，建成金江三级电站。1984年，域内有工业企业263家，从业人数2412人，工业总产值732.41万元。1986年，有年产量过万吨的煤矿13家，产煤20.7万吨。1989年，办矿门槛降低，许可管理上允许“先上车后补票”，“家庭式”小煤窑一拥而上，各类煤矿达300多家。1990年起，县政府对煤矿进行重新规划，境内煤炭工业保留国有、乡镇、村、联营矿四种体制。1993年，创办石墨矿2个，当年产石墨粉6400吨。1996年，建成金江四级电站。同年，梅田八矿因资源枯竭关闭。2000年起，随着浅层资源的枯竭，煤炭采掘难度增大，安全隐患增加，为保证安全生产，实行关井压产并开展“一停业、二整顿、三规范”专项整治行动，通过“联合、兼并、改造、收购、租赁、参股”等手段，对不同权属、不同规模、不同管理层次的各类型煤矿进行整合，最后由煤炭、矿管、劳动、财政等部门及乡镇共同会审，发放《煤炭开采许可证》和《安全生产许可证》，煤炭采掘业进入依法、有序、规模、安全生产的发展阶段。2002年，金江一级、金龙山、金泉电站建成投产。2011年，湘电新能源有限公司临武分公司分别在铁坑、白岭、白合、唐家等地安装风力发电机11台，装机容量2.2万千瓦。与此同时，加速产业结构调整与产业转型升级，积极兴办各类加工企业，唐家花厂、万耐红砖厂、舜美窖酒、祥业板材厂、车头电子厂等一批工业企业落户境内。2014年，域内有工业企业835家，其中规模以上工业企业7家，从业人员4852人。

商贸服务业

清朝中叶，境内居民集资在罗家村与张家铺之间建墟棚4栋，史称老沙田墟，墟日为农历的2、7日，交易的农副产品主要有魔芋、生姜、辣椒等，墟场内设有布匹、杂货、盐、土纸、鞭炮、饮食、豆腐、牛猪等行市。1951年年底，成立沙田供销社。20世纪70年代初，集市部分交易行迁新华大队（现沙田村委会）境内。1973年，供销社迁入集市旁。1975年，各行市全部迁入沙田新集市。1981年，墟日改为阳历2、7日。1987年，集市改扩建工程完工。1989年，集市成交额210万元。1992年，墟日改为阳历1、4、7日，墟日赶集人数达1.5万余人，全年市场成交额720万元。1995年，半封闭式消费品综合市场建成，建筑面积6030平方米，设摊位480个。1999年，集市成交额2767万元，之后逐年攀升。2003年，集市成交额达3751万元。是年，在沙田村委会建成金江大市场，总占地面积4209平方米，建有水泥摊位230个、门面13间。金江大市场以水果、蔬菜等农副产品交易为主；集贸市场以百货、针织、服装、鞋类等日用品为主。同年，国有粮食系统、供销系统改制，个体私营经济进一步发展，成为商贸业主力军。2014年，镇内有农贸市场2个、超市4家、宾馆酒店11家、娱乐场所2家，其他各类商店600余家。

基础设施

交通运输

明、清、民国时期，金江是县东重地，湘粤古道贯穿境区，取道水东、汾市可与临（武）宜（章）驿道相通，另有乡道经吊铃墟出斗水坪至郴县安源。1960年，临桂线（后称S214线）汾市至沙田段完工。1964年，修通木冲煤矿到畔塘公路。1966年冬，沙田至桂阳观下水路段完工。1967年，开通临武至郴州客运线；同年，打鼓村至石墨转运站、金山李家至温泉颜家公路竣工。1968年，修通大庙下至狗头湾公路。1971年，设立县交通运输管理站沙田分站，开通金江至县城客运班车。20世纪70年代中期，修通金江至八矿5公里公路。1979年，耗时6年的坪梅铁路梅（田）沙（田）煤运专线建成营运，设木冲火车站，内置货台及客运站台各一。1980年，火车站货运量47万吨、客运量4万余人次。1987年，临桂线路基拓宽工程完工，公路宽12米；村民集资修筑的金江二级电站至林森公路竣工通车。当年，境内有公路10条，公路总长33.9公里，其中砂路29公里，土路4.9公里；个体汽车运输业随采煤业的发展而发展，年货运能力达8.64万吨，仅木冲村就有36辆货运汽车。1992年，坪梅铁路木冲车站并入茅金坪车站。1999年，沙田黄家停车场建成，主要停放客运班车，境内货运汽车达350辆。2001年，金江至大塘公路建成通车，全长10.7公里。21世纪初，国家出台通村公路建设扶持政策，各村纷纷筹资修筑公路，至2012年，新修、硬化公路87公里。2014年，19个行政村（社区）实现水泥公路“村村通”，境内有客运车辆42辆，日发送及过往客车126班次，有7个村委通公交车；货运汽车80余辆，年货运量82万吨。

邮政通信

民国27年（1938），沙田墟设丁类信柜。1956年，设立邮政所；同年，全县架设农村电话线，境内始通电话。1973年，设沙田邮电支局；后，设木冲邮政所。1992年，开通程控电话。次年，沙田至白岭邮路由步班改为自行车邮路。1994年，沙田程控电话交换机扩容和电缆扩容工程完工，上富、木冲等村委电话入户率达40%。1996年，建沙田直放站。1997年，木冲邮电所改为邮电代办所。1998年，邮政、电信分营，沙田邮电支局拆分为邮政支局、电信所。1999年，设寻呼台，建金江移动基站。2002年，设立联通基站。此后，手机逐渐替代固定电话，成为主要通信工具。随着手机功能和业务的不断增多，中国移动、中国联通及中国电信各公司分别在境内增设3G、4G信号基站，以应音像数据传送及手机上网之需。2014年，境内有邮政、通信营业网点14个，2G、3G、4G信号基站24个，固定电话用户1122户，手机用户13636户，宽带用户956户，全镇除铁坑村委外，均开通宽带网络。

供电饮水

新中国成立初期，境内无电力设施，照明多采用煤油、桐油灯；村民饮用水主要是泉水和河水。1964年，跃进大队建成第一个水力发电站。1975年，梅田八矿建成后，境内用电由八矿供应。因生产、生活用电矛盾突出，居民用电时有停供。1983年，有22个大队217个生产队5437户通电。20世纪90年代初，因煤炭开采，致使境内水污染严重，农民或自发筹资打井，或从邻近山头引山泉安装自来水。1998 年，杉木桥、木冲等村完成自来水工程建设。2000 年，唐家、罗家安装自来水。2002 年，金江一级电站和金龙山、金泉电站建成，供电紧张问题得到解决。同年，上富、白合村委安装自来水。2006 年，铁坑、黎明 2 村接通自来水。次年，金泉、白合、杉木桥完成供水工程建设。金山、小寨脚村分别于 2009 年、2011 年完成自来水工程建设。2013 年，定家村通自来水。同年，启动金江镇集中供水工程，截至 2014 年年底，建成办公楼、清水池等设施，进入管网铺设阶段。工程完工后，集镇、温泉、红星、新华、袁家、唐家、罗家将实现集中供水，8000 余人的饮水问题可望得到解决。

水利建设

新中国成立前，镇内无大中型蓄水设施，只有少许塘坝。1950 年，县成立塘坝建管委员会，乡成立相应机构，掀起修建塘坝高潮。1958 年，美下小Ⅱ型水库建成。1990 年，黎明村凿隧洞、开渠道，引出地下水，解决农田灌溉用水和人畜饮水。1992 年，打鼓村建成防渗灌溉渠 5 公里。1997 年，罗家村改建河坝 1 座。1998—2005 年，新建柏树脚、冲里 2 处山塘。2002 年，温泉、金泉、红星、唐家、新华、杉木桥等村动工筑建河道防洪堤，2005 年完工，建成防洪堤 2100 米。2005 年，对金江镇河下桥坝进行修缮。2013—2014 年，实施金江河道综合治理工程，修砌河堤护坡 17.2 公里，沿岸 8 个村委受益。是年，全镇有小Ⅱ型水库 1 座，山塘 42 处，河坝 17 处。

村镇建设

20 世纪 70 年代，公社办公场所、供销社、集市等迁入沙田村委会境内，之后，公社所属站所相继在周边兴建办公用房，工商企业也逐步向镇区靠拢。改革开放后，村镇建设步伐加快。1984 年，对墟场进行改扩建。之后，加大镇区基础设施建设，兴建停车场、金江大市场，对街道进行水泥路面硬化。20 世纪 90 年代后期，唐家村启动小康一条街建设，拉开了境内新农村建设的序幕。1996 年，唐家村委莲塘下自然村因山体开裂搬迁至莲塘下新村。2001—2002 年，沙田村委寨下自然村因山体滑坡搬迁至塘美山。2008 年，被洪灾冲毁的解秽堂村整体搬迁至合塘自然村。2012 年，金江镇被列为“郴州市示范镇建设”乡镇，小城镇建设步伐加快，当年，实施镇区天福路、文兴路、金沙路等 6 条主次干道沿线建筑的改造亮化工程。2013 年，完成镇域（2013—2030）小城镇建设总体规划。同年，启动规范农村村民建房。2014 年，黎明村委所辖的梨树下、曹家塘两个自然村由牛头岭整体搬迁至天福祠西南、新华村西北金江河对岸，兴建住宅 147 栋，村级办公场所 500 平方米，架设跨河大桥 1 座；杉木桥村完成 52 套标准住宅建设；水东镇茅金坪村整体搬迁至镇区沙田黄家与天福祠之间、临武至桂阳公路旁，当年有 9 栋住宅楼封顶。同年 7 月，金江镇被住建部、国家发改委等 7 部委列为全国重点镇。

社会事业

教育科技

民国时期，镇内建有国民学校，少数自然村办有学校性质的“书房”，多借用祖厅、庙堂等办学，规模小，教学水平参差不齐。1949 年 8 月，中东乡中心小学和嘉禾乐泉乡中心小学合并，成立沙田人民高小。此后，各村陆续兴办小学。1969 年，在唐家村西北角创办沙田中学，招收初、高中生；沙田人民高小撤销。后，梅田八矿建子弟学校。1979年9月，沙田中学高中部停办。同年，创办沙田中心小学。1986年，沙田中学、沙田中心小学分别更名为金江镇中学、金江镇中心完小。1987年，通过7年的调整学校布局工作，境内设中学1所，小学20所；有小学教学班80个，教职工76人，在校学生2395人；中学教学班8个，在校中学生298人。1991年9月，在铁钉寨南麓新建的金江镇中学竣工付用，镇中学整体搬入。1992年，由台胞罗万仁出资兴建的润梅小学完工。同年，再次调整学校布局，撤销小学8所。此后，白岭、林森等村小新建校舍。1997年起继续调整学校布局，至2005年，小学调整为8所。幼儿教育发展较快，继2001年小天鹅幼儿园创办后，阳光、贝贝等幼儿园相继开班。2014年，境内有中小学10所，教师240人，在校学生4787人，小学适龄儿童入学率100%，九年义务教育覆盖率99.8%。

1966年，成立公社农技推广站，负责境内农业生产技术的推广工作。1987年，在晚稻田内推广种植“增产菌”。1996年，实施“科技兴农”战略，推广水稻种植、畜禽养殖等优质高产技术。2012年，引进外地先进技术，开发沙田牛巴系列新产品。2014年，发放病虫情报、技术资料1万余份，组织500多人免费参加农业技术培训。

文化体育

民国时期，沙田人罗华锋的绘画在县内外颇有名气，其粉墨画兼采传统画法和新式画法之长，作品被省美术馆收藏。新中国成立初期，群众文化娱乐活动主要有唱小调、舞狮子龙灯、行夜故事、耍傩戏等。1964年，设公社文化站。1968年，建立公社广播站。1972年，各大队建广播室，安装高音喇叭。1975年，成立公社电影队。1977年，完成境内有线广播网络建设，有线广播村村通。1982年，设立影片发行管理站，1984年撤销。1986年底，梅田八矿建立小功率电视差转台，电视机进入家庭。次年，建电影院，设立镇文化站。2004年，金江有线电视实现县乡联网。2005年，对有线电视网络进行改造，电视传输信号得到加强。2008—2011年，18个村委会先后建成农家书屋，总藏书达22000余册。2012年，新建文化广播体育站，设图书室、电子阅览室等。2014年，在临武县首届“紫薇花节”广场舞比赛中，罗家村、木冲村分别荣获一、二等奖。

新中国成立初，境内体育活动以学校为主，农民体育活动仅限于棋类、传统武术等。“文化大革命”期间，各大队兴建简易篮球场，进行球类活动，参加公社组织的赛事。20世纪90年代，农民体育赛事增多，木冲村与水东畔塘、茅金坪、天堂坪村每年举行篮球友谊赛，轮流承办。进入21世纪，群众文化体育活动日渐丰富，每年定期举办的体育活动有中学生运动会、中心小学“六一”儿童节文体活动、唐家村的唐氏篮球赛等。2012年，镇文化体育广播站设有棋牌室、乒乓球室。2014年，全镇有篮球场31个，小运动场3个，罗家、唐家等村安装有公共健身器材。

医疗卫生

1954年，县人民政府对沙田诊所进行发证管理。1957年，设立沙田联合诊所。1961年，设立沙田公社卫生院。1963年，沙田公社卫生院复名沙田联合诊所。1967年，再次恢复沙田公社卫生院名称。1973年，梅田八矿建立医疗室。1982年，沙田公社卫生院更名为金江公社卫生院。1984年，金江公社卫生院更名为金江乡卫生院。1986年，乡卫生院更名为镇卫生院。1995年，金江卫生院被国家卫生部审定为“一级甲等医院”。1997年，杉木桥村卫生室被郴州市审定为“村级甲级卫生医疗室”。1998年，金江卫生院被省卫生厅评定为“爱婴医院”。1999年，镇卫生院更名为中心卫生院。2004年后，先后对卫生院门诊部、住院部进行改扩建。2007年，全面开展新型农村合作医疗。2012年，镇卫生院被省政府评为“乡镇卫生院管理年活动先进单位”。2014年，镇卫生院有主治医师1人、医师8人，护士19人，设内、外、妇、幼儿、中医、化验、X光、手术、心电图、彩色B超、中医理疗、公共卫生科等科室，有病床64张；另有村级卫生室（诊所）39个，从业人员44人，全镇新型农村合作医疗参合率100%。

新中国成立后，人民卫生意识逐渐增强。1958年起，每年各村均对污水沟撒施生石灰进行消毒。1981年，境内各村开展以“环境美”为主题的爱国卫生运动，扫巷道，清阴沟，农村卫生环境好转。2010年，对黎明、铁坑两村的农村家庭进行生活用灶改造，降低了地氟病发病率。2012年，在镇政府所在地兴建垃圾池10个，设置环卫桶500个，聘请8名保洁员进行保洁；在唐家、罗家、杉木桥、白岭、沙田、新华、袁家、木冲等村委兴建垃圾池24个，设置环卫桶3000个。2013年，罗家、杉木桥、新华、袁家4村成功创建市级卫生示范村。2014年，新建垃圾池3个，新建卫生厕所168间，罗家村被授予“湖南省卫生村”称号。

社会保障

新中国成立后，各级人民政府注重社会福利事业。1959年起，对农村鳏寡孤独人员实行生产队分散供养，不定期对“五保”人员进行走访，落实其生活保障。1988年，“五保”人员供养经费由乡村统筹。1998年，供养经费改为镇统筹。2005年，农村低保工作启动，有185人享有低保。同年，原梅田八矿子弟学校校舍改建成镇敬老院，并于当年被省民政厅评为先进敬老院。2010年，启动农村养老保险工作，当年有477人参保，参保率5.60%。2013年，对镇敬老院进行改扩建，新增40张床位。2014年，全镇有低保对象808户989人，其中城镇37户58人，农村771户931人，全年共发放低保金65.8万多元；有“五保”户110户，发放“五保”金41.9万元，其中集中供养40户，发放“五保”金11.6万元。全镇养老保险参保6812人，参保率88.58%。

特色地情

名优特产

沙田牛巴。金江地区特色美食，以野外放养的优质黄牛肉为原料，加以各种调料，采用现代食品加工技术结合传统生产工艺精制而成，其肉质细腻、香味纯正、硬度适中、口感独特。现已实现产业化生产，有“舜湘”“舜美”两个企业品牌。2009年，“沙田牛巴”被评为郴州市名优特产，荣获“中国湘菜创新大赛金奖”；2011年，被评为“第四届中国畜牧渔业暨饲料加工金奖产品”。

风景名胜

金仙寨。位于境区与北湖区、桂阳县交界处，主体景区在境内。景区内的仰天大佛被誉为“世界最大天然石佛”，其远望如佛仰天长卧，眼、耳、鼻、口、身俱全，栩栩如生，叫人叹为观止；另有金仙陵园、寨顶泉涌、八仙对弈、观音坐莲、十八罗汉、小寨奇峰、仙人洞、仙人鞋、仙人磨、仙飞石等景观。

民俗风情

沙田牛王诞信俗 相传，四月初八为牛神生日。为纪念牛王诞辰，农历四月初二，农户上山采摘野生杨桐、山楂、枸杞、柿子、枫树、栀子等树的嫩叶，洗净切碎倒入水缸浸泡，三天后滤去杂质取其汁液，将糯米倒入其中浸泡一天，待

仰天大佛

糯米变成蓝色后沥干，上甑蒸熟得“黑米饭”（也可在蒸前加入花生、黑豆、南瓜、红薯等）；待到农历四月初八，让耕牛休息，用青草、树叶包裹“黑米饭”喂食以示慰劳。2014年，“沙田牛王诞信俗”成功申报郴州市非物质文化遗产。由于“黑米饭”黑亮剔透、清香可口，现逐渐演变成当地一种养生保健食品。

罗家游神　境内罗家村每隔两年举办一次“游神”活动，时间在6—7月间择吉日举行。活动主要内容为抬着四圣母子像游田洞、观禾苗，祈丰收、保安康；主要仪式有开坛、告天、请将、祭祖、游神、谢恩、解厄缘福七大程序。游神时，两名彪形大汉手举“风调雨顺”和“国泰民安”两面大旗开路，乐队、神像、龙灯、狮子等紧随其后，队伍浩浩荡荡逾千人，旌旗飞舞、锣鼓喧天，喇叭、唢呐、长号齐鸣，场面恢宏。罗家游神形成于明朝成化年间，已有500多年的历史，具以佛事的形式“祈丰收、保安康”，表达人们对美好生活的向往，具有浓郁的民俗文化色彩和宝贵的艺术价值。

（黄金龙　唐孝良　供稿）

武水镇>>

武水镇是临武县的"工业新秀"和"经济强镇"，素有"临武粮仓"美誉。

区域概况

位置面积

地处县城东南郊城乡接合部，东与同益乡毗邻，南与南强镇及双溪乡相连，西与舜峰镇、花塘乡接壤，北与土地乡、县茶场交界。境区东西宽12.3公里，南北长17公里，土地总面积55平方公里。镇人民政府治所初设教场坪，2000年迁至武水大道旁。

建制沿革

民国17年（1928），境域属第一区。民国37年（1948），境域大部分属在城镇，小部分属南强乡。1949年12月，临武解放，全县设区5个，境域属在城区。1952年6月，属一区（亦称在城区）。1956年，撤一区，分为城关镇、联盟乡、下洞乡，境区分属二乡。1958年，属五星公社。1959年，临武、宜章两县合并，分五星为临武、武水两个公社，武水公社辖区始与今武水镇相当。1961年，复置临武县，境区属东塔公社。1964年，复设武水公社。1984年，改公社为乡。1998年，撤乡建镇，武水乡更名为武水镇。

行政区划

1987年，辖邝家、车头、玉屏、慕冲、黄莲、下洞、太和、圳上、尧丰、城头、三江、东坪、双塘、山青、力鸭15个村民委员会，41个自然村，159个村民小组。1992年，分下洞为陶家、刘家、洞头村委会，分东坪为李家、东扬黄村民委员会，从城头析设淋湾洞村民委员会，从太和析设建新村民委员会。2008年，邝家村民委员会更名为邝家社区村民委员会（2014年，更名为邝家社区居民委员会，下设30个居民小组）。2014年，辖1个社区、19个村委，30个居民小组、156个村民小组。

自然环境

镇区属东南丘陵、平原地带，地势西北高，东南低。境内最高峰三江村灯盏叶岭，海拔498米；最低处三江村河岸，海拔248米。武水河穿越全境，境内长6.5公里，流域面积10.2平方公里，年均流量28立方米/秒。境内土壤分为红壤土、紫色土、水稻土等。

镇域处亚热带季风性湿润气候区，气候温暖，四季分明，光热充足，雨量充沛，具有春温多变、夏秋多旱，严寒期短、暑热期长的气候特征。年平均气温18.1℃，平均年降雨量1421毫米，平均年降雨日数为116天，雨量集中在每年4月至6月，以6月最多。

人口民族

1984年，有5047户20738人，其中：农业人口20374人，占98.24%。2000年，第五次人口普查统计，有6744户22991人，其中：男性11842人，占51.50%；农业人口22301人，占97.00%。因县城区域向武水镇一侧开发延伸及邝家改为城镇社区，2014年，总人口28784人中，城镇常住人口达14179人，城镇化率49.26%；男性14968人，占52%。人口密度每平方公里523人。

民族以汉族为主，少数民族主要有瑶族、苗族等，多因婚娶迁入。2014年，有少数民族35人。

经济发展

经济综述

封建社会时期，域内生产力低下，经济发展缓慢。新中国成立初，开展减租反霸，推行土地改革，农业生产有较大发展。1958年后，因各种政治运动的冲击，人民生产积极性遭到挫伤，农村经济发展迟缓。

1981年，实行家庭联产承包责任制，农民生产积极性得到调动，加之双季杂交水稻的推广，粮食产量大幅提高，人们温饱问题得到根本解决。1989年，全乡实现农业总产值756万元，工业总产值462万元，农民人平纯收入354元。主要耐用消费品有自行车、手表、缝纫机、收音机、电风扇等。1990年起，大力发展个体私营经济，尤其临（武）连（州）公路开通，为境内交通运输业、工业、服务业等注入了生机，经济发展较快。1999年，全乡实现农业总产值2865万元，工业总产值16580万元，农民人平纯收入3571元。农村居民家庭消费支出中，食品、衣着、住房支出占69.8%，耐用消费品支出占11.8%，文体教育医疗占支出18.4%。彩色电视机、洗衣机、冰箱等家用电器和成套家具成为消费热点。

2000年起，推进农业产业化、工业化和小城镇建设，调优农业内部产业结构，发展优质稻、大棚蔬菜、优质水果等特色农业；依托城南工业园，推进新型工业化和城乡一体化，经济社会保持健康快速发展。2014年，全镇实现农业总产值15070万元，工业总产值106477万元（不包括经济开发区），财政总收入3102万元，固定资产投资额23390万元，人平纯收入12071元。全镇国民生产总值68174万元，三次产业结构由2010年的18.38∶57.63∶23.99调整到14.38∶57.66∶27.96。农村居民家庭消费支出中，食品、衣着、住房支出占59.3%，耐用消费品支出占14.1%，文体教育医疗支出占26.6%。每百户居民家庭中拥有耐用消费品：电视机101台、电冰箱81台、洗衣机90台、家用空调63台，摩托车75辆、家用小汽车32辆、照相摄像设备36台、计算机83台。人均住房面积40平方米。

农业

境内主要种植水稻、花生、玉米、马铃薯、大豆、油菜、甘蔗、烤烟、蔬菜、小水果、药材等作物，养殖鸡、鸭、生猪、牛、羊、鱼等畜禽水产。

临武新中国成立前，境内主要种植一季水稻和红薯、棉花、甘蔗等，生猪养殖品种多为本地土猪。1950年，山地收归国有，开始大面积人工造林。1951年6月，县在境内骡溪、下洞等地开始土地改革试点。1954年，试种双季稻，摸索“稻—稻—肥”三熟制，获得成功，粮食产量提高。1956年，引入优良品种与土猪杂交，生猪的品种得到改良。1958年“人民公社化”后，农民家庭养猪被队办养猪场代替，耕牛由集体统一饲养，养殖业下滑。同时，“大炼钢铁”，大批林木被滥伐，大量劳力消耗在无用功上，粮食减产严重。1962年，实行“调整、巩固、充实、提高”方针，农业生产中的各种关系得以理顺。1973年，推行稻、稻、麦三熟制，因地力不敷而中止。后，引进和推广水稻、玉米等优良品种，粮食产量有所提高。1981年，实行家庭联产承包责任制，农民生产积极性进一步提高。1987年，粮食作物播种面积2204公顷，总产量13136吨，其中水稻播种面积2021公顷，单产420千克，总产量12172吨；生猪出栏15549头、年末存栏14569头。1988年，县在境内进行双季杂交稻“吨粮田”建设工作示范，示范面积33公顷，两季亩产1020.7千克。1992年起，为发展高效农业，部分双季稻种植区减少早稻播种面积，改种西瓜、烤烟、玉米或改种中稻，早稻面积呈逐年减少趋势。1993年10月，玉屏村与县林业局签订联营合同，兴办林屏果场，种植板栗、杨梅、枣子等共计13.3公顷。1994年，武水玉屏育苗专业户引进用材林种银桦树；村民租房养殖鹌鹑，次年，养殖量发展到6000只，日产蛋64千克，年纯收入5万元。1995年，玉屏村被评为市“造林绿化百佳村”。1996年，黄莲村建设专业蔬菜基地，建成拱形水泥骨干架蔬菜大棚20个、冬暖式大棚10个，种植反季节蔬菜。1996年，创建马尾松工业原料林基地。1997年4月，刘家村百万羽鸭场建成，养鸭水面20公顷，鸭棚41个，鸭舍面积4400平方米，并配套建立了临武鸭原种场和孵化场；临武鸭成活率96.2%，达到国内地方鸭饲养的先进水平。1998年，邝家村与林业局合办林场，营造桉树林66公顷。2002年，刘家百万羽临武鸭养殖场和邝家临武鸭综合种养场，探索成功“公司+农户”生产模式。2005年，建成优质稻连片区，圳上、尧丰、李家优质烟基地，黄莲、车头、三角坪等水晶梨、乌梅、柑橘优质水果基地，全镇粮食总产量达12406吨，花生总产量过百吨。2010年，完成集体林权制度改革，确权率和发证率达99.6%。自2012年始，开展“三年绿化攻坚”行动，大力实施植树造林、退耕还林、封山育林、森林防火等，造松、杉为主的绿化林1053公顷，板栗、枣、梨、桃、乌梅为主的经济林13公顷。2014年，全镇粮食播种面积2125公顷，总产量11155吨，其中水稻种植1800公顷，单产364千克，总产量9831吨；油料作物播种面积186公顷，总产量428吨；蔬菜579公顷，总产量19950吨；小水果301公顷，总产量3645吨。全年出栏生猪19462头，存栏8095头；羊出栏1109只，存栏428只；家禽出笼119.81万羽，存笼30.63万羽。全镇森林覆盖率为35.45%。

工业

清朝、民国时期，境内有龙须草席、鞭炮、砖瓦、米粉条等手工业加工。新中国成立后，境内有红砖厂、石灰厂、水泥厂、米粉作坊。1956年，骡溪建成红砖厂，第一窑烧成3万块。1965年，骡溪建石灰厂，年产1万余吨。1970年，武水公社于力鸭建武水水泥厂。1987年，境内乡镇工业企业总产值446万元。1992年，扩建乡水泥厂，并实行技术改造。1997年4月，临武鸭业发展公司（后改名为“舜华鸭业发展有限责任公司”，简称“舜华鸭业”）成立，经过7年艰苦创业，舜华鸭业成为国家农业产业化龙头企业，舜华鸭系列产品畅销国内外，成为“湖南省名牌产品”、“消费者信得过品牌”；公司董事长兼总经理胡建文，1999年7月调任公司经理后，积极摸索实践“公司+基地+农户”的经营模式，推动临武鸭规模养殖，促进农民增收的同时有效解决了企业原材料供应问题，与此同时，胡建文及其团队非常注重技术创新，狠抓产品质量，积极开拓市场，为舜华鸭业品牌建设及企业运营做出了重大贡献，其本人因此当选为湖南省第十届人大代表、全国第十一届、第十二届人大代表。2003 年 2 月，台商黄文仁于骡溪独资创办“郴州有君婚纱饰品有限公司”，总投资 800 万美元，生产加工程式婚纱、礼服、晚服、时装和饰品，当年产婚纱 1.5 万套，有君婚纱饰品主销欧美市场。2004 年，香港昌盛贸易公司在车头村创办新盛兴针织厂。2005 年，南方车架厂、天骊车身厂等规模企业陆续落户镇域内。2012 年，临武县祥丰建材实业有限责任公司落户境内。当年，建成水泥粉磨站和混凝土搅拌站，年生产水泥粉磨 60 万吨，混凝土搅拌 10 万立方米。2014 年，镇区（不包括经济开发区）内有各类工业企业 24 个（其中规模以上工业企业 8 个）。

附：经济开发区 1996 年，县政府将临武至连州公路沿线境内段辟作乡镇企业工业小区，命名为城南乡镇企业工业小区。同年，南方车架厂落户于此。2000 年 2 月，该区被市政府确认为市级工业小区。当年，舜华鸭业发展有限责任公司、一汽汽车服务站、舜蝶蚕丝被厂等 10 余家企业置业该区。同时，公路两旁还聚集汽车配件销售、修理企业上百家，形成商贸服务“一条街”格局。当年，工业小区实现产值 3.5 亿元。2003 年，成立城南工业园管理委员会，工业园区的管理和服务工作逐渐走上规范。2005 年，园区内有年销售收入 500 万元以上的规模企业 5 家。2006 年 8 月，经省政府批准为省级工业园区。2008 年，成立中共园区工委和园区管委会。此后，进一步加大园区基础设施建设，以承接沿海产业转移为契机，新建标准厂房 40 万平方米、保障性住房 2000 余套，先后引进合诚鞋业、创业电子、世中玩具厂等企业。本地骨干企业小徐瓜瓜食品有限公司、通天玉石有限责任公司等亦先后入驻该区。2014 年，园区有企业 125 家，其中规模以上企业 20 余家，全年实现技工贸总收入 40.43 亿元，工业总产值 29.29 亿元，规模工业增加值 8.4 亿元。

商贸服务业

新中国成立前，境内无集市，亦无商业门店，村民多往县城交易农副产品和购买日用品。1952 年，武水供销社设立，并在车头、下洞设网点，负责境内农业生产资料的供应和农副产品的收购。之后，在下洞设粮库。2003 年，城东大市场动工，占地面积 2.53 公顷，总建筑面积 5 万平方米，其中亭棚面积 6000 平方米，有门面 160 间，摊位 180 个，总投资额 2800 万元。随着城东开发区建设速度的加快，周边常住人口增多，城东市场的经营户及成交额逐年上升，主要经营日用百货、日杂果品、糖酒副食及农副产品，附营旅馆、娱乐和仓储服务业。2005 年，17 名退伍军人联合创办“城东停车场”及招待所。2014 年，镇内有商贸服务企业 12 个（其中规模以上商贸服务企业 5 个），个体经商户 1950 户，从业人员 6810 人。餐饮、酒店、金融、保险、数码电子、房产、美容、美发、休闲、娱乐、保健等门类齐全，生意兴隆。

基础设施

交通运输

封建社会时代，因邻近县城，湘粤古道穿境而过，乡村道路四通八达，境区堪称交通枢纽。民国 29 年（1940），修凿县城至马家 5 公里公路，虽未实现与县外对接，但开创了县内公路建设之先河。1951 年，临武至宜章黄沙堡公路建成通车。1953 年，开通临武至广东坪石客运班车。1958 年，县城至祖教寺、武水至胡家田公路境内段完工。1973 年，修通枫树坳至慕冲公路。1976 年，牛屎墩至武水水泥厂公路完工。1979 年，马家至土地公路通车。1980 年起，先后修建杨家至大李家、杨家至城头、骡溪至慕冲、太和至李家庄公路。1995 年，完成临武大桥至土桥乡九泽水的临连公路境内段建设。1997 年 6 月，在境内开通全县第一条城内公共汽车线路。2002 年，随着李家、尧丰、双塘和洞头等村公路改造的相继完工，全镇通村公路建设进入高潮。2003 年，建新村通村公路建成通车。2004 年，山青上百善通村公路竣工。2005 年，完成临（武）双（溪）公路邝家段路基及排水沟工程，硬化三角坪至力鸭村通村公路，启动圳上经尧丰、唐家水至三江公路水泥路面改造工程，S324 线二级公路一期工程境内段完工并通车。2009 年，完成沙溪路建设。2011 年，岳临高速公路建成通车，境内长 4 公里，临武出入口设于东杨黄村后。2012 年，县汽车总站迁境内，省际、县际班车日发 120 班次。2014 年，临武汽车站客运日发 150 班次，日客运量 3500 余人次；有货运汽车 342 辆，年货运量 350 万吨。

邮政通信

民国 19 年（1930），境区所属的在城镇开通有线电话。1959 年，成立武水公社后，公社及部分大队开通有线电话。1989 年，开通自动电话。1996 年，开通模拟移动通信系统。1998 年，邮政与电信分家，境区设有邮政分局、电信分局。2005 年，程控电话实现村村通，移动电话信号和宽带网络覆盖各自然村。2014 年，有邮政网点 1 个，投递路线单程总长度 45 公里，投递点 21 个，乡村通邮率 100％；全年投递国内函件 1.3 万件。有电信企业 1 家，各类电信服务网点 6 个，2G、3G、4G 信号基站 13 个，固定电话用户 2769 户，手机用户 12869 户；光缆线路总长 4.8 公里，主干电缆 3.2 对公里，宽带用户 2722 户。

供电饮水

封建时代，境内居民多以桐油、松油照明，生活用水靠掘井取水或直接取用武水河水。民国末期，始有少数富户以煤油照明。临武新中国成立初期，居民照明以用煤油灯为主。随着人口的增长，生产、生活用水量大增，加之武水河水质渐遭污染，居民饮水均以掘井开发松散岩孔隙水解决。1970 年后，境内居民开始采用电灯照明，因电力不足，存在电压不稳、普及面不广等问题。1983 年，有 14 个大队 149 个生产队通电，用电户数 4285 户。2000 年，全镇 20 个村委完成农村电网改造。2010 年，启动长河水利灌区 13 个行政村集中供水工程；2011 年，太和、东扬黄、双塘、洞头、李家、玉屏等 6 个村委供水入户，10000 多人饮水安全问题得以解决。2011 年末，境内有自来水厂 1 座，干线水管 16 公里，日供水能力 100 吨；年工业用水 2.5 万吨、生活用水 10.2 万吨，居民自来水普及率 80%，年人均生活用水 15 吨，农村安全饮用水普及率 79%。有排水管道 3 公里，污水处理厂 1 座，日污水处理能力 250 吨，工业废水处理率 70％。2014 年，境内拥有 100 千伏及以上变电站（所）2 座，主变压器 3 台，总容量 231.5 兆伏安；高压输电线路 6 条，总长度 26 公里，用电负荷 3.8 万千瓦，分属于郴电国际和国家电网。年售电量累计完成 1.6 亿千瓦时，综合电压合格率 99.5%，供电可靠率 99.8%。

水利建设

临武新中国成立前，水利资源的开发和利用力度甚小，仅凿塘垒坝，应一时之需，未有根治之举，以致旱涝不绝。1958 年，下洞齐升社（大李家）建成机灌站 1 座。1960 年，建成水龙背、庙背 2 座小Ⅱ型水库。1964 年，双塘大队完成 22 千瓦电灌站建设。1985 年，境内有小Ⅱ型水库2座，山塘200处，河坝25处，水轮泵4处，机灌25处，电灌6处。1992年，湘南第二期农业开发在境内试点，通过修建拦河坝、疏浚渠道，新增农田灌溉面积400公顷。1997年，城头村改建河坝1处。2000年，邝家村修建高标准渠道1500米，引茶子江水灌溉农田。2006年，完成城头村防洪堤、刘家村水龙背水库、力鸭村庙背水库和李家村河坝工程建设。2011年，筹资60余万元，对水龙背水库大坝进行全面改造。山青、力鸭、李家、邝家等村新修山塘13口，新建提灌电排1个。2014年，治理武水河道3.6公里。当年，镇内有小Ⅱ型水库2座，山塘95处，河坝16处，水轮泵4处4台，机灌25处161千瓦，电灌6处88千瓦，其他小型工程31处，总蓄水739万立方米，总引水570万立方米，总提水111万立方米。

村镇建设

1992年，为了有效处理境内垃圾，县在刘家村虎形山建成垃圾填埋场，占地3.73公顷。1998年5月，临武大道第一期工程动工兴建，历时7年而完工，全长1884米。2000年，全镇20个村民委员会全面完成农村电网改造。此后，东塔路、晴岚路、官山路、东塔桥、官山桥交付使用，舜峰广场得到美化、绿化和亮化；四家大院顺利搬迁，临武国际大酒店及临武汽车总站竣工付用。城镇建设的发展，带来了村庄建设的长足进步，车头、玉屏、慕冲、黄莲、陶家、刘家等社区功能的建设，邝家、太和、双塘、东扬黄、山青等村的社会主义新农村示范建设，均成为镇内村镇建设的亮丽风景。2005年，为鼓励开发新能源，镇政府补助农户2万余元，建成沼气池50余口。2008年，邝家村完善中心小学配套设施，改善办公条件，优化村内排污设施；车头村全村巷道实现硬化；双塘村新农村建设项目完成一期工程。2010年，启动下洞片农村集中供水与唐家水新村建设工程。2011年，武水列入全省“百城千镇万村”新农村建设试点乡镇，各村硬化通村公路、巷道5000余米，新修排污沟4200余米，新建沼气池42个；建成镇文化站综合楼，农家书屋10家，文化活动室3个。2012年，东塔公园主体工程完工，完成通村公路硬化20余公里，建设邝家、双塘等小康示范新村2个，新建敬老院2个、医院2所、村级综合大楼5栋、村民活动场所9个。2013年，开展城乡环境卫生整治行动，黄莲、建新、东杨黄3个村创建为“市级卫生村庄”，实施“点亮武水”工程，各村共安装太阳能路灯160余盏。2014年，镇区形成小城镇路网框架和“一园两区”（工业园和城区、非城区）的发展格局，城区面积达260公顷，绿化面积23.5公顷，城镇建成区总户数4530户，总人口17920人。

社会事业

教育科技

宋代，骡溪陈氏在本村建南薰书院。元代，骡溪陈楚舟建雪蓬书院。明、清时期，境内多私塾。民国16年（1927），陈振东在骡溪创办私立敬修女子职业学校，引入职业技术教育。民国31年（1942），县立女子职业学校设在境内，2年后迁入县城。后，随着“国民教育”推行，国民小学取代私塾。新中国成立后，人民政府接管原有学校。1968年，创办下洞中学；车头完小附设初中班。次年，以车头完小附设初中班为基础，创办红旗中学，1979年改为县第七中学。1980年后，普及初级中学教育，境内各村纷纷集资建校，送子女上学。至1987年，共有小学14所，在职教师102人，在校学生2860人。1988年，临武七中更名为临武三中。1990年，分山青小学为马家、上百善两校。1991年，临武三中与马塘职业高中合并为中等职业技术学校。同年9月，在县城解放南路建成新校区，下洞中学整体搬迁，更名为武水中学。1992年，新建下洞完小和东扬黄、下百善小学。同年，县残联借用武水乡医院房屋，举办聋儿听力及语言训练班1个，开设语言、听力、算术等课程，因师资缺乏，一年后停办。1993年，武水乡被郴州地区评为教育示范乡。1997年起，连续5年调整学校布局，陶家、圳上、马家、尧丰、上百善、下百善、建新、鸭富塘等村小相继撤销或改为教学点。2004年，邝家中心完小（后改名武水镇中心小学）和刘家村小学完成扩建。2008年起，用4年时间着力改造学校危房，以修复或重建方式解决5所学校的危房问题。2012年，镇中心小学、红旗小学分别改名为县第四、第五完小。2013年，新建城头、三江学校教学楼。2014年，全镇有幼儿园、托儿所3所，小学8所，在校生2140人，教师123人，适龄儿童入学率99.9%，小升初升学率99.2%；初中1所，在校生830人，专任教师93人，初中适龄人口入学率98.5%。

1966年，设立公社农技推广站。1998年，协同县科技局、县畜牧水产局推广临武鸭新法养殖技术，发展规模养殖。是年，武水镇进入市级科技工作先进乡镇行列。2000年，加大知识产权保护力度，境内的舜华鸭业发展有限公司多项包装袋、包装瓶取得专利授权。2003年，临武鸭优选项目获市级科技奖。2009年，改良优质稻生产基地土壤267公顷，引进水稻新品种示范种植93公顷。

文化体育

1953年，下洞刘家建立农村文化站，站内有图书馆、阅览室。1957年，建成有线广播网。1960年，慕冲出土的铜甬经鉴定为东周文物。1991年6月，在陶家村后山发现新石器时代至商代遗址，采集和出土打制及磨制斧、锛、刀、镞、环、凿等石器多件，并有缸、壶、碗、罐、钵、圈足器等陶器残片以及商代印纹硬陶残片。1994年3月开通有线电视。2001年9月，陶家古遗址成为县级文物保护单位。2011年，建成镇文化站综合楼及邝家、车头等村农家书屋10个。当年，全镇有有线电视用户5100户，其中数字电视用户2300户，电视综合覆盖率100%。2012年，玉屏义楼、尧丰太邱第、邝家世科亭被列入湖南省文物保护单位。2014年，20个村委全部开通有线电视。

光绪三十年（1894），在邝家村东北部（后为武水乡政府驻地）设大教场，为民众跑马、射箭以及招考武秀才用。民国时期，境内体育活动主要为传统武术和棋类。新中国成立初期，以学校体育为基础，各村建简易篮球场，供群众锻炼身体。1988年，境内农村体育活动有篮球、乒乓球、羽毛球、台球、游泳、拔河、棋类等项目，传统的武术、龙灯、狮子、腰鼓等文体活动也较活跃。1992年9月，武水乡在郴州地区农村体育经验交流会上，介绍了开展农民体育活动的经验，得到了与会者的好评。2011年，有25%的村安装了公共健身器材，经常参加体育活动的人员占常住人口的11%。2014年，镇内有公园及休闲健身广场4个，篮球场22个，小运动场1个。

医疗卫生

1957年，设立下洞、联盟联合诊所（后更名为武水联合诊所）。1958年，境内率先实行农村互助医疗制度，卫生员报酬由大队计工分参加分配。1967年，武水联合诊所更名为武水公社卫生院。1981年，农村合作医疗制度解体，赤脚医生改作乡村医生、卫生员、新法接生员或改行务农。1984年，武水卫生院更名为临武县结核病防治所，1999年撤销。2004年，民营城东医院挂牌开业，设临床科室5个，拥有病床20张。2007年，启动新型农村合作医疗。2008年，创办民营康泰医院。2014年，全镇有医疗卫生机构2个，病床95张，执业（助理）医师80人，村卫生室（诊所）32个，从业人员32人，新型农村合作医疗参合率100%；10个村委对垃圾实行集中处理，6个村委对污水实行集中处理。

社会保障

1958年，在下洞雷家村创办幸福院，供养25位孤老。1968年，幸福院停办，“五保”人员由其所在生产队或大队分散供养。1993年，建立残疾人社会保障机制，将符合条件的残疾人全部纳入低保，对符合“五保”条件的仍实行“五保”供养。2004年，采取因人、因地制宜的安置方法，落实退伍军人安置工作。2005年，实行农村最低生活保障制度。2008年，兴建武水镇敬老院及邝家村“五保之家”。同年，境内遭遇特大冰雪灾害，镇政府为受灾群众发放救济资金46万元及大米、食用油、棉被、手电筒等物资，安置孤寡老人、孤儿、特困户620人。2010年，启动新型农村社会养老保险工作，当年有1471人参保，参保率11.28%。2012年，陶家、车头、玉屏、黄莲、邝家、东杨黄等被征地村1200多户失地农民纳入低保，发放救助资金240多万元。同年，完成农村危房改造60多户，帮助3500多位失地农民实现再就业。2013年，镇敬老院扩建工程完工。2014年，有享受最低生活保障的城镇居民516户646人；农村低保户625户793人；农村“五保”人员集中供养81人、分散供养62人；有享受国家抚恤和补助的各类优抚对象271人、发放抚恤金6.93万元；有10313人参加农村社会养老保险，参保率96.78%；开展农村临时救济1150人次2万元，为1028名受灾对

临武鸭

象发放救济资金 8 万元。

特色地情

名优特产

临武鸭 中国八大名鸭之一，国家地理境标志产品。具有生长发育快、适应性强、肉质细腻、味道鲜美等特点，其品位居中国地方麻鸭之首，曾作为朝廷贡品而声名远播。

民俗风情

放花灯 境内花灯制作考究且灯式多样，其中以邝家宝塔灯、慕冲卷书灯最受欢迎。放花灯多在春节、元宵，以村为单位举行，遇重大喜庆日也有为之。

风景名胜

挂榜晴岚 临武古八景之一。挂榜山，位于县城南郊，距武水镇邝家村 1 公里，山高二百余丈，剖峰石壁悬列，色黄白相杂，间有黑色“墨迹”似丹青字画，远看像张挂好的巨大榜文，故名挂榜山。挂榜山麓有洞，洞前深渊，每当雨后天晴，水蒸气腾腾上升至山腰，即为上方气压所阻，旋即向两侧移动，形成一条云带，蔚为壮观，县人谓之“挂榜晴岚”。

（苏丽莎　唐征林　供稿）

香花镇

香花镇是国宝"香花石"的唯一产地，临武县的"小有色金属之乡"，誉为"国宝故里"。

区域概况

位置面积

地处临武县北部，东接镇南乡，南靠东山林场，西连麦市镇，北邻桂阳县方元镇及嘉禾县龙潭镇。东西宽12公里，南北长25公里。土地总面积77.48平方公里，镇人民政府驻地三合墟，距临武县城40公里，距郴州市城区70公里。

建制沿革

明朝崇祯十三年（1640），全县设4隅4乡，境域属銮一乡。民国17年（1928），属五区。民国24年（1935），分属第五区、香花镇；民国27年，分属栗坪乡和香花镇。民国31年（1942），属栗坪乡。民国32年，属镇平乡。民国37年（1948），分属镇平乡和麦市乡。1949年12月，临武解放，全县设5个区，属香花区。1952年6月，全县设6个区，属六区（亦称香花区）；1956年撤区并乡，分属广平乡和工农乡；1958年，属高峰人民公社。1961年7月，全县设21个公社，境域分属广平、三合、香花岭3个公社。1964年12月，分属香花人民公社及香花岭镇；1970年，香花岭镇并入香花人民公社；1981年2月，香花人民公社更名为三合人民公社。1983年12月，分三合及镇南小部复置香花岭镇。1984年，改公社为乡。2012年4月，三合乡、香花岭镇合并为香花镇，镇人民政府驻地三合墟。

行政区划

1970年，香花人民公社辖香花、甘溪、三合、联合、贺家、大坪、芹菜、广坪、石岩、新甘10个大队。1978年，析甘溪另置大井大队，析新甘另置南立、木湾2个大队，析广坪另置江山大队，分联合大队、三合大队各一部另置天河大队；同时，联合大队改称葛山大队，大坪改称童子大队。1983年，香花大队划入香花岭镇。1984年，三合乡辖大井、甘溪、三合、天河、葛山、贺家、童子、芹菜、南立、木湾、新甘、江山、广坪、石岩等14个村民委员会，109个村民小组，有84个自然村。香花岭镇辖香花村民委员会、6个村民小组和建设岭、金石岭、二五〇、工人村4个居民委员会，有5个自然村。1988年，析芹菜增设五村村委会。2006年，建设岭居委会更名为建设岭社区，金石岭、二五〇、工人村3个居委会合并为金狮岭社区。2013年，童子村委会更名为大坪村委会。2014年，全镇辖建设岭、金狮岭

2个社区，34个居民小组；香花、大井等16个村委会、114个村民小组；有86个自然村。

自然环境

镇区地势东南高、西北低，地形以山地、丘陵为主，属石灰岩地区，具典型的喀斯特地貌特征。境内最高峰天河村牛仔田，海拔1074米；最低点为南立岭背村杨梅滩河道，海拔286米。境内溪河属湘江水系，无利河穿越境内，沿途有东江河、陂头江、木湾河等3条支流注入，至南立村流入桂阳县境，境内全长10公里。境内土壤主要为水稻土、山地草甸土、黄棕壤、红壤土、山地黄壤等。

境区属于亚热带季风性湿润气候区，季节间、日夜间温差明显，年平均气温在17.4℃～18.2℃之间，平均年降雨量在1850～2700毫米之间，蒸发量约1307毫米，无霜期295天左右。

境内资源丰富。矿产资源有锡、钨、锌、铅、铜、钼、锑、钽、铌、锂、铍、锆等，分布在香花岭、甘溪、三合、天河等地。1957年，境内发现富含铍元素的“香花石”，享有“国宝”声誉，极具科研价值。境内植物种类繁多。有国家一级保护野生植物银杏树，另有树龄在400年以上的柏树2株。

人口民族

1984年，香花岭镇和三合乡共有4234户，19488人，其中农业人口13093人，占67.18%。2000年，全国第五次人口普查，共有6105户20927人，其中农业人口14246人，占68.07%；男性10974人，占52.44%。2010年，第六次人口普查，共有22851人。之后，随着香花岭锡矿的改制，矿区职工大量外迁。2014年，全镇有6631户20911人，其中农业人口15756人，占75.35%；男性11106人，占53.11%。人口密度为每平方公里270人。

境内人口多为汉族。少量少数民族均因工作或婚姻迁入。2014年，有少数民族人口55人。

经济发展

经济综述

封建社会时代，境内农、林与工矿并重，农业、林业生产自给自足；采矿业可追溯到五代时期，但经济总量不大，人民生活贫困。新中国成立初期，通过农村土地改革，农民生产积极性高涨，农业生产恢复较快，群众生活较之新中国成立前有很大好转。1958—1976年，受计划经济的影响，境内经济发展缓慢，工矿区与农村贫富悬殊较大。

1978年中共十一届三中全会后，开始走以经济建设为中心的道路。1981年开始，农村和国有、集体企业进行经济体制改革，境内经济活力增强，人民生活水平有较大提高。1989年，实现农业总产值308万元，工业总产值740万元，群众温饱问题得到解决，黑白电视机、收录机等家用电器成消费热点。90年代，坚持开放搞活，境内以有色金属采选业为主的非公有制经济迅速发展。1999年，实现农业总产值1429万元，工业总产值17440万元，农民人平年纯收入3118元；农村居民家庭消费支出中，食品、衣着、住房支出占72.3%，耐用消费品支出占11.5%，文体教育医疗支出占16.2%。彩电、放像机、摩托车等成为新宠。

2000年后，围绕“转方式、调结构、保稳定、促发展”的思路，加快产业转型升级，调优经济结构，扶持骨干企业，经济快速发展。2014年，全镇实现农业总产值11927万元，工业总产值93527万元，财政总收入9028万元，固定资产投资额41040万元，人均纯收入9412元。全镇国民生产总值62554万元，三次产业结构由2010年的11.28∶61.22∶27.50调整到

12.4 ∶ 51.13 ∶ 36.47。农村居民家庭食品、衣着、住房支出占总消费支出的58.4%，耐用消费品支出占13.8%，文体教育医疗支出占27.9%。每百户居民家庭中耐用消费品拥有量为：电视机112台、电冰箱73台、洗衣机72台、家用空调13台、照相摄像设备18台、计算机9台、摩托车41辆、家用小汽车16辆。人均住房面积由1980年的8.7平方米增加到37.5平方米。

农业

境内主要农作物有水稻、玉米、大豆、红薯、花生、油茶、西瓜、蔬菜等，畜禽水产品种有猪、牛、羊、鸡、鸭、鱼等。新中国成立前，农业发展十分缓慢。新中国成立以后，农民当家作主，分得田地，生产积极性提高，粮食产量增加。人民公社化初期，粮食生产停滞不前，大量树木在“大炼钢铁”中付之一炬。之后，推广水稻良种，粮食总产量有所提高。1981年，实行农村家庭联产承包责任制，农民生产的积极性和主动性得到调动，农村生产力得到解放。1985年，粮食作物播种面积939.8公顷，产量2627吨，单产186.5千克其中水稻播种面积431.6公顷，单产257.5千克。1988年，建立杂交水稻制种基地，亩产稻种134.2千克。1990年起，采取封山育林与植树造林并举的措施，大力发展林业生产。同年，进行玉米栽培小区试验，形成紧凑型玉米栽培一整套技术，玉米生产逐步发展为当地旱粮生产的重要支柱。1991年，引进优质羊种，发展山羊养殖。1998年，境内森林面积达3453.1公顷，森林覆盖率46.2%。1999年，山羊出栏11190只，存栏8555只。2008年，成立土生生猪养殖专业合作社，后扩大经营范围，升格为生态农业发展有限公司，至2010年公司种植油茶林66.67公顷，养殖生猪10000余头。2012年，全面启动封山育林，实施城边绿化、通道绿化、水系绿化、景区绿化、矿山绿化和荒山绿化“六大工程”。2014年，全镇耕地面积906.86公顷，其中水田491.9公顷，旱土416.3公顷；粮食作物播种面积1175.4公顷，单产363.2千克，产量6403吨，其中水稻播种面积402公顷，单产470千克，总产量2841吨；玉米播种面积652公顷，单产323千克，总产量3160吨。生猪出栏23062头，年末存栏12995头；牛出栏341头，年末存栏1118头；羊出栏17226只，年末存栏7949只。森林覆盖率39.39%。

工业

五代时期，境内已有矿物开采和冶炼。明万历年间，相继发现锡、砒、钨、铅、锌等，开采业渐渐兴盛。民国19年（1930），香花岭地区有采矿窿道14条。1951年，建省属香花岭锡矿。之后，组织香花岭、三合2个手工业社。1970年，香花公社开办跃进钨矿。1976年，羊古脑电站竣工。1980年，两江口电站建成。同年，香花岭锡矿劳动服务公司成立，办有选厂、水泥厂等。1984年，利用矿产资源优势发展采矿业，有个体小有色矿26个。1985年，兴建三合乡合平选厂。1988年，县采取激励措施发展乡镇企业，境内有色金属采选业迅速发展，采矿企业增至103个，大小选厂达236个。1998年开始，规范办矿行为，非法采矿现象得到遏制。2001年，谷冲、大坪电站建成；两江口电站完成技术改造，新增2台发电机组。2002年，香花岭锡矿改制，组建香花岭锡业有限责任公司。2004年，合平选厂改制成立坦下坪有色金属矿选厂。2006年10月，西部矿业控股香花岭锡业有限责任公司。当年起，县对境内采选厂矿实行“休克疗法”，历时6年，非法采选矿企业全部关停。2011年12月，老虎崖铅锌矿业有限公司落户境内，从事采选及收购销售服务。2013年，南方公司综合选厂动工兴建。

商贸服务业

清末，境内有广平墟。民国37年（1948），有三合、广平2个集市，主要交易日杂、布匹、小百货等日用品和辣椒、花生、黄豆、玉米、大米等农副产品及药材。1952年，设立第六区供销合作社。之后，香花岭贸易公司、香花岭粮站、三合粮站相继成立。“大跃进”期间，集市贸易基本被取消。1961年，恢复集贸市场。不久，广坪集贸市场关停。1990年，三合集贸市场新建亭棚3个，市场占地面积达1847平方米，逢1、6日为墟日。1996年，香花岭集贸市场竣工并投入使用，日日为墟。21世纪初，国有商业和供销系统实行产权制度改革，香花岭贸易公司、粮站、供销社退出流通领域，个体商业成为市场主力军。2013年，三合集贸市场综合改造工程完工。2014年年底，境内有集贸市场2个，宾馆酒店2家，娱乐场所2家，网吧3个，大型超市3个，加油站2个，药店3家，个体经商户775家。

基础设施

交通运输

清朝、民国时期，境内交通闭塞，出行极为不便，货物运输全赖人力。1957年，香花岭至嘉禾县石陂头砂石公路修通。同年，香花岭锡矿购进万国牌汽车一辆，从事货运，是为镇内机械运输之始。1959年，开通至郴州客运班车。1961年，香花岭至深坑里砂石公路修通。1971年，香花岭至临武公路全线贯通，开通至临武县城客运班车。不久，塘木至山下公路竣工，香花公社购置汽车、拖拉机，组建运输队。中共十一届三中全会后，各村先后修筑简易公路。1995年，石岩至木湾砂石公路修通。2005—2009年，安堂湾至小塘、塘木至广庄、小门寨至黄泥井3条公路改造为水泥路面。2014年，境内公路里程80公里，全部为水泥路面；有汽车站1个，客运停车场1个，日始发客运班车20余车次，年客运量20多万人次；有货运车辆143辆，年货运量180万吨。

邮政通信

旧时，官府公文通过驿站、铺递传送，民间通信则以搭口信、步行相告为主。民国初期，驿路改为邮路，设香花岭交接点。民国19年（1930），设香花岭邮政代办所。民国24年（1935），架设香花岭至临武电话线路。抗战期间，电信被毁，电讯业告歇。1953年，电话线路得到恢复。1956年，架设农村电话线路，广平乡、工农乡通电话。此后，电话线路逐年增多。1990年，自动电话开通。1992年，开办无线寻呼业务。1994年，开通数字程控电话。次年，模拟移动电话通信基站建成。1996年，开通互联网业务，信函业务逐渐减少。1998年，邮政与电信分营，香花岭邮电支局拆分为香花岭邮政支局和香花岭电信所。次年，香花岭移动信号基站完工，数字移动电话开通。2000年，联通公司香花岭营业所开业；电信部门固定电话初装费降低，用户数大幅增加，当年新增200余户。2004年，联通公司在香花岭建成移动电话通信基站。2005年，取消固定电话初装费，境内用户达751户。同年，新建2个移动信号基站，境内移动信号覆盖率达98%以上。2014年，全镇有邮政通信营业网点9个，2G、3G、4G信号基站21个，固定电话用户688户，手机用户5281户，宽带用户614户。

供电饮水

民国20年（1931），香花岭锡矿局用煤气机发电，供应照明和井下排水。新中国成立后，香花岭锡矿多次更新发电设备，提高供电能力，并架设输电线路至生产生活区。1976年12月，香花岭锡矿自来水供水工程完工。1979年，童子村人畜饮水困难问题引起上级高度重视，拨专款资助兴建水利工程，次年完工，工程开凿隧洞325米、铺设水管2300米。1983年,除香花岭锡矿外，15个大队中只有8个大队42个生产队786户家庭通电。1988年，架设香花岭至嘉禾35千伏输电线路。同年，香花岭锡矿自来水厂竣工，担负矿区供水任务。1989年，动工兴建甘溪变电站，并于1991年投产运行。2002年，设香花供电所。2003年，因香花岭锡矿改制，自来水厂移交给香花岭镇政府管理。同年，境内遭受严重旱灾，省财政厅拨款帮助受灾村兴建自来水工程。2005年，三合乡供水工程竣工付用，供水范围涵盖乡人民政府驻地及周边三合、葛山等6个村委30个自然村。2013年，香花岭自来水厂管道改造工程竣工，十八厅水库集中供水工程动工，至2014年，水厂建设、主管道安装等主体工程基本完工。同年，大井村完成供水工程建设。

水利建设

1959年，建成境内第一座水库常青水库。次年，青年水库建成。20世纪60—70年代，通天、南立、李家冲等水库先后建成。1981年7月，大井水水利工程竣工。1985年，有Ⅱ型水库5座，山塘803处，河坝19处，机灌1处，电灌6处，总引水量333.6万立方米，形成了以塘坝为基础，小Ⅱ型水库为骨干，机电灌溉相结合的灌溉体系。2002年，十八厅水库竣工蓄水。2013年，对小Ⅱ型水库全面实施除险加固。2014年，修筑排洪渠1.5公里、水渠2公里，渠道清淤补漏3公里，整修水毁河坝10处、山塘5处。当年，全镇有小Ⅱ型水库7座，山塘605处，总蓄水量357.61立方米，另有河坝6处。

镇村建设

新中国成立以前，境内居民居住条件极差。香花岭矿区仅有南华、十字、太平里三条街道，且街道狭窄，住房简陋。临武新中国成立后，香花岭矿区建设发展较快，在10余年的时间里，建设范围西北到二五〇，东面连黄保塘，以办公大楼为中心，兴建工人俱乐部、招待所、职工医院、技工学校、子弟学校、商店等，并有多条公路与境外相连。农村住房建设，则在较长时间内发展缓慢。1979年，香花岭解放街（原名南华街）、和平路全部铺设水泥路面。后,随着改革开放进程，农村住房建设逐步掀起高潮。1982年，统一规划的甘溪新村完工，60户村民迁入新居。1984年，香花岭镇和三合乡先后新建或改建政府机关办公大楼、中学、中心小学、卫生院及集贸市场，实现道路路面硬化，完善供水、供电、通信和广播电视网络，基础设施日趋完善，农村住房条件进一步改善，建筑风格亦由砖木结构转变为砖混结构。2008年，甘溪新村建成民房130套，甘溪老村整体搬迁。2009年，贺家、广坪新建村级组织活动中心。2011年，各行政村全部建成村级活动场所，铁炉村30余户村民全部住上新房。2013年，境内乡、村公路实施绿化，栽种桉树3万多株。2014年，完成境内主要路段亮化工程，安装太阳能路灯540盏；启动18个行政村（社区）新农村建设土地利用规划。

社会事业

教育科技

民国22年（1933），香花岭矿同业工会创办香花岭国民学校，乡村教育设施多为私塾或村塾。1951年，香花岭锡矿创办职工业余学校。1957年起，大力发展民办小学。1963年，三合、广坪两个公社分别创办联合中学。1971年，创办香花岭锡矿子弟中学。1980年，创办香花公社中心小学。1984年，广坪联合中学并入三合联合中学，更名为三合乡初级中学。1987年，境内共有中小学32所，在校学生3114人，教职工158人。1988年，开始调整学校布局，到2004年，共撤并学校22所。1994年，三合乡初级中学搬迁至三合墟。2002年，新建三合乡二完小。2003年，新甘村小学教学楼建成。2008年6月，三合乡初级中学并入香花岭中学。2012年，香港烛光教育基金会援建的三合乡中心小学教学楼落成。新甘小学、香花岭中学亦先后新建教学综合楼。2014年，境内有中学1所，小学12所，幼儿园及学前教育机构7处；有教师146人，在校学生3170人。小学适龄儿童入学率、九年义务教育覆盖率均为100%。

1956年，香花岭锡矿成立科技竞赛办公室（后改称推广先进技术科，简称“推先科”），开始重视科技革新推先工作，矿山生产逐步向机械化过渡。1958年，香花岭锡矿职工发明单轨卷扬，劳动效率提高。1960年，建技工学校；次年3月停办。1966年，乡农技推广站建立，负责区内农技推广工作。1970年，香花岭锡矿技术人员创新“电耙留矿法”，在全矿推广，直至20世纪80年代末。1988年，开展科技宣传月活动，讲授杂交玉米、杂交水稻种植技术，培训农业科技骨干。2008年，开展“科技下乡”活动，免费发放科技资料5000份。之后，“科技下乡”活动持续开展。2010年，各村委会建立远程教育平台，科技推广手段得以更新。

文化体育

清末民国时期，境内文体活动贫乏，仅在春节期间有耍龙灯、舞狮子、唱小调等传统文化习俗。1956年，香花岭锡矿工人俱乐部建成。1964年，成立公社文化站。1970年，公社有线广播放大站建成。1975年，各生产队通广播。1976年，成立公社电影队。1978年，临武至香花广播专线架设完工。1978年，新建香花岭锡矿工人俱乐部，组建业余文工团、电影队等。1979年，镇内始有电视机。1984年，中心小学配备放像机，用于教学和教育。1986年，香花岭锡矿兴建小功率电视差转台，电视接收效果得以改善。1989年，建成乡电影院，实行售票放映。1998年后，县电影放映队免费送电影下乡。2009年，乡政府为偏远山区的村民发放安装卫星电视接收器。2011年，新建三合乡文化站综合楼。次年，建成香花岭镇文化站及三合、童子、大井、天河、甘溪等村农家书屋，组建腰鼓队、健身舞蹈队各1支。2014年底，有文化站2个，村级文化活动室18间，农家书屋18个，腰鼓队、舞蹈队各1个，全年举办文艺会演2次。

1952年，香花岭锡矿推行工间操和早操，开展篮球、乒乓球、跑步等体育运动。1978年，香花岭锡矿成立业余体育委员会，各类体育赛事频繁。2000年后，各村、各厂矿投入资金建设体育活动场，组建球队。2014年，全镇有篮球场22个，乒乓球场地6个、球桌11套，举行篮球比赛8次，象棋比赛1次，各村（社区）均配备有健身器材。

医疗卫生

清朝、民国时期，境内医疗由民间郎中担负，人民群众就医困难。1951年3月，香花岭锡矿设立保健站。1953年，爱国卫生运动委员会香花岭分会设立，担负环境卫生工作。1956年，开展除“四害”（苍蝇、蚊子、老鼠、臭虫）活动。1961年，设立广平、三合两个公社卫生院。1965年，两院合并，称为香花公社卫生院。1967年，香花岭矿保健站改称香花岭锡矿卫生防治所。1969年，实行农村合作医疗制度，以大队为单位兴办合作医疗室，配备“赤脚医生”，同时推广新法接生。1971年，香花岭锡矿卫生防治所改称香花岭锡矿职工医院。1981年，香花公社卫生院更名为三合公社卫生院。随着农村生产责任制的推行和村级组织机构的变更，农村合作医疗机构逐渐解体，“赤脚医生”改做乡村医生、卫生员或改行务农。1984年，公社卫生院改名为乡卫生院。1989年，香花岭镇卫生院建成。1996年，强化农村公共卫生工作，实施农村改厕。2003年6月，香花岭锡矿职工医院与香花岭镇卫生院合并为香花岭医院。2007年，推行新型农村合作医疗制度。2012年6月，成立安全生产和食品药品监察站，负责境内安全生产和食品药品的安全监管工作。2013～2014年，启动垃圾集中处理和生活污水处理工程，新建垃圾池27个、垃圾填埋场16个、排水沟6800余米，聘用农村保洁员16人。2014年，境内有医院1所，卫生院1所，病床98张，专业医护人员56人，另有个体诊所5所，村级卫生室14个，完成诊疗3820人次；有14109人参加新型农村合作医疗，参合率89.54%；12个村委对垃圾实行集中处理。

社会保障

1959年起，对农村鳏寡孤独人员实行“五保”，由大队或生产队（后称“村委会、村民小组”）分散供养。1985年，为“五保”人员的房屋办理财产保险。1988年，供养经费实行乡村统筹。1998年，供养经费改为乡镇统筹。1999年，启动城镇低保工作。2005年10月，启动农村低保工作。2008年，境内发生冰冻灾害，镇政府分13批次为灾民发放棉被、棉衣、食用油等救济物资，分4次发放救灾款25.3万元，发放住房修缮补助款20.3万元、安居工程款40万元，对甘溪、芹菜等村因失地所致的生活困难户发放生活补助费。同年，三合乡敬老院建成，有32名鳏寡孤独人员入住，其他63人仍分散供养。2009年，实施城乡大病医疗救助制度。2010年，启动新型农村社会养老保险制度，年内有1502人参保，参保率18.19%。2014年，“新农保”参保人数7020人，参保率90.1%；农村低保对象820人；全年发放临时救助资金1.9万元、生活救助款4.5万元、春节困难户慰问金11.1万元、重污染区生活费补助205.7

“国宝”香花石

万元；医疗救助53人次，投入资金8.77万元。

特色地情

民俗风情

哭嫁　境内农村流行一种婚礼习俗，在姑娘出嫁时，须举行哭唱仪式。哭唱内容主要是出嫁姑娘哭颂父母养育之恩、姐妹离别之情，表达对封建婚姻制度的不满和对美好婚姻的向往。演唱形式有独唱、齐唱、对唱、轮唱、哭唱、骂唱、边说边唱、边舞边唱等，曲调淳朴简洁，旋律优美动听，节奏感强，无乐器伴奏。

荠菜煮鸡蛋　农历三月初三，境内农村有吃荠菜煮鸡蛋习俗。民谚曰："农历三月三，荠菜当灵丹""农历三月三，荠菜煮鸡蛋"，此日，人人食用新鲜荠菜和红枣、生姜煮的鸡蛋，认为可清火去湿、治腰腿痛，预防春瘟。

立夏蛋　立夏当日，人们将鸡蛋不经破壳直接入锅煮熟，俗称"立夏蛋"。鸡蛋圆圆溜溜，象征生活圆满；立夏日吃"立夏蛋"，寓意祛病消灾、夏日平安。

地方特产

香花石　一种矿物晶体，形如鱼子蛋，书名铍矿石，1957年，由黄蕴慧等学者在香花岭锡矿首次发现，故命名"香花石"；因有特殊的科研价值，且为世界所独有，堪称"国宝"。香花石属细微晶体，一般为1～2毫米，已知最大晶体标本为15毫米，呈黄豆粒状，存于中国地矿博物馆。

（郭亮　李曼兴　供稿）

南强镇 >>

南强镇是临武县的边贸重镇、新农村建设示范镇，传统农业大乡和名副其实的“小水果之乡”。

区域概况

位置面积

地处临武县东南部，东与宜章县迎春镇、黄沙镇为邻，南与广东省连州市大路边镇相连，西与双溪乡接壤，北与武水镇、同益乡毗邻。土地总面积174.8平方公里，镇人民政府驻地新祖寺，距县城10公里。

建置沿革

明崇祯十三年（1640），境域属文化乡。民国17年（1928），属第三区。民国37年（1948），属南强乡。1949年12月，属南强区。1952年，属三区（亦称南强区）。1956年，分属武蜡、广宜、板桥3乡。1958年，武蜡、广宜、板桥3乡合并为红旗人民公社，治所设廷上村。次年，改红旗公社为南强公社。1978年，析南强公社另置土桥公社，治所设古颡村。1984年，改社为乡。1989年，南强乡政府治所由廷上迁至新祖寺。1991年，从南强乡、土桥乡析地，另置广宜乡，治所设于曾家（1994年，迁至湾丘村）。1998年，土桥乡更名岚桥镇，治所迁至土桥村。2012年6月，南强乡、广宜乡、岚桥镇合并为南强镇。

行政区划

1956年，渣塘、马塘、二八、廷上、田头、莲塘6个乡合并为武蜡乡，驻地廷上；安溪、上富、龙水3乡合并为广宜乡，驻地溪江；寨头水、赛塘、杉树3乡合并为板桥乡辖，驻地土桥。1984年，南强乡辖渣塘、马塘、官庄、二八、文溪、香塘、凤岩、廷上、寨江、田头、秀水、莲塘、湾丘、溪江、安富、上磨刀、元富、塔桥、十字铺19个村委会，117个村民小组；土桥乡辖两广、龙水、邹家、古颡、欧家湾、土桥、九泽水、赛塘、岭背塘、沙湾、杉树脚、油麻12个村委会，105个村民小组。1988年，析古颡另置曾家山村委会，析沙湾另置白露坪（1992年改称百乐坪）、寨头水2个村委会，析杉树脚另置上板栗、平天头2个村委会，分两广为大广、小广2个村委会。1990年，十字铺村委会划归县农科所管辖，分马塘为周家、邓家2个村委会，分官庄为上官庄、下官庄、栗坪3个村委会。析文溪另置陈家、林家2个村委会，析秀水另置蒙童湾村委会。1991年，将南强乡湾丘、溪江、安富、上磨刀、元富、塔桥及土桥乡龙水、邹家、小广等村委划出，新设广宜乡，临时驻地曾家村；同时，析湾丘另置东冲岭、罗城山2个村委会，分溪江为曾家、黄家2个村委会。此时，南强乡辖18个村委会，岚桥镇辖15个村委会，广宜乡辖12个村委会。1994年，广宜乡政府迁至湾丘。1997年，土桥乡改称岚桥镇。2012年，南强乡、广宜乡、岚桥镇合并成立南强镇，辖45个村委会，299个村民小组，有98个自然村。

自然环境

境内地貌主要为丘陵山地，地势西南高、东北低；河流属珠江水系，主要有人民河、高安水等。最高峰莲塘村大石窝岭，海拔900米，最低点梁箭滩村人民河岸洼地，海拔259米。土壤主要有红壤土、红色石灰土、水稻土、紫色土等。

境区属亚热带季风性湿润气候区，四季分明，温暖湿润，热量充足，雨水集中，具有春暖多变、夏秋多旱，严寒期短、暑热期长的特征。年平均气温18.1℃，平均年无霜期300天，年降水量1420毫米，降雨集中在每年4月至8月，6月最多。

境内地下矿藏主要有煤炭，已探明煤炭储量800万吨，矿区面积0.2平方公里。

人口民族

1984年，南强、土桥2乡共有7106户31264人，其中：农业人口30357人，占97.67%。2000年第五次全国人口普查，南强乡、广宜乡和岚桥镇共有33693人，其中农业人口33007人，占97.96%；男性17184人，占52.87%。2010年，第六次人口普查，共有39243人。2014年，有12271户39469人，其中农业人口38427人，占97.40%；男性21197人，占53.71%。人口密度为每平方公里226人。

境内以汉族为主，少数民族有瑶族，主要聚居在赛塘村委官里自然村，2014年，有96人。

经济发展

经济综述

南强镇是传统的农业乡镇。民国时期，农业生产技术落后，粮食产量不高，经济落后。新中国成立初期，开展土地改革和对农业、手工业和资本主义工商业的社会主义改造，境内经济发展较快，人们生活有所改善。1958年，实行人民公社化，重政治轻经济，重农业轻其他产业，经济发展趋缓。

1978年中共十一届三中会全会后，实行家庭联产承包责任制，农民生产积极性提高，经济发展较快。1989年，南强、土桥2乡共实现农业总产值875万元，工业总产值238万元。20世纪90年代后，因地制宜，实施丘岗开发；发挥毗邻广东的优势，发展边境贸易，商品经济得到较快发展。1999年，南强乡、广宜乡和岚桥镇共实现农业总产值4203万元，工业总产值8278万元，人平纯属收入2798元。农村居民家庭消费支出中，食品、衣着、住房支出占80.5%，耐用消费品支出占7.7%，文体教育医疗支出占11.8%。

2000年后，调优农业产业结构，发展高效、优质农产品，经济发展提速。2014年，南强镇实现农业总产值17774万元，工业总产值29045万元，财政总收入1910万元，固定资产投资额20500万元，农民人平纯收入6426元，全镇国民生产总值45739万元，三次产业结构由2010年的31.49：23.70：44.81调整为25.28：22.09：52.63。农村居民家庭消费结构中，食品、衣着、住房支出占63.4%，耐用消费品支出占16.3%，文体教育医疗支出占20.3%。每百户农村家庭耐用消费品拥有量为：彩电80台、冰箱40台、洗衣机7.4台、摩托车21辆、小汽车3辆。人均居住面积由1989年的9.3平方米增加到37平方米。

农业

境内主要种植水稻、玉米、大豆、红薯、花生、油茶、蔬菜、小水果、烤烟等作物，养殖猪、牛、羊、鸡、鸭等畜禽；白蜡、香塘鱼是南强特产。明代，境内种蜡树、放蜡虫生产白蜡。民国时期，白蜡年产量达100多吨，并在国际博览会获银奖；水稻种植技术落后，单产每亩仅为150千克左右。新中国成立后，农民当家做主，农业生产发展较快。1953年，大面积种植油桐。1954年，试种双季稻获得成功。1956年，为开辟双季稻肥源，试种绿肥草籽获得成功。1958年人民公社化，生猪、牛和家禽养殖受到限制，粮食产量下滑。1962年，创办广宜、板桥2个油茶林基地。1972年起，连年组织造林"大会战"，开展植树造林。1975年，建成南强杉木基地。1978年，莲塘林场成林面积100余公顷。1979年，推广杂交水稻种植，并实现中、晚稻杂交化，水稻单产提高到300多千克。1981年，推行家庭联产承包责任制，启动山林定权工作，农民种粮和造林的积极性提高。1989年，农作物总播种面积1970.2公顷，粮食总产量12207吨。1990年，提出"消灭宜林荒山"的口号，采取植树造林与封山育林并重的措施，发展林业生产，成效显著。1991年起，境内出现生猪养殖专业户，生猪养殖逐步向规模化发展。1996年，鼓励农民开发丘岗山地，土桥、古颡一带建成"万亩临武柚基地"，湾丘、曾家村建成"千亩水晶梨基地"。同年，鸿源果业公司成立，在十字铺和莲塘村创办脐橙、南丰蜜橘种植基地，5年后，种植面积发展到1067公顷。2001年，开始启动退耕还林工程。2002年，人民河两岸纳入珠江流域防护林建设工程项目，当年，南强乡植树造林67公顷；广宜乡在黄家建成桉树基地，种植桉树27公顷。2004年，建成以鸭、鱼混养为主的曾家山综合养殖场，以青蒿种植的小广、东冲岭药材基地，以反季节蔬菜种植为主的元富、湾丘、九泽水蔬菜基地。2009年，引资对400公顷油茶林实行低改。同年，成立顺康良种生猪养殖专业合作社。2010年，黄家、邹家、文溪、莲塘、安富等村通过土地流转方式，发展规模化种植。2012年起，开展为期3年的绿化攻坚活动，共造林2882公顷。2013年，成立邹家油茶林专业合作社，种植油茶林200公顷。同年，周家建成33公顷蜜枣基地。2014年，全镇有耕地面积1891.59公顷，其中水田面积1426.33公顷。全年粮食作物播种面积3360公顷，单产342千克，总产17241吨，其中水稻播种面积2288公顷，单产379千克，总产13000吨；油料作物播种面积718公顷，总产1456吨；蔬菜播种面积1020公顷，总产28185吨；果园面积1817公顷，水果总产12350吨；出栏生猪35839头、牛225头、羊4491只，年末存栏生猪20837头、牛999头、羊2992只；出笼家禽23.96万羽，年末存笼22.95万羽。境区森林覆盖率59.58%。

工业

民国时期，镇内有纺织、竹木器加工及日杂货手工业作坊。1955—1957年，对个体手工业进行社会主义改造，成立南强、土桥2个手工业合作社，主要从事裁缝、铁作、木作、编织、造纸等。之后，公社、生产大队充分发挥资源优势和地理优势发展社队企业，在周家、邓家一带兴办红砖厂、青瓦厂、石灰厂，供应县城及周边地区。1973年，创办南强机械厂。次年，创办枫木山硫铁矿。1979年，建成高安水电站、黄子林电站。此后，随着农业生产效率提高，农村剩余劳力增加，社队（乡镇）企业逐步发展。1987年，境内乡镇工业企业实现总产值233万元。1996年，邓家村引进资金、技术，创办福临红砖厂。后，职业学校红砖厂在境内建成投产。1997年，莲塘村引进电子加工厂，就地招工100多人。2002年，金福薯业有限责任公司落户境内，生产淀粉、粉丝及白酒等产品。同年，建成燕寨冲水电站。2003年，土桥、寨头水2个水电站建成发电。2004年，又建成麻冲、茶子江2个水电站，兴办岚桥板鸭加工厂、岚桥木材加工厂和邹家纯净水厂。2005年，建成板子山楠竹加工厂和板子江水电站。2006年，南宝羽绒厂、鸭鸭大米厂等企业落户境内。2008年，建成下官庄电子厂，从事来料加工。2010年，建成栗坪村红砖厂。2012年，华润新能源（临武）风能有限公司启动岚桥、广宜2个风电场建设，至2014年共装机49台，装机容量9.8万千瓦。2014年，全镇有工业企业24家，其中规模以上工业企业2家，初步形成以电力为主导，电子、建材、农产品精深加工协同发展的工业产业格局。

商贸服务业

明清时期，南强为盐运通道，境内两广、土桥等地开设伙铺，为盐商挑夫提供食宿。清末，田头、莲塘、文溪、廷上等村共同筹资开设祖教寺集市。民国，另设土桥墟，但时开时停。1958年，取消集市贸易。1961年，设立南强供销社，恢复祖教寺集市贸易，但由于"文化大革命"运动，家庭经济发展受限制，农产品交易被视同"投机倒把"遭到打击，境内集市十分萧条，并一度停市。1978年，重新开放集贸市场，当年，重修祖教寺墟场，墟日为公历3、8日；土桥墟墟日则为公历5、10日。1982年，祖教寺集市迁至新祖寺，供销社随后迁入。1985年9月，墟日改逢阳历2、5、8日。1996年，土桥边贸市场交付使用，成为临武、连州、宜章两省三县边界的木材、药材、特色农产品集散中心。1998年，南强乡农贸市场建成，内设墟棚4个，摊位200个，逢墟日赶集人数近3000人，当年交易额240万元。2003年，供销系统改制，莲塘、田头、廷上、土桥等4个供销社门店撤销，集体商业退出流通领域。此后，境内个体商贸业发展迅速，逐渐成为市场的主角，新祖寺聚集经营家电、农资、副食、日用百货和从事餐饮的门店多家，各自然村均有商店，从事副食、日杂和日用工业品经营。2014年，境内有商贸服务企业25家，个体经商户118家，从业人员1286人。

基础设施

交通运输

明、清时期，有2条古道过境，一条由桂阳两路口入县，至县城后经境内湾丘、龙水，出广东连州；一是由桂阳月华铺入县，经境内凤岩、土桥，南下广东省连州，货物运输全赖人力。1960年，修筑县城经祖教寺至土桥、古老坪至元富2条公路。1963年，上官庄至二八村、枫树坳至联合公路完工。1976年，开通南强、土桥至县城班车。20世纪80年代初，各地筹资修建简易通村公路。1987年，境内有县道1条、里程18.5公里，乡村公路18条、里程63.2公里。1992年，土桥至广东连州市山塘镇5.6公里公路（简称临连公路）贯通。1995年，临连公路完成水泥路面铺设。2002年，修建南强至宜章迎春镇、小广村至连州山塘镇、上磨刀至宜章黄沙镇公路。2004年，铺设南强经贝溪至茶园坪水泥公路。2005年，二八村通村公路铺设水泥路面。2006年，广宜通乡公路和东冲岭、黄家2村通村公路完成水泥路面硬化。2007年，油麻、土桥、古颡、曾家山、渣塘、寨江、黄家塘、凤岩、东冲岭、安富、塔桥、龙水、元富、上磨刀14村通村公路全部铺设水泥路面，总长48.6公里。次年，九泽水、欧家湾、百乐坪、沙湾、寨头水、赛塘、岭贝塘、邹家、小广等9村通村公路完成水泥路面铺设。2014年，境内形成以临连公路为主干道、连通各行政村的公路网络，公路总里程150公里；有客运线路6条，客运车辆24辆，年客运量9.1万人次；有货运汽车237辆，年货运量242万吨。

邮政通信

民国初期，南强设有邮件交接点。民国16年（1927），开办邮政信柜，邮件大部分由邮差或雇用挑夫投递。民国22年（1933），架设连通县城的电话线路。新中国成立后，人民政府接管邮电事业。1953年，设立南强邮电所。1956年年底，大部分行政村通邮、通电话。1988年，邮电所改为邮电支局。1991年10月，开通自动电话。1993年，设立南强邮政储蓄所，开始办理储蓄业务。同年，开通无线寻呼和长话直拨业务。1994年，开办"邮政特快专递"业务。1996年，开通模拟移动电话。1998年，邮政、电信分离，设南强邮政支局和南强电信所。次年，移动通信业务从电信析出，新建南强移动通信信号基站。2008年，建古颡移动通信信号基站。2009年，在岚桥镇建设电话信号基站3个。2014年，境内有邮电企业2家，服务网点8个，中国移动、中国电信、中国联通3家公司的2G、3G、4G基站31个；有固定电话用户1181户，手机用户7102户，互联网用户711户。邮政投递路线单程总长75公里，投递点45个，全年投递国内函件17580件。

供电饮水

新中国成立前，境内居民多用松油或桐油照明，人畜饮水多取自井水、河水。1950年后，改用煤油照明。1979年，高安水、黄子林2个电站建成投产，境内开始通电。1983年，境内有16个大队144个生产队3091户通电。20世纪90年代，境内燕寨冲、土桥、寨头水、麻冲、板子山等多处水电站建成，通电范围逐步增加。2002年，岭背塘村人畜饮水工程完工，率先在全境开通自来水。2003年，为期3年的农网改造完成，全境各村全部实现通电。2006年，南强集镇饮水工程完工，解决乡政府驻地及周边人畜饮水问题。2007年，邓家村通自来水。2008年，周家、上官庄、渣塘3村自来水入户。2010年，长河供水工程动工修建，工程完工后，解决集镇、廷上、文溪、周家、下官庄、上官庄、香塘、田头、邓家、秀水等地17000人的饮水安全问题。2011年，油麻村建成人畜饮水工程。2013年，启动九泽水饮水工程，解决九泽水、赛塘等村2200人的饮水问题。2014年，建成广宜集中供水工程，曾家、黄家、安富、元富、湾丘、龙水等村委3000多人的饮水问题得到解决。

水利建设

民国时期，境内只有少许山塘，无水库。1946年，动工兴建文溪河坝，因资金不足，半途而废。1955年，县、区人民政府于冬闲时间，组织农民开沟修塘，使一些老旧山塘得以发挥效益。1958年，完成官竹山、大井、大坑、水水冲4座水库建设工程。次年，在高安水兴建县内第一个水轮泵站。1960年，修成半里坳、小旦花2座水库。1963年，对人民河进行治理。次年，建成文溪坝。1970—1973年，先后建成岭背、石岩水、跃进3座水库。之后，长河水库南干渠境内段建成。1980年，建成米龙冲水库。1982年，重修因1980年水毁的文溪河坝。1985年，境内有小Ⅱ型水库10座，山塘524处，河坝54处，水轮泵站3处，机灌站29处。1990年，完成湘塘坪天然水库堵漏工作，成功蓄水。1992年，动工修建枫木山水库，因资金不足，2年后停建。1993年，曾家山村筹资建成活闸水坝。1994年，境内发生特大洪灾，文溪河坝再次被冲垮，同年，启动河坝重修工程，至2002年完工。2006年，枫木山水库续建工程完工。同年，广宜乡新修水渠3000米，田头、周家、莲塘、文溪等12个行政村实施农田水利建设，666公顷农田排灌条件得到改善。2007年，岚桥镇实施山塘除险加固6处，修复水渠3000多米；南强乡整修山塘6处；广宜乡新修水渠1000余米，渠道清淤8000米。2009年，南强乡新建及改造水渠10.5公里，疏通渠道68公里。2010年，下九水库建成。2011年，对人民河进行治理，修筑防洪堤5.8公里。2014年，全镇有小Ⅱ型水库13座，山塘327处，河坝8处。

镇村建设

民国时期，以祖教寺为中心，南强集镇初具雏形。1956年，武蜡、板桥、广宜3乡治所分别设在廷上、土桥和溪江村。1958年成立红旗人民公社后，公社治所设在廷上。之后，集镇建设以党政机关所在地为中心向周边拓展。1961年，建南强供销社。后，粮站、电影院、税务所、公路站、机械厂、卫生院等单位相继在廷上村建成办公、营业或生产场所。1978年，土桥公社新置，在古颡村新建办公场所。1989年，南强乡政府由廷上村搬迁至新祖寺。随后，派出所、信用社、林业站等先后在新祖寺兴建办公场所。1991年，广宜乡政府在湾丘村兴建办公楼。1992年，在新祖寺建成南强农贸市场。同年，土桥省际边界农贸市场竣工。1996年起，莲塘村先后筹集2000余万元，兴建村办公楼、礼堂、文体长廊等，总建筑面积3万多平方米。1997年，土桥乡改称岚桥镇，治所由古颡迁往土桥。2005年，南强乡新建计划生育服务中心。2011年，扩建南强农贸市场，新增停车场1200平方米。2012年，完成《南强镇总体规划》和《镇区道路提质改造规划》编制工作。2013年，启动小城镇建设，对镇区沿街建筑实施立面改造和道路提质改造，当年，撤除违法建筑23处，完成200多间房屋统一外墙装修和坡屋顶改造，铺设人行道地板砖5公里，主要街道栽种樟树400余株，在临连公路两旁安装路灯300余盏。同年，启动规范农村建房工作，莲塘、邹家、安富等村按统一规划设计，兴建民宅100余栋。

社会事业

教育科技

1941年，在廷上村创办中心国民学校。1950年，人民政府接管学校，按“村学村办”要求，大力兴办村小。1957年，创办莲塘小学，次年，附设初中班。1961年，莲塘附中更名为南强中学。1966—1976年“文化大革命”期间，教育事业受挫。1977年高考制度恢复后，南强中学设高考复习班，生产大队以及自然村兴办小学的热情高涨，连年开展扫盲运动。1979年，南强中学更名临武三中。同年，经郴州地区验收，南强公社被评为“基本实现青壮少年无文盲”社。1980年，开始调整学校布局。1982年，在马塘新设临武高中，次年撤销，临武三中复名南强中学。1986年，莲塘小学升格为南强中心小学。1987年，境内有中学1所，在校学生166人；小学53所，在校学生3927人。1988年，撤销枫家坳、盐铺坪、桐油坪3所小学。1990年，上九江、梁箭滩2所小学被撤销。1991年，创办广宜中学。1993年，创办栗坪、陈家2所小学。1994年，南强乡中心小学附设学前班，后，有条件的村小学陆续附设学前班或幼儿班。1997年，南强乡中心小学由莲塘村迁至新祖寺。同年，撤销桐木窝、上板栗、担杆岭、沙湾、寨头水、梁家、下九江、邓家、上官庄、下官庄、黄家塘、陈家、栗坪、贵泉、十字铺、朝背寮16所小学。1999年，南强中学由莲塘村迁今址。2003年，撤销欧家湾、曾家山、平天头、小梨、岭背塘、塔桥、湾丘、东青岭、溪江、黄家、罗城山、廷上、寨江、高安水、秀水、蒙童湾、香塘、官溪坪18小学，岚桥中学停办。2004年，广宜中学停办。2007年，南强乡中心小学、广宜乡中心小学新建教学楼和围墙。2012年，南强中心小学创办幼儿园。2013年，南强中心小学被评为全国"读书活动示范学校"。2014年，全镇有幼儿园5所，在园幼儿1650人，幼儿教师45人；小学16所，在校学生2732人，教师154人，适龄儿童入学率100%；初中1所，在校学生346人，教师38人，小学升初中升学率100%；九年义务教育覆盖率达100%。

1961年，桐油坪科研小组培育出霜降红水稻良种，使早稻单产得到提高。1970年，建立公社、大队、生产队农业科技网络，开展水稻种植、农机使用和土农药配制等方面的研究。1993年，配合县农业局推广临武蜜柚丰产栽培技术。1998年，岚桥镇探索百合种植技术，并实现大面积推广。2005年，南强乡推广稻、鸭生态共养技术。2012年，成立南强镇科技协会，举办农民科技培训班10次。

文化体育

清朝、民国时期，境内大头罗汉舞表演和"元富山歌"传唱等文艺形式。1964年，成立公社文化站。1968年，建立有线广播放大站。1976年，成立公社电影队，巡回各村放映。1977年，架设县城至南强广播干线。随即，建成乡村广播网络，有线广播提到普及。1983年，设立影片发行管理站。1990年4月，南强乡开通临武有线电视。1994年，建成有线电视站。2004年，南强乡有线网络与县联网。2008年，建成岚桥镇文化站。2009年，改建南强乡文化站，广宜乡送电影下乡136场次。2010年，广宜乡建成文化站。2011年，境域内建成农家书屋30个，平均藏书量超过1500册。2012年，镇文化站增配电脑、投影仪、摄像机等器材，免费向群众开放。同年，文溪村村民自发组织广场舞队，后，以中老年妇女为主的广场舞健身活动流行全镇。2014年，全镇有文化站1个，休闲读书吧1个，公共图书室（含农家书屋）41个，藏书69200册；有有线电视用户9400户，广场舞队伍6支。

新中国成立前，境内体育活动仅限于传统武术和五子棋、豆腐棋为主的棋类活动。1958年，公社成立体育协会，组建农民体育队，较大的村庄利用晒谷坪建简易篮球场，开展篮球运动。1974年后，农民体育活跃，乒乓球、羽毛球等球类项目进入农村。20世纪90年代中期，各村先后建成集电教、学习、文体活动于一体的党员活动室。2000年后，各村增加体育投入，兴建体育场所，完善体育设施。2014年，全镇有篮球场29个，乒乓球场9个、球桌18张，有16个村安装有公共健身器材。

医疗卫生

民国33年（1944）4月，境内祖教寺始设卫生所，因经费拮据、缺医少药，次年停办。1950年，推广新法接生，宣传婚、孕知识。1951年，元富头村民在本村开设西医诊所。1952年，设立祖教寺卫生所；次年，被撤销。1954年，组织成立南强联合诊所。1957年增设土桥联合诊所。1958年，合并2个诊所成立红旗公社卫生院。1961年，公社卫生院改称中心卫生院，增设板桥、广宜公社卫生院。1963年，中心卫生院和公社卫生院复名联合诊所。1965年，板桥、广宜联合诊所并入南强联合诊所。1967年，联合诊所更名为公社卫生院。1969年3月，元富大队社员看病采用合作医疗方式（社员每人每年交纳1元合作医疗费，每次看病只收挂号费0.05元，以针灸、验方、草药为主，治疗日常小病，尽量做到小病不出村），被作为新生事物在全县推广（1972年，在全国推广）。随后，境内各大队建医疗室，培养配备赤脚医生。1978年，设立土桥公社卫生院。1979年，南强公社卫生院改为县卫校附属医院。1981年，农村合作医疗制度解体，有资质的赤脚医生或自办诊所或改行从事他业。1984年，县卫校附属医院复名为南强中心卫生院。同年，土桥乡卫生院办公大楼竣工付用。2005年，南强乡计划生育服务中心建成。2007年，实施新型农村合作医疗。2008年，新建广宜乡卫生院，改扩建南强中心卫生院医务大楼。2010年，推进改厕工作，文溪、二八、田头、陈家等村完成旱厕改造57间。2014年，有乡镇卫生院3所，卫技人员16人，设综合内科、外科、妇产科、中医科、骨伤科、儿科、公共卫生等科室，病床24张，另有30所村卫生室（诊所），从业人员19人。新型农村合作医疗参合31241人，参合率81.68%。

社会保障

1959年，始对鳏寡孤独的老人和无劳动能力的残疾人实行“五保”，由各生产队担供口粮。1988年，“五保”人员供养经费由乡、村两级统筹。1998年，供养经费改由乡统筹。2005年，实行农村居民最低生活保障制度，当年有354人享有农村低保。2007年，田头村建成村级敬老院。2008年，南强乡敬老院建成，后，岚桥镇、广宜乡先后创办敬老院，欧家湾、油麻田、周家、莲塘、蒙童湾、元富等村兴办“五保”之家，集中供养“五保”老人200多名。2010年，实行新型农村养老保险制度。当年，有2996人参保，参保率16.25%。2014年，全镇有2359人享有农村低保；“五保”人员306人，其中集中供养245人；抚恤、补助各类优抚对象6人；安置复退伍军人34人；临时救济342人次，支出12.8万元；有14410人参加农村养老保险，参保率94.93%。

特色地情

历史人文

九泽水传说　九泽水村最初叫“期宿村”。唐贞元十九年（803），韩愈、张署分别被贬为阳山、临武县令，二人约定每隔一月相会一次，在期会地修一简易亭台，供人马歇息，命名“期宿村”。因“期宿村”有泉九眼，故又名“九泉庙”。传某日，二人期会，马被虎食，又称“失马岭”。后，文人墨客慕韩、张之名来访，最终有人定居此地，形成村落。嘉庆年间，村民以“九泉庙”不雅，遂改为“九泽水”。2010年，九泽水传说列入临武县第二批非物质文化遗产名录。

名优特产

境内农林特产众多，主要有南丰蜜橘、莲塘蜜柚、周家蜜枣、香塘鱼、白蜡等。

临武白蜡　临武种蜡树、放蜡虫始于明代，因蜡虫、蜡树品种优良，采蜡时机把握得当，制作工艺讲究，所产白蜡质地优良，极副盛名，其中尤以南强二八、田头等地所产为最。1932年，在巴拿马国际博览会上获银奖。2009年，临武白蜡被列入县第一批非物质文化遗产保护名录。

香塘鱼　产于境内香塘村“四亩塘”，其肉质细嫩紧致，味甜美而不腥，为清朝廷贡品。古志记载：“香塘出者，虽海国诸鱼莫及焉”。

名胜古迹

秀岩风月　临武古八景之一。秀岩亦称凤岩，系一溶洞，位于官溪坪村侧，洞口朝北，面积约3000平方米；洞外一石拱桥横跨洞底涌河，因石拱与其水中倒影合似一轮圆月，秀美如画而名。宋时，县令王维将米芾所书“秀岩”摹于洞内石壁上，另有汉代蔡邕所书“无尽藏”三字及宋、元、明、清历代文人墨客题词、诗词、游记等石刻20多处。2006年，秀岩崖题刻被列为省级文物保护单位。

民俗风情

大头罗汉舞 源于商纣王时期的一种面剧舞，在临武、宜章、蓝山及广东连州等地流传。面剧舞以“大头罗汉下山出游，路经一大山，疲困打盹时，遇两猴挑逗”为情节，有挂狗肉、堆宝塔、过拱桥、骑马、打拳、耍棒、老鹰照日、老虎背猪等多个规定动作，一般由6名至20名小孩组合表演。大头罗汉舞兼故事情节的喜剧性、流行舞蹈的观赏性、民间武艺的传承性于一身，深受人们喜爱，至今逢年过节仍有演出。2012年，大头罗汉舞列入郴州市第三批非物质文化遗产名录。

元富山歌 起源于清嘉庆年间，流行于元富村一带。山歌内容以抒发个人情感，表达男女爱情，诉说人间的喜、怒、哀、乐为主；演唱形式主要有独唱、对唱、群唱三种；音乐旋律结构固定，为四句半；歌词根据人、事、物即时编唱，语言朴实、寓意深刻、句式精炼、富有韵味。2010年，被列入县第二批非物质文化遗产名录。

（邓训波　供稿）

汾市镇 >>

汾市镇是湘南地区的一个古老集镇，文化底蕴厚重、旅游资源丰富。2014年，被列入国家重点镇。

区域概况

位置面积

地处临武县东部，南岭山脉东段北麓。境域北与水东镇为邻，东与宜章县浆水乡相连，南与同益乡接壤，西与土地乡毗邻。土地总面积48.2平方公里，镇人民政府驻地北岸村，距县城18公里。

建制沿革

民国31年（1942），始设汾市乡。1948年，属东平乡。1949年12月，属沙田区。1952年6月，属汾市区（亦称二区），治所牛头汾。1958年，属东风人民公社。1959年，临武、宜章两县合并，改东风为汾市人民公社。1961年7月，复置临武县，仍属汾市人民公社。1979年，析汾市另置土地、同益两个公社。1984年，汾市公社更称汾市乡。2012年4月，撤乡建镇，更称汾市镇。

行政区划

1984年，辖上乐、横山、白石、渡头、北岸、南岸、南福、社下、麻落、城背、鼎夏11个村民委员会号1个居委会。1986年，析城背村民委员会另置张家冲村民委员会。2006年，居委会改为兴隆社区，辖3个居民小组。2014年，辖12个村民委员会，1个社区，123个村（居）民小组，有34个自然村。

自然环境

镇区地处丘陵地带，地势低平。武水河自土地乡黎家坪村入境，经渡头、新屋场、曹家湾与水东河相会后出境，境内长8公里。境内最高峰麻落岭，海拔530米；最低处鼎下村委河埠淋洼地，海拔219米。土壤多为水稻土、石灰岩红壤、红色石灰土。

境区属于亚热带季风性湿润气候，光热充足，雨量充沛，冬无严寒，夏无酷暑，四季宜耕，对农业发展有利，年平均气温17.9℃，年无霜期296.7天，平均年降雨量1437.9毫米，年日照数为1486.9小时，是全省风能资源最丰富的地区之一。

境内煤、锡、银、锌等矿产资源均有一定储量，河沙资源丰富。森林覆盖率高，林木种类较为丰富，已发现林木种类97科519种，其中以樟科居多，壳斗科次之，是全国南岭山地生态生物多样性功能区，有国家级保护动植物30余种。

人口民族

1984年，有2938户12731人，其中农业人口11686人，占91.79%。2000年，第五次人口普查，有4013户，总人口14081人，其中农业人口12464人，占88.52%；男性7483人，占53.14%。2010年第六次全国人口普查，有16406人。2014年，有5176户17218人，其中农业人口11947人，占69.39%；男性9269人，占53.83%。

境内居民以汉族为主，少量少数民族因就业或婚姻迁入。2014年，有少数民族人口22人，占总人口的0.13%。

经济发展

经济综述

明、清时期，以武水河水运之便，汾市船埠集散粤盐，商业曾一度繁荣，但仍以农业为主。20世纪50年代初，农民分得土地、房屋，农业生产积极性提高。之后，大修山塘、水库，开荒造田，促进了农业生产发展，“吃饭”问题初步解决。60—70年代，多家县属国有工业企业在境内开办，汾市成为县内工业重镇，但经济总量不大，人民生活依然贫困。

1978年中共十一届三中全会后，坚持以经济建设为中心。随着农村家庭联产承包责任制和工商企业承包责任制的推行，境内经济开始向好。1989年，实现农业总产值365万元，工业总产值62万元，人民温饱问题逐步解决。90年代，依托交通和技术优势，大力发展个体私营经济，兴办工商企业，经济迅速发展。1999年，实现农业总产值2567万元，工业总产值11794万元，农民人平纯收入3895元；农村居民家庭消费支出中，食品、衣着、住房支出占总消费支出的77.9%，耐用消费品支出占8.2%，文体教育医疗支出占13.9%。耐用消费品由80年代的手表、自行车、缝纫机三大件转向彩电、冰箱、洗衣机等。

进入21世纪，围绕“文化名镇、商贸旺镇、旅游强镇、农业特色镇”建设，大力推进产业转型，境内经济质量好转。2014年，全镇实现农业总产值12341万元，工业总产值38603万元，财政总收入2454万元，固定资产投资额41150万元。全镇国内生产总值40665万元，三次产业结构由2010年的16.71∶49.94∶34.35调整为19.74∶32.15∶48.11。农民人均纯收入9673元；农村居民家庭消费支出中，食品、衣着、住房支出占63.8%，耐用消费品支出占16.1%，文体教育医疗支出占20.5%。平均每百户农村家庭耐用消费品拥有量为：彩电105台、电冰箱98台、洗衣机75台、空调20台、电脑25台、摩托车80辆、家用小汽车15辆。

农业

镇内农作物种类主要有水稻、红薯、玉米、蔬菜等，主要畜禽水产品有生猪、牛、羊、鸡、鸭、鱼等。1949年，水稻种植以一季中稻后冬泡为主，单产不足135千克，畜禽均为家庭散养。1954年，开始试种双季稻；旱土一般种植红薯、蔬菜、玉米等。1956年，绿肥草籽试种成功。1958年“大炼钢铁”，林木损失严重。1965年，突出发展棉花、烤烟生产。1970年，实行矮秆良种化，水稻单产提高到250千克。1971年起，推广杂交苞谷和杂交高粱，提倡高矮间种，增产显著。20世纪70年代中期，为维持糖厂生产，甘蔗种植面积上升。1979年，普遍推广“威优六号”等优良品种，实现中、晚稻杂交化；1981年，开展山林定权发证工作，明确山林权属。1983年，糖厂转产，甘蔗面积减少。实行家庭联产承包责任制后，各类养殖专业户相继涌现。1987年，粮食作物播种面积1092公顷，单产326千克，总产量5339吨，其中水稻播种面积913公顷，单产360千克，总产量4925吨。1989年,改良生猪品种,推广配（混）合饲料快速养猪技术。1990年，采取封山育林与植树造林并重的措施，境内出现林业专业户。1992年，水田采取玉米—稻、蔬菜—稻等一干一湿的耕作制，发展优质高效农业。1998年，调整产业结构，发展特色小水果、优质稻和大棚蔬菜。2000年，临武鸭水门塘种鸭场建成，带动农户加入临武鸭养殖行业，南福村成为养鸭专业村。同年，推广鱼、鸭混合养殖技术，平头岭水库产鲜鱼5000千克。2005年,白石养猪场养母猪75头,年出栏生猪2000头。2006年，南福村村民与村委签订荒山承包合同，种植高脂松400公顷、红豆杉13.3公顷，建红豆杉苗培育大棚6个。2009年，南福村村民承包本村仙口荒山，种植高脂松、红豆杉、罗汉松、香樟、桂花树等200公顷。2011年，水果种植面积124公顷，产量2600吨，主要品种有葡萄、乌梅、脐橙。2012年起，开展为期三年的城乡绿化攻坚行动，3年内共造林252公顷。2013年,扩建水门塘临武鸭种鸭孵化基地,有标准化孵化机39台，年养殖种鸭2万羽、孵化鸭苗1000多万羽。2014年，全镇有耕地655.87公顷，其中水田508.27公顷，旱土147.6公顷。粮食作物播种面积1449公顷，单产346千克，总产量7519吨，其中水稻播种面积1076公顷，单产372千克，总产量6009吨。全年生猪出栏16200头、年末存栏9620头，禽出笼412604羽、年末存笼18734羽，水产养殖面积30公顷、总产量146吨。森林覆盖率由2011年的48.44%提高到54.19%。

工业

民国前期，镇内有纺织、竹木器加工、日杂品制作等手工业作坊。新中国成立初期，镇内有铁矿、煤炭开采。1955—1957年，通过对个体手工业进行社会主义改造，全镇有手工业合作社10余家，从业人员300余人，主要分布在缝纫、铁器、木器、编织器等行业。20世纪50年代至70年代，先后有县属汾市铁厂、县糖厂、县水泥厂、县氮肥厂、县冶炼厂等一批工业企业在镇内落户，并带动社队企业的发展，境内各类工业企业个数达100余家，涉及采矿、建材、食品和建筑等行业。1997年，怡丰锡业（郴州）有限公司（后更名为湘桂冶炼厂）收购县冶炼厂，并进行技术改造，成为当时湖南最大、全国第三的锡冶炼基地。2000年，汾市旺发冶炼厂建成投产，生产粗铅产品。此后，国营、集体工业企业体制改革，民营工业企业发展较快。2014年，全镇有各类工业企业12家，其中规模以上工业企业4家，形成了以冶炼加工为主、建筑材料等相关产业共同发展的新工业体系。

商贸服务业

明、清时，以水路之便，汾市船埠集散粤盐，以致商旅云集，一度成为湘南繁华小镇。临武新中国成立初期，规范集市贸易，并设立国有粮站和供销合作社。1954年，对私营商业进行社会主义改造，个体商贩基本消失。1979年后，鼓励和支持个体经商，个体商业逐渐得到恢复和发展，集贸市场复告繁荣。1981年，始定墟日为阳历1、6日。1982年，兴建墟亭。1989年，集贸市场扩建，墟日上市人数约7000人，年成交额150万元。随着经济的不断活跃，市场日渐繁荣，1994年，墟日改为2、5、8日。与此同时，汽车修配门店、加油站发展迅速，并在临桂公路（后称S214线）沿线形成汽车修配一条街，兴办多家加油站。1999年，市场成交额638万元。2001年，对市场进行改扩建。2002年，国合商业企业产权制度改革，汾市粮站和供销社退出流通领域，个体商业进一步发展，商贸流通网络进一步健全。2014 年，有各类商贸企业 207 家，涉及餐饮、休闲、娱乐、汽车修理等行业，年营业额 20000 万元，集贸市场成交额 4000 万元。

基础设施

交通运输

明、清时期，境内水运发达，另有两条驿道过境，汾市成为县内交通枢纽。1955 年元月，汾市民船航运站建立。1958 年，热水至汾市、汾市至土地公路建成。1960 年，汾市至金江公路完工。1964 年，撤销民船航运站。1976 年，柏树下至横山公路修通。1978 年，渡头至柏树下公路竣工。1983 年，社下、鼎下修建公路连接临桂线。1985 年，临桂线汾市段路基加宽至 12 米。1987 年，境内有乡村公路 6 条，总里程 13.9 公里，均为砂石路。90 年代，村民多购置汽车从事煤炭运输。1992 年，临桂公路境内段铺设混凝土路面。1994 年，洪灾冲垮汾市大桥两端，交通中断 45 天。1997 年，汾市新桥建成通车。2010 年，省道 214 线汾市段改道，另建汾市大桥；通村公路路面逐步实现水泥硬化。2014 年，境内公路总里程 90 多公里。有客运汽车 20 辆，日均发送及过往客车 60 车次，日客运量 600 人次；有货运汽车 344 辆，年货运量 302 万吨。

邮政通信

清末，汾市设邮政信柜。1938 年，设汾市邮政代办所，并在南福村增设丙类信柜。1949 年，人民政府接管邮电事业。1953 年，设立汾市邮电所。1956 年底，大部分村庄通邮，开通电话。1988 年，邮电所改邮电支局。1993 年，设立汾市邮政储蓄所，开始办理储蓄业务。1992 年，开通程控电话。1994 年，汾市至土地程控电话电缆架设完工，电话入户率逐步提高。1998 年，邮政、电信分离，设汾市邮政支局和汾市电信所。1999 年，移动通信业务从电信析出后，于汾市建成基站，移动信号覆盖面扩大，用户逐年增加。2002 年，联通基站建成。2014 年，有邮政网点 1 个，投递点 13 个，乡村通邮率 100%。有电信企业 3 家、服务网点 11 个，2G、3G、4G 信号基站 14 个；固定电话用户 676 户，手机用户 7981 户，宽带用户 545 户。

供电饮水

新中国成立前，镇内生产、生活用水主要靠武水河或山泉水，无电力设施。1966 年，汾市水电站建成，境内开始通电。之后，架设 10 千伏输压电线路连接县城电网。1975 年，建成 35 千伏变电站。20 世纪 80 年代后，居民饮水均以掘井开发松散岩孔隙水解决。1983 年，境内有 11 个大队、100 个生产队、2424 户通电。1987 年，水电站新装机 3 台，发电量增加，用电紧张的局面稍有好转。2006 年，白石、南岸 2 村“农村饮水解困工程”完工。后，各村陆续建成自来水工程，解决生产生活用水。2014 年，启动汾市镇集中供水建设工程；工程完工后，可解决集镇及南岸、北岸、渡头 3 个村委 9000 多人的饮水问题。

水利建设

1950 年，县在各区成立塘坝建管委员会，担负水利建设和管理职责。1952 年始，每年均利用“冬闲”时间发动群众修建山塘、水库。1958 年，仙口小Ⅰ型水库建成。次年，平头岭小Ⅱ型水库建成。1985 年，有小Ⅰ型水库、小Ⅱ型水库各 1 座，山塘 74 口，河坝 15 座，总引水量 593.2 万立方米。1989 年始，实施“小塘扩大，浅塘加深，漏塘补好，废塘恢复，无塘兴建，兴建小坝小渠”工程，对骨干塘实施除险加固，解决山塘坝体老化问题，提高蓄水防洪能力。1993年，水门塘小Ⅱ型水库建成。2010年，仙口水库除险加固工程、城背村山塘泄洪整修工程完工。2012年，平头岭水库除险加固、水门塘水库清淤工程完工。2012—2014年，对武水河汾市段进行河道治理，砌筑防洪堤9.8公里。2014年，境内有小Ⅰ型水库1座，小Ⅱ型水库2座，山塘24处，河坝9处。

村镇建设

明、清时期，牛头汾在武水河北岸老街形成集镇，各类商铺沿街而设。农村住宅多为泥砖砌成，少数富户以青砖青瓦建房，以北岸“傅家大院”和竹树脚“贺家大院”最为典型。1958年，汾市至土地公路建成后，政府、供销社、粮站、电影院、法庭、税务所、公路站、中学、小学、卫生院等党政机关和企事业单位在公路两边先后兴建办公楼或营业场地。1978年中共十一届三中全会后，农村经济发展较快，新建住房大增，且多为砖木结构。20世纪90年代后，多为砖混结构。2001年，扩建农贸市场。2006年起，启动新农村建设，南岸、南福、北岸、白石等村以改造农村水利、电力、道路等基础设施为重点，整治村容村貌。2012年，汾市镇、白石村被确定为市级小城镇建设示范镇和新农村建设示范村，南福村被确定为县级新农村建设示范村。2013年，编制完成《汾市镇总体规划（2013—2030）》。至2014年，镇区先后完成武水河汾市段治理、北岸新街建设、老街提质改造、集中供水建设等工程，编制完成农村建设规划，农村道路硬化率90%，电网改造率80%，农户饮水安全率100%。镇城区面积达1.2平方公里，城镇化率45%。当年，汾市镇被住建部等7部委列为全国重点镇。

社会事业

教育科技

同治七年（1868）建汾市清漪书院。民国8年（1919），设立东区高小。民国33年（1944），中山大学、广州中华文化学院部分师生为避战乱，流寓临武，在境内桐子坪创办文化附中。次年，广州知用中学迁至境内，短期办学。1948年秋，汾市商人创办平民小学，免费招收贫寒子弟。1950年，政府开始接管境内小学，平民小学更名为文健小学。1952年，文健小学与汾市乡中心小学合并。1961年，汾市完小附中改为汾市中学。1972年，改汾市中学为县二中。1975年，县二中复名为汾市中学。中共十一届三中全会后，普及初等教育，各村纷纷集资办学。1979年，汾市中学改名县二中。1987年，有中心小学、南岸、南福、社下等小学13所。1995年，县调整中学布局，县二中迁入县城，乡就原二中校址改建汾市中学。1997年，撤销河埠林、界牌小学。之后，整合教育资源，先后有麻乐、城背、白石、渡头等小学被撤销或改为教学点。2001年，育苗幼儿园创办。之后，幼儿教育逐渐兴起。2012年，汾市中学、中心小学提质改造工程完工。2014年，有中学1所、小学1所、小学教学点7处，在校学生1885人，教职工112人。有幼儿园7所，入园儿童400人，幼儿教师35名。

1965年，汾市地区医院自行研制新中一号注射液，用于解毒，具有较好疗效。1970年，建立公社、大队、生产队科研网络，南岸科研小组组长、省劳模贺光栋的“盐选203”水稻栽培试验成功。1977年，推广杂交水稻种植。1986年，在县冶炼厂实施“氯化法从低品位矿中回收锡”的省级“星火”计划科研项目。1998年，推广大棚蔬菜种植技术。当年，汾市乡进入市级科技工作先进乡镇行列，南岸村成为省“星火”科技示范村。2011年，引进技术，对含锌冶炼废渣进行回收冶炼提纯。同年，举办农业技术培训班2期，参加培训100余人。

文化体育

1950年，汾市祁剧团成立，上演剧目有《九件衣》《看相斩刘》《打雁回窑》《三击掌》等。随后，花鼓戏也在境内兴盛，有业余剧团多家。1964年，建立公社文化站。“文化大革命”期间，成立公社文艺宣传队，祁剧、花鼓戏剧团被撤销。1976年，成立公社电影队。1977年，农民画家郭道宗创作国画《姑嫂情》，被选送中央美术馆展出。1983年，设立影片发行管理站。1986年3月，汾市乡自办小功率电视差转台，转收广东台节目。20世纪80年代末，农村中以“打家门”（同姓各村之间的互访活动）为主要形式的地方戏演出较为频繁，较有影响的民间文化另有踩高跷和跑竹马。1994年，建立乡有线电视站，开始有线电视网络建设。2004年，境内有线电视与县联网。2005年，完成网络改造工作，有线电视综合覆盖率100%。2006年，举办汾市乡“金海杯”文化艺术节。2010年，乡文化站改建工程完工，新置桌椅等设备，添置报刊书籍。2011年，各村安装广播喇叭。同年，建成白石、渡头等村农家书屋。2012年，完善文化站设备设施，增加电脑、投影仪、摄像机等，并免费开放。同年，渡头古城址、汾市汉墓群和南福朝泉阁被列入湖南省文物保护单位。2014年，全镇有文化站1个，休闲读书吧1个，农村公共图书室（农家书屋）11个。有“高跷”“竹马”“小调”等传统特色文化队伍多支，其中鼎夏村高跷被列为郴州市非物质文化遗产。有广播喇叭30只，有线电视综合覆盖率为97.4%。

1958年，东风公社成立体育协会，组建农民体育队。70年代，境内各单位职工体育活动丰富，并经常组队参加县内体育赛事。受其影响，农民体育也较为活跃。体育项目主要有篮球、乒乓球、羽毛球、游泳等。2011年，广场舞在境内兴起。2012年，南福、白石2村体育活动中心建成，配有体育健身器材多种。2014年，全镇有篮球场20个，乒乓球场5个、球桌10张，运动场1个，广场舞队伍8支。

医疗卫生

1942年，设牛头汾卫生所，因经费拮据、缺医少药，于1946年停办。20世纪50年代初，推广新法接生，灌输婚前、孕前知识。1951年，设立汾市卫生所。个体行医者组织卫生协会，成立联合诊所。1954年，县人民政府对汾市集体联合诊所发证管理。1958年，卫生所、联合诊所并为公社卫生院。1961年，公社卫生院改名为中心卫

生院。1963年，农村全民、集体卫生机构分立，恢复原名。1967年，撤卫生所，成立汾市地区医院。1969年，实行农村合作医疗制度，各大队设医疗室。1975年后，每年均对妇科病进行普查普治。1979年，汾市地区医院更名为县第二人民医院。1981年，农村合作医疗解体，各村医务人员自办诊所或改行从事其他职业。1984年，县第二人民医院再次更名为汾市中心卫生院。2001年，土地乡卫生院撤销，其人员编制并入汾市中心卫生院。2007年，启动新型农村合作医疗制度，年内"新农合"参合率达到85%。2014年，全镇有中心卫生院1所，村卫生室22个。镇中心卫生院有卫技人员21人，病床47张，设有综合内科、外科、妇产科、儿科、中医科、骨伤科、手术室、B超、心电图、检验、放射、公共卫生等科室，有大型医疗设备百余件（套）。另有村卫生室（诊所）22个，从业人员23人。全镇7个村委对垃圾实行集中处理。新型农村合作医疗参合率96.83%。

社会保障

民国时期，境内发生5次自然灾害，当局虽行赈灾之举，但因下拨款项较少，救灾实效甚微。新中国成立后，人民政府十分重视社会保障事业，每逢境内发生自然灾害，均组织群众抗灾自救，并从人力、财力、物力方面给予支持。1959年起，对农村鳏寡孤独人员实行"五保"，由生产队分散供养。1979年，成立扶贫机构。1999年，启动城市居民最低生活保障制度。2003年，南岸村敬老院建成。2005年，汾市乡敬老院建成投入使用。同年，启动农村居民最低生活保障制度，有121人纳入农村低保。2010年，启动新型农村养老保险制度，年内603人参保，参保率7.86%。2012年，汾市镇敬老院扩建提质。2014年，全镇有"五保"供养对象92人，其中集中供养42人；农村低保对象968人，城镇低保218人；有残疾人586人，其中重度残疾人250人，年内发放重残补助12.48万元。"新农保"参保续保6439人，参保率93.18%。

东林胜境

特色地情

风景名胜

境内风景名胜主要有东林庵、十八岀烈士公墓、朝泉阁、渡头汉城遗址、贺家大院和傅家大院等。

东林庵 原名月庵，位于南福村东林山，距离县城15公里，是湘粤佛教圣地，素有“满山松杉、千杆翠竹、百本芭蕉、一泓清泉”之称。东林庵始建于明洪武年间，清康熙、乾隆年间多次维修。1986年，全国政协副主席、东林胜境中国佛教协会会长赵朴初先生亲笔书写对联“东震乾坤大，林间日月长”，嵌于东林庵大门两边。2014年，县扩建打造“东林胜境”景区，申请更名为“东林寺”（2016年，经省宗教事务管理部门审批获准更名）。

十八岀烈士公墓 系1949年为解放临武战斗中牺牲的十位烈士的公墓，为县级文物保护单位，市、县爱国主义教育基地。

朝泉阁 高20余米，占地面积185平方米，是临武现存最好的硐式古建筑，素有“阅尽湖湘推第一”之美称。当地人称“下守”，以镇守风水之意，重修于清咸丰、同治年间。

民俗风情

高跷 主要流传于鼎夏村及周边的社下、麻落、城背、张家冲等地，多在年节或添丁、升学、乔迁等喜事时助兴表演。主要形式：男女演员立在高跷上，扮各种角色，插科打诨，进行小调演出。其技巧性强，内容多为传统的忠君爱国故事，或结合时事编出的新段子。2014年，鼎夏高跷被列为市级非物质文化遗产。

跑竹马 又叫秧歌灯，流行于南福村。主要道具是用竹篾和纸扎糊的马头、臀尾，另有马鞭、扇子、佩剑等。表演时，演员将马头、臀尾系于身前身后作骑马状，由三男一女组成，分别扮演“生、旦、净、丑”，轮流演唱戏文。

（袁章生　供稿）

水东镇>>

水东镇是古代湘南地区货物集散地之一，临武县主要的产煤乡镇。

区域概况

位置面积

境区位于临武县东北，东邻郴州市北湖区芙蓉乡、宜章县麻田镇，南接汾市镇、土地乡，西连大冲乡，北靠金江镇、北湖区大塘乡。辖区东西宽12.5公里，南北长19公里，镇域总面积68.81平方公里。镇人民政府驻地深渡村，距县城28公里。

建置沿革

民国17年（1928），全县设5个区，境域属第二区。民国37年（1948），属东平乡。1949年12月1日临武解放，全县设5个区，属沙田区。1952年调整行政区划，属二区（亦称汾市区）。1956年撤区并乡，属水龙乡。1958年，属东风公社。次年3月，临武、宜章两县合并，东风公社改称汾市公社。1961年7月，复置临武县，全县设21个公社，属水龙公社。1964年12月，水龙公社并入沙田公社。1984年，改公社为乡，称金江乡。1986年，分金江乡为金江镇、水东乡、接龙乡。2012年，水东乡、接龙乡合并，成立水东镇。

行政区划

1950年，嘉禾县乐泉乡划归临武管辖，其中斗水坪、桃竹山等38个自然村划入沙田区（后属于水龙乡）。1986年，水东乡辖深渡、旺田、小城、畔塘、水东、东江6个村民委员会，62个村民小组，有28个自然村。接龙乡辖茅金坪、天堂坪、黄泥坪、斗水坪、神山、桃竹6个村民委员会，48个村民小组，有38个自然村。1987年，水东村委会一分为三，设新坪、黄家、孙南3个村委会。2012年4月，水东乡、接龙乡合并为水东镇，村民委员会、村民小组仍旧。

自然环境

地处骑田岭西南余脉，为山地、丘陵区，地势东北高西南低。桃竹山脉属高寒山区，喀斯特地貌；水东河两岸为溪谷平原。水东河于孙南村汇入武水，至五塘冲流入宜章县境；安源河流经境内东北部。最高峰杨鸟寨，海拔1381.1米，最低洼地五塘冲武水河岸，海拔203米。境内土壤主要有水稻土、山地黄壤土、红壤、山地草甸土等土类。

境域属亚热带季风性湿润气候区，气候温和、四季分明，雨水集中，春暖多变。年平均气温为

17.9℃，平均年降水量1437.8毫米，年日照数1486.9小时。

镇内资源丰富，富藏煤、锡、铋、铅、锌、铜和大理石等矿产资源，2009年勘探，境内有用于制造碳酸钙粉的粗晶方解石大理岩资源量6563万吨，可制作石材的细晶白云石大理岩资源量3118.8万立方米。有白冠长尾雉、穿山甲、小灵猫、大灵猫等国家二级保护动物。

人口民族

1986年，水东乡、接龙乡共有3613户，总人口14002人，其中农业人口13521人，占96.5%；男性7211人，占51.5%。2000年第五次全国人口普查，总户数3982户，总人口15261人，其中农业人口14902人，占95.68%；男性8448人，占55.36%。2010年，第六次人口普查，有18423人。2014年，全镇总户数5305户，总人口17841人，其中农业人口17284人，占96.88%；男性9664人，占54.17%。人口密度为每平方公里259.28人。人口出生率10.44‰，人口自然增长率6.32‰境内为汉族聚居区，无少数民族居住。

经济发展

经济综述

境内经济以农业及煤炭相关产业为主。封建社会时代，煤炭开采和开设盐埠造就了短暂的工商业繁华，但仍然属于自给自足的小农经济，生产技术落后，人民生活贫困。新中国成立初期，政府调整农业生产关系，推行土地改革，经济有所发展，生活有所改善。1958年人民公社化后，生产受到影响，经济发展缓慢，人民生活水平不高。

1978年中共十一届三中全会后，工作重心转移到发展经济上来，农村推行家庭联产承包责任制。1985年，家庭联产承包制进一步完善，人们温饱问题逐步得到解决。1989年，水东、接龙两乡实现农业总产值329万元，工业总产值263万元。之后，依托煤炭和小有色矿产资源优势，大力发展煤炭开采和有色金属矿开采业，并以此带动汽车运输业和其他产业的发展，境内经济快速增长，人民生活有较大改善。1999年，水东、接龙两乡实现农业总产值1075万元，工业总产值39606万元，农民人均纯收入4516元，农村居民家庭消费支出中，食品、衣着、住房支出占58.6%，耐用消费品支出占13.9%，文体教育医疗支出占27.5%。进入21世纪，优化资源配置，调整产业结构，探索摆脱资源型经济路径依赖，大力发展特色农业、新型工业，境内经济快速发展。2014年，全镇实现农业总产值8915万元，工业总产值149403万元，财政总收入4808万元，固定资产投资70460万元，农民人均纯收入9959.66元。全镇国内生产总值85200万元，三次产业结构由2010年的8.63∶56.17∶35.20调整为6.81∶59.91∶33.28。农村居民家庭消费结构中，食品、衣着、住房支出占58.6%，耐用消费品支出占13.9%，文体教育医疗支出占27.5%。每百户农村居民耐用消费品拥有量为：彩电100台、电冰箱98台、洗衣机90台、摩托车95辆、小汽车8辆。人均居住面积24平方米。

农业

水东为传统农业区，主要农作物有水稻、红薯、蔬菜等，畜禽、水产品主要有猪、牛、羊、鸡、鸭等。封建社会时代，生产力低下，农业产量产值极低。1949年临武解放，农民分得田地，生产积极性提高，粮食总产量提高，畜禽养殖量随之增加。1954年，试种双季稻成功，农业生产形势向好。1958年，实行人民公社化，农业发展受到影响。1963年起，兴办杉木林基地，各大队兴办林场，至1972年，共造林690公顷。“文化大革命”期间，家庭副业受到限制，经济发展停滞不前。1981年，实行家庭联产承包责任制，调动了农户种粮和养殖的积极性，农村多种经营得到发展。1982年，深渡村民承包荒山造林65公顷。1984年，山林定权发证工作完成。1985年，养殖专业户出现。1987年，水东、接龙两乡被省确定为速生丰产林基地。次年，两乡共营造速生丰产林131.76公顷，成活率达到95%以上。1995年，东江村被评为郴州市“造林绿化百佳村”。2000年，建成园艺场食用菌基地。随后，孙南、黄家相继建成食用菌基地。2002年，完成旺田、深渡两村农业综合开发项目，并启动退耕还林工程。2004年，大力发展养殖和特色种植，有养殖专业户12户，新建新坪、孙南食用菌基地。2011年，斗水坪村成立美鹏养殖专业合作社。2012年，黄家村民承包荒山种植茶叶、铁皮石斛等12公顷。2013年，神山窝村民种植新西兰红梨5公顷。2014年，全镇耕地面积579公顷，其中水田461公顷。全年粮食作物播种面积898.46公顷，单产346千克，总产量4664吨，其中水稻播种面积514公顷，单产391千克，总产量3017吨；有养殖专业合作社2个、专业户28家，全年出栏生猪10510头、牛374头、羊2505只，年末存栏生猪8456头，牛1193头，羊1140只；出笼家禽13.1万羽，年末存笼5.1万羽。境内森林覆盖率达55.28%。

工业

南宋时，畔塘村已有煤炭开采。明代，茅金坪出现村民联合采煤的企业。民国初年，恒达公司成立，在神山深坑里开采砒锡矿。临武新中国成立后，畔塘、天堂坪、茅金坪、深渡均有小煤矿生产。香花岭锡矿在境内设安源工区，开采锡矿。1958年，公私合营爱群煤矿转交县办，在境内设水东工区，1964年，易名水东煤矿。1975年，广东省梅田矿务局第九矿在境内兴建。为使煤炭资源合理开发，由九矿规划、村集体投资兴办茅金坪、天堂坪和畔塘3个村级煤矿。80年代，各级降低办矿门槛，鼓励发展乡镇企业，境内个体、联办煤矿发展迅速，至1991年，有乡、村及个体联办煤矿126家，年产煤炭118万吨，年产值1538万元。1991年，村民合股创办4个大理石厂，生产板材5.4万平方米。1993年，水东乡与广东阳山水泥厂联合，将原水东水泥厂扩建，并易名为阳山水泥厂水东分厂，生产能力由1万吨增至4万吨。1997年，创办赤土家具厂、深渡宝石加工厂。当年，九矿因资源枯竭而关闭。1998年，境内大理石厂因产品花色单调、石材品种单一，导致产品滞销而停产。1999年，煤炭行业实行关井压产，关停小煤矿90多家。2008年，联邦碳酸钙经营有限公司、松裕纳米碳酸钙有限公司、聚鑫锰业有限公司、孙南花厂、黄家电子厂、旺田页岩环保砖厂相继建成。2011年，湘电能源风力发电股份公司分别在水东镇的小城、石珠蔸、水东、桃竹等地安装风力发电机16台，装机容量3.2万千瓦。2014年年底，有规模以上工业企业16家，从业人员1500多人。

商贸服务业

清朝，境内有水东、吊铃墟（后迁接龙墟）两个集市，其中水东为船埠，是附近几个县所需粤盐、生活用品的集散地之一，有商铺48家，商贾云集。后，水东集市因粤汉铁路修建，水路交通优势丧失而逐渐衰落。1949年临武新中国成立后，在深渡、水东、接龙设立供销合作社网点，供应农业生产资料、日用百货、五金副食等，兼收购农副产品。20世纪70年代，接龙墟关闭，九矿商店开业。80年代改革开放后，九矿、水东煤矿2个集贸市场逐步形成，有亭棚10余个，摊位上百个，日交易额上万元。同时，矿区开办商店70余家，供应日用百货、五金交电、烟酒食品等；另在公路沿线兴建加油站4个。90年代末，随着煤炭生产行业日渐萎缩及九矿停办，九矿及水东煤矿集贸市场关闭。2003年，供销系统实行体制改革，供销网点撤销。2014年，境内有商贸企业5家，个体经商户168户，从业人员715人。

基础设施

交通运输

明、清时期，有从桂阳经临武下广东的湘粤古道过境，另有水路北上临武县城南下北粤诸码头，境内设水东河埠，交通便利。民国37年（1948），修建五塘冲至宜章泗溪公路，但未完工付用。1960年，临桂线（后称S214）境内路段修筑完工。1966年，深渡至安源公路（Y932线）全线贯通。次年，因五堂冲水坝修建，武水水路断航。20世纪70年代，修建水东煤矿至鹅头冲、畔塘至茅金坪、下烟家岭至长茅岭隧道口、石珠兜至麻石脚（后称X083线）等简易公路，总长10余公里。1973年，坪梅铁路梅（田）沙（田）运煤专线竣工，境内长约5公里，设茅金坪车站；1979年，开通货运；次年，增加客运业务。1980年，货运量47万吨，其中煤炭45万吨，客运4万余人次。之后，开通水东煤矿至县城班车，日30余班次。1990年，S214线沥青路面改造工程完成。1994年，修建水东煤矿至天堂坪接吊铃墟公路。1999年，全镇有大货车153辆从事煤炭运输。2004年，完成水东至接龙公路的水泥路面改造工程。2005年，麻石线、深安线砼路面改造工程完工。之后，各村委采取群众捐资、社会捐资、国家补助等筹资方式，加快通村公路建设，部分公路改造为水泥路面，境内通村公路总里程29.9公里。2012年，桃竹村通村公路、旺田进村公路、东江至犁头嘴公路相继竣工，“水东三村”（新坪、黄家、孙南）柏油路改造工程完工付用。2013年，各自然村通村公路路面改造工程启动。2014年，梅沙铁路运输日均只有2列客车停靠，年货运量仅2万吨。

邮政通信

民国19年（1930），开办水东邮政信柜。临武新中国成立初期，沙田邮电所在境内辟有3条步行邮路。1988年，在九矿设茅金坪邮政所，境内有电话机32部，信箱、邮筒18个。1994年10月，开通500门数字程控通讯电话。是年，天堂坪、茅金坪电话入户率过40%。1997年，茅金坪邮政所撤销。2005年，实施“村村通”通信工程，移动、联通公司分别在水东、小城建立移动电话信号基站，信号覆盖率达98%。2013年，接龙、深渡邮政所建成营业。2014年，全镇有邮电服务网点3个，2G、3G、4G信号基站12个，固定电话用户723户，手机用户3900户，宽带用户460户。

供电饮水

新中国成立之初，境内居民主要用煤油、桐油照明，生活用水主要靠河水和井水。1964年，深渡、水东、旺田、东江等村在水东河拦河筑坝用水轮机带动发电机发电，小城村大山塘采用水冲动轱辘式水轮带动发电机发电，供村民碾米、照明用。20世纪70年代初，茅金坪等地用柴油发电机组发电。之后，九矿变电站建成，周边村民生活用电得以解决。1988年起，斗水坪村民集资，先后建成一级、二级、三级电站，供电范围由本村扩大到境域东北部各村。1989年，斗水坪修建饮水工程，解决村民饮水问题。1995年，水东变电站投入运行，境内生产、生活用电状况得到改善。2000年，镇内8个行政村25个自然村实施农村电网改造，改造10千伏线路10公里，改造低压配电线路6公里，更换高耗能配电变压器17个，境内用电得到根本性解决。2003年起，加大农村饮水工程建设，接龙桥、天堂坪、小城、神山投资300余万元完成排水沟及饮水工程建设。2006年，深渡村供水设施一期工程完工。2009年，小城村供水工程及深渡村供水二期工程完成，解决2000多人饮水问题。2011年，水东、新发寮等村完成自来水工程建设。2014年，接龙变电站投入运行，并在各村安装太阳能路灯共计172盏；小城背村开通自来水。

水利建设

1959年冬，豪山水库完工。1964年，旺田、深渡、东江、水东拦河坝相继竣工，灌溉面积138公顷。1966年，五塘冲河坝完工。同年，修建烟竹塘水库，水库集水面积2.35平方公里，有效容量185.5万立方米，灌溉面积66.7公顷。1970年，建成松头山水库。1989年，斗水坪、小城、神山等村修建引水防渗渠5公里。2011年，烟竹塘、松头山水库及杨柳塘、石岗岭冲、野鸡冲山塘除险加固工程完工。2013年，对水东河道进行综合治理，修筑河堤11.3公里。2014年，全镇有小Ⅰ型水库1座、小Ⅱ型水库2座、山塘27处、拦河坝4处、防渗渠34公里。

村镇建设

1986年析金江乡置“两乡一镇”时，水东乡和接龙乡分别于深渡和接龙桥兴建办公楼。随后，相关职能部门均在乡政府周边建设站所。1995年，新建水东信用社营业大楼和接龙信用社营业楼。1996年，成立水东派出所和接龙派出所（后撤销，并入水东所）。2009年，创办水东卫生院、接龙卫生院。2013年，新建水东派出所办公楼。

新中国成立初期，境内农村房屋以泥瓦结构居多，山区以土坯房为主。20世纪80年代，砖瓦结构渐多。20世纪90年代，农村建房以砖混结构为主，新房外墙流行贴瓷砖，室内铺地板砖。1992年，完成深渡、水东三村公路沿线建筑改造。2000—2005年，斗水坪、天堂坪两村统一规划、统一设计进行小康示范村建设。2013年，启动全镇小城镇建设总体规划，规范农村建房，新建规范性住宅150套；旺田、犁头嘴村各架设跨河大桥1座；畔塘、茅金坪村因上世纪末采煤成为沉陷区，两村分别整体搬迁至临近的雷家岭自然村和金江镇镇区，搬迁工程分批实施，当年，一期工程完工并分房到户。2014年，深渡新农村建设示范村统一征地0.8公顷，统一规划，新建住宅32套；有10个村委会新建村委综合办公大楼，并逐步完善文体广场、池塘、垃圾转运站、排污水沟等村级公共基础设施。

社会事业

教育科技

新中国成立初，为了提高青年农民的文化水平，人民政府要求各地创办夜校，开展扫盲运动，境内各村开办夜校或办扫盲班、识字班；同时，接管和改造原有学校，兴起办学高潮，境内共有小学29所。1957年，创办深渡农业中学。1975年后，陆续新增立新中学、红旗附中、小城附中。1978年，小城完小、红旗完小附中和立新中学撤销。1986年，接龙中学创办，深渡中学更名为水东中学；学前幼儿教育机构在境内出现。1987年，境内有小学25所、中学2所，教职工99人，在校学生2525人。此后，开始调整学校布局。1989年，黄泥坪小学被撤销。1992年，金畔高小撤销。1994年，创办土珠岭小学。1995年，水东乡创办农民文化技术学校14所，培训3207人次。当年，郴州市扫盲工作现场会在水东乡召开；水东乡被省教育委员会授予“扫除文盲先进单位”称号。1998年，兴建中心小学教学大楼。之后，加快学校布局调整步伐。至2003年，五堂冲、犁头嘴、乌云洞、三十二丘、新发辽、东江、大冲坪、白水岱、小城背、马井水、土珠岭、洪水江、神山、雨山、神卡、烟竹塘、桃竹山、杨鸟寨等学校撤销或改成教学点。2005年，水东、接龙两所中学撤销。同年，接龙乡全面推行独生子女中小学就学“绿卡”制。2011年，创办民办明月幼儿园。2013年，在原水东中学校址创办水东镇中心幼儿园。2014年，全镇有小学7所，专任教师79人，在校学生1523人，适龄儿童入学率100%，小学毕业合格率100%；有幼儿园4所，6个村小附设幼儿班，适龄幼儿入园率达90%以上。

1986年水东、接龙2乡初设时，无科技机构。1991年，创办水东乡、接龙乡农校，授课内容按农业生产要求，特色种植、养殖有计划进行培训，传授技术，培养农业技术人才。1998年，县开展全国科技工作先进县创建活动，乡政府分别成立科技工作领导小组，配备科技副乡长。2005年，接龙乡引进中高级技术人员20人，实施科技项目9个。2006年，水东乡政府聘请湖南农业大学教授为茹农授课，指导食用菌栽培。此后，开展送“科技下乡”活动，每年免费举办种植、养殖技术培训，发放农业技术资料。

文化体育

以旧俗，境内民间有在节庆时舞龙灯、耍狮子，演民间戏曲、夜故事、走纸马等文艺节目的习惯。1949年临武新中国成立后，民间文体活动逐渐丰富。1964年，各大队安装高音喇叭，收听时事及文艺节目。1972年，各大队建广播室。20世纪70年代后期，梅田矿务局九矿新建工人俱乐部，平均每月放映电影4场；同时建成电视差转台。80年代初，水东、茅金坪、斗水坪等村组建业余剧团演出传统剧目。每年春节，境内有10多支龙狮队活跃于各村，丰富群众文化生活。90年代中期，天堂坪、茅金坪、畔塘、小城等村自办村级地面卫星接收站，境内电视信号覆盖面大增，电视机逐步在农家得到普及，电视节目成为农民群众文化生活的主要组成部分。1994年，成立水东有线电视站。2008年，建水东文化站，2009年，建接龙文化站。之后，各村先后建成农家书屋。2012年，黄师浩墓、袁痴墓被列入郴州市文物保护单位。2014年，水东完小建成少年宫，有音乐、舞蹈、绘画、书法等多个功能室；接龙夜故事被认定为市级非物质文化遗产。年末，全镇有公共图书馆3个、农家书屋14个，共藏书8万余册；有线电视覆盖率85%。

清朝、民国时期，境内民间体育活动以武术为主。新中国成立后，各学校修建操场，教授广播体操，开展跳绳、爬竿等活动。20世纪70年末期，九矿建篮球场、乒乓球场、羽毛球场，职工体育活动活跃，并与周边畔塘、天堂坪、茅金坪等村开展体育比赛，改善工农关系，增进矿地友谊。80年代，农民体育活动普遍开展，畔塘、天堂坪、茅金坪与金江木冲村的篮球友谊赛，每年举办，轮流承办。2000年后，各村投资修建体育场地，添置体育设施。2014年，全镇有篮球场22个，乒乓球场4个、球桌8张。

医疗卫生

新中国成立前，境内没有医疗机构，村有少数“半农半医”人员从事简单的医疗工作，村民就医多去沙田、汾市或县城；群众卫生意识较差，垃圾随意丢弃或倒入水沟沤成肥料。20世纪50年代起，新兴的人民政权开始注重医疗保健和公共卫生事业，在办好所属沙田、汾市卫生院的同时，开展沟渠消毒和除“四害”活动，进行地方病、传染病的查治，确保农民群众的健康。60年代末,实行合作医疗制度,各大队设医疗室,配“赤脚医生”，方便社员看病。70年代末，九矿设卫生所。1981年，随着农村生产经营体制改革，农村合作医疗逐步解体，“赤脚医生”或自办诊所或另谋职业。1997年，九矿卫生所因九矿倒闭而关停。2007年，实行新型农村合作医疗制度，当年有82%的农户参加“新农合”。2008年，建立水东、接龙两所卫生院，农村医疗环境有较大改善，医疗改革步入正轨。2012年，整治农村环境卫生，深渡、新坪、黄家、孙南、东江等村建垃圾池26个，垃圾填埋场6个，实行垃圾集中处理。2014年，全镇有卫生院2所，村卫生室（诊所）13家，有专业卫生从业人员22人，病床35张，全年接诊3480人次，收治住院病人2210人次；农村新型合作医疗参合14826人，参合率85.78%。有5个村委对垃圾实行集中处理。

社会保障

新中国成立后，县人民政府重视社会福利事业。1959年起，对农村的鳏寡孤独老人实行“五保”，由生产队或大队供养。1982年，小城村敬老院建成,集中供养本村12位孤寡老人。2005年,实施农村居民最低生活保障制度，有218人纳为低保对象。2008年，水东乡、接龙乡两所乡敬老院先后建成,分别供养“五保”人员26人、30人。2010年，开展新型农村社会养老保险，当年有903人参保，参保率12.58%。2014年，全镇有“五保”人员124人，其中集中供养39人，分散供养85人，年供养支出40万元；对重残人员发放补助9万元，救助大病对象171人，救助金额154.8万元；1090人享受最低生活保障，1937人领取农村养老保险金，农村社会养老保险参保率91.09%。

特色地情

风景名胜

秀龙寺起义旧址 秀龙寺位于县城东北30公里的小城村秀龙岩前，始建于明嘉靖十二年（1533），建筑面积200多平方米。1949年5月，中共临武地下党组织在秀龙岩举行武装起义，成立临桂边人民解放工作队。1987年，对秀龙寺进行维修改造，后被列为革命传统教育基地。

（宁丽清　袁福林　供稿）

楚江镇>>

楚江镇是湖南“通天玉”主要产地，临武县新兴产业——宝玉石产业的重要依托。

区域概况

位置面积

位于县境西北部，东与花塘乡为邻，南与武源乡相连，西与蓝山县新墟镇、田心乡接壤，北与东山林场、万水乡毗邻。东西长8.9公里，南北宽8.4公里，土地总面积75.97平方公里。镇人民政府驻地楚江村，距县城12公里。

建置沿革

清同治五年（1866），境区属平田乡。民国17年（1928）属第四区。民国37年（1948），境域属西江乡。1949年12月1日，临武解放，全县设5个区，境区属西江区。1952年6月，县设6个区,属四区（亦称楚江区）。1956年撤区并乡，设楚江乡。1958年，属上游人民公社。1961年7月，改名为楚江公社。1984年6月改社为乡，复称楚江乡。2012年7月，改乡设楚江镇。

行政区划

1984年，辖楚江、粗石江、冲头、城背、顾村、东山、赤源、上舟境、下舟境、晓言塘、莲塘、矮甃①、下城、塘里、妙山江、朱禾、杨乌磊17个村民委员会，142个村民小组，有70个自然村。1980年，从晓言塘、莲塘析置龙布江村民委员会。1986年，析下城另置富塘村民委员会，撤朱禾村委会，分设鳌塘、章山、大溪头3个村民委员会。2014年，设21个村民委员会、146个村民小组，有70个自然村。

自然环境

境内地貌以山地、丘陵为主。河流属珠江流域，主要有谭河（又名斜江河）。最高峰通天庙，海拔1594米；最低点城背村东南面洼地，海拔330米。土壤类型主要有红壤土、红色石灰土、水稻土等。

境区属亚热带季风性湿润气候区，四季分明，冬夏季长而春秋季短。年平均气温15℃，平均年降水量1378.9毫米，平均年降雨日数为120～160天，降雨集中在每年5月至9月，其

①民间沿用其俗字“□”（上秋下石），《临武县志》各版本均依民间习惯而用。根据现代修志要求，本志改用其规范字“甃”。万水乡甃下村的“甃”亦然。

中7月最多。

境内矿产资源丰富，主要集中在三十六湾地区，已探明矿物有锡、铅、锌、钨、铜、银、锑、钼等12种有色金属。另三十六湾地区风能资源丰富。

人口民族

1984年，有3760户，总人口17558人，其中农业人口15866人，占90.36%。2000年，第五次人口普查，有17553人，其中农业人口17137人，占97.63%；男性9363人，占53.34%。2010年，第六次人口普查，总人口20196人。2014年，有6084户19643人，其中农业人口19036人，占96.91%；男性10292人，占52.40%。

境内以汉族为主。少数民族主要为瑶族，聚居于冲头村，2014年，有瑶族人口376人，占全镇总人口的1.91%。

经济发展

经济综述

境内经济以农业为主。民国时期，农业生产技术落后，粮食产量不高，人民生活水平低下。1952年，土地改革完成后，农民生产积极性大幅提高，经济逐步发展。1960～1962年，境内遭受严重自然灾害，经济呈负增长。20世纪70年代中期，发展粮食生产，兴办社队企业，经济形势稍有改观。

1978年中共十一届三中全会后，工作重心转移到发展经济建设上来，农村家庭联产承包责任制推行并逐步完善，商品生产能力提高。1989年，实现农业总产值432万元，工业总产值43万元，农民温饱问题逐步解决。此后，乡镇企业兴起，经济发展较快。1999年，实现农业总产值1908万元，工业总产值5994万元，财政总收入225万元，农民人平纯收入3173元；农村居民家庭消费支出中，食品、衣着、住房支出占79.8%，耐用消费品支出占5.9%，文体教育医疗支出占14.3%。家用电器、通信设备、套式家具成消费热点。

进入21世纪，发挥区域优势，调整种植结构，围绕培育四优特色农产品（烟、薯、果、蔬），大力发展优质高效农业，农民增收明显。2014年，围绕“项目强镇、商贸活镇、旅游旺镇”的总体目标，以项目建设为重点，以结构调整为主线，以统筹城乡为抓手，大力发展经济，全年实现农业总产值10421万元，工业总产值27588万元，财政总收入1077万元，完成固定资产投资18316万元，农民人均纯收入7500元；全镇国民生产总值28557万元，三次产业结构由2010年的25.05∶35.35∶39.60调整到23.74∶33.46∶42.80。农村居民家庭消费支出中，食品、衣着、住房支出占69.8%，耐用消费品支出占11.9%，文体教育医疗支出占18.3%。平均百户农村居民主要耐用消费品拥有量为：彩电95台，电冰箱76台，洗衣机57台，车辆（含摩托车、小汽车、货车）65辆。

农业

农业是楚江的主打产业。主要农作物有水稻、红薯、玉米、棉花、花生等，畜禽主要有生猪、牛、羊、鸡、鸭等。封建社会时期，由于受封建土地所有制束缚，加上水利条件差、生产工具原始、农业技术落后，农作物产量很低。民国27年（1938），国民政府建城背岭林场，以栽种油桐为主。1949年12月，临武解放，县人民政府接管。1951年，城背岭林场下放由西江区（后归楚江乡）管理。1952年，土地改革完成，实现耕者有其田，农民生产积极性提高，水田耕作制度以一季中稻为主，少部分麦稻、稻菜连作，施以割青肥及猪牛栏淤肥。1954年，试种双季稻成功。1958年，畜禽由农户散养改为集体饲养，林地收归集体所有。同年，大炼钢铁，大批林木被毁。1960—1962年，连年自然灾害，粮食减产，畜禽养殖数量骤减。1963年，山林权固定在生产队。1977年，开始推广杂交水稻。1979年，全公社森林总面积7613公顷，森林覆盖率37%。1980年，杂交水稻种植面积502公顷，单产295千克。1981年，确定山林权属，境内出现造林大户，营造油茶林、松林。1996年，农村劳动力逐渐向外出务工转移，粮食作物种植面积下降，禽畜养殖减少。2004年，调整农业产业结构，形成以粗石江、楚江为主的蔬菜基地，以龙布江、冲头、粗石江为主的小水果基地，以顾村为主的苗木花卉基地，以城背为主的特色养殖基地和以章山水库、土桥冲水库为主的临武鸭养殖基地。2005年，加大荒山造林、退耕还林力度，全年造林133.3公顷。2006年，楚江、杨乌磊等村创办养猪场，次年，养猪场发展到5家，生猪出栏980余头。2009年，猪流感暴发，养猪场纷纷倒闭。2011年，成立楚江祥华香猪养殖专业合作社。2012年，开展森林绿化攻坚工作，大面积植树造林。2014年，全镇耕地面积1056.53公顷，水田812公顷，农作物播种面积2986.18公顷；全年粮食作物播种面积2037.71公顷，单产333千克，总产量10193吨，其中水稻播种面积1246公顷，单产360千克，总产量6820千克。出栏生猪20155头、牛252头、羊5880只，年末存栏生猪13681头、牛851头、羊905只；出笼家禽92510羽，年末存笼64503羽。森林覆盖率54.84%。

工业

新中国成立前，境内只有少量从事木作、铁作的手工业作坊。临武新中国成立初期，组织手工业者成立手工业联社。20世纪70年代，大办社队企业。1987年，全乡乡镇工业企业总产值149.17万元。1996年，楚江电站建成投产。2004年，牛屎冲电站建成发电。2009年，永盛铅锌矿业有限责任公司通过竞标取得铅锌矿采矿权。2010年，方兴碎石厂投产。2011年，永盛铅锌矿业有限责任公司被湖南华唐大成投资股份公司收购。

商贸业

民国时期，楚江境内设有墟场称楚市。新中国成立初，粮、棉、油等一类物资在未完成统、派购任务以前不准上市，生姜、辣椒、猪苗、茶油等农副产品可上市交易，集贸市场日渐繁荣，楚江供销社、粮站、食品站相继成立。1957年，成立楚江市场交易所。1958年后，乡村多种经营受到限制，集市冷落，商品匮乏，集市关闭。1979年后，恢复传统墟日，各种农副产品重新上市自由交易。1985年，取消生猪派购，食品站关闭。1995年，楚江宏达加油站建成。1997年，新建楚江农贸市场，设立摊位100余个，各类门店60多个，公历2、5、8日为墟日，墟日赶集者达2000余人，月成交额20万元。2003年，供销、粮食系统进行体制改革，国有（集体）企业退出流通领域。2004年，市场内新增大型超市2个，家具超市1个，家用电器商店2个。2014年，全镇有大、小批发部100多家，集体、个体商业经营户120多家，年商品交易额1000万余元。

基础设施

交通运输

清末民初，有临武至宁远驿道过境，货物运

输全赖人力。新中国成立后，着力改善交通基础设施。1955年，临武至嘉禾公路（后称S324线）境内段完工。1956年，设楚江养路工班。1958年，修通莲塘至临嘉公路。1966年，龟头坳至武源公路修成。1968年，龟头坳至上舟境公路修通。1973—1974年，顾村至楚市、向阳至楚市、粗石江至大湾、凉亭至冲头公路陆续开通。80年代初，楚江至东村、朱禾至下城、矮甃至塘里公路竣工。1987年，共有乡村公路11条，公路总长26.6公里。1991年，对S324线境内段进行中度维修。2000年，修建赤源、东山村两村通村砂石公路。2002年，省道S324线楚江青山坳降坡取直工程竣工。2005年，对冲头、矮甃、塘里、富塘、顾村、妙山江、大溪头、晓言塘、赤源、下城、上黄冲、莲塘等村的12条通村公路实现水泥路铺设。2008年，上舟境、下舟境通村公路路面硬化工程完工。2011年，修建完工城背村通村公路。2012年12月，岳临高速竣工通车，在楚江段设互通口，境内路段长12公里。2014年年底，全镇除东山村外的20个村民委员会全部完成通村公路水泥路面硬化，有各类运输汽车500多辆，其中货运汽车210余辆，货运总量120万吨；客运量达30多万人次。

邮政通信

民国16年（1927），开办楚江邮政信柜。民国19年（1930），楚江信柜划归临武局管辖。民国24年（1931），楚江始通电话。民国27年（1938），设楚江邮电代办所。1953年，设楚江邮电所。1973年，邮电所改为邮电支局。1994年，开通程控电话，有线电话开始进入农村家庭。1995年，设立邮政储蓄所，开通无线寻呼业务。1998年，邮政、电信分营，分邮电支局为邮政支局和电信支局，邮件投递以自行车邮路为主，辅以步班邮路。同年，开始普及农村固定电话，移动电话开始兴起，境内有用户45户。1999年，楚江移动电话信号基站建成，信号增强。2000年，农村固话用户数迅速增加，达350户。2005年，有固定电话1000户，移动电话5000户。2011年，中国移动在境内设营业网点，开展业务。2014年，全镇有邮电网点9个，基站15个，固定电话用户668户，手机用户8261户，宽带用户395户；邮政业务投递路线单程总长20公里，投递点21个，乡村通邮率100%。

供电饮水

新中国成立之前，境内无电力设施，生产生活用水全靠井水或溪河水。1966年，境内始以柴油机发电，通电范围仅限于公社驻地及周边村。1978年起，部分村利用小型水利发电机或柴油机发电，供生产生活所需。1983年，有2919户家庭通电，覆盖17个大队、143个生产队。90年代初期，部分人口较多的大村自筹资金打井、砌井，引自来水入户，小村部分农户则自掘井水，安装压水器，解决生活用水问题。1998年，完成农村电网改造，实现村民用电全覆盖。2003年，完成全乡电路并网。2006年，楚市村通自来水。2008年，顾村建成供水工程。2011年，乡集中供水工程完工，解决集镇、楚江、莲塘、冲头、粗石江、城背村等6660人的安全饮水问题。2012年，启动农村电网全面升级。同年，晓言塘自来水工程完工。2014年，境内有变电站（所）1座，主变压器2台，总容量2.5兆伏安，高压输电线路20条、总长400公里，供电可靠率87.65%；有自来水厂1座，日供水能力20吨。

水利建设

新中国成立前，境内防汛抗旱能力较差。1954年，建成境内第一座水库——水源水库。1957年，重点整修河道堤坝，完善水利设施。1959—1961年，先后建成上舟境水库、土桥冲水库、豪下水库、塘冲水库。1972年，塘源江水库开工，1978年建成蓄水。1980年，采取“每人每年投劳20个工日”的筹工筹劳措施，开展山塘堤防、水库保安配套、标准渠道建设。1985年，境内有小Ⅰ型水库2座，小Ⅱ型水库4座，山塘331处，河坝58处，总容量56.1万立方米，实际灌溉面积114公顷。2012—2013年，对部分水利设施进行整修。2014年，启动小型农业水利建设项目，成除险加固1座水库、3处山塘，新建山塘1处、拦水坝2处、渠道600米，维护河坝3处、渠道14380米，对粗石江河道进行综合治理，修砌河堤5.3公里。当年，全镇有小Ⅰ型水库2座、小Ⅱ型水库4座，山塘71处，河坝14处。

村镇建设

民国时期，村民建房以土坯木架结构居多，道路、村巷没有规划，公共设施极少。新中国成立后，随着楚江交通的日趋便利，党政机关和企事业单位逐渐向楚市集中，集镇建设以楚市新街道为中心有规划发展，至20世纪80年代，初具规模。随后，各村委（大队）兴建办公楼或礼堂。2006年，开展社会主义新农村建设，各村先后新建活动场所、硬化通村公路、实施“亮化”工程。2012年，镇区建设加快推进，由原粮站改建的商贸步行街一期工程完工，当年被市、县两级列为小城镇建设示范镇。2013年，完成镇域总体规划、镇区景观规划和旧城区提质改造规划。2014年，完成楚市道路提质改造工程，启动向阳、塘里村农村规范建房工作。

社会事业

教育科技

清同治六年（1867），建渊泉书院。民国8年（1919），始设西区高小；民国19年（1930），改名为县立第三高等小学；民国29年（1940），改称楚江中心国民学校。1958年，创办楚江中学。雷国晶，晓言塘村人，毕业于上海俄语专科学校，曾任国家地质矿产部俄语翻译，为中国第一颗原子弹爆炸及核能建设作出贡献；1962年，响应国家号召回乡参加建设，先后在楚江中学等学校教授英语，为临武教育事业倾注了毕生心血，教学中他循循善诱，授人以渔，深得学生喜爱，曾翻译出版有《魔鬼的门徒》一书。1969年9月，楚江中学附设高中班。后，改名为临武四中、楚江公社五七中学。1978年复称楚江中学，撤销高中部。1981年，开办楚江职业中学，校址始设冲头村，1984年迁至下莲塘，后改名楚江乡农民文化技术学校（简称楚江乡农校）。1987年，楚江镇共有小学30所，在校学生2386人，教师87人；中学1所,在校学生510人,教师30人。1990年，建成中学教学大楼2栋，完成莲塘、晓言塘、富塘和顾村4所小学危房改造。1998年，由祖籍楚江的华侨捐资助兴建的朱禾铺“英美楼小学”竣工。2000年，新建中学教职工宿舍楼1栋。2003年，香港人士捐款兴建粗石江希望小学。同年，乡农校并入中学。2004年，香港独立教育基金会援建楚江中心小学教学楼。2008年，楚江村创办爱心幼儿园。2013年，创办晶苹果幼儿园。2014年，全镇有民办幼儿园（所）2所，在园幼儿75人，教师8人；中小学15所，在校生3184人，教师163人；小学、适龄儿童入学率100%，初中适龄人口入学率100%，小学升初中升学率100%，九年义务教育覆盖率达100%。

20世纪60年代，成立农技推广站，负责境内农业生产技术的推广工作。2006年，成立老年科协，开展送科技下乡活动，发放宣传资料5000余份。次年，为农业生产提供技术服务80余次。

2009年,发展科技示范户30户,建示范基地6个,举办培训班16期。

文化体育

新中国成立后,域内文化事业发展较快。1958年,楚江村架设高音喇叭,1964年公社各生产大队普及。“文化大革命”期间,各大队成立“毛泽东思想文艺宣传队”,推广“忠字舞”;创办公社有线广播放大站,完善广播网络。1983年,广播放大站改称广播电视站。1985年,全乡有广播喇叭21只,黑白电视机开始进入普通农家。1998年,开通有线电视,有线广播逐渐废弃。2003年,鳌塘王氏大院被列入郴州市文物保护单位。2011年,新建农家书屋13家。2012年,镇文化站建成,配备多媒体文化设施。2013年,实施“村村响”工程,楚江、晓言塘、赤源等村委重装高音喇叭。同年,各村农家书屋相继建立。2014年,全乡共有农家书屋21个,藏书23800册;有线电视普及率85%。

新中国成立前,体育活动较少。临武新中国成立后,各学校开设体育课,推广少年儿童广播体操,教授学生开展球类、跑步、跳远等体育活动,新的体育运动形式逐步在民间普及。1978年中共十一届三中全会后,境内体育活动由学校向农村辐射,部分村修建简易篮球场。2012年,开展“农民体育健身工程”,顾村、粗石江等村将简易篮球场改建为标准篮球场。2014年,全镇有篮球场16个,乒乓球场2个、球桌4张,学校小运动场1处。

医疗卫生

民国33年(1944),设立楚江墟卫生所。因缺经费于次年停办。1952年,复设卫生所,乡村个体医生组建联合医院。1957年,卫生所与联合医院合并,称楚江联合医院。1961年,联合医院改名中心卫生院。1967年,撤销中心卫生院,成

通天玉

立楚江地区医院。1969年，推行农村合作医疗制度。1979年，楚江地区医院更名为县结核病防治所。后，随着农村“单干”推行，农村合作医疗逐步解体。1984年，县结核病防治所再次更名为楚江中心卫生院。2007年，推行新型农村合作医疗制度，当年参合率达78%。2013年，新建卫生院医务大楼。2014年，境内有卫生院1所，病床20张，卫技人员5人，村卫生室（诊所）19个，从业人员20人；16536人参加新型农村合作医疗，参合率达86.87%。有12个村委对垃圾实行集中处理，农村安全饮用水普及率50%，农村卫生厕所普及率30%。

社会保障

新中国成立后，始对农村的鳏寡孤独老人实行“五保”，由所在生产队及大队供养。1988年，“五保”老人供养经费改由乡村统筹，后改为县乡统筹。2005年，实行农村最低生活保障制度，当年纳入农村低保的对象有176人。2006年，创建楚江敬老院，供养五保人员72人。2010年，实施新型农村社会养老保险制度，当年参保997人，参保率9.86%。2014年，全镇新型农村社会养老保险参保7263人，参保率87.08%；有1072人享受农村低保。

特色地情

名优特产

通天玉 2012年发现于境内通天山山麓。属石英石玉，硬度6.5～7，密度为2.65，质地细腻温润，呈半透明油质光泽，有黄、白、蓝、绿等色彩，专业机构命名为湖南“通天玉”。2014年，开始申报湖南省地方标志（次年获通过，并着手申报“中国名宝石”）。

（刘滨　贺红春　供稿）

麦市镇 >>

麦市镇是临武县北部重镇，主要产煤乡镇，新农村建设示范镇。

区域概况

位置面积

地处临武县最北端，西部和南部与万水乡相连，北部与嘉禾县袁家镇、龙潭镇相接，东部与香花镇接壤。东西宽 10 公里，南北长 14 公里，土地总面积 78.51 平方公里。镇政府驻地麦市村，距县城 33 公里。

建置沿革

明崇祯十三年（1640），境域属銮一乡。民国 17 年（1928），属第五区。民国 27 年（1938），始设麦市乡。1951 年，属香花区。1952 年，属第五区（亦称麦市区）。1956 年撤区并乡，分属麦市、罗源两乡。1958 年，属跃进人民公社。1959 年，临武县、宜章县合并，改为麦市公社。1961 年 7 月，复置临武县，分属麦市公社和罗源公社。1964 年，调整行政区域，罗源公社并入麦市公社。1984 年 3 月，撤社改乡，更名为麦市乡。2012 年，撤乡改镇，更名麦市镇。

行政区划

1964 年，罗源公社并入麦市公社后，麦市公社辖麦市、坪山、琶溪、下庄、茶冲、长庄、马渡、五星、联合、上乔、下乔、罗源、高峰、竹山、蕉溪、农丰、独石、清塘、瓦石、水源、李罗、白竹、林里、黄祖江、儒风、塘头、门头 27 个大队。1978 年 1 月，析李罗、白竹、林里、黄祖江、儒风、塘头、门头 7 个大队新置万水公社。1984 年，大队改称村民委员会。1989 年，析琶溪村委另置上庄村委员会。2014 年，辖麦市、坪山、琶溪、下庄、茶冲、长庄、马渡、五星、联合、上乔、下乔、罗源、高峰、竹山、蕉溪、农丰、独石、清塘、瓦石、水源、上庄 21 个村委会、184 个村民小组，有 101 个自然村。

自然环境

地形以丘陵、山地为主。土壤主要有红色石灰土、水稻土、红壤土等。境内最高峰畔泥湖山，海拔 1110 米，最低处麦市墟，海拔 298 米。主要河流有马尿江和猴子江，属湘江水系，马尿江自万水乡流入境内，途经上庄、琶溪、羊古冲等地流入嘉禾县，境内长 4 公里；猴子江流经蕉溪、高峰、竹山、罗源、麦市等地，流入嘉禾县，境内长 15 公里。

境域属亚热带季风性湿润气候区，气候温暖，四季分明，热量充足，雨水集中，具有春温多变日照少，夏热前涝后多旱，初秋湿热晚秋凉，冬有霜雪严寒短的气候特征。

境内富藏煤、锡、钨、铅、锌等矿产资源；另森林资源丰富，树龄过400年的柏树有2棵。

人口民族

1984年，有5277户22549人，其中农业人口22144人，占98.20%。2000年第五次人口普查，有6389户24092人，其中农业人口23445人，占97.31%；男性12718人，占52.79%。2010年，第六次人口普查，总人口29647人。2014年，有8640户30119人，其中农业人口29601人，占98.28%；男性15833人，占52.57%。

辖区内为汉族聚居区，无少数民族。

经济发展

经济综述

境域经济以农业为主。新中国成立前，生产力低下，人民生活十分困苦。1952年，完成土地改革，农民分得田土，生产积极性提高，经济发展较快。之后，对农业、手工业和资本主义工商业实施社会主义改造，组织手工业社，开办煤矿，工业经济开始起步。1958年，实行人民公社化，济发展放缓。

1978年中共十一届三中全会后，工作重心转移到经济建设上来，经济迅速发展。20世纪80年代，推行和完善农村经济体制改革，发展乡镇企业，农业生产商品率提高，农民基本上解决了温饱问题。1989年，实现农业总产值533万元，工业总产值365万元，农民人均纯收入436元。90年代，着力调整农业产业结构，推进农业产业化建设，积极稳妥发展非公有制经济，农民温饱问题得到根本解决。1999年，实现农业总产值2515万元，工业总产值15413万元，农民人平纯收入3029元；农村居民家庭消费支出中，食品、衣着、住房支出占73.3%，耐用消费品支出占13.6%，文体教育医疗支出占13.1%。

进入21世纪，加快产业结构调整步伐，大力招商引资，积极发展工商企业，境内经济发展提速。2014年，全镇实现农业总产值14783万元，工业总产值95051万元，财政总收入1087万元，固定资产投资额33520万元，人平纯收入8341元。全镇国民生产总值52766万元，三次产业结构由2010年的18.65：54.37：26.98调整到18.23：51.30：30.47。农村居民家庭消费支出中，食品、衣着、住房支出占67.2%，耐用消费品支出占14.0%，文体教育医疗支出占18.8%。每百户居民家庭中耐用消费品拥有量为：电视机82台、电冰箱58台、洗衣机36台、家用空调32台，摩托车34辆、家用小汽车11辆、照相摄像设备3台、计算机25台。人均住房面积由2006年的16平方米增加到25平方米。

农业

境内主要农作物有水稻、小麦、高粱、玉米、蔬菜、花生等，养殖生猪、牛、狗、羊、鸡、鸭等。森林蓄积量大，覆盖率高。辣椒、魔芋、马铃薯、萝卜为特产。

新中国成立初，境内水田采用一季稻加冬泡，旱土采用薯菜连作耕作制。1952年，粮食单产150多千克。1958年，大炼钢铁，毁林烧炭，森林覆盖率严重下降。1970年，水稻种植实现由一季到双季、高秆到矮秆过渡，水稻单产提高到250千克。1971年，试种杂交玉米，增产效果明显。1978年，推广杂交水稻，单产300千克。1980年，扩大双季稻种植面积，水稻播种面积1208公顷，单产309千克，总产量5593吨。

同时，养殖业改传统的散养为圈养、群养，开始使用配合饲料，畜禽生产向商品化、规模化方向发展。1984年，生猪出栏11502头，存栏14477头；养殖耕牛736头、蜂18箱。林业方面通过稳定山林权属、划定自留山、实行林业生产责任制，群众造林积极性提高。1986年，森林覆盖率达到32.03%。后，在境内大面积推广高产优质杂交水稻。1996年，全乡粮食作物播种面积1583公顷，单产366千克，总产量8697吨，其中水稻播种面积1226公顷，单产436千克，总产量8025吨。21世纪初，调整农业内部结构，发展优质高效农业，逐步形成以上庄、茶冲等村为主的水果种植片，以罗源、农丰等村为主的优质水稻种植片，以清塘、水源、瓦石等村为主的优质油菜、杂交玉米种植片。2010年，春涝夏旱，种植业影响较大，农作物大面积减产，玉米、水稻、花生分别短收600吨、550吨、60吨。2012年起，开展为期三年的"绿化攻坚"，以松、杉等用材林，樟树、桂花树等风景林和油茶、油桐等经济林为主，大力植树造林、退耕还林，当年造林331.5公顷。次年，完成造林1100.6公顷。2014年，成立蕉溪茶油合作社，栽种油茶树33.3公顷；组建独石村桐油合作社，栽种油桐树86.7公顷；兴建福福肉牛养殖场，成立福福养牛专业合作社。是年，全镇有耕地面积1181.61公顷，粮食播种面积1836公顷，总产量9295吨，其中水稻播种面积820公顷，单产412千克，总产量5075吨；玉米播种面积762公顷，单产300千克，总产量3429吨。油料作物种植面积252公顷，产量663吨，其中花生285吨，芝麻25吨。蔬菜种植面积801公顷，总产量24020吨。出栏生猪23085头、牛460头、羊2400头，出笼家禽209780万羽；年末存栏生猪15649头、牛661头、羊2000头，存笼家禽92280羽。森林覆盖率34.28%。

工业

新中国成立前，境内主要有榨油、裁缝、酿酒、木作、纺织、印染等手工作坊，琶溪等地村民从事简单粗放的煤炭开采，工业基础薄弱。临武新中国成立后，境内工业发展较快，但仍以传统工业为主，以手工业或作坊式小工厂方式生产。1954年，开办琶溪私营爱群煤矿。1956年，爱群煤矿公私合营。同年，境内农业生产合作社以手工业者为骨干，成立作业组和副业队，创办手工业作坊和加工厂。1958年，爱群煤矿转为县办；1964年下放至公社开办。1965年，创办麦市公社铅锌矿。1979年，铅锌矿实行承包经营，当年，生产铅锌原矿52038吨，精矿10457吨，总收入870.29万元，实现毛利润367.14万元。1982年，建成猴子江电站。90年代，境内煤炭采掘业快速发展，个体小煤矿迅速增加，造成滥采乱挖、事故频发等问题。1999年，开始整顿矿山秩序，实行资源整合。2002年，扶家冲、琶溪2个电站建成发电，长坪岭煤矿建成投产。2003年，境内煤矿整合到30余家。2004年，乔丰电站建成发电。2005年，创办麦市鸿合铸造厂。2006年，对境内煤矿进行再整合，保留5家煤矿。2008年，进行第三轮整合，境内仅存长坪岭、茶冲、振兴3个矿权。2014年，全镇有工业企业11家，从业人员600多人。

商贸服务业

清朝，境内设有麦市墟，主要交易小麦、花生、黄豆、红枣等。民国仍旧。新中国成立后，商贸服务业发展较快。1952年，成立供销社。随后，粮站、药店陆续落户麦市墟。1957年，成立麦市市场交易所。1962年，成立麦市小商小贩联合会。"文化大革命"期间，集市时开时停。1978年起，集市贸易重新恢复正常，逢墟日为公历3、8日，墟场总面积3199平方米。1983年，成立个体劳动者协会麦市分会。1987年，麦市墟月成交额7万余元。2006年，墟日改为公历1、4、7日。2014年，镇内有中小型超市8家，农贸市场1个，各类商业门店500多家，从业人员1300多人。

基础设施

交通运输

清末民国时期，境内有通往县城和水东2条乡道。临武新中国成立后，交通运输事业发展迅速。1958年，麦市至醉乐亭公路（后称X082线）完工，境内始通公路。1966年，麦市至五星公路修通。1971年，开通至县城班车；黄沙田至罗源公路修成。1972—1975年，相继修通马渡至上乔、下庄至和尚圭、农家井至长庄、竹山至高峰、竹山至焦冲、杨柳塘至大柳、农丰至水浸塘等公路。20世纪70年代末，成立麦市养路工班，完成上乔至老屋场公路修建。80年代，江家、新屋场、大冲修筑公路与马渡贯通，麦市至上庄、琶溪至杉木冲、岩口至楼下、下乔至枫木圭、罗源至龙背岭等公路陆续建成。1987年，境内有乡村道23条，公路里程39公里。2001年，蕉溪至高峰通村公路竣工通车。此后，公路建设以改善路况为重点。2004年，X082线改造成水泥路面。2005年，修通罗源至三十六湾、五星至三十六湾公路，五星、上乔、联合、琶溪村通村公路实现水泥路面硬化。2006年，建成麦市乡客运站。同年，罗源、下乔、瓦石、水源、坪山、琶溪、下庄、长庄、茶冲等通村公路完成水泥路面硬化。2011年，竹山、蕉溪、独石村委通村公路完成水泥路面铺设。2012年，岳临高速公路境内段建设竣工通车，设麦市互通口。2013年，上庄牛毛岭通村公路竣工通车。2014年，全镇有各类运输汽车276辆，其中乘用轿车66辆；货运汽车78辆，年货运总量187万余吨；小型客运车辆8辆，中型客车1辆，年客运量8.3万余人次。

邮政通信

20世纪50年代，境内设邮电所，置邮筒收发信件。1956年，架设农话线路，境内始通电话。之后，农话线路延伸至各大队。1973年，邮电所改邮电支局。1992年，开通无线寻呼业务，当年有用户20余户。1993年，开通程控电话，当年有电话用户4户。1995年，模拟移动电话开通。1998年，邮政、电信分营，麦市邮电支局分为麦市邮政代办点和麦市电信所，固定电话用户大幅上升。1999年，移动电话开通。2006年，中国移动和中国联通公司分别在境内修建移动电话信号基站，此后，手机成为村民主要通信工具。2008年，电信公司在境内建立基站。2014年，境内有邮政代办点1个，投递路线单程总长25公里，投递点15个，全年投递国内函件602件，国内异地特快专递信件823件；有通信服务网点14个，2G、3G、4G信号基站16个，固定电话用户699户，移动电话用户11053户，宽带接入用户575户。

供电饮水

临武新中国成立初期，境内无水电设施，人们多以蜡烛、煤油灯照明，饮用河水和井水。1981年，麦市、农丰、联合、五星、坪山、茶冲、马渡等地通电。1982年，猴子江电站建成，供电范围扩大。次年，有13个大队、101个生产队、2997户通电。2002年，扶家冲、琶溪、乔丰等电站建成，境内各村全部实现通电。2005年，实施以降低用电价格、提高供电质量为目标的农网改造。2011年，架设万水至麦市10千伏高压电线路，线路总长85.5公里，生产生活用电得到进一步保障。2014年，麦市镇集中供水一期工程完工，镇区及坪山、马渡、五星、联合、上乔、下乔等村村民用上自来水。当年，全镇有35千伏供电线路2条、28公里；10千瓦配变102台，容量2200千伏安；低压线路252.75公里。

水利建设

民国29年（1940），境内有塘坝10处。1957年，南冲水库竣工。1958—1959年，泉源水库、羊古冲水库先后竣工。1972年，五星水库（小Ⅰ型）建成，前后耗时6年。1975年，猴子江水库建成。1978年，桐子冲、农丰2水库竣工。1979年，境内有小Ⅰ型水库1座，小Ⅱ型水库6座，山塘1111处，机灌设施22处213.6马力，总蓄水量377万立方米，总引水量221万立方米。1991年，畔泥湖水库建成。2002年，扶家冲水库建成。2004年，新修上乔、罗源、坪山、麦市、五星等12个村灌溉渠道12公里。2009年起，历时3年，完成对桐子冲水库加固工程。2010年后，先后完成五星、泉源、蕉溪、猴子江、南冲水库除险加固工程。2014年，全镇有小Ⅰ型水库2座、小Ⅱ型水库7座，山塘600处，河坝20处。

村镇建设

清末民国时期，各村房屋高低不一，巷道窄小；房屋结构以泥砖青瓦房为主，少数富户采用青砖青瓦结构。1952年土地改革后，农民住宅条件有所改善，并开始有规划地进行农村住宅建设。1958年人民公社成立后，在公社驻地周围相继建成供销社、粮站等，治所建设渐成规模。1966年后，农村建房受到限制，宅基地实行配额制。1984年，麦市乡人民政府新建办公楼。1994年，乡综合办公楼建成。2004年，镇区主要街道完成水泥路面改造。2005年，建成岩溪公路（街道），拉通小康中路。2005年，麦市停车场竣工。2006年，麦市客运站建成运营。2012年，计生服务综合楼落成。2013年，《麦市镇总体规划（2013—2030年）》编制完成，进一步规范农村建房。2014年，完成21个行政村规划、86个自然村简易规划及上乔历史文化名村保护规划编制工作，完成镇区主要街道排水沟建设和老集市提质改造工程，建成岩溪景观带，对主要街道实施绿化、亮化工程，安装太阳能路灯260盏，植树80株。新农村建设示范点新屋场村新建住房16栋。采煤沉陷区禾善圭、龙家井村完成维修加固房屋100户，130户危房户整体搬迁到下庄村。同时，征地2公顷，启动五星村空心村改造工程。

社会事业

教育科技

民国时期，境内设有1所小学。1950年，人民政府接管，改名麦市完小。1958年，麦市完小附设初中班。1961年，以附设初中班为基础，在马渡村设初级中学，命名为麦市中学。后，先后改名临武五中、五七中学等。1983年，复名为麦市中学，设麦市、马渡2个办学点。1987年，境内有1所初级中学、23所小学，在校学生3448人，教职工144人。1988年，联合小学被撤销。1992年，马渡办学点（中学）停办，中学与中心小学交换办学地点。1994年，撤销乡二完小。1995年，中学新建教学楼。1997年始，加快调整学校布局，至2003年，先后撤销马渡、坪山、下庄、上庄、蕉溪、农丰、清塘、瓦石、下乔、高峰、社贝、柳塘、竹山、独石、水源、白浪等16所小学。2005年，兴建麦市中学新教学楼。2012年，新建中学学生宿舍。2014年，建成中心小学综合楼、环形跑道和标准化篮球场。当年，全镇有幼儿园7所，入园幼儿560人，幼儿教师4人；小学6所，在校学生2400人，教师125人；初级中学1所，在校学生846人，教师52人。

民国时期，境内民众科技知识贫乏，生产生活全凭经验行事。新中国成立初期，政府组织推广深耕、改土、合理施肥技术，提高粮食产量。1963年，试验低产田改良技术。20世纪70年代，引进水稻新品种，实现水稻矮秆化。80年代，建立乡农校，培养农村科技人才。2001年，乡农校并入乡中学后退出历史舞台。2005年，实施“科技兴乡”战略，在境内推广优质杂交玉米和优质油茶林种植技术，并逐步组建专业合作社。

文化体育

1957年，建成县、乡有线广播网。20世纪80年代中后期，电视机开始进入农村家庭。2001年1月，有线电视开通。2011年，数字信号电视覆盖全境。同年，昭德王庙、下守遗址、古茶亭被列入市级文物保护单位。2013年，各村委均建成农家书屋，另有学校图书室2个，共藏书6万余册。2014年，成立文化站，设图书室，藏书3000余册。当年，有广播喇叭21只，有线电视用户4800户。

新中国成立前，境内民间体育主要为传统武术、气功和棋类。20世纪50年代，境内各学校开设体育课程，教授学生做少儿广播体操，开展田径、球类等活动。1958年，成立公社体育协会，组建农民体育队，兴建篮球场，开展篮球运动；10月，全省农村体育工作现场会在麦市召开。1978年后，农民体育发展较快，体育活动主要有篮球、乒乓球、羽毛球、台球、棋类等。2001年，麦市乡政府牵头举办篮球赛，有嘉禾县、桂阳县及蓝山县10个乡镇组队参加，借此增进友谊，促进边界乡镇和谐稳定。2005年，乡政府购置棋牌桌、乒乓球桌，装修文化体育活动室；各村以新农村建设为契机，建设体育场地，安装公共健身器材。2012年，麦市村民自发组织成立广场舞队。2014年，全镇有篮球场27个，乒乓球场8个、球桌16张，健身路1条。

医疗卫生民

民国31年（1942），成立麦市墟卫生所；1946年，因经费紧张而停办。新中国成立后，医疗卫生事业发展较快。1952年，成立麦市墟卫生所，个体行医者联合组成麦市诊所。1954年，对麦市诊所发放开业执照。1957年，诊所改为联合医院；同年，另在罗源村成立罗源联合诊所。1958年，卫生所、联合医院合并为公社卫生院。1961年，卫生院改为中心卫生院。1963年，全民、集体医疗机构分设，恢复卫生所、联合诊所。1965年，罗源联合诊所停办。1967年，撤卫生所，成立麦市地区医院。1969年，推广元富大队经验，实行农村合作医疗。1979年，撤地区医院重设中心卫生院。1982年，因实行家庭承包责任制，农村合作医疗制度解体，村级合作医疗室撤销。1987年，坪山村开设私人诊所，有医生1名。2001年，卫生院综合楼竣工。2004年，麦市村成立卫生室，有执业医师1名。2005年，启动农村大病救助工作。2007年，实行新型农村合作医疗。2011年，上庄成立卫生室，有执业医师1名。2014年，全镇有卫生院1所、疾病控制中心1个、村级卫生室（诊所）26个，专业卫生人员86人，其中执业医师21人；有24435人参加新农合，参合率82.55%。全镇21个村委对垃圾实行集中处理。

社会保障

民国时期，境内设有救济院，资金来源于各大家族摊派及田产收入。1959年，对“五保”人员由生产队或大队分散供养。1988年，“五保”人员供养经费实行乡村统筹。1991年，春夏连旱，农作物受灾，人畜饮水困难，县、乡两级及时救济灾民。1998年，农村“五保”经费由乡村统筹改为乡镇统筹。2005年，启动农村居民最低生活保障制度，当年有265人享受农村低保。2007年，乡敬老院建成，入院五保老人46人。2010年，启动新型农村社会养老保险工作，有1779人参保，参保率13.24%。同年，实施农村低保“阳光工程”，对农村低保对象进行全面核实，核定农村低保对象875人。2014年，镇敬老院扩建工程完工，在院“五保”老人75人，另有196名五保人员分散供养；新农保参保9390人，参保率93.09%；有1661人享受农村最低生活保障。

麦市油茶

特色地情

文物胜迹

上乔古村 临武县北部地区古建筑的典型代表，距县城25公里，距镇政府2.5公里，族姓郭。上乔古村坐东南朝西北，古建筑格式分为群体连贯和单体组合两类，皆为青砖墙体，有清代建筑140余栋、民国建筑100余栋，整体布局呈网络迷宫格局，作台阶式井字形或散形排列。村内巷道全部由青石板铺设，排水沟连贯有序。

名优特产

麦市油茶 临武西北部农村的特色小吃和待客食品。制作工序为：将玉米、糯米、花生及切碎晒干的红薯、糍粑等物炸脆备用。然后，将捣碎的老姜与干茶叶（老叶）以少量茶油爆炒，佐以食盐，让茶叶出胶、老姜出汁，待锅内出白烟时冲入沸水，盖上锅盖，猛火煮数分钟，即成油茶水。食用时，盛油茶水，按各人喜好，适量放入炸好的玉米、糯米等物，泡食即可。油茶具有驱瘴防邪、散寒逐湿、防病健身的作用，一年四季均可食用。2014年，麦市油茶食俗列入郴州市非物质文化遗产目录。

（黄海勇　周磊　供稿）

双溪乡

双溪乡是国家级生态乡镇，曾被授予“全国绿色食品原料标准化生产基地”称号，盛产香芋。

区域概况

位置面积

位于县境南部，东与南强镇为邻，南与广东省连州市瑶安镇相连，北与舜峰镇、武水镇毗邻，西与西瑶乡接壤。土地总面积80.39平方公里。乡政府驻地胡家田村委沟边村，距县城3.3公里。

建置沿革

1949年年末，境域属南强区。1952年，属三区（亦称南强区）。1956年5月，撤区并乡，始设双溪乡，驻地贝溪。1958年，属五星人民公社。1961年，设双溪人民公社。1964年调整行政区划，属武水公社。1978年1月，重置双溪人民公社，驻地胡家田村委沟边村。1984年，改社为乡，更称双溪乡。

行政区划

1984年，辖禾鱼、勤俭、胡家田、沐塘、贝溪、金盆、南冲、大岭、农林9个村民委员会。1987年，从胡家田析置拔昌村民委员会。1990年，从勤俭析置田心洞、车阁田2个村民委员会。2014年，辖12个村民委员会，125个村民小组，有56个自然村。

自然环境

地处南岭东端，为山地、丘陵区。境内河流属珠江流域，有老鼠江、水里头江、大步江、庄田江、新墟江、拔昌河、茶子江等溪河，注入武水。最高峰天头岭为双溪与西瑶乡界岭，海拔1711.8米，是全县最高点；最低处沙元脚村边，海拔297米。境内土壤主要有紫色土、水稻土、红壤土、山地草甸土、山地黄壤土、黄绿壤。

境区属亚热带季风性湿润气候区，气候温暖，四季分明，春温多变、夏秋多旱，严寒期短，暑热期长，雨水集中。年平均气温18.1℃，平均年降雨量1421毫米，年降雨日数为116天，年日照时数为1486.9小时。

境内水能资源丰富。珍贵林木有楠木、红豆杉、罗汉松、红榉木等。

人口民族

1984年，全乡有3414户14177人，其中农业人口13972人，占98.55%。2000年第五次全国人口普查，有4658户15757人，其中农业人口15355人，占97.45%；男性8281人，占52.55%。2010年第六次人口普查，有17930人。2014年，有17978人，其中农业人口17517人，占97.46%；男性9616人，占53.94%。人口密度为每平方公里224人。

境内为汉族聚居地，少量少数民族人口为婚娶迁入。2014年，有少数民族人口29人。

经济发展

经济综述

境内经济以农业为主。新中国成立前，经济落后，人们的生活水平很低。新中国成立初期，实施土地改革，并对农业进行社会主义改造，农民生产积极性提高，农村经济发展较快。1958年，开展“大跃进”和人民公社化运动，经济发展受挫。1966—1976年“文化大革命”期间，经济发展迟缓，人民生活水平提高幅度不大。

1978年中共十一届三中全会后，农村经济体制改革，充分调动了农民的生产积极性，经济发展较快。1989年，全乡实现农业总产值465万元，工业总产值88万元，初步解决了农民的温饱问题，自行车、手表、缝纫机、黑白电视机等进入农村家庭。20世纪90年代，发展商品经济，兴办工业企业，经济均衡发展。1999年，全乡实现农业总产值2152万元，工业总产值6821万元，完成财政收入174万元，农民人均纯收入3077元。农村居民家庭消费支出中，食品、衣着、住房支出占82.6%，耐用消费品支出占3.9%，文体教育医疗支出占13.5%。彩电、冰箱、洗衣机、固定电话等耐用消费品进入百姓家庭。

进入21世纪，调优农业产业结构，做大做强以临武香芋为主导的农业产业，发展小水果种植和小水电建设。2014年，实现农业总产值11001万元，工业总产值19005万元，财政总收入703万元，固定资产投资额17500万元。全乡国内生产总值23689万元，一、二、三产业结构比由2010年的35.86 ：24.25 ：39.89调整到30.21 ：29.69 ：40.10。全乡农民人平纯收入8389元。农村居民家庭消费支出中，食品、衣着、住房支出占60.6%，耐用消费品支出占20.7%，文体教育医疗支出占18.7%。每百户农户耐用消费品拥有量为：彩电109台、电冰箱89台、空调43台、电脑69台、洗衣机71台、摩托车83辆、家用小汽车16辆；农村家庭多建有2 ~ 3层小楼房，人均住房面积由1978年的12平方米增加到33平方米。

农业

明、清、民国时期，境域主要作物品种有水稻、玉米、红薯、蔬菜，产量很低；主要畜禽品种有猪、鸡、鸭、鹅等，多为本地土种，生长期长。林地多归村、族、地主私人所有，森林面积及木材蓄积量大。1951年后，随着土地改革和农业合作化工作的开展，农民生产积极性提高，农田水利条件有所改善，农作物产量增加，粮食单产达140千克。1958年，推行“一大二公”的人民公社化，生产资料收归集体，家庭种养业受到限制；“大炼钢铁”使森林遭受毁灭性破坏。1963年，山林权属固定在生产队。后，兴办倒剪岩、水里透、金鸡庵、黄山叶、西岭脚、三角洞、鸭池塘等社队林场7个，森林植被有所恢复。1975年，推广杂交双季稻。1980年，杂交水稻种植面积512公顷，单产390千克，总产3290吨。1981年，落实国家林业“三定”（稳定山林权、划定自留山、确定林业生产责任制），确定山林权属。1989年2月，贝溪村村民从广东连县成功引进香芋种植，单产700余千克，随后在全村推广。1996年，贝溪村建立香芋生产基地，香芋种植向全乡辐射。贝溪村村民陈桂成，自费参加中央农业广播学校、湖南省农学院的学习，

临武香芋

多年刻苦钻研香芋种植技术和防冻保鲜贮存技术，并获得成功，使香芋亩产由800千克提高到2000千克，保鲜期由3个月延长到8个月；同时，他积极为广大香芋种植户寻找销路，组建营销队伍、运用互联网技术，成功开拓了北京、广州等销售市场，为临武香芋产业化发展做出了突出贡献，陈桂成本人先后荣获湖南省“植保科技示范户”“青年星火带头人标兵”“全国农村优秀人才”“全国劳动模范”等荣誉。1999年，全乡有耕地面积750公顷，其中水田690公顷。农作物播种面积1640公顷，其中粮食播种面积1085公顷，单产409千克，总产量6655吨；油料作物播种面积13公顷，单产135千克，总产量26吨；蔬菜种植面积231公顷；水果产量6吨。出栏生猪14275头、羊110只，出笼家禽5万多羽。2007年，成立舜溪香芋农民专业合作社。2010年，“舜溪”牌香芋被评定为湖南省著名商标。2011年始，开展“三年绿化攻坚”大行动。3年间，共造绿化林1333.3公顷、经济林80公顷、特色林200公顷。2012年，创建“舜溪香芋营销中心”，贝溪村因香芋种植被农业部评定为“国家绿色食品生产原料标准化基地”。2014年，贝溪村以香芋种植被评为全国第四批“一村一品”示范村。当年，全乡有耕地面积782公顷，其中水田690公顷。农作物播种面积2472公顷，其中粮食作物播种面积1169公顷，单产356千克，总产量6242吨；油料作物播种面积129公顷，单产140千克，总产量270吨；瓜果种植面积15公顷，年产量550吨；蔬菜种植面积935公顷，年产量35050吨，主要品种有香芋、生姜、芹菜。水果种植面积101公顷，产量1020吨，主要有杨梅、葡萄、橘子等；出栏生猪13490头、牛160头、羊1070只，出笼家禽14.77万羽。森林覆盖率57.85%。

工业

新中国成立前，境内有酿酒、打铁、龙须草席编织、鞭炮制作、打棕绳、篾织及榨油等手工作坊。1958年，公社在东山九子十知州开办白钨矿，在吊脚下开办锡矿。20世纪60年代，兴办大岭、金盆、贝溪、禾鱼等小型水电站。70年代，创办大米厂、竹器厂等加工企业。1976年，建成班岭脚电站。1979年，兴建滴水岩电站。此后，陆续建成天龙、双龙、茶子江、开口灵、友谊、洞家岭、黄沙坪、板子江、蜂家坳9个电站。1984年，创办农工商公司，生产龙须草席。1987年，乡镇工业企业总产值35.4万元。1995年，创办新墟纸厂，生产草纸。1997年，创办竹制品加工厂和新科耐磨材料厂。2003年，对天龙、双龙、茶子江、开口灵、友谊等8个电站实行改制，组建益鑫公司。2005年，创办隆华丝花厂、贝溪毛织厂、双粤灯饰厂等企业。2013年，宝源砂石厂落户境内。2014年，全乡有小水电站9个，总装机容量14910千瓦。

商贸服务业

明、清时期，湘粤古道过境，沿线多商铺，商贸业繁荣。民国，有新墟集市，以阴历二七为墟日。新中国成立初期，墟日改为阳历2、7日，供销合作社、食品站、药店等先后建成营业。“文化大革命”期间，新墟集市关闭。1979年后，个体代销店开始出现，主要销售日常生活用品。2014年，有个体经商户64户，分布在各自然村和乡政府驻地周围。

基础设施

交通运输

境区紧邻县城，明、清时期，湘粤古道穿境而过，交通堪称便利。1958年，县城至胡家田3公里砂石路修建完工。20世纪60年代，修建从武水公社邝家村至双溪乡茶园坪村简易砂石公路。70年代后，各大队（行政村）先后修建砂石公路。1987年，全乡共有公路8条，总长27.5公里，其中砂石路18.0公里，土路9.5公里。1996年，完成武南线（后称Y927线）武水邝家村至茶园坪村3.5公里路面改造。2004年，铺设Y927线南强经贝溪至茶园坪水泥公路。2005年，铺设南冲至大岭水泥公路，修通金盆至农林砂石公路。2012年，建成金盆、新墟2个公共汽车招呼站。2013年，由乡政府连接环城南路的新临双公路完工并通车。2014年11月，农林通村公路实现水泥路面改造，至此，全乡各村全部修通水泥公路，境内公路总里程49.3公里，拥有货运汽车64辆，424吨位，年货运量61万吨；客运汽车30辆，年客运量3.2万人次。

邮电通信

清朝、民国时期，境内无邮电通信机构和设施。新中国成立后，设双溪邮路，县邮电局安排专人投递信件、报刊等。1956年，乡政府始通电话，后电话连通各大队。1995年，开通程控电话。1998年，启动农村电话普及工作，农村电话用户增多。此时，邻近县城的村民开始购买使用寻呼机、手机。2001年，寻呼业务停止运行。2005年，移动公司和联通公司在境内修建移动电话信号基站，移动电话逐步普及，成为村民的主要通信工具，固定电话占有量有所减少。2014年，有邮政所1个，电信营业网点2个，移动、联通、电信基站9个，固定电话用户452户，移动电话用户6002户，宽带接入用户640户，电信宽带用户507户；投递点12个，投递路线单程总长32.5公里，全年投递国内函件5100件，国内异地特快专递信件280件，乡村通邮率100%。

供电饮水

民国后期，居民主要用煤油灯、桐油灯照明，饮用水多为井水、河水。新中国成立初，供销部门保证煤油供应，桐油灯逐渐消失。20世纪60年代，贝溪、大岭、金盆、禾鱼分别兴办小型水电站，白天发电碾米，晚上照明。70年代，贝溪、大岭、金盆等村先后用水泥管引水至村内蓄水池，解决村民生活用水问题，架设10千伏供电线路。1983年，有9个大队101个生产队2600户通电。80年代末，用电问题基本解决。1998年后，贝溪、胡家田、禾鱼等村先后完成自来水网络建设。2000—2001年，完成农村电网改造，从根本上解决了境内居民生活用电问题。2008年，建成拨昌村供水工程。2014年，南冲、沐塘片区饮水工程列入中央财政补贴集中供水项目，有10个行政村通自来水。

水利建设

境区是临武县的重点产粮区。新中国成立前，农田灌溉没有保障，防汛抗旱能力较低。1958—1960年,建成大岭四好水库和石门冲山塘。1976—1980年，县级骨干工程长河水库南干渠开通，沿线各村开始兴建排洪渠、灌溉渠、排灌站等水利设施。1994年，境内遭遇特大洪灾，水利设施损毁严重，各村积极开展灾后自救，水利设施及时得到修复。2006年，实施万亩土地整理项目，按照“沟相连、渠相通、旱能浇、涝能排、路中相通、成方成片”的标准,兴建机耕道900米、排洪渠1100米、灌溉渠1600米。2014年，完成大岭、贝溪、拨昌等村河坝整修，对长河水库南干渠境内段进行清淤和维修；境内有水库1座、基本山塘31处、河坝3处,总蓄水量39万立方米。

村镇建设

清末民国时期，在新墟形成集市，周围商铺林立，房屋密集，但缺少规划。新中国成立后，集镇以乡政府机关所在地为中心逐步发展。1996年，乡道927线路况改善，境内村镇建设步子加快。1997年，在集镇新建乡卫生院和中学办公楼。2004年，集镇铺设水泥路面。2005年，兴建乡政府办公大楼。2006年，以禾鱼、拨昌等公路沿线村为试点，启动社会主义新农村建设，结合环境卫生整治、绿化攻坚、改厨改厕实施“五化”（美化、绿化、亮化、净化、序化）工程，农村村容村貌得到改善。2010年起，开展“美丽乡村”创建，新建高标准村级活动中心12个；建成乡文化站和南冲花苑连栋别墅24栋。2013年，建成乡农技推广中心大楼。2014年，完成乡、村两级小城镇建设规划编制，南冲花苑新建连栋别墅30余栋；大力推进环境卫生整治和绿化攻坚活动，在公路沿线新装太阳能路灯300余盏，贝溪村、大岭村双双被评定为省级卫生村，田心洞、勤俭等6个村被评定为市级卫生村。

社会事业

教育科技

民国21年（1932），贝溪村大户集资兴建贝溪小学。民国32年（1943），在贝溪村建立南屏乡中心国民小学。1954年，贝溪小学5至6年级迁至大岭村，更名大岭小学。此后，小学所数逐渐增多。1960年，大岭小学更名大岭中心完小。同年，大岭中心完小、贝溪小学增设初中部。1967年，创办贝溪、大岭、禾鱼3所“农业大学”。1969年，大岭完小增设高中部，有中小学生1000余人。次年，贝溪小学迁至新校区，大岭完小高中部并入红旗中学。1972年，“农业大学”停办。1987年，境内有中学1所，在校生304人，教职工20人；小学11所，在校学生

1939人，教职工69人。1988年，开始调整学校布局，撤销庄田、鸭池塘、廖家洞小学。1991年，大岭完小初中部迁至南冲茶园坪，更名双溪中学。1997年，改造大岭中心小学及禾鱼、贝溪、金盆小学校舍，新建双溪中学办公楼。1998年，经调整，全乡保留大岭中心小学、贝溪小学、金盆小学、禾鱼小学等4所小学。2006年，双溪中学因生源不足停办。2012年，贝溪小学再迁至村东南的新校区。2014年，贝溪、大岭2所小学分别新建青少年宫。当年，全乡有幼儿园5所；小学4所、47个班，学生1927人，教师77人，入学率为100%。

1995年，实施临武香芋推广开发科研项目。1998年，成立科技工作领导小组，配备科技副乡长，加强科技工作领导。当年，组建香芋种植协会，摸索香芋贮藏方法5种，实现香芋反季节销售。2005年，双溪乡被评为市级科技乡。2010年，开展“科技下乡”活动，免费组织举办香芋、水果种植技术培训班4期，发放宣传资料5000余份。之后，每年都举办以香芋种植为主的农业技术培训班。

文化体育

清末民国时期，乡内民众自发成立民间文化组织，演出傩戏、地方小调、秧歌、火故事，开展舞龙狮等民间文化活动。新中国成立后，广播、电影等新的文化形式流入，丰富了群主的文化生活，传统的文化形式逐渐冷落。“文化大革命”期间，公社成立乡毛泽东思想文艺宣传队，因过于强调政治，艺术性、娱乐性不佳。20世纪80年代，设立乡文化站。2005年，新建文化站综合楼，建筑面积200平方米。2011年，新建乡文化信息共享服务点1个、农家书屋12个，金盆、贝溪、大岭、拔昌建成村级文化活动场所，12个村委全部开通远程教育网络。

新中国成立前，民间体育运动较少。新中国成立后，学校开设体育课程，开展少儿广播体操、田径、乒乓球等活动。2000年，各村纷纷成立篮球队、龙狮队等民间文艺体育队伍。2008年开始，流行以中老年妇女为主要参与者的广场舞，各村成立舞蹈队，早晚开展活动。2014年，全乡有标准篮球场12个，乒乓球场5个、球桌9张，小运动场1个。

医疗卫生

清末民国直至新中国成立初期，村民就医靠地方中草药郎中。1957年，个体郎中组成合作机构，设立联合诊所。次年，合并至红旗公社卫生院。1961年，设双溪公社卫生院。1969年，各生产大队设立合作医疗室，配备“赤脚医生”，有简单的医疗器械及常用药品。1976年，设立双溪乡医院。1980年，有资质的“赤脚医生”开办个体诊所。1997年，新建乡卫生院。2007年，实行新型农村合作医疗制度，参合率80%。2014年，乡卫生院共有病床15张，卫技人员6人，有村卫生室（诊所）13个，从业人员14人；有15172人参加新型农村合作医疗，参合率97.31%；有4个村对垃圾实行集中处理。

社会保障

民国时期，境内设有救济院，资金来源于摊派及田产收入。新中国成立初期，对军烈属实行代耕等优待措施。1959年起，对“五保”人员由生产队或大队分散供养。1988年，“五保”人员供养经费实行乡村统筹。1998年，农村“五保”经费由乡村统筹改为乡镇统筹。2005年，实行农村居民最低生活保障制度。当年，有125人纳入低保。2008年，创建双溪乡敬老院，集中供养老人40人。2010年，实行新型农村养老保险制度，当年527人参加保，参保率6.71%。2014年，农村社会养老保险参保6585人，参保率94.08%；

有“五保”老人123人，供养支出39余万元，其中集中供养42人；国家抚恤、补助各类优抚对象117人，抚恤事业费支出41.28万元；有973人享受最低生活保障，有重度残疾人135人，重残补助9.53万元；农村医疗救助48人次，农村临时救济81人次，支出2.43万元。

特色地情

名优特产

龙须草席 临武传统的手工艺品，以野生龙须草为原材料，手工编织而成，具有柔软透气、冬暖夏凉，健脑安神、强身健体，轻便易叠、实用性与工艺性俱佳的特点。其编织技艺于明末自广西传入，清初为朝廷贡品，清乾隆、道光年间达到鼎盛。民国时期产品远销港澳、南洋、日本、西欧等地。1954年，参展德国莱比锡国际博览会，获银质奖，被誉为“世界独有的手工艺品”。

临武香芋 湖南省著名商标。个大美观，细腻香醇，营养丰富，深受消费者欢迎，其产品在北京、广州等地的蔬菜批发市场占有较大份额。

风景名胜

滴水岩 位于胡家田村境内，距离县城8公里，景区瀑布成群，曲径通幽，为天然氧吧，自然风景极其秀丽。史载唐朝末年，黄巢大军由粤地北上洛阳，途经临武，曾在此扎营练兵。现景区已着手开发并拟开展股权融资，以峡谷游览、水上娱乐、森林探险等为主题。

贝溪起义旧址 1949年6月24日，在连江支队帮助下，临（武）、连（州）、宜（章）边知识分子和农民90多人，由毛允明、王荐贤领导，在贝溪村小学举行武装起义，成立临武人民抗争队。2001年，贝溪起义旧址被确定为县文物保护单位。2012年，被确定为郴州市级文物保护单位，是市、县两级爱国主义教育基地。

（唐铭鸿　供稿）

同益乡 >>

同益乡是典型的农业乡，植物资源丰富，特色小水果别具一格。

区域概况

位置面积

位于临武县境东南部，东与宜章县浆水乡相邻，南与宜章迎春镇、临武南强镇交界，西与武水镇相接，北与汾市镇、土地乡接壤。辖区东西宽8公里，南北长9公里，土地总面积42.3平方公里。乡人民政府驻地腊树脚，距县城12公里。

建置沿革

民国37年（1948），境区属东平乡。1949年12月1日，临武解放，属沙田区。1952年6月，调整行政区划，属二区（亦称汾市区）。1956年，撤区并乡，属汾市乡。1958年，属东风人民公社。1959年3月，临武县、宜章县合并，属汾市人民公社。1979年，从汾市公社析置同益公社，驻地同益墟。1984年3月，改称同益乡。2000年，乡政府驻地迁至腊树脚。

行政区划

1984年，辖同益、坦下、溪江、秀源、欧果、三村、唐家、石桥、太坪、老寨、两寨、大步、油行、集村、杨柳15个村民委员会，110个村民小组。2014年，仍旧。

自然环境

地形多为山地、丘陵，地势西高东低。人民河流经境区，境内长5公里，流域面积10平方公里。境内最高峰杨柳村小深坑，海拔408米；最低处为唐家村四方坝，海拔330米。境内土壤主要为水稻土、红壤土、紫色土和红色石灰土等。

境域属亚热带季风性湿润气候区，夏季高温，冬季寒冷，雨季集中，雨水充沛，光能、热能充足。年平均气温17.5℃，平均年降雨量1400毫米。主要自然灾害有暴雨、洪水、冰雹、雷击等。

境内植物资源丰富，有500年以上香樟、柏树、槐树等古树多株。

人口民族

1984年，有2122户9743人，均为农业人口。2000年，第五次人口普查，有3009户10586人，其中农业人口10367人，占97.93%；男性5587人，占52.78%。2010年，第六次人口普查，有13132人。2014年，有4162户12906人，其中农业人口12649人，占98.01%；男性6863人，占52.10%。人口密度为每平方公里315人。

境内常住人口多为汉族，少数民族人口均为婚娶迁入，2014年，有少数民族人口27人。

经济发展

经济综述

境内经济以农业为主，种植业和养殖业是支柱产业，工业主要集中在建材行业。

新中国成立前，生产力水平低，人民生活极其贫困。新中国成立之后，开展土地改革，实现“耕者有其田”，生产发展较快，人民生活得到改善。1958年，推行人民公社化，吃“大锅饭”，搞平均主义，经济发展迟缓。

1978年中共十一届三中全会后，农业实行家庭联产承包责任制，开始兴办以红砖、碎石为主的乡村集体企业，人均住房面积12平方米。1989年，全乡实现农业总产值267万元，工业总产值97万元，人平纯收入334元，村民温饱问题初步解决，青年人结婚购置单车、手表、缝纫机、黑白电视机成为时尚。90年代，开始调整农业产业结构，开发山地丘岗；依托交通优势，发展非公有制经济。1999年，全乡实现农业总产值1861万元，工业总产值2761万元，农民人均纯收入3137元，农村居民家庭消费支出中，食品、衣着、住房支出占83.4%，耐用消费品支出占3.7%，文体教育医疗支出占12.7%。

临武乌梅

进入21世纪，加快农业产业结构调整步伐，招商引资兴办工商企业，经济快速发展。2014年，全乡实现农业总产值8942万元，工业总产值16678万元，财政总收入1271万元，固定资产投资额14300万元。全乡国民生产总值23434万元，三次产业结构由2010年的24.77 ∶ 28.74 ∶ 46.49调整到24.82 ∶ 24.62 ∶ 50.56。农民人均纯收入7272元。农村居民家庭消费支出中，食品、衣着、住房支出占64.3%，耐用消费品支出占18.1%，文体教育医疗支出占17.6%。每百户居民家庭耐用消费品拥有量为：彩电93台、空调49台、电脑66台、洗衣机70台、摩托车65辆、汽车20辆。农村家庭多建有2～3层小楼房，人均住房面积35平方米。

农业

境内主要种植水稻、玉米、花生、烤烟、蔬菜和特色小水果，养殖生猪、牛、羊、鸡、鸭等畜禽，并有稻田养鱼传统习惯。民国时期，农作物产量低下，但森林蓄积量大。1950年，山地收归国有，始有大规模的植树造林活动。同时，农民因分得土地，生产积极性高涨，作物产量有所提升。1958年，推行“人民公社化”，家庭养殖受到限制，畜禽产量大幅下降。同时，大炼钢铁，毁林烧炭，森林资源锐减。1962年，恢复家庭养殖。“文化大革命”期间，家庭副业生产再度受到抑制。1970年，水稻种植实现一季到双季、高秆到矮秆的过渡，单产350多千克，烤烟、油茶等作物种植面积扩大。同时，冬泡改冬种，化肥、农药施用量增加，稻田养鱼面积缩减。1971年，试种杂交玉米，增产效果明显。1980年，境内粮食作物面积881公顷，单产344千克。随着家庭联产承包责任制的推行，畜禽生产快速发展，1983年，生猪出栏3966头，年末存栏6440头。1986年，鼓励群众承包荒山造林，当年造林面积18公顷。1989年，种植布朗李、乌梅、水晶梨、脐橙等水果，后形成老寨等乌梅基地。同年，推广生猪品种改良，生猪出栏6796头，年末存栏8301头。1990年，采取封山育林与植树造林并重，人工植树与飞播造林并举的措施，着力消灭宜林荒山，历时5年，达到预期目标。1992年，试种琯溪蜜柚。1996年，人民河沿岸出现养羊专业户。1997年，推广田涵沟新模式稻田养殖，唐家村养鱼20公顷，平均单产65千克，比传统方法增产45千克。1999年，建成蜜柚基地3个，面积300公顷。年底，境内发生强霜冻，蜜柚生产遭受到毁灭性打击。2001年冬，人民河沿岸及S214、S324公路沿线境内段实施退耕还林项目。2003年，推广脐橙种植，建成秀源脐橙基地。2008年，加快农业产业化进程，建成优质烤烟、优质稻、优质油茶林、优质水果、特色养殖等五大产业基地。之后稳步发展，又陆续建成13个产业基地。2014年，全乡粮食作物播种面积1248公顷，单产331.6千克，总产量6209吨，其中水稻播种面积878公顷，单产359千克，总产4727吨；油料作物播种面积199公顷，总产量439吨；蔬菜种植面积206公顷，年产量5902吨。全年生猪出栏20967头，年末存栏7696头；家禽出笼60万羽，年末存笼30.1万羽。森林覆盖率由2011年的46.50%增加到53.32%。

工业

境内工业基础薄弱，传统工业局限于手工业或作坊式小工业。1956年，境内农业生产合作社以手工业者为骨干，成立作业组和副业队，创办手工业作坊和加工厂。1958年人民公社化初期，创办社队企业。1962年，多数社队企业被强令停办。1966年，社队企业恢复。1987年起，陆续兴办红砖厂、碎石厂，以应建设之需，至2002年，全乡有红砖厂28个。当年，金鹏碎石厂创办。2004年，裕康木业及石桥铁厂落户境内。2005年，宜资矿业公司成立，从事锡矿加工。同年，在溪江和乡供销社两处建成单板厂，从事木材单板加工。2006年，宜资矿业公司改扩建。2009年，金鹏碎石厂完成扩产，年产碎石1万多立方米。2012年，宏昌新型建材有限公司竣工投产，用粉煤灰制造新型墙体材料；腾鑫新型建材有限公司建成投产，用页岩煤石烧结空心砖。2014年，全乡有5个砖厂、3个碎石厂。

商贸服务业

清朝，境内仅有少量杂货、饮食店铺，从商人数甚少。民国中期，开设平江墟（牛屎墩）。因地理位置、传统习惯等原因，开市1年后关闭。之后，开设同益墟。新中国成立后，成立供销社和粮站，开办相应门店。1989年，同益加油站建成。1993年，石油放开经营后，境内出现多家小型加油站。2005年，金源加油站建成营业。次年，春发休闲农庄、解放商用汽车服务站建成，个体私营商户充分发挥自身优势，逐渐在流通行业占据优势。2014年，全乡有1个煤炭转运站，3个加油站，从事商贸服务的个体私营户521户。

基础设施

交通运输

南宋，建同母郎桥、牛屎墩桥，跨人民河。明清、民国时期，临武至宜章、桂阳至广东星子两条驿道过境。1951年，临武至坪石公路竣工通车，过境同益。1958年，同益热水至汾市公路完工。1980年起，境内各村掀起修建通村公路热潮，至1987年，境内有8条公路，总长15.7公里。1992年，临桂线（后称S214线）铺设混凝土路面。2005年10月，丰车线（后称S324线）二级公路改造骡子山至县城段完工。同年，修建秀源、欧果、油行通村水泥公路，改造集村通村砂石公路。2006年，完成老寨、三村、坦下等通村水泥公路和杨柳村砂石公路改造。次年，完成6个村的通村公路水泥路面铺设。2009年，硬化龙潭新村、寨冲自然村进村公路。2010年，岳临高速同益段、S214线同益段顺利施工，杨柳、太坪村通村水泥路竣工通车。2014年，境内实现村村通水泥公路。

邮电通信

嘉靖十四年（1535），临武往宜章邮路过境文化铺。民国27年（1938），设坦下丁类信柜。1956年年底，境内通邮、通电话。此后，报话线逐年增多。1988年，同益设邮政代办所，办理相关业务。1995年，开通程控电话。2005年，移动公司、联通公司分别在境内建立基站，移动信号覆盖全境，手机用户逐年增加。2014年，境区内有邮政所1个，各类服务网点6个，固定电话用户418户，手机用户3718户，宽带用户226户。

供电饮水

新中国成立前，境内居民多用桐油、松脂油照明，生产生活用水多取自人民河；因降雨量季节差异大，农村饮水困难。1958年，境内开始出现以柴油机为动力的小型发电机发电，供碾米、照明用。1966年，汾市水电站建成投产，境内供电状况有好转，电力供需矛盾仍然突出，居民用电时有停供。1971年，架设10千伏线路，但仍不能足额供电。1983年，有9个大队82个生产队1624户通电。20世纪90年代中期，随着农村家用电器的普及，电力供需矛盾日益突出。1995年，境内建成自来水厂。后，国家加大对农村饮水工程的投入，坦下、石桥、两寨等村实现自来水入户。2000年，境内实现村村通电，实施农村电网改造，对农村不规范线路进行清理整修。2008年，建成集村、三村和乡政府机关供水工程，解决近3000人的饮水安全问题。2014年，长河水库自来水工程同益段及石桥头供水工程完工，6000余人的生产生活用水得到解决。

水利建设

新中国成立前，水利基础设施薄弱，防汛抗旱能力不强，境内频遭旱涝灾害。1955年，建成上洞水库。1958年，秀源水库竣工。1966—1968年，县启动长河水库配套工程南干渠建设，境内各村兴建排洪渠、灌溉渠、排灌站等水利设施。1970年，源下水库竣工。1973年，焦冲水库建成。1979年，全乡有小Ⅱ型水库4座，山塘142处，河坝24处，水轮泵1处2台，机灌13处143马力，电灌7处127千瓦。1989年，张果湾村建成水泵河坝。次年，铁路头河坝建成。后，兴建张果湾、大步水泵站2处，水轮泵6台。2006年，实施万亩土地整理项目，兴建机耕道、排洪渠、灌溉渠，农田水利设施进一步完善。2007年，投资20多万元，除险加固水库2个。2008年，完成源下水库除险加固和渠系配套。2014年，有小Ⅱ型水库4座，山塘39处，河坝2处。

镇村建设

清朝、民国时期，农村住宅多依地形而建，讲究风水，房屋高低不一，巷道窄小，住宅大多为泥砖青瓦房，少数富户为青砖青瓦房。1950年，土地改革后，农村住宅条件有所改善。1954年，农村住宅建设始有规划。1966年后，农村建房受到限制，村镇发展缓慢。1979年，同益公社在同益墟兴建办公楼。随后，供销社、粮站在周边兴建营业、仓储用房。1985年完善农村经营责任制后，农村经济发展，建房出现高潮。20世纪90年代，农村建房以砖混结构为主，外墙多裸面或石灰粉刷。进入21世纪，农村建房外墙、地板普遍贴瓷砖，客房、卧室、厨房、卫生间等布局设计和建筑风格逐步城市水平接轨。2000年，同益乡政府新建办公大楼和食堂等配套设施，驻地由同益墟迁至腊树脚。2006年，建成唐家、集村2个村级活动中心。次年，新建同益村办公大楼、改建秀源村综合楼。2012年，编制小城镇建设总体规划，规划面积12万平方米。2014年，溪江新农村建设示范村建成36栋村民新居；唐家村完成8栋房屋地梁建设；坦下村集中连片建房工程完成三通一平；同益村新农村建设工程启动，15栋新房在建。

社会事业

教育科技

1940年，按"一保一校"的要求，各村自筹资金兴办"保立国民小学校"。1952年，人民政府接管村小。1958年，按照"两条腿走路"的办法，发展小学，乡内小学渐增。1973年，新建汾市公社同益中学。1980年，开调整学校布局设点。1987年，全乡有中学1所，小学18所，在校中小学生1662人，教职工70人。1988年，中学教学大楼竣工。1994年，新建三星堂小学，张果湾小学撤销。1998年，新建乡中心小学教学大楼。后，溪江、杨柳寨、葫芦背、大步、太平山、三村、欧果、腊树脚、新白寨、三星堂等小学被撤销或改为教学点。2005年，有中学1所，小学8所，分别是中心小学和坦下、石桥、油行、唐家、秀源、老寨、集村等村小。2009年，新建乡中心小学住宿楼、运动场，添置教学仪器设备，成功创建省级义务教育合格学校。2010年，新修坦下小学篮球场、围墙等。2005年，创办民办东方幼儿园。2014年，有小学8所，教师59人，在校学生1768人，适龄儿童入学率100%；中学1所，在校学生423人，教师29人；另有民办幼儿园2所。

1979年，同益公社成立初，境内无科技机构。1988年，引进湿地松、火炬松、黑松、油松、黄山松、雪松等外地松树品种栽植技术。1998年，乡成立科技工作领导小组，配备科技副乡长；村设立科技宣传栏，普及科技知识。2005年，同益乡被评为市级科技乡。2007年，依托党员远程教育中心，开展种养技术培训。

文化体育

清末民国时期，域内民众自发成立民间文化组织，开展舞龙狮、地方小调、秧歌、花灯等民间文化活动。新中国成立初期，汾市剧团活跃于各村。1976年，公社电影队巡回各村放映。次年，坦下村农民创办个体电影放映队，在各地开展有偿放映活动。1979年，成立公社文化站。1983年，设同益公社影片发行管理站，一年后撤销。1988年起，境内出现集文娱和健身于一体的舞蹈队、乐队，在各类庆典中开展有偿服务。2000年，各村组建龙狮队。2009年3月，开通有线广播，其网络覆盖各村。2011年，乡文化站综合楼建成，建筑面积394平方米。当年，全乡有广播喇叭30只，有线电视用户209户。2012年，唐家碉楼、更楼被列入湖南省文物保护单位。2014年，全乡有文化站1个，公共图书室15个，建筑面积550平方米，藏书3万册。

清末民国时期，体育活动主要为传统的武术。新中国成立之初，学校开设体育课程，教授学生体育知识。2000年，各村组建篮球队。2011年后，中老年广场舞在境内流行。2014年，全乡有篮球场13个，乒乓球场5个、球桌10张。

医疗卫生

民国时期，域内无医院诊所，村民就医治病主要依靠当地中草药郎中。1957年，设立溪江联合诊所。1965年，联合诊所停办。1969年，实行农村合作医疗制度，各大队配"赤脚医生"，开展简单的医务活动，方便村民看病。1978年，设立汾市公社同益卫生院（后改称同益公社卫生院）。1980年，乡内有资质的赤脚医生陆续开办医疗室或诊所。1984年，公社卫生院更名为乡卫生院。1995年，推进农村公共卫生工作，宣传卫生知识，开展妇女儿童健康专项查治活动。2002年，为改善农村公共卫生，在全乡范围内推广改水改厕，新建无公害厕所1000间。2004年，乡卫生院门诊楼及附属工程竣工，由同益墟整体迁入。2007年，启动新型农村合作医疗工作，农村居民医疗保障逐步得到改善。2009年，龙潭新村改厕30户，添置垃圾处理设施2处，成功创建为省级清洁工程示范村。2014年，域内有卫生院1所，病床15张，卫技人员7人；另有村卫生室（诊所）11个，从业人员11人。新农合参合人数10297人，参合率86.39%。全乡设置垃圾桶40个、垃圾池41个、垃圾填埋场8个，配有垃圾收集车7辆，保洁人员75名，有5个行政村实行垃圾集中处理。

社会保障

1959年，对鳏寡孤独人员实行"五保"，由生产队分散供养。1988年，供养经费实行乡村统筹。1998年，实行乡统筹。2005年，同益乡敬老院建成，始将部分鳏寡孤独人员进行集中供养，当年有20人入住。同年，实行农村居民最低生活保障制度，有125人享受农村低保；对农村特困户、五保户实行大病救助。2008年初，境内遭冰灾，部分农户房屋垮塌，政府下拨专款救灾，建成15套安居房安置灾民。2010年，实行农村社会养老保险制度，有134人参保，参保率2.16%。2011年，乡敬老院集中供养"五保"34人，分散供养"五保"59人；医疗救助60人次，民政部门资助参加合作医疗600人次；农村临时救济80人次计2.4万元；国家抚恤、补助各类优抚对象85人20万元。2014年，有914人享有低保；5070人参加新农保，参保率91.20%。当年，对20名残疾人实行实物扶持，完成危房改造15户。

特色地情

历史人文

唐家古村　位于县城东14公里羊婆岭，始建于明永乐年间。村落坐东北朝西南，占地面积2万多平方米，巷道全部由石板铺设，四通八达。有清代、民国建筑80余栋，仿古新居60余栋。清代建筑内外装饰为木柱梁架，窗式隔房，木楼板吊顶棚，内外窗户饰有动物、人物、花卉等木雕图案；民国和仿古新居装饰较为简单。村口保留有古关隘、更楼、印楼、青石洗涤码头等，另有石砌水塘、石砌水溪等公用设施分布于村庄周围。

（曾玲芸　供稿）

土地乡 >>

土地乡是湖南省“环境优美乡”，境内村庄多秀美，其中龙归坪村获“国家级生态村”殊荣。

区域概况

位置面积

地处临武县东部，东邻水东镇、汾市镇，西接武水镇，南连同益乡，北靠大冲乡、东山林场。辖区东西长10公里，南北宽8公里，土地总面积59平方公里，其中陆地面积51平方公里，占86.4%；水域面积8平方公里，占13.6%。乡政府驻地土地墟，距县城15公里。

建置沿革

民国37年（1948），境域属东平乡。1949年12月1日临武新中国成立后，属沙田区。1952年，属二区（亦称汾市区）。1956年6月撤区并乡，始设土地乡。1958年9月，属东风人民公社（后改名汾市公社）。1961年5月，置土地公社。1964年，并入汾市公社。1979年，从汾市公社析出，重置土地公社。1984年3月，撤社为乡，更名为土地乡。

行政区划

1984年，全乡辖小湾、寺冲、土地、黎坪、腊水、古城、张家、书楼、枫桥、石里湾（2004年改称石里）、大泉、横圳、山塘、玉美、龙归坪15个村民委员会，有37个自然村，101个村民小组。2009年，龙归坪村民委员会改为龙归坪社区居委会。2014年，辖小湾、寺冲、土地、黎坪、腊水、古城、张家、书楼、枫桥、石里、大泉、横圳、山塘、玉美14个村民委员会和龙归坪社区居民委员会，有37个自然村，100个村民小组。

自然环境

境域为丘陵地带，地势北高南低。境内河流属珠江流域，人民河、腊水河分别于境区玉美、东山下村注入武水河，至黎坪后入汾市镇境。境内最高峰为横圳村马侯岭主峰火庙背，海拔889.9米，最低点位于黎坪村武水河岸，海拔231米。境内土壤有红壤土、水稻土和红色石灰土，其中红壤土占78%。

境域气候温暖，四季分明，热量充足，雨水集中，具有春暖多变、夏秋多旱，严寒期短、暑热期长的气候特征。多年平均气温17.9℃、平均年降雨量1437.9毫米，年日照时数为1486.9小时。

已探明的地下矿藏主要有煤、锰等。境内有各种野生动物46种，其中鸟纲动物19种，兽纲动物17种，两栖及爬行动物10种。森林资源中有对节白蜡、红豆杉、香樟等珍稀树种，另有

400年以上的古树10株。

人口民族

1984年，全乡有2563户11449人，均为农村人口。2000年，第五次全国人口普查，有3352户，总人口12279人，其中农业人口12079人，占98.37%；男性6520人，53.10%。2010年第六次人口普查，有14668人。2014年，有4008户13484人，其中农业人口13425人，占99.56%；男性7228人，占53.60%。人口密度为每平方公里227.54人。

境内人口主要为汉族。2014年，有少数民族人口24人。

经济发展

经济综述

境内经济以农业为主，种植业和养殖业是其支柱产业。新中国成立前，经济发展缓慢，米粮缺乏，贫困农家多以红薯杂粮为主食。新中国建立后，乡内经济逐步发展。1952年，完成土地改革，农业生产有较大发展。随后，开展"大跃进"和"文化大革命"运动，经济发展迟缓。

1981年，实行农村家庭联产承包责任制，农村生产力得到进一步发展，粮食产量逐年提高，人民生活水平有较大改善。1989年，全乡实现农业总产值374万元，工业总产值196万元，人平纯收入575元。黑白电视机、收录机、电风扇、自行车、缝纫机等成为消费热点。90年代，社会主义市场经济体制确立，非公有制经济得到发展。1999年，全乡农业总产值1552万元，工业总产值7822万元，农民人平纯收入3143元。农村居民家庭消费支出中，食品、衣着、住房支出占83.5%，耐用消费品支出占3.7%，文体教育医疗占12.8%。

进入21世纪，着力调整产业结构，推进农业产业化，大力招商引资，发展工商业。2014年，全乡实现农业总产值7236万元，工业总产值41273万元，财政总收入598万元，固定资产投资10400万元，农民人均纯收入7095元。全乡国内生产总值28236万元，三次产业结构由2010年的18.83∶48.79∶32.38调整为16.15∶50.12∶33.73。居民家庭消费支出中，食品、衣着、住房支出占64.8%，耐用消费品支出占17.4%，文体教育医疗支出占17.8%。每百户农村居民家庭耐用消费品拥有量为：彩电98台、电脑31台、洗衣机53台、摩托车75辆、汽车2辆。农村家庭多建2～3层小楼房，人均住房面积达36平方米，

农业

境内为传统农业区，主要农作物有水稻、红薯、蔬菜、花生、玉米、大豆等，主要畜禽有猪、牛、羊、鸡、鸭、鹅等。西瓜、淮山、乌梅是特产。1954年，试种双季稻。1958年，片面追求"一大二公"，家庭种养业受到限制，加上"大炼钢铁"，大片成林被毁，农村经济发展受到负面影响。1960—1962年，禽畜养殖数量骤减，粮食生产因自然灾害大幅减产。1963年，贯彻中央政策，山林权下放到生产队，一定程度上扩大了生产自主权，农民生产积极性提高。1964年，养殖业得到发展，禽畜产量上升。1979年，全公社有13个社队办林场。1981年，国家实行林业"三定"，确定山林权属，推动造林育林工作。同年，推广双季稻种植，双季稻种植面积461公顷，单产342千克，总产量2366吨。2001年，调整农业产业结构，淮山、桑蚕生产得到发展。2004年，因地制宜，打造"一村一品"经济，玉美村的西瓜，龙归坪的淮山、桑蚕，小湾的水果渐成规模。

2007年，调整农业产业结构，形成了小湾、寺冲、土地、石里、大泉等水稻基地，玉美田稻—瓜基地，古城蔬菜基地，龙归坪淮山基地，腊水、山塘香芋基地，玉美、龙归坪乌梅基地，寺冲脐橙基地。2008年，创建大泉、小湾、土地、寺冲连片优质高产水稻示范片和黎坪、龙归坪、玉美、古城、腊水、山塘连片旱粮示范片。同年，引进外资创办玉美养猪场。2011年，书楼、古城完成土地整理项目，种植油茶林20公顷。2012年，发展烤烟种植，兴办枫桥鲟鱼特种水产养殖场，并开始为期三年的绿化攻坚行动。2013年，寺冲村创建市级机械插秧示范基地和省级双季稻高产示范区；古城村创建国家级蔬菜基地标准园，并注册"舜洲"牌蔬菜商标。同年，引进台资创办枫桥生猪养殖场，一期工程建成标准栏舍16栋，引进台系种猪2000头。2014年，全乡耕地面积635公顷，粮食作物播种面积1008公顷，单产347千克，总产量5239吨，其中稻谷播种面积669公顷，单产379千克，总产量3806吨；油料作物总产量273吨，蔬菜产量7080吨，水果产量1220吨；出栏生猪9267头、牛709头、羊1277只，出笼家禽22.11万羽；年末存栏生猪9851头、牛999头、羊601只，存笼家禽5.6万羽。森林覆盖率53.82%。

工业

清末民国时期，境内无工业生产。1963年，玉美村建成水电站。1984年，在香花铺兴办乡铅锌矿，因资金缺乏，次年与桂阳宝山矿联办。1985年，建成寺冲联办水电站。1986年，乡办铅锌矿通过技改，总收入达到50万元，乡村办、联办和个体工业企业都有新发展。1987年，乡镇工业企业总产值54.7万元。2002年，兴办蚕丝被厂，"舜蝶"牌纯天然蚕丝被在湖南省农博会备受青睐。2003年，兴建乡机砖厂。2004年，引资650万元生产蚕丝被，日处理蚕丝100千克。2007年，筹建土楼冲有色金属集中选矿园。2009年，园区内共建成选厂13个，年加工能力2600吨。2011年，湘电新能源有限公司临武分公司在大泉安装内力发电机3台，装机容量0.6万千瓦。2014年，全乡有工业企业30余家。

商贸服务业

清末，境内设有土地墟集市，以农产品及布匹、食盐等商品交易为主。民国中期，增设古城墟，仅开市一次即关闭。新中国成立后，土地墟集市照常开市，供销部门在集市开办门市部。"文化大革命"期间，集市时开时停，加上市面窄小，市场不活跃，商品交易量不大。1984年，兴建土地墟新市场，占地面积2876平方米，建筑面积370平方米，逢3、8赶墟。后，农村经济日趋活跃，个体代销店及小型商店开始在治所周边及各村出现。2010年，对土地墟市场进行升级改造，墟日赶集者逾千人。2013年，建成集餐饮、娱乐、度假于一体的龙归坪生态农庄。2014年，全乡有代销店35家、农村超市4个，从业人员15人，年销售额450万元。

基础设施

交通运输

清雍正年间，建成临武至桂阳官道，经境内古城水、土地墟、石里湾等地。1958年，修建土地至汾市6.6公里简易公路。1973年，土地至张家坪公路建成。1976年，修建成寺冲至小湾砂石公路，小湾村集体筹资购买手扶拖拉机、汽车用于运输。1979年，土地经古城至马家砂石公路修成。1980—1982年，境内出现兴修公路热潮，先后修建砂石公路8条14.2公里。1984年，开通乡政府至临武班车。1985年，土地至汾市公路扩建。1999年，土地至汾市公路寺冲路段进行水泥路面铺设。2004年，小湾通村公路实现水泥路面硬化，张家至土地公路完成维修工程。2005年，土地至马家公路全线铺设水泥路面。2006年，龙归坪村、玉美村通村公路改造工程完工。2007年，完成古城至黎坪，古城至山塘、腊水，土地至枫桥通村公路提质改造。2008年，土地至汾市公路路面硬化工程完工。2011年，张家、梁家通村水泥路建成。2013年，建成大塘通太阳山砂石路。2014年，庄家田村连接同益乡寨冲村水泥公路修通，枫桥村完成通村水泥公路铺设。至此，全乡实现村村通水泥公路。是年，境内有客运汽车15辆，日客运量600人次；有货运汽车20辆，年货运量19万吨。

邮电通信

新中国成立后，县邮电部门在汾市设代办机构，境内邮件通过汾市邮电所投递。1980年，土地开始设立邮政代办点，代办信件投递、报刊收发等业务。后增设电话业务。1997年，开通程控电话，全乡安装电话36部。2000年后，移动公司和联通公司开始在境内修建移动电话信号基站，手机逐渐成为主要通信工具。2012年，新建乡邮政所，电信公司在古城新建信号基站。2014年，境内有邮电服务网点1个，2G、3G、4G信号基站9个，固定电话用户302户，移动电话用户3524户、互联网用户189户。

供电饮水

新中国成立之初，境内主要以煤油、桐油照明，人畜饮水多为井水、河水。1963年，玉美村建成小水电站供全村照明。1965年，小湾村用柴油机发电照明。1983年，有12个大队100个生产队2095户通电，但电力供需矛盾比较突出。1984年，乡内建成小型水电站两座，各村生产生活用电问题得到缓解。2006年，腊水、玉美2村分别建成人畜饮水工程。2007年，寺冲、龙归坪、大泉等村建成人畜饮水工程。同年，土楼冲村农网改造完工，全乡农村电网改造工作全部完成，农村用电问题得到根本解决。2009年，张家、李家、古城、塘木水等自然村建成农村饮水工程。2011年，椒冲、土楼冲新村自来水工程和腊水村饮水井建设完工。2012年，县集中供水二期工程主管道铺设和主水池建设等主体工程完工。2013—2014年，古城、小湾、玉美、书楼、石里、寺冲、龙归坪、土地等村自来水接通县集中供水工程供水主管道，6900人的饮水安全得到保障。2014年，全乡用电覆盖率100%，农村安全饮用水普及率100%。

水利建设

1958年，建成小湾莲口冲和黎坪鱼跃2座小Ⅱ水库。1962年，玉美村修建武水河简易拦河坝，用于灌溉农田。之后，寺冲村建成大坝。1974年，拦河坝被洪水冲垮。次年，新建石坝1座。1990年，古城沙洲坪村完成引水河坝建设。1994年6月16日，县内遭遇特大洪灾，寺冲村大坝因水毁重修。2003年，修复因洪灾损毁的玉美拦河坝及小湾莲口冲病险水库。2005年，维修黎坪鱼跃水库、小湾莲口冲水库。2007年，完成全长700米的古城沙洲坪防洪大坝建设。2010年，沙洲坪村硬化灌溉渠道1200米。2011年，完成书楼、湾口冲和大泉涵洞建设。2012年，古城村修建鸡公寨拦河坝。2013年，玉美、山塘、腊水、张家等村完成3000米的武水河道治理工程。古城村于腊水河修建拦河坝。2014年，完成15000多米水渠、6座骨干山塘的维修清淤及2条河坝、2座排洪站的加固维护工程。当年，全乡有小Ⅱ型水库2座，山塘33处，河坝6处。

村镇建设

新中国成立前，境内村镇建设落后，布局零

乱，民房矮小。新中国成立初，村镇面貌改变不大。1974年，寺冲村按照统一规划设计，建成“大寨房”38间，对新农村建设进行了探索和尝试，但因脱离当时的实际，未能推广。1979年，土地公社新建，借用土地冲民房办公。1981年，公社办公大楼落成。后随着改革开放政策落地，农村新房建设增多。1984年，龙归坪村因新房多、规划好且管理得当，被评为省级文明卫生村。1986年，新建乡财政所办公楼，龙归坪村、石里湾、小湾、寺冲的白家田等建成大礼堂。1989年，建成乡“国策楼”（计划生育服务站）。1990年，建成乡农技站。1994年，境内遭受特大洪灾，玉美村大量房屋被毁，各级各界筹资捐款，共建玉美新村，新建房屋50多间；古城建2个灾民新村，塘木水实行整体搬迁。2007年，龙归坪村列入郴州市新农村建设示范点，完成村内巷道硬化、河岸栏杆的安装以及篮球场、风景塘建设，当年被市、县两级评为“和美村庄”。2009年，乡综合文化站竣工，建成沼气池68口，安装除氟灶1333个。同年，小湾村新建村综合大楼。2010年，小湾、腊水、土地、枫桥、石里、龙归坪、横圳、玉美等村实施美化工程。2011年，改造乡办公大楼，张家村完成篮球场修建和村庄绿化工程，横圳、土地两村新建风景塘。2012年，新建乡邮政所，龙归坪村获得湖南省卫生村、国家级生态村，大泉村获得省级生态村称号。2013年，土地乡荣获“省级生态乡镇”荣誉称号。2014年，古城、腊水、大泉等村完成村内道路硬化，玉美田村和山塘村的黄沙田自然村完成通村水泥路改造，寺冲村完成村休闲广场的征地、绿化和体育设施安装等建设工程；小湾村完成了中心游园、小湾学校、安全饮水工程、旧村改造、村牌楼、风景塘、环村公路、村客运站等新农村建设项目，荣获“湖南省社会主义新农村建设示范村”荣誉称号。

社会事业

科技教育

清末民国初，境内教育教学场所多为私塾或村塾。民国后期，推行“国民教育”，学校数量甚少，贫苦农民子弟多被拒之门外，村民文化水平低下，文盲和半文盲人口占总人口的93%以上。新中国成立后，人民政府接管国民小学，大力兴办学校，到20世纪70年代基本达到一村一校。1984年，土楼冲、玉美、大塘、沙洲坪、石里湾完小建成新校舍，全乡有在校学生950人，教师63人，其中公办教师17人，民办教师46人。1987年，土地乡中心完小改扩建，小湾、张家、土地等村小陆续新建教学楼。当年，全乡有22个学校，在校学生1556人，教职工59人。1988年，兴办乡农校。1995年，香港烟草公司和香港《文汇报》集团捐款建成文汇小学。1994—1997年，对学校布局进行调整，撤销禾家田、李家、土楼冲、东山下村小和腊水高小。1998年，乡中心小学新教学楼完工。同年，开始第二轮学校布局调整，至2004年，先后有枫桥、横圳、张家、太阳山、龙归坪、山塘坪等小学被撤销或改为教学点。2005年，乡中心完小新建食堂，2009年，建教学综合楼。2010年，新建石里小学教学楼。2012年，乡中心幼儿园建成招生，小湾、寺冲等村办幼儿园开园。2014年，文汇小学新建食堂、综合楼。是年，全乡有幼儿园9所，在园幼儿250人，专任教师4人；有中小学10所，在校学生1157人，专任教师95人；小学升初中升学率100%，九年义务教育覆盖率100%。

1979年建置前，境区农技推广工作由汾市农技推广站负责。20世纪80年代，公社成立乡农校，培养种养技术人才。1990年成立乡农技推广站。

2001年，乡农校并入土地中学。2005年，举办科技班9期，培训农民1000余人次，播放农村技术电教片100余场。

文化体育

清道光年间，小湾村组班排演祁剧。民国时期，伏波大庙周边村庄每三年举行一次秋季大游神，这是一项集祭祀祈愿和文化娱乐于一体的大型游乐活动。1977年，汾市公社电影队下乡到各村放映电影。同年，小湾、寺冲等大队成立大队电影放映队，巡回各村放映。1979年，设立土地公社文化站。1996年，开通有线电视。2011年，全乡有广播喇叭20只，有线电视用户3705户，电视综合覆盖率93%。当年起，小湾村连续4年自办春节晚会，节目均为自编自导自演。2012年，玉美田村清代碉楼、书楼村清代书楼被列入湖南省文物保护单位。同年，山塘村明代洁龙桥被列入郴州市文物保护单位。2014年，全乡有文化站1个；农家书屋15个，藏书18000册；广播喇叭30只，有线电视用户2800户。

新中国成立初期，农民体育活动沿袭旧时的传统武术、棋类等体育项目。之后，在中小学开设体育课，利用简易操坪开展田径、拔河、和少儿广播体操等活动。20世纪70年代，小湾村修建礼堂，配有乒乓球桌等体育设施。90年代，随着村级组织活动中心的建设，各村兴建集电教、学习、文体于一体的党员活动室。2000年后，各村以新农村建设为契机，加快体育设施建设，龙归坪、小湾、寺冲等地新建篮球场。2014年，全乡共有篮球场33个，乒乓球场6个，球桌11张，健身路径2条。

医疗卫生

新中国成立初期，医疗条件落后，乡内村民就医治病主要依靠当地土郎中。1957年，设立土地联合诊所。1958年，土地联合诊所合并为东风（汾市）卫生院。1961年，兴办土地公社卫生院。1969年，推行农村合作医疗，各村设医疗室，配备“赤脚医生”，以“小病不出村”作为方便群众就医看病的具体要求。1978年中共十一届三中全会后，合作医疗解体，境内有资质的赤脚医生纷纷开办个体医疗室。1984年，土地公社卫生院更名为乡卫生院，有主治医师1人，护士2人，工勤3人。1988年，新建卫生院办公楼。2001年，土地乡卫生院并入汾市中心卫生院管辖，称汾市医院土地卫生院。2007年，实施新型农村合作医疗制度。次年，乡成立农合办，负责全乡合作医疗保险日常工作。2014年，卫生院综合门诊大楼主体楼建成。是年，境内有卫生院1所，专业卫生人员10人，其中执业医师2人，执业助理医师2人，注册护士4人；村卫生室19个，从业人员20人；新型农村合作医疗参加人数12638人，参合率94.14%。有5个村委对垃圾实行集中处理。

社会保障

新中国成立前，农村鳏寡孤独人员无社会保障。新中国成立后，社会保障制度随即建立，孤寡人员由政府安排各村分散供养。农业合作化后，“五保”人员的供养经费和粮食由合作社（生产大队）集体承担。20世纪80年代，农村经济体制改革，村民外出务工者逐渐增多，孤寡人员的供养出现新的情况。1994年，全乡共有27户“五保”人员，由村委分散供养，经费实行乡村统筹。1998年，成立乡劳动保障服务站，负责劳动就业和劳动力转移工作。2004年，土地乡获郴州市“最充分就业乡镇”称号。2005年，与广东人力资源部门达成合作协议，介绍百名中学毕业生进入厂矿，为农村劳动力转移开辟了新渠道。2006年，乡敬老院竣工，有30余位孤寡老人入住。2010年，实行农村社会养老保险制度，参保人数268人，参保率达4.15%。2014年，全乡有农村最低生活保障对象829户1046人；农村“五保”人员集中供养20人、分散供养34人；农村医疗救助129人次，民政部门资助参加合作医疗207人次；农村临时救济145人次，国家抚恤、补助各类优抚对象82人，农村剩余劳动力转移260人；5567人参加农村社会养老保险，参保率96.53%。

特色地情

名胜古迹

古城遗址 位于古城村古城水，城址南北长50米，东西长80米，为汉代坞堡一类建筑。现遗存夯砌土墙15米，墙底厚4米，高1米至2米；附近发现有东周陶片、石片、石器。

寺冲汉墓 坐落于寺冲村西北300米处田野中，墓葬封土保存完好，未见发掘痕迹。

洁龙桥 位于山塘村南500米腊水河上，桥面长8.2米、宽5.3米、跨度18米、穹高9米，为单拱青石结构。洁龙桥建于明代，是临武至蓝山古官道的津渡桥梁，现保存完好，对于研究人文历史、古代交通、桥梁建筑等有较高价值。

（曹俊锋　供稿）

花塘乡>>

花塘乡是临武县主要的产粮区、有色金属矿采选区。

区域概况

位置面积

位于临武县中部，东连武水镇，南接西山瑶族乡、舜峰镇，西靠武源乡、楚江镇，北邻香花镇。辖区东西宽12公里，南北长22.1公里，土地总面积68.45平方公里。乡人民政府驻地农科村，距县城4公里。

建置沿革

民国17年（1928），境区属第四区。1950年，属西江区。1952年，属第四区（亦称楚江区）。1956年，属铺下乡。1958年属五星人民公社。1961年，设花塘人民公社。1984年，改社为乡。

行政区划

1984年，辖靛江、燕溪、东春、靛江铺、花塘、铺下、永丰、斜江、石门9个村民委员会。1989年，改靛江铺村民委员会为农科村民委员会，分永丰村委为下骆家、夏家湾、栝木山3个村民委员会。2014年，辖11个村委会，112个村民小组，64个自然村。

自然环境

境区处于东山和西山之间，地貌以低山和溪谷平原为主。境内河流属珠江流域，武水河、斜江河、铺下河穿境而过，境内长分别为7.5、3.8和16.9公里。境内最高处石门村尖峰岭，海拔982米；最低处靛江村斜江河岸，海拔280米。土壤类型主要有紫色土、水稻土和红壤土等。

境域属亚热带季风性湿润气候，气候温和，阳光充足，四季分明，雨水充沛，春暖多变、夏秋多旱、严寒期短、暑热期长。年平均气温19℃，平均年降雨量1400毫米。

已探明地下矿藏有铅、锌、钨、萤石等，铅锌钨储量8000万吨，可开采量5000万吨，主要分布在铺下村和石门村境内。

人口民族

1984年，全乡有2940户12985人，其中：农业人口12036人，占92.70%。2000年第五次人口普查，有5319户17852人，其中农业人口17684人，占99.06%；男性9363人，占52.95%。2010年第六次人口普查，有19410人。2014年，有6402户19153人，其中农业人口18054人，占94.2%；男性10019人，占52.31%。人口密度为每平方公里279.81人。

辖区人口以汉族为主，少数民族主要是瑶族，聚居石门泡金山村。2014年，有瑶族人口220人。

经济发展

经济综述

境内经济以农业为主，采矿业为辅。新中国成立前，人民生活贫困。新中国成立初，进行土地改革，开展社会主义改造，生产恢复较快。1958年起，片面追求高速发展，经济形势受挫。1966—1976年，通过组织农民开荒造田、修筑水利设施，粮食总产有所提高，但因重政治、轻经济，“左”的思想路线占主导，民生未能得到大的改善。

1978年中共十一届三中全会后，工作重心转移到经济建设上来。推行和完善农村家庭联产承包责任制，发展乡镇企业，境内经济好转，温饱问题逐步得到解决，人民生活改善较快。1989年，全乡农业总产值448万元，工业总产值376万元，财政收入76万元，人平纯收入763元。90年代，调优农业产业结构，提高农产品商品率，发展有色金属采选业，经济迅速发展。1999年，全乡实现农业总产值2322万元，工业总产值9223万元，财政收入116万元，人平纯收入3467元。农村居民家庭消费支出中，食品、衣着、住房支出占79.4%，耐用消费品支出占10.8%，文体教育医疗支出占9.8%。

2000年后，以壮大优势产业，发展特色农业为重点，调整产业结构。2014年，全乡实现农业总产值10931万元，工业总产值86699万元，财政总收入4448万元，固定资产投资额34053万元。全乡国内生产总值45019万元，三次产业结构由2010年的19.42∶56.23∶24.35调整为15.30∶63.34∶21.36。农民人均纯收入为7110元，农村居民家庭消费支出中，食品、衣着、住房支出占65.5%，耐用消费品支出占15.2%，文体教育医疗支出占19.3%。平均每百户农村家庭主要耐用消费品拥有量为：电视机71台、洗衣机62台、电冰箱41.3台、摩托车57辆、小汽车3辆。人均住房面积由2000年的20平方米增加到35平方米。

农业

境内主要农作物有水稻、红薯、玉米、花生、大豆、蔬菜、水果、烤烟等，主要畜禽水产品种有生猪、牛、羊、鸡、鸭、鱼等。新中国成立初期，以一季稻为主。1958年人民公社化，土地、耕牛收归集体所有，生猪家养被社队猪场集中饲养代替；大量砍伐树木烧炭炼铁，林业毁损严重。1963年，恢复家庭养殖业，生猪、家禽饲养量逐渐增加。1965年，推广双季稻，粮食总产量增加，但单产仍然不高。1975年，推广杂交稻，粮食总产量进一步提高。1981年，确定山林权属，优化承包制度，出现油茶林、松林等造林大户。1990年，出现规模化畜禽养殖，家庭养殖的户数和养殖量逐步减少。1995年，发展柑橘、奈李、乌梅等小水果生产。2000年，推广优质高产杂交稻和小型耕作机械。2003年，引导农民种植高效益、高附加值的农产品，全年种植烤烟40公顷，香芋77公顷，反季节蔬菜33公顷，打造玉米、香芋、乌梅、烤烟品牌。2004年，实行信贷扶持，发展乌梅、甜玉米、奈李、椪柑、红心桃等特色农产品，建成香芋、红薯、紫茄、优质烤烟4大订单农业基地。2005年，取消农业税，调动农民种粮的积极性。2012年，开展绿化攻坚，大面积植树造林。同年，年出栏10万头的正邦生猪养殖基地在斜江村落户。2014年，全乡粮食播种面积1818公顷，总产量10159吨，其中水稻播种面积1229公顷，产量7081吨。生猪出栏14300头，年末存栏9890头；家禽出笼20.6万只，年末存笼8.9

万只。森林覆盖率 45.45%。

工业

清末，境内工业仅有纺织、竹木器加工等手工业作坊。民国初期，小规模采矿业在境内出现。20 世纪 50 年代，对手工业进行社会主义改造，境内手工业者组织成立铺下手工业社。1958 年，东山钨矿在境内兴建。同年，超英铁厂在铺下建成投产，大炼钢铁运动开始。1965 年，在靛江创办石灰厂。1970 年，县泡金山铅锌矿在境内创办。80 年代末，境内个体有色矿业发展迅速，高峰期有 850 个矿井。此类矿井技术含量不高，生产力低，资源浪费、环境破坏严重。1988 年，创办乡铅锌矿，泡金山铅锌矿实行承包经营责任制。1990 年，创办天鹅石灰厂，采用流水窑生产精石灰。1991 年，全乡实现工业总产值 696 万元。1992 年，乡铅锌矿被评为郴州地区乡镇企业发展五十强。1996 年，创办花塘乡机砖厂。1997 年，组建花塘乡铺下社会福利有限责任公司，开展有色矿产品加工、销售业务。2000 年，对泡金山一带矿井进行整顿规划，核准采矿许可证 8 个，注销 6 个。2002 年，福建商人收购乡机砖厂，改名为福乐机砖厂，当年产红砖 700 万块。2003 年，铺下、农科、靛江、花塘等地新增个体私营企业 50 户，涉及有色金属采选、建材、食品加工等行业。次年，创办摇床厂、高岭土矿、冶炼厂和牛头冲、善源洞、黄保升等 3 个选矿厂。2005 年，创办铺下萤石加工厂、综合选厂，取缔非法矿 90 多个。2010 年，顺发料石场建成投产。2011 年，对有色矿进行综合整顿，打击非法开采，优化矿业开采秩序。2014 年，境内有资兴矿、东山钨矿、竹子冲磁铁矿、三江水矿、香花铺矿、泡金山矿、418 矿、桐木矿和泰晟矿等 9 家规模以上工业企业。

商贸服务业

新中国成立前，境内商贸业不发达，铺下集贸市场时开时停、有一定数量的商品交易。1955 年，域内有私营商贸户 66 户，从业人员 128 人。之后，食品站、粮站、供销合作社、药店相继成立开业，药材公司亦在境内开设门店。“文化大革命”期间，因部分农副产品不准或限制交易，铺下集市仍时开时停。1985 年，集贸市场正常开市营业，墟日为公历 1、6 日，主要交易商品有小麦、花生、黄豆、红枣等农产品和盐、油、布等生活用品。1989 年，县五交化公司在铺下设批发零售点。1991 年起，个体商贸业快速发展。1993 年，有个体经商户 658 户，从业人员 1870 人。2002—2004 年，国有、集体商业系统实施产权制度改革，私营个体商业成为流通领域的主体。蓬水头、东村水库等休闲山庄相继建成营业。2006 年，改造铺下集贸市场，提高容纳量和交易额，商贸流通网络进一步健全。2014 年，有各类商贸企业（含个体经商户）109 家，从业人员 2410 人。

基础设施

交通运输

新中国成立前，因邻近县城，湘粤古驿道及临武至蓝山古道从境区交叉而过，交通堪称便利。新中国成立之后，境内现代交通开始起步并逐步发展。1955 年，完成省道汝嘉线（后称 S324 线）境内段建设。次年元旦通车。1963 年，五里牌至东山林场公路（后称 X085 线）动工。之后，以铺下为中心，先后修建连接罗坪、六角塘、杨家坪、排形、彭家、西塘头、岭背等砂石公路；以靛江为起点，修建至滩头、下周等地公路；石家、东春、长河水库修建公路与省道相连。1988 年，境内有乡村道 25 条，公路里程 35.5 公里；连接厂矿和农林场所公路 5 条，里程 11 公里。1992

年起，进入省道改造与县道扩建阶段，多数路段路况得到改善。1997年，X085线由四级改造成三级砂石公路。2000年，对X085线进行中度维修。2005年,X085线水泥路面铺设工程竣工。后,各村筹资实施通村公路水泥路面硬化。2011年,S324公路改扩建工程完工。2012年，岳临高速通车，境内路程20公里。2014年，全乡农村道路硬化率96%，有各类运输车辆262辆，年货运总量289万吨，年客运量11.2万人次。

邮政通信

新中国成立之初，境内无邮电机构和设施，有信函投递邮路。1956年，境内始通电话。后，逐步连通到村，形成网络。20世纪70年代，设立铺下邮电所。1993年，架设光缆线路，实现电话传输光缆化。1994年，铺下至茶山矿由步班调整为自行车邮路。1995年，开通程控电话，农村电话用户增多。1998年，铺下邮电所分设邮政所、电信所。2001年，开通宽带网，通过专门的光纤和计算机网络传输信息，网速大幅度提升。2014年，全乡有邮政、电信网点2个，投递路线单程25公里，投递点12个，乡村通邮率76%，全年投递国内函件4300件；有固定电话用户412户，移动电话5599户，宽带用户216户。

供电饮水

20世纪50年代，境内居民多用煤油照明，人畜饮水取自井泉、河水。60年代，开始出现以柴油机为动力的小型发电机发电，供照明用。1972年，架设10千伏供电线路，但供电能力仍然不足。1978年，东山变电站建成，用电紧张的状况有所好转。1982年，境内生活照明用电基本解决。80年代中期，花塘、农科、铺下等村修建水池，引山泉水进村，改善饮用水安全状况。1998年，五里牌110千伏变电站投入运行。同年，完成农村电网改造，供电质量提高，电价有所下降，2001年，成立乡供电所，负责全乡供电管理。2006年，铺下、石门、靛江等村饮水工程建成。2010年，长河水库集中供水工程启动。2014年，农科、靛江、燕溪、花塘、夏家湾、梽木山等村实现集中供水；全乡电网改造率84%，农户安全饮水率86%。

水利建设

清末民国时期，境内水利设施少，旱涝灾害频繁。20世纪50年代初，人民政府注重水利设施建设，以整修小山塘为主，改善蓄水条件。1953—1957年，重点整修河道堤坝，提高防灾抗灾能力。1959年，大冲山小Ⅱ型水库完工蓄水。1960年，东春小Ⅰ型水库建成。1965年，中型水库长河水库开工，历时5年建成。1979年，境内有水库3个，山塘88处，河坝23处，总蓄水量71706万立方米，总引水261.6万立方米。1982年始,实施“浅塘挖深,漏塘补漏,小塘扩大,废塘恢复,无塘新建”工程,加强库、堤、渠系建设,实现堤防、水库保安配套。1997年，建成埠冲水库。2001—2003年，建成鑫源、自生桥2座水库。2004—2013年，整修水利工程42个，完善加固除险工程120个,配套工程220个。2014年,境内有中型水库1座，小Ⅰ型水库1座、小Ⅱ型水库4座，形成库、塘、渠、站相互贯通的水利灌溉体系。

村镇建设

民国时期，在铺下罗坪开设集市，逐渐形成地方集镇。新中国成立后，集镇向党政机关所在地农科村转移并逐步规划发展，供销社、卫生院、学校、粮站、食品站相继在周边兴建办公场所和营业用房。1979年,花塘公社新建办公大楼。之后,村镇建设步伐加快。2006年，启动社会主义新农村建设，以S324公路沿线村为试点，实施“美化、绿化、亮化、净化、序化”和“改厨改厕”工程，加大农村基础设施建设，改善村容村貌。2011年，花塘进入县城10分钟经济生活圈。之后，加快小城镇建设步伐，完成全乡小城镇建设规划编制工作，新建综合政务大厅、文化站、邮政综合楼；推进“环境卫生整治”工作，改善生态环境和环境卫生，开展“美丽乡村”创建活动，新建高标准的村级活动中心9个，在各村主干道安装太阳能路灯310盏；铺下新村、靛江源田村和燕溪毛平头村被列为全市规范农村建房示范点。

社会事业

教育科技

1957年，农科、铺下分别创办小学。1958—1960年，群众办学热情高涨，乡内有小学9所。1960—1962年，因自然灾害和食物缺乏，学生大量辍学，教育工作严重受挫。“文化大革命”期间，盲目追求学校数量，实行“开门办学”，教育质量下降。1977年高考制度恢复，群众纷纷捐资助学，教育事业回归健康有序发展。1987年，全乡有小学20所，在校学生1902人；中学1所，在校学生286人。1988年，调整学校布局，撤销芹菜塘、肖家坪2所小学。1992年，新建毛坪头小学，撤销罗坪小学。1996年，新建花塘中学办公楼。1997年，改造花塘乡中心小学及花塘、铺下、泡金山小学。同年，狮形坪小学停办。2001年3月，乡中心小学和中学合并为花塘乡中心学校。后，加快学校布局调整，整合教育资源，石门、斜江、梽木山、下骆家、夏家湾、靛江、燕溪、蓬水头、石家、东春、毛坪头、茶场等学校先后被撤销。2014年，境内九年一贯制学校1所、村级小学3所，在校学生1108人，教职工81人；小学适龄儿童入学率、小学升初中升学率、九年义务教育普及率均达100%。

1988年，设立花塘乡农科教中心（农校），对农村青年进行种植业、养殖业技术培训。1993年，湖南省人民政府授予花塘乡农科教中心为“湖南省示范性乡农校”。1994年，国家教育委员会授予花塘乡农科教中心“全国农民教育先进学校”称号。1998年，成立科技工作领导小组，乡党委书记任组长，强化对乡科技工作的领导。次年，举办果木培训班2期，培训300余人次。2010年，开展送科技下乡活动，指导村民生产，培养科技示范户20余户。

文化体育

1969年，建立公社有线广播放大站，架设农村有线广播，农民通过广播了解时事，丰富文化生活。“文化大革命”期间，社队和学校组建文艺宣传队，开展文化艺术活动，但政治色彩浓厚。20世纪70年代中期，成立公社电影放映队，在各村巡回放映。1980年，县电视差转台建成，电视开始进入百姓家。1994年，成立乡有线电视站，县、乡有线电视实现联网。同年，受有线电视冲击，有线广播停播。2010年，开始流行以中老年妇女为主要参与者的广场舞。2014年，建成农家书屋11家，每家书屋配图书600～2000册，报刊10多种；石门、铺下等村的“舞龙灯”活动经过设计打造，颇具地方特色。

新中国成立前，境内体育活动仅限于武术、棋类。20世纪50年代，境内学校开设体育课程，开展田径、球类、棋类等活动。70年代，境内工矿企业建篮球场，职工体育活动活跃。1989年，县在境内建花塘业余体校，组建篮球队、田径队。后，各村建篮球场，开展体育活动，并逐步完善体育设施。2014年，靛江、铺下、下骆家、农科、燕溪、斜江等村建成高标准篮球场，增添体育健身器材。当年，全乡有篮球场18个，乒乓球场4个、球桌8张。

医疗卫生

新中国成立前，境内无公立医院，只有私人诊所和民间草药郎中。1957年，设立铺下联合诊所。1958年,开展除“四害”活动,改善环境卫生，获得较好成效。1961年，联合诊所改称花塘公社卫生院；1963年，复改名为联合诊所。1967年，联合诊所再改为公社卫生院。1969年，实行农村合作医疗制度，各大队设医疗室。1979年，公社卫生院更名为县精神病医院。1986年，县精神病医院移交乡办，更名花塘乡卫生院。同年，开展血丝虫病防治工作，经省卫生厅验收达到控制标准。1988年，大力推动环境卫生，开展大规模灭鼠活动。1996年，新建乡卫生院。2003年“非典”期间，为儿童接种疫苗460人次。2007年，实施新型农村合作医疗，当年参合率超过90%。2014年，全乡有卫生院1所，卫生人员6人，病床17张；村卫生室（诊所）14所，从业人员15人；新型农村合作医疗参加人数12541人，参合率92.73%。有4个村委对垃圾实行集中处理。

社会保障

新中国成立后，人民政府重视对社会弱势群体的基本生活保障。20世纪50年代中后期，由农业合作社（生产队）对鳏寡孤独的老人和无劳动能力的残疾人实行“五保”。1983年，花塘乡敬老院建成，对五保户实行集中供养，经费由乡村统筹。1998年，供养经费改为乡镇统筹。1999年，实行城镇居民最低生活保障制度。2005年，实行农村居民最低生活保障，有63户75人享有农村低保。2006年，对农村特困户、“五保户”、城镇低保户共实行大病救助。2010年，实行农村养老保险，当年参保500人，参保率6.34%。次年，对农村危房改造给予补助。2014年，全乡有农村最低生活保障户652户803人，年补助金

石龙奇景

额127万元；实施农村医疗救助3486人次，金额476万元；国家抚恤、补助各类优抚对象124人，抚恤事业费支出47万元；农村“五保”集中供养41人，农村养老保险参保5526人，参保率77.30%。

特色地情

风景名胜

龙洞烟云 临武古八景之一。龙洞位于石门村境内，距离县城13公里，为溶岩洞穴，洞口常有云雾袅绕，洞内有一条长13米、粗0.6～0.8米的石龙。明朝著名旅行家、地理学家徐霞客曾到此游览，著有《龙洞游记》，赞其集曲折、明爽、宏丽、玲珑四奇于一身，为历来所仅见。

附：陈经“八帙其一”的八景诗——石龙岩

陈经，临武人。明成化进士，曾任河南道监察御史。是史载第一位分别为临武八景写诗的人。但在县志中，只收录了其七首造成“八帙其一”，所帙正是关于“龙洞烟云”的诗。刘尧诲编纂嘉靖《临武县志》时，为其代作一首，以补其阙。新近发现的日本藏“中国罕见地方志丛刊”——嘉靖《湖广图经志书》有关临武条目，收录诗作十首，其中六首署有作者姓名，另四首署“无名氏”的作品中，三首为陈经所作，另一首《石龙岩》从诗作风格分析，可断定是陈经之“八帙其一”作品。为保存资料，补县志之缺，特附录于此。全诗为：一掬灵湫彻地幽，传闻深处卧苍虬。烟光漠漠从中起，云气冥冥接上浮。拟作波涛归大海，曾为霖雨遍南州。愿言九夏休藏隐，要使吾民乐有秋。

（朱健林　邓贤凤　供稿）

武源乡 >>

武源乡生态环境美丽，曾获“湖南省环境美好乡镇”、“全国环境优美乡镇”荣誉称号。

区域概况

地理位置

位于临武县西部，东与花塘乡相邻，南与西山瑶族乡接壤，西与永州蓝山县浆洞瑶族乡、尚屏乡相连，北与蓝山县田心乡、新墟镇交界，东北与楚江镇为邻。东西长15公里，南北宽8公里，土地总面积82.6平方公里，其中耕地面积504.3公顷。乡人民政府驻地水头墟，距县城26公里。

建置沿革

民国17年（1928），境域属第四区水头团。民国19年（1930），属第七区。民国24年（1935），属第四区水头乡。民国27年（1938），属水兰乡。民国37年（1948），属西江乡。1950年，属西江区。1952年，调整行政区划，属第四区（亦称楚江区）。1956年撤区并乡，始设武源乡，驻地水头墟。1958年，属上游人民公社。1959年3月，临武、宜章两县合并，改上游公社为楚江公社。1961年，复置临武县，设武源人民公社。1984年3月，撤社为乡。

行政区划

1984年，辖大塘、界头、龙家、黄寿湾、村头、寺湾、新塘、庄村、华阴、新屋里、大岭背、野羊山12个村民委员会，95村民小组；有87个自然村。2014年，沿旧。

自然环境

境区属山冈盆地地貌，四周为山地，中部为锅底状平地。最高峰华荫村三峰岭，海拔1509米；最低处庄村电站旁，海拔392米。境内河流属珠江流域，主要有黄家田河、村头河。境内土壤有红壤土、红色石灰土、水稻土、紫色土、山地草甸土、黄棕壤、山地黄壤等。

境域属亚热带季风性湿润气候区，温和湿润，四季分明，雨水充沛。年平均气温19℃，年降水量1400毫米、日照时数1489小时。空气优良天数达350天以上，优良率达99%。

境内资源丰富。矿产资源有花岗岩、铅、锌、铁、锡、铜、煤、金、银、铀等。花岗岩坯料整体性好，质量优，金色花点分布均匀，石材板面美观大方，极富开发价值，初步探明贮量1.5亿立方米。动植物资源丰富多样，有国家一级保护动物野山羊、国家二级保护动物穿山甲；国家一级保护植物红豆杉、二级保护植物凹叶厚朴、鹅掌楸、闽楠、香樟等。

人口民族

1984 年，有 2031 户 8827 人，其中农业人口 8647 人，占 97.97%。2000 年，第五次人口普查，有 2420 户 8723 人，其中农业人口 8532 人，占 97.81%；男性 4672 人，占 53.56%。2010 年，第六次人口普查,境内人口为 10432 人。2014 年，有 3082 户 9567 人，其中农业人口 9475 人，占 99.04%；男性 5083 人，占 53.13%。人口密度为每平方公里 116.91 人。

境内人口以汉族为主，少数民族有瑶族，主要聚居在华荫村。2014 年，有瑶族人口 85 人。

经济发展

经济综述

境内经济以农、林业为主。新中国成立前，境内交通闭塞，生产技术落后，经济发展缓慢，人民生活贫困。新中国成立初期，先后开展土地改革和对农业、手工业和资本主义工商业进行社会主义改造,人民生产积极性提高,经济发展较快。1958 年人民公社化后，生产积极性被挫伤，经济发展缓慢，人民生活水平较低。

1978 年，中共十一届三中全会后，开始以经济建设为中心。推行农村家庭联产承包责任制，提高农民的生产积极性，大力发展社队（后称乡镇）企业，经济发展提速。1989 年，全乡实现农业总产值 263 万元，工业总产值 121 万元，农民人平纯收入 452 元。20 世纪 90 年代，深化经济体制改革，大力发展个体私营经济，经济发展速度加快。1999 年，全乡实现农业总产值 1052 万元，工业总产值 3588 万元，财政收入 74.8 万元，农民人平纯收入 2526 元。农村居民家庭消费支出中，食品、衣着、住房支出占 84.5%，耐用消费品支出占 3.8%，文体教育医疗支出占 11.7%。人们基本解决温暖问题，饮食上讲求荤素营养搭配，衣着上追赶潮流，穿金戴银成为时尚，新建楼房多采用砖混结构。

进入 21 世纪，招商引资开发小水电和竹木加工业；调整农业内部结构，发展高效农业，经济健康持续发展。2014 年，全乡实现农业总产值 5598 万元，工业总产值 10094 万元，财政总收入 356 万元，固定资产投资额 6400 万元。全乡国内生产总值 12390 万元，三次产业结构由 2010 年的 29.61 ∶ 28.91 ∶ 41.48 调整为 28.47 ∶ 28.85 ∶ 42.68。农民人平纯收入 6906 元，农村居民家庭消费支出中，食品、衣着、住房支出占 70.3%，耐用消费品支出占 13.9%，文体教育医疗支出占 18.9%。每百户农村家庭主要耐用消费品拥有量为：彩电 96 台、冰箱 80 台、洗衣机 80 台，摩托车 52 辆，汽车 6 辆。人均住房面积由 1958 年的 6 平方米增加到 28 平方米。

农业

境内主要种植水稻、红薯、蔬菜等，养殖猪、牛、羊、鸡、鸭、狗等，松、杉等用用材林资源丰富。清末民国时期，受地理环境影响，加之生产工具原始，农业技术落后，水稻单产约 100 千克。新中国成立后，农业生产发展较快。1958 年，大炼钢铁毁林面积达 70%。1964 年，始办杉木林基地，实行专业造林。1966—1968 年，林业管理混乱，乱砍滥伐，森林再次遭到破坏。1969 年，公社、大队办林场，大面积种植松树、杉树。20 世纪 70 年代初期，推广双季稻，种植杂交玉米和杂交高粱。1977 年，推广杂交水稻，单产在 150 ~ 200 千克之间。1981 年家庭联产承包责任制后，农民生产积极性高涨，加之各种新品种、新技术的推广使用，粮食单产逐年提高。1984 年，稻谷单产

231 千克，1989 年提高到 316 千克。与此同时，明确山林权属，开展飞播造林，境内出现多个林业专业户，林业生产发展较快。90 年代，县内采矿业加速发展，大量松林被砍作坑木。2000 年后，实施退耕还林，森林植被逐步恢复。同时，调整农业内部结构，发展高效种植、养殖业，寺湾、新塘两村确定为现代农业示范区，完成农田基础设施建设，发放优质稻种子，种植面积达 26.67 公顷；建成大塘村红提基地、界头村油茶林基地、村头村香芋基地、新塘村菊花基地、黄寿湾村金银花等种植基地，以及龙家村临武鸭种苗孵化基地，庄村猪、鱼立体综合养殖基地，界头、大塘村的山羊养殖基地等。2012 年起，开展为期 3 年的绿化攻坚，共造林 867 公顷。2014 年，大力发展高效农业和有机农业，推广安装 130 盏环保太阳能杀虫灯。当年，全乡种植水稻 658 公顷，单产 377 千克，总产量 3725 吨；种植玉米 159 公顷，单产 337 千克，总产量 805 吨。生猪、牛、羊出栏分别为 8604 头、223 头、860 头，年末存栏数分别为 4917 头、719 头、733 头；家禽出笼 132070 羽，年末存笼 47390 羽。森林覆盖率由 2011 年的 63.66% 提高到 77.24%。

工业

1952 年，境内成立手工业社，主要从事缝纫、铁作、木作等，从业人员 30 余人。1968 年，庄村电站建成。1979 年，新庄村开办硫铁矿，当年产量 4000 吨，因对环境造成污染，次年停办。同年，禾尚山电站开工，历时 5 年竣工发电。20 世纪 80 年代中期，手工业社解散。2000 年后，境内小水电建设步伐加快，先后建成新华、两水口、临蓝、棉花地 4 个水电站。同时，利用本地森林资源，创办竹木加工企业。2004 年，引进资金创办黄寿湾厚板加工厂等 4 家企业，进行竹木深加工。2005 年，引资创办二联竹筷厂。2007 年，黄寿湾厚板加工厂扩大生产能力，年产大芯板材 12 万平方米。2014 年，木材资源减少，大芯板年生产能力减至 6 万平方米。同年，境内水电站总装机容量 5645 千瓦，年总产值 570 余万元。

商贸服务业

明朝永乐年间，以年号为名，境内创办“永乐墟”，后改称“水头墟”，七日一墟。清朝、民国仍旧。1952 年 10 月，成立商业者合作社，开办门店，设立粮站。1957 年，商业合作社改为供销社，主要销售日用百货、纺织、针织、糖酒副食、日杂五金等。1967 年，设立食品站。1968 年，供销社开办饮食店。20 世纪 70 年代，各大队设代销店。1978 年中共十一届三中全会后，个体商店开始出现。90 年代，墟日改逢公历 1、4、7 日，三日一墟。2003 年，供销系统体制改革，退出流通市场，个体商业迅速发展。2011 年，改建集贸市场，建摊位 20 多个。2014 年，全乡有商店 14 家，餐饮店 2 家，药店 1 家。

基础设施

交通运输

1966 年前，境内无公路，只有 5 条小道连接周边地区，货物运输全赖人力。当年，省道汝嘉线（后称 S324 线）至武源公路（后称 X086 线）竣工。20 世纪 70 年代，境内公路建设加快，先后完成了古老坪至新庄村、水头墟至新塘、章山至大塘、水头墟经黄寿湾至龙家、水头墟至上大水等公路。公社出资购买拖拉机、汽车从事运输。1980 年，开通武源至县城客运班车，一天 2 趟。80 年代中期，私人开始购买汽车从事货运、客运。80 年代末期，境内客运市场全部由个体经营。进入 21 世纪，境内公路建设再掀高潮。2003 年，武源至花塘简易公路修通。2004年，华阴、新屋里、大岭背、野羊山4个行政村通村公路建成通车。2005年，黄寿湾、龙家2村通村公路及X086线完成水泥路面铺设。2009年，武源经大塘至花塘公路改造为水泥路面。之后，界头、龙家、寺湾、新塘、庄村、村头、大塘、华阴等通村公路全部完成水泥路面硬化。2014年，完成新屋里、大岭背、野羊山通村水泥公路铺设，新建客运站、招呼站各1个。当年，全乡有客运车辆8辆，日均发送24车次，日客运量400人次；货运车辆18辆，年货运量4万吨。

邮政通信

1951年，境内始通邮。1956年，架设电话线路，始通电话。1961年，设立公社电话机务站，各大队都配装摇把子电话。1969年，县邮电局委托公社代办邮电业务。1971年，成立邮电代办所。1975年，代办所撤销，邮电业务并入楚江邮电支局，邮件投递频次每周三次。1995年，开通程控电话，建立电信程控机站，程控电话进入农村家庭。2002年，移动公司在境内建成移动电话信号基站。2008—2012年，为实现移动信号全覆盖，移动公司先后在大塘、黄寿湾、庄村建立基站；联通公司则在龙家、村头建立信号基站。2012年，建邮政所。2013年，移动公司再建3G基站。2014年，电信公司、移动公司分别建立4G基站1个。当年，境内有邮政网点1个，投递路线单程长15公里，投递点10个，乡村通邮率66.7%，全年投递国内函件4600件。有各类通信服务网点3家，固定电话用户461户，移动电话用户1589户；光缆线路总长6公里，主干电缆5.6公里，互联网端口总数118个，宽带用户64户。

供电饮水

1968年，庄村水电站建成，主要供应政府机关、学校、医院和水头墟、庄村、村头、黄寿湾、寺湾等地照明。1984年，禾尚山水电站发电，供电范围扩大至华阴、上大水、下大水等村，但电力供需矛盾仍然突出。90年代以前，境内饮用水为井水、山泉水。1994年，界头村引山泉水建成公共水塔，解决人畜饮水安全问题。2003年，大塘、界头、龙家、村头、寺湾、新塘、庄村、黄寿湾等8个村委完成农村电网改造，用电问题得到根本解决。2008年，村头村通自来水。2009年，完成乡自来水工程。2010年，完成野羊山村农网改造。2011年，实施“村村亮阳光工程”，政府资助边远山区安装小型太阳能发电设备，解决用电问题，新屋里、大岭背、野羊山等村结束了无电的历史。2014年，大塘、高桥2村自来水工程建成，华阴村完成农网改造。

水利建设

民国29年（1940），境内修塘坝13处。新中国成立之初，县乡各级组织民众开展农田水利建设，完善原有设施，新修山塘、水库，改善农田灌溉条件。1973年，建成太公钓鱼小Ⅱ型水库。1985年，有小Ⅱ型水库1座、山塘78处、河坝135处，机灌、电灌站各1处，总蓄水量103万立方米，总引水量227万立方米。2005年，新建引水渠8公里，灌溉农田200多公顷。2009—2012年，完成太公钓鱼水库库坝加固工程，建成圣建、梨眉冲等6口基本山塘，山塘清淤12处。2014年，全乡有小Ⅱ型水库2座、山塘47处，河坝3处，灌溉水渠长1000余米。

村镇建设

清末民国时期，境内农村房屋高低不一，巷道窄小，偏远山区农户住房多为土坯房。土地改革后，住宅条件稍有改善。1957年，乡政府在水头墟建办公楼。随后供销社、农技站、畜牧站、农机厂等相继在周边建成。20世纪80年代，农村新建住房增多，但整体规划不足，布局凌乱。

1985年，在乡农机厂处新建中心完小。1993年，乡政府与中心完小互换场地。1994年，乡财政所办公楼建成。2002年，乡综合办公楼竣工。2006年，黄寿湾新建综合办公楼。2007年，改造乡计生办公楼。2011年，寺湾、村头2村对村巷道进行水泥路面硬化。2012年，新建乡综合文化站办公楼。次年，寺湾、龙家、界头等村在公路旁和村巷道安装路灯。2014年，各行政村均建成综合办公楼，乡政府治所建设初具规模。

社会事业

教育科技

清末民国时期，境内无学校。20世纪50年代，各村掀起办学热潮，兴办村小，开办扫盲夜校。1958年，创办农业中学。1969年，创办武源中学，设初中部。70年代中期，增设高中部。1979年，撤销高中部。1987年，全乡有中小学19所，在校学生1431人，教职员工69人。1989年，牛丫冲小学撤销。1992年，调整学校布局，先后撤销雷家、汉背岭、梨树冲等小学。至2004年，又有界头、龙家、黄寿湾、寺湾、庄村等村小相继撤销。2006年，武源中学因生源不足停办。2013年，创办乡幼儿园；后，民办幼儿园兴起。2014年，全乡有小学2所，在校学生561人，教职员工28人；小学适龄儿童入学率、小学升初中升学率、九年义务教育覆盖率均为100%。有幼儿园5所，在园幼儿260多人。

文化体育

境内旧俗，每逢春节，均要开展丰富多彩的文娱活动，主要有舞文龙、耍武狮、踩高跷、骑竹马、演大戏（祁剧）、唱民间小调、赛鼓（闹春鼓）等形式。1972年，成立公社广播站，建立农村广播网络。1975年，成立公社电影放映队，在各村巡回放映。1979年，成立文化站。1982年，建立电影院。1994年，开通有线隔频电视。2008年，实行送电影下乡，免费放映，改手动35厘米电影机为全自动数字电影机，年放映144场次。2010年，建成村头、龙家、黄寿湾等村农家书屋。2012年，有线数字电视开通，偏远山区村庄安装“村村通”电视接收器。当年，龙家竹马、界头村闹春鼓列为郴州市非物质文化遗产。2013年，界头村列为闹春鼓传承基地。2014年，大塘水楼被列为湖南省文物保护单位。当年，境内有文化站1个，公共图书室12个，藏书17900册；有线数字电视用户2158户，村村通用户260户。

为健体强身，境内居民素有习武的传统。新中国成立后，黄寿湾、寺湾等地习武之风仍然保持不衰，采用以师带徒方式，教授传统武术，并与周边蓝山武术爱好者相互交流，切磋技艺。1958年，上游人民公社体育协成立会，境内农民体育运动活跃，主要有武术、棋类、球类等项目。20世纪70年代中期，篮球、乒乓球、羽毛球运动进入农民生活。进入21世纪，随着农村经济发展和新农村建设开展，各村都把完善体育设施当作重点，农村体育活动日趋丰富多彩。2014年，全乡有篮球场13个、乒乓球场5个、学校小运动场1个。

医疗卫生

新中国成立初期，境内有民间郎中数人，水头墟有小型诊所1家，中草药店2间。1954年，县人民政府对水头墟诊所进行发证管理。1961年，成立公社卫生院。1969年，新建卫生院住院大楼，设手术室、注射室、消毒室等，有病房3间、病床12张。1979年，添置X光机。1990年，租用门面开办门诊。2000年，新建办公楼，面积700多平方米，添置B超机等设备。2007年，启动新型农村合作医疗。2011年，整治农村环境卫生，各村建垃圾站，安放垃圾桶，乡建成垃圾收集转运站，进行生活垃圾集中处理。同时，建立污水处理池、污水净化池、污水过滤池；开展改厕改圈，建造沼气池160多口。2013年，开展环境卫生宣传活动，发放资料2000余份，普及疾病防治知识。2014年，有乡卫生院1所，内设内科、外科、妇科、儿科、中医等科室；有医护人员8人、病床11张。有村级医疗卫生室6个，新型农村合作医疗参合8925人，参合率97.02%。有8个村委对垃圾实行集中处理；农村安全饮水普及率90%；农村卫生厕所普及率40%。

社会保障

新中国成立后，人民政府十分重视社会保障事业，每逢自然灾害发生，均对灾民进行帮扶救济。20世纪50年代末，对鳏寡孤独老人实行“五保”。1988年，“五保”供养经费由乡村统筹。1998年，供养经费改由乡统筹。2005年，实施农村最低生活保障制度，当年有102人享受农村低保。2010年，乡敬老院建成，集中供养33人，另有37人分散供养。同年，启动农村社会养老保险工作，有172人参加保险，参保率3.6%。2014年，有敬老院1所，供养36人；有659人享受农村最低生活保障，3368人参加农村社会养老保险，参保率为79.28%。农村医疗救助30人次，民政部门资助参加合作医疗755人次，支出67950元；农村临时救济200人次，支出4万元。国家抚恤、补助各类优抚对象68人，抚恤事业费支出164648元。

特色地情

历史人文

“瑶郎塘” 在临武，牛郎织女传说有瑶族和汉族两种版本。其中，瑶族版故事出自武源大塘。相传：织女和众仙女在盛夏之夜，下界大塘村西池塘，沐浴嬉戏，完毕，由通天山升天回宫，天天如此；瑶家放牛郎发现秘密，某夜，牛郎乘仙女们不备，悄悄抱走织女的霓裳并借机求婚，织女应允，与牛郎生儿育女，过着甜美的人间生活；后王母娘娘从中作梗，两人最终天各一方，只在

武源闹春鼓

每年七夕得以相见。大塘村西池塘又称“瑶郎塘”，150 米，宽 80 米，汉族人称之为“牛郎塘”。

民俗风情

龙家竹马 是一种诙谐优美、节奏鲜明的曲艺艺术。清代自京城传入，流行于武源龙家。竹马表演首先要备好道具：用竹篾编织马头、马尾，外表以宣纸粘贴，再用颜料描画形貌，刷桐油，风干。表演时，把马头绑在身前，马尾绑在身后，像人坐在马背上一样。表演者画上人物脸谱，穿表演服装，在锣、鼓、钹及二胡唢呐的伴奏下表演剧目。2012 年被列入郴州市非物质文化遗产。

闹春鼓 主要在春节、元宵节表演。起于明代，流行于武源各村。表演过程：腊月三十吃过晚饭，各村以村为单位到祠堂聚集烧香祭祖，由辈高年长者宣布开启春鼓，在器乐齐奏中，山歌队、春鼓队在村民簇拥下隆重登场；春鼓队抬着大鼓从祠堂来到村中空旷坪地，擂鼓，舞草龙，接着打着火把，抬着春鼓，直奔各村事先约定的某村后龙山，在空地上燃烧篝火，村与村之间进行擂鼓、对歌比赛，以示互相促进，友谊长存。赛毕，各回村里入户闹鼓和新人传鼓。闹鼓对象为在旧岁新婚或添丁的家庭。闹鼓时，春鼓队敲锣打鼓来到对象家，户主燃放鞭炮迎接，端糖果、敬茶水，表示谢意。春鼓队于厅堂中央擂鼓并唱对子调，主题为“祝福新婚夫妇百年好合，早生贵子”或“祝福新生小孩健康成长，长命富贵”。如此一户接一户，直到走完所有闹鼓对象，最后，将春鼓抬回祠堂，一年一度的闹春鼓宣告结束。2012 年，武源春鼓被列入郴州市非物质文化遗产。

瑶族布袋木狮舞 华阴瑶族村的布袋木狮舞，又称“南岳木狮”，最初由宁远县传入，其表演形象生动，憨态可掬，情趣盎然；木狮舞动时，每构成一个图形称为一象（亦叫一景），整套表演共有 72 象（景）。据说十二姓瑶人因烤鱼不慎引发火灾，损失甚巨，朝廷欲捉拿问罪。为避难，十二姓瑶人渡过洞庭湖，逃到南岳衡山。不久，官兵追到，将衡山团团围住。危急之下，一个木雕师傅急中生智，取山中一段生桐木，雕成面目狰狞的犬形狮子头，又扯下一块数米长的黄布与之相连，由他顶着狮头，众人躲藏于黄布之下，合力冲下山。官兵见山中突然冲出一只巨大的狮子，大骇而逃，瑶人因此得以保全。此后，逢年过节耍木狮成为瑶人的一种习俗和惯例，其表现瑶民的勇敢和智慧，既喜庆热闹，又有祭奠祖先、祈求幸福安康的寓意。

（雷志飞　供稿）

万水乡

万水乡境内矿产资源丰富，是临武县主要的有色金属矿区。

区域概况

位置面积

位于临武县西北部，东与东山林场相连，东北与香花镇相接，东南与楚江镇相邻，西与蓝山县新墟镇交界，西北与嘉禾县塘村镇毗邻，北与麦市镇接壤。东西宽 12 公里，南北长 12.5 公里，土地总面积 60.31 平方公里。乡人民政府驻地大塘坂，距县城 28 公里。

建制沿革

明、清时期，境域属銮一乡。民国 17 年（1928），属第五区。民国 27 年（1938），属麦市乡。1952 年，分属麦市、楚江两乡。1954 年，属楚江乡。1958 年，境域分属跃进公社（后改名麦市公社）、上游公社（后改名楚江公社）。1978 年 1 月，析麦市公社白竹、黄祖江等 8 个大队和楚江公社的卢市、大汉等大队，新设万水公社。1984 年 3 月，改为万水乡。2014 年仍旧。

行政区划

1954 年，大汉等村由嘉禾县划入管辖。1978 年 1 月，辖卢市、大汉、岭背、黄祖江、上横、下横、林里、白竹、李罗、儒风、塘头、门头等 12 个大队。1979 年 3 月，析卢市大队另置谭何、大城大队，析林里大队另设山下大队，析李罗大队另设长坪大队，分白竹大队为井头、甃下、双源 3 个大队。1984 年，改大队为村委会。1996 年，分长坪村委为长坪周家、长坪廖家两个村委。2014 年，全乡辖 19 个村委，138 个村民小组，有 65 个自然村。

自然环境

地势东高西低，东部属山区，西部属丘陵，平均海拔 472 米。境内溪河属湘江流域，最大河流为发米江，发源于三十六湾地区，从门头岭经上横、下横，流入万水洞水库，境内长 5.8 公里，流域面积 16.32 平方公里。最高峰为塘官铺南极岭，海拔 1466 米；最低处为李罗村西边岭山脚，海拔 348 米。境内土壤主要为红壤土、红色石灰土和水稻土等。

境域属亚热带季风气候区，四季分明。年平均气温 18.2℃，平均年降水量 1437.8 毫米，平均年无霜期 306 天。主要自然灾害有冰冻灾害、旱涝灾害、泥石流灾害等。

境内资源丰富。矿产资源主要集中在三十六湾地区，已探明有锡、铅、锌、钨、铜、银、锑、钼等12种有色金属，其中铅矿储量2200万吨，锌矿储量1000万吨，锡矿储量680万吨，钨矿储量68.12万吨，铜矿储量21.1万吨。风能资源丰富，三十六湾地区风向风力稳定，发电前景广阔。

人口民族

1984年，全乡有3915户16505人，其中农业人口16258人，占98.50%。2000年，第五次人口普查，有常住人口4691户18458人，其中农业人口18126人，占98.20%；男性9695人，占52.52%。另三十湾矿区有流动人口10万余人，后，规范矿业秩序，取缔非法开采，流动人口大幅下降。2010年，第六次人口普查，有22911人。2014年年末，全乡总人口23016人，其中农业人口22678人，占98.53%；男性12205人，占53.04%。人口密度为每平方公里382人。

境内居民主要为汉族，少数民族人口均因婚娶迁入。2014年，有少数民族人口61人。

经济发展

经济综述

境内经济以农业为主。新中国成立前，生产力低，粮食产量低，人民吃不饱、穿不暖。新中国成立初期，人民分得土地的生产资料，生产积极性提高，经济发展较快。1958年后，人民公社化，吃“大锅饭”，农民劳动积极性受挫，经济发展缓慢。

1978年中共十一届三中全会后，推行和完善以家庭联产承包责任制为主的农村经济体制改革，农民生产积极性提高，加之科学种田和优良品种的推广，粮食产量逐年增加，农民温饱问题逐步解决，生活水平有所提高。1989年，全乡实现农业总产值401万元，工业总产值259万元，人平纯收入496元。1990年后，大力发展有色金属采矿业，经济迅速发展。1999年，全乡实现农业总产值1858万元，工业总产值34561万元，财政收入146万元，农民人均纯收入3029元。农村居民家庭消费支出中，食品、衣着、住房支出占73.6%，耐用消费品支出占11.9%，文体教育医疗支出占14.5%。家用电器、通信设备、套式家具成为消费热点。

2000年后，加大矿业秩序整顿，加快产业转型升级，发展特色种养业。2014年，全乡实现农业总产值13449万元，工业总产值219729万元，财政总收入1397万元，固定资产投资额68400万元。全乡国内生产总值93756万元，三次产业结构由2010年的9.65 ：77.70 ：12.65调整为9.04 ：77.84 ：13.12。农民人均纯收入7454元。农村居民家庭消费支出中，食品、衣着、住房支出占66.0%，耐用消费品支出占15.1%，文体教育医疗支出占18.9%。每百户农村居民主要耐用消费品拥有量为：彩电98台，电冰箱83台，洗衣机56台，车辆（含摩托车、小汽车、货车）88辆。人均住房面积37平方米。

农业

域内主要农作物有水稻、玉米、红薯、烤烟、油茶、蔬菜等，养殖品种有猪、牛、鸡、鸭、鱼等。清朝至民国时期，农产品产量极低。新中国成立初，农民获得了土地，生产积极性提高，农作物产量增加，粮食单产达150千克。1958年，片面强调“一大二公”，土地、耕牛等收归集体，家庭养殖受到压制，农业生产遭受挫折。同时，因“大炼钢铁”和开荒造田，大量树木遭砍伐，植被严重破坏，农业生产徘徊不前。1962年，恢复家庭养猪。1972年后，水稻种植由单季改双季、高秆改矮秆，同时推广杂交水稻，粮食产量提高。1978年中共十一届三中全会后，推行农村联产承包责任制，农村生产力进一步解放。1987年，粮食种植面积

1094 公顷，总产量 6060 吨，其中水稻播种面积 855 公顷，单产 435 千克，总产量 5587 吨。1992 年，农村劳动力逐渐向矿区转移，粮食作物种植面积下降，禽畜养殖减少。2006 年起，调整产业结构，大力发展规模化种植、养殖业，逐步形成李罗、双源生猪养殖基地，儒风、大汉水稻种植基地，毶下油茶林基地，黄祖江、门头村药材种植基地，谭何、岭背山羊养殖基地，万水洞水库水产养殖基地，卢市烤烟生产基地等，并组建各种专业合作社。2009 年，启动“矿山复绿”工程。2012 年，开展为期三年的“绿化攻坚”，各村大面积造林，大汉、大城等村种植松树 227 公顷。2014 年，全乡粮食作物播种面积 1492 公顷，总产量 7981 吨，其中水稻播种面积 884 公顷，单产 420 千克，总产 5564 吨；玉米 460 公顷，总产 1200 吨。出栏生猪 16225 头、牛 257 头、羊 2445 只，年末存栏生猪 11452 头、牛 824 头、羊 1146 只；出笼家禽 10.16 万羽，年末存笼 2.26 万羽。森林覆盖率 36.42%。

工业

五代时期，三十六湾地区始出现采矿业。明朝万历年间，采矿业有所发展。1965 年，创办麦市公社铅锌矿，1978 年，因新设万水公社改称麦万铅锌矿，双方共同经营。1988 年，办矿门槛降低，三十六湾矿区个体有色矿迅速增多，采矿企业总数达到上百家。当年，生产各类精矿 4100 余吨。1991 年，麦万铅锌矿对外承包。1996 年，创办塘官铺铅锌矿，集探、采、选矿于一体。1997 年，乡企业办成立。同年，县对个体矿、联办矿的开采加以限制，符合条件的个体矿转为乡村集体企业，予以登记发证，矿井数量有所下降。1999 年，建成万江水电站和万水洞水电站。2004 年，三十六湾矿区有各类采矿窿道、矿井 300 多个，选厂 300 多处。2006 年，整顿矿业秩序，取缔非法采选矿企业，关闭窿道 280 多处。2007 年，深度整合三十六湾矿区资源，西部矿业香花岭锡业公司和南方矿业有限责任公司取得采矿权。2010 年，郴州夏生实业集团竞标取得 98 线以西的采矿权。2012 年，三十六湾风电场并网发电，装机 24 台，装机容量 4.8 万千瓦。2013 年，南方矿业公司引入青海西部稀贵矿业集团完成股份制改革。同年，博旺贝壳纽扣厂在境内建成投产。2014 年，南方矿业公司完成竖井技改工程；三十六湾风电场完成发电 7780 万千瓦时。是年，境内有工业企业 4 家，其中规模以上工业企业 1 家。

商贸服务业

民国时期，卢家（卢市）村设有墟场。临武新中国成立初期，卢市墟场交易活跃，墟日赶集者近 4000 人。1958 年因修建万水洞水库，村民贸易活动改在上横村一带。1966 年起，卢市墟场时开时停。1977 年，卢市墟场关闭。次年，万水公社正式成立，供销社、粮站随之设立，商贸活动逐渐向政府驻地周边聚集。1980 年 4 月，公社在大塘板开设集市，三日一墟，7 个月后，因赶集人数过少而关闭，境内群众仍往周边集市交易农副产品。1996 年起，白竹村县道 X083 线两侧自然形成小集市。2003 年起，供销、粮食系统实行产权制度改革，国有、集体商业退出交易市场。2005 年，各村相继开设农家商店。2014 年，乡政府驻地周边有各类商店 8 家，饭馆 4 家；各村有农家商店 21 家。

基础设施

交通运输

1957 年 1 月，汝嘉线（后称 S324 线）建成通车，境内始有公路。1958 年，醉乐亭至麦市（醉梓线）

简易公路开通。次年，黄祖江至万水洞水库公路完工。当时，境内公路均为砂石路面。1978年中共十一届三中全会后，各行政村、自然村掀起兴修公路的热潮。1991年，在乡政府驻地路段铺设水泥路面2公里。1996年，醉梓线醉乐亭至井头村段11公里铺设水泥路面，对万水至三十六湾矿区公路进行拓宽加固。1999年，境内各村通公路。2002年，全乡拥有车辆120余辆，其中载货汽车93辆，主要集中在三十六湾矿区，从事矿产品运输。2003年，醉乐亭至麦市公路全线完成水泥路面改造。2004年5月，黄祖江村通村水泥公路完工。2006年，井头、儒风两村共同出资修建井头至三十六湾公路。2010年，上横、下横、门头村委联合修建12公里水泥公路，连接万水洞至三十六湾矿区。2012年12月，衡武高速竣工通车，境内路段长7公里，在山下村设服务区。2013年，境内各行政村实现水泥公路村村通。2014年，全乡有货运汽车110余辆，年货运量99万吨。

邮政通信

1978年，境内报刊、书信主要通过步班邮路投递，公社装有固定电话。1985年，乡政府配备无线电报机。1989年4月，汽车邮路开通，后被取消。1993年底，步班邮路改为委托汽车邮路，邮件送至乡政府再转递。1994年10月，数字程控电话的交换机扩容和电缆扩容工程完成，农村固定电话用户数有所上升。1995年，开通无线寻呼，无线电报撤销；此后，无线寻呼业务得到扩展。1997年，有无线寻呼用户160余户。同年，县邮电局完成电话扩容工程，农村固定电话用户数迅速增加。1998年，移动电话开通，并迅速取代无线寻呼，固定电话用户亦呈连年下降趋势。2002年，全乡移动电话用户近2000户。2005年，乡移动电话信号基站建立。2010年，境内邮政业务改由麦市邮政所经营，各类信件、包裹等直接投递至村委或农户家中。2012年，移动、电信、联通等公司在乡政府治所周边开设营业厅，村民可直接在乡内购机入户。2013年，移动4G基站建成，新建万水乡邮政所。2014年，境内有通信网点6个，2G、3G、4G信号基站20个，固定电话用户326户，手机用户6427户，宽带用户169户。

供电饮水

新中国成立前，境内不通电，村民生活用水靠井水或提取山塘水。1967年，境内开始通电，但覆盖率极低。1978年起，各村陆续购置小型设备，利用水力或以柴油机为动力进行发电，生活用电仍难保证。1983年，有8个大队49个生产队1260户通电。20世纪80年代末，出现个人投资架设电线，以电费回本营利的经营模式，三十六湾矿区生产用电得以保障。90年代初期，各村自筹资金打井、砌井，解决生活用水，部分农户掘井后安装压水器取水。1999年，随着万江电站、万水洞电站投产，境内实现村民用电全覆盖。2004年，万水变电站竣工，同时完成全乡电路并网。2006年，井头、甃下、长坪村通自来水。2008年，建成双源、李罗、岭背供水工程。2012年，林里村建成自来水工程。同年，启动农村电网改造，实现乡内农网全面升级。2013年，乡集中供水工程启动，规划解决大汉、黄祖江、甃下、井头、双源等14个村委8000余人的饮水安全问题。2014年年底，门头、儒风等村委从塘官铺引水，解决饮水安全问题。

水利建设

民国，境内有少量山塘、水坝。1950年，人民政府开始组织农民修建水利工程。1956—1958年，建成燕洞、儒风、李罗、汤家冲、莲头5座水库。20世纪60年代，万水洞、庙山江、塘渣头、大冲水库先后修建完工。1979年，境内有水库9座，山塘332处，河坝59处、水渠57公里。1983年，黄泥洞水库兴建。1989年起，结合湘南农业综合开发，完成万水洞水库干渠防渗6.8公里，新建岭背村骨干山塘，新修水渠2公里。1994年，完成山下、牛角山骨干山塘排险加固工程。2002年，遭洪灾，境内水电设施损毁严重，嶅下、井头、双源三村修复排洪主渠1480米、支渠600米。2005年，鸿源铅锌矿蓄水坝建成。2006年，建成大江头山塘。2010年，实施万水洞水库排险加固。2011—2012年，儒风、李罗等村新修水渠6公里。2013年，万水乡被省水利厅确定为"小农水"建设工程示范乡镇。2014年，清淤、修整山塘10处、渠道30公里，新建水渠5公里。有中型水库1座、小Ⅱ型水库10座，山塘117处，河坝4处，水渠70余公里。

镇村建设

新中国成立前，经济落后，境内民居以土坯木架结构居多，房屋低矮，街巷狭窄。新中国成立后，随着人民生活水平提高和交通条件改善，新建民宅增多，但缺乏统一规划。20世纪70年代初，各大队先后新建大队部、建教学楼，村庄建设步子加快。1978年新建万水公社办公楼，为二层砖混结构，供销社、粮站、畜牧站在公社驻地建营业用房或办公用房。次年，兴建中心小学、中学和卫生院。1980年，建成集贸市场。1984年，新建乡政府三层办公楼。次年，农村信用社营业办公楼落成。1987年，乡企业办兴建办公用房。1989年，派出所建成办公楼。2006年后，各村开展新农村建设，新建办公楼和活动场所，硬化通村公路和村内巷道，长坪廖家、嶅下、塘头、儒风、井头等村新建村级组织活动中心。2008—2011年，先后建成乡计划生育服务大楼、司法所办公大楼、乡文化站办公楼。2013年，井头、嶅下、双源等村启动新农村建设；林里、黄祖江、李罗等村安装太阳能路灯。2014年，乡政府驻地建设初具规模，生产生活功能完备。

社会事业

教育科技

清末民国初，私塾授业是境内主要的教育方式。民国后期，始有小学。新中国成立后，各村开展"扫盲运动"，兴办小学。1952年，卢市、大汉、白竹、李罗、上横等村小学建成。1966—1976年，各生产大队均建有小学。1978年，部分小学增设初中部。1979年，新设乡中心小学、中学。1985年，实施九年制义务教育，适龄青少年入学率大幅度提升。1987年，有中学1所，在校学生333人；小学27所，在校学生2211人。后，随着农村经济社会发展和对教学质量要求的日益提高，不少村民选择将子女送往中心小学或县城就读，境内学校生源减少，撤并13所村小。2005年，落实国家义务教育免费政策，全乡青少年就学率达96%以上。2010年，乡中心小学、中学完成扩建。2011年，卢市村开办七巧板幼儿园。次年，白竹学校、白竹幼儿园竣工付用，当年分别被评为"省级义务教育合格学校""省级示范性幼儿园"。2014年，全乡共有小学14所，初中1所，幼儿园3所（其中民办2所），在校师生1900余人。

新中国成立初，境内无科研机构。20世纪70年代，推广双季稻和杂交水稻种植。1995年，聘请外地专家指导烟农种烟、烤烟。2005年，对黄花梨实行高位嫁接，提高其品质。之后，乡政府每年开展"送科技下乡"活动，免费举办培训班，发放科技书籍，向农民灌输生产技术。

文化体育

新中国成立初期，农民文体活动依然较少，仅逢年过节有舞龙或请戏班演出祁剧的习惯。

1958 年，上横大队率先架设高音广播喇叭，定时播放，后推广到各大队。“文化大革命”期间，各大队成立文艺宣传队。同时，乒乓球运动兴起，村庄、校园设有乒乓球桌多处。1978 年，公社成立电影放映队，到各大队巡回放映。1984 年，乡内始有黑白电视机，可接收中央一台和湖南台。80 年代末，电视信号覆盖面扩大，电视机进入寻常百姓家。2011 年 9 月，建乡文化站，配备多媒体等设备。2012 年，开通数字电视，各行政村兴办农家书屋。2013 年，实施“村村响”工程，塘头、上横等村委重装高音广播喇叭。同年，上横祁剧被列为省级非物质文化遗产，上横“楚进士第”门楼被列为湖南省文物保护单位。2014 年，全乡有农家书屋 20 个，藏书 1 万多册；有线电视普及率 75%，偏远村庄仍采用卫星接收器收看电视。

民国，卢市、大汉、黄祖江、上横、下横一带崇尚武术，采用以师带徒方式传艺，主要为拳术套路，村民习武风气较盛。新中国成立初，中小学均设体育课，教授田径、球类知识。90 年代后，各村兴建篮球场，举行村际比赛，吸引临近蓝山县、嘉禾县所属村庄参赛。2007 年，以新农村建设为契机，加大村级体育设施建设。2014 年，塘头、甃下、长坪廖家村委建成村民文体广场，甃下村建成老年活动中心。当年，全乡有篮球场 20 个，乒乓球场 4 个、球桌 8 张，另有小运动场 1 个。

医疗卫生

1956 年，开展灭除苍蝇、蚊子、老鼠、臭虫的“除四害”运动，新建厕所 69 处。1958 年后，各大队设合作医疗室，配赤脚医生，解决村民日常看病问题，大病重症则多赶往麦市公社医院治疗。1979 年，万水公社卫生院建成。1984 年，改称乡中心卫生院。2003 年，利用省红十字会下拨资金建造卫生院综合楼、购置医疗器械。2007 年，启动新型农村合作医疗。2013 年，乡中心卫生院新建医护大楼。同年，开展乡村环境卫生大整治活动，各村配备保洁员，置卫生清扫工具，对村道、河渠、房屋外围垃圾进行清理，环境卫生得到改善。2014 年，境内有卫生院 1 所，病床 13 张；村级卫生室（诊所）18 个，从业人员 18 人。新型农村合作医疗参加人数 18065 人，参合率 79.66%。有 5 个村委对垃圾实行集中处理。

社会保障

1959 年，农村鳏寡孤独人员由其所在生产队实行“五保”。1988 年，对“五保”对象仍实行分散供养，但经费由乡、村两级统筹。1994 年，全乡有符合“五保”条件的人员 49 人。1998 年，设立乡劳动保障服务站，同年，农村“五保”经费改由乡政府统筹。2005 年，实行农村最低生活保障制度，有 210 人纳入农村低保。2006 年，三十湾矿区开展矿业秩序整顿，农村富余劳动力大增，乡劳动保障站联系介绍 4000 余村民外出就业。2010 年，实行新型农村养老保险制度，有 246 人参保，参保率 2.23%。同年，乡敬老院建成并投入使用，部分“五保”人员入院实行集中供养。2013 年，部分外出打工人员返乡创业，为村民提供就业岗位 300 多个。2014 年，有 85 人在敬老院集中供养；982 人享受农村低保；7228 人参加农村养老保险，参保率 80.15%。

特色地情

历史人文

三十六湾工矿区　与香花岭齐名，并列为临武两大有色工矿区，两者总面积 48 平方公里。三十六湾工矿区的主要矿山在万水乡境内，少量

三十六湾风电场

属楚江镇、东山林场管辖，其采矿历史悠久，最早可上溯至五代时期，后各朝代均有记载，20 世纪 90 年代末达到鼎盛，时，各类采、选矿企业数百家，矿山流动人口逾 10 万，与香花岭工矿区一起演绎了临武“有色金属之乡”的全部历史。2000 年后，开始矿业秩序整顿；2007 年，时任国务院总理温家宝、副总理李克强、省委书记张春贤、省长周强等领导，先后就矿区重金属污染治理作出批示。2012 年，三十六湾风电场并网发电，装机 24 台，装机容量 4.8 万千瓦，开始向风力发电、地质公园等产业转型。

（欧阳磊　供稿）

镇南乡 >>

镇南乡是湘粤古驿道必经之地，也是有色矿资源分布富足的地方。

区域概况

位置面积

位于临武县北部，东与大冲乡、桂阳县荷叶镇毗邻，南与东山林场相连，西与香花岭镇接壤，北与桂阳县方元镇相依。东西宽 8.8 公里，南北长 14 公里，土地总面积 82.71 平方公里，其中陆地面积 81.3 平方公里，占 98.3%，水域面积 1.4 平方公里，占 1.7%。乡人民政府驻地十字铺，距县城 27.4 公里。

建置沿革

民国 17 年（1928），属第五区。民国 27 年（1938），属镇南乡。民国 32 年（1943），属镇平乡。1949 年 12 月，属香花区。1952 年 6 月，属第六区。1956 年，撤区设乡，属镇南乡。1958 年，属高峰人民公社。1959 年，属香花人民公社。1961 年 7 月，从香花人民公社分出，设镇南人民公社。1984 年，改社设乡，称镇南乡。2014 年仍旧。

行政区划

1984 年，辖江口、镇南、茶山、深坪、锦田、排洞、联水、大富、佛祖、五里、西冲 11 个村委会，93 个村民小组；1988 年，析茶山村委会另置杉木溪村委员会。此区划至 2014 年未变。

自然环境

地处南岭山脉北麓，属中低山区，中间高、四周低，起伏较大。地面切割较深，多基岩裸露。境内麻石背为湘江、珠江水系分水岭。主要河流北有下山江，南有腊水河；前者属湘江水系，后者属珠江水系。境内最高峰为高峰村委的高峰山，海拔 955 米；最低处为茶山村腊水河岸，海拔 475 米。土壤主要类型有山地黄壤、红土壤、水稻土、红色石灰土、淋溶石灰土、黑色石灰土等。

境内属亚热带季风性湿润气候区，雨量充沛，春温多变、夏秋多旱，严寒期短、暑热期长，秋寒早、冬冷长。春夏时节，高峰山顶多雾，故民间流传“高峰南家塘，白天点火找老娘，老娘找不到，碰到树兜脑”之说。年平均气温在 15℃ ~ 22℃，平均年无霜期 235 天左右，平均年降水量 1500 ~ 2000 毫米。

境内有色金属矿产资源丰富，有锡、锌、钨、锰、铁等 20 多种，以锡、锰、铁最为丰富。动植物资源丰富，其中有国家二级保护动物大鲵，国家一级保护植物野生南方红豆杉。

人口民族

1984年，有2217户10144人，其中：农业人口9925人，占总人口的97.84%。2000年，第五次人口普查，有3007户10768人，其中农业人口10386人，占96.45%；男性5714人，占53.06%。2010年，第六次人口普查，有12704人。2014年，有3602户12464人，其中农业人口12136人，占97.36%；男性6596人，占54.96%。人口密度为每平方公里151人。

境内居民以汉族为主，少数民族主要为瑶族，聚居在公共山村。2014年，有少数民族人口139人。

经济发展

经济综述

境内经济以农业为主。新中国成立后，开展土地改革运动，对农业、手工业和资本主义工商业进行社会主义改造，生产发展较快。1958年，开展“大跃进”和人民公社化运动，经济发展到影响。

1978年中共十一届三中全会后，始以经济建设为中心。20世纪80年代，逐步实行经济体制改革，人们的生产积极性提高，经济快速发展，群众温饱问题逐步解决。1989年，全乡实现农业总产值221万元，工业总产值284万元，农民人平纯收入485元。90年代，境内有色金属采选业迅猛发展，并带动其他产业。1999年，实现农业总产值1275万元，工业总产值34420万元，农民人平纯收入3371元。农村居民家庭消费支出中，食品、衣着、住房支出占72.3%，耐用消费品支出占13.3%，文体教育医疗支出占14.4%，彩电、摩托车等进入普通农家。

2000年后，调整产业结构，推进矿产资源深度整合好，提高工业附加值，经济总量明显增加。2014年，全乡实现农业总产值9821万元，工业总产值192158万元，财政总收入1621万元，固定资产投资额59885万元。全乡国内生产总值79184万元，三次产业结构由2010年的10.98 ∶ 73.76 ∶ 15.26调整为7.81 ∶ 79.54 ∶ 12.65。人平纯收入7574元，农村居民家庭消费支出中，食品、衣着、住房支出占68.6%，耐用消费品支出占14.8%，文体教育医疗支出占16.6%。每百户居民家庭中耐用消费品拥有量为：电视机113台、电冰箱100台、洗衣机72台、摩托车56辆、家用小汽车17辆、电脑22台。人均住房面积由1978年的30平方米增加到40平方米。

农业

乡内主要种植水稻、蔬菜、花生、辣椒、生姜等作物，养殖猪、牛、羊、鸡、鸭等畜禽。五爪辣椒、生姜、红薯、白萝卜为镇南特产。民国时期，农业生产力低，靠天吃饭，粮食产量不高；养殖业落后，多自产自销。新中国成立后，人民政府鼓励和扶持粮食生产，水稻种植面积扩大，以一季稻为主。林地多收归集体所有，由集体进行造林、育林。1958年，上马土法炼钢，大量林木被砍伐，林业遭到极大破坏。20世纪70年代初，推广杂交水稻及多种经济作物，粮食单产有所提高。1975年，推广双季稻种植，但因地理条件所限而失败。少数农户开始用玉米、谷物加工成饲料圈养鸡、鸭等禽类。1978年中共十一届三中全会后，实行联产承包和双层经营责任制，农民自主经营，因地制宜地发展农业生产。1984年，全乡粮食作物播种总面积705公顷，总产1564吨，其中水稻面积442公顷，单产199千克，总产量1320吨；生猪出栏5490头、存栏6734头，养殖耕牛689头、羊182只、兔65只、蜂35箱。1986年，镇南乡林场人工造林680.27公顷。1990年后，采取封山育林与植树造林并重的措施，发展林业生产。1991年，引进山羊良种，发展山羊养殖，并成立山羊开发公司。2000年，引进金秋梨，当年种植10余公顷。同时，开展绿化攻坚、退耕还林工作。2001年，从技术指导入手，发展黑山羊养殖。2008年，从省林科院引进无系性优质油茶苗，种植油茶林267公顷。2013年，黑山羊存栏达8000余头，经济效益凸显。2014年，大富村成立的先锋油茶林种植专业合作社被评为省级示范社。当年，全乡农作物播种面积1899.87公顷，其中粮食作物1063.27公顷，粮食总产量5604吨；油料作物117公顷，总产量299吨。蔬菜415.33公顷，总产量11914吨。瓜果类7.07公顷，总产量164吨。全年出栏生猪8512头、牛240头、羊17948头，家禽出笼78240羽；年末存栏猪6390头、牛487头、羊4280头，家禽存笼36570羽。森林覆盖率由2011年的45.53%提高到50.04%。

工业

新中国成立前，境内仅有从事竹木器和铁器等加工的手工业作坊。20世纪50年代，完成对私营工业和手工业的社会主义改造，成立镇南手工业社。1965年，社队企业兴起，镇南公社在茶山吊脚下开办钨矿。70年代中后期，建成八一、八二水电站。1982年，镇南公社与大冲公社联合开办长冲锡矿（后称深坪锡矿）。1985年，乡政府创办八二矿，开采锡、铅锌等。之后，乡镇工业企业得到较快发展。1989年，乡镇工业企业总产值684万元。1990年后，建成清明山、星头岭、下山江水电站。1995年，有采矿企业8个。1999年，乡镇工业企业总产值37960.4万元。当年，八二矿年销售收入超过500万元。2009年，深坪锡矿与八一矿整合，年采选能力3万吨。2014年，再度整合矿区资源，组建湖南临武嘉宇有限责任公司。当年，乡内有工业企业6个，从业人员1442人，实现工业总产值19.22亿元，其中，年销售收入500万元以上的工业企业6家。另有小水电站5座，总装机容量1910千瓦。

商贸服务业

明清时期，湘粤古道过境，商贸服务相对繁荣。民国，镇南铺建有客栈，供过往客商住宿歇息。新中国成立初期，镇南村、江口村先后自发形成定期开市的墟场，主要交易大米、畜禽、竹木制品等，偶有小贩带来县城的时新商品；交易方式以货币结算，有时以货易货。后，境内道路交通改善，出现专门从事日用商品经销的个体商业户，定期去县城进货，在墟市出售。1958年9月，取消集市贸易，1961年恢复。1966年“文化大革命”后，个体私营商业受到抑制，集市时开时停，交易冷清。20世纪70年代，在十字铺创办供销社，以计划形式供应农民日用生活用品及农药化肥等生产资料。1989年，国家逐渐开放市场，个体商贸业迅猛发展。1990年，随着乡内采矿业发展，墟市开始出现餐厅、旅社、理发店等固定服务场所。1992年，对集贸市场进行改扩建，增设亭棚，墟日为公历1、6日，市场周边有个体经商户30余户。2003年，镇南供销社改制，置换产权，退出流通市场。2005年，集市占地面积6443平方米，墟日赶集人数近3000人。次年，墟日改为公历2、5、8日。2010年，对市场进行改造，建成商铺住宅楼，面积3000多平方米。2014年，全乡有个体商户62户，从业人员198人；餐饮、住宿、数码电子、美容美发、日常百货交易等服务功能齐全，能满足居民基本的生产生活需求。

基础设施

交通运输

明清时期，湘粤古驿道过境（广东至郴县驿道），在镇南铺、十字铺、佛祖铺设有驿亭。另县城至镇南古道，途经五里牌、排行、铺下、香花铺，全长19公里，为连州至桂阳直隶州官道。民国，境内交通无大的变化。20世纪60年代，建成镇南到临武县城砂石路面公路。70—80年代，全乡各村均完成通村简易公路建设。1986年，开通县城至镇南客运班车。1987年，境内有乡村公路17条，总长61.5公里，其中砂石路16公里，土路45.5公里。2001年，香花岭镇经镇南至临武县城的公路由砂石路改为水泥路面。2005年8月，镇南经大冲至水东公路完成水泥路面铺设，公路全长24.4公里，耗资1071万元。同年，硬化杉木溪至桃树下公路，里程1.9公里。2007年，西村通村公路铺设水泥路面。2010年，联水、大富通村公路修通。2011年，修筑佛祖、江口、五里等通村公路，联通23个自然村，公路总长14.7公里。之后，各村对通村公路进行水泥路面改造。2014年，境内公路总里程64公里；有小型客运站1个，客运车辆5辆，日均发送车辆10班次、客运量180人次；货运汽车26辆，年货运量25万吨。

邮政通信

20世纪50年代，境内设邮电所。1969年12月，邮政、电信分设。1988年，邮政、电信合一，境内设邮政代办所，办理相关业务。1995年，开通无线寻呼业务，颇受群众欢迎，用户数量迅速攀升。1998年，架设镇南至县城光缆线路，电话传输实现光缆化，自动电话逐渐在境内普及。2001年，移动电话信号基站建成，信号覆盖境内80%以上的行政村，移动电话进入境内农家。2002年，数字移动电话取代模拟移动电话。2004年，受移动电话冲击，无线寻呼业务取消，固定电话用户数呈下降趋势。2005年，联通公司在境内建成信号基站，覆盖镇区和周边村庄。2014年底，境内有移动、联通、电信3家公司服务网点4个，基站15个，固定电话用户213户，手机用户4667户，互联网用户132户。

供电饮水

新中国成立初期，境内仍无电力设施，村民多以蜡烛、煤油灯照明；饮用水以河水和地下水为主。1972年，公社成立水电管理站。1975年后，发动群众兴办小水电，八一、八二两个水电站建成，供电范围覆盖江口、锦田等村。1983年，有2个大队18个生产队390户通电。20世纪90年代，先后建成清明山、星头岭、下山江水电站和35千伏变电站，供电范围扩大至各村；这一时期，因采矿业迅猛发展，环保问题突出，水污染严重。2000年后，规范矿山秩序，水污染问题逐步得到遏制。2005年起，实行农村电网改造，电力供应逐步得到保障。2007—2008年，深坪、镇南、茶山等村通自来水。2014年，镇南乡集中供水工程建成，日供水409立方米，乡人民政府和周边学校以及江口、镇南、锦田、排洞等4个村委5000余人的饮水安全得到保障；有35千伏变电站1座。

水利建设

新中国成立前，境内农田灌溉用水主要取自溪河，除拥有少量小型山塘外，无大型蓄水设施。1959年，十字水库建成。1970年起，自上而下“大办水利”，至1979年，境内有小Ⅱ型水库1座，山塘519处，河坝17处，水轮泵1处2台，机灌11处110马力，电灌1处7.5千瓦，总蓄水量179.8万立方米，总引水量196.2万立方米。80

金塘岭新农村建设一隅

年代后，继续加大水利设施建设，先后修建了十字铺、鲤鱼冲、青草坪水库和南冲、龙元江等基本山塘，容量达92万立方米；兴修渠道11公里，农田灌溉用水基本解决。1985年，全乡有小型水库4个，总容量155.9万立方米，实际库容103.9万立方米，实际灌溉面积205公顷。1994年6月，境内发生特大水灾，大量水利设施被毁。次年，对水毁水利设施进行全面整修。2014年，有小Ⅱ型水库5座，骨干山塘36处、河坝10处。另有八一、八二、清明山、星头岭、下山江等用于发电的水利工程5处。

村镇建设

清末民国时期，境内农村房屋多以泥砖青瓦为主，部分山区则以竹、木、茅草建房。20世纪50年代初土地改革后，无房农户分得住房，群众居住条件有所改善。1956年，成立镇南乡，兴建乡政府办公楼和宿舍楼，为砖木结构。1958年，高峰人民公社成立，办公场所由镇南铺迁至十字铺，兴建集办公、住宿一体的楼房，仍为砖木结构。1978年中共十一届三中全会后，农村经济发展较快，出现建房高潮。1987年，乡人民政府新建办公楼，计生服务站、农技站、动物防疫站等站所迁入办公。1995年，新建乡计生综合服务站办公大楼。2006年，锦田村建成环村公路，安装太阳能路灯，种植风景树，美化村庄。2007年，建成乡文化综合楼。2008年，启动金塘岭生态农庄建设，工程占地面积70多公顷，内有可容纳200人的仿古四合院餐厅，面积4000多平方米的天然游泳池，1座七层的文星塔，套房9间，篮球场1个，娱乐健身器材配套，集生态、旅游、观光、度假于一体。2012年，完成乡人民政府院内配套设施建设，并进行绿化。2013年，锦田村建成村级活动中心广场，修建、美化风景塘。2014年，完成乡总体规划编制，锦田村、金塘岭村被列为县新农村建设示范村。

社会事业

教育科技

民国后期，境内始设小学。1952年，人民政府接管境内所有小学校。1958年，镇南完小由江口迁至十字铺，并附设初中班。1961年，以镇南完小初中班为基础，设香花中学。1972年，香花中学改为县第六中学，简称临武六中。1975年，临武六中改为镇南公社“五七”中学，1979年，复原名。1980年后，乡村集资办学形成风气，办学条件改善较快。1983年，临武六中改为镇南乡初级中学。1984年，镇南完小改为镇南乡中心小学。1987年，全乡有中小学28所，在校学生1802人，教职工79人。1988年，撤四角塘小学。1995年，新建马上小学，撤镇南铺小学。1995—1997年，镇南中心小学、中学新建教学楼，教学条件大大改善。1997年起，撤销钟家、潮水、公共山等13所小学。2002年，乡中学学生宿舍楼竣工，中心小学食堂改建。2006年起，再次调整学校布局，撤销小学4所。2009年后，进一步改善中学办学条件，先后新建教学楼、操坪、篮球场、食堂等。2014年，有中学1所，小学9所，中、小学在校学生人别为314人、1140人，在职教师69人；小学适龄儿童入学率100%，小学升初中升学率100%，初中适龄人口入学率98.3%。

1966年，成立公社农业技术推广站。1986年，实施国家级的“星火”计划科研项目移动式重力选厂建设。1991年，从本省怀化及四川、贵州等省引进山羊良种，发展山羊养殖。2001年，乡政府派遣技术指导员到山羊养殖地区指导山羊养殖和防疫技术。2003年，实施“科技兴农”战略，引进推广反季节蔬菜种植技术和紧凑型杂交玉米种植技术。同年，推广成都黑山羊、黄羊养殖技术，形成深坪、杉木溪、王家湾、锦田、坦坪科技养羊示范带。2011年，对有色矿进行技术升级改造，治理尾砂坝，综合利用尾砂。

文化体育

清末民国，民间文娱活动主要有舞龙灯、耍狮子，大多集中在春节农闲时进行。1972年，设立公社有线广播放大站。1975年，成立公社电影放映队，在各村巡回放映。80年代中期，乡政府始有黑白电视机。后，电视机逐渐进入农民家庭。90年代中期，开通有线电视，电视节目增至10多个频道。2007年，乡文化站建成。2011年，启动农家书屋建设，当年有4个村委建成农家书屋。2014年，全乡有农家书屋12个，藏书1.2万册；广播喇叭12只，有线电视用户420户。

新中国成立初期，农民体育项目局限于武术和棋类等。20世纪60年代后，体育项目扩大到篮球、乒乓球等。90年代末期，设乡农村体育工作领导小组，采取“乡里拨一点、村里筹一点、群众集一点”的办法，先后建成篮球场15个、体育活动室12个。1999年，举办乡体育运动会，比赛项目有拔河、篮球、乒乓球、象棋等，参赛人数658人。2014年，金塘岭村建成露天游泳池。当年，全乡有标准篮球场10个、简易篮球场12个，乒乓球场6个、球桌11张，健身路1条。

医疗卫生

20世纪40年代，国民政府首倡妇幼保健，乡内始有孕妇产前检查和新法接生。当时，境内无正规医院，也没有科班出身的医生，群众看病就医问题由当地中草药郎中解决；公共卫生条件落后，屋角空坪常有垃圾堆积，农村卫生状况极差。1952年12月，成立镇南卫生所。1958年，卫生所并入高峰公社卫生院。1963年，复设镇南卫生所。1967年，撤销卫生所，成立镇南地区医院。1969年8月，开办大队合作医疗室，为弥补资金不足、药品缺乏，推行针灸和中草药治病；各村培养1名赤脚医生，基本做到“小病不出村”。1973年4月，境内首次发现钩端螺旋体病，省、市派医疗队进驻，疫情迅速得到控制。1982年，大队合作医疗体制解体，部分有资质的赤脚医生开办私人诊所或卫生室。1988年，镇南地区医院几经更名后，改为镇南乡中心卫生院。2007年，启动新型农村合作医疗。2013年，乡政府投入80余万元，购买垃圾清运车3辆，聘请专职环卫人员60人，环境卫生得到较大改善。2014年，乡卫生院有卫技人员3人，病床13张，配备全自动生化分析仪、超声诊断设备等器械；有村级卫生室17所，从医人员17人。有10500人参加新型农村合作医疗，参合率82.81%。全乡有5个村委对垃圾实行集中处理。

社会保障

新中国成立后，人民政府注重社会福利事业。1959年，由生产队对鳏寡孤独人员实行“五保”，不定期走访五保户，落实粮、油供应，解决生活困难。1991年，春夏连旱，农作物受灾，人畜饮水困难，县、乡下拨粮食救济受灾群众。2005年，实施农村最低生活保障制度，有135人纳入农村低保。2006年，始对农村特困户、五保户、城镇低保户实行大病救助。2009年，镇南乡敬老院建成，当年，有“五保”户56人入住。2010年，启动新型农村养老保险工作，有1412人参保，参保率22.44%。2012年，遭受自然灾害，乡拨款16万元救灾，国家抚恤、补助各类优抚对象162人，安置义务兵、士官等8人。2014年，有5051人参加新农保，参保率89.35%；有655人纳入农村最低生活保障；农村“五保”集中供养30人，分散供养10人；农村医疗救助11人次，农村临时救济62人次。

特色地情

历史遗迹

镇南人民公社旧址　建于1958年，是临武县现唯一保存完好的人民公社办公楼，它坐东北朝西南，长38.6米，宽12.5米，二层砖木结构，小青瓦歇山式硬山顶，正面两侧左右对称，成品字形，彩式抹灰墙装饰，内有办公室、会议室30余间。2011年，列为湖南省文物保护单位。

（张志琛　胡攀　供稿）

大冲乡 >>

大冲乡是国家非物质文化遗产——临武傩戏的发源地，中国地理境标志产品——大冲辣椒主产地。

区域概况

位置面积

位于县境东北部骑田岭余脉，属高寒山区。东与水东镇、金江镇相依，西与镇南乡、东山林场相连，南与土地乡接壤，北与桂阳荷叶镇毗邻。辖区东西长 8.1 公里，南北宽 7.2 公里，土地总面积 41.06 平方公里。乡人民政府驻地大冲墟，距临武县城 39 公里。

建置沿革

民国 17 年（1928），属第五区镇南团。民国 24 年（1935），属镇南乡。民国 32 年（1943），镇南、栗坪合并为镇平乡，属镇平乡。民国 37 年（1948），境域东部划归东平乡，西北部依旧。1952 年属第六区（亦称香花区）。1956 年，撤区并乡，始设大冲乡。1958 年，属高峰公社。次年，分高峰公社置香花公社、香花岭公社，属香花公社。1961 年，置大冲公社。1984 年，撤社为乡，更称大冲乡。2014 年仍旧。

行政区划

1984 年，辖岳桥、坪溪、上塘、油湾、西山、大冲、大坪、骡岭、柳塘 9 个村民委员会，63 个村民小组，有 36 个自然村。之后，川水、背岗岭、野鸡山 3 个自然村因迁居而消失。2014 年，行政区划不变，有 33 个自然村。

自然环境

地势西北高东南低，为山地、丘陵地带。最高峰坪溪村大岭榜，海拔 1120 米；最低处骡岭的息气岭山脚，海拔 450 米。境内土壤主要有山地黄壤土、红壤土、水稻土、红色石灰土、黑色石灰土和淋溶石灰土等土类。

境区属亚热带季风性湿润气候区，四季分明，春温多变，夏秋多旱，冬天寒冷。每年 11 月到次年 3 月有霜雪，油湾、坪溪、岳桥、丫结岭等地冰冻期长。境内年平均气温 15℃，平均年降水量 1092 毫米。主要自然灾害有泥石流、洪涝、干旱、雷电、冰冻。

境内有少量煤炭和低含量锡、铜、铁等矿藏。动植物资源呈多样性，已发现的国家一级保护野生植物有红豆杉，二级保护植物香樟等，其中佳宅岭、长竹园村等地有树龄 700 年以上的红豆杉 1 株，500 年和 400 年树龄的各 4 株；国家二级保护野生动物有穿山甲、野羊、小鲵等。

人口民族

1984年，有1462户6747人，其中农业人口6628人，占98.24%。2000年，第五次全国人口普查，有1894户6452人，其中农业人口6354人，占98.48%；男性3507人，占54.36%。2010年第六次人口普查，有7829人。2014年，有2347户7613人，其中农业人口7468人，占98.10%；男性4184人，占54.96%。人口密度为每平方公里185.41人。

境内为汉族聚居区，无少数民族。

经济发展

经济综述

境内经济以农业为主。清朝民国时期，农业生产力低下，工商业不发达，人民生活十分贫困。1952年农村土地改革后，农民生产积极性提高，生产发展较快。1958年，实行人民公社化，经济发展违背科学规律，农民生产积极性受挫。“文化大革命”期间，农民靠吃“返销粮”维持生活。

1978年中共十一届三中全会后，开始经济建设为中心。1982年，实行家庭联产承包责任制，大力发展乡镇企业，境内经济发展较快。1989年，全乡实现农业总产值103万元，工业总产值199万元，农民人平纯收入343元，人民温饱问题初步解决。20世纪90年代，大力发展商品经济，农民生活水平快速提高。1999年，实现农业总产值583万元，工业总产值8610万元，财政收入95万元，人均纯收入2748元。农村居民家庭消费结构中，食品、衣着、住房支出占84.1%，耐用消费品支出占4.5%，文体教育医疗支出占11.4%。

进入21世纪，加快农业产业化进程，大力发展优质高效农业和特色农业，经济快速发展。2014年，全乡实现农业总产值4155万元，工业总产值29276万元，财政总收入246万元，固定资产投资额23530万元，农民人均纯收入5414元。全乡国内生产总值17003万元，三次产业结构由2010年的17.72 ：53.54 ：28.74调整为15.39 ：56.94 ：27.67。农村居民家庭消费结构中，食品、衣着、住房支出占77.6%，耐用消费品支出占8.8%，文体教育医疗支出占13.6%。每百户农村家庭耐用消费品拥有量为：彩电93台、冰箱90台、洗衣机30台，摩托车30辆，小汽车8辆。人平住房面积由1949年的4平方米增加到30平方米。

农业

境内主要种植水稻、红薯、马铃薯、玉米等农作物和蘑芋、辣椒、生姜、大蒜等经济作物以及西瓜、桃、梨等小水果；养殖生猪、牛、鸡、鸭等畜禽。新中国成立初期，稻田实行一季中稻加冬泡耕作制，旱土实行薯—菜耕作制，粮食产量不高。1958年，片面强调“一大二公”，畜禽家庭养殖受到限制，大量树木遭砍伐。1963年，恢复家庭养殖业，生猪、家禽饲养逐渐增加。1971年，试种矮秆水稻成功，在全乡推广。之后，“大办集体林场”，开展植树造林运动，建成乡办杉木基地2个。1977年，试种杂交水稻成功，之后全面推广。1981年，实施山林定权，林业生态逐步好转。同年起，调整农业产业结构，鼓励农民自主经营，辣椒、生姜、魔芋种植面积增加，农产品商品率提高。1987年，粮食作物播种面积290.5公顷，总产量1298.6吨，单产298千克；辣椒42.67公顷，干辣椒亩产100千克；生姜12公顷，亩产928千克。生猪出栏3484头，年末存栏4871头。1990年后，大力扶持大冲辣椒、生姜、大蒜等传统特产种植，同时引进和推广旱粮作物新品种，玉米播种面积增幅较大。1999年，玉米总产量394吨、红薯716吨，传统特产辣椒、生姜、大蒜总产量分别为244吨、583吨、167吨。2002年，发展高效、优质、特色农业，重点鼓励群众种植大冲辣椒。2005年，引资发展药材种植，在油湾、上塘、坪溪种植青蒿73.3公顷。2006年，以西山村为中心，发展反季节水果种植。同年，大冲辣椒种植面积达60公顷。之后，大冲辣椒面积逐年扩大。2008年，建成骡岭、大冲、西山、太坪、柳塘千亩无公害辣椒基地。2009年，成立云露大冲辣椒专业合作社，有426户入社。2011年，加快农业产业化进程，涌现一批水果种植和畜禽养殖专业户。2012年，开展为期三年的绿化攻坚行动，共造林271公顷。2013年，云露大冲辣椒专业合作社升格为有限责任公司。2014年，全乡粮食作物播种面积8629公顷，粮食总产量2814吨；生猪、牛、羊出栏数分别为5929头、137头、1516只，家禽出笼22798羽；大冲辣椒种植面积93公顷，产量490吨，是舜华鸭业和小徐瓜瓜的主要原料产地。当年，森林覆盖率32%。

工业

1956年，随着手工业社会主义改造的基本完成和大冲乡的建立。境内组织成立手工业综合社，从事木作、铁作、缝纫、竹器编织等手工业。1973年，成立公社企业办，着力发展社队企业。1975年，开办公社煤矿和铅锌矿，后分别于1976年、1979年停办。1980年，创办公社白钨矿（5年后停办）。1982年，大冲公社与镇南公社在深坪联合开办长冲锡矿（后改为深坪锡矿）。1989年，与县食品工业公司合作联办魔芋食品厂，生产魔芋粉和魔芋罐头。同年，水源淀、油湾村等地兴办炼砒厂，采用土法炼砒。1991年，联办魔芋厂因销路不畅而停产。2000年，因严重污染环境，炼砒厂被全部取缔。2002年，集资兴办大冲辣椒加工厂。2004年，加工厂改制转由个体经营。2005年，引资对柳塘嘉安煤矿进行勘探，并开工投产。2012年，成立云露大冲辣椒有限责任公司，对辣椒、生姜、大蒜、大头菜进行深加工。2013年，对有色矿资源进行整合，深坪锡矿被嘉宇有限责任公司兼并。

商贸服务业

大冲处地偏僻，交通不便，历史上，商贸服务业极不发达，人民所需生活用品或由货郎走街串巷提供或外出购买。新中国成立初期，始在大冲开设集市，五天一墟，主要交易米、盐和本地辣椒、生姜、大蒜、魔芋等土特产。1958年，建立大冲供销社，集市被取消。1960年，租用民房开办粮店。1968年，新建粮站办公用房和营业用房。1970年，各大队办代销店，方便群众购买生活用品。1974年，大冲食品站建成，负责生猪收购、宰杀、销售。1978年后，农副产品收购价格放宽，取消生猪派购，食品站撤销。20世纪80年代初，实行单干，大队代销店被取消。1985年，供销社撤销，个体商业出现并逐渐发展。2003年，粮食系统实行体制改革，粮站关闭。2014年，全乡有个体商业户15户，从业人员30人。

基础设施

交通运输

明清、民国时期，沙田至香花岭、沙田至汾市的石板古道过境，物品运输主要依靠人力。1972年，修建深度石珠兜到大冲的砂石公路（后称X084线），历时3年建成。1975年，公社购置东方红牌拖拉机1辆从事运输。1977年，建成西山至茶场、白竹坳至太坪公路。1979年，修通茶场至牛背溪公路。1981年，开通至临武、金江、香花岭3路客运班车。之后，境内公路建设进入高潮，先后修建了上塘湾至平溪、大冲至黄泥井、白竹坳至岱角、大冲至萝卜冲、西山至唐家等公路。1987年，境内有乡村公路8条23.7公里。90年代，先后两次对X084线进行中修。进入21世纪，公路建设步伐加快。2004年，对X084线截弯取直、降坡、填平、扩宽；次年，铺设水泥路面。2007年，通村水泥公路建设进入高潮，大坪、油湾、柳塘8公里通村公路改造成水泥路。2012年，西山村新建客运招呼站。2013年，岳桥村通村水泥公路建成。至此，实现全乡水泥公路村村通。2014年，全乡共有货运汽车17辆，年货运量15.6万吨；客运汽车3辆，年客运量6万人次。

邮政通信

新中国成立初期，境内邮件由香花岭邮政所派员投递，两天一次。20世纪60年代，成立邮电代办机构，办理邮政、报刊发行、电报电话业务，架设大冲至汾市电话线路，并逐步连通各大队。70年代，大冲邮政业务划归金江邮电所管辖，开通金江至大冲步班邮路。1996年，开通自动电话，电话开始进入农村家庭，用户逐年增加。2007年，中国移动公司在西山、上塘分别建立移动电话信号基站，联通公司则在大冲建立基站，移动电话信号覆盖全境。2014年，全乡有2G、3G、4G信号基站9个，固定电话用户203户，手机用户2358户，宽带用户116户。

供电饮水

清末民国时期，境内居民以掘井或引山泉解决生活用水问题，以桐油灯或燃烧松脂照明。逢干旱，横路下等地人畜饮水皆十分困难。新中国成立初期，始用煤油灯照明。20世纪70年代，公社购买柴油发电机，发电供机关单位、学校照明。80年代初，从汾市变电站架设高压电线到大冲。1983年，有5个大队28个生产队580户通电。因高压线路经马俟岭，遇大风、大雪天气，经常出线路故障而断电。90年代，从深渡变电站架设高压线路，供电状况好转。2002年，上塘、大冲墟、大冲村兴建饮水工程，境内始饮用自来水。2005年，实施农村电网改造，电价高、电压不稳的问题得到解决。同年，大冲村人畜饮水工程完工。2007年，建成坪溪、油湾、下横人畜饮水工程，对西山、上塘6.6公里高压线路进行改造，白竹坳、岱角等边远山区用电得以保障。2008—2009年，太坪、上塘村及大禾丘村建成饮水工程。

水利建设

民国，境内无水库，农田灌溉主要依靠山间溪水。1950年，人民政府号召各村大兴水利，修建山塘。1960年，建成黑塘水库。之后，水利建设步以兴修山塘为主。1985年，全乡有小Ⅱ型水库1座，山塘210处，其中基本山塘10处；总蓄水量94.2万立方米。20世纪80年代末，建成黑塘水库至西山大丰园、陈家洞引水渠7.5公里。2007年，对骡岭、上塘、西山等村的基本山塘实施除险加固。2010年，修复毁损山塘、水库5座，维修水渠2800米。2011年，兴建防洪堤1000米、排水渠1300米，修复毁损水渠800余米。2014年，修建防洪提1000余米，新修排水渠800余米，维修旧水渠1300余米。当年，全乡有小Ⅱ型水库1座，山塘94处，河坝4处。

村镇建设

民国时期，境内居民贫富悬殊，住房规格差距较大，骡岭村、西山谭家青砖瓦房居多，其他各村则多是土砖房、木板房。20世纪60年代，学校、卫生院、供销社等先后在公社驻地周边落成。1986年，对大冲墟老街进行改造。同时，改建乡政府办公大楼。2008年，油湾村新建综合楼、牌坊，对村内池塘进行景观整修。2010年，新建柳塘、大坪村综合楼，改造坪溪村综合楼。之后，其他村委相继新建或改建村综合办公楼。2011年，油湾村加大力度改善村容村貌，实施绿化、美化、亮化工程，种植风景林，硬化巷道，安装路灯20余盏。2013年，各行政村均实现通水、通电、通路，大冲、西山两村完成村内巷道硬化工程。2014年，启动社会主义新农村建设，对农村住房建设实行全面规划。

社会事业

教育科技

清朝，较大的村庄设有私塾。民国后期，始有小学出现。新中国成立后，人民政府接管小学，没有学校的村庄亦纷纷新办学校。同时，进行文化补习，开展扫盲运动，提高村民文化水平。1956年，创办大冲高等小学。1958年起，各大队均办有小学，以小学为阵地，开办扫盲夜校、文化速成班。1968年，创办大冲中学，招收初中学生。1970年，大冲中学始招高中生。1978年，大冲中学高中部停办，学生分散到邻近中学就读。1980年开始，对学校布局进行调整，整合教学资源。1981年，创办大冲乡中心小学，高年级学生采取寄宿制集中至中心小学就读。1985年，实行九年制义务教育。1987年，全乡有小学15所，中学1所。1988年，长竹园小学撤销。之后，学校布局调整有序推进，先后有黄泥井、西山、竹子坪、罗卜冲、岱角、骡岭等小学撤销或改为教学点。2005年，免除义务教育阶段学杂费。2008年，因生源不足，大冲中学停办，牛背溪、毛背、大冲、柳塘等小学被撤销。2012年，香港彭振鸿先生捐资改建大冲乡中心小学教学楼，学校改名为彭振鸿中心小学。2014年，全乡有小学4所，在校学生167人，专任教师18人；小学适龄儿童入学率100%，小学升初中升学率100%，九年义务教育覆盖率99%。

1970年，大冲中学化学教研组与乡农科所联合研制九二〇产品，用于农作物增产及病虫防治。1971年，试种矮秆水稻珍珠矮、农垦五八成功，并于次年在全乡推广技术，增产效果明显。1975年，选派2人至南宁、海南岛学习杂交水稻制种技术。2000年后，加大对科普知识宣传力度，各村举办科普知识小墙报，指导农民科学种田。

文化体育

新中国成立前，境内文体活动贫乏，仅春节期间有戏曲表演和舞龙灯、耍狮子等，农闲时日则在街头巷尾讲故事说书。20世纪50年代初期，部分村自发组织民间剧团和龙狮队，演出临武小调和祁剧，开展舞龙耍狮活动。1958年始，大冲民间流行顺口溜、打油诗、渔鼓词。1966—1976年，各大队、学校成立文艺宣传队，演出样榜戏、花鼓戏、三句半等。其间，公社成立广播站，有线广播村村通。1977年，成立公社电影队，在各村巡回放映。80年代，农村经济发展带动了群众文娱生活需求，人口较多的村自行组团演出，丰富文化生活。1997年，成立乡有线电视站，开通有线电视，电视机逐步普及，受其影响，传统戏曲表演、有线广播等被逐渐冷落。2006年，启动以油湾傩戏为原型的临武傩戏发掘、保护与传承。2009年5月，临武傩戏列入省级非物质文化遗产。2012年，成立傩文化研究基地；8月，举办傩文化国际学术研讨会，来自国内外的专家学者100余人参加。同年，建成乡文化站和村级农家书屋，各农家书屋藏书3000余册。2014年，临武傩戏入选第四批国家非物质文化遗产代表性项目。当年，全乡有线电视覆盖率98%。

20世纪50年代末期，学校开设体育课，普及体育常识。之后，篮球、乒乓球、跳绳等活动由学校扩散至乡村，大的自然村自发修建简易篮球场，开展篮球运动。90年代，部分村联合举办篮球赛，以增进友谊。2000年后，开展全民健身运动，体育场地、体育项目增多。2014年，全乡有篮球场9个，乒乓球场4个、球桌8张。

医疗卫生

民国时期，境内无医院。1957年，设立大冲联合诊所。次年，始建公厕，对粪池进行杀菌消毒。1961年，设立大冲公社卫生院。1963年，公社卫生院改名为联合诊所。1967年，联合诊所复名公社卫生院。1969年，大队设合作医疗室，配备1～2名赤脚医生，社员看病采用合作医疗方式。1982年，农村合作医疗制度解体，社员看病实行谁看病谁出钱。984年，大冲公社卫生院更名为大冲乡卫生院。2007年，实行新型农村合作医疗制度。2013年，各自然村实施净化工程，对垃圾实行集中清运。当年，兴建垃圾池26个，安放垃圾分类桶100个。2014年，有乡中心卫生院1所，村级卫生室9家，病床9张；5500人参加新型农村合作医疗，参合率72.24%。全乡配备专职保洁员9名，设置垃圾分类桶27个，垃圾池12个，对垃圾实行集中处理，农村卫生面貌有较大改观。

社会保障

新中国成立后，政府重视社会保障事业，凡遭受自然灾害，县乡两级均及时下拨救灾款、救灾物资，进行帮扶救济。1959年起，由生产队对孤寡老人和无劳动能力的残疾人实行“五保”。1979年，对贫困户进行走访，发放救济款。1983年，对“五保”人员进行走访，落实其粮食供应。1985年，再次走访“五保户”，发放生活费，并为其房屋办理财产保险。1988年，“五保”人员供养经费实行乡村统筹，每年生活费提高至600元。1998年，“五保”人员供养经费改由乡统筹，并增加发放标准。2005年，实行农村居民最低生活保障制度，有110余人纳入农村低保。同年，资助7户危房户改造危房，为2户残疾人新建住房。2007年，大冲乡敬老院建成，有29名“五保”人员入住。2008年，遭受冰灾，路、电、通信中

国家非物质文化遗产——临武傩戏

断，县乡发放救灾款9万余元、大米3吨，修复、重建受损房屋48间。2010年，实行新型农村养老保险制度，当年参保124人，参保率3.53%。2012年，敬老院扩建工程完工。2014年，全乡集中供养“五保户”25人，有456人纳入农村低保；农村养老保险参保3011人，参保率95.47%。

特色地情

名优特产

大冲辣椒 国家地理标志产品，一般5～9个簇生，上尖下圆，尖端朝天，鲜红光亮，皮薄肉脆、辛辣味香。2004年，大冲辣椒酱获湖南省第六届农博会金奖。2005年，时任国家女排总教练陈忠和题词“大冲辣椒，名扬四海”。

民俗风情

临武傩戏 俗称“神狮子”，形成于明成化年间，因以油湾傩戏为代表，故又称“油湾傩戏”。临武傩戏每年只在正月表演，户外演出且地点不固定；表演分为傩仪（也称傩祭）、傩舞和傩戏。傩戏角色泛称“傩神”，由男性戴上樟木面具扮演；傩戏表演的道具、布景，以及表演过程中香烛焚烧、三牲果品呈供、酒茗敬奉等，具有神异和通幽冥的意味；整套表演有情节、有故事、有歌舞、有对白，表达了对于神的敬畏和消灾祈福之愿望。由于傩戏之中，佛、道、儒家文化交错渗透，楚巫色彩浓郁，极具艺术价值，故被誉为“戏剧艺术之源”“中国戏剧的活化石”。

（黄孟化　谭代富　供稿）

西山瑶族乡 >>

西瑶乡是临武县唯一的少数民族乡，西瑶绿谷国家森林公园所在地。

区域概况

位置面积

位于临武县西南部，南岭山脉萌渚岭九嶷山支脉东段，东邻双溪乡，西依永州市蓝山县浆洞瑶族乡，南与广东省连州市瑶安镇交界，北与舜峰镇、花塘乡、武源乡接壤。东西宽 14.7 公里，南北长 17.4 公里，总面积 127.01 平方公里。乡人民政府驻地庙背脚，距离县城 14.5 公里。

建制沿革

民国 27 年（1938），属在城乡。民国 37 年（1948），分属在城镇、西江乡。1950 年，分属永南乡、武源乡。1952 年，属第四区（亦称楚江区）。1956 年，分属联盟乡、武源乡。1958 年，属上游人民公社。同年，成立国营西山林场，境区属林场。1988 年，更名为西山林场。1995 年 11 月，在西山林场辖区新设西山瑶族乡（简称西瑶乡），实行乡场合一的管理体制。2010 年 12 月，国家林业局批准成立西瑶绿谷国家森林公园。2012 年 3 月，设公园管理处，负责西瑶绿谷的开发建设和管理工作；各村所属的集体土地仍由西瑶乡管辖。

行政区划

1958 年，国营西山林场辖西瑶、新建、向阳、谷富塘 4 个生产大队，场部驻地文昌坪。1979 年，调整为联合、向阳、新建 3 个大队。1980 年，场部驻地迁往庙背脚。1984 年，设谷富塘、横头岭、新建、西瑶 4 个村民委员会。1989 年，分西瑶置桃源坪、文昌坪 2 个村委会，析谷富塘另置桑水村委会，析横头岭另置马渡崎村委会。1995 年，西瑶乡成立，辖谷富塘、马渡崎、横头岭、新建、文昌坪、桃源坪 6 个村民委员会，41 个村民小组，36 个自然村。2014 年，行政区划仍旧。

自然环境

境区以中山地为主，山体高度由南向北递降，平均坡度 20.63‰。低山海拔 320 ~ 500 米，主要分布在西山山脉东面和东北面；中低山海拔 500 ~ 800 米，坡度 30 ~ 35 度，主要分布谷富塘一带；中山海拔 800 米以上，坡度一般在 35 ~ 45 度之间，分布于西南部。天头岭为全县最高点，海拔 1711.8 米，是西瑶乡与双溪乡的界岭；最低处万山岭桥底，海拔 320 米。土壤类型主要有红壤土、山地黄壤、黄棕壤、山地草甸土及少量非地带性的山地酸性紫色土。

境内分水坳是珠江流域与湘江流域分水岭，

南面武水河、人民河属珠江水系，北面春陵江属湘江水系。春陵江发源于境内南风界，属湘江二级支流，流经桃源坪、文昌坪入蓝山县境，境内长约30公里。武水河发源于三峰岭，人民河发源于天头岭，是珠江二级支流北江的上游河流。

境域为亚热带内陆湿润气候，四季分明，冬无严寒，夏无酷暑，光照充足。年平均气温16.0℃，空气相对湿度80%，平均年降水量1500～1900毫米，日照时数1500小时左右。境内负氧离子含量丰富，雾、雪等自然景观独特，非常适合休闲旅游。

动植物资源丰富。境内已发现的国家Ⅰ级保护野生植物有南方红豆杉、水杉、钟萼木（伯乐树）3种；国家Ⅱ级保护植物有华南五针松、福建柏、凹叶厚朴、樟树、闽楠、金荞麦、翅荚木、野大豆、花榈木、半枫荷、榉树、川黄檗、红椿、喜树、中华结缕草15种。国家Ⅰ级保护动物有蟒蛇、黄腹角雉、云豹3种，国家Ⅱ级保护动物有大鲵、林麝、虎纹蛙、黑鸢、黑冠鹃隼、雀鹰、松雀鹰、赤腹鹰、普通鵟、游隼、红隼、燕隼、草鸮、红角鸮、领角鸮、雕鸮、斑头鸺鹠、长耳鸮、短耳鸮、红腹锦鸡、勺鸡、白鹇、藏酋猴、穿山甲、豺、青鼬、水獭、大灵猫、小灵猫、鬣羚等30种。境内另有铅、锌、铀、花岗岩、玉石等矿产资源。

人口民族

1979年，有417户2224人，其中：男性1153人，占52%。1995年，有685户，人口2387人，其中农业人口2171人，占90.9%；男性1286人，占53.8%。2000年，第五次人口普查，有2269人，其中农业人口1989人，占87.66%；男性1239人，占54.61%。2010年，第六次人口普查，有2294人。2014年，有2403人，其中农业人口2226人，占92.63%；男性1266人，占52.68%。人口密度为每平方公里19人。

境内民族有汉、瑶两族。2014年，有瑶族人口856人。

经济发展

经济综述

境内经济以林业为主。新中国成立前，人们靠山吃山，生活贫穷。新中国成立后，开展造林、育林，但受交通等基础设施制约，经济发展缓慢。

1978年中共十一届三中全会后，生产力得到解放，经营自主权扩大，农林产品商品率提高，人民收入增多。1989年，全乡实现农业总产值103万元，人均纯收入349元。1990年后，利用本地资源，大力发展林木加工和小水电等，经济发展较快。1999年，实现农业总产值127万元，工业总产值1728万元，财政收入12.7万元，农民人平纯收入1315元。农村居民家庭消费支出中，食品、衣着、住房支出占85.7%，耐用消费品支出占3.6%，文体教育医疗支出占10.7%。农民自给性消费比例减少，新建住房及电视机、洗衣机等高档家用电器拥有量增多。

2000年后，改善生态环境，发展休闲旅游业，经济发展势头良好，农民收入明显增加。2014年，全乡实现农业总产值3595万元，工业总产值15580万元，财政总收入194万元，农民人平纯收入5666元，固定资产投资额8460万元。全乡国内生产总值14113万元，三次产业结构由2010年的14.71∶39.62∶45.67调整为16.05∶34.23∶49.72。农村居民家庭消费支出中，食品、衣着、住房支出占80.5%，耐用消费品支出占7.2%，文体教育医疗支出占12.3%。人民衣着讲求时尚美观，居住讲究舒适宽敞，饮食追求营养。每百户农村居民家庭耐用消费品拥有量为：

电视机59台、洗衣机5台、摩托车19辆、小汽车0.2辆。人均住房面积由1995年的6.3平方米增加到2014年的23.6平方米。

农业

境内主要农作物有水稻、红薯、玉米、大豆等，畜禽水产养殖种类有生猪、牛、羊、鸡、鸭、鱼等。新中国成立初期，水稻种植为一季稻。1955年，试种双季稻，因地理条件所限，除海拔较低的谷富塘以外，其他各地均以失败告终。1964年，始用薄膜育秧。1977年，试种杂交稻获得成功。1979年，杂交水稻播种面积65.5公顷，单产396.5千克，总产量390吨。1981年，推行家庭联产承包责任制，包田到户。1984年，完善农村经营体制机制，颁发“土地承包使用证”，农民生产积极性得到调动，作物总产量进一步提高。1988年，大面积推广优质水稻种植，单产445千克。1998年，重点发展柑橘、桃、杨梅等小水果产业，开始山羊和菜牛养殖。2002年，分水坳村有养牛专业户5户，养殖规模最大的达34头。2005年，加快经济林发展，建成金秋果园、众鑫油茶、西山野生茶等种植基地；依托信贷支持，扶持分水坳、桑水综合养殖场扩大养殖规模。2007年，引入外资和技术，创办石蛙养殖场。次年，石蛙养殖场迁往庙背脚。2013年，注册成立娃娃鱼养殖合作社，至此全乡特种养殖基地达29个。2014年，推广“企业＋基地＋农户”模式，发展小水果和特种养殖，全乡粮食作物播种面积205.53公顷，总产量1101吨；出栏生猪1698头、牛168头、羊1140头，家禽出笼家禽7993羽；年末存栏生猪704头、牛598头、羊1561头，存笼家禽4494羽。

林业

1951年，县组织劳力在西山种植杉树100公顷，这是境内历史上首次大规模的植树造林。1958年，国营西山林场成立，开始专业性营造用材林。20世纪60年代，在抓好造林工作的同时，林木采伐量有所增加。1972年，完成幼林抚育近1000公顷，林木种子采集110千克，松脂5000千克，采伐木材500立方米、楠竹1300万根。1986年，湖南省森林资源二类调查，境内森林覆盖率为61.03%。1992年，县开展“五年消灭宜林荒山，八年绿化临武”行动，在西山完成飞播造林1667公顷。1994年，湖南省森林资源二类调查，西山林场森林覆盖率84.63%。2001年，启动退耕还林工程和珠江水系防护林建设工程。2004年，创办恒丰林业公司，引进资金进行楠竹综合开发。2006年，提高营林生产科技含量，改善林种、树种结构，完成人工造林61公顷，其中松木造林60公顷；生产一级松苗20万株，中、幼林抚育576.8公顷，楠竹林抚育1071公顷，封山育林2667公顷，人工促进天然林更新85公顷，新修防火线6.3公里，复修防火线25公里，当年生产木材3399立方米。2009年，实施珠江防护林中、幼林抚育307公顷，采伐迹地造林120公顷，并完成集体林权制度改革。2011年，境内实行全面禁伐，森林资源得到有效保护。当年底，退耕还林和“珠防”工程累计造林2614公顷，其中防护林973.33公顷，经济林880公顷，竹林760公顷。2012年启动三年绿化攻坚，当年完成造林1512.23公顷。2014年，全乡林业用地面积12166公顷，森林覆盖率88.22%；森林蓄积量31.89万立方米，楠竹蓄积271万根。

工业

新中国成立前，境内手工业主要有木器、竹器加工，均为家庭作坊生产，主要产品有谷箩、畚箕、米筛、竹椅、木桶、木盆、木椅、条凳等。新中国成立后，在发挥传统优势发展竹木加工的同时，注重发掘本地资源，建设小水电。1988年，赤头岭电站竣工发电。1991 年，建成八江水、粟山坪 2 座水电站。1993 年，创办竹器厂，主要生产竹凉席、竹筷子等。1996 年，湘南合金冶炼厂在境内创办，年产电解锰 1200 吨。2001 年 4 月，创建森森山泉水厂，年产桶装水 1.8 万桶、瓶装水 6.5 万瓶，年创收 19 万元。之后，瑶山泉水厂、绿之源山泉水厂相继建成。2003 年，小水湾电站竣工发电。2004 年，启动梯级电站开发项目，黄木坳一级电站、昌源二级电站于次年竣工投产。2006 年，引进资金创办石子坪竹木加工厂。2009 年，西山源食品加工厂投产，主要生产米酒、腊肉等。2014 年，境内有水电站 10 座，装机容量 10600 千瓦。

商贸服务业

1958 年，武水供销社在境内文昌坪设供销商店，主要经营盐、煤油、肥皂、布匹、鞋袜等日常生活用品。后因经济效益不佳，于 1969 年撤销。1976 年，谷富塘村始出现农村代销店，主要经营南杂和小件百货。进入 21 世纪，随着旅游业发展，境内先后兴建万山、桑水、绿谷、分水坳、桃源坪、文昌坪、西瑶、瑶岭等休闲山庄，“农家乐”颇受顾客青睐。2014 年，全乡社会商品零售额为 2.3 亿元。

基础设施

交通运输

境区处地偏僻，交通闭塞，民国以前一直是交通死角。1974 年，省林业厅投资修建县城至文昌坪林业专用公路，1977 年建成通车，结束了西山无公路的历史。1978 年，庙背岭至叉江口公路建成。1982 年，从文昌坪延修公路至大河边，当年，境内公路里程长 42 公里。1991 年，回头湾至黄沙坪水库公路竣工。2006 年，铺设完成县城至西瑶乡政府水泥公路，全长 14.5 公里；新修林区公路 22 公里，整修林区公路 36 公里。2008 年，黄木坳至石灰岩公路建成。2012 年，修筑公路连通广东连州瑶安镇。2013 年，桃源坪至塔山坪公路修通，桑水桥至马渡崎通村公路铺设水泥路面，乡政府与桃源坪、文昌坪公路泥改砂完工。2014 年，连通县城至文昌坪的舜西公路获准立项，项目总里程 40 公里，计划投资 3.8 亿元。当年，境内共有公路 6 条，总里程 59 公里，其中水泥公路 16 公里；有客运线路 1 条，每日 2 班；货运汽车 8 辆，年货运量 7 万吨。

邮电通信

民国时期，境内不通邮、不通电话。1958 年，国营西山林场成立，始架设电话专线。1994 年，开通程控电话，有用户 11 户。1995 年 2 月，农村电话实现升级，“摇把子”电话机退出舞台，有线电话用户逐年增加。1998 年，境内始有数字移动电话，因信号不强，仅有 1 台。2004 年，中国移动公司在境内建成信号直放站。2005 年，中国移动公司、中国电信公司在境内建设移动电话信号基站 3 个，移动电话信号覆盖面达到 80%，手机用户随之增加。2011 年年末，全乡有固定电话用户 76 户。2013 年，中国移动公司建成文昌坪基站。2014 年，全乡有邮政通信网点 1 个，信号基站 7 个，光缆线总长 14 公里，主干电缆 26 公里，互联网端口 4 个，固定电话用户 136 户，手机用户 1339 户，宽带用户 63 户。

供电饮水

新中国成立前，境内无电力设施，饮用水多为山泉水。1983 年，境内有 3 个生产队 66 户家庭通电。之后，小水电建设步伐加快，各村先后筹集资金，架设供电线路，解决照明用电。1988 年，建成赤头岭水电站。1991 年，八江水、栗山坪电站建成供电。1993年，谷富塘村修建人畜饮水工程。1997年，马渡崎、横头和新建3行政村纳入长河水库饮用水保护区，建立人工湿地处理系统。1999年，炭头坪村引渠道水，解决人畜饮水问题。2005年，从双溪境内架设高压电线，结束茶林塘用柴油机发电的历史。2010年，从广东连州梅树冲电站架设高压线至平溪洞，至此境内实现村村通电。2014年，西瑶3.5千伏变电站建成，谷富塘、马渡崎、横头3个村委农网改造项目开工；是年，全乡6个村委通自来水。

水利建设

1992年，动工兴建分水坳小Ⅰ型水库，通过梯级开发，建成电站五级，尾水进入长河水库，同时配套修建引水干渠6914米。1993年，谷富塘村修建引水渠800米，解决农田灌溉问题。1998年，黄沙坪小Ⅰ型水库竣工，该水库蓄水以发电为主，兼以防洪、养鱼、灌溉，建有一、二级电站，电站尾水进入长河水库南干渠。1999年，炭头坪村开挖渠道4500米，引水灌溉。2002年，建成塔山坪、黄木坳2座小Ⅱ型水库。此后，建成以发电为主的昌源二级电站小Ⅱ型水库。2014年，全乡有小Ⅰ型水库2座、小Ⅱ型水库3座，山塘7处，河坝39处，水渠12214米。

村镇建设

清末民国时期，农民住宅多为“夯土为墙、杉树皮盖顶”的土坯房，人均面积小。1952年，土改完成后，农民住房条件有所改善，但仍以土坯房为主。1978年中共十一届三中全会后，随着农村经济发展，农民建房出现高潮，建筑风格多为红砖、青瓦的砖瓦结构。1980年，西山林场场部由文昌坪迁至庙背脚，新建办公及生活用房。20世纪80年代末，农民建房以钢筋混凝土结构为主，安装铝合金窗和不锈钢防盗网，外墙水泥粉刷，贴瓷砖，建筑式样、标准逐步向城市靠拢。2009年起，各村委相继兴建综合办公楼。2012年，新建西瑶乡综合文化站，占地面积500平方米，总建筑面积1314平方米。2013年，启动农村危房改造工程，当年完成126户；启动“美化、绿化、亮化”工程，改善农村居住环境。

社会事业

教育科技

民国时期，境内无学校。1951年，创办桃源坪小学。1956年，杉树冲、炭头坪2所小学建成。1963年后，陆续兴办平溪洞、文昌坪、凤凰岭、栗山头、天堂岭等小学。1969年，创办桃源坪中学。次年，成立西山学区。1972年，中学搬至分水坳，改名西山林场联合中学。1979年，创办谷富塘中学。1982年，西山林场联合中学停办；在群众的要求下，兴办牛角龙、黄木坳、桑水、茶林塘、塔坪等5所小学。1984年，在赤头岭村新建中心小学。之后，调整学校布局，整合教育资源。1985年，谷富塘中学停办，炭头坪、平溪洞、凤凰岭、栗头山、牛角龙、黄木坳、桑水、塔坪等小学先后撤销。1987年，境内有小学7所，在校学生310人，教师20人。1992年，杉树冲小学撤销。1994年，复建桑水小学。1997年，天堂岭小学撤销。2003年，文昌坪、桃源坪、桑水小学撤销。之后，乡中心小学、茶林塘小学撤销。2014年，境内只有谷富塘小学1所，有在校学生27人，教师6人。

1955年，谷富塘村试种双季稻获得成功。1965年，进行紫胶虫越冬试验，效果良好。1977年，试种杂交水稻，并在全境推广技术，增产效果明显。2007年，从浙江引进技术，在境内养殖石蛙。2013年，茶林塘人工养殖娃娃鱼获得成功。

文化体育

1957年5月接通有线广播。1994年10月，有线广播停播，开通无线广播。2009年，谷富塘、马渡崎、横头3个村委建农家书屋，各有藏书6000余册、报纸杂志10余种。2012年，建成乡综合文化站，设图书馆、书刊阅览室、电子阅览室和多功能教室，免费向群众开放。

2000年，全国第五届残运会，西山林场伍启发获田径男子T46级200米金牌；2002年，第八届远东及太平洋地区残运会，伍启发获4×100米接力赛金牌；2004年，第十二届残奥会，伍启发获男子同级别400米第三名。2011年，谷富塘、马渡村2个村安装健身器材。2014年，全乡有篮球场3个，乒乓球场1个、球桌2张，健身路2条。

医疗卫生

清朝民国时期，境内无医院，山民依传统验方自采草药防病治病。1958年，国营西山林场成立，场部设医务室。1969年，推行农村合作医疗制度，各村设合作医疗室，配备1名“赤脚医生”。1982年，随着农村搞单干，合作医疗制度解体，谁看病谁出钱。2007年，实行新型农村合作医疗制度。2010年5月，成立西瑶乡卫生院，院址在乡政府院内，医务用房面积200多平方米，设药房、门诊、防保等科室，有卫技人员1人。2012年，开展乡村环境卫生整治活动，对垃圾进行集中处理，全乡建垃圾池6个，设垃圾分类箱16个，发放垃圾桶174个。谷富塘村配有专职保洁人员2名。2013年起，推行农村改厕，2年共改厕250间。2014年，有卫生院1所，床位3张，执业医师2人；有1947人参加新型农村合作医疗，参合率87.47%。

社会保障

新中国成立后，逢自然灾害，人民政府均及时组织救灾，帮助灾民渡过难关。1958年西山林场成立后，农村“五保”人员由场部安排各生产队供养。1995年成立西瑶乡，农村五保人员实行分散供养，供养经费由乡村统筹。1998年，供养经费实行乡统筹。2005年，实施农村最低生活保障制度，有53人纳入农村低保。2010年，启动农村社会养老保险工作。当年，有60人参加新型农村社会养老保险，参保率5.52%。2011年，为25名受灾人员发放救灾款5000元。2014年，建成乡敬老院。当年，全乡有188人纳入农村低保，国家抚恤、补助各类优抚对象162人；有976人参加新型农村社会养老保险，参保率95.78%。

特色地情

风景名胜

西瑶绿谷国家森林公园 成立于2010年，总面积12900公顷，森林覆盖率95%，分五大景区，主要景点68处。凤凰岭核心景观区，森林繁茂，瀑布成群；分水坳景区群峰耸立，地貌奇特；桃源坪景区可峡谷漂流，赏瑶乡风情；长河景区既有长河水库的浩渺水面，又有天然溶洞的曲折深邃；黄木坳景区原始次生林密布，沟谷神秘幽静。

民俗风情

高台长鼓舞 农历十月十六日，为瑶族传统节日——盘王节。是日，瑶族同胞欢聚一堂，载歌载舞，长鼓舞是必不可少的节目。西瑶乡高台长鼓舞以“还盘王愿”祭祀活动为主线，长鼓舞为主体，配合独特的动作表演，描绘古代瑶胞的迁徙生活和劳动场景，内容丰富，节奏明快，艺术性、观赏性俱佳。2015年，西瑶乡高台长鼓舞

临武古八景之西山霁雪

列为省级非物质文化遗产。

结草插标 瑶人因断文识字少，为向他人传递信息，在日常生产生活中他们创造了一种奇特的表达方法——结草插标法。即用随手可得的茅草扎成不同形状留作记号，表达不同的意思。主要有6种：发现标，表示此物已被人发现；号地标，表示此物已有人用；有主标，表示此物有主；提醒标，提醒他人注意；拦路标，示意不可前行；转告标，表示广为转告。瑶人遵规守约，只要发现草标，都会遵意而行。

（郭周明 供稿）

附录

临武县撤乡并镇行政区划变更一览表

<table>
<tr><th>2012 年 6 月</th><th>2012 年 6 月至 2016 年 4 月</th><th>2016 年 4 月后</th></tr>
<tr><td>城关镇</td><td>舜峰镇</td><td rowspan="2">舜峰镇</td></tr>
<tr><td>双溪乡</td><td>双溪乡</td></tr>
<tr><td>武水镇</td><td>武水镇</td><td rowspan="2">武水镇</td></tr>
<tr><td>同益乡</td><td>同益乡</td></tr>
<tr><td>金江镇</td><td>金江镇</td><td>金江镇</td></tr>
<tr><td>三合乡</td><td rowspan="2">香花镇</td><td rowspan="2">香花镇</td></tr>
<tr><td>香花岭镇</td></tr>
<tr><td>南强乡</td><td rowspan="3">南强镇</td><td rowspan="3">南强镇</td></tr>
<tr><td>岚桥镇</td></tr>
<tr><td>广宜乡</td></tr>
<tr><td>汾市乡</td><td>汾市镇</td><td rowspan="2">汾市镇</td></tr>
<tr><td>土地乡</td><td>土地乡</td></tr>
<tr><td>水东乡</td><td rowspan="2">水东镇</td><td rowspan="3">水东镇</td></tr>
<tr><td>接龙乡</td></tr>
<tr><td>大冲乡</td><td>大冲乡</td></tr>
<tr><td>楚江乡</td><td>楚江镇</td><td>楚江镇</td></tr>
<tr><td>麦市乡</td><td>麦市镇</td><td>麦市镇</td></tr>
<tr><td>花塘乡</td><td>花塘乡</td><td>花塘乡</td></tr>
<tr><td>万水乡</td><td>万水乡</td><td>万水乡</td></tr>
<tr><td>镇南乡</td><td>镇南乡</td><td>镇南乡</td></tr>
<tr><td>武源乡</td><td>武源乡</td><td rowspan="2">西山瑶族乡</td></tr>
<tr><td>西山瑶族乡</td><td>西山瑶族乡</td></tr>
</table>

汝城县

概述

汝城县位于湖南省郴州市东南端，湘、粤、赣三省交界处，北纬25° 19′ 5″ 至25° 52′ 57″，东经113° 16′ 17″至113° 59′ 21″。东界江西省崇义县，南邻广东省乐昌市、仁化县，西连湖南省宜章县，北接湖南省资兴市、桂东县。县域东西长72公里，南北宽63公里，辖区面积2400.71平方公里。

汝城地处罗霄山脉南端与南岭山脉中段交汇处，境内以山地为主，占总面积的78%，有海拔千米以上的山峰274座。中部多为丘陵、岗地。中部盆地南起大坪镇，北至土桥镇，长约20公里，宽约6公里，是县内人口最密集、经济最繁荣、文化最厚重的地区。县城位于县域中部，海拔593米。境内喀斯特地貌比较典型，岩寨峥嵘，多溶洞和暗河。土壤母岩以沙砾岩和板岩为主，约占70%，花岗岩约占20%。以红壤和山地黄壤分布最广，约占64%。

汝城是千年古县。东晋穆帝升平二年（358），始分晋宁县地设汝城县，属桂阳郡。南朝天嘉元年（560），废汝城县设卢阳郡领卢阳县，唐玄宗天宝元年（742），改卢阳县为义昌县，属桂阳郡。五代后唐庄宗同光三年（925）改义昌县为郴义县，属郴州。宋太平兴国元年（976），改郴义县为桂阳县，属郴州。元明清三朝沿袭。民国2年（1913），因湖南撤州建道，原桂阳州改为桂阳县，为避免两县同名，本县复称为汝城县。1949年11月以后，汝城县属郴县专区。1959年3月汝城、桂东两县合并为汝桂县。1961年5月恢复汝城、桂东两县建制。1994年12月，郴州撤地建市，汝城县隶属郴州市。

汝城人文历史悠久。约公元前26世纪，中华人文始祖神农炎帝作耒耜于汝城耒山。北宋皇祐二年（1050），周敦颐任桂阳县令，濂溪先生在此兴修水利、创办县学，开阐理蕴，著书立说。其立诚、守拙、寡欲、正直、公明的为官操守，开创了汝城崇理尚德的民风。从北宋绍圣四年（1097）的朱辂到清道光十五年（1835）的何庆元，汝城出了1位状元，39位进士，有1900余人科举及第。其中明朝太子太保朱英，工部尚书曾鉴，监察御史范辂的个人传记载入《明史》。这里是湘南暴动的策源地，毛泽东、朱德、彭德怀、陈毅等老一辈无产阶级革命家在此留下光辉足迹。1950年，被湖南省政府认定为革命老游击区。汝城是古祠堂之乡。境内有保存完好的古祠堂942座，这些古祠堂，始于宋元盛于明清，集文物价值、实用价值、科学价值，宗法传承于一身，规模庞大，美轮美奂，是中国乡土社会的活化石。

汝城是生态大县，县域地处中亚热带向南亚热带过渡的季风区。境内阳光充足，降水充沛，夏无酷暑，冬少严寒。多年平均气温16.8℃。无霜期年均273.8天，年均日照160.4小时，年均降水1527.6毫米。境内山高坡陡，水流湍急，水能资源理论蕴藏量37万千瓦，年平均降水量38.11亿立方米，多年平均径流总量22.57立方米。境内共有大小河流696条，总长1766.2公里，有浙水、沤江、滁水、集龙江（上犹水）、三江口水（城口水）5条主要河流，河流呈辐射状，集龙江向东入赣江，三江口水向南注珠江，浙水、沤江、滁水向西流湘江。境内地热资源有热水、罗泉、汤口、大汤、塘内、铜坑等温泉。其中热水温泉地热异常面积达300公顷，水温最高达98℃，25.5℃～91.5℃的地下热水日流量为5540吨，是湖南省流量最大、水温最高、开发利用前景最好的天然热泉。

境内古木参天，主要植被有常绿阔叶林，针阔混交林，针叶林，灌木林，高山草地五大类。林区面积19万公顷，活立木蓄积量864万立方米，活立竹3600万株，森林覆盖率达73.7%，植被丰茂，物种丰富。境内有国家级自然保护区2个，保护区面积10646公顷，境内有小Ⅱ型以上水库69座，形成了既有山区小气候又少瘴气，负离子丰富又少紫外线，空气清新又少污染的气候特点。县域空气质量达到国家一级标准，县城空气质量达到国家二级标准。地表水总体稳定在二级以上。县域环境噪声平均值54.7分贝，交通噪声平均值64.4分贝，均优于国家规定的环保标准。

昔时汝城以贫瘠著称。自清嘉庆二十一年（1816）至民国38年（1949）的130多年间，全县人口一直在15万人左右徘徊。县域长期处于自给自足的自然经济状态。1949年，全县工农业产值2768万元，人均产值192.8元，产粮3096万千克。林产以杉木为大宗，境内木材、土纸、香菇、木耳常年产值为150万元左右（银圆）。1950年以来，中共汝城县委，汝城县人民政府领导全县人民发扬革命老区的光荣传统，自力更生，奋发图强，掀起了社会主义革命和建设的高潮。党的十一届三中全会后，通过推进农村联产承包责任制，进一步解放了农村生产力，促进了农村经济的全面增长。20世纪90年代中后期，通过推行承包、租赁等改革，产业结构随着市场经济的需求不断更新完善。地区生产总值由1952年的2813万元增至1978年的6398万元，2014年达46.85亿元。从1952年到2014年，人均生产总值由146元增加到14018元。其中，钨矿市场量一度占全国的四分之一左右，被誉为“中国钨都”。全县小水电装机容量34.62万千瓦，是湖南省小水电装机容量最大的县，被誉为“全国小水电的一面旗帜”。2014年，财政总收入8.99亿元。农村居民人均可支配收入由1952年55元提高到2014年的6847元。城镇居民人均可支配收入由1978年的309元增加到2014年的15681元。

明初编纂赋役黄册时，全县共有六乡（即汝城乡、乐善乡、益将乡、长宁乡、长乐乡、文明乡）十四都二十里。明嘉靖年间，境内因战乱人口锐减，全县裁并为五乡（即益将乡并入乐善乡为里）六都七里。清康熙年初始变前制，拨都为里，全县共编为五乡十七里。清乾隆年间，全县划分为5个乡28个团7个村2个堡。汝城乡统领5个团（平政、津江、关厢、厚坊、新村），4个村（城内、白泉、西坪、南端），乐善乡统领9个团（都市、西垣、永安、土桥、金山、永丰、益将、集龙、热水）1个村（广安），长宁乡统领5个团

（大村、富处、北水、柱石、内淇）2个村（外沙、高村），1个堡（白芒），长乐乡统领3个团（山口、官路、龙虎）1个堡（太平），文明乡统领6个团（城溪、延寿、黄土、杲塘、姜阳、文明）。民国初期，沿用乡制。民国8年（1919）改乡为区，全县分设8个区57个段。民国27年（1938）废区设乡，全县共设2镇18乡：首善镇、公平镇、东屏乡、东岭乡、濠头乡、津泰乡、协和乡、智仁乡、利治乡、白泉乡、大坪乡、井坡乡、土桥乡、四清乡、文秀乡、明德乡、延寿乡、南洞乡、暖水乡、开源乡。1949年，汝城县解放。1950年4月，开始民主建政。2014年，汝城县乡镇行政区划辖卢阳、土桥、泉水、大坪、三江口、热水、暖水、马桥、文明、小垣10个镇，井坡、集益、濠头、永丰、田庄、南洞6个乡，延寿、岭秀、盈洞3个瑶族乡，有309个村委会，27个居民委员会，2775个村民小组，3970个自然村。全县总人口40.1万人。境内汉、瑶、畲、苗、侗等多民族共居，其中瑶族6.65万人，是湖南省5个少数民族散居县之一。

卢阳镇 >>

卢阳是千年古乡，中国古祠堂之乡。

区域概况

位置面积

南朝天嘉元年（560），设卢阳郡领卢阳县（今汝城县），唐玄宗天宝元年（742）废。2012年汝城县行政区划调整时，将原城关镇、城郊乡、附城乡合并建镇，借用卢阳古县名为镇名。位于汝城县中部，北纬25° 29′ 0.1″ 至25° 36′ 28″、东经113° 36′ 55″ 至113° 48′ 49″。东西直线距离19.9公里，南北直线距离13.8公里，面积115.59平方公里。东界益将林场，南邻九龙江森林公园、大坪镇、泉水镇，西接马桥镇，北交土桥镇、暖水镇，镇政府驻县城劳动路7号。

建置沿革

卢阳镇明清属桂阳县汝城乡、乐善乡、长宁乡。民国8年（1919），撤乡建区属汝城县中区。汝城县民国27年（1938）撤区建首善镇、津泰乡。1950年4月属汝城县第一区。1953年首善镇改称城关镇。1956年4月撤区建城关镇、附城乡。1958年10月城关镇、附城人民公社与土桥人民公社合并为幸福人民公社。1959年11月划分为城关人民公社、附城人民公社和土桥人民公社。1961年城关人民公社划分为城关镇和城关人民公社，两块牌子，一套人马，合署办公。1981年11月城关人民公社分立为城关镇和城郊人民公社，附城人民公社维持不变。1983年10月撤社建乡，分立为城关镇、城郊乡、附城乡。2012年行政区划调整，合并原城关镇、城郊乡、附城乡设卢阳镇。

行政区划

1983年，城关镇辖3个居委会，2个大队，29个生产队。城郊公社辖8个大队，87个生产队。附城公社辖20个大队，181个生产队。2014年辖朝阳、九塘江、濂溪、文塔4个社区、附城、南门2个居民委员会，新井、锦堂、津江、益道、横巷、东正、云善、予乐、甲亨、江头、东溪、联江、长安、道南、向东、磨刀、上联、下联、上泉、东方、斗山、官桥、新堂、云内、曾家、陈家、廖家、邓家、朱家29个建制村，321个村（居）民小组，168个自然村。

自然环境

地形地貌 境内以山地和丘陵为主。东冈岭山脉形如巨屏延绵东南部。中部地势平坦，坐落着汝城最大的一块山间盆地，向北抵土桥镇，向南延伸至大坪镇。西北部多为丘陵和低山。最高点东冈岭，海拔 1479 米，最低点予乐湾，海拔 555 米，镇政府所在地海拔 593 米。

气候水文 属中亚热带向南亚热带过渡的季风性湿润气候区，阳光充足，降水充沛，夏无酷暑，冬少严寒，多年平均气温 16.8℃，1 月平均气温 6.5℃（极端最低气温 -9.8℃，1975 年 12 月 15 日），7 月平均气温 25.6℃（极端最高气温 37.3℃，2003 年 8 月 3 日），无霜期年平均 273.8 天，年平均日照时数 1600.4 小时。1981—2014 年平均降水 1527.6 毫米，年平均降雨日数为 174 天。降雨主要集中在每年的 4 月至 8 月,6 月最多。主要自然灾害有洪涝、干旱，1959 年以来共出现暴雨洪涝 93 次，年均 1.7 次，主要发生在 5 月至 8 月，发生夏旱 28 年次，秋旱 35 年次，最严重一次发生在 1963 年，是年春夏秋连续 130 天无雨，境内河溪断流。河道属湘江水系和赣江水系，境内主要河道有浙水河、九塘江、寿江、东泉江、陈滨江等，浙水河从泉水镇星村流入卢阳境内，经廖家、新堂、予乐等村，流向马桥镇高村；九塘江为浙水支流从土桥镇水口村入境，流经东正村、云善村、九塘江社区、南门居委会、文塔社区、濂溪社区，汇长塘水、津江水、寿江、长河水注入浙水，长 5.8 公里；东泉江发源于江头、磨刀，流向东溪、锦堂、新井、津江，在津江桥汇入寿江，全长 5.3 公里；寿江为九塘江支流，发源于向东、道南，流经联江、津江，在文塔汇入九塘江，长 5.6 公里；陈滨江系赣江支流，发源于上联村崩冈垅、下联陈滨，汇孤山水、槽洞水注入益将江，全长 16 公里。境内主要河流 8 条，总长 36.5 公里，径流 5781 万立方米 / 年。

自然资源 境内森林茂盛，生态良好，动植物资源丰富，林木有松、杉、樟、楠竹，栖息有水鹿、野兔、野猪、斑鸠、杜鹃等珍贵野生动物。矿藏资源有铁、煤、钨。其中铁矿地质储量较大，主要分布在东方、官桥、江头、上泉等村。

人口民族

殷商时期，境内便有人类繁衍生息。秦汉外来人口迁入，明清两代因官迁或避战乱，外来人口入境者多。民国时期，外来经商者增多。民国 33 年（1944），日军大举进犯湖南，长沙失守。薛岳率国民党第九战区司令长官部和湖南省政府部分机关退守汝城，境内人口一度大增。清代以前，由于按丁课税隐匿不报人口者亦多，人口统计数据不全。1960 年后，随着国民经济的发展医疗卫生条件的改善，形成人口自然增长的高峰期。1980 年后，通过严格实行计划生育，人口自然增长明显放缓，推进城镇化发展战略和鼓励农民进城创业，城镇人口显著增加。1964 年第二次人口普查统计全乡 25423 人。1982 年第三次普查统计全乡人口 39692 人。2010 年第六次人口普查统计全镇 65067 人。2014 年全镇 22544 户 70042 人。男性 37122 人，占 53.02%；女性 32920 人，占 46.98%；14 岁以下 857 人，占 18.36%；15 ~ 64 岁 51231 人，占 73.14%；65 岁以上 5954 人，占 8.50%。瑶族、畲族等 2802 人，占 4%。人口自然增长率 6.21‰。人口密度为每平方公里 606 人，为全县之最，城镇化率 35.9%。

经济发展

农业

卢阳镇坐落在汝城中部山间盆地上，平坦肥沃，水源丰富。农耕文明历史悠久，是汝城的粮仓，属汝城经济发达地区。传统种植业以水稻、蔬菜为主，品种单一，水稻以单季稻为主。农户素有养殖牲畜、鸡、鸭、鹅的习惯，以养猪为主，多以家庭圈养为主，自养自繁，除供给家庭消费外，多上圩集出售，靠此换取日常生活开支，俗称“油盐罐子”。有山林7473公顷，活立木蓄积量15万立方米，森林覆盖率55.82%。树种以松、杉、阔叶林为主。农具以犁耙、水车为主，人力耕种，辅之以牛耕。民国18年（1929）是境内农业最好的年份，亩产也只有180千克，平常年景维持在150千克左右。民国30年（1941），汝城县政府曾成立农业改进所，改良稻种、粮林间种、兴修水利，但收效甚微。1949年粮食歉收，亩产仅为110千克左右。1950年后，粮食种植经历了高秆改矮秆、单季改双季、常规稻改杂交稻的三次重大变革。1954年，粮食大丰收，亩产达200千克。此后粮食产量多年徘徊。1965年，本镇粮食喜获丰收。1976年通过推广杂交稻，普遍使用化肥，粮食产量逐年提高，跃过400千克大关。到1982年，全镇粮食获大丰收，亩产达480千克，1983年、1984年，因遭受自然灾害和主观上重商轻农的影响，连续两年粮食减产。经总结经验教训，1985年粮食开始恢复性增产。到1990年，粮食生产突破连续7年徘徊局面，再获大丰收。此后随着农田水利基础设施的配套完善，超级杂交稻的推广，粮食生产进入稳产高产期。1988年，境内耕地1933公顷，产粮16522吨，拥有农业机械总动力为7540千瓦。2014年耕地面积1617.7公顷，人平267公顷，粮食总产量16914吨，牲畜存栏13690头，农业总产值7694万元。涌现了一批种田大户、种菜大户、养殖大户，建设现代农业的步伐加快。

工业

工业以矿产经营和手工业为主。清代，传统工业主要有铁、木、竹、印染、陶瓷等手工业作坊，规模很小，维护着简单的再生产，大多沿寿江而建，俗称半边街。民国14年（1925），汝城设电报局，始通长途电话。同年，附城田家岭村邓淑文在县城中大街开设信成书社，经营各类图书。此后，置办手摇圆盘铅字印刷机，承印名片、信封、政府文件和广告业务等，生意旺极一时。1951年于益道范家桥建成县竹木厂，在新井南寨、叶家开办县织染厂。1952年于益道西垣建人民电厂，供应县城照明，后迁离改建印刷厂。1955年，成立城关镇缝纫生产小组，后改名为城关镇服装厂。1961年于耒水河建成装机容量175千瓦的孔隆桥电站。1956年，对境内手工业进行社会主义改造，农村手工业者加入农业社，建立铁木社、缝衣社等集体企业。明清时期，县内砖、瓦的生产都是手工制坯，柴茅作燃料，土窑烧制。1971年，在横巷李家建机砖厂，1974年，砖厂迁至锦堂村境内，占地8700平方米，1978年，该厂下放至附城公社，更名为附城机砖厂。20世纪80年代中期，境内工业步入快车道，以钨砂加工贸易和建筑建材为两大支柱，支撑着全境经济的持续繁荣20年。从2000年起，第三产业发展加快，三大产业开始三分天下。现境内拥有工业企业174家，从业人员1745人。规模以上企业有湖南鼎天集团（湖南省100强企业）、县群丰矿业有限公司（湖南省500强企业）等。

商贸服务

卢阳镇处汝城县治所在地，商业、服务业等第三产业繁荣是本镇产业经济的显著特征。清光绪末年，富户绅士始办“牙行”，境内开始萌现商业服务业。民国初年，朱选林集股开办“义和行”，代客买卖茶油、黄豆等。民国18年（1929），全镇有私营店铺500余户，著名商号有南杂业的振益祥、永裕祥、玉胜祥、万顺祥、永吉祥；饮食业的美味居、天意楼、合意茶楼、好来饮；针纺布匹业的鼎兴隆、新生绸房；药业的同春堂、万茂堂；钟表业的悦昌；百货业的联通号；日杂业的长发号；爆竹业的一声雷；书店有同茂、文友；文具纸张有五福泰；烟业有广昌；金银首饰业有熊裕兴、丽华金号；旅栈业有志丰栈、焕文堂；理发业有敏行、湘江；照相业有补天石、千秋；糕点业有茶顺馆。1952 年，县政府集中牙行于北关圩，兴办农民服务部。1953 年，对私营商业实行“利用、限制、改造”的政策，私商停业者日增多。1954 年 8 月至 1956 年 6 月，对私营商业的社会主义改造基本完成，城区私营商业除 29 户直接过渡为国营商业外，其余商户组成国光百货店、群力文具店、保健药业店、月中饮食店、布匹供销店、百货经销店、交通合作饭店和寿木组等集体商业。服务业有国光照相馆、建新理发店、洗染店、镶牙店等共有门市部 63 个，货郎担 70 付。1958 年“大跃进”以后，私营商户基本绝迹。中共十一届三中全会后，允许城镇待业人员和农村富余劳动力经营商业、饮食服务业，个体商业迅速发展，2014 年拥有君莲国际大酒店、龙腾国际大酒店、汝城大酒店等星级酒店 3 家，有罗霄红、南岭青、汝华野鸭等旅游商品生产企业 6 家。2014 年社会商品销售总额 5533 万元，服务行业收入 45396.01 万元。有商业网点 1356 家；农贸市场 2 个，市场总面积 1.3 万平方米。

财政金融

2014 年，全镇实现地区生产总值 95731.34 万元，完成国地两税 3742 万元，财政总收入 2512 万元，全社会固定资产投资额 101385.2 万元，城镇居民人均可支配收入 19466 元，农民人均可支配收入 3168 元。有银行保险等金融机构 4 家，各类存款余额 468 亿元。

基础设施

交通运输

昔时，境内山重水复，交通闭塞，山间小道路面狭窄，货物运输全靠人力肩挑背负。境内先民经年累月艰苦劳作，打通了邻近 3 省 6 县的步道 7 条，主要负责为朝廷传递公文信息，输送军饷钱粮故称官道，也是境内商人输送茶叶、食盐生产生活资料的主要通道，俗称茶盐古道。民国年间，对原有步道驾拓宽，能过骡马帮，仍然艰险崎岖。

县城—宜章步道　步道东起汝城经外沙、山店坳、小浙铺（今岭秀）、驴鞍铺（今古桥）至分界岭去宜章计 70 公里，县境内 25 公里。

城县城—九峰步道　步道经外沙、梓里、珠目、钟家、延寿圩、简家桥、砖头坳出境去九峰 43 公里，县境内 35 公里。

县城—资兴步道　步道经高村、廊木、马桥圩、双鱼岭、石岭脚、竹篙岭、白牛塘出境，去黄草坪 30 公里，到资兴县城 75 公里，县境内 25 公里。

县城—桂东步道　步道经新铺前、银岭脚、碣头（今暖水）、新桥、田庄圩、白泥坳出境至沙田 40 公里，到桂东县城 70 公里，县境内 33 公里。

县城—崇义步道　步道经簸箕岭、五里庙、松树坳、破石界、木兰隘、腊岭坳、益将圩、天子山、集龙圩、集溪口出境至丰州 38 公里，到崇义县城 60 公里，县境内 33 公里。

县城—仁化步道　步道北起汝城向南，经上黄门、担盐坳、泰来圩、铜皮店、大坪圩、大坪隘、高排、新桥出境至城口 30 公里，到仁化县城 60 公里，县境内 23 公里。

县城—乐昌步道　步道北起汝城向南经上黄

门、城头寨、三步桥、白泉桥、下青石、古塘、龙虎洞，分界岭出境至乐昌县城75公里，县境内33公里。

1956年前境内无公路。民国33年（1944），湖南省公路局曾测量汝（城）九（峰）、汝（城）崇（义）公路。当年县参议会决定，在田赋项下以附加征储积人谷的办法筹资修筑汝城至广东省乐昌九峰的公路，至民国36年（1947）底，共筹修路稻谷9000担。次年3月成立汝城县营建汝九公路委员会。9月工程匆匆上马，告之改建汝（城）宜（章）公路。当年12月，汝（城）宜（章）公路，至农历年年底，粮钱耗尽，路未建成匆匆下马。1956年4月20日,汝城第一条公路—宜（章）汝（城）桂（东）公路建成，始通客车。到上世纪末，境内交通干道有两条：即国道106线（亦称北京—广州公路）。106国道在汝城境内南接广东省仁化县城口镇，途经三江口镇、大坪镇、泉水镇、卢阳镇、土桥镇、暖水镇、田庄乡等7个乡镇，与省道324线在卢阳镇呈十字形交叉，至田庄乡白泥坳出境，境内全长65.5公里，双向2车道，是县内南北走向公路干线。

省道324线亦称省道蓝山——汝城公路。省道324线在汝城境内东起集益乡丰洲坳，途经集益乡、永丰乡、土桥镇、卢阳镇、马桥镇、延寿瑶族乡、岭秀瑶族乡、文明镇等8个乡镇，西止于文明乡界牌岭。境内全长102公里,双向2车道，是县内东西走向公路主干道。

国道106线和省道324线修建进度虽快，但由于经济实力所限测设匆忙，质量低劣，路基狭，线形不顺，技术等级差，除几座古桥是石拱桥外。其余都是木质桥。路况差，养护难，易发生交通事故。2013年后，境内交通事业进入快车道，有2条高速公路相继开通。厦蓉高速公路东接江西省崇义县文英乡，途经热水镇、集益乡、永丰乡、土桥镇、卢阳镇、马桥乡、延寿乡、岭秀乡、文明镇9个乡镇，西出宜章县里田乡。境内全长76.27公里，是汝城县东西走向的公路干线。岳汝高速公路，南接广东省仁化县城口镇，途经九龙江国家森林公园、大坪镇、井坡乡、泉水镇、卢阳镇、马桥镇、暖水镇、田庄乡、南洞乡9个乡镇，北出桂东，与厦蓉高速公路在马桥西览境内呈十字交汇，境内全长59公里，是汝城南北走向公路干线。

县乡（镇）级公路11条，总长225公里。汽车站10个，日均发送170辆客车，日客运量6000人次。2014年拥有货运汽车174辆，4319吨位；客运汽车170辆，3858座位；货运量4万吨，货物周转量100487.5万吨公里，旅客周转量590万人公里

邮政通信

邮政 始于清乾隆年间，光绪三十三年（1907），县设邮驿铺，配铺司2人，开辟汝城至资兴、汝城至仁化两条出班邮路，共计72.5公里。宣统二年（1910），始设汝城县邮政代办所。民国2年（1913），始设汝城县代办邮局，民国14年（1925）设电报局，始通长途电话。民国31年（1942），县内开通7条邮路，设有文明、田庄、大坪3个邮政代办所，延寿、东岭甲类信柜2个，热水、塘口、集龙、永丰、濠头、外沙、磻溪、马桥圩、土桥圩、益将、山店坳乙类信柜11个。1951年9月，邮政电信合并为邮电局。1963年，境内步班邮路改为自行车或摩托车邮路。1981年，郴州地区邮政局自办郴州至汝城汽车邮路专线。

2014年有邮政网点21个，路线单程总长度1105公里，乡村通邮率达到96%；全年投递国内函件52.66万件，国内汇票业务3.88万件，1958年人民公社实现社社通电话。20世纪60年代后期，人民公社至各个生产大队的有线电话陆续接通。

1990 年，县城启用 DD06 型长途电话全自动终端设备，装机容量 2000 门。1995 年 3 月，县城开通模拟移动通信系统。1999 年 5 月，移动通信汝城营业部成立。1999 年 6 月，中国联通汝城分公司成立。2001 年，县电信局建成县城宽带域网，无线宽带网络信号覆盖全镇。2014 年有电信企业 13 家，服务网点 480 个，电话交换机总容量 45000 门，固定电话用户 3.2 万户，移动电话用户 14.9 万户，光缆线路 2716 公里，主干电缆 4454 对公里，互联网端口总数 3.1 万个，宽带接入用户 1.7 万户。2014 年电信业务收入 10900 万元。

水利建设

境内官桥是汝城以干旱著称的“三桥”（官桥、土桥、马桥）之一，一遇干旱即有灾情。1950 年后，境内兴建了三湾垅水库、泉塘水库、得靖水库、新廖水库、江头水库、狐狸狭水库、四工圩水库、新斗塘水库、吉冲水库等小Ⅱ型水库 9 座，库容 225.5 万立方米，旱情稍有缓解。1958 年，龙虎洞水库修建，本镇属水库右灌区，1963 年，开始供水，有 8.85 公里主渠道贯穿境内，长安、江头、官桥等 15 个村的农田灌溉水渠总长达 46 余公里，农田灌溉得到基本保障。

城区市政建设

汝城为湖南省历史文化名城。自太平兴国元年（976）称桂阳县，太平兴国三年（978）迁于今址，千年经营，逐成规模，南宋嘉定九年（1216）始兴建城池，明洪武元年（1368）开通护城河，明弘治八年（1495）扩建县城，到弘治十四年（1501）竣工，四周筑砖石城墙 698 丈、高 3 丈，设朝阳门、南熏门、北拱门，并置瓮城，建城楼，城墙四周设箭垛、猫眼等防御工事。康熙十年（1671）重修南熏门改名为紫烟楼。后因城镇历次扩建，古城墙被拆，仅存地下古墙基石数处。

汝城古城的市政建设大体可分为三个历史时期。民国时期的桂阳古城称为首善镇，分城内、城外两部分。城内有十字街、南门内大街、东门内大街、北门内大街、县北街等 5 条，全长 670 米，城内城外总面积 0.41 平方公里，3 米宽的街道两旁，除 100 余间百货、布匹、南杂、文具、饮食、手工业店铺外，只有几间妓院、赌馆和少数居民。全城 464 栋公私房屋，大部分为砖木结构二层楼房，总面积 9.26 万平方米，其中私房占 64%，机关、祠堂、庙宇、祖产占 36%。城内城外街道除少数石板路面外，均为卵石路面，1950 年城镇人口为 2148 人。1950 年至 2007 年，是市政建设的第二个历史时期。1953 年设城关镇（属一区管辖），为适应城建需要，陆续拆除城内北部祠堂庙宇及部分城墙，建成了北关圩、粮食网供应站、农副产品收购站及工业品临时销售场地，成为县城商业中心。1956 年 5 月改为建制镇后，拓宽北正街与东、西正街，街道宽 18 米，总长 560 米。1958—1960 年，将中大街至太平街靠寿江沿岸的 35 间百货、布匹、南杂商店全部拆除，将街道拓宽到江岸，把中大街、中华正街、宝泉街、天平街、朝阳街连接成中大街。1973 年拓宽上黄街路面，将东向店铺切除一米，至 1988 年，新建、扩建、改建街道全长 7.41 公里，实用城区面积 3.5 平方公里。1995 年，城镇常住人口 3.7 万人，最繁荣的县城主街道仍只有十字街一片，纵横不过 300 米。

2007 年至今，是卢阳城镇建设迅猛发展的黄金时代。2007 年，汝城列为湖南历史文化名城后，编制了《汝城县县城总体规划》《汝城县历史文化名城保护规划》，按照“南延北拓，东进西控”的规划，全面启动了汝城大道、卢阳大道、九龙大道、神农大道、三江大道等“三纵六横”城市路网建设，拉开了县城骨架，城区面积扩大到 30 平方公里。2009年以来,建设了汝城大道、爱莲广场、城市防洪工程等重点项目,拥有汝城大酒店、龙腾大酒店、君莲大酒店等星级酒店。在城区重点建设和绿化了爱莲和濂溪两个广场和九塘江、东泉水两条沿江风光带。城区公园面积73.63公顷,绿化覆盖率39.05%,人均公园绿地10.37平方米,为湖南省园林城市。

城市道路交通 2014年城区道路总长度30.1公里,公交汽车线路5条、运营总里程达42.5公里;公交运营车辆25辆,万人拥有量为2.82台,年客运量112.8万人次;出租车40辆,万人拥有量6.66台,年客运量56.2万人。29条村道全部水泥硬化,通村道路总长88.1公里。

供水供电供气 昔时,居民用水取用寿江、九塘江的河水和井水。城区主要水井有曹家井、横巷井、义井、范家井、津江井、井头井。1981年,在益道村高岭桥建成日产700吨的自来水厂一座。主供县城机关和周边几个村使用,不久便供不应求。1986年,在桂枝岭建成日产5000吨自来水厂一座。2014年,铺设干线水管53公里,生产能力1.5万吨/日,年工业用水0.8万吨,生活用水245.8万吨,居民自来水普及率95%,年人均生活用水37.8吨;排水管道44.5公里。

昔时,居民用桐油灯、向日葵杆、松明等照明。民国年间,煤油灯传入境内,首先为县城机关和少数富裕人家使用,夜间县城街道开始使用三角煤油灯照明。抗战期间,军队在境内使用过汽油发电机,但未向居民供电。1952年,在益道村兴建人民电厂,依靠人力从广东仁化县抬回1台192千瓦的发电机,供应县城照明,碾米,不久供不应求。1958年,兴建县内第一座水电站——高村电站,装机2台160千瓦,向县城供电,不久供不应求。1970年后,县内电力工业发展较快,供电质量提高。2014年,城区拥有35千伏及以上变电站3座,主变压器5台,总容量96500千伏安,高压供电线路13条,总长94.8公里,最大用电负荷21800千瓦。年售电量累计完成0.6亿千瓦时,综合电压合格率95%,供电可靠率99%。城区天然气管线7.2公里,供(加)气站1个,管道天然气用户600户,月燃气平均用量6040立方米。

环境保护

2014年环境质量总体良好,地表水质总体保持稳定,4个水质测断面中,达到Ⅰ类水质标准的断面有1个,达到Ⅱ类水质标准的断面有3个。城市环境空气质量达到国家二级标准,一级天数96天,二级天数269天,达到二级和好于二级的天数占全年天数的61%。城市区域声环境质量达到二级标准。污水处理能力达到1万立方米/日,污水处理率达到67.5%。

社会事业

居民生活

卢阳是古祠堂之乡,境内各大姓氏都建有祠堂,祠堂供奉着历代祖先灵牌,昭穆分明,传承着儒家敬天法祖的传统,是宗法、社会、文化的中心。境内先民自古崇文尚学,耕读传家,勤劳节俭,民风淳朴。主要姓氏有朱、何、范、李、邓等。1951年,境内实行土地改革后,农民生产积极性大为提高,农民生活得到改善。1956年农业合作化,所有农民入社参加集体劳动和分配。大集体时农民长期处于“忙时吃干闲时半干半稀”的状态,很少有肉食、水果,住房多为黄泥土砖垒墙的矮平房,自行车、收音机、手表更是稀罕的“三大件”,是少数农村青年结婚时的彩礼。实行农村家庭联产承包责任制以后,卢阳镇依托近城优势，经济发展步入快车道。2006年，境内取消农业税，同时国家向农民发放种粮直接补贴、良种补贴、油价综合补贴、能繁母猪养殖补贴等各种惠农资金，农民第一次享受种田不纳粮的惠农政策，还有农村最低生活保障政策，家电下乡财政补贴和农户购买汽车、摩托车财政补贴政策。2014年发粮食直补资金41.33万元、综合补贴资金246.78万元、水稻良种补贴资金150.92万元。现在，洗衣机、电视、电冰箱已经全面普及，农户住上了红砖钢筋水泥房，富裕户已拥有四合小院和小汽车。

教育

有官办古书院三座。濂溪书院始建于宋宁宗嘉定十三年（1220），办学持续到上世纪70年代。云头书院始建于清嘉庆十年（1805），办学持续到20世纪90年代。朝阳书院始建于清乾隆己巳年（1749），清光绪辛丑年（1901）改为朝阳高等小学。民国15年（1926），经省教育厅批准，停办县立朝阳高小，改办县立初级中学，1958年改为完全中学，现为汝城县一中，是湖南省重点中学。私塾中，津江问津书屋始建于宋宝祐年间，后由朱氏家族出资扩建为朱氏族塾，明洪武年间（1368），家族置学田建学馆，延请名儒教授弟子，扩建后改名问津书屋。清光绪年间，问津书屋改为储能高等小学堂，寓意“钻研学业，积蓄才能”。民国4年（1915）改为私立储能高级小学校，当时招收2个班，有学生90余人。民国30年(1941)改为首善中心小学校，校园面积1000余平方米，学生数百人，是当时全县最大的村办小学。民国2年（1913）县知事王子鑫改建关帝庙，城隍庙和万寿宫。创办县立女子高等小学，推举捐资助学的李焕香为首任校长。民国34年（1945），境内有学校9所，学生2000余人，是民国年间适龄儿童入学率最高的年份。据民国35年（1946）统计，全县143184人中，有大学文化程度27人，中学文化程度949人，小学文化程度19471人，文盲率高达86%。

1952年村村办扫盲班、办夜校、办小学，教育事业得到迅速发展。从20世纪70年代起，为了方便儿童就近入学，民办教师应运而生，当时每个大队至少一所学校，小学达40余所。1993年，全镇基本普及九年制义务教育，2008年进行学校布局调整，境内办学条件不断改善。2006年，全镇实施义务教育经费保障机制改革，对小学和初中学生免收学杂费，对贫困寄宿生给予补助。2014年始，对农村在校学生免费提供中餐。自2014年末，有幼儿园20所，在园幼儿2949人，教职工763人，其中专职教师219人；小学20所，中学1所，特教学校1所，在校学生54人，专任教师11人。

文化体育科技

境内的濂溪、朝阳、云头以及外沙乡的白石四大书院，代表着古代汝城文化科学和教育的最高成就。据统计，四大书院共有90人著书139本459卷留世。其中以濂溪书院学子为最，有64人著100本329卷。北宋宣和三年（1121）辛丑科解元何先觉，著成《耕桑治生备要》二卷并刻印行世，成为南宋农业生产的经典书籍，该书目被收入当时的国家馆藏《文献通考》，与《齐民要术》一书齐名。明清两朝，多有文人官绅写诗作文、著书立说，遗世文稿颇多。主要有：明朝朱英著《认真子集》、范永銮著《律例解》和《太学衍义》、明朝范辂著《律吕元声考注》、黄章权著《字韵典要》、清朝何庆元著《知新阁散文体》等。民国时期，汝城科技成果主要表现在医学方面，有朱鸿所著的《伤寒讲义》八卷，朱楠樵著《愚得》、《朱评验方新编》等。清末，祁剧传入境内，“五四”运动后，京剧、话剧、木偶戏等传入境内，许多村建庙台演出（俗称“七块半”），无戏台的村则露天演出。境内民间文艺活跃，以香火龙、装故事最为有名。2014 年有镇文化站 1 家，村级文化活动中心 35 处，藏书 6 万册。有广播电视站 1 家，有线电视用户 19969 户，入户率 94.01%。有学校体育场 11 个，面积 26900 平方米。

医疗卫生

境内自古巫医一家，以中医草药为主的自治自疗的方式代代相传。民国 9 年（1920），永兴县医生曹代臣来到汝城，在苏仙岭脚白鹤庵开设平民医务所，置病床 10 张，自此西医在汝城传播。民国 28 年 (1939)，汝城县卫生院成立，负责县内预防接种工作，接种牛痘、伤寒、霍乱等疫苗。1969 年，响应毛主席“把医疗卫生工作的重点放到农村去”的号召，提出了大队办卫生所，实现小病不出村的工作目标，全镇有赤脚医生 68 名，农村缺医少药的状况得到一定的缓解。2006 年起，实施新型农村合作医疗保险制度，现有镇级医院 2 所，乡村医疗机构 33 个，门诊部（所）13 个，床位 180 张，每千人拥有 2 张；固定资产总值 1116.5 万元；专业卫生人员 72 名，其中执业医师 25 人，执业助理医师 20 人，注册护士 27 人。2011 年医疗机构（门诊部以上）完成诊疗 11.12 万人次。29 个村 40020 人参加新型农村合作医疗。创建省级卫生村 6 个，创建市级卫生村 9 个。

社会保障

民国以前，社会救济资金主要来自公产收入或是殷实富户的施舍。清顺治四年（1647），知县公署编审过一次丁口册，豁免年老、残疾人的丁税银。民国 19 年(1930)年，汝城县救济院成立，附设医疗所、育婴所，收养无依无靠的孤寡病老残疾人和遗弃婴儿，院址设县城内东门，院长朱松俦。民国 26 年（1937），抗日战争爆发，救济院停办。民国 32 年（1943），恢复汝城县救济院后更名为汝城县救济委员会。民国 35 年（1946），汝城县救济委员会奉湖南省政府令实施冬令救济。12 月，县政府召开协调会议成立汝城县冬令救济委员会，向殷实富户募捐棉衣、棉裤拯救贫民。1950 年 8 月汝城县救济委员会成立，10 月起登记城镇无业、失业人员并给予救济、安排就业或帮助自谋职业。对鳏寡孤独和失去谋生能力的残疾人由民政部门给予定期、定量补助。在农业合作化时期农村福利以集体补助为主，年终分配鳏寡孤独基本口粮达到全队平均水平，辅之以国家救济。人民公社化以后，对鳏寡孤独者实行“五保”制度，即保吃、保穿、保住、保医、保葬（孤儿保教）。农村家庭联产承包责任制后，“五保”制度一度有所削弱。1986 年，本镇率先创办养老院，对“五保”老人集中供养，经费由国家、镇、村三级承担。近年来相继完成了 5 号公寓楼二期、石寨脚公寓楼一期、1 号公寓楼、4 号公寓楼二期、4 号公寓楼一期等公寓楼，解决了城建征地拆迁群众最为担心的安置问题。新增城镇和农村劳动力就业 1093 人，1.76 万名失地农民纳入最低生活保障；1013 户 1776 人被纳入农村低保救助，418 户 728 人享受到城市低保救助，157 户贫困家庭实行农村危房改造，发放危改资金 99 万元；有敬老院 1 家，床位 50 张，收养农村“五保”人员 20 人。建设社区居家养老服务中心 2 家。

特色地情

历史人物

朱辂（1070—1128）字国器，卢阳镇新井村人，宋哲宗绍圣四年（1097）丁丑科何昌言榜进士，监使桂阳州。

何先觉，生卒年不详，解元，宋建炎二年

（1128）戊申科李易榜进士，任连州知府。著有《耕桑治生备要》二卷传世。

范辂（1474—1532） 号三峰，卢阳镇益道范家人，明正德六年（1511）辛未科扬慎榜进士，任御史。福建布政使，有政声，卒于官。入《明史·范辂传》。

曹琚 生卒年不详，卢阳镇曹家村人，明弘治九年（1496）丙辰科朱希周榜进士，任梧州知府，告老还乡后主修《桂阳县志》。

范永銮 生卒年不详，范辂之侄，卢阳镇益道村人，明正德九年（1514）甲戌科唐皋榜进士，任御史，四川右布政使，有政声。

何庆元（1795—1850） 字积元，号漱石，卢阳镇云善村厚坊人，清道光十五年（1835）乙未科刘绎榜进士，翰林院庶吉士，实录馆协修。

何明亮（1839—1923） 字采臣，卢阳镇益道西垣人，清同治振威将军，江西九江镇总兵，因军功被提升记名为提督军门。1912 年，中华民国临时大总统孙中山特授其二等奖章。晚年以乐善好施，赈灾、修桥、办学，闻名乡里。

朱青勋（1894—1927） 又名孝玥，乳名夏奴，卢阳镇联江村人。是中共汝城县党组织创建人之一，首任中共汝城支部书记。汝城县农民运动的组织者、领导者。

邓毅刚（1904—1932） 又名邓伟，字夏财，卢阳镇得靖邓家村人，黄埔三期学员，历任红一方面军独立三师师长，红一十二军、红三十五军军长，战功卓著。

朱子奇（1920—2008） 卢阳镇津江村人。文学评论家、散文家、和平诗人，国际文化活动家，曾任中国作协理事、作协常务书记，有《和平胜利的信号》《春鸟集》《怒吼吧！醒狮！》等书传世。

乡土特产

汝城兰花 兰花是汝城的县花。汝城境内兰花资源丰富，主要分布在卢阳镇、三江口瑶族镇、热水镇。其中汝城传统建兰、湘南鹤顶兰、绿嘴红花虾春兰。经中国兰花品种登记注册委员会评定为国字号兰花品种，分别荣获 2013 年第八届中国花卉博览会金、银、铜奖。

相思鸟 相思鸟是汝城的县鸟，主要分布在大坪镇、九龙江森林公园、三江口镇、热水镇。栖居在常绿阔叶林，常绿和落叶混交林的灌丛林或竹林中，性情活泼、羽毛华丽、鸣声婉转动听，身长约 16 厘米，雌雄形影不离，是珍贵的观赏养鸟。

桂花树 桂花树是汝城的县树，广泛分布在全县境内。桂花树姿飘逸，碧枝绿叶，四季常青。桂花清可绝尘，浓能远溢，十里飘香，自古就深受汝城人的喜爱。清康熙知县盛民誉有《桂岭秋香》赞曰："凉风动幽林，清芬浣浴襟。一声歌碧玉，满树落黄金。月露登台赋，风云报国心。小山谣不浅，留取入鸣琴。"

风景名胜

境内有国家级文物保护单位 6 处，即"汝城会议"旧址、"CP 驻汝城特别工委"旧址、朱氏总祠、绣衣坊、范氏家庙、中丞公祠；省级文物保护单位 7 处，即文塔、朱氏祠堂、汝城县苏维埃政府旧址、黄氏总祠、朱德范石生谈判合作旧址、濂溪书院、厚坊岩等；市级文物保护单位 2 处，即乾坤合德碑、厚坊何氏宗祠；县级文物保护单位 17 处，即义井、平政桥、会通桥、大通桥、道南塔、云头书院、曾氏宗祠、上水东古民居群、津泰乡（含首善镇）旧址、同光号（县总工会旧址）、克纪公祠、朱舜华故居、邓毅刚故居、唐氏家庙、革命历史纪念塔、朱青勋烈士墓等。汝城香火龙为国家非物质文化遗产保护项目。

桂阳古城 2007 年，湖南省人民政府（湘政函〔2007〕43 号）公布，汝城县城被列入第四批湖南省历史文化名城。桂阳古城位于今县城内，

濂溪书院

文塔

始建于太平兴国三年（978）。千年经营，遂成规模。南宋嘉定九年（1216）始兴建城池，明洪武元年（1368）开通护城河，明弘治八年（1495）扩建县城，弘治十四年（1501）竣工，四周筑砖石城墙698丈、高3米，设朝阳门，南熏门、北拱门，并置瓮城，建城楼，城墙四周设箭垛，猫眼等防御工事。康熙十年（1671）重修南熏门改名为紫烟楼。后因城镇历次扩建，古城墙被拆，仅存地下古墙基石数处。

汝城濂溪书院 位于县城西郊金凤岭麓，始建于宋宁宗嘉定十三年（1220）。北宋皇祐二年（1050），周敦颐（世称濂溪先生）任汝城县令，期间劝民耕读，风节慈爱，吏治彰彰，汝城“吏畏其威，士率其教，民怀其德”兴建书院永作纪念。书院为仿宋建筑，四合院砖木回廊结构，占地面积3564平方米，建筑面积1618平方米，系省级文物保护单位。

云头书院 位于县城东北的云头岭上。书院由乡绅范仲暄倡议，始建于清嘉庆乙丑（1805）年，书院坐西朝东，两层楼房，砖木结构。清泾州知州何镐曾应邀来云头书院讲学，清光绪二十八年（1902），云头书院改为云头高等小学堂。民国时期改名为云头高等小学，新中国成立后改名为云头高小。

文塔 位于卢阳镇文塔社区南门口，文塔形如一支巨笔直指蓝天，系本地乡绅为培植汝城文运修建，为省级文物保护单位。据清乾隆《桂阳县志》载：明万历年间，文塔由邑人朱孔审捐资在南门外平政桥东修至三层。清康熙三十五年（1696），由知县鹿宾增建至七层。清道光三十年（1850），以科第不利毁塔。光绪六年（1880）重修，“募建一层，旋因心力不齐辍工。”清光绪二十年（1894），津江朱族筹资续建。文塔为八方七级青石基楼阁式青砖塔，通高38.5米，底面积43平方米。每层饰青绿如意燕翅板相隔，每级塔身饰以券门或假券门相间。塔顶饰以宝葫芦。

乾坤合德碑 位于文塔南则，建于清康熙丙子年（1696），碑高2.16米，宽1.0米，厚0.2米。顶部呈半圆形。碑的正、背两面均刻有碑文，由时任桂阳知县鹿宾亲撰亲书。碑文记述了兴建资生堂之缘由，拨银置田出租给养女无力之家，劝养女婴之始末，为本土民间的溺女恶习大声疾呼。

予乐湾 位于汝城县城西郊2公里的耒水河边。四周青山攒拥，松杉叠翠，平畴如茵，烟村缀玉，耒水河由南往北呈S形流过。史载北宋皇祐年间，程颢、程颐兄弟赴汝城求学。春日，周敦颐携学生程颢、程颐兄弟沿耒水游赏到朱家湾，见花好柳媚，美景天成。程颢即景口占七绝《春日偶成》：“云淡风轻近午天，傍花随柳过前川。时人不识予心乐，将谓偷闲学少年。”朱家湾也因此诗闻世改名“予乐湾”。

绣衣坊、范氏家庙、中丞公祠 位于在县城三拱门范家村寿江河的东岸，彰显着范氏家族深

绣衣坊

厚的人文历史和积淀的辉煌，同时被列为国家重点文物保护单位。

绣衣坊 始建于明正德十四年（1519）十二月，坐东朝西，青石结构，三门四柱，三层飞檐，檐下均置石斗拱。中门门楣上方横额内双勾阴刻“绣衣坊”三个正楷大字，绣衣坊是一座明代石坊艺术杰作，是彰显监察御史范辂刚正不阿、为国尽忠的历史丰碑。

范氏家庙 “范氏家庙”，始建于明成化乙巳年（1485）。因祖籍在山西省高平县故庙号“高平堂”。家庙占地面积1794平方米，建筑面积907.2平方米，坐北朝南，三开间三进深，砖木抬梁结构。斗拱飞檐，雕龙画栋，金碧辉煌，气势恢宏。“范氏家庙”的大门联书“世臣方伯第，乔岳绣衣家”，洋溢范氏家庭一门出了范渊、范辂、范永銮三位进士、御史的自豪。中厅大柱联云“寰宇犹一家，常存先忧后乐之志；本支垂百世，宜敦上和下睦之风”，彰显着范氏先人立志高远、知行特出、忠孝两全的高尚情操和璀璨业绩。

中丞公祠 “中丞公祠”亦名“布政厅”。始建于明嘉靖壬午元年（1522），坐北朝南，三开间三进深，专为纪念明正德年间监察御史范辂所建。中厅悬挂着一块由著名书法家族人范廷扬手书的巨匾，生动地描述了范辂“除逆党、劾贪腐、却馈金、焚妖皮，勤政恤民，匡王室”的为官政声。

湘南起义汝城会议旧址群 位于津江村内，红色遗迹有：中国工农革命军第二师师部旧址、汝城县苏维埃政府旧址（黄氏宗祠）、湘南起义汝城会议旧址及朱德、范石生合作会谈旧址。

朱氏总祠位于新井村内，始建于民国35年（1946），为湘粤赣三省十八县朱朱氏家族捐资兴建。坐西朝东，由大厅公楼和两栋偏房组成，占

范氏家庙

津江朱氏祠堂

地面积 5895 平方米，建筑面积 2898.36 平方米。朱氏总祠吸收西方哥特式建筑风格，在大厅高平层上面建筑一座中西结合式的八角钟楼，重檐攒尖顶覆鱼鳞瓦，上饰葫芦宝顶，檐角飞翘，如飞鸟展翅，左右建筑两座钟鼓楼。

朱氏祠堂 位于津江村内，原名朱氏家庙。始建于明嘉靖三十六年（1557）。门楼为取风水而坐南朝北，为双檐歇山式。檐下斗拱之间镶嵌有“砀山毓秀，汝水钟祥”八字，寓“朱氏始祖源于安徽砀山。

繁衍于汝水河边”之意。中厅上方悬挂着民国 11 年（1922）湖南省省长赵恒惕赠送的“敬教劝学”金匾，朱德于民国 16 年（1927）赠送的“世界一家”金匾。

厚坊何氏家庙 位于县城北部厚坊村，始建于明代，庙号伯一堂，家庙坐北朝南，面阔三开

朱德赠匾

间二进深，门楼上方悬挂清代道光年间表彰何庆元功名的“钦点翰林院”竖匾。大厅有门联云：“金马玉堂原是吾家旧物，鸾台凤阁今承昭代新恩”，表达出何氏后裔敬宗耀祖的情怀。上水东古民居位于境内上水东村，始建于清乾隆辛卯年（1771）。规模宏大，共 18 栋院落，对称平行三轴线，纵深五进四排正栋，上厅正中高悬“五桂堂”巨匾。上水东朱氏朝门是古代门楼建筑的典型代表，为

汝城县有名的三条半朝门之一。

大通桥、南门桥、会通桥 位于境内文塔北，九塘江、寿江交汇处。大通桥始建于明朝嘉靖年间，明代哲学家湛若水（1466—1560）著有《桂阳大通桥记》。民谚曰："桂枝岭头龙见角，大通桥上状元归。"清乾隆十六年（1751），在平政桥以东、县邑南门外增修南门桥，"而南北益通"。后因年久失修，南门、大通两桥石板倾颓。1929年，在南门桥"下游十许步"处，取城内南大街坍塌的范渊进士坊、范永銮绣衣坊的石头重修大通桥，"以是桥下会寿江水，上会大通桥路，故易名'会通桥'"。1931年再建南北向石桥，取名"大通"。大通、会通两桥均为半圆双拱石桥，前者南北横跨九塘江，后者东西横跨寿江口。形成了"两水夹明镜，双桥落彩虹"的景观。

青铜躩 1985年，出土圩城关镇东正村，两件青铜镬一大一小，皆为铸件，上有铸造气孔，器表有绿锈。器物一端为弧刃，另一端为尖长鹤嘴形，横銎在中腰。器身的侧面刻有虎头和鹤头图案，大件铜镬长16.2厘米，重450克。此类镬是一种越式农具，多数是战国时期的遗物。

东汉双鱼铜洗釜 1979年，出土于卢阳镇曹家塘窖藏中，内叠放大小铜器五件。经湖南省博物馆考证，铜器有釜三件，铣二件，其中一件釜有铭文，口为喇叭开，腹扁圆两侧有环，大平底，高17厘米，口径30厘米，底径18厘米，底内左右两侧铸有双鱼纹。中间有"蜀郡成都何师作富"的铭文，字体为篆书。从铭文得知此器产地为东汉时代蜀郡成都，为工匠何师所作，其"富"字为当年常见的吉祥语。

民俗风情

汝城香火龙 源于远古人们祀龙治水、祈求风调雨顺、五谷丰登的美好愿望。相传始于唐高宗弘道年间，后盛行于全县200多个村。古代汝城境内暴雨不断，泛滥成灾。邑民用稻草、竹子、粽叶、线香（后称龙香）为材料，扎制成龙的形象，对着滔滔的洪水烧化，祈求神龙显灵。

《民国汝城县志》记载："元宵扮演龙灯，花爆、管弦、钲鼓喧闹城乡以乐升平，谓之年消。"每年春节期间，人们筹集资金扎制，龙头高达3米，龙身或七拱，或九拱，或十一拱，插龙香数万支，龙香点燃后抬着舞动游行，家家户户燃放鞭炮，接龙送龙，祈求富裕太平。2008年，汝城香火龙列为国家非物质文化遗产保护项目，卢阳镇三拱门范家为汝城香火龙项目传承基地。

汝城装故事 盛行于卢阳镇津江村和厚坊村（今云善村），迄今有数百年的历史。属于脸谱化、服装化的大型民间演示游乐活动。故事会一般选择在节日或重大庆典期间举行。故事大多取材于历史剧，有"龙凤呈祥""桃园结义""孟丽君"。近年来也逐加入了"神舟航天""保卫祖国"等新内容。每台"故事"由数个小孩装扮其中的角色，用彩绸带固定在桌子的铁架上，高约3米，由4个精壮后生抬着穿街过巷，供人们欣赏。2006年，汝城装故事列为郴州市非物质文化遗产。

（宋琼　供稿）

土桥镇>>

土桥是中国古祠堂之乡，中国民间文化艺术之乡。

区域概况

位置面积

土桥镇政府驻土桥圩，土桥圩因村前塘里有座被泥土覆盖的石灰岩桥而得名。位于汝城县中部，距县城6.5公里，北纬25° 32′ 34″至25° 42′ 7.3″，东经113° 40′ 13″至113° 52′ 02″。东西直线距离14.5公里，南北直线距离11.6公里，面积75.15平方公里。东界永丰、集益两乡，西、南邻卢阳镇，北交暖水镇。

建置沿革

土桥镇明清属桂阳县乐善乡土桥团、金山团。民国8年（1919），属汝城县东一区，民国27年（1938）撤区建土桥乡，国民30年（1941）改称仁治乡。1950年4月属第一区，1956年5月撤区建土桥乡，1958年10月与城关镇、附城乡合并设幸福人民公社，后改附城人民公社。1961年5月分立为土桥人民公社，1984年4月撤社复建土桥乡，1994年8月撤乡建土桥镇。

行政区划

1983年，土桥公社辖21个大队，194个生产队。2014年，辖土桥居民委员会和周家、横迳、足田、永安、水口、迳口、土桥、刘家岭、金山、龙潭桥、合兴、黄家、黎明、西林、青龙、坳口、坳背、佳富、寨富、宽量、东坑、东槽、上槽23个建制村，201个村（居）民小组，339个自然村。

自然环境

地形地貌 境内地势中部平坦略高，东冈岭山脉形如巨屏，屹立于东南方，主峰东冈岭海拔1479米，为境内最高峰。最低点在东坑村海拔490米，政府驻地海拔618米。境内喀斯特地貌明显，石灰岩裸露，多岩洞。

气候水文 属中亚热带向南亚热带过渡的季风性湿润气候区，阳光充足，降水充沛，夏无酷暑，冬少严寒，多年平均气温16.8℃，无霜期年平均273.8天，年平均日照时数1600.4小时，年平均降水1527.6毫米，年平均降雨日数为174天。主要自然灾害是干旱，几乎是小旱年年有，大旱三六九。1959年以来，发生夏旱38次，秋旱26次，最严重一次发生在1963年，境内连续130天无雨，河溪断流，人畜饮水困难，夏旱发生频率为68%，秋旱发生频率为95%。河道属湘江、赣江二大水系，其中孤山水（集龙江）为赣江支流，源于天柱山，汇连珠水、东坑水、槽洞水注入益将江。横洞水、长塘水为湘江支流。境内主要河流5条，总长27公里，径流总量6580立方米/年。

自然资源　境内森林茂盛，动植物资源丰富，林木有松、杉、枫、柏、皂夹、乌桕、梓木、楠竹。栖息有水鹿、野兔、野猪、斑鸠、杜鹃等珍贵野生动物。境内山高坡陡水流湍急，水能资源丰富。地下蕴藏有铜、硅、铁等，其中铁储量较大。主要分布在东冈岭下的横迳村、青龙村、足田村。

人口民族

殷商时期，境内便有人类开始繁衍生息。秦汉外来人口迁入，明清两代因官迁或因避战乱，外来人口入境者多。民国时期，外来经商者增多。民国33年（1944），日军大举进犯湖南，长沙失守。薛岳率国民党第九战区司令长官部和湖南省政府部分机关退守汝城，境内人口一度大增。清代以前，由于按丁课税隐匿不报人口者亦多，人口统计数据不全。1960年后，随着经济社会的发展、医疗卫生条件的改善，出现人口自然增长的高峰期。1980年后，通过严格实行计划生育和逐步鼓励农民进城创业，人口自然增长明显放缓。1964年第二次人口普查统计，全乡17467人；1982年第三次人口普查统计，全乡25065人；2010年第六次人口普查统计，全镇31640人。2014年，全镇8586户31836人。其中男性16567人，占52%；女性15269人，占48%；14岁以下4261人，占13.38%；15～64岁24016人，占75.4%；65岁以上3559人，占11.22%。有瑶族、畲族等少数民族人口314人，占1%。人口自然增长率7.19‰。人口密度为每平方公里430人。城镇化率31.5%。

经济发展

农业

土桥镇坐落在汝城盆地上，土地平坦，农耕文明历史悠久，是汝城的粮仓，属汝城经济发达地区。传统种植业以水稻、蔬菜为主，品种单一，水稻以单季稻为主。农户素有养殖牲畜、鸡、鸭、鹅的习惯，以养猪为主，多以家庭圈养为主，自养自繁，除供给家庭消费外，多上圩集出售，靠此换取日常生活开支，俗称“油盐罐子”。农具以犁耙、水车为主，人力耕作为主，辅之以牛耕，峒中为水牛，山区为黄牛。民国以前，境内农业基础设施薄弱，农耕技术落后，生产力低下，种植项目单一，水田种植水稻，旱土种植杂粮蔬菜。因为缺水，红薯曾是旱粮的主要产品，20世纪70年代后，红薯种植面积才逐渐减少。水稻常年亩产维持在150千克左右。1954年粮食大丰收，亩产创纪录，达190千克左右。1965年，境内推广良种，逐年淘汰空壳率高、易倒伏、产量低的老红米高杆品种，改种珍珠矮，二九青等双季矮秆品种，粮食亩产达200千克左右。20世纪70年代后期，通过推广杂交水稻，普遍使用化肥，粮食产量逐年提高。1982年，全镇粮食获大丰收，总产达1268.5千克，创历史纪录。1983年、1984年，因遭受自然灾害和主观上重商轻农的影响，连续两年粮食减产。经总结经验教训，1985年粮食开始恢复性增产。1988年，粮食总产1.23万吨，拥有农业机械动力6298千瓦，农业总产值761万元，农民人均纯收入750元左右。到1990年，粮食生产突破连续7年徘徊局面，再获大丰收。此后，随着农田水利基础设施的配套完善，超级杂交稻的推广，粮食生产进入稳产高产期。

超级稻推广后，亩产高达500多千克，一季胜两季，省工省时。冬种蔬菜、油菜，经济效益好深受农民欢迎，是目前最为合适的耕作制度。近年来，政府引导农民调整产业结构，建设现代高效农业。境内旺发米业、南华野鸭二家公司为郴州市农业龙头企业，发记兰花出口基地、美源园林公司为郴州市示范农业产业基地。在金山村流转土地333公顷，投资3.3亿元，打造现代生态庄园。金山花卉苗木产业园在多年成功经营的基础上，2014年投资1.6亿元，建设能自动调节光、温、水、气的玻璃育苗大棚10万平方米。2014年，境内耕地1678公顷，人平0.83亩，产粮18344吨，农业产值15452万元。

工业

建筑建材是本镇的产业支柱。本镇小手工生产历史悠久，种类繁多，颇有特色。金山村的藤编、竹编、木雕、酿酒兴起于清嘉庆年间；周家村的鞭炮、花炮制作兴起于民国年间，逐步扩展到全镇；迳口村草席、青龙村的木杓、永安村豆腐干、西林村的米线都曾享誉省内外，经久不衰。民国8年（1919），在黄家村发现了煤矿，煤质很好，日产2～3吨供应县城，20世纪70年代因资源逐枯竭退出市场。1970年后，土桥依托石材和黏土资源的优势，成为本镇支柱产业。1973年冬，在龙潭桥石寨脚办起一座年产3000吨的石灰窑，1975年改建为日产12吨的水泥厂，1977年扩建至年产3000吨，1983年扩建为年产2万吨，1988年，该厂有职工255人，固定资产230万元，收入288万元，创税利36.5万元，成为汝城县最大的社办企业。1989年，永安村创办机砖厂，该厂有职工96人，年产机砖900万块。2014年，工业总产值3802万元，占全镇社会总值的13.3%，拥有工业企业29家，职工4587人，主要企业有进益矿业、永丰储贸、建筑公司、铜坑电站、东坑电站。

商贸服务

土桥商贸起源较早，土桥圩是汝城的三大古圩之一（井坡圩、大坪圩），始建于元末明初，原名东门店。明洪武三十年（1397），由附近赵、田、吕、李、傅、严、马、林、葛、侯等10姓人捐资扩建。20世纪50年代初，有市场面积1.5万平方米，厂棚3栋72间。1980年，圩场占地面积只有7770平方米，仅为20世纪50年代初的46%。1988年，有厂棚14栋62间，覆盖面积1650平方米，有摊位500余个。市场交易乡土特产主要有竹木、土纸、冬笋、香菇、草籐制品等。传统圩期逢农历三、八，来自湘粤赣三省7县的赶集人数约2万人，圩日成交额约18万元。汝城俗语中“赴土桥圩”形容人多热闹。2003年，镇政府通过招商引资，启动土桥圩搬迁改造工程，这次圩场升级改造以功能设置为基础，建设商铺120间、商住楼3.6万平方米；集仓储、冷链、物流、商业于一体的湘粤赣边际物流中心。2014年有商业网点163个，从业546人，社会商品零售总额2821万元。

财政金融

财政收入主要是农业税。明清时期财税中央集权，没有乡级财政。清代主要是田赋和丁银。雍正二年（1724）实行“推丁入亩”。民国初期，地方财政收入除田赋外，始征工商税。大集体时期，农业税的征收基本上是以农业社为单位进行。1958年，农业税改革，废除全额累进税率，实行比例税制。1963年公社财政实行“收入分项计算、核定任务、按实上交、结余归社”的管理办法。1966年以后，社乡财政实行“收入上交、支出下拨”的管理办法。1975年建立土桥税务所，1984年建立土桥乡财政所后，将税务所并入其中。1986年起，乡镇财政实行“定收定支、超支不补、结余留用，一年一定”的预算管理体制。2002年成立农业税征收管理分局，2006年，农业税免征后更名为镇财政所。2014年，实现国内生产总值2.06亿元，社会固定资产投资2.5亿元，财政总收入1315万元，农民人平均可支配收入3450元。境内有银行业金融机构两家，各类存款余额2.05亿元，各类贷款余额750万元。

基础设施

交通运输

昔时，境内山重水复，交通闭塞，货物运输全靠人力肩挑背负。境内先民经年累月艰苦劳作，逐步打通了汝城—沙田圩、汝城—崇义、汝城—上堡3条县际步道。步道负责为朝廷传递公文信息，输送军饷钱粮亦称官道，也是境内商人输送茶叶食盐等生产生活资料的主要通道，俗称盐茶古道。

汝城县城—桂东沙田圩。步道西起县城、向东北经永安、土桥圩、涧布店、濠头圩、石壁山出境至沙田圩，全长43公里，其中土桥境内9公里。

汝城县城—江西崇义。步道西起县城，向东北经簸箕垅、五里庙、松树坳、破石界、木兰隘、腊岭坳、益将圩、天子山、集龙圩、集溪口出境至丰州38公里，到崇义县城60公里，其中土桥境内8公里。

汝城县城—上堡。步道西起县城，向东北经永安、土桥圩、南子坳、石门生、永丰、社溪、高源、牛子塘、白石坳出境至上堡35公里，其中土桥境内8公里。

1958年，由地县两级投资20万元，采取民工建勤，并发动全县高小以上学生参加修通汝城至益将的公路23公里，此路后统称省道1859线。1975年，由719矿投资进行拓宽修整改造提升为四级公路。1987年改建成柏油路。1956年，国道106线相继建成通车，经过土桥。境内全长5.5公里。1958年3月，省道东段汝集线（1859线）建成，经过土桥，2014年改为省道324线。2013年后，厦蓉高速、岳汝高速相继建成通车，在本镇水口村设有互通出口，境内交通从此得到根本改善。20世纪60年代开始，开挖通村公路，限于当时落后条件和财力困难，修建标准低，多为简易公路，坑坑洼洼。2000年后，通过多方集资，提质改造村道，2012年，23条村道全部建成水泥公路，总长38公里，部分村实现了组组通。汝城大道直通镇区，在黄家、横迳、周家等村设公共汽车停靠点和招呼站。土桥从此融入县城经济社会辐射区。

邮政通信

民国31年（1942），在土桥设邮政乙类信柜。1951年9月，设土桥邮电代办所，1955年9月收为自办，1955年12月，土桥建立汝城第一个农村义务乡邮站——土桥坳背乡邮站。1959年，贯彻“全党全民办邮电”方针，邮电下放到公社，开设有电报、长途电话、邮政、报刊发行等业务。1970年公社到各大队的有线电话开通，1994年境内程控电话开通，电话摇把手时代结束。2002年移动手机信号覆盖全镇。2014年有邮政局1处，代办所5处，村通邮路；报纸、杂志发行3200份，邮政业务代收140万元；有电信企业1家服务网点5个，固定电话3200户，移动电话11080户；互联网用户870户，电信业务收入780万元。

水利建设

土桥是我县历史上以干旱著称的三桥（土桥、马桥、官桥）之一，一遇干旱即有灾情。1960年后，通过大修水利，现境内建有狮子岩、钢口店、李家洞、横洞等小Ⅰ型水库4座，南塘、源山、洞背等小Ⅱ型水库3座，总蓄引提水量1528万立米。1963年龙虎洞水库右干渠开始向土桥供水，干渠境内长15公里，境内旱情得到缓解。2013年，完成水利面上工程41处，完成土石方16万立方米，修复水毁14处，投入劳动工日12万个，投入资金1230万元。新增蓄水量720万立方米，引水渠30条，总长60公里，旱涝保收面积1467公顷，占有效灌溉面积的86.4%。

供电饮水

昔时，境内居民用桐油灯、向日葵杆、松明等照明。民国年间煤油灯传入境内，为少数富裕人家所喜爱。抗战时期，军队在境内使用过汽油发电机，但未向居民供电。1962年，孔隆桥电站与高村电站并网后，开始向境内断断续续供电，范围有限，质量不高。1970年后，县内电力工业发展较快，居民开始陆续用电照明。有小水电站2座，其中铜坑电站建于1976年，为高水头引水电站，装机1000千瓦。李家洞电站建于1980年，为水库坝后电站，装机920千瓦，2013年发电550万千瓦时。1989年1月建土桥变电站，拥有110千伏变电所1座，高压输电线18条，总长达160公里，用电负荷4500千瓦，综合电压合格率92%，供电可靠率95%。昔时，境内居民饮水全凭肩挑手提，取用溪河水或井水，人畜饮水工程自20世纪70年代中期逐步推进，山区泉水极为丰饶，乡机关和部分村群众自建小水塔，用皮管、竹槽引水就能饮用到安全卫生的自来水。2000年来，横迳、周家、永安、足田、水口、土桥、黎明、西林等邻近县城的村相继接通了县城自来水。2014年，土桥镇建成集中供水工程，目前自来水基本覆盖全镇。但在少数边远村组，目前还在使用简易的土自来水。

村镇建设

土桥农村有聚族而居的历史传统和人文风俗。清末，土桥金山、永安等村都是1000人以上人口规模的古村落。随着人口规模增长和经济社会发展，村庄提质改造和农村环境卫生整治的任务日益增大。2010年以来，围绕建设农业大镇、生态文明镇发展定位高标准，镇政府主持编制了《土桥镇建设详细规划》，圩场面积由过去的0.6平方公里拓展到2平方公里。一是启动镇区建设10项工程，主要有：土桥新城区建设工程，土桥物流园规划占地378亩，将建成湘粤赣边际物流中心；金山龙腾花卉产业园建设总面积10万平方米，能自动调节温、光、水、气的连栋玻璃温室大棚。二是新农村建设和古村落的改造，金山古村的改造后，将成为展示汝城理学文化和古祠堂、古民居、古村落旅游的示范窗口和精品亮点；黄家村的新农村建设中拆除老旧房181户2.3万平方米，新建63栋新居，配套设施完善，是郴州市空心村改造的典范。配套建成广安路、富康路、文昌路、幸福路4条城市主道路及10号安置区、公租房区2个新商贸聚集区。

社会事业

居民生活

土桥是古祠堂之乡，境内各大姓氏都建有祠堂。先民以务农为本，耕读传家，克勤克俭，敦厚善良。主要姓氏有何、范、李、叶等。鸦片战争后，社会黑暗，政治腐败，民不聊生，境内农民饥寒交迫。每逢兵匪灾疫，则沦为乞丐，鬻儿卖女者或有之。清乾隆戊辰年（1748），境内大旱，井泉干涸，田不能耕，秋大疫，死者枕藉，无棺以殓。民国21年（1932），是年奇荒，斗米1.6元。正赋正供附加每两饷增至小洋60元、为民国14年（1925）的23倍，百姓苦不堪言。1951年，实行土地改革，广大贫雇农分得土地农具，生产积极性提高，粮食大丰收，农民生活有较大的改善。1956年农业合作化，所有农民入社参加集体劳动和分配。进入大集体时期后，农民生活水平增长缓慢，农民处于“忙时吃干闲时半干半稀”的状态，很少有肉食、水果，吸烟用自产的烤烟卷“喇叭筒”，住房多为黄泥土砖垒墙的矮平房，自行车、收音机、手表是稀罕的“三大件”，是少数农村青年结婚时的彩礼。实行农业家庭联产承包责任制以后，农村的生产力得到解放，经济快速发展。2006年，境内取消农业税，并从是年开始国家向农民发放种粮直接补贴、良种补贴、油价综合补贴、能繁母猪养殖补贴等各种惠农资金，农民从此享受种田不纳粮的惠农政策。同年实施的还有农村最低生活保障政策，家电下乡财政补贴和农户购买汽车和摩托车财政补贴政策。现在洗衣机、电视、电冰箱等家用电器已在农家普及，农户已住了红砖水泥房，富裕户已拥有钢筋混凝土的小院和小汽车。

教育

明清以来，境内有义学、私塾、书院三种办学形式，先人求学上进，企盼“朝为田舍郎，暮登天子堂”，绵绵的学风千年不绝。土桥最著名的学校是启明学堂，由香垣何氏家族于清乾隆辛未年（1751）创办，寓“山林肇启，文化昌明”之意。学堂以学风严谨、延请名师执教，教学优良闻名全县。光绪三十四年（1908），何作霖向县政府申请更名为公立启明高等小学堂。民国35年（1946）冬，启明高小校董向县政府申请创办初中，经湖南省教育厅批准，定名为湖南省私立启明初级中学，是境内最早的初中。民国34年（1945），有小学生千余人，是境内适龄儿童入学最高的年份。1952年境内村村办扫盲班、办夜校、办小学，有高小1所，在校学生128人，1953年，启明中学改为汝城县第二初级中学。20世纪70年代起，为了方便儿童就近入学，“民办教师”应运而生，当时每个大队至少一所学校。1972年，创办土桥中学。1979年，创办土桥中心小学。1998年，全镇基本普及九年制义务教育，2008年，学校布局调整，集中优质资源创办土桥中心学校，附设寄宿班，境内办学条件不断改善。2004年，全镇实施农村义务教育经费保障机制改革，对小学和初中学生免收学杂费，对贫困寄宿生给予补助。自2012年始，对农村在校学生免费提供中餐和一杯豆奶。2014年，有幼儿园18所，在园幼儿1504人，专任教师82人；小学9所，在校学生2356人，专任教师127人。

文化体育科技

清末，祁剧传入境内，“五四”运动后，京剧、话剧、木偶戏等传入境内，许多村建庙台演出（俗称“七块半”），无戏台的村则露天演出。明清两朝多有文人官绅写诗作文著书立说，遗世之作颇多，受历史条件限制，大部分仅存书目。民间文艺活动活跃，以香火龙最著名。1971年，创办公社电影队，使用8.75毫米的小型放映机，脚踏发电为农民放映电影。1985年后，电视兴起，电影市场日衰落。1970年创办公社广播站，达到村村通广播，户户有喇叭。1984年后，广播衰，1990年乡广播站更名为广播电视差转站。2014年有镇文化站1家。有县级技术研究中心5家，各类乡土科技人才29人，承接省级科技项目5个。村级文化活动中心23处，藏书115万册。广播电视站1家，有线电视用户7420户，入户率80.75%。有学校体育场3个，面积4110平方米。

医疗卫生

境内自古巫医一家，以中医草药为主的自治自疗的方式代代相传。民国19年（1940），境内有西医诊所一家，医生2人。1950年后，广泛开展卫生科学知识宣传，引导群众破除迷信，讲究卫生，改造旧法接生方式，推广新法接生，疟疾、麻风病、钩虫病、结核病的普查普治和群防群治，农民健康卫生水平得到提高。1969 年，响应毛主席关于“把医疗卫生工作的重点放到农村去”的号召，提出了大队办卫生所，实现小病不出村的工作目标，全乡有赤脚医生 57 人，农村缺医少药的状况得到一定的缓解。党的十一届三中全会后，医疗卫生事业稳步发展。2004 年起，国家对农民大病救助力度加大，每人每次救助款为 1500 ~ 2000 元。从 2006 年起，实施新型农村合作医疗保险制度。2014 年，有镇村医疗机构 17 个，门诊部（所）1 个；床位 135 张，每千人拥有 4.5 张；固定资产总值 450 万元；专业卫生人员 53 名，其中执业医师 10 人，执业助理医师 13 人，注册护士 21 人。2014 年医疗机构完成诊疗 145.91 人次。23 个村 30623 人参加新型农村合作医疗。

社会保障

民国以前，社会救济资金主要来自公产收入或是殷实富户的施舍，但僧多粥少，难惠众生。清顺治四年（1647），知县公署编审过一次丁口，豁免年老、残疾人的丁税银。民国 35 年（1946），成立汝城县冬令救济委员会，向殷实富户募捐棉衣、棉裤拯救贫民。在农业合作化时期农村福利以集体补助为主，年终分配鳏寡孤独基本口粮达到全队平均水平，辅之以国家救济。人民公社化以后，对鳏寡孤独者实行“五保”制度，即保吃、保穿、保住、保医、保葬（孤儿保教）。农村生产责任制后，农村“五保”制度一度有所削弱，

卢氏家庙南楚名家

1986年，本镇率先对“五保”老人集中供养，经费由国家、镇、村三级承担。2000年以来，随着镇域实力的增强，社会救助更加广泛。2014年，全镇农村最低生活保障户508户1077人，支出195.7万元，月人均152元。民政部门资助参加合作医疗1397人次，支出12.6万元，社会福利事业支出107.77万元。国家抚恤、补助各类优抚对象81人,支出70万元。敬老院1家,床位40张，供养农村“五保”人员239人，月支出5.2万元，其中集中供养农村“五保”人员17人。

特色地情

历史人物

曾鉴（1434—1507） 字克明，土桥镇黎明村人。明天顺八年（1464）甲申科彭教榜进士，任工部尚书。曾鉴关心民众疾苦，兴利除弊，清正廉明。正德二年（1507）闰四月初八日，病逝于南京，赠太子太保，入《明史·曾鉴传》。

何试保(1378—？） 字怀普，土桥镇土桥村人。明永乐三年（1405）举于乡，初任交趾车来县令，旋署宣化州。所至持大礼，兴学劝农，民皆感化爱戴。

卢纯道（1861—1937） 土桥镇栽培江人，光绪岁贡。历任汝城县劝学所所长，县立初级中学校长，终生兴办学校，教书育人。出任《汝城县志》（民国版）编纂，学界赠其“儒学宿望”匾额以表敬意。

风景名胜

境内有李氏宗祠、八角楼、叶氏家庙、卢氏家庙等国家级文物保护单位4处，有省级文物保护单位1处（连珠岩）；有金山李氏家庙、黄家村黄氏大院等市级文物保护单位2处。土桥村、金山村是湖南省历史文化名村。

连珠岩 位于土桥镇佳富村，有7座石峰呈

叶氏家庙敦本堂

李氏家庙陇西堂

"一"字状排列，势如腾飞的巨龙，俗称"七拱龙"。据《清统志》载，金山皆石从平地突起七峰，绵亘二三里，势断续如贯珠，故又称"连珠岩"。南端有一溶洞，入口处镌刻有"湖湘胜境"四个大字。据《清统志》载："内有岩洞，九曲池，水清味甘，遇旱取水祷之即雨，因曰灵洞"。

清风岩 位于汝城二中校园。山体拔地而起，海拔 687 米，故名天柱山，俗名孤石寨。山中有一天然岩洞，上书"清风岩"三字。入得洞中，但觉清风习习，流水潺潺，清风岩由此得名。清咸丰年间，石达开曾率太平军驻扎在清风岩。1944 年 6 月，日军大举进犯湖南，长沙沦陷，薛岳率国民党第九战区司令长官部和省政府部分机关撤至汝城时，司令部曾设清风岩。

叙伦堂 位于金山村内，卢氏家庙"叙伦堂"亦称"南楚名家"，因唐昭宗李晔赐卢氏先人的诗中有"楚国之南皆名家"的诗句得名。叙伦堂始建于明万历丙午年（1606），宏观巨制，金碧辉煌。门楼为歇山式青瓦布顶，檐下施如意斗拱，斗拱下额枋浮雕多种彩绘图案，鸿门梁镂雕双龙戏珠，额枋正中蓝底金字镌刻"楚南名家"。两侧对联为："祖德高深惟报以春祀秋尝曷淇奈何弗敬，孙谋远大必斯夫行成名立应亦莫若为仁。"

敦本堂 位于金山村内，叶氏家庙（敦本堂）始建于明代弘治至嘉靖年间（1488—1528 年），历经清乾隆己卯年（1759），道光元年（1821）、民国 16 年（1927）数次修建。敦本堂由朝门及家庙构成，砖木结构，鸿门梁三层镂雕双龙戏珠。云水纹环绕，层层相扣，双龙雕刻生动，形象逼真，线条粗犷有力。金山叶氏朝门是明代门楼建筑的典型代表，为汝城县有名的三条半朝门之一。

陇西堂 位于金山村，据《李氏家谱》载，李族先人始于皋陶，为大理官，因官赐姓理。三十六世理徽公以仕纣直谏，获罪避难于伊候之

八角楼

圩，食李实得全，乃改理为李。唐德宗封李晟为凤翔陇西节度使，后封平西王。其后裔由江西上犹县卜居桂阳（今汝城）金山，枝分派衍，瓜瓞绵绵，豪俊选兴，代不乏人。李氏家庙陇西堂，始建于明万历己未年（1619），坐南朝北，三间二进，砖木结构，鸿门梁三层镂雕双龙戏珠，梁枋正中用绿底金字镌刻“李氏家庙”。门楣上方悬挂一块“道光辛丑恩科”，李立彦立的“钦点旨翰林院”竖匾。门两侧有一联为：“元礼楷模第，延平理学家”。

桂阳广安守御千户所　位于土桥村李氏宗祠左侧。明朝初年，粤北瑶民锺均道聚众作乱，祸害汝城乡民，乡绅陈仲才向朝廷上书《乞除锺寇请建卫所疏》，洪武二十九年（1396）三月，朝廷采纳他的意见，调拨军士在土桥下圆坪（即现在的土桥镇土桥村广安所）设立桂阳守御千户所。土桥镇土桥村广安所现存的“文武世家”坊，是明弘治二年（1489）提督学政湖广按察司副史薛刚为镇守桂阳广安守御千户所的百户李兴及其五世孙、进士李安所立。门楼为木结构歇山顶，琉璃瓦飞檐翘角。因顶檐四翘角与底檐四翘角互相呼应，故称“八角楼”。

李氏宗祠　位于土桥村八角楼旁。据《民国汝城县志》及《广安所李氏族谱》记载：明洪武二十九年（1396）明太祖朱元璋将湖北襄阳均州人广武将军骑都尉李兴前往桂阳（今汝城）剿匪，立下赫赫战功。自此，李兴族人在桂阳世代生息繁衍，遂成望族。李氏宗祠始建于成祖朱棣永乐甲辰年（1424），大门上高悬“钦赠铁券”匾。2013年，八角楼和李氏宗祠被公布为国家重点文物保护单位。

黄家大院　位于黄家村，系乡绅黄素轩的住宅，现为郴州市文物保护单位。1928年4月，毛泽东率工农红军一师一团下井冈山，接应朱德、陈毅的湘南起义队伍时，曾驻足黄家大院。

（陈建凡　供稿）

大坪镇 >>

大坪是全国重点镇。

区域概况

位置面积

大坪镇因镇政府驻大坪圩而得名。大坪圩昔称大坪峒，峒在汝城方言中特指山间小盆地，“峒”后简化为洞。位于汝城县南端，距县城11公里，东界热水镇、三江口镇，南邻广东仁化县城口镇，西接井坡乡、泉水镇，北交卢阳镇。北纬25° 18′ 32″ 至25° 30′ 20″，东经113° 34′ 22″ 至113° 50′ 27″。东西直线距离26公里，南北直线距离27公里，面积260平方公里（含九龙江木森林公园）。

建置沿革

大坪镇明清属桂阳长乐乡，民国8年（1919）属汝城县南一区，民国27年（1938），撤区建大坪乡，民国30年（1941）改称平坡乡，1949年10月属第二区，1956年5月撤区建大坪乡，1958年10月与井坡乡、泉水乡合并设东风人民公社。1959年11月分立为大坪人民公社，1984年4月撤社建大坪乡，1996年10月撤乡建大坪镇。

行政区划

1983年，大坪公社辖20个大队，171个生产队。2014年，辖大坪居民委员会和溪头、隆兴、官路、上祝、下祝、欧村、五桂、大坪、联村、堆上、山口、东泦、新南、毛家、黄屋、李屋、谭屋、鲁塘、城溪、平湾20个建制村，175个村（居）民小组，118个自然村。

自然环境

地形地貌 境内南部山冈起伏，北部东面多高山，地势由东南向西北倾斜，西部坐落着汝城最大的一块山间盆地昔称大坪峒，是全县土地最平坦的一个乡镇。境内最高峰为东部的笔架山，海拔1303米，最低点为城溪村，海拔350米，政府驻地海拔661米。

气候水文 属中亚热带向南亚热带过渡的季风性湿润气候区，夏无酷暑，冬少严寒。因地势较高且平坦，气温比县城稍低，洞大地平，常刮大风，又因地下富藏磁铁矿，电磁作用雷雨天易诱发雷暴。河道属湘江、珠江水系，境内主要河流10条，总长33公里，径流4.19亿立方米/年。其中铁炉江源于龙顶坳西北麓（仙殿垅尾），流经溪头、隆兴、五桂、上祝、欧村，银江源于四方坪之寨坳头，流经山口、堆上、新南、东泦、毛家至牛脑山入铁炉江，全长3.2公里。鲁塘水源出风门坳，流经鲁塘、谭屋入铁炉江，全长4公里。铁炉江汇银江鲁塘水、谭屋水注入井坡乡境内的浙水，全长5.6公里。坪湾水源于坪湾村内，由东向西贯穿全村境内，全长10公里，入广东仁化境内。城溪水源于城溪村境内，由西北向东南流经境内，汇入广东仁化，全长4.5公里。

自然资源 境内森林茂实，动植物资源丰富，林木有松、杉、樟、楠竹。栖息有水鹿、野兔、野猪、斑鸠、杜鹃等珍稀野生动物。境内山高坡陡，水流湍急，水能资源丰富。境内矿藏主要有铁、钨、钾长石、萤石、铀等，铁矿资源最丰富，地质储量为1.26亿吨。

人口民族

殷商时期，境内便有人类繁衍生息，秦汉外来人口迁入，明清两代因官迁或因避战乱，外来人口入境者多。民国时期，外来经商者增多。清代以前，由于按丁课税隐匿不报人口者亦多，人口统计数据不全。1960年后，随着国民经济的发展和医疗卫生条件的改善，出现人口自然增长的高峰期。1980年后，严格实行计划生育基本国策，鼓励农民进城创业，人口自然增长明显放缓。1964年，第二次人口普查统计，全乡15451人；1982年，第三次人口普查统计，全乡24263人；2014年，全镇8520户32417人，其中男性18121人，占55.9%；女性14296人，占44.1%；14岁以下4830人，占14.9%；15岁～64岁2531人，占78.1%；65岁以上2269人，占7%。瑶族、畲族4938人，占15%。居民主要有朱、何、范、谭、李、祝等姓氏。人口自然增长率11.98‰。人口密度为每平方公里279人，城镇化率39.6%。

经济发展

农业

大坪镇坐落在汝城盆地上，土地肥沃，农耕文明历史悠久，是汝城县的粮仓，属于经济较发达地区。传统种植业以水稻、蔬菜为主，品种单一，水稻以单季稻为主。农户素有养殖牲畜、鸡、鸭、鹅的习惯，以养猪为主，多以家庭圈养为主，自养自繁，除供给家庭消费外，多上圩集出售，靠此换取日常生活开支，俗称“油盐罐子”。养殖业以猪为主，鸡、鸭家禽次之。农具以犁耙、水车为主，人力耕作为主，辅之以耕牛，峒中为水牛，山中为黄牛。1949年以前，大坪农业基础设施简陋，农耕技术落后，水稻种的是高秆老红米，一年一熟，平常年景亩产150千克左右。昔因地势高，境内无大江大河，易受干旱，粮食产量徘徊不前。民国18年（1929）是境内农业最好的年份，粮食总产为3208吨，亩产194千克。民国30年（1941），汝城县政府曾成立农业改进所，计划从改良稻种、粮林间作、兴修水利等方面改革，但实施不力，收效甚微。1949年，粮食大减产，总产2600吨，亩产109千克。

1950年后，粮食种植经历了高秆改矮秆，单季改双季，常规稻改杂交稻等三次重大变革。1954年境内粮食大丰收，亩产190千克左右。1965年，境内推广良种，逐年淘汰空壳率高、易倒伏、产量低的老红米高秆品种，改种珍珠矮，二九青等双季矮杆品种，粮食产量超过1954年的水平。1976年后，通过推广杂交稻普遍使用化肥，水稻亩产跃过400千克大关，1980年后跃过500千克大关。20世纪80年代中期，本镇建立杂交稻制种基地，从此，杂交水稻种子在境内形成自育、

绿色蔬菜基地

自繁、自有体系，拥有一批制种专业户。到 1988 年，全镇制种面积 433 公顷，最高亩产达 300 千克，远销广东、江西等省，产值 488 万元，实现利税 121 万元，是远近闻名的制种之乡。2014 年耕地面积 2246 公顷，人均 1.03 亩，产粮 26880 吨，亩产约 800 千克，人平 665 千克。饲养牲畜 2.46 万头。

林业

大坪为汝城的重点林区，计划经济年代，每年向国家提供木材 2 万立方米左右。民国以前，境内山林大部分为封建地主所有。土地改革后，没收封建地主占有山林及征收的庙会山、祖山，除少数转为公山外，其余大部分分给当地农民。农业合作化，山林划归集体经营。1960 年后，几乎所有的大队都办起了林场，山林遭过度采伐。1981 年，开展山林“三定”。1984 年，政府公布了将集体山林承包到户三十年不变的政策，大大提高了农民植树造林的积极性。2013 年，被列入国家生态保护区后，实际限额采伐，昔日重点林区转身为生态大镇。山林面积 21907 公顷，林木覆盖率 59.7%，活立木蓄积量 158.78 万立方米。累计造林 253 公顷。

工业

大坪是矿业大镇，工业以铁矿经营和小水电为主。清光绪三十一年（1905），村民祝元青、黄西晋利用本村优质白膏泥先后创办陶器厂，主要生产碗盆、蒸缽、坛子、缸子，质量上乘，远销周边市场。民国时期，境内始有打铁、木器家具，食品加工等小作坊。1950年后，境内有泥瓦、打铁、竹篾编织、理发等作坊10余家，工匠数十人。铁矿开采始于民国32年（1943），由津江村地主朱杨荣在大坪开设利成公司开采铁矿，矿点在松树坳、桶王石，因工具简陋，交通不便，亏本停业。1956年，对境内手工业进行社会主义改造，农村手工业者加入农业社，1973年建立大坪铁木社，为境内第一家集体企业。从20世纪70年代起，大坪工业逐步发展壮大，主要有钨矿、铁矿经营、小水电开发。1968年，县矿产品公司先后在境内开设收矿点，设立矿产管理站。1981年，谭屋大队在尖峰岭创办铁矿企业，凭借资源优势长盛不衰。2000年后,铁矿加工逐繁荣。1988年，全镇耕地2150公顷，产粮11128吨，农业产值650万元，企业262个，主要是钨矿、铁矿开采加工及林产品销售，工业产值121万元，是当年汝城县最富裕的乡镇。1987年，开始创办小水电，利用优势的水能资源，先后建成小水电站10座，装机容量5500千瓦，有高压输电线路10条，总长705公里，有35千伏变压所1座。2014年，发电量3614万千瓦时。镇区有大坪铁矿有限公司、高涧电站、城溪电站等29家工业企业，从业人员1051人，工业总产值68983万元，占全镇生产总值的77.3%，近年来，新建续建项目31个，项目总投资25.92亿元，其中投资过亿元项目5个：投资5亿元的镇区农产品综合开发项目，投资3亿元的万亩供港蔬菜基地，投资3.5亿元的万亩花卉苗木基地，投资1.1亿元的聪源矿业铁矿尾矿库综合开发利用项目，投资1亿元的万头肉牛养殖基地。争取了投资2932万元8个村的集中供水工程，启动了投资7000多万元的店背水库的建设；完成了投资370万元的东泗至黄屋村大南公路绕道改造。

商贸服务

清光绪末年，境内富户乡绅始办“牙行”，代客买卖南杂、百货等，有先施、永安、大华、易林、雪庆等商号。民国24年（1935），汝城县政府开始兴办商业合作事业，次年，境内创办大坪消费合作社，大坪供销合作社。50世纪50年代初，有私营商业19户从业43人，从1953年下半年开始，对私营商业实行“利用、限制、改造”的政策，到1958年私营商户基本不存在。中共十一届三中全会后，允许农村富余劳动力经营商业,饮食服务业,境内个体商业迅速发展。2014年，有个体商业427户，从业6376人，社会商品零售总额1360万元。

劳务输出

20世纪80年代中期，农民外出务工经商逐渐形成热潮。据不完全统计，2014年全镇劳务输出约1.1万人，主要输往广州、福建、上海等地，回流资金4亿多元，是群众建房、子女读书、置办家业等开支的主要来源。

财政金融

财政收入主要是农业税。明清时期，财税中央集权，没有乡级财政。民国21年（1932），设大坪财产保管委员会，负责境内所征收的粮税上解县财政。1956年，对私营工商业实行社会主义改造后，工商各税和企业税收逐年上升。1958年，农业税改革，废除全额累计税率，实行比率税制。1963年，公社实行“收入分项计算，核定任务，按实上交，结余归社”的管理办法。1975年，设立大坪税务所，1981年设乡财政所，后将税务所并入其中。1986年起，乡镇财政实行“定收定支，超支不补，结余留用，一年一定”的预算管理体制。2002年，成立农业税征收管理大坪分局，2006年，农业税免征后更名为镇财政所，规模工业增加值6.9亿元，农民人均可支配收入4254元，财政总收入6016万元，完成税收2428万元，其中国税1502万元、地税926万元。1988年，农业银行汝城支行在大坪境内设营业所。2014年，境内有银行业金融机构2家，各类存款余额20810万元，各类贷款余额2400万元。

基础设施

交通运输

昔时，境内山重水复，交通闭塞，陆路多为山间小道，路面陡窄，运输全赖人力肩挑肩负。境内先民经年累月，艰苦劳作，逐步打通了汝城——仁化的步道，是古代汝城联系广东仁化的主要步道，负责为朝廷传递公文信息输送军饷钱粮，故称官道。步道北起汝城县城经担盐坳、泰来圩、官路、大坪圩、山口庙、三江口、城口到仁化县城，南北走向，石阶路面，全程约60公里，其中大坪境内约35公里，也是境内商人运输大米、生猪、木材南下城口，贩盐、南杂北上汝城的主道，俗称盐茶古道。

1958年由政府资助，民工建勤，修通县城至大坪简易公路17公里。1959年，此路由湘潭钢铁公司投资，按4级公路标准改建并延伸至六里坳。1963年，此路由国家投资，按6级公路标准从六里坳延伸至广东桥路段13.8公里，是汝城第一条与广东连通的公路，此路后升级为106国道。2000年，境内106国道全部升级改造为油路，交通瓶颈得到突破。2009年，106国道县城至广东桥升级改造为二级公路，汝城通往广东的交通条件得到极大改善。20世纪70年代，始修通村道，因陋就简多为黄泥碎石路，路基松软，雨天多坑洼。2012年，20条村道全部水泥硬化，全长44.8公里。2012年后汝城大道直通镇区，开通公共汽车，从此大坪融入县城经济辐射区。

邮政电信

民国31年（1942），设立大坪邮政代办所，1955年，设立大坪邮电所，1959年，邮电下放到公社，开设有电报、长途电话、邮政、报刊发行等业务。1979年公社到各大队的有线电话开通。1996年移动手机信号覆盖全镇。2014年有邮政局1处，村村通邮路，报纸、杂志累计期发行780份，邮政业务收入36000元。有电信企业1家，服务网点2个，固定电话3500户，普及率为55%，移动电话4000户；互联网用户1420户，年电信业务收入150万元。

水利建设

境内无大溪河，一遇干旱即有灾情，1950年，境内相继兴建了东方垅、三星、五桂等3座小Ⅱ型水库，总蓄水量95.8万立方米，旱情稍有缓解。1963年，龙虎洞水库右干渠向大坪供水，流经境内全长28公里。是年大旱，农民燃放鞭炮接水润田。此后，境内农业生产基本旱涝保收。2014年，投入330万元对东方垅水库除险加固。投资883万元的堆上片800公顷土地平整项目，投资600万元实施水库渠道改造、集雨节灌等小农水建设工程。2014年争取了投资2932万元涉及溪头等8个村的集中供水工程，启动了投资7000多万元的店背水库建设，彻底解决大坪生产生活用水问题。

供电

有小水电站10座，装机5500千瓦，2014年，发电3012万千瓦时；有高压输电线路10条，总

大坪广场

长705公里；拥有35千伏变电所1座，高压输电线1条，总长10公里。

村镇建设

大坪镇的市政建设大致分为三个时期。大坪圩是汝城三大古圩之一（土桥圩、井坡圩），圩场位于大坪洞的中部，兴建于明正德年间，清乾隆年间几度扩建，民国年间有厂棚3排72间，占地10亩，简易街道上铺有石板小路991米，有大华、易林、雪庆、先施、永发等商号，500左右常住人口。1958年，大炼钢铁时，拆除厂棚1排24间，此后圩场拥挤，以路为市，占道经营。

改革开放后至2000年前后，为市政建设的第二时期，1988年，启动圩场扩建工程，新建圩场面积6621平方米，厂棚2排48间，摊位190个。大坪墟逢农历二、七为圩期，来自3省4县的赶圩人数上万，圩日成交额约8万元。1980年代起，该圩场成为县内最大的杂交水稻种子购销市场，每年约有200多万千克杂交稻种销往省内外。

2005年至今为市政建设的第三个时期。2005年，政府编制《大坪镇总体发展规划》，通过市场融资形式，引进江西客商投资4亿元，规划在3年内把大坪建成镇区面积3.3平方公里，城镇常住人口2万人的现代新型城镇。这次市政建设以功能设置为基础，彻底改变圩场以路为市，晴天一身灰、雨天一身泥的状况。房屋建筑面积94万平方米，楼房最高8层。埋设大口径排水管道400米。居民生活垃圾实现了无害化处理。围绕建设旅游示范镇的目标，同步推进村庄规划，重点抓好谭屋、溪头、官路等新农村示范点的规划建设。大力实施以农村危房改造、环境整治和基础设施建设为主的农村环境综合整治三大工程。2014年实施新农村建设、水利、道路建设等项目23个，投入项目资金5590万元。主要项目有：东泗至黄屋村的大南公路绕道工程；建设一事一议财政奖补十村连片项目；打造大坪106国道沿线、大南公路沿线城乡一体化示范带；实施以改厕、改水、改电、改厨、改路、改房为目标的“六改”工程，镇区新建公共厕所4座，全镇建设沼气池30口，实施新南、下祝空心村改造项目，实施投资1430万元总长9.8公里涉及平湾、上祝、欧村、黄屋、毛家、新南、东沤、联村、鲁塘等村的10条通组公路硬化工程。境内主干道绿化20公里、城镇绿化2000多平方米、矿山复绿500余亩。2014年，经住房和城乡建设部等7部委批准，大坪镇为全国重点镇。

社会事业

居民生活

大坪是古祠堂之乡，境内各大姓氏都建有祠堂。境内先民务农为本，耕读传家，勤劳节俭，敦厚善良。有朱、何、范、谭、李、祝、周、欧阳、邓等主要姓氏。鸦片战争后，社会黑暗，政治腐败，民不聊生，境内百姓饥寒交迫。每逢兵匪灾疫，则沦为乞丐，鬻儿卖女者或有之。清乾隆戊辰年（1748），境内大旱，井泉干涸，田不能耕，秋大疫，死者枕藉无棺以殓。民国21年（1932），是年奇荒，正赋正供附加每两饷增至小洋60元、为民国14年（1925）的23倍，斗米1.6元，百姓苦不堪言。1951年，境内实行土地改革，广大贫雇农分得土地、农具，生产积极性提高，生活得到了较大的改善。1956年，农业合作化，所有农民入社，参加集体劳动和分配。大集体时期，农民处于“忙时吃干闲时半干半稀”的状态，很少有肉食，水果，吸烟用自产的烤烟卷“喇叭筒”，住房多为黄泥土砖垒墙的矮平房，自行车、收音机、手表为奢侈的“三大件”，成为农村青年结婚成家稀罕的彩礼。实行农业家庭联产承包责任制以后，境内农民依靠独特的杂交稻制种技术，使大坪迅速崛起，成为湘粤赣边境最大的制种基地；镇办企业小水电和铁矿的开采，占据了产业的半壁江山；扩建大坪圩市场，市场交易拓宽，经济来源更加活跃。2006年，取消农业税，国家开始向农民发放种粮直接补贴、良种补贴、油价综合补贴、能繁母猪养殖补贴等各种惠农资金，农民从此享受种田不纳粮的惠农政策，同时，国家实施家电下乡财政补贴、购买汽车和摩托车财政补贴等政策。2014年，共发放粮食直补资金41.33万元、综合补贴资金246.78万元、水稻良种补贴资金150.92万元。2014年，境内农民可支配收入4254元，人均住房面积43平方米，其中土砖瓦房占4%，红砖楼房18%，钢筋混凝土楼房78%。平均每百户中拥有洗衣机89台，电冰箱85台，热水器93台，彩色电视机99台，摩托车72辆。

教育

明清以来，境内有义学、私塾、书院三种办学形式。彩云私塾创办于清光绪五年（1879），是当时境内有名的私塾，私塾采取家族办学形式，主要以祖产为办学经费，家族按房份出力，在祠堂大厅上悬榜旌表族人贡献情况，清末，废科举，兴学校，私塾更名为初级小学。民国30年（1941）创办大坪中心学校，是境内最早的公立学校。民国34年（1945），境内有小学生千余人，为民国时期适龄儿童入学率最高的年份。1952年，境内有小学16所。1969年，创办大坪中学，境内开始有中学。1991年，创办幼儿园，学前教育发展迅速。1999年，境内基本普及九年制义务教育。2009年，境内实施农村义务教育经费保障机制改革，对小学和初中学生免收学杂费，对贫困寄宿生给予补助。2014年始，对农村在校学生免费提供中餐。2014 年，境内有幼儿园 13 所，专任教师 50 人，在园幼儿 1513 人；小学 16 所，专任教师 118 人，在校学生 2434 人。2014 年，财政投入 450 万元，重建了山口小学，启动了联村、隆兴等村小的扩建工程。

文化体育科技

清末，祁剧传入境内，“五四运动”后京剧、话剧、木偶戏、兴久剧等相继传入。有的村建有庙台（俗称“七块半”）演出，无庙台的村则露天演出。1971 年，建立农村电影放映队，1975 年，建 1 家电影院，有固定木板座位。1990 年，建立乡电视差转台。2014 年，有县级技术研究中心 1 家，乡土科技人才 35 人，承接县级科技项目 1 个。有镇文化站 1 家、村级文化活动中心 20 处，藏书 3 万册。广播电视站 1 家，有线电视用户 7886 户。有体育场 2 个，面积 3120 平方米。

医疗卫生

境内自古巫医一家，以中医草药为主的自治自疗的方式代代相传。民国 6 年（1917），西医治疗技术始传入境内。1949 年，境内有西医诊所 2 间，医疗人员 5 人。新中国成立之后，广泛开展卫生科学知识宣传，引导群众破除迷信，讲究卫生，改造旧法接生方式，推广新法接生，疟疾、麻风病、钩虫病、结核病的普查普治和群防群治，农民健康卫生水平得到提高。1969 年，响应毛主席关于“把医疗卫生工作的重点放到农村去”的号召，提出了大队办卫生所，实现小病不出村的工作目标，全乡有“赤脚医生”24 人，农村缺医少药的状况得到一定改善。党的十一届三中全会后，医疗卫生事业稳步发展。2000 年起，国家加大对农民大病救助力度，每人每次救助款为 1500 ~ 2000 元。从 2006 年起，实施新型农村合作医疗保险制度，2014 年医疗机构完成诊疗 14909 人次。

社会保障

民国以前，社会救济资金主要来自公产收入或是殷实富户的施舍，但僧多粥少，难惠众生。清顺治四年（1647），知县公署编审过一次丁口，豁免年老、残疾人的丁税银。民国 35 年（1946），县政府召开协调会议，并设汝城县冬令救济委员会，向殷实富户募捐棉衣、棉裤赈救贫民。农业合作化时期，农村福利以集体补助为主，辅之以国家救济，年终分配，鳏寡孤独的基本口粮达到全队平均水平。人民公社化以后，对鳏寡孤独者实行“五保”制度，即保吃、保穿、保住、保医、保葬（孤儿保教）。农村实行联产承包责任制后，农村“五保”制度一度有所削弱。1986 年，本镇率先对“五保”老人集中供养，经费由国家、镇、村三级承担。2000 年以来，随着镇域实力的增强，社会救助更加广泛。2014 年，境内农村最低生活保障户 767 户 1336 人，支出 116.95 万元，月人均 71.28 元。民政部门资助参加合作医疗 1090 人次，支出 6.54 万元，社会福利事业支出 21600 元。国家抚恤、补助各类优抚对象 321 人，支出 133.7 万元，“五保”人员 346 人，月支出 48280 元。敬老院 1 家，床位 30 张，集中供养农村“五保”人员 25 人。

特色地情

历史人物

祝咏　字鸣盛，大坪祝家村人。明嘉靖八年（1529）己丑科罗洪先榜进士，任陕西布政司参议。晚年在南岳讲学，祀衡州府学乡贤。

乡土特产

杂交稻制种　杂交稻制种始于 1989 年，为传统名优特产，注册商标。1990 年，汝城县开始引进两系、三系杂交稻制种和优质稻大田种植推广，两系稻杂交制种形成了以隆平高科汝城分公司为龙头，大坪、泉水、热水等乡镇为基地的“公司+基地+农户”的生产格局。全县有杂交稻制种基地700公顷（二系206公顷、三系493公顷），以马坝油粘、香两优68、9311、E32为主导品种，由隆平高科有限公司承担技术指导。2014年总产量128.4万千克，总产值1148万元。袁隆平院士对汝城制种给予高度评价：“汝城县从气候条件和技术力量上看，都是两系杂交稻制种的好地方。”

祝师傅板鸭 昔称“南安板鸭”为传统名优特产，注册商品。用本地产麻鸭腌制，经冬至后的太阳晾晒、霜冻风吹等环节，肉味发生了神奇变化，相传，清乾隆皇帝品尝过后，赐名“南安板鸭”以示嘉奖。

风景名胜

九仙观 位于东冈岭南段，海拔1479米。古木凌空，修篁满谷，溪涧纵横，白云常驻，形如鹅群游动，又名白鹅仙。又传是玉皇大帝的女儿白娥仙子下凡而得名。观内山墙上镶嵌石碑18块。其中刻于明万历二十九年（1601）的《津江重修洞仙观记》碑文曰：“白峨山世传洞仙观，九位真仙之所驻节者也。旧有祠，飞甍画桷，凤舞龙蟠，形胜奇绝，甲于荆楚。前人之述备矣，历岁既久，风雨日侵，势圮坏。居人若祝，若欧，若宋，若刘，若谭，不下千余家，谋欲新之。于万历己亥冬始，逾年而工告竣。”观宇为三开门纵深三进，砖木结构，主殿由10根大圆木支撑，五横排纵列于内，是汝城境内建筑雄伟、工艺精美、保存完整的古道观。

腊岭头凉亭 位于汝城县大坪镇之南4.5公里处，与古道雄关—太平隘仅一箭之遥。凉亭长7米，宽5.42米，南北朝向，花岗岩方石结构；石门高2.75米，宽1.91米；石墙厚0.3米，北门额上刻浮雕行楷“景行”两字，南门额上刻浮雕行楷“仰止”两字。据碑文记载，凉亭始建于清嘉庆戊寅年（1818），是大坪镇南村贡生谭流芳捐资建造。

太平隘 位于汝城县大坪镇之南4.5公里的腊岭头山坳，两侧雄峰耸峙，草木丰茂，是湘粤赣边境地区商旅通道上的一座雄关。太平隘始建于清代顺治七年（1650），东西跨度28米，高5.6米，顶墙厚2.6米，基脚厚3.5米，整体用坚固的花冈岩石块构筑。关隘中部设大拱门，门高3.5米，宽2米，拱门上嵌青石一方，高0.3米，宽0.6米，上刻浮雕行楷“太平隘”三字，寓“天下太平”之意。1934年11月2日，红军长征经过汝城，彭德怀将军指挥红三军团炮轰盘踞太平隘的国民党守军。至今，太平隘左侧山头上还残留着当年碉堡的残垣断壁。

风门坳 位于大坪镇鲁塘村西南1.5公里处。因两山夹峙，阵阵雄风朝着门坳呼啸而来得名。风门坳古关始建清顺治八年（1651），左右跨度24米，高5.5米，墙顶厚度2.6米，墙基厚度3.3米，用花岗岩石块结构，关墙上爬满青藤薜荔，墙体苍黑，遍布苔藓。关墙中部设大拱门，门高3米，宽1.85米，上刻浮雕行楷“风门坳”三字，其下一条古道，穿过拱门。据《汝城县志》（民国版）：清朝咸丰十年（1860），清将黄开甲曾经派兵驻守风门坳抗击红巾军。1934年11月7日，红军长征经过汝城时，红九军团曾炮轰风门坳守敌。如今，风门坳古关右侧山头上还残留着当年国民党碉堡的残垣断壁。

宋氏宗祠 位于大坪镇溪头村，始建于明朝永乐壬寅年（1422），系唐朝丞相宋申锡二十一世孙宋仁鉴筹建。由朝门、祠堂两部分构成，朝门进深约8米，面阔6米左右，整座祠堂占地228.8

平方米，门楣上方榜书“宋氏宗祠”四个大字，顶端悬挂清朝乾隆六年（1741）仲秋钦封宋氏先人宋弘为翰林院士的匾额。

民俗风情

晒龙王 境内如遇久旱不雨，乡民则聚众把龙王菩萨从龙王庙里请出来，置烈日下暴晒三天，让龙王感应天旱。若再无雨则请巫师做道场，乡民头戴柳条，抬龙王菩萨游洞过村，直至降雨方罢。求雨童瑶为：“青龙头、白龙王，小儿求雨天欢喜。麦子麦子焦黄，起动起动龙王，大下小下，初一到十八。”

祭土地 每岁春播前，由族长或乡绅主持在土地庙举行祭拜土地神的仪式，祈求一年风调雨顺，五谷丰登。在祭祀土地神的社日四邻族人都会聚在土地庙前，并在附近树下建临时房屋，杀牲宰羊，备封醇酒。祭神仪式后，载歌载舞。敲锣打鼓，然后分享祭祀时供奉的酒肉。

（李玉红　供稿）

泉水镇 >>

泉水是千年古乡，神农作耒之乡。

区域概况

位置面积

泉水镇因境内泉白水清而得名，是神农作耒之乡，公元358年至978年是千年古邑汝城县（卢阳县、义昌县）的县治所在地。位于汝城县南部，距县城6.5公里。北纬25° 25′ 18″至25° 31′ 44″、东经113° 32′ 6.2″至113° 41′ 2.7″。东西直线距离14.8公里，南北直线距离12公里，面积81.11平方公里。东界大坪镇，南邻井坡乡，西接延寿瑶族乡，北交马桥镇、卢阳镇。

建置沿革

明清属桂阳县汝城乡，民国8年（1919）撤乡建区属汝城县南二区，民国27年（1938）建白泉乡，民国30年（1941）改名太白乡。1950年属第二区，1956年5月撤区建泉水乡，1958年10月与大坪、井坡乡合并设东风人民公社。1961年分立为泉水人民公社，1984年4月撤社复建泉水乡，1993年撤乡建三星镇，2011年更名为泉水镇。

行政区划

1983年，泉水公社辖21个大队，205年生产队。2014年，辖泉水居民委员会和梓水、梓槽、正水、旱塘、岭头、秀溪、殿华、杉树园、胜利、南水、石塘、西黄、范龙、城郭、前山、见头冲、白泉、泉水、付水、星村、仙居21个建制村，207个村（居）民小组，94个自然村。

自然环境

地形地貌 境内西部多山，地势向东倾斜，东部略平坦，是一块带状盆地。最高点正水村黄宝垅，海拔1290米，最低点星村，海拔600米，政府驻地海拔612米。

气候水文 属中亚热带向南亚热带过渡的季风湿润气候区。年平均降雨1570毫米，主要集中在4—8月，年均降雨145天，年平均气温17℃，无霜期274天。河道属湘江水系，境内主要河流6条，径流8170万立方米/年。泉水河发源于黄宝垅，流经正水、梓水、岭头、秀溪、胜利、南水、石塘、西黄、范龙、前山、见头冲、城郭等村，汇旱塘水、杉树园水、南水后统称秀溪水、汇木榔江入浙水，全长21公里。浙水自井坡乡南流入境，流经白泉、星村、三星、城郭、星村、付水入卢阳镇。

自然资源 境内森林茂实，动植物资源丰富，林木有松、杉、樟、楠竹。栖息有水鹿、野兔、野猪、斑鸠、杜鹃、野鸡、蝴蝶、蜻蜓等珍稀野生动物。境内山高坡陡，水能资源丰富。矿藏有铁、钨、石灰石、高岭土等，其中钨铁矿资源丰富。

人口民族

殷商时期，境内便有人类繁衍生息。秦汉外来人口迁入，明清两代因官迁或因避战乱，外来人口入境者多。民国时期，外来经商者增多。清代以前，由于按丁课税，隐匿不报人口者亦多，人口统计数据不全。1960 年后，随着国民经济的发展，医疗卫生条件的改善，出现人口自然增长的高峰期。1980 年后，严格执行计划生育基本国策，鼓励农民进城创业，人口自然增长明显放缓。1964 年，第二次人口普查统计，全乡 16645 人；1982 年，第三次人口普查统计，全乡 24308 人；2014 年，境内 8435 户 31336 人，其中男性 16332 人，占 52.1%；女性 15004 人，占 47.9%；14 岁以下 7167 人，占 22.9%；15 ~ 64 岁 21051 人，占 67.2%；65 岁以上 3118 人，占 9.9%。瑶族、畲族等少数民族 2899 人，占 9.3%。2014 年，人口自然增长率 6‰，城镇化率 36.8%，人口密度为每平方公里 336 人。

经济发展

农业

泉水镇坐落在汝城中部盆地上，平坦肥沃，水源丰富，农耕文明历史悠久，是汝城的粮仓，属汝城经济发达地区。传统种植业以水稻、蔬菜为主，品种单一，水稻以单季稻为主。农户素有养殖牲畜、鸡、鸭、鹅的习惯，以养猪为主，多以家庭圈养为主，自养自繁，除供给家庭消费外，多上圩集出售，靠此换取日常生活

开支，俗称“油盐罐子”。农具以犁耙、水车为主，人力耕作为主，辅之以牛耕。1949 年以前，由于封建土地制度的束缚，农业基础设施薄弱，农耕技术缺乏，加之自然灾害频繁，农业生产非常落后。民国 18 年（1929）是境内农业最好的年份，亩产平均 190 千克。民国 30 年（1941），汝城县政府曾成立农业改进所，计划从改良稻种、粮林间作、兴修水利等方面改革，但实施不力，收效甚微。1949 年，粮食歉收，亩产 110 千克左右，1954 年粮食大丰收，亩产 190 千克左右。1965 年，境内推广良种，逐年淘汰空壳率高、易倒伏、产量低的老红米高秆品种，改种珍珠矮，二九青等双季矮秆品种，亩产达 200 千克左右。1975 年后，大力推广杂交水稻，种田水平迅速提高，1982 年，境内粮食获大丰收，1988 年，拥有农业机械动力 2773 千瓦，粮食总产 11900 吨，亩产 540 千克，农业总产值 635 万元，农民人平纯收入 600 元。有乡镇企业 129 个，工业总产值 304 万元，乡办企业主要有钨矿、电站。近年来，政府引导农民调整产业结构，促进农业转型升级，成立各类专业合作组织 18 家，完成 7 宗 266.7 公顷土地托管流转业务。建有万亩优质稻基地，万头杂交生猪繁殖基地，2000 亩绿

色蔬菜基地，133公顷优质茶叶基地。2014年，境内耕地1432公顷，产粮2.3万吨，人平718千克；有山林5930公顷。

工业

本镇工业以钨矿、铁矿开采经营和小水电为主。清代，境内传统工业主要有铁、木、竹、印染等手工作坊，其中竹篾棕片编织尤为见长，泉水的竹篮箩筐，城郭的蓑衣、棕绳远销广东仁化。20世纪50年代初，政府曾以公私合营形式，组织小作坊集中生产。1958年，组建乡铁木社、缝衣社，属集体所有企业，归县轻工业局管辖。1982年后，乡镇经济体制改革，铁木社、缝衣社改制不复存在。1980年后，农村普遍推行联产承包责任制，乡镇企业异军突起，个体私营企业如雨后春笋。2000年之前，钨矿开采加工曾是本镇的支柱产业，以私营企业家能人辈出闻名汝城。2000年后，境内建筑、建材和第三产业发展迅速，主要企业有鸿发矿业有限公司、华顺铁合金有限公司、恒信矿业有限公司、盛大矿业有限公司，从业7000余人。2014年，工业总产值15957万元，占全镇生产总值的47.6%。近年来，驻园规模企业有深圳雷景科技公司和瑞泰公司；通过招商引资，引进投资1.1亿元、年产值5亿元的裕兴雷景科技LED项目；投资3000万元，年产值6000万元的建翌升矿业有限公司；投资5000万元的汝城铁合金厂，落户三星工业园区。

商贸服务

清光绪末年，境内富户乡绅始办“牙行”，代客赴韶关、郴州、赣州买卖百货南杂、乡土特产。民国24年（1935），汝城县政府开始兴办泉水商业合作社，次年，境内创办泉水消费合作社、泉水供销合作社。20世纪50年代初，私营商户曾一度繁荣，从1953年下半年开始，对私营商业实行限制、改造政策，到1958年私营商户基本消失。中共十一届三中全会后，允许农村富余劳动力经营商业、饮食服务业，境内个体商业迅速发展。2014年，有个体商业205户，从业476人，社会商品零售总额2795万元，销售产品主要有反季节蔬菜、茶叶、药材。泉水圩始建于清乾隆年间，是汝城有名的古圩场，初时较为简陋，赶圩人以路为市，历经搭架建厂，圩场逐年繁荣，到民国2年（1913）泉水圩有厂棚6栋，店铺近100家。农历逢一、六为圩日，1980年后，集市交易人数达1.5万人，圩日成交额约3万元。此后历经两次改造扩建，2002年，改建老农贸市场交易厂棚。2014年1月，新建农贸市场，新农贸市场占地35亩，建筑面积15600平方米，店面140间，交易厂棚5200平方米，停车场4000平方米。

财政金融

财政收入主要是农业税，明清时期，财税中央集权，没有乡级财政，清朝主要是田赋税和丁银。雍正二年（1724）实行“推丁入亩”。民国时期，财政收入仍以田赋为主，始征工商各税，还有地方杂捐。1956年，对私营工商业实行社会主义改造，工商业各税和企业收入逐年上升。1958年，农业税改革，废除全额累计税率，实行比例税制。1963年，公社财政实行“收入分项计算，核定任务，按实上交，结余归社”的管理办法。1966年以后，社乡财政实行“收入上交，支出下拨”的管理办法。1975年，建立泉水税务所，1984年，建立泉水乡财政所后，将税务所并入其中。从1986年起，乡镇财政实行“定收定支、超支不补，结余留用，一年一定”的预算管理体制。2002年，成立农业税征收分局，2006年，取消农业税，更名为镇财政所。2014年，财政总收入1881万元，完成税收535万元，其中国税200万元、地税335万元；实现地区生产总值33475万元，规模工业增加值20644万元，实现农民人均可支配收入2092元，

2014年末，境内有银行业金融机构1家，各类存款余额2.23亿元，各项贷款余额4800万元。

基础设施

交通运输

昔时，境内山重水复，交通闭塞，陆路多为山间小道，路面陡窄，运输主要靠人力肩挑背负。境内先民经年累月，艰苦劳作，逐步打通了汝城—乐昌的步道，俗称官路。亦称茶盐古道。步道北起汝城县城经上黄门、城头寨、三步桥、白泉桥、下青山、古塘、龙虎洞、分界岭出境到广东乐昌。古道呈南北走向石阶路面，全程约75公里，泉水境内约10公里。主要负责为朝廷传递公文军情，也是境内商人运输大米、生猪、木材南下城口，贩盐、南杂进入汝城的主道。1958年，由政府资助，民工建勤，修通县城至大坪简易公路17公里，其中泉水境内3公里。1963年，此路由国家投资，按6级公路标准延伸至广东桥。这是境内也是汝城第一条与广东连通的公路，此路后升级为106线国道。2000年，境内106国道全部铺筑沥青路面。20世纪70年代初，始修村道，因陋就简多为黄泥碎石路，路基松软，雨天多坑洼，仅能通手扶拖拉机。2000年后，逐年对通村公路进行硬化，村村通公路，总长120公里。2012年后，汝城大道直通三星工业园，开通公共汽车，从此，泉水融入县城经济社会经济圈。

邮政通信

民国31年(1942),泉水设甲类信柜,1949年,泉水设邮电代办所，1955年设立邮电所，1959年,邮电下放到公社,设有电报、长途电话、邮政、报刊发行等业务。1979年，公社到各大队的摇把手电话开通。2002年，移动手机信号覆盖境内。2014年年末，有邮政局1处，代办所1处，村村通邮路，报纸、杂志累计发行2万份，邮政收入6万元。电信企业2家，服务网点1个，固定电话用户5963户，普及率为70%；移动电话用户6987户；互联网用户690户，全年电信业务收入130万元。

水利建设

境内建有4座水库。团结水库1971年10月开工建设，1973年竣工，水库控制集雨面积14.8平方公里，总库容167.5万立方米，灌溉面积747公顷，属小Ⅰ型水库。峡口水库1957年11月开工建设，1959年10月蓄水。控制集雨面积0.6平方公里，总库容60.14万立方米，设计灌溉面积80公顷，属小Ⅱ型水库。2000年以来，水库坝体渗漏，水库畜水量逐年减少，2013年10月，峡口水库除险加固工程动工，总投资256万元，对大坝进行了坝体防渗、新建溢洪道、新建放水启闭设施，解决了大坝的渗漏问题，增加水库蓄水量，改善了500多亩稻田的灌溉困难。大源山水库1958年11月开工建设，控制集雨面积2.15平方公里，总库容28.4万立方米，属小Ⅱ型水库，限于当时工程建设技术水平，施工质量不高，水库自1981年以来，大坝渗漏问题开始显现，2011年12月,投资130万元,启动除险加固工程，解决坝体渗漏量，储水能力显著增强。后垅山水库1997年11月开工建设，控制集雨面积2.07平方公里，总库容13.2万立方米，设计灌溉面积67公顷，属小Ⅱ型水库目前运转状况良好。

村镇建设

清末，西黄、南水、殿华等村是1000人以上大村庄。2010年，镇政府制定了《泉水镇建设规划》，对境内的山、水、田、林、路进行综合治理。境内泉水河1974年改建。河道经过几十年的运行，上游河道淤积严重，行洪不畅，河堤冲毁严重，严重威胁两岸群众的生命财产安全。2011年，由代赈办立项投资361.5万元，对泉水河道实施综合治理工程，完成东起浙水河群建桥，西至胜利村，新建了拦河坝2座、护坡2795米，整修3875米的维修工程。完成了投资1500万元的泉水大道二期（三星至泉水2.2公里道路扩建改造）；投入700万元动工建设泉水大道三期（泉水至秀溪3公里道路扩宽改造）；投资220万元建设了泉水客运站。积极对接县经济开发区三星工业园，建设了工业园服务功能区。投入1000万元实施小城镇立面改造、亮化工程以及道路两侧街景路景整治改造。2014年，实施三星街、星村、付水、石塘、三星等村农网改造工程，完成了胜利、殿华村集中供水工程，解决了3500多人的"饮水难"问题。

社会事业

居民生活

泉水是古祠堂之乡，境内各大姓氏都建有祠堂。先民自古崇文尚学，耕读传家，勤劳节俭，民风淳朴。有宋、邓、朱、何、范、欧阳等主要姓氏。1951年，境内实行土地改革，广大贫雇农分得土地农具，粮食丰收，农民生活得到改善。1956年农业合作化，所有农民入社参加集体劳动和分配。大集体时期，农民生活水平增长缓慢。农民长期处于"忙时吃干闲时半干半稀"的状态，很少有肉食，水果，吸烟用自产的烤烟卷"喇叭筒"，住房多为黄泥土砖垒墙的矮平房，自行车、收音机、手表是稀罕的"三大件"，是少数农村青年结婚时的彩礼。实行农村家庭联产承包责任制以后，泉水凭借昔日钨矿开采和矿产贸易，迅速崛起成为湘粤赣区域最大钨、钼矿交易中心，钨砂经营交易量占全国的四分之一左右，一批矿产企业老板活跃于全国。历年农民纯收入领先于全县乡镇，2006年，取消农业税，国家开始向农民发放种粮直接补贴、良种补贴、油价综合补贴、能繁母猪养殖补贴等各种惠农资金，农民第从此享受种田不纳粮的惠农政策。同年实施的还有农村最低生活保障政策，家电下乡财政补贴和农户购买汽车和摩托车财政补贴政策。农民生活水平大大提高。2014年共发粮食直补资金41.33万元、综合补贴资金246.78万元、水稻良种补贴资金150.92万元。电视机、电冰箱、摩托车已在农村普及，富裕的农家开始拥有货运车辆和家庭小轿车。

教育

泉水自古以来是汝城的文化教育大乡。早在唐朝时期，就有宰相宋申锡在殿华相公崖结庐读书的记载。明清以来，境内办学主要形式有义学、私塾、书院三种形式，私塾教育遍及村间。殿华、南水、石塘、西黄有当年县内著名的家族学堂。以祖产为主要办学经费，家族按房份出力，贡献大的在祠堂大厅上悬榜旌表，是家族办学制。清末废科举兴学校。民国30年（1941）境内创办太白中心学校，是境内最早的公立学校。民国34年（1945）境内有小学生千余人。1952年，境内有小学12所。1950年后，境内教育事业发展迅速。1970年后，为了方便儿童就近入学，"民办教师"应运而生。当时每个大队至少一所学校。1969年，泉水中学创办，境内开始有中学。1991年，境内开始创办幼儿园，此后学前教育发展迅速。1999年，境内基本普及九年义务教育，2008年进行学校布局调整，撤并部分小学，集中优质教育教学资源充实中心学校，境内办学条件不断改善。2009年，境内实施农村义务教育经费保障机制改革，对小学和初中学生免收学杂费，对贫困寄宿生给予补助。自2014年始，对农村在校学生免费提供中餐。2014年年末，有幼儿园11所，专任教师40人，在园幼儿1500人；小学专任教师120人，在校学生3186人；初中专任教师38人，在校学生430人。

文化体育科技

明清两朝，多有文人官绅写诗作文，著书立说，遗世之作颇多。受条件限制，大部分仅存书目。清末，祁剧传入境内，"五四"运动后，京剧、话剧、木偶戏等传入境内，许多村建庙台演出（俗称七块半），无戏台的村则露天演出。民国时期，泉水前山村艺人宋优厚组建木偶戏班（木偶戏又称鬼脑戏），走村串巷，为村庄演出，其节目、唱腔与祁剧相同。1951年，泉水镇杉树园村率先建立俱乐部，创作演出歌剧剧目《宋老头忘本回头》，在全县小有名气。1960年，杉树园大队俱乐部被评为"全国教育和文化卫生体育新闻方面社会主义建设先进单位"。1959年，西黄村俱乐部被评为"全国科教文卫系统先进单位"，1960年2月19日，《文汇报》报道了西黄村文艺夜校的办学经验。2014年有镇文化站1家，村级文化活动中心24处，藏书5.2万册，全年数字电影下乡免费播放252场。有广播电视站1家，有线电视用户3000户，入户率42.85%。有农业科技站一家，乡土科技人才16名。

医疗卫生

境内自古巫医一家，以中医草药为主的自治自疗的方式世代相传。1950年后，广泛开展卫生科学知识宣传，引导群众破除迷信，讲究卫生，改造旧法接生方式，推广新法接生，疟疾、麻风病、钩虫病、结核病的普查普治和群防群治，农民健康卫生水平得到提高。1969年，响应毛主席关于"把医疗卫生工作的重点放到农村去"的号召，提出了大队办卫生所，实现小病不出村的工作目标，境内有赤脚医生38名，农村缺医少药的状况得到一定的改善。党的十一届三中全会后，医疗事业稳步发展。2000年始，国家对农民大病救助力度加大。每人每次补助1500～2000元。2014年末，有镇村医疗卫生机构23个，有床位64张，每千人拥有病床2张；固定资产总值480万元。三星卫生院是由新中国成立初期的一所中医诊所发展而来，现有综合门诊大楼1座，现有专业卫生人员28名，其中执业医师5人，执业助理医师8人，注册护士8人。2014年医疗机构（门诊部以上）完成诊疗38500人次。21个村29167人参加新型农村合作医疗，参保率99%，村级卫生室18个，农合定点的5个。

社会保障

民国以前，社会救济资金主要来自公产收入或是殷实富户的实施，但都因僧多粥少难惠众生。1950年后，采取组织生产自救、发放救济粮款，农村福利以集体补助为主，国家补助为辅。人民公社化以后，对鳏寡孤独者实行"五保"制度。1984年成立乡扶贫组织，各村由村主任负责扶贫工作。1986年。乡办敬老院安排专职护理人员。本镇民营企业家宋桥英乐善好施，扶贫济困，资助汝城一中扩建，在本村设立爱老基金会，补助60岁以上的老龄人每月100元，善行德举享誉全县。2014年年末，农村最低生活保障户676户，1367人，月支出173279元，月人均126.76元。民政部门资助参加合作医疗1804人次，支出16.24万元。国家抚恤、补助各类优抚对象112人，月支出5.71万元，社会福利费23.76万元，供养农村五保人员339人，月支出75570元。敬老院1家，床位52张，现集中供养农村"五保"人员50人。参加新型农村养老保险29163人。

特色地情

历史人物

邓平直 世称“卢阳第一令”。据清乾隆《桂阳县志》载：“陈武帝永定元年，邓平直为汝城令，修水利，兴学堂，专崇儒术。”邓平直任满后，定居在泉水乡付水村，为汝城邓氏家族的肇基始祖。

宋申锡 据《唐书》《中国宰相全传》载：“宋申锡，又名宋益，字庆臣，泉水石塘人，生于唐肃宗庚子年（760），卒于唐文宗七年（833）。进士及第，累官秘书省校书郎，监察御史，礼部员外郎，翰林侍讲学士，起居舍人，尚书右丞。谥文懿。”

乡土名优特产

旱塘硒山茶 主产于泉水镇旱塘村，为传统名优特产，注册商标。产地山区海拔850米左右，年平均气温14.5℃、长年云雾缭绕，所产茶叶醇香持久、色泽清亮，甘甜爽口其中含“硒”量高达29毫克/千克，符合国家名茶标准。1995年曾获得“湘茶杯”金奖、全国新科技产品金奖，其制作工艺被列为郴州市非物质文化遗产保护项目。2014年，旱塘硒山茶种植面积200公顷。

前山米粉 主产于境内前山村，为传统名优特产，注册商标。用当年产大米为原料、经浸泡，蒸煮、压条等工序，制成的条状米制品。皎白如玉，圆而细长，形同龙须，质地柔韧，富有弹性，水煮不糊汤、干炒不断条，配以各种菜肴汤烹制，爽滑入味。

星村古桥

风景名胜

星村桥、相公岩 为郴州市文物保护单位。神农作耒耜的传说被列为郴州市非物质文化遗产保护项目。境内城郭村东晋汝城古县城遗址，列入中国地名文化遗产保护名录。

耒山 又名天马山俗称城头寨。位于境内耒水河边，山上岩石呈喀斯特地貌特征，海拔710米。因山形似马首耸，身平似马而得名。亦因山形似耒犁得名耒山。耒山因神农氏炎帝在此创制耒耜而闻名于世，山上神农庙遗址尚存。

柏园遗址 位于付水村附近，为商周时期文化遗址。1987年进行全县文物普查时，从柏园遗址采集有夹砂灰陶残片和手磨石器。

汝城古城遗址 位于城郭村北。古城始建于东晋穆帝升平二年（358），历南北朝、隋朝，一直到唐朝天宝元年（742），改名义昌县，历时384年。古城系夯土构成，遗址呈长方形南北向偏东10度，全城占地面积约50亩，当年的城墙、烽火台遗址至今依稀可辨。

星村桥 原名新村桥，位于星村东侧耒水河畔，为半圆联拱石桥，始建于清康熙庚子年（1720）。桥长77米，桥宽5.14米，高7.5米，三孔等跨，桥上拱券石平砌，桥面两侧有石护栏。星村桥古樟，冠径30米，主树干下部有八人合抱之大，树干遒劲，枝繁叶茂，亭亭如盖，树龄超过400年。

邓氏宗祠 邓氏宗祠又称“卢阳宦族”，庙号“敦伦堂”。位于白泉村内，始建于明代宗景泰元年（1450）。坐北朝南，双檐四坡顶。门楼上方横额上榜书“邓氏宗祠”四个金漆大字，横额下方圆雕双龙戏珠云水大花梁，左右彩画花鸟图案。大门上悬挂阳雕对联，云：“卢阳新甲第，东汉旧名家。”描述出邓氏家族在南朝陈武帝年间（557—559年）从衡阳迁徙到汝城白泉定居，发展成望族的历史。

梅竹门第 位于石塘村内。“梅竹门第”为石塘村宋氏宗祠，庙号“雍睦堂”，始建于明永乐年间，为汝城宋氏家族的肇基之地。祠堂砖木结构，坐北朝南，面阔三开间，进深三栋。门楼双檐四坡顶，飞檐翘角，马头山墙，“梅竹门第”上头高悬“相国家声”匾额。楼柱有对联云：“八岭聚石塘大官厚脉兴盛地，三江汇义昌涟水长流宰相家。”上厅神龛两侧大书“忠”“孝”二字。

民俗风情

栽米树 民俗称插秧为“栽米树。”农户在插秧前，均先选定日子，请好帮工。开插那天的清晨，先齐集于秧田边饮开塘酒，以示祝贺。下酒以油炸果品为主，但必有盐蛋。酒毕先由长者或户主开秧塘齐祝当年产量“兜苑三瓢勺，”后才全体下田插秧。插秧时喜欢互比技能，大家横排成行退插，要求互接搭口，慢者以“抽鲤肚”表示惩罚。插秧结束后剩余的秧苗不得踩入田内要堆放与田塍之上，并将以少量秧苗抛上屋顶沾于墙壁上，以示秧好禾丰。晚餐以丰盛酒席款待帮工，必有大块腊肉以示盛情。还要有肉馅荷包蛋，称之“草皮贴田缺，保水保丰收。”

洗禾镰 每年稻谷收割完毕的聚餐叫“洗禾镰”。当日晚餐要加菜饮酒，一般兴吃仔鸭子焖禾笋，鸭血煮豆根，以示对一年辛苦的犒劳。有时还请帮工同享，表示对他们的谢意。

（袁晶　供稿）

暖水镇 >>

暖水是国家级生态镇，汝城县的小水电强镇。

区域概况

位置面积

暖水镇因境内大汤温泉水流温暖而得名。位于汝城县北部，距县城15公里，北纬25°36′20″至25°42′56″、东经113°34′42″至113°43′50″。东西直线距离14.8公里，南北直线距离11.5公里，面积76.8平方公里。东界永丰乡、土桥镇、濠头乡，南邻卢阳镇、马桥镇，西接资兴市东坪乡，北交田庄乡、南洞乡。

建置沿革

明清属桂阳县长宁乡北水团。民国8年（1919）属汝城县北区第一段，民国27年（1938）建暖水乡。1950年属汝城县长新区，1956年撤区建暖水乡，1958年与田庄、南洞乡，资兴东坪乡合并设红旗人民公社，后改称田庄人民公社，1961年5月分立为暖水人民公社，1984年4月撤社复建暖水乡，1995年8月撤乡建暖水镇。

行政区划

1983年，暖水公社辖9个大队，101个生产队。2014年辖暖水居委员会和罗泉、泉源、双溪、白钩、曹家、北水、东村、双联、巷头、蒋步10个建制村，101个村（居）民小组，75个自然村。

自然环境

地形地貌　境内多山，地势四周略高，中部北江流域两岸地势稍平坦。最高点为蒋步村龙珠岩，海拔1008米，最低点为凉滩码头，海拔283米，镇政府驻地海拔320米。红壤面积最多，占60%左右。

气候水文　属中亚热带向南亚热带过渡的季风湿润气候区。自东江水库蓄水以来，受库区小气候影响，境内降水有增加趋势。河道属湘江水系，境内主要河流4条总长35公里，径流9760万立方米/年。淇江自西北入境流入沤江。沤江在境内称北水江自东北入境，是境内干流，流经境内11公里注入东江湖。东兴江、白茫江自南而北流入沤江，东兴江长6公里，白茫江长12公里。

自然资源　境内植被茂盛，森林资源丰富，有松、杉、樟、竹等树种，栖息有水鹿、野猪等珍稀动物。境内山高坡陡水流湍急，沤江流域水资源丰富。境内矿藏蕴藏量丰富，有铅、锌、大理石、重晶石、石灰石等。矿泉水资源丰富，其中大汤热泉量10.16升/秒，水温48℃~50℃，水质优良宜饮用，已开发罗泉矿泉水。

人口民族

殷商末期，境内便有人类繁衍生息。明清两代因官迁或因避战乱，外来人口多。1960 年后，随着经济的发展，社会的安定，形成人口自然增长的高峰。1980 年后，通过实行计划生育，鼓励农民来圩场经商办厂，人口自然增长明显放慢，城镇户口显著增加。1964 年，第二次人口普查统计，全乡 7109 人；1982 年，第三次人口普查统计，全乡 10517 人；2010 年，第六次人口普查统计，境内 12833 人。2014 年，境内 3490 户 13261 人。其中男性 7002 人，占 52.8%；女性 6259 人，占 47.2%；14 岁以下 2255 人，占 17%；15 ~ 64 岁 9148 人，占 69%；65 岁以上 1858 人，占 14%。主要有朱、何、黄、肖、钟等姓氏。2014 年人口出生率自然增长率 7.69‰。人口密度为每平方公里 173 人，城镇化率 36%。暖水镇为东江水库移民区，水库蓄水涉及该镇移民 5260 人，占境内人口的 40%，为移民大镇。

经济发展

农业

暖水是传统的农业乡镇。种植业以水稻、红薯、玉米、蔬菜为主，养殖业以猪为主，鸡、鸭家禽次之。长期处于自给自足的自然经济状态。农具以犁耙、水车为主，人力耕作为主，辅之以耕牛，峒中为水牛，山区为黄牛。农业合作化以后，逐步改变“项目单一”、“熟制单一”格局，积极发展多种经营，复种指数提高。1957 年，粮食大丰收，亩产 190 千克。1966 年境内推广良种，逐年淘汰老红米等高秆产品、改种珍珠矮、二九青等双季矮秆品种，粮食产量大丰收。1975 年后，通过推广杂交水稻，使用化肥粮食生产水平迅速提高。1982 年，粮食大丰收，创历史纪录。1983 年、1984 年因遭受自然灾害和主观上重商轻农的影响，连续两年粮食减产。经总结经验教训，1985 年粮食开始恢复

鼎湘茶叶

性增产。1988年，粮食总产5797吨，农业总产值340万元，农民人平纯收入310元左右，拥有农业机械动力1074千瓦。到1990年，粮食生产突破连续7年徘徊局面，再获大丰收。此后，随着农田水利基础设施的配套完善，超级杂交稻的推广，粮食生产进入稳产高产期。超级稻推广后，亩产高达500多千克，中稻当家，旱涝保收，产粮一季胜两季，冬种蔬菜经济效益好，深受农民欢迎，是境内最为合适的耕作制度。近年来，政府引导农民调整产业结构，推进农业产业化，实施农业产业化“8321”工程，发展533.13公顷高产双季稻示范基地、200公顷茶叶示范基地、133.3公顷油茶示范基地、66.7公顷生态泥鳅综合开发示范基地，形成双季稻、茶叶、油茶、泥鳅等四个农业主导产业。郴州市鑫归现代农业有限公司、鼎湘茶叶开发有限公司等农业龙头企业产业规模不断壮大，鼎湘茶业成功注册“罗霄红”、“南岭青”商标。2014年，境内耕地631公顷，人平0.76亩，产粮7455吨，人平571千克。饲养生猪1.25万头。有山林5266公顷，活立木蓄积量44万立方米，种植水果87公顷，主要品种有柑橘、梨等。

工业

暖水镇是汝城的小水电强镇。民国以前，境内传统工业主要有铁、木、竹、印染、食品等，大多是手工作坊。20世纪70年代初，政府利用境内丰富的水能资源，兴建了装机1000千瓦的淇江电站。1987年，利用本地电力优势，自筹资金，建成年产900吨结晶硅冶炼厂。1988年又投资100万元建成720千瓦的冶炼炉，当年投产，产结晶硅1.3万吨，产值211万元，盈利25万元。2014年，有小水力发电站4座，装机46000千瓦，发电26500万千瓦时。有高压输电线路4条，总长30公里。工业总产值12453万元，占全镇总产值的36%。拥有工业企业13家，规模企业有万年桥电站、老陂口电站。

商贸服务

民国初期，境内开始有富户乡绅办“牙行”，往广东韶关、郴州、资兴等地代客买卖百货南杂、土特产。民国24年（1935），汝城县政府兴办暖水商业合作社，次年，兴办暖水消费合作社、暖水供销合作社。20世纪50年代初，境内私营经济曾一度活跃，个体商户激增。1953年下半年，对私营商业实行“利用、限制、改造”的政策，到1958年，境内私营商户基本停业。从1952年起，政府在境内设供销合作社，1962年改为基层供销分社，为农民代售代销生产生活资料。2001年，供销商业系统实行改制后不再存在。十一届三中全会后，允许农民经商办厂，境内个体商贸迅速发展。境内暖水圩，兴建于民国2年（1913），由北水、淇江、司前、白泥塘、东村、西岭、白沟、七甲组成理事会捐资筹办，有厂棚3栋15间，是当年汝城、资兴、桂东三县交界地最大的圩场之一。以销售木材、楠竹和竹木制品最为著名。2008年，政府筹资390万元改造暖水圩场，扩建一期工程，改变了昔日以路为市的局面。2013年，镇政府通过招商引资，启动暖水圩场二期工程，以完善市政功能为基础，扩建后，圩场面积14272平方米，拥有商铺240间，固定摊位80个，临时摊位120个。彻底改变了昔日以路为市、立地为市的面貌。2014年，社会商品销售总额1600万元。有商业网点150个，从业人员300多人；商场面积2200平方米。主要农副产品有蔬菜、茶叶。

财政金融

财政收入主要是农业税。明清时期，财税中央集权，没有乡级财政。清代主要是田赋和丁银，雍正二年（1724）实行“摊丁入亩”。民国初期，地方财政收入除田赋外，始征工商税。1975年，建立暖水税务所。1984年，建立暖水财政所，后将税务所并入其中。1986年始，乡镇财政实行“定收定支、超支不补，结余留用，一年一定”的预算管理体制。2002年，成立农业税征收管理局。2006年，农业税免征后更名暖水镇财政所。2014年，实现社会总产值1.41亿元，固定资产投资1.25亿元，实现财税收入2003万元。其中地方财政收入312万元，完成国税950万元，地税220万元，农民人均可支配收入2076元。有银行业金融机构1家，各类存款余额9753万元，各类贷款余额1391万元。

基础设施

交通运输

昔时，境内山重水复，交通闭塞，山间小道，路面陡窄，运输主要靠人力肩挑肩负。境内先民经年累月，艰苦劳作，逐步打通了汝城—桂东、汝城—四都圩两条步道。步道负责为朝廷传递公文信息，输送军饷钱粮亦称官道，也是境内商人输送茶叶食盐等生产生活资料的主要通道，俗称盐茶古道。

汝城—桂东步道 西起汝城县城向东经新铺前、银岭脚、碣头（今暖水）、新桥、田庄圩、白泥坳出境至沙田40公里，到桂东县城70公里，汝城境内33公里，暖水境内8公里。

汝城—四都圩步道 西起汝城县城经新铺前、银岭脚、碣头（今暖水）、新桥、南洞圩、龙王庙出境至桂东四都圩100余里，汝城境内40公里，暖水境内8公里。

1956年4月，汝城县第一条公路—宜（章）汝（城）桂（东）公路相继建成通车，过境暖水境内8公里，后称106国道。限于历史条件，公路标准等级低，养护难度大。2000年以来，境内交通得到全面改善，现有平汝高速公路，106国道过境。20世纪70年代始修通村道，由于经济条件所限，因陋就简，路面多为黄泥碎石路，路基松软多坑洼。2000年以来，逐年逐步对14条村道进行硬化拓宽改造，行路难问题得到缓解，现有通村道总长35公里。

境内有西河水道，西河是耒水的上游河段。该水道有两大支流，一是淇江水道，从桂东县大水乡入境，流经南洞，入暖水；二是沤江水道，从濠头乡扶竹州村石壁山入境流经田庄、暖水和马桥注入资兴市境，水路长45公里。该水路上游落差大、水流急、暗礁多。进入暖水后，落差减少，水量增大，水面逐开阔，可流放竹木排筏方拖，年流放竹木量3万立方米。1970年后，公路运输兴起，西河水运竹木日渐衰退。1980年后东江湖蓄水，境内沤江河为6级航道，航程67公里，最大通航能力为300吨级船舶。拥有货运船舶12艘，600吨位；客运船舶4艘，110座位。

邮政通信

1949年，暖水设邮电代办所。1955年设立暖水邮电所，1959年，邮电下放到公社，开设有电报、长途电话、邮政、报刊发行等业务。1959年，公社到各大队的电话开通。2002年，移动手机信号覆盖全境。2014年，有邮政代办所1处，村村通邮路，报纸、杂志累计发行1500份，邮政业务收入20000元。2011年年末，有电信企业1家，服务网点1个，固定电话1300户，普及率为32%，移动电话800户，互联网用户200户，年电信业务收入70万元。

供水

1980年后，逐步推进人畜饮水工程，山区泉水极为丰饶，乡机关和部分村群众自建小水塔，用皮管、竹槽引水就能饮用到安全卫生的自来水。1995年后，建设有河江口集中供水厂和淇江集中供水厂，供应巷头、双联、北水、白钩、东村等四个村和镇区居民用水，是全县第一家乡镇自来水厂。1967年，境内相继兴建了十二公垄、羊耳塘、新塘等蓄水塘，总蓄水量24万立方米。兴建了淇江右灌渠、淇江左灌渠、江背水渠、中圳水渠、石门山水渠、中坡坝水渠、石姜背水渠7条灌溉水渠，总长18.4公里，基本解决了境内农田灌溉问题。

村镇建设

清末，巷头、北水、双联都是千人大村，随着居住人口的增加，生态环境问题日突出。2012年，镇政府编制了《暖水镇总体规划（2010—2030）》，完成了镇区总体规划3平方公里，中心区1平方公里的详细规划。一是实施示范镇建设，完成了暖水大道、镇区集中供水、电网、人行道、排水、绿化、亮化、立面改造、标准小游园等建设项目。实施古村落和空心村改造工程。建设了移民新村、扩建农贸市场、暖水环城大道、商业步行街、群众广场、客运站、中心幼儿园、城镇污水处理厂和安居房建设等项目。2011年，实施巷头村、淇江移民村整体搬迁，2012年，实施东村村彭家山整体搬迁，2013年，实施曹家村昌前移民村整体搬迁。2013年，实施双联村和巷头村新农村示范建设。2014年，实施白钩村新农村建设和蒋步村美丽乡村建设。

社会事业

居民生活

暖水是古祠堂之乡，据统计，境内现有祠堂90多座，分布在各个自然村。其中双联、洪流、巷头、东村等村的古祠堂保存较为完整。境内先民自古崇文尚学，耕读传家，勤劳节俭，民风淳朴。有朱、何、黄、肖、钟等主要姓氏。鸦片战争后，社会黑暗，政治腐败，民不聊生，境内农民以贫穷者居多。1951年，境内实行土地改革，贫雇农分得土地农具，生产积极性大为提高，粮食丰收，农民生活得到了较大的改善。1956年，农业合作化，所有农民入社参加集体劳动和分配。大集体时期，农民生活水平增长缓慢。农民长期处于“忙时吃干闲时半干半稀”的状态，很少有肉食，水果，住房多为黄泥土砖垒墙的矮平房，自行车、收音机、手表是稀罕的“三大件”，是少数农村青年结婚时的彩礼。实行农村家庭联产承包责任制后，暖水依靠独特的水电优势和农业优势，脱贫致富步伐加快。2006年，国家开始向农民发放种粮直接补贴、良种补贴、油价综合补贴、能繁母猪养殖补贴等各种惠农资金，农民从此享受种田不纳粮的惠农政策。同年实施的还有农村最低生活保障政策，家电下乡财政补贴和农户购买汽车和摩托车财政补贴政策。2014年，共发粮食直补资金41.33万元、综合补贴资金246.78万元、水稻良种补贴资金150.92万元。电视机、电冰箱、摩托车已在农村普及，富裕的农家开始拥有营运汽车和家庭小轿车。

教育

民国2年（1913），暖水乡北水村兴办私立新民高级小学校，有学生19人，是境内最早的学校，民国30年（1941）创办的新民中心学校，是境内最早的公立学校。1952年，有小学8所，在校学生400人左右，村村办扫盲夜校，教育事业发展迅速。“文化大革命”期间，学校一度停课闹革命。1968年，暖水中学创办。20世纪80年代中期，香港爱国人士邵逸夫捐建的“邵逸夫中学”在境内落户，办学条件有了根本改善。2008年，撤并部分村小学，集中教育资源，境内办学条件不断改善。2010年，境内实施农村义务教育经费保障机制改革，对小学和初中学生免收学杂费，对贫困寄宿生给予补助。从2014年起，对农村在校学生免费提供营养餐。2014年，有幼儿园6所，在园幼儿483人，专任教师10人。

文化体育科技

2014年，有镇文化站1家，村级文化活动中心10处，农家书屋10家，藏书3万册。乡村文艺活动活跃，有民间乐队3支，龙狮表演队10支，每年春节元宵节期间有香火龙展演。有学校体育场2个，面积1800平方米。有广播电视站1家，有线电视用户2800户，入户率70%。有农业科技研究中心3家，其中松溪茶叶基地和暖水生态农庄规模较大，有乡土科技人才10人。承接茶叶开发项目3个，“罗霄红”“南岭青”为湖南省茶叶名牌产品。

医疗卫生

境内自古巫医一家，以中医草药为主的自治自疗的方式世代相传。明清时期，医务人员多为民间中草药医生和地方郎中先生。受地域交通和经济因素的影响，境内人口的身高、体重略低于全国标准，医疗卫生条件差，病死伤残人口较多，妇幼死亡率高，人口平均寿命仅为32岁。1950年后，广泛开展卫生科学知识宣传，引导群众破除迷信，讲究卫生，改造旧法接生方式，推广新法接生，疟疾、麻风病、钩虫病、结核病的普查普治和群防群治，农民健康卫生水平得到提高。1969年，响应毛主席关于“把医疗卫生工作的重点放到农村去”的号召，提出了大队办卫生所，实现小病不出村的工作目标，全乡有赤脚医生14人，农村缺医少药的状况得到一定的缓解。中共十一届三中全会后，医疗卫生事业稳步发展。从2000年起，国家对农民大病实施救助。有镇村医疗机构12个。暖水镇卫生院始建于1953年，现医院拥有200毫安X光机、心电图机等先进设备。有卫技人员11名，其中本科学历者6名，大专学历者4名，住院床位16张。2014年，境内新型农村合作医疗参合人数12396人，参合率达98%，收缴参合资金110万元，兑付医疗补偿320万元。

社会保障

民国以前，社会救济资金主要来自公产收入或是殷实富户的实施，但都因僧多粥少难惠众生。农业合作化时期，农村福利以集体补助为主，年终分配鳏寡孤独基本口粮达到全队平均水平，辅之以国家救济。人民公社化以后，对鳏寡孤独者实行“五保”制度，即保吃、保穿、保住、保医、保葬（孤儿保教）。农村生产责任制后，农村“五保”制度一度有所削弱，1986年起，本镇对“五保”老人逐步由分散供养转为集中供养，经费由国家、镇、村三级承担。2014年，农村最低生活保障户333户610人，支出92462元，月人均151元。民政部门资助参加合作医疗20人次，支出99985元。国家抚恤、补助各类优抚对象40人。社会福利费79200元。供养农村“五保”人员99人，月支出23320元。敬老院1家，床位50张，集中供养农村“五保”人员13人。

特色地情

乡土名优特产

“汝白金”、“茶露相逢”品牌茶叶主产地海拔420～600米，年平均气温15.4℃，长年云雾缭绕，适合茶叶生长。2010年10月，县政府通过招商引资，引进浙江松阳县企业主王关标，创办鼎湘茶叶公司。公司依托罗霄、南岭山脉开发生态茶园200公顷，发展合作基地533公顷；开发了红

茶、绿茶和白茶精品。2014年，产品在湘茶大赛上获“红茶王”和“绿茶金奖”，经湖南省名牌产品评审委员会审定，授予“湖南名牌产品”。

罗泉温泉　俗称大汤温泉，位于罗泉村境内，水温48℃~50℃温泉流量10.16升/秒，日流量3000吨以上。其水质具有无色无味、矿化度低、钠富硒偏硅酸含量高等特点，对人体具有保健作用。1995年注册“太乙泉”矿泉水商标后行销市场。

风景名胜

江背山峡谷　位于汝城县田庄、暖水、永丰、濠头四个乡镇的交界处，在海拔1700米的江背山群山怀抱之中。峡谷南北纵横10余公里，上口宽约800米，谷底宽约200米。这里天然毓秀，空中观溪，瀑下赏瀑。大峡谷两岸有上万亩原始次生林。

北宋窑室遗址　湖南省文物保护单位，窑址位于境内巷头村内，创烧于北宋，兴盛于南宋。占地面积约6万平方米，有上蒋、下蒋、破船埂、米巷等宋元时期窑口多处。汝城窑青釉一般施釉较薄，碗蝶器物内壁蘸满釉，器物圈足大都不施釉，胎釉结合较好，反映了高超的烧制技术，有部分器物有仿钧窑的“窑变”现象。汝城窑器大量采用简单模印文字和模印花卉纹作装饰，这在当时是一大创举。

万年桥　又名将军桥，位于境内双联村内，横跨于泗江之上，桥长85米、宽5.5米、高9.5米，为六孔等跨石拱桥，属汝城建筑型制最大的石拱桥。该桥始建于清嘉庆年间（1796—1820年）。为纪念黄盖将军有恩于暖水而全名。

北水古村落　位于境内北水村东江湖尾的泗江南岸，建于明末清初。共30余栋民居，坐落有致，排列整齐，青砖瓦屋，飞檐宝顶，精雕细凿，泥雕、木雕、石雕生动传神，传承着江南典型的南派建筑风格，是客家移民历史的见证。该村是东江湖水库的移民区，移民搬迁后，古村落得到了较好的保护。

清朝侯庙　有两处，一在过去的青龟码头山麓，现已毁。一在又联村。为纪念三国名将、清朝侯黄盖有恩于淇江之民，被淇江沿岸居民敬为淇江之神而建。

（朱国平　供稿）

三江口镇>>

三江口是全国民族团结进步模范镇，国家级生态镇。

区域概况

位置面积

三江口镇因镇政府地处九龙江、兰田水、雷公水合流之处而得名。位于汝城县东南部，距县城20公里，北纬25° 19′ 48″至25° 28′ 10″，东经113° 43′ 44″至113° 53′ 39″。东西直线距离16.4公里，南北直线距离15.5公里，面积111.49平方公里。东、南与广东省仁化县长江镇和城口镇接壤，西接九龙江森林公园，北交热水镇，是汝城县最南端的乡镇。

建置沿革

明清属桂阳县长乐乡山口团。民国8年(1919)为汝城县南二区,民国27年(1938)撤区建东岭乡。1950年属第六区，1952年属第九区，1956年撤区建东岭乡。1958年12月与热水、益将、集龙合并设热水人民公社。1961年分立为东岭人民公社，1984年撤社复建东岭乡，1991年撤乡建三江口镇。

行政区划

1983年，东岭公社辖11个大队，77个生产队。2014年辖三江口居委会和兰洞、上里、下里、中心、明星、红光、沙界、大塘、塘田、仙溪、三江口11个建制村,77个村(居)民小组,98个自然村。

自然环境

地形地貌 本镇海拔全县最低。境内多陵山冈，群峰萦绕，东岭山脉由东北向西南蜿蜒，地势由东北向西南倾斜，主要山峰有历灵寨、崎山岭、雨源寨、羊子寨。最高点历灵寨，海拔980米，镇政府驻地为全县最低点，海拔160米。属花岗岩地质区，沙壤土面积最广，占90%以上。

气象水文 属中亚热带向南亚热带过渡的季风湿润气候区，阳光充足，降水充沛，夏无酷暑，冬少严寒。属汝城的丰雨区，年降水1795毫米。境内主要河流3条，总长45公里，径流1.27亿立方米/年，河道属珠江水系。三江口水(城口水)主流九龙江，源于九龙江森林公园上走马坪，汇远坪水向南至三江口、汇兰田水、东岭江入粤，全长24公里。东岭江发源于崎山岭，流经兰洞、上里、明星、中心6个行政村，至三江口汇九龙江、兰田水入粤。境内水能资源蕴藏量大，现建有小水电站28座，装机容量1万千瓦。

自然资源 境内植被茂盛，山林面积 9667 公顷，其中国家级公益生态林 6133 公顷，活立木蓄积量 59 万立方米，楠竹蓄积量 410 万根，森林覆盖率 83%。境内自然生态优美，空气清新，负氧离子含量高，被誉为天然氧吧。镇区与九龙江国家森林公园接壤，有延绵百里的原始次森林，植被茂实。动植物资源丰富，有松、杉、枫、楠等古树名木 5 万多株。珍藏有兰花资源。栖息有大鲵、山牛、红腹锦鸡、豺、穿山甲、水獭等野生动物，享有华南物种基因库之美誉。境内山高坡陡水流湍急，九龙江流域水能资源丰富。境内矿藏有钨、铜、铀、钾长石、稀土等，其中钾长石矿总储量达 700 万吨，居全县之首。

人口民族

境内人口以瑶族为主。民国以前，人口自然增长缓慢。1960 年后，随着瑶民的安居乐业，形成了境内人口自然增长的高峰。1980 年后，通过实行计划生育和鼓励瑶民来未圩场经商办厂，人口自然增长明显放慢，圩镇户口显著增加。1964 年，第二次人口普查统计，全乡 3944 人；1984 年,第三次人口普查统计,全乡 7055 人。2014 年，全镇 2680 户 9825 人，其中男性 5023 人，占 51%；女性 4802 人，占 49%；14 岁以下 3439 人，占 35%；15 ~ 64 岁 5306 人，占 54%；65 岁以上 1081 人；占 11%。瑶族人口 6878 人，占 70%。2011 年，人口自然增长率 7.3‰，城镇化率 35%。人口密度 84 人 / 平方公里。瑶民来源于历史上的“荆蛮”、“莫猺”。宋代，开始有瑶民从江西、广东流入汝城境内，明清两代流入人口有所增多。明弘治年间，江西省上犹县等地瑶民大量流入东岭山区。据《桂阳县志·舆地志》记载：“县内瑶人有二：一曰高山瑶，一曰平地瑶。”高山瑶又称生瑶，九龙江瑶民收藏的《开天立地、皇恩敕封皇瑶在子孙谱卷》载：“景定元年（1260），评王妇女所生十二姓皇瑶子孙盘、沈、包、黄、李、邓、周、赵、唐、雷、冯……瓢洋过海，……分居郴州永兴、兴宁、桂阳、酃县一州六县去处落业。万朝山场，逢山吃山，逢水吃水，逢墙做主，遇水安桥，……多蒙皇恩敕封天下急扬山、曲江山……桂阳龙山……系瑶人所管。”平地瑶又称熟瑶。汝城平地瑶的来源有二：“一是来源原住汝城之高山瑶，如岭秀的阮氏、罗氏等；二是由外地迁入。桂邑自广东流贼钟千户残破后至弘治间，赣州当道误用武弁之言，容大帽瑶僮移来上犹县地名万杨山、桶杠峒处，砍山耕种，自食其力。始不过四五家，日久四散延住，流入本县鱼王、秀水、东岭、城溪、延寿、老虎等峒，及广东仁化、乐昌二县地方，不计其数。”（《桂阳县志·武备志》）瑶族在汝城的分布区域很广，主要是城溪峒、龙虎峒、延寿峒、姜阳峒、猿坑峒，昔称五峒瑶。明正德年间，瑶民曾改称新民，遭到瑶民的抵制。清乾隆二十一年（1756）后，瑶民改称“新民”。1991 年，经瑶民强烈要求，境内瑶族畲族的民族成分得以恢复。民国以后，境内瑶民已改变了其刀耕火种蓬头跣足不与汉族通婚的习惯。但在服饰、风俗习惯等方面，仍保留着瑶族特点。

经济发展

农业

瑶民多居住在山高水冷，农耕条件差的高寒山区，境内残存着存刀耕火种的遗风。耕种者先砍代山上的草木晒干后焚烧，点坑下种。待时收获，往往是烧一山，种一坡，收一箩。清康熙三年（1664），桂阳知县为安抚瑶民，把东山桥、九龙江等 20 多处官山划给瑶民开垦耕种，以资衣食，为世守产业。清乾隆四十七年（1782），曾有汉族地主萧任甫欲侵占瑶民所管官山，被郴州府正堂审结败诉，以维护瑶民对官山的管业权。清代中期，瑶民开始租佃汉族地主富户的田地种植水稻、红薯等，租谷大多折为现金，称“折租”。交租时佃户要准备丰盛的酒菜接待佃主，饱受盘剥。

清代，民族地区的种植业和养殖业有较大发展。瑶民到汉族居住的村镇和圩场上出售猪、牛、鸡、鸭、蔬菜等土特产品，与汉族人口的经济来往逐步加强。民国时期，有瑶民外出到广东等地割旱禾、做长工，妇女们还刺绣一些传统的针织品到圩场上销售，以填补家用。粮食种植以旱粮为主，主要品种有红薯、玉米、高粱、穇子、旱禾（岭禾）、薏米、三角麦等。民国时期，民族经济虽有较大发展，但明显低于汉族地区，广大瑶民常年以杂粮充饥，粗布遮体，住杉树皮盖顶的木板、吊脚楼，生活贫困。农业生产工具以锄头、钩刀为主，以人力耕种为主。因地旷人稀，山上旱粮常遭野猪、山牛偷吃毁坏，亩产不足50千克。1949年，粮食歉收，亩产仅为100千克左右，瑶民生活艰难。

1954年，粮食大丰收，亩产达190千克。到1965年，通过推广良种，逐年淘汰空壳率高、易倒伏的高秆老红米、麻米等品种，改种珍珠矮、二九青等双季稻矮品种，粮食产量逐年提高。1976年，通过推广杂交稻后，科学种田水平提高。1982年，粮食大获丰收，创历史纪录。1983年、1984年因遭受自然灾害和主观上重商轻农的影响，连续两年粮食减产。经总结经验教训，1985年粮食开始恢复性增产。1988年，耕地616公顷，粮食总产4063吨，亩产440千克。农业产值为269万元，人均纯收入261元，拥有农业机械动力1350千瓦。有企业243个，从业414人，大多为竹木加工业，工业产值50万元。乡办企业有钨矿、竹木加工厂、水电站。到1990年，粮食生产突破连续7年徘徊局面，再获大丰收。此后随着农田水利基础设施的配套完善，超级杂交稻的推广，粮食生产进入稳产高产期。由于缺粮，红薯一直是本地的主要旱粮，但产量不高。1956年推广温床育苗，1963年，引进浆薯，产量明显高于本地白皮。1985年后，红薯作为主食逐年淡出。超级稻推广后，亩产高达500千克，中稻当家，旱涝保收，冬种蔬菜和经济作物，省工省钱效益好，大受农民欢迎，是目前最为合适的耕作制度。2014年耕地534.9公顷，粮食总产量5025吨，亩产612千克，牲畜存栏6580头，农业产值3850万元。

林业

三江口是汝城的重点林区，林业收入自古以来是主要收入。计划经济年代，每年向国家提供木材6000立方米左右。民国以前，境内山林大部分为封建地主所有。土地改革后，没收封建地主占有山林及征收的庙会山、祖山，除少数转为公山外，其余大部分分给当地农民。农业合作化，山林划归集体经营。1960年后，几乎所有的大队都办起了林场。1981年，开展山林“三定”。1984年，政府公布了将集体山林承包到户三十年不变的政策，大大提高了农民植树造林的积极性。2013年，被列入国家生态保护区后，实际限额采伐，昔日重点林区转身为生态大镇。2014年，封山育林3067公顷，植树造林788亩。村庄周边种植树木3万株。种植水果110公顷，产量2064吨/年，主要品种有柑橘、水晶梨。近年来，政府采用“企业+协会+农户”的模式，打造了特色农业品牌，建立了石斛兰产业基地、白毛茶产业基地、楠竹高低改基地和黑山羊养殖基地。完成白毛茶产业开发133.3公顷土地流转，新建100公顷茶叶基地，石斛兰产业投资500万元，搭建大棚80个，种植石斛兰66.7公顷16000万

古木参天

盆。投资5000万元九龙白茶庄园。投资105万元，实施九龙江生态公园提质改造工程。投资500万元，开发了三江奇石、玉兰片、野生灵芝、木耳等旅游产品加工项目。

工业

土法造纸业是本镇传统产业，几乎村村有纸厂，养竹取笋，捣笋造纸，曾有造纸坊数十个，工匠200余人。每个造纸坊由踩笋、扛头、扛尾、焙纸4人，外加伙夫共5人组成，每3天可生产土纸2担（每担2000张）。有高封纸、玉纸、南扣纸三种品牌，远销广东、福建，甚至漂洋过海到东南亚。东岭乡弯丘村邓绍君世代以造纸为业，年产土纸50余担，产品以张薄纤细光洁著称，为全县土纸之冠。1980年后，机械造纸业兴起，土纸风光不再。三江口是汝城的小水电强镇。1970年后，凭借水资源优势，境内小水电站风生水起，现有小水电站28座，装机10000千瓦，规模电站有民族电站、创业电站、龙江电站等。1990年后，得益于三江口边境经济特区的开发，境内建筑业、第三产业发展迅速，形成规模，镇政府搬迁今址后，“湘南第一镇”特色初具。2014年，工业产值2810万元，占本镇生产总值的85%。拥有工业企业42家，从业人员1595人。

商贸服务

东岭圩场始建清中期，曾是湘粤边境著名的古圩场，逢农历4、9为圩日，销售的土特产品主要有竹木、土纸、香菇、冬笋等。20世纪90年代，汝城县三江口边境经济特区建立后，为促进特区的繁荣，进行区镇合一的政区调整，镇政府2010年9月由东岭迁至今址。由于流动人口减少，东岭圩场繁荣不再，而三江口得益于政府的搬迁日趋繁荣。2014年，社会商品零销总额1192万元，有商业网点146家，从业290人，商场店面3504平方米。

财政金融

财政收入主要是农业税。明清时期财税中央集权，没有乡级财政。1984年，建立乡级财政所，税务所并入其中。2002年，成立农业税征收管理分局，2006年，农业税免征后更名为财政所，2014年，实现地区生产总值12140万元，完成固定资产投资

8032万元，实现财政总收入725万元，其中国税70万元，地税189万元。农民人均可支配收入2046元。境内有银行业金融机构1家；各类存款余额4320万元，各类贷款余额1250万元。

基础设施

交通运输

昔时，境内山重水复，山间小道路面陡窄，运输主要靠人力肩挑背负。境内先民经年累月，辛苦劳作，逐步打通了汝城—仁化的步道，步道北起汝城县经上黄、担盐坳、泰来圩、铜皮店、大坪圩、大坪隘、高排、新桥出境到城口15公里，到仁化县城60公里，其中三江口境内5公里，呈南往北走向石阶路面。主要负责为朝廷传递公文军情，故称官道也是境内商人运输大米、生猪、木材下城口、贩运生产生活物资上汝城的主道，昔日汝城农闲时南下城口担盐走的就是这条步道，俗称盐茶古道。

境内九龙江水路，自古便是汝城的黄金水道。水道由九龙江、兰田水和雷公水汇集于三江口，流入广东仁化县城口镇的城口水，汝城县境内水路长30公里。该水路长年水旺而平稳，可放流排筏方拖，年流放竹木量2万立方米。1950年后，汝城的田赋谷米仍由该水道上解国库。1960年后，公路运输日趋繁荣，三江口水道日渐衰退。

1958年，由政府资助民工建勤，修通县城至大坪简易公路17公里。1959年，此路由湘潭钢铁公司投资，按4级公路标准修建六里坳至广东桥13.8公里，这是境内也是汝城第一条与广东连通的公路，此路后称106国道。2000年，106国道全部实现油路化，交通瓶颈突破。2002年，塘洞公路（三江口至江西文英）全线贯通，江西方向的交流日趋繁荣。20世纪70年代，始修通村公路，山路崎岖艰险，村道建设标准极低，仅能勉强通过手扶拖拉机。2000年以来，在上级有关部门的资助下，逐年对通村公路进行水泥硬化，拓宽改直，总长76.51公里。2010年后，三江口镇市政建设提质升级后，三江大道直达广东仁化县城口镇，两镇互通市政公交车。

邮政通信

民国31年（1942），在东岭设甲类信柜。1952年，开办东岭邮政代办所，1959年，邮电下放到公社，开设有电报、长途电话、邮政、报刊发行等业务。1970年，公社到各大队的有线电话开通。1999年，境内程控电话开通，电话摇把手时代结束。2002年，移动手机信号覆盖境内。

供水供电

昔时，境内瑶民用桐油、向日葵杆、松明等照明，少数穷苦人家甚至晚上不点灯，在月光下做事。1970年后，县内电力工业发展较快，开始向圩场供电，后逐年向周边村庄发展，偏远地区到上世纪末才用上电。昔时，瑶民饮水全凭肩挑手提，取用河溪水或井水。1991年，乡政府搬迁至三江口后建有日产1000吨自来水厂一座，向镇机关和圩场供水。2014年，有110万千伏供电所1座，高压输电线路3条总长达80公里。

村镇建设

2010年以来，围绕建设“湘粤赣省际区域旅游中心镇”的发展定位，聘请相关部门进一步修编完善了《三江口镇建设规划》《分区规划》《控制性详细规划》。投入5000万元，建成占地面积2.2万平方米、建筑面积2.7万平方米的瑶族风情园，形成以民俗风情区、休闲娱乐区、盘古美食广场和瑶族文化展示区、商业综合区为主体的旅游服务综合体。投入230万元，实施九龙江风光带项目，对九龙江森林公园南大门至广东桥5.3公里沿江河坝、游道进行硬化、绿化和亮化。投入180万元，完成东岭大道油路铺设和镇区绿化升级改造。投入2000万元，实施了黄洞口组特色瑶寨一期工程项目，突出瑶族风情特色，新建房屋32栋，改造7栋，建设主题公园，实施绿化、美化、亮化，成为少数民族风情农村建设示范村。

社会事业

教育

明清以来境内有义学、私塾、书院三种形式，瑶民改称新民后，清政府对新民学童进学有优惠政策。据清嘉庆二十二年（1817）《桂阳籍文课试册》记载："五峒新民向来屡蒙上宪题请奉旨颁行，新民子弟以新童应试，拔取秀才附入正案，廪贡乡会一例，观光定为成规，此成千载难逢之一也。"但教育文化水平仍然很低，文盲率达95%以上。1930年，创办的东岭中心学校，是境内最早的公立学校。1952年，村村办扫盲班，村村办小学，教育事业迅速发展。"文化大革命"期间，学校组织学农、学工、学军，取消了高考。1970年后，为了方便儿童就近入学，"民办教师"应运而生。当时每个大队至少一所学校，半数以上大队都是2～3所学校。1996年，全镇基本普及九年制义务教育。2008年进行学校布局调整，撤并部分边远村小学，集中优质教学资源办一镇一校，附设寄宿班。2006年，全乡实施农村义务教育经费保障机制改革，对小学和初中学生免收学杂费，对贫困寄宿生给予补助。从2012年起，对农村在校学生免费提供营养餐。2014年，有幼儿园3所，在园幼儿316人，专任教师14人。学校2所，

九龙腾飞三江崛起

在校学生1293人，专任教师61人。

文化体育

境内瑶民能歌善舞，彰显着岭南乡土文化的特点。瑶族山歌是瑶族文化的代表，山歌音调平和旋律优美，使用本地方言。一般以两句式或四句式曲调为主，每段结尾带拖腔或加叹调“喔喂”。山歌内容大多是歌唱劳动，歌唱生活，表达追求爱情、追求幸福的强烈愿望，倾诉欣喜怨愤的情绪。瑶族山歌一般无曲谱词谱，只是口传心授，即兴创作，诙谐风趣，质朴率真。歌舞形式主要有三种，一是祭祀性歌舞，一般在盘王节、封鸟节、清明节时演唱。表演形式为师公领唱群众参与。二是婚丧喜庆歌舞表演形式为宾主对唱，互问互答。三是青年男女娱乐性歌舞，有山歌、情歌、对唱、合唱。2014年，有镇文化站1家，有村级文化活动中心11处，藏书5万册。有学校体育场1个，面积3000平方米，本镇体育健儿在各类体育竞赛中累计取得奖牌12块。有广播电视站1家，有线电视用户1050户，入户率76%。

医疗卫生

境内自古巫医一家，以中医草药为主的自治自疗的方式世代相传。1950年后，广泛开展卫生科学知识宣传，引导群众破除迷信，讲究卫生，改造旧法接生方式，推广新法接生，疟疾、麻风病、钩虫病、结核病的普查普治和群防群治，农民健康卫生水平得到提高。1969年，响应毛主席关于“把医疗卫生工作的重点放到农村去”的号召，提出了大队办卫生所，实现小病不出村的工作目标，全乡有赤脚医生13人，农村缺医少药的状况得到一定的缓解。中共十一届三中全会后，医疗卫生事业稳步发展。2006年起，实施新型农村合作医疗保险制度，全镇农民从此治病医疗有了保障。2014年，有镇医疗机构1个，门诊部（所）2个，有床位14张，每千人1.4张；固定资产总值260万元，专业卫生人员16名，其中执业医师7人，执业助理医师6个，注册护士5人。全镇共8625人参加新型农村合作医疗，新农合医疗住院补偿115万元1033人次，创建市级卫生村2个。

社会保障

民国前，境内瑶民普遍贫困，社会救济资金主要来自公产收入或是殷实富户的施舍，但僧多粥少，难惠众生。1950年后，政府对贫困百姓实施救济。农业合作化时期，农村福利以集体补助为主，年终分配鳏寡孤独基本口粮达到全队平均水平，辅之以国家救济。人民公社化以后，对鳏寡孤独者实行“五保”制度，即保吃、保穿、保住、保医、保葬（孤儿保教），农村联产承包责任制推行后，对“五保”制度一度有所削弱。1990年后，本镇对“五保”老人逐步由分散供养转为集中供养，经费由国家、镇、村三级承担。2000年以来，随着镇域实力的增强，社会救助更加广泛。2014年，农村最低生活保障户129户263人，享受城镇低保13户19人，其中“五保户”35户35人。镇敬老院长期供养18人。全镇参加新型农村养老保险6324人，职业培训320人次；新增农村劳动力转移就业113人，新增城镇就业98人。

特色地情

乡土特产

白毛茶 白毛茶是境内一种珍贵的大叶型野生茶树资源，初产于九龙江流域一带，为传统名优特产，注册商标。1987年，白毛茶野生茶列入扶贫开发项目，建成母本园，面积逐年扩大。因茶头肥壮硕大，茶芽上密布银白色茸毛而得名。内含茶多酚40.65%，氨基酸1.49%，咖啡因4.23%，具有提神、醒脑、抗菌抗病、防癌降脂等功效，有“缘色仙丹，茶叶明珠”之美誉。

三江口土纸 境内盛产楠竹，土纸生产历史悠久，到清代中叶土纸生产技术有很大的进步。山区纸农每年立夏前后上山削笋，用石灰腌制池中，八九月间入山生产。富裕纸农笋料有一、二百担。产品主要有山贝纸、南扣纸、玉扣纸、高丰纸、草纸、土报纸等。民国时期，产品主要销往广东省城口、乐昌转往广东、佛山、香港，或出口国外。抗日战争时期时局动荡，产品无法外运纸价大跌，最贱时50千克土纸只能换取5千克食盐。韶关、赣州等地商人常冒风险通过日军封锁线进山收购。境内农民冒风险肩挑土纸到广东省长江、城口、九峰等地销售。民国末年到新中国成立初期，县内土纸生产进入全盛时期。东岭、热水、集龙至广东省城口、长江的崎岖山路上，每天有一二百人肩挑脚运。1950年后，汝城土纸年产3万担左右，由国家统购统销。1980年后，机械造纸兴起，土纸用途逊色，产量锐减退出市场。

风景名胜

九龙江国家森林公园 位于南岭山脉中部和罗霄山脉南端交汇的汝城县东南部，与广东仁化县、江西省崇义县交界。公园面积84.36平方公里。园内群峰高耸，沟壑幽深，有九龙觅仙、九龙戏水、九龙奇岩、九龙飞瀑四大景区。以崎、谷幽、林深、竹秀、水美、石绝、泉灵著称，融雄、奇、险、幽于一体。有着完整的原始次生林群落7万46667公顷，夏无酷热，冬少严寒，负氧离子高达11.7万个。

瑶乡风情

稻草龙 属一种小型的香火龙，每年丰收之后，瑶民取收割后的稻草，以耙去叶留中间硬扎

舞春牛

的笋茎部，搓成结实的稻草绳（又称赵公鞭），再扎成龙头龙尾，插上龙香。当夜色降临时，点燃稻草龙身上的香火，长度为5～8米。然后由村里的年轻人高举稻草龙在村内狂奔飞舞，在晒谷坪稻田和旷野中上下翻腾，金光流动，表达了农民祈求国泰民安，五谷丰登的朴素愿望。

舞春牛 又称贺牛岁，耕牛节、春牛闹，是瑶民庆新春，献艺贺岁的群众歌舞活动。这种祭祀性歌舞源于远古“昔葛开氏之乐，三人操牛尾，投足以歌八阙”的习俗。表演时由一人舞牛头、一人舞牛尾、一人扮作耕夫手执牛鞭、肩背木犁，另由两位擅长歌舞的表演者分别扮成一丑、一旦任主演，表演的主要内容有春牛出栏、春牛上路、春牛吃草、春牛背轭、春牛耕田、春牛擦痒、卧地听歌等。祈祷来年风调雨顺、五谷丰登。

竹竿舞 竹竿舞又称“跳竹杠”，是具有瑶族民间特色的舞蹈。表演时，将两根长木杠平等排放，两杠之间相距约9尺，其间横放8条竹竿，分为四对，每对间隔2尺左右，分为两边，每边四人，蹲在地上操作竹竿，一手一根，对面相向。由鼓手有节奏地打着鼓点，操竿者按鼓点节拍移动竹竿“开、合、开、合、开开合”。“跳竹杠”分“单跳”“双跳”两种，单跳时一个跟着一个边跳边舞。双跳时男女两人一组拉手并舞，变换花样。

（陈飞航　供稿）

小垣镇 >>

小垣是湘南有色金属之乡。

区域概况

位置面积

小垣镇境内原有大园小园二村，民国初年因多家钨砂公司设在小园村，小园村后演化成小垣钨矿而得名。小垣镇位于汝城县南部，距县城23公里，北纬25° 21′ 04″至25° 26′ 47″，东经113° 25′ 00″至113° 34′ 07″。东西直线距离15.2公里，南北直线距离9.2公里，面积86.13平方公里。东界井坡乡，南邻广东省乐昌市五山镇、九峰镇，西接盈洞瑶族乡，北交延寿瑶族乡、泉水镇。

建置沿革

明清属桂阳县延寿团。民国8年（1919），属汝城县西二区。1950年4月，撤区建白云乡，属第三区（文延区）。1952年4月，为第七区（延寿）所辖称冬芒乡。1956年5月，撤区并乡后称白云乡。1958年10月，撤乡建超英人民公社。1958年12月，与战斗人民公社合并设延寿人民公社。1961年初，分立为立冬芒人民公社，5月并入延寿人民公社。1981年，再次分立为冬芒人民公社。1984年撤社复建冬芒乡，1985年7月撤乡建小垣镇。

行政区划

1983年，冬芒公社辖7个大队，62个生产队。2014年，辖小垣居民委员和白云、大塘、大山、后洞、冬芒、简水、走马等7个建制村，63个村（居）民小组，84个自然村。

自然环境

地形地貌 本镇海拔全县最高，境内多山。南岭山脉由广东乐昌和盈洞乡进入小垣境内，向东南蜿蜒，层峦叠嶂、沟壑纵横。五指峰海拔1741.7米，为全县最高峰，东面白云仙，西面通天窝等山，海拔都在1500米以上。简水夹水口为最低点海拔588.2米，镇政府驻地海拔930米。

气候水文 境内山高谷深水冷，空气潮湿终年多雾，冬季有冰冻。河道属湘江水系，主要河流3条，均自南向北流入延寿河。径流量6730万立方米/年。境内山高坡陡，水流湍急，分布着碛头、走马、杉木垅等瀑布群，三叠五重，蔚为壮观。

自然资源 有山林面积5533公顷，活立木蓄积15万立方米。有高山草原2000公顷，牧草丰盛。本镇地处南岭北麓的成矿带上，地下矿藏有钨、铅、锌、钼、铜、铋、金、萤石等，其中以钨为大宗，金属量达 7.45 万吨。

人口民族

人口以瑶族为主。1960 年后，随着瑶民的安居乐业，人口增长迅速，形成了人口自然增长的高峰。1980 年后，通过实行计划生育和鼓励瑶民来圩场经商办厂，人口自然增长明显放慢，圩镇户口显著增加。1964 年，第二次人口普查统计，全乡 7917 人，1982 年，第三次人口普查统计，全乡 11266 人。2010 年，第六次人口普查统计，全镇 12294 人。2014 年全镇总人口 11586 人，其中男性 6208 人，占 53.38%；女性 5378 人，占 46.42%；14 岁以下 2017 人，占 17.41%；15 ～ 64 岁 8473 人，占 73.13%；65 岁以上 1096 人，占 9.46%。自然增长率 2.9‰。其中瑶族人口 7141 人，占 62%，居民主要姓李、简、陈、张等姓氏，人口密度为每平方公里 131 人。城镇人口 4309 人，城镇化率 38%。瑶族源于历史上的“荆蛮”“莫猺”。宋代，开始有瑶民从江西、广东流入汝城境内，明清两代流入人口有所增多。明弘治年间，江西省上犹县等地瑶民大量流入小垣山区。瑶族在汝城的分布区域很广，主要是城溪峒、龙虎峒、延寿峒、姜阳峒、猿坑峒，昔称五峒瑶。清嘉庆二十二年（1817），县内新民五峒首领倡议修成《桂阳新籍文课试册》，同治九年（1870），延寿瑶族廪生张星辉等人倡议重修，《试册》记载了五峒 96 户瑶民首士的姓名，计有 51 姓。明正德年间，瑶民曾改称新民，遭到瑶民的抵制。清乾隆二十一年（1756）后，瑶民改称“新民”。1991 年，经瑶民强烈要求，境内瑶族、畲族等少数民族成分得以恢复。民国以后，境内瑶民已改变了其刀耕火种蓬头跣足不与汉族通婚的习惯。但在服饰、风俗习惯等方面，仍保留着瑶族特点。

经济发展

农业

瑶民多住在山高水冷的高寒山区，刀耕火种是瑶族农业的传统。清康熙三年（1664），桂阳知县为安抚瑶民，把东山桥、九龙江等 20 多处官山划给瑶民开垦耕种，以资衣食，为世守产业。清乾隆四十七年（1782），曾有汉族地主萧任甫欲侵占瑶民所管官山，被郴州府正堂审结败诉，以维护瑶民对官山的管业权。清代中期，瑶民开始租佃汉族地主富户的田地种植水稻、红薯等，租谷大多折为现金，称“折租”。交租时佃户要准备丰盛的酒菜接待佃主，饱受盘剥。清代，民族地区的种植业和养殖业有较大发展。瑶民到汉族居住的村镇和圩场上出售猪、牛、鸡、鸭、蔬菜等土特产品，与汉族人口的经济来往逐步加强，民国时期，有瑶民外出到广东等地割早禾、做长工。妇女们还刺绣一些传统的针织品到圩场上出售，以补贴家用。粮食种植以旱粮为主，主要品种有玉米、高粱、穇子、旱禾（岭禾）、薏米、三角麦等。亩产 40 千克左右。民国时期，民族经济虽有较大发展，但明显低于汉族地区，广大瑶民常年以杂粮充饥，粗布遮体，住杉树皮盖顶的木板、吊脚楼，生活贫困。农业生产工具以锄头、钩刀为主，以人力耕种为主。

1954 年，经过土改，农民的生产积极性高涨，大力兴修水利，垦殖荒地，扩大复种当年粮食大丰收，亩产高达 185 千克。1965 年，政府大力推广良种，逐年淘汰产量低、空壳率高的桂东黏，老红米等高秆产品，逐年改种“珍珠矮”、“二九青”等双季矮秆品种。当年粮食大丰收，亩产 190 千克。20 世纪 70 年代后，通过推广杂交水稻后，粮食产量逐年提高。1982 年，粮食大丰收，总产量达 1207 吨，创历史纪录。1983 年、1984 年因遭受自然灾害和主观上重商轻农的影响，连续两年粮食减产。经总结经验教训，1985 年，粮食开始恢复性增产。到 1990 年，粮食生产突破连续 7 年徘徊局面，再获大丰收。此后随着农田水利基础设施的配套完善，超级杂交稻的推广，粮食生产进入稳产高产期。此后粮食种植连续十年丰收。超级稻推广后旱涝保收，亩产达 450 千克，中稻当家，劳动强度降低。冬种红花草子、油菜、蔬菜、地经济效益提高，对青壮年大多常年外出打工的瑶乡来说，是目前较为合适的耕作制度。1988 年，本镇拥有农业机械总动力 1096 千瓦，产粮 1442 吨，有乡镇企 58 个，社会产值 831.6 万元，财政收入 28.47 万元，农民人均可支配收入 258.4 元，城镇居民收入 2869 元。1992 年后，外出务工经商农民逐年增加，留守在家的大部分是老人和小孩，导致耕地荒芜，粮食产量有所下降。

近年，小垣镇利用地域优势，发展高山云雾茶，高山无公害蔬菜，黑山羊养殖三大项目。其中云雾茶生产基地主要集中在大塘村、白云村、冬芒村。总投入 470 余万元，完成土地流转 88.8 公顷，整地 80.9 公顷，种植茶苗 400 万株 76.1 公顷。全镇茶园面积达 133.3 公顷。在大塘、后洞、简水等村推广发展反季节蔬菜种植，种植蔬菜 120 公顷，主要品种有雪莲果、小米椒、生姜等，利用白云村、大山村的高山草原，采用“公司 + 基地 + 农户”的经营模式养殖黑山羊逐形成规模。重点培育科技示范企业 3 家，即白云仙云雾茶科普示范基地、黑山羊养殖基地、金银花开发示范基地，其中白云仙云雾茶科普示范基地，2013 年获“郴州市农业先进科普示范基地”荣誉，产品“白云仙云雾茶”已注册商标，2013 年，获湖南农贸会金奖，产品供不应求。白云仙黑山羊养殖规模年存栏 500 头。金银花基地流转土地 80 亩，目前产品种植、加工、销售已进入了规范化管理。2014 年有耕地 324 公顷。种植蔬菜 260 公顷，油菜 75 公顷，玉米 650 亩，大豆 358 亩。饲养生猪 5200 头。造林 420 公顷，农民住居周边种树 2.4 万株。

工业

小垣是矿业大镇，境内钨矿资源丰富，钨矿开采历史悠久。民国 5 年（1916），广东乐昌九峰人罗德有登白云仙烧香，路过马迹岭时发现黑钨。同年秋，罗德有与粤商郭陪天在汝城设立大中华公司，收购钨砂运销香港。时值第一次世界大战，列强扩军备战钨价陡涨，一时间采矿公司云集小垣百余家，工人达数千。民国 7 年（1918），汝城产钨 2360 余吨。湖南省政府在汝城开设砂税，征收总局获利甚巨。1949 年 12 月，中原临时政府重工部接管钨矿，收归国有。1953 年，改名为汝城钨矿，1950 年后，是钨矿发展的鼎盛时期，一度是郴州地区的支柱产业和骨干企业。1980 年后，水电和木材加工业兴起，产业结构开始多元化。2003 年，汝城钨矿破产改制，导致本镇经济受到重创。2000 年以来，随着白钨开采和选矿技术难题被攻克后，白钨开采再度进入企业家的视野，引来开矿热。2014 年，全镇工业产值 6760 万元，增辐收窄，境内规模企业有茶山脚钨矿、纯正木业、鑫矿公司、融德公司、云龙矿业、冬仁电站等，从业人员 1080 人。

财政金融

财政收入主要是农业税。明清时期财税中央集权，没有乡级财政。1975 年，成立税务所，1984 年建立乡级财政所后将税务并入其中，从 1986 年起，乡镇财政实行“定收定支、超支不补，结余留用，一年一定”的预算管理体制。2002 年，成立农业税征收管理分局，2006年，农业税免征后更名为镇财政所。2014年，实现地区生产总值13189万元，完成财政总收入1078万元，完成固定资产投资10409万元，完成国税1600万元、地税356万元；实现社会商品零售总额3980万元；农民人均可支配收入1273元。

基础设施

交通运输

昔时小垣境内山重水复，九曲十八盘，是汝城交通最艰难的乡镇。1957年，汝城钨矿建设需要，由国家投资修建小垣至山店坳的田垣公路，在山店坳接省道1803线，全长24公里。该路崎岖弯道多，坡度大，雨季易发生泥石流，冬季冰冻路滑，易发生交通事故。1976年，由小垣至乐昌的公路通车。1980年起，始修乡际公路和乡村公路，限于财力，因陋就简，多为黄泥碎石路，路基松软，晴天扬尘，雨天积水，勉强能通手扶拖拉机。2004年后，在有关部门的支持下，交通状况得到改善，现有井小公路、延铁公路通往县城，7条通村道水泥硬化，总长35公里。

邮政通信

2014年，有邮政所1个，村村通邮路，报纸杂志累计发行1160份，邮政业务收入15万元。有电信企业服务网点3个；固定电话1419户，普及率为77.6%，有电信、移动、联通基站；营业收入41.3万元。

供电

昔时，瑶民用桐油、向日葵、松明等照明。1953年后，受益于汝城钨矿的发展，圩场居民开始用电照明。2014年，有小水电站3座，装机1800千瓦。2014年，发电量360万千瓦时，有高压输电线路3条，总长2.85公里。35千伏变电站1座，高压输电线路10条，总长达69公里。

水利建设

境内山高坡陡，水利设施几乎全无，昔日瑶民种的是天水田。1960年后，兴建山塘15口，兴修水渠6.6公里，年输水23.5万立方米，受益面积157公顷，农业生产灌溉问题得到缓解。受汝城钨矿几十年采矿影响，矿渣堆积如山，雨季易诱发山洪泥石流，农田受污染。大山矿区窿洞采空，造成地陷面积达10余平方公里，属地居民生产生活受影响，汝城钨矿改制破产后，加大了上述问题解决的难度。

村镇建设

昔时，小垣境内自古无圩场，靠商贩挑担，走村串户，从事简单的物物交换和商品交易。1950年，为适应汝城钨矿矿工生活的需要，白云乡人民政府发动群众捐款捐木捐工，由汝城钨矿捐砖瓦，在塔头垣征地10亩，兴建小垣圩，建成砖瓦厂棚5栋20间，此后历年扩建圩场变市场，随着定居人口的增加，市场日趋繁荣，形成了今天的小垣镇区。近年来，为了加快小垣瑶族镇的经济社会发展，镇政府加大了基础设施建设的力度，新续项目共17个，概算资金1.83亿元。主要完成了街心花园、云湖公园修缮改造项目，绿化面积达3000平方米；完成了镇区主道的硬化、绿化、亮化工程。投入420万元启动镇区安全饮水工程项目，利用山区丰饶的水资源建水塔，解决了镇区5000余人饮水困难问题；投入300余万元在冬芒村开展农村环境卫生整治、规范农村建房示范等项目；投入200余万元完成了学校道路建设项目，学校教学楼、多功能餐厅全面建成并投入使用。

社会事业

教育

瑶民改称新民后，清政府对新民教育有优惠政策。康熙五十年（1711），奉例科岁考各取一名。雍正三年（1725），各加二名，每案三名，准附正案，与土著诸生一体应试。”清代，小垣只有少量私塾和两所族学，规模小，教学条件差，一般借用祠堂为校舍，聘请落第秀才为先生，寄居寒窗柴房勉强维持，文盲率在90%以上。民国元年（1912），境内族学改为国民学校，有小学一所，学生十余人。受益于汝城钨矿子弟小学的优势，本镇是县内最早办初中、高中的乡镇。1989年，境内小学与初中分设。2002年12月，中国有色金属总公司旗下的汝城钨矿关闭，2003年春季，小垣镇中心小学于顺利地完成了对汝城钨矿子弟学校的接管。2008年9月，撤并部分村级小学，建小垣瑶族镇学校。2014年在校学生938人，专任教师45人。

文化艺术

瑶民能歌善舞，彰显着岭南乡土文化的特点。瑶族山歌是瑶族文化的代表，山歌音调平和旋律优美，使用本地方言。1969年，建广播站，1972年，成立电影放映队，1973年，成立文化站。现有村级文化活动中心7个，图书室和农家书屋8个，藏书1.46万册。有镇广播电视站1家，广播村村响，2014年实现村村通广播电视，有电视用户1791户，入户率98%。有学校体育场1个，面积3250平方米。

医疗卫生

民国9年（1920），西医疗法传入境内。2002年9月，汝城钨矿改制破产后，汝城钨矿职工医院随即改制，2003年，由小垣瑶族镇卫生院接管原钨矿职工医院，负责本镇10000余居民的医疗救治、预防保健。

社会保障

民国以前，社会救济资金主要来自于公产收入或是殷实富户的施舍。1950年后，政府对贫困百姓实施救济，杜绝了绝对贫困人口。农业合作化时期，农村福利以集体补助为主，年终分配鳏寡孤独基本口粮达到全队平均水平，辅之以国家救济。人民公社化以后，对鳏寡孤独者实行“五保”制度，即保吃、保穿、保住、保医、保葬（孤儿保教）。农村实行联产承包责任制后，对“五保”制度一度有所削弱。1990年后，本镇对“五保”老人逐步由分散供养转为集中供养，经费由国家、镇、村三级承担。2000年以来，随着镇域实力的增强，社会救助更加广泛。2014年，全乡农村最低生活保障户596户，1192人，支出174.78万元，月人均122.22元。民政部门资助参加合作医疗1050人次，支出9.45万元，社会福利事业支出7332元。

特色地情

乡土特产

白钨矿　白钨矿是境内蕴藏丰富的一种矿产资源。其外形为粒状石块，白色带黄，有脂肪光泽。橙色，双锥状晶体，晶体硕大，且尖端呈透明深橙色。与方解石白云母和黑色锡石共生，其中白钨矿和方解石具有荧光性，加热或经紫外线照射，略呈紫色。是炼钨的主要原料。

黑钨矿　黑钨矿是境内蕴藏丰富的一种矿产资源，钨矿也叫钨锰铁矿，褐色至黑色，是炼钨的主要原料。由于含有不同比例的铁钨酸盐和锰钨酸盐，如果含铁量高一些就叫钨铁矿。含锰多

五指峰迎客松

一些就叫钨锰矿。

五指峰五针松 学名称华南五针松，属国家稀有保护树种，它植株矮壮，枝条紧密，针叶短粗，层次分明，因一柄五叶丛生而得名。五指峰五针松面积万余亩，主要分布在五指峰海拔800米以上的山脉上。

风景名胜

五指峰 位于境内西部3公里，是湘南粤北之分水岭，海拔1726米，山势雄伟，高出云表，为汝城最高峰。山顶有古殿，神曰五指仙，其旁

古桥红豆杉

纸马歌

有龙湫泉，其水凛冽甚甜，饮之延年益寿。五指峰上，当年登山蜿蜒的天梯石栈，穿越“一线”的雄关险隘遗址尚存。

白云仙风景区 白云仙山脉位于境内东部，主峰白云仙海拔1611米，因峰顶常年白云缭绕而得名。白云仙古寺位于山腰，岩洞内供奉的三仙，相传是唐代湘潭贫民王氏三兄弟在此锯木为生，因行善积德，被王母娘娘赐食仙桃后造化成仙。古寺始建于唐末，是湘粤边界的道教圣地。每年农历的六月六，是白云仙传统的敬神日，天赐节。来自湘南、粤北的香客都会沐浴洁身，素食斋饭后步行上山敬香献祭。白云仙古寺旁有龙泉井，相传是龙王吐珠开戏时龙珠落地而成。其水凛冽清甜，饮之延年益寿。

古红豆杉群 境内有胸径超过1米以上的古红豆杉上百棵。在后洞村的古石桥上，一棵胸径1.5米、高18米的古红豆杉随桥而生，树龄300年左右。在湘粤边境，桂昌古道走马古石桥上，几株与桥同龄的红豆杉长在桥墩上，形似沧桑巨人，十分奇观。

瑶乡风情

舞纸马 舞纸马又称纸马歌，是瑶民一种庆新春闹锣鼓的群众歌舞活动。民间传说，纸马歌源于道教法事“罗方章醮”中的马舞，由四个道士分别扮成王、马、殷、赵四大元帅，腰系用竹篾扎成的马头、马尾，表现受玉帝派遣到人间稽查善恶，而后回去报告的经过。到1980年后，纸马歌逐演变为融歌舞说唱艺术于一炉的群众演艺活动。

（盘曹莉　供稿）

热水镇 >>

热水是中国温泉之乡，特色小镇。

区域概况

位置面积

热水镇位于汝城县最东端，距县城23公里，北纬25° 26′ 26″至25° 34′ 39″、东经113° 49′ 25″至113° 59′ 19″。东西直线距离16.2公里，南北直线距离15.3公里，面积138.74平方公里。东界江西省崇义县文英乡、乐洞乡，南邻广东省仁化县长江镇及湖南省汝城县三江口瑶族镇，西接大坪林场、益将林场，北交集益乡，素称“脚踏三省、鸡鸣五岭”之地。

建置沿革

明清属桂阳县乐善乡热水团。民国8年（1919），属汝城东二区第三段，民国24年（1935），属东区直属乡，民国27年（1938），撤区建东屏乡。1950年属第六区，1955年将第六区改为热水区，1956年撤区建热水乡。1958年与集龙、益将、东岭3个乡合并设热水人民公社，1961年分出集龙、益将、东岭人民公社后仍称为热水人民公社。1984年撤社建热水乡，1990年11月撤乡建热水镇。

行政区划

1983年，热水公社辖12个大队，94个生产队。2014年辖热水居委会和热水、长塘、邓家洞、大水山、鱼王、高滩、东江水、桃金洞、星火、横瑞、黄石、黄家洞12个建制村，94个村（居）民小组，272个自然村。

自然环境

地形地貌 境内多山，南面有氾水山，东面有张网岭，西面有沩子岩、大树窝。中部丘陵岗地交错，低洼平坦处是热水盆地。最高峰氾水山海拔1559.3米，坐落于湘、粤、赣三省交界处，最低点犀牛沦海拔305米，镇政府驻地海拔380米。

气候水文 境内植被丰茂，空气清新湿润，负氧离子量高，是难得的天然氧吧，又因有地下热泉，受盆地区域气候影响，气温比县城稍高，属汝城的丰雨区，年降水1780毫米。河道属赣江水系，热水河又称乐峒水，是境内干流，有支流4条。东江水发源于小密竹坳（赣），西江水发源于鹿狮坳东麓，两江在鱼王店汇合后汇集小水、东塘水，往北流入集龙境内，全长19.5公里。集溪江经黄石，北流注入集龙江，全长8.5公里。主要河流总长28公里，径流16450万立方米/年。

自然资源 境内温泉资源丰富。热水温泉古称“灵泉”，早在唐玄宗天宝乙未年（755）就被载入了国家地理志，称其“气如烟雾，水若沸汤”。热水河因此也被称为汤河。其水温最高达98℃，热田面积300公顷。地下热水日流量为5540吨。由于温泉氡含量高达145埃曼，温泉便有了“送子汤”和“长寿汤”的美誉。境内妇女少有不孕不育现象，长寿老人特别多，是湘粤赣边界闻名的养生福地。北宋宣和癸卯年（1123），阮阅由朝散大夫知郴州军，在灵泉石壁上留下了他的《温泉》诗：“谁将炎热换清凉，可使澄泓作沸汤。从赐骊山妃子沐，人间处处重温汤。”

热水镇林面积10287公顷。森林覆盖率86.5%，活立木蓄积量45.14万立方米。楠竹资源为全县之最，有成片竹林6667公顷，蓄积量2000万根。植被丰茂，动植物资源丰富。遍生松、杉、楠、樟、杜英、冬青等常绿乔木。栖息有水鹿、野猪、野兔、斑鸠、杜鹃、山雀、野鸡等野生动物。矿藏主要有铀、硅石、钨、锡、铜、玉石等，其中黑皮玉石质地优良。

人口民族

殷商末期，境内便有人类繁衍生息。明清两代，因官迁或因避战乱，外来人口多。1960年后，随着经济的发展，社会的安定，形成人口自然增长的高峰。1980年后，实行计划生育，鼓励农民来圩场经商办厂，人口自然增长明显放慢，城镇户口显著增加。1964年，第二次人口普查统计，全乡5172人，1982年，第三次人口普查统计，全乡8431人，2010年，第六次人口普查统计，全镇10371人。2014年全镇2820户10575人，其中男性5478人，占51.8%；女性5097人，占48.2%；14岁以下1946人，占18.4%。14～64岁6292人，占59.5%；65岁以上2341人，占22%；瑶族、畲族共1406人，占13%。2014年，人口自然增长率7.7‰，城镇化率28%。人口密度为每平方公里76人，全县最低。

经济发展

农业

热水是传统的农业乡镇，长期处于自给自足的自然经济状态，农业种植品种单一，发展缓慢，生产方式落后，生产力水平低下。农具以犁耙、水车为主，人力耕作为主，辅之以耕牛。传统种植业以水稻为主，水田种植水稻，旱土种植杂粮，兼有花生、棉花、辣椒、淮山等经济作物。水稻一年一熟，品种多为高杆老红米，不耐肥，易倒伏，空壳率高，亩产徘徊于150千克左右。1950年后，粮食种植经历了旱粮改水稻，单季改双季，常规稻改杂交稻的三次重大变革。1954年，粮食大丰收亩产达190千克。1965年，境内推广优良稻种，逐年淘汰空壳率高、易倒伏的高杆老红米和红米、白米、瑶米、麻米等品种，改种珍珠矮、二九青等双季稻矮品种，粮食产量超过1954年的水平。1976年后，通过推广杂交稻后，科学种田水平提高。1982年粮食大丰收，亩产超过460千克。1983年、1984年，因遭受自然灾害和主观上重商轻农的影响，连续两年粮食减产。经总结经验教训，1985年，粮食开始恢复性增产1988年，粮食总产4875吨，农业产值为377万元，拥有农业机械动力1708千瓦，乡办企业有钨矿、竹木厂、机制纸厂、电站、农机修配厂。工业产值98万元。到1990年，粮食生产连续7年突破，再获大丰收。1980年，利用地热资源开展杂交水稻三系杂交制种，建立制种基地500亩，此后，杂交水稻形成自育、自繁、自有体系。超级稻推广后，亩产高达500千克，中稻当家，旱涝保收，一季胜两季，冬种蔬菜和经济作物，省工省钱经济效益高，大受农民欢迎，是目前最为合适的耕作制度。

近年来，政府采用“基地+公司+农户”的模式，引导农民走农业产业化的道路，农业产业提质增效。现在境内新建标准化示范基地三个，即长塘、热水村600亩两系杂交水稻制种示范基地、鱼王村100公顷竹稻产业基地、黄家洞村500亩优质稻示范基地。87公顷豆角、野生淮山、甜玉米、白菜苔、大棚香菇等无公害蔬菜种植基地。竹木产业乘势而上，开发了竹地板、竹炭、竹凉席等竹木工艺旅游商品。特色产业得到了推广，兰花种植、奇石根雕、热水黄糍（大禾米糍）、热水藤茶成为地方特色旅游产品，深受游客欢迎。2014年，境内耕地757公顷，人平1.17亩，粮食总产量8761吨，人均737千克，农业产值4844.9万元。全镇共有规模化养猪场1个，年出栏生猪9084头。有专业养鸡场1个，特种养殖场1个。

林业

热水是汝城的重点林区。1957年前，林木茂密。1958年，大炼钢铁和大办公共食堂，林木被大量砍伐，林地面积骤减。1959年全县确定林权试点工作在热水公社进行。1961年后，垦荒造田以粮为纲形成热潮，林地面积有减无增。1981年，进行山林定权发证，1984年，政府公布了将集体山林承包到农户30年不变的政策，大大提高了农民植树造林的积极性。2013年，被列入环东江湖生态保护区后，为涵养东江湖水源，竹木限额采伐。昔日重点林区转身为生态大镇。2014年，全镇山林面积10573.1公顷，其中有林地面积10934公顷，灌木林地面积334.8公顷，无立木林地面积42公顷，宜林地面积232.6公顷，未成林造林地面积317.3公顷，活木蓄积量448207立方米，森林覆盖率78.58%。

工业

境内工业以小水电和竹木加工为主。自古以来，的造纸业很发达，几乎村村有纸厂，养竹取笋，捣笋造纸。著名的汝城土纸有高封纸、玉纸、南扣纸三个品牌，年产土纸在1万担左右，远销广东福建甚至漂洋过海到东南亚。1980年后，机械造纸业兴起，土纸风光不再。1970年后，凭借水源优势，境内小水电站风生水起，境内现有小水电站10座，装机2650千瓦，年发电1400万千瓦时。2002年，全镇企业总数20个，工业产值1719万元。2007年，热水镇东江水村境内组建了第一个竹制品加工公司——汝城县永瑞竹业有限责任公司，公司占地23345平方米，总投资1000多万元，是一家以楠竹为原材料，集生产、加工、销售于一体的竹制品生产企业。其主导产品是竹板材、环保竹炭、竹筷、竹凉席等，年生产竹筷6万件、竹板材10万平方米、环保竹炭1500吨。2014年，境内所有竹木制品加工企业，年加工楠竹15000吨，各类竹木制品100万件，产品畅销广东、浙江、福建、江西等地。全镇企业总数15个，工业产值5000万元。

商贸服务

热水居湘、粤、赣要道通衢，鱼王店、热水圩是边境市场古驿道上闻名的驿站。热水圩始建于清乾隆年间，晚清时期，发展到店铺20余家，民国时期，达到50余家。呈长800米的“一”字形街道，按地段分为桥东、桥西和热水街，河石街面四段，青瓦木架房。小镇店铺属湘南民居风格，古拙大方，极其珍贵。1948年，境内有商业网店50余家，主要有棉纱、针织、布匹、南货斋铺、日用杂货、油盐粮食、药铺、餐饮酒店等行业。1952年，境内始有集体商业供销社和国营商业粮油管理站。1956年，组建公私合营商业。私营商户基本绝迹。中共十一届三中全会改革开放后，允许农村富余劳动力经营商业服务业，境内乡个体商贩大量涌现，到1995年，个体商户人数和经营规模均远超国营、集体所有制商业。2003年，旅游开发以来，商业日趋繁荣，商场面积2275平方米。

旅游业

热水镇以地热温泉出名，是郴州市温泉旅游龙头乡镇。2000年以前，温泉的自然景观尚处在原生状态，当年政府在半边街兴建热水农贸市场，热水圩的人口密集地段逐从热水老街转移至热水镇文化行政中心周边。2003年以后，热水镇依托温泉的自然资源和深厚的历史文化底蕴，加强旅游基础设施建设。2003年，兴建福泉度假山庄，占地135亩，总建筑面积2万多平方米。山庄以温泉保健为核心资源，是集住宿、餐饮、娱乐、温泉水疗、商务会议于一体的大型热泉疗养度假福地。2006年，被评为国家AAAA级旅游景区。2013年以来，热水镇以打造“国际温泉古镇、中国旅游名镇，华南最美城镇”为目标，高起点制定了热水镇镇区总体规划，启动以湘南民居建筑群为主流风格的热水温泉古镇开发项目，包括核心景区改造、畲族风情墙、温泉茶廊、商业街区、热水河风光带、蜗牛塔仙人桥景区景点及风光带建设等20余个子项目建设。2013年6月，动工建设热水边际农贸市场，总面积93.48亩，农贸市场圩场有建筑面积4674平方米，294个摊位，有商铺294间15268平方米。2014年，集镇拥有主街道8条，总长度8.58公里，房屋建筑面积49.96万平方米。2012年9月，动工建设汤河老街商贸区，占地面积8798平方米，总建筑面积14326平方米。建有5栋青砖、灰瓦、白墙，具有湘南古民居建筑、民族风情的商住楼，是一个宜商、宜游、宜购、宜居的民族风情商住区。2014年，中国郴州国际休闲旅游温泉文化节在热水举行，全年共接待游客95万人次，旅游收入4.5亿元。全镇有商业网店222家，商场面积4567平方米，从业800余人。2014年，社会商品零售额2500万元。

财政金融

明清时期财税中央集权，没有乡级财政。古代财政收入主要是农业税。民国时期，地方财政增收田赋附加、契税附加、屠宰税分成等，乡无财政机构。1975年，建乡税务所，1984年，成立乡财政所后将税务所并入其中。1986年始，乡镇财政实行“定收定支、超支不补，结余留用，一年一定”的预算管理体制。财政收入主要为农业税、工商税、企事业收入和其他收入。2002年，成立农业税征收管理局，2006年，农业税免征后更名为财政所，2014年，实现地区生产总值6.3亿元，完成社会固定资产投资1.26亿元，农民人均可支配收入2424元，财政总收入9928.5万元；其中非税收入和上级补助及转移支付收入9522.5万元，国税52万元，地税236万元。境内有银行业金融机构1家，各类存款余额2.3亿元，各类贷款余额800万元。

基础设施

交通运输

昔时境内山重水复，交通闭塞，山间小道，路面陡窄，运输主要靠人力肩挑背负。境内先民经年累月，艰苦劳作打通了汝城—文英的步道，俗称茶盐古道。古道西起汝城县城，经簸箕垅、五里庙、松树坳、破石界、木兰隘、腊岭坳、益将圩、穿风坳、热水圩、塘口出境，至江西崇义文英45公里，到南安75公里，其中县境内38公里，热水境内15公里。主要负责为朝廷传递公文军情，也是境内商人运输大米、生猪、木材往江西贩盐、南杂进入汝城的主道。水路有东河水道，亦称孤山水路，或称集龙河水道，是古代汝城的黄金水道，由土桥经益将至集龙往东流入江西崇义漳水，境内水路长46.08公里。东河水系将热水林区的竹木散放流至集龙河中，拼成排筏方拖流放入江西赣州，年流放量4万立方米。1970年后，公路运输兴起，东河水道日渐衰退。

2014年，途经境内公路有3条，总长93公里，境内长度37公里。分别为热益线：东起热水，连接益将通县城；热文线：西起热水镇，连接文英镇通江西崇义县；三益线：三江口—益将，益将一端接省道1859线，三江口一端接106国道，1956年，由县林业局投资163万元动工兴建，1968年竣工通车，全线55公里，连通益将、热水、东岭3个乡镇，是郴州地区最长的县道，1969年，该线划归县交通局管理。1971年夏，测量热水至黄石公路，当年冬，自筹资金劳力动工建设，1973年，热文公路贯通。2000年后，境内交通瓶颈突破，3条出热水境的公路均实施了砂改砼工程，2001年，热水经三江口通广东的公路进行扩建改造，2013年，热水出文英通江西公路实施了扩改建设工程，路面由砂改油，2014年，热水出益将通县城公路实施了扩改建工程，路面由砼改油，过境道路路面技术等级由四级提升为二级。现有厦蓉高速过境。发往各地客车15辆，其通往县城11辆，通往江西崇义县1辆，通往郴州2辆，通往广东韶关1辆，各种形式的出租车50辆，年客流量50万人次。专业车辆运输20家，车辆23台，其它各种运输车辆78台。20世纪70年代初，开始修通村公路，因陋就简多为黄泥碎石路，路基松软坑洼，坡陡弯急，仅能通手扶拖拉机。2004年后，逐年对12条通村道进行拓宽硬化，总长40.5公里。

邮政通信

民国31年（1942），在热水、塘口设乙类信柜。1951年，热水设邮电代办所，1955年，成立热水邮电所，1959年，邮电下放到公社，开设有电报、长途电话、邮政、报刊发行等业务。2000年，实现无线宽带网络，信号基本覆盖。2011年，有邮政所1处，代办所1处，村村通邮报纸、杂志累计发行780份，邮政业务收入36000元。有电信企业1家，服务网点2个，固定电话1080户，普及率为50%，移动电话4000户，互联网点320户，电信业务年收入150万元。

供电供水

有小水电站10座，装机2650千瓦。有高压输电线路17条，总长103.4公里。拥有110千伏供电所1座。20世纪80年代中期，逐步推进人畜饮水工程，山区泉水极为丰饶，乡机关和部分村群众自建小水塔，用皮管、竹槽引水就能饮用到安全卫生的自来水。1991年，兴建热水供水站，为镇区居民提供热水。从热水半边街地热井中日供热水300吨，1987年，兴建南木垅引水工程，兴建日供600吨自来水厂，2006年，兴建良洞引水工程，扩大了自来水供水量。2014年，汝城县水务投资有限责任公司在该镇投资5000万元，兴建了日供水量5000立方米的热水温泉景区水务中心，可以供应1.8万人的生活用水。

社会事业

居民生活

境内有汉族、瑶族、畲族等多民族居民。主要有范、谭、何、陆、李等姓氏。民国以前，各姓氏都建有祠堂，主堂里供奉历代祖先灵牌，昭穆分明，不能僭越。族内置族长，主持族内事务，管理祠堂公产。各族均定有族规民约，知照族众。乡民通情达理，耕读传家，民风古朴，性情磊落；

重名世，耻盗淫；信巫崇神，守法畏官。1951 年，土地改革后，农民生产积极性大为提高，粮食大丰收，农民生活得到改善。农业合作化，所有农民入社参加集体劳动和分配。大集体时期，农民处于“忙时吃干闲时半干半稀”的状态，很少有肉食，水果，吸烟用自产的烤烟卷“喇叭筒”，住房多为黄泥土砖垒墙的矮平房，是少数农村青年结婚时的彩礼。1978 年，农民年终决算人均现金收入不过 100 元。实行农村家庭联产承包责任制以后，热水凭借独特的杂交稻制种技术和林业资源优势，迅速崛起镇办企业小水电和村办竹木加工厂，逐步发展为支撑产业的半壁江山。2006 年，境内取消农业税，国家开始向农民发放种粮直接补贴、良种补贴、油价综合补贴、能繁母猪养殖补贴等各种惠农资金，农民第一次享受种田不纳粮的惠农政策。同年实施的还有农村最低生活保障政策，家电下乡财政补贴和农户购买汽车和摩托车财政补贴政策。2014 年，共发放粮食直补资金 16.1 万元、综合补贴资金 94.17 万元、水稻良种补贴资金 16.98 万元、低保资金 44.1 万元、民政优抚资金 11.89 万元，参战军人补贴 4.466 万元。城镇新增就业、送戏下乡、职业技能培训等“民生 100”工程任务全面完成。电视机、电冰箱、摩托车已在农村普及，富裕的农家开始拥有营运汽车和家庭小轿车。

教育

晚清时期，境内有义学、书院、私塾三种办学形式。由于贫穷只有少数富裕人家才能供子女读书，男孩往往只能读一两年便要辍学，帮助家中农耕，女孩能上学者更是稀罕，文盲率高达 95% 以上。民国 30 年（1941），东屏乡中心小学创办，是境内最早的公立学校。民国 34 年（1945），东屏中心小学改称东屏乡高级小学，有 3 个班大约 100 人，是学龄儿童入学率最高的年份。1952 年，创办农业附中，村村办扫盲夜校，1958 年，有中、小学 13 所，教育事业发展迅速。“文化大革命”期间，中、小学先后停课闹革命，教育事业受挫。1971 年 8 月，创办热水乡中学，校园占地面积 13940 平方米，约 21 亩。1984 年，创办热水乡中心校。1999 年，全镇普及小学教育验收合格。2000 年，普及九年义务教育告捷。2004 年，调整小学布局，先后撤并 12 所农村小学。2012 年，全镇实施农村义务教育经费保障机制改革，对小学和初中免收学杂费，对贫困寄宿生给予补助，对农村在校学生免费提供营养餐。2014 年，全镇有中心小学 1 所，18 个班，895 名学生，教职工 43 名；中学 1 所，6 个班，235 名学生，教职工 21 名；有幼儿园 4 所，在园幼儿 525 人，专任教师 14 人。

医疗卫生

境内自古巫医一家，以中医草药为主的自治自疗的方式世代相传。医疗卫生条件差，病死伤残人口较多，妇幼人群死亡率高，人口平均寿命仅为 32 岁。1950 年后，广泛开展卫生科学知识宣传，引导群众破除迷信，讲究卫生，改造旧法接生，推广新法接生，疟疾、麻风病、钩虫病、结核病的普查普治和群防群治，农民卫生水平得到提高。1969 年，响应毛泽东关于“把医疗卫生工作的重点放到农村去”的号召，提出了大队办卫生所，实现小病不出村的工作目标，全乡有赤脚医生 17 人，农村缺医少药的状况得到一定的缓解。党的十一届三中全会后，医疗卫生事业稳步发展。2010 年起，国家对农民大病救助力度加大。2014 年，有镇村医疗机构 6 个，门诊部（所）1 个，床位 24 张；固定资产总值 150 万元；专业卫生人员 15 名，其中执业医师 6 人，执业助理医师 4 人，注册护士 5 人。热水中心卫生医院，拥有全自动生化分析仪、彩色多普勒、大型 B 超、500 毫安

X 光机、心电监护仪和医用救护车等设备。完成诊疗 12980 人次。2014 年新型农村合作医疗参合人数为 10168 人，占全镇总人数的 95.4%。

文化体育科技

热水自古民间文艺活动活跃，春节期间，村民自筹资金，组建班子演出，自娱自乐。1971 年，创办公社电影队，使用的是 8.75 毫米的小型放映机，脚踏发电为农民放映电影。1985 年后，电影市场日衰落，电视兴起。1970 年，创办公社广播站，逐年努力发展到村村通广播，户户有喇叭。1984 年后，广播衰。1995 年，乡广播站更名为广播电视差转站。2014 年，有镇文化站 1 家，村级文化活动中心 16 处，农家书屋藏书 3 万册。有科技研究中心 1 家，乡土科技人才 15 人。承接县级科技项目一个。有学校体育场 2 个，面积 3120 平方米。广播电视站 1 家，有线电视用户 1500 户，入户率 51%。

社会保障

民国以前，境内居民普遍贫困，社会救济资金主要来自公产收入，或是殷实富户的施舍，但僧多粥少，难惠众生。1950 年后，政府对贫困百姓实施救济，杜绝了绝对贫困人群。农业合作化时期，农村福利以集体补助为主，年终分配鳏寡孤独基本口粮达到全队平均水平，辅之以国家救济。人民公社化以后，对鳏寡孤独者实行“五保”制度，即保吃、保穿、保住、保医、保葬（孤儿保教），农村实行家庭联产承包责任制后，对“五保”制度一度有所削弱，1990 年后，本镇对“五保”老人逐步由分散供养转为集中供养，经费由国家、镇、村三级承担。2000 年以来，随着镇域实力的增强，社会救助更加广泛，2014 年，城乡居民养老保险参保人数达 4243 人，覆盖面已达 100%，城乡基本医疗保险覆盖面 100%，享受农村居民最低生活保障的 298 人，享受城镇居民最低生活保障的 13 人。镇敬老院有床位 32 张，入住烈军属、荣退伤残军人、五保人员共 31 人。

特色地情

著名人物

范渊（1453—1512） 号君山，热水镇人，弘治九年（1496）丙辰科朱希周榜进士，任云南布政司副使，立朝忠鲠，居官仁恕，著有《君山诗稿》、《民训》等集行世。

赖绍尧（1906—1992） 热水黄家洞人。汝城早期革命活动组织者之一。1927 年，率热水农军赴县城参加保卫汝城的 86 天战斗，后随工农革命军二师一团在湘粤赣边境开展游击。历任中共汝城县委书记，资（兴）汝（城）桂（东）中心县委书记，耒（阳）安（仁）衡（阳）中心县委书记，新中国成立后，任江西省政协副主席。

名优特产

汝城兰花 境内兰花资源丰富，汝城传统建兰、湘南鹤顶兰、绿嘴红花虾春兰，经中国兰花品种登记注册委员会评定为国字号兰花品种，分别荣获 2013 年第八届中国花卉博览会金、银、铜奖。

相思鸟 主要分布在大坪镇、九龙江森林公园、三江口镇、热水镇。栖居在常绿阔叶林，常绿和落叶混交林的灌丛林或竹林中，性情活泼、羽毛华丽、鸣声婉转动听，身长约 16 厘米，雌雄形影不离，是珍贵的观赏养鸟。

杂交稻制种 杂交稻制种始于 1989 年，为传统名优特产，注册商标。1990 年，汝城县开始引进两系、三系杂交稻制种和优质稻大面积种植推广。两系稻杂交制种形成了以隆平高科汝城分公司为龙头，大坪、泉水、热水等乡镇为基地的“公司+基地+农户”的生产格局。全县有杂交稻制种基地700公顷(二系207公顷、三系493公顷),以马坝油粘、香两优68、9311、E32为主导品种,由隆平高科有限公司承担技术指导。2014年总产量128.4万千克,产值1148万元。袁隆平院士对汝城制种给予高度评价:“汝城县从气候条件和技术力量上看,都是两系杂交稻制种的好地方。”

畲族手工造纸 畲族手工造纸制作技艺为郴州市非物质文化遗产保护项目,2012年,被列入国家非物质文化遗产名录。手工造纸以嫩竹为原料,经过踩笋、抄纸、榨纸、焙纸等多道工序制造完成。具有光滑柔韧、色泽淡黄、莹润如玉、卫生无毒、书写易干、墨不褪色、不易虫蛀的特点。是古书修复、存档、文人墨客绝佳的书画用纸。

风景名胜

有封泉遗址、仙人桥、蜗牛塔3处省级文物保护单位。

氾水山 位于热水镇东江水村境内,是湘粤赣三省的山水界山,广东省称万时山,江西省称范子山。海拔1559.3米,本山分为南北两坡,南坡的雨水流向广东省仁化县的锦江,入北江;北坡的雨水流向江西省崇义县的章江,入赣江。山上立有三省界碑,被誉为鸡鸣三省,水注三江之地。氾水山高山草原总面积万余亩,有“天苍苍,野茫茫,风吹草低见牛羊”之美景。2009年以来,每年都在此举办“红三角”旅游帐篷节。

牛头岭遗址 位于热水镇鱼王村鸭公丘组牛头岭,为商代文化遗址,距今有3000多年的历史。牛头岭遗址长200米,宽80米,总面积1.6万平

温泉之晨

方米，文化层厚度为 25 ~ 40 厘米，土色为黄褐色，内夹有木炭及红烧土。1987 年，文物普查时，从牛头岭遗址采集有 50 余件石器和陶器残片，陶器以泥质夹砂黑陶为主，夹砂灰陶、印纹硬陶次之，陶器表面有刀刻纹、组合纹、方格纹、弦、云纹、波浪纹等；石器为石斧、石奔、石箭、石镞等。

飞水寨瀑布 位于汤河景区南面 7 公里，景区内飞瀑激流，景致清幽。景区内两条溪水均发源于海拔 1559 米的氾水山，汇聚到海拔 700 米的飞水寨时，水量骤增，形成一个高 35 米、宽 26 米三叠瀑布。瀑布自上而下悬倾下坠，飞雾碎雪，轰声似雷，气势如虹。瀑下溪流清澈见底，乱石磣差，两岸古木森森，修竹静立。

热水汤河景区 位于热水镇圩场，景区面积 22.1 平方公里，核心景区 5.1 平方公里。热水汤河温泉属高温地热水，泉群流量 36.6 升 / 秒，水温为 91.5℃ ~ 98℃，热泉含有 30 多种对人体有益的微量元素。属中南六省中水温最高、流量最大、水质最好、面积最大的天然温泉。

仙人桥 湖南省文物保护单位，位于热水镇北面 1 公里的热水河大水口。始建于明代，为青石单拱桥，高 15 米，跨度 22 米。传说建桥工程进展神速，有细心的人发现，每天做工 100 人而吃饭时却只有 99 人，认定是有仙人相助而得名“仙人桥”。仙人桥是湖南省单拱跨度最宽最高的“湖南第二古桥”。

蜗牛塔 蜗牛塔又称热水塔，与仙人桥遥相呼应。蜗牛塔始建于元朝初年，现塔为清代重建。相传古代有一个“蜗牛精”常到热水兴风作怪，毁坏禾苗。为了对付“蜗牛精”，邑人临河建塔，蜗牛塔由此得名。塔为六方七级楼阁式，青砖结构，高 21 米，底面积 18 平方米。二、四、五、六层

畲族山歌

门楣分别阳刻有“天开文运”“文昌阁”“奎映灵泉”“文光射斗”等额题，顶置宝葫芦。2004年，蜗牛塔已同仙人桥一起列为省级文物保护单位。

畲族风情

自明代始，福建南安等地畲民流入汝城热水、东岭等地。高滩村是汝城唯一的畲族村，畲族自称“山哈”“哈”。畲语意为“住在山里的客”“客”。史称“畲民”“輋民”。

畲族通用汉文。山歌是畲族文化的明珠，口传心授，代代相传，渗透到生活的各个领域。山歌的内容，有叙述民族起源和迁徙经过的长篇叙事诗歌《高皇歌》、《麟豹之歌》；有表现爱情与生活劳动的《杂歌》；有取材汉族章回小说，评话唱本的神话故事和本民族民间传说的《小说歌》。畲族的舞蹈主要有《猎捕舞》和《龙扛舞》、《祭祖舞》。畲族的节日有春节、三月三歌会染乌饭祭祖节、四月八造麦精饭、十月祭多具大王节等。

天体浴　盛行于热水镇，是畲族居民传承远古的民族习俗。畲族人视温泉水为圣水，他们认为，在沐浴时不裸露美丽的胴体就玷污了温泉的圣洁。每当入夜，在露天的热水河滩上男人居上游，女人居下游，温泉中裸体沐浴，相安无事。

（彭伟春　供稿）

马桥镇>>

马桥是千年古乡，国家级生态镇。

区域概况

位置面积

马桥镇政府驻马桥村，该村原为养马场，村前小溪上建有石桥通往县城故称马桥。位于汝城县西部，距离县城9.5公里，北纬25° 30′ 33″至25° 40′ 53″，东经113° 30′ 37″至113° 40′ 16″。东西直线距离16公里，南北直线距离19.2公里，面积185.7平方公里，是汝城地域面积最大的乡镇。东界卢阳镇，南邻延寿瑶族乡、泉水镇，西接岭秀瑶族乡、资兴市黄草镇，北交暖水镇。

建置沿革

马桥镇明清属桂阳县长宁乡，民国8年（1919），属汝城县西一区。民国30年（1941），建长宁乡。1950年，属汝城县第四区，1952年11月，属汝城县第八区，1956年5月，撤区建马桥乡、梓洞乡、外沙乡，1958年12月，三乡合并建团结人民公社，1959年11月更名为马桥人民公社，1961年5月，分立为马桥人民公社、外沙人民公社，1964年底两社合并复称马桥人民公社，1981年11月，再次分立马桥人民公社、外沙人民公社。1984年4月，撤社复称马桥乡、外沙乡。2012年5月两乡合并，设马桥乡，2013年1月撤乡建马桥镇。

行政区划

1983年，马桥公社辖13个大队，125个生产队，外沙公社辖11个大队，107个生产队。2014年，辖马桥和外沙两个居民委员会和高村、外沙、坳头、冲头、梓里、珠目、荷塘、下洞、磻溪、长春、西览、金宝、石泉、小塘、马桥、廊木、梅木、上流、霞留、蕉坪、烟竹、梓洞、大油头、杨家洞24个建制村，232个村（居）民小组，245个自然村。

自然环境

地形地貌　境内多山，东南部属丘陵地带，仅浙水沿岸稍为平坦，地势由西北向东南倾斜。境内喀斯特地貌明显，石灰岩裸露多岩洞。境内高山有东部的雪山头，海拔1147米，西部的黄石头拉山，海拔1100米，南部的大官山，海拔1181米，是境内最高峰。最低点是长春村蕉坪江口，海拔为380米。镇政府驻地海拔598米。

气候水文　镇域属中亚热带向南亚热带过渡的季风湿润气候区。受东江湖库区小气候影响，境内降水有增加的趋势，主要自然灾害是干旱。

新中国成立前，几乎是小旱年年有，大旱三六九。1959 年以来，发生夏旱 11 次，秋旱 14 次，最严重一次发生在 1963 年，境内连续 130 天无雨，河溪断流，人畜饮水困难。河道属湘江水系。主要河流有沤江和浙水河，沤江流经杨家洞，梓洞边境，在暖水镇昌前注入东江湖。浙水河从卢阳镇东入马桥境内，流经高村、外沙、冲头、荷塘、下洞、长春、霞留、蕉坪汇集经竹水、兰江、桃坪江、田水、礤溪江、蕉坪江，向西汇入东江湖。主要河道总长 28 公里，径流 1.6 亿立方米 / 年。

自然资源 有山林面积 15133 公顷，活立木蓄积量 57.8 万立方米，楠竹 1.35 亿根，森林覆盖率 79%。境内森林茂密，动植物资源丰富。境内山高坡陡，水流湍急，耒水流域，水资源丰富。蕴藏有煤、铅、锌、石灰石等矿产资源，其中煤的储藏量较大，但因热卡不高，含硫量高，已停止开采；还有蕴含较为丰富的石材资源。

人口民族

殷商末期，境内便有人类繁衍生息。秦汉外来人口迁入。明清两代，因官迁或因避战乱，外来人口多。1960 年后，随着经济的发展，社会的安定，形成人口自然增长的高峰。1980 年后，实行计划生育，鼓励农民来圩场经商办厂，人口自然增长明显放慢，城镇户口显著增加。1964 年，第二次人口普查统计，全镇 11599 人；1982 年，第三次人口普查统计，全镇 17236 人；2010 年，第六次人口普查统计，全镇 32156 人。2014 年，全镇 10290 户 32414 人，其中男性 17398 人，占 53.6%；女性 15016，占 46.4%；18 岁以下 7442 人，占 23%；19 ~ 35 岁 8343 人，占 25.7%；36 ~ 60 岁 11513 人，占 35.5%；61 岁以上 5116 人，占 15.8%。瑶族 2180 人，占 6.7%。2014 年，人口自然增长率 6.84‰，城镇化率 14.4%，人口密度为每平方公里 163 人。

经济发展

农业

马桥镇域宽广，土地肥沃，农耕文明历史悠久。传统种植业以水稻、蔬菜为主，水稻以单季高杆为主。生姜和薏米是本镇的传统优良经济作物。近年来，通过规模化商品开发，逐成为拳头产品。养殖业以猪为主，鸡、鸭家禽次之。农具以犁耙、水车为主，人力耕作为主，辅之以耕牛、峒中为水牛，山区为黄牛。民国 25 年（1936）是境内农业最好年份，亩产 190 千克。民国 30 年（1941），汝城县政府曾成立农业改进所，计划从改良稻种，粮林间作，兴修水利等方面改革，但实施不力收效甚微。1949 年，粮食减产，亩产仅为 110 千克左右。1954 年粮食大丰收，总产创纪录，亩产 190 千克左右。1965 年，境内推广良种，逐年淘汰空壳率高、易倒伏、产量低的老红米高秆品种，改种珍珠矮，二九青等双季矮秆品种，粮食产量丰收。1975 年后，通过推广杂交水稻，使用化肥粮食产量逐年提高。1982 年，全镇粮食获大丰收创历史纪录。1983—1984 年因遭受自然灾害和主观上重商轻农的影响，连续两年粮食减产。经总结经验教训，1985 年，粮食开始恢复性增产。1988 年，粮食总产 9332 吨，亩产 450 千克，工业产值 150 万元。乡办企业主要有钨砂、电站、香米厂、花炮厂、采石场等，拥有农业机械动力 3563 千瓦。1990 年，粮食生产突破连续 7 年徘徊局面，再获大丰收。此后，随着农田水利基础设施的配套完善，超级杂交稻的推广，粮食生产进入稳产高产期，亩产量达 500 千克。近年来，引导农民调整产业结构，促进农业转型升级，金丰禽业养殖蛋鸡 50 万羽。山水怡园与外沙村的新农村建设协调推进，完成333.3公顷近万株珍贵苗木的种植。发挥福寿生姜专业合作社、花豆合作社及薏米专业合作社等农产品专业合作社作用，推动生姜、朝天椒、油菜、玉米、花豆等特色农业产业规模种植。2014年，耕地面积1548公顷，人均0.73亩。生产粮食16728吨，人均526千克。年产生姜3000吨，薏米30吨，朝天辣椒1500吨，油菜籽100吨，花豆30吨，饲养生猪3.8万头。

林业

马桥是汝城的重点林区，自古靠山吃山。计划经济年代，每年向国家提供木材8000立方米左右。民国以前，山林大部分为封建地主所有。土地改革后将没收封建地主占有山林及征收的庙会山、祖山，除少数转为公山外，其余大部分分给农民。1956年，农业合作化后，林业以山区农业社组建林业专业队的形式得到了较大发展，1958年，兴办了梓洞林场。20世纪70年代初，大办社队采育场。1984年，实行林业生产责任制后，林场转为个体户承包经营。2013年，本镇列入环东江湖生态保护区，竹木限额采伐，昔日重点林区转身为生态大镇。2014年，累计造林227公顷，种植果树453公顷，水果产量2200吨，主要品种有奈李、梨、柑橘、板栗等。

工业

清代，境内主要传统工业有铁、木、竹、印染等手工作坊，规模很小，维持着简单的再生产。民国初年，在荷塘村和廊木屋背发现煤炭资源，荷塘村的采煤业因此而兴起，日产煤10吨左右，同时，荷塘陶土资源丰富，砖瓦、陶器行业始兴。1959年10月，汝城县内第一座水电站在高村建成，供应县城照明。1991年，汝城成为全国第二批农村初级电气化建设县，满天星电站作为电气化达标的骨干电站，县委、县政府发动群众，举全县之力筹资3281万元，同时由水电部安排向中国银行贷款3800万元，作为建设资金。1992年，电站工程全面动工。但中国银行的贷款却因为国家实行银根紧缩政策不能落实，正当一筹莫展之际，1993年4月17日，县委书记罗相朝，得知时任国务院副总理朱镕基到湖南视察工作的消息，写了一份《关于迅速解决湖南省汝城县满天星电站贷款资金的呼救》，连夜前往湘潭，设法当面送呈朱总理。朱镕基收到报告后立即做出了安排。不久，水电部呈报给朱镕基的回复报告称："镕基总理，转来湖南省汝城县人民政府《关于迅速解决湖南省汝城县满天星电站贷款资金的呼救》的报告收悉，我们立即会同中国银行对满天星电站进行了调查了解，认为该电站作为续建项目经济效益好，不移民，符合国家宏观经济政策和扶贫政策，银行对该项目持支持态度，该项目共需银行贷款3800万元，其中今年贷款1800万元，明年贷款2000万元，经研究作为特例予以支持。"得到朱镕基的大力支持，电站工程进展顺利。1997年4月，第一台机组发电，6月22日，实现双机并网发电。在以后的几年里，全县掀起了小水电建设热潮，带动了社会经济的快速发展。境内有小水电站18座，装机8.1万千瓦。近年来，马桥依据石材资源优势，通过招商引资，促进石材加工业、新型墙体砖厂等企业的落户发展，规模企业现有宜丰新型墙体砖厂、福湘新型墙体砖厂、磻溪沥青搅拌厂、博材新型建材有限公司、天邦建材厂、玉成石材资源有限公司。2014年工业产值6764.21万元。

商贸服务

清光绪末年，开始有富户乡绅办"牙行"，往韶关、赣州、郴州等地代客买卖。民国24年(1935)，汝城县政府开始兴办马桥商业合作社。次年，创办马桥消费合作社。20世纪50年代初，个体私营商户一度繁荣。从1953年下半年开始，对私营商业实行“利用、限制、改造”的政策，到1958年，境内私营商户基本停业。1952年，分别在马桥圩、外沙圩设立供销合作分社，1962年，改为基层供销分社，1986年，外沙供销社并入马桥供销社。2001年，供销商业系统实行改制后不再存在。中共十一届三中全会后，允许农民经商贸易，境内个体商户迅速发展。境内有马桥、外沙两个圩场。马桥圩始建于清乾隆年间，逢阴历四、九为圩日，地处马桥乡中心，初时极为简陋，以路为圩，立地为市，历经修建，到新中国成立初期有厂棚4栋，主要销售生姜、薏米、木材等农副产品。2012年，镇政府通过招商引资，扩建农贸市场，内有标准摊位300个，商业门店100个，绿化、亮化及各类基础设施配套建设，彻底改变了昔日马路市场现状。外沙圩场兴建于1986年，逢农历一、六为圩日，地处原外沙乡中心，老氮肥厂旁，历经修建，现有农贸市场一个，商业门店38个。2014年，社会商品销售总额1777万元。

财政金融

财政收入主要是农业税。清代是田赋税和丁银。雍正二年（1724）实行“推丁入亩”。民国年间财政收入仍以田赋为主，始征工商各税。民国以前，没有乡级财政。1949年后，农业税的征收基本上是以农业社为单位进行。1956年，对私营工商行业实行社会主义改造后，工商业各税和企业收入逐年上升。1975年，建立税务所。1984年建立乡级财政所，将税务所并入其中。1986年始，乡镇财政实行“定收定支、超支不补，结余留用，一年一定”的预算管理体制。财政收入主要为农业税、工商税、企事业收入和其他收入。2002年，成立农业税征收管理分局，2006年，农业税免征后，更名为镇财政所。2014年，境内有银行金融机构2家，各类存款余额4809万元，各类贷款余额2467万元。2014年，全年实现地区生产总值1.82亿元，完成社会固定资产投资6320万元，财政收入1272万元，完成国税200万元、地税300万元，农民人均可支配收入1443元。

基础设施

交通运输

昔时境内山重水复，交通闭塞，山间小道，路面陡窄，运输主要靠人力肩挑背负。境内先民经年累月，艰苦劳作，逐步打通了汝城—宜章、汝城—九峰、汝城—资兴3条步道。步道负责为朝廷传递公文信息，输送军饷钱粮亦称官道，也是境内商人输送茶叶食盐等生产生活资料的主要通道，俗称盐茶古道。

汝城—宜章步道 东起汝城县城向西经外沙、山店坳、小浙铺（今岭秀）、驴鞍铺（今古桥）至分界岭去宜章，全长70公里，其中县境内35公里，马桥镇境内13公里。

汝城—九峰步道 北起县城经外沙、梓里、珠目、钟家、延寿圩、简家桥、砖头坳出境去九峰43公里，县境内35公里，马桥镇境内10公里。

汝城—资兴步道 南起汝城县城经高村、廊木、马桥圩、双鱼岭、石岭脚、竹篙岭、白牛塘出境，去黄草坪30公里，到资兴县城75公里，县境内25公里。马桥镇境内16公里。

1956年4月20日，汝城第一条公路—宜（章）汝（城）桂（东）公路相继建成通车，即原省道1803线贯穿境内高村村、外沙村、冲头村、荷塘村、霞留村、下洞村、播溪村7个村，东到县城，西抵岭秀乡、文明镇，是昔日汝城最重要的交通干线。2014年，S353线作为县重点项目进行扩改，并由两车道扩至4车道，全部实现油路化。

2008年来，新建的厦蓉高速公路、平汝高速公路在境内呈“十”字形交汇，贯穿境内12个村。24条通村公路全部水泥硬化，总长275公里。境内有西河水道，西河即耒水的上游河段。该水道有两大支流，一是淇江水道，从桂东县大水乡入境，流经南洞，入暖水；二是沤江水道，从濠头乡扶竹州村石壁山入境流经田庄、暖水和马桥注入资兴县境，水路长45公里。西河水路上游落差大、水流急、暗礁多盘旋航行危险。进入马桥后，弯道减少，水量增大，水面逐开阔，可流放竹木排筏方拖，年流放竹木量3万立方米。1970年后，公路运输兴起，西河水道运输日渐衰退。

邮政通信

光绪三十三年（1907）年开通荷塘、磻溪驿道。民国29年（1940），建立外沙、磻溪、马桥圩3个乙类信柜。1949年，成立马桥邮政代办所，1955年，由县邮电局收为自办，1957年，马桥邮电所升为邮电支局。1963年，公社有线电话能通到各大队，1999年，境内程控电话开通，电话手摇把时代结束。2002年，移动手机信号覆盖全镇。2014年，有电信企业1家，服务网点2个，固定电话2301户，年电信业务收入16.74万元。有乡邮政所1处,邮政代办点2处。2014年，累计发行报纸、杂志2034份，年邮政收入108万元。

供电

2014年，发电6000万千瓦时，有2座3千伏变电所，2条高压输电线，总长达64公里。

水利建设

马桥是县内以干旱著称的三桥（马桥、土桥、官桥）之一,一遇干旱即有灾情。1950年后，兴修水利，建有满天星、山店江等中型水库2座；流坑、祥园、高村河闸等小Ⅰ型水库37座；塘坡田、湾塘、后岭、罗汉岭、罗田坑小Ⅱ型水库5座，库容2280.2万立方米。干渠总长49.7公里，为境内农业生产发展提供了基本保障。

村镇建设

境内外沙、马桥、金宝、石塘等都是拥有2000人的大村，近年来，随着经济和社会的发展，古村落和空心村的改造任务很大。2010年以来，镇政府以扶贫开发为契机，加快石泉省级扶贫村和梓里、烟竹、大油头3个县级扶贫村重点建设。争取项目资金94万元，带动老百姓筹资1600万元，在原县氮肥厂旧址上建设安置房14350平方米，重点用来安置烟竹、杨家洞两村地质灾害96户，在外沙圩、马桥村神仙岭建设廉租房；实施冲头村、西览村空心村改造。

社会事业

居民生活

马桥是古祠堂之乡，境内各大姓氏都建有祠堂。镇内先民务农为本，耕读传家，勤劳节俭，敦厚善良。主要有朱、胡、宋、王、何、刘、李、郑等姓氏。1951年土地改革后，农民生产积极性大为提高，境内粮食丰收，农民生活得到了较大的改善。1956年农业合作化，所有农民入社参加集体劳动和分配。农民长期处于“忙时吃干闲时半干半稀”的状态，冬季常食红薯干拌饭，逢年过节才有肉食、水果，住房多为黄泥土砖垒墙的矮平房,自行车、收音机、手表是稀罕的“三大件”，是少数农村青年结婚时的彩礼。实行农村家庭联产承包责任制以后，马桥凭借水电、矿产两大资源优势迅速崛起，经济结构由过去的以粮为纲向一、二、三产业全面发展转型，农民生活改善较快。2006年，取消农业税，国家开始向农民发放种粮直接补贴、良种补贴、油价综合补贴、能繁母猪养殖补贴等各种惠农资金，农民第一次享受种田不纳粮的惠农政策。同年实施的还有农村最低生活保障政策，家电下乡财政补贴和农户购买汽车和摩托车财政补贴政策。电视机、电冰箱、摩托车已在农村普及，富裕的农家开始拥有营运汽车和家庭小轿车。

教育

清以前，只有少数富裕人家才能供子女读书，男孩往往只能读一两年便要辍学，帮助家中农耕，女孩能上学者更是稀罕，文盲率高达90%以上。新中国成立前，教育以私塾为主，兼有书院教学，较有名的是元朝末期，外沙处士朱希尹创办的竹园书屋；明永乐九年（1411），资政大夫朱恩诗创办的白石书院（旧址在现外沙村白石庵内）。以祖产为主要办学经费，家族按房份出力，贡献大的在祠堂大厅上悬榜旌表，是家族办学制。清末，“废科举，兴学堂”，光绪三十二年（1906），石泉村兴办县内第一所初等小学堂，名为养正初等小学堂。民国30年（1941），开办的长宁中心学校，是境内最早的公办学校。随后，又开办外沙中心学校。抗战期间，马桥大稼小学是中共地下党和民主人士实施抗日民主教育的阵地。民国34年（1945），境内有小学6所，学生500余人，是民国时期适龄儿童入学最高的年份。1953年，政府接管农村小学，私塾逐步停办。开办成人扫盲班，村村办小学或教学点，教育事业发展迅速。1970年后，为了方便儿童就近入学，“民办教师”应运而生。半数以上的大队都是2～3所学校。1971年，创办马桥中学，1980年，创办马桥中心学校。马桥撤并小学18所。1999年，全镇普及小学教育验收合格。2000年，普及九年义务教育告捷。2004年，调整小学布局，先后撤并18所农村小学。2012年，全镇实施农村义务教育经费保障机制改革，对小学和初中免收学杂费，对贫困寄宿生给予补助，对农村在校学生免费提供营养餐。2014年，有幼儿园3所，在园幼儿758人，专任教师37人；学校20所，在校中小学生3624人，其中初中生843人，小学生2781人，现有教职工168人，其中初中教师76人，小学教师92人。

文化体育科学

马桥地处汝城至资兴、郴州的官道要冲，人文厚重。宋有状元朱经贯，明有父子进士朱英、朱守孚，明代学者李东阳、陈献章等人均在境内留有诗文及足迹。清末，祁剧传入境内，“五四”运动后，京剧、话剧、木偶戏等传入境内，许多村建庙台演出（俗称“七块半”），无戏台的村则露天演出。1965年4月，在原马桥畜牧场建立汝城县太坪园艺场，以园艺科研为主，引进、筛选水果新品种，繁殖、推广良种果苗，示范和指导水果栽培、管理新技术。1979年定名为汝城县园艺示范场。2014年，汝城经济开发区实施“一区多园”发展战略，选址马桥园艺场规划建设集建材与宝石“开采—加工—销售—展览”产业链于一体的现代产业园区。2014年，有镇文化站2家，村级文化活动中心24处，农家书屋24处，藏书4.6万册。有乡广播电视站1家，有线电视用户800户，有学校体育场4个，面积4400平方米。

医疗卫生

民国年间，石泉村胡亮奴在骨伤科方面享有盛名；胡德兴、胡大兴在内科颇负盛名。1950年后，医疗卫生机构逐年完善。1963年，马桥公社医院采用中、西医结合治疗63例麻疹内陷患儿，全部治愈。到1965年，基本形成了公社、大队二级医疗卫生网络。20世纪70年代初，中医药事业得到一定发展，1972年，公社卫生院开展外科下腹部手术和产科剖腹取胎术。1973年，马桥农村地区医院采用自制外敷生骨散、生肌收口药粉、内服七叶八味汤治疗慢性骨髓炎者25例，有效率达91.2%。该院老中医宋遵秀，治疗骨折效果奇佳，名扬汝城及毗邻各县。同期西医技术也得到较大提高。2014年，全镇有29059人参加新型农村合作医疗保险，全镇有镇村医疗机构25个，门诊部（所）25个，有床位59张，每千人拥有1.8张；固定资产总值246万元；专业卫生人员48名，其中执业医生7人，执业助理医生3人，注册护士7人。2014年完成诊疗8479人次。

社会保障

1950年后，政府对贫困百姓实施救济，杜绝了绝对贫困人群。农业合作化时期，农村福利以集体补助为主，年终分配鳏寡孤独基本口粮达到全队平均水平，辅之以国家救济。人民公社化以后，对鳏寡孤独者实行“五保”制度，即保吃、保穿、保住、保医、保葬（孤儿保教）。农村生产责任制后，农村“五保”制度一度有所削弱，1990年后，本镇对“五保”老人逐步由分散供养转为集中供养，经费由国家、镇、村三级承担。2014年，全镇有7户14人享受城镇低保，有1236户2457人享受农村低保，共发放低保金39.3万元。发放分散供养“五保户”231人资金5.1万元；投入7万元完成10户残疾人家庭的无障碍设施改造，为8户残疾人发放创业基金16000元，资助残疾贫困大学生2人共6000元，为3户残疾人家庭发放建房补助金9000元。发放高龄老人补贴34万元；投入1356万元建设14350平方米安置房，异地搬迁安置烟竹、杨家洞两村地质灾害受灾户96户。

特色地情

历史人物

朱经贯 生卒年不祥，字汝唯，马桥乡塔背村人。据《长沙天心阁碑刻历代湖南状元名録》载：“北宋，朱经贯，汝城人，元符三年庚辰科廷试第一”。

朱英（1416—1484）字时杰，马桥乡外沙村人。明正统十年（1445）乙丑科商辂榜进士，历任两广总督，右都御史，兵部尚书，赠太子太保。一生平定内乱，推行均徭法，安抚边疆。为政清廉，善政循声，民颂青天。成化二十年（1484）病逝，谥恭简，敕建“恭简祠”，入《明史·朱英传》。

胡凤璋（1874—1949）又名训忠，丙镗，马桥乡石泉村人。早年曾参加兴中会，追随孙中山参加广州起义，北伐战争后在汝城、仁化、乐昌边界占山为王，号称“湘南王”，曾任国民革命军第一游击中将司令，汝城县县长。1949年8月15日，被湘南支队在桂东沙田处决。

朱良才（1900—1989）原名性明，字少时，马桥乡外沙村人。早期汝城革命活动组织者之一，1928年1月参加湘南起义，新中国成立后，历任华北军区副政委兼政治部主任，北京军区第一任政委，1955年授上将军衔。

乡土特产

马桥生姜 俗称马桥黄姜，为传统名优特产。因根茎肥大质优而著名。2014年产量达3万吨。

白皮杉 主产于泗江流域和浙水流域的马桥、田庄、暖水、南洞、濠头、岭秀、延寿、文明、盈洞等乡镇的上等木，杉皮完全剥脱后木材呈拍白色。材质坚实，是建筑、家具的上等材料，远销全国各地。

风景名胜

外沙村太保第属国家级重点文物保护单位；石泉村上古寨，石泉村古建筑群，朱英墓，朱良才将军故居等 4 处属省级文物保护单位；外沙白石岩、上流节孝坊、高村宋氏宗祠 3 处属市级文物保护单位；外沙惠德桥、冲头砯沙桥、西览朱氏祠堂、石泉胡氏宗祠、外沙白石书院 5 处县级文物保护单位。外沙村被列入中国传统古村落保护名录，外沙村和石泉村等属湖南省历史文化名村。

大官岭 “大官夕照”昔为汝城古邑八景之一。大官岭位于外沙村南面，海拔 1184 米，山体丰厚雄峻，壁立挺秀，诸峰环绕如列戟，主峰端肃耸立，俨若独尊，故名大官岭。明监察御史朱英有诗赞曰：“巍巍作镇桂阳西，日暮山高望不迷。崖桂烟霞红欲敛，林归乌鸟倦仍啼。溪头影落渔人钓，岩畔阴移杖者藜。莫道黄昏轻仰止，晓来依旧作云霓。”

太保第 国家级重点文物保护单位。位于境内外沙村，始建于明代嘉靖元年（1552），为纪念明左都御史、太子太保朱英兴建。坐北朝南，三开间进深三栋，砖木结构。主楼歇山顶，飞檐翘角，屋脊正中饰以葫芦宝顶，两端饰以鳌鱼、陶狮各一。门楼正中横额上浮雕“太保第”三个金色行楷大字。轩棚下从右至左依次悬挂有“户部检校”“两广总督”“内京都察院”“诰授刑部郎中”“钦点刑部主事”“诰授奉政大夫”“奉直大夫”等七块金漆竖匾。

朱英墓 湖南省文物保护单位。位于汝城县境内外沙村享塘北面，始建于明成化二十一年（1485），墓体坐北朝南，墓前呈凹形，宽 13 米，高 6 米。有 2 块青石墓碑，碑文阴刻，左边墓碑碑文为明礼部尚书周洪漠所撰，右边墓碑碑文为湖南左布政使黄嫒撰。

白石岩 位于外沙村境内，始建于明成化年间。因白石润眼，茂树耸翠，岩洞森森而得名。洞口高约 18 米，宽 10 米，石壁上镌刻着“白石岩”

太保第

节孝坊

三个榜书大字。白石岩左上方，有一座青瓦白墙的白石书院，相传明代太子太保朱英曾经在此启蒙读书。白石书院右后方有一座始建于唐末的白石庵。

上流节孝坊 位于上流村上流组，始建于清乾隆十九年（1754）。据《袁氏族谱》载，袁为宪之妻朱氏知书达理，恪守妇道，尊敬老人，倾情后代。其侄子及儿子成人以后，感其养育之恩，恳请官府同意为其建贞节牌坊，以旌表其节孝美德。节孝坊坐东朝西，青石结构，四柱三门五楼。主楼东向双龙盘边，中为阳刻“旌表”二字，龙门枋雕刻卷草，坊额刻有“节孝坊”。

上古寨 位于石泉村东侧一突兀奇峰上，依山而建，围墙厚约1米，高约3米，周长500米，立于悬崖边沿，用大青石砌成，从山脚到寨顶仅留一狭窄的小道可通。据《胡氏家谱》载：“此寨为胡氏世代避乱之良所。明嘉靖年间，下湾（今石泉村）人于峭壁边垒土为墙，依山建室，墙筑峭壁，俨若金城，寨两旁削石，直插半室，仅一鸟道中通，极为险峻；城墙上安有炮位，炮发必中，寇虽多，其奈我何？故论避乱之所，上古寨也。”上古寨是湘南地区寨堡兵防的典型作品，为省级文物保护单位。

（黄华国　供稿）

文明镇>>

文明是千年古乡，中国奈李之乡。

区域概况

因五岭山脉逶迤境内，古人见其“文经武纬，水秀山明”，取名文明。文明是汝城县最西端的乡镇，距县城32公里，北纬25° 16′ 46″至25° 32′ 20″，东经113° 16′20″至113° 26′ 01″。东西直线距离为16公里，南北直线距离22.6公里，面积192.3平方公里。东界岭秀瑶族乡，南邻盈洞瑶族乡和广东乐昌市九峰镇，西连宜章县里田乡、长策乡、广东乐昌市白石镇，北交宜章县瑶冈仙镇和资兴市滁口镇、黄草镇。

建置沿革

文明镇明清属桂阳县文明乡。民国8年（1919），属汝城县西二区。民国27年（1938）建文秀乡，民国30年（1941），建文明乡。1951年与延寿乡合并为第三区（文延区）。1956年5月，撤区建文明乡。1958年，与东长乡、姜盈乡合并设文明人民公社。1961年，划出岭秀、盈洞两公社后，仍为文明人民公社。1984年，撤社复建文明乡。2013年1月撤乡建文明镇。

行政区划

1983年，文明公社辖26个大队，249个生产队。2014年，辖文明居民委员会和文市、塘下、洞头、横江、二都、竹下、宣溪、浅堆、良田、山田铺、山田垅、大地、新东、新旭、楼江、中洞、长垅、上章、韩田、秀水、五一、黄土、沙洲、快乐、长远、长城、新田、青山、向阳29个建制村，248个村（居）民小组，430个自然村。

自然环境

地形地貌 境内多山，北有韩山、雪冈岭、东岭，南有三峰山、溜柴岭等高山。中部地势稍平坦，座落着积温较高土地肥沃的良田坪盆地。最高点是位于新田村的韩山，海拔1294米；最低点在塘下村，海拔340米，镇政府驻地海拔454米。

气候水文 属中亚热带向南亚热带过渡的季风湿润气候区，夏天有烈日，冬季有冰冻。主要自然灾害是干旱，主要发生在夏秋季，最严重的一次发生在1963年，境内连续163天无雨，人畜饮水困难。在良田坪盆地因地势低洼，雨季易发生洪涝。河道属湘江水系，境内主要河流共6条，总长28.7公里，径流量1.49亿立方米/年。秀水河源出盈洞乡，自南而北汇姜阳水、东山水、上章水流经境内黄土、秀水、沙洲、韩田、快乐、长远、塘下7个村；策水源出宜章县长策乡，流经境内横江、二都、竹下、宣溪、塘下4个村，秀水策水在塘下村汇合称滁水、注入东江湖。

自然资源 境内山高林密，有山林1433公顷，森林覆盖率76%，活立木蓄积量51.2万立方米。动植物资源丰富。遍生松、杉、樟及楠竹，栖息有水鹿、野猪、野兔、斑鸠、杜鹃等野生动物。境内山高坡陡水流湍急，耒水流域水能资源丰富，有可发电源点多处。境内主要矿产资源有铅、锌、石灰石。

人口民族

殷商末期，境内便有人类繁衍生息。明清两代，因官迁或因避战乱，外来人口多。1960年后，随着经济的发展，社会的安定，形成人口自然增长的高峰。1980年后，通过实行计划生育基本国策，鼓励农民来圩场经商办厂，人口自然增长明显放慢，城镇户口显著增加。1964年，第二次人口普查统计，全乡17713人；1982年，第三次人口普查统计，全乡24835人；2010年，第六次人口普查统计，全乡30017人。2014年，全镇8163户31785万人，其中男性16433人，占51.7%；女性15352人，占48.3%；14岁以下4990人，占15.7%；15～64岁22599人，占71.1%；65岁以上4196人，占13.2%。瑶族2605人占8.7%。居民主要有朱、罗、黄、刘等姓氏。2011年，人口出生率15.28‰，死亡率5.94‰，人口自然增长率9.34‰。人口密度为每平方公里155人，城镇化率20.5%。

经济发展

农业

境内大部覆盖着富含钾磷紫砂红土，土地肥沃，有利农耕，是汝城县黄豆、花生、芝麻的主产地，20世纪60年代，曾是汝城棉花的主产区。文明是湘南特优水果之乡，水果种植历史悠久，全镇小水果种植面积2400公顷。主要品种有：奈李、水晶梨、板栗、杨梅、枇杷、柚子、柑橘。民国18年（1929）是境内农业最好的年份，粮食总产量为243.6万千克，亩产180千克左右。民国30年（1941），汝城县政府成立农业改进所，计划改良稻种，粮林间种，兴修水利等方面改革，但实施不力收效甚微。1949年，粮食减产152.6万千克，亩产109千克左右。1954年，境内粮食大丰收。1976年后，通过推广杂交稻，使用化肥粮食产量逐年上升。1982年，粮食获大丰收，总产达1098万千克，亩产达460千克，创历史纪录。1983年、1984年因遭受自然灾害和主观上重商轻农的影响，连续两年粮食减产。经总结经验教训，1985年，粮食开始恢复性增产。由于缺粮，红薯一直是本地的主要旱粮，但产量不高。1956年推广温床育苗，1963年，引进浆薯，产量明显高于本地白皮。1985年后，红薯作为主食逐年淡出。1988年，拥有农业机械总动力4725.93千瓦；农业产值601万元；粮食总产量9981.5吨；饲养生猪9600头。有乡镇企业420个，工业产值54万元，乡镇工业企业主要有钨矿加工厂、石灰厂、电站。1990年，粮食生产突破连续7年徘徊局面，再获大丰收。此后随着农田水利基础设施的配套完善，超级杂交稻的推广，粮食生产进入稳产高产期。2014年，境内耕地1818公顷，人均0.79亩，产粮1.85万吨，人平600千克。饲养牲畜1万头、土鸡2.5万只，造林213公顷。投资2000万元，建设666.7公顷红花油茶种植基地，已完成300公顷；投资1200万元，开发266.7公顷优质烟叶种植基地；投资4500万元的400公顷百香果种植基地，已经完成投资1500万元，种植133.3公顷；投资500万元，建设年出栏3000头牲猪的

良田桃花园

生态养殖场。

工业

清代，境内主要传统工业有铁、木、竹、印染等手工作坊，规模很小，维持着简单的再生产。工匠以广东人、永兴人、衡阳人居多。20世纪70年代后，政府倡导发展社队企业，但因信息闭塞，缺乏资金，规模小，效益差。20世纪80年代中期，政府鼓励农民进圩经商办厂，本乡依托境内水电资源招商引资发展建筑建材业。文明是汝城的小水电强镇。2002年，筹建九节带水电站。九节带电站位于滁水一级支流长策河，大坝控制流域面积207平方公里，装机2×6300千瓦，年创产值1200万元。2014年，工业总产值4518万元，占全乡生产总值的51%，规模企业有九节带电站、强盛采石场、宣溪采石场、山口铺沙场等。

商贸服务

文明圩位于文明镇中部，清咸丰辛亥年（1851），由罗姓氏族带头集资新建，是湘粤边界有名的古圩场，逢农历五、十为传统圩期。历经多年的扩建逐繁荣，圩场变市场（称文市街），有街道近100米，店铺数十家，成为汝城西部的重镇。1950年，建成砖木厂棚6栋24间，面积775平方米。1956年，圩场厂棚被文明供销社、铁木社占用4栋，赶圩人以路为市。1988年，圩场面积仅剩5907平方米，有摊位200多个。市场交易的土特产主要有大米、小麦、黄豆、花生、芝麻、棉花、生猪、家禽、蛋品、蔬菜、水果、辣椒等。市场交易人群来自2省4县达1.6万人，圩日成交易额约8万元。

2012年，镇政府采取土地融资招商的模式，高标准编制了《美丽文明建设规划》，启动了文明大道改造、镇区立面改造、群众休闲广场、文明大市场等10大示范性小城镇建设工程。成立了镇集镇管理所、文明环卫所，投入经费30万元，加强对集镇市场、交通秩序和卫生的管理。实施生态绿化攻坚，完成造林绿化288.4公顷、通道绿化5条20.99公里。文明圩按照商住步行街的模式建设，占地面积3733.39平方米，总建筑面积10000平方米，1～2层为店面、商场，3～5层为商住楼，设计为2排4栋，中间为17米的人行道、绿化带以及休闲区，提供商铺60家，商住房90户。2014年，社会商品销售总额1500万元，商业网点220人，从业人员290人，商场面积13200平方米。

劳务输出

20世纪80年代中期，农民外出务工经商逐形成热潮。据不完全统计，2014年，全镇劳务输出约1.2万人，主要输出地为广东、福建、上海，年收入约有3.8亿元。部分成功人士完成原始积累，回乡创办企业。

财政税收

明清时期财税中央集权，没有乡级财政。古代，境内财政收入主要是农业税。清代主要是田赋和丁银。雍正二年（1742）实行“推丁入亩”。民国时期，地方财政增收田赋附加、契税附加、屠宰税分成等。1963年，公社财政实行“收入分项计算，核定任务，按实上交，结余归社”的管理办法。1966年以后，社镇财政实行“收入上交，支出下拨”的管理办法。1975年，建乡税务所，1984年，成立乡财政所后将税务所并入其中。1986年始，乡镇财政实行“定收定支、超支不补，结余留用，一年一定”的预算管理体制。财政收入主要为农业税、工商税、企事业收入和其他收入。2002年，成立农业税征收管理局，2006年，农业税免征后更名为财政所，2014年，地区生产总值2.3亿元，完成社会固定资产投资6331万元，财政总收入580万元，其中地方财政收入560万元，农民人均可支配收入2088元。2014年，有文明信用社和文明邮政储蓄所2家，金融机构各类存款余额19800万元，各类贷款余额5000万元。

文明大桥

基础设施

交通运输

昔时文明境内山重水复，山道九曲十八弯，十分难走。境内有汝城县城—宜章步道。是古代汝城联络郴州的主要步道。该步道东起汝城县城，向西经高村、外沙、山田坳、小浙铺（今岭秀）、驴鞍铺（今古桥）至文明分界岭去宜章，全长70公里，其中汝城境内35公里，文明境内9公里。除少数为石板路外，大部分是黄泥路。步道负责为朝廷传递公文信息，输送军饷钱粮。也是境内商人输送茶叶食盐等生活生产资料的主要通道，俗称盐茶古道。新中国成立前境内无公路，民国33年（1944），湖南省公路局曾测量汝（城）九（峰）、汝（城）崇（义）公路准备修建。县参议会决定，在田赋项下，以附加征储积人谷的办法筹资，至民国36年（1947）年底，储积稻谷9000担。次年3月，成立县营建委员会。9月，工程上马，又匆匆下马，告之改建汝（城）宜（章）公路。当年12月，汝（城）宜（章）公路上马，工程维持至农历年底，粮钱耗尽公路未建成。1956年4月26日，汝城县第一条公路—宜（章）汝（城）桂（东）公路相继建成通车，该道经城郊、外沙、岭秀、文明到界牌岭，贯穿境内8个村，即省道1803线，是昔日汝城最重要的交通干线。1956年，设立文明汽车站，建有售票房、候车室共450平方米，是汝城县最早的乡级汽车站。2014年，境内交通迎来高速时代，现有厦蓉高速过境，在文明设有互通口。20世纪70年代初，始修通村公路，因山路艰险，建设标准极低，仅能勉强通手扶拖拉机。2000年以来，在上级有关部门的资助下，逐年对29条通村公路进行水泥硬化，拓宽改直。通村道路总长58公里。

邮政通信

民国32年（1943），设立文明邮政代办所。1955年，设立邮电代办所，1959年，邮电下放到公社，开设电报、长途电话、邮政、报刊发行等业务。1963年，公社到各大队的手摇电话开通。1996年境内光缆程控电话开通，电话手摇时代结束。2002年移动手机信号覆盖全镇。2014年有邮政局1处，征订投递报纸、杂志558份，邮政业务收入19530元。有电信企业3家，服务网点10个，固定电话2921户，2014年，电信、移动、联通、互联网业务收入420万元。

供水

1980年后，逐步推进境内人畜饮水工程。1994年，始建供水站一处，蓄水池295立方米，铺设管道1600米供乡机关和部分圩场群众3500人生活之用。2013年，本镇争取上级投资351.13万元，实施了集中供水扩面工程，解决了镇区及周边沙洲、韩田、文市、新东、新旭等村组共计1.6万人的用水问题。

水利建设

文明历史上为干旱区。山高坡陡，水利设施几乎全无。1965年开工兴建浊龙引水工程，1971年10月动工举全县之力兴建文明水库。1986年至2002年完善配套，库容1520万立方米，文明水库右干渠在境内长24公里，流经12个村，灌溉面积2627公顷。现境内有九节带、坪山小Ⅰ型水库2座，库容125万立方米，有小水电站10座，装机16785千瓦。2011年发电量14502万千瓦时；有35千伏变电所1座，高压输电线3条，总长达29.8公里。

村镇建设

文市、楼江、秀水、良田都是超过1000人的大村庄。近年来，随着经济和社会发展，古村落和空心村改革压力很大。2014年，编制了全镇30个村（居）248个村民小组的村庄规划，启动了黄土村移民整体搬迁、横江村和五一村旧村改造等3个集中连片建房30户试点工作，面积3万平方米。投资240万元，在沙洲村建1个垃圾填埋场、购买1辆垃圾清运车、1辆洒水车和2000多个分类回收垃圾桶、1.5万个家用小型垃圾桶，发放到村、组、户。聘请了12人，成立了镇区环卫城管队，并且各村也相应成立3人以上环卫队，做到专项整治与日常保洁相结合，大大改善了镇容村貌。坚持调优产业结构，新上和续建项目达40个，完成项目总投资1.48亿元，产业支撑得到强化。主要有投资1500万元，启动占地20亩的群众广场及沿江风光带项目动工建设；投资2000万元，启动建筑面积10000平方米的商贸步行街，完成了主体工程；投资1800万元，实施滁水文明河段5公里河堤治理工程；投资800万元，建设文明液化气站，投资900万元，完成二都、新东、新旭村开垦整理耕地64.58公顷；投资3500万元，建设296个村庄农村污水、垃圾收集处理系统及畜禽养殖污染治理设施的东江湖库区农村环境连片整理项目。

社会事业

居民生活

文明是古祠堂之乡，境内各大姓氏都建有祠堂。境内有罗、朱、范、黄、李、张、刘、王等主要姓氏。清乾隆戊辰年（1748），大旱，井泉干涸田不能耕。秋大疫，死者枕藉无棺以殓。民国21年（1932），是年奇荒斗米1.6元。正赋正供附加每两饷增至小洋60元、为民国14年（1925）的23倍，民苦不堪言。1951年，实行土地改革后，农民生产积极性大为提高，粮食大丰收，农民生活得到改善。1956年，农业合作化，进入大集体时期，所有农民入社参加集体劳动和分配。大集体时，农民长期处于“忙时吃干闲时半干半稀”的状态，冬季常红薯干拌饭，逢年过节才有肉食、水果，住房多为黄泥土砖垒墙的矮平房，自行车、收音机、手表是稀罕的“三大件”，是少数农村青年结婚时的彩礼。实行农业家庭联产承包责任制以后，文明凭借水电、石材两大资源优势迅速崛起，经济结构由过去的以粮为纲向一、二、三产业全面发展转型，农民生活改善较快。2006年，取消农业税，国家开始向农民发放种粮直接补贴、良种补贴、油价综合补贴、能繁母猪养殖补贴等各种惠农资金，同年实施的还有农村最低生活保障政策，家电下乡财政补贴和农户购买汽车和摩托车财政补贴政策。电视机、电冰箱、摩托车已在农村普及，富裕的农家开始拥有营运汽车、小轿车和农家小院。

教育

明清以来，境内主要有义学、私塾、书院三种办学形式，私塾教育创办于清光绪二十二年（1896年），以祖产为主要办学经费，家族按房份出力，贡献大的在祠堂大厅上悬榜旌表，是家族办学制。民国时期，境内教育仍非常落后，文盲率高达95%以上。民国18年（1929），文明乡在文明司圣帝庙旧址兴办私立文明乡高级小学校，有学生30人，是境内最早的学校。民国30年（1941），境内创办文明中心学校，是境内最早的公立学校。民国34年（1945），有小学4所，有学生500人左右，为民国年间儿童入学率最高的年份。1952年，有小学7所，在校学生635人，开办成人扫盲班，教育事业发展迅速。1958年，创办文明中学。1970年后，为了方便儿童就近入学，“民办教师”应运而生。当时每个大队至少一所学校，半数以上大队都是2～3所学校。1996年，全镇基本普及九年制义务教育，2008年，进行学校布局调整。2005年始，全镇实施农村义务教育经费保障机制改革，对小学和初中学生免收学杂费，对贫困寄宿生给予补助。自2012年始，对农村在校学生免费提供营养餐。文明中心校1640平方米教学楼建设项目已投入使用，600平方米的多功能餐厅建设项目主体工程已完成，境内办学条件不断改善。

文化体育科技

民间文艺活动活跃，春节期间，村民自筹资金，组建班子演出，自娱自乐。1971年，创办公社电影队，使用的是8.75毫米的小型放映机，脚踏发电为农民放映电影。1980年，建设有固定座位的公社电影院。1985年后电影市场日衰落，电视兴起。1970年创办公社广播站，逐年努力发展到村村通广播，户户有喇叭。1980年后广播衰退。1995年乡广播站更名为广播电视差转站。2014年有镇文化站1家，有村级文化活动中心30处，藏书3万多册。船故事、马故事为市级非物质文化遗产保护项目。有乡土科技人才15人，承接省级科技项目。县级科技项目3个。有学校体育场4个，面积2800平方米，有广播电视站1家，有线电视入户6000户。

医疗卫生

境内自古巫医一家，以中医草药为主的自治自疗的方式世代相传。受地域交通和经济因素的影响，境内人口的身高、体重略低于全国标准，医疗卫生条件差，病死伤残人口较多，妇幼死亡率高，人口平均寿命仅为32岁。1952年，成立卫生所，1958年，建设公社联合医院，广泛开展卫生科学知识宣传，引导群众破除迷信，讲究卫生，改造旧法接生，推广新法接生，疟疾、麻风病、钩虫病、结核病的普查普治和群防群治，农民健康卫生水平得到提高。1969年，响应毛主席关于"把医疗卫生工作的重点放到农村去"的号召，提出了大队办卫生所，小病不出村的工作目标，全乡有赤脚医生67人，农村缺医少药的状况得到一定的缓解。中共十一届三中全会后，医疗卫生事业稳步发展。2006年起，实施新型农村合作医疗保险制度。2012年起，国家对农民大病救助力度加大，每人每次救助款为1500～2000元。2014年，有中心卫生院1个，村级医疗机构23个，门诊部（所）1个，床位64张，固定资产总值200多万元；专业卫生人员25名，其中执业医生14人，执业助理医生5人，注册护士5人。30个村有30215人参加新型农村合作医疗保险。

社会保障

1950年后，政府对贫困百姓实施救济，杜绝了绝对贫困人口。农业合作化时期，农村福利以集体补助为主，年终分配鳏寡孤独基本口粮达到全队平均水平，辅之以国家救济。人民公社化以后，对鳏寡孤独者实行"五保"制度，即保吃、保穿、保住、保医、保葬（孤儿保教）。农村生产责任制后，对"五保"制度一度有所削弱，1990年后，本镇对"五保"老人逐步由分散供养转为集中供养，经费由国家、镇、村三级承担。2014年，城乡居民养老保险参保人数达4243人，城乡基本医疗保险覆盖面100%，享受农村居民最低生活保障的298人，享受城镇居民最低生活保障的13人。针对境内无敬老院的问题，投资280万元，建成了占地15亩，建筑面积1600㎡的标准敬老院。有床位32张，入住烈军属、荣退伤残军人、"五保"人员共31人。争取农村危房改造完成44户，到位资金69.6万元。积极开展阳光低保行动，全镇农村最低生活保障831户1516人，享受国家扶助资金300万元，新农合参合率达98.5%，全镇共有17855名患者享受合医报账补偿648.7万元，基本实现了病有所医的目标。

柰李

特色地情

名优特产

柰李 分青柰李与花柰李两个品系，以青柰李栽培最广。果实呈心脏形，平均果重60.3克，最大97克。肉质松脆，纯香甜美，每年6月上旬成熟上市。

水晶梨 果实为圆球形或扁圆形，平均单果重385克，最大560克。果皮近成熟时乳黄色，表面晶莹光亮，有透明感。果肉白色，肉质细腻，香味浓郁，每年6月上旬成熟上市。

贡柑 贡柑号称“中国柑王”。果形靓丽、果色金黄、皮薄核少、肉脆无渣、清甜香蜜、高糖低酸、风味浓郁，被誉为柑橘之皇，其中分红肉和白肉两种贡柑，每年冬至前后成熟上市。

枇杷 果实黄色呈椭圆形，肉厚汁多甜酸适口、风味独特营养丰富。《本草纲目》记载“枇杷能润五脏，滋心肺”。本镇共栽种213公顷，主要有白砂、红种、草种三大类18个品种，尤以“软条白沙”为最。每年4月下旬成熟上市。

风景名胜

百丈岭 古战场遗址，百丈岭古名义通山。位于在境内中部，主峰宝峰海拔1022米，山势陡峭，延绵数十里形如屏障，素为兵家必争之地，昔为汝城西大门。

厚坊古民居 位于新东村香炉寨山脚下，本村《罗氏族谱》载，厚坊古民居建于清咸丰年间，由时任广东陆丰知县罗扬钧发起兴建。现有古民居16栋，房屋坐东朝西，前后左右相互对齐，高低一致。房屋之间用石板砌成巷道，墙壁由青砖和石灰砌成，屋顶覆盖小青瓦，屋顶两侧有马头墙。历经修缮，保存完好。

韩田古民居 位于韩田村内，建于明末清初，有300多年的历史，民居以张氏祠堂为中心，厢房整齐地排列，祠堂上方高悬一块“一郷善大”牌匾。村内有古民居32栋，占地面积4000多平方米，巷道整齐，由青石板铺砌。壁上有诗词字画，雕梁画栋，保存完好。

民俗风情

半条被子的故事 1934年11月，红军长征突破第二道封锁线后，来到汝城县文明司休整，3名女红军借宿在沙洲村徐解秀老人家中，得到徐解秀一家人的热心帮助。临走时，女红军看到徐解秀家连一床被子都没有，将行军被剪开留下一半，将一半送给了徐解秀并对她说："我们还会回来的，那时候，我们再给你带一床崭新的棉被来。"

1984年11月7日，《经济日报》社记者罗开富来到徐解秀家采访。徐解秀问罗开富："你能见到红军吗？"罗开富回答："能见到"。"那就请帮我问问，她们什么时候还能来看我，还说要送新棉被给我呢！"稿件刊发后，邓颖超、蔡畅、康克清等15名参加过长征的女红军委托他人发表的谈话也见了报："悠悠五十载，沧海变桑田。可对那些在革命最艰难的时候帮助过红军的父老乡亲们，我们永远不会忘记。"1986年在邓颖超的关怀下，一床新棉被辗转送到了徐解秀老奶奶手中。1991年腊月，徐解秀老奶奶去世了，临终前嘱咐两个儿子："一定要跟共产党走，什么是共产党？共产党就是自己有一条被子，也要剪下半条给老百姓的人。"

2016年10月21日，中共中央总书记、国家主席、国家军委主席习近平在纪念红军长征胜利80周年大会上，深情地回顾了这个动人的故事。他说："同人民风雨同舟，血脉相通，生死与共，是中国共产党和红军取得长征胜利的根本保证，也是我们战胜一切困难和风险的根本保险。"

（宋海养 供稿）

井坡乡 >>

区域概况

位置面积

井坡昔称井陂。耒水出乌龙白骑山，时常泛滥，邑民筑陂防洪。陂后掘井方便居民生活。故称井陂。位于汝城县南部。距县城 11 公里，北纬 25° 20′ 21″ 至 25° 28′ 16″，东经 113° 32′ 7.7″ 至 113° 40′ 13″。东西直线距离 13 公里，南北直线距离 14.3 公里。面积 89.89 平方公里，东界大坪镇，南邻广东省乐昌市五山镇，西接小垣镇，北交泉水镇。

建置沿革

明清属桂阳县长乐乡，文明乡。民国 8 年（1919）属汝城县南一区。民国 27 年（1938），建井坡乡。民国 30 年（1941）称平坡乡。1949 年 10 月，属第二区。1956 年，撤区建井坡乡。1958 年 10 月与泉水、大坪合并设东风人民公社。1959 年 11 月，分立为井坡人民公社。1984 年 4 月，撤社建井坡乡。

行政区划

1983 年，井坡公社辖 15 个大队，151 个生产队。2014 年，辖井坡居民委员会和下青、大村、云先、兴曹、古塘、泉溪、明星、上袁、阳星、朱家、平塘、龙虎、白玉堂、塘坑、浆湖、岭塘 16 个建制村，152 个村（居）民小组，87 个自然村。

自然环境

地形地貌 境内西南部多山，最高点白云仙海拔 1610.7 米，道士仙海拔 1375 米，两座高山形如巨屏拱卫西南。地势逐向东北倾斜，东北部是狭长的井坡盆地。最低点下青村海拔 610 米，乡政府驻地海拔 620 米。大部分土壤由沙砾岩母质发育形成，呈弱酸性。

气候水文 属中亚热带向南亚热带过渡的季风湿润气候区，阳光充足，降水充沛，夏无酷暑，冬少严寒。河道属湘江水系，境内主要河流 5 条，总长 45 公里，径流 9270 万立方米 / 年。耒水源出乌龙白骑山，流经龙虎，塘坑，浆湖，岭塘，古塘，云先，兴曹，大村，下青九个村，汇屋岭水、鲁塘水、碧溪、铁炉江水由南向北贯穿全境，注入耒水。

自然资源 境内西南部山区森林茂实，动植物资源丰富。有山林 6527 公顷，活立木蓄积量 20 万立方米，散布有银杏树、古樟、古松、古栎、红豆杉等珍贵树种。栖息有野猪、水鹿、野兔、野鸡、杜鹃等野生动物。南岭北麓成矿条件好，境内有钨、高岭土、钾长石、花岗石、高钙石等矿产资源。

人口民族

殷商时期，境内便有人类繁衍生息。秦汉外来人口迁入。明清两代因官迁或因避战乱，外来人入境者多。清代以前，由于按丁课税，隐匿不报人口者亦多，人口统计数据不全。1960年后，随着国民经济的发展，医疗卫生条件的改善，形成人口自然增长的高峰期，1980年后，通过严格实行计划生育和逐步鼓励农民进城创业，人口自然增长明显放缓，城镇户口显著增加。1964年，第二次人口普查统计，全乡11786人；1982年，第三次人口普查统计，全乡17641人；2014年，全乡5923户22872人，其中男性11871人，占51.92%；女性11001人，占48.08%；14岁以下3545人，占15.5%；15至64岁16467人，占75%；65岁以上2859人，占12.5%，瑶族、畲族等3111人，占13.6%。2014年，人口自然增长率7.7‰，人口密度为每平千方米257人。

经济发展

农业

井坡乡是传统农业大乡，坐落在中部盆地上，土地平坦肥沃，农耕文明历史悠久，是汝城的粮仓。粮食作物有水稻、麦子、红薯、高梁、玉米。经济作物有花生、芝麻、烟叶、苎麻等。农户素有养殖牲猪、鸡、鸭、鹅的习惯，以养猪为主，多以家庭圈养为主，自养自繁，除供给家庭消费外，多上圩集出售，靠此换取日常生活开支，俗称“油盐罐子”。农具以犁耙、水车为主，人力耕作为主，辅之以耕牛。

1949年前，水稻常年亩产为150千克左右，20世纪50年代初粮食连年增产，1954年粮食大丰收，总产创纪录，亩产190千克左右。此后粮食生产连续10年徘徊不前。1965年，境内推广良种，逐年淘汰空壳率高、易倒伏、产量低的老红米高杆品种，改种珍珠矮，二九青等双季矮杆品种，粮食产量略微超过1954年。1971年以后，通过贯彻“以粮为纲，全面发展”的方针，双季稻面积扩大，冬季绿肥增加。粮食产量逐年增加。1982年，粮食获大丰收，亩产达480千克创历史纪录。1983年、1984年因遭受自然灾害和主观上重商轻农的影响，连续两年粮食减产。经总结经验教训，1985年，粮食开始恢复性增产，到1990年，粮食生产突破连续7年徘徊局面，再获大丰收。此后，随着农田水利基础设施的配套完善，超级杂交稻的推广，粮食生产进入稳产高产期，1988年，粮食总产10179吨，农业产值503万元，农民人平纯收入800元左右，拥有农业机械动力4261千瓦。1999年，超级稻推广后，亩产超过500千克，中稻当家，旱涝保收，冬种绿色蔬菜，经济效益高，大受农民欢迎，是目前最为合适的耕作制度。近年来，政府引导农民调整产业结构，扩大经济作物种植品种和面积，主要有生姜、朝天椒、红菜、杂交稻制种、茶叶基地等。其中花仁茶分布在泉塘村花仁山、铁木坑、粪箕湾、大钵头一带，形成了以金润茶叶有限公司为龙头的生态茶叶种植基地，新种植茶叶100公顷，总面积达200公顷，带动全乡种植100亩以上专业户15家。建设以浆糊、岭塘村为重点的优质无公害蔬菜基地，辐射周边建设规模达200公顷。20世纪90年代，采用“公司+基地+农户”的模式，政府引导扶持，境内牧、渔专业户大量增加，规模企业有长岭农场龙丰猪场年出栏5万头，德丰猪场年出栏3万头，是郴州市规模最大的牲猪养殖场。2014年，耕地面积1306公顷，境内高山草场，面积宽广，牧草丰盛，优势突出，多年来试验放牧黄牛、山羊初具规模。

林业

山林面积不大，1981 年，为进一步鼓励个人植树造林，开展山林“三定”工作。1984 年，政府公布了将集体山林承包到户 30 年不变的政策，大大提高了农民植树造林的积极性。2014 年，全乡山林面积 6400 公顷，活立木蓄积量 20 万立方米。2014 年累计造林 173 公顷，农民住宅周边种树 5.2 万株。种植水果 310 亩，主要品种有李子、杨梅、橘子。

工业

井坡是矿业大乡。清代境传统工业主要有铁、木、竹、家具、食品等，但大多是手工作坊，规模很小。井坡乡竹木加工历史悠久，境内盛产棕树片，棕编织工艺历史悠久，技艺精湛，棕垫、蓑衣、棕绳等闻名湘南粤北市场。斗笠编织是井坡乡下青村的传统工艺，民国以来就有“下青斗笠冠三省”之说。境内钨矿资源丰富，钨矿开采始于民国 5 年（1916），民国 15 年（1926），粟畬在井坡龙虎村开办汝昌公司采钨，矿区面积达 3000 多平方米，矿工多达 130 人，月产量 70 余担。彭旭在井坡大围山创办大丰公司，朱希曾在井坡办的宝丰公司，均获利甚丰。大集体和“文化大革命”时期，私人采矿被斥为走资本主义道路，受到严格限制。家庭联产承包责任制后，农闲时间增多，经营范围拓展，井坡钨矿企业达 300 余家，一度是汝城乡办企业的领头羊。2000 年以来，钨砂经营逐衰退，建筑建材新兴工业发展迅速。境内先后引进了大唐风力发电厂、鑫龙矿业、金润茶叶等公司。全镇工业产值 21807 万元，拥有企业 8 家，从业 1005 人。

财政金融

财政收入是农业税。明清时期，财税中央集权，没有乡级财政。清代主要是田赋和丁银。民国初期，地方财政收入除田赋外，始征工商税。农村集体经济时期，以农业社为单位征收农业税。1956 年，对私营工商行业实行社会主义改造后，工商业各税和企业收入逐年上升。1958 年，农业税改革，废除全额累进税率，实行比例税制。1963 年。公社财政实行“收入分项计算，核定任务，按实上交，结余归社”的管理办法。1966 年以后，社乡财政实行“收入上交，支出下拨”的管理办法。1975 年。成立税务所，1984 年，建立乡级财政所后将税务所并入其中。1986 年始，乡镇财政实行“定收定支、超支不补，结余留用，一年一定”的预算管理体制。1995 年，全乡财政收入 381.73 万元，其中农业税 123.8 万元，国税 78.65 万元。2002 年，成立农业税征收管理分局，2006 年，农业税免征后更名为镇财政所。2014 年，实现地区产值 2.57 亿元，完成固定资产投资 2.8 亿元，农民可支配收入 2516 元，财政总收入 1452 万元。有银行金融机构 1 家，各类存款余额 1.4 亿元，各类贷款余额 4366 万元。

基础设施

交通运输

昔时，境内山重水复交通闭塞，运输主要靠人力肩挑背负。境内先民经年累月，艰苦劳作，逐步打通了汝城—乐昌的步道，俗称茶盐古道，古道北起汝城县城经上黄门、城头寨、三步桥、白泉桥、下青山、古塘、龙虎洞、分界岭到乐昌县城。呈南北走向石阶路面，全程约 75 公里，其中井坡境内约 18 公里。主要负责为朝廷传递公文军情，也是境内商人运输大米、生猪、木材南下城口、贩盐、南杂进入汝城的主道。1959 年，建设三龙线（三星至龙虎洞），1972 年，三龙线按简易公路标准进行改造，称井小线，1987 年，提高标准改建成四级公路。20世纪70年代初，始修村道，因陋就简，多为黄泥碎石路，路基松软，雨天多坑洼。2013年后，境内交通建设进入快车道，106国道与平汝高速公路在境内交汇，设有互通。通村公路进行水泥硬化，村道长75公里。

邮政通信

邮政机构置始建于民国31年（1942），1949年，井坡设邮电代办所，1955年，设立井坡邮电所，1959年，邮电下放到公社，开设有电报、长途电话、邮政、报刊发行等业务。2000年，实现无线宽带网络信号基本覆盖。2014年，有代办处1所，发行杂志758份，16个村通邮路，邮政业务收入2.8万元。2014年年末电信服务网点4个，固定电话2346户，普及率为37.1%，移动电话984户，互联网450户，电信业务收入7.5万元。

电力设施

有小水电站4座，装机1950千瓦，2014年，发电360万千瓦时。有高压线路2条，总长29公里。有11千伏变电站1座，超高压线路2条，总长41公里。

水利建设

1957年，筹建牛背石水库。水库位于井坡乡龙虎村境内截源白云仙、道士仙的浙水次支流，是汝城第一座以蓄水灌溉为主，兼顾防洪、发电等功能的中型水库。1958年，扩建牛背石水库，汝城县政府成立牛背石水库工程建设指挥部，举全县之力，调集民工7000人参加水利大会战。通过一年多的艰苦奋斗，1959年年底坝体初成，坝高49米、坝长181米、集雨面积46.5平方公里，库容总量3448万立方米，修筑有左、右灌渠，总长74.2公里，灌区内有8个乡镇，农田受益面积5093公顷。水库灌溉区的耕地面积占全县耕地面积的47%，粮食产量占全县总产量的65%，水库同时担负着下游6个乡镇3467公顷耕地及14万人口的防洪保安任务。1963年，水库右干渠通水，时逢大旱日久，灌区农民燃放鞭炮接水润田。2005年后，水库启动为汝城自来水公司的水源地，达到一类水质标准。

乡村建设

圩场建设　井坡圩是汝城三大古圩之一（土桥圩、大坪圩）。井坡圩始建于明正德年间，初为小集市，立地交易无厂棚，历经修建初具规模。清宣统元年（1909），有店铺30余家，民国时期发展到50余家，形成“一”字形街道1.5公里。民国22年（1933），在游家村兴建龙虎洞圩，1958年，因龙虎洞水库兴建，圩场搬至龙虎村，一直延续到上世纪80年代，因赶圩人员减少，自然消失。清光绪末年，境内个别富户绅士始办“牙行”，代客买卖南杂等。民国24年（1935），汝城县政府兴办井坡商业合作社，次年，境内创办井坡消费合作社，供销合作社。1953年，对私营商业利用、限制、改造的政策，到1958年，个体私营商户基本绝迹。中共十一届三中全会后，允许农村富余劳动力经营商业，饮食服务业，境内个体商业迅速发展。2003年，启动井坡圩第一期扩建工程，新建厂棚三栋面积达4100平方米，初步解决了马路市场的问题。

古村落和空心村的改造　清末，古塘、大村、云先都是人口上千人的大村庄。2010年，编制了《井坡乡区扩容提质工程》。乡政府采取市场融资的模式，投入巨资对古村落和空心村进行改造。主要投入有1280万元实施乡区内塘坑至井坡段井坡河综合治理，投资2090万元在井坡乡医院西侧、乡政府大门口对面新建占地面积25亩，建设交易厂棚7000平方米、店面90间的新农贸市场，圩场面积由0.4平方公里拓展到1.5平方公里。积极争取国家、省、市农田水利设施建设工程项目，投资1120万元建设高效节水农田水利灌溉设施，该工程惠及全乡10个行政村，受益人口达1.3万人。投资1500万元实施井坡河河道综合治理工程，投资1350万元实施了浆糊村浆糊桥工程、周家桥重建工程。2014年，有个体商业158户，从业6376人，社会商品零售总额1.8亿元。

社会事业

居民生活

境内先民自古崇文尚学，耕读传家，勤劳节俭，民风淳朴。主要有袁、朱、曹、邓等姓氏。各姓皆建有祠堂。1951年，实行土地改革，农民生产积极性大大提高，粮食大丰收，农民生活得到改善。农业大集体生产时期，农民家庭收入主要依靠参加生产队劳动，按工分获取粮食和年终决算现金分配，另加自留地、家庭养殖及其他副业收入。时令蔬菜很少，很难吃到水果和肉食。1978年，农民从集体分配收入人均90元。改革开放以来，农村实行家庭联产承包责任制，收入来源拓宽，现金收入增加。1983年，人平收入280元，1998年攀升到900元。粮食供应和温饱问题基本解决，食油、肉类消费增加。本乡农民有外出务工的传统，近年，年均外出务工青壮年在10000人左右，总收入超过3亿元，劳动力输出广东、福建、上海等地。劳务输出致富了一批农户。农民开始改善家庭装饰和居住条件，讲究衣着穿戴的质量和时髦。1995年之后，高档家具、彩电开始进入平常百姓家。建房大多采用钢混结构，并注重室内的布局和样式的新颖，往昔的土坯房大多弃置不住，出现了空心村现象。2014年，农民人均消费支出2200元，100户农民家庭拥有冰箱29台，摩托车13辆，彩电93台，固定或移动电话97部；人均居住面积29平方米。

教育

明清以来，境内主要有义学、私塾、书院三种办学形式。私塾教育以祖产为主要办学经费，家族按房份出力，贡献大的在祠堂大厅上悬榜旌表，是家族办学制。清末，废科举、兴学校。民国19年（1930），设有古塘桂林中心学校，是境内最早的公立学校。抗日战争时期，一批地下党员和民主人士在大村创办从善小学，教学质量高，远近闻名。民国34年（1945），有小学生1000人左右，是民国年间适龄儿童入学率最高的年份。清以前无人口文化记载。1952年，村村办扫盲班夜校、办小学，教育事业迅速发展，1958年，县一中在井坡附设初中班，1959年，在井坡高小附中班的基础上创办汝城三中。1968年，将农村小学下放到大队办，相继在古塘、大村、下青、岭塘、云先、龙虎建立村办小学，其中龙虎村就有挫木桥、牛栏坑、许家洞等3所村办小学。小学老师都是民办老师，教师由最初的50余人发展到120余人。2006年，全乡实施义务教育经费保障机制改革，对小学和初中学生免收学杂费。2008年，进行学校布局调整，撤并部分村小，全乡现有7所村小、1所九年一贯制学校，在校中小学生1933人。学校占地面积2.82万平方米，建筑面积达1万平方米，基础建设居全县乡级学校前茅。

文化体育科技

明清时期，多有文人官绅写诗作文，著书立说，以清岁贡、长沙医校教员朱鸿渐所著《伤寒讲义》（八卷）最为著名，现存中国科学院图书馆。清末，祁剧传入境内，“五四”运动后，京剧、话剧、木偶戏等传入境内，许多村建庙台演出（俗称七块半），无戏台的村则露天演出。1971年，乡成立电影放映队，所使用的是8.75毫米的小型放映机，用脚踏发电机供电。利用圩场旧房改造为礼堂放电影，赤脚放映员肩担放映机下村放电影。1985

年后，电影产业日衰。广播事业始于1971年，建立广播放大站，逐年发展村村通广播，户户有喇叭。电视收看始于1985年，1993年，建立广播电视接收站，开通闭路电视。2014年，有线电视覆盖全乡。境内，民间文艺十分活跃，春节期间几乎村村都演戏，村民乐此不疲。现有乡文化站1家，村级文化活动中心10处，藏书3万册。有广播电视站1家，有线电视用户4500户，入户率71.2%。学校体育场3个，面积15000平方米，境内选手参加各类体育竞赛累计获奖7项，其中市级1项，县级6项。有农业科技站1家，承接县级科研6项，乡土科技人才30人。

医疗卫生

清末民初，境内中草医较为发达，朱鸿渐为清末民初中医名家，悬壶济世，著有《伤寨讲义》《医案》等书。1952年5月，成立防疫小组，开始在全乡范围内开展以除“四害”（老鼠、蚊子、苍蝇、麻雀）为中心的爱国卫生运动。1953年，创办井坡乡卫生院，经过历年的发展，井坡乡医院规模不断扩大，形成了集医疗、预防保健为一体的综合性医院。1963年，开展以饮用水管理为主要内容的爱国卫生运动。1969年，开展“两管五改”（管水、管粪、改水井、改厕所、改畜圈、改环境、改炉灶）工作。2008—2014年，乡内农村修建自来水工程覆盖全乡14个行政村及圩场。2006年，启动新型农村合作医疗，全乡16个村有20000人参加新型农村合作医疗，参保率97.74%。2014年年末，有乡村医疗机构18个，门诊部（所）18个，床位24张，每千人拥有1张，固定资产200万元。

社会保障

农业合作化时期，农村福利以集体补助为主，年终分配鳏寡孤独基本口粮达到全队平均水平，辅之以国家救济。人民公社化以后，对鳏寡孤独者实行“五保”制度，即保吃、保穿、保住、保医、保葬（孤儿保教）。农村实行联产承包责任制后，农村“五保”制度一度有所削弱。1990年后，本乡对“五保”老人逐步由分散供养转为集中供养，经费由国家、乡、村三级承担。2014年，农村最低生活保障户590户，1154人，全年支出196.5万元，国家抚恤各类优抚对象277人，共115.3万元。社会福利费21600元。参加新型养老保险占全乡总人口93%。民政部门资助参加合作医疗1050人次，支出9.45万元，社会福利事业支出7332元。供养农村“五保”人员38人，月支出6840元。敬老院1家，床位30张，集中供养农村“五保”人员8人。

特色地情

历史人物

朱鸿渐（1852—1917） 井坡乡大村人。清光绪拔贡，中医名家，为人豪侠造福乡里，桂阳知县赠其“良相同功”匾额以示褒扬。著有《伤寒讲义》、《医案》传世。

袁同畴（1900—1989） 井坡乡古塘村人。邑人称袁先生，历任黄埔军校第三届执行常务委员，国民党第二次、第四次党代表，1947年第一届国民大会代表，国防部文职人事司司长，中将。

袁贤瑸（1901—1938） 井坡乡云先村人。著名抗日将士，黄埔军校四期学员，抗日烈士，参加北伐战争，历任中央革命军排长、连长、营长。1937年8月参加上海淞沪大战，指挥抗敌中英勇牺牲，时任国民党第71军517团上校团长。

乡土特产

黑钨矿 黑钨矿为褐色至黑色，是炼钨的主要原料，是境内蕴藏丰富的一种矿产资源，它也叫钨锰铁矿。由于含有不同比例的铁钨酸盐和锰钨酸盐，如果含铁量高一些就叫钨铁矿，含锰多一些就叫钨锰矿。

风景名胜

白云仙 位于岭南山脉北端，海拔1671米，地势端耸，山上有天池水流，四季清澈。白云仙与道士仙相峙，全称乌龙白骑山。清乾隆《桂阳县志》载，耒水发源乌龙白骑山，远望之，左边山有黑石如龙，右边山有白石如马，得名乌龙白骑山，山峰建有白云仙殿，每年农历六月初六日、九月初九日，有来自湘南粤北的善男信女前来朝拜。

道士仙 位于龙虎村南部高山上，海拔1375米，山势峻峭，雄踞于众山之巅。清乾隆年间，仙观始建，最初只是单间殿宇。清道光庚戌年（1850），当地遇百年大旱，草木枯萎，唯有观前清泉不绝，百姓赖以维生。大旱过后，乡民感谢龙母赐水，加建龙田仙宫，置龙母娘娘、九子娘娘神像。农历三月初三、六月初六、九月初九，举行庙会祭祀，是汝城别具特色的道教文化景点。

千年红豆杉群 红豆杉为国家一级保护植物。井坡乡红豆杉群落现有红豆杉近千株，主要分布在泉溪村、龙虎村等村，是汝城县群落最大、数量最多、树龄最长、保护最好的红豆杉群落之一，现已建立保护区。

（党政办 供稿）

集益乡 >>

集益是国家级生态乡镇。

区域概况

位置面积

2012 年，汝城县行政区划调整，集龙乡、益将乡成建制合并设立集益乡，该乡位于汝城县最东端。距县城 18 公里，北纬 25° 29′ 29″至 25° 41′ 56″，东经 113° 44′ 57″至 113° 58′ 43″。东西直线距离 22.5 公里，南北直线距离 20.4 公里，面积 170 平方公里。东界江西省崇义县丰洲乡，南邻热水镇、卢阳镇，西接土桥镇，北交永丰乡、濠头乡。

建置沿革

明嘉靖前称益将乡，嘉靖年间撤益将乡后属乐善乡、益将里。民国 8 年（1919），属汝城县东二区。民国 30 年（1941），建东屏乡。1950 年属第六区，1956 年 3 月，撤区建益将乡、集龙乡。1958 年与热水、东岭合并设热水人民公社，1961 年 9 月，分立为益将人民公社、集龙人民公社。1984 年，撤社复建益将乡、集龙乡，2012 年，集龙乡、益将乡合并设集益乡。

行政区划

1983 年，集龙公社辖 8 个大队，46 个生产队，益将公社辖 6 个大队，48 个生产队。2014 年辖益将、集龙 2 个居民委员会和桥头、流溪、益将、山田、腊岭、远光、联明、联心、庚龙、集龙、水南、园凼、刘村、谭集 14 个建制村，94 个村（居）民小组，195 个自然村。

自然环境

地形地貌 境内多山，仅集龙江两岸稍开阔。地势由西南向东北倾斜。最高点为高岩岭海拔 1196 米；最低点在梨子山海拔 336 米，乡政府驻地海拔 400 米。

气候水文 属中亚热带向南亚热带过渡的季风湿润气候区，受山地垂直气候影响，温度比县城偏高。河道属赣江水系，境内主要河流 6 条，总长度 85.2 公里，径流 1.7 亿立方米 / 年。其中集龙江（上犹水）发源于土桥镇天柱山，由西向东流入本乡境内，汇水头江、面曲水、寒江、腊岭水、黄金水、花坳水至两水口后与热水江汇合后称集龙江，再汇上黄江、下黄江、集溪江向东流注入江西省赣江。

自然资源 境内山高林密，生态良好，动植物资源丰富，遍生松、杉、樟、梓、桐等乔木、灌木，其中楠竹资源尤为丰富。森林覆盖率 86%，活立木蓄积量108.5万立方米。栖息有野猪、水鹿、野兔、野鸡、猫头鹰等珍贵野生动物。境内山高坡陡，水流湍急，集龙河水资源丰富。境内地下富藏铀、钨、萤石、稀土、砒、硅石等。

人口民族

殷商末期，境内便有人类繁衍生息。明清两代，因官迁或因避战乱，外来人口多。1960年后，随着经济的发展，社会的安定，形成人口自然增长的高峰。1980年后，通过实行计划生育和鼓励农民来圩场经商办厂，人口自然增长明显放慢，城镇户口显著增加。1964年，第二次人口普查统计，全乡7706人；1982年，第三次人口普查统计，全乡13305人，2010年，第六次人口普查统计，全乡13218人。2014年，全乡5692户14032人，其中男性7395人，占52.7%；女性6637人，占47.3%。14岁以下3326人，占23.7%；15～64岁9058人，占64.5%；65岁以上1648人，占11.7%。瑶族、畲族等少数民族1239人，占8.8%。2014年人口自然增长率5‰，人口密度为每平方公里82人。

经济发展

农业

集益乡是传统的农业乡镇，农业占主导地位。粮食种植以旱粮为主，20世纪80年代中期，曾大面积种植红薯。农具以锄头、犁耙、勾刀为主，大多为人力耕种，只有少数富裕人家合伙共养耕牛，轮流役使。养殖业以牲畜为主，鸡、鸭家畜次之。因山高水冷气温低，水稻分蘖迟，平常年景亩产150千克左右。杂粮种在山坡旱土，地旷人稀，常遭野猪山牛毁坏。成熟季节要人守夜，护稼十分艰难，旱粮亩产仅为40千克左右。1950年后，粮食种植经历了高杆改矮秆、单季改双季、常规稻改杂交稻的三次重大变革。农业合作化以后，农业生产迅速发展。1954年，粮食大丰收。1965年，境内推广良种稻，逐年淘汰空壳率高且易倒伏的高秆品种老红米，改种珍珠矮、二九青等双季稻矮品种，粮食产量超过1954年的水平。1976年后，通过推广杂交稻后，科学种田水平提高。1982年，粮食大丰收，创历史纪录，1983年、1984年因遭受自然灾害和主观上重商轻农的影响，连续两年粮食减产。经总结经验教训，1985年粮食开始恢复性增产。1988年，全乡拥有农机动力5876千瓦，耕地687公顷，亩产达450千克。粮食总产5800吨，每年向国家提供商品木材1.4万立方米，有乡镇企业180个，工业产值275万元。乡镇企业主要有电站、矿产加工厂、硅铁冶炼厂等。1990年，粮食生产突破连续7年徘徊局面，再获大丰收。此后随着农田水利基础设施的配套完善。超级稻推广后，亩产高达550多千克，一季胜两季。冬种蔬菜和经济作物，省工省农药化肥经济效益好，大受农民欢迎，是目前最为合适本乡的耕作制度。2014年，全乡耕地面积643公顷，人均0.72亩，粮食总产6275吨，饲养生猪6200头，鸡鸭2.3万羽。农业产值1.12亿元。

林业

集益为汝城的重点林区。自古以来，竹木是主产品。计划经济年代，原木销售年均万方以上，农民收入主要来自于林业。农业合作化后，山林划归集体经营。1981年，开展山林“三定”工作。1984年，将集体山林承包到农户三十年不变，大大提高了农民植树造林的积极性。2013年，本乡被列入环东江湖生态保护区后，竹木限额采伐，昔日重点林区转身为生态大乡。2014年，山林面积18666公顷，累计造林133公顷，完成封山育林133公顷，低产林改造500亩，农民住宅周边种树5万株，种植水果200公顷，主要品种有水晶梨、橘子、猕猴桃、板栗、锥栗等。投入160万元兴建了益苑苗木基地，目前已种植桂花、红叶石楠、罗汉松等苗木480亩。境内有园林苗木合作社5家，年产苗木20万株以上。

工业

传统造纸业较兴旺，几乎村村有纸厂，养竹取笋，捣笋造纸，境内曾有造纸坊数十个，工匠200余人。每个造纸坊由踩笋、扛头、扛尾、焙纸4人外加伙夫共5人组成，每3天可生产土纸2担（每担2000张）。年产土纸1.2万担，远销广东、福建，甚至漂洋过海抵达东南亚。1980年后，机械造纸兴起，土纸生产走向衰落。1970年后，凭借水资源和矿产资源优势，境内工业逐步发展，经济结构进入了农工贸三分天下的新时期。2014年，工业产值9029万元，矿产企业主要有郴州集龙矿业，湖南邑金股份有限公司，水电企业有集河、两江口、大垅下、莲潭、园河5个电站，总装机达1.53万千瓦，其中集河电站是乡办骨干企业。近年来，乡政府抓招商上项目，经济发展后劲增强，新续建项目19个，总投资6.47亿元。主要有投资3.3亿元的对面排铜钼多金属矿工程、投资1200万元的集龙矿业技改工程、投资1200万元的聪源矿业萤石矿精深加工、投资323万元的集河电站技改项目。庾龙村永发苗木种植合作社建成了千亩绿化苗木场，完成投资80万元的水库公路建设，启动投资1450万元的黄洞竹海旅游开发项目，投资2000万元的流溪庄园建设和投资1500万元的两江口水上观光旅游项目。

财政金融

财政收入主要为农业税。清代主要是田赋和丁银。明清时期财税中央集权，没有乡级财政。民国时期，地方财政增收田赋附加、契税附加、屠宰税分成等。1975年，建乡税务所，1984年，成立乡财政所后将税务所并入其中。1986年始，乡镇财政“实行定收定支、超支不补，结余留用，一年一定”的预算管理体制。财政收入主要为农业税、工商税、企事业收入和其他收入。2002年，成立农业税征收管理局，2006年，农业税免征后更名为财政所。2014年，实现地区生产总值11294万元，完成社会固定资产投资13756万元，农民人均可支配收入1961元。财政总收入653万元，完成税收612万元。有银行业金融机构1家，各类存款余额2.3亿元，各类贷款余额800万元。

基础设施

交通运输

集益自古是汝城与江西联结的交通枢纽。昔时，境内山重水复，交通十分艰难。境内先民经年累月，艰苦劳作，逐步打通了汝城—崇义的步道。步道西起汝城向东经簸箕垅、五里庙、松树坳、破石界、木兰隘、腊岭坳、益将圩、天子山、集龙圩、集溪口出境至丰州38公里，到崇义县城60公里，其中县境内33公里，集益境内15公里。主要负责为朝廷传递公文军情，也是境内商人运输大米、生猪、木材往江西贩盐、南杂进入汝城的主道，俗称盐茶古道。1958年，由政府资助，民工建勤，修建汝集线，后称省道1859线。自县城东去，经城郊、土桥、永丰、益将、集龙至丰州坳44公里。这段公路分2期完成。第一期工程县城至益将23公里。由地、县投资20万元，采取民工建勤，1958年3月开工，年底竣工通车。第二期工程，益将至丰州坳21公里，由302地质勘探队投资，1959年动工，1960年竣工通车。1975年，由719矿投资进行拓宽修整，定为四级公路。2013年，境内交通迎来高速时代，现在厦蓉高速过境，在益将设有互通口。2014年，省道324线柏油化。20世纪70年代后,始修通村公路，因山路艰险，村道建设标准极低，仅能勉强通手扶拖拉机。2000年以来，在上级机关部门的资助下，逐年对14条通村公路进行水泥硬化，拓宽改直。总长75公里。有通组公路65条总长120公里。

境内有东河水道，亦称孤山水道或集龙河水道，属上犹水的上游河段，是古代汝城的黄金水道，由土桥经益将至集龙往东流入江西崇义漳水。县境内水路长46.08公里。该水路水势平稳，航行较安全。可放排筏方拖入江西鄱阳湖，年流放竹木4万立方米。1970年后，公路运输兴起，东河水道日渐衰退。

邮政通信

1955年，建立益将邮电所，1959年，邮电下放到公社，开设有电报、长途电话、邮政、报刊发行等业务。1959年，开通公社到各大队的有线电话。1999年，境内开通程控电话，电话摇把手时代结束。2004年，实现无线宽带网络信号基本覆盖。2014年年末，有邮政局代办所2处，村村通邮路，报刊累计发行2500份，邮政业务收入100万元。有1家电信企业，1个服务网点，1128门固定电话，6531部移动电话，328户互联网用户，电信业务收入520万元。

供水

有小水电站11座，装机19860千瓦。2014年,发电6445.12万千瓦时,有高压输电线路8条，总长64公里。20世纪80年代中期，逐步推进境内人畜饮水工程，山区泉水极为丰饶，乡机关和部分村自力更生建小水塔，用塑料管、竹槽引水也能达到安全卫生的饮用标准。1992年，由以工代赈立项投资17.6万元，建1个146立方米蓄水池，安设管道3500米，解决机关及周边村2300人饮水问题。2013年，本镇争取上级投资，实施，集中供水扩面工程，解决了两个社区及周边村组的饮水问题。目前，仍有少数边远村组还使用着简易土自来水。

乡村建设

新中国成立后，集益乡的市政建设可分为三个时期。改革开放之前为乡村建设的第一时期，境内有益将圩、集龙圩2个圩场。益将圩位于境内中部，始建于清乾隆年间，至民国年间，才有3间固定的小店铺。20世纪60年代中期，公社扩建益将圩场，占地3亩，建有厂棚2排。集龙圩位于东北部。清道光年间（1821—1850年）由刘姓族人兴建。民国时期，有圩场面积400平方米，江西、福建、广东等省到此经商者较多，素有“小南京”之称。1988年，有圩场面积759平方米。主要交易香菇、冬笋、玉兰片、土纸等土特产品，其中“东河木”以其材质优良闻名江、浙、皖。1980—2000年，是市政建设的第二时期。1988年，启动圩场拓建工程，益将圩新建两排厂棚，10个铺子。集龙圩新建占地2亩的两层农贸市场。农历一、六逢益将圩，农历三、八逢集龙圩。集龙圩因与江西文英交界，前来逢圩的江西客商众多。2012年至今，是集益市政建设的第三个时期。主要项目有，2012年底投资300万元，建设集龙镇区圩场，商场面积7880平方米，厂棚800平方米，标准摊位150个，商业门店80间，从业人员165人，社会商品零售总额3946万元。2013年，投资6330万元进行城镇综合开发，投资1040万元建设集益大道、投资500万元进行镇区沿街立面改造、投资3500万元建设保障性住房、投资676万元建设苏区广场。2014年，投资560余万元对镇区主要道路、公共场所进行绿化、美化、亮化，新建生态游园2个，完成乡村道路绿化26公里，镇区庭院绿化1500平方米，城镇品位不断提升。

社会事业

居民生活

境内先民自古崇文尚学，耕读传家，勤劳节俭，民风淳朴。主要有何、朱、廖、钟、黄、庾、赖等姓氏。土地改革后，农民生产积极性大力提高，粮食增产，农民生活得到改善。1956年，农业合作社，农民步入大集体时代。大集体时期长达20余年，这一时期农民生活水平提高缓慢。农民处于"忙时吃干闲时半干半稀"的状态，很少有肉食，水果，住房多为黄泥土砖垒墙的矮平房，自行车、收音机、手表是稀罕的"三大件"，是少数农村青年结婚时的彩礼。1982年，实行农村家庭联产承包责任制，分田到户，分山到户，激发了农民对土地的热情，开荒种田、植树造林随处可见。农民生活水平提高较快。2006年，取消农业税，国家向开始农民发放种粮直接补贴、良种补贴等各种惠农资金，农民第一次享受种田不纳粮的惠农政策。随后，政府又出台最低生活保障政策、家电下乡财政补贴、农机具下乡补贴、社会养老保险、农村合作医疗保险等政策。2014年，粮食直补资金11.76万元、综合补贴资金70.24万元、水稻良种补贴资金17.82万元，双季稻补贴20.25万元。2014年，农民人均可支配收入1953元，人均住房面积30平方米，其中土砖瓦房占30%，红砖钢筋混凝土楼房占70%。

教育

清以前，境内只有少数富裕人家才能供子女读书，男孩往往只能读一两年便要辍学，帮助家中农耕，女孩能上学者更是稀罕。民国30年（1941），创办的东屏中心学校，是境内最早的公立学校。1952年，村村办扫盲夜校和成人识字班，教育事业发展迅速。1958年，境内拥有中小学13所，在校学生600余人。1971年8月，创办益将中学和集龙中学。1987年，有小学14所、初中2所。1999年，全乡普及小学教育验收合格。2000年，普及九年义务教育告捷。2004年，调整学校布局，先后撤并12所农村小学。2010年，全乡实施农村义务教育经费保障机制改革，对小学和初中免收学杂费，对贫困寄宿生给予补助，2012年，对农村在校学生免费提供营养餐。2014年，全乡有中心小学2所，26个班，在校学生1258人，教职工76名。有幼儿园4所，在园幼儿325人，专任教师15人。

文化体育科技

乡村民间文艺活跃，春节期间，桥头村、流溪村都会开展舞龙舞狮表演。1971年，创办公社电影队，使用的是8.75毫米小型放映机，脚踏发电，赤脚电影放映员为农民放电影。1980年，建设公社电影院，配有固定座位，兼做人民公社会场，1984年后。电影市场受到电视的冲击解散。1970年，创办公社广播站，宣传党的方针政策和农业科技知识。逐年发展村村通广播，户户有喇叭。1985年后。村村通广播逐废，电视差转逐年兴起。1995年，设乡广播电视差转站。2014年，有乡文化站2家，村文化活动中心14处，农家书屋藏书2.5万册，有学校体育运动场2个，面积1800平方米。有线电视用户1182户，入户率58%。

医疗卫生

明清时期，境内医疗以中医和中草药为主，乡民生病多是自医自疗，病重了才找乡村郎中先生。1950年后，境内广泛开展卫生知识宣传，通过引进疫苗，旧时人们所传说的"瘟疫"得到根治。1969年，响应毛主席关于"把医疗卫生工作的重点放到农村去"的号召，提出了大队办卫生所，小病不出村的工作目标，全乡有赤脚医生17人，农村"看病难"的问题得到缓解。自2006年

土法造纸

始，全乡实施新型农村合作医疗保险制度。2014年，有乡村医疗机构13个，门诊部（所）13个；固定资产总值124.25万元；专业卫生人员13名，其中执业医师1人，执业助理医师7人，注册护士2人。2014年医疗机构完成诊疗858人次。14个村就有11个村创乙级卫生村，有12046人参加新型农村合作医疗，参保率99%以上。

社会保障

民国以前，境内农民普遍贫困，社会救济资金主要来自殷实富户的施舍，难惠众生。1950年后，政府对贫困百姓实施救济，杜绝了绝对贫困人口。农业合作化时期，农村福利以集体补助为主，年终分配鳏寡孤独基本口粮达到全队平均水平，辅之以国家救济。人民公社化以后，对鳏寡孤独者实行“五保”制度，即保吃、保穿、保住、保医、保葬（孤儿保教）农村家庭联产承包责任制后，对“五保”制度一度有所削弱，1990年后，本乡对“五保”老人逐步由分散供养转为乡镇集中供养，经费主要由乡向村集资，国家给以适当补助。2014年，农村最低生活保障户264户、489人，支出85.26万元。民政部门资助参加合作医疗557人次，支出5.01万元，社会福利事业支出3万元。国家抚恤、补助各类优抚对象12人，月支出5520元，“五保”人员56人，月支出14190元。敬老院1家，床位50张，集中供养农村“五保”人员27人。

特色地情

乡土特产

红皮杉 系指生产于集龙江流域的集益、热水、三江口等乡镇的杉木，集龙江向东流亦称东河，故汝城俗称集龙一带的杉木为东河木。该木树芯呈粉红色，是建筑、家具的上等材料。

集益土纸 境内盛产楠竹，土纸生产历史悠久。山区纸农每年立夏前后上山削笋，用石灰腌制池中，八九月间入山生产。产品主要有山贝纸、南扣纸、玉扣纸、高丰纸、草纸、土报纸等。产品主要销往广东、佛山、香港或出口国外。抗日战争时期时局动荡，产品无法外运纸价大跌，最贱时50千克土纸只能换取5千克食盐。境内农民冒风险肩挑土纸到广东省长江、城口、九峰等地销售。1950年后，汝城土纸年产3万担左右，由国家统购统销。1980年后，机械造纸兴起，土纸用途逊色产量锐减退出市场。现少量生产，主要用于佛、道法事。

（袁小飞　供稿）

濠头乡

濠头是革命老区，国家级生态乡镇。

区域概况

位置面积

濠头乡政府驻濠头圩，濠头圩地处一条被水冲成的壕沟尽头，“壕”“濠”二字音义相通，故写成濠头。位于汝城县东北部，距县城23公里，北纬25° 36′ 48″至25° 46′ 36″，东经113° 45′ 23″至113° 54′ 45″。东西直线距离15.5公里，南北直线距离18公里，面积182.4平方公里。东界江西省崇义县上堡乡，南邻永丰乡，西接田庄乡，北交桂东县沙田镇。

建置沿革

明清属桂阳县乐善乡濠头团。民国8年（1919）属汝城县东一区七段，民国24年（1935），建濠头直属乡，民国27年（1938）建濠头乡，民国30年（1941），称和平乡。1950年属汝城县第五区，1956年撤区建濠头乡。1958年，撤乡与永丰合并设东方红人民公社，1959年改称永丰人民公社，1961年6月，分立为濠头人民公社，1984年4月，撤社建濠头乡。

行政区划

2014年，濠头乡辖濠头居委会和庙前、宝沙、樟溪、黄家土、扶竹洲、上河、下河、红星、宽坑、濠头、丰坑、五七、埠头、社溪、高源、排源16个建制村，146个村（居）民小组，363个自然村。

自然环境

地形地貌　境内多山，罗霄山脉诸广山从桂东县进入濠头，有海拔1000米以上高山9座，东部边境的猴牯墩海拔1579米，为境内最高点，中部的六指尖峰海拔1292米，西北边境的老鼠寨海拔1489米，南的凉伞堙海拔1128米，最低点是唐家寮海拔482米，乡政府驻地海拔680米。属板页岩和石灰岩地质区。境内红壤、山地黄壤面积最广，占75.2%。

气候水文　属中亚热带向南亚热带过渡的季风湿润气候区，受山高林密地域条件的影响，春夏季节多雨雾，冬季常有冰冻，气温比县城低。因山高坡陡，雨季易诱发山洪泥石流。河道属湘江水系，有沤江、樟溪江、社溪江、丰坑江4条主要河流，总长60公里，径流1.56亿立方米/年。其中沤江发源于桂东烟竹堡，沤江北入石壁山称濠江，南流下濠桥（现称花木桥），西折至永丰西塘、田庄前浦交界处出境。

自然资源 境内植被丰茂，树种林种丰富，是木材主产地。山林面积1.6公顷，活立木蓄积量50万立方米。森林覆盖率达88%。自然生态保持良好，栖息着野猪、山牛、麂鹿、野兔、野鸡、斑鸠等野生动物。遍生杉、松、樟、油茶等树种，有楠竹300余万根。境内山高坡陡，水流湍急，沤江流域水源丰富。乡域内地下矿藏有钨，花岗石蕴藏量大。

人口民族

殷商末期，境内便有人类繁衍生息。明清两代，因官迁或因避战乱，外来人口多。1960年后，随着经济的发展，社会的安定，形成人口自然增长的高峰。1980年后，通过实行计划生育，鼓励农民来圩场经商办厂，人口自然增长明显放慢，城镇户口显著增加。1964年，第二次人口普查统计，全乡8687人；1982年，第三次人口普查统计，全乡12280人；2010年，第六次人口普查统计，全乡13478人。2014年，全乡4027户14353人，其中男性7607人，占53.4%；女性6746人，占46.6%；14岁以下2210人，占15.4%；15～64岁10334人，占72%；65岁以上1809人，占12.6%。瑶族、畲族等832人，占5.7%。自然增长率4.62‰，人口密度为每平方公里81人。1993年，因沙田电厂大坝扩容，淹没本乡8个村，涉及4500人移民，为移民大乡。

经济发展

农业

濠头地处高寒山区，乡民日出而作，日落而息，长期处于自给自足的自然经济状态。境内水田有限，多种杂粮。杂粮种在山上，地广人稀，常遭野猪、山牛毁坏，成熟季节要人守夜护稼，十分艰难，亩产仅为40千克左右。气温偏低，尤其是高源、庙前等地，山高水冷，种水稻不易。自古以来，村民常将牛骨焚烧捣碎，施到田中防稻谷成熟期倒伏。濠头供销社曾大力收购牛骨，专供高源、庙前等地种田。1965年前，水稻是一年一熟，老红米高杆、空壳率高，亩产在130千克左右。1961年，上级推广良种后高秆改矮秆。1965年，普及双季稻和矮秆品种，其中有名的“珍珠矮”品种，亩产超220千克。濠头地广林丰，楠竹遍布，资源丰富。由于地域封闭，土纸、香菇、冬笋、笋干长期以来，市场有限，外销困难，经济发展缓慢。1970年，濠头公社社员人均年纯收入105元。1972年，濠头公社的战斗口号是：“战天斗地不畏难，力争人均年纯收入130元。”1976年，开始推广杂交水稻，水稻产量逐年提高。1982年，粮食大丰收，总产创历史纪录。1983年、1984年因遭受自然灾害和主观上重商轻农的影响，连续两年粮食减产。经总结经验教训，1985年粮食开始恢复性增产。1988年，全乡拥有农机动力1828千瓦，粮食总产5135吨。有乡镇企业142个，工业产值123万元，乡办企业主要有钨矿开采，矿产加工，小水电站等。1990年，粮食生产突破连续7年徘徊局面，再获大丰收。此后随着农田水利基础设施的配套完善，超级杂交稻的推广，粮食生产进入稳产高产期，深化改革开放以来，濠头经济发展步入快车道。主要有引进濠雄牧业有限公司采取“公司+基地+农户”模式、年出栏商品猪8000头、牛800头、羊1000头的养殖公司，建起红星生态养殖场继续扩大养殖规模，存栏生猪1600多头、年出栏生猪3000多头。打好“特色种植”牌。建成小水果基地486.7公顷。大力开展土地流转。引进广东老板，投资200万元，在濠头、红星、下河、上河、丰坑等5个村连片开发甜玉米种植，规模达133.3公顷。投入20万元，建成213.3公顷冬种油菜示范基地。投入15万元,在濠头村樟树下组建设双季稻示范。2014年,全乡耕地面积659公顷,人均0.7亩,生产粮食9510吨,饲养生猪1400头,年产水果700吨,农民人平年增收200多元,农业产值6480.78万元。

林业

濠头是汝城的重点林区,计划经济年代,每年向国家交售木材6000立方米,楠竹20万根。后逐年减少。土地改革后,山林回归到农民手中。1958年,大炼钢铁,办食堂时,森林遭过度砍伐,严重影响林业生产发展。1962年,"四固定"时期,山林权基本上固定给生产队所有。1963年,境内16个大队相继办起了大队林场。1981年,进行山林定权发证,1984年,政府公布了将集体山林承包到农户三十年不变的政策,大大提高了农民植树造林的积极性。2013年,本乡被列入环东江湖生态保护区后,竹木限额采伐,昔日重点林区转身为生态大乡。2014年,造林373公顷,完成封山育林1000公顷。种植水果527公顷,主要品种有柑橘、梨、板栗。林地流转360公顷,通道绿化30公里,新建生态示范林基地3个。

工业

濠头是汝城的小水电强乡。民国以前,境内造纸业兴旺,在高源、排源、社溪、宝沙、黄家土、庙前等地,曾有造纸坊数十个,工匠200余人。每个造纸坊由踩笋、扛头、扛尾、焙纸4人,外加伙夫共5人组成,每3天可生产土纸2担(每担2000张)。有高封纸、玉扣纸、南扣纸三个品牌,年产土纸3000担左右,远销赣州、广东、福建等地。20世纪80年代中期,机械造纸兴起,土纸风光不再。民国时期,创办横水垅钨矿,年产量仅50吨,钨砂精纯度高,常使钨砂老板趋之若鹜。1987年,横水垅钨矿、庙下店精选厂、濠头圩木器厂等12家企业先后实行各种形式承包,实现工业产值220万元。境内水能资源丰富,1974年,乡政府开始建设小水电站,1977年,装机250千瓦的濠下电站正式投产。历经数十年艰苦奋斗,到2014年,相继有沙田电站,宝沙电站,湘粤电站(扶竹洲电站)、濠下电站、高溪电站、庙前电站等13座规模电站建成投产,装机2.9万千瓦,发电11600万千瓦时。有高压输电线路10条,总长175公里。2014年,工业产值7547.3万元,占全乡社会总值的46.3%。

劳务输出

20世纪80年代中期,境内农民外出务工经商逐形成热潮。据不完全统计,2014年,全乡劳务输出约0.475万人,主要输出地为江门、东莞、深圳、江西,年收入约有1亿多元。在劳务输出人员中,大多数以打工为主。少数人或开店办厂,或从事房地产开发,或承包建筑劳务工程。近年来,有少数成功者完成原始积累,回乡创办企业。

财政金融

财政收入主要是农业税。明清时期,财税中央集权,没有乡级财政。清代,主要是田赋和丁银。雍正二年(1724),实行"推丁入亩"。民国初期,除田赋外,始征工商税。1975年,建税务所。1984年,建立乡财政所,后将税务所并入其中。1986年始,乡镇财政实行"定收定支、超支不补,结余留用,一年一定"的预算管理体制。2014年,全乡生产总值10196万元,完成社会固定资产投资8817.3万元,财政总收入743万元,完成营业税202.9万元,增值税865.3万元,企业所得税20万元。农民人均可支配收入1790元。有银行业金融机构1家,各类存款余额8200万元,各类贷款余额600万元。

基础设施

交通运输

濠头境内山高林密水急，行路之难数全县之最。昔时先民长年累月，艰苦劳作，修通了汝城—上堡的步道。南起汝城县城，向北经永安、土桥圩、南子坳、石门山、永丰、社溪、高源、牛子塘、白石坳出境到江西上堡，共35公里，其中濠头境内8公里。全程皆是弯弯曲曲的羊肠小道，虽有石砌路面，却险象环生，头上石壁千仞。境内有沤江水路，属西河水道的支流，水路从扶竹洲石壁山入境，流经田庄、暖水、马桥注入东江湖。水流湍急，濠头境内8公里到下濠江（现称花木桥），数十米宽的江面，水流汹涌，涛声如雷，落差大，暗礁多，只能散放竹木，丰水季节，才能流放排筏方拖，年流放竹木在3万立方米左右。1970年后，公路运输发展。沤江水道日渐衰退。昔境内扶竹洲去往宝沙等地，也靠舟楫摆渡，因水流湍急，翻船落水，溺亡事件屡有发生。明成化七年（1471），永丰义士周如尧及其子时美为解邑民行路难，出资购得大木，利用沤江两岸石壁为柱，装绞车，雇请能工巧匠，修建下濠桥，次年6月，大桥竣工。民感其恩德，立碑铭文称颂。民国11年（1922），乡绅周景清等募捐，将桥修为长30米、宽4米、高4米、离江面40余米的木质廊桥，民感其恩德，立碑称颂。1973年，沙田电站大坝蓄水，古下濠桥被水库淹没。

1971年，修通从永丰乡东入濠头圩17公里公路。1973年，境内始通客班车至县城，全程29公里。20世纪90年代末，移民部门相继投资数百万元，先后修建埠头大桥、下河大桥、红星联心桥，极大地改善了沤江两岸数千群众的生活交通条件，告别了舟楫摆渡的历史。20世纪70年代，始修通村道，因山路艰险，建设标准低，仅能手扶拖拉机勉强通过。2005年后，基础设施不断改善。主要有投入310万元，新建总里程35公里的樟溪、高排、上下河、宽坑、宝沙的通村公路。投资259.5万元，实施宝沙大桥危桥改造项目。投资540万元，实施了省道201线亮点工程。投入150万元，实施高源村电网改造。投入40万元，完善村级基层组织办公场所、学校饮水、河坝治理等工程建设。2014年，境内16条通村道水泥硬化，总长76.8公里。

邮政通信

民国31年（1942），在濠头设乙类信柜。1949年8月，濠头设邮电代办所。1955年9月，濠头设邮电所。1959年，邮电体制下放，公社范围内的邮电事业归公社经营管理。自此，邮电所设有电话总机室，办理邮政、报刊发行、电报电话业务。公社安装有手摇电话机2台，机关各单位及16个大队均各安装手摇电话机1台。1996年，邮政与电信分家，境内设邮政代办所，电信办理处。2014年，有邮政代办所1处，报纸、杂志累计发行590份，邮政业务收入24000元。2011年末，有电信企业1家，固定电话960户，普及率为21.7%，移动电话2600户，互联网用户520户。2011年，电信业务收入56万元。

供电供水

20世纪70年代中期，逐步推进人畜饮水工程，山区泉水极为丰饶，乡机关和部分村群众自建小水塔，用塑料管、竹筒引水就能饮用到安全卫生的自来水。2005年，乡政府扩建供水站一处，建200立方米水塔一座，可供乡机关单位、濠头圩贸易区群众共2000余人饮用。但在少数边远山村，仍使用着自建的简易自来水。

水利建设

昔时，境内因山高坡陡，水利设施几乎全无，抗旱能力极低。1958—1959年，掀起兴修水利高潮，先后修建整修水库、山塘200余口，有效改善了防汛和灌溉。1960—1964年，举全公社之力，每个劳动力年投劳30个工日，修建了宽1.5米、深1.7米，总长16公里的石壁山渠道，引沤江之水，灌溉上河、下河、红星、宽坑、濠头、丰坑、埠头、五七等八个村373公顷稻田后，水茂粮丰，结束了濠头人春荒季节到土桥圩购玉米、红薯干充饥的历史。1965—1968年，社溪大队每个劳力年投劳20个工日，凿石壁山修通盘灯水渠，引社溪江之水灌溉稻田200余亩。同期，宝沙大队举全大队之力，修建宝沙渠道顺利通水，引樟溪江之水，300余亩稻田得到有效灌溉。2014年，境内有渡槽22座，总长1500余米。有沙田电站中型水库1座，库容1100万立方米；宽冲小Ⅰ型水库1座，库容22.6万立方米，湘粤电站（扶竹洲电站）、宝沙电站小Ⅱ型水库2座，库容320万立方米，总库容1442.6万立方米，灌溉渠道29公里，基本上保障了全乡的农耕。

乡村建设

境内濠头圩始建于清中叶，初为露天小集市，极为简陋。民国30年（1941年），濠头圩有饭店、酒店、布匹店、染料店各一家。最有名的是谢记铁器作坊，谢姓师傅是郴州人，民国初年，到濠头打铁修理农具，后娶本地人为妻，落户濠头。乡民日常生活百货靠“货郎担”走村串巷供给。新中国成立初期，逐形成自南向北一条石砌路面小街，有10余栋盖瓦厂棚，买卖混杂，不分类行。1984年，乡政府在距老圩场200余米处另辟新市，市场占地面积8亩，面积比老圩场增加一倍，有售货亭30座，蔬菜、肉食、日杂、农资分类就市，农历圩日逢一、六，因经济发展，不久便市场饱和圩场拥挤。2012—2014年，启动圩场改建工程，面积由0.5平方公里扩到2平方公里，有厂棚9栋133间，商场面积3000平方米，固定商店121家，从业人员192人，社会商品销售总额1649万元。同时，投资6200万元，建设沙田电站水库移民新村整体开发项目，可解决1300多移民群众住房问题。投资300万元，建设濠头大道。投资300万元，建设动物防疫站，投资500万元，兴建农村客运站。投资3000万元，在下河村启动美丽村庄建设项目，拆除旧房、残垣断壁等134户，改造古村落空心村面积32000平方米，有效改善农村人居环境，规范农村居民建房。

社会事业

居民生活

境内先民以务农为本，耕读传家，勤劳节俭，敦厚善良，主要有何、范、张、陈、郭等姓氏。1951年，实行土地改革，农民生产积极性大为提高，粮食大丰收，农民生活得到了较大的改善。1956年，农业合作化，农民此后进入大集体时期。大集体时，农民生活水平缓慢提高，住房多为黄泥土砖垒墙的矮平房，自行车、收音机、手表是稀罕的“三大件”，是少数农村青年结婚时的彩礼。实行农村家庭联产承包责任制以后，濠头依靠种植杂交水稻，粮食产量大幅上升；乡办企业小水电和横水垅钨矿的开采，顶起了产业的半壁江山；濠头圩市场改建后市场活跃，经济更加繁荣。2006年，取消农业税，国家开始向农民发放种粮直接补贴、良种补贴、油价综合补贴、能繁母猪养殖补贴等各种惠农资金，农民第一次享受种田不纳粮的惠农政策。现在电视机、电冰箱、洗衣机已在农家普及，富裕户拥有小汽车和农家小院。

2014年，共发放种粮补贴130万元，积极争取危改资金111万元，完成农村危房改造61户，保障困难群众住有所居，发放移民后期扶持金204万元、民政优抚金20万元。发放春荒和涝灾救助款5.04万元。发放计生奖励扶助资金7.92万元、特别扶助资金1.036万元。农村购机补贴40台，补贴金额达40.41万元，离职村主干补贴7.9万元。

教育

明清以来，境内主要有义学、私塾、书院三种办学形式，私塾为主体。由于贫穷，只有少数富裕人家才能供子女读书，男孩往往只能读一两年便要辍学，帮助家中农耕，女孩能上学者更是稀罕。民国时期，境内有储才、培英、育才、致知、社溪5所小学，皆以祖产为主要办学经费，家族按房份出力，贡献大的在祠堂大厅上悬榜旌表，是家族办学制。民国30年（1941年），创办和平乡中心小学，是境内最早的公立学校。校址在现在的濠头中学校内，民国34年（1945），学校设5个班，每班级20余人，有学生100多名。1953年，村村办扫盲班，村村办小学或教学点，有学生400左右，教育事业迅速发展。1970年后，为了方便儿童就近入学，“民办教师”应运而生，半数以上大队都是2～3所学校。党的十一届三中全会以后，尊师重教，科教兴国掀起热潮。1999年，全乡普及小学教育验收合格。2000年，普及九年义务教育告捷。2004年，调整小学布局，先后撤并11所农村小学。2010年，全镇实施农村义务教育经费保障机制改革，对小学和初中免收学杂费。2012年对贫困寄宿生给予补助，对农村在校学生免费提供营养餐。2014年，境内有九年制学校1所，村教学点6个；在校学生1055人。

文化体育科技

境内民间文艺活动活跃，每年的正月期间，群众自发集资闹新春、闹元宵，舞香火龙、演戏，热闹非凡。民国26年（1937），境内先贤郭力军、何大群组织建立“青年巡回剧团”，宣传抗日救国。演出的节目有《放下你的鞭子》、《电线杆子》、《义勇军进行曲》等，并到土桥、泉水等地巡回演出。20世纪60—70年代，境内各大队都有业余宣传队。宽坑、上河等大队置办戏装、道具、排练大节目，赴外地演出。公社每年都会举办文艺调演、会演。庙前村民因受江西习俗影响，村民喜欢山歌对唱。1975年，建立乡文化站，现有村级文化活动中心16处，农家书店藏书25536册，碟片1760张，阅览台16张，铁质书架48个。1971年，建立乡电影放映队，1984年，受电视冲击难以为继于年底解散。1970年，建立乡广播站，1995年，更名广播电视站，有线电视用户641户。境内有体育场1处，位于濠头乡学校院内（面积1630平方米），篮球场5个，乒乓球场2个，健身广场1个。2014年，开展农村数字电影免费放映210场，送戏下乡3场，对8个村开展了农村广播“村村响”工程，解决了广播电视“盲村”用户收视问题342户。

医疗卫生

明清时期，境内医疗以中医和中草药为主，乡民生病多是自医自疗，病重了才找乡村郎中先生。1950年后，境内只有濠头圩1家中草药店，2个从业人员，或坐堂待诊，或下乡治病，没有西医西药。上河村欧应明，濠头村何兵权是当年境内最有名的郎中，无店铺，靠走街串巷营生。1953年，创办濠头卫生院，地址在庙下店，后搬至赵公庙。1950年后，大力推广新法接生，儿童健康检查，教育群众破除迷信，讲究卫生。疟疾、麻风病、钩虫病、丝虫病等疾病的普查普治和群防群治。1962年，迁到目前乡中心卫生院处。1969年，实行合作医疗制度，社员只需交5分钱可到合作医疗站看病。20世纪70年代初，开展妇科病普查普治。2012年，新建门诊大楼1000平方米，住院楼600平方米。2014年，有乡村医疗机构16个，床位20张，每千人1.4张；固定资产总值229万元，专业卫生人员15名，其中执业医师2人，执业助理医师3人。2014年，医疗机构完成诊疗7891人次，16个村有13577人参加新型农村合作医疗，参合率98.43%。

社会保障

1950年后，政府对贫困百姓实施救济，杜绝了绝对贫困。农业合作化时期，农村福利以集体补助为主，年终分配鳏寡孤独基本口粮达到全队平均水平，辅之以国家救济。人民公社化以后，对鳏寡孤独者实行“五保”制度，即保吃、保穿、保住、保医、保葬（孤儿保教）。农村家庭联产承包责任制后，对“五保”制度一度有所削弱，1990年后，本乡对“五保”老人逐步由分散供养转为集中供养，经费由国家、乡、村三级承担。2000年以来，随着乡域实力的增强，救助更加广泛。2014年，确定扶贫对象739户4061人。争取危改资金11万元，完成农村危房改造61户，发放移民后期扶持金204万元，民政优抚金20万元。开展城乡居民社会养老保险续缴费工作，续缴5579人，续缴费60.89万元，“新农合”报账8500多人次，报账金额达360余万元。“新农合”资金514.254万元，参合率为98.43%。全乡有2066名60周岁以上的老年人领取了养老金。全乡享受农村居民最低生活保障的对象367户696人，发放低保资金118.1万元，“五保户”供养资金21.65万元。

特色地情

历史人物

何举成（1898—1928） 又名快善，濠头乡下河村人。是中共汝城党组织创建者之一。汝城农民运动的组织者参与者，1927年，任工农革命军二师一团团长，指挥汝桂秋收起义，创建汝城县工农兵政府。

郭力军（1917—1985） 原名郭履俊，濠头乡郭家村人。曾执教于启明高等小学。其间，组建汝城青年巡回剧团，宣传抗日救国道理。1939年9月，接任中共汝城县委宣传部部长。新中国成立以后，历任南京政治师范学校马列主义基础知识系主任、军区训练部副部长、高等军事学院政治教员、成都警备区政委、中国人民解放军政治学院哲学教研室副主任（副军级）。

何大群（1915—2011）、**夏蓝**（1919—2006）、**何松波**（1930—） 三人为同胞兄弟，濠头乡濠头村人。父亲何化南为本乡的开明绅士，大革命时期，积极参加共产党领导的各项革命活动，何氏三兄弟在其父亲的影响和教育下，走上革命道路。

何大群，何家长子，1937年，参加张治中举办的抗日骨干训练班，后与范旦宇、郭力军等分配回汝城训练民众。在原“濠头学友会”的基础上，组建了“汝城县青年巡回剧团”，宣传抗日救亡。1939年10月，任中共汝城县委宣传部部长。1949年10月起，历任中共郴州地委秘书长、郴县县委书记兼县长，湖南农学院副院长，湖南师范学院副院长。

夏蓝，原名何大柱，何家次子。抗战初期，进入衡阳广德中学学习，参加“抗日救亡剧团”开展抗日救亡宣传。1938年，经中共汝城县委推荐赴陕北求学，自此何大柱改名夏蓝。1950年后，任中国人民解放军总政治部研究室主任。

何松波，又名何旦飞、宋冠中，何家三子。1948年3月，在濠头藻塘花村建立中共濠头支部，任副书记兼宣传委员。其后，带领濠头游击队，配合北上先遣队，一举解放濠头，组建了濠头军

红军楼

管办事处。1949 年 9 月，何松波调郴州地委，后调衡阳市政协秘书长。

乡土特产

白皮杉 系指主产于沤江流域和浙水流域的马桥、田庄、暖水、濠头、岭秀、延寿、文明、盈洞等乡镇的杉木。杉皮完全剥脱后木材呈白色故称白皮杉。材质较东河木更坚实，是建筑、家具的上等材料。远销全国各地。

濠头土纸 境内盛产楠竹，土纸生产历史悠久，到清代中叶土纸生产技术有很大的进步。山区纸农每年立夏前后上山削笋，用石灰腌制池中，八九月间入山生产。富裕纸农笋料有一二百担。产品主要有山贝、南扣、玉扣、高丰、草纸、土报纸等。民国时期，产品主要销往广东省城口、乐昌转往广东、佛山、香港。抗日战争时期时局动荡，产品无法外运纸价大跌，最贱时 50 千克土纸只能换取 5 千克食盐。境内农民冒风险肩挑土纸到广东省长江、城口、九峰等地销售。1950 年后，县内土纸生产进入全盛时期。东岭、热水、集龙至广东省城口、长江的崎岖山路上，每天有一二百人肩挑脚运。年产土纸 3 万担左右，由国家统购统销。1980 年后，机械造纸兴起，土纸用途逊色产量锐减退出市场。

名胜风景

红军楼 位于濠头乡学校校园中央，始建于民国 20 年（1931），是当年的乡公所，当地群众亦称"洋楼"。红军楼座西北朝东南，系中西合璧的三层楼房，四坡顶，一楼主大门为"拱形"门，二、三楼四周均设木制走廊。二、三层楼房内还保存有四张浮雕镂花椅和一张长方桌，是彭德怀来汝城时用过的物品。2008 年，红军楼被列为省级文物保护单位，市级爱国主义教育基地。

红军标语 1927 年至 1934 年，毛泽东、朱德、彭德怀、陈毅等老一辈无产阶级革命家多次率部队进入汝城，在集益、濠头、永丰、土桥、马桥、南洞、大坪、文明等乡镇留下了很多红军标语。濠头留下的红军标语大部分为红骑丙二连所宣。标语内容有"红军是劳苦大众的队伍！扩大红军！巩固苏维埃政权"、《共产党十大纲领》、《国民党十大罪状》、"欢迎劳苦大众参加红军！"、"红军万岁！"、"共产党万岁！"、"反对帝国主义瓜分中国！"、"实行土地革命"等。

（何海然　供稿）

永丰乡 >>

区域概况

位置面积

明清属桂阳县乐善乡永丰团，1956 撤区建乡时沿用为乡名。永丰乡位于湘东南郴州市汝城县东北部，距县城 12 公里，北纬 25° 34′ 37″ 至 25° 42′ 07″，东经 113° 43′ 16″ 至 113° 51′ 58″。东西直线距离 14.3 公里，南北直线距离 14 公里，辖区面积 92.35 平方公里。东界集益乡、濠头乡，南邻土桥镇，西接暖水镇，北交田庄乡、濠头乡。

建置沿革

明清属桂阳县乐善乡永丰团。民国 8 年（1919）为汝城县东一区五段。民国 30 年（1941），属和平乡。1950 年 9 月，属汝城县第五区。1956 年，建永丰乡。1958 年与濠头乡合并设立东方红人民公社。同年 12 月，改称永丰人民公社。1961 年，划出濠头人民公社后，仍名永丰人民公社。1984 年 4 月，撤社复建永丰乡。

行政区划

1983 年，永丰公社辖 14 个大队，118 个生产队。2011 年，辖永丰居民委员会和西塘、先锋、青草、银坑、北林、南楼、涧布、龙内、小坑、横坪山、山坑、山口洞、破石界、东沙 14 个建制村，118 个村（居）民小组，137 个自然村。

自然资源

地形地貌　境内多山，中部最高，君子岭海拔 1290 米，雄居于中央，地势向四周倾斜，最低点在西塘村海拔 602 米，乡政府驻地海拔 752 米。

气候水文　年平均气温 16.8℃，年均降水 1525 毫米，境内主要河流有 4 条，径流 8090 万立方米 / 年。

自然资源　境内植被丰茂，动植物资源丰富。遍生有松、杉、樟、桂、皂角等珍稀树种，栖息有水鹿、野猪、野兔、竹鼠、杜鹃等珍稀野生动物。

人口民族

民国以前，因战乱饥荒频繁，人口自然增长缓慢。1960 年后，随着经济的发展，社会的安定，形成人口自然增长的高峰。1980 年后，通过实行计划生育和鼓励农民来圩场经商办厂，人口自然增长明显放慢，城镇户口显著增加。1964 年，第二次人口普查统计，全乡 7841 人；1982 年，第三次人口普查统计，全乡 11603 人；2010 年，第六次人口普查统计，全乡 13743 人。2014 年全乡 4232 户 14876 人，瑶族、苗族、畲族 863 人。

经济发展

农业

昔时，境内经济长期处于自给自足的自然经济状态。传统种植业以水稻、蔬菜为主，品种单一，水稻以单季稻为主。农户素有养殖牲畜、鸡、鸭、鹅的习惯，以养猪为主，多以家庭圈养为主，自养自繁，除供给家庭消费外，多上圩集出售，靠此换取日常生活开支，俗称“油盐罐子”。农具以犁耙、水车为主。1949 年，水稻亩产仅为 110 千克左右。经济作物中的山坑烟和永丰板栗曾驰名县内外，但产量有限。农业合作化以后，逐步改变“项目单一”、“熟制单一”格局，积极发展多种经营。1954 年，粮食大丰收亩产达 180 千克。1965 年，境内推广良种，逐年淘汰老红米等高秆种品，改种珍珠矮，二九青等双季矮秆品种。粮食产量超过 1954 年。1976 年后，通过推广杂交水稻使用化肥后，科学种田水平大幅提高。到 1982 年，粮食获大丰收创历史纪录。1988 年，粮食总产 4834 吨，农业产值 289 万元。拥有农机动力 3500 千瓦。有乡镇企业 12 家，产值 52 万元，乡办企业主要有钼铁矿加工和木器加工厂。超级稻推广后，亩产高达 500 多千克，旱涝保收，一季胜两季，大受农民欢迎，是目前最为合适的耕作制度。近年来，政府引导农民调整产业结构，提高农业生产规模化效益。创办了集苗木种植、花卉观光、休闲养身于一体的阳光苗圃庄园。润布村将稻田统一流转出租给种粮大户，带动大米加工、生猪养殖等产业发展。先锋、小坑等土地流转超过 100 公顷。2014 年，全乡耕地面积 658 公顷，人平 0.66 产亩，粮 7300 吨，人均 509 千克。饲养生猪 1.3 万头。有山林 7333 公顷，活立木蓄积量 37 万立方米，造林 80 公顷，种植果树 607 公顷，主要品种有奈李、梨、板栗。

工业

永丰乡工业以矿产加工和建筑建材为主。民国年间境内造纸业兴旺，有土纸作坊 10 余家，民国年间，始有打铁、竹木器、食品加工的匠人游走乡村，逐定居下来，办起了小作坊。1956 年，对境内手工业进行社会主义改造，农村手工业者加入农业社，1962 年，建立永丰铁木社、缝衣社 2 家集体企业。1971 年，发展社队企业，境内相继办起茶场、猪场、电站等，但规模很小，效益不佳，不久相继倒闭。改革开放后，矿产加工、木材加工、红砖厂一度兴起。2014 年，工业产值 2887 万元，占全乡社会总值的 40%。有工业企业 11 家，职工 200 人。

财政金融

财政收入主要是农业税。1984 年，建立乡级财政所。1986 年始，乡镇财政实行“定收定支、超支不补，结余留用，一年一定”的预算管理体制。2002 年，成立农业税征收管理分局。2006 年，农业税免征后更名为乡财政所。2014 年，实现地区生产总值 10127.93 万元，完成工业增加值 2887 万元，完成财政收入 406.47 万元，完成社会固定资产投资 8175.3 万元，农民人均可支配收入 1420 元。有银行业金融机构 1 家，各类存款余额 240 万元，各类贷款全额 20 万元。

基础设施

交通运输

昔时，境内山重水复，交通闭塞，运输主要靠人力肩挑背负。境内先民经年累月，艰苦劳作，修通了汝城—沙田圩、汝城—崇义县、汝城—上堡三条步道。步道负责为朝廷传递公文信息，输送军饷钱粮亦称官道，也是境内商人输送茶叶食盐等生产生活资料的主要通道，俗称盐茶古道。

1958年，由地、县两级投资20万元，政府采取民工建勤，发动全县高小以上学生勤工俭学，修建汝城至益将公路，公路全长23公里，后统称省道1859线，境内开始通公路。1975年，由719矿投资，拓宽修整，改造升级为四级公路。1987年，1859线改建成柏油路。2013年，厦蓉高速公路、省324线及县道永濠线贯穿境内。2000年以来，境内交通建设进入快车道，2014年后，14条通村公路实现水泥硬化，总长30公里。2012年，汝城大道直通永丰乡三角坪，相继开通公共汽车，从此，永丰融入县城经济社会发展辐射区。

邮政通信

1956年，设立永丰邮电所，1959年，公社到各大队的手摇电话开通。2004年，移动手机信号覆盖全乡。2014年，有邮政代办所1处，报纸、杂志累计发行650份，邮政业务收入2.4万元。有电信企业2家，固定电话1200户，移动电话5000户，互联网用户240户。2014年，电信业务收入55万元。

水利建设

境内无大河溪，历史上为干旱区，20世纪50年代起，掀起兴修水利的热潮，现境内建有革命水库，库容145万立方米，4座小Ⅱ型水库，总蓄水量195万立方米，灌溉渠道23公里。境内有小水力发电站2座，装机0.2万千瓦，发电1100万千瓦时。有高压输电线路3条，总长40公里。

乡村建设

境内有先锋圩场、三角坪圩场2个圩场。先锋圩场位于先锋村周氏宗庙广场，亦称“宗庙下圩场”，兴建于明万历神宗初年，占地3亩，逢四、九为圩日，是汝城县目前仅存的村级古圩场。1996年，乡政府迁到现址，在乡政府驻地右侧的三角坪兴建圩场。迅速形成县城农副产品的辐射地。每逢零、五为圩日，目前有固定摊位100余个。市场面积由过去的0.2平方公里扩展到1平方公里。大力推进规范农村建房工作，改造古村落和空心村。完成了14个的村庄规划，实施了集中规划建房示点；对环境卫生投入80余万元，购置洒水车、垃圾车各1辆、手推车22辆、垃圾桶400个、新建垃圾池22个；实施绿化攻坚，在东沙村高速路两边生态绿化造林133公顷。

社会事业

居民生活

永丰是古祠堂之乡，各姓皆建有祠堂，先锋村的周氏家庙，周氏宗祠于2013年国务院公布为国家级重点文物保护单位。1951年，实行土地改革后，农民生产积极性大为提高，生活得到改善。1956年农业合作化后，农民主要靠参加生产队劳动，按工分获取粮食和年终决算现金分配，自留地、家庭养殖是农民日常生活的重要来源。1978年，农民年终决算时现金收入不过90元。农村实行家庭联产承包责任制后，收入来源拓宽，现金收入增加。1988年农民人均可支配收入280元，1998年农民人均可支配收入攀升到900元。2014年，全乡人均收入4345元，为1978年的48.3倍。

教育

明清以来境内主要有义学、私塾、族学三种办学形式。先锋村的周氏族学，创办于清乾隆年间，是境内办学时间最长，办学质量最高的族学。以祖产为主要办学经费，家族按房份出力，贡献大的在祠堂大厅上悬榜旌表，是家族办学制。清末废科举兴学校，周氏族学更名为国民小学。教学内容与教学方式是半新半旧，教书先生多为晚清落第秀才，开设了算术、国文，音乐、体育等课程。民国34年（1945），有高级小学一所，初级小学两所，学生100人左右，是民国时期入学率最高的年份。1952年村村办小学，办扫盲夜校。教育事业迅速发展。1970年后，为了方便儿童就近入学，“民办教师”应运而生，半数以上大队都是2～3所学校。1989年小学与初中分设。1998年“普九”验收合格。2008年进行学校布局调整，撤并部分边远小学，集中办学资源创办寄宿班。2012年，全乡实施农村义务教育经费保障机制改革，对小学和初中生免收学杂费，对贫困寄宿生给予补助。对农村在校学生免费提供营养餐。

文化体育

先锋村、涧布村常在春节期间开展香火龙，舞布狮表演。1971年，创办公社电影队，所使用的是8.75毫米的小型放映机，用脚踏发电机供电。赤脚放映员肩挑游动为农民放映，1984年后电影市场受到电视的冲击解散。1970年创办公社广播站，宣传党的方针政策和农业科技知，逐年发展村村通广播，户户有喇叭。1995年乡广播站更名为广播电视差转站。2014年有乡文化站1家，村文化活动中心11处，农家书屋藏书1.5万册。有线电视用户2900户，有学校体育场5个，面积2130平方米。

医疗卫生

1953年创办卫生所，西医传入境内。1959年创办公社联合医院。1969年，创办村级卫生所，全乡有赤脚医生17人，农村缺医少药的状况得到一定的缓解。党的十一届三中全会后，医疗卫生事业稳步发展。2014年境内医院床位17张，每千人拥有1.2张；固定资产总值976万元；专业卫生人员10名，其中执业医师3人，执业助理医师3人，注册护士2人。医疗机构完成诊疗13108人次。

社会保障

1950年后，政府对贫困百姓实施救济，杜绝了绝对贫困人口，农业合作化时期农村福利以集体补助为主，年终分配鳏寡孤独基本口粮达到全队平均水平，辅之以国家救济。人民公社化以后，对鳏寡孤独者实行“五保”制度。1990年后本乡对“五保”老人逐步由分散供养转为集中供养，经费由国家、乡、村三级承担。2000年以来，随着乡域实力的增强，社会救助更加广泛。2014年，享受农村居民最低生活保障的4495人，享受城乡居民最低生活保障的1699人。国家抚恤各类优抚对象277人。共115.3万元。社会福利费21600元。敬老院1家，床位30张，集中供养农村五保人员30人。分散供养“五保”人员169人。

特色地情

风景名胜

境内有国家级重点文物保护单位1处，即先锋村周氏宗祠、周氏家庙；市级文物保护单位2处，即君子岭宋申锡墓、先锋村先锋岩洞堡；湖南省历史文化名村1处，即先锋村。

君子岭 位于破石界村北，海拔1290.2米。因此山雄峻苍秀，四周山势低伏，呈众山拱护宾主朝揖之势。朝霞满天时，主峰身披霞光，彰显出“君子坦荡荡”的气度而得名。相传县令上任之日，邑人仰观君子岭的朝阳云霞，可由其阴明晦亮，预测出一任父母官的浊清庸显。“君子朝阳”昔为古邑八景之一。本邑教谕、巴陵举人黄文理有诗曰：“朝阳山峙桂阳东，君子芳名古今同。松是衣裳云是伴，石为骨骼玉为躬。高冈鸣凤声清远，低涧潜蛟气化融。闻道雨晴征治谱，天成画嶂碧霄中。”

诏旌第

宋申锡古墓群 坐落于境内君子岭麓。据唐书载："开成元年（836）九月，朝廷下诏追复宋申锡正义大夫，尚书右丞，谥"文懿"，归葬乡里，立庙祀之。"又据民国《汝城县志》（民国版）载："汝城乡有文懿公庙。公名益，唐相宋璟之后，三性神异，仕唐以忠直称。卒时，朝忽多雾气，国师占曰：'此宋益神气也。'上赐谥文懿，诏其子孙立庙祀之。"古墓群坐北朝南，分四个梯层，每层有八座古墓，最高的一层是宋氏二世祖唐丞相申锡公和夫人李氏以及三、四、五、六世祖的坟墓。是县级文物保护单位。

周氏家庙 周氏家庙，堂号序伦堂，位于先锋村境内，建于明朝万历元年（1573）。规模宏敞而阔，三开间三进，两天井。大门饰挂"国勋已见排诸吕，家学曾经授二程"楹联。上井天井右边立青石碑一块两通，正面是明弘治十一年（1498）范渊所书的《诏旌周氏尚义门记》；左边青石碑一块，是乾隆十八年（1753）重建宗祠记事碑，碑中记载先锋周氏"始祖万二郎自江西之泥田至南宗时迁此，明万历始建宗祠"。2013 年 5 月，经国务院批准，"序伦堂"列入国家级重点文物保护单位。

诏旌第 即周氏宗祠，亦称"宝沿堂""尚义门"，位于境内先锋村，建于清康熙乙巳年（1665）。门楼为高平屋饰重檐彩绘歇山顶，七跳如意斗拱鸿门梁，是汝城建筑史上著名的"三条半朝门"之一。额枋上悬挂"圣旨"匾额，系朝廷旌表周氏九世祖周如尧捐粮千石备荒济贫之义举，额枋题鎏金阳文"诏旌第"大字。

永丰岩洞堡 位于周家村，洞堡内空阔深邃，昔时为避乱保安场所。洞门口竖有咸丰九年（1859）所立由周昌鲁启文宇氏撰写的《永丰岩碑记》一通。2012 年 1 月被列为市级文物保护单位。

（胡开益 供稿）

田庄乡

田庄乡是反季节蔬菜之乡。

区域概况

位置面积

田庄乡因乡政府驻田庄圩而得名。位于汝城县北部，距县城18公里，北纬25° 40′ 9″至25° 48′ 57″，东经113° 40′ 39″至113° 47′ 13″。东西直线距离12公里。南北直线距离16.3公里，面积82.94平方公里。东界永丰、濠头两乡，南邻暖水镇，西接南洞乡，北交桂东县沙田镇。

建置沿革

明清属桂阳县长宁乡柱石团。民国8年（1919）为汝城县北区第二段。民国27年（1938）建田庄乡，民国30年（1941）建新民乡。1950年属汝城县第四区。1956年撤区建田庄乡。1958年与暖水乡、南洞乡、资兴市乐坪乡合并设立红旗人民公社，后改名田庄人民公社。1961年分立为暖水人民公社、南洞人民公社、田庄人民公社。1984年撤社建田庄乡。

行政区划

1983年，田庄公社辖11个大队，110个生产队。2014年辖指头春居民委员会和白泥坳、新联、集裕、新复、文泉、塘丰、蔡家、田庄、洪流、上塘、乾浦11个建制村、110个村（居）民小组，219个自然村。

自然环境

地形地貌 境内东西北三面皆山，南面临水处是沤江，形成狭长的田庄盆地。江背山横亘于东部，平巅山（又名天平山，平头山）海拔1294米，是境内最高峰。上湾村海拔291.5米是境内最低点，乡政府驻地海拔298米。

气候水文 受山间盆地气候影响，田庄春冬两季气候湿润，积温偏高，年平均气温18.2℃，年均降水1456毫米。沤江从濠头入境，是境内的干流。境内主要河流4条，总长26公里，径流7340万立方米/年。

自然资源 境内植被丰茂，森林资源丰富。境内西北百宝殿出产石蛙、石耳、石覃、石蟹。朱砂岭下的古潭产朱砂，北部白泥坳地下富藏高岭土。

人口民族

殷商末期，境内便有人类繁衍生息。明清两代因官迁或因避战乱，外来人口多。1960年后，随着经济的发展，社会的安定，形成人口自然增长的高峰。1980年后，通过实行计划生育和鼓励农民来圩场经商办厂，人口自然增长明显放慢，城镇户口显著增加。1964年第二次人口普查统计全乡8401人，1982年第三次人口普查统计全乡12593人，2010年第六次人口普查统计14992人，2014年全乡4327户15080人。人口密度为每平方公里182人。

经济发展

农业

田庄乡是传统的农业乡镇，田庄盆地土质肥沃，农耕文明历史悠久，农耕条件优越。田庄盆地积温高，春夏季节农作物早熟，境内农民有种植早季蔬菜的传统，辣椒、茄子、豆角赶早上市，往往能卖好价钱。现在，这里是郴州市的反季节蔬菜之乡。

1954年粮食大丰收，总产3236吨，亩产达190千克。1965年，粮食产量超过1954年，1975年通过推广杂交稻，普遍使用化肥，科学种田水平提高。1982年粮食大丰收创历史纪录。1983年、1984年因遭受自然灾害和主观上重商轻农的影响，连续两年粮食减产。经总结经验教训，1985年粮食开始恢复性增产。1990年，粮食生产突破连续7年徘徊局面，再获大丰收。改革开放以来，农民生产积极性得到充分发挥，境内经济由以粮为纲进入了农、工、贸三分天下的新时期。近年来，乡政府引导农民调整产业结构，推行山顶种树、山腰种茶、山坡种花、山下种菜的立体农业模式，重点发展绿色蔬菜、有机茶叶、珍稀苗木等农业主导产业。打造以有机蔬菜为主的粤旺蔬菜；以珍稀苗木、有机茶叶、水果为主的百宝有机生态园；以珍稀苗木种植为主的珍稀苗木基地；以有机茶叶为主的大雾山生态茶园、润敬茶叶示范基地；以菌类培育为主的田庄菌类培育基地。初步形成了具有田庄特色的产业格局。2014年有耕地696公顷，人均0.7亩，生产粮食8191吨，亩产460千克，人均543千克。饲养生猪1.6万头。有山林面积6157公顷，森林覆盖率91.7%，活立木蓄积量27.61万立方米。

工业

工业以硅铁冶炼和小水电为主。民国年间始有打铁、食品加工的匠人游走乡村，多是广东人、衡阳人，少数人逐定居下来，办起了小作坊。1956年，对手工业进行社会主义改造。1962年建立田庄铁木社、缝衣社两家集体企业，自负盈亏。20世纪70年代起，政府倡导发展社队企业，但因信息闭塞缺资金缺技术，所办小企业维持时间不长。1990年起，农民进圩场办厂经商。个体私营企业兴起，以建筑建材为主。乡政府充分利用硅矿冶炼加工、小水电开发的优势，实现了工业的快速发展。2014年工业产值5349万元，占全乡生产总值的40.02%。拥有工业企业5家，有浩源新材料有限公司、五条路机砖厂、文泉电站、集裕电站、新复电站，从业人员有260人。

商贸服务

民国时期，境内著名商铺有杨家店、邓家湾店、甫前店、杨家脑店、水灰店、燕达坳店、广水店、新圩店。20世纪50年代初，有私营商业26户、从业80人。从1953年开始，对私营商业实行“利用、限制、改造”的政策，到1958年私营商户基本绝迹。十一届三中全会后，境内个体商业迅速发展。2014年，境内有田庄、白泥坳圩场2个，个体商业159户，从业648人，社会商品销售总额824.71万元，商场面积25436平方米。

劳务输出

20世纪80年代中期，农民外出务工经商逐形成热潮。2014年度劳务输出3495人，劳务收入7768万元，劳务输出人员中，有男性1828人，女性1667人，政府组织劳务技能培训2次。主要输出地为广东、江西、浙江等地。劳务输出逐成为村民建房、子女读书、置办家具等开支的主要经济来源。在劳务输出人员中，大多数以打工为主。少数人或开店办厂，或从事房地产开发，或承包建筑劳务工程。

财政金融

财政收入主要是农业税。1982年设立田庄税务所。1984年设田庄财政所，税务所合并其中，1986年始，乡镇财政实行“定收定支、超支不补、结余留用，一年一定”的预算管理体制。2002年成立农业税征收管理分局，2006年，农业税免征后更名为乡财政所。2014年，实现地区生产总值13365.82万元，财政总收入1520万元。完成税收471万元，其中国税300万元、地税171万元。农民人均可支配收入1496元。20世纪70年代，中国农村信用合作联社汝城支行在境内设田庄信用合作社，2014年改为湖南汝城农村商业银行田庄支行。各类存款余额1200万元，各类贷款余额600万元。

基础设施

交通运输

昔时境内交通闭塞，运输主要靠人力肩挑背负。境内先民经年累月艰苦劳作修通了汝城——桂东的步道。俗称茶盐古道。1956年4月汝城第一条公路——宜（章）汝（城）桂（东）公路相继建成通车。过田庄境内20公里，此路后称国道106线。2009年，国道106线扩改与炎汝高速公路相继动工建设在境内设有互通，昔日制约田庄经济发展的交通瓶颈被突破。11条通村道全部水泥硬化，长50公里。

邮政通信

民国31年（1942），设立田庄邮政代办所，1955年设立田庄邮电所，2002年移动手机信号覆盖全乡。2014年有邮政所1处。报纸、杂志发行1000份，邮政业务收入10000元。2011年年末有电信企业1家，服务网点2个，固定电话1520户，移动电话620户，互联网用户209户。业务收入48万元。

水利建设

田庄是汝城的水电强乡，境内水能资源丰富，小水电始建于1965年，历经数十年艰苦奋斗，先后建成小水电站8座。2014年有4座电站正常运转，其中沙田水力发电厂为规模电厂，装机容量10.8万千瓦，年发电量3亿千瓦时；3座小型发电站装机容量570千瓦，年发电量320万千瓦时；有高压输电线路3条，总长28公里，设有供电所一个。2012年投资220万元铺设供水管道5公里，新建了涉及镇区及3个村5000余人的集中供水工程。境内有鸡仔洞、上坑两座小Ⅱ型水库，其中鸡仔洞水库地处洪流村，库容29万立方米；上坑水库地处新联村，库容23万立方米。

乡村建设

田庄圩始建于清乾隆年间，初极简陋。清嘉庆十二年（1807）由八甲理事向乡民捐资扩建，有简易厂棚20余间，及田庄戏台、八卦楼。民国年间发展到13家固定小商铺，主要商号有指头春药店等，圩场面积5亩，简易街道石板小路100米。1950年后予以扩建，圩场占地10亩，建有厂棚2排16间。圩期逢农历四、九，圩日成交额约5万元。20世纪80年代，该圩场是县内最大的蔬菜购销市场。2009年启动圩场拓建工程，拓建后镇区面积由0.2平方公里达到2.5平方公里，对镇区田庄路、沿江路路边530套房屋实施立面改造统一装饰；新建了田庄路、沿江路，配套建设了人行道，实施了道路绿化、美化、亮化；完善了服务功能，健全了公共基础设施，新建了集镇集中供水工程、污水处理系统、三个生态游园和休闲广场。

社会事业

居民生活

境内先民务农为本，耕读传家，勤劳节俭，敦厚善良，民风淳朴。主要姓氏有何、黄、刘、钟、郭、唐等。1951年，实行土地改革，农民生产积极性大为提高，粮食增产，农民生活得到改善。1956年农业合作化，所有农民入社参加集体劳动和分配。大集体时期长达20余年，在这一时期农民生活水平增长缓慢。住房多为黄泥土砖垒墙的矮平房，自行车、收音机、手表是稀罕的“三大件”，是少数农村青年结婚时的彩礼。1981年实行农村家庭联产承包责任制以后，境内农民生活得到逐步改善。2006年，取消农业税，国家开始向农民发放种粮直接补贴、良种补贴、油价综合补贴、能繁母猪养殖补贴等各种惠农资金。同年实施的还有农村最低生活保障政策，家电下乡财政补贴和农户购买汽车和摩托车财政补贴政策。2014年共发放粮食直补资金94450.58元、综合补贴资金56386.83元、水稻良种补贴资金540401.55元。电视机、电冰箱、洗衣机已在农家遍及，富裕的农家开始拥有小汽车和农家小院。2014年，境内农民人均可支配收入3861元，人均住房面积25.3平方米。

教育

办学主要有义学、私塾二种办学形式。清末废科举兴学校，建有甫前学校、水口学校、横江学校。横江小学是境内最早的公立学校。1952年有小学11所，在校学生400左右。村村办扫盲识字班教育事业发展迅速。1970年后，为了方便儿童就近入学，“民办教师”应运而生。半数以上大队都是2～3所学校。1974年，乡办初中。1998年，全乡基本普及九年制义务教育，2006年，实行一乡一校，田庄启动“完全小学”的办学模式。2010年，全乡实施农村义务教育经费保障机制改革，对小学和初中学生免收学杂费，对贫困寄宿生给予补助。2013年始，对农村在校学生免费提供营养餐。2014年，有完全小学1所，专任教师52人，在校学生1093人；有幼儿园5所，在园幼儿471人，幼儿教师19人。

文化体育

民间文艺活跃，洪流村、田庄村、塘丰村常在春节期间扎舞九十九拱纸龙，表演太平锣鼓庆丰收。1971年创办公社电影队，使用的是8.75毫米小型放映机，脚踏发电。赤脚电影放映员肩挑到村里为农民放电影，1980年建设公社电影院，兼做人民公社会场。1970年创办公社广播站，宣传党的方针政策和农业科技知识，逐年发展村村通广播，户户有喇叭。1985年后村村通广播逐废。1995年乡广播站更名为广播电视差转站。1991年建立乡文化站，2014年有乡文化站1家，村文化活动中心9处，农家书屋藏书2.7万册，有学校体育场2个，面积6800平方米，有广播电视站1家，有线电视用户585户。

医疗卫生

指头春药店是境内最著名的中医诊所。新中国成立之后，广泛开展卫生科学知识宣传，引导群众破除迷信，讲究卫生，农民健康卫生水平得到提高。1969年，创办大队办卫生所，全乡有“赤脚医生”20人，农村缺医少药的状况得到一定的缓解。2006年始，实施新型农村合作医疗保险制度。2014年有乡村医疗机构12个，床位26张，每千人拥有1.8张；固定资产总值1210万元；专业卫生人员4人，其中执业医师1人，执业助理医师4人，注册护士2人。完成诊疗6532人次。11个村有13387人参加新型农村合作医疗，参保率96.1%。

社会保障

1950年后，政府对贫困百姓实施救济，基本杜绝了绝对贫困人口。1950年后，政府对贫困百姓实施救济，杜绝了绝对贫困人口。农业合作化时期，农村福利以集体补助为主，年终分配鳏寡孤独基本口粮达到全队平均水平，辅之以国家救济。人民公社化以后，对鳏寡孤独者实行“五保”制度，1990年后，本乡对“五保”老人逐步由分散供养转为集中供养，经费由国家、乡、村三级承担。2000年以来随着乡域实力的增强，社会救助更加广泛。2014年农村最低生活保障户491户841人。国家抚恤、补助各类优抚对象126人，支出52.5万元，社会福利金10.8万元，供养农村“五保”人员175人，月支出26050元。发放社保金138.3万元1921人。有敬老院床位30张，集中供养农村“五保”老人26人。

特色地情

风景名胜

黄氏家庙 位于洪流村境内。据《黄氏族谱》载，黄氏家庙始建于元至顺元年（1330）。一朝向三开间，四厅四进砖木抬梁结构，使用了大量的石材，为湖南省文物保护单位。

民俗风情

太平锣鼓 太平锣鼓是本地的一种民间娱乐活动，这套打击乐由一个牛皮鼓、一面大铜锣、一个小铜锣、一副大铜钹、一副小铜钹组成。锣鼓要按音程格调（牌子）敲打。每个牌子从《爆锣》开始（五件一齐响），其后由司鼓者指挥，变换各种牌子敲击。牌子的名称大致有《二流》《四更静》《普天娥》《长春》等，太平锣鼓曲调优美，节奏时而激越铿锵，时而平展舒缓，容易营造欢乐祥和的气氛。

（朱战明　供稿）

南洞乡 >>

南洞是革命老区，国家级生态乡镇。

区域概况

位置面积

南洞古称拦峒，峒在汝城方言中特指山间小盆地。位于汝城县最北端，距县城24公里，北纬25° 41′ 41″至25° 53′ 10″，东经113° 34′ 55″至113° 45′ 23″。东西直线距离13.8公里，南北直线距离21.1公里，面积158.32平方公里。东界田庄乡，南邻暖水镇，西接资兴市东坪乡和连坪乡，北交桂东县沙田镇、青山乡。

建置沿革

明清属桂阳县长宁乡内淇团。民国8年(1919)属汝城县北区三段。民国27年(1938)，建南洞乡。民国30年(1941)，改称新民乡。1950年4月，属第四区(长新区)。1956年5月，撤区建南洞乡。1958年10月与田庄乡、暖水乡、资兴县东坪乡合并设立红旗人民公社，1959年11月改名为田庄人民公社。1961年5月，分立为南洞人民公社，1984年4月撤社复建南洞乡。

行政区划

1983年，南洞公社辖11个大队，93个生产队。2014年，辖南洞居民委员会和淇南、高月、光明、山联、淇岭、大麻、吕洞、育才、育林、西边山、东边山11个建制村，93个村(居)民小组，225个自然村。

自然环境

地形地貌 境内多山，诸广山脉从桂东进入纵横于南洞，仅淇江中下游沿岸稍微平坦。地势由西北向东南倾斜，洪水山是境内最高峰，海拔1681米；最低点是下龙尾海拔358米，乡政府驻地海拔480米。

气候水文 属中亚热带向南亚热带过渡的季风湿润气候区，境内山高水冷林密，受林区小气候和山间盆地气候影响，春冬两季气候湿润，气温比县城偏低。年平均气温16℃，年均降水量1800毫米，最高气温39℃，最低气温-4℃，有“天然空调”、“自然氧吧”之美称。河道属湘江水系，境内主要河流3条，总长38公里，径流1.04亿立方米/年。沤江从桂东流入本乡境内。沤江在南洞境内又称淇江，源于桂东县境内的八面山和桂东县境内的四都乡，在桂东县宋坪林场汇合后，流经本乡东边山、高月村淇南村、光明村、山联村等五个村，约18公里，与发源于西边山村洪水山的龙形江小水江汇合，向南汇入泥江。小水江源于西边山境内，全长11公里。

自然资源 山林1.4公顷，活立木蓄积量80万立方米。境内山高林密，生态原始，森林资源丰富，珍稀植物有银杉，遍生松、杉、樟、棕榈及楠竹，棲栖有水鹿、麂子、野猪、野兔、斑鸠、杜鹃、白鹤、野鸭等野生动物。境内地下矿藏有硅、铜等，其中硅矿地质储量为40万吨，矿石纯度高。境内山高坡陡，水流湍急，淇江流域水能资源丰富，有可发电源点多处。

人口民族

殷商末期，境内便有人类繁衍生息。明清两代，因官迁或因避战乱，外来人口多。1960年后，随着经济的发展，社会的安定，形成人口自然增长的高峰。1980年后，通过实行计划生育和鼓励农民来圩场经商办厂，人口自然增长明显放慢，城镇户口显著增加。1964年，第二次人口普查统计，全乡6323人；1984年，第三次人口普查统计，全乡9202人；2010年，第六次人口普查统计，全乡10643人。2014年，全乡2872户10705人，其中男性5727人，占53.5%；女性4978人，占46.5%；14岁以下1777人，占16.6%；15～64岁7954人，占74.3%；65岁以上974人，占9.1%。有瑶族、畲族、土家族等292人，占3%。人口自然增长率4.6‰。人口密度为每平方公里67人，为全县最低。

经济发展

农业

南洞乡地处汝城县北部，远古盖偏远蛮荒之地。境内多山多林，耕地多沿淇江两岸排列，水田旱土大约各占耕地一半。杂粮多种在山坡旱土上，刀耕火种广种薄收。地旷人稀，常遭野猪山牛毁坏，成熟季节要人守夜，护稼十分艰难，旱粮亩产仅为40千克左右。农业种植品种单一，发展缓慢，生产力水平低下。农具以犁耙、锄头为主，人力耕种为主，辅之以耕牛，主要是黄牛。过去，淇江一带农民利用竹筒水车提水润田，水力推磨舂米碾谷，自然环保，简便高效。1949年，粮食总产79.89万千克，亩产110千克左右。

1954年，粮食大丰收总产量146.58万千克，亩产达180千克。1965年，粮食产量超过1954年水平。20世纪70年代后，电力排灌机械问世，传统竹筒水车磨坊逐渐消失。1976年后，通过推广杂交稻和使用化肥，科学种田水平提高。1982年，粮食大丰收创历史纪录。1983年、1984年，因遭受自然灾害和主观上重商轻农的影响，连续两年粮食减产。经总结经验教训，1985年，粮食开始恢复性增产。1988年，有乡镇企业13个，主要企业有农机修配厂、发电厂、农副产品加工厂、锯木厂、农机站、林场等。工业产值15万元；耕地513公顷，农业总产值264万元；粮食总产425万千克；拥有农机总动力1080.08千瓦。1990年，粮食生产突破连续7年徘徊局面，再获大丰收。此后，随着农田水利基础设施的配套完善，超级杂交稻的推广，粮食生产进入稳产高产期。改革开放以来，农民生产积极性得到充分发挥，境内经济结构由以粮为纲进入了农、工、贸三产融合的新时期。近年来，政府加大了对农业产业投入的力度，引导农民走规模化经营道路。投资30余万元，完成友谊水库左中右干渠11处防渗加固工程；投资28万元，疏通了淇南钟家洞、育才江至淇南片、淇南电站至高月村等灌渠8条；投资160万元，在育才村开展平整耕地；投入资金550万元，完成了7条10公里通组公路。发展大棚西瓜20公顷，发展规模蜜蜂养殖基地5

个。2014年，全乡耕地面积488.6公顷，人均0.7亩。产粮5900吨，人均618千克，主要经济作物有油茶、冬笋、野生香菇、木耳、蜂蜜、朝天椒、大棚西瓜。有生猪养殖场2个，出栏生猪1.344万头。

林业

南洞是汝城的重点林区，林业自古以来是主业。计划经济年代，木材采伐量曾年高达万余立方米，后逐年递减。民国以前，境内山林大部分为封建地主所有。土地改革后，除少数转为公山外，没收封建地主占有山林及征收的庙会山祖山，大部分分给农民。农业合作化，山林划归集体经营。20世纪60年起，几乎所有的大队都办起了林场，公社在蕉垅办林场。1981年，为进一步鼓励个人植树造林，开展山林"三定"工作。1984年，政府公布了将集体山林承包到户30年不变的政策得到农民的拥护，大大提高了农民植树造林的积极性。2013年，本乡被列入环东江湖生态保护区后，竹木限量采伐，昔日重点林区转身为生态大乡。2014年，累计造林153公顷2533公顷，有生态林2533公顷，退耕还林897亩，油茶林万余亩。果园200公顷，种植有板栗、水晶梨、柰李。

工业

民国年间，境内仅有几家打铁铺，竹木加工铺，维持着简单的再生产。作坊工匠以广东人、永兴人、衡阳人为主。1970年后，政府倡导发展社队企业大办林场。20世纪80年代本乡工业依托境内资源优势，小水电站建设和木材加工蓬勃发展。1990年后与水电总公司联营兴建麻子谭电站。2000年后。县委、县人民政府出台《关于加快水电资源开发的规定》，明确："谁建，谁有，谁管，谁受益""鼓励多家，多形式投资兴建水电站"。南洞乡抓住机遇乘势而上，境内掀起了大办小水电热潮，撑起了乡办企业的半壁江山。2014年，工业产值2065万元，占全乡生产总值的21.86%。规模企业有电站6座，包括装机1.8万千瓦的淇南电站、1.8万千瓦的渔仔口电站、4800千瓦的麻子潭电站，成为了汝城的水电强乡。

劳务输出

20世纪80年代中期，农民外出务工经商逐形成热潮。2014年，劳务输出3195人次，劳务收入7668万元。主要输出地为广州、江西、浙江等地。在劳务输出人员中，大多数以打工为主。少数人或开店办厂，或从事房地产开发，或承包建筑劳务工程。近年来也有少数成功者完成原始积累回乡创办企业，境内有电子来料加工企业一家。

财政金融

财政收入主要是农业税。明清时期财税中央集权，没有乡级财政。1982年，建乡税务所，

千年红豆杉

1984年，成立乡财政所，后将税务所并入其中。1986年始，乡镇财政实行“定收定支、超支不补，结余留用，一年一定”的预算管理体制。财政收入主要为农业税、工商税、企事业收入和其它收入。2002年，成立农业税征收管理局，2006年，农业税免征后更名为财政所，2014年，地区生产总值9446万元，完成社会固定资产投资7485.4万元，农民人均可支配收入1626元，财政总收入1760.6万元，其中地方财政收入245万元，完成营业税350万元，增值税250万元，企业所得税180万元。20世纪50年代起，境内设立南洞农村信用社，2015年，更名为农村商业银行南洞支行，2014年，各类存款余额11071万元，各类贷款余额116.38万元。

基础设施

交通运输

昔时，境内山重水复，交通闭塞，先民经年累月，凿通了县城—桂东四都圩步道。该步道南起汝城县城，向北经新铺前、银岭脚、碣头岭、暖水新桥、南洞圩、龙王庙出境至桂东县四都圩70公里，其中南洞境内约40公里，是境内商人运输大米、生猪、木材、贩盐、南杂上汝城的主道。境内淇江水路属西河水道的支流。从桂东两水口入境，流经东边山、育林、淇南、光明、山联入暖水注入东江湖。全程水流湍急多暗礁险滩，只能散放竹木，丰水季节能流放排筏方拖。年流放量1万立方米。20世纪70年代，公路运输发展，淇江水道日渐衰退。1976年，境内11个村93个村民小组投工投劳，修通了106国道—南洞的简易公路。该公路呈南北走向，泥土路面，全程约12公里。南起106国道田庄黄家段下、经寒坳、光明村、高月村、到南洞圩。1982年，通过个体老板郭红雄承包砍伐黄泥垄林木补偿工程款的方式，修通了路程28公里的南洞—桂东县宋坪林场简易林业公路。1995年，采取与西边山以山林抵资和上级以工代赈扶持的方式，由县木材公司修通了南洞乡两水口—西边山村彪坑的林业公路25公里。20世纪70年代，始修通村公路，因山路艰险，村道建设标准极低，仅能勉强通手扶拖拉机。2014年，10条通村道全部水泥硬化，总长76.51公里。全乡辖93个村民小组，有通组公路32条总长约29公里。2015年，争取投资1600万元，修通里程20.33公里的育林至西边山通村公路并水泥硬化。

邮政通信

民国31年（1942年），在境内设乙类信点，1956年，设邮电所，1959年，邮电下放到公社，开设有电报、长途电话、邮政、报刊发行等业务。1977年，公社到部分大队的有线手摇电话开通。1996年冬，境内程控电话开通，电话摇把手时代结束。2002年，移动手机信号覆盖全乡。2014年，有邮政代办所1处，村村通邮路，报纸、杂志累计发行1006份，邮政业务收入10.1万元，有电信服务网点1个，固定电话1231户，普及率为43%，移动电话3882户，互联网用户户。年电信业务收入35万元。

水利建设

昔时，水利设施简陋，境内农田全凭天水灌溉。20世纪60年代起，兴修水利。主要水利工程有与资兴东坪交界的友谊水库及配套工程，黄泥湾扬水站工程。总蓄水量3650万立方米，灌溉主渠29公里，境内农耕基本保障。凭借蓄水库的优势兴建小水电站6座，装机4.45万千瓦，2011年发电13300万千瓦时。有35千伏变电站一座，有高压输电线路2条，总长22公里。20世纪80

年代，境内开始建设自来水工程。但1996年前，只有淇南村从育林引来楼盈山泉水建有神背岭1个供水池。2012年，由乡政府投资228万元，在友谊水库大坝下建供水池，铺设管道10公里，对乡机关及东边山移民区、高月、育才、育林、淇南、吕洞6个村集中供水。同时，在西边山、光明、山联、淇岭、大麻等村修建小型人畜供水池。

乡村建设

境内南洞圩建于清代，位于淇南村境内。南洞圩又称拦洞圩，初时极为逼窄，以路为市，立地交易，历经修缮，有2栋厂棚，10余个摊位，形成以淇江河边老街1200平方米的老圩场。20世纪70年代，在淇江西边建设南洞墟场，有交易厂棚7个，固定摊位60余个，农历初一、初六逢圩，除本乡外，还有资兴市东坪乡，桂东县青山乡、大水乡和宋坪林场群众赶集交易。圩场有16棵参天蔽日的枫杨树，环境极佳，主要销售香菇、木耳、冬笋、淇江沉香鱼、茶油等和竹器、木器等的土特产和手工产品。2009年，南洞乡政府围绕“绿色崛起、生态发展”的总体目标，首次编制《南洞乡总体发展规划》，逐步形成“一心一带两片区”的战略构想。一心是以综合服务职能为主的公共服务设施中心。一带是沿淇江打造一条风景优美的绿化景观风光带。两片区是开发东部的新兴城镇区和改造面积1.6平方公里、营造1.04平方公里的西部旧城区政务中心。同年，启动南洞圩搬迁工程，新增建南洞农贸市场三层店面120余间。2014年社会消费品零售总额2630万元，商业网点121个，商场面积9561余平方米，从业人员389人。再是改造旧城区和古村落。先后投入4000万元，建设公寓式东边山移民新村和西边山移民新村，建筑面积32280平方米。2014年，以“国家级生态乡镇”为契机，全力开展农村环境卫生整治工作，投入100万余元购置压缩式垃圾车1辆、手推式垃圾车60辆、垃圾桶800个，垃圾日产日清；投入500余万元，实施镇区镇容绿化亮化美化序化工程，建设镇中心休闲广场（街心公园）1个、面积1000平方米，红军小广场1个、面积500平方米，东边山移民新村休憩点2处，实行镇区立面改造92间1.5余万平方米。

社会事业

居民生活

境内先民以务农为本，耕读传家，勤劳节俭，民风淳朴。主要有何、钟、郭、包、黄等姓氏。1951年，境内实行土地改革，农民生产积极性大大提高，粮食产量大幅提升，农民生活得到了改善。1956年，农业合作化，所有农民入社参加集体劳动和分配，此后进入大集体时期，农民生活水平增长缓慢，长期处于徘徊状态。大集体时，多数人家吃的是红薯干拌饭，逢年过节才能吃肉，水果极少；住房多为黄泥土砖垒墙的矮平房，自行车、收音机、手表是稀罕的“三大件”，是少数农村青年结婚时的彩礼。20世纪80年代实行农村家庭联产承包责任制以后，依靠独特的水电优势和林业优势，蓄水发电伐木造林，顶起了产业的半壁江山。农村居民生活逐步改善。2006年，境内取消农业税，国家向农民发放种粮直接补贴、良种补贴、油价综合补贴、能繁母猪养殖补贴等各种惠农资金，农民第一次享受种田不纳粮的惠农政策。同年实施的还有农村最低生活保障政策，家电下乡财政补贴和农户购买汽车和摩托车财政补贴政策。2014年，共发放粮食直补资金94450元、综合补贴资金56386元、水稻良种补贴资金540401元。

教育

明清以来，境内主要有义学、私塾、书院三

种办学形式。育英小学创办于民国2年（1913），是境内最早的小学。民国34年（1945），境内有2所小学，学生50人。由于地处偏远，适龄儿童入学率低。1953年，村村办小学或教学点，在校学生500人左右。村村办成人识字班，教育事业发展迅速。1970年后，为了方便儿童就近入学，“民办教师”应运而生。多数以上大队都是2～3所学校。1998年，全乡基本普及九年制义务教育。2006年，撤销南洞中学合并到汝城县第五中学。南洞实行“完全小学”的办学模式，2008年，进行学校布局调整，撤并部分村小学集中教育资源，并争取中国中铁集团投资，将原在“和尚庵”的中心校址搬迁至新址，境内办学条件大为改善。2010年，全乡实施农村义务教育经费保障机制改革，对小学和初中学生免收学杂费，对贫困寄宿生给予补助。自2013年始，对农村在校学生免费提供营养餐。2013年，境内开始创办幼儿园，2014年，有完全小学1所，西边山教学点1个，专任教师36人，在校学生689人；有幼儿园5所，在园幼儿272人，幼儿教师15人。

文化体育科技

淇南村、高月村民常在春节期间自发组织扎舞香火龙、纸龙，进行武术表演。1971年，创办公社电影队，使用的是8.75毫米小型放映机，脚踏发电，赤脚电影放映员肩挑放映机走村串户流动为农民放电影。1983年，建设公社电影院配有固定座位，兼做人民公社会场。1970年，创办公社广播站，宣传党的方针政策和农业科技知识，逐年发展村村通广播，户户有喇叭。1985年后，村村通广播逐废，电视差转逐年兴起。1995年，乡广播站更名为广播电视差转站。2014年，有乡文化站1家，村文化活动中心8处，农家书屋藏书1.5万册，有学校体育场2个面积4500平方米。有广播电视站1家，有线电视用户300户，山边远区农家有2500户左右仍使用小型地面卫星接收器看电视，有乡土科技人才11人。

医疗卫生

明清时期，境内医疗以中医和中草药为主，乡民生病多是自医自疗，病重了才找乡村郎中先生。1952年，创办卫生所，西医传入境内，1958年，建立公社联合医院，广泛开展卫生科学知识宣传，引导群众破除迷信，讲究卫生，改造旧法接生，推广新法接生，疟疾、麻风病、钩虫病、结核病的普查普治和群防群治，农民健康卫生水平得到提高。1969年，响应毛主席关于“把医疗卫生工作的重点放到农村去”的号召，提出了大队办卫生所，实现小病不出村的工作目标，全乡有赤脚医生22人，农村缺医少药的状况得到一定的缓解。中共十一届三中全会后，医疗卫生事业稳步发展。2000年始，国家对农民大病救助力度加大，每人每次救助款为1500～2000元。自2006年始，实施新型农村合作医疗保险制度。2014年，有乡村医疗机构13个，床位13张，每千人拥有2张；固定资产总值200万元；专业卫生人员18名，其中执业医师3人，执业助理医师3人，注册护士1人。医疗机构完成诊疗7743人次，10103人参加新型农村合作医疗，全年有5018人次享受医疗补贴约200万元。

社会保障

1950年后，政府对贫困百姓实施救济，杜绝了绝对贫困人口。农业合作化时期，农村福利以集体补助为主，年终分配鳏寡孤独基本口粮达到全队平均水平，辅之以国家救济。人民公社化以后，对鳏寡孤独者实行“五保”制度，即保吃、保穿、保住、保医、保葬（孤儿保教）。农村实行联产承包生产责任制后，对“五保”制度一度有所削弱。1990年后，本乡对“五保”老人逐步由分散供养转为集中供养，经费主要由乡向村集资，

西边山苏维埃旧址

国家给以适当补助。2014，年国家抚恤、补助各类优抚对象100人，支出41.6万元，比上年增长16.6%。有敬老院1家，床位30张，集中供养农村五保人员30人。农村最低生活保障376户602人，发放了各种惠农补贴340余万元；国家抚恤补助扶贫对象40人，支出17万元；争取资金52万元，落实“一事一议”项目6个。

特色地情

历史人物

郭秉昭 生卒不详，南洞高月村下湾组人，明成化十七年（1481）辛丑科王华榜进士，任江西按察司佥事。

蔡会文（1908—1935） 湖南省攸县凉江乡人。参加毛泽东领导的秋收起义，历任红军三军政治委员、湘赣军区红军总指挥。1935年，奉命进入东西边山地区开辟游击区，任湘粤赣边区红军游击支队队长兼政委，在反围剿中牺牲。

郑德胜（1921—1992） 南洞乡西边山老红军，参加了抗日战争和解放战争，新中国成立后任芜湖军分区副司令员。正师职顾问。

唐斌（1921—1997） 南洞乡西边山老红军，长期坚持根据地艰苦的革命斗争，参加抗日战争和解放战争，1964年后转业地方任建行郴州中心支行行长。

民俗风情

南洞布狮 起源于明朝永乐年间，淇南村的群众为祈来年风调雨顺，五谷丰登，在正月十五元宵节前来到宗祠开展舞狮练武术等活动。舞狮子队伍由十余人组成，多为有点武术功夫的青年男子。狮身裹彩布，一人用手顶着狮子头，另一人装扮狮身，互相配合动作。舞狮子的基本动作有敬礼、摆头摆尾、头昂垫座、左右侧卧、前冲后退、跃身腾空、登桌椅等花式。狮子舞罢，由同伙表演拳术，气功、舞大刀、弄长棍、耍木牛（一种笨重的木质长柄武器，似牛椸有牙），虽数九寒天，皆赤膊上阵。

（朱秋汀 供稿）

延寿瑶族乡 >>

延寿是郴州市最大的瑶乡。

区域概况

位置面积

因延河和寿水在境内交汇，沿河居民饮用河水多长寿者故名延寿。位于汝城县西南部，距县城20公里，北纬25°24′59″至25°31′56″，东经113°24′51″至113°33′53″。东西直线距离13公里，南北直线距离13公里，面积87平方公里。东界泉水镇，南邻小垣镇，西接盈洞、岭秀瑶族乡，北交马桥镇。

建置沿革

明清属桂阳县文明乡延寿团。民国8年（1919），属汝城县西二区。民国20年（1931），属第四区，区下设保、甲。民国27年（1938），建延寿乡。1951年，与文明乡合并为汝城县第三区（文延区）。1952年4月，为第七区，辖九如、简坪、寿水、后塘、松西、铜城、白云、附区、留富、冬芒、东乡、辐坪、永利13个乡。1956年5月，小乡合并为延寿乡，1958年与白云乡合并设立延寿人民公社。1961年4月，分立为延寿人民公社和冬芒人民公社，1964年5月，又合并为延寿人民公社。1981年，再次分立为冬芒人民公社和延寿人民公社。1984年，撤社复建延寿乡。1991年10月，建延寿瑶族乡。

行政区划

1983年，延寿公社辖17个大队，137个生产队。2014年，辖延寿居民委员会和九如、松西、桑坪、留富、留观、官亨、寿水、新坡、中坪、辐坪、坪坑、东寿、郭家、下杨、山眉、城江、铜城17个建制村，137个村（民）民小组，235个自然村。

自然环境

地形地貌 境内多山，沟壑纵横，仅延寿河两岸稍为开阔。地势西南稍高向东北倾斜，最高点山眉狗牯坳海拔1360米，最低点留观兰家海拔470米。乡政府驻地海拔579.6米。境内喀斯特地貌明显，岩寨裸露峥嵘多岩洞和暗河。

气候水文 属中亚热带向南亚热带过渡的季风湿润气候区，年均气温16.3℃，无霜期252天，年均降水1450毫米，年均降水日数为126天。因受山高林密地域条件的影响，春夏季节多雨雾，冬季常有冰冻。因山高坡陡，雨季易诱发山洪、泥石流。延寿河属湘江水系，境内主要有河流5条，总长64.5公里，径流7400万立方米/年。延寿河两大支流延水、寿水。延水的支流走马江，发源于五指峰麓，经茶山脚矿区，经走马，在简水中注入延水，延水上游称冬芒江，发源于小垣镇将军寨，流经小垣、大山矿区。1980年后，小垣矿区乱采乱排，时江水有时呈红色。寿水发于鹿湖至上鹅一带山体中，经大蒲矿区、大塘、后洞、坪坑、新坡、寿水村与延水汇合。大蒲矿区排污时，江水像米汤，气味恶臭。乡民说延寿两条江一条流脓，一条流血，应加紧对采矿、选矿污染治理，还延水、寿水"水清鱼游"的本来面目。延水与寿水汇合后汇留富江、新坡水、铜城水，自南向北贯穿全境入山店江。

自然资源 境内高山植被茂盛，海拔高处多松杉针叶林，海拔较低处多为针阔混交林。铜城、城江、山眉一带盛产楠竹。境内主要矿藏有钨、铅、锌、锑、铋、萤石等，其中钨、铅、锌等蕴藏较为丰富。

人口民族

境内人口以瑶族为主。民国以前，无人口统计数据。1960年后，随着瑶民的安居乐业人口速增，形成了境内人口自然增长的高峰。1980年后，通过实行计划生育和鼓励瑶民来圩场经商办厂，人口自然增长明显放慢，圩镇户口显著增加。1964年，第二次人口普查统计，全乡10064人；1982年，第三次人口普查统计，全乡14303人；2010年，第六次人口普查统计，全乡18433人。2014年，全乡4565户总人口18536人，瑶族15756人，占85%，其中男性10139人占54.7%；女性8397人占45.3%；14岁以下4449人占24%；15～64为岁13161人，占71%；65岁以上926人占5%。2014年，人口出生率为12.87‰，死亡率6.49‰，人口自然生长率为6.38‰。人口密度为每平方公里213人。延寿为瑶族乡，主要有郭、庞、胡、朱、谭、黄、李、宋等姓氏。瑶族来源于历史上的"荆蛮""莫猺"。宋代，开始有瑶民从江西、广东流入汝城境内，明清两代流入人口有所增多。明弘治年间，江西省上犹县等地瑶民大量流入汝城延寿山区。据《桂阳县志·舆地志》记载："县内瑶人有二：一曰高山瑶，一曰平地瑶。"高山瑶又称生瑶，据岭秀《阮氏族谱》载："期先祖能义公，自宋太祖年间，至郴桂阳塘下之可遗安，遂居焉。"平地瑶又称熟瑶。汝城平地瑶的来源有二："一是来源原住汝城之高山瑶，如岭秀的阮氏、罗氏等；二是由外地迁入。桂邑自广东流贼钟千户残破后至弘治间，赣州当道误用武弁之言，容大帽瑶僮移来上犹县地名万杨山、桶杠峒处，砍山耕种，自食其力。始不过四五家，日久四散延住，流入本县鱼王、秀水、东岭、城溪、延寿、老虎等峒，及广东仁化、乐昌二县地方，不计其数。"（《桂阳县志·武备志》）瑶族在汝城的分布区域很广，主要是城溪峒、龙虎峒、延寿峒、姜阳峒、猿坑峒，昔称五峒瑶。清嘉庆二十二年（1817），县内新民五峒首领倡议修成《桂阳新籍文课试册》，同治九年（1870），延寿瑶族廪生张星辉倡议重修，《试册》记载了五峒96户瑶民首士的姓名，计有51姓。明正德年间，瑶民曾改称新民，遭到瑶民的抵制。清乾隆二十一年（1756）后，瑶民改称"新民"。1991年，经瑶民强烈要求，境内瑶族畲族等少数民族成分得以恢复。民国以后，境内瑶民已改变了其刀耕火种蓬头跣足不与汉族通婚的习惯。但在服饰、风俗习惯等方面，仍保留着瑶族特点。2014年年底，延寿乡人口18536人，其中瑶族人口15611人，是郴州市人数最多的少数民族乡镇。

经济发展

农业

延寿是汝城县的贫困乡，远古盖偏远蛮荒之

地。至今尚残存刀耕火种的遗风，耕种者先砍伐山上的草木晒干后焚烧，点坑下种待时收获，往往是烧一山，种一坡，收一箩。清康熙三年（1664），桂阳知县为安抚瑶民，把东山桥、九龙江等20多处官山划给瑶民开垦耕种，以资衣食，为世守产业。清乾隆四十七年（1782），曾有汉族地主萧任甫欲侵占瑶民所管官山，被郴州府正堂审结败诉，以维护瑶民对官山的管业权。清代，瑶民开始租佃汉族地主富户的田地种植水稻、红薯等，租谷大多折为现金，称“折租”。交租时，佃户要准备丰盛的酒菜接待佃主，饱受盘剥。清代后期，民族地区的种植业和养殖业有较大发展。瑶民到汉族居住的村镇和圩场上出售猪、牛、鸡、鸭、蔬菜等土特产品，与汉族人口的经济来往逐步加强。民国年间，有瑶民到广东等地割早禾、做长工，妇女们还刺绣一些传统的针织品到圩场上出售，以填补家用。粮食种植以旱粮为主，主要品种有玉米、高粱、糁子、旱禾（岭禾）、薏米、三角麦等，亩产40千克左右。民国时期，民族经济虽有较大发展，但明显低于汉族地区，广大瑶民常年以杂粮充饥，粗布遮体，住杉树皮盖顶的木板吊脚楼。农业生产工具以锄头、钩刀为主，以人力耕种为主。

1954年，粮食大丰收，亩产达180千克。1965年，政府大力推广良种，取消低产的桂东粘，老红米等易倒伏空壳率高的高秆品种，逐年改种“珍珠矮”、“二九青”等双季矮杆品种。粮食产量超过1954年的水平。20世纪70年代，全乡推广杂交水稻种植，普遍使用化肥，粮食产量大幅提高。1982年，全乡粮食大丰收，1983年、1984年因遭受自然灾害和主观上重商轻农的影响，连续两年粮食减产。经总结经验教训，1985年，粮食开始恢复性增产。1988年，全乡拥有农业机械动力2547千瓦耕867公顷，产粮4631吨，有乡办企业180家，产值41万元，乡办企业主要有矿产品加工、林产品加工、饲料加工、小水电站。1990年，粮食生产突破连续7年徘徊局面，再获大丰收。此后随着农田水利基础设施的配套完善，超级杂交稻的推广，粮食生产进入稳产高产期，中稻当家旱涝保收，亩产达500千克，一季胜两季，劳动力强度降低。冬种红花草子、油菜、蔬菜、经济效益提高，对青壮年大多外流的瑶乡来说，是目前较为合适的耕作制度。近年来，乡政府致力培育支柱产业、发展高效农业。在寿水村引进66.7公顷“神椒一号”工业辣椒种植示范基地；在官亨村、松西村成立生姜种植协会，联片种植生姜200公顷；在下杨村建立13.3公顷淮山种植基地；在山眉村成立养蜂专业合作社，引进蜂群100余群，发展会员36户；在东寿村、官亨村扶持生猪养殖大户4户，年出栏生猪1000余头。2014年有耕地面积770公顷，人平0.68亩，产粮10417吨，人均562千克。主要经济作物有小米椒、生姜、种植达400公顷。有山林6200公顷，活立木蓄积量21万立方米。全乡有专业合作社13家，形成了以“红、黄、绿”三色产业为主导的产业布局。红色的是小米椒和紫玉淮山、黄色的是玉米以及油菜、绿色的是果林。

工业

延寿瑶族乡工业以小水电、采矿和小手工业加工为主。解放初，东寿村铁寮组就有铁匠铺20余家，所生产的铁器农具销往周边乡镇，延寿菜刀曾闻名边境地区。民国初期，境内有人开采钨矿，打砂是农民的传统副业，忙时务农，闲时采矿，俗称矿农。2003年，汝城钨矿破产改制，导致本乡经济受到重创。20世纪80年代以来，本乡利用水能资源优势发展小水电效果明显。2014年，全乡有小型水电站7座，来料加工工厂16家。2014年，全乡工业产值5186.5万元，从业人员达651人。乡办企业主要有郭家桥电站、将军电站、中洞电站。

商贸服务

有圩场两个。延寿圩是汝城与广东乐昌边境贸易中心，始建于清乾隆年间，初为露天小集市，阴历 2、7 为逢圩日，立地交易，圩场面积有限。民国 19 年（1930），由各村筹资投劳，兴建砖瓦厂棚 10 栋 50 间，扩建为延寿圩场。1950 年后，组建供销社、畜牧站，挤占了一部分厂棚。1992 年后，对厂棚进行过二次维修。2005 年，圩场搬迁至原乡政府旧址，更名为延寿农贸市场。2014 年，对现有农贸市场进行了扩容改造，建设交易厂棚 15 个 3600 平方米，新建店面 60 间 3000 平方米，市场面积达 10000 平方米。山田坳圩场位于延寿公路与汝城至郴州公路的连接点，是延寿、岭秀、马桥交界地物资交流中心。1980 年以前，有汽车站、供销社、粮站、铁木社、缝衣社等，地方经济一度繁荣。省道 324 线改道后汽车站被废，山田坳圩场繁荣不再。2014 年，有商业网点 168 个，从业 352 人，社会商品销售总额 5000 多万元。

财政金融

财政收入主要是农业税。清代主要是田赋税和丁银。民国年间，财政收入仍以田赋为主，始征工商各税，还有地方杂捐。1975 年，设税务所，1982 年，分设延寿财政所，后将税务所并入其中。2002年，成立农业税征收管理延寿分局。2006年，农业税免征后更名为乡财政所。2014 年，实现地区生产总值 8804 万元，完成社会固定资产投资 10860 万元。农民人均可支配收入 1676 元。财政总收入 680 万元，1950 年后，境内设延寿农村信用社，2015 年，名为农村商业银行延寿支行，各类存款余额 10837 万元，各类贷款余额 898 万元。

基础设施

交通运输

昔时，延寿境内山重水复，是汝城地处偏远的乡镇。境内先民经年累月，艰苦劳作，逐步打通了汝城县城至九峰的步道。步道东起汝城县城，向西南经外沙、梓里、珠目、钟家、延寿圩、简水桥、砖头坳出境去九峰全程 43 公里，其中延寿境内 13 公里，是古代汝城联系广东乐昌的主道，主要承担为朝廷传递公文军情的任务，也是境内商人运输木材茶叶去广东乐昌，贩盐、布匹回汝城的主要通道，俗称盐茶古道。1956 年，汝城第一条公路宜（章）汝（城）桂（东）公路相继建成通车，过境延寿山田坳。1957 年，受益于汝城钨矿的建设，由小垣至山田坳田垣区公路通车，全长 16 公里。自 2000 年始，境内交通状态大为改善，先后有省道 205 线与省道 324 线在境内交汇贯穿。省道 324 从乡北端的留富村山田坳、桑坪村冬笋窝经过。省道 205 线贯穿延寿南北，是境内主要干道。20 世纪 80 年中期，始修乡际公路和乡村公路，限于财力，因陋就简而成，黄泥碎石路基松软，晴天扬尘，雨天坑洼，勉强通手扶拖拉机。2005 年后，乡际公路和乡村公路建设相继步入快车道。现乡际公路有延寿—盈洞线、延寿—泉水线。乡村公路主要有铜城公路，坪坑公路，城江公路。全乡 17 个村已有 14 个村通水泥路，乡域内通村公路总长 63 公里。

邮政通信

民国 22 年（1933），境内驻军开通军用电话。民国 31 年（1942），在山店坳设乙类信柜。1951 年，设延寿邮政代办所。1952 年，因开通汝城至广东乐昌九峰邮路，在延寿简家桥设邮政点，交换小垣营业处邮件。1957年6月，在延寿山店坳设代办所。1959年，邮电下放到公社管理，公社到各大队的手摇把电话开通。1981年，延寿设邮电支局。1999年，境内程控电话开通，电话摇把手时代结束。2002年，移动手机信号覆盖全乡。2014年，有邮政局1个，代办所17处。有电信企业1家，服务网点4个，固定电话1392户，移动电话1514户，互联网223户，电信业务收入55.1万元。

供电供水

20世纪70年代，公社推广微型发电设备发电，一度结束了延寿传统的用松光、竹片、葵花杆照明的历史。但微型发电设备造价高，维修困难，很快被淘汰。1993年，乡政府利用15万元扶贫贷款兴建将军电站。此后陆续兴建中洞电站、东寿梯级电站、兰家电站、铜田电站、郭家桥电站。1993年，筹资50万元，架设高压输电线路23公里。随着大电站、输电网的兴建，结束了微型小水电供电的历史。2014年，延寿瑶族乡有小水电站7座，总装机3425千瓦，发电102.75万千瓦时；有10千伏高压输电线路一条，总长14.2公里。人畜饮水工程自20世纪80年中期逐步推进，山区泉水极为丰饶，乡机关和部分村自力更生建小水塔，用皮管、竹槽引水，群众称土自来水。2013年，本镇争取上级投资350万元，铺管道6公里，兴建了集镇区供水工程，解决了圩场社区及周边村组4000人饮水问题。但在边远村组，仍使用着土自来水。

水利建设

延寿属石灰岩地质区，地下溶洞多，渗水严重，水利设施几乎全无。一遇干旱即有灾情。1950年后，通过全民动员，兴修水利建有小Ⅰ型水库一座，库容244万立方米，小Ⅱ型水库2座，库容299万立方米，灌溉干渠11.7公里，境内农耕基本有保障。30多年来，延寿河深受汝城钨矿采矿废沙石淤塞，毁坏江岸农田之害。20世纪，全公社曾集中人力财力对河道进行疏通，取直加高加固，限于当时条件，堤岸防护工程简陋，后又冲垮不少，至今仍是后患无穷。

乡村建设

2009年，聘请湖南省规划设计院编制城乡发展规划，以建设汝城西南部商贸中心为目标，着力打造“宜居、宜商、宜业、宜游”新延寿。一是投资1200万元，扩容改造农贸市场，圩场面积从过去的0.5平方公里扩大到2平方公里。小城镇基础设施大大改善。投资240万元，开展环境整治，新建垃圾池35口，购置环卫斗车32辆、简易垃圾桶1250个，建设垃圾处理中心1个，聘请4名清扫工，对城区垃圾每天进行打扫和清运。二是规范农村建房优化乡村生态环境，新建小游园4个，完成乡道绿化示范带建设2条17.5公里，造林80公顷。发展住房、水利、教育、交通等民生事业项目7个，有投资480万元的公租房建设项目。投资750万元的坪坑村大坞组易地搬迁项目，投资1950万元的中学扩建和公办中心幼儿园项目，投资370万元的温坪村通村公路建设，投资370万元的“农村点亮工程”，投资560万元的5个村农网改造工程。

社会事业

教育

瑶民改称新民后，清政府对新民教育有优惠政策。瑶民“先是种山、肥饶所收有余”，“嗣自置产，及诗书。后奉例许其与考，另取瑶生以示优奖。康熙五十年（1711），奉例科岁考各取一名。雍正三年，各加二名，每案三名，准附正案，与土著诸生一体应试。”据清嘉庆二十二年（1817）《桂阳籍文课试册》记载：“五峒新民向来屡蒙上宪题请奉旨颁行，新民子弟以新童应试，拔取秀才附入正案，廪贡乡会一例，观光定为成规，此成千载难逢之一也”。清同治年间，延寿秀才张星辉选拔为廪生，代表汝城瑶族科举的最高成就。清以前，只有少数富裕人家才能供子女读书，文盲率高达95%以上。1955年，境内村村办小学或教学点，办扫盲夜校。1970年后，为了方便儿童就近入学，“民办教师”应运而生。多半数以上大队都是2～3所学校。1988年，小学与初中分设。1999年，“普九”验收合格。2004年，进行学校布局调整，撤并部分边远小学，集中办学资源创办寄宿班。2008年，全镇实施农村义务教育经费保障机制改革，对小学和初中生免收学杂费，对贫困寄宿生给予补助。2013年起，对农村在校学生免费提供营养餐。延寿乡中心学校，1942年始建，称达德学校。1997年，由香港恒生银行投资32万元及群众集资建教学楼1209平方米。2006年，由中国中铁集团扶贫助教投资200多万元，县政府投资100万元，乡政府自筹60万元，完善了学校内部设施。现有教职工51人，教学班21个，学生1084人。2012年，学校荣获国家民委、国家教育部《民族团结教育先进单位》称号。2014年，有幼儿园4所，在园幼儿625人，专任教师32人。官亨春蕾幼儿园2009年、2010年连续二年被评为全国社会办学先进单位。

文化体育科技

境内瑶民能歌善舞，彰显着岭南乡土文化的特点。瑶族山歌是瑶族文化的代表，山歌音调平和旋律优美，使用本地方言。一般以两句式或四句式曲调为主，每段结尾带拖腔或加叹调“喔哏”。山歌内容大多是歌唱劳动，歌唱生活，表达追求爱情，追求幸福的强烈愿望，倾诉欣喜怨愤的情绪。瑶族山歌一般无曲谱词谱，只是口传心授即兴创作，风格诙谐，质朴率真。歌舞形式主要有三种，一是祭祀性歌舞，一般在盘王节、封鸟节、清明节时演唱，表演形式为师公领唱群众参与。二是婚丧喜庆歌舞，表演形式为宾主对唱，互问互答。三是青年男女娱乐性歌舞，有山歌、情歌、对唱、合唱。瑶族风情展演较为经常，有山歌演唱民乐合奏。群众体育事业不断发展，现有学校体育场2个，面积848平方米。2014年有广播电视站1家，有线电视用户1200户。有农业技术推广站1家，以普及沼气代燃最为著名，有沼气推广技术员12名，全年建沼气池58口。1971年，成立延寿公社文化站，1972年，成立电影放映队，使用的是8.75毫米小型放映机和脚踏发电机供电方便下乡。1985年，建起了700多座位的影剧院，1991年，建立延寿瑶乡文化中心，有图书室藏书万余册，有娱乐室，影像厅，摄影室等设施。有村级文化活动中心17处，藏书约3万册。1999年，乡文化站被评为“全国百强文化站”。

医疗卫生

延寿的农村合作医疗曾经是全县的一面旗帜。民国以前，人口身高，体重略低于全国标准，医疗卫生条件差，病死病残的人口较多，妇幼儿死亡率高，人口平均寿命仅为32岁左右。民国年间，一位县长视察总结延寿有三多：“鸡屎多，苍蝇多，瘌痢多。”“茶杯越饮越厚，筷子越食越粗。”1953年，成立乡卫生所西医引入境内，1958年，成立公社联合医院。广泛开展卫生科学知识宣传，引导群众破除迷信，讲究卫生，改造旧接生，推广新法接生，疟疾、麻风病、钩虫病、结核病的普查普治和群防群治，农民健康卫生水平得到提高。20世纪60年后期，全乡开始创办农村合作医疗事业。新坡大队合作医疗站是全县第一所合作医疗站，赤脚医生李勇贱于1969年、1970年两度出席湖南省毛主席著作学习积极分子代表大会，后选拔到郴州人民医院院办卫校学习，成为国家医生。2009年后，推行新合作医疗制度。由中央、省、市、县及群众配套等资金入医疗保险，按比例报销。2014年，全乡16420人参加合作医疗，参合率96%，医疗机构完成诊疗1.11万次。延寿卫生院是由解放初的中医诊室、西医卫生室发展而来，是一所防治结合型卫生院。卫生院占地面积3834平方米，建筑面积1546平方米。现有医务人员12人。有病床36张，每千个人拥有2张，医院固定资产总值116万元。

社会保障

民国以前，瑶民普遍贫困，遇到兵荒马乱或者自然灾害的年月，啼饥号寒者比比皆是。社会救济资金主要来自公产收入或是殷实富户的施舍，但僧多粥少，难惠众生。1950年后，政府对贫困百姓实施救助救济，杜绝了绝对贫困人口。农业合作化时期，农村福利以集体补助为主，年终分配鳏寡孤独基本口粮达到全队平均水平，辅之以国家救济。人民公社化以后，对鳏寡孤独者实行“五保”制度，即保吃、保穿、保住、保医、保葬（孤儿保教）。农村实行生产责任制后，对“五保”制度一度有所削弱，1990年后，本乡对“五保”老人逐步由分散供养转为集中供养，经费由国家、乡、村三级承担。2000年以来，随着乡域实力的增强，社会救助更加广泛。2014年，组织实施“民生100工程”28项。发放农补资金610万元，农村特困群众生活补助496人次，发放资金171.2万元；“五保户”补助38人次，发放资金1.4万元；完成80岁以上高龄老人补助发放274人，发放资金17.19万元；落实阳光低保693户1389人，发放低保金163.2万元；精准登记扶贫户1737户，发放“两项制度”衔接帮扶人口429名，资金17.16万元。敬老院有床位30张，收养农村五保户20人，参加新型农村养老保险42人。

特色地情

历史人物

李涛（1905—1970） 又名李炽、李湘民，瑶族，延寿乡新坡村人。汝城党组织创始者之一，1927年汝城工农运动的组织领导者，参加桂汝秋收起义。1955年授上将军衔，中共八大中央候补委员和监察委员，国防委员会委员。

宋裕和（1902—1970） 又名友训，境内寿水村人。早期汝城革命活动组织者之一。马日事变后，率延寿农军参加保卫汝城县城的战斗。新中国成立后任军委后勤部副部长。

乡土特产

乌米饭 为农历三月三食用。乌米饭的制法，是用山上的一种野生植物乌稔树（杜鹃科，乌饭树）的叶子，放到石臼舂碎后，装到布袋里，连袋放到铁镬里，加适量的水熬汤，让它释出紫黑色的汤汁来，而后去掉袋里叶渣，将精选的糯米泡进汤汁里捞起放到木甑里蒸熟即成。乌米饭色泽乌黑发蓝，香软可口。由于乌稔能起开脾、防腐作用，故将乌米饭放在通风阴凉处，数日不腐。食用乌米饭有准备春耕，迎接丰收的象征意义。

风景名胜

境内有李涛将军故居、宋裕和故居2处省级文物保护单位。两件西周青铜铙在官亨村青石寨出土，是目前汝城出土的最珍贵的文物。1996年，在官亨村发现的红军借据是汝城红色文化的镇馆之宝。红军长征红五军团三十四师指挥部旧址官亨村是郴州市文物保护单位。

西周青铜铙 2006年11月11日，境内青

西周青铜铙

瑶族民风

石寨出土了两件珍贵的青铜器，经文物专家考证，有枚名叫云雷纹青铜铙。青铜铙铜胎质量上乘，制作精良，表面有36个突起的隆包钟乳。一件为上径5厘米、下径17.5厘米、纵径15厘米、横径24.2厘米、通高38厘米，重8.075千克；另一件为上径5厘米、下径18厘米、纵径16厘米、横径22.5厘米，通高39厘米，重8.35千克。两件青铜铙铸造于公元前11世纪西周时期，属祭典礼器。是汝城境内出土的历史最悠久，价值最珍贵的文物。

瑶族风情

瑶族语言 瑶族通用汉字，瑶族同胞说瑶语。瑶语是一种独特的语言，大多保留有过山瑶和八排瑶的语言特征。1980年后，延寿、岭秀、盈洞和三江口等地，仍有个别老人说瑶族语言。如：有独特的数字说法，壹叫“豆老”，贰叫“贝老”叁叫“人老”，拾叫“合老”等；有独特的姓氏称谓，李姓叫“独子”，陈姓叫“隘口”，谢姓叫“落子”，邹姓叫“皱面”，黄姓叫“八月豆子不落叶”，吕姓叫“串子”等；马读“马克思”,鸭叫“阿婆”,有独特的称呼,祖父叫“阿公”,祖母叫“阿甲”,父亲叫“阿巴”,母亲叫“阿则”等。水叫“温”,吃饭叫“仰糖”,饮酒叫“合丢”，猫叫“梦东”等。

蹴球 蹴鞠的别称，流行在境内瑶族的足球运动，有直接对抗、间接对抗和白打三种形式。1999年，蹴球列为全国第六届少数民族传统体育运动会的竞赛项目。汝城县组织少数民族运动员分别参加了第五、六、七届全省少数民族运动会，其中延寿中学蹴鞠项目取得了较好的成绩。2002年（第五届）获得一银一铜。2006年（第六届）获得了一金一铜，总分第三名。2010年（第七届）勇夺一金、一银、一铜，第四名、第五名、第六名各一个。

瑶族服饰 瑶族衣服多为青色棉布面料，佩银饰，服饰男简女繁。男性穿对襟衫，白头布裤，大裤管，系白手帕，干活圈在头上，背东西系在腰间。女性头梳高盘髻，直插银簪，一年四季裹绣花边的黑布头帕。戴银质秤钩耳环。身穿绣有图案的大襟长布衫，五彩艳丽，系银纽扣或布纽扣。穿白布裤头大脚裤,小腿穿上内兰外红的膝裤,用红色或蓝色的棉质条布做绑带。女性不缠裹脚，穿绣有传统图案花纹的鸟嘴鞋。南边乡流行的童谣，对此有生动的描绘：“延寿婢，延寿款，裹头帕，梳高髻。翘脑鞋，钉钩钏，秤钩耳环齐肩板。红膝裤，短裤管，系条通带搭下搭。”

木板折叠翘脑鞋 翘脑鞋流行于汝城的延寿、岭秀、小垣等几个少数民族乡镇，其中以延寿乡制作的翘脑鞋最具特色。翘脑鞋其形状如船形，鞋头上翘上翻，在鞋尖处的鞋面上绣有鞋脑花，鞋后跟不缝合，鞋底由一块樟木板制作而成，并将其锯成“┗┓”形，形成两块活动的木板，两块呈半边马蹄形，拼在一起时便成了一块完整的木板鞋底，做成鞋后，后半块木板可上、下移动，适宜于瑶族女性雨天穿用。为郴州市非物质文化遗产保护项目。

（何云辉　供稿）

岭秀瑶族乡 >>

岭秀是湖南省生态乡镇。

区域概况

位置面积

岭秀乡因境内崇山峻岭，山清水秀而得名。位于汝城西部，距县城22公里，北纬25° 28′ 11″至25° 34′ 57″，东经113° 22′ 55″至113° 31′ 37″。东西直线距离14.7公里，南北直线距离12.6公里，面积116.36平方公里。东界马桥镇，南邻延寿、盈洞瑶族乡，西接文明镇，北交资兴黄草镇。

建置沿革

清属桂阳县文明乡姜阳团。民国8年（1919）属汝城县西二区。民国27年（1938）建文秀乡。民国30年（1941）属文明乡。1950年属第三区。1956年，撤区建东长乡。1958年，与文明乡、姜盈乡合并设文明人民公社。1961年，分立为岭秀人民公社。1984年，撤社复建岭秀乡。1991年9月建岭秀瑶族乡。

行政区划

1983年，岭秀公社辖12个大队，152个生产队。2014年，辖岭秀居民委员会和联和、香岭、塘茶、古桥、宝南、永利、东山、长洞、大兴、大源、蒲竹、三合12个建制村，152个村（居）民小组，513个自然村。

自然环境

地形地貌 境内多山，平均海拔在700米以上。地势东南高西北低。最高点为蒲竹村观音脑海拔1200米；最低点为宝南村沙洲坪海拔560米。乡政府驻地海拔748米。

气候水文 属中亚热带向南亚热带过渡的季风湿润气候区，境内山高林密水冷，多年平均气温15.2℃，年均降水1500毫米。境内主要河流4条总长59公里，径流9130万立方米/年。

自然资源 岭秀是著名的林区，山林1万公顷，森林覆盖率90%。活立木蓄积量52.68万立方米。境内山高坡陡水流湍急，耒水流域水资源丰富，有可发电源点多处。

人口民族

人口以瑶族为主。1960年后，随着瑶民的安居乐业人口速增，形成了人口自然增长的高峰。1964年，第二次人口普查统计，全乡6364人；1982年，第三次人口普查统计，全乡8873人。2014年，全乡11644人，其中瑶族人口9393人，占84%。瑶族源于历史上的“荆蛮”“莫猺”。宋代，开始有瑶民从江西、广东流入汝城境内，明清两代流入人口有所增多。明弘治年间，江西省上犹县等地瑶民大量流入岭秀山区。据《桂阳县志·舆地志》记载："县内瑶人有二：一曰高山瑶，一曰平地瑶。"高山瑶又称生瑶，据岭秀《阮氏族谱》载："期先祖能义公，自宋太祖年间，至郴桂阳塘下之可遗安，遂居焉。"，岭秀罗氏也在南宋时迁入。平地瑶又称熟瑶。汝城平地瑶的来源有二："一是来源原住汝城之高山瑶，如岭秀的阮氏、罗氏等；二是由外地迁入。桂邑自广东流贼钟千户残破后至弘治间，赣州当道误用武弁之言，容大帽瑶僮移来上犹县地名万杨山、桶杠峒处，砍山耕种，自食其力。始不过四五家，日久四散延住，流入本县鱼王、秀水、东岭、城溪、延寿、老虎等峒，及广东仁化、乐昌二县地方，不计其数。"（《桂阳县志·武备志》）瑶族在汝城的分布区域很广，主要是城溪峒、龙虎峒、延寿峒、姜阳峒、猿坑峒，昔称五峒瑶。明正德年间，瑶民曾改称新民，遭到瑶民的抵制。清乾隆二十一年（1756）后，瑶民改称"新民"。1991年，经瑶民强烈要求，境内瑶族畲族等少数民族成分得以恢复。民国以后，境内瑶民已改变了其刀耕火种蓬头跣足不与汉族通婚的习惯。但在服饰、风俗习惯等方面，仍保留着瑶族特点。

经济发展

农业

岭秀是汝城县的贫困乡，远古盖偏远蛮荒之地，境内残存着刀耕火种的遗风，耕种者先砍伐山上的草木晒干后焚烧，点坑下种待时收获。往往是烧一山，种一坡，收一箩。清康熙三年（1664），桂阳知县为安抚瑶民，把东山桥、九龙江等20多处官山划给瑶民开垦耕种，以资衣食，为世守产业。清乾隆四十七年（1782），曾有汉族地主萧任甫欲侵占瑶民所管官山，被郴州府正堂审结败诉，以维护瑶民对官山的管业权。清代中期，瑶民开始租佃汉族地主富户的田地种植水稻、红薯等，租谷大多折为现金，称"折租"。交租时佃户要准备丰盛的酒菜接待佃主，饱受盘剥。清朝后期，民族地区的种植业和养殖业有较大发展。瑶民到汉族居住的村镇和圩场上出售猪、牛、鸡、鸭、蔬菜等土特产品，与汉族人口的经济来往逐步加强。妇女们还刺绣一些传统的针织品到圩场上出售，以填补家用。粮食种植以旱粮为主，主要品种有玉米、高粱、䅟子、旱禾（岭禾）、薏米、三角麦等，亩产40千克左右。民国时期，民族经济虽有较大发展，但明显低于汉族地区，广大瑶民常年以杂粮充饥，粗布遮体，住杉树皮盖顶的木板吊脚楼。农业生产工具以锄头、钩刀为主，以人力耕种为主。

1954年粮食大丰收，亩产180千克左右。1965年，境内推广优良稻种，逐年淘汰空壳率高、易倒伏的高秆品种老红米、改种珍珠矮、二九青等双季稻矮品种，水稻产量逐年提高。1982年，粮食大丰收创历史纪录。1983年、1984年，因遭受自然灾害和主观上重商轻农的影响，连续两年粮食减产。经总结经验教训，1985年，粮食开始恢复性增产。1988年，全乡拥有农机动力1457千瓦，耕地656公顷。粮食总产2927吨，农业产值234万元，有乡镇企业13个，工业产值1万元。全乡有山苍子基地133公顷，兴建有年产100吨山苍子精油加工厂。1990年，粮食生产突破连续7年徘徊局面，再获大丰收。此后，随着农田水利基础设施的配套完善，超级杂交稻的推广，粮食生产进入稳产高产期。2014年有耕地585公顷，人平0.8亩，产粮5400吨，人平464千克。饲养生猪1800头，完成地区生产总值4863万元，其中一产业占60.4%、二产业占

20.8%、三产业占18.8%。

林业

岭秀是汝城的重点林区，林业是乡民收入的主体。计划经济年代，向国家提供木材6000立方左右。农业合作化后，山林划归集体经营，由于地域偏远管理困难，乱砍滥伐曾一度导致木材蓄积量减少。1981年，开展山林“三定”工作。1984年，张榜公布将集体山林承包到户30年不变，大大提高了林业生产的积极性。2000年来，木材砍伐量逐年减少。2013年，本乡列入环东江湖生态保护区后，竹木限量采伐，昔日重点林区转身为生态大乡。2014年，造林133公顷，完成封山育林133公顷，低产林改造500亩，农民住宅周边种树5万株，种植水果200公顷。

工业

清代，境内几乎无传统手工业，依赖少数工匠肩挑工具箱，游走乡村修修补补，维持简单的再生产。20世纪70年代末，境内社队企业开始兴起，但因信息闭塞，缺乏资金技术，效益不佳被迫关闭。20世纪80年代，依托优势的水能资源先后建成小水电站5座（禾尚石电站、枫山垅电站、香岭电站、枧水电站、沙洲坪电站），装机容量达5800千瓦，有高压输电线路4条，总长69公里，有35千伏变压所一座。2014年发电量5000万千瓦时。

商贸服务

1991年以前，境内没有圩场。1991年，在上级扶贫部门的支持下，乡政府投资11万元，兴建岭秀圩场，建成厂棚面积374平方米，有摊位70多个。当年圩日成交额4万元左右。2012年，政府投资10万元，编制完成《岭秀乡社会发展规划》，本乡城区面积扩展到2平方公里，采用市场融资4.5亿元，打造瑶族特色旅游乡。采用黄墙青瓦的瑶族文化元素，对圩场店铺进行立面改造；扩容改造后的岭秀市场面积达7500平方米。有个体商业105户，从业286人。农历三、八日为赶圩日，社会商品销售总额3500万元。

财政金融

财政收入主要是农业税。1984年，建立乡级财政所。1986年始，乡镇财政实行“定收定支、超支不补，结余留用，一年一定”的预算管理体制。2002年，成立农税征收管理岭秀分局，2006年，农业税免征后更名为乡财政所。2014年完成地区生产总值4863万元，财政总收入886万元，固定资产投资6650万元，实际到位内资1950万元，农民人均可支配收入1972元。20世纪50年代后境内始设农村信用社，2014年，更名为农村商业银行岭秀支行，各类存款余额7000万元，贷款余额600万元。

基础设施

交通运输

昔时，境内山重水复交通闭塞，有民瑶曰：“七里深坑八里坳，不见人烟不见灶”。运输主要靠人力肩挑背负。境内先民经年累月，艰苦劳作，修通了汝城——宜章的步道，是古代汝城联系郴州的主要步道，俗称官路。1956年，由政府资助，民工建勤，汝城第一条公路——宜章汝城桂东公路（简称宜汝桂公路）相继建成通车，昔称S 1803线，是汝城最重要的东西方向交通干线。2010年，境内交通建设进入快车道，相继有S324全线柏油化通车标准提高。2012年，厦蓉高速建成，设有岭秀高速互通。12条村道全部水泥硬化，总长68公里。

邮政通信

1970年，公社到各大队的有线电话开通。

1995 年，境内程控电话开通，电话摇把手时代结束。2002 年，移动手机信号覆盖全乡。2014 年，有邮政局 1 个，村村通邮路，征订投递报纸、杂志 220 份，邮政业务收入 15 万元；电信企业 1 家，服务网点 2 个，固定电话 1506 户，移动电话 1200 户，互联网 220 户。2014 年电信业务收入 25 万元。

水利建设

供电供水昔时，境内瑶民用桐油、向日葵杆、松明等照明，少数穷苦人家甚至晚上不点灯，在月光下做事。1970 年后，开始向圩场供电，后逐年向周边村庄发展，偏远地区到 20 世纪末才用上电。昔日，境内山高坡陡，水利设施几乎全无，仅有山塘 7 口，一遇旱情即有灾情。1960 年后，公社通过组织兴修水利，农田灌溉条件得到改善。境内建有四座水库，蓄水 220 万立方米，灌溉水渠长 40 公里。2014 年，投入 358 万元对大源水库除险加固。投资 2800 万元实施水库渠道水泥硬化和修建乡政府及圩场周边村组 3000 人集中供水工程。

乡村建设

2009 年，投入 10 万元，聘请郴州市城市规划设计院编制完成《岭秀瑶乡发展规划》，一是立足建设“旅游门户，休闲胜地，生态瑶乡”定位，打造特色旅游城镇，年投入 1000 多万元，用黄墙青瓦等瑶族文化元素对镇区房屋进行立面改造。用青石板铺就 1 公里人行道，用花池绿化点缀镇区街道。投资 700 多万元，建设镇区污水处理工程；投入 40 多万元，在岭秀高速互通处建成高标准绿化节点；在连接线种植香樟杨树、红叶石楠植物，形成多色的绿化长廊。投入 15 万元，抓好回龙仙景区提质改造，投入 15 万元，建成全县第一家瑶族文化陈列室，收集反映瑶族同胞生产生活展品 300 多件。二是规范村民集中建房，鼓励搬迁式扶贫建房。投入 21 万元，建起了东山垃圾填埋场，投入 50 万元，购买环卫清运车和 200 个容量为 240 升的垃圾桶、3300 个容量为 20 升的小垃圾桶发放到农户，在村道路口新安装太阳能路灯 65 盏，对古桥村古爽洞、长洞村老屋组的破旧房屋厂棚拆除后，按照一户一宅，拆旧建新统一风格彰显特色的要求进行集中，对塘茶村天鹅堂、长洞村勾刀坳、东山村虎形组的巷道进行了硬化。

社会事业

教育

清以前，只有少数富裕人家才能供子女读书。文盲率高达 95% 以上。1955 年，开始村办小学或教学点，办扫盲夜校，适龄儿童入学率提高。1970 年后，为了方便儿童就近入学，“民办教师”应运而生。1972 年，岭秀中学创办，1996 年，全镇基本普及九年制义务教育。2008 年，进行学校布局调整，撤并部分边远村小学，集中学校资源创办寄宿班，2006 年，全乡实施农村义务教育经费保障机制改革，对小学和初中学生免收学杂费，对贫困寄宿生给予补助。2012 年始，对农村在校学生免费提供营养餐。2014 年，有幼儿园 1 所，在园幼儿 140 人，专任教师 7 人；有大源、大兴、宝南等 3 个办学点，有苗圃希望小学 1 所，在校学生 1400 人，专任教师 45 人。

文化体育

瑶族山歌是瑶族文化的代表，岭秀山歌音调平和旋律优美，使用本地方言。一般以两句式或四句式曲调为主，每段结尾带拖腔或加叹调“喔喂”。山歌内容大多是歌唱劳动，歌唱生活，表达追求爱情，追求幸福的强烈愿望，倾诉欣喜怨愤的情绪。瑶族山歌一般无曲谱词谱，只是口传心授即兴创作，风格诙谐，质朴率真。瑶族风情展演较为经常，主要有对山歌，永利村的抬花轿，瑶民武功绝活上刀山下火坑捞油锅等。2013 年，汝城山歌传唱基地在岭秀挂牌，迄今已培养大批瑶乡文艺骨干。同年 10 月 26 日，由岭秀瑶族乡选送的瑶族山歌《青山画眉叫喳喳》，在嘉禾县举办的郴州市“欢乐潇湘. 美丽郴州我的家”首届民歌大赛中荣获一等奖。2014 年有乡文化站 1 家，文化活动中心 10 处，“农家书屋” 12 个，藏书 3 万册。有广播电视站 1 家,有线电视用户 1421 户，入户率 55%。建有瑶乡族风情馆一座，面积 150 平方米，展品 300 余件。

医疗卫生

境内自古巫医一家，以中医草药为主的自治自疗的方式世代相传。医疗卫生条件差，病死伤残人口较多，妇幼人群死亡率高，1958 年，建立公社联合医院。广泛开展卫生科学知识宣传，引导群众破除迷信，讲究卫生，改造旧法接生，推广新法接生，疟疾、麻风病、钩虫病、结核病的普查普治和群防群治，农民健康卫生水平得到提高。1969 年，创办大队办卫生所，全乡有赤脚医生 15 人，农村缺医少药的状况得到一定的缓解。党的十一届三中全会后，医疗卫生事业稳步发展。2006 年始，实施新型农村合作医疗保险制度。2012 年始，病人每次救助款为 1500 ~ 2000 元。2014 年，有乡村医疗机构 6 个，门诊部（所）1 个；床位 13 张。2014 年全乡参合人数 10183 人，缴费额 91.6 万元。

社会保障

农业合作化时期农村福利以集体补助为主，年终分配鳏寡孤独基本口粮达到全队平均水平，辅之以国家救济。人民公社化以后，对鳏寡孤独者实行“五保”制度。1990 年后，本乡对“五保”老人逐步由分散供养转为集中供养，经费由国家、

瑶族对歌

乡、村三级承担。2000年以来，随着乡域实力的增强，社会救助更加广泛。2014年，全乡完成新农保缴费3738人，缴费额40.52万元，发放养老金90.2万元，开展阳光低保行动，全面核查低保对象570户1124人。

特色地情

乡土特产

山苍子油 山苍子为境内特有的香料植物，油樟科木姜子，属落叶灌木。立秋前后，采回鲜果，放入木甑中用蒸气加热，使籽皮内挥发油气化冷凝成山苍子油。广泛用于高档化妆品，香皂等日用化工和食品工业中，长期以来出口额稳定，供不应求。

风景名胜

阮氏宗祠 又名陈留堂，位于永利村。宗祠坐东朝西，占地面积54平方米。神台上挂有相传是明永乐帝御赐的对联："国府重开宗祠重建美哉同庆陈留光百世，南京犹旧家庙犹新允矣共观永乐盛万年。"据《阮氏族谱》记载，明永乐年间，永乐村的少女阮娇娥，被选为皇妃娘娘。明永乐帝将其出生地—牛头坳赐名为永乐洞，该村至今保存着永乐皇妃花轿。

瑶乡风情

岭秀山歌 岭秀山歌是郴州市非物质文化遗产保护项目，是一种具有地域特色的原生态民间演唱形式，即兴演唱，词通俗易懂，调朗朗上口，真实地反映了当地人民的生活生产状态，反映了青年男女对美好爱情的向往和追求。岭秀山歌代表作有《唱支山歌赞瑶乡》《青山画眉叫喳喳》《郎唱山歌惊动娇》等。

过火坑、下油锅 每年农历正月的头甲子日，本乡的道士都会往道观回龙仙参加庆典活动。道士们有的赤脚走在火苗窜窜的木炭上，称过火坑；有的赤手在滚烫的油锅里捞铜钱，或擦红火钳，称有雪山水，祈求来年风调雨顺，五谷丰登，安居乐业。

（欧雯莉　供稿）

盈洞瑶族乡

盈洞是国家级生态乡镇。

区域概况

位置面积

盈洞瑶族乡因乡政府驻盈峒圩而得名，峒在汝城方言中特指出山间小盆地。盈洞乡位于湘东南郴州市汝城县西南部，距县城区32公里，北纬25° 23′ 51″至25° 30′ 04″，东经113° 20′ 05″至113° 26′ 45″。东西直线距离11.5公里，南北直线距离11.4公里，面积74.39平方公里。境内山高林密交通闭塞，是汝城县立地条件最艰苦最边远的乡镇。东界延寿瑶族乡、小垣瑶族镇，南邻广东省乐昌市九峰镇，西接文明镇，北交岭秀瑶族乡。

建置沿革

明清属桂阳县文明乡姜阳团。民国8年（1919）为汝城县西二区姜阳段大盈段。民国30年（1941）属文明乡。1950年属第三区。1956年，建姜盈乡，1958年与文明乡、东长乡合并设文明人民公社。1961年，分立为盈洞人民公社。1984年5月，撤社建盈洞乡。1991年10月，建盈洞瑶族乡。

行政区划

1983年，盈洞公社辖11个大队，93个生产队。2014年，辖盈洞居民委员会和盈洞、深山、狮形、新聚、兰山、新华、新民、坳下、联丰、永联、姜阳11个建制村，94个村（居）民小组，320个自然村。

自然环境

地形地貌 境内山岭纵横，沟壑如织，是一个“九分半山和森林，半分道路加庄园”的高寒山区。东南有通天窝顶海拔1581米，东北有太阳墩海拔1265米，最低点为永联村袁家组海拔450米。乡政府驻地海拔632米。

气候水文 境内山高水冷林密，春季多雨雾湿气重，夏秋凉爽，冬天有冰冻。年平均气温16.9℃，年平均降水1534毫米。境内主要河流3条，总长13.6公里，径流6800万立方米/年。

自然资源 盈洞是著名的木材生产地。林业资源十分丰富，森林覆盖率97.2%，山林面积6533公顷，活立木蓄积量27万立方米、楠竹蓄积量150万根。有保存完好的乌春山原始次森林，生态环境优美，素有“天然氧吧”之称。境内地下有铜矿，铅锌矿，集中分布在狮形村、新聚村一带。

人口民族

人口以瑶族为主。1964年，第二次人口普查统计，全乡 3631 人；1982 年，第三次人口普查统计，全乡 5661 人；2010 年，第六次人口普查统计，全乡 6978 人；2014 年，全乡 2019 户 7488 人，瑶族 7342 人，占 98.1%。2014 年，人口自然增长率 11.2‰。人口密度为每平方公里 100 人。宋代，开始有瑶民从江西、广东流入汝城境内，明清两代流入人口有所增多。明弘治年间，江西省上犹县等地瑶民大量流入盈洞山区。据《桂阳县志·舆地志》记载："县内瑶人有二：一曰高山瑶，一曰平地瑶。"高山瑶又称生瑶，据岭秀《阮氏族谱》载："期先祖能义公，自宋太祖年间，至郴桂阳塘下之可遗安，遂居焉。"岭秀罗氏也在南宋时迁入。平地瑶又称熟瑶。汝城平地瑶的来源有二："一是来源原住汝城之高山瑶，如岭秀的阮氏、罗氏等；二是由外地迁入。桂邑自广东流贼钟千户残破后至弘治间，赣州当道误用武弁之言，容大帽瑶僮移来上犹县地名万杨山、桶杠峒处，砍山耕种，自食其力。始不过四五家，日久四散延住，流入本县鱼王、秀水、东岭、城溪、延寿、老虎等峒，及广东仁化、乐昌二县地方，不计其数。"（《桂阳县志·武备志》）瑶族在汝城的分布区域很广，主要是城溪峒、龙虎峒、延寿峒、姜阳峒、猿坑峒，昔称五峒瑶。明正德年间，瑶民曾改称新民，遭到瑶民的抵制。清乾隆二十一年（1756）后，瑶民改称"新民"。1991 年，经瑶民强烈要求，境内瑶族畲族等少数民族成分得以恢复。

经济发展

农业

盈洞是汝城县的贫困乡。1950 年后，经过土地改革，农民生产热情高涨，粮食持续增产。1957 年，粮食大丰收。到 1965 年，通过推广优良稻种，逐年淘汰空壳率高、极易倒伏的高秆品种老红米，改种珍珠矮、二九青等双季稻矮品种，粮食产量超过 1957 年的水平。1970 年后，杂交水稻的推广，粮食产量大幅提高。1982 年，粮食大丰收创历史纪录。1983 年、1984 年。因遭受自然灾害和主观上重商轻农的影响，连续两年粮食减产。经总结经验教训，1985 年。粮食开始恢复性增产。1988 年，全乡拥有农机动力 1308.37 千瓦，粮食总产量为 2060.87 吨。1990 年，粮食生产突破连续 7 年徘徊局面，再获大丰收。粮食过关以后，乡政府引导农民立足盈洞山区独特的地理气候优势，采取"公司＋合作社＋大户＋农户"的模式，壮大发展"金银花、西瓜、辣椒、玉兰片、小水果"等传统特色产业。2014 年，有耕地 429 公顷，种植金银花 362 公顷，柑橘 547 公顷，西瓜 190 公顷，辣椒等反季节蔬菜 352 公顷，产出金银花茶 2300 吨，玉兰片 800 吨，小水果 200 余万吨。

林业

盈洞是汝城的重点林区，林业是乡民收入的主体。农业合作化后，山林划归集体经营，由于地域偏远管理困难，乱砍滥伐曾一度导致林木蓄积量减少。1981 年，开展山林"三定"工作。1984 年，公布将集体山林承包到户 30 年不变，此项政策得到农民的欢迎。2013 年，本乡列入环东江湖生态保护区后，竹木限量采伐，昔日重点林区转身为生态大乡。2014 年，完成荒山造林及迹地更新 126.7 公顷、封山育林 100 公顷、低产林改造 133.3 公顷。

工业

清代，境内几乎无传统手工业作坊，依赖少数工匠肩挑工具箱，游走乡村修修补补，维持简单再生产。民国年间，依托楠竹资源优势，土法造纸业兴旺，几乎村村有土纸作坊，每个造纸坊由踩笋、扛头、扛尾、焙纸4人，外加伙夫共5人组成，每3天可生产土纸2担（每担2000张）。年产土纸3000担左右。1970年后，机械造纸兴起，土纸风光不再。1970年后，曾创办过社队企业但因基础差，信息闭塞缺乏资金效益不佳而停办。20世纪80年代，乡办林场木材加工厂兴起。依托资源优势效益稍微好转。1988年，工业产值达30万元。1986年，经省地矿局探明，境内铜矿和铅锌矿资源丰富，主要集中在狮形、新聚村。1990年后投资开采，但缺资金技术未形成规模。近年来农产副产品加工业蓬勃兴起，2014年，有金银花加工厂13家加工干花2000吨，加工玉兰片40吨,，手工布鞋作坊，年生产暖布鞋40万双，2014年工业产值576万元，占全乡生产总值的14%。有小水电站3座，装机3750千瓦。有铜矿开采企业1家。

商贸服务

自古境内无圩场。1991年，乡政府始建盈洞圩，初时极为简陋，搭棚为屋，逢圩立地为市，每逢圩大约个把小时就散场，通过历年建设扩大，居民商品交换欲望增加，市场逐步繁荣。2014年，政府融资方式兴建新农贸市场，新建店面60间，社会商品销售总额6200万元，从业人员372人，商业面积2500平方米。

财政金融

1984年，建立乡级财政所。从1986年起，乡财政实行“定收定支、超支不补，结余留用，一年一定”的预算管理体制。2002年，成立农业税征收管理分局，2006年，农业税免征后更名为乡财政所。2014年，实现地区生产总值3072万元，完成固定资产投资5198万元；农民人均可支配收入1596元；财政总收入643万元。完成国税20万元、地税75万元。1985年，设农村信用社，2014年更名为农村商业银行盈洞支行，2014年各类存款余额8068万元，各项贷款余额222.78万元。

基础设施

交通运输

昔时盈洞境内山重水复，是汝城县最偏远闭塞的乡镇。盈洞—文明的步道是境内经文明通往县城唯一步道，步道在盈洞境内15公里，经过四十八崎，沿途都是崇山峻岭，密林遮日，野兽横行，人迹罕至。1963年，汝城林业局投资120.7万元修建文明至盈洞林区公路。该道在文明接省道1803线，途经楼江、上章、永联、姜阳抵达盈洞圩，全程27公里。路况差，未彻底解决“行路难”的问题。2008年，在上级扶贫部门的支持下，县道020文盈公路27公里完成水泥硬化。2015年，投资2396万元新建成盈洞至延寿公路13.3公里，投资5576万元新建至岭秀公路13.2公里，盈延和盈岭公路的开通，能缩短从汝城县城至盈洞乡的行车里程约20公里。2000年以来，在上级有关部门的支助下，逐对通村公路进行水泥硬化，拓宽改直。现全乡11个村已有10个村通水泥路。

邮政通信

1959年，设盈洞邮政代办所。1975年，公社到各大队的有线电话开通。1999年挂设光缆，是县内最后开通数字程控电话的乡。2004年，移动手机信号覆盖全乡。2014年，有邮政代办所1处，征订投递报纸、杂志612份，邮政业务收入7万元。

水利建设

供电供水昔时，境内瑶民用桐油、向日葵杆、松明等照明，少数穷苦人家甚至晚上不点灯，在月光下做事。1970年后，开始向圩场供电，后逐年向周边村庄发展，偏远地区到20世纪末才用上电。境内山高坡陡，农田设施几乎全无，昔日瑶民种的是天水田，境内仅有几口山塘，一遇干旱即有灾情。1960年后，政府组织兴修水利，灌溉条件有所改善。2006年，兴建坳下水库，库容131万立方米，有山塘50处、主渠道22公里，境内农田用水基本能够保障。1992年，乡政府筹资建自来水厂，开凿深水井一眼，年供水800万立方米，主要供应圩场和政府机关2000余人用水。

乡村建设

2009年，投入10万元，聘请城市规划部门完成了《盈洞瑶乡发展规划》，立足建设“生态胜地，魅力瑶乡”的定位，一是加快小城镇建设扩容提质。镇中心区从不足0.7平方公里扩容到1.1平方公里，新规划设计了文化广场及镇区沿江大道，投资1000万元，实施了占地面积1200平方米的公租房建设，投资100万元，实施集镇供水升级改造工程，投资3000万元实施农贸市场建设。二是以农村环境整治为重点，统筹乡村发展。投入80多万元购买垃圾清运车、洒水车各1辆，板车19辆，大小垃圾桶480个，配齐了镇区、各村所需的环卫设施。完成农村危房改造12户、一般修缮23户，完成农村电网改造升级320多户。新建农民健身工程1个，农村广播“村村响”工程4个，解决广播电视盲村收视问题313户。

社会事业

教育

清以前，只有少数富裕人家才能供子女读书，文盲率高达95%以上。20世纪60年后期，村办小学或教学点，20世纪90年代，启动希望工程，开展捐资助学行动，中铁集团在盈洞扶贫，先后援建了盈洞中心校和联丰、深山等多所“希望小学”。教育事业迅速发展。1999年秋，盈洞率先启动集中办学模式，2004年秋，实现“一乡一校”，撤并村小，集中办学资源创办盈洞中心学校。2008年10月，盈洞学校更名为中国中铁盈洞瑶族乡学校。2012年起对在校学业免费提供营养餐2014年，学校在校学生924人，专任教师48人，有幼儿园2所，在园幼儿188人，专任教师10人。

文化体育

1970年，乡办广播站，村村有广播喇叭。2014年，有乡文化站1家，有村级文化活动中心11处，各类图书室11个藏书1.6万册。有线广播电视站1家。有线电视用户585户，入户率29%。有学校体育场1个，面积1200平方米。

医疗卫生

境内自古巫医一家，以中医草药为主的自治自疗的方式世代相传。医疗卫生条件差，病死伤残人口较多，妇幼人群死亡率高，1952年，成立卫生所，1958年，建立公社联合医院，广泛开展卫生科学知识宣传，引导群众破除迷信，讲究卫生，改造旧法接生，推广新法接生，疟疾、麻风病、钩虫病、结核病的普查普治和群防群治。1969年，创了大队办卫生所，2014年有镇村医疗卫生机构10个，门诊部（所）1个；有床位20张，每千人拥有病床2.6张，固定资产总值160万元；专业卫生人员19名，执业助理医师5人，注册护士1人。

社会保障

1950年后，政府对贫困百姓实施救济，基本杜绝了绝对贫困人口。农业合作化时期，农村福利以集体补助为主，年终分配鳏寡孤独基本口粮达到全队平均水平，辅之以国家救济。人民公社化以后，对鳏寡孤独者实行“五保”制度。1990年后，本镇（乡）对“五保”老人逐步由分散供养转为集中供养，经费由国家、乡、村三级承担。

稻草龙

2014 年，农村最低生活保障户 288 户，共 462 人，支出 83.11 万元。社会福利事业支出 10200 元。国家抚恤、补助各类优抚对象 122 人，支出 48.8 万元，敬老院 1 家，床位 15 张，集中供养农村“五保”人员 12 人。

特色地情

乡土特产

金银花 金银花是常用中药材之一，为传统名优特产。具有清热解毒，通经活络，广谱抗菌及抗病毒等功效。2004 年，乡政府发挥域内 4000 公顷荒山资源和独特气候优势。引进“湘雷一号”金银花良种，逐步发展成为本乡优势产业。2014 年，全乡种植面积 333 公顷，生产金银花茶 2000 吨，加工干花 300 吨，产值 1800 万元。

瑶乡风情

稻草龙 属一种小型的香火龙，每年丰收之后，瑶民取昨稻收割后的稻草，以耙去叶留中间硬扎的笋茎部，搓成结实的稻草绳（又称赵公鞭），再扎成龙头龙尾，插上龙香。当夜色降临时，点燃稻草龙身上的香火。长度为 5 ~ 8 米。然后由村里的年轻人高举稻草龙在村内狂奔飞舞，在晒谷坪稻田和旷野中上下翻腾，金光流动，表达了农民祈求国泰民安，风调雨顺，五谷丰登，人丁兴旺的朴素愿望。

（陈丽君 供稿）

附录

汝城县乡镇行政区划一览表

表1　1950年4月—1952年4月

区名	驻地	所辖乡镇
第一区	津江	永迳乡　东溪乡　东都乡　泰来乡　长湖乡　井源乡　附城乡　津锦乡　云善乡　土桥乡　西城乡　坳背乡
第二区	大村	星水乡　大村乡　井坡乡　平溪乡　龙虎乡　南洞乡　大坪乡　官路乡　岭溪乡　正水乡　溪水乡　南水乡　泉水乡
第三区	文明	下洛乡　文市乡　楼上乡　良田乡　塘下乡　秀水乡　上章乡　姜阳乡　岭秀乡　九如乡　白云乡　延寿乡
第四区	蔡家	马桥乡　金宝乡　太坪乡　磻溪乡　外沙乡　高村乡　长宁乡　暖水乡　白芒乡　田庄乡　开山乡　南洞乡
第五区	先锋	永丰乡　龙丰乡　濠头乡　储阳乡　培新乡
第六区	热水	热水乡　集龙乡　益将乡　东岭乡

表2　1952年4月—1956年4月

区名	驻地	所辖乡镇
第一区	津江	城关镇　津江乡　泰来乡　云善乡　东冈乡　土桥乡　长湖乡　横迳乡　予乐乡　东槽乡　附城乡　得靖乡　迳口乡　东泉乡　永安乡　岭背乡　青龙乡　锦堂乡　坳背乡　东溪乡　西城乡　长安乡
第二区	大村	大村乡　祝岭乡　正水乡　岭溪乡　白泉乡　星水乡　大坪乡　井坡乡　龙虎乡　南水乡　三村乡　九龙乡　西塘乡　堆山乡　塘溪乡　华园乡　南洞乡　官路乡　溪水乡　福水乡　古塘乡　新青乡　隆溪乡　梓水乡　泉水乡　平溪乡
第三区	城下	良田乡　下洛乡　新东乡　文市乡　长城乡　上章乡　盈洞乡　宝源乡　岭秀乡　山田乡　塘下乡　黄土乡　中洞乡　秀水乡　姜阳乡　民聚乡　东山乡
第四区	田庄圩	新复乡　联新乡　淇南乡　堆松乡　淇澳乡　巷槽乡　罗增乡　东北乡　双江乡　广泉乡　新塘乡　黄丰乡　三育乡　白溪乡
第五区	先锋	破石界乡　白袍乡　永丰乡　高源乡　漳溪乡　庙前坳乡　涧布乡　上河乡　双龙乡　埠头乡　南北乡　金山乡　小坑乡　储阳乡　东山乡
第六区	热水圩	热水乡　益将乡　黄石乡　集龙乡　长塘乡　青远乡　石水乡　流溪乡　新瑞乡　上黄乡
第七区	延寿圩	九如乡　简坪乡　寿水乡　后塘乡　松西乡　铜城乡　白云乡　附区乡　留富乡　冬芒乡　东寿乡　韫坪乡　永利乡
第八区	石泉	西览乡　梓洞乡　磻溪乡　马桥乡　烟竹乡　太坪乡　石泉乡　高桂乡　均头乡　大稼乡　霞荷乡　杨家洞乡　金宝乡　焦坪乡　冲头乡　外沙乡
第九区	中心	仙江乡　白玉乡　上里乡　中心乡　南泉乡　珠江乡　金田乡

表3　　1956年5月—1958年9月

乡（镇）名	驻地	乡（镇）名	驻地
城关镇	半边街	濠头乡	濠头圩
附城乡	津江	田庄乡	田庄圩
土桥乡	香炉园	暖水乡	司前
泉水乡	泉水圩	南洞乡	南洞圩
井坡乡	井坡圩	马桥乡	石泉
大坪乡	大坪圩	外沙乡	外沙
东岭乡	东岭圩	梓洞乡	梓洞
热水乡	热水圩	东长乡	陈家岭
益将乡	益将圩	文明乡	城下
集龙乡	集龙圩	姜阳乡	蝴琪垅
永丰乡	永丰大屋场	延寿乡	延寿圩
白云乡	冬芒		

表4　　1959年11月—1961年5月

公社名称	驻地	所辖大队个数	所辖生产队个数
城关公社	津江	5	25
附城公社	香炉园	16	99
进坡公社	井坡圩	12	100
大坪公社	大坪圩	7	58
文明公社	城下	13	86
田庄公社	田庄圩	15	86
永丰公社	先锋	15	70
热水公社	热水圩	7	45
东岭公社	东岭圩	4	16
延寿公社	延寿圩	11	50
马桥公社	石泉	9	54
桥头公社	桥头圩	12	55
沤城公社	桂东城关	21	108
寨前公社	寨关圩	22	110
沙田公社	沙田圩	9	75
大水公社	古岭	6	40
四都公社	角塘	9	40

表5 1961年5月—1984年3月
（1984年4月撤社建乡后，仍为23个乡镇）

乡（镇）名	驻 地	所辖大队个数	所辖生产队个数
城关镇	半边街西正街	2	14
城关公社	半边街劳动路	8	84
附城公社	津江担盐坳	20	181
土桥公社	香炉园土桥圩	21	193
井坡公社	井坡圩	15	150
泉水公社	泉水圩	21	205
大坪公社	大坪圩	21	175
文明公社	城 下	23	237
盈洞公社	盈 洞	11	93
岭秀公社	陈家岭	12	151
田庄公社	田庄圩	11	109
暖水公社	司 前	9	97
南洞公社	南洞圩	11	93
永丰公社	涧布欧家	13	113
濠头公社	濠头圩	16	146
热水公社	热水圩	12	94
集龙公社	集龙圩	8	46
益将公社	益将圩	6	48
马桥公社	马桥圩	13	125
延寿公社	延寿圩	17	136
东岭公社	东岭圩	11	77
外沙公社	外沙村下洞	11	107
冬芒公社	大 山	7	62

表 6　　2000—2015 年汝城乡镇行政区划变更一览表

<table>
<tr><th>2000 年 1 月至 2012 年 3 月</th><th>2012 年 4 月至 2015 年 11 月</th><th>2015 年 12 月至今</th></tr>
<tr><td>城关镇</td><td rowspan="3">卢阳镇</td><td rowspan="3">卢阳镇</td></tr>
<tr><td>城郊乡</td></tr>
<tr><td>附城乡</td></tr>
<tr><td>土桥镇</td><td>土桥镇</td><td rowspan="2">土桥镇</td></tr>
<tr><td>永丰乡</td><td>永丰乡</td></tr>
<tr><td>三星镇</td><td>泉水镇</td><td>泉水镇</td></tr>
<tr><td>大坪镇</td><td>大坪镇</td><td>大坪镇</td></tr>
<tr><td>三江口（瑶族）镇</td><td>三江口（瑶族）镇</td><td>三江口（瑶族）镇</td></tr>
<tr><td>热水镇</td><td>热水镇</td><td>热水镇</td></tr>
<tr><td>暖水镇</td><td>暖水镇</td><td rowspan="2">暖水镇</td></tr>
<tr><td>田庄乡</td><td>田庄乡</td></tr>
<tr><td>马桥乡</td><td rowspan="2">外沙乡、马桥乡 2013 年元月合并改马桥镇</td><td rowspan="2">马桥镇</td></tr>
<tr><td>外沙乡</td></tr>
<tr><td>延寿瑶族乡</td><td>延寿瑶族乡</td><td rowspan="2">延寿瑶族乡</td></tr>
<tr><td>小垣（瑶族）镇</td><td>小垣（瑶族）镇</td></tr>
<tr><td>井坡乡</td><td>井坡乡</td><td>井坡镇</td></tr>
<tr><td>集龙乡</td><td rowspan="2">集益乡</td><td rowspan="2">集益乡</td></tr>
<tr><td>益将乡</td></tr>
<tr><td>濠头乡</td><td>濠头乡</td><td>濠头乡</td></tr>
<tr><td>南洞乡</td><td>南洞乡</td><td>南洞乡</td></tr>
<tr><td>文明乡</td><td>文明镇</td><td rowspan="3">文明瑶族乡</td></tr>
<tr><td>岭秀瑶族乡</td><td>岭秀瑶族乡</td></tr>
<tr><td>盈洞瑶族乡</td><td>盈洞瑶族乡</td></tr>
</table>

桂东县

概述

桂东县地处湖南省东南边境，井冈山南麓。位于北纬25° 44′至26° 13′，东经113° 37′至114° 14′之间。东与江西省遂川、上犹、崇义三县接壤，省际边界线长138公里；省内，南与汝城县，西与资兴市，北与炎陵县相邻。县境东西广61.2公里，南北袤53.6公里，总面积1451.56平方公里，约占郴州市总面积7.5%，湖南省总面积的0.7%，境内最高峰齐云山，海拔为2061.3米；最低处清泉镇圆明庵，海拔为296米。境内主要河流有沤江、淇江、小水江、泉江。域内北高南低，属亚热带冬暖夏凉的山地温润气候。冬无严寒，夏无酷暑，年均气温15.8℃。

桂东县始建于南宋宁宗嘉定四年（1211）。清康熙十七年（1678），吴三桂称帝衡州，避其讳，改名为平阳县。次年2月，复名桂东县。1958年11月，与汝城县合并为汝桂县。1961年5月，汝、桂分县，恢复桂东县建制。2014年全县辖7镇8乡，1个国家级自然保护区，1个国家级森林公园和1个国有林场，156个村（居）委会，人口23.2万人，民族以汉族为主，有畲族、瑶族等少数民族。

桂东是驰名遐迩的绿色生态县。境内层峦叠嶂，群峰高耸，有着丰富的土地资源、森林资源、水能资源、牧草资源和旅游资源。耕地面积8.65千公顷，森林覆盖率82.36%，有银杉等珍贵品种和各种名贵药材；水能理论蕴藏量23万千瓦以上；放牧理论蕴藏量15万个黄牛单位；已探明矿点85处，高岭土、稀土、钾长石等储量丰富。境内风景秀丽，拥有碧洞飞烟、仙人石田、黄龙洞、仙桥天乐、冰臼群、齐云山、八面山等天然景点和景区。

桂东是享有盛誉的红色土地。桂东人民有光荣的革命传统，拥有丰富的红色资源。南宋开禧三年（1207），黑风峒瑶民罗世传揭竿而起；嘉定三年（1210），李元砺率领数万人起义；清朝末年，李长才加入以孙中山为首的同盟会，投身民主革命运动。1926年，陈奇成立了中国共产党桂东县支部，与李璧、扶良博、郭佑林等开展反帝反封宣传，发动群众支持北伐战争，成立农民协会，在籍会员达2万余人。组织农民自卫队，打击土豪劣绅，成为湖南农民运动的先锋。1928年4月，毛泽东在沙田颁布“三大纪律·六项注意”（后为“三大纪律·八项注意”），桂东成为第一军规颁布地，群众路线发祥地；同年8月，毛泽东带领三十一团三营迎还朱德、陈毅率领的红军大队，在县城唐家大屋和寨前召开红四军前委扩大会议，议决红军大队重回井冈山，开创了井冈山革命根据地的新局面，堪称朱德毛泽东第二次会师。1934年8月，红六军团在寨前宣布成立，誓师西征，揭开了红军长征的序幕，桂东寨前成为长征的首发地之一。红军主力长征后，蔡会文、方维夏等率红军在桂东东西两边山坚持了三年艰苦卓绝的游击斗争。1945年8至9月，王震、王首道率八路军南下支队南征北返两度经过桂东。1947年10月，郭名善、李康寿等率近百人在沙田龙头举行武装起义，打响了解放战争时期湖南地方游击武装斗争的第一枪。1949年6月，桂东和平解放，成为湖南省解放之首县。

桂东山清水美，钟灵毓秀，人才辈出。在新民主主义革命时期，培育了著名的词学家胡云翼，成为现代中国文学史研究的奠基者。涌现了陈奇、李璧、扶良博、郭佑林、邓兆雄、郭振声、朱绍喜等一大批有信仰、有抱负，忠于党、忠于人民，勇于斗争、不畏牺牲的革命先烈，追寻毛泽东、朱德、彭德怀、陈毅、任弼时等无产阶级革命家的足迹，用他们的鲜血孕育了红色基因，铸造了桂东之魂。在社会主义革命和建设时期，经过战火磨炼，久经考验的邓力群、郭名善等传承革命薪火，成为桂东的一代精英和楷模；涌现了周远清、郭冠军、邓有成、方绪乾等一批优秀的党政军优秀干部，黄存绍、郭炳南、温品文、黄久生、胡稳奇、邓扬晨等一大批优秀的教育科技工作者，以及方忠宁、胡昭程、曾庆祥、郭虎平、黄常明等英雄模范人物，他们在各自岗位上做出了显著的成绩，为桂东增光添彩，彰显了桂东人民自强不息、勇于拼搏的奋发精神。

桂东是革命老区县。1949年6月桂东新中国成立后，历届县委和政府都把“发扬革命传统、建设好革命老区”做为执政治县的坚定理念。经过60多年的建设与发展，特别是改革开放后，坚持以经济建设为中心，坚持改革开放，桂东发生了翻天覆地的变化。20世纪80年代，提出“把握时机，写好山字，打开山门，飞出低谷”的发展思路,集中精力做好“山字文章”,立足山区资源，发展商品经济。90年代，坚持走“以山造林、以林养水、以水发电、以电促工、以工富县”的可持续发展道路，采取股份制形式大力发展小水电产业，成就了全国小水电发展的“桂东模式”。进入2000年后，围绕“农业稳县、工业强县、城镇兴县、生态立县、旅游活县”的战略部署，打好“红”和“绿”两张牌，打造生态大县、教育强县、旅游名县。近几年来,桂东人民以建设“红色桂东、美丽桂东、开放桂东、幸福桂东”为目标，大力弘扬自力更生、艰苦创业精神，调结构，惠民生，促发展，全力以赴扶贫攻坚，全县社会政治大局稳定，人民生活水平不断提高,社会事业欣欣向荣，县域经济快速发展。“三大纪律八项注意”颁布旧址被列为全国爱国主义教育基地、全国红色旅游经典景区；玲珑茶获国家地理标志保护产品证书，并成为国家驰名商标；齐云峰森林公园创建为国家级森林公园，桂东三台山森林公园和桂东植物园创建为国家AAA级景区，成功打造了“养生天堂、避暑胜地”名片。2014年，全县实现地区生产总值24.54亿元，完成财政总收入24230万元，社会消费品零售总额6.17亿元，城镇居民人均可支配收入14656元，农村居民人均可支配收入6419元。先后成功创建省级园林县城和卫生县城，荣获“中国最佳消费避暑旅游名县”等称号，连续第15年被评为“省级平安县”。

清泉镇 >>

清泉镇素有茶叶之乡、金橘之乡的美称。

区域概况

位置面积

清泉镇地处桂东县东北部，井冈山南端，位于北纬 26° 7′ 31″至 26° 13′ 3″之间，东经 114° 5′ 37″至 114° 13′ 52″，总面积 64.61 平方公里。西与桥头乡相连，东、南、北三面分别与江西省遂川县黄坑乡、左安镇和汤湖镇、戴家铺乡接壤。东西宽约 12 公里，南北长约 9.7 公里。2014 年。全镇有耕地面积 723.93 公顷，其中水田面积 713.4 公顷。镇政府驻泉江社区。镇政府距桂东县城 37 公里，距井冈山机场 80 公里。

建置沿革

清泉镇因境内有泉江而得名。康熙三十年（1691）属宜三都。民国初期桂东县设 5 都 18 乡，其域为崇正乡，隶属三都。民国 18 年（1929）改都为区，属第四区；民国 28 年（1939），桂东县废区设乡，全县划为 16 个乡，崇正乡改名为清泉乡。民国 29 年（1940）全县并为 8 个乡，清泉乡与平泉乡（今桥头乡）合并为清泉乡。

1949 年 6 月 16 日桂东解放，废除旧乡、保、甲制度，在行政区划上暂沿旧制，全县区域仍分 8 个乡，境域为清泉乡所辖。1950 年 3 月，设区并乡，全县划为 3 个区，2 个办事处。清泉乡改为桥头人民办事处；5 月，桥头人民办事处改称为桥头区；1950 年 10 月，全县各区改以按序号命名，桥头区改称为第四区。1953 年 7 月，划归江西省遂川县管辖。1957 年 11 月，重归桂东县管辖。此时，全县划为 20 个乡、1 个镇，境域为大地乡。1958 年实行政社合一，9 月，与桥头乡合并为新华人民公社；11 月桂东县与汝城县合并为汝桂县，新华人民公社改称桥头人民公社。1961 年 4 月人民公社体制调整，桥头人民公社分设为大地人民公社、桥头人民公社。1964 年 11 月两者合并为桥头人民公社。1966 年 10 月，桥头人民公社分设为大地人民公社、桥头人民公社。1984 年 3 月改社建乡，大地人民公社改建为大地乡。1994 年 5 月撤乡建镇，设立清泉镇，行政区划不变。

行政区划

1958 年，成立大地人民公社时，辖 10 个大队、87 个生产队。1962 年，辖 10 个大队、68 个生产队。至 1983 年，调整为下丹、大地、光辉、庄川、里地、铜锣、中坑 7 个大队，73 个生产队。1993 年，县内增设大地乡湾里居委会。1994 年 5 月设清泉镇，辖庄川、秋坪、大地、里地、中坑、铜锣、下丹7个村委会极大地墟居委会。1996年3月15日，撤销清泉镇中坑村，设立清泉镇中坑畲族民族村。2008年，大地墟居委会更名为泉江社区居委会。至2014年，清泉镇辖1个社区，6个行政村，1个民族村，260个村民小组。

自然环境

清泉镇境内地势西高东低，南高北低。西部以中山为主，东、南、北部以中低山为主，中部泉江流域为溪谷平地。庄川村古楼仙海拔1599.7米，是全镇的最高点。中坑村圆明庵海拔291米，为县内海拔最低点。境内属亚热带季风湿润气候区。冬无严寒，夏无酷暑，温暖湿润，四季分明。平均日照时数1581.3小时，年平均气温16℃，平均降水量1800毫米，无霜期232.9天。适宜的气候、充沛的雨量，充足的光照，适宜农作物的种植与生长。全镇溪流众多，其中泉江流域面积大，由西向东流经镇域中南部，汇入赣江。矿产资源丰富，主要有稀土、钾长石、高岭土、萤石、石英石、钠长石、钨等，其中稀土、高岭土、萤石储量大，已探明高岭土矿点面积2平方公里、储量500余万吨，稀土储藏面积42平方公里，萤石10万余吨。全镇水利资源丰富，水能蓄量1万千瓦。全镇林木资源丰富，森林覆盖率达80%。

人口民族

新中国建立前，境内人口数量不详。1949年桂东新中国成立后，人口逐步增长。1953年全国第一次人口普查时，境域总人口数为1373户4767人。至1982年第二次人口普查时，人口增至1595户7797人。1994年撤乡建镇，当年底总人口数为9258人。随着计划生育政策的执行，人口增长放缓。2010年全国第六次人口普查时，总人口数9063人，其中汉族8773人、畲族290人。2014年年底，全镇总人口数为10887人。人口出生率10.2‰，自然增长率6.0‰。农业人口8192人，占总人口的75.7%。人口密度为168人/平方公里。

桂东县畲族主要居住在清泉镇，均为兰姓。据《兰氏族谱》记载：该姓第四十一世祖兰维宏于清康熙五十七年（1718）从江西省遂川县左安、汤湖一带移居桂东三都。由于历史上少数民族深受压迫，畲族人民被迫隐瞒民族成分以求生存，因此境内兰姓一直未列为畲族。1985年，县内兰姓居民向县人民政府写出要求恢复畲族成分的报告。1988年，经省民委批准恢复桂东兰姓人口为畲族成分。

经济发展

经济综述

清泉镇传统主产稻谷、茶叶、金橘、药材、林木、楠竹。1978年农村推行联产承包责任制，受市场经济影响，地缘优势得到发挥，茶叶、金橘、旅游、商贸、饮食等产业全面兴起。2014年，全镇实现地区生产总值8290万元。其中第一产业产值2291万元，第二产业产值2630万元，第三产业产值3338万元。完成固定资产投资1.55亿元，社会消费品零售总额3749万元；农民人均纯收入4595元。完成财税收入149万元。

农业

镇内传统农业素以种植水稻、茶叶、金橘为主。所产“玲珑茶”久负盛名。20世纪80年代以前种植双季稻，以后种植单季稻。90年代后，茶叶产业得到发展。2000年后，把茶叶产业作为富民强镇的主导产业来抓。2000年，县茶叶开发公司从福建福清市调入“福云6号”扦插苗，在清泉镇扩建茶园，亩栽苗5000株。2002年，县茶叶开发公司组织清泉镇的园明茶场、下丹村茶场等茶场联合

清泉万亩茶叶观光园

申报有机茶生产基地认证，获得成功。2007年以来，每年新增茶叶种植面积2000余亩，逐步形成以下丹、大地、里地、铜锣、中坑等为中心的“万亩茶叶观光园”。2014年新增茶叶基地80公顷，补植补种31公顷，对“万亩茶叶观光园”进行扩面提质。全镇茶叶基地达到4.8万余亩，全年生产干茶40余万千克，产值7000余万元。有茶叶专业合作社9家，茶叶加工营销企业3家。

大地玲珑茶是湖南八大名茶之一，先后获湖南省优质名茶奖、湖南省首届“湘茶杯”金奖、第五届亚太国际贸易博览会金奖、第12届上海国际茶文化节金奖等荣誉。2007年，桂东县成立玲珑王茶叶开发有限公司，玲珑茶商标归属该公司。

清泉镇金橘种植历史悠久，宋代从江西传入，明洪武年间，金橘列为桂东特产之一。20世纪80年代中期，大地乡干部陈登洪发现和选育无核或少核金橘株系，并培育出“密矮早”系金橘优良品种。1982年，当地生产加工的“金桔花”牌蜜饯获农牧渔业部优质农产品奖，2005年，获省农博会金奖。2014年，全镇金橘种植面积4000余亩，年产金橘2000吨，年产值4000万元，成立金桔专业合作社1家。

镇境属山地地形，林木资源丰富，有林地面积6.66万亩。20世纪90年代以前，油茶产量较高。此后，坚持封山育林，杉木、马尾松成为优势树种。1981年，实行林业生产责任制，分山到户。80年代末，县林业局在境内兴办庄川联营林场。2004年，换发全国统一的林权证。2014年，境内有杉木蓄积量30万立方米，楠竹蓄材量16余万根；“三木”（杜仲、黄柏、厚朴）药材3650亩。

工业

1979年，大地公社社办企业自筹资金33万元，兴建金橘蜜饯厂，当年投产。1995年2月，投资50万元的县内首家股份制企业——清泉镇工业硅冶炼厂建成投产。2000年代初，境内水能资源得以利用，大力开发和发展小水电产业，先后建成圆明、秋坪、秧田、溪桥、立新和横水河6座小水电站，总装机容量5000千瓦。2002年，境内有硅矿开采点8处，年产硅石1万吨。2003年，招商引资兴建塑料制品厂1个。2005年，建成装机2500千伏安的昌桂铁合金新厂，竹木制品加工厂、根雕厂。从2013年起，为保护茶叶等生态产业，陆续关闭境内的硅冶炼厂。

商贸服务业

清泉地处湘赣边界，自明代以来，境内居民就与江西省遂川县的大汾、汤湖、黄坑、西溪、戴家铺等乡镇有商贸往来。清代，设有牛岗墟，墟日逢为农历三、六、九日。新中国建立特别是改革开放后，边境贸易往来更加密切。1984年，设清泉市场，墟日现为逢农历三、八。1992年，县、乡两级政府牵头，县内12个部门在清泉镇投资1200余万元兴建店铺、市场。至1997年，扩宽和延伸原有两条主街道，并新建一条长600米的服务、住宿、餐饮商贸街。新建交易亭5栋，有固定摊位144个，屠台18张，市场面积达2009平方米。清泉至江西遂川的公路修通后，该市场商品交易更为活跃。2005年实施“万村千乡”市场工程以来，清泉乡村商贸服务进一步繁荣发展，清明节前后，茶叶市场异常火爆。至2014年，个体工商户共有商业网点80多个，从业人员380人，商业主要有百货零售、餐饮、住宿、快递、通信、茶叶销售等行业。

旅游业

2010年后，境内旅游开始兴起。清泉镇对“茶叶特色镇”和“万亩茶叶观光园”项目进行了扩面提质。至2014年，“万亩茶叶观光园”核心景区面积达1.1万亩，建成了茶文化墙、观光亭、茶产业标志、采茶道等基础设施，初步形成了集茶叶种植，茶产业研发、观光旅游、生态休闲为一体的景区，融入井冈山、大湘东旅游经济圈，深受湘赣粤三省及周边旅游爱好者青睐。

基础设施

交通运输

旧时，人们出行主要依靠步行，货物则靠肩挑手提。明、清时期，有步道升平路经过境内，南可经桥头古桥坑、寒口胸膛山到达县城，北可经烟筒隘至江西遂川县，是桂东通往江西的主要步道。民国时期，对原有步道进行拓宽成为桂遂线，从县城经寒口、桥头和境内的下丹、秋坪，通往遂川。新中国成立后，特别是改革开放以来，交通事业发展迅速。1964—1966年，修建大地至寒口26.53公里公路，至此清泉通往县城的公路全线贯通，命名为县道X001线。1974—1998年，里地、庄川、秋坪、铜锣、中坑等村全部修通机耕路。80年代打通大地至猴精石（清泉与江西遂川大汾交界处）的机耕路，延伸了X001线。1996年，郴州市交通局投资80万元，将大地至猴精石段8.67公里改造为四级公路。2001年，修通庄川至江西遂川戴家铺公路；2003年，寒口坳至清泉路段实现沙改油。2006年，完成大地、铜锣村公路通畅工程。并新建清泉客运站。修通圆明至江西遂川黄坑公路。随后又修通下丹至江西七岭公路。至2009年，通村公路全部硬化。2012年，X001线升级为省道S352线。2014年，S352线改造升级工程批准立项。至此，全镇有省道1条；乡道1条，里程9.895公里；村道6条，里程23.661公里。

邮政通信

邮电通信设施从无到有，逐步完善。民国时期，境内邮政业务由桥头邮政信柜负责管辖。新中国成立后，开始设立清泉桥头片邮政代办点，代办函件、包件投递、报刊收发等业务。20世纪50年代末，开通有线电话。90年代后，电信事业不断发展。1995年，安装开通程控电话。1999年，建成庄川、秋坪两个卫星电视地面接收站。2002年，清泉移动基站开通，居民开始使用移动电话。当年，全镇实现组组通电话。2005年，开通电信宽带。2008年，开通电信手机业务。2009年，开通联通手机业务。2012年，设立清泉邮政所。2013年，开通联通宽带和电信光纤。

供电饮水

20世纪50年代前，村民以煤油等照明。60年代末，乡村兴办小水电站，庄川、中坑小水电站建成发电，村民开始用电照明。80年代初，建成河背电站，装机80千瓦。1989年，兴建圆明电站，村民用电质量有所改善。至1992年冬，全镇供电覆盖率已达100%。2001年，秧田电站建成发电。随后，秋坪、溪桥、立新和横水河等小水电站相继建成。2011年，建成35千伏及以上变电站1座，主变压器2台，居民用电得到进一步保障。

20世纪80年代之前，村民饮水取自河水或井水，均为人工挑运。从90年代起，村民逐步用水管引水工程，直接将泉水引入家中。2011年，启动安全饮水工程。为提高城镇居民饮用水质量，清泉镇于2014年完成自来水厂工程项目规划。2014年，下丹、秋坪安全饮水工程全面完工。

水利建设

1971年，建成牛岗墟渠道，长达8000米，灌溉稻田1400多亩；并设牛岗墟水利管理所，使3个大队35个生产队受益。1974年，下丹大队的改河工程开工，计划将泉江下丹段裁弯取直，弯道可开田280亩，但新河道要穿过三座石山，全长1294米，需搬走140多万立方米土石方。上千人大干一个冬春，因施工难度大，1975年后改为60人的常年突击队由上往下挖。整个工程历时4年，耗资22万余元，投工20多万个，最后终因工程量大、效益小而下马。境内建有圆明电站和秧田电站2座小型水库。2000年后，加大农田基本设施建设，先后完成了下丹、大地、秋坪等村农业综合开发和国土综合整理项目，受益面积3000余亩。2012年，对泉江河堤进行加固。2014年，实施“碧水工程”行动，对泉江沿岸的违法建筑进行依法拆除和取缔，在镇村河道中进行阶梯蓄水，打造水景。

村镇建设

驻地 1958年，大地人民公社成立后，驻地建设步伐加快。供销、学校、卫生院等公共设施逐步完善，相继建设或扩建办公和生活用房。1984年，新建大地墟。20世纪90年代初，县直部门在境内设立公安派出所、林业工作站。1992年6月，县投资164万元的大地边境市场动工建设。2002年，兴建面积800多平方米的农贸市场，建成商贸街2条，小城镇建设初具规模。2004年，镇政府新办公大楼建成投入使用。从2012年起，按照客家民居青砖青瓦马头墙风格，融入茶文化元素，对集镇区建筑进行了改造和亮化。2014年，实施了茶叶特色镇二期建设，工程涉及泉江社区内街共计147户居民。高标准建设了泉江游园，对道路进行提质改造，新建停车场1个，改造公厕1座。开展“点亮村庄”行动，在全镇各村主干道

安装太阳能路灯70余盏。镇公租房建设进入最后扫尾阶段。通过完善城镇基础设施，对城镇实行精细化、网格化管理，成为郴州市第一批、全县第一个"省级卫生镇",先后荣获"省级卫生镇""省级卫生文明单位""全市社会管理综合治理工作先进乡镇""全市安全生产示范乡镇"等荣誉称号。

村庄 清代、民国时期，境内村民聚族而居，大的村庄百来户人，小的村庄十来户，房屋多为干打垒砌成，少数富足人家建有青砖瓦木结构房子。新中国成立后，实行土地改革，无房或少房的农户分得了房屋，居住条件得到改善。20世纪70年代，农民普遍扩建或新建房屋，大队、生产队兴建大队部、学校、分配站等公共实施。80年代后，村民开始兴建瓦木结构房子，少数富裕家庭建砖混结构小洋楼。2000年后，随着通村公路的修建，村民建房不断增多，房屋均为砖混结构。2007年，开始新农村示范村建设，村容村貌得到改观。2009年开始实施农村危房改造。至2014年年末,共有1000余户群众搬出陈旧干打垒危房。并完成8个村（社区）的村庄规划编制。通过推进"整洁工程"、新农村建设以及农村公共设施建设，有机结合绿化攻坚、农村危房改造、扶贫攻坚、生态移民等，大力开展"三清四化五改"，农村人居环境不断改善。先后打造下丹、大地、秋坪、泉江新农村建设示范点。下丹村、大地村成功创建"市级卫生村"。

社会事业

教育科技

教育 清代，设有私塾供人们进行启蒙教育。民国时期，开设私立小学。民国30年（1941），创办红星私塾。新中国成立后,红星私塾改为小学。

20世纪70年代，举办初中一所。2005年下学期，调整中小学布局，设立清泉九年一贯制学校，是当时五所九年制学校之一。是年，新建清泉学校教学楼、综合楼、教师家属楼。2014年，启动教师公转房（幼儿园）项目、九年制学校宿舍楼项目建设。至2014年年末，清泉九年一贯制学校管辖九年制学校1所，村小5所，中心幼儿园1所，有普通教学班28个，在籍中小学生1105人，在园幼儿178人，在职教工96人。校园总面积为31547平方米；学校藏有图书22941册。学校本部近900名中小学生享受免费午餐。小学适龄儿童、初中适龄少年入学率100%，小学、初中在校生年巩固率都为100%。镇党委、政府对优秀教师表彰奖励，对考取本二以上的本籍大学生给予每人800～1200元的奖励。李名科老师被评为“郴州市最美的乡村教师”、梅永茂老师被评为郴州市优秀乡村教师。

科技 1979年，大地公社党委副书记陈登洪利用金橘嫁接苗进行密植栽培试验，使金橘既提前结果又提高产量。后又对传统的金橘加工技术进行研究改造，采用新的工序制成“金桔花”牌蜜饯。1980年，桂东县农业局干部郭旭明、李振源等对玲珑茶加工技术进行研究，提炼出制茶8套工序：选剔摊放、刹青、清风、揉捻、初干、摊凉、整形、复干。1984年，县茶学会以清泉茶园为基地，先后开展茶叶生产技术普及活动，推广速生密植丰产栽培、玲珑茶加工、老茶园改造及茶叶培育管理技术。2000年后，进一步完善镇村两级科技网络，在农村开展无公害有机茶种植与管理、楠竹低改、家禽家畜优良品种引进推广。

文化体育

旧时，境内有古老仙仙女下凡、猴金石石猴成精的古老传说；因盛产玲珑茶，茶文化历史悠久。清代、民国时期，境内流行舞龙、耍花灯、“划船”等文艺活动。新中国成立后，在喜庆节日组织群众表演秧歌舞、腰鼓舞等，群众文化生活不断丰富。20世纪50年代末，有电影队到各村巡回放映电影，并普及农村广播。1986年，安装小功率电视差转机。90年代初，安装卫星电视地面接收站。2000年后，实施电视“村村通工程”。2011年，新建面积600多平方米的综合文化站，拥有2000册的图书和信息网络传输等设备。2012年6月，玲珑茶传统手工制作技艺和“桂东采茶调”通过专家审核认证，被列入湖南省第三批非物质文化遗产名录。至2014年，文化站1个，有农家书屋8个，村文化室实现全覆盖；拥有广场舞蹈队、舞龙队、民乐队、健美操队和文艺表演队5支业余文艺团队，经常深入乡村开展文化惠民活动，举办了跨省性的大型客家采茶调歌王赛、七夕山歌演唱会、非物质文化遗产玲珑茶制作技艺大赛等活动。

清代、民国时期，境内体育活动开展不广泛，有少数从事武术、气功等体育活动。新中国成立后，学校普遍开展田径、球类等体育活动。乡机关组织篮球、拔河比赛。2000年后，清泉全面开展全民健身活动，境内体育设施逐步辐射各村。2013年，在玲珑广场兴建全民健身路径1条。至2014年末，全镇实施体育工程4个，有体育场地7处。

医疗卫生

民国时期，境内村民治病主要以中草药为主。新中国成立后，医疗卫生条件逐步改善。1958年成立联合诊所，1960年，在联合诊所基础上成立大地公社卫生院。1977年秋冬之交，大地公社白喉病暴发流行，患者达183人，死亡8人。疫情发生后，地、县医疗单位立即派出卫生人员帮助治疗，有效地控制了疫情。1994年5月，撤乡建镇时卫生院搬迁至泉江社区。2005年，新建县中医院清泉分院门诊大楼。2010年以来，清泉镇投入近100万元维修镇卫生院和购买设备，深入开展医药卫生体制改革，实行药品零差价销售，并在全镇建立了居民健康档案。从2011年开始，每年都为部分农民免费健康体检。到2014年，镇卫生院占地面积1232平方米,建筑面积900平方米，有医药护技专业技术人员11人，其中执业医师2人、执业助理医师2人、护士2人，有病床40张。全镇下设9个村卫生室，村卫生室覆盖率100%，配备乡村医生9人，3所达到了规范化建设。居民电子健康档案规范化建档率、免疫规划疫苗接种率、老年人健康管理率均达到100%。

社会保障

新中国成立前，无社会保障。新中国成立后，对鳏寡孤独者实行“五保”。2001年7月，县内第一个村级敬老院在清泉镇庄川村建成。2006年，修建了镇敬老院。该敬老院建设用地2.6亩，建筑面积1120平方米。2014年年底，全镇有“五保户”46人，其中镇敬老院集中供养12人，分散供养34人。全镇有268户576人享受农村最低生活保障，其中一类19户25人，二类127户217人，三类122户334人；国家抚恤、补助各类优抚对象58人共198720元。新农保、新农合全面覆盖，参保率均在90%以上。

特色地情

历史人文

八路军南下支队清泉激战 1945年8月29日，八路军南下支队因形势变化，放弃与东江纵队会合的计划北返中原。9月3日晚，南下支队由第一支队从江西遂川县的左安进入桂东县清泉的中坑和圆明庵一带遭到敌军阻击，击退敌的阻击后在此宿营。由于国民党军正陆续向井冈山以南的地区进行集结，企图将南下支队歼灭于这一

朝贡金桔

地区。南下支队命令部队在敌军兵力尚未完全部署就绪之前于9月4日凌晨出发，争取在拂晓前越过封锁线。当第一支队进到秋坪时，又遇到敌军阻击。一支队占领秋坪后，立即向桂东和遂川方面各派出一个连进行警戒，以掩护主力部队的安全通过。拂晓时分，南下支队进抵牛岗墟，粉碎国民党军的拦堵，顺利突破国民党军所设置的第二道封锁线后，沿着湘赣边界继续北返，于9月底与新四军第五师李先念所部会合，取得了北返的胜利。

名优特产

玲珑茶 原产于清泉镇的铜锣村玲珑组，如今在桥头、清泉两乡镇已有大面积种植。玲珑茶外形条索紧细，状如环钩，色泽绿润，银毫披露；香气持久；汤色清亮，滋味浓醇。饮后甘爽清凉，余味无穷。

朝贡金橘 朝贡金橘味道酸甜可口，富含丰富的维生素C、金橘甙等成分，经专家论证对维护心血管功能，防止血管硬化、高血压等疾病有一定的疗效，是一种极为珍贵的保健食品，清泉种植金橘已有数百年的历史，由于清泉出产的金橘品质极佳，相传在历史上曾被列为皇帝的贡品，被誉为“朝贡金橘”。

风景名胜

万亩茶叶观光园 万亩茶叶观光园始建于2008年，是一个现代农业产业示范园，采取“公司（合作社）+基地+农户”的产业化经营模式，至2014年，观光园核心景区的茶叶面积达1.1万亩，园区内主要品种有玲珑茶、安吉白茶、福云六号、福鼎、梅占、金观音等。建有茶文化墙、观光亭、茶产业标志、采茶道等基础设施，初步形成了集茶叶种植、茶产业研发、观光旅游、生态休闲为一体的核心景区。茶叶观光园由于建在巍巍群山之上，满眼望去，气势磅礴，雄伟壮观，成为桂东县一大景观。

清泉畲族

民俗风情

清泉地处湘赣交界，又曾划归江西省管辖，加上汉、畲两族混居，因此，境内居民既讲“桂东话”又讲“客家话”，湘赣两省民俗兼顾。清泉镇的客家文化也独具特色，在清泉聚居着一个古老的民族——畲族。畲族为中国南方游耕民族。畲民有“山客”之称，以“狗头人身”为图腾，有不吃狗肉的禁忌。县内畲民沿袭该族部分传统节日、祭祀与生产生活习惯，每年农历三月初三祭祖，当天不参加生产劳动，斋戒沐浴。每年逢清明采茶时节，畲族人必亲自采制几斤上等茶叶，用以敬老待客。客人进门不分生熟，必先敬茶。部分老年人使用龙头拐杖，戴尖顶斗笠，系绣花腰带及套脚筒，女穿尖嘴绣花鞋，喜唱山歌。畲民多数讲客家话，部分人讲桂东话，婚丧习俗大体与汉族相同，主要从事种植水稻、红薯，兼营林业、茶叶、果木。

（郭福星　供稿）

桥头乡 >>

桥头乡是桂东县玲珑茶主要产区，为著名的玲珑茶之乡。

区域概况

位置面积

地处桂东县东北部，位于北纬 26° 6′ 7″至 26° 10′ 56″ ，东经 114° 5′ 37″至 114° 10′ 9″之间。东邻清泉镇，南与江西省遂川县汤湖镇接壤，西至竹仔盈与寒口乡交界，北与江西省遂川县戴家铺乡毗邻。土地总面积 85.93 平方公里，其中耕地面积 661.33 公顷。乡政府驻百果社区居委会，距县城 32 公里。

建置沿革

桥头乡因集镇坐落于泉江河岸大桥当头而得名。康熙三十年（1691）属宜三都。民国初期全县设 5 都 18 乡，境域含桥头乡、长义乡，隶属三都。民国 18 年（1929）改都为区，属第四区；民国 28 年（1939），废区设乡，全县划为 16 个乡，桥头乡、长义乡合并为平泉乡。民国 29 年（1940）全县并为 8 个乡，平泉乡与清泉乡（今清泉镇）合并为清泉乡。

1949 年 6 月 16 日，桂东解放，废除旧乡、保、甲制度，在行政区划上暂沿旧制，境域为清泉乡所辖。1950 年 3 月，设区并乡，全县划为 3 个区，2 个办事处，境域为桥头人民办事处管辖；5 月，桥头人民办事处改称为桥头区；10 月，全县各区改以按序号命名，桥头区改称为第四区。1953 年 7 月，划归江西省遂川县管辖。1957 年 11 月重归湖南省桂东县管辖。此时，全县划为 20 个乡、1 个镇，境域为桥头乡。1958 年，实行政社合一；9 月，与大地乡合并为新华人民公社；11 月桂东县与汝城县合并为汝桂县，新华人民公社改称桥头人民公社。1961 年 4 月，桥头人民公社分设为桥头人民公社和大地人民公社；5 月，汝桂分县，恢复桂东县建置，桥头从属。1964 年 11 月两者合并为桥头人民公社；1966 年 10 月，桥头人民公社分设为桥头人民公社、大地人民公社。1984 年 3 月改社建乡，桥头人民公社改为桥头乡。

行政区划

1983 年，桥头人民公社体辖横店、侠头、甘坑、鲤鱼、红桥、白水、顺义、尚义 8 个生产大队，107 个生产队。其中有一段时间，白水大队称为红卫大队。1984 年改社建乡后，各生产大队消失，全乡组建横店、侠头、甘坑、鲤鱼、红桥、白水、顺义、尚义 8 个村民委员会。1993 年，增设桥头墟居委会。2008 年，墟脑居委会改为百果社区居委会。至 2014 年辖 8 个村、1 个社区，即：横店、侠头、甘坑、鲤鱼、红桥、白水、顺义、尚义村，百果社区，112 个村（居）民小组。

自然环境

桥头境内海拔 390 ~ 1906 米，地形以山地为主，四面环山，七垅八沟，海拔 1906 米的荷树坳，为境内最高峰，属典型的“八山一水一分田”边远山区乡。属亚热带季风性气候，其特点是冬无严寒、夏无酷暑。1981—2014 年，平均气温 15.5℃；生长期年平均 193 天，最长达 289 天，最短为 159 天。年平均日照时数 1600 小时、无霜期年平均 240 天；年平均降水量 1675 毫米、年平均降雨日数为 181 天。降雨集中在每年 3 月至 8 月，6 月最多。主要自然灾害有冰冻雪灾、洪涝。泉江发源于该乡横店刘公山竹子土盈东麓，自西向东贯穿全境，经清泉镇流入江西省，是赣江的主要源头之一。2013 年，全乡林地面积 10.87 万亩，活立木总蓄积 34.75 万立方米，森林覆盖率 79.62%，林木绿化率 82.68%。境内富藏硅石、钾长石等非金属矿产资源，2001 年 5 月，经省非金属工程技术人员探测，其钾长石、硅石储量居全省第二，质量均属上等。

人口民族

1953 年第一次全国人口普查，该区域有人口 1407 户 5105 人。随着人民生活的稳定与改善，人口逐步增长。1964 年第二次全国人口普查时，全乡有人口 1449 户 5745 人；到 1982 年第三次全国人口普查时，全乡人口增至 1583 户 7660 人。1990 年第三次全国人口普查时，全乡人口达 1950 户 8309 人。随后，随着计划生育政策的贯彻执行，境内人口自然增长放缓。至 2000 年第五次全国人口普查时，全乡有人口 2189 户 8386 人，其中少数民族 28 人。由于流动人口和外出务工人员增多，计划生育管理难度加大，人口增长加快。2010 年第六次全国人口普查时，人口达 2512 户 9848 人。2014 年年末，全乡有人口 3009 户 10164 人，人口密度 130 人 / 平方公里。男性 5177 人，占 50.93%。乡村劳动力资源 5614 人。以汉族为主，有畲族 1 个少数民族，人口 56 人。

经济发展

经济综述

该乡以农业为主，盛产玲珑茶。20 世纪 90 年代，工业有所发展，先后引进酱菜厂、湘宇纺织厂、玲珑王茶叶加工厂等企业。2002 年，国内生产总值 2113 万元，农业总产值 1033 万元，工业总产值 1161 万元。财政收入 83 万元。农民人均纯收入 910 元。随后，加大产业结构调整，全乡经济总量持续壮大，财政收入大幅增加，经济发展速度和质量同步提高。2014 年，完成地区生产总值 5483 万元，其中，第一产业 1999 万元，第二产业 1376 万元，第三产业 2074 万元。社会消费品零售总额 2219 万元，财政收入 495 万元，农民人均纯收入 3804 元。

农业

种植业 传统农业素以种植水稻、茶叶为主。20 世纪 80 年代以前种植双季稻，以后种植单季稻。粮食作物以水稻为主，有少数农户种植药材。乡酱菜厂建成后，发展藠头种植，2001 年，藠头种植面积达 2800 亩。2011 年，全乡生产粮食 3496 吨；油料作物种植 2035 亩，产量 41.7 吨；蔬菜种植 1250 亩，产量 2140 吨。2014 年，全乡农作物播种面积 16087 亩，其中粮食播种面积 10830 亩，粮食总产量 359 吨。在侠头村中其组黄泥湖建设了 200 多亩蔬菜基地，重要蔬菜产品自给率在 80% 以上。当年引进郴州鼎天生态农业

2014年境内茶园

发展有限公司发展薰衣草种植项目，投资2000万元在黄泥湖草山种植薰衣草200公顷。

境内茶叶种植为传统优势产业，境内气候温和湿润，土壤为沙质壤土，结构疏松，深厚肥沃，为茶叶生长提供了优质的自然环境。境内群众种茶历史悠久，始于明末清初。20世纪80年代后，乡政府把茶叶种植作为重点产业来抓。1987年，将地处乡政府后背山冈上原种植的果树改种为茶叶，兴办马坪茶场。2000年，县茶叶开发公司从福建福清市调入"福云6号"扦插苗400余万株，在桥头乡和清泉镇扩建茶园800亩，采用"单行双株条列式"栽种，亩栽苗5000株。2002年，县茶叶开发公司组织桥头乡马坪茶场、甘坑村茶场和清泉镇下丹村茶场、园明茶场联合申报有机茶生产基地认证。2006年，桥头乡成立茶叶合作社，带领群众种植茶叶，被评为全市"十佳专业合作社经济组织"。2007年以后，桥头乡将茶叶产业作为群众增收脱贫的主导产业，出台了一系列以奖代投政策，引导群众以"政府（合作社）+基地+农户"的模式，扩大茶叶种植面积。2014年，新发展茶叶基地100公顷，大力培植和改造优质本地茶54公顷，新种金观音等优势品种34公顷，全乡茶叶总面积已达2667公顷，建有本地优质玲珑茶种苗繁育苗圃10公顷，茶叶加工户120余户，茶农8000余名。全年产干茶800吨，产值近8000万元。

林业 1958年3月24日，郴州专署批准建立桥头国有林场。20世纪60年代末70年代初，创办山坳社办林场。1971年4月，在境内飞播马尾松。1984年春，县林业局在红桥村征用稻田29亩，新建桥头苗圃。1989年，县木材公司在境内创办甘坑联营林场。21世纪初，境内林木、油茶、楠竹产业逐渐发展壮大，通过新种和改造，楠竹林面积已达1万余亩，带动了全乡竹木、竹木加工、竹笋等行业的发展。2014年年底，有国家生态公益林81032亩。

养殖业 境内养殖业以养犬、猪、鸡、鹅、鸭等家禽、家畜为主。侠头、横店两村与寒口乡李早田草山交界的黄泥湖草山是当地群众放牧的主要牧场。清代期间，境内畜牧业已成为农户家庭副业的重要组成部分，务农力耕，犁田多用黄牛或水牛。1952年政府提倡多养耕牛牲畜，家家喂猪积肥。侠头的中其组、横店的刘公山组以及鲤鱼的刀背山组等偏远地区发展养殖牧业较多。冬季农闲期间，洞里的耕牛大多托养到边山。20世纪80年代推行家庭联产承包责任制后，尚义、鲤鱼等村相继兴起山塘养鱼。2011年生猪饲养量5400头，年末存栏2580头；羊饲养量1620只，年末存栏695只；牛饲养量1009头，年末存栏910头；家禽饲养量26150羽。2014年出栏生猪3200头，存栏500头，新增养猪专业大户10户，出栏牛800头，出栏羊1300只。

劳务输出 1984年社、队改乡、村新体制运行后，农村剩余劳动力大量转移，出现外出打工潮。2008年来，茶叶产业的发展提供了大量采茶、制茶、种茶等务工机会，大批农民工返乡。乡党委、政府通过加强技能培训，提高劳务输出的效益，2014年，培训农村劳动力45人次，共新增农村劳动力转移就业161人，常年外出务工人员达1600余人。

工业

20世纪60年代至80年代初期，境内办有“五七”厂，有缝纫、铁匠、机床车间。手工业主要是篾制品和木制品加工。建有县内唯一一家家禽孵化专业户。1989年，创办县内第一家外向型农产品加工企业——酱菜厂，建成投产后，产品畅销。1992年4月，酱菜厂开发的清水笋罐头出口日本。为扩大生产规模，1993年，在城关镇征地20亩，投资建设年加工能力2000吨的县罐头厂，1994年竣工投产，主要生产清水笋、盐渍藠头和速冻甜玉米等产品，产品销往日本、韩国及东南亚等地，被日本上野株式会社选为定点生产厂家。1995年，日本客商上野先生赠予桂东县罐头厂价值160万元的速冻设备一台，产品加工质量得到提高，冷冻产品达到世界先进行列。1996年，该厂出口清水笋580吨、盐渍藠头325吨，创汇112.6万美元，获利180万元人民币。随后，县罐头厂取得国家外贸部授予的进出口经营权。1995年、1996年连续两年被省政府评为“乡镇企业出口创汇先进单位”。2000年5月22日，取得中国进出口商品质量认证中心颁发的ISO 9002质量体系证书。2000年投资200万元建成一条速冻生产线，月加工速冻食品能力达500吨。此后，因受市场需求变化等因素影响，产品滞销，该厂陷入困境，最终停产。

2006年5月，招商引资项目湘宇纺织厂正式投产，厂址位于原县罐头厂。2008年，引进昌桂铁合金厂，投资2000万元，规模为12500千伏安矿业炉。2009年，桂东玲珑王茶叶开发有限公司在桥头百果社区兴建占地33亩的茶叶加工厂，建有标准化生产线两条，年加工量600吨，为全省最先进的茶叶生产线之一。2014年，该公司成功获批为国家级高新技术企业，其“红茶加工方法”获得国家发明专利。

商贸服务业

商贸 桥头墟是地处湘赣边界重要驿站，明代设市，嘉庆年间（1796—1820年）称桥头墟时南来北往行人多于此食宿，是桂东古老的六大墟场之一，是县内寨口、清泉以及江西遂川汤湖、大汾等地的商品交易中心，主要上市商品有大米、畜禽、茶叶、土纸、竹木制品及其他农副产品，墟日为农历三、六、九日。随后，又设有桥头市、长义市，供人们进行贸易。1958年至“文革”期间，集市贸易受限制，逢十赶墟，大米、畜禽不再上市。改革开放后，商品交易日趋活跃。2014年，墟内有超市3家，餐饮店8家，各类商业门店400多家。墟期逢农历三、六、九。

旅游业 境内风景优美、奇山峻岭，有白水古楼仙，横店将军石、中其云海等颇具特色风景优美的旅游景点，但在20世纪前均处于未开发的原始状态。为充分利用本地自然资源以及离井冈山仅80公里的地理优势，桥头乡以生态休闲、观光旅游、红色旅游以及客家文化旅游为重点，大力发展生态旅游业，2014年，全乡已建立农家避暑点1个，并打造茶叶观光园等旅游景点。

基础设施

交通运输

明、清时期，有步道升平路从县城经寒口胸膛山至桥头古桥坑，民国时期，对升平路步道加以整修扩宽，命名为桂遂线。是县内经桥头烟筒隘通往江西遂川的主要通道。

新中国成立后，交通事业发展迅速。1964—1966年，修建寒口坳—桥头乡—大地乡（县道X001线）26.53公里公路，至此，桥头可直通桂东县城。20世纪90年代，“要致富，先修路”成为村民的共识，积极投工投劳修筑村组公路。1996年，修通红桥曾家坑—鲤鱼村2.5公里公路，红桥村部—西坑组—上坑组2.3公里公路；1998年，修通桥头墟—侠头村—横店村6公里；1999年，修通尚义村部—山田组2公里公路。此后通村通组公路相继延伸。2003年，寒口坳至清泉路段实现沙改油。2012年，X001线升级为省道S352线，该线桥头乡甘坑村至寒口乡寒口坳路段，全长15公里，弯道达330个，是年被上海大世界基尼斯授予弯道最多的省道，省体育局将该路段定为自行车训练基地。2014年，完成S352线改造升级工程的预可研、工程设计等前期工作。当年，鲤鱼、侠头、顺义、红桥等建成村通组公路11公里。至此，全乡村组实现通公路。

邮政通信

民国初，设有桥头邮政信柜，办理邮政业务，由酃县邮政局管辖。1938年，桥头墟拥有一部5门电话总机。1941年4月，桥头邮政信柜划归桂东邮局管辖。同年，设立清泉乡通讯所。1945年抗日战争胜利后，桥头邮政信柜升格为邮政代办所。1956年，邮电所委托汽车客班车代运。1962年，设立邮电所。1991年，桂东电信开通桂东—桥头载波线路1条，农话线路2路。同年，设立邮政支局，设邮政代办点、农村信报站。1994年，将架空线路改成光缆线路，并投入使用。1997年，开通程控电话。2001年，桥头移动机站建成投入运行。2005年，新建横店移动基站。2007年，开通无绳电话和宽带网络。2012年，建成乡镇邮政所1个。至2014年年末，开通程控电话2100部、无绳电话210部、宽带168家，邮政网点1个，乡村通邮率100%。有电信、移动、联通电话服务网点3个，覆盖村100%。集镇实现4G网络全覆盖。

供电饮水

20世纪60年代前，居民用煤油照明。1963年，桥头水电站投产，装机24千瓦，居民开始用上电灯。70年代后期，建成乡办梁桥湾电站，装机660千瓦。2001年，建成桥头35千伏、容量3150千伏安变电站。2003年完成变电站扩容改造工程。至2014年，境内现有电站14座，总装机10050千瓦。设有供电所1个，供电覆盖率已达100%。

20世纪70年代，在全县城乡广泛开展“两管五改”活动中，桥头大力新建、改建水井，基本实现饮用水标准化。从90年代起，村民用塑料水管将山泉水接入家中，改变了以前用肩挑水的状况。2008年在鲤鱼修建蓄水池1个，解决了集镇用水。2010年后，先后在甘坑、尚义、顺义、侠头、红桥等村实施安全饮水工程，解决了7000多名居民的安全饮水问题。

水利建设

1974—1978年，泉江白水到尚义河段取河石砌河堤，改河滩为稻田，取得较好效益。1975年冬，公社调集全乡劳力砌公社对门桥头桥至水尾坝河堤，将任务分段给8个生产大队，经奋战15天，全面完成任务。

1996年9月9日桥头乡遭遇特大洪灾，损失惨重。横店村刘公山等三个组，出现大量山崩，形成漫山遍野的泥石流。灾后，乡政府启动泉江治理工程，清淤5公里，修建红桥、白水、尚义、百果泉江河堤10公里，修建红桥、百果、顺义、甘坑等支流河堤12公里。2010年“6·20”洪灾造成泉江白水河堤等多处水利设施损毁，至2012年，水毁工程全面修复。

村镇建设

驻地 乡政府驻地为百果社区。原为三都清泉区政府所在地。1949年桂东新中国成立后，供销、学校、卫生院等公共设施逐步完善。20世纪70年代末，相继建设或扩建办公和生活用房。90年代后，加大基础设施建设。2006年，硬化桥头墟公路2公里，实现“三纵两横”的集镇格局；当年，总投资80万元，建筑面积1200平方米的乡政府综合大楼年内动工建设。2008年10月，乡政府综合大楼建成投入使用。2012年全面启动茶叶特色乡的建设项目，项目内容涵盖城镇基础设施、茶叶产业、茶文化等建设。2014年，完成《桥头总体规划》编制。新建城镇街道400米，完成沿江路、旧街道升级改造1500米，初步形成了“三横四纵”的城镇格局。78户集镇房屋完成立面装修、改造工程。加强环卫设施建设，购置垃圾箱40个，新建垃圾池12个。

村庄 清代、民国时期，村民房屋多为干打垒，稻草盖顶。新中国成立后，村民居住条件逐步改善。1980年前后，村民房子进行改建或新建，所建房屋多为瓦木结构房子。1990年后，砖混结构的房子不断增多。2010年后，以农村环境综合整治为突破口，深入开展“美丽乡村”创建活动，抓好农村的美化、净化、亮化、绿化、硬化工程。对村级道路、庭院进行全面绿化。2014年，在各村安装太阳能路灯42盏。倡导文明新风，破除生活陋习，村容村貌大为改观。

社会事业

教育

清代，办有私塾，供百姓子弟读书；清朝道光十一年（1831），创办金台书院和峒升书院。1910年，书院改为高等小学堂。民国初期，仍有私塾教学。后政府倡导新式教育，乡内小学渐增。1958年，在桥头小学附设初中班，后经逐步完善发展为桂东县第六中学，在“文化大革命”后期开始办高中；1980年下学期始，停办高中，只办初中。1982年9月，创办桥头中心小学。1990年，桂东县第六中学更名为桥头中学。中学占地面积15007平方米，校舍面积为3683平方米，绿化面积达4500平方米。2003年，中学和中心小学教职工宿舍楼相继建成。2008年，香港烛光基金刘雪卿捐资35万元新建桥头中心小学教学楼。至2014年，桥头中学有6个教学班，学生265人，教师22人。桥头中学于1994年、2002年、2006年被省爱卫会评为省级“文明卫生单位”。桥头中心小学校长李植全获湖南省运达乡村教师奖、被评为全市优秀校长等。2014年，有桥头中学、桥头中心小学、甘坑村小、尚义村小、桥头幼儿园。小学适龄儿童、初中适龄少年入学率100%，小学、初中在校生年巩固率都为100%。

文化体育

文化 清代，境域盛行唢呐、花鼓、舞狮、耍龙灯等群众性文体活动。演出一般在春节或平时婚丧、祭祀、祝庆中进行。新中国成立后，群众文化生活不断丰富。1958 年设立桥头公社电影队。1966 年，有电影队到村定点巡回放映电影。1967 年，新建乡文化大礼堂，后于 2015 年进行大维修。20 世纪 70 年代初期，各生产大队均组织农民演出队，在冬闲时进行集中演练节目。春节期间在桥头中学礼堂进行会演，从年初一至初八，每晚安排 1 个大队进行演出。红桥大队先后演出《沙家滨》《智取威虎山》《杜鹃山》《红灯记》等，观众场场爆满。并到县内其他公社巡回演出。当地群众流行唱山歌，是本地客家人一种独具地方特色即兴演唱的唱曲。客家采茶调被列为湖南省非物质文化遗产。2014 年末，境内有综合文化站 1 座，农家书屋 11 个，免费读书吧 1 个，实施广播电视村村通工程 1900 余户，电视综合覆盖率 75.7%。

体育 清末、民国时期，青少年爱好放风筝、跳绳、踢毽子等活动。1954 年，逐渐兴起球类活动。1958 年，农民利用农闲时间进行武术、军事训练。20 世纪 80 年代，体育运动日渐活跃，球类、田径等活动受喜爱。各学校均修建了篮球场和田径跑道。1991 起，桥头学区均参加全县中小学田径运动会，比赛中获得过团体总分前三名。2013 年，实施农民健身工程，修建健身路径 1 条。2014 年修建室内篮球场 1 座。2014 年年末，全乡有体育场地 35 处，健身器材实现全覆盖。

医疗卫生

民国 30 年（1941）6 月，境内设立乡级卫生所，设主任 1 人，助理员 2 人，西医开始推广到农村。1958 年人民公社化后，创办桥头卫生所，各大队组建卫生室，配备保健员、卫生员、接生员，担负大队防治及新法接生工作。1978 年，各学校配备兼职校医或保健老师。1982 年，农村实行家庭联产承包责任制后，合作医疗解体，赤脚医生开展行医。2005 年，新建乡卫生院门诊大楼。2007 年，开始实施新农合制度。2008 年，新建卫生院住院楼，并改为桥头中心卫生院。2014 年，建成达标村级卫生室 8 个，居民电子健康档案规范化建档率、免疫规划疫苗接种率、老年人健康管理率稳步提高。向农村儿童发放营养包 286 份。建立了覆盖全乡的新型农村合作医疗服务体系，新农合参保率稳定在 95% 以上，当年住院人数 651 人，补偿金额 146.63 万元；普通门诊 3253 人，补偿金额 14.82 万元；特殊门诊 264 人，补偿金额 7.09 万元。

社会保障

清代、民国时期，生老病死无任何社会保障。新中国成立后，对鳏寡孤独者实行“五保”。1988 年，试行“五保”户承包责任制，由村民把“五保”户的生养死葬包下来，“五保”老人死后，其房屋财产和自留山由承包户继承，责任田由承包户延期承包 3 ~ 5 年。1991 年，对“五保户”实行分散承包供养责任制，由村民或旁系亲属帮助种好双份责任田并照顾好起居生活。至 21 世纪初，社会保障事业得到全面加强，积极推广新型农村养老保险，完善最低生活保障和扶贫帮困等一系列社会保障制度。2010 年，乡敬老院建成并投入使用，实现了“五保户”的集中供养，可集中供养 55 人。2012 年，全乡有 6450 人参加新型农村社会养老保险，农村最低生活保障 254 户 561 人，国家抚恤各类优抚对象 66 人。至 2014 年，新型农村社会养老保险覆盖率达 90% 以上。

特色地情

历史人文

红军游击桥头 1928 年 10 月 20 日，红四军一部 200 余人包围驻桥头的遂川靖卫团 400 余人，给予敌人以沉重打击。1933 年 7 月，红军第八师独立第四团李宗保部进驻桂东，在桥头长义与桂东义勇队展开激战。

名优特产

玲珑茶　2013 年，玲珑茶获得国家地理标志保护产品，该茶以采摘细嫩、制工精巧而蜚声各地。近年来，制茶工艺又经科学改进而更臻完善，属高档绿茶。玲珑茶大多种植在海拔 500 ~ 1000 米的避风向阳的地方，不使用农药、化肥，其采摘制作方法十分独特。一般每年采摘茶叶 5 ~ 10 次，最佳的一次是清明节前后。清明时节，气候湿润多雨，茶叶叶色嫩绿，白毫极多，芽尖细长，此时采摘的茶叶，可制作成上等品。采摘时要分批多次留叶，选择长短一致、肥瘦相当、色泽均匀的芽叶，用手指轻轻摘断。采摘的芽叶经过摊放、杀青、清风、揉捻、初干、提毫、摊凉、足火八道工序，最后用焙笼把摊凉后的茶叶放在木炭火上烘干。玲珑茶制作工艺已列入湖南省非物质文化遗产。

金橘　金橘在桥头的种植历史悠久，早在宋代便开始栽培。明洪武年间，便成了桂东特产之一。1371 年就有“颇有声誉，求购者众”的记载。

蒸笼糍　家家做糍来过年，是桂东各地的传统。地处桂东县东北部的桥头以蒸笼糍为特色，而其他地方主要是做黄糍粑。桥头的蒸笼糍相比黄糍粑更加软糯、清香。相传，该地在唐宋时期兴起，明清时期盛行做蒸笼糍。各家在春节走亲戚时，均互赠亲友蒸笼糍。制作的材料和工具主要为糯米、黏米、槐米、黄年柴灰、栀子、木甑、蒸笼、案板、粽叶等，经过配料、浸米、斗粉、搓糍、贴笼、熏蒸、冷却等步骤，便可完成。蒸笼糍被誉为“桥头年糕”。

火笼　为寒天取暖设备，可称为“移动取暖器”。结实牢固，工艺精致。火笼制作手艺已列入郴州市非物质文化遗产。尚义、横店两村的火笼在县内及邻近的江西地带均有名气。2014 年，市面上一个火笼，可卖到 100 元。

风景名胜

茶马古道　在横店、甘坑境内发现茶马古道遗迹。是宋时黑风峒起义军活动范围五条湘赣古

桂东玲珑茶

火笼

道之一，静卧在茫茫林海的万山之中。宋时，崇山峻岭中身似猿猱的桂东山民，秘密在这条古道上往返湘赣诸州县。桥头盛产的茶叶经这条古道，由产区向四方辐射销售，东通江西的遂川、赣州；南往韶关、广州；西往兴宁、郴州，北可达酃县、衡阳。这条茶马古道千里之遥，穿插迂回10万平方公里。

民俗风情

桥头乡处于湘赣边界，赣南地区客家文化与本地畲族文化相融合，形成了具有茶乡特色的客家文化风情。

客家采茶调 客家采茶调语言质朴，曲调优美，紧贴生活，反映了桂东客家人对美好生活的追求和向往。在桂东客家采茶调中，人类的繁衍生息，大自然的沧桑变迁，天文历法的演变规律，播种耕作的农耕技巧，民间的喜怒哀乐等，都是桂东客家采茶调创作的元素构件。在乐理表现之间，桂东客家采茶调紧紧依托客家方言中的抑扬顿挫和细腻柔和的别致背景，一以贯之地表现出质朴、粗犷、柔和、亲切、和谐的艺术特质。客家采茶调讲究押韵、含蓄、儒雅，又不乏粗犷、奔放，客家年轻人往往用山歌来抒发自己的感情，表达自己的志向和情恋，一唱一和。尤其是客家的年轻人在恋爱时，用山歌来试探情侣对方的意向和诚意，在20世纪，有很多人都是山歌为媒结成了幸福伉俪。代表曲目有《十更鼓》《十劝郎》《十劝妹》等。

客家婚俗 客家人的婚礼相当复杂，项目繁多。归纳起来，主要有“六礼”。第一是“问名”，即通过媒人介绍，男女双方互致名帖。第二叫“纳彩”，俗话叫“拿彩礼”。第三叫“纳吉”，即男方送求婚礼物给女方。如女方同意，即将姑娘出生年月写成“庚帖”，回给男方。第四叫“纳聘”，俗称“交鞋样”（此时，男方将郎鞋尺寸式样交给女方，以利来日做郎鞋）意为婚约已定。第五为“请期”，是男方告诉女方什么时候迎娶新娘。第六为“迎亲”，男方赴女方家迎娶新娘过门，行成婚大礼。

客家人对于婚嫁十分重视，因此客家的婚俗很多，哭嫁就是其中的一种。以前客家人办婚事，男方家光婚宴就得举办3天，女方嫁女也要举办两天。“迎亲”时，男方花轿、乐队等浩浩荡荡的迎亲队伍，甚为壮观，回去时，还外加挑的挑、扛的扛的嫁妆，那高亢的唢呐声，响亮的锣鼓声引来众多路人观看。然而，嫁女一方却大不一样，产生了迎亲仪式中的一道独特的哭嫁风景。

客家小孩降生礼 在客家文化中，崇文尚义是人们的信仰，客家男人非常体恤母亲生孩子的痛苦，在孩子出生后，男方第一时间需到女方家报喜，告之喜讯，并需要准备好礼物：鸡两只，肉8千克，糠，饼，酒一壶，由男主人（小孩父亲）挑起礼物到小孩外婆家送喜，以感谢母方为自己延后之恩。等到小孩半个月时，小孩外婆与其他亲戚都会到男方家看望小孩，要买给小孩礼物包括：衣服、帽、鞋子、奶粉、鸡蛋，另外还需送一个红包给小孩，寄愿小孩健康成长，早日成长。

客家葬礼 客家人为迁徙民族，故乡情结深厚，如有亲人过世，会隆重举行葬礼，以求亡灵得以归根。主要程序是：在亲人断气之后，放三声鞭炮，向邻里发出信号，并记录下死亡时间，曰报表；给亡人洗脸，沐身，换上寿衣，整理遗容并将亡人口中放入茶叶，姜片和金银粉末，曰沐身；把寿木摆在厅堂左上角，待其子女全部到齐，瞻仰完遗容后放入棺材，曰落材；布置好灵堂，通知亲友族人前来吊丧，男袭跪迎，女眷跪迎并哭丧，曰哭丧；亡人的弟妹，晚辈披上白布，孝男要戴上愁笼，拄孝杖，曰成孝；雇请和尚法师做功歌道场，超度亡灵，曰颂径；午夜时分，请死者的至亲（一般男人请族人，女人请其娘家兄弟姐妹）瞻仰遗容，验明正身。择黄道吉日时，把棺材移出厅堂，曰移柩。挑选年轻力壮的男人把棺材抬上山安葬，曰完山。禁忌：若逢“五亡”、“重丧”等不吉日，不宜举行移棺以后的几项仪式，等吉日吉时再举行，前来吊丧的亲友族人生庚与亡人的生庚化命有冲克太险，移柩等重大仪式均应回避，否则，有暴病、暴死之危。

民间传说

鲤鱼村的由来 屹立于鲤鱼村部左侧的鲤鱼形（山地名），貌似水中鲤鱼。相传在罗霄山脉附近有一条成精鲤鱼。人们因连年干旱，民不聊生，到处捕捉野生、水生动物充饥。成精的鲤鱼因痛失妻儿，疯狂报复人类，一夜之间，方圆几百里的禾苗全部丧失殆尽，以致当年颗粒无收，乡亲们怨声载道，指责鲤鱼精祸害乡邻，向鲤鱼倾诉苦衷，在今庙前（枫树下组地名）祭拜，以求谅解。鲤鱼精被憨厚的乡亲们所感动，一夜之间将吞食的禾苗化成米粒，屙至今鲤鱼村内，乡邻们如同枯苗逢雨，欣喜若狂，家家谷满仓盈。但因此事，周边城镇的朝廷赋税连年不能及时上缴。震惊朝野，龙颜大怒，派出张天师日夜兼程，查明了鲤鱼精的位置，然后施法制服，并在鲤鱼的背部，钉入七尺铜钉，在其尾部多处折切（即减龙）。不久鲤鱼再也不能昼伏夜出，人们发现鲤鱼形周围的水田渗出黄泉水，传说是鲤鱼遍体鳞伤流出的血液。因此鲤鱼形左边的“水坑”村改名为“干坑”村，后来为了避讳缅怀鲤鱼精，又把“干坑”改名为“甘坑”，把“红卫”改名为“白水”。其实乡亲们仍希望鲤鱼能够复活，继续造福乡邻百姓。

神仙洞的传说 神仙洞在桥头乡白水村，距离乡政府1公里。传说，远古的时候，这里没有人住。一天，一位外地人带着妻子来到了这里，这位外地人不知姓啥名谁。当他看到此地一望无际的林木，肥沃的土壤及清澈的水，满心欢喜。于是，就在这披荆斩棘，开辟山林为稻田。没有居住的地方，外地人搭起茅棚，抑或是居住在一个什么洞里。他燃起火堆取暖，烧煮山中野菜、野果充饥，他依靠智慧战胜大自然，他最大的心病就是缺少粮食。一日早晨，他进山垦荒，越过山谷，忽然间见到一块奇异的石板，板面凹进去，凹里盛装有一堆白花花的大米，大约3升的样子。他好生奇怪，这无人烟的地方，还有大米，应该是神仙在给他布施。精诚所至，金石为开。自此，他每日劳动，每日都可从石板凹里获得3升仙米。

一转眼几个月就过去了，外地人的稻田迎来第一个丰收季节，为了报恩，他就带着香烛、茶叶、水果、新米等贡品到石板那里去酬谢仙人。岂料，石板凹陷的地方再没有仙米，一日又一日地寻找，再未见到昔日的景象。

外地人在此生活，一如既往地劳动，外地人一家变成了这里的主人，一代代在这繁衍后代，神仙给米的传说也代代相传。若干年后，外乡人听说此地粮食丰收，也迁来居住，也一样勤奋垦荒种田，鸡犬相闻，一个村庄就慢慢形成了。村民们不忘仙人对前辈的帮助，为纪念仙人达成了共识：将村命名为“神仙洞”，并沿用至今。

据说，神仙供米的石板在一蔸苦槠树旁。仙石板没有了，见证和滋润村民的古老苦槠树被村民称为“神仙树”，逢年或过节有村人来祭祀。神仙洞的“人生”挺曲折。20世纪60年代，全国各地到处批“封资修”，神仙洞也只好更名为“革新”生产队，1978年以后才复名。那棵神仙苦槠树，是村民全力出来阻止，才幸免灭顶之灾。

（张卓 供稿）

寒口乡>>

寒口乡是桂东县中药材主产区和草食动物养殖区。境内的秋里村李早田10万亩天然优质草山被称为“南方草原”。

区域概况

位置面积

寒口乡地处高寒地带，冬春易受东北向寒流侵袭，似处寒风之口，故名寒口。该乡位于北纬26°2′41″至26°9′59″，东经113°59′13″至114°6′55″之间，地处桂东县城东北面，与江西省遂川县毗邻，东面与桥头乡和江西省遂川县高坪镇交界，南和增口乡相连，西面、北面与沤江镇相接。海拔在780~1860米之间，平均海拔1200余米，乡政府所在地海拔1050米。乡政府距离县城11公里。2014年年末，总面积73.77平方公里；有耕地面积528.07公顷，其中水田458.13公顷。

建置沿革

康熙三十年（1691年）属厢都。民国初期全县设5都18乡，属厢都合坤乡。民国18年（1929）改都为区，全县划为5区20个乡，属一区厢都东乡。民国28年（1939），废区设乡，全县划为16个乡，为朝阳乡（包括今南华片）。民国29年（1940）全县并为8个乡，属鼎新乡。

1949年6月16日桂东解放，废除旧乡、保、甲制度。在行政区划上，暂沿旧制全县区域仍分8个乡，境域仍为鼎新乡所辖。1950年3月，全县设区并乡，划为3个区，2个办事处，隶属城关区；5月，县内2个办事处改为区，全县划为5个区67个乡，为城关区寒口乡；10月，全县各区改以按序号命名，隶属第一区。1955年6月区复名，隶属城关区。1956年6月撤销区的建制，全县划为18个乡、1个镇，为寒口乡。1958年9月，实行政社合一，为红日人民公社；11月，与上游人民公社、东风人民公社合并为上游人民公社；11月，桂东县与汝城县合并为汝桂县后，上游人民公社改称沤城人民公社。1961年4月，从沤城人民公社析出为寒口人民公社。1961年5月，汝桂分县，恢复桂东县建置，寒口从属。1984年3月改社建乡，为寒口乡。

行政区划

1958年3月24日，郴州专署批准建立寒口坪界国有林场。1959年，该林场下放给公社管理。1983年，寒口人民公社体制辖寒口、上东、秋里、大坪、巴山等5个生产大队，62个生产队。1984年，社改乡体制，原生产大队改为村民委员会。自此，寒口乡下辖寒口、上东、秋里、大坪、巴山5个村民委员会，62个村民小组。

自然环境

境内海拔在780至1860米之间，长年气温较低，是桂东典型的高寒山区。该乡深山密林处有很多相思鸟栖息，高山顶上系候鸟南北迁徙逗留之所。

境内以山地为主，地势西高东低。属亚热带湿润季风气候区，温暖湿润，夏无酷暑，年平均气温11.6℃，日照时间1013小时，无霜期145天，气温昼夜差别大，且因地形及海拔高度不同而存在明显的地域差异，形成“一山存四季，十里不同天”的小气候区。雨量充沛，年降雨量1703.2毫米。境内秋里村烟竹堡，是耒水的发源地，境内干流长9.8公里、集雨面积43.3平方公里。自然灾害主要有干旱、洪涝、寒冻、冰雹等，以旱灾和水灾危害最大。土质疏松，土层深厚，适宜种植草木本药材和反季节蔬菜，是华南地区有名的“药材之乡”、“绿色无公害蔬菜种植大乡”。2013年，“十二五”森林资源规划设计调查，全乡有林地面积6209.3公顷，活立木总蓄积385912立方米，森林覆盖率80.31%，林木绿化率81.09%。境内硅石、钾长石、萤石矿等贮量丰富。

人口民族

新中国成立前，人口数量不详。新中国成立后，人口不断增多。1953年第一次全国人口普查，全乡有1005户3716人；1964年第二次全国人口普查时，有1019户3905人；至1982年第三次全国人口普查，全乡有1229户5464人。1990年，第四次全国人口普查，全乡有1430户5867人，比第一次全国人口普查增加2151人。随着计划生育政策的落实，人口增长放缓。据2000年第五次全国人口普查，全乡有1578户5923人；2010年第六次全国人口普查时，总人口5984人，比上次人口普查只增加了61人。至2014年年末，总人口6598人，男性3231人，占49.0%。人口密度89人/平方公里。有乡村劳动力4093人。境内均为汉族，无少数民族。

经济发展

经济综述

该乡以种植水稻、药材和养殖草食动物为主。改革开放后，农村推行联产承包责任制，不少农户在种好责任田的同时，加快发展养牛、养羊和种植草木本药材，增加经济收入。2000年后，该乡利用区位和资源优势，引进了一批产业项目，形成了以反季节蔬菜基地、中药材基地、食用菌基地、草食动物基地及蔬菜加工为主的生态农业模式。全乡有蔬菜种植专业合作社3个，食用菌种植专业合作社2个，养牛养羊专业合作社2个，反季节蔬菜生产成为该乡特色项目。2014年，全乡实现地区生产总值5063万元，其中，第一产业1689万元，第二产业1432万元，第三产业1915万元。财政收入514万元，农民人均纯收入3010元。

农业

2014年，全乡农作物总播种面积16544亩，其中粮食播种面积8328亩，粮食总产量2980吨。实现农业总产值1902万元。发放涉农补贴202.84万元。

种植业 清代和民国时期，粮食作物以水稻、玉米、大豆、红薯为主。因地势高，气温低，水稻只种单季稻。加之生产技术落后，粮食产量亩产只有150-200千克。新中国成立后，农业生产得到恢复，粮食产量逐年提高。20世纪70年代后，推广优质杂交水稻品种，发展多种经济作物，经济收入不断提高。

2000年，该乡引进白蘑菇、巴西菇进行大棚种植，此后每年均种植100棚以上。2003年，在寒口村沿S322线两侧建成食用菌生产示范走廊。2004年，县委办驻村工作队与县科技局联手招商，引进深圳高鹏实业有限责任公司，在寒口乡上东村建起了白蘑菇（属“国家星火计划”食用菌项目）栽培示范基地。同时，大力推广猪—沼—果（菜）农业生态模式，沿省道322线两侧种植蔬菜、食用菌、苗木等，形成农业产业示范带。寒口村陈兆炎创办百亩生态园，刘节荣采用高标准无土栽培大棚种植技术种植有机蔬菜，产量高、效益好。2014年，寒口乡引进绿江南、民生现代农业蔬菜种植公司两家，新建大棚20000平方米，新增反季节蔬菜面积500亩。与郴州鼎天生态农业发展有限公司签订投资协议，开发万洋山生态农业多元化发展项目。精心打造全市品种最全、规模最大、质量最优的蔬菜基地。

药材种植 药材种植是该乡的传统产业，是县内药材生产重要基地。20世纪50年代后期，创办寒口乡大坝药场，生产西芎、川牛藤、独活、玄参、云木香等名贵药材，产量高，质量好。1992年，全乡种植草本药材1500多亩，形成秋里大坝、大坪鸟岭、上东坪岗药材种植基地。1996年，组建中草药材有限责任公司，负责全乡药材收购与销售。2010年来，该乡不断加大药材产业扶持力度，出台优惠政策，支持种植大户和企业老板扩大经营规模。2014年，新种厚朴、杜仲、黄柏等木本药材134公顷，新种参麻、玄参等草本药材14公顷。

养殖业 1985年9月，对寒口大坝、黄洞官山等一带山地，利用飞机播种牧草3万亩。该乡丰富的草山资源，成为全县草食动物重要的养殖区域。20世纪90年代后期以来，该乡坚持科技兴牧，不断进行品种改良，推广微贮饲料、生物围栏等技术，促进了牛羊养殖业发展，涌现出一

寒口高山牧场

批牛羊养殖专业户和秋里村侃塘牧业组。2014年，全乡发展草山养羊5000头、养牛1000头。

林业 1964年创办寒口社办林场。1971年4月，境内飞播马尾松。1990年，县林业局在寒口乡创建寒口封山联营林场。1999年后，结合退耕还林，不少农户兴起种植金秋梨等水果树木。2014年，全乡有国家生态公益林86018亩。是年完成荒山造林10公顷，公路绿化9公里，新增花卉苗木基地13公顷。

工业

工业基础薄弱。传统工业局限于木制品、蔑制品加工等手工业。进入21世纪后，工业有所突破。2000年，引资建成寒口坳贵重金属冶炼厂，后因环保和市场等问题停产。2001年，在寒口村建成寒口洁康纸品厂。2004年，兴建鑫峰硅厂，后因环保问题关闭。2005年，建成寒口竹制工艺品加工厂；引进华良萤石矿浮选厂，使寒口萤石矿、巴山硅石矿顺利开采。2014年，新增工业企业3家，新增从业人员200人。全乡实现工业总产值5350万元，工业增加值4646万元。

商贸服务业

寒口墟清代设市，主要是中草药交易。1958年"大跃进"时关闭市场。20世纪70年代后期恢复，日用商品、农资、饭店均为供销合作社经营。改革开放后，个体经营户逐步兴起，并成主导地位。1990年，寒口墟有市场面积1300平方米。1998年市场改建扩容，面积增加到3573平方米。当地出产的生猪、家禽、禽蛋、中药材成为市场上个体商贩的抢手货。

旅游业

2000年前，境内景观尚处在原生状态。随后，境内的秋里李早田自然草原风光逐步发展为旅游景观。2005年后，寒口乡党委、政府着力开发草山旅游资源，加大对基础设施的投入。对李早田草山进行改良，对通往草山的道路进行提质改造。并在草山地带，引进了薰衣草种植项目和大型风力发电项目，为草山增添了旅游看点。节假日，到李早田观光的游客络绎不绝。

劳务输出

20世纪90年代以后，青壮年劳力纷纷外出广东、江西等地进厂打工，增收家庭收入。2000年后，部分农村男青壮年人外出到煤矿打工或县城建筑工地务工。乡政府针对矿难工伤时有发生的现象，于2003年在全省率先设立"村级外出务工人员维权站"，为外出务工人员提供咨询服务，代理矿难工伤者家属与雇工方谈判等，其做法被《湖南工人报》予以报道。

基础设施

交通运输

明、清时期，有步道升平路经过寒口。民国时期，将升平路整修扩宽，改名为桂遂线，寒口成为县城至遂川的必经之地。村民步行，货物肩挑手提。新中国成立后，交通事业逐步发展。1958年，修建寒口至县城13公里简易公路。1967年，修建寒口至江西遂川县车子里程8.34公里公路，并在两省交界处建筑一座象征两省人民友好往来的友谊桥。1964—1966年，修建寒口坳至大地乡（县道X001）26.53公里公路。1970年11月至1971年2月，对县城至寒口公路进行改建。1998年9月，交通部投资200.33万元，铺设省道322线县城至上东段油路8公里。2000年和2001年，争取省、市配套资金413万元，铺设上东至车头坳油路13.01公里，改造成三级路面12.91公里，省道322线桂东段砂改油工程全线完工。2003年寒口坳至清泉路段实现沙改油。2012年，县道X001线升级为省道S352线。2014年完成县城至车头坳公路提质改造工程，完成省道绿化9公里。

村组公路，1974年，修通寒口乡政府至秋里村部5.5公里公路。1992年，修通X001线路口至上东村3公里公路（2009年硬化）。2003年，修通巴山村部至新屋组2.5公里公路（2011年硬化），巴山村部至金星组3公里公路（2015年硬化），上东村部至草乌坳5公里公路（2013年硬化）。2008年，修通秋里村部至李草田公路。2014年，完成寒口、秋里等村通组公路12公里。至此，村组均通公路。

境内有从江西井冈山、赣州、遂川至桂东的班车及邻镇的班车途经本乡，也有面的往返城乡之间，百姓交通相对方便快捷。

邮政通信

邮电　寒口至县城公路修通后，境内邮件由客运班车代运。境内人们投递信件或拍发电报都至县城办理，村及公社传递公事主要依靠广播。20世纪90年代后，邮电事业有所发展。1998年，县自办当日往返邮路，途经桂东—寒口—桥头—清泉，并开设寒口乡邮路，设立邮政代办点，代办信件投递、报刊收发等业务。到2002年，寒口乡邮政所有专人具体负责寒口乡及所辖区的投递任务。2014年底，投资27万元的乡新邮政所建成使用。

通信　20世纪50年代末，乡开通有线电话。70年代，村开通电话。1991年，开通架空明线。1994年，将原有线路改成光缆线路并开通使用。1997年，安装开通C & C08型数字程控交换机，办公电话开始普及，境内村民开始安装电话。2001年，寒口移动基站建成投入运行，部分先富群众开始购买手机。2002年年末，全乡已建成计算机互联网、无线寻呼台、宽带网等现代化通信网络。2005年，新建秋里、大坪两个村移动信号基站。2014年新建李早田移动信号基站。

供电

新中国成立前，村民靠煤油等照明。1968年大坪电站建成，村民开始用上电灯。1981年建成寒口电站，装机360千瓦，1990年建成秋里电站，装机150千瓦。2001年，相继建成友谊桥电站和汇源电站，装机分别为800千瓦、570千瓦。2006年，寒口35千伏、容量3150千伏安变电站建成投入使用。2007年，全面完成5个村农网改造。同年10月，华能湖南岳阳发电有限责任公司在寒口乡秋里村李早田的八角灶地区建立测风塔，传输有关数据。2008年，建成江垅口电站，装机325千瓦。2014年，建成下秋电站，装机375千瓦。至此，境内现有电站6座，装机1720千瓦。同年8月，华能湖南桂东风电工程在寒口乡秋里村李早田草山开工兴建，规划总装机容量为8.4万千瓦，风机42台，总投资约7.2亿元。

水利建设

境内有大小河流4条，建有小型水库2座，山塘3座，水渠5条，人畜饮水工程7座。1995年，投资20万元对寒口乡寒口河堤进行全面维修；2011年，修复水库1座、山塘2座；修整水渠3600米；修筑堤坝3个，新建人畜饮水工程2个，解决农村2000人饮水不安全问题。2013年，投资100多万元对秋里村、上东村、寒口村等村庄河流开展河道清障、卡扣拓宽工作。2014年，完成水渠整修8公里，新修河堤500多米，改善灌溉面积34公顷。投资80多万元的寒口村人畜集中饮水工程全面投入使用，解决了854人饮水不安全问题。

村镇建设

20世纪50年代设寒口乡后，乡驻地开始新建办公楼和生活用房，均为泥木结构。村民房屋均为泥木结构。80年代，乡办公楼改建为砖混结构。先富起来的村民开始建砖混结构房子。2000年，新建上东村村部。2002年，新建乡政府办公大楼投入使用。2004—2007年，大坪村、寒口村、秋里村村部相继新建。2008年，对乡政府大楼进行扩建。2013年，新建巴山村村部。2014年，对村民建房进行规范，并大力实施了美化、亮化、绿化、净化工程，安装路灯181盏，高标准完成投资500万元的新农村建设重点村寒口村和投资100多万的示范村秋里村的建设，带动了全乡新农村建设的整体推进。

1991年建成寒口集市交易亭，改变了长期以路为市的局面，2014年，投资80多万元对农贸市场进行升级改造，搭建交易棚1200平方米、摊位117个。

社会事业

教育科技

教育 辛亥革命前，以私学教育为主。基本上每个村都办有私塾、学馆。清末和民国时期推行新教育制度。中华人民共和国成立后，教育事业蓬勃发展。20世纪90年代以前，有1所乡初中、1所中心小学，5所村小学。1996年，将寒口中学、黄洞中学、三洞中学撤并入城关中学。在撤销寒口中学的同时，乡中心小学整体搬迁至原寒口中学校址。大坪小学、上东小学、秋里小学分别在香港苗圃行动团、省司法厅、市财政局的帮扶下，相继新建了教学楼。2000年10月，寒口学区教师陈巽三发明的高寿节能灯泡，获国家专利。2006年，争取香港佛教协会的支持，中心小学启动寄宿制学校建设。进入21世纪以来，长期外出打工和经济条件较好的家庭的孩子都选择进城就读，导致境内生源明显减少。村小学只设学前班和一年级，也只有10～20名学生，二年级以上都到乡中心小学就读。2014年，教师保障性住房、乡中心幼儿园建成投入使用。至此，全乡有1所乡中心小学、1所中心幼儿园和2所私立幼儿园，秋里、大坪、巴山、上东4所村级小学教学点，教职工27人。实现了小学、初中辍学率为零，适龄儿童入学率、小学升初中率、教育完成率均为100%的目标，全面落实了农村义务教育。

科技 坚持科技兴农，积极配合县直涉农部门科技下乡活动，每年举办药材、水果种植、牛、羊、猪养殖技术培训班。21世纪初，该乡在牛羊养殖基地推广EM（微贮）饲料制作技术，以稻草、红薯藤、玉米秸、牧草为原料，经过科学配方，对其进行氨化、青贮、微贮。牛羊对微贮饲料适口性好，易吸收。喂养的牛提前45天出栏，羊提前30天出栏。

文化体育

清代和民国时期，境域盛行舞狮、舞龙灯等文体活动。演出一般在春节或平时婚丧、祭祀进行。新中国成立后，文体事业得到发展。境内学校开设体育课，配备专（兼）职体育教师。1991年，境内可收看到县差转台转播的中央电视台一套、二套和湖南电视台节目。20世纪90年代末，建成乡有线电视差转台。2000年后，乡政府在每年“三八”妇女节、“五一”劳动节等节日，举办全乡运动会，其项目有：乒乓球、呼啦圈、拔河、接力等，参加活动达200余人。2002年，寒口村党支部书记、农业生态园示范户陈兆炎编写《道德歌》，在乡间广为传播。2003年，微波发射有线电视工程建成投入使用。2010年以来，实施有线电视“村村通”和农村广播“村村响”工程，促进了农村文化建设。2014年末，全乡有综合文化站1个，农家书屋6个，电子阅览室1个，文艺表演团体2个，开通了全乡5个村的村级广播，电视综合覆盖率100％。5个村均有体育场地，并安装健身器材。乡政府院内建成专业化现代化塑胶篮球场一个，并配备有乒乓球室等场地。

医疗卫生

新中国成立前，医疗技术落后，村民有病只能用土方子医治，能请郎中者甚少。20世纪60年代，推行医疗合作制度。1962年，在寨口公社院内设立公社卫生院，有医务人员5名。1965年，县卫生科在寨口坪界举办首届药茶班，有学员45人，开设中医汤药理论、中草药栽培课程。60年代末，推行合作医疗制度。1971年，公社卫生院迁址至寨口村湾里组，这期间共有医药人员8名。各村建立医疗站，配有卫生员和接生员。20世纪80年代，公社（乡）卫生院陆续改扩建4次。2005年，乡卫生院定为第一批新型农村合作医疗定点单位。2006年，利用国债资金18万元，乡财政投入2万元，新建1栋建筑面积210平方米的门诊楼。随后筹措资金购买医疗设备。2008年，在全乡建立居民健康档案。从2011年开始，每年多次举办大型义诊活动，每年为60岁老年人免费健康体检。2013年，对乡卫生院综合楼进行扩建，内设门诊部、住院部、员工宿舍等，并添置了医疗设备。至2014年年底，乡卫生院有病床12张，在职医务人员6人；村级卫生室5个。

社会保障

清代、民国时期，生老病死无任何社会保障。新中国成立后，对境内鳏寡孤独者实行“五保”。2012年，投资200多万元的乡敬老院在寨口村建成并投入使用，占地3亩，建筑总面积450平方米，共3层27个套间，能集中容纳54位“五保”老人。2014年，全乡107名五保老人全部得到五保供养；1024人享受农村最低生活保障。发放医疗救助、大病救助资金14万余元。实施农村危房改造户67户，新增公租房100套。新农保参合2809人，缴费率达100％；新农合参保5765人，参合率达95%。完成扶贫对象识别和建档立卡工作，对全乡675户2179人扶贫对象进行了建档。

特色地情

名优特产

厚朴 寨口冬无严寒、夏无酷暑，其气候、土壤非常适宜厚朴的生长。自20世纪90年代开始，寨口在宜植的秋里、寨口等村推广种植药材厚朴，所产厚朴质量好，药效高。现已形成秋里大坝、大坪鸟岭、上东坪岗等多个种植基地。

风景名胜

万洋山相思牧场 被称为“南方草原”，以寨口乡秋里村李早田草山为中心地带，总面积10万多亩，至今仍处于原始状态。该草原以丘陵为主，海拔在1000米到1860米之间。区内有粗石江、玉女云鬓、古楼仙等景点。境内空气清新、负氧离子含量高，是开展滑草、滑索、摄影、野营健身等游乐项目和定向越野、山地自行车、高山田径赛场等竞技体育项目以及畜牧业养殖的最佳场所。2014年，在此兴建风力发电场，成群的风力发电塔成为一大新景观。

（朱华松　供稿）

沤江镇 >>

沤江镇是湖南省最具民生幸福感乡镇之一。

区域概况

位置面积

沤江镇是桂东县人民政府驻地，因境内最大的河流沤江穿城而过而得名，是全县政治、经济、文化、交通中心。沤江镇地处桂东县北部，东与寒口乡毗连，南与增口乡相邻，西与株洲市炎陵县平乐乡交界，北与江西省遂川县营盘圩乡、戴家铺乡接壤。位于北纬 26° 3′ 18″至 26° 11′ 33″，东经 113° 49′ 19″至 114° 3′ 17″之间。辖区东西直线距离 14.3 公里，南北直线距离 13.9 公里。镇人民政府驻草堂村，距省会长沙 375 公里，距郴州市 153 公里。2014 年年末，土地总面积 171.50 平方公里。耕地面积 1066.67 公顷，其中水田 973.33 公顷。

建置沿革

明、清时期，属关厢（厢都）。民国时期为宜城乡。1950 年 5 月，划归第一区。1953 年 6 月，设立城关镇。1956 年 6 月，分设城郊乡、黄洞乡、和平乡。1958 年汝桂合县时，城关镇、城郊乡、黄洞乡、和平乡合为沤城人民公社。1961 年汝桂分县后，分设城关镇和城郊、黄洞、和平公社。1982 年，和平公社更名为三洞公社。1984 年改公社为乡。1986 年，城郊乡并入城关镇。2012 年 5 月由黄洞、三洞、城关两乡一镇撤并成立为沤江镇。

行政区划

1983 年，城关镇辖东街、西街 2 个居民委员会，10 个居民小组；城郊公社辖草堂、光明、大洞、金洞、塘境、茅柳、敖山、琴山、松山、碓冲 10 个大队，81 个生产队；黄洞公社辖沤菜、羊社、青竹、两水口、黄洞、高桥、东水垄、都寮 8 个大队，58 个生产队；三洞公社辖三洞、网形、禾坪、坪水、高龙、竹坑 6 个大队，54 个生产队。2014 年年末，沤江镇下辖东华、罗霄、金田、琴山等 4 个社区居委会，大洞、塘境、金洞、光明、茅柳、草堂、碓冲、松山、敖山、东水、高桥、都辽、青竹、沤菜、两水口、黄洞、羊社、竹坑、高龙、坪水、网形、三洞、禾坪 23 个村民委员会，共有 207 个村（居）民小组。

自然环境

境内以丘陵山地为主，地势东北、西北高、东南低，平均海拔 1100 米。属亚热带季风湿润气候区，其特点是夏无酷夏，冬无严寒，温暖湿润，四季分明，昼夜温差大，有着独特的山区立体性气候特征，享有“天然空调城”、“自然氧吧城”之美誉。多年年平均气温为15.8℃。无霜期年245天，年平均降水量1740毫米，降雨集中在每年3月至9月，6月最多。主要自然灾害有旱涝、泥石流、台风、低温等，暴雨和特大暴雨多受台风影响而成，境内相当一半的村组属于地质隐患点。桂东沤江贯穿全境，发源于青竹村烟竹堡，是湘江、耒水源头，主要有沤江、草堂河、下阳河等河流。林木资源丰富，2013年，“十二五”森林资源规划设计调查，林地面积14912.5公顷，活立木总蓄积95.67万立方米，森林覆盖率85.16%，林木绿化率85.96%。矿产资源主要有钨、铜、砷、黏土、稀土等。

人口民族

新中国成立前，境内人口不详。新中国成立后，随着人民群众生活水平的提高，人口逐步增长。1953年第一次全国人口普查，有人口2004户、8197人。到1982年第三次全国人口普查时，人口增至2896户13391人。1990年第四次全国人口普查时，有人口4480户17436人。随着计划生育政策的严格执行，该镇在人口基数较大情况下，人口增长率仍得到了有效控制。2000年第五次全国人口普查，有人口4361户21688人。后来，由于大量农转非人口落户在县城，一批经商户久住县城，加之房地产业的发展促进了村民转为市民，2010年第六次全国人口普查时，总人口增至38570人，总户数12734户，其中少数民族87人。2012年，原黄洞乡、三洞乡、城关镇撤并为沤江镇后，境内人口基数增大。2014年，全镇有人口15035户51079人，其中农村人口16998人。男性26833人，占52.53%。乡村劳动力资源13850人。人口密度298人/平方公里。总人口中，以汉族为主，另有畲、瑶等少数民族散居。

经济发展

经济综述

境内经济，传统主产稻谷、竹木、茶油、蔬菜。1978年改革开放后，农村推行联产承包责任制，生产效率提高，本地的地缘优势得到发挥，蔬菜、建材、水电、运输、金融保险、商贸、饮食等产业全面兴起。“十一五”规划期以来，全县“百亿投资”计划的大部分重点建设项目落户境内，为镇域经济社会发展注入了新动力。2014年，全镇实现地区生产总值10.57亿元，其中，第一产业5058万元，第二产业2.39亿元，第三产业7.72亿元。财税收入达到5166万元，农民人均纯收入为5044元。

农业

种植业 境内传统种植业以水稻、蔬菜为主。水稻以单季稻为主。城乡接合部农户种植蔬菜以满足县城居民日常需求，碓冲的萝卜较为有名。1949年桂东新中国成立后，水稻由本地的“高脚籼米”、红米改为“矮脚水稻”。从20世纪70年代开始，试种杂交水稻，实现单产超过500千克；80年代，大力推广。90年代后，政府对种植业加以扶持，发展集中连片蔬菜产业基地；同时引进种植甜玉米、巴西菇、白蘑菇、东升南瓜等。进入21世纪后，随着县城扩容，一些近城农业用地被征用，水稻和其他农作物种植面积减少。2014年，全镇农作物总播种面积35216亩，其中粮食播种面积20324.2亩，粮食总产量6653吨。

养殖业 境内素有养殖生猪、牛、羊、鸡、鸭、鱼等畜禽水产习惯。1978年改革开放后，养殖业有较大发展。城关镇“三黄鸡”场，三洞、黄洞

大洞红豆杉苗木基地

养牛场相继兴办。1979年，在黄茅洞等地试种牧草获得成功。1987年，黄洞三官山等地飞机播种牧草，发展草食性动物，引进马头羊和菜牛创办三官山牧场。在20世纪90年代初，多数农户饲养耕牛，用于农田劳作，农闲时节，送往三官山、黄茅洞等草山寄养，待来年春耕时牵回自家。农村居民户多数以圈养牲畜为主，鸡、鸭自繁自养，自给自足外，出售或兑换油、盐等，俗称“油盐坛子”。黄洞八月窝是全县草食性动物养殖基地之一，草山面积在1000亩以上。1997年，在黄洞八月窝创办奶牛养殖场，所产鲜奶销往县城。2000年以后，家庭养牛、养猪减少，逐步出现养猪、养牛、养羊等养殖专业大户，产品主要销往县城农贸市场。2014年，出售生猪2.8万头，鸡、鸭禽类6.56万羽。大牲畜存栏数4505头，猪存栏4022头，家禽存栏24000只，水产养殖水面18亩。

林业 民国30年（1941）县政府于城郊设立农林场，进行垦荒植桐。1962年，黄洞公社率先在石壁脑办起林场，经营面积2000亩。1964年，城关镇引进苹果试种产。20世纪70—80年代，办起朝阳林场厚朴基地和八月窝林场杉木林基地。1971年4月，黄洞片飞播马尾松种子。农村土地承包责任制后，林地划归农户经营管理。从80年末开始，实行封山育林。传统的药材种植、楠竹生产得到巩固发展。东水、高桥、都辽、高龙、大洞等村种植“三木”药材，面积达到12500亩；南华片和竹坑片实施楠竹低改，面积达上万亩。2000年后，开始实行退耕还林，小水果和花卉苗木业兴起。形成以光明为主的千亩花卉苗木基地，以碓冲为主的千亩金秋梨基地，以青竹为主的千亩黄桃基地，以大洞为主的红豆杉苗木基地。成立兴荣、红运等农民专业合作社10余家。2008年，开展以桂花树为主要绿化树种的城镇绿化工程，打造“桂花城”。2009年，投资230万元兴建八月窝特种植物园。2011—2014年，全镇完成山地造林5000亩，道路绿化60公里，水系绿化22公里，园林绿化30亩，完成三台山公园、桂东大道、三里桥至槽里景观绿化示范工程建设。2014年年底，有国家生态公益林19.55万亩。

工业

清代，境内传统工业主要有铁、木、竹、印染等手工业作坊。三洞牛市坪建有石灰窑。民国18年（1929），胡光虞等筹资创办文元石印厂。民国19年（1930），胡日永从广东购进缝纫机一台，县内开始有机器缝衣。民国31年（1942），创办民生工厂，生产竹藤器和从事石印业务等。

1949年桂东新中国成立后，铁工社、理发店、缝纫店、修理店甚为兴旺。1962年，在茅柳建成红砖厂并投入生产。1969年，新建车木厂，利用杂木生产锹柄、锤柄等；组建城关“五七”厂。1970年，成立城关镇建筑队。20世纪80年代中后期，境内工业有所发展。1988年，在船皮坳建成农药化工厂。1989年，兴办城关镇水泥预制件厂。同年，镇企业办桂东县竹胶板厂建成投产，该厂历经四期技改，产品畅销，成为全国中型二档乡镇企业和省级林产工业龙头企业，以及市级农业产业化龙头企业。1994年3月，湘肇化工厂建成，生产高氯酸钾等。2000年后，境内工业不断发展。2003年，坪水硅冶炼厂、高龙电杆厂、黄洞木材加工厂相继建成投产。2007年，引进海华矿业、美好纺织、哈哈牛业等一批企业。2009年，引进鸡三足、桂花酒业等食品加工项目；浙江老板投资的大型页岩环保砖厂投入生产，南华竹制品加工厂、沤菜竹拉丝厂等企业进行技术改造。至2014年，境内哈哈牛业、玲珑茶业、湘宇纺织等规模以上工业企业产销两旺；恒大、鼎城、永和昌、九塘隆等房地产公司稳步发展；有5家小、中型大米加工厂。

商贸服务业

明洪武元年（1368），县治由寨前移至沤江上游凤凰山前后，城关逐步发展成为全县商品贸易中心。民国元年（1912），城关市场设有盐行、油行、米行、牛骨行、仔猪行、蔬菜行、柴茅行等。新中国成立初期，政府扶助工商业发展，市场贸易逐渐兴旺。1951年6月，桂东县贸易商店成立，为县内最早的国营商店。“人民公社”期间，限制自由市场贸易，加之物资紧缺，市场冷落萧条。1978年实行改革开放政策后，市场逐渐繁荣。1986年，在县政府前方沤江对岸地段新建城关农贸市场，并由此带动汝桂路、桂遂路两旁成为县城主要商业区。1998年，以城关农贸市场为主体，向四周扩建，改建成湘桂大市场。2002年，在敖山黄泥湾建成玲珑王建材城。2014年，兴建东城、北城农贸市场。

新中国成立初期，餐饮、旅馆业欠发达。至20世纪70年代，境内建成新风饭店和县政府招待所，餐饮、旅馆业逐渐兴起。90年代后，县政府招待所改建为桂东宾馆，陆续建设林苑宾馆、天湖宾馆、同升宾馆、联达大酒店等。2012年，在敖山高桥新建玲珑王国际大酒店。随着县内旅游业发展，境内农家乐、家庭宾馆兴起。至2014年，境内有农家乐、家庭宾馆60余家。境内设有农业银行、建设银行、农业发展银行、邮政银行、农商银行及财产保险、人寿保险。

新中国成立后至20世纪80年代，商贸经营主体以商业系统所辖的肉食水产、饮食服务、百纺、百货、五金、药材等公司以及供销合作社为主。90年代中期开始，境内商业、供销等系统实行体制改革，置换公有制商贸企业，私营个体商业成为流通领域的主体，促进了市场繁荣。2000年后，民营企业东势丹超市、联达超市、鑫宏超市进驻境内。至2014年，境内建成了完备的批发、零售、住宿、餐饮、房产、汽车等商贸服务业网点。

基础设施

交通运输

交通 明、清时代，建有槽里路、升平路、香山路等步道，通往周边县市。民国时期，对原有步道加以拓宽，逐渐形成了“桂汝线”“桂遂线”“桂酃线”“桂资线”4条主要步道线路。

新中国成立后，交通建设不断发展。1956年4月，县城至汝城白泥坳48.9公里公路建成通车。1958年、1966年，先后修建县城至寒口、寒口至大地公路；1966年，修通县城至槽里15.99公里公路，1967年，修建寒口至江西遂川县车子里8.34公里公路。至1978年，县城至各乡镇实现乡乡通公路。从1991年起，县城通往各乡公路逐渐改造升级。2000年后，大力实施农村“通达工程”、“通畅工程”，改善了村组交通条件。城区道路进一步提质。2013年，县城至沙田段公路改造升级为岳汝高速连接线。至2014年，有过境国道18.2公里，省道22.5公里。镇内各村实现水泥道路村村通，组组基本实现通公路。

运输 清代、民国时期，境内货物运输全赖人力肩挑背负。1956年宜汝公路通车后，县内进出口货物运输由郴州运输公司红岩汽车中心站的两三辆汽车定点来运输。1958年，城关镇组织马车队，有马车4部，来往于县城与沙田之间从事运输。20世纪60年代后期，购进“工农七型”手扶拖拉机和苏产“吉尔164型”4吨货车从事货物运输。80年代后，县内汽车运输形成了专业车辆、个体车辆、机关单位车辆并进的格局。2000年后，民营零担业务兴起，有县城至郴州、南康、长沙、衡阳、韶关等货物运输线路。

客运业务紧随公路交通状况改善得到发展。1956年4月，郴运公司开通桂东县城至白石渡客运班车。1970年，开通县城至郴州直达班车。1971年12月，开通县城至江西遂川县城班车。1984年，成立郴运公司桂东分公司。1985年，开通县城至韶关、崇义、酃县客运班车。同时，除邻近县城的黄洞乡、三洞乡外，县城至各乡镇客运班车先后开通。20世纪90年代初，个体运输户开始从事客运业务。随着县内外出务工人数增多，先后开通县城至长沙、衡阳、东莞、赣州、井冈山等长途客运业务。2000年后，县城个体三轮载客摩托车逐渐增多。2009年10月，开通县城至增口乡、三洞乡公交车。2013年，取缔城区载客三轮摩托车。2014年11月，开通县城至沙田城乡公交车。

邮政通讯

光绪三十年（1904），开辟桂东经兴宁至郴州的步班邮路。清宣统二年（1910），县城设立邮政代办所。民国14年（1925），桂东邮件由资兴邮局接转。民国17年（1928），县城成立桂东电报局。民国24年（1935），设立桂东电讯代办所。民国30年（1941），桂东县城邮政代办所升为桂东邮政局。主要步班邮路有桂资线、桂酃线、桂汝线、桂遂线4条。1956年，宜汝桂公路通车后，桂东至郴州的邮件委托汽车客班车代运。1963年后，境内步班邮路逐步改为自行车或摩托车邮路。1981年11月，郴州地区邮政局自办郴州至桂东汽车邮路专线。同时，县邮政局自办县城至清泉、四都、青山的当日往返邮路。随后境内三洞、黄洞设立邮政代办点，代办信件投递、报刊收发等业务。2010年，申通快递进驻桂东。随后圆通、宅急送、顺丰、天天、韵达、中通、国通等快递业务相继开办。

民国28年（1939），县城开办长途有线电话。

桂东新中国成立前夕，境内农村电话只有县城通沙田、大塘、寨前、四都、桥头5个墟场的电话单线。1952年，境内电话交换机容量只有40门，杆程长2公里。1958年5月，开通县城与各公社的有线电话。60年代后期，城关公社至各生产大队接通有线电话。1978年1月，县邮电局开通240门纵横制自动交换机。1991年，县城开通2000门史端桥自动电话，办公电话普及，私人开始安装电话。1994年12月，开通3000门程控电话。1995年，县城开通模拟移动电话。至2002年6月，县城至各乡镇电话线路全部改造为光缆线路。此后，移动、联通、电信公司在境内陆续兴建基站。至2014年，境内乡村通邮率100%，行政村和自然村移动信号和宽带互联网覆盖率100%。

供电饮水

供电 旧时，民众用桐油灯、干向日葵秆等照明。民国时期，渐用煤油灯。1949年桂东新中国成立后，逐步改善供电条件。1956年冬，县人民委员会购置1台24千瓦煤气发电机组在何家祠建成火力发电厂，供应机关照明。1958年8月1日，城郊船皮坳“八一”电站建成投产，装机24千瓦，系县内第一座水力发电站，发电供县城机关照明。

1968年起，境内陆续建成都辽、高桥、东水、竹坑、槽里、大洞等小水电站。1976年，建起沤菜电站。1988年增口勒里电站建成后，城区供电质量得到进一步改善。1992年，麻树下110千伏送变电站并入华中电网运行。1998年，地处境内松山村的县办松山电站投产。进入21世纪，政府鼓励民营资本兴办小水电站，境内石门电站、蛇子岭水库坝后电站、黄洞电站相继建成投产。同时，开始实施农网改造，至2006年各村全面完成农网改造工程。2006年，对城区电网进行提质改造。至2014年年末，境内有小水电站25座。至此，境内供电充足、平稳、安全，满足了城乡生产、生活需求。

饮水 旧时，辖区民众饮水靠肩挑手提方式取用山泉井水。其中位于县治后的元泉水被《湖南通志》喻为“第一泉”。20世纪70年代后，部分群众在门前屋后打井引水自用。县城部分单位，自建蓄水水塔，用柴油发电机抽水，或打井取水，供本单位职工饮用。至1984年，县城共建水塔31座。1988年，县城自来水厂建成投产，供县城居民用。1990年后，农户利用塑料胶管将高处的山泉水直接引到家中。1994年3月，境内罗霄矿泉水厂投产，生产桶装纯净水。进入21世纪后，以行政村或自然村为单位，实施安全饮水工程。2010年，县自来水厂对供水设施进行提质改造。至2014年，镇区使用自来水覆盖率达100%，农村安全饮水覆盖率达90%以上。

水利建设

新中国成立后，境内因地制宜，兴修水利。1958年，修建城关东街糙箕窝山塘、黄洞羊社塘坳、青竹青坪、联盟珍珠塘等山塘。1957年，兴建塘境端水垅水库和茅柳渠道，茅柳渠道全长12.5公里，可灌溉稻田2100亩。1966年，兴建两江口渠道和三横圳渠道。两江口渠道全长13公里，使城关、城郊、黄洞、三洞2900亩稻田受益。20世纪80年代后期，因退耕还林、疏于管理等原因，部分渠道荒废。2003年，建成蛇子岭水库。2011年12月，动工兴建沤菜中型水库。2014年7月，沤菜中型水库正式蓄水，正常蓄水位1065米，总库容1038万立方米，调节库容841万立方米，防洪保护面积32.2平方公里，解决了县城近5万人口的安全饮用水问题。同年，实施“碧水工程”，对沤江河道、大洞小溪、草堂河、敖山河、下阳河等主要河道清淤疏浚，实施梯级蓄水；对松山、敖山、草堂等中小河流进行综合治理，新修生态河堤5公里，完成水毁河堤修复40处，新修高标准水渠50公里。

村镇建设

驻地 明，洪武元年（1368）县治从上犹寨（寨前）移至沤江上游凤凰山前。当时，城区房屋寥寥，茅草丛生，景象荒凉。民国时期，城区不足1平方公里，只有府正街、东街、西街3条主要街道。

新中国成立后，县人民政府于1957年开始制定《桂东县城建设粗线条规划》，并扩建东华路。1983年，《桂东县城总体规划》出台，县城建设步伐加快。1987年，修建南大街。至1990年，先后修建维夏路、沤江路、湘赣路、红军路、南大街、东华路、解放路、郴桂路、汝桂路、北街等10条街道，城区面积扩大至2平方公里。1999年，对城内主要街道进行改造。至2002年，兴桂路、育才路、金田路、沿江大路、陈奇路、观前路等先后修通。2004年，建设罗霄广场。2006年，罗霄广场二期工程和联达大厦竣工。2007年，按县城“东扩、南进、西延、北展”的发展思路，推进东城区开发。2008年，东城区滨江路和区内“二纵三横”全面拉通。次年，启动东城一品小区一期建设工程，并同步开发敖山小区和西城区。至此，县城规模达到5平方公里。

2011年，三台山广场竣工，三台山景区成功创建为国家AAA级景区。同年8月，教育新区开工兴建。2012年，桂东大道、桂花大道竣工通车；12月，沤江镇政府办公楼整体搬迁至新址。2013年，实施东街旧城改造、县城亮化提质等工程。2014年，成功创建为“湖南省卫生县城”。

村庄 清代、民国时期，境域居民住房多为土夯墙或土砖墙，稻草盖顶。新中国成立后，村民的居住条件逐步改善。1970—1978年，农民普遍新建或扩建房屋，砖木结构，青瓦盖顶。20世纪80年代中后期开始，先富起来的村民建起砖混结构的红砖房。90年代后，村民所建房子均为砖混结构。1992年，城关镇被郴州地委列为全面建设社会主义新农村示范乡镇。2008年，坪水村在全县率先实施“三清五改一池二化”整治村容村貌。2009年实施农村危房改造以来，村民住房条件大幅度得到改善。至2010年，各村（社区）均新建了村级组织活动中心。从2013年起，全面推进农村环境综合整治，开展农村垃圾治理，村村安排保洁员，配置垃圾集中收集桶（池），对垃圾实行日常打扫、定点收集、集中清运。实施“点亮村庄”工程和“碧水工程”，在村庄主要干道沿线安装太阳能路灯，对村庄主河道进行清理保洁、两岸绿化。2014年，完成15个村（社区）的村庄规划。规范农村农民建房联建点5处，共150户。大洞村创建为市级“美丽乡村”。

社会事业

教育科技

教育 明初，县治从上犹寨（寨前）移至今址后，在东门外狮子岭前建学宫及濂溪书院。清乾隆三年（1738），于东门外建徐公讲堂。乾隆六年（1741），县令倡建义塾，免费供人读书。乾隆二十三年（1758），在城南苦株山下兴建培英书院。清同治五年（1866），濂溪书院迁至三台山。民国2年（1913），创办县立女子学校。民国12年（1923）3月，县署创办平民学校。民国14年（1925）7月，在城南三台山开办县立初级中学。1949年桂东新中国成立前夕，境域有县立初级中学1所，1所公立育英小学，13所私立小学。

新中国成立后，教育事业得到发展。以行政村或人口密度大的自然村为单位兴办小学。同时，加强成人扫盲教育。1958年，桂东县立初级中学改为完全中学，后为桂东一中。20世纪60年代后期至70年代初，乡乡办中学，办起城郊中学（后更名为城关中学）、黄洞中学和三洞中学。90年代开始，推进中小学校布局调整，并加大对校舍建设力度，各学校基础设施不断完善。1994年，城关中学迁入新址。1995年，黄洞中学、三洞中学撤并至城关中学。1997年11月8日，桂东一中新校园落成，整个校园占地72亩。2001年9月，建成县内第一所民办初级中学——濂溪实验学校（后为云翼学校）。2001—2003年，东水、高桥、都辽3所小学合并组建南华苗圃希望小学；金洞、大洞、塘塘3所小学合并组建金洞联办苗圃希望小学。其他小学也实行就近撤并。2010年，建成城关二完小。2013年，县职教中心整体搬迁至教育新区，在敖山建设思源学校。至2014年年末，境内有民办初中1所即云翼学校，镇办初中1所即沤江中学，小学12所，幼儿园8所。小学在校生3520人，专任教师247人，小学适龄儿童入学率100%。初中在校生2336人，专任教师261人。小学升初中升学率、九年义务教育覆盖率均为100%。

科技 新中国成立后，政府注重科技推广工作。新中国成立初期，推广矮秆稻改种高秆稻生产技术，并利用报刊、广播、宣传栏等进行科普

舞龙

宣传。1956年，推广油茶垦复技术。“人民公社化”期间，贯彻农业“八字宪法”，推广农业生产技术和新式农具。20世纪70年代，推广杂交水稻种植技术。1987年，建材厂引进免烧红砖生产技术，降低生产成本。1990年，在草堂村进行杂交水稻高产栽培技术示范，获得成功。1995年，湘肇化工厂科技人员对生产工艺进行“热冷改造”“低温处理”两项技术改造后，产品质量更加稳定；高氯酸钾厂黄成礼利用自主研制的专利技术，生产“节光牌”高氯酸盐和氯酸盐两大系列产品，畅销国内外。县竹胶板厂研究出“热进热出”“径向剖篾”“真空干燥”三项新技术应用于生产，并取得国家专利。2000年后，沤江镇结合农业产业结构调整，举办无公害蔬菜、金秋梨、板栗、楠竹生产和草食动物养殖技术培训班。

文化体育

文化 清代，境域城乡盛行花鼓、木偶、舞狮、耍龙灯等文体活动。演出一般在春节或平时婚丧、祭祀中进行。1925年暑假，陈奇与桂东旅衡学生联合会的同学一起带着《新青年》、《湘江评论》等进步书刊回到桂东，并与县立初中李壁、扶良博等20多名青年学生，组成露天讲演团，利用逢墟日期在县城城隍庙等地演讲，传播新文化，深受群众欢迎。民国33年（1944），在县城邓家祠用手摇发电机放映《黑怪人》等无声黑白影片，为县内电影放映之始。1950年冬，在县城开设工农书店。1953年，在城区十字街口安装高音喇叭开始有线广播。1956年，县城举办首届民间艺术观摩会演；并成立县内第一支电影放映队，深入各村组放映电影。20世纪60年代末，组建公社广播站，村民入户喇叭达90%以上。1976年，新电影院建成。党的十一届三中全会后，群众文化生活不断丰富，每年重要时节均举办文艺表演。1981年，在境内猴子岭建成10瓦电视差转台并试播成功，转播省台电视节目。1993年，城区开通有线电视。2004年，城区兴起广场舞。2010年后，实施广播电视“村村通”工程。至2014年年末，境内共有各类文艺表演团体8个，文化站1个，电影放映单位1个，图书馆1个，农家书屋25个，有线电视用户万户，电视综合覆盖率100%。

体育 民国3年（1914），县城举办首届学生体育运动会。民国21年（1932），在县城圣宫右侧开辟公共体育场。新中国成立后，中小学校普及体育教育，体育设备设施不断完善。“人民公社”期间，农村青年劳动力利用农闲时间进行武术、军事训练。20世纪90年代后，老年人体育不断丰富，相继成立门球队、腰鼓队、秧歌队、武术队等。2000年，建成县田径运动场，并承办郴州市第六届中小学生田径运动会。2007年，新建县体育中心投入使用。2010年以后，城区先后成立乒乓球、登山、徒步、篮球、足球等群众性体育协会。2011年，在县城成功举办第17届郴州市中小学生、中职生暨第6届教职工运动会。2012年后，实施新建农村体育健身工程。至2014年，三台山广场、罗霄广场及大洞、坪水、沤菜、两水口、光明、黄洞、三洞等村建有小游园和健身路径。

医疗卫生

清末，境内居民防病治病主要靠中草药。民国时期，县城设有保和堂、福寿堂、祥和元、刘协泰号等中药店，并有医师坐诊。民国21年（1932），国民党军某部一林姓医师随部队到达桂东，后留居县城东街牌坊下开设西药店行医。民国28年（1939），县卫生所设立。民国28年（1939），设卫生执行委员会管理城乡卫生。民国30年（1941），省卫生局派员至桂东筹设卫生院。

新中国成立初期，境域农村配有医疗、防疫和妇幼保健人员，并广泛开展群众性爱国卫生运动和疫病防治工作。1952年春，在县城设立中医联合诊所。1953年，设立妇幼保健站。20世纪50年代后期，办起三洞乡槽里药场，生产西芎、厚朴、黄柏。1956年，县卫生院改为县人民医院。60年代，境内各公社设立卫生院。70年代，各村办卫生所，“赤脚医生”为社员看病治病。1978年，境内各校配备兼职校医或保健老师。1979年，在县城成立县中医院。改革开放后，村办卫生所解散，个体行医业兴起。进入21世纪后，政府更加注重基层医疗卫生事业，城关、黄洞、三洞医院硬件设施得到较大程度改善。2006年，开始实施新型农村合作医疗。至2014年，境内有县人民医院、县中医医院、县妇幼保健院、县计划生育服务站等医疗机构。镇设计生服务站，拥有中心卫生院2所，村级卫生室27个，专业卫生技术人员80余人。全镇建立了居民健康档案，每年为居民免费健康检查。新农合参保率达100%。

社会保障

清代和民国时期，生老病死无任何社会保障。每逢大灾之年，政府虽有救济，慈善人家亦设厂施救，但杯水车薪，难以普济众多灾民。新中国成立后，对农村“五保”户由集体和政府供养。1996年，开始在机关事业单位推行养老保险。2002年开始，实施城镇职工基本医疗保险。2009年，对境内农村危房开始进行改造。至21世纪初，辖区社会保障事业得到全面加强。境内先后建成镇办黄洞敬老院、三洞“五保之家”和县办社会福利中心。2008年，在禾坪村兴建7990平方米的灾民新村，安置40户地质灾害隐患点群众。2010年，实行新型农村社会养老保险。2011年8月，试行城镇居民社会养老保险，最低生活保障和扶贫帮困等一系列社会保障制度不断完善。2013年，沤菜水库163户移民全部搬入新居，松山、碓冲、坪水等村地质灾害隐患点安居工程竣工。2014年，建成罗霄社区居家养老服务中心。至2014年年末，全镇共发放惠农资金800余万元，城镇居民最低生活保障人数1500余人，农村最低生活保障人数2300余人，60岁以上老人保险金按时打卡发放。全镇新农保参保率100%以上。

特色地情

风景名胜

工农红军在桂东革命活动纪念馆 位于沤江镇红军路。1968年建成。原馆名由郭沫若手书"毛泽东同志在桂东革命活动纪念馆"。1982年，易为王震题写的"工农红军桂东活动纪念馆"。纪念馆占地5000多平方米。陈列室展示了工农红军在桂东革命活动的情况，反映了毛泽东颁布《三大纪律·六项注意》、迎还红军大队及红六军团誓师西征、桂东解放等重要历史事件。馆内的唐家大屋，1972年9月被列为省重点文物保护单位。

桂东三台山森林公园 位于县城南侧，因大、中、小三座山平列而得名。园内泉水清澈，树木苍翠；林荫小道，静谧幽深。自然景观与人文景观交相辉映，和谐统一。著名的有濂溪书院旧址、文峰塔、飞虎队英雄墓、红军战斗时的战壕、三台寺、正气亭、红色记忆桂花游园、革命烈士纪念碑等景观。2011年，桂东三台山森林公园成功创建为国家3A级旅游景区。

城隍庙 位于沤江镇西街与红军路交汇处，始建于明正德年间(1506—1521年)。今存庙门、歌台和墀坪。歌台正面呈"品"字形，歇山定，小青瓦面，抬梁式木构架，具有典型的明清时代江南传统戏台特色。1928年，毛泽东率部来桂东迎还红军大队时在此召开群众大会，登台演说，宣讲革命道理。旧址于1972年公布为省级文物保护单位。

文峰塔 位于三台山森林公园内。始建于明代，后坍塌。道光十七年（1837），县人胡锡宦、黄由再倡议重建，为今塔。2011年1月24日，湖南省人民政府将桂东文峰塔列为省级文物保护单位。

罗伯特·霍勒·厄普邱奇之墓 位于三台山森林公园内。1944年10月，日本战机侵入湘南，"飞虎队"队员罗伯特·霍勒·厄普邱奇中尉驾驶战机与日军战机在炎陵县发生空战而遭到重创，坠落在桂东县四都境内，21岁的厄普邱奇壮烈牺牲。时县国民政府派人将其遗体葬于三台山。2007年4月，厄普邱奇墓碑揭幕，成为中美两国人民和平、友谊、团结的象征。

名优特产

桂东黄糍粑 黄糍粑为桂东特产。每年春节前夕，先将大禾米用植物碱水浸透，把米捞出后蒸熟，用槐米熬水造成黄色，冷却后再蒸透捣烂，复将糍粑割成小块再蒸重抖一次，制作成条状，或制成印花糍。制好晾干后用碱水浸泡，数月不会变质。其色泽金黄，味可口，韧而滑，蒸、煮、炒、炸均可。

桂东板鸭 当地俗称"泡盐"。在农历冬至前后，以本地产的麻鸭为原料，再佐以砂姜、八角、食盐等配料，腌制一段时间后，置于太阳底下暴晒成干。其皮薄骨酥，腊味香浓，回味深长，是桂东传统待客佳品。食用时，蒸、煎、炒均可。

民俗风情

十大碗 旧时，城关一带宴请宾客时，一般上十个菜肴，在清末、民国时期形成独具特色的桂东风味。一碗滴答答(大杂烩)、二碗芋头罩仔鸭、三碗溜溜滑（番薯面和辣椒干）、四碗勺子挖（蛋茸、蛋菌、蛋饺等）、五碗圆圆个（肉丸）、六碗

桂东黄糍粑

白嘎嘎（水豆腐）、七碗黑妹妹（瘦肉丝拌海带或黑木耳）、八碗酸辣辣（酸菜炒肠子或肚子）、九碗腥啪啪（指河鱼或塘鱼煮辣椒）、十碗肉上菜（扣肉）。20世纪80年代后，随着物质不断丰富宴筵讲究色香味，菜肴更加丰富多彩。

婚俗 旧时，城关一带其婚姻讲究生庚八字，注重门当户对。形成了一套约定俗成的程序和环节。首先“行聘”，即请媒人说合。“传庚”，也叫“看八字”。将男、女双方的生辰八字出具庚帖，请卜者推算男女双方是相生还是相克。“送鞋样”。男方将自己鞋样并备好的苎麻等送到女方，女方便要加工成麻线、布鞋等作为嫁妆。“踏嫁场”，女方派父母、叔伯等上辈一行人到男方家作实地考察，女方满意后，由男方对来相亲者进行“打发”（送红包、衣服等）。“下定”，男方备好定礼送到女方。“送日子”与“过礼”，由男方择定结婚吉日写在红纸上并备好礼品一同送往女方。“迎亲”，早晨男方亲戚组成迎亲队伍到女方，女方设宴款待。饭毕，新娘随新郎起程，女方伯叔兄弟组成送亲队伍（叫做“上亲”）相送。男方设宴3天，以最高的礼遇款待“上亲”。三日后，新娘要拜别“上亲”。

（邓业精　供稿）

增口乡 >>

增口乡长寿老人众多，享有“长寿之乡”美誉。

区域概况

位置面积

增口乡因地形酷似捕鱼之罾，故名增口。增口乡位于北纬 26° 2′ 43″ 至 26° 58′ 46″，东经 113° 53′ 9″ 至 114° 1′ 50″ 之间。地处县城东南面，东与江西省遂川县接壤，南与新坊乡、寨前镇相邻，西与流源乡交界，北与沤江镇、寒口乡相接。`辖区东西直线距离 11.9 公里，南北直线距离 8.2 公里。乡人民政府驻增口村，`距桂东县城 4 公里。2014 年年末，土地总面积 77.77 平方公里。有耕地面积 646.13 公顷，其中水田 577.33 公顷。

建置沿革

康熙三十年（1691）属厢都。民国初期全县设 5 都 18 乡，隶属厢都合坤乡。民国 18 年（1929）改都为区，全县划为 5 区 20 个乡，隶属一区都南乡；民国 28 年（1939），废区设乡，全县划为 16 个乡，为回峰乡（包括今白竹）；民国 29 年（1940）全县并为 8 个乡，属鼎新乡。

1949 年 6 月 16 日桂东解放，废除旧乡、保、甲制度。在行政区划上，暂沿旧制，全县区域仍分 8 个乡，境域仍为鼎新乡所辖。1950 年 3 月，全县设区并乡，划为 3 个区，2 个办事处，隶属城关区；5 月，全县划为 5 个区 67 个乡，境域为城关区，设有增口乡、下东乡、白坪乡、侃大乡；10 月，全县各区改以按序号命名，隶属第一区。1955 年 6 月区复名，隶属城关区。1956 年 6 月撤销区的建制，全县划为 18 个乡、1 个镇，为增口乡。1958 年 9 月，实行政社合一，为东风人民公社；11 月，与上游人民公社、红日人民公社合并为上游人民公社；桂东县与汝城县合并为汝桂县，上游人民公社改称沤城人民公社。1961 年 4 月，从沤城人民公社析出为增口人民公社；5 月，汝桂分县，恢复桂东县建置，增口从属。1984 年 3 月改社建乡，为增口乡。

行政区划

1983 年增口人民公社辖侃大、增口、江山、泥湖、马坊、下东、白坪、金兰 8 个生产大队，88 个生产队。1984 年改社建乡后，各生产大队消失，全乡辖侃大、增口、江山、泥湖、马坊、下东、白坪、金兰 8 个村民委员会，下设 89 个村民小组。至 2014 年，所辖村组未变。

自然环境

境内山高谷深，重峦叠嶂，形成岭谷相间、

沟壑纵横的山地地貌。最高峰杨何顶山位于泥湖村，海拔1600米；最低点位于白坪庙下，海拔760米。属亚热带季风湿润气候，夏无酷暑，冬无严寒，温暖湿润，四季分明。1981—2010年年平均气温为15.4℃；1月气温最低，平均为6.1℃；7月最高，平均为24.1℃。极端最低气温出现在1999年12月23日，为-9.5℃。极端最高气温出现在1998年8月24日，为36.7℃。生长期年平均225天。无霜期年平均245天，最长为279天，最短为209天。1981—2010年年平均日照时数为1372.6小时；0℃以上持续期360.4天（1月19日~次年1月14日）；年平均降水量16667.3毫米；年平均降雨日数为182天，最多达226天（2006年），最少为161天（2007年）。降雨集中在每年的4月至9月，6月最多。主要自然灾害有水灾、旱灾、冰雹、冰冻、地质灾害等。沤江从北至南流经境内，总长12公里，流域面积42.23平方公里。境内已查明的矿产，主要有铁矿、稀土、硅石、钾长石。并有水鹿、穿山甲、野猪、红嘴鸟等珍稀动物和红豆杉、黑松等名贵植物。2013年，"十二五"森林资源规划设计调查，林地面积6338.4公顷，活立木总蓄积542945立方米，森林覆盖率78.87%，林木绿化率79.62%。

人口民族

新中国成立前，境内人口数量不详。1953年第一次全国人口普查，总人口1307户5030人；1964年第二次全国人口普查，总人口1340户、5392人；至1982年第三次全国人口普查时，总人口增至1604户、7660人，比第一次人口普查增长2278人；1990年第四次全国人口普查，总人口1604户7660人；2000年第五次全国人口普查，总人口2231户8544人；至2010年第六次全国人口普查时，总人口增至2603户10564人。

2014年年末，总人口10445人，总户数2875户，人口密度203人/平方公里。其中，男性5261人，占50.37%。有乡村劳动力资源7928人。主要有黄、王、李、郭、骆、胡等姓氏，均为汉族。

经济发展

经济综述

境域经济以稻谷、竹木、茶油、木本药材等传统产业为主，工业基础薄弱。1990年，全乡实现农业总产值490万元，工业总产值78.5万元，财税总收入57.7万元。20世纪90年代至21世纪初期，依托丰富的水资源，掀起建设水电站的高潮；一些大型项目落户增口创业园，促进了当地经济社会发展。至2014年，实现地区生产总值8414万元；其中，第一产业2305万元，第二产业2909万元，第三产业3002万元。实现财税收入476万元，完成社会固定资产投资3.98亿元；实现社会消费品零售总额1.08亿元；引进外来资金1.94亿元；农民人均纯收入3600元。

农业

传统农业素以种植水稻、药材为主。1953年12月，增口乡黄正乾为首的互助组在全县率先成立初级农业生产合作社。1955年，增口乡东山农业社试种绿肥草籽成功，后在全县推广种植。境内村民以种植水稻为主。20世纪90年代后，开始种植厚朴等木本药材。2000年以后，村民凭借离县城邻近的优势，开始种植商品蔬菜，每天到县农贸市场出售。2005年以后，逐步形成了以增口村为中心的无公害蔬菜基地。每年种植蔬菜200亩以上，种植甜玉米300亩以上。2014年农作物总播种面积16967亩，其中粮食播种面积

厚朴药材基地

10451亩，粮食总产量3698吨。

畜牧业

以生猪、肉牛、家禽养殖为主。2005年，建成马坊村生猪养殖基地。2014年饲养生猪2.2万头、肉牛1900头、家禽10.8万羽，年出栏生猪7000头，牛1100头，家禽3.2万羽。有大型生猪养殖场2个。

林业

20世纪60年代末70年代初，创办铁山社办林场。1971年4月，在增口片飞播马尾松。80年代初期，县林科所从宋坪林场搬至本乡的侃大村，经营面积700亩。80年代末90年代初，县林业局在境内兴办侃大联营林场、勒里联营林场和上铁山林场。侃大联营林场经营面积9600亩，为新造杉木速生林基地；勒里联营林场经营面积97670亩，主要为封山育林；上铁山林场，主要为新造厚朴林。2012年，兴办侃大百亩高标准花卉苗木基地。2014年，发展花卉苗木基地34公顷，荒山荒地造林绿化82公顷，通道绿化5800米，水系绿化1800米。2014年底，全乡有国家生态公益林61459亩，省级生态公益林1720亩。有厚朴、杜仲等木本药材林2269.5亩，连片200亩以上的厚朴种植基地4个，参麻3000亩，已形成泥湖、金兰药材基地产业带。

商贸服务业

辖区没有设市场，居民赶集都往邻近县城农贸市场和寨前墟。人民公社期间，境内有供销合作社门市部，经营日用商品。供销体制改革后，乡政府附近有几家个体小卖部。2007年，在增口村建成集餐饮、休闲、游泳、娱乐于一体的休闲农庄“红军村”。同年，引入江西投资商投入500万元，在境内兴办桂东驾校。2011年，投资300

多万元的增口液化汽站建成投入使用，为城乡居民供应生活燃气服务。2013年，红军村休闲农庄升级为五星级休闲农庄。

工业

境内工业基础一直薄弱，直到20世纪90年代后期，凭借近邻县城、106国道的地理优势和充足的电力资源，工业才有新的发展。1994年原湘潭大学教师黄存礼利用自己的发明专利，将生产高氯酸钾高科技生产线引入县内，在增口村建成湘肇化工厂，后又自筹资金建成高氯酸钾厂。随后，鑫桂冶炼厂、岳宜硅铁冶炼厂落户境内。2007年，民营投资商在境内兴办了年产2000万块的大型砖厂。2008年，东阳烟花有限公司投资120万元新上一条烟花生产线，完成二期技改建设；投资200余万元兴办日产砖6万块的规模环保机砖厂。同年，县重点建设项目一增口创业园在增口村开始建设，占地10.2公顷。投资8000万元的曹氏服饰企业、投资5000万元的叮当动漫有限公司、投资600多万元的桂利实木门项目等企业相继入驻园区。2011年，境内县污水处理厂、南木屯无公害垃圾处理场项目竣工投入使用。至2014年，境内企业总数达35家。随后，县里推行"三高一低"企业逐步退出机制，一些高能耗、高污染企业陆续关闭停产。

基础设施

交通建设

该乡交通便利。G106国道经过境内，境内路段里程长5.4公里。1995年，106国道桂东段增口至大塘20公里铺设柏油路。同年，郴州市交通局投资50万元，改造增口至勒里、泮溪至牛江两段6.52公里为四级公路。2005年，完成106线至乡政府路段砂改油工程。2013年，岳汝高速连接线增口段全面完成。

20世纪90年代后，乡村公路得到发展。1998年，修通了白坪至铁山公路，随后又修通下东至寒口公路。2007年，投资96万元总长4.4公里的马坊至下东通畅工程全线竣工；2008年，白坪至金兰5.4公里通畅工程完工。2009年，投入233.64万元建设通村通组公路14.2公里。至此，全乡8个行政村全部实现通水泥路。2012年，增口创业园滨江大道完工；硬化增口村、江山村、马坊村通组公路2.5公里。2013年，投资360万元的金兰至上铁山公路改造工程完工投入使用，投资100万元的下东至寒口乡上东村公路改造工程完工。至2014年，各村组均通公路。

邮电通讯

清末、民国时期，境内邮政业务由县城邮政代办所和县邮政局办理。1958年，乡机关通有线电话。1993年，开通程控电话，部分先富起来的村民安装程控电话。2000年后，村民开始使用移动电话。2003年，开通宽带互联网。2012年，新建增口邮政所。乡政府周边移动信号与县城信号共享。至2014年，境内建有白坪、泥湖、下东移动基站。移动电话基本普及。

供电饮水

供电 1957年，增口乡马坊农业社兴建县内第一座水轮泵站，安装40型水轮机1台。1965年县委、县人委决定在境内下东兴建黄泥坑电站。1968年下半年，第一台320千瓦机组投产发电；第二台400千瓦机组于1969年投产运行，在黄泥坑电厂安装了县内第一台变压器。架设黄泥坑至县城10公里10千伏高压线路。供县城居民用电。

1984年冬，投资359万元、装机容量1890千瓦的增口勒里电站开工兴建，1988年1月竣工投产。1994年12月，投资300万元、装机容量1200千瓦的东山电站动工兴建，1998年建成投产。1997年，增口乡金兰村农民李本源等自筹资金100多万元兴建的装机容量445千瓦的铁山电站建成投产，该电站为县内第一座民营股份制电站。随后，杉山、水塘、南岭、金岭、红桥、江山、石坪、龙泉、泥湖口、侃大、马仿等多座小水电站相继建成投产。2007年，东山电站扩建，新增装机1000千瓦。到2014年年底，境内有小水电电站18座，总装机达1.8万千瓦。全乡8个村全面完成农网改造。

饮水 20世纪90年代起，村民用塑料水管将山泉水接入家中，改变了以前用肩挑水的状况。2000年后，乡政府高度重视农村饮水问题，将农村安全饮水工程作为“民生100”工程的实事来抓。2007年，投入15万元实施安全饮水工程，解决了乡政府周边群众安全饮水问题；2008年，投入30余万元完成马坊村安全饮水项目，解决了1000名群众的生活用水问题。2009年，投入70万元实施了马坊村和侃大村安全饮水工程，共铺设网管21公里，解决了两个村3640人的安全饮水问题。2010年，实施了投资240多万元、能供应1万人饮用的增口集中供水项目。2013年，县城自来水接通到增口村。农村安全饮水普及率达100%。

水利建设

境内主干河流有沤江和下东溪河，集雨面积广，水资源丰富。有大小水渠数十条，主要灌溉渠道共6公里，有端午垅小型水库1座，小型山塘3个，加上10多座小水电站的水库（蓄水池），形成了排洪、灌溉体系，有效地提高了防汛、抗旱能力。2007年，投资240万元，全乡铺设U形水渠19公里。投入15万元完成泥湖村107亩的土地整理工程。2010年，投入290万元修建增口创业园河堤、沤江增口段河堤780米。2014年，建设碧水工程堤坝13处，建成沤江生态河堤。

村镇建设

乡政府驻地增口村。20世纪60年代，修建办公楼及生活用房。改革开放前，村民房屋多为打垒的瓦木结构房子。90年代后，村民开始修建砖混结构房屋。20世纪90年代中期，投资50多万元的乡政府办公大楼竣工投入使用。90年代后期，在建整扶贫工作队的扶持下，下东、白坪、金兰、马坊、侃大等村村部相继新建。2008年，开始实施农村美化工程。当年，投资18万元，完成乡政府附近的2个村80余户12000余平方米的外墙粉刷工作。2012年，建成益寿路、创业园路，建筑面积500平方米的乡文化站综合楼竣工投入使用。2013年，完成公路主干道绿化5800米和沤江两岸水系绿化5300米，建设绿色小游园面积2800平方米。2014年，完成全乡8个行政村的地形测绘和村庄规划编制工作。投资40万元的侃大村部综合楼扩建工程建成。侃大、增口美丽新村一期工程完工。新增现代休闲农庄2家，建设下东村规范农村村民建房联建示范点。实施立面改造280栋、3.03万平方米，新安装路灯94盏，完成改水改厕220户。

社会事业

教育科技

教育 民国初期，为私塾教学。后政府倡导新式教育，乡内小学渐增。新中国成立后，始办中学。1995年，增口中学利用世界银行贷款新建校舍竣工，并进行整体搬迁。1996年，建成增口村苗圃希望小学；1997年，建成下东村苗圃希望小学。2005年，根据学校布局调整规划，将中学、中心小学合并改建为九年一贯制学校。2014年9月，乡中心幼儿园和投资100万元的白坪、金兰联校投入使用。至2014年末，增口九年一贯制学校在校学生549人，教职工45人。办有6个初中班，7个小学班。全乡共有村小学3所，在校学生123人，教职工10人。全乡小学、初中入学率和年巩固率均为100%。全乡有农家书屋5个，藏书9000册。

科技 1953年，增口乡开展试种绿肥草籽并获成功，后在全县推广。1956年推行油茶垦复技术。1958年人民公社化后，全面贯彻农业“八字宪法”，推广新技术、新式农具，新法养猪。20世纪70年代后期，推广杂交水稻种植。80年代初，县林科所迁至增口乡侃大村，开展银杏、香榧、金钱松等稀有树种栽培试验以及银杉、雪松等珍贵树种的种子选育研究。2000年后，每年举办药材、水果种植和禽畜养殖技术培训班，不断提高农村劳动力生产技能。

医疗卫生

清代、民国时期，境内医疗卫生水平低。群众治病以中草药为主。1958年人民公社化后，创办乡卫生所，各大队组建卫生室。60年代后期，建立合作医疗制度，村民看病有了基本保障。2010年后，实施新型农村合作医疗制度，群众看病更方便。至2014年，乡卫生院有床位11张；专业卫生人员8人，其中执业医师2人，执业助理医师4人，注册护士2人。有村级卫生室8个。全年医疗机构完成诊疗3598人次。新型农村合作医疗参合率达97.74%。

文化体育

新中国成立前，村民的文体活动主要有舞狮、耍龙灯等。新中国成立后，组织劳动竞赛，举办歌咏、拔河、篮球等比赛。1954年5月，省人民政府配给桂东3部长江牌收音机，其中一部分配给增口试点农业合作社，成为县内第一批农村收音站。1961年8月开通有线广播站，县到乡15杆公里，乡到村612杆公里。1995年3月，建成增口有线电视转播站和电视转播塔，塔高40米，覆盖半径6公里。2000年，全乡有线电视与县城联网。2009年，实施农民体育工程1个。2014年年末，全镇有文化站1个，农家书屋8个，图书室1个；有篮球场地3处，设有体育路径1条。

社会保障

清代和民国时期，生老病死无任何社会保障。新中国成立后，“五保”户实行集体供养。1988年，试行“五保”户承包责任制，由村民把“五保”户的生养死葬包下来，“五保”老人死后，其房屋财产和自留山由承包户继承，责任田由承包户延期承包3～5年。1991年，对“五保户”实行分散承包供养责任制，由村民或旁系亲属帮助种好双份责任田并照顾好起居生活。2000年后，社会保障事业得到全面加强，积极推广新型农村养老保险，完善最低生活保障和扶贫帮困等一系列社会保障制度。

2011年，全乡农村最低生活保障户204户，612人；农村“五保”分散供养34人；国家抚恤、补助各类优抚对象49人。2014年，增口廉租住房一期工程（392套）交付使用并陆续入住，二期工程（168套）全面完工；公租房（72套）工程竣工。完成农村危房改造56户。新型农村养老保险参缴率达100%。

特色地情

长寿之乡

境内生态环境良好，民风淳朴，邻里关系和谐，与人为善。生活在这里的人们普遍长寿，是有名

候鸟南迁

的“长寿之乡”。这里养育了年龄高达116岁的寿星，是桂东有资料可查以来寿命最长的人。1988年10月8日，《人民日报》以《一对高龄婆媳》为题，报道连续7年被评为“五好家庭”的增口乡郭彩眉尊老敬老的优秀事迹。至2014年，全乡尚健在的百岁寿星有2人，95岁高龄以上的老人有13人，90岁以上的老人有33人。

风景名胜

铁山候鸟驿站 铁山为中国第二大候鸟迁徙鸟道，是著名的观鸟基地。每年春秋两季，景区内南来北往的野生鸟类经过此地。据不完全统计，此地野生鸟类有13目45科167种，是人和鸟类和谐相处的天堂。

（钟炳坤 供稿）

寨前镇 >>

1934年8月12日，任弼时、萧克、王震等在寨前墟河滩上宣布红六军团正式成立，并誓师西征，在此拉开了红军长征的序幕。

区域概况

位置面积

寨前镇地处县城之南，东南与新坊乡交界，南连大塘镇，西邻流源乡，东北接增口乡。镇政府驻红光社区居委会，距桂东县城12.1公里。位于北纬25° 56′ 40″ 至26° 2′ 18″，东经113° 50′ 54″ 至113° 59′ 30″ 之间。辖区东西直线距离9.6公里，南北直线距离8公里。2014年年末，土地总面积75.89平方公里；有耕地面积1147.33公顷，其中水田1022.8公顷。

建置沿革

寨前镇历史悠久，嘉定四年（1211）桂东立县治于寨前上犹砦。建县之初，百姓迁居此地，建有七寨，因所建墟市在七寨之前，故名寨前。康熙三十年（1691）属宜一都。民国初期全县设5都18乡，为永靖乡，隶属一都。民国18年（1929）改都为区，全县划为5区20个乡，为二区永靖乡；民国28年（1939），废区设乡，全县划为16个乡，仍为永靖乡；民国29年（1940）全县并为8个乡，与尚德乡（今流源）合并为中和乡。

1949年6月16日桂东解放，废除旧乡、保、甲制度。在行政区划上，暂沿旧制全县区域仍分8个乡，境域仍为中和乡所辖。1950年3月，全县设区并乡，划为3个区，2个办事处，中和乡与云从乡同属寨前区；10月，全县各区改以按序号命名，隶属第二区。1955年6月区复名，隶属寨前区。1956年6月撤销区的建制，全县划为18个乡、1个镇，为寨前乡。

1958年9月，实行政社合一，与流源乡合并为红旗人民公社；11月，红旗人民公社与火炬人民公社合并为红专人民公社；桂东县与汝城县合并为汝桂县，红专人民公社改称寨前人民公社。1961年4月，划大公社为小公社，寨前人民公社分为寨前、流源、大塘、新坊4个人民公社；5月，汝桂分县，恢复桂东县建置，寨前从属。1964年11月，寨前人民公社与流源人民公社合并为寨前人民公社；1966年10月，寨前人民公社更名为在前人民公社；1980年11月，在前人民公社分为在前人民公社和流源人民公社；1982年4月在前公社复名为寨前人民公社。1984年3月改社建乡，为寨前乡。2012年5月撤乡建镇，设立寨前镇。

行政区划

1983年，寨前人民公社辖新坑、日新、牛江、白竹、英峰、中心、新桥、水湾、槐村、山田、高峰等11个生产大队，133个生产队。1984年改社建乡后，各生产大队消失，全乡组建新坑、日新、牛江、白竹、英峰、中心、新桥、水湾、槐村、山田、高峰等11个村民委员会。1993年，增设寨前墟居委会。2008年，寨前墟居委会改为红光社区居委会。至2014年，辖11个村、1个社区，即：新坑村、日新村、牛江村、白竹村、英峰村、中心村、新桥村、水湾村、槐村村、山田村、高峰村和红光社区。下设130个村民小组、4个居民小组。

自然环境

寨前镇境内均为山地，地势起伏较大。属较典型的亚热带季风气候，山区特点明显，1981—2014年年平均日照1581小时、年平均气温在15.7℃左右、年平均降水量1670毫米。无霜期年平均240天。降雨集中在每年4月至9月，6月最多。境内河道属沤江水系。沤江流经全镇五个村，汶江穿越槐村、水湾至红光社区与沤江汇合。主要自然灾害有旱涝、泥石流、冰雹、台风等。境内已探明的矿藏有钾长石、硅石、稀土，蓄量丰富。2013年，"十二五"森林资源规划设计调查，林地面积5530公顷，活立木总蓄积457623立方米，森林覆盖率71%，林木绿化率73.54%。

人口民族

新中国成立前，境内人口不详。1953年第一次全国人口普查，有总人口8274人，总户数2206户；随着人民生活的安定，人口增长加快，至1982年第三次全国人口普查时，总人口增至12692人，总户数2799户。1990年第四次全国人口普查，总人口14140人，总户数3406户。之后，政府加强计划生育工作，控制人口增长，境内人口自然增长放缓。2000年第五次全国人口普查，总人口14311人，总户数3275户。随着外出流动人口增多，计划生育管理难度增大，超生现象严重，人口不断增多。至2014年年末，全镇总户数5465户，总人口20789人，其中农村人口14510人。人口密度254人/平方公里。男性11416人，占54.91%。有乡村劳动力资源8505人。境内均为汉族。

经济发展

经济综述

寨前镇地处桂东"腹地"，地势相对平坦、宽阔，是全县粮食、经济作物的主产区。传统生产项目有水稻、油茶、甜玉米、蔬菜等。2000年后，招商引资项目较多，促进了经济社会发展。2014年，全镇实现地区生产总值12126万元，其中，第一产业3620万元，第二产业2758万元，第三产业5704万元。财政总收入1241万元。农民人均纯收入3452元。

农业

种植业 以水稻为主。1971年2月，县农业科学研究所落户寨前水湾，成为杂交水稻制种基地。20世纪80年代以前种植双季稻，以后改种单季稻。1990年后，调整农业产业结构，大力种植甜玉米、巴西菇、白蘑菇、烤烟、花椒、黄姜、反季节蔬菜、水果等经济作物。2005年县农科所在寨前乡槐村村试种的2.3亩"C两优87"超级稻，亩产903.15千克，创当年全省超级稻试种单产最高水平。2011年3月，特色种植业兴起，在槐村村建立铁皮石斛示范基地300亩。2014年，全镇农作物总播种面积30850亩，其中粮食播种面积19817亩，粮食总产量6761吨。通过农业产

寨前苗木基地

业专业公司的牵引，农户以土地、资金入股等方式，形成以新桥村、白竹村、牛江村为主的无公害蔬菜基地，主要种植甜玉米、辣椒、茄子等品种，种植面积达1000亩；以中心、槐村为主的水果基地，面积400亩。

养殖业 以家禽、家畜为主。20世纪90年代以后，规模养殖兴起。1995年，槐村成立了集产供销于一体的养殖联合体，大力发展生猪养殖，年出栏3000头。2000年以后，"猪—沼—果(菜)"生产模式得到推广。2008年，投资1200多万元兴建鑫达种猪场。2009年，新建沼气池76口。2011年，引进福来喜鹅业有限责任公司，在水湾村莲花塘兴办养鹅基地，年产成鹅1万羽。到2014年，全镇年出栏生猪达1万头以上，建成4个标准化、规模化养殖场。

林业

1953年，在寨前水湾建立国营苗圃，后搬至和平公社黄茅洞。1964年，创办大坳社办林场。1971年4月，境内飞播马尾松。辖区为全县油茶主产地，20世纪90年代，通过全面封山育林，松、杉逐步取代油茶为优势树种，油茶产量下降。日新、新坑村农民有传统培育花椒苗的习惯。90年代初，邻近增口乡的部分山地纳入勒里联营林场经营范围。1995年冬，县林业部门在白竹村新建丘岗山地开发示范点715亩。进入21世纪后，符合条件的地段实施退耕还林工程项目。2014年年底，国家生态公益林77183亩。

2007年，桂东县梦花园种业责任有限公司入驻寨前镇。2011年，引进了一家以培育开发林业资源为主的民营企业——桂东县绿缘林业开发有限公司，在白竹、水湾、中心、红光社区租赁土地，发展花卉苗木和生态休闲旅游。有育苗基地4000平方米，育有红叶石楠、红豆杉等苗木。2014年，梦花园种业责任有限公司苗木基地覆盖县农场、寨前槐村、水湾村、红光社区，经营面积1000余亩，有红叶石楠、金边大花六道木、红豆杉球、桂花等珍稀彩叶苗木生产，是华南最大的彩叶培植基地。有钢管塑料自动喷灌育苗大棚2000平方米，年育苗量可达100万株。基地核心区，现已发展成为生产、示范、旅游、休闲观光为一体的县植物园。

境内高速公路连接线和寨前至流源公路两侧形成了花卉苗木产业示范带。境内主要干道和汶江、沤江两岸全面完成植树绿化。

工业

寨前一直以来以农业为主，工业发展相对薄弱。进入20世纪以来，通过大力招商引资，工业有较大发展，形成了以化工、水力发电和来料加工为主的工业发展格局。2002年，鑫桂冶炼厂投资120万元在寨前兴建分厂。2006年，在中心村新建年产4000吨的华盛高氯酸钾厂。2008年，华盛化工厂投资800万元兴建第二条生产线；2009年，该厂二期工程完工。2010年，宏发木业加工公司、东峰针织厂和伟程针织厂落户寨前镇。2013年引进桂东县和泰混凝土搅拌厂，次年，投产运营。2014年，全镇工业生产总产值达3350万元，为1990年286.83万元的11.7倍。

商贸服务业

寨前市场，宋代设市，是县内设市最早的市场，也是县内较大的农村集贸市场之一。现墟日为农历三、六、九。

20世纪90年代，乡政府争取到外来资金将街道改造成水泥路面，经营摊点和农副产品销售都由狭窄的老墟街搬到正街，经营摊点和商店门面大量增加。建有白肉亭和饮食亭。1992年建成仔猪交易市场。2014年，引进湖南省雄森集团来投资建设红军长征首发纪念地综合项目，其中建设农贸市场4000平方米，购物超市1000平方米，特色边贸商业街12000平方米，广场旅游小商品商铺6000平方米，配套商业住宅8栋。该项目实施带动了服务业发展，新建30余家星级农家乐。

基础设施

交通运输

明、清时期，有步道曲潭路自寨前经流源至鄜县。民国时期，有步道桂汝线经寨前至汝城。1956年4月，县内桂东第一条公路——宜汝桂公路桂东路段（后命名为106国道）通车后，寨前有了北往桂东县城，南下桂东大塘、沙田及汝城县的公路。后经多次改造升级，改为柏油公路，成为县内的主要通道。1973年，寨四线（寨前—流源—四都）砂石公路竣工，全长31.6公里。

1974年，泮溪至牛江砂石路竣工，全长3公里。1995年，郴州市交通局投资50万元，改造泮溪至牛江、增口至勒里两段6.52公里为四级公路。1997年，高峰至英丰公路修通，至此，全乡11个行政村均通公路。2003年，完成寨前至流源砂改油工程。2007年，投入资金27万元完成了高峰村4.2公里的通达工程项目；实施了中心至新坑5.4公里、槐村至山田3公里通畅工程项目。随着通达和通畅工程的实施，兴起了修建村组公路的高潮。2009年，完成牛江、白竹、新桥、水湾、中心5个村通畅工程项目11.6公里。至2014年，各村组均通公路，解决群众“出行难”问题。

106国道贯穿寨前镇，群众出行、货物运输方便。2014年11月，开通桂东县城经寨前至沙田的公交车。

邮政通信

清末、民国时期，设有寨前邮政信柜办理邮政业务，由郴县邮局管辖；并有桂汝线、桂资线邮路经过寨前。1930年，开设有寨前至四都墟、寨前至溪源的电话线路。1935年，寨前邮政信柜划归资兴局管辖。1938年，寨前墟拥有一部5门电话总机。1941年5月，资兴局将寨前邮政信柜移交给桂东邮政局管辖；9月，寨前邮政信柜升为邮政代办所。同年设立中和乡（寨前）通讯所。

1950年8月，设立寨前邮电所。1958年，乡机关通有线电话。20世纪90年代后，部分先富起来的村民安装程控电话。2000年，寨前移动基站建成。村民开始使用移动电话。2003年，宽带互联网开通，联通基站建成。2006年，新建移动基站1座。到2014年年末，有固定电话用户8601户；移动电话用户6350户，实现了全镇范围内邮政、通信全覆盖。

供电饮水

供电　1959年，寨前公社坳下潭水电站、新桥电站建成投产。同年，境域初步实现低压供电，群众开始用电照明。至1990年，境内农户均用上了电灯照明。1999年，建成寨前35千伏、容量11500千伏安变电站。

2000年后，兴起小水电站建设高潮。2003年，引进资金3005万元，新建新桥、新屋、勒里尾水、玉石岭4座电站，总装机容量3000千瓦。随后建成红桥、牛江、金龙、日新、江盘等电站。2007年，对山田、高峰两村进行农网改造。至此，各村（社区）全面完成农网改造。2008年，投入资金300万元，完善8个村因冰灾损毁的电网改造；筹资60万元，完成新桥、槐村的农村电气化建设工作。

饮水　20世纪90年代前，群众肩挑井水饮用。1990年后，村民用塑料水管将山泉水接入家中，既方便安全又省劳力。2005年，实施水湾、槐村2个人畜饮水工程。2005年，寨前中学投资4万元进行自来水改造。2005年，乡自来水工厂建成投入使用。2009年，新桥村安全饮水项目完工，解决了上江下等6个村民小组1093人的饮水问题。水湾村投资9万元在塘湾和背城两组新修安全饮水工程竣工。2011年，实施乡中心校安全饮水工程，解决了1200名师生的饮水困难。到2014年底，境内有1个自来水厂、9座人畜安全饮水工程。水湾、中心、白竹、新桥、槐村村及红光社区接通自来水，其他村则接通山泉水。

水利建设

寨前境内溪流纵横，雨量充沛，无论是地表

水湾村新农村建设

水还是地下水，其资源都较为丰富。清代，就建有百曲陂、寨曲陂、半溪陂等陂堰，用于灌溉农田。1957 年，寨前在新桥新建山坪塘；1966 年，与流源一起兴建了山口渠道。1994 年，对新桥周公堂册塘进行除险加固。2005 年，实施沤江寨前段防洪大堤工程，建堤 200 米。2005—2006 年，投资 300 万元实施槐村、水湾村、居委会、中心村、新桥村 5 个村 334 公顷农业综合开发项目。2006 年完成 100 公顷国土整理项目。2007—2008 年，新桥村村部居民点沤江河岸新建防洪大堤。2010—2011 年，对水湾村和槐村进行国土整理。

村镇建设

驻地 镇政府驻红光社区寨前墟。宋代，县治设寨前后，围绕县治和墟市建有简陋的泥木结构房子。20 世纪 50 年代，乡驻地开始新建泥木结构的办公楼和生活用房。2000 年，新建政府办公室大楼，建筑面积 2650 平方米。2005 年，对寨前旧城区进行改造。2008 年，新建乡卫生院综合楼。2011 年，投入 30 多万元对乡政府机关的坪院进行全面硬化和绿化。2014 年，完成镇区（红光社区居委会）市政工程规划设计编制工作。同时完成对辖区内建筑物立面改造 28000 平方米。对老镇区主干道进行改扩建，建成镇区小游园。铺设人行道长 2350 米，安装路灯 145 盏，修建 800 平方米的临时停车场，人居环境进一步改善。

村庄建设 清代、民国时期，村民聚族而居，居住较为分散，房屋多为干打垒泥木结构。新中国建立后，居住条件得到改善。20 世纪 70 年代，村民扩建或新建房屋。80 年代后，村民开始新建砖木结构房子。90 年代，砖混结构的房子增多。2000 年，新建寨前墟（今红光社区）居委会办公楼；2001 年，新建槐村、新坑村村部；从 2003 年开始，在白竹村开展小康示范点建设工作。2005 年，新建新桥、中心村 2 栋各占地 380 平方米的村部大楼。2007—2008 年，对 106 国道沿线民房外墙进行粉刷。从 2013 年起，加强农村环境卫生综合整治，集中清垃圾、清渣土、清杂物，拆除废旧、违章建筑等，改善村民居住环境。2013—2014 年，加大新农村示范村庄建设。整合各类资金 2000 多万元，实施了水湾新农村一期建设工程，新建房屋 68 栋 1.6 万平方米，改造房屋 90 栋 2.6 万平方米，高标准硬化环村道路 6.8 公里，新建村文化活动中心和休闲广场，安装了自来水和风光互补太阳能路灯，实现了“三网”户户通，做到“五统一”：统一规划设计、统一建筑风格、统一杂房联建、统一设施配套、统一产业发展。同时对水湾、白竹、红光、中心、新桥等村在国、省道沿线的 579 户农户房屋进行亮化。至 2014 年，境内各村部均新建，并建设了红光社区梨湾组规范建房示范点。

社会事业

教育科技

教育 明、清时期，设有私塾供小孩读书。民国时期，推行新学，境内私塾与小学并存，富裕人家孩子送往外地求学。新中国成立后，村民小孩均能上学读书。1958 年，寨前小学附设初中班。20 世纪 60 年代末，创办完全中学，即桂东三中；1980 年，停办高中，随即改为寨前中学。1983 年，县农民技术学校落户水湾。1990 年，有 1 所中学，学生 401 人；11 所小学，学生 1345 人。1993 年 11 月，台胞陈祥乾捐资 1 万美元为家乡寨前乡高峰村新建 1 所小学。从 2000 年起，调整学校布局，高峰小学、日新小学、山田小学、英峰小学等相继撤并。2001 年，新坑苗圃希望小学教学楼建成。

至此，境内的1所中学和7所小学的校舍全部新建。2007年8月7日，武警湖南省总队捐资50万元兴建寨前乡中心小学教学楼。2005年，全乡8所学校全部建成花园式校所，其中6所成为市级校园文化建设样板校。2006年，中心小学投入20余万元建宿舍楼。2011年，全面消除了农村小学D级危房。2014年年末，寨前镇有幼儿园5所，在园幼儿166人，专职幼师9人。小学7所，在校生1339人，专任教师98人。初中1所，在校学生485人，专任教师37人。全镇小学适龄儿童、初中适龄少年入学率100%，小学、初中在校生年巩固率都为100%。

科技 1957年，泮溪农业社最早购进人力打稻机，提高生产效率。1972年2月，在寨前水湾设立县农科所后，以水稻杂交优势利用为科研重点。1974年，成功将杂交水稻推广到大田生产，使桂东成为全国3个杂交水稻栽培试点县之一。1988年，寨前乡农技服务站干部郭亚民、孙永平等进行玉米—杂交稻高产攻关，栽培1.4亩，两季亩产达到1303千克，当年获湖南省丰收办小面积高产竞赛奖。1997年，县科技局在白竹村兴办科技示范基地，引进优良的大烟叶品种，推广科学种植烤烟技术和热风循环烤房烤制技术。2002年，县老科技工作者邱福良在白竹村采用恒温催芽技术，为600多户农户进行稻种催芽服务，发芽率在95%以上，既节约了用种量，又提早了插秧期。

文化体育

新中国成立前，村民的文体活动主要有舞狮、耍龙灯等。新中国成立后，组织文艺演出，举办歌咏、拔河、篮球等比赛。1985年，在寨前乡黄石界安装首座乡级3瓦功率电视差转台，接收县差转台信号，收看中央台和湖南台电视节目，丰富了群众的文化生活。2002年5月，寨前乡宣传文化站被中央文明办纳入“百县千乡宣传文化工程”。1995年，乡有线电视站建成。2006年，实施广播电视村村通。2014年年末，全镇有文化站1个，建筑面积220平方米；农家书屋12个，每个建筑面积约110平方米，藏书6.8万册。寨前红军纪念广场、植物园、白竹村等处建有体育设施，供游客和村民开展健身体育活动。

医疗卫生

民国30年（1941）6月，境内设立乡级卫生所，设主任1人，助理员2人，并开始推广西医，但仍以中草药为主。寨前墟的德福昌药店因药品质量高、医疗技术好而享誉全县；水湾村的李自信是远近闻名的中医。新中国成立后，随着乡卫生院和村卫生室的建设，医疗卫生条件有所改善。1953年，在寨前成立二区卫生所。20世纪1956年，二区卫生所改为寨前乡卫生所。60年代末，实行医疗合作制度，村民的医疗得到保障。1999年，新建乡中心卫生院门诊楼。2006年，购置医疗设备，进一步完善乡卫生院建设。2014年年末，拥有中心卫生院1个，病床25张；村级诊所10个。专业卫生人员18人，其中执业医师6人，注册护士3人。新型农村合作医疗参保率96.2%。

社会保障

清代和民国时期，生老病死无任何社会保障。新中国成立后，对鳏寡孤独者实行“五保”。1988年，试行“五保”户承包责任制，由村民把“五保”户的生养死葬包下来，“五保”老人死后，其房屋财产和自留山由承包户继承，责任田由承包户延期承包3～5年。1991年，对“五保户”实行分散承包供养责任制，由村民或旁系亲属帮助种好双份责任田并照顾好起居生活。进入21世纪，社会保障事业得到全面加强。2005年，建成寨前乡敬老院，对“五保”户实行集中供养。2014年，城镇最低生活保障户数165户，人数312人，支出66.9万元。农村最低生活保障户数454户，人数1048人，支出85.64万元。农村“五保户”集中供养40人，支出15.6万元；农村“五保”分散供养75人，支出16.5万元。为80周岁以上老年人办理了高龄补助，享受高龄补助老人243人。参加新型农村社会养老保险人数为7602人，参保率85.2%。全镇共完成农村危房改造96户。

特色地情

风景名胜

红六军团誓师西征旧址 位于寨前镇镇区。1934年8月12日红六军团在寨前圩河滩上召开连以上干部大会誓师西征并宣布成立红六军团，任弼时任中央代表，萧克任军团长，王震任政治委员，寨前的西征誓师大会，拉开了红军伟大长征的序幕，是红军长征首发地的标志。2011年，被公布为省级文物保护单位。2014年，对旧址周围进行规划建设，占地76亩，以红六军团长征路线地图为中心，以“纪念雕塑和浮雕墙”为主轴线，建设广场、主题雕塑、纪念塔、风雨桥、沤江桥、地下停车场、农贸市场等，广场架空层面积16957平方米，其中地面广场11400平方米，地下农贸市场4817平方米、停车场4637平方米共123个停车位。2015年7月建成对外开放。

扶氏宗祠 位于寨前镇新桥村，历史悠久。为硬山式砖木结构，一进三厅。占地面积1056平方米，建筑面积856平方米。2011年，被公布为

扶氏宗祠

植物园全景

省级文物保护单位。据《扶氏族谱》记载：北宋宣和元年（1119），扶氏林芝、丰芝入桂东创业。南宋咸淳五年（1269）扶氏定居龙塘里（今新桥村），始建宗祠。清朝乾隆四年（1739）扩建，历经3年竣工。20世纪60年代，破旧立新，祠堂内古迹被作封建迷信损毁。2002年按原貌重新修复。2002年7月，中央电视台与深圳电视台在这拍摄电视剧《朝霞满青山》部分场景。2005年1月，中央电视台在此拍摄过《小城印象》。

桂东植物园 位于寨前镇水湾村，处于桂东县百里花卉苗木走廊中心地带。其紧临国道，汶江傍依，山水交相辉映，生态风景迷人。2013年1月开工建设；2014年完工，总投资1.8亿元。该园规划总面积1000亩，核心园区100亩，园内采集乡土珍稀名贵树种48科159种30万株，其中国家重点保护野生植物17种，含一级4种、二级13种；省级保护植物21种。是一个集植物博览、珍稀良种植物资源采集繁育、旅游观光、科普教育、文艺创作和群众文化活动于一体的生态旅游休闲胜地。园区内还打造了玫瑰花园、盆景园、儿童游乐园、水湾农庄、网球场和汶江风光带等一批标志性景观工程。2014年，创建成为国家AAA级景区。

（宋福海　供稿）

流源乡 >>

流源乡流源村是中共中央书记处原书记、中央顾问委员会委员邓力群的故乡。

区域概况

位置面积

流源乡地处桂东县西南部，因三溪在流源村交汇，流经槐村等地至寨前墟注入沤江，取“流水之源”而得名。该乡位于北纬25° 59′ 03″至26° 04′ 33″，东经113° 48′ 30″至113° 53′ 47″之间。东与增口乡、寨前镇交界，东南与大塘镇接壤，南邻贝溪乡，西接四都镇，北靠沤江镇。境内四面环山，中为圆形盆地，海拔780 ~ 1879米。乡政府驻地距县城19公里。流源乡辖区东西直线距离8公里，南北直线距离6公里。2014年年末，总面积51.21平方公里。年末有耕地面积271.07公顷，其中水田242公顷。

建置沿革

康熙三十年（1691）属宜一都。民国初期全县设5都18乡，为尚德乡，隶属一都；民国18年（1929）改都为区，全县划为5区20个乡，隶属第二区；民国28年（1939），废区设乡，全县划为16个乡，仍为尚德乡；民国29年（1940）全县并为8个乡，与永靖乡（今寨前）合并为中和乡。

1949年6月16日桂东解放，废除旧乡、保、甲制度。在行政区划上，暂沿旧制全县区域仍分8个乡，境域仍为中和乡所辖。

1950年3月，全县设区并乡，划为3个区，2个办事处，中和乡与云从乡同属寨前区；10月，全县各区改以按序号命名，隶属第二区。1955年6月区复名，隶属寨前区。1956年6月撤销区的建制，全县划为18个乡、1个镇，为流源乡。

1958年9月，实行政社合一，与寨前乡合并为红旗人民公社；11月，红旗人民公社与火炬人民公社合并为红专人民公社；桂东县与汝城县合并为汝桂县后，红专人民公社改称寨前人民公社。1961年4月，流源人民公社从寨前人民公社析出，5月，汝桂分县，恢复桂东县建置，流源属之。1964年11月，流源人民公社与寨前人民公社又合并为寨前人民公社。1966年10月，寨前人民公社更名为在前人民公社；1980年11月，在前公社分为在前人民公社和流源人民公社。1984年3月改社建乡，为流源乡。

行政区划

1983年流源人民公社辖流源、沙坑、芳村、桃坪、上坪5个生产大队，38个生产队。1958

年3月24日，郴州专署批准建立流源上坪国有林场。1959年，3个林场均下发给公社管理。1984年改社建乡后，各生产大队消失，全乡组建流源、沙坑、芳村、桃坪、上坪5个村民委员会。至2014年，辖流源、沙坑、芳村、桃坪、上坪5个行政村，下设40个村居民小组。

自然环境

流源乡地势西北高东南低，境内四面环山，北有鹰峰仙，西有青鹅仙等。最高点位于青鹅仙，海拔1520米；最低点位于流源村等下组，海拔785米。境内土地肥沃，大部分是含钙、钾、磷较高的红壤。有锡、钨、钼、砷等矿产资源。河道属湘江水系，其中最大的汶江，境内长20公里，年径流量2600万立方米。属亚热带季风性湿润气候。1981—2010年年平均气温15.4℃，1月平均气温6.1℃、7月平均气温24.1℃；生长期年平均156天，无霜期年平均242天，年平均日照时数1587小时；年平均降水量1783.5毫米，年平均降雨日数为186天。降雨集中在每年3月至9月，6月最多。主要自然灾害有旱涝、低温冰冻、连阴雨、冰雹、地质灾害等。

人口民族

新中国成立前，境内人口数量不详。1953年，第一次全国人口普查时，有826户3057人；1964年，第二次全国人口普查，有人口858户3296人；1982年第三次全国人口普查时，有人口911户4103人，比第一次全国人口普查时增加1046人。随着计划生育政策的落实，人口增长较为缓慢。至2000年第五次全国人口普查时，有人口1268户4497人，18年只增加394人；2010年第六次全国人口普查，有人口1284户4519人。2014年年末，总户数1378户，总人口4947人，其中农村人口4947人。人口密度80人/平方公里。有乡村劳动力资源2420人。有邓、陈、朱、何、李、黄等姓氏。总人口中，以汉族为主，少数民族有畲族、哈尼族、瑶族32人。

经济发展

经济综述

该乡以农业、林业为主。境内的桃坪、上坪、芳村均盛产楠竹。2014年，实现地区生产总值4774万元；第一产业1254万元，第二产业2123万元，第三产业1376万元。财政总收入238万元，公共财政支出243万元；各类存款余额5247万元。农民人均纯收入3174元。

农业

以水稻为主，经济作物主要有黄豆、红薯、玉米。随着杂交水稻良种的推广，粮食产量不断提高。1984年，农业总产134.16万元，粮食播种面积3167亩，粮食总产量1065吨。1996年，农业总产值399.1万元，粮食总产量1142吨。2000年后，推广种植甜玉米。2014年，种植无公害蔬菜300亩。全年农作物总播种面积9603亩，其中粮食播种面积6332亩，粮食总产量1938吨。

养殖业以养猪、养鸡、养鸭为主。2008年，猪、沼菜（果）立体生态发展模式初具雏形。2014年，生猪出栏3166头，羊出栏1240只，家禽出栏13410羽。上坪村是有名的养蜂专业村，并成立了“上坪村养蜂协会”，全村100户中有32户养蜂，共380余箱。

林业

该乡山林资源丰富，是全县楠竹主产区之一。1971年4月，高山地带飞播马尾松种子。1987年，县木材公司购买流源乡2586亩山地创办许家山林场。2013年，“十二五”森林资源规划设

桃坪楠竹基地

计调查，有林地面积4558.8公顷，活立木总蓄积16.92万立方米，森林覆盖率70.7%，林木绿化率71.27%。2014年，发展黄桃产业示范基地20公顷，新造油茶林34公顷，完成冬季造林40公顷，全年抚育楠竹134公顷。上坪、芳村、桃坪村的楠竹、流源村的花卉苗木已初具规模。境内主干道绿化12公里，矿山复绿50余亩。至年底，有国家生态公益林60066亩。

工业

明代，流源沙坑的锡矿就有零星开采，清初禁采。民国18年，（1929）江西矿工逃难至流源沙坑时，发现锡矿苗后进行开采。民国19年（1930），江西藤工在流源等地开办藤制器作坊，招徒传艺。自此，加工藤制品手艺流传至今，制做的藤椅坚固耐用。与此同时，造纸业在境内有所发展，利用桃坪、竹坑丰富的嫩竹和楮皮为原料，手工制作南扣纸（毛边纸）、皮棉纸等，成为当时县内南扣纸、皮棉纸主要生产地。民国20年（1931）《国民日报》载，“桂东年产土纸9000担，主要产地为桃坪、竹坑，销往广东”。民国21年（1932），民生公司等矿业公司成立，流源锡矿开采盛极一时，产品主要销往香港。

新中国成立后，县人民政府于1951年3月接管民生公司，成立桂东县流源锡矿。1991年起，流源锡矿因资源枯竭，开采难度增大，产量逐年减少。是年产锡含量22.58吨，到1995年只产2.5吨。流源锡矿决定转产三氧化二砷。2000年后，锡矿只有零星开采。2003年，建成流源化工厂，主要生产高氯酸钾，年产高氯酸钾2000吨。2007年，引进华银矿业进驻流源锡矿。2008年，引进针织厂1家，竹制品加工厂1家。2011年，引进流源村楠竹加工厂和砂坑村木材加工厂等企业。2012年起，对流源矿区历史遗留含砷废渣进行综合治理。至2014年，全乡有楠竹加工企业发展到4家，流源矿区复绿工程完工。

商贸

2000年以前，境内没有设市场，居民赶集往邻近的寨前墟。人民公社期间，境内有供销合作社门市部，经营日用商品。供销体制改革后，乡政府附近有几家个体小卖部。2002年，在流源村设流源市场，市场面积1000平方米。墟日为农历三、六、九。2014年，全乡有商业网点32个，从业68人。

旅游

境内有桂东县农民运动讲习所旧址、“邓力群同志故居”和石人仙等人文与自然景观。每年有不少人来观光旅游。

基础设施

交通运输

境内交通闭塞，陆路多为山间小道，陡窄难行。明清时期，辟有步道十八盘路、曲潭路经流源至四都、酃县等地。其中十八盘路从县城经增口侃大、流源至芳村段，俗称官路，全程约10公里，是境内商人运输大米、生猪、木材等商品的主要通道。

新中国成立后，境内交通事业迅速发展。1954年，由政府资助民工建勤，修通流源至寨前、四都简易公路12公里。1972—1974年，修建寨前经流源至四都31.6公里公路（县道X003线）。经多次提质改造，于2008年，该线改为柏油公路。20世纪70年代初始修村道，90年代后，开始修通组公路。1996年修通上坪公路，1998年修通芳村公路。至此，境内各村均通公路。2008年，5个行政村全部实现通水泥路。随着通畅工程和通达工程的实施，兴起了修村组公路的高潮。2008年，流源至芳村公路7.8公里通畅工程全面完工。2013年，修建上坪至竹坑、芳村至小芳村、干路下至山口公路共4公里。至2014年，境内有公路15条，总里程40公里。其中村道3条，里程15公里。

邮政通信

1945年抗日战争胜利后，桂东邮政局设流源邮政信柜，办理邮政业务。20世纪70年代后期，各大队开通有线电话，为摇把子电话机。1995年境内程控电话开通。2003年，流源移动基站建成开通，村民开始使用手机。2005年，移动手机信号覆盖全乡。2013年，建立流源邮政所，开设邮政、报刊发行等业务。至2014年，全乡有固定电话120户，移动电话1700户，互联网用户108户。

供电饮水

20世纪60年代前，村民依靠煤油等照明。1962年，流源锡矿购进一台24千瓦柴油发电机组发电。1980年，流源锡矿购进一台120马力柴油发电机组发电。1981年，流源境内第一条电网建成，村民结束了煤油灯照明的时代。20世纪90年代以后，水利资源得以开发利用，先后建成流源、山口、上坪等8座水电站，总装机5590千瓦。其中，汶江电业流源乡境内共建有7座小水电站，装机3500万千瓦。2003年，芳村、砂坑等村完成农网改造。2014年，全乡5个行政村完成农网改造。

20世纪80年代前，村民饮用水主要是小溪水或井水。90年代，村民把泉水用塑料管引至家中。2002年始，逐步实施农村人畜安全饮水工程。2007年，流源、芳村等安全饮水工程完工。2012年，桃坪、砂坑村安全饮水工程投入使用。2013年，总投资70余万元的砂坑村人畜安全饮水工程竣工，惠及七个村民小组，解决800多人饮水困难。至2014年，全乡先后建成蓄水池40座，安全饮水工程基本实现全覆盖。

水利建设

境内三条小河分别在联珠桥、流源桥汇合，

形成汶江，贯穿全境，境内流域12公里。因山高坡陡，村民拦溪筑堰以灌溉田地。清代，建有横江山口堰、双坑堰等。新中国成立后，大修水利设施，农田灌溉得到保障。1966年，与寨前一起兴建山口渠道，长23公里，可灌溉农田3000亩。2001年，建成山口电站水库，库容62万立方米。2000年后,开始治理河道。2011年,完成流源村1.8公里河堤建设工程；启动流源村国土整理项目。2012年，完成流源、砂坑村农业水利渠道整治工程和流源村河堤建设工程。2014年，推进汶江生态河堤建设，新修河提2公里，对汶江3公里水系进行绿化，在汶江河道因地制宜建设梯级蓄水坝7座。同时,依法取缔关闭3处非法采砂洗砂点,确保汶江水质清澈。

村镇建设

清代、民国时期，境内村民房屋多为干打垒茅草屋，少数富裕人家建有青砖瓦木结构房子。上世纪50年代重设流源乡后，乡政府驻地流源村开始兴建办公用房和生活用房。随后，供销合作社商店、学校、卫生院等公共设施相继新建。70年代后，村民对房屋进行改造或新建，用瓦片取代稻草，但房子仍为泥木结构。90年代后，随着生活水平的提高，群众开始兴建砖混结构房子。2002年，投资80余万元新建成乡政府办公大楼，建筑面积1800平方米。2007年，全县第一个村民文化活动中心——流源村村民活动中心完工投入使用。该活动中心总投资20万元，占地1.8亩，设有图书阅览室、老年活动室、乒乓球室、儿童娱乐场所、小卖部，并配套建设绿化带、篮球场。2008年,对流源村山口组房子实行集中联建改造,村民的居住条件大为改观，成为全县新农村建设示范点。2009年，新建流源村村部活动场所400平方米。2011年，新建乡文化活动中心和乡邮政所，桃坪村村部办公楼建成投入使用。2013年，开展村容村貌整治工作，在交通干道区域及村民居住集中地安装太阳能路灯120余盏，流源村在全县率先实现组组装路灯。2014年，全乡5个村的村庄规划编制完成。当年投资100余万元的乡卫生院综合大楼竣工，完成流源村老茵组新农村建设二期工程建设，对流源村山口组及X003沿线建筑物进行了立面改造，村民居住环境进一步改善。

社会事业

教育科技

教育 民国时期，境内设有私塾和尚德小学堂供村民小孩读书。富裕人家子弟小学毕业后送往衡阳、长沙等地求学。民国16年（1927），在尚德乡开办农民运动讲习所，培训农运骨干。新中国成立后，重视教育事业，村村办小学。1992年12月3日，中共中央书记处原书记、原中央顾问委员会委员邓力群与其兄弟邓建黄捐资5万元为家乡流源乡设立教师奖励基金，并多次捐赠图书给流源小学。20世纪90年代末,新建上坪、砂坑、芳村三所小学教学楼。2001——2002年，先后将上坪、桃坪两所小学撤并至流源中心小学。至2002年上学期，全乡有中学1所，小学3所，教职工52人，在校学生753人。2002年，原国家教委中小学计算机中心主任邓立言将35台电脑捐赠给流源中学。2003年，调整学校布局，流源中学、流源中心小学合并组建流源九年一贯制学校。2009年，投入资金30万元，建设流源小学教学楼。2014年，流源中心小学教学综合楼建成。当年，全乡有小学1所，在校学生262人，专职教师19人。有幼儿园1所，在园幼儿90人，专职教师4人。小学适龄儿童入学率、小升初升学率、九年义务教育覆盖率均为100%。

科技 清代，流源应用造纸技术，生产的皮纸、南扣纸走俏港澳。20世纪70年代后期，推广杂交水稻种植技术。进入21世纪后，该乡坚持科技兴农，结合本乡实际，每年举办楠竹生产、水果种植，养蜂、养猪技术培训班。

文化体育

新中国成立前，村民的文体活动主要有舞龙等。桂东新中国成立后，设有文化站和电影队。逢年过节，开展舞龙、演戏等文艺活动。1984年，地、县两级将流源乡定为群众体育联系点，以点带面，促进农民体育运动的开展。2014年，有文化站1处；村级文化活动中心1处；农家书屋5处，藏书4.5万册。有线电视用户85户，卫星接收用户有758户；学校体育场1个，面积450平方米。山口广场有户外健身器材6套，流源村村级活动中心有户外健身器材3套，群众文体活动不断丰富。

流源村村民文体活动中心

医疗卫生

新中国成立前，村民看病用药十分困难，主要依靠中草药治病。桂东新中国成立后，医疗条件逐步改善。1953年，各村配备医疗、防疫和妇幼保健人员。1970年，各大队建立合作医疗站。1981年6月，增设流源公社卫生院。至2014年，全乡有医院1所，乡村卫生室5个，床位4张；专业卫生人员6人，其中执业医师3人，执业助理医师1人，注册护士1人。全乡新型农村合作医疗参合率达98%以上。当年，医疗机构完成诊疗5000人次。

社会保障

清代和民国时期，生老病死无任何社会保障。新中国成立后，对境内"五保"户实行政府供养。1988年，试行"五保"户承包责任制，由村民把"五保"户的生养死葬包下来，"五保"老人死后，其房屋财产和自留山由承包户继承，责任田由承包户延期承包3～5年。1991年，对"五保户"实行分散承包供养责任制，由村民或旁系亲属帮助种好双份责任田并照顾好起居生活。2008年，流源村老茵组22户群众实施安居工程，改善他们的居住条件。2009年，对群众危房进行改造，政府每户补贴6000～10000元。当年实施农村危房改造42户；2011年，危房改造85户。2013年，乡公租房项目顺利实施。当年，乡敬老院竣工投入使用。该院占地10亩，建筑面积1000平方米，床位52张；2014年，该院集中供养农村“五保”人员23人。至2014年，全乡农村最低生活保障户数254户，人数540人，支出70.08万元；国家抚恤、补助各类优抚对象32人；社会救济总人数470人次，支出28.5万元；新型农村社会养老保险参保率达95%。

特色地情

重大事件

邓力群回故乡 1988年春，73岁高龄的邓力群在新中国成立39年之后，第一次回到了阔别58年的故乡——桂东县。4月24日，邓力群一行抵达桂东县。4月25日上午，邓力群一行驱车来到流源乡旧居，与乡亲们亲切握手、交谈。下午，到母校流源中心学校，看望师生，并赠送图书。随后，赶往勒里电站等现场进行实地调研。参观了工农红军在桂东革命纪念馆，到桂东一中，看望学校的老师和学生。4月26日下午，邓力群同志参加了桂东县召开的团级领导干部会议。在会上，他语重心长地说，在当前改革开放的形势下，既要搞活经济，又要保持共产党人的廉洁奉公。每一个有觉悟的共产党员都要维护党在群众中的崇高形象，要全心全意为人民服务，要像战争年代一样，保持艰苦奋斗、勤俭办一切事业的优良传统。不要以权谋私，不要向人民打一丝一毫、一分一厘的主意。4月27日早上，邓力群乘车离开了家乡。

风景名胜

邓力群同志故居 位于流源乡流源村山口组，系中共中央书记处原书记、原中宣部部长邓力群

邓力群故居

的出生地。该故居始建于清乾隆二十七年（1762），为砖木结构，青砖瓦屋，是一栋有300多年历史的典型江南古民居。故居占地约5亩，房前有鱼塘，呈半圆形。故居共有大小房间20余间，分正厅、书房、卧房、厨房等。正厅古典雅致，后厅供奉祖神像，东西厢房相对。左右书房幸存有二座中国罕见、具有江南特色的室内牌坊，牌坊为青砖结构，是邓力群的祖父邓翰材和叔公邓林材考取进士后，由皇帝直接封赐建造而成，属功德牌坊。右边牌坊上书“树德”二字，“树德”即实行德政之意；左边牌坊上书“云庭”二字。2010年，在旧居前兴建广场。2015年，在故居内布展了邓力群生平业绩，供人们参观。故居依山傍水，绿树环荫，环境优雅。

桂东农民运动讲习所旧址 位于流源乡流源村山口组。该旧址始建于1912—1913年，平面长方，高8.43米，建筑占地154.58平方米，二层砖木结构，硬山顶，小青瓦面。

1927年3月，在中共桂东县支部领导下，为培养农运骨干，县农协在尚德乡（今流源乡）学校开办桂东农民运动讲习所，由邓兆雄任所长，邓定昌等为教员，吸收年满16～20岁、具有高小文化的青年入学，每期学习二个月。第一期有学员40人。学习内容主要有《马克思主义浅说》《中山丛书》等。学员结业后，分配到各农协组织，宣传群众、组织群众开展革命活动。这些学员在轰轰烈烈的农民运动中均起到了骨干、带头作用。讲习所自3月至5月历时41天。1990年，桂东县人民政府公布为桂东县县级文物保护单位，并划定保护范围；2011年，被公布为省级文物保护单位。

石人仙 又名石人寨，位于流源乡沙坑村。相传：明英宗正统九年（1444），叶宗留发动闽、浙山区流民起义。失败后，猛将石三子被官兵追杀于寨，其头颅沿山滚下，惊起一天鹅、一老鹰哀鸣着各自飞向南北两个山头。顿时风雨交加、电闪雷鸣，似见一群石三子，手执长矛，冲向山寨，官兵头颅纷纷落地。风雨过后，山寨上便立起几个大石人。石三子的头颅滚落山下田中，化成巨石。农民耕田时，每当耕牛靠近巨石，总要发出低声的哀叫，因此，又将田中的巨石叫作“哀牛石”。清初，有两个道人用此巨石雕成两个菩萨，取名为“天鹅仙”“鹰峰仙”。分别放入神鸟（天鹅、老鹰）飞去的两个山头庙中。1988年4月，原中共中央书记处书记邓力群回到故里时，站在流源桥上，久久凝视石人仙，低声沉吟：“梦牵五十载，弹指一瞬间；近尝故乡水，遥望石人仙。”

石人寨

（朱锋文 供稿）

大塘镇 >>

大塘镇所产花豆久负盛名，是著名的“花豆之乡”。

区域概况

位置面积

因境内四周是山，中心地带像一个大池塘，故名大塘。该镇位于县南，距县城24公里。境内群峰耸立，中为盆地。地理坐标北纬25°53′16″至25°59′20″，东经113°49′40″至113°54′41″。东与新坊乡交界，西与贝溪乡接壤，南接普乐镇，北邻寨前镇、流源乡。2014年年末，土地总面积62.13平方公里。耕地面积912.3公顷，其中水田846.67公顷。

建置沿革

康熙三十年（1691）属宜一都。民国初期全县设5都18乡，为一都安定乡；民国18年(1929)改都为区，全县划为5区20个乡，安定乡隶属第二区；民国28年（1939），废区设乡，全县划为16个乡，仍为安定乡；民国29年（1940）全县并为8个乡，与云从乡（今新坊）合并为云从乡。

1949年6月16日桂东解放，废除旧乡、保、甲制度。在行政区划上，沿旧制全县区域仍分8个乡，境域仍为云从乡所辖。

1950年3月，全县设区并乡，划为3个区，2个办事处，云从乡与中和乡同属寨前区；10月，全县各区改以按序号命名，隶属第二区。1955年6月区复名，隶属寨前区。1956年6月撤销区的建制，全县划为18个乡、1个镇，为大塘乡。

1958年9月，实行政社合一，与新坊乡合并为火炬人民公社；11月，火炬人民公社与红旗人民公社合并为红专人民公社；桂东县与汝城县合并为汝桂县，红专人民公社改称寨前人民公社。1961年4月，寨前人民公社分为寨前、流源、大塘、新坊等4个人民公社，5月，汝桂分县，恢复桂东县建置，大塘属之。1984年3月改社建乡，大塘人民公社改建为大塘乡。

2012年5月撤乡建镇，设立大塘镇。

行政区划

1983年大塘人民公社辖春峰、盆洞、洞口、大塘、东坡、船塘、蕉源、蛟州、全溪9个生产大队，142个生产队。1984年改社建乡后，各生产大队消失，全乡组建春峰、盆洞、洞口、大塘、东坡、船塘、蕉源、蛟州、全溪9个村民委员会。1993年，增设大塘墟居委会。2009年，大塘墟居委会改为水口山社区居委会。至2014年辖9个村、1个社区，即：春峰、盆洞、洞口、大塘、东坡、船塘、蕉源、蛟州、全溪村民委员会，水口山社区居民委员会，下设130个村民小组、12个居民小组。

自然环境

大塘镇域属亚热带季风气候，四季分明，春秋气候温暖，夏季稍为炎热。1981—2010年平均气温15.4℃，1月平均气温6.1℃，7月最高，平均为24.1℃。无霜期年平均245天。年平均日照时数1372.4小时，年平均降水量1865.5毫米。降雨集中在每年3月至9月，5月最多。

境内海拔在740～1879米，地形以山地为主，中部较低，地势平坦开阔。四周高山环抱，东有香炉仙，南有杨岭仙，西有石榴仙、高峰仙，北有青鹅仙，青鹅仙海拔1878.9米，为境内最高峰。境内溪流众多，水资源丰富；沤江流经春峰村、大塘村、全溪村、蛟洲村4个村，约6公里。矿产有钨、钼、锡、硅石、稀土等，其中钼矿储量丰富。非金属矿有水泥用灰岩、石膏矿、片石和河砂等，河砂分布于境内沤江河段。全境土壤以板页岩红壤、砂岩红壤为主。2013年，"十二五"森林资源规划设计调查，林地面积4381.9公顷，活立木总蓄积30.6万立方米，森林覆盖率68.65%，林木绿化率70.33%。有麂、肥螈、猫头鹰、平胸龟、华南兔、虎纹蛙等珍稀野生动物。

人口民族

1949年6月桂东新中国成立前，境内人口不详。1953年第一次全国人口普查，全乡有人口2002户8412人；随着人民生活的稳定，人口逐步增长。1964年第二次全国人口普查时，有人口2210户8965人；到1982年第三次全国人口普查时，全乡人口达2824户12653人；随着计划生育政策的落实与执行，境内人口增长放缓。2000年第五次全国人口普查，全乡有人口3750户14243人；18年只增长1590人。至2014年年末，全镇有人口5306户20087人。均为汉族。其中农村人口12701人。人口密度240人/平方公里。男性10325人，占51.53%。乡村劳动力资源11133人。

经济发展

经济综述

20世纪70年代前为传统农业为主，主产稻谷、茶油、花豆、茶叶。1978年改革开放后，农村推行联产承包责任制，受市场经济带动，花豆、蔬菜、茶叶、运输、金融保险、商贸、饮食等产业全面兴起。2009年，桂东县省级工业集中区落户大塘，为镇域经济社会发展注入新动力。2014年，完成地区生产总值11999万元，其中，第一产业3787万元，第二产业1861万元，第三产业6308万元。财政收入697万元，农民人均纯收入3217元，较2005年人均纯收入翻一番多。

农业

种植业 境内传统种植业以水稻、红薯、蔬菜、花豆、油茶为主。20世纪80年代以前种植双季稻，以后种植单季稻。20世纪90年代以后，特色种植兴起。1992年，在东坡村试种白肋烟获得成功。1999年，东坡村花豆生产基地面积扩大到600亩，并与郴州市一家个体工商企业联合开发，实行"公司+基地+农户"的订单农业，年产花豆90吨，产值达72万元。自2000年始，从福建引进巴西菇种植，在洞口村推广种植。2005年，建设全溪千亩农场示范建设工程、东坡生态农业示范工程。

至2014年，成功打造东坡花豆、春峰茶场、全溪果蔬产业基地。龙在田农业开发公司落户蕉源。全镇花豆种植154公顷，其中东坡花豆基地连片种植38.6公顷，引导260多户农户加入东坡

东坡花豆

省级花豆专业合作社。建成无公害茶园40公顷，生产黑茶50余吨。全溪种植西瓜8.7公顷，发展蔬菜10公顷。蛟洲香芋产销两旺。是年，农作物总播种面积24354亩，其中粮食播种面积14637.1亩，粮食总产量5275吨。

养殖业 清代、民国时期，境内养殖业以养殖牛、犬、猪、鸡、鹅、鸭等为主。1952年，政府提倡多养耕牛牲畜，家家喂猪积肥。1972年，月洞水库开创境内水库养鱼先例。20世纪80年代推行家庭联产承包责任制后，蛟洲、春峰等村相继兴修山塘养鱼。1982年，年末生猪存栏6500头，出栏3644头。1987年，洞口村方耀南、东坡村方绪光各用2亩稻田改塘，年上市鲜鱼1吨以上。1990年年末，耕牛存栏994头，生猪出栏10250头，存栏7883头，家禽出笼28100羽。1992—1994年，随着农业机械化的发展，农户对牛的饲养相对减少。1997年建立村级养猪场。2000年年末，耕牛存栏940头，生猪出栏11397头，存栏8057头。2014年年末耕牛存栏2081头，生猪出栏10975头，存栏9102头，出笼家禽23380羽。

林业

境内林业素以种植油茶、松杉为主。1964年，创办白沙社办林场。1972年4月，境内高山荒山飞播马尾松，配少量赤松和华山松。“人民公社”期间，开展开山造田和土法炼钢，对森林资源有所破坏。20世纪80年代后期，开始实行封山育林，并成立乡护林中队进行巡山护林。同时，开展疏残林补植，森林覆盖率逐渐提高。

1998年7月，县林业部门在大塘乡全溪村上坝组发现一株罕见的银杏古树。此树高达30米，树干直径2米。随后，在春峰村、大塘村、蛟洲村、全溪村分别发现200年以上的银杏、中华楠木等古树名木

2001年以后，推进油茶低改和花卉苗木建设。至2014年，建成盆洞油茶生产基地，并成立盆洞油茶生产专业合作社，新增入社150多户，新种油茶65公顷。发展壮大苗木基地，建成蕉源等

8 个花卉苗木生产基地，总面积达 3000 亩。是年年底，全镇有国家生态公益林 29460 亩。

劳务输出

从 1966 年开始，出现少数亦工亦农进城找副业人员。农村实行家庭联产后，农村剩余劳动力大量转移，出现外出打工潮，主要到广东沿海发达地区务工，有效增加了农村家庭收入。2010 年后，随着县内经济的发展，部分外出务工人员回乡创业或者县内打工。2014 年，外出务工人员达 2000 余人。

工业

清代境内传统工业基于铁、木、竹、棕手工作坊式。春峰村等地不少村民擅长竹篾手艺，所编竹篓、簸箕非常精致。20 世纪 80 年代前，工业发展相对缓慢。1983 年，兴办缝纫厂、藤椅厂、粉丝加工厂、钨砂加工厂等社办企业。1991 年，乡粮站购进小型米机加工大米。1996 年，在大塘村新建硅铁冶炼厂。1998 年，引进福建老板投资在境内建成县内第一座机砖厂，机械生产砖坯，循环窑煅烧。进入 21 世纪后，加大招商引资力度，一些加工企业落户大塘。2003 年，引进大塘电杆厂、硅石冶炼厂、松脂加工厂、福星机砖厂等民营企业。2004 年，在黄子冲规划建设县工业园区。2005 年，投资 1000 万元完成占地 12 公顷的黄子冲工业园第一、二期工程建设，引进金鑫木业、泰丰木业、松脂加工厂、华龙矿业、联发电子厂等企业。2009 年，俊豪电子、优美科、八面山板业、福华硅业、大型水泥搅拌站等大型企业入驻园区。随后，园区加大力度建设标准厂房。2014 年，工业园区建设初具规模。园区建设为镇域经济注入新鲜活力。

商贸服务业

清同治五年（1866）设墟。民国时期，为颇具湘南特色的亭棚式集贸市场。1954 年后，在党政机关所在地设有肉类食品站、供销合作社、药店，供应生产、生活资料和收购农副产品。1956 年，实行公私合营，组建了饭店、理发合作社。同年，设立信用社。1976 年，供销社在饭店内兼设旅馆。从 1989 年起，国家逐步放开市场，个体商贸得到发展，商品零售业、饮食等行业得到快速发展。从 1991 年起，供销社实行个人整体租赁承包制。1996 年后，个体私营服务业跃居主导地位，夜宵、茶楼、美容美发、摄影照相等行业相继兴起。1997 年，为改变以路为市的状况，乡政府争取资金将老街道扩宽重建，建成新的商业街。2000 年以后，旅游业得到发展。先后打造东坡农耕文化新村、大塘古街、永城书院、青娥仙等旅游项目。2014 年，将原乡政府所在地开发兴建大塘商贸城，一楼为农贸市场，二楼为小商品市场。至 2014 年，全镇共有饭店 20 余家，旅店 18 家，发廊 8 家，建成农家乐 11 家，服务业生产总值 13364 万元，是 1984 年的 7.3 倍。

基础设施

交通运输

民国时期，有步道桂汝线经过大塘，南可至沙田，北可至县城。1949 年桂东新中国成立后，交通运输业不断发展。1956 年 4 月 20 日，路经大塘的宜汝桂公路全线正式通车，群众出行大为改善。后来，该路段经过多次改造升级为柏油路，成为国道 106 线一段，境内里程有 12 公里。20 世纪 60 年代后，开始修建乡村公路。1969 年，塘龙线（大塘墟至新坊龙溪）公路竣工，全长 17.85 公里。1972 年，大塘至盆洞村公路竣工，里程 6.5 公里。1974 年，修建春峰村村口中洞桥，该桥为一座单孔钢筋混凝土结构双曲拱桥，桥长

67.6米，宽8.5米，高18.8米。1991年，经过大塘乡的县道X004沙泥线修通。1993年，全溪村黄建煌发动群众集资2万余元，投工900多个，修建成一座长45米、宽5米的石拱桥。20世纪90年代，船塘村在省司法厅驻村工作队的扶持下，将6公里村级公路全部改为水泥路面。至1998年，全乡实现村村通公路。2005年，省道S352线砂改油。2014年，省道201线升级改造。至2014年，境内岳汝高速连接线长7公里，106国道总长8.5公里，201省道12.2公里，通村公路16条48公里均实现水泥硬化。

106国道贯穿大塘镇，群众出行、货物运输方便。1978年，全溪村农民邓仁钧兄弟3人购置汽车、中型和手扶拖拉机各1台，全家每年运输收入达10万元以上，获纯利3万元以上。2014年11月22日，开通桂东县城—寨前—大塘—沙田公交车。

邮政通信

民国30年（1941），有步班邮路桂汝线经过大塘。民国31年（1942），桂东邮政局设立大塘信柜，办理邮政业务。民国34年（1945）4月，开通县城至大塘墟的电话。1949年6月桂东新中国成立后，邮电事业不断发展。1956年，邮电所委托汽车客班车代运。1962年，设立邮电所。1991年，桂东电信开通桂东—大塘载波线路1条，农话线路2路。同年，设立邮政支局，设邮政代办点、农村信报站。1994年，将架空线路改成光缆线路，并投入使用。1997年，开通程控电话。先富起来的村民开始安装使用电话。1998年，开通使用C&CO8交换机，设立大塘电信1所。2002年6月，光缆线路全部改造完成，实现光缆线路传输。到2002年年底，大塘电信支局已有设备GD140HS-IC光电机，联通桂东分公司设立二级机构代办网点，桂东移动建成GSM基站。移动电话开始进入寻常百姓家庭。2005年，建成船塘移动基站。至2014年年末，镇内有邮政网点1个，乡村通邮率100%；有电信、移动电话服务网点3个，覆盖村100%，镇区实现4G网络全覆盖。

供电饮水

供电 20世纪60年代前，村民依靠煤油等照明。1971年，在船塘村修建龟形水库发电站。随后，白沙、大石洲等小水电站相继建成，村民开始使用电灯照明。1972年，在全溪盆形组修建金盆发电站。1990年，全乡共有电站12座，其中，乡办电站2座。1995年，建成大塘35千伏、容量5000千伏安变电站，村民用电质量得到保证。2001年5月，建成鹅掌盈电站，装机容量1890千瓦，机组2台。2002年，增设大塘乡供电所。2003年，船塘、东坡、春峰3个村完成农网改造，至此，各个行政村完成农网改造工程。2005年，投资200万元建成春峰电站。2011年，建成220千伏变电站。至2014年，全镇共有水电站7座，供电覆盖率已达100%。

饮水 境内民众饮水历来取自河水或井水。20世纪70年代，开展“两管五改”（管水、管粪；改良水井、改良厕所、改良畜厩、改良炉灶、改良环境）活动，新建、改建了一批水井。大塘公社基本实现饮用水标准化。后由于人口增加，生产、生活用水增加，原井水不够用，许多农户就地打井。1986年，引用白沙水库水源，新建水厂一期工程。1990年，实施以工代赈安全饮水工程项目。2005年，投资120万元，日供水1000吨自来水工程投入使用。2012年，引用白沙水库水源新建水厂二期工程动工。至2014年，解决了水口山社区、大塘村、东坡村等4000余名村民的安全饮水问题。

水利建设

清代，大塘全溪建有上堰、中堰、下堰，拦溪筑堰灌溉。民国时期，修大塘高圳，其自盆洞尾油槽下引水修圳7000米，灌田400亩；嗣后，修大塘矮圳，自里洞引水，渠长5000米，灌田500亩。

新中国成立后，于1957年开始修建牛形水库，1958年完工。1960年，推广机灌。1966年，全溪大队兴修里洞水库，坝高30米，蓄水340万立方米。1973年，兴建月洞水库、白沙水库。月洞水库坝高42米，库容230万立方米，为小Ⅰ型水库。1981年，月洞水库完成枢纽工程并逐步完成配套设施，至1988年，水库全面发挥效益。1991年，月洞水库配套工程列为“湘南农业开发”项目。当年，完成右干渠最后3公里的标准化建设，形成以月洞水库为龙头，串联白沙、杨梅坑、牛形三座水库的长藤结瓜式格局，使白沙等三座水库的复蓄指数显著提高。1992年，完成右干渠东坡支渠（即牛形水库干渠）从东坡渡槽至干田坳2.5公里三面混凝土防渗工程，使300多亩农田提高抗旱能力，为干田坳50余亩旱土改水田提供灌溉用水。2002年，修建进入水库的公路，使该库各项设施得以完善。1995年，在大塘乡蕉源村、全溪村主要渠道建成U形水槽。1996年8月7日，修复大塘白沙水库大坝左端因山体滑坡发生的管涌，确保大坝安全。同年，恢复使用因洪灾冲毁的蛟洲河坝。2002年至今，相继修整白沙、牛形、杨梅坑、鹅掌盈、月洞、龟形水库。2014年末，全镇拥有水库6座，山塘3处。

村镇建设

政府驻地 镇人民政府驻地大塘镇水口山社区墟里组。新中国成立后，利用接管旧乡公所的公房办公，至1954年，设立乡政府驻地，办公用房为土砖泥木结构。农业合作社化后，随着机构的扩大、人员的增多，对办公和生活用房进行维修和扩建。20世纪80年代新建乡政府办公楼。1991年，设置集镇建设管理站，负责驻地规划管理。2003—2004年，在水口山社区墟里组平整岗地新建政府办公大楼。2005年，乡政府整体搬迁至新办公大楼。2006年，对乡政府大院硬化、美化，随后又新建乡计生大楼和司法大楼。

2014年，启动镇区大塘古街、给水管网、排水管网、立面改造等工程，完善小广场、小游园建设，镇区面貌得以改善。至2014年年底，镇区共有2条街道，总长1600余米，镇区面积扩增到2.1平方公里。

村庄建设 清代、民国时期，境内村民房屋多为干打垒茅草屋，少数富裕人家建有青砖瓦木结构房子。1949年6月桂东新中国成立后，群众的居住条件不断改善。改革开放后，村民对自住房进行新建或者改建，多为瓦木结构房子；少数富裕人家建砖混结构房子。2000年后，各村（居）委会先后新建办公楼。村民新建房子均为砖混结构。2007—2008年，对106国道沿线民房外墙进行粉刷。2013年以来，推进农村环境卫生综合整治，集中清垃圾、清渣土、清杂物，拆除废旧不用的房子和违章建筑等。对国道沿线、集镇建筑物进行立面改造。东坡村、蕉源村成为新农村建设示范村庄。2014年，大力实施绿卫攻坚和碧水工程，完成村庄及道路绿化1.1万米，水系绿化带2800米，建设碧水工程河堤5处，居民的生活居住条件不断改善。

社会事业

教育科技

教育 民国初期，为私塾教学，后设有安定小学堂供人们上学。后国民政府倡导新式教育，乡内小学渐增，较有名的有大塘庵小学。1949年6月桂东新中国成立后，接管了境内学校，并不断改善办学条件。1967年，在大塘设立中学，为桂东第四中学。1972年，大塘公社投资3万元，建立国防教育活动中心。改革开放后，教学质量不断提高。至1990年，大塘乡共有9所学校，其中中学1所，学生410人，教职工32人；小学9所，学生1569人，教职工73人。1992年，实行教育改革，调整学校布局，第四中学由县办改为乡办，并更名为大塘中学。1994年8月，大塘乡扶小彬考取美国印第安纳州大学博士生院，为桂东第一个博士留学生。1997年，投资140余万元新建校舍3186平方米。2003年，乡中学综合大楼建成。2005年，添置学生课桌100套，筹集资金52万元新建中心小学实验综合大楼，全乡辖中小学8所。2007年，筹集资金44万元新建了中学部学生食堂、厨房、澡堂、厕所。至2014年，有大塘镇九年一贯制学校1所，村小6所，学生1244人，在职在岗教职工94人。学校校园面积86346平方米，校舍面积13126平方米。学校现有图书23937册，学校配备计算机86台。适龄儿童入学率达到100%，小学升入初中升学率100%；小学毕业合格率100%，初中毕业合格率96%。

科技 新中国成立后，政府注重科学技术普及工作。1956年推行油茶垦复。1958年人民公社化后，全面贯彻农业“八字宪法”，推广新技术、新式农具，新法养猪。20世纪70年代后期推广杂交水稻种植。1989年，县土肥站在大塘船塘村双凹组1.35亩稻田中实行稻、萍、鱼连作获得成功，亩产稻谷679.6千克，绿萍5000多千克，鲜鱼186.35千克，获湖南省农业丰收计划高产奖。1991年，大塘乡政府被列为“垄栽优化配套丰产技术”项目科研单位。1992年，推广应用从攸县农机局引进的2EPY电子特定控温稻种破胸催芽机。同年8月，使用人工降雨，缓解旱情。1997年，开展防治碘缺乏病和普及生命知识等宣传教育活动。2000年以后，推广巴西菇种植技术，并被国家科技部批准为国家级星火计划，列入全国科技扶贫重点项目。2002年以后，大力推广沼气建设，东坡村列为建池示范村，实施“猪—沼—果（菜）”生产模式。2006年11月下旬，大塘乡洞口村巴西菇种植大户扶平获全国“星火科技致富能人”光荣称号。2014年，科技活动周活动期间，发放花豆、油茶、香芋、肉鸡、花卉苗木等种养技术宣传资料2000余份，并聘请专家现场进行技术指导。

文化体育

文化 清代，境域盛行花鼓、舞狮、耍龙灯等文体活动。演出一般在春节或平时婚丧、祭祀中进行。1966年，有电影队到村定点巡回放映电影。1988年10月，县卫星电视地面差转站落址黄竹岭，政府驻地开始可以收看到电视节目。1997年，设乡广播站。随后，各村陆续开通有线电视，入户800余户。2000年后，各村（居委会）纷纷成立腰鼓队、板凳龙队等民间文艺团体，成员达200余人。每年春节期间，全溪、东坡等村板凳龙队到各自然村表演。2002年，广播站与文化站合并为文化广播电视站。2008年，居民组织广场舞活动。此后，以中老年妇女为主的广场舞在全镇流行。在东坡村建有一个农耕文化广场，展示传统的渔樵耕读农业生产文化。2014年年底，境内共有各类文艺表演团体8个，文化站1个，流动电影放映单位1个，图书室2个，农家书屋11个，免费读书吧1个，有12名民间艺人擅长笛子、二胡等乐器。是年末，有线电视用户3000户，其中数字电视用户2000户，电视综合覆盖率85.7%。

体育 清末、民国时期，青少年爱好放风筝、跳绳、踢毽子等活动。1954年，逐渐兴起球类活动。1958年，农民利用农闲时间进行武术、军事训练。

20世纪80年代，体育运动日渐活跃，球类、田径等活动受群众喜爱。1989年，成立乡老年体协。大塘镇学区自1991起，参加全县中小学田径运动会，获得过团体总分前三名好成绩。1995年10月16日，香港—北京汽车拉力赛第二次途经桂东，沙田镇水庄至大塘乡东坡为比赛路段。2000年，大塘中学建成一个250米环形跑道田径运动场。2010年后，镇组建篮球协会、晨跑协会等，积极参加县登山比赛、拔河比赛等，均取得较好成绩。至2014年年末，全镇有体育场地35处，健身器材实现全覆盖。

医疗卫生

清代、民国时期，境内医疗卫生水平低，群众治病以中草药为主，大塘墟的肖全美号中药店较为有名。1958年人民公社化后，创办大塘卫生所，各大队组建卫生室，配备保健员、卫生员、接生员，担负大队防治及新法接生工作。1970年，建立合作医疗站，实行社队联办合作医疗。20世纪70年代初期，大塘公社卫生院以中西医结合治疗病毒型肝炎34例，均获痊愈。1978年，各学校配备兼职校医或保健老师。1982年，农村实行家庭联产承包责任制后，合作医疗解体，赤脚医生转为个体行医。1992年，新建大塘卫生院门诊、住院大楼。2006年，投入40万元，新建600平方米乡卫生院大楼。2007年开始实施新农合制度。2014年末，境内有各类医疗卫生机构11个，其中镇属卫生院1所，9个标准化村级卫生室和1个社区卫生室，有专业卫生人员42人，有病床40张，全年诊疗病人3.6万人次。集镇共有药店4家。农村安全饮用水普及率15%，农村卫生厕所普及率12%。13870人参加新型农村合作医疗，参合率达93.72%。

社会保障

清代、民国时期，生老病死无任何社会保障。新中国成立后，对境内“五保”户实行政府供养。1988年，试行“五保”户承包责任制，由村民把“五保”户的生养死葬包下来，“五保”老人死后，其房屋财产和自留山由承包户继承，责任田由承包户延期承包3～5年。1991年，对“五保户”实行分散承包供养责任制，由村民或旁系亲属帮助种好双份责任田并照顾好起居生活。2010年后，加强社会保障事业，积极推广新型农村养老保险，完善最低生活保障和扶贫帮困等一系列社会保障制度。2014年年末，全镇最低生活保障户数589户，1074人，有敬老院1所，五保集中供养20人，分散供养113人；国家抚恤、补助各类优抚对象253人，支出9.3万元。是年，新建廉租房2栋76套，全年兑现涉农惠农补贴资金800余万元。消除省定减贫505人，市定减贫2722人。

特色地情

风景名胜

石花仙古堡遗址　位于大塘镇船塘村石花坳，距县城30公里，紧挨106国道。景区内始建于清朝咸丰庚申年古堡，又叫“石花仙书院”，古堡由一门进入，四周由10.12米高3.3米宽花岗岩城墙围绕。登上石筑高墙，万山众景，一览无余。古堡内原设有灵光宝殿。城堡内有一口山泉，长年流水不断，当地人们称之为“仙泉”。在离古堡360米处有一尊12米高的“送子观音”，又叫“观音坐莲”。1851年，太平军石达开占领桂东，在1852年3月，把石花仙古堡内的“永城书院”作为一个据点和烽火台与清军对抗。永城书院遗址，2012年公布为市级文物保护单位。

高峰仙　位于大塘乡洞口村与贝溪乡壕里村交界处。始建于清顺治元年（1644），后于

花 豆

1766年、1825年、1847年、1852年、1886年、1912年先后六次重修或扩建。现存建筑遗址面积约200平方米。该仙场一进三厅，后厅名为“高峰殿”，中厅名为“圣宇殿”。前厅正门上方碑刻“万古漂明”四个大字。有山门，山门前有宝塔尚存，并残存宝塔碑，为清咸丰二年壬子年（公元1852年）春所刻，碑文清晰可见。

大塘古街 位于大塘镇水口山社区，全长1.2公里，门面118间。是一条既有传统文化，又极具古色古香的风情商贸街。2013年以来，镇政府对古街进行维修，铺设了青石板、安装了牌坊，新建了风雨长廊等。2014年10月，原湖南省委书记熊清泉到此参观后欣然题字：大塘胜境。

名优特产

花豆 境内盛产花豆，以东坡为盛，建有东坡花豆种植基地。全乡每年种植面积在2000亩以上。花豆又名肾豆，表皮呈规则形状如肾脏，全身布满红色经络花纹，被当地人称为神豆，相传为朝廷贡品。迄今有2000多年的历史，富含维生素和矿物质，是高淀粉高蛋白质无脂肪的保健食品，具有健脾壮肾、增强食欲、抗风湿等作用，享有“豆中之王”的美称。

（伍清 供稿）

新坊乡 >>

新坊乡是著名的桂东天然野生黄菌主要产区从乡。

区域概况

位置面积

新坊乡地处桂东县东南部。该乡地处湘赣边界，是桂东通往江西上犹县的必经之地。位于北纬25° 53′ 0″ 至25° 59′ 12″，东经113° 53′ 49″ 至114° 1′ 31″ 之间。东与江西省上犹县五指峰乡接壤，南接普乐镇，西邻大塘镇，北连寨前镇。辖区东西最大距离19公里，南北最大距离14公里。2014年年末，土地总面积86.37平方公里。耕地面积645.33公顷。乡政府驻地新坊村青龙湾，距县城32公里。

建置沿革

因境内明末时一扶姓父子六人皆成才子，皇封“一门六才子，楚国无二家”，逐建坊以示表彰，故得名新坊。康熙三十年（1691）属宜一都。民国初期全县设5都18乡，为一都云从乡；民国18年（1929）改都为区，全县划为5区20个乡，云从乡隶属第二区；民国28年(1939),废区设乡，全县划为16个乡,仍为云从乡；民国29年(1940)全县并为8个乡，与安定乡（今大塘）合并为云从乡。

1949年6月16日桂东解放，废除旧乡、保、甲制度。在行政区划上，暂沿旧制全县区域仍分8个乡，境域仍为云从乡所辖。1950年3月，全县设区并乡，划为3个区，2个办事处，云从乡与中和乡同属寨前区；10月，全县各区改以按序号命名，隶属第二区。1955年6月区复名，隶属寨前区。1956年6月撤销区的建制，全县划为18个乡、1个镇，为新坊乡。1958年9月，实行政社合一，与大塘乡合并为火炬人民公社；11月，火炬人民公社与红旗人民公社合并为红专人民公社；桂东县与汝城县合并为汝桂县，红专人民公社改称寨前人民公社。1961年4月，寨前人民公社分为寨前、流源、大塘、新坊4个人民公社，5月，汝桂分县，恢复桂东县建置，新坊属之。1984年3月改社建乡，新坊人民公社改建为新坊乡。

行政区划

1961年12月设新坊人民公社，下辖6个生产大队和81个生产队，驻地在莲塘黄团郭家大屋，1982年驻地迁至新坊村龙湾组。1983年，新坊人民公社有新坊、溪源、龙溪、青洞、泥塘、立新6个生产大队，84个生产队。1984年改社建乡后，各生产大队消失，立新改名何家地村。至2014年，辖新坊、溪源、龙溪、青洞、泥塘、何家地6个村民委员会，85个村民小组。

自然环境

地处湘赣边罗霄山脉，地势北高南低。境内山高坡陡，地形复杂。最高峰冲天岭，位于新坊乡东部海拔1841米；最低点排脑，位于西面海拔680米。境内溪源、新坊水经全溪注入沤江，青洞、龙溪水在普乐油箩口汇入沤江。属亚热带季风性湿润气候，其特点是冬无严寒、夏无酷暑。多年平均气温15.4℃，1月平均气温 -1.5℃；7月平均气温28.9℃。无霜期年平均240天。年平均日照时数1581.3小时。年平均降水量1670毫米，相对湿度在85%～95%。降雨集中在每年5月至9月，6月最多。主要自然灾害有旱涝、连阴雨、冰冻等。洪涝灾害主要发生在4月至9月。1999年9月15—18日县内遭暴风雨袭击，新坊乡何家地村13户民房全被冲垮，其中一家3口全部遇难。境内已探明地下矿藏有钨、钼、钾长石、高岭土、稀土等，其中钨储量0.41万吨。林业以松、杉为主，兼有楠竹、油茶等经济林。2013年，"十二五"森林资源规划设计调查，林地面积7082.9公顷，活立木总蓄积356741立方米，森林覆盖率79.57%，林木绿化率81.34%。有麋鹿、麂子、野猪、松鼠等珍稀野生动物。

人口民族

新中国成立前，境内人口不详。1953年，第一次全国人口普查时，全乡有人口1316户4900人。随着人民生活的稳定和生活水平的提高，人口数量逐步增多。1964年第二次全国人口普查时，有人口1310户5265人；1982年，第三次全国人口普查时，全乡人口达1683户7611人。由于计划生育政策的实施和执行，人口数量增长放缓。至2000年第五次全国人口普查时，总人口2122户8505人。此后，因外出务工等，人员流动较大，人口增长较快。2010年，第六次全国人口普查时，全乡有人口2439户10048人，其中少数民族5人。至2014年末，总户数2838户，总人口10213人，均为汉族。人口密度118人/平方公里。男性5238人，占51.29%。乡村劳动力资源5734人。

经济发展

经济综述

全乡经济以农业、林业、矿产等传统产业为主。1978年改革开放后，全乡推行联产承包责任制，人们生产积极性提高，本地地缘优势得到发挥，林业、烤烟、蔬菜、钨矿、药材、运输等产业全面兴起。2010年后，境内小城镇建设、茶叶产业、旅游产业蓬勃发展。2014年，实现地区生产总值6900万元。其中，第一产业2590万元，第二产业1669万元，第三产业2598万元。完成财政收入172万元。农民人均纯收入3992元。

农业

种植业 境内传统农业以种植水稻、红薯、蔬菜为主。1953年12月，新坊乡以乌桂才为首的互助组在全县率先成立初级农业生产合作社。1971年至1974年，推广种植双季稻（中稻、晚稻），1976年后，改以种植中稻为主。1991年后，农业产业结构得到有效调整。龙溪、新坊、溪源三村土壤、气候适宜种植烤烟，是全县优质烤烟种植基地。1997年，全乡种植烤烟600亩，实现产值60余万元。此后每年烤烟产量维持在1000担以上。青洞、泥塘、何家地等村海拔较高，适宜种植草本药材，以种植升麻、西芎、黄姜为主，每年种植面积在1000亩以上。2007年，开始种植巴西菇，每年发展巴西菇大棚100个左右。同时推广“猪—沼—果（菜）”生产模式，新建沼气池100余口。2011年以后，以溪源村、新坊村为主每年连片种植油菜1000亩左右。2012年，在泥塘村、溪源村试种茶叶6.7公顷。此后，以“基地+农户+公司”的模式，发动群众种植茶叶。扶记茶叶有限公司落户泥塘村筠竹坝组。2013年，引进湖南龙在田农业发展有限公司，在龙溪村、溪源村推广种植“仙草”300余亩，平均亩产达450千克，年总产值达90余万元。2014年，在泥塘村实施土地开发整理项目，新增耕地11公顷。全乡农作物总播种面积达20362亩，其中粮食播种面积12532亩，粮食总产量4312吨；全乡茶叶总面积现已达3280亩。溪源村成功创建市级油菜产业示范基地。

养殖业 境内养殖业主要以养殖牛、犬、猪、鸡、鹅、鸭等家禽家畜为主。1952年政府提倡多养耕牛牲畜，家家喂猪积肥。1984年，在新坊、泥塘建立商品猪生产基地，带动了全乡的规模化养殖。2002年，筠竹坝、青洞等地农户养殖黑山羊，年存栏保持在1000只以上，2008年，发展年出栏500头以上规模养殖户3户，年出栏100头以上的50户，年出栏50头以上的85户。2009年以后，相继兴办龙溪黄粉虫养殖基地，龙溪、新坊黄鳅养殖基地，龙溪、何家地、泥塘良种鸡养殖基地，泥塘养鹅基地。2014年，建成旺旺、湘丰、鑫旺、香馥、兴达、亮程6家现代农业生猪标准化规模养殖场，年增生猪出栏2000头以上。年内全乡生猪出栏4880头，年末生猪存栏4773头，家禽出笼25237羽，年末家禽存笼16484羽，禽蛋产量32.9吨，畜牧业总产值950万元，占农业总产值的20%。

林业

境内传统林业素以杉树、油茶、楠竹为主。1964年，创办竹山脑社办林场。1968年，新坊公社“党委挂帅，全民动手，专人管护”的造林护林经验在全县推广。2007年，种植厚朴等药材1000亩。2011年，扶持发展高标准楠竹低改100公顷，博落回（号筒秆）生物农药原材料基地200公顷，千年桐生物能源基地334公顷，厚朴药材基地67公顷，小水果基地133公顷，金银花药材134公顷，油茶基地53公顷。2011年后，花卉苗木种植产业兴起，主要种植桂花、红豆杉等，组建远隆、卉丰等2个花卉苗木专业合作社；到2014年，沿省道201线两侧花卉苗木基地发展到600亩。2013年以来，引进各种绿化树种，共投入100多万元，对机关庭院、校园和新坊、溪源、龙溪等村庄周边及道路、水系进行绿化。当年，荒山造林2200亩，封山育林4667公顷。水果种植面积达1000亩，主要品种有梨、奈李、桃。2014年，境内有国家生态公益林39995亩，省级生态公益林15682亩。

劳务输出

新中国成立前，境内外出务工人员少。1966年开始出现少数亦工亦农进城人员。改革开放后，农村剩余劳动力大量转移，出现外出打工潮，主要在广东等沿海地区，有效增加了农村家庭收入。至2014年全乡有3600名农村劳力外出或进城务工，占总劳动力人数的52.4%。

工业

境内工业起步较早，民国时期即开始钨矿开采。民国15年（1926），青洞农民李火炎上山采箐，在冲天顶磨石头发现钨矿出露，郭振凡将钨矿样品呈报国家实业部批准开采。民国18年（1929），郭亚蕃、吴致用等成立正江公司，取代郭振凡的采矿权。至民国26年（1937），全矿职工190人，月产量为7.79吨。1952年，汝城钨矿接管正江公司，成立青洞矿场。后因资源不清，钨矿产量低，于1965年停办。1967年7月16日，汝城钨矿将青洞矿区移交桂东接办。1972年，更名为青洞有色矿。1988年，该矿实行资产抵押经营承包责任制。1990年，青洞矿产销钨精矿1606吨，实现产值464.9万元。此后，产量逐年减少。2000年后，因钨产品市场疲软，价格下跌，亏损严重，青洞矿改制。进入20世纪后，经招商引资，工业结构有所调整。2003年，引进钾长石加工厂、松脂加工厂、木材加工厂。2006年，全县最大的民营企业青洞金属矿正式投产。2007年，引进毛织品加工厂2家。2009年，引入青洞高岭土矿开发商及全晟玩具厂。2010年，青洞钨矿实施钨钼回收项目及环境污染治理项目。

商贸旅游

新中国成立前，境内无市场。人民公社期间，境内有供销合作社门市部，经营日用商品。居民赶集都往邻近沙田、大塘、寨前市场。1985年，新坊始设墟市，墟日为逢开始为一、六，后改为二、五、八，以路为市。供销体制改革后，乡政府附近出现个体小卖部。为改变以路为市带来的交通不便，1990年，乡政府在新坊村乌家组企业办空地搭建简易挡雨棚设立集市。1999，投入20万元对市场进行提质扩容。2002年，全乡有个体工商户187户。

境内旅游资源较为丰富，龙溪瀑布是桂东旧八景之一，此外，还有龙溪伟人树、龙溪苏维埃政府旧址、龙溪革命纪念亭等红色景点。2010年后，持续开发和推介生态漂流、生态茶叶园等旅游项目，游客逐年增多。随着旅游产业的兴起，餐饮、住宿业得到发展。2014年，境内有餐饮店13家，其中6家餐饮住宿功能齐全，4家成功创建为避暑点。

基础设施

交通运输

新中国成立前，新坊乡没有公路。新坊至寨前、增口、普乐、大塘、五指峰均为崎岖小道和步道。当地人们出行主要依靠步行，货物则靠肩挑手提。桂东新中国成立后，特别是改革开放以来，交通事业发展迅速。1969—1970年，修建大塘乡经新坊乡新坊村至龙溪村17.85公里公路。1991年，由省公路局、郴州地区和县内投资共150万元，修通新坊乡金坪至泥塘坳段7.24公里，使沙田至泥塘线全线通车。1992年1月，新坊至江西上犹公路建成通车。至此，桂东县大塘乡经新坊乡至上犹县城全线贯通。该线桂东境内路段升级为县道X004线，上犹县境内称为县道X380线。后多次升级改造为省道S201线。20世纪90年代，乡村公路有所发展。先后修通龙溪村至普乐乡10公里公路（龙普公路后升级为县道X127线）、乌岭脚至泥塘坳段15.9公里公路。2000年后，实施通畅和通达工程。2007年，溪源金坪至何家地5公里的通畅工程完工。2008—2009年，先后完成青洞村5.1公里和龙溪、溪源、青洞、泥塘4个村14.3公里的通畅工程。2011年，完成青洞大西洞公路、龙溪寨下、南山、新排公路、溪源野猪垅公路路面硬化工程和溪源凤鸣岗、新坊白竹湾等公路工程。至此，全乡所辖的6个村已全面通水泥路或柏油路。2013年，新建泥塘村猴子岭、乡政府至龙湾组通组公路3.2公里。2014年，新修泥塘猴子岭至增口乡铁山公路5.8公里，长达8公里的齐云山旅游公路改造竣工通车。是年底，全乡农村公路通车里程达到112公里，其中水泥路面已达41.72公里，泥路路面70.28公里。全乡6个村全部均通水泥路，其中85个村民小组中66个组通了公路，其中30个组通水泥路。

随着公路的建设，为人们出行提供了方便。至2014年年末，新坊至桂东客运班车有5辆，从桂东至江西途经新坊客运班车2辆，从江西至桂东途经新坊客运班车1辆，年客运总量达12万人次；境内货运车辆75辆，年货运总量达6.2万吨。

邮政通讯

1945年抗日战争胜利后，桂东邮政局设龙溪邮政信柜办理邮政业务。1949年6月桂东新中国成立后，邮电通讯设施逐步完善。20世纪50年代初，设立邮政代办点，代办函件、包件投递、报刊收发等业务。90年代后，电信业务快速发展。1995年安装开通程控电话。2002年，新坊移动基站建成。2003年，青洞村开通程控电话，新建溪源移动基站和龙溪移动信息差转站。2008年，新建联通基站和青洞矿移动基站，对溪源移动基站和电信宽带进行扩容。2010年，6个行政村实现"宽带进村"。2011年，新建新坊、泥塘猴子岭、筠竹坝3个移动基站。新坊、龙溪、溪源、青洞4村成为电话普及村。2014年年末，有邮政网点1个，投递路线单程总长度28公里，投递点9个，乡村通邮率100%。有电信服务网点2个。电话交换机总容量1000门，固定电话用户700户；移动电话用户3600户；光缆线路总长达21公里，宽带接入用户100余户。

供电饮水

供电 20世纪60年代前，村民依靠煤油等照明。60年代末，境内的泥塘、珍珠坝、猴子岭三座小水电站相继建成，村民开始用电照明。随着村民用电需求的增加，1976年后，又兴建了新坊电站，装机在100千瓦以上。1998年，境内掀起兴办小水电的热潮。2002年，乡办电站成功改为股份制，并引进资金相继建成深坑宫、寨下、水脑、金坪4座私营股份制电站。2003年，又新建水里、新坊、牛路、筠竹坝4座电站。当年龙溪村完成农网改造。2005年，架设大塘至新坊3万伏高压电线。2011年，香菇坑电站建成并网发电。2012年，推进农村电网改造升级，溪源、新坊、泥塘3个村农村电网改造升级相继完成。2014年，境内有小水力发电站11个，总装机5800千瓦，年发电量为2540.4万千瓦。有大（塘）新（坊）、大（塘）龙（溪）2条高压输电线路，总长度22千米。

饮水 20世纪80年代前，村民饮水主要是挑井水和小溪水饮用。90年代起，村民用塑料水管将泉水接入家中，方便安全。1999年，乡政府建成日供水600吨的自来水厂，解决机关驻地周围群众的饮水问题。2009年，投资44万元，在龙溪、新坊2个村新建蓄水池6个，埋设供水管道12.42公里，解决925人、300头大牲畜安全饮水问题。2012年，实施新坊溪源村安全饮水工程。2014年，投资290多万元，对全乡6个村农村安全饮水供水工程进行建设或升级改造，工程完工后，农村安全饮用水普及率达95%。

水利建设

境内河道属小水江，其中大平河流域面积120平方公里，为境内最大的河流，流经境内泥塘、溪源、新坊三个村，长19公里。龙溪河流域面积60平方公里。1957年，为解决境内干旱地区的灌溉问题，兴建了梨树垅山平塘，坝高9米，塘容1万立方米。1974年，兴建金星渠道，长8公里，灌溉面积1300亩。2000年，兴建寨下电站水库，库容12万立方米。2007年，投入13.5万元，在泥塘村实施112.5亩土地整理项目，完善了水利设施。2008年，投入资金6万余元、水泥100吨完成各类水利建设工程16处，恢复雪毁、水毁工程130余处，硬化渠道1公里，渠道清淤6.8公里。2011年，全年群众投工投劳5.2万个，修复水利设施100多处。2012年，对市场引水工程进行改造升级。2013年，争取项目资金500多万元在龙溪、新坊、溪源三个大村开展了农村土地综合治理项目，其中整修水圳30条。2014年，开展碧水工程，修建阶梯式蓄水坝14个，依法取缔非法采砂点6个，整修水渠6750米，恢复河堤1200米。

村镇建设

政府驻地 1961年4月，设新坊人民公社，驻地设在莲塘黄团郭家大屋（今乡林场和敬老院）。1982年，新坊公社搬迁至现驻地新坊村龙湾组。1985年，为方便群众，在驻地新坊村设新坊墟。20世纪90年代末，结合异地安置灾民，推进小城镇建设。1999年，乡政府在新坊村乌家组征地10亩，安置何家地村灾民38户，自此新坊集市转移至此。2009年7月，征地8.52亩，启动市场二期工程建设。新建门面120个，新增商业门面70个。2005年，投资16万元对墟场街道进行硬化。2007年，硬化街道2300平方米，安装路灯20盏，整修和新建排水沟300米。2009年，投资16万元兴建动物防疫站办公楼。2010—2012年，完成集镇供水、供电、排污、通信等改造升级。2012年，兴建站所综合楼和乡邮政所。2013年，在省道S201线沿线、学校等重点区域建设垃圾池12个，设置环保垃圾桶100余个。当年，对新坊市场二期进行扩容，新建太平桥，并对太平河进行综合治理。2013—2014年，实施省道201线亮化工程，安装太阳能路灯201盏。

村庄建设 清代、民国时期，村民居住条件差，房屋多为干打垒砌成，稻草盖顶；少数富足人家建有青砖瓦木结构房子。新中国成立后，实行土地改革，群众居住条件得到改善。20世纪70年代，农民普遍扩建或新建房屋，大队、生产队兴建大队部、学校、分配站等公共实施。80年代后，村民开始兴建瓦木结构房子，少数富裕家庭建砖混结构小洋楼。进入21世纪后，村庄建设得以加强。各村新建或整修了村部大楼。2007年，乡政府投入6.8万元，发动群众投入30万元，高标准建成新坊村排脑新农村建设示范点，成为全县新农村建设首批样板点。2010年开始，对农村危房进行改造，政府补贴5000～1万元不等。当年实施150户。2013年，投资320万元启动了3000平方米72套公租房建设。2013年以后，开始推行农村环境综合整治和规范农民建房，村容村貌得到较大改善。2014年，新坊村、龙溪村2个新农村示范建设重点村稳步推进。全年村组新建垃圾池12个，添置垃圾桶1万余个，环卫推车12辆，改厕700余户。村部周边安装了太阳能路灯。

社会事业

教育科技

教育 清代、民国时期，办有私塾，供百姓子弟读书。1949年6月桂东新中国成立后，私塾改为小学。1985年，创办新坊中学。1998年9月，调整学校布局，将新坊中学和新坊中心小学合并组建新坊乡九年制学校，是郴州市首所农村九年一贯制学校。2007～2008年，乡政府投入10万余元添置教学设备和学生餐桌，改善办学条件。2007年5月14日，“中国移动爱心图书馆”向新坊乡九年一贯制学校捐赠图书近5000册，该校是全省受捐赠的14所农村中小学之一。2009年，新建新坊九年制学校住宿综合楼。2010年，实施龙溪村合格学校建设。2011年，完成教师中转房建设。2012年,实施九年制学校校园标准化和“校安工程”建设。2013年，投资300万元建设新坊幼儿园。2014年，九年制学校综合楼完工。至2014年，全乡有学校5所，其中九年制学校1所，村校2所(溪源、龙溪小学)，教学点1所(下新坊教学点)，中心幼儿园1所。全乡幼儿园入园人数90人；小学在校学生总数757人；中学在校学生总数352人。全乡幼儿园教师总数3人，小学教师总数34人，中学教师总数24人。新坊九年制学校初中部自2000年起连续13年被评为全县教育教学质量先进单位。

科技 该乡注重农业技术推广运用。自1974年始，推广杂交水稻种植。20世纪90年代后，新坊乡加强对农民实用技术培训。每年举办科技培训班2期以上。先后举办烤烟种植、千年桐种植、厚朴种植、楠竹抚育、水稻种植、油茶种植、油菜种植、茶叶种植、禽畜养殖等培训班。自1997年始,全乡推广烤烟种植。自2011年始,以溪源村、新坊村为示范，推广油菜种植。自2013年始，推广茶叶连片种植。2013年，在龙溪村、溪源村推广种植“仙草”。

文化体育

文化 1954年5月，省人民政府配给桂东3部长江牌收音机，其中1部分配给了新坊试点农业合作社，成为县内第一批农村收音站。20世纪50年代末，成立乡业余剧团，自编自演小型节目，参加全县文艺会演。从1966年起，有公社电影队到各村巡回放映电影。改革开放后，群众的文化生活不断丰富。80年代后期，建有乡电视差转台，转播中央台节目。2001年，新坊、龙溪、溪源3个村有线电视与县城联网。2011年，新建乡综合文化站和2个村级图书室。2014年，新建免费休闲读书吧7家，放映电影150场次，开展送戏下乡2场次。乡综合文化站藏书2800余册。在偏远村组实施广播电视“村村通”。到2014年，累计发放卫星直播设备800余套，解决了部分群众看电视难问题。

体育 旧时，除逢年过节舞龙外，无其他体育活动。新中国成立后，中、小学校开设体育课。人民公社期间，组织民兵利用农闲时间进行武术、军事训练。20世纪90年代后，政府机关院子开设篮球场，体育运动日渐活跃。2013年始，实施农民健身工程，促进了全民健身运动。到2014年底，全乡配备篮球架7副，乒乓球台7张，安装全民健身路径3套，修建休闲健身广场3个。

医疗卫生

新中国成立前，群众的医疗卫生条件差，村民看病用药主要依靠中草药治病。1949年6月桂东新中国成立后，村民医疗卫生条件逐步改善。1952年，中南工业管理局在青洞矿设卫生所。20世纪50年代后期，兴办新坊乡黄泥塘药场，生产伏苓，产量高，质量好。60年代初，设立乡卫生所，后改为卫生院。1968年，新坊大队建立县内第一个合作医疗站，带动了全县合作医疗事业发展。80年代后，出现个体诊所，群众看病更为方便。2006年后，实行新型农村合作医疗制度。自2013年始，组织开展参合农民免费体检活动，为全体村民建立健康档案。2014年，新型农村合作医疗参合率达到95%。新型农村合作医疗报销医药费达262万元。至2014年年末，新坊乡有乡卫生院1所，村卫生室9家。乡卫生院拥有病床12张，每千人拥有医疗床位1张，固定资产总值400万元，专业卫生人员9人。2014年，医疗机构(门诊部以上)完成诊疗6000人次。

社会保障

清代，生老病死无任何社会保障。民国时期，有少量赈济，只是掌握在少数人手中。新中国成立后，对境内“五保”户实行政府供养。1988年，

桂东黄菌

试行“五保”户承包责任制，由村民把“五保”户的生养死葬包下来，“五保”老人死后，其房屋财产和自留山由承包户继承，责任田由承包户延期承包3～5年。1991年，对“五保户”实行分散承包供养责任制，由村民或旁系亲属帮助种好双份责任田并照顾好起居生活。2006年后，社会保障事业得到全面加强，积极推广新型农村养老保险，完善最低生活保障和扶贫帮困等一系列社会保障制度。2009年，投资62万元在新坊村修建敬老院，该院建设用地6.5亩，建筑总面积570多平方米，住宿大楼共有3层、12个套间，可容纳50位“五保”老人。2011年，完善敬老院附属工程建设。2014年，全乡参加农村养老保险人员4800人，参保率90%。农村最低生活保障人数663人；农村五保供养56人；农村医疗救助77人次，临时救济1200人次；国家抚恤、补助各类优抚对象126人。

特色地情

风景名胜

白鹤仙 位于新坊乡青洞村与溪源村交界的高山之巅，县人李建晓于明嘉靖年间兴建。此处，群山环抱，峰峦重叠，松竹苍翠、古木参天。因白鹤经常栖于青松枝头，故有“鹤鸟青松”之美称，白鹤仙也因此而得名。该处是县境内有名的古刹。整个建筑全以青砖修造而成，雄伟壮观。

中国马尾松之王 龙溪上盈一株树龄达500年的马尾松，树高35米，离地4米处直径2.8米（长径），清朝和民国时期曾二度挂牌。《光明日报》高级记者张天于1996年1月考察后称此树为“中国马尾松之王”，并载入其作品《中国绿宝石》中。

筠竹坝铁杉群落 位于新坊乡泥塘村筠竹坝组，铁杉有植物界“活化石”之称。根据县林业局调查，在面积约5亩的山谷中，生长着大小铁杉700余株。树龄在500年以上、蔸围径达3.28米、树高30余米的共4株，树皮粗糙，形如龙鳞；枝条苍劲，似游龙凤爪；树叶呈扁针形，短而硬，泛着银灰色的神秘光泽。当地群众视为神树，爱护有加。

名优特产

黄菌 境内山高林密，气候适宜野菌生长。野菌种类众多，四季皆有，尤以黄菌出名。黄菌肉质肥厚细嫩，清脆可口，是纯天然食品，营养价值很高，很受消费者青睐。黄菌历史悠久，至今还无法进行人工培育。

（郭冰莹　供稿）

普乐镇 >>

普乐镇是著名的陶瓷之乡。

区域概况

位置面积

普乐镇地处桂东县东南部，因镇人民政府驻普乐村而得名，取普天同乐之意。东与江西省赣州市崇义县接壤，西与沙田镇、贝溪乡毗邻，南接东洛乡，北靠大塘镇、新坊乡。位于北纬25° 46′ 48″ 至25° 54′ 43″，东经113° 57′ 27″ 至114° 1′ 17″ 之间。辖区东西直线距离9.7公里，南北直线距离11.5公里。镇政府驻地距桂东县城37公里。2014年末，土地总面积127.61平方公里。耕地面积777.73公顷，其中水田710公顷。

建置沿革

康熙三十年（1691）属零二都。民国初期全县设5都18乡，属二都大坪北乡；民国18年（1929）改都为区，全县划为5区20个乡，大坪北乡隶属第三区；民国28年（1939），废区设乡，全县划为16个乡，为崇和乡；民国29年（1940）全县并为8个乡，为东平乡管辖。

1949年6月16日桂东解放，废除旧乡、保、甲制度。在行政区划上，暂沿旧制，全县区域仍分8个乡，境域仍为东平乡管辖。1950年3月，全县设区并乡，划为3个区，2个办事处，东平乡与永安乡同属沙田区；10月，全县各区改以按序号命名，隶属第三区。1955年6月区复名，隶属沙田区。1956年6月撤销区的建制，全县划为18个乡、1个镇，为普乐乡。1958年9月，实行政社合一，与东洛、龙头、沙田乡合并组成为火箭人民公社；11月，火箭人民公社与五星人民公社合并为火箭人民公社；桂东县与汝城县合并为汝桂县，火箭人民公社改称沙田人民公社。1961年4月，从沙田人民公社析出，成立普乐人民公社，5月，汝桂分县，恢复桂东县建置，普乐属之。1984年3月改社建乡，为普乐乡。2012年5月撤乡建镇，设立普乐镇。

行政区划

1961年，成立普乐人民公社，至1984年人民公社体制期间，辖13个生产大队，125个生产队。1984年改社建乡后，各生产大队消失，全乡组建13个村民委员会，下设125个村民小组。2012年建镇后，辖上进、文溪、堡下、东水、上井、红洞、新庄、江背、矮排、小江、徐洞、杨岭、普乐13个建制村，下设125个村居民小组。

自然环境

境内以山地为主，属典型的山地地貌，地势西高东低，境内多高峰，海拔1000米以上的山峰有6座。其中位于新庄村的齐云山，海拔2061米，为县内最高峰；最低点沤江峡里，位于堡下村，海拔550米。境内河道属湘江水系，沤江流经全境，小江、东水两条支流在境内注入沤江，新庄支流注入小水江。其他大部分溪流自西向东流入沤江。水能蕴藏量达1万千瓦。受亚热带季风湿润气候及高海拔的影响，夏无酷暑，冬无严冬，温暖湿润，四季分明。境内有钾长石、硅石、高岭土和钨、锡等矿产资源。硅石、高岭土储量丰富，据省地质队探明，境域有高岭土1.52平方公里，厚度为1.2～5米，储量在1000万吨以上，且黏土含量高，质量较好。境内森林资源丰富，据2013年，"十二五"森林资源规划设计调查，全境林地面积11128.7公顷，活立木总蓄积508940立方米，森林覆盖率84.98%，林木绿化率85.67%。境内主要自然灾害有旱涝、泥石流、冰冻、台风等。旱涝灾害年年发生，主要发生在5月至8月，最严重的一次发生2010年6月20日凌晨，3小时降雨量达122毫米，单小时最大降雨量达到67毫米。

人口民族

新中国成立前，境内人口不详。1953年第一次全国人口普查，该区域有人口1734户6706人。随着人民生活的稳定，医疗卫生条件的改善，人口稳步增长。1964年第二次全国人口普查时，全乡有人口1897户8057人；到1982年第三次全国人口普查时，全乡人口达2516户11548人。比1964年第二次全国人口普查增加3491人。随后，国家实行计划生育政策，控制人口增长，境内人口自然增长放缓。至2000年第五次全国人口普查时，全乡有人口3372户12523人，其中少数民族14人；18年只增加975人。由于流动人口和外出务工人员增多，计划生育管理难度加大，人口增长加快。2010年第六次全国人口普查，总人口14253人，总户数4060户。至2014年，全镇有人口5456户20072人，其中农村人口14777人。人口密度336人/平方公里。

男性10075人，占50.19％。乡村劳动力资源9160人。

经济发展

经济综述

清代、民国时期，由于交通条件不便，经济发展缓慢。新中国成立后，镇内经济逐步发展。境域以传统农业为主，主要种植水稻、蔬菜及经济作物等。工商业以制造陶瓷、开发高岭土、钾长石、开办砖厂等为主。20世纪80年代后，随着交通条件的改善，全镇陶瓷、高岭土、钾长石等工矿产业得到发展，山里的林木资源也得以开发利用，镇域经济有了较快的发展。2006年，全镇完成地方生产总值5642万元。到2014年，全镇实现地区生产总值10616万元，其中第一、二、三产业增加值分别为3174万元、2527万元、4875万元。粮食总产量4723吨，财政收入377万元，农民人均纯收入3461元。

农业

种植业 新中国成立前，境内主要以种植水稻、蔬菜、水果等作物为主。1949年6月桂东新中国成立后，政府鼓励农民种水稻，以单季稻为主。人民公社期间公社驻地周围几个大队种植双季稻。旱地一般种植蔬菜、红薯等经济作物。2000年后，种植结构得到较大调整。2006年起，东水、堡下、矮排、普乐、文溪等村陆续种植甜玉米，每年在300～600亩。2008—2009年，徐洞、杨岭、江背等村发展板栗500亩。2013年，堡下、江背村建成油菜示范基地400亩。2014年，桂东县秀江生态农业开发有限公司投入资金80余万元，开发荒地14公顷，种植良种芋头6.7公顷、紫薯3.4公顷、反季节蔬菜3.4公顷；湖南龙在田农业发展有限公司种植仙草、夏枯草等13.4公顷；桂东县华茂生态果蔬专业合作社租用土地5.4公顷，种植卷丹百合、湘辣16号长线辣椒、黄桃等。是年，全镇农作物总播种面积22981亩，其中粮食播种面积14293亩，粮食总产量4887吨。

养殖业 民国时期，境内养殖业以养殖鸡、鸭、猪、牛等家禽家畜为主。生猪均为圈养，所产鸡鸭蛋多为自家食用。

新中国成立后，政府鼓励农民发展养殖业，家家户户养殖生猪、鸡、鸭、鹅等，有些在门前屋后开塘养鱼。进入21世纪后，规模养猪和特色养殖业兴起。2007年，在文溪村投资110万元建成年出栏4000头以上生猪的生态养殖基地。2009年，徐洞村民建有七彩鸡养殖场，存栏1600只。2010年，生猪出栏4000头，七彩鸡出棚3000只；羊饲养量1000只，年末存栏990只。到2014年，全镇有规模养猪场15家，水产养殖场7家，养殖实现了由传统分散数量型向现代规模效益型的转变。

林业

境内山林面积大。林业用地面积16.54万亩，是全县第二大重点林区镇。20世纪60年代后期，矮排、小江、普乐、东水等大队组成专业队种植药材茯苓和造林，并组建黄泥塘垦殖场。1971年，普乐公社在东边山组建普乐采育场，并将公山全部纳入普乐采育场管辖。同时，创办梅子皂社办林场。1972年4月，境内高山地带飞播马尾松。人民公社期间，由于大炼钢铁和开山造田运动，林木损毁严重。20世纪90年代初开始，开展封山育林和荒山造林，森林植被逐步得到恢复。1996年，普乐采育场更名为普乐乡联营林场。1999年，新造林1000万亩，封山育林5万亩。2000年后，推广种植经济林。2009年2月，徐洞村在全镇率先推广良种油茶种植，当年种植300亩。2011年，东水村种植油桐20公顷。2011年，文溪村岳汝高速连接线沿线地带发展花卉苗木基地300亩。2012年，建成黄泥塘速生丰产林基地。到2013年，徐洞、东水、普乐等村建成油茶基地1000亩，普乐村成立了天缘油茶专业合作社。江背村、徐洞村板栗发展到800亩，东水村油桐基地扩大到1200亩，红洞村建成苗圃基地150亩，杨岭、东水村小水果基地建成300亩。当年完成文溪到油箩口、龙普公路等通道绿化13.2公里。至2014年，有国家生态公益林28746亩，省级生态公益林42824亩；有7家花卉苗木专业合作社，发展花卉苗木1200亩。形成了以徐洞、杨岭、江背为中心的小水果产业，以红洞、新庄、上井为中心的林木产业，以徐洞、小江、杨岭、江背为中心的板栗种植产业，以文溪、上进、矮排为中心的花卉苗木培植产业。

劳务输出

清代、民国时期，境内部分劳力利用农闲到广东仁化、乐昌，江西崇义上堡和遂川左安、汤湖等地贩运饭钵、坛罐等陶瓷制品和铁锅，或设点销售，以养家糊口。1949年桂东新中国成立后，仍有人利用农闲到周边县贩运陶瓷制品和铁锅。人民公社期间，则由公社或大队组织安排人员到县外销售陶瓷制品和铁锅，并派出师傅到外县办砖厂、瓦厂等，发展副业生产。改革开放后，农村实行联产承包责任制，农村富余劳动力增多，外出务工人员增多。20世纪90年代后，中青年纷纷外出广东等地进厂打工，增收家庭收入，每年外出务工人员在2000人以上。

工业

境内小江、矮排、普乐等村农户有烧制陶瓷、瓦片和铸铁锅的传统。清乾隆年间（1736—1795年），安仁县的九隆师傅至普乐传授陶瓷生产技术，建陶瓷厂于凉伞埂（后更名为瓷厂埂），瓷厂有工人17人，生产陶瓷器皿30多个品种，产品销往毗邻的各县。清乾隆九年（1745），普乐方如麟

普乐陶瓷制作

在下樟建铸锅厂，为县内铸造业之始。民国时期，方忠贞扩建锅厂，取名为“又新锅厂”。1951 年 10 月，县人民政府没收方忠贞的“又新铸锅厂”，成立“地方国营桂东县农具厂”，厂址仍设在普乐乡，后改名为“桂东县农业机械厂”，迁址到江湾。1954 年，普乐小江 10 来户陶瓷专业户成立小江土瓷生产合作小组。不久，合作小组改名为小江陶瓷生产合作社和普乐陶器生产合作社，年产粗陶瓷器 9 万多件。1956 年，该社既生产日用陶，又生产建筑用陶，品种由 30 多个增加到 100 多个，产量上升到 53 万件，县外销售量达 16 万多件。1975 年，由县革委在城郊茅柳红砖厂投资兴建的瓷厂搬至普乐，与小江瓷厂合并，组建“普乐陶瓷厂”。2004 年，陶瓷厂改制。2005 年以前，普乐、矮排、小江村从事陶瓷业人员约 500 人。后由于产品工艺落后、产品档次低，其产品不能满足人民群众需求，陶瓷行业逐渐萎缩。到 2014 年，境内只有 20 ~ 30 人还从事该行业。普乐陶瓷烧制技艺，已列为市级非物质文化遗产保护项目，并有 3 位传承人。

1988 年，普乐乡企业办与县办陶器厂联合投资 54.5 万元，利用原陶器厂的房屋开发高岭土矿，1989 年试产，1990 年产高岭土 1200 吨销往香港。因山高路远，运费开支大，销价过低，造成产品积压，企业亏损，处于停产状态。1997 年，该矿实行承包经营后，开采量有所回升。产品除用作本地生产瓷器原料外，一部分销往醴陵、炎陵用于生产瓷器，一部分销往郴州化肥厂用作成型剂。年产高岭土 3000 吨左右。后来，为保护生态环境，禁采高岭土。

20 世纪 90 年代，境内陆续兴建土窑烧制红砖。普乐一带的小水瓦仍保持正常生产，年产瓦 1200 万片，主要销往县内及周边县市的农村市场。进入 21 世纪后，通过招商引资促进了工业发展。2000 年，境内兴建钾长石加工厂。有新庄、江背、红洞三个规模较大的开采点，年开采钾长石 4000 余吨。2003 年，年加工能力 8000 吨的锡矿建成投产。2005 年，雅奇工艺品厂、红洞木材加工厂钾长石精加工厂相继建成投产。2006 年，投资 1500 万元年产量 6000 吨恒丰高氯酸钾厂投产。2009 年，引入矮排陶制品厂、黄泥塘钾长石开发和金凤、小江、东水 3 家毛织厂等项目。

商贸服务业

境内生产陶瓷和铁锅后，商品流通范围逐步扩大。清代，设有苦竹桥墟和油箩口墟，苦竹桥墟农历四、九日赶集；油箩口墟为横跨沤江两岸的木质凉桥，桥两头均建有数十间商店，居民以桥为市，市场面积约 2000 平方米，墟日为逢农历五、十日。1949 年 6 月桂东新中国成立后，在党政机关所在地设有肉食站、供销合作社、药店，供应生产、生活资料和收购农副产品。从 1989 年起，国家逐步放开市场，个体商贸业得到发展。1991 年，为方便群众交易，在普乐乡政府旁设立的普乐市场，市场面积 3197 平方米。墟日为逢农历四、九。至 1995 年，境内有公有制商业企业 6 家，个体经商户 412 户，从业人员 836 人。2000 年后，商贸服务业进一步发展。

基础设施

交通运输

清代，在沤江普乐段建有普乐渡、苦竹桥渡、堡下渡，供两岸群众过河，百姓用竹排等接送人员与货物。民国时期，有步道桂汝线经过普乐。新中国成立后，交通条件不断改善。1956 年宜汝桂公路通车后，修建从油箩口至文溪简易公路，修通大塘墟经普乐文溪至沙田公路。接着逐步修建公社通往大队的机耕路。1975年，在普乐村大门头兴建了普乐大桥，为40米长的单孔石拱桥，方便了两岸群众通行。1978年，修建普乐大门头至东洛乡政府14公里公路。改革开放以后，境内交通设施建设步伐加快。1992年，县林业局投资8万元，新修梅子哨至溪坑段2公里公路，接通普乐和东洛两乡林场，使上五线全线贯通。2003年，徐洞至蛟洲公路完工。2007—2008年，实施上井村、矮排村、小江村三村通达、通畅工程8.6公里，2008年，文溪至普乐乡政府3公里通乡公路升级改造。2009年，完成总投资349万元、总长14.56公里的通村公路通畅工程。2010—2011年，建设龙溪至普乐公路。2011年，启动上井村连通东洛乡的村级公路，硬化红洞至上井村的通村公路以及东水村村部至洞头脑、徐洞村新屋组至瓦坑垅的通组公路。2012年，经过普乐的高速连接线建成通车。2014年，完成了上井至新庄公路硬化建设。到2014年年末，镇内通村、通组公路达150公里。实现村村通公路，公路里程达80公里，且全部实现硬化。

邮政通信

民国31年（1942），桂东邮政局设东水信柜，代办邮政业务。有桂东至汝城的步班邮路经过普乐。1949年桂东新中国成立后，邮电通讯设施逐步完善。20世纪50年代末，设立公社邮政所。60年代后期，公社到各大队的有线电话开通，为摇把子电话机。1996年，架设沙田至普乐通信光缆15公里，除红洞、新庄两村外，其余11个村均开通程控电话。2002年，普乐天子池移动基站建成。移动电话进入寻常百姓家庭。2003年，开通宽带互联网。2013年，新建普乐邮政所，开设邮政、报刊发行等业务。到2014年，全镇电话装机760部，有移动电话5200余部。

供电饮水

供电 新中国成立前，境内居民使用桐油、煤油灯照明。20世纪60年代初，境内第一座小水电站油箩口电站建成，解决了政府机关和部分居民用电。随后，江背、上庄小水电站相继建成。解决了群众农副产品加工和生活用电需求。1998年1月，边远偏僻的新庄村架通输电线路。2000年，架设普乐至沙田10千伏高压线路；同时完成普乐、矮排、堡下、红洞、小江6个村农网改造。2003年，小江、江源、杨岭3座小水电站建成投产发电。当年，完成上进、文溪、徐洞3个村农网改造。2005—2008年，文溪电站、油箩口电站、新庄电站、温伦电站和徐洞电站等小水电站相继建成发电。2007年，完成东水、杨岭、江背3个村农网改造。2009年，完成新庄村农村电网改造；实施普乐村和堡下村电力增容补点工程。至此，境内13个村全部完成农网改造。到2014年年末，境内共有12座小水电站，总装机容量达6000千瓦。

饮水 居民饮用水主要以山泉水为主。20世纪90年代初，村民用塑料水管将山泉水接入家中，既方便安全又省劳力。2000年后，农村安全饮水工程建设步伐加快。2007年，东水、小江两村完成人畜饮水工程。当年投资42.6万元，实施乡政府集中供水工程，日供水320方。2009年，文溪村、上进村实施安全饮水工程。2010年，堡下村枇杷、欧里、岭脑组实施农村安全饮水工程。2011年，乡敬老院实施安全饮水工程。2012年，徐洞、小江等村实施安全饮水工程，解决近1500人的安全饮水问题。2013年，完成安全饮水工程5处。2014年，实施小农水建设项目，在普乐、堡下、东水等村建成安全饮水工程11个。

水利建设

境内溪流众多，沤江贯穿全境。明、清时期，就建有堡下陂（又称昌公圳）、堡下山村陂（又称法主圳），用来灌溉稻田。昌公圳建于明初，是县内古圳中最长的水圳。部分农民使用水车抽水灌溉稻田，并一直沿用。1949年6月桂东新中国成立后，大兴水利设施。1954年，兴修油箩口渠道引水工程，该渠道跨沤江架设倒虹吸管，使1300多亩稻田告别了“十年九旱”的历史。1966年，修建堡下渠道，长14公里，可灌溉田2300亩。20世纪60—70年代，为保证山区稻田用水，修建了山背、年冲、窑冲等3座山塘，整修水塘100余口。改革开放以后，境内新建拦水坝20余座，在普乐、杨岭、矮排、堡下等村修建排灌站，保证农田灌溉。2007年，兴建水渠20余公里，新增旱涝保收面积500亩。2009年，实施普乐村小农水工程。2010年，整修矮排、普乐渠道，对渠道进行清淤。投资90多万元在矮排村实施国土综合治理。2012年，对杨岭山背、文溪窝冲山塘进行整修，解决近5000人的灌溉和用水问题。2013年，总投资500余万元，在文溪、上进、堡下三村实施国土整治项目，完成水渠、河堤大整修8处，安全饮水工程5处。2014年，对普乐渠道、红洞村禾狮水圳、矮排渠道、东水排坊下渠道、堡下法主圳、上进枫下渠道和上井渠道等进行全面整修，整修大、小沟渠500余条。并开展“碧水行动”，清理河道20公里。

村镇建设

政府驻地　镇政府驻地在普乐村。新中国成立后，利用接管旧乡公所的公房办公，办公用房为土砖泥木结构。农业合作社化后，随着信用社、供销社等机构的扩大、人员的增多，对办公和生活用房进行维修和扩建。20世纪70年代初，新建红砖瓦木结构的乡政府办公楼。2007年，对乡政府旧办公楼进行改造。2009年，新建的办公综合楼、宿舍楼投入使用，并完善院内基础设施。2011年，在驻地建设普乐休闲广场。2013年后，开展农村环境卫生整治工作，新建9个垃圾池，建成垃圾收集亭10座，改善驻地周围居住环境。

村庄建设　清代、民国时期，境内村民房屋多为干打垒茅草屋，少数富裕人家建有瓦木结构房子。1949年6月桂东新中国成立后，群众的居住条件不断改善。改革开放后，村民对自住房进行新建或者改建，多为瓦木结构房子；先富裕起来的村民建有砖混结构房子。2000年后，村民新建房子均为砖混结构的小洋楼。并开始对旧村部进行改造。2007年，兴建上井等村村部综合楼。2009年，建设新庄村村部综合楼。2010年，新建文溪、矮排、小江三个村级组织活动场所。2014年，进一步规范农村村民建房，在打造下洞等规范农村村民建房示范点的基础上，有序推进上进村23户村民新农村联建点建设。村民的居住条件和居住环境大为改善。

社会事业

教育科技

教育　民国初期，为私塾教学。后政府倡导新式教育，设有寺前小学、二都小学堂等供人们上学。随后境内小学渐增。1949年6月桂东新中国成立后，政府接管境内小学，寺前小学改为寺前完小，面向全乡招生。境内学校教学条件也随之不断改善。1968年在普乐完小的基础上开始招初中生。1978年中小学分开管理，分别称为普乐中学、普乐中心小学。20世纪90年代后，加大教育投入，促进了教育事业发展。2001年，调整学校布局，普乐中学、普乐中心小学合并组建普乐九年一贯制学校。上进、文溪两村小合并为上进文溪联校。2003年，普乐乡成立教育基金会，全年投入25.8万元用于学校建设。2004年12月23日，台湾中国航运股份有限公司向普乐乡九年一贯制学校捐赠40万元人民币，用于兴建实验综合楼；2005年，投资60余万元兴建伟中实验楼。2007年，兴建中学学生宿舍楼和教师住房。2008年，添置九年一贯制学校、东水小学、上进小学300套课桌凳，新建九年一贯制学校运动场。教学设施不断完善。2010年，新建小江小学教学楼和杨岭小学食堂。2011年，启动乡中心幼儿园建设。2012年,在九年一贯制学校右侧征地0.4公顷，配套建设公租房两栋，建成近26亩的普乐教育新区。到2014年，境内有幼儿园1所，在园幼儿67人，幼儿教师4人；村级小学7所，在校学生656人，专任教师36人；九年一贯制学校1所，在校学生580人，其中普通中学在校学生296人，专任教师39人。小学适龄儿童、初中适龄少年入学率100%，小学、初中在校生年巩固率都为100%。

科技 1949年桂东新中国成立后，乡党委、政府注重农村实用技术普及工作。1956年，推行油茶垦复技术。1958年人民公社化后，全面贯彻农业“八字宪法”，推广新技术、新式农具，新法养猪。20世纪70年代后期推广杂交水稻种植。进入21世纪后，结合农业产业结构调整，加强种养技术培训。每年开展“科技周”活动，发放农业科技、法律、计生、疾病预防、知识产权、地震知识、禁毒法等刊物资料，展出“科技知识、新农机技术管理、疾病防治”等宣传画，先后举办油茶、板栗、花卉苗木、人参果种植和养猪技术培训班。至2014年，培育科技示范户156户，推广、实施种养新技术35项，引进新品种55项。

文化体育

清同治元年左右（1862年前后），普乐堡下郭庆堂、郭串生、郭善高等6人组建上元班，在县内及江西一带演出木偶戏。此外，逢年过节等，村民还有舞龙等习俗。新中国成立后，群众的文化生活不断丰富。1966年，有电影队到村定点巡回放映电影。20世纪70年代，村民多安装喇叭收听广播。1985年，安装电视差转机，接收差转台信号，转播省台节目。电视开始进入百姓家庭。2000年后，随着经济的发展，文化事业有了新的进步。2002年，上进、文溪、堡下、东水等村有线电视实现县乡联网。2010年，镇综合文化站建成，文化站设有多功能厅、书刊阅览室、电子阅览室、娱乐室等，购置图书2000多册。室外配套建有标准化篮球场、羽毛球场各一处，配有健身活动器材10余种。2011年，各村陆续兴建农家书屋。各村农家书屋藏书2000～4500册。至2014年，全镇有1个文化站，13家农家书屋，建有广场舞健身队、管乐队、舞狮队等群众文化业余团队20余支。

医疗卫生

旧时，境内医疗设施落后。村民治病以中草药为主。1949年桂东新中国成立后，医疗状况逐步改善。20世纪50年代设立乡卫生所。1966年，成立公社卫生院。“人民公社”期间，培养一批赤脚医生，各大队组建卫生室，配备保健员、卫生员、接生员，担负大队防治及新法接生工作。1978年，各学校配备兼职校医或保健老师。农村实行家庭联产承包责任制后，合作医疗解体，赤脚医生开展个体行医。2009年，乡卫生院新配备了4台电脑及打字机，添置了X光机、抢救床、B超、不锈钢病床等设备。2010年，投入资金2.5万元，添置乡医院医疗设备，投入2.6万元新建了乡医院护墙等。2010年后，实行新农合制度后，有效解决了群众“看病难”、“看病贵”的问题。2014年，境内有各类医疗卫生机构7个，其中，镇属卫生院1所，村级卫生室6个。共有专业卫生人员5

人，有病床 12 张。参加新农村合作医疗 12283 人，参合率达 92.15%。

社会保障

清代，生老病死无任何社会保障。民国时期，有少量赈济。新中国成立后，对境内“五保”户实行政府供养。1988 年，试行“五保”户承包责任制，由村民把“五保”户的生养死葬包下来，“五保”老人死后，其房屋财产和自留山由承包户继承，责任田由承包户延期承包 3 ~ 5 年。1991 年，对“五保户”实行分散承包供养责任制，由村民或旁系亲属帮助种好双份责任田并照顾好起居生活。2006 年后，社会保障事业得到全面加强，积极推广新型农村养老保险，完善最低生活保障和扶贫帮困等一系列社会保障制度。2009 年，兴建乡敬老院。2011 年，大力开展异地扶贫搬迁工程，推进文溪村集中联建安置点建设。同年，加大危房改造力度，新建房屋 185 栋，修缮 10 栋。2013 年，全年发放低保户生活保障金、救灾款、医疗救助款等 101.5 万元。至 2014 年，全镇共有“五保”81 户 91 人，低保 360 户 758 人，优抚对象 210 人，镇敬老院集中供养老人 50 人。参加新型农村养老保险人数 4813 人，参保率达 85%。60 岁以上老人全部享受养老金待遇。

特色地情

风景名胜

仙缘桥　即仙桥天乐，是桂东旧八景之一。位于桂东县普乐乡新庄村下庄海拔 1500 多米的青石洞白马山上，系天然石桥，桥身为一块灰色含砂岩石块。该石桥全长 28 米，宽约 2.5 米，厚 4.5 米。《读史方舆纪要》有记载：“桂东清石洞，在县南七十里，有石桥长百余丈，非人力所创，名曰仙女桥。”

齐云山景区　地处桂东与江西上犹交界之处，

仙缘桥

主峰海拔 2061 米，是湖南省第三高峰，湘南最高峰，有湘南屋脊之称。在主峰上放目远眺，三省（湘、赣、粤）八县（桂东、汝城、资兴、炎陵、上犹、崇义、大余、南雄）尽收眼底；亦是观看云海和日出日落是最理想场所。这里是蔡会文、方维夏领导湘赣粤边区红军游击支队坚持三年艰苦游击战争的地方。区内自然景观和人文景观丰富，是一块红色文化与绿色文化完美结合、旅游资源独具特色的生态区域。

东水冰臼群 位于普乐镇东水村。2006 年，在普乐乡红洞村流经江背村、东水村的一条小河河床上，发现 200 万年至 300 万年前由冰川作用形成的奇特地质现象一冰臼群。冰臼内壁十分光滑，口小，肚大，底平，直径最大的有 1 米多，最小的只几厘米，均散布在硬度极大的花岗岩上，宛如被马踩出的脚印。冰臼是古冰川遗迹之一，也是极为罕见的自然奇观，是研究本地区第四纪地质历史、古气候、古环境变迁重要的实际材料和依据。

红四军普乐活动旧址群 位于普乐镇东水村。1928 年 8 月，红四军二十八团、二十九团攻打郴州受挫后，朱德、陈毅率领红军大队退至桂东县沙田、普乐一带休整时，红四军军部和红四军前敌委员会设在东水村老荷汾，朱德住此地；中共桂东县东水支部和龙溪乡苏维埃政府也设于此地。红军医院设在东水村蒋家垅组，收治红军伤员，并义务为当地的贫苦农民治病。红军兵工厂旧址设东水村老屋组，修理枪炮，生产手雷、五响枪、台铳等兵器。2011 年，红四军普乐活动旧址群（含军部旧址、朱德居住旧址、兵工厂旧址、医院旧址）被公布为省级文物保护单位。

桂东土陶古窑址一老碗厂 位于普乐镇矮排村。文物普查时采集有盘、碗等器皿残片，属清代中期陶器窑址遗存。2011 年，桂东土陶古窑址被公布为省级文物保护单位。

（郭建华　供稿）

东洛乡 >>

东洛乡林木资源丰富，有湖南省面积最大的乡办集体林场。

区域概况

位置面积

东洛乡在桂东县东南部，俗称东边山。位于北纬25° 44′ 0″ 至25° 50′ 25″，东经113° 49′ 4″ 至113° 57′ 20″ 之间。北接普乐镇，西邻沙田镇，南与汝城县濠头乡接壤，东与江西省崇义县上堡乡相连，属省界边境乡。2014年年末，土地总面积90.32平方公里。耕地面积579.8公顷，其中水田501.8公顷。乡政府驻地距县城43公里。

建置沿革

康熙三十年（1691）属零二都。民国初期全县设5都18乡，属二都大坪东乡；民国18年（1929）改都为区，全县划为5区20个乡，隶属第三区；民国28年（1939），废区设乡，全县划为16个乡，属长治乡；民国29年（1940）全县并为8个乡，属东平乡。

1949年6月16日桂东解放，废除旧乡、保、甲制度。在行政区划上，暂沿旧制全县区域仍分8个乡，仍属东平乡。1950年3月，全县设区并乡，划为3个区，2个办事处，东平乡与永安乡（今贝溪乡）同属沙田区；10月，全县各区改以按序号命名，隶属第三区；6月区复名，隶属沙田区。1956年6月，撤销区的建制，全县划为18个乡、1个镇，东洛、五花合并为东洛乡。

1958年9月，实行政社合一，全县组成9个人民公社，属火箭人民公社；11月，桂东县与汝城县合并为汝桂县，火箭人民公社改称沙田人民公社。1959年5月，沙田人民公社分为沙田人民公社和大水人民公社，隶属沙田人民公社。1961年4月，沙田人民公社分为沙田、龙头、普乐3个人民公社，属龙头公社一部分，5月，汝桂分县，恢复桂东县建置，东洛地域属之。1962年5月龙头人民公社分为东洛人民公社和龙头人民公社。1984年3月改社建乡，东洛人民公社改建为东洛乡。

行政区划

1983年12月，东洛公社辖上洞、东洛、下洞、五花、前进、联合、东山7个生产大队，43个生产队。1984年改社建乡后，各生产大队消失，全乡组建上洞、东洛、下洞、五花、九岭、双洞、联合、小水8个村民委员会，下设43个村民小组。至2014年，行政区划未变。

自然环境

东洛乡处于南岭纬向构造带的相对隆起带和新华夏构造系的相对隆起带的复合部位，以山地为主，沟壑纵横，海拔在1200 ~ 1755米。主要山脉有齐云山，境内最高点为赤水仙，位于小水村小江边组，海拔1755米，最低点位于东洛乡下洞村田心组，海拔865米。属亚热带季风湿润气候，其特点是夏无酷暑，冬无严寒，温暖湿润，四季分明，无霜期长，昼夜温差大。1981—2010年平均气温15.8℃，1月平均气温6.1℃；7月平均气温24.1℃。无霜期年平均245天。年平均日照时数1572.6小时，年平均降水量1883.5毫米。降雨集中在每年6月至8月，6月最多。境内水利资源丰富，主要河流有2条。一条为下洞河，从上洞村流经东洛村、下洞村至沙田镇，汇入沤江；一条为小水江，从普乐镇流入，经小水村至汝城县濠头乡再聚沤江。矿产资源有钾长石、硅石、水晶石、钨、铜、锡等。2013年，“十二五”森林资源规划设计调查时，境内有林地面积8165.1公顷，活立木总蓄积631884立方米，森林覆盖率81.64%，林木绿化率84.08%。

人口民族

新中国成立前，境内人口数量不详。因生产力水平和医疗条件差，人口增长率较低。1953年第一次全国人口普查，有人口693户2524人，占全县总人口的2.7%；1964年第二次全国人口普查时，总人口723户2913人。随着人民群众生活水平的提高，医疗条件的改善，自然死亡率降低、平均寿命普遍延长。到1990年第四次全国人口普查，达1155户5014人。随着计划生育政策的严格执行，人口增长率显著降低。2000年第五次全国人口普查时，有人口1256户4919人，比上一次人口普查时减少95人，出现负增长。2010年第六次全国人口普查，有人口1783户6232人，人口增长趋于稳定。2014年年末，全乡有人口1685户5997人。人口密度48人/平方公里。男性3098人，占51.66%。乡村劳动力资源2595人。有嫁入的少数民族人口6人。

经济发展

经济综述

东洛乡以农林为主，为自给自足型农业区，传统主产稻谷、木材、茶油。农村推行联产承包责任制，农村富余劳动力外出务工农民收入增收。20世纪80年代后，随着木材销售市场看好，境内东山林场大量优质木材得以开发利用，林业一度成为乡域支柱产业。2000年后，水利资源和矿产资源得到开发利用，成为经济新的增长点。2010年以来，东洛乡坚持“生态立乡、旅游强乡、产业旺乡”思路，促进全乡经济社会发展。2014年，实现地区生产总值7495万元，其中，第一产业1352万元，第二产业3968万元，第三产业2157万元。完成财税收入223万元，农民人均纯收入3610元。

农业

种植业 境内传统种植业以水稻、红薯、蔬菜为主。全乡耕地保有量保持在8697亩，基本农田保护面积7527亩。20世纪70年代后期，推广杂交水稻，促进了粮食增产。21世纪初，特色种植兴起。2000年，东洛乡从福建省引进巴西菇（姬松茸）种植，建立28个巴西菇生产大棚进行试验，一举获得成功。此后，该项目在其他乡镇推广。同时，引进投资商兴办蔬菜基地，先后在下洞村、上洞村发展红茄基地200亩，植甜玉米200亩，香芋300亩；在东山林场试种天麻2万株、石斛3万株。2014年，全乡农作物总播种面积14474亩，其中粮食播种面积8400亩，粮食总产量2676吨。

养殖业 境内养殖业主要以养猪、鸡、鹅、鸭、犬、牛等家禽家畜为主。20世纪50年代，政府提倡多养耕牛牲畜，家家喂猪积肥。农村实行家庭联产承包责任制后，养猪的积极性提高。2000年后，生猪散养户减少，规模养殖大户兴起。2014年，引进规模养牛、养羊、养鹅项目各1个。培育和扶持生猪养殖大户4户，养殖科技示范户10户，全乡生猪年出栏达到6000余头。

林业

境内林业资源丰富。旧时，由于交通不便，林木资源没有得到充分开发利用。1965年，全县兴起大办杉木林基地热潮，东洛公社兴办五里排杉本林基地。自始，坚持每年冬春组织全社劳动力上山造林。1972年4月，境内高山地带飞播马尾松。1973年，东洛至江子垅、中泥坑公路修通，又组建东山采育场。到20世纪80年代中期，以五里排杉木林基地为基础，将东山采育场更名为东山林场，经营面积10万亩，为省内最大的乡办集体林场之一。1989年,东山林场荣获林业部“质量全面管理先进单位”称号。自办场以来，坚持造林、育林、护林、采伐并举，其木材销售收入或活立木拍卖收入,是乡、村集体经济的重要来源。

进入21世纪以后，经济树种造林得到重视。自2007年后，油茶林新造和低改累计2000亩，发展厚朴、黄柏、金银花等药材林1800亩，小水果种植300亩，实施楠竹新造和低改1200亩，发展花卉苗木600亩。2012年，对东洛至沙田等路段补植补种，通道绿化6公里。2014年年底，全乡有国家生态公益林37449亩，省级生态公益林7786亩。

工业

由于地处偏僻，工业基础薄弱。旧时，只有传统的以家坊式为主的手工业，制作木制品、竹制品等生产生活用品。20世纪90年代后期以来，随着交通、电力状况改善和林木资源开发利用，乡办林场办起木材加工厂，对木材简单加工成木板或方条，销往县外、省外。并开始引进投资商开采硅石和竹木加工。1998年，从福建引进资金300万元，兴办闽东矿业有限公司，从事矿石开采与加工。2005年，开发引进活性炭厂1个，竹木加工厂4个。2007年，引进东洛机砖厂、东洛针织厂。2008年，引进塑料加工厂、木材加工厂等项目，对东明矿业、致祥矿业进行了重组恢复生产。2014年，全乡第二产业增加值实现3968万元。

商贸服务业

清代、民国时期，境内处于自给自足的半自然经济状态,商品贸易不发达,加之地处大山深处，人口少，辖区内一直没有设市场，居民赶集都往邻近的沙田墟。20世纪60年代后期，境内有供销合作社门市部，经营日用商品和农资。改革开放以来，村民开始走出大山经商做生意。供销体制改革后，乡政府附近开设了几家个体小卖部。

2010年以来，利用红色和绿色资源，大力发展旅游业。境内的赤水仙是中共湘粤赣特委和湘粤赣边区红军游击支队总部所在地，并以此为中心坚持了三年艰苦卓绝的游击战争。2014年，齐云峰森林公园被评为国家级森林公园，而该乡的东山林场是齐云峰森林公园齐云山片区的重要组成部分。到2014年年末，发展农家乐4家。

基础设施

交通运输

新中国成立前，境内没有公路，当地人们出行主要依靠步行，货物则靠肩挑手提。1949年6

月桂东新中国成立后，特别是20世纪70年代以后，境内交通事业发展迅速。

1970年，修通沙田墟至东洛公社驻地6公里公路。1973年，建成东洛公社驻地至（东山林场）江子垅、中泥坑公路。1992年，县林业局投资8万元，新修普乐梅子哨至东洛溪坑段2公里公路，接通普乐和东洛两乡林场，使上五线全线贯通。2001年，东（洛）堡（江西上堡）公路工程竣工。至此，从沙田经东洛至江西省崇义县上堡乡全线贯通，全长40.21公里。其中，沙田—东洛路段于2006年实现砂改油；2012年，东洛至双洞路段实现硬化。同年，沙江线（沙田—小水江）路段由原X006升级为S352线。

2000年后，实施通畅通达工程，各村组掀起修路高潮。2006年，硬化上洞至下洞3公里公路。2007年，完成乡政府至五花、上洞至芳村2条公路共6.5公里水泥硬化通畅工程。2009年，投资250万元、总长12公里农村公路通畅工程完工。2010年，完成东洛村白水组3公里通组公路工程。2011年，通过盘活乡集体林场资产投入配套资金38万元，实施联合村里程组至南麻山组、下洞村至东洛村白水组共4.7公里的农村公路畅通工程。2013年，硬化双洞、上洞通组公路2公里。2014年，新修五花村和东洛村通组公路。至2014年年底，全乡8个村及东山林场全部实现通村水泥公路。

邮政通信

境内邮政业务历来属沙田邮政机构管辖。20世纪70年代后期，东洛公社到各大队的有线电话开通，为摇把子电话机。1995年境内程控电话开通。2003年，东洛移动基站建成开通。2005年，小水江移动基站扶贫工程完工。2009年，投资80万元的东洛电信基站建成投入使用。2011年，新增通电话自然村2个和行政村通宽带村3个。2013年，建立东洛邮政所，开设邮政、报刊发行和邮政储蓄等业务。到2014年年底，境内有移动基站3座，移动通讯可覆盖全乡97%以上人口聚居区。固定电话用户448户，用户普及率37.08%；移动电话用户1080户，用户普及率为89.4%。

供电饮水

供电 旧时，照明用桐油灯、干竹片、干向日葵杆。民国后期，始用煤油灯。20世纪60年代末，东洛公社的芳村、中泥坑、联合等小水电站相继建成发电，村民开始用电灯照明。1979年，建成公社电站，架设高压线15公里，形成了供电网络。1998年，县出台鼓励民营资本开发小水电，境内开始兴建民营小水电站。1999年3月，郴州金鑫水电开发有限公司与桂东县政府签订小水江梯级电站投资开发协议。其中，2003年8月，一级五里坳电站建成发电；2005年5月二级大江边电站和三级中泥坑电站建成发电。此后江子垅电站、联合电站、小江边电站相继建成。到2014年年底，境内共有小水电电站6座，总装机1.35万千瓦。村民用电质量得到保证。

饮水 旧时，辖区民众饮水靠肩挑手提方式来取山泉水或河水。20世纪80年代后，部分群众在门前屋后打井引水。90年代，村民采用塑料水管从泉水源头引水进户。2000年后，开始实施安全饮水工程。2007年，投入近50万元，实施安全饮水工程，新建蓄水池19个，解决了上洞、下洞、联合3个村共1500余人的饮水困难问题。2009年，投入资金13万元，实施东洛村、五花村安全饮水工程，解决了1400人饮水困难的问题。2014年，在九岭村、下洞村、东洛村实施农村安全饮水工程，受益人口1500人。至此，全乡有人蓄饮水工程8处，全乡安全饮水人口增至85.9%。

水利建设

境内多山地，地质灾害较多，尤其是滑坡泥

石流等地质灾害，水利设施建设难度较大，水利灌溉主要以传统的水渠灌溉为主。新中国成立后，政府号召群众投工投劳大兴水利建设，农田灌溉状况逐步得到改善。上世纪70年代，兴修了东洛上下渠道和上洞下洞渠道，使境内90%的稻田旱涝保收。20世纪90年代后期，在东洛乡东山林场境内兴建五里坳小Ⅰ型水库，库容量690万立方米。进入21世纪后，随着对水利建设的投入增加，水利设施得到较大改善。2007年，修复水毁河堤3000米，整修水渠20处8000米，改善灌溉面积2000亩。2008年，实施下洞村等小农水灌溉工程，全乡改善灌溉面积1500亩。2009年，投资400万元，实施五花、下洞2个村4000亩的中低产田改造。2010年，完成水渠硬化3公里，恢复"6・20"洪灾水毁农田水渠38处1200米。2012年，实施东洛村国土整理项目，整理国土面积600亩。2014年，完成投资700万元的东洛农业综合开发项目，新建河堤5.7公里，新修水渠22.3公里，新修并硬化田间生产道路2.6公里，有效改善了上洞、东洛、下洞三个村的农田水利排灌条件和生产生活条件。

村镇建设

政府驻地 乡政府驻地在下洞村田心组。新中国成立后，利用接管旧乡公所的公房办公，机关办公用房为简易的泥木结构房子。20世纪70年代，随着机构的扩大、人员的增多，对办公和生活用房进行维修和扩建。80年代初，随着乡集体林场效益渐好，新建了乡政府办公大楼。2008年，160平方米的乡司法所建成投入使用。2010年，在乡政府旁边兴建生态休闲广场。2012年后，实施"绿城攻坚"工程，对生态休闲广场、乡政府机关庭院、中心小学校园和下洞村居民区、民房联建点进行景观绿化、美化。2014年，建设沿江大道。

村庄建设 清代、民国时期，境内村民房屋多为干打垒茅草屋，少数富裕人家建有瓦木结构房子。1949年6月桂东新中国成立后，群众的居住条件不断改善。改革开放后，村民对自住房进行新建或者改建，多为瓦木结构房子；少数富裕人家建砖混结构房子。2000年后，各村（居）委会先后新建办公楼。村民新建房子均为砖混结构。2009—2011年，联合、九岭、上洞、小水、下洞、五花等村的村部改造或新建。2011年，投入资金400多万元，建设下洞村田心组农民新村1个，新建住房35户。2013年，实施"点亮村庄"工程。东洛乡政府至沙田墟路段沿线安装太阳能路灯96盏；东洛村村部周边安装路灯30盏。2014年，在田心组征地19.2亩，高标准建设农村建房集中联建点，规划住户64户，每户建筑占地100～120平方米，采取政府扶持、统一规划、统一设计户型、统一配套设施，成为全县仅有的乡级自主建设示范点。同时深入开展农村环境卫生综合整治和"碧水工程"，对下洞田心组，东洛山背组、上洞茶园下等组建筑物立面改造工程，增设环卫设施，村民的居住条件得到进一步改善。

社会事业

教育科技

教育 民国时期，以私塾教育为主。新中国成立后，教育事业得到发展。新中国成立初期，境内有下洞初级小学等小学3所。至1983年，有1所东洛中学，小学11所，有在校生857人。90年代初，调整为1所中学、1所中心小学，7所村小。20世纪90年代后期全县调整中小学校布局。1997年，上洞、东洛2所小学合并组建东上苗圃希望小学；1998年，东洛中学撤并到桂东二中；至2003年，境内各小学及东上苗圃希望小学先后撤并到东洛中心小学。

随着对教育的投入增加，学校设施和教学条件进一步改善。21世纪初，新建近1000平方米的东洛中心小学教学综合楼，并装备了多媒体教室。2009年，整修东洛中心小学学生餐厅、硬化操场等。2010年，新建东洛中心小学学生住宿楼、食堂各1栋。2011年，东洛中心小学合格学校建设顺利通过验收。2013年，东洛中心幼儿园建成投入使用。2014年，全乡小学适龄儿童、初中适龄少年入学率100%，小学在校生年巩固率都为100%。

科技 1949年桂东新中国成立后，科技逐步在生产中应用。1953年3月，农业合作化后，境内开始推广单季稻改双季稻，高秆稻改矮秆稻，冬泡田改冬种。1956年推行油茶垦复。1958年人民公社化后，全面贯彻农业"八字宪法"，推广新技术、新式农具和新法养猪。20世纪70年代初，东洛公社农科站研究叶龄差在山区制种的应用，采取喷施长风3号叶面保温剂调节花时、增加花粉量以提高制种产量。70年代后期，推广杂交水稻种植技术。2000年，在全县率先引进巴西菇种植技术，并被科技部批准为国家级星火计划，列入全国科技扶贫重点项目。进入21世纪后，该乡积极配合县直涉农部门科技下乡活动，推广甜玉米、小水果种植和楠竹低改技术，促进了农业产业结构调整。结合劳务输出，每年举办农村劳动力技能培训3期以上，促进农村劳动力转移就业。

文化体育

旧时，村民日出而作，日落而息，文体生活简朴，村民文体活动主要有舞龙、跳绳、踢毽子等。境内东洛一带有过"禾苗节"的习俗，在农历六月六这一天，村民舞稻草龙，祈求农田丰收。新中国成立后，村民文体生活逐渐丰富。20世纪60年代，有电影队到村定点巡回放映电影，并组织青年劳动力利用农闲时间进行武术、军事训练。70年代初，村民通过有线喇叭收听新闻和文艺节目。仅1970年，东洛公社入户喇叭便发展到400只，入户率达58.14%。80年代以后，群众家庭收入增加，逐步购买收音机、录音机。体育运动也日渐活跃，球类、田径等活动受喜爱，各村小均有简易的乒乓球台、篮球场和田径跑道。1985年，乡政府安装电视差转机，转播省台电视节目。90年代后，先富起来的农户购买电视机，收看中央、省台电视节目。2000年后，文体事业得到进一步发展。2007年，东洛籍民营企业家郭垂桂出版发行长篇纪实小说《远山》。2008年，在乡政府院内新建标准化篮球场。2009年，完善东洛中心小学的运动场。同年，乡政府为农户免费安装卫星信号接受器220套，解决800人看电视难的问题。2010年，投资35万元，新建1所建筑面积300平方米的乡文化站。随后，各村相继建设农家书屋，乡文化站和村农家书屋藏书15000册，并免费对外开放。从2011年起，开展送电影下乡活动，每年组织送数字电影下乡72场以上。从2013年起，实施农民健身工程，在生态休闲广场和农民建房集中联建点修建健身路径，配置健身器材，进一步丰富民众文体生活。至2014年，全乡有乡文化站1个，农家书屋8家。

医疗卫生

民国时期及新中国成立初期，村民治病以中草药为主，有的则前往医疗条件较好的沙田就医。1958年人民公社化后，创办东洛卫生所，配备保健员、卫生员、接生员，担负大队防治及新法接生工作。各大队组建卫生室，由当地赤脚医生负责常见病治疗。盛夏，民众集体劳动期间，民众自采草药熬制汤水饮用防暑。1966年，成立公社卫生院。1970 年，境内农村实行合作医疗。1978 年，部分学校配备兼职校医或保健老师。1982 年，农村实行家庭联产承包责任制后，合作医疗解体，赤脚医生开展个体行医。2006 年，新建乡卫生院综合办公楼，并完善乡卫生院医疗设施。2007 年，开始实施新农合制度，新农合参合率稳定达到 95% 以上。2012 年以来，每年组织开展农民健康体检，至 2014 年年末，全乡有乡级卫生院 1 所，床位 4 张，村级卫生室 8 个。乡卫生院有专业卫生人员 4 人，其中执业医师 1 人。全年农合补偿金额达 180 万余元。

社会保障

清代、民国时期，生老病死无任何社会保障。新中国成立后，对境内“五保”户实行政府供养。合作社、人民公社期间，由生产队负责。1988 年，试行“五保”户承包责任制，由村民把“五保”户的生养死葬包下来，“五保”老人死后，其房屋财产和自留山由承包户继承，责任田由承包户延期承包 3 ~ 5 年。1991 年，对“五保户”实行分散承包供养责任制，由村民或旁系亲属帮助种好双份责任田并照顾好起居生活。2006 年后，积极推广新型农村养老保险，完善最低生活保障和扶贫帮困等一系列社会保障制度。2007 年，投资 75 万元，兴建占地面积 12 亩、建筑面积 1000 平方米的养老院，集中供养五保老人 50 名。2010 年起，实施农村危房改造工程。至 2013 年，完成 300 户的农村危房改造。2014 年，全乡有低保户 170 户，新农保任务超额完成。全年发放低保资金、大病救助资金等救济金 17.4 万元，保障了困难群众的正常生产生活。

东山林场风光

东洛禾苗节

特色地情

风景名胜

东山林场 东山林场是齐云峰国家森林公园齐云山片区的重要组成部分。面积达十万亩。林场内动植种类繁多，有中国中亚热带地区特有的第三纪残遗树种——南方铁杉群；有被誉为植物“活化石”的红豆杉群；有一级保护植物伯乐树和福建柏等；有黑鹿、鹰嘴龟、猕猴等多种国家二级保护动物。境内峡谷幽深，流水湍急，飞瀑成群，有绵延300米的冰臼群；赤水仙是湘粤赣边区红军游击支队总部所在地，石峰千仞，峨崖万丈，惊险异常，是登高探险的不二之选。

民俗风情

六月六禾苗节 农历六月初六，东洛一带有过禾苗节的风俗。其初衷是祈求神灵庇护，避免虫害，期望农田丰收。此期间正值庄稼旺盛生长季节。每年六月初六那天，由年长的村民组成一支“禾苗节”民俗队伍。事先准备好稻草龙，稻草龙由7人或9人舞，唢呐、锣鼓齐奏。后面跟着12人的队伍，前6人左手提一小袋丰熟米，右手提着一艘一尺大小的游船仔(稻草船)；后6人左手提着一只仔鸭，右手提着一些祭祀品。稻草龙每到一户农家，家家放鞭炮迎接。随后给屋主送上一包丰熟米，屋主将事先捉到的害虫用红纸或南瓜叶包好放在游船仔里，意为庄稼无虫害。事毕，至回龙仙焚香燃烛，呈祭果、杀仔鸭、焚害虫等，行祭祀礼。2012年7月桂东“六月六禾苗节”已被列为市级非物质文化遗产保护名录。

（郭玉环　供稿）

沙田镇 >>

沙田镇是全国小城镇建设重点镇，系《三大纪律、六项注意》(后发展为《三大纪律、八项注意》)的颁布地。

区域概况

位置面积

沙田镇位于县南，镇政府驻地距桂东县城31公里，系桂东县的“南大门”。地理坐标为北纬25° 44′ 36″ 至25° 54′ 6″，东经113° 43′ 6″ 至113° 50′ 20″。东与普乐镇、东洛乡毗邻，南与汝城县田庄乡、壕头乡接壤，西与青山乡交界，北与贝溪乡、大塘镇相接。原大水乡古岭村、建林村、云里村并入沙田镇之前，辖区东西直线距离9.8公里，南北直线距离10.3公里，总面积81.13平方公里。2014年年末，全镇土地总面积107.31平方公里。耕地面积986.27公顷，其中水田959.87公顷。

建置沿革

康熙三十年(1691)属零二都。民国初期全县设5都18乡，为二都大坪南乡；民国18年(1929)改都为区，全县划为5区20个乡，隶属第三区；民国28年(1939)，废区设乡，全县划为16个乡，属广平乡；民国29年(1940)全县并为8个乡，属东平乡。

1949年6月16日桂东解放，废除旧乡、保、甲制度。在行政区划上，暂沿旧制，全县区域仍分8个乡，仍属东平乡。1950年3月，全县设区并乡，划为3个区，2个办事处，东平乡与永安乡同属沙田区；10月，全县各区改以按序号命名，隶属第三区。1955年6月区复名，隶属沙田区。1956年6月撤销区的建制，全县划为18个乡、1个镇，为沙田乡。

1958年9月，实行政社合一，全县组成9个人民公社，属火箭人民公社；11月桂东县与汝城县合并为汝桂县，火箭人民公社改称沙田人民公社。1959年5月沙田人民公社分为沙田人民公社和大水人民公社。1961年4月，沙田人民公社分为沙田、龙头、普乐3个人民公社，5月，汝桂分县，恢复桂东县建置，沙田属之。1962年龙头人民公社分为东洛人民公社和龙头人民公社。1964年12月沙田人民公社、龙头人民公社、贝溪人民公社合并为沙田人民公社；1966年10月贝溪人民公社从沙田人民公社析出；1982年12月恢复沙田镇，沙田人民公社分设沙田镇和周江人民公社。1984年，省人民政府批准沙田为乡级建制镇。

1984年3月改社建乡，改周江人民公社为周江乡；12月沙田镇与周江乡合并为沙田镇。2012年5月，撤乡并镇，原大水乡古岭村、建林村、云里村划归沙田镇管辖。

行政区划

20世纪80年代前，随着建置的多次调整，其行政区划随之变化。1983年，沙田公社辖水庄、江湾、大河3个生产大队和万寿宫、燕岩桥2个居委会，共30个生产队；周江公社辖周江、径口、联洞、开山、胜利、文昌、龙头、大湖、大坑9个生产大队，1个农业组，共112个生产队。1984年12月，沙田公社与周江公社合并为沙田镇后，沙田镇人民政府辖万寿宫、燕岩桥2个居委会，大坑、大湖、龙头、文昌、大河、江湾、胜利、开山、径口、联洞、周江、水庄12个村，共143个村民小组。2011年，2个居委会更名为社区。2012年5月，撤并大水乡，原大水乡古岭村、建林村、云里村3个村共26个村民小组划归沙田镇管辖。至此，沙田镇辖万寿宫、燕岩桥2个社区，大坑、大湖、龙头、文昌、大河、江湾、胜利、开山、径口、联洞、周江、水庄、古岭、建林、云里15个村，共169个村居民小组。

自然环境

境内属典型山地地貌，地势四周高中部较平坦，地形复杂。最高峰大峰仙位于古岭村，海拔1354米；最低点胜利村，海拔600米，境内平均海拔635米。镇域属亚热带季风性湿润气候，四季分明，冬暖夏凉，小气候复杂多变，垂直差异较大。1980—2010年年平均气温16.4℃，1月平均气温6℃，7月平均气温25.4℃，无霜期年平均248天，年平均日照时数1677.5小时，年平均降水量1747.9毫米；降雨集中在每年3月至8月，6月最多。自然灾害主要有干旱、洪涝、寒冻等，以旱灾和水灾危害最大。沤江、淇水贯穿境内。矿产有煤、钨、石灰石等，煤分布于文昌、龙头、大湖等村；石灰石分布于水庄、大湖等村。全境土壤以黄红壤、黄壤为主。植被多见果木、油茶、杉木、松木、楠竹、杂竹等，林木储积量丰富，负氧离子含量高。2013年，“十二五”森林资源规划设计调查，林地面积7627.9公顷，活立木总蓄积464803立方米，森林覆盖率70.37%，林木绿化率71.44%。

人口民族

新中国成立前，境内人口不详。1953年第一次全国人口普查，有总人口2602户10029人。新中国成立初期，因生产力水平和医疗条件差，平均寿命较短，人口增长率较低。1964年第二次全国人口普查，总人口2771户11304人。随着人民群众生活水平的提高，医疗条件的改善，自然死亡率降低、平均寿命普遍延长。1982年第三次全国人口普查，总人口增至3354户15714人；1990年第四次全国人口普查，总人口增至4367户18184人。随着计划生育政策的严格执行，人口增长率显著降低。2000年第五次全国人口普查，总人口为4730户17852人，人口数量出现负增长。随着人口基数增大、流入人口增多，计划生育管理难度增大，人口不断增多。2010年第六次全国人口普查，总人口25074人，总户数6880户。至2014年末，总人口27593人，总户数7893户，其中农村人口8354人。人口密度340人/平方公里。男性15297人，占55.43%。乡村劳动力资源15707人。人口以汉族为主，2010年人口普查时，有嫁入的少数民族30人。

经济发展

经济综述

境域经济，以农业、商贸加工、煤炭业等为

主，沙田墟是湘粤赣边贸市场，是湘南五大集镇之一，商贸活跃。1949年桂东新中国成立后，逐步成为县内的工业基地。农村实行家庭联产承包责任制后，蔬菜种植、建筑、交通运输等产业全面兴起。20世纪90年代之后，工业得到快速发展。2000年后，凭借《三大纪律·六项注意》颁布纪念地及丰富的红色文化资源，旅游产业得到发展。2012年，列为湖南省第三轮示范镇、郴州市“十二五”示范镇建设重点镇。2014年，列入全国小城镇建设重点镇。当年，全镇实现地区生产总值3.73亿元，其中，第一产业4504万元，第二产业1.96亿元，第三产业1.31亿元。完成财税收入2523万元，农民人均纯收入4719元。

农业

沙田镇海拔较低，阳光充足，地势相对平坦，土地肥沃，是全县主要产粮区。

种植业 传统农业以种植水稻为主，民国时期和新中国成立初期，以单季稻为主。旱土则种植红薯、玉米、蔬菜。1951年2月，第三区培英乡（今沙田镇江湾村）在全县成立第一个农业互助组。1958年春，沙田联盟高级农业社（江湾）试种烤烟成功。1964—1975年开展“农业学大寨”运动，兴修水利，开荒造田，有效增加了耕地面积和灌溉面积。1965年，试种双季稻。20世纪80年代，沙田被确定为双季稻主产区。在确保粮食稳产的基础上，不断调整种植结构。1998—1999年，在周江、径口、大坑等村种植烤烟600亩。在江湾种植荷兰豆200亩。进入21世纪后，各类特色种植渐成规模并稳定发展。2007年，推广超级稻5800亩。2010年，引进恒嘉农业开发有限公司，在境内种植雪莲果等。2013年，在文昌村设立200余亩杂交水稻高产示范片。至2014年，全镇农作物总播种面积31193亩，其中粮食播种面积20090亩，粮食总产量6487吨。有蔬菜基地2000亩，产蔬菜3038.4吨；甜玉米基地400亩。先后成立21个农业专业合作社。

养殖业 境内养殖业以鸡、鸭、犬、猪、牛等家禽家畜为主，有少部分从事水产养殖。1955年文昌水库建成后，利用水库进行养鱼。1958年“大跃进”时期，大办集体养猪场。1972年，县农业局在沙田大河征地19.5亩，建成县鱼苗鱼种场，进行鱼苗鱼种的繁育。1978年，境内全年饲养生猪8382头，生猪存栏5267头。1981年后，绝大部分集体养殖场停办。1983年，文昌水库养鱼承包给农户，年均产鱼在1吨以上。20世纪90年代，随着农业机械化发展，养牛农户和牛存栏数相对减少，养殖业逐步向规模化、专业化发展。2002年，引进广东清远铜鹅，效益较好。2014年，全镇有养殖场22个，出栏生猪16586头，出栏家禽12.5万羽，养殖业总产值1640万元。其中，建成5个生猪标准化规模养殖场，年出栏肥猪1800头，仔猪1200头。

林业

境内传统林业以杉木、楠竹为主。1964年，创办沙田转湖社办林场。1972年4月，在境内飞播马尾松。1987年，县林业部门按照“山权不变，林权共有，林木共管，利益分成”的原则，以开山、径口村山地为主创办县内第一个县、乡、村、组、户联合经营的桃洞林场，采取全砍全造方式营造杉木速生丰产林。20世纪80年代末90年代初，县木材公司在境内兴办高壁坑联营林场。同期，周江村在县林业局支持下创办板栗生产基地。90年代后期，境内低山地带森林植被逐渐恢复。1997年，镇政府从湘西自治州、怀化等地引进米良一号猕猴桃、金秋梨、新世纪梨等品种，在江湾村兴建水果基地200亩。

2000年后，县委、县政府鼓励发展非公有制林业，转湖林场山地租给私营业主经营。同时，金银花、板栗、油茶等经济林种植得到发展。2007年，全镇种植金银花300亩，发展板栗基地100亩。2011年，标准化种植油茶1000亩。2013年，在106国道沿线建成花卉苗木基地790亩。至2014年年底，境内有国家生态公益林23605亩，省级生态公益林8211亩。

工业

沙田是全县的工业基地，工业较为发达。

建材加工制造业　清代、民国时期，境内鸡公脑、水庄等地建有石灰窑，用煤焙烧石灰石。1953年，县农具厂（后改为桂东县农业机械厂）迁至沙田。1954年，成立沙田木工生产合作小组，制作桌、椅、柜、凳等家具。1958年县商业局在沙田兴建沙田酒厂生产白酒，后不断扩大规模，生产五加皮白酒、沙田小曲、十全大补酒、灵芝补酒和散装䅟籽酒等，颇受顾客欢迎。1960年，组建沙田水庄联营石灰厂。1970年，县委、县革委在沙田水庄兴建桂东县水泥厂。20世纪80年代后，个体或群众合伙经营的石灰窑增多，沙田水庄联营石灰厂解体。1982年，郭远标成功研制微型“山村明珠牌”水轮发电机组和铁辊式节能碾米机,并创建南方微型水力发电机制造厂（1994年停产）。1988年1月，经省经委批准，在沙田镇大河村新建桂东县复合板厂，次年投产。后因原材料供应不足和市场影响停产。1992年，县水泥厂搬至沙田镇太湖村鸡公脑，并进行技术改造。产品大部分销往县内，少量销往江西省上犹、遂川等地。1998年，沙田建起规模较大的机制砖厂和钾长石加工厂。

2000年后，通过招商引资，境内工业进一步发展。2000—2001年，相继引进瑞顺木业、泰兴木业、广友人造板厂、湘浙活性炭厂、百龄木业、太荣木业。2001年8月，沙田镇创办沙田民营工业园区。2003年，引进青元木业有限公司，新办周江硅粉厂、联洞竹筷厂、大坑竹地板原料厂。2005年，引进永丰人造板厂、石磨岭木材加工厂、江湾画轴加工厂、兴业针织厂等。2007年，创办星科化工公司高氯酸钾厂、鸿翔装饰材料厂等。2009年，桂东奇奇服装厂进驻沙田，加工生产服装。2010年，新建的三正手袋厂开始加工生产。此后，陆续引进旅行者箱包、圣亚手袋厂等企业。

冶炼业　1998年，沙田建起硅铁冶炼厂。2001年，引进利达（香港）有限公司在沙田镇江湾村创办利达（桂东）锌业有限公司，建成2×2000千伏安炼锌电炉一座，年生产锌锭能力为5000吨，2002年竣工投产，后因市场等因素而停产。2009年，完成硅工业小区的基础设施建设。2010年，陆续引进金诚硅业、华盛硅业、金源硅业三大硅厂，总投资2.4亿元。至2014年年末，全镇有冶炼企业5家，总产值达1.15亿元。

煤炭业　沙田辖区内煤炭储量较多，煤层较厚且稳定。清末，沙田等地有私人开采煤炭。1951年，县人民政府在沙田镇开办国营沙田煤矿。人民公社化后，开始办社队集体小煤矿。1962年，停止集体和私人采煤，实行以销定产。70年代，通过改进采煤技术，采煤功效进一步提高。1980年，国家投入资金26.5万元建设龙头、大湖、文昌、径口、四都5条生产万吨以上的窿道，同时关闭不安全的窿道，推进乡村小煤窑健康有序发展。1998年，沙田煤矿改为股份合作制企业。1998—2002年，沙田煤矿产原煤4.97万吨。2002年3月，全县进行煤炭安全生产专项整治，取缔镇内非法小煤窑，只保留沙田矿区7个小煤窑生产。2007年，关闭文昌村煤矿，整合了大湖、龙头等两家煤矿，启动沙田煤矿的改制工作。2010年，根据上级精神，关闭停产大湖煤矿、鑫发煤矿，至此，境内所有煤矿全部关停。

商贸服务业

商贸 沙田市场明代始设市，是湘粤赣边界有名的农村集贸市场，号称湘南五大市场之一，辐射周边3省9县20多个乡镇。清代中叶起，江西、广东和茶陵、攸县等地商人陆续到沙田经商，初期以行商为主，逐渐开设店铺，私营商业逐步发展。民国时期，沙田墟有店铺360余间。新中国建立后，境内商贸服务业进一步发展。人民公社化期间，个体私营商业逐步减少。改革开放后，个体私营经济发展迅猛，货源品种增多。沙田牲畜专业市场远近闻名，经营仔猪、牛、家禽，仅仔猪交易量，墟日则多达2000多头。1997年，建成竹园街，拓展了沙田商贸市场。2005年后，鑫旺超市、家家润等超市相继开业。2007年，建成桂东县最大的农贸市场——湘赣边贸大市场，有铺面143间、摊位252个、住宅32套。2009年，启动沙田物流中心建设。至2014年，全镇已建成专业市场2个，个体工商户达764户，商铺商贩300余家，社会消费品零售总额达8亿元。

饮食服务 民国时期，沙田服务业主要为饮食、理发等。1956年社会主义改造后，境内有合作饮食店61户。1976年，沙田供销社在饭店内兼设旅馆。1978年，开设照相馆1处。1979年，允许社队开办商业服务业，境内服务业得到发展。1980年后，饮食、理发、照相、旅馆等服务业蓬勃发展，个体私营店纷纷开业。20世纪90年代初，镇内服务业务主要有住宿、理发、摄影、缝纫、打字、日用品等，尤以餐饮、批零等服务业发展较快。1991年，中国农业银行桂东县支行设沙田营业所。2011年，沙田大酒店建成正式营业。至2014年，全镇有申通、圆通、EMS等快递公司服务点，中国农业银行、中国邮政储蓄银行、湖南农村商业银行等金融服务网点。"农家乐"、网吧、美容美发、摄影、打字复印等服务业兴旺。

旅游 20世纪90年代以前，境内旅游业发展缓慢。90年代以后，政府依托境内有"三大纪律·六项注意"颁布旧址、万寿宫、沙田戏台等红色旅游资源，发展旅游业。2008年9月，建成第一军规广场，2010年被列为"湖南省全民国防教育基地"，2012年列为"湖南省廉政文化教育基地"，"三大纪律·六项注意"颁布旧址先后被列为省级爱国主义教育基地、全国红色旅游经典景区，和"百姓喜爱的湖南百景"。形成了以第一军规广场为中心，涵盖万寿宫、沙田戏台、同益店、"三大纪律·八项注意"颁布纪念地、红色文化手绘墙等丰富旅游资源。省内外慕名前来沙田参观、接受革命传统教育和爱国主义教育游客不断增多。2013年，郴州市生态文明现场会在沙田举行。2014年，扶持一批"农家乐"建设。2014年，游客总量达20余万人次，旅游总收入突破1.5亿元，红色文化旅游业已成为全镇的一大主导产业。

基础设施

交通运输

交通 明、清时期，境内有石壁山路、围罗界路两条主要的出入境古步道，东至江西崇义，南抵汝城、广东乐昌，西可达兴宁县。清同治五年（1866），有普济渡、东坝渡、泷头渡3处渡口。民国时期，有马道桂汝线经过沙田。

新中国成立后，境内交通不断发展，并将原有主要乡村步道逐步改造成公路。1956年4月通车的宜汝桂路经过沙田。至此，沙田有了北往桂东县城，南下汝城县的公路。后该道路命名为106国道。1970年，沙田至东洛6公里公路建成通车。1992年，沙田煤矿至石壁山段由等外路改造为四级公路。1997年，106国道沙田段沙路改油路工程全线竣工。2003 年 9 月 18 日，沙田镇龙头村 18 个村民小组组组通水泥公路，该村成为县内第一个组组通水泥公路的村。2005 年，硬化红桥至水泥厂 4.5 公里公路。2005 年，6.6 公里的云里村通村公路改造全线启动。2006—2008 年，先后完成大河、文昌、大坑、联洞、径口通畅工程。2010 年，通过境内的炎汝高速开始修建。2011 年，总投资 1200 多万元的原大水乡古岭村至四都乡干线提质改造工程开工建设。2012 年，投资 200 余万元的龙头大桥顺利通车。至 2012 年，全镇所有行政村均已通水泥路或柏油路。2013 年，106 国道开山至沙田段公路升级改造工程完成，对沙田至大塘旅游公路升级改造。是年 12 月，炎汝高速竣工通车，并在沙田设有互通口。2014 年，修建沙田竹山下至贝溪乡贝溪村公路，开工改造省道 S201 桂东泥塘至石壁山公路。

至 2014 年，有炎汝高速公路、106 国道和 201 省道、352 省道贯穿全境。平汝高速在境内有里程 14.9 公里；106 国道境内里程 13.5 公里；省道 S201(桂东县泥塘－汝城县小垣)，境内里程 11.5 公里；S352(桂东猴精石－江西门)境内里程 4 公里。有通村公路 11 条共 32 公里。

运输 新中国成立前，境内货物运输主要靠肩挑手提。1956 年宜汝桂公路通车后，湘运郴州公司有客运班车经过沙田，并在沙田设有汽车站，经营客货运输业务。20 世纪 70 年代，县运输公司开通桂东至沙田客运班车。货物运输主要以手扶拖拉机、中型拖拉机为主。改革开放以后，随着流动人口大幅度增加，沙田汽车站成为县内最热闹的起点站和中转站。80 年代后期，先富起来的农户逐步购置农用“小四轮”、“双排座”、大型货车从事运输业。90 年代后，个体户开始购置小型面包车（“面的”）从事县城至沙田客运服务。2004 年以后，“零担”运输业务兴起。2014 年 11 月，开通桂东县城至沙田城乡公交，极大方便了境内群众。个体“面的”随之停止客运服务。

邮政通讯

光绪二十九年（1903），境内通邮路。清宣统二年（1910）年后，设立沙田邮政代办所。民国 19 年（1930）后，设有沙田至贝溪 5 公里农村电话线路。民国 32 年（1943），设立沙田电信营业处。民国 33 年（1944），抗日战争中，通信线路被破坏。民国 34 年（1945），重新开通县城至沙田墟电话。

1949 年桂东新中国成立后，邮电事业不断发展。1952 年，通市内电话，1977 年实现市内电话自动化。1991 年，有桂东至沙田明线载波线路 1 路，农话线路 4 路。1994 年，开通使用桂东至沙田光缆线路。1995 年后，陆续开通程控电话和模拟移动电话。1999 年，兴建沙田数字移动基站（GSM）及沙田联通数字移动基站。移动电话开始进入寻常百姓家庭。2007 年，新建开山、大湖两个移动通讯基站。2008 年，新建周江村联通基站和建林移动基站。2009 年，新建古岭电信无线基站。至 2014 年年末，镇内有邮政网点 1 个，乡村通邮率 100%。有电信服务运营商 3 个，固定电话用户 2436 户，用户普及率为 30.85%；移动电话用户 7739 户，用户普及率为 98%。

供电饮水

供电 新中国成立前，境内居民使用桐油、煤油灯等照明。1958 年，沙田水电站建成，安装 24 千瓦发电机。境内架设一条 4 相 4 线低压供电线路，居民开始使用电灯照明。1963 年，沙田煤矿购置 2 台 57 千瓦的煤气发电机组用于照明。20 世纪 60 年代末，原大水乡的云里、古岭、东风等小水电站相继建成。1970 年，在中央“大办五小工业”号召下，县委、县革委决定在沙田兴建燕岩桥水电站，于 1976 年建成发电，装机 2000 千瓦。

1977 年，架设沙田电站至沙田煤矿、沙田机械厂 6 公里 6.3 千伏高压线路。此后，又架设沙田电站至水泥厂 4 公里 6.3 千伏线路。1985 年 4 月，完成沙田至寨前 35 千伏线路架设，全长 19.6 公里。1995 年 3 月，县内自行设计、施工的第一座变电站——沙田 35 千伏、容量 6300 千伏安变电站启动运行。2001 年，装机 7000 千瓦的石磨岭电站建成投产。2002 年，装机 12000 千瓦的石壁山电站建成投产。是年 8 月，沙田 110 千伏变电站开工建设。随后，水庄、江湾、文昌、龙头等小水电站先后建成投产。2003—2010 年，先后实施各村（居）农网改造工程。至 2014 年末，全镇共有电站 15 座，装机总容量 36180 千瓦。居民用电质量得到提升。

饮水 沙田境内泉井多，水质好，辖区民众饮水主要是山泉井水。民国时期，疏通渠道，改良水井。民国 34 年（1945），开始着力改善饮水条件。1970 年，掀起兴建和改建水井的热潮。1990 年，大湖进行饮水改造工程建设，利用塑料胶管引导高处的山泉水直接到达各家各户。2002 年 10 月 18 日，美国基督教宣道亚洲服务中心魏瑞理牧师经省宗教办批准，捐建二中饮水工程。2002 年，新建自来水厂 1 座，日供水量 3000 吨，2003 年开始向用户供水。2006 年，自来水全部供应到各厂矿企业。2008 年，完成建林村安全饮水工程。2009 年，完成大湖、水庄、径口等村人畜饮水工程。2012 年，实施文昌、龙头等 8 个村的人畜饮水工程。为提高居民饮用水质量，2014 年启动自来水厂改扩建工程。至 2014 年年末，镇区单位饮用自来水覆盖率达 100%。

水利建设

清代，境内建有引水工程沙田陂堰上圳、下圳。民国时期，建成龙眼圳、何家圳等水利设施，龙眼圳自大坑村引水至太湖村，长 8000 米，可灌溉田 200 亩；何家圳自竹山下引水，经老墟达何家，可灌溉田 500 亩。此外，还建有鹅颈水圳、高岭高圳、高岭矮圳，自贝溪引水，灌溉沙田江湾、水庄一带稻田。大河、文昌一带使用龙骨车提水灌田。1953 年兴修水庄渠道。1955 年，开山、大坑新建一批山坪塘。1957 年 7 月，沙田火星农业社（周江村）安装第一台 25 马力煤气抽水机，从沤江提水灌田 600 余亩。1956 年 4 月，建成县内第一座容量 23.81 万立方米的文昌小Ⅱ型水库。1965 年，修建沙田径口煤炭垅、沙赖垅两座山塘。冬，在普乐公社堡下沤江段修筑大坝，兴建石磨岭渠道，主干渠和左右干渠长达 19.5 公里，引沤江水灌溉沙田江湾、大河等村农田 4100 余亩。是年底，全镇山塘达 8 处。1974 年，开始兴建转湖水库，该水库坝高 45.3 米，库容 220 万立方米；1978 年 11 月，开始蓄水。转湖水库供水后，解决了沙田径口、开山上千亩稻田的干旱之忧。1991 年，在转湖水库右干渠径口隧洞进口前方开渠分流，在荷洞口筑坝引水，灌溉开山、胜利两村。1994 年，对转湖水库续建 4 米高大坝，使大坝达到了设计高度。1996 年 8 月，修复沙田文昌水库大坝。2001 年，转湖水库永久性溢洪道建成，至此库容量达到原设计 220 万立方米，灌溉稻田 8500 亩。2000 年、2002 年，石磨岭、石壁山水库相继建成。2005 年，在大河村、文昌村实施国土整理项目，改善项目区水利设施。2007—2008 年，整修改造古岭和云里盘盈山塘。2009 年 1 月，对径口村上垅水库、转湖水库实施除险加固工程。2013 年在龙头村、文昌村实施国土整理项目，改善项目区水利设施。2013 年，开展江湾、燕岩桥、大湖等沤江沿线村庄的河道治理和河堤改造，整修大河、文昌等村水渠 8000 余米。2013—2014 年在径口村、文昌村、龙头村实施农业综合开发项目，全面改善项目区水利设施。2014年，投入700余万元启动小农水建设。至2014年末，全镇拥有水库6座，有大小水圳341条。

村镇建设

镇区建设 镇人民政府驻沙田街1号。明代初，建成沙田墟老街，清代扩建与老街平行的新街，分上、中、下三廊。20世纪70年代开始往东扩建街道。1984年，县工商行政管理局投资50万元用于沙田镇墟镇建设。1992年，沙田被列为郴州地区奔小康示范乡镇。1997年，新建竹园街。2005年，投资108万元1966平方米的镇政府办公大楼主体工程竣工。2007年，对军规大道进行亮化、绿化，共安装路灯46盏，植树106株，铺设人行道3400平方米，整修下水道1200米。兴建沙田大道，硬化文化路、沙南路。2007—2008年，建设第一军规广场一期工程，占地面积1.1万平方米，建筑面积7000平方米。2009年，启动军规广场二期工程建设。2010年，编制《沙田镇总体规划（2011—2030年）》，规划面积7.5平方公里。2012年，完成106国道沿线绿化工程和城镇防控体系。2013年，实施镇区及主干道沿线建筑物立面改造、镇区道路提质改造、三线下地工程，并启动污水处理厂建设项目。同年，“第一军规”广场被命名为郴州首批城镇群廉政教育基地。

至2014年年末，沙田镇区建成面积达3.5平方公里，镇区所有街道完成绿化亮化，镇区及106国道沿线建筑物形成徽派风格，精心打造了教师新村、鑫泰商住城、金沙商贸城等一批精品小区。沙田城镇建设先后列入湖南省第三轮示范镇、郴州市“十二五”示范镇建设重点镇、全国小城镇建设重点镇、郴州市市级卫生镇。

村庄建设 新中国成立前后，居民住房多为土夯墙或土砖墙，茅草屋顶。20世纪70年代末，农民普遍新建或扩建房屋，多用青瓦盖顶。1995年6月5日，水庄村经省村民自治示范村检查验收组考察、审定，确认符合村民自治示范村标准。该村成为县内第一个村民自治示范村。2006年新农村建设开始后，实施亮化工程，实施“村村亮”，加快农村路灯建设，解决全镇近半公共区域照明问题；实施净化工程，各村统一配备专职保洁员，垃圾分类桶框，修建垃圾池，实行集中清运；实施绿化工程，强化生态文明理念，全面开展水系、山头、村庄等绿化；实施序化工程，规范村民建房，实行“统一规划，统一设计，统一风格”，完成全镇17个村庄规划。建设了水庄、周江、胜利等新农村建设示范点，全镇村容村貌焕然一新。至2014年年末，共有周江、胜利、水庄、江湾、径口5个村被评为市级卫生村。2014年，沙田镇入选全国重点镇加快推进新农村示范带、示范点建设。

社会事业

教育科技

教育 清代，设有私塾供百姓子弟读书。道光初，将培英书院从县城移建于沙田清平市石冈山。1910年，培英书院改为培英高等小学堂。辛亥革命后，境内小学逐渐增多。民国30年（1941），实施国民教育，镇内小学有较大发展。

1950年起，开始举办群师班、速成识字班。1952年，在沙田设立县立初级中学沙田分部（1980年正式命名为沙田中学）和县立中学沙田分部（后更名为桂东二中）。1958年，沙田小学附设初中班。1963年，沙田开办农业中学，采用省编职业中学教材，开展农业技术教育。1975—1978年，在桂东二中附设“五七”大学师资训练班，设语

袁隆平（后排左二）在沙田

文、数学两个班，招收高中毕业生，学制为2年。1986年，沙田镇居民郭爱珠开办"新苗幼儿园"，入园幼儿20余名。1994年开始，全县调整学校布局，青山中学、大水中学、贝溪中学撤并入桂东二中。1996年10月25日，由香港同胞发起的"苗圃行动"资助15万元兴建水庄村苗圃希望小学。1998年，东洛中学并入桂东二中。2000年，镇农校撤并至沙田中学。2003年5月3日，中国铁路工程总公司出资援建的沙田中学综合楼破土动工。2008年4月12日，中国铁路工程总公司援建的沙田中心小学学生宿舍综合楼建设项目动工。2004年9月1日，桂东县委、县人民政府决定恢复县二中高中办学。2010年8月，沙田中学并入桂东二中。2012年，改周江校区为沙田第一完全小学二部，招收小学一年级至四年级学生，全镇五、六年级集中到沙田第一完全小学本部。2014年，在原沙田第一完全小学校区新建沙田中心幼儿园，并启动桂东二中改扩建、龙头小学改建、沙田第一完全小学二部扩容工程。至2014年年末，全镇有中学1所，在校生1047人，完全小学2所，在校生1394人，幼儿园8所，在园幼儿719人，村小8所，在校生459人。全镇专任教师共192人。初中适龄人口入学率、小学升初中升学率、九年义务教育覆盖率等均为100%。

科技 1970年，"杂交水稻之父"袁隆平院士在沙田首次试种杂交水稻，1973年在全国三个试种县中首次试种成功。1975年9月，中国农科院在沙田召开江南杂交水稻生产推广会。1982年，沙田镇村民郭远标成功研制微型"山村明珠牌"水轮发电机组和铁辊式节能碾米机。该两项产品取得发明专利，先后获郴州地区新产品证书和市、省科技进步三等奖。1983年，设立乡农校，对农民进行科学技术教育。1988年，开展垄栽稻萍鱼共生新技术示范、双季杂交和高产栽培。当年11月，郭远标等研制的xj型系列微型水轮发电机组在广州首届国际专利及新技术设备展览会上获优秀奖。1991年，沙田镇大河村被省、地科协评为"讲、比"竞赛活动先进单位。1996年，县农业局在沙田镇燕岩桥居委会洞心组试验示范"水稻软盘抛秧栽培技术"。1999年，县科协到沙田镇农户进行试种优质玉米种子，并获得好收成。2002年4月，在市科协"二大"会议上，沙田镇被授予"科普示范乡镇"荣誉称号，成为县内第一个市级科技示范乡镇。2010年后，开始推广水稻塑料软盘抛秧、测土配方施肥等新技术，粮食产量稳步上升。

文化体育

文化 清末，境内盛行舞龙、舞狮、耍龙灯、踩高跷等文艺活动，演出一般在春节或平时婚丧、祭祀、祝庆中进行。民国时期，沙田三年一轮请戏班子演祁剧。新中国成立初期，传进腰鼓舞和秧歌舞，每逢重大喜庆活动便组织表演。1951—1955年，省教育厅电影放映队每年至沙田放映两三次黑白影片。1954 年 5 月，省人民政府配给桂东 3 部长江牌收音机，其中一部配给沙田江湾试点农业合作社，成为县内第一批农村收音站。1955 年后，成立业余剧团，自编自演小型节目。1963 年，建成沙田电影院，有座位 300 个，年放映电影 200 余场次。1974 年，组建文化站。1977 年，省地两级投资新建沙田电影院，有座位 959 个，当年放映电影 103 场次，观众达 4 万人次。1984 年，沙田文化站设立录像放映厅。1992 年，建有卫星电视地面接收站。1995 年，建成沙田有线电视台。1999 年，完成县城至沙田 38 公里光纤传输工程，收转电视节目由原来的 15 套增加至 20 套。1999 年 10 月，镇政府在沙田电影院主办青年歌咏赛。2002 年 5 月，沙田镇宣传文化站建设项目被中央文明办纳入“百县千乡宣传文化工程”。至 2014 年，境内共有各类文艺表演团体 2 个，文化站 1 个，农家书屋 17 个，图书藏量 23100 册，电视综合覆盖率 99%。

体育 清末、民国时期，农村青少年爱好放风筝、踢毽子、跳绳、摔跤等体育活动，青年农民爱好游泳活动，老年人下棋、玩骨牌等。1945 年，县第六届运动会部分比赛项目在沙田举行。新中国成立后，逐渐兴起球类运动。“文化大革命”期间，农民体育以军事训练为主。20 世纪 80 年代，体育运动日渐活跃，每逢春节开展舞龙等活动。沙田的火龙制作精巧，龙身内置油灯，通身明亮，任意滚动灯火不灭。1989 年，沙田成立老年体协分会。1995 年 10 月 16 日，香港—北京汽车拉力赛第二次途经桂东，在沙田镇水庄至大塘乡东坡设置赛段。1999 年国庆节期间，镇政府在沙田中学主办“沙田镇国策杯篮球赛”。2014 年年末，境内有体育场地 21 处，80% 的村、社区安装了健身器材，经常参加体育活动的人数 1.2 万人，占常住人口的 57%。

医疗卫生

清末、民国时期，域内民众医治疾病主要依靠中草药，沙田寿春堂、回春堂、王恒济药号中药店享誉全县。民国 30 年（1941），设立沙田卫生所，开始西医治疗。民国 34 年（1945），何忠义在沙田墟开设福寿堂西药店，西医逐渐得到推广。1955 年 8 月，县首届中医学徒班在沙田墟开办，有学员 22 名。1964 年，设立桂东县沙田农村医院。1969 年，设立沙田卫生院（后改名为桂东县第二人民医院）。1970 年，建立合作医疗站，实行社队联办合作医疗。1976 年 10 月，实行社队联办合作免费医疗。1982 年实行家庭联产承包责任制后，合作医疗制度解体，个体诊所增多。1992 年，县红十字会在沙田设立红十字会救护站。1995 年，县第二人民医院改造升级。2006 年，开始实施新型农村合作医疗。2009 年，县第二人民医院后勤保障楼建成。2010 年，农村药品“两网”建设全面启动，成立乡镇食品药品监管站。至 2014 年末，境内有各类医疗卫生机构 19 家，其中县属医院 1 所，15 个标准化村级卫生室和 2 个社区卫生室，专业卫生人员 75 人。农村安全饮用水普及率 95%，农村卫生厕所普及率 85%。新型农村合作医疗参合率达 99.2%。

社会保障

新中国成立前，境内村民基本上无社会保障可言。新中国成立后，对鳏寡孤独者实行“五保”，由政府供养。1961 年，境内企业单位逐步实行劳动保险，在工资总额中提取 3% 的劳动保险基金，用于补助职工的妇幼保健、待业救济、伤病治疗、死亡抚恤等。1986 年 12 月，县社会劳动保险管理站开始筹集养老保险金。1988 年，试行“五保”户承包责任制。1989 年，县劳动服务公司开始筹集失业保险。1991 年，对“五保户”实行分散承包供养责任制。同年，实行企业职工养

《三大纪律八项注意》颁布 80 周年纪念大会

老保险。1996 年，开始在机关事业单位推行养老保险。2002 年开始，实施城镇职工基本医疗保险。2009 年，开始对境内农村危房进行改造。2010 年，开始实行新型农村社会养老保险。2011 年 8 月，试行城镇居民社会养老保险，最低生活保障和扶贫帮困等一系列社会保障制度不断完善，镇区社会保障事业全面加强。2013 年，启动保障性住房建设。2014 年 9 月，兴建沙田敬老院。至 2014 年，共完成农村危房改造 962 户，向建房户补贴资金 930.25 万元。是年末，全镇有最低生活保障户数 726 户，人数 1525 人，支出 179.74 万元。有农村敬老院 2 所，农村五保供养 83 户，90 人。城乡居民养老保险参保率 96.5%。民政部门资助参加合作医疗 1492 人次，共支出 13.43 万元。

特色地情

历史人文

毛泽东颁布《三大纪律六项注意》 1928 年 4 月 3 日，毛泽东在沙田墟“三十六石坵”田边的土台上，向工农革命军和地方赤卫队进行思想政治教育和建军宗旨教育，向全体官兵正式颁布三大纪律六项注意。三大纪律是：行动听指挥，不拿工人农民一点东西，打土豪要归公。六项注意是：上门板，捆铺草，说话和气，买卖公平，借东西要还，损坏东西要赔。从而为统一红军纪律、建立一支新型人民军队奠定了基础。

改编桂东县赤卫队 1928 年 4 月 5 日，毛泽东在沙田万寿宫召开桂东县赤卫队负责人会议，嘉奖这支队伍，并将它改编为湘赣边区游击队。大队长陈奇（兼），副大队长郭振声。游击队在湘赣边界活动。1930年秋，该队编入中国工农红军。

桂东武装起义 1947年10月27日，在五岭地委的领导下，桂东进步青年郭名善等率部在沙田龙头村举行武装起义。打响了解放战争时期湖南地方武装斗争的第一枪。后起义队伍在广东南雄整训后，命名为粤赣湘边区人民解放总队北上先遣队（简称为"北上先遣队"）返回湘南，建立以桂东东边山、西边山为中心的游击根据地，开展地方游击武装斗争。1949年6月16日，和平解放桂东县，桂东成为湖南第一个解放的县。

重大活动

毛泽东颁布《三大纪律八项注意》80周年纪念大会 2008年9月7日，《三大纪律八项注意》颁布80周年纪念活动暨第一军规广场竣工典礼在沙田镇隆重举行。湖南省军区政治部主任刘新，武警广东省总队原政委邓祖先，解放军后勤指挥学院正军级教授邵维正，黄克诚大将之子、《人民日报》高级编辑黄晴，以及省、市、县和周边县、市区领导等1000余人出席庆典活动。

风景名胜

毛泽东颁布《三大纪律·六项注意》旧址 位于沙田镇老虎冲三十六担坵。1928年4月3日，毛泽东在此颁布《三大纪律·六项注意》(后发展为《三大纪律·八项注意》)。1972年列为湖南省重点文物保护单位。现建有萧克将军题词的"三大纪律·八项注意纪念碑"一座，是爱国主义教育基地、湖南省重点红色旅游景区、全国红色旅游经典景区。

第一军规广场 位于沙田镇沙田圩，2008年9月建成，与万寿宫、沙田戏台、"三大纪律·六项注意"颁布旧址连为一体。标志性建筑为《三大纪律·八项注意》纪念碑，上刻萧克将军亲笔题写的碑名"毛泽东同志颁布三大纪律·八项注意纪念碑"，是郴州首批城镇群廉政教育基地、湖南省全民国防教育基地、湖南省廉政文化教育基地。

万寿宫 位于沙田圩北端，建于清代。为悬山式砖木结构，三厅，牌坊门面。殿内设戏台、中殿、石殿。1928年，毛泽东率工农革命军第一军第一师第一团至沙田，师部、团部驻万寿宫，毛泽东居后殿左厢房，桂东苏维埃政府设于此地。同年8月，红四军主力进驻沙田，军委书记陈毅曾寓于此。抗日期间，新四军留守处，亦设于此地。1983年，工农革命军活动旧址——万寿宫（含沙田戏台）被公布为省级文物保护单位。属郴州地区第一批爱国主义教育基地、全国爱国主义教育基地、百姓喜爱的湖南百景。

沙田戏台 位于万寿宫前坪，建于清代。平面成"品"字形，建筑面积98平方米，前为台，后为房，房宽于台，前后连接一体。戏台为歇山

《三大纪律六项注意》颁布旧址

式土木结构，青瓦覆顶，雕塑压背。台前黑漆木柱一对，题联为："旧世界打个落花流水，新世界建设灿烂光明。"1928 年，毛泽东率工农革命军在沙田活动时，在此发表演说，宣传革命道理。1983 年列入省级重点文物保护单位。

大水梯田 位于沙田镇云里村等地，海拔 800 米至 1472 米。1970 年夏天，袁隆平在这里进行杂交水稻研究试验，使原大水乡成为桂东第一个成功全面种植杂交水稻的乡镇。"大水梯田高又高，层层梯田挂山腰，种子撒在云雾里，银河两岸种杂交"。是大水梯田的真实写照。2012 年，被公布为市级文物保护单位。

（郭星明　供稿）

贝溪乡 >>

贝溪古民居聚龙居，汇集了清代两湖、两广民间建筑精粹。

区域概况

位置面积

贝溪乡地处县城西南面，水相当珍贵，犹如宝贝，故取名为贝溪。该乡东与大塘镇、普乐镇交界，南与沙田镇毗邻，西与四都镇接壤，北靠四都镇、流源乡。位于北纬 25° 50′ 23″ 至 25° 59′ 17″，东经 113° 46′ 17″ 至 113° 50′ 2″ 之间。2014 年年末，土地总面积 50.78 平方公里。年末耕地面积 424 公顷，其中水田 330 公顷。贝溪乡人民政府原驻贝溪大队，1976 年驻地迁至南边大队，距县城 33 公里。

建置沿革

康熙三十年（1691）属零二都。民国初期全县设 5 都 18 乡，属二都大坪西乡；民国 18 年（1929）改都为区，全县划为 5 区 20 个乡，隶属第三区；民国 28 年（1939），废区设乡，全县划为 16 个乡，属永安乡；民国 29 年（1940）全县并为 8 个乡，仍属永安乡。

1949 年 6 月 16 日桂东解放，废除旧乡、保、甲制度。在行政区划上，暂沿旧制全县区域仍分 8 个乡，仍属永安乡。

1950 年 3 月，全县设区并乡，划为 3 个区，2 个办事处，永安乡与东平乡同属沙田区；10 月，全县各区改以按序号命名，隶属第三区。1952 年 6 月属第六区；1955 年 6 月，属贝溪区。1956 年 6 月撤销区的建制，全县划为 18 个乡、1 个镇，为贝溪乡。

1958 年 9 月，实行政社合一，全县组成 9 个人民公社，贝溪、宋坪、大水 3 个乡组成五星人民公社；11 月，五星人民公社并入火箭人民公社；桂东县与汝城县合并为汝桂县，火箭人民公社改称沙田人民公社。1959 年 5 月沙田人民公社分为沙田人民公社和大水人民公社，属大水人民公社。1961 年 4 月，大水人民公社分为贝溪人民公社和西边山人民公社,5 月。汝桂分县,恢复桂东县建置，贝溪属之。1964 年 11 月，贝溪人民公社并入沙田人民公社。1966 年 10 月，贝溪人民公社从沙田人民公社析出。1984 年 3 月改社建乡,为贝溪乡。

行政区划

1983 年 12 月，贝溪人民公社辖贝溪、双洞、南边、壕里、大岭、牛江里 6 个生产大队，45 个生产队。1984 年改社建乡后，各生产大队和生产队改为村民委员会、村民小组。至 2014 年，全乡有贝溪、双洞、南边、壕里、大岭、牛江 6 个村民委员会，下设 48 个村民小组。

自然环境

贝溪乡地处山地，地势西北高东南低。境内最高峰青鹅仙，位于大塘镇盆洞村与贝溪乡大岭村交界处，海拔 1879 米，最低点娥颈亭，位于沙田镇水庄村与贝溪乡南边村交界处，海拔 710 米。属亚热带季风性湿润气候。1980—2010 年，年平均气温 15.4℃，1 月平均气温 6.1℃，7 月平均气温 24.1℃。生长期年平均 156 天，无霜期年平均 243 天。年平均日照时数 1580 小时、年平均降水量 1683.5 毫米。降雨集中在每年 3 月至 8 月，6 月最多。境内有溦水河，是南边村、壕里村、大岭村主要水源，发源于大岭村青鹅仙的青石岭，途经壕里村、南边村，在沙田镇水庄村汇入沤江，境内长 12.6 公里。主要自然灾害有旱涝、低温冰冻、冰雹、地质灾害等，贝溪村一带是有名的干旱区；清雍正六年（1728），贝溪发生地震，是县内有史以来有记载的最早地震区。主要矿产有石灰石、铅锌、煤等。2013 年，“十二五”森林资源规划设计调查，境内有林地面积 3984 公顷，活立木总蓄积 216633 立方米，森林覆盖率 78.28%，林木绿化率 84.84%。

人口民族

新中国成立前，境内人口不详。1953 年第一次全国人口普查，有人口 998 户 3683 人。新中国成立初期，因生产力水平和医疗条件差，人口增长率较低。至 1964 年第二次全国人口普查，总人口为 1031 户 3889 人。随着人民群众生活水平的提高，医疗条件的改善，自然死亡率降低、平均寿命普遍延长，人口数增长较快。到 1982 年第三次全国人口普查时，人口增至 1197 户 5093 人。1990 年第四次全国人口普查，有人口 1369 户 5445 人。随着计划生育政策的严格执行，人口增长率显著降低，2000 年第五次全国人口普查，总人口出现负增长，全乡人口减至 5194 人。随后，人口增长趋于稳定。2010 年第六次全国人口普查，有人口 1674 户 6483 人。2014 年末，全乡有人口 1682 户 6049 人。其中农村人口 6049 人。人口密度 65 人 / 平方公里。男性 3132 人，占 51.78%。有乡村劳动力资源 4099 人。

经济发展

经济综述

贝溪乡传统经济以农业为主，传统生产项目有水稻、杂粮、油茶、蔬菜等。1997—1998 年，湖南省人民政府省长杨正午连续 2 年挂点联系南边村建整扶贫工作，省机关事务管理局驻村帮扶，带动了全乡农业产业结构调整，提高了农民收入。2000 年后，通过招商引资，促进了全乡经济社会发展。2014 年，全乡实现地区生产总值 2652 万元，其中，第一产业 1168 万元，第二产业 485 万元，第三产业 979 万元。财政总收入 70.5 万元，农民人均纯收入 3737 元。

农业

种植业 传统种植业以水稻、红薯、蔬菜为主。1978 年，贝溪公社杨梅盈生产队试种 1.26 亩威优 6 号杂交稻，产稻谷 1010.4 千克，首次在省内创造一季亩产“跨双纲”的纪录。20 世纪 90 年代中后期，开始调整种植结构，南边村、贝溪村开始试种植甜玉米、花豆，引进黄姜、巴西菇种植。2000 年后，种植结构调整步伐加快，每年至少种植甜玉米 200 亩，花豆 100 亩，无公害蔬菜 300 亩，发展食用菌 150 棚。2014 年，引进茶叶龙头企业一家，一期流转林地 800 余亩。2014 年，全乡农作物总播种面积 11684 亩，其中粮食播种面

巴西菇种植

积6635亩，粮食总产量2047吨；玉米种植面积2353亩；油菜播种面积2500亩。

养殖业 以养殖家禽、家畜为主。1952年，政府提倡多养耕牛牲畜，家家喂猪积肥。“养猪过年”成各家各户的传统。养鸡、养鹅、养鸭成为农户家庭副业的主要生产项目。“人民公社”时期，以生产队为单位，集体养牛，用以耕田。改革开放后，养殖业有较大发展。进入21世纪之后，规模养殖兴起。2010年，有养殖大户40户，年出栏生猪6200头，家禽13000羽。2014年，有畜牧养殖大户8家，种植大户5户。全乡生猪饲养量9654头，年末存栏5702头；牛饲养量2631头，年末存栏1883头；家禽饲养量23053羽，上市家禽14485羽；产禽蛋16吨。

林业

新中国成立初期，境内林业以杉、松、油茶为主。“人民公社”时期，因“大炼钢铁”“开山造田”，林木资源遭到破坏。20世纪60年代末至70年代初，创办兰岭社办林场。1972年4月，境内高山地带飞播马尾松。90年代，通过全面封山育林和荒山造林，森林植被逐步恢复。2000年后，经济林种植兴起。2007年，全乡种植木本药材300亩，板栗350亩，金银花60亩。2008年起，大力发展油茶产业，每年新种油茶300亩以上。2011年，发展花卉苗木720亩。2013年，全年完成“四荒”绿化造林2037亩，同时对村庄周围、主要干道两侧、主要河流两岸、山塘水库周边进行绿化。2014年底，全乡有国家生态公益林77183亩。花卉苗木合作社发展到4家。

工业

贝溪一直以来以农业为主，工业发展相对薄弱。民国时期，贝溪壕里、南边一带开采石灰石，壕里建有沙灰窑烧制石灰。1953年，桂东县人民政府在贝溪南边龙钱坳开采铅锌矿，有职工11人，产量7.55吨，产值2.31万元。后时停时采，1979年，贝溪企业办购置抽水设备重新采掘，采出铅锌原矿120吨。后开采成本高而停止生产。1993年10月，贝溪乡建成县内首家年产1万平方米的石材加工厂。进入20世纪以来，通过招商引资力度，工业有较大发展。2005年，引资100万元兴建贝溪村活性炭加工厂；投资580万元壕里铅锌矿开采项目申报成功并开始采矿。2007年，引进木质装饰材料加工厂1家，毛织厂1家。2012年，引进4家大型采石场。2014年，和汇食品厂落户壕里村，主要加工红薯、马铃薯和米粉。全乡有12个建筑装修施工队，承包乡村小型砖混建筑工程。

商贸服务业

20世纪80年代以前，境内未设市场，居民赶集往邻近的沙田墟。“人民公社后期”，随着机关驻地迁至南边，逐步设立供销合作社门市部，经营日用商品和部分农资。供销体制改革后，乡政府附近开设有个体小卖部。20世纪70年代，民众在贝溪村在“五七”场旁边自发形成“五七”场圩场，赶集日与沙田墟相同。1998年，湖南省人民政府省长杨正午在贝溪乡挂点联系建整扶贫时，扶持建设了南边市场，市场面积800平方米，墟日为农历逢四、九。进入21世纪以来，随着青鹅仙、聚龙居等景点的开发利用，旅游业得到发展。2014年末，全乡有“农家乐”5家；有个体经商户105个，金融网点2个。有个体运输户45家，主要从事货运、客运和建筑材料运输。

基础设施

交通运输

明清时期，进入贝溪只有泥路小道。新中国成立后，交通事业得到发展。

1973年，因修建沙田水电站，106线大塘至沙田改经贝溪南边。当年，贝溪乡三渡水至青山乡罗家村的“三青线”开工建设，全线里程34.6公里，连接南边村、贝溪村。1975年，打通南边村—壕里村—大岭村公路，全长5.2公里。1976年“三青线”建成通车。至此，民众出行难的状况有了较大改善。2000年，对口扶贫单位省机关事务管理局投资45万元，将“三青线”三渡水至南边桥段2.1公里铺设为油路，为桂东县县道之始。2001年，牛江村通村公路建成通车。2003年，修通贝溪村至沙田竹山下公路。2005年，南边村经壕里村至大岭村公路全线改造升级。2006年，完成“三青线”公路的砂改油工程。2007年、2008年，先后实施南边村至壕里村，壕里村至大岭村公路水泥硬化工程。2007年，壕里村至牛江村3.1公里通达工程完成。次年实现水泥硬化。至此，全乡实现村村通水泥路。2012年，绿化境内“三青线”路段8.4公里。2013年，炎汝高速工程建成通车。高速公路经大岭村、壕里村、南边村，纵贯贝溪乡，境内长8.6公里。2014年，实施高速公路建设损毁的路系水系恢复工程，对贝溪村至沙田镇竹山下公路升级改造。到2014年底，全乡6个行政村，48个组，已全部通公路。各类公路里程共计72公里。

邮政通信

境内邮政业务历来属近邻的沙田邮政机构管辖，在贝溪乡政府机关驻地设有邮件信箱。1949年桂东新中国成立后，邮电事业不断发展。20世纪50年代末，设立公社邮政所。60年代后期，公社到各大队的有线电话开通。90年代中期，开通程控电话。1997年9月，首次开通容量600户移动模拟电话。2005年，兴建南边移动基站。村民开始使用移动电话。2009年，新建大岭、牛江移动基站。2010年，完成乡政府光纤入网工程；

新建贝溪、壕里移动基站。并完善6个村远程教育站点建设。2013年，投资21万元建成贝溪邮政所。有专职邮递员1名，投递路线单程总长度16.3公里。到2014年，境内有电信服务网点1个，邮政所1个。全乡有固定电话用户600户，移动电话用户1220户，乡村通邮率100%。

供电饮水

供电 旧时，照明用桐油灯、干竹片、干向日葵杆。民国后期，渐用煤油灯。20世纪60年代末，贝溪公社的大岭、壕里小水电站相继建成，村民逐步用电灯取代了煤油灯照明。1997年，在省委驻村工作队的帮助下，建成乡村联办的南边电站，装机容量500千瓦。至2000年，全镇供电覆盖率达100%。2005年，青香电站建成。至2005年，全乡6个村全部完成农村电网改造。2008年，完成双洞至贝溪高压线路改造1700米。至2014年，有小水电站2家，装机1500千瓦。

饮水 旧时，辖区民众饮水靠肩挑手提方式取用山泉水或河水。20世纪80年代后，部分群众在门前屋后打井引水。1990年，县以工代赈办在贝溪村进行农村饮水工程建设试点，利用塑料胶管引导高处的山泉水直接到达各家各户。随后，该引水方式在全县推广。进入21世纪后，开始实施安全饮水工程。2000年，乡政府争取澳大利亚无偿资金49.7万元人民币及县乡配套资金24万元，兴建人畜饮水工程。2008年，实施南边村、壕里村安全饮水工程。2013年，实施政府机关及周边村安全饮水提质改造工程。2014年，贝溪村、双洞村实施安全饮水工程。至2014年年末，居民饮用自来水覆盖率达89%。

水利建设

1955年，县内干旱最严重的贝溪村开始兴建井头垅山塘，该塘坝高14米，塘容4.48万立方米。1957年冬至1958年春，建成姜垅水库。井头垅、山口、兰岭山平塘也相继建成。1960年，公社安装2台12马力的抽水机，灌溉稻田600亩。1963年，动工兴建贝溪烂柴坑山塘，1965年建成受益。70年代初，修建幸福渠道，长30公里。1985年，在贝溪村建成一座动力55千瓦、扬程37.5米的电灌站，灌溉杨梅盈等地300亩稻田。至此，全乡共建成山塘、水库9座，电灌站1座。2006年起，大力整修境内水利设施。2007年，修建姜垅水库260米标准化溢洪道，建设南边河堤150米、U形槽水渠1580米。2008年，完成贝溪排灌站整修和改造，修建敫水河域的防洪堤300米。2010年，对山口山塘、壕里沙堆河坝进行整修。2012年，实施姜垅水库整修项目。2013年，对南边渠道、大岭水渠、壕里河堤进行整修。2014年，实施“碧水工程”，兴建小拦河坝9段。

村镇建设

清代、民国时期，境内村民房屋多为干打垒茅草屋，少数富裕人家建有瓦木结构房子。贝溪村建有多栋四水归源的青砖瓦木结构房子，规模宏大，如聚龙居。1949年6月桂东新中国成立后，群众的居住条件得到改善。桂东新中国成立初期，贝溪村系桂东第六区区公所驻地，后乡政府机关驻地亦设在此，办公用房为简易的土坯房。各生产大队的办公用房都为土改时分配的“公房”或新建的土坯房。1976年，贝溪人民公社驻地由贝溪大队迁至南边大队。办公用房得到改善，为砖混结构的两层楼房。20世纪70年代末80年代初，群众对自有房屋进行改建或者新建，均为瓦木结构。90年代，村民建房多为砖混结构。1998年，政府机关旁边的主干道上新设南边市场，带动了政府驻地建设。2000年后，村部得到改善，南边村、壕里村、大岭村、双洞村、牛江村、贝溪村村部相继新建。2008年，对乡政府办公室进行整体拆旧建新，2010年建成投入使用。2010年后，对境内农村危房进行改造。2013年，实施“点亮贝溪”工程，对南边街进行了立面改造和美化亮化，全面推进农村环境综合整治，改善农村居住条件。当年在主要干道沿线安装太阳能路灯共计322盏。2014年，乡政府自筹资金，新建了小游园、小广场和健身路径。是年，聘请专家对贝溪乡进行了村庄整体规划，编制了各村村庄规划和南边村集中规范建房点规划。

社会事业

教育科技

教育 清乾隆年间，在郭氏祠堂创办金台书院。辛亥革命前，以私学教育为主，以自然村或家庭为主办私塾。民国时期推行新教育制度，创办小学，金台书院改为贝溪小学堂。新中国成立后，教育事业得到发展，村村办小学。20世纪70年代，在中心小学设初中班。1983年12月，境内有社办初级中学1所，小学7所，教职员工48人，在校学生934人。20世纪90年代初期，全乡有中学1所，中心小学1所、村小5所。后逐步调整学校布局。1994年，贝溪中学撤并到桂东二中。1997年，在省委驻村工作队的支持下，建成南边小学教学楼。1999年，2000年，牛江小学、大岭小学先后撤并到壕里小学；2003年，双洞小学撤并到乡中心小学。当年，兴建中心小学教学楼。2005年，兴建中心小学校综合楼及厨房。2011年，全乡有小学3所，即中心小学、贝溪小学、壕里小学。2012年，壕里小学撤并到中心小学。2013年，建成中心幼儿园并投入使用。2014年年末，2所小学，即乡中心小学和贝溪小学。有专任教师26人。1所幼儿园，有在园幼儿51人，专任教师2人。全乡适龄儿童256人，入学率100%；初级中等教育完成率100%，九年义务教育覆盖率达100%。

科技 新中国成立后，人民政府注重科学技术工作。1953年，农业合作化后，开始高秆稻改矮秆稻。1956年，推行油茶垦复技术。1958年“人民公社化”后，全面贯彻农业“八字宪法”，推广新技术、新式农具。同时推广新法养猪，在贝溪村建立耕牛配种站。1973年常规稻改高产杂交水稻。1998年，该乡引进甜玉米品种华珍、密珍、金银粟、覇多那在南边村试种植50.4亩，平均亩产标准玉米1567棒，后在全县普遍推广种植。2000年后，贝溪乡结合农业产业结构调整，积极配合县直涉农部门科技下乡活动，每年举办甜玉米、油茶、板栗种植、养猪技术培训班。同时，结合劳务输出加强农村劳动力技能培训，促进农村劳动力转移就业。2014年年末，境内有农村实用人才144人。

文化体育

旧时，除逢年过节舞龙外，无其他体育活动。南边村传统的布龙县内有名，花样多、技艺高，每年春节期间，组队到周边乡镇和县城进行舞龙表演。新中国成立后，开始在学校普及体育教育。人民公社期间，组织民兵利用农闲时间进行武术、军事训练。1998年8月开通有线广播电视，乡到村145杆20公里，村以下170杆30公里。1999年，有线电视与县城联网。2014年年末，境内有文化站1个，电影放映定点单位1个，各类图书室、农家书屋、免费读书吧8个，有线电视用户1200余户，其中数字电视用户300余户，电视综合覆盖率74%。2011—2013年，新建大岭村、双洞村两家农家书屋，建成贝溪村、南边村文化活动室。2014年，在南边村新建农民健身休闲场所。是年末，全乡文化站1个，农家书屋6家；有体育场地2处，贝溪、南边两村安装了俯卧撑训练器、举重架、上肢牵引器、双杠、划船器等健身器材。

医疗卫生

民国时期及新中国成立初期，辖区民众就医主要依附于当地郎中和邻近的沙田医疗条件。1956年，设贝溪乡卫生所。1958年人民公社化后，各大队组建卫生室，由当地赤脚医生负责常见病治疗。1966年，公社卫生所改为卫生院。1970年，境内农村实行合作医疗。1978年，部分学校配备兼职校医或保健老师。1982年，农村实行家庭联产承包责任制后，合作医疗解体，赤脚医生转入个体行医。2000年后，加强卫生院基础设施建设。2005年，兴建乡妇幼保健大楼。2007年，医院用房竣工投入使用。2008年，全面启动新型农村合作医疗，当年参合率达88.3%。2013年，开展农村初级卫生保健工作，对老人实行免费体检。居民电子健康档案规范化建档率完成85%。2014年，投资100万元兴建的乡卫生院投入使用，有病床8张，专业卫生人员5人，其中执业医师2人，执业助理医师2人。至2014年年末，境内有各类医疗卫生机构7家；农村卫生厕所普及率30%；新型农村合作医疗参保率95%。

社会保障

清代和民国时期，生老病死无任何社会保障。新中国成立后，当地政府对鳏寡孤独者实行五保；对老弱病残和特困户给予救济与帮助。农村实行联产承包责任制后，由村委会和居民小组商定，实行互利承包责任制。2000年后，辖区社会保障事业得到全面加强。2008年，新建安居工程13栋，“五保户”安居工程5户。2009年，投资39.4万改建乡敬老院，占地面积1300平方米，建筑面积550平方米，可供养30余人。2011年，新型农村养老保险参保率达85.4%，落实危房改造129户。2012年，投资200万元兴建45套

聚龙居

公租房。2014年年末，全乡有国家抚恤、补助各类优抚对象23人，农村最低生活保障553人，支出各类补助、救济资金73.85万元。参加基本养老保险的农民3774人，参加企业基本养老保险504人；参加医疗保险的农民工4872人；参加工伤保险72人。

特色地情

风景名胜

聚龙居 位于该乡贝溪村水井田组。清光绪十二年（1886）广东省海康县清道分司巡检官郭同朝所建，1892年竣工。占地18亩，建筑面积2553平方米。为硬山式土木结构，盘山回式三进九厅十八井，前后两院，大小居室99间半。正厅藻井彩绘，左右花厅格扇；民居保留有百幅楹联、诗对，其中左花厅镶嵌慈禧太后御赐楹联一副；青砖乌瓦、牌楼款式隔墙、重檐翘角；照壁浮雕人物、花鸟图案雅致；设计合理、功能完备，汇集两湖、两广民间建筑精粹，具有深厚的文化底蕴。是桂东乃至江南保存完整、富有明清建筑风格的古民居之一。2002年6月，“聚龙居”被列为湖南省级重点文物保护单位。

（朱利维　供稿）

青山乡 >>

青山乡是湘粤赣边区红军游击支队和北上先遣队在西边山进行游击活动的主要区域。

区域概况

位置面积

青山乡地处桂东县西南部，东与四都、沙田镇接壤，南与宋坪林场及汝城县南洞乡交界，西与资兴市连坪瑶族乡毗邻，北与八面山自然保护区相连。辖区东西直线距离 17.2 公里，南北直线距离 15.5 公里。乡人民政府驻罗家村，距沙田墟 35 公里，距县城 68 公里。2014 年年末，土地总面积 111.42 平方公里。耕地面积 236.8 公顷，其中水田 219 公顷。

建置沿革

康熙三十年（1691）属零二都。民国初期全县设 5 都 18 乡，属二都大坪西乡；民国 18 年（1929）改都为区，全县划为 5 区 20 个乡，隶属第三区；民国 28 年（1939），废区设乡，全县划为 16 个乡，属永安乡；民国 29 年（1940）全县并为 8 个乡，仍属永安乡。

1949 年 6 月 16 日桂东解放，废除旧乡、保、甲制度。在行政区划上，暂沿旧制全县区域仍分 8 个乡，属永安乡。

1950 年 3 月，全县设区并乡，划为 3 个区，2 个办事处，属沙田区；10 月，全县各区改按序号命名，隶属第三区。1952 年 6 月，增设第六区，属第六区。1955 年 6 月，第六区改名为贝溪区。1956 年 6 月，撤销区的建制，全县划为 18 个乡、1 个镇，为宋坪乡。

1958 年 9 月，实行政社合一，全县组成 9 个人民公社，属五星人民公社；11 月，并入火箭人民公社；桂东县与汝城县合并为汝桂县，火箭人民公社改称沙田人民公社。1959 年 5 月，沙田人民公社分为沙田人民公社和大水人民公社，属大水人民公社。1961 年 4 月，大水人民公社分为西边山人民公社和贝溪人民公社，属西边山人民公社；5 月，汝桂分县，恢复桂东县建置，青山属之；12 月，西边山人民公社分为宋坪人民公社和大水人民公社。1964 年 11 月，两者重新合并为西边山人民公社。1966 年 10 月，西边山人民公社更名为青山人民公社。1970 年 3 月，青山人民公社分为宋坪人民公社和大水人民公社；4 月宋坪人民公社更名青山人民公社。1984 年 3 月改社建乡，为青山乡。

行政区划

1961 年设宋坪人民公社时，辖寨坪、苦竹、麻斜、宋家、罗家、彩洞6个生产大队，各生产大队设若干个生产队。1983年12月，青山公社辖寨坪、苦竹、麻斜、宋家、罗家、彩洞6个生产大队，47个生产队。1984年改社建乡后，各生产大队消失，全乡有寨坪、苦竹、麻斜、宋家、罗家、彩洞6个村民委员会，下设48个村民小组。1994年，麻斜村改名为上游村。1996年3月15日，撤销彩洞村，设立彩洞瑶族民族村。至2014年，青山乡辖寨坪、苦竹、上游、宋家、罗家5个村和彩洞瑶族民族村，48个村（居民）小组。

自然环境

境内群山连绵，纵横交错，沟窄谷深，地形复杂，海拔600～1670米，境内最高峰八面山位于八面山村，海拔2042米，最低点位于罗家村，海拔585米。地势西北高东南低，全乡山清水秀，是一个典型的林业山区乡，林木资源丰富。属亚热带季风性湿润气候。1981—2010年年平均气温15.8℃，1月平均气温6.2℃；7月平均气温23.8℃。年平均降水量1885.5毫米，年平均日照时数1512小时；降雨集中在每年3月至8月，6月最多。主要自然灾害有洪涝、干旱、连阴雨、冰冻、地质灾害。洪涝灾害主要发生在4月至9月，最严重的一次发生在2008年9月6日宋家河中游地区；干旱最严重的一次发生在1995年夏秋两季；最严重的一次冰冻发生在2007年冬至2008年春。境内有淇水等4条河流，由北向南，汇入汝城南洞，属湘江水系，水能蕴藏量达1.8万千瓦。主要矿藏有煤炭、硅石、铅锌矿等。2013年，“十二五”森林资源规划设计调查，林地面积8902.1公顷，活立木总蓄积381645立方米，森林覆盖率80.2%，林木绿化率81.35%。

人口民族

新中国成立前，境内人口不详。1953年第一次全国人口普查，境内有人口575户2394人。新中国成立后，随着群众生活水平的提高和医疗卫生条件的改善，人口逐步增长。1964年第二次全国人口普查，境内有人口663户2990人。到1990年第四次全国人口普查，人口达1242户5348人。随着计划生育政策的严格执行，人口增长率显著降低，总人口数出现负增长。2000年第五次全国人口普查，人口减至5211人，总户数为1475户，其中少数民族62人。2010年第六次全国人口普查，总人口5049人，总户数1377户。至2014年年末，全乡有1445户5199人，其中农村人口5199人。人口密度103人/平方公里。男性2683人，占51.6%。乡村劳动力资源4537人。总人口中，以汉族为主，少数民族有瑶族296人。

经济发展

经济综述

青山乡传统经济以农林为主，主要生产项目有水稻、玉米、杉木、楠竹等。20世纪90年代后，按照“以林养水，以水发电，以电兴工”的思路，促进乡域经济发展和村级集体经济壮大、农民增收。2014年，全乡实现地区生产总值6448万元。其中，第一产业3040万元，第二产业3253万元，第三产业77万元。完成财税收入262万元，农民人均纯收入4087元。

农业

传统种植业以水稻、玉米、红薯为主。旧时，村民有种植晒烟的习惯。民国20年（1931）7月《湖南各县调查》记述：“桂东土烟以宋家地为上乘”，“较郴产殊胜，故价高”。新中国成立后，境内农业有所发展，仍以种植水稻为主。村民一直以来利用旱地或山地种植玉米，以玉米酿酒。

20世纪70年代，推广种植杂交水稻，产量不断提高。80年代以后，随着抽晒烟的人减少，晒烟种植剧减。改革开放后，随着商品经济的发展，村民大力生产香菇、木耳、笋干、冬笋等农副产品。90年代末，发展种植黄姜、花椒、升麻等经济作物。2014年，农作物总播种面积10385亩，其中粮食播种面积4872亩，粮食总产量1539吨。

养殖业以养殖猪、牛、狗、鸡、鸭为主，受居家地形地势限制，均为分户分散养殖，无规模化养殖场。20世纪90年代末，引进良种牛羊养殖。发展蜜蜂养殖，并成立罗家养蜂协会，2014年，生猪饲养量1663头，年末存栏200头；牛饲养量763头，年末存栏325头；羊出栏1250只。

林业

旧时，由于交通不便，境内丰富的林木资源没有得到充分开发利用。1968年，创办公社集体青峰林场、香山林场，经营面积4200亩。1972年4月，境内飞播马尾松。1976年，青山通往沙田、县城的公路贯通后，林木资源得到开发利用。20世纪80—90年代，境内的木材产销两旺，成为全县主要商品材生产基地。林农砍伐成林的树木后，进行砍山、清山、炼山，再行迹地更新造林，形成了林业的良性循环。进入21世纪后，鉴于生态保护，全乡木材出材量有所减少。2007年后，每年坚持营造杉木林2000亩以上，木本药材300亩以上，实施楠竹低改1000亩以上，对新造幼林前3年坚持每年抚育1～2次。2011年，创办以红豆杉为主的青山花卉苗木基地。在宋家村、罗家村建成500亩的楠竹实生苗种植示范基地。从2013年开始，实施“三年城乡绿化攻坚”工程，加强了“四旁”植树造林。2013—2014年，新种良种油茶1200亩。2014年年底，境内有国家生态公益林22191亩，省级生态公益林1009亩。全乡发展花卉苗木合作社3个。

工业

因地处偏僻，交通不便，工业基础薄弱。只有传统的以家坊式为主的手工业，主要制作竹木制品家具。2000年后，随着交通、电力状况改善，以木材加工为主的加工企业渐增。2003年，青天木业、东杰木业、桂东竹木业有限公司、铅笔厂、白炭厂、活性炭厂等民营企业相继落户青山。2005年，引进青山木材加工厂、楠竹拉丝厂。2006年，引进竹笋罐头厂、昌兴木业。2007年，引进福建投资商创办竹窗帘工艺品厂；昌兴木业新上一条年产5000立方米的细木工板生产线。2011年，引进安仁老板兴办木材加工厂。楠竹拉丝厂进一步扩大生产规模。2014年年底，境内有竹木拉丝厂1家、木材加工厂1家。

商贸服务业

青山乡地处偏远，流动人口少，商贸服务业欠活跃。境内没有设市场，居民赶集往邻近的沙田墟和汝城县南洞墟。20世纪60年代后，逐步设立供销合作社门市部，经营日用商品和部分农资。供销体制改革后，乡政府附近开有几家个体小卖部。2007年，盘活原供销部门房屋，兴建24户徽派建筑风格的楼房，建筑面积4250平方米，新增门面24间。2014年年底，境内有个体户60个，金融网点1个，餐饮业3家，生态旅游避暑点5家，旅馆3家，有相对稳定的建筑工程队2家，主要承包境内民房建筑。

基础设施

交通运输

交通 明清时期，进入青山只有泥路小道，翻山过岭，独骡马能行山，故素有“马过瘸腿”之说。新中国成立后，交通事业得到发展。1973

年，在县革委的统一调度指挥下，从全县抽调青壮年劳力组成施工队建设“三青线”。该路线始于贝溪乡三渡水，经贝溪乡、原大水乡、宋坪林场，至青山乡罗家村，全长34.6公里，1976年，全线建成通车，成为青山联系外界的重要通道。20世纪80年代后，陆续兴建通村公路。2000年，修通罗家村至彩洞村公路，全长20公里。2003年，宋坪林场经青山乡至八面山公路全线贯通，全长22公里。2005年，“三青线”实施砂改油及配套工程。2006年，实施苦竹村至寨坪村通畅工程。2007年，完成罗家村至彩洞村通达工程，全长20公里。2008年，投资770万元，对宋坪林场至青山乡政府公路进行升级改造，全长11.26公里。2009年，投资359万元，对青山乡至军营铺公路铺设水泥路面。宋家村联组公路完成3.5公里主线工程建设。2010年，相继完成治山桥至下左溪2.1公里通畅工程和寨坪村牛形、苦竹村东坑、宋家村马脑盈通组公路建设。2011—2013年，先后实施罗家村至彩洞村公路三期通畅工程建设。至2014年年底，全乡6个行政村实现村村通水泥路，30余个村民小组完成了通组公路建设。

运输 新中国成立前，运输靠人扛手提。20世纪70年代三青公路修通后，以手扶拖拉机、中型拖拉机运输货物。县运输公司开通桂东县城经沙田、贝溪至青山的客运班车。80年代初期，宋坪林场自购客运班车，开通青山—宋坪—沙田—县城客运业务。80年代后期开始，先富起来的农户逐步购置农用“小四轮”、“双排座”、大型货车从事运输业。2000年后，有个体户购置中巴车经营客运业务。

邮政通讯

民国时期，境内邮政业务属沙田邮政所管辖。1949年桂东新中国成立后，在驻地设邮件信箱以方便群众与外界联系。20世纪60年代后期，青山公社经沙田邮政机构中转的电话接通。70年代“三青线”公路贯通后，青山至沙田改为摩托车邮路，青山至境内各地仍为步班或自行车邮路。客运班车开通后，邮件委托班车代运。70年代后期，青山公社到各大队的有线电话开通，为摇把子电话机。2000年后，无线通信得到发展。2003年，境内开通小灵通。2005年，开通青山乡政府驻地和彩洞2个移动基站。2006年，开通宽带网业务。同年，建成寨坪移动基站、彩洞卫星传输基站、上游移动直通基站。2009年，建成上游移动基站和罗家村联通基站。2011年，建成宋家、彩洞移动基站。2013年，完成罗家村3G网络升级，同时开启了彩洞村移动光缆。到2014年年底，移动信号覆盖全乡所有的村。罗家、宋家、苦竹、寨坪等4个村接通宽带网络，并完成宋家村、罗家村4G网络升级。有电信服务网点1个，固定电话用户400户，移动电话用户1300多户。有邮政网点1个，专职邮递员1名，投递路线单程总长度20公里，乡村通邮率100%。

供电饮水

供电 旧时，照明用桐油灯、干竹片、松明。民国后期，渐用煤油灯。1949年桂东新中国成立后，生活条件逐步改善，随着小型水电站的兴建逐步用电灯取代了煤油灯照明。20世纪60年代末，青山公社的彩洞、寒坑、寨坪等小水电站相继建成，村民开始用上电灯。1981年，建成大水口电站，装机600千瓦。2000年后，在政策的激励下，境内水利资源得到开发。2003年，建成上游一级、二级电站和两江口电站，共装机3300千瓦。2005—2007年，先后实施各村农网改造，群众用电质量得到保证。2004年建成红光一级电站和平江里电站，装机分别为1400

千瓦、4690千瓦；2005年建成小渥溪电站，装机600千瓦；2006年，上游三级电站（鑫源电站）、红光二级电站、彩洞一级电站和二级电站相继建成，共装机3462千瓦；2007年建成渔箩电站。2008年，青山变电站建成投入使用。2013年，投资380万元实施宋彩线和罗家村农网升级改造；到2014年年底，境内共有小水电站12座，总装机容量达15012千瓦。全乡6个村实现农网升级改造全覆盖。

饮水 青山乡因居民居住分散，旧时，村民饮水靠肩挑手提方式来取用山泉井水或河水。20世纪90年代后，大部分居民用塑料管将山泉水引入家中。2000年后，实施农村安全饮水工程。2008年，寨坪村、宋家村农村安全饮水工程竣工并投入使用。2012年，完成罗家村集中供水工程，罗家村、苦竹村实施农村安全饮水工程。2013年，苦竹村实施农村安全饮水工程。2014年罗家村完成安全饮水工程，解决了乡政府驻地近1000余人的引水问题。

水利建设

境内山多田少，山高坡陡，稻田多为梯田，主要是自流灌溉，水利设施不多。新中国成立后，各大队兴修水圳等水利设施。2000年后，加强水利设施建设。2003年，建成两江口水库。2011年，整修水圳1800米，整修河堤1000米。2012年，完成两江口水库大坝隐患整改工程。2013年，完成小游园河堤建设工程和罗家生态河堤建设工程。至2014年，境内有水库1座。

村镇建设

清代、民国时期，村民居住条件简陋，房屋多为干打垒砌成，稻草或树皮盖顶。新中国建立后，群众居住条件得到改善。20世纪70年代，农民普遍扩建或新建房屋，大队、生产队兴建大队部、学校、分配站等公共实施。80年代后，村民开始兴建瓦木结构房子，少数富裕家庭建砖混结构房屋。2000年后，村民新建房屋均为砖混结构，村民居住条件不断改善。2003年，新建乡政府办公楼。2007年，盘活原青山供销社房屋，兴建24户徽派建筑风格的楼房。2008年，新建罗家村村级组织活动中心。2010年，新建青山乡文化站、司法所综合楼。寨坪、宋家、上游3个村村级组织活动中心相继建成。2013年，完善罗家小广场基础设施建设，并实施“两沿绿化、村庄亮化、建筑美化”工程。苦竹村文化小广场和罗家村邓家组生态小游园建成。此后，开始推行农村环境综合整治和规范农民建房，村容村貌得到较大改善。2014年，建成占地面积2500平方米的瑶族风情小游园，并在罗家村罗家组征地32亩，实施异地扶贫搬迁工程。

社会事业

教育科技

教育 清末和民国时期，境内以私塾教育为主。新中国成立后，教育事业得到发展，逐步实现村村办小学。1983年，境内有社办小学6所，分设于各大队。20世纪90年代初期，全乡有中学1所、中心小学1所、村小5所。后逐步调整学校布局。1994年，青山中学撤并到桂东二中；2001年，左溪小学、栏印小学分别撤并到寨坪小学、苦竹小学。后随着生源剧减，其他村小逐渐撤并到中心小学。2009年，实行免除农村义务教育阶段学杂费。2010年，投资47万元，完成中心校食堂、篮球场地等基础设施建设。2014年，占地面积260平方米、总投入135万元的幼儿园建成。至此，境内有中心小学1所，专任教师13人；幼儿园1所。适龄儿童入学率100%；小学升初中升学率100%。

科技 新中国成立后，政府注重科学技术推广工作。1953年，开始高杆稻改矮杆稻。1958年“人民公社化”后，全面贯彻农业“八字宪法”，推广新式农具和新法养猪。70年代中期后，推广种植杂交水稻。2001年，青山乡彩洞村都寮组农民罗业良对传统的单铧犁进行反复研究、改造，发明了杠杆犁，2002年获得发明专利权。进入21世纪后，青山乡结合当地实际，举办竹笋两用林、杉木速生丰产林和养蜂技术培训班，效果明显。

文化体育

因地处偏僻，旧时文化生活落后。1949年桂东新中国成立后，政府重视文化建设。1958年，组建青山公社电影队，到各大队定点巡回放映电影。人民公社期间，大部分农户接通有线广播，由公社广播站统一播放节目。20世纪70年代后，有流动电影放映队下乡至青山放映电影，每月至少放映1场。部分家庭经济较好的农户购买收音机收听新闻或文娱节目。进入90年代后，电视陆续进入农户。2008—2011年，各村先后建设农家书屋。2012年，乡文化站建成投入使用。2014年，全乡有文化站1个，农家书屋6家，图书室1个。

境内体育事业发展较晚。新中国成立后，开始在学校普及体育教育。人民公社期间，组织青年劳动力利用农闲时间进行武术、军事训练。2008—2010年，先后实施上游村、寨坪地、宋家村农民体育健身工程。2014年年末，境内有体育场地5处，设有篮球场、乒乓球台等体育设施。

医疗卫生

旧时，由于交通不便，民众用中草药或传统的土方子治病，病情较严重则转至沙田治疗。新中国建立后，医疗卫生事业得到重视。1966年，成立青山公社卫生院，配备了专业医务人员。各大队组建卫生室，由当地赤脚医生负责常见病治疗。1971年，青山公社卫生院改为青山农村地区医院。1982年，农村实行家庭联产承包责任制后，各大队合作医疗解体，赤脚医生开展个体行医。1984年，青山农村地区医院改为青山乡中心卫生院。进入21世纪后，政府加大对公共医疗卫生事业投入。2013年，投资50万元建成医生公转房6套。2014年，投入240万元，开工新建乡卫生院综合楼。至2014年，有乡卫生院1所，病床8张，专业卫生人员5人，其中执业医师3人。村级卫生室6个。参加新型农村合作医疗的群众达97%。

社会保障

清代、民国时期，生老病死无任何社会保障。新中国成立后，当地政府对鳏寡孤独者实行五保；对老弱病残和特困户给予救济与帮助。农村实行联产承包责任制后，由村委会和居民小组商定，实行互利承包责任制。2000年后，社会保障事业得到加强。2009年，开始实施农村危房改造项目，给予危房改造户一定补助。至2013年完成农村危房改造222户。是年，投资150余万元的敬老院项目竣工，可集中供养五保老人50人。2014年，全乡有农村最低生活保障户数167户356人，农村五保集中供养13人，农村医疗救助13人次，农村临时救济1215人次，国家抚恤、补助各类优抚对象85人，支出各类补助、救济资金65.03万元。

特色地情

历史人文

红色青山 1935年成立的湘粤赣边区红军游击支队和1947年建立的粤赣湘边区人民解放总队

八仙下棋

北上先遣队先后在青山乡建立了革命根据地，开展了艰苦卓绝的游击斗争；1945年8月，八路军南下支队在彩洞突围，在中国革命史上留下了光辉的一页。

风景名胜

八仙下棋 八仙下棋原名青山寨，位于青山乡寨坪村和四都镇新柳村交界处，海拔1472米。登山远眺，万山绵延，云海滔滔。传说八仙为避尘嚣，常在此对弈。他们招手来菜，吹气变酒，点石成床，挪云为被，故名为“八仙下棋”。山顶有一巨石，名“拜棋台”。有诗曰：“云游四海居蓬莱，怎及此峰景色佳！弈艺畅怀春永驻，清风瑞霭任君裁。”

名优特产

沉香鱼 传说，淇江两岸起伏延绵的山岭生长着一种常绿乔木——“土沉香”。秋冬时节，沉香叶没入河床。生活在河里的小鱼用嘴啃着、吻着蕴含芳香的树叶长大。生活在这里的村民将捕获的江鱼进行蒸煮时，满屋弥漫着一股沉香味。后来，村民就给生活在淇江水域的鱼，称之为“沉香鱼”。其肉质嫩滑，色、香、味俱全。

瑶族风情

青山乡彩洞村是桂东瑶族聚居地。据同治《桂东县志》载，境内瑶族为高山瑶（又名过山瑶、生瑶）。桂东彩洞瑶族现有赵、邓、冯、盘四姓。邓、冯二姓由广东仁化入县境后至青山彩洞定居。盘、赵两姓由广东仁化至酃县龙渣再到桂东青山彩洞。

瑶胞服饰，男人多数以青蓝粗布缠头，身着青布短褂，脚缠绑腿，腰束布带，有时外套五色丝绒镶边背心。妇女大多数头梳高髻，上覆青布绣花巾，垂挂银饰，颈配成串项链，身着镶边偏襟衣，腰系彩布围裙，脚穿鸡嘴绣花鞋。新中国成立后，多数瑶胞服饰与汉人无异，只少数老年妇女着瑶服。瑶族以犬为图腾，禁食狗肉。新中国成立前，瑶民不与异族通婚，同族五代内不通婚，男女青年一般在节日、赶集、生产劳动时以对歌相恋，双方情投意合即互赠礼物订婚。新中国成立后，瑶胞与外族通婚，婚姻形式有三种：招郎上门，夫从妻居，子女随母姓；妻从夫居，子女随父姓；婚后夫妻在两地不定期居住，子女姓氏从父或从母。瑶胞为纪念始祖盘王抗敌御侮，保家卫国，定农历十月十六日为“盘王节”，举行隆重聚会，族人盛装艳服，齐集盘王庙还愿祭天，祭祀延至三、五、七天不等。祭祀仪式非常复杂，有吟、唱、白、舞蹈等形式，同时燃起篝火，载歌载舞，俗称“朝王”，并以杂粮、野味或宰牲祭祀。境内因瑶民不多，故常派代表到资兴、郴州等地参加“盘王节”。

（朱晨东　供稿）

桂东瑶族

四都镇 >>

四都境内拥有熊猫化石的湘南最大溶洞群，桃寮是著名的红军村。

区域概况

位置面积

四都镇地处桂东县西部，东与流源乡、贝溪乡毗连，南与沙田镇接壤，西与八面山国家自然保护区、青山乡交界，北与沤江镇、炎陵县龙渣瑶族乡相邻。位于北纬 25° 53′ 2″ 至 26° 7′ 16″，东经 113° 43′ 39″ 至 113° 49′ 52″ 之间。辖区东西最大距离 6.2 公里，南北最大距离 2.4 公里。2014 年年末，土地总面积 158.47 平方公里。耕地面积 1104.13 公顷，其中水田 967.2 公顷。镇政府驻四靖社区，驻地距县城 45 公里。

建置沿革

清康熙三十年（1691）属零四都。民国初期全县设 5 都 18 乡，属四都，辖里仁东乡、里仁南乡、里仁西乡、里仁北乡；民国 18 年（1929）改都为区，全县划成 5 区 20 个乡，为第五区；民国 28 年（1939），废区设乡，全县划为 16 个乡，里仁东乡、里仁南乡并为碧洞乡，里仁西乡、里仁北乡并为黄石乡；民国 29 年（1940），碧洞乡与黄石乡并为西靖乡。

1949 年 6 月 16 日桂东解放，废除旧乡、保、甲制度。在行政区划上，暂沿旧制全县区域仍分 8 个乡，仍为西靖乡。1950 年 3 月，全县设区并乡，划为 3 个区，2 个办事处，西靖乡改为四都人民办事处；5 月改为四都区；10 月，全县各区改以按序号命名，为第五区；1955 年 6 月，复名为四都区。1956 年 6 月撤销区的建制，全县划为 18 个乡、1 个镇，境域内设东水乡、西水乡。1958 年 9 月，实行政社合一，全县组成 9 个人民公社。东水乡、西水乡组成卫星人民公社；11 月，桂东县与汝城县合并为汝桂县，卫星人民公社改称四都人民公社。1961 年 4 月，四都人民公社分为东水人民公社和西水人民公社，5 月，汝桂分县，恢复桂东县建置，四都属之。1965 年 1 月两者重新合并为四都人民公社。1984 年 3 月改社建乡，为四都乡。2011 年 7 月，撤乡建镇，设立四都镇。

行政区划

民国 28 年（1939），时为西靖乡辖 12 保 106 甲。1949 年桂东新中国成立后，废除旧乡、保、甲制度。在行政区划上仍为西靖乡。1983 年 12 月，全域辖新龙、双溪、东水、角塘、溪塘、宝岭、长青、莲塘、溪莲、西水、文阁 11 个大队，122 个生产队。

20世纪80年代初，溪塘大队分为溪塘大队和洋河大队。1984年改社建乡后，各生产大队消失，组建新龙、双溪、东水、角塘、溪塘、宝岭、长青、莲塘、溪莲、西水、文阁、洋河12个村民委员会，下设121个村民小组。1993年，增设四都墟居委会，后于2009年改名为四靖社区居委会。2012年5月，原大水乡东风、新柳2个村共16个村民小组纳入四都镇行政区域。至2014年，四都镇辖新龙、双溪、东水、角塘、溪塘、宝岭、长青、莲塘、溪莲、西水、文阁、洋河、东风、新柳14个村和四靖社区，下设137个村（居）民小组。

自然环境

镇区四面环山，中岐山将全镇分成东水和西水两块。地势西北高东南低。境内最高峰鸡公串葫芦位于双溪村与新龙村交界处海拔2042米，最低点位于长青村腊树下组海拔720米。境内属石灰石地质，故多石芽、溶沟、落水洞、溶斗、溶洞等岩溶地貌。如碧洞飞烟、仙人石田等。全境属亚热带季风性湿润气候，其特点是夏无酷暑，冬无严寒，温暖湿润，四季分明。多年平均气温17.8℃，1月平均气温6.1℃；7月平均气温24.1℃。年平均降水量2020毫米、年平均日照时数1581小时。降雨集中在每年3月至8月，6月最多。主要自然灾害有旱涝、低温冰冻、连阴雨、冰雹、地质灾害等。境内有西水、东水、洋河三条支流在溪塘、四都墟汇入淇江，是淇江的发源地，其东、西两股水源在四都境内的流程共有24公里。境内已探明地下矿藏有金、银、钨、砷、铜、煤、石灰岩等矿产，煤、石灰岩储量较大。其中石灰岩储量2.5亿吨，它主要分布于东水、西水谷地和其间的山岭及大岭至鸡公脑一带。2013年，“十二五”森林资源规划设计调查，全镇有林地面积8997.2公顷，活立木总蓄积432764立方米，森林覆盖率75.75%，林木绿化率76.82%。

人口民族

新中国成立前，境内人口不详。1953年第一次全国人口普查，有人口2545户9556人。新中国成立之初，因生产力水平和医疗条件差，人口增长慢。1964年第二次全国人口普查，有人口2555户9985人。随着人民群众生活水平的提高，医疗条件的改善，自然死亡率降低，平均寿命普遍延长，人口数增长较快。到1990年第四次全国人口普查时，人口增至3413户14115人。随着计划生育政策的严格执行，人口增长一度出现负增长，2000年第五次全国人口普查，总人口减至3831户13926人。至2010年第六次全国人口普查，有人口4416户16487人，其中少数民族23人。2012年，原大水乡东风、新柳等2个村并入后，境内人口基数增大。至2014年末，总户数5457户，总人口20955人，其中农村人口13027人。人口密度271人/平方公里。男性11433人，乡村劳动力资源10398人。总人口中，以汉族为主，有瑶族等少数民族。

经济发展

经济综述

境域传统经济以农业、工商业、煤炭业为主。“人民公社”时期，以种植水稻、杂粮为主，农副业受到限制。改革开放后，推行家庭联产承包责任制，群众积极性高涨，生产效率提高。商贸业、运输业、建筑业逐步兴起。20世纪90年代后期，小水电建设掀起高潮，带动了加工业发展。2012年，列为湖南省特色镇、郴州市“十二五”示范镇建设，为镇域经济发展注入了新动力。2014年，实现地区生产总值12195万元，其中，第一产业4057万元，第二产业1962万元，第三产业6125

万元。财政收入244万元，农民人均纯收入4284元。

农业

种植业 传统种植业以种植水稻为主，旱地一般种植红薯、玉米、蔬菜、棉花及麻类作物。民国时期和新中国成立初期，水稻以单季稻为主。1954年，试种双季稻。后逐步扩大双季稻种植面积。1977年，试种杂交水稻并获成功，随后在全镇推广。2007年以后，每年种植优质稻1000亩以上。2011年，在莲塘村试种富硒红米600亩并获成功。

进入21世纪后，农业种植结构调整步伐加快。2007年，种植紫红茄500亩。2008年以后，每年种植甜玉米300亩以上，冬种油菜1000亩左右。2009年后，每年种植朝天椒200亩以上，其他蔬菜1200亩以上。2010年，引进四季春果蔬公司，发展果蔬种植。2013年，全面完成各村农村土地确权工作。2014年，全镇农作物总播种面积34284亩，其中粮食播种面积21390.5亩，粮食总产量6874吨。

养殖业 民国时期，境内养殖业以养猪、牛、狗、鸡、鸭等为主，鸡、鸭多自繁自养，所产鸡鸭蛋除食用外，皆出售或兑换油、盐等，俗称“油盐坛子”。少数农户在门前开塘养鱼，产量低。新中国成立后，政府提倡多养耕牛牲畜，家家喂猪积肥。“人民公社”期间，以生产队为单位集体养牛用于务农为耕。20世纪90年代后期，政府支持发展草食动物养殖，形成了新龙水斜、东水兰花坪和文阁坳下3个草食动物养殖基地，羊年存栏达3000只，出栏1500只。进入21世纪后，牲畜散养户减少，养殖大户兴起。2014年，发展现代农业生猪规模养殖场10个。全镇生猪出栏7891头，存栏10823头，耕牛存栏1992头，羊出栏2263头，家禽出笼27686羽。

林业

1949年以前，林地归私人所有，多自生自繁，树种有松、杉、樟、枫、油茶等。境内野生锥栗较多，其果实是当地农贸市场的一个特色农产品。1951年，成立农林互助组、合作社。1958年，林地收归公社所有，由于“大办钢铁”和后来的开山造田，林木资源受到破坏。1963年，贯彻中央政策，山林权固定在生产队。1965年，全县兴起大办杉木林基地热潮，四都兴建大坳社办林场。1972年4月，境内与八面山一带飞播马尾松。20世纪80年代后期，县木材公司在境内兴办云落江联营林场，以全砍全造方式营造杉木林。

进入21世纪后，政府鼓励发展非公有制林业。大坳林场租赁给造林大户经营，兴办厚朴林基地。2007年，实施退耕还林2872亩，新种花椒600亩。2008年以后，每年实施楠竹低改1000亩以上；改造油茶低产林2000亩左右，新造油茶林200亩以上。2011年，以总管庙风景区为中心组织植树造林600亩，在乡村公路沿线种植樟树3万株。2012—2014年，发展花卉苗木基地4个，面积达到1000亩。2013年，实施道路绿化30公里；岳汝高速沿线可视范围绿化3000多亩。2013—2014年，发展黄桃基地800亩。2014年底，全镇有国家生态公益林84897亩，省级生态公益林29063亩。

工业

唐宋时期，境内有酿酒和制伞作坊。明、清时，有生产铁器、木器、土纸、纸伞、油鞋、木屐等手工作坊。因“米市”繁荣，大米加工业兴旺。民国时期，有铁器、木器、纸伞、酱油等作坊20余家。新中国成立后，境内相继创办竹器厂、印染厂、大米厂等。“人民公社”期间，大办“五七”厂，包括铁制农具加工、缝纫等手工业。20世纪60年代初，开始兴办四都煤矿，为社队集体企业。

1993 年，西水峡里发现金矿后，许多人前往淘金。1996—1997 年，采矿者达数千人。由于采矿秩序混乱，对自然环境和社会秩序带来诸多危害，政府多次进行整顿，于 2002 年 3 月封矿禁采。同年，四都煤矿因矿区资源枯竭，矿井规模小，生产条件差等因素予以关闭。进入 21 世纪后，随着电力逐步充足，加工企业渐增。2007 年，引进木材加工厂 2 家、石灰精粉厂 1 家，华银矿业落户四都。2010 年，引进玖旺生物能源公司、朝阳碎石场、西水空心环保砖厂等一批企业进驻四都。2014 年，全镇有华银矿业、利祥竹业、长青木材加工厂、鑫发木材加工厂等工业企业 4 家，从业人员 200 余人。

商贸服务业

清代，境内设有里仁墟、桥头墟两个集市，里仁墟逢一、六日赶集，桥头墟逢二、八日赶集。后来，集镇市场逐渐向溪塘方向扩展。新中国成立后，在驻地周围逐步开设集体性质的肉食站、供销合作社、药店、饭店等，供应生产、生活资料和收购农副产品。1955 年，境内有私营商贸户 68 户，从业人员 257 人。“人民公社”期间，商品交易受到限制，市场交易品主要是农副产品。改革开放后，个体商贸业得到发展，市场渐繁荣。20 世纪 90 年代初，供销社实行个人整体租赁承包制，集体性质的商贸业解体，个体私营业跃居主角。至 1993 年，境内有个体经商户 142 户，从业人员 591 人。1998—2002 年，镇内商业、供销系统实行体制改革，置换商贸企业 5 家，置换职工身份 100 余人。1999 年以后，新圩镇建设热潮促进了镇域商品零售业、餐饮服务业、金融业、通讯业等行业快速发展。2014 年，镇内有各类商贸企业、个体经营户 435 家，从业人员 750 人。餐饮、酒店、金融、保险、数码电子、美发等百业兴旺，基本能满足居民的生产生活需求。

境内金融业也起步较早。清代至民国时期，境内即有典当行、票号、钱庄经营。1949 年，桂东和平新中国成立后，县成立国家商业银行，但仍允许镇内钱庄经营。军管会禁止银圆流通，统一使用人民币。1971 年，始设乡信用社。1982 年，县农业银行四都乡营业所成立并营业。1984 年 10 月，中国人民保险公司桂东县支公司恢复机构，在境内设保险站，承办本地保险业务。1998 年，设邮政储蓄点，开始办理储蓄业务。2001 年，四都邮政储蓄银行成立。2014 年，境内有农商银行、邮政银行金融机构 2 个、保险机构 1 个，营业网点 20 处。年末存款余额 2.5 亿元，贷款余额 0.45 亿元。

基础设施

交通运输

明、清时期，境内有步道八面山路，经军营铺、小乌溪至兴宁（今资兴）青腰墟；步道十八傍路，经芳村、流源、侃大至县城。民国时期，有桂资线步道由县城经寨前、流源至四都，连接八面山，是县内通往兴宁、郴州的主要道路。新中国成立后，交通事业发展较快。1972—1974 年，修建寨前经流源乡、四都洋河至四都墟 31.6 公里公路。至此，四都有了至县城的公路。该线并于 2008 年全线完成沙改油工程。

1985—1987 年，修通四都墟经莲塘村、溪莲村、西水村至文阁村的东水公路和四都墟经溪塘村、角塘村、东水村、双溪村至新龙村的西水公路。东水、西水公路均于 2008 年实现硬化。

1987—1989 年，修通四都墟经宝岭村、长青村、新柳村、东风村至原大水乡公路。至此，境内实现村村通公路。该线于 2010 年实施改造工程，2014 年全线完成硬化。

2005 年，单拱跨度 28 米的连心桥圆满竣工。2009 年，全面整修了四都凉桥。2011 年，完成溪塘村下黄组通往仙人石田景点道路建设。2012 年 12 月 20 日，四都镇至八面山旅游干线公路开工兴建，起于岳汝高速四都段角塘互通口，经四靖社区、溪塘、连塘、溪莲、西水、文阁村至八面山，全长 21.975 公里，按二级公路标准建设。2013 年 12 月，炎汝高速四都段建成通车。

邮电通信

清代，辟有兴宁经四都至县城的步班邮路。清末，设四都邮政信柜，代办邮政业务。民国 30 年（1941）设立西靖乡（四都）通讯所。桂东新中国成立后，于 1950 年设立四都邮政所，有 2 条邮路。1956 年，邮电所设有电话总机室，办理邮政、报刊发行、电报电话业务，党政机关安装有手摇电话机 1 台。

1980 年，设四都邮电支局。1989 年，县邮电局在境内开通 400 门自动电话交换机，结束人工电话历史。1992—1994 年，新建程控电话，开通 5000 门程控电话，实现市、县电话联网。1995 年，县邮电局开通模拟移动通信系统。1996 年，邮政与电信分家，设有四都邮政分局、四都电信分局。电信分局开通全球通移动通信系统，发展数字移动电话 210 台、数字寻呼机 800 台，安装程控数字电话 2800 门。2004 年，开办邮政特快专递业务。至 2014 年，移动信号覆盖全镇所有村。境内有通信移动基站 19 个，移动电话 4400 余户。

供电饮水

供电 旧时，境内照明用桐油灯、干竹片、干向日葵杆等。民国后期，渐用煤油灯。新中国成立后，随着小型水电站的兴建逐步用电灯取代了煤油灯照明。1964 年，四都水电站投产，装机 24 千瓦。随后，水斜、新龙、双溪、瑶山、东风、新柳等小水电站相继建成。1998 年开始，在政策的支持下，民营小水电站建设兴起。2000 年，建成四都 35 千伏、容量 3150 千伏安变电站。境内居民用电质量进一步提升。2003 年，各村（社区）农网改造全面完成。至 2014 年，全镇建成洋河、双溪、长青、西水、新龙、角塘等 14 座小水电站。

饮水 旧时，辖区民众饮水靠肩挑手提方式取用山泉水或河水。20 世纪 80 年代后，部分群众在门前屋后打井引水。90 年代后期开始，村民分户或联户利用塑料胶管引导山泉水接到家中，用上了“自来水”。进入 21 世纪后，以行政村或自然村为单元开始实施安全饮水工程，改善了群众生产、生活条件。2014 年，启动镇自来水厂建设项目。

水利建设

旧时，境内农田水利设施落后，防洪抗旱能力弱。新中国成立后，政府重视水利建设。1957 年，建成当时全省第一座海拔最高的水库——大水坪水库，坝高 24 米，库容 39 万立方米，灌溉稻田 700 余亩。1958 年，建成东水水牛塘等山平塘，解决部分干旱地区的灌溉问题。1965 年后，陆续新修、整修山塘、水塘 100 余口。1970 年后，兴建四都胜利渠道，以灌溉稻田。1980 年代后，重点整修河道堤坝，年均整修 320 处。1995 年对新柳水圳进行改造。2005 年，实施西水、溪连、连塘 3 个村国土整理项目，有效改善了项目区水利设施。2008 年，实施四都小流域治理项目，完善城镇防洪功能。2012 年，完成角塘村土地整理项目，新修了排灌渠 68 条，机耕道 46 条，水渠、河坝整修 14 处、山塘整修 3 个、河堤护砌 200 米，实现了灌溉有渠、排水有沟、进田有路。同年，实施淇江流域治理工程，新建河堤 3000 米。2013—2014 年，实施文阁、西水、溪莲、溪塘、宝岭等5个村国土整理项目；新建集镇防洪河堤4200米，建设拦河坝15处。

村镇建设

镇区建设 镇政府驻四靖社区。20世纪50年代，乡驻地开始新建泥木结构的办公楼和生活用房。此后，信用社、供销社等机构的办公和生活用房新建和扩建。90年代后期，乡政府办公楼开始拆旧建新，原土坯房逐渐被砖混结构的楼房取代，改善了机关工作人员办公、生活条件。进入21世纪后，集镇建设步伐加快。2005年，启动了集聚城镇人口5000多人的城镇建设规划修编工作。2009年，兴建乡计生服务站大楼乡站所综合楼。2012年，投入160万元改造镇政府办公楼。2012年6月，四都镇列入湖南省特色镇、郴州市“十二五”示范乡镇创建范围。并完成了四都镇2011—2030年城镇总体规划修编工作，完善了镇区总体规划和土地控制性规划。以创建示范乡镇为契机，投入80万元，对四都墟的下水道管网、路灯等基础设施进行改造。2013—2014年，新建800平方米中心小广场1个，改造徽派屋顶3万平方米、美化房屋外墙9.2万平方米，街道铺油路2700米，统一街道门面招牌200多家，安装太阳能路灯300盏，拓宽总管庙景区绿化面积6000余平方米，新建花池420米，新建垃圾池60个。2014年，四都被郴州市精神文明建设指导委员授予“文明村镇”称号。

村庄建设 清代、民国时期，境内村民房屋多为干打垒茅草屋，少数富裕人家建有青砖瓦木结构房子。新中国成立后，各村办公用房多为土改时分配的“公房”或新建的土坯房。20世纪80年代后，村民对自住房进行新建或者改建，多为瓦木结构房子，先富裕起来的村民建有砖混结构的小洋楼。90年代后期以来，村部办公条件得到改善，均新建了砖混结构的办公楼。村民新建房子均为砖混结构。2009年后，对境内农村危房进行改造。2013年，桂东县将角塘村列为全县创建省级美丽村庄示范村，先后实施了道路提质、环境整治、村庄绿化、产业发展等项目。硬化村主干道和入户道路5.9公里，打造生态水景5处；新建农民住房联建点3处113户，美化房屋339栋，栽植各类绿化树木1.2万株，成立农民专业合作社2家，新建农家乐2家。2013—2014年，四都镇全面推进农村环境综合整治，开展农村垃圾治理，改善农村居民居住环境。同时实施“点亮村庄”工程，在主要干道沿线安装太阳能路灯。实施“碧水工程”，对村庄主河道进行清理保洁、两岸绿化。2014年，完成15个村（社区）的村庄规划。规范农村农民建房联建点5处,共150户。2014年，角塘村被评为郴州市美丽村庄。

社会事业

教育科技

教育 清代，有少量私塾，供村民子弟读书，总管庙私塾在当时较为出名。辛亥革命后，境内开办公立小学1所。新中国成立后，教育事业得到发展，村村办小学。1958年，四都小学附设初中班。20世纪60年代，在“社社办中学”的大背景下，境内创办中学，名为桂东五中，开设初中和高中班。80年代初期，桂东五中停办高中班，并改名为四都中学。90年代初期，境内有中学1所，中心小学1所，村小12所。后逐步调整学校布局，村小数量减少。1994年，井泉小学撤并到东水小学；1997年，原大水乡东风小学撤并到新柳小学；1999年、2001年，洋河小学、宝岭小学先后撤并到四都中心小学；2001年，水斜小学撤并到新龙小学；2002年，新龙小学、文阁小学分别撤并到双溪小学、西水小学。进入21世纪后，加大对校舍建设的支持力度。2005年，四都中学教学楼改造工程和学生宿舍楼完工。2008年，新建莲塘小学教学楼。2011年，新建中心小学综合楼。2012年，双溪、莲塘小学成功创建为县级合格学校。2013年，开始实施教师公租房建设项目。至2014年，全镇有初中1所，小学8所，在校生1200人，专任教师78人，小学适龄儿童入学率100%；小升初升学率100%，小学、初中在校生年巩固率都为100%。九年义务教育覆盖率达100%。

科技 新中国成立后，政府注重科技推广。1953年，推广矮秆稻改种高秆稻生产技术。1956年，推广油茶垦复技术。1973年，推广杂交水稻种植技术。进入20世纪后，四都镇结合农业产业结构调整，举办无公害蔬菜、油茶、板栗、黄桃种植和规模养猪技术培训班，增强农民致富本领。

文化体育

旧时，文化体育生活单调，只限于逢年过节舞狮、龙灯等。1949年桂东新中国成立后，政府重视文化建设，在学校普及体育教育。人民公社期间，大部分农户接通有线广播，墟镇架设高音喇叭，由公社广播站统一播放中央人民广播电台和湖南省人民广播电台节目。县城流动电影放映队下乡至各村放映电影，每月至少放映1场。农闲时，组织青年劳动力进行武术、军事训练。20世纪70年代初，公社组建电影放映队。部分家庭经济较好的农户购买收音机收听新闻或文娱节目。改革开放后，先富起来的农户购买卡式收录两用机。在墟镇有个体经营户开办录像放映厅。1990年后，电视陆续进入农户，农民的文体生活不断丰富。2008年10月，该乡钟栋来在福建省泉州市举行的全国第六届农民运动会上获得一金一银。2008—2011年，各村先后建设农家书屋，对村民免费开放。2012年，新建四都镇文化站。2013年，墟镇兴起广场舞。2014年年末，境内有文化站1个，农家书屋15个；体育场地5处，设有篮球场、乒乓球台、健身器材等。

医疗卫生

清代，江西人来四都开设药店，以中医为主，四都墟的春善堂药店在全县有名。民国30年（1941）6月，境内设立乡级卫生所，设主任1人，助理员2人，西医开始推广到农村。1953年，在四都设五区卫生所。1956年，区卫生所改为四都卫生所。各大队组建卫生室，配备保健员、卫生员、接生员，担负大队防治及新法接生工作。1966年，四都卫生所改为四都卫生院。1970年，境内农村实行合作医疗制度。1981年，农村实行家庭联产承包责任制后，合作医疗解体，出现个体诊所。2007年，境内开始实施新农合制度。2009年，新建乡卫生院综合楼。至2014年，全镇有卫生院1所，村级卫生室18个；病床40张。专业卫生人员13人，其中执业医师10人，注册护士3人。当年医疗机构（门诊部以上）完成诊疗9000人次。新型农村合作医疗参保率92%。

社会保障

清代和民国时期，境内村民的生老病死无任何社会保障。新中国成立后，政府重视社会保障事业，对农村"五保"户由集体和政府供养，并有专门机构负责救灾、济困、帮穷、扶弱。1988年，试行"五保"户承包责任制，由村民把"五保"户的生养死葬包下来，"五保"老人死后，其房屋财产和自留山由承包户继承。1991年，对"五保户"实行分散承包供养责任制，由村民或旁系亲属帮助种好双份责任田并照顾好起居生活。2000年后，辖区社会保障事业得到全面加强。2007年，开始实施农村低保政策。2009年，开始实施农村危房改造，对危房改造户予以一定补助。2013年，

成立镇低保受理中心。同年，启动公租房建设项目。2014年年底，全镇有“五保”供养对象165人，其中集中供养25人；农村低保590户1081人，城市低保12户13人；残疾人290人，其中重度残疾人120人，年内累计发放重残补助7.26万元。新农保参保续保6292人，城镇居民基本医疗保险参保续保14766人，新农合补偿8217人次556.35万元。新增城镇就业60人，农村新增转移就业305人。

特色地情

红色人文

1928年3月28日，毛泽东率部前来策应湘南起义时，经炎陵进入四都境内，在双溪村的暖水宿营，次日在四都墟召开群众大会，并帮助成立了里仁区苏维埃政府。毛泽东在老戏台作了演讲，宣传革命道理；在大岭坳打垮了桂东挨户团的阻截，顺利到达沙田。红军长征后，四都桃寮成为红军游击队的根据地。1945年8月12日，八路军南下支队在四都墟与敌激战，给敌工兵团以沉重打击。

风景名胜

四都溶洞群 位于溪塘村、角塘村、东水村。现已探明大小溶洞32个，是湘南地区迄今为止发现的最大的溶洞群。洞洞称奇，冰清玉洁，连绵数里，如临仙苑，妙趣盎然。有以神奇壮观为主的溪塘村仙人石田，以攀岩探险为主的角塘村碧洞飞烟，以科考猎奇为主的国宝洞，以赏景观石为主的皇龙洞和形态各异、鬼斧神工的天然石林群。其中，仙人石田、碧洞飞烟、皇龙洞、国宝洞相距不过3公里。2003年8月，湖南师大专家、教授在国宝洞发现熊猫化石，距今3万~700万年，专家据此推测熊猫的活动踪迹应东移400公里。

（徐敏文　供稿）

附录

1984—2015年桂东县乡镇行政区划变更一览表

<table>
<tr><th>1984年12月
（19乡镇）</th><th>1986年12月
（18乡镇）</th><th>2012年4月
（15乡镇）</th><th>2015年11月
（11乡镇）</th></tr>
<tr><td>大地乡</td><td>大地乡</td><td>清泉镇</td><td>清泉镇</td></tr>
<tr><td>桥头乡</td><td>桥头乡</td><td>桥头乡</td><td>桥头乡</td></tr>
<tr><td>寒口乡</td><td>寒口乡</td><td>寒口乡</td><td rowspan="6">沤江镇</td></tr>
<tr><td>黄洞乡</td><td>黄洞乡</td><td rowspan="4">沤江镇</td></tr>
<tr><td>三洞乡</td><td>三洞乡</td></tr>
<tr><td>城关镇</td><td rowspan="2">城关镇</td></tr>
<tr><td>城郊乡</td></tr>
<tr><td>增口乡</td><td>增口乡</td><td>增口乡</td></tr>
<tr><td>在前乡</td><td>寨前乡</td><td>寨前镇</td><td rowspan="2">寨前镇</td></tr>
<tr><td>流源乡</td><td>流源乡</td><td>流源乡</td></tr>
<tr><td>大塘乡</td><td>大塘乡</td><td>大塘镇</td><td>大塘镇</td></tr>
<tr><td>新坊乡</td><td>新坊乡</td><td>新坊乡</td><td>新坊乡</td></tr>
<tr><td>普乐乡</td><td>普乐乡</td><td>普乐镇</td><td>普乐镇</td></tr>
<tr><td>东洛乡</td><td>东洛乡</td><td>东洛乡</td><td>东洛乡</td></tr>
<tr><td>贝溪乡</td><td>贝溪乡</td><td>贝溪乡</td><td rowspan="3">沙田镇</td></tr>
<tr><td>沙田乡</td><td>沙田镇</td><td rowspan="2">沙田镇</td></tr>
<tr><td rowspan="2">大水乡</td><td rowspan="2">大水乡</td></tr>
<tr><td rowspan="2">四都镇</td><td rowspan="2">四都镇</td></tr>
<tr><td>四都乡</td><td>四都乡</td></tr>
<tr><td>青山乡</td><td>青山乡</td><td>青山乡</td><td>青山乡</td></tr>
</table>

安仁县

概述

安仁县位于湖南省东南部、郴州市北部，地理坐标为北纬26° 17′ 至26° 50′ 、东经113° 05′ 至113° 36′，东界茶陵、炎陵；南邻资兴、永兴；西连耒阳、衡南；北接攸县、衡东，素有“八县通衢”之称。总面积1462平方公里。2014年，全县辖12个乡、5个镇、1个国家森林公园、3个国有林场、1个工业集中区，217个行政村、8个居委会；总人口45.13万人，常住人口38.94万人，其中城镇人口15.59万人，乡村人口23.35万人；有汉、满、苗、瑶、回、侗、壮、黎、彝、土家族10个民族，汉族占总人口的99.98%。

安仁县名取自《论语》“仁者安仁”，历史悠久。考古发掘证明，早在新石器时代，境内就有人类生息繁衍，渔猎农耕。史料刊载，安仁春秋战国时属楚。三国时，先属蜀后属吴。唐武德五年（622）置安仁镇。后唐清泰二年（935），改为安仁场。宋乾德三年（965）始为县，设县治于彭蠡铺（今灵官镇境内）。宋咸平五年（1002），移县治于今城址。

安仁地处罗霄山脉中段，属半山地半丘陵区，万洋山脉蜿蜒于东南部，五峰仙屹立于西部边境，武功山脉的茶安岭从东北斜贯县境中部，醴攸盆地从北向南、茶永盆地从东向西南横跨其间，形成“三山夹两盆”的地貌格局。整体地势自东南向西北倾斜，永乐江顺地势由东南向西北流贯全境。东南部豪山乡的金紫仙海拔1433米，西北部永乐江下游的渡口乡过家村蔡家屋海拔仅70.76米。安仁属中亚热带季风性湿润气候，年平均气温17.9℃，年平均降水量1562.3毫米，雨量充沛，四季分明，年平均日照1663.3小时，无霜期280天。

安仁境内资源比较丰富。主要农作物有水稻、烤烟、油菜、食用菌、灯芯草、红薯、瓜果、蔬菜、大豆、花生、芝麻、玉米等130多种，尤以水稻、烤烟、油菜、食用菌为盛，是全国农产品主产区、粮食生产先进县、油茶生产示范县，湖南省烤烟生产重点县，亦被称为“中国食用菌之乡”。林产品主要有杉、松、樟、梓、椆、楠竹、油茶、油桐、乌桕、茶叶、药材等400多个品种。药材以其品种多、药性好而闻名省内外，被誉为“南国药都”。豪山所产云雾茶在南宋时期即享有盛名，其中冷泉石山茶曾被列为贡品，近年来所开发的“豪峰云雾茶”先后获湖南省“湘茶杯”金奖等13项大奖。境内饲养家畜10余种，其中生猪养殖有较大规模，近年饲养量达60万～80万头。野生动物有800

余种，其中兽类67种，鸟类210种，蛇类27种，鱼类79种。境内已探明的矿产资源主要有铁、锰、煤、钴、红柱石、滑石、石膏、大理石、石灰石、沙金等，其中红柱石储藏量巨大，矿床绵延数十公里，居亚洲之最。

安仁境内文化底蕴深厚，华夏始祖神农曾在安仁“遍尝百草、教化农耕”，神农文化源远流长。起源于神农文化的“赶分社”、“琢鸡婆”等习俗传承千年而不息，其中“赶分社”已作中国“二十四节气”列入世界非物质文化遗产名录。

安仁人文葳蕤，人才辈出。古有宋代抗金太守韩京、文学家计有功、清代岳麓山长欧阳厚均、抗法英雄台湾知府侯材骥等，今有开国将军唐天际、“东方神雕”周轻鼎、“画坛一绝”东方人、“陶艺泰斗”周国桢、“体操王子”李小鹏、军旅歌手刘一桢、“三一”总裁唐修国等名人，更有不少专家、教授声名鹊起，各领风骚。

近年来，安仁县大力实施“生态立县、工业强县、文化兴县”三大战略，强力推进项目建设，经济社会发展全面进入快车道，三大产业呈现加快发展的良好态势。第一产业方面，大力发展优质稻、食用菌、烤烟、油菜、药材等特色农业，建成一批初具规模的特色农产品生产基地；第二产业方面，大力发展能源、建材、精细化工等高科技与劳动密集型产业，成功创建了县工业集中区，初步建成了中小企业分工协作、上下游产品相互配套的工业体系，培育了以电子、建材、食品加工为主的工业支柱产业；第三产业方面，大力发展生态文化旅游产业，成功创建全国第一个集现代农业和休闲观光于一体的稻田公园，成功打造国家AAAA级旅游景区。袁隆平院士在稻田公园设立现代农业院士工作站。2014年，全县完成地区生产总值69.84亿元，其中第一、二、三产业增加值分别为16.43亿元、28.13亿元、25.28亿元，产业结构为23.53 ∶ 40.28 ∶ 36.19；完成固定资产投资111.96亿元，社会消费品零售总额31.80亿元，财政总收入4.90亿元，城镇居民人均可支配收入17839元，农民人均可支配收入7461元。全县全面小康实现程度为85%，被评为全省全面小康推进工作快进县。

安仁宋时以县统乡，以乡统里。全县初分为熊耳、宜阳2乡，咸平五年(1002)增设兴德乡，乡以下划分为54里。元时改3乡为8都，改里为图。明代，恢复乡、里建制，全县划分为3乡25里。明嘉靖三年(1524)，改为3乡8里。清初沿袭明制，全县划分3乡8里，增设1城厢。清康熙元年(1662)，改乡为都。全县划分为8都，都以下划分为村(团)。民国元年(1912)废都，全县划分为8个行政区，下辖1城厢、54村、7团。民国24年(1935)实行保甲制，全县划分为4区、18乡、294保、3188甲。民国35年(1946)1月扩乡并保，全县划分为8乡、89保、1129甲。1949年9月，安仁县人民政府将全县划分为4个行政区，区以下废除乡级建制，暂时保留保、甲。1950年7月调整区划设置，区以下废除保、甲制，全县设5区、1镇、88乡。1952年改设8区、1镇、109乡。1956年6月，撤区并乡，全县划分为1镇20乡，下辖1个居委会，226个农业社。1958年10月，全县先后建立6个人民公社，实行“政社合一”，取代乡建制。1961年2月，全县划为21个公社，下辖205个大队。1984年4月，废除“政社合一”体制，恢复乡镇建制，全县设1镇20乡，乡以下改大队为村委会。1985年至1998年，先后撤销安平乡、关王乡、朝阳乡、龙海乡、清溪乡，分别设为安平镇、关王镇、灵官镇、龙海镇、清溪镇。至此，全县设6镇15乡。2012年4月，撤销城关镇、清溪镇、排山乡、军山乡、禾市乡，设永乐江镇，全县设5镇12乡、225个村(居)委会。

永乐江镇 >>

永乐江镇是郴州市土地面积最大、人口最多的镇，也是湖南省人口第五大镇。

区域概况

地理位置

永乐江镇位于安仁县西北部，地理坐标为北纬 26° 35′ 38″ 至 113° 49′ 19″ 、东经 113° 4′ 55″ 至 113° 24′ 52″ ，东邻茶陵县枣市镇，西界衡东县南湾乡，北接攸县渌田镇，南临本县灵官镇、牌楼乡，是安仁县的政治、经济、文化和交通商贸中心。镇政府驻地设在桥南村（原清溪镇人民政府驻地）。

建置沿革

永乐江镇于 2012 年 4 月经湖南省人民政府批准，由原清溪镇、禾市乡、排山乡、军山乡、城关镇成建制合并而成，镇名取自流经安仁县的永乐江之名。

区划面积

永乐江镇土地总面积为 358.74 平方公里。辖东周、北郊、东郊、松山、清溪、桥南、青路、永乐、大桥、枫树、洪溪、红星、红光、罗山、黄泥、镜塘、新渡、禾市、滩头、石玉、泗江、乐友、龙头、白沙、西江、潭湖、长冲、黄竹、谭市、冷水、新安、南湖、大来、郁水、瑶泉、军山、芙塘、东冲、司山、新丰、高陂、排山、山塘、大石、大源 45 个村和城东、城南、城西、城北 4 个居委会，647 个村民小组。

自然环境

永乐江镇地处醴攸盆地南部、永乐江中下游流域。东南为茶安岭，西南为九妹仙，地势东南高、西北低。永乐江从牌楼乡船头村入境后，与支流宜阳河汇合，沿岸形成巨大的永乐江冲积平原，耕地面积广阔，俗称清溪洞。镇域属亚热带季风气候区，四季分明，春夏雨量丰沛，秋季干燥凉爽，冬季雨多较冷。淡水、森林等自然资源丰富，森林覆盖率 50.1%。境内已探明的矿产资源主要有赤铁、锰等，但品位不高。主要自然灾害有洪灾、旱灾、冰灾、雪灾等。

人口状况

2012 年撤乡并镇后，年末全镇总人口为 47366 户 137211 人，其中男性 71097 人、女性 66114 人，分别占总人口的 51.82%、48.18%，非农业人口 44280 人，占总人口 32.27%。人口自然增长率 6.6‰。2014 年末，全镇总人口 47161 户 137165 人，其中男性 71068 人、女性 66097 人，分别占 51.81%、48.19%；非农业人口 43268 人，占总人口的31.54%；人口自然增长率9.8‰。

经济发展

经济综述

永乐江镇地处安仁县的政治、经济、文化中心，区位优势明显，农业、工业、商贸服务业均有较快发展。2012年4月撤乡并镇后，大力推进项目建设。是年，境内实施重点项目12个，其中新签、扩建全县重点项目4个，全年完成固定资产投资43.54亿元，实现地区生产总值20.88亿元，其中二、三产业增加值14.86亿元，占地区生产总值的71.17%；完成财政收入1.87亿元，社会消费品零售总额12.3亿元，农民人均纯收入达到3786元。2013年继续大力推进项目建设，全年共实施各类重点项目23个，完成投资8.25亿元。其中比较大的项目有安仁火车站建设、稻田公园建设、神农广场建设、精细化工园建设、梓木山小区开发。重点项目的开发建设，有力地带动了境内二、三产业的发展和经济总量的提升。是年，全镇地区生产总值24.53亿元，财政总收入2.33亿元。2014年，全镇共完成各类重点项目77个，完成投资83.3亿元；实现地区生产总值28.95亿元，比2012年增长38.65%。其中二、三产业增加值22.07亿元，占地区生产总值的76.2%，比2012年增加5.03个百分点；完成财政收入2.62亿元，比2012年增长40.11%；农民人平纯收入4329元，比2012年增长14.34%。实现社会消费品零售总额27亿元，实际利用外资6500万美元、内联引资35亿元。居民生活水平不断提高，每百户拥有彩电98台、冰箱72台、洗衣机67台、空调43台；人均住房建筑面积71.9平方米。

农业

种植业 境内地势平坦开阔，土地肥沃，耕地面积6569.6公顷，其中水田5779.6公顷，旱地790公顷。种植业以水稻、油菜、蔬菜、烤烟为主，兼种大豆、花生、西瓜等农作物。2012年撤乡并镇之前，清溪、军山等乡镇就是安仁县主要产粮区之一。撤乡并镇之后，境内继续大力发展粮食生产，2012年建成大桥、永乐、新渡等粮食生产高产示范区。是年，全镇粮食播种面积11500.6公顷，粮食总产量72200吨，其中水稻播种面积10631.9公顷，稻谷总产量达70206吨；油菜种植面积3986.7公顷，油菜籽总产量6207吨；烤烟种植面积169.3公顷，烟叶总产量452吨。2013年，在巩固粮食生产的同时，继续大力发展新丰、清溪、军山、禾市等重点村的油菜生产，建设排山、司山、枫树、青路等村烤烟生产联片区，开发新渡村葡萄种植基地500余亩，培育农民专业合作经济组织44家。是年，全镇粮食播种面积11493.3公顷，粮食总产量69512吨。其中水稻播种面积10586.7公顷，稻谷总产量67541吨。油菜种植面积4086.7公顷，油菜籽总产量6514吨；烤烟种植面积231.5公顷，烟叶总产量630吨。其他农作物也有较大发展。豆类播种面积459.3公顷，总产量1065吨；薯类播种面积342.5公顷，总产量735吨。全镇种植业总产值4.12亿元。2014年，继续调整优化种植业结构，在巩固优质稻、油菜、烤烟生产的同时，大力发展特色种植业。高陂村连片种植莲藕250余亩，排山村连片种植葡萄500亩，龙头村建立百亩辣椒生产基地。建立了神乐园、龙塘湖2个现代农庄。2014年，全镇粮食播种面积11606.7公顷，粮食总产量71465吨；其中水稻播种面积10660公顷，稻谷总产量69403吨。油菜播种面积4416.7公顷，油菜籽总产量7619吨。烤烟种植面积253.3公顷，烟叶总产量690吨。豆类播种面积465.9公顷，豆子总产量1062吨；薯类种植面积342.9公顷，总产量757吨。蔬菜种植面积13646.9公顷，其中清溪片区、军山片区蔬菜种植面积超过530公顷。全镇种植业总产值4.29亿元。

养殖业 境内养殖业以生猪、菜牛、黑山羊、鸡、鸭、鱼为主。2012年，建立东周村综合养殖场、龙头村万羽养鸡基地。同时，扩建山塘村千头牛场和万头生猪养殖基地。是年，全镇饲养生猪16.40万头，其中年内出栏生猪8.82万头；出笼家禽46.88万羽；出产鲜鱼140吨；年末大牲畜存栏5413头。牧业总产值16988万元，渔业总产值1729万元。2013年，通过招商引资，温氏生猪养殖业集团公司落户于军山片区郁水村，占地800多亩，总投资4500多万元。该公司采取“公司+基地+农户”的模式发展生猪养殖业。温氏集团公司在境内的落户，带动了永乐江镇生猪养殖业的发展，是年全镇饲养生猪达16.56万头，其中年内出栏8.91万头。之后，相继发展规模养殖基地15个。2014年，桥南村养猪大户周利琴扩大其原有生猪养殖场，组建秀利养殖有限公司，年出栏生猪3000余头。是年年末，全镇饲养生猪达17.5万头，其中年内出栏9.61万头；出笼家禽43.51万羽，禽蛋产量505吨；年末大牲畜存栏7324头；出产鱼2307吨。全镇牧业总产值16982万元，渔业产值1846万元。

林业 2012年，完成S212线、清洋公路、枫洋公路桉树造林绿化示范带及排山片区沿河水系垂柳、排石公路绿化项目，绿化县、乡、村道66.8公里，创建城乡绿化村15个，全镇造林绿化面积340公顷。2013年后，境内又大力推进“城乡三年绿化攻坚”行动，完成城双线、安屈线、白渡线、潭南线、黄瑶线、高陂至太源、排山至大石等通村公路绿化20公里；完成S212线绿化提质18公里，宜阳河水系绿化2.2公里，排山片区沿河水系垂柳2.8公里。创建永乐、清溪、桥南、枫树、青路、大桥、黄泥、南湖共8个市级绿化村以及黄泥村、镜塘村、芙塘村、新安村等4个县级示范村。全镇完成荒山造林400公顷。是年，冷水村开垦荒山种植油茶66.67公顷，大来村种植油茶100公顷，芙塘村村民蔡峰投资200余万元开发建设6.7公顷花卉苗木基地。此期，境内还大力开发果木等经济林。山塘乌梅基地拓展到33公顷，芙塘脐橙基地拓展到40余公顷。另继续开发建设神乐园脐橙种植基地，面积40公顷，年挂果18万千克。到2014年境内有林地面积达到37896.73公顷，其中果木林404公顷，油茶林266.7公顷，森林覆盖率为50.1%。

工业

境域为安仁县工业集中发展区。2012年撤乡并镇之前，坐落于新安村、红星村境内的安仁县工业集中区已基本建成，称为中园，以电子、服装皮具、轻工一类工业为主；之后，位于青路村的农业扶贫产业园于2012年基本建成，称为南园，以农副产品精深加工、电子、服装等劳动密集型产业为主。同年，坐落于军山火车站附近的三一（安仁）产业园及位于S316线的大金山工业园，也正式开工建设，分别称为北园、西园，北园以机械制造为主，西园以高分子材料加工为主。至此，“一区四园”的安仁县工业集中区基本形成。此期间，军山创业孵化基地也形成一定规模。2012年10月，安仁县工业集中区得到湖南省人民政府批复认定。是年，永乐江镇工业总产值26.44亿元。2012—2013年，先后有台达电子、涌流皮具、金缘实业、快乐自行车等项目在核心工业园落户；康速电子、冠辉服装、湘众药业等企业在扶贫产业园落户；力峰皮具、广欣电子、巨翔电子、锐信制衣、优联科皮具厂等在军山创业孵化基地落户。2014年，投资1.5亿港元的锦富电子正式投产，吸纳就业500人，年产值达到1.2亿元；湘众药业公司厂房基本建成，并于当年投入生产。是年，全镇工业总产值28.3亿元。

商贸服务业

2012年，境内有商业网点3145个，从业人员20165人，社会消费品零售总额22.78亿元。2012年以后，随着县城建设区的扩大，境内大小超市、店铺不断增多。2013年华邦时代购物广场开业，为境内继利必诚购物广场、生源超市、永乐江超市之后的第四大超市。是年，军山片区南湖边贸市场改造完工并投入使用，市场交易面积4000平方米，有固定摊位300个，商业门面80个。之后，禾市农贸市场也启动提质改造，于2014年7月完工投入使用，固定摊位增加到147个。到2014年底，全镇有商业网点3216个。其中，大型城镇集贸市场2个，大型超市4家，农村集贸市场8个，宾馆餐饮业182家，各类金融网点21个，从业人员23453人，全镇社会消费品零售总额23.37亿元。

基础设施

交通运输

镇域为安仁县的交通中心，2012年撤乡并镇以前，境内通乡通村公路基本实现了硬化。2012年以后，境内又陆续拉通硬化通村连组公路。2012年在大石水库上修建一座横跨永乐江的钢筋水泥桥梁，连通大石村谢家组的通组公路，解决谢家组村民有史以来过河靠摆渡的交通不便问题。2013年将东周—曲湾—芙塘公路拉通，并实行全程水泥路面硬化。该公路水泥路面3.5米，全长13公里。是年，禾市片区泗江、西冲等村的通村连组公路也相继得到硬化；过境的S316线完成路基工程。2014年6月30日，衡茶吉铁路全线完工，并于7月1日正式通车。通车前夕，在安仁火车站广场举行了盛大的竣工通车庆典仪式，安仁、攸县、茶陵、炎陵四县联合举办了晚会。2013—2014年，境内还先后开通4条公交车线路。到2014年年末，全镇通村公路全部硬化，通畅率达到100%，通组公路硬化率达74%。

水利建设

2012年撤乡并镇之前，境内已对大部分病险水库、山塘进行维修或除险加固。2012年以后，境内继续加大水库、山塘的除险加固力度。2012年，县水利部门投入资金712万元，对境内私公塘、三眼塘、黄石岭、黄旗冲等水库进行除险加固；是年，山塘村争取小农水资金20万元修筑基本山塘1口；青路村争取小农水资金53万元修筑灌溉水渠1040米。2013年，县水利部门又投入资金477万元对境内东江冲、石榴口水库进行除险加固；是年，境内在永乐江上建成松山大坝，用以蓄水灌溉和发电。2014年县水利部门又投入资金263万元，对境内芋塘、牛丫冲水库进行除险加固。是年，军山村争取小水利资金15万元修筑基本山塘1口、灌溉渠道400米。到2014年，全镇有中型水库2座，小Ⅰ型水库4座，小Ⅱ型水库36座，基本山塘354口，总有效库容达4900万立方米，有效灌溉面积达10万多亩。

邮政通信

2012年撤乡并镇之前，境内通邮率已达100%，并建有电信基站4个、移动基站24个、联通基站21个，移动电话用户达96000户。2012年以后，县电信、移动、联通三家公司又相继在境内建设信息基站，信息覆盖面进一步拓宽。2013年以后，县电信公司在境内军山村、芙塘村、禾市村、白沙村、新渡村、桥南村、清溪村、排山村设立电信营业点。到 2014 年年末，全镇信息基站达到 130 个，其中电信 23 个、移动 49 个（全部改为 4G）、联通 58 个，信息覆盖面 100%；全镇移动电话用户达 10150 户；宽带网入户达 40%。另有邮政网点 5 个，各类快递公司 16 个，邮件基本做到了即收即送或即收即发。

供电供水

供电 2012 年撤乡并镇之前，境内已实现户户通电，电力入户率达 100%。2012 年以后，因用电负荷增加，县电力局继续在境内实施农网改造。先后有清溪、洪溪、大桥、桥南、新安、高陂、泗江等 35 个村实施了农网改造。同期，境内还实施“点亮”工程，S212 线、排山至龙市公路、排山至大石公路、枫树至洋际公路等公路两旁先后安装路灯。2014 年，境内有供电所 2 个，变电站 4 个，电力供给充足，年人均用电量达到 280 千瓦时。

供水 2012 年撤乡并镇之前，境内县城建成区已全部开通自来水，东郊、北郊、桥南、新安等城郊村和安仁火车站小区也开通自来水。同时，县自来水公司于 2010 年启动第二水源建设，在松山村境内选址规划建设安仁县第二水厂。2012 年以后，县自来水公司继续推进第二水厂建设。于 2013 年正式启动茶安水库引水工程建设。同年 10 月，动工修建大源水库供水复线，于 2014 年 11 月竣工，泵站设在排山村境内。同期，县水利部门还投入资金 102.8 万元，先后在境内东冲、南湖、郁水、长冲、潭湖、东冲、红溪、山塘、青路、芙塘等村及军山中学等地，实施安全饮水工程建设，解决 1700 余人的饮水困难。

镇区建设

镇区为安仁县的政治、经济、文化中心，2012 年撤乡并镇之前，境内已建成五一路、七一路、安仁大道、凤岗路、安康路、万福路、八一

安仁县神农文化街

西路、八一中路、工业大道、东方中路、东方南路、状元洲路、毓秀路、清溪路、滨江路等主要街道及桑榆巷、莲子巷、白衣巷、张家巷、枫林巷、珍珠巷、松山路等20余条小街小巷；建成烈士公园、神农湖公园及七一广场、周国桢陶艺广场、城北广场、神农殿小区等居民休闲场所；按照湘南民居风格对凤岗南路两边房屋进行立面改造，建成“神农文化街”。县城建成区面积11平方公路。2012年以后，境内继续按照县委、县政府提出的“东提南兼、西延北扩”城市发展思路及县城建设总体规划，大力推进县城扩容提质。2013年拉通县城仁北中路、八一东路、东方北路并实行柏油路面硬化；2014年修通泉塘路、日光北路，打通县城东部大通道——环城东路，并完成三分之一路面的硬化；新建熊峰山国家森林公园、稻田公园、神农湖公园、万福公园、泰恒广场及神农广场、根雕艺术广场、永乐江沿江风光带等居民休闲场所。是年，还对五一南路、五一中路、毓秀路等街道进行提质改造，并将毓秀路两边房屋按照湘南民居风格进行改造，使之与“神农文化街”形成整体。同期，还大力推进安仁火车站小区建设，建设了火车站广场；大力实施“点亮工程”，镇区所有街道都装上了路灯。到2014年年末，县城建成区面积达到13.04平方公里。

社会事业

教育文化

教育 2012年撤乡并镇时，全镇有中学6所、小学45所，在校学生12613人。其中城东中学，因校址调整用于建设县看守所，临时搬至民办学校众城中学校内。2013年建成思源实验学校，是年下学期，将城东中学搬入思源实验学校，时开设初中班22个，在校学生1446人，教师78人。同时，将其定为九年一贯制学校，一并招收小学生。是年，军山片区芙塘村在湖南省扶贫工作队的帮助下，在村小院内建设一所标准化的幼儿园。南湖村小、瑶泉村小、新安村小重建教学楼。此期，境内相继开办民办幼儿园。学校体育活动得到高度重视，2014年9月全省阳光体育现场观摩会在城关二小举行，获得省市领导的高度评价。到2014年，全镇有幼儿园25所，在园幼儿4227人，专任幼师189人；小学39所，在校学生8736人，专任教师538人，镇属初中5所，在校学生3642人，专任教师356人。小学适龄儿童入学率、小学升初中升学率、九年义务教育覆盖率均为100%。

文化 2012年撤乡并镇以前，清溪、禾市、排山等乡镇均已新建文化站综合大楼。2012年，城关、军山片区也建成文化站综合大楼，内设办公室、图书室、影视厅、文体娱乐室等。城关片区新建农家书屋2家。是年，全镇有文化活动中心5所，村级活动室41个，农家书屋56家，藏书量13.56万册。电视差转台1个，有线电视入户人数43161户，广播电视覆盖率91.2%。2013年山塘村投资30万元建设一个音乐舞蹈广场。是年，境内各村相继开通广播站，每天早、中、晚定时播放安仁新闻和天气预报。2014年清溪村、桥南村建立文体小广场。到2014年，全镇有文化站5个，村（居）级文化活动中心44处；图书室47个，藏书20余万册；腰鼓队11个；电视差转台1个，有线电视入户人数44011户，广播电视覆盖率93%。

医疗卫生

2012年撤乡并镇之前，城关、清溪、军山、禾市、排山5所卫生院均已进行改造。并镇以后，5所乡镇卫生院仍按原属地设置，名称未变。2012年年末，全镇有乡级卫生院5所，村级卫生室74个，个体诊所26家，病床位34张，医卫人员106人。全镇参加新型农村合作医疗人数86950人，参合率95.7%。2013年，禾市卫生院因S316线改造需征用其土地，在禾市村铺子组新征土地启动整体搬迁工程。此期，城关片区相继开办协和医院、人和医院等私立医院。到2014年，全镇有乡级卫生院5所，村（社区）卫生室72所，个体诊所39家，病床位39张，医卫人员108人，年接诊病人20500人次。全镇参加新型农村合作医疗人数90711人，参合率98.3%，较2012年增加了2.6个百分点。

社会保障

2012年撤乡并镇之前，城关、清溪、军山、禾市、排山均已在辖区内启动了最低生活保障和新型农村养老保险制度。2012年撤乡并镇以后，境内继续推进最低生活和新型农村养老保险工作，同时，大力实施农村危房改造工程。2012年完成农村危房改造495栋，其中住房重建43户，移民避险搬迁20栋。是年，境内新建城西居家养老服务中心。2013年完成农村危房改造194栋。2014年又完成农村危房改造466栋。到2014年，全镇有农村敬老院3家，床位97张，农村五保供养118人，实行城镇最低生活保障的对象4266户7350人，发放生活保障费2013.40万元；实行农村最低生活保障的对象4375户、4596人，发放生活保障费151.23万元。全镇参加新型农村养老保险人数34931人，参保率96%。

特色地情

人文古迹

文塔 俗名“三柱塔”，位于安仁县城东南熊峰山顶，距县城8公里。文塔原仅1座，系明万历年间（1573—1620年）所建。清乾隆年间（1736—1795年）欧阳熊倡众重修。后因“风雨剥落，半就倾颓”。清嘉庆二十三年（1818），熊之后裔欧阳厚均侍御省亲在籍，捐资重修。继之，进士卢兆鳌和士绅林添瑞增建二塔于左右。至此，“三塔俱成，巍然鼎峙，望之如笔格”，“朝霞映衬，山色如画”，以“熊峡红霞”列为安仁县八景之一。三塔均系砖石建造，分别坐落在三个峰头，彼此相距约100米。塔身中空，各七层，六角形，从第二层起，每层设有卷门和假窗。知县侯钤撰《熊耳峰修文塔记》，刊刻于中塔第一层。1944年，三塔均被日本侵略军炸毁，仅中塔残存基座。2013恢复重建一座，取名“神农文塔”。

宜溪书院 创建于清乾隆四十八年（1783），位于安仁县中医医院院内。据清同治《安仁县志》载；书院中为讲堂，左右厢房各一，上为文昌楼。后为川堂，为厅事，为左右室，供掌教居住，诸生肄业斋环列之，共16间，上为楼。前为东西文场，县考棚设此处。又前为龙门，系点名官堂，上为奎星阁。又前为左右碑亭，为龙门，门外有守院住宅，东西各3间。又前为照墙，为东西辕门。通计“长三十丈，广十八弓”。后废。清末，县人刘连登倡资，将城郊东山岸永乐江畔原江西邱某的钱粮铺改建为宜溪书院。民国时期，先后办过县立一小、简易乡村师范、县立初级中学。1965年，书院全部拆毁，兴建县粮食局大米厂。

风景名胜

稻田公园 稻田公园位于安仁县永乐江镇境内，东临熊峰山景区，西接神农广场，南连永乐江，北靠凤岗山。公园内含有明代古凤岗桥、宋代大尉韩京墓、宝塔坳古街旧址、溪洞蛟腾等名胜古迹和山、水、田、园浑然天成的自然风光。园名由中科院院士、“杂交水稻之父”袁隆平亲笔题写。公园于2013年初动工，2014年3月21日正式

安仁稻田公园

开园。稻田公园辖20平方公里，连片稻田5万亩，核心区1.4万亩。公园保持原生态的建设理念，把公园的元素和功能融入稻田，充分利用山边、水边、村边、路边、田边建设一个“人在田中、田在园中、园在城中”的生态湿地公园。公园以神农文化为精髓，以“稻－稻－油”为基本耕作模式，以“一江（永乐江）、一河（排山河）、两山（熊峰山、凤凰山）、两水（大源水库风景区、大石水库风景区）、八村庄（新丰、排山、司山、高陂、山塘、大源、东周、亭子坪）”为核心，将传统的农耕文明与先进的农耕科技及生态的农业旅游有机地结合在一起，建成一座集农业示范、农耕体验、科普教育、旅游观光、休闲娱乐于一体的“农业湿地公园”。

神农广场　位于安仁县城东部、永乐江畔，为神农殿景区的重要组成部分。广场呈半圆形，占地面积40亩，总投资1亿元，由深圳环艺建筑设计院外籍著名设计师Fredy亲自设计。环广场周围立6根龙柱，每根高6米余。广场中央立神农塑像，高9.5米。围绕神农塑像建有中国历史上8位名医塑像，各具神韵。沿广场十字轴（神兽大道），布局123只神兽，形态各异。整个广场气势恢宏，文化氛围浓厚。

（周志梅　供稿）

原城关镇

区域概况

地理位置

原城关镇地处安仁县境北部，地理坐标为北纬 26° 41′ 22″ 至 26° 44′ 46″、东经 113° 13′ 26″ 至 113° 17′ 12″。东与本县龙市乡、原排山乡接壤，西南与本县原清溪镇、原禾市乡相邻，北与本县原军山乡交界，是安仁县的政治、经济、文化和商贸交通中心。镇政府驻地设在县城万福东路，南距郴州市 129 公里，北距省会长沙 212 公里。

建置沿革

原城关镇古称永安铺香草坪，自宋咸平五年（1002 年）徙县治于此，一直是安仁县的政治、经济、文化中心。宋至明代属兴德乡。清代属坊厢都。民国 21 年（1932 年），设城厢镇。1949 年 9 月划属安仁县第一行政区，1953 年 3 月从一区析出，始设城关镇，直属安仁县人民政府领导。1954 年 7 月，又划归一区管辖。1955 年 10 月再次从一区析出，设城关镇。1958 年 10 月，并入珠泉人民公社（先称火箭人民公社）。1959 年 5 月从珠泉公社析出，设为城关人民公社。1964 年 5 月，改为城关镇人民公社。1982 年 12 月，撤销城关镇人民公社，恢复城关镇人民政府的建制。1988 年，划入军山乡的东周、松山两个行政村。2012 年 4 月撤乡并镇后与清溪镇、排山乡、军山乡、禾市乡合并成立安仁县永乐江镇，境内设永乐江镇城关办事处。

区划面积

原城关镇土地总面积 24.07 平方公里。下辖城东、城西、城南、城北 4 个社区（居委会）及北郊、东郊、东周、松山 4 个行政村。

自然环境

镇区属丘陵加平原（盆地）地区，地势东南略高、西北略低，整体平坦。气候属中亚热带季风湿润气候，日照强，热量丰富，湿度大，雨量充沛，降水集中，水热同季，且冬夏长而春秋短，四季气候分明。主要气象灾害有旱灾、洪灾、雪灾、冰灾等。2000 年以后最大的自然灾害有 2006 年发生的“7·15”特大洪灾和 2008 年发生的特大冰冻灾害，灾害涉及全镇，损失上亿元。境域水系比较发达，永乐江自原排山乡入境，由东而西再北入原禾市乡，境内河道长约 12 公里。

人口状况

原城关镇是安仁的政治、经济、文化中心，人口相对集中。民国时期，人口密度最大时达到

1656人/平方公里。新中国成立之初，境内人口迅速增长。20世纪50—60年代，人口自然增长率最高时达35‰以上。20世纪70年代以后实行计划生育，境内人口增长得到一定控制。1978年，全公社总人口7439人，其中男性4380人、女性3059人，分别占总人口的58.88%、41.12%，人口自然增长率14.52‰。1984年全镇总人口为2700户、12889人，其中男性7614人、女性5275人，分别占总人口的59.07%、40.93%；非农业人口10508人，占总人口的81.53%；人口自然增长率为5.99‰。2000年全镇总人口为16250户、35812人，其中男性18108人、17704人，分别占总人口的50.57%、49.43%；非农业人口32197人，占总人口的89.91%；人口自然增长率为7.89‰。2012年全镇总人口为21093户、47492人，其中男性24482人、女性23010人，分别占总人口的51.54%、48.46%；非农业人口为43166人，占总人口的90.89%。人口自然增长率6.9‰。

经济发展

经济综述

新中国成立以前，境内以农业经济为主，兼有个体小商业和传统手工业，但自然经济占主导地位。民国33年（1944），日军入侵安仁县城，不少工业作坊、商业店铺被毁，境内工商业趋于萧条。新中国成立以后，在政府的扶持和推动下，境内工商业得到恢复和发展，到20世纪60年代，公社总收入中，工商副业收入所占比重达25%以上。中共十一届三中全会以后，在改革开放政策的推动下，境内经济得到较快发展。1980年全公社工农业总产值66万元，其中农业总产值50万元，工业总产值16万元。1981年实行家庭联产承包责任制以后，境内经济结构得到调整，粮食、生猪、水产养殖、油菜、水果等产业都有一定的发展。除农业外，还先后创办塑料厂、棉织厂、五金厂和橡胶厂等集体企业，工商业也有较快发展。90年代充分发挥地域优势，大力发展乡镇企业，镇域经济曾一度高速增长，并由农业经济为主转向以工商业经济为主。1996年，全镇各类乡镇企业发展到2388个，乡镇企业总产值达31098万元，其中工业总产值5322万元，乡镇企业总量和产值居全县之首。2000年以后，境内适应经济转型，突出抓好招商引资和项目建设，推动经济大发展。2005年全镇地区生产总值21079万元，财政总收入479万元，农民人均纯收入5252元。之后，继续推进招商引资和项目建设，促成一批项目的建成投产。2010年全镇地区生产总值38024万元，财政总收入1945万元，农民人均纯收入5430元。2012年全镇地区生产总值103856万元，财政总收入14202万元，城镇居民人均可支配收入16356元，农民人均纯收入6507元。农村居民生活条件大为改善，平均每百户家庭拥有彩色电视机95台、洗衣机66台、电冰箱89台、空调32台、摩托车81辆。多数家庭拥有一套或一栋楼房，人均住房面积达到59平方米。

农业

种植业 全镇耕地面积6180亩，种植业以水稻、蔬菜、油菜为主，兼种食用菌、西瓜、大豆、花生等其他农作物。新中国成立以前，农业基础设施差，耕作技术落后，粮食产量不高。新中国成立以后，通过兴修水利，改良品种，推广双季稻，粮食产量有所增加。1956年全镇粮食产量达到163万吨。1958年“大跃进”及之后的三年经济困难时期粮食减产，1962年以后逐步恢复，1964年全公社粮食总产量达到182吨。20世纪70年代以后，继续推广双季稻连作，提高粮食复种指数，粮食产量持续增加。1978 年全镇粮食总产量达 1137 吨，比 1964 年增长 5.2 倍。1981 年实行家庭联产承包责任制后，农民种粮积极性提高，粮食生产得到快速发展。1984 年，全镇粮食播种面积 263.67 公顷，粮食总产量 1284 吨。其中水稻播种面积 250.87 公顷，稻谷总产量 1265 吨。此期，境内还充分发挥地域优势，大力发展城郊农业，先后建设以松山、东郊、北郊村为重点的蔬菜种植基地。到 1989 年，全镇大棚蔬菜种植基地发展到 30 个，种植面积扩大到 130 多公顷。1999 年，创办东周村食用菌种植基地，发展食用菌种植户 136 户，年产食用菌 600 多吨，年产值 500 多万元。2000 年，全镇粮食播种面积 571.07 公顷，粮食总产量 3491 吨，其中水稻播种面积 434.4 公顷，稻谷总产量 3065 吨；油菜种植面积 93.33 公顷，油菜籽总产量 112 吨。2011 年通过土地流转在东周村境内建设神乐生态庄园，占地 45.33 公顷，主要种植西瓜、花卉苗木等，年产值达 500 多万元。2012 年全镇粮食播种面积 935.67 公顷，粮食总产量 4826 吨，其中水稻播种面积 615.67 公顷，稻谷总产量 4108 吨；油菜种植面积 253.33 公顷，油菜籽总产量 391 吨；蔬菜种植面积 240 公顷，豆类种植面积 116.67 公顷，薯类种植面积 100 公顷；种植业总产值 6675 万元。

养殖业 境内养殖业以生猪、鸡、鸭、鱼为主，新中国成立以前，总量较少，发展缓慢。新中国成立以后，通过改良生猪品种、加强猪瘟防治，境内生猪养殖业有所发展。1957 年，境内生猪饲养户平达到 1 头以上。三年经济困难时期，生猪饲养量大幅减少。1962 年后，随着经济状况的好转，饲养量逐步回升。20 世纪 70 年代，公社、大队、生产队三级大办猪场。1978 年，全镇共兴办集体猪场 12 个，全年饲养生猪 2028 头，年内出栏 1117 头。1981 年实行家庭联产承包制以后，农户饲养生猪的积极性有所提高，生猪养殖业得到较快发展。1984 年全镇饲养生猪 2234 头，其中年内出栏 1343 头。90 年代后养殖业朝多元化发展，先后涌现出肉鸡、肉鸭养殖场和专业户。1998 年北郊村王贱华投资 18 万元创办“王贱华科技综合养殖场”，当年出笼家禽 3.8 万羽。2004 年东周村养殖黑山羊 500 多头。到 2012 年全镇生猪饲养量达到 40500 头，其中年内出栏 19500 头；出笼家禽 11.7 万羽，禽蛋产量 500 吨；出产鱼 115 吨。牧业总产值 2836 万元，渔业总产值 92 万元。

林业 新中国成立以前，境内林业处于自然发展状态。新中国成立后，通过发动群众造林，境内林业有所发展。1958 年“大炼钢铁”时，林木被乱砍滥伐，森林资源遭到破坏。20 世纪 70 年代，境内实行人工造林，森林资源得到恢复。1985 年全镇用材林面积为 86.67 公顷，森林覆盖率达到 20%。1990 年以后，境内按照全县统一部署，实施退耕还林、城乡绿化工程，到 2000 年先后完成造林面积 100 余公顷。2000 年后，大力开发以水果为主的经济林。2008 年引进老板在东周村开发建设柑橘种植基地，当年种植 50 余公顷。2011 年开发建设神乐园脐橙种植基地，面积 53.33 公顷。到 2012 年，全镇林地面积 266.67 公顷，主要分布在东郊、松山、北郊、东周 4 个村境内。

工业

民国时期，境内曾创办公和利酒坊、开明造纸厂、民生纺织厂等私营工业企业，多系家庭作坊。新中国成立后，通过对私营工业和个体手工业进行社会主义改造，部分企业纳入国营或公私合营，境内工业逐步发展。1952 年，境内组建全县第一个缝纫生产合作小组，时有成员 7 人。同年，还组建了一个铁业生产合作小组。1954 年 2 月城关缝纫生产合作小组改为生产合作社，社员增至 39

人。1956年境内又组建竹业生产合作社3个，入社手工业者71人。这些手工业生产合作社实行集体经营,多劳多得。1958年实行人民公社后,私营、个体手工业全部取消。20世纪60—70年代，境内先后兴办塑料厂、棉织厂、五金厂、橡胶厂等集体工业企业，因“文化大革命”的影响，生产不景气，到70年代末相继倒闭。80年代后，境内大办乡镇工业企业。1987年创办城关塑料编织厂，主要生产塑料编织袋和塑料包装袋，产品销往本省攸县、郴州和江西萍乡等地，年产值50万元左右。同年还创办城关卫生用品厂，年生产妇女卫生巾25000标箱，年产值300余万元。1996年创办城关再生胶厂，厂址设在松山村境内，年生产再生胶2000吨左右。是年，全镇集体工业企业总产值达到5322万元。1997年，城关卫生用品厂研制开发出药物卫生巾，获得中国国际双新博览会金奖。1999—2000年，城关再生胶厂和卫生用品厂先后实行租赁经营。2000年以后，境内集体工业企业因内部经营管理不善、经不起市场竞争的冲击而相继转产或倒闭。2005年后，城关镇通过招商引资，先后引进一批工业企业落户镇区。其中郴州振宏电子有限公司落户城北社区，投资1500万元，占地20000平方米，年产值1亿多元，安排就业2000～3000人。2009年后，县委、县政府为加快经济发展，在城关镇松山村、军山乡新安村、清溪镇红星村征地建设县工业集中区，其中城关镇松山村征地500余亩，先后引进规模以上工业企业3个。到2012年全镇工业总产值达到35475万元。

商贸服务业

镇区自安仁建县以来，就是全县的物资交易中心。宋时，在境内南门洲上，每年“春分”“春社”时节，四方商贾云集于此，交售草药、农具及土特产品，是谓“赶分社”。清末民国时期，江西、衡阳、常宁等外地客商相继来到镇区设庄办店,境内商贸业小有发展。民国33年(1944),日军入侵县城，镇区街道多次遭到日军轰炸，店铺门面均遭到严重破坏，商贸服务业陷于瘫痪而萧条。新中国成立以后，在政府的扶持下，境内商贸服务业得到恢复和发展。到1956年，境内已发展国营、集体商业企业20多家，个体私营商业户110多户，从业人员380多人。“文化大革命”时期，私营商业受到限制甚至取缔，境内商贸服务业的发展趋于缓慢。中共十一届三中全会以后，境内商贸服务业得到较快发展。1988年境内商业、饮食服务网点426个，从业人员1504人，社会消费品零售总额达5146万元。1994年建成县城红太阳商贸城，占地11000平方米，建筑面积12000平方米，由交易主楼及东、南、西三栋专业楼组成，设有固定摊位969个、固定门面200余个，主要经营百货、副食、服装、布匹、饮食及农副产品等。是年，全镇个体私营商业户发展到1300多家，其中私营商业企业17家。2000年以后,境内商贸服务业得到快速发展。2003年建成城关石头坝农贸市场，占地60亩，设有摊位228个、商业门店322个，后发展成为安仁县春分药王节药材交易市场。此期，境内大型超市和酒店也不断发展起来，先后兴办的大型超市有利必诚超市、家家乐超市、生源百货超市、永乐江超市、新和兴超市等，比较大的酒店有熙源酒店、和美大酒店、君逸大酒店、永乐江大酒店、金峰大酒店、粮贸宾馆、供销宾馆。其中熙源酒店是由湖南省著名民营企业—西城集团投资兴建，总投资1.2亿元人民币，占地78亩，拥有各种特色客房172间/套，为湖南熙源酒店管理有限公司全权管理的省内第二家集餐饮、客房、会议、娱乐、休闲为一体的四星级高端商务酒店。到2012年，全镇共发展个体私营工商户548户，各类工商企业63个，全镇社会消费品零售总额达3857万元。

旅游业

辖区内有列为县、省级文物保护单位的革命遗址轿顶屋、革命纪念地烈士纪念塔、唐天际将军墓，有名胜古迹神农殿和万福庵。2002年以后，县委、县政府为挖掘安仁神农文化，做大做强旅游产业，不断加大对旅游资源的开发利用力度。政府先后投资建设神农殿、神农湖公园、万福公园，同时由政府搭台每年举办一次春分节商品交易会，引来全国各地游客慕名前来观光旅游和购物，旅游业逐步发展成为镇域乃至全县一大新兴产业。

建筑业

民国时期，境内设有5家私营泥木厂，厂内开设鲁班会，泥木工人先得交粮入鲁班会，而后才允许营业。从鲁班会出来的泥木工人大多农忙种田，农闲做工，他们结伴在县内外承建民间公所、住宅等，是为境内建筑业的前身。新中国成立以后，境内泥木工人被吸收到县建筑生产合作社。20世纪70年代，境内先后创办城关建筑公司和知青建筑公司2家建筑企业，为三级企业。1994年城关建筑公司承建了总投资1880万元的红太阳商贸城。1998年城关建筑公司和知青建筑公司合并成立湘安建筑公司，业务由县内拓展到县外。2000年以后，境内通过招商引资先后创办城关机砖厂、东周机砖厂等建材企业。2005年11月，原安仁县建筑公司整体改制以后，组建安仁县星城建筑有限责任公司，公司总部设在县城安仁大道88号，始有职工239人，其中管理人员48人，为国家二级建筑施工总承包企业，承建业务除本省外，还拓展到外省深圳、珠海、福州等地。2006年湘安建筑公司实行改制。2012年，全镇建筑建材业总产值10452万元。

基础设施

交通运输

民国27年（1938），耒吉公路建成通车，是为通过境内的第一条公路。公路建成后，曾在境内建设安仁汽车站。但货物运输仍以航运为主，时县城南门口设有渡口。新中国成立以后，在党和政府的大力支持下，境内交通运输事业得以发展。1959年建成城关至龙市公路，全长17.70公里，路宽4.5米。1960—1965年先后开通安仁至郴州、茶陵、衡阳等地和县内各公社的客运班车。1966年建成“永乐大桥”，桥长223.1米，载重60吨，为安仁县内最早的一座大型空腹式钢筋混凝土公路桥。1968年新建安仁汽车站，定为湘运郴州公司安仁分公司。1976年建成安衡公路，境内路段长9公里，路宽7米。1984年成立湘运安仁运输公司。20世纪80—90年代安仁至郴州、衡阳公路被改造升级为S212、S316线。1991年建成城关至牌楼公路，全长13.5公里。1997年建成安仁县社会客运站，以县内短途客运为主。是年，建成安仁新大桥，定名为“安仁大桥”，桥长200.8米，宽18米，高11米。安仁大桥建成后，缓解了县城五一路的交通压力。2000年湘运安仁分公司并入郴汽集团，改为郴汽集团安仁分公司，相继开通多条长途客运线路。2006年安仁运输公司实施改制，企业停办。2006—2010年，S 212线被再次改造升级，路面加宽至12米，并全部硬化。此期，东周村投入40余万元，新修一条通村公路，连通县城；东郊、北郊、松山等村相继筹资对通村、通组公路进行了硬化。到2012年，辖区内通村公路全部硬化，通村公路通畅率达100%。是年，镇区已开通4条公交车线路。

水利建设

新中国成立以后，境内水利条件有所改善。20世纪50—60年代，境内先后修建中秋塘水库、老鼠塘水库，两座小Ⅱ型水库有效库容26.8万立方米，灌溉面积830亩。在全县“修建百塘运动”中，各生产队都修有山塘。20世纪80年代以后，境内农田灌溉以大源水库为主。1999年，投资30万元修建松山村、北郊村9条长477米的排灌水设施。2000年以后，随着县城建设的扩大，境内农田的减少，部分水库、山塘改为以养鱼为主。2001年修建永乐江右岸老大桥至新大桥段防洪堤1.45公里，2002年续建右岸老大桥至廖港段防洪堤400米。2003年修建永乐江左岸新大桥至老大桥段防洪堤1370米。2009年开始建设松山水利综合开发工程，2013年建成松山大坝。是年，老鼠塘水库改建成神农湖公园。

供电供水

供电 新中国成立以前，境内照明主要靠煤油灯和蜡烛。新中国成立后，境内电力事业得以发展。1951年，县城建成安仁县火力发电厂，境内居民照明始改为用电。是年，安仁县火力发电厂在县城架设6公里低压输电线路1条，供县城照明用电。20世纪60年代，大源、大石等水电站建成后，境内改为水力发电。1965年，设立城关供电所，负责管理全县供电业务。1971年，各电站并入电网统一管理，供电、用电趋于正常。1993年由国家投资1640万元在县城七一东路建成万福庵110千伏变电站，安装主变1台，容量为2万千伏安，110千伏进线2条，35千伏出线4条，10千伏出线8条，境内供电质量大大提高。1999年，又投资56万元对松山村的电网进行改造升级。到2012年境内电网密布，电力充足，照明、办公、加工等生产生活用电得到充分保障。

供水 新中国成立以前，境内居民生活用水主要靠井水，时境内比较有名的井泉是洁爱泉（又名珠泉，位于现福城花园小区）和马井（位于现县中医院前面）。新中国成立后，境内居民或单位陆续开挖水井，解决生活用水问题。20世纪80年代，境内不少单位在各自院内自建水塔，抽井水至水塔，实现院内自来水。1988年安仁县自来水公司成立后，境内居民和机关企事业单位始安装使用自来水。起初主要是取永乐江水，经净化消毒后供给城内居民饮用。1994年建设大源水库引水工程，铺设ϕ500毫米自应力水泥输水管道10余公里，将大源水库的水引至凤岗山新建的水厂，经净化、消毒后加压送至县城各单位和居民区，日供水量2.2万吨。至此，境内居民和机关、企事业单位的生产生活用水基本解决。2012年自来水管道全镇铺设贯通。

邮电通信

境内在民国时期曾设安仁邮政代办支局、电报支局和电信分局，日寇入侵安仁县城后，设施遭到严重破坏，邮政、电信业务几乎中断。新中国成立后，县政府拨专款恢复县邮政局，修建电话线路，境内邮电事业得以恢复和发展。1954年，县邮电局装配50门交换机1台，境内始开通市内电话。1980年后，境内邮电事业进入大发展时期。邮路由步邮改为车邮，先后设立珠泉区、日光路、凤岗路、老正街、莲子巷、校园巷、状元洲、城北8个社区邮政服务中心，邮件基本能做到当日投送到户。电话线路大部分改为载波电路，并开始设置传真电话。1989年，境内开始使用磁石式交换机；1991年开通史端乔自动交换机；1992年开通县城无线寻呼接收机；1993年开通县城900MH模拟移动电话，同年在县城街道设置磁卡电话机24部，为流动人口拨打电话提供了方便。1994年开通光缆长途电话，实现用户国内、国际直拨通话，由微机自动进行处理。1995年开通900MH移动电话。2003年开通无线市话，同年在县城区增加公用电话亭、公用电话点，先后开通IC卡电话116部，智能网公用电话205部。到2012年，境内邮政、移动、电信、联通、互联网实现全覆盖。

街道建设

明清时期，镇区曾建有“9条街道，总长630丈，宽6～12尺不等”，多为卵石路面。民国后期曾对部分街道进行拓宽改造，改造后的路宽平均在1.2丈以上，部分街道改为石板路面。时境内有迎薰路、春禧路、赖公街、太尉街、益公街、文昌街、毓秀街、马井街等主要街道。新中国成立以后，对县城主要街道进行大的改造，除将路面拓宽外，还在各街道修建了排水沟，并将路面改为三合土路面。到1957年，街道改造基本竣工，改造里程达2000多米。1966年，县人委会将迎薰路改为解放路，春禧路改为四清路，文昌街、毓秀街改为人民路，太尉街、益公街改为民主路，赖公街改为珠泉路。这些街道名称基本沿袭至今。1973年，县委、县政府决定新建五一路、七一路两条主要街道，并于是年动工。当年推土3.5万立方米，奠定五一路中段、七一路西段。到1988年五一路、七一路两条主街道基本竣工。1990年后，由国家和县财政投资修建万福路、八一路、安仁大道、东方路等主次街道，并对五一路、七一路、万福路等街道进行了硬化。城关镇各居委会通过争资、筹资相继硬化了凤岗路、解放路、民主路、人民路、状元洲路、沿江路、城北路、松山路、莲子巷等背街小巷。到2012年，镇区街道形成了四通八达的格局。

社会事业

教育科技

教育 新中国成立以前，境内教育以书院、私塾为主。明万历年间，境内曾建有南秋书院，后于清乾隆四十八年（1783）重建，改名为宜溪书院，为县学书院。清光绪二十九年（1903）改宜溪书院为宜溪高等小学堂，民国时期又将其改为县立第一高等小学校，是为城关一完小的前身。民国三十年（1941）境内创办安仁县立初级中学，是为安仁县第一中学的前身。新中国成立以后，境内教育事业得到发展。1951年县立第一高等小学堂与私立城南小学合并成城关两级小学（校址位处今县人武部后院）。1952年县立初级中学改为安仁县第一初级中学，1958年安仁县第一初级中学又改为安仁县第一中学。是年，城关两级学校与1956年创办的宜溪小学堂合并，定名为城关完小，于1968年在县城东门新建校舍。1979年城关完小分设为城关一、二完小，其中城关一完小迁至城北新址。1980年创办城关中学，时有教学班22个，学生1596人，教职工102人。1988年城关一完小改名为“安仁县实验学校”，开设初中班，时有教学班15个，学生909人，教职工55人；城关二完小设在原校址。20世纪90年代以后，境内在原有县办机关幼儿园、中心幼儿园的基础上，还先后创办“满天星幼儿园”、“金太阳幼儿园”、“蓝天幼儿园”等规模比较大的私办幼儿园。到2012年境内形成了幼儿、普通（小中高）教育、职业教育等多门类的综合教育体系。其中城关二完小有教学班64个、教职工153人、学生3771人，是全县规模较大、教学条件较好的小学之一。城关中学有教学班级21个、教职工104

周国桢陶艺馆

人、学生1523人，是全县教学质量比较好的乡镇中学之一。

科技 新中国成立以前，境内科技开发缓慢，工农业生产处于落后状态。新中国成立以后，在县委、县政府的领导下，镇党委、政府着力抓科技工作，1978年设立科技站，1987年改为镇科委，由主管科技工作的镇长任主任，负责管理全镇的科技管理工作。在政府的鼓励和支持下，大力开展科技攻关，在群众中掀起了学科学、用科学的群众科技活动，农业科技、工业技术得以引进和推广。1994年城关镇在东周村建立生态农业示范村组。1995年城关卫生用品厂李凤春等研制的安意卫生巾获中国国际“双新”博览会金奖。1998年城关镇被郴州市科技局认定为郴州市科技工作先进乡镇，城关卫生用品厂（又称安仁县卫生用品二厂）被郴州市科技局认定为科技先导型企业。1999年城关镇北郊村养殖示范户王贱华，城关镇养蜂示范户刘宗文被评选为全县科技致富示范户。城关镇北郊村被评为县级科技示范村。

文化体育

文化 新中国成立以前，境内群众文化生活不丰富。文化娱乐以唱戏和舞狮子、龙灯为主。县城城隍庙曾建有戏台，多唱花鼓戏。新中国成立以后，群众文化生活逐步得到丰富。20世纪50年代后，境内始有群众学跳交谊舞。1957年县文化馆组织专业演出队利用人民礼堂进行演出，开展文艺宣传活动，演出的节目多为文艺宣传节目和样板戏。1958年成立公社文化站，由文化站负责组织和管理境内群众文化活动。20世纪80年代，境内流行“迪斯科舞”、“霹雳舞”。2000年后，境内又流行跳广场舞，舞蹈成为县城群众文化娱乐活动一项主要内容。此期，各村居先后建设“农家书屋”。2009年建成周国桢陶艺馆，是年11月28—29日举行周国桢陶艺馆开馆仪式暨2009’中国安仁国际陶艺交流节。联合国驻中国代表玛丽女士、联合国教科文组织官员安莫天曼、雷士曼宁、佳佳杰、切斯特、李茂宁，美国、英国、法国、意大利、澳大利亚、加拿大、中国台湾地区等国家和地区的艺术家以及北京、上海等10多个省市的艺术家参加了活动。2010年重建镇文化站，新建一栋综合大楼，建筑面积360平方米，配有电脑5台，投影机1台，音响设备1套，设有图书室、多功能影视厅和文体活动室。2011年镇文化站被评为安仁县红旗文化站。到2012年全镇共建有8个农家书屋、6个村（居）级文化活动中心，文化设施面积达1460平方米。

体育　新中国成立以前，境内群众性体育活动不多，主要为舞狮子、赛龙舟等。新中国成立后，群众体育活动项目得以增多，逐步拓展到篮球、乒乓球、拔河、田径等多个比赛项目。1956年县城开辟公共体育场（设在今红太阳商贸城处），内设沙地、单杠、双杆和篮球场等。20世纪50～60年代，境内又新建2个灯光球场、1个简易田径场。在城不少单位也自建篮球场。20世纪80年代以后群众性体育比赛活动也逐渐增多。城关镇东郊村岸下组邝桍维，曾夺得湖南省女子少年摔跤冠军。2000年后，城关镇各居委会（社区）陆续安装群众体育健身器材。到2012年，4个社区（居委会）都安装了健身器材。

医疗卫生

新中国成立以前，境内人民主要依靠中医和中草药治病，医疗卫生条件比较差。民国期间，传入西医西药，主要医治流感、肠道病等。民国21年（1932）县城猝发霍乱病，“卧床不起者甚多”，死亡17人。县救婴局出资，为患者“施送时疫药末”，疫情得到缓解。新中国成立后，境内医疗卫生事业得到发展。1952年11月，在县城成立针灸正骨诊疗所。1959年，县创办卫生学校。同年，成立城关镇环境卫生管理所，负责管理全镇卫生。1961年创办城关卫生院，时有医师4人、护士1人、床位2张，设有3个科室。主要负责全镇卫生防疫和医疗救治工作。70年代，各大队相继开办农村合作医疗站，配备1～3名“赤脚医生”。1981年农村实行家庭联产承包责任制后，农村合作医疗站相继改为村卫生所或卫生室，由私人承办。2005年启动农村大病救助制度。2007年投入120万元对城关卫生院进行改造重建，并于当年投入使用。到2012年城关卫生院有医师21人，护士13人，床位10张，设9个科室。辖区内有村（居）级医疗点（卫生室）8个，个体诊所10余个。村民参加新型农村养老保险的比例达100%，居民参加城镇医疗保险的比例达98%。

社会保障

新中国成立以后，城关镇按照县委、县政府的要求，将孤寡老人和无劳动能力、无生活依靠的残疾人列为“五保户”，实行集体供养，每年由各生产队安排一定的口粮，死后由生产队负责安葬。20世纪80年代后，部分“五保户”安排到县福利院实行集中供养，其余改由亲戚分散供养，县民政部门每月发给一定的生活补贴。1994年，镇民政办成立，负责全镇的社会保障和社会救助工作。1998年，启动农村居民最低生活保障制度。2006年成立城关镇残疾人联合会。2010年城关镇组织人员对农村低保对象进行清理审核，保留农村低保225人、城镇低保人数2645人、“五保户”11人。2011年启动农村新型养老保险制度，当年共征缴养老保险资金2.7万元。是年，建立城东、城南两个居家养老服务中心试点站。2012年，全镇城乡居民社会养老保险参保率达100%，新型农村合作医疗参保率达95.7%。是年，还实施农村危房改造 51 户、其中住房重建 43 户。落实城镇最低生活保障户数 2789 户 4836 人，发放低保金 1037.51 万元。

特色地情

名胜古迹

轿顶屋 位于县城安康路 38 号。始建于明崇祯十五年（1642），系清代和民国时期县署办公用房。檐式楼阁建筑，砖木结构，硬屋顶，小青瓦，马头墙，具有典型的明清时代湘南民居风格。共二层，每层高约 4 米，通高约 10 米，四面设窗，进道双层拱门，前有凉台，中为通道，两边各三间厢房。民国 17 年（1928）4 月 1 日，朱德率湘南起义队伍进入安仁县城，在此右厢房楼上居住和办公，并在此主持召开中共党员干部会议，改组中共安仁县委领导班子，决定东奔井冈山与毛泽东部队会师的时间和线路。民国 20 年（1931），改建为县立民众图书馆。1982 年，列为县级文物保护单位。1988 年，改建为县博物馆。1989—2003 年轿顶屋被评为省级文物保护单位。

神农殿 神农殿为祭祀神农的主要场所，原建于县城香草坪处，清康熙二十八（1689）重修，后被毁。2000 年，安仁县为弘扬神农文化、发展旅游事业，在县城凤岗山脚下（城关东郊村境内）重建神农殿。2004 年新建神农殿建筑群竣工。新神农殿建筑群采用仿古建筑风格，占地面积 12 万平方米，分四个阶梯广场，199 级台阶。神农殿位于第四级广场，高 20.8 米，长 42.8 米，宽 32.8 米，内有一座 7 米高的炎帝塑像，是由安仁籍世界著名雕塑家周国桢先生设计的。占地面积 2 万平方米。新神农殿建筑群有神农殿、天王殿、大雄宝殿、藏经阁、药师塔等，既古朴典雅，又气势恢宏。2013 年建成神农广场。广场中心建有一尊高 9.9 米、宽 4.26 米的神农雕像，并在四周建 8 尊中国古代名医的雕像。每年赶分社时的神农祭祀活动都在神农殿举行，现成为安仁的主要旅游景点。

民俗风情

赶分社 为安仁县绵延上千年的传统集市活动，2014 年被列入国家级非物质文化遗产名录。据考，最早缘于后唐（923—936 年）。其时，境内香草坪处建有寺庙，人们常“择社日祭神以祈

神农殿

谷”，朝拜者络绎不绝，先是捧售香烛、纸钱，继而辅以藤索、木犁、锄柄、斗笠等小农具。宋咸平五年（1002）徙县治于城关镇，始定每年“春分”、“春社”节日在县城南门洲上举行一次集市活动。新中国成立以后，在县人民政府的组织和引导下，“赶分社”习俗得以传承，每年举办一次，历时约一周时间。届时，来自全国各地的商贾云集于县城，以交易中草药、农具和竹木器为主，场景十分热闹。赶分社主要有祭祀、集会、交易三大主要活动。其中祭祀神农氏是整个活动的重要组成部分，分官方和民间两种形式。官方祭祀常在神农殿或药王庙（城关东郊村内）举行。祭祀主要是祈求社会吉祥、五谷丰登、人民幸福，多年来形成了一套约定俗成的程序：鸣炮、上香、打供、起乐、献谷草、供三牲、读祭文，以传统乐典伴奏，乐器以笙、箫、唢呐、锣鼓等民乐为主，贡献的物品有：草药四大盘，粮食四大盘（稻谷、黄豆、花生、小麦），猪、牛、羊三牲头。祭文主要祭颂中华世祖炎帝神农氏的浩大功德，由当地最高行政长官宣读。民间祭祀基本由民间自发组织。集会则以商品和农副产品交易为主，每年在赶分社期间举办商品博览会或交易会。近年来由政府搭台连年举办了春分药王节和油菜花节。商品交易主要是草药，其次是土特产品和竹木器、小农具，再次是日用百货、针纺织品、服装、鞋帽、小五金等，日成交额达30万元以上。

（刘厚华　供稿）

原清溪镇

区域概况

地理位置

清溪镇位于安仁县境南部，地理坐标为北纬26° 35′ 38″至26° 42′ 56″、东经113° 10′ 00″至113° 17′ 3″，北与城关镇、军山乡接壤，南与灵官镇毗邻，西接洋际乡、禾市乡，东邻排山乡、牌楼乡。镇政府驻地设在桥南村，距郴州市区158公里，距省会长沙城区246公里。

建置沿革

清溪镇辖区地势平坦开阔，田畴阡陌集中连片，俗称清溪洞，镇名由此而来。清代属益相都，民国时期属熊峰乡。1952年划属第三区（羊际区），1956年始设清溪乡，1958年10月属火箭人民公社，同年11月更名为珠泉人民公社，1961年2月析出成立清溪人民公社，1984年恢复清溪乡，1998年撤乡建镇改为清溪镇，2012年4月与周边城关镇、军山乡、禾市乡、排山乡合并为永乐江镇，境内设永乐江镇清溪办事处。

区划面积

清溪镇土地总面积70.5平方公里，辖区东西最大距离5.5公里，南北最大距离15.2公里，下辖清溪、桥南、永乐、红星、洪溪、红光、大桥、黄泥、枫树、青路、罗山、镜塘12个村民居委会，224个村民小组。

自然环境

境内以平原、丘陵地形为主，地势由西北向东南逐渐减缓，南摩仙屹立于北部边界，阳峰蔡蜿蜒于东南部，清溪洞从东南向西北横跨其间。境内气候为亚热带季风性湿润气候，气候温和，雨量充足，四季分明。春冬时间短，夏秋时间长，年平均气温18℃，年平均降水量1400毫米。境内水资源丰富，有干流永乐江和清桥江、宜阳河两条支流，属湘江水系，人工渠道“百里渠”（俗称“石坝圳”）穿境而过，永乐江流经境内永乐、桥南、清溪、洪溪、红星等村，宜阳河自红光村流入，流经清溪、洪溪等村，在洪溪村与永乐江汇合，清桥江从青路村注入，流经枫树、镜塘、大桥、桥南等村，在清溪村注入永乐江，流域面积达54平方公里。

人口状况

清溪靠近县城，历来人口相对密集。新中国成立以后的20世纪50年代初，人口增长较快，1956年人口自然增长率达32.74‰。三年经济困难时期，人口出生率大幅下降，1961年境内人口自然增长率低至6.76‰。1962年后，随着经济状况的好转，境内人口自然增长率又回升到30‰以上。20世纪70年代，国家实行计划生育，境内人口增长速度得到一定控制。1984年全乡总人口为5989户、28904人，其中男性14366人、女性14538人，分别占总人口的49.70%、50.30%；人口自然增长率7.7‰。2000年，全镇总人口为9100户、33173人，其中男性16954人、女性16219人，分别占总人口的51.11%、48.89%；非农业人口1548人，占总人口的4.67%；人口自然增长率为5.14‰。2012年末，全镇总人口为10632户、37553人，其中男性19543人、女性18010人，分别占总人口的52.04%、47.96%；非农业人口520人，占总人口的1.38%；人口自然增长率6.7‰。为安仁县人口第三大乡镇。

经济发展

经济综述

清溪镇以农业经济为主，小商业为辅。新中国成立以前，境内经济结构单一，以水稻种植为主的农业经济占主导地位，工商业发展缓慢。新中国成立以后，通过实施"三大改造"，境内农业、工商业得到一定的发展。1952年，安仁县农场（今安仁县农科所）在永乐大队、桥南大队建立以后，带动了境内农业的快速发展。中共十一届三中全会以后，境内大力调整农业和农村经济结构，农、工、商、运均得到发展，经济结构初步呈现多元化。20世纪80—90年代，境内大力发展乡镇企业，先后兴办林场、茶场、果场、渔场、建筑公司、建材厂、修配厂、平瓦厂、砖厂、预制厂、大米加工厂等乡镇企业。1984年全乡工农业总产值997万元，其中农业总产值897万元，工业总产值100万元。到1996年全乡工农业总产值6277万元，其中农业总产值4016万元，工业总产值2261万元。2000年以后，境内民营经济得到较快发展，特别是县工业集中区扶贫产业园在境内创办之后，镇域经济得到更快发展。2005年，全镇地区生产总值16301万元，财政总收入349万元，农民人平纯收入2315元；2010年，全镇地区生产总值20886万元，财政总收入1857万元，农民人平纯收入2772元。2012年，全镇地区生产总值40841万元，财政总收入2916万元，农民人平纯收入3656元。人民生活水平不断提高，到2012年，每百户拥有彩电95台、洗衣机43台、电冰箱66台、空调10台，大多数家庭建有一栋两层以上的楼房，人均住房面积58平方米。

农业

种植业 境内地势平坦开阔，耕地面积1899.13公顷，其中水田1753.27公顷，土壤比较肥沃，是县内粮食主产区之一。种植业以水稻、蔬菜、油菜为主。1952年，县农科所在境内落户，推动了境内农业特别是种植业的发展。1953年境内大力推广双季稻间作。1954年辖区内樊家桥农业社种植双季稻7亩，平均亩产356千克，比单季稻增产43.65%。1956年后境内又大力推广双季稻连作，双季稻播种面积逐年增加。到1964年全公社粮食总产量达8545吨。1976年境内试种杂交晚稻，1980年后逐步向全乡推广。1984年全乡粮食播种面积达3351.73公顷，总产量达21137吨。其中水稻播种面积3237.8公顷，总产量20964吨。2000年以后，境内加大农业产业结构调整力度，蔬菜、烤烟、油菜等得以大规模种植，先后建立以大桥、洪溪、永乐、桥南、清溪等村为主的200公顷无公害优质蔬菜基地，以洪溪、红星、红光等村为主的100公顷中药材生产基地，以清溪、永乐、桥南等村为主的120公顷优质水稻生产基地。2009年，大桥、桥南、永乐等村双季水稻田被安仁县农业局列为高产示范片创建。2010年，境内创办富鑫农业园，并先后创建省级农民专业合作社1个、市级农民专业合作社2个。2012年，全乡粮食播种面积4527.73公顷，粮食总产量29112吨，其中水稻播种面积4310.67公顷，稻谷总产量28586吨；油菜种植面积1666.67公顷，油菜籽总产量2600吨；烤烟种植面积122.67公顷，烟叶总产量344吨；豆类种植面积122.13公顷，总产量315吨；薯类种植面积94.93公顷，总产量211吨。种植业总产值1.29亿元。

养殖业 境内养殖业以猪、鱼、家禽为主，生猪饲养多为圈养。1952年县农科所畜牧养殖场建立，主要饲养生猪，繁盛时期每栋猪舍饲养生猪上千头。1958年县渔场从农科所分列出来，主要繁殖鱼苗鱼种，年产鱼苗鱼种最多的时候上亿万尾。1962年生猪饲养政策放宽，允许私有私养，多养不加派购，境内生猪养殖得到一定发展。1964年全公社年末存栏生猪5380余头。20世纪70年代，公社、大队、生产队三级大办猪场。1978年全公社兴办集体猪场162个，当年饲养生猪达15948头，其中年内出栏7660头。1984年末全乡生猪饲养量达17251头，其中存栏7900头。此期，水产养殖也得到大力发展。1992年，境内永乐、桥南、大桥3个村连片开发水产养殖基地800亩，放养鱼苗4万尾，牛蛙10万只。20世纪90年代中期以后，生猪收购市场全部放开，境内从事生猪收购和贩运的不断增多，出现了一批养猪专业户。到2000年末全乡出栏生猪36052头。2000年以后境内又先后兴办一批规模化生猪养殖场。2003年桥南村周利琴在本村创办大型养猪场，年出栏生猪达200多头。2012年养猪大户周利琴又联合其他的养猪大户组建神农养猪专业合作社，年出栏生猪10000余头。到2012年年末，全镇生猪饲养量达54958头，其中年内出栏24428头，年末存栏30530头；出产鱼150000尾；出笼家禽115247羽，牧业、渔业总产值分别达到7623万元、335万元。

林业 民国及以前，境内林地属私人所有，林业发展不快。新中国成立以后的20世纪50年代初，通过组织群众封山育林和合作造林，境内林业生产得到较快发展。1958年“大炼钢铁”时期，因乱砍滥伐，森林资源遭到破坏。1962年以后，山林下放到大队和生产队经营管理，由各大队、生产队组织群众造林，改变“大跃进”时期打乱山林权属搞“大兵团作战”的造林方法，群众造林的积极性有所提高。70年代以后，境内先后建立社办、队办集体林场。到1976年，全公社共建立集体林场11个。1981年实行林权改革，确定山林权属，林权归村组集体所有。同时开展“两山两户”（即自留山、责任山、重点户、专业户）的植树造林突击运动。到1985年全乡林地面积达到1960公顷，其中用材林面积达到1280公顷，林木蓄积量达到1.19万立方米，森林覆盖率为24.28%。1993年在全县实施“长江中上游防护林体系建设工程”中，境内消灭宜林荒山66.67公顷。1999年，在境内的红星村实施油茶林低改项目工程，当年完成油茶林低改26.67公顷。2000年以后，通过实施“退耕还林工程”和开展“绿化攻坚”行动，先后封山育林130余公顷，新增生态公益林106.67公顷，新造油茶林80公顷，并沿S212绿化10余公里。到2012年全镇林地面积达到3165.6公顷，树种多为松、杉、樟、油茶、桉树等，森林覆盖率达41%。

工业

新中国成立以前，境内工业企业多为个体私营作坊，生产发展缓慢。新中国成立以后，在政府的倡导和组织下，境内将缝纫、纺织、草席、铁木竹器等个体手工业者联合起来组成手工业合作社，实行集体经营。1958 年人民公社化时期，私营个体手工业全部取消，公社、大队相继兴办一些集体工业企业，时称“社队企业”，主要从事锻造、运输、建筑和农副产品加工等。1977 年公社投资 20 万元，从外地引进平瓦制作技术和机械设备，在境内兴办平瓦厂，1980 年投产，当年生产平瓦 12 万片。是为境内发展较早且有一定规模的乡镇企业。1988 年平瓦厂产量上升到 500 万片，产值达 17 万元。20 世纪 90 年代，境内乡镇企业得到快速发展，先后创办清溪机砖厂、海虹陶瓷厂、永乐沙船厂等有一定规模的乡办、村办或个体私营企业。到 1996 年，全乡共发展乡镇企业 1805 个，其中乡办企业 5 个，乡镇企业总产值达 20252 万元，其中工业总产值 2261 万元。2000 年以后，大力发展民营企业，先后发展预制构件、建筑建材、针织、木衣架加工、高效烤火炉铸造、红木家具制作、荡皮生产等民营企业。到 2012 年，全镇工业总产值达 27836 万元，第二产业增加值达 32415 万元，占全镇地区生产总值的 43.2%。

经济开发区

2009 年，安仁县扶贫产业园建成，该产业园地处清溪镇青路村，为安仁县工业集中区的重要组成部分之一，规划面积 5 平方公里。园区规划产业主要有服装加工、农副产品深加工、医药化妆品加工等。2010 年香港冠辉绣花有限公司落户该园，为扶贫产业园建成后的第一家落户企业。之后，通过招商引资又先后引进中联国际湖南天扶菇业发展有限公司、湘众药业、温氏集团、香港锐信、雅伦等企业入园。到 2012 年，落户扶贫产业园的企业有 4 家，年总产值达到 24516 万元。

商贸服务业

新中国成立以前，境内商业铺面不多，多为手提肩挑、逢墟赶集的小商小贩。新中国成立以后，在政府的扶持下，境内商业得到发展。1951 年建立第三区供销社，时清溪属第三区管辖，境内生活物资供应和农副产品的收购由第三区供销社负责。1955 年撤区设乡时建立清溪供销社。20 世纪 60 年代以后，清溪供销社在境内东茅塘、中渡河边、枫树设 3 家经销点，各大队都设有代销点，为保障境内供给发挥了一定作用。中共十一届三中全会以后，国家全面开放集市贸易，鼓励发展多种经济成分和多种经营，境内个体私营经济得到较快发展，到 20 世纪 80 年代，境内逐步形成了东茅塘和枫树两个商贸服务中心。1984 年全乡发展个体私营工商户 500 多家，社会消费品零售总额达 869 万元。1993 年，清溪乡政府搬至桥南村后，在永乐大桥以南沿公路建设清溪路街道，境内形成一个新的商贸服务中心，东茅塘商贸中心渐次淡出，时清溪供销社搬至永乐大桥桥头。到 2012 年，全镇个体私营工商企业 29 家，个私商业店铺、网点 1086 个，社会消费品零售总额达 8436.2 万元。

基础设施

交通运输

明清时期，境内修有一条自县城至青路铺，又由青路铺至彭蠡铺（现灵官境内）的驿道，为境内一条主要通道。民国 27 年（1938）耒吉公路（湖南耒阳至江西吉安）建成通车，为通过境内的第一条公路。新中国成立以后，在县委、县政府的支持下，境内采取“民工建勤，民办公助”的办法大修公路。1960 年建成枫树至洋际公路，路面宽为4.5米。1966年、1975年先后建成永乐大桥、新渡大桥，将清溪与县城连接。到1976年境内基本实现村村通公路。1984年建成桥南村到洋际公路，路面宽3.5米，开通第二条境内通往洋际的公路。2000年以后，陆续对通村通组公路进行硬化，先后硬化通村通组公路40条40.5公里。2006年省道S212线全线进行提质改造，有效路面拓宽到12米，并进行砼路面硬化，到2009年基本完成省道。要S212线提质改造以后，沿线清溪、永乐、桥南、大桥、黄泥、枫树、青路等的交通更为便捷。2009年境内始开通公交车，到2012年先后开通1路、2路公交车线路，途经境内红星、永乐、大桥、枫树等村，日运送客流达2000人次。2010年郴汽集团安仁分公司在清溪村天雨淋、小阳、上阳、谭古组征地68亩动工建设永乐汽车站，2013年竣工。

水利建设

民国36年（1947）大石坝建成以后，排山境内修筑一条灌溉渠道，时干渠长9.5公里。新中国成立以后，将渠道延伸至安仁清溪、禾市等地，号称“百里渠”，流经境内永乐、大桥、桥南、清溪、红光、洪溪、红星7个村，境内渠长30公里，灌溉面积12400余亩。20世纪50—70年代，在政府的支持下，境内大修水利。1955—1959年先后建成老力塘、私公塘、桃子塘、井边湾、东塘、自力等小II型水库。1966年动工修建樊家垅水库，1975年建成投入使用，为境内第一家小I型水库，有效库容127万立方米，灌溉面积4800亩。1971—1972年又先后建成樟子塘、黄其冲两座小II型水库。1992年建成三红水库，有效库容110万立方米，灌溉农田3500多亩，为境内第二家小I型水库。1991—1992年又先后对铁乐冲、大冲、水斗冲、昌角冲等基本山塘进行扩建。2010年后，先后投入资金100余万元，对红光、桥南、大桥、镜塘等村的小II型水库进行清淤整修；投入资金800余万元，完成樊家垅水库、三红水库、私公塘水库、黄其冲水库除险加固工程。到2012年，境内有小I型水库2座，有效库容240万立方米，农田灌溉面积8000多亩；有小II型水库11座，有效库容140万立方米，灌溉面积5260多亩。

供电供水

供电 新中国成立以前，境内尚未通电，乡民照明靠煤油灯。1951年，安仁县火力发电厂建成以后，靠近县城的部分村民始用电照明。1969年仙下电站至县城的35千伏输电线路架通之后，沿线的清溪、永乐、枫树、青路等大队相继供电。20世纪50—70年代，全县各地兴建水电站时，境内也兴建水电站，解决生产、生活用电问题。到1978年境内兴建大队水电站3个，年实际发电1.5万度，全公社12个大队110个生产队通电。20世纪70—80年代，各村相继安装变压器，乡政府安排专人管理各村变压器，为供电提供保障。1991年建立清溪电管站，2000年撤站建所。2000年以后，先后对境内农村电网进行改造，到2003年完成第一轮农网改造。2007年后进行第二轮农网升级改造。2009年合并灵官、洋际两个供电所，成立新的清溪供电所，主要负责清溪镇、灵官镇、洋际乡共319.5平方公里，36个行政村，0.4千伏低压配电线路及20300余客户的供电服务工作。到2012年，清溪镇辖区内有220千伏变电站1座、35千伏变电站1座，10千伏线路8条总长231.28公里，400伏及以下线路186条共522.277公里，配电变压器265台，供电得到更好的保障。

供水 境内农村供水设施普遍比较简陋，以传统的、落后的分散式供水为主，自来水普及率低。20世纪50—70年代，政府鼓励各地打井取水，以解决饮水困难问题。时各生产队都打有水井，饮用井水的约占 80%。部分没打井的偏远地则就地取山泉水饮用。1986 年安仁县自来水公司建成以后，靠县城的村民始安装自来水。其他村的村民则在各自住宅边自打压水井解决饮水问题。2003 年境内青路村投资 5 万元建设一项引水工程，解决 197 口人、200 头大牲畜的饮水困难。

邮电通讯

民国时期，境内已开通邮路。民国 33 年（1944）日军侵入安仁，县邮局被毁，境内邮电事务被迫中断。新中国成立以后，境内邮务逐步得到恢复。1964 年，设立清溪邮政所，位于桥南村东茅塘，邮政所设电话总机室，办理邮政、报刊发行、电报电话业务，有手摇电话机 1 台，为境内电信业务之始，公社和各大队传递公事依靠广播。到 20 世纪 70 年代，各大队都装有手摇式电话。1981 年农村实行家庭联产承包责任制后，利用电话传达通知的业务逐步减少，各大队相继拆除手摇式电话。1990 年境内始有私人安装固定电话，1997 年境内开通程控电话。2000 年后，移动公司和联通公司分别在境内建设基站，部分先富起来的村民开始购买手机。之后，手机逐步成为村民主要的通信工具，固定电话用户逐年减少。到 2012 年家庭手机拥有率达到 80% 以上。

镇区建设

20 世纪 90 年代以前，乡政府设在桥南村的东茅塘，时乡中学、畜牧站、农机站、合作社、邮电代办点等单位和服务机构聚集于此，东茅塘为全乡经济文化中心。省道 S212 线拉通并硬化后，乡政府于 1993 年从东茅塘搬迁至桥南村西渡组。之后，在永乐大桥南端沿省道 S212 线新建集镇区，面积 2 万余平方米。到 1998 年基本形成新的经济、文化和商贸中心。2004 年，由县水利局牵头，沿永乐江南岸桥南村西渡组至安仁新大桥之间修建河堤，并在新老大桥之间沿河建设一条南岸风光带，成为当时境内也是县城城郊区一条最美风光带。1997 年安仁新大桥建成和 2009 年省道 S212 线拓宽改造后，境内居民建房逐步向安仁新大桥南端连接线聚集，形成镇区次中心。2011 年，由远方投资有限公司在滨江南岸开发建设“在水一方”商住楼小区，有力地提升了镇区品位。此期，集镇区主要街道两边相继安装 LED 太阳能路灯。2012 年 8 月，清溪镇与县城周边的城关镇、军山乡、排山乡、禾市乡合并组成永乐江镇，镇政府机关设在原清溪镇政府机关所在处。

社会事业

教育科技

教育　明清以前，境内教育以私塾为主。民国时期，境内办有学堂，后期还办过国民学校。新中国成立以后，通过对旧式学校进行接受和改造，境内教育事业得到发展。1954 年，始建清溪学区和枫树学区，其中清溪学区下辖桥南、清溪、大桥、红星、洪溪 6 所村小，枫树学区下辖枫树、青路、罗山、黄泥、镜塘、永乐 6 所村小，共同隶属于当时的洋际乡中心完小。1955 年撤区设乡时，成立清溪洞乡，设桥永小学。1958 年 1 月成立珠泉人民公社，时清溪、城关、排山、双丰、军山、洋际同属珠泉公社管辖，设文教卫总支部。1961 年 7 月清溪人民公社成立，设清溪中小。1966 年 1 月恢复清溪学区，负责全公社 12 所村级小学和 2 所中学的教育教学管理，校址设在原公社院内。1969 年，创办清溪中学，时有教学班 4 个，学生 213 人，教职工 12 人；1971 年创办枫树中学，时有教学班 3 个，学生 152 人，教职工 9 人。1973 年，清溪中学增设高中班，各大队小学附设初中班。1978—1980年，各大队小学相继撤销附设的初中班，清溪中学增设的高中班也停办。1986年以后大力改善中、小学的办学条件，到2002年全乡中小学基本消灭危房，除黄泥、洪溪、清溪三个村小之外，都新建了教学大楼，并创办了中心完小，校址选在桥南村冬茅塘，与学区合址办公。2003年以后因生源减少，境内学校布局按照县政府的要求进行适当调整，设1所中心小学、3所联办小学、5所村级小学、4个小学教学点，小学4～6年级的学生集中到清溪中小就读，1～3年级的学生在各村小就读。清溪、枫树两所中学合并为清溪中学，校址设在原枫树中学。合并后的清溪中学时有教学班17个班，学生1000余人，在岗教职工84人，2008年被授予湖南省义务教育合格学校，2011年被评为"湖南省勤工俭学先进单位"，其"猪—沼—菜"校园生态循环经济模式被《郴州日报》宣传推介。此期，境内还引进香港烛光基金会为清溪村小、黄泥村小各捐建教学楼一栋，较好地改变了清溪、黄泥两村小的办学条件。到2012年全镇有中学1所、中心校1所、村级小学7所（办有学前幼儿班和一至四年级教学班）、教学点5个（办有学前幼儿班和一至三年级教学班），共有中小学在岗教师212人、在校学生2882人；幼儿园有专任教师45人、在园幼儿719人。

科技 民国及以前，受小农经济影响，境内科技开发缓慢，工农业生产比较落后。新中国成立后的50年代，在政府的倡导和组织下，境内迅速掀起以农作物品种选育推广、病虫害防治和耕作技术改革为主要内容的群众科技活动。1952年安仁县国有农场由排山迁至境内清溪村，后于次年迁至永乐村，1959年改为安仁县农业科学研究所（简称县农科所）。县农科所在境内的建立，有力地推动了清溪农业科学技术的推广。1978年设立公社科技站，1987年乡科技站改为乡科学技术委员会，由分管农业的副乡长兼任主任，农技专干任科技专干，主要负责辖区内的科技行政管理及科技宣传、培训和新技术推广工作。境内不断涌现科技致富能人。1987年养猪专业户大桥村村民李百发实施"生猪快速饲养法"，年出栏生猪60多头，仅养猪一项家庭净增收入3000多元。1994年由清溪电器有限公司研制完成的新型隔膜塑料水龙头获湖南省"双新"会金奖。1999年，境内种猪繁育示范户何利平被评为安仁县科技致富示范户。1999年后，设专职科技副镇长，并安排专门的办公用房，制有镇科委的牌子、公章，科技管理工作逐步走向规范化。2000年后，大型耕田机、收割机得以在境内推广；2010年后，插秧机也得以在境内试用，农业机械化程度不断提高。

文化体育

文化 境内群众文化活动主要有舞龙灯、舞狮子、唱禾戏和唱皮影戏等，在民间流传有比较长的历史。新中国成立以后的20世纪50—70年代，为配合政治宣传，公社和各大队曾组织文艺宣传队到各生产队进行文化宣传，节目多为样板戏。1980年成立公社文化站。之后，由公社文化站配合县文化馆经常组织调演各类大型文艺活动。1985年，镇文化站率先在全县组织文学爱好者，成立"清溪文学社"，有会员20余名，出版会刊《清溪文化》，郴州电视台对此予以专题报道。此期，清溪村村民彭全生创作的木刻画《捉鱼鳅》、《牛群》、《农家》先后在省报发表，木刻画《农家秋色》、国画《喜鹊梅花》分别在地区和省里展出。2010年10月，建设清溪镇综合文化大楼，占地135平方，设有图书阅览室、棋牌室等学习娱乐室。2010年，枫树和青路两个村级文化中心成立，首批农家书屋建成。2011年，境内组编了一支人员固定、配套设施完善的以腰鼓、广场舞、柔力球等项目为主的文娱队伍，红星、桥南、清溪等村村民也相应自发组织6支广场舞队伍。清溪村、桥南村相继建立文体小广场，其中清溪村的文体小广场体育设施齐全，娱乐活动丰富多彩。到2012年，全镇12个村都建成村级文化活动中心和农家书屋，各村农家书屋统一配备书架、报刊架、书桌等设备，藏书2000册以上，均免费对所有村民开放。音乐、美术、书法、摄影及文学等文化事业也得到一定发展，业余创作队伍达2180人。

体育 境内传统体育活动主要有赛龙舟、习武术、舞龙灯、舞狮子等。清时，境内一些武术世家还办过武术馆。民国时期，境内的张古冲、山边湾被称为武术之乡。新中国成立以后，境内群众体育活动项目逐渐增多，各公社、大队之间不时组织农民开展体育比赛活动。20世纪80年代以后，体育活动转向以学校举办为主。除镜塘、罗山村小外，其余10个村小都建有篮球场、乒乓球台，其中清溪、桥南还建有灯光篮球场。由学校组队参加本学区或全县的体育比赛活动。

医疗卫生

1960年境内始设清溪公社卫生院，1960至1965年，1965年至1970年，1993年至2006年先后在桥南村中渡河边、东茅塘、周古坪租用民房办院。1970年、1975年先后两次在东茅塘修建卫生院，后又都出售。这期间，公社卫生院有医疗工作人员10余人，能开展常见病、地方病治疗，开展卫生防疫，结扎手术、接生等业务。此期间，各大队兴办有合作医疗站，配备1～3名亦医亦农的“赤脚医生”。原珠泉医院下放镇内的赤脚接生员罗焕华接生技术高超，经她接生的婴儿5000余例，未发生任何安全事故。《郴州日报》等媒体曾作为典型进行报道。2006年，在桥南村亭子组靠清洋公路建成清溪镇卫生院新大楼，占地635平方米，时设门诊部1个，有床位10张，专业工作人员21名，其中执业医师5人，执业助理医师4人，注册护士4人，有心电图、B超、X光机、化验等设备，能开展常见病、多发病、地方病治疗及辖区内防疫、妇幼卫生、儿童保健、村民健康检查等公共卫生服务。是年境内启动新型农村合作医疗。到2012年，全镇办有镇卫生院1所，有医技人员18人；村级卫生室24个。年完成诊疗12890人次。新型农村合作医疗参保率达98%。

社会保障

新中国成立以后，在党委和政府的支持关照下，境内孤寡老人和无依无靠又无劳动能力的残疾人统一由各大队或生产队实行集体供养，每年由生产队安排一定的口粮和生活费，死后由生产队统一安葬。对其他家庭困难群体和遭遇自然灾害的灾民，及时给予救济救助，解决其生产生活上的困难。1990年乡民政办成立，负责辖区内的社会救助和劳动保障等工作。1998年境内启动农村居民最低生活保障制度，镇内首批355个困难对象纳入最低生活保障。2001年，镇政府在永乐村廖古组新建一栋敬老院，时有床位40张，收养农村“五保”人员37人。2011年实施安居工程建设，解决90户的住房困难。是年，启动新型农村养老保险。到2012年，全镇纳入最低生活保障的对象有1210户1625人；参加新型农村养老保险35728人，参保率达95%。

特色地情

人文古迹

马骥墓 位于安仁县城西南处清溪乡境内。

马驤，明代工部主事。清嘉庆《安仁县志·选举》载："马驤，历官南京中城兵马指挥，工部主事。"

樊简甫墓 位于安仁县城南10公里苦竹坳。明嘉靖《衡州府志·人物》载："樊简甫，青路人，元季四科联中，三科作魁，故至今有四举三科之说。"樊简甫，宋时曾在台府书院供职。

李家塾 位于清溪镇桥南村陈家组。为一栋八垛湘南民宅。1928年4月1日下午，唐天际在此主持召开全县暴动会议，为安仁县苏维政府办公地之一。

（周志梅 供稿）

原排山乡 >>

区域概况

地理位置

排山乡地处安仁县境东北部，地理坐标为北纬 26° 38′ 58″ 至 26° 45′ 20″，东经 113° 16′ 42″ 至 113° 24′ 52″，北与本县城关镇、龙市乡比邻，东与茶陵县枣市镇接壤，南隔永乐江与清溪镇相望。乡政府驻地设在排山村莲塘坳，距安仁县城 2 公里。

建置沿革

排山因境内山形排列绵亘而得名。宋至明代属兴德乡，清代属坊厢都。民国时，先属凤岗乡，后属城凤乡。1952 年划属第一区（城凤区），1956 年始设排山乡，1958 年 10 月并入珠泉公社（初名火箭公社），1961 年 2 月设为排山公社，1984 年 4 月恢复为排山乡，2012 年 4 月撤乡并镇后，与城关镇、清溪镇、军山乡、禾市乡合并为安仁县永乐江镇。

区划面积

排山乡土地总面积 64 平方公里，下辖排山、新丰、司山、高陂、山塘、大源、大石 7 个行政村，99 个村民小组。

自然环境

境内地貌呈带状分布，属半山地半丘陵地形，地势东南高西北低。乡域气候属亚热带季风性湿润气候，气候温和，雨量充足，四季分明。春冬时间短，夏秋时间长。年平均气温 17.7℃，年平均降水量 1404.3 毫米。境内有永乐江与排山河两条河流，水系发达。

人口状况

排山地处山区，新中国成立以前，因战事和灾荒影响，人口增长不快。新中国成立以后的 20 世纪 50 年代初，随着社会的安定和人民生活水平的提高，人口迅速增长。1956 年，境内人口自然增长率达 30‰。三年经济困难时期，人口出生率下降，1961 年境内人口自然增长率低至 6‰以下。1962—1965 年，随着经济状况的好转，人口自然增长率又回升至 25‰以上。20 世纪 70 年代，国家实行计划生育，境内人口增长得到控制。1980 年全公社总人口 11410 人，其中男性 5680 人、女性 5730 人，分别占人口的 49.78%、50.22%；自然增长率为 7.19‰。2000 年全乡总人口为 12892 人，其中男性 6090 人、女性 6802 人；自然增长率 7.62‰。到 2012 年年末，全乡总人口为 4465 户、14206 人，其中男性 7268 人、女性 6938 人，分别占总人口的 51.16%、48.84%；

人口自然增长率9.27‰。

经济发展

经济综述

排山乡虽地处城郊，但境内山多，乡域经济以农林经济为主，工商业发展缓慢。20世纪50—60年代，经济结构单一，以粮食收入为主的农业经济占70%以上，其他产业占30%左右。中共十一届三中全会以后，实行改革开放政策，境内经济结构得到较大调整，农、林、牧、副、渔业均有发展。1980年，全乡工农业总产值为273万元，其中农业总产值253万元，工业总产值20万元。到1984年全乡工农业总产值330万元，其中农业总产值为276万元，工业总产值为34万元，分别比1980年增长20.88%、9.09%、70%。20世纪80—90年代境内大力发展乡镇企业，促推了乡域经济发展。1996年，全乡共兴办乡镇企业387个，乡镇企业总产值达3099万元。2000年以后，通过招商引资，大力发展民营经济，乡域经济有较快发展。2005年全乡地区生产总值完成3986万元，财政总收入148万元，农民人平纯收入1768元。2010年，全乡地区生产总值5105万元，财政总收入160万元，农民人平纯收入1730元。到2012年，全乡地区生产总值完成17399万元，财政总收入333万元，农民人平纯收入2530元。农民生活水平明显提高，每百户拥有彩电85台、洗衣机43台、电冰箱66台，人均住房面积48平方米。

农业

种植业 排山乡耕地面积820.2公顷，其中水田784.47公顷。种植业以水稻、蔬菜、油菜为主。新中国成立以前，境内农民耕种土地主要以人力和畜力为主，农业生产力低下。粮食作物以单季水稻为主，粮食产量不高，普遍亩产只有150～250千克。新中国成立以后，在政府的倡导下，境内大修水利，大搞农田基本建设，1956年在全县率先开展水稻连作试点并取得成功，境内粮食播种面积不断增加，粮食产量成倍增长，1964年全公社粮食总产量达3252吨。1981年农村实行家庭联产承包责任制后，农民种粮的积极性得到了充分调动，良种杂交水稻种植在境内得到大力推广，粮食播种面积和产量逐年增加，到1984年全乡粮食播种面积达1229.8公顷，粮食总产量达6177吨，比1964年增长89.95%。1990年以后，境内除发展水稻等粮食作物外，还大力发展油菜、大豆等经济作物。2000年全乡种植油菜210.07公顷，油菜籽总产量133吨；大豆51.93公顷，总产量121吨。2012年，全乡粮食播种面积1457公顷，粮食总产量达9268吨，其水稻播种面积1342.67公顷,稻谷总产量9003吨。油菜种植面积333.33公顷,油菜籽总产量538吨；烤烟种植面积46.67公顷，烟叶总产量108吨；豆类种植面积50公顷，总产量124吨。种植业总产值4871万元。

养殖业 境内养殖业以猪、牛、鸡、鸭等家畜家禽养殖为主。新中国成立以前，人们食不果腹，养殖业发展不快。新中国成立以后，在政府的支持下，生猪饲养量逐年增多，到1957年户平达到1.5头以上。1958年人民公社化时期,各大队、生产队曾兴办千头猪场、百头猪场,但因一哄而起，设施简陋，猪瘟防治不力，实际饲养量下降。20世纪70年代以后，红花草籽普及种植，生猪饲料得到保障，加之青饲料喂养技术的推广，生猪养殖业得到恢复和发展。到1978年全公社共兴办集体猪场74个，全年饲养生猪6937头，其中年内出栏3334头。农村实行家庭联产承包责任制后，养殖业向多元化发展，境内先后涌现出一批养牛、养猪、养羊、养鸡、养鸭、养鱼专业户。1984年，全乡生猪饲养量达6977头，其中年内出栏3869头；家禽年末存栏17440只，产蛋17250千克。20世纪90年代以后，生猪购销市场逐步放开，私人开始参与生猪收购和贩运，农民养猪积极性提高。1996年，全乡生猪饲养量达22994头，其中年内出栏12776头。2000年以后，通过招商引资，引进老板实行规模化养殖。其中宏远牧业有限公司在高陂村建立畜牧养殖基地，采取公司加农户模式发展肉牛、生猪养殖，牛、猪存栏分别达千头以上。2012年，全乡饲养生猪19190头，其中年内出栏12250头，肉类总产量980吨；出栏羊1000余头；出笼家禽57600羽，禽蛋产量85吨；年末牛存栏1658头；水产品总产量211吨，牧业总产值达1040万元，渔业总产值达169万元。

林业 境内宜林山地多，造林历史由来已久。据清嘉庆《安仁县志》记载，宋元祐年间（1086—1094年）在今排山乡大源村境内的凤凰禅寺曾组织众僧在寺侧栽罗汉松，是为境内造林之始。1956年安仁县大石林场建立后，境内大部分林地划归大石林场，由大石林场实行大面积造林。1964年冬，经湖南省人民委员会批准，在排山公社大源大队境内试办杉木林基地，基地属集体所有，山权不变，造林人、林场、山权归属队按7∶2∶1的比例分配林业收益。1984年以大石林场为依托，联合排山、龙市、牌楼3乡11村建立大石林区速生丰产林基地，实行联合造林，集约经营。规划面积8700公顷，1985～1988年大石林区联合造林4160公顷。1985年全乡林地面积为800公顷，林木蓄积量为1.26万立方米。2004年后，排山乡政府响应县政府的号召，大力推进退耕还林和道路绿化。至2012年，镇村两级公路和排龙公路、排石公路实现全部绿化。境内7个村累计绿化荒山1300公顷，绿化镇村主干道40余公里，实现退耕还林1000公顷，开发经济林、果木林733.33公顷，其中山塘村开发乌梅33.33公顷，大源村、排山村各开发油茶林100余公顷。

工业

民国28年（1939），安仁清溪人陈南阳曾在排山刘家祠创办民生纺织厂，有资本50万元，从业人员164人，各类织布机116台，年产棉纱2400多千克、棉布1000多匹，是为排山境内比较早的工业企业。民国33年（1944）日军入侵安仁时遭到破坏而倒闭。新中国成立以后，在政府的引导和组织下，境内从事纺织、草席编制的个体手工业者相继组成手工业生产合作社，实行集体经营。1964年境内创办排山草席厂，以灯芯草为原料，采用手工编织的方式生产草席、门口席等产品。初始产品供不应求，企业有一定效益，后因管理不善走向衰落而倒闭。1975年境内又创办排山农药厂，因质量不过关不久即停办。20世纪80—90年代，境内乡镇企业得到较快发展，陆续创办陶瓷厂、冶炼厂、化工厂、海绵厂等乡村企业，到1997年乡镇企业总产值达到5406万元。到20世纪90年代末，因市场竞争激励，加之企业内部管理机制不活等原因，不少乡村办企业相继倒闭。2000年后，通过招商引资，境内又先后创办大米加工厂、木材加工厂、家具厂、皮蛋厂等个体私营企业，本乡村民姚继成、刘小平、汪冬仔等人投资50万元合伙创办了“凤凰陶瓷有限公司”。至2012年，境内有工业企业21家，从业人员800余人，上缴利税60多万元。工业总产值4086万元。

商贸服务业

排山距县城仅2公里，村民前往县城方便，商品交易大多在县城进行，故境内商铺发展缓慢，

熊峰山国家森林公园

数量不多。新中国成立初期，境内商铺只寥寥几家。1951年排山宝莲乡发动群众自愿集股，组建安仁县第一个供销合作社—宝莲乡供销合作社，时境内供销合作商业得到一定发展。此期，大源村境内设有圩场，逢农历每月的五、十日赶圩，交易的大多是农副土特产品，后于1958年修筑大源水库时废止。“文化大革命”时期，个体私营商业受到限制，境内商贸服务业处于停滞状态。中共十一届三中全会以后，全面开放集市贸易，国营、集体、个体商业同时得到发展，经济成分呈现多元化。1989年，全乡发展个体工商户106户。2000年以后，随着旅游业的发展，排山的餐饮业发展迅速，“排山公社”“龙塘湖山庄”“大石土菜馆”“移民山庄”享有盛名。至2012年，全乡有个私工商企业10家，个私工商户17户，各类商业店铺50余家，社会消费品零售总额3000万元。经营范围包括餐饮、建材、家具、美发、超市、农机修配、运输、汽车美容等不同行业，基本能满足当地居民的生产生活需求。2012年，境内外出务工人员的人数突破5000人，外出务工收入突破6000万元。

旅游业

排山境内山青水秀，风景优美，旅游资源比较丰富。古时有凤岗紫气、熊峡红霞、月潭夜色三景，现代有熊峰山国家森林公园、稻田公园等景。熊峰山国家森林公园，始建于2003年，原名大石森林公园，2006年升格为湖南省省级森林公园，2008年成立大石森林公园管理局，2010年被湖南省人民政府评为省农业旅游示范点。2011年，安仁县委、县政府以原大石省级森林公园为龙头，投入资金近亿元，全面整合山水、人文资源，积极创建熊峰山国家级森林公园，2011年8月1日经报请湖南省有关部门批准，大石森林公园更名为熊峰山森林公园。12月17日，公园顺利通过国家林业局专家组的评审，正式成为国家级森林公园、国家AAAA级旅游景区。熊峰山森林公园总面积6161.0公顷，分四大景区：熊峰山景区，猴县仙景区，九龙庵景区，龙脊山景区。景区内人文资源丰富，有神农殿、熊峰庵、天王殿、凤凰寺、熊峰山抗日指挥所、熊峰山抗日战场等人文景观。景区森林资源丰富，自然风光优美。景区内拥有原始次生林130多公顷，植物1205种，其中有诸如130年以上的古银杏等国家二级保护植物23种。大源风景区位于安仁县辖区大源村内，距县城仅10公里。景区内的大源水库18支流汇集，水面2000余亩，库内有数个小岛突起，四面环山，山水树木葱郁，水面微波荡漾，空气清新，景色美观。每年暑期，游江览胜、钓鱼者上万人次。熊峰山国家森林公园，大源风景区等景区的建成开放，促推了乡域生态旅游业的发展。2012年，排山乡共接待各地旅游团队300余个，游客数量超过10万人次，为当地带来旅游综合收入近2亿元。

基础设施

交通运输

清同治年间，排山境内修有一条由县城至大石铺、再由大石铺至山口铺的古驿道，境内长5公里，为境内出行的一条主要通道。当地人们出行主要靠步行，货物运输则主要靠肩挑手提。民国时期，永乐江开通筏运，境内木材靠排筏运输出境。新中国成立以后，境内交通事业得到发展。1958年修通排山至大石公路，路面宽4.5米，全长5.2公里。1959年修通排龙公路，路面宽4.5米，境内路程10.7公里。到20世纪70年代初，境内排山、新丰、大石、高陂、司山等大队均开通客运。2002年将排山至大石公路纳入城关至牌楼公路进行拓宽改造，路面拓宽到7.5米，并全程硬化，2003年竣工通车。2004年，大源村境内修建一条通村公路，至此，全乡实现村村通公路。2007年又将排龙公路进行全程硬化。在抓公路建设的同时，还抓好桥梁建设。境内最早的石拱桥凤岗桥建于南宋淳祐年间，明万历年间重修。凤岗古桥横跨排山河，为六孔石拱桥，长57米，宽5.5米，高7.8米，历经四百多年而未废。2011年政府将凤岗古桥列为文物加以维修保护，另在旁边修建一座新桥。2011年，政府投资300余万元，在大源水库修建了一座钢筋水泥桥，将大源村的公路交通与外界联系起来。到2012年，排山乡境内硬化村组公路90余公里，实现通村、通组公路通畅率达80%以上。

水利建设

新中国成立后，在安仁县委、县政府的组织和领导下，境内大修水利。1953年，在县政府组织开展的“修建百塘运动”中，排山共修建基本山塘50口。1959年由安仁县人民政府牵头，在境内动工修建大源水库，1962年竣工通水。该水库坝高43米，库区集雨面积56平方公里，有效库容2750万立方米，灌溉城关、排山、龙市、军山、渡口5个乡镇的农田5万亩，为安仁县第二大水库。20世纪60—70年代，修建大源水库总干渠、高干渠、左干渠、右干渠及大石水库的永乐渠等附属工程，将渠道延伸到清溪、城关、龙市、军山、禾市、渡口等乡镇，解决周边乡镇农田灌溉问题。同期，境内还修建何古坝、金坝堰两座拦河坝，两座拦河坝圳长10余公里，有效灌溉面积6500余亩。1979年在大石村苦株山修建一座水泥石坝，将永乐江截流蓄水，控制流域面积1930平方公里，总库容1285万立方米，初为大石电站，以发电为主，后兼顾防洪、灌溉。2003年更名为大石水库，被湖南省水利厅认定为中型水库。到2012年，全乡有中型水库2座，山塘160余口，水坝3座，有效库容4000余万立方米。

供电供水

供电 1962年，境内建成大源电站，时装机1台，容量96千瓦，年实际发电1万千瓦时左右，属安仁县火力发电厂管辖。1964年排山乡政府及排山村的莲塘三组开始通电，为安仁县最早用上电的村组之一。1964年大源电站划归大源水库管理，1972年并入排山变电站，改装472千瓦1台和280千瓦1台，总容量752千瓦。1975年后又进行扩建，到1980年，装机3台，总容量达到1072千瓦，年发电量90千瓦时左右。时大石电站也建成发电，装机5台，总容量4070千瓦，年发电量1200千瓦。至此，排山境内7个村全部通电。1990年后，排山境内先后进行第一、二期农村电网改造，将电杆、电线全部进行更换，并增加变压器容量，其中排山变电站改造升级为35千伏变电站，主变单机容量0.25万千伏安。同时，架设拉通境内无电村组的供电线路。通过实施农村电网改造，1993年解决大石村过路、荷木、上塘、下塘四个自然村76户村民的供电问题，1996年解决大源村340多户村民的供电问题。到2003年农网改造基本结束，境内供电质量大有提高，90%以上的村民用上了电。

供水 新中国成立以前，境内乡民生活用水主要靠山泉和河水。新中国成立以后，政府鼓励各地打井取水，境内各大队、生产队相继开凿水井，村民饮用水改为以井水为主。1993年大源水库引水工程建成以后，境内机关、医院、学校和附近村民改用自来水。2000年以后，境内开始实施安全饮水工程建设。2003年投资4万多元在高陂村刘古组建设一处引泉工程，铺设主管道1500米、支管道1800米，将泉水引至农户家庭，解决162个人口、160头牲畜的饮水困难。同年，投资3.2万元在山塘村打井一口，解决3个自然村89个人口、300头牲畜的饮水困难。

邮电通信

20世纪50年代初，安仁县邮政局调整信柜和邮路，利用通讯员投递报纸、邮件到排山的各行政村组。50年代中期，境内始有电话业务。1958年排山公社成立时，安装一部手摇电话机。20世纪70年代，各大队均安装手摇式电话机。1981年后，农村实行家庭联产承包责任制，农话业务减少，各大队相继拆除手摇电话机。20世纪90年代境内开通程控电话，始有私人安装住宅电话。2003年，移动公司在排山村建设境内第一个移动通信基站。之后，安仁移动公司、电信公司、联通公司相继在境内的排山村、高陂村、大源村、司山村、山塘村、大石村建设6座通讯基站，信号覆盖全乡。到2012年，全乡移动电话用户4800多部，固定电话600多部，互联网宽带用户200余户。

社会事业

教育科技

教育 清代以前，境内创办过“清溪书院”，位于排山宝塔岭。民国22年（1913），境内又创办“景贤小学”，为私立小学，校址设在高陂村。1945年抗日战争胜利后，景贤小学从高陂搬至宝塔岭。1949年8月，安仁解放，景贤小学照常办学。1950年，安仁县人民政府文教科派员到校开学，景贤小学改为公办；1951年3月，景贤小学更名为“宝塔小学”；1953年9月，宝塔小学搬迁到宝莲大队八担湾（现新丰村境内），更名为“宝莲小学”。1958年，“宝莲小学”更名为“排山完小”。之后，各大队相继开办小学。1971年，“排山完小”改为“排山中学”，开办初中班，各大队小学附设初中班。1979年，调整学校布局，撤销各大队附设的初中班。1980年8月，面向全乡招收一个乡中心班，附设在排山村小。1982年，成立排山乡中心小学。1992年，设排山学区，负责管理排山乡辖区所有小学事务。1996年，排山乡中心小学经安仁县人民政府验收合格，挂牌一级学校。2003年因生源减少，小学教育布局再次调整，小学4～6年级的学生集中到排山中小就读，村小只招收1～3年级的学生。大源村小改为教学点。同时，乡中小和各村小均开设学前班。到2012年排山并入永乐江镇时，境内有中学1所，开设教学班6个，教职工37人，在校学生176人；小学5所，开设教学班27个，教职工63人，在校学生576人。小学适龄儿童入学率100%，初中适龄人口入学率100%，九年义务教育覆盖率100%。

科技 20世纪50～70年代，境内科技工作以农技推广为主。1953年成立排山科技片站，负责辖区内的水稻新品种的选育推广、耕作技术改革和农业实用技术的培训等工作。1956年在排山村试种连作稻并取得成功。之后，连作稻逐步向全县推广。20世纪80年代以后，科技工作由农技推广拓展到化工、冶炼、陶瓷等工业技术的引进和推广上。1987年设立乡科技委，由分管农业的副乡长兼任科委主任，农技专干任科技专干。1999年，又设专职科技副乡长，乡科委设专门的办公室，并制有公章、牌子，由乡科委负责辖区内的科技管理工作。2000年后，先后引进或创办化工、陶瓷和新型养殖等科技型企业。其中大源科技养殖场2002年被郴州市科技局认定为科技先导性企业。

文化体育

文化 排山地处城郊，群众文化活动比较丰富。唱禾戏、唱皮影、舞狮子、舞龙灯、琢鸡婆等传统文化在民间早有流传。新中国成立以后，在政府的组织下，境内群众文化活动得以经常开展。20世纪60年代，各大队都组织文艺宣传队深入生产队开展文艺宣传，节目以样板戏为主。20世纪70年代初，成立公社文化站，负责组织和管理辖区内的群众文化活动。1976年建立公社电影队，由放映员定期到各村播放电影。1988年，乡文化站设立图书室。2000年以后先后建立村级文化活动中心7个、农家书屋8个，藏书3万册。2010年以后，境内旅游业得到开发和发展，“琢鸡婆”等民俗文化得到挖掘和提升，2012年被列为湖南省非物质文化遗产。

体育 境内群众体育活动主要有赛龙舟、打篮球、爬山等。赛龙舟一般在每年端午节前后举办，竞赛场面非常激烈。20世纪70年代，由公社牵头，各大队之间曾组织农民开展田径、篮球等比赛活动。20世纪80年代以后，体育活动基本以学校举办为主，集体组织的农民体育活动渐次减少。

医疗卫生

新中国成立以前，境内诊所药店不多，乡民看病治病靠民间草药郎中，或去县城医院寻医问药。新中国成立后，大力发展农村医疗卫生事业。1950年设乡卫生所，以医疗为主，兼管卫生防疫、妇幼保健和普及农村卫生知识等工作。20世纪60年代末，排山境内基本消灭“天花”。1958年兴办排山公社卫生院，时有医务人员7人，床位6张；同时，在高陂村建立一个合作医疗站，时有医务人员2人，床位1张。此期，还在境内大力推广新法接生，每村培养1名接生员、1名至2名“赤脚医生”。20世纪60年代后，各大队相继设立村级合作医疗站。1978年，排山卫生院新建一栋医疗大楼，医疗条件有所改善。1984年后，各村相继建立村级卫生室。2008年境内启动新型农村合

安仁元宵米塑

作医疗保险，由于缴费标准低、报销比例高，村民参保的积极性比较高，年参合率都达到了98%以上。2012年末，全乡有乡级卫生院1个，村卫生室7个；医护人员26人；有床位17张，每万人拥有病床11张。新型农村合作医疗保险参保16353人，覆盖率91.38%。

社会保障

20世纪50—60年代以后，境内各村相继实施“五保户”集体供养措施，将农村中的孤寡老人和无劳动能力、又无生活依靠的残疾人列为“五保户”，由各生产队实行集体供养，每年安排一定的口粮，死后由各生产队负责安葬。20世纪80年代以后，部分“五保户”改为由亲戚分散供养，由民政局每年发给一定的生活补贴。1987年县民政局配合县财产保险公司，对境内部分“五保户”和贫困户实施家庭财产保险。1994年排山乡民政办成立，负责辖区内社会保障、劳动保障等工作。2002年，排山乡成立“五保之家”，供养各类孤寡老人10余名。2006年成立排山残疾人联合会，对境内残疾人登记造册，其中一、二级残疾人92人，全年发放残疾人护理补贴55200元。同年，排山启动农村居民最低生活保障制度，首批困难对象260人纳入最低生活保障。2008年冰灾，排山境内共倒塌房屋20户，发放救灾款45万元，发放救灾物资折合人民币11万余元。2011年实施安居工程建设，解决448户危房户或无房户的住房问题。同年，为226个80周岁以上的老人办理了高龄生活补贴。到2012年年末，排山乡新型农村养老保险参保5628人，覆盖率95.26%。

特色地情

名胜古迹

凤岗古桥 凤岗古桥又名平安桥，坐落于排山乡新丰村境内，距县城1公里，始建于南宋淳佑年间，明万历三十年（1602）重修，将木质结构改为六孔石拱桥，并在桥上建亭以蔽风雨。凤岗古桥横跨排山河，长57米，宽5.5米，高7.8米。为安仁境内现存最古老的一座石拱桥，历经四百多年而未废。为保护古桥，2011年由安仁县人民政府出资，将凤岗古桥进行修葺，列为一大文物进行保护，同年被列为郴州市市级非物质文化遗产。

韩京墓 韩京系安仁县原浦阳里（今关王镇）人。他从小谋勇兼备，膂力过人。先后任过鄂州知府、摧军统制、循州知府等职。绍兴十六年(1146年)，朝廷以韩京平定广东、福建诸盗功勋卓著，升为中亮大夫，加殿前司摧干军都统制，封上党郡开国侯。韩将军任广东循州知府时，邑里萧条，民不聊生。他抚慰百姓，轻徭薄赋，使人民安居乐业。循州人民感韩恩德，建“韩侯祠”，绘像设位，常年祭祀。韩京死后被朝廷追封大将军，国葬于安仁县排山乡凤岗山南麓。韩京墓为安仁古八景之一“凤岗紫气”的重要组成部分，于2011年被列入郴州市市级文物保护单位。

龙塘湖山庄 坐落在排山乡山塘村境内，距安仁县城5公里，占地面积1500亩。建有一处占地面积1000余平方米的楼院，设有住宿部、餐饮部，临山庄开挖一人工湖——龙塘湖，沿湖堤建有竹楼、观鹭园和垂钓台，周边开发有500亩的乌梅基地、300亩的桂圆基地、50亩绿色无公害蔬菜基地。龙塘湖山庄周边山岚叠嶂,树木葱郁，环境优美，空气清新，是一个集餐饮住宿、娱乐健身、休闲旅游、水果开发、观光体验于一体的具有浓厚乡土风情的生态山庄。

特色产品

灯芯草 灯芯草又称龙须草，是一种耐寒、分蘖能力较强的多年生草本水生植物，具有清热、利水渗湿之功效，可用于淋病、水肿、心烦不寐、喉痹、创伤等病症。又可用作灯芯，制成无烟蜡烛，清洁无污染；还可用来编织各种生活用品，尤其是草席工艺品，能织出纤巧的文字或图案，美观实用。灯芯草因木质素含量低、纤维素含量高，且纤维细长、质韧、易成浆、易漂白，是制造高档纸、人造棉、人造丝的优质原料。排山境内冬水田、冷浸田较多，气候、土壤环境等条件十分适合灯芯草生长。历来有种植灯芯草的习惯，所出产的灯芯草洁白、柔软，是灯芯草中的极品，远销日本、东南亚等国家和地区。

（谭章文 供稿）

原军山乡

区域概况

地理位置

军山乡位于安仁县境的最北部，地理坐标为北纬26° 42′ 34″至26° 49′ 19″、东经113° 10′ 45″至113° 17′ 10″，是安仁县的“北大门”。北与株洲市攸县渌田镇交界，东与本县龙市乡接壤，西部和西北部与本县渡口乡、禾市乡相邻，南与本县城关镇毗邻。乡政府驻地设在军山村周塘组，距安仁县城4公里，距衡炎高速渌田入口不到15公里。

建置沿革

军山以境内“岭峦森列如军屯”而得名。宋至明代属兴德乡，清代属益相都。民国元年（1912）隶属于珠泉区，民国24年（1935）始设军山乡，一直沿用至建国初期。1952年划属第二区（军潭区），1956年析出为军山乡。1958年改为军山人民公社，1984年恢复军山乡建制。2012年4月撤乡并镇后，与城关镇、清溪镇、排山乡、禾市乡合并组成安仁县永乐江镇。

区划面积

军山乡土地总面积57.2平方公里。原辖11个村，1988年划出松山、东周两村归城关镇管辖后，辖军山村、新安村、大来村、郁水村、冷水村、芙塘村、南湖村、瑶泉村、东冲村9个行政村，114个村民小组。

自然环境

军山乡属丘陵地带，地势东高西低，土质肥沃，地表岩层主要以红石岩为主。永乐江环绕西南流经境内新安、军山、大来、郁水4村，水系比较发达。境内矿产资源已查明的有郁水赤铁矿，含铁20.65% ~ 37.48%；虎猫岭猛矿，含猛20% ~ 40%。境内气候属亚热带季风气候，四季分明，日照充足，年平均气温18℃；年平均降水量1402毫米。自然灾害有旱灾、洪灾、风灾、冰冻、雪灾、冰雹、雷击等。

人口状况

新中国成立以前，境内人口增长不快。新中国成立后，随着医疗条件的改善、人民生活水平的提高，境内人口成倍增长。到1956年，境内人口自然增长率高达31‰。三年经济困难时期，境内人口自然增长率显著下降。1961年，全公社总人口为8750人，其中男性4267人、女性4483人，人口自然增长率下降至6.7‰。20世纪70年代后，国家实行计划生育，境内人口增长得到控制。1978年，全乡总人口为3181户

15260人，其中男性7651人、女性7610人，分别占总人口的50.14%、49.86%；人口自然增长率14.94‰。1984年恢复乡建制时，全乡总人口为3054户、14828人，其中男性7557人、女性7271人，分别占总人口的51%、49%；农业人口14623人，占总人口的98.6%；人口自然增长率5.45‰。2000年全乡总人口为3580户15105人，其中男性7987人、7118人，分别占总人口的52.88%、47.12%；农业人口14095人，占总人口的93.31%；人口自然增长率5.9‰。到2012年末，全乡总人口为5069户17102人，其中男性8858人、女性82454人，分别占总人口的51.80%、48.20%；农业人口16808人，占总人口的98.28%；人口自然增长率6.8‰。

经济发展

经济综述

军山乡经济以农业经济为主。新中国成立以前，境内经济结构单一，以水稻种植为主的农耕经济占主导地位，但总量不大，工商业发展缓慢。新中国成立以后，通过对农业、手工业和私营工商业的社会主义改造，境内经济有所发展。1956年，全乡工农业总产值达到105万元。1958年实行“大跃进”，盲目追求高指标，生产上瞎指挥，加之后来连续三年遭受自然灾害，境内经济下滑。1962年以后，通过整顿调整，境内经济得以恢复和发展。“文化大革命”时期，境内工农业生产受到很大影响，经济长时间处于停滞不前或低速发展状态。中共十一届三中全会以后，实行改革开放，允许发展多种经营，境内经济得到迅速恢复和发展。1980年，全公社地区生产总值422万元，其中农业总产值397万元、工业总产值25万元。公社总收入中，农、林、牧、副、渔各业均有一定的发展，其中副业收入和其他收入占总收入的比重首次超过10%。1981年实行家庭联产承包责任制后，农民生产自主性增强，农业经济结构得到进一步调整优化。1984年，全乡工农业总产值590万元，其中农业总产值543万元、工业总产值47万元，分别比1980年增长39.8%、36.78%、88%。20世纪80—90年代，国家经济政策进一步放宽，境内乡镇企业得到快速发展。到1996年,境内乡镇企业发展到402个，乡镇企业总产值7424万元。全乡地区生产总值3187万元。2000年以后，境内乡镇企业因经营机制不活等原因，经受不起市场冲击而相继关停倒闭。但通过招商引资，民营经济得到一定发展。2005年，全乡地区生产总值4298万元，财政总收入134万元，农民人平纯收入1643元。2010年，全乡地区生产总值7238万元，财政总收入349万元，农民人平纯收入1960元。到2012年，全乡地区生产总值达到20214万元，财政总收入662万元，农民人平纯收入3354元。人民生活水平不断提高，到2012年每百户拥有彩电95部、洗衣机43台、电冰箱66台，空调13台。大多数家庭建有两层以上砖混结构的楼房，人均住房面积62平方米。

农业

种植业 境内耕地面积1298.4公顷，其中水田1091.73公顷，旱土206.67公顷。种植业以水稻、油菜、烤烟为主，兼种蔬菜、红薯、大豆、花生、西瓜等其他农作物。新中国成立以前，境内因水利条件差，加之耕作技术落后，种植业结构单一，且产量不高。新中国成立以后的20世纪50—60年代，境内通过改善水利条件、改进耕作技术、推广优良品种和双季稻种植，粮食播种面积和产量有所增加。虽然1958年后的“大跃进”

和三年自然灾害时期，粮食有所减产，但1962年后通过整顿调整后又得到恢复和发展。1964年，全公社粮食总产量达4169.8吨。到1978年全乡粮食播种面积2108.93公顷，粮食总产量达8418吨。1981年，境内试种杂交稻，亩产达420多千克。之后，境内逐步推广杂交稻。1984年，全乡粮食播种面积达2032.53公顷，粮食总产量11741吨。其中，水稻播种面积1923.73公顷，稻谷总产量11567吨。是年，全乡种植油菜225.67公顷，油菜籽总产量166吨。到2000年，全乡粮食播种面积达1727.2公顷，粮食总产量13697吨。其中水稻播种面积1671.07公顷，稻谷总产量13455吨。油菜种植面积406.67公顷，油菜籽总产量915吨。2000年以后，境内先后培育50亩以上的种粮大户23户，发展种植业专业合作社2个。2004年境内大来村开始种植大棚蔬菜，到2008年大棚蔬菜种植面积扩大到100公顷，成为全乡最大的蔬菜种植基地。到2012年，全乡粮食播种面积2070.93公顷，粮食总产量13090吨。其中水稻播种面积1986.13公顷，稻谷总产量12901吨。油菜种植面积800公顷，油菜籽总产量1236吨。蔬菜种植面积533.33公顷，总产量1.3万吨。种植业总产值5113万元。

养殖业　境内养殖业以猪、牛、羊、鸡、鸭、鱼等家畜家禽和本土水产为主。新中国成立以前，境内养殖业发展不快，生猪、鸡、鸭以家庭圈养为主，数量不多，少有交易。耕牛多用以耕田，极少宰杀。新中国成立以后，通过改良生猪品种，加强猪瘟防治，境内生猪养殖业有所发展。到1957年，户平达到1.5头。三年经济困难时期，境内生猪饲养量明显下降。1962年后，生猪饲养政策有所放宽，允许私有私养，多养不加派购，境内生猪养殖业得到恢复和发展。20世纪70年代，公社、大队、生产队三级大办猪场。到1978年，全公社共兴办集体猪场87个，全年饲养生猪8917头，其中年内出栏4036头。1981年农村实行家庭联产承包责任制后，粮食产量增加，农户拥有余粮，养殖业再次得到快速发展。1984年，全乡饲养生猪9030头，其中年内出栏4872头；年末存栏家禽42568羽，禽蛋产量27.85吨；年末大牲畜存栏1450头。1990年后，随着生猪收购市场的全面放开，境内养猪大户逐渐增加。到2000年，全乡饲养规模在100头以上的养猪大户达到20户。是年，全乡饲养生猪30685头，其中年内出栏23000头，分别为1984年的2.4倍、3.7倍。出笼家禽35000羽，禽蛋产量71吨。年末大牲畜存栏1169头。2010年，全县招商重点项目香港温氏生猪养殖集团落户于军山郁水村，总投资4500万元，占地面积800亩，年饲养生猪规模超过4万头，又带动境内生猪养殖业的发展。到2012年，全乡饲养生猪19338头，其中年内出栏13500头，肉类总产量1085吨。是年，全乡出笼家禽84000羽，禽蛋产量65吨；出产鱼130吨；年末大牲畜存栏747头。全乡牧业总产值1931万元，渔业总产值104万元。

林业　军山属丘陵地带，宜林山地较多。新中国成立以前，林地属私人所有，林业生产基本处于自然发展状态，人工造林不多。新中国成立以后，安仁县人民政府将林业生产纳入国民经济发展计划，动员全县开展形势浩大的造林绿化运动。1952年，境内新安村（时称城凤区新安乡）在县工作组的带动下，试行合作造林，当年造林2万多株。1958年，时军山所属的卫星人民公社（辖今禾市、军山、渡口）实行大兵团式造林，打破山地界限，集中连片，突击完成了号称2万亩的造林计划。1977年，湖南省下达“大造速生丰产林，建设百万亩用材林基地县”的指示，军山公社积极响应号召，至1980年，全公社完成人工造林400公顷以上。1981年后，实行山林定权发证，林权划归各大队、生产队集体所有，由各大队、生产队组织群众炼山造林。1985年，全乡有林地2873.33公顷，其中用材林1360公顷，经济林1393.33公顷，林木蓄积量1.88万立方米，森林覆盖率38.48%。1993—2001年，全县实施“长防林”工程建设，境内再次掀起造林高潮，到2002年基本消灭宜林荒山。是年，东冲村与安仁县林业局联合，在本村境内租山59.53公顷造楠竹。2004年以后，境内按照全县统一部署，实施退耕还林工程，先后完成退林还林733.33公顷。此期，境内还大力开垦荒山种植油茶、优质水果等经济林。2004年芙塘村开发种植脐橙40公顷，后于2008年又开发冰塘柑基地33.33公顷。是年，武汉凯迪公司在境内租山造能源林333.33公顷。2010年冷水村、大来村共开垦荒山种植油茶林166.67公顷。到2012年年底，全乡有林地面积达到3146.67公顷，森林覆盖率达55%。

工业

境内竹制品加工业发展较早。民国时期，境内已办有竹制工场。据民国36年（1947）《湖南经济状况调查》记载：“军山竹篮，以水竹为原料，年产量约2.2万只”。民国中后期，境内还办有铁业、木业、酿酒等家庭作坊。新中国成立以后，境内各类小手工业被组建成手工业生产合作社，实行集体经营，多劳多得。1958年实行人民公社化以后，手工业生产合作社相继转为社队企业，个体、私营手工业全部取消。20世纪70年代，境内曾先后兴办以农业机械制造为主的“五小”企业，因效益不佳，到70年代末期基本停办。1980年全公社工业总产值25万元。20世纪80年代后，国家鼓励发展乡镇企业，境内乡镇工业企业得到一定的发展，先后创办涂料厂、草帽编制厂、皮鞋加工厂等乡村集体企业。1984年，全乡工业总产值47万元，比1980年增长88%。1985年，境内通过招商引资，引进永兴老板创办智升冶炼有限公司，时有职工50人，年产值400万元。到1996年，全乡工业总产值1502万元。2000年以后，境内民营工业企业得到较快发展。2002年引进资金2200万元，创办大型机制砖厂4家、木材加工厂3家。之后又发展以智升冶炼有限公司为龙头的冶炼企业10家。其中冶炼企业因环保达不到要求，相继关闭。2007年投资1.3亿元港市建设的招商项目锦富电子科技落户军山境内。2008年投资700万元的标准化厂房建设正式启动，当年完成征地100亩，2010年建成并投入使用。到2012年年底，境内先后建成军山产业孵化基地、新安环保工业园和锦富电子科技工业园，引进各类工业企业95家，涵盖了机械制造、服装、电子、鞋业、皮具等多个产业，拥有职工5200余人，年产值突破20亿元。

商贸服务业

军山距县城较近，商品交易大多在县城进行，境内商铺不多，商贸服务业发展缓慢。新中国成立之初，境内商业店铺不足10家。1951年，全县各行政区相继成立区供销社，时军山属第二区管辖，境内物资供给和农产品销售由第二区供销社负责。1956年撤区设乡，始设军山供销社。之后，境内各大队相继设立供销社代销点。大多物资按计划派购，凭票供应。20世纪60—70年代，私营商业受到限制，农村市场比较萧条。中共十一届三中全会以后，集市贸易全面开放，境内个体私营商业得到一定的发展。到1984年，境内各类商业店铺发展到22家，社会消费品零售总额达120万元。20世纪90年代以后，随着个体私营商业的发展和生产资料市场的全面放开，军山供销社的经营效益逐年滑坡，到90年代末转由私人承包，后又实行破产改制，职工全员下岗。2001年，军山乡引进民间资本400万元在南湖村和攸县渌田镇交界处建设郴北边贸交易市场，设有固定摊位300个，商用门面80个，市场交易面积达到4000平方米。到2012年，全乡有工商企业2个，个体工商户17户，各类商业店铺、网点70余个，社会消费品零售总额1778万元。

基础设施

交通运输

民国22年（1933），耒吉公路安仁至攸县段修通，系砂石路面，路面宽7米，县境段长38.42公里，其中军山段长12公里，是为通过境内的第一条公路。新中国成立以后，在政府的支持下，境内交通事业得以发展。1962年，军山公社在大搞基本农田建设的同时，相继修通通村简易机耕路。1978年，修通芙塘至渡口公路，砂石路面，路面宽7米，全长9公里。1979年，修通新安至白沙砂石公路4.7公里、芙塘至瑶泉砂石公路3公里。1980年，修通泥塘至郁水砂石公路8公里。1995年，修通芙塘至过家砂石公路12公里。是年，还将芙塘至渡口砂石公路进行拓宽改造。2000年以后，境内先后对通乡、通村公路进行硬化改造，共硬化乡道30余公里，村、组公路100余公里。2008年11月，衡炎高速安攸连接线动工修建。是年，衡茶吉铁路安仁段建设正式开工。2010年11月衡炎高速安攸连接线全线完工。衡炎高速安攸连接线为S212线的一部分。其中，安仁段起于攸县渌田街与军山乡南湖村交界处，经军山乡南湖村、芙塘村、军山村、新安村，止于安仁大道北端三岔路口，全长9.126公里，为省二级公路，路基宽12米，路面宽10.5米。该公路修通后，由境内上高速仅需要几分钟时间，交通条件大为改善。2012年4月，S316军山—禾市段开始动工修建，路面宽10米，全长6公里。此期，穿过境内的衡茶吉铁路安仁段全线修通，坐落于境内芙塘村的安仁火车站主体工程也基本竣工。到2012年，全乡共拓宽硬化各类公路150余公里，通村公路通畅率达到100%。

水利建设

新中国成立以前，境内农田灌溉以山塘为主。新中国成立以后，在政府的重视和支持下，境内大抓水利建设。1952年10月，时军山所属的二区在境内大来村修建养马塘水库，是为安仁县第一座小Ⅱ型水库，蓄水32万立方米，有效灌溉面积1200亩。1953年全县开展“修建百塘运动”，境内组织群众大修山塘。到1957年，时军山所属的二区共修建基本山塘685口，为全县之冠。20世纪70年代以后，境内又相继修建大依塘、禾角塘、马鞍塘、石粒塘、水晶塘、沙子塘、芋塘、新塘、缺斗塘、新兴塘等10座小Ⅱ型水库，有效库容157万立方米，有效灌溉面积7990亩。1991年新建郁水村牛角塘，改善农田灌溉面积1100余亩。2003年完成郁水塘除险加固工程。之后，相继修复被洪水冲毁的山塘水渠。到2012年，全乡有小Ⅱ型水库11座，基本山塘290余口，加上大源水库左干渠，有效灌溉面积10000余亩，自流灌溉占农田面积的87%。

邮电通讯

清代以前，境内尚未开通邮路，通讯赖以铺递。民国时期，境内始开通邮路。民国33年（1944）日军入侵安仁，安仁县邮局遭到破坏，境内邮路被迫中断。新中国成立以后，境内邮路得以恢复，各类邮件由通讯员投递和送达。1958年，军山公社安装手摇式电话机，始开通与县城的电话。20世纪60—70年代，境内各大队相继安装手摇式电话机。1981年农村实行家庭联产承包责任制后，因话务量减少，加之设备老化，各大队相继拆除手摇式电话机。1986年，安仁县邮局在禾市乡设立邮电所，时军山的邮电业务由禾市邮电所负责。1990年，安仁县开通上半县和下半县两条邮路，军山划入下半县邮路，邮政业务包含邮政快递、报刊发行、电报电话业务等。1994年境内开通程控电话，当年境内安装自动电话9门。2011年，安仁县电信公司在境内芙塘、军山村各设立1个电信营业点；2012年又建成通信基站2个。到2012年底，军山乡全乡移动电话用户达到5600多人，安装固定电话1400多部，互联网宽带用户650余户。

供电供水

供电 新中国成立以前，境内尚不通电，乡民照明主要靠煤油灯。1951年安仁县火力发电厂建成后，曾于1956年架设输电线路至军山人民公社，时军山公社开始使用电灯照明。1976年，境内建成公社水电站，是为境内第一座水电站，设计发电能力10千瓦，实际发电量1万千瓦时。到1978年，境内有2个大队15个生产队通电。1980年以后，高压输电线路逐步向境内延伸。1988年，瑶泉村完成输电线路架设，并于当年通电。至此，辖区9个村114个村民小组全部通电。2000年，境内始进行农村电网改造，到2003年先后完成一、二期农网改造。2009年成立军山供电所，负责城关、排山、龙市、军山、禾市、渡口等乡镇的供电。2010年后，又进行新一轮农村电网改造，将原30～50千伏的小容量变压器全部改为100千伏以上大容量变压器，境内供电得到保障。

供水 新中国成立以前，境内井泉不多，乡民生活用水多取自地表水，沿河各村则直接从河里取水。新中国成立以后，政府鼓励各地开凿水井，以解决人畜饮水困难。时境内各大队、生产队相继开凿水井。20世纪80年代以后，不少村民在自家房屋前后自打明井或压水井，实行就近取水。部分条件好的村民还安装水塔，铺设水管，实行家庭院子内自动供水。2001年以后国家实施安全饮水工程，境内积极争取项目资金，新开凿水井6口。2010年省道S212线拓宽改造之后，安仁县自来水公司从S212线一侧铺设自来水管至军山、新安等村，使500余户村民用上了自来水。到2012年，辖区居民使用自来水的占30%，打井取水的占60%，直接饮用河水的占10%。

社会事业

教科文化

教育 民国以前，境内教育以私塾为主。民国中后期，国民政府倡导新式教育，境内相继兴办私立全能小学和乡、保国民学校。新中国成立以后，县政府对旧式学校统一进行接受和改造。1952年，境内私立学校全部转为公办，时境内共有小学7所。1958年创办军山中学。1973年军山中学增设高中班，各大队小学附设初中班。因师资跟不上，1978年各大队小学附设的初中班相继撤销，1980年军山中学也停办高中班。1983年，军山设立中心小学，成为军山公社境内小学教学教研培训中心。1991年，军山乡开始实施九年制义务教育。1992年，全乡有中心小学1所，初级中学1所，村级小学9所，在校学生1850人，学生入学率99%以上。1994年，军山乡被评为郴州市教育明星乡。2003年，因生源减少，军山乡按照安仁县人民政府的统一部署，对中小学教育布局进行调整，小学4～6年级的学生全部集中到中心小学就读，各村小只招收1～3年级的学生。2011年以后，争取危改资金先后对南湖、瑶泉、新安村小教学楼进行改建。到2012年底，军山共有幼儿园9所，在园幼儿320人，专任教师11人；小学9所，在校学生986人，专任教师87人；中学1所，在校学生354人，专任教师64人。小学适龄儿童入学率100%，初中适龄人口入学率、小升初升学率、九年义务教育覆盖率均达100%。

科技 新中国成立以前，境内科技发展缓慢，农业生产力水平较低。新中国成立以后，在党和政府的倡导下，境内大力开展以水稻栽培和耕作技术改革为重点的群众科技活动，不断引进、推广农业科技和新式农具。20世纪60—70年代，打稻机在境内得到推广使用，部分大队还实行拖拉机耕田。1978年建立公社科技站，负责辖区内的科普宣传、科技培训和农业新技术的推广。1987年，军山成立乡科学技术委员会，由分管农业的副乡长兼任乡科委主任，农技专干任科技专干，负责辖区内科技推广和科技行政管理工作。是年，安仁县畜牧水产技术服务中心在全县推广生猪快速饲养方法，军山乡冷水村阳运生利用快速饲养方法养殖生猪50头以上，当年获纯收入3000元以上。1999年军山乡设专职科技副乡长，乡科委工作机构得到健全，实现有办公室、有牌子、有章子的“三有”目标。2000年，境内开始推广使用收割机。是年，新安村被认定为县级科技示范村。到2012年，境内耕田机普及率达到80%。部分种田大户开始使用插秧机等现代农业机械设备。

文化 清代、民国时期，境内就有舞龙灯、舞狮子、唱禾戏等民间文化活动。舞龙灯、舞狮子一般在春节期间由村民自发组织。唱禾戏则在农历五月禾苗抽穗时举行，初为祭祀活动，后演变成民间文化活动。另境内竹编艺术远近闻名，竹编制品以竹篮为优，外观精美别致。新中国成立以后，民间群众文化得以传承和发展。20世纪50—70年代，公社和各大队都成立文艺宣传队，经常开展文艺宣传活动，其节目多为样板戏，夹杂有舞龙灯、舞狮子等。1970年公社成立广播站。是年，境内各大队相继开通广播。1976年，公社成立电影队，安排放映员轮流到各大队放映电影。1980年乡文化站成立，负责管理和组织辖区内群众文化活动。1981年后，公社电影队改由私人承包，后转为私办。80年代初，农村广播因线路老化未得到及时修复，其开播率有所下降。1984年后，通过修复整顿，开播率得到恢复和提升。2000年以后，境内各村相继建立农家书屋。2005年，军山中小、军山中学率先开通了校园广播站。2010年以后，境内渐次兴起广场舞。2012年，军山文化站进行升级改造，新建一栋综合大楼，设置图书室、影视厅、文体活动室等。是年，全乡有乡级文化站1个、村级文化活动中心9个、各类文化专业户42个，农家书屋9个，藏书20余万册。

医疗卫生

新中国成立以前，境内尚无医院，虽有私人诊所，但设施简陋，医技条件差。新中国成立以后，境内医疗卫生事业得以发展。1955年，成立军山卫生院，始有医卫人员4人，以医疗为主，兼管卫生防疫和妇幼保健。20世纪60—70年代，各大队相继成立农村合作医疗站，配备1～3名“赤脚医生”，负责各大队的卫生防疫工作。80年代，各大队合作医疗站相继改为村级卫生室，由私人承办。1997年5月，军山卫生院实行改革，由集体所有制卫生院转为国有事业单位。2000年以后，军山卫生院设备升级，购置了X光机，洗胃机、高压锅、氧气设备、心电图等先进仪器。2007年境内启动新型农村合作医疗。到2012年，全乡有乡级卫生院1个，村卫生室11个，医卫人员31人，其中执业医师12人，其他医师9人。全乡参加新型农村医疗保险16760人，参合率达98%。

社会保障

境内自20世纪50年代起，就对孤寡老人、无劳动能力又无生活依靠的残疾人实行“五保”户特殊照顾政策，由各大队或生产队对他们实行集体供养。1980年以后，部分“五保”户改由亲戚分散供养。1986年，军山敬老院建成投入使用，始供养孤寡老人20名。1994年，乡民政办成立，负责辖区内社会保障和救助工作。1998年，境内启动农村居民最低生活保障制度，首批纳入最低生活保障的30人。同年，启动农村大病救助制度。2006年，成立军山残疾人联合会，对境内残疾人登记造册，统一管理。2008年，军山遭遇冰灾，共倒塌房屋523间，全部倒塌15户75间，全乡发放救灾款85万元、救灾物资折合人民币20余万元，帮助重建住房15户，援助严重受灾户31户25万元。2009年，对387名“五保”对象落实“应保尽保”，生活费按等级每人每月提高到45～60元。2011年境内启动农村新型养老保险，当年参保人数4780人。是年，完成安居工程48栋，解决48户无房或危房户的住房困难。2012年，重建军山敬老院，安排15名孤寡老人入住。是年新建安居工程61栋，解决61户无房户或危房户的住房困难。同时，对9个村低保户重新洗牌，重新确认农村低保人员548户。全乡参加新型农村养老保险14247人，参保率达到95%。

特色地情

历史古迹

王兴墓　位于军山乡大来村江岸，距安仁县城7公里。为封土堆，残高1.4米，底径2.8米。墓堆呈半圆形，以鹅卵石混沙灰筑成，4层。王兴（1208—1273），字仁兴，号超群，南宋时真定（今河北正定县）人，以功授衡州卫镇抚，设营于安仁城北。南宋咸淳九年（1273），元军掠境，王兴率兵力拒，战斗中，除长子桂轩居酃县（今炎陵县）妹家幸免外，余皆遭戮。乡人将其葬于此。朝廷赠王兴“持义忠节郎”，以长子桂轩袭职。桂轩死后亦葬于此。

（郎俊伟　供稿）

原禾市乡 >>

区域概况

地理位置

原禾市乡位于安仁县境西北部，地理坐标为北纬26° 40′ 48″至26° 46′ 51″、东经113° 4′ 55″至113° 13′ 39″，东与本县军山乡、清溪镇相邻，西与衡南县交界，北与衡东县和本县渡口乡接壤，南与耒阳市相连，南临永乐江，北踞座金山，系古代衡湘重要关隘之一。乡政府驻地设在禾市村铺子组，距安仁县城4公里。

建置沿革

禾市在宋至明代属兴德乡百福里，明洪武三年（1370），设潭湖巡检司。清代属会三都。民国30年（1941）设潭湖乡。民国35年（1946）并入禾市乡，民国38年（1949）始设鹅公巷，乡政府旧驻鹅公巷。新中国成立前鹅公巷为安仁十大名市，因鹅与禾同音，为简化笔画，取谐音改名为禾市。1949年属第一区，1952年属第二区（军潭区），1956年始设禾市乡，1958年并入卫星公社，1962年析出改名为禾市公社，1984年恢复为禾市乡。2012年4月，撤乡并镇后，与城关镇、清溪镇、排山乡、军山乡合并成立安仁县永乐江镇。

区划面积

原禾市乡土地总面积83.3平方公里，辖新渡、禾市、滩头、乐友、龙头、白沙、西江、潭湖、谭市、长冲、石玉、泗江、黄竹13个行政村，134个村民小组。

自然环境

禾市境域属丘陵地带，地势东高西低，地表岩层主要以红石岩为主。境内气候属亚热带季风气候，四季分明，年平均降水量1402毫米。境内永乐江环绕西北流经新渡、禾市、滩头、龙头、白沙5村，水系比较发达。境内已经探明的矿产资源有赤铁矿，但品位不高。自然灾害主要有旱灾、洪灾、风灾、冰冻、雪灾、冰雹、雷击等。

人口状况

新中国成立以前，禾市人口增长不快。新中国成立以后的20世纪50年代初，因生活条件和医疗条件的改善，人口成倍增长。到1956年人口自然增长率达30‰以上。三年经济困难时期，人口出生率下降，1961年人口自然增长率低至6‰以下。1962年后随着经济状况的改善，人口自然增长率又迅速回升到28‰。70年代，国家实行计划生育，境内人口增长得到控制。1984年，全乡总人口为3627户16829人，其中男性8533人、女性8296人，分别占总人口的50.70%、49.30%；人口自然增长率为9.0‰。2000年，全乡总人口为4339户17865人，其中男性8973人、女性8892人，分别占总人口的50.23%、49.77%；人口自然增长率为0.28‰。2012年全乡总人口为6107户20858人户。其中，男性10946人，女性9912人，分别占总人口的52.48%、47.52%；人口自然增长率为6.8‰。

经济发展

经济综述

禾市属典型的农耕经济，工商业发展缓慢。新中国成立以前，由于交通不便，生产力水平低，以水稻种植为主的农耕经济占主导地位，经济结构比较单一。新中国成立以后的20世纪50年代，通过实行土地改革和对农业的社会主义改造，以水稻为主的农耕经济有所突破，农、林、牧、副、渔各业都有一定的发展，1956全乡工农业总产值达110多万元。"文化大革命"时期，工农业生产受到影响，经济发展速度减缓。中共十一届三中全会后，实行改革开放，农村生产力得到解放，境内经济取得较快发展。1980年，全乡工农业总产值422万元，其中农业总产值360万元，工业总产值62万元。1981年农村实行家庭联产承包责任制以后，农业经济结构得到调整优化，除了种植水稻等粮食作物外，还大力发展林场、果场、茶场、猪场和乡村办工业企业。1984年，全乡工农业总产值486万元，其中农业总产值431万元、工业总产值55万元。90年代，乡镇企业得到较快发展。1996年，全乡共发展乡镇企业374个，乡镇企业总产值5266万元。是年，全乡地区生产总值2972万元。2000年后，乡、村办工业企业因管理不善，逐年滑坡，后相继倒闭，但个私民营经济却得到一定的发展。2005年，全乡地区生产总值8648万元，财政总收入97万元，农民人均纯收入2860元。2010年，全乡地区生产总值12327万元，财政总收入338万元，农民人均纯收入2241元。2012年全乡地区生产总值26457万元，财政总收入574万元，农民人均纯收入4771元。农村居民生活水平大幅提高，平均每百户家庭拥有摩托车87辆、电视机94台、洗衣机43台、电冰箱56台。多数家庭建有一栋两层以上的楼房，人均住房面积达58平方米。

农业

种植业 全乡耕地面积1106.47公顷，其中水田1171.38公顷，旱土443.29公顷。种植业以水稻、油菜为主，兼种蔬菜、西瓜、红薯等其他农作物。新中国成立以前，生产力水平低，种植业结构单一，产量不高。新中国成立以后，政府鼓励农民改进耕作技术，推广优良品种，大力发展水稻种植。1956年后，境内逐步推广双季稻连作。1964年，全公社粮食总产量3826吨。20世纪70年代，境内开始试种杂交稻，亩产达到400千克以上。1981年农村实行家庭联产承包责任制后，农民种粮的积极性大为提高，境内杂交稻得到全面推广。部分村还进行杂交稻制种。农业种植业结构不断调整优化。到1984年，全乡粮食播种面积达1974.2公顷，粮食总产量达9082吨。其中水稻播种面积1932.13公顷，稻谷总产量9042吨。是年，全乡油菜种植面积达到165公顷，油菜籽总产量144吨。1990年后，境内不断涌现种粮大户。到2000年，全乡共发展50亩以上的种粮大户11户。是年，全乡粮食播种面积1959公顷，粮食总产量达14538吨，其中水稻播种面积1882公顷，稻谷总产量达14220吨。2000年以后，种植业结构继续得到调整优化。

2003年，新渡村、滩头村、龙头村大力发展大棚蔬菜，建立了一个总面积达40公顷的大棚蔬菜基地。2008年，新渡村引进外商开发建设20公顷以优质茄子为主的无公害蔬菜生产基地。2012年，新渡村在外地搞房地产开发的老板陈美华回乡创办浩业农业基地，种植一年采收三季葡萄33公顷。到2012年，全乡粮食播种面积达2509.27公顷，粮食总产量达15904吨，其中水稻种植面积达2376.73公顷，稻谷总产量达15608吨；油菜种植面积达933.33公顷，油菜籽总产量1442吨；蔬菜种植面积达200公顷；豆类种植面积73.87公顷。全乡种植业总产值8775万元。

养殖业 境内养殖业以生猪和家禽为主。新中国成立以前，生猪养殖量不大，以自养自给为主。新中国成立以后，在政府的支持下，通过改良生猪品种，加强猪瘟防治，境内生猪养殖业得到较快发展，到1956年饲养生猪户平达1.2头。三年经济困难时期，生猪饲养量有所下降。1962年后，生猪饲养政策放宽，允许私有私养，多养不加派购，境内生猪养殖业得到恢复和发展。20世纪70年代公社、大队、生产队三级大办猪场。到1978年全公社共兴办集体猪场115个，全年饲养生猪11456头，其中年内出栏4731头。1981年农村实行家庭联产承包责任制后，农户手中拥有余粮，饲养生猪、鸡鸭的积极性提高。1984年全乡饲养生猪9216头，其中年内出栏5409头。出笼家禽60863羽，禽蛋产量50吨。20世纪90年代以后，生猪收购市场全部放开，不少人参与生猪收购和贩运，境内生猪饲养量增加。2000年，全乡饲养生猪44200头，其中年内出栏26530头；出笼家禽64840羽；年末大牲畜存栏1995头。2000年以后，境内生猪养殖业继续得到大力发展，境内先后建设了一批大型猪场。鸿胜公司投资800多万元，与温氏合作建设大型猪场，年出栏生猪1万头以上。泗江村杨小平、徐宝彪、徐小飞3户生猪养殖大户，年出栏生猪均达5000头以上。此期，境内还开办了九妹仙牧场，年养牛规模达到2000多头。到2012年全乡饲养生猪30020头，其中年内出栏18500头，肉类总产量1453吨；出笼家禽95000羽，禽蛋产量175吨；年末大牲畜存栏1310头。全乡畜牧业总产值3593万元、渔业总产值854万元。

林业 禾市境内为丘陵地带，林用地面积5146.67公顷。新中国成立以前，林地属私人所有，人工造林不多，林业生产基本处于自然发展状态。新中国成立以后，林地收归公社所有，政府引导群众封山育林和合作造林，境内林业得到发展。1958年“大炼钢铁”时期，因乱砍滥伐，境内森林资源遭到严重破坏。20世纪60－70年代，山林下放到各大队和生产队经营管理，由各大队、生产队按照统一规划，组织群众开展基地造林，相继开办集体林场。到1976年，境内共开办集体林场7个。20世纪80年代初期实行林权改革，确定山林权属，林权归村组集体所有，造林转向以消灭宜林荒山为主。1985年，全乡有林地面积2306.67公顷，其中用材林1846.67公顷、经济林340公顷，林木蓄积量3.35万立方米，森林覆盖率24.85%。1990年以后，禾市乡按照全县部署，实施“长防林”工程，加大造林绿化力度。同时，大力推进退耕还林工程。到2012年，全乡共完成退耕还林933.33公顷，绿化荒山733.33公顷，镇村两级公路和沿S316线禾市段实现全部绿化，公路绿化总里程90余公里，全乡森林覆盖率达到66.7%。

工业

清代、民国时期，境内已有人开办染印作坊，为家庭小手工业，主要生产土蓝布和蓝印花被面，是为境内比较早的工业企业。民国中后期，境内已有人开办铁业社、木业社等小手工业，规模不大，效益不佳。新中国成立以后，境内的小手工业被相继组建成手工业生产合作社，后部分转为社队企业。1972年创办禾市眼镜厂，时有职工10人。20世纪80年代以后，在国家政策的支持下，境内乡镇企业得到大力发展。相继创办了冶炼厂、光球厂、雨衣厂、机砖厂、采砂场、大米加工厂、榨油厂等乡村企业和个体私营企业。1988年，禾市眼镜厂生产各种眼镜11万多幅，销往全国10多个省市，当年产值达24万元。到1996年，全乡共发展乡镇企业374个，其中乡办、村办工业企业20余家，全乡工业总产值253万元。2000年以后，乡、村办工业企业因自身管理不善，经不起市场竞争的冲击，效益日益滑坡，后渐次倒闭。2000年以后，禾市乡加大招商引资力度，大力发展民营经济。先后引资创办滩头鑫磊石材厂、禾市福安机砖厂、乐友神农机砖厂、禾市钢球厂等民营企业。到2012年，全乡工业总产值达到2844万元。是年，总投资3亿多元的安仁县重点项目武汉凯迪绿色能源开发有限公司亦在境内建成投产，该公司以生物质为燃料进行火力发电，年发电量2.25亿千瓦时。

商贸服务业

清代、民国时期，境内潭湖司已发展成为安仁境内比较繁华的农村集市，但多为小商小贩，逢墟赶集。到民国后期，因战事、灾荒影响，集市趋于萧条。新中国成立以后，在政府的扶持下，境内商贸服务业得到恢复和发展。1951年，成立禾市供销社，负责境内物资供给和农副产品的收购和推销。20世纪60—70年代，供销社在各大队设立代销点，物资多实行计划派购。“文化大革命”时期，私营商业受到限制，境内商贸服务业处于缓慢发展状态。中共十一届三中全会以后，实行改革开放，集市贸易全面放开，境内商贸服务业得到恢复和发展。1984年全乡有商铺24家，个私商业网点60多个，全乡社会消费品零售总额达96万元。90年代后，随着生资市场的全面放开，乡供销社的发展走入低谷，到2000年后先是实行租赁经营，后又实行改制转换。此期，境内个私商业得到较快发展。到2012年，全乡有各类商业店铺、网点120余家，涵盖餐饮、金融、建材、美发、超市、农机修配、运输、家电、通信等多个行业，社会消费品零售总额达1342万元。

基础设施

交通运输

新中国成立以前，禾市乡境内尚未建设公路。明清时期，境内曾开辟一条驿道，由新渡经梅穆铺至潭湖铺，再由潭湖铺经九江铺至通清县（今衡南县），全长20公里。新中国成立以后，境内采取“民工建勤、民办公助”的办法，组织群众修筑公路，使交通条件得到逐步改善。1973年修通铁丝桥至铺子公路，全长3公里，路基宽5.5米，为泥结碎石路面。1975年建成新渡大桥，该桥长170.5米，高10米，宽7米。1977年修通禾市至九家坳公路，路面宽3.5米，四级公路，全长13.7公里，可通衡南县。1979年修通禾市白沙至军山固家通乡公路4.7公里。2000年以后，通过争资立项和村组自筹资金，对通村、通组公路进行硬化改造，先后硬化村、组公路130余公里。2004年，由政府投资将禾市至九家坳公路列入S316线进行全程硬化。2008年启动衡茶吉铁路建设工程，该铁路途经禾市乡4个村，境内里程19.7公里。2011年又启动S316线的改造升级工程。禾市乡负责完成了境内路段所有的征地和拆迁工作。到2012年，辖区先后新建或拓宽改造通村、通组公路180余公里，其中通村公路全部进行了硬化，通畅率达100%。

水利建设

新中国成立以前，境内水利设施比较落后，农田灌溉得不到有效保障。新中国成立以后，政府组织农民大修水利设施，境内农田灌溉条件逐步得到改善。1953年，在全县组织开展“修建百塘运动”中，禾市公社共修建基本山塘38口、山平塘880口。是年，还修建三眼塘、石榴口两座小Ⅱ型水库。1966年建成长花坪水库，为禾市第一座小Ⅰ型水库，有效库容92万立方米，有效灌溉面积2000亩；1968年修通百里渠道，解决新渡村、禾市村、滩头村、龙头村、白沙村5000多亩农田的灌溉问题。1972年，建成西江小Ⅰ型水库，有效库容317万立方米，有效灌溉面积3000亩。同时，修通了长花坪水库、西江水库的左右干渠，解决乐友、石玉、西江、白沙、泗江、潭湖、潭市、长冲8个村10000多亩的农田灌溉问题。20世纪70年代，境内还先后建成砂塘、东江冲等12座小Ⅱ型水库。1991年，投资3.4万元，在石玉村建成麻里垅基本山塘，有效库容12万立方米，改善农田灌溉面积700余亩。2000年以后，因原有水库修建年代久远，部分已成病险水库，又相继对这些水库进行除险加固。其中，2011年至2014年间，先后对西江水库、长花坪水库、三眼塘水库、冬瓜冲水库、南瓜冲水库、黄石岭水库、石榴口水库、牛丫冲水库8座水库进行了除险加固。到2012年年底，全乡有小Ⅰ型水库2座，小Ⅱ型水库14座，基本山塘38口，山平塘880口，总库容217万立方米，有效灌溉面积6910亩。

邮电通信

新中国成立以前，境内尚无邮电通信机构。新中国成立以后，国家着力建设“人民邮政”，由政府拨公款建设县级邮局，并在乡镇建邮电支局和邮电所。1956年，建立禾市邮电所。是年，公社还安装手摇式电话机，实现与县城的通话。20世纪70年代，各大队相继安装手摇式电话，后于80年初相继拆除。1986年，安仁县邮电局改由郴州地区邮电局和安仁县双重管理后，禾市邮电所改为邮电支局。1990年，安仁县开通上半县和下半县两条邮路，禾市属于下半县邮路，邮政业务包含邮政快递、报刊发行、电报电话业务等。1995年境内开通程控电话，到2000年程控电话覆盖全乡。2011年，禾市成立禾市和白沙2个电信营业点。到2012年，禾市境内先后建成电信信号基站1个、移动信号基站3个、联通信号基站3个，信号实现全覆盖，移动电话用户8100多户，固定座机1000多部，互联网宽带用户381户。

供电供水

供电 20世纪60年代以前，禾市境内尚未通电，村民照明靠煤油灯。20世纪70年代，境内通过修建小水电站逐步解决用电问题。到1978年，全乡共修建小水电站5座，其中社办1个、队办4个，年实际发电量2.6万千瓦时，时境内有5个大队、48个生产队通电。20世纪80年代后小水电并入大电网，供电实行统一管理。1980年建成禾市电管站，负责乡域供电管理。2000年后，安仁县电力局在境内先后实施农村电网一、二期改造工程，将低容量的变压器进行升级，扩大变电容量，同时对所有老化的输电线全部进行更换，到2003年基本完成第一轮农网改造工程。到2012年，农村电网覆盖全乡，村民生产、生活用电得到保障。

供水 境内农村生活用水主要以井水为主。新中国成立以前，禾市境内比较著名的古井为仙脚泉（今禾市乡乐友村境内），主要供应当地村民生活用水。新中国成立以后，各地相继开凿水井，解决生活用水问题。20世纪80年代以后，不少村民始在自家房屋前后打井，解决饮水问题。90年代以后，泗江村、石玉村、禾市村、滩头村、乐友村、白沙村从东瓜冲水库引水，经净化后作自来水饮用，长冲村和潭湖村取地表水经小型净化池净化后饮用，其他村仍饮用井水。2003年，境内争取国家安全饮水工程项目资金5.8万元，在泗江村完成打井工程，解决3个自然村146个人口、300头牲畜的饮水困难。2007年又争取资金10万元，完成长冲村安全饮水工程，解决340多名群众饮水困难。2010年长冲村、谭市村、新渡村建设安全饮水工程3处，受益群众达1000多人。到2012年，全乡自来水入户率达40%。

社会事业

教科文化

教育 明万历三十一年（1603）至清光绪年间，禾市境内曾创办湘亭（今禾市乡乐友村）、陈氏2所书院，在当地有一定名气。执掌岳麓书院山长达27年之久的欧阳厚均年幼时曾就读于湘亭书院。民国时期乡建有中心小学，各保建有国民学校。新中国成立后，政府对这些旧式学校进行接收和改造，采取民办与公办相结合的办法兴办小学。到1957年，境内村村都开办小学。1958年在禾市完小附设初中班。1969年创办禾市中学。"文化大革命"时期，禾市中学改由社办社管。1980年，禾市中学改为安仁县第六中学，实行县办县管。1983年，禾市六中停止招收高中班。是年，创办禾市中心小学，为境内小学教学教研培训中心。1991年后，实行九年制义务教育，小学、初中全面普及。到1992年，禾市乡境内有小学13所，中心小学1所，初级中学1所，在校学生2060人。2003年，因生源减少，禾市乡按照县政府的统一部署，对中小学教学布局进行适当调整，小学3－6年级的学生全部集中到乡中心小学就读，泗江、黄竹等村小改为教学点。到2012年全乡有中学1所、小学10所，在校中小学生2023人，教师74人；幼儿园1所，在园幼儿40人，专任教师2人。小学适龄儿童入学率100%，初中适龄人口入学率、小升初升学率、九年义务教育覆盖率均达100%。

科技 新中国成立以前，境内科技比较落后。新中国成立以后，境内科技工作得以重视。1953年成立安仁县农业科技推广站禾市片站，负责指导全公社的农业科技推广工作。此后，以水稻栽培为重点的农业科技工作在境内全面展开。1978年成立公社科技站，指导全公社科技工作。1987年，安仁县科技畜牧站推广新式生猪饲养方法，禾市乡养殖50头以上的大户达17家，纯收入3000元以上，获得县级农业科技部门的表彰。1989年，乡科技站改设为乡科委，由分管农业的副乡长分管。主要负责本区域科技行政工作及开展科技宣传、培训和新技术推广等。1990年以后，耕田机、电动打稻机等新型农业机械设备在境内逐步推广。2000年境内龙头村被认定为县科技示范村。2002年，禾市村长仙实业有限公司被郴州市科技局认定为科技先导型企业。2010年以后，收割机等也在境内逐步推广，农业机械装备水平不断提高。

文化 境内民间文化活动主要有舞龙灯、舞狮子、唱皮影戏和唱渔鼓等。其中唱渔鼓和唱皮影戏早在明清时期就传入境内。新中国成立以后，这些传统文化经加以改造后在境内传承和推广。20世纪60—70年代，公社曾组织文艺宣传队，巡回到各大队开展文化宣传，主要是宣传社会主义和毛泽东思想，演出的节目多为"样板戏"。"文化大革命"时期，跳"忠"字舞还被作为政治任务在干部群众中推广。1970年，公社和各大队开通有线广播。1976年成立公社电影队，安排放映员轮流到各大队放映电影，每年到大队免费播放电影100多场次。1981年后改为个体承包，后转为私办。此期间，农村广播因线路老化，基本停播。1983年公社文化站建立，负责全乡文化宣传和群众文化工作。1990年以后，在乡文化站的带动下，境内各村先后建设村级文化活动中心，开办农家书屋。广播电视在20世纪90年代后得到发展。1993年禾市乡通过对广播线路进行维修改造，农村广播逐步恢复。2008年以后，居民自发组织广场舞，成为群众文化体育活动的主要形式。到2012年，禾市学区、中学及乡辖13个村均开通了广播站。至此，全乡已建立13个村级文化活动中心，开办13个农家书屋。

医疗卫生

新中国成立以前，禾市医疗卫生条件差，本地药铺药店匮乏，私人诊所亦很少，百姓就医不便。新中国成立后，国家加大对医疗卫生事业的支持和建设力度。1955年，成立禾市公社卫生院，以医疗为主，兼管卫生防疫和妇幼保健。20世纪60—70年代，境内先后兴办9个大队农村医疗合作站。1981年农村实行家庭联产承包责任制后，农村合作医疗站相继改为村卫生所或村卫生室，由私人承办。1997年5月，禾市卫生院由集体所有制单位转为国有事业单位。2000年以后，禾市卫生院先后购置X光机、洗胃机、高压锅、氧气设备、心电图等先进仪器，医疗装备和医疗技术得以提高，普通病可在乡卫生院诊治。2005年，启动农村大病救助制度。2008年启动新型农村合作医疗保险，村民积极参保，当年参合率就达到90%以上。2011年，乡财政挤出资金26万元，新建一栋计生服务大楼，为育龄妇女提供免费“三查”服务。到2012年底，全乡有乡级卫生院1个，村卫生室13个，有床位130张，每万人拥有病床58张，卫生人员42人，其中执业医师15人，其他医师13人。参加新型农村合作医疗保险人数达18747人，参合率92.9%。

社会保障

新中国成立以后，境内对“五保户”和无劳动能力又无生活依靠的残疾人实行由生产队集体供养，每年由生产队给每人供给250～300千克粮食，死后由再生产队负责安葬。1981年农村实行家庭联产承包责任制以后，部分“五保户”改由亲戚分散供养，民政部门每年安排一定的生活救济费。1994年乡民政办成立，负责全乡社会救助和社会保障工作。1998年11月，禾市乡启动农村居民最低生活保障制度，是年落实低保对象1923户4853人，发放低保金310万元。2006年，成立禾市乡残疾人联合会，对境内残疾人登记造册，统一管理。2008年，境内遭遇特大冰灾，禾市乡共倒塌房屋518间，乡政府配合县民政部门大力开展救灾，发放救灾款94万元、救灾物资折合人民币20多万元，帮助重建住房17户，援助严重受灾户33户27万元。2011年禾市敬老院建成投入使用，供养各类孤寡老人28人。是年启动民生100工程，先后完成安居房78栋，解决无房户和危房户的住房困难。到2012年全乡参加新型农村养老保险19815人，参保率达95%。

特色地情

名胜古迹

九妹仙 位于禾市乡泗江村境内，山高林密，怪石嶙峋，是安仁五座仙山之一。主峰位于群山之中，鹤立鸡群，气势雄伟，立足山顶可以瞭望到茶陵、安仁、攸县、衡东、衡南、耒阳和永兴七县之地。相传清雍正年间都城一赵氏员外第九个女儿曾在此为百姓祈福而香消玉殒，立地成佛。九妹仙因此得名。太平天国著名将领陈玉成曾率部在此驻扎并题词“直至仙也”。清朝同治癸酉十二年（1873），泗江衡公（嗣铨字衡卿）子孙加修九妹仙庵前栋殿宇，塑列十八罗汉、二十四诸天、八大金刚、十殿阎君等神像，前后栋均油漆金彩。此后，九妹仙庵香火日益兴旺，闻名遐迩。每年的九月九日（传说是九小妹的生辰），茶陵、安仁、永兴、耒阳及衡东、衡南等地的善男信女来此烧香拜佛，热闹非凡。现有“仙人挑担”“将军夺印”“鱼尾龙治水”“天生无字碑”“金盆端水”“龙角潭”等多处景观。

（彭文华　供稿）

九妹仙

渡口乡 >>

区域概况

地理位置

渡口乡地处安仁县西北部，地理坐标为北纬 26° 45′ 30″ 至 26° 49′ 40″、东经 113° 7′ 9″ 至 113° 14′ 33″。西北与衡东县相邻，东南与永乐江镇相连，素有“三市三县夹渡口”之称（三市：株洲市、衡阳市和郴州市；三县：攸县、衡东县和安仁县）。乡政府驻地设在渡口村，距安仁县城 17 公里。

建置沿革

渡口境内明清时建有墟镇渡口，取名乌陂渡，渡口由此得名。清代，地属会三都。民国时，先属潭湖乡，后并入军山乡，1952 年划属第二区（军潭区），1956 年设立渡口乡；20 世纪 60—80 年代为人民公社，1984 年恢复渡口乡。

区划面积

全乡土地总面积 54.2 平方公里。辖渡口、深塘、高枧、坪口、双江、石冲、松林、陂头、长滩、过家、泮塘、石脚、石云、浪石 14 个行政村，221 个村民小组。

自然环境

渡口地处湖南省郴州市地势最低的平原地低岗区，最低点在过家村蔡家组，海拔 70 ~ 100 米。地貌形态复杂多样，山地、丘陵、岗地、冲垅较多，属典型红岩区，红柱石山遍布全乡，“三石”面积超过 1 万亩，均为丹霞地貌，地形奇特。境域气候属亚热带季风湿润气候，日照强，热量丰富，温差大，雨量充沛，降水集中，四季分明，旱涝明显，灾害多而严重。新中国成立以后，1963 年、1974 年、1990 年发生三次特大旱灾，尤其 1990 年连续干旱超过 100 天，日均气温高于 35℃。2006 年、2007 年连续两年遭受特大洪灾，沿江 8 个村庄被淹；2008 年遭受特大冰灾，地面结冰长达 20 余天，损失惨重。境内水系较为发达，永乐江由南向北，贯穿松林、浪石、石云、石脚、渡口、长滩、过家八个村。

人口民族

新中国成立以后的 20 世纪 50 年代初，随着生活水平的提高和医疗条件的改善，境内人口增长较快，到 1956 年人口增长率达 30% 以上。70 年代以后，实行计划生育，人口自然增长率有所控制，基本都在 12‰以下。到 1980 年，全公社总人口为 3697 户 16717 人，其中男性 8502 人、女性 8215 人，人口自然增长率为 10.65‰。1984 年全乡总人口为 3902 户 17635 人，其中男性 8913 人、女性 8722 人，分别占总人口的50.54%、49.46%；人口自然增长率6.63‰。1996年全乡总人口为4969户18911人，其中男性9795人、女性9116人，人口自然增长率为3.71‰。2000年全乡总人口为4991户19126人，其中男性9657人、女性9469人，分别占总人口的50.49%、49.51%；人口自然增长率为8.34‰。到2014年末，全乡总人口为6629户23488人。其中，男性12380人、女性11108人，分别占总人口的52.71%、47.29%；农业户口23145人，占总人口的98.54%；少数民族42人；人口自然增长率8.38‰。

经济发展

经济综述

渡口乡以农业经济为主。新中国成立以前，境内没有一家上规模的企业，工商业发展缓慢。新中国成立以后，通过实行土地改革和对农业、手工业、私营工商业的三大改造，经济结构有所调整，工农业生产得到一定的发展。1956年全乡工农业总产值达到110万元。中共十一届三中全会以后，境内陆续兴办乡镇企业，促进了乡域经济发展。到1984年，全公社工农业总产值达514万元。20世纪90年代以后，适应市场经济发展的需要，继续调整优化经济结构，种、养、加工、贸易经济均得到发展。1996年全乡地区生产总值为3354万元，完成财政总收入302万元。2000年以后，巩固和发展油菜特色产业，带动旅游观光业，促进了第三产业发展。到2014年全乡完成地区生产总值16597万元，其中二、三产业增加值为12440万元，占地区生产总值的74.95%；实现财政总收入709万元；农民人均纯收入达3311元，生活水平大幅提高，每百户拥有彩电90台、洗衣机42台、冰箱64台；住房条件明显改善，一般家庭都建有一栋一层或二层的楼房，人均居住面积70余平方米。

农业

种植业 全乡耕地面积1509.8公顷，其中水田面积1266.47公顷。种植业以水稻、油菜为主，兼种蔬菜、西瓜、花生、大豆等其他农作物。新中国成立以前，境内因水利设施简陋，栽培技术落后，水稻产量不高。50年代，通过改进耕作技术，改良水稻品种，推广双季连作，水稻播种面积和产量均有提高。1964年全公社粮食总产量达3379吨。20世纪70年代后，境内开始试种杂交稻并逐步推广。1981年后，农村实现家庭联产承包责任制，境内农民粮食生产的积极性大为提高。1984年粮食播种面积达1897.8公顷，粮食总产量达到9403吨。其中水稻播种面积1832.07公顷，稻谷总产量9319吨。是年，全乡油菜种植面积234.87公顷，油菜籽总产量186吨。2000年全乡粮食播种面积达2160.87公顷，粮食总产量达14850吨，其中水稻播种面积1876.67公顷，稻谷总产量14280吨。是年，全乡油菜种植面积达到940公顷，油菜籽总产量达990吨。到2014年全乡粮食播种面积达2814.2公顷，总产量达16482吨，其中水稻播种面积2431.8公顷，总产量15695吨；油菜播种面积1200公顷，油菜籽总产量达2070吨。

养殖业 新中国成立以前，境内已有养殖生猪、鸡、鸭、鱼等畜禽水产的习惯，但饲养量不大，生猪多为圈养；家禽则以农户零星饲养为主。新中国成立以后，政府鼓励农民养猪、养鸡鸭。通过改良品种和加强瘟病防治，饲养量有所增加。到1978年，全公社已发展集体猪场120多个，年末出栏生猪4000多头；年末存笼家禽11800多只，产蛋21吨。20世纪90年代后，生猪收购市场全部放开，境内出现生猪收购和贩运大户，生猪养殖业快速发展，涌现出一批养猪专业户。1992年石云村村民阳秋香和阳头元各投资200万元建成一个规模化、标准化的大型养猪场，品种有大约克公猪、长X杂二元杂交母猪和瘦肉型仔猪，饲养量达1000头以上，被郴州市评为科技示范户。到2000年末，全乡出栏生猪达33200头。2010年后，在温氏集团等龙头企业的带动下，境内生猪养殖大户逐年增加。到2014年，全乡先后发展大型标准化生猪养殖场5家，年末出栏生猪30663头，出笼家禽81060羽，牧业总产值达2857万元；出产鲜鱼24吨，渔业总产值204万元。

林业 境内属平原低岗地，多为丹霞山，林地较少，新中国成立以前林业生产发展缓慢。新中国成立以后，在县人民政府的大力推动下，通过封山育林和合作造林，境内林业生产得以发展。1958年“人民公社化”运动中，林地收归公社所有，境内曾实行大兵团式造林，当年全公社一年造林达400公顷。1963年贯彻中央政策，山林权固定在各大队和生产队，由各大队、生产队组织群众造林。到20世纪70年代，境内先后建立集体林场10个。1985年全乡有林地面积1066.67公顷，其中用材林946.67公顷，林木蓄积量8400立方米，森林覆盖率达19.16%。2000年后，通过实行退耕还林，全乡林地面积继续扩大，到2014年，全乡基本消灭荒山，林地面积达1933.33公顷，森林覆盖率达21%，林业总产值达711万元。

工业

民国及清代以前，渡口境内没有工业企业，只有几家私营木业、铁业、染坊等手工业作坊。新中国成立以后的20世纪50年代初，这些私营、个体手工业者组成手工业生产合作社，实行集体经营。1958年大炼钢铁时，曾在坪口村开采过铁矿和金矿，后因矿井穿水、设备报废而倒闭。1978年以后，公社、大队陆续兴办工业企业，时称“社队企业”。1979年兴办渡口公社皮鞋厂，从长沙鞋厂聘请技术顾问指导生产，产品质量得到提高，到1985年生产的各类皮鞋达70余种，年产量9500余双，年产值达23万多元。1985年后，境内又先后兴办化工油脂厂、无铅皮蛋厂、电解锌厂、计量篮厂、浸胶帆布厂、橡胶制品厂等，1992年全乡工业总产值达1070万元。到90年代末期，境内乡镇企业因工艺技术落后、内部管理不善，受到市场冲击，渐次倒闭。2000年以后，境内先后兴办四个大型机砖厂（后兼并为长盛砖厂）、两个大米加工厂及一批菜油精加工厂等个体私营企业。到2014年底，全乡工业总产值达到2060万元。其中菜油加工企业总产值达1500万元。

商贸服务业

明清时期，境内乌陂渡为主要的集市，一般为逢墟赶集，少有坐贾。新中国成立后的50年代，通过对私营商业进行社会主义改造，公私合营、合作模式的商贸服务业得到一定的发展。1952年，二区成立供销社，时渡口属第二区管辖，境内日用物资的供给和农副产品的收购和推销得到保障。“文化大革命”时期因私营商业受到限制，境内商贸服务业发展缓慢。1978年以后，集市贸易全部放开，国家政策允许实行多种经营，境内商贸业得到较快发展。到1984年境内已发展个私商业户200多户。1998年，渡口乡政府投资80万元，新建一个多功能的渡口大市场，占地面积1000平方米，有固定摊位600个，店铺108个，逢墟时市场日交易额达10余万元。到2014年全乡社会消费品零售总额3475万元，

旅游业

境内石冲、石云、石脚等地有大面积的丹霞山，虽地势不高，但连绵数里不断层，且呈漩涡

状特点，有无数奇洞、奇坦隐于其中，自古就是游人观光之地。2002 年以后，安仁县委、县政府在开发旅游资源时，将其列为重点景点加以推介打造。境内油菜产业做大做强以后，每年的三、四月间，上万亩油菜花也引来不少游客。2009 年，安仁县委、县政府因势利导，在挖掘、开发丹霞景观的同时，举办安仁县第一届油菜花节，时油菜花节的主现场设在渡口乡渡口村。2009 年深塘村个体老板罗文锋投资近 1000 万元建设皂角山庄，是境内第一家集饮食、休闲于一体的农家乐。2014 年渡口丹霞风光被纳入安仁县风景名胜区开发范围。

基础设施

交通运输

民国以前，境内交通极为不便，客、货运输主要依靠水路航运，时在乌陂渡设码头两处，初为石板建成，民国 26 年（1937 年）改用青条石砌成，长 15 米，宽 8 米，是当时通往衡阳、湘潭、株洲的主要码头。新中国成立以后的 20 世纪 50—60 年代，在党和政府的号召下，境内采取"民工建勤、民办公助"的办法大修公路，先后修通白沙至过家等通村公路 8.4 公里。1978 年修通芙渡公路，全长 9 公里，沙石路面，宽 7 米。同年建成渡口大桥，为双曲拱桥，桥高 10 米，净宽 4.3 米，净跨 16 米。1995 年修通县道安衡线渡口至高塘公路，长 12 公里，宽 7 米。2000 年以后，对通村通组公路进行改造，先后改造硬化通村通组公路 260 多公里。2009 年将渡口至高塘公路拓宽改造成双车道、水泥路面。2010 年投资 103 万元对渡口大桥进行改造加固，次年元月竣工通车。到 2014 年，境内通村公路全部硬化，通畅率达 100%。

水利建设

新中国成立以前，境内水利设施落后，历史上曾多次遭受旱灾或洪涝灾害。新中国成立以后，政府组织群众大修水利，以解决农田灌溉问题。1952 年松林村在无山塘情况下，报请湖南省水利厅在永乐江畔的长子岭安装 20 匹马力煤气抽水机 1 台，灌溉农田 800 亩，为安仁县机械提灌之始。1953 年，全县开展"修建百塘运动"，境内大修山塘，到 1957 年先后修筑山塘 200 余口。1969 年建成渡口水轮泵站，是为安仁县最大的水轮泵站，固定坝高 4.05 米，活动坝高 1.7 米。1970 年开机使用，灌溉沿江两岸农田兼发电、加工。1974 年开辟左右干渠 2 条，支渠 7 条，长 45.2 公里；安装水轮泵 6 台，年提水量 620 万立方米，有效灌溉面积 9000 余亩。1977 年由国家投资 300 万元，修筑百里渠，灌溉松林、渡口、陂头、长滩、过家五个村，面积 4000 余亩。20 世纪 70—80 年代，境内先后修筑苟甲冲、叶子塘、泉塘、清水塘、五里冲、骂桥 6 库小Ⅱ型水库，总有效库容为 105 万立方米，灌溉农田 2400 亩。2012 年至 2013 年先后投资 440 万元完成叶子塘、清水塘两座小Ⅱ型水库的除险加固工程。2014 年 10 月，又启动渡口泵站枢纽提质改造工程，该工程总投资 9000 多万元，为渡口有史以来最大的水利工程，设计 1 号泵房提水流量为 1.34 立方米/秒，2 号泵房为 1.65 立方米/秒，发电机组容量为 2400 千瓦，建设工期三年，改造完工后可灌溉农田 2 万多亩。

供电供水

供电 民国以前，境内照明以桐油灯或松火为主。新中国成立以后，政府鼓励群众兴修水电，以解决供电问题。1970 年渡口水轮泵站开机投入使用后，除了灌溉农田外兼顾发电，装机 88 千瓦，年实际发电量25万千瓦时，时渡口大队、松林大队开始通电。到1978年，境内又先后修建3个大队水电站，装机36千瓦，年实际发电2万千瓦时，时境内有9个大队58个生产队实现通电。到1980年境内各大队全部通电。1987年渡口水轮泵站通过改造后，安装75千瓦发电机6台，装机容量450千瓦。此期，水力发电并入湘中电网，境内生产、生活用电日益稳定。2001—2003年，县电力局在境内实施了农村供电网络一、二期改造工程。改造之后，境内供电质量大大提高，生产、生活用电得到充分保障。

供水 境内自古井泉较多，乡民生活饮用水以井泉为主。清光绪年间，江西莲花人胡本高曾捐资在松林村古驿道边建设一井，名“松林井”，水深2米；另陂头湾也建有一井，名“彭家井”，水深3米，两井泉水皆清澈见底、四季不竭，至今未废，历代为周边乡民生活饮水之主要水源。新中国成立以后，政府鼓励各地打井取水，以解决生产、生活用水问题。境内又先后开凿一些水井，到1980年境内先后开凿明井60余处。20世纪80年代以后，除打明井之外，村民还在屋前屋后打压水井，一户一井或两三户一井。2000年以后，国家实施农村完全饮水工程，渡口乡争取资金近20万元先后建设大桥引水工程和渡口村、双江村的打井工程，解决1100余人、990余头牲畜的饮水困难。

邮政通信

民国以前，境内通信依靠铺递。新中国成立以后，境内邮电事业得以发展。1950年，由县政府拨专款整修农村电话，时渡口所属的第二区可与县城通话。1956年，渡口公社安装一部手摇式电话，境内始实现与县城通话。到20世纪70年代末，各大队都开通摇把式电话。1979年8月渡口邮电所成立，负责管理境内邮电事务。1981年农村实行家庭联产承包责任制后，因设备老化，加之话务量减少，各大队相继拆除手摇式电话机。1990年全县分上、下半县开通两条自办汽车邮路，渡口属下半县邮路，境内由步邮、摩邮或客车代邮改为汽车专邮，投递更为快捷、方便。1997年境内始开通程控电话，当年安装自动电话300部，后逐年增多。2002年境内开通GSM数字基站，开始使用移动电话。到2014年，境内先后建有移动、联通基站9个，移动电话信号覆盖率达到95%，全乡移动电话用户发展到1.7万户。

社会事业

教科文化

教育 境内于光绪二十二年（1896年）开始兴办学堂。民国元年（1911）在石冲村境内曾兴办一所完全小学，时有在校学生30人。到民国38年（1949）境内办有10所小学，在校学生700余人。新中国成立以后，由县政府统一对这些旧式学校进行接收和改造。到1957年各村都办有小学。是年，境内创办渡口中学，时有教学班5个，在校学生240人，教职工21人。1973年按照县革委会的要求，渡口中学增设高中班，各大队小学附设初中班。因师资力量跟不上，教学质量达不到要求，1980公社中学停办高中班，1981年各大队小学附设的初中班也相继停办。1989年后，各村小陆续开办学前班。2003年，因生源减少，按照县政府的统一部署，境内教学布局进行调整，小学4～6年级的学生全部集中到渡口中小就读，村级小学只招收1～3年级的学生。2008年，又将渡口中学和渡口中心小学合并为一所九年制学校。到2014年，全乡共有九年制学校1所，村级小学11所，村小教学点1个，在职在编教师

113人，一至九年级在校学生1388人，学前班学生292人，幼儿园幼儿273人。

科技 20世纪50—60年代，境内科技工作以农业技术推广为主，主要工作是开展以水稻为中心的农作物品种选育推广、病虫害防治和农业耕作技术改革。1978年成立公社科技站，在科普宣传、科技咨询和农业新技术推广等方面开展一些活动。1989年乡科技站改为乡科技委，由分管农业的副乡长兼任科委主任，农技专干任科技专干，负责管理辖区内科技行政管理工作。1999年，又设专职科技副乡长，设立专门的办公室，制有乡科委公章和牌子。此期，乡办企业也大力引进技术人才，实行科技攻关，提高产品质量。境内永乐橡胶制品厂研制生产的“乐江”牌三角皮带远销美国、英国等地。该企业于2001年被郴州市科技局认定为科技先导性企业。2000年后，境内还大力推广“双低”高产油菜栽培技术，油菜籽亩产达到150千克以上。

文化 境内在民国时期已有本土花鼓戏班子，为自编自演，逢人家办喜事时，应约上门演出。另有舞狮子、舞龙灯的，亦与节日、喜事相随而行。新中国成立以后的20世纪50—60年代，公社曾组织文艺演出班子到各大队演出，演出的多为样板戏。1961年乡文化站成立后，为配合抓好宣传活动，间或组织文艺调演活动。“文化大革命”期间，乡文化站瘫痪，群众文化活动开展得不多。1975年成立公社电影队，轮流到各大队放映电影。1978年公社文化站得到恢复，每隔一段时间组织开展文化活动。80年代后，境内文艺创作取得丰硕成果。1987年，欧阳启明的短篇小说《七弯八拐永乐江》被评为当年度湖南青年作者十佳作品之一。1995年，长滩村退休教师陈柏文创作的作品《伤感》在全国首届五台山文学笔会有奖征稿中，荣获优秀奖。退休工人陈寿文著长篇小说《八哥复仇记》《幸福人生》，由人民出版社出版（发行）。阳启明的中篇小说《河姑》、陈满德的《神农到渡口》2006年获全国旅游“黄山杯”三等奖。欧阳坦然《行书作品》收入河南人民出版社编印的《当代书法家》诗词墨迹选。2010年，乡政府筹资24万元建设乡文化站综合大楼。此期间，各村先后创办农家书屋。到2014年底全乡共创办农家书屋14个，藏书25000余册。

医疗卫生

新中国成立以前，境内没有医疗机构，医疗卫生条件差。新中国成立以后，境内医疗卫生事业得以发展。1958年成立公社卫生院，并在麻子坪设1个门诊点，在各大队设立合作医疗站，各医疗站均配备脱产或半脱产的“赤脚医生”，负责辖区内的卫生防疫和医疗救治工作。20世纪80年代后，农村实行家庭联产承包责任制，各大队合作医疗站改为村卫生室，由私人承办。2003年后渡口卫生院更名为乡中心卫生院。2007年境内启动新型农村合作医疗保险。2011年渡口卫生院顺利通过国家信息化建设验收，同年6月实行国家基本药物制度。到2014年，乡卫生院有医护人员21人，病床20张，设有门诊部、住院部、公卫办和医技科等，年就诊人次达18000人次。各村卫生室均配备1名医护人员，年就诊人次为1500～3000人次。

社会保障

从20世纪50年代起，为做到让鳏寡孤独的老人生养死葬有所依靠，各生产队按照县人民政府的要求，在县民政部门的支持配合下，将鳏寡孤独的老人、无劳动能力的残疾人列为“五保户”，实行集体供养，由生产队每年安排一定的口粮，死后由生产队集体安装。遇到重大灾荒，由政府组织救济。1994年乡民政办成立，具体负责辖区内的社会保障和社会救助工作。1985年冬，渡口

渡口丹霞山

乡皮蛋厂转办为福利企业，当年安排7名残疾人就业。1987年，县民政局配合县保险公司，对辖区内的“五保户”和贫困户实行家庭财产保险。2011年境内启动新型农村养老保险。到2014年，全乡社会养老保险参保人数达13259人，参保率达80.1%；新型农村合作医疗参合人数达到22103人，参合率达99.9%。

特色地情

特色产业

渡口油菜　渡口乡历来有种植油菜的习惯。农村实行家庭联产承包制以后，油菜种植面积不断扩大，到2014年，全乡油菜种植面积达到1.8万亩，油菜籽总产量2070吨，农民仅此一项人均增收1000余元。已经形成以渡口、松林、石云等村为中心的万亩油菜基地。每年3月、4月油菜盛开的时候，一大片一大片金灿灿的油菜花迎风摇荡，煞是好看，吸引着成千上万的游客。2009年，安仁县委、县政府因势利导，在此举办安仁届首届油菜花节，之后连续举办六届。

特色地貌

渡口丹霞山　位于渡口乡石冲、石云、石脚村境内，地势不高，但连绵数里不断层，且呈旋涡状特点，有无数奇洞、奇坦隐于其中。相传远古时期，神农炎帝在安仁境内采药，曾居住于狗甲冲岩洞，晒药于丹霞山，今山上漩涡系神农帝捣药留下的痕迹。后人为纪念神农始祖，在狗甲冲岩洞内塑神农像以祭拜，并将该岩洞取名为神农洞。

（陈满德　供稿）

龙市乡

区域概况

地理位置

龙市乡位于安仁县境东北部，地理坐标为北纬26° 44′ 00″ 至26° 48′ 30″ 、东经113° 18′ 00″ 至113° 26′ 48″ ，处茶陵、攸县、安仁三县交界之地，东与茶陵相连，北与攸县相邻，西南与本县的永乐江镇接壤。乡政府驻地设在玉峰村龙家湾，距安仁县城10.2公里。

建置沿革

龙市乡宋代为“益相里”，清康熙年间改为“益相都”，辖黄龙、三峰、玉峰、田心四个村。民国二十四年（1935），黄龙村与柱古团合并为玉峰乡，民国三十年（1941）划入凤岗乡，民国三十五年（1946）属城凤乡，1949年，龙市乡管辖范围内的柱古团村、山峰村、峰南村为三峰乡，亭子坪村、金盆村、玉峰村为龙市乡，田心村、杨柳村、双泉村为龙凤乡。1956年原三峰乡、龙市乡、龙凤乡合并为一乡，因玉峰岭下的龙家湾是全乡的中心地点，故命名为龙市乡。1958年，成立龙市人民公社，“文化大革命”期间改为双丰公社。1984年后实行乡建制，恢复为龙市乡。

区划面积

全乡土地总面积67.9平方公里，辖玉峰、山峰、峰南、金盆、田心、双泉、杨柳、亭子坪、柱古团、石冲10个行政村，124个村民小组。

自然环境

乡域地势东高西低，东部为连绵起伏的群山，西部为平缓的丘岗地与农田，属中亚热带季风性湿润气候。日照强，热量丰富，湿度大，雨量充沛，降水集中。水热同季，且冬夏长而春秋短，四季气候分明。据1960—1980年气象记载分析，境内气候的基本特征是：春暖多变日照少，夏热多涝雨频繁，秋多干旱夜凉爽，冬有霜雪短严寒。地下水资源以降水渗入为主，多年平均降水渗入量为1.69亿立方米，径流量1.34亿立方米，天然排泄量1.25亿立方米。按深井开采量50%计算，全乡可开采地下水量年均为0.56亿立方米，已开采0.21亿立方米。出露温泉4处，流量每秒0.009～0.075立方米，水温24%～38℃。

人口状况

新中国成立以前，受落后经济和社会动荡的影响，境内人口增长不快。新中国成立以后的50年代初，人民生活条件逐步改善，境内人口快速增长，1956年境内人口自然增长率达23.63‰。

三年经济困难时期，生育率下降，1961年境内人口自然增长率下降到7‰以下。1962年后，随着经济状况的好转，境内人口自然增长率回升，最高时达30‰以上。20世纪70年代后实行计划生育，人口增长得到控制。1978年全公社总人口为2432户11947人，其中男性6003人、女性5944人，人口自然增长率13.39‰；1984年年末全乡总人口为2812户12949人，其中男性6509人、女性6440人，人口自然增长率为4.58‰。2000年全乡总人口为3605户14180人，其中男性7306人、女性6874人，人口自然增长率3.03‰。到2014年年末，全乡总人口为5123户16083人，其中男性8408人、女性7675人，分别占总人口的52.28%、47.72%，人自然增长率7.51‰。人口密度每平方公里为236人。

经济发展

经济综述

龙市乡地处安仁、茶陵、攸县三县交界之处，境内矿产资源匮乏，交通偏僻闭塞。新中国成立以前，工商业发展缓慢，经济以农业为主，产业结构单一。新中国成立以后，通过对农业、手工业、私营工商业进行社会主义改造，境内经济结构有所调整，工商业得到一定的发展。中共十一届三中全会以后，市场逐步放开，国家允许发展多种经营，境内农、林、牧、副、渔各业都有较快发展。1978年公社总经济收入中副业收入占12%，超过牧业、渔业收入。1981年实行家庭联产承包责任制后，生产力得到解放，境内多种经营得以发展。到1984年，全乡工农业总产值360万元，其中农业总产值327万元，工业总产值33万元。20世纪80、90年代，境内乡镇企业在国家政策的支持下，得到较快发展，带动了全乡经济总量的提升。至2000年，全乡工农业总产值2658万元，其中农业总产值2538万元，工业总产值120万元，农民纯收入1345元。2000年后，境内个私民营经济得到一定的发展。2014年，全乡地区生产总值达8343万元，其中二、三产增加值总额6502万元，二、三产业增加值占地区生产总值75.5%，财政总收入281万元，农民人平纯收入3315元。人民生活条件大为改善，每百户拥有彩电75台、洗衣机81台、电冰箱45台、摩托车82辆，多数家庭拥有一栋两层以上的楼房，人均住房面积64平方米。

农业

种植业 全乡耕地面积1058.8公顷，其中水田899.53公顷，旱土159.27公顷。种植业以水稻、油菜、烤烟为主，兼种红薯、花生、大豆等。山峰、峰南村部分村民还有利用冬闲水田种植灯芯草的习惯。民国、清代以前，境内农业生产力水平低，虽然有较早种植间作双季稻的历史，但产量一直不高，亩产仅200～250千克左右。新中国成立以后，通过改进耕作技术、推广优良品种，粮食产量有所提高。1964年，全乡粮食总产量2862吨。1981年实行家庭联产承包责任制后，农民生产自主性增强，种粮的积极性提高，粮食作物、经济作物的播种面积和产量逐年增加。1984年，全乡粮食作物播种面积1374.6公顷，粮食总产量6904吨。其中水稻播种面积1165.4公顷，稻谷总产量6748吨。经济作物播种面积73.33公顷，其中油菜播种面积52.73公顷，油菜籽总产量41.75吨；花生播种面积15.4公顷，花生总产量14.85吨。2000年，全乡粮食播种面积1301.53公顷，粮食总产量8528吨。其中水稻播种面积1204.07公顷，稻谷总产量8070吨。油菜播种面积500.67公顷，油菜籽总产量751吨。

2002年以后，境内大力推动土地经营权的有偿流转，促进种植业的规模化和特色化发展。2001年引进福建客商在柱古团、石冲村建设100万筒的香菇生产基地。2002年创办湖南龙市草业有限公司，引进日本中川善市蜡烛芯生产技术，开发种植灯芯草200余公顷，形成以玉峰、峰南、山峰等村为重点的灯芯草种植基地。是年，美国客商罗伯特·古特曼到龙市实地考察灯芯草产业。同年还开发百合53.33公顷。到2014年，全乡粮食播种面积1828.13公顷，粮食总产量11091吨，其中水稻播种面积1661.67公顷，稻谷总产量10725吨。油菜种植面积583.33公顷，油菜籽总产量1006吨；烤烟种植面积113.33公顷，烟叶总产量306吨。

养殖业　境内养殖业以猪、牛、羊、鸡、鸭等家畜家禽和草鱼、鲤鱼等水产为主。民国、清代以前，畜禽、水产养殖规模不大，自给不足。新中国成立后的50年代，在政府的鼓励和支持下，境内通过改良品种和加强瘟病防治，生猪和家禽饲养量有所增加。1957年境内生猪饲养量户平超过1头，家禽饲养量户平超过5只。人民公社化时期，生猪由私有私养转为公有、集体饲养，境内曾一哄而起大办过“千头猪场”，但实际饲养量下降。20世纪70年代，公社、大队、生产队三级大办猪场，生猪养殖业有所发展。到1978年，全公社先后兴办集体猪场81个，全年饲养生猪7021头，其中年内出栏3251头。1981年实行家庭联产承包责任制后，农户手中拥有余良，饲养生猪、家禽的积极性不断提高，不少农户把养殖业当作致富门路，饲养规模逐渐扩大。到1984年，全乡饲养生猪7912头，其中年内出栏生猪4017头；年末牛存栏1059头，家禽存栏11565羽；产鲜鱼32.24吨。20世纪90年代以后，生猪收购市场全部放开，境内生猪养殖业再次得到发展。2000年，全乡生猪饲养量达18340头，其中年内出栏12934头。2000年以后，境内养殖专业户不断增多，养殖业朝规模化、特色化方向发展，先后建立以石冲村为主的菜牛养殖基地和以亭子坪、金盆村为主的黑山羊养殖基地。到2014年，全乡共发展规模养殖户13家，生猪饲养量达21350头，其中年内出栏14430头，肉类总产量1308吨；出笼家禽67870羽，禽蛋产量185吨；年末黑山羊存栏5000多头，大牲畜存栏1681头；水产品总产量205吨。

林业　境内林种主要有松、杉、樟、枫、油茶、楠竹等。新中国成立以前，林业生产处于自然发展状态。新中国成立以后的20世纪50年代初，通过封山育林和组织群众合作造林，境内林业生产得到一定的发展。1958年“大跃进”时期，因乱砍滥伐，境内森林资源遭到严重破坏。1962年后，山林下放到大队或生产队经营管理，由各大队和生产队组织群众开展基地造林，境内林业生产得到恢复和发展。到1976年，境内已建立1个杉木林基地，开办集体林场3个，人工造林258.67公顷。1977年安仁县被列为湖南省51个百万亩用材林基地县，县委、县政府发动各公社、大队采取群众整地、专业队植树的办法，大抓植树造林。是年，龙市公社人工造林320公顷。1984年，安仁县建立以国营大石林场为依托的速生丰产用材林基地，龙市大部分林地被划入该基地。此后，由基地林场牵头，组织专业队伍在境内造林。到2000年，境内共造林2000公顷，森林覆盖率45.33%。2009年，境内引进客商投资700万元在金盆村进行油茶开发，当年开发200公顷。之后，逐步向周边村发展。到2014年，形成了以金盆、亭子坪、山峰、田心为中心，总面积达800公顷的油茶林基地。是年，全乡林业用地3200公顷，其中用材林1893.33公顷，经济林

940 公顷，其他林 366.67 公顷，林木蓄积量 2.63 万立方米，森林覆盖率 45.25%。林业产值 838 万元。

工业

民国 9 年（1910），境内始有人在塔下垅、苦竹垅、船板垅、豆子垅等地开设纸槽，主要生产顶炮纸、土纸、文房用纸和少量书报纸，是为境内最早的工业企业，均为家庭手工作坊，规模不大。新中国成立之初，境内除造纸外，还有铁业、木业、缝纫、修理等手工业。在 1953—1956 年的社会主义改造中，这些手工业被相继组建成原丰造纸生产合作联社和“铁缝业”生产合作社等。1957 年原丰造纸生产合作联社改为安仁县造纸厂，其他合作社或自然消失，或在人民公社时期转为社队企业。“文化大革命”后期，全县掀起农业学大寨的热潮，境内相继兴办一些集体企业，如田心大队的石灰厂、榨油厂等，后因效益不佳，于 1980 年停办。20 世纪 80—90 年代，在国家政策的鼓励和支持下，境内乡镇企业得到较快发展。到 1996 年，全乡共发展乡镇企业 326 个，乡镇企业总产值达到 3858 万元，其中工业总产值 104 万元。2000 年以后，通过招商引资，境内民营经济得到发展。先后创办长虹宝石加工厂、卫生筷厂、菩提露酒厂、藤茶厂等民营工业企业 10 余家。其中，菩提露酒厂生产的菩提露酒，远销广东等地。到 2014 年，全乡各类工业企业总产值 4993 万元。

商贸服务业

民国、清代以前，境内商铺不多，商贸流通以集市贸易为主。时龙家湾为主要的圩场，上市交易的大多是农副土特产品。新中国成立以后，境内商贸服务业得到发展。1951 年，成立安仁县一区供销社，时龙市属一区管辖，境内物资供给和农副产品的销售由一区供销社负责。1956 年撤区设乡后成立龙市供销社，主要经营布匹、日用品、副食品和农药化肥等生产资料，多为按计划配给。集市贸易则以农副产品为主。“文化大革命”时期，私营商业受到限制，集市贸易被取消，境内商贸服务业走入低谷。中共十一届三中全会以后，集市贸易全面放开，国家允许发展个体私营商业，境内商贸服务业发展有所加快。到 1984 年，龙市乡社会消费品零售总额达 122 万元。1997 年，龙市农贸市场改建工程完成，始有店铺 18 个，固定摊位 23 个。2000 年以后，国有商业企业相继实行改制，或拍卖，或转体，境内私营商业店铺逐步增多。到 2014 年，全乡有各类商业网点 356 家，主要经营有餐饮、商品零售、建材、家电、通信、超市、修理、美容美发、金融等，从业人员 866 人，社会消费品零售总额 2998.3 万元。

基础设施

交通运输

民国及以前，境内尚无公路，乡民出行赖以驿道。时境内有三条驿道通往境外，均为石板路。新中国成立后，在党和政府的支持下，境内交通事业得以发展。1959 年修通城关经排山至龙市的公路，全长 17.7 公里，路面宽 4.5 米，为四级公路。1977 年，修通龙市至亭子坪公路。之后，相继修通龙家湾至田心、双泉、杨柳等大队的简易公路。1995 年，修通龙市至柱古团村长约 6 公里的简易盘山公路。至此，境内实现村村通公路。2002 年，修通龙市至攸县渌田公路，全长 800 米。2002 年投资 120 万元拉通石冲公路。2006 年后，先后将“安龙公路”“龙亭公路”“双亭公路”等通村公路进行水泥路面硬化。到 2014 年，境内通村公路全部进行了硬化，通畅率达 100%，通车里程共 133 公里。

龙市乡古桥

水利建设

新中国成立以前，境内农田灌溉以黄龙江的河水为主，时乡民在黄龙江上筑有多座简易土坝。新中国成立以后，在政府的支持下，境内大搞农田水利建设。1950 年，在安仁县人民政府“恢复、整修现有塘坝并适当新建”的号召下，境内石禾塘和竹园坊两地村民在麻里坳联合修建新藕塘，蓄水 1 万立方米，灌溉农田 100 亩，为新中国成立以后境内修建最早的山平塘。1958 年建成下石冲水库，有效库容 112 万立方米，灌溉面积 2900 亩，为境内第一座小Ⅰ型水库。1962 年大源水库建成后，修筑右干渠从龙市境内通过，境内亭子坪、峰南、山峰、玉峰、金盆等村的农田灌溉得到保障。1970 年，建成西冲水库，有效库容 10 万立方米，灌溉农田 300 亩，为小Ⅱ型水库。1989 年投资 15 万元在山峰村建成矮木垅山塘，有效库容 10 万立方米，灌溉农田 600 亩。2000 年以后，相继对病险水库、山塘进行除险加固。到 2014 年，全乡共修整水库 1 座、山塘 100 多口、水坝 50 座，硬化水渠 60 余公里。

邮电通信

清代以前，境内通信赖依驿站和铺递。境内人们传递信息主要靠步行奔走相告，远距离的则需到县城拍电报、打电话或投递信件。民国 15 年（1926），凤岗乡政府设在龙市的龙家祠堂，时安装一部手摇电话机，可与县城通话，是为境内通电话之始。民国 33 年（1944）日军侵入安仁时被毁。1950 年，安仁县邮局恢复成立以后，境内开通邮路，时邮件可送达各村组。1953 年，安仁县电信局架设由安仁至龙市的专用电话，境内恢复通话。1956 年后，各大队相继安装手摇式电话机，时乡政府设电话总机一台，上可与县城通话，下可与各村联系。1981 年农村实行家庭联产承包责任制后，农村电话会议减少，各村相继拆除手摇式电话。1998 年开通数字程控电话，境内始有单位和村民安装自动电话。2003 年，安仁移动公司在玉峰村建设移动通信基站，启动村村通程控电话工程，时境内程控电话入村率达 86%，移动手机入户率 53%。到 2014 年，全乡建设移动、联通信息基站 3 个，开通固定电话 980 台，手机用户 8764 人，入户率分别为 16.98% 和 178%。

供电供水

供电 新中国成立以前，境内不通电，乡民照明靠松枝火或煤油灯。新中国成立以后，政府鼓励各地修建小水电站，以解决生活用电问题。1971 年建设公社电站，境内开始通电。公社电站当年实际发电 0.5 万千瓦时，时有 7 个大队 95 个生产队通电。1980 年建设下石冲电站，装机 2 台，发电能力 130 千瓦。1982 年，建设山峰电站，装机 1 台，发电能力 100 千瓦。2002 年石冲村、柱古团村先后架进高压输电线路，至此全乡实现村村通电。2003 年，全乡 10 个村全部完成第一、二轮农网改造，用电实现城乡一体价格。2007 引进投资 350 万元，建设黄泥冲水电站。到 2014 年，全乡 100% 的村组实现电力加工和照明，村民用电覆盖率达 99%。

供水 新中国成立以前，境内乡民生活用水多取自地表水，或取用河水，或引用山泉。新中国成立以后，政府鼓励各地打井，以解决生活用水问题。20 世纪 50—70 年代，各大队都打有一到数口水井，部分边远村组仍饮用山泉水。20 世纪 80 年代后，农户开始自打水井，其中以压水井居多。2000 年后国家实施农村安全饮水工程，境内相继启动安全饮水工程建设项目。2003 年投资 2.5 万元完成杨柳村的打井工程，解决 5 个自然村 91 个人口、40 头大牲畜的饮水困难；2007 年，利用未受污染的山泉水，在黄龙冲和山峰建设两个自来水厂；2010 年投资 500 万元建成乡域集中供水工程。到 2014 年，全乡自来水用户达到 3000 余户，自来水入户率达 58.56%。

社会事业

教育文化

教育 南宋嘉定年间，境内建有玉峰书院（在今龙市玉峰岭上），南宋丞相周必大布衣时曾游学于此；清光绪年间，境内又建有谭氏书院，为双泉村人谭莹捐资修建，是为境内早期的学校。明、清至民国时期，境内教育以私塾为主，至民国 21 年（1932），部分私塾被取缔。民国 24 年（1935）境内在龙家湾开办简易小学一所，时称“龙文学校”。民国 29 年（1940），将“龙文学校”改为乡中心小学。另在柱古团、阳家祠堂、下谭家等地开办国民学校。新中国成立后，政府对旧式学校进行接受和改造，相继开办柱古团、李家湾、阳家祠堂、于家湾、伍家湾、下潭家等地小学。此期，龙市中心小学搬至玉峰岭下。1969 年，创办双丰中学，校址设在玉峰村。20 世纪 70 年代后，为方便学生入学，各大队都开办小学，原公社中心小学撤销，改为玉峰大队小学。至此，全公社有峰南、山峰、玉峰、亭子坪、金盆、田心、双泉、杨柳 7 所大队小学。另在石冲、柱古团两地开设分校。1982 年，始恢复公社中心小学，先开设中心班。1986 年，正式恢复为龙市乡中心小学。20 世纪 90 年代后，乡、村两级充分调动群众办学的积极性，自筹资金大力改善办学条件，龙市乡先后有田心、亭子坪、峰南、山峰等村小兴建了新教学大楼，建筑总面积约 2 万平方米。龙市中学因校址地盘小、校舍过于简陋，于 1997 年搬迁到金盆村与亭子坪交界的原中学学农基地。新建中学建筑总面积 5000 平方米，学生活动场地近 2 万平方米。2000 年后，因生源减少，境内对学校布局进行适当调整。停办生源较少的金盆小学、杨柳小学和石冲、柱古团分校，小学五、六年级学生集中到乡中心小学就读，其余适龄儿童就近在各村小学或附近小学就读。同时，各村小学开办学前班，乡中心小学开办中心幼儿园。到2014年，全乡有幼儿园2所，村小5所，中心小学1所，中学1所；在校学生1210人；教师110人，其中中学高级教师2人，中学一级教师10人，小学高级教师34人。

文化 境内素有舞龙灯、舞狮子、扎纸等民间文化习俗。新中国成立后，在党和政府的重视下，境内民间文化得以挖掘和发扬，群众文化活动相对增多。20世纪60—70年代，公社、各大队都组建有文艺宣传队，巡回到各大队演出，主要宣传社会主义和毛泽东思想。“文化大革命”时期，还组织干部群众跳“忠字舞”。1969年，公社广播站成立，始安装2.5瓦广播喇叭4只。1973年，成立公社文化站。由文化站负责组织和管理辖区内群众文化活动，不时举办比赛活动。1977年，成立公社电影队，安排放映员轮流到各大队放映电影。1983年后，公社电影队改由私人承包，后转为私办。20世纪90年代，境内陆续兴办私人录像厅，电视基本普及。2000年后，各村相继建设农家书屋。2008年由乡政府牵头，引进老板在亭子坪村建设体育竞技场。2010年，建成乡文化站综合大楼，设有图书室、音像厅、乒乓球台等文化活动场地。到2014年，全乡有乡文化站1所，村级文化活动中心10个，农家书屋10所。农家书屋藏书达2.8万册。

医疗卫生

民国、清代以前，境内没有医疗机构，乡民看病治病依靠民间草药郎中。新中国成立后，在党委、政府的支持下，境内医疗卫生事业得以发展。1952年，设立安仁县一区卫生所。时龙市属一区管辖，境内卫生防疫和妇幼保健由一区卫生所负责。1953年后，由区卫生所牵头，为境内各大队培训新法接生员，免费推行新法接生。1956年撤区设乡时，设龙市乡卫生院，时有医务人员7人。1958年改为双丰公社卫生院。20世纪60—70年代，各大队先后建立合作医疗站，并配备1～3名“赤脚医生”，负责本大队的卫生防疫工作。1984年恢复乡建制时，公社卫生院改为乡卫生院。之后，乡卫生院逐步发展，新建一栋门诊大楼，并添置B超、心电图等医疗器械和设备。各村相继恢复和建立卫生室。到1988年，全乡有卫生院1所，村卫生室10所，个体诊所1个，医卫人员30人。2011年，境内启动新型农村合作医疗，当年参加新型农村合作医疗8983人。到2014年，全乡有乡卫生院1所，村卫生室10所，个体私营诊所4家，专业医技人员39人，年接诊病人达6500人次。参加新型农村合作医疗人数16083人，参合率为100%。实施大病救助113人，发放救助金20万元。

社会保障

民国及以前，境内社会保障事业非常落后，孤寡老人、残疾人生活没有依靠。新中国成立后，县政府制定有关孤寡老人的照顾政策，由县民政部门牵头组织实施，时境内孤寡老人得到政府照顾。1956年实行农业合作化后，境内始实施对“五保户”的集体供养政策，将孤寡老人和无劳动能力又无生活依靠的残疾人列为“五保户”，由大队或生产队实行集体供养。20世纪80年代后，部分孤寡老人改由亲戚分散供养，民政部门每年发给800～1000元的生活补贴。1994年，设立乡民政办，负责全乡社会救助和社会保障等工作。2011年，启动农村新型养老保险，当年参保3538人。同时对农村年满60岁和80岁以上的老人，按月发放高龄老年人生活补贴。2012年，境内启动最低生活保障制度。当年，纳入最低生活保障的对象563人，由县民政局按月拨付最低生活保障费。是年，建成乡敬老院，对全乡“五保”人员实施集中供养。到2014年，全乡纳入低保的935户1025人，累计发放低保补助44.53万元。新型农村养老保险参保15313人，参保率92.67%。

特色地情

名胜古迹

玉峰书院 位于龙市乡玉峰岭上，建于宋嘉定年间（1208—1224年）。据清同治《安仁县志》记载：宋代，江西庐陵（今吉安）人周必大，“布衣时游学安仁，读书于邑城南之清溪、东之玉峰，后举进士，孝宗朝入相，封益国公”。书院后圮，今残存瓦砾，规模难辨。民国32年（1943），在玉峰岭下金钩湾重建玉峰书院，后改为玉峰小学校址。1970年扩建校舍，书院面目全非。唯石刻“玉峰书院”完好无损，现存玉峰小学院内。

桃源福地 位于龙市乡石冲村，为一偏远的山区村落。地处武功山脉中段，东靠茶陵的崇山峻岭，南临本县大源、大石林区，纵横数十里。境内山高路陡，交通不便，相对闭塞，但有小桥流水，田家农舍，别有洞天，酷似“世外桃源”。2001年，在境内一古道边发现一块石碑，上刻有“桃源福地”四个大字。字体苍劲有力，凿纹清晰，完整无缺。石碑长360厘米，高160厘米。2005年又在石碑附近的冬茅丛里，发现一块露天石壁，凿有“黄龙”两个大字和“淳祐”两个小字。“淳祐”系南宋理宗皇帝赵昀的纪年号。据查，境内村民之祖先系江西人，为躲兵乱而搬迁至此，并在此繁衍生息。后过着日出而作、日落而息、自得其乐的田园生活。其情其景与江西人陶渊明《桃花源记》所描写的“桃花源”非常相似。是否为陶渊明笔下的“桃花源”，正在考证中。

（侯海文　供稿）

洋际乡 >>

区域概况

地理位置

洋际乡位于安仁县境西部，地理坐标为北纬26° 34′ 41″至26° 39′ 57″、东经113° 10′ 18″至113° 14′ 48″，东邻清溪镇，南接灵官镇，北连禾市乡，西与耒阳市坪田乡交界，往东接省道212线，往北接省道1817线，县道安华公路穿境而过。乡政府驻地设在洋际村洋际墟，距安仁县城10.2公里。

建置沿革

清时属宜一都。民国时先属猴昙乡，后属熊峰乡。1952年属第三区（羊际区）。1956年6月撤区并乡，设羊际乡。1958年后为人民公社。1984年恢复乡建制，更名为洋际乡。

区划面积

全乡土地总面积为55.6平方公里，耕地面积1323.1公顷。辖洋际、新市、茅坪、桐岗、界背、源山、高峰、白泥、青山、宜阳10个行政村，120个村民小组。

自然环境

境内以丘岗、山地为主，西部多为山地，东部多为丘陵。最高点猴昙仙海拔753.3米。境域气候属亚热带季风性湿润气候，四季分明。热量较丰富，且地域差异小，雨量充沛，但分配不均；干湿季节分明，光、热、水基本同季，多年平均气温17.88℃，年平均降雨量超过1480毫米。境内土壤主要有页岩，矿产资源以石墨、石英石、红柱石、滑石居多。植被以杉木、茶林和楠竹为主，森林覆盖率74%。楠竹为县内主产地之一。

人口状况

新中国成立以前，境内人口增长不快。新中国成立以后，人民生活水平得到提高，人口再生产出现“高出生、低死亡、高增长”的新变化。1956年，辖区总人口7899人，人口出生率35.44‰，自然增长率23.63‰；1978年，辖区总人口为2617户12758人，人口出生率19.59‰，自然增长率12.32‰；1981年起，全面推行“一胎上环”的避孕措施，1982年，全县第三次人口普查，辖区人口为13473人，人口出生率23.79‰，自然增长率17.47‰；1984年，全乡年末总人口为2899户13959人，人口自然增长率为11.19‰。1992年全乡总人口为3968户15475人，人口自然增长率为11.8‰。2000年，年末全乡总人口为3777户14917人，其中男性6983人、女性7934人，分别占总人口的46.81%、

53.19%；人口自然增长率2.92‰。2014年，全乡总人口17551人，其中，男性9332人、女性8219人，分别总人口的53.17%、46.83%；人口出生率13.23‰，自然增长率7.46‰。人口密度每平方公里为294人。

经济发展

经济综述

洋际乡经济以农业为主。清代、民国时期，交通不便，工业空白，商贸服务业发展缓慢，农业与家庭畜牧、棉纺织业相结合的自然经济占主导地位。农业生产以自产自销为主，主要农产品有稻谷、花生、红薯等。新中国成立后，全乡经济恢复发展较快，农、林、牧、副、渔各业均有发展。中共十一届三中全会后，实行改革开放，境内经济发展速度加快。1980年，全公社工农业总产值337万元，其中农业总产值311万元、工业总产值26万元。1984年，全乡工农业总产值为413万元，其中农业总产值365万元，工业总产值48万元。1989年，洋际乡大力发展林场、果场、茶场种植业；引进高产葡萄、蜜橙等水果种植；引进培育特种水产、瘦肉型生猪、良种家禽等优良农牧品种；创办竹业社、草席厂、陶器厂、茶叶厂、制砖厂等乡村企业，经济得到长足发展，人民生活水平大幅提高。是年，全乡农业总产值752万元，乡村企业总产值582万元，粮食总产量1036.8吨，财政总收入22.48万元，农民人均纯收入471元。20世纪90年代以后，全乡大力发展乡镇企业，经济总量不断提升。2010年，全乡地区生产总值6733万元，财政总收入127万元，农民人平纯收入2009元。2014年，全乡地区生产总值9327万元，财政总收入280万元，农民人均纯收入3561元。人民生活条件大为改善，每百户拥有彩电78台、洗衣机86台、电冰箱65台、摩托车92辆，多数家庭拥有一栋两层以上的楼房，人均住房面积71平方米。

农业

种植业 新中国成立以前，境内传统农作物有稻谷、红薯、大豆、花生、玉米、芝麻、高粱、棉花、蔬菜等，自由种植，自给不足。新中国成立后，境内农作物种类大致相同，但品种不断改良，粮食作物结构仍然以水稻为主。1964年，全乡粮食总产量4515.15吨。1978年，境内试种杂交中稻45亩，稻谷产量20.3吨，亩产451千克。是年，全乡粮食播种面积达1804.13公顷，粮食总产量6638.9吨，其中水稻播种面积1702.87公顷，稻谷总产量6526.7吨。1986年，安仁列入省吨粮田开发县之一，县政府确定以两季杂交为主，组织工作组在洋际、安平、牌楼等乡规划吨粮田示范区。之后，双季杂交稻种植在境内全面推广。20世纪90年代初，境内大力发展特色种植，在高峰村开发试种茶叶20公顷，在宜阳、白泥两村建立26公顷蚕桑种植基地。到1996年，全乡粮食播种面积达1755.2公顷，总产量达10525吨，其中水稻播种面积达1639.1公顷，总产量达10279吨。1998年，桐岗村推行“烤烟+制种+蔬菜”的高效农业模式，种植烤烟33.33公顷，收购烟叶2000担。是年，界背村生态农业得到较快发展，全村发展沼气180户，推行“猪—沼—果”生态农业模式，种植藤稔葡萄30公顷；新市、界背两村发展杂交制种56.67公顷。2000年，响应县委县政府“弘扬药文化打造药产业”的号召，全乡大力发展药材种植业。是年，界背、桐岗两村种植百合13.33公顷，洋际村种植栀子花16.67公顷。2003年，桐岗村成立天祺果业公司，当年开发冰糖橙200公顷、贡柑66.67公顷。2011年，湘众药业公司投入2000多万元在茅坪村建立“神农百草园”药材种植基地。基地总面积100公顷，主要种植枳壳、丹参、白术、茯苓、金银花等药材。2012年，长沙德龙种业公司在境内新市、白泥、青山、源山4个村连片开发建成130余公顷杂交稻制种示范基地。到2014年，全乡粮食播种面积达2271.8公顷，粮食总产量14151吨，其中水稻播种面积2143.8公顷，总产量13870吨，成为全县唯一一个农业部双季稻整建制创建高产示范乡。小水果种植面积330公顷；中药材种植面积200公顷。

养殖业 境内畜禽养殖以牛、猪、羊、狗、兔、鸡、鸭、鹅为主，水产养殖以青鱼、草鱼、鲢鱼、鳙鱼四大家鱼为主。新中国成立以前，境内养殖业处于“养牛耕田、养猪过年、养禽卖蛋换油盐”的自给自足状态。新中国成立初，牛为公有私养，猪禽及水产养殖为家庭副业，农户圈养生猪，鸡鸭多自繁自养，所产鸡鸭蛋除自己食用外，大部分用来兑换油盐等其他生活用品。20世纪70年代，公社、大队、生产队三级大办猪场，生猪养殖业得到较快发展。1978年，全公社兴办集体猪场95个，全年饲养生猪8893头，其中年内出栏4541头。中共十一届三中全会后，实行家庭联产承包责任制，农户为适应市场需求，部分农户把养殖业当作致富门路，养殖专业户、专业村不断发展，养殖业向商品化、规模化方向发展，农户改传统的散养为笼养、圈养。至1984年，全乡饲养生猪8952头，其中年内出栏生猪4927头；牛存栏1800头，家禽存栏20770羽，产鲜鱼40.12吨。2000年后，特色养殖业得到一定发展。2001年，全乡发展黑山羊养殖户20户，养殖规模达1000余头；2003年，桐岗村阳古组建立纯种野猪驯养繁殖基地；新市村李古组、刘古组建立了2个生猪养殖基地。到2014年，全乡饲养生猪26070头，其中年内生猪出栏19045头，肉类总产量1541吨；出笼家禽56100羽，禽蛋产量达196吨；出产水产品205吨。牧业总产值2284万元，渔业总产值191万元。

林业 境内林种主要有松、杉、樟、枫、楠竹、油茶等。新中国成立以前，境内林业生产处于自然发展状态。新中国成立以后，通过实施封山育林和合作造林，境内林业得到一定的发展。1956年，各村都造有成片用材林。1958年“大跃进”时期，由于过量砍伐，森林资源遭到严重破坏。20世纪70年代，按照湖南省林业厅“基地办林场，林场管基地”的要求，境内大力发展杉木林基地，公社、大队先后建立9个集体林场，林业生产得到恢复和发展。1977年，安仁被列为全省51个百万亩用材林基地县之一。是年，洋际公社人工造林400公顷。到1985年，全乡林用地2993.33公顷，其中用材林1226.67公顷，经济林273.33公顷，其他林240公顷，林木蓄积量1.71万立方米，森林覆盖率30.22%。1998年，全县长防林一期工程验收合格，洋际乡被郴州市评为“十佳绿化乡”，白泥、界背两村被评为郴州市“百佳村”。2001年至2003年，安仁县林业局在关王、羊脑、新洲、龙海、洋际、灵官、排山、龙市、军山9个乡镇，采用租山或联营方式创办造林基地16个，造林面积501.47公顷，其中洋际造林65.87公顷。2003年，全县古树名木调查显示：洋际乡高峰村谭古组古树银杏，树龄110年，树高10米，胸径120米，是全县12种古树名木之一。2014年，洋际乡建立200公顷中药材种植基地，是全县上规模中药材基地之一；高峰、源山、界背、白泥、青山等村连片开发楠竹530多公顷，面积居全县第一；开发小水果330多公顷，面积居全县第二。

工业

明清时期，境内制陶和草席、竹器编制等手

工业已有一定的发展，其中宜阳的陶瓷制品“椒钵”、桐岗的草席在周围地带已小有名气，但多为家庭作坊，生产规模不大。新中国成立以后，通过对私营工业和个体手工业进行社会主义改造，境内制陶及草席、竹器编制等个体手工业者被相继组建成手工业生产合作社，实行集体经营，多劳多得。1958年后，手工业生产合作社相继转为社队企业。1966年，境内兴办公社草席厂，是年生产草席超过10万张。中共十一届三中全会以后，实行改革开放，境内工业企业得到一定的发展。到1984年，全乡发展各类工业企业67家，工业总产值达48万元。1985年，境内宜阳、青山等7个陶器厂合并组建乡办陶器联合企业，时有职工90余人，是年，生产各种陶器4万余件，产值9万余元，为当时境内规模最大的乡镇企业。20世纪90年代后，境内乡镇企业得到较快发展，到1996年，全乡共发展乡镇企业413个，乡镇企业总产值达2721万元，其中工业总产值590万元。2000年后，因市场竞争激烈和企业内部管理不善等原因，乡镇企业逐年滑坡，后相继关停倒闭。2003年，乡党委、政府通过招商引资，引进外地客商投资100万元在境内创办衡安非金属有限公司加工滑石，投资300万元开采高峰村石墨。不久，因安全生产技术不过关而关闭。之后，境内又引进客商先后创办机砖厂、电杆厂和竹制品加工厂等民营企业。2012年，宜阳陶瓷被列为“郴州市非物质文化遗产”。2013年，宜阳陶瓷厂又被列为“郴州市非物质文化遗产传习所”，得到中央电视台七频道大风车栏目组专题节目报道。同年，境内创办了年设计生产规模4500万块砖的安仁县神塘广联制砖有限公司。到2014年，全乡工业企业发展到189户，工业企业总产值达4889万元。

商贸服务业

清同治年间，境内始建羊际圩。因市场狭小，少有坐贾，多系手提肩挑商贩，逢墟赶集。民国18年（1929），洋际坳市场较为繁荣。墟期一般为每月9场，上市商品有篾货、草席、李子、猪崽等。民国后期，日军犯境，境内市场趋于萧条。新中国成立后，全面恢复市场，洋际市场仍沿袭赶墟，市场经营品种不断增多，时为安仁县比较大的边贸市场之一。1951年，成立洋际供销社，负责境内物资供给和农产品的收购和推销。是年，全乡私营商户12户，从业人员26人。1978年改革开放以后，农村集市贸易全面放开，境内商贸服务业得到较快发展。到1984年，全乡社会消费品零售总额达131万元。1994年，国有商业企业全部转换经营机制，实行“柜组承包”、“国有民营”等多种形式的经营体制改革，境内个体私营商贸业得到发展。是年，全乡有商业网点169个，从业人员312人，社会消费品零售总额达356万元。2004年，洋际乡政府集资358万元新建农贸市场，市场占地18亩，交易棚8个，摊位267个，市场内设有超市5家，各类商业门店33家，主要经营商品批发、零售、餐饮、金融、通讯、电子、保险、房产、美容美发、休闲、娱乐等，定为农历每月二、五、八为赶墟日。到2014年，全乡有各类商业网点400余家，主要经营有餐饮、金融、汽修、建材、家电、美发、超市、农机修配、运输等，从业人员962人，社会消费品零售总额3087.19万元。

基础设施

交通建设

新中国成立以前，境内交通不发达，货物运输主要靠肩挑背负，客运工具有马匹、轿子。新中国成立后，在党和政府的支持下，境内采取

"民工建勤，民办公助"的办法，大搞公路建设。1960年，修通县道枫（树）洋（际）公路，长5.1公里，路面宽4.5米，为四级公路。20世纪70年代，随着车辆和手扶拖拉机的发展，境内先后修通通村简易公路。到1976年，全乡基本实现村村通公路。1984年后，先后修通县道周（古坪）洋（际）公路10.50公里、洋（际）周（家湾）公路6.461公里、洋（际）大（塘）公路13.7公路，实现了与周边乡镇的交通连接。2000年后，相继对通村公路进行改造。2001年，将周（古坪）洋（际）公路进行水泥硬化。同年，拉通拓宽界（背）耒（阳）公路，改造洋（际）青（山）公路，并架通源山下坝和界背公路大桥。2012年，对洋际至枫树公路进行改造，将路面进行水泥硬化。到2014年，境内公路北达安仁县城、南通华王乡、东连清溪枫树、西接耒阳坪田，通车里程达108公里，水泥公路网覆盖10个村的各个村民小组。是年，全乡有各类大小货运车89辆，年运量3万吨，有各类客车6辆，年客运量18万人次。

水利建设

新中国成立以前，境内水利设施由农民私建，因条件限制，多为季节应急工程，规模小，数量少。新中国成立以后，人民政府视水利为农业命脉，组织全党全民大办水利。1955—1965年，境内先后修建山平塘103口。1968年，建成洋际立新水库，为境内第一座小Ⅰ型水库。水库集雨面积4.8平方公里，坝高21.4米，有效库容198万立方米，灌溉面积3500亩。20世纪60年代末70年代初，境内先后建成白立塘、许古冲、四清等3座小Ⅱ型水库，总有效库容70.0万立方米，灌溉面积1750亩。1978年，公社组织300人对宜阳河进行治理，完成河道治理配套工程3处。1991—1992年，先后投资10余万元新扩建官冲垅和畔冲两口基本山塘，有效库容25万立方米，可灌溉农田710多亩。2003年，投资65万元兴建茅坪石衣庵水库，并对宜阳河进行改造。2013年冬，投入100余万元对立新水库、牛冲水库等水库及其渠道进行除险加固。到2014年，全乡有小Ⅰ型水库1座，小Ⅱ型水库3座，河道1条，河坝3座，大小山平塘542口，总蓄水量310万立方米。

邮电通信

清代以前，境内通信依赖驿站和铺递。民国27年（1938），开辟耒阳县东湖——洋际——安平——茶陵界首周一班邮差干路。1952年，境内始开通邮路，邮件可送达各村。1953年，安仁县邮局架设经清溪至洋际的专用电话，境内始通电话。1963年，调整农村电话管理体制，从清溪架设电话专线，设立洋际磁石式电话总机，实行电话广播共用线路。是年开通境内各大队手摇式电话。1986年，设立洋际邮政所。1990年，开通安仁——安平——关王——洋际等途经11个乡镇的环形汽车邮路。1998年，开通数字程控电话。2001年全乡开通固定电话168门。2003年，乡政府投入资金30万元，启动村村通程控电话工程，程控电话入村率达90%，移动手机入户率49%。到2014年，全乡共建设移动、联通信息基站4个，开通固定电话780台，入户率达13.98%；手机用户7900人，占总人口的50.12%。

供电供水

供电 民国以前，境内照明以桐油、茶油为主，人们夜间外出或提灯笼，或烧松柴。新中国成立之初，境内人们照明改为煤油灯。20世纪60年代，政府鼓励各地修建水电站以解决生产生活用电问题，境内陆续修建小水电站。到1978年，全公社共修建小水电站4个，其中社办电站1个、队办电站3个，年实际发电量3万千瓦，时公社各单位和茅坪、新市、洋际、桐岗、源山5个大队35个生产队通电。1984年，全乡有8个村87个组通电。1988年，输电线路延伸至境内各村，供电设施覆盖到各村组，各村组全部通电。2010年后，境内先后完成第一、二期农村电网改造，供电质量提高，生产生活用电得到保障。

供水 洋际位于宜阳河畔，地下水资源比较丰富，历代人们生活用水以井水和山泉水为主。新中国成立之初，境内村民仍以传统的、落后的分散式供水为主，没有统一的自来水。20世纪80年代，境内始有村民利用塑料管引山泉水饮用。2008年，桐岗村建成一座水塔，引山泉水至水塔过滤，再铺设管道至村民家中，始使用自来水。之后，猴昙、青山等村亦建水塔，引山泉水解决自来水问题。其他村民或打井取水，或直接饮用山泉水。

社会事业

教育文化

教育 民国29年（1940），猴昙乡国民中心小学成立，是为洋际境内第一所公立学校（洋际中心小学前身）。新中国成立后，县人民政府对旧式学校进行接收和改造，境内相继开办小学。到1957年，境内有小学4所，在校学生126人。1958年，农村兴办公共食堂，强调家庭社会化，男女劳力齐出工，为解决妇女的后顾之忧，各村都办幼儿园，洋际公社共创办幼儿园10所，幼儿教师11人，入园幼儿465人。1969年，创办洋际中学。是年，境内已创办小学10所，在校学生1056人，中学1所，在校学生98人。1973年公社中学增设高中班，各大队小学附设初中班。到1980年洋际中学停办高中班，10所大队小学也停办初中班。是年，全公社在校小学生1690人，在校初中生369人。1988年，洋际中心小学附设学前班1个，入学幼儿32人。是年，全乡在校学生1386人，全乡小学普及率基本达标。因生源不足，2003年，境内对教育布局进行调整，3～6年级的小学生全部集中到洋际中小就读。中心小学开办10个班，其余村小只招收1～2年级的学生，一、二年级各一个班。2011年，洋际中小和洋际中学合并为洋际学校，改为九年制一贯学校。2013年后，因生源增加，洋际中小和洋际中学仍按原体制分设。2014年，全乡有中学1所，中心小学1所，村小10所，幼儿园1所，中学在校学生550名，小学在校学生985名，占学龄儿童总数的99.2%。全乡有教师101人，其中，中教高级职称3人，小教高级42人，中教一级12人。

文化 境内民间文化较为丰富，传统文化活动主要有龙舞、狮舞、皮影、剪纸等。民国时期，洋际就有布龙灯队1个，狮子队4个，皮影队1个，武术班3个，还有采莲船、腰鼓舞、板凳龙等单人或多人舞，活动一般在春节或遇村民办喜事时应邀举行。新中国成立后，在党委、政府的重视下，境内经常组织开展群众文化活动。20世纪60年代，各大队都组织文艺宣传队，经常开展文艺宣传，主要宣传社会主义和毛泽东思想，节目以样板戏为主。1963—1967年，大力开展学习毛泽东著作的群众活动。其间，全公社发行毛泽东著作及像章1356套。1969年，公社广播站成立，并将广播线拉通到各大队。1973年，洋际人民公社文化站成立，负责组织和管理辖区内的群众文化活动。时公社文化站设有图书室，藏书103册。1977年，成立洋际公社电影队，由公社安排放映员到各大队巡回播放电影。1983年后，社办电影队转为个体承包。1986年洋际乡首家录像队成立，为私办录像队，当年放映录像120场。1989年，在全县举办的第二届永乐金秋艺术节中，洋际乡选送的戏曲节目"乡里乡亲"荣获二等奖。2011年，洋际乡综合文化站建成办公楼，建筑面积600平方米，站内配有图书室、多媒体室、影视厅、棋牌室及乒乓球室、羽毛球室等文体活动室。是年，各村相继建立农家书屋，到2014年，全乡有舞龙队1个，红白喜事理事会1个，妇女腰鼓队3个，农家书屋10所，藏书3.5万册。

医疗卫生

新中国成立以前，境内医疗卫生条件比较落后，乡民就医看病主要靠草药郎中。新中国成立后，在政府的支持下，境内将个体诊所联合起来，组建公私联合诊所或妇幼保健机构，免费推行新法接生。1958年，成立洋际公社卫生院，以医疗为主，兼管卫生防疫和妇幼保健。各大队相继成立合作医疗站，配备1～3名“赤脚医生”。是年，全乡有医卫人员16人，病床位3张。20世纪80年代，境内医疗卫生机构有所发展。到1988年，全乡已发展乡级卫生院1所，村卫生室10所，个体诊所2所。2000年后，乡卫生院、村卫生室相继进行改造，医疗条件有所改善。2006年正式启动新型农村合作医疗保险。到2014年，全乡有卫生院1所，村卫生室11所，各类民间诊所5所，专业医卫人员47人，年接诊病人3800余人次。新型农村合作医疗参保人数达17136人，“新农合”参保率达到99.9%。

社会保障

清代、民国时期，境内社会保障非常落后，遇灾荒之年，灾民得不到及时救助，孤寡老人生活没有依靠。新中国成立以后，在政府的支持下，境内将孤寡老人和生活无依无靠的残疾人列为“五保户”进行集体供养，由各大队或生产队每年供给一定的口粮，死后由生产队负责安葬。遇到自然灾害，政府及时组织抗灾救灾和生活救济。1994年，乡民政办成立，负责辖区内社会救助和劳动保障等工作。2011年，启动农村社会养老保险。当年，参保人数达4380人。2012年，境内启动最低生活保障制度，首批纳入最低生活保障的困难户670户780人。是年，乡政府投入资金23万元，在白泥村建设一所占地400平方米的敬老院，集体供养五保户或孤寡老人13人。2014年，全乡共落实低保对象999户1023人，发放低保

猴昙仙风光

金200万元；救助大病对象187人，发放救助金31万元。农村新型社会养老保险参保率达95%。

特色地情

名胜古迹

汉代古墓葬　位于洋际乡洋际村境内，2012年发现，经鉴定为汉代墓葬。用青砖砌成，墓口高2.5米，长3.7米，呈拱形，共出土9件完整汉代陶器，分别有陶罐、仓、陶灶、甑等，为当时的陪葬生活用品及冥器。此古墓的发现，为研究洋际的汉代历史文化提供了重要资料和线索。

猴昙仙　又称雪岭，位于洋际乡与灵官镇交界处，距安仁县城20公里。其山险峻耸峙、景色秀美，最高峰海拔753.3米。山顶冬日常有积雪，每遇雪后初晴，在太阳光的照射下，山顶银光闪闪，故称“雪岭晴光”，为安仁古八景之一。山形呈猴子状，远望似一只巨猴仰卧于此，伸两臂环抱苍天，猴昙仙亦由此得名。山腰以上为成片的翠竹，竹林随风吹拂，如绿波荡漾。山腰以下为万亩梯田，层层叠叠，如链似带。山顶有一洞，名石井洞，“洞口宽一尺许、高三尺许”，有自然石级梯次而下，但深不可测。石井内常有清泉从岩石间涌出，清甜可口。猴昙仙雨量充沛，土地肥沃，环境保护良好，生长着许多原始竹林和大量珍贵植物。猴昙仙以其风光之秀美，常引来不少游客。

（李尚峰　供稿）

华王乡

区域概况

地理位置

华王乡位于安仁县境西南部，地理坐标为北纬26° 28′ 45″ 至26° 34′ 20″，东经113° 9′ 9″至113° 16′ 40″。东与本县龙海镇、灵官镇相连，南与永兴县樟树乡、耒阳市东湖乡交界，西与耒阳市东湖乡接壤，北与本县灵官镇比邻。乡政府驻地设在华王村，距安仁县城30公里。

建置沿革

清时属宜一都，民国时属宜阳乡，1952年划属第四区（韩市区），1956年始设华王乡，1958年为人民公社，1984年恢复华王乡建制。

区划面积

全乡土地总面积62.8平方公里。下辖东桥、小背、茶叶、大塘、石毕、华王、合江、长江、五峰、消湾10个行政村，128个村民小组。

自然环境

华王属中低山丘陵区，地势西北高、东南低，海拔177～722米。境内气候属亚热带季风性湿润气候，四季分明，日照强，热量丰富，雨量充沛，年平均气温为17.7℃，年平均降水量1404毫米。境内水系属宜阳河水系，宜阳河源自耒阳市，自东桥村入境，流经境内5公里，水系比较发达。已经探明的矿产资源主要有红柱石、滑石矿、钨矿、大理石、汉白玉等矿产，其中以红柱石储量为最。自然灾害主要有旱灾、洪灾、冰灾、雪灾、泥石流等。

人口民族

华王地处安仁西南山区，新中国成立以前，境内流动人口不多，人口增长不快。新中国成立以后，随着医疗和生活条件的改善，境内人口迅速增长。到1956年，人口自然增长率超过30‰。三年经济困难时期，人口自然增长率明显下降，到1961年，全公社人口自然增长率低于6‰。1962年后，随着经济状况的好转，人口自然增长率又迅速回升到30‰以上。20世纪70年代实行计划生育，境内人口增长有所控制。1978年，全公社总人口为3236户14682人，其中男性7627人，女性7055人，分别占总人口的51.95%、48.05%；人口自然增长率为10.63‰。1984年恢复乡建制时，全乡总人口为3614户16183人，其中男性8216人、女性7967人，分别占总人口的50.8%、49.2%；人口自然增长率为5.63‰。2000年全乡总人口为3448户18639人，其中男性9678人、女性8961人，分别占总人口的51.92%、48.08%；人口自然增长率为5.92‰。到2014年，全乡总人口为5888户20869人，其中男性11217人、女性9652人，分别占总人口的53.75%、46.25%；人口自然增长率为6.91‰。少数民族49人，主要为瑶族、侗族、土家族、壮族、朝鲜族、苗族、布依族、仫佬族、白族。

经济发展

经济综述

华王地处安仁县偏远山区，新中国成立以前，境内经济以农业经济为主，工商业发展缓慢。新中国成立以后的20世纪50年代，境内以水稻种植为主的农耕经济仍占主导地位。60年代以后，通过调整农业经济结构，先后开办农场、茶场、猪场、渔场，相继发展木材加工等社队企业，境内农、林、牧、副、渔各业得到一定的发展。1978年，公社总收入中，林业、牧业、副业、渔业和其他收入占26.3%。1980年，全公社工农业总产值359万元，其中农业总产值332万元、工业总产值27万元。20世纪80年代末至90年代中期，境内乡镇企业得到较快发展。1996年，全乡共发展乡镇企业352个，其中乡办企业10个，乡镇企业总产值3240万元。是年，全乡地区生产总值达到2343万元，财政总收入102万元。90年代末以后，乡办、村办企业因机制不活、管理不善等原因，相继关停倒闭。但个体私营企业因国家政策的放宽，得到较快发展。2005年，全乡地区生产总值4946万元。之后，境内经济结构继续得到调整优化，经济总量不断提升。2010年，全乡地区生产总值10399万元，财政总收入149万元，农民人平纯收入1820元。到2014年，全乡地区生产总值达到13625万元，财政总收入338万元，农民人平纯收入3300元。人民生活水平不断提高，到2014年，每百户家庭拥有彩电87台、洗衣机39台、电冰箱56台；大多家庭建有一栋两层以上的楼房，人均住房面积67平方米。

农业

种植业 全乡有耕地面积1323.13公顷，其中水田1007.47公顷，旱土315.67公顷。种植业以水稻、油菜、烤烟、红薯为主，兼种蔬菜、大豆、花生、西瓜等其他农作物。新中国成立以前，境内种植业以水稻为主，多为一季稻，品种单一，产量不高。新中国成立以后，境内通过改善灌溉条件、改良水稻品种、推广双季稻连作，水稻播种面积和产量有所增加。1958年水稻双季连作已在境内全面推广。“大跃进”和三年经济困难时期，境内粮食减产。1962年后得到恢复。1964年，全公社粮食总产量达3833吨。20世纪70年代，境内开始试种杂交稻，亩产达到400千克以上。之后，逐步推广杂交稻。同时，还大力开发茶园。1972年7月，由公社妇联牵头，组织100名女青年，在境内沙坪山、牛脑山、羊古山、长坪山一带的荒山坡上，开垦茶园66.67公顷，建立新华三八茶场。1975年正式投产，是年投资3万元建成一栋360平方米的制茶车间，首次用手工制茶1600千克，主要生产茉莉花茶，当年收入2560元。1978年，全公社茶园面积达到97.4公顷，当年采摘面积23公顷，茶叶产量3250千克。1981年农村实行家庭联产承包责任制后，农民种粮的积极性大为提高，粮食播种面积进一步扩大。1984年全乡粮食播种面积1662.93公顷，粮食总产量8626吨。其中水稻播种面积1552.73公顷，稻谷总产量8357吨。是年，全乡茶园面积达到260公顷，采摘面积达182公顷，产茶叶21吨。1985年以后，境内全面推广杂交水稻，粮食产量逐年提高。1990年，全乡粮食总产量达到11687吨。此期，境内不断调整种植业结构。除了种植水稻、茶叶外，还大力种植油菜、红薯。2000年，全乡粮食播种面积1799.2公顷，粮食总产量11988吨。其中水稻播种面积1529.87公顷，稻谷总产量10514吨。油菜种植面积200公顷，油菜籽总产量24吨；红薯种植面积196.67公顷，总产量406吨。2010年境内大力发展烤烟生产，全乡除长江、五峰外，其他8个村都种植烤烟，发展本地种烟大户65户，烤烟种植面积166.67公顷。是年，还依托扶贫资金，在小背、东桥、茶叶等村开发药材基地330余公顷。2014年，全乡粮食播种面积1891.47公顷，粮食总产量11973吨。其中水稻播种面积1765.13公顷，稻谷总产量11515吨。油菜播种面积633.33公顷，油菜籽产量1093吨。烤烟种植面积186.67公顷，烟叶总产量493吨。种植业总产值6179万元。

养殖业 境内养殖业以生猪、牛羊、鸡鸭、鱼等畜禽水产为主。新中国成立以前，境内乡民食不果腹，无力保障饲料供给，养殖业发展缓慢。新中国成立以后，在政府的鼓励和支持下，境内通过改良生猪品种、加强猪瘟防治，生猪养殖得到发展。到1957年,饲养生猪户平达到1头以上。1958年实行人民公社化后，生猪养殖由私有私养改为公有、集体饲养，时境内各大队曾兴办百头猪场、千头猪场，因一哄而起，设施简陋，加之猪瘟防治技术跟不上，实际饲养量下降。三年经济困难时期跌入低谷。1962年后生猪饲养政策有所放宽，允许私有私养，多养不加派购，境内生猪饲养得到恢复和发展。20世纪70年代，随着红花草籽的推广种植，生猪饲料得到保障。为增加集体收入，公社、大队、生产队三级大办猪场。1978年，全公社共兴办集体猪场108个，饲养生猪9169头，其中年内出栏4054头。此期间，随着水库、山塘的相继修建，境内各大队、生产队充分利用水面发展水产养殖。1980年，全公社水产放养水面达到375亩，全年出产水产品18.7吨。1981年农村实行家庭联产承包责任制后，粮食产量增加，农户手中拥有余粮，发展养殖业的积极性提高。1984年，全乡饲养生猪10496头，其中年内出栏5514头；年末家禽存栏21000羽，禽蛋产量20.1吨；年末大牲畜存栏1160头。20世纪80年代以后，生猪收购市场全面放开，境内从事生猪收购、贩运的不断增多，推动了生猪养殖业的规模化。2003年，境内发展100头以上的生猪养殖大户23户。是年,全乡出栏生猪1万余头。2009年五峰村、长江村家家户户养殖菜牛，是年两村出栏肉牛500余头。2011年引进老板创办乐鑫野猪养殖场，饲养野猪150头。是年，还引进资金500万元建设占地500亩的小背养殖场。到2014年，全乡共发展大型养殖场4家、养殖大户50余户，全年共饲养生猪24260头，其中年内出栏15400头，肉类总产量1208吨；出笼家禽52430羽,禽蛋产量180吨；出栏黑山羊1800只；年末大牲畜存栏1680头；出产水产品26.7吨。全乡牧业总产值1552万元,渔业总产值214万元。

林业 境域为丘岗山地，宜林山地较多，主要树种有松、杉、樟、枫、楠竹等。新中国成立以前，林地为私人所有，林业生产基本处于自然发展状态。新中国成立以后，境内通过封山育林和合作造林，林业生产得到发展。1956年，森林覆盖率达到60%左右。1958年“大炼钢铁”时，境内森林资源遭到破坏。1962年后，山林下放到大队或生产队经营管理，各大队和生产队按照公社的统一规划，开展基地造林。即由群众整地、专业队造林、基地管理站负责质量验收和抚育管理。70年代末，按照湖南省林业厅“基地办林场，林场管基地”的要求，境内先后建立11个社办、队办集体林场。80 年代，在完成山林定权发证以后，境内植树造林转向以“两山两户”（即自留山、责任山和重点户、专业户）为主。1985 年，全乡有林地面积 3233.33 公顷，其中用材林 900 公顷，经济林 2186.67 公顷，林木蓄积量 2.23 万立方米，森林覆盖率 47.76%。1993 年全乡实施“长防林”工程建设，以消灭宜林荒山为目标，大力开展植树造林。到 2001 年，全乡通过实施“长防林”工程，先后完成人工造林 133.33 公顷。2001 年以后，境内按照全县部署，实施国家退耕还林工程。到 2003 年完成退耕还林面积 333.33 公顷。此期，境内还大力开发油茶林。先后引进多家油茶开发公司，采取“公司 + 基地 + 农户”的模式开发油茶林基地。2011 年，茶叶、东桥、华王、合江等村先后新开发油茶林 1133.33 公顷。到 2014 年，全乡有林地面积达到 4003.33 公顷，其中油茶林面积 2666.67 公顷，森林覆盖率为 89%。

工业

民国时期，境内已有榨油、酿酒、制陶和竹木加工等小手工业，多系家庭作坊，规模不大。新中国成立以后，这些小手工业被相继组建成手工业生产合作社，实行集体经营。1958 年后，部分手工业生产合作社转为社队企业。1960 年后，境内相继开办竹木加工企业。1966 年，安仁县革命委员会曾组织劳力在境内猪婆垅、牛皮冲采掘滑石，兴办滑石厂，不久因矿石质次难销而停办。1975 年新华三八茶场自办茶叶加工车间，当年制作茶叶 1600 多千克。1980 年全公社工业总产值 27 万元。1981 年农村实行家庭联产承包责任制以后，境内相继开办大米加工、木材加工等个体工业企业。1984 年全乡工业总产值 36 万元。20 世纪 90 年代，境内乡镇工业企业得到较快发展。1996 年全乡工业总产值 118 万元，比 1980 年增长 3.4 倍。2000 年以后，通过招商引资，陆续有民营工业企业在境内落户投产。2006 年引进资金 300 万元建成茶叶真空机砖厂，2007 年引进资金 70 万元创办华王家具厂和预制装饰材料厂。2010 年引进福磊石材有限公司，投资 5000 万元开采花岗岩、大理石等石材，2012 年正式投产，当年产值达 8000 万元。2013 年引进资金 400 万元创办鑫林木业板材厂、李鸿鞋面加工厂和丽成电子厂。到 2014 年，境内先后发展各类民营工业企业 20 余家，全乡工业总产值达到 1.1 亿元。

商贸服务业

民国时期，境内尚无大的商业店铺，少有坐贾，多系小商小贩，逢墟赶集。时境内华王庙是当时比较繁荣的集市，上市交易的多为土特产品。新中国成立以后，在政府的扶持下，境内商贸服务业得到一定的发展。1958 年建立华王公社供销社，由公社供销社负责辖区的物资供给和农副产品的收购推销。之后，公社供销社在各大队相继设立代销点。“文化大革命”时期，自由交易受到限制，集市贸易趋于萧条。中共十一届三中全会以后，集市贸易全面开放，允许发展个体私营商业，境内商贸服务业得到恢复和发展。1984 年，全乡个体私营商业户发展到 70 家，社会消费品零售总额达 45 万元。1997 年乡政府投资 80 余万元，建设茶叶坳农贸市场，设有固定摊位 200 个、商业铺面 85 个，逢农历二、五、八日赶集，赶集日日交易量达 25 万元。20 世纪 90 年代末，随着生产资料市场的全部放开，供销社的经营效益逐年滑坡，2000 年后转为个体承包，2005 年实行改制，职工全部下岗。是年，东桥、茶叶村建立木材、煤炭市场，年交易额 300 多万元。2007 年建成东桥酒店，投资 150 万元，为境内第一家上档次的酒店。2013 年以后，继续对茶叶坳农贸市场进行改造，将交易棚改造升级，将进入市场的道路拓宽硬化。2014 年，全乡个私商业户发展到 200 余户，各类商业网点150个，全乡社会消费品零售总额达3000万元。

基础设施

交通运输

民国27年（1938）省道耒吉公路安仁至耒阳段建成通车，是为通过华王境内的第一条公路。新中国成立以后，在政府的重视和支持下，境内采取“民工建勤、民办公助”的办法，继续大力推进公路建设。1962年全县大搞农田基本建设时，境内部分村修通简易机耕路。1973年修通境内第一条通乡公路茶叶至华王公路，全程2.5公里。1976年，修通茶叶至坪山公路，全程6公里。1979年，修通新华至肖湾公路，全程4.7公里。20世纪80年代后，又相继修通大塘至石毕、茶叶至小背、肖湾至五峰等通村公路。到20世纪80年代末，境内基本实现村村通公路。1992年，修通“三南公路”（后改为S 320线）安仁段，为柏油路面，其中华王境内长6公里。2000年后相继对通乡通村公路进行改造。到2008年先后对东桥、茶叶、小背、大塘、华王、石毕、肖湾、五峰村的通村公路进行水泥路面硬化。2009—2013年，S 320进行提质改造，路面改为水泥路面，并加宽至12米。到2014年，全乡公路总里程共55公里，其中通村公路全部进行硬化，通畅率达100%。

水利建设

新中国成立以前，境内农田灌溉主要靠山塘水坝。新中国成立以后，在政府的支持下，境内大修水利，农田灌溉条件得到逐步改善。1953年，全县开展“修建百塘运动”，境内组织群众修筑山平塘30余口。1956年在茶叶村井塘组修建第一座小Ⅱ型水库德角冲水库，有效库容20万立方米，有效灌溉面积200亩。1957年在华王村永丰组修建章立冲水库，有效库容20万立方米，有效灌溉面积1100亩。1958年在小背村下王组修建庙背水库，有效库容15万立方米，有效灌溉面积150亩。1966年在五峰村高塘组修建高塘水库，有效库容20万立方米，有效灌溉面积500亩；是年，还在华王村泉塘组修建畔立冲水库，有效库容30万立方米，有效灌溉面积600余亩。1970年在合江村柳山组修建柳冲水库，有效库容10万立方米，有效灌溉面积200亩。1971年在长江村金坪组修建玖志岩水库，有效库容25万立方米，有效灌溉面积400亩。1978年在华王村永丰组修建鸡婆窝水库，有效库容15万立方米，有效灌溉面积500亩。1990年，投资7万元，在小背村修建岸山塘基本山塘，改善农田灌溉面积400多亩。2000年以后，重点对病险水库进行除险加固。2008年对玖志岩、章立冲水库进行除险加固。是年，还新修基本山塘8口。2009—2012年，先后对鸡婆窝、畔立冲、庙背、柳冲等水库进行除险加固。到2014年，全乡有小Ⅱ型水库8座，山塘300余口，农田灌溉基本得到保障。

供电供水

供电 新中国成立以后，境内尚未通电，乡民照明靠松枝火或煤油灯。新中国成立以后，政府鼓励各地通过修建小水电站以解决生活用电问题。1978年6月，在大塘大队修建境内第一座小水电站，解决公社和周围部分村组照明用电。同年11月，在玖志岩水库装机250千瓦，蓄水发电。到是年底，全公社共修建6座小水电站，其中社办1座、队办5座，总发电能力128千瓦，实际发电量24.9万千瓦时，时有8个大队58个生产队通电。1983年后，安仁县电力局架设输电线路至境内华王、茶叶、大塘、东桥、石毕等村，并在各村安装变压器，到20世纪80年代中期，境内10个村全部通电。随着用电负荷的不断增加，原有变压器和供电线路无法保证正常供电，2001年后县电力局在境内启动农网一、二期改造工程，到2003年基本完成。2010年后，进行变压器升级，将境内原30～50千伏的小容量变压器全部改为100千伏以上大容量变压器，且每村新增1～2个变压器。

供水 新中国成立以前，境内居民生活用水多取自山泉或溪河水。新中国成立以后，政府鼓励各地打井取水，以解决生活用水困难，时境内各生产队相继开凿水井。1957年章立冲水库建成后，公社修筑水管，从该水库引水至华王庙，解决公社各单位及周边村民的饮水困难。20世纪80年代以后，境内村民始在自家房屋前后打明井或压水井，各自解决生活用水问题。2003年，境内五峰村争取国家安全饮水项目资金7万余元，建设山泉水引水工程，解决2个自然村300个人口、305头大牲畜的饮水困难。2010年后，境内消湾、合江、长江、东桥等村相继实施安全饮水工程，解决500多人的安全饮水问题。

邮电通信

民国时期，境内即开通邮路，时县邮局设邮差负责邮件的收发、投递。新中国成立之初，县邮局调整信柜和邮路，安排通讯员将报纸、邮件送达各行政村，境内实现村村通邮。1956年，农业合作化时期，乡政府安装境内第一部手摇式电话，实现与县城的通话。20世纪60—70年代，境内各大队相继安装手摇式电话，时公社开会可直接通过电话传达。1975年，华王乡开始设立邮政代办点，代办信件投递、报刊收发等业务，后增设电话业务。80年代后，因话务量减少，加之设施老化，各村相继拆除手摇式电话。1986年，境内设立华王邮电所，归属安仁县邮电局管理。1990年，华王邮电所改为华王邮电支局。时县邮局开通上半县和下半县两条自办汽车邮路，华王属上半县邮路。2002年境内开通程控电话，当年境内安装直拨电话160部。2003年境内开通移动电话，县电信公司、移动公司、联通公司相继在境内修建基站。到2014年，全乡移动电话用户达到9000人，固定电话用户500户，宽带网入户1800户。

社会事业

教育文化

教育 明清时期，境内教育以私塾为主，时境内设有2所私塾。民国时期，国民政府倡导新学，境内曾兴办乡、保国民学校。新中国成立以后，县政府对旧式学校统一进行接收和改造，境内相继兴办小学。到1957年，境内通过公办、民办并举的办法共创办村级小学10所。1969年9月，大塘完全小学改为公社中学，始校址设在大塘村张古祠堂内。1976年，公社中学增设高中班，各大队小学附设初中班。1978年，公社中学停办高中班，各大队小学附设的初中班也相继撤销。时公社中学称新华中学，校名由唐天际将军亲笔题写。1980年创办华王中心小学，始校址设在大塘村，只开设一个五年级班，招收学生40人。1984年，新华中学改称华王中学，校址设在大塘村。是年，华王中心小学搬至华王村谷厂组重建，时开办4个班，招收学生120人。1985年华王中心小学扩建一栋960平方米的三层教学楼，教学条件得到改善。1997年华王中学在茶叶村建设分校。2005年9月主校和分校合并为华王中学，校址设在原茶叶分校。是年，华王中心小学搬迁到原华王中学校址。之后，全乡3～6年级的小学生全部集中到华王中心小学就读。2010年乡政府争取香港“烛光基金”的资助，投资95万元建设华王中心小学综合楼。到2014年年底，全乡有中学1所，中心小学1所，村小8所，幼儿园6所（乡办1所），在校学生、幼儿共1400人，教职工63名。其中，华王中学开办教学班10个，有在校学生500人，教师41人。

文化 民国、清代以前，境内就盛传舞龙灯、舞狮子、唱渔鼓和唱皮影戏等文化习俗。新中国成立以后，境内群众文化活动得以丰富和发展。20世纪50—70年代，为宣传党的方针政策，公社曾从各大队抽调人员，组成文艺宣传队，巡回到各大队进行文艺演出。1970年成立公社广播站，各大队相继开通广播。1975年成立公社电影队，安排放映员轮流到各大队放映电影。1980年成立公社文化站。之后，由公社文化站负责管理和组织辖区内的群众文化活动。1982年后，农民体育纳入公社文化站管理。1985年华王乡举办了为期两天的农民体育运动会，设比赛项目20多项，参赛500多人，是为当时安仁县规模最大的一次农民运动会。90年代后，各村先后建立农家书屋。2007年投资50万元建设有线电视网，是年全乡安装有线电视户达到40户。2011年投资130万元对唐天际故居进行全面修缮。是年，华王乡文化站建成综合大楼，设有图书室、电脑、文体活动室等。此期，境内还组建了腰鼓队和广场舞队。到2014年，全乡有乡文化站1所，村文化活动中心10个，群众文化团体4个，农家书屋11个，藏书2万多册。

医疗卫生

新中国成立以前，境内仅有个体诊所，医疗条件差。新中国成立后，在政府的支持下，境内医疗卫生事业得以发展。1953年8月成立华王联合诊所。1958年9月改为南坪公社卫生院，1966年7月改为新华卫生院，始有医卫人员12人。20世纪60—70年代，各大队相继开办合作医疗站，配有1～3名“赤脚医生”。1981年农村实行家庭联产承包责任制后，村合作医疗站相继改为村卫生室，由私人承办。1988年乡卫生院改为华王卫生院。此期，境内个体诊所、药店不断增多。1997年，乡卫生院由集体所有制单位改为国有事业单位。2007年，境内启动新型农村合作医疗保险。当年，参合人数达11000人。2010年重新修建茶叶卫生院。到2014年，全乡有乡卫生院1所，村卫生室11个。其中，华王卫生院有专业医卫人员15人，其中主治医生1人，职业医师1人，助理医师3人，执业护士5人。全乡参加新型农村合作医疗保险的人数达19706人，参合率97.1%。

社会保障

新中国成立以前，境内尚无社会救助机构，孤寡病残人等得不到社会救济。新中国成立以后，在政府的支持下，境内对孤寡老人和无劳动能力又无生活依靠的残疾人实行特殊照顾政策，将他们列为“五保户”，由大队或生产队实行集体供养。1958年人民公社时期，公社还成立敬老院，对“五保户”实行集中供养。后因设备跟不上，转为生产队分散供养。20世纪80年代后，部分“五保户”改由亲戚分散供养，政府发给一定的救济费。1987年县民政局配合县保险公司，对境内“五保户”和贫困户实施家庭财产保险。2005年境内启动最低生活保障制度，首批纳入低保的对象350人。2007年，投资54万元对华王乡敬老院进行扩建改造，改造后的敬老院设有床位40张，初始收养农村“五保”34人。2011年境内启动新型农村养老保险，当年参加新型农村养老保险的4869人。2014年全乡纳入最低生活保对象998户、1118人；农村“五保户”实行集中供养34人、

五峰仙瀑布

分散供养 20 人，分别由县民政部门每人每年发给 1000 元、800 元的生活补助费。参加新型农村养老保险人数 6787 人数，参保率 51.3%。

特色地情

名胜古迹

五峰仙 又名五峰山，位于华王乡五峰村境内，距安仁县城 30 公里，海拔 600 余米，岭上有五峰仙、欧公仙、鸡公仙、猴公仙、仙女山五座山峰，远望犹如仙人五指并拢，故称五峰仙。五峰仙幽深险峻，奇美秀丽。山顶云雾缭绕，一年之中唯有 7 月、8 月、9 月可见蓝天，其余都是云雾遮天。山中有“五峰庙”，常有三五尼姑在此修炼，四季香火不断。半山腰是一片原始次森林，郁郁葱葱。再往下，是悬崖峭壁，有数株虬松傲立于悬崖之上。中有 50 米高的瀑布如白练从岩石中飞泻而下。山谷有数条小溪在远山尽头汇成一条小河蜿蜒流向西北流入宜阳河而后汇入永乐江。

唐天际将军故居 位于华王乡茶叶村杨柳组，是原中国人民解放军总后勤部副部长、中将唐天际的出生地和早期从事革命活动的地方。1982 年被定为县级文物保护单位，2003 年列为市级文物保护单位。2004 年，安仁县人民政府出资对唐天际故居残损部位按原貌进行修复。2011 年，又按

照“修旧如旧”的原则，对房屋结构加固并进行重新修葺，恢复原始风貌。修复后的故居建筑面积 1300 平方米，占地面积 2100 平方米。青砖、青瓦、马头墙、砖木结构，穿斗抬梁式构架。从东往西并排三个大门，正大厅由神堂、前后两厅、天井组成，左右横栋由走廊、横厅、天井、厢房组成。现为安仁县革命教育基地。

赵家祠 位于华王乡华王庙，为一赵氏祠堂。1928 年 3 月 29 日朱德率湘南起义部队抵达安仁县华王乡华王庙。当晚，部队驻扎在华王庙赵家祠。朱德、王尔琢在此连夜召开华王区党政干部会议，商谈发展农民武装和夺取全县政权的问题。是日傍晚，朱德到战士宿营地巡查，看到有几匹马系在赵家祠的屋柱上。朱德怕损坏老百姓的房子，连忙亲自动手和几位战士把马牵出来，系在赵家祠前坪的旗杆石上。后来，老百姓把这几根拴马的木桩称为“拴马桩”，在当地传为佳话。

（李哪涛　供稿）

灵官镇>>

2014年灵官镇行政区划图灵官镇是湖南省特色镇、安仁县的交通枢纽。

区域概况

地理位置

灵官镇位于安仁县境中部偏西，地理坐标为北纬26° 30′ 57″至26° 36′ 28″、东经113° 15′ 44″至113° 22′ 21″。东接本县牌楼乡、平背乡，南连本县龙海镇、华王乡，西界衡阳耒阳市沙明乡，北临永乐江镇、洋际乡。镇政府驻地设在官桥村，距安仁县城18公里。

建置沿革

灵官镇因镇内有灵官庙而得名。后唐清泰二年（935）改安仁镇为安仁场，辖宜阳、熊耳二乡，场治设宜阳乡（今灵官镇内），归属衡州衡阳郡。清时属宜一都，民国时属南雷乡，后属宜阳乡。1949年属第二区，1952年属第四区（韩市区）。1956年设南坪乡，1958年并入南坪公社（初称超美公社），1961年析出为南坪公社，1966年更名为朝阳公社。1984年恢复乡建制，定名朝阳乡。1992年，乡政府驻地由桥头冲迁至灵官庙。1998年10月撤乡建镇，更名灵官镇。

区划面积

全镇土地总面积69.9平方公里，其中镇区面积约2平方公里。下辖官桥、古塘、樟木、月塘、算背、荷树、豪田、宜河、锡山、新垅、碰田、莽山、泮垅、南坪、向荣15个村，151个村民小组。

自然环境

灵官地处罗霄山脉中段，属平岗丘陵区，地势西高东低。地面高程一般在海拔20～40米，最高点莽山村猴昙仙海拔836.3米，最低点宜河村宜阳河海拔16.6米。镇域气候属亚热带季风湿润气候，春季气温低，阴雨连绵；夏季高温湿热，暴雨集中，洪旱交错；秋季干旱少雨；冬季低温干燥，但寒期短，雨量较少。全年日照时数在1494～1704小时之间，年平均气温在17.5℃～19.5℃之间，10℃以上气温的持续天数在220～240天之间，无霜期一般都在295天以上，冰冻期为3～5天。年平均降雨量为1504毫米，其中4—9月降雨量972.3毫米，占全年降雨量的64.7%。境内已探明的矿产资源主要有石灰石、红柱石、石墨和陶土。主要自然灾害有旱涝、冰雹、风灾、霜冻、雷击等。旱灾平均3年1遇，最严重的一次发生在2011年4月，造成3000亩水稻受灾，减产105万千克。涝灾5年1遇，1994年6月16日和7月12日相继发生两次洪涝灾害，全镇受灾严重。近十年来，最严重一次发生在2006年7月15日，全镇15个村受灾，面积达15000亩。

人口状况

宋时，曾设县治于境内彭蠡铺，人口相对集中。明清时期战事、灾荒不断，乡民颠沛流离，人口增长不快。新中国成立后的20世纪50年代初，随着医疗条件的改善、人民生活水平的提高，境内人口成倍增长，最快时人口自然增长率达32‰。三年经济困难时期，人口出生率下降，1961年，全乡人口出生率低至6‰以下。1962年随着经济状况的好转，人口自然增长率又迅速回升到30‰以上。70年代，国家实行计划生育，境内人口增长得到有效控制。到1978年，全公社总人口数15967人，其中男性8080人、女性7887人，分别占总人口的50.6%、49.4%；农业人口15633人，占总人口的97.9%；人口自然增长率14.09‰。1984年恢复乡建制时，全乡总人口为3804户17842人，其中男性9217人、女性8625人，分别占总人口的51.7%、48.3%；农业人口17308人，占总人口的97%。2000年，全镇总人口为4984户20609人，其中男性10686人、女性9923人，分别占总人口的51.85%、48.15%；农业人口19706人，占总人口的95.62%；人口自然增长率5.41‰。到2014年年末，全镇总人口为6487户22183人，其中男性11889人、女性10294人，分别占总人口的53.60%、46.40%，农业人口21316人，占总人口的96.09%；人口自然增长率6.9‰。

经济发展

经济综述

镇域经济以农业经济为主。新中国成立以前，经济结构单一，总体水平较低。新中国成立以后，通过对农业、手工业等进行社会主义改造，农、林、牧、副、渔各业均有一定发展。中共十一届三中全会以后，实行改革开放，境内经济发展速度加快。1980年全公社地区生产总值372万元，其中农业总产值334万元、工业总产值38万元，人平纯收入145元。20世纪80—90年代，通过创办陶瓷厂、皮蛋厂、茶场等乡镇企业，乡域经济总量不断提升。1992年全乡工农业总产值达到2480万元，其中农业总产值占74%，工业总产值占26%。到2003年全乡农业总产值6710万元，乡镇企业总产值8040万元，财政总收入183万元，农民人平纯收入1650万元。2006年建设灵官工业小区，一批精深冶炼加工、板材加工企业入驻小区，工业经济迅猛发展。2010年，全镇地区生产总值43119万元，财政总收入3693万元，农民人平纯收入2238元。2014年，全镇实现地区生产总值57094万元，其中二、三产业增加值达47890万元，财政总收入6096万元，农民人平纯收入为4193元。人民生活水平不断提高，到2014年每百户拥有彩电88台、洗衣机46台、电冰箱57台，人均住房面积67平方米。

农业

种植业 全镇有耕地1681.27公顷，其中水田1310.8公顷，旱地370.47公顷。种植业以水稻、烤烟、油菜为主，兼种蔬菜、红薯、香芋等其他农作物。新中国成立以前，境内种植业结构单一，产量不高，处于自给半自给状态。新中国成立以后的20世纪50年代，通过改善灌溉条件、改进耕作技术，以水稻为主的种植业有所发展。1956年后，推广种植双季连作稻，水稻播种面积和产量均有增加。1964年，全公社粮食总产量达4515吨。1981年实行家庭联产承包责任制后，农田包产到户，农民种粮积极性大为提高，水稻新品种特别是杂交水稻得以推广，粮食产量明显提高。1984年，全乡粮食播种面积2176.67公顷，粮食总产量10139吨。90年代，杂交稻得以在境内全面推广，粮食产量不断增加。1996年，全乡粮食播种面积2383公顷，粮食总产量15867吨，其中水稻播种面积2072公顷，稻谷总产量14844吨。是年，油菜种植面积276.67公顷，油菜籽总产量249吨。2000年，全乡粮食播种面积2586.67公顷，粮食总产量17177吨，其中水稻播种面积2093.33公顷，稻谷总产量15084吨；油菜种植面积600.67公顷，油菜籽总产量900吨。2011年后，大力发展烤烟生产，官桥、古塘、樟木、月塘、算背、荷树、豪田、宜河、锡山、新垅、向荣11个村均种植烤烟。是期，生平米业公司在境内建立了万亩优质稻生产基地，全镇150亩以上种粮大户发展到3户。到2014年，全镇粮食播种面积2619.07公顷，粮食总产量15494吨，其中水稻播种面积2237.4公顷，稻谷总产量14684吨；烤烟种植面积达330余公顷，烟叶总产量915吨，烟叶税收达100余万元，成为安仁县烤烟生产第二大乡镇；油菜种植面积1033.33公顷，油菜籽总产量1783吨。豆类种植面积152.67公顷，总产量353吨；薯类种植面积79.33公顷，总产量170吨。全镇种植业总产值11783万元。

养殖业　境内养殖业以生猪、牛羊、鸡鸭、鱼等畜禽水产为主。新中国成立以前，乡民食不果腹，畜牧业发展缓慢。新中国成立以后，在国家政策扶持下，畜牧业有所发展。1957年，全公社饲养生猪户平达到1.5头。“大跃进”时期，境内各大队、生产队曾兴办千头猪场、百头猪场，因一哄而起，设施和技术跟不上，实际饲养量下降。三年经济困难时期继续滑坡。1962年后，生猪饲养政策有所放宽，允许私有私养，多养不加派购，境内生猪养殖业得到恢复和发展。20世纪70年代，公社、大队、生产队三级大办猪场。1978年，境内共兴办集体猪场113个，全年饲养生猪11401头，其中年内出栏4778头。1981年农村实行家庭联产承包责任制后，农户发展养殖业的积极性提高，境内陆续出现了养猪大户。1987年，宜河村樊小明利用生猪快速饲养法，实行规模化养猪，年出栏生猪50头以上，年纯收入3000元以上。20世纪90年代中期，境内大力发展菜牛、黑山羊、野鸡、野猪、牛蛙等特色养殖业，先后建成双龙野生动物养殖公司，月塘综合养殖场，锡山村的七彩山鸡、牛蛙养殖基地，豪田村的菜牛、黑山羊养殖基地。2012年全镇饲养生猪32680头，其中年内出栏26605头，肉类总产量2070吨；出笼家禽82310羽，禽蛋产量215吨；饲养黑山羊700余头，其中年内出栏400头。2014年，全镇饲养生猪37200头，其中年内出栏28800头，肉类总产量2247吨；饲养黑山羊1300头，年内出栏700余头；年末存栏牛1608头。出笼家禽90000羽，禽蛋产量215吨，牧业总产值5052万元。

林业　新中国成立以前，境内林业生产处于自然发展状态。新中国成立以后，通过实行封山育林和合作造林，境内林业生产得到发展。“大炼钢铁”时期，森林遭到一定程度的破坏。20世纪60—70年代，山林下放到各大队和生产队经营管理，各地组织劳力大力造林，用材林面积不断增加。到1980年全公社造林面积达到660公顷以上。1980年后，在完成山林定权发证工作的基础上，开展以“两山两户（即自留山、责任山和重点户、专业户）”为主的植树造林突击活动，林地面积特别是用材林面积有所扩大。1985年全乡用材林面积达1793.33公顷，林木蓄积量达3.49万立方米，森林覆盖率达40.04%。1990年后通过实施“长防林”工程、退耕还林工程和开展“三边”绿化行动，境内有林地面积不断增加。到2014年，全镇有林地面积达3133.33公顷，森林覆盖率达58%。

工业

明清时期，境内曾兴办过缸货窑，其他均为加工小作坊，工业基础薄弱，发展缓慢。新中国成立以后，通过对手工业进行改造，部分私营工业企业转为国营或公私合营，工业有一定程度的发展。中共十一届三中全会以后，公社大力发展乡镇企业，先后兴办陶瓷厂、石灰厂和农产品加工、板材、冶炼等不同类型的工业企业。1980年，全乡工业总产值38万元，1984年达到53万元，四年时间增长39.47%。1990年以后，通过发展乡镇企业，工业经济总量逐年提升。1996年，全乡工业总产值达215万元，比1980年增长4.66倍。2000年后，通过招商引资，境内民营工业得到迅速发展。2006年，镇内建设灵官工业小区，引进一批上规模的精深冶炼业和板材加工企业入驻小区。同年4月，本地人何平投资2500余万元在双排山兴办生平米业公司，该公司拥有年加工稻谷能力为8万吨的生产线二条，年榨米糠油能力为500吨的生产线一条，为湖南省农业产业化龙头企业。2011年，该公司产值达9035万元，实现利润579万元。到2014年底，灵官工业企业发展到20多家，除生平米业外，还有永乐贵金属有限责任公司、永盛铋业有限公司、永安烟花有限公司，万华生态板材、温氏集团、湘众中药饮片厂、混凝土搅拌站、沥青搅拌站等，其中规模以上企业4家，全镇完成工业总产值10.2亿元。

商贸服务业

新中国成立以前，境内商铺不多，商品交易以赶集为主。清时境内的彭蠡铺为当时的主要集市。新中国成立以后，在政府的扶持下，境内农村市场得到发展。1951年在南坪建立供销社，各大队均设立代销点，负责境内物资供应。“文化大革命”时期，个私商业受到限制，农村集市贸易走入低谷。中共十一届三中全会以后，集市贸易全面放开，个私商业得到发展，农村市场日趋活跃。境内南坪街和朝阳场两个集市每逢赶墟日十分热闹。农村也涌现不少的个体经营户。到1990年，境内个私商业户发展到120多家。1992年镇政府机关由桥头冲搬迁至官桥村，大部分企事业单位也相继搬迁至新址，逐步形成沿省道212线和省道320线两条街道，商业门面不断增多。1995年镇政府通过土地转让，投资100万元建设灵官镇综合农贸市场。到2014年，全镇共发展个体经商户500余家，涉及餐饮、酒店、金融、保险、数码电子、美容美发、休闲、娱乐、汽修等多个行业，社会消费品零售总额达2455万元。

基础设施

交通运输

新中国成立以前，境内交通不发达。1935年，修筑一条耒吉线（耒阳至吉安）从境内通过，路面为砂石路，宽7米，为境内第一条公路。新中国成立后，党和政府大力发展交通事业。1958年，在修建茶安水库时，修建了双排山至关王公路，该公路全长34.46公里，其中灵官段4公里。是年，修通了鲁安线（龙海—灵官—双排山），砂石路面，全程15.15公里，境内路段8公里。1959年建成朝阳汽车站，初设在双排山，1962年迁至桥头冲，为二级车站，于1984年撤销。1985年，修筑关王至永兴洞口的砂石公路。1993年三南公路建成通车，1989年S212线砂石路面改为柏油路面。2007年硬化双排山至莽山公路境内路段6公里。2009—2013年，S320、S212线相继进行提质改造，路面加宽至12米，其中镇区路段加宽至17米，并全部硬化。至此县内几条主干道均从灵官通过，灵官成为安仁县中部地区的交通枢杻。此期，境内通村通组公路相继得到硬化。到2014年，全镇所有通村公路全部进行了硬化，通村公路通畅率达100%。

水利建设

境内属宜阳河水系。宜阳河自向荣村入境，由南向北，经锡山村、宜河村、豪田村等，境内河道长7.5公里。杨柳江自樟木村入境，由东向西，经古塘村、官桥村、锡山村，入宜阳河，境内全长5公里。新中国成立以前，境内水利设施非常落后，防汛抗旱能力低，水利没有得到充分开发利用。新中国成立后，在政府的支持下，境内大抓水利设施建设，水利条件得到改善。1967年建成中秋田水库，有效库容318万立方米，有效灌溉面积4000亩。20世纪70年代以后先后修建杜形、下湾垅、乌家冲、东冲、鹅公颈、莽山6个小Ⅱ型水库。2011—2012年，对月塘、豪田、荷树、宜河、算背、樟木、古塘等15口山塘进行硬化和清淤。2012年以来，又对下垮垅水库、莽山水库、宜阳河大坝进行了除险加固，并修建官桥村、古塘村、算背村的烟水灌渠15公里。到2014年全镇有小Ⅱ型水库6座，小Ⅰ型水库1座，山平塘184口，小水电站1座，有效灌溉面积16000亩。

供电供水

供电　新中国成立以前，境内尚未通电，乡民照明靠煤油灯。新中国成立以后，在政府的支持下，境内通过修建小水电站逐步解决供电问题。1962年境内始建有小水电站。到1978年，全乡共修建小水电站8个，其中社办1个、队办7个，年实际发电量9.8万千瓦时，有8个大队70个生产队通电。1980年又建成装机容量为125千瓦的莽山电站，至此，境内各大队基本通电。1984年后，小水电站统一并入县电网管理，解决小水电站时发时停的问题，供电趋于稳定。1999年由国家投资，由安仁县电力局牵头，投资6900万元在双排山建成朝阳22万伏变电所。该工程当时为郴州市境内县一级最高等级的变电所，也是安仁自新中国成立以来投资规模最大的工程。该工程建成后，灵官处地理优势，电力供应得到充分保障。到2014年，大电网已全部覆盖辖区15个行政村。

供水　境内地下水资源丰富，20世纪80年代以前，农村饮水以井水或天然泉水为主。1990年以后，通过实施安全饮水工程，部分饮水困难的村组安装了自来水。2004年建成灵官镇自来水厂，建有深水井8口，并安装了成套净化设备，年供水2.65万立方米。2007年，镇区建成龙坦泉纯净水厂。2008年，筹资200余万元建设新垅村人畜饮水工程，到2014年，镇区基本实现自来水入户，但农村仍以井水为主，自来水普及率低。

镇区建设

镇政府驻地原设在桥头冲，1992年由桥头冲搬至灵官庙，始在现址进行小城镇建设，规划沿S 212线、S 320线建设十字形街道。1998年，镇政府在镇区中心竹木市场建设莽山移民新村，投资1000万元，总建筑面积18000平方米，分三期建设移民房120套。是年，首批34户移民搬迁到移民新村。2001年12月，历时四年的莽山革命老区异地搬迁扶贫工程全面竣工。2012年，建成灵官庙山顶娱乐休闲广场，铺设一条宽2米的水泥路直通山顶，并在水泥路两边和广场上种植樟树、桂花、山茶等树木，在广场上安装了体育健身器材，使之成为群众休闲、健身的场所。2013年，拆除省道S212沿线两边的废旧杂屋100多栋，并对新建住房在面积大小和规模样式上进行统一规划。2014年，投资1700万元按照湘南民居风格对镇区临街房屋进行立面改造，并对两条主街道、灵官广场进行硬化、绿化、美化、亮化等提质改造，极大地提升了镇区品味。

邮政通信

境内邮电通信设施建设起步于20世纪50年代。1950年开通农村电话，时公社可与县城通话。1956年境内设邮电所。60—70年代，境内各大队相继开通手摇式电话。1986年，朝阳邮电所改为邮电支局。1993年，乡邮电支局搬迁至官桥村新址。是年，邮电所设有电话，办理邮政、报刊发行、电话电报业务。1995年，境内居民始安装住宅电话。1996年，境内开通程控电话。是年，邮政与电信分家，境内设有镇邮政支局、电信支局。2008年，境内设邮政储蓄点，开始办理邮政储蓄业务。2013年后，境内快递事业有较快发展，先后成立圆通快递、天天快递、申通快递、中通快递等公司或代办点。到2014年，境内有邮政网点1个，乡村通邮率100%，移动、电信、联通、互联网实现全境覆盖。

社会事业

教育文化

教育 新中国成立以前境内教育以私塾为主，清时境内比较有名气的私塾为南雷庙宜一义学。新中国成立以后，通过对旧式学校加以接收和改造，各大队相继开办小学。1969年创办南坪中学，以办初中班为主。1973年创办朝阳中学，以办高中班为主。是年，各大队小学曾附设初中班，后于1978—1979年相继停办。1980年朝阳中学改为安仁县第四中学，为县办县管。是时，境内有2所初级中学，1所中心小学，15所村小。1983年安仁四中停办高中班，南坪中学并入安仁县第四中学。1994年，开始实行九年义务教育，减免学杂费。1995年朝阳中学迁至桥头冲，1996年乡中心小学由桥头冲搬迁至灵官镇区。2000年后，全县实行教学布局调整，朝阳中学与原安仁四中并为一所中学，月塘小学、新垅小学、莽山小学、荷树小学相继撤并。到2014年，境内有初中1所，在校学生165人，专任教师36人。中心小学1所，村小11所，在校学生1527人，专任教师104人，小学适龄儿童入学率100%；学前班16个、私立幼儿园2所，在园幼儿551人，专任教师30人。

文化 境内民间文化以唱皮影戏为盛。新中国成立以后，通过对皮影加以整理、改造，使之为社会主义宣传服务。20世纪50—60年代，在县文化馆的牵头下，公社、大队经常组织开展一些文艺演出活动。1973年公社文化站成立，时称毛泽东思想宣传队，主要负责组织节目在全公社开展文化宣传。1977年组建公社电影队，轮流到各大队放映电影。1979年，皮影戏得以在境内进行改革试点，将皮影改口唱为按剧本唱，改小影为大影，改小亮窗为大亮窗，皮影艺术有所提高。1980年南坪皮影队新编剧目《两个县官》《鹭鸶和翠鸟》参加湖南省民间皮影交流演出，分别获得二、三等奖。2000年以后，农村电视逐步普及，2005年7月成立灵官镇有线电视管理站，负责境内有线电视的安装维护，有线电视始进村入户。2012年境内创建腰鼓队，群众兴跳广场舞，群众文化生活日益丰富。到2014年，全镇有村级文化活动中心15处，农家书屋15所，藏书3万余册。

医疗卫生

新中国成立以前，境内医疗卫生条件差，乡民看病依靠民间草药郎中。新中国成立后，国家加大对医疗卫生事业的支持和建设力度。1955年，建立朝阳卫生院，并在大队一级建立4个农村合作医疗站，以医疗为主，兼管卫生防疫和妇幼保健。20世纪60—70年代各大队均配备赤脚医生。80年代，村级卫生室增加至15家。2000年以后，对乡卫生院进行改造，卫生院医疗条件有所改善。2005年境内建立红十字医院。2007年启动新型农村合作医疗保险，当年参合人数1.65万人。到2011年末，全镇有各级医疗卫生机构2个，门诊部（所）15个；有床位112张，每万人拥有病床50.6张；固定资产总值4200万元。专业卫生人员116名，其中执业医师22人，执业助理医师38人，注册护士56人。是年，境内15个村2.25万村民参加新型农村合作医疗，参保率98%。至2014年年底止，全镇有卫生院两所，村级卫生室15个，村民新农合参保率达100%。

社会保障

新中国成立以后，政府加强对社会困难群体的救助。将孤寡老人和无劳动能力的残疾人列为“五保户”，由生产队实行集体供养。1992年成立乡民政办，由乡民政办负责全乡的社会保障和社会救助等工作。1998年，启动农村最低生活保障制度。2005年，启动农村大病救助，共落实低保对象30户43人。2006年，成立灵官镇残疾人联合会，对境内残疾人登记造册，统一管理。2008年，建立镇敬老院，有床位50张，入住老人40人。2011年，启动新型农村养老保险制度，是年参加新型农村养老保险6571人。是年，还为80周岁以上的老人办理高龄生活补贴。到2014年，全镇1313户低保家庭均实施了困难补助；50户“五保户”均纳入有效供养，其中集中供养15户，分散供养38户；396位高龄老人享受了高龄生活补贴，补助资金达22.69万元；农村新型养老保险参保人数20186人，参保率91%。

特色地情

名胜古迹

何古山遗址 位于灵官镇向荣村何古山南坡，距宜阳河约500米，面积约5000平方米。1959年10月，郴州专区文物工作训练班在安仁实习时首次发现。1960年1月，湖南省博物馆考古部来何古山试掘，开掘土方1处，探沟2条，获得大批遗物，认定为新石器时代村落遗址，距今5000年左右。内有长方形房基和圆形灶坑，出土的磨制石器有斧、锛、凿、平刃弧背穿孔刀等，陶器有碗、豆、鼎、罐和纺轮等，大多数为夹砂红陶，带有绳纹、凹弦纹、方格纹或斜格纹，器形最具特色的是凹底罐和环形竖耳圆锥足陶鼎。此外，在遗址上层还发现商周时期的铜戈一件。遗址断面呈现两层较为明显的文化堆积，上层属商周之际遗存，下层属新石器时代末期遗存。1982年9月，列为县级文物保护单位。

南雷庙 位于灵官镇南坪村境内，距县城20公里，该庙历史悠久。据史书《玉匣记》记载，唐高祖武德九年（626），南霁云、雷万春二将出征楚南，战死于猴县仙脚下。后皇帝敕封南霁云、雷万春为“忠义二将”。后人为了纪念两位英雄，就在他们战死之地修建了“南雷庙”，终年香火供奉。南雷庙之庙宇为飞檐画壁。前殿是“三母殿”，塑有“地母、天母、人母”像。主殿“南雷殿”为红砖碧瓦。碑载，南雷庙主殿建自康熙甲午年间，耗银千两。正厅塑有三米余高的南霁云、雷万春二将塑像。正厅石碑，详细记载了南雷二将的身世和战功。后殿是“双凤寺”，寺设上下两层，内有钟鼓楼，一座数百斤重的铸钟坐落在殿内左角，一架直径一米的大鼓竖立右侧。双凤寺内设“大雄宝殿”“地藏菩萨殿”“十八罗汉殿”，是寺内僧人念佛读经的地方。1999 年，南雷庙被湖南省宗教事务局批准为宗教活动场所。

莽山梯田 为境内莽山村独特的农耕景观，700 多亩，从山脚的深谷到海拔 1000 米的山巅，从树木葱茏的林边到石壁崖前，凡是有泥土的地方，几乎都开辟了梯田。梯田远望如链似带，又环绕在一座座山丘之间，层层叠叠，错落有致，像一个个巨大的螺蛳，随着山势，有层次地镶嵌成图形。一条条弯弯曲曲的小田埂沿着山坡蜿蜒，构筑极美的田园风光。

（侯娜　供稿）

龙海镇

龙海镇是郴州市特色镇之一、安仁县的“南大门”。

区域概况

地理位置

龙海镇位于安仁县境南部偏西，地理坐标为北纬26° 24′ 43″ 至26° 31′ 48″ 、东经113° 15′ 44″ 至113° 22′ 21″ 。东接本县承坪乡，西临本县华王乡，北连本县灵官镇，南毗永兴县柏林镇、樟树乡。镇政府驻地设在龙海村，距安仁县城28公里。

建置沿革

龙海镇因境内有龙海塘这一地名而得名。清时属平一都；民国时属龙乐乡。1949年属第四区，1952年属第七区，1956年析出设龙海乡，1958年大跃进时期改为龙海人民公社。1984年废除“政社合一”体制，恢复乡建制。1999年撤乡建镇。

区划面积

镇域总面积72.2平方公里。辖龙海、茨冲、万田、官陂、水垅、石岭、芙蓉、唐古、山塘、平山10个行政村，165个村民小组。

自然环境

镇域属半丘陵地区，地势西高东低，平均海拔169米，属亚热带季风性湿润气候，四季分明，年平均气温20℃；无霜期平均290天左右；年降水量约1400毫米；降水日约为170天；平均日照总时数11小时。已探明的矿产资源主要有煤、铁、石灰石等。猴子巷流经境内19.2公里，水系比较发达。地热资源比较丰富，有温泉一处。森林面积6.3万亩，覆盖率69.7%

人口状况

清咸丰年间，境内曾驻军设防，民国时期境内又设有龙海塘盐卡，周边人口遂迁居于龙海塘，时龙海塘为境内人口聚集区。新中国成立后的20世纪50年代初，随着医疗条件的改善、人民生活水平的提高，人口成倍增长。1956年境内人口自然增长率达31‰。三年经济困难时期，人口出生率下降，到1961年，人口自然增长率低至6.7‰。1962年以后，随着经济状况的好转，人口自然增长率又迅速恢复到27‰以上。70年代，国家实行计划生育，境内人口增长得到有效控制。到1984年恢复乡建制时，全乡总人口为3350户15719人，其中男性8112人、女性7607人，分别占总人口的51.61%、48.39%；农业人口15206人，占总人口的96.73%；人口自然增长率11.86‰。

随着小城镇建设步伐的加快，镇内人口逐年增长。2000 年全镇总人口为 5067 户 18117 人，其中男性 8999 人、9118 人，分别占总人口的 49.67%、50.33%；农业人口 17395 人，占 96.01%；人口自然增长率 7.98‰。2010 年全镇总人口为 5988 户 18880 人，其中男性 10105 人、女性 8775 人，分别占总人口的 53.52%、46.48%；农业人口 17963 人，占 95%；人口自然增长率 8.57‰。到 2014 年全镇总人口为 6048 户 19679 人，其中男性 10438 人、女性 9241 人，分别占总人口的 53.04%、46.96%；人口自然增长率 8.28%。

经济发展

经济综述

镇域经济以农业为主，耕地面积 1240 公顷，山林面积 4246.67 公顷。新中国成立以前，农业经济为自给半自给的农耕经济，工商业发展较为落后。新中国成立以后的 20 世纪 50 年代，通过实行土地改革和对农业、手工业、私营工商业等进行社会主义改造，境内经济得到较快发展。中共十一届三中全会以后，在改革开放政策的推动下，境内经济发展速度加快。1981 年实行家庭联产承包责任制以后，农、工、商各业经济得到快速发展。到 1996 年，全乡共发展乡镇企业 524 个，乡镇企业总产值达到 16790 万元；全乡地区生产总值 6042 万元。2000 年以后，通过招商引资陆续引进客商到境内投资兴业，经济发展呈现多元化，总量不断提升。2012 年全镇地区生产总值达 45391 万元，其中二、三产业增加值 37628 万元，占地区生产总值的 82.9%。到 2014 年，全镇地区生产总值达 53839 万元，其中二、三产业增加值为 45030 万元，占地区生产总值的 83.6%，镇财政总收入 593 万元，农民人均纯收入 5460 元。人民生活水平不断提高。到 2014 年，每百户家庭拥有摩托车 91 辆、电视机 98 台、洗衣机 43 台、电冰箱 66 台、空调 13 台，多数家庭建有 2–3 层小楼房，人均住房面积达到 65 平方米。

农业

种植业 境内种植以水稻、油菜、烤烟为主，兼种蔬菜、红薯等其他农作物。新中国成立以前，境内已栽培水稻，但产量不高。新中国成立以后，通过改进耕作技术、改良水稻品种，大力推广双季稻连作，水稻播种面积和产量都有大的增加。到 1964 年全公社粮食总产量达 4094 吨。20 世纪 70 年代，境内始试种杂交稻，而后逐步推广。此期，为解决粮食不足的问题，境内还大垦荒地种植红薯，每年户平种植红薯 1 亩以上，为当时全县红薯种植面积和产量最多的乡镇之一。1981 年实行家庭联产承包责任制后，农民种粮积极性大为提高。1984 年，全乡粮食播种面积达 2028.53 公顷，粮食总产量达 10271 吨。之后，又不断调整优化种植业结构，除种植水稻外，还大力种植烤烟、油菜。到 1996 年，全乡粮食播种面积 2111.33 公顷、粮食总产量达 13083 吨，其中水稻播种面积 1904 公顷，稻谷总产量 12388 吨；油菜种植面积 533.33 公顷、油菜籽总产量达 188 吨；烤烟种植面积 114.67 公顷，烟叶总产量 180 吨。2000 年通过招商引进山东客商在平山村租赁荒山开辟脐橙种植基地，成立东南阳光公司。到 2003 年，该基地种植脐橙达到 330 余公顷。2012 年后，境内继续大力发展烤烟生产，当年种植烤烟 200 公顷，烟叶总产量 400 吨。到 2014 年，境内先后发展以万田、官陂村为主的优质烤烟生产基地，以龙海、平山、万田、水垅村为主的优质稻和油菜生产基地，以平山、山塘村为主的脐橙种植基地，以石岭村为主的金银花药材种植基地；全镇粮食播种面积

达2930.33公顷，粮食总产量达17678吨，其中水稻播种面积达2651公顷，稻谷总产量17138吨；油菜种植面积1233.33公顷，油菜籽总产量2128吨；烤烟种植面积213.33公顷，烟叶总产量672吨。种植业总产值9536万元。

养殖业 境内养殖业以生猪为主，兼养黑山羊、鸡、鸭、鱼等。新中国成立以前，经济发展落后，人们食不果腹，生猪养殖业发展缓慢。新中国成立以后，在政府的鼓励和支持下，境内通过改良生猪品种，生猪养殖业有所发展。到1957年，户平养猪达到1.5头。“大跃进”时期，境内各大队、生产队曾兴办千头猪场，但因一哄而起，设施简陋，猪瘟防治不力，实际出栏数下降，三年经济困难时期继续滑坡，1962年后才得以恢复。20世纪70年代，公社、大队、生产队三级大办猪场。到1978年，全公社共兴办集体猪场107个，全年饲养生猪8869头，其中年内出栏3597头。1981年农村实行家庭联产承包责任制后，农户发展养殖业的积极性提高。1984年，全乡饲养生猪9324头，其中年内出栏4824头；出笼家禽16000羽，禽蛋产量33.3吨。1985年以后，国家取消生猪派购，生猪购销渠道得以放开，从事生猪收购和贩运的逐渐增多，生猪养殖业得到快速发展。1996年，全镇全年出栏生猪达到19850头，年末存栏18050头。2000年以后，境内还从外地引进黑山羊，发展黑山羊养殖。家禽养殖以肉用型和蛋用型鸡鸭为主，饲养量不断增加。到2014年，全镇全年饲养生猪60800头，其中年内出栏生猪42120头，肉类总产量3104吨；出栏黑山羊500余只；出笼家禽65250羽，禽蛋产量398吨；年末大牲畜存栏1950头；牧业总产值1661万元。水产品总量61吨，渔业总产值489万元。

林业 境内林种以松、杉、樟、桐为主。新中国成立以前，境内林业生产处于自然发展状态。民国时期，县署曾倡导民众造林，但成效不大。新中国成立以后的20世纪50—60年代，在县委、县政府的倡导下，境内大力开展合作造林和封山育林，林地面积不断扩大。1972年后，境内还开展基地造林，并在此基础上开办集体林场。到1980年，全公社共开办集体林场18个，其中公社林场2个，大队林场16个，累计造林700公顷，龙海成为安仁县第一个人工杉木林区，受到省、地多次表彰。到1985年全乡林地面积达3913.33公顷，其中用材林面积2413.33公顷，经济林面积1246.67公顷，林木蓄积量为5.54万立方米，森林覆盖率达47.82%。20世纪90年代后，在开展用材林营林造林的同时，境内也大力发展经济林。1990年，境内开发油茶林达330多公顷。2010年后，境内先后创办福城农林公司、安林公司。其中福城农林公司在万田、山塘、唐古村开发油茶260多公顷，安林公司在平山村开发桉树70多公顷，在龙海村开发桂花苗木70多公顷。到2014年，全镇林业总产值达851万元。

工业

民国以前，境内已有家庭作坊，但多系小手工业，规模较小，效益不佳。新中国成立以后，通过对手工业进行改造，境内工业始有一定的发展。1955年，安仁县手工业联社将安仁县锅铁厂迁到龙海乡万田村，更名为万田铁厂，是为龙海境内第一家工业企业，当年炼铁123吨，日均产量33千克。1958年安仁县水泥厂迁至龙海公社良田桥村，取协作煤矿的煤和茨冲的石灰石，用土法生产水泥，几个月后停办。20世纪70年代，境内又创办龙海公社石灰厂，该厂生产的石灰结构力强、白度好，居全县之首。此期，境内还先后兴办集体或个体冶炼企业。20世纪80年代后，境内乡镇企业得以发展。1982年，龙海公社水泥厂建成投产，当年生产水泥0.34吨，但质量不过关。1985年通过引进技术，质量得以提高，不仅可以生产400标号、500标号的水泥，还可生产600标号的水泥，产值逐年增长。1988年产值达到252万元，上缴利税60余万元，成为安仁乡镇企业的骨干企业。到1992年，全乡乡镇企业总产值达1068万元，占全乡工农业总产值的41%。2000年以后，受市场竞争的影响，加之内部经营管理不善等原因，境内乡镇企业发展逐年滑坡，而后或租赁经营，或改制重组，或停产倒闭。其中，龙海水泥厂实行租赁承包，重新组建龙海水泥有限责任公司，转换经营机制，效益从低谷中攀升，2003年完成产值1811万元，为国家创税100万元。2006—2007年通过招商引资，引进永昌贵、湘达、通达等冶炼企业落户龙海茨冲，建立龙海工业小区。2011年后，引进新型金砖有限公司投资6800万元，将原水泥厂新线改造成日产砖30万块的建材项目。到2014年，全镇基本形成了以新型金砖、金山水泥为代表的新型建材产业和以永昌贵金属为代表的精深冶炼产业，全镇工业总产值达36504.2万元。

商贸服务业

龙海镇地处安仁的南大门，与永兴县、耒阳县毗邻，古时南来北往行人多于此食宿。民国时期，龙海塘设有盐卡，有不少外地商贾聚集此地经商开店，始有集市。到民国末期，龙海塘市场（老圩场）已形成300米长的街道，有店铺30余家，上市交易的物资有大米、茶叶、土纸、竹木制品等。新中国成立以后，县政府大力扶持私营商业，境内商贸服务业得到一定的发展。1951年建立区供销合作社，由区供销合作社负责境内生产生活物资供应和农副土特产品的收购推销。1958年“大跃进”时期，私营商业受到打压，集市贸易步入低谷。中共十一届三中全会以后，集市贸易全面放开，境内商贸服务业得到恢复和发展。到1984

年全公社已发展个体商业户28家，社会消费品零售总额达71万元。龙海老街集市随着客流量的增多，也逐步发展成为安永耒边界的主要交易场所。20世纪90年代以后，个体、私营商业日渐增多，市场日趋繁荣活跃。1999年撤乡建镇时，兴建镇农贸市场。2004年对镇农贸市场进行改建。改建后的龙海市场占地15亩，内有大型超市3家，各类商业门店23家，拥有摊位个体营业间330余个，每月逢三、六、九日赶集，应市者上万人。商贸服务业由商品销售、餐饮向修理、美容、休闲、娱乐、通讯、家电、保险等多个领域发展。到2014年，全镇社会消费品零售额达5390万元。

旅游业

龙海境内旅游资源比较丰富，有全县独有的地热资源和全县独特的丹霞地貌风光；也有清台湾知府、抗法民族英雄侯材骥的故居等人文古迹。20世纪90年代以后，通过招商引资，境内旅游资源得以开发，旅游业逐步发展。2002年本地老板投资500多万元，在万田村兴建龙海温泉度假山庄。该温泉出水水温43-45℃，日均出水3万~6万吨，是郴州市6个优质温泉之一。有"千坦之山""千龙之山"之称的龙脊山丹霞地貌旅游资源于2010年后得到开发利用，并纳入罗霄山脉连片特困地区扶贫攻坚区域旅游开发计划。2010年后，通过招商引资，境内先后建设东南阳光公司、军龙山庄、平山农家乐等集生态农业和休闲观光于一体的现代农庄。到2014年境内旅游收入达到136万元。

基础设施

交通运输

新中国成立以前，境内交通不发达，人们出行以步行为主。民国时期，政府采取以工代赈的方式修筑安仁至龙海公路，境内路段只有3公里。新中国成立以后，县人民政府按照"民工建勤、民办公助"方式组织群众对县、乡道陆续进行整修，境内公路得以拓宽和延伸。1958年由国家投资、县内投工修通鲁安公路，为砂石路面，四级公路，途经龙海11公里。1978年修通龙海至承坪公路，宽3.5米，长9.3公里。是年，还修通万田至水垅公路，宽5米，长7.7公里。到20世纪70年代末，境内各村基本修通简易公路。2000年后继续加大通村通组公路建设，部分通村公路相继得到硬化。2009年，S 212线进行全线改造，路面拓宽至12米，并实行砼路面硬化，沿线茨冲、龙海、平山等村交通条件得到改善。2013年，全镇新修通村通组公路及机耕道66.7公里；2014年，全镇新修改造通村通组公路10公里，机耕道16公里。至此，全镇基本实现水泥公路组组通，全镇公路总里程达55公里，通村公路通畅率达100%。

水利建设

新中国成立以前，境内水利设施简陋，农田灌溉主要靠山塘水坝。新中国成立以后，政府组织农民大修水利，境内一些山塘、水坝得以整修和恢复。1953年全县开展"修建百塘运动"，境内先后修建一批山塘。到1957境内有山塘160余口，其中基本山塘5口。1974年青山垅水库柏安渠道（永兴柏林至安仁）修通，境内农田灌溉得到保障。1977年建成红石水库，有效库容为164万立方米。20世纪70—80年代，还先后修建观音塘、茅屋垅、长塘、老鸦冲、大水源、水垅里6座小Ⅱ型水库，总有效库容114万立方米，有效灌溉面积2700亩，农田灌溉条件得到进一步改善。2000年以后，又先后投入资金1000余万元，修复"7·15""8·26"等特大洪灾损毁的水利设施136处，修复和加固病险水库、山塘

50口，维修小Ⅱ型水库3座，新建水堰8座。到2014年，全镇有小Ⅰ型水库1座，小Ⅱ型水库6座，山塘750口，有效库容200多万立方米，有效灌溉面积为10000余亩。

供电供水

供电 新中国成立以前，境内照明主要靠松油或煤油灯。新中国成立以后，境内通过兴修水电站，逐步实现通电。1977年境内建成红石水库。为解决用电问题，1978年公社将该水库改为专供发电，装机4台500千瓦。是年，全公社共修建小水电站9座，其中社办2座、队办7座，时有7个大队86个生产队通电。1981年建成龙海变电站，时容量为560千伏安，1987年增容为1000千伏安。2000年后，因农村供电线路老化，县电力局在境内先后实施农网一、二期改造工程。到2014年，龙海镇境内有电力变压器60台，其中专变12台、公变48台；10千伏线路长123千米；低压线路165千米，用电得到基本保障。

供水 境内地下水资源比较丰富，人们饮用水主要为井水，有的直接从河里取水。因地表水污染日益严重，水质难以保障，村民饮用水存在安全隐患，2000年以后，国家实施农村饮水安全工程。2003年争取国家支持，投入资金6.5万元完成唐古村的打井取水工程，解决3个自然村150个人口和80头牲畜的饮水困难。2010年后，镇中心区域逐步安装水管，实现自来水入户。

邮电通信

清代以前，境内通讯靠驿站和递铺。民国时期，境内设有龙海塘邮政代办所，委托商家或乡董办理境内邮务；还开辟过安仁–永兴的长途电话线路。民国后期，因战事频繁，电话线路被毁，报话全部中断。新中国成立以后，实行“邮电合一”，整修邮政设施和区乡电话，邮电事业得以恢复和发展，到1953年基本恢复与县城的有线电话。1956年，龙海邮电所成立，负责管理辖区邮电业务。1958年“大跃进”时期，邮路开通到各大队，公社、大队通邮达到100%。1978年以后，县乡邮路由步邮改为车邮，电话线路大部分改为载波电路，境内邮电事业发展进入新阶段。20世纪80年代后，镇内开始设立邮政代办点，代办信件投递、报刊收发等业务，后增设电话业务。1992年境内安装开通C & C08型数字程控交换机，办公电话基本普及，始有家庭安装私人住宅电话。1997年境内开通自动电话。2000年以后，移动和联通公司开始在境内修建基站，部分先富裕起来的村民开始购买手机。到2014年，宽带网络已在镇区开通，电信、移动网络覆盖全镇，手机使用户占总人口的70%以上。

镇区建设

20世纪50—70年代，镇区规模不大，仅有一条不到500米的老街。80年代以后，随着S 212线的拓宽硬化、龙承公路的建成通车，村民逐步沿公路聚集建房，形成新的镇区中心。1999年撤乡建镇后，建设新的农贸市场，实行划行归市。同时，投资380余万元，对老镇区主要街道进行了硬化，对3个村民休闲广场进行了绿化。2010年后，引进浩峰公司建设龙海新城。拆除老邮政所办公楼，打通十字街道，将龙承公路往西延伸至S 212线，使新老区连为一体。同时，新建一个绿化广场，首期开发建设68栋商品房，安装路灯200余盏。到2014年，龙海新城已初具雏形。

社会事业

教育科技

教育 明清时期，境内教育以书院、私塾为主，万田村境内曾建桂林书院，是当时安仁境内比较有名的书院之一。民国时期，乡保开办过国民学校，后停办。新中国成立以后，通过对旧式学校进行改造，各村都办有小学。1969 年创办龙海初级中学，校址设在龙海塘上街，时有教学班 10 个，学生 557 人，教职员工 32 人。1973 年各大队相继附设初中班，后于 70 年代末停办。龙海中学也于 1975 年后开办过高中班，后于 1980 年停办。龙海中学在 20 世纪 80—90 年代教学质量不断提高，初中生升学率稳定在 70% 以上，居全县乡办中学之首。1989 年后，境内学前教育也得到发展。各村小按照县教育局的要求，都附设学前班，招收 5 ~ 6 岁的幼儿进入学前班学习，接受 1 ~ 2 年的学前教育。2003 年，因生源减少，境内按照县政府的统一部署，对教学布局进行了适当调整，小学 4 ~ 6 年级的学生全部集中到镇中心完小就读，各村小只招收 1 ~ 3 年级的学生。此期，龙海中学、龙海中心完小顺利通过省级合格学校验收，平山村小被郴州市教育局评定为市级校园文化建设样板学校。2012 年龙海中小创办幼儿园，招收幼儿 90 名。是年，龙海中小幼儿园通过省级优秀幼儿园验收。到 2014 年，全镇有中学 1 所，中心小学 1 所，村小 8 所，幼儿园 1 所，在校中学生 532 名，小学生 1050 名，幼儿 90 名，教师 83 人，九年义务教育普及率 99.8%。

科技　新中国成立以前，境内科技发展缓慢，农业科技装备水平低。新中国成立以后，在党和政府的大力推动下，科技得以发展，一些新的农业耕作技术逐步引进和推广。“文化大革命”期间，科技工作人员受到打压，科技工作滞步不前。1978 年，乡科技站成立，境内科技工作得以恢复和发展。1985 年龙海水泥厂先后从郴州地区水泥厂、广东南海县水泥厂引进技术，产品质量不断提高。20 世纪 80 年代后期，境内始有人引进冶炼技术创办个体冶炼厂。1989 年乡科技站改为乡科委，负责管理辖区内的科技工作，由分管农业的副乡长兼管科技工作，1999 年又设专职科技副镇长，镇科委设有专门的办公用房，并挂有牌子、刻有公章，科技工作逐步走向规范化。2000 年以后，耕田机等农业机械设备在境内逐步推广使用；2010 年后，大型收割机也得以推广使用，农业机械装备水平大幅提高。

文化体育

文化　明代，境内就有在春节、元宵节舞龙灯的习俗，其中龙灯会最具地方特色；清时，皮影戏从外地传入境内，舞龙灯、唱皮影戏为当时境内主要的民间文化活动。新中国成立以后，群众文化得以逐步发展。20 世纪 50—60 年代，曾由公社牵头组织文艺宣传队，到各大队开展社会主义和毛泽东思想宣传。1977 年成立公社电影队，由放映员巡回到各大队放映电影。20 世纪 80 年代又成立公社文化站，负责管理和组织群众文化活动。2000 年以后，在镇文化站的指导和帮助下，境内先后成立了龙海艺术团、业余文学创作队、2 个龙狮队（平山龙狮队和芙蓉龙狮队）、2 个腰鼓队（新世纪腰鼓队和芙蓉腰鼓队）、2 个皮影队（平山皮影队和茨冲皮影队）、2 个民间管乐队。这些队伍在传统节假日和群众红白喜庆时参与组织各种形式的文艺演出，为繁荣农村文化发挥了一定的作用。2009 年镇政府投入资金 24 万元建成龙海镇综合文化大楼。综合大楼占地面积 180.5 平方米，既有图书室、电子阅览室，还有陈列展览室、多功能活动厅、多功能培训教室等，功能比较齐全，为乡镇比较好的文化站之一。2011 年 10 月，龙海艺术团进京参加了“夕阳秀”全国艺术大赛暨 2012 年“敬老爱亲”春节联欢晚会预选赛，参演的舞蹈节目荣获荷花铜奖，是为安仁乡镇文化站首次获得的全国性荣誉称号。同期，还在各村先后创建了农家书屋。到 2014 年，境内已建设乡文化站1所、村文化活动中心10个、农家书屋11个，藏书量达3万多册。

医疗卫生

新中国成立以前，境内医疗卫生条件差，群众看病治病主要依靠民间草药郎中。新中国成立以后，在政府的支持和帮助下，境内医疗卫生事业得到发展。1956年开办龙海公社合作医疗站，负责境内医疗卫生和疾病防治工作。1958年建设公社卫生院，时有医护人员4人。20世纪60—70年代，各大队都办有合作医疗站，并配备1～3名“赤脚医生”。80年代后，农村合作医疗站改为村卫生所或村卫生室，由私人承办。90年代后，境内陆续有人开办个体诊所或药店。2000年以后，龙海卫生院进行改造，投入资金100余万元建设住院大楼，并添置一些先进的医疗设备，医疗条件大为改善，成为安仁县中医院的直属医院。各村相继建立完善村卫生室。2006年，境内正式启动新型农村合作医疗保险。到2014年，全镇有卫生院1所，计生服务站1个，村卫生室7个，个体诊所14个，有医师45人，医护工作人员20人，内科、儿科等常见疾病可在境内医治。参加新型农村合作医疗保险人数17865人，参合率93%。

社会保障

新中国成立以后，境内社会保障事业得到发展。农村“五保户”统一由各生产队集体供养，每年由生产队安排一定的口粮，死后由生产队负责安葬。同时，对弱势群体实行社会救助。1958年实行人民公社化时期，境内兴办过“敬老院”，将“五保”老人集中起来，由各生产大队集中供养。20世纪60年代后，因管理不到位等原因敬老院停办。1998年启动最低生活保障制度，当年纳入最低生活保障的困难对象156户。2005年启动大病互助制度。2012年镇政府投资200余万元新建一所敬老院。新建的敬老院拥有17个套间，日用设备齐全，可同时供养60位老人，为全县最好的乡镇敬老院。2011年启动新型农村养老保险。到2014年新型农村养老保险人19285人，参保率98%。

特色地情

名胜古迹

侯材骥故居 位于龙海镇万田村境内，始建于清代，砖木结构，前后两进长38米，宽16米。小青瓦、封火墙、硬山顶、抬梁式框架、窗檐上均刻有浮雕图案，大门檐为大极阴阳图和菊花图。故居前后两进，大体布局为大正门和两大侧门，内为厢房和天井，共38间。主房、厢房、天井、走廊均为古建筑风格，气势雄浑。故居依山而建，布局紧凑。屋前为一水塘，塘前有一公路；屋后是茂密的山林。附近清代曾建有桂林书院。

龙海温泉 地处龙海镇万田村境内，距龙海镇政府驻地2公里，距县城30公里，2003年开发建设，占地面积15000平方米。温泉水由地下120米深处的沉溶洞里抽出，出地水温为43℃～45℃，水流清澈，四季恒温。水中富含对人体健康非常有益的二氧化硅、钾、钠、锶、镁、铁、钙等多种矿物质，常泡可舒筋活血、驱寒除病、护肤养颜，对关节炎、慢性肺炎、心血管等疾病有明显疗效。龙海温泉山庄经营温泉沐浴、餐饮、住宿、娱乐等业务，并承接中小型会议，为综合型度假山庄，每年接待宾客3万余人次。

龙脊山 位于龙海镇石岭村境内，距安仁县城33公里，是一个山水缠绕的丹霞地貌群，面积达63.5公顷。境内一条小河九曲十八弯游离其间；两岸山脉为丹霞地貌，不断层，呈南北走向，连绵起伏；崖石鳞次栉比，呈暗红色，远看似红

龙海龙脊山

芙蓉龙灯会

霞，近看则色彩斑斓。龙脊山不高，平均海拔不足 200 米，相对高度在 40 ~ 50 米之间，却连绵数里，有不少奇洞隐于山中，有千冈、千峡、千湖、千坦之称，很有特色。

民俗风情

龙灯会 为龙海镇芙蓉村民间舞龙灯、狮子的活动，始于明朝洪武年间，距今已有 600 多年历史。前身为芙蓉庙会，由纪念明朝时期上南王为该村题名“芙蓉国里，芙蓉洞天”而来，后来慢慢演变成祈求芙蓉风调雨顺、人畜兴旺的群体活动。活动由村民挑选年轻力壮的后生组成龙队，年轻貌美的女性组成凤队，从清早开始，男女老少浩浩荡荡簇拥着龙凤队挨家挨户团拜。每到一处，龙飞凤舞，锣鼓喧天，人欢炮鸣，场面壮观；到中午，全村的人一起喝团圆粥，拉家常，叙旧情，谈规划，建新村；晚上，村民用稻草做编龙，在龙头、龙身及龙尾插满香火，称为火龙。大人、小孩不约而同地提着自制的各式灯笼，在民间乐队的护送下，随着火龙去各家各户送香火。村民则用自家的香烛换取龙身上带有灵气的香火，以求新的一年五谷丰登、人兴财旺。近些年来，村民推陈出新，在以往龙灯表演的基础上，又新添了腰鼓、踩高跷等活动。

（杜苏丹　供稿）

牌楼乡 >>

区域概况

地理位置

牌楼乡地处罗霄山脉中段，安仁县中部偏东地区，地理坐标为北纬26° 34′ 2″至26° 41′ 20″、东经113° 18′ 12″至113° 26′ 9″，东与茶陵县界首镇毗邻，西、北与本县永乐江镇相连，南与本县安平镇、平背乡接壤，乡政府驻地设在莲花村，距安仁县城16公里。

建置沿革

牌楼乡因其境内永乐江畔曾建有牌楼而得名，又因永乐江横贯全境而曾称神州河。清代分属同二都、同五都。民国时期属松山乡。1952年划属第五区（安平区），1956年设牌楼乡，1958年为永乐人民公社，1984年恢复乡建制。牌楼乡域界域名保留至今。

区划面积

牌楼乡土地总面积77.9平方公里。辖颜家、龙源、月池、莲花、彭源、船头、神州、联扩、山口、何古、谢古、甘塘、新塘、柏叶、井下、松林、曾塘17个行政村，235个村民小组。

自然环境

牌楼乡地处平岗丘陵地带，属亚热带季风性气候区，四季分明，春温多变，夏热期长，秋短温凉，冬长寒冷；光照充足，热量丰富，雨量充沛，降水集中，但雨量分布不均，夏秋易涝易旱，年平均降水量1500毫米。境内永乐江流经船头、彭源、山口、莲花、神州、联扩6村，水系比较发达。境内矿产资源贫乏，仅石灰石可供开采。自然灾害有旱灾、洪灾、风灾、冰冻、雪灾、冰雹、雷击等。

人口状况

牌楼乡为安仁县三大乡镇之一。新中国成立之初，境内人口快速增长。到1956年，人口自然增长率达32‰。三年经济困难时期，人口出生率下降，到1961年，人口自然增长率低至6.7‰。1962年后，随着经济状况的好转，境内人口自然增长率又迅速恢复到30‰以上。20世纪70年代，国家实行计划生育，境内人口增长得到有效控制。1984年末，全乡总人口为6080户27863人，其中男性14212人、女性13651人，分别占总人口的51.93%、48.07%；人口自然增长率为6.2‰。2000年，全乡总人口为7537户29886人，其中男性15672人、女性14214人，分别占总人口的52.44%、47.56%；人口自然增长率

6.49‰。2014年总人口为9917户33919人，其中男性17778人、女性16141人，分别占总人口的52.41%、47.59%；人口自然增长率7.11‰。人口密度每平方公里为435人。

经济发展

经济综述

牌楼乡经济以农业为主。新中国成立以前，由于生产力水平低，加之交通不便，农业经济为自给半自给的农耕经济，工商业发展缓慢。新中国成立以后，通过实行土地改革以及对农业、手工业等进行社会主义改造，境内经济得到较快发展。“文化大革命”时期，生产受到破坏，经济发展处于缓慢或滞步不前状态。中共十一届三中全会以后，实行改革开放，境内经济发展速度有所加快。1980年全乡工农业总产值741万元，其中农业总产值648万元，工业总产值93万元。1981年农村实行家庭联产承包责任制后，产业结构得到调整优化，乡镇企业迅猛发展，全乡形成了以种、养、加工为龙头，农、工、商全面发展的新格局，经济总量不断提升。1996年，全乡乡镇企业发展到551个，乡镇企业总产值6025万元。2000年后，随着市场的全面放开，民营经济得到较快发展，乡域经济进入新的加速发展期。2005年，全乡地区生产总值8519万元，财政总收入373万元，农民人平纯收入2200元；2010年，全乡地区生产总值13350万元，财政总收入396万元，农民人平纯收入2302元。2012年全乡地区生产总值15038万元，财政总收入582万元，农民人平纯收入达到3333元。2014年，全乡地区生产总值18293万元，财政总收入709万元，农民人均纯收入4312元。人民生活水平大幅提高，每百户拥有彩电88台、洗衣机46台、电冰箱61台，大多数家庭建有一栋两层以上的楼房，人均住房面积69平方米。

农业

种植业 牌楼乡是个典型的农业乡，全乡有耕地面积2257.93公顷，其中水田1565.47公顷，旱土692.47公顷。农作物种植以水稻、烤烟、油菜为主，兼种西瓜、花生、蔬菜、红薯等。清代、民国时期，牌楼已是全县主要的水稻种植区。民国中期，境内曾推广双季稻间作，但由于水利设施简陋，加之栽培技术落后，产量增长无几，亩产不到150千克。新中国成立以后，政府引导兴修水利，改善农业生产条件，改进农业耕作技术，改良水稻品种，积极推进双季间作改连作，水稻种植面积和产量均有所增加。1964年，全乡粮食总产量达5947吨。1965年神州大队种植油菜丰产试验田11亩，亩产油菜籽53千克。20世纪70年代后，引进生育期短的高产品种，推广稻—油复种，油菜亩产40千克以上。是期，牌楼列为全县试种杂交水稻的公社之一。1976年，全公社种植杂交晚稻400公顷，亩产量达400千克以上，比常规稻增产近1倍。1980年，牌楼作为全县示范点试种杂交早稻。是年，亩产量达422千克。1983年，贯彻“适当集中，主攻质量，优质适产，提高质量”的方针，全公社大面积种植烤烟，是年，全乡种植烤烟70余公顷，成为全县烤烟主产区之一。1984年，牌楼被列为全县吨粮田示范区，是年水稻种植面积扩大到2604.47公顷，总产量达到147.68吨。90年代后，通过大力推进土地流转和给予一定的政策扶持，涌现出一批种粮大户。到2014年，全乡粮食播种面积3134.6公顷，粮食总产量21808吨，其中水稻播种面积2905.53公顷，稻谷总产量21309吨；油菜种植面积1366.67公顷，油菜籽总产量2358吨；烤烟种植面积达到186.67公顷，烟叶总产量490吨。豆类种植面积114.47公顷，总产量249吨；薯类种植面积114.6公顷，总产量248吨。种植业总产值8536万元。

养殖业 牌楼养殖业以生猪、牛、鸡、鸭、鱼等畜禽和水产为主。民国、清代以前，农民食不果腹，养殖业发展缓慢。新中国成立以后，在政府的扶持下，养殖业得到较快发展。1949年，全乡饲养生猪2000余头，户平不足1头；耕牛总量不到700头。1956年，生猪饲养发展到6000余头，户平达到1.5头；年末存栏耕牛1000余头。1958年，境内曾一哄而起兴办过千头猪场、百头猪场，但实际效果不佳，出栏数、存栏数均较上年减少。耕牛归大集体所有，集中饲养。因劳役过重、饲料不足等原因，发病、死亡的比较多。三年经济困难时期，养殖业滑坡。1961年，全公社生猪饲养量下降到1000头以下，存栏耕牛比1957年减少35%。1962年后，政府采取留足饲料、保护过冬等措施，耕牛养殖有所回升。1970年，全乡增加耕牛900余头。此期，公社、大队、生产队三级大办猪场。1978年，全公社共兴办集体猪场174个，全年饲养生猪17054头，其中年内出栏7140头。1981年后农村实行家庭联产承包制，耕牛私有私养，除用作役畜外，可作菜牛上市出售，农民养牛积极性提高。1984年，全乡耕牛饲养量达到2365头比1980年增长19%。1992年，全乡出栏生猪1.4万头，户平近2头。1996年，由乡政府牵头争取300余万元资金在柏叶村新湾组新建湘南牛市，每天交易量达100头。是为安仁唯一一个规模化牛类专业交易市场。90年代中期，随着市场的全面放开，收购返运生猪的增多，生猪养殖成规模化。1996年，全乡出栏生猪，肉类总产量达3059吨。2006年以后，养牛户减少，交易量也逐年减少。2012—2013年，该乡引进客商，投入资金320万元创办健民禽业有限公司，在牌楼乡松林村和曾塘村建设大型蛋鸡养殖场，年产值达1000余万元。2014年，全乡饲养生猪50400头，其中年内出栏生猪31090头，肉类总产量2667吨；出笼家禽185400羽，禽蛋产量200吨；年末耕牛存栏3120头；水产品产量400吨。牧业总产值6152万元，渔业总产值208万元。

林业 牌楼属丘陵地带，有大量的山地可供造林。新中国成立以前，林地属私人所有，林木品种有松、杉、樟等。20世纪50年代末，由于过量砍伐，林业资源遭到破坏。70年代，部分人工林长成，蓄积量略有回升。80年代初，随着农业联产承包到户，集体山林一时管理混乱，部分林农趁分自留山之机乱砍林木，森林资源再次受到破坏。1981年实行林权改革，确定山林权属，林权归村组集体所有。全乡先后建有乡、村林场20个，茶场1个。1989年，县委、县政府出台林业优惠政策，重申“谁造谁有”，全乡涌现出一批承包荒山造林的农户，完成荒山造林330余公顷。1992年，全乡种植柑橘、万寿果达100公顷。1994年按照县委、县政府作出的《关于实现全面绿化，发展高效林业的决定》，全县进行第二次林业体制改革。牌楼乡在稳定承包经营责任制的前提下，按照山权、林权、经营权“三权”分离的原则，采取入股、出租、兑换、征用、抵押等形式进行山地流转。2004年以来，牌楼乡按照县委、县政府的安排部署，引导村民大力推进退耕还林和绿化工程。在营造用材林的同时，通过调整产业结构，在全乡范围大力发展经济林，主要种植柑橘、油茶、李子、桃子、枣子、梨子等。2006年，颜家村开发玫瑰香柑40余公顷，创产值120万元。到2014年，乡村两级公路、排界公路、荷牌公路已经实现全部绿化，全乡山林面积达到800公顷，森林覆盖率达到61.6%。

工业

新中国成立以前，牌楼工业基础薄弱，发展缓慢，缝纫、纺织、草席、铁木竹器等手工业均为个体生产。新中国成立以后，牌楼致力于恢复和发展工农业生产。1958年人民公社化，牌楼开始兴办工业企业，时称“社队企业”。社队工业企业主要从事运输、建筑、缝纫、竹木和副食品加工。20世纪60—70年代，社队工业企业经营管理不善，时兴时衰。80年代，农村实行经济体制改革，社办工业企业普遍实行承包经营，一些新兴的乡村办及联办工业企业得到较快发展。是时，牌楼乡境内先后兴办玻璃厂1家、瓷厂1家、大米加工厂17家、砖厂2家、木材加工厂11个。其中以牌楼玻璃厂为盛，产品有金鱼缸、玻璃坛子、煤油灯罩等。90年代以后，大力发展乡镇企业。到1996年全乡乡办、村办工业企业达到50多家。2004—2005年，通过招商引资先后创办旭鑫玻璃厂和第一家外资玻璃厂——郴州日大玻璃厂，两家玻璃厂年创产值600万～1000万元，安排就业120余人。但因玻璃产业不景气，没过几年效益就滑坡，直至2008年相继倒闭。2009年，本地老板在井下村投资300余万元创办风仙寺山泉水厂，安排就业50余人，年创产值300万元。到2014年，牌楼乡有采石场3个，砖厂1个，采沙场2个，水厂3个。全乡工业总产值达到27332万元。

商贸服务业

新中国成立以前，牌楼境内已有集市，但店铺不多，大部分为手提肩挑的商贩，逢墟赶集，交易量较小。民国时期神洲河集市是当时比较繁荣的市场，交易的商品除土特产外，还有南货、百货及陶器等手工业产品。民国后期，日军犯境，战乱不定，市场趋于萧条。新中国成立后，在政府的推动下，集市得以恢复。20世纪50年代组建供销社，并在各大队设立代销点，以供销社为主体的农村商贸服务业得到一定发展。文化大革命时期，自由市场受到限制，境内商贸服务业发展非常缓慢。中共十一届三中全会以后，集市贸易全面放开，境内商贸流通日趋活跃。1984年全乡消费品零售总额达到2314万元。1990年后，境内运输业也得到较快发展。1992年，全乡从事运输的专业户达130余户，有各种客、货车70辆，手扶拖拉机50余部，农机总动力1600多瓦，为全县第一个“运输之乡”。1994—1997年，境内先后建成莲花、联扩两个农贸市场，设有350多个店面、120多个摊位，商贸服务业涵盖到餐饮、金融、汽修、建材、家电、美发、超市、农机修配等多个行业。2014年，全乡消费品零售总额达到6473.25万元。

建筑业

民国以前，境内已有不少泥木匠。这些泥木匠在农闲时节，常三五结伴外出承建房屋等土木工程。新中国成立以后，部分泥木匠被吸收到社办建筑队或木业生产合作社。1976年建立永乐建筑工程队，时有职工30余人。1984年，正式组建牌楼建筑公司，有职工400余人，承揽工程由郴州市内拓展到长沙、广州、深圳等地。1988年，牌楼建筑公司晋升为国家三级企业。20世纪90年代中期以后，牌楼建筑公司因机制不活、管理不善等原因，效益日趋滑坡，1997年实行改制，改由私人、个体承办。2000年以后，境内又先后组建小型建筑施工队12个，赴郴州、长沙、东莞等地，承包建筑、安装工程。每年外出从事建筑、安装的人员达3500人，年人平建筑劳务收入2万～4万元。

基础设施

交通运输

新中国成立以前，牌楼境内尚无公路。货物运输以航运为主，境内沿永乐江设有神洲河、山口铺等码头。明清时期，境内曾开辟一条由大石铺至山口铺、再由山口铺至樟桥铺约10公里的驿道。新中国成立以后，政府采用“民工建勤，民办公助”的办法大搞公路建设。1965年，建成荷树至牌楼公路，全长7.4公里；1981年，建成牌楼至界首公路，全长8公里。是年，牌楼大桥竣工。1991年，建成城关至牌楼公路。2000年以后，实施“通畅工程”，对乡村公路逐步进行硬化。2005年，在湖南省政协驻彭源村工作队的支持下，排山至牌楼公路进行了硬化。2008年后，随着国家“村村通”项目的实施，各村通过向上争资立项和村组自筹资金的方式，全面开展村组道路建设。到2014年，全乡17个村共硬化村组公路50余公里。通村公路通畅率为100%。

水利建设

新中国成立以后，境内在政府的号召和支持下大修水利。1953年全县开展“修建百塘运动”，牌楼修建山塘百余口。1956年，牌楼乡荷叶塘水库动工，1958年建成，为县内第一座小Ⅰ型水库，集雨面积0.6平方公里，库容235万立方米，灌溉面积为286.67公顷。至1976年，牌楼境内共建成小Ⅰ型水库1座，小Ⅱ型水库8座，有效库容350万立方米，灌溉面积525.33公顷，基本实现了旱涝保收。2000年后，原有部分水库因修建年代久远，成为病险水库。2006年，“7·15”洪灾，牌楼龙源水库倒塌，冲毁房屋50间，死亡12人，失踪1人，直接经济损失500多万元。2006年，由县水利局牵头，对龙源水库按照小Ⅰ型水库标准进行重新建设。2007年，龙源水库竣工。到2014年，全乡共有小Ⅰ型水库2座、小Ⅱ型水库8座、基本山塘56口、山平塘365口。

邮电通信

牌楼邮电通信设施建设起步于20世纪50年代。1956年，设立牌楼乡邮电所。是年，牌楼公社始安装手摇式电话机，开通与县城的电话。70年代，各大队相继开通农村电话。1986年，牌楼邮电所升格为邮电支局，属县邮电局管理。1990年，安仁县开通上半县和下半县两条邮路，牌楼属于上半县邮路，邮政业务包含邮政快递、报刊发行、电报电话业务等。1996年，境内始开通程控电话。1997年，牌楼邮政支局开始实行单独营业，负责境内所有单位的信件邮寄、报刊征订、包裹邮寄等。2005年后，全乡各村相继安装程控电话。2013年，牌楼设立1个电信营业点。到2014年，牌楼境内先后开设邮政快递联络点17个，建设电信信息基站2个，开通移动电话12000多部，安装固定座机700多部，互联网宽带使用户1000余户。

供电供水

供电　新中国成立以前，居民照明主要靠煤油灯或桐油灯。新中国成立以后，政府致力于建设小水电站以解决生活用电问题。1968年，山口田水泵发电，牌楼公社及公社所属单位和彭源大队通电。1977年，全公社通电。2000年以后，因用电负荷不断加大，原有的变压器功率及供电线路均不能满足需要，县电力局在境内实施农村电网改造，2003年完成一、二期农网改造工程，2010年后，进行新一轮农网改造，将变压器由原来的50千伏扩大到100千伏，扩大变电容量，辖区居民企业的生产、生活用电得到保障。

供水　农村供水以山泉和井水为主。新中国成立以后，政府鼓励各地凿井取水，以解决饮用水问题。20世纪60—80年代井水为农村饮用水的主要水源，约占80%。也有部分村民直接从河里取水饮用，约占10%。90年代以来，国家实施安全饮水工程。牌楼通过实施安全饮水工程，铺设管道15673米，建设过滤池10个，解决5643户的饮水困难。2006年，牌楼水厂建立，日供水量3000立方米，解决了近3万村民饮水问题。到2014年，农村安全饮水基本得到保障。

社会事业

教育科技

教育 牌楼境内清朝时办私塾较多。康熙年间，坐落于联扩与山口两村交界处的卢氏宗祠是当时主要的办学场地。民国时期境内兴办新学，曾于1918年创立龙溪书院（地处现莲花村西边）。新中国成立以后，政府大力办学，村村都办有小学。1951年将龙溪书院更名为安仁县第五中心小学。1957年将山口小学改为山口完小，1958年又将其升格为山口中学。1976年，创办牌楼中学。1981年将安仁县第五中心小学改名为牌楼公社中心小学，搬迁至莲花村东边重建。重建后的牌楼中小教学管理得到加强，2001年牌楼中小被定为郴州市校园文化建设样板学校，2003年牌楼中小被评为郴州市级绿色学校、园林式单位。是年，牌楼乡按照县政府的统一部署，对教学布局进行了适当调整，将小学4～6年级的学生全部集中到乡中心小学就读，各村小只招收1～3年级的学生。2006年，又将原牌楼中学与山口中学合并，组建新的牌楼中学，校址设在原山口中学。原牌楼中学所在地用于牌楼中小办学，改名为牌楼中小东校区。到2014年，全乡有中学2所，小学19所，教职工104人，在校学生1833人、幼儿园5个。在园幼儿162人。小学适龄人口入学率100%，九年义务教育覆盖率均达100%。

科技 新中国成立以前，境内科技装备水平不高，工农业生产比较落后。新中国成立以后，在政府的倡导下，境内掀起以水稻栽培为中心的群众科技活动，水稻栽培新技术得以逐步推广。1978年，设立牌楼乡科技站，负责指导农业科技推广工作。1984年，成立牌楼乡科学技术协会。1987年，成立牌楼乡科学技术委员会，由主管科技工作的副乡长任主任，负责指导全乡科普宣传、科技培训和科技推广工作。1999年后，设专职科技副乡长，乡科委有牌子、有公章，并配有办公用房，科技管理工作走向规范化。2000年后，收割机等大型农业机械得以在境内推广，农业机械装备水平不断提高。

文化体育

文化 20世纪50—60年代，农村文化宣传由县文化馆牵头，各公社配合，组织开展一些文艺演出活动，搞好文化宣传。1973年公社文化站成立，时称毛泽东思想宣传队，队员实行半工半农，主要负责组织节目在全社开展文化宣传活动。1975年，建立牌楼公社电影队，轮流到各大队放映电影。80年代后，乡文化站主要配合县文化部门组织各类大型文艺活动调演。1986—1989年，在县文艺调演活动中连续四年获得一等奖。1987年，全县“永乐金秋”文艺调演，牌楼中小代表队获得第一名。20世纪90年代，先后建设牌楼中小和莲花村2个图书室，各配图书2000余册。2001年，建设牌楼图书馆，馆藏书达5000余册。2013年，月池村和龙源村各新建一处文化广场和一个文化活动中心。是年，境内组建联扩、莲花腰鼓队，吸纳队员40名，在全县“欢乐潇湘，美丽安仁我的家”群众文艺百团大赛中，联扩队获得腰鼓赛第二名。2014年，牌楼文化站新建一栋综合楼，室内面积620平方米，配有图书室、歌舞厅、放映厅、乒乓球室、羽毛球室等，其中图书室藏书达1.3万册。是年，全乡有农家书屋17个，藏书2.8万册。

体育 牌楼民间体育活动以龙舟竞渡为主，每年农历五月初五日前后举办一次，场景非常热闹。凡有龙舟的村皆成立"龙舟会"，负责龙舟赛的组织工作。赛前举行"发标"(即龙舟下水)仪式，鸣锣放炮，烧纸钱，点香烛，到福王庙祭祀。比赛时，沿河两岸，人如潮涌，呐喊助威声不断。船上水手使劲划桨，唯恐落后，竞争非常激烈。沿河的神州、山口、彭源、莲花等村都建有一至两支龙舟队。20世纪80年代后，农民体育活动纳入公社文化站管理，除每年组织一次龙舟赛外，还经常组队参加各公社、大队之间开展的体育比赛活动。2005年以后，民间腰鼓队、广场舞也在民间盛行，群众体育活动日益丰富。

医疗卫生

新中国成立以前，农村医疗卫生条件差，境内看病以民间草药郎中为主。新中国成立以后，在政府重视和支持下，农村医疗卫生事业得以发展。1955年，建立乡卫生院，始有医卫人员6人，设施简陋，以医疗为主，兼管卫生防疫和妇幼保健。1958年以后，各大队相继开办农村合作医疗站，配备1～4名赤脚医生。1972—1973年，公社卫生院进行改造，先后建设一栋2层约500平方米办公用房和一栋2层约550平方米的住院部。20世纪80年代初，境内各村合作医疗站相继停办，改为村卫生所或村卫生室，由私人承办。20世纪90年代以后，全面建立村级卫生室。1997年，乡卫生院由集体所有制卫生院转为国有事业单位。2005—2008年在国家新型农村合作医疗制度等政策的扶持下，乡卫生院对老门诊楼、住院部进行翻新改造，并新建一栋面积达600平方米的新门诊大楼，医院基本设施进一步改善。到2014年，乡卫生院逐步发展成为一所临床科室齐全，集预防、医疗、保健于一体的公立综合性非盈利医疗机构，开设内、外、妇、儿、中医及预防保健、B超、心电图及血液化验等医技科室，有床位20张。是年，全乡有乡级医院1个，村级卫生所17个，个体诊所8家，医卫从业人员43人。参加新型农村合作医疗保险31555人，参合率达98%。

社会保障

新中国成立以后，各村的孤寡老人、无劳动能力的残疾人统一由各生产队实行集体供养，每年由生产队安排一定的口粮，死后由生产队负责安葬。同时，对弱势群体实行一定的社会救助。1994年设立乡民政办，由乡民政办负责全乡的社会救助和社会保障等工作。1998年，安仁启动农村居民最低生活保障制度，全乡首批60户困难户纳入最低生活保障。2005年，成立了乡劳动保障服务站，主管劳动保障工作。2011年，通过实施民生安居工程，解决90户无房户或危房户的住房困难问题。2012年，乡政府投入32万元，在神洲村建设一所占地面积8亩多的敬老院，对五保户或孤寡老人实行集体供养，首批入住的五保老人48人。2014年，启动农村大病救助制度，落实低保对象1130户、2281人，全年发放低保金340万元；落实救助农村大病对象110人，发放救助金22万元；新型农村养老保险参保人数12813人。

特色地情

名胜古迹

卢古祠 卢古祠亦称卢家祠，始建于清康熙

朱德整军地卢古祠

38 年（1699），系砖木结构，前后三栋，正厅位于整个建筑中，正厅有戏台，大厅两侧有衡栋，内设天井，正厅大门前左右都立有石雕雄狮。祠堂内原有装饰精美的木质雕刻品和清道光赐予卢兆鳌浩封“三代”的圣属，“文化大革命”时期被毁。修建后的卢古祠效仿唐宋时期祠堂建筑特点，外形壮观。1927 年 3 月 30 日，朱德率湘南起义部队东进井冈山路过山口铺时，曾在卢古祠堂宿营，并于次日在祠堂前坪召开军人大会，宣布整顿部队纪律和作风。2014 年 1 月被湖南省人民政府公布为省级文物保护单位。

风仙庵 坐落于牌楼乡井下村，始建于周代末期，源自罗霄山脉五峰主峰东麓一石岩下，泉水清澈甘甜，冬暖夏凉。古人相传能治腹泻、防暑，大旱之年能润山下百余亩良田。山下村民敬之如神明，虔诚修风仙庵于其右侧，砌池蓄水。巨蟒常浴其中。香客竞饮之，谓之能去病消灾，誉为“圣水”。周围方圆几十里茂林修竹，云雾缭绕，古为安仁一大胜景。

老坦 位于牌楼乡龙源村境内，距安仁县城 13 公里，系天然岩洞，旧时为县民游览胜地之一。岩洞顶有泉池，如骤雨沼注，不溢不涸。岩洞口及对面山坡旧时有“龙泉寺”、“仙室香山”二寺。始建于清同治年之后，坦内有石如观音坐莲状，两旁有石如金童玉女状。再往里有石洞七、八重，重重有门。游客乘火可曲折而进。第四重穴高尺许。须匍匐方能入。入则高敞，石壁上有奇状“如云峰叆叇，龙势腾屈，镂不能工”。门旁有石下悬，末缀一小石，形如方印。上端有蝙蝠。见火不飞，如有石池，如净瓶，池中水极清，水中有奇石。玲玲绉瘦，可为珍玩。

（陈浩　供稿）

平背乡>>

区域概况

地理位置

平背乡位于安仁县境中部，地理坐标为北纬26° 29′ 55″至26° 34′ 52″、东经113° 18′ 33″至113° 23′ 15″，东靠安平镇，南临承坪乡、龙海镇，西接灵官镇，北连牌楼乡。乡政府驻地先设在平背岭，2010年搬至朴塘村，距安仁县城25公里。

建置沿革

平背乡以政府驻地平背岭而得名，平背岭地形似龟背，故名。清代属同二都。民国时先属仙台乡，后属大平乡。1952年划属第五区（安平区），1956年设平背乡，1958年改为人民公社，1984年恢复乡建制，改为平背乡。

区划面积

全乡土地总面积45平方公里，辖平背、堪上、黄田、岩下、五渡、长岗、台岗、向阳、朴塘、桐冲、石陂11个行政村，175个村民小组。

自然环境

境内以丘陵地形为主，处低丘平岗区，地势较为平坦，属亚热带季风性湿润气候，年平均气温17.7℃，年平均降水量1404.3毫米，四季分明，冬冷夏热，年平均日照1663.3小时，无霜期280天。境域平均海拔139米，最高点老虎岩405米。地质属新生界下第四纪，地质年代距今0.25亿年。朴塘村、石陂村、台岗村等村范围土壤基本属紫色砂页岩成土区；五渡村、岩下村、长岗村、平背村等村范围土壤属第四纪红土母质成土区。矿产资源以石灰石居多，是较好的石灰式水泥原料矿；另平背岭一带有一定的陶泥储量，可作日用陶瓷品原料。

人口状况

民国及以前，境内人口增长不快。新中国成立以后的20世纪50年代初，因人民生活条件的改善，境内人口迅猛增长，自然增长率达30‰以上。三年经济困难时期，人口增长处于低谷期，自然增长率6‰左右。1962年后，随着经济状况的改善，人口生育率回升，自然增长率回升到30‰以上。20世纪70年代以后实行计划生育，人口自然增长率下降到15‰以下。1978年辖区总人口为16197人，其中男性8110人、女性8087人，人口自然增长率为12.78‰。1984年辖区总人口为17620人，其中男性8899人、女性8721人，人口自然增长率为11.75‰。2000年全乡总人口为18384人，其中男性9179人、女性 9205 人，人口自然增长率为 4.72‰。到 2014 年年末，全乡总人口为 6345 户 21705 人，其中男性 11582 人、女性 10123 人，分别占总人口的 53.36%、46.67%，农业人口 20762 人，占总人口的 95.66%，人口自然增长率 9.84‰。

经济发展

经济综述

境内经济以农业经济为主。新中国成立以后的 20 世纪 50—60 年代，境内以水稻种植和生猪养殖为主的农业经济仍然占主导地位。20 世纪 60 年代以后，境内逐步发展社队企业，农、林、牧、副、渔业得到一定的发展。80 年代以后，境内大力发展乡镇企业。到 1984 年全乡工农业总产值达到 523 万元，其中农业总产值 386 万元、工业总产值 137 万元。到 1996 全乡农业总产值达 3764 万元，工业总产值 1572 万元，地区生产总值达到 4571 万元，财政总收入达 341 万元。2000 年以后，大力发展个体私营经济，经济结构呈现多元化，发展活力不断增强。2014 年，全乡完成地区生产总值 13790 万元，其中二、三产业增加值达 7941 万元，二、三产业占地区生产总值的比重为 57.6%；完成财政总收入 592 万元；农民人均纯收入 3574 元。农民生活水平不断提高，到 2014 年，人均住房面积 56.3 平方米，户均拥有洗衣机 0.32 台，户均拥有彩色电视机 0.81 台，居民储蓄突破 6 千万元。

农业

种植业 全乡有耕地面积 9719.33 公顷，其中水田 889.87 公顷，旱土 82.07 公顷。种植业以水稻、油菜、烤烟为主，兼种大豆、红薯、瓜果、蔬菜等其他农作物。新中国成立以前，境内种植业规模不大，粮食产量不高，基本处于自给半自给状态。新中国成立以后，通过改良粮食品种、改进耕作技术、推广水稻双季连作，粮食产量逐年提高。1964 年全公社粮食总产量达 2897 吨。20 世纪 70 年代后，通过推广杂交稻，粮食产量不断提高。到 1978 年全公社粮食播种面积 1611.87 公顷，粮食总产量 7219.6 吨，其中水稻播种面积 1360.8 公顷，水稻总产量 6752.7 吨。1981 年实行家庭联产承包责任制后，农民种粮的积极性提高。1984 年，全乡粮食播种面积 1505.47 公顷，粮食总产量 8370.7 吨，其中水稻播种面积 1373.8 公顷，总产量 8155.6 吨。是年，红薯播种面积 76.13 公顷，总产量 149.5 吨；油菜播种面积 95.27 公顷，油菜籽总产量 75.5 吨；烤烟播种面积 58.33 公顷，烟叶总产量 2100 担。2000 年，全乡粮食播种面积达 1561.2 公顷，总产量达 12224 吨，其中水稻播种面积 1377.87 公顷，总产量 11214 吨。油菜播种面积 573.73 公顷，油菜籽总产量 688 吨；红薯播种面积 91.4 公顷，总产量 339 吨。2000 年以后，通过实行土地经营权流转和农业机械化作业，境内不断涌现种植大户。全乡先后流转土地 253.33 公顷，发展种植大户 70 户，组建农业专业合作社 14 家。2002 年，引进外资 600 万元，在境内黄田村创办湖南丰源安仁高科技生态农业示范园。2013 年石陂村争取 500 万元专项资金建立了 340 公顷烟苗集中育秧基地。到 2014 年，全乡粮食播种面积达 2170.87 公顷，总产量 12923 吨，其中水稻播种面积 1926.2 公顷，总产量 12444 吨；油菜种植面积 833.33 公顷，油菜籽总产量 1438 吨；烤烟种植面积 213.33 公顷，烟叶总产量 653 吨。农业总产值 6073 万元，占全乡地区生产总值的 32%。

养殖业 境内养殖业以生猪、山羊、家禽为主。新中国成立以前，境内养殖业发展缓慢。新中国成立以后，通过改良生猪品种和加强猪瘟防治，境内生猪饲养量逐年增多，到1964年全公社生猪饲养量人均达到1.5头。20世纪70年代，公社、大队、生产队大办猪场，境内生猪养殖业得到较快发展。到1978年全公社共兴办集体猪场116个，全年饲养生猪8835头，出栏生猪3919头。1981年实行家庭联产承包责任制后，农户手中余粮增多，生猪养殖业得到快速发展。到1984年全乡饲养生猪达10225头，年内出栏5128头。20世纪90年代以后，生猪收购市场全部放开，境内从事生猪收购和贩运的增多，推动了生猪养殖业的规模化发展。到1998年，全乡共发展饲养规模在500头以上的养猪大户20户，全乡生猪饲养量达59170头，其中年内出栏43753头。同期，饲养肉牛1940头；出笼家禽14. 6万羽，产蛋129吨。是年，全乡牧业总产值为4314万元。2000年后，通过招商引资，相继引进外地客商在境内创办养殖业基地。其中，2007年创办的五丰高科种养公司，饲养规模在1000头以上，带动了五渡、台岗、平背、堪上等村生猪养殖业的发展。到2014年，全乡共发展生猪养殖大户22户，肉牛养殖大户10户，山羊养殖大户7户，全乡饲养生猪42782头，其中年内出栏29712头；出栏黑山羊2000只；出笼家禽9.88万羽，产蛋480吨；年末大牲畜存栏1270头。牧业总产值2378万元。

林业 新中国成立以前，境内林业生产处于自然发展状态。新中国成立以后，通过实施封山育林和合作造林，境内林业生产得到发展。到1955年全乡合作造林1266.67公顷。1958年“大跃进”时期，因乱砍滥伐，森林资源遭到破坏。20世纪70年代，境内按照湖南省林业厅的要求，大办杉木林基地。到1978年全公社先后建立集体林场12个，全乡有林地面积达1666.67公顷。同期，还大力开发茶园，1979年创办平背茶场，面积34公顷。1981年后对山林进行定权发证，造林转为以“两山两户”（即自留山、责任山和重点户、专业户）为主。1985年全乡林地面积达到1486.67公顷，森林覆盖率达31.96%。1989年，县委、县政府出台林业优惠政策，倡导“谁造谁有”，境内荒山造林得以推动。到1998年基本消灭宜林荒山。2001年，境内启动退耕还林工程，到2010年，全乡完成退耕还林面积200多公顷。2014年，全乡深入开展生态文明建设“绿篱笆”行动，年内沿S320线绿化3.7公里，完成造林面积200多公顷。是年，桐冲村成功创建郴州市市级绿化示范村。至此，全乡林地面积达到2666.67公顷，森林覆盖率达45.88%。

工业

民国18年（1929），境内杉塘冲、金钩湾等地有人开采过铁矿，是为境内比较早的工矿企业，但储量少、品位低，资本亏损大，不久即停办。新中国成立后的20世纪50年代初，通过对手工业进行社会主义改造，境内不少缝纫、制陶、铁木器加工等个体手工业组成手工业合作社，实行集体经营，后逐步发展成为社队企业。1961年，县委、县政府决定，在境内朴塘大队兴办县水泥厂，因技术、设备落后，产品质量不过关，于1963年关闭。1974年创办平背冶炼厂，采用土罐子冶炼半成品铅，始有职工12人，为社办集体企业。1975年，县革命委员会决定在境内朴塘大队麻垅里重建安仁县水泥厂，1977年点火投产，当年生产400标号的水泥1812吨，是为坐落于境内最大的国有企业。20世纪80年代，境内冶炼业得到一定的发展。平背冶炼厂1980年生产粗铅31吨，收入1.9万元。到1987年职工增加到56人，年生产硫化冰铜147吨、粗铅53吨，加上金、银等产品，收入达70.81万元，利润总额达到5.57万元。同年，扩建厂房，改为安仁县第一冶炼厂，时拥有固定资产500万元，为安仁县当时最大的乡镇企业。此期，境内乡镇企业得到较快发展。除平背冶炼厂外，还先后创办平背建筑公司、平背电石厂、平背化冶厂、平背氧化锌厂等一批乡镇企业。到1996年全乡发展乡镇企业406个，乡镇企业总产值15524万元，其中工业总产值1572万元。2000年后，境内通过招商引资大力发展民营经济。2002年引进福建客商创办朴塘机砖厂；2003年安仁县水泥厂改制之后，引进安仁籍客商创办强盛水泥公司；2007年引进外地客商创办台岗新型墙体材料厂；2009年引进南方有限公司投资6亿余元，在朴塘村境内建设安仁南方水泥有限公司，于2011年10月建成投产，年产水泥130万吨，创利税2200万元。到2014年，全乡工业企业达15家，其中规模以上工业3家，工业总产值达到109300万元。

商贸服务业

新中国成立以前，境内店铺不多，多为小商小贩，逢墟赶集。新中国成立以后，在政府的支持下，境内商贸服务业得到发展。1951年，成立安仁县第五区供销合作社，时平背属第五区管辖，境内物资供给和农产品的收购、推销由第五区供销社负责。1961年成立平背供销社，并在各大队设立代销点。同期，公社还设立食品站等，大多物资实行计划供给。"文化大革命"期间，个体私营商业受到打压，境内商贸服务业发展速度减缓。中共十一届三中全会以后，集市贸易全部放开，国家允许发展多种经营，境内商贸服务业得以恢复和发展。到1984年全乡共发展个体经商户40余家，全年社会消费品零售总额达到71万元。20世纪90年代以后，市场贸易进一步放开，境内个体工商经济快速发展。1998年，由乡政府牵头筹资建成平背农贸市场，拥有门面21个，摊位50个，赶集日日交易量达5万元。2000年以后，境内民营经济得到进一步发展，市场更趋活跃，到2014年全乡有商业网点150个，从业人员230人，涉及日用品、杂货、餐饮、数码电子、通讯网点、美容美发等多个行业，社会消费品零售总额达2486万元。

建筑业

民国时期，境内已有泥木匠在农闲时赴郴州、资兴、广东等地承建房屋。新中国成立以后，这些泥木匠相继组合成木业或建筑业等手工业生产合作社。到20世纪70年代初，境内从事建筑业的人员达100余人。1976年3月，平背建筑工程队成立，始承揽建筑工程。1985年改为平背建筑工程公司。1988年，经郴州地区建设委员会考核，报湖南省建设委员会批准，晋升为三级建筑企业。其业务由省内拓展到广东、广西、江西、北京等地。1990年8月经郴州地区工商局登记注册，改为湖南省安仁县平背建筑工程有限公司，升为二级建筑企业，公司注册资本1643万元，在职员工970名，年建筑安装收入达3278万元，创利税98.14万元。建筑业逐步发展成为平背的主要产业，每年建筑业完成税收达120万元。建筑业也带动了境内劳务输出，2010年以后，每年随建筑公司外出务工的超过4000人次。

基础设施

交通运输

民国及以前，境内尚无公路，人们出行主要是靠步行，货物运输靠肩挑背扛或水运，时境内沿永乐江设有桐冲渡和曹石渡。新中国成立以后，境内公路建设得到大力推进。1958年建成灵豪公路，路面宽6米，为四级公路，途经境内朴塘、平背、台冈、五渡、长岗等村；1966年在灵豪公路的基础上，建成朴塘至承坪公路，全长 11.6 公里，路面宽 6 米，为四级公路。1972 年建成安平大桥，连通平背至安平,此后水运码头取消。到 1976 年，境内实现村村通公路。1993 年修成省道 S320 线，路面宽 12 米，为省二级公路，东西贯穿境内朴塘、台岗、石陂 3 个村。2000 年后，相继对境内通村公路进行改造，沙石路改为水泥路。到 2014 年，全乡境内共硬化通村公路 80 多公里，通村公路通畅率达 100%。

水利建设

民国时期，境内尚无水库，农田灌溉主要靠山塘和坝堰。新中国成立以后，在县委、县政府的号召下，境内大办水利。1953 年全县开展“修建百塘运动”，境内修建基本山塘 89 口。1958 年境内先后修建九眼塘、公积塘 2 座小Ⅱ型水库，有效库容分别为 12.5 万立方米、10 万立方米，农田灌溉面积均在 500 亩以上。60 年代，又相继修筑永乐渠、永定渠通至境内的灌溉渠道。1980 年 5 月建成堰塘水库，为境内第一座小Ⅰ型水库，有效库容 116 万立方米，灌溉面积 1000 亩。2000 年以后，重点对病险水库进行除险加固。2008 年投资 300 多万元对堰塘水库进行除险加固。之后，又相继对九眼塘、公积塘水库及其灌溉渠道进行维修。2010 年后通过实施小型农田水利项目，先后硬化长岗、岩下、朴塘、向阳等村小水圳 20 公里，并在朴塘等村扩展渠道 3 公里。到 2014 年，全乡有小Ⅰ型水库 1 座、小Ⅱ型水库 2 座、基本山塘 396 口、总蓄水量 385 万立方米。

邮电通信

清代以前，境内通讯靠铺递。明国时期，安平设有邮政代办所，归属县邮政代办支局管理，时境内邮务由安平邮政代办所办理。新中国成立以后，实行“邮电合一”，成立安仁县邮电局。1956 年设立安平邮电支局，归属县邮电局管理。之后，境内邮电业务均由安平支局管理。20 世纪 50 年代后期，境内开通电话，到 70 年代各大队都安装手摇式电话。农村实行家庭联产承包责任制后，因通话业务减少，大队手摇式电话机被相继拆除。1992 年境内开通程控电话，境内始有私人安装住宅电话。1995 年境内又开通移动电话，部分先富起来的村民开始使用大哥大和 BP 机。2002 年境内建立移动电话基站。2011 年，设立平背乡邮政所，办公地点设在朴塘村，隶属安平邮政分局安平支局管理，主要负责平背范围内的报纸、杂志和包裹的投递等业务。之后，全乡 11 个行政村相继建立邮政代办处。到 2014 年，辖区内共建立移动基站 5 个，通信信号基本覆盖全乡，全乡共有固定电话用户 689 户,手机用户 6743 部。

供电供水

供电 20 世纪 50 年代以前，境内尚未通电，村民照明靠煤油灯。1969 年仙下至城关 35 千伏输电线路架通后，沿线大队部分生产队开始通电。70 年代境内修建一座小型水电站，年实际发电量 3 万千瓦时。到 1978 年，境内有 5 个大队 56 个生产队通电。是年，建成长岗变电站，始为 35 千伏降压设备，容量 560 千伏安。1981 年 7 月建成龙头电站，装机 2 台，容量 180 千瓦。1987 年对长岗变电站进行改建,变电容量增为 2500 千伏安。时境内各村全部通电。1997 年由安仁县电力局牵头，投资 1690 万元建成韭菜坪 110 千伏变电站，装有主变 1 台,容量为 2 万千伏,110 千伏进线 1 条，35 千伏出线 5 条，10 千伏出线 7 条。2000—2003 年先后对境内农村电网进行改造。到 2014 年，辖区内有 110 千伏变电站一座，主变容量 40 兆伏安变压器两个，2 条线路，共长 10.3KM。装有 10 千伏变电站 47 座，总容量 8930 千伏安，境内供电条件大为改善。

供水 民国以前，境内乡民生活用水主要靠天然水。新中国成立以后，政府鼓励各地打井取水，以解决生活用水问题。20 世纪 50—70 年代境内各生产队相继开凿水井。80 年代后，慢慢推行压水井。1997 年安平自来水厂建成后，靠近安平的村组始饮用自来水。之后，其他有条件的村民则改明井为暗井，在自家屋顶上安装水塔，将井水引至水塔，解决家庭自来水问题。2003 年在国家实施的安全饮水工程建设中，境内朴塘村、长岗村投资 11 万元各打井 1 口，解决 423 个人口、350 头大牲畜的饮水困难。到 2014 年，辖区自来水管网铺设里程达 30 多公里，境内平背、向阳、朴塘、五渡、堪上等村部分村民用上自来水，入户率 67%。

社会事业

教育文化

教育 民国及以前，境内教育以私塾为主。民国 30 年（1931）境内办有一所国民学校。新中国成立以后，由政府对旧式学校和私塾统一接收改造，改办中、小学。到 1957 年，各村都办有小学，公办、民办相结合。1972 年长岗完小改为长岗中学。1973 年，长岗中学增设高中班，各大队小学附设初中班。因师资跟不上，1978—1981 年各大队小学附设的初中班和公社中学增设的高中班相继停办。1982 长岗中学改名为平背中学。20 世纪 90 年代后，境内生源逐渐减少。2003 年根据安仁县人民政府的统一安排，对教学布局进行调整。除长岗、桐冲村小外，其他村小均改为教学点，只招收小学 1 ~ 2 年级的学生。到 2014 年，全乡有中学 1 所，设教学班 7 个，有在校学生 252 人、教职工 33 人；中心小学 1 所、村小 9 所，在校小学生 754 人，教职工 53 人；幼儿园 1 所，在校幼儿 135 人，教职工 6 人。九年制义务教育覆盖率 100%。创办农民科技培训学校 1 所，全乡科技示范户 30 人。

文化 清代，境内已传入皮影戏。到民国时期，境内已组建皮影戏班子。每年农历 4—5 月民间“唱禾戏”时，以皮影戏为主。新中国成立以后，皮影戏得以在境内传承，成为民间主要的文化活动。20 世纪 60—70 年代，公社和各大队都建有文艺宣传队，巡回到各大队或生产队进行文艺宣传，主要宣传社会主义和党的方针政策。1970 年公社广播站成立，各大队、生产队都开通广播。1982 年公社文化站成立，负责组织和管理辖区内群众文化活动，兼管辖区内群众体育活动。此后，由公社文化站牵头，经常举办群众文化体育活动。20 世纪 90 年代后，境内文化体育活动转向以机关单位和学校为主。2000 年以后，境内各村相继建设农家书屋。2010 年五渡村建成村级篮球场，添置了部分农民健身器材。2011 年，由乡政府筹资，在老乡政府院内建成平背乡综合文化站，设有图书室、录像厅和文体活动室等，其中图书室藏书达 5000 余册。到 2014 年，全乡有乡文化站一所。村文化活动中心 11 处，农家书屋 11 所。

医疗卫生

新中国成立以前，境内医疗卫生事业比较落后。新中国成立以后，在政府的支持下，境内医疗卫生事业得以发展。1958 年公社卫生院成立，始开办农村合作医疗。之后，各大队相继成立合作医疗站，配备 1 ~ 3 名“赤脚医生”。20 世纪 70 年代，按照全县的统一部署，境内大力开展主要寄生虫病和传染性疾病的普查普治。到 1979 年，境内基本消灭天花、霍乱、疟疾等疾病。1981 年实行家庭联产承包责任制后，村卫生室改由个体承办。20 世纪 80 ~ 90 年代，乡卫生院不断进行改造。2006 年兴建门诊大楼，并添置一些新型医疗器械，医疗条件有所改善，一般性疾病可接纳治疗。2007年境内启动新型农村合作医疗制度。到2014年,全乡有乡卫生院1所,医务人员14人，有病床15张，年就诊人次达15000人次。各村都建有卫生室。新型农村合作医疗参合人数达到20219人，参合率99%。

社会保障

平背自20世纪60年代起，即实行“五保户”集体供养制度，将孤寡老人和无劳动能力又无所依靠的残疾人列为“五保户”，由大队或生产队实行集体供养。1994年乡民政办成立，负责辖区内的社会救助和社会保障工作。1998年，启动农村最低生活保障制度，落实低保对象30户43人。2005年，启动农村大病救助制度。2006年，成立平背乡残疾人联合会，对境内残疾人登记造册，统一管理。2011年启动农村新型社会养老保险制度。2012年，投资80余万元在台岗村建成乡敬老院，建筑面积700平方米，供养五保老人46名。到2014年，全乡落实农村最低生活保障1195人；新型农村养老保险参保人数10139人，参保率达99%；发放自然灾害救助、大病救助资金239万元；另通过实施农村危房改造，先后解决480户的住房困难问题。

特色地情

人文古迹

台岗寨　位于台岗村境内，海拔300余米，山势险峻，风景秀丽，原有莲台古寺，“文化大革命”时被毁。2014年重建莲台寺，占地面积675平方米，楼高三层。新建莲台寺，由原湖南省佛教协会会长、南岳佛教协会会长释十佳正大和尚赐名，称“南岳分庙莲台寺”。新寺建成后，每年来此焚香许愿的数千人次。

张徽岳墓　位于安仁县平背乡石陂村，建于宋代，2003年11月被郴州市政府定为市级文物保护单位。张徽岳，号安南，生于宋绍兴二十六年（1156），南宋宁宗时举进士第，以博学宏才任耒阳教谕、衡府教谕，后擢衡州太守。任期内，励精图治，清廉刚正，为黎民敬仰。开禧年间，寓居于老家安仁石门。宋绍定五年（1232）九月去世。

（周新玉　阳美　供稿）

安平镇 >>

安平镇是“全国小城镇建设重点镇”“湖南省中心镇”“郴州市十大魅力乡镇”。

区域概况

地理位置

安平镇地处安仁县境中部偏东，地理坐标为北纬26° 30′ 59″至26° 36′ 28″，东经113° 20′ 13″至113° 24′ 50″，东与本县坪上乡和株洲市茶陵县界首镇交界，南与本县竹山乡、承坪乡接壤，西与本县平背乡相连，北与本县牌楼乡比邻，是安仁县上半县11个乡镇的交通、经济、文化、教育中心，镇政府驻地设在安平居委会，距安仁县城27公里。

建置沿革

安平镇古称安平司，以明洪武三年（1370）所设安平巡检司而得名。清代分属同二都、同五都。民国时期属大平乡。1949年属第三区，1952年属第五区（安平区），1956年设安平乡，1958年属先锋公社，后改名为安平公社，1984年恢复安平乡，1985年12月经湖南省人民政府批准改为安平镇，是安仁县较早的建制镇之一。

区划面积

全镇土地总面积56平方公里，下辖安平、上街、三南3个居民委员会，枧平、药湖、夹口、青岭、塘田、沿滩、坊岭、石池、石基头、樟桥、张古、安子坪、石门、旱半14个村民委员会；30个居民小组，225个村民小组。

自然环境

境内以平原、丘陵地形为主，地势东高西低，平均海拔高度129米。属亚热带季风性湿润气候，四季分明，春秋时间短，冬夏时间长，冬冷夏热，雨热同季，雨季明显。年平均气温17.7℃，年平均降水量1404.3毫米，年平均日照1663.3小时，无霜期280天。湘江支流永乐江自夹口村低洲入境，流经镇内药湖村、枧平村、安平居委会、三南居委会、旱半村，由石门村流出至牌楼乡月池村，境内河道长20公里，水系较好。境内矿产资源主要为石膏矿。主要自然灾害有冰冻、旱涝、地质滑坡等。近十年来，最严重一次自然灾害为发生在2008年年初的冰冻，时间续20多天，涉及境内所有村（居），受灾面积达8421亩，总计受灾损失3.1亿元。

人口状况

安平镇自明洪武年间设巡检司以来即为安仁县境人口密集区之一，其人口密度仅次于城关镇。新中国成立后的20世纪50年代初，境内人口呈高速增长，自然增长率在32‰以上。1958—1961三年经济困难时期，人口自然增长率下降。1961年，全公社总人口为5204户20321人，人口自然增长率7‰左右。1962年以后，人口自然增长率又回升到30‰以上。20世纪70年代实行计划生育，境内人口增长有所控制，自然增长率在15‰以下。到1984年，全乡总人口为6881户32958人，其中男性16725人，女性16233人，分别占总人口的50.75%、49.25%；自然增长率为7.3‰；2014年末，辖区总人口为12521户41901人，其中男性22038人、女性19863人，分别占总人口的52.60%、47.40%；非农业人口2832人，占人口的6.76%；人口自然增长率8.03‰。

经济发展

经济综述

镇域经济以农业经济为主。新中国成立以前，土地为私人所有，农业经济结构单一，发展水平不高。新中国成立以后，通过实行土地改革和对农业、手工业和私营工商业的社会主义改造，境内农、林、牧、副、渔业得到一定的发展。中共十一届三中全会以后，实行改革开放，市场逐步放开，境内除农业外，工商业也得到较快发展。1980年，全公社总经济收入532万元，其中工商各类副业收入70.27万元，占总收入的13.3%，超过林业和牧业收入。1984年，全乡工农业总产值912万元，其中农业总产值821万元、工业总产值91万元。20世纪90年代以后，境内乡镇企业发展较快，经济总量大幅提高。到1996年，全镇地区生产总值达18078万元，财政总收入达730万元。2000年以后，境内民营经济在各种优惠政策的带动下得到较快发展，各类民营企业先后发展21家。到2014年，全镇地区生产总值达到57687万元，二、三产业增加值总额37487万元，财政总收入4456万元，农民人平纯收入5432元。村民居住条件大为改善，多数家庭建有2～3层的楼房，人均住房面积52.82平方米。

农业

种植业 辖区总耕地面积2683公顷，其中水田1813公顷，旱土870公顷。种植业以水稻、烤烟、油菜为主，兼种红薯、玉米、花生、蔬菜等。新中国成立以前，境内因水利设施落后，农田难以实现旱涝保收，粮食产量不高。新中国成立以后，境内通过改善水利条件、改进耕作技术、推广优良品种，粮食产量有所提高。1954年辖区粮食播种面积达2166.7公顷，总产量6988.7吨，每公顷3357.3千克。此期，境内还充分利用旱土种植红薯，以解决粮食不足的问题。1957年，红薯种植面积和产量均超过历史最高水平，户均1亩以上。人民公社和“大跃进”时期，盲目追求“高指标”、“高产量”，加之自然灾害的影响，粮食生产连年减产。1961年全公社粮食总产量只有4738.4吨，每公顷只有1867.5千克。1962年以后实行“三级所有，队为基础”，生产队的自主权扩大，种植业逐步得到恢复和发展。1970年全公社粮食总产量增加到7890.7吨。油菜、大豆等经济作物的种植面积分别为158.1公顷和91.1公顷，总产量分别为81750千克和25200千克。此期，境内还大力开发茶园，1972年创办安平茶场，始有茶园面积20公顷。1974年境内开始推广杂交水稻，到1977年基本普及杂交水稻，亩产达到400千克以上。是年，全公社稻谷总产量达18363.2吨，其中早稻8639.3吨，每公顷3747.1千克，晚稻9723.9吨，每公顷4144千克，首次

安平镇优质烤烟基地

出现晚稻超早稻。1980年实行家庭联产承包责任制后，农民种粮的积极性大为提高。到1995年，全镇粮食总产量25425吨，人平520千克，总产量比1981年增加2688吨。1996年土地经营权实行延包后，镇党委、政府组织农民大力发展烤烟和油菜生产，到2000年全镇种植烤烟366.67公顷，烟叶总产量达699吨；种植油菜426.67公顷，油菜籽总产量384吨。2000年以后，辖区内推行土地有偿流转，不断发展种植业大户。到2014年，全镇共发展水稻种植大户52户，烤烟种植大户65户，油菜种植大户15户，全镇粮食播种面积4052.67公顷，粮食总产量24278吨。其中水稻播种面积3517.33公顷，稻谷总产量23158吨；烤烟播种面积600公顷，烟叶总产量1800吨；油菜播种面积1483.33公顷，油菜籽总产量2559吨。

养殖业　新中国成立以前，境内经济比较落后，人们食不果腹，养殖业发展缓慢。新中国成立以后，政府号召大力发展畜牧水产业，境内养殖业得到发展。1957年全公社饲养生猪达10050头，其中年内出栏生猪3650头，为1949年的3倍；1976年建设萧古渔场等集体鱼场，水面养殖面积达到160公顷，年产鲜鱼120多吨。20世纪60—70年代，公社、大队、生产队三级大办猪场。1978年，全公社共兴办集体猪场213个，全年饲养生猪17442头，其中年内出栏7698头。20世纪80年代中期，国家取消生猪派购，放开生猪购销渠道，调动了农民养猪的积极性。到1984年，全镇共发展养猪专业户45户，全年饲养生猪达21854头，年内出栏11387头。1990年后，随着生猪贩运量的增加，境内生猪养殖逐步走向规模化。到2000年，境内先后建设大型生猪养殖场3个，发展养猪大户120户，全镇全年饲养生猪达106100头，其中年内出栏74800头。2000年后，镇内特种养殖业也得到一定的发展。2002年，全镇发展养蛇、养野猪专业户各1户，年养蛇1.8万多条，野猪100头。到2014年，全镇生猪饲养量达110360头，其中年内出栏48780头，分别比1984年增长4.05倍、3.28倍。出笼家禽92600羽，禽蛋产量240吨；出产鲜鱼314吨；

年末耕牛存栏6328头。全年牧业总产值11982万元、渔业总产值1631万元。

林业 安平镇为平原地区，全镇林用地面积只有273公顷，林业生产以经济林为主。1959年安平公社张古大队建立全县第一个桔橘场，面积10.53公顷。1960—1965年，由县农业部门牵头，陆续从长沙、岳阳及山东、河南、广西等地调进柑橘、桃、梨、李等良种果苗在境内推广种植。到1978年，全乡果园面积达到40多公顷，其中柑橘种植面积21.67公顷，年产柑桔140.2吨、梨子9.1吨。1981年实行家庭联产承包责任制后，农户除了种植粮食作物外，还大力栽植果木。1984年，全镇果园面积89.8公顷，水果总产量242吨，其中柑橘235吨。2000年后，本地在外打工赚了钱的村民陆续回乡创业，开发果园。先后开发的水果基地有张古村的脐橙基地、夹口村的红心蜜柚基地、枧平的沙田柑基地，沿滩村的小水果基地，总面积超过130公顷。2014年全镇果园面积达220.67公顷，总产量达3248吨。

工业

清代、民国时期，境内已有铁木器加工、小食品加工、土布染印等家庭作坊，多系手工业，规模不大。新中国成立以后，在政府的组织下，这些手工业者相继组成铁业、木业、竹业、缝纫、纺织、印染等手工业生产合作社，实行集体经营，后逐步发展成为社队企业。20世纪70年代初，境内大办“五小”企业，但因效益不佳，几年后相继停办。中共十一届三中全会以后，推行改革开放，境内乡镇工业企业得到较快发展，先后创办大米加工厂、砖瓦厂、预制场、副食品加工厂、建筑公司等集体企业。其中，1992年创办的冠军米业公司，年加工粮食超过5万吨，成为安仁县境内一大粮食加工龙头企业，带动数十家大米加工企业聚集于上街居委会，时称“安平大米加工一条街”，盛极一时。到1996年，全镇共发展乡镇企业979个，乡镇企业总产值达28773万元，其中工业企业总产值11938万元。1998年后，镇政府将镇办企业全部拍卖，转为民营企业。2002年通过招商引资，境内先后创办细木加工厂、胶木板厂、高级瓷砖厂、电杆厂、木屐厂等7家独资企业。2006年引进外地客商，创办规模以上龙头企业安平宏达木业有限公司，安排就业200余人，年生产总值达2000万元，年创利税60余万元。到2014年，全镇基本形成以米制品、坛子鱼、豆制品加工为主的食品加工业，以家俱、板材、建筑用材为主的木材加工业，以冶炼、制鞋、针织为主的轻化加工业等三大块工业企业，企业总数达到1017个，工业总产值12116万元，其中工业增加值3400万元，占全镇地区生产总值的12%。

建筑业

民国时期，境内已有不少泥、木匠，在农闲季节三五结伴外出承建土木工程，是为境内早期的基建队伍。新中国成立后，这些泥、木匠被组合成建筑业生产合作社，后发展成为建筑队。1976年，安平建筑工程公司正式成立，时称安平建筑队，有职工200余人，初始无固定资产，以承包工程建设为主，年创产值100万余元。1981年后逐步添置拌灰机、卷扬机、震动器等机械设备，业务不断扩大。1985年，更名为安平建筑公司，经郴州地区建委考核定为四级企业。时有职工1400余人，其中工程技术人员13人，技工521人，拥有各类机械设备124台（件），固定资产155万元，流动资金174万元。下设4个工程队，28个分队，1个建材厂，1个砂石场，始由单一生产型向生产经营型转变。承建业务由湖南省拓展到广东、广西、江西等地。1999年实行一次性买断，由集体所有制改为私有制经营，公司实行重新组建，并改名为郴州安平杨生建筑工程公司，下辖房地产开发公司、物业管理公司、路政桥梁公司三家子公司。2000年评定为建筑二级企业。时有职工800余人，其中工程、会计、经济专职系列职称人员157人，固定资产1515.20万元，机械设备总价值684.5万元，技术装备率7878元/人。公司业务在原来的基础上拓展到北京、上海、深圳等地，公司承建的工程75%以上为市级优良工程。在该公司的带动下，境内建筑业不断发展，年创造税收占镇财税总收入1500万元的13%以上，同时每年带动7000～10000人的劳务输出，总劳务收入在2亿元以上。

商贸服务业

安平自明洪武年间设巡检司以后，即为安仁县上半县的商贸流通中心。明、清时期，安平司市场已比较繁荣。时上市交易的主要商品有当地出产的谷米、大豆、花生、生猪、禽蛋、水产、棉纱、棉布和外地输入的丝绸、南北日杂等。民国25年（1936），衡阳美籍洋行委托商人设德昌洋行于安平司集市中心，代销洋布、洋纱、洋靛等。民国后期，受战乱影响，市场日趋萧条，到民国38年（1949），境内经商户（座商）仅剩18家。新中国成立以后，在政府的支持下，境内商贸业得到恢复和发展。1952年，境内除区供销社外，还有私营商业户23家，从业人员49人。20世纪50年代中期，国营木材、食品等购销单位相继在境内设点，集市贸易得到进一步发展。人民公社和“文化大革命”时期，集市贸易受到限制，境内市场时起时落。中共十一届三中全会以后，实行改革开放，集市贸易逐步放开，允许发展个体商业，加之境内交通条件的改善，境内市场日趋繁荣，商品市场交易量不断增加。到1985年撤乡建镇时，境内有公私商业店铺200多家，公、私商业人员390多人。1986年，县、镇投资100余万元兴建安平综合农贸市场，时有摊位380个，固定店铺门面38套（间）。是年，商业街也由原来不到0.5平方公里发展到1.5平方公里。到1987年，境内有各类专业批发商店19个，国营、供销社零售商店23个，从业人员156人；个体商业271户，从业人员312人。全镇社会消费品零售总额511.74万元，其中集市贸易成交额341.6万元。2002年由安平镇政府和安仁县市场服务中心共同筹资对安平综合农贸市场进行改造，改造后的市场取名“安平大市场”，占地30亩，总建筑面积14300平方米，拥有商铺140个、摊位539个。2008年后，县城永乐江超市、利必诚超市、好又多超市相继在安平镇开设分店，促进了境内的商贸流通。到2014年，全镇商铺超市达1160多家，个体工商户3000多户，从业人员4000余人，全镇社会商品零售总额达5756万元。

基础设施

交通运输

新中国成立以前，境内尚无公路，交通运输主要靠河运。时境内靠永乐江设有渡口。新中国成立以后，境内采取“民工建勤，民办公助”办法大修公路。1966年修通芳岭至羊脑公路，由安平芳岭经坪上至羊脑，全长20.1公里，路面宽6米，为四级公路。1967年修通安平至樟桥公路，全长6.7公里，路面宽6米，为四级公路，始打通由境内东去茶陵通道。1970年双排山至关王公路改线，由原从平背境内穿过改由安平镇穿过。是年，配合公路改线修筑安平大桥，并在安平集镇区建设汽车站。此期，随着车辆及手扶拖拉机的发展，各大队相继修通通村简易公路。到1976年，境内基本实现村村通公路。1993年修通“三南公路”（即连通湘南、赣南、闽南公路，后湖南路段改为 S320 线），为通过安平镇境内的第一条国道，路面宽 12 米。2001 年对安夹公路（安平镇枧平村至承坪河东村）进行改造，路面拓宽到 7 米，全程进行水泥路面硬化。之后，沿滩、安平、旱半、坊岭、樟桥、塘田等村的通村公路相继进行改造。2010 年 S320 线完成提质改造，油路面改为水泥路面。2012 年安平汽车站搬迁到安平新区，并开通多条长途客运线路。2013 年，安羊公路（原芳羊公路）完成提质改造，有效路面加宽至 11 米，全程实行油路面硬化。其中安平路段改由经张古村接至 S 320 线，绕开安平集镇区，以缓解交通压力。2013 年在乡镇率先开通公交线路。到 2014 年，全镇完成通村通组公路硬化 230 公里，通村公路通畅率达到 100%，通组公路通畅率达 100%。

水利建设

新中国成立以前，境内水利设施落后，农田灌溉条件较差，其中沿滩等村常遭旱灾。新中国成立以后，政府组织群众大修水利，境内水利条件得以逐步改善。1953 年全县掀起“修建百塘运动”，公社和各大队组织劳力大修山塘。到 1957 年，境内共新修山平塘 400 余口、河坝 8 处。20 世纪 50 年代末至 70 年代，安平公社认真贯彻毛泽东主席“水利是农业的命脉”指示，坚持自力更生、艰苦奋斗、自筹资金、土法上马，掀起水利建设高潮。此期，安平公社先后修建石池垄水库、葛冲水库、苦株塘水库、石壁塘水库 4 座小Ⅱ型水库，有效库容 77 万立方米，灌溉农田面积 1800 亩；修建山平塘 80 余口，灌溉农田面积 2.1 万亩；修筑灌溉干渠 15 条，总长达 81550 米，支渠 240 条，总长达 1.1 万米；建设长度在 100 米以上的渡槽 5 处。1992 年投资 5 万元建成枧平村泉水垅山塘，有效库容 4.5 万立方米，农田灌溉面积 320 亩。1994 年建成安平坊岭渡槽，长达 850 米，为郴州市内最长的渡槽。2000 年以后，安平镇先后对病险水库、山塘进行除险加固，到 2014 年基本完成。

供电供水

供电 民国、清代以前，境内不通电，乡民照明靠松枝、煤油、蜡烛等。新中国成立以后，政府鼓励各地修建水电站以解决生活用电问题。时境内通过拦河筑坝，陆续修建小水电站。到 1978 年全公社共修建水电站 5 个，年实际发电 7 万千瓦时，时有 8 个大队 93 个生产队通电。是年，建设安平供电站，负责管理辖区内的供电业务。1980 年后不断拉通至各村的高压输电线路。到 1988 年，全公社供电覆盖率达 100%，生产生活用电基本得到保障。1995 年，由私人合伙投资 280 余万元，在境内永乐江河段建成永安水力发电站，安装 3 千瓦电机组 3 台，年均发电量 268 万千瓦时。2000 年境内始实施一、二期农网改造，到 2003 年基本完成，农村供电质量得到进一步提高。2005 年在塘田村新建 3.5 万伏变电所一座。到 2014 年，全镇变电站总容量达 1000 万千瓦时，境内居民生产生活用电达到 0.3 万千瓦时。

供水 新中国成立以前，境内乡民生活用水多取自天然井水或河水。新中国成立以后，境内各地陆续开凿水井，以解决生活用水问题。20 世纪 80 年代以后，境内以家庭为单位开凿水井或压水井的逐渐增多，到 80 年代末 80% 的家庭拥有自打水井。部分村民还在自家屋顶安装水塔，将水抽至水塔，实现家庭自来水。1997 年，安平镇政府为解决境内特别是集镇区饮水困难问题，与安仁县水利局共同筹资，启动安平自来水厂建设工程，到 1997 年竣工供水，日供水能力达 5000 吨。此后，安平集镇区和附近村组用上自来水。2000 年后，国家实施农村安全饮水工程。安平镇于 2003 年投资 31 万元，建成安平镇永安渠引水工程、安平镇供水工程和青岭村打井工程，解决8个自然村1700余人和1100头大牲畜的饮水困难。到2014年，全镇共解决2.9万人的安全饮水问题，占总人口数的60%。

邮电通信

清代以前，境内通讯赖以驿站和铺递，时有两条驿道过境，沿途驿站较多。民国15年（1926），安仁境内开通邮路，安平属县南邮路站点。民国30年（1941），境内曾开通磁石式电话，后日军犯境时被毁。到民国末年，安平司仅保留信柜。1950年建设安平邮政所，归属安仁县邮政局管理。1953年，架通县城至境内电话线路，境内始开通电话。1956年，安平邮政所改为安平邮电支局，归属安仁县邮电局管理。时安平邮电支局设有电话总机室，可办理邮政、报刊发行、电报电话业务；公社安装有1台手摇电话机。20世纪60—70年代，各大队相继安装手摇式电话机。公社开会直接由电话传达通知。1981年实行家庭联产承包制以后，农村话务量减少，各大队相继拆除手摇式电话机。1989年，安仁县邮电局在安平镇开通400门自动电话交换机，境内始开通自动电话。1998年，安平设邮政分局、电信分局。是年，镇电信分局开通全球通移动通信系统，境内安装第一批程控数字电话2800门。到2014年，镜内固定电话用户达1395户，互联网用户达1000余户，移动电话用户达10000余户。

镇区建设

安平镇自1985年实行乡改镇后，即按照“十字走廊”建设规划推进镇区建设。2000年动工建设安平工贸市场，全力推进安平新型城镇化建设。2002—2008年，按照“一轴两翼，西提东扩”的城镇规划建设思路，先后完善水、电、路、通讯等基础设施，规范建设工贸、农贸大市场，将镇区面积扩大到3平方公里，吸纳大量农民、商人在镇区经商置业。2009年8月，安平镇政府与湖南昌华建设集团旗下的雄森时代房地产开发有限公司正式签订开发建设安平镇新区的协议。由该公司投资开发建设安平新区，计划总投资5.18亿元，建设周期为3～5年。2012年投入资金1500万元建设新安平客运站，为郴州市第一个按二级标准建设的乡镇汽车客运站。同年，高标准建设龙泉路、国庆路两条宽24米的街道，将镇区新老街道连接起来，并安装160盏LED太阳能路灯、30多个电子监控摄像头。2013—2014年，投资8000万元对原振兴路进行提质改造，建成40米宽的双向6车道的主干道，并将振兴路改名为“安平大道”。至此，镇区基本形成“四横四纵”的街道路网格局。同期，还先后建成6000平方米的地下停车场、步行街广场、车站休闲广场；完成农民集中居住区开发项目，建设步行街1～8栋建筑面积10万平方米的商住楼。其中商住楼集商住、购物、休闲、娱乐、健身于一体，设施齐全、功能完善，为郴州市统筹城乡发展的样板。镇区各街道按照“一街一特色”的要求进行规范，实行功能分区、划行归市，初步形成“建材、文化、餐饮、水果、休闲购物”五条街。2014年11月被评为全国重点镇。

社会事业

教育科技

教育　明清以前，境内教育以私塾为主。清光绪年间，境内建有励志小学堂，后于清宣统元年（1909）改为药湖寺高等小学堂。民国元年（1912），又将其改为安仁县立第二高等小学校。民国中后期，按照当时的政府要求，境内各保原有私立学校一律改为国民学校或代用国民学校。

新中国成立后，由政府接收或改造旧式学校，采取民办与公办并举的办法兴办新式学校。到1957年,各村都办有小学。此期,还兴办安平公社“五七”大学，校址设在安平公社赵公岭。1958年兴办公共食堂时，要求男、女劳力齐出工。为方便妇女出工，各大队又相继创办幼儿园或幼儿班。这些幼儿园或幼儿班多系借用民房办成的，因设施简陋、师资不够，一年后相继停办。1970年创办安平中学，时有教学班6个，在校学生300人，教职工10人。1973年，公社中学开办高中班，各大队小学开办初中班。因师资跟不上，中学高中班于1980年停办。是年，安平公社“五七”大学更名为“海峰中学”。1981年，境内小学初中班相继撤销。1987年，境内开始执行“两基”计划，普及九年制义务教育。1992年，海峰中学搬迁到安平镇上街居委会。2003年因村小生源减少，按照安仁县人民政府的统一部署，对村小进行适当调整。小学4～6年级的学生全部集中到镇中心小学就读，各村小只招收1～3年级的学生。2006年，安平中学并入安仁县第三中学，海峰中学更名为安平中学。到2014年，安平镇有中学1所，在校初中学生612人，专任教师78人；小学15所，在校学生3562人，专任教师148；幼儿园4所，在园幼儿770人，专任教师21人。小学适龄儿童入学率、初中适龄人口入学率、小升初升率、九年义务教育覆盖率均达100%。

科技 明清时期，受小农经济影响，加之文化普及的落后，境内科技开发缓慢，农业生产力水平不高。新中国成立以后，在政府的组织和倡导下，境内大力推进以水稻栽培为中心的群众科技活动，不断改进耕作技术和推进农作物品种改良。1953年境内设立安仁县农业科技推广片站，负责指导辖区内的农业科技推广工作。1978年建立安平公社科技站，负责辖区内的科技培训和新技术推广工作。1987年，镇科技站改为镇科技委，由分管农业的副镇长担任镇科委主任，农技专干任科技专干。20世纪90年代以后，电动排灌机、电动脱粒机、耕田机逐步在境内推广使用，软盘育秧技术也得以在境内推广。1999年，镇科委设立专门的办公室，并刻制章子、牌子，镇政府配备专职科技副镇长，负责管理辖区内的科技工作。是年，安平镇果木种植示范户张安生、造纸致富的张友林被评为全县科技致富示范户。2002年湖南安仁永乐化妆品有限公司被郴州市科技局评定为科技先导性企业。2010年后，收割机、插秧机等新型农业机械设备也得以在境内推广，境内农业科技装备水平不断提高。

医疗卫生

明清时期，境内医疗卫生事业发展缓慢，乡民看病治病主要靠草药郎中。民国30年（1941）境内设立卫生所，民国33年（1944）日军犯境时被迫停办，民国36年改设集市卫生所，民国38年（1949）集市卫生所被撤销。新中国成立以后，境内医疗卫生事业得以恢复和发展。1951年，恢复安平卫生所，时有医务人员4人。1958年安平卫生所与安平联合诊所合并为安平公社卫生院，以医疗为主，兼管辖区内的卫生防疫和妇幼保健。时有职工20人，其中医技人员16人。1966年改为安平农村地区医院，新建门诊部和住院部。60年代末，境内各大队相继开办农村合作医疗站，配备1～3名“赤脚医生”，负责各大队的卫生防疫工作。1977年安平公社医院搬迁至安平公社附近，改为安平中心医院，原院址改办安平卫校。1980年安平中心医院改为县办医院，易名为安仁县第二人民医院。1984年后，国家允许个体、私人开办诊所，境内个体诊所有所增加,各村相继开办村卫生室。到2014年，境内共开办个体私人诊所16家，药店、药铺6家，从业人员130多人。是年，恢复建设安平中心医院，与安仁县第二人民医院合署，实行两块牌子一班人马。时安仁县第二人民医院（安平镇中心医院）有职工246人，其中卫技人员177人，有高级职称2人，中级职称55人。设有职能科室9个、医技科室11个，拥有各类先进的医疗机械设备500余台件。具备肝叶切除术、胃代食道术、脊椎病灶清除术、髋关节置换术、脑肿瘤摘除术等疑重病医疗诊治技术。

文化体育

文化 清时，境内已传入花鼓、花灯、皮影、木偶、小调、舞狮、耍龙灯等民间文化活动。其中以舞狮子、耍龙灯、唱皮影戏和花鼓戏为盛。民国时期，境内已组建有皮影队和花鼓戏班子，逢有红白喜事时应邀演出。新中国成立以后，这些群众文化活动得以继承和发展。20世纪60年代，公社和各大队相继组建文艺宣传队，巡回到各大队进行文艺宣传，节目多为样板戏。1970年建设公社广播站，并将广播线拉至各大队甚至生产队，实现队队通广播。1975年成立公社电影队，安排放映员轮流到各大队放映电影。1980年12月，电视差转台竣工转播，境内各单位和部分居民始开通电视。1988年安平公社文化站成立。20世纪90年代以后，各村相继建设农家书屋。2010年后，打腰鼓、跳广场舞等群众文化活动逐步兴起。到2014年，全镇有镇文化站1所，广播电视站1所，村级文化活动中心17个，农家书屋12个、藏书4万册，各类群众文化团体17个，有线电视用户1万户，电视综合覆盖率100%。

体育 清代、民国时期，境内已有舞狮子、赛龙舟和武术表演等民间体育活动。境内一些武术世家还招募徒弟、办馆习武。赛龙舟一般在端午节前后举行，场景十分热闹。新中国成立以后，这些群众体育活动得以传承。赛龙舟由村民自发组织发展到政府牵头组织，沿河各村都安排负责人，每年端午节前后联合举办。到20世纪70年代，境内群众体育活动拓展到打球、拔河、田径等项目，由公社文化站牵头，经常组织大队与大队之间的比赛活动。1976年，安平公社的农民体育活动普及到各生产队。是年，安平镇被评为湖南省农村体育先进单位。20世纪80年代以后，群众体育活动转向以学校组织为主。但龙舟赛经常举办。2012年，由安平镇政府牵头，雄森集团公司承办，举办了安平镇第20届龙舟赛。永乐江流域安平、承坪、平背三个乡镇18个村（居）和单位组队参赛，规模宏大，为安平镇境内有史以来规模最大的一次龙舟赛。

社会保障

新中国成立以前，境内社会保障乏力，孤寡老人无所依靠。新中国成立以后，境内按照县委、县政府的统一要求，对孤寡老人实行照顾政策。将孤寡老人和无劳动能力又无生活依靠的残疾人列为“五保户”，由大队或生产队实行集体供养。一遇自然灾害，由政府牵头组织抗灾救灾。20世纪60—80年代，乡政府都配有民政工作人员，专门负责社会救助和社会保障工作。1988年，成立安平镇民政办，境内社会保障和社会救助工作由镇民政办统一负责。1998年境内启动农民最低生活保障制度，首批纳入低保的贫困对象28户。2000年，建设安平镇敬老院，始有床位30张，收养农村“五保”人员27人。2008年境内启动新型农村社会养老保险，当年参保人数11086人。到2014年，全镇纳入最低生活保障对象1302户、1774人；新型农村养老保险参保28996人，参保率98%；农村“五保”实行集中供养27人，分散供养75人。

特色地情

名胜古迹

老君观 为一古寺，位于安平镇石门村境内的钟鼓岭上，濒临永乐江。钟鼓岭乃武功山南麓余脉上一山岭。此岭半腰陡壁上有一天然石洞，喇叭口，八字形，高4.65米，宽6.2米，深30余米。洞顶有道笔直的天然裂缝痕。石洞深邃，冬暖夏凉。冬日走进洞里，犹如进入温室；盛夏坐在洞口，凉风习习。唐代天佑四年（907），当地百姓在此洞内塑一太上老君佛像，加以供奉朝拜。后延续千年，仍香火不绝。历代不少文人慕名前来游览。明朝时，郴州人何孟春，年轻时就随父来到此读书求学，从这里出发赴试，考中举人，次年（1493）考中进士，后官至礼部侍郎。何孟春感念家乡之情，奏请朝廷减免安仁粮赋。殁后当地老百姓为了纪念这位恤民勤政的朝官，在洞内塑立一座雕像，朝夕供奉。清代竹田举人陈其筥，手书“天开石洞”匾额，并赋诗“天造古观，开辟亦嘉，石山戴土，洞锁烟霞”一首，刻于洞之左壁。殿前建有山门，辟有林圃花池，设立功德碑林及长达30余米的宣传窗。步入山门，可观游人诗词佳作和贵宾即兴题词的石刻长廊。每年二月二十五日老君诞辰日，朝拜者逾千。2005年6月老君观被列为县级文物保护单位。2006年3月28日，又被湖南省宗教局定为“湖南省重点寺观教堂”。

（刘跃武　供稿）

老君观

坪上乡

区域概况

地理位置

坪上乡位于安仁县境东南部，地理坐标为北纬26° 28′ 41″ 至26° 36′ 4″、东经113° 25′ 45″ 至113° 33′ 44″，东临羊脑乡，南接新洲乡、关王镇，西连竹山乡、安平镇，北与茶陵县界首镇毗邻，乡政府驻地设在坪上村，距安仁县城36公里，距郴州市区127公里，距省会长沙城区281公里。

建置沿革

坪上乡清代属同五都，民国时，先属大麓乡，后属大平乡。1952年划属安仁县第六区（坪羊区），1956年撤区设乡，始设坪上乡。1958年10月“人民公社化”运动中，坪上和安平、牌楼、平背四个乡并入先锋公社，实行“政社合一”，取代乡镇建制。同年11月又改为安平公社。1961年2月，缩小公社规模，坪上从安平公社析出，设为坪上公社。1984年4月，废除“政社合一”体制，恢复乡镇建制，改为坪上乡。

区划面积

坪上乡土地总面积为74.1平方公里，辖坪上、桥石、高田、竹塘、岸下、毛塘、曹婆、石禾、大平9个行政村，137个村民小组。

自然环境

境内气候属亚热带季风性湿润气候，日照强，热量丰富，湿度大，雨量充沛，降水集中，水热同季，且冬夏长而春秋短，四季气候分明。境域属湘江水系，内有太平港、叶山河两条河流，太平港流经太平、坪上、高田、石禾四村，叶山河流经桥石、石禾二村，两条河在石禾村新平汇合流入安平。年平均降水量1483毫米。境内森林资源丰富，森林覆盖率达62%。主要自然灾害有冰雹、旱涝、风灾、霜冻、雷击等。

人口状况

新中国成立以前，因战乱和灾害影响，境内人口增长不快。新中国成立以后，随着生活水平的提高和医疗条件的改善，境内人口成倍增长，到1956年人口自然增长率达32‰以上。三年经济困难时期，人口出生明显减少，1961年人口自然增长率低至6‰以下。1962年以后，随着经济状况的好转，人口自然增长率又回升到30‰以上。70年代以后，实行计划生育，人口自然增长率有所控制，基本都在10‰以下。1984年，全乡总人口为2790户13684人，其中男性6904人、6780人，分别占总人口的50.45%、

49.55%；人口自然增长率为7.2‰。2000年全乡总人口为3850户14757人，其中男性7527人、女性7230人，分别占总人口的51.01%、48.99%；人口自然增长率4.04‰。到2014年年末，全乡总人口为5096户16646人，其中男性8627人、女性8019人，分别占总人口的51.83%、48.17%，农业人口16395人，占总人口的98.49%。人口自然增长率8.25‰。

经济发展

经济综述

乡域经济以农业经济为主。新中国成立以前，境内由于交通不便，生产力水平低，工商业发展缓慢，自给半自给的农耕经济占主导地位。新中国成立以后，通过实行土地改革和对农业、手工业、私营工商业的三大改造，经济结构有所调整，农业生产得到较快发展。中共十一届三中全会后，通过实行和完善联产承包责任制，生产力得到解放，农业产业结构逐步优化。除了种植水稻等粮食作物外，还种植烤烟、油菜等经济作物。到1980年全乡工农业总产值333万元，其中农业总产值310万元，工业总产值23万元。20世纪80年代，调整农业经济结构，境内陆续兴办林场、茶场、药场、水产养殖场和建筑公司、机制红砖厂等乡村企业，乡域经济得到较快发展。到1992年，全乡工农业总产值达1622万元。20世纪90年代中期以后，境内不少在外打工的农民学习和掌握了种植食用菌的技术，纷纷回乡种植食用菌，相继开办食用菌种植基地，食用菌种植逐步发展成为全乡一大农业支柱产业。到2014年全乡地区生产总值9327万元，其中二、三产业增加值6717万元，占地区生产总值72.02%，财政总收入280万元，农民人均纯收入3878元。

农业

种植业 全乡耕地面积951.4公顷，其中水田802.4公顷、旱地146.67公顷，主要种植水稻、食用菌、油菜、烤烟等农作物，兼种蔬菜、红薯、西瓜、花生、大豆等其他农作物。其中食用菌产量最多，是安仁县主要的食用菌生产区之一。新中国成立以前，境内虽大面积种植水稻，但因水利设施简陋、栽培技术落后，产量不高。新中国成立以后，通过改进耕作技术、改良水稻品种和逐步推广双季稻连作，粮食产量逐年增加。1964年，全公社粮食总产量达到2868.40吨。“大跃进”时期，由于生产上的瞎指挥，加之后来连遇三年自然灾害，粮食减产。20世纪60年代，通过推广适合双季稻种植的矮秆品种，产量明显增加。20世纪70年代以后，境内又大力推广杂交水稻，水稻亩产由以前的200～300千克提高到400千克以上。1978年，全公社粮食播种面积1638.93公顷，总产量6273.6吨。其中，水稻播种面积1513.07公顷，稻谷总产量6049.25吨。1981年实施家庭联产承包责任制以后，农田包产到户，农民种粮的积极性提高。1984年，全乡粮食播种面积1615.2公顷，粮食总产量达7926吨。其中水稻播种面积1548.33公顷，稻谷总产量7825吨。此期，境内还大力发展烤烟生产。先后在高田、石禾、坪上等村大规模种植烤烟。20世纪90年代，一大批掌握食用菌生产技术的能人在广东、江西、福建和本省长沙、衡阳等地种植食用菌，取得经验和效益后，陆续回乡从事食用菌种植。其中种植大户袁王荀投入150多万元创办湖南省安仁县坪上乡食用菌开发有限公司，采取“公司＋基地＋农户”的产业化模式大力发展食用菌种植，产品有姬菇、秀针菇、雪菇、小平菇等，主要销往广州、深圳、长沙、武昌等地。到2000年，全乡先后发展清生菇业有限公司等食用菌种植龙头企业9个，建设食用菌冷冻库20座、种植大棚8万多平方米，从业人员3000人，年产食用菌4000多吨。是年，全乡粮食播种面积1531.87公顷，粮食总产量11731吨。其中水稻播种面积1476.4公顷，稻谷总产量11327吨。油菜种植面积108.67公顷，油菜籽总产量82吨。烤烟种植面积58.67公顷，烟叶总产量88吨。到2014年，全乡粮食播种面积1898.8公顷，粮食总产量11968吨。其中水稻播种面积1810.13公顷，稻谷总产量11780吨。烤烟种植面积266.67公顷，烟叶总产量692吨。油菜种植面积500公顷，油菜籽总产量863吨。发展食用菌基地20多个，年产鲜菌8000多吨。其中清生菇业公司发展了6个种植基地，年产鲜菌1000余吨。是年，全乡种植业总产值达9666万元。

养殖业 境内养殖以生猪、牛、鸡、鸭、鱼等畜禽水产为主。民国以前，境内农户食不果腹，养殖业发展缓慢。新中国成立后，政府鼓励农民养猪、养鸡鸭。通过改良品种和加强瘟病防治，生猪和家禽饲养量不断增多。1957年，全乡生猪饲养量达到3600余头，鸡鸭4800羽。1958年"大跃进"时，境内各大队曾兴办千头猪场、百头猪场，但因设施简陋、管理不善，加之猪瘟防治技术跟不上，实际出栏数不多。1964年，全乡年末生猪存栏量2093头。20世纪70年代，公社、大队、生产队三级大办猪场。1978年全公社共兴办集体猪场112个，全年饲养生猪8254头，其中年内出栏3615头。1984年，国家取消生猪派购任务，放开收购价格，调动了农民饲养生猪的积极性。当年，全乡生猪饲养量达到5600头，出栏鸡鸭6900羽。到1997年末，全乡生猪出栏9600头，黑山羊饲养量达到640只。水产养殖以山塘、水库放养为主，尤以曹婆水库为盛。曹婆水库每年养鱼在2万尾以上，产值达20多万元。2014年全乡生猪出栏9800头，存栏7500头，肉类总产量728吨，家禽出笼9570羽，禽蛋总量195吨。牧业总产值为1847万元，渔业总产值为331万元。

林业 境域属丘陵地带，林地较多。明清及民国时期，境内森林虽然茂盛，但多为自生自灭，林地归私人所有，林业生产处于自然发展状态。新中国成立以后，在县委、县政府的号召下，境内通过封山育林和合作造林，促进了林业的发展。1958年，由于"大练钢铁"运动，森林遭到破坏。20世纪70年代，按照湖南省林业厅"基地办林场、林场管基地"的要求，公社和各大队大办集体林场。到1980年，境内先后兴办集体林场12个，人工造林400多公顷。1980年后实行林权改革，确定山林权属，林权归村组集体所有，群众造林性积极性提高。1985年全乡林地面积达3706.67公顷，其中用材林2506.67公顷、经济林813.33公顷，林木蓄积量3.42万平方米，森林覆盖率48.06%。2004年以后，坪上乡按照县委县政府的安排部署，引导村民大力推进退耕还林和绿化工程。乡村两级公路和安羊公路坪上段实现了全部绿化，9个村积极开展退耕还林行动，累计绿化荒山200多公顷，绿化镇村主干道30余公里，实现退耕还林733.33公顷。同期，通过农民合作开发或引进油茶开发公司开发等形式在高田、坪上、竹塘、曹婆等村开发油茶，建立油茶生产基地；在石禾村建立千亩脐橙基地，辐射到高田、大平等周边村组。到2014年坪上共有林地2866.67公顷，森林覆盖率达62%。经济林主要有油茶、脐橙、李子、桃子、枣子等，总面积586.67公顷，油茶133.33公顷，脐橙100公顷。

工业

境内工业基础薄弱，发展缓慢，20世纪50

年代以前基本没有上规模的工业企业。20世纪60年代，境内兴办过手工业联合加工厂，主要生产小型农具；70年代开办过公社草包厂、缝衣社等手工工厂，均因工艺落后、效益不好，到70年代末先后倒闭。80年代境内大力发展乡镇企业，先后兴办建筑公司、机制红砖厂、粮油加工厂及个体大米加工企业，到1996全乡乡镇企业总产值达3014万元，其中工业总产值166万元。2000年以后，通过招商引资，引进老板先后创办大平木材加工厂、坪上饲料加工厂、汇丰电子厂、众成电子厂等民办工业企业，桥石村先后创办桥石辣子鱼厂、桥石食用油加工厂等村办集体企业，境内工业得到较快发展。2014年，全乡工业总产值为1500万元。

商贸服务业

新中国成立以前，境内商贸业不发达，少有坐贾，多系手提肩挑小商贩，逢墟赶集。新中国成立以后的20世纪50年代，在政府的支持下，农村集市得到恢复和发展，境内曾形成坪上老街和桥石滩两个集市。其中坪上老街长300米左右，两旁约有20余家店铺，赶集日来往交易者近2000人，多时近4000人。上市交易的主要有大米、畜禽、茶叶、土纸、陶瓷品、竹木制品等。此期，境内组建农村供销社，负责保障农村物资供给和农副产品的收购和推销。“人民公社化”和“文化大革命”时期，个体私营商业受到打压，市场趋于萧条。中共十一届三中全会以后，全面开放集市贸易，境内商贸服务业得到发展。1993年后，实行国有民营及“四百一包”责任制，境内个体、私营商业竞相发展，市场日趋繁荣。1996年，坪上乡政府与坪上村上新塆组、乡国土所、乡工商所以股份合作形式，筹集资金30余万元建成坪上乡农贸市场，推动境内商贸流通业的发展。到2014年，全乡有各类商业店铺、网点300多个，从业人员1200余人，社会消费品零售总额1877.63万元。

基础设施

交通运输

民国以前，境内没有公路，交通极为不便。新中国成立以后，县委、县政府致力于发展交通运输事业，贯彻“民工建勤，民办公助”方针，发动群众大修公路。1966年，建成芳岭至羊脑公路（后改为安羊公路），全长20.1公里，路面宽6米，途经坪上10.2公里。1970年建成毛塘至新洲公路，全长8.6公里，路面宽4.5米，途经坪上2公里。1973年,建成坪上至金竹冲公路,全长7.4公里，路面宽4.8米，途经坪上7.4公里。1974年建成谭家至岸下公路，路面宽4.8米，途经坪上1.5公里。到1976年，境内基本实现村村通公路。2000年以后，由乡政府争资、筹资拓宽硬化境内乡道10余公里。各村在通村公路改造中，通过向上争资立项和自筹资金，全面开展通村通组公路改造，先后改造硬化通村、通组公路32公里，基本实现了村村通水泥路。2012年，乡政府筹资80余万元重新修建坪上桥。2013年，安羊公路完成提质改造，有效路面加宽至11米，全部实行油路面硬化，途经境内9公里。该公路提质改造后，境内交通条件得到进一步改善。

水利建设

民国时期，境内农田灌溉以山塘为主。新中国成立以后，党和政府领导群众大修水利，境内水利条件得以改善。1953年，在全县开展的“修建百塘运动”中，境内修建基本山塘10余口。1959年，修建曹婆水库，为小Ⅰ型水库，有效库容为507万立方米，可灌溉农田1.02万亩；1968

年修建金竹水库，为小I型水库，有效库容 123 万立方米，可灌溉农田 1200 亩。同期还相继修建长塘庵、荷乙塘、陈家冲 3 座小II型水库，有效库容 35 万立方米，可灌溉农田 510 亩。20 世纪 80 年代以后，农村实行家庭联产承包，山塘整修、用水随田到户，由各生产队或农户自筹资金整修。中小型水库建设则转向修筑配套工程。1992 年，桥石村投资 9.5 万元新建罗古塘，有效库容为 10 万立方米，可灌溉农田 400 亩。2012 年以后，政府相继投入资金 2000 多万元对曹婆水库和金竹水库进行除险加固，同时修筑了茶安水库总支二灌溉渠系改造工程和坪上、高田、石禾等村的烟水配套工程。2014 年，又投入资 1200 万元对太平港河道进行整治。

邮电通信

民国以前，境内通信依赖铺递。民国时期，安仁县邮局下设龙海塘和界首两个邮政代办所，境内邮务由界首代办所办理，邮件由派往乡下的信差负责投递。新中国成立以后，党和政府大力发展邮电事业。安平、关王两个邻近乡设有邮电支局，境内邮务改由安平、关王两个支局办理。乡下设有通讯员，邮件由通讯员负责投递和送达。到 1958 年，公社、大队通邮面达 100%。同期，县政府拨出专款修建农村电话，将电话线路向边远乡镇延伸，境内电话得以开通。初始为手摇电话，由人工接线，交换总机控制。20 世纪 80 年代，境内邮路由步邮改为车邮，电话线路大部分改为载波电话。1986 年安仁县邮电局改为地区邮电局和安仁县双重领导后，设立坪上邮电所，负责办理境内邮寄、储蓄、汇兑、发行等业务。1989 年底，坪上邮电所被撤销，境内邮件改为由安平邮电支局直投。1992 年，又实行自办邮运，以运养邮，重设坪上邮电代办所。1998 年境内开通数字程控交换机，办公电话开始普及，私人也开始安装住宅电话。2000 年后，移动和联通公司先后在境内修建 4 个基站，信号基本覆盖全乡。到 2014 年，境内已发展电信营业网点 3 个，移动营业网点 2 个，联通营业网点 2 个，邮政营业网点 1 处，宽带网也进村入户，家庭手机使用率达 90% 以上，部分家庭添置了电脑，开通了宽带。

供电供水

供电 20 世纪 60 年代以前，境内尚未通电，村民照明靠松油火或煤油灯。仙下电站建成后，于 1969 年架设仙下至城关 35 千伏输电线路，途经毛塘、桥石大队，毛塘、桥石等村通电。1979 年又架设一条从平背的韭菜坪变电站至坪上公社坪上大队的高压线，是为境内第一条电力高压线，途经高田村、坪上村，是年高田、坪上村相继通电。1980 年，坪羊高压线架设成功，太平、岸下等村通电。到 1986 年境内 9 个村全部通电。20 世纪 90 年代以后，对农村供电线路进行一、二期改造，增加变压器容量，并对已经老化的供电线路全部进行更换，农村供电质量更加稳定。

供水 境内农村生活饮用水以井水和泉水为主。新中国成立以后，各生产队组织劳力自打水井解决饮水问题。20 世纪 80 年代后，始有村民在屋前、屋后打压水井，取地下水饮用。到 20 世纪 90 年代，打压水井在各村组推广。是时，境内采取打井取水饮用的约占 90%，直接从河里取水饮用的约占 10%。2003 年，在全县实施的农村人饮解困工程建设中，竹塘村投入资金 7.5 万元新开凿一口水井，并铺设水管，将水引至农户家中，解决了 6 个自然村、320 多个人口、100 余头牲畜的安全饮水问题。2013 年，建成乡自来水厂，从大平港取河水净化，日供水规模为 50 吨，解决乡集镇区居民和学校约 2500 人的自来水供给问题。2014 年茶安水库引水工程启动后，规划建设一条由毛塘村至坪上乡政府的输水管道，长约 7.5

公里，以解决集镇区和高田村、大平村、岸下村、竹塘村的供水问题。

社会事业

教育科技

教育 清代及民国初年，境内教育以私塾为主。民国末年，境内曾以乡、保的名义兴办过国民学校。新中国成立以后，对旧式学校加以改造，1952年私立学校由政府全部接管，到1957年各村都兴办小学。1969年将原坪上完小改办为坪上中学，时有教学班1个，学生55人，教职工6人，春季招生，首任校长谭镇湘。1973年教学班发展到4个，学生248人，教职工12人。1978年实行学制改革，两年学制改为三年学制，春季招生改为秋季招生。1972年，兴起大办中学之风，公社中学增设高中班，各大队小学都附设初中班，到1978年全部停办。1981年上学期，在中学内又附设一个小学五年级重点班，由坪上学区直接管理，是为坪上中心完小的前身。1982年正式创办坪上中心完小，校址设在坪上村下陂岗组，时有教学班4个，学生200人，教职工9人。至1989年，全乡有中学1所，小学9所，在校学生4000余人。1998年，中心完小因地处河边低洼地，常遭水灾，安全隐患大，乡党委、政府筹资300万元，将中心完小搬迁至坪上村九古组重建。1989年后，各村小相继开办学前班。此期，各村小积极改善办学条件，加强校园文化建设。坪上中小、石禾村小先后被评定为郴州市市级校园文化建设样板学校。2003年后，因生源减少，小学教学布局进行适当调整。小学3～6年级的学生全部集中到乡中心完小就读，村级小学只招收1–2年级的学生。到2014年全乡有中学1所、中小1所、村小9所、幼儿园1所，在校初中生397人、小学生580人，学前班240人，有教职工89人。

科技 20世纪50年代，在县委、县政府的倡导下，境内大力开展以水稻为中心的新品种推广和耕作技术改革，使水稻亩产增加5%左右。“文化大革命”期间，科技工作者受到打压，境内科技滞步不前。1978年设立公社科技站，主要负责科技培训和农技推广工作。此期，杂交稻栽培技术得以引进并逐步推广。1989年设立乡科委，负责辖区内的科技行政管理工作，由分管农业的副乡长兼管科技工作，农技专干担任科技专干。到1999年，乡科委基本做到有办公用房、有牌子、有章子，科技管理工作步入规范化。2002年坪上村食用菌种植大户袁王苟开办一个食用菌开发研究所，研制、培育菌种达100余种，销往本省、江西、广西、湖北等10多个省市。2000年以后，高田、桥石等村大力开发沼气，利用沼气照明、煮饭，并发展以沼气为纽带的生态农业。高田村2002年建设34个沼气池，充分利用沼肥养鱼，建池户鱼产量增加2000千克以上；桥石村利用沼肥养鱼，又用自产的鱼办起了辣子鱼厂。毛塘村人钟拔阶从事杂交水稻新品种研究，成功研制培育杂交早稻“威优29”“威优98”“威优825”，获得国务院特等发明奖，成为享受国务院特殊津贴的专家。

文化体育

文化 民国时期，境内民间文化活动主要有唱皮影戏和舞龙灯。舞龙灯一般在春节期间举行，农民自发组织。唱皮影戏则在人家有喜事时，受主人邀请演唱。另民间已有自发组织的“乐声班子”。一个“乐声班子”五六人左右，配有锣鼓、小鼓、唢呐、二胡等乐器，亦逢红白喜事应约演出。新中国成立以后的20世纪50—70年代，公社组织文艺宣传队到各大队开展文艺宣传，唱的主要是样板戏。1980年，建立公社文化站，负责组织和管理辖区内的群众文化活动。同年，建立公社广播站，家家户户开通有线广播。1981年后，农村实行家庭联产承包责任制，广播网线管理没有跟上，不少线路老化、损毁未及时进行维修，农村广播实际陷于瘫痪。20世纪90年代，部分杆线修建，广播得以逐步恢复。到2000年以后，通过实施“村村响”工程，各村基本开通有线广播。高田、岸下、太平等村还建设无线广播网站。此期，先后开办10家农家书屋，总藏书达1.2万余册。民间组建一支腰鼓队，广场舞也在乡集镇区慢慢兴起。乡文化站于2013年兴建一栋综合楼，占地130余亩，配置7台电脑，办公条件得到改善。

体育 民国时期，境内曹婆寨等地有部分村民练习武术，一为防身，二为躲兵，也有随戏班子表演“耍棍子”和“对打”节目的。新中国成立后的20世纪50—60年代，公社曾举办过体育比赛活动，各大队派人参加。80年代后，在全县普遍改善办学条件中，乡中学、各村小相继新建或扩建体育活动场地，添置篮球架、乒乓球台等，体育活动转向以学校为主。

医疗卫生

新中国成立以前，境内没有医疗机构，群众看病治病依靠民间的草药郎中。新中国成立以后，境内医疗卫生事业得以发展。1953年，境内建立乡妇幼保健和新法接生机构，为各大队培训新法接生员，推行新法接生，妇幼保健机构定期为乡村婴幼儿预防接种，较好的保护了妇女儿童健康。1952年，成立坪上乡卫生院，以医疗为主，兼管卫生防疫和妇幼保健，地点设在坪上街上。60年代后，各大队相继建立合作医疗站，并配备1～3名“赤脚医生”，负责本大队的医疗防疫工作。80年代，境内始有人开办个体诊所。1997年，坪上卫生院实行改革，由集体所有制卫生院转为国有事业单位。各村相继设立卫生室。2002年，坪上卫生院设立中心药库，对村卫生室用药实行统一管理，确保人民用药安全。2008年坪上乡开始实行新型农村合作医疗，由于缴费标准低、报销比例高，村民踊跃参保，每年参合率都达到了98%以上。此期，坪上乡卫生院新建一栋门诊大楼，并陆续添置新的医疗器械和设备，医技条件得到改善。到2014年底，全乡有乡级卫生院1个，医技人员18人，村卫生室13个。全乡新型农村合作医疗保险参保人数达15579人，参合率达98.1%。

社会保障

新中国成立以后，境内各大队对孤寡鳏独的老人、无劳动能力的残疾人实行集体供养，由生产队每年安排一定的口粮，死后由生产队集体安装。遇到灾荒，由政府进行救济。1986年，坪上敬老院建成投入使用，供养各类孤寡老人10余名。1994年，乡民政办成立，负责社会保障、劳动保障等工作。2008年，投入资金48万元重新修建坪上乡敬老院，新建敬老院占地面积10亩，建筑面积1890平方米，安排25%“五保”老人入住。2011年启动新型农村养老保险。到2014年，新型农村养老保险参保人数7600人，参保率98%。

特色地情

特色产业

坪上食用菌 坪上食用菌种植起于20世纪70年代。是时，坪上乡有不少村民赴江西、福建等地学习种植食用菌技术。到20世纪90年代，这批人员掌握食用菌种植技术之后，纷纷回乡创业，先是在自家院内小规模种植，后转向建大棚规模种植。2002年后，县委、县政府因势利导，实施资金扶持等措施大力促进食用菌产业发展，鼓励种植大户采取“公司+基地+农户”模式实行规模化种植，使食用菌逐步形成一大特色产业。到2014年，坪上乡共建有食用菌基地48个，年产鲜菌8000多吨，产值8000万元以上，走向集约化、标准化、工厂化的发展之路。主要产品品牌有天扶、清生、明华等，其中“天扶”牌商标被评为湖南省著名商标。生产的品种有姬菇、秀珍菇、球盖菇、茶树菇、香菇、竹荪、灵芝、猴头菇、双孢菇、木耳、银耳等10余种，年产量达6万多吨，主要销往广东、江浙等发达地区及长沙、武汉、上海、北京等大中城市。

（肖梦奇　供稿）

承坪乡 >>

区域概况

地理位置

承坪乡位于安仁县境南部，地理坐标为北纬26° 26′ 25″ 至26° 31′ 00″、东经113° 19′ 42″ 至113° 25′ 36″，东与竹山乡相邻，南与新洲乡接壤，西与龙海镇相连，北与平背乡、安平镇交界，乡政府驻地设在新坪村，距安仁县城32公里，距郴州市区123公里，距省会长沙城区277公里。

建置沿革

承坪乡因乡政府驻地承坪岭而得名。承坪岭，原名城坪岭，明代曾在此筑城墙围坪练兵，故名，后谐音演变为承坪岭。清代属平一都。民国时先属乐江乡，后属龙乐乡。1952年属第七区，1956年设承坪乡，1958年10月并入红旗人民公社，后于同年12月改名承坪公社，1964与竹山公社合并为乐江公社，1980年析出设承坪公社，1984年4月恢复乡建制为承坪乡。

区划面积

全乡土地总面积36.8平方公里，下辖新坪、河东、河西、乐江、岩岭、山下、榴霞、黄甲、凡古等9个村民委员会，137个村民小组。

自然环境

境域处丘陵地带，海拔在150 ~ 300米，属亚热带季风性湿润气候，热量丰富，雨量充沛，但月份分配不均；气温的季节变化明显，四季分明。年降水量一般在1000 ~ 1500毫米，夏季较多，无明显干季；无霜期280天左右，全年日照时间多数平均为1600余小时，日平均气温 > 10℃期间的日照时间为1400小时左右。主要自然灾害有旱涝、冰雹、风灾、霜冻、雷击等。境内河流属湘江流域洣水水系，永乐江、猴子港、莲花江在境内交汇，水利资源比较丰富，水能理论蕴藏量6.32万千瓦，可开发量为3.44万千瓦。

人口状况

民国及以前，境内人口增长不快。新中国成立以后的20世纪50年代初，人口快速增长。到1957年，境内人口自然增长率达35% 以上。三年经济困难时期，人口显著下降，1961年境内人口自然增长率低至6.7‰以下。1962年以后，随着经济状况的好转，增内人口自然增长率又回升到30‰以上。20世纪70年代后实行计划生育，境内人口增长得到一定控制。1980年全公社总人口为3083户13785人，其中男性6884人、女性6901人，分别占总人口的49.94%、50.06%，人口自然增长率为12.04‰。1984年全乡总人口为3225户15066人，其中男性7605人、女性7461人，分别占总人口的50.48%、49.52%，人口自然增长率为8.89‰。20世纪80—90年代，辖区人口密度均在每平方公里400人以上，仅次于城关、安平，为安仁县人口密度第三大乡镇。2000年，全乡总人口为4227户17019人，其中男性9036人、女性7983人，分别占总人口的53.09%、46.91%，人口自然增长率5.12‰。2014年年末，全乡总人口为5416户18241人，其中男性9614人、女性8627人，分别占总人口的52.71%、47.29%，人口自然增长率8‰。

经济发展

经济综述

乡域经济以农业经济为主。新中国成立以前，境内经济结构单一，自给自足的农耕经济占主导地位。新中国成立后，境内经济结构逐步得到调整，工业开始缓慢发展。1956年，全乡工农业总产值为168万元。20世纪60—70年代，境内通过调整产业结构，农、林、牧、副、渔各业均得到发展。1980年，全乡工农业总产值323万元，其中农业总产值297万元，工业总产值26万元。公社总收入中，副业收入占到9%，超过牧业、林业、渔业收入。1981年实行家庭联产承包责任制后，农业生产有较快发展。1984年，全乡工农业总产值为393万元，其中农业总产值349万元，工业总产值44万元。20世纪80—90年代，境内乡镇企业得到一定的发展。到1996年，全乡共发展乡镇企业414个，乡镇企业总产值8878万元，全乡地区生产总值2919万元，财政总收入150万元。2000年以后，境内乡镇企业因自身管理不善、经受不住市场竞争的冲击而渐次萎缩倒闭。此期，不少外出打工挣到钱的本地人回乡创业，带动了民营经济的发展。2014年，全乡实现地区生产总值10165万元，其中二、三产业增加值总额7678万元，占地区生产总值的比重为75.5%；财政总收入272万元；农民人均纯收入3052万元；人民生活水平大幅提高，每百户拥有彩电86台、冰箱77台、洗衣机56台、空调18台，人均住房建筑面积70.5平方米。

农业

种植业 承坪乡有耕地1054公顷，其中水田882公顷，旱土172公顷。种植业以水稻、油菜、烤烟为主，兼种蔬菜、大豆、花生、红薯、西瓜等其他农作物。民国时期，境内已推广双季稻间作。但因水利设施简陋，耕作技术落后，实际产量不高。新中国成立以后，通过改善农业灌溉条件和改进耕作技术、推广优良品种，境内以水稻为主的种植业有所发展。1957年境内始大面积推广双季稻连作，粮食产量逐年增加。1964年，全乡粮食总产量达4707吨。20世纪70年代，境内开始试种杂交稻，亩产在400千克以上。1980年，全公社粮食播种面积1406.9公顷，粮食总产量达7328吨。其中水稻播种面积1351.2公顷，稻谷总产量7229吨。是年，全公社油菜种植面积达110.5公顷，油菜籽总产量59.8吨。1981年农村实行家庭联产承包责任制后，境内杂交稻得到全面推广，粮食产量又不断增加。1984年，全乡粮食播种面积为1401公顷，粮食总产量7770吨。其中，水稻播种面积1344.3公顷，稻谷总产量7670吨。1988年，承坪乡列入安仁县第一期农业开发项目区。是年，境内改造低产田66.7公顷。到1996年，全乡水稻播种面积1358.2公顷，稻谷总产量达9363吨。油菜种植面积435.3公顷，油菜籽总产量313吨。2000年以后，境内种植业结构得到进一步调整优化。除了种植水稻、油菜外，还大力发展无公害蔬菜及食用菌等特色种植业。2003年，境内河西村和新坪村发展无公害蔬菜种植基地70余公顷。是年，境内培养食用菌种植大户58户，年产食用菌290吨。2013年，境内河西村开发建设总面积为13公顷的水木年华葡萄种植基地。到2014年，全乡粮食播种面积1731公顷，粮食总产量10884吨。其中水稻播种面积1651公顷，稻谷总产量10700吨。油菜种植面积666.7公顷，油菜籽总产量1150吨。烤烟种植面积113.3公顷，烟叶总产量349吨。葡萄种植面积13公顷，年产葡萄20吨。无公害蔬菜种植面积133公顷。食用种植大户发展到64户，年产食用菌410吨。全乡种植业总产值5976万元。

养殖业 境内养殖业以生猪、牛、鸡、鸭等家畜家禽和各种淡水鱼等水产为主。新中国成立以前，境内养殖业发展缓慢，生猪、鸡、鸭、鱼养殖多为自给，仅有少量用来交易。新中国成立以后，通过改良生猪品种、加强猪瘟防治，境内生猪养殖业有所发展。1957年，全乡生猪养殖户平达到1.5头。1958年，实行人民公社化，生猪由私有私养改为公有、集体饲养，各大队曾兴办千头猪场，但因一哄而起，猪瘟防治技术跟不上，实际饲养量下降。三年经济困难时期继续滑坡。1962年，生猪饲养政策有所放宽，允许私有私养，多养不加派购，境内生猪养殖业得到恢复。20世纪70年代，公社、大队、生产队三级大办猪场。1978年全公社兴办集体猪场98个，全年饲养生猪6669头，年内出栏3023头。1981年实行家庭联产承包责任制后，农民生产自主性增强，除了种粮作烟外，还大力发展养殖业。1984年，全乡饲养生猪8169头，其中年内出栏4737头。年末大牲畜存栏604头，家禽存栏17975头，禽蛋产量14吨。1989年开办大坪岭综合农场，先后建设高标准猪舍32间、1350平方米，年出栏生猪1000余头。1990年以后，随着生猪收购市场的全面放开，境内从事生猪收购和贩运的不断增多，推动了生猪养殖业的发展。1996年，全乡生猪饲养量达29800头，其中年内出栏18800头。2000年以后，境内不断涌现养殖大户，养殖业得到较快发展。2002年境内发展养猪专业户100余户，养牛大户10户。2003年发展养鸭专业户52户，饲养鸭2.1万只，产蛋40万千克。2010年全乡100头以上的生猪养殖大户发展到5户。到2014年全乡生猪饲养量达到14390头，其中年内出栏8600头，肉类总产量2150吨；出笼家禽42500羽，禽蛋产量196吨；牧业总产值1221万元。水产品总产量413吨，渔业总产值330万元。

林业 新中国成立以前，境内林业生产处于自然发展状态。民国时期，境内虽有造林，但面积不大。新中国成立以后，在政府的支持下，境内实行封山育林和合作造林，林业生产得到一定的发展。1958年"大跃进"时期，因乱砍滥伐，境内森林资源遭到破坏。1962年，山林下放到大队或生产队管理，由各大队、生产队按照统一规划，开展集中连片式造林。20世纪70年代以后，境内相继开办社队林场。1978年，全公社共兴办集体林场11个。1981年实行山林定权发证以后，各大队、生产队造林积极性提高，境内的林业生产得到较快发展。1985年"六五"森林普查时，全乡有林地1080公顷，其中用材林993公顷，林木蓄积量为0.56万立方米，森林覆盖率28.69%。此期，境内果木业得到一定的发展。1989年，境内村民王德崇在原有村办农场的基础上，通过开荒造地开办大平岭综合农场，占地70公顷，是当时安仁县最大的综合农场。至1992年，该农场共开发果园52公顷，栽植奈李、蜜桃、锦橙、皇冠梨等良种水果10万余株。是年，大平岭综合农场出产水果7.5吨，全乡水果总产量28吨。20世纪90年代以后，境内在县委、县政府的号召下，以消灭宜林荒山为目标，大力开展造林绿化行动。到1996年，全乡宜林地绿化率达95%。2001—2002年，境内大力实施退耕还林工程，先后完成退耕还林106.7公顷。2010年以后，境内按照“三边”造林要求，对所有通村公路两旁实行造林绿化，先后绿化通村公路21公里。到2014年，全乡有林地面积达到1866.7公顷，森林覆盖率51.9%。其中山下村林地面积达到600公顷，为全乡林地面积最大的村。全乡果园面积144公顷，水果总产量819吨。

工业

民国时期，境内已有人开设染印作坊，主要生产土蓝布和蓝印花被面等。此外，还有人开设榨油、酿酒等家庭作坊。多系手工操作，规模不大，效益一般。新中国成立以后的20世纪50年代初，这些小手工业被相继组建成手工业生产合作社，后部分转为社队企业。20世纪60—70年代，境内工业发展依然不快。到1980年，全乡工业总产值只有26万元。20世纪80年代以后，境内加大对工业企业的扶持力度，工业经济得到较快发展。1984年，全乡工业总产值44万元，比1980年增长69.2%。20世纪90年代以后，境内乡镇企业快速发展，工业经济总量得到大幅提升。1996年全乡工业总产值达到287万元。2000年后，乡镇集体企业因管理不善、机制不活，在受到市场冲击之后相继关停倒闭。此期，通过招商引资，境内民营工业企业得到一定的发展。2003年，河东村引进老板投资150万元兴办天治毛衣珠绣厂，当年创税收5万元。2007年河东村又引进老板开办三家毛线加工厂。2010年后，境内相继引进投资上千万元的俊宇工业品公司和奥金特新工艺品公司、投资1000万元的三峰米业有限公司、投资800万元的浙江俊宇木器加工厂、投资500万元的腾誉达手袋厂、投资300万元的鸣红鞋面厂等多家民营工业企业，并陆续建成投产。到2014年，全乡工业总产值达到7500万元。

商贸服务业

新中国成立以前，境内尚无大的商贸企业，多系小商小贩，逢墟赶集。时承坪岭已形成集市，上市交易的多为土特产品，交易量不大。新中国成立以后，境内商贸服务业得到逐步发展。1951年成立安仁县第七区供销社，时承坪属第七区管辖，境内物资供给和农副产品收购和推销由第七区供销社负责。1956年始设立承坪供销社。1958年实行人民公社化以后，私营商业被取缔，集市贸易也受到一定限制。“文化大革命”时期，境内集市贸易被关闭。中共十一届三中全会以后，集市贸易全面开放，国家允许发展个体私营商业，境内商贸业得到恢复和发展。1981年，承坪岭集市才得以恢复。1984年，全乡有各类商业网点23个，社会消费品零售总额达到69万元。1999年，建设承坪乡农贸市场，占地面积7000平方米，设有固定摊位400个，逢农历2、5、8日赶集，赶集日日交易额达16万元。2000年后，境内私营商贸服务业得到进一步发展。2008年，境内开办梅海超市，是为承坪乡境内第一家超市。到2014年末，全乡共有各类商业店铺、网点207个，社会消费品零售总额达到2486万元。

建筑业

境内地少人多，早在民国时期，就有砖匠、木匠三五结伴，外出承建工程。新中国成立以后，这些泥、木业手工业者被相继组成建筑队或木业生产合作社。1982年9月，境内成立承坪乡建筑工程公司，注册资本400万元，始有员工16人，是为境内规模比较大的建筑企业。1988年，承坪乡建筑工程公司晋升为三级建筑企业。其业务由县内拓展到省内郴州、长沙等地。1990年年产值超过500万元。1992年承坪乡建筑工程公司晋升为国家二级建筑企业，其业务由省内拓展到广东、江西等外省市。到2014年，公司注册资金达到4000万元，有员工500余人，年创产值2000余万元。在承坪建筑公司的带动下，境内每年外出从事建筑、安装的人员达1000余人，劳务收入3000多万元。

基础设施

交通运输

民国及以前，境内尚无公路，乡民出行主要靠步行，货物运输则靠肩挑背负或航运。时境内永乐江边设有承坪市码头，为多级石板码头，可随河水涨落，供来往船只装卸货物。由于河道上陆续修筑水坝，加之河道无人整治，能通航的路段并不多，且只能采用小木船、木排运输。新中国成立以后，境内按照“民工建勤、民办公助”的要求，发动群众修筑公路，逐步改善交通条件。1962年，境内大搞农田基本建设时，陆续修筑一些通村简易公路。1966年建成朴塘至承坪公路，全长12.11公里，路面宽6.0米。此期，境内开通至县城的客运。1978年建成承坪至龙海公路，全长9.50公里，路面宽3～3.5米。1985年建成竹山至承坪公路，全长7.5公里，路面宽5米。2003年12月对承坪至龙海公路进行提级改造，次年11月竣工。改造后的龙承公路路基宽6.5米，砼路面宽6米，通过裁弯取直后长度缩短为9.28公里。2008年，对承坪至低洲公路进行砼路面硬化。2009年，境内实现村村通水泥路。到2014年，承坪乡先后硬化通村公路10公里、通组水泥路130公里，通村公路通畅率达到100%，通组公路通畅率达到80%。

水利建设

民国以前，境内农田灌溉以山塘水坝为主。明嘉靖二十二年(1543)，今承坪乡山下村境内曾修建攸陂坝，是为安仁县在永乐江上拦河筑坝之始。新中国成立以后，在党和政府的重视和支持下，境内大修水利设施。1953年全县开展“修建百塘运动”，境内组织群众大修山塘。到1957年，境内先后修筑基本山塘60余口。1957年8月，安仁县水利部门在境内乐江村修建永定渠，次年1月完工。初始主坝、副坝为木桩、卵石、料石壳盖坝。1963年12月，建成承坪抽水机中心站，实行抽水灌溉，是为安仁县机械灌溉之始。1964年安仁县水利部门又对永定渠大坝进行扩建，改为钢筋混凝土硬壳坝，主坝高2米，长180.8米；副坝高2米，长51.2米。同时，修建1条长20公里的干渠；25条长23公里的支渠，有效灌溉面积1.3万亩。20世纪70—80年代，境内先后修筑南冲、朴塘、苏古3座小II型水库，有效库容50万立方米，灌溉面积1200亩。1991年，承坪乡乐江村争取项目资金2.6万元，修筑1口基本山塘，有效库容11万立方米，改善灌溉面积480亩。2008年修建大坪岭喷灌工程。是年，在岩岭、新坪等村境内修筑硬化渠道5000米。2010年投入资金3000余万元对莲花江、猴子港河道进行治理。2011年，莲花江河道治理工程完工。是年，修复被洪水冲毁的攸陂渠。2012年以后，相继完成南冲、朴塘、苏古3座小II型水库的除险加固和猴子港的河道治理。到2014年，全乡有小II型水库3座，基本山塘220口，有效灌溉面积1万余亩。

邮电通信

民国32年(1943)，境内设承坪市邮政代办所，隶属安仁县邮局管辖。民国33年(1944)，日军侵入安仁，县邮局被迫关闭，境内电报、电话业务全部中断。新中国成立以后，境内邮电业务得以恢复和发展。1951 年，境内始开通手摇式电话，由人工接线，交换总机设在承坪岭。1956 年，境内设承坪乡邮电所，是为安仁最早设立的 7 个邮电所之一。20 世纪 60—70 年代，境内各大队相继安装手摇式电话，到 1981 年农村实行家庭联产承包责任制后，因话务量减少，相继拆除。1986 年，承坪邮电所改为邮电支局。1995 年，境内架空电路全部改为光缆传输网络。是年，境内开通程控电话，实行国内、国际直拨通话。1998 年 9 月，邮政、电信分营，县邮政局、电信局分别在承坪乡设邮政支局和电信支局。2003 年，境内建立第一个 GSM 数字基站，始开通移动电话。到 2014 年，境内先后建设移动、联通、电信移动基站 3 座，移动电话用户达到 13000 余人，固定电话用户 1500 户，互联网用户 200 户。发展移动、电信服务网点 3 个，全年移动电信业务营业额 280 余万元。

供电供水

供电 20 世纪 60 年代以前，境内尚不通电，村民照明靠煤油灯。1976 年建成攸陂水电站（又称承坪电站），装机容量 250 千瓦，时电站所在的山下村通电，为境内通电最早的村组。1978 年，农村电网进入承坪乡。至 1984 年，承坪乡共有 8 个村 107 个村民小组 1848 户农户通电。1988 年，攸陂水电站并入湘中电网。是年，全乡 9 个村全部通电。1997 年，平背韭菜坪 110 千伏变电站建成后，架设一条 10 千伏的高压输电线至承坪。此后，承坪乡境内由韭菜坪变电站供电。2000 年境内启动农村电网改造工程。2003 年，引进老板投资 500 万元建成山下水电站，电站位于永乐江山下村段，装机 1500 千瓦。2009 年，又引进资金 300 万元，建成永定水电站。2011 年全乡农村电网升级改造基本完成，新增变压器 5 个，更换线路 30 余公里。到 2014 年，10 千伏高压输电线路一条，年人均供电量 260 多千瓦时。

供水 境内水系发达，永乐江、莲花江、猴子港于境内交汇。新中国成立以前，乡民生活用水多取自天然泉水，部分条件好的地方也凿井取水，但数量不多。新中国成立以后，政府鼓励各地打井取水，以解决人畜饮水困难问题，时各生产队陆续开凿水井。20 世纪 80 年代后，境内村民相继在自家房屋前后打明井和压水井，就近取用地下水。有的还在屋顶安装水塔，实行家庭内自动供水。2009 年，从龙海镇水厂引进自来水，解决新坪、凡古、黄甲、河东等村的饮水问题。2010 年，投资 197 万元启动全乡人畜安全饮水工程，铺设水管 14 公里，解决了 14 个自然村、5000 余人安全饮水问题。到 2014 年全乡除山下村外都通上了自来水。

社会事业

教育文化

教育 清光绪年间，境内建有乐江书院，系族办，为当时安仁境内比较有名气的 14 所书院之一。民国时期，乐江书院改为学堂。民国 30 年（1941），境内设有乡中心小学。新中国成立以后，境内的私立学校先后被政府接管，改办小学。到 1957 年，境内各村都兴办小学。1958 年兴办公共食堂，强调家庭社会化、男女齐出工，为解决妇女的后顾之忧，境内曾借用民房兴办过幼儿园。1958 年，境内创办第一所民办中学。1969 年境内创办公社中学，将民办中学并入公社中学。1973 年，公社中学增设高中班，各大队小学附设初中班。1978 年各大队小学附设的初中班相继撤销。1980 年，公社中学高中班也停办。1984 恢复乡建制后，承坪乡共有初级中学 1 所，小学 9 所。

2003年，因生源减少，境内按照县政府的统一部署，对教学布局进行调整。小学3～6年级的学生全部集中到乡中心小学就读，1～2年级的学生在村小就读。是年，还争取香港爱国人士邵逸夫捐资25万元，在河东村小兴建教学楼一栋，取名逸夫教学楼。2009—2010年，先后投入资金140多万元建成承坪中小和承坪中学两栋教学综合楼。到2014年，全乡共有幼儿园7所，在园幼儿630人，专任教师22人。小学5所，在校学生1086人，专任教师60人，小学适龄儿童入学率100%。初中1所，在校学生537人，专任教师34人，初中适龄人口入学率96%，小升初升学率100%，九年义务教育覆盖率达100%。

文化 民国以前，境内已有舞龙灯和赛龙舟等民间文化活动，舞龙灯一般在春节期间举行，赛龙舟则在端午节前后，均由民间自发组织。时境内还有传唱民谣、对唱山歌的习俗。新中国成立以后，在政府的重视和支持下，境内群众文化活动得以推动和发扬。20世纪50—70年代，公社和各大队都组建文艺宣传队，巡回到各大队开展文艺宣传。1970年，建立公社广播站。之后，境内各大队、生产队相继开通广播。1971—1975年，境内还由公社牵头，每年秋收以后举办农民运动会，开展列队、刺杀、射击、篮球、乒乓球、拔河、田径等项目比赛。80年代初，因广播线路老化而未得到及时维修，境内农村广播实际开播率下降。1983年成立公社文化站。之后，境内不时组织文艺调演或群众文化活动。1984年以后，全县整顿恢复农村广播，时境内广播通播率和喇叭入户率、音响率均逐步回升。2000年以后，境内各村相继建立农家书屋。2011年，投资50万元建成乡文化站综合大楼，内设有图书室、影视厅、文体活动室等。到2014年，全乡有乡文化站1所，村级文化活动中心9处，腰鼓队、广场舞队等群众文化团队6支；广播电视站1所，村级广播电视站3个，全乡有线电视用户3188户，入户率为70%；村级农家书屋9个，藏书2.6万册。

医疗卫生

民国以前，境内尚无固定的医疗机构，乡民看病、治病赖以民间草药郎中。新中国成立后，境内的医疗卫生事业得以发展。1955年成立安仁县第七区卫生院，院址设在承坪乡，时承坪乡的医疗卫生由第七区卫生院负责，境内妇幼保健和新法接生得以推广。1956年撤区设乡时，单独设立承坪乡卫生院，1958年后改为承坪公社卫生院，负责境内的医疗、防疫和妇幼保健。20世纪60年代后，各大队相继建立合作医疗站，并配备1～3名“赤脚医生”，负责各大队的卫生防疫。2000年以后，境内个体诊所不断增加。2007年，承坪乡开始实行新型农村合作医疗，当年参加农村新型合作医疗的有15630人，占全乡总人口的92.3%。到2014年末，全乡有卫生院1所，村卫生室14个。其中乡卫生院有执业医师5人，执业助理医师8人，注册护士2人，总医卫人员达27人，年诊疗人次26000余人次。全乡新型农村合作医疗参合人数17363人，参合率93.2%。

社会保障

新中国成立以前，境内社会保障乏力。新中国成立以后，境内社会保障得以重视。从20世纪50年代起，就对孤寡老人和生活无所依靠的残疾人实行特殊照顾制度，将他们列为“五保”（即保吃、保穿、保住、保医、保葬）户，由大队或生产队实行集体供养。同时，大力开展社会救助，每年春节前或春夏荒时期，对特困户给以物资或资金上的救助。遇到自然灾害，即由政府牵头，组织抗灾救灾，并给受灾群众施以及时救济。80年代以后，部分“五保”户改由亲戚分散供养。2006年，承坪乡敬老院建立，供养各类孤寡老人40余人。

月轮岩

是年，境内启动最低生活保障制度，将500户特困户列为最低生活保障对象。2010年，境内开始实施农村危房改造工程。2011年启动农村新型养老保险。到2014年，全乡纳入农村最低生活保障760户、970人，年发放最低生活保障费104150万元；农村“五保”集中供养20人、分散供养36人，年支出费用15520元。城乡居民养老保险参保7700人，参保率100%。

特色地情

名胜古迹

月轮岩　月轮岩位于安仁县承坪乡樊古村陈头冲。据考，月轮岩兜率宫之前身为上弥勒寺，始建于南宋嘉庆年间（1208—1224年）。清嘉庆二十四年（1819）《安仁县志》载：“上弥勒寺，即月轮岩。石壁上有摩崖碑，字迹漫不可辨，唯‘宋元丰’三字犹存。嘉定时构庵子内，以岩为覆。”可见，早在北宋元丰年间（1085年之前）月轮岩兜率宫就成了僧家修身养性、百姓求神拜佛的场所。兜率宫宫殿系砖木结构，建于清同治九年（1870）。中为殿堂、龙台，左右为厢房，左四、右二均为洞顶所覆盖，门额“兜率宫”三字系隶书浮雕。四周均以花边图案及人物塑像。门有一联：“尽把好风藏寺里，不教幽月落人间。”“文化大革命”时期寺宇被毁。1986年，僧人禅道卓锡到此，矢志重建寺宇，历时5年，恢复了弥勒寺小寺庙。1993年2月，释禅道师父安排释昇本到月轮岩驻锡。经过释昇本住持近20年的艰苦经营，龙泉寺已初具规模，兜率宫、大成宝殿、圣帝殿、观音殿四大佛殿及放生池全部建成，总建筑面积达1300多平方米。1989年9月，安仁县人民政府将月轮岩列为县级文物保护单位。1999年，被郴州市人民政府定为“郴州市重点宗教活动场所”。

（陈郁　李军民　供稿）

竹山乡 >>

区域概况

地理位置

竹山乡位于安仁县南部偏东，地理坐标为北纬 26° 31′ 48″ 至 26° 27′ 09″，东经 113° 21′ 48″ 至 113° 25′ 12″。东与坪上乡交界，南与新洲乡接壤，西与承坪乡比邻，北与安平镇相接。乡政府驻地设在竹山村，距安仁县城 34 公里。

建置沿革

竹山清代属平一都。民国时期，先后归乐江乡、龙乐乡管辖。安仁新中国成立后，先属第四区管辖。1952 年调整行政区划时，划属第七区（承坪区）管辖。1956 年设竹山乡。1958 年 10 月设人民公社时，划属红旗人民公社管辖。1961 年 2 月析出为竹山公社。1964 年 10 月，并入承坪公社（后更名乐江公社）。1980 年 12 月，撤销乐江公社，恢复承坪、竹山两个公社。1984 年恢复竹山乡建制。

区划面积

竹山乡土地总面积 31 平方公里。1984 年恢复乡建制时辖松岗、楠木、竹山、涟源、茶山、梨树、莲溪等 7 个村。1994 年，莲溪村以莲花江为界划分为莲溪、大马两个村。此后，下辖 8 个村、141 个村民小组。

自然环境

乡域属低丘平岗区，地势东南高、西北低，多为连绵山冈，岗地起伏和缓，且以红土低岗地为主，土层较薄，土壤垂直分布主要为山地红壤带，是平原与丘陵的过渡地带，尚未探明有可开采矿产。气候属亚热带季风湿润气候，日照充足，四季分明，年平均气温 18℃，无霜期 281 天，年平均降雨量为 1405 毫米，但分布不均，春末夏初多洪水，夏末秋初偏干旱。境内主干莲花港属永乐江一级支流，自新洲乡井塘村和竹山村源下组交界处流入，经竹山、涟源、茶山、梨树、莲溪、大马六个村，境内流程 5.7 公里，在承坪乡河东村江口洲附近注入永乐江。自然灾害有洪灾、旱灾、冰灾等。

人口状况

民国以前，境内人口增长不快。新中国成立以后，境内人口出现较快增长，到 1956 年，人口自然增长率达 30‰以上。三年经济困难时期，人口出生数显著下降，到 1961 年，人口自然增长率低至 6‰以下。1962 年后，随着经济状况的好转，境内人口迅速回升。到 1965 年，人口自然增长率又回升到32‰以上。20世纪70年代实行计划生育，境内人口增长得到控制。1980年，境内总人口为2372户10865人，其中男性5519人、女性5346人，分别占总人口的50.8%、49.2%；人口自然增长率为11.23‰。1984年恢复乡建制时，境内总人口为2581户11873人，其中男性6028人、女性5845人，分别占总人口的50.77%、49.23%；人口自然增长率为9.6‰。2000年，全乡总人口为3247户13039人，其中男性6927人、女性6112人，分别占总人口的53.13%、46.87%；人口自然增长率为5.08‰。到2014年年底，全乡总人口为4210户14750人，其中男性7851人、女性6899人，分别占总人口的53.23%、46.77%；非农业人口226人，占总人口的1.5%；人口自然增长率为8.66‰。人口密度为475人/平方公里。

经济发展

经济综述

乡域经济以农业经济为主。新中国成立以前，为自给半自给的农耕经济。新中国成立以后，境内经济得到较快发展。1956年全乡工农业总产值106万元，其中农业总产值101万元，工业总产值5万元。中共十一届三中全会以后，市场逐步放开，境内农、林、牧、副、渔各业得到一定的发展。1980年，公社总收入中，粮食作物收入占70.4%、经济作物收入占4.8%，副业和其他收入占19.6%，牧业、渔业收入分别占1.4%、3.4%；全公社工农业总产值262万元，其中农业总产值245万元、工业总产值17万元。20世纪80－90年代，农业经济逐步由计划经济向市场经济转型，境内大力发展乡镇企业。到1996年，全乡共发展乡镇企业183家，乡镇企业总产值达到5919万元。是年，全乡地区生产总值2878万元。2000年以后，境内通过招商引资，大力发展民营经济，经济总量逐年提升。2010年，全乡地区生产总值达7680万元，财政总收入138万元，农民人均纯收入1908元。到2014年，全乡地区生产总值达9993万元，其中二、三产业增加值总额6013万元，二、三产业占比达60.2%；财政总收入201万元；农民人平纯收入3602万元。村民生活条件明显改善，每百户拥有彩电78台、洗衣机51台、空调32台。住房条件也不断改善，先后在竹山村境内集中兴建新样式房屋50余栋，成为安仁县规范村民建房的样板。多数家庭建有二至三层的楼房，人均居住面积73.5平方米。

农业

种植业 全乡耕地1560公顷，其中水田700公顷，旱土860公顷。种植业以水稻、烤烟、油菜为主，兼种大豆、花生、红薯等经济作物。新中国成立以前，境内种植业结构单一，多为水稻，且产量不高。新中国成立以后，通过实行土地改革，农民种粮的积极性大为提高，时境内主要耕作一季稻。1956年境内开始推广双季稻连作，到1958年基本普及。人民公社时期，盲目追求“一大二公”，生产上瞎指挥，加之后来连续遭受三年自然灾害，粮食连年减产。1962年后，境内种植业得到恢复，双季稻种植面积不断扩大。1980年，境内试种杂交水稻。当年，全公社粮食播种面积达到1217.07公顷，粮食总产量达5802吨。其中水稻播种面积1159.53公顷，稻谷总产量5705吨。薯类种植面积20.4公顷，产量39.35吨；烤烟种植面积25.8公顷，烟叶产量659担。1981年实行家庭联产承包责任制后，农民生产自主性增强，农业经济结构得到进一步调整。1984年全乡粮食播种面积1188.53公顷，粮食总产量6273吨。其中水稻播种面积1138.67公顷，稻谷总产量6219吨。薯类播种面积25.33公顷，总产量28.65吨；油菜种植面积57.13公顷，油菜籽总产量38.5吨；烤烟种植面积41.53公顷，烟叶总产量1221担。1994年以后，大面积推广杂交水稻，产量不断增加。到2000年，全乡粮食播种面积1155.67公顷，粮食总产量8875吨。其中，水稻播种面积1126.67公顷，稻谷总产量8778吨。豆类播种面积20公顷，总产量39吨；油菜播种面积340公顷，油菜籽总产量306吨；烤烟种植面积23.33公顷，烟叶产量980担。2000年以后，继续调整种植业结构，发展多种经营。除了种植水稻、烤烟、油菜外，还大力种植药材、西瓜等。2007年，开发13.33公顷药材种植基地，2008年扩大到26.67公顷。楠木、松岗、竹山等村每年种植西瓜千亩以上。2010年投资500余万元建设竹山中心烟草站，是年全乡种植烤烟136.8公顷，上交烟叶5674担。2011年种植烤烟144公顷，上交烟叶6150担。到2014年，全乡粮食播种面积达1560公顷，粮食总产量达9441吨，其中水稻播种面积1392.07公顷，稻谷总产量9120吨。油菜种植533.33公顷，油菜籽总产量920吨；烤烟种植面积246.67公顷，烟叶总产量12960担，其中松岗、竹山、涟源、梨树、茶山、楠木六个村成为全县烤烟生产重点村。豆类种植面积22.27公顷，总产量47吨；薯类种植面积47.33公顷，总产量1011吨。

养殖业 境内养殖业以猪、牛、鸡、鸭等家畜家禽和水产为主。新中国成立以前，境内家畜家禽和水产多自养自给，数量不多，除自己食用外，仅有少量用来交易，以换取油盐等。新中国成立以后，通过改良生猪品种、加强猪瘟防治，境内生猪饲养有所增加，1957年户平达到1.5头。1958年实行人民公社化，生猪由私有私养改为公有、集体饲养。境内各大队曾办千头猪场，均系一哄而起，设施简陋，实际出栏量下降。1962年后，湖南省政府出台鼓励政策，允许私有私养，多养不加派购，境内生猪饲养有所回升。20世纪70年代，公社、大队、生产队三级大办猪场。1978年，境内共兴办集体猪场85个，是年饲养生猪5783头，年内出栏2621头。1981年实行家庭联产承包责任制以后，农户手中余粮增多，生猪饲养量不断增加。1984年全乡饲养生猪11314头，年内出栏3820头。20世纪80—90年代生猪等收购市场逐步放开，境内从事生猪等收购和贩运的增多，养殖业得到较快发展。2000年，全乡饲养生猪75100头，其中年内出栏33000头，肉类总产量3051吨；出笼家禽68000羽，禽蛋产量136吨；年末大牲畜存栏790头。2000年以后，境内特色养殖业也得到一定的发展。2001年，全乡发展黑山羊养殖专业户20余户，养殖规模达1000余头。2009年梨树村引进老板兴办一个千头猪场，当年饲养生猪1280头。2012年，茶山村盘活闲置多年的村小校舍，引进老板建成一个肉鸽养殖场，年出笼肉鸽1万羽以上。到2014年，全乡饲养生猪41175头，其中年内出栏16165头；饲养黑山羊1032头，年内出栏586头。出笼家禽52010羽，禽蛋产量192吨；出产鱼2.3吨。牧业总产值2941万元，渔业总产值187万元。

林业 境内山地多属红砂岩结构，土层较薄，新中国成立以前，林业处于自然发展状态，用材林面积不多。新中国成立以后，境内始大力开展人工造林，主要林种有马尾松、国外松、杉、樟、柏、南竹等。到20世纪70年代中期，境内基本建立杉木林基地，时境内已开办林场4个。此期，境内还大力开发小水果，1976年开办竹山柑橘场，始有面积14公顷。20世纪80年代以后，竹山乡境内大力种植花卉苗木，涌现出张华生等花卉苗木种植大户，形成了以梨树村为中心，辐射周边涟源、竹山、楠木等村的千亩花卉苗木基地。1985年全乡有林地面积1013.33公顷，其中用材林846.67公顷，经济林133.3公顷，森林覆盖率为30.38%。1989年，国家科委授予竹山乡梨树村花卉苗木种植大户张华生“科技致富能手”称号。20世纪90年代，境内致力于消灭宜林荒山，继续开展人工造林。1996年全乡造林69.07公顷。2001年境内启动退耕还林工程，到2003年共退耕还林153.33公顷。2003—2008年境内先后开发特种小水果70公顷，其中珍妃果20公顷。2011年，加快发展梨树村苗木花卉产业，将该村的花卉苗木基地扩大到34公顷。是年，还开发楠木村脐橙种植基地，面积70余公顷。到2014年，全乡有林地面积1353.33公顷，其中小水果130余公顷，花卉苗木133公顷，油茶100公顷，林业总产值888万元。

工业

民国以前，境内尚无工业企业，只有铁匠铺、裁缝铺、木器行等家庭作坊，均系小手工业。新中国成立以后，这些小手工业被相继组合成手工业生产合作社，后部分发展成为社队企业。20世纪70年代，公社创办联合厂等社办企业，时有从业人员300余人。1980年全公社工业总产值17万元。20世纪80年代后，境内发展乡镇企业，先后开办各类加工企业12个，1984年全乡工业总产值33万元。1990年，境内创办竹山建筑工程公司，始有职工580人，固定资产200万元，当年实现产值500万元。1994年，经湖南省有关部门考核，竹山建筑公司晋升为三级企业。1996年，全乡发展乡镇企业183个，其中各类工业企业40多个，工业总产值达到120万元。2000年以后，通过招商引资，境内工业再次得到快速发展。2008年引进广东老板投资200万元创办鑫源藤草工艺制品厂，并于当年投产，实现产值300万元。到2014年，全乡共发展各类工业企业10个，工业总产值达600万元。

商贸服务业

民国时期，境内已在竹山村磴上、新屋等地形成集市，上市交易的多为土特产品，每集不过千人，交易量不大。新中国成立以后，境内商贸业得以发展。1951年成立安仁县第七区供销社，时竹山属第七区管辖，境内物资供给和农副产品的收购和推销由第七区供销社负责。1956年设立竹山供销社。之后，各大队相继设立代销点。境内商贸业以供销为主，实行派购。中共十一届三中全会以后，集市贸易全部放开，境内个体商业户逐渐增多，商贸服务业得到较快发展。到1984年，境内个体商业发展到262户，全乡社会消费品零售总额达到200万元。1986年，乡政府在竹山村新屋、莲花两组境内征地100余亩建设竹山农贸市场，设有固定摊位300余个，市场周围居民自建门面300余间。每逢农历一、四、七日赶集，赶集日交易额最多时超过100万元。20世纪90年代以后，在竹山建筑公司的带动下，境内外出务工的人数逐年增多，最多的时候年外出务工的超过1万人。此期，境内餐饮业也得到一定的发展。其中比较大的餐馆为竹山村坝上农家乐，年营业额30万～40万元。2010年，投入资金200余万元对竹山农贸市场进行改造升级。到2014年，全乡个私商业户发展到121家，社会消费品零售总额达到3000万元。

基础设施

交通运输

新中国成立以前，境内不通公路，乡民出行

以步行为主。新中国成立以后，在政府的支持下，境内按照“民工建勤、民办公助”的要求大力修筑公路。1957年，修建茶安水库时，由安仁和茶陵两县联合修筑双排山至仙下公路（即灵豪公路），次年竣工通车，为沙石路，路面宽6米，境内里程9公里。是为贯穿境内的第一条上等级公路。20世纪60—70年代，境内在大搞农田基本建设的同时，相继修通通村简易公路，到1976年基本实现村村通公路。1986年修通竹山至承坪公路，路面宽4.5米，境内里程4公里。2003年朴豪公路实行油路面改造，全程由沙石路面改为柏油路面，境内沿线各村交通得到改善。2007年，境内兴建一个高标准的农村客运站。2010年以后，加大通村公路改造力度，境内通村公路相继得到硬化。2013年，朴豪公路竹山段安装路灯近200盏。到2014年，全乡共硬化乡村两级公路50余公里，通村公路通畅率达100%。

水利建设

民国以前，境内水利设施非常落后，农田灌溉主要靠拦河筑坝。新中国成立以后，境内始大搞水利建设。1950年，县水利部门在境内莲溪村修筑挹莲渠，次年6月竣工通水，是为新中国成立以后安仁县修建的第一个小型河坝引水工程。1953年，全县开展“修建百塘运动”，竹山组织群众大修山塘，当年全乡共修筑基本山塘30余口。1954年修筑南腰垅水库，有效库容12万立方米，有效灌溉面积300亩，是为境内第一座小Ⅱ型水库。1999年茶安灌区安仁管理所在境内修筑深江坝，解决引水灌溉问题。2002年深江坝被洪水冲毁，次年，安仁管理所重建一座长70米、高2.8米的拦河坝。2009年投资200万元，在竹山、松岗村境内新开挖2口深水井，修筑渠道13条500米，解决300亩农田灌溉问题。次年，对南腰垅水库进行除险加固。2010年，乡政府争取项目资金2000余万元，对莲花江进行综合治理。次年综合治理工程竣工，解决沿江各村常遭洪涝灾害的问题。2013年，投入资金15万元修复被洪水冲毁的挹莲渠。2014年，投入资金50余万元在莲溪村新建一条长600米的高标准灌溉渠道，解决莲溪村处于尾水段的700余亩农田灌溉难问题。至此，全乡有小Ⅱ型水库（拦腰垅水库）1座、基本山塘271口、灌溉渠道总里程10公里，农田有效灌溉面积达到80%以上。

供电供水

供电 20世纪60年代以前，境内尚不通电，村民照明靠煤油灯。1971年，仙下电站架设一条至县城的35千伏输电线路，境内沿线部分生产队开始通电。1982年境内架通第一条高压输电线路，途经平背－河东－茶山等村。至此，全乡村村通电。2000年，境内始进行农网改造。至2003年，农网一、二期改造工程全部完成，供电质量得到保障。2010年，投资28万元建成竹山村小水电站。是年，全乡8个村全部安装路灯。到2014年，全乡有35KV变电站一个，10千伏供电线路覆盖全乡，居民生产、生活用电得到了充分保障。

供水 境内无天然山泉水。新中国成立以前，人工开挖的水井不多，乡民生活用水多取自河水。新中国成立以后，政府鼓励各地打井取水，以解决生活用水问题，时境内各大队相继开凿水井。20世纪80年代后，不少村民在自家房屋前后自打明井或压水井，并安装水塔和水管，解决家庭自动供水问题。2001年，国家开始实施农村安全饮水工程。境内莲源村争取国家项目资金，于2003年打井一口，解决1个自然村202个人口、50头大牲畜的饮水困难。2012年境内始建设集中供水工程，是年楠木村、松岗村、竹山村通上了自来水。2014年，集中供水工程延伸到茶山、莲溪、大马、梨树、涟源等村。至此，全乡各村都开通了自来水。是年，茶安水库自来水引水工程竹山乡段主管道铺设完工。

邮电通信

清代以前，境内通讯主要靠驿站和铺递。民国中后期，境内始开通邮路。时安仁县邮局在安平设立邮政代办所，竹山境内邮务归安平邮政代办所管理。后日军入侵安仁，安平邮政代办所被迫关停，境内邮务和电信均受到影响。新中国成立后，县邮局得以恢复。1956 年设安平邮电支局。境内邮电业务仍归安平支局管理。是年，竹山乡政府开通至安仁县城的电话。20 世纪 60—70 年代，各大队相继安装手摇式电话机，到 80 年代初相继拆除。1986 年成立承坪邮政支局，之后竹山乡境内的邮电业务归承坪支局管理。1996 年竹山乡开通程控电话，当年全乡安装自动电话 228 门。1998 年，竹山乡调频发射台建成开播。2009 年建成有线电视台。到 2014 年，全乡先后建设移动基站 1 座、联通基站 1 座，移动电话用户达 3480 户，固定电话用户达 385 户。

社会事业

教育文化

教育 清代以前，境内教育以私塾为主。民国时期，境内曾开办旧式学堂和国民学校。新中国成立以后的 20 世纪 50 年代初，由安仁县人民政府对旧式学校统一接受改造。之后，各村相继开办小学，到 1957 年各村都办有小学。1969 年创办竹山中学，校址设在竹山村境内，时开设教学班 15 个，在校学生 889 人，教职工 35 人。1973 年竹山中学开办高中班，各大队小学都附设初中班。1978 年小学初中班全部撤销，1980 年竹山中学高中班停办。1988 年，为扩大办学规模，将竹山中学搬迁至竹山村下一组境内重建。1991 年将竹山村小改为竹山中心小学。2003 年因生源减少，根据县政府的统一部署，对境内教育布局进行调整，村办小学只保留松岗、楠木、涟源、梨树四所，且只招收小学 1 ~ 2 年级的学生，其余全部集中到竹山中心小学就读。到 2014 年，全乡有中学 1 所，开设教学班 10 个，在校学生 128 人，教职员工 27 人，中心小学 1 所，村小 4 所，在校小学生 740 人，教职员工 53 人，幼儿园 3 所，入园儿童 500 余人。适龄儿童入学率 100%。

文化 民国以前，境内已有舞龙灯、舞狮子等民间文化活动，一般在春节期间由村民自发组织。新中国成立以后的 20 世纪 50—70 年代，境内曾由公社牵头，组织文艺演出队，巡回到各大队进行文艺演出，主要为政治宣传服务，演出的多为样板戏。1976 年公社成立电影队，安排放映员轮流到各大队放映电影，以丰富群众文化生活。1980 年，成立公社文化站，不时组织开展群众文化活动。1981 年农村实行家庭联产承包责任制后，公社电影队改为个体承包，后转为私办。20 世纪 90 年代以后，境内始有人开设歌厅或录像厅。2000 年以后各村相继开办农家书屋。2010 年投入资金 20 余万元，新建乡文化站综合大楼，内设图书室、影视厅、多功能会议室、文体活动室等。2011 年境内举办首届“凡全杯”拔河比赛，共组织 9 支队伍参赛。2012 年，境内组建两支农民腰鼓队。到 2014 年，全乡有乡文化站 1 所，村级文化活动中心 8 所，农民文化团体 3 个，村级农家书屋 8 家，藏书 3000 册。

医疗卫生

民国以前，境内尚无医疗卫生机构，乡民治病看病多靠民间的草药郎中。新中国成立以后，在政府的支持下，境内的医疗卫生事业得以发展。1952 年设立承坪卫生所，时竹山境内的医疗卫生工作由承坪卫生所负责。1958年成立竹山公社卫生院，初始院址设在竹山大队下街生产队一户地主宅院内，有医卫人员4人，1968年搬至竹山大队太平街重建。20世纪70年代，各大队先后建立合作医疗站，配备1～3名“赤脚医生”。1981年实行家庭联产承包责任制后，各大队合作医疗站相继改为私人承办，自负盈亏。2006年，竹山卫生院新建一栋三层楼的门诊大楼，医疗条件有所改善。2007年，境内全面启动新型农村合作医疗保险，当年参加保险的人数为12001人。2012年启动大病医疗互助。2013年，竹山卫生院又建成一栋五层楼的宿舍楼。到2014年，全乡有卫生院1所，在职医护人员15人，年门诊量达到20000余人次。村级卫生室8个，个体诊所7个。全乡参加新型农村合作医疗保险的人数14086人，参合率95.5%。

社会保障

新中国成立以后的50年代，境内即实施对孤寡老人和生活无所依靠的残疾人的特殊照顾政策，将他们列为“五保户”，由大队或生产队实行集体供养，每人每年供给一定的口粮和生活费，死后由生产队统一安葬。同时，在县民政部门的支持下，大力开展扶贫济困。遇有自然灾害，由政府牵头，全力组织抗灾救灾。20世纪80年代初，在竹山村境内兴建公社敬老院，将部分孤寡老人纳入公社敬老院实行集中供养，部分改由亲戚分散供养。2009年，乡政府投资78万元在茶山村新建乡敬老院，为三层楼房，36间房子，可集中容纳50余人，先后有23位孤寡老人入住。2011年，竹山乡正式启动农村新型养老保险。当年，参加新型农村养老保险的人数4668人。此期间，竹山乡在县直有关部门的支持下，还大力开展农村危房改造工作。先后完成300余户的危房改造。2014年，全乡纳入最低生活保障的1037人，年发放最低生活保障费达120万元；参加新型农村养老保险人数14455人，参保率98%。

特色地情

名胜古迹

月光仙 坐落于竹山乡竹山村荷叶组境内，四面青山环绕，风景秀美，是安仁八大仙山之一，乃安仁一宗教圣地。仙山由一大块红砂岩构成，山顶平整如桌面。月圆之夜，月光笼罩整座仙山，银光荡漾，格外肃穆，遂名月光仙。山上曾有一古寺，建于清代末年。解放战争时期，这里曾是湘南赤色游击队安仁大队的活动落脚点，后人在进山路口立有一块石碑纪念。“文化大革命”时期，古寺庙被毁。1984年7月，村民自发重建寺庙。之后，这里香火鼎盛，香客信徒云集。每逢初一、十五或是宗教节日，有来自本县坪上、关王、安平、排山、洋际、华王、禾市、灵官等乡镇及茶陵、永兴等县数百名香客信徒来此朝拜，情景十分热闹。

（刘项　供稿）

关王镇 >>

关王镇是郴州市特色镇、安仁县东南山区的中心镇。

区域概况

地理位置

关王镇位于安仁县境东南部，地理坐标为北纬26° 21′ 5″至26° 29′ 50″、东经113° 26′ 00″至113° 35′ 3″。东与本县豪山乡相连，南与永兴县龙形市、七甲乡交界，西与本县新洲乡比邻，北与本县坪上乡、羊脑乡接壤。是安仁东南山区的政治、经济、文化中心。镇政府驻地设在关王居委会，距安仁县城60公里。

建置沿革

清代属浦上都，民国时属莲花乡，后属莲湖乡，1949年属第四区，1952年属第八区（关王区），1956年始设关王乡，1958年并入东风公社，1961年析出为关王公社，1965年与新洲公社合并为红岩公社，1971年与新洲公社分开仍名红岩公社，1982年地名普查时恢复为关王公社，1984年恢复乡建制，1996年撤乡建镇。

区划面积

关王镇土地总面积130.9平方公里，辖红岩、杞林、坦下、赤滩、专康、赵源、燎源、栗山、高坊、大朋10个行政村和1个居委会，132个村（居）民小组。

自然环境

境内多高山，地势东南高西北低，最高峰太湖仙海拔1275.7米。镇域气候属亚热带季风湿润气候，年平均气温17.7℃，年降水量1430毫米。光照充足，雨水丰沛，四季分明，气候宜人。永乐江斜贯西南，浦阳河、莲花江分流中部，水系发达。境内山青水绿，溪河交错，生态环境优良，森林覆盖率高达70%。自然灾害主要有洪灾、旱灾、冰灾等。

人口状况

镇域为边远山区，人口密度不大。新中国成立以前，境内人口密度为每平方公里56.8人，是全县人口密度较少的乡镇之一。新中国成立以后，随着医疗条件的改善、人民生活水平的提高，人口快速增长。到1956年，境内人口自然增长率达到27‰以上。三年经济困难时期，人口出生率下降。到1961年，全公社总人口为7144人，人口自然增长率5‰左右。1962年后，随着经济状况的好转，人口自然增长率又回升到25‰以上。20世纪70年代，国家实行计划生育，境内人口增长得到控制。到1978年，全乡总人口为2554

户12151人，其中男性6336人、女性5815人，人口自然增长率为9.05‰。1984年恢复乡建制时，全乡总人口为2803户13270人，其中男性6816人、女性6454人，分别占总人口的51.3%、48.7%；农业人口12654人，占总人口的95.4%；人口自然增长率为8.8‰。到2014年年末，全镇总人口为4586户16353人，其中男性8561人、女性7792人，分别占总人口的52.4%、47.6%；农业人口15706人，占总人口的96.1%；人口自然增长率为8.46‰。

经济发展

经济综述

关王镇为典型的山区农业乡镇，农林经济占主导地位。新中国成立以前，境内经济结构单一，经济发展总体水平不高。新中国成立以后，通过实行土地改革和对农业、手工业、私营工商业的社会主义改造，境内经济得以恢复和发展。1956年全乡工农业总产值为189万元，其中农业总产值为178万元，工业总产值为11万元。中共十一届三中全会以后，实行改革开放，国家允许发展商品生产和农业多种经营，境域经济发展速度加快。1980年全公社地区生产总值347万元，其中农业总产值为307万元、工业总产值为40万元。20世纪80—90年代，境内大力调整农业经济结构，以种养、加工、运输为龙头，大力发展乡镇企业，先后兴办林场、茶场、药场、车木厂、建材厂等乡村集体企业，乡域经济总量大幅提升。1992年全乡工农业总产值达到1233万元，其中农业总产值1029万元，占83.45%。2000年以后，境内个体私营经济得到较快发展，经济总量不断增长。2005年,全乡地区生产总值4662万元，财政总收入234万元，农民人均纯收入1860元。到2014年，全镇实现地区生产总值14258万元，财政总收入757万元，农民人平纯收入3736元。

农业

种植业 辖区有耕地1274.47公顷，其中水田1198.67公顷，旱土75.8公顷。种植业以水稻、红薯等粮食作物为主，兼种大豆、花生、油菜、棉花等经济作物。新中国成立以前，境内因水利条件落后，粮食播种面积不大，产量不高。新中国成立以后，通过改善水利条件、改进耕作技术、选育优良品种、推广水稻双季连作，境内粮食播种面积和产量逐步增加。1964年，全公社粮食总产量达2868吨。1978年，境内试杂交中稻，亩产达到450千克，后逐步向全公社推广。1980年，全公社粮食播种面积1784.27公顷，粮食总产量6124吨。其中水稻播种面积1754.8公顷，稻谷总产量6062吨。到1984年粮食播种面积1746.27公顷、粮食总产量6090吨；其中水稻播种面积1713.6公顷，稻谷总产量6039吨。20世纪90年代后，在巩固粮食生产的同时，大力发展油菜生产。1996年，全乡油菜种植面积107.33公顷，油菜籽总产量107吨；2000年，全乡油菜播种面积414.67公顷，油菜籽总产量474吨。2000年以后，境内大力调整农业产业结构，大力发展特色农业。先后发展4个特色种植专业合作社，采取“合作社+基地+农户”模式引导农民发展脐橙、冰塘柑、红米、食用菌等特色产业，形成以高坊、赤滩、燎源等村为中心的脐橙种植基地，以坦下、杞林等村为中心的冰塘柑种植基地，以高坊、坦下、关王、粟山等村为中心的食用菌种植基地，以赤滩村为中心的红米生产基地。2011年发展千亩种粮大户3户。到2014年，全镇粮食播种面积达2366.87公顷，粮食总产量15386吨。其中水稻播种面积2344.87公顷，稻谷总产量15195吨；红米种植16.67公顷，总产量93.75吨；油菜种植583.33公顷，油菜籽总产量1006吨；水果种植33.33公顷，水果总产量708吨；食用菌生产大棚7公顷，年产食用菌700多吨。全镇农业总产值6521万元。

养殖业 境内养殖业以生猪、牛、羊、鸡、鸭、鱼等家畜家禽和水产为主。新中国成立以前，境内经济十分困难，乡民食不果腹，养殖业发展缓慢。新中国成立以后的20世纪50年代初，通过改良生猪品种、加强猪瘟防治，生猪饲养有所增加，到1957年境内生猪饲养户平达到1头以上。1958年人民公社化时期，境内曾大办百头猪场、千头猪场，但因一哄而起，实际饲养量下降。三年经济困难时期，生猪饲养量继续下降。1962年以后，公社实行以生产队为基础的经营管理体制，在湖南省政府"提倡公有私养，允许私有私养，开放市场交易，多养不加派购"的生猪饲养政策的支持下，境内生猪饲养有所回升。20世纪70年代，公社、大队、生产队三级大办猪场，境内生猪生产得到较快发展。1978年全公社共兴办集体猪场87个，全年饲养生猪达到8612头，其中年内出栏3699头。20世纪80—90年代生猪收购市场逐步放开，随着境内从事生猪收购和贩运的不断增多，生猪饲养呈快速增长。2000年，全乡生猪饲养量达到15951头，户平达到4.6头，其中年内出栏12671头。2003年，境内采取多种措施，引导回乡创业人员利用山区优势，大力发展特色养殖。是年,全乡饲养七彩山鸡5000多只，绿壳蛋鸡4000余只，黑山羊1500多头。2010年后，境内养殖业逐步转向规模化。2013年，境内返乡创业人员在坦下村新建大型养猪场，当年带动本地100头以上的养殖大户8户。到2014年，全镇生猪饲养量达到21850头，其中年内出栏14800头，肉类总产量1156吨；出笼家禽60800羽,禽蛋产量280吨。全镇畜牧业总产值886万元，渔业总产值153万元。

林业 镇内宜林山地较多，森林资源比较丰富。明清时期，因交通不便，且地域偏僻，林业生产处于自然发展状态。民国时期，政府曾督导民众造林，但林地多为私人和家族所有，实际成效不大。新中国成立以后，在政府的支持下，通过合作造林、封山育林，境内林业生产得到发展。到1956年境内有林地面积达到3300多公顷。1958年大炼钢铁，境内森林资源遭到破坏。1962年，山林下放到生产队经营管理，群众造林的积极性增加，境内林业生产得到恢复和发展。1964年后，境内按照县林业部门"集中连片、统一规划"的要求，实行基地造林。到1976年，境内已基本建立杉木林基地。1976年，开办关王公社林场，当年造杉树林200公顷。是年，境内10个大队也相继开办林场。20世纪80年代初实行林权改革，确定山林权属，林权归村组集体所有，群众植树造林的积极性高涨，80%以上的荒山实现造林。到1985年全乡有林地面积4626.67公顷，其中用材林面积2313.33公顷，经济林面积1420公顷，林木蓄积量11.45万立方米，森林覆盖率36.28%。成为全县主要商品用材林基地。2000年后，境内大力开展以用材林为主，兼顾经济林、风景林的造林绿化工作。到2014年，全镇山林面积达到9153.33公顷，人均山林面积9.4亩，其中用材林6113.33公顷，经济林3040公顷，活立木蓄积量达11.45万立方米，森林覆盖率73.45%。

工业

清光绪二年（1876），境内曾有本县人在管洞一带采掘煤炭，是为安仁境内最早的煤矿开采。民国时期，境内已有竹木器加工等手工业，多为家庭手工业小作坊。新中国成立以后，境内原有手工业被联合组建成手工业生产合作社，后发展成为社队企业。1958年境内兴办一家伞厂，当年生产竹制伞3万把；1960年建立联合厂，主要从事铁木农具加工制造和修理。1969—1970年伞厂和联合厂相继停办。1986年创办铅笔厂，制造铅笔半成品，1992年停办。之后，又先后创办竹木器加工和布鞋加工等工业企业。到1996年，全镇各类工业企业总产值155万元。2000年后，通过招商引资，大力发展民营企业。2005年引进老板创办大塘坳上砖厂和3家木材加工企业。2008年引进外地老板，投资1500万元创办德旺木业公司。到2014年，全镇共发展各类工业企业76个，工业总产值9942万元，实现利税990多万元。

商贸服务业

关王地处安仁县东南部山区之中心地带，民国时期已发展成为该区域农副产品交易中心。民国18年（1929），境内关王庙市场已比较繁荣。时关王庙已有一条200米长的麻石路街道，沿街40余家店铺，上市交易的有大米、畜禽、茶叶、木材等。民国后期，受战事影响，市场趋于萧条。新中国成立以后，在政府的扶持下，境内商贸服务业得以恢复和发展。1951年境内设安仁县第八区供销社，1961年改设关王供销社，时境内物资供给和农副产品的收购和推销先后由第八区和关王供销社负责，各村都设有代销点，大多物资实行计划派购。"文化大革命"时期，私营商业受到限制甚至取缔，境内商贸服务业发展缓慢。中共十一届三中全会以后，集市贸易全面放开，国家允许发展集体、个体和私营商业，境内商贸服务业得到较快发展。到1984年，境内已发展个体私营商业户27个，各类商业店铺53个，社会消费品零售总额达到71.8万元。1993年建成关王农贸市场，始有摊位380个、商业店铺240余家。2002年投资80多万元，建成关王商贸城。2010年后，引进广东东莞西城建筑公司兴建一个投资2960万元的高档休闲山庄项目。到2014年，全镇社会消费品零售总额达1100万元，商贸服务等第三产业总产值达3179万元。

基础设施

交通运输

新中国成立以前，境内不通公路，乡民出行主要靠步行，货物运输多靠肩挑背负，其中木材运输则靠扎排水运。新中国成立后，在党和政府的重视和支持下，境内交通事业得以发展。1956年修通王古垅至仙下公路，泥结碎石路面，全长1.75公里，路面宽5.6米，为境内第一条公路。1958年，修通双关公路即安炎线（双排山至关王）的砂石公路，路面宽6米，全程34.46公里，为四级公路。1961年修通关王至豪山公路，全长5.6公里，路面宽6米，为四级公路。1974年，修通关王至赤滩公路，路面宽4米，全长9公里。之后，又先后修通关王至杞林、关王至栗山等简易通村公路，到1976年境内基本实现村村通公路。1985年，修筑关王至永兴洞口的砂石公路，路面宽4米。2003年8月至2004年9月，安豪公路新洲至关王段、关王至豪山段相继完成改造，路基宽6.5米，水泥路面宽5.5米。2008年完成大朋村通村公路改造，全长3.8公里，2009年开始对此路段进行柏油路面硬化。此期，镇内11个村相继完成通村公路水泥路面硬化；并先后开通了关王—安仁、关王—豪山、赤滩村—安仁、关王—茶陵浣溪4条短途客运路线和关王—东莞、关王—郴州两条长途客运路线。到2014年，全镇共硬化通村道路86公里，通村公路通畅率达100%。

水利建设

民国以前，境内水利设施较为落后，农田灌

茶安水库

溉以山塘和水坝为主。新中国成立以后，境内水利条件得以逐步改善。1953 年全县掀起“修建百塘运动”，到 1957 年境内共修建山平塘 122 口。1958 年，由安仁县委、县政府牵头，在境内红岩村境内修建茶安水库（仙下水库），为当时全国第一座在红砂岩基础上建成的空腹重力坝（又名大头支墩坝）水库，有效库容 5140 万立方米，设计灌溉面积 20 万亩，实际灌溉面积 16.68 万亩，其中安仁 5.71 万亩，关王镇红岩村受益面积 900 多亩。1971—1972 年，在赵源村境内相继修建田麻垅和灌冲 2 座小Ⅱ型水库，其中田麻垅水库有效库容 33 万立方米，可灌溉水田 3600 多亩；灌冲水库有效库容 3 万多立方米，可灌溉水田 2000 多亩。1973—1976 年，又相继在高坊村、杞林村境内修建洪山、新冲、蒋冲 3 座小Ⅱ型水库，总有效库容 42 万立方米，可灌溉水田 1830 亩。1991 年投资 11.2 万元建成赤滩村大团结、三门洲两口基本山塘，总库容 11 万立方米，灌溉农田 390 多亩。2010 年后，相继对境内田麻垅水库等 4 座病险水库进行了除险加固，对 50 余口病险山塘进行了维修加固。到 2014 年，全镇有中型水库 1 座、小Ⅱ型水库 4 座、基本山塘 110 口，农田灌溉得到较好的保障。

邮政通信

清代以前，境内通信依赖驿站。至民国时期，境内始开通邮路。民国 32 年（1943），境内设有邮政代办所，归安仁县邮局管辖。民国 33 年（1944）日军侵入安仁，安仁县邮局被迫关闭，关王邮政代办所改为信柜，电报、电话全部中断。新中国成立以后，境内邮政事业得以恢复和发展。1951 年境内安装第 1 部手摇式电话机，始开通与县城的通话。1956 年设立关王邮电支局，归属安仁县邮电局管理，其业务主要有邮政快递、报刊发行、电报电话等。到 1958 年，境内公社、大队通邮面达到 100%。20 世纪 60—70 年代，各大队都装有手摇式电话，公社开会可利用电话直接传达通知。1981 年实行家庭联产承包制后，各大队相继拆除手摇式电话机。1990 年境内开通专用汽车邮路。1995 年，境内开通程控电话，始有单位和个人安装自动电话。1998 年关王邮政支局改为邮政分局。1999 年县电信公司和移动公司在关王居委会境内各建一个通信基站。2000 年，境内相继成立电信分局和移动分公司。至此，电信和移动信号已覆盖全乡。到2014年，全镇移动电话用户达4000多户，入户率达88.8%；互联网宽带用户达200多户。

供电供水

供电 20世纪50年代以前，境内尚不通电，村民照明靠松柴火和煤油灯。1962年境内建成仙下电站，始装机1台280千瓦，并架设6.3千伏高压输电线路到关王、豪山公社，时沿线红岩、坦下、关王等大队的部分生产队开始使用电灯照明。到1978年，境内先后修建水电站8个，年实际发电12万千瓦时，时有8个大队47个生产队通电。1991年建成乡办赤滩电站，装机容量960千瓦，年发电量550千瓦，解决了赤滩村的生产生活用电问题。2000年以后，相继完成境内各村的农村电网一、二期改造工程。2003年先后建成大朋电站、田麻垅电站、矮车电站、洪山电站。2008年后，仙下电站由安仁县电力局接管，并在关王境内设供电所，其供电面积扩大到410.4平方公里。

供水 境内山泉、溪水较多，乡民生活用水多取自山泉。20世纪50—70年代，各大队、生产队陆续开凿水井，以解决生活用水问题。80年代后，境内转向以压水井为主。农户在自家房前屋后打压水井，既方便快捷，又比较干净卫生。部分家庭还在井里装上抽水机，在屋顶上安装水塔，解决自动供水问题。部分居住在山沟里的村民则铺设管道，将山泉水引至家中使用。2003年以后，为解决农村安全饮水问题，境内积极争取国家项目和资金的支持，建水池，铺管道，将山泉水收集净化，然后送到农户家中，开通自来水。2010年，还在高坊村洪山水库边建设自来水厂，解决集镇区所在单位和高坊、关王、赵源、坦下4个村（居）约3200人的安全饮水问题。

镇区建设

关王镇集镇区当地人称为关王庙，民国时期已发展成为安仁县东南部山区乡镇土特产品的集散中心，时境内已形成一条200多米的麻石路街道。新中国成立后的20世纪50—80年代，随着乡政府及其他县属、乡属单位的入驻，集镇区日趋繁华。到90年代，除原有一条老街外，沿关豪公路和关新公路，又形成两条街道。1996年关王撤乡建镇后，进一步加大镇区内的水、电、路等基础设施建设。先后维修、疏通镇区下水道，并对主要街道逐步进行硬化，沿街道全部安装路灯。2004年建设关王新区，2005年，镇政府搬迁至原关王中学校址。2008年对老街进行开发改造，是年建设关王二桥。2010年启动水口山新农村建设项目，将浦阳河水口山段裁弯取直，并在原河滩上开发建设水口山新村。2012年，投入资金10余万元新建垃圾池33个，垃圾箱130个，垃圾集中填埋场1个。是年，引进湘潭水电水利开发公司投资4800万元改造老城区。到2014年，老城区一期工程基本完成。先后建设商居楼40栋60套，硬化街道800米。

社会事业

教育文化

教育 清代以前，境内教育以私塾为主。民国末期，境内高坊村何氏祠堂内曾兴办观光高级完全小学。新中国成立后，由县政府统一对旧式学校接收改造，时境内相继创办小学。到1957年，各村都创办小学。1958年在关王大队狮山脚下创办观光附中，1962年改名为红岩中学，1972年开办高中班。时各大队小学相继附设初中班。1977年红岩中学改为安仁三中。1978年，各大队小学附设的初中班全部撤销。1980年安仁三中明确为县办县管。1982年在关王村下街组山脚边另建关王中学。时有教学班6个，在校学生260人，教职工18人。1988年安仁三中改为安仁县第一职业中学，1993年又改为安仁五中。1996年教学布局调整时，安仁五中改为关王中学，设为中学主校，原关王中学改为分校。2010年再次对教学布局进行调整，豪山中学、新洲中学撤并合入关王中学。到2014年底，镇内有中学1所，中学教学班11个，在校学生504人，教职工50余人；中心小学1所，村小8所，在校学生768人，教职工64人；幼儿园3所，在园幼儿610人。

文化 境内民间文化以舞龙灯为主，一般在春节期间自发组织，目的在图个吉利。民国时期，境内民间已流行“乐声”班子，5～6人为一班，逢民间有红白喜事时应邀演出，以锣、鼓、钞、喇叭、二胡等演奏民间歌曲，多为花鼓调。新中国成立以后的20世纪50—60年代，境内群众文化活动有所发展。时公社、各大队都组建有文艺演出队，不时到各大队进行文艺演出，主要是宣传社会主义和毛泽东思想，节目多为样板戏。“文化大革命”时期，还推行跳“忠”字舞。1973年成立关王公社文化站，时称毛泽东思想宣传队（半工半农），主要配合公社搞大型宣传活动。1975年，成立公社电影队，安排放映员轮流到各大队放映电影，时各大队都设有广播室。1983年后，公社电影队转为个体承包或私营，后随着电视的普及，电影队自行消失。2000年后，各村相继建立农家书屋。2010年赵源村组建全镇第一支腰鼓队，时有队员30名。2011年建成关王镇文化站综合大楼，设有图书室、影视厅、乒乓球室、羽毛球室等文体活动场地。2012年，全镇11个村（居）全部安装“村村通”广播。到2014年，全镇11家农家书屋，藏书达4万册。

医疗卫生

境内草药资源比较丰富，民国以前，乡民治病疗伤或自采草药敷治，或请草药郎中。新中国成立后，在政府的重视和支持下，境内医疗卫生事业得以发展。1955年境内设第八区卫生院，负责辖区内的卫生防疫和妇幼保健。1956年撤区设乡时设关王卫生院，1958年改为公社卫生院，时有医护人员6人，设施简陋。之后，有5个大队相继开办合作医疗站，并配备1～3名“赤脚医生”，负责各大队的卫生防疫和新法接生。20世纪80年代后，这些合作医疗机构相继改为村卫生室，由个体承办。1990年，关王卫生院自筹资金20余万元，新建一栋2层共1200平方米的门诊大楼。1997年，关王卫生院由集体所有制单位转为国有事业单位。2009年关王卫生院改为关王镇中心医院，担负着周边3万多人的预防保健、基本医疗服务和乡村公共卫生服务。2004—2009年，镇中心医院又先后新建住院大楼、医技和行政大楼。2012年后又不断添置医疗机械设备，不断改善基础设施。到2014年，镇中心医院占地面积达到4543平方米，内设门诊部、住院部、药房和B超、心电图及生化检查等医技科室，临床开设了内、外、妇、儿、中医及预防保健等多个科室，有床位30张，执业医师8人，护士11人，为山区乡镇最大的新型农村合作医疗定点机构。此期，全镇先后建立村级卫生室11个，发展个体私营诊所16家、大型药房经营店3家。参加新型农村合作医疗人数达15151人，参合率96.4%。

社会保障

民国及以前，境内社会保障乏力，贫困户及生活无所依靠的孤寡老人、残疾人得不到及时的社会救助。新中国成立以后，在政府的支持下，境内启动了社会救济和“五保户”集体供养制，将生活无所依靠的孤寡老人、残疾人列为“五保户”，由大队或生产队实行集体供养。遇到自然灾害，由政府牵头，及时组织抗灾救灾。20 世纪 80 年代后，部分孤寡老人和残疾人改由亲戚分散供养，县民政部门每年发给一定的生活补贴。1991 年乡民政办成立，是年成立乡敬老院，院址设在红岩村，时供养“五保”老人 20 人。1998 年 11 月境内始实施最低生活保障制度，当年纳入最低生活保障的贫困对象 40 人。2011 年境内启动新型农村社会养老保险，当年参保人数 4856 人。2013 年，在关王居委会境内投资 120 万元新建敬老院，设有床位 57 个，时入住“五保”老人 32 人。到 2014 年，全镇低保对象 955 人，共落实低保资金 189 万元；农村新型养老保险参保 15690 人，参保率达 96.22%，

千年古刹义海寺

特色地情

名胜古迹

义海寺 位于安仁县关王镇赵源村境内，罗霄山脉中段五洋山系太湖仙北麓山腰，是安仁县境内富有神话色彩、拥有比较长的佛教历史、安歇最多得道高僧的佛教圣地。由著名的奇峰和尚兴建。据史料记载，早在唐宋时期，便有高僧在此念经参禅；康熙辛卯年，祖源和尚重修斋堂；在清朝乾隆年间，曾有禅房百余间，常住僧尼达 50 余人。据传，方圆五百里不少佛教寺庙皆源于义海寺。义海寺至今仍保存有得道高僧超越和尚、妙杭和尚、恒嵩和尚、自皈和尚等高僧殁后的塔林 100 多处。在义海寺前边，有两株已年逾千年的罗汉松，前来进香观光旅客皆要对此松敬拜，以祈佑健康长寿。

太湖仙 位于安仁关王镇与永兴县龙形市交界处，其主峰海拔 1275.7 米，义海寺所在地海拔 710 米。寺前远眺，群峰连绵，逶迤婉转，森林翠绿茂密，峰峦参差巍峨。每当雾气升腾、云烟漂流、阳光染透，漫天云霞与巍峨的峰峦相映成趣，似人间仙境、世外桃源。当地有民谣赞曰：“大湖山是一蔸瓜，牵牵连连到长沙，脉到湘潭开朵花，落到长沙结个瓜。”

赤滩风光 乃关王镇赤滩水库之山水风光，素有安仁“小桂林”之称，景区群山起伏，千姿百态，有鬼斧神工之妙，且河流于群峰之间徜徉，流经村庄，蜿蜒曲折，清澈透明，加之古桥、楠木、油菜花点缀，有人在画中游之仙境、意境。

（李志强　供稿）

羊脑乡 >>

区域概况

地理位置

羊脑乡位于安仁县境东部，地理坐标为北纬26° 27′ 41″ 至26° 36′ 5″ 、东经113° 29′ 53″ 至113° 39′ 3″ ，东与株洲市茶陵县大阴乡、炎陵县鹿原镇交界，南与豪山乡相邻，西南与关王镇接壤，西北与坪上乡比邻。乡政府驻地设在中洞村羊脑圩，距安仁县城50公里。

建置沿革

清代属浦东都；民国时先属大麓乡，后属莲湖乡；1949年属第四区，1952年划属第六区（坪羊区），1956年开始设羊脑乡，1958年与关王、豪山等乡合并为东风人民公社，1961年析出为羊脑人民公社，1966年更名为红星公社，1982年恢复为羊脑公社，1984年恢复羊脑乡建制。

区划面积

境域东西最大距离21公里，南北最大距离10公里，土地总面积101.2平方公里。现辖中洞、源田、广义、福星、梅湾、哨上、坪塘、里山、东冲、莲塘、石壁11个行政村，92个村民小组。

自然环境

境域为山地，地势东南高、西北低，最高峰为盘古仙，海拔645米。境内零星分布中生界侏罗纪地层，成土母质主要有石英粉砂岩、板页岩，紫色土壤，多为丹霞地貌。境内气候属亚热带季风性湿润气候，四季分明，且冬夏长而春秋短。年均气温摄氏17.6℃，年均日照1580小时，无霜期280天。年均降雨量为1320毫米，但分布不均，春末夏初多洪水，夏末秋初偏干旱。境内主要河流广义河自南向北汇入永乐江，总长4.1公里。境内古迹较多，旅游资源比较丰富，有盘古仙、穿石门等天然景观，也有原安仁县苏维埃政府办公地等革命遗址。

人口状况

羊脑地处边远山区，交通十分闭塞，民国以前境内人口聚集不多、增长不快，到民国30年（1941），境内人口密度只有56.8人/平方公里。新中国成立后，随着医疗条件的改善、人民生活水平的提高，人口出现较快增长，到1956年境内人口自然增长率超过25‰。三年经济困难时期，人口生育率下降，到1961年人口自然增长率低至5‰以下。1962—1965年，随着经济状况的好转，人口自然增长率又回升到20‰以上。20世纪

70年代后实行计划生育，境内人口增长得到有效控制。1978年，全公社1499户、总人口为7360人，其中：男性3753人、女性3607人，分别占总人口的50.99%、49.01%，人口自然增长率为13.45‰。1984年恢复乡建制时，全乡1619户、总人口为7903人，其中男性4046人、女性3857人，分别占总人口的51.2%、48.8%，人口自然增长率为8.7‰。2000年全乡2056户、总人口为8031人，其中男性4026人、4005人，分别占总人口50.13%、49.87%，人口自然增长率2.48‰。到2014年末，全镇3421户、总人口为10135人，其中男性5252人、女性4883人，分别占总人口的51.8%、48.2%；民族主要为汉族和瑶族，其中瑶族3人；全乡人口自然增长率为8.47‰。

经济发展

经济综述

羊脑地处山区，境内经济以农林经济为主。民国以前，境内因交通闭塞，农业经济处于自给半自给状态，商品交流较少，群众生活十分困难。新中国成立以后，在党和政府的支持下，通过对农业、手工业、私营工商业实行社会主义改造，境内经济得以逐步发展，到1956年，全乡工农业总产值为40万元，其中农业总产值26万元，工业总产值14万元。中共十一届三中全会以后，境内积极调整农业经济结构，大力发展农、林、牧、副、渔各业，经济总量逐年提升。到1980年全公社工农业总产值212万元，其中农业总产值为188万元、工业总产值24万元，人平纯收入188元。20世纪80—90年代，通过发展乡镇企业，境内经济得到进一步发展。1992年，全乡工农业总产值848万元，乡财政收入62.1万元，农民人均收入860元。2000年，全乡农业总产值达3561万元，财政总收入97.7万元，农民人平纯收入1098元。2000年以后，市场进一步放开，境内个私民营经济得到一定发展。2010年全乡地区生产总值6626万元，财政总收入135万元，农民人平纯收入1294元。到2014年末，全乡实现地区生产总值8343万元，财政总收入262万元，农业总产值7899万元，农民人均纯收入3589元。彩电入户率95%，冰箱拥有率71%，160多户居民拥有私家轿车。村民居住条件不断改善，大多家庭都建有一栋两层以上的楼房，人均住房面积达到35平方米。

农业

种植业 境内耕地面积929公顷，其中水田598.73公顷，旱地330.27公顷，种植业以水稻、油菜、食用菌为主，兼种红薯、花生、大豆等农作物。新中国成立以前，土地为私人所有，且大部分掌握在地主手中，种植业结构单一，发展不快。新中国成立以后，通过实行土地改革，广大农民分得了土地，种粮的积极性大为提高。1956年境内试种双季稻，粮食播种面积和产量均有所增加。1958年“大跃进”时期，盲目追求“一大二公”，生产上瞎指挥，粮食连年减产。1962年以后，通过调整充实，境内粮食生产得以恢复和发展。1964年，全公社粮食总产量达1799吨。20世纪70年代后，通过推广优良品种，境内粮食播种面积和产量都有大的增加。1978年全乡粮食播种面积1099.4公顷，粮食总产量3377吨；其中水稻播种面积1029.2公顷，稻谷总产量3254吨。1981年实行家庭联产承包责任制后，农民生产的积极性得到充分调动，境内种植业得到较快发展。1984年全乡粮食播种面积1067.53公顷，粮食总产量3897吨。其中水稻播种面积1043.07公顷，稻谷总产量3879吨。1990年后，境内大面积推广杂交稻，并不断调整农业种植业结构。1996年，全乡粮食播种面积1072.53公顷，粮食总产量6088吨；其中水稻播种面积1001.47公顷，稻谷总产量6015吨。红薯种植面积31.53公顷，总产量29吨；大豆种植面积25.53公顷,总产量15吨；油菜种植面积166.67公顷,油菜籽总产量150吨。2000年全乡粮食播种面积1175.4公顷，总产量达8471吨；其中水稻播种面积1009.07公顷，总产量7318吨。大豆种植面积92.6公顷，总产量65吨；红薯种植面积73.73公顷，总产量803吨。2002年境内石壁、梅湾、福星等村大力发展食用菌产业，是年全乡发展食用菌种植大户120户，户平创收1万余元。2007年成立羊脑福星食用菌协会。是年，全乡食用菌种植大棚达8万平方米，共兴建食用菌冷冻库20座，年产食用菌2000多吨。2007—2009年里山村先后开发种植玫瑰香柑100公顷。到2014年，全乡粮食播种面积1280.6公顷，粮食总产量7891吨，其中水稻播种面积1185.33公顷，稻谷总产量7686吨。油菜种植面积400公顷，油菜籽总产量690吨。另大豆种植面积39.53公顷，总产量83吨；薯类种植面积55.73公顷，产量121吨。全乡形成以里山、东冲、哨上、坪塘等村为主的130多公顷玫瑰红香柑种植基地，以源田、广义、中洞、福星等村为主的200亩药材种植基地，以石壁、梅湾、福星等村为主的12个食用菌生产基地，种植业总产值达到5418万元。

养殖业 境内养殖业以生猪、牛、鸡、鸭、鱼等畜禽水产为主。新中国成立以前，境内生猪、鸡鸭等多自繁自养，规模不大。新中国成立以后，在政府的支持鼓励下，境内养殖业得以发展。1957年，全乡生猪饲养量达3600头，鸡鸭饲养达4800羽。1958年实行人民公社化以后，生猪饲养由私有私养改为公有、集体饲养，境内各大队一哄而起大办猪场，但因设施简陋，实际饲养量下降。三年经济困难时期生猪养殖业继续滑坡。1962年以后，生猪饲养政策有所放宽，国家允许私有私养，且多养不加派购，境内生猪养殖得到恢复和发展。20世纪70年代，公社、大队、生产队三级大办猪场。到1978年，全公社先后兴办集体猪场73个，全年饲养生猪达5036头，其中年内出栏2060头。20世纪80—90年代，生猪收购市场逐步放开，境内从事生猪收购和贩运的专业户日渐增多，生猪养殖业得到较快发展。1984年全乡饲养生猪4568头，其中年内出栏2412头。1996年，全乡饲养生猪21039头，其中年内出栏13500头。此期，家禽和特种养殖业也得到一定发展。1996年，全乡饲养黑山羊640多只；出笼家禽9500羽，禽蛋产量20吨；水产养殖水面1000亩,水产品总产量70吨。2011年，境内源田村复退军人段华投资150万元创办源田生态牛场，当年饲养肉牛82头，其中年内出栏肉牛50头。2014年全乡饲养生猪12400头，其中年内出栏9000头，肉类总产量644吨；出笼家禽9600羽，禽蛋产量198吨；年末大牲畜存栏1680头，全乡牧业总产值668万元。

林业 境内为典型的山区，宜林地面积8700公顷，主要树种有松、杉、樟、油茶、楠竹等。新中国成立以前，林地归私人所有，林业生产处于自然发展状态。新中国成立以后的20世纪50年代初，通过实行封山育林和合作造林，境内林业生产得到一定的发展。1958年山林收归公社所有。“大炼钢铁”时期，因乱砍滥伐，境内森林资源遭到破坏。1963年，山林下放到大队或生产队经营管理。1973年，各村兴办村集体林场11个，主要种植杉树。1983年，林权到户，农民植树造林的积极性高涨。1985年，全乡有林地面积达到

2320公顷，其中用材林面积900公顷、经济林面积853.33公顷，林木蓄积量1.47万立方米，森林覆盖率达20.6%。1994年，全县实行第二次林业体制改革，鼓励各地采取多种形式进行山地流转，并规定山地经营承包、租赁期限延长30年不变。在这一政策的鼓励和带动下，境内始有农户承包或租赁山地搞林业开发。1997年，全乡共新造用材林58.67公顷，抚育中幼林133.33公顷，垦复油茶林400公顷。2002年大力实施退耕还林工程，当年退耕还林13.33公顷。是年，羊脑乡东冲村与安仁县林业局在东冲村神仙坦租赁山地41.73公顷，实行联合造林。2004年，全乡林地换发全国统一的林权证。2009年哨上村垦复连片油茶林140公顷。2010年以后，全乡大力开展"三边绿化"行动。到2014年，全乡有林地面积达到6826.67公顷，森林覆盖率达到78.5%。

工业

民国以前，境内交通闭塞，工业发展非常缓慢，虽有铁匠铺、裁缝铺、木器加工行等家庭作坊，但多为小手工业，规模不大，效益不好。新中国成立后的20世纪50年代，这些手工业被相继组建成铁业、木业等手工业生产合作社，后部分自然消失，部分发展成为社队企业。1972年，境内相继兴办公社联合厂、发电站等社办工业企业，时有从业人员200余人。1980年全公社工业总产值为24万元，其中社办工业总产值11万元。1982年，周头妹在中洞村创办阳升冶炼厂。20世纪90年代以后，境内乡镇企业得到快速发展，到1996年全乡发展乡镇企业223个，其中乡办4个，乡镇企业总产值2505万元，其中工业总产值642万元。2000年以后，通过招商引资，境内个私民营企业得到一定的发展。2003年，引进老板投资300万元创办东冲木材加工厂，投资100万元创办福星竹筷加工厂。同年，还引进老板投资开挖福星煤矿，后因储量不大，加之安全防范措施难以到位，于次年关停。2007年，阳升冶炼厂投入200余万元进行技改，是年创产值1800万元。2009年创办连华木板精深加工厂，投入资金200万元，兴建一条木屑深加工生产线，利用边、角废料加工成高档纤维板。2010年联合组建羊脑乡木材加工公司，统一经营区域木材加工业务，年产值达438万元，实现利税135万元。2012年阳升冶炼厂因环保不达标被关停。到2014年，全乡有工业企业3个，年末工业总产值2800万元。

商贸服务业

民国及以前，境内交通不便，流动人口不多，商业店铺很少，商贸服务业发展不快。新中国成立以后，在政府的支持下，境内商贸服务业得以发展。1950年，境内私营商业户有20家，从业人员50余人。1951年成立安仁县第六区（坪羊区）供销社，时羊脑属第六区管辖，境内物资供应和农产品的收购和推销由六区供销社负责。1956年撤区设乡，境内始设供销社，各大队设代销店，大多物资实行计划派购。时在中洞村老塘屋处形成一集贸市场，逢农历每月一、四、七日赶集。"文化大革命"时期，集市贸易受到限制或取缔，境内商贸业趋于萧条。中共十一届三中全会以后，集市贸易全部放开，个体私营商业得到逐步发展。到1984年，全乡有各类商业店铺120个，从业人员200余人，是年全乡社会消费品零售总额达700万元。1990年后，随着乡集镇区建设步伐的加快，境内餐饮、娱乐业也得到较快发展。2000年，乡政府牵头在中洞村兴建新农贸市场，占地面积4780平方米，主要经营农副产品、日用品，年交易额1200万元。是年，全乡个私商业户200余家，从业人员280多人。2012年引进羊脑籍知名人士段丽萍女士，投资1.2亿元，在坪塘村开发建设羊脑乡第一家集旅游、观光、特色种养和生态保护于一体的生态农庄，每年吸引游客数千人次，带动了羊脑乡第三产业的发展。到 2014 年，全乡有各类商业店铺 400 个，生态农庄 1 家，从业人员 500 余人，涵盖商业、餐饮、美发、修理、休闲、娱乐、通信等多个行业，社会消费品零售总额达到 5000 万元。

基础设施

交通运输

民国以前，境内不通公路，乡民交通主要靠驿道。新中国成立以后，在政府的支持下，境内交通事业得以发展。20 世纪 50 年代初，中洞、广义等部分村相继拉通简易村道。1966 年，建成芳羊公路（安平芳岭 – 坪上 – 羊脑），全长 20.1 公里，路面宽 6 米，四级公路，为境内最早的公路。随后开通羊脑至县城的客运班车。1975 年，修通羊脑至源田公路，全长 5.8 公里。1986 修通羊脑至大阴公路，全长 2.3 公里，连接 106 国道，通往茶陵、酃县（现炎陵县），打通安仁一条出县通道。1996 年由郴州市交通局资助 7 万元，村民投工投劳，修筑羊脑至福星公路。1997 年，中洞—源田公路被评为湖南省省级文明样板路，中洞工班被评为湖南省“先进道班”。2004 年，羊福公路全程修通，初为一条 3.5 米宽的沙石公路。2006—2007 年相继硬化东冲—里山、坐石亭—石比、哨上—坪塘等通村公路，路面宽 3.5 米 ~ 4.5 米，羊脑境内总里程 13.7 公里。2009 年硬化关羊公路，路面宽 6 米，羊脑境内里程 12 公里。同年，硬化羊脑至梅湾通村公路，路面宽 4.5 米，里程 4.5 公里。是年，还修通关王至茶陵浣溪公路，路面宽 6 米，贯穿羊脑全程 12 公里。2011 年，相继硬化羊脑 – 福星、梅湾—哨上通村公路，路面宽 3.5 – 4.5 米，总里程 9.3 公里。2014 年，完成安羊公路拓宽改造工程，路面拓宽至 8 米，羊脑境内全长 8.4 公里，全程实行柏油路面硬化。同年，还相继硬化坪塘—茶陵县、石比 – 石膏山、里山观田—坪上岸下等通村公路。至此，全乡通村公路通畅率达 100%。

水利建设

境内有两条支流，一为太平港，源自盘古仙西麓，流入茶陵县浣溪镇注入洣水。民国时期，沿支流水系已筑有山塘水坝，用以灌溉农田。新中国成立以后，境内始修建水库。1959 年修建界背水库，有效库容 10 万立方米，有效灌溉面积 500 亩，为境内第一座小 II 型水库。1972 年修建坪塘水库，有效库容 110 万立方米，有效灌溉面积 2500 亩，为境内第一座小 I 型水库。1975—1977 年相继修建牛角垅和广义两座小 II 型水库，有效库容分别为 12 万立方米、38 万立方米，有效灌溉面积分别为 200 亩、1500 亩。1980 年将坪塘水库进行维修加固，改土坝为水泥坝，坝高加至 19 米。2000 年以后，陆续修建灌溉渠道。2002 年投入资金 60 多万元，新修山塘、水库渠道 43 处 5000 余米。2010 年以后又相继对病险水库进行除险加固。到 2014 年，全乡有小 I 型水库 1 座、小 II 型水库 3 座，基本山塘 1200 多口，水渠 35 条。

邮电通信

明清时期，境内通讯赖以驿站和铺递。民国 32 年（1943）设立关王邮政代办所后，境内邮务由关王邮政代办所负责。民国 33 年（1944）日军入侵安仁时，关王邮政代办所被废，境内邮路中断。新中国成立以后，安仁县邮政局得以恢复，后于 1956 年建立关王邮电支局，时境内邮务由关王支局负责。是年，乡政府安装一部手摇式电话机，开通与县城的电话。1958 年境内各大队全部通邮。20 世纪 60—70 年代，各大队相继安装手摇式电话机。1981年实行家庭联产承包责任制后，各大队相继拆除手摇式电话机。1986年，设立羊脑邮电所。1996年境内开通程控电话。2014年在境内莲塘村和哨上村各新建移动基站一座，实现全乡移动通信信号全覆盖。至此，全乡建有移动基站9个、联通基站2个，固定电话用户285户，移动电话用户2480户，有线电视用户430户。

供电供水

供电 20世纪50年代以前，境内尚不通电，村民照明靠松枝火或煤油灯。1969年，羊脑公社在中洞村境内修建第一座小水电站，时公社、中学及中洞村部分村民开始使用电灯照明。70年代境内又相继修建水电站。到1978年，境内共修建水电站6座，其中公社办1座、大队办5座，年实际发电量10.1万千瓦时，时境内有2个大队11个生产队通电。1977年境内架设首条高压线路，由关王公社至羊脑福星大队，途经源田、广义、中洞等大队，次年沿线大队通电。1980年，成功架设羊坪高压线。1989年，境内实现村村通电。2000年以后，先后对农村供电网络进行第一、二期改造。2007年在境内新建35千伏变电站一所。到2014年，境内已有10千伏羊坪线和10千伏羊福线两条主要供电线路，居民生产、生活用电得到保障。

供水 境内山泉水资源比较丰富，新中国成立以前，乡民生活用水多引自山泉。新中国成立以后，政府鼓励各地打井，以解决生活用水问题。20世纪50—70年代，各生产队相继开凿水井。80年代以后，境内村民又在自家房屋前后打明井或压水机，自供自用。2001年以后，国家实施农村安全饮水工程，境内抓住机遇，先后建设了一批安全饮水工程。2003年投资2.5万元完成了石比村打井工程，解决3个自然村85个人口、200头大牲畜的饮水困难。同年，还投资5万元建设了源田村的引水工程，解决1个自然村206个人口、200头大牲畜的饮水困难。2010年投入资金28万元完成中洞、源田、广义、梅湾等村的自来水引水工程，在山上修建水池，将山泉水收集净化，再铺设水管送到农户家中，让村民用上了方便的自来水。2014年，境内建设集中供水项目，该项目共铺设自来水管道15000米，覆盖源田、广义、中洞、梅湾、哨上、东冲等村，解决了1100多户居民安全饮水问题。

社会事业

教育文化

教育 民国时期，境内羊脑街段家祠堂办过学堂，是为境内早期的学校。新中国成立以后的20世纪50年代初，境内各大队采取“公办民办并举”的办法相继开办小学。1956年创办羊脑农中，后于1969年改为羊脑公社中学。1973年公社中学开设高中班，各大队小学附设初中班。因师资跟不上，1978年各大队小学附设的初中班全部撤销，1980年公社中学增设的高中班也停办。是年，创办羊脑中心完小。20世纪90年代，境内配合县教育局开办青壮年扫盲班，并大力普及九年制义务教育。2003年，因生源减少，境内对学校布局进行了适当调整，小学4～6年级的学生集中到羊脑乡中心完小就读，1～3年级的学生在村小就读。2005年，由台塑集团明德基金捐资75万元，在境内兴建了面积约1600平方米的明德小学教学楼。2006年对境内学校布局进行再次调整，羊脑中学和羊脑中心完小合并为九年一贯制学校，改名为羊脑学校。到2014年，全乡有九年一贯制学校1所，有11个教学班，在校初中生41人，专任教师14人；在校小学生267人，专任教师30人。村小4所（东冲、石比、里山、坪塘），在校学生26人，专任教师4人。小学适龄儿童入学率100%，初中适龄人口入学率、小升初升学率、九年义务教育覆盖率均达100%。

文化 境内交通闭塞，民间文化活动较少，间有舞龙舞狮的活动，一般在春节期间由农户自发组织，5～7人一队，穿行于乡间。新中国成立以后，境内群众文化活动日渐增多。20世纪60—70年代，各大队都组建有文艺宣传队，巡回到各生产队进行文化宣传，演出的多为样板戏。1977年，公社成立电影队，安排放映员轮流到各大队放映电影。1980年，公社又建立广播站，家家户户开通有线广播。同年，建立羊脑公社文化站。1989年，境内建成调频发射台并成功开播，为全省首家乡镇调频台，《湖南科技报》以头版头条刊登消息。是年，全国小调频工作会议邀请羊脑乡到会介绍经验。20世纪90年代，广义、中洞、梅湾等村相继建立无线广播网站。2000年后，各村相继建立农家书屋。2009年境内建成有线电视台，覆盖中洞村、广义村。2013年，建设乡文化站综合大楼，设有图书室、电脑室、文体娱乐室。到2014年，全乡有综合文化站1所，农家书屋10处，藏书1.2万余册。

医疗卫生

明清时期，境内尚无诊所，乡民看病治病主要靠草药郎中。民国中后期，境内始有个体药铺和诊所。新中国成立以后，在政府的支持下，境内医疗卫生事业得以发展。1955年成立安仁县第六区（坪羊区）卫生所，时境内医疗卫生事业归第六区卫生所管理，主要负责卫生防疫和妇幼保健。1958年设立羊脑公社卫生院，时有医卫人员4人。20世纪60—70年代，各大队都成立农村合作医疗站，并配备2～3名“赤脚医生”，负责各自的卫生防疫工作。80年代后，村合作医疗站相继改为村卫生室，由私人承办。1996年，乡卫生院进行改造，新建医院综合大楼和附属楼。2007年，境内正式启动新型农村合作医疗保险，参合人数为6529人。到2014年，全乡有乡级卫生院1所，村卫生室8个，有床位14张，专业医卫人员12名。参加新型农村合作医疗保险的人数为8785人，参合率95.4%。

社会保障

自20世纪60年代起，境内即实行对“五保户”的特殊照顾，将孤寡老人和无劳动能力的残疾人列为“五保户”，由生产队实行集体供养。一遇自然灾害，由政府牵头，组织抗灾救灾。1997年6月8日前后，境内遭受历史上最大的一次洪灾，乡政府和县直有关部门帮助修复水利工程122处，恢复水田1600亩，维修公路5条140处22公里，新建维修房屋92间。1998年11月境内开始实施最低生活保障制度，当年纳入最低生活保障的贫困对象25人。2008年境内发生特大冰灾，造成境内很多电线杆和通信杆垮塌，通信和电力瘫痪。乡政府组织调运一批照明设备，并协助安仁县电力局修复冰毁电力设施，灾后2个月恢复供电。2009年投资100万元建成羊脑乡敬老院，安排13位“五保”老人入住。2011年，境内开始实施新型农村养老保险，当年参保人数3934人。是年，启动农村危房改造工程，为20户危房户拆危建新，解决他们的住房困难。到2014年，境内纳入最低生活保障共606户、676人；先后实施危房改造的230户，实施移民搬迁的13户；参加新型农村养老保险人数为9932人，参保率达98%。

特色地情

名胜古迹

盘古仙 位于羊脑广义村境内，距安仁县城

石壁村穿石门

约60公里，海拔800米，方圆300余平方公里。民间传说为盘古神出生之地，后人为纪念这位开天辟地之神，在山上建造寺庙，前后三栋，取名盘古庙。山上有泉水，树木葱翠，常有群鸟盘旋，也有多种名贵野生药材和山鸡、果子狸、野鹿、山牛等野生动物。明清时期，曾有远道而来的隐士在此居住。1991年被湖南省人民政府认定为“宗教管理活动场所”。

天然拱桥 位于羊脑乡石壁村境内，横跨南北，长约70余米，宽1.5米，是安仁县境内最大的天然拱桥。拱桥对面之山口两头，各坐立一柱山石，状如雄鸡，面向而立，形如雄鸡相斗。

六母仙 位于中洞村岩下组，是一口天然岩洞，洞内面积约300平方米，冬暖夏凉，洞内有水，非常清澈。相传清朝末年，宣统帝之母为避朝廷之乱，曾躲到此处修身，至今已有100多年的历史。今为当地民众拜佛之地，一年四季香火不断。

红色遗迹

红灯窝 位于羊脑乡福星村境内，为安仁原县苏维埃政府办公地遗址。1928年4月17日，福星苏维埃政府在此成立，办公地点设在红灯窝。时安仁县苏维埃政府的牌子也挂在红灯窝。以红灯窝为中心的福星红色根据地不断发展壮大后，国民党部队多次对福星进行围剿，先后三次放火焚烧了安仁县苏维埃政府办公场所，搜捕政府主席叶年量、骨干人员刘积纯及62名革命群众，并残酷地将他们杀害。国民党部队走后，当地革命群众马上修复苏区政府办公场所，并同国民党部队和土豪劣绅武装进行艰苦卓绝的斗争，从军事上、经济上给予井冈山革命根据地和中央苏区以极大的支持。

（贺湘华　供稿）

新洲乡 >>

区域概况

地理位置

新洲乡位于安仁县境东南部，地理坐标为北纬 26° 29′ 54″ 至 26° 45′ 30″、东经 113° 21′ 48″ 至 113° 29′ 19″，东与本县关王镇相连，西与本县龙海镇、承坪乡毗邻，南与永兴县洞口乡交界，北与本县竹山乡、坪上乡接壤，乡政府驻地设在莲塘村，距安仁县城 55 公里。

建置沿革

清代，属浦上都；民国时期先属莲花乡，后属莲湖乡；1952 年划属第八区（关王区），1956 年始设新洲乡，1958 年改为人民公社，1965 年 1 月并入关王公社（后更名为红岩公社），1971 年 1 月析出为新洲公社，1984 年恢复新洲乡建制。

区划面积

全乡土地总面积为 50.1 平方公里，辖莲塘、井塘、兴安、渡河、高石、塘下 6 个行政村，70 个村民小组。

自然环境

新洲乡属丘陵区，地势东南高、西北低，海拔在 140 ~ 300 米之间。土壤多系砂变质板岩、片岩长期风化演变而成，少部分为第三世砂岩和近代河流冲积而成。气候属典型的亚热带季风性湿润气候，四季分明，春夏雨水充足，特别是夏季雨量集中，阳光充足，气候宜人，平均气温为 25.4℃。境内江河交错，水利资源丰富，其中永乐江自北向南流经塘下、高石、渡河三村；浦阳河自东部关王镇向西流经莲塘村，流入高石村新屋组与永乐江相接；莲花江自南部关王镇井塘村北部，向北流入竹山乡；青龙江沿高石村与兴安村交界处的最南端向东流入兴安村与永兴县的交界处。自然灾害主要有洪灾、旱灾、雪灾、冰灾等。

人口状况

新洲地处山区，新中国成立以前，人口发展缓慢。新中国成立以后，境内人口成倍增长，到 1956 年人口自然增长超过 30‰。三年经济困难时期，境内人口显著下降，到 1961 年人口自然增长率低于 6‰；1962 年以后，随着经济状况的好转，境内人口迅速回升到 28‰以上。20 世纪 70 年代后实行计划生育，境内人口增长得到有效控制。1980 年全公社总人口为 6526 人，其中男性 3283 人、女性 3243 人，分别占总人口的 50.31%、49.69%；人口自然增长率为 10.73‰。1984 年恢复乡建时，全乡总人口为 1456 户 6988

人，其中男性3555人、女性3433人，分别占总人口的50.87%、49.13%；人口自然增长率为9.07‰。2000年全乡总人口为1816户7021人，其中男性3580人、女性3441人，分别占总人口的50.99%、49.01%；人口自然增长率为5.41‰。到2014年年末，全乡总人口为2294户8107人，其中男性4279人、女性3828人，分别占总人口的52.78%、47.22%，人口自然增长率为4.86‰。

经济发展

经济综述

乡域经济以农业经济为主。民国以前，境内交通闭塞，经济结构单一且发展不快。新中国成立以后，通过实行农业、手工业和私营工商业的社会主义改造，境内经济得到逐步发展。1956年，全乡工农业总产值达到97万元。中共十一届三中全会后，实行改革开放，境内经济结构得到调整，农、林、牧、副、渔各业均有发展。1980年全公社工农业总产值185万元。公社总收入中，粮食作物收入占71.0%，牧业、副业、渔业收入分别占4.6%、9.1%、3.6%，其他收入占8.7%。1981年实行家庭联产承包责任制后，农民生产自主性增强，农业逐步朝多种经营发展。到1992年，全乡工农业总产值达732万元，农民人均纯收入383元。20世纪90年代以后，境内乡镇企业得到较快发展。1996年，全乡共发展乡镇企业197个，乡镇企业总产值达到2377万元。全乡地区生产总值为1122万元，财政收入153万元。2000年以后，境内个私民营经济得到一定发展。2010年，全乡地区生产总值达6623万元，财政总收入180万元，农民人均纯收入2047元。到2014年，全乡地区生产总值达8132万元，财政总收入323万元，人均纯收入3240元。村民生活条件不断改善，到2014年，每百户拥有彩电90台、冰箱40台、洗衣机30台；大多数家庭建有一栋两层以上的楼房，人均住房面积达65平方米。

农业

种植业 境内耕地面积553.93公顷，种植业以水稻、油菜、烤烟为主，兼种红薯、花生、大豆等其他农作物。新中国成立以前，境内种植业结构单一，以水稻为主，产量不高。新中国成立以后，境内通过改进耕作技术、改良水稻品种和推广双季稻，粮食产量有所提高。1964年，全公社粮食总产量为1674吨。1974年后，境内开始试种杂交水稻，水稻亩产达400千克以上。1978年，全公社粮食播种面积988.2公顷，粮食总产量3449吨。其中水稻播种面积918.2公顷，稻谷总产量3354吨。1981年实行家庭联产承包责任制后，农民生产自主性增强，种植业结构得到调整优化。1984年全乡粮食播种面积936.73公顷，粮食总产量4071吨；其中水稻播种面积902.93公顷，稻谷总产量4032吨。油菜种植面积40公顷，油菜籽总产量26.4吨；红薯种植面积16.6公顷，总产量26吨；花生种植面积9.47公顷，总产量14.2吨。20世纪80年代中期以后，境内大力推广杂交稻，粮食产量不断提高。2000年，全乡粮食播种面积达到1037.33公顷，粮食总产量6512吨。其中水稻播种面积990.67公顷，稻谷总产量6382吨。此期，还大力发展油菜生产，到2000年，全乡油菜种植面积达330余公顷，油菜籽总产量150吨。之后，又大力发展特色农业。2003年开发楠竹6.67公顷，种植蚕桑66.67公顷，开发药材13公顷。2007年在莲塘村境内开发建设66.67公顷脐橙基地。同年，还发展食用菌生产，当年生产食用菌200吨。2010年，扩大烤烟种植，在莲塘村和井塘村各成立一个烤烟生产合作社，种植烤烟80公顷。到2014年，全乡粮食播种面积858.93公顷，粮食总产量5295吨。其中水稻播种面积785.6公顷，稻谷总产量5140吨。油菜种植面积333.33公顷，油菜籽总产量575吨；烤烟种植面积100公顷，烟叶总产量295吨。种植业总产值5431万元。

养殖业 境内养殖业以猪、牛、鸡、鸭、鱼等畜禽水产为主。新中国成立以前，境内经济落后，乡民食不果腹，养殖业发展缓慢。新中国成立以后，在政府的鼓励和支持下，境内以生猪为主的养殖业得以发展。到1957年，境内养猪户平达到1.5头以上。1958年实行人民公社化，生猪由私有私养改为公有、集体饲养，各大队曾兴办千头猪场，但因一哄而起，防疫跟不上，实际饲养量下降。三年经济困难时期，生猪养殖继续滑坡。1962年后，实行以生产队为基础的经营管理体制，生猪饲养政策有所调整，允许私有私养，多养不加派购，境内生猪养殖业得以恢复和发展。20世纪70年代，公社、大队、生产队三级大办猪场。1978年境内共兴办集体猪场53个，是年全公社饲养生猪4676头，其中年内出栏1988头。1981年实行农村家庭联产承包责任制后，境内养殖业得到较快发展。1984年全公社饲养生猪4523头，其中年内出栏2343头；年末家禽存栏18000羽，禽蛋产量15吨；大牲畜存栏951头。20世纪90年代以后，生猪收购市场全部放开，境内从事生猪收购和贩运的不断增多，推动了生猪养殖业的规模化发展。到2000年，全乡发展100头以上的生猪养殖大户20余户，全乡饲养生猪达15600头，其中年内出栏10000头。是年，出笼家禽12000羽，禽蛋产量78吨。之后，境内养殖业逐步朝规模化和特色化方向发展。2009年培植“猪—沼—果”生态农业大户41户，发展100头以上的生猪养殖大户50户。2010年兴安村建立养牛基地，是年养牛150头。2012年兴安村又组建黑山羊养殖专业合作社，是年养殖黑山羊600多只。2013年井塘村投资30万元发展特种泥鳅养殖。到2014年，全乡饲养生猪12290头，其中年内出栏7990头，肉类总产量605吨。出栏肉牛100头、黑山羊400头；出笼家禽24500羽，禽蛋产量195吨；年末大牲畜存栏1580头，牧业总产值1902头。出产鱼25吨，渔业总产值283万元。

林业 境域为山区，宜林地较多。民国以前，境内因交通闭塞，林业生产处于自然发展状态。新中国成立以后，在政府的重视和支持下，境内始大力开展封山育林和人工造林，林业生产得到一定的发展。1958年“大跃进”时期，因乱砍滥伐，境内森林资源遭到破坏。20世纪60—70年代，山林下放到大队或生产队管理，境内造林积极性提高，公社和各大队相继开办林场，建立杉木林基地。1976年，境内兴办社、队林场2个。1977—1980年，境内实行群众整地、专业队造林，人工造林400多公顷，是当时全乡人工造林比较多的公社之一。此期，新洲曾被评为郴州地区造林育林先进集体。1989年安仁县委、县政府出台林业生产优惠政策，倡导“谁造谁有”，境内涌现出一批承包荒山造林的农户。1985年，全乡有林地面积达到3026.67公顷，其中用材林面积2680公顷，经济林面积126.67公顷；林木蓄积量2.54万立方米，森林覆盖率55.22%。1993年后，境内在“长防林”工程的带动下，大力开展植树造林活动，有林地面积不断增加，到2000年，全乡有林地面积达到2866.67公顷。2001—2002年，莲塘村、井塘村与安仁县林业局在境内联合造林60.2公顷，其中莲塘村46.73公顷，井塘村13.47公顷。之后，境内各村继续大力开展“三边”造林绿化活动。其中，2013年新造林100公顷，封山育林1133.33公顷。到2014年，全乡有林地面积达到 3133.33 公顷，森林覆盖率达到 62%。

工业

民国时期，境内土地河（今渡河村境内）曾兴办一家私营铸造厂，主要生产犁壁、犁嘴、铁锅等农具，是为境内比较早的工业企业。其他铁器、木器加工业均为小手工业，规模不大。新中国成立以后，这些小手工业被组建成手工业生产合作社，实行集体经营。1954 年，土地河铸造厂由县接管改为国营安仁县锅铁厂，时有职工 80 人，建土炉 3 座，以废铁为原料，用薪炭炼铸。1955 年，该厂迁至龙海乡万田村，更名万田铁厂。20 世纪 60—70 年代，境内先后创办木器加工等社队企业。1980 年，全公社工业总产值为 19 万元。20 世纪 90 年代，境内各类工业企业得到较快发展。到 1996 年，全乡各类工业企业总产值达到 366 万元。2000 年以后，通过招商引资，境内民营工业企业呈现较快发展势头。2008 年境内引进资金创办 1 家铁厂，时有职工 6 人，当年实现产值 50 万元；1 家手提袋厂，时有职工 80 人，当年实现产值 200 万元。2009 年创办兴安墙体材料厂，时有员工 30 人，当年完成产值 200 万元；同年，新洲环保炭厂和木材加工厂也相继投产。2012 年又创办铭华大理石厂，时有员工 4 人，年创利润 20 万元。到 2014 年，全乡工业总产值达 2902 万元，各类工业企业实现利润 400 万元。

商贸服务业

境内地域偏僻，民国以前尚无大的商业店铺，多系小商小贩，逢墟赶集，交易量不大。新中国成立以后，在政府的支持下，境内商贸服务业得到一定的发展。1956 年成立新洲供销社，境内物资供给和农副产品的收购推销由供销社负责，各大队相继开办代销点，大多物资实行计划派购。“文化大革命”时期，私营商业受到限制甚至禁止，境内商贸服务业趋于萧条。中共十一届三中全会以后，集市贸易全面开放，国家允许发展多种经营，境内私营商业得到恢复和发展。到 1984 年，全乡已发展各类商业网点 7 个，从业人员达 14 人，社会消费品零售总额达 2 万元。20 世纪 90 年代以后，境内私营商贸户不断增加，商贸服务业得到快速发展。2003 年，新洲乡政府融资 600 万元，在莲塘村境内建设浦阳河商贸城，占地面积 10000 平方米，设有店铺 90 间，摊位 128 个，交易棚 1000 平方米。此期，随着农村生产力的提高，农村剩余劳动力不断增多，外出务工经商的人员也不断增加。2012 年，境内外出务工人员达 2000 人，外出务工收入突破 1500 万元。至 2014 年，全乡共发展各类店铺 30 余家，个体经商户 50 余户，全乡社会消费品零售总额 400 万元，经营范围包括餐饮、美发、超市、农机修配、运输等不同行业，基本能满足当地居民的生产生活需求。

基础设施

交通运输

民国及以前，境内不通公路。乡民出行主要靠步行，货物运输或靠肩挑背负，或靠水运，其中木材运输以扎排筏水运为主。新中国成立后的 20 世纪 60—70 年代，境内采用“民工建勤，民办公助”的办法，陆续修筑通乡通村简易公路。1970 年，修通毛塘至新洲公路，全长 8.6 公里，路面宽 4.5 米，境内长 8 公里。到 1976 年，基本实现村村通简易公路。1984 年修通新洲至关王公路，路面宽 4.5 米，境内长 2 公里。1985 年修通新洲至永兴县洞口公路，路面宽 4.5 米，境内长 9 公里。2000 年后陆续对通村公路进行硬化改造。2004 年完成新洲至关王公路水泥路面改造，路面宽 5.5 米。2008 年完成新洲至洞口公路的硬化改造。2012 年相继对井塘村至古桥通村公路、塘下村铜锣滩公路、渡河村至龙海石岭村公路、渡河村至承坪月轮岩旅游公路进行了水泥路面硬化改造。到 2014 年，全乡共硬化通村通组公路 20 余公里，全乡通村公路通畅率达 90%。

水利建设

境内水利资源比较丰富，民国时期已修建不少山塘。时境内农田灌溉以山塘为主。新中国成立以后，境内继续大力发展水利事业。1953 全县开展“修建百塘运动”，境内抓住机遇大修基本山塘，到 1957 年，先后修筑山塘 100 余口。是年，建成大力冲水库，有效库容 10 万立方米，有效灌溉面积 500 亩，为境内第一座小 II 型水库。1988 年又建成枫树垅水库，有效库容 34632 立方米，有效灌溉面积 130 亩。1991 年，投资 5.6 万元在渡河、兴安、高石村境内各修建一口基本山塘，有效库容 14 万立方米，总有效灌溉面积 450 亩。次年，又投资 6.5 万元在莲塘村境内新修建一口基本山塘，有效库容 4 万立方米，有效灌溉面积 200 亩。2000 年以后，相继对病险水库、基本山塘进行维修加固。2012 年，对大力冲水库进行除险加固，同时新修建一条 800 余米的水渠。同年，还对 3 座病险基本山塘进行维修加固。到 2014 年，境内先后对 2 座水库、50 口基本山塘进行了除险加固。同时，维修灌溉水渠 4000 余米，新修灌溉水渠 1600 余米，硬化水渠 2200 余米，硬化水库防洪抢险道路 2.5 公里。

邮电通信

民国中后期，境内已开通邮路。时关王设立邮政代办所，境内邮务由关王邮政代办所负责。民国 33 年（1944）日军入侵安仁，安仁县邮局被毁，关王邮政代办所被迫停办。新中国成立以后，安仁县邮局得以恢复，1956 年设立关王邮电支局，境内邮电业务仍归关王支局管理。是年，新洲乡政府安装一部手摇式电话机，境内始开通与县城的电话。20 世纪 60—70 年代，境内各大队相继安装手摇式电话机，时公社可直接通过电话传达通知，亦可直接召开电话会议。1980 年后，各大队相继拆除手摇式电话机。1986 年 6 月，正式设立新洲乡邮电所，办理邮政及电报电话等业务，境内始开通电信业务。1995 年境内开通数字程控电话。是年，全乡安装自动电话 70 门。2000 年以后，境内先后建立电信、移动、联通信息基站 3 座。到 2014 年，全乡移动电话用户达到 6000 多个，占总人口的 74%；宽带网入户达 20%；有线电视入户率 90%；乡村通邮率 100%。

供电供水

供电 民国以前，境内尚未通电，乡民照明主要靠煤油灯或松柴火。新中国成立以后，在政府的支持下，境内通过修建小水电站逐步解决用电问题。1977 年，境内修建公社水电站，为境内第一座小水电站。时公社所在地的莲塘村部分生产队开始通电。到 1978 年，全公社共修建小水电站 10 座，其中公社办电站 1 座，大队、生产队办电站 9 座，年实际发电量为 25 万千瓦时，时境内有 32 个生产队通电。1983 年，茶安水库干渠管理所在境内修建银树下电站，装机一台，装机容量 75 千瓦。仙下电站建成后，逐步架通至境内各村的输电线路。1991 年，由乡政府投资 130 万元建成兴安村青龙江水电站，装机容量 500 千瓦；至此，境内实现村村通电。1999 年，客商曹明慧投资 482 万元在境内建成永丰水电站，装机容量 1250 千瓦。2002 年，引进资金 1000 万元，建设高石村花洲坝电站，装机容量 1500 千瓦，年发电量 600 千瓦。2003 年境内启动农网改造工程。是年，相继建成塘下电站、高石电站、莲塘电站。2008 年冰灾后，因仙下电站无力恢复供电，境内供电由安仁县电力局接管。2012 年，全乡 6 个村全部完成一、二期农村电网改造，农村供电质量得到明显提升。

供水 新中国成立以前，境内生活用水多取自天然山泉水。新中国成立以后，政府鼓励各地打井，以解决生活用水问题。20世纪50—70年代，境内各生产队相继开凿水井。80年代后，村民开始在自家房屋前后打明井或压水井，实行就近取水。部分条件好的村民还在屋顶安装水塔，实现家庭内自动供水。

社会事业

教育文化

教育 民国以前，境内教育以私塾为主。新中国成立以后，境内采取“公办和民办并举”的办法，相继开办小学。到1957年，各大队都办有小学。1970年创办新洲中学。1973年新洲中学增设高中班，各大队小学都附设初中班。1978年各大队小学附设的初中班全部撤销，1980年，新洲中学增设的高中班也停办。1989年后，各村办小学相继开办学前班。1995年，创办新洲中心小学，始有教学班7个，在校学生200多人，教职工20人。2003年，因生源减少，根据安仁县人民政府的统一部署，对小学教育布局进行调整。各村小只保留渡河小学，开办一、二年级2个教学班，其他全部撤销，学生集中到新洲乡中心小学就读。2010年再次对教学布局进行调整，新洲中学并入关王中学。到2014年，全乡仅保留新洲中心小学、渡河小学、新洲中心幼儿园3所学校。其中新洲中心小学开设1～6年级10个教学班，有在校学生393人，专任教师37人；渡河小学有教学班2个，在校学生50人，教职工3人。新洲中心幼儿园开办幼儿班、学前班4个，有在园幼儿133人，专任教师4人。小学适龄儿童入学率100%。

文化 民国时期，境内已有舞龙灯、舞狮子、唱皮影戏等民间文化活动，一般在春节期间由乡民自发组织，或主人家有喜事时应邀演出。新中国成立以后，境内群众文化活动得以有组织性地开展。20世纪60—70年代，公社曾组织文艺演出队到各大队巡回演出，节目多为样板戏。20世纪80年代末期成立新洲乡文化站。之后，由乡文化站牵头，不定期组织开展群众文化活动。2002年境内组建民间西洋乐队和腰鼓队各一支。2010年乡政府投入25万元，建成新洲乡文化站综合大楼，设有图书室、影视厅、文体活动室等。此期，各大队相继建立农家书屋。到2014年年末，全乡共建有6个农家书屋，藏书总量10000余册。

医疗卫生

民国时期，境内尚无医疗机构，乡民看病治病主要靠民间草药郎中。新中国成立以后，境内医疗卫生事业得以发展。1958年成立新洲公社卫生院，负责辖区内医疗卫生和妇幼保健工作。20世纪70年代后，农村实行合作医疗制度，各大队相继开办合作医疗站，配备1～3名“赤脚医生”，负责各大队的卫生防疫工作。1981年农村实行家庭联产承包责任制后，各大队合作医疗站相继停办。1990年后，各村相继恢复建立村卫生室，由私人承办。1997年乡卫生院由集体所有制单位改为国有事业单位。2007年，境内正式启动新型农村合作医疗制度。当年，参加新型农村合作医疗6325人。2012年后，乡卫生院不断改善基础设施和医疗条件，先后建设门诊楼、医技楼各一栋，另开办了独具特色的中医馆，内设中医诊疗室、中医理疗室、标准的中药房、中成药库、中医病室等，功能不断完善，成为安仁县唯一一所通过湖南省卫生厅、中医药管理局考核验收的中医示范合格单位。到2014年，全乡参加新型农村合作医疗的人数达到8111人，参合率达96.2%。

社会保障

新中国成立以后的20世纪50年代初，境内即对孤寡老人和其他无劳动能力又无生活依靠的残疾人实行特殊照顾政策，将他们列为“五保户”，由大队或生产队实行集体供养，每年给“五保户”安排一定的“口粮”和生活费，死后由生产队统一安葬。同时，大力实施社会救助制度。一遇自然灾害，即由政府牵头组织抗灾救灾。1981年实行家庭联产承包责任制后，部分“五保户”由生产队集中供养改为由亲戚分散供养，县民政局每年发给一定的生活补贴。2009年，境内启动最低生活保障制度，将困难户和“五保户”纳入最低生活保障，每月发给一定的生活保障费。是年，全乡纳入最低生活保障404人。2011年，又启动新型农村养老保险。是年，还投入资金38万元建成新洲乡敬老院，首批入住敬老院实行集中供养的“五保”老人、生活不能自理的困难残疾人35人。到2014年，全乡纳入最低生活保障的529人。参加新型农村养老保险人数7700人，参保率95%。

特色地情

特色产业

塘下漂流 为新洲乡一旅游项目，2010年由本地老板投资1500万元开发建设，是安仁县龙脊山风景区的一个子项目。纳入漂流的河段为新洲乡塘下村至承坪乡山下村，全长2公里。沿途迂回曲折、水流湍急、象形石林立、丹霞岩坦遍布，是新洲乡在文化旅游产业上着力打造的重点项目。2011年正式启用。每年夏秋季开放，到此漂流的游客上千人。

（何志诚 供稿）

豪山乡

区域概况

地理位置

豪山乡位于安仁县境东南部，地理坐标为北纬26° 17′ 20″ 至26° 28′ 40″ 、东经113° 31′ 57″ 至113° 37′ 05″ 。东与株洲市炎陵县相连，西与关王镇及永兴县接壤，南与资兴市毗邻，北临羊脑乡。乡政府驻地设在罗洲村，距安仁县城60公里。

建置沿革

清代属浦东都；民国时先属云湖乡，后属莲湖乡；1952年划属县第八区（关王区），1956年设豪山乡，1958年为人民公社，1984年恢复乡建制。

区划面积

全乡土地总面积126.8平方公里。辖豪山、罗州、高源、西康、潭湾、湘湾、廖家、金花8个行政村，94个村民小组。

自然环境

豪山全境为山区，地势东南北三面较高，西部较低，群山环抱，高峰耸立，平均海拔257米，自古有“九山半水半田”之说。境内金紫仙海拔1433米，为安仁最高峰。境域属亚热带季风性湿润气候，气候温和，四季分明，春夏盛雨，秋冬多雾，年平均气温17.60℃，年降雨量1600 ~ 2000毫米，无霜期280天左右。日照因地势影响稍微不足，且分布不均。旱涝平均2 ~ 5年一遇。乡域内有浦阳河、金湘河和莲花江等3条主要河流。植被种类有樟树、松树、杉树、楠竹、油茶树、枫树、金银花、野生红豆杉、楠木、野生古茶树等，动物资源有山鸡、野猪、穿山甲、果子狸、桂花鱼、娃娃鱼、石蛙等国家珍稀动物。

人口民族

清代、民国时期，境内交通不便，人口聚集较少，增长不快。新中国成立初期，随着社会的安定和人民生活水平的提高，境内人口呈快速增长。1956年，境内总人口5689人，自然增长率达22.13‰。三年经济困难时期，人口自然增长率明显下降。1961年境内人口自然增长率低至6‰以下。1962年后随着经济状况的好转，人口又迅速回升到20‰以上。20世纪70年代，国家实行计划生育，境内人口增长得到控制。1978年，全乡人口9561人，其中男性4992人，女性4569人，人口出生率16.94‰，自然增长率9.94‰。1984年恢复乡建制，是年年末全乡总人口2039户10138人，其中男性5228人，女性4910人，人口自然增长率7.5‰。1992年，全乡总人口2649户11485人，人口出生率11.33‰，人口自然增长率8.8‰；2000年末，全乡总人口为2742户11005人，其中男性5581人，女性5424人，分别占总人口的50.71%、49.29%，人口自然增长率4‰。2014年，全乡总人口3389户12524人，其中男性6676人、女性5848人，分别占总人口的53.31%、46.69%；少数民族13人，占总人口的0.01%；人口自然增长率为7.7‰，人口密度为每平方公里98人。

经济发展

经济综述

豪山乡经济以农林经济为主。民国及以前，境内交通不便，工业空白，商业闭塞，农业、林业和家庭畜牧业相结合的自然经济占主导地位。农、林业发展以自产自销为主。新中国成立后，全乡经济恢复发展较快，经济结构仍为传统农业型。中共十一届三中全会以后，在改革开放政策的推动下，豪山乡大力调整农业经济结构，农村全面推行家庭联产承包责任制，经济发展速度加快。1984年，全乡工农业总产值404万元，其中农业总产值364万元，工业总产值40万元，财政收入20万元，农民人均纯收入354元。20世纪90年代以后，境内乡镇企业得到快速发展。到1996年，全乡发展乡镇企业307个，乡镇企业总产值3037万元。是年，全乡完成地区生产总值1526万元，财政总收入57万元。2000年以后，通过招商引资，个私民营经济得到一定发展，经济总量逐年提高。2005年，全乡地区生产总值2936万元，财政总收入121万元；2010年，全乡地区生产总值4924万元,财政总收入180万元，农民人平纯收入1998元；2014年，全乡地区生产总值6048万元，财政总收入399万元，农民人均纯收入3743元。

农业

种植业 全乡耕地面积701.8公顷，其中水田616.5公顷。种植业以水稻、茶叶为主。其中茶叶种植历史悠久，境内所产云雾茶早在南宋时即享有盛名，其中九龙庵的冷泉石山茶还被列为贡品。但粮食产量不高，新中国成立以前，所产粮食尚不能满足自给。新中国成立以后，通过改

豪山茶场

善灌溉条件，改良粮食品种，改进耕作技术，粮食产量有所增加。1964年，全乡粮食总产量达到2502吨。20世纪70年代，境内大力开发茶叶，在香火塘开辟茶园34公顷，建立豪山茶场。1978年全公社茶园面积达到71.67公顷。1981年实行家庭联产承包责任制后，农田包产到户，农民种粮的积极性提高。到1984年，全乡粮食播种面积1016.2公顷，粮食总产量达4564吨。其中水稻播种面积996.53公顷，稻谷总产量4530吨。1992年后，举全乡之力大力开发茶叶，是年成立豪山乡茶叶开发公司，并从常德东山峰农场聘请专家和技术员来豪山乡常年指导茶叶生产。到1996年，全乡新扩茶园面积达330余公顷，遍布全乡8个村90个村民小组，全乡茶叶总产量达142吨。同年，豪山开发的豪峰茶还被评为“湖南名牌产品”，被国家绿色食品中心授予“绿色食品”称号。2014年，全乡粮食播种面积1078.13公顷，粮食总产量6896吨，其中水稻播种面积1032.73公顷，稻谷总产量6799吨。茶园面积达352公顷，茶叶产量700吨。油菜种植面积400公顷，油菜籽总产量690吨。全乡种植业总产值5318万元。

养殖业 境内养殖业以生猪、牛、羊、鸡、鸭、鱼等畜禽水产为主。清代民国时期，境内农户圈养生猪，散养鸡鸭，肉、蛋少部分交换，大部分自给。养鱼则靠河里捞鱼苗养殖，产量低。新中国成立后，政府采取多种措施鼓励农民养猪、养鸡鸭。20世纪70年代，公社、大队、生产队三级大办猪场。1978年全公社兴办集体猪场70个，全年饲养生猪5719头，其中年内出栏2585头。1981年农村实行家庭联产承包责任制后，农户饲养家畜家禽的积极性提高。1984年，全乡饲养生猪5541头，其中年内出栏生猪2762头；年末牛存栏1434头，家禽存栏10300羽。20世纪90年代后，生猪收购市场全部放开，农户饲养生猪开始呈规模化。2000年，全乡生猪饲养量达7009头，其中年内出栏4026头。2000年以后，不少在外地打工挣到钱的村民陆续回乡发展养殖业，境内涌现一批养殖大户。此期间，境内西康村还大力发展养牛业。2003年，全村养牛达263头，年内出栏46头，户均养牛达2.6头，居全县之首。到2014年,全乡已发展生猪养殖大户2户，生猪养殖专业合作社2家；黑山羊养殖大户3户，规模化土鸡、土鸭养殖大户各3户。是年，全乡饲养生猪总量达14632头,其中年内出栏9682头；出笼家禽20500羽，禽蛋产量195吨；年末大牲畜存栏1380头；水产品产量98吨。牧业总产值926万元，渔业总产值147万元。

林业 境内林业资源丰富，林木蓄积量大，以松、杉、樟、枫、油茶、楠竹、药材等为主，有少量的野生红豆杉、楠木、野生古茶树等名贵树种。民国、清代以前，林地未开发，有大面积原始森林，多自生自繁，大部分山林为氏族公有。新中国成立后，政府采取措施加强森林资源保护，组织人工造林,促进林业发展。20世纪50年代初，豪山乡广泛开展爱林护林宣传教育，发动群众封山育林、合作造林，境内植树造林和油茶林垦复面积得到大幅度增加。1957年，开始实行木材统购统销，县森工部门根据资源和交通条件，先后在豪山潭湾、公木等地设点收购木材。是年，统购木材1.23万立方米，统销木材1.13万立方米。20世纪60—70年代，按照中央政策，山林权固定在生产队，时各大队都兴办林场，到70年代末，全乡共兴办集体林场20多个。80年代，林业政策放宽，在落实稳定山林权属的基础上，建立多种形式的林业生产责任制，木材生产由调拨经营向市场经济发展。1985年，全乡有林地面积达到9013.33公顷。其中，用材林用地5586.67公顷，经济林用地2093.33公顷。林木蓄积量12.08万立方米，森林覆盖率56.22%。1991年，县委、县政府要求在“五·八”决定基础上，提前一年消灭宜林荒山。是年，豪山乡按照县委、县政府要求，完成宜林荒山造林886.67公顷。2003年，“十五”森林资源调查结果，全县林木蓄积量在20万立方米以上的有关王、豪山两个乡镇和大石林场、基地林场，蓄积总量达168.59万立方米，占全县林木蓄积总量54.76%。是年，全县古树名木调查显示：豪山乡廖家村廖湾组古树柳，树龄250年，树高23米，胸径80米；高原村高原组古杉树，树龄120年，树高35米，胸径84米；金花村陈家组古女贞，树龄120年，树高21米，胸径60米，是全县十二种古树名木之一。2010年完成林权制度改革。2014年，全乡有林地面积11593.33公顷。其中，用材林5320公顷，经济林2773.33公顷，林木蓄积量14.33万立方米，森林覆盖率58.21%，林业总产值5318万元。

工业

清代、民国时期，境内已有竹木加工、铁器制造等私人作坊，多系手工业，规模小，效益不佳。新中国成立后的20世纪50年代，在政府的组织和推动下，境内缝纫、修理及竹木、铁器加工等手工业者组成手工业生产合作社，实行集体经营，后发展为社队企业。中共十一届三中全会以后，国家鼓励发展个体私营企业，境内个体私营经济得到发展。1981年境内曾利用茶叶和蜂蜜等资源创办过茶蜜露厂。到1984年，全乡发展各类工业企业13家，从业人员15人，全乡工业总产值达40万元。是年，创办豪山工艺品加工厂，主要生产木衣夹、古式家具等，产品远销福建厦门等城市，年产值5.3万元。20世纪90年代后，境内大力开发茶叶，先后创办4个茶叶加工厂。同期，还利用本地丰富的水利资源，大力发展小水电开发项目，至1999年，全乡建设小水电站8个，总装机量3000千瓦。是年，全乡工业总产值138万元。2000年以后，境内通过招商引资，先后创办竹制品加工厂、环保节能炭厂等民营工业企业。到2014年，全乡发展工业企业32家，工业总产值6800万元。

商贸服务业

境域地处山区，民国、清代以前，因交通闭塞，流动人口不多，商贸业发展缓慢。1951年，安仁县各区设立供销社，时豪山属第八区管辖，境内物资供给和农产品销售由第八区供销社负责。1957年，国营、供销商业先后在境内设立购销网点。1961年成立豪山公社供销社，并在各大队设立代销点。之后，境内商贸服务业逐步发展。“文化大革命”时期，自由贸易被严格禁止，境内商贸服务业发展走入低谷。中共十一届三中全会以后，集市贸易全面放开，国家允许发展集体、个体商业，境内商贸服务业得以恢复和发展。到1984年，全乡发展个体工商户11个，社会消费品零售总额达到17万元。1985年，建成豪山农贸市场，始有摊位30多个，为豪山乡境内第一家集贸市场。上市交易的有大米、畜禽、茶叶、竹木制品、兽皮等商品，每月逢农历1、4、7日赶集。是年，全乡社会商品零售总额33万元，其中农贸市场成交额8.6万元。1993年，国家取消商品分配计划，商品价格放开，商品流通企业经营体制实行国有民办。到1998年，全乡有商业网点89个，从业人员132人，社会消费品零售总额205万元。是年，豪山农贸市场改造扩建，交易棚由原来的2个增加到8个，摊位增加到98个，开设大型超市2家、各类商业门面23家，主要经营有商品批发零售、美容美发、餐饮、金融、通讯、休闲等。到2014年，全乡有各类商业网点105家，从业人员227人，社会消费品零售总额2665.8万元。

基础设施

交通建设

民国及以前，境内不通公路，交通十分闭塞。新中国成立以后，在县委、县政府的支持下，境内交通运输事业得以发展。1961年修通关王至豪山公路，全长5.6公里。同年开通安仁至豪山客运班车。1977年，修通豪山至酃县（株洲炎陵县）垄下公路，全长9.8公里。到1978年，安仁至酃县公路全程贯通。20世纪80年代，先后修通罗洲村至安仁县公木林场、湘湾至金花、豪山至西康、垄下至潭湾马坪等简易通村公路。到80年代末境内实现村村通公路。2003年，安平至豪山公路改建完工，全长41.3公里。2004年，原平背朴塘至豪山公路完成柏油路面改造。同期，罗洲村至县公木林场、湘湾至金花等通村公路相继进行水泥路面硬化。2012年，豪山至垄下公路（简称“豪垄公路”）进行水泥路面硬化，全长9.8公里。2013年，建成豪山湘湾村农村客运站，并于当年投入使用。到2014年，境内8个村的通村公路都进行水泥路面硬化，通畅率达100%。全乡通车公路里程132公里，有各类大小货车78辆，年运输量2.3万吨，有各类客车8辆，豪山至安仁县城班车有5班，豪山至郴州的班车1班，年客运量10万人次。

水利建设

豪山境内有浦阳河、金相河、莲花江三条水系，但无山塘水库，农田灌溉主要靠拦河筑坝。清代及民国以前，境内水利设施落后，雨多则涝，雨少则旱，农田灌溉没有保障。新中国成立以后的20世纪50—70年代，公社、大队组织群众拦河筑坝，修建农田灌溉水渠，勉强维持农业生产。90年代后，乡村两级向上争取“一事一议”和小流域综合治理等方面的资金，修建灌溉拦河坝6处；并对金湘河、浦阳河进行综合治理，修筑河堤3000米。2013年，争取国家项目资金，在豪山村、罗州村修缮灌溉水渠10000米。到2014年，全乡共修筑拦河坝8处、水渠13000米，农田灌溉条件得到较大的改善。

邮电通信

清代以前，境内通信依赖铺递。民国时期，县设邮局，关王设有邮政代办所，境内邮务由关王代办所负责。1950—1952年，安仁县邮局调整售柜和邮路，境内通邮，邮件由通讯员送至各村组。1953年，为配合土地改革运动，县架设经关王至豪山的专用电话。1956年，设关王邮电支局，豪山境内的邮电业务由关王支局负责管理。1963年，调整农村电话管理体制，从关王架设电话专线，设立豪山磁石式电话总机，实行电话广播共用线路。是年，开通全公社8个大队手摇式电话。1981年农村实行家庭联产承包责任制后，各大队相继拆除手摇式电话机。1990年，开通安仁—安平—关王—豪山等途经11个乡镇的环形汽车邮路。邮政业务包含邮政快递、报刊发行、电报电话业务等。1998年，境内开通数字程控电话。2011年，全乡开通固定电话480门，互联网用户200户；建设移动信息基站2座，联通信息基站1座。2003年，乡政府投入资金20万元，启动村村通程控电话工程，程控电话入村率达88%，移动手机入户率41%。到2014年，全乡共开通固定电话430门，手机用户达6700人。

供电供水

供电 1962年，仙下电站架设6.3千伏高压电线至豪山公社，为县高压输电线路之始，时境内豪山、罗州两个大队部分生产队通电，村民开始使用电灯照明。其他大队则通过建设小水电站解决生产、生活用电问题。到1978年，全公社共修建集体水电站8个，年实际发电15万千瓦时，时境内有7个大队65个生产队通电。1998年，高压输电线路架进境内最为偏远的高源、西康村。至此，境内各村组全部通电。2000年以后，境内掀起修建小水电站的热潮。2002年5月建成高源电站，装机1台200千瓦，年发电量100万千瓦时；2003年3月建成豪山村江垅电站，装机3台各500千瓦，年发电量达525万千瓦时；2003年8月建成潭湾村龙霞电站，装机2台各320千瓦，年发电量360万千瓦时。2009年完成全乡8个村的农网改造。到2014年，全乡共安装10千伏变压器44台，总容量7870千伏安，建设小水电站14座，总装机量5000千瓦，电力供应得到保障。

供水 境内山高林密，泉水资源丰富，古时乡民生活用水有直接从山上引泉水的习惯。20世纪80年代，境内森林被大量砍伐，环境污染日益严重，地表水不同程度地受到污染，不少村民趋步转向打井取水。2000年后，国家实施农村安全饮水工程，乡政府积极争取项目和资金，兴建安全饮水工程，先后修建蓄水池40余个，铺设管道30多公里，解决6000多村民的安全饮水问题。到2014年，全乡80%的村民用上了纯天然自来水。

社会事业

教育文化

教育 清代以前，境内教育以私塾为主。民国20年（1921），境内创办豪英小学，地点设在豪山湾文明阁书院（段氏祠堂）。新中国成立以后，政府接管教育，各私塾或并或撤，改为初级小学。1957年，全乡有小学3所，在校学生88人。1958年，农村兴办公共食堂，强调家庭社会化、男女劳力齐出工，各大队相继兴办幼儿园或幼儿班，但为一哄而起，设施简陋，加之师资跟不上，不久即停办。1970年，创办豪山中学。是年，境内有小学8所，在校学生821人；中学1所，在校学生80人。中共十一届三中全会后，各中、小学全面执行教育大纲，使用统编教材，恢复教育秩序，健全教育体制。1987年，境内始普及九年制义务教育。1988年，乡政府投资30多万元在豪山中心小学改建一幢教学综合楼。是年，豪山乡被湖南省政府授予“教育科技先进乡”。2003年，因生源减少，根据安仁县人民政府的统一安排，境内对教学布局进行调整，小学3～6年级的学生全部集中到乡中学就读。村级小学只招收小学1～2年级的学生。西康、金花等村小改为教学点。2010年，豪山中学撤销，原在校学生并入关王中学。到2014年，全乡有中心小学1所，村小7所，民办幼儿园1所，在校学生855人。小学适龄儿童入学率100%。初中适龄人入学率、小学升初中升学率、九年义务教育覆盖率均达100%。

文化 民国时期，境内民间已有“乐声班子”，即村民自发组建，拥有小鼓、小钞、小锣、唢呐等乐器，一般在村民有红白喜事时应邀演出，以吹打为主。新中国成立后，在党委、政府的重视下，境内群众文化得以发展。20世纪60—70年代，公社和各大队都组建文艺宣传队，到各生产队巡回演出，以宣传社会主义和毛泽东思想为主，节目多为样板戏。“文化大革命”期间，跳“忠”字舞被视为政治活动，在境内普遍开展。1969年，公社广播站成立。是年，安装2.5瓦广播喇叭2只。1973年，成立公社文化站。1977年，成立公社电影队，组织放映员到各大队轮流播放电影。1983年建成公社电影院，电影院建地面积1100平方米，同时可容纳观众850人。1985年，豪山村退休教师段祖惕发动8位退休干部，创办豪山图书馆，有藏书室2间，藏书1.2万册；另设有阅览室、电视室等，为安仁县第一家农村图书室。20世纪90年代后，境内始有录像厅。2000年以后，各村相继建设农家书屋。2011年，乡文化站综合大楼建成，站内设有图书室、文体娱乐室、音像室、乒乓球室等。是年，豪山图书馆被列为湖南省省级农家书屋建设样板。2012年，豪山村农家书屋被国家新闻出版总署授予“全国示范农家书屋”称号。此期，群众文化活动渐趋活跃，境内相继组建正阳春腰鼓队、浦阳河广场舞蹈队等民间娱乐团队，人数达130人。到2014年，全乡有腰鼓队2个，红白喜事理事会1个，村级文化活动中心8个，农家书屋8所，藏书4.5万册。

医疗卫生

境内草药较多，民国、清代以前，境内已有不少草药郎中，乡民看病治病直接找草药郎中。新中国成立以后，境内医疗卫生事业得以发展。1958年创办公社卫生院，时有医卫人员5人、病床3张，以医疗为主，兼管卫生防疫和妇幼保健。20世纪60—70年代，各大队都办有合作医疗站，配备1～3名“赤脚医生”。1981年农村实行家庭联产承包责任制后，各大队合作医疗站相继改为村卫生室，由个体承办，自负盈亏。1988年，全乡有卫生院1所，村级卫生室8个，个体诊所3家，医卫人员26人。2007年，境内启动新型农村合作医疗制度，当年参合人数为9027人，参合率79%。到2014年，全乡有乡卫生院1个，村卫生室7个，专业医卫人员30人，病床位10个，年完成接诊6000多人次；参加新型农村合作医疗参合人数11670人，参合率89.8%。

社会保障

民国、清代以前，境内社会保障乏力，孤寡老人、残疾人主要靠亲朋、家族接济照顾。新中国成立后，境内将鳏寡孤独老人、无劳动能力又无依靠的残疾人列为“五保”对象，由大队或生产队实行集体供养。每遇自然灾害，由政府组织抗灾救灾和社会救济。1991年，成立乡民政办，负责全乡社会救助和社会保障等工作。2010年投资30多万元建成豪山乡敬老院，是年，入住敬老院的老人30人。2011年，启动农村新型养老保险制度，当年参保人数2642人，参保率为21%。2012年，境内启动最低生活保障制度，当年纳入低保453人；到2014年，全乡参加新型农村养老保险6776人，参保率54.1%；落实农村最低生活保障户451户、636人，发放低保金41.97万元；供养五保户42人，支出供养费14.58万元；救助大病对象123人，发放救助金23万元。

特色地情

名胜古迹

潭湾会议旧址　位于豪山乡潭湾村境内。1936年4月下旬，周礼（新中国成立后任过湖南省委书记，改名周里）和游世雄、李国兴率领湘粤赣特委和游击队200余人，由郴州市桂东县经资兴转移到安仁县豪山潭湾村的神堂背，与茶（陵）、安（仁）、酃（县）、永（兴）边区委员会负责人陈梅连领导的游击队100多人在豪山潭湾杉木垅胜利会师。5月27日，湘粤赣特委和湘南特委针对当时的革命形势，在潭湾杉木垅召开了两个特委的联席会议，史称“潭湾会议”。湘南特委出席会议的有徐克全、刘霞、陈梅连、陈亚元等；湘粤赣特委出席会议的有周礼、游世雄、李国兴、王赤等，会议最后决定撤销湘粤赣特委，合并成立新的湘南军政委员会及其领导下的新的湘南特委。会议推选徐克全为军政委员会主席；周礼为副主席兼湘南特委书记；游世雄为湘南特委军事部长；刘霞为组织部长；李国兴为宣传部部长；陈梅连及各县负责人为委员。湘南赤色游击队大队和粤赣湘边区游击大队合编为一个支队，游世雄为支队长，下分两个大队。原粤赣湘游击大队为湘南赤色第一游击大队，赵书良为队长；原湘南赤色游击大队为第二大队，谭经武为大队长，谭绥眉为政委。会议还决定以潭湾为中心，开展游击斗争，扩大游击区。周礼、谭家述、游世雄、刘霞、陈梅连等先后在潭湾坚持游击战争达13年之久，特别是在“潭湾会议”后，他们发展党的组织，动员和武装群众打击土豪劣绅，逐步扩大潭湾苏区，为保卫赣南闽西苏区和井冈山根据地做出了重大贡献。

豪山图书馆 位于豪山乡豪山村境内，由豪山乡豪山村人段祖惕等8位退休干部、老师于1985年捐款捐书组建，馆址设在境内始建于清乾隆四十四年（1769）的文明阁处，占地面积1300平方米，其中房屋建筑面积500平方米。设有图书室、阅览室、游艺室、电视室和体育健身场地等活动场所，藏书3万多册。每年前来借书的5000多人次，阅览的4000多人次，其中固定读者400多人次。馆内经常举办书画展览和歌咏、象棋、乒乓球、读书比赛等群众文化活动，并经常举办农技科技等培训班。1986年、1988年先后获得湖南省“文明图书馆”和“文化工作先进集体”。2011年被列为湖南省省级农家书屋建设样板。2012年，被新闻出版总署授予“全国示范

安仁最高峰——金紫仙

农家书屋”称号。

金紫仙 又名金紫峰，又名云风山。位于豪山乡金花村南部，海拔1433米，是安仁第一高峰。因山间常有烟云屯驻，且经日不散，黯淡如秋，故被称作“云秋雨霁”。每当夕照峰头，层层云彩熠熠生辉，金光灿灿，紫气腾腾，故名“金紫仙”。金紫仙有三奇。第一奇：天然金字塔。从东向南、西、北，任何方向仰视金紫仙，可见三峰耸立，柔和自然，至高无比的天然金字塔。第二奇：云雾从地起。金紫仙是地心大磁场，在山顶可见很多雷击坑。在人峰两侧可见大磁场加速分解的风化岩石堆积。在天气初晴和初雨时刻，白云从岩缝中冒出，人在其中，如入仙境。第三奇：山顶现日出。在山顶眺望日出，太阳从云海中升起，由小到大，由红变火，景色迷人。自古以来，金紫峰都是登山观光的好地方，每年吸引着安仁、炎陵、永兴、资兴等周边县市数千游客。

九龙庵 位于豪山乡罗洲村。《神农本草经》载：神农尝百草，日遇七十二毒，得茶而解之。一日，炎帝采药至豪山九龙仙，帝遍尝百草，日遇七十余毒茶，正口干舌燥头昏目晕之际，忽见山泉石缝中，青翠欲滴的山茶随风摆动。帝顺手摘下几片嫩叶放在嘴里咀嚼，清香润齿，满口生津，疼痛渐减。曰：“此物能生津解渴，祛病除毒。”后人称此物为茶。因产于冷泉石山之中，又称为“冷泉石山贡茶”，即豪峰茶。为纪念神农帝及八名随从的功绩，当地人们在山中修建了庵堂，取名“九龙庵”。

特色产品

豪峰茶 豪峰茶是豪山的特产，也是安仁的一张名片。在南宋时期，九龙庵的冷泉石山茶成为进贡大内的贡茶，被称“冷泉石山茶”。豪峰茶产于湘东南罗霄山脉——安仁豪山，海拔800 ~ 1400米，距炎帝陵15公里。境内香火堂、大平、九龙庵茶树遍山野，方圆百里峰峦叠嶂，溪水长流；终年云雾缭绕，峰霭茶翠。豪峰茶自20世纪90年代初，经茶叶专家挖掘和研制出产以来，以优异的品质闻之于世，具有四大特征：香醇—独特的嫩栗香，味浓—滋味浓厚纯正，汤绿—汤色鲜绿明亮，耐泡—头泡香高、二泡味浓、三泡幽香幽存、四泡余味回甘。连续五年位居湖南名茶评比第一，二十年间先后荣获湖南省“郴茶杯”、“湘茶杯”，全国新技术新产品博览会，“国际新技术新产品交易会”等国际国内金奖22次。豪峰商标被授予湖南省著名商标称号。

（王晓军　供稿）

附录

2000—2015年安仁县乡镇行政区划变更一览表

<table>
<tr><th>2000年12月至2012年3月</th><th>2012年4月至2015年11月</th><th>2015年12月后</th></tr>
<tr><td>城关镇</td><td rowspan="5">永乐江镇</td><td rowspan="5">永乐江镇</td></tr>
<tr><td>清溪镇</td></tr>
<tr><td>排山乡</td></tr>
<tr><td>军山乡</td></tr>
<tr><td>禾市乡</td></tr>
<tr><td>渡口乡</td><td>渡口乡</td><td>渡口乡</td></tr>
<tr><td>龙市乡</td><td>龙市乡</td><td>龙市乡</td></tr>
<tr><td>洋际乡</td><td>洋际乡</td><td>洋际乡</td></tr>
<tr><td>华王乡</td><td>华王乡</td><td>华王乡</td></tr>
<tr><td>灵官镇</td><td>灵官镇</td><td>灵官镇</td></tr>
<tr><td>龙海镇</td><td>龙海镇</td><td>龙海镇</td></tr>
<tr><td>牌楼乡</td><td>牌楼乡</td><td>牌楼乡</td></tr>
<tr><td>平背乡</td><td>平背乡</td><td>平背乡</td></tr>
<tr><td>安平镇</td><td>安平镇</td><td rowspan="2">安平镇</td></tr>
<tr><td>坪上乡</td><td>坪上乡</td></tr>
<tr><td>承坪乡</td><td>承坪乡</td><td>承坪乡</td></tr>
<tr><td>竹山乡</td><td>竹山乡</td><td>竹山乡</td></tr>
<tr><td>羊脑乡</td><td>羊脑乡</td><td rowspan="5">金紫仙镇</td></tr>
<tr><td>关王镇</td><td>关王镇</td></tr>
<tr><td>新洲乡</td><td>新洲乡</td></tr>
<tr><td>豪山乡</td><td>豪山乡</td></tr>
</table>

附录一

为颁发“调整区乡行政区划办法”及“各县区乡镇数及干部分配表”的命令

湖南省人民政府1952年12月20日〔52〕民行字第00792-4732号

奉中央及中南军政委员会分配我省950个区、16000个乡的指示，特制定“调整区乡行政区划办法”及“各县区乡镇数及干部分配表”各1份，随文颁发，希遵照执行。

附：调整区乡行政区划办法

一、划区乡标准：基本上根据人口、面积以及历史习惯、自然条件等为标准。一般规定，每区人口1万人至5万人，面积600至1200平方华里，每区管辖16至25个乡。平原地区每乡人口3000人至4000人左右，丘陵地区每乡人口2000人至3000人，山地平均1000人左右。各地应参酌自然环境及人口分散和集中的情况，具体进行区划；山地须照顾面积，平原照顾人口稠密程度。

二、调整区乡行政区划，以便利人民管理政权和便于发展生产、繁荣经济为目的，在重新划分当中，必须做好调查研究，防止草率从事，使区乡行区划较长期性的固定。凡少数民族居住地区，尽量避免分割，以免影响将来建立民族区域性自治或民族民主联合政府。为便利少数民族的经济文化建设，可根据其自然分布情况，在少数民族区域内，得划入一部分汉族居住区及城镇。

三、为加强集镇的管理与领导起见，由各县根据具体情况需要（照顾政治、经济及治安情况），设立区级镇或乡级镇。县府所在地是政治、经济、文化建设中心，必须进一步加强领导，以便于发展。因此，县府所在地不论区级镇或乡级镇，均应由县府直接领导。

四、集镇员额编制，均包括在分配各专县的区乡员额总数内，自行调剂，不另追加。

五、调整乡级行政区划应结合各项中心工作进行，各省在明年3月底以前全部完成，并总结上报。调整后应即召开乡人民代表大会或人民代表会议代行乡人民大会职权，选出正副乡长和乡政府委员会。

湖南省各县所辖区、乡、镇数及干部分配表

表1　　单位：个、人

县别	区数	乡镇数			乡镇干部数		
		乡数	镇数	合计	乡干	镇干	合计
总计	950	15,321	323	15,644	45,963	2,039	48,000
湘南区	256	4,100	46	4,146	12,300	312	12,612
衡阳	17	255	2	257	765	12	777
衡南	14	205	3	208	615	18	633
耒阳	13	196	3	199	588	24	612
祁阳	11	190	5	195	570	39	609
祁东	12	199	2	201	597	17	614
衡山	15	230	2	232	690	12	702
常宁	11	173	2	175	519	16	535
零陵	14	240	2	242	720	12	732
道县	11	176	2	178	528	18	546
宁远	11	213	2	215	639	12	651
桂阳	12	180	1	181	540	11	551
安仁	8	110	1	111	330	6	336
东安	10	155	4	159	465	24	489
江华	10	170	1	171	510	8	518
新田	5	87	1	88	261	6	267
郴县	10	155	1	156	465	5	470
宜章	8	145	1	146	435	6	441
永兴	8	135	1	136	405	6	411
汝城	9	139	1	140	417	6	423
酃县	7	142	1	143	426	6	432
永明	7	92	2	94	276	12	288
资兴	8	139	1	140	417	6	423
临武	6	95	1	96	285	6	291
桂东	6	95	1	96	285	6	291
蓝山	7	100	1	101	300	6	306
嘉禾	6	84	2	86	252	12	264
湘潭专区	188	2,991	89	3,080	8,973	518	9,491
湘潭	24	373	20	393	1,120	90	1,210
长沙	16	254	4	258	761	21	782

续表 1

县别	区数	乡镇数			乡镇干部数		
		乡数	镇数	合计	乡干	镇干	合计
湘阴	19	309	10	319	926	60	986
平江	15	306	5	311	919	33	952
浏阳	22	318	12	330	955	50	1,005
醴陵	16	245	6	251	734	51	785
宁乡	19	310	4	314	931	27	958
望城	12	179	7	186	536	45	581
岳阳	16	245	5	250	734	57	791
攸县	10	163	4	167	490	24	514
临湘	9	114	9	123	342	42	384
茶陵	10	175	3	178	525	18	543
常德专区	167	2,651	100	2,751	7,953	564	8,517
常德	17	227	10	237	681	20	701
澧县	17	245	16	261	735	114	849
桃源	18	291	6	297	873	55	928
益阳	12	199	6	205	597	18	615
南县	7	103	6	109	309	31	340
华容	9	115	8	123	345	46	391
石门	14	281	4	285	843	22	865
慈利	15	309	5	314	927	26	953
桃江	10	162	5	167	486	33	519
安化	15	219	9	228	657	39	696
汉寿	11	171	7	178	513	28	541
沅江	9	117	6	123	351	45	396
安乡	6	90	4	94	270	34	304
临澧	7	122	8	130	366	53	419
邵阳专区	158	2,623	36	2,659	7,869	294	8,163
邵东	17	266	4	270	798	32	830
新化	21	370	7	377	1,110	59	1,169
隆回	15	262	4	266	786	31	817
双峰	14	215	2	217	645	13	658
涟源	17	309	4	313	927	35	962
湘乡	15	227	3	230	681	23	704
邵阳	12	220	3	223	660	31	691
新邵	12	193	2	195	579	12	591
洞口	9	161	4	165	483	34	517

续表 1

县别	区数	乡镇数			乡镇干部数		
		乡数	镇数	合计	乡干	镇干	合计
武冈	12	178		178	534		534
新宁	9	132	2	134	396	18	414
城步	5	90	1	91	270	6	276
湘西苗族自治区	74	1,216	25	1,241	3,648	186	3,834
永顺	11	185	3	188	555	15	570
龙山	12	190	4	194	570	33	603
大庸	7	99	3	102	297	12	309
桑植	8	142	1	143	426	9	435
凤凰	8	142	4	146	426	24	450
泸溪	6	97	2	99	291	24	315
保靖	6	116	1	117	348	12	360
永绥	6	93	2	95	279	21	300
乾城	5	78	3	81	234	24	258
古丈	5	74	2	76	222	12	234
黔阳专区	107	1,740	27	1,767	5,220	163	5,383
沅陵	19	330	2	332	990	12	1,002
溆浦	14	227	4	231	681	24	705
黔阳	9	146	5	151	438	31	469
芷江	7	126	1	127	378	6	384
会同	8	121	1	122	363	6	369
麻阳	6	107	4	111	321	24	345
辰溪	8	126	5	131	378	30	408
绥宁	10	164	2	166	492	12	504
靖县	6	88		88	264		264
晃县	7	103	1	104	309	6	315
通道	6	98		98	294		294
怀化	7	104	2	106	312	12	324

说明：为加强小城镇的组织，决定经中南分配湖南省 950 个区、16000 个乡的编制中，依照小城镇数与全省乡数按百分之二点三的比例，扣除 356 个乡的编制员额，作为加强全省小城镇之组织编制（区级镇的编制均包括在区数内）此系全省财经会议的决定。（编者按：个别县所辖区乡镇数字现已略有调整，但全省总数字未变）

（摘自湖南省人民政府办公厅编《湖南法令录编（1949—1953 年）上册》第 137~143 页）

为统一规定区乡名称衔牌、印信的通知

湖南省人民政府1953年3月27日府财民行字第1361-1944号

一、奉中南行政委员会〔53〕会厅民字0714号函：尚有不少地区的区乡名称印信，多数不符合规定。为贯彻中央四级政权制，与适应召开普选的各级人民代表大会的需要应作统一规定。

二、我省区乡名称印信，亦不一致。此次调整区乡行政区划后，均应予更正，以求划一。兹依中南指示，做如下规定：

1. 区非一级政权，一律称“区公所”，并以数字排列，称为“某某县人民政府第×区公所”，其他信字样与上同。

2. 乡系基层政权，应称“某某县第×区某某乡人民政府”；印信为“某某县第×区某某乡人民政府。”

3. 区乡印信均为木质、宋体字，边长六公分，边宽六公厘。

4. 区乡衔牌字样与名称同。均用白漆底，黑色正楷字。牌长5市尺半，宽7市寸半。

5. 区乡印信衔牌均由县统一制发。印信刊制费在各县行政机关经费项下的办公费内支报；衔牌用费由县垫付，制妥后由各区乡公杂费内支报归垫。

6. 镇的名称印信衔牌，除区级镇另行通知外，乡级镇与乡同。

7. 凡关于少数民族地区的自治区组织，其相等于专署、县、区、乡等各级的政权机构。应统一作为一级政权，各级政权的负责人应统称为主席，不称县长、区长或乡长，其名称则另作规定。

（摘自湖南省人民政府办公厅编《湖南法令录编（1949—1953年）上册》第144~146页）

关于市、镇组织问题的通知

湖南省人民政府1953年5月7日府民行创字第1864-3236号

本省市、镇的组织，各地情况极不一致。全国普选工作即将开始，为了做好准备，特对市、镇组织问题作如下规定，希即遵照，并将执行情况上报。

一、市辖区分为市区、郊区。市区是市的一级基层政权机构，称（某某市某某区人民政府）。市区以下的居民委员会或类似此种组织均不作一级政权。郊区是市人民政府的派出机构，称（某某市人民政府某某区公所），不作为一级政权。郊区以下的乡为一级政权。如郊区设有居民委员会的地区，为方便

于行政领导和选举工作，应即划归市区管辖。至目前尚未设区的市均暂不设立。

二、镇为一级基层政权，镇以下之街道不为一级政权组织。因此，镇的管辖范围，不应包括郊区乡。至镇内街道组织在中央未规定前，为求划一，暂称为居民委员会。

（摘自湖南省人民政府办公厅编《湖南法令录编（1949—1953 年）上册》第 133 页）。

关于少数民族地区的区乡名称及自治区各县府印信规定的公函

湖南省人民政府 1953 年 7 月 15 日府办秘字第 2478-365 号

一、关于少数民族地区的区、乡名称奉中南行政委员会抄 1953 年 6 月 3 日会厅民（4）字第 118 号致广东省人民政府的复函："1. 少数民族地区的"乡""村"名称，应依据群众习惯，如连南称"乡""村"为"排""冲"，即称为"排""冲"，其乡一级政府不必加以"乡"的字样，以示尊重兄弟民族的习惯。内蒙古自治区的"专""县"称"盟""旗"，即是如此。2. 实行区域自治的县以下区，其区名可以数字排列。但实行区域自治的县以下的区一级或实行区域自治的区以下乡一级，如另有一个民族实行区域自治，则"区""乡"名称，可由民族名称冠以地名。3. 关于县民族民主联合政府下的区一级自治区或区民族民主联合政府下的乡一级自治区，其区、乡名称，由民族名称冠以地名（"如某某县（地方）某某族自治区人民政府"或"某某县某某区某某（地方）某某族自治区人民政府"）而不冠以"区""乡"字样。"

二、关于湘西苗族自治区各县人民政府所属机关的印信，应否冠以"湘西苗族自治区"字样问题，经本府向中南行政委员会请示，兹奉 1953 年 7 月 9 日〔53〕会厅族（2）字第 2696 号复函："1. 自治区各县及县属机关的印信，均应冠以"某某（地方）某族自治区"字样，例如"湘西苗族自治区永绥县人民政府印"；"湘西苗族自治区永绥县人民政府公安局印"；"湘西苗族自治区永绥县人民政府监察委员会印"。其他类推。2. 对自治区所属的人民法院（法庭）及人民检察署的印信，乃冠以"某某（地方）自治区的字样"，但在县以下，无需再冠"人民政府"四字，例如"湘西苗族自治区永绥县人民法院（法庭）印"，人民检察署印信亦同上例。本府 1953 年 5 月 20 日府办秘字第 2025-283 号复泸溪县人民政府函："县属机关的印文……不必再冠"湘西苗族自治区"字样"一项应予改正。

三、以上二项希即知照。并希转知有关各地。

（摘自湖南省人民政府办公厅编《湖南法令录编（1949—1953 年）上册》第 256~257 页）。

关于水上建政问题给湘南行署的批复

湖南省人民政府1953年10月15日府民行字第3085-5266号

一、水上区人民政府为一级政权。下设船民委员会不为一级政权。

二、设在各县港口的船民行政组织：

1. 凡当地设有镇的地区，设船民委员会归镇人民政府领导。因镇属基层一级政权，下面的船民委员会，应相当于镇下居民委员会，不算一级政权；

2. 凡当地没有设镇的港口，则设水上乡人民政府，冠以地名，如某某地水上乡人民政府，归当地区公所监督指导，同乡级政权。

三、船民人数较少的地区，可暂设船民小组，归当地乡人民政府领导。

附：湖南省人民政府湘南行署水上建政方案摘要

我区民船民主改革运动已经基本结束，为了巩固运动成果，加强人民民主专政，发展水上运输，促进城乡贸易并统一领导起见，实有建立水上基层行政机构的必要。在上级尚无此项编制预算之前，我署根据实际情况，规定以下各项：

一、建政原则：在船业人口集中的港口及码头，建立船民行政机构。凡分散在农村的短水船其船只和船民人数不多，又多数兼营陆上农业的，这样的码头，暂不建立船民委员会。该码头之船民，可直接归所在地（陆上）乡或镇人民政府管理。

二、衡阳市设水上区人民政府，为一级政权，下设船民委员会，不为一级政权。各县港口的船民行政组织，凡当地设有镇的地区，设船民委员会，相当于镇下的居民委员会，不为一级政权。凡当地没有镇的地区，设水上乡人民政府，冠以地名，如某某地水上乡人民政府，归区公所监督指导，同乡级政权。以上区长、乡长、船委会主任，暂可由水上公安、联运社、航管处等组织中较强的干部兼任。民船业务由航管处领导。

（摘自湖南省人民政府办公厅编《湖南法令录编（1949—1953年）上册》第133~135页）。

中共湖南省委 湖南省人民政府 关于实行政社分开、建立乡政府的通知

（湘发〔1984〕5号）

各地（州）、市、县委，各行政公署，自治州、市、县人民政府，省直机关各单位：

改变农村人民公社政社合一的体制，实行政社分开、建立乡政府、是当前农村一项重大改革。去年在浏阳和全省各县普遍试点的实践证明，实行这一改革，对于改变党不管党、政不管政和政企不分的状况，加强党的领导和基层政权工作，促进农村经济 的发展，加速四化建设的进程，具有重大的意义。为了切实把这 项工作抓好，现根据中央一九八三年三十五号和一九八四年一号 文件精神及各地试点经验，提出如下意见：

一、有领导有步骤地搞好政社分开、建立乡政府的工作。实行政社分开、建立乡政府，关系到广大人民群众的切身利益，涉及到广大基层干部的进退去留，是全省人民政治经济生活中的一件大事，一定要采取积极稳妥的步骤有领导地进行。要广泛进行宣传教育，自上而下，向干部、党员和群众讲明政社分开、建立乡政府的重大意义及其做法要求，做到家喻户晓。确定乡和村的规模时，要坚持党的群众路线，考虑群众的生产、生活条件和历史习惯，尊重广大群众的意愿，便于群众行使民主权利。要组织力量，考察干部，为配备乡的党政领导班子准备好人选。要贯彻精简的原则，乡一级不能增加国家行政编制；村一级的不脱产干部也要坚决实行精简，努力减轻群众负担。要把改革与生产紧密结合起来，坚持一手抓改革，一手抓生产，做到改革、生产两不误。浏阳县在开始进行这项工作时宣布四个不变：即社队规模不变，干部性质不变，公共财物所有权不变，生产资料公有制和联产承包责任制不变。实践证明，这样做有利于干部群众思想的安定和社会秩序的稳定，各地可以参照执行。

二、乡和村的规模。我省人民公社的规模一般不大，经过二十多年来的建设，大体已成为当地政治、经济、文化的中心。因此，在这次改革中，原则上实行以社建乡，以大队建村，以生产队或联队建立村民小组，一般不要改变现有行政区划。个别确实需要调整公社规模的，要经过干部群众充分酝酿，在认识一致、条件具备时，再呈报省人民政府批准。

原有的民族公社，在政社分开时，应改为民族乡。新建民族 乡的，必须符合国务院国发〔1983〕201号文件精神，并呈报省人 民政府批准。

有些公社所在地设有公社一级镇的，可以采取乡镇合一，乡改为镇，由镇管村，以利于农村经济文化事业的发展。条件具备需新建镇的，应按规定呈报省人民政府批准。

三、乡、村的党政组织和职能。乡建立乡党委、乡人民政府。村设党支部和村民委员会。

乡党委是党在农村的基层党委，实行对政权组织、经济组织和群众团体统一领导。它的主要任务是：宣传和贯彻执行党的路线、方针、政策，带领全乡人民努力完成政治、经济任务，保证“两个文明”建

设的顺利进行；认真抓好党的思想建设和组织建设，充分发挥党组织的战斗堡垒作用和党员的先锋模范作用；坚持四项基本原则，加强思想政治工作，把党风和社会风气搞好；充分发挥政权组织、经济组织和群众团体的职能作用，协调党政企各方面的工作。

乡人民政府是国家基层政权组织。它的主要任务是：按照《中华人民共和国地方各级人民代表大会和地方各级人民政府组织法》的规定行使职权，接受乡人民代表大会的监督，定期向乡人民代表大会报告工作，领导本乡的经济、文化和各项社会建设，做好公安、民政、司法、科技普及、文教卫生、计划生育和计划统计工作。当前，要在抓好经济工作的同时，教育农民正确处理好国家、集体和个人利益的关系，妥善安排上交提留；要认真抓好社会治安、打击刑事犯罪和经济犯罪活动，发动群众制订乡规民约，以“五讲四美三热爱”为内容，把文明村（镇）的建设广泛开展起来，促进社会治安和社会风气的根本好转。

村党支部是党在农村的基层组织，是组织教育党员和团结带领群众进行农业现代化建设的战斗堡垒。村民委员会是基层群众自治性组织，设主任和生产、治安保卫、民政调解、公共卫生（包括计划生育）等委员，主要任务是办理本村的公共事务和公益事业。协助乡人民政府搞好本村的行政工作和生产建设工作。

四、切实配好乡级党政领导班子。调整配好乡一级领导班子，是搞好农村体制改革的关键。要坚持按照精干的原则和革命化、年轻化、知识化、专业化的方针，选拔一批年龄在三十岁左右，文化在高中以上（包括自学达到高中以上文化程度的），具有组织领导才能的优秀年轻干部进入领导班子，同时要注意留下一些身体条件较好，有一定的文化专长和工作经验的老同志，以利于新老合作交替，保持工作的连续性，顺利地开创工作新局面。

乡党委设委员五至七人，其中书记一人，副书记一至二人，组织委员、纪检委员、宣传统战委员、武装委员各一人。乡设共青团书记、妇联主任。乡政府一般应设乡长一人，副乡长一至二人。其他人员的分工，各地可以根据已经确定的公社编制总额和实际工作需要，因地制宜，统筹安排。乡一般可设秘书、生产助理、民政、司法、财粮、计划统计、计划生育、文教、科技等职，编制不够的可以兼任。司法编制可以单列。乡政府还可以设置精干的企业管理办公室或农工商联合公司，由一名副乡长负责领导，管理全乡的乡村企业和各项经济工作，人员可从乡村企业经费开支。乡人民武装部先按公社现在的实有人数配备。在配备班子时，在乡党委正副书记和正副乡长中必须各配一名具有高中以上文化的干部。分管经济工作的必须具有一定生产业务知识。各县可以从县级机关选调一些具有高中以上文化程度的年轻优秀干部到乡工作，以利于改善乡一级领导班子的结构。要注意选拔妇女干部。民族乡要注意选拔少数民族干部。按照中央文件要求，乡的干部配备要力求精干，不得超过现在公社的总编制。乡干部要能上能下，能官能民，当选就任职，落选就回到生产中去。现有的脱产干部，包括在集体经济单位的干部，一切待遇不变。每乡（镇）可以从农村选拔一、二名具有高中以上文化、年龄三十岁左右的优秀人员到乡（镇）工作。新选上来的乡干部，任职期间，经济上给以适当补贴，担任乡级主要领导职务的，每月补助四十五元，一般工作人员，每月四十元，由省财政和地、市、州、县财政对半负担。

配备乡的领导班子，一定要认真进行考察，严格把好政治关、年龄关、文化关，严防“三种人”和反对十一届三中全会以来党的路线方针政策以及有各种严重违法乱纪行为的人进入领导班子。要通过乡人民代表大会,选举产生乡长、副乡长。乡党委应按照党章规定召开党员大会或乡党员代表大会选举产生。乡党政领导班子成员，要按照有关规定进行审批。村民委员会的主任、委员和村民小组长，通过群众直接选举产生。

为了加强对城镇工作的领导，各县城关镇的镇委书记，一般应由县委副书记或县委常委担任，以利于加强对城镇的统一规划、建设和管理。

实行政社分开以后，有一批干部的工作将有所变动，要视其所长，作出妥善安排，使他们有机会为建设社会主义新农村继续做出贡献。对于退出领导班子而又不到退休年龄的公社正副书记和公社管委会正副主任，可以安排为乡协理员。

五、建立乡财税所。随着乡政府的建立，应当建立乡一级财政和相应的预决算制度，明确收入来源和开支范围。乡建立财税所，所长可以由乡财粮专干兼任，另增配一至二名事业编制。有关具体事项按财政部规定办理。乡财税所的主要任务是：负责对上级下拨的农业、文教卫生等事业费和行政经费的管理使用；按政策规定做好农村各项税收和地方收入的征收管理，并按规定提取分成；具体贯彻农业税的减免政策；筹集分配使用好乡的公共事业经费；检查监督各部门执行财经纪律的情况，严禁巧立名目、乱搞摊派而增加集体企业和群众的负担。

六、改革经济体制。经济体制的改革，应按照中央有关指示精神认真实行。现有社队企业要抓紧整顿，建立和完善责任制，改善经营，加强民主管理，采用适用技术，提高经济效益，促其健康发展。供销社的体制改革要深入进行下去，真正办成农民群众集体所有的合作商业，逐步扩大经营范围和服务领域，办成供销、加工、贮藏、运输、技术等综合服务中心。信用社要进行改革，真正办成群众性的合作金融组织,在遵守国家金融政策和接受农业银行的领导、监督下独立自主地开展存贷业务。农业技术推广、林业、畜牧兽医、农业机械、经营管理等基层事业单位，都应进一步提高服务质量。要逐步建立起比较完备的商品生产服务体系，促进农村商品生产的发展。

政社分开以后，农村经济组织应根据生产发展的需要在群众自愿的基础上设置，形式与规模可以多种多样，不要自上而下强制推行某一种模式。为了完善统一经营和分散经营相结合的体制，一般应设置以土地公有为基础的地区性合作经济组织。这种组织，可以叫农业合作社、经济联合社或群众选定的其他名称，一般可以村（大队或联队）为范围设置，其领导机构可以同村民委员会分立，也可以一套班子两块牌子。以村（大队）为范围设置的，原生产队的资产不得平调，债权、债务要妥善处理。

原公社一级已经形成经济实体的，应充分发挥其经济组织的作用；公社经济力量薄弱的，可以根据具体情况和群众意愿，建立不同形式的经济联合组织或协调服务组织；这些组织对地区性合作经济组织和其他专业合作经济组织，是平等互利或协调指导的关系，不再是行政隶属和逐级过渡的关系。

七、政社分开，势必涉及许多经济问题。因此，在改革中要约法几章，严守纪律，严防公共财物的损失，任何个人都不得以任何借口损公肥私，违者要立即追究，严肃查处。

八、政社分开工作，全省原计划在今年春插之后和双抢之后，分两批搞完。由于县级机构改革进展顺利，有些地区要求提早进行这一工作，以便争取今年工作的主动。省委、省政府赞成这个想法，各地可以从自己的实际出发，因地制宜地进行安排。

为了切实做好这项工作，各级党委和政府必须加强领导，有关部门要定期进行研究，日常工作由民政部门负责。各地可以组织工作组下去具体帮助，并同换届选举工作结合进行，两块牌子，一套人马，以便于把各方面的力量组织起来，协同一致地做好工作。

中共湖南省委

湖南省人民政府

一九八四年二月八日

（摘自《湖南省志第四卷政务志民政（1840—1990年）》第593~599页）。

中共湖南省委 湖南省人民政府 关于开展乡镇区划调整改革工作的意见

（湘发〔2015〕15号）

为深入贯彻落实党的十八大和十八届三中、四中全会以及省委十届九次全会精神，加快推进农村改革，增强乡镇经济发展活力，促进城乡一体化发展，省委、省人民政府决定在全省开展新一轮乡镇区划调整改革。根据我省实际，现提出如下意见：

一、开展乡镇区划调整改革的重大意义

乡镇区划调整改革是事关基层政权建设和农村经济社会发展的重大改革。经过前两轮乡镇区划调整改革，全省乡镇数量有所减少，但乡镇规模小、数量多、布局散的问题仍然突出，乡镇区域平均面积和平均人口均低于全国平均水平。随着经济社会的发展，目前我省乡镇规模、布局与改革发展新要求不相适应，增加了运行成本，稀释了公共投入，削弱了综合实力，导致部分乡镇集聚力和辐射力不强，产业结构雷同，资源浪费严重，成为制约我省城乡发展一体化的障碍。通过行政区划调整，实行乡镇区域重组，撤并规模小、经济实力弱、基础设施差的乡镇，有利于整合乡镇区域发展资源，拓展和优化发展空间，解放和发展农村生产力，促进现代农业发展，加快全面小康建设进程；有利于破解制约城乡发展一体化的障碍，加快推进新型工业化、新型城镇化、农业现代化和信息化，形成城乡一体的新型工农城乡关系；有利于深化农村改革，加快构建适应现代发展要求、切合湖南实际的乡镇管理体制机制，提升工作效率，增强乡镇经济发展动力与活力；有利于完善农村社会治理体制机制，巩固党的执政基础，提高依法治理水平；有利于推动公共服务向农村基层延伸，增强公共服务供给能力。

二、指导思想和基本原则

（一）指导思想。深入贯彻落实党的十八大、十八届三中、四中全会精神和习近平总书记系列重要讲话精神，围绕构建适应城乡发展一体化要求的现代乡镇行政管理体制和社会治理体系这一目标，着力优化结构布局，着力全面深化改革，着力提升公共服务能力，积极推进乡镇区划调整改革，促进全省乡镇布局更加合理、结构更加优化、发展更加科学、运行更加高效、服务更加优质。

（二）基本原则

1. 因地制宜、科学规划。紧密结合我省新型城镇化规划，充分考虑当地自然地理条件、经济社会发展水平、行政管理以及民族宗教、民俗文化、历史沿革和群众生产生活习惯等综合因素，按照平原湖区、丘陵区、半山半丘区、山区不同类型，科学确定乡镇规模和布局，对部分高寒山区等特殊地理条件的乡镇和民族乡不搞“一刀切”。

2. 促进发展、服务群众。把促进要素资源整合、促进发展和服务群众作为乡镇区划调整改革的首要因素，把乡镇区划调整改革与推进新型城镇化、促进城乡发展一体化、发展现代农业结合起来，着力做大做强县市人民政府驻地镇，强化其综合承载力和辐射带动力，做到既有利于优化资源配置、促进乡镇经济发展，又便于有效管理、提升公共服务能力。

3. 理顺关系、转变职能。在乡镇区划调整改革的同时，积极稳妥地做好乡镇机构改革工作，进一步理顺县市区、乡镇两级人民政府管理体制，坚持重心下移、强基固本，理顺经济发展、社会事业、公共服务、社会治理、公共基础设施运行管理等方面的体制机制，精简机构、降低成本、激发活力、提升效能。

4. 依法有序、稳步推进。坚持依法依规、有序推进，严格遵守区划调整、财政税收、国土资源、组织人事等方面的法律法规。坚持公平、公正、公开，尊重群众意愿，尊重合理利益诉求。

三、组织领导和保障措施

（一）加强组织领导。本轮乡镇区划调整改革在省委、省人民政府的统一领导下，由省乡镇区划调整改革领导小组（以下简称领导小组）负责，领导小组由孙金龙任组长，郭开朗、陈肇雄、许又声、黄关春、戴道晋、蔡振红任副组长。领导小组办公室设在省民政厅，具体牵头组织对湖南省乡镇区划调整改革工作方案的实施。各级党委、政府要充分认识乡镇区划调整改革的必要性和重要性，把思想行动统一到省委、省人民政府的决策部署上来，把乡镇区划调整改革作为一项打基础、利长远的重大基础性改革来抓，确保改革顺利组织实施。各市州、县市区党政主要负责人是本地区乡镇区划调整改革的第一责任人，要切实履行好第一责任人职责。各地要组建强有力的工作班子，从组织、机构编制、民政、发改、财政等党政综合部门抽调精干力量，负责组织实施和协调落实工作。对于工作难度大的县市区，可由省、市州派出工作组指导帮助工作。

（二）科学制定方案。乡镇区划调整改革工作方案由县市区人民政府负责制定；村调整撤并方案由乡镇人民政府提出，经村民会议讨论同意后确定。在拟订方案时，要深入调查研究，充分论证，上下沟通，广泛听取干部群众意见，形成共识。方案制定后必须严格依法按程序报批，乡镇区划调整改革工作方案经市州人民政府审核后，报省人民政府审批；村调整撤并方案由县市区人民政府审批。

（三）严格落实责任。实行分级负责，省委、省人民政府负责乡镇区划调整改革的顶层设计、统筹协调和规划管理；市州党委、政府为责任主体，负责乡镇区划调整改革的部署落实；县市区党委、政府为实施主体，负责辖区内乡镇区划调整改革的具体组织实施。省、市、县有关部门按照责任分工，抓好相关配套政策的制定实施、对口指导工作；加强协作配合，合力推进改革，形成部门配合、上下联动的工作格局。省委、省人民政府将定期或不定期对各地乡镇区划调整改革工作情况进行督查督办，对落实不到位的严格追究责任。

（四）严明纪律要求。严格政治纪律，严禁干扰乡镇区划调整改革工作，对各类扰乱改革工作的谣言和行为要严肃查处，依法依纪追究责任。对改革中出现的问题，要及时研究解决，重大问题及时向上级请示报告。严格组织人事纪律，严禁突击提拔干部、突击进人；严禁擅离职守、失职渎职；严格财经纪律，加强资金管理，严防国有资产流失，严禁借机突击花钱、转移财物，严查侵占、挥霍国家和集体资产等违法违规行为；严格廉政纪律，遵守廉政准则，严禁以权谋私，一经发现，严肃处理。

（五）营造良好氛围。各级党委、政府和有关部门要做好实施乡镇区划调整改革的宣传动员和舆论引导工作，积极向干部群众宣讲乡镇区划调整改革的重大意义、目标要求和相关政策，消除干部群众思想顾虑，引导干部群众积极主动参与和配合改革。凡涉及干部群众重大利益的，要充分听取干部群众意见，取得干部群众的理解支持，在全社会形成主动支持改革、积极投身改革的良好氛围。

附件：1. 湖南省乡镇区划调整改革工作方案

2. 湖南省乡镇区划调整改革配套政策与措施

3. 湖南省乡镇合并工作任务指标分解表

4. 湖南省建制村合并工作任务指标分解表

附件 1：

湖南省乡镇区划调整改革工作方案

按照省委、省人民政府的工作部署和《中共湖南省委办公厅关于印发〈中共湖南省委全面深化改革领导小组 2014 年工作要点及责任分工〉的通知》（湘办发〔2014〕13 号）要求，结合我省实际，制定本方案。

一、目标任务及时间安排

（一）目标任务。此次乡镇区划调整改革工作，按照优化结构、合理布局、规模适度、有利发展的要求，合理确定乡镇和村的规模。全省目标任务为合并乡镇500个以上，减幅约25%；合并建制村16000个以上，减幅约 39%。合并乡镇目标任务省直接测算到县市区，合并建制村目标任务省测算到市州，再由市州测算到县市区。

根据我省地形地貌，分四个类型确定乡镇类别，全省平均每个乡镇预期规模为人口 3.8 万人、面积 160 平方千米，其中，平原湖区（A 类）乡镇人口 5.5 万 ~ 7.5 万人、面积 130 平方千米左右；丘陵区（B 类）乡镇人口 4.5 万 ~ 5.5 万人、面积 150 平方千米左右；半山半丘区（C 类）乡镇人口 3.5 万 ~ 4.5 万人、面积 160 平方千米左右；山区（D 类）乡镇人口 2 万 ~ 3.5 万人、面积 180 平方千米左右。

重点调大调强县市人民政府驻地镇。县级市城区人口应达到 15 万人以上，所辖区域面积，山区不低于 300 平方千米，丘陵区不低于 250 平方千米，平原湖区不低于 200 平方千米，未达标的，撤销城郊乡镇并将其行政区域并入城区；除总人口低于 30 万人的人口较少县外，县级人民政府驻地镇应达到 10 万人以上，所辖区域面积，山区不低于 250 平方千米，丘陵区不低于 200 平方千米，平原湖区不低于150平方千米，未达标的，撤销周边乡镇并将其行政区域并入县城镇；中心镇人口应多于同类乡镇的平均人口数，未达标的，撤并周边乡镇。现有乡镇规模超过上述标准的不得划小规模。

全省平均每个建制村人口预期规模为2500人，其中，平原湖区建制村人口2500～3500人；丘陵区建制村人口2000～3000人；半山半丘区建制村人口1500～2500人；山区建制村人口1000～2000人。

（二）时限要求。乡镇区划调整改革工作不搞试点，合并乡镇工作2015年下半年启动，2016年春节前基本完成；合并建制村工作可以与合并乡镇工作同步推进，也可与第十次村民委员会换届工作基本同步，2016年底前完成，2017年上半年选举产生新一届村委会。

二、制定切实可行的工作方案并依法报批

各市州、县市区应在深入调研的基础上，集思广益，反复论证，制定切实可行的乡镇区划调整改革工作方案。要从实际出发，因地制宜，充分考虑自然条件、历史沿革、风俗习惯和群众意愿等因素，科学合理确定乡镇、建制村的规模。总的原则是平原湖区乡镇、村人口多一些，山区乡镇、村人口少一些；山区乡镇、村区域面积大一点，平原湖区乡镇、村区域面积小一点。重点是要合并人口在10000人以下的小微乡镇和人口不足5000人的民族乡，以及人口在1000人以下的建制村，但不搞“一刀切”。各县市区在确保完成并乡镇合村任务的前提下，辖区内乡镇、村规模宜大则大、宜小则小，允许灵活对待。

并乡镇合村原则上要求成建制合并，但也可以根据山系、水系、交通条件拆分合并，具体合并方式由县市区人民政府确定。合并方式必须有利于乡镇人民政府加强社会管理，有利于方便群众办事。

结合乡镇合并工作，将县城镇与周边乡镇合并，扩大县城规模，加快推进县城城镇化建设。按照《湖南省推进新型城镇化实施纲要(2014—2020年)》和《湖南省“十二五”新型城镇化发展规划》的要求，选择城市化程度高、经济发展快、经济规模大的县城镇改设为街道体制。每个街道以人口5万～10万人，面积30～50平方千米设置。

省直各相关部门根据本部门工作职责，分别出台并乡镇合村配套政策措施，并积极做好职责内各项工作。各地要将省里的配套政策措施纳入并乡镇合村方案设置范围，认真抓好落实，确保并乡镇合村方案周密全面。

涉及民族乡的合并，各市州、县市区民族工作部门要牵头组织相关部门充分听取当地少数民族群众的意见，认真做好说明解释工作，使合并乡镇方案得到少数民族群众的充分理解和支持。有条件的地方，尽量将区划相连的民族乡合并继续保留民族乡，将1个或2个民族乡合并到一般乡镇，组建新的民族乡。

依法依规按程序报批。各地乡镇合并方案确定后，要按照《国务院关于行政区划管理的规定》，坚持一县一报，逐级申报，依法依规完成申报审批程序。民族乡的合并，要事先征求各级民族工作部门的意见。合村工作要按照《中华人民共和国村民委员会组织法》的有关规定和流程进行，先由乡、民族乡、镇人民政府提出本辖区内的具体合村方案，经村民会议讨论同意，报县市区人民政府批准。

三、切实解决好并乡镇合村工作中的具体问题

（一）关于乡镇建制。合并后新设乡镇行政区划建制按以下原则确定：镇与镇合并继续设镇；乡与镇合并可以设镇；乡与乡合并继续设乡，符合设镇条件的可以设镇。民族乡与一般乡镇合并时，按省民宗委指导意见，少数民族人口达到一定标准可以继续设立少数民族乡。

（二）关于乡镇人民政府和村委会驻地。合并后新设立的乡镇人民政府驻地选择，由县市区人民政府制定方案，报省人民政府审批，遵照中央关于禁止新建楼堂馆所的相关规定，不新建乡镇治所。村委会驻地选择，由乡镇人民政府制定方案，报县市区人民政府确定。

乡镇人民政府和村委会驻地应选择已成为或可以发展成为本区域内经济、政治、文化中心的位置，且地理位置尽量靠近辖区中心。乡镇人民政府驻地变动，要继续全面保护好辖区内古镇、古村落等历史文化遗产。要避开洪涝、缺水、滑坡等自然灾害易发地段，并与交通、水利等重大基础设施规划相衔接。

对合并后的乡镇人民政府原驻地，仍然要加强国土规划、集镇规划，加强集镇建设，完善便民服务功能，继续发挥其在新型城镇化建设中的积极作用。并乡镇合村后，为方便群众办事，各地可从实际出发，在被合并乡镇人民政府原驻地设置片区便民服务中心，作为服务群众办事的窗口；被合并建制村原村部可设置便民服务点；片区便民服务中心和便民服务点的存续时限由各地根据需要自行决定。

探索新型农村社区建设。乡镇合并后，在原乡镇人民政府驻地村开展新型农村社区建设试点，逐步建立产业发展、设施完善、服务均等、管理民主的新型农村社区。并村后，可在条件成熟的中心村或大村开展新型农村社区建设试点。开展新型农村社区建设试点，实行一村一社区，不得将一个村划分若干社区。

（三）关于新设乡镇和建制村名称确定。尽可能以原有乡镇和建制村名称中的一个作为合并后新乡镇和建制村的名称。新设乡镇政区名称的命名，要尊重历史、传承文化、突出特色，反映辖区内干部群众的美好愿望和良好追求。要广泛征求当地干部群众意见，意见一时难以统一的，由县市区人民政府确定备选方案，由市州区划地名主管部门组织专家进行论证确定，仍然存在较大意见分歧的，由省区划地名主管部门组织专家论证确定。命名的相关材料与并乡镇方案申报材料一并逐级上报省人民政府审批。

部分县市区沿用的“城关镇”，名称不规范，是通用名称，没有突出当地文化特色，不符合国务院《地名管理条例》的规定。此次合并乡镇工作中如涉及城关镇的合并，应一并进行更名。建制村的命名由乡、民族乡、镇人民政府提出意见，在广泛听取干部群众意见的基础上，连同并村方案报县市区人民政府审批。

（四）关于特殊形态政区代管乡镇的合并工作。特殊形态的政区，一般指不是一级行政区划建制，但承担部分政府职能的各类管理区和产业园区。对这些机构代管的乡镇、村进行并乡镇合村时，按以下原则和流程进行操作：

各类管理区和产业园区代管的乡镇一并纳入此轮并乡镇合村范围。产业园的规划面积，不能因乡镇区划调整随意变动扩大。各类管理区、产业园区乡镇区划调整改革工作在其所在地县市区人民政府的指导下进行，并以所在地县市区人民政府的名义依法依规完成申报流程。所在地县市区人民政府应支持管理区、产业园区开展乡镇、村合并工作。

仍未按照省委、省人民政府《关于国有大中型农场体制改革的意见》（湘发〔2000〕4号）文件改革到位的农、林、渔场，此次改革应将其行政管理职能剥离，将其行政管理职能和行政区划就近并入相邻乡镇，实现政事分开、政企分开。

（五）关于并乡镇合村债权债务和资产处置。各县市区在制定并乡镇合村工作方案时，要充分调研，拟定本辖区撤并乡镇、村债权债务、资产处置有关政策。调整合并后，被合并乡镇和建制村的资产和债权债务在清理核实后原则上一并纳入新设立的乡镇和建制村统一管理。乡镇资产和债权债务的处置根据《湖南省乡镇财政管理条例》的有关规定执行。

（六）关于乡镇区划调整改革后行政区划图的制作。并乡镇合村工作完成后，各市州、县市区必须编制规范化的行政区划图，宣传和巩固行政区划调整的成果。各级民政部门是行政区划图审查批准的主管部门，各级行政区划图的图稿未经民政部门审查批准，不得付印。

为保持行政区划矢量数据的完整和准确，避免发生界线纠纷，市州、县市区行政区划图统一由省民政厅监制，由省国土资源厅提供基础地理数据，由有资质的单位制作。有关行政区划图的内容，按照国家关于编绘行政区划地图的有关规定办理。

此轮并乡镇合村不涉及县级行政区域界线的变动，不需重新勘测县级界线，但部分界线上的界桩坐落地乡镇、村的名称有变动。省民政厅将汇总并修定界桩标注情况向社会发布，涉及的县市区要共同重新明确界桩所在地乡镇人民政府及村的管界责任。

附件 2

湖南省乡镇区划调整改革配套政策与措施

一、合并乡镇机构编制和人员安置

（一）合并乡镇机构设置。在乡镇党政机构不超过 4 个、事业站所不超过 6 个的限额内，根据合并乡镇的类型和规模，确定党政机构设置形式和数额，一般可设置党政综合办公室、经济发展办公室、社会事务办公室等 3 ~ 4 个。

对卫生和计生、社会管理综合治理、民政、就业和社会保障、水利、林业、农业技术推广、动植物疫病防控、农产品质量监管、农村经营管理、文化、国土资源管理、城乡规划建设、安全生产监管、食品药品安全监管等工作应予以加强，不能削弱。对此类工作，可单独设置党政机构或事业站所；未单设的，必须明确其职责由谁承担。确因工作需要，党政机构和事业站所可加挂牌子，但每个乡镇加挂牌子的总数一般不超过 3 个。乡镇计划生育技术服务机构与乡镇卫生院妇幼保健职能整合，在乡镇卫生院加挂“妇幼保健计划生育服务站”牌子，接受县级卫生计生行政部门和乡镇人民政府双重管理。乡镇设立人民武装部，依法履行国防动员、民兵训练、预备役管理等职能。实行县乡共管的事业站所，凡使用乡镇事业编制的，都要计入事业站所设置限额内；使用县市区事业编制的，可不计入。

（二）规范合并乡镇领导职数配备。乡镇领导职数的配备一般包含党委书记、乡镇长、党委副书记、纪委书记、党委委员、副乡镇长、人大主席、武装部部长等。合并乡镇重新明确类别的，其领导职数核定原则上仍按照《中共湖南省委办公厅湖南省人民政府办公厅转发省委组织部等四部门〈关于全面推进乡镇机构改革的实施意见〉的通知》（湘办发〔2010〕36 号）的有关规定执行，其中一、二类乡镇不超过 9 名，三、四类乡镇不超过 7 名。在法律和有关政策规定允许的范围内，适当扩大乡镇党政领导班子成员交叉任职。人大、政协联络、武装部有关工作负责人员的配备，须在规定的乡镇领导职数范围统筹考虑。

乡镇合并后因职数减少不能继续担任乡镇领导职务的干部，应结合政府机构改革和乡镇区划调整改革统筹安排，在领导职数内安排确有困难的，允许在5年过渡期内暂时超职数配备领导干部。各地要以县市区为单位，制定消化超职数配备乡镇领导干部总计划及年度计划，确保如期完成消超任务。对未按计划完成消超任务的县市区，原则上不得新提拔乡镇领导干部。

（三）人员编制和干部职工安置。此次合并乡镇，省里不就乡镇行政、事业编制提出统一精简要求，各地要按标准核定合并乡镇机关站所的人员编制，超出标准的人员编制实行“出一减一”，今后核减的编制，省里暂不统一收回。各地要严格执行《中华人民共和国公务员法》和《党政领导干部选拔任用工作条例》有关规定，根据工作需要，尊重干部意愿，可采取就地安排任职、交流使用、职数限额内改任非领导职务、晋升职级退出现任职务、提前退休等途径，妥善做好合并乡镇领导班子成员和干部职工安排。鼓励干部到村、社区担任“第一书记”。

（四）规范派驻乡镇机构。县市区人民法院、公安、司法、地税、国土资源、市场监管等职能部门，可根据实际工作需要，在乡镇设置派驻人民法庭、公安派出所、司法所、税务所、国土所、市场监管所等，并尽可能实行区域设置。除此以外，市州、县市区其他职能部门原则上不得在乡镇新设立派驻机构。除国家和省有明确规定的以外，派驻乡镇的机构，其党的组织关系实行属地管理，人事任免等重要事项必须按有关规定征求当地党委意见。

（五）创新公共服务方式。大力推行为民服务全程代理制，在乡镇设立便民服务中心，负责本辖区内行政审批及其他事项的为民全程代理服务，从乡镇相关部门抽调人员合署办公，不新增机构、编制和人员，实现“一个中心”对外、“一个窗口”受理、“一条龙”服务；村和社区设立便民服务站，由村干部兼任代办员，不另新聘人员。对区划调整后形成的较大乡镇，可按照扩权强镇的有关要求，赋予乡镇更大的经济社会管理权限，完善乡镇人民政府功能，促进乡镇人民政府能力建设。支持区划调整后的特色乡镇建设。

二、调整完善并乡镇合村财政奖补政策。落实全省乡镇区划调整改革工作要求，调整完善乡镇及村合并的相关财政政策。各级财政应继续加大对乡镇的资金支持力度，对调整合并乡镇的财政补助资金原则上三年内不减少，统一安排到新组建的乡镇。今后在拨付一般性转移支付和专项转移支付时，要以乡镇区域面积、人口规模、地理条件、经济状况等因素为依据，建立科学精细的财政资金分配模型。

本次改革，按照“明确目标、统一标准、激励改革、公平公正、奖补结合”的原则，以乡镇、村区划调整改革目标数为标尺，统一衡量各地本轮及以往乡镇、村区划调整成效，既对本轮精简乡镇、村给予奖励，又对过去精简乡镇、村工作做得好的地方给予适当补助。

（一）确定改革目标。以省委、省人民政府分类确定的新一轮改革后保留乡镇数作为目标乡镇数。

（二）明确奖补范围。县市区在新一轮改革截止时达到省定目标乡镇数，纳入奖补范围。即为确保按时按量完成本轮改革任务，只有在规定的时限内全面完成合并任务的县市区，方可给予奖补。

（三）确定奖补标准线。按照新一轮改革后各县市区目标乡镇数和全省乡镇平均25％的减幅，测算出今年改革前各县市区按全省平均水平应配置的乡镇个数，作为奖补标准线。

（四）奖补基数。以各县市区奖补标准线（即改革前按全省平均水平应配置乡镇数）与改革后实有乡镇数的差额作为奖补标准乡镇数，按每少一个乡镇奖励50万元的标准安排基数奖补。

（五）特殊政策。新一轮改革中，县市区实际合并乡镇数多于其奖补标准乡镇数的，多出的乡镇由省财政按每个50万元的标准给予一次性奖励。因为这部分新合并的乡镇属于还过去改革滞后的历史欠账，不应进基数奖补。对此次改革前已享受并乡镇合村财政基数奖补的不重复奖补。

（六）建制村合并奖补政策。全省建制村合并相关财政奖补政策按照乡镇合并方法调整完善。奖补标准为每合并1个建制村，奖补4万元。

（七）财政奖补用途。考虑到并乡镇合村后，乡镇、村服务半径扩大，财政奖补主要用于改善和提升乡镇、村公共服务能力，同时可以用于化解乡镇、村历史债务。

三、乡村道路建设和电力农网改造。落实全省乡镇区划调整改革工作要求，加快完善乡镇、村基础设施条件，重点加快合并后的乡镇、村的交通网络、电力网络体系建设，统筹推进新农村建设和小城镇发展，为广大农民群众生产生活提供便利。

（一）关于道路建设。目前，“十二五”农村公路建设是以乡镇、建制村为基础进行规划的。乡镇和建制村合并后按以下方案实施：按照合并前的乡镇、建制村为单位，完成“十二五”农村公路建设任务，确保有条件的原建制村100％通沥青（水泥）路。优先规划建设新组建乡镇、村与被合并乡镇、村之间的连通道路。对于合并后达到一定规模的乡镇，优先规划高等级公路连接政府驻地。进一步完善农村公路路网结构，逐步解决合并村断头路问题，提高重要线路的技术等级，完善安保设施，不断增强农村公路服务农村经济社会发展的能力。今后乡镇、村公路建设，原则上不以乡镇、村的个数为基础，重点考虑人口、地域面积和地形地貌等因素。

（二）关于农网改造。我省新一轮农网改造实行“一省两贷”，由国网湖南省公司和湖南郴电国际发展股份有限公司作为承贷主体。乡镇及建制村合并后，省发改委要衔接国网湖南省公司和湖南郴电国际发展股份有限公司，在加强农网建设方面提出如下实施意见：对乡镇和建制村合并后存在配电网薄弱、变压器不足等问题的地区，加大农网投资力度。重点支持低压配电网建设。加大35千伏及以下农网工程投资力度。加大未改村改造力度。到2017年年底，力争国家电网、郴电国际供电范围内村网改造率达100％。针对全省未改村数量大、配电网薄弱等问题，结合全省乡镇区划调整改革工作，把地处偏远、居民较少的未改村统一纳入改造范围，基本解决无电人口问题。

四、乡镇和建制村卫生计生服务机构设置。为落实全省乡镇区划调整改革工作要求，坚持便民利民，促进农村卫生计生事业发展，各地要因地制宜、分类指导，合理调整设置乡镇、村卫生计生服务机构，优化配置农村医疗卫生和计划生育服务资源，努力提高出生人口素质和人民健康水平。

（一）乡镇卫生计生服务机构。1. 原则上每个建制乡镇设置一所政府举办的乡镇卫生院。同时，按照国家卫生计生委、中央编办印发的《关于优化整合妇幼保健和计划生育技术服务资源的指导意见》（国卫妇幼发〔2013〕44号），整合乡镇计划生育技术服务机构与乡镇卫生院妇幼保健职能，在乡镇卫生院加挂“妇幼保健计划生育服务站”牌子。

2. 因乡镇合并造成当地居民就医不便的地区，县级卫生计生部门可根据当地区域医疗卫生机构设置规划，以居民需求为导向，保留已合并乡镇的卫生院，以独立法人、独立核算的非建制乡镇卫生院存在；或将其改为建制乡镇卫生院的分院，在人、财、物等方面由建制乡镇卫生院统一管理，并逐级上报至省卫生计生委审核备案。已合并乡镇的计划生育服务所按同样模式统筹处理，在非建制乡镇卫生院或建制乡镇卫生院的分院可以加挂妇幼保健计划生育服务机构牌子。

3. 乡镇合并后，对居民就医和妇幼健康服务影响不大，且多数居民有合并意愿的原建制乡镇卫生院和原建制乡镇计划生育服务所，须与现建制乡镇卫生院（妇幼保健计划生育服务站）进行资源整合，取消原建制乡镇卫生院和原建制乡镇计划生育服务所，或依法处置资产后就地转为其他非政府举办的医疗卫生机构。

4. 乡镇合并后保留的建制乡镇卫生院分院或非建制乡镇卫生院及其加挂的妇幼保健计划生育服务机构在国家卫生各项政策如基础建设、人力配置、购买服务等方面享受建制乡镇卫生院同等待遇。在加强建制乡镇卫生院建设的同时，继续对建制乡镇卫生分院和非建制乡镇卫生院及其加挂的妇幼保健计划生育服务机构给予支持，确保其均衡发展，让农村居民享受公平、可及的卫生计生服务。

5. 合并乡镇卫生计生服务机构资产及债务处置。调整合并后的原建制乡镇卫生计生服务机构，其资产属国有资产，继续用于卫生计生事业；确需置换或转让的，必须在确保国有资产不流失和等量补偿的前提下，按财政部关于行政事业单位国有资产管理的有关规定办理。卫生计生服务管理机构接受社会捐赠的资产，在处置前应当事先征求捐赠人的意愿。各地应严格按照《湖南省人民政府办公厅关于转发省发改委等部门〈关于清理化解基层医疗卫生机构债务实施方案〉的通知》（湘政办发〔2011〕77号）要求，将认定的债务从基层医疗卫生机构剥离至县市区人民政府。

（二）村卫生室

1. 建制村调整后，县级卫生计生部门应根据当地区域医疗卫生机构设置规划，综合考虑服务人口、居民需求以及地理条件等因素，合理规划卫生室设置。

2. 原则上每个建制村设置1所村卫生室（即建制村卫生室），承担辖区内农村居民基本公共卫生服务和基本医疗服务。

3. 建制村合并后，对面积大、人口多且与邻近村卫生室相距较远的村，可酌情保留原建制村卫生室，以现建制村卫生室医疗服务点的形式存在（即一村多室），纳入乡村卫生服务一体化管理。

4. 乡镇卫生院所在地的建制村原则上不设村卫生室，由乡镇卫生院或其下设网点履行建制村卫生室职能。

（三）村计划生育服务室

按照"存量共享，增量共建"的原则，保留现有村计划生育服务室，具备条件的与村卫生室合并共用，计划生育服务室应与村卫生室共建共用。

五、调整农村义务教育学校布局。根据全省乡镇区划调整改革工作要求，科学规划农村义务教育学校布局，规范义务教育工作，切实保障适龄少年儿童受教育权益。

（一）学校布局原则

1. 合理设置，动态平衡。按标准科学合理设置全省乡镇区划调整改革涉及的义务教育学校，保持现有学校的相对稳定，尽量不改变现有学校总体布局，同时依据生源变化等需要适时新建、合并和恢复学校(教学点)，做到动态平衡。

2. 分项考量，综合评定。新建、撤并或恢复农村义务教育学校要从人口变化、环境交通、群众承受能力等方面分别进行分析研究，综合各方面情况后做出决定。

3. 坚持标准，规范程序。新建、撤并或恢复农村义务教育学校要执行有关标准、规划和要求，按规定程序操作。

4. 市县为主，及时报备。县市区人民政府依据有关法律法规和要求自主确定农村义务教育学校的新建、撤并和恢复；市州人民政府指导县市区布局调整，受省人民政府委托，审批所辖县市区撤并和恢复学校，并报省教育行政部门备案。

(二)布局标准

1. 关于学校设置。原则上现有乡镇设置的初中应当保留，人口相对集中的村寨设置小学或教学点。小学和教学点的设置由县市区人民政府确定。

2. 关于就学方式与学校服务半径。农村小学1至3年级学生原则上不寄宿，就近走读上学；小学高年级学生以走读为主，确有需要的可以寄宿；初中学生根据实际可以走读或寄宿。

3. 根据不同年龄段学生的体力特征、道路条件、自然环境等因素，合理确定学校服务半径，尽量缩短学生上下学路途时间。以走读方式就学，则学校服务半径为农村小学2.5千米，初中3千米，保障学生每天上学单程步行时间一般不超过40分钟。

(三)关于学校撤并与恢复

确因资源减少需要撤并学校，学校服务半径超过上述条款规定要求，且多数居民有撤并意愿的，当地政府应在落实以下基本保障的前提下，方可按湘教函〔2013〕252号文件规定的程序撤并：

1. 提供规范的寄宿条件，特别是住宿、就餐、如厕、生活用水等条件，满足寄宿学生基本生活需求；

2. 提供规范的校车或具备规范的农村客运服务；

3. 并入学校不会形成超大规模或“大班额”问题。

(四)撤并学校资产处置

调整后不再承担教学任务的非私立学校，其校产属公有教育资源，由县市区人民政府统筹管理，只能继续用于教育；确需置换或转让的，必须在保证公有教育资源不流失和等量补偿的前提下，按财政部关于行政事业单位国有资产管理的有关规定办理，学校接受的捐赠财产处置，必须事先征求捐赠人意愿，对于青少年发展基金会等机构捐建的希望小学等教育资源必须审慎研究处理，且必须征得相关机构的同意。撤点后的学校校园校舍应优先用于发展学前教育。

说明：附件3、附件4未录

2016年6月12日湖南省建制村合并统计表

表2 单位：个

市州名称	原有建制村数	合并任务数	完成合并任务村数	合并后村数	超额数	减幅
长沙市	1203	410	418	785	8	35%
株洲市	1561	501	541	1020	40	35%
湘潭市	1513	500	719	794	219	48%
衡阳市	4886	2286	2574	2312	288	53%
邵阳市	5510	2119	2275	3235	156	41%
岳阳市	3097	1686	1700	1397	14	55%
常德市	3353	1722	1746	1607	24	52%
益阳市	1886	705	716	1170	11	38%
郴州市	2937	859	870	2067	11	30%
永州市	5060	2004	2119	2941	115	42%
怀化市	3854	1134	1389	2465	255	36%
娄底市	3260	1292	1414	1846	122	43%
张家界市	1514	548	642	872	94	42%
湘西自治州	1961	303	319	1642	16	16%
合计	41595	16069	17442	24153	1373	42%

（摘自《湖南省乡镇区划调整改革工作简报》第105期）

1949 年至 2016 年 6 月 30 日湖南省各级行政区划村（居）及小组情况统计表

表 3　　　　单位：个

年份	地级					县级						县辖区	乡级				街道办	村级			组级		
	专区地区	自治州	地级市	其他	合计	县	自治县	县级市	市辖区	其他	合计		镇	乡公社	民族乡民族公社	合计		村、大队	居委会	合计	组、生产队	居民组	合计
1949	7 直属专区 3 专区		1	1 行政区	12	77		1	8		86	263	104	1681 乡		1785							
1950	同上		1	同上	13	77		6	13		86	595	126	8287 乡		8413	26						
1951	同上		2	同上	13	78		7	11	1（特区）1（工矿特区）	98	710	146	10306 乡		10452	36						
1952	4 专区	1 自治区	2	同上	7	86		7	5		98	965	209	19478 乡	7（民族乡）	19694	56						
1953	同上		1	同上	7	86		8	6		100	942	263	15602 乡	9（民族乡）	15874	54						
1954	6 专区	同上	1		8	85	1	8	6		100	941	270	15318 乡	12（民族乡）	15600	54						
1955	同上	1	1		8	84	2	8	6		100		246	15333 乡	12（民族乡）	15591	71						
1956	同上		2		9	82	4	7	5		98		179	2957 乡	9（民族乡）	3145	57						
1957	同上	1	2		9	82	4	7	5		98		205	2971 乡	3（民族乡）	3179	48						
1958	同上	1	2		9	82	4	8	5		99		94	1183 公社	1（民族公社）	1278	47	11592			10500		
1959	同上	1	2		9	74	4	8	4		90		110	1157 公社	1（民族公社）	1368	42	18152			154800		
1960	同上	1	2		9	74	4	8	5	1（管理局）	92	29	99	1263 公社		1362	90	16895			109200		
1961	同上	1	2		9	81	4	14	5	同上	100	432	158	3480 公社		3638	88	49479			458200		

续表 3

年份	地级					县级						县辖区	乡级				街道办	村级			组级		
	专区地区	自治州	地级市	其他	合计	县	自治县	县级市	市辖区	其他	合计		镇	乡公社	民族乡民族公社	合计		村、大队	居委会	合计	组、生产队	居民组	合计
1962	8 专区	1	2		11	81	4	8	6	同上	100	426	160	3545 公社		3705	76	49985			457600		
1963	同上	1	2		11	82	4	5	6		97	435	171	3549 公社		3720	72	50423			480100		
1964	9 专区	1	2		12	82	4	5	6	1(管理局)	98	469	173	3532 公社		3705	72	49752			473500		
1965	同上	1	2		12	83	4	5	6	同上	99	458	175	3461 公社		3636	70	48081			451900		
1966	同上	1	2		12	84	4	5	7	同上	101	461	182	3351 公社		3533	69	45704			416700		
1967	同上	1	2		12	84	4	5	7	同上	101	454	175	3318 公社		3493	69	45637			410400		
1968	9 地区	1	2	1 区	13	84	4	5	7	同上	101	400	157	3182 公社		3339	79	45271			406400		
1969	同上	1	2	同上	13	85	4	6	7		102	432	162	3272 公社		3434	73	45171			392900		
1970	同上	1	2	同上	13	85	4	6	10		105	445	158	3315 公社		3473	82	45137			391200		
1971	同上	1	2	同上	13	85	4	6	10		105	433	157	3316 公社		3473	82	45412			392600		
1972	同上	1	2	同上	13	85	4	6	10		105	446	158	3317 公社		3475	80	45941			397300		
1973	同上	1	2	同上	13	85	4	6	10		105	446	161	3318 公社		3479	81	45981			402200		
1974	9	1	2	1 区	13	85	4	6	9		104	465	161	3319 公社		3480	78	46302			405100		
1975	9	1	2	1 区	13	85	4	7	9		105	444	162	3324 公社		3486	87	46711			406400		
1976	9	1	2	1 区	13	85	4	7	9		105	444	165	3324 公社		3489	92	48326			420900		
1977	10	1	3	1 区	15	86	4	7	13		110	444	163	3336 公社		3489	94	47690			411700		

续表3

年份	地级					县级						县辖区	乡级				街道办	村级			组级		
	专区地区	自治州	地级市	其他	合计	县	自治县	县级市	市辖区	其他	合计		镇	乡公社	民族乡民族公社	合计		村、大队	居委会	合计	组、生产队	居民组	合计
1978	10	1	3	1区	15	86	4	7	13		110	439	154	3295公社		3449	95	47120			409900		
1979	10	1	3	1区	15	86	4	10	13		113	440	148	3297公社		3445	103	46378			420100		
1980	10	1	5	1区	17	86	4	9	22		121	442	155	3321公社		3476	118	46651			454400		
1981	10	1	5		16	85	4	9	22		120	442	185	3331公社		3516	124	47103			510700		
1982	10	1	5		16	83	4	11	22		120	444	196	8乡 3308公社	24民族公社	3536	132	47234			515200		
1983	8	1	6		15	84	4	10	22		120	449	230	234乡 3082公社	同上	3570	132	45266			485800		
1984	8	1	6		15	82	4	12	27		125	443	513	3014乡	74民族乡	3601	145	47920			467500		
1985	8	1	6		15	80	4	14	27		125	441	544	2935乡	74民族乡	3553	154	47899			495400		
1986	6	1	6		13	77	5	16	27		125	434	581	2858乡	83民族乡	3522	153	47954	3034	50988	496200		
1987	6	1	6		13	74	6	18	26		124	433	585	2813乡	84民族乡	3482	160	48117			496800		
1988	5	1	8		14	71	7	17	30		125	427	596	2812乡	71民族乡	3479	170	48360			498800		
1989	5	1	8		14	71	7	17	30		125	411	621	2722乡	79民族乡	3422	170	47534	3320	50854	500100		
1990	5	1	8		14	71	7	18	29		125	397	630	2719乡	82民族乡	3431	171	47601	3507	51108			
1991	5	1	8		14	71	7	18	29		125	397	641	2705乡	86民族乡	3432	171	47536	3694	51230			
1992	5	1	8		14	70	7	19	26		122	397	658	2689乡	86民族乡	3433	172	47470	4070	51540			
1993	5	1	8		14	69	7	20	26		122	388	733	2606乡	88民族乡	3427	173	47291	4282				

续表 3

年份	地级					县级						县辖区	乡级				街道办	村级			组级		
	专区地区	自治州	地级市	其他	合计	县	自治县	县级市	市辖区	其他	合计		镇	乡公社	民族乡民族公社	合计		村、大队	居委会	合计	组、生产队	居民组	合计
1994	3	1	11		15	66	7	19	30		122	381	769	2562 乡	88 民族乡	3413	183						
1995	2	1	11		14	66	7	17	32		122	40	903	1401 乡	84 民族乡	2388	189	46804	4684	51488			
1996	2	1	11		14	65	7	18	32		122	19	950	1280 乡	86 民族乡	2316	191	46973	4808	51777			
1997	1	1	12		14	65	7	17	33		122	19	980	1240 乡	93 民族乡	2313	206	46894	4970	51864	458500	38388	496888
1998	1	1	12		14	65	7	17	33		122	14	1002	1257 乡	99 民族乡	2358	203	47550	5043	52593	479597	44720	524317
1999		1	13		14	65	7	16	34		122	14	1023	1237 乡	99 民族乡	2359	208	47516	5093	52609	479795	45273	525068
2000		1	13		14	65	7	16	34		122	8	1055	1212 乡	98 民族乡	2365	210	47525	5160	52685	475112	45753	520865
2001		1	13		14	65	7	16	34		122	8	1087	1177 乡	98 民族乡	2362	214	47604	4946	52550	463472	44516	507988
2002		1	13		14	65	7	16	34		122	8	1097	1159 乡	98 民族乡	2354	221	47284	3815	51099	457711	42583	500294
2003		1	13		14	65	7	16	34		122	8	1098	1158 乡	98 民族乡	2354	225	46554	4714	51268	448850	41791	490641
2004		1	13		14	65	7	16	34		122	8	1089	1146 乡	98 民族乡	2342	226	45632	4577	50209	483510	46615	530125
2005		1	13		14	65	7	16	34		122		1098	990 乡	97 民族乡	2176	233	43572	4617	48189	446565	42494	489059
2006		1	13		14	65	7	16	34		122		1091	988 乡	97 民族乡	2176	230	44270	4500	48770	366108	33699	399807
2007		1	13		14	65	7	16	34		122		1095	974 乡	97 民族乡	2166	237	44203	4533	48736	437790	40106	477896
2008		1	13		14	65	7	16	34		122		1101	966 乡	97 民族乡	2164	241	43550	4508	48058	451132	45676	496808
2009		1	13		14	65	7	16	34		122		1106	959 乡	97 民族乡	2162	247	42928	4526	47454	442927	47558	490485

续表 3

年份	地级					县级						县辖区	乡级				街道办	村级			组级		
	专区地区	自治州	地级市	其他	合计	县	自治县	县级市	市辖区	其他	合计		镇	乡公社	民族乡民族公社	合计		村、大队	居委会	合计	组、生产队	居民组	合计
2010		1	13		14	65	7	16	34		122		1106	955 乡	97 民族乡	2161	258	42863	4555	47418	443333	48155	491488
2011		1	13		14	64	7	16	35		122		1121	941	97 民族乡	2159	267	42539	4700	47238	441566	50809	492375
2012		1	13		14	64	7	16	35		122		1131	952 乡	97 民族乡	2180	305						
2013		1	13		14	64	7	16	35		122		1138	828 乡	97 民族乡	2063	344	41922	4966	46888	432161	54682	486843
2014		1	13		14	64	7	16	35		122		1153	805 乡	97 民族乡	2055	359	41420			432161		
2015		1	13		14	64	7	16	35		122		1119	334	83 民族乡	1536	375	41595			432161		
2016		1	13		14	64	7	16	35		122		1128	325	83 民族乡	1536	393	24153			432161		

说明：

1. 关于资料来源的说明

1950—2010 年、2013 年行政区划数据摘自 2014 年行政区划简册；2011 年、2012 年、2014 年、2015 年摘自《湖南统计年鉴》等资料。

农村基层组织 1949—1989 年摘自《湖南资料手册》；1949 年 8 至次年 10 月，共建立农会 9000 多个。1950 年 10 月至次年 4 月完成第一批土改，共建乡 5470 个。1951 年 6—9 月完成第二批土改，共建乡 2208 个，年底建互助组 1000 余个，其中常互助组 200 余个。上年至 1952 年 4 月完成第三批土改，共建乡 4892 个，年底有互助组 192429 个，其中常年互助组 19556 个。上年 12 月至 1953 年 3 月完成第四批土改，共建乡 58 个，年底有互助组 247697 个，其中常年互助组 40791 个，试办初级社 57 个。1954 年有互助组 615437 个，其中常年互助组 221791 个，是年春办初级社 405 个。1955 年有互助组 570311 个，其中常年互助组 275396 个；秋有初级社 13126 个，秋后新建 22900 个。1956 年有常年互助组 16955 个，至 5 月有初级社 87114 个，高级社 4426 个；秋原有 9.1 万个初级社并社转高级农业生产合作社 46305 个。1957 年调整后有高级社 53375 个。1958 年高级社全部并组人民公社 1123 个，实行政社合一，年底有公社 1184 个。

1958—1989 年大队、生产队数据摘自《湖南资料手册》，1990—2011 年、2013 年摘自《中国民政统计年鉴》，2015 年村数为省民政厅统计数，2016 年 6 月村数为合并村数。1989—2011 年、2013 年居委会、居民组数据摘录于《中国民政统计年鉴》。

2. 关于表格数据的说明

村、组级存在个别年份统计数据缺失。

湖南省国家级、省级历史文化名镇、名村名录

（一）国家级历史文化名镇、名村

1. 中国历史文化名镇 7 个：龙山县里耶镇、长沙市望城区靖港镇、永顺县芙蓉镇、绥宁县寨市镇、泸溪县浦市镇、洞口县高沙镇、花垣县边城镇。

2. 中国历史文化名村 15 个：岳阳县张谷英镇张谷英村、江永县夏层铺镇上甘棠村、会同县高椅乡高椅村、永州市零陵区富家桥镇干岩头村、双牌县理家坪乡坦田村、祁阳县潘市镇龙溪村、永兴县高亭乡板梁村、辰溪县上蒲溪瑶族乡五宝田村、永顺县灵溪镇老司城村、通道侗族自治县双江镇芋头村、通道侗族自治县坪坦乡坪坦村、绥宁县黄桑坪苗族乡上堡村、绥宁县关峡苗族乡大园村、江永县兰溪瑶族乡兰溪村、龙山县苗儿滩镇捞车村。

（二）湖南省级历史文化名镇、名村

1. 湖南省历史文化名镇 14 个：临湘市聂市镇，汨罗市长乐镇，绥宁县李熙桥镇，隆回县司门前镇，隆回县滩头镇，涟源市杨市镇，双峰县荷叶镇，麻阳县锦和镇，东安县芦洪市镇，耒阳市新市镇，衡阳市南岳区南岳镇，株洲县朱亭镇，长沙市望城区铜官镇，浏阳市文家市镇。

2. 湖南省历史名村 54 个：湘潭湘乡壶天村，永州新田黑砠岭村，永州新田谈文溪村，永州双牌访尧村，永州双牌大河江村，永州蓝山滨溪村，永州蓝山虎溪村，永州江华宝镜村，永州道县楼田村，邵阳武冈浪石村，邵阳洞口宝瑶村，邵阳城步大寨村，邵阳隆回崇木凼村，湘西保靖夯沙村，湘西凤凰早岗村，湘西凤凰老洞村，湘西凤凰拉毫村，湘西凤凰舒家塘村，湘西龙山街上村，湘西永顺双凤村，吉首市小溪村，吉首市中黄村，吉首泸溪岩门村，娄底涟源三甲古村落群，娄底双峰枫树山村，娄底双峰香花村，娄底新化楼下村，娄底新化正龙村，怀化新晃四路村，怀化麻阳豪侠坪村，怀化溆浦阳雀坡村，怀化溆浦乌峰村，怀化中方荆坪村，怀化中方黄溪村，怀化靖州地笋村，怀化辰溪龚家湾村，怀化沅陵明中村，郴州苏仙区坳上村，郴州北湖区陂副村，郴州北湖区村头村，郴州汝城石泉村，郴州汝城土桥村，郴州汝城先锋村，郴州汝城沙洲村，郴州汝城外沙村，郴州汝城金山村，郴州宜章腊元村，郴州宜章黄家塝村，郴州桂阳阳山村，郴州临武上乔村，衡阳常宁中田村，株洲醴陵沩山村，株洲炎陵中村村，长沙浏阳新开村。

（由湖南省住房建设厅提供资料）

附录二

郴州市人民政府办公室关于印发《郴州市乡镇行政区划调整工作意见》的通知

郴办发〔2011〕22号

各县市区委、县市区人民政府，市直有关单位：

《郴州市乡镇行政区划调整工作意见》已经市委、市政府同意，现印发给你们，请结合实际，认真贯彻落实。

中共郴州市委办公室

郴州市人民政府办公室

2011年10月8日

郴州市乡镇行政区划调整工作意见

为扎实推进郴州“两城”建设，带动区域经济发展和新农村建设，根据全省农村综合改革工作会议精神，结合我市乡镇综合改革实际，经市委、市政府同意，现就全市乡镇行政区划调整工作提出如下意见：

一、指导思想

坚持以邓小平理论和“三个代表”重要思想为指导，深入贯彻落实科学发展观，按照“实事求是、一步到位”的原则，合理调整乡镇规模和布局，减少乡镇总量；按照“县城扩大、中心镇做强、小乡小镇合并”的思路，实现乡镇设置规划科学、布局合理、规模适度；撤乡并镇要与乡镇改革同步实施，相辅相成，为加快农村发展创造有利条件。

二、基本原则

（一）科学合理，优化布局。各地要立足实际，做到统筹兼顾、科学合理。调整后的乡镇行政区划应有利于扩大县域中心，做强中心镇实力，加快农村城镇化建设步伐；有利于资源的优化配置，形成具有竞争力的支柱产业；有利于以强带弱，以近带远，激活偏远贫困乡镇经济的发展活力。

（二）因地制宜,分类指导。各地在制定撤并方案时,既要考虑做大做优乡镇规模,又要考虑地缘关系、历史沿革、风俗习惯、自然条件、群众意愿、规划发展等因素，因地制宜，分类指导，不搞“一刀切”。乡镇调整合并原则上以成建制进行撤并。新设乡镇要符合当地行政区划要求发展规律，乡镇驻地原则上应选择交通发达的原乡镇驻地，不另选择第三地。

（三）依法办事，稳妥推进。乡镇行政区划的变更，严格按照有关法律法规和《国务院关于行政区划管理的规定》等政策要求，依法依规依程序。要妥善做好群众工作，切实维护群众的合法权益，确保农村社会大局稳定。

三、参考标准

（一）调整工作应符合当地经济社会发展总体规划。

（二）山区乡镇的平均人口规模应在 2 万人以上，丘陵区乡镇应在 3 万人以上，平原区乡镇应在 4 万人以上，县城驻地镇应在 5 万人以上。撤并后的乡镇面积以 100 ~ 150 平方公里为宜，

（三）对县城周围的乡镇,按县城规划要求并入县城驻地镇。县城驻地镇一律不使用“城关镇”名称。

（四）少数民族乡确实需要撤并的，要征得民族事务部门同意，民族乡合并后仍符合设立民族乡条件的，可继续设民族乡。

四、调整计划

我市总面积 1.94 万平方公里，总人口 504.08 万人，共 256 个乡镇（含 7 个街道办事处）。现全市乡镇平均面积约 76 平方公里，平均人口 1.97 万。根据各县市区调研上报情况，初步拟定如下调整计划：

五、实施步骤

（一）准备阶段（2011 年 8 月至 10 月）。各地成立专门的乡镇行政区划调整工作机构。对本辖区现有乡镇规模和发展现状、自然条件、资源分布、历史沿革、群众意愿等情况组织深入调查，按照实事求是的态度，自下而上、反复论证、集思广益的原则，制定具体详细的实施方案，明确分工，落实责任，于 10 月 20 日前上报市政府备案。

（二）实施阶段（2011 年 10 月至 2012 年 5 月）。各县市区按照乡镇行政区划调整工作方案要求，坚持分类指导，加强督促检查。各地严格按照规定的审批程序，逐级办理乡镇行政区划调整报批手续，并在规定时间内按要求组织实施好乡镇行政区划调整工作，确保在 2011 年内基本完成区划调整工作（个别特殊情况可延伸到 2012 年上半年完成）。

（三）总结阶段（2012 年 6 月）。市委、市政府组织相关部门对各地乡镇撤并工作进行检查验收，召开总结表彰会议，对乡镇撤并工作的先进县市区和乡镇（街道）予以表彰。

六、工作要求

（一）提高认识，加强领导。乡镇撤并工作政策性强，时间紧、任务重。各县市区党委、政府要统一思想、顾全大局，把乡镇撤并工作提上重要议事日程。要切实加强领导，成立领导小组，设立工作机构，解决工作经费。要深入开展调查研究，制定切实可行的乡镇撤并工作方案。

（二）宣传发动，达成共识。要通过会议座谈、广播电视、宣传资料、标语横幅等多种形式宣传乡镇撤并的重要意义和有关政策，统一干部群众的思想认识，做好群众的思想工作，尊重群众意愿，为调整工作奠定思想基础，营造良好氛围。

（三）通力协作，形成合力。各县市区职能部门在乡镇撤并工作中要通力协作，形成合力，切实解决乡镇撤并工作中出现的具体问题。财务审计部门要及时跟进，对机构设置和人员分流要给予优惠政策，真正实现压缩数量、提高质量、减员增效、促进发展的工作目标。乡镇撤并后要有过渡期，对原乡镇政府所在地的服务站点可保留的予以保留，需要撤出的逐步撤出，给群众一个适应阶段。要及时做好矛盾化解工作，主动把问题化解在萌芽状态，解决在基层。

（四）明确责任，严肃纪律。全市乡镇行政区划调整工作从2011年8月开始，2012年6月底前全面完成。各级党委、政府和乡镇行政区划调整工作领导小组要积极稳妥、扎实有效地做好乡镇行政区划调整工作，各县市区要明确一名党委常委具体负责，明确任务、严肃纪律，确保圆满完成行政区划调整工作。

湖南省民政厅文件

湘民行发〔2015〕84号

湖南省民政厅关于同意
郴州市北湖区乡镇区划调整方案的批复

郴州市人民政府：

你市呈报的《关于郴州市北湖区部分乡镇行政区划调整的请示》（郴政〔2015〕84号）收悉，按照国务院《关于行政区划管理的规定》第五条、第七条和第八条的规定，经研究并报省人民政府批准，现批复如下：

1. 同意郴州市北湖区乡镇区划调整方案。

2. 同意芙蓉乡、永春乡、大塘瑶族乡成建制合并设立仰天湖瑶族乡。新设立的仰天湖瑶族乡辖21个建制村，3个社区居委会，总面积175.67平方公里，总人口2.44万人，乡人民政府驻永春圩（原永春乡人民政府驻地）。

3. 同意撤销石盖塘镇、保和镇、月峰瑶族乡、增福街道，新设立保和瑶族乡、增福街道。将原月峰瑶族乡的全部行政区域与原保和镇的保和、花园、小埠、新华、大律、太白洞、宋家洞、长坪、乘马坪、顶上10个建制村以及保和社区居委会合并，设立保和瑶族乡；将原石盖塘镇的全部行政区域与原增福街道的全部管辖范围以及原保和镇的礼家洞、新田岭、大树下、坦山、下塘、安和、下凤、张家坪、雷大桥9个建制村合并，设立增福街道。

调整后的保和瑶族乡辖月峰、保和2个社区居委会，月峰、十寺、桃仁、太阳、正冲、茶园、介木山、黄花岭、保和、花园、小埠、新华、大律、太白洞、宋家洞、长坪、乘马坪、顶上18个建制村，总面积101.6平方公里，总人口2.2万人，乡人民政府驻保和圩。

调整后的增福街道辖工业园、江口、月形、兴城、高新园5个社区居委会，白石岭、小溪、五星、石盖塘、光明、大溪、板田脚、万寿桥、爱民新村、新屋、江口、枫木岭、龙广洞、功德岭、竹枧水、白菊塘、上垅、下垅、高塘、礼家洞、新田岭、大树下、坦山、下塘、安和、下凤、张家坪、雷大桥、城前岭、长冲、塘尾、增湖 32 个建制村，总面积 170.3 平方公里，总人口 16.33 万人，办事处驻兴城路（原增福街道办事处驻地）。

4. 同意华塘、鲁塘 2 个镇的行政区划和下湄桥、北湖、人民路、燕泉、郴江、骆仙、涌泉 7 个街道的管辖范围及乡镇人民政府（街道办事处）驻地不作调整。

本轮乡镇行政区划调整后，北湖区共减少 4 个乡镇建制，现辖华塘、鲁塘 2 个镇，保和、仰天湖 2 个瑶族乡，下湄桥、北湖、人民路、燕泉、郴江、骆仙、增福、涌泉 8 个街道，总面积 830.15 平方公里，总人口 56.3 万人，区人民政府驻地骆仙街道名称不变。

湖南省民政厅
2015 年 11 月 26 日

主动公开

抄送：省委办公厅、省委改革办、省人民政府办公厅、省乡镇区划调整改革领导小组成员单位、郴州市民政局

湖南省民政厅办公室 2015 年 11 月 26 日印发

郴州市人民政府

郴政函〔2016〕32号

郴州市人民政府
关于增设石盖塘安和街道的批复

北湖区人民政府：

报来《关于增设石盖塘安和街道的请示》(北政〔2016〕26号)收悉。经研究，现就有关事项批复如下：

一、同意调整增福街道行政区划布局，增设两个新的街道，新增设的街道分别命名为石盖塘街道和安和街道。

二、同意增设的石盖塘街道四至范围为：东面以万寿桥村东部边界为界，与苏仙区相邻；南面以上垅村、功德岭村南部边界为界，与仰天湖瑶族乡相邻；西面以龙广洞村西部边界为界，与保和瑶族乡相邻；北面以石盖塘村、工业园社区北部边界为界，与增福街道相邻。新设的石盖塘街道辖新屋、江口、枫木岭、龙广洞、功德岭、竹枧水、白菊塘、上垅、下垅、高塘、白石岭、小溪、五星、石盖塘、光明、大溪、板田脚、万寿桥、爱民新村等19个建制村，工业园和江口2个社区；街道驻地设在石盖塘村，总面积92.37平方公里，总人口57287人。

三、同意增设的安和街道的四至范围为：东面以大树下村、下塘村东部边界为界，与石盖塘街道、增福街道相邻；南面以礼家洞村南部边界为界，与石盖塘街道相邻；西面以下凤村、张家坪村西部边界为赛，与保和瑶族乡、华塘镇相邻；北面以雷大桥村北部边界为界，与骆仙街道相邻。新增设的安和街道辖礼家洞、新田岭、大树下、坦山、下塘、安和、下凤、张家坪、雷大桥等9个建制村；街道驻地设在雷大桥村，总面积54.33平方公里，总人口50977人。

四、同意调整后的增福街道四至范围为：东面以城前岭村、长冲村东部边界为界，与苏仙区相邻；南面以长冲村、塘尾村、增湖村南部边界为界，与石盖塘街道相邻；西面以增湖村西部边界为界，与安和街道相邻。调整后的增福街道辖城前岭、长冲、增湖、塘尾等4个建制村，月形、高新园、兴城3个社区；街道驻地设在塘尾村，总面积23.6平方公里，总人口54985人。

请认真做好街道调整设置后的机构人员安排、资产处置、债权债务转移、社会稳定，以及行政区划图编制等工作，并按照郴州市城市总体规划，整合资源，促进区域经济社会协调健康发展。

郴州市人民政府

2016年6月12日

郴州市人民政府办公室　　2016年6月12日印发

郴州市苏仙区人民政府办公室

苏政办函〔2012〕83号

郴州市苏仙区人民政府办公室
关于转发郴民行发〔2012〕13号文件的
通　知

各乡镇人民政府、街道办事处，区直及驻区各单位：

现将郴州市民政局《关于转发省民政厅〈关于苏仙区部分乡镇街道行政区划调整的批复〉的通知》（郴民行发〔2012〕13号）文件转发给你们，请认真遵照执行。

二〇一二年五月二十九日

抄送：区委办公室，区人大常委会办公室，区政协办公室。

郴州市苏仙区人民政府办公室　　2012年5月29日印发

郴州市民政局
关于转发省民政厅《关于苏仙区部分乡镇街道行政区划调整的批复》的通知

郴民行发〔2012〕13号

苏仙区人民政府：

现将省民政厅《关于苏仙区部分乡镇街道行政区划调整的批 复》（湘民行发〔2012〕17号）文件转发给你们，请按批复执行。

二〇一二年四月二十八日

附：湖南省民政厅关于苏仙区部分乡镇街道行政区划调整的批复

湖南省民政厅
关于郴州市苏仙区部分乡镇街道行政区划调整的批复

湘民行发〔2012〕17号

郴州市人民政府：

你市《关于审批苏仙区乡镇行政区划调整方案的请示》（郴

政〔2012〕38号）收悉。经研究，并经省人民政府批准，现批复如下：

一、同意将太平乡、五里牌镇成建制合并，设立五里牌镇。以原太平乡、五里牌镇的行政区域为新设五里牌镇的行政区域，五里牌镇辖17个建制村、2个居委会，总面积103.07平方公里，总人口3.30万人，镇人民政府驻曾家（原五里牌镇人民政府驻地）。

二、同意将廖王坪乡、岗脚乡、栖凤渡镇成建制合并，设立栖凤渡镇。以原廖王坪乡、岗脚乡、栖凤渡镇的行政区域为新设栖凤渡镇的行政区域，栖凤渡镇辖25个建制村、6个居委会，总面积103.96平方公里，总人口4.66万人，镇人民政府驻栖凤渡（原栖凤渡镇人民政府驻地）。

三、同意将邓家塘乡、廖家湾乡、良田镇成建制合并，设立良田镇。以原邓家塘乡、廖家湾乡、良田镇的行政区域为新设良田镇的行政区域，良田镇辖 31 个建制村、4 个居委会，总面积 191.92 平方公里，总人口 4.35 万人，镇人民政府驻良田（原良田镇人民政府驻地）。

四、同意将荷叶坪乡、马头岭乡成建制合并，设立马头岭乡。以原荷叶坪乡、马头岭乡的行政区域为新设马头岭乡的行政区域，马头岭乡辖 16 个建制村、2 个居委会，总面积 134.61 平方公里，总人口 2.05 万人，乡人民政府驻马头岭（原马头岭乡人民政府驻地）。

五、同意撤销塘溪乡，设立望仙镇。以原塘溪乡的行政区域为新设望仙镇的行政区域，望仙镇辖 12 个建制村、1 个居委会，总面积 1 54.3 平方公里，总人口 1.38 万人，镇人民政府驻和平（原塘溪乡人民政府驻地）。

六、同意撤销大奎上乡，设立五盖山镇。以原大奎上乡的行政区域为新设五盖山镇的行政区域，五盖山镇辖 8 个建制村、1 个居委会，总面积 1 1 6 平方公里，总人口 1.03 万人，镇人民政府驻大奎上（原大奎上乡人民政府驻地）。

七、撤销白鹿洞镇，设立白鹿洞街道、王仙岭街道、卜里坪街道、观山洞街道。调整许家洞镇的部分行政区划以及苏仙岭街道、南塔街道的管辖范围。

（一）将南塔街道的青年路居委会划出，与原白鹿洞镇的白鹿洞、龙门池、南塔岭 3 个建制村合并设立白鹿洞街道。白鹿洞街道辖 3 个建制村、1 个居委会，总面积 10.1 平方公里，总人口 0.89 万人，办事处驻青年路（原白鹿洞镇人民政府驻地）。

（二）将苏仙岭街道的王仙岭居委会划出，与原白鹿洞镇的上白水、锁石桥 2 个建制村以及郴州高职院范围合并设立王仙岭街道。王仙岭街道辖 2 个建制村、1 个居委会，总面积 1 6.26 平方公里，总人口 0.62 万人，办事处驻郴州大道。

（三）将许家洞镇的茅塘（华湘）居委会划出，原白鹿洞镇的卜里坪、官庄坪、长冲铺、四普庄 4 个建制村和梁家湾居委会合并设立卜里坪街道。卜里坪街道辖 4 个建制村、2 个居委会，总面积 1 9.6 平方公里，总人口 1.22 万人，办事处驻卜里坪。

（四）将苏仙岭街道的湘南学院社区划出，与原白鹿洞镇的下白水、观山洞 2 个建制村合并设立观山洞街道。观山洞街道辖 2 个建制村、1 个居委会，总面积 21.5 平方公里，总人口 1.52 万人，办事处驻郴州大道。

（五）行政区划调整后，苏仙岭街道辖四普庄、陈家湾、胜 利里、解放里、鳌头湾、飞虹路、高山背、苏园路、立交桥、龙船头、苏仙北路、苏仙岭、白鹿洞、南岭山庄、六角亭、杨家坪等 16 个居委会，总面积 5.7 平方公里，总人口 7.24 万人，办事处驻地不变；南塔街道辖北街、龙骨井、南街、裕后街、扎上街、东街、曹家坪、八一路等 8 个居委会，总面积 2.4 平方公里，总人口 3.41 万人，办事处驻地不变；许家洞镇辖许家洞居委会以及焦冲、袁家、何家、天堂、联盟、清泉、黄草、许家洞等 8 个建制村，总面积 59.65 平方公里，总人口 0.98 万人，镇人民政府驻地不变。

上述各项行政区划调整后，苏仙区辖 6 个街道、9 个镇、1 个乡。

接此批复后，请认真做好区划调整后的机构设置、人员安排、资产处置和债权债务转移，以及行政区划图编制等工作，并按照郴州市城市总体规划，整合资源，促进经济社会协调健康发展。

二〇一二年四月二十七日

主题词：行政区划　批复

抄送：省人民政府、省直各有关单位、郴州市民政局

湖南省民政厅办公室　　　　　　　　　　　　　　　2012年4月27日印发

郴州市民政局文件

郴民行发〔2012〕3号

关于转发湖南省民政厅《关于资兴市部分乡镇行政区划调整的批复》的通知

资兴市人民政府：

现将省民政厅《关于资兴市部分乡镇行政区划调整的批复》（湘民行发〔2012〕7号）文件转发给你们，请按批复执行。

附：关于资兴市部分乡镇行政区划调整的批复

二〇一二年三月三十日

湖南省民政厅文件

湘民行发〔2012〕7号

湖南省民政厅关于资兴市部分乡镇行政区划调整的批复

郴州市人民政府：

你市《关于审批资兴市乡镇行政区划调整方案的请示》（郴

政〔2012〕9号）收悉。经研究，并经省人民政府批准，现批复如下：

一、同意将鲤鱼江镇、东江镇成建制合并，设立东江街道。以原鲤鱼江镇、东江填的行政区域为新设东江街道的管辖范围，东江街道辖11个建制村、7个居委会，总面积148.18平方公里，总人口4.66万人，办事处驻凉树湾（原东江镇人民政府驻地）。

二、同意将香花乡、高码乡成建制合并，设立程水镇。以原香花乡、高码乡的行政区域为新设程水镇的行政区域，程水镇辖17个建制村、3个居委会，总面积123.28平方公里，总人口3.01万人，镇人民政府驻文昌阁。

三、同意将坪石乡、何家山乡、兴宁镇成建制合并，设立兴宁镇，并将碑记乡的茶田、岗岭2个建制村成建制划归兴宁镇管辖。以原坪石乡、何家山乡、兴宁镇的行政区域，以及碑记乡的茶田、岗岭2个建制村，为新设兴宁镇的行政区域，兴宇镇辖33个建制村、3个居委会，总面积219.58平方公里，总人口3.45万人，镇人民政府驻管子壕（原兴宁镇人民政府驻地）。

四、同意撤销碑记乡。将碑记乡的石拱、太坪、碑记、高桥、源塘、松木、龙竹7个建制村划归三都镇管辖；将碑记乡的茶坪瑶族村成建制划归唐洞街道管辖。行政区划调整后，三都镇辖14个建制村、5个居委会，总面积68.26平方公里，总人口4.27万人，镇人民政府驻地不变；唐洞街道辖3个建制村、7个居委会，总面积24.63平方公里，总人口5.07万人，办事处驻地不变。

五、同意将彭市乡、州门司镇成建制合并，设立州门司镇；撤销烟坪乡。将原烟坪乡的烟坪、顶辽、大坪、燕窝、双江、坳头、杨公塘7个建制村成建制划归新设州门司镇管辖；将原烟坪乡的兰洞村成建制划归青腰镇管辖。行政区划调整后，州门司镇辖26个建制村、2个居委会，总面积189.98平方公里，总人口2.04万人，镇人民政府驻州门司（原列门司镇人民政府驻地）；青腰镇辖15个建制村、1个居委会，总面积143.79平方公里，总人口1.28万人，镇人民政府驻地不变。

上述各项行政区划调整后，资兴市辖10个镇、8个乡（含2个少数民族乡）、2个街道。

接此批复后，请认真做好区划调整后的机构设置、人员安排、资产处置和债权债务转移，以及行政区划图编制等工作，并按照资兴市城乡总体规划，整合资源，促进经济社会协调健康发展。

二○一二年三月十九日

主题词：行政区划　批复

抄送：省人民政府、省直各有关单位、郴州市民政局

湖南省民政厅办公室　　2012年3月19日印发

桂阳县人民政府文件

桂政发〔2012〕3号

桂阳县人民政府
转发《湖南省民政厅关于桂阳县部分乡镇行政区划调整的批复》的通知

各乡镇人民政府，县政府各部门、直属机构、部门管理机构，省市驻桂各单位：

现将《湖南省民政厅关于桂阳县部分乡镇行政区划调整的批复》（湘民行发〔2012〕6号）转发给你们，请按批复要求执行，并根据县委、县政府有关文件要求，结合城镇规划，做好有关工作。

二〇一二年四月二十六日

湖南省民政厅关于桂阳县部分乡镇行政区划调整的批复

（湘民行发〔2012〕6号）

郴州市人民政府：

你市《关于审批桂阳县乡镇行政区划调整方案的请示》（郴政〔2012〕8号）收悉。经研究，并经省人民政府批准，现批复如下：

一、同意撤销城关镇、黄沙坪镇、城郊乡、正和乡，设立正和镇以及龙潭、鹿峰、黄沙坪3个街道。

以原城郊乡的官溪、西水、极乐、全义、燕山、火田、解放7个建制村和桐子坪居委会，以及原正和乡的正和、付家、豆坪、欧家、黄石铺、阳山、新屋、芦村8个建制村和正和圩居委会，为新设正和镇的行政区域。正和镇辖15个建制村、2个居委会，总面积93.9平方公里，总人口2.39万人，镇人民政府驻桐子坪（原城郊乡人民政府驻地）。

以原城关镇的高码头、北关、八字塘、五云观4个居委会，原城郊乡的城北、昭金、洞水3个建制村，原仁义镇的梧桐建制村，原樟市镇的山背建制村，以及原茶场、良种场、桂阳林场，为新设龙潭街道的管辖范围。龙潭街道5个建制村、4个居委会，总面积75.10平方公里，总人口5.23万人，办事处八字塘（原城关镇人民政府驻地）。

以原城关镇的十字街、南塔、蔡伦井、东塔、百花、北麓、南苑7个居委会，原城郊乡牛巷口、新城、子龙、富阳4个建制村，为新设鹿峰街道的管辖范围。鹿峰街道辖4个建制村、7个居委会，总面积60.17平方公里，总人口5.38万人，办事处驻肖家坳。

以原黄沙坪镇的羊角、上银山、周台、山下4个建制村和桃花园、三好桥、三棵树3个居委会，原共和农场的三关、共和2个建制村和井水坪居委会，原城郊的柏树建制村，以及原太和镇的沙坪建制村，为新设黄沙坪街道的管辖范围。黄沙坪街道辖8个建制村、4个居委会，总面积36.95平方公里，总人口2.13万人，办事处驻黄沙坪（原黄沙坪镇人民政府驻地）。

二、同意将流峰镇、板桥乡、樟木乡成建制合并，设立流峰镇。以原流峰镇、板桥乡和樟木乡的行政区域为新设流峰镇的行政区域，流峰镇辖39个建制村、3个居委会，总面积171.81平方公里，总人口6.89万人，镇人民政府驻流渡桥（原流峰镇人民政府驻地）。

三、同意将飞仙镇、余田乡、十字乡、古楼乡成建制合并设立春陵江镇。以原飞仙镇、余田乡、十字乡和古楼乡的行政区域为新设春陵江镇的行政区域，春陵江镇辖62个建制村、4个居委会，总面积258.09平方公里，总人口9.34万人，镇人民政府驻飞仙桥（原飞仙镇人民政府驻地）。

四、同意将太和镇、清和乡成建制合并，设立太和镇。以原太和镇、清和乡的行政区域为新设太和镇的行政区域，太和镇辖19个建制村、2个居委会，总面积118.39平方公里，总人口3.77万人，镇人民政府驻泡古浪（原太和镇人民政府驻地）。

五、同意将方元镇和燕塘乡成建制合并，设立方元镇。以原方元镇和燕塘乡的行政区域为新设方元镇的行政区域，方元镇辖33个建制村、2个居委会，总面积221.08平方公里，总人口4.88万人，镇人民政府驻方元圩（原方元镇人民政府驻地）。

六、同意将樟市镇、团结圩乡成建制合并，设立樟市镇。以原樟市镇、团结圩乡的行政区域为新设樟市镇的行政区域，樟市镇辖24个建制村、2个居委会，总面积191.83平方公里，总人口4.35万人，镇人民政府驻樟树下（原樟市镇人民政府驻地）。

七、同意将洋市镇、东成乡成建制合并，设立洋市镇。以原洋市镇、东成乡的行政区域为新设洋市镇的行政区域，洋市镇辖23个建制村、2个居委会，总面积171.61平方公里，总人口4.69万人，镇人民政府驻洋布坪（原洋市镇人民政府驻地）。

八、同意将仁义镇、银河乡成建制合并，设立仁义镇。以原仁义镇、银河乡的行政区域，以及莲花坪农场和桂阳渔场，为新设仁义镇的行政区域，仁义镇辖21个建制村、2个居委会，总面积190.33平方公里，总人口3.50万人，镇人民政府驻仁义圩（原仁义镇人民政府驻地）。

九、同意将四里乡、六合乡成建制合并，设立四里镇。以原四里乡、六合乡的行政区域为新设四里镇的行政区域，四里镇辖33个建制村、2个居委会，总面积126.11平方公里，总人口5.31万人，镇人民政府驻四里圩（原四里乡人民政府驻地）。

十、同意将雷坪乡、青兰乡成建制合并，设立雷坪镇。以原雷坪乡、青兰乡的行政区域为新设雷坪镇的行政区域，雷坪镇辖18个建制村、2个居委会，总面积117.98平方公里，总人口3.30万人，镇人民政府驻雷坪圩（原雷坪乡人民政府驻地）。

十一、同意将白水乡、华泉乡成建制合并，设立白水乡。以原白水乡、华泉乡的行政区域为新设白水乡的行政区域，白水乡辖17个建制村、1个居委会，总面积111.74平方公里，总人口1.66万人，乡人民政府驻上唐家（原白水乡人民政府驻地）。

十二、同意撤销欧阳海乡，设立欧阳海镇。以原欧阳海乡的行政区域为新设欧阳海镇的行政区域，欧阳海镇辖19个建制村、1个居委会，总面积100.65平方公里，人口2.69万人，镇人民政府驻天鹅坪（原欧阳海乡人民政府驻地）。

十三、同意撤销浩塘乡，设立浩塘镇。以原浩塘乡的行政区域为新设浩塘镇的行政区域，浩塘镇辖19个建制村、1个居委会，总面积73.66平方公里，人口2.23万人，镇人民政府驻浩塘圩（原浩塘乡人民政府驻地）。

上述各项行政区域区划调整后，桂阳县辖17个镇、6个乡（含2个民族乡）、3个街道。

接此批复后，请认真做好区划调整后的机构设置、人员安排、资产处置和债权债务转移，以及行政区划图编制等工作，并按照桂阳县城乡总体规划，整合资源，促进经济社会协调健康发展。

二〇一二年三月十九日

主题词：民政　行政区划　批复　通知

抄送：县委各部门，县人武部机关。
县人大各办委，县政协各办委，县法院，县检察院。
县工商联，各人民团体。

桂阳县人民政府办公室　　2012年4月26日印发

湖南省民政厅文件

湘民行发〔2015〕95号

湖南省民政厅关于同意
桂阳县乡镇区划调整方案的批复

郴州市人民政府：

你市呈报的《关于桂阳县乡镇行政区划调整的请示》（郴政〔2015〕87号）收悉，按照国务院《关于行政区划管理的规定》第五条、第七条和第八条的规定，经研究并报省人民政府批准，现批复如下：

1. 同意桂阳县乡镇区划调整方案。

2. 同意光明乡、莲塘镇成建制合并设立莲塘镇。新设立的莲塘镇辖38个建制村，2个社区居委会，总面积152.58平方公里，总人口4.73万人，镇人民政府驻莲塘圩（原莲塘镇人民政府驻地）；

同意泗洲乡、流峰镇成建制合并设立流峰镇。新设立的流峰镇辖48个建制村，4个社区居委会，总面积232.63平方公里，总人口8.84万人，镇人民政府驻流渡桥（原流峰镇人民政府驻地）；

同意华山瑶族乡、塘市镇成建制合并设立塘市镇。新设立的塘市镇辖24个建制村，1个社区居委会，总面积110.76平方公里，总人口3.43万人，镇人民政府驻塘湾桥（原塘市镇人民政府驻地）；

同意杨柳瑶族乡、白水乡成建制合并设立白水瑶族乡。新设立的白水瑶族乡辖20个建制村，2个社区居委会，总面积135.35平方公里，总人口2.26万人（其中少数民族人口4698人），乡人民政府驻上唐家（原白水乡人民政府驻地）。

3. 同意桥市1个乡，正和、太和、方元、荷叶、樟市、洋市、雷坪、仁义、和平、敖泉、欧阳海、四里、春陵江、浩塘14个镇的行政区域和龙潭、鹿峰、黄沙坪3个街道的管辖范围以及乡镇人民政府或街道办事处驻地不作调整。

本轮乡镇行政区划调整后，桂阳县共减少4个乡级建制，现辖桥市乡、白水瑶族乡2个乡，正和、太和、方元、荷叶、樟市、洋市、雷坪、仁义、和平、敖泉、欧阳海、莲塘、流峰、塘市、四里、春陵江、浩塘17个镇，龙潭、鹿峰、黄沙坪3个街道共19个乡镇、3个街道，总面积2958.3平方公里，总人口88.6万人，县人民政府驻地不变（龙潭街道）。

湖南省民政厅
2015年11月27日

主动公开

抄送：省委办公厅、省委改革办、省人民政府办公厅、省乡镇区划调整改革领导小组成员单位、郴州市民政局

湖南省民政厅办公室　　2015年11月27日印发

湖南省民政厅文件

湘民行发〔2015〕96号

湖南省民政厅关于同意宜章县乡镇区划调整方案的批复

郴州市人民政府：

你市呈报的《关于宜章县部分乡镇行政区划调整的请示》(郴政〔2015〕88号)收悉,按照国务院《关于行政区划管理的规定》第五条、第七条和第八条的规定，经研究并报省人民政府批准，现批复如下：

1. 同意宜章县乡镇行政区划调整方案。

2. 同意平和乡和杨梅山镇成建制合并设立杨梅山镇。新设立的杨梅山镇辖19个建制村，2个社区居委会，总面积116.81平方公里，总人口2.67万人，镇人民政府驻高枧（原杨梅山镇人民政府驻地）；

同意白沙圩乡和笆篱乡成建制合并设立笆篱镇。新设立的笆篱镇辖32个建制村，1个社区居委会，总面积141.24平方公里，总人口4.53万人，镇人民政府驻白沙圩（原白沙圩乡人民政府驻地）；

同意梅田镇与麻田镇成建制合并设立梅田镇。新设立的梅田镇辖24个建制村，2个社区居委会，总面积134.46平方公里，总人口5.86万人，镇人民政府驻梅田街（原梅田镇人民政府驻地）。

3. 同意撤销五岭乡设立五岭镇。五岭镇的行政区域为原五岭乡的行政区域，下辖21个建制村，总面积146.6平方公里，总人口3.62万人，镇人民政府驻桃子湾(原五岭乡人民政府驻地)；同意撤销里田乡设立里田镇。里田镇的行政区域为原里田乡的行政区域，里田镇辖15个建制村，1个社区居委会，总面积65.02平方公里，总人口2.09万人。镇人民政府驻里田街（原里田乡人民政府驻地）；

宜章县乡镇区划调整方案：调整后下辖5乡14镇

湖南省民政厅
2015年11月26日

主动公开

抄送：省委办公厅、省委改革办、省人民政府办公厅、省乡镇区划调整改革领导小组成员单位、郴州市民政局

湖南省民政厅办公室　　2015年11月26日印发

中共永兴县委办公室文件

永办发〔2015〕24号

中共永兴县委办公室
永兴县人民政府办公室
关于印发《永兴县乡镇区划调整改革实施方案》的通知

各乡镇党委、人民政府，县直机关各单位、各人民团体、县属以上企事业各单位：

《永兴县乡镇区划调整改革实施方案》已经县委、县政府同意，现印发给你们，请认真组织实施。

中共永兴县委办公室
永兴县人民政府办公室
2015年11月17日

永兴县乡镇区划调整改革实施方案

为加快推进我县农村改革，增强乡镇经济发展活力，促进城乡一体化发展，根据省委、省政府《关于开展乡镇区划调整改革工作的意见》（湘发〔2015〕15号）、《郴州市乡镇区划调整改革工作方案》（郴办发〔2015〕25号）等文件精神和省市乡镇区划调整改革工作会议精神，按照省委省政府、市委市政府统一部署，结合我县实际，制定本方案。

一、指导思想

深入贯彻落实党的十八大及十八届三中、四中、五中全会精神和习近平总书记系列重要讲话精神，立足实际，以全面深化农村综合改革为主线，与乡镇换届统筹，着力优化结构布局，提升公共服务能力，积极推进乡镇区划调整，促进全县乡镇布局更加合理、结构更加优化、发展更加科学、运行更加高效、服务更加优质。

二、基本原则

（一）因地制宜，科学规划。紧密结合我县新型城镇化规划，充分考虑各乡镇自然地理条件、经济社会发展水平、行政管理、规划发展以及民俗文化、历史沿革和群众生产生活习惯等综合因素，科学确定乡镇规模和布局。

（二）促进发展，服务群众。把促进要素资源整合，促进发展和服务群众作为区划调整改革的首要因素，把乡镇区划调整与推进新型城镇化、促进城乡发展一体化、发展现代农业结合起来，着力做大做强县政府驻地镇，强化其综合承载力和辐射带动力，做到既有利于优化资源配置、促进乡镇经济发展，又便于有效管理、提升公共服务能力。

（三）理顺关系，转变职能。在乡镇区划调整改革的同时，积极稳妥地做好乡镇机构改革工作，进一步理顺县、乡两级人民政府管理体制，坚持重心下移、强基固本，理顺经济发展、社会事业、公共服务、社会治理、公共基础设施运行管理等方面的体制机制，精简机构、降低成本、激发活力，提升效能。

（四）依法有序，稳步推进。坚持依法依规、有序推进，严格遵守区划调整、财政税收、国土资源、组织人事等方面的法律法规。坚持公平、公正、公开，尊重群众意愿，尊重合理利益诉求。

三、目标任务及时限要求

（一）目标任务。全县乡镇区划调整改革目标任务：减少6个乡镇，由21个乡镇调整为15个乡镇，减幅28.57%；减少100个建制村，减幅29.25%。重点扩大县政府驻地镇规模，区划调整后的县政府驻地镇便江镇常住人口达到25万以上，辖区面积达到200平方公里以上，为便江镇改设街道办事处打基础，街道办事处按人口5万～10万人，面积30万～50万平方公里标准设置。着力做大做强中心镇，中心镇人口应多于同类乡镇的平均人口。

（二）时限要求。合并乡镇工作于2015年10月初启动，2015年12月20日前完成；合并建制村工作与合并乡镇工作分步实施，与全县第十次村民委员会换届工作基本同步，在乡镇换届前完成（具体方案另行制定）。

四、调整内容

按照“扩大县城规模”“做强中心镇实力，发挥聚集作用和幅射功能”、小乡小镇合并及尊重历史沿革、民俗文化、群众生产生活习惯等原则进行调整。具体调整内容如下：

1. 湘阴渡镇、塘门口镇及油市镇田心村、石塘村、燕尾村3个建制村与便江镇成建制合并，设立便江镇。

行政区划调整后，便江镇辖13个社区居委会、60个建制村，总面积359.3平方公里，总人口30.3万人；镇人民政府驻水南村（现便江镇人民政府驻地），面积5.52平方公里，人口0.24万人。

2. 油市镇儒林村、大杨村、油市村、坪洞村、车田村、冷水村、新塔村、高冲村、禾巷村9个建制村和油市社区居委会成建制并入高亭镇，设立高亭司镇。

行政区划调整后，高亭司镇辖2个社区居委会、23个建制村，总面积75.2平方公里，总人口5.1万人；镇人民政府驻油市村（现油市镇人民政府驻地），面积3.24平方公里，人口0.23万人。

3. 复和镇与马田镇成建制合并设立马田镇。

行政区划调整后，马田镇辖6个社区居委会、33个建制村，总面积126.5平方公里，总人口10.4万人；镇人民政府驻马田村（现马田镇人民政府驻地），面积1.65平方公里，人口0.45万人。

4. 三塘乡与油麻乡成建制合并设立油麻镇。

行政区划调整后，油麻镇辖1个社区居委会、19个建制村，总面积93.2平方公里，总人口5.0万人；镇人民政府驻易家村（现油麻乡人民政府驻地），面积6.71平方公里，人口0.27万人。

5. 香梅乡与金龟镇成建制合并设立金龟镇。

行政区划调整后，金龟镇辖1个社区居委会、27个建制村，总面积93.8平方公里，总人口4.0万人；镇人民政府驻曹家边村（现金龟镇人民政府驻地），面积2.08平方公里，人口0.10万人。

行政区划调整后，我县乡镇数为15个（11镇4乡），辖油麻镇、悦来镇、马田镇、高亭司镇、洋塘乡、便江镇、黄泥镇、金龟镇、樟树镇、太和镇、柏林镇、鲤鱼塘镇、大布江乡、龙形市乡、七甲乡，全县乡镇平均面积为132平方公里、平均人口为4.6万人。

五、工作步骤

（一）准备阶段（2015年10月初至11月20日）

1. 成立机构，安排部署工作。召开县委常委会议、县政府常务会议、领导小组成员会议，研究部署乡镇区划调整改革工作，成立领导机构和组建工作班子，安排工作经费。

2. 开展调研，广泛征求意见。乡镇区划调整改革领导小组办公室组织开展调研和征求意见工作，通过召开乡镇干部、村干部座谈会，离退休老干部座谈会和县人大代表、政协委员、县直部分单位主要负责人座谈会，访谈部分县内知名人士，宣传乡镇区划调整改革工作，掌握乡镇区划调整第一手资料。

3. 因地制宜，制定配套政策。组织、宣传、纪检监察、政法、编办、农村工作部、发改、教育、财政、人社、交通运输、卫计、审计部门出台乡镇区划调整改革配套政策和工作措施，明确有关政策、工作纪律和要求。

4. 反复论证，制定预备方案。在深入调研的基础上，集思广益，反复论证，制定具体详细的初步实施方案，经县政府常务会议，县委常委会议研究确定乡镇区划调整改革预备实施方案，于11月20日前将方案呈报市人民政府。

（二）实施阶段（2015 年 11 月 21 日—12 月 20 日）

1. 召开全县乡镇区划调整改革动员大会，对乡镇区划调整改革工作进行全面动员和部署，并组织相关工作人员进行业务培训。

2. 根据研究确定的乡镇区划调整预备实施方案，严格按照规定的审批程序，逐级办理乡镇区划调整报批手续。县乡镇区划调整领导小组要切实加强对乡镇区划调整改革工作的指导。

3. 做好相应的组织人事安排工作；开展乡镇财务、国有资产、文书档案、印章等清理移交工作。

4. 12 月 20 日前根据省政府批复，乡镇合并工作基本实施到位，对合并乡镇组建好新的领导班子，并挂牌运行。

（三）总结阶段（2015 年 12 月 21 日—2016 年 1 月 10 日）

1. 各有关乡镇对区划调整改革工作进行总结，并上报县乡镇区划调整改革领导小组办公室。

2. 对全县乡镇区划调整改革工作进行自查自纠，突出抓好合并乡镇的机构设置、干部职数、人员安置、便民服务、乡镇资产处置、债务债权清理等内容。

3. 收集整理资料，建立健全档案，总结全县乡镇区划调整改革工作，并上报省市政府。

4. 迎接省市对我县乡镇区划调整改革工作的检查验收。

六、工作要求

（一）加强组织领导，统一思想认识。全县各级各部门要充分认识乡镇区划调整改革的必要性和重要性，把思想行动统一到县委、县政府的决策部署上来，把乡镇区划调整改革作为一项打基础、利长远的重大基础性改革来抓。为切实加强对此项工作的领导，成立永兴县乡镇区划调整改革领导小组，由县委书记袁卫祥任组长，县委副书记、县政府县长王卫东任第一副组长，县委副书记韦华任常务副组长，县人大常委会主任陈晓云、县政协主席曹武明，县委常委、县纪委书记谭瑞昌，县委常委、县委组织部部长、县委统战部部长李亮学，县委常委、县政府常务副县长陈占华，县委常委、县委政法委书记傅景龙，县委常委、县委宣传部部长曹玉春，县委常委、县委办主任陈一之，县人大常委会党组副书记、副主任周林根，县政府副县长文建军，县政协副主席候选人许平江任副组长；县纪委监察局、县委办、县政府办、县委组织部、县委宣传部、县委政法委、县委编办、县委农村工作部、县人大内司工委、县发改局、县公安局、县教育局、县民政局、县财政局、县人社局、县国土资源局、县住建局、县交通运输局、县水利局、县林业局、县卫计局、县审计局、县统计局、县政协提案委、县档案局、县农经局、县规划局等单位主要负责人为成员。领导小组下设办公室和区划调整组、乡镇机构改革组、清产核资组 3 个工作组。办公室由李亮学任主任，文建军任常务副主任，廖翔鲲、王日明、袁亚玲任副主任，办公地点设在县民政局，从相关乡镇及组织、纪检、财政、审计、民政、国土、卫计等部门抽调专人集中办公，具体负责全县乡镇区划调整改革的组织实施。区划调整组由韦华任组长，具体负责全县乡镇合并工作的业务指导；乡镇机构改革组由李亮学任组长，具体负责合并乡镇机构设置、组织人事安排等工作；清产核资组由陈占华任组长，具体负责合并乡镇国有资产处置、债权债务清理以及交通道路、农村电网、卫生计生服务机构和农村学校设置等配套政策的落实。成立由联系合并乡镇的县级领导任队长，抽调领导小组成员单位工作人员为队员的工作队，协调处理在乡镇区划调整改革过程中出现的问题，并在乡村召开村民代表会、乡镇座谈会、乡镇人大主席团会时，做好现场指导等相关工作。各乡镇也要成立相应领导机构和工作机构，组建专门工作班子，明确专人具体负责，把乡镇区划调整改革工作作为当前一项重点工作来抓，确保此项工作顺利有序推进。

（二）加强宣传发动，营造良好氛围。乡镇区划调整改革工作政策性强，时间紧，任务重。要通过会议座谈、广播电视、宣传资料、标语横幅等多种形式宣传乡镇区划调整改革的重要意义和有关政策，做好群众的思想工作，尊重群众意愿，全力以赴做好乡镇区划调整改革各项工作。

（三）加强协调配合，形成工作合力。乡镇区划调整改革是一项要求高、涉及面广、综合性强的系统性工作，县委、县政府负责全县乡镇区划调整改革的总体部署；县乡镇区划调整改革领导小组成员单位要各司其职，按照职责分工抓好相关配套政策的制定实施，加强协作配合，全力推进改革，形成部门配合、上下联动的工作格局。

（四）清理移交财产，确保资产安全。被合并乡镇的党政机关、群众团体、事业单位所有财政预算内（外）收支、债权、债务，资产和全部会计资料、文书档案，乡（镇）企业办所有资产、负债和权益，其他应清理移交的财产、财务等，均属清理移交的范围。被合并乡镇的资产和债权债务在清理核实后原则上一并纳入新设立的乡镇统一管理，乡镇资产和债权债务的处理根据《湖南省乡镇财政管理条例》的有关规定执行。被合并乡镇的领导及相关人员必须按照财产财务清理、交接的要求认真清理债权、债务，编制交接清册，完善交接手续，确保财产财务清理、交接工作程序合法，手续完备。

（五）严肃工作纪律，确保政令畅通。认真执行湘纪发〔2015〕6号文件精神，确保乡镇区划调整改革工作稳妥推进。严格政治纪律，各级党员干部特别是领导干部要带头支持区划调整改革工作，严禁散布扰乱区划调整的谣言，严禁有扰乱区划调整的行为。严格组织纪律，严禁擅离职守、失职渎职，自觉维护大局，自觉服从组织安排，不得以任何理由拒绝组织调配。严格财经纪律，严禁违规转移变卖财物，严禁侵占、挥霍国家和集体资产。严格廉政纪律，严禁借机突击花钱、滥发钱物等。严格督查执纪问责，对工作拖延落实不到位的要严格追究责任，对顶风违纪行为要严肃处理、问责到位。

（六）维护社会稳定，保障顺利推进。为切实维护社会稳定，坚持做到“四个不变”：一是坚持包括农村基本经营制度在内的党的农村各项方针政策不变；二是所有依法形成的经济关系不变；三是现有国家、集体、个人财产（包括山林、矿产、水资源等）性质不变；四是现有乡镇干部、职工的身份、职级、工资待遇不变。为保持稳定，开展并乡（镇）合村的地方，要暂停森林砍伐、国有集体资产拍卖的审批；暂停乡镇人员招聘工作，以免增加人、财、物管理的难度。

七、有关事项

（一）关于乡镇建制。合并后新设乡镇行政区划建制按以下原则确定：镇与镇合并继续设镇；乡与镇合并可以设镇；乡与乡合并继续设乡，符合设镇条件的可按程序申报设镇；经济规模、城镇化率高，发展速度快的县城乡镇可按程序申报改设街道。

（二）关于乡镇人民政府驻地。合并后新设立的乡镇人民政府驻地选择，由县里根据本区域内经济、政治、文化发展状况和地理位置统筹考虑设定，报省人民政府审批。遵照中央关于禁止新建楼堂馆所的相关规定，不新建乡镇治所。为方便群众办事，可从实际出发，在被合并乡镇人民政府原驻地设置片区便民服务中心，作为服务群众办事的窗口，片区便民服务中心的存续时限由合并后新乡镇根据需要自行决定。

（三）关于新设乡镇名称确定。尽可能以原有乡镇名称中的一个作为合并后新乡镇的名称。新设乡镇政区名称的命名，要尊重历史、传承文化、突出特色，反映辖区内干部群众的美好愿望和良好追求，并广泛征求当地干部群众意见。

（四）合并乡镇机构编制和人员安置

1、合并乡镇机构设置。在乡镇党政机构不超过 4 个、事业站所不超过 6 个的限额内，根据合并乡镇的类型和规模，确定党政机构设置形式和数额，一般可设置党政综合办公室、经济发展办公室、社会事务办公室等 3 ~ 4 个。确因工作需要，党政机构和事业站所可加挂牌子，但每个乡镇加挂牌子的总数一般不超过 3 个。

2、规范合并乡镇领导职数配备和人员安置。乡镇领导职数的配备一般包含党委书记、乡（镇）长、党委副书记、纪委书记、党委委员、副乡（镇）长、人大主席、武装部长等。其中一、二类乡镇不超过 9 名,三、四类乡镇不超过 7 名。在法律和有关政策规定允许的范围内，适当扩大乡镇党政领导班子成员交叉任职。人大、政协联络、武装部有关工作负责人员的配备，须在规定的乡镇领导职数范围内统筹考虑。

乡镇合并后因职数减少不能继续担任乡镇领导职务的干部，应结合政府机构改革和乡镇区划调整改革统筹安排，在领导职数内安排确有困难的，允许在 5 年过渡期内暂时超职数配备领导干部。严格执行干部任用条例和公务员法有关规定，根据工作需要，尊重干部意愿，可采取就地安排任职、交流使用、职数限额内改任非领导职务、晋升职级退出现任职务、提前退休等途径，妥善做好合并乡镇领导班子成员和干部职工安排。鼓励干部到村、社区担任“第一书记”。

（五）乡村道路建设和电力农网改造。落实全省乡镇区划调整改革工作要求，加快完善乡镇、村基础设施条件，重点加快合并后的乡镇、村的交通网络、电力网络体系建设，统筹推进新农村建设和小城镇发展，为广大农民群众生产生活提供便利。优先规划建设新组建乡镇、村与被合并乡镇、村之间的连通道路。对于合并后达到一定规模的乡镇，优先规划高等级公路连接政府驻地。进一步完善农村公路路网结构，逐步解决合并村断头路问题，提高重要线路的技术等级，完善安保设施，不断增强农村公路服务农村经济社会发展的能力。加大农网投资力度，切实解决乡镇和建制村合并后配电网薄弱、变压器不足等问题。

（六）乡镇和建制村卫生计生服务机构设置。根据省市要求，坚持便民利民，促进农村卫生计生事业发展，因地制宜，分类指导，合理调整设置乡镇、村卫生计生服务机构，优化配置农村医疗卫生和计划生育服务资源。原则上每个建制乡镇设置一所政府举办的乡镇卫生院，并加挂“妇幼保健计划生育服务站”牌子。因乡镇合并造成当地居民就医不便的，可保留合并乡镇合并前原有的卫生院，逐级上报到省卫计委审核备案。

建制村调整后，原则上每个建制村设置 1 所村卫生室（即建制村卫生室），承担辖区内农村居民基本公共卫生服务和基本医疗服务。

（七）调整农村义务教育学校布局。科学规划农村义务教育学校布局，规范义务教育工作，切实保障适龄少年儿童受教育权益。按要求科学合理设置全县乡镇区划调整改革涉及的义务教育学校，保持现有学校的相对稳定，尽量不改变现有学校总体布局，同时依据生源变化等需要适时新建、合并和恢复学校，做到动态平衡。

（八）财政奖补政策。对合并的乡镇和建制村给予一定的奖补，主要用于改善和提升乡镇、村公共服务能力，同时可以用于化解乡镇、村历史债务。

附件：1. 永兴县乡镇区划调整改革工作流程

2. 永兴县乡镇区划调整改革工作队人员安排表

附件 1

永兴县乡镇区划调整改革工作流程一览表

工作步骤	工 作 流 程	时间要求	实施主体
准备阶段（2015 年 10 月初至 11 月 20 日）	1. 成立领导机构和组建工作班子	10 月初	县委办、县政府办
	2. 深入调研、广泛征求县四大家和县直部门、乡、村及社会各界意见，初步拟定乡镇区划调整实施方案（方案中应有乡镇合并具体调整内容）	10 月 7—17 日	县乡镇区划调整改革领导小组办公室
	3. 组织、宣传、纪检监察、政法、编办、农村工作部、发改、教育、财政、人社、交通运输、卫计、审计等部门制定乡镇区划调整改革配套政策和工作措施	11 月 11 日	相关单位
	4. 召开乡镇区划调整改革领导小组会议，讨论乡镇区划调整改革实施方案	11 月 12 日	县乡镇区划调整改革领导小组办公室
	5. 召开县政府常务会议或县五家领导会议，讨论研究乡镇区划调整改革初步实施方案和配套政策	11 月 13 日	县乡镇区划调整改革领导小组办公室、县政府办
	6. 召开县委常委会讨论研究，形成预备实施方案	11 月 13 日	县乡镇区划调整改革领导小组办公室、县委办、县政府办
	7. 将乡镇区划调整改革预备实施方案上报市政府	11 月 20 日前	县乡镇区划调整改革领导小组办公室

续表

工作步骤	工作流程	时间要求	实施主体
实施阶段（2015年11月21日—12月20日）	8. 召开全县乡镇区划调整改革动员大会，对乡镇区划调整改革工作进行全面动员和部署，并组织相关工作人员进行业务培训	11月20日前	县乡镇区划调整改革领导小组办公室、县委办、县政府办
	9. 涉及调整乡镇的村（社区）召开村（居）民代表，小组长、党员、村支两委干部会议，征求意见	11月21—23日	县乡镇区划调整改革领导小组办公室、区划调整驻乡镇工作队及合并乡镇
	10. 涉及调整的乡镇召开乡镇干部、人大代表、政协委员及辖区的支部书记、村主任，事业站所负责人、学校、医院负责人参加的座谈会，征求意见		
	11. 涉及调整的乡镇政府召开党政联席会议并出具表态意见，同时，向乡镇人大主席团提请审议乡镇合并意见；乡镇人大主席团讨论，形成决议；乡镇政府向县政府提交请示		
	12. 召开乡镇合并专家论证会，就乡镇合并方案、新设乡镇名称、政府驻地征求专家意见，形成专家论证会议纪要	11月19—23日	县乡镇区划调整改革领导小组办公室
	13. 开展乡镇合并社会稳定风险评估，形成评估报告，并针对风险点制定预案	11月19—23日	以县委政法委为主，县乡镇区划调整改革领导小组办公室协助完成
	14. 召开县政府常务会，研究讨论调整方案并提请县人大常委会、县政协常委会讨论，分别形成县人大常委会决定、县政协委员会意见	11月23—25日	县乡镇区划调整改革领导小组办公室、县政府办、县人大办、县政协办
	15. 县政府向市政府提交乡镇合并实施方案请示，同时抄送市民政局，市政府审核后向省政府提交请示，同时报送省民政厅	11月25日前	县乡镇区划调整改革领导小组办公室
	16. 省政府审批、市政府转发批复通知	12月20日前	
	17. 省政府审批后，合并乡镇定班子、挂牌子	12月20日前	县乡镇区划调整改革领导小组办公室及合并乡镇
总结阶段（2015年12月21日—2016年1月10日）	18. 各合并乡镇对区划调整改革工作进行总结，上报乡镇区划调整改革领导小组及办公室	2015年12月21日至2016年1月10日	县乡镇区划调整改革领导小组办公室及合并乡镇
	19. 对全县乡镇区划调整改革工作进行自查自纠，突出抓好合并乡镇的机构设置、干部职数、人员安置、便民服务、乡镇资产处置、债务债权清理等内容		
	20. 收集整理资料，健全档案，总结全县乡镇区划调整改革工作并上报省、市政府		
	21. 迎接省市政府对我县乡镇区划调整改革工作的检查验收		

附件 2

永兴县乡镇区划调整改革工作队人员安排一览表

合并乡镇	联系领导（队长）	常务副队长	队 员
湘阴渡镇	王卫东、王在严、陈国勇	县政府办（曹海波）	县交通运输局（王务春）、县统计局（郭中军）
塘门口镇	周少波、周露	县委编办（许瑜）	县农经局（雷兴）
便江镇	韦华、李本炎、蒋刚、刘国庆、曹世平	县人社局（李海龙）	县水利局（许孔金）、县规划局（倪黄鑫）
油市镇	谭瑞昌、许平江、刘明光	县纪委监察局（廖笙材）	县国土资源局（王建军）
高亭镇	黄谊、刘志刚	县住建局（李建军）	县林业局（李高峰）
复和镇	傅景龙、曹明利	县委政法委（李廷）	县公安局（黄平衡）、县教育局（王常元）
马田镇	袁卫祥、陈一之、刘炎山	县委办（王智）	县委农村工作部（江兰芳）、县卫计局（杨少林）
三塘乡	李志珍、罗志卫	县委组织部（陈平）	县财政局（郭承玲）
油麻乡	周林根、李晓东	县民政局（邝成刚）	县委宣传部（曾翔）
香梅乡	何淼仁、罗建军	县政协提案委（彭绍兵）	县审计局（朱旭东）
金龟镇	陈晓云、罗艳花	县人大内司工委（曹贤兵）	县发改局（刘军玉）、县档案局（雷云）

湖南省民政厅文件

湘民行发〔2015〕97 号

湖南省民政厅关于同意永兴县乡镇区划调整方案的批复

郴州市人民政府：

你市呈报的《关于永兴县部分乡镇行政区划调整的请示》（郴政〔2015〕89 号）收悉，按照国务院《关于行政区划管理的规定》第五条、第七条和第八条的规定，经研究并报省人民政府批准，现批复如下：

1. 同意永兴县乡镇区划调整方案。

2. 同意复和镇、马田镇成建制合并设立马田镇。新设立的马田镇辖 33 个建制村、6 个社区居委会，总面积 126.5 平方公里，总人口 10.4 万人，镇人民政府驻马田圩（原马田镇人民政府驻地）；

同意三塘乡、油麻乡成建制合并设立油麻镇。新设立的油麻镇辖 19 个建制村、1 个社区居委会，总面积 93.2 平方公里，总人口 5.0 万人，镇人民政府驻易家村（原油麻乡人民政府驻地）；

同意香梅乡、金龟镇成建制合并设立金龟镇。新设立的金龟镇辖 27 个建制村、1 个社区居委会，总面积 93.8 平方公里，总人口 4.0 万人，镇人民政府驻曹家边（原金龟镇人民政府驻地）。

3. 同意撤销油市镇，将其行政区域分别划入新设立的便江镇、高亭司镇。

4. 同意湘阴渡、塘门口、便江 3 个镇成建制合并设立便江镇。新设立的便江镇辖 60 个建制村（含原油市镇田心、石塘、燕尾 3 个建制村）、13 个社区居委会，总面积 359.3 平方公里，总人口 30.3 万人，镇人民政府驻水南村（原便江人民政府驻地）；

同意高亭镇改设为高亭司镇。新设立的高亭司镇辖 23 个建制村（含原油市镇儒林、大杨、油市、坪洞、车田、冷水、新塔、高冲、禾巷 9 个建制村）、2 个社区居委会（含原油市镇的油市社区居委会），总面积 75.2 平方公里，总人口 5.1 万人，镇人民政府驻油市村（原油市镇人民政府驻地）。

5. 同意悦来、黄泥、樟树、太和、柏林、鲤鱼塘6个镇，洋塘、大布江、龙形市、七甲4个乡的行政区域和乡镇人民政府驻地不变。

本轮乡镇行政区划调整后，永兴县共减少6个乡级建制，现辖油麻、悦来、马田、高亭司、便江、黄泥、金龟、樟树、太和、柏林、鲤鱼塘11个镇，洋塘、大布江、龙形市、七甲4个乡，总面积1979平方公里，总人口70万人，县人民政府驻地便江镇名称不变。

湖南省民政厅

2015年11月27日

主动公开

抄送：省委办公厅、省委改革办、省人民政府办公厅、省乡镇区划调整改革领导小组成员单位、郴州市民政局

湖南省民政厅办公室　　2015年11月27日印发

中共嘉禾县委办公室（通知）

嘉办字〔2012〕3号

中共嘉禾县委办公室
嘉禾县人民政府办公室
关于印发《嘉禾县乡镇区划调整工作实施方案》的通知

各乡镇党委、乡镇人民政府，县直机关各单位、各人民团体、县属以上企事业各单位：

《嘉禾县乡镇区划调整改革实施方案》已经县委、县政府同意，现印发给你们，请遵照执行。

中共嘉禾县委办公室
嘉禾县人民政府办公室
2012年2月9日

嘉禾县乡镇行政区划调整工作实施方案

根据全市乡镇机构和行政区划调整工作会议及《中共郴州市委办公室、郴州市人民政府办公室关于印发郴州市乡镇行政区划调整工作意见的通知》（郴办发〔2011〕22号）精神，按照市委、市政府统一部署，结合我县实际，制定本实施方案。

一、指导思想

以邓小平理论和“三个代表”重要思想为指导，全面贯彻落实科学发展观，以法律法规和相关政策为依据，按照“县城扩大、中心镇做强、小乡镇合并”的思路，合理调整乡镇规模和布局，减少乡镇总量，实现乡镇设置规划科学、布局合理、规模适度，为加快嘉禾经济社会发展、推进城乡一体化建设、建设美好和谐新嘉禾创造有利每件。

二、基本原则

1. 平稳有序推进，促进社会和谐。平稳和谐是乡镇区划调整成败的关键。要以有利于化解矛盾为出发点，分步骤、有计划推进，层层落实工作责任制，全力以赴维护社会稳定，深入排查影响稳定的苗头及隐患，将矛盾化解在基层，将问题解决在萌芽状态。要严格按照有关法律法规和《国务院关于行政区划管理的规定》等政策要求进行乡镇行政区划的调整变更，切实维护群众的合法权益。要强化信息报送工作，健全突发事件应急处理机制，确保农村社会的大局稳定。

2. 服从总体规划，利于区域发展。乡镇行政区划调整要立足实际，着眼长远，统筹兼顾，规模适度。要充分结合全县“十二五”规划和城乡一体化规划，适应工业、农业、物流、商贸、生态等五大整体板块的总体规划，按照“做大县城、做强中心镇、撤并小乡镇”的思路合理调整乡镇区划，使之有利于资源的优化配置，形成具有竞争力的支柱产业；有利于以强带弱、以近带远，激活偏远贫困乡镇的发展活力；有利于乡镇行政管辖，方便群众，提高乡镇行政管理效能。拟将我县17个乡镇撤并为13个乡镇，乡镇规模要求：乡镇面积原则上以50平方公里至120平方公里为宜，人口：一般乡镇原则上2万人左右，中心乡镇原则上3万人以上，县城驻地镇9万人以上。

3. 优先融城扩镇，利于产业集群。城市建设是地方经济社会发展的重要体现，要把做大县城扩大中心镇放在这次乡镇区划调整曲突出位置。要符合“东延西进、南提北扩”的县城总体规划，使县城人口增加到9万人以上。重点结合新城区的建设规划，加快周边乡镇融城步伐，提升城市品位。同时，要充分利用这次调整的机会，在区划上优化配置，做大做强煤炭、烟草产业；结合我县“一园五区”的建设规划，做大做强铸造、锻造产业，促进产业集约集群集聚，全力打造“江南铸都”。

4. 尊重历史沿革，顺应民俗风情。历史文化是一个地方的灵魂，尊重历史沿革，就是尊重一个地方的发展渊源；顺应民情风俗，就是顺应群众的生活习惯。历史上有过合并的乡镇和村要优先调成一体，风俗民情相近相似的乡镇和村要尽量调成一块，尽可能实行成建制撤并。

5. 利于服务群众，促进便民利民。改善和保障民生是乡镇区划调整的根本目标。乡镇区划调整要充分考虑群众出行、办事、赶圩、安全等因素。新设乡镇要符合当地行政区划要求发展规律，乡镇驻地原则上应选择交通发达的原乡镇驻地，不另选择第三地，以便提高为民服务效率，把服务往基层前移，方便群众生产和生活。

三、调整内容

2010年全县总面积699.38平方公里，总人口38.32万人，辖8镇9乡，275个村（居）委会，地区生产总值67.92亿元，财政总收入43706万元，城镇居民人均可支配收入13735元，农民人平纯收入5586元。根据市委、市政府安排部署，我县组织有关部门调查研究，拟撤并4个乡镇，具体调整为：

1. 按照“扩大县城规模、成建制撤并”的思路，将钟水乡、石羔乡及莲荷乡全部成建制合并到城关镇，名称暂定为珠泉镇，镇政府驻地嘉禾县城。新设立的珠泉镇辖38个行政村、9个社区居委会，国土总面积 120 平方公里，总人口 9.6 万人。

2. 按照“做强中心镇”的思路，将泮头乡划归袁家镇，合并后的袁家镇下辖 24 个行政村、4 个社区居委会，国土总面积为 52.41 平方公里，总人口 3 万人，镇政府驻地不变。

3. 按照“尊重民意，便民利民”的思路，将盘江乡的云里村划归广发乡，合并后的广发乡下辖 23 个行政村、1 个社区居委会，国土总面积为 68.35 平方公里，总人口 3.6 万人，乡政府驻地不变。

调整后，我县行政区划由 17 个乡镇（8 镇 9 乡）整合为 13 个乡镇（8 镇 5 乡），乡镇平均面积由原来的 40.96 平方公里扩大到 53.56 平方公里，乡镇平均人口由原来的 2.25 万人增加到 2.95 万人。

四、实施步骤

我县乡镇行政区划调整工作从 2011 年 10 月份开始，到 2012 年 4 月底结束，分 5 个阶段进行。

1. 成立班子，加强组织领导（2011 年 10 月 20 日前）

此次乡镇行政区划调整工作的时间紧、任务重、要求高、政策性强。为切实加强对此项工作的领导，成立嘉禾县乡镇行政区划调整工作领导小组。

2. 宣传发动征求意见阶段（2011 年 10 月 21 日至 2012 年 1 月 20 日）

通过会议座谈、广播电视宣讲、宣传资料发放、悬挂标语横幅等多种形式，广泛宣传乡镇区划调整的重要意义和有关法律政策，统一干群思想，为乡镇区划调整工作奠定思想基础，营造良好氛围。同时，公开征求乡镇行政区划调整方案意见，把征求意见座谈会开到村组，把调查问卷表发至基层老党员、老干部、群众代表，广泛征求意见，确定乡镇区划调整方案。

3. 上报审批，撤并挂牌阶段（200 年 1 月 21 日至 4 月 30 日）

（1）2 月 10 日前，召开全县乡镇行政区划调整工作动员大会，进行乡镇行政区划调整工作动员和布置，并组织相关人员进行业务培训。

（2）2 月 29 日前，拟撤并乡镇人民政府向县人民政府提交关于撤并乡镇人大主席团会议决议和乡镇人民政府关于乡镇行政区划调整的请示。

（3）3 月 15 日前，县人民政府向市、省人民政府提交嘉禾县人大常委会议关于嘉禾县乡镇行政区划调整决议和嘉禾县人民政府关于嘉禾县乡镇行政区划调整的请示。

（4）4 月 20 日前，新设立乡（镇）人事安排到位。

（5）4 月 30 日前，新乡（镇）人民政府挂牌。

4. 财务资产清理处置阶段（2012 年 2 月 10 日至 4 月 15 日）

在做好以上工作的同时，财务清理处置工作一并进行。

（1）2 月 10 日前，成立财务资产清理处置工作组。

（2）3 月 30 日前，完成财务资产清理处置。

（3）4 月 15 日前，完成财务资产清理处置建档移交。

5. 工作总结阶段（2012 年 5 月初）

县委、县政府组织相关部门对各乡镇区划调整工作进行检查验收，并召开表彰会议，对在乡镇区划调整工作中的先进单位和个人予以表彰。

五、工作要求

1. 提高认识，加强领导。乡镇行政区划调整工作政策性强、时间紧、任务重，事关改革发展稳定大局，也是对各级领导班子执政能力、执政智慧和大局意识的考验。县委、县政府成立乡镇行政区划调整工作领导小组，安排必要的工作经费。各乡镇党委、政府要在县乡镇行政区划调整工作领导小组的指导下，统一思想、顾全大局，把乡镇行政区划调整工作摆在重要议事日程，切实加强领导，成立相应的工作班子，做到党政一把手亲自抓，并确保工作经费。同时县委、县政府从县直机关单位抽调一批工作人员组成工作指导小组，派驻拟撤并乡镇，加强对乡镇行政区划调整工作的指导、督促和统筹协调。

2. 通力协作，形成合力。各职能部门在乡镇行政区划调整工作中要严格按照嘉办发（2011）115 号规定的职责要求，各负其责，密切配合，切实解决乡镇行政区划调整工作中出现的各种矛盾和问题，不留任何后遗症。

3. 明确责任，严肃纪律。县乡镇行政区划调整工作领导小组和县委、县政府派驻的各工作指导小组及各乡镇党委政府要积极稳妥、扎实有效地开展工作，确保撤并乡镇工作任务全面完成。在乡镇撤并期间，各乡镇必须严禁非生产性建设举债，严禁新启动乡镇政府院内基建及其他非生产性基建项目；严禁乡镇所有实物、资产变卖处理；严禁非文件规定滥发实物、资金。如有违者，县纪检监察及财政部门将从严查处，违反法律法规的移交司法机关依法追究其责任。

附件：嘉禾县乡镇行政区划调整方案

附件

嘉禾县乡镇行政区划调整方案一览表

乡镇名称	调整后辖区	面积（平方公里）	人口（万人）	乡、镇政府驻址
珠泉镇	原城关镇的 6 个社区、2 个村委会； 原钟水乡的 14 个行政村、1 个社区； 原石羔乡的 12 个行政村、1 个社区； 原莲荷乡 10 个行政村、1 个社区	120	9.6	原城关镇政府所在地
袁家镇	原袁家镇的 13 个行政村、2 个社区； 原泮头乡的 11 个行政村、2 个社区	52.41	3	原袁家镇政府所在地
广发乡	原广发乡的 22 个行政村、1 个社区； 盘江乡的云里村	68.35	3.6	原广发乡政府所在地
坦坪乡	原坦坪乡的 19 个行政村、1 个社区	35.45	2.8	原坦坪乡政府所在地
盘江乡	原盘江乡（云里村除外）	41.75	1.6	原盘江乡政府所在地

续表

乡镇名称	调整后辖区	面积（平方公里）	人口（万人）	乡、镇政府驻址
塘村镇	原塘村镇的 17 个行政村、5 个社区	30.69	2.5	原塘村镇政府所在地
车头镇	原车头镇的 11 个行政村、1 个社区	23.47	1.7	原车头镇政府所在地
龙潭镇	原龙潭镇的 20 个行政村、1 个社区	75.45	2.8	原龙潭镇政府所在地
行廊镇	原行廊镇的 16 个行政村、3 个社区	41.98	2.1	原行廊镇政府所在地
肖家镇	原肖家镇的 10 个行政村、2 个社区	37.86	1.5	原肖家镇政府所在地
普满乡	原普满乡的 16 个行政村、1 个社区	71.31	2.1	原普满乡政府所在地
石桥镇	原石桥镇的 22 个行政村、2 个社区	57.78	3.2	原石桥镇政府所在地
田心乡	原田心乡的 14 个行政村、2 个社区	37.2	2.3	原田心乡政府所在地

注：人口数为我县 2010 年统计数字。

主题词：行政区划　调整　方案　通知

中共嘉禾县委办公室　　2012 年 2 月 9 日印发

（共印 260 份）

湖南省民政厅文件

湘民行发〔2012〕9号

湖南省民政厅关于嘉禾县部分乡镇行政区划调整的批复

郴州市人民政府：

你市《关于审批嘉禾县乡镇行政区划调整方案的请示》（郴政〔2012〕24号）收悉。经研究，并经省人民政府批准，现批复如下：

一、同意将城关镇、钟水乡、石羔乡、莲荷乡成建制合并，设立珠泉镇。以原城关镇、钟水乡、石羔乡、莲荷乡的行政区域为新设珠泉镇的行政区域，珠泉镇辖38个建制村、9个居委会，总面积131.56平方公里，总人口10.18万人，镇人民政府驻人民北路（原城关镇人民政府驻地）。

二、同意将泮头乡、袁家镇成建制合并，设立袁家镇。以原泮头乡、袁家镇的行政区域为新设袁家镇的行政区域，袁家镇辖24个建制村、4个居委会，总面积52.41平方公里，总人口3.18万人，镇人民政府驻上袁家（原袁家镇人民政府驻地）。

三、同意将盘江乡的云里建制村成建制划归广发乡管辖。行政区划调整后，广发乡辖23个建制村、1个居委会，总面积68.36平方公里，总人口3.72万人，乡人民政府驻地不变；盘江乡辖12个建制村、1个居委会，总面积35.86平方公里，总人口1.27万人，乡人民政府驻地不变。

上述各项行政区划调整后，嘉禾辖8个镇、5个乡。

接此批复后，请认真做好区划调整后的机构设置、人员安排、资产处置和债权债务转移，以及行政区划图编制等工作，并按照嘉禾县城乡总体规划，整合资源，促进经济社会协调健康发展。

湖南省民政厅办公室

2012年4月10日

湖南省民政厅文件

湘民行发〔2015〕99号

湖南省民政厅关于同意临武县乡镇区划调整方案的批复

郴州市人民政府：

你市呈报的《关于临武县部分乡镇行政区划调整的请示》（郴政〔2015〕91号）收悉，按照国务院《关于行政区划管理的规定》第五条、第七条和第八条的规定，经研究并报省人民政府批准，现批复如下：

1. 同意临武县乡镇区划调整方案。

2. 同意双溪乡、舜峰镇成建制合并设立舜峰镇。新设立的舜峰镇辖28个建制村，5个社区居委会，总面积102.35平方公里，总人口7.78万人，镇人民政府驻临武大道（原舜峰镇人民政府驻地）；

同意同益乡、武水镇成建制合并设立武水镇。新设立的武水镇辖35个建制村，总面积98.73平方公里，总人口4.35万人。镇人民政府驻武水大道（原武水镇人民政府驻地）；

同意大冲乡、水东镇成建制合并设立水东镇。新设立的水东镇辖23个建设村，总面积110.66平方公里，人口2.74万人，镇人民政府驻深渡（原水东镇人民政府驻地）；

同意土地乡、汾市镇成建制合并设立汾市镇。新设立的汾市镇辖27个建制村，1个社区居委会，总面积102.91平方公里，总人口3.25万人，镇人民政府驻汾市圩（原汾市镇人民政府驻地）；

同意武源乡、西山瑶族乡成建制合并设立西山瑶族乡。新设立的西山瑶族乡辖18个建制村，总面积205.31平方公里，总人口1.34万人，乡人民政府驻水头圩（原武源乡人民政府驻地）。

3. 同意镇南、万水、花塘3个乡，金江、麦市、香花、南强、楚江5个镇的行政区域和乡镇人民政府驻地不作调整。

本轮乡镇行政区划调整后，临武县共减少5个乡级建制，现辖花塘乡、镇南乡、万水乡、西山瑶族乡共4个乡，舜峰、武水、南强、汾市、水东、金江、香花、麦市、楚江9个镇，总面积1383.06平方公里，总人口39.46万人，县人民政府驻地不变。

湖 南 省 民 政 厅
2015年11月27日

主动公开

抄送：省委办公厅、省委改革办、省人民政府办公厅、省乡镇区划调整改革领导小组成员单位、郴州市民政局

湖南省民政厅办公室　　2015年11月27日印发

中共临武县委办公室文件

临办发〔2015〕10号

中共临武县委办公室
临武县人民政府办公室
关于印发《临武县乡镇区划调整改革工作实施方案》的通知

各乡镇党委、人民政府，县直机关各单位、各人民团体、县属以上企事业各单位：

《临武县乡镇区划调整改革工作实施方案》已经县委、县人民政府研究同意，现印发给你们，请认真组织实施。

中共临武县委办公室
临武县人民政府办公室
2015年11月10日

临武县乡镇区划调整改革工作实施方案

根据省委、省政府关于为优化乡镇布局，深化农村改革，有效整合资源，加快城乡一体化建设的思路和《中共郴州市委办公室郴州市人民政府办公室关于印发〈郴州市乡镇区划调整改革工作方案〉的通知》（郴办发〔2015〕25号）文件精神，结合我县乡镇综合改革实际，特制定本工作实施方案。

一、指导思想

坚持以党的十八大及十八届三中、四中、五中全会精神和习近平总书记系列重要讲话精神为指导，按照“中心镇做强、小乡小镇合并”的思路，合理调整乡镇规模和布局，减少乡镇总量，实现乡镇设置规划科学、布局合理、规模适度，为加快临武经济社会发展、推进城乡一体化建设、建设美好和谐临武创造有利条件。

二、基本原则

（一）科学合理，优化布局。立足实际，着眼长远，科学合理布局。调整后的乡镇行政区划应有利于做强中心镇实力，加快农村城镇化建设步伐；有利于资源的优化配置，形成具有竞争力的支柱产业；有利于以强带弱，以近带远，激活偏远贫困乡镇经济的发展活力。

（二）因地制宜，便于服务。在制定区域调整方案时，既要考虑做大做优乡镇规模，又要考虑地缘关系、历史沿革、风俗习惯、自然条件、群众意愿、规划发展等因素，因地制宜，分类指导。乡镇调整合并原则上以成建制进行合并。新设乡镇要符合当地行政区划要求和发展规律，乡镇驻地原则上应选择交通发达且相对居中的原乡镇驻地，不另选择第三地。

（三）依法有序，稳妥推进。严格按照有关法律法规和《国务院关于行政区划管理的规定》等政策要求，依法依规依程序做好乡镇行政区划工作。要妥善做好群众工作，切实维护群众的合法权益，确保农村社会大局稳定。

三、调整计划

（一）撤销舜峰镇、双溪乡，合并设立舜峰镇。舜峰镇人民政府驻地设在临武大道（原舜峰镇政府驻地），辖韩山、南塔、成仙观、武江、东云等5个社区，蔬菜、塘下、西城、南溪、新屋场、曾家岭、东城、杜家、禾鱼、车阁田、胡家田、勤俭、田心洞、拔昌、沐塘、南冲、贝溪、大岭、金盆、农林20个建制村，全镇面积102.35平方公里，人口7.78万人。

（二）撤销武水镇、同益乡，合并设立武水镇。武水镇人民政府驻地暂设在武水大道（原武水镇政府驻地），辖山青、三江、城头、淋湾洞、圳上、尧丰、建新、双塘、太和、李家、邝家、刘家、车头、黄莲、慕冲、玉屏、陶家、洞头、东杨黄、力鸭、老白寨、两寨、大步、同益、秀源、油行、欧果、唐家、三村、坦下、溪江、太坪、石桥、集村35个村委会，全镇面积98.73平方公里，人口4.35万人。

（三）撤销水东镇、大冲乡，合并设立水东镇。水东镇人民政府驻地设在的深渡村（原水东镇政府驻地），辖深渡、旺田、畔塘、小城、新坪、黄家、孙南、东江、斗水坪、天堂坪、茅金坪、黄泥坪、桃竹、神山、岳桥、上塘、坪溪、油湾、大坪、西山、大冲、柳塘、乐岭23个村委会，全镇面积110.66平方公里，人口2.74万人。

（四）撤销汾市镇、土地乡，合并设立汾市镇。汾市镇人民政府驻地设在北岸村汾市墟（原汾市镇政府驻地），辖兴隆1个社区，上落、横山、白石、渡头、北岸、南岸、南福、麻落、社下、城背、张家冲、鼎夏、大泉、石里、横圳、小湾、枫桥、张家、土地、腊水、山塘、寺冲、龙归坪、黎坪、玉美、书楼、古城27个村委会。全镇面积102.91平方公里，人口3.25万人。

（五）撤销武源乡、西山瑶族乡，合并设立西山瑶族乡。西山瑶族乡人民政府驻地设在水头圩（原武源乡政府驻地），辖大塘、龙家、黄寿湾、界头、寺湾、村头、新塘、庄村、野羊山、大岭背、华阴、新屋里、马渡崎、谷富塘、横头岭、新建、文昌坪、桃源坪18个村委会，全镇面积205.31平方公里，人口1.34万人。

（六）金江镇、麦市镇、香花镇、南强镇、楚江镇、镇南乡、万水乡、花塘乡8个乡（镇）保留不变。

四、实施步骤

（一）准备阶段（2015年9月30日至10月10日）。各相关乡镇成立乡镇区划调整改革工作机构。对本辖区现有乡镇规模和发展现状、自然条件、资源分布、历史沿革、群众意愿等情况组织深入调查，按照实事求是的态度，自下而上、反复论证、集思广益的原则，制定具体详细的工作方案，明确分工，落实责任。

（二）宣传阶段（2015年10月11日至11月10日）。召开动员大会，通过会议、座谈、广播电视、宣传资料、标语横幅等多种形式宣传乡镇区划调整改革工作的重要意义和有关政策，统一干部群众的思想认识，做好群众的思想工作，尊重群众意愿，为调整工作营造良好氛围，奠定思想基础。

（三）实施阶段（2015年11月11日至11月20日）。按照乡镇区划调整改革工作方案要求，坚持分类指导，加强督促检查。各相关乡镇要按照临武县乡镇区划调整改革工作上报资料要点要求（详见附件3），做好资料收集整理上报工作。要积极配合，严格按照规定的审批程序，逐级办理乡镇区划调整改革工作报批手续。各乡镇和有关职能部门要各司其职，认真履职，按照工作任务和要求做好各项工作，确保区划调整工作顺利进行，如期完成。

（四）总结阶段（2015年12月底前）。县委、县政府将组织相关部门对全县乡镇区划调整工作进行全面检查验收，并适时召开总结大会。

五、工作要求

（一）统一思想，提高认识。乡镇区划调整改革工作政策性强、时间紧、任务重，事关改革发展稳定大局。各相关乡镇党委、政府要统一思想，强化认识，顾全大局，把乡镇区划调整改革工作提上重要议事日程。要切实加强领导，成立相应的工作班子，做到党政一把手亲自抓。县财政要保障工作经费，各乡镇要依照当地实际情况适当解决工作经费，保证此项工作顺利进行。

（二）通力协作，形成合力。县直各单位、各职能部门在乡镇行政区划调整工作中要通力协作，形成合力，切实解决乡镇区划调整改革工作中出现的各种矛盾和问题，不留任何后遗症。

（三）明确责任，严肃纪律。县乡镇区划调整改革工作领导小组和联系各乡镇的工作指导小组及各乡镇党委政府要积极稳妥、扎实有效地开展工作，确保乡镇区划调整改革工作任务全面完成。在乡镇区划调整改革工作期间，要严肃工作纪律。涉及的乡镇必须严禁新开工非生产性基础建设项目；严禁实物、资产变卖处理；严禁滥发实物、奖金。如有违者，县纪检监察机关、财政、审计部门将依纪依法依规从严查处，违反法律法规的移送司法机关依法追究刑事责任。

附件：1. 临武县乡镇区划调整改革工作情况表

2. 临武县乡镇区划调整改革工作上报资料要点

附件1

临武县乡镇区划调整改革工作情况一览表

总人口数（万人）	调整前		调整后		整合现有乡镇范围	调整方式	调整后的乡镇				备注
	乡镇数（个）	乡镇平均人口数（人）	乡镇数（个）	乡镇平均人口数（人）			暂定名称	面积（平方公里）	人口（万人）	驻地	
39.46	18	2.08	13	3.04	舜峰镇、双溪乡	合并	舜峰镇	102.35	7.78	临武大道（原舜峰镇驻地）	
					武水镇、同益乡	合并	武水镇	98.73	4.35	武水大道（原武水镇驻地）	
					汾市镇、土地乡	合并	汾市镇	102.91	3.25	北岸村汾市墟（原汾市镇驻地）	
					西山瑶族乡、武源乡	合并	西山瑶族乡	205.31	1.34	村头村水头圩（原武源乡政府驻地）	
					水东镇、大冲乡	合并	水东镇	110.66	2.74	深渡村（原水东镇政府驻地）	
					南强镇	保留	南强镇	180.38	4.11	廷上村新祖寺（原南强镇驻地）	
					金江镇	保留	金江镇	48.76	2.33	金江镇文兴路（原金江镇驻地）	
					香花镇	保留	香花镇	77.76	2.44	三合村三合墟（原香花镇驻地）	
					麦市镇	保留	麦市镇	76.65	3.08	麦市村麦市墟（原麦市镇驻地）	
					楚江镇	保留	楚江镇	76.24	2.28	楚江村楚江墟（原楚江镇驻地）	
					镇南乡	保留	镇南乡	82.73	1.32	江口村大冲墟（原镇南乡驻地）	
					万水乡	保留	万水乡	61.48	2.39	林里村大塘板（原万水乡驻地）	
					花塘乡	保留	花塘乡	159.1	2.05	农科村（原花塘乡驻地）	

附件 2

临武县乡镇区划调整改革工作上报资料要点

一、县级负责的材料

1. 县人民政府关于乡镇区划调整改革的请示；

2. 县人大常委会关于同意《乡镇行政区划调整方案》的决议；

3. 县人民政府关于提请审议《乡镇行政区划调整方案》的议案；

4. 县政协委员会关于《乡镇行政区划调整方案》的协商意见；

5. 县人民政府关于提请协商《乡镇行政区划调整方案》的函；

6. 中共临武县委常委会议纪要；

7. 县人民政府常务会议纪要；

8. 县部分乡镇行政区划调整新设乡镇名称命名专家论证会议纪要（或部分乡镇行政区划调整方案征求意见座谈会议纪要）；

9. 县部分乡镇行政区划调整新设乡镇名称说明；

10. 县部分乡镇行政区划调整改革社会稳定风险评估报告（依据重大事项决策开展风险评估的有关规定，政法委牵头开展风险评估工作）；

11. 县民政局《关于对少数民族乡与 ×× 乡镇合并设立少数民族乡（或 ×× 乡镇）征求意见函》；

12. 县民宗局《关于对少数民族乡与 ×× 乡（镇）合并设立少数民族乡（或 ×× 乡镇）意见的函》；

13. 县部分乡镇行政区划调整前后情况统计表（乡镇面积、户籍人口分别由国土、公安部门核实，村（居）数量、政府驻地由民政局提供）；

14. 县（部分乡镇）行政区划现状图；

15. 县（部分乡镇）行政区划调整图。

二、乡镇、村（居）负责的材料

“A 乡镇与 B 乡镇成建制合并设立 C 乡镇”类型

1. A(B) 乡镇人民政府《关于 A 乡镇部分行政区域并入 B 乡镇的请示》；

2. A(B) 乡镇人民政府《关于提请审议 A 乡镇部分行政区 域并入 B 乡镇的议案》；

3. A(B) 乡镇第 × 届人民代表大会主席团《关于审议通过 A 乡镇行政区域并入 B 参镇的决议》；

4. A(B) 乡镇人民政瘾关于 A 乡镇部分行政区域并入 B 乡 镇征求意见座谈会会议纪要、会谈签到册；

5. A(B) 乡镇 × 村（居）关于 A 乡镇部分行政区域并入 B 乡镇征求意见座谈会会议纪要、会议签到册 (A、B 乡镇所有建制村、社区委员会）；

6. A(B) 乡镇行政区划调整前后情况统计表（面积、人口、村（居）名单）(如果在县总表中能够体现，此表不用制作）；

7. A(B) 乡镇行政区划调整前后示意图（如果在县行政区 划图中能够体现，此图不用制作）；

8.A 乡镇 ×× 村(居)村(居)民代表大会关于 A 乡镇 × × 村(居)并入 B 乡镇的决议、会议签到册(此处只需涉及调整的村(居)召开村民代表大会讨论)。

中共临武县委办公室　　2015 年 11 月 10 日印发

湖南省民政厅文件

湘民行发〔2012〕13 号

湖南省民政厅关于临武县部分乡镇行政区划调整的批复

郴州市人民政府：

你市《关于审批临武县乡镇行政区划调整方案的请示》(郴政〔2012〕28 号)收悉。经研究，并经省人民政府批准，现批复如下：

一、同意将南强乡、岚桥镇、广宜乡成建制合并，设立南强镇。以原南强乡、岚桥镇、广宜乡的行政区域为新设南强镇的行政区域，南强镇辖 46 个建制村，总面积 1 74.20 平方公里，总人口 3.95 万人，镇人民政府驻新祖寺(原南强乡人民政府驻地)。

二、同意将香花岭镇、三合乡成建制合并，设立香花镇。以原香花岭镇、三合乡的行政区域为新设香花镇的行政区域，香花镇辖 1 6 个建制村、2 个居委会，总面积 77.52 平方公里，总人口 2.29 万人，镇人民政府驻三合墟(原三合乡人民政府驻地)。

三、同意将水东乡、接龙乡成建制合并，设立水东镇。以原水东乡、接龙乡的行政区域为新设水东镇的行政区域，水东镇辖 14 个建制村，总面积 69.10 平方公里，总人口 1.84 万人，镇人民政府驻深渡(原水东乡人民政府驻地)。

四、同意撤销汾市乡，设立汾市镇。以原汾市乡的行政区域为新设汾市镇的行政区域，汾市镇辖12个建制村、1个居委会，总面积48.20平方公里，总人口1.64万人，镇人民政府驻汾市(原汾市乡人民政府驻地)。

五、同意撤销麦市乡，设立麦市镇。以原麦市乡的行政区域为新设麦市镇的行政区域，麦市镇辖21个建制村，总面积79.00平方公里，总人口2.96万人，镇人民政府驻麦市墟(原麦市乡人民政府驻地)。

六、同意撤销楚江乡，设立楚江镇。以原楚江乡的行政区域为新设楚江镇的行政区域，楚江镇辖21个建制村，总面积76.00平方公里，总人口2.20万人，镇人民政府驻楚江墟(原楚江乡人民政府驻地)。

七、同意将城关镇更名为舜峰镇。

上述各项行政区划调整后，临武县辖9个镇、9个乡(含1个民族乡)。

接此批复后，请认真做好区划调整后的机构设置、人员安排、资产处置和债权债务转移，以及行政区划图编制等工作，并按照临武县城乡总体规划，整合资源，促进经济社会协调健康发展。

二〇一二年四月十日

主题词：行政区划 批复

抄送：省人民政府、省直各有关单位、郴州市民政局

湖南省民政厅办公室　　2012年4月27日印发

中共临武县委办公室文件

临办发〔2012〕2号

中共临武县委办公室
临武县人民政府办公室
关于印发《临武县乡镇区划调整改革实施方案》的通知

各乡镇党委、人民政府，县直机关各单位、各人民团体、县属企事业各单位：

《临武县乡镇区划调整改革实施方案》已经县委、县人民政府同意，现印发给你们，请认真组织实施。

中共临武县委办公室
临武县人民政府办公室
2012年2月24日

临武县乡镇行政区划调整工作实施方案

根据省委、省政府关于乡镇行政区划调整要做强中心镇、并小乡小镇的思路和《中共郴州市委办公室郴州市人民政府办室关于印发（郴州市乡镇行政区划调整工作意见）的通知》（郴办发〔2011〕22号）文件精神，结合我县乡镇综合改革实际，特制定本工作实施方案。

一、指导思想

坚持以邓小平理论和“三个代表”重要思想为指导，深入贯彻落实科学发展观，按照“中心镇做强、小乡小镇合并”的思想，合理调整乡镇规模和布局，减少乡镇总量，实现乡镇设置规划科学、布局合理、规模适度，为加快临武经济社会发展、推进城市一体化建设、建设美好和谐临武创造有利条件。

二、基本原则

（一）科学合理，优化布局。立足实际，。着眼长远，科学位、合理布局。调整后的乡镇行政区划应有利于做强中心镇；加快农村城镇化建设步伐；有利于资源的优化配置，形成具有竞争力的支柱产业；有利于以强带弱，以近带远，激活偏远贫困乡镇经济的发展活力。

（二）因地制宜，便于服务。在制定区域调整方案时，考虑做大做优乡镇规模，又要考虑地缘关系、历史沿革、风俗习惯、自然条件、群众意愿、规划发展等因素，因地制宜，分别指导。乡镇调整合并原则上以成建制进行合并。新设乡镇要符合当地行政区划要求发展规律，乡镇驻地原则上选择交通发达且相对居中的原乡镇驻地，不另选择第三地。

（三）依法办事，稳妥推进。严格按照有关法律法规和《国务院关于行政区划管理的规定》等政策要求，依法依规依程序做好乡镇行政区划工作。要妥善做好群众工作，切实维护群众的合法权益，确保农村社会大局稳定。

三、调整计划

我县地处湘南边境，居南岭山脉东段北麓，东西宽45公里，南北长51公里，总面积1 375.32平方公里，总人口37.44万人。现有5个镇、16个乡、1个民族乡，9个社区居委会，289个建制村。经深入调查研究，广泛征求意见，全县由22个乡镇调整为18个（详见附件1），具体为：

（一）合并南强乡、岚桥镇、广宜乡组建为一个镇，暂定命名南强镇。南强镇人民政府驻地设在现南强乡驻地，辖原岚桥镇、广宜乡、南强乡的45个村委会。全镇面积1 74.20平方公里，人口3.95万人。

（二）合并香花岭镇、三合乡组建为一个镇，暂定命名香花镇。香花镇人民政府驻地设在现三合乡驻地，辖原香花岭镇、三合乡的16个村委会及2个社区居委会，全镇面积77.52平方公里，人口2.29万人。

（三）合并水东乡、接龙乡组建为一个镇，暂定命名水东镇。 水东镇人民政府驻地设在现水东乡驻地，辖原水东乡、接龙乡的14个村委会，全镇面积60.10平方公里，人口1.84万人。

（四）城关镇暂定更名为舜峰镇。镇政府驻地、人口、面积不变；

（五）同益乡改镇暂定命名为同益镇，镇政府驻地、人口、面积不变；汾市乡改镇暂定命名为汾市镇，镇政府驻地、人口、面积不变；麦市乡改镇暂定命名为麦市镇，镇政府驻地、人口、面积不变；楚江乡改镇暂定命名为楚江镇，镇政府驻地、人口、面积不变；花塘乡改镇暂定命名为花塘镇，镇政府驻地、人口、面积不变。

（六）武水镇、金江镇、双溪乡、土地乡、大冲乡、镇南乡、万水乡、武源乡、西山瑶族乡等9个乡（镇）保留不变，不作调整。

四、组织领导

为加强对我县乡镇行政区划调整工作的组织领导，确保乡 镇行政区划调整工作顺利实施，特成立临武县乡镇行政区划调 整工作领导小组，领导小组成员名单如下：

顾　问：范儒平　县委书记
组　长：贺遵庆　县委副书记、县长
副组长：谭玉华　县委副书记
朱　江　县委常委、常务副县长
何长青　县委常委、纪委书记
李罗丝　县委常委、组织部部长、统战部部长
陈秀雨　县委常委、宣传部部长
谭晓亮　县委常委、政法委书记
唐友国　县委常委、县委办主任
李希发　县人大常委会副主任
郭应湘　县政府副县长
雷小兰　县政协副主席
成　员：欧阳国成　县政府副处级干部、公安局局长
曾爱庄　县政府副处级干部、信访局局长
肖柏茂　县政府办主任
刘继建　县委办常务副主任
袁章民　县纪委副书记、监察局局长
唐代青　县人大办主任
黄国春　县政协秘书长
黄国跃　县委组织部常务副部长
吴塘友　县委宣传部常务副部长
蒋海仁　县委政法委常务副书记
刘洪惠　县委编办主任兼组织部副部长
何晓云　县人力资源和社会保障局局长兼组织部副部长
郭振生　县民政局局长
王开明　县财政局局长
邝助成　县审计局局长
侯六海　县国土资源局局长
唐元松　县住房和城乡建设局局长
唐代保　县林业局局长
肖武岗　县教育局局长
彭善国　县卫生局局长
周求金　县水务局局长
黄加武　县城乡规划局局长

周金明　县广播电视局局长兼宣传部副部长

谭芬贺　县民族宗教事务局局长

曾金发　县农村经济管理局局长

谭文龙　县档案局局长

领导小组下设办公室和四个工作组。

（一）领导小组办公室（设在县民政局）

主　任：李罗丝

副主任：黄国跃　郭振生

成　员：罗　勇　周华斌

工作职责：负责领导小组的日常工作。

（二）乡镇行政区划调整组

组　长：朱　江

副组长：李邦锋　郭振生

成　员：邝义国　王承钧　刘　亮　石广田　骆国宏

黄作鹏　李翠英　陈利阳　周利辉　陈学兵

工作职责：

1. 负责做好乡镇行政区划调整工作方案的制定、报批；组织开展撤并后乡镇行政区域界线的勘定、地图制作工作。

2. 负责指导乡镇撤并后乡镇的规划及涉及到的国土、林业、规划等方面的工作。

3. 负责指导乡镇行政区划调整后学校、卫生设施的划转、设计等工作。

4. 负责各项工作资料整理归档和其他相关工作。

（三）清产核资督查组

组　长：何长青

副组长：袁章民　王开明　邝助成　邝小满

成　员：邝香泉　罗　勇　蒋文平　曾祥君　李　霞

工作职责：

1. 负责指导乡镇行政区划调整工作国有资产清理移交和债权债务清缴划转工作。

2. 负责做好涉及合并乡镇主要领导离任审计工作。

3. 负责乡镇行政区划调整工作中政令畅通及违纪违规的查实和其他相关工作。

（四）宣传报道组

组　长：陈秀雨

副组长：卢小平　周金明

成　员：周文武　李艳玲　刘　昊

工作职责：负责利用各种宣传媒介，大力宣传乡镇行政区划调整工作的开展情况。

（五）信访维稳组

组　长：谭晓亮

副组长：曾爱庄　蒋海仁

成　员：肖孝芳　黄　艳　吴昭才

工作职责：负责乡镇行政区划调整的信访维稳工作。

五、实施步骤

（一）准备阶段(2012 年 1 月 10 日至 2 月 15 日)。各相关乡镇要成立乡镇行政区划调整工作机构。对本辖区现有乡镇规模和发展现状、自然条件、资源分布、历史沿革、群众意愿等情况组织深入调查，按照实事求是的态度，自下而上、反复论证、集思广益的原则，制定具体详细的工作方案，明确分工，落实责任。

（二）宣传阶段(2012 年 2 月 16 日至 2 月 25 日)。召开动员大会，通过会议、座谈、广播电视、宣传资料、标语横幅等多种形式宣传乡镇行政区划调整的重要意义和有关政策，统一干部群众的思想认识，做好群众的思想工作，尊重群众意愿，为调整工作营造良好氛围，奠定思想基础。

（三）实施阶段(2012 年 2 月 26 日至 3 月 10 日)。按照乡镇行政区划调整工作方案要求，坚持分类指导，加强督促检查。各相关乡镇要按照临武县乡镇行政区划调整上报资料要点要求（详见附件 3)，做好资料收集整理上报工作。要积极配合，严格按照规定的审批程序，逐级办理乡镇行政区划调整报批手续。各工作小组要各司其职，按照各组的工作职责、任务做好各项工作，确保在 2012 年 4 月中下旬基本完成区划调整工作。

（四）总结阶段(2012 年 4 月底前)。县委、县政府将组织相关部门对金县乡镇区划调整工作进行全面检查验收，并适时召开总结表彰大会。

六、工作要求

（一）统一思想，提高认识。乡镇行政区划调整工作政策性强、时间紧、任务重，事关改革发展稳定大局，也是对各级领导班子执政能力、执政智慧和大局意识的考验。各相关乡镇党委、政府要统一思想，强化认识，顾全大局，把乡镇行政区划调整工作提上重要议事日程。要切实加强领导，成立相应的工作班子，做到党政一把手亲自抓。县财政要保障工作经费，各乡镇要依照当地实际情况适当解决工作经费，保证此项工作顺利进行。同时，县委、县政府将安排联系乡镇的县领导实行包干责任制（详见附件 2)，组成工作指导小组，加强对乡镇行政区划调整工作的指导、督促和统筹协调。

（二）通力协作，形成合力。县直各单位、各职能部门在乡镇行政区划调整工作中要通力协作，形成合力，切实解决乡镇行镇区划调整工作中出现的各种矛盾和问题，不留任何后遗症。

（三）明确责任，严肃纪律。县乡镇行政区划调整工作领导小组和联系各乡镇的工作指导小组及各乡镇党委政府要积极稳妥、扎实有效地开展工作，确保乡镇行政区划调整工作任务全面完成。在乡镇行政区划调期间，要严肃工作纪律。涉及到的乡镇必须严禁非生产性基础建设项目；严禁乡镇所有实物、资产变卖处理；严禁非文件规定滥发实物、资金。如有违者，县纪检监察及财政部门将依纪依法依规从严查处，违反法律法规的移送司法机关依法追究刑事责任。

附件：1. 临武县乡镇行政区划调整情况表

2. 临武县乡镇行政区划调整工作包干责任表

3. 临武县乡镇行政区划调整上报资料要点

附件 1

临武县乡镇行政区划调整情况一览表

总人口数（万人）	调整前		调整后		整合现有乡镇范围	调整方式	调整后的乡镇				备注
	乡镇数（个）	乡镇平均人口数（人）	乡镇数（个）	乡镇平均人口数（人）			暂定名称	面积（平方公里）	人口（万人）	驻地	
37.44	22	1.71	18	2.08	城关镇	保留	城关镇	21.10	5.36	临武大道（原舜峰镇驻地）	更名
					武水镇	保留	武水镇	54.00	2.88	武水大道（原武水镇驻地）	
					双溪乡	保留	双溪乡	80.40	1.79	胡家田村沟边自然村（原双溪乡驻地）	
					岚桥镇、广宜乡、南强乡	合并	南强镇	174.20	3.95	廷上村新祖寺（原南强镇驻地）	乡改镇
					同益乡	保留	同益镇	42.30	1.31	同益村狗热水自然村（原同益乡驻地）	乡改镇
					汾市乡	保留	汾市镇	48.20	1.64	北岸村汾市墟（原汾市镇驻地）	乡改镇
					土地乡	保留	土地乡	58.10	1.47	土地村土地墟（原土地乡驻地）	
					水东乡、接龙乡	合并	水东镇	69.10	1.84	深渡村(原水东乡驻地)	乡改镇
					金江镇	保留	金江镇	50.00	2.20	金江镇文兴路（原金江镇驻地）	
					大冲乡	保留	大冲乡	41.00	0.78	大冲村大冲墟（原大冲乡驻地）	
					镇南乡	保留	镇南乡	83.00	1.27	江口村大冲墟（原镇南乡驻地）	
					香花岭镇、三合乡	合并	香花镇	77.52	2.29	三合村三合墟（原三合乡驻地）	乡改镇
					麦市乡	保留	麦市乡	79.00	2.96	麦市村麦市墟（原麦市乡驻地）	乡改镇
					万水乡	保留	万水乡	60.30	2.29	林里村大塘板（原万水乡驻地）	
					楚江乡	保留	楚江镇	76.00	2.20	楚江村楚江墟（原楚江镇驻地）	乡改镇
					武源乡	保留	武源乡	82.00	1.04	村头村(原武源乡驻地)	
					花塘乡	保留	花塘镇	157.80	1.94	农科村(原花塘乡驻地)	乡改镇
					西山瑶族乡	保留	西山瑶族乡	121.30	0.23	横头岭村庙背脚（原西山瑶族乡驻地）	

附件 2

临武县乡镇行政区划调整工作包干责任一览表

包干领导	包干责任人	包干乡镇
谭玉华	唐元兴　骆强忠	水东（水东、接龙）合并改镇
雷剑才	骆贵才　袁国宁	花塘乡（乡改镇）
唐武月	黄强国　邱少平	汾市乡（乡改镇）
何长青	郭玉英　艾跃进	三合乡（香花岭镇、三合）合并改镇
陈秀雨	颜奔流　黄鹏志	南强（南强、广宜、岚桥）合并改镇
段外宾	蒋建国　廖亚忠	麦市乡（乡改镇）
唐友国	周作建　周　纬	城关镇（更名）
李　豹	艾忠英　刘英建	同益乡（乡改镇）
苏光仁	黄作鹏　李翠英	香花岭镇（香花岭镇、三合）合并改镇
刘顺明	石珍月　刘忠良	楚江乡（乡改镇）
刘久正	谢国兴　胡庆军	接龙（水东、接龙）合并改镇
郭应湘	周继许　王幸林	岚桥（南强、广宜、岚桥）合并改镇
黄朱超	李卫国　曾武兴	广宜（南强、广宜、岚桥）合并改镇

附件 3

临武县乡镇行政区划调整上报资料要点

一、报批程序

合并乡镇的行政区划调整，必须由县（市、区）人民政府专题呈报所在自治州、市人民政府，再由自治州、市人民政府审查并提出意见转报省人民政府审批（一式三份）。

二、报批内容

1. 权利行使依据

《国务院关于行政区划管理的规定》（国发〔1985〕8 号）

2. 申办范围

乡、民族乡、镇设立、撤销、更名和行政区域界线变更，乡、民族乡、镇人民政府驻地迁移审批事项。

三、办理条件

1. 有利于经济建设，有利于行政管理，有利于民族团结，有利于维护社会稳定；

2. 有必要且可行；

3. 当地群众拥护。

四、申报材料

（一）县级负责的材料

1. 县成立乡镇行政区划调整工作领导小组的通知；

2. 县人民政府关于乡镇行政区划调整工作的请示；

3. 县人民政府关于乡镇行政区划调整工作的会议记录；

4. 县人民政府关于乡镇行政区划调整工作的议案；

5. 县人大常委会关于乡镇行政区划调整工作的决议、会议记录；

6. 临武县行政区划图；

7. 对更名、合并命名的乡镇的地名专家会议纪要。

（二）乡镇负责的材料

1. 申请设立或合并乡镇行政区域界线变更需要提供以下材料：（香花岭镇、三合乡、接龙乡、水东乡、南强乡、广宜乡、岚桥镇）

（1）乡（镇）人民政府的请示；（关于________乡镇与乡镇合并的请示）

（2）乡（镇）人民政府表态性意见，并附上党政联席会议 记录和签到花名册；

（3）村（居）民委员会意见，并附上会议记录和签到花名册

（4）乡（镇）合并、设镇命名、镇政府驻地听证会会议纪要，并附上会议记录和签到花名册；

（5）乡（镇）人民代表大会决议，并附上会议记录、签到花名册和表决报告单；

（6）合并前后行政区划对照表、行政区划调整前后基本情况统计表；

（7）合并前行政区划位置图和合并后行政区划调整图。

2.乡改镇需要提供的材料（麦市、楚江、花塘、同益、汾市）：

（1）乡人民政府的请示；

（2）乡人民政府表态性意见，并附上党政联席会议记录和签到花名册；

（3）乡改镇听证会会议纪要，并附上会议记录和签到花名册；

（4）乡人民代表大会决议，并附上会议记录、签到花名册和表决报告单。

3.更名乡镇（城关镇）需要提供的资料：

（1）镇人民政府的请示；

（2）更名听证会会议纪要，并附上会议记录和签到花名册；

（3）镇人民代表大会决议，并附上会议记录、签到花名册和表决报告单；

（4）原名的历史沿革、来历和含义，新名称的来历、含义和审音定字等情况的说明；

（5）能充分说明和论证更名方案理由的有关资料。

中共临武县委办公室　　2012年2月24日印发

中共汝城县委办公室（通知）

汝办〔2012〕1 号

中共汝城县委办公室
汝城县人民政府办公室
关于印发《汝城县乡镇区划调整工作实施方案》的通知

各乡镇党委、人民政府，县直机关各单位、各人民团体、县属以上企事业各单位：

《汝城县乡镇区划调整改革实施方案》已经县委、县政府同意，现印发给你们，请认真贯彻执行。

中共汝城县委办公室
汝城县人民政府办公室
2012 年 2 月 13 日

汝城县乡镇行政区划调整工作实施方案

为扎实推进“建设湘粤赣边际中心县城，打造开放、活力、生态、文明、和谐汝城”的发展战略目标，带动区域经济社会发展和新农村建设，根据《中共郴州市委办公室郴州市人民政府办公室关于印发（郴州市乡镇行政区划调整工作意见）的通知》（郴办发〔2011〕22 号）精神，结合我县乡镇综合改革实际，制定本工作实施方案。

一、指导思想

坚持以邓小平理论和“三个代表”重要思想为指导，深入贯彻落实科学发展观，按照“实事求是、一步到位”的原则，合理调整乡镇规模和布局，减少乡镇总量，按照“县城扩大、中心镇做强、小乡小镇合并”的工作思路，实现乡镇设置规划科学、布局合理、规模适度，区域调整与乡镇改革同步实施、相辅相成，为加快我县农村发展创造条件。

二、基本原则

（一）科学合理，优化布局。立足实际，着眼长远，科学定位，合理布局。调整后的乡镇行政区划应有利于建设县域中心，强化中心镇实力，加快农村城镇化步伐；有利于资源的优化配置，形成具有竞争力的支柱产业；有利于以强带弱，以近带远，激活偏远贫困乡镇经济的发展活力。

（二）因地制宜，便于服务。在制定调整方案时，既要考虑做大做优乡镇规模，又要考虑地缘关系、历史沿革、风俗习惯、自然条件、群众意愿、规划发展等因素，因地制宜，分类指导，不搞“一刀切”。乡镇调整合并原则上以成建制进行调整。新设乡镇要符合当地行政区划要求和经济社会发展规律，乡镇驻地原则上应选择交通条件相对较好的原乡镇驻地，不另选第三地。

（三）依法办事，稳妥推进。乡镇行政区划的变更，要严格按照有关法律法规和《国务院关于行政区划管理的规定》等政策要求，依法依规依程序。要妥善做好群众工作，切实维护群众的合法权益，确保农村社会大局稳定。

三、调整标准

根据《中共郴州市委办公室郴州市人民政府办公室关于印发〈郴州市乡镇行政区划调整工作意见〉的通知》（郴办发〔2011〕22号）文件的相关要求，我县行政区划按以下参考标准调整：

（一）调整工作应符合当地经济社会发展总体规划。

（二）调整后山区乡镇的平均人口规模应在2万人以上，丘陵区乡镇应在3万人以上，平原区乡镇应在4万人以上，县城驻地镇应在5万人以上。调整后的乡镇面积以100 ~ 150平方公里为宜。

（三）对县城周边的乡镇，按县城规划要求并入县城驻地镇，县城驻地镇不使用“城关镇”名称。

（四）少数民族乡镇不做调整，全部予以保留。

四、调整计划

我县总面积2400.52平万公里，总人口40万人，县境内多丘陵和山地。全县现辖15个乡（其中少数民族乡3个）、8个镇（其中少数民族聚居镇2个），309个行政村，是湖南省五大少数民族散居县之一。根据我县属“老、少、边、、穷、库”县，边远乡镇多、少数民族乡全市最多等实际情况，经深入调查研究，广泛征求意见，全县由23个乡镇调整为19个乡镇，具体为：城关镇、城郊乡、附城乡合并为卢阳镇，集龙乡、益将乡合并为集益乡，马桥乡、外沙乡合并为马 . 桥乡，三星镇更名为泉水镇，其余乡镇保留。调整后，全县乡镇平均人口2.11万人、平均面积126.34平方公里。

五、组织领导

为强化乡镇行政区划调整工作的组织领导，成立汝城是乡镇行政区划调整工作领导小组及工作机构。

（一）领导小组

顾　问：李五一　　　县委书记

组　长：廖桂生　　　县委副书记、县长

副组长：曹　忠（常务）　县委副书记
胡好民　县委常委、常务副县长
范培顺　县委常委、组织部部长、统战部部长
黄晓东　县委常委、纪委书记
邓超群　县委常委、政法委书记
邱文辉　县委常委、县委办主任
李群利　县委常委、宣传部部长
邓君登　县人大常委会副主任
黄天帆　县政府副县长
黄湘林　县政协副主席、县总工会主席
欧惠祥　县委副调研员、县政府党组成员

成　员：县纪委监察局、县委办、县人大办、县政府办、县政协办、县委组织部、县委宣传部、县委政法委、县编办、县公安局、县委农村工作部、县人社局、县发展和改革局、县民政局、县财政局、县国土资源局、县林业局、县审计局、县人口计生委、县教育局、县卫生局、县统计局、县规划局等单位负责人。领导小组下设办公室于县民政局，由县委副调研员、县政府党组成员欧惠祥同志任办公室主任，县政府办副主任、县政府督查室主任袁胜民，县民政局局长宋恒任办公室副主任。

（二）工作机构

1. 综合协调组

组　长：曹　忠

副组长：邱文辉、黄天帆、欧惠祥

成　员：袁胜民、宋　恒、朱志华

2. 清产核资组

组　长：胡好民

成　员：徐春雄、黄宁宇、彭顺洪、曹占山

3. 组织人事组

组　长：范培顺

成　员：叶仁亮、何　冰、宋卫清、朱爱民、钟　华

4. 宣传报道组

组　长：李群利

成　员：李乐清、朱建亮、刘小梓、黄武字

5. 筹备规划组

组　长：邱文辉

成　员：叶青成、刘多多、王秋萍、胡龙兴、黄祥雄、
李新民、朱忠明、邱明祥

6. 综治维稳组

组　长：邓超群

成　员：朱明进、欧伦敏、各撤并乡镇派出所所长

（三）各成员单位的具体职责

县纪委监察局：负责全县乡镇行政区划调整工作的纪律监督检查，发现问题，及时查处，确保乡镇行政区划调整工作顺利进行。

县委组织部：负责指导全县乡镇行政区划调整工作中涉及的党组织建设和干部人事安排方面的工作。

县委宣传部：负责利用各种宣传媒介，大力宣传乡镇行政区划调整工作的目的、意义、内容和要求。

县委政法委：负责掌握全县乡镇行政区划调整工作社会稳定形势，及时调处矛盾纠纷，对散布谣言、破坏稳定等违法犯罪行为予以坚决打击。

县委农村工作部：负责指导乡镇行政区划调整工作中有关农业、水利、畜牧、农机、农经等方面的工作。

县编办：负责乡镇行政区划调整工作中乡镇机构设置、人员编制等相关工作的研究、审核和审定。

县民政局：负责做好乡镇行政区划调整工作方案的制定、报批；组织开展撤并后乡镇行政区域界线的勘定工作。

县财政局：负责指导乡镇行政区划调整工作中财政财务、国有资产清理移交和债权债务的清缴划转工作。

县人力资源和社会保障局：负责指导做好乡镇行政区划调整工作中的人员安置等相关工作。

县国土资源局：负责指导和监督乡镇行政区划调整工作涉及国土资源方面的工作。

县林业局：负责指导和监督乡镇行政区划调整工作中涉及林业方面的工作。

县教育局：负责指导乡镇撤并后学校的划转、设置等工作。

县卫生局：负责指导乡镇撤并后卫生机构、设施的划转、设置等工作。

县公安局：负责做好乡镇行政区划调整工作的维稳工作和派出所调整等相关工作。。

县审计局：负责做好涉及撤并乡镇主管领导离任审计工作。

县规划局：负责指导乡镇撤并后政府驻地选址工作。

县统计局：负责提供乡镇行政区划调整工作中的相关数据。

（四）进驻撤并乡镇工作组

1. 进驻城关镇乡镇行政区划调整工作组

组　长：钟玉龙

副组长：欧永古

成员单位：县商务局、县住建局、县房产局、县残联、人民银行汝城支行

2. 进驻城郊乡乡镇行政区划调整工作组

组　长：曹　忠

副组长：刘晓青

成员单位：县人大办、县规划局、县城管局、县城建开发办、县市场管理中心

3. 进驻附城乡乡镇行政区划调整工作组

组　长：黄晓东

副组长：黄湘林

成员单位：县纪委监察局、县工商局、县粮食局、湖南电信汝城分公司

4. 进驻益将乡乡镇行政区划调整工作组

组　长：李群利

副组长：罗光流

成员单位：县委宣传部、县林业局、县广电局、县文化局、团县委

5. 进驻集龙乡乡镇行政区划调整工作组

组　长：李　奕

副组长：何建成

成员单位：县委统战部、县编办、县水利局、县工商联、农业银行汝城支行

6. 进驻马桥乡乡镇行政区划调整工作组

组　长：何柏周

副组长：周细娥

成员单位：县发改局、县政府法制办、县统计局、县档案局、县畜牧兽医水产局、县疾控中心

7. 进驻外沙乡乡镇行政区划调整工作组

组　长：刘孟合

副组长：邱爱国

成员单位：县人武部军事科、县人防办、县老龄办、人保财险汝城支公司、人寿保险汝城支公司

8. 进驻三星镇乡镇行政区划调整工作组

组　长：胡好民

副组长：何世英

成员单位：县教育局、县审计局、县爱卫办、县进修校、县邮政局

六、方法步骤

（一）调查研究阶段(2011 年 9—10 月)。各部门、各乡镇对本辖区现有规模和发展现状、自然条件、资源分布、历史沿革、群众意愿等情况组织深入调查。本着实事求是的态度，自下而上，反复论证，集思广益，初步制定具体详细的实施方案。

（二）宣传发动阶段(2011 年 11—12 月)。制定实施方案，召开县级领导动员会议，明确分工责任，周密安排部署。通过会议、座谈、广播电视、宣传资料、标语横幅等多种形式宣传乡镇行政区划调整工作的重要意义和有关政策，统一好干部群众的思想认识，为调整工作营造良好氛围.、奠定思想基础。

（三）全面启动阶段(2012 年 1—3 月)。县乡镇行政区划调整工作领导小组召开动员大会，组织相

关人员进行业务学习，为认真做好我县乡镇行政区划调整工作奠定基础。各有关乡镇要按照乡镇行政区划调整工作方案要求，严格按照规定的审批程序，逐级办理乡镇行政区划调整报批手续，并在规定时间内按要求组织实施好乡镇行政区划调整工作，在 2012 年 4 月全面完成区划调整工作。

（四）总结验收阶段(2012 年 4 月)。县委、县政府将组织相关人员对全县乡镇撤并工作进行全面的检查验收。

七、工作要求

（一）统一思想，提高认识。乡镇行政区划调整工作政策性强，时间紧、任务重，各乡镇党委、政府要统一思想，强化认识，顾全大局，把乡镇行政区划调整工作提上重要议事日程。要加强领导，安排足够的工作力量。县财政要保障工作经费，各乡镇要依照当地实际情况解决此项工作所需经费，保证此项工作顺利进行。

（二）通力协作，形成合力。县直各单位、各职能部门在乡镇行政区划调整工作中要通力协作，形成合力，切实解决乡镇行政区划调整工作出现的具体问题。财政审计部门要及时跟进，对机构设置和人员分流要给予优惠政策，真正实现压缩数量、提高质量、减员增效、促进发展的工作目标。乡镇撤并后，被撤并乡镇驻地所在学校、卫生院、敬老院、信用社、集镇等与群众生声生活密切相关的单位、窗口、场所一般予以保留；被撤并的乡镇要在原乡镇驻地设立政务服务点。要及时做好矛盾化解工作，主动把问题化解在萌芽状态，解决在基层。

（三）明确责任，严肃纪律。全县各乡镇行政区划调整工作从 2011 年 9 月开始，2012 年 4 月底完成。各乡镇要在县乡镇行政区划调整工作领导小组的领导下扎实有效地做好乡镇行政区划调整工作，明确责任，严肃纪律，依法依规、依程依序办事，做到“三个不准”，确保“三个不乱”，即不准散布对区划调整不利的言论，做到思想一致、步调一致、工作一致，确保干部群众的思想不乱；不准趁机私分、变相发放、转移财物和突击花钱，做到资产清楚、账务明白、确保财务管理不乱、资产不流失；不准工作懈怠、出现断档，做到心态平和，心无旁骛地抓工作，确保日常工作不乱。圆满完成行政区划调整工作任务。

附件：汝城县乡镇行政区划调整表

中共汝城县委办公室　　　　2012 年 2 月 13 日印发

附件

汝城县乡镇行政区划调整一览表

总人口数（万人）	调整前		调整后		整合现有乡镇范围	调整后的乡镇			
	乡镇数（个）	乡镇平均人口数（人）	乡镇数（个）	乡镇平均人口数（人）		拟定名称	面积（km^2）	人口（万人）	驻地
40	23	1.74	19	2.11	城关镇、城郊乡、附城乡	卢阳镇	115.59	6.54	县城
					益将乡、集龙乡	集益乡	170.03	1.33	益将墟
					马桥乡、外沙乡	马桥乡	198.18	3.22	马桥墟
					濠头乡	濠头乡	177.37	1.44	濠头墟
					永丰乡	永丰乡	92.35	1.48	永丰墟
					暖水镇	暖水镇	76.8	1.32	暖水墟
					田庄乡	田庄乡	82.94	1.5	田庄墟
					文明乡	文明乡	192.03	2.96	文明墟
					土桥镇	土桥镇	75.15	3.16	土桥墟
					热水镇	热水镇	139	1.05	热水墟
					大坪镇	大坪镇	260	3.22	大坪墟
					三星镇	泉水镇	93.1	3.1	泉水墟
					南洞乡	南洞乡	158.32	1.06	南洞墟
					井坡乡	井坡乡	89	2.12	井坡墟
					延寿瑶族乡	延寿瑶族乡	87	1.84	延寿墟
					岭秀瑶族乡	岭秀瑶族乡	116.36	1.12	岭秀墟
					盈洞瑶族乡	盈洞瑶族乡	74.39	0.74	盈洞墟
					三江口瑶族镇	三江口瑶族镇	116.7	1.65	三江口
					小垣瑶族镇	小垣瑶族镇	86.13	1.15	小垣墟

中共汝城县委办公室（通知）

汝办发〔2015〕11号

中共汝城县委办公室
汝城县人民政府办公室
关于印发《汝城县乡镇区划调整工作方案》的通知

各乡镇党委、人民政府，县直机关各单位、各人民团体、县属以上企事业各单位：

《汝城县乡镇区划调整改革实施方案》已经县委、县政府同意，现印发给你们，请认真抓好贯彻落实。

中共汝城县委办公室
汝城县人民政府办公室
2015年11月20日

汝城县乡镇区划调整改革工作方案

为加快推进农村改革，增强乡镇经济发展活力，促进城乡一体化发展，按照省委、省政府乡镇区划调整改革工作会议精神，结合我县实际，制定本方案。

一、指导思想和基本原则

深入贯彻落实党的十八大及十八届三中、四中、五中全会精神和习近平总书记系列重要讲话精神，根据全省乡镇行政区划调整改革工作动员会议要求和《中共湖南省委湖南省人民政府关于开展乡镇区划调整改革工作的意见》（湘发〔2015〕15号）、《关于在我省乡镇区划调整改革工作中严明有关纪律要求的通知》(湘纪发〔2015〕6号)、《中共郴州市委办公室郴州市人民政府办公室关于印发(郴州市乡镇区划调整改革工作方案)的通知》(郴办发〔2015〕25号)精神，立足我县实际，以全面深化农村综合改革为主线，坚持与县政府机构改革同步，与乡镇换届统筹，合并乡镇工作与合并建制村工作统一制定方案，分批分步实施，按照因地制宜、科学规划，促进发展、服务群众，理顺关系、转变职能，依法有序、稳步推进的基本原则，着力优化结构布局，着力全面深化改革，着力提升公共服务能力，积极推进乡镇区划调整，促进全县乡镇布局更加合理、结构更加优化、发展更加科学、运行更加高效、服务更加优质。

二、具体目标任务

此次乡镇区划调整改革工作，按照优化结构、合理布局、规模适度、有利发展的要求，合理确定乡镇和村的规模。全县目标任务为合并乡镇5个：合并建制村90个(各乡镇任务分解表见附件2)，减幅29.25%。合并乡镇工作在2015年12月20目前完成；合并建制村工作与合并乡镇工作分步实施，与第十次村民委员会换届工作基本同步，在2016年6月底前完成。

三、时间步骤安排

(一)关于乡镇合并工作

1.准备阶段(2015年10月至2015年11月20日)

(1)宣传发动。启动乡镇区划调整改革工作，拟定乡镇区划调整改革调研工作方案，深入乡镇村组，开展调研活动，大力宣传《中共湖南省委湖南省人民政府关于开展乡镇区划调整改革工作的意见》(湘发〔2015〕15号)、《关于在我省乡镇区划调整改革工作中严明有关纪律要求的通知》(湘纪发〔2015〕6号)、《中共郴州市委办公室郴州市人民政府办公室关于印发(郴州市乡镇区划调整改革工作方案)的通知》(郴办发〔2015〕25号)文件精神，营造乡镇区划调整改革氛围。

(2)制定方案。11月10日前，要对现有乡镇规模和发展现状、自然条件、资源分布、历史沿革、群众意愿等情况组织深入调查，本着实事求是的态度，自下而上，反复论证，集思广益，拟定具体详细的乡镇区划调整方案(见附件1)。乡镇区划调整方案由县人民政府负责制定，经市人民政府审核后，报省人民政府审批。

(3)组织培训。根据乡镇行政区划调整改革工作任务，组织各级各类相关人员进行培训。

(4)召开全县乡镇区划调整改革工作推进会。

2.实施阶段(2015年11月21日至2015年12月20日)

2015年11月10日至2015年12月20日，各乡镇按照县乡镇区划调整改革工作会议精神，依法依程序履行职责，根据研究确定的乡镇合并调整实施方案，严格按照规定的审批程序，逐级办理乡镇行政区划调整报批手续。11月20日前向市人民政府申报；市人民政府审核后，于11月底前报省人民政府审批。12月20日前根据省政府批复，乡镇合并工作基本实施到位，合并乡镇实现定班子、挂牌子。

3.验收阶段(2015年12月20日至2016年1月10日)

2015年12月20日至2016年1月10日，对完成合并乡镇工作任务进行自查自纠，县人民政府将对全县合并乡镇情况进行检查验收。突出抓好合并乡镇的机构设置、干部职数、人员安置、便民服务、乡镇资产处置、债务债权清理、资料归档等内容。

（二）关于建制村合并工作

建制村合并工作原则要求在乡镇换届前完成，时间在2016年6月底前完成。

四、保障措施

（一）加强领导，落实责任。10月14日，中共汝城县委办公室、汝城县人民政府办公室正式下发《关于成立汝城县乡镇行政区划调整工作领导小组和工作机构的通知》（汝办〔2015〕19号）文件，成立了高规格的汝城县乡镇行政区划调整工作领导小组，由县委书记方南玲任组长，县委副书记、县政府县长黄志文任第一副组长，相关县领导任副组长，有关部门单位主要负责人为成员，并明确了各成员单位的职责，成立了清产核资组、组织人事组、宣传报道组、筹备规划组、综治维稳组等5个工作机构。各乡镇要相应成立乡镇行政区划调整改革领导小组，组建强有力的工作班子，提供必要的经费保障，推动合并乡镇工作顺利开展。各乡镇党政主要负责人是本地区乡镇区划调整改革的第一责任人，要切实履行好第一责任人职责。

（二）齐抓共管，形成合力。乡镇区划调整改革是一项要求高、涉及面广、综合性强的系统工作，县委、县政府负责全县乡镇区划调整改革的总体部署落实；各乡镇党委、政府负责辖区内乡镇区划调整改革的具体组织实施。县乡镇行政区划调整改革领导小组成员单位要各司其职，深入开展调研，按照职责分工抓好相关配套政策的制定实施、对口指导工作。全县各单位要加强协作配合，合力推进改革，形成部门配合、上下联动的工作格局。同时，对于我县上一轮乡镇区划调整改革的遗留问题，各相关部门必须高度重视，研究具体措施，切实加以解决。

（三）严明纪律，严厉追责。认真执行《关于在我省乡镇区划调整改革工作中严明有关纪律要求的通知》（湘纪发〔2015〕6号）文件精神，确保乡镇区划调整改革工作稳妥推进。严格政治纪律，各级党员干部特别是领导干部要带头支持区划调整改革工作，严禁散布扰乱区划调整的谣言，严禁有扰乱区划调整的行为。严格组织纪律，严禁突击提拔干部、突击进人；严禁擅离职守、失职渎职。严格财经纪律，严禁随意变更、毁坏财会账目和凭证，严禁虚报债权债务，严禁违规转移变卖财产，严禁侵占、挥霍国家和集体资产。严格廉政纪律，严禁借机突击花钱、滥发钱物等。严格督查执纪问责，县委、县政府将定期或不定期进行督查督办，对督查中发现的各类困难和问题，各级各部门要切实加以指导，推进工作落实；对工作拖延落实不到位的要严格追究责任，对顶风违纪行为要严肃处理、问责到位。

（四）维护稳定，保障推进。各乡镇要采取有效措施，维护社会稳定，工作中做到“四个不变”：一是坚持包括农村基本经营制度在内的党的农村各项方针政策不变；二是所有依法形成的经济关系不变；三是现有国家、集体、个人财产（包括山林、矿产、水资源等）性质不变；四是现有乡镇干部、职工的身份、职级、工资待遇不变。为保持稳定，开展并乡镇合村的地方，要暂停森林砍伐、企业破产、国有集体资产拍卖的审批；暂停乡镇的人员招聘工作，以免增加人、财、物管理的难度。

五、配套政策

按照湖南省乡镇区划调整改革配套政策与措施，认真落实机构设置、领导职数、人员编制、基础设施、卫生教育等有关要求。

（一）合并乡镇机构编制和人员安置

合并乡镇机构设置。在乡镇党政机构不超过4个、事业站所不超过6个的限额内，根据合并乡镇的类型和规模，确定党政机构设置形式和数额，一般可设置党政综合办公室、经济发展办公室、社会事务办公室等3～4个。确因工作需要，党政机构和事业站所可加挂牌子，但每个乡镇加挂牌子的总数一般不超过3个。规范合并乡镇领导职数配备。乡镇领导职数的配备一般包含党委书记、乡镇长、党委副书记、纪委书记、党委委员、副乡镇长、人大主席、武装部长等。其中一、二类乡镇不超过9名，三、四类乡镇不超过7名。在法律和有关政策规定允许的范围内，适当扩大乡镇党政领导班子成员交叉任职。人大、政协联络、武装部有关工作负责人员的配备，须在规定的乡镇领导职数范围统筹考虑。乡镇合并后因职数减少不能继续担任乡镇领导职务的干部，应结合县政府机构改革和乡镇区划调整改革统筹安排，在领导职数内安排确有困难的，允许在5年过渡期内暂时超职数配备领导干部。严格执行干部任用条例和公务员法有关规定，根据工作需要，尊重干部意愿，可采取就地安排任职、交流使用、职数限额内改任非领导职务、晋升职级退出现任职务、提前退休等途径，妥善做好合并乡镇领导班子成员和干部职工安排。鼓励干部到村、社区担任“第一书记”。

（二）乡村道路建设和电力农网改造

落实全省乡镇区划调整改革工作要求，加快完善乡镇、村基础设施条件，重点加快合并后的乡镇、村的交通网络、电力网络体系建设，统筹推进新农村建设和小城镇发展，为广大农民群众生产生活提供便利。优先规划建设新组建乡镇、村与被合并乡镇、村之间的连通道路。对于合并后达到一定规模的乡镇，优先规划高等级公路连接政府驻地。进一步完善农村公路路网结构，逐步解决合并村断头路问题，提高重要线路的技术等级，完善安保设施，不断增强农村公路服务农村经济社会发展的能力。加大农网投资力度，切实解决乡镇和建制村合并后配电网薄弱、变压器不足等问题。

（三）乡镇和建制村卫生计生服务机构设置

坚持便民利民，促进农村卫生计生事业发展，各地要因地制宜、分类指导，合理调整设置乡镇、村卫生计生服务机构，优化配置农村医疗卫生和计划生育服务资源。原则上每个建制乡镇设置一所政府举办的乡镇卫生院，并加挂“妇幼保健计划生育服务站”牌子。因乡镇合并造成当地居民就医不便的地区，可保留已合并乡镇的卫生院，逐级上报至省卫计委审核备案。已合并乡镇的计划生育服务所按同样模式统筹处理，可加挂妇幼保健计划生育服务机构牌子。乡镇合并后，对居民就医和妇幼健康服务影响不大，且多数居民有合并意愿的原建制乡镇卫生院和原建制乡镇计划生育服务所，须与现建制乡镇卫生院（妇幼保健计划生育服务站）进行资源整合，取消原建制乡镇卫生院和原建制乡镇计划生育服务所，或依法处置资产后就地转为其他非政府举办的医疗卫生机构。建制村调整后，本县卫生计生部门应综合考虑服务人口、居民需求以及地理条件等因素，合理规划卫生室设置。原则上每个建制村设置1所村卫生室（即建制村卫生室），承担辖区内农村居民基本公共卫生服务和基本医疗服务。建制村合并后，对面积大、人口多且与邻近村卫生室相距较远的村，可酌情保留原建制村卫生室，以现建制村卫生室医疗服务点的形式存在（即一村多室），纳入乡村卫生服务一体化管理。乡镇卫生院所在地的建制村原则上不设村卫生室，由乡镇卫生院或其下设网点履行建制村卫生室职能。按照“存量共享，增量共建”的原则，保留现有村计划生育服务室，具备条件的与村卫生室合并共用，计划生育服务室应与村卫生室共建共用。

（四）调整农村义务教育学校布局

科学规划农村义务教育学校布局，规范义务教育工作，切实保障适龄少年儿童受教育权益。按标准科学合理设置全省乡镇区划调整改革涉及的义务教育学校，保持现有学校的相对稳定，尽量不改变现有学校总体布局，同时依据生源变化等需要适时新建、合并和恢复学校（教学点），做到动态平衡。县人民政府依据有关法律法规和要求自主确定农村义务教育学校的新建、撤并和恢复。原则上现有乡镇设置的初中应当保留，人口相对集中的村寨设置小学或教学点。小学和教学点的设置由县人民政府确定。农村小学1至3年级学生原则上不寄宿，就近走读上学；小学高年级学生以走读为主，确有需要的可以寄宿；初中学生根据实际可以走读或寄宿。确因资源减少需要撤并学校，且多数居民有撤并意愿的，根据湘发〔2015〕15号文件精神，依规依程序撤并。

附件：1. 汝城县乡镇区划调整方案

2. 汝城县建制村合并工作任务指标分解表

附件1

汝城县乡镇区划调整方案一览表

<table>
<tr><th rowspan="2">总人口数（万人）</th><th colspan="2">调整前</th><th colspan="2">调整后</th><th rowspan="2">整合现有乡镇范围</th><th colspan="4">调整后的乡镇</th></tr>
<tr><th>乡镇数（个）</th><th>乡镇平均人口数（人）</th><th>乡镇数（个）</th><th>乡镇平均人口数（人）</th><th>拟定名称</th><th>面积（平方公里）</th><th>人口（万人）</th><th>驻地</th></tr>
<tr><td rowspan="6">40</td><td rowspan="6">19</td><td rowspan="6">2.11</td><td rowspan="6">14</td><td rowspan="6">2.86</td><td>小垣瑶族镇和延寿瑶族乡</td><td>延寿瑶族乡</td><td>173.13</td><td>3.05</td><td>驻地延寿圩，在小垣瑶族镇人民政府原驻地设置小垣便民服务中心</td></tr>
<tr><td>盈洞瑶族乡、岭秀瑶族乡和文明镇</td><td>文明瑶族乡</td><td>383.05</td><td>4.91</td><td>驻地文明圩，在盈洞瑶族乡、岭秀瑶族乡人民政府原驻地设置盈洞、岭秀便民服务中心</td></tr>
<tr><td>田庄乡和暖水镇</td><td>暖水镇</td><td>159.74</td><td>2.89</td><td>驻地暖水圩，在田庄乡人民政府原驻地设置田庄便民服务中心</td></tr>
<tr><td>永丰乡和土桥镇</td><td>土桥镇</td><td>167.50</td><td>4.73</td><td>驻地土桥圩，在永丰乡人民政府原驻地设置永丰便民服务中心</td></tr>
<tr><td>井坡乡</td><td>井坡镇</td><td>89.00</td><td>2.16</td><td>井坡圩</td></tr>
<tr><td colspan="5">其他乡镇不变</td></tr>
</table>

附件 2

汝城县建制村合并工作任务指标分解一览表

序号	乡镇名称	原有村数量（个）	调整后村委会数量（个）	减少数量（个）
1	卢阳镇	29	21	8
2	土桥镇	23	16	7
3	泉水镇	21	15	6
4	井坡乡	16	11	5
5	大坪镇	21	15	6
6	三江口瑶族镇	11	8	3
7	热水镇	12	8	4
8	集益乡	14	10	4
9	永丰乡	14	10	4
10	濠头乡	16	11	5
11	田庄乡	11	8	3
12	暖水镇	10	7	3
13	南洞乡	11	8	3
14	马桥镇	24	17	7
15	延寿瑶族乡	17	12	5
16	小垣瑶族镇	7	5	2
17	岭秀瑶族乡	12	8	4
18	文明镇	29	21	8
19	盈洞瑶族乡	11	8	3
合计	汝城县	309	219	90

备注：2016 年 6 月底前完成

中共汝城县委办公室　　2015 年 11 月 20 日印发

湖南省民政厅文件

湘民行发〔2012〕15号

湖南省民政厅关于桂东县部分乡镇行政区划调整的批复

郴州市人民政府：

你市《关于审批桂东县乡镇行政区划调整方案的请示》（郴政〔2012〕36号）收悉。经研究，并经省人民政府批准，现批复如下：

一、同意将城关镇、黄洞乡、三洞乡成建制合并，设立沤江镇。以原城关镇、黄洞乡、三洞乡的行政区域为新设沤江镇的行政区域，沤江镇辖23个建制村、4个居委会，总面积179.6平方公里，总人口5.2万人，镇人民政府驻观前（原城关镇人民政府驻地）。

二、同意撤销大水乡。将原大水乡的古岭、建林、云里3个建制村成建制划归沙田镇管辖，东风、新柳2个建制村成建制划归四都镇管辖。行政区划调整后，沙田镇辖1 5个建制村、2个居委会，总面积1 09.22平方公里，总人口2.9万人，镇人民政府驻地不变；四都镇辖14个建制村、1个居委会，总面积159.53平方公里，总人口19万人，镇人民政府驻地不变。

三、同意撤销寨前乡，设立寨前镇。以原寨前乡的行政区域为新设寨前镇的行政区域，寨前镇辖11个建制村、1个居委会，总面积74平方公里，总人口2.14万人，镇人民政府驻寨前圩（原寨前乡人民政府驻地）。

四、同意撤销普乐乡，设立普乐镇。以原普乐乡的行政区域为新设普乐镇的行政区域，普乐镇辖13个建制村，总面积128平方公里，总人口2.1万人，镇人民政府驻方圆里（原普乐乡人民政府驻地）。

上述各项行政区划调整后，桂东县辖7个镇、8个乡。

接此批复后，请认真做好区划调整后的机构设置、人员安制资产处置和债权债务转移，以及行政区划图编制等工作，并按照桂东县城乡总体规划，整合资源，促进经济社会协调健康发展。

二〇一二年四月二十日

桂东县人民政府

桂政函〔2016〕6号

桂东县人民政府
关于同意寨前镇建制村合并的批复

寨前镇人民政府：

你镇呈报的《关于寨前镇建制村合并工作的请示》(寨政〔2016〕14号)已收悉，经研究，批复如下：

一、将英峰村、白竹村成建制合并设立新的白竹村，调整后，全村辖26个村民小组，面积13.6平方公里，总人口2506人，新村办公地点设在原白竹村村部。

二、将高峰村、山田村成建制合并设立新的山田村，调整后，全村辖10个村民小组，面积6.6平方公里，总人口886人，新村办公地点设在原山田村村部。

三、将日新村、中心村成建制合并设立新的中心村，调整后，全村辖22个村民小组，面积10.9平方公里，总人口2127人，新村办公地点设在原中心村村部。

四、将上坪村、桃坪村、流源村成建制合并设立新的流源村，调整后，全村辖27个村民小组，面积32.8平方公里，总人口3252人，新村办公地点设在原流源村村部。

调整后，寨前镇辖红光社区、白竹村、山田村、中心村、新坑村、水湾村、槐村村、新桥村、牛江村、流源村、芳村村、砂坑村共11个村1个社区。

桂东县人民政府

2016年2月3日

桂东县人民政府办公室　　2016年2月3日印发

桂东县人民政府

桂政函〔2016〕7号

桂东县人民政府
关于同意桥头乡建制村合并的批复

桥头乡人民政府：

你乡呈报的《关于桥头乡建制村合并的请示》(桥政〔2016〕10号)已收悉，经研究，批复如下：

将鲤鱼村、红桥村、百果社区成建制合并成一个社区。合并后的新社区命名为红桥社区，新的社区办公地点设在原红桥村村部，新社区辖19个居民小组，总人口2532人(统计数)，面积10.83平方公里。

调整后桥头乡辖横店村、侯头村、甘坑村、白水村、尚义村、顺义村和红桥社区共6村1社区。

桂东县人民政府

2016年2月3日

桂东县人民政府办公室　　2016年2月3日印发

湖南省民政厅文件

湘民行发〔2015〕101 号

湖南省民政厅关于同意
桂东县乡镇区划调整方案的批复

郴州市人民政府：

你市呈报的《关于桂东县部分乡镇行政区划调整的请示》(郴政〔2015〕93 号)收悉，按照国务院《关于行政区划管理的规定》第五条、第七条和第八条的规定，经研究并报省人民政府批准，现批复如下：

1. 同意桂东县乡镇区划调整方案。

2. 同意寒口乡、增口乡、沤江镇共 2 个乡 1 个镇成建制合并设立沤江镇。新设立的沤江镇辖 36 个建制村，4 个社区居委会，总面积 328. 12 平方公里，总人口 6.81 万人，镇人民政府驻茅柳(原沤江镇人民政府驻地)；

同意流源乡、寨前镇成建制合并设宴寨前镇。新设立的寨前镇辖 16 个建制村，1 个社区居委会，总面积 125.42 平方米，总人口 2.58 万人，镇人民政府驻寨前圩(原寨前镇人民政府驻地)；

同意贝溪乡、沙田镇成建制合并设立沙田镇，新设立的沙田镇辖 21 个建制村，2 个社区居委会；总面积 159.65 平方公里，总人口 3.37 万人，镇人民政府驻万寿宫(原沙田镇人民政府驻地)；

3. 同意桥头、新坊、东洛、青山 4 个乡，清泉、大塘、四都、普乐 4 个镇的行政区域和乡镇人民政府驻地不作调整。

本轮乡镇行政区划调整后，桂东县共减少 4 个乡级建制，现辖桥头、新坊、东洛、青山 4 个乡，沤江、沙田、清泉、大塘、四都、寨前、普乐 7 个镇，总面积 1451.6 平方公里，总人口 23.2 万人，县人民政府驻壬也不变。

湖 南 省 民 政 厅

2015 年 11 月 27 日

主动公开

抄送：省委办公厅、省委改革办、省人民政府办公厅、省乡镇区划调整改革领导小组成员单位、郴州市民政局

湖南省民政厅办公室　　2015 年 11 月 27 日印发

郴州市民政局
关于转发《湖南省民政厅关于同意安仁县乡镇区划调整方案的批复》的通知

（郴民行发〔2015〕13 号）

安仁县人民政府：

根据《中共湖南省委、湖南省人民政府关于开展乡镇区划调整改革工作的意见》（湘发〔2015〕15 号）精神，郴州市人民政府向湖南省人民政府呈报的《关于安仁县部分乡镇行政区划调整的请示》，已经省人民政府批准和省民政厅批复。现将《湖南省民政厅关于同意安仁县乡镇行政区划调整方案的批复》（湘民行发〔2015〕102 号）转发给你们，请认真贯彻落实批复精神，做好资产和债权债务处置、干部职工分流安置以及社会稳定风险防范和化解等工作，确保乡镇合并平稳有序。

附件：《湖南省民政厅关于同意安仁县乡镇行政区划调整方案的批复》

郴 州 市 民 政 局
2015 年 12 月 1 日

附件

湖南省民政厅关于同意安仁县乡镇区划调整方案的批复

（湘民行发〔2015〕102号）

郴州市人民政府：

你市呈报的《关于安仁县部分乡镇行政区划调整的请示》（郴政〔2015〕94号）收悉，按照国务院《关于行政区划管理的规定》第五条、第七条和第八条的规定，经研究并报省人民政府批准，现批复如下：

1. 同意安仁县乡镇区划调整方案；

2. 同意豪山乡、新洲乡、羊脑乡、关王镇共3个乡1个镇成建制合并设立金紫仙镇。新设立的金紫仙镇辖35个建制村，1个社区居委会，总面积413.42平方公里，总人口4.68万人。镇人民政府驻关王庙（原关王镇人民政府驻地）；

同意坪上乡、安平镇成建制合并设立安平镇。新设立的安平镇辖23个建制村、3个社区居委会，总面积122.97平方公里，总人口5.84万人，镇人民政府驻安平司（原安平镇人民政府驻地）。

3. 同意龙市、承坪、渡口、竹山、洋际、华王、牌楼、平背8个乡，永乐江、龙海、灵官3个镇行政区域和乡镇人民政府驻地不作调整。

本轮乡镇行政区划调整后，安仁县共撤销4个乡级建制，现辖龙市、承坪、渡口、竹山、洋际、华王、牌楼、平背8个乡，永乐江、龙海、灵官、安平、金紫仙5个镇。总面积1462.1平方公里，总人口44.37万人。县人民政政驻地不变。

湖南省民政厅

2015年11月27日

郴州市民政局
关于转发省民政厅《关于安仁县部分乡镇行政区划调整的批复》的通知

（郴民行发〔2012〕6号）

安仁县人民政府：

现将省民政厅《关于安仁县部分乡镇行政区划调整的批复》（湘民行发〔2012〕11号）文件转发给你们，请按批复执行。

郴州市民政局

二〇一二年四月十二日

附：湖南省民政厅关于安仁县部分乡镇行政区划调整的批复

附件

湖南省民政厅关于安仁县部分乡镇行政区划调整的批复

（湘民行发〔2012〕11号）

郴州市人民政府：

你市《关于审批安仁县乡镇行政区划调整方案的请示》（郴政〔2012〕26号）收悉。经研究，并经省人民政府批准，现批复如下：

同意将清溪镇、禾市乡、排山乡、军山乡、城关镇成建制合并，设立永乐江镇。以原清溪镇、禾市乡、排山乡、军山乡、城关镇的行政区域为新设永乐江镇的行政区域，永乐江镇辖45个建制村、4个居委会，总面积358.74平方公里，总人口13.44万人，镇人民政府驻五一北路（原城关镇人民政府驻地）。

行政区划调整后，安仁县辖5个镇、12个乡。

接此批复后，请认真做好区划调整后的机构设置、人员安排、资产处置和债权债务转移多，以及行政区划图编制等工作，并按照安仁县城乡总体规划，整合资源，促进经济社会协调健康发展。

湖南省民政厅

二〇一二年四月十日

后记一

为贯彻落实国务院《地方志工作条例》《湖南省实施〈地方志工作条例〉办法》，全面、系统、客观地反映和记述湖南乡镇（街道）自然、政治、经济、文化、社会的历史与现状，特别是改革开放30多年来全省各乡镇（街道）经济建设和社会发展的历史变迁，湖南省地方志编纂委员会决定编修《湖南乡镇简志》系列丛书。

《湖南乡镇简志》编修工作，于2014年5月全省市州志办主任会议上正式提出并作出相关部署，不久即印发《湖南乡镇简志》编纂方案（讨论稿）。8月，组织召开《湖南乡镇简志》工作研讨会。11月，召开《湖南乡镇简志》试写稿评议会，同时下发《湖南乡镇简志》编纂方案（修订稿）。12月，全省第七次地方志工作会议期间，再次组织各市州志办主任及方志科科长围绕《湖南乡镇简志》编修进行深层次研讨。2015年1月12日，湖南省地方志编纂委员会正式下发《关于做好〈湖南乡镇简志〉编纂工作的通知》，《湖南乡镇简志》编纂工作从试写、研讨转入全面启动。总体工作部署是：2015年组织发动、全面铺开；2016—2018年，各市州分卷陆续完成编纂、出版任务。

我们的设想是，编纂一套全面、简要、概略地记述和反映全省2000多个乡镇（街道）自然和社会、历史与现状大致概貌的分卷丛书。我们期待，它能够成为各级领导的案头书，成为相关工作者的工具书，成为更多社会读者的普及阅读书，真正让广大的读者留得住乡愁，记得住乡思；并试图把乡镇简志编纂作为推动全省乡镇志编修工作的契机，在乡镇简志基础上，逐步引导，广泛推开乡镇志及特色村志编修。同时，我们还期待，通过编修乡镇简志等志书，集合省、市、县三级志办力量，在一段时期内逐步推出呈系列的方志、地情文化产品，更好地资政，更好地服务于社会各界。

《湖南乡镇简志》体例采用纲目体，以纲统目、纲举目张、横排竖写，适当加强综合性记述。之所以确定为简志，一则取志的严谨、客观、严肃及权威性，二是以简志之简则可在编纂体例、形式、内容等方面灵活把握。确切地说，它不是传统意义上一方之志，而是全省所有乡镇（街道）“简志”的汇集。各个乡镇之“简志”篇幅虽短，但毕竟是志，其基本写法仍然遵循志书基本编纂原则。《湖南乡镇简志》各乡镇（街道）均设板块和栏目两个层次，篇目基本模式为：五大板块及分类栏目，篇首可设“地域名片”。五大板块为主体内容，其板块设置及下设栏目分别为：1.区域概况（位置面积、建置沿革、行政区划、自然环境、人口民族等）；2.经济发展（经济综述、农业工业、商贸服务业、其他产业、经济开发区等）；3.

基础设施（交通运输、邮政通信、供电饮水、水利建设、村镇建设等）;4.社会事业（教育科技、文化体育、医疗卫生、社会保障等）；5.特色地情（历史人文、名优特产、风景名胜、民俗风情等）。五大板块为必设类目，各板块下根据各地客观地情合理设置分类栏目，有则设，特则设，无则不设，也可增设。地域名片须是极具代表性的地域“品牌”，开门见山亮出“名片”，不展开记述。有则设，无则不设。

《湖南乡镇简志》编纂工作部署后，得到了全省各市州的大力支持，14个市州均及时启动各分卷编修工作，且都进展顺利，各分卷陆续付梓出版，可喜可贺。方志出版社高度重视《湖南乡镇简志》（共14卷）出版工作，分别指定专人沟通联络，初审、复审、终审层层把关，全面提升了志书质量。在此，对各市州地方志编委会对乡镇简志编修工作的鼎力支持和配合，对全省各市州、各县市区、各乡镇（街道）有关负责人的积极参与，对方志出版社编辑、编审倾注的心血，一并致以诚挚的谢意！本志总述及附录一由《湖南省志（综合本）》民政篇编纂委员会办公室副主任、《中国灾害志》编纂专家李振炎多方搜集资料并撰稿，特致谢意！

编修《湖南乡镇简志》，工程浩大，涉及面宽，工作繁杂，参与者众，资料征集难度大，尽管我们倾尽心血，付诸极大努力，疏漏、差错仍在所难免，恳请读者谅解并不吝指正。

《湖南乡镇简志》总编室

2017年3月

后记二

2014年5月9日，湖南省地方志编纂委员会召开全省市州地方志负责人会议，安排部署《湖南乡镇简志》编修工作。郴州市高度重视，认真组织，抓好落实。市、县、乡三级联动，历时4年，竟成《湖南乡镇简志·郴州市卷》的编纂出版。

动员组织，落实任务。2014年5月中旬，郴州市地方志办公室及时向郴州市人民政府作专题汇报，市委常委、常务副市长李评当即作出批示，同意启动郴州乡镇简志工作，同时要求做好前期调研。同年12月5日，郴州市人民政府办公室印发《关于做好〈湖南乡镇（街道）简志·郴州市卷〉编纂工作的通知》（郴政办函〔2014〕235号），对编纂、出版乡镇简志和保障工作经费等提出明确目标和工作要求。郴州市成立《湖南乡镇简志·郴州市卷》编纂委员会，制定编纂方案，召开县市区史志办主任会议，及时传达省地方志编纂委员会会议精神，安排部署编纂任务，层层分解，编纂责任落实到人，形成市县上下联动的工作机制。随后，11个县市区先后出台做好县市区乡镇简志分卷编纂工作的文件，均组建专门班子，安排编纂人员，预算工作经费。各个乡镇（街道）全面启动乡镇简志编纂工作，力争将《湖南乡镇简志·郴州市卷》编纂成展现郴州乡镇地情特色的浓缩版“百科全书”。

收集资料，强化培训。为尽可能收集到全面、详实的资料，各县市区采取乡镇（街道）自主提供、志书年鉴查阅、档案馆图书室查询等多种方法，力争应收尽收。在资料收集过程中，注重把业务培训和调查研究贯穿始终。2015年4月28日，郴州市举办《湖南乡镇简志·郴州市卷》编修业务培训班。会上，全体编纂人员认真学习业务知识，讨论编纂方案，全面把握编修简志的基本原则和“五大板块”记述内容要求。5月至8月，市地志办组织修志专家、业务骨干到各县市区现场指导，查找问题与不足，总结推广经验。临武县史志办联合县政府督查室，对全县各乡镇开展指导检查，落实乡镇简志编纂任务。永兴县史志办采取典型乡镇示范带动的方法推动各乡镇简志编纂工作，取得明显成效。至2016年6月底，郴州市11个县市区基本完成资料收集任务，为编纂县市乡镇简志分卷奠定了良好基础。

统一标准，确保质量。编纂《湖南乡镇简志·郴州市卷》是一项浩大的文化工程，时间紧，任务重。编纂之初，郴州市地方志办公室就确立了“精心编纂、保证质量、突出特色、又快又好”的工作思路。2016年6月，针对乡镇简志编纂过程中遇到的疑难问题，市地志办组织县市区编辑人员集中研讨，对开篇内容、乡镇（街道）总情概述、历史人物取舍、乡镇（街道）特色风物图片设置等问题进行专题研究，统一要求。2016年9月起，《湖南乡镇简志・郴州市卷》编纂进入总纂统稿合成、评审修改阶段。《湖南乡镇简志・郴州市卷》编辑部认真落实湖南省地方志编纂委员会领导与专家的意见，对各县市区承编单位报送的志稿，严格认真审核校对，及时提出修改意见，分篇定人进行总纂修改。经过2次审查，不断补充资料和完善内容，志稿基本达到行文段落层次清楚、资料运用翔实充分、存史价值较高的要求。2016年12月下旬，《湖南乡镇简志・郴州市卷》顺利完成总纂任务，成册装订并报省初审。

分级审稿，严格把关。2017年春季，《湖南乡镇简志・郴州市卷》进入集中评审阶段。宜章县、桂阳县、汝城县、安仁县、北湖区、苏仙区等组织小型评审会、座谈会，问诊会审。资兴市、临武县、嘉禾县、桂东县、永兴县落实专人分块负责修改。郴州市地方志办公室加强指导，将11个县市区的总纂稿集中统一修改，形成评审稿。2017年4月25日，《湖南乡镇简志・郴州市卷》省级评审会在郴州召开。省地方志编纂委员会负责人邓建平、杨盛让，郴州市人民政府副市长贺建湘出席会议，郴州市地方志办公室全体人员、11个县市区史志办主任参加会议。会上，省地方志编纂委员会市县志工作指导处发表了评议意见，各县市区进行了点评和互评。根据评审会议意见，11个县市区对概述、区域概况、经济发展、社会事业、特色地情“五大版块”统一标准、规范版型，对入志照片集中审核，对编纂内容去伪存真、插漏补缺，郴州市地方志办公室唐璨、张让前抢抓时间修改审核，形成终审稿后报省地方志编纂委员会市县志工作指导处审定，并交方志出版社出版。2018年2月《湖南乡镇简志・郴州市卷》付梓出版。

《湖南乡镇简志・郴州市卷》的出版发行，是郴州文史事业的一大盛事。市县乡三级党委、政府高度重视、十分支持这项编修工作。湖南省地方志编纂委员会认真组织、精心指导，确保了工作的顺利推进。易介南、邓建平、杨盛让、隆清华、杨帆、李章进等领导、专家深入基层加强指导，认真修改志稿。各县市区史志办全力抓好组织协调、编志改稿工作。全体编纂人员不辞辛劳、倾注心血。方志出版社认真审查把关，确保志书质量。在此，一并致谢！

作为郴州市首部全覆盖的乡镇简志，因其时间跨度长，内容涉及广，编纂难度大，加之编者力有不逮，遗漏和错误难免，在此恳请读者批评指正。

郴州市地方志编纂委员会

2018年1月9日